RECUEIL ALPHABÉTIQUE

DES

QUESTIONS DE DROIT.

TOME DEUXIÈME.

BEL. — CUR.

RECUEIL ALPHABÉTIQUE

DES

QUESTIONS DE DROIT

QUI SE PRÉSENTENT

LE PLUS FRÉQUEMMENT DANS LES TRIBUNAUX;

OUVRAGE DANS LEQUEL L'AUTEUR A FONDU ET CLASSÉ

UN GRAND NOMBRE DE SES PLAIDOYERS ET RÉQUISITOIRES, AVEC LE TEXTE DES ARRÊTS
DE LA COUR DE CASSATION QUI S'EN SONT ENSUIVIS;

Quatrième Édition,

REVUE, CORRIGÉE ET CONSIDÉRABLEMENT AUGMENTÉE;

PAR M. MERLIN,

Ancien Procureur-Général à la Cour de Cassation.

TOME DEUXIÈME.

BEL. — CUR.

PARIS,

GARNERY, LIBRAIRE, RUE DE L'OBSERVANCE, Nº 10;
J.-P. RORET, QUAI DES AUGUSTINS, Nº 17 *bis*.

M DCCC XXVII.

RECUEIL ALPHABÉTIQUE

DES

QUESTIONS DE DROIT

QUI SE PRÉSENTENT LE PLUS FRÉQUEMMENT DANS LES TRIBUNAUX.

BELGIQUE.

BELGIQUE. §. I. *Quelle est, dans la Belgique, l'autorité des arrêtés pris par les représentans du peuple en mission dans ces contrées, postérieurement au 4 brumaire an 4?*

V. l'article *Loi*, §. 2.

§. II. 1°. *A quelle époque remonte la réunion de la Belgique à la France?*

2°. *A quelle époque le régime féodal a-t-il été aboli dans la Belgique?*

V. l'article *Féodalité*, §. 5.

§. III. *Autres questions sur la jurisprudence qui gouvernait la Belgique avant le Code civil et le Code de procédure.*

V. les articles *Appel*, §. 1, *Compromis*, §. 14, *Contrat de Mariage*, *Papier-Monnaie*, *Droits litigieux*, *Pays réunis*, *Séparation de biens* et *Testament*.

BÉNÉFICE D'INVENTAIRE. §. I. *L'inventaire fait sous l'ordonnance de 1667, après le délai fixé par l'art. 1er. du tit. 7 de cette loi, était-il valable?*

François Bruni, riche négociant d'Aix, étant mort en novembre 1772, Jean-Baptiste-Jérôme Bruni, son fils aîné, qui avait des répétitions considérables à exercer sur la succession, ne la voulut accepter que sous Bénéfice d'inventaire. Il impétra des lettres à cet effet, le 20 janvier 1773; et, le 26 avril suivant, il fut reçu par sentence de la sénéchaussée d'Aix, rendue par défaut contre les créanciers, légataires, fidéicommissaires et autres prétendant droit, *à prendre et à accepter l'hoirie sous le Bénéfice de la loi et inventaire*.

Jusque-là, il n'avait encore fait aucune espèce d'inventaire des biens et effets laissés par son père.

Après la sentence du 26 avril 1773, il en fit faire, non un inventaire solennel et contradic-

toire, mais un *inventaire domestique*, qu'il ne fit même pas clore.

Il mourut au milieu des procès qu'il eut à soutenir contre ses frères et sœurs.

En brumaire an 6, Jean-Joseph Bruni et Pauline Bruni, ses enfans et seuls héritiers, firent assigner tous les créanciers de la succession de leur aïeul paternel, pour voir dire qu'ils seraient admis à reprendre l'instance bénéficiaire originairement introduite par leur père devant la sénéchaussée d'Aix.

Là-dessus s'élèvent des contestations dans lesquelles Anne Bruni et Antoine-Elzéard Sagny soutiennent qu'il ne peut plus être question de Bénéfice d'inventaire, Jean-Baptiste-Jérôme Bruni lui-même ayant encouru la déchéance pour n'avoir pas fait inventaire dans le délai fixé par l'art. 1er. du tit. 7 de l'ordonnance de 1667.

Sur cet incident, jugement en dernier ressort du tribunal civil du département du Gard, du 6 frimaire an 8, qui rejette la prétention d'Anne Bruni et d'Antoine-Elzéard Sagny,

«Attendu qu'il est de principe, dans la ci-devant Provence, que l'héritier admis au Bénéfice d'inventaire par sentence, a trente ans pour faire inventaire;

» Qu'il est constant, en fait, d'une part, que les enfans Bruni sont encore dans ce délai; de l'autre, que jamais leur père ni eux n'ont renoncé au Bénéfice dont ils avaient été investis, et que jamais ils n'en ont été déclarés déchus; qu'ainsi, leur droit à cet égard subsistant encore en son entier, ils ont été les maîtres d'en faire usage, parceque'eux seuls sont les juges légitimes de leurs intérêts ».

Anne Bruni et Antoine-Elzéard Sagny se sont pourvus en cassation contre ce jugement; et, la

cause portée à l'audience de la section des requêtes, j'ai observé que l'ordonnance de 1667 ne
limitait pas à trois mois le délai dans lequel l'héritier présomptif devait faire inventaire, pour pouvoir être admis à la qualité d'héritier bénéficiaire;
qu'elle ne disait pas qu'après ce délai, il serait déchu de la faculté de faire inventaire; qu'elle disait
seulement qu'il devait jouir de ce délai malgré les
créanciers, et qu'avant l'expiration des trois mois
et des quarante jours pour délibérer, ceux-ci ne
pouvaient pas le poursuivre.

J'ai ajouté que dans la ci-devant Provence, on
avait toujours accordé à l'héritier trente ans pour
faire procéder à l'inventaire, quand une fois il
avait été admis à ce Bénéfice, à moins que les
créanciers ne l'en eussent fait déchoir; et que cet
usage n'était pas seulement attesté par un acte de
notoriété du parlement d'Aix, du 14 février 1705,
inséré dans le recueil de la Touloubre, n°. 155;
mais qu'il avait encore été expressément approuvé
par un arrêt du conseil du 9 septembre 1669, rapporté dans le recueil chronologique de Jousse.

En conséquence, j'ai conclu au rejet de la requête des demandeurs.

Et ce rejet a été prononcé par arrêt du 14 thermidor an 9, au rapport de M. Brillat-Savarin,
« Attendu que l'ordonnance de 1667 ne prononce
» pas la nullité des inventaires faits après le délai
» porté en l'art. 1er. du tit. 7, et que l'usage du
« parlement de Provence a été approuvé par arrêt
» du conseil ».

On peut encore, par analogie, appliquer à cette
matière l'un des motifs de l'arrêt du 22 ventôse
an 9, rapporté à l'article *Société d'acquêts.*

Ajoutons que cette jurisprudence est érigée en
loi par le Code civil, art. 800.

§. II. *L'héritier bénéficiaire est-il tenu à la
déclaration et au droit d'enregistrement que la
loi exige du nouveau possesseur en cas de mutation par décès?*

V. l'article *Déclaration au bureau d'enregistrement.*

§. III. *Peut-on prendre hypothèque sur les
biens d'une succession acceptée sous Bénéfice d'inventaire? Le peut-on dans les dix jours qui précèdent cette acceptation?*

V. l'article *Succession vacante*, §. 1.

§. IV. *L'héritier par Bénéfice d'inventaire est-
il véritablement héritier? Possédait-il comme tel,
sous l'empire du droit coutumier, les biens de
la succession dont il se rendait adjudicataire?*

V. l'article *Propre*, §. 2.

§. V. *Quels sont le mérite, la forme et les résultats de la renonciation que fait l'héritier à la
succession qu'il a acceptée précédemment en majorité, sous Bénéfice d'inventaire?*

En divisant ce paragraphe en six article, j'examinerai dans le premier, si l'héritier bénéficiaire peut, à l'égard des créanciers et des léga-

taires, renoncer à la succession qu'il a acceptée
étant majeur, c'est-à-dire, s'il peut, en y renonçant, se soustraire aux actions et aux poursuites
que les créanciers et les légataires intentent ou
peuvent intenter contre lui;

Dans le deuxième, en quelle forme doit être faite
la renonciation de l'héritier bénéficiaire à la succession, vis-à-vis des créanciers et des légataires;

Dans le troisième, comment il doit être pourvu
à l'administration et à la liquidation des affaires
de la succession, après que l'héritier bénéficiaire
y a renoncé, si c'est par la nomination d'un curateur à la succession vacante, ou par celle d'un
curateur aux biens abandonnés par l'héritier bénéficiaire; et si la première de ces nominations,
lorsqu'elle a eu lieu, doit équipoller à la seconde;

Dans le quatrième, si l'héritier bénéficiaire
peut se prévaloir contre d'autres que les créanciers et les légataires, de sa renonciation à la succession, et notamment s'il peut, par ce moyen,
s'affranchir envers ses co-héritiers des rapports
auxquels il s'est obligé envers eux par son acceptation;

Dans le cinquième, si l'on pourrait, en se
prévalant contre lui de sa renonciation à la succession, l'exclure du résidu qui se trouverait libre après la liquidation et le paiement de toutes
les dettes et de tous les legs;

Et dans le sixième, quels sont, à l'égard de la
régie de l'enregistrement, les résultats de la renonciation de l'héritier bénéficiaire à la succession.

Art. I. *L'héritier bénéficiaire peut-il à l'égard
des créanciers et des légataires, renoncer à la succession qu'il a acceptée précédemment en en majorité? En d'autres termes, peut-il, par sa renonciation, se soustraire à toute action et d toute
poursuite de leur part?*

I. Examinons d'abord comment cette question
devait être résolue d'après les lois romaines, et
comment elle l'était par notre ancienne jurisprudence. Ce sera le moyen d'arriver plus facilement à la solution qu'elle doit recevoir sous le
Code civil.

Lorsque les dispositions du droit romain, concernant le Bénéfice d'inventaire, régissaient lé-
gislativement, non-seulement les pays de droit
écrit, mais encore, comme je l'ai prouvé dans le
Répertoire de jurisprudence, aux mots *Bénéfice d'inventaire*, n°. 25, les pays purement coutumiers,
c'était une grande question, si l'on devait appliquer, dans toute son intensité, à l'héritier bénéficiaire, le principe consacré par la loi 88, D. *de
heredibus instituendis*, par la loi 4, C. *de repudiandâ hereditate*, et par le §. 5, inst. *de heredum
qualitate et differentiâ*, que l'acceptation d'une hérédité était irrévocable de la part d'un majeur,
et que *semel heres, semper heres*; ou si l'empereur
Justinien, en introduisant, par la loi 22 C.
de jure deliberandi (connue sous le nom de loi
Scimus) le Bénéfice d'inventaire avec tous les
avantages qui y étaient et y sont encore attachés,

n'avait pas, en ce qui concernait les créanciers, modifié ce principe en faveur de l'héritier qui n'était devenu tel qu'en remplissant les formalités requises pour jouir de ce Bénéfice.

Furgole, qui soutenait le premier de ces deux partis, dans son *Traité des Testamens*, chap. 10, sect. 3, n°. 66, s'appuyait à la fois sur l'esprit et sur un texte particulier de la loi *Scimus*.

La preuve, disait-il, que tel est l'esprit de cette loi, c'est « qu'elle veut qu'il ne se fasse point de » confusion des droits et des actions de l'héritier » et de ses biens propres avec le patrimoine du » défunt et les droits et actions héréditaires; » car quand la loi empêche la confusion, elle » permet à l'héritier bénéficiaire de posséder » l'hérédité comme un patrimoine distinct et sé- » paré de ses propres biens et de son patrimoine » particulier ; et par conséquent, elle lui permet » de renoncer à l'hérédité, et de se dégager par » là des embarras, des peines et des soins qu'une » hérédité embrouillée et chargée de dettes, pour- » rait lui donner ; car c'est par la même raison » qu'il n'y a point de confusion, qu'on permet » au donataire et aux autres successeurs anomaux » de répudier , quoiqu'ils n'aient pas fait d'in- » ventaire, ainsi que *Loyseau* le reconnaît dans » son *Traité du déguerpissement*, liv. 4, chap. 1, » n°. 13, et liv. 6, chap. 1, n°. 1, et 5, où il dit que » le donataire qui répudie doit rendre les fruits » qu'il a perçus pendant sa jouissance».

D'ailleurs, continuait-il, le §. 13 de la loi ci- tée « permet (expressément) à l'héritier d'aban- » donner l'hérédité après l'avoir acceptée sous » Bénéfice d'inventaire : *cùm enim liceat eis et* » *adire hereditatem, et sine damno ab eâ discedere,* » *ex præsentis legis auctoritate; quis locus delibera-* » *tioni relinquitur* »?

L'opinion contraire était soutenue par Loyseau, *Traité du déguerpissement*, liv. 4, chap. 1, n°s. 10 et 11, et par Bacquet, *Traité des droits de justice*, chap. 15, n°. 34. Ils ne s'expliquaient pas sur le §. 13 de la loi *Scimus*, mais voici comment ils raisonnaient.

L'héritier bénéficiaire, par cela seul qu'il a la qualité d'héritier, est nécessairement soumis à la règle *semel heres semper heres*, à moins qu'il n'en soit dispensé par une exception spéciale. Or, cette exception spéciale, on la chercherait vainement dans la loi *Scimus*. Il est bien dit par cette loi que l'héritier bénéficiaire ne confond pas ses créan- ces sur la succession, et qu'il n'est tenu des det- tes que jusqu'à concurrence de la valeur des biens héréditaires. Mais il n'y est pas dit qu'il pourra répudier la succession après l'avoir acceptée. Cette loi le laisse donc à cet égard dans la même con- dition que s'il était héritier pur et simple.

Les nouveaux éditeurs de Denisart, aux mots *Bénéfice d'inventaire*, §. 8, n°. 1, embrassaient la même doc'rine et cherchaient à la justifier par une autre raison : « c'est une règle constante » (disaient-ils) que les contrats qui sont volon- » taires dans leur principe, sont forcés dans leur » exécution , et ne peuvent se dissoudre que d'un » consentement mutuel. L'héritier bénéficiaire , » en acceptant, contracte, envers les créanciers, » l'obligation de gérer jusqu'à ce que cette ges- » tion n'ait plus d'objet, soit par le paiement des » créanciers , soit par l'épuisement des ressour- » ces de la succession ; il ne peut se décharger » de cette obligation contre le gré de ceux envers » qui il l'a contractée ».

Il était pourtant bien facile de sentir que ni l'une ni l'autre de ces raisons ne pouvait l'em- porter sur l'argument que Furgole tirait, je ne dis pas du §. 13, mais du seul esprit de la loi *Scimus*.

Commençons par la première.

Quel est, dans le droit romain, comme dans notre législation actuelle, le fondement de la rè- gle *semel heres semper heres*, considérée comme élevant, dans l'intérêt des créanciers, un obsta- cle perpétuel à l'abandon que l'héritier majeur voudrait faire d'une succession après l'avoir ac- ceptée ? C'est que, par l'acceptation de la suc- cession, il s'est formé entre l'héritier , d'une part, et les créanciers, de l'autre, un quasi-con- trat par lequel le premier, en s'identifiant envers les seconds avec le défunt, en s'en constituant le représentant universel et indéfini, s'est obligé personnellement à leur payer tout ce que le défunt leur devait, et qu'il est de l'essence d'un quasi-con- trat comme d'un contrat proprement dit, de ne pouvoir être révoqué par une partie malgré l'autre.

Or, cette raison cesse évidemment à l'égard de l'héritier bénéficiaire. La preuve qu'envers les créanciers, il ne représente le défunt que très- imparfaitement, qu'il ne s'identifie pas avec lui dans leur intérêt, et qu'il ne devient pas le dé- biteur personnel de leurs créances, c'est qu'à leur égard, il ne confond pas en lui-même les créances qu'il a sur la succession ; qu'il n'est tenu des dettes envers eux que jusqu'à con- currence de la valeur des biens héréditaires. Et assurément on n'a jamais douté que celui qui n'est obligé à une dette qu'à raison du bien qu'il possède, ne puisse se libérer de l'une en abandonnant l'autre.

La seconde raison n'est pas mieux fondée.

Sans contredit, l'héritier bénéficiaire contracte tacitement, envers les créanciers, l'engagement de gérer fidèlement et avec soin les affaires de la suc- cession; mais contracte-t-il celui de les gérer jus- qu'à leur entière liquidation? Non certainement.

De deux choses l'une, ou il doit, par rapport à eux, être considéré comme un mandataire, ou il doit l'être comme un simple *negotiorum gestor* : et l'on sent assez que de ces deux qualités, c'est la seconde qui prédomine en lui, puisque c'est sans le concours de la volonté des créanciers, et souvent même malgré eux, qu'il se charge de sa mission.

Eh bien ! S'il est considéré comme mandataire, son droit de renoncer est écrit tout au long dans la loi 22, §. 11, D. *mandati* (renouvelée par l'art. 2007 du Code civil), aux termes de laquelle tout mandataire peut, quand il lui plaît, se désister de son mandat, pourvu qu'il n'en résulte point de préjudice pour le mandant, c'est-à-dire, pourvu que le mandant puisse achever par lui-même, ou faire achever par une autre personne, l'opération dont le mandataire s'était chargé, condition qui se rencontre évidemment ici, puisque les créanciers peuvent faire achever par un curateur, la liquidation que la renonciation de l'héritier bénéficiaire laisse imparfaite.

S'il est considéré comme *negotiorum gestor*, ce sera encore la même chose; car il résulte implicitement de la loi 20, D. *de negotiis gestis*, il est même décidé expressément par l'art. 1372 du Code civil, que le *negotiorum gestor* ne contracte *l'engagement tacite de continuer la gestion qu'il a commencée et de l'achever, que jusqu'à ce que le propriétaire soit en état d'y pourvoir lui-même.*

Mais ce qui est supérieur à tous les raisonnemens, ce qui prouve d'une manière sans réplique que la loi *Scimus* entend laisser à l'héritier bénéficiaire une pleine liberté de renoncer à la succession, et que telle est à ses yeux la conséquence du double principe que l'héritier bénéficiaire ne doit pas personnellement les dettes du défunt, et qu'il ne confond pas les créances qu'il avait sur lui, c'est que cette loi elle-même le déclare ainsi en toutes lettres; c'est que, par son §. 13, sur lequel il est bien inconcevable que restassent muets et Loyseau et Bacquet et les nouveaux éditeurs de Denisart, elle lève expressément tous les doutes qui auraient pu s'élever sur ce point.

L'objet de Justinien, dans ce paragraphe, est d'annoncer que son intention n'est pas, en introduisant le Bénéfice d'inventaire, de priver les successibles qui ne voudraient pas y recourir, du droit de délibérer qu'ils tiennent des lois antérieures. Mais il commence par remarquer que vraisemblablement il y en aura peu qui, à l'avenir, useront encore de ce droit; et quelle raison en donne-t-il? C'est qu'au moyen du Bénéfice d'inventaire, l'héritier n'a plus besoin de délibérer, puisqu'en remplissant les formalités à l'observation desquelles est attachée la jouissance de ce Bénéfice, il est assuré, en acceptant la succession, de pouvoir toujours y renoncer, sans crainte d'en éprouver aucune perte : *et hæc quidem de his sancimus, qui deliberationem nullam petendam esse curaverint : quam putamus quidem penitùs post hanc legem esse supervacuam, et debere ei derogari. Cùm enim liceat eis et adire hereditatem, et sine damno* AB EA DISCEDERE *ex præsentis legis autoritate, quis locus deliberationi relinquitur?*

Prétendrait-on que, par ces mots, *ab eâ discedere*, Justinien ne veut pas dire, *renoncer à la succession précédemment acceptée, sans avoir aucun dommage à en craindre,* mais tout simplement *se tirer de la succession sans perte,* à peu près comme Cicéron emploie quelque part les mots *discedere*

impunè à re aliquâ, pour signifier *se tirer impunément d'une affaire, en sortir, la terminer impuni* (1)?

D'abord, il est certain que, dans le langage des lois romaines, *discedere ab aliquâ re,* c'est se *départir d'une chose, y renoncer, la dissoudre, la révoquer.* Témoins la loi 2, D. *de in diem addictione,* où les termes *discedere ab emptione* signifient évidemment *résoudre la vente;* la loi 191, D. *de verborum significatione,* où le mot *discedere,* appliqué au mariage, est employé comme synonyme de DIVERTERE, *divorcer, rompre les liens conjugaux;* et les textes innombrables où, comme l'assure Kahl (*Calvinus*), dans son *Lexicon juris,* au mot *discedere,* les expressions *discedere ab obligatione, à possessione, à lite, à priore contractu, à causâ testamenti, ab accusatione, à conditione, à voluntate,* signifient *résoudre une obligation, délaisser la possession, se désister d'un procès, résilier un contrat, renoncer à un testament, à une accusation, à une condition, changer de volonté.*

En second lieu, la preuve que tel est précisément, dans le §. 13 de la loi *Scimus,* le sens que Justinien attache aux mots *discedere ab hereditate aditâ,* c'est que rappelant les dispositions de cette loi dans le §. 6 du titre *de heredum qualitate et differentiâ* de ses Institutes, il déclare formellement que, par cette loi, il a conféré aux héritiers bénéficiaires la faculté *d'abandonner* les successions qu'ils auraient précédemment acceptées.

Après avoir dit, §. 5, que l'héritier qui a une fois accepté la succession, ne peut plus être admis à *l'abandonner,* à moins qu'il ne soit mineur, *relinquendæ hereditatis facultatem non habet, nisi sit minor viginti quinque annis,* il ajoute : « Il faut » cependant savoir que l'empereur Adrien ac- » corda cette faculté à un majeur qui, après » avoir accepté une succession, y avait trouvé des » dettes excessives; mais il ne la lui accorda » que comme une grace spéciale. Dans la suite, » l'empereur Gordien en fit une loi générale pour » les militaires. Mais notre bienveillance a été plus » loin, elle a rendu cette faculté commune à tous » les sujets de notre empire, en leur accordant, » par la très-équitable et très-belle loi que nous » avons publiée à ce sujet, l'avantage d'accep- » ter une succession sans s'obliger à rien de plus » que n'en vaut l'actif ». *Sciendum est tamen divum Adrianum etiam majori viginti quinque annis veniam dedisse, cùm post aditam hereditatem grande æs alienum, quod aditæ hereditatis tempore latebat, emersisset. Sed hoc quidem divus Adrianus cuidam speciali beneficio præstitit; divus autem Gordianus posteà militibus tantummodò hoc concessit. Sed nostra benevolentia* COMMUNE OMNIBUS SUBJECTIS IMPERIO NOSTRO HOC PRÆSTITIT, *et constitutionem tam æquissimam quàm nobilissimam scripsit, cujus tenorem si observaverint homines, licet eis adire hereditatem, et in tantum teneri quantum valere bona hereditatis contingit :*

----

(1) *V.* le Dictionnaire latin et français de Danet, au mot *discedere.*

ut ex hac causâ neque deliberationis auxilium sit ais necessarium, nisi omissâ observatione nostræ constitutionis, et deliberandum existimaverint, et sese veteri gravamini aditionis supponere maluerint.

Veut-on une autre preuve non moins frappante que, dans la pensée de Justinien, le privilége accordé à l'héritier bénéficiaire de n'être pas tenu des dettes au-delà de la valeur des biens du défunt, emporte pour lui, de plein droit, la faculté de renoncer à la succession après l'avoir acceptée? On la trouvera dans le rapprochement du préambule de la loi *Scimus* avec le passage des Institutes que je viens de transcrire.

Dans le premier, Justinien rappelle l'ancienne loi de l'empereur Gordien sur laquelle il revient encore dans le second. Mais il dit seulement qu'elle accordait aux militaires le privilége de ne supporter les dettes des successions acceptées par eux, que jusqu'à concurrence de la valeur des biens héréditaires : *Sed et veterem constitutionem non ignoramus, quam dixus Gordianus ad Platonem scripsit, de militibus, qui per ignorantiam hereditatem adierunt; quatenus pro his tantummodò rebus conveniantur quas in hereditate defuncti invenerint. Ipsorum autem bona à creditoribus hereditariis non inquietentur.*

Et en revenant sur cette loi dans ses *Institutes*, il la présente, ainsi qu'on vient de le voir, comme autorisant les militaires à *abandonner* les successions qu'ils avaient d'abord acceptées.

N'est-ce pas comme s'il disait : la faculté d'abandonner une succession après l'avoir acceptée, est la conséquence directe et immédiate du droit de ne pas supporter les dettes *ultrà vires hereditatis;* et accorder celui-ci, c'est évidemment accorder celle-là?

Aussi, dans un commentaire sur la loi *Scimus* qui termine le traité de Monticulus, docteur italien, *de beneficio inventarii,* imprimé à Genève en 1672, ce jurisconsulte n'hésite-t-il pas à dire que l'un des effets du Bénéfice d'inventaire est d'autoriser l'héritier qui a rempli les formalités requises pour s'en assurer la jouissance, à revenir sur ses pas, à répudier la succession, et à faire aux créanciers l'abandon des biens dont elle se compose : *Hic textus* (c'est ainsi qu'il s'exprime sur les termes de la loi *et ab eâ discedere*) *non oscitanter probat heredem quantumvis adierit, repudiare hereditatem posse, illamque creditoribus..... relinquere...., quia inventarium liberat heredem ab omni vexatione juris et facti. Undè ne heres respondeat huic et illi et à propriis avocetur negotiis, debet habere facultatem descendi hereditatem.*

Il est vrai que, dans un autre traité fait peu de temps après sur la même matière, et également compris dans la compilation publiée à Genève en 1672, Phanucius, autre docteur italien, reprend sur ce point Monticulus; mais en quoi le reprend-il? Ecoutons-le lui-même, quest. 242, n°. 152 : *heres cùm beneficio inventarii potest, si vult omnem curam et solicitudinem rerum hereditarium deponere*

et abjicere, illas dimittendo creditoribus et legatariis, ut inquit Angelus..., et tenuit Monticulus, quæst. 252, n°. 40 et 45, ubi ex hoc dicit inventarii beneficium hoc præstare ut heres post aditionem valeat repudiare. Sed in hoc non dicas, quoniam adhuc remanet heres, licet dimittat bona.

Ainsi, Phanucius convient avec Monticulus que l'héritier bénéficiaire peut, par l'abandon des biens héréditaires aux créanciers et aux légataires du défunt, se débarrasser du soin de liquider la succession, et il le reprend seulement d'avoir conclu de là que l'héritier bénéficiaire peut répudier la succession même.

Mais ce n'est véritablement là qu'une querelle de mots; et encore est-elle mal fondée.

Ce n'est qu'une querelle de mots, puisque les créanciers n'ayant plus d'action, de l'aveu même de Phanucius, contre l'héritier bénéficiaire qui leur a abandonné les biens de la succession, ils n'ont aucun intérêt à ce qu'il demeure héritier, et sont par conséquent non-recevables à s'opposer à ce qu'il en abdique la qualité.

Cette querelle de mots est mal fondée, puisque le §. 15 de la loi *Scimus* permet à l'héritier bénéficiaire, non-seulement d'abandonner les biens de l'hérédité aux créanciers, mais encore de se désister, envers eux, de l'hérédité même, et par conséquent de renoncer, pour ce qui les concerne, à la qualité d'héritier, en tant qu'elle peut leur être utile, quoique, même à leur égard, il en conserve encore la qualité nominale.

Je dis qu'il en conserve encore la qualité nominale, même envers les créanciers; et je le dis avec Monticulus lui-même, qui, dans une dissertation imprimée dans le même recueil sous le titre d'*Antiphanucius,* s'exprime ainsi :

In meâ glossâ, n°. 179, et hâc secundâ impressione, n°. 254, attingo numquid heres per inventarium quantumvis aditam hereditatem repudiare valeat, juxta Angelum..... Phanucius refert me simpliciter tenere quod HERES, POST ADITIONEM, VALEAT REPUDIARE; *« Sed tu hoc non dicas* (inquit ipse) *quoniam adhuc » remanet heres, licet dimittat bona ».* Il répond que c'est de la part de Phanucius une pure chicane, et pourquoi? Parcequ'à la vérité, l'héritier bénéficiaire qui a renoncé, n'en demeure pas moins héritier, mais qu'il n'en a plus que le nom: *Non obstat quod Phanucius dicit hunc remanere heredem;* fateor NOMINE TENUS, *quia semel heres non potest desinere esse heres.* Il en est alors de l'héritier bénéficiaire, comme de l'héritier grevé de fideicommis, qui (aux termes de la loi 40, D. *ad senatusconsultum Trebellianum,* et du §. 4 du titre des Institutes *de fideicommissariis hereditatibus*), après avoir restitué la succession au fideicommissaire, conserve bien la qualité nominale d'héritier, mais n'est plus en butte à aucune action de la part des créanciers : *Veluti restituens omnia bona fideicommissario, nullum damnum incurrit, licet nomine heres sit... ; perinde ac si heres omnia dimittat, probique viri officium peragerit, liberabitur in totum.*

II. Voyons maintenant quelle était là-dessus la jurisprudence de nos tribunaux avant le Code civil.

A cet égard, il faut distinguer deux époques; celle qui a précédé l'ordonnance de 1629, et celle qui l'a suivie.

Qu'à la première époque, la loi *Scimus* fut entendue et pratiquée dans les pays de droit écrit, comme je crois avoir prouvé qu'elle devait l'être, c'est ce qui résulte d'un arrêt du parlement de Toulouse, que le président Maynard, liv. 7, chap. 72, atteste avoir été rendu à son rapport, vers la fin du seizième siècle, et par lequel un héritier bénéficiaire fut colloqué, pour ses créances personnelles, dans l'ordre des biens du défunt, contradictoirement avec le curateur qu'il avait fait nommer à la succession vacante par suite de sa renonciation.

Mais la loi *Scimus* était-elle entendue et pratiquée de même dans les pays coutumiers, et notamment dans ceux du ressort du parlement de Paris?

Loyseau, qui écrivait à peu près dans le même temps que le président Maynard, convenait, à l'endroit cité, n°. 12, que l'on suivait, en certains lieux, une *pratique contraire* à son avis, et par là même, conforme au véritable esprit, comme au texte formel, de la loi *Scimus*.

Bacquet convenait aussi, à la même époque, que son opinion, calquée sur celle de Loyseau, n'était pas suivie au Châtelet. « J'ai entendu (ce » sont ses termes) qu'au Châtelet de Paris, ils » reçoivent ordinairement l'héritier par Bénéfice » d'inventaire à renoncer à la succession, après » qu'il a rendu compte des biens d'icelle, à ce » qu'il ne soit contraint de soutenir les procès » qui seraient contre lui intentés, ce qui se doit » entendre quand tous les biens ont été vendus, » que les débats formés au compte ont été vi-» dés, et que le compte a été rendu avec tous » les créanciers; car ceux qui n'ont été présens » ni appelés à la reddition du compte, pourront » intenter leur action contre l'héritier par Béné-» fice d'inventaire, pour former débats contre » icelui, si faire se doit ».

Il y a d'ailleurs dans le recueil de Louet, lettre H, §. 13, un arrêt du parlement de Paris qui, à cette époque même, a jugé nettement que l'héritier bénéficiaire pouvait renoncer.

Il s'agissait de savoir « si Gilles de Lomel, » héritier de Jacques de Lomel, son père, qui » était héritier par Bénéfice d'inventaire de Gilles, » son père, était tenu de rapporter à l'inventaire » des biens dudit Gilles, ce que icelui Jacques » avait eu de don de son père, par contrat de » mariage ».

L'affirmative était soutenue par « Conteval, » créancier de Gilles père, qui disait que la cou-» tume d'Amiens (loi des parties), comme toutes » les autres coutumes, veulent que l'héritier en » ligne directe, venant à la succession, fût tenu

» de rapporter ce qu'il avait eu par donation de » celui auquel il succédait : ce qui se devait en-» tendre, tant de l'héritier simple que de l'héri-» tier par Bénéfice d'inventaire, puisque la cou-» tume usait de ce mot *indefinité* ».

Un pareil système n'eût pas été proposable, si l'on se fût bien pénétré du principe consacré depuis par la jurisprudence et érigé en loi par l'art. 843 du Code civil, que le rapport n'est dû qu'aux co-héritiers du donataire, et qu'il ne l'est jamais aux créanciers de la succession. Mais alors ce principe était encore l'objet d'une grande controverse.

« La question (dit Louet) ayant été demandée » aux chambres, où s'étant trouvé diverses opi-» nions, et les arrêts (cités de part et d'autre) » mis sur le bureau, par arrêt l'héritier par Bé-» néfice d'inventaire condamné mettre en em-» ployer audit inventaire, ce qu'il avait eu par » donation par son contrat de mariage, avec les » fruits depuis le décès du père, *si mieux n'aimait* » *renoncer à la succession*, et ce faisant, se tenir à » son don, laquelle option il ferait dans huitaine, » autrement, etc. Le samedi 17 juillet 1599, et » depuis prononcé en robes rouges, par M. le » président de Harlay, le mardi 7 septembre cu-» suivant ».

Assurément cet arrêt jugeait très-mal en déclarant la qualité de donataire incompatible, vis-à-vis des créanciers du défunt, avec la qualité d'héritier bénéficiaire; mais du moins il décidait que cette incompatibilité pouvait cesser par la renonciation du donataire à la succession qu'il avait acceptée par Bénéfice d'inventaire; et par là, il reconnaissait formellement que, vis-à-vis des créanciers, l'héritier bénéficiaire ne perdait point, par son acceptation, la faculté qu'il tenait de l'esprit comme du texte de la loi *Scimus*, de renoncer à la succession envers les créanciers.

Cette jurisprudence déplut, on ne sait trop pourquoi, au garde des sceaux Marillac, et de là, cette disposition de l'art. 128 de l'ordonnance de 1629: «ceux qui auront une fois appré-» hendé la succession par Bénéfice d'inventaire, » ne sont plus reçus à y renoncer, s'ils n'étaient » mineurs lors de leur appréhension ».

Mais quel fut le sort de cette disposition dans les pays de droit écrit? Quel fut-il dans les pays coutumiers?

1°. Dans les pays de droit écrit, le parlement de Toulouse, qui cependant ne l'avait modifiée en aucune manière par son arrêt d'enregistrement (1), se refusa constamment à l'observer, et continua de juger, conformément à la loi *Scimus*, que l'héritier bénéficiaire pouvait, malgré les créanciers et les légataires du défunt, renoncer à la succession quand il lui plaisait.

Furgole, chap. 10, sect. 3, après avoir cité,

_____

(1) *V.* le Recueil judiciaire de Toulouse, édition de 1782, volume des ordonnances générales, page 394.

n°. 64, l'art. 128 de l'ordonnance de 1629, remarque « que les dispositions de cette ordonnance ne sont guères observées; et qu'ainsi, » on ne peut pas la regarder comme une loi en » vigueur ». Puis, il ajoute, n°. 65 : « Plusieurs » auteurs..... sont d'avis que l'héritier bénéfi- » ciaire a la liberté de répudier. C'est l'usage » constant du parlement de Toulouse, qui per- » met la répudiation, non-seulement à l'héritier » qui a accepté lui-même, mais encore à ses » héritiers et successeurs, malgré le laps du » temps qui peut s'être écoulé, même après » trente ans, parcequ'on y considère la répu- » diation comme une faculté qui n'est pas su- » jette aux lois du temps. Voilà pourquoi il suffit » de rapporter un bon inventaire pour être ad- » mis à cette faculté. M. Maynard, M. de Catel- » lan, et autres arrestographes, attestent cette » jurisprudence. J'ai même vu rendre une infi- » nité d'arrêts conformes; ensorte que cela ne » fait absolument aucun doute ni difficulté dans » ce parlement ».

Serres, professeur de droit français à Toulouse, dit la même chose dans ses *Institutions du droit français*, liv. 2, tit. 19 :

« On ne suit pas (ce sont ses termes) l'avis de Bacquet qui a cru qu'un héritier qui a accepté sous Bénéfice d'inventaire, ne peut plus répudier, sous prétexte que *qui semel est heres nunquam desinit esse heres*..... Ce n'est point là qu'on peut appliquer cette maxime.....; c'est, au contraire, le grand privilège de l'héritier bénéficiaire de pouvoir être reçu à répudier en tout temps, pourvu qu'il ait fait un inventaire dans les formes et valable.

» Il a même été jugé en la première chambre des enquêtes du parlement de Toulouse, au rapport de M. Rey, par un arrêt rendu le 23 mars 1717, en faveur du sieur Antoine Olivier de Castillan, contre dame Marie-Thérèse de Castillan, veuve du sieur de Gilbert, Baron de la Vergne, que l'héritier bénéficiaire, en répudiant l'hérédité, est libéré des obligations qu'il a lui-même passées avec les créanciers héréditaires, et est ainsi reçu, malgré son fait, à répudier ».

Le parlement de Bordeaux n'avait enregistré l'ordonnance de 1629 qu'avec plusieurs modifications dont l'une était ainsi conçue : « Sur les » 128 et 129 articles, Sa Majesté est suppliée que » les *formes accoutumées* soient observées confor- » mément aux anciennes ordonnances vérifiées » au parlement et arrêts de la cour (1) ».

Cette modification paraissait ne porter que sur la partie de l'art. 128 qui concernait les formalités du Bénéfice d'inventaire; mais, soit que le parlement de Bordeaux eût entendu l'appliquer à la disposition du même article qui refusait à l'héritier bénéficiaire la faculté de répudier, soit qu'il crût, comme le parlement de Toulouse,

(1) Recueil des édits de Néron, tome 1, page 843.

pouvoir s'en écarter même après l'avoir enregistrée purement et simplement, il ne l'exécuta pas mieux dans la Guyenne que le parlement de Toulouse ne l'exécutait dans le Languedoc. Seulement et sans qu'on puisse en donner aucune raison tant soit peu plausible, il limita à trente ans, pour l'héritier bénéficiaire et ses ayant- cause, l'exercice de la faculté qu'il jugea constamment leur appartenir, de répudier pendant cet espace de temps.

Salviat (*jurisprudence du parlement de Bordeaux*, page 272) rapporte trois actes de notoriété de l'ordre des avocats de cette cour, par lesquels il a été attesté,

« Le 10 mai 1691, que l'héritier, même en collatérale, qui a fait faire bon et loyal inventaire de tous les effets du défunt, est recevable à répudier l'hérédité pendant trente ans, ayant, au moyen de cet inventaire qu'il a fait faire, marqué qu'il ne voulait pas se porter héritier pur et simple, ni faire confusion des biens de l'hérédité avec les siens...;

» Le 7 mai 1705, qu'un héritier qui rapporte un inventaire bien et dûment fait, est reçu à répudier, non-seulement après trois ans ou autre temps plus court, mais même pendant trente ans...;

» Au mois de septembre 1734, que l'héritier au Bénéfice d'inventaire, voulant abandonner l'hérédité et répudier, est obligé de rendre compte des fruits et revenus ».

Lapeyrère, au mot *héritier*, n°. 9, s'était expliqué là-dessus d'une manière un peu plus large : « l'héritier bénéficiaire (avait-il dit) est receva- » ble à répudier purement et simplement, *lors- » que bon lui semblera*, en rendant compte... Cette » disposition avait lieu *indisputablement* dans no- » tre ressort avant l'ordonnance du mois d'a- » vril 1667; néanmoins je crois toujours la déci- » sion juste, nonobstant l'ordonnance », dont en effet, les dispositions ne portaient que sur le délai pour délibérer, et étaient par conséquent étrangères à la question.

Mais deux de ses annotateurs ont fait là-dessus les observations suivantes :

« *Contrà judicatum* (a dit l'un, en se référant aux termes *quand bon lui semblera*), à la seconde chambre des enquêtes, au rapport de M. de Brosser, le 9 juin 1689, dans la cause de Ma- zières, lequel ayant fait inventaire et voulant ré- pudier 39 ans après, n'y fut pas reçu, mais il fut dit par l'arrêt qu'il ne serait tenu au-delà des forces de l'inventaire....

» La décision de l'auteur (a ajouté l'autre) s'entend, pourvu que la répudiation soit faite dans les trente ans à compter du jour de la majo- rité; après quoi, l'héritier bénéficiaire serait non-recevable. La cour l'a jugé par plusieurs arrêts, parmi lesquels celui rendu en l'année 1699, en la seconde des enquêtes, au rapport de M. Louppes, est remarquable; c'était dans l'instance d'appel d'une sentence du sénéchal de Bergerac, dans la cause des nommés Eymeric et Reymond[1] ».

Le parlement de Grenoble était-il plus exact observateur que ceux de Toulouse et de Bordeaux, de la disposition de l'art. 128 de l'ordonnance de 1629 qui nous occupe ici? Il est bien à croire que non, puisque, par son arrêt d'enregistrement, il avait dit en toutes lettres: « sur les » art. 125, 126, 128 et 129, le droit écrit sera » observé (1) ».

Mais le parlement de Dijon avait, par son arrêt d'enregistrement, adopté formellement cette disposition, et avait même déclaré qu'elle aurait lieu *tant pour les héritiers testamentaires que ab intestat* (2): et en conséquence, il était d'une jurisprudence constante dans le ressort de cette cour, que l'héritier bénéficiaire n'était pas plus admis à répudier, que l'héritier pur et simple. C'est du moins ce qu'atteste Bannelier, dans ses notes sur le *Traité de droit Français* de Duvot, tome 6, page 523.

Il paraît que le parlement de Provence avait aussi enregistré purement et simplement l'art. 128 de l'ordonnance de 1629 et qu'il la prenait également pour règle; car voici ce que nous lisons dans le recueil de Boniface, tome 5, liv. 1, tit. 25, chap. 2 :

« Le 26 avril 1643, la question s'est présentée en l'audience de la grand'chambre, si Étienne Gardien, de la ville de Marseille, ayant pris un *héritage* (une succession) par Bénéfice d'inventaire, devait être reçu à le répudier. Le lieutenant l'ayant débouté de la demande de répudiation par sa sentence, et d'icelle en ayant appelé à la cour.

» L'on disait pour lui, que son appellation était bien fondée, et qu'il devait être reçu à la répudiation, *propter novum œs alienum quod de novo emerserat*, ce qu'on fondait sur le §. 5, inst. *de heredum qualitate et differentiâ*; que l'intimé était hors d'intérêt, puisqu'il ne pouvait prétendre que *quatenùs erat in hereditate*, qu'on offrait à lui vider et désemparer. Au contraire, l'appelant recevrait un très-grand intérêt, l'hérédité étant chargée de divers procès qu'il faudrait poursuivre et y faire de grands frais, dont il ne pourrait pas s'en rembourser, qui est le sujet de la demande de répudiation.

» Au contraire, l'on disait pour Sibilli, intimé, qu'il ne fallait pas examiner cette cause par le droit du Digeste, parceque l'héritier avec inventaire lui était inconnu, mais bien par le droit du Code, qui donne à l'héritier le choix de trois choses, ou de se porter héritier pur et simple, ou avec inventaire, ou répudier l'héritage; qu'ayant fait une de ces trois choses, *nullus*

datur regressus (loi 4. C. *de repudiandâ vel acquirendâ hereditate*), parceque *semel heres nunquàm desinit esse heres;* d'ailleurs, *heres adeundo quasi contrahit cùm creditoribus;* que Gardien était hors d'intérêt; car quand il y aurait de nouvelles dettes survenues après l'acceptation de l'héritage, il ne pourrait pas être tenu *ultrà vires hereditarias*, par le moyen du Bénéfice d'inventaire; au contraire, l'intimé recevrait grand dommage si l'appelant était reçu à la répudiation, vu qu'il a déjà rapporté adjudication et liquidation de tous ses droits avec cet héritier; en sorte qu'il faudrait faire pourvoir d'un curateur à l'héritage vacant, recommencer avec lui, et consommer le tout en frais ».

Cette dernière raison était d'une absurdité manifeste; car il a toujours été de principe que les jugemens rendus avec l'administrateur actuel d'une hérédité, conservent toute leur force alors même que l'administration de l'hérédité change de mains.

Et cependant, dit Boniface, «par arrêt dudit » jour 26 avril 1643, la cour confirma la sen- » tence ». Pourquoi ? Sans doute par respect pour l'art. 128 de l'ordonnance de 1669.

2°. Quant aux pays coutumiers, les seuls sur la jurisprudence desquels il existe, relativement à notre question, des renseignemens postérieurs à l'ordonnance de 1609, sont ceux qui composaient en majeure partie le ressort du parlement de Paris, et en totalité le ressort du parlement de Rouen.

On sait que le parlement de Paris qui n'avait enregistré l'ordonnance de 1629 que forcément et dans un lit de justice, n'en observa que les dispositions confirmatives des maximes consacrées par sa propre jurisprudence; et l'on doit, dès-lors, s'attendre à le voir persister, malgré l'art. 128 de cette loi, dans le parti qu'il avait pris, en 1599, de juger que l'héritier bénéficiaire pouvait renoncer à la succession vis-à-vis des créanciers.

Et ce qui prouve qu'il y persista en effet, au moins fort long-temps,

C'est 1°. que, dans les motifs (rapportés dans le *Répertoire de jurisprudence*, aux mots, *Bénéfice d'inventaire*, n°. 18) de l'arrêt du 20 avril 1682, par lequel il jugea que l'héritier bénéficiaire n'était pas recevable à renoncer vis-à-vis de ses co-héritiers, pour s'affranchir d'un rapport, il fut reconnu formellement qu'on ne pouvait pas lui contester cette faculté vis-à-vis des créanciers;

C'est 2°. que tous les auteurs du ressort de cette cour, qui ont écrit dans le dix-septième siècle, après la publication de l'ordonnance de 1629, et dans la première moitié du dix-huitième, notamment Ricard, (traité des *Donations*, partie 3, n°. 984), Ferrière (sur la coutume de Paris, art. 342, glose 1, §. 2, n°. 20), Bretonnier (*questions alphabétiques*, aux mots *Bénéfice d'inven-*

---

(1) Néron, à l'endroit cité, page 847.
(2) *Ibid.*, page 848.

taire) et Rousseaud de Lacombe (*jurisprudence civile*, au mot *Héritier*, n°. 13), se sont unanimement accordés à dire, comme chose consacrée par la jurisprudence de leur temps, que l'héritier bénéficiaire pouvait renoncer vis-à-vis des créanciers, quoiqu'il ne le pût pas vis-à-vis de ses cohéritiers;

C'est 3°. que, même dans la seconde moitié du dix-huitième siècle, Pothier, dans son *Traité des successions*, chap. 3, après avoir dit, §. 6, que le premier effet du Bénéfice d'inventaire était que « l'héritier n'était pas tenu envers » les créanciers sur ses propres biens, mais seu- » lement à un compte de ce qu'il avait reçu de » ceux de la succession »; et §. 7, que le second effet de ce Bénéfice était que « les droits et ac- » tions que l'héritier avait contre la succession, » ne se confondaient point »; ajoutait, §. 8 : « le » troisième effet du Bénéfice d'inventaire est que « l'héritier bénéficiaire peut, si bon lui semble, » renoncer à la succession, en abandonnant les » biens aux créanciers, et leur rendant compte » de l'administration qu'il en a eue jusqu'à l'a- » bandon qu'il en fait ».

Mais cette jurisprudence s'est-elle maintenue au parlement de Paris jusqu'à la suppression de cette cour?

Non, s'il en faut croire Denisart et les nouveaux éditeurs de sa collection, aux mots *Bénéfice d'inventaire*; il s'en faut même de beaucoup, puisqu'elle avait été, selon eux, abandonnée dès l'année 1713. « On pensait autrefois » (disent ceux-ci) que l'héritier bénéficiaire » pouvait renoncer à la succession pour se dé- » barrasser de la gestion; et d'anciens arrêts » l'ont ainsi jugé. Mais la jurisprudence actuelle » est de n'avoir aucun égard à cette renoncia- » tion; elle est même établie depuis du temps, » puisqu'elle est attestée par un acte de notoriété » du Châtelet, du 28 mars 1713 ».

Cependant reportons-nous à cet acte de notoriété, et nous reconnaîtrons sans peine que les auteurs cités en font une fausse application.

Le Châtelet était consulté sur le point de savoir quel était un usage relativement au mode de procéder qu'il fallait suivre, lorsqu'un héritier bénéficiaire, qui était aussi créancier de la succession, voulait faire liquider ses créances et en poursuivre le paiement; question sur laquelle les opinions étaient fort partagées, comme on le voit dans le *Traité des successions* de Lebrun, liv. 3, chap. 4, n°. 25, les uns prétendant qu'il ne pouvait se porter créancier qu'en renonçant à la qualité d'héritier, les autres soutenant qu'il pouvait cumuler les deux qualités, et tous reconnaissant néanmoins qu'il était libre de renoncer à la seconde pour s'en tenir à la première.

Or, voici comment s'explique l'acte de notoriété :

« Nous, après avoir entendu les anciens avocats de cette cour, communiqué aux gens du roi, et

conféré avec les juges de ce siège, disons que l'usage est que l'héritier bénéficiaire fasse créer un curateur au Bénéfice d'inventaire, ou aux actions qu'il a à diriger, parceque, comme l'héritier, il représente le défunt.

» Mais comme le Bénéfice d'inventaire empêche la confusion des actions résultant de ses créances, et qu'il est toujours en droit de les diriger et exercer, il ne le peut pas faire contre lui-même, et qu'ainsi il lui doit être donné un contradicteur en justice, qui ne peut être autre qu'un curateur aux actions qu'il peut avoir à exercer.

» L'usage que quelques praticiens ont voulu introduire, de faire renoncer l'héritier bénéficiaire à la succession comme vacante, est irrégulier et contraire aux principes, parceque non-seulement l'héritier qui a pris la précaution de prendre des lettres de Bénéfice d'inventaire, n'est point obligé de renoncer à la succession pour faire valoir ses créances, ni de se priver du Bénéfice, s'il s'en trouve après les dettes payées; mais encore parceque cette renonciation ne peut être admise, suivant la maxime que *qui semel est heres, nunquam desinit esse heres*; ce qui est si certain, à l'égard d'un héritier bénéficiaire, que quelque renonciation qu'il pût faire, il ne serait pas dispensé de rapporter entre cohéritiers, dont il n'est néanmoins tenu que par la qualité d'héritier; ni admis à leur demander le douaire, duquel il n'est néanmoins exclu qu'à cause de cette même qualité d'héritier, laquelle par conséquent est toujours considérée comme subsistante, lorsqu'elle a été une fois prise par celui qui est en état de s'engager;

» Ce que nous attestons par acte de notoriété être l'usage qui s'observe au Châtelet ».

Il résulte bien de cet acte de notoriété, qu'en 1713, l'héritier bénéficiaire n'était pas admis dans l'usage à répudier la succession au préjudice de ses cohéritiers, et pour s'affranchir envers eux, soit de l'obligation de rapporter ce qu'il avait reçu du défunt, soit de l'incompatibilité dérivant de sa qualité de douairier. Mais il n'en résulte certainement pas que, par l'usage observé à cette époque, l'héritier bénéficiaire fût inhabile à renoncer vis-à-vis des créanciers.

En effet, il faut bien distinguer, dans les anciens actes de notoriété, ce qui ne consiste qu'en raisonnement de la part des juges, d'avec ce qui constitue l'attestation qui leur est demandée relativement aux usages qu'ils observent. L'attestation qu'ils donnent de ces usages, en prouve sans doute la réalité; mais les raisonnemens qu'ils y ajoutent, n'ont d'autre autorité que leur mérite intrinsèque; et si l'on peut, si l'on doit même, lorsqu'ils sont concluans, en inférer que les usages qu'ils attestent, doivent recevoir une extension quelconque, ils ne prouvent certainement pas qu'ils l'aient déjà reçue effectivement. Or, qu'atteste l'acte de notoriété de 1713, relativement au point d'usage sur lequel le Châtelet était consulté ? Une seule chose : c'est que l'héritier bénéficiaire n'est pas obligé, vis-à-vis des créanciers, de renoncer à la succession pour être admis à poursuivre le paiement de ses propres créances. Il n'ajoute pas que l'usage soit de déclarer l'héritier bénéficiaire non-recevable à renoncer à la succession même vis-à-vis des créanciers ; il ajoute seulement que l'usage est de ne pas l'admettre à y renoncer vis-à-vis de ses cohéritiers. Qu'importe qu'il semble argumenter de l'un à l'autre ? Il ne fait en cela que raisonner et raisonner très-mal ; il n'atteste pas, et c'est dans une attestation qu'il devrait se renfermer.

Aussi remarquons-nous que Sérieux, dans ses notes sur le *Traité des successions* de Lebrun, édition de 1775, ne parle de cet acte de notoriété, relativement à la question de savoir si l'héritier bénéficiaire peut renoncer à la succession, que comme justifiant la *maxime* que *celui qui est héritier bénéficiaire, ne peut renoncer vis-à-vis de ses cohéritiers.*

Il faut donc dire que, s'il existe des arrêts du parlement de Paris qui ont jugé, depuis 1713, que l'héritier bénéficiaire ne pouvait pas renoncer même vis-à-vis des créanciers ; ils ont été rendus, non *par application*, mais *par extension*, pour ne pas dire *par abus*, de l'acte de notoriété dont il s'agit ; et c'est effectivement sous ce point de vue que les présente Sérieux, à l'endroit cité : cette *maxime* (dit-il en parlant de l'inadmissibilité de l'héritier bénéficiaire à renoncer envers ses cohéritiers) *est si affermie que l'on trouve* (dans la collection de Denisart) *deux arrêts qui*, EN ARGUMENTANT DE LA JURISPRUDENCE DU CHATELET, *sont allés jusqu'à décider qu'un héritier bénéficiaire ne peut pas même renoncer vis-à-vis des créanciers.*

Quels sont donc ces arrêts ? Sérieux n'en compte que deux ; et cependant Denisart en rapporte trois.

Mais le premier, celui du 2 septembre 1755, est, comme on le verra ci-après, art. 5, absolument étranger à la question qui nous occupe en ce moment.

Le second et le troisième nous sont retracés en ces termes par les nouveaux éditeurs de Denisart.

« 1°. Arrêt du 23 juillet 1756, de relevée, qui a condamné, comme héritier bénéficiaire, un particulier qui, après avoir accepté, avait renoncé. Il était cependant dans l'espèce où l'on peut accueillir le plus favorablement cette renonciation, si elle était admissible ; il ne s'était jamais immiscé dans la succession ; il avait pris qualité après la levée du scellé, dans un tems où il ne pouvait encore connaître les embarras de la succession ; et dès qu'il les avait connus par l'inventaire, il avait renoncé. Mais l'arrêt n'eut aucun égard à ces circonstances, et le condamna comme héritier bénéficiaire. Plaidoiries, fol. 105....

» 2°. Arrêt du 6 mars 1762 (il n'a pas pu être vérifié), par lequel la cour a déclaré nulles de pareilles renonciations, ainsi que la nomination d'un cu-

rateur au Bénéfice d'inventaire faite sur la requête des héritiers ».

Que l'arrêt du 29 juillet 1756 ait effectivement jugé que l'héritier bénéficiaire ne pouvait pas, par sa renonciation à la succession, se soustraire aux actions des créanciers, il est permis de le croire d'après le compte qu'en rendent les auteurs cités.

Mais que le second ait jugé la même chose, c'est ce qu'il est impossible d'admettre. Remarquons, en effet, la différence qu'il y a sur ce point, entre le langage des nouveaux éditeurs de Denisart et celui de Denisart lui-même.

Suivant les premiers, l'arrêt du 6 mars 1762 a *déclaré nulles de pareilles renonciations*, c'est-à-dire des renonciations faites, vis-à-vis des créanciers, à des successions acceptées sous Bénéfice d'inventaire.

Et suivant le second (au récit duquel les premiers avouent implicitement qu'ils sont obligés de s'en tenir, puisqu'ils déclarent eux-mêmes qu'ils n'ont pas pu vérifier cet arrêt, ou en d'autres termes, qu'ils ne l'ont pas trouvé au greffe du parlement), « Des renonciations au *Bénéfice d'inventaire* par des héritiers bénéficiaires ont été » déclarées nulles, ainsi que la nomination du » curateur au *Bénéfice d'inventaire* faite sur leur » requête ». Qu'est-ce que cela signifie ? Renoncer *au Bénéfice d'inventaire*, ce n'est assurément pas renoncer à la succession acceptée sous ce Bénéfice, c'est au contraire accepter la succession purement et simplement, chose qui a toujours été permise à l'héritier bénéficiaire, majeur et maître de ses droits. Qu'a donc jugé cet arrêt, s'il a effectivement déclaré nulle la renonciation faite *par des héritiers bénéficiaires au Bénéfice d'inventaire* ? Rien autre chose si ce n'est que ces héritiers étaient, ou mineurs, ou interdits, ou de toute autre manière incapables de changer leur qualité. Mais d'un autre côté, comment cet arrêt aurait-il pu déclarer nulle tout à la fois, et la renonciation des héritiers bénéficiaires *au Bénéfice d'inventaire, et la nomination d'un curateur au Bénéfice d'inventaire faite sur leur requête* ? Si le Bénéfice d'inventaire subsistait à leur profit, malgré la renonciation qu'ils y avaient faite, comment la nomination qu'ils avaient précédemment provoquée d'un curateur au Bénéfice d'inventaire, aurait-elle pu être annulée ? Le maintien de celle-ci devait être la conséquence nécessaire de l'annulation de celle-là. Ce que dit Denisart de cet arrêt, n'offre donc qu'un pur galimathias ; et dès-lors, point de conséquence à en tirer.

Faut-il s'étonner, d'après cela, que Pothier, quoiqu'il n'ait écrit son *Traité des successions* qu'après la publication du recueil de Denisart, n'en ait pas moins enseigné, conformément à l'ancienne jurisprudence, que l'héritier bénéficiaire pouvait, vis-à-vis des créanciers, renoncer à la succession ? Il voyait clairement que, des trois arrêts cités par Denisart, pour prouver que cette jurisprudence était changée ; le premier, celui de 1755, était inapplicable à la question, et que le troisième, celui de 1762, était retracé d'une manière qui en rendait le prétendu prononcé inintelligible. En fallait-il davantage pour le mettre en garde contre le second, et pour lui faire penser que Denisart avait pu se méprendre sur l'espèce dans laquelle le parlement de Paris l'avait rendu, comme il s'était évidemment mépris sur l'application du premier, comme il n'avait su ce qu'il avait dit en rapportant le troisième ?

A l'égard de la jurisprudence du parlement de Rouen sur notre question, tout ce que nous en connaissons se rapporte au *tiers.coutumier*, espèce de légitime que la coutume de Normandie réservait aux enfans sur certains biens de leurs pères et mères, et dont elle leur accordait la distraction, tant contre leurs co-successibles que contre les créanciers et les tiers-acquéreurs (1).

Les enfans pouvaient exercer ce droit qu'en renonçant à la succession sur laquelle la distraction leur en était accordée ; et par cette raison, c'était une maxime généralement reconnue qu'ils s'en privaient en prenant la qualité d'héritiers bénéficiaires, ni plus ni moins qu'en prenant celle d'héritiers purs et simples.

Mais pouvaient-ils, après avoir accepté la succession sous Bénéfice d'inventaire, y renoncer, pour revenir au tiers coutumier ?

L'affirmative n'était pas douteuse. *C'est un usage certain, en cette province*, disait Basnage sur l'art. 599 de la coutume de Normandie, *qu'un héritier bénéficiaire peut renoncer à la succession à l'égard des créanciers, et qu'en rendant compte de ce qu'il a reçu, il peut demander son tiers coutumier, comme s'il n'avait jamais été héritier ;* et ce qui prouve que l'usage était encore le même à cet égard en 1780, c'est que Houard écrivait à cette époque, dans son *Dictionnaire de droit normand*, aux mots *Bénéfice d'inventaire*, n°. 4, que « l'entérinement du bénéfice d'inventaire n'empêche pas celui qui l'a obtenu, de renoncer à la succession et de réclamer son tiers coutumier ».

Ainsi, la jurisprudence du parlement de Rouen sur notre question, était bien conforme à l'esprit comme à la lettre de la loi *Scimus*.

III. Maintenant ouvrons le Code civil, et pesons bien ce qu'il dit, art. 802 :

« L'effet du Bénéfice d'inventaire est de donner à l'héritier l'avantage,

» 1°. De n'être tenu du paiement des dettes de la succession que jusqu'à concurrence de la valeur des biens qu'il a recueillis, *même de pouvoir se décharger du paiement des dettes en abandonnant tous les biens de la succession aux créanciers et aux légataires ;*

» 2°. De ne pas confondre ses biens personnels

(1) *V.* l'article *Tiers coutumier.*

avec ceux de la succession, et de conserver contre elle le droit de réclamer le paiement de ses créances ».

Ainsi, à l'exemple de la loi *Scimus*, le Code civil déclare que le Bénéfice d'inventaire emporte, pour l'héritier, le privilège *de n'être tenu du paiement des dettes que jusqu'à concurrence des biens qu'il a recueillis*, et celui de ne pas confondre ses biens personnels, ni par conséquent ses créances, avec les biens et les dettes de la succession.

Mais, à la différence de la loi *Scimus*, au lieu de faire dériver du premier de ces privilèges, l'avantage de pouvoir, relativement aux créanciers et aux légataires, se désister purement et simplement de la succession, *discedere ab hereditate*, il en tire seulement la conséquence que l'héritier peut *se décharger du paiement des dettes, en abandonnant tous les biens de la succession aux créanciers et aux légataires.*

Que, nonobstant cette différence d'expressions, il condamne le système de ceux qui, dans l'ancienne jurisprudence, ne laissaient à l'héritier bénéficiaire aucune voie ouverte pour se débarrasser de la liquidation d'une succession manifestement onéreuse ; cela n'est pas douteux.

Que, par suite, l'héritier bénéficiaire puisse aujourd'hui, en abandonnant aux créanciers et aux légataires tous les biens qui se trouvent dans la succession, se mettre à l'abri de leurs poursuites, et les réduire à ne pouvoir agir que sur les biens dont il leur fait l'abandon, c'est ce qui est également incontestable.

« En effet (dit M. Chabot, sur l'art. 802), il » serait contradictoire que, d'une part, le légis» lateur eût permis à l'héritier bénéficiaire de » faire l'abandon des biens, précisément pour se » décharger du paiement des dettes, c'est-à-dire, » des affaires relatives à ce paiement, l'héritier » bénéficiaire n'étant pas obligé personnellement » aux dettes ; et que, d'autre part cependant, il » eût voulu que les créanciers et les légataires » pussent encore diriger leurs actions contre l'hé» ritier bénéficiaire qui aurait fait l'abandon, ce » qui obligerait évidemment cet héritier à se mê» ler toujours du paiement des dettes ».

Mais l'héritier Bénéficiaire obtiendrait-il le même avantage par une renonciation qu'il ferait purement et simplement à la succession ?

On peut dire pour la négative, que la loi lui permet bien d'abandonner l'actif de la succession aux créanciers et aux légataires, mais qu'elle ne lui permet pas de renoncer à la succession même ; et qu'elle ne le lui permet pas, parce qu'elle considère comme indélébile la qualité d'héritier qu'il a prise par son acceptation ; qu'ainsi, en renonçant à la succession, il fait, même relativement aux créanciers et aux légataires, un acte frustratoire et par conséquent nul ; et que sa renonciation ne les empêche pas d'exercer contre lui, en sa qualité, toutes les actions qu'ils avaient contre le défunt.

2.

Et c'est ce qu'ont effectivement jugé un arrêt de la cour d'appel de Paris, du 26 avril 1809; un arrêt de la cour royale de Douai, du 29 juillet 1816; et un arrêt de la cour royale de Colmar, du 8 mars 1820, rapportés par M. Sirey, tome 10, partie 2, page 189; tome 17, partie 2, page 268; et tome 20, partie 2, page 163.

Mais pour peu que l'on y réfléchisse, on sentira que cette opinion ne repose que sur de vaines subtilités.

Oui sans doute, en n'accordant à l'héritier bénéficiaire que la faculté d'abandonner aux créanciers et aux légataires tous les biens de la succession, en n'étendant pas expressément cette faculté jusqu'à celle de renoncer à la succession même, l'art 802 du Code civil fait clairement entendre que l'héritier bénéficiaire ne peut pas, par sa renonciation à la succession, se dépouiller indéfiniment et envers tout le monde, de la qualité d'héritier. Mais très-certainement il attribue à l'abandon qu'il l'autorise à faire, l'effet de neutraliser sa qualité d'héritier envers les créanciers et les légataires; ou, pour me servir des termes de la loi *Scimus*, de *discedere ab hereditate* à leur égard. Or, qu'est-ce qu'un acte qui, envers les créanciers et les légataires, fait cesser les effets résultant de la qualité d'héritier? C'est évidemment, en ce qui concerne ceux-ci, une renonciation à la succession. Donc l'héritier bénéficiaire renonce à la succession envers les créanciers et les légataires, par cela seul qu'il leur en abandonne tous les biens. Donc, abandonner tous les biens de la succession aux créanciers et aux légataires, et renoncer à la succession, c'est, relativement aux créanciers et aux légataires, une seule et même chose. Donc les créanciers et les légataires ne peuvent pas plus continuer l'exercice de leurs actions contre l'héritier bénéficiaire, après qu'il a renoncé purement et simplement à la succession, qu'ils ne le peuvent après qu'il leur en a abandonné tous les biens.

On peut, je le sais, objecter à ce raisonnement que la disposition ci-dessus transcrite de l'art. 802 du Code civil de laquelle il s'agit ici, n'est que la copie du passage suivant de Pothier, dans son *Introduction à la coutume d'Orléans*, tit. 17, n°. 53 : « Le troisième effet du Bénéfice » d'inventaire et qui est une suite du premier », (c'est-à-dire, de celui de ne soumettre l'héritier au paiement des dettes que jusqu'à concurrence de la valeur des biens), « est que l'héritier est » reçu, quand bon lui semble, à se décharger » entièrement envers les créanciers de la succes- » sion, en leur abandonnant les biens de la suc- » cession, et en leur en rendant compte » ; qu'en effet après s'être ainsi exprimé, Pothier ajoute : « cet abandon que fait l'héritier bénéficiaire, est » *improprement appelé renonciation à la succession* ; » car il n'a que l'effet de le décharger envers les » créanciers ; mais, suivant la maxime *qui semel* » *heres, semper heres*, il demeure toujours héri-

» tier, et comme tel, propriétaire des biens jus- » qu'à ce qu'ils soient vendus et adjugés sur la » poursuite des créanciers » ; qu'ainsi, dans la pensée de Pothier, l'abandon fait aux créanciers des biens de la succession, ne peut pas équipoller à une répudiation proprement dite de la succession ; qu'il n'y peut donc pas équipoller davantage dans l'esprit du Code civil; et que, dès-lors, l'héritier bénéficiaire qui renonce purement et simplement à la succession, au lieu d'en abandonner les biens aux créanciers, ne fait rien d'efficace, rien qui puisse le soustraire, de la part des créanciers, aux actions auxquelles le soumet la qualité qu'il a prise.

Mais d'abord ce qui prouve que, tout en disant dans le passage cité, que c'est improprement que l'on qualifie de *renonciation à la succession*, l'acte par lequel l'héritier bénéficiaire abandonne les biens de la succession aux créanciers, Pothier entend que, si au lieu d'un acte d'abandon, l'héritier bénéficiaire fait un acte de renonciation, l'acte de renonciation ne sera pas nul, mais vaudra comme acte d'abandon, c'est la manière dont il reproduit, dans son *Traité des successions*, la doctrine qu'il avait d'abord enseignée sur cette matière, dans son *Introduction à la coutume d'Orléans*. Il commence, ainsi qu'on l'a vu au n°. précédent, par établir comme une conséquence du Bénéfice d'inventaire, « que l'hé- » ritier bénéficiaire peut, si bon lui semble, *re-* » *noncer à la succession* ». Et plus bas, il ajoute : « la » renonciation que fait l'héritier bénéficiaire, est » plutôt un abandon des biens qu'il fait aux créan- » ciers, qu'une vraie renonciation qu'il fait de la » succession ». Et, dès-là, il suit évidemment que, s'il est vrai, comme le fait assez présumer la manière dont est conçu l'art. 802 du Code civil, que la rédaction en a été modelée sur les expressions employées par Pothier dans son *Introduction à la coutume d'Orléans*, et qu'elle doit être entendue dans le même sens que celle-ci, c'est une raison de plus pour envisager aujourd'hui la renonciation pure et simple de l'héritier bénéficiaire à la succession, comme formant, à l'égard des créanciers et des légataires, l'équipollent d'un abandon qui leur serait fait des biens de la succession même, comme emportant pour lui l'affranchissement de toute poursuite ultérieure de leur part.

Ensuite, et indépendamment de cette première réponse, que peut-on raisonnablement induire de l'impropriété des mots *renoncer à la succession*, pour signifier *abandonner les biens de la succession* aux créanciers et aux légataires ? De ce qu'une expression, considérée en elle-même, ne peut désigner une chose qu'autant qu'elle est prise dans une acception impropre, s'ensuit-il qu'elle ne la désigne pas véritablement et d'une manière suffisante, lorsque, dans les circonstances où elle est employée, elle ne peut pas désigner une autre chose ? Non certainement. Il est, au contraire, de principe que toute expression susceptible de deux sens, doit être prise dans celui suivant lequel on peut lui donner un effet quelconque, plutôt que dans celui suivant lequel on ne pourrait lui en donner aucun, et que, dans le doute, toute déclaration ou disposition doit être interprétée de manière que l'acte dont elle fait partie, soit plutôt valable que nul (1). Or, que signifieraient, dans la bouche de l'héritier bénéficiaire, les mots *je renonce à la succession*, s'ils n'équipollaient pas à ceux-ci : *j'abandonne tous les biens de la succession aux créanciers; j'emploie, pour me mettre à l'abri des poursuites des créanciers, la voie qui m'est indiquée par l'art. 802 du Code civil?* Bien évidemment ils ne signifieraient rien, ils ne composeraient qu'une déclaration nulle, puisque, comme je l'établirai plus particulièrement ci-après, art. 4 et 5, l'héritier bénéficiaire ne peut renoncer à la succession, ni envers ses co-héritiers, ni envers les successibles du degré qui suit immédiatement le sien, et auxquels aurait été dévolu le droit de succéder, s'il ne l'avait pas exercé lui-même. Il faut donc nécessairement (dans l'impossibilité où l'on se trouve placé par les principes les plus constans de la jurisprudence et par les règles les plus triviales de la logique, de présumer qu'en faisant une pareille déclaration, l'héritier bénéficiaire n'y ait attaché aucun sens) supposer qu'il l'a faite dans le sens qu'il pouvait la faire, qu'il l'a faite respectivement aux créanciers, et qu'elle a pour objet de le débarrasser, à leur égard, de la liquidation de l'hérédité.

Pour rendre ceci plus sensible encore, mettons en regard la faculté qu'accorde l'art. 802 du Code civil à l'héritier bénéficiaire *de se décharger du paiement des dettes du défunt en abandonnant tous les biens de la succession aux créanciers et aux légataires*, avec la faculté que l'art. 2168 du même Code accorde au tiers-détenteur actionné hypothécairement par les créanciers de son vendeur, de se décharger de leurs poursuites en leur délaissant les immeubles hypothéqués à leurs créanciers; et supposons que le tiers-détenteur, au lieu de dire dans la déclaration que l'art. 2174 l'oblige de passer au greffe, qu'il délaisse aux créanciers poursuivans les biens qu'il a acquis de leur débiteur, y dise simplement qu'il renonce à l'acquisition qu'il a faite de ces biens. Les créanciers de son vendeur pourront-ils continuer leurs poursuites contre lui, sous le prétexte qu'il n'a pas employé dans sa déclaration le mot *délaisser*, qu'il y a substitué le mot *renoncer;* qu'en appliquant celui-ci au contrat par lequel il avait acquis les biens hypothéqués à leurs créances, il n'a manifesté que l'intention de résilier ce contrat vis-à-vis de leur débiteur; qu'ainsi, il a fait, par sa déclaration, ce qu'il ne pouvait pas faire, et que

ce qu'il pouvait faire, il ne l'a pas fait ; et que, par conséquent, sa déclaration est nulle à leur égard ? Assurément il leur fermerait la bouche en répondant que devant savoir et sachant très-bien que, pour résilier son contrat d'acquisition vis-à-vis de son vendeur, il n'aurait pu se pourvoir que par action principale contre son vendeur lui-même, et que, même en prenant cette voie, il ne se serait pas soustrait à leurs poursuites, il est impossible que, par la renonciation qu'il a faite à son contrat d'acquisition, il ait entendu faire autre chose que le délaissement autorisé par la loi; que l'interpréter autrement, ce serait le rendre frustratoire; et que les principes s'opposent à ce qu'elle soit considérée comme telle, alors qu'elle est susceptible d'un sens qui la rende efficace. Et quelle raison y aurait-il d'être plus pointilleux envers l'héritier bénéficiaire dans le cas de l'art. 802, qu'on ne l'est et ne peut l'être contre le tiers-détenteur, dans le cas de l'art. 2168?

Enfin, ce qui doit trancher toute difficulté là-dessus, c'est que, dans un arrêt de la cour de cassation, du 6 juin 1815, rapporté ci-après, art. 6, n°. 3, il est dit en toutes lettres que *le droit de faire l'abandon* autorisé par l'art. 802 du Code civil, *est le même que celui de renoncer à la succession.*

Art. II. Dans quelle forme doit être fait par l'héritier bénéficiaire, soit l'abandon autorisé par l'art. 802 du Code civil, soit l'acte de renonciation qui en tient lieu envers les créanciers et les légataires?

La première question qui se présente ici, est de savoir si c'est par acte passé au greffe, ou par exploit signifié aux créanciers et aux légataires, que cet abandon doit être fait.

Or, voici comment elle est résolue par M. Chabot. « L'abandon doit être notifié à tous les créanciers et à tous les légataires, pour qu'ils en aient tous connaissance. Aucun article, ni du Code civil, ni du Code de procédure, n'autorise à faire au greffe d'un tribunal la déclaration d'abandon. »

Je conviens avec M. Chabot de la validité de l'abandon qui serait fait par acte notifié à tous les créanciers et à tous les légataires; mais je ne vois pas pourquoi il ne serait pas également valable, s'il était fait par acte passé au greffe.

Sans doute, la nécessité de faire l'acte d'abandon au greffe, ne résulte pas de l'art. 784 du Code civil, puisque cet article ne dispose que pour la renonciation qui se fait *rebus integris* et dont l'effet est d'empêcher que la qualité d'héritier ne se fixe sur la tête de celui qui la souscrit.

Sans doute elle ne résulte pas non plus de l'art. 2174 qui veut que le *délaissement par hypothèque* se fasse au greffe; et la raison en est sensible : c'est que, quelque analogie qu'il y ait entre le délaissement par hypothèque et l'abandon fait par

(1) *V.* les lois 12 et 21, D. *de rebus dubiis*, et l'art. 1157 du code civil.

l'héritier bénéficiaire des biens de la succession, l'on ne peut cependant pas argumenter de l'un à l'autre pour étendre à celui-ci une formule de l'accomplissement de laquelle la loi ne fait dépendre que la validité de celui-là. En fait de nullité pour omission de formes extrinsèques, tout est de rigueur, et ce n'est jamais par analogie que l'on doit raisonner.

Ce qui d'ailleurs lève à cet égard toute difficulté, c'est que, si, relativement à la formalité dont il s'agit, l'argument par analogie était ici admissible, il n'y aurait pas plus de raison pour appliquer à l'abandon fait par l'héritier bénéficiaire, la disposition de l'art. 2174 du Code civil qui veut que le délaissement par hypothèque se fasse au greffe, que la disposition de l'art. 901 du Code de procédure qui veut que la cession judiciaire de biens soit faite par le débiteur en présence de tous les créanciers appelés à cet effet.

Mais de ce que la loi est muette sur la forme dans laquelle l'héritier bénéficiaire doit passer l'acte d'abandon qu'elle lui permet, ne doit-on pas conclure qu'elle lui laisse le choix entre la forme qu'elle prescrit pour le délaissement par hypothèque, et la forme qu'elle prescrit pour la cession judiciaire des biens ?

Ce qu'il y a de certain, c'est que, dans l'espèce sur laquelle a été rendu l'arrêt de la cour de cassation du 6 juin 1815, dont il sera parlé ci-après, art. 6, les héritiers de la demoiselle Blanchet avaient fait au greffe l'acte de renonciation pur et simple qui a été justement assimilé à un acte d'abandon, et qu'il n'a été, sous ce rapport, l'objet d'aucune critique.

II. L'abandon qui ne serait fait qu'à quelques-uns des créanciers ou des légataires, soit par exploit signifié à leur personne, soit par convention passée avec eux, aurait-il l'effet de rendre l'héritier bénéficiaire héritier pur et simple ?

M. Chabot n'en doute pas: . L'art. 802 dit, » d'une manière générale, que les biens doivent » être abandonnés aux créanciers et aux léga- » taires; l'abandon doit donc être fait à tous les » créanciers et à tous les légataires, sans aucune » exception. Si l'héritier bénéficiaire ne faisait » l'abandon qu'à quelques-uns des créanciers » ou des légataires, ce serait une disposition qu'il » ferait en leur faveur, et il n'a le droit de dis- » poser d'aucun bien de la succession, dans sa » qualité de simple héritier bénéficiaire; en dis- » posant, il ferait acte d'héritier pur et simple ».

Je suis bien de l'avis de M. Chabot, si, en abandonnant les biens à quelques créanciers ou légataires, l'héritier bénéficiaire déclare expressément leur en céder la propriété en paiement de leurs créances ou de leurs legs. Là, en effet, s'applique d'elle-même, d'après la parfaite similitude qu'il y a entre la dation en paiement et la vente, la disposition de l'art. 988 du Code de

procédure civile, aux termes de laquelle l'héritier bénéficiaire est réputé héritier pur et simple, par cela seul qu'il vend des immeubles sans observer les formes auxquelles il est assujéti en sa qualité.

Mais si l'héritier bénéficiaire, en faisant l'abandon à quelques créanciers ou légataires, se borne à les mettre à même de poursuivre la vente des biens sur le curateur qu'ils feront nommer, quelle raison y aurait-il de le déclarer pour cela déchu du Bénéfice d'inventaire? Il n'est écrit nulle part que l'abandon sera nul, s'il n'a pas été fait tout d'un temps à chacun des créanciers et des légataires.

Art. III.

1°. *Comment doit-il être pourvu à l'administration et à la liquidation des affaires de la succession, après que l'héritier bénéficiaire en a abandonné les biens aux créanciers et aux légataires, pour se décharger du paiement des dettes?*

2°. *Quel serait, dans le cas où l'héritier bénéficiaire, au lieu d'abandonner les biens de la succession aux créanciers et aux légataires, aurait renoncé purement et simplement à la succession même, l'effet de la nomination qui serait faite d'un curateur à la succession énoncée comme vacante?*

I. En abandonnant les biens de la succession aux créanciers, l'héritier bénéficiaire se dépouille nécessairement du droit, comme il se décharge du soin de les administrer, et il n'a plus de qualité, soit pour intenter, soit pour soutenir les actions auxquelles ils peuvent donner lieu. Il faut donc alors que, sur la requête des personnes intéressées, ou du procureur du roi, le juge nomme un nouvel administrateur à la succession; mais comment le qualifiera-t-il?

Il devrait, sans contredit, le qualifier de *curateur à la succession vacante*, si l'abandon fait par l'héritier bénéficiaire des biens dont s'en compose l'actif, la constituait en état de vacance. Mais la constitue-t-il véritablement en cet état?

Une succession n'est *réputée vacante*, suivant l'art. 811 du Code civil, que dans trois cas : le premier, *lorsqu'après l'expiration des délais pour faire inventaire et pour délibérer, il ne se présente personne pour la réclamer;* le second, *lorsqu'il n'y a pas d'héritier connu;* le troisième, *lorsque les héritiers connus y ont renoncé.*

Or, l'abandon dont il s'agit, ne place évidemment la succession ni dans le premier ni dans le second de ces cas, et il ne la place pas non plus dans le troisième; car, quoiqu'il équipolle, entre l'héritier bénéficiaire et les créanciers, en tout ce qui concerne l'avantage de ceux-ci, à une répudiation proprement dite de la succession, il n'a cependant l'effet, comme on le verra ci-après, art. 4 et 5, ni à l'égard des cohéritiers de l'héritier bénéficiaire, ni à l'égard des successibles du degré subséquent.

Donc l'héritier bénéficiaire demeure véritable-

ment héritier, même après avoir fait, envers les
créanciers, l'équipollent d'une renonciation.

Donc la succession continue, nonobstant la
renonciation qu'il y a faite envers les créanciers,
de résider sur sa tête.

Donc elle n'est pas *vacante* dans le sens légal
de ce mot.

Donc, si l'on veut se tenir strictement dans les
termes de la loi, ce n'est pas un *curateur à la
succession vacante* qu'il faut nommer, mais un
*curateur aux biens de la succession abandonnée aux
créanciers par l'héritier bénéficiaire*, comme dans
le cas du délaissement par hypothèque, l'art.
2174 du Code civil veut qu'il soit nommé un curateur à l'immeuble délaissé par le tiers-détenteur.

H. Mais devons-nous pousser cette conséquence jusqu'à dire que, si le juge qualifiait de
curateur à la succession vacante, l'administrateur
qu'il devrait qualifier de *curateur aux biens abandonnés aux créanciers par l'héritier bénéficiaire*, il
résulterait de là une nullité qui rendrait la nomination de cet administrateur sans effet et absolument illusoire?

L'arrêt de la cour d'appel de Paris du 26 août
1809, qui est cité dans l'art. 1er, a jugé pour l'affirmative; et il aurait très-bien jugé si, comme
il l'a décidé en même temps par ses motifs, la
renonciation pure et simple de l'héritier bénéficiaire à la succession, était absolument frustratoire et nulle à l'égard des créanciers.

Mais je crois avoir démontré que cette renonciation équipolle, de lui aux créanciers, à l'abandon que l'art. 802 du Code civil lui permet de
faire à ceux-ci des biens de la succession pour se
décharger du paiement des dettes; et dès-là, je
n'aperçois aucune raison qui puisse empêcher de
donner à la nomination d'un curateur, à la succession vacante, l'effet de la nomination d'un
curateur aux biens de la succession abandonnés
aux créanciers par l'héritier bénéficiaire.

Pour qu'il en fût autrement, il faudrait que,
par l'abandon que l'héritier bénéficiaire fait des
biens de la succession, la succession ne devînt
pas vacante à l'égard de ceux-ci. Or, le moyen
de soutenir un pareil système! Encore une fois,
par cet abandon, l'héritier bénéficiaire fait cesser, à l'égard des créanciers, tous les effets attachés en leur faveur à sa qualité d'héritier bénéficiaire. L'acceptation qu'il a précédemment
faite de la succession, est donc, dès-lors, considérée, de lui aux créanciers, comme résolue.
Qu'importe qu'elle ne le soit pas avec effet rétroactif? Qu'importe qu'elle ne le soit que pour l'a-
venir? Il n'en est pas moins vrai que, pour l'a-
venir, et respectivement aux créanciers, elle est
censée non acceptée et par conséquent vacante.

C'est ainsi, au surplus, qu'on le pratiquait,
sous l'ancienne jurisprudence, dans tous les tribunaux qui tenaient pour maxime, conformé-

ment au §. 13 de la loi *Scimus*, que l'héritier bénéficiaire pouvait, à l'égard des créanciers, renoncer à la succession. Témoins notamment, et
l'arrêt du parlement de Toulouse cité plus haut,
art. 1, n°. 2, d'après le président Maynard, et
celui du parlement de Paris, du 7 juillet 1674,
qui est rapporté dans le Journal du palais, tome
2, pages 324 et 325 de l'édition *in-folio*; et l'affaire sur laquelle a été rendu par la cour de cassation l'arrêt du 15 brumaire an 13, qui est rapporté dans le *Répertoire de jurisprudence*, aux mots
Bénéfice d'inventaire, n°. 16.

Art. IV. *L'héritier bénéficiaire peut-il se
prévaloir contre d'autres que les créanciers et les
légataires, soit de sa renonciation à la succession, soit de l'abandon qu'il a fait à ceux-ci des
biens dont elle se compose? Peut-il notamment,
par l'un ou l'autre moyen, s'affranchir du rapport auquel il s'est obligé envers ses cohéritiers
par son acceptation?*

I. Sous l'ancienne jurisprudence, Lebrun,
dans son *Traité des successions*, liv. 3, chap. 4,
n°. 34, et Furgole, dans son *Traité des testamens*,
chap. 10, n°. 72, soutenaient l'affirmative.

Mais l'opinion contraire, professée par Tronçon, sur l'art. 342 de la coutume de Paris, et
par Pothier, dans son *Traité des successions*,
chap. 3, §. 8, était clairement justifiée par la
loi *Scimus*, c'est-à-dire par la loi qui avait introduit et constitué le Bénéfice d'inventaire, et sur
les dispositions de laquelle il était réglé dans
toute la France avant le Code civil.

Voulons-nous, en effet, nous convaincre que
cette loi n'avait établi le Bénéfice d'inventaire
que contre les créanciers et les légataires; que
ce n'était que contre eux qu'elle faisait résulter,
pour l'héritier bénéficiaire, les avantages qu'elle
y attachait; que par conséquent ce n'était qu'à
leur égard qu'elle traçait une ligne de démarcation entre l'héritier bénéficiaire et l'héritier pur
et simple; et que, par une conséquence ultérieure, ce n'était que vis-à-vis d'eux que, dérogeant à la grande maxime, *semel heres, semper
heres*, elle permettait à l'héritier bénéficiaire de
discedere ab hereditate, de renoncer à la succession après l'avoir acceptée en majorité? Analy-
sons-la d'un bout à l'autre.

Par le préambule, Justinien rappelle, comme
je l'ai déjà dit plus haut, art. 1, n°. 1, une ancienne loi de l'empereur Gordien, qui accordait
aux militaires le privilége de ne pouvoir être
poursuivis par les créanciers héréditaires, que
jusqu'à concurrence de la valeur des biens trouvés dans la succession : *de militibus qui per ignorantiam hereditatem adierunt, quamtumvis pro his
tantummodò* conveniantur; *quas in hereditate inve-
nerunt, ipsorum autem bona à* creditoribus *hereditariis non inquietantur.*

Il parle en même temps de deux autres lois
qu'il a faites lui-même et qui ne sont pas par-

venues jusqu'à nous : l'une, concernant ceux qui, appelés à une succession dont ils ignoraient les forces, jugeaient à propos de délibérer avant de l'accepter : *unam quidem qui deliberandum pro hereditate sibi delatâ existimaverunt;* l'autre, portant sur le cas où une succession qui, d'après l'état où elle se trouvait au moment de son ouverture, paraissait n'offrir que des avantages à recueillir et avait été acceptée dans cette confiance, devenait ruineuse par les dettes imprévues dont elle était grevée : *aliam autem* DE IMPROVISIS DEBITIS *et incerto exitu per diversas species imposito.*

Bien évidemment il n'était question, dans ces trois lois, que de venir au secours des héritiers contre les créanciers de la succession ; il ne s'y agissait nullement, soit de cohéritiers, soit de partage, soit de rapport.

Justinien dit ensuite qu'il a jugé convenable de remplacer ces trois lois par une loi nouvelle, qui rendra commune à tous les héritiers indistinctement la grace que l'empereur Gordien avait restreinte aux héritiers militaires : *et non solùm milites adjuvare ejusmodi beneficio, sed etiam ad omnes extendere;* et assurément étendre aux non-militaires un privilége que les militaires ne pouvaient faire valoir que contre les créanciers de la succession ; ce n'est pas dire que les non-militaires pourront le tourner contre leurs cohéritiers.

Le préambule de la loi est terminé par l'annonce que le privilége qui va être organisé, aura lieu non-seulement dans le cas où il surviendra, après l'acceptation de la succession, des créanciers inconnus jusqu'alors, mais encore dans celui où la succession se trouvera notoirement onéreuse dès le moment où elle sera acceptée : *non tantùm si improvisum emerserit* DEBITUM, *sed etiam si onerosam quis inveniat esse quam adit hereditatem.* Sans doute une succession peut être onéreuse de deux manières : elle peut l'être de l'héritier aux créanciers, parcequ'il s'y trouve des dettes imprévues qui en absorbent tout l'actif; et elle peut également l'être de l'héritier à ses cohéritiers, parcequ'en l'acceptant, l'un contracte envers les autres l'obligation de leur faire des rapports dont il aurait pu se dispenser en renonçant. Mais, ce qui prouve que, dans le second membre de la phrase citée, Justinien ne considère la succession comme onéreuse, que de l'héritier aux créanciers et à raison des dettes imprévues qui la grèvent, c'est qu'il met en opposition l'hérédité qui se trouve onéreuse au moment de l'acceptation avec l'hérédité dont les dettes ne paraissent qu'après qu'elle a été acceptée : *Non tantùm si improvisum emerscrit debitum, sed etiam si onerosam quis inveniat esse quam adit hereditatem.*

C'est à la suite de ce préambule que viennent les quinze paragraphes dont se compose la loi.

Dans le §. 1, l'empereur déclare qu'il n'est pas besoin d'inventaire, soit pour l'héritier qui, con-

naissant à fond l'état avantageux de la succession, croit devoir l'appréhender directement, et se soumettre par là au paiement de toutes les dettes, *cùm omnibus creditoribus hereditariis suppositus sit,* soit pour l'héritier qui, la sachant onéreuse, croit devoir la répudier tout de suite.

Dans le §. 2, il dit que, si l'héritier a des doutes sur les forces de la succession, il pourra l'accepter sans délibération préalable, mais en faisant inventaire dans le délai et dans les formes qui y sont réglés.

Dans le §. 3, il proroge le délai de l'inventaire jusqu'à un an à compter de l'ouverture de la succession, dans le cas où l'héritier se trouve à de grandes distances des lieux où sont situés, en tout ou en majeure partie, les biens du défunt.

Le §. 4 détermine les effets du Bénéfice d'inventaire. Lorsque l'inventaire aura été fait régulièrement (y est-il dit), les héritiers peuvent accepter sans péril : *hereditatem sine periculo adeant.* Et envers qui se mettent-ils à l'abri de tout péril? Est-ce envers leurs cohéritiers? Non : c'est uniquement envers les légataires et les créanciers : ils pourront (dit la loi) exercer contre les légataires la distraction de la quarte Falcidie; et les créanciers ne pourront rien exiger d'eux au-delà de ce que vaudra la succession : *Hereditatem sine periculo adeant, et legis Falcidiæ adversùs legatarios utantur beneficio, ut in tantùm* HEREDITARIIS CREDITORIBUS *teneantur, in quantùm res substantiæ ad eos devolutæ valeant.*

Le même paragraphe ajoute que l'héritier bénéficiaire paiera les créanciers au fur et à mesure qu'ils se présenteront : *et eis satisfaciant qui primi venient creditores;* que ceux qui ne viendront que lorsqu'il ne restera plus rien, n'auront rien à lui demander; et qu'ils ne pourront surtout pas s'en prendre à ses biens personnels; parcequ'il ne faut pas qu'il perde là où il pouvait espérer de gagner: *nihil ex substantiâ suâ penitùs amittant, ne dùm lucrum facere sperant, in damnum incidant.* Quant aux légataires qui apparaîtront dans l'intervalle (continue-t-elle), l'héritier bénéficiaire les satisfera sur l'hérédité même, soit par la délivrance des effets qui leur ont été légués par le défunt, soit par le versement entre leurs mains du prix qu'il a tiré de ces effets : *sed et si* LEGATARII *intered venerint, eis satisfaciant ex* HEREDITATE *defuncti, vel ex ipsis rebus, vel ex rerum forsitan venditione.*

A quoi se rapportent, dans cette partie de la loi, les membres de la phrase : *nihil ex substantiâ suâ penitùs amittant, ne dùm lucrum facere sperant in damnum incidant?* Rien de plus simple : ils se rapportent à ce qui les précède et à ce qui les suit. Or, ce qui les précède, c'est une disposition relative aux créanciers; ce qui les suit, c'est une disposition relative aux légataires. Le sens de cette phrase est donc que l'héritier n'a aucune perte à redouter, soit de la part des légataires, soit de la part des créanciers. Et cependant Lebrun conclud précisément de ces phrases, que l'héritier bénéficiaire peut, en renonçant à la succession, s'affranchir, envers ses co-héritiers, des rapports qu'il s'est obligé, en l'acceptant, de leur faire, parceque, s'il en était autrement, il perdrait des biens qui lui appartiennent personnellement, parcequ'il se trouverait constitué en perte. Mais, comme l'observe Pothier, il est évident que cet auteur s'est mépris sur le sens de ces phrases, et que la loi n'a en vue, dans ces phrases, que les « créanciers (et les légataires) à qui elle » ne permet pas de se venger sur les propres biens » de l'héritier bénéficiaire ».

Suivant les §. 5, 6, 7 et 8, les créanciers qui ne se présentent qu'après que tous les biens ont été employés au paiement des créanciers et des légataires plus diligens qu'eux, ne pourront s'adresser ni à l'héritier bénéficiaire ni à ceux qui ont acheté de lui les biens de la succession ; mais ils pourront se pourvoir contre les légataires, soit par l'action hypothécaire, soit par l'action appelée *condictio indebiti*, et contre les créanciers, soit par l'action hypothécaire, soit par l'action *condictio ex lege*; et, comme l'on voit, il n'y a pas un mot dans tout cela qui concerne les cohéritiers ni les rapports que leur doit l'héritage bénéficiaire.

La même observation s'applique à la partie du §. 9, qui autorise l'héritier bénéficiaire à prélever sur la succession tout ce qu'il a dépensé pour les funérailles du défunt, pour la confection de l'inventaire et généralement pour les affaires de l'hérédité.

Mais il y a une observation bien plus importante à faire sur la partie du même paragraphe qui déclare que l'héritier bénéficiaire ne confond pas les actions qu'il avait contre le défunt, et que, pour les sommes qui lui sont dues personnellement, il vient avec les autres créanciers, soit par contribution, soit par ordre d'hypothèque : *si verò et ipse aliquas contrà defunctum habeat actiones, non hæ confundantur, sed similem cùm aliis creditoribus per omnia habeat fortunam : temporum tamen prærogativâ inter creditores servandâ*. Que résulterait-il de cette disposition, si le Bénéfice d'inventaire pouvait être employé contre les cohéritiers purs et simples de l'héritier qui y a recours? Bien évidemment il en résulterait, et il en résulterait de toute nécessité, que l'héritier bénéficiaire ne confondrait pas, vis-à-vis de ses cohéritiers, sa part dans les créances qu'il a contre la succession. Ainsi, supposons une succession déférée à deux enfans, à l'un desquels il est dû 10,000 francs. Celui qui est créancier de cette somme, se porte héritier par Bénéfice d'inventaire. L'autre se porte héritier pur et simple. La succession se liquide, et toutes les dettes étrangères payées, il se trouve un actif net de 100,000 francs. Comment se partagera cette somme entre les deux frères? Si les deux frères ne sont considérés l'un envers l'autre que comme héri-

tiers de la même catégorie, celui qui est héritier bénéficiaire, confondra en lui-même la moitié de sa créance, et par conséquent il reviendra à chacun 47,500 francs. Mais, s'il n'y a point de confusion dans la personne de l'héritier bénéficiaire, il commencera par prélever sur l'actif restant de 100,000 francs, les 10,000 francs qui lui sont dus, et il ne restera à partager entre les deux frères que 90,000 francs. Or, demandez à Lebrun, à Furgole, à tous les sectateurs de leur doctrine, quel est de ces deux modes de procéder, celui qui est le plus juste, le plus conforme à la loi. Tous vous répondront, sans hésiter, que c'est le premier. Ce serait cependant le second, si le Bénéfice d'inventaire pouvait être opposé par l'héritier qui y a recours à son co-héritier pur et simple. En faut-il davantage pour pulvériser le système de ces auteurs?

Le §. 10 veut que les créanciers et les légataires soient admis à prouver qu'il y a dans la succession d'autres biens que ceux dont l'inventaire contient l'état. C'est toujours, comme l'on voit, entre l'héritier bénéficiaire d'une part, et les créanciers et légataires de l'autre, que le législateur concentre ses dispositions. Ses dispositions sont donc étrangères aux droits respectifs de l'héritier bénéficiaire et de ses co-héritiers.

Le même esprit éclate dans le §. 11, où il est dit d'abord que, pendant le délai accordé aux héritiers bénéficiaires pour faire dresser l'inventaire de la succession, il ne pourra être exercé contre eux aucune poursuite, soit par les créanciers, soit par les légataires ou fidéicommissaires : *nulla erit licentia, neque creditoribus, neque legatariis, neque fideicommissariis, eos vel inquietare, vel ad judicium vocare*; ensuite, que, pendant ce délai, aucune prescription ne courra contre les créanciers : *nullo scilicet ex hoc intervallo creditoribus hereditariis circà temporalem præscriptionem præjudicio generando*.

Même conséquence à tirer du §. 12, suivant lequel les héritiers qui, après avoir déclaré accepter la succession sous Bénéfice d'inventaire, ne l'ont pas fait inventorier dans le délai prescrit, sont réputés héritiers purs et simples, et sujets, comme tels, au paiement de la totalité des dettes : *heredes esse omninò intelligantur, et debitis hereditariis in solidum teneantur*.

Dans le §. 13, déjà rappelé à l'art. 1, n°. 1, Justinien déclare qu'en introduisant le Bénéfice d'inventaire, il n'entend pas abroger le *droit de délibérer* qui a été jusqu'à présent en vigueur; et que l'on pourra toujours le demander, soit au souverain dans l'année, soit aux juges dans les neuf mois de l'ouverture de la succession. Mais il remarque que, selon toute aparence, on n'aura plus guère recours à ce droit; et voici la raison qu'il en donne : *Cùm enim liceat eis et adire hereditatem et sine damno ab eâ discedere ex præsentis legis auctoritate, quis locus deliberationi relinquitur?*

Que, par ces mots *et ab eâ discedere*, Justinien

veuille dire que l'héritier bénéficiaire est toujours maître de se désister de la succession vis-à-vis des créanciers et des légataires, c'est ce que j'ai démontré plus haut. Mais pour conclure de là, comme le fait Furgole, que l'intention de Justinien est d'accorder la même faculté à l'héritier bénéficiaire vis-à-vis de ses co-héritiers purs et simples, il faudrait supposer qu'il entre dans le système de la loi *Scimus*, de régler autre chose que les intérêts respectifs de l'héritier bénéficiaire et des créanciers ou légataires du défunt ; et l'on vient de voir que cette supposition répugne et au préambule et à toutes les dispositions des douze premiers paragraphes.

Ce qu'il y a de singulier, c'est que Furgole reconnaît expressément, n°. 78, que *le Bénéfice d'inventaire n'est établi que contre les créanciers*. Eh ! Comment peut-il donc concilier un pareil aveu avec son opinion ? C'est (dit-il, n°. 75) que « si » l'on convient que l'héritier peut répudier par » rapport aux créanciers, il serait ridicule qu'il » ne pût pas répudier par rapport aux co-héritiers, » parceque la répudiation est un acte indivisible, » et qu'il est impossible que la même personne » soit considérée comme héritière à l'égard de » certaines personnes et qu'elle ne le soit pas ef-» fectivement à l'égard des autres, vu que la qua-» lité d'héritier est indivisible ».

Oui sans doute elle est indivisible, comme la qualité d'héritier, la répudiation qui, faite *rebus integris*, empêche la qualité d'héritier de se fixer sur la tête du successible. Oui sans doute elle est indivisible la répudiation qui, faite par un mineur restitué en entier contre son acceptation, efface de dessus sa tête la qualité d'héritier que son acceptation y avait imprimée. Oui sans doute il y a impossibilité que le successible qui, par l'effet de la première, ne devient pas, ou qui, par l'effet de la seconde, cesse d'être héritier à l'égard des créanciers et des légataires, le devienne ou ne cesse pas de l'être à l'égard de tout le monde. Mais quelle indivisibilité y a-t-il dans la répudiation improprement dite à laquelle l'héritier bénéficiaire est admis envers les créanciers et les légataires, après avoir accepté ? Cette espèce de répudiation efface-t-elle la qualité d'héritier de dessus la tête du successible qui l'a prise par Bénéfice d'inventaire ? Non, elle ne fait qu'en neutraliser les effets envers les créanciers et les légataires : et de ce qu'elle en neutralise les effets envers ceux-ci, il s'ensuivrait qu'elle les neutralise également envers tout le monde, envers des personnes à qui le Bénéfice d'inventaire est absolument étranger ! C'est comme si, de ce que l'héritier par Bénéfice d'inventaire ne représente le défunt, vis-à-vis des créanciers et des légataires, que jusqu'à concurrence de la valeur des biens de la succession, l'on prétendait inférer qu'il ne le représente pas indéfiniment envers les tiers qui ne sont ni légataires ni créanciers ; c'est comme si, de ce que, par le Bénéfice d'inventaire, l'héritier qui a rempli les

formalités nécessaires pour en jouir, s'assure l'avantage de ne pas confondre ses propres créances vis-à-vis des créanciers et des légataires, on prétendait inférer qu'il se procure, par là, le même avantage contre ses co-héritiers.

Mais reprenons la suite de la loi *Scimus*.

Le §. 14 a pour objet *le droit de délibérer*, maintenu, quoiqu'inutile, par le §. 13. Il détermine les formalités à observer, les obligations à remplir, les risques à courir par l'héritier présomptif qui l'a obtenu ; mais il ne contient pas un mot dont on puisse tirer la plus légère induction pour la solution de notre question.

Il en est de même du §. 15 : il se borne à dire que, par les dispositions du §. précédent, Justinien déroge à toute la législation antérieure sur le même sujet, sauf qu'elles ne lieront pas les militaires, et que ceux-ci continueront de n'être soumis que jusqu'à concurrence de l'*émolument*, aux dettes des successions qu'ils auront acceptées, quand même ils n'observeraient pas les formalités du Bénéfice d'inventaire.

Voilà toute la loi *Scimus*, et c'est assez dire qu'il est dans son esprit comme dans son texte, de ne faire opérer que contre les légataires et les créanciers, les effets qu'elle attache au Bénéfice d'inventaire.

Aussi, par l'arrêt du parlement de Paris, du 20 avril 1682, dont l'espèce et les motifs rédigés par deux des magistrats qui l'avaient rendu, qui se trouvent dans le *Répertoire de jurisprudence*, aux mots *Bénéfice d'inventaire*, n°. 18, a-t-il été jugé qu'un héritier bénéficiaire ne pouvait pas, à l'égard de ses co-héritiers, renoncer à la succession pour s'affranchir d'un rapport.

Une chose d'ailleurs très-remarquable, c'est que Lebrun convient que cet arrêt a bien jugé d'après les *principes du droit romain*, et qu'il l'accuse seulement d'avoir *trop mêlé* avec ces principes, ce qu'il appelle *notre droit et notre usage* ; comme si le *droit* et l'*usage* eussent jamais différé dans le ressort du parlement de Paris, par rapport aux effets du Bénéfice d'inventaire, de la manière dont la loi *Scimus* les avait réglés !

Du reste, cet auteur prétend qu'*il y a quantité d'autres arrêts qui ont jugé la question dans le sens contraire*. Et quels sont ces arrêts ? Ce sont, dit-il, « l'arrêt de Netz, rendu en 1608, l'arrêt de Mau-» voy, du 16 juillet 1644, et un du 2 janvier 1635, » rendu au parlement de Bordeaux, lesquels sont » cités dans les défenses de la dame de Neuville » (lors de l'arrêt du 20 avril 1682), lesquelles » sont rapportées au Journal du palais, tome 8, » page 137 », (ou tome 2, page 309, de l'édition *in-folio*).

Mais 1°. L'arrêt de Netz, de 1608, n'est connu que par ce qu'en dit Mornac sur la loi *Scimus* ; et voici à quoi se borne le compte qu'en rend cet auteur : *Latum est arrestum in secundâ inquisitonum, mense februario anni 1608, quo obtinuit dominus De-*

netus, in subsidiorum curiâ consiliarius, ut etiam
major, qui ex beneficio inventarii hereditatem adierat,
posset nihilominùs renunciare hereditati eo nomine
aditæ, dotalitiariique heredis personam sustinere.

Ainsi, dans l'espèce sur laquelle a été rendu
l'arrêt de Netz, la question était, non pas de
savoir si l'héritier bénéficiaire pouvait renoncer
à la succession pour s'exempter d'un rapport envers ses co-héritiers, mais bien et uniquement
de savoir s'il pouvait y renoncer pour obtenir un
douaire.

Et contre qui l'héritier bénéficiaire soutenait-
il l'affirmative ? La soutenait-il contre ses co-héritiers, ou ne la soutenait-il que contre des
créanciers ? Pas un mot là-dessus dans le récit de
Mornac ; et c'est cependant ce qu'il faudrait savoir
positivement pour apprécier l'application qu'en
faisait la dame de Neuville à notre question. Car
si l'héritier bénéficiaire n'avait à faire qu'à des
créanciers, l'arrêt serait d'accord et avec les motifs
de celui du 20 avril 1682, et avec d'autres arrêts
qui sont rapportés dans le *Répertoire de jurispru-*
dence, au mot *Douaire*, sect. 4, §. 5, n° 1 ; mais
il ne signifiait rien pour la question qui nous
occupe en ce moment. Si, au contraire, c'était
à ses co-héritiers que l'héritier bénéficiaire avait
à faire, l'arrêt de Netz pourrait, à la vérité,
fournir un argument en faveur de l'opinion de
Lebrun, mais le mal jugé en serait évident, et
son autorité disparaîtrait devant celle de l'arrêt
en forme de réglement du 23 février 1702 dont il
sera parlé dans un instant.

2°. La dame de Neuville, dans ses défenses,
lors de l'arrêt du 20 avril 1682, citait, non pas
un seul arrêt, mais *deux arrêts de 1608, l'un rendu*
en faveur de M. de Netz, conseiller à la cour des aides,
l'autre en faveur de la nommée Marceau. Et que lui
répondait la dame Pajot ? Elle prétendait d'abord
que les deux arrêts n'en faisaient qu'un ; mais
elle ne justifiait nullement son assertion. Elle
ajoutait ensuite que l'arrêt de Marceau n'avait
prononcé comme il l'avait fait, qu'*en conséquence*
de lettres de rescision obtenues par Catherine Marceau,
contre son acceptation de l'hérédité sous Bénéfice
d'inventaire, lettres qui avaient été *entérinées par*
cet arrêt et étaient *sans doute fondées sur la minorité,*
circonstances qu'elle prouvait par une expédition
de l'arrêt même qu'elle avait levée et produite (1).
Ce n'est pas tout. La dame Pajot prouvait encore par la même expédition, que Catherine
Marceau avait obtenu cet arrêt, non contre ses
co-héritiers, mais contre les tiers-détenteurs *d'hé-*
ritages de son père affectés et hypothéqués au douaire,
qu'elle réclamait (2) ; ce qui présentait une question toute différente de la nôtre, et dont la solution dépendait de principes établis à l'endroit
cité du *Répertoire de jurisprudence.*

(1) Journal du palais, tome 2, page 309, édition *in-*
folio.
(2) *Ibid.*, page 325.

3°. Quant à l'arrêt du parlement de Bordeaux,
du 2 janvier 1635, la dame Pajot ne niait pas
absolument qu'il eût jugé la question dans le sens
de son adversaire ; mais, disait-elle, « cet arrêt
» étant solitaire et contraire aux principes de
» droit, il ne pourrait être de grand poids dans la
» cause ». Et nous de vous ajouter que Lebrun, en
convenant que le parlement de Paris s'était conformé aux principes du droit romain, en 1682, était
nécessairement censé convenir que le parlement
s'était écarté de ces mêmes principes en 1635.

Ce qui prouve au surplus que l'arrêt du parlement de Paris, du 20 avril 1682, avait invariablement fixé la jurisprudence sur l'inapplicabilité
du Bénéfice d'inventaire aux co-héritiers du successible qui y avait recours, c'est que la question
s'étant représentée devant le même cour, au commencement du dernier siècle, y a encore été jugée dans le même sens, et qui plus est, en forme
de réglement. Écoutons Augeard, tome 1, §. 198 :
« Le sieur des Essarts, marquis de Maigneux,
laisse, en mourant, deux filles, Magdelaine,
mariée au sieur marquis de Fresnoy, et Marie-
Marguerite qui épouse le sieur marquis de Thurin ; les deux sœurs acceptent par Bénéfice d'inventaire la succession de leur père, dont elles
jouissent par indivis pendant dix ans.

» Après ce temps, la dame de Thurin prend
des lettres de rescision contre son acceptation, et
demande le douaire de sa mère ; la dame de
Fresnoy s'y oppose. Sur la contestation intervient
sentence au Châtelet qui entérine les lettres.
L'appel ayant été porté à l'audience de la grand'-
chambre.

» M°. Dumont, pour la dame de Fresnoy, appelante, disait que la prétention de la dame de
Thurin ne pouvait être écoutée ; qu'elle avait pris
en pleine majorité, conjointement avec l'appelante,
des lettres de Bénéfice d'inventaire ; qu'en
acceptant ainsi la succession de leur père, et en
ayant joui par indivis pendant dix ans, elles
avaient contracté ensemble de telle manière
qu'elles ne pouvaient plus changer.

» M°. Nivelle disait, au contraire, pour la dame
de Thurin, intimée, que la loi *Scimus*, C. *de jure*
deliberandi, lui donnait le privilège de renoncer à
la succession et de se tenir au douaire ; qu'aucune
autre loi ne l'empêchait d'en profiter ; que le
temps qu'elle avait joui par indivis avec l'appelante ne pouvait lui nuire, parcequ'il lui avait
été impossible de faire autrement, la succession
de son père n'ayant été liquidée que depuis peu,
par un arrêt de la cour, qui en avait réglé une
dette à 50,000 livres : par conséquent, que l'intimée était bien fondée dans ses lettres de rescision, et que la sentence qui les avait entérinées,
était juridique.

» M. l'avocat général Joly de Fleury dit que le
Bénéfice d'inventaire n'avait été établi qu'en faveur des héritiers contre les créanciers, de peur

3.

que, n'étant pas instruits parfaitement de l'état d'une succession, ils ne fussent trompés et ruinés entièrement; mais non pas contre des héritiers, parceque la faveur est égale entre eux.

» Le Bénéfice d'inventaire n'est pas si favorable parmi nous qu'il l'était chez les Romains; il ne sert souvent qu'à tromper les créanciers; sous ce prétexte, un héritier jouit toujours, pendant la liquidation des dettes, de la succession, et la plupart du temps ces jouissances montent plus haut que la portion qui aurait dû lui appartenir.

» Si l'on a recours aux lois romaines, elles décident cette question en faveur de l'appelante, par ces termes, *qui semel heres nunquam desinit esse heres*. De peur que vous ne soyez surpris, la loi vous offre trois ou quatre partis à prendre : la renonciation pure et simple, la renonciation en se tenant à son douaire ou à son don, l'acceptation pure et simple, ou enfin l'acceptation par Bénéfice d'inventaire; elle vous donne trois mois pour faire l'inventaire, et quarante jours pour délibérer; quand, après tout ce temps, vous faites un choix en pleine majorité, il ne vous est plus libre de changer; si ce choix est mauvais, vous ne devez vous en prendre qu'à vous; la loi vous a donné le temps de vous instruire; selon cette loi, la qualité d'héritier est inhérente à la personne, et ne peut s'effacer; il doit donc demeurer pour constant que, quand une fois on a pris la qualité d'héritier en pleine majorité, on ne peut plus cesser de l'être; on peut bien abandonner les biens de la succession, mais non pas la qualité d'héritier qui est indélébile.

» Mais cette question n'en est plus une, depuis qu'elle a été jugée *in terminis*, par un arrêt célèbre rendu en 1682, dans la quatrième chambre des enquêtes. Il s'agissait de savoir, si un héritier bénéficiaire pouvait, par rapport à ses co-héritiers, renoncer à la succession, et se tenir à son don : l'arrêt jugea que non. Les motifs sur lesquels les juges se déterminèrent, et qui sont rapportés à la suite de l'arrêt dans le Journal du palais, paraissent être fondés sur des maximes si justes, qu'il peut servir de décision dans cette espèce.

» Par ces raisons, M. l'avocat général estima qu'il y avait lieu de mettre l'appellation, et ce, au néant; émendant, débouter la partie de M⁰. Nivelle de ses lettres de rescision.

» Conformément à ses conclusions, la cour rendit (le 23 février 1702) l'arrêt qui suit :

» *La cour a mis et met l'appellation, et ce dont a été appellé, au néant; émendant, déboute la partie de Nivelle de ses lettres de rescision contre l'acceptation par elle faite de la succession de son père par Bénéfice d'inventaire....;*

» *Ordonne que le présent arrêt sera lu et publié au siège du Châtelet de Paris* ».

Enfin, une autre preuve que, dans la jurisprudence du parlement de Paris, le Bénéfice d'inventaire était généralement considéré comme uniquement applicable aux créanciers et aux légataires, c'est la manière dont était jugée par cette cour la question de savoir si, nonobstant la maxime qui excluait le vendeur du retrait lignager, l'héritier bénéficiaire pouvait, en renonçant à la succession, être admis à retirer l'héritage que les créanciers avaient fait décréter sur lui, et qu'il était par conséquent réputé avoir vendu lui-même. « L'héritage (dit Brodeau, sur la coutume » de Paris, art. 151, n°. 4) ne peut être retiré par » l'héritier par Bénéfice d'inventaire, sur lequel, » ou sur son tuteur, il a été vendu, ni plus ni » moins que si lui-même en avait fait la vente..., » encore que, pour parvenir au retrait, il ob- » tienne lettres pour être reçu à renoncer à la » succession bénéficiaire, et qu'elles eussent été » entérinées, qui est l'espèce de l'arrêt donné au » profit du sieur de Rostaing, le jeudi 7 mai 1609, » plaidant Joly et M. Talon, et M. l'avocat général » Lebret, confirmatif de la sentence du prévôt de » Paris, du 7 janvier précédent ».

II. Il reste à savoir comment la question doit être jugée sous le Code civil.

Elle n'a été, jusqu'à présent, agitée que devant deux cours royales; et il s'en faut beaucoup qu'elles se soient accordées dans la manière de la résoudre.

D'une part, la cour royale de Lyon l'a jugée, par un arrêt du 14 mai 1813, dans le même sens qu'elle devait l'être, suivant Lebrun et Furgole, sous l'ancienne jurisprudence :

« Considérant (a-t-elle dit), en ce qui touche l'appel interjeté par Simon-Joseph Chanmartin, que Simon Chanmartin, donataire par contrat de mariage du 29 octobre 1805, après s'être porté héritier sous Bénéfice d'inventaire de son père, a répudié sa succession pour s'en tenir à sa donation;

» Que cette répudiation a même été faite dans les délais accordés par le Code;

» Que, par l'effet de cette répudiation à laquelle il était admis, non-seulement à l'égard des créanciers, mais encore à l'égard des héritiers présomptifs, il a cessé d'être héritier, et a pu retenir la donation à lui faite par son père jusqu'à concurrence de la portion disponible, conformément à l'art. 845 du Code civil; que ce n'est qu'autant que les biens donnés excéderaient la portion disponible arrivant au quart, eu égard au nombre d'enfans laissés par Chanmartin père, que le donataire serait tenu de rapporter cet excédant, comme l'ont ordonné les premiers juges.... ;

» La cour dit qu'il a été bien jugé par la disposition du jugement qui, au moyen de la répudiation faite par Simon Chanmartin, le maintient dans la propriété et jouissance des biens donnés jusqu'à concurrence de la portion disponible.... (1) ».

(1) Jurisprudence de la cour de cassation, tome 13, partie 2, page 344.

D'un autre côté, il y a un arrêt de la cour royale de Metz, du 22 mai 1817, qui, appliquant au Code civil la doctrine enseignée par Pothier, et consacrée par le parlement de Paris, sous l'ancienne jurisprudence, juge positivement que « l'héritier bénéficiaire est véritablement héritier; » qu'une fois ayant pris ce titre, il ne peut plus » l'abdiquer, ni y renoncer, au préjudice de ses » co-héritiers, et pour se soustraire à des rapports » qu'ils auraient droit d'exiger (1) ».

Lequel de ces deux arrêts doit être pris pour règle ? C'est, sans contredit le second, non-seulement parceque l'art. 802 du Code civil maintient la raison qui, sous l'ancienne jurisprudence, justifiait complétement et la doctrine de Pothier et les arrêts du parlement de Paris; mais encore parcequ'il la met dans un plus grand jour et lui donne une nouvelle force.

Je dis d'abord qu'il y a, sous le Code civil, la même raison que sous l'ancienne jurisprudence, pour juger notre question contre l'héritier bénéficiaire. En effet, comme la loi *Scimus*, l'art. 802 du Code civil n'admet le Bénéfice d'inventaire qu'à l'égard des créanciers et des légataires du défunt; et ce qui prouve invinciblement qu'il ne l'admet pas plus que ne l'admettait la loi *Scimus*, contre les co-héritiers de l'héritier bénéficiaire, c'est que personne n'oserait aujourd'hui, plus qu'on ne l'osait sous l'ancienne jurisprudence, entreprendre de faire valoir envers ceux-ci, le privilége qu'il accorde envers ceux-là à l'héritier bénéficiaire de *conserver contre la succession le droit de réclamer le paiement* INTÉGRAL *de ses créances.*

Je dis, en second lieu, que l'art. 802 du Code civil, non-seulement maintient, mais même rend plus saillante et corrobore singulièrement la raison qui faisait juger, sous l'ancienne jurisprudence, que l'héritier bénéficiaire ne pouvait pas renoncer à la succession respectivement à ses co-héritiers, pour se dispenser de leur rapporter les donations qu'il avait reçues du défunt. En effet, quoiqu'il fût bien clairement dans l'esprit de la loi *Scimus*, de n'admettre l'héritier bénéficiaire au *désistement de la succession* que vis-à-vis des créanciers et des légataires; et de ne pas donner à ce désistement l'effet d'une répudiation faite dès le principe, mais seulement celui d'un simple abandon des biens, qui, en mettant l'héritier bénéficiaire à l'abri des actions des créanciers et des légataires, n'en laissait pas moins subsister la qualité d'héritier sur sa tête; cela n'y était cependant pas exprimé littéralement; et c'est ce qui avait donné lieu à la controverse retracée dans le n°. précédent; au lieu qu'à la disposition de cette loi, qui permettait à l'héritier bénéficiaire de se *désister de la succession*, l'art. 802 du Code civil en substitue une qui, non-seulement ne permet à cet héritier que d'*abandonner les biens de la succession*, mais en-

core désigne en toutes lettres les *créanciers* et les *légataires*, comme les seuls auxquels il puisse les abandonner.

Art. V. *Pourrait-on, en se prévalant contre l'héritier bénéficiaire, soit de sa renonciation d'la succession, soit de l'acte par lequel il en a abandonné les biens aux créanciers et aux légataires, l'exclure du residu qui se trouverait libre après la liquidation et le paiement de toutes les dettes et de tous les legs ?*

Ce résidu ne pourrait certainement être disputé à l'héritier bénéficiaire, ni par les créanciers, ni par les légataires de la succession à laquelle il a renoncé envers eux, ou, ce qui revient au même, dont il leur a abandonné les biens, pour se décharger personnellement de l'embarras d'en liquider et payer le passif, puisqu'ils auraient touché le montant entier de leurs créances et de leurs legs, et que, par conséquent, ils n'auraient ni intérêt, ni qualité pour réclamer le surplus :

Le fisc serait-il mieux fondé à s'approprier ce résidu par droit de déshérence? Non, évidemment non. Tout ce qu'il pourrait dire de plus spécieux à l'appui de sa prétention, serait que l'on doit assimiler l'abandon fait par l'héritier bénéficiaire de la succession qu'il avait précédemment acceptée, à une renonciation qu'il eût faite dans le principe sans acceptation préalable, et qu'il s'est irrévocablement dépouillé par l'un, comme il se serait dépouillé par l'autre, de tout droit à ce qui peut rester de libre dans l'hérédité, après le paiement de tout le passif. Eh bien ! L'art. 790 du Code civil établit nettement que, si l'héritier avait renoncé *rebus integris*, il pourrait encore, en acceptant la succession dans les 30 ans de son ouverture, empêcher le fisc de la faire déclarer vacante et de se l'approprier par droit de déshérence; et à plus forte raison le peut-il, alors qu'il n'a renoncé à la succession qu'après l'avoir acceptée, alors qu'il n'y a renoncé qu'à l'égard des créanciers et des légataires, alors que sa renonciation n'a pas effacé de dessus sa tête la qualité d'héritier que son acceptation y avait invariablement imprimée ?

Il n'y aurait donc que les co-héritiers de l'héritier bénéficiaire, ou les successibles les plus proches en degré après lui, qui eussent qualité pour lui disputer le résidu dont il s'agit. Mais sur quel fondement prétendraient-ils l'en exclure?

De deux choses l'une : ou l'héritier bénéficiaire n'a fait qu'abandonner les biens de la succession aux créanciers et aux légataires, pour se décharger personnellement de la liquidation et du paiement du passif; ou il a renoncé purement et simplement à la succession même.

Dans le premier cas, il répondrait, soit à ses co-héritiers, soit aux successibles les plus proches en degré après lui, que ce n'est pas à eux qu'il a abandonné les biens, « qu'il ne les a abandonnés » qu'aux créanciers et aux légataires, et unique-

» ment pour se débarrasser d'une administration » pénible; qu'en un mot, il n'a pas renoncé à la » succession, et qu'en conséquence, il est tou- » jours héritier ». Ce sont les termes de M. Chabot, dans son *Commentaire sur le titre des successions du Code civil*, art. 802.

Dans le second cas, ce serait encore la même chose ; et j'en ai déjà dit la raison dans l'art. 3 de ce paragraphe : c'est que la renonciation de l'héritier bénéficiaire à la succession, n'est, de sa part, que l'équipollent de l'abandon des biens de la succession aux créanciers et aux légataires; c'est, par conséquent, que ses co-héritiers et les successibles les plus proches en degré après lui, ne peuvent pas plus lui opposer l'une, qu'ils ne pourraient lui opposer l'autre; c'est que l'une laisse, ni plus ni moins que l'autre, subsister sur sa tête la qualité d'héritier.

Aussi y a-t-il un arrêt du parlement de Paris, du 2 septembre 1755, qui a jugé (disent les auteurs du nouveau Denisart, aux mots *Bénéfice d'inventaire*, §. 8, sur les conclusions de M. l'avocat général Joly de Fleury, que « quoiqu'un héri- » tier bénéficiaire eût renoncé et fait créer un » curateur à la succession, néanmoins, s'il restait » des biens, les charges acquittées, ils apparte- » naient à l'héritier bénéficiaire; et qu'un parent » d'un degré plus éloigné ne pouvait prétendre » que le degré était vacant par cette renonciation, » pour prendre le titre d'héritier, afin de profiter » de ce restant. L'espèce était entre la demoiselle » de Boufflers, héritière bénéficiaire, qui avait » renoncé et pris des lettres de rescision contre » sa renonciation, et la marquise de Boufflers- » Remiencourt, sa grande tante. On avait jugé, » aux requêtes, contre la demoiselle de Boufflers; » mais la sentence fut infirmée, *sans qu'il soit be-* » *soin de lettres de rescision*, parcequ'on a jugé que » la qualité d'héritier étant indélébile, la renon- » ciation n'avait pu la faire cesser, et qu'il était » par conséquent inutile de s'y arrêter ».

Comment donc M. Toullier peut-il, dans son *Droit civil français*, liv. 3, tit. 1, chap. 5, n°. 358, après avoir dit qu'il n'y a qu'une différence nominale entre la renonciation de l'héritier bénéficiaire et l'abandon que l'art. 802 du Code civil l'autorise à faire des biens de la succession aux créanciers et aux légataires, en conclure « que » l'héritier bénéficiaire qui abandonne, est censé » n'avoir jamais été héritier; (qu') il en résulte » qu'après l'abandon de l'héritier bénéficiaire, » l'héritier le plus proche en degré peut accepter » la succession purement et simplement, ou sous » Bénéfice d'inventaire; et (qu') alors l'héritier » qui a fait l'abandon, ne peut plus revenir. » (parceque) cet abandon équivaut à une re- » nonciation » ?

Je conviens, avec M. Toullier, que la différence entre l'abandon permis à l'héritier bénéficiaire par l'art. 802 du Code civil, et la renonciation pure et simple à la succession, n'est que nomi-

nale. Mais ce n'est qu'envers les créanciers et les légataires que cet abandon est permis; il ne l'est point envers les co-héritiers, envers les successibles les plus proches en degré; en un mot, envers aucun de ceux qui ne sont ni légataires, ni créanciers. Il ne peut donc pas équipoller envers eux à une renonciation à la succession. Et si, dès-là, il est impossible qu'envers eux l'héritier bénéficiaire cesse, par sa renonciation à la succession, d'être considéré comme héritier, il l'est également, et il l'est de toute évidence, que, par sa renonciation, il se ferme, envers eux, la porte à toute réclamation sur les biens qui restent dans l'hérédité après la liquidation et le paiement des dettes.

M. Toullier cite, il est vrai, à l'appui de son opinion, et un arrêt de la cour de cassation, du 6 juin 1815, et ce que j'ai dit, dans la quatrième édition du *Répertoire de jurisprudence*, aux mots *Bénéfice d'inventaire*, n°. 15.

Mais, 1°. je prouverai, dans l'article suivant, que l'arrêt cité de la cour de cassation heurte de front tous les principes de la matière.

2°. Si, dans la quatrième édition du *Répertoire de jurisprudence*, je ne me suis pas expliqué avec la même précision que dans la cinquième, sur le caractère de la similitude qu'il y a entre l'abandon permis par l'art. 802 du Code civil, et la renonciation à la succession, j'y ai du moins fait entendre très-clairement que cette similitude n'a lieu que de l'héritier bénéficiaire aux légataires et aux créanciers, puisqu'en renvoyant, pour ce qui concerne les co-héritiers de l'héritier bénéficiaire, aux arrêts du parlement de Paris, des 20 avril 1682 et 23 février 1702, j'ai dit, sinon en termes exprès, du moins implicitement et d'une manière non-équivoque, qu'à l'égard des co-héritiers de l'héritier bénéficiaire, la renonciation de celui-ci est absolument sans effet.

Art. VI. *Quels sont, à l'égard de la régie de l'enregistrement, les effets, soit de l'abandon que l'héritier bénéficiaire fait des biens de la succession aux créanciers et aux légataires, soit de sa renonciation pure et simple à la succession même ?*

I. Examinons d'abord si, par l'abandon des biens, ou par la renonciation à la succession, l'héritier bénéficiaire se met à l'abri de toute poursuite de la part de la régie de l'enregistrement pour le paiement du droit de mutation qu'elle a à réclamer du chef du défunt.

Quel est, dans les rapports qui existent entre la régie de l'enregistrement et la succession acceptée sous Bénéfice d'inventaire, la nature du droit de mutation auquel a donné ouverture le décès du dernier possesseur? Bien évidemment ce droit est une dette de la succession ; et, par conséquent, la régie de l'enregistrement est, à raison de ce droit, créancière de la succession même. Mais, dès-là, quelle raison peut-il y avoir de douter que l'héritier bénéficiaire ne puisse opposer à la régie de l'enregistrement la disposition de l'art. 802 du Code civil, qui l'autorise à *se décharger du paiement des dettes, en abandonnant aux créanciers tous les biens de la succession?* Il n'y en a et ne peut y en avoir aucune. La régie de l'enregistrement n'a même aucune espèce d'intérêt à soutenir le contraire; car, en perdant, par l'abandon de l'héritier bénéficiaire, l'action qu'elle avait contre lui, elle en acquiert une tout-à-fait semblable et jouissant du même privilége, contre le curateur aux biens abandonnés. Ainsi, point de difficulté sur ce premier objet.

En est-il, à cet égard, du droit de mutation qui s'ouvre par le décès de l'héritier bénéficiaire, mort sans avoir fait, ni acte d'abandon, ni acte de renonciation pure et simple, et avant que les créanciers aient fait vendre les biens, comme du droit de mutation qui s'est ouvert par la mort de la personne à laquelle l'héritier bénéficiaire a succédé; et l'héritier de l'héritier bénéficiaire peut-il se décharger de l'embarras de liquider et de payer l'un, en abandonnant les biens de la succession que son auteur a recueillie immédiatement, comme son auteur lui-même aurait pu, par la même voie, se débarrasser du soin de liquider et payer l'autre?

Il se présente, à la première vue, une raison assez spécieuse pour la négative. C'est que le droit de mutation, ouvert par la mort de l'héritier bénéficiaire, n'est pas comme le droit de mutation, ouvert par la mort de la personne à laquelle l'héritier bénéficiaire a succédé, une dette de la succession de cette personne, mais une dette de la succession de l'héritier bénéficiaire lui-même; et que, dès-là, l'expédient que l'art. 802 du Code civil accorde à l'héritier bénéficiaire pour se décharger de la liquidation et du paiement de l'un, semblerait ne pas pouvoir être employé par l'héritier de l'héritier bénéficiaire pour se décharger de la liquidation et du paiement de l'autre.

Mais un peu de réflexion fera bientôt sentir que ce n'est là qu'une fausse apparence. En quel sens le droit de mutation ouvert par la mort de l'héritier bénéficiaire est il une dette de la succession de celui-ci? En ce sens qu'il pèse sur la partie de la succession de l'héritier bénéficiaire qui provient de celui à qui l'héritier bénéficiaire a succédé par Bénéfice d'inventaire, mais non pas en ce sens qu'il pèse sur tout ce que l'héritier bénéficiaire a transmis par son décès à ses propres héritiers; car le Bénéfice d'inventaire a établi, entre le patrimoine personnel de l'héritier et la succession acceptée sous Bénéfice d'inventaire, un mur de séparation qui a empêché toute confusion de l'un avec l'autre; et ce mur de séparation ne s'est pas écroulé par la mort de l'héritier bénéficiaire. Donc l'héritier de l'héritier bénéficiaire a recueilli séparément, et la succession personnelle de son auteur immédiat, et la succession

que son auteur immédiat avait acceptée sous Bénéfice d'inventaire (1). Donc autant il est clair que le droit de mutation qu'il doit pour l'une, est une dette de la succession personnelle de l'héritier bénéficiaire, autant il est évident que le droit de mutation qu'il doit pour l'autre, n'est qu'une dette de la succession acceptée sous Bénéfice d'inventaire, et transmise par son auteur immédiat avec ce Bénéfice. Donc l'héritier de l'héritier bénéficiaire peut, par l'abandon des biens, s'en décharger ni plus ni moins que de toute autre dette de la même succession.

II. En m'expliquant comme je viens de le faire sur les deux branches de la première question, j'ai supposé tout à la fois, et qu'encore que l'héritier bénéficiaire ait fait un acte d'abandon avant de mourir et avant que les biens eussent été vendus par les créanciers, il n'en est pas moins dû, par son décès et de son chef, un droit de mutation sur la succession dont il s'est désisté, et que, lorsqu'il est mort sans avoir fait ni acte d'abandon, ni acte de renonciation pure et simple, ses héritiers ne peuvent pas, par l'un ou l'autre, paralyser le droit de mutation auquel son décès a donné lieu.

Mais je dois dire que M. Toullier, à l'endroit cité dans l'article précédent, enseigne positivement le contraire sur l'un et l'autre point.

Voici d'abord comment il s'explique sur le premier : « l'héritier (bénéficiaire) qui abandonne » (ou renonce) est censé n'avoir jamais été héri- » tier. La propriété des biens ne réside pas sur sa » tête. Si donc il meurt après l'abandon, il n'est » dû aucun droit de mutation ».

Mais 1°. s'il est vrai, comme on l'a vu plus haut, art. 1 et 3, que l'héritier bénéficiaire qui abandonne les biens, est censé, non pas n'avoir jamais été héritier, mais cesser de l'être à l'égard des créanciers et des légataires, en ce sens qu'il n'est plus sujet à aucune action, à aucune poursuite de leur part, il est aussi, je le crois l'avoir démontré dans l'art. 4, que, respectivement à tous ceux qui ne sont ni créanciers ni légataires, il conserve cette qualité avec tous les effets qu'y attache la loi qui lui est commune avec l'héritier pur et simple.

En second lieu, où M. Toullier a-t-il pris que, par l'abandon fait par l'héritier bénéficiaire aux légataires et aux créanciers, *la propriété des biens de la succession ne réside plus sur sa tête?*

Ce n'est sûrement pas dans Pothier qui, loin de là, dit, au contraire, dans son *Introduction à la coutume d'Orléans*, tit. 17, n°. 53, que l'héritier bénéficiaire *demeure toujours*, nonobstant son abandon, improprement qualifié de renonciation, *propriétaire des biens qu'il a abandonnés jusqu'à ce qu'ils soient vendus et adjugés sur la poursuite des créanciers.*

Ce n'est pas non plus dans les principes du droit commun sur les effets généraux de l'acte par le-

(1) *V. le Répertoire de jurisprudence*, aux mots *Bénéfice d'inventaire*, n°. 9.

quel, en abandonnant des biens, soit à des créanciers envers lesquels on n'est tenu qu'à raison de ces biens, soit à des créanciers envers lesquels on est obligé personnellement, on leur laisse le soin d'en poursuivre la vente pour se remplir de leurs créances. Car, d'un côté, l'art. 2173 du Code civil porte expressément que le délaissement par hypothèque *n'empêche pas que, jusqu'à l'adjudication, le tiers détenteur qui l'a consenti, ne puisse reprendre l'immeuble en payant les dettes et tous les frais;* et d'un autre côté, la preuve que, lors même que, pour faire cesser les poursuites des créanciers envers lesquels on est personnellement obligé, on leur abandonne tous les biens que l'on possède, on n'est pas censé, pour cela, en abdiquer la propriété, à moins qu'on ne s'en explique formellement, c'est 1° que, suivant les art. 1267 et 1268 du même Code, *la cession de biens volontaire n'a d'effet que celui résultant des stipulations mêmes du contrat passé entre les créanciers et les débiteurs ; et la cession judiciaire ne confère point la propriété aux créanciers, elle leur donne seulement le droit de faire vendre les biens à leur profit et d'en percevoir les revenus jusqu'à la vente;* c'est 2°. que, suivant l'art. 68, §. 4, n°. 1, de la loi du 22 frimaire an 7, *les abandonnemens de biens, soit volontaires, soit forcés, pour être vendus en direction,* ne sont assujétis qu'à un droit fixe d'enregistrement, comme ils ne l'étaient sous l'ancienne législation qu'à un droit fixe de contrôle, tandis que, suivant l'art. 69 de la même loi, toutes les mutations de propriété sont passibles du droit proportionnel d'enregistrement, comme elles l'étaient sous l'ancienne législation, du droit de centième denier ; c'est 3°. que, par un arrêt de la cour de cassation, du 28 juin 1810, rapporté dans le *Répertoire de jurisprudence*, aux mots *Abandonnement de biens*, il a été jugé que des créanciers à qui leur débiteur avait abandonné purement et simplement tous ses biens, devaient, à raison de son décès, survenu depuis et antérieurement à la vente qu'ils étaient chargés d'en faire, le même droit de mutation que s'il fût mort en pleine possession de tout ce qui était compris dans l'abandon qu'il leur avait fait.

Quelle différence y a-t-il entre l'abandon que l'héritier bénéficiaire fait aux créanciers et aux légataires, pour se décharger du paiement des dettes, et le délaissement que fait un tiers détenteur à un créancier hypothécaire pour se libérer de son hypothèque? Aucune.

Quelle différence y a-t-il entre cet abandon et la cession que le débiteur fait de ses biens à ses créanciers personnels pour faire cesser leurs poursuites ? Une seule, qui est ici insignifiante : c'est que, par celle-ci, lorsqu'elle est faite judiciairement, le débiteur ne se libère de ses dettes que jusqu'à concurrence de la valeur des biens qu'elle comprend, au lieu que, par celui-là, l'héritier bénéficiaire se met, dans tous les cas, à l'abri de toute espèce d'action de la part des créanciers et des légataires de la succession.

Donc l'héritier bénéficiaire demeure, nonobstant son abandon, propriétaire des biens qui lui ont été transmis par le défunt, comme le tiers-détenteur demeure, nonobstant son délaissement, propriétaire de l'immeuble hypothéqué aux créanciers de son vendeur, comme le débiteur conserve, nonobstant, soit sa cession volontaire pure et simple, soit sa cession judiciaire, la propriété de tous ses biens personnels.

Donc de même qu'il est dû un droit de mutation dans le cas des art. 2173. 1267 et 1268 du Code civil, par le décès, soit du tiers-détenteur avant l'adjudication de l'immeuble délaissé par hypothèque, soit du débiteur avant la vente des biens compris dans sa cession volontaire ou judiciaire, de même aussi il est nécessairement dû un droit de mutation dans le cas de la seconde disposition du § 1 de l'art. 802, par le décès de l'héritier bénéficiaire avant que les créanciers et les légataires aient fait vendre les biens de la succession à laquelle il a renoncé envers eux.

III. Voyons maintenant comment M. Toullier s'explique sur le second point, c'est-à-dire, sur la question de savoir si, lorsque l'héritier bénéficiaire est mort sans avoir fait ni acte d'abandon, ni acte de renonciation pure et simple, ses héritiers peuvent, en faisant l'un ou l'autre en vertu du droit qu'il leur en a transmis, paralyser le droit de mutation qui s'est ouvert par son décès ;

« Si l'héritier (dit-il) meurt auparavant (avant » d'avoir abandonné les biens), ses héritiers peu- » vent de son chef, faire l'abandon, et par là se sou- » straire au droit de mutation, parcequ'au moyen » de cette renonciation, leur auteur est censé n'a- » voir jamais été héritier ».

Mais on sent assez que la doctrine de M. Toullier sur ce second point, ne peut pas résister aux raisons qui la détruisent sur le premier.

Du moment qu'il est démontré que l'héritier bénéficiaire, s'il avait fait de son vivant, soit l'acte d'abandon, soit l'acte de renonciation pure et simple, n'en serait pas moins demeuré propriétaire des biens de la succession ;

Du moment qu'il est démontré qu'il en aurait conservé la propriété jusqu'à son décès, si, à son décès la vente n'en eût pas encore été faite par les créanciers, et que par conséquent il serait, dans ce cas, dû un droit de mutation de son chef;

Dès ce moment là, je conçois très-bien que ses héritiers, en faisant eux-mêmes, après sa mort, l'acte d'abandon qu'il n'a pas fait de son vivant, mais qu'il leur a transmis le droit de faire, se soustraient aux poursuites que la régie de l'enregistrement dirigerait contre eux en leur qualité d'héritiers bénéficiaires médiats pour le paiement de ce droit, et qu'ils la réduisent à ne pouvoir reclamer ce droit que contre le curateur aux biens compris dans leur abandon.

Mais que, par leur abandon, ils empêchent que

les biens qui y sont compris, ne soient censés avoir résidé sur la tête de leur auteur jusqu'à sa mort, et leur avoir été transmis par lui, c'est ce que je ne conçois pas. Le moyen, en effet, d'imaginer qu'ils aient, du chef de leur auteur, un droit qu'il n'avait pas lui-même, et n'a conséquemment pas pu leur transmettre ?

Mais, dit M. Toullier, la cour de cassation l'a ainsi décidé par un arrêt de 6 juin 1815. J'en conviens, mais il reste à savoir si, comme il l'avance, la cour de cassation a bien jugé en le décidant ainsi.

Dans le fait, le 17 mai 1809, meurt le sieur Blanchet, père de cinq enfans, quatre garçons et une fille, déjà héritiers de leur mère prédécédée, qui acceptent leur succession sous Bénéfice d'inventaire et en paient le droit de mutation.

Le 29 avril 1811, décès de la demoiselle Blanchet, laissant pour héritiers ses quatre frères.

Ceux-ci acceptent sa succession et paient le droit de mutation pour les biens qu'elle leur a transmis du chef de leur mère; mais, pour se dispenser de celui qui est dû à raison de sa part dans les biens de leur père, ils font au greffe, en vertu de l'art. 802 du Code civil, un acte de renonciation à cette part.

D'après cet acte, que devait faire la régie de l'enregistrement? Elle devait sans contredit provoquer la nomination d'un curateur à la part des biens abandonnés par les héritiers de la demoiselle Blanchet, et poursuivre contre lui le paiement du droit de mutation ouvert par le décès de celle-ci.

Mais au lieu de cette voie, qui lui était indiquée par l'analogie qui se trouve entre l'art. 2174 et l'art. 802 du Code civil, elle décerne une contrainte contre les héritiers de la demoiselle Blanchet.

Que lui opposent ces héritiers? Argumentent-ils de leur renonciation, pour dire que la régie est sans action contre eux, et qu'elle ne peut plus agir que contre un curateur aux biens dont ils ont fait l'abandon ? Nullement; ils n'en argumentent que pour dire que par cet acte, leur sœur est censée n'avoir jamais été héritière de leur père, et conséquemment ne leur avoir pas transmis sa part dans les biens qu'il a laissés. Ainsi, ils élèvent une question qu'ils n'ont plus de qualité pour faire juger.

Et que leur objecte la régie pour faire juger cette question en sa faveur? Au lieu de convenir franchement que leur renonciation équivaut à l'abandon que l'art. 802 du Code civil les autorisait à faire des biens transmis à la demoiselle Blanchet par son père, et de se borner en conséquence à soutenir que, considérée comme un simple abandon, elle ne peut pas empêcher que la propriété des biens qui en sont l'objet, ne soit censée avoir résidé sur la tête de la demoiselle Blanchet jusqu'à sa mort, elle soutient que cette renonciation ne peut être prise que dans son sens littéral, et qu'elle est absolument nulle.

Le 3 août 1812, jugement en dernier ressort du tribunal civil de Chateauroux, qui déclare la régie non-recevable dans sa demande, non pas à raison du défaut de qualité des héritiers de la demoiselle Blanchet pour y défendre, mais « attendu que, » suivant l'art. 802 du Code civil, l'héritier béné- » ficiaire peut se décharger du paiement des dettes » en abandonnant tous les biens de la succession » aux créanciers; que la renonciation à la succes- » sion est équivalente à l'abandon; que la de- » moiselle Blanchet à transmis à ses héritiers la » faculté qu'elle avait de renoncer, ainsi qu'il » résulte de l'art. 781 du même Code; que les » frères Blanchet, usant de cette faculté, ont re- » noncé de son chef; qu'ainsi, elle est censée » n'avoir jamais été héritière, et qu'elle ne peut » par conséquent avoir transmis à ses frères » aucun droit dans la succession de leur père ».

La régie se pourvoit en cassation contre ce jugement, et expose ainsi ses moyens :

« C'est une erreur manifeste de croire qu'après avoir accepté une succession sous Bénéfice d'inventaire, on puisse encore y renoncer. Le Code civil, en admettant deux manières d'accepter une succession, l'une pure et simple, et l'autre sous Bénéfice d'inventaire, ne met aucune différence entre elles quant au caractère d'irrévocabilité qui leur est attaché. Il n'est qu'un seul cas, d'après nos lois, où l'acceptation d'une succession peut être attaquée, et ce cas est également unique pour les successions acceptées sous Bénéfice d'inventaire et pour celles qui sont acceptées purement et simplement : c'est, d'après l'art 783, lorsque l'acceptation faite par un majeur est la suite d'un dol pratiqué envers lui.

» L'art. 802 accorde, il est vrai, plusieurs priviléges à l'héritier bénéficiaire......... Mais parmi ces avantages, on ne trouve point celui de pouvoir renoncer à la succession. Il a bien le droit de se décharger des dettes en abandonnant tous les biens qu'il a recueillis; mais ce droit diffère essentiellement de la faculté de renoncer à la succession ou de révoquer l'acceptation qu'il en a faite. Celui qui renonce à une succession, dont l'acceptation est révoquée, est censé n'avoir jamais été héritier; celui, au contraire, qui abandonne les biens composant l'hérédité, pour se décharger des dettes, ne perd point la qualité que son acceptation lui conférait, et reste propriétaire des biens de la succession. En effet, à qui son abandon pourrait-il transmettre cette propriété? Est-ce aux créanciers du défunt? Mais ils ne peuvent que faire vendre les biens qui sont le gage de leurs créances, et l'héritier bénéficiaire lui-même n'a pas le droit de les leur céder. Est-ce aux héritiers qui sont appelés à la succession à défaut de l'héritier bénéficiaire? Mais ils ne peuvent que succéder immédiatement au défunt, et dès que la propriété des biens de la succession a reposé sur la tête de l'héritier bénéficiaire, et qu'il l'a conservée jusqu'à son abandon, ils n'y ont plus aucune espèce de droit; autrement, ils succèderaient, non au défunt, mais à l'héritier bénéficiaire (1). Dira-t-on que la succession est vacante? Mais, d'après l'art. 811 du Code civil, il n'y a de succession vacante que lorsqu'il n'existe pas d'héritiers connus, ou que ces héritiers ont renoncé.

» Il est donc bien constant que l'héritier, lors même qu'il n'a accepté que bénéficiairement, conserve toujours, et malgré son abandon, la propriété des biens de la succession ; et par conséquent cet abandon n'empêcherait point qu'il ne transmît cette propriété à ses successeurs, et que ceux-ci ne fussent soumis à payer pour cet objet un droit de mutation. A plus forte raison ce droit doit-il être perçu dans le cas où ce n'est pas lui, mais seulement ses successeurs qui ont usé du bénéfice de l'art. 802?

» En vain dit-on que l'abandon autorisé par cet article, équivaut au droit de renoncer, et que par conséquent, dans l'un comme dans l'autre cas, on est censé n'avoir jamais été héritier. Une semblable décision est en opposition formelle avec le texte de la loi. L'art. 802 ne dit point, comme l'art. 785, que l'héritier qui fait abandon, est réputé n'avoir jamais accepté. Si le législateur eût voulu accorder à l'héritier bénéficiaire, malgré la qualité qu'il a prise, la même faveur qu'à celui qui n'a fait aucun acte d'héritier, il n'eût pas manqué de porter à ce sujet une disposition expresse; car on ne peut croire, sans un texte de loi bien précis, qu'il ait voulu déroger à ce principe de tous les temps, *qui semel heres, semper heres* » .

Sur ces moyens, arrêt de la section des requêtes qui admet le recours en cassation de la régie.

Assignés en conséquence devant la section civile pour défendre le jugement attaqué, les héritiers de la demoiselle Blanchet prouvent très-bien (ce dont la régie, mieux éclairée devant la cour suprême qu'elle ne l'était devant le tribunal de Chateauroux, convenait déjà assez clairement) que leur acte de renonciation doit avoir tous les effets de l'acte d'abandon des biens autorisé par l'art. 802 du code civil. Mais inférant de là, avec M. Toullier, qu'un acte d'abandon doit avoir, à son tour, tous les effets d'une renonciation proprement dite et faite avant l'acceptation de l'hérédité, ils soutiennent, avec lui, que l'héritier bénéficiaire qui fait abandon, est censé, comme celui qui renonce *ab initio*, n'avoir jamais été héritier. « Sans doute (continuent-ils) » si l'on n'admet pas ce principe, il faut en conclure que, même après son abandon, l'héritier bénéficiaire reste propriétaire des biens de » la succession. Mais cette conséquence, loin » d'être favorable au système des demandeurs, » en prouve au contraire le peu de solidité. Comment, en effet, peut-on croire que, quand un » héritier bénéficiaire a fait abandon de tous les » biens de la succession, quand il ne peut, dès-

lors, profiter de ces biens en aucune manière, » ses successeurs soient cependant obligés de » payer un droit de mutation pour un titre de » propriété absolument illusoire, que les descendans de ceux-ci soient soumis à la même » obligation, et qu'elle passe également aux générations suivantes, tant que la vente de ces » biens ne sera point opérée » ?

Il paraît que cet argument est resté sans réponse de la part de la régie; et cependant ce n'était qu'un mauvais sophisme.

D'abord, par la manière dont ils le présentaient, les héritiers de la demoiselle Blanchet prouvaient clairement qu'ils étaient encore, devant la cour de cassation, dans le même aveuglement qu'ils avaient été devant le tribunal de Chateauroux, sur la fausse direction que la régie avait donnée à sa demande; car s'ils avaient senti que cette demande, au lieu d'être dirigée contre eux, aurait dû l'être contre un curateur aux biens abandonnés, ils en auraient conclu tout naturellement que, si la mort de chacun d'eux et de chacun de leurs enfans avait devancé la vente des biens, les nouveaux droits de mutation qu'elle eût produits successivement, n'aurait pu être exigés que du curateur qui les eût pris sur les biens, et que, par conséquent, il n'en serait résulté aucun embarras pour les héritiers, soit de chacun d'eux, soit de chacun de leurs enfans.

Ensuite, si l'on pouvait dire que, par l'abandon que l'héritier bénéficiaire fait aux créanciers et aux légataires des biens de la succession, la propriété de ces biens devient pour lui un titre illusoire et cesse par conséquent d'être passible d'un droit de mutation de son chef, on devrait en dire autant de l'abandon qu'un débiteur fait de tous ses créanciers pour les faire vendre et s'en distribuer le prix ; on devrait en dire autant du délaissement que fait le tiers-détenteur à un créancier hypothécaire pour en arrêter les poursuites à son égard. Et si, comme on l'a vu tout-à-l'heure, cette manière de raisonner heurterait, par rapport à l'abandon fait par le débiteur et au délaissement fait par hypothèque, tous les principes de la matière, il est bien impossible que, par rapport à l'abandon fait par l'héritier bénéficiaire, elle soit d'accord avec les mêmes principes.

Il n'y avait pas plus de logique dans le second argument que les héritiers de la demoiselle Blanchet opposaient à la demande en cassation de la régie. « Le système de la régie (disaient-ils) est » en opposition, sinon avec les termes, du moins » avec l'esprit de l'art. 802. Quelles sont, en effet, » les obligations de l'héritier avant de faire abandon des biens de la succession ? C'est de faire » vendre ces biens, et d'en rendre compte aux » créanciers. Mais si, après son abandon, il conserve encore la propriété de l'hérédité, il restera soumis aux mêmes obligations; car, en » qualité de propriétaire, lui seul pourra faire

---

(1) *V.* ci-devant, art. 3.

» vendre les biens de la succession, et par là
» même il devra en rendre compte. Ainsi, la
» disposition de l'art. 802, qui ne lui accorde le
» droit de faire abandon que pour qu'il puisse se
» décharger de l'administration de la succession,
» devient absolument sans effet, puisque, même
» après son abandon, il est obligé de continuer
» cette administration ».

C'est comme si l'on disait : le débiteur qui
abandonne ses biens à ses créanciers pour se
débarrasser de leurs poursuites, n'en conserve
pas l'administration ; il perd le droit d'en jouir,
et ce n'est pas contre lui, mais contre un curateur, que ses créanciers doivent en poursuivre la
vente. Donc il n'en est plus propriétaire. Donc
s'il meurt avant que la vente soit effectuée, son
décès ne donne lieu à aucun droit de mutation.

C'est comme si l'on disait : le tiers-détenteur
qui délaisse un immeuble par hypothèque, est à
l'abri de toute poursuite de la part du créancier
à qui cet immeuble est hypothéqué, et ce n'est
pas sur lui, mais sur un curateur que le créancier doit le faire saisir et adjuger. Donc la propriété n'en réside pas sur sa tête. Donc point de
mutation de son chef, s'il vient à mourir avant
l'adjudication.

A coup sûr, ni l'un ni l'autre raisonnement
ne serait soutenable. Celui des héritiers de la
demoiselle Blanchet ne valait donc pas mieux.

Cependant le recours en cassation de la régie
a été rejeté par arrêt du 6 juin 1815, au rapport de M. Gandon, et sur les conclusions de
M. l'avocat général Thuriot,

Non, comme il aurait pu l'être, par la considération que, si le tribunal de Chateauroux avait
mal motivé le jugement par lequel il avait déclaré la régie *non-recevable dans sa demande*, il n'en
avait pas moins prononcé conformément à l'esprit de l'art. 802 du Code civil, en ce que les
héritiers de la demoiselle Blanchet s'étaient mis,
par l'abandon qu'ils avaient fait de la part de la
défunte dans la succession bénéficiaire de leur
père, à l'abri des poursuites de la régie ;

Mais par la considération « que l'art. 802 du
» Code civil donne à l'héritier bénéficiaire le
» droit de se décharger du fardeau de l'hérédité
» en abandonnant les biens aux créanciers ; que
» *le droit de faire cet abandon est le même que celui de*
» *renoncer à la succession* ; que l'héritier de l'héritier
» bénéficiaire peut, du chef de celui-ci, tout ce qui
» était permis à ce dernier ; qu'ainsi, les défen-
» deurs ont pu renoncer, du chef de leur sœur,
» à la succession de leur père, dont elle était
» héritière bénéficiaire ; qu'au moyen de cette
» renonciation, la sœur est censée n'avoir jamais
» été héritière ; et qu'ainsi on ne peut dire qu'il
» y ait eu d'elle à ses frères, une mutation de
» droits dans la succession paternelle (1) »,

(1) Journal des audiences de la cour de cassation, année
1815, page 309.

Que dire d'un pareil arrêt, si ce n'est qu'il
n'est pas le fruit de ces délibérations mûrement
et profondément réfléchies dont les résultats rendent les oracles de la cour suprême si précieux
aux jurisconsultes.

Sans doute, comme il le dit très-bien, et
comme je l'ai déjà remarqué plusieurs fois, *le*
droit de faire l'abandon énoncé dans l'art. 802 du
Code civil, est le même que le droit de renoncer à la
succession ; mais envers qui est-il le même ? Il ne
peut l'être qu'envers ceux au profit desquels il
peut avoir lieu. Or, à qui l'art. 802 permet-il à
l'héritier bénéficiaire d'abandonner les biens de
l'hérédité ? Aux créanciers et aux légataires. Ce
n'est donc qu'envers les créanciers et les légataires que l'héritier bénéficiaire peut renoncer à
la succession ; il n'y peut donc renoncer indéfiniment. Sa renonciation est donc comme non
avenue, en tant qu'elle ne serait pas pour lui un
moyen de se soustraire aux actions des créanciers
et des légataires, seul but pour lequel la loi l'autorise à le faire. Sa renonciation est donc nulle,
si on la prend dans un sens indéfini.

Juger autrement et aller jusqu'à dire que l'héritier bénéficiaire, en abandonnant les biens aux
créanciers et aux légataires, fait cesser sa qualité
d'héritier comme s'il ne l'avait jamais prise, et
qu'il en détruit rétroactivement tous les effets,
ce n'est pas seulement ajouter au texte de l'art.
802, ce n'est pas seulement abuser de l'art. 785,
lequel, en déclarant que *l'héritier qui renonce, est*
censé n'avoir jamais été héritier, n'a évidemment
en vue, comme le prouvent ceux qui le précèdent et le suivent, que la renonciation faite dès
le principe et avant toute acceptation ; c'est encore méconnaître la grande règle *semel heres*,
semper heres, qui est écrite en caractères lumineux dans l'art. 783, ou, ce qui revient au
même, étendre hors de ses termes l'exception
par laquelle l'art. 802 la limite par rapport aux
créanciers et aux légataires des successions acceptées sous Bénéfice d'inventaire ; et pour tout
dire en un mot, c'est se mettre dans la nécessité, sous peine de tomber dans la contradiction
la plus manifeste, de juger que l'héritier bénéficiaire peut, en renonçant à la succession, se
dispenser des rapports qu'il s'est obligé, par son
acceptation, de faire à ses co-héritiers, doctrine
qui ne serait pas plus soutenable sous le Code
civil qu'elle ne l'était sous l'ancienne jurisprudence, et que M. Toullier condamne lui-même,
tout en soutenant que *l'héritier bénéficiaire qui re-*
nonce, est censé n'avoir jamais été héritier.

Une chose au surplus très remarquable, c'est
que cet arrêt n'a pas empêché M. Chabot, lorsque, trois ans après, il a publié la cinquième
édition de son commentaire sur le *titre des succes-*
sions du Code civil, d'y enseigner positivement,
art. 802, que « l'héritier bénéficiaire, en aban-
» donnant les biens aux créanciers et aux léga-
» taires, pour se décharger du paiement des

4.

» dettes, ne renonce pas à la succession, et qu'il
» ne peut pas même y renoncer » ; et non-seulement de l'enseigner, mais encore de le prouver
par des raisons sans réplique. « En effet (a-t-il
» dit), si le législateur avait voulu que l'héritier
» bénéficiaire ne pût se décharger du paiement
» des dettes et des embarras de l'administration,
» qu'en renonçant à la succession, ne l'aurait-il
» pas dit clairement? N'eût-il pas même été né-
» cessaire qu'il le dît expressément et textuelle-
» ment, pour déroger à la règle générale qui ne
» permet pas de renoncer à une succession qu'on
» a volontairement acceptée? Et lorsqu'on voit, au
» contraire, que, dans la rédaction de l'art. 802,
» le législateur a évité le mot *renonciation*, qui
» était le plus simple et le plus naturel, qu'il n'a
» parlé que d'*abandon des biens*, et qu'il l'a même
» limité en faveur des créanciers et des légataires,
» ne doit-on pas en conclure que ce n'est pas
» une véritable renonciation qu'il a voulu auto-
» riser, et qu'il n'a pas entendu que l'abandon
» aurait les mêmes résultats et les mêmes effets
» que la renonciation » ?

Pourquoi M. Chabot, en tenant un langage aussi
peu d'accord avec l'arrêt du 6 juin 1815, n'a-t-il
pas dit un mot de l'argument que l'on pouvait en
tirer contre sa doctrine? On ne prétendra sans
doute pas qu'il n'en eût pas connaissance, puisqu'il y avait pris part, comme membre de la
section civile (le plumitif de l'audience du 6
juin 1815 en fait foi). Il n'a donc pu s'abstenir
d'en parler, que parcequ'il le considérait comme
une aberration passagère et uniquement bonne
à oublier.

§. VI. *Autres questions sur le Bénéfice d'in-*
ventaire.

V. les articles *Compensation*, *Direction de*
créanciers, *Hypothèque* et *Paiement.*

BÉNÉFICIER. *Le Bénéficier qui, d'après un acte*
législatif portant que tout ce qui serait acquis pour
l'agrandissement du manoir bénéficial, y serait uni
à perpétuité, a acheté divers terrains, avec l'intention
manifestée de les unir à son habitation, et qui les y a
unis en effet par une clôture, a-t-il, par cela seul, et
de plein droit, nationalisé ces terrains?

V. le plaidoyer et l'arrêt du 15 ventôse an 10,
rapporté à l'article *Biens nationaux*, §. 5.

BIENS. *V.* les articles *Action* (ordre judiciaire),
Meubles et *Propres.*

BIENS NATIONAUX. §. I. 1°. *A qui du pouvoir*
judiciaire ou de l'autorité administrative, appartient
la connaissance des contestations qui s'élèvent entre
l'acquéreur d'un Bien national et un prétendant droit
à la propriété d'une portion de ce Bien, et qui présentent
la question de savoir si l'acquéreur a ou n'a pas acheté
cette portion du gouvernement?

2°. *Que doit-on décider à cet égard, lorsque*
le tiers réclamant convient que sa propriété a été

comprise dans la vente, mais soutient qu'elle doit
en être distraite et la revendique? Sa revendica-
tion est-elle recevable, et quelle est l'autorité qui
doit en connaître?

I. La première de ces questions et plusieurs
autres, qui sont indiquées sous les mots *Cassa-*
tion, *Dette publique*, *Incompétence*, *Propriété*, §. 1,
et *Servitude*, §. 1, se sont présentées, le 16 pluviôse an 11, à l'audience de la cour de cassation,
sections réunies.

Les parties étaient, d'un côté, Samuel Leboucq, demandeur en cassation d'un arrêt de la
cour d'appel de Poitiers ; de l'autre, Jean-Baptiste
Monville, défendeur.

Voici les conclusions que j'ai données sur cette
affaire :

«Dans la contestation sur laquelle vous avez à
prononcer, deux acquéreurs se disputent une
portion de la halle ci-devant seigneuriale de Surgères, commune du département de la Charente-
inférieure.

» Monville l'avait acquise, en 1770, de celui
qui en était alors propriétaire.

» Leboucq prétend l'avoir acquise à son tour,
en l'an 4, de l'administration centrale du département, stipulant au nom de la république.

» Et l'on vous présente à décider la question de
savoir lequel de ces deux acquéreurs doit être
préféré à l'autre.

» Pour arriver à une solution précise de cette
question, le premier pas à faire est de bien connaître les titres respectifs des deux contendans ;
car c'est de leurs titres que dérivent leurs droits.

» Le titre de Jean-Baptiste Monville est un contrat passé devant notaire, à la Rochelle, le 27
août 1770.

» Par cet acte, Jean-François de la Rochefoucault *donne et délaisse à titre de cens et de devoir*
direct, foncier et seigneurial, à Jean-Baptiste Monville,
demeurant à Surgères, un emplacement à mettre bancs,
situé sous la halle de Surgères, au troisième rang, ayant
17 pieds de long, tenant du levant au rang du milieu,
passée entre deux ; du couchant au troisième rang, les
poteaux entre deux ; du bout du midi, à l'emplace-
ment du banc des héritiers de Jean-François Renaud ;
et du bout du nord, à un emplacement de 4 pieds de
long étant à la veuve Terrasson.

» Jean-Baptiste Monville s'oblige de payer chaque année 12 livres de cens à la recette seigneuriale de Surgère, *tant et si long-temps qu'il sera*
propriétaire et détenteur dudit emplacement ou de par-
tie d'icelui.

» Il affecte et hypothèque par privilége au paiement de cette redevance, l'emplacement qui lui
est concédé, ainsi que tous ses autres biens.

» L'acte ajoute que cette redevance est stipulée *sans préjudice aux droits de foires et marchés.*

» Enfin les parties conviennent *que la présente*
baillée ne tiendra qu'autant que Jean-Baptiste Mon-
ville et son épouse seront habitans de Surgères ; et que,

*s'ils allaient faire leur domicile ailleurs, elle demeu-
rera nulle et comme non avenue.*

» Quatre choses sont à remarquer dans ce contrat.

» 1°. Ce n'est pas la première concession que
fait Jean-François de la Rochefoucault d'un emplacement à prendre sous la halle. Les tenans et
aboutissans qu'il donne à la portion qu'il accense
à Jean-Baptiste Monville, indiquent eux-mêmes
que précédemment il avait fait de pareilles concessions au nommé Jean-François Renaud et à
une veuve Terrasson.

2°. En cédant cet emplacement à Jean-Baptiste
Monville, Jean-François de la Rochefoucault
n'entend pas seulement imposer une servitude à
sa halle, mais bien en accenser une portion, et
par conséquent, l'aliéner jusqu'à cette concurrence; car accenser, c'est aliéner le domaine
utile, sous la seule réserve du domaine direct.
Aussi déclare-t-il expressément que Jean-Baptiste
Monville *sera propriétaire* de l'emplacement ac-
censé; et c'est comme *propriétaire* futur, que Jean-
Baptiste Monville s'oblige au paiement annuel
d'un cens de 12 livres; c'est comme *propriétaire*
futur que Jean-Baptiste Monville affecte et hypothèque à l'avance l'emplacement qui lui est ac-
censé, pour sûreté du cens annuel qu'il s'engage
de payer.

» 3°. A la vérité, le bail à cens doit se résoudre,
et Jean-François de la Rochefoucault doit rentrer
dans l'emplacement qui en est l'objet, si Jean-
Baptiste Monville et son épouse viennent à quitter la commune de Surgères, pour fixer leur domicile ailleurs. Mais cela même prouve que jusqu'alors, et tant qu'ils demeureront à Surgères,
Jean-Baptiste Monville et son épouse jouiront véritablement comme propriétaires. Seulement il
résulte de là que leur propriété est résoluble;
mais pour être résoluble, elle n'en est pas moins
réelle; une propriété résoluble n'est pas moins
une propriété que si elle était incommutable.

» 4°. En concédant à Jean-Baptiste Monville
une portion de sa halle, Jean-François de la
Rochefoucault a soin de la limiter par tenans et
aboutissans. Ce n'est donc pas une portion indivise qu'il lui accense, c'est une portion distincte
et déterminée.

» Tel est le titre en vertu duquel Jean-Baptiste
Monville est devenu propriétaire de la portion
aujourd'hui litigieuse de la halle de Surgères.

» Il en jouissait encore paisiblement, lorsque
la révolution fit émigrer Jean-François de la Rochefoucault.

» Par l'effet de cette émigration, les portions
de la halle qui étaient demeurées dans la propriété de Jean-François de la Rochefoucault,
furent mises sous la main de la nation. Mais il
n'en fut pas de même de celles qu'il avait précédemment aliénées; le séquestre national ne
les atteignit pas; et Jean-Baptiste Monville continua, à l'instar des autres concessionnaires, de
jouir de l'objet de son accensement.

» Ce fait important est consigné dans le jugement attaqué; et il n'a pas été contredit, il a
même été formellement avoué, par Samuël Leboucq, devant les tribunaux qui jusqu'à présent
ont connu de cette affaire.

» Un autre fait non moins intéressant, qu'é-
nonce aussi le jugement attaqué, c'est que Samuël Leboucq ayant soumissionné en l'an 4 la
halle de Surgères, *l'administration-cantonale in-
forma le département qu'il était de l'intérêt public que
cette halle, sous laquelle se tenaient les foires, ne pût
être abattue; que plusieurs particuliers en avaient légalement acquis différentes portions, et qu'on ne pouvait les priver de leur propriété.*

» C'est le 12 thermidor an 4 que Samuël Leboucq s'est rendu adjudicataire de la halle qu'il
avait précédemment soumissionnée.

» Que lui a-t-il été adjugé à cette époque
par l'administration départementale? Suivant
lui l'administration départementale lui a adjugé,
non-seulement la partie de la halle qui n'avait
pas été aliénée par l'émigré de la Rochefoucault,
mais la halle entière, sans exception, sans réserve quelconque. Cependant il ne produit pas
son procès-verbal d'adjudication; et il est permis
de croire que, si cette pièce était favorable à son
système, il ne manquerait pas de la représenter.

» Quoi qu'il en soit, nous sommes réduits à
juger de l'étendue de son adjudication, par le
compte qu'en rend le jugement de première instance.

» Il résulte du procès (porte ce jugement),
*que, par acte du....., Leboucq aurait acquis de la na-
tion la halle de Surgères, provenant de l'émigré de la
Rochefoucault, de la contenance d'environ 179 toises
de superficie, y compris le parquet; il est stipulé par
les conditions que les Biens vendus le sont avec leurs
servitudes actives et passives; que l'acquéreur les prendra dans l'état où ils sont, sans pouvoir exiger aucune
indemnité à défaut de dégradation ou détérioration,
ni pour erreur dans les tenans et aboutissans,* NI DANS
LES CONTENANCES, *étant vendus ainsi qu'en ont joui
ou du jouir les précédens fermiers ou ceux dont ils proviennent.*

» C'est des clauses ainsi présentées de l'adjudication du 12 thermidor an 4, qu'est parti le
tribunal civil du département de la Charente-Inférieure, pour rendre, le 12 frimaire an 5, un
jugement par lequel il a déclaré que Samuël
Leboucq n'avait acquis de la nation que la portion de la halle dont Jean-François de la Rochefoucault jouissait encore à l'époque de son émigration; et qu'en conséquence, il n'avait aucun
droit de propriété sur l'emplacement vendu par
celui-ci en 1770, à Jean-Baptiste Monville.

» Samuël Leboucq a appelé de ce jugement;
et pour écarter les inductions que le tribunal de la
Charente-Inférieure avait tirées de son contrat du
12 thermidor an 4, il s'est fait délivrer, s'il faut l'en
croire, par l'administration centrale de la Charente inférieure, un certificat daté du 15 frimaire

an 5, et portant « qu'antérieurement à la vente, ni
» lors de l'adjudication, il n'avait été formé au-
» cune réclamation par aucun prétendant droit
» à la propriété d'une portion de terrain dans la
» halle; qu'en conséquence, l'administration
» avait entendu vendre à Samuël Leboucq la to-
» talité de la halle, et tous les bancs qui en dé-
» pendent, sans réserve ni restriction ».

» Nous disons qu'il s'est fait délivrer ce certificat, *s'il faut l'en croire;* car ce certificat n'est ni
produit ni relaté dans aucun jugement. Samuël
Leboucq s'est contenté de le transcrire dans un
de ses mémoires au tribunal de cassation; et sans
doute, ce n'est pas une pareille copie qui peut
tenir lieu de l'original, si toutefois l'original a
jamais existé.

» Quoi qu'il en soit, il paraît que, sur l'appel
du jugement du tribunal de la Charente-Inférieure, Samuël Leboucq a argué ce jugement
d'incompétence, et qu'il l'a en outre attaqué
comme ayant mal jugé au fond.

» Les juges de la Charente-Inférieure avaient,
suivant lui, transgressé les limites du pouvoir
judiciaire; ils avaient entrepris sur les attributions de l'autorité administrative, en interpré-
tant, en changeant et en modifiant par l'interprétation qu'ils en
avaient faite, un contrat passé par l'administration départementale, et qu'il n'appartenait qu'à
l'administration départementale d'interpréter.

» Ils avaient d'ailleurs mal jugé au fond, soit
parceque l'acte du 27 août 1770 n'avait conféré à J.-B. Monville qu'une servitude, et que
J.-B. Monville n'ayant pas représenté cet acte
au secrétariat du district, dans le délai fixé par
l'art. 6 de la loi du 2 septembre 1792, il se
trouvait, par cela seul, déchu de sa concession;
soit parceque J.-B. Monville n'ayant acquis par
ce même acte, qu'un droit indivis avec Jean-
François de la Rochefoucault, depuis émigré, la
nation avait pu et dû vendre le tout, aux termes
de la loi du 13 septembre 1793.

» Le tribunal civil du département des Deux-
Sèvres, devant qui était porté l'appel de Samuël
Leboucq, n'a accueilli aucun de ces griefs.

» Il a rejeté celui d'incompétence, sur le fondement que les juges de la Charente-Inférieure
n'avaient ni interprété ni modifié le contrat d'adjudication du 12 thermidor an 4; mais qu'au
contraire, ils l'avaient pris dans son sens littéral, puisque, par le texte de ce contrat, Samuël
Leboucq était seulement *subrogé aux droits de la
nation* dans la halle de Surgères, et qu'il ne devait jouir de cette halle que comme en avait joui
l'émigré de la Rochefoucault.

» Il a rejeté le grief tiré de l'art. 6 de la loi du
2 septembre 1792, parceque ce n'était pas d'une
simple servitude, mais d'une propriété réelle,
que J.-B. Monville était devenu acquéreur par
l'acte du 28 août 1770.

» Enfin, il a rejeté le grief fondé sur la loi du
13 septembre 1793, parceque, par l'acte du 27

août 1770, J.-B. Monville avait acquis de l'émigré de la Rochefoucault, non une propriété indivise, mais une propriété distincte et séparée.

» Et il a joint à ces différens motifs, cette *considération*, qu'il a qualifiée de *frappante*, « que
» Leboucq n'ignorait pas, lors de la vente à lui
» consentie (par l'administration centrale), que
» lui-même et plusieurs autres citoyens de Sur-
» gères étaient propriétaires (d'une partie de la
» halle), en vertu d'anciennes concessions, fait
» qu'il n'a pas dénié, et dont il est, au contraire,
» convenu; que, d'après cette connaissance, il
» n'a pas pu prendre la clause que les biens lui
» étaient vendus tels qu'en avaient joui ceux dont
» ils provenaient, comme une clause purement
» de style ».

» En conséquence, par jugement du 24 floréal
an 5, il a confirmé celui du tribunal civil de la
Charente-Inférieure.

» Samuël Leboucq s'est pourvu en cassation,
et il a employé, dans cette nouvelle instance, les
mêmes moyens qu'il avait fait valoir devant le
tribunal des Deux-Sèvres : incompétence du
pouvoir judiciaire pour statuer sur l'objet litigieux; contravention à l'art. 6 de la loi du 2
septembre 1792; et violation de la loi du 13 septembre 1793.

» Sur le premier de ces trois moyens, le tribunal de cassation a considéré *qu'il ne s'agissait
pas de la validité ou invalidité de l'acte d'adjudication
de la halle de Surgères, consenti par l'administration
départementale; mais de l'exécution et de l'application
de cet acte qui a donné lieu à une contestation, laquelle ne pouvait appartenir qu'au pouvoir judiciaire;
d'où il suit qu'en cela le tribunal des Deux-Sèvres n'a
point contrevenu à l'art. 13 du tit. 2 de la loi du
24 août 1790.*

» Mais après s'être ainsi expliqué sur le premier moyen, le tribunal de cassation s'est prononcé en faveur du deuxième; et par jugement
du 27 brumaire an 7, il a cassé celui du département des Deux-Sèvres, comme contraire à l'art.
6 de la loi du 2 septembre 1792.

» Renvoyé, d'après ce jugement, devant le
tribunal d'appel de Poitiers, Samuël Leboucq
n'a pas cru devoir y proposer de nouveau son
moyen d'incompétence; il s'est borné à répéter
tout ce qu'il avait dit au fond devant le tribunal
des Deux-Sèvres.

» Sans doute, il comptait beaucoup sur le
moyen qui avait déterminé le jugement du tribunal de cassation. Cependant il a été trompé
dans son attente.

» Par jugement du 23 ventôse an 9, le tribunal d'appel de Poitiers a prononcé comme l'avait
fait le tribunal des Deux-Sèvres : il a, comme lui,
déclaré l'art. 6 de la loi du 2 septembre 1792 et
la loi du 13 septembre 1793 inapplicables à l'espèce; et c'est cette conformité des deux jugemens
qui nécessite aujourd'hui la réunion des trois sections du tribunal suprême.

» Samuël Leboucq ne vous a plus parlé dans son mémoire, de la loi du 13 septembre 1793; et par le silence dans lequel il s'est renfermé à cet égard, il semblait reconnaître que J.-B. Monville n'avait pas acquis en 1770 une portion indivise de la halle de Surgères, mais bien une portion fixe et déterminée, une portion expressément limitée par tenans et aboutissans.

» A l'audience, il est revenu sur ses pas; il a encore invoqué la loi du 13 septembre 1793.

» Mais comme il ne vous a rien dit, à cet égard, qui ne soit à l'avance réfuté par les développemens dans lesquels nous sommes entrés sur les faits, nous nous abstiendrons de toute espèce d'observations ultérieures sur ce premier moyen.

» Samuël Leboucq vous en propose deux autres, qu'il fonde, l'un, sur la loi du 2 septembre 1792; le second, sur la loi du 16 fructidor an 3.

» Le premier nous présente deux questions à résoudre.

» D'abord, la concession faite en 1770 par Jean François de la Rochefoucault à Jean-Baptiste Monville, n'avait-elle conféré à celui-ci qu'une servitude active sur la halle de Surgères?

» Secondement, en le supposant ainsi, J.-B. Monville était-il déchu de son droit, pour n'en avoir pas représenté le titre dans le délai fixé par la loi du 2 septembre 1792?

» Sur la première question, nous ne pouvons que nous en référer aux clauses de l'acte de 1770 que nous avons eu l'honneur de vous retracer.

» Vous avez remarqué dans chacune de ces clauses le caractère d'une translation réelle et effective de la propriété foncière de l'emplacement concédé à J.-B. Monville par Jean-François de la Rochefoucault; et telle est l'idée qui se présente naturellement à tous les esprits, sur la simple lecture de l'acte.

» Cependant on oppose à cette idée quelques objections spécieuses.

» Premièrement, dit-on, J.-B. Monville ne pouvait pas dénaturer l'objet de sa concession. Concessionnaire d'un simple emplacement dans une halle, il ne pouvait pas le destiner à un autre usage; il n'en était donc pas propriétaire; car le droit de propriété emporte celui de faire de sa chose tout ce que l'on veut: *proprietas est jus utendi et abutendi*.

» Si l'on concluait de là que J.-B. Monville n'avait pas la pleine propriété de l'emplacement litigieux, nous en conviendrions. Mais entre n'avoir pas la propriété pleine d'un objet, et n'y avoir qu'un droit de servitude, la différence est, pour ainsi dire, incommensurable.

» Assurément le tenancier d'un fonds sujet au droit de champart seigneurial, était propriétaire de ce fonds. Cependant il y avait plusieurs coutumes dans lesquelles il ne lui était pas permis d'en changer la surface; et telle était notamment la coutume d'Amiens: *celui qui tient terre à terrage d'aucun seigneur* (portait-elle, art. 197), *ne la peut enclore de haies ni de fossés, pour la mettre en prés, pâture ni édifice, sans le consentement dudit seigneur; mais est tenu de la laisser en labour.*

» D'où venait cela? C'est que la propriété du fonds sujet au champart, était partagée, ou pour nous servir d'un terme heureusement hasardé par Boutaric, *cizaillée* entre le seigneur et le tenancier. Le tenancier n'était pas propriétaire libre ni intégral, mais il n'en était pas moins propriétaire dans la véritable acception de ce mot; et jamais on ne s'est avisé de dire qu'il n'eût sur le fonds dont il jouissait, qu'un droit de servitude.

» Et Samuël Leboucq lui-même ne se présente-t-il pas à vous comme propriétaire foncier de la halle de Surgères? Cependant il ne peut pas changer la destination de ce fonds; son propre titre d'acquisition l'oblige de le conserver en nature de halle.

» C'est donc, de sa part, une pure illusion, une prétention contradictoire, de soutenir que Jean-Baptiste Monville n'est pas devenu, en 1770, propriétaire de l'emplacement aujourd'hui en litige, sous le prétexte qu'il ne pouvait pas changer la destination de cet emplacement.

» Mais, dit-on encore, Jean François de la Rochefoucault, en concédant cet emplacement à J.-B. Monville, est demeuré le maître de disposer à son gré du dessus et du dessous de la halle; il a pu élever au-dessus un étage de batiment; il a pu faire excaver le dessous, et y pratiquer des appartemens souterrains. Jean-Baptiste Monville n'a donc jamais eu la propriété foncière de cet emplacement, il n'y a donc jamais eu qu'un droit de servitude.

» Cette objection n'offre, comme la précédente, qu'une confusion du droit de servitude avec la propriété non intégrale, ou, pour nous servir encore de l'expression de Boutaric, avec la propriété *cizaillée*.

» Sans doute, celui qui n'a que la propriété, soit du rez-de-chaussée, soit de l'étage supérieur, soit des excavations souterraines d'un fonds, n'est pas aussi pleinement propriétaire de ce fonds, que l'est celui dans la main duquel sont réunis à la fois ces trois objets.

» Mais quelle différence existe-t-il entre l'un et l'autre? Ils ne diffèrent que dans un seul point: c'est que le second est propriétaire absolu, et en quelque sorte solidaire; au lieu que le premier n'est que propriétaire partiaire.

» Mais vouloir qu'une propriété partiaire ne soit qu'une servitude, c'est afficher un paradoxe réprouvé par les textes les plus précis du droit.

» Il est fréquemment question dans les lois romaines d'une espèce de propriété qui ne conférait à l'individu auquel elle appartenait, d'autre qualité que celle de *superficiarius*. C'était précisément la propriété du rez-de-chaussée.

» Or, voulez-vous savoir si les lois romaines assimilaient cette espèce de propriété à une servitude, ou si elles la considéraient comme une propriété véritable, quoique imparfaite ? Ouvrez le Digeste, titre *de superficiebus*: vous y lirez, loi première, §. 6 et 9, que le *superficiaire* peut, non-seulement revendiquer son droit comme une propriété foncière, mais qu'il peut même l'assujétir à un usufruit, à un usage ou à une servitude réelle : *Quia autem etiam in rem actio de superficie dabitur, petitori quoque in superficiem dari et quasi usumfructum sive usum quemdam ejus esse, et constitui posse per utiles actiones credendum est....* *Servitutes quoque prætorio jure constituentur; et ipsæ, ad exemplum earum quæ ipso jure constitutæ sunt, utilibus actionibus petentur.*

» Et de là, n'en doutons point, il résulte invinciblement que le droit du *superficiaire* n'est pas considéré comme une servitude ; car une servitude foncière ne peut être grevée ni d'usufruit, ni d'usage, ni de toute autre servitude, soit réelle, soit personnelle : *nec usus, nec ususfructus itineris, actûs, viæ, aquæductûs, legari potest, quia servitus servitutis esse non potest.* Ce sont les termes de la loi première, D. *de usu et usu fructu legato;* et c'est dans le même sens que la loi 33, §. 1. D. *de servitutibus prædiorum rusticorum*, dit : *servitutis ususfructus constitui non potest.*

» La coutume de Paris prouve aussi très-clairement que la propriété de la seule superficie n'est pas une servitude, mais une véritable et réelle propriété : *quiconque*, dit-elle, art. 187, *a le sol appelé l'héritage du rez-de-chaussée, a le dessus et le dessous de son sol......, s'il n'y a titre au contraire.*

» Donc, *s'il y a titre au contraire*, on peut être propriétaire du rez-de-chaussée, sans l'être, soit du dessus, soit du dessous. Donc celui à qui appartient le rez-de-chaussée seulement, est tout aussi bien propriétaire partiaire, qu'est propriétaire absolu et solidaire celui à qui appartiennent et le dessus et le dessous et le rez-de-chaussée tout ensemble.

» Donc le tribunal d'appel de Poitiers a très-bien jugé, en déclarant que ce n'était pas une servitude, mais une véritable propriété, qu'avait acquise J.-B. Monville, par le bail à cens du 27 août 1770.

» Mais admettons pour un moment que, sur ce point, les principes soient aussi favorables à Samuël Leboucq, qu'ils lui sont contraires ; faisons-nous pour un moment illusion à nous-mêmes, afin de nous prêter à l'idée que Jean-Baptiste Monville ne jouissait qu'à titre de servitude, de la portion qui lui avait été accensée en 1770, par Jean-François de la Rochefoucault ; et voyons si, dans cette hypothèse, Jean-Baptiste Monville aura encouru la déchéance de sa prétendue servitude, pour n'en avoir pas produit le titre à l'administration du district du dernier domicile de son cédant, dans le délai déterminé par l'art. 6 de la loi du 2 septembre 1792.

» Au premier aspect, et considéré isolement, l'art. 6 de la loi du 2 septembre 1792 paraît devoir s'entendre des acquéreurs de servitudes, comme des créanciers proprement dits ; car voici comment il débute : *tout créancier ou* AYANT DROIT, *à quelque titre que ce puisse être, pourra faire pendant le délai de deux mois*, ect.—Et sans doute, les mots *ayant droit* peuvent s'entendre de ceux à qui les émigrés ont cédé des droits réels et fonciers sur leurs biens, ni plus ni moins que de ceux envers lesquels ils n'ont fait que contracter des dettes, soit hypothécaires, soit chirographaires.

» Mais si nous combinons cet article, et avec les autres dispositions de la même loi, et avec les autres lois qui l'ont précédée et suivie, nous demeurerons bientôt convaincus ce n'est point là le sens dans lequel le législateur y a employé les termes dont il s'agit.

» Vous savez qu'avant la loi du 1er. floréal an 3, la nation ne s'était pas rendue débitrice directe des créanciers des émigrés ; que jusqu'alors, les créanciers des émigrés n'avaient action que sur les biens délaissés par ceux-ci, mais qu'aussi leur action sur ces biens ou sur le prix qui en provenait, était pleine et entière.

» C'était la loi du 8 avril 1792, qui avait posé les fondemens de cette législation. Elle voulait, art. 20, que, lorsqu'un créancier résidant en France, était fondé, en vertu d'un titre authentique, antérieur à la loi du 2 février précédent, à faire vendre un immeuble appartenant à son débiteur émigré, il pût, un mois après le commandement fait au dernier domicile connu de celui-ci, et dénoncé au procureur-général-syndic du département, provoquer d'abord l'estimation, et ensuite la vente de l'immeuble, dans la forme établie pour l'adjudication des domaines nationaux.

Le même article ajoutait que la vente ainsi faite purgerait les hypothéques, et que les créanciers ne pourraient conserver leurs droits que sur le prix.

» A cette époque, les biens des émigrés n'étaient pas encore réunis au domaine national ; ils étaient seulement séquestrés pour sûreté de l'indemnité qui serait due à la nation, en cas de guerre.

» Mais le 2 septembre 1792, l'assemblée législative fit, à cet égard, un grand pas de plus, et tout en maintenant le principe, que les créanciers des émigrés conservaient leurs actions sur les biens de leurs débiteurs, elle déclara, art. 1, que tous ces biens, tant mobiliers qu'immobiliers, séquestrés ou non, étaient acquis et confisqués à la nation, pour lui tenir lieu de l'indemnité réservée par l'art. 27 de la loi du 8 avril.

» Elle ajouta ensuite, art. 4 : *les dettes de chaque émigré seront acquittées, autant néanmoins que les Biens confisqués, tant meubles qu'immeubles, pourront suffire, et non au-delà.*

» Et afin de ne donner rien au hazard en cette

matière, l'art. 5 ajouta encore : *pour fixer préalablement à toute aliénation*, LES DROITS, SOIT EXIGIBLES, SOIT ÉVENTUELS, DONT LES BIENS POURRAIENT ETRE GREVÉS, *la confiscation sera proclamée par trois affiches et publications successives dans les municipalités de la situation des Biens meubles et immeubles.*

» Remarquons ces termes, *les droits, soit exigibles, soit éventuels.* Bien évidemment ils ne désignent pas des droits fonciers, des droits inhérens à la propriété ; ils ne désignent, ils ne peuvent désigner, que des créances. Une servitude, par exemple, n'est passible ni de l'application de l'épithète *exigibles*, ni de l'application de l'épithète *éventuels.* Elle ne l'est point de la première, parceque jamais on ne peut exiger le rachat d'une servitude. Elle ne l'est point de la seconde, parcequ'une servitude existe actuellement sur le fonds qui la doit, et qu'une fois constituée, son existence est à l'abri de tous les événemens.

» Ce n'est donc pas relativement aux possesseurs de servitudes, ce n'est que relativement aux porteurs de titres de créances, que l'art. 5 ordonne les affiches et proclamations nécessaires pour constater le montant de leurs droits, *préalablement à toute aliénation.*

» Et c'est à la suite immédiate de cet article, que vient celui dont on prétend ici argumenter contre Monville ; *Tout créancier ou ayant droit,* porte-t-il, *à quelque titre que ce puisse être, pourra faire, pendant le délai de deux mois, à compter de la première affiche, sa déclaration et le dépôt de ses titres justificatifs au secrétariat de l'administration du district du dernier domicile connu de l'émigré, lequel sera indiqué par les affiches : ce délai passé, il sera déchu* ; et certes, il n'est pas difficile, d'après ce rapprochement, d'entendre ce que le législateur a voulu exprimer par les mots *tout créancier ou ayant droit.*

» Les *créanciers et ayant droit* dont parle cet article, sont, il n'est pas possible d'en douter, ceux à qui sont dus les *droits exigibles et éventuels* dont il est question dans l'article précédent. Ce ne sont donc pas les possesseurs de servitudes.

» Et vainement dirait-on que les mots *tout créancier* suffisaient pour désigner les propriétaires des droits exigibles et éventuels mentionnés dans l'art. 5 ; vainement dirait-on que les mots *ou ayant droit* n'ont pu être ajoutés que pour la désignation des propriétaires et servitudes.

» Cette objection, déjà singulièrement atténuée, ou plutôt déjà détruite, par le rapprochement de l'art. 6 avec l'article qui le précède, va s'évanouir, comme l'ombre, devant la lumière que répandent sur l'art. 6 les trois articles qui le suivent immédiatement.

» L'art. 7 dit que *les créances et* DROITS SERONT LIQUIDÉS *de gré à gré par le directoire du département, d'après le travail et sur l'avis du directoire du district, entre le procureur-général-syndic et les créanciers*

ou ayant droit qui se seront conformés au présent article. Très-certainement une servitude n'est point et ne peut jamais être dans le cas d'être *liquidée.* Les *droits* énoncés dans cet article, ne peuvent donc pas consister dans des servitudes. Les ayant droit dont s'occupe cet article, ne peuvent donc pas être des possesseurs de servitudes.

» Quels sont donc les *droits* qu'a en vue l'art. 7, et par suite que doit-on entendre par les *ayant droit* dont parlent cet article et le précédent ? L'art. 8 va nous l'apprendre : *les portions d'immeubles qui, par l'événement de la liquidation, seront reconnues devoir répondre* DES DROITS NON ENCORE OUVERTS, TELS QUE LE DOUAIRE ET AUTRES RÉSERVES, SOIT LÉGALES, SOIT CONTRACTUELLES, *demeureront distraites de l'aliénation, et continueront, jusqu'à l'ouverture desdits droits, à être régies et administrées au profit du séquestre national, conformément à la loi du 8 avril.*

» Voilà donc les *droits* dont entendent parler les art. 5, 6 et 7 : ce sont les douaires, les légitimes, les institutions contractuelles, les réserves établies par l'édit des secondes noces, et les autres semblables. Ce sont des droits qui affectent les Biens, ce sont même des créances prises dans un sens large, mais ce ne sont pas des droits fonciers, ce ne sont pas des servitudes ; et encore une fois, les droits fonciers, les servitudes existent actuellement sur les Biens qui en sont grevés, et il est impossible d'imaginer un seul cas où l'on puisse leur appliquer les termes, *jusqu'à l'ouverture desdits droits.*

» Enfin, l'art. 9 ordonne qu'*il sera vendu, à prix et deniers comptans, autant de Biens, soit meubles, soit immeubles, qu'il en faudra pour acquitter les* DETTES DE L'ÉMIGRÉ.

» *Pour acquitter les dettes de l'émigré !* On ne vendra donc pas pour racheter les servitudes dont les Biens de l'émigré peuvent être grevés. Ces servitudes n'entrent donc pas dans le plan de la loi ; elles ne sont donc pas comprises dans l'art. 6, ni par conséquent sujettes à la déchéance dont cet article punit la négligence des *créanciers et ayant droit* en retard de produire leurs titres.

» Veut-on aller plus loin encore ? Veut-on pousser les suppositions jusqu'à dire que l'art. 6 de la loi du 2 septembre 1792 porte sur les servitudes comme sur les créances, comme sur les légitimes, comme sur les douaires, comme sur les autres droits de pareille nature ? C'est certainement accorder au demandeur en cassation tout ce qu'il lui est possible de désirer.

» Eh bien ! Dans ce cas même, nous dirons qu'en vain il se prévaut de l'art. 6 de la loi du 2 septembre 1792, parceque l'art. 6 de la loi du 2 septembre 1792 a été abrogé par les lois postérieures.

» Et comment a-t-il été abrogé ? La chose s'explique d'elle-même.

» La loi du 2 septembre 1792 n'avait ordonné la vente à deniers comptans des Biens des émigrés, que jusqu'à concurrence de ce qu'il en faudrait pour payer leurs dettes. Vous venez de voir que telle était la disposition expresse de l'art. 9.

» Que devait-on faire du restant de leurs Biens? On devait, suivant le même article, ou le vendre aux mêmes termes que les Biens nationaux, c'est-à-dire, payable en douze annuités, ou l'aliéner par bail à rente rachetable.

» D'après de telles dispositions, il était alors d'une grande importance de connaître, *préalablement à toute aliénation,* le montant des dettes et des droits dont étaient grevés les Biens des émigrés; car, sans cette précaution, l'on aurait couru le risque de ne pas conserver assez de Biens pour se mettre en mesure de donner de l'argent comptant aux créanciers.

» Aussi l'art. 5 veut-il positivement qu'avant tout, on s'occupe de la fixation de ces dettes et de ces droits.

» Et c'est pour accélérer cette opération majeure, que, par l'art. 6, il est assigné aux *créanciers et ayant droit,* un délai dans lequel ils devront produire leurs titres, sous peine de déchéance.

» Mais assurément la déchéance a dû cesser, elle a même cessé de plein droit, lorsqu'a cessé l'obligation de l'inaccomplissement de laquelle elle était la peine.

» Or, cette obligation a cessé en même temps que le mode de vente dont elle avait pour objet de régulariser les opérations et de hâter les progrès.

» Et ce mode de vente a cessé par l'effet de la loi du 25 juillet 1793, qui a ordonné, sect. 4, art. 1er., que les Biens immeubles des émigrés seraient vendus au plus offrant et dernier enchérisseur, à l'instar des autres Biens nationaux.

» Dès-lors, le gouvernement n'a plus eu un intérêt aussi pressant de connaître le *quantum* des dettes des émigrés.

» Dès-lors, par conséquent, est devenu sans objet le motif qui avait dicté les mesures prises et les peines infligées par l'art. 6 de la loi du 2 septembre 1792.

» Et dès-lors aussi, le législateur a dû substituer à ces mesures, des mesures nouvelles.

» Et c'est ce qu'il a fait.

» La loi du 25 juillet 1793 elle-même porte, sect. 5, §. 2, art. 6, que les créanciers des émigrés *seront tenus de présenter, avant le 1er. mars prochain, au directoire du district où se fera l'union, le titre de leurs créances; à cet effet, les titres qu'ils auraient déposés dans d'autres districts, en vertu de la loi du 2 septembre 1792, leur seront restitués sur leur simple récépissé.*

» Ainsi, la loi du 2 septembre 1792 est tellement abrogée de fait par le seul et unique effet du changement du mode de vente, que les créanciers qui se sont conformés à cette loi, sont réputés n'avoir rien fait, et qu'ils sont tenus de

retirer leurs titres des administrations à qui elle les avait forcés de les remettre, pour les déposer dans d'autres administrations.

» Et s'ils ne le font pas *avant le 1er. mars prochain,* que leur arrivera-t-il? Ils seront traités comme les créanciers, qui, n'ayant pas obtempéré à la loi du 2 septembre 1792, se trouvent, par le fait, tout aussi avancés qu'eux : les uns et les autres seront déchus de leurs créances. C'est l'art. 8 qui nous le dit en termes formels.

» Voilà donc de nouvelles formalités imposées, voilà un nouveau terme accordé aux créanciers qui se sont conformés, comme à ceux qui ont résisté par leur inertie, à la loi du 2 septembre 1792.

». Il ne peut donc plus être question désormais de la loi du 2 septembre 1792; c'est à la loi, à la seule loi du 25 juillet 1793, qu'il faudra s'attacher.

» Mais, remarquons-le bien, la loi du 25 juillet 1793 n'impose ces nouvelles formalités, et elle n'accorde un nouveau terme pour les remplir, qu'aux *créanciers* proprement dits. Son texte est, à cet égard, d'une simplicité, d'une précision qui ne donne prise aux équivoques; et l'on doit hardiment défier le plus intrépide raisonneur d'en tenter seulement l'extension aux possesseurs de servitudes.

» Ce n'est pas tout. L'expérience ayant bientôt appris que le terme accordé par la loi du 25 juillet 1793, ne suffisait pas pour la majeure partie des créanciers d'émigrés, on s'est vu obligé, par la plus stricte justice, de le proroger; et c'est ce qu'a fait la loi du 1er. floréal an 3.

» Or, à qui la loi du 1er. floréal an 3 a-t-elle accordé cette prorogation ? À ceux-là et à ceux-là seuls qui en avaient besoin, c'est-à-dire, à ceux que les lois précédentes avaient astreints à des dépôts de titres, sous peine de déchéance, en un mot, aux créanciers, aux seuls créanciers. *Il est accordé,* porte l'art. 14 de cette loi, AUX CRÉANCIERS *qui se trouvent en déchéance, aux termes des lois antérieures, un délai de trois mois, à compter de la présente loi, pour déposer leurs titres... ; passé lequel délai, ils ne seront plus admis à aucune répétition.*

» Ce n'est pas tout encore. Cette peine de déchéance que la loi du 1er. floréal an 3 avait maintenue, en la faisant dépendre de l'expiration d'un nouveau terme qu'elle accordait, cette peine a été depuis expressément abolie par l'art. 34 de la loi du 24 frimaire an 6 : *les dispositions des lois précédentes qui prononçaient des déchéances contre les* CRÉANCIERS *de la république soumis à la liquidation de leurs titres, sont révoquées.*

» Le moyen, après cela, de faire encore valoir contre des possesseurs de servitudes, c'est-à-dire, de droits qui jamais n'ont été soumis au rachat, ni par conséquent à la liquidation, une déchéance à laquelle le législateur a jamais eu la pensée de les exposer! Le moyen de traiter des possesseurs de servitudes dont la loi ne s'est jamais occupée, avec plus de rigueur qu'elle ne traite les créanciers ! C'est cependant à quoi tendent tous les efforts du demandeur en cassation, et c'est assez dire qu'ils y tendent en vain.

» Le demandeur ne pourrait réussir dans sa tentative, qu'autant qu'il existât une loi précise qui eût obligé les acquéreurs, soit de domaines réels, soit de servitudes, ayant appartenu ci-devant à des émigrés, de représenter leurs titres dans un certain délai, sous peine de déchéance de leurs droits.

» Or, non-seulement il n'existe point de pareille loi, mais nous pouvons assurer que jamais l'idée n'en est venue à aucune de nos assemblées législatives.

» Les fermiers seuls ont été assujétis, sous peine de déchéance, à représenter leurs baux dans un certain terme, passé lequel ils ont été déclarés déchus; et des doutes s'étant élevés sur le point de savoir si les preneurs de baux emphytéotiques devaient être, à cet égard, assimilés aux fermiers, la négative a été hautement prononcée par un décret d'ordre du jour du 21 floréal an 2, rendu sur le rapport des comités de législation, des domaines et d'aliénation; tant il est vrai que tout ce qui tient à la propriété, a été constamment, et même dans les crises les plus violentes de la révolution, distingué des simples créances (1).

» Disons donc que, de l'art. 6 de la loi du 2 septembre 1792, soit qu'on le suppose encore existant, soit, ce qui est plus exact, qu'on le regarde comme abrogé, il ne peut sortir aucune ouverture de cassation contre le jugement attaqué par Samuël Leboucq.

» Disons plus, car nous y sommes autorisés par tous les développemens dans lesquels nous sommes entrés sur cette affaire, disons que le jugement attaqué a prononcé au fond comme il devait le faire; et qu'il a parfaitement rempli, envers les deux parties plaidantes, ce grand et premier précepte du droit : *suum cuique tribuere.*

» Mais s'il n'a pas violé la loi du 2 septembre 1792, s'il a bien jugé, a-t-il respecté la loi du 16 fructidor an 3, a-t-il jugé compétemment ? C'est la question qu'il nous reste à examiner, et elle naît, comme vous le voyez, du deuxième moyen de cassation employé par Samuël Leboucq.

» Ce moyen, nous devons le dire, ce moyen, au premier aspect, ne paraît pas pouvoir être accueilli.

» Une exception d'incompétence, qui semble avoir été formellement réprouvée par un jugement suprême, et qu'on n'a plus, en conséquence, osé reproduire devant le tribunal à qui le fond était renvoyé, peut-elle encore vous être représentée avec une confiance tant soit peu plausible?

» De quoi peut-on, à cet égard, accuser le tribunal d'appel ? Uniquement de n'avoir pas jugé que la cause sortait des attributions du pouvoir judiciaire. Or, comment aurait-il pu rendre un pareil jugement ? Non-seulement il n'en était requis, ni par l'une ou l'autre des parties intéressées, ni par le ministère public; mais il n'y était pas même autorisé par le renvoi du tribunal de cassation. Le tribunal de cassation avait reconnu lui-même que la question étoit du ressort des tribunaux; il l'avait reconnu par la manière dont il s'était expliqué sur le moyen d'incompétence employé en première ligne par Samuël Leboucq; il l'avait reconnu surtout, en ne renvoyant la cause devant les juges qui en devaient connaître, que *pour y être fait droit au fond,* ce sont les termes du jugement de renvoi. Les juges du tribunal d'appel étaient donc sans pouvoir, relativement à cette question; ils n'ont donc pas pu s'en occuper; Samuël Leboucq ne peut donc pas se plaindre de ce qu'ils ne l'ont pas décidée d'office en sa faveur.

» Et d'ailleurs, si la question était encore entière, si Samuël Leboucq était encore recevable à l'agiter devant vous, pourrait-il en espérer une décision favorable à son système?

» Sans doute, lorsqu'une vente de Biens nationaux est arguée de nullité, il n'appartient qu'à l'autorité administrative d'en connaître. C'est une vérité qu'a parfaitement démontrée la proclamation du directoire exécutif, du 2 nivôse an 6, et qui n'a plus été contestée depuis. Mais sur quoi est-elle fondée? Sur deux motifs:

» Le premier, que les actes de l'autorité administrative ne peuvent pas être annulés par le pouvoir judiciaire;

» Le second, qu'annuler une vente de Biens nationaux, c'est attribuer à l'acquéreur qui se trouve évincé par l'effet de cet annullation, une indemnité à réclamer sur le trésor public, et que la réclamation d'une indemnité sur le trésor public est, par sa nature, une chose purement administrative.

» Or, ni l'un ni l'autre de ces motifs ne paraît pouvoir s'appliquer au cas dont il est ici question.

» D'abord, il ne s'agit pas ici d'annuller un acte de l'autorité administrative. L'adjudication du 12 thermidor an 4 reste sans atteinte, elle reçoit toute son exécution, de quelque manière que l'on juge la cause actuelle. Elle est pleinement exécutée, si l'on prononce en faveur de Samuël Leboucq, puisque Samuël Leboucq a acquis la halle de Surgères indéfiniment. Elle est encore pleinement exécutée, si l'on prononce contre Samuël Leboucq, puisqu'en vendant à Samuël Leboucq la halle de Surgères, l'administration départementale a expressément déclaré qu'elle ne faisait que le subroger aux droits de la nation, et qu'il ne jouirait qu'ainsi et de même manière qu'avaient joui ou dû jouir les précédens possesseurs à qui la nation avait succédé, possesseurs au nombre desquels ou n'a

(1) V. l'article *Emphytéose*, § 4.

pas pu alors comprendre, même mentalement, J.-B. Monville, puisque sa portion de la halle de Surgères n'avait pas été frappée du séquestre national.

» D'un autre côté, il paraît évident que, de quelque manière qu'on statue sur le fond de la cause, il n'en résultera aucune indemnité à réclamer sur le trésor public. Que Samuel Leboucq ait ou n'ait pas droit à la portion de J.-B. Monville dans la halle de Surgères, il n'en faut pas moins qu'il paie au trésor public la totalité du prix de son adjudication : son adjudication elle-même l'y oblige dans un cas comme dans l'autre.

» Il semble donc qu'il n'y ait ici aucun motif raisonnable, aucun prétexte même apparent, pour soutenir que l'autorité administrative fût seule compétente pour connaître de la contestation qui nous occupe en ce moment.

» Et inutilement vient-on vous dire que le tribunal d'appel de Poitiers a jugé le contraire de ce qu'avait attesté l'administration centrale de la Charente-inférieure, par son certificat du 15 frimaire an 5.

» Il se présente à cela deux réponses également péremptoires.

» 1°. Le certificat du 15 frimaire an 5 n'était pas un de ces actes de l'autorité administrative auxquels il est défendu au pouvoir judiciaire de contrevenir. Autre chose est, de la part d'une administration, de faire et d'ordonner ce qui est dans ses attributions ; autre chose est d'intervenir comme témoin, pour attester ce qu'elle a entendu faire et ordonner. Au premier cas, elle agit véritablement comme autorité, et aucun tribunal ne peut décider le contraire de ce qu'elle a fait ou ordonné. Mais dans la seconde hypothèse, elle n'agit pas plus comme autorité administrative, qu'un notaire n'agit comme tel, lorsqu'après avoir passé un acte et l'avoir revêtu de toutes ses formes, il se permet de délivrer un certificat sur le sens et l'étendue que doivent avoir les clauses de cet acte.

» 2° Comment Samuel Leboucq peut-il reprocher au tribunal d'appel de Poitiers, d'avoir contrarié, par son jugement, le certificat de l'administration de la Charente-inférieure? Il devrait, au moins, commencer par prouver qu'il a produit ce certificat devant le tribunal d'appel de Poitiers ; et c'est ce qu'il ne fait pas. Il ne peut pas d'ailleurs être supposé avoir produit cette pièce devant les premiers juges, dont le tribunal de Poitiers a confirmé la décision, puisque le jugement de première instance est du 12 frimaire an 5, et par conséquent antérieur de trois jours au certificat dont il s'agit.

» Ajoutons encore ou plutôt répétons que ce certificat n'est pas même produit devant vous, que vous n'en trouvez qu'une simple transcription dans le premier mémoire en cassation de Samuel Leboucq ; et qu'ainsi, sous tous les rapports, les inductions qu'on en tire Samuel Leboucq, sont dénuées de toute espèce de fondement.

» Telles sont les objections qui, du premier abord, s'élèvent contre le moyen d'incompétence de Samuel Leboucq et paraissent en nécessiter le rejet.

» Cependant elles ne sont pas insolubles; et en les approfondissant avec cette sagacité qui distingue toutes vos décisions, vous reconnaîtrez bientôt qu'elles ne peuvent pas faire maintenir le jugement attaqué.

» La plus spécieuse est sans doute celle qui résulte de la manière dont la section civile s'est prononcée en l'an 7, sur le moyen d'incompétence de Samuel Leboucq.

» Mais faisons-y bien attention, dans quelle partie de son jugement s'est-elle ainsi prononcée? Ce n'est point dans le dispositif; et vous savez que, dans un jugement, le dispositif est la seule partie que l'on puisse véritablement qualifier de jugement même.

» La section civile de l'an 7 a bien fait entendre, dans ses motifs, qu'elle ne croyait pas devoir casser, comme incompétemment rendu, le jugement qui était attaqué devant elle. Mais elle n'a dit, elle n'a décidé rien de plus à cet égard ; et ce qu'il importe de bien observer, elle n'a pas rejeté le moyen d'incompétence que lui proposait Samuel Leboucq.

» On ne peut même pas dire qu'elle l'ait rejeté implicitement, en ne renvoyant au tribunal qui devait en connaître, que le *fond* de la cause.

» Personne ne le sait mieux que vous : cette manière de parler dans un jugement de cassation, est purement de style; vous l'employez uniquement pour dire que vous renvoyez les parties devant un autre tribunal pour y plaider de nouveau, comme si le jugement intervenu entre elles n'eût jamais existé ; et vous l'employez tout aussi bien lorsque vous cassez par un moyen d'incompétence, que lorsque vous cassez par un moyen tiré du fond proprement dit.

» Rien, d'après cela, ne pouvait s'opposer à ce que Samuel Leboucq reproduisît, devant le tribunal d'appel de Poitiers, la question de compétence qu'il avait élevée devant le tribunal civil des Deux-Sèvres.

» Et de ce qu'il ne l'a pas fait, il ne s'ensuit pas que le tribunal d'appel de Poitiers ait dû s'abstenir de l'examen de cette question.

» Il n'en est pas de l'incompétence absolue comme de l'incompétence relative.

» Celle-ci se couvre par le consentement exprès ou tacite des parties. Celle-là ne se couvre par aucun contrat.

» Or, si le tribunal d'appel de Poitiers était incompétent, il l'était absolument, il l'était *rationœ materiœ*; et dès-là, il était de son devoir de renvoyer d'office la cause et les parties devant l'autorité administrative.

» Était-ce donc à l'autorité administrative

qu'appartenait, dès le principe, la connaissance des contestations élevées entre Leboucq et Monville?

» Oui, et la raison en est bien simple.

» Il est certain que, si, par l'adjudication du 12 thermidor an 4, l'administration centrale du département de la Charente-inférieure a vendu à Samuël Leboucq la totalité de la halle de Surgères, Samuël Leboucq est devenu, par cela seul, propriétaire incommutable même de la portion que Monville en avait précédemment acquise, sauf le recours de celui-ci contre le trésor public pour en répéter le prix. C'est ce qui résulte de l'art. 94 de l'acte constitutionnel de l'an 8, et c'est ce qu'avait déjà établi l'art. 2 de la loi du 24 frimaire an 6.

» La question à juger entre les parties n'est donc pas de savoir si Monville était, à l'époque de l'adjudication du 12 thermidor an 4, déchu de la propriété de sa portion de halle; elle n'est conséquemment pas de savoir si, par cette adjudication, les administrateurs du département de la Charente-Inférieure ont pu vendre la portion de halle de Monville; mais bien de savoir si, de fait, ils ont vendu cette portion.

» Or, à quelle autorité peut-il appartenir de déclarer quelle a été, à cet égard, l'intention de l'autorité venderesse? C'est sans contredit à l'autorité venderesse elle-même : *ejus est interpretari cujus est condere* : voilà la règle générale; et cette règle, dans son application aux ventes de Biens nationaux, est indépendante de l'intérêt pécuniaire de la république.

» Que la république soit ou ne soit pas intéressée à ce qu'un contrat de vente fait en son nom, soit interprété de telle ou telle manière, il faut toujours que l'interprétation émane de l'autorité qui a vendu; et puisque c'est par un acte administratif que la vente a été consommée, il faut aussi qu'un acte administratif vienne en déterminer les objets, en circonscrire l'étendue, en fixer les limites.

» C'est ce qu'a démontré avec la plus grande évidence, et ce qu'a en même temps décidé de la manière la plus positive, l'arrêté du gouvernement du 5 fructidor an 9, qui est inséré dans le Bulletin des lois, n°. 98, §. 820.

» Mais ce n'est pas tout. Nous venons de supposer que la république n'avait aucun intérêt à la contestation actuelle, et cette supposition n'est pas exacte.

» La république est tellement intéressée dans cette affaire, que, si Monville venait à perdre sa cause, il aurait nécessairement un recours à exercer contre le trésor national, pour se faire remettre la partie du prix de l'adjudication du 12 thermidor an 4 qui correspondrait à la valeur comparative de sa propriété.

» Or, les tribunaux peuvent-ils connaître de l'étendue que l'on doit donner à une vente de Biens nationaux, lorsqu'il est possible que, par le résultat de leur jugement, une des parties devienne créancière de la république?

» C'est demander en d'autres termes, si le pouvoir judiciaire peut grossir la dette nationale, si le trésor public est à la disposition des tribunaux? Et certainement proposer une pareille question, c'est la résoudre pour la négative.

» Nous arrivons donc forcément à cette conclusion pénible, et cependant régulière : c'est que, si le tribunal d'appel de Poitiers a bien jugé, il a excédé ses pouvoirs en jugeant, et que par conséquent il y a lieu d'annuller son jugement.

» Nous ne vous proposons cependant pas de l'annuller par une cassation proprement dite, qui entraînerait le renvoi de l'affaire à un autre tribunal d'appel, pour y faire juger la question de compétence, et par suite occasionnerait aux parties, déjà consumées en frais de procédures, de nouvelles longueurs et de nouvelles dépenses.

» Mais nous vous proposerons de faire ici ce que la section des requêtes fait tous les jours dans le cas où elle trouve que le pouvoir judiciaire a empiété sur l'autorité administrative, c'est-à-dire, de convertir la demande en cassation des jugemens dont il s'agit, en demande en réglement de juges, et sans avoir égard à ce jugement, non plus qu'à celui du tribunal de première instance, qui seront déclarés nuls et incompétemment rendus, de délaisser les parties à se pourvoir devant l'autorité administrative, pour leur être fait droit ainsi qu'il appartiendra.

» C'est à quoi nous concluons, et nous requérons en outre qu'il soit ordonné, qu'à notre diligence, le jugement à intervenir sera imprimé et transcrit sur les registres du tribunal d'appel du Poitiers ».

Sur ces conclusions, arrêt du 16 pluviôse an 11, au rapport de M. Liborel, par lequel,

« Vu la loi du 16 fructidor an 3, portant : *Défenses itératives sont faites aux tribunaux de connaître des actes d'administration, de quelque espèce qu'ils soient, aux peines de droit;* l'art. 4 de la loi du 28 pluviôse an 8, qui s'exprime ainsi : *Le conseil de préfecture prononcera seul.... sur le contentieux des domaines nationaux;*

» Et attendu que l'action exercée par Monville, tend à mettre en question l'étendue et l'effet de l'adjudication faite à Leboucq, de la halle de Surgères; qu'il n'appartient point aux tribunaux de décider les questions qui peuvent s'élever sur ce qui a été compris dans les ventes faites par l'autorité administrative; que, dans le système contraire, il dépendrait d'eux, par forme d'explication ou d'interprétation, de modifier, de dénaturer et même d'anéantir les actes d'administration, et d'autoriser par suite des demandes en indemnité contre le gouvernement; d'où il suit, que les tribunaux ne pouvaient connaître de la contestation qui s'est élevée entre les parties, à moins que l'autorité administrative ne leur en eût fait elle-même le renvoi; et que leur incompétence étant prononcée à raison de la matière, et puisée dans l'ordre public, ne se trouve pas couverte par le silence des parties ;

« Le tribunal casse et annulle, tant le jugement rendu par le tribunal d'appel séant à Poitiers, le 25 ventôse an 9, que celui du tribunal civil de la Charente-inférieure, du 22 frimaire an 5, ensemble la procédure sur laquelle ces jugemens sont intervenus ; sauf aux parties à se pourvoir devant les corps administratifs pour leur être fait droit ;

» Compense les dépens respectivement faits par les parties, à l'exception des frais de l'expédition et de la signification du présent jugement auxquels le défendeur est condamné.... ».

II. Sur la seconde question, nulle difficulté par rapport aux ventes qui ont été faites avant la charte constitutionnelle du 4 juin 1814.

En effet, de deux choses l'une : ou le réclamant convient que la vente a été faite légalement, c'est-à-dire, avec les formalités qui devaient essentiellement la précéder et l'accompagner, et il se plaint seulement de ce qu'elle a porté sur un objet qui lui appartient, et que l'État n'avait pas le droit d'aliéner; ou il soutient qu'elle est illégale dans la forme.

Au premier cas, le tiers dont la propriété a été vendue comme nationale, est sans action pour la revendiquer ; il n'a qu'une indemnité à demander au trésor public : ainsi l'ont réglé l'art. 374 de la constitution du 5 fructidor an 5, et l'art. 94 de celle du 22 frimaire an 8. *La nation française* (porte le second, copié presque littéralement sur le premier) *déclare qu'après une vente légalement consommée de Biens nationaux, quelle qu'en soit l'origine, l'acquéreur légitime ne peut en être dépossédé, sauf aux tiers réclamans à être, s'il y a lieu, indemnisés par le trésor public.*

Quel prétexte aurait, dès-lors, le tiers réclamant pour s'adresser aux tribunaux ? Il résulte, évidemment de l'art. 374 (de la constitution du 5 fructidor an 5, est-il dit, dans le rapport du ministre de la justice, du 2 nivôse an 6, inséré dans le Bulletin des lois, comme proclamation du directoire exécutif, la même conséquence s'applique manifestement à l'art. 94 de la constitution du 22 frimaire an 8), il résulte évidemment de cet article que, « lorsqu'une adjudication est légalement consommée, il ne peut plus y avoir » lieu à une discussion judiciaire sur le domaine » qui a fait l'objet de l'adjudication ; car, puisque » l'acquéreur, suivant la charte sacrée, n'en peut » plus être dépossédé, il ne reste à statuer, en » cas que le tiers réclamant soit trouvé fondé, » que sur l'indemnité à lui accorder par le trésor » national. La loi a exigé beaucoup de formalités » avant qu'un domaine réputé national soit ex-

» posé en vente ; mais l'adjudication une fois » consommée, elle a voulu la mettre hors de » toute atteinte ; ainsi l'exigeaient la sécurité des » acquéreurs et l'intérêt du trésor public, essen- » tiellement liés à la stabilité des adjudications. » Le tiers réclamant ne peut donc traduire l'ad- » judicataire devant les tribunaux : l'acte consti- » tutionnel s'y oppose. Ce serait donc pour ré- » clamer du trésor national une indemnité qu'on » s'adresserait au tribunaux ! Mais une réclama- » tion en indemnité sur le trésor public, est, par » sa nature, une chose purement administrative ; » et, sans doute, on ne prétendra pas mettre le » trésor national à la merci des tribunaux ».

Au second cas, les tribunaux sont encore incompétens, parceque, comme l'établit la même proclamation, l'autorité administrative est seule juge de la légalité de ses propres actes.

Mais en est-il de même quand il s'agit de ventes faites depuis que la charte constitutionnelle du 4 juin 1814 régit la France ?

Il est certain que, contre une pareille vente, le tiers réclamant ne peut pas se faire, devant les tribunaux, un moyen de ce qu'elle a été faite illégalement ; car les tribunaux ne sont pas aujourd'hui plus compétens qu'ils ne l'étaient avant la restauration, pour déclarer illégal un acte administratif quelconque.

Mais ne peut-il pas, en reconnaissant une vente comme légale dans la forme, l'attaquer comme portant sur un objet qui lui appartient, c'est-à-dire, revendiquer le bien vendu à son préjudice ; et, s'il le peut, est-ce devant les tribunaux, ou devant l'autorité administrative, qu'il doit se pourvoir?

III. Sur le premier point, M. de Cormenin, dans ses *questions de droit administratif*, aux mots *Domaines nationaux*, §. 1, n'hésite pas à se prononcer pour l'affirmative. « La charte (dit-il) a » aboli toute confiscation. Les ventes actuelles » sont donc faites avec cette clause, non point » expresse, si l'on veut, puisque le fisc, maître » absolu de la rédaction de l'acte, ne consent pas » à l'y insérer ; mais du moins tacite, *sauf le* » *droit des tiers*. Et si l'on disait qu'une loi poli- » tique (la loi du 22 frimaire an 8) a validé la » confiscation des propriétés patrimoniales au » profit des acquéreurs, en maintenant toutes les » ventes, quelle qu'en soit l'origine, je répondrais » qu'une autre loi politique (la charte) a abrogé » la première loi pour l'avenir, au profit des tiers, » en abolissant la confiscation. Or, les acquéreurs » ne peuvent, depuis la charte, ignorer la charte, » ni exciper d'un acte fait en contravention à ses » dispositions, et dont la force, à l'égard des tiers, » tombe, sauf l'indemnité due par le domaine à » l'acquéreur évincé, sans préjudice des dom- » mages-intérêts, s'il y a lieu ».

Mais qu'a de commun avec cette question la disposition de l'art. 66 de la charte, qui abolit la *confiscation des Biens?* De quelle confiscation s'agit-il dans cette disposition ? Uniquement de la *confiscation générale*, qui, aux termes de l'art. 6 du Code pénal, pouvait *être prononcée concurremment avec une peine afflictive, dans les cas déterminés par la loi;* et cela est si vrai, qu'aujourd'hui encore, il y a, en matière de douanes et de contributions indirectes, beaucoup de choses particulières qui sont sujettes à la confiscation, ni plus, ni moins qu'elles l'étaient avant la charte. Est-ce d'ailleurs une confiscation que prononce l'art. 94 de la constitution du 22 frimaire an 8, contre le propriétaire de l'immeuble qui a été vendu comme national ?. Non, ce n'est qu'une déchéance de son droit de propriété, pour ne l'avoir pas fait valoir avant la vente, quoique légalement averti, par des affiches multipliées, qu'elle se fera tel jour et à telle heure, en présence de telle autorité ; comme ce n'était point une confiscation, mais une déchéance qu'encourait, dans l'ancienne jurisprudence, celui qui, avant le *congé d'adjuger*, ne formait pas opposition aux criées de son bien saisi réellement sur un tiers (1).

Ne nous hâtons cependant pas de condamner l'avis de M. de Cormenin ; tout mal motivé qu'il est évidemment, il peut être juste en soi ; et il l'est effectivement, si la disposition de l'art. 94 de la constitution du 22 frimaire an 8 ne fait plus loi.

Or, comment pourrait-on encore reconnaître le caractère de loi à cette disposition ? L'acte constitutionnel, dont elle faisait partie, est remplacé par la charte du 4 juin 1814, comme il avait lui-même remplacé la constitution du 5 fructidor an 3. Il est donc abrogé par la charte du 4 juin 1814, dans toutes celles de ses dispositions qu'elle ne renouvelle pas, comme il avait lui-même abrogé toutes les dispositions de la constitution du 5 fructidor an 3 qu'il n'avait pas renouvelées.

Inutile d'objecter qu'il y a dans la constitution du 22 frimaire an 8, plusieurs dispositions auxquelles on s'accorde généralement à reconnaître encore le caractère de lois, quoiqu'elles ne soient pas renouvelées par la charte ; que ce sont les art. 3, 4 et 5, concernant la qualité et les droits de citoyen français ; l'art. 75, concernant la mise en jugement des agens du gouvernement prévenus de délits relatifs à leurs fonctions ; l'art. 76, concernant l'introduction des agens de l'autorité publique dans les maisons des particuliers ; les art. 77, 78, 79, 80 et 81, concernant la garantie de la liberté individuelle ; que ces divers articles ne sont donc pas abrogés par la charte ; et qu'il doit par conséquent en être de même de l'art. 94.

Pourquoi la charte n'abroge-t-elle pas les art. 3, 4 et 5 de l'acte constitutionnel du 22 frimaire an 8 ? Parceque ces articles sont implicite-ment refondus dans l'art. 7 du Code civil, que la charte maintient expressément (1).

Pourquoi l'art. 75 de l'acte constitutionnel du 22 frimaire an 8 n'est-il pas abrogé par la charte ? parceque l'art. 68 de la charte maintient le Code pénal, et que l'art. 129 du Code pénal convertit implicitement en loi ordinaire la disposition de l'art. 75 de l'acte constitutionnel du 22 frimaire an 8.

Pourquoi les art. 77, 78, 79, 80 et 81 de l'acte constitutionnel du 22 frimaire an 8, font-ils encore loi ? Par la même raison, parcequ'ils sont reproduits dans le Code pénal.

Pourquoi l'art. 76 du même acte survit-il à la charte ? Parcequ'il n'est que la copie littérale de l'art. 131 de la loi du 28 germinal an 6, concernant la gendarmerie, que la charte est censée comprendre cette loi dans sa disposition générale qui maintient toutes les lois précédentes non contraires à ses propres dispositions, et qu'elle est censée l'y comprendre par cela seul qu'elle ne l'en exclud pas.

Peut-on en dire autant de l'art. 94, par lequel la constitution du 22 frimaire an 8 avait déclaré déchu de sa propriété tout particulier qui, sachant, ou mis, par des affiches, à portée de savoir qu'elle allait être vendue comme nationale par l'autorité administrative, en laissait consommer la vente sans opposition ?

On ne le pourrait qu'autant que la disposition de cet article eût été empruntée par la constitution du 22 frimaire an 8, d'une loi antérieure non abrogée, ou que, pendant que cette constitution était en vigueur, elle eût été renouvelée par quelque loi que l'on pût considérer comme maintenue par l'art. 68 de la charte.

Or, 1°. l'art. 94 de la constitution du 22 frimaire an 8 et l'art 374 de la constitution du 5 fructidor an 3 n'ont-ils fait, par leur disposition, que renouveler une loi antérieure non abrogée, ou ont-ils introduit en France un droit absolument nouveau ?

Ce qui pourrait faire considérer la disposition de ces articles comme un simple renouvellement de l'ancien droit, c'est que, par les lois 2 et 3, C. *de Quadriennii præscriptione*, il était dit, que, lorsque l'empereur ou l'impératrice avaient vendu, *ou donné comme leur propre bien*, soit un meuble, soit un immeuble, soit une créance, soit tout autre droit incorporel, appartenant à autrui, leur acheteur, *ou donataire* était à l'abri de toute éviction de la part du propriétaire, comme de toute action hypothécaire de la part des créanciers de celui-ci ; qu'il ne restait, tant à celui-ci qu'à ses créanciers hypothécaires, qu'un recours contre le prince pour se faire indemniser, et que même l'action qui leur était accordée à cet effet, se prescrivait par quatre ans.

---

(1). *V.* les conclusions et l'arrêt, du 27 décembre 1814, rapportés à l'article *Cantonnement*, §. 8.

(1) *V.* le *Répertoire de jurisprudence*, au mot *Naturalisation*, n°. 2.

Mais d'abord, il est constant que ces lois émanées, l'une de l'empereur Zénon, l'autre de l'empereur Justinien, avaient introduit dans la législation romaine une règle tout-à-fait nouvelle; et la preuve en est que, par la loi 13, §. 9, D. *de Hereditatis petitione,* il est décidé formellement que l'héritier dont les droits successifs ont été vendus au nom du prince, comme dévolus au fisc par droit de déshérence, a, contre l'acquéreur, une action *utile* en pétition d'hérédité : *Item si quis à fisco hereditatem, quasi vacantem, emerit, æquissimum erit utilem actionem adversùs eum dari.*

En second lieu, quoi de plus arbitraire, de plus injuste, de plus absurde, que cette innovation faite à l'ancien droit par les empereurs Zénon et Justinien ! Qu'ils se la fussent permise en faveur des adjudicataires de Biens mis en vente par le fisc avec toutes les solennités nécessaires pour avertir les propriétaires ou leurs créanciers, et provoquer, de leur part, des oppositions conservatoires de leurs droits, on le concevrait. Mais qu'ils l'aient généralisée de manière à la rendre applicable aux acquéreurs par actes dénués de toute espèce de publicité, et même aux *donataires;* qu'ils aient été jusqu'à l'étendre aux acquéreurs et aux donataires de *l'impératrice,* c'est ce qu'il est impossible d'expliquer, si ce n'est en disant qu'elle leur avait été suggérée par d'avides courtisans, qui n'avaient pas trouvé de moyens plus expéditifs et plus sûrs de se faire irrévocablement vendre à vil prix ou donner tous les biens qu'ils trouveraient à leur convenance.

Mais ce qui doit achever de la décréditer, c'est la manière dont Justinien l'a motivée, dans la seconde des deux lois dont il s'agit. L'empereur Zénon l'avait restreinte aux biens vendus par le prince, comme appartenant à son fisc; Justinien l'a déclarée commune aux Biens vendus par le prince comme faisant partie de son domaine privé; et pourquoi? Parceque TOUT APPARTIENT AU PRINCE, et qu'il ne peut, dès-lors, exister aucune différence, entre le cas où ce qu'il aliène est énoncé provenir de son domaine privé, et le cas où ce qu'il aliène est énoncé provenir de son fisc: *Quæ enim differentia introducitur, cùm OMNIA PRINCIPIS ESSE INTELLIGANTUR, sive ex suâ substantiâ, sive ex fiscali aliquid fuerit alienatum?* Le sultan qui remplace aujourd'hui Justinien à Constantinople, ne raisonnerait pas autrement.

Aussi ni l'une ni l'autre des deux lois citées ne furent-elles jamais observées en France, même dans les pays de droit écrit.

Buguyon, dans son *Traité des lois abrogées et inusitées dans toutes les cours, terres, juridictions et seigneuries du royaume de France,* liv. 6, chap. 122, dit que « le titre *de Quadriennii præscriptione* du » Code n'est observé en France, par la disposi- » tion duquel celui auquel le roi a donné, ou qui » a acquis du roi, à titre d'achat, échange ou au- » trement, quelques meubles ou immeubles,

» qu'on prétendait appartenir audit seigneur, » par droit d'aubaine, bâtardise, déshérence, » confiscation ou autrement, ou bien qu'on pré- » tendait être du domaine dudit seigneur, *statim* » *securus erat* ».

Bacquet dit la même chose, et dans les mêmes termes, dans son *Traité du droit de déshérence,* chap. 7, n°. 20.

C'est ce qu'assurent également d'Argentré, sur l'ancienne coutume de Bretagne, art. 266, chap. 19, n°. 14, et Automne, dans ses *Conférences de droit français avec le droit romain,* sur le titre du Code *de Quadriennii præscriptione.*

Écoutons encore Serres, professeur de droit, à Toulouse, dans ses *Institutions du droit français,* liv. 2, tit. 6, sur le §. 13 du titre *de Usu capionibus* des Institutes de Justinien, qui retrace la substance de ces deux lois : « la disposition » de ce paragraphe, comme contraire à l'équité, » n'est pas observée en France, et ne l'a jamais » été ; car celui qui aurait acquis du fisc des » Biens non appartenans au fisc, pourrait être » poursuivi par le véritable maître qui les récla- » merait tout comme s'il les avait acquis d'un » particulier ; le droit d'autrui est même toujours » excepté en entier dans toutes les concessions ou » titres que le roi fait ».

Les jurisconsultes belges tiennent le même langage par rapport à leur pays.

Zypœus, dans sa *notitia juris belgiæ,* titre *de Præscriptionibus,* dit que *negant hic multi practici legem* BENÈ A ZENONE, C. *de* QUADRIENNII PRÆSCRIPTIONE, *servari, ut qui causam à fisco habet, non statim sit securus, sed domino competat rei vindicatio ad annos triginta, ut in hâc etiam causâ currat tantùm uniformis præscriptio.*

Perèz, professeur de droit à Louvain, dans son commentaire sur le Code de Justinien, titre *de Quadriennii præscriptione,* n°. 4, s'explique là-dessus en termes encore plus affirmatifs : *Mores hodierni has constitutiones non observant omninò, siquidem potest possessor conveniri quanquam rem emerit à Fisco vel principe, debetque fiscum vel principem laudare* (1).

Vinnius, dans ses Institutes, liv. 2, tit. 6, atteste la même chose pour la Hollande : *hoc jus* (dit-il en parlant des deux lois citées de Zénon et de Justinien) *atque hæc præscriptio fiscalis veteribus incognita fuit, nec apud nos recepta.*

Il remarque cependant que le contraire est enseigné par son compatriote Groenewegen, *de legibus abrogatis,* sur le §. dernier du titre *de usucapionibus* des Institutes; et en effet, Groenewegen, après avoir dit, sur la foi d'un arrêt du sénat de Chambéry, cité par le président Favre, en son Code, liv. 1, tit. 11, défin. 1, que le privilége établi par les deux lois de Zénon et de Justinien en faveur de ceux qui acquièrent du

---

(1) Le mot *Laudare* est ici synonyme de *Citer en garantie.*

prince des choses d'autrui est observée en Savoie, ajoute : *et hoc, quidquid alii tradant, nostris quoque moribus consentaneum esse censeo : cùm enim ob principis debitum hypothecariâ conveniretur, qui antè quadriennium fundum à principe emerat, eâque causâ in Hollandiæ curiâ ventilaretur, ne quidem in dubium revocatum fuit an hæc quadriennii præscriptio apud nos recepta esset; sed eam, cùm princeps idemque venditor est in malâ fide, non obtinere senatus censuit.*

Mais quand il résulterait de l'arrêt du conseil souverain de Hollande auquel se réfère Groenewegen, et de l'arrêt du sénat de Chambéry rapporté par le président Favre, que les deux lois de Zénon et de Justinien étaient, du temps de ces auteurs, observées dans des portions actuelles du royaume des Pays-Bas et de Sardaigne, on ne pourrait certainement pas en conclure qu'elles l'aient jamais été dans une partie quelconque du territoire actuel de la France; ni par conséquent que l'art. 374 de la constitution du 5 fructidor an 3 et l'art. 94 de la constitution du 22 frimaire an 8 n'eussent fait, pour le territoire actuel de la France, que renouveler les étranges dispositions de ces deux lois.

Prétendra-t-on que du moins ces deux lois étaient, avant les constitutions de l'an 3 et de l'an 8, observées en France dans le cas déterminé par l'art. 374 de l'une et par l'art. 94 de l'autre, c'est-à-dire, dans le cas où ces biens appartenant à un particulier, avaient été vendus comme appartenant à l'État, après affiches et avec toutes les solennités nécessaires pour constituer le propriétaire en demeure de s'y opposer?

Je conviens que telle avait été la pensée de Dunod, dans son *Traité des prescriptions*, partie 2, chap. 6, lorsqu'après avoir dit, comme les auteurs français ci-dessus rappelés, que la disposition de ces deux lois étaient *opposées au droit commun, au privilége que les empereurs s'étaient arrogé et qui n'était pas communicable aux autres souverains*, et qu'il n'avait pas lieu en France, il ajoutait : « On pourrait y apporter une exception, » dans le cas des ventes solennellement faites au » nom du roi, et dire que les créanciers ou les » propriétaires qui ne s'y seraient pas opposés, » ne seraient pas recevables à les contester après » quatre ans; Bacquet cite un arrêt qui l'a décidé » de la sorte ».

Je conviens encore que Bacquet, en rapportant l'arrêt auquel se référait Dunod, avait professé la même opinion, et l'avait présentée comme formellement consacrée par cet arrêt.

Mais qu'on juge par les termes de Bacquet lui-même s'il n'avait pas tiré de cet arrêt une conséquence évidemment fausse :

« Bien est vrai (disait-il à l'endroit cité, après » avoir affirmé de la manière la plus positive que » le titre de *Quadriennii præscriptione* au Code, n'est » observé en France) que, si les *donations* étaient » faites par commissaires députés par le roi, pour

» la vendition à faculté de réméré des justices, » des greffes, des loges, boutiques et échoppes, » maisons ou autres héritages, ou des terres » vaines, vagues ou landes prétendues être du » domaine du roi, pour la vente desquels affiches » eussent été mises ès-lieux publics, et proclama- » tions publiquement faites, il y aurait apparence » de maintenir les adjudicataires, même les pai- » sibles possesseurs de quatre ans, lesquels pu- » bliquement, par autorité de justice, et de » bonne foi, auraient acquis et baillé leurs de- » niers; parceque les propriétaires ou créanciers » des choses solennellement aliénées, se de- » vraient imputer de ce qu'ils ne se seraient op- » posés, lors des venditions publiquement et so- » lennellement faites; ainsi qu'il fut plaidé en » la cour, le mardi 25 juin 1591, et jugé contre » les religieux de Saint-Loup de Troies, lesquels, » à cause de leur fondation, étant seigneurs et » propriétaires de la mairie et justice foncière » de Lusigny, avaient acquis du roi la mairie » royale et droit de bourgeoisie appartenant audit » seigneur audit lieu de Lusigny, à cause de son » comté de Champagne; et les greffes royaux étant » vendus, et depuis revendus par le roi, on les » avait dépossédés du greffe de ladite mairie royale, » dont, cinq ou six ans après les adjudications » des greffes, ils auraient appelé et obtenu let- » tres adressantes au bailli de Troies, pour les » faire jouir des droits des susdits, suivant leur » titre d'acquisition, de l'entérinement desquelles » lettres ils furent déboutés par arrêt. D'autant » qu'on leur alléguait que, suivant le trois cent » trente-quatrième article de l'édit fait à la pos- » tulation des états tenus à Blois, ils avaient été » dépossédés, comme tous autres acquéreurs » du domaine du roi, et assignés pour être payés » du profit des deniers portés par leur acquisi- » tion, à raison du denier douze, par les mains » des fermiers adjudicataires des choses par eux » acquises, comme est contenu en ladite ordon- » nance. Et par ledit arrêt fut enjoint aux tréso- » riers généraux de France, de coucher en leurs » états la rente due auxdits religieux, et les faire » payer suivant l'ordonnance susdite ».

Que, dans l'espèce de cet arrêt, il ait été *plaidé* au parlement de Paris, que la vente faite au nom de l'État de la chose d'autrui, était inattaquable de la part du propriétaire, lorsqu'elle avait été précédée d'*affiches mises ès-lieux publics et de proclamations publiquement faites*, Bacquet le dit et on peut l'en croire sur sa parole; mais que le parlement de Paris l'ait ainsi *jugé* par cet arrêt, c'est ce qu'il est impossible d'admettre, puisqu'il s'agissait de droits domaniaux que les religieux de Saint-Loup n'avaient acquis et pu acquérir du roi que comme simples engagistes, que leur engagement avait été révoqué par l'art 334 de l'ordonnance de Blois, et que conséquemment le roi, en revendant, ou plutôt en réengageant ces droits publiquement, n'avait ni revendu ni réengagé le bien d'autrui, mais le bien de l'Etat même.

Du reste, abstraction faite de cet arrêt, évidemment inapplicable à la question, sur quoi Bacquet et Dunod pouvaient-ils, tout en convenant de l'abrogation des deux lois de Zénon et Justinien, fonder leur doctrine sur l'effet qu'ils attribuaient au défaut d'opposition du propriétaire à la vente faite publiquement de sa chose par l'Etat? Ils ne pouvaient la fonder que sur une raison de convenance. Mais une raison de convenance suffisait-elle pour créer contre un propriétaire une fin de non-recevoir destructive de son droit de propriété? Non certainement. Une pareille fin de non-recevoir ne pouvait être établie que par une loi; et aucune loi n'ayant étendu aux ventes faites publiquement par l'état, le privilége que l'édit des criées de 1551 avait conféré aux ventes par décret forcé, de purger la propriété à défaut d'opposition avant le congé d'adjuger, il est clair que ce privilége existait bien pour celles-ci avant qu'il eût été abrogé par l'art. 25 de la seconde loi du 11 brumaire an 7, mais qu'il n'existait point pour celles-là avant la constitution du 5 fructidor an 3.

C'est ce que présupposait bien manifestement le comité de constitution de l'assemblée constituante, lorsque, par son avis du 27 août 1791, il décidait qu'un sieur Pidevis, qui prétendait que sa propriété avait été par erreur comprise dans une vente de Biens nationaux faite avec toutes les solennités requises, devait être admis à la revendiquer devant les tribunaux, et que l'administration départementale, à laquelle il s'était préalablement adressé dans la forme réglée par l'art. 15 du tit. 3 de la loi du 5 novembre 1790, devait, sans hésiter, charger le procureur général syndic de se présenter sur cette demande et d'y opposer, au nom de l'État, les défenses dont elle était susceptible.

Disons donc que, s'il est vrai, comme on n'en peut douter, que les lois 2 et 3, C. *de Quadriennii præscriptione*, ont fourni aux auteurs de la constitution du 5 fructidor an 3, l'idée de la disposition qui a été ensuite renouvelée par l'art. 94 de la constitution du 22 frimaire an 8, il n'en est pas moins certain que cette disposition ne pouvait pas être regardée, dans ces constitutions, comme empruntée de lois antérieures non abrogées, et qu'elle y formait, au contraire, un droit absolument nouveau pour la France.

2°. Voyons maintenant si cette disposition a été, pendant que la constitution du 22 frimaire an 8 a été en vigueur, renouvelée par quelque loi que l'on puisse considérer comme maintenue par la charte.

De toutes les lois qui ont été faites sous l'acte constitutionnel du 22 frimaire an 8, il n'y en a qu'une seule qui se rapporte à l'art. 94 de cet acte: c'est celle du 24 frimaire an 6 et voici ce que nous y lisons, art. 2 : « Les citoyens qui ont

» à réclamer du trésor public des sommes quelconques...., en remplacement de la valeur des » domaines aliénés par la république, *et à raison* » *desquels les anciens propriétaires ont été renvoyés à* » *se pourvoir en indemnité*, fourniront leurs demandes en indemnité, appuyées de pièces justificatives, pardevant le directeur des domaines » du département dans lequel les ventes ont été » faites. Ce directeur procédera à la liquidation » provisoire des sommes réclamées; ses opérations seront revues par la régie des domaines » à Paris, qui liquidera et arrêtera définivement » sous sa responsabilité ».

Cet article présuppose sans doute et par conséquent il renouvelle implicitement la disposition de l'art. 94 de la constitution du 22 frimaire an 8, concernant les ventes nationales du Bien d'autrui; mais il ne le présuppose et par conséquent il ne la renouvelle implicitement que pour les ventes qui ont été faites avant la loi dont il fait partie; il est muet sur les ventes qui pourront avoir lieu à l'avenir. Et dès-lors, nul prétexte pour dire que, relativement à celles-ci, il convertit en loi ordinaire la disposition dont il s'agit.

Donc cette disposition n'a pas plus été renouvelée, avant la charte, par une loi que l'on puisse considérer comme maintenue par la charte elle-même, qu'elle n'avait été empruntée par les constitutions des 5 fructidor an 3 et 22 brumaire an 8, d'une loi antérieure non abrogée.

Donc rien n'a pu la soustraire à l'abrogation générale dont la constitution du 22 frimaire an 8 s'est trouvée frappée du moment que la charte est venue la remplacer.

Donc elle n'a pas survécu à la charte.

Or, comment pourrait-elle encore, pour les ventes postérieures à la charte, être invoquée en présence des art. 9 et 10 de la charte elle-même, qui portent, l'un que *toutes les propriétés sont inviolables*, l'autre que *l'état peut exiger le sacrifice d'une propriété pour cause d'intérêt public légalement constaté, mais avec une indemnité préalable*.

D'une part, ce serait évidemment violer la propriété d'un citoyen que de l'en priver sous le prétexte qu'il ne se serait pas opposé à la vente que les agens du gouvernement en auraient par erreur faite publiquement; et par conséquent ce serait contrevenir à l'art. 9 de la charte.

De l'autre, ce serait aussi contrevenir à l'art. 10; car, en déterminant, par exception à la grande maxime de l'inviolabilité des propriétés, un cas où l'on peut priver un citoyen de sa chose et les conditions sous lesquelles on le peut, il en exclud manifestement tout autre cas; il en exclud surtout celui où ne pourraient pas être remplies les deux conditions de la preuve légale de l'*intérêt public et de l'indemnité préalable*; et par une conséquence nécessaire, il en exclud celui où la dépossession du propriétaire ne pourrait être précédée ni de la preuve de l'intérêt public à ce qu'elle s'opérât, ni du paiement de l'*indemnité*.

Il est vrai que ces deux articles ne sont qu'une répétition implicite de l'art. 545 du Code civil, aux termes duquel « nul ne peut être contraint de cé- » der sa propriété, si ce n'est pour cause d'utilité » publique, et moyennant une juste et préalable » indemnité » ; et qu'avant la charte, cette dispo- sition n'empêchait ni ne pouvait empêcher qu'on ne déclarât non-recevable à revendiquer sa pro- priété, celui qui ne s'était pas opposé à ce qu'elle fût vendue publiquement comme bien de l'État.

Mais est-ce à dire pour cela que les art. 9 et 10 de la charte doivent être interprétés aujour- d'hui comme l'était et devait l'être précédem- ment l'art. 545 du Code civil ? Non, et la raison en est simple : c'est que la constitution du 22 frimaire an 8 était encore debout à l'époque de la promulgation du Code civil, et que par consé- quent l'art. 94 de l'une modifiait l'art. 545 de l'autre, suivant la règle écrite dans la loi 28, D. *de legibus, posteriores leges ad posteriores perti- nent, nisi contrariæ sint*; au lieu que la constitu- tion du 22 frimaire an 8 a cessé d'exister du mo- ment que la charte est venue la remplacer, et qu'il est par conséquent bien impossible qu'elle en modifie les art. 9 et 10.

Donc (et l'on verra dans un instant que telle est la décision formelle d'un arrêt de la cour de cassation, du 26 décembre 1825) nul obstacle à ce qu'un propriétaire dépossédé par une vente faite au nom de l'État, depuis la promulgation de la charte, revendique sa propriété.

IV. Mais est-ce devant les tribunaux, est-ce devant l'autorité administrative que ce proprié- taire doit se pourvoir? C'est le second point que nous avons à examiner.

Il semblerait à la première vue que la charte, en rendant au propriétaire dépossédé par une vente faite au nom de l'État, le droit de revendi- quer sa propriété en nature, n'eût rien changé aux règles de compétence qui existaient à cet égard avant la restauration.

D'une part, l'action du propriétaire tend au- jourd'hui, comme avant la restauration, à faire annuler un acte administratif. Or, il est générale- ment reconnu qu'il n'appartient qu'à l'autorité d'annuler ses propres actes.

D'un autre côté, cette action amène nécessai- rement, de la part de l'acquéreur, un recours en garantie contre l'État, et aboutit toujours à faire condamner l'État, envers l'acquéreur qu'il est essentiellement tenu de garantir, à la restitution du prix qu'il en a reçu et à des dommages-intérêts. Or, comme le disait la proclamation du directoire exécutif, du 2 nivôse an 6, *une réclamation en in- demnité sur le trésor public, est, par sa nature, une chose purement administrative.*

Les deux raisons qui, relativement aux ventes faites sous les constitutions des 5 fructidor an 3 et 22 frimaire an 8, faisaient considérer les tribu- naux comme incompétens pour connaître des ré- clamations des propriétaires dépossédés par ces ventes, sembleraient donc conserver toute leur force relativement aux ventes faites depuis la res- tauration de 1814.

Je crois cependant qu'il n'en doit pas être ainsi ; et je me fonde sur l'exemple de ce qui se pratiquait même sous les constitutions du 5 fructidor an 3 et du 22 frimaire an 8, relativement aux actes ad- ministratifs d'aliénation qui n'ôtaient pas aux propriétaires le droit de revendiquer en nature leur propriété comprise par erreur dans ces actes.

Peu de temps après la publication de la loi du 29 floréal an 10, portant création de la légion d'hon- neur, et en exécution de l'art. 3 de cette loi, le gouvernement avait, par un acte de haute admi- nistration, donné à cet établissement et lui avait affecté, comme appartenant à l'État, un bien que la commune de Pérignan prétendit lui apparte- nir ; et il fut question de savoir qui, de l'autorité administrative ou du tribunal du lieu de la situa- tion, devait connaître de sa réclamation.

La compétence de l'autorité administrative n'aurait pas été douteuse, s'il se fût agi d'un Bien *vendu par l'État* comme national, parceque là se serait appliqué de lui-même l'art. 94 de la cons- titution du 22 frimaire an 8.

Mais il s'agissait d'un Bien qui, quoique aliéné comme national, ne l'avait été qu'à titre de dona- tion, et à la revendication duquel par conséquent cet article ne pouvait mettre aucun obstacle.

Que fit le gouvernement? Se réserva-t-il la con- naissance de l'affaire, sous le prétexte qu'il ne pouvait appartenir qu'à lui de rétracter l'acte par lequel il avait affecté le bien litigieux à la lé- gion d'honneur ? Non : par décret du 20 sep- tembre 1812, *considérant la contestation présente une question de propriété qui est du ressort des tribu- naux ordinaires*, il renvoya *les parties à se pourvoir devant les tribunaux* (1).

L'administration des domaines, avait, par de simples actes de transfert, aliéné comme pure- ment foncières et maintenues par l'art. 2 de la loi du 17 juillet 1793, des redevances qu'un grand nombre de ceux dont les fonds en avaient été grevés jusqu'à la publication de cette loi, pré- tendirent être féodales et par conséquent sup- primées sans indemnité. A quelle autorité ces con- testations devaient-elles être soumises?

Pour établir qu'elles devaient l'être à l'autorité administrative, on employait deux moyens.

On invoquait d'abord l'art. 94 de la constitution du 22 frimaire an 8, et on l'invoquait très-mal-à- propos, parcequ'encore que l'administration, en vendant comme réellement dues et légalement existantes, des redevances dont se prétendaient libérés ceux qu'elle avait signalés comme en étant les débiteurs, eût fait l'équivalent d'une vente de la portion et des produits de leurs biens qui était nécessaire pour les acquitter, et que, par là,

(1) *Répertoire de jurisprudence*, aux mots *Pouvoir ju- diciaire*, §. 2, n° 2 *bis.*

elle les eût placés dans la même position que, si elle eût aliéné, comme appartenant à l'État, des immeubles appartenant à des particuliers, néanmoins elle avait fait les ventes dont il s'agissait, sans observer les formalités prescrites pour celles des domaines nationaux ; et il n'en fallait pas d'avantage pour les soustraire à l'application de l'article cité.

Mais, pour second moyen, on invoquait, et la qualité d'acte administratif qu'avaient par eux-mêmes les transferts des rentes litigieuses, ce qui amenait naturellement l'application du principe que l'annullation des actes administratifs est hors du pouvoir des tribunaux, et l'obligation que l'annullation de ces transferts entraînerait nécessairement pour l'État, d'indemniser les acquéreurs, de la prétendue non-existence des rentes qui leur avaient été transférées, ce qui conduisait tout aussi naturellement à l'application du principe qu'*une réclamation d'indemnité sur le trésor public, est par sa nature, une chose purement administrative.*

Quel fut le sort de ce second moyen ? Par un avis du conseil d'état, du 8 mars 1808, approuvé le 14 du même mois, il fut dit que les tribunaux étaient seuls compétens pour prononcer, non-seulement sur la féodalité ou non féodalité, et par conséquent sur l'existence ou non existence des rentes transférées, mais encore sur les actions récursoires des acquéreurs contre le trésor public, ou, ce qui allait de soi-même, que ces actions devaient être intentées par ou contre les préfets, dans les formes réglées par la loi du 5 novembre 1790(1).

Voilà donc deux décrets qui décident de la manière la plus positive, que, devant le principe qu'aux tribunaux appartient exclusivement la connaissance des actions intentées par des propriétaires, à l'effet de rentrer dans leurs biens en nature, nonobstant l'aliénation qui en a été faite erronément par l'État, doivent fléchir, et le principe que l'autorité administrative peut seule annuler ses propres actes, et le principe que cette autorité est seule compétente pour connaître *d'une réclamation en indemnité sur le trésor public.*

En effet, le premier de ces trois principes est aussi général qu'il est absolu ; il n'admet ni distinction ni restriction quelconque. Il faut donc, toutes les fois qu'il se trouve en conflit avec les règles spéciales qui exceptent de la compétence universelle des tribunaux en matière contentieuse, et le cas où il s'agit de revenir contre un acte administratif, et le cas où une indemnité est réclamée contre le trésor public, qu'il les fasse taire, qu'il les écarte et qu'il domine seul.

Dès-lors plus de doute sur la compétence exclusive des tribunaux pour statuer sur la revendication faite par un particulier de sa propriété vendue par l'État sous l'empire de la charte.

Et c'est effectivement ce qu'a jugé un arrêt de

_____

(1) *Ibid.*, n° 3.

la cour de cassation de 26 décembre 1826, dont le *bulletin civil* de cette cour, tome 28, page 1, nous retrace ainsi l'espèce et le prononcé.

« Le 4 mai 1820, adjudication à la préfecture du département de la Seine-Inférieure, par l'État, au profit du sieur Martin, d'une portion de prairie située en la commune de Saint-Maurice, et dite provenir de l'abbaye de Saint-Amand.

» Le sieur Martin, par suite, a formé contre le sieur Vaillant une action en bornage de cette portion attenante à une prairie qui lui appartient ; celui-ci a opposé à cette action que la portion vendue au sieur Martin, formait une partie intégrante de la propriété par lui acquise des sieur et dame Fouet.

» L'un et l'autre ont appelé en garantie leurs vendeurs, et la contestation s'est ainsi trouvée engagée, sur la question de propriété, entre le préfet de la Seine-Inférieure, appelé en cause par Martin, et les sieur et dame Fouet, qui se sont présentés comme garans envers le sieur Vaillant.

» L'instance fut portée sans réclamation devant les tribunaux ; et, le 24 août 1821, le tribunal de Rouen considéra que l'inspection des lieux seule suffisait pour mettre en doute la légitimité des prétentions du sieur Martin et du domaine, et que les titres produits au procès changent en certitude la plus complète les soupçons que fait naître la vue des lieux. Après une discussion de ces divers titres, le tribunal dit à tort les demandes tant principale qu'incidente du sieur Martin.

» Le sieur Martin et le préfet interjetèrent tous deux appel de ce jugement ; mais il fut confirmé par arrêt de la cour royale de Rouen, du 9 avril 1823. Il est bon d'observer que, de la part du domaine la discussion roula uniquement, comme en première instance, sur la question de propriété.

» De la part du sieur Martin, au contraire, il fut opposé en appel une fin de non-recevoir prise de l'adjudication administrative du 4 mai 1820.

» Il fut prétendu que cet acte transférait une propriété irrévocable au sieur Martin, et qu'il ne laissait aux sieurs Vaillant et Fouet qu'un recours en indemnité contre l'État, s'ils se justifiaient que l'objet aliéné par l'État, fût leur propriété. Le sieur Martin s'appliquait ainsi les principes de la législation sur les domaines nationaux. Tel fut l'objet de la première question posée dans l'arrêt attaqué, en ces termes : « Le domaine et le sieur » Martin sont-ils recevables à réclamer le béné- » fice de l'art. 94 de la loi du 22 frimaire an 8, » et à l'opposer à leurs adversaires, pour une » portion de prairie vendue le 4 mai 1820, sous » l'empire de la charte ? Sur la fin de non-rece- » voir opposée par Martin, considérant que l'ad- » judication de l'objet lui a été faite à la date » du 4 mai 1820 ; qu'elle est donc postérieure à » la charte constitutionnelle, qui seule peut être » invoquée dans la matière ; l'art. 94 de la loi du

» 22 frimaire an 8 ne pouvant régir que les ventes
» antérieures à la charte ».

» Au principal, l'arrêt déclare qu'il résulte des
titres la démonstration complète de la possession
constante, notoire et exclusive des intimés et
de leurs auteurs, depuis 1775, de la totalité du
terrain litigieux.

» Le préfet de la Seine-Inférieure et le sieur Martin se sont pourvus en cassation contre cet arrêt,
et leurs moyens reposent sur la même base, c'est
qu'il n'appartenait pas à l'autorité judiciaire de
connaître de la validité de l'adjudication administrative; que cette adjudication avait transmis
au sieur Martin une propriété irrévocable, et
que les sieurs Vaillant et Fouet, d'après la législation existante sur les ventes de domaines nationaux, n'avaient droit qu'à une simple indemnité.

» Le rejet des deux pourvois a été prononcé
par la cour, et les motifs de l'arrêt feront connaître les questions agitées devant elle.

« Ouï le rapport fait par M. le conseiller Legonidec; les observations de Teste-le-Beau, pour
les demandeurs; celles d'Odilon-Barron, pour
les défendeurs; ensemble les conclusions de
M. l'avocat-général Cahier; et après qu'il en a
été délibéré en la chambre du conseil;

» Attendu que, depuis la promulgation de la
charte constitutionnelle, qui consacre l'inviolabilité des propriétés, et ne permet même à l'État
d'en exiger le sacrifice que pour cause d'intérêt
public légalement constaté, l'État ne peut pas
plus que les particuliers vendre le bien d'autrui;

» Que, dès-lors, le sieur Vaillant a eu le droit
de revendiquer en nature l'immeuble dont il
avait été dépouillé hors le cas prévu par la loi;

» Que la revendication qu'il a exercée de cette
propriété foncière, était, comme toutes les actions
de ce genre intentées même contre l'État, éminemment de la compétence des tribunaux;

» Que les lois antérieures à 1814 avaient, il
est vrai, établi des exceptions à ces règles générales, lorsque, par des motifs fondés sur les
circonstances politiques, elles avaient rendu
l'État juge et partie dans les contestations qui s'é-
levaient sur la validité ou l'invalidité des ventes
de domaines nationaux; qu'elles avaient même
interdit au tiers dont les biens avaient été illégalement compris dans une adjudication de cette
nature, le droit de les revendiquer, sauf à réclamer une indemnité, sur laquelle le gouvernement
seul s'était réservé de prononcer;

» Mais que ces lois de circonstance sont non-
seulement virtuellement abrogées, par cela seul
qu'elles sont inconciliables avec les art. 9 et 10
de la charte, mais qu'elles se trouvent de plus
révoquées par l'art. 68, qui ne maintient que les
lois existantes qui ne sont pas contraires à la
charte;

» D'où il suit qu'en statuant, dans l'espèce,
entre l'État et les défendeurs, sur une question

de propriété relative à une vente faite par l'État,
depuis la publication de la charte, qui a rétabli
à cet égard le droit commun, la cour de Rouen
n'a pu violer des lois qui étaient abrogées, et a
fait, au contraire, une juste application des art.
9, 10 et 68 de la charte constitutionnelle et des
principes du Code civil:

» Par ces motifs, la cour rejette le pourvoi du
préfet de la Seine-Inférieure et du sieur Martin
contre l'arrêt de la cour royale de Rouen, du 9
avril 1823.

§. II. (1). *Les Biens qui, appartenant à des
particuliers, ont été, comme nationaux, transférés par l'État à la caisse d'amortissement et
vendus par celle-ci comme tels, sont-ils, en vertu
de l'art. 94 de la constitution du 22 frimaire an
8, à l'abri de la revendication de la part de ceux
à qui ils appartiennent?*

La négative est incontestable, si les ventes ont
été faites depuis que la charte constitutionnelle
du 4 juin 1814 régit la France; car, dans cette
hypothèse, eussent-elles été faites directement
par l'État lui-même, elles n'auraient pas, comme
on l'a vu au §. précédent, purgé la propriété des
tiers; et à plus forte raison n'ont-elles pas produit cet effet, alors qu'elles ont été faites par la
caisse d'amortissement.

Mais que doit-on décider si elles ont précédé
la charte?

Au premier aspect, il semble que la caisse
d'amortissement ne les ayant faites que comme
préposée de l'État, elles doivent avoir, contre les
tiers, la même efficacité que si l'État les eût faites lui-même; et par conséquent jouir, contre
eux, du privilége établi par l'art. 94 de la constitution du 22 frimaire an 8, en faveur des ventes des Biens qualifiés de nationaux. Ce qui d'ailleurs paraît lever toute espèce de doute, c'est
que la caisse d'amortissement n'a fait et n'a pu
faire ces ventes que dans la forme prescrite pour
celles des Biens nationaux aliénés directement
par l'État.

Et c'est ainsi qu'on devrait le juger sans la
plus légère difficulté, si la disposition de l'art.
94 de la constitution du 22 frimaire an 8 était,
par sa nature, susceptible de la moindre extension au-delà de ses termes précis. Mais, on l'a déjà
dit, c'est une exception au grand principe de
l'inviolabilité des propriétés; et c'en est assez
pour qu'en le restreignant avec une juste sévérité
à son texte littéral, on ne l'applique pas à des
ventes faites par un établissement qui, bien
qu'institué par l'État et agissant dans l'intérêt
de l'État, pouvait cependant, avant la loi du 28
avril 1816, être considéré, sous certains rapports, comme séparé de l'État même.

C'est au surplus ce qu'a décidé formellement

(1) Le §. 2 des éditions précédentes, forme le §. 5 de
celle-ci.

un décret du 17 janvier 1814, inséré dans le *bulletin des lois*, et ainsi conçu :

« Sur le rapport de notre commission du contentieux,

» Vu le rapport de notre ministre de l'intérieur, tendant à ce qu'il nous plaise annuller un arrêté du conseil de préfecture du département de Jemmapes, en date du 1er. mai 1813, qui prononce que les biens vendus au sieur Dehagre, par procès-verbal du 2 octobre 1812, comme appartenant à la caisse d'amortissement et composant le n°. 13 de l'affiche 448, sont ceux compris au sommier du receveur de Tournai, n°. 16, et portant le n°.767 sur la cession faite à ladite caisse;

» Vu l'ordonnance de *soit communiqué*, rendue par notre grand-juge ministre de la justice, à laquelle les parties n'ont pas répondu dans les délais du réglement;

» Vu les pièces jointes au rapport de notre ministre des finances, et spécialement le procès-verbal d'adjudication, les réclamations des diverses parties intéressées devant le préfet et le conseil de préfecture, et l'arrêté dudit conseil, qui établissent comme des faits constans et non contestés,

» 1°. Que les biens appartenant à la caisse d'amortissement, sont composés de quatre pièces situées aux terroirs de saint-Léger et d'Evregnies, définies chacune par des limites particulières, louées au sieur Jean Dilliers, et provenant des religieux croisiers de Tournai; que lesdites pièces ne sont désignées par leur origine, leur situation, ni leurs limites véritables, ni dans l'expertise, ni dans l'affiche, ni dans l'adjudication, et n'ont pas été vendues, en effet, par le procès-verbal du 2 octobre 1812;

» 2°. Que le bien estimé, affiché et adjugé au sieur Dehagre, n'est composé que d'une seule pièce de terre, sise au seul terroir de saint-Léger, définie par des limites qui lui sont particulières, louées au sieur François Dilliers, et provenant de l'ancien béguignage et appartenant à l'ancienne fabrique de la Madeleine à Tournai; d'où il résulte que le bien vendu n'appartenait point à la caisse d'amortissement, n'était pas détenu par ses fermiers, et différait des pièces qui lui appartiennent, par l'origine, la situation et les limites;

» Vu les décrets relatifs au mode de vente des biens de la caisse d'amortissement ou intervenus dans les contestations relatives à la vente desdits biens, *desquels il résulte que les adjudications sont faites et jugées dans les formes prescrites pour les Biens nationaux, mais doivent être régies, à l'égard des tiers, par les régles du droit commun*;

» Considérant, dans l'espèce, que la vente faite par le procès-verbal du 2 octobre 1812, est nulle, soit par l'erreur matérielle de la désignation, soit par le défaut absolu de possession et de propriété de la pièce adjugée;

» Que les quatre pièces de la caisse d'amortis-

sement n'ont pas été vendues et ne peuvent l'être que dans les formes prescrites pour la vente des biens de ladite caisse;

» Notre conseil d'état entendu,

» Nous avons décrété et décrétons ce qui suit:

» Art. 1. L'arrêté du conseil de préfecture du département de Jemmapes, du 1er. mai 1813, est annulé

» 2. La vente faite au sieur Dehagre par le procès-verbal du 2 octobre 1812 est annullée, et les prix et loyaux-coûts lui seront remboursés par la caisse d'amortissement.

» 3. Notre grand-juge ministre de la justice et notre ministre des finances sont chargés de l'exécution du présent décret qui sera inséré au Bulletin des lois ».

Ce qui prouve d'ailleurs que ce décret forme une règle générale, c'est qu'il est visé comme tel dans une ordonnance du roi du 27 décembre 1820, dont voici l'espèce.

Un bois de l'État cédé à la caisse d'amortissement en vertu de l'art. 145 de la loi de finances du 25 décembre 1817, avait été vendu par elle avec la clause expresse qu'il était exempt de *tous droits d'usage*.

Nonobstant cette clause, une commune s'est pourvue en justice réglée contre l'acquéreur, pour faire déclarer ce bois soumis à un droit d'usage envers elle.

De là un conflit d'attributions qui a été porté au conseil d'état.

Il se présentait, pour justifier la compétence du pouvoir judiciaire, une raison aussi simple que tranchante : c'est qu'il s'agissait d'une vente faite sous l'empire de la charte et à laquelle l'art. 94 de la constitution du 22 frimaire an 8 était totalement étranger.

Mais le conseil d'état n'a pas cru devoir aller jusque-là : il a supposé l'art. 94 de la constitution du 22 frimaire an 8 encore applicable aux ventes de Biens nationaux faites sous l'empire de la charte; et c'est en partant de cette supposition, que, pour déclarer les tribunaux compétens, l'ordonnance citée considère « qu'il s'agit, » dans l'espèce, d'une vente de bois cédés à la » caisse d'amortissement par la loi de finances » de 1817, et qu'aux termes du décret ci- » dessus visé, les questions de propriété, de » servitude et d'usage sont de la compétence des » tribunaux; que la clause insérée dans le procès- » verbal d'adjudication, qui exempte de tous » droits d'usage les biens vendus, ne fait point » obstacle à ce que les réclamations des droits » d'usage et de propriété formées pour la com- » mune sur lesdits biens, soient préalablement » soumises à l'autorité judiciaire ».

Il eût mieux valu sans doute, comme l'observe très-judicieusement M. de Cormenin, dans ses *questions de droit administratif*, aux mots *Domaines nationaux*, §. 1, « aborder franchement la

» question, et la résoudre par le principe que,
» depuis la charte, les ventes des bois ou autres
» biens de l'État, faites directement par le domaine
» et en son nom, ou par le domaine au nom de
» la caisse d'amortissement, ou de toute autre ma-
» nière, sous-entendent toujours la clause de ré-
» serve des droits des tiers, qu'il vaudrait mieux
» encore exprimer dans les adjudications, pour
» ne pas tromper les acquéreurs, et pour ne pas
» exposer l'État à des recours en indemnité ».

Mais toujours est-il que de l'ordonnance dont il
s'agit, il résulte *à fortiori*, comme il résultait
déjà directement du décret du 17 janvier 1814,
que la disposition de l'art. 94 de la constitution
du 22 frimaire an 8 n'est pas applicable aux
ventes qui, pendant qu'elle était en vigueur,
ont été faites par la caisse d'amortissement, des
Biens nationaux que l'état lui avait précédemment transférés.

§. III (1). *Lorsqu'après avoir vendu un Bien*
national, l'État le vend une seconde fois, sans
que le premier acquéreur ait été préalablement
déclaré déchu faute de paiement du prix de son
adjudication, laquelle des deux ventes doit être
préférée?

Cette question peut se présenter dans deux cas
différens : dans celui où, soit que la première
vente ait été faite avant ou depuis la restauration
de 1814, la seconde l'a été sous l'empire de la
charte ; et dans celui où les deux ventes ont été
faites, soit sous l'empire de la constitution du 5
fructidor an 3, soit sous l'empire de la constitution du 22 frimaire an 8.

Au premier cas, nul doute que le premier acquéreur ne doive être préféré.

D'une part, en effet, il n'a eu besoin pour devenir propriétaire, ni de la tradition réelle ou
fictive qui, dans le droit romain, était nécessaire
pour transférer la propriété du vendeur à l'acheteur, ni des formalités de dessaisine et saisine,
de deshéritance et d'adhéritance, que les lois
des pays de nantissement y avaient substituées
et que la loi du 19-27 septembre 1790 avait
remplacées par la transcription du contrat de
vente au greffe du tribunal de district de la situation du bien vendu. Il n'en a pas eu besoin, s'il a
acheté sous le Code civil ; car, aux termes de
l'art. 1583 de ce Code, *la propriété est acquise de*
droit à l'acheteur à l'égard du vendeur, dès qu'on est
convenu de la chose et du prix, quoique la chose n'ait
pas encore été livrée ni le prix payé. Il n'en a pas eu
besoin davantage, s'il a acheté avant le Code civil ; car, à cette époque, la tradition n'était pas
plus nécessaire de la part du souverain qui vendait ou donnait, pour transférer sa propriété à
l'acheteur ou donataire, qu'elle ne l'est aujour-

d'hui de la part de tout simple citoyen qui vend
ou donne, pour opérer le même effet (1).

Aussi l'art. 5 du tit. 3 de la loi du 9-25 juillet 1790 permettait-il aux acquéreurs de Biens
nationaux d'entrer d'eux-mêmes *en possession*
réelle après avoir effectué le premier paiement du prix
de leur adjudication. Aussi était-il dit par l'art.
30 de la loi du 13-20 avril 1791, que, pour
les pays de nantissement, les *transcriptions* substituées par la loi du 19-27 septembre 1790,
aux formalités de dessaisine et saisine, de dès-
héritance et d'adhéritance, n'étaient *nullement né-*
cessaires pour transmettre la propriété des Biens natio-
naux, soit aux particuliers qui s'en rendaient directe-
ment adjudicataires, soit à ceux qu'ils déclareraient
leurs commands, d'après la réserve faite lors des ad-
judications.

D'un autre côté, l'art. 94 de la constitution
du 22 frimaire an 8 étant abrogé par la charte,
il est clair que le premier acquéreur n'a pas pu
être exproprié par la vente que les agens du
gouvernement se sont permis de faire une seconde fois, du bien précédemment aliéné par
eux à son profit.

Mais le second cas présente quelque difficulté,
et il paraît au premier abord que c'est la seconde
vente qui doit prévaloir.

En effet, si le bien n'avait été vendu qu'une
fois, la circonstance que l'État n'en était pas
propriétaire au moment de la vente, ne pourrait
pas, d'après l'art. 94 de la constitution du 22
frimaire an 8, empêcher que l'acquéreur ne fût
à l'abri de toute éviction de la part du propriétaire véritable. Or, quelle différence y a-t-il entre
cette hypothèse et le cas qui nous occupe ici ? Au
premier coup d'œil, on n'en aperçoit aucune.
Dans l'une, l'État a vendu le bien d'autrui, et la
vente n'en est pas moins irrévocable ; dans l'autre, l'État a vendu un bien qui lui a précédemment appartenu, mais qui, par la vente qu'il en
avait faite une première fois, avait cessé de lui
appartenir. C'est donc le bien d'autrui qu'il a
vendu dans l'une comme dans l'autre. Et dès-
lors, comment l'effet que la vente a produit dans
l'une au profit de l'acquéreur, n'aurait-il pas eu
lieu dans l'autre en faveur de celui à qui le bien
avait été ensuite revendu?

Mais ne nous en tenons pas à ce premier
aperçu. Cherchons à pénétrer l'esprit des art.
379 et 94 des constitutions des 5 fructidor an 3
et 22 frimaire an 8, et pour y parvenir, reportons-nous aux lois 2 et 3, C. *de quadriennii præs-*
criptione, qu'ils avaient tirées du profond oubli dans
lequel elles étaient plongées en France, pour les
approprier aux ventes solennellement faites par
l'État, de biens qu'il annonçait lui appartenir et
qui, par l'événement, se trouvaient appartenir
à des particuliers.

---

(1) Le §. 3 des précédentes éditions forme le §. 4 de
celle-ci.

(1) *V.* le *Répertoire de jurisprudence,* au mot *Nantisse-*
ment, §. 1, n°. 6.

Dans les pays où ces lois sont en vigueur, tels que l'Italie et l'Allemagne, sont-elles applicables au cas dont il est ici question, et en résulte-t-il que de deux ventes successivement faites par l'État, d'un bien qui lui appartenait lors de la première, c'est la seconde qui doit être préférée?

Non, répondent tous les jurisconsultes de ces pays; car le contraire est nettement décidé par les empereurs Théodose et Valentinien, dans la loi 5, C. de locatione prædiorum civilium et fiscalium. Il y est dit, en effet, que, si un bien fiscal affermé à perpétuité, et dont par conséquent le domaine utile a été transféré au preneur, vient à être donné à un tiers par le prince, la donation sera sans effet, et l'administrateur qui en aura fait ou laissé souscrire l'acte par le prince, sera puni d'une amende (1). Il est vrai que cette loi est antérieure à celles de Zenon et de Justinien qui se trouvent sous le titre de quadriennii præscriptione; mais la preuve qu'elle leur a survécu, et que Justinien lui-même l'a regardée comme non abrogée par la sienne et par celle de Zenon, c'est qu'il les a comprises toutes trois dans son Code.

Telle est évidemment la pensée de Peregrini, jurisconsulte vénitien, lorsque, passant en revue, dans son Traité de jure fisci, liv. 6, tit. 4, n°. 18, les diverses exceptions qui limitent la disposition des lois 2 et 3, C. de quadriennii præscriptione, il dit (en citant Romanus, Curtius le jeune, Grammaticus et Mathæus de afflictis, comme professant la même maxime): decimo septimo limita in duobus habentibus causam à principe, vel à fisco: nam potior est illius conditio cui primò facta fuit concessio. L. prædia, C. de Locatione prædiorum civilium.

Ajoutons que, même indépendamment de la loi des empereurs Théodose et Valentinien, et en laissant de côté la disposition qu'elle renferme, il suffit de s'attacher aux lois de Zénon et de Justinien, pour se convaincre qu'il n'a pas pu être dans leur intention de préférer au premier acquéreur ou donataire d'un bien appartenant au prince, le second acquéreur ou donataire à qui le prince l'avait ensuite transmis. Quel est le but

de ces lois? C'est, comme elles l'expriment textuellement, de mettre les acquéreurs et donataires du prince à l'abri de toute éviction de la part des tiers; c'est de leur inspirer la sécurité la plus profonde sur la stabilité des ventes et des donations qui leur sont faites. Or, ce but ne serait-il pas totalement manqué, si celui à qui le prince vend aujourd'hui un bien, pouvait en être évincé dans un an par un tiers à qui le prince l'aurait ensuite vendu une seconde fois? Quoi! C'est pour atteindre à ce but, c'est pour écarter loin de l'acquéreur toute espèce d'inquiétude, que ces lois, lorsque le bien qui lui a été vendu, n'appartient pas au prince, imposent en sa faveur le silence le plus absolu au propriétaire; et elles porteraient l'inconséquence, lorsque le prince est propriétaire du bien qu'il vend, jusqu'à avertir l'acquéreur que, s'il plaît au prince vendeur de disposer de ce même bien au profit d'un autre, il faudra qu'il cède la place à celui-ci! Elles aboutiraient tout à la fois et à rassurer à effrayer les amateurs des biens mis en vente par le prince, à les rassurer pour le cas où le prince ne serait pas propriétaire, et à les effrayer pour le cas où il le serait! Non, une contradiction aussi révoltante ne peut pas se supposer dans ces lois.

C'est sur ce fondement qu'a été rendu au conseil souverain de Hollande, l'arrêt dont on a vu plus haut, §. 1, n°. 3, Groenewegen se prévaloir pour établir que ces lois étaient encore en vigueur de son temps, dans ce pays.

Dans le fait, l'empereur Charles-Quint avait, en 1553, hypotéqué un de ses domaines de la Nord-Hollande à une rente annuelle de 50 florins qu'il avait constituée au profit d'un particulier; et il avait ensuite vendu ce domaine à un autre particulier sans le charger de la rente. Vingt ans après, et postérieurement à la révolution qui avait affranchi les provinces-unies de la domination espagnole, le créancier de la rente s'étant pourvu hypothécairement contre l'acquéreur, celui-ci se défendit par deux exceptions; l'une principale qu'il tira des lois citées; l'autre subsidiaire qu'il fonda sur celles qui déclaraient l'hypothèque éteinte en faveur des tiers-détenteurs par une possession paisible de dix ans entre présens, et de vingt ans entre absens.

Inutile de retracer ici les moyens qui firent rejeter la seconde de ces exceptions. Mais voici comment le créancier repoussa la première:

Il est vrai, dit-il, qu'aux termes des lois Omnes et Bené à Zenone, ou, ce qui est la même chose, des lois 2 et 3, C. de quadriennii præscriptione, celui à qui le prince a vendu le bien d'autrui, ne peut en être évincé, ni par le propriétaire, ni par le créancier à qui le propriétaire l'avait précédemment hypothéqué. Mais ces lois sont étrangères au cas où le prince était propriétaire du bien qu'il a vendu; et elles ne peuvent écarter, ni la revendication de l'acquéreur

---

(1) Prædia domûs nostræ, et semel jure perpetuo, vel nostrâ præceptione, vel auctoritate illustris viri comitis ærarii privati, apud aliquem fuerint, vel jamdudum sint collata, ad alium transferri perpetuarium non oportet. Aperiè enim definimus hoc edicto, ut à perpetuario nunquàm possessio transferatur, etiamsi alteri eam imperator, vel exoratus, vel sponte donaverit, sive adnotatione, sive pragmaticâ: Cui si fortè contra perpetuarium vir illustris comes privatarum rerum, dùm allegabitur, acquiescet, et de proprio ipse centum libras auri, et aliàs fisci juribus palatinum inferre cogatur officium: nec tamen post allegationem habebit hujusmodi jussio firmitatem, sed nec locabitur alteri, licet ingenti superari videatur augmento possessio. Jure igitur perpetuo publici contractûs firmitate perpetuarius securus sit, et intelligat, neque à se, neque à posteris suis, vel his ad quos ea res vel successione, vel donatione, sive venditione, vel quolibet titulo pervenerit, esse retrahendam.

à qui le prince a transféré sa propriété, ni l'action hypothécaire du créancier au profit duquel il l'a grevée d'une hypothèque. Tous les auteurs sont d'accord là-dessus, tous conviennent qu'il est dans l'esprit de ces lois d'excepter de leur disposition le cas où les deux parties sont également ayant-cause du prince.

Cette défense, dit Neostade, fut accueillie par l'arrêt, et il fut en conséquence jugé que *fundum à principe in causam reditûs hypothecatum, posteàque ab eo distractum, adèo cum onere emptori cedere, ut non obstante* 20 *annorum præscriptione, ob non solutos reditus evictioni subjectus sit, modò hypothecarius creditor causam à principe metiatur; adeòque limitantur leges* OMNES *et* BENE A ZENONE C. *de quadriennii præscriptione.*

Quæ limitatio (ajoute l'arrêtiste) *summâ nititur æquitate, et ita tenet* Baldus *ad dictam legem* 2; *idem confirmat* Ludovicus Romanus, consil. 295, *ubi etiam tradit quod, quando princeps, diversis successivis temporibus, concedit jus duobus ad rem, ut potior sit ille cui concessio facta est priùs, non cui secundò. Ergò multò fortiùs dicendum est, inquit, cùm princeps, diverso tempore, duobus concedit jus in re, cùm potentius jus dicatur in re quam ad rem..... et ideò lex quoties* 15, C. *de revindicatione, non habet locum in contractibus principum, nam semper prior præfertur, licet posteriori tradita sit res... Nam illo casu, potior erit qui priorem habet titulum, non qui priorem possessionem; ratio est, eo ipso quod princeps vendit, donat, transfert, non requiritur alia traditio.., Princeps enim debet esse auctor et tutor justitiæ.... Et ideò non debet in suis contractibus fraudem adhibere....; nec iniquitas illa debet promanare à fonte justitiæ et lege animatâ, ut est princeps...Hanc limitationem inter alios posuit* Felinus, *in cap.* 7, *extrà, de constitutionibus; idem* Corsettus, *in repetitione dictæ legis* Bené à Zenone; *idem docet* Duenus, *in fall., regul.* 238, *ubi generaliter docet legem* Bené à Zenone *non habere locum quando princeps est in malâ fide.*

Il est donc bien constant que les lois 2 et 3, C. *de quadriennii præscriptione*, ne pouvaient pas être et n'étaient nulle part entendues en ce sens qu'en cas de concours de deux acquéreurs successifs du même bien national, le second dût être préféré au premier.

Mais, dès-lors, comment attribuer un pareil sens aux art. 374 et 94 des constitutions des 5 fructidor an 3 et 22 frimaire an 8, qui n'avaient fait que ressusciter ces lois pour la France, en restreignant aux ventes solennelles des biens de l'état, une disposition qu'elles avaient faite tant pour les ventes solennelles, que pour les ventes privées et pour les simples donations de ces biens? Comment supposer qu'en copiant ces lois, quant aux ventes solennelles, il leur aient donné une extension que leur propre texte était aussi loin de comporter et qui répugnait aussi manifestement à leur esprit? Ces articles ne pouvaient avoir et n'avaient effectivement qu'un but: c'était de multiplier les amateurs de Biens natio-

naux, c'était d'appeler à l'acquisition de ces Biens tous les possesseurs de capitaux qui voudraient en faire un emploi à la fois utile et sûr. Or, autant il est évident qu'ils remplissaient parfaitement ce but et qu'ils donnaient une grande impulsion aux enchères, lorsqu'ils disaient aux personnes qui se présentaient à une adjudication publique de Biens nationaux : *il est possible que les biens actuellement mis en vente comme nationaux, ne le soient pas; il est possible qu'ils soient la propriété d'un particulier inconnu; mais que cela ne vous inquiète pas; nationaux ou non, ils seront incommutablement à celui de vous qui s'en rendra adjudicataire;* autant il est évident qu'ils auraient contrarié diamétralement ce but et qu'ils auraient, sinon éteint tout-à-fait, du moins refroidi prodigieusement la chaleur des enchères, s'ils avaient ajouté en termes exprès, comme on prétend qu'ils étaient censés dire implicitement : *toutefois tenez-vous pour avertis que, si, dans la suite, l'état vient par erreur ou autrement, à vendre une seconde fois le bien qu'il va adjuger, la seconde adjudication prévaudra à la première.*

C'est sans doute faute d'avoir pressenti et apprécié toutes ces raisons de décider en faveur du premier acquéreur, que la première fois que la question s'est présentée au conseil d'état, il a été jugé par un décret du 14 juillet 1812, que le second acquéreur devait être préféré.

Il est vrai que c'était dans une espèce où, comme l'atteste M. de Cormenin, aux mots *Domaines nationaux, §.* 12, faute par le premier acquéreur d'avoir payé le prix de son adjudication, *les biens étaient encore entre les mains de l'état et affermés par lui.*

Mais, comme le remarque le même auteur, « dès qu'il n'y avait pas eu de déchéance, faute » de paiement, prononcée contre le premier ac- » quéreur, la circonstance que l'état vendeur ne » l'avait pas mis en possession, ou l'avait re- » prise, ne suffisait pas pour résilier la vente et » constituer l'état propriétaire avec la capacité » d'aliéner. C'est donc véritablement parcequ'il » n'y avait pas eu d'opposition à la seconde vente, » qu'on l'a maintenue. Ce principe est-il ré- » gulier » ?

La question réduite à ces termes, s'est représentée depuis dans les mêmes circonstances devant la cour supérieure de Liége, et elle a été décidée dans le même sens qu'elle l'avait été en 1812 au conseil d'état. Voici les faits.

Le 6 nivôse an 12, un bien national, situé dans l'arrondissement de Maestricht et affermé au sieur Michiels, est adjugé au sieur Pitteurs.

Le sieur Pitteurs ne prend pas possession de ce bien, et le sieur Michiels continue d'en payer les fermages à l'administration des domaines.

Le 3 avril 1811, ce bien est remis en vente par l'administration, et le sieur Michiels s'en rend adjudicataire.

Le 4 avril 1817, les héritiers du sieur Pitteurs

font assigner le sieur Michiels en délaissement de ce bien.

Le sieur Michiels, de son côté, met en cause l'administration des domaines du royaume des Pays-Bas, et prend contre elle des conclusions en garantie.

Le 12 juillet 1820, jugement du tribunal de première instance de Maestricht qui rejette la demande en délaissement, et condamne les héritiers Pitteurs aux dépens envers toutes les parties,

« Vu l'art. 374 de la constitution française de l'an 3 et l'art. 94 de celle de l'an 8 ;

» Attendu que les deux ventes qui donnent lieu au procès, ont été consenties sous l'empire de ces lois constitutionnelles ; que celle dont se prévalent les demandeurs, remonte à l'an 1803, tandis que celle qui forme le titre des défendeurs, est du mois d'avril de l'an 1811 ; que la première de ces ventes est demeurée sans exécution, à défaut par l'acquéreur de s'être mis en possession de la chose à lui vendue ; que la deuxième a été précédée des affiches destinées à lui donner toute la publicité possible, et légalement consommée sans la moindre réclamation de la part de qui que ce soit ;

» Attendu que le principe établi par dérogation au droit commun dans les deux textes ci-dessus, est conçu dans les termes les plus généraux, et qu'il s'applique, par supériorité de raison, à l'acquéreur d'un domaine national qui s'est laissé évincer sans mot dire, les acquéreurs ayant été plus à même que tout autre propriétaire, d'être instruits du péril de l'éviction et d'en prévenir les suites ».

Appel de la part des héritiers Pitteurs, et le 23 mars 1822, après une plaidoirie contradictoire, arrêt par lequel « la cour, en adoptant les » motifs des premiers juges, met l'appellation au » néant, ordonne que ce dont est appel sera » exécuté selon sa forme et teneur (1) ».

Mais il est permis de croire que la cour supérieure de justice de Liége aurait prononcé tout autrement, si on lui eût mis sous les yeux ce que M. de Cormenin avait écrit deux ans auparavant sur le décret du 14 juillet 1812 :

» Sans doute, (avait-il dit), la première vente est valable dans cette matière, à l'égard des tiers réclamans, lorsqu'ils n'ont point formé leur opposition en temps utile : on présume alors que les affiches, les expertises, les publications et les enchères les ont suffisamment avertis, et le gouvernement, placé entre la négligence des opposans et la bonne foi des acquéreurs, a préféré ceux-ci.

» Mais le gouvernement vendeur qui, à défaut d'opposition en temps utile, a pu et dû ignorer le droit des tiers, ne peut prétexter la même ignorance, lorsqu'il vend une seconde fois, par erreur, ce qu'il vient d'adjuger avec tant de solennité.

» Le second acquéreur a dû être averti par la publicité de la première vente.

» Le tiers, quelquefois absent des lieux, n'est pas obligé de savoir qu'on vend sa chose ; il se repose sur sa possession et sur son titre.

» Mais l'enchérisseur doit remonter à l'origine du bien mis en vente, et s'enquérir si les précédens propriétaires ou acquéreurs ont émigré, ou sont déchus.

» Le premier acquéreur a foi pleine et entière dans la solidité de son contrat, placé sous la garantie de la loi constitutionnelle elle-même ; peut-il, en son absence et à son insu, être évincé par l'ignorance ou la mauvaise foi de son vendeur ?

» La crainte d'une telle éviction n'aurait-elle pas suffi pour écarter les enchérisseurs ou les soumissionnaires, et de troisièmes acquéreurs n'auraient-ils pas pu évincer les seconds qui auraient dépouillé les premiers ? l'intérêt du trésor ne périrait-il pas dans ce circuit d'évictions et de recours en garantie et en indemnité ?

» La raison politique veut que, sous aucun prétexte, l'acquéreur national ne puisse être dépossédé, lorsque la vente a été légalement consommée. La raison politique a fait maintenir la première vente, malgré le droit des tiers-régnicoles, manifesté par une opposition tardive ; la même raison doit faire maintenir la première vente préférablement à la seconde.

» J'ajoute que, d'après les règles du droit civil, la vente de la chose d'autrui est prohibée. Cette règle reprend sa force, lorsque le motif politique qui y a fait déroger n'existe plus, comme ici, qu'il s'agit uniquement d'une question de préférence entre deux acquéreurs.

» L'état n'a pu vendre valablement une seconde fois le même objet par lui déjà aliéné à un tiers ; car il a disposé de ce qui ne lui appartenait pas. S'il y a eu, de sa part, erreur ou mauvaise foi, le premier et légitime acquéreur n'en peut ni n'en doit souffrir ; celui qui achète *a domino*, doit être préféré à celui qui achète *a non domino* ».

Ces raisons ont d'autant plus de force, qu'avant de les publier dans son recueil, M. de Cormenin les avait consignées dans un rapport fait au nom de la commission du contentieux, dans une affaire postérieure au décret du 14 juillet 1812, et que, nonobstant ce décret, le conseil d'état les avait adoptées.

Les circonstances et la décision de cette affaire nous sont ainsi retracées par M. Sirey, dans sa *Jurisprudence de la cour de cassation*, tome 13, partie 2, page 292 :

« Le 5 novembre 1810, la caisse d'amortissement vendit au sieur Defay un terrain contenant

---

(1) Annales de jurisprudence de M. Saufourche-Laporte, année 1822, tome 2, page 342.

trente ares, cinquante centiares, moyennant le prix de 370 francs.

» Le 5 décembre suivant, le même terrain fut vendu, par erreur sans doute, au sieur Moëns, pour le prix de 245 francs.

» Une contestation s'est élevée entre le sieur Defay et le sieur Moëns, qui, comme acquéreurs nationaux, prétendaient tous deux avoir la préférence, l'un en vertu de l'antériorité de sa vente, attendu qu'on n'avait pas pu vendre une deuxième fois ce qui lui avait déjà été légalement adjugé ; que la deuxième vente devait être annulée, parceque la vente de la chose d'autrui n'est pas valable ; l'autre, précisément parceque sa vente était postérieure, attendu que, par cette deuxième vente, l'administration venderesse était censée avoir renoncé à la première et l'avoir considérée comme non-avenue.

» Le conseil de préfecture du département de la Meuse inférieure accueillit cette dernière raison, et maintint la deuxième vente au préjudice de la première, par arrêté du 17 février 1812.

» Mais ; sur le pourvoi porté au conseil d'état par le sieur Defay, et après avoir entendu l'administration venderesse, cet arrêté fut annulé par le décret suivant, du 7 avril 1813 :

» *Considérant qu'il n'y a aucune loi relative à la vente des domaines nationaux, de laquelle il résulte que le deuxième acquéreur est préférable au premier ;*

» *Que, dans cet état de choses, il y a lieu de recourir aux principes ordinaires et au droit commun, qui veulent que le premier acquéreur soit préférable au deuxième ;*

» Art. 1. *L'arrêté du conseil de préfecture du département de la Meuse inférieure, sous la date du 17 février 1812, est annulé.*

» 2. *Le sieur Defay est maintenu dans son acquisition. L'adjudication consentie au sieur Moëns, est annulée comme étant le fruit de l'erreur ; le sieur Moëns sera remboursé des sommes qu'il pourrait avoir payées dans les mains de l'administration* ».

À la vérité, dans cette espèce, c'était la caisse d'amortissement qui avait fait les deux ventes, et cela seul aurait suffi, d'après ce qu'on a vu au §. précédent, pour faire préférer la première à la seconde. Mais ce qui prouve que cette circonstance n'a influé en rien sur le décret du 7 avril 1813, c'est que, comme le dit M. de Cormenin, « les motifs de ce décret son généraux et » s'appliquent aux ventes faites directement au » nom et dans l'intérêt de l'état, comme aux » ventes faites au nom et dans l'intérêt de la caisse » d'amortissement ».

Aussi, la question s'étant depuis reproduite, sans cette circonstance, devant la cour supérieure de justice de Bruxelles, y a-t-elle été jugée comme elle l'avait été par le conseil d'état, en 1813, et tout autrement qu'elle l'avait été en 1822 par la cour de Liége.

Dans le fait, le 3 ventôse an 5, le sieur Paulée, domicilié à Paris, se rend adjudicataire de la ferme nationale de Bemarquai, située dans la commune de Nivelles, département de la Dyle, et de toutes ses dépendances, parmi lesquelles est nommément comprise une prairie qui, d'après le procès-verbal d'estimation, comprend elle-même un étang qu'elle entoure de tous côtés.

Il paie le prix de l'adjudication, prend possession de la ferme et en jouit par les mains d'un fermier.

Le 3 messidor an 7, l'étang compris dans la prairie qu'il a achetée avec la ferme, est, à son insu, mis en vente comme bien national encore invendu, par l'administration du département de la Dyle.

Le sieur Berlaymont s'en rend adjudicataire, en fait un bail séparé au fermier du sieur Paulée, et le revend au sieur Randoux qui en touche exactement les fermages, tandis que, de son côté, le sieur Paulée croit les toucher lui-même comme faisant partie de ceux qu'il continue de recevoir en masse de son fermier.

En 1821, le sieur Paulée découvre son erreur ; et par exploit du 2 juillet, il fait assigner le sieur Randoux devant le tribunal de première instance de Nivelles, en délaissement de l'étang.

Le sieur Randoux fait assigner le sieur Berlaymont en garantie, et ils se réunissent tous deux pour combattre la demande du sieur Paulée.

Le 19 décembre 1821, jugement ainsi conçu :

« Attendu qu'il résulte du procès-verbal d'adjudication du 3 ventôse an 5....., combiné avec le procès-verbal d'estimation....., lequel a servi de base à l'adjudication, que l'étang revendiqué par le demandeur a été considéré comme ne faisant qu'un tout avec la prairie reprise sous le n° 2 de la désignation des biens, et adjugé au demandeur ;

» Attendu que, si les expressions qui se trouvent dans les procès-verbaux ci-dessus cités, et qui établissent ce point de fait, pouvaient laisser quelque chose à désirer, l'indication des lieux et aboutissans seuls garantis, viendrait lever tout doute, l'aboutissant à l'occident, donné à cette prairie, comprenant essentiellement l'étang dont il s'agit ;

» Attendu que cet étang ayant ainsi été compris dans l'adjudication du 3 ventôse, n'a pu être vendu une seconde fois par l'administration du département de la Dyle, et être adjugé au premier défendeur, le sieur Berlaymont, ainsi qu'il l'a été par procès-verbal du 3 messidor an 7, enregistré le 23 du même mois ;

» Attendu que c'est inutilement que, pour faire maintenir de préférence cette dernière adjudication, les défendeurs allèguent que le demandeur n'a pas été mis en possession de l'étang, et qu'ils soutiennent en second lieu, qu'étant acquéreurs en vertu d'une adjudication légalement consommée de l'étang dont il s'agit, qui était devenu propriété particulière dans les mains du demandeur, ils ne peuvent en être dépossédés

7.

aux termes de l'art. 374 de la constitution du 5 fructidor an 3; car, 1°. supposé même qu'en l'an 3, la tradition était nécessaire pour transmettre la propriété d'un bien national, celle de l'étang dont il s'agit, aurait été suffisamment faite par la tradition de la ferme de Bemarquai dont l'étang est déclaré faire partie; et 2°. il est évident que l'art. 374 invoqué ne peut recevoir d'application au cas où c'est la nation elle-même qui a successivement vendu un bien national à différens particuliers; que l'étendre à ce cas, ce serait faire agir cet article contre le but que le législateur s'est proposé...;

» Le tribunal condamne les défendeurs à abandonner et remettre au demandeur une pièce d'eau ou étang situé à Nivelles et enclavée de tous côtés dans la prairie attenant à la ferme de Bemarquai..... ».

Les sieurs Randoux et Berlaymont appellent de ce jugement à la cour supérieure de justice de Bruxelles, mais inutilement, par arrêt du 8 décembre 1824,

« Attendu que le procès-verbal de désignation et d'estimation des biens composant la ferme de Bemarquai, en date du 3 nivôse an 5, relate d'abord que l'expert ayant parcouru, avec le fermier et le commissaire du directoire exécutif près de l'administration municipale du canton de Nivelles, les biens de cette ferme, et qu'ayant pris les renseignemens nécessaires sur l'avantage ou le désavantage qui pouvait résulter de la division ou de la non division d'icelle, il avait estimé qu'elle n'était pas susceptible d'être divisée;

» Que s'étant ensuite fait représenter par le fermier le bail alors existant de cette ferme, il en résultait qu'elle consistait en cinquante-quatre bonniers *détaillés*, y est-il dit, *ainsi qu'il suit : 1°. le corps de la ferme composé*, etc.; 2°. *une prairie sur laquelle sont les bâtimens, consistant en environ sept bonniers et demi, divisée en trois parties, pour la commodité du fermier*, ET UN ÉTANG. *Cette prairie touche à l'orient d...., au midi à....., à l'occident au chemin de Nivelles à Grambais, au nord d...;*

» Attendu, que, dans le procès-verbal de vente de ladite ferme, en date du 3 ventôse de la même année, la prairie et l'étang sont désignés de la même manière;

» Attendu, que cette énonciation *et un étang, il y a aussi un étang*, reprise respectivement dans deux procès-verbaux, dont l'un a pour but de désigner et d'estimer les biens à vendre, et l'autre, la vente de ces mêmes biens, annonce d'une manière à ne laisser aucun doute sur le dessein que l'on a eu de comprendre cet étang dans la vente des biens de cette ferme, et nullement celui de vouloir l'en excepter; et ce d'autant plus certainement encore, que le peu de valeur de cet étang n'offrait aucun avantage de le détacher des autres biens de la ferme et d'en faire l'objet d'une vente particulière; qu'au surplus, s'il pouvait rester quelque doute raisonnable sur

cette énonciation, *et un étang, il y a aussi un étang,* il s'évanouirait par les limites et les abouts que le procès-verbal d'expertise assigne à la prairie, savoir, à l'occident, le chemin de Nivelles à Grambais seul, tandis que, si l'étang en eût été séparé, la prairie n'aurait pas eu le chemin de Nivelles à Grambais seul pour limite à l'occident, mais aurait eu aussi l'étang;

» Par ces motifs, et adoptant au surplus ceux du premier juge, la cour met l'appellation au néant, avec amende et dépens ».

§. IV (1). 1°. *Est-ce au pouvoir judiciaire, ou à l'autorité administrative, qu'il appartient de décider si la clause par laquelle l'adjudicataire d'un bien national déclare qu'il acquiert pour lui et pour telles personnes, forme une simple déclaration de command, et si elle est révocable, ou si elle rend de plein droit co-propriétaires de l'adjudicataire les personnes au profit desquelles cette clause a été stipulée ?*

2°. *Les tribunaux devant lesquels est portée cette question de compétence, peuvent-ils la juger, ou sont-ils tenus d'en renvoyer la décision au gouvernement ?*

Le 21 pluviôse an 6, le sieur Parent-Decurby et Françoise-Marguerite Mary, son épouse, se présentent devant l'administration centrale du département de la Sarthe, au moment où elle met aux enchères la métairie dite *de Courcelle*, confisquée sur la dame d'Argie, émigrée. Ils en portent le prix à 310,000 francs; et les enchères étant encore ouvertes, ils font consigner au procès-verbal une déclaration portant « que ladite » adjudication est pour eux et au survivant d'eux, » et après eux, pour Jean-Baptiste-Julien Mary » (frère de la dame Parent-Decurby), lesdits » dénommés pour l'usufruit seulement, et au » profit de Jeanne-Louise Rohée, fille majeure, » pour la nue propriété, à la charge, par elle et » ledit cit. Mary, d'acquitter tout ce qui excédera » les parties de rentes viagères et arrérages que » ledit cit. Parent-Decurby et son épouse donnent » en paiement pour ladite acquisition ».

Cette déclaration écrite et signée, l'administration fait allumer une bougie qui se consume et s'éteint sans que personne couvre l'enchère des sieur et dame Parent-Decurby; en conséquence, elle adjuge « à eux, audit cit. Mary et à ladite » cit. Rohée, le fonds, pleine propriété, possession » et jouissance de ladite métairie, au respect les » uns des autres, suivant la déclaration faite par » ledit cit. Parent-Decurby et son épouse ».

Le 17 ventôse an 7, les sieur et dame Parent-Decurby se représentent devant la même administration, et exposent « que le cit. Mary et la

---

(1) Ce §. est le 3ᵉ. dans les éditions précédentes.

» cit. Rohée n'ayant point accepté, dans les six » mois de leur nomination, ladite acquisition, ni » fait aucun paiement sur icelle, ils révoquent, » par le présent, la nomination du cit. Mary et de » la cit. Rohée, la regardant comme non avenue » et déclarant, d'abondant, qu'ils se chargent » d'acquitter en entier le prix de ladite acqui-» sition ».

Et à l'instant même, l'administration prend un arrêté par lequel, en leur donnant acte de leur déclaration, elle « accepte l'offre qu'ils font de » payer, en leur nom personnel, le prix de ladite » adjudication ».

Le 8 germinal an 9, la dame Parent-Decurby écrit au sieur Mary, son frère, une lettre par laquelle, après lui avoir fait part des inquiétudes que lui donnait le retour de la dame d'Argie en France, et de ses craintes que celle-ci ne cherchât à rentrer dans la métairie de Courcelle, son ancienne propriété, elle lui fait, sans lui parler de l'acte révocatoire du 27 ventôse an 7, différentes propositions qui toutes supposent que lui et la demoiselle Rohée ont encore, sur cette métairie, tous les droits que leur a conférés l'adjudication du 21 pluviôse an 6.

Le 6 ventôse an 11, les sieur et dame Parent-Decurby vendent la métairie de Courcelle au sieur Dechaourse, moyennant la somme de 11,851 francs 95 centimes; et affirment par le contrat qu'ils en sont seuls propriétaires, au moyen de ce que ni le sieur Mary ni la demoiselle Rohée n'ont accepté la déclaration de command faite à leur profit dans le procès-verbal d'adjudication.

La dame Parent-Decurby meurt quelque temps après, laissant un testament par lequel son époux est institué son légataire universel.

Informé, par suite de cet événement, de tout ce qui s'est passé en l'an 7 et en l'an 11, relativement à la métairie de Courcelle, le sieur Mary fait assigner le sieur Parent-Decurby, devant le tribunal civil de l'arrondissement du Mans, pour voir dire 1°. que l'adjudication de la métairie de Courcelle, du 21 pluviôse an 6, sera exécutée selon sa forme et teneur, respectivement à tous les acquéreurs qui y figurent, ou leurs héritiers; 2°. que le prétendu acte de révocation du 17 ventôse an 7 sera déclaré nul, comme fait en son absence, même qu'en celle de la demoiselle Rohée, et comme n'ayant jamais été notifié ni à l'un ni à l'autre; 3°. que le sieur Parent-Decurby sera condamné à lui rendre compte des fermages de sa métairie du Mortray, qu'il a touchés depuis l'an 3, en vertu de sa procuration, et qu'il a dû, suivant leurs conventions verbales, employer au paiement du prix de l'adjudication de la métairie de Courcelle.

Le sieur Parent-Decurby comparaît sur cette assignation, et, offrant de rendre compte des fermages de la métairie du Mortray, il conclud à ce que le sieur Mary soit déclaré non-recevable, ou, en tout

cas, mal fondé dans le surplus de sa demande.

Mais bientôt après, il change ses conclusions; et soutenant que la demande du sieur Mary, à fin d'annullation de l'acte révocatoire du 17 ventôse an 7, et d'exécution du procès-verbal d'adjudication du 21 pluviôse an 6, ne peut être portée que devant l'autorité administrative, il conclud à ce que, sur ce point, le tribunal se déclare incompétent.

Le 8 février 1808, jugement par lequel,

« Considérant que l'acte de révocation de la nomination du sieur Mary et de la demoiselle Rohée, étant attaqué de nullité par le sieur Mary, c'est au conseil de préfecture du département de la Sarthe, qui, en vertu de la loi du 28 pluviôse an 8, est seul compétent pour connaître du contentieux des domaines nationaux, qu'il appartient de décider si la ci-devant administration centrale de la Sarthe a pu recevoir l'acte de révocation du 17 ventôse an 7, fait par les sieur et dame Parent-Decurby, et de prononcer si cet acte est valable ou s'il est nul, parceque les pouvoirs administratif et judiciaire, étant absolument distincts et séparés, les tribunaux ne peuvent ni confirmer, ni annuler un acte administratif.... ;

» Le tribunal (civil du Mans) se déclare incompétent pour connaître de la validité ou de la nullité de l'acte de l'administration centrale de la Sarthe du 17 ventôse an 7, par lequel les sieur et dame Parent-Decurby ont déclaré révoquer la nomination qu'ils avaient précédemment faite des personnes du sieur Mary et de la demoiselle Rohée, comme les co-acquéreurs de la métairie de Courcelle, savoir, le sieur Mary comme usufruitier après eux, et la demoiselle Rohée comme propriétaire à la charge de l'usufruit d'eux sieur et dame Parent-Decurby et du sieur Mary; renvoie en conséquence lesdits sieurs Mary et Parent-Decurby, ce que de chef, devant le conseil de préfecture du département de la Sarthe, pour être par lui, conformément à la loi, statué ce qu'il appartiendra, ainsi que sur les dépens sur ce chef de demande ».

Le même jugement ordonne que les parties instruiront, sur la demande du sieur Mary, en reddition de compte des fermages de sa métairie du Mortray.

Le 18 mai suivant, autre jugement qui, statuant sur cette dernière demande, et sans examiner si les fermages de la métairie du Mortray touchés par le sieur Parent-Decurby, *représentent la part du sieur Mary et de la demoiselle Rohée dans le prix de la terre de Courcelle*, condamne le sieur Parent-Decurby à payer au sieur Mary la somme de 4,480 francs pour reliquat de ces fermages.

Le sieur Mary appelle de ces deux jugemens.

La cause portée à l'audience de la cour d'Angers, le ministère public conclud à ce que l'appellation soit mise au néant,

« Attendu qu'en résultat, il s'agit de savoir si

l'intimé doit être considéré comme seul adjudicataire d'un domaine national, et que cette matière est purement administrative ;

» Attendu d'ailleurs que pour soutenir qu'il doit demeurer seul adjudicataire, l'intimé argumente d'une révocation de command, laquelle révocation il aurait faite devant l'administration centrale de la Sarthe, qui, par son procès-verbal du 17 ventôse an 7, en a donné acte et a accepté l'offre faite par l'intimé et son épouse de payer, en leur nom personnel, le prix de l'adjudication; que, pour juger des conséquences de ce procès-verbal, et pour résoudre ainsi une difficulté originaire d'un acte de l'administration, il est évident que cette autorité est seule compétente ».

Par arrêt du 29 mars 1809, la cour d'Angers prononce conformément à ces conclusions.

Le sieur Mary se pourvoit en cassation contre cet arrêt

« Deux questions (ai-je dit à l'audience de la section des requêtes, le 25 octobre 1809) se présentent dans cette affaire, à votre examen :

» La cour d'appel d'Angers a-t-elle pu ne pas surseoir au jugement de la question de compétence élevée devant elle, jusqu'à ce qu'il eût été statué sur le gouvernement ? A-t-elle pu juger elle-même cette question, en se déclarant incompétente ? C'est la première.

» La cour d'appel d'Angers, en se déclarant incompétente, a-t-elle violé les lois qui déterminent les attributions respectives du pouvoir judiciaire et de l'administration ? C'est la seconde.

» La première question nous paraît devoir être résolue par le principe général, que c'est au juge dont une partie conteste la compétence, à décider si, en effet, il est compétent ou s'il ne l'est pas : *Prætoris est enim æstimare an sua sit jurisdictio*, dit la loi 5, D. *de judiciis*.

» Et quelle raison y aurait-il d'excepter de ce principe le cas où la compétence du juge est contestée par une demande en renvoi devant l'autorité administrative ?

» Serait-ce parceque l'art. 27 de la loi du 21 fructidor an 5 ordonne qu'en cas de conflit entre l'autorité administrative et le pouvoir judiciaire, il sera sursis jusqu'à la décision du gouvernement ? Mais de ce que les tribunaux ne peuvent, en cas de conflit, ni se déclarer compétens ni se déclarer incompétens, il ne s'ensuit certainement pas que, hors le cas de conflit, ils ne soient pas juges de leur propre compétence. La règle établie par la loi du 21 fructidor an 5, pour le cas de conflit, est une exception au principe général ; et l'on sait que toute exception doit être renfermée rigoureusement dans le cas pour lequel le législateur l'a faite.

» Aussi, messieurs, en cassant, le 17 thermidor an 7, un jugement par lequel le tribunal civil du département du Jura avait ordonné un référé au corps législatif, sur une demande purement administrative par son objet, avez-vous dit qu'au lieu d'ordonner ce référé, *le tribunal civil du département du Jura devait se déclarer incompétent pour statuer sur cette demande* : ce sont les propres termes de votre arrêt.

» Aussi avez-vous, par un autre arrêt du 26 vendémiaire an 8, au rapport de M. Vergès, et sur les conclusions de M. Zangiacomi, cassé un jugement du tribunal civil du département des Côtes-du-Nord, qui avait ordonné un référé au ministre de la justice avec sursis, sous prétexte qu'il était douteux si l'affaire qu'il avait à juger était du ressort du pouvoir judiciaire, ou de celui de l'autorité administrative.

» A la vérité, dans cette espèce, l'administration départementale s'était déclarée incompétente avant que l'affaire eût été portée devant le tribunal civil des Côtes-du-Nord. Mais cette circonstance n'empêchait pas le tribunal de se déclarer lui-même incompétent ; et c'était le seul moyen qu'il avait, en élevant ainsi un conflit négatif, de saisir le gouvernement de la question de compétence. En omettant cette voie, en s'abstenant directement de prononcer sur la question de compétence, il avait commis un déni de justice ; et c'est par ce motif que vous avez cassé son jugement.

» Enfin, messieurs, l'arrêté du gouvernement du 13 brumaire an 10 reconnaît, de la manière la plus formelle, le droit et le devoir des tribunaux de se déclarer eux-mêmes incompétens, toutes les fois que des affaires administratives sont portées devant eux ; et ce n'est qu'en cas de conflit élevé contre eux par les préfets, qu'il leur est enjoint de surseoir jusqu'à la décision du gouvernement : « Aussitôt (porte-t-il, art. 1er.) que les » commissaires du gouvernement seront informés » qu'une question attribuée par la loi à l'autorité » administrative, a été portée devant le tribunal » où ils exercent leurs fonctions, ils seront tenus » de requérir le renvoi devant l'autorité compétente, et de faire insérer leurs réquisitions dans » le jugement qui interviendra. — Si le tribunal » (ajoute l'art. 2) *refuse le renvoi* » (termes qui supposent évidemment que le renvoi peut être prononcé par le tribunal), « ils en instruiront sur-» le-champ le préfet du département. — Le pré-» fet, dans les 24 heures (continue l'art. 3), *élevera le conflit*, et transmettra, sans aucun retard, copie de son arrêté au commissaire du » gouvernement, par lequel il sera notifié au tri-» bunal, avec déclaration qu'aux termes de l'art. » 27 de la loi du 21 fructidor an 5, il doit être » sursis à toutes procédures judiciaires, jusqu'à » ce que le conseil d'état ait prononcé sur le » conflit ».

» Qu'importe, après cela, que le jugement par lequel un tribunal se déclare compétent ou incompétent pour connaître d'une affaire que l'une des parties soutient être administrative, puisse ensuite être annulé par le gouvernement, d'après un conflit élevé postérieurement par un préfet? C'est un inconvénient, sans doute; mais il ne peut rien changer au principe : le principe est que, tant qu'il n'y a pas de conflit, le tribunal doit prononcer sur sa compétence; il faut donc que le tribunal prononce, sans s'inquiéter des suites que pourra avoir son jugement.

» Nous savons bien que, deux ou trois fois, dans des circonstances extraordinaires, vous avez vous-mêmes sursis à statuer sur des recours en cassation, jusqu'à ce que le gouvernement eût décidé qui, du pouvoir judiciaire ou de l'autorité administrative, devait connaître des matières sur lesquelles avaient été rendus les jugemens attaqués. Mais de pareils exemples ne peuvent jamais tirer à conséquence; et ce serait surtout en abuser étrangement, que de vouloir en faire l'application à l'espèce actuelle.

» En effet, et ceci va répondre à notre deuxième question, s'il est un cas où les tribunaux se sont justement abstenus de la connaissance d'une affaire, sur le fondement qu'elle était administrative, c'est bien celui dans lequel est intervenu l'arrêt que vous dénonce le sieur Mary.

» Le sieur Mary prétend que la contestation devait être considérée comme judiciaire, par cela seul que l'état n'y avait aucun intérêt.

» Mais 1°. il n'est pas prouvé que l'état soit sans intérêt dans cette contestation. Pour que l'état y fût sans intérêt, il faudrait que le sieur Parent-Decurby eût obtenu de l'administration des domaines, un décompte définitif de la métairie de Courcelle; et nous ne voyons pas que, jusqu'à présent, ce décompte lui ait été expédié : l'état est donc encore créancier présomptif d'une portion quelconque du prix de la métairie de Courcelle, et conséquemment intéressé à ce que le sieur Parent-Decurby n'en soit pas seul débiteur, à ce que le sieur Mary le soit conjointement et solidairement avec lui, à ce que la demoiselle Rohée le soit conjointement et solidairement avec l'un et l'autre. Ce n'est donc pas une question indifférente pour l'état, que celle de savoir si, par le seul fait de l'adjudication du 21 pluviôse an 6, le sieur Mary et la demoiselle Rohée sont devenus les co-acquéreurs des sieur et dame Parent-Decurby, ou si la déclaration faite dans le procès-verbal de cette adjudication par le sieur Parent-Decurby et sa femme, ne les a rendus que les commands de ces derniers; et si en conséquence cette déclaration était, de la part de ces derniers, révocable ou non.

» 2°. Quand même cette question serait indifférente à l'état, quand même l'état n'y aurait aucun intérêt, les tribunaux n'en seraient pas moins incompétens pour la juger entre les parties privées qui l'ont élevée devant eux.

» D'un côté, cette question dépend du sens et de l'effet qu'on doit donner, dans l'acte d'adjudication du 21 pluviôse an 6, à la déclaration qui y a été insérée par les sieur et dame Parent-Decurby, en faveur du sieur Mary et de la demoiselle Rohée; et il est très-constant, la loi du 16 fructidor an 3 décide dans les termes les plus positifs, vous avez jugé vous-mêmes par une foule d'arrêts, qu'il n'appartient qu'à l'administration de connaître du sens et de l'effet des clauses d'une adjudication de Biens nationaux.

» D'un autre côté, l'arrêté de l'administration centrale du département de la Sarthe, du 17 ventôse an 7, ne se borne pas à donner acte aux sieur et dame Parent-Decurby de la révocation qu'ils ont faite de leur déclaration de command; il accepte encore leur offre de demeurer seuls chargés du prix de l'adjudication; et par conséquent il décide qu'au moyen de la révocation de leur déclaration de command, les sieur et dame Parent-Decurby sont censés avoir acquis seuls et en leur seul nom.

» Cet arrêté, les tribunaux peuvent-ils le réformer? Non certainement.

» Peuvent-ils, sans le réformer explicitement, juger le contraire de ce qu'il décide? Non encore.

» Peuvent-ils, sans le contrarier, adjuger au sieur Mary les conclusions qu'il a prises contre le sieur Parent-Decurby? Pas davantage.

» Donc, sous tous les rapports, le tribunal de première instance du Mans a dû, comme il l'a fait, se déclarer incompétent. Donc la cour d'appel d'Angers a dû, comme elle l'a fait, confirmer le jugement de ce tribunal. Donc il y a lieu de débouter le sieur Mary de sa demande en cassation; et c'est à quoi nous concluons ».

Par arrêt du 25 octobre 1809, au rapport de M. Poriquet,

« Attendu que, dans l'espèce, il s'agissait réellement de l'interprétation de deux actes émanés des corps administratifs en matière d'aliénation de Biens nationaux,

» La cour rejette le pourvoi.... ».

V. le *Répertoire de jurisprudence*, aux mots *Pouvoir judiciaire*, §. 2, n°. 16.

§. V. (1) *Le bénéficier qui, d'après un acte législatif portant que tout ce qui serait acquis pour l'agrandissement du manoir bénéficial, y serait uni à perpétuité, a acheté divers terrains, avec l'intention manifestée de les unir à son habitation, et qui lés y a unis en effet par une clôture, a-t-il, par cela seul et de plein droit, nationalisé ces terrains?*

Cette question et quelques autres, qui sont indiquées sous les mots *Acquisition, Gens de mainmorte* et *Pollicitation*, ont été portées à l'audience

---

(1) Ce qui forme ici le §. 5, formait le §. 2 dans les éditions précédentes.

de la cour de cassation, *sections réunies*, le 15 ventôse an 10.

Les parties étaient, d'un côté, le sieur Chaumont, demandeur en cassation d'un jugement du tribunal civil du département du Haut-Rhin ; et de l'autre, le préfet du département des Vosges, défendeur.

Voici les conclusions que j'ai données sur cette affaire :

« Dans la cause qui fixe en ce moment votre attention, notre ministère nous impose deux tâches différentes : il nous constitue à la fois défenseurs des intérêts de la république, et sentinelles de la loi.

» Chargés de la défense des intérêts de la république, nous devons y mettre tout le zèle dont nous sommes capables et que nous lui avons promis.

» Appelés à tenir, entre la république et son adversaire, la balance impartiale de la loi, nous devons nous armer, en quelque sorte, de toute l'austérité de la loi elle-même, pour ne voir que son texte, pour ne vous parler que son langage, pour ne vous présenter que ses résultats.

» Entreprendre de remplir simultanément deux devoirs qui paraissent si opposés, serait une chose au-dessus de nos forces, si nous n'étions soutenus par la pensée qu'il n'y a d'utile pour la république que ce qui est juste, et que son gouvernement veut par-dessus tout le triomphe de la loi.

» Nous n'avons donc ici véritablement qu'un objet à remplir : c'est d'examiner si la loi a été respectée, ou si elle a été enfreinte, par le jugement qui vous est dénoncé, afin d'en requérir la cassation dans le second cas, et la confirmation dans le premier.

» Dans les détails auxquels nous serons obligés de nous livrer, vous remarquerez des faits graves, des actes importans, des points capitaux de législation locale ; qui n'ont pas été mis sous vos yeux la première fois que cette affaire a été discutée devant vous, et le jugement qui alors est intervenu au désavantage de la république, ayant été rendu par défaut, vous penserez sans doute que la discussion qui se r'ouvre aujourd'hui, ne doit à proprement parler être considérée, de la part de la république, que comme une demande en restitution contre ce jugement.

» Voici les faits.

» Au commencement de l'année 1761, le roi Stanislas, duc de Lorraine, fit connaître au chapitre de l'église collégiale de Saint-Dié, le projet qu'il avait conçu de faire ériger cette église en cathédrale, et d'obtenir pour le *grand prévôt* qui en était le chef immédiat, le titre et l'autorité d'évêque. Il l'instruisit en même temps qu'il entrait dans ses vues qu'en changeant de qualité, le grand prévôt fût, ainsi que tout l'emplacement de son habitation, affranchi de la juridiction

temporelle qu'avait le chapitre sur tous les biens dont ses membres jouissaient dans la ville.

» En conséquence, le 10 février 1761, le chapitre prit une délibération ainsi conçue : « Messieurs, capitulairement assemblés..., informés » que l'intention du roi était que la maison de » MM. les grands prévôts ou évêques, dans le cas » de l'érection de leur église en cathédrale, fût » soustraite à la haute-justice du chapitre avec » les domestiques qui y résideront, *et les jardins* » *qui y* SERONT *immédiatement attachés ;* et que la » haute, moyenne et basse justice de cette mai- » son et dépendances fût attribuée à MM. les » grands prévôts ou évêques, qui y feront exercer » la juridiction par les officiers qu'ils nomme- » ront...., ont consenti et consentent, par ce » présent acte, que la maison de MM. les grands » prévôts ou évêques soit soustraite de leur » haute-justice, avec les domestiques qui y habi- » teront, *et les jardins qui y* SONT *immédiatement* » *attachés ;* et que la haute, moyenne et basse » justice sur cette maison et dépendances, appar- » tiennent à MM. les grands prévôts ou évêques, » qui y pourront faire exercer toute juridiction » par les officiers nommés de leur part ».

» Il n'échappera pas à votre attention que, dans cet acte, il est fait, de deux manières différentes, mention des jardins de la maison du futur évêque de Saint-Dié. Dans le préambule, le chapitre parle de *jardins qui* SERONT *immédiatement attachés* à cette maison ; et dans le dispositif, c'est sur *les jardins qui y* SONT *immédiatement attachés* que porte la délibération capitulaire. Pourquoi le chapitre s'exprime-t-il au présent dans le dispositif, après s'être exprimé au futur dans le préambule ? Est-ce un vice de rédaction dans la minute, ou n'est-ce qu'une faute dans l'expédition ? C'est ce que nous ne sommes pas à portée de vérifier. Mais les lettres-patentes qui ont suivi cet acte vont lever le doute.

» Ces lettres-patentes sont du 29 mars 1761. Stanislas y expose que, pour rendre la cour de Rome *favorable à la demande qu'il lui a faite d'ériger en évêché* la grande prévôté de la collégiale de Saint-Dié, il a déjà ajouté à sa dotation les droits et les revenus du chapitre de Deneuvres ; qu'en ce moment même, il y ajoute encore les droits et les revenus de son domaine ducal à Saint-Dié ; et qu'il se propose de lui accorder, à l'avenir, *d'autres dons et concessions*.

» En conséquence, après avoir par l'art. 1er. confirmé tous les droits et privilèges annexés à la dignité du grand prévôt, il lui fait, par l'art. 2, concession à perpétuité de tous les droits qui composent son domaine de Saint-Dié ; et par l'art. 3, il ordonne deux choses également remarquables :

» D'abord, pour l'exercice de la juridiction dépendante du domaine concédé et de celle qui appartient au grand prévôt sur les biens-fonds de la dignité qu'il y réunit, il crée une prévôté-bailliagère, dont les appels ressortiront immédiatement à la cour souveraine de Nanci ;

» Ensuite, il déclare qu'au ressort de cette prévôté, seront ajoutés *l'emplacement et les dépendances de l'hôtel actuel du grand prévôt, ensemble les acquisitions de maisons canoniales, jardins et emplacemens qui pourront être faites pour l'agrandissement dudit hôtel.... Et seront ledit hôtel*, continue-t-il, *ensemble toutes les maisons*, JARDINS ET EMPLACEMENS QUI POURRONT Y ÊTRE JOINTS, UNIS A PERPÉTUITÉ, *conformément à la délibération dudit chapitre*, AUXDITS DOMAINES ET JURIDICTION DU GRAND PRÉVÔT.

» Voilà donc le grand prévôt autorisé à acquérir *des maisons canoniales, des jardins, des emplacemens*, pour agrandir les dépendances de son hôtel ; et cés objets, dès qu'il les aura acquis, dès qu'il les aura *joints* à sa maison, demeureront, de plein droit, unis *à perpétuité aux domaines et à la juridiction* de la grande prévôté.

» Mais ce n'est pas tout. Stanislas déclare qu'il ne sera dû aucun droit d'amortissement à raison de l'acquisition que le grand prévôt pourra faire, soit de maisons canoniales, soit de jardins, soit d'emplacemens quelconques, pour agrandir son hôtel ; et il affranchit également de ce droit, les maisons qui deviendront canoniales par l'effet du remploi que le chapitre pourra faire du prix de celles de ses maisons canoniales actuelles qu'il aura vendues au grand prévôt.

» Ces lettres-patentes ayant été enregistrées à la cour souveraine et à la chambre des comptes de Nanci, Stanislas s'occupa efficacement de 'érection de l'évêché de Saint-Dié.

» Ses vues ne furent remplies qu'en 1774, plusieurs années après sa mort. Louis XV nomma alors à cette nouvelle dignité, Barthélemy-Louis-Martin Chaumont, qui, par des causes inutiles à rappeler ici, ne put être installé qu'en 1777.

» Le 27 juin 1778, traité le nouvel évêque et son chapitre, par lequel celui-ci céda à celui-là, *ainsi qu'à ses successeurs au siége de Saint-Dié*, une maison canoniale, le jardin qui en dépendait et un autre jardin appartenant à la mense capitulaire, le tout pour l'agrandissement du palais épiscopal.

» Si cette cession s'était faite à prix d'argent, elle n'aurait eu besoin d'aucune autorisation de la part du gouvernement ; elle se serait trouvée, à l'avance, autorisée par les lettres-patentes de Stanislas, du 29 mars 1761 ; mais elle fut faite sous deux conditions que ces lettres-patentes n'avaient pas prévues : la première, que l'évêque et ses successeurs paieraient au chapitre une redevance foncière et annuelle de douze réseaux de blé ; la seconde, que le chapitre demeurerait déchargé envers l'évêque, des cens autrefois domaniaux que lui devaient quelques jardins dépendans des maisons canoniales.

» Ces deux conditions nécessitaient de nouvelles lettres-patentes : elles furent expédiées le

6 février 1779, et enregistrées au parlement de Nanci le 7 mai suivant. Vous les avez sous les yeux.

» Le 25 juin et le 1er juillet de la même année, l'évêque Chaumont acheta de deux propriétaires particuliers, deux maisons situées dans la ville de Saint-Dié ; les contrats d'acquisition ne sont pas produits, et nous ignorons par conséquent si l'évêque y stipula en sa qualité ou en son nom personnel, mais voici l'usage qu'il fit de ces deux maisons.

» Il les transporta, à titre d'échange, au chapitre, lequel lui céda en contre-échange, toujours pour l'agrandissement du palais épiscopal, une maison affectée à l'habitation des chanoines, et se réserva, en outre, une redevance foncière et annuelle de cinq réseaux de blé sur la mense de l'évêque.

» Les conditions de ce traité n'étaient pas plus que celles du précédent, autorisées par les lettres-patentes de 1761 ; il en fallait de nouvelles et spéciales : l'évêque les obtint au mois de novembre 1779, et le parlement de Nanci les enregistra le 28 février 1780.

» Ces lettres-patentes sont également sous vos yeux ; et nous devons vous faire remarquer la clause qui les termine : *Autorisons ledit sieur évêque de Saint-Dié à se rembourser du prix de l'acquisition desdites maisons* (c'est-à-dire, des maisons qu'il avait achetées les 25 juin et 1er. juillet 1779), *sur le prix de la réserve des bois d'Etival, lorsqu'il entrera en possession de l'Abbaye d'Etival, et que la coupe de ladite réserve lui aura été par nous accordée, à la charge par ledit sieur évêque de remplir les formalités requises pour l'emploi des deniers, et d'en justifier.*

» Avant l'acquisition qui donna lieu à ces lettres-patentes, l'évêque Chaumont en avait fait six autres, dont la première remonte au 11 mai 1778, et la sixième au 26 août de la même année ; et il les avait faites par l'intermédiaire d'un fondé de pouvoir qui avait déclaré acquérir *pour lui, ses héritiers et ayant cause.*

» C'est cette déclaration qui a donné naissance au procès terminé par le jugement soumis en ce moment à votre censure suprême ; mais elle n'est pas la seule clause qui, dans cette liasse de contrats, mérite votre attention. Le dernier des six actes d'acquisition contient, de la part de l'évêque, une stipulation dont personne n'a encore parlé jusqu'à présent, et qui cependant est, à nos yeux, d'une très-haute importance : la voici : *Et comme mondit seigneur se propose de faire travailler dans le terrain incessamment, et d'y faire conduire des terres pour le remplir* ET L'UNIR AU JARDIN DE L'ÉVÊCHÉ ET AUTRES JARDINS PAR LUI DÉJA ACQUIS CI-DEVANT, ET QU'IL POURRAIT ACQUÉRIR CI-APRÈS, SANS QUOI IL N'EUT POINT ACQUIS CELUI *desdits Jacquiart, il a été expressément convenu qu'en cas de retrait lignager, mondit seigneur serait remboursé par les retrayans de toutes ses avances et debours és faits pour l'exécution de ses projets.*

8

» A ces six acquisitions particulières, il en succéda six autres, et cela dans l'intervalle du 20 octobre 1783 au 13 mars 1784. Elles furent, comme les six précédentes, faites par un fondé de pouvoir de l'évêque, pour lui, *ses héritiers et ayant cause;* et comme les six précédentes, elles furent toutes incorporées par l'évêque, dans le jardin de l'évêché.

» Ce n'est pas que, dans ces six contrats, on trouve aucun terme qui ait trait à cette incorporation; mais il existe deux preuves manifestes qu'elle était seule l'objet, qu'elle était le but unique des acquisitions de l'évêque : l'une, c'est le fait qui s'en est ensuivi; l'autre, c'est que toute explication à cet égard, était devenue inutile de la part de l'évêque, d'après le soin qu'il avait pris, dans le contrat du 26 août 1778, d'annoncer son dessein d'unir au jardin de l'évêché, non-seulement le jardin qu'il acquérait alors, non-seulement ceux qu'il avait déjà acquis antérieurement, mais encore ceux *qu'il pourrait* encore *acquérir ci-après.*

» Ce dessein, au surplus, il l'avait déjà, en quelque sorte, proclamé quelques jours avant le contrat dont nous venons de parler, par une demande qu'il avait adressée aux officiers municipaux de Saint-Dié, et sur laquelle ces administrateurs avaient pris, le 22 août 1778, une délibération qui est tout aussi importante dans la cause, que la stipulation déjà citée du contrat du 26 du même mois. Voici comment elle est conçue : *Les officiers municipaux de Saint-Dié, assemblés en la manière ordinaire, sur ce qu'il a été représenté que monseigneur de Chaumont, évêque-comte de Saint-Dié, aurait fait l'acquisition de différens jardins, voisins de son palais épiscopal, des deux côtés du chemin dit de la Tour du Mont,* POUR LES RÉUNIR EN UN SEUL ET FORMER LE JARDIN DE L'É-VÊCHÉ; *mais que cette réunion ne peut s'opérer qu'en comblant le chemin qui les sépare actuellement, ce que mondit monseigneur ne veut faire que de l'agrément des officiers municipaux...; la matière mise en délibération,* la municipalité consent à la suppression du chemin.

» Certainement on ne persuadera à personne que les officiers municipaux de Saint-Dié eussent ainsi sacrifié un chemin public, si ce n'eût été en faveur d'un établissement public lui-même; et il n'eût été en considération de l'union que l'évêque déclarait vouloir faire du tout à la maison épiscopale.

» D'ailleurs, pour emprunter ici une réflexion très-judicieuse que nous trouvons dans le mémoire de défense du préfet du département des Vosges, si l'évêque de Saint-Dié avait eu l'intention de conserver pour lui personnellement les biens que le cit. Chaumont voudrait faire considérer aujourd'hui comme patrimoniaux, il eût été indispensable qu'il en fît un corps séparé de ceux qui dépendaient originairement de la grande prévôté, afin que ses héritiers pussent

en prendre possession, le cas échéant, sans éprouver de difficultés. Mais la maison de la grande prévôté et les deux maisons canoniales cédées par le chapitre, sont renversées pour n'en faire qu'une seule; les terrains dépendans de ces maisons, ceux qui ont été acquis de particuliers, et le chemin *de la Tour du Mont* sont dénaturés et confondus, pour y établir un potager, des parterres, des pièces d'eau, des montagnes factices, des vignes, etc., dont on fait un seul ensemble et qu'on entoure de murs. Une opération de cette espèce eût été une véritable folie, si l'évêque de Saint-Dié avait eu la moindre velléité de prétendre à la propriété personnelle d'une partie de ces terrains, puisque cette partie n'eût pu être distraite du tout, sans morceler un palais épiscopal indivisible, sans rétablir à grands frais un chemin comblé et converti en potager, sans bouleverser des terrains qu'il est aujourd'hui impossible de rétablir dans leur état primitif.

» Tel était l'état des terrains acquis par l'évêque de Saint-Dié en 1778, 1783 et 1784, lorsqu'arriva la loi du 15 novembre 1789, par laquelle, pour assurer l'exécution de celle du 2 du même mois, qui mettait les biens du clergé à la disposition de la Nation, *tous titulaires de bénéfices furent tenus de faire, dans deux mois pour tout délai, pardevant les juges royaux ou officiers municipaux, une déclaration détaillée de tous les biens mobiliers et immobiliers dépendans desdits bénéfices.*

» L'évêque de Saint-Dié obéit à cette loi, et l'on peut bien croire que ce ne fut pas sans de vifs regrets. Ce qui le prouverait d'ailleurs, c'est qu'il laissa passer le délai qu'elle lui avait fixé, et qu'il ne donna sa déclaration que le 23 mai 1790. Mais enfin, voici ce que porte cette déclaration, signée de lui, sans aucune réserve : *Déclaration des biens dépendans de l'évêché de Saint-Dié, situés audit lieu. Un palais épiscopal, avec ses dépendances et les jardins attenans... Tous les biens et droits ci-dessus, à l'exception du palais, de ses dépendances et jardins, sont affermés, etc.*

» C'était bien le moment, sans doute, si l'évêque Chaumont eût regardé comme sa propriété personnelle, une partie des jardins attenant au palais épiscopal, c'était bien le moment d'en faire l'observation. Mais tel fut alors sur lui l'empire de la vérité et de sa conscience, que, malgré sa profonde aversion pour le nouvel ordre de choses, il ne put s'empêcher de reconnaître, sans réserve, sans restriction quelconque, que les *dépendances* du palais épiscopal et les *jardins y attenant,* appartenaient à son évêché.

» Remarquez d'ailleurs ces termes, *dépendances et jardins y attenans.* Le seul mot *dépendances* embrassait dans sa signification les jardins du palais épiscopal; cependant l'évêque ne l'emploie pas seul; il y ajoute ceux-ci : *et jardins y attenans.* Et pourquoi ce pléonasme? C'est sans contredit pour annoncer que tous les jardins, quoiqu'ils ne fissent pas originairement partie des dépendances du palais épiscopal, ne laissent pas d'appartenir, dans toute leur compréhension, à l'évêché dont il est titulaire.

» Et pourquoi appartiennent-ils tous à cet évêché ? Parcequ'il les a tous réunis à l'ancien jardin de l'hôtel de la grande prévôté, parcequ'il les a tous fermés d'un mur commun; parcequ'au moyen des bouleversemens qu'il y a faits, il les a tous identifiés, tous fondus en un seul jardin.

» S'il ne les eût pas tous considérés comme une masse unique et indivisible, il aurait été obligé de désigner la quantité d'arpens ou de journaux que contenaient ceux dont son évêché était propriétaire. Mais cette désignation, il l'a crue inutile, au moyen de ce que tous les jardins ne formaient qu'un seul bloc de propriété, et que l'étendue en était circonscrite par une même clôture. Aussi s'est-il borné à dire : Un palais épiscopal avec ses dépendances et les jardins y attenans.

» Il ne faut pas au surplus aller chercher bien loin, soit le motif qui l'avait porté, en 1778, à manifester son intention d'incorporer les jardins qu'il acquérait alors et qu'il se proposait d'acquérir encore par la suite, au jardin primitif de l'évêché, soit le motif qui, en 1790, l'a empêché de réclamer la distraction de ces objets. Déjà nous avons vu que Stanislas avait consigné dans ses lettres-patentes de 1761, ses dispositions à faire à l'évêque dont il sollicitait dès-lors la création auprès de la cour de Rome, des dons et concessions qui pussent lui assurer une existence convenable à sa dignité. Nous avons vu ensuite Louis XVI annoncer dans ses lettres-patentes du mois de novembre 1779, qu'il était sur le point, après lui avoir conféré l'abbaye d'Etival, de lui faire don de la coupe du quart en réserve des bois de ce monastère; et il est très-permis de croire que, s'il eût oublié de tenir parole, l'évêque aurait eu soin de l'en faire souvenir, et d'en obtenir la réalisation.

» On ne peut donc pas douter que l'évêque Chaumont n'ait reçu de l'ancien gouvernement une ample restitution du prix de ses acquisitions de 1778, 1783 et 1784; et le demandeur en cassation convient lui-même dans un mémoire intitulé Précis, et daté du 26 mars 1791, qu'il lui a été fourni, sur la caisse des économats, une somme de 72,000 livres; ce qui, joint aux autres dons qu'il a touchés, l'a plus que suffisamment indemnisé, tant de ses avances personnelles pour l'agrandissement et l'embellissement des jardins de son évêché, que de ses frais de bulles et autres qui, après tout, devaient être à sa charge personnelle.

» Tout concourt donc à prouver, non-seulement que l'évêque Chaumont a constamment et jusque dans sa déclaration du 23 mars 1790, regardé les terrains aujourd'hui litigieux, comme des dépendances de son palais épiscopal, comme des biens appartenans à son évêché, mais même qu'il n'aurait pas pu les réclamer comme ses

propriétés particulières, sans mentir à sa propre conscience.

» Cependant, s'il en faut croire le demandeur, ce sont ces terrains que l'évêque Chaumont lui a vendus le 9 mars 1791.

» Il ne serait pas bien étonnant qu'après une année d'intervalle, et à la veille de son émigration, le ressentiment qui fermentait dans le cœur de l'évêque Chaumont contre la loi d'expropriation du clergé, l'eût égaré au point de lui faire prétendre, en mars 1791, le contraire de ce qu'il avait reconnu, de ce qu'il avait signé, en mars 1790.

» Mais le titre produit par le demandeur, ne justifie même pas directement que l'évêque Chaumont se soit ainsi rétracté.

» Il est bien dit, dans ce titre, que l'évêque vend à Pierre Chaumont, son neveu, l'universalité ou généralité des biens immeubles qui peuvent appartenir et compéter au vendeur, situés en la ville et finage de Saint-Dié, à quelque titre que ce soit, en quoi qu'ils puissent consister, soit en maisons, bâtimens, jardins, meix, prés, champs, et sous telle autre dénomination que ce puisse être, sans en rien réserver ni excepter en aucune façon ni sous quelque prétexte que ce soit, comme aussi la généralité des biens meubles qui sont en la possession du vendeur, le tout moyennant 50,000 livres.

» Mais il est constaté par plusieurs des pièces produites, qu'à l'époque de ce contrat, l'évêque Chaumont avait, dans la ville de Saint-Dié, d'autres immeubles que ceux qui se trouvaient incorporés et confondus dans les dépendances du palais épiscopal; il en est même deux spécialement qui tiennent au jardin de cette maison, mais qui sont hors de son enclos, et sur lesquels, par cette raison, la république a déclaré au demandeur ne rien prétendre.

» Ainsi, d'une part, point de preuve directe et positive de la rétractation de l'évêque sur la fusion qu'il avait précédemment faite des terrains litigieux dans les dépendances de l'évêché ; de l'autre, quand cette rétractation existerait véritablement, elle ne pourrait, à raison des circonstances dans lesquelles elle aurait été donnée, rien ôter de leur force aux déclarations et reconnaissances antérieures.

» Or, ces déclarations, ces reconnaissances antérieures démontrent que l'évêque Chaumont n'avait acquis les terrains litigieux, que pour les confondre dans le patrimoine de son évêché, et qu'il les y avait en effet confondus.

» Hâtons-nous d'arriver aux inductions qui ont été tirées de ce fait dans la contestation élevée, peu de temps après le traité du 9 mars 1791, entre le demandeur et les agens de la république.

» Par jugement du 21 thermidor an 2, le tribunal du district de Saint-Dié considère «que » le bâtiment de la ci-devant grande prévôté » était un bien d'église; que les lettres-paten- » tes de 1761 portaient concession de droits et

8.

» biens domaniaux à cette dignité, et réunion à
» perpétuité de toutes les acquisitions de maisons
» canoniales, jardins et emplacemens, qui pour-
» raient être faites pour l'agrandissement dudit
» bâtiment; que toutes les augmentations qui
» avaient eu lieu ne formaient qu'un seul tout,
» et qu'il n'était plus possible de les en séparer;
que l'acquéreur avait à s'imputer de ne s'être
pas fait représenter les titres qui constituaient
la propriété de son vendeur; que ni l'un ni
l'autre n'avait pu ignorer la nature de ces
biens, puisque celui-ci était l'oncle du premier;
que cette vente était un acte de complaisance de
la part du neveu, dans la vue de couvrir l'émigration de son oncle.

» En conséquence le tribunal, en donnant
défaut contre le cit. Chaumont, « déclare pro-
» priétés nationales la totalité du ci-devant
» palais épiscopal de Saint-Dié, aisances et dé-
» pendances, ainsi que les jardins et terrains
» attenans, jusques et compris le mur construit
» contre le jardin dit le Montreuil....; ordonne
» que le tout sera vendu au profit de la nation ».

» Sur l'appel, jugement contradictoire du
tribunal du district d'Epinal, du 21 ventôse an
3, qui déclare avoir été bien jugé et mal appelé.

» Ce jugement est fondé sur trois motifs: le
premier, que les lettres-patentes de 1761 établissent,
de la manière la plus formelle, l'union de tous les bâtimens et accessoires qui ont pu être réunis par la suite
à la grande prévôté; le second, que les formalités
pour consommer une union, n'étaient requises que
lors de l'union d'un bénéfice à un autre; le troisième,
que, dans tous les cas, à défaut d'amortissement dans
l'année, les acquisitions faites par l'évêque, étaient de
plano réunies au domaine. Nous reviendrons spécialement sur ce troisième motif, peu intelli-
gible au premier abord, mal ou point entendu
dans toute la suite de l'instruction, et cependant
puisé dans le texte formel d'une loi particulière
à la ci-devant Lorraine.

» Le demandeur qui devait connaître cette
loi, ne s'en est pas moins pourvu en cassation;
et n'ayant en tête aucun contradicteur, il est
parvenu facilement à obtenir les fins d'une demande à laquelle n'étaient opposés ni les titres
ni la loi qui auraient pu la faire rejeter.

» Le jugement de cassation a été rendu, comme vous le savez, le 4 prairial an 4; et, par
l'effet du renvoi et des exclusions qui se sont
ensuivis, le tribunal civil du département du
Haut-Rhin s'est trouvé saisi de la connaissance
du fond.

» Le 26 brumaire an 7, ce tribunal a prononcé
comme l'avait fait celui du district d'Epinal; et en
conséquence, son jugement est devenu, de la
part du demandeur, l'objet d'une seconde requête en cassation, fondée sur les mêmes moyens
que la première.

» Vous savez quels sont ces moyens: on les
retrouve tous dans les motifs du jugement de

cassation du 4 prairial an 4. Ainsi, discuter les
motifs de ce jugement, ce sera discuter les
moyens du demandeur. Mais avant d'arriver à
cette partie de la tâche que nous avons à remplir,
nous croyons devoir vous présenter en un seul
cadre, tout ce qui nous paraît se réunir pour la
défense du jugement attaqué.

» On a beaucoup argumenté, de part et d'autre, des lettres-patentes de Stanislas, du 26
mars 1761; et nous devons dire que, de part et
d'autre, on s'est égaré sur leur véritable sens.

» D'un côté, les agens de la république ont
fait dire à cette loi plus qu'elle ne dit réellement;
mais aussi le demandeur a prétendu qu'elle ne
disait pas tout ce qu'elle dit en effet.

» Les agens de la république ont soutenu que
l'évêque Chaumont n'avait pu, d'après ces lettres-patentes, acquérir aucun terrain adjacent
au palais épiscopal que pour être uni à ce palais,
que pour en faire partie de plein droit; et bien évidemment ils ont été trop loin. Ces lettres-patentes
n'ont pas défendu au grand prévôt qui existait
alors, elles n'ont pas défendu à l'évêque qui
devait un jour le remplacer, de faire des acquisitions, pour son compte personnel, dans le
voisinage. soit de la grande prévôté, soit de
l'évêché futur. Seulement elles ont dit, d'une
part, que, s'il était fait des acquisitions pour l'a-
grandissement dudit hôtel, les objets acquis seraient
ajoutés au ressort de la juridiction temporelle du
grand prévôt; et de l'autre, que toutes les maisons,
jardins et emplacemens qui pourraient être joints à
l'hôtel de la grande prévôté, seraient à perpétuité
unis à ses domaines.

» Ainsi, tout ce qui résulte des lettres-patentes
de 1761, c'est que le grand prévôt, c'est que
l'évêque ont été, dès-lors, autorisés à faire des
acquisitions pour l'agrandissement de leur hôtel; c'est qu'ils ont été, dès-lors, autorisés à
joindre à cet hôtel les maisons canoniales, les
jardins, les emplacemens qu'ils auraient à leur
disposition; c'est que, dans le cas où ils les y
joindraient en effet, ces maisons, ces jardins,
ces emplacemens devraient être unis à perpétuité
tant aux domaines qu'à la juridiction de la grande
prévôté et de l'évêché.

» D'un autre côté, le demandeur a prétendu
que, par les lettres-patentes de 1761, Stanislas
n'avait eu l'intention d'unir aux domaines de la
grande prévôté, que les maisons canoniales, jardins et emplacemens que le grand prévôt pourrait
acquérir du chapitre; qu'il n'avait pas eu celle
d'y unir les jardins et emplacemens qui pourraient
être acquis de divers particuliers; et que cela
résultait des mots, conformément à la délibération
du chapitre.

» Il est cependant bien facile de se convaincre
que l'union éventuellement prononcée par les
lettres-patentes dont il s'agit, n'est pas restreinte dans des bornes aussi étroites.

» Que porte la délibération capitulaire du 10

février 1761, relatée dans ces lettres-patentes ? Vous l'avez vu, elle porte seulement que le chapitre consent à ce que sa juridiction temporelle cesse à l'avenir d'avoir lieu sur la maison du grand prévôt, *et les jardins qui y* SERONT *ou* SONT *immédiatement attachés*. Il n'est point là question de maisons canoniales, ni de jardins, ou d'emplacemens appartenans au chapitre, et que le chapitre pourrait céder un jour au grand prévôt. La délibération dit tout simplement, que les jardins qui *sont* ou *seront* immédiatement attachés à l'hôtel de la grande prévôté, ne seront plus désormais, ainsi que cet hôtel, soumis à la juridiction du chapitre. Elle ne distingue pas entre les jardins que le grand prévôt pourra acquérir du chapitre lui-même, ou de propriétaires particuliers ; et dès qu'elle n'établit, à cet égard, aucune distinction, sur quel fondement prétendrait-on la restreindre aux uns plutôt qu'aux autres ?

» La délibération capitulaire n'est donc pas citée dans les lettres-patentes, pour resserrer la signification des termes, *jardins et emplacemens*, qui y sont employés d'une manière indéfinie ; elle n'y est cité que pour rappeler la renonciation du chapitre à sa juridiction temporelle sur l'hôtel et les jardins actuels et futurs du grand prévôt.

» D'après cela, quelle raison y aurait-il de limiter la disposition des lettres-patentes aux *jardins et emplacemens* que le grand-prévôt pourrait acquérir du chapitre ? Qu'on limite ainsi leur disposition relativement aux *maisons canoniales*, à la bonne heure ; on ne fait en cela que se conformer au sens littéral de ces expressions. Mais les expressions suivantes, *jardins et emplacemens*, sont générales ; elles n'admettent par elles-mêmes aucune restriction ; elles doivent, par conséquent, s'entendre de tous les *jardins et emplacemens* que le grand prévôt ou l'évêque, pourront acquérir, quels qu'en soient les vendeurs.

» Et la preuve que, dans le fait, on a dû les entendre ainsi, c'est qu'un coup-d'œil jeté sur le plan annexé aux pièces, vous convaincra que, si on les entendait autrement, elles n'auraient presque point d'objet.

» Et la preuve encore que, dans le fait, on les a ainsi entendues, c'est qu'on ne voit pas qu'après l'acquisition des terrains litigieux, et leur incorporation aux jardins de l'évêché, le chapitre ait continué d'exercer sur ces terrains aucune espèce de juridiction. Nous remarquons, dans les pièces, qu'il a été fait des recherches à ce sujet, et qu'elles n'ont abouti à aucune découverte.

» Si donc les agens de la république ont trop étendu, le demandeur a, de son côté, resserré beaucoup trop, le sens et l'objet des lettres-patentes de 1761 ; et dès-là, il faut en revenir à l'exacte vérité : il faut reconnaître que, par ces lettres-patentes, le législateur a voulu *unir* aux domaines et à la juridiction du grand prévôt d'abord, et ensuite de l'évêque, tous les jardins, tous les emplacemens qui seraient acquis pour l'agrandissement de leur hôtel, et qui, après avoir été acquis dans ce dessein, seraient effectivement *joints* à cette maison.

» Or, nous l'avons déjà dit, il est prouvé par le contrat du 26 août 1778, que les jardins acquis à cette époque, avant et depuis, par l'évêque Chaumont, l'ont été pour être *unis* aux jardins du palais épiscopal. L'évêque Chaumont a manifesté clairement, par ce contrat, l'intention de les y unir ; il ne peut donc y avoir aucun doute sur son intention.

» Mais cette intention a-t-elle été réalisée ? Oui, car l'évêque a, de fait, *uni* aux jardins de l'évêché les jardins dont il avait fait l'acquisition, et les y a tellement unis, qu'il a formé des uns et des autres un seul tout, un tout, sinon physiquement, du moins moralement indivisible.

» Il a fait plus encore, il a déclaré cette union à l'autorité publique.

» Il l'a déclarée avant qu'elle fût effectuée, pour se faire concéder un chemin vicinal qui certainement ne lui aurait pas été abandonné pour la commodité et l'agrandissement de ses propriétés particulières, et dont on n'a pu lui faire le sacrifice, qu'en considération de la maison épiscopale qu'il s'agissait de rendre plus commode, plus vaste et plus agréable.

» Il l'a déclarée après qu'elle eût été consommée, en comprenant dans l'état des biens de son évêché, non-seulement les *dépendances* primitives de sa maison épiscopale, mais encore les *jardins y attenant*, sans restriction, sans réserve quelconque.

» Nous trouvons donc ici tout ce qu'exigent les lettres-patentes de 1761, pour l'union à perpétuité dont elles parlent : elles exigent l'intention en acquérant, et le fait après avoir acquis ; et ici, le fait concourt avec l'intention.

» Mais il reste une difficulté à résoudre ; c'est celle qui résulte de ce que, dans les contrats d'acquisition de 1778, 1783 et 1784, l'évêque a déclaré acquérir *pour lui, ses héritiers et ayant-cause*.

» Au premier aspect, elle est grande, elle est embarrassante, cette difficulté. Cependant, un peu de méditation la fera bientôt disparaître ; et bientôt nous verrons qu'elle est susceptible de deux solutions différentes et également simples : l'une, qui nous est fournie par les lettres-patentes de 1761 ; l'autre, que nous puisons dans les principes généraux du droit, qui, pour n'avoir pas encore été invoqués dans cette cause, n'en sont pas moins constans et applicables à son espèce.

» Par les lettres-patentes de 1761, l'évêque était autorisé à acquérir, même en exemption de tous droits d'amortissement, tels *jardins et emplacemens* qu'il jugerait à propos *pour l'agrandissement de son hôtel;* et du moment qu'il les joignait à son hôtel, ces jardins, ces emplacemens devaient se confondre dans le patrimoine de son évêché; il devaient être *à perpetuité unis aux domaines episcopaux.*

» Qu'a fait l'évêque, en vertu de ces lettres-patentes ? Il a acquis douze jardins ou emplacemens de différens particuliers.

» Comment les a-t-il acquis? Avec deux clauses qui semblent s'entredétruire, et qui, cependant, se concilient, s'amalgament très-naturellement.

» Il les a acquis avec la clause, *pour lui, ses héritiers et ayant-cause;* il les a acquis aussi avec la clause que ces jardins, ces emplacemens seraient unis aux jardins de l'évêché.

» Sans doute, il est impossible que ces jardins, ces emplacemens viennent *s'unir* aux jardins de l'évêché, viennent se confondre dans son patrimoine, s'ils demeurent dans la propriété personnelle de l'évêque; et c'est ce qui, à la première vue, paraît rendre les deux clauses inconciliables.

» Mais voici ce qui les met parfaitement en harmonie l'une avec l'autre.

» L'évêque achète les jardins *pour lui, ses héritiers et ayant-cause.* Pourquoi? Parcequ'avant de les *joindre,* pour nous servir du terme consacré par les lettres-patentes de 1761, parcequ'avant de les *joindre* à la maison épiscopale, il a beaucoup de travaux à faire; parcequ'il est possible que le retrait lignager rende comme non-avenues celles de ces acquisitions qui sont passibles de cette espèce d'éviction légale. Ainsi, tant que les travaux nécessaires à la jonction ne seront pas faits, tant que l'année du retrait ne sera pas écoulée, les jardins acquis ne seront pas considérés comme biens ecclésiastiques; ils seront considérés comme patrimoniaux à l'évêque; et si, par un événement imprévu, les travaux ne se font pas, si le retrait vient évincer l'évêque acquéreur, l'évêque sera censé n'avoir acheté que pour son compte personnel.

» Mais en même temps qu'il prend cette précaution en acquérant, l'évêque déclare qu'il acquiert pour unir ses acquisitions au jardin de l'évêché. Il entend donc que la clause, *pour lui, ses héritiers et ayant-cause,* n'aura son effet que jusqu'à ce que l'union qu'il a en vue, soit effectuée; il entend donc qu'une fois l'union effectuée; cette clause demeurera comme non écrite, car, nous ne saurions trop le répéter, l'effet de cette clause ne peut pas co-exister avec l'union; il y a impossibilité absolue qu'un bien passe dans le patrimoine de l'évêché, sans sortir du patrimoine personnel de l'évêque.

» L'évêque n'a donc fait, par sa manière d'acquérir, qu'entrer dans les vues des lettres-patentes de 1761; il n'a fait, en acquérant ainsi, qu'user du droit que lui donnaient ces lettres-patentes, d'augmenter, par des acquisitions de jardins et d'emplacemens, la maison, les dépen-

dances et les domaines de l'évêché. Seulement, il a pris une précaution qui lui a paru suggérée par la prudence, pour que ses acquisitions ne tombassent pas dans la propriété ecclésiastique, avant qu'il fût bien assuré qu'elles serviraient à l'objet pour lequel il les faisait.

» Et ce raisonnement si simple, ce raisonnement qui donne une solution si naturelle à la difficulté résultant de la clause, *pour lui, ses hoirs ou ayant-cause,* pourquoi ne l'a-t-on pas fait lors du jugement de cassation du 4 prairial an 4? Parcequ'on n'a pas alors pris connaissance de l'autre clause qui établit l'intention de l'évêque, d'acheter *pour unir* les immeubles provenant de ses acquisitions, aux jardins de l'évêché, et par conséquent au patrimoine épiscopal.

» Mais aujourd'hui que les deux clauses sont connues, aujourd'hui que, pour les concilier, on est forcé de ne les considérer toutes deux que comme l'exécution prudente et mesurée de la faculté d'acquérir accordée à l'évêque par les lettres-patentes de 1761, il est évident que la première ne présente plus rien d'embarrassant, rien dont le demandeur puisse tirer avantage; il est évident que les lettres-patentes de 1761 n'avaient reçu, par le jugement du tribunal de district d'Épinal, cassé le 4 prairial an 4, ni infraction, ni fausse application.

» Inutile de dire, comme on l'a fait le 4 prairial an 4, que la faculté d'acquérir accordée par les lettres-patentes de 1761, ne pouvait plus être invoquée pour des acquisitions faites en 1778, 1783 et 1784, c'est-à-dire, à des époques où la Lorraine était devenue province française, et, par conséquent, sujette à l'édit du mois d'août 1749.

» L'édit du mois d'août 1749 n'a jamais été publié dans la ci-devant Lorraine; et la ci-devant Lorraine, en devenant province française, n'a pas perdu le droit qu'a tout pays nouvellement uni à un autre État, de ne reconnaître pour lois de cet État, que celles qui lui sont envoyées et rendues notoires à tous ses habitans. Aussi verrons-nous bientôt que la ci-devant Lorraine avait, sur les acquisitions des gens de main-morte, une législation différente de celle qu'a introduite, dans l'ancienne France, l'édit du mois d'août 1749.

» Quant à présent, qu'il nous suffise d'avoir établi ces deux points : l'un, que l'autorité des lettres-patentes de 1761 a survécu à la réunion de la ci-devant Lorraine; l'autre, que, par ces mêmes lettres-patentes, l'évêque Chaumont était légalement autorisé à joindre à sa maison épiscopale, et, par ce moyen, à *unir à perpétuité,* à confondre irrévocablement dans le patrimoine de son évêché, les *jardins et emplacemens* qu'il aurait acquis *pour l'agrandissement de son hôtel.*

» Nous pourrions nous arrêter ici; car il est maintenant bien clair que, ni les lettres-patentes de 1761, ni l'édit de 1749, n'ont été, soit violés, soit faussement appliqués, par le jugement sur le sort duquel vous avez à statuer. Mais nous avons annoncé une seconde solution de la difficulté résultant de la clause, *pour lui, ses héritiers et ayant-cause;* et la matière est trop importante pour que nous puissions nous permettre de passer sous silence un moyen qui nous paraît aussi propre à éclairer votre religion.

» Dans le nouveau point de vue sous lequel nous allons envisager la conduite de l'évêque Chaumont, relativement aux terrains litigieux, nous ferons une abstraction complète des lettres-patentes de 1761, et nous ne nous prévaudrons, par conséquent, plus de la faculté d'acquérir qui y est écrite.

» Nous irons même beaucoup plus loin : nous supposerons que les acquisitions faites par l'évêque Chaumont en 1778, 1783 et 1784, l'ont été purement et simplement *pour lui, ses héritiers et ayant cause;* sans aucune arrière-pensée, sans réserve de les unir aux jardins épiscopaux.

» Nous supposerons même, si l'on veut, que les terrains compris dans ces acquisitions, étaient patrimoniaux à l'évêque, indépendamment de ces acquisitions elles-mêmes.

» Enfin, nous raisonnerons, par rapport aux terrains litigieux, comme si l'évêque Chaumont les eût hérités de ses parens et les eût possédés comme propres, soit paternels, soit maternels.

» C'est sûrement placer la cause du demandeur dans l'hypothèse la plus favorable qu'il puisse désirer.

» Eh bien! Dans cette hypothèse, vous allez voir que l'évêque Chaumont a, par sa conduite, tellement imprimé aux terrains litigieux, le caractère de biens ecclésiastiques, qu'il ne lui aurait plus été possible à lui-même de les en dégager par la suite, s'il l'avait réellement voulu.

» Qu'a fait l'évêque Chaumont, lorsque, par le contrat du 26 août 1778, il a déclaré destiner le jardin qu'il acquerrait en ce moment, ceux qu'il avait acquis précédemment, et ceux qu'il acquerrait encore à l'avenir, à être unis aux jardins de son évêché? Qu'a-t-il fait surtout lorsque, le 22 du même mois, il a, sur le fondement de cette union projetée, demandé à l'autorité publique, et obtenu d'elle, la suppression d'un chemin vicinal et la concession du fonds de ce chemin? Il a fait ce que les lois romaines appellent une *pollicitation* en faveur de l'établissement public que l'on nommait alors l'évêché de Saint-Dié.

» La *pollicitation*, disait M. l'avocat général d'Aguesseau, à l'audience du parlement de Paris, du 3 avril 1726, ainsi que nous l'apprend Brillon, au mot *Testament*, n°. 19, « la *pollicitation est l'obligation* de faire ou donner quelque chose, obligation qu'un particulier contracte envers le public par le seul fait. On voit la pollicitation différer du pacte, en ce que le pacte est l'obligation de plusieurs; on le définit, DUORUM » PLURIUMVE IN IDEM PLACITUM CONSENSUS. La pollicitation est l'obligation d'un seul; on la définit, SOLIUS OFFERENTIS PROMISSUM. L'objet de la pollicitation est une libéralité à un corps, à une ville, à une église. Comme elle concerne l'intérêt public, on doit lui donner toute la faveur possible : pour la rendre valable, il n'est point nécessaire qu'elle soit rédigée par écrit, elle n'est astreinte à aucune solennité de forme. L'obligation subsiste dès que la volonté est constante; c'est pourquoi elle se contracte par le seul fait... Cette obligation ainsi contractée, produit une action civile, tant contre celui qui s'est obligé, que contre ses héritiers, pour le contraindre à exécuter ce qu'il a promis, ou à achever ce qu'il a commencé..... Les pollicitations ont cela de commun avec les donations entre-vifs, qu'elles sont irrévocables; en sorte qu'une donation postérieure à la pollicitation, n'y peut préjudicier, et qu'elle est révoquée de plein droit, afin que la pollicitation puisse avoir son effet. Tous ces principes au sujet des pollicitations ont été établis par les lois romaines, et sont répandus dans le titre *de Pollicitationibus*, au Digeste. On a adopté, en France, les pollicitations, telles qu'elles avaient lieu chez les Romains. Plusieurs arrêts en fournissent la preuve ».

» Remarquez en quel temps parlait ainsi M. l'avocat général d'Aguesseau : c'était, comme nous venons de le dire, le 3 avril 1726, et par conséquent à une époque où n'existait pas encore l'ordonnance du mois de février 1731, dont l'art. 3, comme l'observe Pothier, dans son *Traité des obligations*, n°. 4, a abrogé pour l'avenir l'effet des pollicitations, par cela seul qu'il a déclaré qu'il n'y aurait plus que deux manières de disposer de ses biens à titre gratuit, la donation entre-vifs et le testament.

» Or, l'ordonnance du mois de février 1731 n'a jamais été publiée dans la ci-devant Lorraine; et les lois de la ci-devant Lorraine concernant, soit les donations, soit les testamens, ne présentent aucune disposition semblable à l'art. 3 de cette ordonnance. C'est un point dont nous nous sommes assurés par les recherches les plus exactes, et il est parmi vous plusieurs magistrats qui sont à portée de vous en donner une assurance encore plus positive.

» Nous devons donc, par rapport à la ci-devant Lorraine, raisonner encore sur les pollicitations faites en faveur des établissemens publics, comme on le faisait en France avant le mois de février 1731; ou, en d'autres termes, nous devons encore appliquer à cette contrée tous les principes du droit romain concernant les pollicitations.

» Cela posé, revenons sur la doctrine de M. l'avocat général d'Aguesseau, et, en y ajoutant quelques développemens, justifions-la par les textes placés sous le titre du Digeste, *de pollicitationibus*.

» La loi 5 définit la pollicitation et marque sa différence d'avec le pacte ou le contrat : *Pactum est duorum consensus atque conventio ; pollicitatio verò offerentis solius promissum.*

» La loi première, §. 1, dit que la pollicitation n'est pas toujours obligatoire : *Non semper autem obligàri cum qui pollicitus est, sciendum est.* Elle est obligatoire, continue cette loi, lorsqu'elle est faite en considération d'une dignité obtenue ou qu'on espère obtenir, ou pour toute autre cause juste : *Si quidem ob honorem promiserit, decretum sibi vel decernendum, vel ob aliam justam causam, tenebitur ex pollicitatione.* Mais elle n'est pas obligatoire, si elle a été faite sans cause; et cette distinction est consignée dans plusieurs ordonnances anciennes et nouvelles : *Si verò sine causâ promiserit, non erit obligatus ; et ità multis constitutionibus et veteribus et novis continetur.*

» Cependant, ajoute le §. 2 de la même loi, il est un cas où la pollicitation, même sans cause, oblige celui qui l'a faite : c'est lorsque l'ouvrage promis se trouve commencé : *Item si sine causâ promiserit, cœperit tamen facere, obligatus est qui cœpit.*

» Et l'ouvrage est censé commencé, dit le §. 3, lorsque les fondemens en sont posés, ou même lorsque le terrain est seulement déblayé pour les recevoir : *Cœpisse sic accipimus, si fundamenta jecit, vel locum purgavit.* Celui-là est aussi réputé avoir commencé l'ouvrage qu'il a promis, lorsque, sur sa demande, il lui a été assigné un local pour le faire : *Sed et si locus illi petenti destinatus est, magis est ut cœpisse videatur.*

» Arrêtons-nous à ces textes, et, d'après les décisions qu'ils contiennent, voyons à quoi s'est obligé l'évêque Chaumont envers son évêché, lorsqu'il a déclaré, par le contrat du 26 août 1778, qu'il entendait unir aux jardins de sa maison épiscopale les terrains adjacens dont il faisait l'acquisition.

» S'il s'était tenu dans les termes de cette déclaration pure et simple, il ne serait obligé à rien, parceque la pollicitation qu'elle renferme n'est, considérée isolément, qu'une promesse sans cause : *Si sine causâ promiserit, non erit obligatus.*

» Mais il ne s'est pas tenu à cette déclaration; il en a fait, auprès de l'autorité publique, le fondement d'une demande en suppression et concession d'un chemin vicinal; et sur sa demande, ce chemin vicinal a été supprimé, le fonds de ce chemin lui a été concédé. Voilà ce que la loi romaine appelle *justa causa;* c'est-à-dire, voilà de la part de l'autorité publique, l'accomplissement de la charge sous laquelle il a déclaré vouloir unir aux jardins de l'évêché les terrains dont il était ou deviendrait propriétaire. Dès ce moment, il est lié, sa pollicitation est convertie en contrat *do ut des,* ou si l'on veut, *do ut facias,* elle est par conséquent obligatoire :

Si quidem ob justam causam, tenebitur pollicitatione.

» Ce n'est pas tout. L'évêque Chaumont a commencé, que disons-nous *commencé?* Il a achevé, il a fini tous les travaux nécessaires pour consommer l'union qu'il avait promise. Mais supposons qu'il les ait seulement commencés, et qu'il ne veuille pas les finir, en sera-t-il quitte pour rétracter sa déclaration? En sera-t-il quitte pour dire que l'union qu'il avait projetée, n'entre plus dans ses vues, dans ses convenances? Non : l'autorité publique le forcera de mener à fin l'ouvrage qu'il n'a fait qu'entamer : *Item si sine causâ promiserit, cœperit tamen facere, obligatus est qui cœpit.*

» Or, si après avoir manifesté, par écrit et de fait, son intention d'unir les terrains litigieux au patrimoine de son évêché, l'évêque Chaumont aurait pu être condamné à les y unir effectivement, comment pourrait-il être aujourd'hui recevable à revendiquer, soit par lui-même, soit par son cessionnaire, les objets dont il s'est ainsi exproprié ? Comment pourrait-il être admis à réclamer des biens qu'il ne possède plus, lui qui, dans le cas où il les posséderait encore, pourrait être contraint d'en délaisser la possession à son siége épiscopal?

» Écoutons la loi 3, §. 1. D. *de Pollicitationibus.* Si quelqu'un, après avoir fait à une commune la pollicitation d'une chose qu'il a, en conséquence, livrée à ses officiers municipaux, s'avise ensuite de revendiquer cette chose comme lui appartenant encore, le juge doit repousser sa demande : *Si quis, quam ex pollicitatione tradiderat rem municipibus, vindicare velit, repellendus est à petitione.* La justice ne permet pas qu'on puisse ainsi, par un changement de volonté, ôter au public ce qu'on lui a donné : *Æquissimum est enim hujusmodi voluntates in civitates collatas pænitentiâ non revocari,* Il y a plus : c'est que, si les officiers municipaux avaient cessé de posséder ce qu'ils ont reçu en accomplissement d'une pollicitation, il faudrait leur donner une action pour s'en procurer le recouvrement : *Sed et si desierint municipes possidere, dicendum erit actionem eis concedendam.*

» Ainsi, la chose livrée au public en exécution d'une pollicitation, passe, par cela seul, dans le domaine du public, et cesse conséquemment d'appartenir à celui qui l'a livrée.

» Ainsi, les terrains aujourd'hui litigieux sont devenus le patrimoine de l'église, par le seul effet de l'union que l'évêque de Saint-Dié en a faite aux jardins de son évêché.

» Ainsi, l'évêque de Saint-Dié a cessé, par le seul effet de cette union, d'être propriétaire des biens qui en étaient l'objet.

» Et il n'importe qu'il n'existe aucun acte par lequel l'évêque de Saint-Dié ait déclaré expressément qu'il entendait donner à son évêché les terrains qu'il unissait aux jardins épiscopaux.

» Déjà nous avons vu M. l'avocat général d'A-guesseau établir, comme un principe incontestable, que, pour constituer une pollicitation et lui donner tout son effet, *il n'est point nécessaire*, ce sont ses termes, *qu'elle soit rédigée par écrit; elle n'est astreinte*, continue-t-il, *à aucune solennité de forme; l'obligation subsiste dès que la volonté est constante; c'est pourquoi elle se contracte par le seul fait.*

» Nous devons ajouter que cette doctrine est formellement consacrée par la loi 41, D. *de acquirendo rerum dominio*. Celui, dit-elle, qui érige une statue dans un lieu public, la transfère par ce seul fait dans le domaine de la cité; cette statue-cesse, dès-lors, de lui appartenir; et s'il lui prenait envie de la faire enlever, le préteur devrait l'en empêcher : *Statuas in civitate positas civium (singulorum) non esse; idque Trebatius et Pegasus. Dare tamen operam prætorem oportere, ut quod eâ mente in publico positum est, ne liceret privato auferre,* NEC EI QUI POSUERIT.

» Au surplus, le principe que M. l'avocat général d'Aguesseau proclamait en 1726 à l'audience du parlement de Paris, Ricard l'avait enseigné long-temps auparavant dans son *Traité des donations*, partie 1, n°. 894 : *Sitôt,* dit cet auteur, en parlant de celui qui a fait une pollicitation, *sitôt qu'il a commencé à exécuter la promesse qu'il a faite le public a action contre lui, pour le contraindre à l'exécuter entièrement,* QUOIQU'IL N'EN AIT ÉTÉ PASSÉ AUCUN ACTE PAR ÉCRIT. Ricard ajoute qu'*un arrêt donné en l'audience de la grand'chambre, du 15 juin 1657,* dont il rapporte l'espèce, *a autorisé cette doctrine, comme étant fondée en raison.*

» Mais le plus célèbre de tous les arrêts rendus sur cette matière, est celui que nous trouvons dans le recueil de Bouguier, lettre D, §. 5. Voici comment nous le retrace ce magistrat d'autant plus digne de confiance que son récit, il était l'un des juges, et que même il avait rempli l'important rôle de compartiteur dans le partage qui avait précédé le jugement. — «Jacques Amiot, » évêque d'Auxerre et grand aumônier de France, » amateur des lettres et sciences, voulant bâtir » et fonder un collége en ladite ville d'Auxerre, » pour y être la jeunesse instituée et les lettres » enseignées par les pères jésuites, il aurait com-» mencé un bâtiment dans la même ville, *et de » ses deniers, dedans son propre fonds et héritage,* » construit une grande maison bâtie en forme de » collége, avec classes et auditoires. Ce collége, » commencé dès 1588 et 1589, pendant les trou-» bles, Jacques Amiot fut pris à rançon, la mai-» son pillée et beaucoup de vaisselle d'argent » perdue, tellement que le bâtiment fut discon-» tinué. En l'année 1589, étant en la ville de » Paris, il fait son testament olographe, *in quo » nulla mentio* de ce collége commencé; et meurt » quatre à cinq ans après, étant lors de sa mort » ledit bâtiment demeuré imparfait et ayant été » long-temps discontinué; tellement qu'il sem-

» blait que sa volonté fût changée et n'avoir con-» tinué icelle jusqu'au jour de son décès. — Les » héritiers, saisis par la coutume de tout le bien » qu'avait le défunt, lors de son décès, entrent » en possession de cette maison. — Les maire et » échevins de la ville d'Auxerre, avec l'évêque, » forment complainte en cas de saisine et nou-» velleté, et se rendent demandeurs à ce que la-» dite maison soit déclarée appartenir à la ville, » comme affectée et destinée à l'institution de la » jeunesse. — Au contraire, les héritiers Amiot » soutiennent que n'y ayant eu aucune tradition, » donation ou acte translatif de possession de la-» dite maison, fait par le défunt, et que cela » étant demeuré *in bonis* dudit défunt, ils en sont » saisis, et partant bien fondés à demander d'être » maintenus en la possession et propriété d'icelle. » — Sur ces contestations, sentence des requêtes » du palais, par laquelle les héritiers sont main-» tenus, avec défenses aux maire et échevins de » les troubler. — Appel par les maire et échevins » en la cour. Le procès est conclu et distribué » en la première chambre des enquêtes, au rap-» port de M. Biet. — Le procès diligemment exa-» miné, messieurs étant en bon nombre, se » trouvèrent partis en deux opinions contraires, » l'une, de confirmer ladite sentence, l'autre en » émendant, déclarer le collége appartenir à la » ville; de laquelle opinion ayant été le premier » contre l'avis de M. le rapporteur, cette opinion » l'emporta; et cet arrêt, assez célèbre pour sa » décision, fut prononcé en robes rouges (à la » prononciation de Pâques, le 10 avril 1607), » par M. le président de Thou, recommandable » à jamais dans les monumens de son histoire».

» Vous savez qu'il était alors d'usage de pro-noncer solennellement à des audiences tenues à cet effet de six en six mois, tous les arrêts qui avaient statué, en grande connaissance de cause, sur les points de droit importans. *Tout le monde convient* (dit Berroyer dans sa Préface du recueil des Arrêts de Bardet) *que les arrêts* ainsi pro-noncés, *sont de grand poids. Le parlement* (ajoute-t-il) *marquait bien lui-même dans ses prononciations solennelles, l'usage qu'il voulait qu'on fît de ces préjugés, puisque, dans ceux-ci, il voulait bien rendre raison de ses décisions, et que, pour en persuader la justice, il y employait moins son autorité que celle des principes.*

» Revenons au texte de Bouguier. — «Et d'au-» tant que les raisons particulières de cet arrêt » furent déduites fort amplement par messieurs » de la première chambre, je les réduirai à cinq » principales considérations, rapportant au plus » court ce qui fut dit de remarquable en cette » cause. — La première considération, c'était la » qualité de la chose et de la personne, savoir, un » évêque et un collége».

» Sur la qualité d'évêque, Bouguier entre dans de longs détails, pour prouver que, dans l'an-cienne jurisprudence, les parens des évêques ne leur succédaient point : — « tout ce qui était » venu en l'église (nous reprenons ici ses propres » termes) était conservé à l'église, même les » fruits, bien qu'actuellement en France les » héritiers y succèdent. Tout ceci pour montrer » que, quand un évêque fait quelque disposition » qui tourne au profit de l'église, il n'est besoin » d'y apporter tant de formes ni d'actes particu- » liers translatifs de possession, *cùm non tam vi- » deatur donare quàm reddere ;* cela était déjà à » Dieu, et chaque chose retourne facilement à » son usage auquel elle est destinée, comme à sa » fin principale. Voilà donc pour la qualité de la » personne, qui était fort considérable, feu » M. Amiot, évêque de la ville d'Auxerre ».

— » Nous n'avons pas besoin d'observer que, dans notre espèce, la même qualité milite contre le demandeur; poursuivons. « Et n'était aussi moins » considérable la qualité de la chose qui était une » maison bâtie en forme de collège, avec classes » et auditoires, joint l'intention de celui qui bâ- » tissait, pour y être la jeunesse instituée; car » cette cause est si favorable, qu'il ne s'y peut » rien dire de plus ».

» Ici, à la vérité, il ne s'agit pas d'un établisse- ment destiné à l'instruction publique; mais d'autres circonstances appellent également la faveur sur le jugement qui a repoussé la récla- mation du prétendu cessionnaire de l'évêque Chaumont. D'un côté, ce jugement déclare constant en point de fait, il est d'ailleurs prouvé par pièces authentiques, il est même reconnu par le demandeur, que l'évêque Chaumont avait reçu du gouvernement des sommes considérables en pur don, et qu'en employant une partie de ces sommes à acheter quelques arpens de terre pour agrandir le patrimoine de son évêché, il n'avait fait qu'acquitter une dette légitime. D'un autre côté, en réalisant sur la foi de la déclaration qu'il avait faite d'unir ces terrains à sa maison épisco- pale, que la municipalité de Saint-Dié avait pris sur elle de lui concéder un chemin public. Enfin, en réalisant cette union, l'évêque a tellement dénaturé les parties primitives et originairement ecclésiastiques du jardin épiscopal, qu'il en coû- terait beaucoup plus pour les rétablir dans leur an- cien état, que ne valent les terrains qu'il y a unis.

« Voilà (nous reprenons les termes de Bou- » guier), voilà pour le premier point, concer- » nant la faveur de la personne et de la chose. » Le second est un point de droit, savoir si » une volonté nue est obligatoire en ces ouvrages » publics; car de ce nous avons sous le titre *de* » *Pollicitationibus*, au Digeste, qui est inséré après » celui *de Operibus publicis*, où, en la loi 1 et 2, il » décide expressément que, *in causâ ædificii publici*, » *solius offerentis promissum obligat*, sans accepta- » tion ni stipulation ; de façon que celui qui a » commencé de construire un édifice ou de dres- » ser une statue en public, encore que sans cause, » non-seulement lui, mais aussi ses héritiers

» sont tenus de parachever l'œuvre commencé... » En ce fait, il y a une raison particulière d'é- » quité, que les jurisconsultes ont suivie et nous » ont tracé le chemin : c'est que tout ce que nous » avons et possédons, est dû à la patrie, laquelle » emporte les premières parties de l'office de » piété. Cette volonté donc *déclarée par effet*, étant » d'un devoir naturel, elle n'est point sujette à » être révoquée; car ce serait se repentir d'avoir » bien fait, et comme disent les canons, *pæniten- » tiæ pœnitentia*, qui n'est point admise, étant ce » vœu obligatoire, comme celui qui est fait à » Dieu.... — Le troisième point est qu'au parti- » culier de cette cause, ce n'a point été une nue » volonté, mais qu'il y a eu tradition et transla- » tion de propriété du fonds, de la matière et du » local du bâtiment à la ville d'Auxerre par feu » M. Amiot; de façon que ses héritiers ne le peu- » vent prétendre comme n'étant plus *in bonis* du » défunt. — Pour l'entendre, il faut venir à la » division générale de toutes choses: *Res aut sunt » in nostro patrimonio aut extrà patrimonium* (tit. » 1er. du liv. 2 des Institutes). *Extrà patrimo- » nium sunt publica, res nullius, res universitatis.* » Les collèges donc ne sont point en notre patri- » moine, ils en sont dehors. De même donc que » celui qui bâtit *sciens in alieno solo, hoc ipso pro- » prietatem materiæ amittit ;* ainsi celui qui bâtit un » collège, bien que ce soit de ses deniers et en » son fonds, *videtur tacitè alienare materiam*, à me- » sure qu'il bâtit; tellement qu'il ne faut point » d'autre translation; et n'a point lieu ici la rè- » gle qui veut que *nudis pactis dominia rerum non » transferuntur*, car le fait ici *pro traditione est ;* et » cela est décidé (pour les statues dressées en » public) par la loi *Statuas*, qui est la 41e., D. » *de acquirendo rerum dominio* ».

» Vous êtes sûrement frappés de l'extrême jus- tesse avec laquelle s'applique à la cause actuelle, tout ce que dit ici Bouguier.

» Passons au quatrième motif de l'arrêt qu'il rapporte. « Le quatrième point, qui fut fort exa- » miné et qui semblait retenir plus messieurs du » contraire avis, était que cette volonté semblait » avoir été révoquée par le défunt, 1°. parce- » qu'en 1589, faisant son testament, il n'en » avait fait aucune mention ; 2°. parce-qu'il avait » été discontinué fort long-temps; et de fait était » demeuré imparfait. Mais à cela on répondait » par deux raisons : la première, que cette vo- » lonté n'avait pu être révoquée, par la loi 5, » §. 1, D. *de Pollicitationibus*, où il est dit que *hu- » jusmodi voluntates in civitate collatæ* ne sont su- » jettes à pénitence, y ayant eu même tradition » et translation en ce fait particulier, que nous » avons dit par la loi *Statuas*. La seconde que » *non constat* de la révocation ».

» Ici, sans doute, on peut faire la même ob- jection à la république; mais nous avons déjà vu que la république peut y opposer les mêmes ré- ponses.

» Bouguier passe ensuite au cinquième et dernier point qui consistait à savoir si les héritiers de l'évêque Amiot pouvaient révoquer la volonté qu'il avait manifestée par le fait et exécutée en partie, de donner un collège à la ville d'Auxerre ; et il est inutile de vous répéter les raisons déjà développées précédemment, qu'il expose en faveur de la négative. Voici comment il termine son récit : « Sur ces raisons, arrêt du 20 janvier » 1607, en la première chambre, prononcé en » robes rouges, le mardi 10 avril ensuivant, par » lequel l'appellation et sentence mises au néant » en émendant, la maison bâtie en forme de » collège, fut déclarée appartenir à la ville » d'Auxerre, pour y être la jeunesse instituée, et » l'inscription en latin que l'on avait trouvée » dans les papiers du défunt Jacques Amiot, mise » et apposée sur la porte dudit collège ».

« Ne semble-t-il pas que cet arrêt ait prononcé à l'avance sur la question qui s'élève aujourd'hui entre la république et le demandeur ? Qualité de la personne, faveur de la personne, principes du droit sur la pollicitation, irrévocabilité des traditions faites au public, tous ces moyens qui militaient pour la ville d'Auxerre, militent ici avec même avantage pour la république. Il n'y a que les noms des parties à changer dans l'arrêt, pour qu'on y lise la décision du procès actuel.

» Et en vain dira-t-on que, dans le procès actuel, on a violé, en jugeant de même, les lois relatives aux acquisitions des gens de main-morte. En vain vous présenterait-on encore l'édit du mois d'août 1749 comme un obstacle insurmontable à ce que les terrains litigieux aient passé du domaine de l'évêque Chaumont dans celui de son évêché.

» Déjà nous avons remarqué que la ci-devant Lorraine n'a jamais été assujétie aux dispositions de l'édit du mois d'août 1749 ; et nous pourrions ajouter que, quoiqu'il y eût en Lorraine des lois qui interdisaient aux gens de main-morte toute possession d'immeubles, à moins qu'ils n'eussent obtenu des lettres d'amortissement, ces lois n'ont pas pu empêcher l'effet de l'union dont il s'agit, parceque cette union avait été, dès 1761, autorisée par des lettres-patentes de Stanislas.

» Mais nous avons promis de faire, dans cette partie de notre discussion, une abstraction entière des lettres-patentes de 1761. Nous devons donc recourir à une autre réponse, et la voici.

» Quel est, dans la législation particulière à la ci-devant Lorraine, l'effet de la prohibition faite au gens de main-morte, de posséder des immeubles sans lettres d'amortissement ? Nous l'apprenons par le préambule de la déclaration de Stanislas, du 12 juin 1759 : Les anciennes ordonnances de nos états de Lorraine et Bar (y est-il dit) interdisent aux gens de main-morte d'y TENIR ET POSSÉDER aucuns héritages, biens et droits immobiliers, à quelque titre que ce soit, sans obtenir lettres d'amortissement, et payer les droits qui sont dus. Les mêmes lois nous donnent droit, faute par eux d'y avoir satisfait dans l'an et jour des acquisitions, de les réunir au domaine.

» Ainsi, dans la ci-devant Lorraine, le défaut de lettres d'amortissement empêche bien que la main-morte ne devienne propriétaire incommutable de l'immeuble qu'elle acquiert ; mais il n'empêche pas que la personne de qui elle l'acquiert, n'en soit irrévocablement exproprié. Seulement la propriété de cet immeuble, au lieu de demeurer sur la tête de la main-morte, passe au bout d'un an et d'un jour de possession non autorisée, dans la main du fisc, et se réunit au domaine de l'état. C'est, à peu de chose près, la même législation qui a été établie dans la ci-devant Belgique, par le placard de l'impératrice Marie-Thérèse, du 15 septembre 1753 ; et vous voyez en quoi elle diffère des dispositions de l'édit du mois d'août 1749.

» Par l'édit du mois d'août 1749, lorsqu'un immeuble a été acquis par une main-morte, sans lettres-patentes d'autorisation préalablement enregistrées, le vendeur ou donateur et ses héritiers peuvent, en tout temps, le revendiquer comme s'il n'eût pas été aliéné ; et non-seulement cet édit le décide ainsi formellement, mais cela résulte encore de ce qu'il va jusqu'à défendre aux gens de main-morte d'acquérir, s'ils n'y sont autorisés à l'avance, et qu'à défaut de cette autorisation préalable, il déclare l'acte d'acquisition nul et de nul effet.

» Les lois de la ci-devant Lorraine sont bien différentes. Elles ne déclarent pas les gens de main-morte incapables d'acquérir des immeubles sans lettres d'amortissement ; elles leur défendent seulement de les posséder plus d'un an et un jour sans ces lettres. L'acte d'acquisition est donc valable en soi, bien que non précédé de lettres d'amortissement. S'il est valable en soi, il exproprie donc le vendeur ou donateur. Le vendeur ou donateur est donc sans intérêt et sans qualité, pour s'enquérir par la suite si la main-morte, à qui il a vendu ou donné, a obtenu des lettres d'amortissement. Si elle en a obtenu dans l'an et le jour du contrat, tout est consommé. Si elle n'en a pas obtenu, le contrat conserve toute sa force, quant au vendeur ou donateur ; mais l'effet en passe au fisc, et l'immeuble vendu ou donné, ne pouvant pas rester dans le domaine de la main-morte, vient se réunir au domaine public.

» Et voilà précisément sur quoi s'était fondé le tribunal du district d'Epinal, dans son jugement du 21 ventôse an 3, pour écarter l'objection que tirait le demandeur du défaut d'obtention de lettres d'amortissement de la part de l'évêque de Saint-Dié, à l'effet d'approuver l'union des terrains litigieux au patrimoine de son évêché. Le tribunal du district d'Epinal a dit que tout ce qui résultait du défaut d'amortissement dans l'année de cette union, c'était que les ter-

9.

rains réunis au jardin épiscopal, se trouvaient, *de plano*, dévolus au domaine de l'état ; et certainement une pareille décision n'eût pas été cassée, le 4 prairial an 4, si l'on n'eût pas caché alors au tribunal de cassation la loi lorraine qui la justifiait si évidemment.

» Vous concevez en effet que, s'agissant uniquement de savoir si les terrains litigieux étaient ou non nationaux, il importait fort peu que leur nationalité résultât, ou de ce qu'ils avaient existé dans les mains de l'évêque comme biens ecclésiastiques, ou de ce que, par le défaut d'expédition de lettres d'amortissement pour les rendre biens ecclésiastiques, ils étaient tombés, par droit de confiscation, dans la propriété de la république. Dans un cas comme dans l'autre, la république devait obtenir gain de cause; et nous ne pouvons pas douter qu'elle ne l'eût obtenu effectivement, si elle eût été défendue, si du moins les pièces qui pouvaient suggérer ses moyens de défense, avaient été remises au ministère public; et si, comme l'atteste une lettre du cit. Abrial, qui se trouve dans la production du préfet des Vosges, le ministère public n'eût pas été dénué de toute espèce d'instruction et de renseignemens sur l'affaire qui était soumise à son examen.

» En résumant toute cette discussion, vous voyez que deux moyens également invincibles se réunissent pour justifier le jugement attaqué par le demandeur ;

» Qu'en premier lieu, les lettres-patentes de 1761 ont uni à perpétuité aux domaines dépendans du siége épiscopal de Saint-Dié, tous les jardins et emplacemens qui seraient acquis par l'évêque et *joints* aux jardins primitifs de son hôtel; qu'en conséquence, l'évêque Chaumont, après avoir acquis les terrains litigieux, pour les incorporer aux jardins épiscopaux, les y a en effet incorporés, et en a composé avec ceux-ci une seule masse de propriété, qui, par le fait, est devenue moralement indivisible; qu'ainsi, et les lettres-patentes de 1761, et les opérations qui s'en sont ensuivies, ont imprimé aux terrains litigieux le caractère de biens ecclésiastiques;

» Qu'en second lieu, même en faisant abstraction des lettres-patentes de 1761, les principes du droit romain sur la pollicitation, suffisent pour repousser la prétention du demandeur; que, combinée avec ces principes, la conduite de l'évêque Chaumont relativement aux terrains litigieux, emporte de sa part une translation pleine et entière de la propriété de ces terrains en faveur de son église; que son église en a été réellement et valablement saisie; et que, si les lettres-patentes de 1761 ne lui avaient pas tenu lieu des lettres d'amortissement nécessaires pour en conserver la possession pendant plus d'un an et un jour, ces mêmes terrains, aux termes des lois lorraines, seraient par cela seul tombés dans le domaine de l'état;

» Qu'ainsi, sous tous les rapports, le jugement attaqué a prononcé comme il devait le faire, et qu'il y a lieu de le maintenir.

» Il ne nous reste plus qu'à jeter un coup d'œil sur les motifs du jugement de cassation du 4 prairial an 4 ; en les passant en revue, vous vous convaincrez facilement, qu'il n'est fait sur le tribunal une impression aussi défavorable à la cause de la république, que parceque la cause de la république n'avait pas été défendue.

» *Considérant* 1°. *que les lettres-patentes de* 1761 *sont la loi de la matière.*

» Oui, sans doute, elles sont la loi de la matière ; mais cette loi n'est pas la seule que la république puisse invoquer pour sa défense. Vous avez remarqué que, même en mettant à l'écart ces lettres-patentes, la cause de la république conserve encore tous ses avantages.

» *Considérant* 2°. *que la clause que renferment les lettres-patentes de* 1761 *, de l'union au domaine épiscopal, n'affecte que les acquisitions de maisons canoniales avec leurs jardins et dépendances, faites ou à faire pour l'agrandissement du local du ci-devant évêché, d'après des actes et des délibérations capitulaires ; mais qu'elle ne peut s'appliquer aux propriétés acquises à titre singulier, personnel et héréditaire.*

» Ici, vous remarquez une double erreur de fait et une proposition vraie en soi, mais inapplicable à l'espèce.

» Il y a erreur de fait, en ce que les lettres-patentes de 1761 n'ont pas seulement autorisé, ou plutôt ordonné l'union au domaine épiscopal, des maisons canoniales et de leurs jardins, qui seraient acquis d'après des actes et délibérations capitulaires, mais encore de tous les *jardins et emplacemens* quelconques que l'évêque pourrait acquérir, n'importe de qui, *pour l'agrandissement de son hôtel.*

» Il y a surtout erreur de fait, en ce que ces termes des lettres-patentes, *conformément à ladite délibération du chapitre*, qui se réfèrent uniquement à la délibération que le chapitre de Saint-Dié avait prise le 10 février 1761, pour affranchir de sa juridiction l'hôtel de l'évêque et les jardins qui y seraient immédiatement annexés, ces termes, disons-nous, sont dénaturés dans le jugement, de manière à présenter un tout autre sens, un sens absolument étranger à l'idée du législateur qui les a employés. Le jugement; en effet, les traduit par les mots *d'après des actes et délibérations capitulaires ;* c'est-à-dire qu'il applique à des délibérations non encore prises à l'époque des lettres-patentes, et qu'elles n'exigent pas pour les acquisitions à faire à l'avenir, ce que les lettres-patentes énoncent relativement à une délibération déjà arrêtée, et dont la date précédait de quarante-sept jours celle des lettres-patentes elles-mêmes.

» Nous ne saurions trop vous inviter à fixer toute votre attention sur cette grave altération du sens des lettres-patentes; vous sentirez, en la

méditant, combien elle a dû influer sur le jugement du 4 prairial an 4 ; car. du moment qu'on
faisait dire aux lettres-patentes, que des délibérations du chapitre seraient nécessaires à l'avenir
pour l'aliénation des *jardins et emplacemens* dont
les lettres-patentes permettaient à l'évêque de
faire l'acquisition pour agrandir l'hôtel épiscopal,
il était tout simple d'en conclure, comme on l'a
fait, que les lettres-patentes n'avaient compris
dans leur disposition que des *jardins et emplacemens* dépendans des maisons canoniales ; au lieu
qu'en ne laissant dans les lettres-patentes que ce
qui y est véritablement, au lieu qu'en référant à
la délibération capitulaire du 10 février 1761, ces
termes des lettres-patentes, *conformément à ladite
délibération du chapitre*, on en aurait tiré la conséquence bien différente, que Stanislas avait
ordonné l'union au palais épiscopal, de tout ce
que l'évêque pourrait acquérir dans la proximité
immédiate de cet édifice, soit en maisons canoniales, soit en jardins ou autres terrains appartenans à des particuliers.

» A l'égard de cette autre assertion, consignée
dans le jugement, que la clause relative à l'union
ordonnée par les lettres patentes, *ne peut pas
s'appliquer à des propriétés acquises à titre singulier,
personnel et héréditaire*, cette assertion est vraie en
soi, mais elle est resserrée dans des bornes trop
étroites. Il aurait fallu, pour parler exactement,
après avoir dit que la clause de l'union *ne peut pas
s'appliquer à des propriétés acquises à titre singulier
personnel et héréditaire*, ajouter que néanmoins elle
s'y appliquerait si ces propriétés ainsi acquises
l'avaient été avec la condition formellement exprimée par l'évêque acquéreur, qu'il entendait
les unir aux jardins de son évêché et les incorporer
par là au patrimoine épiscopal ; et vous sentez
que cette proposition, ainsi étendue, aurait amené dans le jugement un résultat bien différent
de celui qu'il a adopté.

» *Considérant 5°. que les contrats d'acquisitions des
terrains qui sont l'objet de la contestation, portent
tous que Barthélemi-Louis-Martin Chaumont, premier évêque de Saint-Dié, stipule pour lui, ses héritiers
et ayant cause ; et que leur patrimonialité est d'autant
plus constante, que ces acquisitions n'ont été revêtues
d'aucune des formalités prescrites par l'édit du mois
d'août 1743, pour la validité des acquisitions de la
part des gens de main-morte.*

» Tout cela est bien spécieux, quand on n'a examiné l'affaire que dans les mémoires du demandeur en cassation ; et c'est malheureusement à
quoi le tribunal a été réduit lors du jugement du
4 prairial an 4.

» Mais quand on se reporte aux contrats d'acquisition, et qu'à côté de la clause, *pour lui ses héritiers et ayant cause*, on y trouve la déclaration
que l'évêque n'acquiert que pour unir les objets
acquis aux jardins de son évêché, *sans quoi*,
ce sont ses termes, *il ne les eût pas achetés ;*

» Quand on voit l'évêque demander, sur la foi

de cette déclaration, et obtenir de la municipalité
de Saint-Dié, la suppression et la concession d'un
chemin public ;

Quand on le voit ensuite exécuter sa promesse,
et non-seulement entourer les objets qu'il avait
acquis et le chemin dont on lui avait fait l'abandon, d'un mur commun aux anciens jardins de
son évêché, mais encore faire de ces objets, de
ce chemin et de ces anciens jardins, une sorte de
fusion qui les amalgame et les identifie tellement
qu'il n'est plus moralement possible de les séparer
les uns des autres ;

Quand enfin, arrivant à l'époque où, dépossédé
par la loi des biens de son évêché, on le voit reconnaître par une déclaration donnée en exécution de la loi elle-même, que les *jardins attenans à
son palais épiscopal*, sont, dans leur intégrité,
compris dans le patrimoine de son église ;

» Certes, alors, les idées changent, et la faveur
qui, du premier abord, s'attachait à la cause du
demandeur, l'abandonne et se retourne vers celle
de la république.

» Et si, à ces considérations de fait qui n'ont
pas été présentées au tribunal de cassation le 4
prairial an 4, on ajoute que l'édit du mois
d'août 1749 qu'on lui a cité comme faisant loi
dans la ci-devant Lorraine, n'y a jamais été
enregistré ni publié ; si l'on y ajoute encore que
les lettres-patentes du 29 mars 1761 avaient, à
l'avance, habilité l'évêque de Saint-Dié à acquérir
des jardins et emplacemens pour l'agrandissement de
la maison épiscopal, et à les joindre aux jardins
primitifs de cette maison ; qu'à cette jonction
purement matérielle, elles avaient attaché l'effet
d'une *union* qui s'opérerait de plein droit et *à perpétuité* ; et que, par cela seul, elles tenaient évidemment lieu des lettres d'amortissement nécessaires pour convertir ces acquisitions en biens
ecclésiastiques ; si l'on y ajoute enfin que, même
les lettres-patentes mises à l'écart, l'évêque, en
disposant, comme il a fait de ces acquisitions,
les a fait sortir de son domaine personnel et les a
transférées dans celui de l'église ; que telle est la décision expresse des lois romaines, consacrées par
le célèbre arrêt du 10 avril 1607 ; et que, si, dans
cette manière d'envisager la cause, la possession
de l'église se trouve destituée de lettres d'amortissement, ce n'est, aux termes des lois particulières
à la ci-devant Lorraine, qu'un titre de plus pour
assurer à la république la propriété des terrains
litigieux ;

» Assurément il résultera de tout cet ensemble
une conviction intime et générale que le jugement nt du 4 prairial an 4 a été surpris à la
religion du tribunal suprême, et que des éloges
sont dus au tribunal civil du département du
Haut-Rhin, pour n'en avoir pas adopté la décision.

» *Considérant enfin que les lettres-patentes de 1779,
sur le vu de la délibération capitulaire du 13 juin de
la même année, rappellent et confirment l'union aux
menses épiscopale et capitulaire, des maisons canoniales*

et emplacemens, tant de chanoines que d'autres, alors acquis pour l'agrandissement de la maison épiscopale, et le remplacement au chapitre des objets par lui cédés, tandis que la plus grande partie des acquisitions des terrains sur lesquels porte la contestation, ne date que de 1783 et 1784.

» Est-ce donc sur les lettres-patentes de 1779 que se fonde la république pour réclamer comme propriétés nationales, les acquisitions contestées entre elle et le demandeur? Point du tout : elle se fonde seulement sur les lettres-patentes de 1761, et sur des faits, sur des principes qui, même en faisant abstraction de ces lettres-patentes, justifient complètement sa réclamation. Qu'importe donc que les lettres-patentes de 1779 soient étrangères aux acquisitions dont il s'agit? Elles y sont étrangères sans doute; mais aussi elles sont, pour cet objet, bien inutiles à la république.

» Et si l'on objecte encore que l'évêque de Saint-Dié n'a pas obtenu de lettres-patentes semblables pour ses acquisitions de 1778, 1783 et 1784; nous répéterons ce que nous avons déjà établi, à cet égard, dans la discussion des faits; nous répéterons que les lettres-patentes de 1761 avaient légitimé à l'avance toutes les acquisitions que l'évêque pourrait faire pour l'agrandissement de son hôtel ; nous répéterons que par là il devenait superflu en 1778, 1783 et 1784, de recourir à de nouvelles autorisations; nous répéterons qu'il n'en était pas de même des acquisitions de 1779, parcequ'elles ne pouvaient pas s'effectuer sans que le chapitre y intervînt par un mode d'aliénation auquel il n'avait pas été autorisé par les lettres-patentes de 1761; et que c'est là uniquement ce qui a motivé et nécessité l'obtention des lettres-patentes de 1779.

» Maintenant vous voyez à quoi se réduit toute cette affaire, et sans doute elle vous paraît plus étendue que difficile. A notre égard fondés sur votre attachement imperturbable à la loi et aux principes, nous estimons qu'il y a lieu de rejeter la demande en cassation, et de condamner le demandeur à l'amende ».

Conformément à ces conclusions, arrêt du 15 ventôse an 10, au rapport de M. Aumont, par lequel,

« Vu les lettres-patentes du roi de Pologne, duc de Lorraine et de Bar, en date du 29 mars 1761, dont l'art. 3 portant création, en faveur du grand-prévôt de Saint-Dié, d'un siège sous le nom de *prévôté-bailliagère*, est terminé par la disposition suivante : *et sera ajouté au ressort de la dite prévôté bailliagère, l'emplacement et dépendances de l'hôtel actuel dudit grand-prévôt, ensemble les acquisitions des maisons canoniales, jardins et emplacemens, qui pourront être faites pour l'agrandissement dudit hôtel; et les sommes provenant du prix desdites maisons jardins ou emplacemens, pourront être employées en acquisitions d'autres maisons qui deviendront canoniales, sans que, pour les dites premières et secondes acquisitions, il soit du droit d'amortissement ou autres de mutation, dont, en tant que de besoin, nous avons*

fait et faisons, par les présentes, la remise; et seront ledit hôtel du grand-prévôt, ensemble toutes les maisons, jardins et emplacemens qui pourront y être joints, unis à perpétuité, conformément à ladite délibération dudit chapitre, auxdits domaines et juridiction dudit grand-prévôt;

» Attendu que cette disposition des lettres-patentes de 1761 prononce l'union à perpétuité, non-seulement à la juridiction, mais aux domaines du grand-prévôt, de toutes les maisons, jardins emplacemens qui pourront être joints à l'hôtel dudit grand-prévôt;

» Qu'en admettant que la libération du chapitre dont parlent ces lettres-patentes, sans en donner la date, soit celle du 10 février 1761, qui est produite, il n'en pourrait rien résulter de décisif en faveur du demandeur; qu'on y lit que l'intention du roi est que la maison des grands prévôts ou évêques soit soustraite de la juridiction du chapitre, avec les domestiques qui y *résideront*, et les jardins qui y *seront* immédiatement attachés; qu'après avoir annoncé sa volonté de se conformer aux intentions du roi, le chapitre déclare consentir que la maison des grands prévôts ou évêques, soit soustraite de sa juridiction, avec les domestiques qui y *habiteront*, et les jardins qui y *sont* immédiatement attachés ; que, quand le mot *sont*, employé après trois autres expressions indicatives d'un temps futur, ne serait pas une erreur de rédaction ou une faute de copiste, il ne suffirait pas pour restreindre la disposition des lettres-patentes, qui prononce l'union aux domaines et juridiction du grand-prévôt, de l'hôtel dudit grand-prévôt, ensemble de *toutes* les maisons, jardins et emplacemens qui *pourront* y être joints; qu'il s'est parlé dans la délibération du chapitre, que de la maison des grands prévôts ou évêques, et que cependant on n'a pas cru pouvoir conclure de son silence, relativement aux maisons canoniales que les lettres-patentes supposent devoir être acquises pour l'agrandissement de l'hôtel du grand-prévôt, que l'union de ces maisons n'était pas prononcée par lesdites lettres-patentes; que, si, malgré le silence du chapitre à l'égard des maisons canoniales, on est forcé de convenir que l'union de ces maisons est écrite dans la disposition citée des lettres-patentes, il n'y a pas plus de raison de conclure de son silence sur ce qui concerne les terrains patrimoniaux, que les lettres-patentes ne prononcent pas l'union de ces terrains : qu'on ne peut dire que le consentement du chapitre à ce que la maison du grand-prévôt ou évêque fût soustraite de sa juridiction, n'a pas seulement porté sur la maison telle qu'elle existait alors, et que, d'après l'intention connue du roi de procurer l'agrandissement de cette maison, le chapitre a dû renoncer à sa juridiction sur tous les terrains sans exception dont la réunion formerait à l'avenir la maison épiscopale et ses dépendances; qu'on ne peut pas objecter contre cette interprétation de la délibération dont il s'agit, que le chapitre n'avait pas à s'occuper d'autres unions que de celles des maisons qui lui appartenaient; qu'il est reconnu qu'il était seigneur de la ville et faubourgs de Saint-Dié, et que, dès-lors, il avait intérêt à l'union des terrains même patrimoniaux, puisqu'elle faisait sortir ces terrains de sa mouvance, pour les faire passer sous celle du grand-prévôt ou évêque; qu'il n'est nullement vraisemblable que le duc de Lorraine, qui voulait faciliter au grand-prévôt de Saint-Dié, destiné à en devenir évêque, les moyens d'agrandir la maison épiscopale, ait borné l'union qu'il autorisait, à l'union des maisons et jardins du chapitre, sans songer aux autres terrains dont l'acquisition pouvait être utile pour l'agrandissement projeté; qu'il résulte de tout ce qui précède, que le tribunal du département du Haut-Rhin a pu voir dans les lettres-patentes de 1761, l'union de tous les terrains appartenant tant au chapitre qu'à des particuliers, qui seraient joints dans la suite à la maison du grand-prévôt de Saint-Dié;

» Attendu que, dans un des douze contrats d'acquisition des terrains contentieux, on lit : *Et comme mondit seigneur se propose de faire travailler dans le terrain incessamment, et d'y faire conduire des terres pour le remplir et l'unir aux jardins de l'évêché et aux autres jardins par lui déjà acquis ci-devant, ou qu'il pourrait acquérir après, sans quoi il n'eût point acquis celui desdits Jacquinet, il a été expressément convenu qu'en cas de retrait lignager, s'il y avait lieu au retrait, mondit seigneur serait remboursé par le retrayant de tous ses avances et déboursés, faits pour l'exécution de ses projets, etc.* ;

Que, le 22 août 1778, l'évêque de Saint-Dié a exposé à la municipalité de cette ville, qu'il avait fait l'acquisition de différens jardins voisins de son palais épiscopal, pour les réunir en un seul, et former les jardins de l'évêché, et que cette réunion ne pouvait s'opérer qu'en comblant le chemin qui les séparait; que la municipalité a consenti à la demande de l'évêque, attendu, a-t-elle dit, que la suppression de ce chemin était devenue nécessaire à la formation des jardins de l'évêché;

» Qu'il est constant, en fait, que tous les terrains, objet du procès, ont été réunis aux anciennes dépendances de la maison du grand prévôt, de manière à n'en former qu'un seul tout, sans aucune apparence de distinction entre les dépendances anciennes et les nouvelles acquisitions; qu'il est également certain que d'autres terrains acquis par l'évêque Chaumont, ont été abandonnés au demandeur, parceque placés, dans le voisinage, mais hors de l'enclos de l'évêché, ils ont toujours été regardés comme n'en faisant pas partie; qu'il est encore certain que, depuis l'érection de l'évêché de Saint-Dié, le titulaire a reçu du gouvernement d'alors des sommes bien supérieures au prix payé pour l'achat des terrains contentieux; que, le 25 mars 1790, l'évêque de Saint-Dié a donné une déclaration des biens dé-

pendans dudit évêché, dans laquelle on lit : *Un palais épiscopal avec ses dépendances et les jardins attenans;* que cette déclaration, signée de l'évêque, ne contient aucune réserve, aucune modification de ces expressions générales, *les jardins attenans;* que de son silence absolu à cet égard, résulte sa reconnaissance que la totalité des jardins attenans au palais épiscopal en 1790, faisait partie des biens de l'évêché, et qu'aucune portion de ces jardins n'était la propriété personnelle de l'évêque; que, dans le contrat d'acquisition du demandeur, du 9 mars 1791, il n'est pas dit qu'une partie des terrains vendus était enclavée dans les dépendances de l'évêché; que les immeubles compris dans ce contrat, sont désignés ainsi : *Maisons, bâtimens, jardins, meix, prés, champs;* que le mot *jardins* n'indique pas nécessairement ceux compris aujourd'hui dans l'enclos de l'évêché, puisque, comme il a déjà été remarqué, il en existe d'autres qui ont été reconnus appartenir personnellement à l'évêque, et dont, en conséquence, la propriété n'a jamais été contestée au demandeur; que cet ensemble de circonstances explique les véritables intentions de l'évêque de Saint-Dié, manifeste sa volonté d'acquérir pour son évêché, et non pour lui personnellement, et fait voir que, par cette stipulation des contrats d'acquisition des terrains contentieux *ce acceptant pour lui, ses héritiers et ayant cause,* il n'a voulu que s'assurer le remboursement des dépenses, qu'il aurait pu avoir faites pour l'agrandissement des jardins de l'évêché, avant l'exercice du retrait lignager;

» Attendu enfin que l'édit de 1749 n'avait pas force de loi dans la ci-devant Lorraine, et que d'ailleurs, le demandeur serait sans intérêt, conséquemment sans qualité, pour opposer l'omission des formalités nécessaires, suivant cet édit, pour la validité des acquisitions des gens de main-morte, puisque, si, par l'effet de cette omission, les ventes dont il s'agit, se trouvaient nulles, ce serait à leurs anciens propriétaires que retourneraient les objets vendus, et qu'ils n'appartiendraient pas aux ayant-cause de l'évêque qui les avait acquis;

» Qu'il suit de toutes ces observations que le tribunal du département du Haut-Rhin a pu, sans faire une fausse application des lettres patentes de 1761, et sans violer aucune loi, déclarer propriétés nationales les terrains réunis par l'évêque Chaumont aux anciennes dépendances de la maison du grand-prévôt de Saint-Dié, et réclamés aujourd'hui par le demandeur;

» Le tribunal rejette le pourvoi..... ».

§. VI. *Autres questions sur les Biens nationaux.*

V. les articles *Domaine public, Emphytéose, Engagement, Enregistrement (régie de l'), Nation, Pouvoir judiciaire, Séquestre, Rivages de la mer* et *Succession vacante.*

§. VII. *Suppression d'un mémoire injurieux aux acquéreurs de Biens nationaux.*

V. les conclusions et l'arrêt du 50 août 1814, rapportés aux mots *Commencement de preuve par écrit*, §. 1.

BIENS VACANS. V. les articles *Succession vacante* et *vacans*.

BIGAMIE. §. I. *En matière de Bigamie, suffit-il, pour mettre le prévenu hors d'accusation, de déclarer qu'il est possible qu'il ait été de bonne foi? Ne faut-il pas déclarer positivement que sa bonne foi est constatée?*

Le 9 prairial an 12 (29 mai 1804) un mariage est célébré, dans la commune de Saint-Loup-hors-Bayeux, entre Étienne Duteurtre, chasseur au 16ᵉ. régiment, et Aimée-Victoire Raould.

Peu de temps après, Etienne Duteurtre se rend à l'armée.

Le 18 janvier 1814, Aimée-Victoire Raould, se qualifiant de *fille majeure*, épouse à Rouen, Pierre-Geneviève le Gendre.

Mais bientôt, Etienne Duteurtre, son premier et véritable mari, reparaît, et elle est poursuivie par le ministère public, comme coupable de Bigamie.

Le 7 mars 1815, le tribunal de première instance de Rouen décerne contre elle une ordonnance de prise de corps.

Le 17 du même mois, arrêt de la cour royale de la même ville, qui, « attendu qu'à la vérité, » il est constant qu'Aimée-Victoire Raould a con- » tracté un second mariage pendant la durée d'un » premier qui n'était dissous ni naturellement ni » civilement; mais qu'elle a pu être induite en » erreur sur la réalité de certaines circonstances de » nature à faire admettre qu'elle était de bonne » foi, lorsqu'elle a contracté le second mariage; » dit qu'il n'y a lieu à accusation, et ordonne » qu'el e sera mise en liberté, si elle n'est détenue » pour aucune cause ».

Le ministère public se pourvoit en cassation contre cet arrêt.

« Si, pour apprécier l'arrêt qui vous est dénoncé (ai-je dit à l'audience de la section criminelle, le 15 avril 1815), vous pouviez vous attacher à la question de savoir s'il a bien ou mal jugé, le succès du recours en cassation du procureur général de la cour de Rouen, nous paraîtrait indubitable. Car il est pénible de le dire, en comparant cet arrêt avec les pièces de la procédure sur laquelle il a statué, on voit clairement que les magistrats dont il est l'ouvrage, ont fermé les yeux à l'évidence qui leur présentait Aimée-Victoire Raould comme ayant contracté un second mariage de mauvaise foi.

» Mais ce n'est pas sous ce rapport que vous pouvez envisager l'arrêt attaqué; vous ne pouvez l'envisager que sous le rapport de sa contravention ou de sa conformité à la loi.

» Et dès-là, vous n'avez ici à examiner qu'un seul point: l'arrêt attaqué viole-t-il ou ne viole-t-il pas la loi?

» Pour établir qu'il ne la viole pas, on peut

dire qu'il appartient aux chambres d'accusation de prononcer sur tous les élémens de la culpabilité des prévenus, et par conséquent sur tout ce qui peut contribuer à déterminer la moralité des faits qui leur sont imputés; qu'ainsi, la chambre d'accusation de la cour de Rouen a pu, tout en reconnaissant Aimée-Victoire Raould convaincue de Bigamie, déclarer qu'elle avait été de bonne foi lorsqu'elle avait contracté son second mariage.

» Et en effet, il n'y aurait rien à reprocher à l'arrêt attaqué, s'il déclarait positivement la prétendue bonne foi d'Aimée-Victoire Raould.

» Mais cette prétendue bonne foi, il ne la déclare pas positivement: il se borne à en énoncer vaguement la possibilité; car c'est là tout ce que signifient ces expressions: Marie-Victoire Raould *a pu être induite en erreur sur la réalité de certaines circonstances de nature à faire admettre qu'elle était de bonne foi, lorsqu'elle a contracté le second mariage.* C'est comme si l'arrêt disait: *Il a été articulé au procès des circonstances qui, si elles eussent été réelles, auraient été propres à faire présumer la bonne foi d'Aimée-Victoire Raould. Il est vrai que la fausseté de ces circonstances est bien établie; mais Aimée-Victoire a pu, par erreur, croire à leur réalité.*

» Or, pour mettre en liberté le prévenu d'un crime, suffit-il à une chambre d'accusation de déclarer qu'il est possible qu'il n'y ait pas eu de mauvaise foi dans l'acte constitutif du crime même?

» Il nous semble que l'on doit, à cet égard, distinguer entre les crimes qui, aux yeux de la loi, ne peuvent résulter que du concours de l'intention criminelle avec la matérialité du fait, et le crime qui, aux yeux de la loi, résulte du seul fait matériel, sauf la preuve de l'innocence de l'intention qui l'a accompagné.

» Mettre le feu à un édifice, tuer un homme, dénaturer, par de fausses énonciations, la substance d'un titre, sont des actions qui, aux termes des art. 434, 295, et 146 du Code pénal, ne prennent le caractère de crimes, les deux premières, que lorsqu'elles sont volontaires; la troisième, que lorsqu'elle est frauduleuse.

» Et par cette raison, le prévenu d'un crime d'incendie, le prévenu d'un crime de meurtre, ne peuvent être mis en accusation, qu'autant qu'il existe des présomptions suffisantes qu'ils ont incendié ou tué volontairement; le prévenu d'un crime de faux consistant à dénaturer la substance d'un acte par des énonciations fausses, ne peut être mis en accusation, qu'autant qu'il existe des indices suffisans qu'il a mis dans le fait une intention frauduleuse; et tous trois doivent être renvoyés sans poursuite ultérieure, non-seulement s'il y a lieu, mais même s'il est possible, de présumer qu'ils n'ont pas agi, les deux premiers volontairement, le troisième avec intention frauduleuse.

» En est-il de même du crime de Bigamie?

» Non. Ce crime existe, aux termes de l'art.

340 du Code pénal, par cela seul qu'une personne engagée dans les liens d'un mariage, en a contracté un autre avant la dissolution du précédent.

» Sans doute, si la personne qui a contracté le second mariage, prouve qu'elle l'a contracté de bonne foi, il n'y a point de crime.

» Mais, remarquons-le bien, le second mariage ne peut être purgé de l'idée du crime, qu'au moyen de la preuve formelle de la bonne foi qui y a présidé; et à défaut de cette preuve, le crime reste.

» C'est ce qu'exprimait bien clairement l'art. 35 de la sect. 1 du tit. 2 de la seconde partie du Code pénal de 1791, lorsqu'après avoir dit que *toute personne engagée dans les liens du mariage, qui en contractera un second avant la dissolution du premier, sera punie de douze années de fers*, il ajoutait: *En cas d'accusation de ce crime, l'exception de la bonne foi pourra être admise, lorsqu'elle sera prouvée.*

» La même addition ne se trouve pas littéralement dans l'art. 340 du Code pénal de 1810; mais elle y est sous-entendue, ou pour parler plus juste, elle y est écrite en caractères qui, pour être moins apparens, n'en sont pas plus équivoques.

» Cet article contient deux parties bien distinctes. Il prononce d'abord la peine des travaux forcés à temps, contre *quiconque étant engagé dans les liens du mariage, en aura contracté un autre avant la dissolution du précédent*; puis, il continue en ces termes: *L'officier public qui aura prêté son ministère à ce mariage, connaissant l'existence du précédent, sera condamné à la même peine.*

» Que résulte-t-il de cette différence d'expressions entre le bigame et l'officier public? Bien évidemment il en résulte que le bigame est coupable aux yeux de la loi, par le fait seul qu'il a contracté un second mariage avant la dissolution du premier; au lieu que l'officier public ne peut être complice de la Bigamie, qu'autant qu'il a, en prêtant son ministère au second mariage, connaissance du premier. Il en résulte par conséquent que le bigame est censé, aux yeux de la loi, n'avoir pas pu ignorer l'existence de son premier mariage, lorsqu'il a contracté le second; au lieu que l'officier public est présumé, de droit, avoir ignoré l'existence du premier mariage, tant qu'on ne prouve pas qu'il en a eu connaissance. Et par conséquent encore il en résulte que le bigame ne peut effacer la présomption légale qui milite contre lui, que par une preuve positive et complète de son ignorance de la non-dissolution du premier mariage, à l'époque où il a contracté l'autre; au lieu que l'officier public ayant pour lui la présomption légale de l'ignorance de l'existence du premier mariage, n'a rien à prouver pour sa justification.

» Que faut-il donc pour qu'il y ait lieu à mettre en accusation l'officier public qui a prêté son ministère au second mariage? Il faut qu'il existe,

non pas une preuve complète, mais des *indices suffisans*, qu'il a eu connaissance du premier mariage à l'époque de la célébration du deuxième; car c'est cette connaissance qui, à son égard, constitue la *culpabilité*; et il ne peut pas y avoir contre lui *d'indices suffisans de culpabilité*, lorsqu'il n'y a pas d'indices suffisans de cette connaissance.

« Que faut-il, au contraire, pour qu'il y ait lieu à la mise en accusation de prévenu de Bigamie? Il faut, et rien de plus, qu'il existe, non pas une preuve complète, mais des *indices suffisans* qu'il a contracté le second mariage avant la dissolution du premier. Une fois la présomption de ce fait établie par des *indices suffisans*, la mise en accusation est indispensable, à moins que, ce fait étant reconnu, ne soit neutralisé, non par des *indices suffisans*, mais par une preuve complète de la bonne foi du prévenu. Car c'est, à l'égard du prévenu, le fait du second mariage contracté avant la dissolution du premier, qui constitue la culpabilité; et ce n'est qu'à défaut *d'indices suffisans de culpabilité*, que l'art. 229 du Code d'instruction criminelle autorise les chambres d'accusation à mettre les prévenus en liberté.

» Ici, qu'a fait la chambre d'accusation de la cour de Rouen?

» A-t-elle jugé qu'il n'était ni prouvé ni présumable qu'Aimée-Victoire Raould eût contracté un second mariage avant la dissolution du précédent? Non.

» A-t-elle jugé qu'Aimée-Victoire Raould avait prouvé qu'elle ignorait, en contractant son second mariage, l'existence du premier? Non.

» A-t-elle jugé qu'Aimée-Victoire Raould avait au moins fourni des *indices suffisans* de cette prétendue ignorance? Non; et l'eût-elle jugé, elle n'aurait pas encore pu en faire le fondement d'un arrêt de mise en liberté.

» Qu'a-t-elle donc jugé? Une seule chose: savoir, qu'il était possible qu'Aimée-Victoire Raould eût été trompée par de fausses circonstances qui, supposées vraies, auraient annoncé sa bonne foi.

» C'est-à-dire que, mettant de côté le fait matériel du second mariage contracté avant la dissolution du premier, fait prouvé par des pièces authentiques, fait avoué par Aimée-Victoire Raould, fait reconnu par l'arrêt attaqué, fait qui seul, aux termes de la loi, constitue la culpabilité du prévenu de Bigamie, elle a donné à la simple possibilité d'une prétendue bonne foi, un effet qu'elle n'aurait même pas pu donner à des *indices* qui, à ses yeux, auraient été suffisans pour que cette bonne foi dût être présumée.

» C'est-à-dire qu'elle a jugé, d'après la simple possibilité d'une prétendue bonne foi, ce qu'elle n'aurait pas pu juger d'après des indices de cette bonne foi prétendue, ce qu'elle n'aurait pu juger que d'après une preuve positive et complète de cette bonne foi.

» Nous disons que la chambre d'accusation de la cour de Rouen n'aurait pas pu mettre Aimée-Victoire Raould en liberté, sur le seul fondement qu'il aurait existé des indices suffisans de sa bonne foi prétendue.

» Et en effet, il répugne à la saine raison, il est contraire à l'essence des choses, que les chambres d'accusation aient, pour mettre des prévenus en liberté, un pouvoir que les cours d'assises n'ont pas pour acquitter des accusés.

» Or, plaçons un accusé de Bigamie devant une cour d'assises. L'accusé convient d'avoir contracté un second mariage avant la dissolution du premier; mais il soutient l'avoir contracté dans la ferme croyance que le premier était dissous. Le jury déclare que le fait du second mariage contracté avant la dissolution du premier, est constant; et à l'égard de la prétendue bonne foi de l'accusé, il se borne à dire qu'il en existe des indices, mais qu'elle n'est pas prouvée. Que fera la cour d'assises d'après cette déclaration ? Acquittera-t-elle l'accusé? Non certainement, ou du moins si elle le fait, elle se mettra en opposition directe avec la loi qui attache à la célébration d'un second mariage avant la dissolution du premier, l'idée d'un crime qui ne peut être effacée que par la preuve d'une bonne foi positive. Que fera-t-elle donc? Si elle fait rigoureusement son devoir, elle condamnera l'accusé. Si elle veut tempérer la rigueur de son devoir par une mesure d'équité, elle renverra les jurés dans leur chambre, pour donner une déclaration nette et précise sur la question de savoir si l'accusé était de bonne foi ou non.

» Et une chambre d'accusation prendra sur elle de mettre un prévenu en liberté, par la seule considération qu'il existe en sa faveur des indices suffisans de bonne foi ! C'est le renversement de toutes les idées. Des indices qui ne peuvent pas motiver une absolution définitive, peuvent bien moins, à plus forte raison, motiver un refus de mettre en accusation.

» Mais, dans notre espèce, la chambre d'accusation de la cour de Rouen a été bien plus loin : elle n'a pas jugé qu'il existât, en faveur d'Aimée-Victoire Raould, des *indices suffisans* de bonne foi ; elle a seulement jugé qu'il était possible qu'Aimée-Victoire Raould eût été induite en erreur.

» Elle a donc violé ouvertement l'art. 229 du Code d'instruction criminelle, qui limite le pouvoir des chambres d'accusation d'ordonner la mise en liberté des prévenus, au cas où elles n'aperçoivent *aucune trace d'un délit prévu par la loi*, et à celui où, le délit étant suffisamment présumé, elles ne trouvent pas contre les prévenus *des indices suffisans de culpabilité.* Car, ici, la chambre d'accusation de la cour de Rouen a trouvé, non pas des traces, mais des preuves authenti-

ques d'un crime de Bigamie; et elle a expressément reconnu qu'il existait, non pas des indices, mais des preuves authentiques, qu'Aimée-Victoire Raould s'était rendue coupable de ce crime.

» Nous estimons, en conséquence, qu'il y a lieu de casser et annuler l'arrêt qui vous est dénoncé par le procureur général de la cour de Rouen ».

Par arrêt du 13 avril 1815, au rapport de M. Busschop,

« Vu l'art. 340 du Code pénal de 1810; vu aussi les art. 229 et 231 du Code d'instruction criminelle ;

» Considérant que, par l'arrêt dénoncé, la cour de Rouen a formellement reconnu qu'Aimée-Victoire Raould a contracté un second mariage, pendant qu'elle était engagée dans les liens d'un premier ; que ce fait qualifié crime par l'art. 340 du Code pénal de 1810, dont les dispositions se rattachent à l'art. 32 de la première sect. du tit. 2 de la deuxième partie du Code pénal de 1791, ne peut perdre son caractère criminel, que par la preuve que, lors du second mariage, le prévenu était dans la bonne foi que le premier avait été légalement dissous; mais que, dans l'espèce, au lieu de déclarer que la preuve de cette bonne foi résultait de l'instruction, la cour s'est bornée à déclarer vaguement, *que la prévenue avait pu être induite en erreur sur la réalité de certaines circonstances de nature à faire admettre qu'elle était de bonne foi lorsqu'elle a contracté le second mariage;* que cette simple possibilité de bonne foi n'ôtait donc rien aux charges reconnues existantes contre la prévenue ; et que conséquemment il y avait lieu de prononcer sa mise en accusation, son renvoi à la cour d'assises, aux termes de l'art. 231 du Code d'instruction criminelle; qu'en ordonnant au contraire sa mise en liberté, la cour de Rouen a violé les règles de compétence établies par ledit article, a faussement appliqué l'art. 229 du même Code, et est contrevenue à l'art. 240 du Code pénal;

» D'après ces motifs, la cour casse et annulle ».

§. II. 1°. *Le prévenu de Bigamie est-il recevable à exciper, pour sa justification, de la nullité absolue du premier mariage pendant la durée duquel il en a contracté un second?*

2°. *S'il en excipe, à quel juge appartient-il de statuer sur son exception?*

3°. *S'il n'en excipe pas, et que néanmoins la preuve authentique en soit au procès, peut-il et doit-il être mis en accusation, comme si elle n'existait pas?*

De ces trois questions, j'ai discuté les deux premières dans des conclusions du 8 août 1811, rapportées dans le *Répertoire de jurisprudence*, au mot *Bigamie*, n°. 2; et j'y ai établi

1°. Que celui qui a contracté un second mariage, après en avoir contracté un premier qui est entaché d'une nullité absolue, ne peut pas être puni comme

bigame, par cela seul qu'avant de contracter le second, il n'a pas fait prononcer la nullité du premier;

2°. Que, lorsque poursuivi criminellement,
comme prévenu de Bigamie, il excipe de la
nullité de son premier mariage, les juges criminels doivent, non pas statuer eux-mêmes sur
son exception, mais surseoir à toutes poursuites
contre lui, jusqu'à ce qu'il ait été statué par les
juges civils.

Ces deux questions se sont présentées depuis
dans une espèce où elles ont été jugées conformément aux principes que j'avais mis en avant,
mais où il s'est élevé, sur la troisième qui s'y présentait en même temps, des débats qui ont
amené un partage d'opinions dans la section criminelle de la cour de cassation.

Voici cette espèce, telle qu'elle est rapportée dans le *Bulletin criminel*, tome 31, page 22.

Le 19 fructidor an 6, Joseph-Charles-Vincent
Moureau épouse, à Paris, Victoire-Sophie Bailleux.

Encore engagé dans les liens de ce mariage, il
en contracte un second à Ancône, le 22 brumaire
an 8, avec Julie Chappuys.

Le 15 septembre 1810, décès de Victoire-
Sophie Bailleux, sa première femme.

Treize ans après, et pendant que subsiste
encore de fait le second mariage qu'il a contracté avec Julie Chappuys, il en contracte un
troisième avec Marie-Julienne Foubert.

Le 27 septembre 1815, Julie Chappuys porte
contre lui une plainte en Bigamie.

Le 21 octobre suivant, arrêt par lequel la
chambre d'accusation de la cour royale de Paris,
considérant que le fait de Bigamie résultant du
concours du mariage contracté entre le prévenu
et Victoire-Sophie Bailleux, avec le mariage contracté entre le prévenu et Julie Chappuys, est
couvert par la prescription, déclare que, quant
à ce fait, il n'y a pas lieu à accusation de ce chef;

Mais attendu qu'il n'y a point de prescription à opposer au fait de Bigamie résultant du
concours du mariage contracté entre le prévenu
et Julie Chappuys avec le mariage contracté entre le prévenu et Marie-Julienne Foubert, met,
à cet égard, Moureau en état d'accusation et le
renvoie devant la cour d'assises du département
de la Seine.

Moureau se pourvoit en cassation contre cet
arrêt, et soutient (ce sont les termes du *Bulletin
criminel*) «que son second mariage étant nul,
» comme contracté pendant la durée du premier,
» ne pouvait pas être considéré comme un ma-
» riage véritable, et constituer l'élément du crime
» de Bigamie; et que la chambre d'accusation
» était obligée d'apprécier cette nullité, ainsi
» que la conséquence qui en dérivait, par cela
» seul qu'elle avait sous les yeux le premier con-
» trat de mariage, sans qu'il fût nécessaire que
» l'accusé eût invoqué cette exception ».

Le 31 décembre 1825, arrêt par lequel la

section criminelle se déclare partagée, et ordonne,
conformément à la loi, que cinq conseillers
des deux autres sections seront appelés par elle
pour vider le partage.

En conséquence, l'affaire est de nouveau rapportée et plaidée à l'audience du 16 janvier 1826,
et par arrêt du même jour,

» Ouï M. Ollivier, conseiller, en la cour, en
son rapport; Me. Guillemain, avocat du demandeur, en ses observations; M. de Vatimesnil,
avocat-général, en ses conclusions;

» La cour, composée du nombre de membres
légal pour vider le partage déclaré par l'arrêt
du 31 décembre dernier;

» Après en avoir délibéré;

» Attendu que, si la nullité absolue d'un premier mariage exclud nécessairement l'accusation de Bigamie par suite d'un mariage subséquent, puisqu'en ce cas, il n'existe qu'un seul
mariage; et s'il ne pouvait y avoir lieu, au
nom de la société, de poursuivre la violation du
lien d'un mariage préexistant, puisque ce mariage n'existerait pas; que, si, dans l'espèce, il
paraît résulter d'actes authentiques, mis sous les
yeux de la chambre d'accusation, que le demandeur, lorsqu'il a contracté mariage avec Julie
Chappuys, était dans les liens d'un premier mariage contracté avec Victoire-Sophie Bailleux,
veuve Deschamps; et si, dès-lors, ce second
mariage avait pu être déclaré nul, d'une nullité absolue; et si le demandeur était recevable
à faire valoir cette nullité, puisqu'aux termes de
l'art. 184 du Code civil, les époux eux-mêmes
pourraient attaquer les mariages contractés en
contravention à l'art. 147 du même Code, c'est-
à-dire, le mariage contracté avant la dissolution
du premier;

» Il n'est pas moins constant que les lois du
royaume ne reconnaissent point de nullités de
plein droit, que les nullités de mariages doivent,
aux termes des art. 184, 188, 189 du Code civil, être portées devant les tribunaux civils, et
ne peuvent être déclarées et prononcées que par
eux;

» Que, dès-lors, tant qu'un mariage n'a pas
été annulé par les juges compétens, il est réputé existant;

» Que, dans l'espèce, la nullité du mariage
contracté entre le demandeur et Julie Chappuys,
n'a point été prononcée;

» Qu'aucun renvoi pour faire prononcer pré-
judiciellement par les juges compétens, sur
cette nullité, n'a été demandé devant la
chambre d'accusation; qu'elle a dû statuer dans
l'état des faits soumis à son examen;

» Que l'exception de nullité, qui pourra être
proposée utilement par le demandeur devant la
cour d'assises, ne peut l'être devant la cour de
cassation, qui ne doit statuer que sur l'observation des formes prescrites par les lois et sur la
juste application de leurs dispositions;

10.

» D'où il suit que l'arrêt attaqué a pu décider que le fait dont le demandeur était prévenu, était qualifié crime par la loi, sans violer l'art. 340 du Code pénal..... ;

» La cour rejette le pourvoi de Joseph-Charles Vincent Moureau envers l'arrêt de la chambre d'accusation de la cour royale de Paris, du 21 octobre dernier, qui le renvoie en état de mise en accusation de Bigamie devant la cour d'assises du département de la Seine.... ».

Je ne suis pas étonné que cet arrêt ait été précédé d'un partage d'opinions; et j'ose croire que ce partage n'a pas été vidé comme il aurait dû l'être.

Sans doute, *les lois du royaume ne reconnaissent point de nullités de plein droit; et dès-lors, tant qu'un mariage, nul en soi, n'a pas été annulé par les juges compétens, il est réputé subsistant.*

Mais si, comme on n'en peut douter, il résulte de là que la chambre d'accusation n'avait pas pu mettre Moureau hors de prévention, sans qu'au préalable la nullité de son premier mariage eût été prononcée par le juge civil, en résulte-t-il également qu'elle ne devait pas d'office surseoir à la mise en accusation, jusqu'à ce que les juges civils eussent statué sur le point de savoir si le premier mariage était valable ou nul?

Supposons que les pièces constatant la nullité du premier mariage de Moureau, n'eussent pas été mises sous les yeux de la chambre d'accusation, mais l'eussent été sous ceux de la cour d'assises, et que Moureau n'eût pas plus excipé devant celle-ci qu'il ne l'avait fait devant celle-là, de cette nullité : la cour d'assises aurait-elle dû, c'est trop peu dire, aurait-elle pu, sans renvoi préalable aux juges civils, de la question préjudicielle qu'il eût omis d'élever, le condamner à la peine de la Bigamie? Non assurément, et pourquoi? Parcequ'il ne dépend pas d'un accusé de se soumettre d'avance par son consentement exprès, à une peine qu'il n'a pas encourue ou dont il est libéré; parceque ce qu'il ne peut pas faire par son consentement exprès, il ne peut pas le faire par son silence; parcequ'il ne peut, dès-lors, renoncer, ni par son consentement exprès, ni par son silence, au moyen que la loi lui offre d'échapper à la peine provoquée contre lui par le ministère public; parcequ'en conséquence, c'est, pour les juges, un devoir sacré de suppléer d'office à la défense de l'accusé tout ce qu'ils reconnaissent y manquer; parceque de là dérive pour eux, comme l'ont jugé plusieurs arrêts de la cour de cassation (1), l'obligation de déclarer d'office éteint par la prescription ou par l'autorité de la chose jugée, le crime

ou le délit contre l'imputation duquel l'accusé n'invoque ni l'une ni l'autre, quoique la preuve de l'une ou de l'autre soit au procès; parcequ'il n'y a ni ne peut y avoir aucun prétexte pour ne pas pousser le corrollaire de ce principe jusqu'à dire, que dans le cas dont il s'agit, la cour d'assises doit suppléer d'office à l'exception de nullité omise par l'accusé dans ses défenses, sinon pour y statuer elle-même, ce qu'elle ne pourrait pas faire sans transgresser les limites de sa compétence, du moins à l'effet de mettre les juges civils à portée d'y statuer préalablement.

Or, ce que la cour d'assises doit faire dans le cas où les pièces constatant la nullité du premier mariage de l'accusé de Bigamie, sont produites pour la première fois devant elle, comment la chambre d'accusation pourrait-elle s'en dispenser dans le cas où ces pièces se trouvent sous ses yeux?

Si la chambre d'accusation avait à prononcer sur le sort d'un prévenu dont le crime serait prescrit, pourrait-elle le mettre en accusation, sous le prétexte qu'il n'en alléguerait pas la prescription, quoique d'ailleurs elle en trouvât la preuve dans la procédure? Non sans doute, puisqu'elle ne peut, aux termes de l'art. 299 du Code d'instruction criminelle, le mettre en accusation qu'autant que le fait qui lui est imputé, est *qualifié crime par la loi*; et que, comme l'a dit la cour de cassation dans un arrêt du 18 juin 1812 (rapporté dans le *Répertoire de jurisprudence*, au mot *Prescription*, sect. 1, §. 3, n°. 12), « la prescription, en matière de crime, de délit et de contravention, est un bénéfice de la loi qui fait obstacle à l'exercice de l'action publique et à toute poursuite qui en définitive serait frustratoire et produirait un effet contraire au but que s'est proposé le législateur; d'où il suit que la question de prescription doit être traitée préliminairement, soit par la chambre du conseil que l'art. 128 du Code d'instruction criminelle charge de déclarer, lorsqu'il y a lieu, qu'il n'existe ni crime ni délit punissable, sauf l'opposition autorisée par l'art. 135, soit par la chambre d'accusation, sauf le recours en cassation ».

Or, comment pourrait-il en être de l'exception qui, pour le prévenu du crime de Bigamie, résulte de la nullité absolue de son premier mariage, autrement que de l'exception qui, pour le prévenu d'un crime quelconque, résulte de la prescription? La première de ces exceptions est-elle moins favorable que la seconde? Non, et bien loin de là, puisque le résultat de l'une est qu'il n'y a en aucun temps, crime, et que l'autre éteint bien le crime, mais n'empêche pas qu'il n'ait existé dès le principe. Si donc les chambres d'accusation peuvent et doivent suppléer celle-ci, à plus forte raison peuvent et doivent-elles suppléer celle-là.

---

(2) V. le *Répertoire de jurisprudence*, aux mots *Chose jugée*, §. 20, n°. 2, et *Prescription*, sect. 1, §. 3, n°. 3.

BILLET. §. I. *Lorsque, sur une accusation de faux intentée contre le porteur d'un Billet sous seing-privé, le jury a déclaré qu'il n'était pas constant que ce Billet fût faux, le porteur peut-il, en vertu du jugement d'absolution qui s'en est ensuivi, exiger le paiement de l'obligation, soit de la personne de qui il la prétend signée, soit de ses héritiers, sans qu'au préalable la signature ait été reconnue ou vérifiée ?*

V. l'article *Faux*, §. 6.

§. II. *Un Billet par lequel le signataire reconnaît devoir telle somme à un tel, peut-il être déclaré nul par défaut de cause ?*

V. l'article *Causes des obligations.*

§. III. *Les Billets sous seing-privé, souscrits dans la ci-devant Alsace, par des citoyens français au profit des personnes professant la religion juive, étaient-ils, avant la loi du 13 novembre 1791, soumis à des formes particulières ?*

V. l'article *Arrêt de réglement*, §. 1.

§. IV. *Autres questions sur les Billets.*

V. les articles *Acte sous seing-privé, Double écrit* et *Vérification d'écriture.*

BILLET A-ORDRE, §. I. *Celui qui, sous l'ordonnance de mars 1673, payait pour le compte d'un autre, un Billet à ordre protesté sur celui-ci, pourrait-il en répéter les intérêts à dater du jour du paiement ?*

V. le plaidoyer et l'arrêt du 5 vendémiaire an 11, rapportés à l'article *Intérêt*, §. 2.

§. II. *Autres questions sur les billets à ordre.*

V. les articles *Aval, Endossement* et *Protêt.*

BILLET A DOMICILE. On appelle ainsi, dans le commerce, un Billet par lequel une personne qui n'est pas domiciliée dans une commune, s'engage d'y faire un paiement à un domicile élu.

I. Lorsqu'un Billet de cette nature a été stipulé payable à ordre ou au porteur, celui qui, au moment de l'échéance, s'en trouve propriétaire par la voie de la négociation, est assujéti, pour assurer son recours, en cas de non-paiement, aux diligences prescrites à tout porteur de Billet négocié, par l'art. 31 du tit. 5 de l'ordonnance du mois de mars 1673, dont la disposition est implicitement renouvelée par l'art. 187 du Code de commerce.

Mais si ces diligences n'ont pas été faites dans le temps prescrit, les endosseurs ont-ils besoin, pour tirer de ce défaut une fin de non-recevoir contre l'action récursoire du porteur négligent, de prouver que le tireur du billet s'est trouvé, à l'échéance, au domicile indiqué pour le paiement, ou qu'il y a fait remettre les fonds?

Voici une espèce dans laquelle cette question s'est présentée.

Pierre, de Lyon, a créé en cette ville, à l'ordre de Jacques, un Billet payable par *lui-même* à Paris chez la veuve Tassin.

Jacques a transporté ce Billet à Paul, des mains duquel il a passé, par divers endossemens successifs, en celles de Guillaume, négociant à Paris.

A l'échéance, Pierre n'a point paru chez la veuve Tassin, et n'y a fait remettre ni fonds ni provision.

Le protêt devait être fait le 6 mai 1784; il ne l'a été que le 7, et conséquemment un jour trop tard.

Guillaume poursuit Jacques et Paul en remboursement.

Ceux-ci lui opposent le défaut de protêt à temps.

Il répond que, par l'art. 16 du tit. 5 de l'ordonnance de 1673, le défaut du protêt ne peut pas lui nuire, puisqu'il est avoué qu'à l'échéance du Billet, il ne s'est trouvé au domicile indiqué, ni *personne redevable*, ni *fonds*, ni *provision*.

Jacques et Paul répliquent que Pierre étant lui-même obligé au paiement du Billet, il existe réellement un *redevable ;* et qu'il importe peu qu'il ne se soit pas trouvé à l'échéance dans le lieu où devait se faire le paiement, puisque son obligation donnant ouverture à une action contre lui, il est toujours vrai de dire que Paul et Jacques, en transportant ce billet à Guillaume, ne lui ont pas transporté une dette inexistante et illusoire.

On a demandé mon avis en 1785, sur cette espèce : j'ai répondu que la défense de Jacques et Paul ne me paraissait pas concluante.

« Et pour s'en convaincre (ai-je ajouté), qu'elle n'est effectivement rien moins que telle, il suffit de remonter à la nature du contrat de change.

» L'essence de ce contrat est la remise d'argent de place en place.

» Ainsi, pour remplir l'objet du contrat de change, et pour faire en cette matière un transport valable, il ne suffit pas de prouver l'existence d'une dette quelconque : il faut prouver que la remise de place en place a été effectuée, soit réellement par l'envoi de fonds, soit virtuellement en faisant trouver au lieu destiné pour le paiement, une personne redevable du montant de l'effet.

» Sans cette dernière condition, point de contrat de change; si donc vous transportez un contrat qualifié de change, dans lequel elle ne se rencontre pas, vous ne transportez qu'une chimère; et soit qu'il ait été fait un protêt à temps ou à tard, il faut toujours que vous garantissiez la nullité de ce transport.

» Or, dans notre espèce, Pierre n'a pas remis de fonds chez la veuve Tassin; il ne s'est trouvé chez la veuve Tassin ni en personne ni par procureur, lorsqu'il a été question de payer : donc, encore une fois, il n'y a eu, lors de l'échéance, ni provision, ni redevable. Donc le défaut de protèt à temps ne peut pas nuire au porteur.

» Comment cherche-t-on à éluder cette conséquence? En confondant deux choses très-différentes, qui sont le billet à ordre et le Billet à domicile, et en distinguant deux choses très-identiques, qui sont le Billet à domicile et la lettre de change.

» On dit d'abord que le billet à ordre et le Billet à domicile sont deux choses très-différentes. En effet, le billet à ordre n'est qu'une obligation simple et ordinaire; au lieu que le Billet à domicile porte toujours remise de place en place.

» On dit en second lieu, que le Billet à domicile et la lettre de change sont deux choses parfaitement identiques; et pour le prouver, il n'est besoin que de l'autorité de Pothier, *du Contrat de change*, n°. 215. « Ces Billets (dit-il, en parlant
» des Billets payables à domicile) sont d'une
» nouvelle invention, et sont d'un grand usage
» dans le commerce. On peut définir le Billet à
» domicile, un Billet par lequel je m'oblige de
» vous payer, ou à celui qui aura ordre de vous,
» une certaine somme dans un certain lieu, par
» le ministère de mon correspondant, à la place
» de celle ou de la valeur que j'ai reçue ici de
» vous, ou que je dois recevoir. Il résulte de
» cette définition, que ce Billet renferme le
» contrat de change, et qu'il est de même na-
» ture ».

» Et qu'on ne dise pas que, dans la lettre de change, il faut le concours de trois personnes, au lieu que, dans le Billet à domicile, il n'en intervient que deux.

» Dans la lettre de change, comme dans le Billet à domicile, il n'y a que deux personnes qui traitent, qui contractent, qui s'obligent. Le tiers qu'on emploie pour l'exécution de la lettre de change, et qui s'appelle *payeur*, n'est point partie nécessaire : il ne figure que comme instrument; il n'est que le mandataire du tireur; et si le tireur veut bien se transporter lui-même au lieu où doit se faire la remise, pour payer de ses propres mains le montant de sa traite, non-seulement il en est le maître, mais, en cela même, il ne change rien à la nature de l'acte, ni au fond des droits qui en résultent. Or, c'est précisément ce qui a lieu dans le Billet à domicile.

» Mais, dit-on, pour anéantir le recours du porteur de la lettre qu'il a fait protester à tard, l'ordonnance n'assujétit les endosseurs qu'à prouver que le payeur était redevable au temps de l'échéance; or, dans l'espèce, le payeur étant le même que le tireur, il était incontestablement redevable.

» Cette objection n'est qu'une confusion de mots facile à éclaircir. Comme tireur, Pierre était redevable, et tout tireur est toujours redevable jusqu'à ce que la lettre soit acquittée; ainsi, ce n'est pas du tireur que l'ordonnance a voulu dire qu'il fallait prouver qu'il fût *recevable*.

» Inutile d'alléguer que Pierre est aussi payeur et qu'il ne peut pas être redevable comme tireur, sans l'être comme payeur, puisqu'il confond en sa personne les deux qualités.

» Il faut distinguer Pierre, tireur à Lyon, de Pierre, payeur à Paris au domicile de la veuve Tassin. Ce Pierre, payeur à Paris, ne se trouvant point à l'échéance au domicile indiqué, il est incontestable qu'alors il n'y avait à Paris personne qui fût redevable ni qui eût fonds ou provision.

» S'il se fût rendu au domicile, il est certain que le retard du protèt serait imputé au porteur, parcequ'on pourrait lui dire, *le redevable s'est trouvé au lieu déterminé;* mais Pierre n'ayant pas paru, il n'y a jamais eu au domicile de la veuve Tassin, ni personne redevable, ni provision, ni fonds : d'où il suit qu'on ne peut imputer au porteur d'ordre, aucun défaut de diligence.

» A ces raisons, se joint l'autorité de plusieurs arrêts très-précis.

» Le *Praticien des consuls*, liv. 2, chap. 4, page 117, nous en fournit un du parlement de Paris, du 2 juin 1707, qui est absolument décisif contre la fin de non-recevoir dans le cas dont il s'agit.

» En voici un autre du parlement d'Aix, qui est moins connu.

» Le 6 décembre 1776, Joseph, Jean-Baptiste Roux et la veuve Roux, demeurant à Pellisanne, souscrivirent en faveur de Roux aîné, négociant du même lieu, un billet conçu en ces termes : *Au 4 mai de l'année 1778, nous paierons dans Aix, au domicile de MM. Reynaud frères et Archias, où nous établissons le nôtre, à l'ordre de M. Roux aîné, 2,500 livres, valeur reçue comptant.*

» Ce billet fut endossé au profit de Roux et Esteve, qui le transmirent à d'autres négocians, des mains desquels il repassa encore dans les leurs.

» Le 4 juin 1778, il fut protesté au domicile de Reynaud frères et Archias, qui répondirent n'avoir ni fonds ni avis pour le payer.

» Munis de ce protèt, Roux et Estève assignèrent les tireurs et endosseurs devant le lieutenant d'Aix, pour les faire condamner par corps à leur rembourser le montant du billet, avec intérêts et dépens.

» Roux aîné opposa la fin de non-recevoir tirée de ce que l'effet n'avait point été protesté dans les dix jours après l'échéance; et pour écarter l'exception portée par l'art. 16 du tit. 5 de l'ordonnance de 1673, il soutint qu'on ne devait pas, en cette matière, distinguer le billet à ordre du Billet à domicile; que, dans le cas de l'un comme dans le cas de l'autre, il existait un redevable contre qui le porteur pouvait diriger ses poursuites; et qu'il n'en fallait pas davantage, aux termes de l'article cité, pour donner tout son effet à la fin de non-recevoir résultant du défaut de protèt à temps.

» Mais vains efforts; par sentence du 23 février 1779, le lieutenant d'Aix débouta Roux aîné de sa fin de non-recevoir, et le condamna au paiement de la valeur du Billet.

Appel de sa part au parlement d'Aix. Voici comment Roux et Estève ont établi le bien-jugé de la sentence. « L'avantage du commerce a » multiplié les espèces de papiers qui en sont, » pour ainsi dire, l'ame ; le billet *à domicile*, long-» temps inconnu, a été bientôt adopté pour son » utilité ; il diffère de la lettre de change par » l'acceptation, et du simple billet à ordre par » le change de place en place qui entraîne des » effets d'une diversité frappante. — Il est telle-» ment sensible que le porteur n'a pu croire » ici voir un simple billet à ordre, que, si, par » un événement possible, il en eût demandé le » paiement aux frères et veuve Roux de Pelis-» sanne, ceux-ci lui eussent objecté que mal à » propos on venait les actionner, tandis que le » paiement devait être effectué dans la ville » d'Aix ; que c'était chose convenue entre le ti-» reur et le preneur d'ordre ; et que, jusqu'à ce » qu'on eût constaté qu'il n'y avait aucun fonds » au domicile élu, le porteur était non recevable » à exercer une action directe contre le tireur. » — Les billets à ordre n'exigent pas ce trans-» port ; ils contiennent une obligation person-» nelle, qui ne diffère des promesses ordinaires, » que par le circuit des endossemens dont ils sont » susceptibles ; au lieu que le Billet *à domicile* se » tire de place en place, et produit l'engagement » de faire les fonds au lieu désigné ; à défaut de » quoi, le porteur a toujours la faculté de reve-» nir sur ceux qui lui ont transporté le papier. » — Aussi Pothier dit-il formellement que ces » sortes de Billets, entre marchands et traitans, » donnent aux propriétaires, lorsqu'ils ne sont » pas acquittés, le même droit contre ceux qui » les ont fournis, que donnent les lettres de » change. — C'est la promesse de faire les fonds » à un tel lieu, qui oblige le porteur à s'y adres-» ser ; mais *si*, pour le Billet *à domicile*, comme » pour la lettre de change, celui qui fournit la » traite, manque de faire la provision au lieu » convenu, dès-lors il n'agit point de bonne foi, » il trompe, et sa surprise imprimant au papier » un vice qui ne peut profiter à son auteur, il » est de toute justice que le porteur puisse en » tout temps revenir sur ses pas et attaquer ses » cédans, qui demeurent responsables de l'évé-» nement ; sinon, il en naîtrait cette injustice » criante et pernicieuse au commerce, que le ti-» reur attraperait un argent qu'il saurait ne de-» voir pas être remboursé, et qu'une simple » négligence de délai couvrirait l'abus le plus » révoltant, et rendrait impunie l'usurpation la » plus manifeste.... — Ce n'est point le terme » *d'ordre* qui doit faire présumer que le Billet à » domicile participe de la nature des Billets à or-» dre. Si l'on excepte les promesses ordinaires, » tous les papiers quelconques employés dans le

» commerce, contiennent l'ordre, sans lequel » ils n'auraient aucun cours. Aussi voit-on que » la lettre de change, le mandat, le Billet de » change, etc., sont conçus par ordre. Dès-lors, » il serait vraiment risible qu'on tâchât de vou-» loir confondre le Billet à domicile dans la classe » des billets à ordre, parcequ'il en renfermerait » un. Toute la différence qu'il y a entre la lettre » de change et le Billet à domicile, consiste en » ce que le Billet n'est point sujet à l'acceptation, » attendu que celui qui représente le tireur, n'a » aucun intérêt personnel à l'accepter. Son mi-» nistère est passif, de pure représentation et sans » le caractère de redevable. Voilà ce qui distin-» gue ces deux papiers ; et on saurait d'autant » moins mettre ce point de distinction en pro-» blème, que, si la personne au domicile de la-» quelle le Billet est tiré, se trouvait avoir des » fonds, ou, ce qui est la même chose, si le ti-» reur avait du crédit sur elle, le tireur cesserait » d'être payeur, et qu'au lieu d'un Billet à domi-» cile, il eût donné en paiement au porteur une » lettre de change ; mais cette variété ne frappe » que sur la personnalité de l'obligation, sans af-» faiblir la forme et sans altérer les règles com-» munes au Billet à domicile. Bien plus, l'accep-» tation n'a pas lieu, parceque ne pouvant être » faite que par la raison qui a créé le Billet, elle » se trouve accomplie sitôt qu'elle sort de ses » mains ; et relativement à ce motif, on peut ré-» puter l'acceptation implicitement faite, dès » que le créeur et le payeur sont les mêmes. Cette » nuance qui diversifie les acceptations, a fait » taxer la traite dont il s'agit, de Billet à domi-» cile, pour la distinguer de la lettre de change » — Ainsi, sous tous les rapports possibles, le » Billet à domicile diffère du simple billet à or-» dre. Le premier emporte deux engagemens ; le » second n'est susceptible que d'un seul ; *je paie-» rai*, ou nous *paierons*, voilà le billet à ordre ; » au lieu que le Billet à domicile assigne encore » une seconde condition importante : savoir, que » la somme soit payée à un tel lieu. Or, la lettre » de change ne prescrit rien de plus ; et si le por-» teur de la lettre a son recours en tout temps, » lorsque les fonds n'ont pas été faits à l'endroit » indiqué, à plus forte raison le porteur du Billet » à domicile doit-il jouir du même privilège ».

« D'après ces raisons, arrêt du 30 mai 1781, au rapport de M. de Beauval, qui confirme la sentence du lieutenant d'Aix, avec dépens ».

Voilà comment je me suis expliqué en 1785, dans la consultation citée. Cependant je dois dire que l'opinion que j'y ai embrassée, est combat-tue par plusieurs arrêts du ci-devant parlement de Douay.

Par un arrêt du 18 juin 1777, ce tribunal a confirmé une sentence de la juridiction consu-laire de Lille qui jugeait *in terminis* que, dans le cas d'un Billet à domicile, le défaut de protêt à temps emportait une fin de non-recevoir absolue, parceque le tireur de la lettre de change en étant à la fois le payeur, le porteur ne pouvait pas dire qu'il fût sans débiteur. Les parties étaient Coulombeau, négociant à Orléans, d'une part, et Jean Samain, négociant à Lille, de l'autre.

Un autre arrêt rendu, moi plaidant, le 23 avril 1781, a jugé de même.

Le 20 août 1780, il a été fait à Arras un Billet de 3,000 livres, signé Letombe-Hurtrel, payable le 10 octobre suivant, dans la ville de Paris, chez la dame Deletrée, négociante, rue du Renard-Saint-Sauveur.

Ce Billet, après avoir circulé en différentes mains, a été endossé au profit de Grand, banquier à Paris, qui ne l'a fait protester que le 2 novembre, et conséquemment trop tard.

La dame Deletrée a fait réponse au protêt que le tireur n'avait point paru chez elle, et ne lui avait point remis de fonds, *avant, lors, ni depuis l'échéance.*

Sur la demande en remboursement formée par Grand contre Hurtrel, l'un des endosseurs, sentence du consulat de Lille, qui condamne celui-ci.

Appel; par l'arrêt cité, la sentence a été infirmée, et Grand, pour qui je plaidais, a été déclaré non-recevable dans sa demande.

Pareil arrêt le 19 janvier 1785.

Dans le fait, Berkem-Raoult, marchand à Armentiers, avait créé au profit de la veuve Blauwart, marchande de la même ville, un Billet à ordre, payable à Paris

La veuve Blauwart avait transporté ce Billet à Willot-Voët, négociant à Gand, des mains duquel il était passé, après plusieurs endossemens intermédiaires, dans celles de Le Febvre, négociant à Paris.

Celui-ci a fait protester le Billet un jour trop tard; mais par la réponse au protêt fait au domicile élu à Paris par Berkem-Raoult, il a été constaté que ce dernier n'avait point fait remettre de fonds pour acquitter sa traite; qu'il était même failli plusieurs jours avant l'échéance, et qu'il n'avait point paru en ce domicile au temps où le protêt eût dû être fait.

Willot-Voët a jugé ces circonstances suffisantes pour couvrir le défaut de protêt: en conséquence, il a remboursé la valeur du Billet à celui en faveur duquel il s'en était précédemment dessaisi. Mais lorsqu'il s'est adressé à la veuve Blauwart pour obtenir d'elle le même remboursement, elle s'y est refusée, et il s'est vu forcé de la faire assigner au consulat de Lille.

Là, sentence est intervenue le 23 novembre 1784, qui a condamné la veuve Blauwart.

Appel; par l'arrêt cité, le parlement de Flandre a mis l'appellation et ce dont était appel au néant; émendant, a déclaré Willot-Voët non-recevable dans ses demandes, fins et conclusions, et l'a condamné aux dépens des causes principales et d'appel.

La question s'est représentée cinq jours après, et a encore été jugée de même.

Farez, marchand à Saint-Amand, avait créé, au profit de Martin Dorchies, un Billet à ordre payable par lui-même à Valenciennes, dans une maison indiquée.

A l'échéance, Farez était en faillite; il n'y eut point de remise de fonds, et Farez ne parut point dans la maison où le Billet devait être acquitté.

Corruyer, négociant à Rouen, qui était alors porteur de ce Billet, négligea d'abord de le faire protester; et ce ne fut qu'un mois après, qu'il fit remplir cette formalité.

Nonobstant ce retard, les juges-consuls de Lille devant lesquels il avait fait assigner Martin Dorchies, son endosseur, condamnèrent celui-ci au remboursement.

Mais sur l'appel, arrêt du 24 janvier 1785, qui infirme la sentence, et déclare Corruyer non-recevable avec dépens.

Il y a dans le *Répertoire de Jurisprudence*, aux mots *ordre (Billet à)*, §. 3, n°. 3, un arrêt de la cour de cassation, du 1er. septembre 1807, qui juge dans le même sens.

II. Dans ces espèces, la question de savoir si un Billet à domicile souscrit dans une place et payable à un domicile indiqué dans une autre, équipolle à une lettre de change, n'était agitée qu'entre le porteur et l'endosseur.

Mais on sent qu'elle eût dépendu des mêmes principes, si elle se fût élevée entre le porteur et le créeur; à l'effet de faire décider si le Billet à domicile est sujet à la prescription de cinq ans.

Aussi y a-t-il deux arrêts de la cour de cassation qui jugent qu'il n'est pas sujet à cette prescription. Voici l'espèce du premier.

Le 5 avril 1787, Guillaume Schrick, demeurant avec sa mère, marchande à Colmar, souscrit à Francfort, au profit d'Abraham-Aaron Mock, Juif, négociant à Strasbourg, un Billet ainsi conçu :

« Francfort, le 5 avril 1787. D'aujourd'hui en
» 14 jours préfix, je paierai contre ma présente
» lettre de change, à l'ordre du sieur Abraham-
» Aaron Mock, la somme de 4,880 livres de
» France, valeur reçue en lettres de la foire de
» cette ville, payable au Poële des Vignerons, à
» Strasbourg. *Signé* G. Schrick ».

Le 19 du même mois, jour de l'échéance, Mock fait protester, faute de paiement, ce Billet qu'il qualifie lui-même par le protêt, de *lettre de change.*

Depuis cette époque jusqu'en 1802, profond silence de sa part.

En 1802, il fait assigner Schrick au tribunal de commerce de Colmar, pour se voir condamner au paiement de la valeur du Billet protesté.

Schrick lui oppose la prescription quinquennale.

Jugement qui déboute Mock, *en affirmant par le défendeur qu'il n'est plus redevable*,

« Attendu qu'il est de notoriété qu'au décès de feu Guillaume Schrick, c'est sa veuve seule qui a continué le commerce, et que le défendeur, son fils, n'a eu aucune personnelle à ce commerce; qu'il vivait dans la famille de sa mère comme ses autres enfans; qu'il l'aidait de son travail, lui servait de commis, avait la signature et ne faisait aucun négoce pour son propre compte; que c'est, d'une part, l'inexpérience et la facilité de ce jeune homme, et, d'autre part, l'abus que les usuriers ont fait de cette facilité, qui ont dérangé le commerce de la veuve Schrick; que ces faits sont consignés dans la requête sur laquelle est intervenu le décret du magistrat de Colmar, du 1er. mai 1787, et dans l'arrêt du conseil du 25 septembre suivant,

» Attendu que, quand même on pourrait soutenir que l'effet de commerce du 5 avril 1787 était personnel au défendeur, l'action du demandeur serait prescrite; qu'en effet, c'est à tort que le demandeur prétend tirer de la classe des lettres de change, celle dont il est porteur, pour se soustraire à l'application de l'ordonnance et proroger le délai utile pour se pourvoir; que l'effet dont il s'agit, a tous les caractères d'une véritable lettre de change; qu'elle a surtout la remise de place en place qui caractérise le change; qu'elle cumule dans deux personnes les quatre qualités qui, virtuellement, doivent se trouver dans une lettre de change; savoir : le tireur qui est en même temps le payeur dans une autre place, le donneur de valeur qui est en même temps celui qui doit recevoir ailleurs; et que c'est ainsi que les quatre personnes qui sont censées intervenir en matière de change, peuvent se réduire, tantôt à trois, tantôt à deux; que c'est ce dont Savary donne plusieurs exemples dans son *Parfait négociant*, notamment dans l'exemple huitième, qui est précisément celui d'une véritable lettre de change, où il n'y a cependant que deux personnes qui contractent et qui s'obligent; que cet exemple est exactement celui de la lettre de change dont il s'agit, et que l'usage du commerce ne permet pas de la méconnaître;

» Que, si l'on ne peut déguiser la nature de la lettre de change dont il s'agit, on ne peut pas non plus la soustraire à l'application de l'art. 21 du tit. 5 de l'ordonnance de 1673 ».

Mock appelle de ce jugement; et le 15 frimaire an 11, le tribunal d'appel de Colmar,

« Considérant que le titre de créance dont il s'agit, n'est pas une lettre de change; que c'est, au contraire, un Billet de change; puisqu'il est causé pour lettres de change fournies; mais que cette cause n'est pas suffisamment détaillée, ainsi que l'exige l'art. 28 du tit. 5 de l'ordonnance de 1673, ce qui entraîne la nullité du Billet en question, comme Billet de change seule-

ment; qu'il n'en reste pas moins Billet ou promesse dégénérée en dette civile, à laquelle la prescription de cinq ans ne peut être opposée; que le signataire peut être contraint à en payer la valeur, si celui au profit duquel il a été passé, peut prouver qu'il l'a réalisé à l'autre en lettres de change, argent ou marchandises fournies; que l'appelant a offert sur le barreau de rapporter la preuve, non-seulement qu'il a fourni à l'intimé des lettres de change échéantes à la foire de Francfort du mois d'avril 1787, mais que ces lettres de change ont été acquittées; que, si l'appelant remplit ses offres, sa demande se trouvera bien fondée; et que c'est par conséquent le cas de l'admettre à justifier des faits par lui avancés..... ;

» Continue la cause au mois; pendant lequel temps l'appelant sera tenu de prouver que, lors du Billet passé à Francfort, le 5 avril 1787, il a réellement fourni à l'intimé, jusqu'à la concurrence de la somme de 4,880 livres portées audit Billet, des lettres de change échéantes en foire d'alors, et même que ces lettres furent acquittées; pour, cette preuve rapportée, être ultérieurement statué ce qu'il appartiendra, dépens réservés ».

Schrick se pourvoit en cassation, et il emploie deux moyens qui n'en font réellement qu'un : contravention à l'art. 21 du tit. 5 de l'ordonnance de 1673, qui soumet les lettres de change à la prescription de cinq ans; fausse application des art. 27 et 28 du même titre, qui ne sont relatifs qu'aux Billets de change, tandis que l'effet du 5 avril 1787 est une véritable lettre de change, dans laquelle on trouve réunies la remise de place en place, la désignation de celui à qui le contenu du Billet doit être payé, la fixation de l'époque du paiement, la dénomination de celui qui a donné la valeur, et la détermination des objets fournis pour cette valeur.

La cause portée à l'audience de la section des requêtes, le ministère public, par l'organe de M. Lecoutour, a conclu à l'admission de la requête de Schrick. Mais par arrêt du 1er. thermidor an 11, rendu au rapport de M. Gandon, elle a été rejetée,

« Attendu qu'un des caractères de la lettre de change, est qu'elle soit payable par une autre que le tireur, vers lequel autre le porteur puisse poursuivre l'acceptation; que, dans l'espèce, Schrick qui a souscrit le Billet en question, s'est obligé de payer lui-même, et n'a indiqué personne à qui il donnât le mandat de payer pour lui; que la circonstance que le Billet a été souscrit à Francfort, et qu'il contient promesse de payer à Strasbourg, n'a pu faire de ce Billet une lettre de change; ou il faudrait dire que tous les Billets payables ailleurs qu'au lieu où ils ont été souscrits, sont des lettres de change :

» Attendu encore que le Billet en question n'est point un Billet de change, puisqu'il ne contient aucune des énonciations qu'exige l'art. 28 du tit. 5 de l'ordonnance de 1673 ;

« Attendu enfin que l'omission des énonciations exigées par l'ordonnance, empêche bien l'obligation d'être *billet de change*, mais la laisse dans la classe des obligations ordinaires ».

Le second arrêt, qui est du 2 novembre 1807, est rapporté dans le *Répertoire de Jurisprudence*, aux mots *ordre (Billet à)*, §. 3, n°. 2.

III. Aujourd'hui, et d'après les art. 117 et 118 du Code de commerce, qui déchargent l'endosseur de toute garantie, en cas de défaut de protêt à temps, lors même qu'il n'y a pas eu *provision* à l'échéance (1), il importe peu, en ce qui concerne l'endosseur, que le Billet à domicile doive ou ne doive pas être assimilé à la lettre de change.

La question est également sans intérêt par rapport au créeur, relativement à la prescription quinquennale, lorsque le créeur est négociant, puisqu'en ce cas, le Billet à domicile, fût-il simplement à ordre, serait soumis, par l'art. 189 du Code de commerce, à la même prescription que la lettre de change proprement dite.

Mais la question conserve toute son importance, par rapport au créeur lui-même et relativement à la prescription quinquennale, lorsque le Billet à domicile est souscrit par un non-commerçant.

Et si la question est importante sous ce rapport, on ne peut pas dire qu'elle soit encore bien résolue, même par les trois arrêts de la cour de cassation ci-dessus rappelés qui ont jugé, avant le Code de commerce, que le Billet à domicile avec remise de place en place, n'équivaut pas à une lettre de change.

Car la jurisprudence que ces arrêts semblaient avoir établie, me paraît fortement ébranlée par celui du 1er. mai 1809, qui a jugé (comme on le verra à l'article *Lettres de change*), en cassant un arrêt de la cour d'appel de Turin, que l'on doit considérer comme une véritable lettre de change, l'acte qui, conçu dans la forme extérieure d'une lettre de change proprement dite, avec remise de place en place, ne présente néanmoins, dans le tireur et l'accepteur, qu'une seule et même personne ?

En effet, qu'est-ce qu'une pareille lettre de change, sinon un Billet à domicile ? Et si, par l'arrêt dont il s'agit, le tireur d'une pareille lettre de change a été déclaré justiciable du tribunal de commerce, quoiqu'il ne fût pas négociant, quelle raison y aurait-il de soustraire à la prescription quinquennale, un Billet à domicile souscrit par un non-commerçant ?

On m'objectera peut-être un arrêt de la cour royale de Colmar, du 14 janvier 1817, qui a jugé que le Billet à domicile souscrit par un non-

commerçant, n'emporte pas la contrainte par corps (1)?

Mais il a aussi jugé que ce Billet n'emporte pas, par lui-même, soumission à la juridiction commerciale ; et certainement il a mal jugé à cet égard, puisque l'art. 632 du Code de commerce répute actes commerciaux, *entre toutes personnes*, les *lettres de change*, ou *remises de place en place*; expressions qui démontrent évidemment, soit qu'il y a lettre de change toutes les fois qu'il y a remise de place en place, soit que, quant à leurs effets, toutes les remises de place en place équipollent à des lettres de change.

Une autre considération qui ne décrédite pas moins cet arrêt, c'est que, tout en jugeant que le signataire du Billet à domicile dont il était question, n'était point, par cela seul, justiciable du tribunal de commerce, il ne laisse pas de le déclarer tel, sous le prétexte que, par le défaut de paiement de ce Billet, il avait donné lieu à une *retraite* entre négocians, et que c'était à lui à payer le montant de cette retraite; prétexte qui est complétement détruit par les arrêts de la cour de cassation, des 21 thermidor an 8 et 22 frimaire an 9, rapportés aux mots *Lettre de change*, §. 4.

IV. Le créeur d'un Billet à domicile qui prouve qu'il y a eu provision à l'échéance, est-il, comme le tireur d'une lettre de change, déchargé de toute poursuite de la part du porteur qui n'a pas fait protester le Billet à temps ?

L'affirmative n'est pas douteuse dans l'opinion de ceux qui ne mettent aucune différence réelle entre le Billet à domicile et la lettre de change proprement dite.

Mais dans l'opinion contraire, elle est susceptible de difficultés ; et M. Pardessus la rejette formellement, dans son *Cours de droit commercial*, tome 1, n°. 484, 2°. édition : « il ne faut (dit-il) appliquer aux Billets à ordre les dispositions relatives au protêt, aux devoirs et droits des porteurs de lettres de change, qu'avec les modifications que commande la nature des choses. Ainsi, après l'expiration du délai, le porteur ne doit pas être déchu de ses droits contre le souscripteur, quand même, dans le cas où ce Billet serait payable dans une autre ville que le domicile du souscripteur et par une personne qui aurait indiqué, ce qui emporterait remise d'une place sur une autre, ce souscripteur prouverait qu'il y avait provision au lieu et à l'époque où le protêt devait être fait. Autrement, ce serait mettre en principe qu'un débiteur est libéré, si son Billet ne lui est pas présenté à l'échéance. Dans un tel cas, le débiteur a dû veiller à ce que devenaient les fonds qu'il avait confiés à un mandataire pour acquitter le Billet, et n'a pu être libéré que par une consignation dans les

(1) Jurisprudence de la cour de cassation, tome 8, partie 2, page 125.

» formes que nous avons indiquées n°s.2 13 et sui-
» vans. C'est le motif pour lequel on n'a pas dé-
» claré que les dispositions sur la provision s'ap-
» pliquent aux Billets à ordre. On suivrait ce que
» nous avons dit au n°. 482 »; c'est-à-dire,
comme l'explique l'auteur, n°. 482, que le souscripteur du Billet à domicile serait toujours
obligé envers le porteur qui n'a pas fait faire de
protêt à l'échéance, sauf à lui à prouver, en cas
d'insolvabilité bien constatée du dépositaire de la
provision, que cette insolvabilité est survenue
après l'échéance même, et que par conséquent le
porteur, en ne se présentant pas à l'époque indiquée, lui a fait perdre les fonds qu'il avait destinés
au paiement de son obligation.

Mais cette doctrine n'est pas à l'abri de toute
critique, même aux yeux de ceux qui n'admettent pas la parfaite assimilation du Billet à domicile à la lettre de change.

Et il ne faut pas, pour en adopter une toute
contraire, *mettre en principe qu'un débiteur est libéré,
si son Billet ne lui est pas présenté à l'échéance*; il suffit
de dire que le Billet à domicile renferme à la fois,
de la part du souscripteur, une obligation de
payer par les mains d'un tiers, et un mandat par
lequel il charge le créancier de se présenter chez
ce tiers à l'échéance; que ce mandat est inséparable de son obligation; que le créancier, en acceptant ce mandat, s'est obligé de le remplir; et
que ne l'ayant pas fait, l'action qu'il avait contre son débiteur se trouve paralysée par la règle
de droit, *quem de evictione tenet actio, eumdem agen-
tem repellit exceptio.*

Inutile d'objecter avec M. Pardessus, que l'art.
187 du Code de commerce ne déclare pas *les dispositions sur la provision applicables aux Billets à ordre.*

Cet article déclare communes aux Billets à
ordre, les dispositions relatives aux lettres de
change, qui concernent *le protêt, les devoirs et
droits du porteur*; et c'en est assez pour que, dans le
cas où il y a provision pour le paiement d'un Billet
à ordre, le porteur soit, faute de protêt à temps,
non-recevable à recourir contre le souscripteur.

Ce qu'il y a de certain, c'est qu'on le juge
ainsi, non-seulement pour les Billets à domicile
proprement dits, ou, en d'autres termes, pour
ceux qui portent remise de place en place, mais
même pour les simples Billets à ordre, payables
dans le lieu même où ils ont été souscrits, mais
par d'autres que les souscripteurs.

Dans l'espèce rapportée au mot *Aval*, §. 2, la
cour royale de Dijon n'a pas hésité à reconnaître,
par son arrêt du 19 décembre 1814, que, si, à
l'échéance du Billet dont il s'agissait, et qui ne
portait pas remise de place en place, il y avait eu
des fonds chez le sieur Prisset, au domicile duquel cet effet était payable, le sieur Gauvenet,
au profit duquel ce Billet avait été créé, aurait
été sans action contre le souscripteur.

Et c'est ce qu'a depuis jugé formellement dans
une espèce où il s'agissait d'un Billet de la même

nature, l'arrêt rendu par la cour de cassation
dans les circonstances suivantes.

Le 30 novembre 1814, Billet par lequel le
sieur Maillet demeurant à Montbrison, promet
de payer, le 30 avril suivant, au sieur Langlois,
avocat en la même ville, ou à son ordre, et au
domicile du sieur Langlois lui-même, la somme
de 460 francs pour argent prêté.

Le 1er février 1815, le sieur Langlois endosse
ce billet au profit du sieur Lafond.

Le lendemain de l'échéance, c'est-à-dire, le
1er mai de la même année, le sieur Lafond, au
lieu de faire protester ce billet au domicile du
sieur Langlois, le fait protester à celui du sieur
Maillet, qui répond que ce n'est pas chez lui,
mais bien chez le sieur Langlois que l'effet est
payable, et qu'il en a déposé le montant entre
les mains de ce dernier, ainsi que le prouve un
reçu signé de lui, qu'il représente.

Le sieur Lafond fait assigner les sieurs Maillet
et Langlois devant le tribunal de première instance de Montbrison, et conclud à ce qu'ils soient
condamnés solidairement à lui payer le montant
du billet, avec frais de protêt et intérêts.

Le sieur Maillet répond que le protêt fait à son
domicile le 1er. mai, est nul; qu'ainsi, l'affaire
doit être jugée comme s'il n'y avait pas eu de
protêt; que d'ailleurs, il y a eu provision de sa
part, et que, dès-lors, le sieur Lafond est sans
action contre lui.

Le sieur Langlois convient qu'il a reçu du sieur
Maillet la provision nécessaire pour acquitter le
Billet à son échéance; mais se fondant sur l'art.
1243 du Code civil, il demande un délai pour se
libérer.

Réplique du sieur Lafond, au sieur Maillet,
qu'il est non-recevable à exciper du défaut de
protêt régulier, parcequ'il est souscripteur; et
au sieur Langlois, que l'art. 1244 du Code civil
est étranger aux Billets négociables.

Le 29 juin 1815, jugement en dernier ressort,
par lequel,

» Considérant qu'il y a protêt, lorsque, sur une
sommation et l'exhibition du titre au débiteur,
le refus de celui-ci d'acquitter son engagement
est constaté;

» Considérant qu'il résulte du procès-verbal
du 1er. mai dernier, qu'à la poursuite de Michel
Lafond, André Maillet a été sommé, dans son
domicile, de payer le montant de sa promesse,
et qu'il a fait refus; que, dès-lors, il y a protêt;

» Mais considérant que, d'après la disposition
du §. 3 de l'art. 173 du Code de commerce, le
refus n'a pu ni dû être constaté au domicile d'André Maillet, mais au domicile de M. Langlois, indiqué par l'engagement pour le lieu où Maillet
devait se libérer, et qu'il l'a effectué avant qu'il
eût connaissance de l'ordre dont excipe Michel
Lafond; que conséquemment André Maillet avait
fonds et provision au désir de son engagement,
et qu'il l'a exécuté;

I I.

» Considérant que la transmission de la propriété de cet engagement en faveur de Michel Lafond, n'a pas fait disparaître la condition d'en réaliser le paiement dans le lieu désigné ; que le sieur Langlois, en cessant d'être propriétaire de la promesse dont il s'agit, son domicile n'a pas cessé d'être indiqué comme le lieu où le paiement devrait être fait, ni lui-même d'être dépositaire tacitement convenu ;

» Considérant que Michel Lafond, en acceptant cette promesse, en a aussi accepté les conditions ; que, dès-lors, il doit s'adresser au sieur Langlois, qui a fonds et provision ;

» Considérant que le sieur Langlois, ayant reçu le montant de l'effet en question, est, de droit, tenu d'en faire le remboursement à Michel Lafond ; mais attendu les difficultés qu'éprouvent actuellement les débiteurs à se procurer des fonds pour leur libération, on ne peut lui refuser un délai » ;

Le tribunal de Montbrison décharge le sieur Maillet de l'action intentée contre lui, et condamne le sieur Langlois à payer, dans le délai de quatre mois, le montant du Billet au sieur Lafond.

Le sieur Lafond se pourvoit en cassation contre ce jugement, et soutient, 1°. qu'en assimilant le souscripteur d'un Billet à domicile qui a fait provision, au tireur d'une lettre de change qui est dans le même cas, il a fait une fausse application des art. 169, 170 et 173 du Code de commerce, et par suite, violé la disposition générale des art. 164 et 187 du même Code ; 2°. qu'en accordant un délai au sieur Langlois, il a contrevenu tant à l'art. 157 du même Code qu'à l'art. 187 qui le déclare applicable aux Billets à ordre en ce qui concerne le paiement.

Ces moyens présentés par M. Darrieux, avocat du sieur Lafond, ont sans doute été développés avec tout le talent qui distingue cet habile défenseur.

Mais par arrêt du 31 juillet 1817, au rapport de M. Dunoyer,

« Attendu que l'art. 187 du Code de commerce déclare communes aux billets à ordre les dispositions de la nouvelle loi relative au protêt des lettres de change ;

» Attendu que le Billet de 460 francs, dont il s'agit, n'ayant point été présenté à son échéance ni protesté au domicile élu par Maillet qui l'avait souscrit, chez Langlois, avocat, et ayant été justifié que les fonds avaient été faits chez ce même Langlois, pour l'acquittement de l'effet à son échéance, Maillet ne pouvait plus être exposé à aucune poursuite de la part de Lafond ;

» Attendu, en ce qui concerne Langlois, qu'à son égard, la réclamation concernant le délai qui lui a été accordé pour le remboursement de l'effet en l'acquit de Maillet, outre qu'elle est sans objet, ce délai étant expiré depuis long-temps, est également mal fondé, s'agissant d'un simple prêt et non pas d'une dette de commerce ;

en sorte que les parties ont eu recours au tribunal civil de première instance, qui a prononcé comme tribunal ordinaire, et non pas comme en matière de commerce ou entre commerçans ; ce qui rendait l'art. 1244 du Code civil applicable ;

» Par ces motifs, la cour rejette le pourvoi.... »

BILLET DE COMMERCE. §. I. *Un Billet de commerce venant de l'étranger, peut-il recevoir en France un endossement en blanc, avant d'avoir été présenté au timbre ? Cet endossement équivaut-il à la négociation défendue par la loi, tant que le Billet n'est pas timbré ?*

V. le plaidoyer du 11 brumaire an 9, et l'arrêt du 2 brumaire an 10, rapportés à l'article *Endossement.*

§. II. *Un Billet qui n'est ni à ordre ni au porteur, devient-il sujet aux règles établies pour la garantie des Billets de Commerce, par cela seul qu'il a circulé d'une main dans une autre par la voie de l'endossement ?*

Cette question et deux autres qui sont indiquées sous les mots *Discussion* et *Garantie*, ont été agitées à l'audience de la section des requêtes de la cour de cassation, le 24 ventôse an 10. Il s'agissait de statuer sur une demande en cassation formée par le sieur Caussin, contre les sieurs Lafontaine et Neu.

« Pour bien apprécier (ai-je dit) la demande en cassation qui vous est soumise, il importe de vous fixer très-exactement sur les faits.

» La contestation sur laquelle a prononcé le jugement qui est l'objet de cette demande, doit son origine à un avertissement adressé en l'an 5 aux cit. Neu et Lafontaine, fournisseurs de la république, par le chef du bureau des fonds de la trésorerie nationale, et conçu en ces termes : *Je vous préviens que je viens d'adresser au payeur général du département de la Moselle, première division, un ordre de paiement à votre profit, de la somme de 4,000 livres, numéraire effectif, provenant d'un état du ministre de la guerre, numéroté 4860, et autorisé par les commissaires de la trésorerie nationale, le 9 floréal. Signé Dauchy.*

» Cet avertissement, comme vous le voyez, annonce l'envoi d'une rescription de la trésorerie nationale sur le payeur général du département de la Moselle ; mais il ne constitue pas la rescription elle-même.

» Du reste, il ne porte aucune date. On y lit bien en tête les mots 29 *messidor an* 5 ; mais la preuve que ces mots y ont été ajoutés après coup, c'est que, le 29 *messidor an* 5, l'avertissement dont il s'agit se trouvait déjà à Metz entre les mains des cit. Neu et Lafontaine, qui, ce jour-là même, l'ont endossé en ces termes : *payez à l'ordre du cit. Caussin, négociant à Neufchâteau, valeur reçue en marchandises.*

» A la suite de cet endossement, le cit. Caussin, ou plutôt son épouse, en a placé un autre ainsi conçu : *payez à l'ordre du cit. Bisse-Lagrave, valeur reçue. A Metz, le 30 messidor an 5.*

» Le 4 fructidor de la même année, le cit. Bisse-Lagrave s'est présenté à la caisse du payeur pour toucher les 4,000 livres; et, à défaut de paiement, il a fait protester l'*avertissement* dont nous venons de parler. Le protêt est du 17.

» Le 25 du même mois, signification de protêt au cit. Caussin, avec sommation de rembourser les 4,000 livres au cit. Bisse-Lagrave.

» On ne voit pas que, de son côté, le cit. Caussin ait fait aucune signification ni dénonciation aux cit. Neu et Lafontaine, dans le délai où il eût été obligé de se mettre en règle à cet égard, s'il se fût agi d'un Billet négociable.

» Il a bien cité les cit. Neu et Lafontaine devant le bureau de paix du canton de Neufchâteau, pour se concilier sur la demande qu'il entendait former contre eux, en garantie des poursuites exercées à sa charge par le cit. Bisse-Lagrave; mais rien ne nous indique la date de cette citation; seulement nous voyons, par le rapprochement de deux procès-verbaux du bureau de paix, qu'elle est postérieure au 16 frimaire an 6, et antérieure au 11 floréal suivant.

» Si elle est postérieure au 16 frimaire an 6, bien évidemment elle est faite après le délai de la loi; car l'art. 13 du tit. 5 de l'ordonnance de 1673 n'accordait au cit. Caussin que quinze jours et un jour de plus par dix lieues de distance de son domicile à celui des cit. Neu et Lafontaine; et cela à compter du jour de la signification qui lui avait été faite du protêt, c'est-à-dire, du 25 fructidor an 5.

» Quoi qu'il en soit, le cit. Lafontaine, comparaissant, pour la première fois, devant le bureau de paix, le 11 floréal an 6, a déclaré qu'il ne se présentait que pour *faire connaître au cit. Caussin que l'ordre de paiement qu'il lui avait cédé, avait été donné au comptant et sans garantie;* et qu'en cas que le cit. Caussin persistât à suivre l'effet de sa demande, il entendait décliner la juridiction du tribunal civil du département des Vosges, sauf au cit. Caussin à le poursuivre devant ses juges naturels, c'est-à-dire, devant les juges du département de la Moselle, car les cit. Neu et Lafontaine sont domiciliés à Thionville.

» Le 29 thermidor an 6, le cit. Bisse-Lagrave a fait assigner le cit. Caussin *au tribunal de commerce du département des Vosges, séant à Epinal;* et comme il n'existe point en cette ville de tribunal de commerce proprement dit, il entendait vraisemblablement le faire assigner en vertu de l'art. 13 du tit. 12 de la loi du 24 août 1790, devant le tribunal civil du département des Vosges.

» Le cit. Caussin, de son côté, a fait assigner au même tribunal les cit. Neu et Lafontaine pour le garantir et indemniser des condamnations qu'il pourrait subir au profit du cit. Bisse-Lagrave.

» Le 26 brumaire an 7, toutes les parties comparaissent devant ce tribunal. Le cit. Lafontaine

y propose son déclinatoire, il en est débouté.

» Le 6 frimaire suivant, jugement qui condamne contradictoirement le cit. Caussin à rembourser les 4,000 livres au cit. Bisse-Lagrave, et par défaut les cit. Neu et Lafontaine à indemniser de ce remboursement le cit. Caussin.

» Le 26 nivôse suivant, sur l'opposition du cit. Lafontaine, jugement qui l'en déboute et ordonne l'exécution de celui du 6 frimaire.

» Appel de ce dernier jugement et de celui du 26 brumaire, par le cit. Lafontaine.

» Sur cet appel, il intime le cit. Caussin et le cit. Bisse-Lagrave. Tous deux y défendent, chacun selon son intérêt, et ce qu'il importe de remarquer, tous deux se bornent à conclure à la confirmation de l'un et de l'autre jugement.

» Ainsi, point d'appel de la part du cit. Caussin, du jugement du 6 frimaire, qui le condamne à rembourser les 4,000 livres au cit. Bisse-Lagrave; ce jugement, entre eux, passe en chose jugée.

» Le 7 nivôse an 8, la cause est portée à l'audience du tribunal civil du département de la Haute-Marne.

» Le cit. Lafontaine attaque du chef d'incompétence, les jugemens dont il s'est rendu appelant; mais ce moyen est rejeté.

» Le tribunal d'appel rejette également deux nullités de forme que proposait le cit. Lafontaine; et passant au fond, il considère, « qu'il est » inutile d'examiner quel est le caractère de » l'effet passé par Lafontaine » (ce qui, pour l'observer en passant, prouve que, sur ce point, les parties n'avaient pas été d'accord dans leurs plaidoiries); « qu'il est constant que cet effet » n'est pas de la nature de ceux de commerce; que » Nicolas Caussin était propriétaire de l'effet de » 4,000 francs; qu'il avait la faculté incontesta- » ble d'exercer une action en garantie à défaut » de paiement de la part du payeur général sur » qui cet effet était tiré; que Caussin devait, en » sa qualité de propriétaire, faire ses diligences » pour se procurer le paiement des 4,000 francs » dont il s'agit; que l'arrêté du directoire exécu- » tif, en date du 21 messidor an 5, lui traçait la » marche qu'il avait à suivre; que Caussin ayant » négligé de s'y conformer, et n'ayant pas mis » Lafontaine à même de faire ses diligences, en » lui donnant avis, sur-le-champ, des obstacles » qui s'élevaient, il doit imputer à lui seul le re- » tard qu'il éprouve; que Caussin, en recevant » l'effet en question, n'ignorait pas les formalités » à observer; qu'on ne lui avait pas garanti que, » le 14 fructidor, époque à laquelle il a fait pré- » senter cet effet au payeur général, il serait » payé, mais quand il y aurait des fonds dispo- » nibles; et que la seule chose qui lui ait été ga- » rantie, c'est que la somme était due par le » gouvernement; que l'action en garantie que » Caussin a à exercer contre Lafontaine, est non- » recevable, jusqu'à ce qu'il se soit pourvu près

» le gouvernement pour obtenir le paiement de
» l'effet qui lui a été cédé par Lafontaine; et qu'a-
» lors éprouvant un refus de paiement, il pourra
» diriger sa demande contre son cédant; et que
» jusqu'à ce moment, son action est préma-
» turée».

» Et c'est par ces motifs que le tribunal faisant
droit sur l'appel du 26 nivôse an 7, «met l'ap-
» pellation et ce dont est appel au néant, en ce
» qui concerne Lafontaine; le décharge des con-
» damnations contre lui prononcées; au princi-
» pal, reçoit ledit Lafontaine opposant au juge-
» ment par défaut du 6 frimaire; faisant droit sur
» l'opposition et au principal, déclare ledit Caus-
» sin, quant à présent, non-recevable en sa de-
» mande en garantie; sauf à lui à se pourvoir
» de nouveau contre ledit Lafontaine, en cas de
» non-paiement, après avoir fait, pour y par-
» venir, toutes les diligences nécessaires et pres-
» crites par les lois et arrêtés du gouvernement;
» et sauf pareillement toute action pour exiger
» dudit Lafontaine les pièces qui pourraient de-
» venir nécessaires audit Caussin, pour justifier
» sa réclamation ».

» C'est contre ce jugement qu'est dirigée la demande en cassation sur laquelle vous avez à statuer. Le cit. Caussin vous propose deux moyens:
l'un, qu'il puise dans de prétendus vices de
forme, déjà détruits par le rapport que vous venez d'entendre, et sur lequel il serait inutile de
revenir; l'autre, qu'il tire du fond de la cause,
et qu'il fait consister, tant dans la violation des
articles de l'ordonnance de 1673 relatifs à la
garantie des effets de commerce, que dans la
fausse application des arrêts du directoire exécutif du 21 messidor an 5.

» Sur ce second moyen, vous avez déjà remarqué que le cit. Caussin reproche au tribunal
civil de la Haute-Marne d'avoir, de son propre
mouvement, et sans y avoir été provoqué par
les discussions des parties, rangé l'effet de
4,000 livres, qui forme la matière du procès, hors
de la classe des Billets de commerce.

» Mais vous avez remarqué aussi que le jugement attaqué ne permet pas, par la manière dont
est rédigé son premier *considérant* sur le fond,
d'avoir égard à cette assertion du cit. Caussin.
Car en débutant par dire *qu'il est inutile d'examiner quel est le caractère de l'effet passé par Lafontaine*, il annonce bien clairement que ce point
avait été discuté dans les plaidoiries; si les parties
s'étaient là-dessus trouvées d'accord, il n'aurait
pas dit que l'examen de ce point était inutile, il
n'en aurait pas parlé.

» Ce n'est pas avec plus de fondement que le
cit. Caussin se prévaut de ce qu'en première instance, l'effet litigieux avait été considéré comme
un Billet de commerce, et de ce que c'était
comme tribunal de commerce, que le tribunal
civil du département des Vosges en avait connu.

» D'une part, rien n'annonce dans l'exposé qui

précède le dispositif de chacun des jugemens de
première instance, que cet effet ait été considéré
comme un Billet de commerce plutôt que comme
un billet ordinaire.

» De l'autre, où est la preuve que c'est comme
tribunal de commerce, que le tribunal civil du
département des Vosges avait rendu le jugement
de première instance?

» Résulterait-elle de ce que l'assignation originaire avait été donnée par le cit. Bisse-Lagrave devant *le tribunal de commerce séant à
Épinal?*

» Mais d'abord, qui nous assurera que cette
assignation n'a pas été abandonnée? Qui nous
assurera que c'est sur cette assignation, datée,
comme nous l'avons déjà vu, du 29 thermidor
an 6, que la cause a été portée à l'audience, le
26 brumaire an 7, c'est-à-dire, deux mois et 26
jours après? Il n'y aurait qu'un moyen de vérifier ce fait, ce serait de représenter le jugement
du 26 brumaire an 7, et c'est ce que ne fait pas
le cit. Caussin.

» En second lieu, fixez vos regards sur tout ce
qui a précédé et suivi cette assignation : vous
verrez clairement que jamais les parties n'ont
entendu plaider devant le tribunal civil des
Vosges, comme devant un tribunal de commerce. Avant l'assignation, les parties se citent
mutuellement devant le bureau de paix et y comparaissent. Après l'assignation, elles représentent
au tribunal civil des Vosges, qui en fait mention
dans ses jugemens, les procès-verbaux de non-
conciliation dressés par le bureau de paix; elles
les représentent même encore en cause d'appel,
où ces actes donnent lieu à un incident. Or,
rien de tout cela n'eût eu lieu, s'il se fût agi de
plaider, soit devant un tribunal de commerce,
soit devant un tribunal ordinaire jugeant comme
tribunal de commerce; l'art. 18 de la loi du 6
mars 1791 est là-dessus très-formel.

» Enfin, ce qui prouve que le tribunal civil
du département des Vosges n'a pas connu de cette
affaire comme tribunal de commerce, c'est la
manière dont il a statué. En condamnant le cit.
Caussin à rembourser les 4,000 livres au cit. Bisse-
Lagrave, et le cit. Lafontaine à indemniser de
cette condamnation le cit. Caussin, il a ordonné
que son jugement serait exécuté nonobstant appel; et il l'a ordonné, non en vertu des art. 13
et 14 du tit. 12 de la loi du 24 août 1790, comme
il eût dû le faire, s'il eût jugé comme tribunal
de commerce, mais en vertu de l'art. 7 du tit. 12
de l'ordonnance civile de Lorraine de 1797, qui
autorise tous les tribunaux ordinaires à faire exécuter par provision les jugemens qu'ils rendent,
soit sur des contrats notariés, soit sur de simples
billets reconnus en justice.

» Ecartons donc tout ce qui, dans la requête
du cit. Caussin, tend à établir que les juges de première instance et les parties elles-mêmes en cause
d'appel, avaient considéré comme effet de com-

merce, le Billet transmis par les cit. Neu et Lafontaine au cit. Caussin, et par celui-ci au cit. Bisse-Lagrave, ce qui, après tout, serait assez indifférent, et renfermons-nous dans les questions auxquelles toute cette affaire paraît devoir se réduire.

» Ces questions consistent à savoir, 1°. si le Billet dont il s'agit, est ou non un effet de commerce; si, en supposant qu'il ne le soit pas, le jugement attaqué a violé quelque loi, en déclarant le cit. Caussin non-recevable, quant à présent, dans sa demande en garantie contre le cit. Lafontaine.

» La première question se résoud en deux mots.

» Il n'y a d'effets de commerce, c'est-à-dire, d'effets véritablement négociables, d'effets susceptibles d'être transportés en toute propriété d'une main dans une autre, par la voie d'un simple ordre, que les lettres de change, les billets de change, les billets à ordre et les billets au porteur.

» Or, l'avertissement signé *Dauchy*, adressé en l'an 5 aux cit. Neu et Lafontaine, n'est ni un billet au porteur, ni un billet à ordre, ni un billet de change, ni une lettre de change, il n'est donc pas effet de commerce.

» Qu'est-il donc? Il est, comme sa propre teneur le prouve, un simple *avis*; et il est à remarquer que c'est sous cette dénomination que le désigne même le jugement de première instance, du 26 nivôse an 7. Il ne constitue pas un titre de créance payable à ordre, il ne fait qu'annoncer aux cit. Neu et Lafontaine que l'un des caissiers de la république est chargé par la trésorerie nationale de leur payer 4,000 livres.

» Mais, dit-on, cet avertissement a été endossé par les cit. Neu et Lafontaine, d'un ordre de payer au cit. Caussin, et par celui-ci d'un ordre de payer au cit. Bisse-Lagrave.

» Eh bien! que résulte-t-il de là? Rien autre chose sinon que les cit. Neu et Lafontaine ont cédé et transporté au cit. Caussin ce qu'ils avaient à recevoir des mains du payeur-général de Metz, et que le cit. Caussin a fait une arrière cession et transport au cit. Bisse-Lagrave, de la créance des cit. Neu et Lafontaine sur le trésor public.

» Sans doute, des cit. Neu et Lafontaine au cit. Caussin, comme du cit. Caussin au cit. Bisse-Lagrave, ces cessions et transports ont opéré la translation de la propriété de la créance. Mais ont-elles converti le titre de cette créance en effet de commerce? Ont-elles équipollé à des ordres mis au dos, soit d'une lettre ou billet de change, soit d'un billet à ordre ou au porteur? Très-certainement non. Et en voulez-vous une preuve sans réplique? Supposez qu'après l'endossement passé par les cit. Neu et Lafontaine au cit. Caussin, les cit. Neu et Lafontaine se fussent procuré un duplicata de l'avertissement signé *Dauchy*, et eussent été toucher eux-mêmes la somme de

4,000 livres à la caisse du payeur général de Metz, que serait-il arrivé dans cette hypothèse? Le cit. Caussin serait-il venu dire que le payeur n'était pas valablement libéré? Le payeur lui aurait répondu: « Vous étiez, à la vérité, cessionnaire des 4,000 livres, avant que je les payasse à votre cédant; mais j'ignorais la cession qu'il vous avait faite, vous ne me l'aviez pas signifiée ». Et assurément, le payeur n'eût pas pu lui opposer une pareille défense, s'il se fût agi d'un effet négociable par sa nature.

» Mais, après tout, quelle est la loi que l'on peut accuser le tribunal de la Haute-Marne d'avoir violée, en jugeant que l'effet litigieux n'était pas un effet de commerce? le cit. Caussin n'en a pas cité, et dans le fait, il n'en existe aucune.

» Il y a plus: le tribunal civil de la Haute-Marne n'a fait, en jugeant ainsi, que consacrer un principe auquel les parties elles-mêmes avaient rendu hommage par leur conduite. Car pourquoi le cit. Caussin n'avait-il pas assigné les cit. Neu et Lafontaine dans les délais fixés par l'art. 13 du tit. 5 de l'ordonnance de 1765? Et pourquoi les cit. Neu et Lafontaine, de leur côté, n'avaient-ils pas tiré de ce défaut d'assignation à temps, une fin de non-recevoir contre la demande en garantie du cit. Caussin? C'est, sans doute, parce que ni le citoyen Caussin ni les cit. Neu et Lafontaine, ne regardaient l'effet litigieux comme soumis aux dispositions de l'ordonnance de 1673 relatives aux billets négociables.

» Tenons donc pour très-constant que le tribunal de la Haute-Marne a bien jugé en déclarant que le billet litigieux n'avait pas le caractère d'un effet de commerce; et voyons s'il a également bien jugé en concluant de là que le cit. Caussin était, quant à présent, non-recevable dans sa demande en garantie contre les cit. Neu et Lafontaine.

Ici, nous devons convenir d'une chose, c'est que le tribunal de la Haute-Marne a raisonné très-inconséquemment.

» Car de ce que l'effet litigieux n'était pas un Billet de commerce, il aurait dû inférer, non pas que le cit. Caussin était non-recevable quant à présent, mais qu'il n'avait absolument aucune action, du moment qu'il ne niait pas que les cit. Neu et Lafontaine fussent véritablement créanciers de la somme de 4,000 livres, dont ils lui avaient fait cession.

» Telle est, en effet, la règle générale en matière de cession et transport: le cédant est bien tenu de garantir l'existence de la dette, mais il n'est pas garant de la solvabilité du débiteur, à moins que, par une convention expresse, il n'en ait pris sur lui le risque: *Si nomen sit distractum* (dit la loi 4, *de hereditate vel actione vendită*, au Digeste), *Celsus scribit locupletem esse debitorem non debere præstare; debitorem autem esse præstare nisi aliud convenit*; ce qui revient (conclud de là Loyseau, dans son *Traité de la garantie des rentes*, chap. 3,

n°. 9), ce qui revient à cette maxime, « que la
» garantie de droit est due, bien qu'elle ne soit pas
» promise, mais que la garantie de fait n'est point
» due, si elle n'est promise». Pothier établit le
même principe dans son *Traité du contrat de vente;*
et il n'en est point de plus constant dans toute
la jurisprudence.

» Or, dans notre espèce, les cit. Neu et Lafontaine ne se sont pas obligés, en transportant leur
créance au cit. Caussin, de lui en garantir le
paiement effectif; ils la lui ont transportée purement et simplement; ils ne lui doivent donc
que la garantie de droit, c'est-à-dire, la garantie
de l'existence, de la légitimité de leur créance.

» Et l'on sait bien que les choses ne se passent
presque jamais autrement entre les cédans et
les cessionnaires de pareils effets. Tous les jours,
on vend à la bourse des ordonnances de ministres,
des rescriptions du trésor public; on les vend
comme légitimement dues, on en répond sous
ce rapport; mais jamais ou presque jamais on ne
les vend avec clause de garantie, soit du paiement
intégral, soit du paiement à époque fixe; aussi
les achète-t-on toujours à des prix inférieurs à
leur valeur réelle.

» De quoi vient donc se plaindre ici le cit.
Caussin? Le jugement qu'il attaque lui accorde
plus qu'il n'a droit de prétendre : il lui réserve
une action en remboursement, après qu'il aura
fait ses diligences pour se faire payer par le trésor public, et il est démontré que cette action
ne lui appartient à aucun titre. Nous serions bien
curieux de savoir comment il s'y prendrait pour
défendre une pareille disposition, si elle était attaquée par le cit. Lafontaine, et si celui-ci venait en demander la cassation en se fondant sur
le texte précis des lois romaines, qui ont à Metz,
lieu du contrat passé entre lui et le cit. Caussin,
une autorité véritablement législative à défaut de
la coutume et des lois nationales, ainsi que le
prouve Gabriel dans *ses Observations sur les cou-*
tumes et usages du ressort du parlement de Metz,
tome 1, page 42.

» Mais supposons pour un moment que les
parties se soient placées, par leurs endossemens
respectifs, des 29 et 30 messidor an 5, dans le
cas de l'exception que les lois romaines apportent au principe qui affranchit le cédant d'une
créance, de la garantie de la solvabilité du débiteur; supposons qu'elles puissent s'appliquer le
nisi aliud convenit qui modifie le texte si tranchant,
si décisif, dont nous rappelions tout-à-l'heure
les termes; supposons enfin que les cit. Neu et
Lafontaine se soient expressément constitués, envers le citoyen Caussin, responsables du défaut
de paiement de la rescription de la trésorerie nationale sur le payeur général de Metz.

» Dans cette hypothèse, sans doute, le cit.
Lafontaine ne pourrait pas attaquer le jugement
du tribunal de la Haute-Marne; mais le cit.
Caussin, que pourrait-il alléguer pour en établir

même le simple mal-jugé? le tribunal de la
Haute-Marne n'aurait fait, alors, que ce que lui
aurait prescrit la maxime enseignée par tous les
auteurs (1), et justifiée par une foule d'arrêts,
que le cédant, quoique expressément obligé à la
garantie de fait, par la clause *fournir et faire valoir,*
ne peut être tenu d'acquitter la créance dont il a
fait le transport, qu'autant que le débiteur a été
prouvé insolvable par une pleine discussion.

» Nous disons *par une pleine discussion,* car pour
établir, en pareil cas, le recours du cessionnaire
contre le cédant, ce n'est pas assez d'un simple
commandement ou d'autres poursuites de ce
genre; il faut une discussion qui aille jusqu'à
provoquer le décret de tous les biens du débiteur
cédé.

» La discussion, dit Brodeau sur Louet, lettre
F, §. 25, « qui va à l'effet de montrer le débiteur
» insolvable, soit lors du transport, soit depuis,
» n'est ni bien ni suffisamment justifiée, que *per*
» *solemnem auctionem bonorum debitoris,* et non par
» la simple relation d'un sergent contenue en son
» exploit, suivant un arrêt du 22 décembre 1597,
» prononcé en robes rouges par le parlement de
» Paris ».

» *Solemnis auctio bonorum debitoris :* voilà la véritable obligation du cessionnaire. Si le débiteur
n'a pas d'immeubles, il faut que le cessionnaire
le fasse constater par un procès-verbal de perquisition en bonne forme. Si le débiteur a des immeubles, il faut que le cessionnaire les fasse décréter, afin que la créance puisse se prendre sur
la vente qu'en fera la justice.

» C'est aussi l'opinion de Mornac sur la loi
dernière, D. *si certum petatur* (2); et cet auteur
cite un arrêt du 13 avril 1602, qui la confirme
expressément.

» Chopin, sur la coutume de Paris, liv. 3,
tit. 2, art. 19, dit la même chose; il observe
même que l'arrêt dont parle Mornac, fut rendu
de l'avis unanime de toutes les chambres, *concor-*
dibus omnium curiæ classium suffragiis.

» Bacquet, dans son *Traité des rentes constituées,*
chap. 18, dit également que, « pour prouver
« qu'un débiteur est insolvable, il faut le discuter,
« c'est-à-dire, que ces biens soient entièrement
« vendus, *usquè ad saccum et peram* (3) ».

_____

(1) *V.* Brodeau sur Louët, titre F, §. 25; Rayiot sur
Périer, question 220 ; Loyseau, *de la Garantie des rentes,*
chap. 4, n°. 22, et chap. 8, n°. 9 ; Leprêtre, centurie 2,
chap. 24, etc.

(2) Voici ses termes : *Ut ambigi deinceps non possit*
quò usu habeatur apud nos, pronuntiatum est in purpu-
ris, anno 1602; 12 aprilis, ad paschales ferias, cessiona-
rium constitutionis reditûs non posse regredi adversùs
cedentem , nisi bonis debitoris omnibus excussis, licet in
contractu cessionis adjecta sit promissio præstandi pe-
riculi, supplendique ac perficiendi debiti... et subsecu-
ta sit stipulatio : Quelque promesse qu'il y ait de garantir, fournir, et faire valoir, tant en principal qu'arrérages, et en cas de trouble et empêchement de payer
soi-même.

(3) Bacquet dit encore, chap. 20 : « Le cessionnaire ne

» Enfin, Loyseau lui-même, qu'on oppose communément à cette opinion, n'y est pas contraire. Il dit, à la vérité, que, si le débiteur n'a aucuns biens, il suffit d'établir ce fait par la voie d'une enquête sommaire ; et c'est là aussi tout ce que dit Lapeyrère à la lettre D ; mais il dit en même temps que, s'il a des biens, le cessionnaire est obligé de les discuter : il remarque même que celui qui discute, n'est pas tenu *de faire deux décrets l'un après l'autre* ; il convient donc bien par cela même qu'il en faut un.

» Tous les tribunaux, au reste, l'ont constamment jugé ainsi. On vient de remarquer que telle était la jurisprudence du parlement de Paris ; et l'on peut voir dans Guy-Pape, que telle était également celle de Grenoble ; dans Fromental, celle de Toulouse ; et dans Lapeyrère, celle de Bordeaux.

» Lapeyrère, qui cite Mornac et Chopin, a rendu son opinion en ces termes : « Le cessionnaire » est tenu de discuter le débiteur, jusqu'au dé- » cret, avant de pouvoir revenir contre le cédant. » Ainsi jugé en 1687 par le parlement séant à la » Réole, au rapport de M. de Marans ».

» Depuis cet arrêt, le même tribunal en a rendu un autre le 28 avril 1742, qui juge absolument de même. Le sieur Beven, de Bayonne, cessionnaire, avait voulu revenir contre les sieurs Léon et Etiennette Dubroca, ses cédants, sans avoir préalablement discuté la succession du feu sieur Barry, qui devait la somme cédée. L'arrêt a déclaré qu'il ne pourrait exercer son recours contre ses cédans, *qu'après l'entier accomplissement et consommation du decret des biens immeubles ayant appartenu à feu Richard Barry, débiteur cédé* (1).

» Enfin, les anciens auteurs disent que la discussion doit être poussée *usquè ad ungulam, usquè ad cespitem terræ, usquè ad saccum et peram*. il est assurément impossible d'imaginer des termes plus énergiques, pour exprimer l'exactitude avec laquelle la discussion doit être faite.

» On juge bien, d'après cela, et Chorier (2) tient en effet, que le cessionnaire d'une créance ne peut pas revenir contre le cédant, *sous prétexte des difficultés qui se rencontrent dans l'exécution* ; cet auteur rapporte même un arrêt du parlement de Grenoble, du 28 juillet 1643, qui l'a ainsi décidé, à l'occasion d'une créance sur la ville de Grenoble, dont le cessionnaire ne pouvait pas être payé.

» Le parlement de Bordeaux l'a jugé de même en 1768, plaidant Duranteau et Mérignac.

» Dans le fait, Duroy, père, avait cédé à Mélignan, son gendre, dans son contrat de mariage, à titre de constitution, une somme de trente mille livres, à prendre sur le président Paschal.

» Mélignan ne pouvant pas être payé de celui-ci, dont presque tous les biens étaient en Amérique, voulut revenir contre son beau-père.

» Duroy lui opposa le défaut de discussion.

» Mélignan se défendait en soutenant qu'elle était trop difficile.

» L'arrêt cité débouta Mélignan jusqu'à ce qu'il eût prouvé, par la discussion, la prétendue insolvabilité du président Paschal.

» Cette cession était pourtant bien favorable, puisqu'elle faisait partie d'une constitution dotale ; mais les principes consacrés par la jurisprudence, étaient encore au-dessus de cette faveur.

» En appliquant ces principes à l'espèce actuelle, et en supposant toujours les cit. Neu et Lafontaine obligés à garantir le paiement de la créance cédée par eux au cit. Caussin, vous voyez que le tribunal civil de la Haute-Marne a très-bien jugé en déclarant le cit. Caussin non-recevable, quant à présent, dans son recours contre les cit. Neu et Lafontaine.

» Le cit. Caussin n'avait pas épuisé, envers le trésor public, toutes les démarches nécessaires pour constater l'impossibilité d'en recevoir le montant de la créance dont il était cessionnaire. Il s'était borné à un simple protêt signifié au payeur de Metz ; et certes, un protêt ne peut pas, envers le trésor public, avoir plus d'effet que n'en aurait un commandement signifié à un débiteur ordinaire. L'action récursoire du cit. Caussin était donc, par cela seul, prématurée, et devait par conséquent être repoussée, quant à présent.

» Elle devait l'être surtout d'après le singulier préjudice que le cit. Caussin avait causé à la créance dont il était cessionnaire, en ne suivant pas, pour s'en procurer le paiement, la marche que lui traçait le second des arrêtés du directoire exécutif, du 21 messidor an 5.

» Cet arrêté, en effet, n'est pas aussi étranger à cette créance que le suppose le cit. Caussin ; il contient deux articles, d'après lesquels cette créance serait probablement acquittée depuis long-temps, si le cit. Caussin en eût bien saisi et fidèlement suivi les dispositions.

» Il porte, art. 2, que *les contributions arriérées antérieures à l'an 5, demeureront affectées au paiement des délégations, bons et rescriptions délivrés jusqu'à ce jour par la trésorerie nationale ;* ce qui comprend bien nettement la créance cédée au cit. Caussin par les cit. Neu et Lafontaine.

» Et il ajoute, art. 3, que *les administrations centrales arrêteront l'état des délégations, bons et rescriptions délivrés sur les dépositaires des deniers publics dans leur département,* ET TIENDRONT LA MAIN A CE QU'ILS SOIENT PAYÉS DANS L'ORDRE DE LEUR PRIORITÉ, AVEC LE PRODUIT DES CONTRIBUTIONS ARRIÉRÉES.

_____

» peut valablement dire qu'il soit évincé de la rente qui » lui a été cédée, et qu'elle ne soit pas bonne, perceptible » et exigible, *jusqu'à ce qu'il ait fait discussion des biens* » *du débiteur d'icelle,* tant meubles qu'immeubles, *usquè* » *ad saccum et peram* ».

(1) M. Desèze (aujourd'hui premier président de la cour de cassation) m'a assuré, en 1784, avoir vérifié cet arrêt au greffe du parlement de Bordeaux, en 1782.

(2) *Jurisprudence de Guy-pape,* sect. 7, art. 7.

» Que devait donc faire le cit. Caussin, en conséquence de ces dispositions? Il devait présenter son titre à l'administration centrale du département de la Moselle; il devait la requérir de tenir la main à ce qu'il fût payé dans son ordre.

» L'a-t-il fait? Non; il n'a donc pas exercé, envers le trésor public, le genre de discussion dont le trésor public était passible de sa part; il n'a donc pas rempli la condition à laquelle est attaché le recours en garantie de tout cessionnaire contre son cédant; il n'est donc pas recevable, du moins quant à présent.

» Et qu'il ne vienne pas dire que sa condition est bien malheureuse; que, condamné à rembourser le cit. Bisse-Lagrave, il est bien dur pour lui de ne pas obtenir une semblable condamnation contre les cit. Neu et Lafontaine.

» S'il est condamné sans retour à rembourser le cit. Bisse-Lagrave, c'est sa faute. Que n'appelait-il du jugement du tribunal civil des Vosges, du 6 frimaire an 7? Loin d'en appeler, il en a soutenu le bien jugé; et peut-être était-il en cela d'accord avec le cit. Bisse-Lagrave lui-même.

» Par ces considérations, nous estimons qu'il y a lieu de rejeter la requête en cassation, et de condamner le demandeur à 150 francs d'amende ».

Arrêt du 24 ventôse an 10, au rapport de M. Poriquet, qui prononce conformément à ces conclusions,

» Attendu, sur le premier moyen, que Lafontaine n'avait pas acquiescé au jugement du 26 brumaire, et qu'il en a interjeté appel en temps utile;

» Attendu que le jugement du 26 nivôse ayant ordonné l'exécution de celui du 6 frimaire, Lafontaine a pu appeler tout à la fois de l'un et l'autre de ces jugemens;

» Attendu, sur le deuxième moyen, que le mandat dont il s'agit, n'était pas un effet de commerce;

» Attendu, enfin, que les juges n'ont pas fait une fausse application de l'arrêté du directoire exécutif, du 21 messidor an 5, sur lequel ils ont appuyé leur décision ».

BILLET AU PORTEUR. *V.* l'article *Porteur* (*Billet au*).

BILLON (monnaie de). *V.* l'article *Paiement*, §. 5.

BLANC-SEING. *V.* l'article *Faux*, §. 13.

BOIS. §. I. *La propriété d'un Bois peut-elle être divisée entre une commune et son ci-devant seigneur, de manière que celui-ci soit propriétaire de la futaie, et que celle-là ne le soit que du taillis? — Le ci-devant seigneur doit-il, en pareil cas, être présumé n'avoir joui de la futaie qu'à titre de servitude féodale?*

V. l'article *Communaux*, §. 7.

§. II. *Les Bois de peu d'étendue sont-ils compris dans les lois sous la dénomination de forêts?*

V. le plaidoyer et l'arrêt du 4 messidor an 9 rapportés au mot *Appel*, §. 8, art. 1, n°. 9.

§. III. *Autres questions sur les Bois.*

V. les articles *Communaux*, *Coupe de bois*, *Délit forestier*, *Garde forestier*, *Pâturage*, *Tiers-denier*, *Triage* et *Usage* (*droit d'*).

BONNE FOI. §. I. *Quelle différence y a-t-il, par rapport aux conditions requises pour mettre un prévenu hors d'accusation, entre les faits qui emportent par eux-mêmes l'idée d'un crime, sauf l'excuse résultant de la Bonne foi, et les faits qui ne sont réputés crimes que lorsque s'y joint la preuve de l'intention criminelle?*

V. les articles *Récusation* et *Bigamie*, §. 1.

§. II. *En cas de mariage entre deux personnes dont l'une est morte civilement, la Bonnefoi de l'un des époux suffit-elle pour légitimer les enfans, même quant à la famille de l'époux frappé de mort civile?*

V. l'article *Légitimité*, §. 5, n°. 2.

BOUCHER, BOULANGER. *L'art. 6 de l'édit du mois de février 1776, qui défend aux Bouchers et aux Boulangers d'abandonner leurs professions, avant qu'il se soit écoulé une année après la déclaration qu'ils en auront faite à la municipalité, est-elle encore obligatoire?*

Le 5 mars 1812, jugement du tribunal correctionnel de la Rochelle qui, sur la dénonciation du maire de la même ville, condamne Jean Antoine Révol à une amende de 500 francs, pour avoir cessé sa profession de Boulanger, sans en avoir préalablement fait la déclaration à la mairie, une année à l'avance, et motive cette condamnation sur l'art. 6 de l'édit du mois de février 1776.

Jean-Antoine Révol appelle de ce jugement au tribunal correctionnel de Saintes.

Le 30 mai suivant, jugement par lequel,

« Considérant que les professions dont l'exercice intéresse la sûreté ou la vie des hommes, ont été, dans tous les temps, soumises à une police et surveillance particulières; que les Boulangers sont de ce nombre, puisque la subsistance du peuple dépend de leur exactitude à remplir les obligations qui leur sont imposées;

» Considérant que l'art. 6 de l'édit du mois de février 1776 défend aux Bouchers et aux Boulangers d'abandonner leur profession avant l'expiration d'une année après la déclaration qu'ils sont tenus de faire, à peine de 500 francs d'amende;

» Considérant que cette disposition particulière aux Bouchers et Boulangers, n'a été abrogée par aucune loi postérieure; que, si, dans le sens de l'édit de 1776, elle ne paraît applicable qu'aux Boulangers dont les maîtrises étaient supprimées par cet édit, elle a acquis néanmoins un caractère de généralité obligatoire pour tous les Boulangers, par l'édit du mois d'août de la même année, qui n'a rétabli les maîtrises et communautés qu'à la charge de se conformer aux réglemens particuliers à chaque profession; que, dès ce moment, cette disposition de police et d'ordre public est devenue commune à tous les Boulangers dont le corps venait d'être rétabli par cet édit ; que c'est dans ce sens que cette disposition a été entendue par tous les légistes qui ont traité de cette matière, depuis la promulgation de l'édit du mois d'août 1776 ;

» Considérant que ce dernier édit n'a abrogé celui du mois de février 1776 que dans les dispositions seulement qui pouvaient y être contraires, et que par conséquent il a laissé subsister la défense faite aux Boulangers d'abandonner leur état avant l'expiration d'une année à partir de leur déclaration, puisqu'il ne contient aucune disposition contraire à cette défense;

» Considérant que l'art. 484 du Code pénal fait un devoir aux cours et aux tribunaux de continuer à observer les lois et réglemens particuliers dans toutes les matières qui n'ont pas été réglées par ce Code ;

» Considérant que le Code pénal ne contient aucune disposition sur la police et la surveillance particulière à laquelle les Boulangers doivent être soumis à raison d'une profession qui intéresse aussi essentiellement la subsistance du peuple et la tranquillité publique ; que quelques dispositions éparses et détachées dans ce Code sur la vente à faux poids ou au-dessus de la taxe, ne forment point un système complet de législation qui interdise aux tribunaux de recourir aux anciennes lois sur une matière aussi importante;

» Considérant que, si la suppression des jurandes et maîtrises a restitué à chaque individu le droit sacré d'exercer son industrie comme il lui plaît, sous la protection des lois, il n'est pas moins obligé de se conformer aux conditions que le législateur a cru devoir, dans l'intérêt et pour la garantie de la société, attacher à l'exercice de chaque profession ;

» Considérant que tous les délits ou contraventions qui donnent lieu à une peine excédant 15 francs d'amende ou cinq jours d'emprisonnement, sont hors des attributions des tribunaux de police, et que la connaissance en appartient aux tribunaux correctionnels ;

» Considérant enfin que Révol, en vertu d'une patente de première classe, exerçait, depuis treize ans, à la Rochelle, la profession de Boulanger, et qu'il résulte de la procédure et particulièrement de ses aveux, qu'il s'est permis de laisser son état cinq jours seulement après la déclaration qu'il en avait faite au maire, et qu'il a contrevenu par conséquent aux dispositions de l'art. 6 de l'édit du mois de février 1776, et qu'il a encouru la peine que cette loi prononce, et qu'il est d'autant moins excusable que M. le maire de la Rochelle l'avait engagé, avant de le poursuivre en justice, à retirer sa déclaration, et qu'il n'a répondu à cette invitation d'une autorité vraiment paternelle, que par une lettre irrévérentieuse ;

» Le tribunal, jugeant par appel et en dernier ressort, rejette la requête d'appel ».

Recours en cassation contre ce jugement de la part de Jean-Antoine Révol.

Mais, par arrêt du 20 novembre 1812, au rapport de M. Aumont,

« Attendu qu'en jugeant que la disposition réglementaire de l'édit de février 1776, qui veut que les Boulangers ne puissent cesser l'exercice de leur état qu'un an après la déclaration qu'ils sont tenus de faire à la municipalité de leur intention à cet égard, n'avait été abrogée, ni par l'édit du mois d'août suivant, ni par aucune loi subséquente, et devait conséquemment être considérée comme actuellement en vigueur ; que cette disposition dont l'utilité ne saurait être méconnue, ne se retrouvant pas dans le Code pénal, et étant relative à une matière qui n'est pas réglée par ce Code, devait continuer d'être observée ;

» Et qu'en prononçant, par suite, contre le prévenu l'amende portée par l'art. 6 du susdit édit de février 1776, le tribunal correctionnel de Saintes, loin d'avoir contrevenu à quelque loi, a fait une juste application de celles de la matière ;

» D'après ces motifs, la cour rejette le pourvoi de Jean-Antoine Révol..... ».

BRETÈQUE (assignation à la). *V.* l'article *Assignation*, §. 1.

BUREAU DE DOUANES. *V.* les articles *Douanes* et *Ligne des Douanes.*

BUREAU DE PAIX. §. I. *Le défaut de citation en conciliation devant le Bureau de paix, se couvre-t-il par le silence du défendeur devant le tribunal où est portée la demande formée contre lui ?*

Dans le plaidoyer du 21 thermidor an 9, rapporté à l'article *Appel*, §. 9, j'ai cité deux arrêts de la cour de cassation, des 6 vendémiaire an 7 et 27 ventôse an 8, qui jugent que non.

Dans l'espèce du premier, la dame Dellecreyer avait obtenu, contre son mari, au tribunal civil du département de l'Ourthe, mais sans citation préalable au Bureau de paix, un jugement par défaut qui l'avait autorisée à faire prononcer son divorce pour cause de mauvais traitemens.

Le sieur Dellecreyer avait appelé de ce jugement, et sans l'arguer de nullité en ce qu'il avait été rendu sur une assignation non précédée d'une tentative de conciliation, il en avait seulement demandé la réformation pour mal jugé au fond.

Le 15 ventôse an 5, jugement du tribunal civil du département de la Meuse-Inférieure, qui confirme celui du tribunal de l'Ourthe.

Recours en cassation de la part du sieur Dellecreyer, qui, pour la première fois, se plaint d'avoir été assigné devant les premiers juges sans citation préalable en conciliation; et le 7 vendémiaire an 8, arrêt par lequel,

« Vu l'art. 215 de l'acte constitutionnel du 5

12.

fructidor an 3) et l'art. 11 de la loi du 26 ventôse an 4, qui porte *que les dispositions du tit. 10 de la loi du 16-24 août 1790, relative aux Bureaux de paix et de conciliation, continueront d'avoir leur effet en tout ce qui n'est pas contraire à la nouvelle loi;*

» Considérant qu'après la suppression des tribunaux de famille, auxquels la loi attribuait la connaissance en premier ressort des contestations relatives au divorce, ces contestations, dont le jugement n'appartient ni aux juges de paix ni aux tribunaux de commerce, doivent, aux termes de l'art. 215 de l'acte constitutionnel, être portées immédiatement devant le Bureau de paix pour y être conciliées; et que ce n'est que par le renvoi qu'en fait ce Bureau, en cas de non-conciliation, devant les tribunaux civils, que ceux-ci peuvent en être saisis; que, dans le fait, la défenderesse a fait citer le demandeur en cassation directement devant le tribunal civil du département de l'Ourthe, pour voir déclarer et juger qu'il y avait lieu à divorce entre eux, sans l'avoir préalablement appelé au Bureau de paix pour y tenter la conciliation sur cette demande en divorce; que le tribunal civil du département de l'Ourthe n'était donc pas régulièrement saisi de cette même demande; que le jugement par lequel il y a fait droit, était conséquemment nul; et qu'en confirmant ce jugement, le tribunal d'appel s'est rendu propre cette nullité que le silence des parties n'a pu couvrir, *la formalité omise étant prescrite par une disposition constitutionnelle, et étant essentiellement d'ordre public ;*

» Par ces motifs, le tribunal casse et annulle.... ».

Dans la seconde espèce, le sieur Poyadon avait été assigné directement par la veuve Sudrie et ses enfans, devant le tribunal civil du département de la Dordogne, pour se voir condamner à la garantie d'une action intentée contre eux devant le même tribunal par le sieur Lapeyrière; et sur cette demande, il avait fait, sans exciper du défaut de citation préalable au Bureau de paix, des offres qui avaient été déclarées suffisantes par un jugement du 5 nivôse an 7. Mais sur l'appel, il avait été condamné par un jugement du tribunal civil du département de la Charente, du 17 ventôse de la même année, à indemniser la veuve et les enfans Sudrie de la somme entière pour laquelle ils étaient actionnés.

Il s'est pourvu en cassation contre le second jugement, et par arrêt du 27 ventôse an 8,

« Vu l'art. 2 du tit. 10 de la loi du 24 août 1790;

» Considérant qu'à l'égard du garant, la demande en garantie est une action principale; conséquemment que les tribunaux n'ont pu la recevoir sans citation préalable en conciliation; que *cette formalité étant essentiellement d'ordre public,* l'omission n'a pu en être couverte par le

silence des parties, soit en première instance, soit en cause d'appel;

» Le tribunal casse et annulle.... ».

Ces arrêts étaient fondés, comme on le voit, sur le principe écrit dans les lois romaines et consacré depuis par l'art. 6 du Code civil, que les nullités d'ordre public ne peuvent pas plus être couvertes par le silence des parties intéressées, qu'elles ne peuvent l'être par leur consentement exprès.

Mais l'application qu'ils faisaient de ce principe au défaut de citation en conciliation, était-elle bien exacte?

Elle pouvait paraître telle à l'époque où le premier de ces arrêts a été rendu, parcequ'alors ce n'était pas seulement par l'art. 1 du tit. 10 de la loi du 24 août 1790 que la citation en conciliation était prescrite; parcequ'alors était dans toute la vigueur la constitution du 5 fructidor an 3, dont l'art. 215 prescrivait impérieusement cette formalité; parcequ'il était assez naturel de considérer comme tenant à l'ordre public, une disposition qui faisait partie des règles fondamentales de l'organisation politique de l'État.

Mais cette raison ne subsistait pas à l'époque du second arrêt. La constitution du 22 frimaire an 8, qui avait alors remplacé et par conséquent abrogé celle du 5 fructidor an 3, avait dépouillé la formalité de la citation en conciliation, du caractère de mesure constitutionnelle, et l'avait réduite à ce qu'elle était d'après la loi du 24 août 1790, c'est-à-dire, à l'état de simple mesure législative ordinaire. Comment donc le second arrêt a-t-il pu dire que cette formalité était encore et qu'elle était *essentiellement d'ordre public ?*

Pour qu'elle eût pu être justement qualifiée de la sorte, il aurait fallu que l'intérêt public en eût été éminemment le motif principal. Mais il est évident, d'après ce que j'ai dit à l'article *Appel,* §. 9 (dans les notes sur mes conclusions du 21 thermidor an 9), que c'était directement et principalement dans l'intérêt privé des parties, que cette formalité avait été introduite par la loi du 24 août 1790; que l'intérêt public n'était entré que secondairement dans les motifs de cette loi; et que, dès-lors, il ne pouvait exister aucune raison pour que les parties au préjudice desquelles elle avait été omise, ne pussent pas renoncer à la nullité qui en résultait pour elles.

C'est effectivement ainsi que la cour de cassation, renouvelée et réorganisée peu de temps après l'arrêt dont il s'agit, a constamment envisagé cette formalité pendant tout le temps qui a précédé le Code de procédure civile; et voici notamment trois arrêts qui le prouvent d'une manière sans réplique.

François-Nicolas Gérard attaquait, pour contravention à l'art. 1 du tit. 10 de la loi du 24 août 1790, un jugement sur appel, qui en avait confimé un de première instance par lequel, sans essai préalable de conciliation, il avait été statué, à son désavantage, sur la demande de sa femme en main-levée de l'opposition qu'il avait formée à la prononciation du divorce entre lui et elle ; mais, par arrêt du 9 germinal an 11, au rapport de M. Target,

« Attendu que le défaut de citation en conciliation devant le Bureau de paix, sur la demande en main-levée de l'opposition formée à la prononciation du divorce, n'a point été objecté dans le cours de l'instance ; et que d'ailleurs la matière du divorce est réglée par une procédure qui lui est particulière, et qui multiplie les épreuves et les moyens de conciliation….;

» Le tribunal rejette le pourvoi…. ».

Cet arrêt a été rendu par la section des requêtes. Les deux suivans l'ont été par la section civile.

Le sieur Leciaque, assigné directement par la dame Boirie devant le tribunal civil du département des Basses-Pyrénées, met en cause le sieur Barbé, son garant, et tous deux plaident au fond sans exciper du défaut de citation préalable en conciliation.

Le 6 frimaire an 8, jugement qui condamne le sieur Leciaque envers la dame Boirie, mais accueille son recours contre le sieur Barbé.

Appel de ce jugement, de la part du sieur Barbé, à la cour de Pau, qui, par arrêt du 23 nivôse an 9, le confirme dans l'intérêt de la dame Boirie, mais le réforme dans l'intérêt du sieur Barbé.

Le sieur Leciaque se pourvoit en cassation contre cet arrêt, et fait valoir plusieurs moyens dont le troisième consiste à dire que ni le tribunal de première instance ni par suite la cour d'appel n'ont été valablement saisis de la demande principale qu'ils ont accueillie, puisqu'en contravention à l'art. 1er. du tit. 10 de la loi du 24 août 1790, elle a été formée sans citation préalable devant le Bureau de paix.

Par arrêt du 22 thermidor an 11,

« Ouï, à l'audience du jour d'hier 21, le rapport du cit. Bailly, l'un des membres du tribunal, et les observations du cit. Méjan pour le demandeur, et du cit. Sirey pour le cit. Barbé ; et ouï, à l'audience de ce jourd'hui, le cit. Mailhe en ses observations pour la dame Boirie, et le cit. Arnaud, l'un des substituts du commissaire du gouvernement, en ses réquisitions ;

» Le tribunal, après en avoir délibéré en la Chambre du conseil, et après avoir repris sa séance publique,

» Considérant, sur le deuxième moyen qui se présente le premier dans l'ordre de la délibération, que le cit. Leciaque, demandeur, n'ayant point opposé devant les premiers juges, le défaut d'un essai de conciliation préalable à la demande de la dame Boirie, partie du cit. Mailhe, est non-

recevable à s'en faire aujourd'hui un moyen de nullité et de cassation du jugement qui a accueilli cette demande ;

» Sur le premier des moyens proposés par le cit. Leciaque, mais qui n'a été examiné qu'en second ordre, considérant … ;

» Sur le troisième moyen, vu l'art. 10 de la loi du 6 nivôse an 6….;

» Par ces motifs, le tribunal rejette la demande en cassation du cit. Leciaque, en ce qui touche la dame Boirie….;

» Mais respectivement au cit. Barbé, casse et annulle…. (1) ».

Les sieurs Collot et Meige sont assignés directement devant le tribunal civil de Toulon, en paiement d'une somme au-dessous de mille francs, réclamée contre eux par six parties différentes et agissant deux à deux par des exploits séparés.

En comparaissant l'un et l'autre sur ces assignations, le sieur Collot propose ses défenses au fond, sans exciper du défaut de citation préalable au Bureau de paix. Mais le sieur Meige ne propose les siennes que subsidiairement et après avoir excipé de ce défaut.

Par trois jugemens en dernier ressort, le tribunal de Toulon, sans parler de l'exception opposée par le sieur Meige, condamne les deux défendeurs au paiement des sommes réclamées par les demandeurs.

Recours en cassation de la part des sieurs Collot et Meige, qui se fondent, en seconde ligne, sur ce qu'ils ont été condamnés sans tentative préalable de conciliation.

Mais, par arrêt du 11 fructidor an 11, au rapport de M. Riolz,

« Attendu, sur le second moyen de cassation, qu'il a été couvert à l'égard de toutes les parties de Collot par sa défense au fond devant les juges de Toulon, et qu'à l'égard de Meige ce ne serait d'ailleurs qu'un moyen de requête civile…;

» Le tribunal rejette le pourvoi…. ».

A ces trois arrêts de la cour suprême, en ont succédé, en 1804 et 1805, deux des cours d'appel d'Orléans et de Nîmes qui y étaient parfaitement conformes :

« Considérant (portait le premier, en date du 8 prairial an 12) que le sieur Oudin n'a point excipé en première instance du défaut de tentative de conciliation,

» La cour le déboute de son exception (2).

» Considérant (portait le second) que, quoique la conciliation requise par la dame du Saillant, avant de se pourvoir au tribunal civil, ne l'ait été que sur la demande qu'elle formait à cette épo-

_____

(1) Bulletin civil de la cour de cassation, année 11, page 380.
(2) Jurisprudence de la cour de cassation, tome 7, partie 2, page 847.

que, en *desistat* du domaine de Molières, et non sur le paiement des annuités échues de la pension postérieurement réclamées, le défaut de conciliation n'ayant pas été relevé en première instance, les appelans ayant, au contraire, défendu à cette demande formée incidemment, ils sont non-recevables à opposer en cause d'appel ce défaut, couvert par la contestation en cause, suivant la jurisprudence de la cour confirmée par celle de cassation ; la cour, sans s'arrêter aux moyens pris de la non-conciliation, sur la demande des annuités échues, dit bien jugé, mal appelé... (1) ».

Le Code de procédure civile a-t-il changé quelque chose à cette jurisprudence ? Non, puisqu'il n'a fait, art. 48, que renouveler la disposition de l'art. 1 du tit. 10 de la loi du 24 août 1790, et qu'en la renouvelant, il l'a laissée telle qu'elle était précédemment.

De là un arrêt de la cour d'appel de Bruxelles, du 5 juillet 1812, ainsi conçu :

« Attendu que l'appelant, n'ayant pas excipé en première instance de la non-comparution devant le Bureau de paix, mais ayant au contraire contesté au fond, n'est plus recevable à exciper de la nullité de ce chef en instance d'appel...;

» La cour, sans avoir égard à la nullité proposée dont l'appelant est débouté, le déclare sans griefs ; le condamne à l'amende et aux dépens (2) ».

Le 11 décembre 1815, arrêt semblable de la cour royale de Rennes (3).

Le 25 août 1823, arrêt de la cour royale de Pau qui, en prononçant sur l'appel d'un jugement de première instance attaqué par le sieur Lugo, sur le seul fondement qu'il n'avait pas été précédé d'un essai de conciliation, confirme,

« Attendu que la nullité résultant de l'omission du préliminaire de la conciliation, auquel sont soumises toutes les affaires principales, ne saurait être accueillie, parceque, ne tenant point à l'ordre public, cette nullité a été couverte par le silence de Lugo, qui, au lieu de la proposer *in limine litis*, a lui-même concouru au jugement du 21 août 1822, qui ordonna le compulsoire, et à celui du 5 février 1823, qui admet la preuve offerte par lui; qu'il fit procéder à son enquête et continuation d'enquête, et qu'il a concouru à la contraire-enquête et continuation de contraire-enquête faites par les parties de Biraben;

» Attendu, en effet, que le seul but que s'est proposé le législateur, en soumettant les parties à se présenter devant le juge de paix, qui n'a d'autre mission que celle de les concilier, a été

d'éviter qu'elles n'entamassent une discussion judiciaire sans réflexion ; que le juge conciliateur est chargé de leur en signaler les écueils et d'essayer toutes les voies médiatrices, tendantes à amener un arrangement; qu'ainsi, il paraît incontestable que l'essai de la conciliation n'a été introduit dans notre nouvelle législation que dans l'intérêt des parties, et non dans celui de la loi ;

» Que, si l'on pouvait admettre que l'essai de la conciliation tînt à l'ordre public, il en résulterait qu'après un long litige devant le tribunal de première instance et devant la cour royale, le défendeur pourrait exciper, devant la cour de cassation, de l'omission de ce préalable, qu'il aurait négligé de faire valoir, et que les parties seraient renvoyées au premier pas d'une procédure régulière, précisément sur l'omission d'une formalité qui n'a d'autre but que de prévenir les procès et d'en tarir la source; ce qui doit faire décider que la nullité dont s'agit, tient à l'intérêt privé, et que, par conséquent, elle est couverte par le silence de celui qui, ayant le droit de la proposer, et ne l'ayant point fait, a manifesté suffisamment qu'il reconnaissait que l'essai de la conciliation aurait été inutile, et qu'il renonçait à se prévaloir de son omission (1) ».

Le 19 février 1824, arrêt par lequel la cour royale d'Agen, *adoptant les motifs des premiers juges, met au néant* l'appellation interjetée par Pierre Serres, ex-tuteur de Jean Serres, d'un jugement qui, sans citation préalable au Bureau de paix, l'avait condamné à rendre compte à celui-ci, et avait motivé, en ces termes, le rejet de la fin de non procéder, que le ministère public avait proposée d'office en sa faveur:

« Attendu..... que, s'il est vrai que la cour de cassation ait plusieurs fois jugé que le défaut de conciliation emportait une fin de non-recevoir tellement absolue, tellement liée à l'ordre public, que le juge devait la suppléer d'office, et qu'elle ait, en conséquence, cassé divers jugemens qui, quoique aucune des parties n'eût proposé cette fin de non-recevoir, ni en première instance, ni en cause d'appel, ne l'avaient pas prononcée, il n'en est pas moins certain que cette cour, depuis sa réorganisation, en vertu de la loi du 27 ventôse an 8, n'a plus regardé cette formalité comme absolue et d'ordre public..... ;

» D'où il suit que le ministère public n'est plus admissible à relever cette fin de non-recevoir; que les juges ne peuvent plus la prononcer d'office; que les parties seules peuvent s'en faire un moyen d'exception, et que, lors même qu'elles emploient ce moyen, elles doivent le faire, à peine de déchéance, avant toutes autres défenses ou

---

(1) *Ibid.*
(2) Décisions notables de la cour d'appel de Bruxelles, tome 27, page 231.
(3) Il est cité dans un jugement du 23 août 1821, que je transcrirai dans un instant.

(1) Jurisprudence de la cour de cassation, tome 26, page 321.

exceptions autres que l'exception d'incompétence (art. 173 du Code judiciaire) ;

» Que la circonstance que nous sommes régis aujourd'hui par le Code de procédure de 1807, tandis que les arrêts précités ont été rendus sous l'empire de la loi du 24 août 1790, ne saurait porter aucune atteinte à ces décisions. Notre Code de procédure est conçu en des termes qui ne peuvent avoir d'autre signification, qui ne peuvent recevoir d'autre interprétation que la loi précitée.

» Aussi la cour de Rennes a-t-elle jugé, le 11 décembre 1815, que le défaut de conciliation n'était qu'une nullité relative qui se couvrait par la procédure volontaire (1) ».

Il faut cependant convenir qu'à ces quatre arrêts on peut en opposer trois, dont voici les espèces.

Le 19 août 1819, jugement du tribunal de première instance de Saint-Gaudens, qui adjuge au sieur Demont une demande qu'il a formée directement contre le sieur Carère, sans que celui-ci ait excipé du défaut de citation préalable au Bureau de paix.

Le sieur Carère appelle de ce jugement, et, invoquant l'art. 48 du Code de procédure, il conclud à ce que la demande formée contre lui, en première instance, soit déclarée non-recevable quant à présent.

Vainement le sieur Demont lui oppose-t-il qu'il a couvert par son silence, devant les premiers juges, la fin de non procéder dont il se prévaut.

Par arrêt du 8 juillet 1820,

« Attendu que l'art. 48 du Code de procédure civile porte qu'*aucune demande principale introductive d'instance..... ne sera reçue dans les tribunaux de première instance, que le défendeur n'ait été préalablement appelé en conciliation devant le juge de paix ;*

» Que le but du législateur serait entièrement manqué, s'il dépendait des parties de porter directement leurs causes devant les tribunaux, sans avoir tenté les voies de conciliation, qui ont souvent pour résultat d'étouffer, dans leurs germes, les discussions entre les citoyens;

» Que le mot *ne sera reçue,* est absolu et n'admet aucune modification;

» Attendu que, l'obligation contenue dans cet article, étant d'ordre public, son infraction peut être proposée en tout état de cause, même en appel, et qu'il est du devoir des tribunaux d'accueillir cette exception ;

» Attendu, en fait, que la demande formée par Demont, étant une demande principale qui n'a pas été soumise à l'épreuve de la conciliation, c'est le cas d'en prononcer le rejet ;

» La cour, disant droit sur l'appel, réformant, quant à ce, le jugement du tribunal de Saint-

Gaudens, du 19 août 1819, a rejeté et rejette la demande dudit Demont..... (1) ».

Par exploits des 12 décembre 1819, 14 du même mois et 19 février 1820, le sieur Poya forme directement, contre les sieurs et la dame Tabouet et les sieurs Delalande, devant le tribunal de première instance d'Issoudun, des demandes relatives aux arrérages d'une pension viagère qu'ils lui ont constituée par un acte du 10 février 1811.

Les défendeurs, sans exciper de ce qu'il ne les a pas cités préalablement au Bureau de paix, lui opposent, au fond, des moyens qui sont accueillis par deux jugemens des 11 janvier et 23 mai 1820.

Le sieur Poya appelle de ces deux jugemens à la cour royale de Bourges.

Là, ses adversaires, après avoir combattu ses griefs au fond, concluent à ce que sa demande introductive d'instance soit déclarée nulle, faute d'avoir été précédée de l'essai de conciliation.

Et ces conclusions leur sont adjugées par arrêt du 9 juillet 1821 (2).

Le troisième arrêt est d'autant plus étonnant, qu'il est émané de la cour supérieure de justice de Bruxelles, qui avait déjà, comme on l'a vu tout-à-l'heure, embrassé l'opinion contraire, le 3 juillet 1812.

Dans l'une des espèces rapportées, à l'article *Arbitres*, §. 15, la société des mines de charbon *de la Cour* se faisait un premier moyen, en cause d'appel, de ce que la société des mines de charbon *du Rieu-de-Cœur* ne l'avait pas citée en conciliation, avant de l'assigner au tribunal de première instance de Mons.

La société *du Rieu-de-Cœur* répondait 1°. que celle *de la Cour* étant composée de plusieurs individus, la cause se trouvait précisément placée dans l'exception établie par le n°. 6 de l'art. 49 du Code de procédure, pour le cas où il y a plus de deux parties assignées ; 2°. qu'elle n'avait pas excipé devant les premiers juges du défaut de citation en conciliation, et qu'ayant par là couvert son exception, elle était non-recevable à la reproduire en cause d'appel.

Par arrêt du 4 janvier 1825,

» Attendu que les appelans n'ont point été assignés devant le premier juge individuellement, et comme plusieurs parties ayant un intérêt distinct, mais collectivement, et comme formant ensemble la *société charbonnière de la Cour;*

» D'où suit que l'exception du §. 6 de l'art. 49 du Code de procédure civile, n'est point applicable à l'espèce ;

» Attendu que la tentative de conciliation a pour but de prévenir les procès, et est par conséquent d'ordre public; de sorte que l'omis-

(1) *Ibid.*, tome 25, partie 2, page 93.

(1) *Ibid.*, page 95.
(2) Bulletin civil de la cour de cassation, tome 27, page 37.

sion de cette formalité peut être alléguée en cause d'appel, lors même que cette fin de non-recevoir n'aurait pas été proposée en première instance.....

» Par ces motifs, la cour met le jugement dont est appel, au néant, déclare la société intimée non-recevable en la forme et manière qu'elle a agi..... ».

Mais si, de l'opposition de ces trois arrêts aux quatre précédemment cités, il résulte que la jurisprudence des cours souveraines n'est pas encore bien fixée sur la manière dont notre question doit être résolue, d'après l'art. 48 du Code de procédure, il est du moins très-constant que la cour de cassation juge encore aujourd'hui cette question comme elle la jugeait avant la mise en activité de ce Code; et j'en trouve la preuve dans deux arrêts qu'elle a rendus, le 19 janvier 1825 et le 16 février 1826.

Par le premier, la section civile, au rapport de M. Minier, et sur les conclusions de M. l'avocat général Cahier, a cassé l'arrêt, ci-dessus rappelé, de la cour royale de Bourges, du 9 juillet 1821,

» Vu les n°s. 5 et 6 de l'art. 49 et l'art. 173 du Code de procédure civile;

» Attendu que, d'après le premier de ces articles, l'essai de conciliation n'est pas nécessaire, lorsqu'il s'agit d'arrérages ou pensions, ni lorsque la demande a été dirigée contre plus de deux parties, comme dans l'espèce, et que suivant le second, toute nullité d'acte de procédure est couverte, si elle n'est pas proposée avant toute défense au fond.

» Attendu que, dans le fait, il s'agissait dans l'affaire d'une demande en paiement d'arrérages de rente viagère, dirigée contre plus de deux personnes, et que les défendeurs ont conclu au fond et plaidé sur cette demande, sans opposer le défaut de conciliation devant le tribunal de première instance;

» Attendu que, devant la cour royale de Bourges, saisie de l'appel des deux jugemens rendus par le tribunal d'Issoudun, ils ont suivi la même marche, et que ce n'a été qu'après que les parties ont eu engagé le fond par des conclusions signifiées de part et d'autre, qu'ils ont imaginé d'opposer le défaut de conciliation, qui, en le supposant même fondé, n'aurait plus été admissible; que, de là, il suit que le moyen pris de ce défaut de conciliation, était tout à la fois non-recevable et mal fondé, et que l'arrêt qui juge le contraire, viole les articles ci-dessus cités (1) ».

Le second arrêt a été rendu par la section des requêtes sur le recours en cassation que le sieur Lugo avait exercé contre l'arrêt, ci-dessus transcrit, de la cour royale de Pau, du 22 août 1823; et voici comment il y a statué:

« Ouï le rapport de M. Hua, conseiller, et les conclusions de M. Joubert, avocat-général;

» Sur le moyen tiré du défaut de citation en conciliation,

» Attendu que cette formalité, prescrite par l'art. 48 du Code de procédure, n'est pas d'ordre public; qu'en le jugeant ainsi, et en décidant que la nullité résultant de l'inobservation de cette formalité, avait pu être couverte, et l'avait été par la défense respective des parties devant le tribunal de première instance, l'arrêt attaqué a fait une juste application des principes, et n'a point violé la loi;

» La cour rejette le pourvoi.... (1) ».

§. II. *Le défaut de citation au Bureau de paix, avant l'assignation en jugement, peut-il être opposé comme moyen de nullité, par la partie même à la requête de laquelle a été donnée cette assignation ?*

Cette question doit se résoudre par le même principe que la précédente.

S'il résultait du défaut de citation en conciliation, une nullité d'ordre public, il est certain qu'elle pourrait être opposée même par le demandeur, quoique, par là, il revînt contre son propre fait. C'est la conséquence des développemens dans lesquels je suis entré au mot *Appel*, §. 14, art. 1, n°. 16, sur l'axiome *nemo potest venire contrà proprium factum*.

Mais du moment que, comme je l'ai établi au §. précédent, il ne peut résulter de ce défaut qu'une exception de droit privé, il est clair que le demandeur est non-recevable à s'en prévaloir; et c'est ce qu'a jugé, sur mes conclusions, un arrêt de la cour de cassation, section civile, du 27 prairial an 11, rapporté aux mots *Fait du souverain*, §. 1.

La même chose avait été jugée précédemment, et dans la même section, le 24 thermidor an 8, au rapport de M. Audier-Massillon.

Dans le fait, le sieur Riltzentballer attaquait un jugement du tribunal civil du département des Vosges, qui l'avait débouté d'une demande en désaveu qu'il avait formée incidemment en cause d'appel contre le sieur Hingrand, son fondé de pouvoir; et son moyen de cassation consistait à dire que sa demande n'ayant pas été préalablement soumise au Bureau de paix, le tribunal n'avait pas pu y statuer, sans contrevenir à l'art. 1 du tit. 10 de la loi du 24 août 1790.

Mais par l'arrêt cité,

» Considérant que l'action en désaveu intentée contre Hingrand, avait été formée par Riltzenthaller, comme un incident dans l'instance principale et un préalable nécessaire à sa décision, et qu'ainsi il n'y avait pas de nécessité ni de la porter devant les juges de première ins-

_____

(1) *Ibid.*

(1) Jurisprudence de la cour de cassation, tome 26, page 321.

tance, ni de se présenter en conciliation au juge de paix ; *et que d'ailleurs s'il avait été nécessaire, pour vider cet incident, de parcourir le Bureau de conciliation* et le tribunal de première instance, *Riltzenthaller n'aurait pu s'imputer qu'à lui-même cette omission, qui ne serait venue que de son fait,* ce qui aurait suffi pour le rendre non-recevable à proposer ce moyen, d'après l'art. 4 de la loi du 4 germinal an 2 ;

» Le tribunal rejette le pourvoi...... ».

§. III. *Après un arrêt de cassation portant renvoi de la cause devant un autre tribunal que celui d'où est émané le jugement cassé, le demandeur originaire est-il obligé, préalablement à toute nouvelle poursuite, d'appeler son adversaire au Bureau de paix ?*

V. le plaidoyer et l'arrêt du 26 pluviôse an 11, rapportés à l'article *Rente foncière*, §. 11.

§. IV. *Peut-on, sans nouvelle citation devant le Bureau de paix, réduire une demande que l'on a formée en justice, après un procès-verbal de non-conciliation ?*

Cette question s'est présentée à l'audience de la cour de cassation, section des requêtes, le 8 messidor an 11.

« Les frères Marotte (ai-je dit) attaquent, comme contraire à l'art. 2 du tit. 10 de la loi du 24 août 1790, le jugement du tribunal d'appel de Bourges, rendu entre eux et Jeanne-Claudine Marotte, leur sœur, ex-religieuse, le 13 fructidor an 10. Ils prétendent que ce jugement a prononcé sur une demande principale qui n'avait pas été précédée d'une tentative de conciliation.

» Dans le fait, le 28 vendémiaire an 6, la demoiselle Marotte a cité ses frères au Bureau de paix du canton de Château-Chinon, pour se concilier sur la demande qu'elle se proposait de former, contre eux, en délaissement du quart de la succession de leur père commun, décédé le 5 nivôse an 5.

» Sur cette citation, procès-verbal qui constate que les frères Marotte se sont refusés au partage sollicité par leur sœur.

» Le 12 brumaire suivant, la demoiselle Marotte fait assigner ses frères au tribunal civil du département de la Nièvre, pour se voir condamner à la reconnaître pour héritière, à raison d'un quart.

» Le 23 nivôse de la même année, jugement par défaut qui lui adjuge ses conclusions.

» Opposition à ce jugement de la part des frères Marotte.

» Le 22 messidor an 6, jugement qui, avant de faire droit sur cette opposition, ordonne la mise en cause des deux autres enfans du père commun.

» Le 4 thermidor an 7, la demoiselle Marotte fait signifier à ses frères un acte par lequel elle leur déclare que c'est par erreur qu'elle a de-

mandé le quart de la succession ; qu'il ne lui en appartient qu'un cinquième ; qu'elle demande en conséquence ce cinquième; et que par suite elle se désiste du jugement par défaut du 12 nivôse, avec offre de payer les frais jusqu'à ce jour.

» Les frères Marotte, comparaissant sur cette nouvelle demande, objectent qu'elle n'a pas été précédée d'une citation au Bureau de paix.

» Le tribunal de Nevers n'a aucun égard à cette fin de non-recevoir, il prononce au fond en faveur de la demoiselle Marotte; et c'est ce jugement qui a été confirmé par celui que vous dénoncent les demandeurs.

» Suivant eux, il a violé l'art. 2 du tit. 10 de la loi du 24 août 1790; et ce serait en vain que l'on chercherait à en pallier l'infraction, sous le prétexte qu'il existait un procès-verbal de non-conciliation du mois de vendémiaire an 6.

» Ce procès-verbal, disent-ils, avait pour objet une demande différente de celle qui a été formée par l'acte du 4 thermidor an 7. En vendémiaire an 6, la demoiselle Marotte réclamait le quart de la succession; en thermidor an 7, elle n'en demandait que le cinquième. Il n'y avait donc pas d'identité entre les deux demandes.

» D'ailleurs, ajoutent-ils, l'effet de la citation en conciliation du 28 vendémiaire an 6 avait été consommé, 1°. par l'assignation du 24 brumaire ; 2°. par le jugement par défaut du 12 nivôse ; 3°. par le jugement contradictoire du 22 messidor de la même année.

» Mais d'abord, la loi du 24 août 1790 impose-t-elle à un demandeur qui, muni d'un procès-verbal de non-conciliation sur ses conclusions primitives, reconnaît qu'il les a portées trop loin, et qu'il doit les réduire; lui impose-t-elle l'obligation d'appeler de nouveau son adversaire au Bureau de paix, pour se concilier sur l'objet auquel il les réduit en effet ? Non, car la demande réduite n'est pas une demande nouvelle. Cela est si vrai que, quoiqu'on ne puisse pas, aux termes de l'art. 7 de la loi du 3 brumaire an 2, former de nouvelles demandes en cause d'appel, on peut néanmoins, et vous l'avez jugé plusieurs fois, modifier et réduire en cause d'appel les demandes que l'on avait formées en première instance.

» Sans doute, il faudrait une nouvelle tentative de conciliation, si le demandeur voulait, dans le cours de l'instruction, ajouter aux conclusions qu'il a prises par son premier exploit ; et le juge de première instance ne pourrait pas plus statuer sur des conclusions additionnelles, sans citation préalable au Bureau de paix, que le juge d'appel ne pourrait statuer sur des chefs de conclusions qui ajouteraient à ceux dont le premier juge s'est occupé.

» Mais lorsqu'au lieu d'ajouter à ses premières conclusions, le demandeur ne fait que les restreindre, lorsqu'au lieu de demander plus, il demande moins, la nouvelle épreuve de conciliation est inutile, la loi ne l'exige pas, et nous ne devons pas être plus formalistes que la loi.

» D'un autre côté, il n'est pas vrai que l'effet du procès-verbal de non-conciliation de vendémiaire an 6, eût été consommé, soit par l'assignation du 25 brumaire, soit par le jugement par défaut du 25 nivôse, soit par le jugement d'instruction du 22 messidor. Ce procès-verbal a conservé son effet tant que l'instance est demeurée indécise; et bien certainement l'instance n'a été terminée, ni par une assignation qui ne faisait que la commencer, ni par un jugement par défaut auquel il a été formé opposition, ni par un jugement d'instruction qui ne faisait que renvoyer à un autre jour.

» Par ces considérations, nous estimons qu'il y a lieu de rejeter la requête des demandeurs, et de les condamner à l'amende ».

Arrêt du 8 messidor an 11, au rapport de M. Lombard, qui adopte ces conclusions, « at-» tendu qu'une seconde tentative de concilia-» tion était inutile, lorsque Jeanne-Claudine » Marotte a réduit sa demande principale, et cor-» rigé en conséquence ses conclusions, le 4 ther-» midor an 7 ».

§. V. *Pour que la citation en conciliation devant le Bureau de paix, sous la loi du 24 août 1790, interrompît la prescription, était-il nécessaire qu'elle fût immédiatement suivie d'un ajournement?*

Cette question est traitée, avec une autre qui est indiquée sous le mot *Assignation*, §. 5, dans le plaidoyer suivant que j'ai prononcé à l'audience de la cour de cassation, section des requêtes, le 6 vendémiaire an 11.

« Les faits qui ont donné l'être à cette cause, sont infiniment simples, et s'analysent en peu de mots.

» Le 3 juillet 1786, acte notarié par lequel les dames Bourgeois, femme Dodun, Molini et Darfeuil-d'Erff, cèdent à Jean-Marie Bourgeois, leur frère, alors âgé de vingt-trois ans, et par conséquent encore mineur, mais émancipé par justice, trois offices qui avaient appartenu à leur père commun, moyennant la somme de 230,000 livres qu'il s'oblige d'imputer sur sa portion héréditaire, ou, au besoin, de rapporter à la succession jusqu'à due concurrence.

» Le 2 thermidor an 6, le cit. Bourgeois, encore au-dessous de l'âge de trente-cinq ans accomplis, fait citer ses trois sœurs au Bureau de paix de Lorient, lieu de l'ouverture de la succession, pour se concilier sur la demande qu'il annonce être prêt à former contre elles, et qui doit tendre à la rescision de l'acte du 3 juillet 1786, comme ayant été passé pendant sa minorité et contenant lésion.

» Il les fait citer, savoir, la dame Molini à son domicile à Lorient même, les dames Dodun (remariée au cit. Cambry) et Darfeuil-d'Erff au domicile du cit. Joffré, leur fondé de pouvoir, en la même commune.

» Le 5 fructidor suivant, le cit. Joffré se présente sur cette citation par le ministère d'un agent d'affaires, muni de sa procuration sous seing-privé, datée, enregistrée, du même jour.

» Le résultat de la comparution est un procès-verbal de non-conciliation.

» Le 25 prairial an 7, le cit. Bourgeois, parvenu à l'âge de trente-cinq ans, dix mois et vingt-quatre jours, fait assigner ses trois sœurs au tribunal civil du département du Morbihan, pour voir dire qu'il sera restitué en entier contre l'acte du 3 juillet 1786.

» Ces assignations sont données aux mêmes domiciles que l'avait été la citation en conciliation, c'est-à-dire, à celui de la dame Molini pour elle-même, et à celui du cit. Joffré pour les dames Cambry et Darfeuil-d'Erff.

» Les dames Cambry et Darfeuil-d'Erff comparaissent, comme la dame Molini, sur ces assignations.

» Le 29 messidor an 7, jugement qui, après que les défenseurs des parties ont été ouïs, *continue la plaidoirie de la cause au 29 thermidor suivant, dépens réservés*.

» Il est à remarquer que, dans les qualités de ce jugement, les dames Cambry et Darfeuil-d'Erff figurent comme défenderesses, *assignées par exploit du 25 prairial, en la personne et au domicile du cit. Joffré, leur procurateur.*

» Le 29 thermidor an 7, toutes les parties se représentent sans réassignation ; et la cause est encore renvoyée.

» Le 26 floréal an 8, jugement par lequel, *après avoir ouï les défenseurs officieux des parties en leurs réquisitions respectives*, le tribunal civil du Morbihan leur ordonne, avant faire droit, de se communiquer réciproquement toutes les pièces dont elles entendent se servir.

» Le 11 fructidor de la même année, les parties se représentent devant le tribunal civil de Lorient, subrogé, par la nouvelle organisation judiciaire, au tribunal civil du département du Morbihan. Mais à défaut d'un nombre suffisant de juges, la cause ne peut être plaidée ; et il en est dressé procès-verbal.

» Le 13 du même mois, le cit. Bourgeois, informé que ses adversaires doivent quereller les citations et assignations signifiées originairement au domicile du cit. Joffré, fait sommer celui-ci de déclarer s'il n'était pas autorisé par les dames Cambry et Darfeuil-d'Erff, à recevoir ces exploits et à comparaître pour elle tant au Bureau de paix qu'au tribunal du Morbihan.

» La réponse du cit. Joffré est affirmative sur l'un comme sur l'autre point.

» Le même jour, les dames Cambry et Darfeuil-d'Erff, et même la dame Molini, qui ce-

pendant avait été citée et assignée à son vrai domicile, font signifier des conclusions par lesquelles elles demandent 1°. que les citations en
conciliation du 2 thermidor an 6 soient déclarées
nulles, pour n'avoir pas été données aux vrais
domiciles des parties, ainsi que le prescrit l'art.
2 du tit. 2 de l'ordonnance de 1667; 2°. qu'en
conséquence, et conformément à l'art. 134 de
l'ordonnance de 1539, le cit. Bourgeois soit déclaré non-recevable dans son action rescisoire,
pour l'avoir intentée après les dix ans qui avaient
suivi sa majorité.

Le 17 messidor an 9, jugement qui déclare les
dames Cambry, Darfeuil-d'Erff et Molini non-
recevables dans leurs moyens de nullité, les
déboute de leur fin de non-recevoir, et pour
faire droit au fond, renvoie à trois décades.

» Appel de la part des dames Cambry, Darfeuil-d'Erff et Molini.

» Le 3 ventôse an 10, jugement contradictoire
du tribunal d'appel de Rennes, qui, attendu que
celui du tribunal de Lorient ne précise pas les
questions sur lesquelles il avait à prononcer, le
déclare nul; mais statuant par jugement nouveau, déclare également les dames Cambry,
Darfeuil-d'Erff et Molini non-recevables dans
leurs moyens de nullité, les déboute en conséquence de leur fin de non-recevoir, et renvoie
les parties devant le tribunal civil de Lorient
pour y plaider sur le fond.

» C'est de ce jugement que la cassation vous
est demandée, et vous avez à examiner 1°. si le
tribunal d'appel qui l'a rendu, a commis un excès de pouvoir, en statuant par jugement nouveau sur les nullités et fins de non-recevoir proposées par les appelans, et en désignant aux
parties le tribunal civil de Lorient comme celui
qui devait les juger au fond; 2°. s'il a violé l'art.
134 de l'ordonnance de 1539, en décidant que
l'action rescisoire du cit. Bourgeois avait été intentée en temps utile.

» De ces deux questions, la première se divise,
comme vous le voyez, en deux branches.

» Et d'abord, il s'agit de savoir si le tribunal
d'appel de Rennes a pu, en déclarant nul, pour
vice de forme, le jugement du tribunal de première instance, statuer par jugement nouveau
sur les contestations décidées par les premiers
juges.

» Les dames Cambry, Darfeuil et Molini soutiennent la négative : elles prétendent que le jugement de première instance étant anéanti, la
règle des deux degrés de juridiction voulait que
le tribunal d'appel se bornât à renvoyer la cause
devant les juges qui en devaient connaître.

» Ce n'est pas la première fois que ce système
vous est proposé. Déjà vous l'avez condamné plusieurs fois, notamment par le jugement que vous
avez rendu, au rapport du cit. Boyer et sur nos conclusions, le 21 floréal an 10, contre le cit. Daren-
tière, demandeur en cassation d'un jugement du

tribunal d'appel de Dijon, qui en annullant un
jugement du tribunal civil de Châtillon-sur-Seine,
avait évoqué et décidé le principal (1). Les motifs qui vous ont déterminé à prononcer ainsi,
vous sont encore trop présens, et ils reposent d'ailleurs sur des principes trop bien connus, pour
que nous puissions nous permettre, à cet égard,
aucune espèce de développement.

» Mais le tribunal d'appel de Rennes a-t-il pu
renvoyer nominativement devant le tribunal civil de Lorient, pour y plaider au fond? C'est la
deuxième branche de la première des questions
soumises à votre examen, et sur ce point il ne
faut qu'un mot. Le fond n'avait pas été discuté devant le tribunal d'appel; le tribunal d'appel ne
pouvait donc pas s'en occuper; il ne pouvait donc
pas le juger sans se rendre coupable d'*ultrà petita*.
Que devait-il donc faire? Il devait faire ce qu'il a
fait.

» Prétendre que, par là, il a entrepris sur les
attributions du tribunal suprême, c'est une
grande erreur. Sans doute, il n'appartient qu'à
vous de donner aux parties des juges qui n'en
ont pas, ou qui se font citer réciproquement devant des tribunaux indépendans les uns des autres; à vous seuls aussi appartient le droit de
renvoyer les parties, pour cause de suspicion légitime ou de sûreté publique, devant d'autres juges que ceux que l'ordre commun des juridictions
leur désigne. Mais ici il ne s'agit de rien de semblable. Le tribunal de première instance de Lorient était le juge naturel des parties; sa compétence n'était pas contestée; aucune récusation
n'était proposée contre lui; il n'existait d'ailleurs, de notre part, aucun réquisitoire tendant
à le dépouiller pour cause de sûreté publique.
C'était donc devant lui et devant lui seul, que les
parties devaient retourner pour plaider sur le
fond. Il n'était même pas besoin que le tribunal d'appel les y renvoyât expressément; et
leur renvoi pur et simple devant les juges qui
devaient connaître du fond, renvoi qu'on accuse
le tribunal d'appel de n'avoir pas prononcé, aurait équipollé pour elles à un renvoi formel devant le tribunal de Lorient.

» Mais il est temps de passer à notre seconde
question, c'est-à-dire, à celle de savoir si le jugement attaqué n'est pas en opposition avec l'art.
134 de l'ordonnance de 1539, qui limite à dix
ans, après la majorité pleinement acquise, le
temps dans lequel peut être demandée la restitution en entier contre les actes passés en minorité.

» Le jugement attaqué a reconnu en fait que
le cit. Bourgeois n'avait fait signifier son assignation introductive d'instance, qu'après l'expiration des dix années écoulées depuis sa majorité;
et cependant il a décidé que le cit. Bourgeois s'é-
tait pourvu en temps utile.

_____

(1) *V.* les conclusions du 2 ventôse an 11, rapportées à
l'article *Appel*, §. 14, art. 1, n°. 8.

13.

» Sur quoi donc a-t-il fondé une décision si contraire, du premier abord, au texte de l'ordonnance?

Il l'a fondée 1°. sur l'art. 6 du tit. 10 de la loi du 24 août 1790, concernant les effets de la citation en conciliation ; 2°. sur l'art. 2 de la loi du 3 germinal an 6, concernant les actions en rescision de contrats de vente pour lésion d'outre-moitié ; 3°. sur la loi du 22 août 1793, concernant les départemens alors en révolte.

» De ces trois lois, il y en a une qui évidemment est inapplicable à notre espèce. C'est celle du 3 germinal an 6.

» A la vérité, cette loi, en levant la suspension ordonnée le 14 fructidor an 5, *de toute action et toute instance en rescision des contrats de vente ou équipollens à vente, pour cause de lésion d'outre-moitié, déclare que, dans les délais fixés pour la prescription, ne sera pas compté le temps qui se sera écoulé depuis la publication de la loi* suspensive, jusqu'au moment où elle sera publiée elle-même. Mais la loi suspensive du 14 fructidor an 5 n'avait pas frappé sur l'action intentée depuis par le cit. Bourgeois. Le cit. Bourgeois n'avait pas vendu, il avait acheté ; et il ne se pourvoyait pas comme majeur lésé outre-moitié par une vente, il se pourvoyait comme mineur lésé d'une manière quelconque par un acte qui, à son égard, était qualifié d'achat, mais qu'il soutenait n'être réellement qu'un partage. Il avait donc pu agir, même pendant la suspension ordonnée par la loi du 14 fructidor an 5. La prescription avait donc pu courir contre lui, même pendant cette suspension.

» Le tribunal d'appel de Rennes a-t-il fait une plus juste application de la loi du 22 août 1793? Cette loi porte que, *pour tous les citoyens qui seront dans le cas, soit de se pourvoir en cassation contre les jugemens des tribunaux situés dans les départemens en révolte, soit de* FAIRE DES CITATIONS, *ou de retirer des pièces des mêmes départemens, les délais fixés par la loi ne commenceront à courir que quinze jours après la cessation des troubles et l'entier rétablissement de l'ordre.*

» A la première vue, il semblerait que cette loi ne fût applicable qu'aux délais dans lesquels doivent être faits certains actes de procédure. Cependant les mots, *soit de faire des citations*, paraissent embrasser toutes les espèces de prescriptions ; car il n'est point d'action prescriptible qui n'exige une citation de la part de celui à qui elle appartient ; et si le délai pour faire cette citation, n'a pas couru pendant les troubles qui ont si long-temps désolé le département du Morbihan, il est clair que la prescription résultant du délai dans lequel cette citation aurait dû être faite, a dormi pendant ces mêmes troubles.

» Il faut donc déduire du temps dans lequel a dû agir le cit. Bourgeois, celui qu'ont duré les troubles du département du Morbihan, comme on en déduirait celui pendant lequel le cit. Bourgeois eût été incapable d'agir par interdiction,

comme on en déduirait celui pendant lequel son héritier, s'il fût mort avant sa trente-cinquième année accomplie, se serait trouvé en minorité, ou sous la puissance paternelle.

» Or, il est notoire que les troubles du département du Morbihan ont duré plus de dix mois vingt-quatre jours.

» Il y a donc plus de dix mois vingt-quatre jours à ajouter aux dix ans dans lesquels a dû être intentée l'action du cit. Bourgeois.

» Et par conséquent, le cit. Bourgeois, même en ne se pourvoyant que dix mois vingt-quatre jours après sa trente-cinquième année accomplie, se serait encore pourvu en temps utile.

» Nous pourrions nous arrêter ici ; car, du moment que la loi du 22 août 1793 suffit seule pour justifier la décision du tribunal d'appel de Rennes, il est assez inutile de chercher dans d'autres lois des moyens de la garantir de la cassation.

» Cependant, voyons si l'art. 6 du tit. 10 de la loi du 24 août 1790 ne nous conduira pas au même résultat que la loi du 22 août 1793.

» Cet article porte que *la citation devant le Bureau de paix aura l'effet d'interrompre la prescription, lorsqu'elle aura été suivie d'ajournement.*

» Si donc, dans les dix années de la majorité du cit. Bourgeois, il y a eu, de sa part, citation donnée à ses adversaires devant le Bureau de paix, et si cette citation a été suivie d'ajournement, nul doute que le cit. Bourgeois n'ait rien à craindre de la prescription.

» Or, d'une part, il est constant que, le 2 thermidor an 6, c'est-à-dire, avant l'expiration de sa trente-cinquième année, le cit. Bourgeois a fait citer ses sœurs en conciliation devant le Bureau de paix de Lorient.

» Il est constant que la citation est en règle à l'égard de la dame Molini, puisqu'elle lui a été donnée à son propre domicile.

» Il est constant qu'elle est également régulière à l'égard de la dame Darfeuil-d'Erff, puisque, par une lettre du 13 messidor an 6, le cit. Darfeuil-d'Erff, son mari, avait marqué au cit. Bourgeois qu'il était inutile de la citer ailleurs qu'au chef-lieu de la succession et au domicile du cit. Joffré, son *agent général.*

» Les dames Molini et Darfeuil-d'Erff n'ont donc rien à opposer à la citation du 2 thermidor an 6, ni au jugement qui l'a déclarée valable.

» Quant à la dame Cambry, on ne voit pas qu'elle ait formellement autorisé son frère à la citer au domicile du cit. Joffré ; il n'existe, à cet égard, d'autre preuve directe que la déclaration faite par le cit. Joffré lui-même, le 11 frimaire an 8, en réponse à la sommation du cit. Bourgeois ; et l'on sent bien que cette déclaration ne peut pas, par elle-même, faire foi contre la dame Cambry.

» Cependant si nous considérons que la dame Cambry s'est présentée devant le tribunal civil du Morbihan, sur l'assignation du 23 prairial an

7 ; assignation qui n'aurait pu avoir lieu légitimement qu'en conséquence d'une citation préalable en conciliation ;

» Si nous considérons que cette assignation lui avait été donnée, comme la citation du 2 thermidor an 6, au domicile du cit. Joffré ;

» Si nous considérons qu'en se présentant sur cette assignation, elle ne l'a critiquée, ni comme ayant été donnée à un domicile étranger au sien, ni comme n'ayant pas été précédée d'une tentative de conciliation ;

» Si nous considérons qu'elle a laissé rendre deux jugemens interlocutoires sur des plaidoiries relatives au fond, avant de réclamer contre le prétendu défaut de citation devant le Bureau de paix ;

» Si nous considérons que tout ce qu'elle dit pour prouver qu'elle n'avait pas plaidé au fond avant ces jugemens, est détruit par la continuation que fait le premier de la *plaidoirie de la cause* au 29 thermidor an 7, continuation qui suppose nécessairement une plaidoirie commencée ;

» Si nous considérons que, par ces deux jugemens, et même par le premier seul, la contestation en cause a été pleinement formée, et que telle est la disposition expresse de l'art. 15 du tit. 24 de l'ordonnance de 1667 ;

» Si nous considérons enfin que la dame Cambry s'est tellement reconnue pour valablement citée au domicile du cit. Joffré, qu'elle n'a jamais réclamé contre le premier de ces mêmes jugemens, dans les qualités duquel il est dit que c'est au domicile du cit. Joffré qu'elle a été assignée ;

» Il deviendra bien difficile, parlons plus juste, il sera de toute impossibilité, de trouver à redire au jugement qui a déclaré la dame Cambry non-recevable dans sa demande en nullité ; soit de la citation du 2 thermidor an 6, soit de l'assignation du 23 prairial an 7.

» La chose est évidente par rapport à l'assignation du 23 prairial an 7 : car c'est une des maximes les plus irréfragables du droit, que tout assigné qui comparaît et propose ses défenses au fond, couvre la nullité de l'assignation que lui a signifiée son adversaire ; elle est même implicitement consacrée par l'art. 5 du tit. 5 de l'ordonnance de 1667.

» Mais l'assignation du 23 prairial an 7 n'a pas pu être validée par la comparution de la dame Cambry et par ses défenses au fond, sans que la citation en conciliation, du 3 thermidor an 6, le fût également. C'était, en effet, par le même moyen, qu'elles étaient l'une et l'autre attaquables ; et la dame Cambry ne pouvait pas reconnaître qu'elle avait été valablement assignée au domicile du cit. Joffré, sans reconnaître par cela seul qu'elle avait été valablement citée en conciliation. En reconnaissant qu'elle avait donné pouvoir au cit. Joffré de recevoir son assignation du 23 prairial an 7, elle reconnaissait nécessairement qu'elle lui avait donné celui de recevoir sa citation le 2 thermidor an 6.

» En deux mots, en admettant l'assignation du 23 prairial an 7, qui n'était que la conséquence de la citation du 2 thermidor an 6, elle admettait nécessairement le principe, l'antécédent essentiel, de cette conséquence.

» Sans doute, s'il n'y avait pas eu de citation en conciliation, la dame Cambry aurait peut-être pu en alléguer le défaut en tout état de cause ; et c'eût été peut-être alors le cas de dire que ce défaut constituait une nullité péremptoire (1).

» Mais la dame Cambry a été citée en conciliation ; et il ne s'agit que de savoir si elle l'a été valablement.

» Or, qu'elle l'ait été valablement, ou en d'autres termes, que le cit. Joffré ait été autorisé par elle à recevoir sa citation, elle l'a reconnu elle-même, en comparaissant, en défendant au fond sur une assignation qui ne pouvait venir qu'à la suite d'une citation régulière en conciliation ; et ce qu'elle a reconnu d'une manière aussi positive, elle ne peut plus le contester, elle ne peut plus le nier.

» Le tribunal d'appel de Rennes a donc très-bien jugé, il n'a donc violé aucune loi, en validant par fin de non-recevoir, la citation en conciliation du 2 thermidor an 6 ; et il ne nous reste plus qu'à examiner si de la validité de cette citation, il a dû conclure, comme il l'a fait, que le cit. Bourgeois s'était pourvu en temps utile.

» Oui, telle est la conséquence qu'il a dû en tirer, puisque cette citation avait été suivie d'un ajournement, ainsi que le prouve l'exploit du 23 prairial an 7, et qu'aux termes de l'art. 6 du tit. 10 de la loi du 24 août 1790, *toute citation devant le Bureau de paix a l'effet d'interrompre la prescription, lorsqu'elle a été suivie d'ajournement.*

» En vain prétend-on que, pour produire cet effet, il faut que l'ajournement suive immédiatement le procès-verbal de non-conciliation.

» La loi ne l'a pas dit, et nous ne pouvons ni ne devons être plus rigoureux que la loi.

» Quel serait d'ailleurs le terme passé lequel l'ajournement serait censé suivre la citation devant le Bureau de paix ? Fixera-t-on ce terme à une heure, à un jour ? Ce serait certainement une rigueur outrée, disons mieux, ce serait aller contre le but de la tentative de conciliation qui, pour n'avoir pas réussi dans le Bureau de paix, n'en peut pas moins réussir dans l'intervalle qui la sépare de l'assignation en justice, surtout entre proches parens. Mais s'il est encore temps une heure, un jour après le procès-verbal de non-conciliation, d'en venir à l'ajournement judiciaire, pourquoi serait-il trop tard deux heures ou deux jours après ? Et s'il n'est pas trop tard deux jours après, pourquoi ne serait-on pas encore à temps le 10ᵉ, le 20ᵉ, le 100ᵉ jour suivant ?

» Où la loi n'a point fixé de termes, il n'ap-

_____

(1) *V.* ci-devant, §. 1.

partient à personne d'en déterminer un ; et c'est ce que le tribunal de cassation a solennellement jugé le 22 nivôse an 4, dans une espèce analogue à la nôtre.

» La loi du 17 germinal an 2 voulait que ceux qui avaient à exercer des actions en rabattement contre des adjudications par décret antérieures à la publication de la loi du 25 août 1792, ne pussent les former que du jour de sa date au 1er. vendémiaire an 3.

» Le 2e. jour complémentaire an 2, Jean-François Treffens, qui avait une action de cette nature à exercer contre Jean Cavaillé, Pierre Caissac et Joseph Coster, les fait citer en conciliation devant le Bureau de paix de leur domicile, qui était aussi le sien.

» Le 4e. jour complémentaire de la même année, les parties comparaissent sur cette citation, et il en résulte un procès-verbal de non-conciliation.

» Le 26 frimaire an 3, et conséquemment près de trois mois après, Treffens fait assigner Cavaillé, Caissac et Coster devant le tribunal de district de Montauban, pour se voir condamner à lui délaisser, par droit de rabattement, l'immeuble dont il s'agissait.

» Le 5 nivôse an 3, jugement en dernier ressort qui déclare Treffens déchu de son action, attendu qu'il ne l'a pas intentée avant le 1er. vendémiaire an 3.

» Recours en cassation de la part de Treffens ; et le 22 nivôse an 4, jugement, au rapport du cit. Levasseur, et sur les conclusions du cit. Bayard, par lequel, « Considérant que, si la de-
» mande n'a pas été formée avant le 1er. vendé-
» miaire, aux termes de l'art. 2 de la loi du 17
» germinal an 2, il est cependant constant, en
» point de fait, que la citation au Bureau de paix
» pour se concilier sur cette demande, et la com-
» parution devant ce bureau, ont eu lieu avant
» cette époque ; que cette citation, qui a été sui-
» vie de l'ajournement, suffisait pour interrompre
» la prescription établie par la loi du 17 germi-
» nal, aux termes de l'art. 6 du tit. 10 de la loi du 24
» août 1790 ; qu'il n'y avait pas lieu, par consé-
» quent, à déclarer le demandeur non-recevable,
» sous prétexte qu'il ne s'était pas pourvu dans le
» délai fixé par la loi ; le tribunal casse et annulle... »

» Vous voyez, que dans cette espèce, il s'était écoulé, entre le procès-verbal de non-conciliation et l'ajournement en justice, un intervalle plus de dix fois suffisant pour que Treffens réalisât ses poursuites contre Cavaillé, Caissac et Coster. Vous voyez aussi que l'ajournement n'avait eu lieu qu'après le délai dans lequel Treffens était obligé d'agir, sous peine de déchéance. Cependant, par l'effet de sa seule citation en conciliation, Treffens a été jugé avoir interrompu la prescription établie par la loi du 7 germinal an 2.

» Le cit. Bourgeois a donc aussi interrompu, par sa citation du 2 thermidor an 6, la prescription établie par l'art. 134 de l'ordonnance de 1539.

» Et par toutes ces considérations nous estimons qu'il y a lieu de rejeter la requête, et de condamner les demandeurs à l'amende ».

Arrêt du 6 vendémiaire an 11, au rapport de M. Cassaigne, qui prononce conformément à ces conclusions,

» Attendu 1°. qu'il est de principe consacré par l'art. 5 du tit. 5 de l'ordonnance de 1667, que les nullités d'exploit doivent être proposées avant de défendre au fond ; faute de quoi, elles ne sont plus admissibles, et la partie qui a défendu au fond, ayant reconnu, par ce fait même, que les formalités non omises, quoique présumées insuffisantes par la loi pour le mettre en état de se défendre, lui ont néanmoins suffi au cas particulier pour remplir cet objet, n'est plus recevable à les proposer ni à en exciper ; que, dans l'espèce, le jugement attaqué décide en fait que les demandeurs en cassation avaient défendu au fond avant de proposer les nullités dont ils se plaignent, contre la citation au Bureau de paix, le procès-verbal de non-conciliation et l'assignation introductive de l'instance ; que d'ailleurs rien ne justifie, dans le fait, qu'elles eussent été relevées antérieurement ; que, loin de là, il ne paraît d'aucune pièce qu'elles l'aient été jusqu'à l'acte du 4 prairial an 9, par lequel elles se trouvent libellées ; tandis qu'au contraire, il résulte des deux jugemens dés 29 messidor au 7 et 25 floréal an 8, que déjà à cette époque, les parties avaient instruit et plaidé au fond ; que, par suite en déclarant les demandeurs non-recevables à proposer ces nullités, le jugement attaqué n'a point contrevenu à la loi ;

» Attendu 2°. que la citation au Bureau de paix était inattaquable, et ayant été suivie d'ajournement, avait l'effet d'interrompre la prescription de l'action, aux termes de l'art. 6 du tit. 10 de la loi du 24 août 1790 ; que cette loi ne prescrivant aucun terme à la durée de l'interruption, le tribunal d'appel ne pouvait lui en assigner arbitrairement un, sans excéder ses pouvoirs ; que la prescription se trouvait d'ailleurs également interrompue suivant la loi du 22 août 1793, relative aux troubles des départemens de l'Ouest ; qu'ainsi, le jugement n'a non plus ni faussement appliqué ni violé la loi, en déclarant que l'action n'était pas prescrite :

» Attendu 3°. que l'effet nécessaire de l'appel est de déférer au juge supérieur l'examen du jugé par le jugement dont est appel ; que, dans l'espèce, le jugement de première instance avait fait droit sur les nullités et fins de non-recevoir dont est question ; que de là il suit qu'en annullant ce jugement, le tribunal d'appel ne pouvait se dispenser de prononcer lui-même sur ces exceptions ; que, s'il en avait renvoyé la connaissance au tribunal de première instance, comme les demandeurs soutiennent qu'il aurait dû le faire, au lieu de se conformer, ainsi qu'il l'a fait, à la loi qui ne reconnaît que deux degrés de juridiction, il y aurait formellement contrevenu, puisqu'il aurait assujéti les parties à en subir un plus grand nombre sur ce même objet ;

» Attendu 4°. que le jugement attaqué ne contient aucune entreprise sur la juridiction du tribunal de cassation, en ce qu'il renvoie les parties devant les premiers juges, pour y procéder au fond et principal, ainsi que de droit, puisqu'il y était encore pendant, nonobstant l'appel, et que les parties n'avaient pris aucunes conclusions à cet égard; qu'il n'a fait, en cela, qu'exprimer ce qui était la suite naturelle, légale et nécessaire du jugement sur l'appel ;

» Attendu enfin que le jugement ne présente d'ailleurs aucune contravention expresse à la loi».

Il a été rendu, le 15 du même mois, un arrêt semblable, qui est cité dans le plaidoyer rapporté au §. suivant.

Mais remarquez, dès-à-présent, que l'art. 57 du Code de procédure civile modifie cette jurisprudence : « La citation en conciliation (porte-t-il) » interrompra la prescription et fera courir les » intérêts; le tout, pourvu que la demande soit » formée dans le mois, à dater du jour de la non-» comparution ou de la non-conciliation ».

§. VI, 1°. *Quel était, sous la loi du 24 août 1790, relativement à la prescription, l'effet de la citation devant le Bureau de paix, lorsqu'elle n'avait été suivie d'ajournement, qu'après un temps suffisant pour prescrire de nouveau l'action ?*

2°. *Que doit-on décider à cet égard sous le Code de procédure civile ?*

I. La première question a été jugée par la cour de cassation dans l'espèce suivante:

Le 22 ventôse an 3, Jean-Baptiste Corneau vend un immeuble à la veuve Dupuy.

Le 28 floréal an 6, est publiée dans le département d'Indre-et-Loire, domicile commun des deux parties, une loi du 19 du même mois, dont l'art. 7 déclare que l'action en rescision pour lésion d'outre moitié contre les ventes faites dans l'intervalle du 1ᵉʳ. janvier 1791 à la loi du 14 fructidor an 3, ne sera plus recevable après l'expiration de l'année qui suivra la publication de cette loi.

Le 24 floréal an 7, et conséquemment dans l'année de cette publication, Jean-Baptiste Corneau cite la veuve Dupuy devant le Bureau de paix, pour se concilier sur la demande en rescision qu'il se propose d'intenter contre elle.

Le 28 du même mois, procès-verbal de non-conciliation.

Le 18 prairial suivant, Jean-Baptiste Corneau assigne la veuve Dupuy à comparoir le 27 du même mois, devant le tribunal civil du département d'Indre-et-Loire, pour voir statuer sur sa demande.

Le 27 prairial, Jean-Baptiste Corneau ne se présentant pas sur son assignation, jugement qui donne congé de sa demande à la veuve Dupuy.

Le 24 thermidor an 9, après un silence de deux ans, Jean-Baptiste Corneau fait réassigner la veuve Dupuy au tribunal civil de l'arrondissement de Tours, pour voir rescinder le contrat du 22 ventôse an 3. Il lui déclare, par le même exploit, qu'il se désiste de son assignation du 18 prairial an 7, qu'il n'entend aucunement en suivre l'effet, et qu'il s'en tient uniquement à son nouvel exploit.

La veuve Dupuy lui oppose que sa demande est formée plus d'un an après la publication de la loi du 19 floréal an 6; qu'ainsi elle est non-recevable.

Le 27 germinal an 10, jugement par lequel,

« Considérant que, d'après les lois nouvelles, aucune action devant les tribunaux civils, n'est recevable qu'après que la conciliation a été épuisée; d'où il suit que la citation en conciliation est un commencement de l'action, et ne fait, lorsqu'elle est suivie d'ajournement, qu'un avec l'assignation au tribunal;

» Considérant d'ailleurs que la loi du 19 floréal an 6 établit une prescription de l'action; et que celle sur l'organisation judiciaire donne à la citation en conciliation l'effet d'interrompre toute prescription » ;

Le tribunal civil de l'arrondissement de Tours, sans s'arrêter à la fin de non-recevoir proposée par Corneau, ordonne aux parties de plaider au fond.

Appel de la part de la veuve Dupuy; et le 11 thermidor de la même année, la cour d'appel d'Orléans,

« Considérant que l'art. 7 de la loi du 19 floréal an 6 porte formellement que l'*action* en rescision, pour cause de lésion d'outre-moitié contre les ventes faites depuis le 1ᵉʳ. janvier 1791 jusqu'à la publication de celle du 14 fructidor an 3, ne sera plus recevable après l'expiration de l'année qui suivra la publication de cette loi ;

» Que la *citation en conciliation* et *l'action* sont absolument distinctes, en telle sorte que l'action peut ne pas avoir lieu, si les parties se concilient; d'où il résulte que la citation en conciliation ne peut être considérée que comme une action préparatoire de l'action, et non comme l'action même ;

» Qu'il est constant, en fait, que la vente attaquée par la veuve Dupuy, a été passée dans l'intervalle rappelé par l'art. 7 précité ; et d'une autre part, que son exploit de demande en rescision n'a été signifié que plus d'une année après la publication de la loi du 19 floréal ;

» Dit qu'il a été mal jugé..., bien appelé, émendant, déclare Corneau non-recevable dans sa demande originaire,......».

Corneau se pourvoit en cassation contre ce jugement. Après le rapport de sa requête, fait par M. Gandon, j'ai dit :

« Si le jugement qui vous est dénoncé, ne peut pas être justifié par d'autres motifs que ceux dont il présente l'exposé, nous ne craignons pas de le dire, la cassation en est inévitable.

» En effet, l'art. 6 du tit. 10 de la loi du 24 août 1790 porte que *toute citation devant le Bureau de paix a l'effet d'interrrompre la prescription, lorsqu'elle a été suivie d'ajournement.*

» On a prétendu, il est vrai, que, pour avoir cette vertu *interruptive*, il fallait que la citation au Bureau de paix fût suivie d'ajournement dans l'espace de temps qui restait à courir avant l'accomplissement de la prescription.

» Mais ce système ne tendait à rien moins qu'à neutraliser absolument la loi ; car, de quoi servirait l'effet attribué par la loi à la citation devant le Bureau de paix, d'interrompre la prescription, si l'ajournement qui, par lui-même, produit toujours cet effet, devait nécessairement être donné avant l'expiration du temps requis pour prescrire ? Il est évident que, dans cette hypothèse, la loi donnerait et ne donnerait pas une vertu *interruptive* à la citation devant le Bureau de paix. Elle la lui donnerait, parcequ'elle le dit en termes exprès ; et cependant elle ne la lui donnerait pas, parceque, dans le fait, l'interruption ne pourrait s'opérer que par un ajournement signifié avant le laps de temps fixé pour l'exercice de l'action.

» Aussi le système du tribunal d'appel d'Orléans a-t-il été proscrit par trois jugemens du tribunal de cassation.

» Le premier, du 22 nivôse an 4, a cassé un jugement du tribunal de district de Montauban, qui avait déclaré prescrite une action en rabattement de décret, dont la loi du 17 germinal an 2 n'avait permis l'exercice que jusqu'au 1er. vendémiaire an 3 ; et qui, pour prononcer ainsi, s'était fondé sur ce que le demandeur n'avait signifié son ajournement que le 25 frimaire an 3, quoiqu'il eût cité ses adversaires au Bureau de paix dès le deuxième jour complémentaire an 2.

» Le second jugement a été rendu le 6 vendémiaire dernier, au rapport du cit. Cassaigne, et sur nos conclusions. Il a rejeté la demande en cassation formée par les dames Cambry, Darfeuil-d'Erff et Moïni, contre un jugement du tribunal d'appel de Rennes, qui avait décidé que le cit. Bourgeois s'était pourvu à temps en restitution en entier du chef de minorité et de lésion, par cela seul qu'il avait cité ses adversaires en conciliation dans les dix ans de sa majorité, quoiqu'après le procès-verbal de non-conciliation, il eût laissé écouler près d'un an sans les faire assigner en justice réglée.

» Le troisième jugement mérite d'autant plus d'attention, qu'il est intervenu dans une affaire où, comme dans celle-ci, il s'agissait de la prescription introduite par la loi du 19 floréal an 6.

» Dans le fait, le 7 messidor an 3, les cit. Bron et Ory vendent au cit. Schultz une maison située à Paris.

» Le 25 floréal an 9, déterminés à faire res-

cinder cette vente pour lésion d'outre-moitié, ils font citer le cit. Schultz en conciliation devant le Bureau de paix.

» A défaut de conciliation, ils le font assigner, le 13 prairial suivant, au tribunal civil du département de la Seine.

» Cette assignation reste sans poursuite jusqu'au 4 germinal an 9, jour où ils en font donner une nouvelle au domicile du cit. Schultz.

» Le cit. Schultz ne comparaissant pas, jugement par défaut, du 16 floréal de la même année, qui ordonne, avant faire droit, la visite et l'estimation de la maison par experts convenus ou nommés d'office.

» Opposition de la part du cit. Schultz. Il la fonde, et sur une nullité dont il argue l'assignation du 4 germinal an 9, et sur une fin de non-recevoir qu'il fait résulter de ce que le premier exploit d'ajournement, celui du 13 prairial an 7, n'a été signifié qu'après l'année de la publication de la loi du 19 floréal an 6.

» Jugement du 15 thermidor an 9, qui rejette l'opposition.

» Le 28 nivôse, an 10, ce jugement est confirmé par le tribunal d'appel de Paris.

» Recours en cassation ; et le 13 vendémiaire dernier, jugement, au rapport du cit. Cassaigne, qui le rejette, « Attendu que l'art. 6 du tit. 10 de la loi du 24 août 1790, en statuant que la citation au Bureau de paix a l'effet d'interrompre la prescription, dispose en général et pour tous les cas ; que cette disposition ne peut recevoir d'exception que par une dérogation expresse et spéciale ; que l'art. 7 de la loi du 19 floréal an 6 ne contient point de dérogation à cette disposition générale ; qu'en réglant que l'action dont elle fixe la durée, ne sera recevable si elle n'est exercée dans l'an qu'elle prescrit, cette loi ne fait qu'exprimer l'effet ordinaire de toute prescription ; qu'enfin, il n'y est pas dit que la citation au Bureau de paix n'aura pas l'effet de proroger l'action ; qu'on ne peut donc, sous aucun rapport, trouver dans le jugement attaqué, une contravention expresse à cette loi, ni une fausse application de celle du 24 août 1790 ».

» Vous voyez que, par ce jugement, vous avez détruit vous-mêmes les argumens sur lesquels le tribunal d'appel d'Orléans s'est fondé pour accueillir la fin de non-recevoir de la veuve Dupuy.

» Mais si le tribunal d'appel d'Orléans a erré dans ses motifs, n'a-t-il pas cependant bien jugé ?

» Observons que, dans l'espèce sur laquelle il a statué, il y avait une circonstance qui ne se rencontrait dans aucune des trois autres que nous venons de passer en revue.

» Dans celle du 22 nivôse an 4, il s'agissait, à la vérité, d'une action pour l'exercice de laquelle la loi du 17 germinal an 2 n'avait accordé que cinq mois et dix-huit jours ; mais du 2e. jour complémentaire an 2, date de la citation devant le Bureau de paix, au 26 frimaire an 3, date de l'assignation en justice, il ne s'était pas, à beaucoup près, écoulé un temps égal à celui qui avait été fixé pour la durée de l'action; l'intervalle n'était que trois mois moins quelques jours.

» Dans celle du 6 vendémiaire dernier, il s'agissait d'une action qui n'était prescriptible que par dix ans; et il n'y avait eu, entre la citation devant le Bureau de paix et l'exploit d'ajournement, que dix mois ou environ d'intervalle.

» Enfin, dans celle du 13 du même mois, il était bien question, comme ici, d'une action annale; mais l'acte interruptif de la prescription, c'est-à-dire, la citation devant le bureau de paix, avait été suivi d'un exploit d'ajournement dans les dix-huit jours subséquens.

» Ici, c'est toute autre chose; car il faut compter pour rien l'assignation donnée le 18 prairial an 7, puisque le cit. Corneau s'en est formellement désisté, par son exploit du 24 thermidor an 9; et ce n'est que par ce dernier exploit, que le cit. Corneau a véritablement formé contre la veuve Dupuy sa demande judiciaire en rescision.

» Or, le 24 thermidor an 9, il y avait 27 mois qu'avait eu lieu la citation devant le Bureau de paix; et vous sentez quelle est la conséquence qui doit résulter de là.

» Par la citation donnée, le 24 floréal an 7, devant le bureau de paix, Corneau avait interrompu la prescription de son action annale; mais quel a été l'effet de cette interruption? C'est qu'à compter du 24 floréal an 7, la veuve Dupuy a recommencé à prescrire de nouveau, comme si elle n'eût pas encore été sur la voie de la prescription; c'est qu'à compter de ce jour, il a fallu une année entière de silence de la part de Corneau, pour prescrire l'action que celui-ci avait contre elle.

» Eh bien ! A compter du 24 floréal an 7, Corneau a gardé le silence, non-seulement pendant une année, mais même pendant deux ans et trois mois. La prescription interrompue le 24 floréal an 7, avait donc repris et terminé son cours, lorsque Corneau a commencé d'agir; Corneau n'était donc plus recevable.

» Dira-t-on que la citation devant le Bureau de paix a prorogé l'action jusqu'à trente ans, et que tel a dû être l'effet de la règle de droit qui porte que les actions temporaires étant une fois intentées, deviennent par cela seul perpétuelles?

» Mais 1°. cette règle n'a été faite que pour les ajournemens en justice; l'étendre aux simples citations en conciliation, ce serait faire dire à la loi du 24 août 1790 plus qu'elle ne dit réellement: la loi du 24 août 1790 dit que les citations devant le Bureau de paix interrompent la prescription; elle ne dit pas qu'elles rendent perpétuelles les actions qui, par leur nature, sont temporaires.

» 2°. Les ajournemens en justice eux-mêmes

ne perpétuent pas toujours les actions bornées à un court terme. On distingue, à cet égard, s'ils ont ou s'ils n'ont pas été suivis de contestation en cause.

» S'il y a eu contestation en cause après l'ajournement, l'action, quoique temporaire par elle-même, devient perpétuelle.

» Ainsi l'ont jugé,

» Pour l'action en retrait, deux arrêts du parlement de Paris, des 19 juillet 1578 et 19 janvier 1587, rapportés par Filleau, part. 4, chap. 95;

» Pour l'action en complainte bénéficiale, un arrêt de la même cour, du 2 août 1584, rendu consultis classibus, et rapporté par Louet, lettre I, §. 2;

» Pour l'action en complainte civile, un arrêt du parlement de Dijon, du 16 juillet 1717, rapporté par Menelet, Traité des péremptions, page 131.

» Mais s'il n'y a pas eu contestation en cause après l'ajournement, l'action temporaire ne se perpétue point, et elle se prescrit par le simple défaut de poursuites pendant le seul espace de temps par lequel la loi la déclare prescriptible. C'est, dit Filleau, à l'endroit cité, ce qu'à décidé un arrêt du parlement de Paris, du 11 mars 1600. Brodeau, sur Louet, lettre I, §. 2, en rapporte quatre semblables de la même cour, des 7 septembre 1566, 27 juin 1583, 23 janvier 1588 et 7 juillet 1605. C'est aussi ce qu'enseignent Levest, art. 186; Vrevin, Traité des péremptions, chap. 45; Chenu, centurie 1, question 95; Bourdin, sur l'ordonnance de 1539, art. 61; Leferron, sur la coutume de Bordeaux, tit. 2; Papon, sur celle du Bourbonnais, art. 901; Chopin, sur la coutume d'Anjou, liv. 1, chap. 82, nos. 4 et 5; le premier président de Lamoignon, en ses arrêtés, titre des péremptions, art. 10; en un mot tous les auteurs qui ont écrit sur cette matière. Voici notamment de quelle manière s'exprime Pothier, dans son Traité du retrait, n°. 278:

« C'est une maxime fondée sur plusieurs anciens » arrêts, que la demande en retrait lignager, » et toutes les autres actions annales se périment par » un an, lorsqu'elles n'ont pas encore été contes- » tées. L'ordonnance de Roussillon et l'arrêté de » 1692, qui déclarent que toutes les instances, » quoique non contestées, se périment par trois » ans, ne doivent s'entendre que des actions or- » dinaires et non des annales; leur esprit ayant » été d'abréger le temps des péremptions et non » de le prolonger. Mais lorsque ces actions ont » été contestées, elle ne se périment plus que par » trois ans (1) ».

» Dans ces circonstances et par ces considérations, nous estimons qu'il y a lieu de rejeter la requête du demandeur, et de le condamner à l'amende ».

_____

(1) Cette ancienne jurisprudence était-elle bien conforme aux principes, et en tout cas, est-elle encore compatible avec notre législation actuelle? V. l'article Péremption, §. 5.

Arrêt de la section des requêtes, du 22 messidor an 11, qui prononce conformément à ces conclusions,

« Attendu que la citation en conciliation ne peut avoir l'effet de rendre les actions imprescriptibles; que, quand la déchéance prononcée par l'art. 6 de la loi du 19 floréal an 6, serait susceptible d'être interrompue par la citation en conciliation, cette interruption ne pourrait donner à l'action une plus longue durée que celle qui lui appartenait par sa nature, et qui était déterminée par la loi; que, dans l'espèce, l'action était annale; qu'elle expirait le 28 floréal an 7; que la citation en conciliation fut donnée le 24 du même mois; qu'un ajournement au tribunal du département d'Indre-et-Loire fut donné le 18 prairial an 7; que, le 27 du même mois, la femme Dupuy fut renvoyée de la demande par le profit d'un congé-défaut; que, le 24 thermidor an 9, le demandeur fit notifier un nouvel ajournement pour procéder sur sa demande en rescision, et qu'il déclara se désister de son exploit du 18 prairial an 7; qu'alors, plus d'un an s'était écoulé depuis la citation en conciliation; et qu'ainsi, l'action n'était plus recevable ».

II. La question jugée par cet arrêt ne peut plus se présenter aujourd'hui, relativement aux actions pour la prescription desquelles la loi exige au moins l'espace d'un mois: c'est la conséquence nécessaire de l'art. 57 du Code de procédure, qui ne donne à la citation en conciliation l'effet d'interrompre la prescription, que sous la condition qu'elle sera, dans le mois *de la non-comparution et de la non-conciliation,* suivie d'un ajournement en justice.

Mais elle pourrait encore se présenter pour les actions qui se prescrivent par moins d'un mois, notamment pour celles qui sont connues sous la dénomination d'*actions rédhibitoires,* et à la prescription desquelles huit ou neuf jours suffisent encore en certains lieux (1). Comment devrait-elle être résolue, relativement à ces actions?

A la première vue, il semblerait qu'elle dût l'être dans le sens de l'arrêt de la cour de cassation, rapporté au n°. précédent, et que l'on dût, aujourd'hui, comme cet arrêt le disait sous la loi du 24 août 1790, tenir pour principe, que l'interruption opérée par la citation en conciliation, *ne peut donner à l'action une plus longue durée que celle qui lui appartient par sa nature, et qui est déterminée par la loi.*

Mais il faut bien faire attention à la différence qui se trouve entre l'art. 6 du tit. 10 de la loi du 24 août 1790, et l'art. 57 du Code de procédure civile.

Le premier ne fixait point le terme dans lequel il fallait que la citation en conciliation fût suivie

(1) *Répertoire de jurisprudence,* au mot *Rédhibitoire,* n°. 3.

d'un ajournement, pour qu'elle interrompît la prescription; et comme il ne disait pas non plus qu'elle suffirait seule, avant qu'il y eût ajournement, pour rendre trentenaires les actions qui, par leur nature, étaient prescriptibles par un temps plus court, il était fort naturel d'en conclure qu'il était dans l'intention du législateur de ne lui attribuer d'effet interruptif, qu'autant qu'elle serait suivie d'un ajournement, avant qu'il se fût écoulé, après qu'elle aurait eu lieu, un espace de temps suffisant pour prévenir l'action. Raisonner autrement, c'eût été, comme je le disais dans mes conclusions du 22 messidor an 11, étendre à la citation en conciliation, une règle qui n'était établie que pour l'ajournement, ajouter à la loi du 24 août 1790 une innovation qu'elle n'avait point faite expressément, et par conséquent transgresser les limites dans lesquelles doivent toujours se renfermer les magistrats dans l'interprétation des lois.

L'art. 57 du Code de procédure fixe à un mois le délai dans lequel l'ajournement doit suivre la citation en conciliation, pour que celle-ci interrompe la prescription; mais il le fixe à ce terme pour toutes les actions indistinctement; il l'y fixe par conséquent pour les actions qui se prescrivent par moins d'un mois, comme pour les actions dont la prescription ne s'accomplit que par un temps plus considérable; et par conséquent, encore, il est censé dire que la citation en conciliation, suivie d'un ajournement dans le mois, n'interrompra pas moins la prescription des unes que celle des autres.

§. VII. 1°. *L'action en désaveu de paternité doit-elle être précédée d'une citation en conciliation?*

2°. *Devrait-elle l'être avant le Code de procédure civile, lorsqu'elle intéressait un mineur?*

3°. *Cette action, qui, suivant l'art. 218 du Code civil, doit être portée en justice dans le mois de la signification du désaveu, est-elle intentée en temps utile, lorsque l'assignation en justice est donnée après le mois, mais à la suite d'une citation en conciliation, notifiée dans le mois?*

V. le plaidoyer et l'arrêt du 7 novembre 1809, rapportés au mot *Légitimité,* §. 2.

§. VIII. *Les demandes en provision, formées incidemment à des demandes principales, sont-elles sujettes à l'épreuve de conciliation?*

V. l'article *Partage,* §. 6.

§. IX. *La qualité de mari emporte-t-elle celle de mandataire présumé de la femme, pour la représenter devant le bureau de conciliation?*

Cette question s'est présentée à la cour de cassation, sous l'empire des lois des 24 août 1790 et 27 mars 1791, et elle y a été jugée pour l'affirmative. Voici l'espèce:

Le 8 octobre 1791, jugement du tribunal de district de Ladour, qui déboute les sieur et dame

Robert d'une demande qu'ils avaient formée contre les sieur et dame Roussa, domiciliés comme eux en pays de droit écrit, et comme eux mariés sous le régime dotal.

Les sieur et dame Robert appellent de ce jugement, et conformément à la législation de ce temps-là, ils commencent par citer leurs adversaires devant le Bureau de paix du district.

A ce Bureau se présentent les sieurs Robert et Roussa, tant pour eux que pour leurs femmes; mais celles-ci n'y comparaissent pas; et à défaut de conciliation, l'affaire est portée au tribunal de district de Saint-Gaudens.

Là, deux fins de non-recevoir sont opposées par les sieur et dame Roussa aux sieur et dame Robert: l'une, fondée sur un prétendu acquiescement des sieur et dame Robert au jugement de première instance; l'autre, tirée de ce que la dame Robert, en particulier, n'ayant donné à son mari aucun pouvoir pour la représenter devant le Bureau de paix, elle se trouve précisément dans le cas des art. 7 et 10 du tit. 10 de la loi du 24 août 1790, suivant lesquels tout appelant qui ne s'est pas présenté au Bureau de paix, doit, par cette seule raison, être déclaré non-recevable.

Le 21 juillet 1792, jugement qui accueille ces deux fins de non-recevoir.

Mais, sur le recours en cassation des sieur et dame Robert, arrêt du 6 prairial an 2, au rapport de M. Coffinhal, par lequel,

« Attendu 1°. que le jugement rendu par le tribunal de district de Saint-Gaudens, le 21 juillet 1792, a déclaré Robert et sa femme non-recevables dans l'appellation qu'ils avaient interjeté du jugement du tribunal du district de Ladour, du 8 octobre 1791, sous prétexte des offres qu'ils avaient faites du montant des frais adjugés par ce jugement, quoique ces offres ne fussent faites que par forme de consignation, et pour prévenir les poursuites auxquelles ils se croyaient exposés, et ne pussent, par conséquent, être considérés comme une approbation dudit jugement; ce qui est contraire à l'art. 5 du tit. 27 de l'ordonnance de 1667;

» 2°. Qu'il a déclaré n'être point légalement saisi de l'appel, à l'égard de la femme Robert, sous le prétexte que Robert seul avait comparu au Bureau de paix, ce qui est contraire à la loi du 27 mars 1791, d'après laquelle les parties peuvent être représentées au Bureau de paix par des chargés de pouvoirs, qualité qui réside essentiellement dans la personne du mari à l'égard de la femme, tandis qu'elle le laisse agir et ne le contredit pas;

» Le tribunal casse et annule.... ».

Que cet arrêt ait bien jugé, d'après la législation qui régissait les parties à l'époque où il a été rendu, c'est ce qui résulte évidemment de ce que, par les lois 21, C. de Procuratoribus, et 11, C. de Pactis conventis, alors en pleine vigueur dans les pays de droit écrit, il était formellement déclaré que le mari était le procureur présumé de sa femme, pour toutes les actions qu'elle avait à exercer ou à soutenir (1). Il est vrai que l'art. 16 de la loi du 27 mars 1791 n'admettait les tiers à représenter les parties devant le Bureau de paix, qu'autant qu'ils fussent revêtus de pouvoirs suffisans pour transiger, et qu'alors, comme aujourd'hui, le pouvoir de transiger ne pouvait résulter que d'un mandat exprès et spécial. Mais cette disposition ne pouvait s'entendre, et ne s'entendait en effet, que des tiers non-autorisés par leur qualité à plaider en justice réglée, au nom des parties pour lesquelles ils se présentaient devant le Bureau de paix. Autrement, il eût fallu dire qu'un tuteur ne pouvait pas figurer au nom de son pupille dans un essai de conciliation, ce qui eût été souverainement absurde; et, dès-lors, il est clair qu'à cette époque, la qualité de fondé de pouvoir de la femme, à l'effet de la représenter devant le Bureau de paix, résidait essentiellement dans la personne de son mari, tandis que la femme le laissait agir et ne le contredisait pas.

Mais, pourrait-on, devrait-on encore juger de même, sous le Code de procédure civile?

Pourquoi non?

Ce ne serait pas l'art. 53 de ce Code qui y ferait obstacle, puisque, d'une part, il permet aux parties de se faire représenter devant le Bureau de paix par des fondés de pouvoir, et que, de l'autre, il n'exige même pas que ces fondés de pouvoir soient porteurs de mandats qui les autorisent à transiger.

L'obstacle viendrait-il de ce que les lois 21, C. de Procuratoribus, et 11, C. de Pactis conventis, sont abrogées par l'art. 7 de la loi du 30 ventôse an 12? Pas davantage. En perdant leur autorité législative, ces lois ont conservé leur caractère de raison écrite, et certainement elles n'avaient été que les échos de la raison naturelle, lorsqu'elles avaient attribué au mari la qualité de mandataire présumé de sa femme. Ce principe est, d'ailleurs, comme je l'ai dit, au mot Appel, §. 10, art. 3, n°. 6, renouvelé implicitement par le Code civil. On en trouve non-seulement le germe dans l'art. 213 qui déclare que le mari doit protection à sa femme; mais encore deux conséquences dans les art. 1428 et 1578: dans l'art. 1428, en ce qu'il porte que le mari est responsable de tout dépérissement des biens de sa femme, causé par défaut d'acte conservatoire; et dans l'art. 1578, en ce qu'il y est dit que, si le mari a joui des biens paraphernaux de sa femme, sans mandat, et néanmoins sans opposition de sa part, il n'est tenu, à la dissolution du mariage, ou à la première demande de sa femme, qu'à la représentation des fruits existans, et il n'est point comptable de ceux qui ont été consommés jusqu'alors.

(1) Les textes de ces lois sont transcrits dans le Répertoire de jurisprudence, au mot Paraphernal, sect. 1, §. 5, n°. 3.

14.

De là, un arrêt de la cour de cassation, dont voici l'espèce :

Le 2 septembre 1811, les dames Chaussegroux font, conjointement avec leurs maris, citer le sieur et dame Sarragot devant le Bureau de paix, pour se concilier sur une action immobilière qu'elles se proposent d'intenter, de leur chef, contre eux.

Ni les dames Chaussegroux ni la dame Sarragot ne se présentent au Bureau de paix. Leurs maris y comparaissent seuls, et déclarent se porter forts pour elles. Le sieur Sarragot ne fait notamment aucune observation sur la non-comparution des dames Chaussegroux, ni sur l'absence de mandats exprès, de leur part, pour autoriser leurs maris à les représenter. Il déclare, d'ailleurs, ne pouvoir pas se concilier; et tout cela est constaté par le procès-verbal du Bureau de paix.

Mais, devant le tribunal civil, les sieur et dame Sarragot tirent de ce procès-verbal une fin de non-procéder contre l'action des dames Chaussegroux. Cette action, disent-ils, étant immobilière, les maris n'ont pas pu, aux termes de l'art. 1428 du Code civil, l'intenter au nom de leurs femmes, sans qu'elles y concourussent personnellement. Ils étaient donc sans qualité pour remplir, sans qu'elles les y autorisassent par des pouvoirs exprès, la formalité qui devait nécessairement précéder l'exercice de cette action.

Jugement qui rejette cette exception.

Appel de la part des sieurs et dame Sarragot; et le 15 janvier 1813, arrêt de la cour de Poitiers, qui confirme.

Les sieur et dame Sarragot se pourvoient en cassation; mais, par arrêt du 20 mars 1814, au rapport de M. Lombard de Quincieux, et sur les conclusions de M. l'avocat-général Giraud-Duplessis,

« Attendu que Louis Sarragot avait été cité en conciliation, tant de la part des Chaussegroux que de celle de leurs épouses; et que les Chaussegroux ayant comparu au bureau de paix et déclaré qu'ils se portaient forts pour leurs épouses, et Sarragot s'étant refusé de prime-abord à la conciliation, sans exciper que les Chaussegroux manquaient de procuration de leurs épouses; la cour de Poitiers, en décidant que les maris sont, de droit, les procureurs de leurs épouses, et que les Chaussegroux ont pu, dans la circonstance, agir, tant pour eux que pour leurs épouses, et se porter forts pour elles, n'a blessé aucune loi, et est, au contraire, entrée dans les conséquences de l'art. 1428 du Code civil, qui rend le mari responsable de tout le dépérissement des biens personnels de sa femme, par défaut d'actes conservatoires….;

» La cour (section des requêtes), rejette le pourvoi…. ».

CABARET, CAFÉ.

CABARET, CAFÉ. §. I. *Les tribunaux de police peuvent-ils s'écarter des réglemens faits par les maires pour la clôture des Cabarets et des Cafés à certaines heures? Peuvent-ils juger que ces réglemens ne sont plus obligatoires, à raison des changemens des circonstances qui les ont provoqués?*

V. l'article Tribunal de police, §. 4.

§. II. *Peut-on ne pas appliquer les peines de simple police aux contrevenans à un réglement de cette nature, sous le prétexte qu'ils n'ont été trouvés d'une heure indue que dans une chambre haute, et non au rez-de-chaussée d'un Cabaret ou d'un Café?*

« Le procureur-général expose que le tribunal de police de la ville de Vienne, département de l'Isère, a rendu, le 2 février dernier, un jugement qui paraît devoir être annullé dans l'intérêt de la loi.

» Un réglement de police, arrêté le 5 février 1790, par la municipalité de Vienne, porte, art. 15 : « Après dix heures du soir en hiver, et onze heures en été, les commissaires feront fermer » les Cabarets, Cafés et autres lieux publics, accompagneront, à tour de rôle, les patrouilles, surveilleront tous ceux qui donneront à jouer des jeux de hasard, saisiront les jeux, dresseront procès-verbal contre les joueurs et ceux qui donnent à jouer ».

» Pour s'assurer si la première de ces dispositions était exécutée par le sieur Graff, tenant un Café dans la ville de Vienne, le commissaire de police de cette ville s'est rendu, le 25 janvier dernier, onze heures trois quarts du soir, à la porte de ce Café, et en a requis l'ouverture. « Cette porte (est-il dit dans son procès-verbal), » nous a été ouverte par le garçon cafetier. Nous » avons parcouru les appartemens du rez-de-» chaussée, où il ne s'est trouvé personne….. » Nous sommes montés au premier étage, dans » une salle; nous y avons trouvé la dame Graff, » MM. Prunelle, Berger, Tremeau, Rigolier, » avoués; Plantier, Chevalier, rentiers; Merle, » négociant; et Pernier: ce dernier était étendu » et paraissait endormi sur une bergère; les sept » autres étaient assis ou debout autour d'une

» table de jeu, sur laquelle il y avait trois ou » quatre jeux de cartes qui n'étaient pas déca- » chetés. Nous n'avons pu connaître si ces mes- » sieurs avaient joué avant notre visite. Nous » avons observé à la dame Graff qu'elle est con- » trevenante aux réglemens, pour avoir gardé » ces messieurs jusqu'à cette heure.... ».

» D'après ce procès-verbal, le commissaire de police a fait citer le sieur Graff et sa femme de- vant le tribunal de police, pour se voir condam- ner, comme infracteurs d'un réglement de po- lice municipale, à un emprisonnement de trois jours.

» Mais par le jugement cité, « Considérant » que, suivant le procès-verbal dont il s'agit, le » rez-de-chaussée du Café Graff était vide; qu'au » premier étage, quelques citoyens de Vienne » étaient dans une pièce fermée et qu'on ouvrit » tout de suite; que ces citoyens parlaient entre » eux; que, sur la table de jeu, il y avait des pa- » quets de cartes, mais cachetés; en sorte qu'il » ne conste d'aucune contravention, le tribunal » a mis hors de cause la dame Graff (sans parler » de son mari), et l'a renvoyée des demandes » formées contre elle par le commissaire de po- » lice ».

» Ainsi, suivant le tribunal de police de la ville de Vienne, la défense faite par les régle- mens aux maîtres des Cafés, des Cabarets et des autres lieux publics, de recevoir ou retenir du monde chez eux après certaines heures du soir, ne concerne que le rez-de-chaussée de ces Ca- fés, de ces Cabarets, de ces lieux publics; et cette défense est respectée toutes les fois que les rez-de-chaussée de ces maisons sont vides aux heures indues, n'importe que les étages supé- rieurs soient ou ne soient pas pleins de buveurs ou de joueurs.

» Mais, d'une part, il est de principe que le juge ne peut pas modifier, par des distinctions arbitraires, la disposition générale d'une loi ou d'un réglement.

» De l'autre, il est évident que, si l'on adop- tait la distinction imaginée par le tribunal de Vienne, la défense dont il s'agit, serait perpé- tuellement éludée; et qu'il n'est point de maître de Café ou de Cabaret, qui, à l'heure indiquée par le réglement pour la clôture de sa maison, ne fît monter au premier ou second étage les buveurs et les joueurs qui se trouveraient au rez- de-chaussée, et ne les y laissât impunément passer la nuit entière.

» Le tribunal de police de Vienne a donc violé l'art. 5 du tit. 2 de la loi du 24 août 1790, qui punit des peines de simple police les contreve- nans aux réglemens de police municipale; et il importe d'autant plus de réprimer cette viola- tion, que le sieur Graff et sa femme, forts du jugement qui les décharge des poursuites diri- gées contre eux, ne cessent pas de réunir à des heures indues, au premier étage de leur Café,

des jeunes gens et des pères de famille qui s'y ruinent à des jeux de hasard.

» Ce considéré, il plaise à la cour, vu l'art. 88 de la loi du 27 ventôse an 8; les art. 3 et 5 du tit. 11 de la loi du 24 août 1790; et l'art. 600 du Code du 3 brumaire an 4; casser et annuller, dans l'intérêt de la loi, et sans préjudice de son exécution entre les parties intéressées, le juge- ment du tribunal de police de la ville de Vienne, ci-dessus mentionné, et dont expédition est ci- jointe; et ordonner qu'à la diligence de l'expo- sant, l'arrêt à intervenir sera imprimé et trans- crit sur les registres dudit tribunal.

» Fait au parquet, le 23 mars 1811. Signé Merlin.

» Ouï le rapport de M. Lamarque, conseiller, et les conclusions de M. Giraud, avocat-général;

» Vu l'art. 88 de la loi du 27 ventôse an 8, les art. 3 et 5, tit. 11, de la loi du 24 août 1790, l'art. 26, tit. 1 de la loi du 22 juillet 1791, l'art. 13, tit. 2 de cette même loi du 24 août et la loi du 16 fructidor an 3, d'après lesquelles les tri- bunaux, lorsqu'ils ont à prononcer par voie de police, sur des actes administratifs, doivent se conformer littéralement à ces actes, sans avoir le droit de les réformer, ni même de les modifier;

» Attendu qu'ici, il est constant, d'une part, qu'il existait, pour la ville de Vienne (de l'Isère), un réglement de police municipale qui prohibait, d'une manière absolue, l'ouverture des Cafés et la tenue des jeux de hasard, après dix heures du soir en hiver et onze heures en été; et que, sui- vant un procès-verbal dressé par le commissaire de police, le nommé Graff et sa femme tenant un Café, ont été surpris, à onze heures trois quarts du soir, donnant à jouer à un grand nombre de personnes rassemblées dans leur mai- son, ce qui était une contravention formelle à ce réglement de police;

» Attendu qu'en distinguant entre le premier étage et le rez-de-chaussée de la maison de Graff, et en jugeant que, dès que les personnes rassem- blées, ainsi que les paquets de cartes et les tables de jeux, avaient été trouvés dans une chambre haute, et non dans le Café même, il n'y avait pas de contravention, le tribunal a modifié et restreint le réglement de police, et en a ainsi éludé l'exécution par une interprétation arbi- traire et vague;

» D'où il suit que, par contravention aux règles de compétences il a violé l'art. 13 du tit. 2 de la loi du 24 août 1790, et la disposition formelle de la loi du 16 fructidor an 3;

» Par ces motifs, la cour casse et annulle, dans l'intérêt de la loi seulement, le jugement rendu le 2 février dernier, à l'égard de la femme Graff, par le tribunal de police de la ville de Vienne.... ».

§. III. *Le maître d'un Cabaret ou d'un Café peut-il être puni comme complice des voies de fait qui y ont eu lieu, pour ne les avoir pas dénoncées immédiatement?*

V. l'article *Complice*, §. 2.

§. IV. *Les Cabarets et les Cafés sont-ils assimilés aux hôtelleries, quant à la responsabilité et au vol des effets qu'y apportent ou y oublient ceux qui les fréquentent?*

V. l'article *Dépôt nécessaire.*

CALCUL (Erreur de). *V.* l'article *Compte.*

CALENDRIER. *V.* l'article *Annuaire.*

CALOMNIE. Les tribunaux de police peuvent-ils connaître de la calomnie verbale? *V.* l'article *Réparation d'injure.*

CAMBRESIS. *L'édit perpétuel des archiducs Albert et Isabelle de 1611, avait-il force de loi en Cambresis, avant le Code civil?*

V. l'article *Secondes noces,* §. 4.

CANTONNEMENT. §. I. 1°. *En quoi diffère le Cantonnement d'avec le réglement ou l'aménagement?* 2°. *L'usager peut-il, par Cantonnement, obtenir en propriété une portion de terrain égale à celle dont il a constamment joui comme usager?*

V. le plaidoyer et l'arrêt du 30 messidor an 11, rapportés à l'article *Interprétation de jugement.*

§. II. *Les jugemens d'arbitres forcés, qui ont accordé un Cantonnement à des communes prétendues usagères d'une forêt nationale, sont-ils soumis à l'appel, par la loi du 28 brumaire an 7?*

V. Le plaidoyer et l'arrêt du 25 germinal an 10, rapportés à l'article *Usage (droit d'),* §. 1.

§. III. *Les Cantonnemens ordonnés par arrêts du conseil, avant la révolution, entre des seigneurs se prétendant propriétaires et des communautés d'habitans, peuvent-ils, d'après la loi du 28 août 1792, être maintenus par les tribunaux actuels lorsqu'ils sont justes et réguliers?*

V. Les plaidoyers et les arrêts des 23 messidor an 10 et 18 brumaire an 11, rapportés à l'article *Communaux (biens).*

§. IV. *Le Cantonnement était-il admis dans les ci-devant provinces de Lorraine, Barrois et Clermontois, avant la loi du 28 août 1792? l'est-il actuellement?*

V. l'article *Usage (droit d'),* §. 3,

§. V. *Les Cantonnemens ordonnés avant l'ordonnance du mois d'août 1669, dans les ci-devant provinces de Lorraine, Barrois et Clermontois, peuvent-ils aujourd'hui être rétractés?*

V. l'article *Triage,* §. 1.

§. VI. 1°. *Les communes qui, sous l'ancien régime, avaient attaqué, par la voie de la cassation, des arrêts du conseil du roi par lesquels, sur le fondement qu'elles étaient simples usagères, des Cantonnemens avaient été ordonnés au profit de leurs seigneurs, peuvent-elles encore aujourd'hui suivre cette voie devant la cour de cassation?*

2°. *Peut-on aujourd'hui casser, comme incompétemment rendu, un arrêt du conseil du roi, qui a ordonné un Cantonnement au préjudice d'une commune qui se prétendait propriétaire, et qu'il a jugée simple usagère?*

3°. *En prononçant sur la demande en cassation d'un pareil arrêt, la cour de cassation doit-elle avoir égard aux lois portées depuis 1789 en faveur des communes; ou ne doit-elle considérer que les lois et les maximes qui étaient en vigueur à l'époque où il a été rendu?*

V. l'article *Usage (droit d'),* §. 5.

§. VII, *les actions en Cantonnement sont-elles aujourd'hui du ressort de l'autorité administrative, ou de celui du pouvoir judiciaire? Par qui de l'une ou de l'autre doivent être ordonnée et dirigées les opérations relatives au Cantonnement?*

V. l'article *Marais.*

§. VIII. 1°. *Une ancienne transaction par laquelle une commune qui se prétendait usagère de trois terrains, a renoncé à ses prétentions sur deux, moyennant sa maintenue dans le droit d'usage sur le troisième, forme-t-elle aujourd'hui obstacle à ce que le propriétaire exerce contre elle l'action en Cantonnement?*

2°. *Y ferait-elle obstacle, en supposant qu'elle pût être considérée comme un aménagement?*

3°. *Y a-t-il lieu au Cantonnement, lorsque les biens grevés du droit d'usage n'excèdent pas les besoins des usagers?*

4°. *Pour constater qu'en effet il ne les excèdent pas, une expertise préalable est-elle nécessaire?*

5°. *De ce qu'il n'y a pas lieu au Cantonnement, s'ensuit-il que la commune doit être déclarée propriétaire des fonds dont ses titres ne lui attribuent que l'usage?*

Le 1er. juin 1545, transaction entre le seigneur de Serrant, et les communes de Denée et Mozé.

Voici d'abord de que lle manière y sont énoncées les prétentions respectives des parties.

« Comme procès fussent meuz entre noble et puissant Madelon de Brie, seigneur de Serrant et de la Roche-Serrant, ayant appris les procès et erremens de défunt messire Pean de Brie, en son vivant chevalier, seigneur de Serrant, son père; et les paroissiens, manans et habitans des paroisses de Denée en général et de Mozé, en matières civiles et criminelles, tant en demandant que en défendant respectivement; l'un desquels procès, entre autres, était intenté par ledit feu de Brie, contre aucuns particuliers de ladite paroisse, touchant et pour raison de ce que ledit seigneur de Serrant disait qu'il était et est seigneur de la Roche-Serrant, des appartenances de laquelle seigneurie est et sont les bois appelés les *Bois du Loup,* et les *prez* vulgairement appelés les *Prés de Clairets,* joignant et contigus lesdits Bois du Loup; et combien que lesdits défendeurs et autres n'eussent droit de mettre ne faire mettre aucunes bêtes paître et pâturer *èsdits Bois et èsdits Prés des Clairets*, ce néanmoins lesdits défendeurs auraient mis aucunes bêtes paître et pâturer ès-dits Bois et Prés appelés les Clairets.

» Et aussi, disait ledit de Brie, que, à cause de la lite terre, il était et est seigneur *d'une pâture* joignant, d'un côté, auxdits Prés des Clairets, et de l'autre à la Boyre, du Louet, en laquelle pâture lesdits défendeurs y auraient mins bêtes paître et pâturer, et troublant et empeschant ledit de Brie en sesdits droits, possessions et saisines.

» Aussi y avait autres procès pour raison de la prinse de quelques bêtes, *faite en ladite Pâture et Bois du Loup*, où lesdits manans et habitans de ladite paroisse de Denée s'étaient rendus parties, et *maintenaient droit de communité d'usage et pâturaige, tant audit Bois du Loup et Clairets que de ladite pâture, en payant, par chacun an, au terme d'Angevine, la somme de 12 deniers tournois par chacune bête tant aumaille que chevaline, et deux deniers par porc....*

» Plusieurs autres procès étaient meuz ou espérez à mouvoir entre les dessus dits, en aucuns desquels y aurait eu sentences et arrêts.

» De tout que lesdites parties étant en grand involution pour ces causes, et pour y mettre fin, se seraient, par plusieurs fois, trouvées sur les lieux tant du Bois du Loup, prez des Clairets que en ladite pâture, fait enquête de droits par eux respectivement prétendus ».

Les conditions de la transaction sont ensuite expliquées en ces termes :

« Et finalement aurait été convenu et accordé que ledit de Brie, seigneur de Serrant, serait maintenu et gardé au plein possessoire du bois taillis nommé le Bois du Loup et Prez des Clairets, et que d'icelui Bois et Clairets il jouirait *jusqu'aux bournes et picquets qui seraient mises et assises entre lesdits Bois et Clairets et ladite pâture;* sans ce que lesdits défendeurs y puissent *à l'avenir* prétendre droit de pâturer *ne autre, pourvu et moyennant que ledit droit d'usaige, parnaige et pâturaige demeureraient auxdits manans et habitans desdites paroisses de Denée et Mozé en ladite pâture, en payant audit seigneur de la Roche de Serrant, par chacun an, la somme de douze deniers tournois par chacune bête aumaille ou chevaline, et deux deniers par porc, le tout au terme de la nativité de Notre-Dame qu'on dit Angevine; et que audit droit d'usaige, parnaige et pâturaige depuis lesdites bournes et picquets jusques à ladite Boyre du Louet, lesdits manans et habitans seraient maintenus et gardés : aussi pourvu et moyennant que ledit de Brie serait tenu faire un foussé ou clouaison bonne et suffisante, entre lesdits Clairets et pâture.*

» Et jusqu'à ce que ledit foussé ou clouaison soit faite, si les bêtes échappent ou entrent audit Bois ou èsdits Clairets, ils n'en payeront aucune amende; et que tous les procès qui étaient pendans et indécis entre les dessus dits demeureraient

nuls, assoupis et quitte l'un vers l'autre de toutes réparations, dommages et intérêts et dépens et autres choses qu'ils s'entrepourraient demander tant en procès particulier que en général, et tant en civil que en criminel ».

Le 1er. septembre suivant, cette transaction est homologuée par une sentence de la sénéchaussée d'Angers, à laquelle les parties donnent respectivement leur acquiescement pardevant notaire, le 4 du même mois.

En 1636, la terre de Serrant et toutes ses dépendances sont saisies réellement sur le duc de Montbazon; et le procès-verbal de la saisie réelle comprend, entr'autres objets, « *le lieu et closerie de* » *Grand-Maison située en la vallée de Fosse, paroisse* » *de Denée, et jardins, terres et prés, froux et com-* » *muns en dépendans, auxquels les habitans et étran-* » *gers de la vallée ont droit de faire pacager leurs* » *bestiaux, faisant la servitude et payant les* » *droits accoutumés* ».

Les paroissiens de Denée et de Mozé forment à ce décret une opposition *à fin de droits d'usage et de parnage.*

Le 19 mars 1637, la terre de Serrant et toutes ses dépendances, telles qu'elles sont désignées dans le procès-verbal de saisie réelle, sont adjugées au sieur Bautru, *à charge des droits d'usage, parnage, paisson, glandée et autres prétendus sur lesdites terres, sauf audit sieur Bautru à s'en défendre ainsi qu'il verra bon être.*

Le 19 juin 1644, les *paroissiens de Denée*, imposés en vertu d'un édit du mois de............... 1639, à une taxe de 1600 livres pour le droit d'amortissement de la *pâture du Bois du Loup*, supposée appartenir en propriété à cette commune, réclament contre cette taxe, et font une déclaration portant qu'ils n'ont que des droits *d'usage pour leurs bestiaux, sur les communs de ladite paroisse dont le fonds appartient aux seigneurs féodaux, aux charges, redevances et reconnaissances ci-après désignées.*

Entrant ensuite dans le détail de ces droits, ils déclarent d'abord *avoir droit de faire paître et pâturer leurs bestiaux en et au dedans la pâture du Bois du Loup, dépendant de la châtellenie de la Roche de Serrant, pour la raison de quoi ils confessent devoir au seigneur de ladite châtellenie, par chacun an, au jour et fête de Notre-Dame dite Angevine,* douze *deniers par chacune bête chevaline et aumaille et deux deniers par chacun porc....., le tout suivant et au désir de l'accord et transaction judiciairement faite.......* le 1er. septembre 1545.

Ils ajoutent que ceux d'entre eux qui sont *étagers et sujets de ladite châtellenie de la roche de Serrant, demeurans en la vallée de Fosse, ont le droit de faire paître et pâturer leurs bestiaux en et au dedans des communs de ladite vallée de Fosse et pâture du Bois du Loup, le tout dépendant de ladite châtellenie, et ce moyennant trois journées de corvée par an.*

Enfin, ils déclarent avoir tous un droit d'usage et de pâturage dans un autre terrain dépendant d'une seigneurie étrangère à celle de Serrant.

Le 28 juin 1749, la dame d'Estries, héritière du sieur Bautru, vend à Antoine Walsh, comte et pair d'Irlande, la terre de Serrant avec toutes ses dépendances, telles qu'elles sont désignées dans le décret du 19 juin 1637.

Le 16 juillet 1811, le comte Walsh de Serrant fait assigner les communes de Denée et de Mozé devant le tribunal de première instance d'Angers, pour voir ordonner le cantonnement de leurs usages dans la pâture du Bois du Loup.

Le 25 juillet 1812, jugement contradictoire ainsi conçu :

« Considérant que les habitans de Denée et Mozé ont une possession immémoriale, non interrompue et non contestée, de faire paître leurs bestiaux sur la pâture du Bois du Loup, située dans lesdites deux communes ; que l'art. 1er. de la 4e. section de la loi du 10 juin 1793 les en déclare propriétaire ; que l'art. 8 du même titre veut que la possession de quarante ans, exigée par la loi du 28 août 1792, pour justifier la propriété d'un ci-devant seigneur, ne puisse, dans tous les cas, suppléer le titre légitime, et que le titre légitime ne puisse être celui qui émanerait de la puissance féodale, mais seulement un acte authentique qui constate qu'il a légitimement acheté lesdits biens, conformément à l'art. 8 de la loi du 28 août 1792 ; qu'enfin l'art. 9 excepte de ces dispositions toutes concessions, ventes, collocation forcées ou autres possessions depuis et au-delà de quarante ans jusqu'à l'époque du 4 août 1789, en faveur des possesseurs actuels, ou leurs auteurs, mais non acquéreurs volontaires ou donataires, héritiers ou légataires du fief à titre universel ;

» Considérant que le ci-devant seigneur de la Roche-Serrant est précisément dans ce dernier cas : les contrats d'acquisition qu'il représente comprennent le fief à titre universel, sans même nommer la pâture du Bois du Loup, qui se trouve dans l'enclave dudit fief ; la transaction du 1er. septembre 1545 n'est point une acquisition, et n'établit point un droit nouveau ; elle n'a de rapport qu'à un droit plus ancien, dont le ci-devant seigneur de la Roche de Serrant ne représente pas le titre ; il n'a jamais joui par lui-même de tout ou partie de ladite pâture ; il n'a jamais été fait ni par lui, ni par autre, aucuns travaux pour la mettre en culture ; elle n'est pas fauchable, elle n'est pas close, elle est traversée par plusieurs chemins, elle est souvent inondée par les eaux de la Loire ; enfin, elle est au même état qu'elle était il y a plusieurs siècles, *terre vaine et vague, pacage, pâtis*, etc., suivant l'expression de l'art. 1er. de la 4e. section de la loi du 10 juin 1793 ; d'où il résulte que le ci-devant seigneur de la Roche de Serrant n'est dans aucune des exceptions admises par la loi ;

» Par ces motifs, le tribunal déclare le demandeur non-recevable, en tout cas, mal fondé dans ses demandes ; lui fait défenses de troubler les défendeurs dans la propriété, possession et jouissance de la pâture du Bois du Loup dont il s'agit, et le condamne aux dépens ».

Le comte de Serrant appelle de ce jugement, mais sans succès. Par arrêt du 29 avril 1813,

« Considérant que les parties ne représentent point de titre primitifs de leurs droits respectifs ; et que, dès avant 1543, les habitans de *Denée* et *Mozé* prétendaient avoir droit d'usage, pacage et pâturage dans les *Bois taillis du Loup*, le *Pré des Clairets*, et la *Pâture du Bois du Loup* ;

» Attendu que plusieurs procès civils et criminels, tant en demandant que défendant, respectivement, existaient par suite desdites prétentions entre lesdits habitans et le seigneur de la Roche de Serrant ;

» Attendu que, par la transaction du 1er. septembre 1545, qui termina ces différentes contestations, le propriétaire de la terre de Serrant fut maintenu et gardé en pleine possession du bois taillis nommé le *Bois du Loup* et *Pré des Clairets*, sans que les habitans, y est-il dit, puissent à l'avenir y prétendre droit de pâturage ou autre, moyennant que *le droit d'usage et pâturage* demeurerait auxdits habitans de Denée et Mozé en ladite Pâture du Bois du Loup, et que, audit *droit d'usage*, lesdits habitans seraient maintenus et gardés ;

» Attendu que, pour déterminer les limites des droits respectifs des parties, cette transaction porte qu'il sera planté des bornes et piquets, et que le propriétaire de Serrant sera tenu de faire des fossés, ou cloison bonne et suffisante entre lesdits Clairets et la Pâture, et que, jusqu'à ce, si les bêtes s'échappaient et entraient esdits bois, ils n'en paieraient aucune amende ; ce qui prouve que les trois objets sont contigus et se touchent sans moyen ;

» Attendu que, si le propriétaire de Serrant, seigneur de fief des Bois, Prés et Pâtures dont il s'agit, eût formé, peu de temps après cette transaction, la demande qu'il dirige aujourd'hui, il n'y aurait pas été recevable, ou en tout cas, les communes auraient été bien fondées à soutenir qu'elles devaient, au regard du Bois du Loup et des Clairets, être remises au même état où elles étaient avant la transaction ;

» Attendu que, si, depuis cette transaction, la jurisprudence a introduit un droit nouveau, en autorisant le Cantonnement, elle n'a point porté atteinte aux droits des communes ; et que, si le propriétaire de Serrant pouvait y être admis aujourd'hui, il serait naturel d'y faire entrer, au moins fictivement, le Bois du Loup et le Pré des Clairets ; ce qui le rendrait sans intérêt ;

» Attendu que, si d'après l'art. 4 du tit. 25 de l'ordonnance de 1669, l'action en tirage n'était admissible qu'au cas où les deux tiers à délaisser aux communautés d'habitans, étaient suffisans pour leurs besoins, il est juste de dire que le

Cantonnement, quoique différent du triage, ne doit cependant être autorisé en faveur du propriétaire d'un fonds grevé, qu'autant qu'il ne porte pas préjudice aux usagers; ce qui a toujours fait régler cette mesure qui n'est que de jurisprudence, sur leurs besoins et leurs droits; aussi la loi du 28 août 1792, art. 5, en rendant cette action respective, ne l'a conservée qu'*aux cas de droit ;*

» Attendu que, par la transaction susdatée, les droit respectifs des parties ont été *définitivement réglés ;* qu'alors le Bois du Loup, le Pré des Clairets et la pâture du Bois du Loup composaient une étendue de cent quatre-vingt-dix-huit arpens; que le seigneur de Serrant fut gardé et maintenu en pleine possession du Bois du Loup et Pré des Clairets cent vingt arpens, et les communes de Denée et Mozé dans le droit d'usage, pacage et pâturage sur la Pâture du Bois du Loup d'une contenance de soixante-quinze à soixante-dix-huit arpens; que, si l'on ne peut pas dire que le traité a opéré un triage ou un Cantonnement, puisque ce dernier droit n'était pas encore connu, il est toujours vrai de dire que les parties ont pu faire alors ce que la jurisprudence a admis depuis, et que tout est consommé entre elles à cet égard;

» Attendu que la pâture dont il s'agit, jointe aux autres communaux du pays, sont à peine suffisans aux besoins des deux communes, eù égard à leur population et au nombre des bestiaux que l'agriculture leur rend nécessaires; d'où il suit qu'elles ne pourraient être restreintes dans leur jouissance, sans éprouver un préjudice notable, et que les parties doivent respecter la loi qu'elles se sont faite, et s'y soumettre;

» Par ces motifs, la cour met l'appellation au néant, ordonne que le jugement dont est appel, sortira son plein et entier effet ».

Le comte de Serrant se pourvoit en cassation contre cet arrêt.

« Quatre moyens de cassation (ai-je dit à l'audience de la section civile, le 27 décembre 1814) vous sont proposés dans cette affaire :

» 1°. Violation de l'art. 5 de la loi du 28 août 1792, en ce que, tout en reconnaissant que la transaction de 1545 n'avait maintenu les communes de Denée et de Mozé que dans un droit d'usage sur la pâture du *Bois du Loup,* l'arrêt attaqué refuse néanmoins au comte de Serrant le Cantonnement auquel il avait conclu contre ces communes;

» 2°. Violation de l'art. 8 de la même loi, en ce que l'arrêt attaqué réintègre les communes de Denée et de Mozé dans la propriété de la pâture du *Bois du Loup,* quoiqu'elles n'eussent pas prouvé avoir été anciennement propriétaires de cette pâture;

» 3°. Fausse application de l'art. 9 de la même loi et des art. 2 et 8 de la sect. 4 de celle du 10 juin 1793, en ce que, sans citer ces articles,

mais en se fondant sans doute sur leurs dispositions qui ne concernent cependant que les terres vaines et vagues possédées par les ci-devant seigneurs, l'arrêt attaqué déclare les communes de Denée et de Mozé propriétaires d'une pâture qui, d'une part, n'est rien moins qu'un terrain vain et vague, mais un terrain tout aussi productif que le sont les plus beaux herbages de la ci-devant Normandie; et qui, de l'autre, n'était, relativement aux communes de Denée et de Mozé, possédée avant la révolution que par un simple particulier, le seigneur de Serrant n'ayant jamais eu aucune ombre de supériorité féodale sur ces deux communes;

» 4°. Violation de l'art. 9 de la section 4 de la loi du 10 juin 1793, en ce que, pour déclarer les communes de Denée et de Mozé propriétaires de la pâture du *Bois du Loup,* l'arrêt attaqué laisse à l'écart le décret forcé du 19 mars 1637.

» De ces quatre moyens, il en est deux qui sont absolument sans objet : ce sont le second et le troisième.

» En effet, la cour d'appel d'Angers n'a jugé, ni qu'au mépris de l'art. 8 de la loi du 28 août 1792, les communes de Denée et de Mozé dussent être réintégrées dans la propriété de la pâture du *Bois du Loup,* sans prouver que cette pâture leur eût anciennement appartenu; ni que cette pâture fût, à l'instar des terrains vains et vagues, susceptible de l'application de l'art. 9 de la même loi, et de l'art. 8 de la sect. 4 de celle du 10 juin 1793. Loin de partager le tort qu'avait eu le tribunal de première instance de proclamer ces deux erreurs véritablement inexcusables, elle les a, en quelque sorte, condamnées par son silence; elle s'est renfermée dans les preuves de propriété qu'elle a cru apercevoir en faveur des deux communes, dans les titres et la possession antérieure à la révolution; et faisant une abstraction complète des lois de 1792 et 1793, elle a raisonné sur le procès soumis à son examen, d'après les mêmes élémens qu'elle eût pu le faire en 1788.

» Nous n'avons donc à nous occuper ici que du premier et du quatrième moyens de cassation du demandeur.

» Ils se rapportent, comme vous le savez, l'un à la disposition de l'arrêt attaqué qui confirme le jugement de première instance au chef par lequel le comte de Serrant est déclaré non-recevable et mal fondé dans sa demande en Cantonnement; l'autre à la disposition du même arrêt qui confirme le même jugement au chef par lequel il est fait défense au comte de Serrant de troubler les deux communes *dans la propriété, possession et jouissance de la pâture du Bois du Loup.*

» La première de ces dispositions viole-t-elle, comme le prétend le demandeur, l'art. 5 de la loi du 28 août 1792?

» Pour nous fixer là-dessus, examinons successivement les motifs de cette disposition.

15

» La cour d'appel d'Angers commence par dire, ce qui est très-vrai, qu'avant la transaction de 1545 les communes de Denée et de Mozé prétendaient avoir un droit d'usage non-seulement sur la *pâture du Bois du Loup*, mais encore sur le *Bois du Loup* et sur le *Pré des Clairets*.

» La cour d'appel d'Angers ajoute que, par la transaction de 1545, les communes de Denée et de Mozé n'ont renoncé à leur prétention d'un droit d'usage sur le *Bois du Loup* et le *Pré des Clairets*, que sous la condition d'être maintenues dans leur droit d'usage sur la *pâture du Bois du Loup*; et cette assertion est encore parfaitement exacte.

» Mais la cour d'appel d'Angers conclud de là que, si peu de temps après la transaction, le seigneur de Serrant eût voulu restreindre, par la voie du Cantonnement, le droit d'usage des deux communes sur la *pâture du Bois du Loup*, il n'y aurait pas été recevable; ou qu'en tout cas, les deux communes auraient été fondées à se faire remettre. relativement à leurs prétentions sur le *Bois du Loup* et sur le *Pré des Clairets*, dans le même état où elles étaient avant la transaction; et il y a beaucoup de choses à dire sur cette conséquence.

» Sans doute, dans le 16ᵉ. siècle, le seigneur de Serrant n'aurait pas été admis à faire cantonner les deux communes de Denée et de Mozé dans la *pâture du Bois du Loup*, c'est-à-dire, à les contraindre de renoncer à leur droit d'usage indéfini sur cette pâture, moyennant une portion de cette même pâture en propriété; et pourquoi n'y aurait-il pas été admis? Parcequ'à cette époque, l'action en Cantonnement n'était pas encore connue, parceque la jurisprudence ne l'a introduite qu'au commencement du 18ᵉ. siècle.

» Mais si, à cette époque, au lieu d'une action en Cantonnement, le seigneur de Serrant eût exercé contre les communes de Denée et de Mozé une action en aménagement, ces communes auraient-elles pu lui opposer la transaction? Au raient-elles pu lui dire : « Vous êtes non-rece- » vable, parceque notre maintenue dans le droit » d'usage indéfini sur la *pâture du Bois du Loup*, » est le prix du sacrifice de nos prétentions à un » droit semblable sur le *Bois du Loup*, et sur le » *Pré des Clairets* » ? Non certainement.

» Pour que la transaction eût pu élever une fin de non-recevoir contre l'action en aménagement du seigneur, il aurait fallu qu'elle eût formé elle-même un aménagement proprement dit ; il aurait fallu qu'elle eût eu pour objet, non de terminer un procès sur la question de savoir si les communes de Denée et de Mozé avaient ou n'avaient pas un *droit d'usage* dans le *Bois du Loup*, dans le *Pré des Clairets* et dans la *pâture du Bois du Loup*, mais de terminer un procès sur la question de savoir si le droit d'usage que les deux communes auraient été reconnues avoir dans ces trois terrains, devait ou non être restreint

par la voie d'aménagement, et jusqu'à quel point il devait l'être.

» Sans contredit, dans cette dernière hypothèse, le seigneur de Serrant n'aurait pas pu, après avoir fait un premier aménagement par la transaction, en demander un deuxième ; et s'il l'eût demandé effectivement, il eût dû être sans difficulté déclaré non-recevable.

» Mais tel n'a pas été, à beaucoup près, l'objet de la transaction. La transaction elle-même nous apprend que les prétendus droits d'usage des deux communes sur le *Bois du Loup*, sur la *pâture du Bois du Loup* et sur le *Pré des Clairets*, étaient contestés par le seigneur de Serrant; que le seigneur de Serrant n'a consenti à reconnaître les deux communes usagères de la *pâture du Bois du Loup* que, sous la condition que les deux communes renonceraient à leur prétention d'un droit d'usage sur le *Bois du Loup* et sur le *Pré des Clairets*; que le sacrifice de cette prétention, de la part des communes, a été le prix du sacrifice que le seigneur de Serrant a fait, de son côté, de la prétention qu'il avait de jouir de la pâture du *Bois du Loup* librement et sans servitude d'usage; qu'ainsi, les deux communes n'ont point renoncé à des droits d'usage reconnus et constans sur le *Bois du Loup* et le *Pré des Clairets*, pour obtenir la jouissance exclusive d'un droit d'usage également reconnu, également constant, sur l'universalité de la pâture du *Bois du Loup*; qu'en un mot les parties n'ont traité que *de re dubiâ et lite incertâ*.

» Et de là il suit évidemment que, d'après la transaction, les deux communes doivent être considérées comme n'ayant jamais eu un droit d'usage sur le *Bois du Loup* et le *Pré des Clairets*, comme n'ayant jamais eu à ce droit qu'une prétention mal fondée, comme ayant renoncé par la transaction, non à ce droit, mais à la prétention qu'elles avaient manifestée d'en jouir.

» De là, il suit par conséquent que la transaction a placé, à cet égard, les deux communes dans la même catégorie que si un jugement contradictoire les eût déclarées bien fondées dans leur prétention au droit d'usage sur la pâture du *Bois du Loup*, et mal fondées dans leur prétention au droit d'usage sur le *Bois du Loup* et le *Pré des Clairets*.

» Mais cela posé, comment la transaction aurait-elle pu empêcher le seigneur de Serrant, dans le seizième siècle, de former, contre les deux communes, une action en aménagement? L'action en aménagement était ouverte à tout propriétaire, par cela seul qu'il était propriétaire et grevé d'un droit d'usage ; et pourquoi l'était-elle? *Ne proprietas domino reddatur inutilis*, disaient tous les auteurs. Or, il n'y avait point d'usager auquel on ne pût, quel que fût son titre, opposer ce motif. Que l'usager tînt son droit d'usage d'une concession gratuite, qu'il le tînt d'une concession onéreuse, qu'il le tînt d'une vente, d'un échange ou d'une transaction, sa condition était toujours la même ; et dans tous les cas, l'action en aménagement pouvait l'atteindre.

» La donation, la vente, l'échange, ne sont pas des titres moins sacrés qu'une transaction ; et celui qui jouit en vertu d'une transaction, ne jouit pas en vertu d'un titre plus respectable que celui qui jouit en vertu d'une donation, d'une vente, d'un échange.

» Si donc l'usager par donation, par vente, par échange, était, comme on n'en peut douter, sujet, dans le 16º. siècle, à l'action en aménagement, il était bien impossible que l'usager par transaction en fût exempt.

» Quelle atteinte d'ailleurs le seigneur de Serrant aurait-il portée à la transaction de 1545, en actionnant les deux communes, dans le 16º. siècle, à fin d'aménagement? Aucune, et, bien loin de là, il n'aurait fait qu'exécuter la transaction elle-même ; car la transaction assurait aux deux communes la qualité d'usagères, et l'action du seigneur de Serrant en aménagement, n'aurait été qu'une conséquence de cette qualité. Agir conséquemment à un titre, ce n'est pas y déroger, ce n'est pas l'enfreindre, c'est s'y conformer.

» Que dirait-on d'un usufruitier qui, sous le prétexte qu'il serait redevable de son usufruit à une transaction, prétendrait que le propriétaire ne peut exiger de lui ni caution, ni réparations d'entretien? Assurément on lui fermerait la bouche par cette seule observation, que c'est précisément parcequ'une transaction l'a déclaré usufruitier, que le propriétaire est fondé à le traiter comme tel et à le contraindre à l'accomplissement des obligations inhérentes à cette qualité.

» Eh bien? C'est ici la même chose. Si le seigneur de Serrant, après la transaction de 1545, avait actionné les deux communes de Denée et Mozé en aménagement, il n'aurait fait que les traiter comme usagères ; il n'aurait fait qu'exercer contre elles une action à laquelle leur qualité même d'usagères les assujétissait.

» Comment, d'un autre côté, la transaction de 1545 aurait-elle pu autoriser les deux communes à faire entrer fictivement *le Bois du Loup*, et *le Pré des Clairets* dans l'aménagement que le seigneur de Serrant eût provoqué contre elles? Encore une fois, les deux communes auraient été censées, d'après la transaction, comme elles l'auraient été d'après un jugement, n'avoir jamais eu de droit d'usage sur ces deux terrains. Il n'y aurait donc eu aucun prétexte pour faire entrer ces deux terrains dans l'aménagement de la pâture du *Bois du Loup*.

» Mais si de tout cela il résulte que le seigneur de Serrant aurait été recevable, dans le 16º. siècle, à actionner les deux communes en aménagement, il faut bien qu'aujourd'hui il soit recevable à actionner les deux communes en Can-

tonnement. L'action en Cantonnement n'est, comme l'était l'action en aménagement, qu'une conséquence de l'asservissement d'un fonds à un droit d'usage. Il y a donc aujourd'hui ouverture à l'une, comme il y avait, dans le 16º. siècle, ouverture à l'autre, toutes les fois qu'un droit d'usage est établi sur un fonds.

» Objecter avec la cour d'appel d'Angers, que l'introduction du Cantonnement étant postérieure à la transaction de 1545, n'a pas pu en altérer les dispositions, c'est oublier l'objet du Cantonnement même, c'est en dénaturer le caractère.

» Par le Cantonnement, les droits de l'usager ne sont pas altérés ; il se fait seulement un échange au moyen duquel l'usager reçoit en *solidité* la récompense de ce qu'il perd en *étendue*. C'est une interversion sans doute, mais la loi peut la commander, et à plus forte raison la permettre, par des considérations de bien public, comme elle peut, pour cause de nécessité ou d'utilité générale, exproprier un particulier en l'indemnisant.

» Et dans le fait, on ne saurait douter que l'action en Cantonnement n'atteignît, du moment où elle a été introduite, les droits d'usage qui existaient depuis plusieurs siècles ; c'est même sur des droits d'usage existans depuis plusieurs siècles, qu'ont été rendus tous les arrêts de Cantonnement dont se compose la jurisprudence du siècle dernier sur cette matière.

» Aussi voyons-nous que l'art. 8 de la loi du 19-27 septembre 1790 et l'art. 6 de celle du 28 août 1792, en maintenant l'action en Cantonnement, ne la restreignent, ni aux droits d'usage qui seront établis à l'avenir, ni même aux droits d'usage qui ont été établis depuis que cette action est admise par la jurisprudence.

» Ce qui, au surplus, tranche sur ce point toute difficulté, c'est que la disposition de la seconde de ces lois qui, par un droit absolument nouveau, autorise l'usager à demander le Cantonnement au propriétaire, a été constamment appliquée, et s'applique encore tous les jours, aux droits d'usage établis avant l'année 1792.

» Maintenant, que vous dit-on pour justifier l'arrêt de la cour d'appel d'Angers du reproche d'avoir violé les lois qui ont autorisé l'action en Cantonnement de la part du propriétaire contre l'usager?

» On vous dit que l'arrêt de la cour d'appel d'Angers juge *en fait*, que la transaction de 1545 a opéré un Cantonnement entre les parties ; qu'à la vérité, le Cantonnement n'était pas encore connu à cette époque ; mais que *les parties ont pu faire alors ce que la jurisprudence a admis depuis* ; et que tout est consommé à cet égard.

Oui, cela est jugé par l'arrêt de la cour d'appel d'Angers ; mais cela est-il jugé *en fait*? En jugeant cela, l'arrêt de la cour d'appel d'Angers viole-t-il pas une loi expresse? C'est ce qu'il faut examiner.

» La cour d'appel d'Angers, nous l'avons déjà

15.

dit, a considéré la transaction de 1545 comme un acte par lequel les communes de Denée et de Mozé, moyennant la renonciation à des droits d'usage constans et reconnus sur le *Bois du Loup* et le *Pré des Clairets*, avaient été maintenues dans un droit d'usage également reconnu et constant sur la *pâture du Bois du Loup*.

» Que, par cette manière d'interpréter la transaction de 1545, la cour d'appel d'Angers ait excessivement mal jugé, c'est ce que nous osons nous flatter d'avoir prouvé jusqu'à l'évidence.

» Qu'en jugeant aussi mal, elle ait usé du droit qu'elle avait d'errer impunément, qu'elle n'ait fait qu'interpréter un acte, qu'elle n'ait violé aucune loi, c'est encore une vérité incontestable.

» Mais qu'a-t-elle dû conclure *en droit*, de ce qu'elle avait ainsi mal jugé *en fait?*

» Elle a dû en conclure que la transaction de 1545 avait opéré, entre les parties, non un Cantonnement, mais un aménagement.

» Car il y a aménagement, et non pas Cantonnement, lorsque l'usager, en conservant sa qualité, est restreint à la jouissance d'une partie des fonds grevés de son droit d'usage; il ne peut y avoir Cantonnement, que lorsque l'usager, échangeant sa qualité contre celle du propriétaire, acquiert, en récompense du droit d'usage qu'il perd sur l'universalité des fonds qui lui sont asservis, la propriété d'une partie de ces mêmes fonds.

» Or, qu'a vu la cour d'appel d'Angers dans la transaction de 1545? Y a-t-elle vu une interversion de la qualité des deux communes? Y a-t-elle vu une renonciation des deux communes à leur prétendu droit d'usage sur le *Bois du Loup* et le *Pré des Clairets*, payée par l'abandon à leur profit de la propriété de la *pâture du Bois du Loup?* Non. Elle n'y a vu que la restriction, à la *pâture du Bois du Loup*, du prétendu droit d'usage que les deux communes avaient précédemment, et sur la *pâture*, et sur le *Bois du Loup*, et sur le *Pré des Clairets*. Par la transaction susdatée, a-t-elle dit, *le seigneur de Serrant fut gardé et maintenu en pleine possession du Bois du Loup et Pré des Clairets, et les communes de Denée et de Mozé dans le droit* D'USAGE, PACAGE ET PATURAGE *sur la pâture du Bois du Loup.*

» Donc, la cour d'appel d'Angers n'a vu dans la transaction que ce qu'il fallait pour en inférer que la transaction avait opéré un aménagement.

» Donc, elle n'y a rien vu que ce qu'il fallait pour en inférer que la transaction avait opéré un Cantonnement.

» Donc, en inférant de ce qu'elle a vu dans la transaction, qu'un Cantonnement avait été le résultat de cet acte, elle est tombée dans une erreur de droit.

» Donc, par cette erreur de droit, elle a violé les lois de 1790 et 1792, qui, en maintenant la jurisprudence introductive du Cantonnement

proprement dit, supposent et annoncent manifestement que l'effet du Cantonnement proprement dit est de rendre l'usager proprié taire.

» La cour d'appel d'Angers aurait-elle mieux raisonné, aurait-elle plus respecté les lois de 1790 et 1792, si elle avait dit que la transaction de 1545 n'avait opéré qu'un aménagement, mais que, par cela même, elle formait obstacle à ce qu'aujourd'hui il s'exerçât une action en Cantonnement sur la partie des fonds usagers dont cet aménagement avait assigné la jouissance aux deux communes?

» Non, messieurs; et déjà nous en avons donné la raison : c'est que d'après les lois de 1790 et 1792, qui assujétissent tous les usagers à l'action en Cantonnement, l'action en Cantonnement peut bien être mal fondée de la part du propriétaire qui ne l'a pas encore exercée, contre l'usager qui ne l'a pas encore soufferte, mais que jamais elle ne peut être écartée par une fin de non-recevoir tirée du titre même de l'usager; c'est que partout où il y a, d'un côté, un droit d'usage, et de l'autre, une propriété nue, là il y a nécessairement ouverture à l'action en Cantonnement, sauf à juger, d'après les moyens du fond, si elle doit triompher ou échouer; c'est que la transaction de 1545 n'aurait pas pu opérer un aménagement entre le seigneur de Serrant et les deux communes, sans fixer de plus fort la qualité d'usagère sur la tête des deux communes; c'est que les deux communes ne pourraient pas avoir été, par l'aménagement, déclarées usagères, et restreintes, comme telles, dans leurs droits d'usage, sans être aujourd'hui, par une suite nécessaire, passibles de l'action en Cantonnement sur la partie des fonds usagers que l'aménagement leur aurait laissée, sauf alors à prendre en considération, pour la détermination et l'exécution du Cantonnement, la partie des fonds usagers dont l'aménagement leur aurait précédemment ôté la jouissance.

» Ce serait, en effet, une grande erreur de croire que le propriétaire fût aujourd'hui non-recevable à exercer l'action en Cantonnement sur la partie des fonds originairement asservis à un droit d'usage, qui a été laissée à l'usager par le résultat d'un ancien aménagement. Écoutons M. Henrion de Pensey, dans ses *Dissertations féodales*, au mot *Communaux*, §. 16:

» On voit, au premier coup-d'œil, combien » les anciennes *réserves* (expression synonyme » d'*aménagement*) diffèrent du triage et du Can- » tonnement. Le triage suppose la propriété des » bois dans la main deshabitans. Le Cantonne- » ment intervertit le titre primitif : son effet est » de changer l'usage universel en une propriété » déterminée. Les réserves n'opèrent rien de » semblable : elles modifient l'usage, mais sans » changer le titre des usagers; et l'abandon que » leur fait le seigneur de certaines parties de bois,

» ne le dépouille pas de sa propriété sur ces » mêmes bois. On a cru devoir entrer dans ces » détails, parceque l'ignorance de cet état des » choses donne lieu à deux méprises très-préju- » diciables au seigneur. Dans tous les lieux où les » seigneurs ont établi ces réserves, les titres de » la seigneurie relatifs aux bois, portent que » *telle partie appartient au seigneur, le surplus réser-* » *vé à l'usage des habitans.* Les personnes peu » versées dans cette matière, infèrent de ces énon- » ciations, que les bois déclarés appartenir au sei- » gneur, forment seuls sa propriété, et conséquem- » ment que le surplus est le patrimoine des habi- » tans. D'autres confondent ces réserves avec le » triage et le Cantonnement; et si le seigneur se » pourvoit pour obtenir l'un ou l'autre, on lui » répond que ses auteurs ont consommé son » droit. Le vice de ces deux conséquences est sen- » sible. Une pareille énonciation dans les titres » d'une seigneurie, ne prouve, ni la propriété des » usagers, ni triage, ni Cantonnement: il en » résulte seulement que le seigneur a jugé à pro- » pos de soustraire une partie de ses bois à l'u- » sage des habitans ».

» En voilà, messieurs, beaucoup plus qu'il n'en faut pour vous convaincre qu'il est impos- sible de justifier des reproches de contravention formelle aux lois des 19 — 27 septembre 1790 et 28 août 1792, les motifs que la cour d'appel d'Angers a tirés de la transaction de 1545, pour re- pousser l'action en Cantonnement du demandeur.

» Mais à ces motifs la cour d'appel d'Angers en a ajouté un qui pourrait bien mettre cette disposition de son arrêt à l'abri de la cassation : elle a ajouté que *la pâture dont il s'agit, jointe aux autres com- munaux du pays, sont à peine suffisans aux besoins des deux communes, eu égard à leur population et au nombre de bestiaux que l'agriculture leur rend néces- saires; d'où il suit qu'elles ne pourraient être restrein- tes dans leur jouissance, sans éprouver un préjudice notable;* et il s'agit de savoir si, par ce motif sup- plémentaire, elle a violé la loi.

» L'aurait-elle violée, en ce qu'elle a supposé que le Cantonnement ne peut pas avoir lieu dans le cas où les produits des fonds asservis à un droit d'usage, n'excèdent pas les besoins des usagers?

» L'aurait-elle violée, en ce que, sans ex- pertise préalable, elle a décidé que la pâture du *Bois du Loup* suffit à peine aux besoins des deux communes?

» Arrêtons-nous un moment à chacune de ces questions.

» 1°. Les lois des 19-27 septembre 1790 et 28 août 1792 n'ont pas dit que l'action en Cantonne- ment obtiendrait son effet, lors même que les fonds grevés du droit d'usage, n'offriraient au- cun excédant sur les besoins des usagers; mais elles n'ont pas non plus dit le contraire; elles se sont bornées à déclarer que le Cantonnement

aurait lieu *dans les cas de droit;* et ces *cas de droit,* elles ne les ont pas déterminés.

» En argumentant par analogie, la cour d'appel d'Angers a cru pouvoir appliquer au Cantonne- ment la disposition de l'art. 4 du tit. 25 de l'ordon- nance de 1669, qui n'admettait l'action en triage que dans le cas où les deux tiers à délaisser aux habitans étaient suffisans pour leurs besoins. Mais il est évident qu'elle a mal raisonné. L'ac- tion en triage était odieuse, en ce qu'elle faisait rentrer un seigneur dans une portion des biens dont il s'était entièrement exproprié, en ce qu'elle rompait le contrat que le seigneur avait fait avec les habitans pour les attirer dans son territoire, en ce qu'elle dépouillait les habitans d'une propriété incommutable de sa nature. L'action en Cantonnement, au contraire, est favorable, en ce qu'elle tend à utiliser pour le propriétaire un bien qui est resté dans son do- maine, et qu'elle se borne à diminuer, moyen- nant une juste indemnité, le dommage qui lui cause la servitude dont il a grevé ce bien. Les entraves que l'ordonnance de 1669 avait mises au triage, ne peuvent donc pas être devenues communes, de plein droit, au Cantonnement.

» Appliquera-t-on au Cantonnement les règles qui, sur cette matière, gouvernaient l'aménage- ment dans les 16e. et 17e. siècles? Nous n'en se- rons pas plus avancés; car ces règles étaient elles- mêmes très-incertaines.

» Grivel, dans son recueil d'Arrêts du Parle- ment de Dôle, §. 66, soutenait qu'il ne pouvait pas y avoir lieu à l'aménagement, lorsque le fonds ne suffisait pas pour remplir à la fois les besoins de l'usager et ceux du propriétaire; et Salvaing, dans son traité *de l'Usage des fiefs,* page 478, après avoir opposé à cette opinion des argumens très-spécieux, avait fini par y revenir, en s'appuyant d'un arrêt du parlement de Gre- noble du 4 mars 1665.

» Mais cette opinion était combattue par une foule d'auteurs qui prétendaient qu'en ce cas même, l'aménagement devait être admis. Tels étaient Chasseneux, sur la coutume de Bourgo- gne, tit. 13 §. 2, gl. I, n° 27; le cardinal de Pa- lerme (*Panormitanus* sur le chap. 4 de *arbitris,* aux decrétales; Isernius, sur les ordonnances des Deux-Siciles, liv. 3; Mathieu *de affictis,* dans son recueil de décisions du sénat de Naples, §. 290, où il rapportait un arrêt de ce tribunal qui l'avait ainsi jugé; et le président Bouhier, chap. 62, n°. 81 : « Une question plus difficile (disait celui- » ci) est de savoir ce qu'on fera, si les bois ne » suffisent pas pour les besoins, tant du seigneur » que des usagers : car, d'un côté, Chasseneux » et presque tous les docteurs tiennent qu'en ce » cas, la préférence doit être donnée au proprié- » taire; et d'autre part, Dumoulin, dans sa note » sur Chasseneux, croit qu'on peut excepter le » cas où l'usage est dû à titre onéreux : *Nisi usua-* » *rius habeat causam onerosam à domino, qui tenè-*

» *tur bonum usum facere.* Mais il n'est guère pos-
» sible de résister à la décision d'une belle loi
» qui a été citée à ce sujet fort à propos par Sal-
» vaing : c'est la loi 15, §. 1, D. *Communia prædio-*
» *rum*, qui décide qu'encore qu'on ait droit de
» tirer des pierres de la carrière d'autrui, moyen-
» nant quelque redevance, cela vient à cesser
» lorsque la carrière ne peut pas suffire aux be-
» soins du propriétaire lui-même : *ut neque usus*
» *necessarii lapidis intercludatur, neque commoditas rei*
» *domino adimatur.* Ainsi, je conclus que, nonobs-
» tant l'avis de Dumoulin, bien que l'usage ait
» été constitué à titre onéreux, il doit être sup-
» primé ou retranché au cas dont il s'agit ».

» Ce qui résulte le plus clairement de tout cela,
c'est que l'ancienne jurisprudence n'était rien
moins que fixée sur ce point quant à l'aménagement.

» L'était-elle davantage, quant au Cantonnement, avant les lois de 1790 et 1792 ?

» Nous l'ignorons; nous ne voyons même pas
que la question ait jamais été agitée (1). Mais ce
qui nous porte à penser qu'à cette époque, le Cantonnement n'était admis que dans le cas où les
besoins des usagers n'absorbaient pas tous les produits du fonds grevé de droits d'usage, c'est que
presque tous les arrêts de l'ancien conseil d'état
qui ont ordonné des Cantonnemens dans le 18e.
siècle, avaient été précédés d'interlocutoires qui
avaient pour objet de constater l'étendue des besoins des usagers.

» Ainsi, en dernière analyse, point de loi violée
dans le motif de l'arrêt attaqué que nous examinons en ce moment, en tant qu'il y est supposé
que l'action en Cantonnement doit être rejetée
toutes les fois que les besoins des usagers sont à
peine remplis par les produits du fonds asservi à
l'usage.

» 2°. Le même motif viole-t-il la loi, en tant
que, sans expertise préalable, il décide que la
pâture du Bois du Loup n'a que l'étendue nécessaire pour remplir les besoins des communes de
Denée et de Mozé?

» Le demandeur prétend qu'à cet égard, la
cour d'Angers a violé l'art. 502 du Code de procédure civile.

» Mais que porte cet article? Rien autre chose
si ce n'est que, *lorsqu'il y aura lieu à un rapport
d'experts, il sera ordonné un jugement, lequel
énoncera clairement les objets de l'expertise.*

» Quels sont les cas *où il y a lieu à un rapport
d'experts?* L'art. 502 ne les définit point.

» Et dès-lors, comment peut-on dire que cet
article est violé par un arrêt qui prononce sur des
faits contestés et susceptibles d'expertise, sans
rapport préalable d'experts ?

---

(1) Lorsque je m'exprimais ainsi, j'ignorais que non-
seulement elle avait été *agitée* pour le Dauphiné, mais
qu'elle avait été résolue en faveur des usagers de cette
province, par l'art. 15 d'un réglement du 15 octobre 1731,
que l'on trouvera ci-après, §. 10.

» Il le serait sans doute, si la loi voulait impérieusement que la preuve de ces faits ne pût être
faite que par une expertise ; et tel serait le cas où
il s'agirait, soit d'une demande en rescision d'un
contrat de vente pour cause de lésion (car l'art.
1678 du Code civil porte, en toutes lettres, *que
la preuve de la lésion ne pourra se faire que par un rapport de trois experts*); soit d'une demande formée
par la régie de l'enregistrement, en supplément
de droits de mutation pour simulation du véritable prix dans le contrat de vente (car les art. 17
et 18 de la loi du 22 frimaire an 7 veulent que
la preuve de la simulation ne puisse être faite que
par une expertise).

» Mais ici, point de loi qui assujétisse le juge
à consulter des experts pour connaître la proportion des besoins des usagers avec la nature et l'é-
tendue du sol. Conséquemment point d'ouverture
à cassation contre un arrêt qui, sans consulter
des experts, prononce sur cette proportion. Un
pareil arrêt ne peut même pas toujours être accusé de mal-jugé ; car il est possible que les magistrats trouvent, soit dans les pièces produites
de part et d'autre, soit avec les aveux respectivement faits à l'audience, des lumières suffisantes
pour les éclairer sur ce point.

» Ainsi, en dernière analyse, la disposition de
l'arrêt attaqué qui rejette l'action en Cantonnement, quoiqu'elle viole, par son principal motif,
les lois des 19-22 septembre 1790 et 28 août 1792,
échappe néanmoins à la cassation par son motif
subsidiaire.

» Voyons maintenant si la seconde disposition
du même arrêt, celle qui déclare les communes
de Denée et Mozé *propriétaires* de la pâture du
Bois du Loup, résistera également au recours en
cassation du demandeur.

» On ne prétendra pas sans doute que cette
question soit ici sans objet ; car le Cantonnement
n'est pas, à beaucoup près, le seul avantage qui
reste au propriétaire d'un fonds grevé de droits
d'usage.

» Si, dans ce fonds, un trésor est trouvé, à qui
appartiendra-t-il, soit par moitié, soit en totalité,
suivant les distinctions établies par l'art. 716 du
Code civil ? Ce ne sera ni à l'usager ni même à
l'usufruitier ; ce sera, suivant cet article même,
au propriétaire du fonds.

» Si le gouvernement autorise l'ouverture
d'une mine dans ce fonds, à qui sera payable la
portion des produits de cette mine que l'entrepreneur devra à raison de la surface ? Elle le sera
incontestablement, et l'art. 6 de la loi du 21 avril
1810 le dit en termes exprès, au propriétaire de
la surface même, et ni l'usager ni l'usufruitier
n'auront rien à y prétendre.

» Si l'état s'empare de ce fonds pour cause
d'utilité publique, avec qui et au profit de qui
sera réglée l'indemnité dont l'état sera chargé à
raison de cette expropriation ? Elle le sera avec
le propriétaire et au profit du propriétaire pour

ce qui concerne la nue propriété; elle le sera même avec lui seul pour ce qui concerne la jouissance, s'il n'a pas la précaution d'appeler et de faire intervenir, soit l'usager, soit l'usufruitier; et alors, ce sera à lui à les indemniser de la perte de leur jouissance, mais de leur jouissance seulement. *Dans le cas*, porte l'art. 18 de la loi du 8 mai 1810, *où il y aurait des tiers intéressés à titre d'usufruitier, de fermier ou de locataire, le propriétaire sera tenu de les appeler avant la fixation de l'indemnité, pour concourir, en ce qui les concerne, aux opérations y relatives; sinon, il restera seul chargé envers eux des indemnités que ces derniers pourraient réclamer. Les indemnités des tiers intéressés ainsi appelés ou intervenans, seront réglées en la même forme que celles dues au propriétaire.*

» Enfin, le droit de chasse que l'art. 3 des décrets du 4 août 1789 et l'art. 1er. de celui du 22 avril 1790 déclarent appartenir à *tout propriétaire* sur son terrain, peut-il être réclamé par l'usager? L'art. 15 du dernier des décrets cités décide expressément que non.

» Qui sait d'ailleurs si, aux avantages actuellement attachés à la seule qualité de propriétaire du fonds, dont l'entière jouissance appartient à des tiers, les lois à venir n'en ajouteront pas d'autres?

» Et dès-là, tout propriétaire de fonds dont l'entière jouissance appartient aujourd'hui à des tiers, n'a-t-il pas intérêt à ce que ces tiers soient restreints à leur seul droit de jouissance, à ce que leur droit de jouissance ne soit pas métamorphosé en propriété?

» Dès-là, par conséquent, le demandeur est véritablement intéressé à établir que, même en le déboutant de son action en Cantonnement, la cour d'appel d'Angers n'a pas pu, sans violer quelque loi, déclarer les communes de Dénée et Mozé propriétaires de la pâture du Bois du Loup.

» La cour d'appel d'Angers n'a pas expressément motivé cette partie de son arrêt: les motifs consignés dans son arrêt, ne portent que sur l'action en Cantonnement; ils ne tendent qu'à prouver que l'action en Cantonnement n'est ni recevable ni fondée; et il est assez étrange que, sans explication ultérieure, la cour d'appel d'Angers ait ainsi passé brusquement du rejet de l'action en Cantonnement au maintien des deux communes dans la propriété du fonds qui était l'objet de cette action.

» Quoi qu'il en soit, il est toujours constant que, par les motifs de son arrêt, la cour d'appel d'Angers a reconnu, de la manière la plus positive, que les communes de Dénée et de Mozé n'avaient obtenu, par la transaction de 1545, que la confirmation de leur droit d'usage dans la pâture du Bois du Loup.

» Il est toujours constant qu'elle n'a point allégué de titre ni d'événement postérieur qui eût changé, par rapport aux deux communes, la qualité d'usagère en celle de propriétaire.

» Dès-lors, il faut nécessairement que la cour d'appel d'Angers se soit dit à elle-même que les deux communes devaient être considérées comme propriétaires, par cela seul qu'elles étaient et usagères et à l'abri de l'action en Cantonnement. Il faut nécessairement qu'elle se soit dit à elle-même que l'usage qui absorbe tous les produits du fonds, et que l'action en Cantonnement ne peut pas atteindre, s'identifie et se confond avec la propriété.

» Mais si elle a ainsi raisonné (et encore une fois il faut bien le supposer pour prêter un motif tant soit peu plausible à son arrêt), elle a violé les lois qui distinguent nettement la propriété d'avec le droit d'usage, lors même que ce droit emporte celui de jouir incommutablement de tout les fruits, de tous les revenus.

» La loi 18, §. *de usu et habitatione*, et l'art. 635 du Code civil, assujétissent au paiement des contributions, comme l'usufruitier, *l'usager qui absorbe tous les fruits du fonds*: ces textes supposent donc bien que l'on peut avoir le droit d'absorber, en qualité d'usager, tous les fruits d'un fonds, sans pour cela cesser d'en être simple usager. Et en effet dès qu'un droit a le caractère d'usage, il a essentiellement celui de servitude; et d'après la règle *res sua nemini servit*, il est impossible que l'usager soit propriétaire. Qu'importe que l'usage soit plus ou moins étendu? Le plus ou le moins, en cette partie comme en toute autre, ne change rien à la nature des choses; et soit que l'usager ait plus, soit qu'il ait moins, il y a toujours lieu de dire avec Coquille que, *tant qu'il porte la qualité d'usager, il ne peut acquérir droit de propriété.*

» Un arrêt du 23 septembre 1581, rapporté par le président Bouhier, chap. 62, n°. 86, met cette vérité dans le plus grand jour... (1).

» Mais ce qui tranche toute difficulté, c'est qu'un arrêt de la cour, du 27 nivôse an 12, a jugé dans les termes les plus formels, en cassant un arrêt de la cour d'appel de Dijon, qu'une commune dont le titre ne lui confère qu'un droit d'usage, ne peut pas être déclarée propriétaire, par cela seul qu'elle est à l'abri de l'action en Cantonnement (2).

» Ce n'est pas tout. Quand nous irions jusqu'à supposer, qu'avant la transaction de 1545, les communes de Dénée et de Mozé jouissaient, non comme usagères seulement, mais comme propriétaires, de la pâture du Bois du Loup, et que cette transaction, au lieu de leur en assurer que l'usage, leur en a confirmé la propriété pleine et absolue; la cour d'appel d'Angers n'en aurait pas moins dû, sous peine de cassation, juger que la propriété de la pâture du Bois du Loup ne repose plus aujourd'hui que dans les mains du comte de Serrant; et la preuve de cette assertion ne sera pas difficile: nous la trouverons dans

_____

(1) *V.* le *Répertoire de jurisprudence*, au mot *Communaux*, §. 4.

(2) *V.* l'article *Usage* (droit d'), §. 3.

des pièces sur lesquelles l'arrêt attaqué garde, on ne sait pourquoi, le plus profond silence; mais qui ont été signifiées, produites et amplement discutées tant en première instance, qu'en cause d'appel.

» Près d'un siècle après la transaction de 1545, la terre de Serrant a été saisie réellement, avec toutes ses dépendances, sur le duc de Montbazon à qui elle appartenait alors; et un décret forcé du 19 mars 1637 l'a adjugée au sieur Bautru, de l'héritier duquel le père du demandeur l'a acquise en 1749.

» La pâture du Bois du Loup a-t-elle été comprise dans la saisie-réelle? L'a-t-elle été dans le décret?

» Elle l'a certainement été dans l'un et dans l'autre, non pas, à la vérité, nominativement, mais comme faisant partie de l'une des principales dépendances de la terre de Serrant, savoir, du *lieu et closerie de Grand-Maison, situé en la vallée de Fosse, paroisse de Denée, et jardins, terres, prés, froux et communs en dépendans.*

» En effet, c'est dans la *vallée de Fosse* que sont situés, et le bois du Loup, et la pâture du Bois du Loup, et le Pré des Clairets, que la transaction de 1545, et d'après elle, l'arrêt attaqué représentent comme *contigus et se touchant sans moyen.* Témoin la commission de complainte, délivrée, le 5 octobre 1544, par le sénéchal d'Anjou au seigneur de Serrant, pour assigner devant lui les communes de Denée et de Mozé, et par suite de laquelle ont eu lieu les procédures que la transaction a éteintes l'année suivante. « Exposé » nous a été fait (y est-il dit) de la part de noble » homme Magdelon de Brye, seigneur de Serrant, » et de la Roche de Serrant, qu'entre autres ses » terres et possessions, il est propriétaire et pos- » sesseur..... de ladite châtellenie, terre et sei- » gneurie de la Roche de Serrant, à cause de la- » quelle il a.... plusieurs terres, domaines et » possessions et entr'autres choses, il est proprié- » taire et possesseur d'un bois taillis nommé Bois » du Loup et Pré des Clairets, *sis en la vallée de* » *Fosse,* et de plusieurs autres prés, pâtures et her- » bages *dépendans de ladite seigneurie, sis et situés* » *en ladite vallée de Fosse* ».

» Il est donc bien clair qu'en saisissant réellement, qu'en faisant adjuger par le décret forcé de 1637, les *terres, prés, froux et communs dépendans du lieu de Grand-Maison situés en la vallée de Fosse,* les créanciers du duc de Montbazon ont fait saisir réellement, et ont fait adjuger au sieur Bautru la pâture du Bois du Loup, ni plus ni moins que le bois taillis du même nom et le Pré des Clairets.

» Les communes de Denée et de Mozé se sont-elles opposées à cette saisie-réelle, à ce décret?

» Oui, mais à quel effet? Elles ne se sont pas opposées, pour faire distraire de la saisie-réelle et du décret la propriété de la pâture du Bois du Loup; elles ne se sont opposées que pour con-

server, sur cette pâture, les droits d'usage que leur avait assurés la transaction de 1545. Ce fait important est justifié de la manière la moins équivoque, par le décret même.

» La closerie de Grand-Maison, et les *terres, prés, froux et communes en dépendans,* n'avaient été saisis réellement et mis aux enchères qu'avec cette énonciation: *auxquels les habitans et étaigers de la vallée (de Fosse), ont droit de faire pacager leurs bestiaux, faisant les servitudes et payant les droits accutumés.*

» Par cette énonciation, *les habitans et étaigers de la vallée de Fosse* étaient dispensés de toute opposition aux criées pour conserver leur droit de pacage sur la pâture du Bois du Loup. Mais ces *habitans et étaigers de la vallée de Fosse* n'étaient que les vassaux de la seigneurie de Serrant; plusieurs d'entr'eux étaient bien en même temps paroissiens de Denée; mais ils ne formaient pas, à beaucoup près, comme le prouve notamment une déclaration communale du 19 juin 1644, qui est sous vos yeux, la totalité des paroissiens de Denée même; ils étaient d'ailleurs étrangers à la commune de Mozé.

» Cette énonciation ne pouvait donc pas dispenser les communes de Denée et de Mozé, de former, en leur nom propre, une opposition particulière aux criées de la terre de Serrant; et en effet, elles en ont formé une *à fins d'usage et de parnage:* c'est ainsi qu'elle est caractérisée dans le décret.

» Il demeure donc bien constant que les communes de Denée et de Mozée ont laissé adjuger au sieur Bautru la propriété de la pâture du Bois du Loup, et qu'elles n'y ont réclamé que des droits *d'usage et de parnage.*

» Dès-lors, en suivant le fil de la supposition que nous avons annoncée, en continuant toujours de supposer que la transaction de 1545 eût maintenu les communes de Denée et de Mozé dans la propriété de la pâture du Bois du Loup, ces communes pourraient-elles encore aujourd'hui réclamer cette propriété? Le pourraient-elles surtout en vertu de l'art. 8 de la loi du 28 août 1792?

» Cette question revient, en d'autres termes, à celle-ci. Un décret forcé par lequel un bien communal a été adjugé comme faisant partie d'un domaine seigneurial et appartenant au seigneur exproprié, forme-t-il, pour l'adjudicataire, un titre légitime d'acquisition dans le sens de la seconde partie de l'art. 8 de la loi du 28 août 1792; et en conséquence, l'adjudicataire qui, par ce décret, est devenu lui-même seigneur de la commune à laquelle ce bien avait autrefois appartenu, doit-il être maintenu dans la propriété de ce bien, nonobstant les réclamations de la commune fondées sur la première partie du même article?

» La négative serait incontestable, si la législation sur les effets des adjudications par décret forcé, avait été, avant la loi du 28 août 1792, la même qu'elle est aujourd'hui, d'après l'art. 731 du Code de procédure civile; si alors, comme aujourd'hui, le décret forcé n'avait transmis à l'adjudicataire *d'autres droits à la propriété que ceux qu'avait le saisi.*

» Dans cette hypothèse, en effet, l'adjudicataire serait, comme le seigneur exproprié auquel il succéderait, tenu de représenter à la commune le titre en vertu duquel celui-ci eût légitimement acheté le bien communal; et à défaut de cette représentation, la commune l'évincerait sans difficulté.

» Mais il en était autrement à l'époque où a été décrétée la loi du 28 août 1792. Il était alors de principe que le décret forcé purgeait la propriété contre tous ceux qui n'y avaient pas formé opposition à fin de distraire. Ainsi l'avaient en partie supposé et en partie décidé, d'après une jurisprudence qui remontait aux temps les plus reculés, les art. 5, 6 et 14 de l'édit des criées du mois de novembre 1551.

» Les art. 5 et 6 le supposaient, en ordonnant que les oppositions à fin de distraire ou à fin de charges, fussent vidées et terminées avant le congé d'adjuger.

» Et l'art. 14 le décidait nettement, en ordonnant que, si les opposans à fin de distraire ou à fin de charges qui se seraient pourvus avant le congé d'adjuger, n'avaient pas fait, dans le délai fixé par le tribunal, la preuve des faits articulés par eux pour constater la propriété ou les droits réels qu'ils réclamaient, il serait *passé outre à l'adjudication par décret des choses criées, nonobstant lesdites oppositions, à la charge toutefois que lesdits opposans, en vérifiant par après les droits par eux prétendus, seraient mis en leur ordre à la distribution des deniers de l'enchère, pour l'estimation de ce que seraient estimés les droits de propriété ou charges réelles par eux respectivement réclamés.*

» Il est donc bien constant que, si, après l'adjudication par décret du 19 mars 1637, et avant la loi du 28 août 1792, les communes de Denée et de Mozé avaient prétendu évincer, soit le sieur Bautru, soit ses ayant-cause, de la propriété de la pâture du Bois du Loup, elles auraient échoué; et que le sieur Bautru ou ses ayant-cause les auraient fait déclarer non-recevables, sur le seul fondement qu'ils n'avaient pas formé au décret une opposition à fin de distraire.

» Les lois nouvelles ont-elles, à cet égard, changé quelque chose aux droits des parties?

» Déjà la cour a jugé que non, par un arrêt rendu le 6 juin 1811, au rapport de M. Vallée et sur nos conclusions.... (1).

» Vous pressentez, au premier coup-d'œil,

messieurs, toute la force, toute la justesse du motif qui a dicté cette décision....

» Vainement, au surplus, les communes de Denée et de Mozé, ont-elles prétendu, tant en première instance qu'en cause d'appel, que cette manière d'acquérir était proscrite ni plus ni moins que celle dont il est parlé dans la première partie de l'art. 8 de la loi du 28 août 1792, par l'art. 9 de la sect. 4 de la loi du 10 juin 1793.... (1).

» A l'époque du 4 août 1789, il y avait, non-seulement plus de quarante ans, mais même plus d'un siècle, que les ayant-cause du sieur Bautru étaient en possession de la propriété de la pâture du Bois du Loup, puisqu'ils l'avaient acquise par le décret forcé du 19 mars 1637.

» Donc, même à partir de l'art. 9 de la sect. 4 de la loi du 10 juin 1793, le demandeur a dû, en sa qualité d'ayant-cause du sieur Bautru, être maintenu dans la propriété de la pâture du Bois du Loup.

» Donc, en déclarant les communes de Denée et de Mozé propriétaires de cette pâture, la cour d'Angers a violé les art. 5, 6 et 14 de l'édit des criées du mois de novembre 1551, l'art. 8 de la loi du 28 août 1792 et l'art. 9 de la sect. 4 de la loi du 10 juin 1793.

» Donc, il y a lieu, en appliquant ici les motifs de l'arrêt que vous avez rendu le 6 juin 1811, en faveur des héritiers d'Anthis contre la commune de Bellefontaine, de casser et annuller l'arrêt que vous dénonce le demandeur, et nous y concluons ».

Conformément à ces conclusions, arrêt, du 27 décembre 1814, ainsi conçu:

« Ouï le rapport de M. Poriquet.....;

» Vu l'art. 8 de la loi du 28 août 1792....;

» Considérant 1°. que, si le tribunal civil d'Angers avait pensé que la pâture dont il s'agit, devait être adjugée aux habitans à titre de propriété, soit comme terre vaine et vague, soit à défaut de représentation d'un titre légitime d'acquisition de la part du seigneur de Serrant, la cour royale n'a pas adopté ces motifs qui servaient de base au jugement dont était appel; qu'ainsi, il n'y a pas lieu d'examiner si ces motifs étaient, ou non, contraires aux dispositions invoquées des lois de 1792 et 1793;

» Considérant 2°. que la transaction du 1er. septembre 1545 n'attribue aux habitans que des droits d'usage et de pâturage sur le terrain contentieux; que c'est aussi pour la conservation de ces droits d'usage et de pâturage seulement, qu'ils avaient formé opposition au décret forcé de la terre de Serrant en 1637; qu'enfin, l'arrêt ne dit pas qu'ils aient justifié avoir possédé autre chose que des droits d'usage et de pâturage;

---

(1) *V.* le *Répertoire de jurisprudence* au mot *Communaux*, §. 4 *bis.*

(1) *V.* les conclusions sur lesquelles a été rendu l'arrêt qui vient d'être cité.

, Que, dès-lors, aux termes de l'art. 8 ci-dessus cité de la loi du 28 août 1792, les habitans ne devant être maintenus que dans les droits qu'ils avaient possédés, la cour royale a commis une contravention expresse audit article, lorsqu'elle a converti, à leur profit, des droits d'usage et de pâturage dans la pâture du *Bois du Loup*, en un droit de propriété de cette même pâture ;

» Par ces motifs, et sans qu'il soit besoin d'examiner si l'acte du 1er. septembre 1545 pourrait être regardé comme un acte de Cantonnement, ou si la pâture est insuffisante pour le besoin des deux communes de Denée et de Mozé, question que les parties pourront agiter devant la cour royale saisie du fond, la cour casse et annulle l'arrêt de la cour royale d'Angers, du 29 avril 1813....».

§. IX. *Le mot Cantonnement emporte-t-il nécessairement avec soi l'idée d'une interversion du titre primitif des usagers, et d'une métamorphose de l'usage indéfini en une propriété circonscrite? En d'autres termes, de ce que, par une transaction ou par un jugement, un Cantonnement a été convenu ou ordonné entre un propriétaire et des usagers, s'ensuit-il, sans autre explication, que ceux-ci sont devenus propriétaires de la portion dans laquelle ils ont été cantonnés?*

Cette question importante s'est élevée en 1820, devant le tribunal de première instance d'Amiens, par suite d'un arrêt du parlement de Paris, du 19 décembre 1788, qui avait ordonné le Cantonnement des marais de Pont et de Querrieux, et elle y a été décidée pour l'affirmative, par un jugement du 23 juillet 1821.

Le marquis de Querrieux a appelé de ce jugement à la cour royale de la même ville, et comme on s'était prévalu contre lui en première instance de ce qu'en rapportant cet arrêt dans le *Répertoire de jurisprudence*, aux mots *Usage (droit d')*, je l'avais présenté comme *semblable* à un arrêt du parlement de Flandre, du 20 juillet 1779, par lequel la commune de Brunemont, usagère des marais d'Arleux, avait été cantonnée dans une portion de ces terrains, pour en jouir à titre de propriété, il a cru devoir m'adresser copie des pièces sur lesquelles il se fondait pour soutenir que les deux arrêts différaient totalement l'un de l'autre.

L'examen que j'ai fait de ces pièces, m'a conduit à de nouvelles méditations sur les principes de la matière, et de là est résultée, de ma part, une *dissertation* que je crois devoir transcrire ici.

« Lorsque, dans les troisième et quatrième éditions du *Répertoire de jurisprudence*, aux mots *Usage (droit d')*, sect. 2, §. 6, et d'après une copie qui m'avait été envoyée de Paris, au commencement de 1789, de la première et principale disposition de l'arrêt du 19 décembre 1788, je l'ai rapporté à la suite de celui du parlement de Flandre, du 20 juillet 1779, qui avait ordonné un Cantonnement entre les seigneurs d'Arleux et les habitans de Brunemont, et que je l'ai présenté comme *semblable* à ce dernier, je n'en avais sous les yeux ni le vu, ni le dispositif entier, ni la requête des seigneurs de Querrieux, du 1er. mai 1787 ; et n'ayant eu communication d'aucune des autres pièces de la procédure qui auraient pu m'en faire connaître le véritable objet, j'ai supposé, sur parole, qu'il avait été rendu sur une *demande en Cantonnement*, prise dans le sens qu'attachait alors à ces mots la jurisprudence du conseil d'état, c'est-à-dire, sur une demande tendant, de la part des seigneurs de Querrieux, à ce qu'une partie des marais dont ils étaient seuls propriétaires, fût abandonnée en pleine propriété aux communes de Querrieux et de Pont, afin de dégager le surplus de la servitude de pâturage dont la totalité était grevée à leur profit.

» Mais depuis il m'a été remis des pièces desquelles il résulte

» 1°. Que les seigneurs de Querrieux, après avoir obtenu au parlement de Paris, le 25 mai 1784, un arrêt qui avait débouté les communes de Querrieux et de Pont de leur prétention à la propriété des marais dont il s'agit, et les en avait déclarés propriétaires exclusifs, sauf à souffrir le droit de pâturage que ces communes y exerçaient de temps immémorial, en vertu de la concession que leurs auteurs leur en avaient faite dans les douzième et treizième siècles, avaient pris, pour en affranchir une portion, le parti de former contre les deux communes une demande en triage ;

» 2°. Que, mieux informés et reconnaissant qu'il ne pouvait pas y avoir lieu, de leur part, à une demande en triage, alors qu'ils étaient irrévocablement jugés propriétaires de la totalité des marais, ils se sont désistés de cette demande, et y en ont substitué une qu'ils ont qualifiée de *demande en Cantonnement*, sans néanmoins entendre par là autre chose que ce que l'on avait longtemps appelé et ce que l'on appelait encore dans les tribunaux ordinaires, *demande en aménagement*; que, dans cette vue, et par une requête du 26 mai 1786, visée dans l'arrêt dont il sera parlé ci-après, ils ont conclu à ce qu'il leur fût « donné acte de » ce qu'en tant que de besoin, ils déclaraient » qu'ils ne demandaient et n'avaient jamais entendu demander le Cantonnement des marais » dont il s'agissait; que, selon l'usage observé en » pareil Cantonnement, qui était que le seigneur » propriétaire ne pouvait plus envoyer ses bestiaux et autres bêtes dans la portion de terrain laissée par Cantonnement auxdits usagers ; » qu'en conséquence, lesdits de Querrieux et » consorts consentaient, comme ils avaient toujours consenti, et n'avaient jamais refusé *de ne* » *plus envoyer leurs bestiaux et autres bêtes dans les* » *portions du marais dont il s'agissait, qui seraient* » *laissées auxdits habitans* de Pont et à ceux de Querrieux, et auxdits religieux de Saint-Vaast, par

» *Cantonnement pour leurs usages*, SAUF LE SURPLUS » DES DROITS *desdits de Querrieux et consorts*, COM-» PATIBLES AVEC LESDITS USAGES »;

3°. Que, par arrêt du 7 août de la même an-née, le parlement a donné acte aux seigneurs de Querrieux de leur demande en Cantonnement, et avant d'y faire droit, a ordonné que les marais seraient visités par des experts, lesquels donne-raient leur avis sur la quantité nécessaire pour l'usage des habitans des deux communes;

» 4°. Que l'expertise ayant été faite, les sei-gneurs de Querrieux ont reproduit, par une re-quête du 1er. mai 1787, les conclusions prises par celle du 26 mai 1786, en déclarant toujours *qu'ils consentaient à ne plus envoyer leurs bestiaux dans les portions des marais qui seraient laissées aux habitans de Pont et de Querrieux par Cantonne-ment pour leurs usages, mais* SAUF LE SURPLUS DE LEURS DROITS COMPATIBLES AVEC LESDITS USAGES;

» 5°. Que c'est en cet état, et sans que les ha-bitans de Pont et Querrieux eussent ni contredit cette réserve, ni élevé la moindre prétention à la propriété de la portion qui leur serait assignée à titre de Cantonnement, qu'est intervenu l'arrêt du 19 décembre 1788, par lequel, « sans avoir » égard aux demandes formées par lesdits habi-» tans et religieux, dont ils sont déboutés, *et* » *ayant égard à celle en Cantonnement* formée par » lesdits Gaudechard de Querrieux, fait distrac-» tion au profit desdits de Querrieux et consorts, » du tiers des marais situés entre Pont et Quer-» rieux, sur la rivière d'Hallet, et dont il s'agit, » pour, par eux, en jouir franc et exempt de » tous usages de pâturage et autres, tant envers » les habitans de Querrieux et ceux de Pont, » qu'envers lesdits religieux de Saint-Vaast d'Ar-» ras, leurs domestiques et fermiers, à la charge » par lesdits de Querrieux et consorts, *suivant* » *leurs offres portées par leur requête du 1er.* mai » 1787, de ne plus exercer, ni par eux, ni par » leurs fermiers ou domestiques, aucun usage » de pâturage dans les deux tiers restant desdits » marais auxdits habitans de Querrieux et de » Pont; ordonne que, dans deux mois à compter » du jour de la signification du présent arrêt à » personne ou domicile, il sera, par experts dont » les parties conviendront à l'amiable, si faire » se peut, pardevant le lieutenant-général d'A-» miens, ou qui seront par lui nommés d'office, » procédé aux mesurage, démarcation, séparation » et bornage dudit tiers desdits marais distrait » au profit desdits de Querrieux et consorts; et » dans le cas où lesdites parties et lesdits experts » ne pourraient convenir de la situation dudit » tiers, ordonne que, par le susdit juge-commis, » après avoir entendu les parties et les experts, » et pris les renseignemens convenables, il sera » procédé à la fixation dudit tiers au profit des-» dits de Querrieux et consorts et des deux tiers » revenant auxdits habitans de Querrieux et de » Pont, *en observant néanmoins, en tant que faire se*

pourra, la plus grande convenance pour l'exercice » facile des usages desdits habitans, et aussi celle » desdits de Querrieux et consorts; et dans le cas » où il se trouverait, dans le tiers ci-dessus ac-» cordé auxdits de Querrieux et consorts, le tout » ou une partie de tourbée des marais par lesdits » habitans de Querrieux et de Pont, les experts » fixeront la portion des marais qu'il conviendra » prendre sur les deux tiers desdits habitans pour » indemniser lesdits de Querrieux et consorts; » ordonne en outre qu'après ladite fixation, il » sera procédé par lesdits experts à la séparation » et au bornage dudit tiers dont la distraction est » ci-dessus ordonnée, dont du tout sera dressé » procès-verbal »;

» 6°. Qu'en exécution de cet arrêt, il a été procédé, par experts, à la répartition du tiers pour le seigneur, et des deux tiers pour les habi-tans; que, dans cette opération, les experts ont été divisés sur la question de savoir s'ils ne de-vaient avoir égard qu'aux diverses qualités des herbes et des pâturages qui variaient suivant les différentes parties de marais, ou s'ils devaient prendre en considération la tourbe qui en com-pose le fond, et le plus ou le moins d'abondance qu'il y en avait dans chaque partie; mais que le juge-commissaire a tranché la difficulté en dé-clarant, après en avoir référé à la chambre du conseil du bailliage d'Amiens, par une ordon-nance du 14 mai 1789, qu'il lui paraissait que *l'arrêt n'avait eu en vue qu'un Cantonnement de su-perficie*, et en ordonnant, en conséquence, que les diverses portions de marais ne seraient consi-*dérées que comme simples pâturages ou prés à foin, sans aucun égard à la valeur de la tourbe qui pourrait se trouver dans aucun desdits marais;*

» 7°. Que le partage, effectué d'après cette base, a été homologué par un arrêt du 4 juillet 1789, dans lequel a été transcrit le procès-verbal des experts contenant le texte de l'ordonnance que je viens de retracer.

» Certes, si j'avais aussi bien connu l'arrêt du 19 décembre 1788, lorsque j'en ai fait imprimer la disposition principale, je me serais bien gardé de le mettre sur la même ligne que ceux du conseil et du parlement de Flandre, qui avaient ordonné des Cantonnemens d'une toute autre nature.

» Il est évident, en effet, que cet arrêt n'a point converti le droit de pâturage que les habi-tans de Pont et de Querrieux avaient sur l'uni-versalité des marais dont il s'agit, en un droit de propriété sur les deux tiers de ces terrains; qu'il n'a fait que resserrer et circonscrire le droit d'usage des habitans sur une portion des fonds qui en étaient grevés; qu'en le resserrant et le circonscrivant ainsi, il ne l'a point dénaturé, et que les habitans, simples usagers avant cet arrêt, n'ont pas cessé de l'être par cet arrêt.

» Vainement dira-t-on que c'est à titre de Cantonnement que l'arrêt ordonne la répartition

16.

des marais en deux lots, et que le mot *Cantonnement* emporte avec soi l'idée d'une interversion du titre primitif, et d'une métamorphose de l'usage indéfini en une propriété circonscrite.

» Le mot *Cantonnement* n'emporte avec soi, comme le disent les nouveaux éditeurs de la collection de Denisart, sous ce mot même, que l'idée d'un *certain espace de terrain spécialement désigné pour jouir en particulier d'un droit dont le fonds est indivis*; ce qui amène nécessairement la conséquence que, lorsqu'il n'y a d'indivis que l'usage, c'est sur l'usage seul que porte par soi l'acte appelé *Cantonnement*, ou, en d'autres termes, que le *Cantonnement* ne fait, par soi, que limiter l'exercice de l'usage, sans le transformer en propriété.

» Je sais bien que, dans son acception, la plus usitée aujourd'hui, le mot *Cantonnement* désigne une opération qui consiste à substituer au droit d'usage indéfini, la pleine propriété d'une portion du fonds qui en est grevé; et qu'il diffère en cela de ce que l'on appelle le plus communément *l'aménagement* ou *la réserve*. Mais cette acception, l'avait-il généralement en 1788? L'a-t-il même essentiellement aujourd'hui? C'est ce qu'il faut examiner, en reprenant les choses de plus haut.

» Il est bien constant, et M. Hénrion assure très-positivement dans ses *Dissertations féodales*, tome I, page 458, que le Cantonnement, considéré comme interversion du titre des usagers, et les métamorphosant en propriétaires, *est une institution moderne qui ne remonte pas au-delà du dix-huitième siècle*; et effectivement, comme je l'ai dit dans des conclusions du 24 mars 1807, rapportées dans le *Répertoire de jurisprudence*, au mot *Communaux*, §. 4, « le plus ancien arrêt de » Cantonnement proprement dit, que nous ayons » pu découvrir, est celui qui a rendu au con- » seil, le 24 décembre 1726, et par lequel il fut » ordonné que d'un bois usager contenant trois » cent soixante arpens, le duc de Nevers en au- » rait deux cents comme propriétaire, et que le » surplus appartiendrait en toute propriété aux » habitans de Cussy-les-Beaune, pour leur tenir » lieu du droit d'usage qu'ils avaient sur la to- » talité ».

» Mais quoiqu'avant cette nouvelle institution, ce qu'on appelle *l'aménagement ou réserve*, n'opérât pas le même résultat, on ne laissait pas de le qualifier aussi de *Cantonnement*, parcequ'en effet ce n'était pas autre chose, d'après la définition naturelle de ce mot.

» C'est ce que remarque M. Hénrion lui-même à l'endroit cité. Après avoir dit que les demandes en Cantonnement proprement dit, ne se portent qu'au conseil d'état (et nous verrons bientôt pourquoi telle était alors la règle), il ajoute en note : « Les réserves dont il sera parlé au para- » graphe suivant, sont aussi une *espèce de Can-* » *tonnement*, mais qui ne change point la nature » du titre primitif, et dont les juges ordinaires » peuvent et doivent connaître ».

» Il s'exprime encore beaucoup plus claire- ment là-dessus dans le *Répertoire de jurisprudence*, aux mots *Tiers denier*, n°. 4 : « On a voulu (dit-il) » par le Cantonnement, empêcher que le droit de » propriété ne demeurât stérile, et ne pût pour tou- » jours être effacé par le droit moindre de l'usager. » Le principe de cette matière est donc qu'on peut » restreindre un usage, lorsque son étendue est » telle qu'elle rend inutile le droit de propriété, » *ne proprietas domino reddatur inutilis*. C'est le mo- » tif donné aux Cantonnemens par Jean Faber, » Valla, Mornac, etc. » , auteurs qui bien notoi- rement écrivaient, savoir, Jean Faber, dans le quinzième siècle ; Valla, dans le seizième ; Mornac, au commencement du dix-septième; et tous, par conséquent, bien long-temps avant l'institution du Cantonnement moderne.

Le président Bouhier, *dans ses Observations sur la coutume de Bourgogne*, chap. 72, n°. 83, 84, 85 et 86, nous fournit de nouvelles preuves de cette vérité, dans le passage suivant qu'il importe de bien méditer. « Suivant la jurisprudence » française, si le droit d'usage s'étend sur toute » une forêt indivisément, le seigneur peut de- » mander qu'il soit restreint à une certaine por- » tion du bois, où les usagers prendront seuls » leurs commodités; le reste demeurant libre et » exempt de toute servitude, afin que la pro- » priété n'en demeure pas absolument inutile » au seigneur. Notre parlement (celui de Di- » jon) s'est en cela conformé aux autres par » plusieurs arrêts. Voici ceux qui sont venus à ma » connaissance, outre celui de 1621, rapporté » ci-dessus, n°. 75, et ce que M. le président » Bégat dit avoir pratiqué dans une commission » qui lui avait été donnée par le roi. Par un ar- » rêt du 14 juin 1569, rendu entre le seigneur de » Vornes et les habitans de quelques communau- » tés voisines, il fut dit que les usagers des forêts » de Vornes seraient *cantonnés à dire d'experts*, » *eu égard à la quantité de bois nécessaire pour leurs* » *usages*; si mieux ils n'aimaient, à l'égard de la » vive pâture, se restreindre à quinze pourceaux » chacun. Par un autre, donné au rapport de M. » Thésut de Ragy, le 19 juillet 1657, entre Ni- » colas de Pontoux, seigneur de Granges, contre » les habitans du même lieu, et ceux de Saint- » Désert, lesquels avaient droit d'usage dans un » bois dépendant de la seigneurie de Granges, » moyennant certaine redevance annuelle, après » que dismensuration eût été faite par experts de » la contenance de ce bois, la cour ordonna que » la moitié en serait laissée à ces deux commu- » nautés pour leur usage, sans pouvoir y préten- » dre aucun droit de propriété, ni l'essarter et » réduire en terres labourables, ni aussi employer » le bois que pour leur propre usage; à la charge » de la redevance ordinaire et du droit de justice; » et quant à l'autre moitié; que le seigneur en » jouirait en pleine propriété, franche et quitte » du droit d'usage ».

» On voit que le président Bouhier place ces deux derniers arrêts absolument sur la même ligne, et qu'il les présente tous deux comme rendus dans le même sens. Or, l'opération qu'il atteste avoir été faite par le premier, en ordonnant que les usagers de la forêt de Vornes seraient *cantonnés* à dire d'experts, eu égard à la quantité de bois nécessaire pour leur usage, il atteste également qu'elle a été renouvellée par le second, en ordonnant que la moitié d'un bois sur la totalité duquel deux communes avaient un droit d'usage illimité, leur serait laissée pour leur usage, sans pouvoir y prétendre aucun droit de propriété. Il est donc clair que le Cantonnement ordonné par le premier de ces arrêts, n'était pas autre chose que l'aménagement ordonné par le second.

» Mais le mot *Cantonnement* n'a-t-il pas un autre sens dans l'arrêt du même parlement (toujours celui de Dijon), du 2 mars 1715, que j'ai cité dans le *Répertoire de jurisprudence*, au mot *Usage (droit d')*, section 2, §. 6 (de la 1re. édition de ce recueil, publiée en 1782), un peu avant ceux du parlement de Flandre de 1779, et du parlement de Paris de 1788, comme une preuve que les tribunaux ordinaires admettaient, à l'instar du conseil d'État, le Cantonnement considéré comme intervertissant le titre primitif des usagers, et transformant ceux-ci en propriétaires? En d'autres termes, ne me suis-je pas mépris, en citant cet arrêt, sur son objet véritable?

» Pour nous fixer là-dessus, voyons comment cet arrêt est rapporté par le président Bouhier (à l'endroit cité, n°. 76), d'après l'extrait qu'il assure en avoir tiré des registres de sa compagnie. « Claudine Petit-Jean, veuve de Claude de » Champet, baron de Villeneuve, avait permis » à un paysan d'essarter dix arpens dans un grand » bois qui lui appartenait dans cette seigneurie. » M. Claude Pernin, avocat à la cour, qui, par » d'anciens titres, y avait droit d'usage, tant » pour son chauffage que pour le pâturage de ses » bestiaux, moyennant une redevance annuelle » qu'il payait au seigneur, se plaignit de cet es- » sart pour raison duquel il demanda des dom- » mages et intérêts. Mais, par arrêt intervenu » en la chambre des enquêtes, au rapport de » M. Chartraire de Givry, le 2 mars 1715, comme » il fut reconnu que les arpens essartés n'empê- » chaient pas qu'il ne restât beaucoup plus de » bois qu'il n'en fallait pour l'usage de Pernin, » la cour, sur les dommages et intérêts par lui » prétendus, mit les parties hors de cour et de » procès, et ordonna qu'en cas d'exploitation du » reste de la forêt, la dame de Villeneuve serait » tenue de le laisser en nature de bois sans pou- » voir le changer ; SAUF A CETTE DAME DE FAIRE PRO- » CÉDER A UN CANTONNEMENT, SI BON LUI SEMBLAIT ».

» C'était en 1746 que le président Bouhier

écrivait ceci ; et l'arrêt qu'il rapporte est, comme on le voit, d'une date postérieure au commencement du dix-huitième siècle, époque au-delà de laquelle on a vu tout-à-l'heure M. Henrion assurer que ne remonte pas l'institution du Cantonnement translatif de propriété.

» C'est là ce qui, en 1782, m'a fait penser que c'était d'un Cantonnement translatif de propriété que cet arrêt avait voulu parler.

» Mais il m'est échappé deux considérations qui, si elles se fussent présentées à mon esprit, m'auraient prouvé clairement que je prenais le change sur le sens de cet arrêt.

» D'abord, le président Bouhier ne dit pas un seul mot d'où l'on puisse induire qu'il entende, dans cet arrêt, le mot *Cantonnement* avec une autre acception que celle qu'il lui donne dans l'arrêt du 14 juin 1569, qu'il rapporte comme on vient de le voir un peu plus bas, n°. 84.

» En second lieu, comment le parlement de Dijon aurait-il pu, dans son arrêt de 1715, avoir en vue un Cantonnement translatif de propriété? Non-seulement il est fort douteux que cette espèce de Cantonnement fût alors connue en France, puisque, comme je l'ai déjà dit, le premier exemple qu'on en trouve, est de l'année 1726 ; mais encore les tribunaux ordinaires étaient, par la nature même des choses, incompétens pour en ordonner de semblables.

» En effet, les tribunaux ordinaires ont bien pu et dû, de tout temps, interpréter et faire exécuter les contrats passés, soit de particuliers à particuliers, soit de particuliers à des communes : mais en détruire, soit l'objet, soit les clauses essentielles, et leur substituer de nouveaux contrats, c'est un pouvoir qui ne peut appartenir qu'au souverain, et dont le souverain lui-même ne doit user qu'avec une extrême réserve, et dans le seul cas où il y est déterminé par les plus fortes considérations de nécessité ou d'utilité publique? Or, que fait le Cantonnement translatif de propriété? Il substitue à la matière du contrat par lequel le propriétaire a concédé l'usage de son fonds, une matière qui n'est point entrée dans ce contrat. Cette espèce de Cantonnement est donc placée par elle-même hors du cercle de la juridiction des tribunaux ; elle n'a donc pu être ordonnée que par le souverain, avant qu'une loi expresse, celle du 27 septembre 1790, l'eût rangée parmi les attributions du pouvoir judiciaire.

» C'est ce que M. Henrion remarquait en 1789, dans le passage déjà cité de ses *Dissertations féodales* ; et ce qu'il faisait imprimer à cette époque, il me l'avait écrit à moi-même dix années auparavant, en réponse à la demande que je lui avais faite d'une consultation sur le projet que j'avais alors formé pour la princesse de Berghes, d'actionner les habitans de Brunnemont, usagers d'une partie des marais d'Arleux, en Cantonnement translatif de propriété devant le parlement de Flandre. Vainement, me disait-il, réussiriez-vous devant cette cour; son arrêt serait infailliblement cassé du chef d'incompétence. Cet avis était fort sage; mais jeune encore, je me laissai aller à la petite vanité de faire triompher devant les magistrats qui avaient été témoins de mes essais, un système qui paraissait tout nouveau, et si je fus plus heureux que M. Henrion ne l'avait prédit, je ne le dus qu'à la mauvaise défense des habitans de Brunnemont, qui ne pensèrent pas seulement à alléguer l'incompétence du parlement, encore moins à se pourvoir en cassation.

» Ce que je dis à l'occasion de l'arrêt du parlement de Dijon de 1715, je dois le dire également de celui du parlement d'Aix, du 29 février 1732, que j'ai pareillement cité en 1782, dans la première édition du *Répertoire de jurisprudence*, comme portant sur un Cantonnement translatif de propriété.

» Ce qui m'a fait alors prendre le change sur l'objet et le sens de cet arrêt, c'est la manière dont en parle la Touloubre, sur la seule foi duquel je l'ai cité. Voici les termes de cet auteur:

« N°. VIII. *Le propriétaire peut forcer l'usager à* » *se cantonner; et le seigneur qui a transporté à titre* » *gratuit la propriété aux habitans, peut demander le* » *triage.* L'explication de cette règle, introduite » depuis peu en parle la Provence, et que Mourgues, page » 295, avait attesté n'y avoir jamais été suivie, » exige un certain détail. Suivant le droit com-» mun observé dans les autres provinces, le » seigneur, propriétaire de bois, pâturages et » terres gastes, peut faire réduire les usages à une » certaine portion mesurée aux besoins de ceux » à qui ces mêmes usages sont acquis. On leur » assigne un quartier; et dès-lors, ils n'ont plus » aucun droit à exercer dans la portion qui reste » au propriétaire, *lequel ne peut plus faire aucun* » *acte dépendant de cette même qualité de propriétaire,* » *dans la portion affectée aux usages des habitans ;* » (M. Salvaing de Boissieux, *de l'Usage des fiefs,* » chap. 96; Livonière, *Traité des fiefs,* liv. 6, » chap. 9). Si le seigneur a transporté à titre » gratuit et sans aucune réserve de redevance, » la propriété des terres gastes, il peut deman-» der la distraction du tiers; et c'est ce qu'on » appelle *triage* (ordonnance des eaux et forêts » de 1669, titre *des bois, etc., appartenant aux* » *communautés et habitans des paroisses,* art. 4, 5 » et 6). Il est certain que, même depuis la publi-» cation de cette ordonnance, on n'avait point » connu, en Provence, le *Cantonnement* et le » *triage,* et il avait toujours été pourvu à l'intérêt » des propriétaires et des usagers par la division » ou règlement *pro modo jugerum et possessionum*, » dont il sera parlé dans l'article suivant, usage » fondé sur la disposition du droit romain, ainsi

» que l'établit Mourgues, page 295. Mais le cha-» pitre de l'abbaye Saint-Victor de Marseille, » propriétaire de la forêt de Paleisson, ayant de-» mandé contre les habitans de Roquebrune, » usagers, le *Cantonnement*; il fut ordonné par » arrêt rendu après partage, le 29 février 1732 ».

» On voit que la Touloubre ne définit pas, en posant sa huitième règle, ce qu'il entend par *forcer l'usager à se cantonner*; mais ce qui m'avait porté à croire que c'était d'un Cantonnement translatif de propriété qu'il voulait parler, c'est que, dans l'explication qu'il donne de cette règle, il dit, en se fondant sur les autorités de Salvaing et de Pocquet de Livonière, que, par suite du Cantonnement auquel il a forcé les usagers, le propriétaire *ne peut plus faire aucun acte dépendant de cette même qualité de propriétaire dans la portion affectée aux usages des habitans.*

» Je ne me serais certainement pas arrêté à ce premier aperçu, si j'avais bien réfléchi qu'en 1732, le roi seul pouvait, en son conseil, ordonner un Cantonnement translatif de propriété; et je me serais bien gardé d'appliquer à cette espèce de Cantonnement la disposition d'un arrêt de cour souveraine que la nature des attributions des magistrats dont il était l'ouvrage, aurait dû me faire regarder comme portant uniquement sur l'espèce de Cantonnement que l'on appelait encore *aménagement* ou *réserve.*

» Je m'en serais gardé encore bien davantage, si j'avais vérifié les passages cités de Salvaing et de Pocquet de Livonière.

» En effet, de ces deux auteurs, le premier, qui a écrit avant l'ordonnance de 1669, et dont la deuxième édition que j'ai sous les yeux, est de 1668, non-seulement ne dit pas un mot dont on puisse inférer que le propriétaire perde la pro-priété de la partie de son fonds dans laquelle il fait cantonner les usagers, mais il professe hau-tement la doctrine contraire, notamment par cette phrase qui termine sa dissertation sur l'es-pèce de Cantonnement qui est synonyme de *ré-serve* ou d'*aménagement :* « Ce qui confirme plei-» nement cette conclusion, que le seigneur, pour » tirer quelque profit de sa propriété, peut res-» treindre les usagers à une certaine portion de la » forêt la moins incommode, pourvu qu'elle suf-» fise pour l'usage ».

» Quant à Pocquet de Livonière, après avoir retracé les dispositions de l'ordonnance de 1669, concernant le triage des bois et marais *apparte-nant aux communautés d'habitans* par la concession gratuite des seigneurs, ce jurisconsulte ajoute : « Si les bois, prés, marais, bruyères, etc., ap-» partiennent en propre aux seigneurs, et que » les paroissiens et habitans n'y aient que des » droits d'usage, chauffage et pâturage, les sei-» gneurs peuvent faire réduire à portion une com-» pétente les usages prétendus par les habitans » par proportion de leurs besoins, afin de con-

» server le surplus pour leur utilité particulière.
» Voyez sur cela M. Salvaing, de l'Usage des fiefs,
» chap. 96, où il en rapporte les autorités et les
» arrêts; Coquille, sur la coutume de Nivernais,
» chap. 17, des bois et forêts, art. 12; Duluc,
» liv. 7, tit. 7, n°. 3, etc. »

» De quoi est-il question dans ce passage? D'un
Cantonnement qui a été introduit dans la jurisprudence du conseil, long-temps après l'ordonnance de 1669, c'est-à-dire, du Cantonnement
translatif de propriété? Non, Pocquet de Livonnière ne parle de l'opération qu'il a en vue, que
de la même manière dont en avaient parlé, avant
l'ordonnance de 1669, Salvaing, Coquille et
Duluc, c'est-à-dire que, comme d'un simple aménagement, d'une simple réduction des droits d'u-
sage à un espace moindre que celui qui avait été
compris dans la concession primordiale.

» Il est donc évident que la Touloubre s'est
trompé complètement en citant Salvaing et Livonière comme enseignant que le Cantonnement est, par sa nature, translatif de propriété
au profit des usagers.

» Maintenant, voulons-nous bien connaître la
véritable espèce et la véritable décision de l'arrêt
de 1732, que cet auteur se borne à citer sèche-
ment comme ordonnant un Cantonnement qu'il
ne définit pas? Reportons-nous au commentaire
de Julien sur les statuts de Provence, publiés en
1778, tome 1er., pages 581 et 582.

» Julien commence par dire, ainsi que l'avait
fait avant lui la Touloubre, que, suivant la jurisprudence provençale, le propriétaire dont les
fonds sont assujétis à des droits de pâturage, peut
faire limiter le nombre des bestiaux que chaque
usager a le droit d'y mettre; ensuite, il continue
ainsi : « Le seigneur qui a la propriété des bois et
» des terres gastes (ou incultes), a un autre moyen
» pour empêcher l'usage immodéré de ses habi-
» tans dans les bois et les pâturages. Il peut les
» obliger à se cantonner, en leur assignant une
» portion suffisante des bois et terres gastes pour
» leurs usages. Par ce moyen il dispose en toute
» liberté de ce qui reste; cette jurisprudence
» n'est pas ancienne » (ce qui s'accorde parfaitement, comme l'on voit, avec l'assertion de la
Touloubre que le parlement d'Aix avait été long-
temps sans admettre le Cantonnement). « Elle a
» pourtant son fondement dans ce principe du
» droit, que la propriété ne doit pas être un
» titre vain et inutile, et que le droit de l'usager
» consiste à avoir ce qui est nécessaire pour son
» usage, suivant le §. 1er., Inst. de usu et habita-
» tione. On peut l'autoriser encore de ce que dit
» l'un des plus anciens jurisconsultes français,
» Jean Faber, sur le paragraphe ne tamen; Inst. de
» usufructu, que celui qui a tant d'usagers
» dans sa forêt, qu'ils en rendent la propriété
» inutile, les peut restreindre de manière que sa
» propriété lui soit de quelque utilité. Item facit

» pro eo qui habet tot exploratores in suâ forestâ quod
» fundus est ei inutilis, quod posset eos facere res-
» tringi tantùm quod proprietas aliquid ei valeret.
» Plusieurs arrêts ont maintenu dans ce droit
» les seigneurs qui avaient la propriété des bois
» et terres gastes. C'est ainsi que la chambre
» des eaux et forêts le jugea, par arrêt du 29.
» février 1732, en faveur de l'économe du cha-
» pitre de l'abbaye Saint-Victor de Marseille,
» seigneur de Palaison, contre les consuls et
» communauté du lieu de Roquebrune. Il y est
» ordonné que, par experts, il sera procédé au ré-
» glement et fixation des usages, concernant la fa-
» culté de couper du bois mort et vif de la com-
» munauté de Roquebrune, dans l'endroit du
» bois de Palaison qui sera désigné et confronté
» par lesdits experts et déclaré par eux le plus
» commode aux habitans de Roquebrune et assez
» suffisant pour fournir à leurs usages ».

» Il ne faut que lire cet arrêt et l'observation
dont Julien le fait précéder, pour demeurer convaincu que, s'il ordonne un Cantonnement, comme
le dit la Touloubre, du moins ce n'est que l'espèce de Cantonnement que l'on confondait alors
depuis long-temps, dans les autres parties de la
France, avec ce qu'on y appelait encore, tantôt
aménagement, tantôt réserve.

» Mais continuons d'entendre Julien; il va porter cette vérité jusqu'au plus haut degré d'évidence : « Il y a eu plusieurs autres arrêts semblables,
» notamment celui du 26 août 1757, entre les-
» maire, consuls et communauté de Notre-Dame
» de la Mer et de M. de Bonisson de Beauteville,
» évêque d'Alais, abbé commandataire de l'ab-
» baye de Valmagne, et en cette qualité, sei-
» gneur de Sylveréal, et le syndic des religieux
» de l'abbaye de Valmagne. Cet arrêt maintint
» les habitans et possédant biens de Notre-Dame
» de la Mer, en conformité de leurs titres, dans
» la faculté de couper, pour leurs édifices et au-
» tres ouvrages, dans la forêt de Sylveréal, des
» pins verts; en payant à l'abbé et prieur de Val-
» magne, pour chaque arbre, huit deniers rei-
» mondis; et à la charge de déclarer préalable-
» ment rière le greffe Gruyer de Sylveréal, tant
» le nombre des arbres qu'ils prétendront leur
» être nécessaires, que l'usage qu'ils entendront
» en faire, etc.; et le même arrêt ayant tel égard
» que de raison à la requête incidente de l'abbé
» et prieur de Valmagne, ordonne qu'aux frais
» et dépens de l'abbé et prieur de Valmagne, par
» experts, il sera assigné aux habitans et possé-
» dant biens de Notre-Dame de la Mer, un quar-
» tier et portion de la forêt de Syveréal, suffisant
» pour leur chauffage et autres usages et faculté
» portées par leurs titres, à l'exception de la fa-
» culté de couper pour leurs édifices et autres
» ouvrages, laquelle lesdits habitans et possédant
» biens pourront exercer dans la totalité de la-
» dite forêt, en la forme et aux conditions ci-

» devant prescrites ; demeurant néanmoins per-
» mis au juge Gruyer de Sylveréal d'indiquer et
» marquer, ainsi que de droit, et le cas y échéant,
» dans le quartier qui sera assigné auxdits habi-
» tans et possédant biens , tout comme dans le
» surplus de ladite forêt, les arbres nécessaires
» pour leurs édifices et autres ouvrages : ET LEDIT
» CANTONNEMENT FAIT, a fait et fait inhibitions et
» défenses auxdits habitans et possédant biens ,
» d'appliquer sur le surplus de ladite forêt leurs
» usages et facultés, autres que pour les édifices
» et autres ouvrages ; et pareilles inhibitions et
» défenses auxdits abbé et prieur, d'user du bois
» servant au chauffage et autres usages et facul-
» tés desdits habitans et possédant biens, qui se
» trouvera au quartier assigné auxdits habitans
» et possédant biens ».

» En voilà déjà bien assez pour démontrer que,
lorsqu'a été rendu l'arrêt du parlement de Paris
qui a cantonné les usagers des marais du Pont et
de Querrieux, le mot Cantonnement n'exprimait
encore, par son acception innée, et dans le langage des tribunaux ordinaires, que l'action de
restreindre l'exercice des droits d'usage à une
partie des fonds qui y étaient assujétis, sans apporter aucune novation à la nature de ces droits.

» En voilà bien assez, par conséquent, pour
établir que cet arrêt ne pourrait être censé rendu
dans un autre sens qu'autant qu'il l'énonçât en
termes formels ; ce qu'il ne fait pas à beaucoup
près , puisque , tout au contraire, il ne contient
presque pas une ligne qui ne manifeste l'intention de ne prononcer que le Cantonnement dont
les anciens jurisconsultes avaient conçu l'idée
d'après les lois romaines, c'est-à-dire, un simple
aménagement, une simple réserve,

» Mais ceci deviendra encore, s'il est possible , beaucoup plus clair par de nouveaux rap-
prochemens.

» A la vérité, il existait à l'époque de cet arrêt, un
recueil de jurisprudence forestière, dans lequel le
mot Cantonnement était signalé comme désignant
une opération par l'effet de laquelle les usagers
devenaient propriétaires ; à la vérité, Chailland,
dans son Dictionnaire des eaux et forêts, imprimé
en 1769, la définissait ainsi : « CANTONNEMENT est
» une portion de bois donnée en propriété à des usa-
» gers, pour leur tenir lieu du droit d'usage
» qu'ils ont dans les bois d'une seigneurie ».

» Mais, remarquons-le bien, il n'appliquait
cette définition qu'au Cantonnement ordonné
par arrêt du conseil, et en voici la preuve :
« C'est pour remédier (continuait-il) aux dé-
» sordres que l'exercice ordinaire des droits d'u-
» sage occasionait toujours dans les bois, que
» le conseil a pris le parti d'accorder aux seigneurs
» (lorsqu'ils le demandent), la liberté de donner le
» Cantonnement à leurs usagers. Mais aussi, pour
» que les usagers ne soient point lésés dans
» l'échange qu'on leur fait faire malgré eux, le

» conseil veut que ces Cantonnemens se fassent
» par les grands maîtres, ou les officiers des
» maîtrises par eux commis, eu égard au titre
» de la concession, au nombre, à la qualité, aux
» besoins des usagers, et à la quantité et qualité
» des bois. La partie accordée aux usagers pour
» Cantonnement, leur appartient en toute pro-
» priété , sans préjudice néanmoins des presta-
» tions et redevances qui se payaient au seigneur
» pour les droits d'usage, lesquelles doivent être
» servies sur le même pied ».

» Il est sûrement permis de douter que le parlement de Paris connût, en 1788, cette définition donnée par un auteur breton et purement
forestier, au mot Cantonnement.

» Mais enfin, en supposant qu'il eût alors cette
définition sous les yeux, peut-on conclure de là
qu'il a été dans l'intention de cette cour d'imprimer au Cantonnement qu'elle ordonnait, l'effet
de transformer les usagers en propriétaires?

» D'une part, il eût suffi que le parlement
de Paris eût vu cette définition du mot Cantonnement, justifiée uniquement par des arrêts du
conseil, pour qu'au lieu d'attacher la même acception à ce mot, il le prît dans le sens que lui
avait constamment donné l'ancienne jurisprudence. On se souvient assez avec quelle hauteur,
pour ne pas dire avec quel dédain, cette cour ac-
cueillait alors les points de jurisprudence qui n'a-
vaient d'autre base que des arrêts du conseil introductifs d'un droit nouveau.

» D'un autre côté, quand on irait jusqu'à supposer que les arrêts du conseil qui, depuis 1726,
avaient ordonné tant de Cantonnemens translatifs de propriété, étaient connus du parlement
de Paris, lors de son arrêt du 19 décembre 1788,
non-seulement on ne pourrait pas en inférer
qu'il les eût pris pour modèle de celui-ci, mais
même le contraire résulterait évidemment du
rapprochement de celui-ci avec ceux-là.

» En effet, quand le conseil ordonnait un Cantonnement avec l'intention de le rendre translatif de propriété, se contentait-il de dire que
tels usagers seraient cantonnés dans telle partie
des bois grevés de leurs droits d'usage? Non
certes ; il savait trop bien que s'exprimer simplement ainsi, c'eût été ordonner, et rien de plus,
un simple aménagement, une simple réserve, qui
eût laissé les usagers dans leur ancien état, dans
leur état de simples usagers ; et par conséquent
manquer son grand objet, qui était, comme le dit
M. Henrion, à l'endroit déjà cité, la conservation
de la futaye par la multiplication des quarts en réserve.

» Que faisait-il donc ? Il déclarait en toutes
lettres que les usagers posséderaient en pleine propriété les portions de bois qu'il leur adjugeait à
titre de Cantonnement, et que, par suite, le
quart de réserve y serait apposé.

» C'est ainsi que sont notamment conçus les

arrêts du conseil des 24 décembre 1726, 20 mai 1727, 16 décembre de la même année et 15 juin 1728, rapportés par Pecquet dans ses lois *forestières*, sur l'art. 5 du tit. 25 de l'ordonnance des eaux et forêts de 1669, et celui du 1er. juin 1751, rapporté dans le recueil qui forme le second volume du Dictionnaire de Chailland, page 339.

» A la vérité, on en trouve un, dans le même recueil (page 525), du 13 juillet 1756, où la translation de la propriété aux usagers n'est pas exprimée aussi littéralement; mais elle l'y est au moins de manière à ne pas s'y méprendre. Voici ses propres termes : « Le roi, en son conseil, » ayant aucunement égard à la requête, a or- » donné et ordonne que, par le grand-maître » des eaux et forêts du département de Poitiers, » Bourbonnais et Nivernois, ou par les officiers » de la maîtrise royale de Nevers qu'il pourra » commettre, il sera incessamment procédé, dans » la forêt de Vincense, dépendante de la com- » manderie de Bische, à la distraction de quatre » cent quatre-vingt-onze arpens desdits bois, au » profit des usagers de ladite forêt, et ce, par » forme de Cantonnement, *pour leur tenir lieu des* » *droits d'usage* qu'ils *ont dans cette forêt*, suivant » leurs titres, à prendre en un seul tenant; sa- » voir, trois cents arpens dans le canton de la- » dite forêt exploité en l'année 1727, et le sur- » plus dans l'un des cantons joignant immédia- » tement, où il n'a rien été coupé, à la charge » néanmoins de la directe envers ladite com- » manderie, et de continuer à payer les censives » et autres redevances exprimées auxdits titres, » au sieur commandeur de Bische, et à ses suc- » cesseurs à ladite commanderie; auquel effet » lesdits usagers seront tenus, chacun à leur » égard, de lui en passer de nouvelles reconnais- » sances, *sans que, sous quelque prétexte que ce* » *soit, ledit sieur commandeur, ses successeurs à la-* » *dite commanderie, fermiers, ni autres puissent* RIEN » PRÉTENDRE *dans lesdits quatre cent quatre-vingt-* » *onze arpens de bois;* ordonne en outre Sa Ma- » jesté, que les neuf cents arpens restant de » ladite forêt *appartiendront* à ladite commu- » nauté, francs et exemps de tous droits d'usage, » envers les usagers.....; ordonne, Sa Majesté, » qu'après le partage fait, il sera par ledit sieur » Grand-Maître ou les officiers de ladite maîtrise, » sur sa commission, procédé au choix, *à la dis-* » *traction et au bornage du quart juste de la totalité* » *desdits quatre cent quatre-vingt-onze arpens de bois* » *qui seront abandonnés auxdits usagers* ».

» Dans toutes ces dispositions, il y en a trois qui équipollent bien évidemment à une transla- tion formelle de la propriété dans les mains des usagers dont elles ordonnent le Cantonnement.

» 1°. A quelle fin l'arrêt veut-il que quatre cent quatre-vingt-onze arpens de bois soient abandonnés aux usagers? Ce n'est pas, suivant l'expression de l'arrêt du parlement de Paris de

1788, pour *l'exercice exclusif des droits d'usage* qu'ils ont eus jusqu'à présent dans la forêt de Vincense; *c'est pour leur tenir lieu de ces droits*, et il est sensible que ces droits ne doivent plus, dès-lors, exister, puisque, s'ils existaient en- core, rien ne pourrait en *tenir lieu;* il est sensi- ble, par conséquent, qu'ils doivent, dès-lors, être remplacés par la propriété de ces quatre cent quatre-vingt-onze arpens.

» 2°. L'arrêt conserve bien aux seigneurs pré- sens et à venir de la forêt de laquelle il ordonne là distraction de quatre cent quatre-vingt-onze ar- pens au profit des usagers, la directe, le *domi- nium directum*, sur cette partie; mais il leur en ôte tellement la propriété, le *dominium utile*, qu'il déclare expressément qu'ils ne pourront, *sous quelque prétexte que ce soit, rien prétendre dans lesdits quatre cent quatre-vingt-onze arpens de bois.*

» 3°. Enfin, il ordonne que le quart de réserve sera apposé sur ces quatre cent quatre-vingt- onze arpens, et cela seul caractérise essentielle- ment l'abandon de la propriété aux usagers, en faveur desquels ils seront distraits; car ce n'est bien notoirement que sur les bois appartenant en toute propriété aux communes, que le quart de réserve peut être apposé; et c'est d'ailleurs ce que fait entendre très-clairement l'art. 2 du tit. 24 de l'ordonnance de 1669.

» Je n'ai pas pu me procurer copie du dispo- sitif des arrêts du conseil des 20 mars 1727, 9 août 1729, 11 avril 1740 et 30 avril 1770, qui sont cités par M. Henrion, dans le *Répertoire de jurisprudence*, au mot *prescription*, sect. 1re., §. 6, art. 2, comme ayant ordonné des Cantonne- mens de bois entre des propriétaires et des usa- gers. Mais il est impossible de douter qu'ils ne soient tous calqués sur les six autres que je viens de rappeler, surtout si l'on considère que la clause translative de propriété au profit des usagers, se retrouve encore dans trois arrêts plus récens ; savoir : celui du 10 février 1778 que j'ai rapporté dans le *Répertoire de jurisprudence* aux mots *Usage (droit d')*, sect. 2, §. 6, d'après une ampliation qui m'en avait été fournie dans le temps, et ceux des 11 avril 1780 et 18 avril 1785, dont j'ai parlé d'a- près les expéditions que j'en avais sous les yeux, dans des conclusions transcrites tant dans le même ouvrage, aux mots *Domaine public*, §. 5, n°. 6, que dans mon *Recueil de questions de droit*, au mot *Usage*, §. 5.

» Aussi le parlement de Flandre n'a-t-il pas manqué, lorsqu'il a pris sur lui d'ordonner un Can- tonnement translatif de propriété, par son arrêt du 20 juillet 1779, de déclarer, en termes exprès, qu'il serait procédé à la distraction...., « au pro- » fit des habitans de Brunemont, d'un neuvième » des marais d'Arleux, et ce par forme de Can- » tonnement, *pour leur tenir lieu des droits de paisson* » qu'ils exerçaient dans la totalité.... *pour en jouir* » *par lesdits habitans* de Brunemont en tout pro- » priété ».

» Maintenant que l'on rapproche tous ces arrêts de celui du parlement de Paris, du 19 décembre 1788, et que l'on prononce. Y a-t-il dans celui-ci un seul mot qui puisse faire soupçonner qu'au lieu d'un Cantonnement purement restrictif du droit d'usage, il ordonne un Cantonnement subversif de ce droit, et convertissant ce droit en propriété? Non-seulement il n'en offre pas même l'ombre, mais ni la demande en Cantonnement sur laquelle il statue, ni la défense à cette demande, ne contiennent rien qui permette de supposer que les deux parties n'aient pensé à autre chose, l'une qu'à provoquer un simple aménagement, l'autre qu'à s'y soustraire; de manière que, pour interpréter cet arrêt dans le sens d'un Cantonnement translatif de propriété, il faudrait supposer qu'il juge *ultrà petita*, supposition assurément bien gratuite, et qu'aucun prétexte ne saurait colorer. Combien n'est-il pas plus naturel de dire qu'il emploie le mot *Cantonnement* dans le sens de tous nos anciens jurisconsultes, dans le sens des arrêts des parlemens de Dijon et d'Aix, de 1559 et 1737, dans le seul sens, enfin, qui puisse se concilier, et avec les conclusions des parties, avec ses propres dispositions textuelles, et ce qui est plus décisif encore, avec les pouvoirs dont le parlement de Paris se trouvait investi par la législation de ce temps-là!

» Eh quoi! De ce que, deux ans après cet arrêt, il est intervenu une loi qui a attribué aux tribunaux ordinaires le droit précédemment réservé au conseil du roi, d'adjuger des Cantonnemens translatifs de propriété, on voudrait inférer que c'est un Cantonnement de cette nature que cet arrêt a eu en vue? Une pareille conséquence heurterait à la fois de front deux des principales règles de l'interprétation des arrêts.

» D'une part, les arrêts, comme les contrats, doivent toujours s'interpréter dans le sens qu'attribuent, aux termes qui y sont employés, les lois ou les maximes du temps où ils ont été rédigés. Or, en 1788, que signifiait le mot *Cantonnement* dans le langage des tribunaux ordinaires? Rien autre chose qu'un simple *aménagement*.

» D'un autre côté, jamais on ne peut faire dire à un arrêt plus qu'il ne dit réellement, même sous le prétexte que ce qu'il ne dit pas réellement, il aurait pu le dire.

» Supposons l'arrêt du parlement de Paris, dont il est ici question, postérieur à la loi du 27 septembre 1790, qui a rendu commun à tous les tribunaux le pouvoir exclusif qu'avait précédemment le conseil du roi d'ordonner des Cantonnemens translatifs de propriété, et même à celle du 28 août 1792, qui a étendu aux usagers la faculté, restreinte jusqu'alors aux propriétaires, d'en faire la demande; sera-ce une raison pour faire résulter un pareil Cantonnement de cet arrêt tel qu'il est conçu? Non, certainement.

» Il suit bien de la loi du 27 septembre 1790, qu'un propriétaire, dont le fonds est grevé de droits d'usage, peut demander que les usagers soient forcés de prendre en échange de leurs droits une partie de ce fonds en propriété; mais cette loi ne lui ôte pas, s'il trouve plus convenable à ses intérêts de conserver à lui seul la propriété du tout, la faculté de demander que, par forme d'aménagement, les usagers soient restreints à une portion déterminée du fonds, pour en jouir en qualité d'usagers seulement.

» Et réciproquement il suit bien de la loi du 28 août 1792, que des usagers actionnés par le propriétaire, à fin d'*aménagement*, peuvent demander qu'au lieu de l'espèce de Cantonnement connu sous cette dernière dénomination, il en soit ordonné un translatif de propriété; mais cette loi ne leur ôte pas, s'ils trouvent plus expédient de rester usagers d'un grand terrain, que de devenir propriétaires d'un moindre, la faculté de consentir à l'aménagement provoqué par le propriétaire.

» En un mot, ces deux lois ne définissent pas le Cantonnement qu'elles autorisent tant les usagers que le propriétaire à demander; elles ne disent ni si c'est le Cantonnement translatif de propriété qui a été introduit au commencement du dix-huitième siècle par les arrêts du conseil, ni si c'est le Cantonnement restrictif seulement de l'étendue de l'usage, qui a sa source dans les principes du droit romain; et que résulte-t-il de leur silence? Une chose fort simple : c'est qu'elles supposent évidemment qu'il y a lieu à la demande de l'une comme à la demande de l'autre, et que c'est d'après les conclusions respectives des parties que le juge doit se déterminer, soit à transformer les droits d'usage en propriété, soit à les laisser dans leur nature primitive, en se bornant à en restreindre l'exercice à une partie des fonds qui en sont grevés.

» Aussi n'est-il pas sans exemple que, même depuis la publication de ces lois, il ait été demandé et ordonné des Cantonnemens qui n'étaient, sous ce nom, que des aménagemens proprement dits; on en trouve même la preuve dans des conclusions du 30 messidor an 11, qui sont rapportées dans mon *Recueil de questions de droit*, aux mots *interprétation de jugement*, §. 1.

» Et à combien plus forte raison ne doit-on pas hésiter à considérer comme ordonnant un simple aménagement, tout arrêt de cour souveraine qui, rendu avant que ces lois autorisassent les tribunaux ordinaires à ordonner des Cantonnemens translatifs de propriété, ne fait que déterminer les portions des biens grevés de droits d'usage, dans lesquelles ces droits seront exercés désormais par les usagers?

» Cependant je vois, par le jugement intervenu au tribunal de première instance d'Amiens, le 23 juillet 1821, que ce tribunal a jugé que, par l'arrêt du 19 décembre 1788, les habitans de Pont et de Querrieux étaient devenus propriétaires des deux tiers des marais dont il s'agit.

» Mais les motifs de ce jugement se réfutent d'eux-mêmes. « D'après les principes de la matière (y est-il dit), le Cantonnement qui, depuis l'ordonnance de 1669, a été substitué à l'aménagement et au règlement pratiqué jusque-là, a eu pour effet de convertir le simple droit d'usage concédé originairement aux communes par les seigneurs sur tous leurs marais, en un droit absolu de propriété sur une portion seulement ».

» Mais d'abord, ce n'est certainement pas l'ordonnance de 1669 qui a opéré cette prétendue substitution, puisqu'elle ne parle, ni de l'aménagement, ni du cantonnement, et qu'elle ne s'occupe, relativement aux seigneurs, que du triage à exercer sur les marais dont ils ont concédé, non le simple usage, mais la propriété aux habitans.

» Cette prétendue substitution n'a pas non plus été amenée par la force des principes sur la matière. Les principes sur la matière avaient motivé l'introduction de l'aménagement, ou, ce qui est la même chose, du Cantonnement considéré comme simplement restrictif des droits d'usage; et par cela seul qu'ils en avaient motivé l'introduction, ils ont dû en nécessiter le maintien, tant qu'ils n'ont pas été changés par une autorité supérieure aux lois romaines, dans lesquelles les jurisconsultes et la jurisprudence les avaient puisés. Aussi vient-on de voir qu'ils ont encore dicté, en 1732 et 1737, deux arrêts du parlement de Provence, qui n'ont donné au Cantonnement que l'effet d'un simple aménagement.

» L'autorité supérieure, devant laquelle seule ces principes devaient fléchir, ne pouvait être que celle du souverain. Et comment le souverain l'a-t-il interposée dans l'intervalle de l'ordonnance de 1669 à la loi du 27 septembre 1790? Par une disposition générale et revêtue du caractère législatif? Non, mais seulement par des arrêts du conseil particuliers à telle ou telle espèce, par des arrêts rendus sur des demandes individuelles, c'est-à-dire, par des actes bons, sans doute, pour les parties entre lesquelles ils sont intervenus, mais absolument étrangers à la généralité des propriétaires et des usagers.

» Ces principes (ajoute le jugement d'Amiens, toujours en parlant de ceux qui ont amené la prétendue substitution du Cantonnement translatif de propriété au simple aménagement) sont reconnus par « tous les auteurs qui ont écrit sur la matière depuis l'ordonnance de 1669 ».

» Entendons-nous; ces principes ne sont certainement reconnus ni par Pocquet de Livonière, qui est mort en 1726, au moment où il venait de mettre la dernière main à son Traité des fiefs, et avant de l'avoir fait imprimer, ni par le président Bouhier, qui écrivait en 1746, ni par Julien, qui publiait son ouvrage en 1778. Ils le sont, à la vérité, par Chailland et M. Henrion; mais dans quel sens? En ce sens que des arrêts du conseil ont ordonné au profit de tels ou tels usagers des

Cantonnemens translatifs de propriété? Oui. En ce sens que de ces arrêts il est résulté une jurisprudence d'après laquelle tout arrêt qui ordonnerait un Cantonnement, sans autre explication, et même en expliquant qu'il ne l'ordonnait que comme restrictif des droits d'usage, serait, par cela seul, censé convertir les droits d'usage en propriété? Non, bien évidemment non.

» Ces mêmes principes (continue-t-on) ont été consacrés « par la jurisprudence constante des arrêts, notamment par ceux des 24 décembre 1726, 16 décembre 1727, 10 février 1778, et 20 juillet 1779 ».

» Quoi donc! Ces arrêts ont-ils jugé que des Cantonnemens ordonnés purement et simplement, sans autre explication, ou même avec explication expresse du contraire, depuis l'ordonnance de 1669, devaient être considérés comme ayant rendu les usagers propriétaires des parties de bois ou de marais dans lesquelles ils avaient été cantonnés? Non : ces arrêts n'avaient pas pour objet de déterminer les effets de Cantonnemens précédemment ordonnés et effectués; leur seul objet était de statuer sur des demandes en Cantonnemens à faire, et d'y statuer d'après les conclusions respectives des parties. Or, qu'en y statuant, ils aient, par des dispositions extra-légales, donné à tel Cantonnement individuel l'effet de transférer à tel usager la propriété de telle portion de tel bois ou tel marais, qu'est-ce que cela prouve? Rien autre chose, si ce n'est qu'ils se sont écartés, dans tel cas particulier, de la marche tracée par les principes alors en vigueur. Cela ne prouve certainement pas qu'ils aient pu être pris pour règle dans d'autres affaires du même genre, par les tribunaux ordinaires. Cela prouve encore bien moins qu'ils puissent servir de prétexte pour interpréter, comme translatifs de propriété, des arrêts postérieurs de cours souveraines qui, par leurs termes et les conclusions sur lesquelles ils ont prononcé, ne peuvent être considérés que comme purement restrictifs de l'étendue des droits d'usage.

» Pour soutenir (dit encore le tribunal d'Amiens) que le Cantonnement opéré dans l'espèce, n'a fait que restreindre le droit d'usage des habitans, on ne peut se prévaloir de ce que l'arrêt du 19 décembre 1788 ne donne pas impliciment aux communes le droit de propriété des deux tiers à elles attribués, puisque cet arrêt, ne disant rien de contraire, ne peut s'entendre que dans le sens du Cantonnement, et dans les termes du droit qui n'a aucune équivoque ».

» C'est toujours la même erreur qui égare le tribunal d'Amiens. Il suppose qu'en 1788, le parlement de Paris devait nécessairement entendre par Cantonnement, une opération par l'effet de laquelle les usagers devenaient propriétaires; et je crois avoir démontré que, non-seulement il ne devait pas, mais qu'il ne pouvait pas l'en-

17.

tendre dans ce sens; et ce qui prouve que ce n'est pas dans ce sens qu'il l'a entendu, c'est qu'il a expressément déclaré que ce n'était que pour *l'exercice des droits d'usage* qu'il cantonnait les habitans dans les deux tiers des marais de Pont et de Querrieux.

« Mais, ajoute le tribunal d'Amiens, l'exécution « qu'a reçue cet arrêt, de l'aveu et du con-« sentement des parties, l'a bien interprété dans le » sens de l'attribution de la pleine propriété à cha-» cun, puisque l'on n'a pas seulement eu égard, » dans la division, à la superficie et au pâturage, » mais encore que l'on a estimé les arbres plan-» tés sur partie de ces marais, pour en compen-» ser la valeur par tiers entre les parties ».

« Comment le tribunal d'Amiens n'a-t-il pas vu que, si c'était uniquement par la manière dont l'arrêt a été exécuté, que l'on dût juger dans quel sens il avait pris le Cantonnement, il n'en faudrait pas davantage pour détruire tout son système ? En effet, je l'ai déjà dit, dans l'exécution de cet arrêt, il a été non-seulement reconnu par les parties, mais décidé textuellement par une ordonnance du juge-commissaire, qui n'a jamais été attaquée, mais jugé formellement par l'arrêt du 4 juillet 1789, portant homologation du procès-verbal dont cette ordonnance fait partie, que l'arrêt du 19 décembre 1788 n'avait eu en vue qu'un *Cantonnement* de superficie, et qu'en conséquence *il ne devait être pris aucun égard à la valeur de la tourbe qui pourrait se trouver dans aucun desdits marais.* Pouvait-on dire plus clairement que l'intention de l'arrêt du 19 décembre 1788 n'avait pas été de rendre les usagers propriétaires des deux tiers des marais dans lesquels il s'agissait de les cantonner? D'une part, quoi de plus exclusif d'un Cantonnement translatif de propriété, qu'un pur *Cantonnement de superficie?* De l'autre, déclarer que la tourbe ne serait pas comprise dans l'estimation de chacune des parties de marais où il s'en trouvait, c'était bien déclarer que cette substance, par cela seul qu'elle faisait partie du fonds, ne pouvait pas entrer dans le partage à faire de la superficie, qu'elle devait demeurer dans toute son intégrité au propriétaire du fonds même, et que par conséquent le propriétaire du fonds conservait ses droits de propriété sur les deux tiers de superficie qui étaient abandonnés aux usagers à titre de Cantonnement.

« Qu'importe, d'après cela, que les experts aient *estimé les arbres plantés sur partie de ces marais, pour en compenser la valeur entre les parties?* Conclure de là que les experts ont procédé comme si les usagers eussent été à l'avance déclarés propriétaires des parties de marais qui leur seraient assignées pour leur Cantonnement, c'est la plus absurde de toutes les conséquence.

« Sans doute les arbres plantés dans les marais, faisaient partie du fonds ni plus ni moins que la tourbe, mais ils en faisaient partie d'une ma-

nière différente. La tourbe en faisait partie, parcequ'elle était essentiellement un attribut de la propriété foncière; les arbres, au contraire, n'en faisaient partie qu'à l'instar des herbes dont se compose tout pâturage, c'est-à-dire, comme *superficie.* Or, adjuger à un usager une chose qui tient à la superficie, est-ce lui adjuger la propriété du fonds? C'est demander, en d'autres termes, si l'on adjuge la propriété d'un fonds à un usager, par cela seul qu'on lui adjuge le droit d'enlever les herbes qui y croissent, et de faire couper, à certaines époques, les arbres qui en couvrent la superficie; et proposer une pareille question c'est évidemment la résoudre pour la négative.

« Mais, au moins, dira-t-on, il résulte toujours de cette manière de procéder, relativement aux arbres qui existaient dans les diverses parties des marais, lors de l'opération des experts, que l'arrêt du 19 décembre 1788 a été exécuté comme ayant entendu donner au Cantonnement l'effet d'attribuer aux usagers les arbres, comme les herbes, des deux tiers qui leur seraient assignés.

« Cela peut être, comme cela peut n'être pas; cela dépend de l'exacte intelligence de cette partie du procès-verbal que je n'ai pas sous les yeux, et sur laquelle, par conséquent, je ne puis m'expliquer.

« Mais quelque conséquence que l'on tire de là, relativement aux arbres, et quand on parviendrait à établir que le ci-devant seigneur de Querrieux n'a pas plus de droit sur les arbres existans dans les deux tiers des marais dans lesquels les habitans sont cantonnés, que sur les herbes qui y croissent, il n'en demeurerait pas moins toujours constant,

» Qu'il est encore, dans toute l'énergie de ce mot, propriétaire du fonds de ces deux tiers;

» Et que, par suite, si un trésor venait à y être trouvé, ce serait à lui que le déférerait l'art. 716 du Code Civil;

» Que, par suite, c'est à lui qu'appartiennent, sur la petite rivière qui y coule, tous les droits attribués au propriétaire riverain, par l'art. 644 du même Code;

» Que, par suite, il est seul autorisé, par l'avis du conseil d'État, du 27 pluviôse an 13, approuvé le 30 du même mois, à exercer le droit de pêche sur cette rivière;

» Que, par suite, c'est à lui qu'appartient, exclusivement aux *usagers*, suivant la disposition expresse de l'art. 5 de la loi du 30 avril-1er. mai 1790, le droit de chasser dans toute l'étendue de ces terrains, etc., etc., etc. ».

Cette dissertation a été imprimée et distribuée à la cour royale d'Amiens; mais elle n'a pas eu, pour le marquis de Querrieux, le résultat que j'en attendais.

Par arrêt du .... juillet 1822, le jugement du tribunal de première instance, du 23 juillet 1821, a été confirmé,

« Attendu que, d'après la jurisprudence la plus

générale et la définition donnée par les auteurs, l'effet du Cantonnement opéré entre le seigneur et les communes usagères, était de convertir le droit d'usage originairement concédé aux communes, en un droit absolu de propriété sur une portion seulement des biens soumis à l'usage, et d'affranchir de ce même droit d'usage la portion distraite en faveur du seigneur;

» Que, bien qu'il ait été apporté souvent des exceptions à ce principe, il résulte des actes et des circonstances de la cause, que telle a été, dans l'espèce, l'intention des parties et des magistrats lors du Cantonnement qui a été opéré en 1789, entre les sieurs Gaudechard de Querrieux et les communes de Pont et de Querrieux;

» Qu'on voit dans les actes de procédure antérieurs, que les sieurs de Gaudechard avaient d'abord demandé, contre la commune, le triage des marais dont il s'agit, conformément aux dispositions de l'ordonnance des eaux et forêts, ce qui supposait que les communes avaient la propriété utile, comme l'usage de ces marais;

» Que, dans la suite, les sieurs de Gaudechard ont converti leur demande en une action en Cantonnement; que, par la sentence du 7 mai 1778 et l'arrêt du 7 août 1786 (1), ils ont été reconnus propriétaires de la totalité des marais dont l'usage avait été concédé gratuitement par leurs auteurs aux communes; mais qu'en demandant la distraction à leur profit du tiers des marais, ils ont offert d'abandonner les deux autres aux communes;

» Qu'à la vérité, par leur requête du 26 mai 1786, ils ont déclaré se réserver sur ces deux tiers les droits compatibles avec les usages des communes;

» Mais qu'en supposant que cette réserve pût s'appliquer au droit de propriété, ce qui est bien loin d'être établi (2), elle n'a pas été reproduite dans la requête du 2 juillet 1787, contenant les offres suivant lesquelles l'arrêt du 19 décembre 1788 a ordonné le Cantonnement (3);

» Que ce dernier arrêt n'a établi aucune différence, quant aux droits des parties, entre le tiers délaissé aux seigneurs et les deux tiers délaissés aux communes; que c'est pour rendre de plus en plus les choses égales, qu'il a ordonné dans le cas où il se trouverait, dans le tiers accordé aux seigneurs de Querrieux, quelques parties de marais tourbées par les habitans des communes, les experts fixeraient la portion des marais qu'il conviendrait de prendre pour indemniser les seigneurs sur les deux tiers accordés aux habitans;

(1) Il paraît qu'il y a ici erreur de date, et qu'au lieu du 7 août 1786, c'est 4 mai 1784 qu'il faut lire.
(2) Quelle raison pouvait-il y avoir d'en douter?
(3) J'ai dit le contraire dans ma dissertation, et je l'ai dit d'après la copie qui m'avait été envoyée de la requête du 2 juillet 1787. Cette copie était-elle inexacte? Je l'ignore; mais d'ailleurs qu'importe?

» Attendu que, lors des opérations qui ont eu lieu pour l'exécution de cet arrêt, le lieutenant particulier du bailliage d'Amiens, qui y présidait, et les experts ont toujours agi dans l'hypothèse que les communes devaient avoir, non-seulement l'usage, mais encore la propriété des deux tiers des marais qui seraient placés dans leur lot;

» Que, si dans l'ordonnance du lieutenant particulier, du 14 mai 1789, il est dit que l'arrêt du 19 décembre précédent paraît n'avoir eu en vue pour le Cantonnement que la superficie, cela ne peut s'entendre que pour la détermination de la contenance des portions respectives;

» Que, pour conserver entre les co-partageans, l'égalité proportionnelle voulue par l'arrêt, le lieutenant particulier fit estimer par les experts, les arbres existans sur les portions respectives, et qui évidemment dépendaient, non du droit d'usage, mais de la propriété du fonds de ces marais;

» Qu'après avoir constaté qu'il y avait, sur la portion distraite en faveur des sieurs de Gaudechard, beaucoup plus d'arbres que dans celle qui était attribuée aux communes, les experts en ont estimé la plus value à 4,081 livres; et leur rapport, ainsi que les ordonnances du juge, porte que les seigneurs en tiendront compte aux habitans;

» Que les experts estiment aussi, dans leur procès-verbal, la tourbe qui avait été extraite par les habitans dans la portion attribuée aux sieurs de Gaudechard; que, pour en indemniser ceux-ci, ils leur assignent, dans la portion des habitans, une certaine quantité de terrain où lesdits de Gaudechard de Querrieux pourront extraire de la tourbe; mais qu'ils déclarent en même temps que ce terrain *n'appartiendra aux-dits de Gaudechard que pour cette exploitatio..,* que l'ordonnance du 4 septembre 1789, qui contient le Cantonnement et partage définitif, porte qu'à mesure de l'exploitation de tourbage par les sieurs de Querrieux, *la propriété desdites parties tourbées retournera aux habitans* de Pont et de Querrieux, sans pouvoir par lesdits de Querrieux exercer sur icelles aucun droit de pâturage: nouvelle preuve que la portion de marais formant le lot des habitans, leur était attribuée en toute propriété;

» Que toutes ces opérations du lieutenant particulier et des experts ayant été homologuées par les arrêts du parlement, des 9 juillet et 7 septembre 1789, sont évidemment devenues, en tout ce qu'elles contiennent, des titres communs et la règle des droits respectifs des parties;

» Attendu que le marquis de Querrieux ou ses auteurs ayant ainsi perdu, par l'effet du Cantonnement, la propriété des deux tiers des marais délaissés aux communes, ne l'a point recouvrée par la prescription;

» Que, s'il a fait planter et couper quelques arbres sur la portion appartenant aux habitans, ces actes ne constituent point une possession continue, libre et paisible pendant le temps nécessaire pour prescrire;

» Que d'ailleurs l'effet qu'il voudrait attribuer àces actes, est détruit par d'autres actes de propriété bien plus importans, que les habitans ont faits de leur côté sur les mêmes portions de marais, en y faisant extraire de la tourbe à différentes époques et pour des valeurs considérables;

» Que ce sont mêmes ces actes d'indue jouissance de la part du marquis de Querrieux, qui justifient la demande formée contre lui par les communes ».

Mais cet arrêt a-t-il bien jugé? Distinguons le droit d'avec le point de fait.

Sur le point de droit, il affirme *que l'effet du Cantonnement est de convertir le droit d'usage en un droit absolu de propriété*, et que, si l'on a *souvent jugé le contraire*, ce n'a été que *par exception* à ce principe; mais que fait-il en s'exprimant ainsi? Il met en exception ce qu'il devrait mettre en principe, et en principe ce qu'il devrait mettre en exception.

En effet, la preuve que le mot *Cantonnement* ne désigne pas par lui-même une opération qui convertit le droit d'usage en droit de propriété, la preuve que, pris dans son sens naturel et inné, il ne désigne pas autre chose que la limitation de l'exercice du droit d'usage à une portion du terrain qui en est grevé indéfiniment, c'est qu'avant que, dans les 20 à 30 premières années du dix-huitième siècle, quelques propriétaires se fussent avisés de porter leurs actions en Cantonnement au conseil d'état, les actions qui étaient, sous cette dénomination, intentées devant les tribunaux ordinaires, étaient généralement considérées comme synonymes d'actions en *aménagement*; c'est qu'elles sont signalées comme telles, non-seulement dans les passages du président Bouhier et de M. Henrion de Pansey, transcrits dans ma *Dissertation*, qui se rapportent à ces époques, mais encore dans les arrêts du parlement de Dijon, des 14 juin 1569 et 2 mars 1715.

Il est vrai que, depuis l'innovation dont je viens de parler, le mot *Cantonnement* a pris un sens plus étendu et désignant toute autre chose que le simple *aménagement*. Mais l'a-t-il pris dans tous les cas? Non, et ce qui le prouve d'une manière sans réplique, c'est que nous le trouvons encore employé comme synonyme d'*aménagement*, par le parlement d'Aix en 1732, par Pocquet de Livonière en 1726, par le président Bonhier en 1746, et par le commentateur des statuts de Provence en 1778.

Quels sont donc les cas où, dans le dix-huitième siècle, il a désigné une opération conversive du droit d'usage en droit de propriété?

Ceux-là seuls où il était accompagné d'expressions caractéristiques d'une interversion de titre, ceux-là seuls où les parties qui requéraient un Cantonnement, manifestaient l'intention de métamorphoser un droit d'usage indéfini en un droit de propriété circonscrit.

Hors ces cas, comme il n'y avait ni raison ni prétexte pour le tirer de sa signification naturelle et innée, il l'a conservée toute entière, et il y a été sévèrement restreint. Eh! Comment aurait-on pu ne pas l'y restreindre? Juger autrement, c'eût été violer le principe que ni l'aliénation ni l'interversion de titre ne se présument, et que l'un et l'autre ne peuvent résulter que de déclarations expresses; c'eût été faire dire à un propriétaire qui ne demandait que la circonscription d'un droit d'usage pesant indéfiniment sur sa propriété, qu'il renonçait à une partie de sa propriété même; c'eût été lui prêter arbitrairement l'intention d'aliéner; c'eût été le dépouiller de son bien sans le concours de sa volonté.

Ainsi, nul doute que l'arrêt de la cour royale d'Amiens n'ait mal jugé sur le point de droit.

A l'égard du point de fait, parmi les argumens qu'il emploie pour établir *qu'il a été dans l'intention des parties et des magistrat, lors du Cantonnement opéré en 1789*, par suite de l'arrêt du 19 décembre 1788, de convertir en propriété le droit d'usage des communes de Pont et et de Querrieux, il en est plusieurs dont la réfutation serait facile; mais il en est un qui, en cas de recours en cassation de la part du marquis de Querrieux, aurait infailliblement fait maintenir l'arrêt: c'est celui que la cour royale d'Amiens tire d'un fait dont les pièces d'après lesquelles j'avais composé ma *Dissertation*, ne m'avaient offert aucune trace, du fait que l'ordonnance du 4 septembre 1789, qui contient le Cantonnement et le partage définitif, porte qu'à mesure de l'exploitation du tourbage par les sieurs de Querrieux, *la propriété desdites parties tourbées retournera aux habitans*, et que cette ordonnance a été homologuée le 7 du même mois par le parlement de Paris.

Il est clair, en effet, qu'en homologuant l'ordonnance du 4 septembre 1789, le parlement de Paris se l'est rendue propre et l'a identifiée avec son arrêt du 19 décembre 1788; que, par là, il a implicitement déclaré que son intention, en rendant cet arrêt, avait été de rendre les communes de Pont et de Querrieux propriétaires des portions de marais qui leur seraient assignées pour leur Cantonnement; qu'à la vérité, il avait, par là même, jugé en 1789 le contraire de ce qu'il avait jugé en 1788; mais qu'à défaut de requête civile obtenue dans le délai fatal par le seigneur de Querrieux contre l'arrêt de 1789, cet arrêt devait avoir sa pleine exécution.

§. X. *Règles particulières au ci-devant res-*

sort du parlement de Grenoble sur le Cantonnement.

J'ai établi dans le *Répertoire de jurisprudence*, aux mots *Usage (Droit d')*, §. 6, que, de droit commun, les redevances dont les usagers sont grevés envers le propriétaire, ne font aucun obstacle à l'exercice de l'action en Cantonnement de la part de celui-ci; et il est rare, comme on l'a vu dans les conclusions du 27 décembre 1814, rapportées ci-dessus, §. 8, que, par le résultat de cette action, les usagers obtiennent, pour leur portion, plus du tiers de la totalité du terrain qui leur est asservi.

Mais on m'assure que, dans un réglement fait le 15 octobre 1731, par les commissaires députés par le roi, dans le ressort du parlement de Grenoble, pour la réformation des eaux et forêts, et qui a été revêtu de lettres-patentes enregistrées en cette cour, il se trouve une disposition ainsi conçue:

« Sera permis aux communautés régulières et » séculières et à tous particuliers propriétaires » de bois chargés d'usage, de se faire cantonner » dans lesdits bois, et d'en faire séparer le tiers » à leur profit pour en jouir par eux en toute » propriété; sauf néanmoins le cas où le droit » d'usage aurait été accordé à titre onéreux, ou » sous la prestation de quelques servitudes, cens » et redevances, ou que les deux tiers restans » desdits bois ne seraient pas suffisans pour l'u- » sage de la communauté, auxquels cas le Can- » tonnement n'aura lieu, mais jouiront seule- » ment lesdits propriétaires du droit d'usage » ainsi que dessus, comme premiers habitans » dans lesdits bois, sans pouvoir faire autre acte » de propriété ».

Et ce qui prouve que cette disposition existe en effet dans le réglement cité, c'est le passage suivant des Dissertations féodales de M. Henrion de Pensey, au mot *Communaux*, §. 16:

« La règle qui veut que les besoins des usagers soient la mesure du Cantonnement, reçoit une exception dans le Dauphiné. Un réglement de l'année 1731, revêtu de lettres-patentes, enregistrées au parlement de cette province, en autorisant le Cantonnement, *ne permet aux communautés régulières et séculières, et autres propriétaires, de distraire à leur profit que le tiers des bois chargés d'usage*.

» Le parlement de Grenoble, parlant de ce réglement dans des remontrances au roi, relativement à l'affaire de la communauté de Bouvante et les chartreux du Val-Sainte-Marie, en présente les motifs en ces termes: *Ce réglement fut le fruit des connaissances locales qu'avaient acquises les commissaires, par un travail de plusieurs années, sur la nature des bois et pâturages, sur leur étendue, sur le nombre des habitans des communautés riveraines. Ils adoptèrent, pour les* CANTONNEMENS, *les règles établies pour les* TRIAGES, *parcequ'ils avaient reconnu qu'on ne pouvait assigner au-dessous des deux*

tiers aux usagers; dans une province hérissée de montagnes affreuses, où les forêts sont moins peuplées, les besoins des habitans plus considérables, les troupeaux plus nécessaires. Avant de censurer leur ouvrage, il faudrait s'être mis à portée d'acquérir les mêmes instructions.

Mais il reste à savoir de quelle nature est le Cantonnement dont il est parlé dans cette loi locale, si c'est un Cantonnement translatif de propriété au profit des usagers, ou si ce n'est qu'un simple *aménagement*; et pour résoudre cette question, il faudrait avoir sous les yeux le réglement entier.

CAPACITÉ. §. I. *La capacité de recevoir plus ou moins par testament, dépend-elle uniquement de la loi du temps où le testateur cesse de vivre?*

V. l'article Avantages entre époux, §. 9.

§ II. *Celui qui ignore sa capacité d'état ou qui en doute, peut-il disposer comme s'il savait être capable?*

V. l'article Mort civile, §. 2.

CAS FORTUIT. *Quelles sont les circonstances où les cas fortuits cessent d'être aux risques du propriétaire de la chose qu'ils ont fait périr.*

V. L'article Prises maritimes, §. 2.

V. aussi les articles Garantie et Prix.

CASSATION. Pour faciliter la recherche des nombreuses questions qui sont traitées, ou seulement indiquées sous ce mot, je crois devoir en présenter ici la table.

I. 1°. Sous le Code du 3 brumaire an 4, le recours en Cassation était-il ouvert, en matière correctionnelle, à la partie plaignante?

2°. Dans les affaires de douanes qui se traitent correctionnellement, le recours en Cassation peut-il être valablement formé par le fondé de pouvoir d'un receveur principal de la régie?

II. 1°. Les jugemens rendus en dernier ressort par les tribunaux génevois, avant la réunion de Genève au territoire français, étaient-ils passibles du recours en Cassation?

2°. Que devait-on décider à l'égard des arrêts des sénats de Turin, de Nice et de Chambéry?

III. Un associé peut-il poursuivre en son nom seul la Cassation d'un jugement rendu par défaut contre la société dont il fait partie, et contradictoirement avec lui, comme membre de cette société?

IV. Peut-on attaquer par la voie de Cassation, un arrêt qui rejette une demande en Cassation?

V. 1°. L'acquiescement d'une partie au jugement qui la condamne, rend-il cette partie non-recevable à se pourvoir en Cassation?

2°. Y a-t-il acquiescement, lorsqu'une partie fait, sans protestation ni réserve, mais d'après des poursuites dirigées contre elle, ce à quoi elle est condamnée par le jugement?

3°. Que doit-on décider, si elle le fait spontanément?

VI. Lorsqu'en cassant un jugement attaqué par plusieurs moyens, le cour de Cassation, dans ses motifs, improuve un de ces moyens, sans cependant le rejeter par une disposition formelle, le moyen ainsi improuvé peut-il encore être reproduit, soit devant le tribunal auquel est renvoyée la connaissance du fond, soit devant la cour de Cassation elle-même, en cas de nouveau recours?

VII. Peut-on, au lieu de la tierce-opposition, prendre la voie de Cassation contre un jugement auquel on n'a été ni partie ni appelé?

VIII. Lorsque, sur une même affaire, il est intervenu deux jugemens en dernier ressort, l'un par défaut, l'autre portant débouté de l'opposition formée au premier, peut-on ne demander que la Cassation d'un seul de ces jugemens?

IX. Un recours en Cassation formé, en matière civile, par le ministère public, au moyen d'un simple acte mis au greffe du tribunal de qui est émané le jugement attaqué par cette voie, et transmis, par l'intermédiaire du ministre de la justice, au greffe de la cour de Cassation, est-il régulier et valable, lorsque d'ailleurs il remplit les conditions prescrites par la loi?

X. 1°. Les officiers du ministère public près les cours et les tribunaux inférieurs, peuvent-ils se pourvoir en Cassation pour le seul intérêt de la loi?

2°. La cour de Cassation peut-elle annuller, dans l'intérêt de la vindicte publique, un arrêt qui n'est attaqué que dans l'intérêt de la loi par l'officier local du ministère public?

3°. Les tribunaux d'appels peuvent-ils annuller, dans l'intérêt de la loi, les jugemens qui leur sont déférés par des appels qu'ils trouvent non-recevables?

XI. La violation de l'autorité de la chose jugée forme-t-elle, lorsqu'il y a identité de parties, de demande et de cause, une ouverture de Cassation, ou seulement de requête civile?

XII. Avant le Code de procédure civile, le vice d'*ultrà petita* pouvait-il former un moyen de Cassation, notamment dans les contrées régies par le droit écrit?

XIII. Dans quel cas la violation d'un contrat donne-t-elle ouverture à la Cassation?

XIV. Dans les affaires qui doivent être jugées d'après les lois antérieures au Code civil, la contravention aux lois romaines est-elle un moyen de Cassation?

XV. Une simple erreur de rédaction, qui ne consiste qu'à énoncer dans un jugement en dernier ressort une chose absolument inutile, peut-elle former une ouverture de Cassation?

XVI. Lorsqu'en signifiant un arrêt portant admission d'une requête en Cassation, l'huissier omet d'énoncer, dans son exploit, le tribunal dans le ressort duquel il exerce ses fonctions, cet exploit est-il nul; et peut-il être déclaré tel sur la demande de la partie qui comparait en vertu de la signification?

XVII. Quel est l'effet d'une assignation donnée à un défendeur en Cassation au domicile élu par lui dans l'exploit de signification du jugement attaqué, et pour cette signification seulement?

XVIII. 1°. Est-il nécessaire, dans l'exploit d'assignation qui se donne à la suite d'un arrêt portant admission d'une requête en Cassation, d'exprimer le nom de la partie à la diligence de laquelle cet exploit est donné?

2°. Lorsqu'un pareil exploit est donné à la requête d'un préfet, plaidant au nom de l'État, est-il nécessaire d'y exprimer que le procureur-général de la cour de Cassation occupera pour lui?

XIX. 1°. Le défaut de consignation d'amende peut-il faire déclarer purement et simplement non-recevable le demandeur en Cassation à qui n'a pas été signifié le jugement qu'il attaque, et contre lequel, par conséquent, ne court pas encore le délai dans lequel il lui est permis de se pourvoir en Cassation?

2°. Le certificat d'indigence qui est joint à une requête en Cassation, pour tenir lieu de la quittance de consignation de l'amende, est-il valable, lorsqu'il y est joint, non un extrait des impositions du demandeur, mais seulement un certificat constatant qu'il ne paie pas d'impositions, parceque tous ses biens sont en saisie réelle? Est-il valable, lorsque le préfet ne l'a pas *approuvé*, mais seulement *visé*? Est-il valable, lorsque le préfet a ajouté à son *visa*, l'attestation que tous les biens du demandeur sont saisis réellement?

3°. Le demandeur en Cassation qui a été admis à former son recours, moyennant un certificat d'indigence, est-il pour cela, s'il vient à succomber, dispensé du paiement de l'amende?

4°. L'amende de 150 francs, à laquelle un arrêt de rejet de la section criminelle condamne le demandeur en Cassation d'un jugement de police simple ou correctionnelle, est-elle précisément celle qui a été consignée pour l'admission du recours en Cassation, ou doit-elle y être ajoutée, de manière qu'au total le demandeur soit censé condamné à une amende de 300 francs?

5°. La consignation d'amende est-elle nécessaire de la part de celui qui se pourvoit en Cassation contre un arrêt de cour d'assises, par lequel, quoiqu'acquitté de l'accusation portée contre lui, il a été condamné, soit comme coupable d'une faute, à des dommages-intérêts envers la partie civile, soit comme coupable d'un délit, à une peine correctionnelle?

6°. L'est-elle, de la part d'un mineur de seize ans, pour se pourvoir en Cassation contre un arrêt qui, dans un procès de grand criminel intenté contre lui, et d'après la déclaration du jury, portant qu'il a agi sans discernement, a ordonné, en l'acquittant de l'accusation, conformément à l'art. 66 du Code pénal, qu'il serait détenu pendant un temps limité?

7°. L'est-elle de la part d'un maire qui, dans l'intérêt de sa commune, se pourvoit en Cassation dans une affaire d'octroi?

8°. Faut-il,autant de consignations d'amende qu'il y a de parties demandant simultanément la Cassation du même arrêt ou jugement en dernier ressort?

9°. Dans les cas où, en thèse générale, une seule consignation d'amende est suffisante, quoiqu'il y ait plusieurs parties qui demandent simultanément la Cassation du même arrêt ou jugement en dernier ressort, suffit-il que l'une des parties produise un certificat d'indigence en bonne forme, pour que les autres soient dispensées d'une consignation?

10°. La disposition de l'art. 5 du tit. 4 de la première partie du réglement de 1738, et celle de l'art. 419 du Code d'instruction criminelle, qui réduisent à 75 francs l'amende à consigner, lorsque l'arrêt ou le jugement en dernier ressort a été rendu par défaut, sont-elles applicables au cas où le recours en Cassation est formé, non par le défendeur qui a été défaillant, mais par le demandeur qui a comparu et qui, tout en obtenant défaut contre son adversaire, n'a pas laissé de succomber, parceque sa demande n'était pas vérifiée?

11°. Le demandeur en Cassation qui a été déclaré non-recevable, faute d'avoir consigné l'amende, peut-il se faire restituer contre l'arrêt, en rapportant la quittance de la consignation qu'il avait faite en temps utile, et qui n'avait pas été mise sous les yeux de la cour de cassation?

XX. 1°. Est-il nécessaire que l'acte de recours en Cassation contienne les moyens par lesquels le demandeur prétend faire annuler l'arrêt ou le jugement en dernier ressort qu'il attaque?

2°. Dans les matières où cela est nécessaire, faut-il que les moyens de Cassation soient développés dans la requête en Cassation, ou suffit-il qu'ils y soient indiqués?

3°. Pour que l'on soit censé, par une requête en Cassation, indiquer en quoi l'on arguë un jugement de contravention à la loi, est-il nécessaire d'y citer le texte législatif auquel on prétend que ce jugement a contrevenu?

4°. Est-ce indiquer suffisamment, dans une requête en Cassation, les moyens sur lesquels on se fonde pour provoquer l'annullation du jugement en dernier ressort contre lequel on se pourvoit, que d'y énoncer qu'ils sont exposés dans tel écrit signifié à la partie adverse, dans le cours de l'instance terminée par ce jugement?

5°. Est-ce les indiquer suffisamment que de dire que l'on se pourvoit en Cassation contre tel arrêt ou jugement en dernier ressort pour contravention aux lois de la matière?

6°. L'irrégularité d'une requête en Cassation, résultant de ce que les moyens de Cassation n'y sont pas exposés, peut-elle être réparée par une requête d'ampliation présentée dans le délai fixé pour le recours en Cassation?

7°. Une requête en Cassation qui a été reçue au greffe, peut-elle être, par la suite, déclarée nulle, sur le fondement qu'elle n'énonce pas comme pièces jointes, la quittance de consignation de l'amende et la copie signifiée ou l'expédition en forme du jugement attaqué, quoique, dans le fait, ces pièces y soient jointes?

8°. La cour de Cassation peut-elle, tout en rejetant les moyens de Cassation que le demandeur fait valoir, en adopter un autre d'office, ou sur les conclusions du ministère public, pour casser, dans son intérêt, l'arrêt qu'il attaque?

9°. Peut-elle casser un arrêt ou un jugement en dernier ressort, sur un moyen qui n'a pas été indiqué dans la requête présentée en temps utile, et ne l'a été que dans un mémoire d'ampliation produit après l'expiration du délai du recours en Cassation?

XXI. 1°. D'après la règle écrite dans l'art. 5 du titre premier de la seconde partie du réglement de 1738, que l'on ne doit comprendre, dans les délais qui y sont fixés, ni le jour de l'assignation, ni celui de l'échéance, peut-on encore se pourvoir, le 4 avril, contre un jugement en dernier ressort, qui a été signifié à personne ou à domicile, le 2 janvier précédent?

2°. Peut-on encore, d'après la même règle, signifier le 4 avril, un arrêt d'admission que l'on a obtenu le 2 janvier précédent à la section des requêtes?

3°. Quel est le délai fatal pour le recours en Cassation contre un jugement en dernier ressort rendu contre un mineur, et qui lui a été signifié avant la loi du 27 novembre 1790, mais dont la signification ne lui a été réitérée, ni depuis la publication de cette loi, ni depuis qu'il a atteint sa majorité?

XXII. La déchéance encourue par un demandeur en Cassation, à l'égard des parties à qui il n'a pas fait signifier son arrêt d'admission dans les trois mois de sa date, profite-t-elle aux autres parties auxquelles cet arrêt a été signifié en temps utile?

XXIII. Les agens du gouvernement sont-ils assujétis à la disposition de l'art. 4 du tit. 4 de la première partie du réglement de 1738, suivant laquelle aucune requête en Cassation ne peut être reçue, si le demandeur n'y joint la copie qui lui a été signifiée du jugement dont il provoque la Cassation, ou une expédition en forme de ce jugement, s'il ne lui a pas été signifié?

XXIV. Lorsqu'en appliquant l'art. 8 de la loi du 28 août 1792, une cour d'appel a déclaré qu'un bien était anciennement possédé par une commune, et qu'elle a, en conséquence, réintégré celle-ci dans la propriété de ce bien, la cour de cassation peut-elle, sur le recours exercé contre un pareil arrêt, entrer dans l'examen des faits et des actes caractéristiques de la prétendue ancienne possession de la commune?

XXV. Quel était, avant le Code de procédure civile, l'effet d'un arrêt qui cassait un jugement de première instance, pour avoir été mal-à-propos rendu en dernier ressort? Les parties devaient-elles, après un pareil jugement, se pourvoir au tribunal d'appel, ou devaient-elles retourner devant un tribunal de première instance?

XXVI. 1°. Un arrêt de la cour de cassation qui, sur le réquisitoire du ministère public, et pour le seul intérêt de la loi, a cassé un jugement d'un tribunal criminel, comme ayant, par excès de pouvoir, déclaré un prévenu acquitté de l'accusation d'un délit, est-il susceptible d'opposition de la part de ce prévenu ?

2°. Peut-il donner lieu, contre le prévenu, à une nouvelle action publique ?

XXVII. La voie de Cassation est-elle toujours nécessaire pour que l'on puisse déclarer nul un jugement en dernier ressort, auquel manque une des formalités essentiellement constitutives des jugemens ?

XXVIII. En employant, dans une requête en Cassation, la copie signifiée du jugement qui en est l'objet, est-on censé approuver la signification de ce jugement ; et en couvre-t-on; par là, les irrégularités ?

XXIX. Après avoir attaqué, avec succès, par Cassation, l'un des chefs d'un jugement en dernier ressort, sous la réserve de l'attaquer ensuite dans ses autres parties, peut-on, lorsqu'on est encore dans le délai fatal, user de cette réserve pour faire casser ce jugement dans les chefs non attaqués d'abord ?

XXX. Une commune peut-elle, sans autorisation, attaquer, par la voie de Cassation, un jugement rendu à son désavantage, dans une instance pour laquelle le pouvoir compétent l'avait autorisée ?

XXXI. 1°. La Cassation d'un jugement entraîne-t-elle nécessairement celle des jugemens postérieurs auxquels il a servi de base ?

2°. Emporte-t-elle, pour la partie qui l'a obtenue, et sans qu'il soit besoin de disposition expresse ni ultérieure pour le déclarer, le droit de se faire restituer par son adversaire les sommes qu'elle lui a payées en exécution du jugement attaqué ?

3°. Emporte-t-elle, contre un tiers-acquéreur, la résolution de la vente qui lui a été faite, soit par suite, soit en exécution du jugement cassé ?

4°. Emporte-t-elle, pour les créanciers de la partie au profit de laquelle a été rendu le jugement cassé, lorsque l'objet du litige est une somme d'argent, et qu'ils ont reçu cette somme de leur débiteur ou qu'ils l'ont contraint à la verser entre leurs mains, l'obligation de la restituer à son adversaire ?

5°. Emporte-t-elle, lorsqu'il s'agit d'inscriptions hypothécaires dont le jugement avait ordonné la radiation, le droit de les faire rétablir à leur date primitive, comme si elles n'avaient pas été rayées ?

XXXII. 1°. La voie de la Cassation est-elle ouverte contre les jugemens interlocutoires, tant qu'ils n'ont pas été suivis de jugemens définitifs?

2°. L'est-elle contre les jugemens préparatoires émanés d'un tribunal dont l'incompétence est absolue ?

XXXIII. Peut-on, après avoir acquiescé à un arrêt interlocutoire qui préjuge le fond, et sans l'attaquer, demander la Cassation de l'arrêt définitif qui s'en est ensuivi ?

XXXIV. Lorsque, dans le cours de l'instance sur laquelle est intervenu le jugement attaqué par la voie de Cassation, la partie qui a obtenu ce jugement, n'a pas indiqué son vrai domicile, mais seulement sa résidence momentanée, peut-on lui signifier, à cette résidence, l'arrêt qui admet la requête en Cassation de ce jugement?

XXXV. Peut-on, après avoir obtenu gain de cause devant les premiers juges et succombé sur l'appel, employer comme ouverture de Cassation contre l'arrêt infirmatif du jugement de première instance, un moyen qui a été rejeté par l'un des motifs de ce jugement, lorsqu'on n'en a point attaqué le rejet par un appel incident ?

XXXVI. 1°. Pour que l'omission d'une formalité prescrite dans un exploit ou dans tout autre acte de procédure, à peine de nullité, puisse, lorsqu'elle a eu lieu par le fait de l'une des parties, ou d'un officier public agissant à sa requête, donner ouverture à la Cassation du jugement en dernier ressort qui a déclaré cet exploit ou acte de procédure valable, ou l'a pris pour base de son prononcé, suffit-il que le demandeur en Cassation ait conclu, devant le tribunal dont ce jugement est émané, à ce que l'exploit ou acte de procédure fût déclaré nul ; ou faut-il que l'omission de laquelle en provenait la nullité, ait été articulée en termes exprès ?

2°. Pour que la nullité du titre fondamental d'une action ou d'une exception, nécessite la Cassation du jugement en dernier ressort qui a déclaré ce titre valable ou l'a pris pour base de son prononcé, suffit-il que la partie demanderesse en Cassation ait conclu devant le tribunal dont elle attaque la décision, à ce qu'il fût déclaré nul, ou faut-il qu'elle ait articulé spécifiquement le vice qui devait le faire annuller?

3°. En général, peut-on employer comme ouverture de Cassation, un moyen que l'on n'a pas présenté aux juges du fond?

XXXVII. La violation, soit des formes prescrites par le Code de procédure, à peine de nullité, soit des dispositions qui ordonnent la communication de certaines affaires au ministère public, donne-t-elle lieu à la Cassation ou seulement à la requête civile ?

XXXVIII. La contravention aux arrrêts de réglemens des anciennes cours souveraines, forme-t-elle un moyen de Cassation ?

XXXIX. Peut-on casser un arrêt sur des vices qui se trouvent dans la copie signifiée qu'en représente le demandeur, mais qui n'existent pas dans l'original ?

XL. Peut-on employer, contre un arrêt rendu en exécution d'un précédent que l'on n'a pas attaqué, des moyens qui ont été rejetés par celui-ci ?

XLI. 1°. Peut-on n'assigner que le mari sur la demande en Cassation d'un arrêt rendu au profit de deux époux, dans une affaire où il s'agit de droits mobiliers et dotaux de la femme ?

2°. Lorsque la partie contre laquelle est formée une demande en Cassation, vient à mourir après l'arrêt portant admission de la requête, peut-on, en vertu de cet arrêt, assigner les héritiers en nom collectif au domicile du défunt ?

XLII. 1°. Peut-on prendre la voie de Cassation contre un arrêt ou jugement en dernier ressort par défaut contre lequel celle de l'opposition est encore ouverte ?

2°. De ce que, par l'art. 6 du deuxième décret du 16 février 1807, il est dit qu'il ne pourra être interjeté appel du jugement qui aura statué sur une opposition à une taxe de dépens, que lorsqu'il y aura appel de quelque disposition sur le fond du jugement par lequel les dépens taxés postérieurement ont été adjugés, s'ensuit-il qu'un arrêt par lequel il est statué sur une opposition à une taxe de dépens, ne peut être attaqué par recours en Cassation, que lorsque celui qui a adjugé ces dépens, est lui-même attaqué par cette voie ?

XLIII. Après le rejet de la demande en Cassation formée par des condamnés contre l'arrêt qui prononce contre eux des peines inférieures à celles qu'ils auraient dû subir, le ministère public est-il encore recevable à requérir la Cassation de cet arrêt dans l'intérêt de la loi ?

XLIV. Peut-on, pour un vice de forme qui n'a pu causer aucun préjudice aux parties, casser un arrêt dans l'intérêt privé de l'une d'elles ?

XLV. Le délai du recours en Cassation court-il par l'effet de la signification que fait un particulier à une commune, d'un arrêt qui, en exécution de la loi du 10 vendémiaire an 4, et sur le seul réquisitoire du ministère public, a condamné celle-ci à des dommages intérêts envers celui-là ?

XLVI. Peut-on, doit-on, en cassant comme contraire à une loi expresse, une disposition d'un jugement en dernier ressort, en casser aussi les autres dispositions qui ne contreviennent à aucune loi ?

XLVII. 1°. Le recours en Cassation est-il ouvert contre les jugemens qui, sans être soumis à l'appel, sont cependant susceptibles d'être réformés par le tribunal supérieur, dans le cas où l'affaire sur laquelle ils ont été rendus, viendrait à y être portée ?

2°. Y a-t-il lieu à la consignation d'amende lorsque le jugement, dont la Cassation est demandée, est intervenu sur une procédure criminelle non encore réglée, mais qui tend à poursuivre un crime emportant peine afflictive ou infamante ?

XLVIII. 1°. Peut-on casser un arrêt par le seul motif qu'il applique à faux une loi ?

2°. Le simple mal-jugé, dans les affaires qui intéressent le trésor public, forme-t-il un moyen de Cassation ?

XLIX. Les jugemens en dernier ressort des juges de paix sont-ils sujets au recours en Cassation de la part du ministère public et pour l'intérêt de la loi ?

L. Le ministère public peut-il attaquer, par recours en Cassation, un arrêt qu'il a lui-même provoqué par ses conclusions qui y étaient conformes ?

LI. En cas de suppression du tribunal auquel, par un arrêt de Cassation, est renvoyée une affaire pour y être instruite ou jugée de nouveau, à quel tribunal cette affaire doit-elle être portée ?

LII. 1°. De ce qu'en matière criminelle, correctionnelle et de police, le recours en Cassation suspend l'exécution de l'arrêt ou du jugement attaqué par cette voie, résulte-t-il que, si, avant qu'il ait été prononcé sur ce recours, la partie civile fait des poursuites pour le recouvrement des dépens qui lui ont été adjugés, la cour ou le tribunal de qui est émané cet arrêt ou ce jugement, puisse se refuser à statuer sur l'opposition formée à ces poursuites par la partie condamnée, et en renvoyer la connaissance à la cour de cassation ?

2°. En résulte-t-il que la cour de cassation ne pourrait pas elle-même annuller ces poursuites ?

3°. En résulte-t-il que les poursuites seraient nulles, alors même que le demandeur en Cassation aurait laissé écouler les dix jours que la loi lui accorde pour déposer une requête contenant ses moyens de Cassation, et n'aurait pas encore consigné l'amende ?

LIII. Autres questions relatives à la Cassation.

§. I. 1°. *Sous le Code du 3 brumaire an 4, le recours en Cassation était-il ouvert, en matière correctionnelle, à la partie plaignante ?*

2°. *Dans les affaires de douanes qui se traitent correctionnellement, le recours en Cassation*

18.

peut-il être valablement formé par le fondé de pouvoir d'un receveur principal de la régie ?

Ces questions se sont présentées à l'audience de la cour de cassation, sections réunies, le 10 floréal an 11.

La régie des douanes demandait, contre le sieur Klenck, la Cassation d'un arrêt de la cour de justice criminelle du département de la Haute-Saône, du 15 prairial an 10, qui (en prononçant, comme l'avait fait, le 24 messidor an 9, un arrêt de la cour de justice criminelle du département du Haut-Rhin, cassé le 28 frimaire an 10., par la section criminelle de la cour de Cassation) avait infirmé un jugement du tribunal correctionnel d'Altkirck, par lequel une saisie faite sur le sieur Klenck, au bureau de Bourg-Libre, avait été déclarée valable.

Le sieur Klenck opposait à la régie deux fins de non-recevoir, que j'ai rappelées et discutées en ces termes :

« La régie des douanes, suivant le cit. Klenck, est non-recevable dans son recours,

» 1°. Parcequ'aux termes des art. 205, 440, 441 et 442 du Code des délits et des peines du 3 brumaire an 4, le recours en Cassation contre les jugemens des tribunaux criminels, n'est ouvert qu'à la partie condamnée et au commissaire du gouvernement ; et que, dans l'espèce, il n'y a eu de partie condamnée, que le cit. Klenck ; .

» 2°. Parceque la déclaration du recours en Cassation n'a pas été faite par un fondé de pouvoir de la régie des douanes, mais par un fondé de pouvoir d'un des receveurs de cette administration.

» Sur le premier point, la difficulté vient de ce qu'il existe, dit-on, plusieurs jugemens de l'ancien tribunal de cassation, qui ont déclaré la régie des douanes non-recevable à se pourvoir contre les jugemens des tribunaux criminels, et qui ont décidé, d'après les art. 440 et 441 du Code des délits et des peines, que la faculté d'attaquer ces jugemens par la voie de Cassation, n'appartenait qu'aux prévenus condamnés et aux commissaires du gouvernement.

» Nous ignorons si ces jugemens existent, et s'ils ont réellement établi le point de jurisprudence dont il s'agit; mais, s'ils existent en effet, ils ne sont pas supérieurs à la loi, ils ne peuvent même pas tenir lieu d'une loi qui n'existerait pas; il nous est donc permis de soumettre à l'examen du tribunal actuel de cassation, la question qu'ils sont supposés avoir jugée dans l'ancien.

» Cette question doit être envisagée sous deux rapports différens.

» Elle doit l'être d'abord, relativement aux affaires correctionnelles en général.

» Elle doit l'être ensuite, relativement aux affaires correctionnelles dans lesquelles la régie des douanes s'est trouvée partie poursuivante, et où elle croit avoir à se plaindre de ce que des prévenus de contravention ont été déchargés de ses poursuites.

» Sous le premier aspect, c'est-à-dire, dans les affaires correctionnelles ordinaires, on prétend que la partie plaignante n'est jamais recevable à se pourvoir en Cassation; et l'on se fonde sur ce que, par les art. 440 et 441, il est vrai, aux matières de grand criminel, mais que l'art. 205 déclare communs aux affaires correctionnelles, le recours en Cassation n'est accordé qu'au *condamné*, c'est-à-dire, à l'accusé contre lequel il a été prononcé une condamnation, et au commissaire du gouvernement.

» Nous commencerons par nier le prétendu principe que l'on veut établir sur les art. 440 et 441.

» L'art. 440 ouvre la voie de Cassation au *condamné*, et sans doute il arrive rarement que cette dénomination puisse s'appliquer à une autre personne que celle qui se trouvait *accusée* avant le jugement.

» Si cependant la partie plaignante était condamnée à des dommages-intérêts envers un accusé acquitté, oserait-on soutenir qu'elle ne fût pas recevable à se pourvoir en Cassation ? Pour le soutenir, en effet, il faudrait aller jusqu'à prétendre qu'un tribunal criminel pourrait, dans une condamnation de cette nature, commettre des nullités expressément prononcées par la loi, sans que néanmoins le tribunal de cassation pût annuler cette condamnation.

» Supposons, par exemple, qu'après avoir acquitté un accusé, le tribunal criminel renvoie à une autre audience pour statuer sur sa demande en dommages-intérêts contre la partie plaignante, et que, le jour de cette audience venu, il condamne, en effet, la partie plaignante à des dommages-intérêts envers l'accusé :

» Dans cette hypothèse, le jugement sera radicalement nul, aux termes de l'art. 432 ; et l'on refusera à la partie plaignante le droit de vous le dénoncer, de vous en demander la Cassation ! Ce serait, nous osons le dire, une absurdité que vous vous empresseriez de proscrire, si elle vous était proposée.

» Il est donc des cas où la partie plaignante, même dans les affaires de grand criminel, est recevable à se pourvoir en Cassation.

» Elle ne l'est pas, il est vrai, lorsqu'elle n'a essuyé aucune condamnation, de la part du tribunal criminel, envers l'accusé ; et la raison en est simple : c'est qu'en matière de grand criminel, les intérêts civils ne forment qu'un accessoire qui suit nécessairement le sort du principal ; c'est qu'en matière de grand criminel, l'action civile est entièrement, absolument subordonnée à l'action publique ; c'est qu'en matière de grand criminel, l'accusé qui est acquitté de l'action publique, l'est nécessairement aussi de l'action civile ; c'est qu'enfin la partie plaignante ne peut pas être de meilleure condition pour avoir porté son action civile devant un tribunal criminel, à l'effet d'y être jointe à l'action publique, qu'elle ne le serait, si elle avait porté son action civile devant un tribunal civil, auquel cas cette action eût dormi, d'après l'art. 8 du Code, jusqu'à ce qu'il eût été statué définitivement par le tribunal criminel sur l'action publique, de manière que le jugement du tribunal criminel eût indispensablement servi de règle au tribunal civil, tant sur la question du délit, que sur celle de la culpabilité.

» Mais en est-il de même dans les affaires correctionnelles? Non assurément. Dans ces affaires, lorsqu'elles sont poursuivies par des parties plaignantes, c'est l'intérêt civil qui prédomine; l'action publique n'y est qu'accessoire à l'action civile; aussi voyez-vous qu'on y admet presque toutes les formes qui caractérisent la procédure ordinaire; la partie plaignante et le prévenu y sont également reçus à appeler du jugement de première instance; s'il faut se pourvoir en Cassation, la loi exige une consignation d'amende, comme en matière purement civile; si un jugement a été cassé, sans que la partie intéressée ait été entendue, cette partie peut y former opposition; il y a plus: la partie intéressée peut, même sans être appelée, intervenir sur une demande en Cassation, et y plaider ses moyens. En un mot, dans les affaires correctionnelles, tout se traite dans les formes civiles, à l'exception de ce qui est assujéti expressément par la loi à des formes particulières.

» Sous quel prétexte, d'après cela, refuserait-on à la partie plaignante en matière correctionnelle, le droit d'attaquer par la voie de Cassation, le jugement d'un tribunal criminel, qui, en déchargeant le prévenu de ses poursuites, aurait violé les dispositions de la loi à l'observation desquelles la peine de nullité serait expressément attachée?

» Serait-ce parceque l'art. 440 n'admet au recours en Cassation que le *condamné?*

Mais nous venons de voir que le mot CONDAMNÉ, dans cet article même, ne s'applique pas nécessairement à l'accusé contre lequel une condamnation a été prononcée; et que même, dans le grand criminel, cette expression peut s'appliquer aussi à la partie plaignante. Ainsi, l'induction que l'on prétend tirer de cet article porte absolument à faux.

» Serait-ce parceque la partie plaignante, en matière correctionnelle, ne peut jamais être considérée comme *condamnée?*

» Mais assurément s'il a été prononcé contre elle une *condamnation,* soit à des dommages-intérêts, soit à des dépens, elle est bien littéralement *condamnée;* ou il faut que l'on nous explique ce que le mot *condamné* signifie.

» Et quand il n'aurait été prononcé contre elle, ni dommages-intérêts, ni dépens, n'est-elle pas toujours censée *condamnée,* par cela seul que son action est rejetée, par cela seul qu'elle perd l'objet et le fruit de ses poursuites, par cela que le prévenu qu'elle attaque, ou comme ayant escroqué sa fortune, ou comme lui ayant causé du dommage dans sa personne, se trouve déclaré quitte envers elle?

» En un mot, dans le langage de toutes les lois, comme dans celui de tous les pays et de tous les temps, la partie *condamnée* n'est-elle pas toujours celle qui succombe?

» Enfin, nous expliquera-t-on comment il serait possible que le législateur eût fermé la voie de la Cassation à la partie plaignante, tandis qu'il lui a ouvert celle de l'appel? Nous expliquera-t-on comment il serait possible que les nullités commises par un tribunal criminel, fussent plus à l'abri des poursuites de la partie plaignante, que les nullités commises par un tribunal correctionnel? Et remarquez que, par la manière dont est rédigé l'art. 205, on voit clairement que son objet est de soumettre au recours en Cassation tous les jugemens des tribunaux criminels *rendus sur appel des tribunaux correctionnels;* il entend donc que le recours en Cassation sera ouvert aux mêmes parties que l'appel; il entend donc qu'il le sera à la partie plaignante, comme au prévenu, comme au commissaire du gouvernement.

» Mais supposons pour un moment que cette doctrine ne soit pas exacte pour les matières correctionnelles en général; en conclura-t-on qu'elle ne l'est pas non plus pour les matières correctionnelles dans lesquelles la régie des douanes se trouve partie poursuivante?

» Il faudrait pour cela que, dans ces affaires, la régie pût, à tous égards, être assimilée à une partie plaignante ordinaire en matière correctionnelle; mais quelle différence entre l'une et l'autre?

» Dans les matières correctionnelles ordinaires, la partie plaignante n'est jamais qu'une partie privée, et jamais elle ne poursuit que son intérêt privé; dans les matières de douanes, au contraire, la régie a un caractère public, et ce sont les intérêts de l'état qu'elle défend....... (1).

» Mais ce qui surtout est décisif, ce que nous ne saurions trop vous inviter à bien peser dans votre sagesse, c'est que, dans les matières ordinaires, la partie plaignante a le choix de se pourvoir par action purement civile devant le tribunal civil, auquel cas la voie de Cassation lui serait assurée, ou par action extraordinaire devant le tribunal correctionnel, auquel cas, si le recours en Cassation lui était fermé, elle ne pourrait que s'imputer à elle-même de ne s'être pas adressée au tribunal civil;

» Au lieu que, dans les matières de douanes, la régie n'est pas maîtresse du choix des tribunaux; la loi l'oblige d'intenter ses poursuites devant le tribunal correctionnel; elle ne lui permet pas de les soumettre au tribunal civil: il faut donc bien qu'en obéissant à la loi, elle trouve dans la procédure correctionnelle, les mêmes res-

_____

(1) *V.* l'article *Directeur du jury,* §. 1.

sources qu'elle aurait trouvées dans la procédure purement civile ; il faut donc bien qu'elle puisse se pourvoir en Cassation contre un jugement correctionnel en dernier ressort, comme elle pourrait le faire contre un jugement purement civil.

» Aussi, lors du premier jugement rendu sur cette affaire par la section criminelle, le 28 frimaire an 10, n'a-t-il été élevé aucun doute sur la faculté qu'avait la régie des douanes de se pourvoir en Cassation contre le jugement du tribunal criminel du Haut-Rhin.

» Aussi avant ce jugement, et depuis le premier floréal an 8, en était-il intervenu un grand nombre qui avaient décidé formellement que cette faculté appartenait à la régie des douanes.

» Aussi le cit. Klenck lui-même a-t-il reconnu que la régie des douanes avait pu se pourvoir en Cassation contre le jugement du tribunal criminel du Haut-Rhin, puisque, loin de former opposition au jugement de Cassation du 28 frimaire an 10, il y a acquiescé de la manière la moins équivoque, en plaidant de nouveau sur le fond devant le tribunal criminel du département de la Haute-Saône.

» Vous ne pouvez donc, sous aucun rapport, accueillir la première fin de non-recevoir du cit. Klenck.

» La seconde est-elle mieux fondée ?

» Dans le fait, il est constant que la déclaration du recours au tribunal de cassation a été faite par le cit. Doderman, avoué près le tribunal de première instance de Vesoul, *en qualité de fondé de pouvoir du receveur principal des douanes à Bourg-Libre, agissant au nom de l'administration des douanes, par procuration sous signature privée donnée audit Doderman, le premier prairial an 10, dûment légalisée et enregistrée le même jour......, ladite procuration*, dit le greffier, *ici à nous représentée et jointe à la procédure.*

» Il est également constant, dans le fait, que, par cette procuration, le receveur principal de Bourg-Libre avait donné au cit. Doderman, le pouvoir exprès *de passer au greffe du tribunal criminel du département de la Haute-Saône, la déclaration du pourvoi en Cassation contre le jugement à intervenir, dans le cas où ce jugement ne consacrerait pas les conclusions prises par l'administration.*

» Dans le droit, il est de principe que, hors les cas formellement exceptés par la loi, chacun peut faire par le ministère d'autrui, ce qu'il lui est libre de faire par lui-même. Or, d'une part, le receveur principal des douanes de Bourg-Libre pouvait certainement faire par lui-même la déclaration du recours en Cassation. D'un autre côté, aucune loi ne lui interdisait la faculté de faire cette déclaration par l'organe d'un fondé de pouvoir.

» La déclaration faite en son nom par le cit. Doderman, est donc régulière ; et dès là, nul doute que vous ne deviez rejeter la deuxième,

comme la première fin de non-recevoir du cit. Klenck.....».

Conformément à ces conclusions, arrêt sur délibéré, du 17 floréal an , 11 au rapport de M. Vallée, qui,

« Considérant, sur la première fin de non-recevoir proposée par le cit. Klenck, défendeur, que la constitution accordant généralement la faculté du recours en Cassation contre les jugemens des tribunaux d'appel, il faudrait, pour que le plaignant en matière de police correctionnelle fût privé de cette faculté contre un jugement d'un tribunal criminel prononçant sur appel, qu'il existât une exception et une exclusion précises ; que cette exception et cette exclusion n'étant prononcées par aucune loi, et le Code des délits et des peines accordant la faculté d'appel contre les jugemens des tribunaux correctionnels, il résulte de la disposition constitutionnelle que la faculté du recours en Cassation existe contre les jugemens des tribunaux criminels en matière de police correctionnelle ; qu'ainsi, dans l'espèce, la régie des douanes a pu se pourvoir contre le jugement du tribunal criminel de la Haute-Saône ;

» Sur la seconde, que la personne qui a déclaré le pourvoi en Cassation, ayant été fondée de pouvoir à ce sujet par le receveur de la régie, cette déclaration est valablement faite..... ;

» Par ces motifs, le tribunal, *sans s'arrêter aux fins de non-recevoir proposées par le cit. Klenck*, faisant droit sur le pourvoi de la régie, casse et annulle le jugement du tribunal criminel de la Haute-Saône, en date du 18 prairial an 10.....»,

La première question a encore été jugée de même à la section criminelle, le 11 prairial an 11 (*V. l'article Contrefaçon, §. 2*) ; et c'est dans ce sens que l'a décidé l'art. 216 du Code d'instruction criminelle.

La deuxième s'est également représentée depuis ; mais dans des circonstances qui n'étaient pas, à beaucoup près, aussi favorables à la régie des douanes.

Un arrêt rendu par la cour de Cassation, sections réunies, le 15 frimaire an 10, ayant renvoyé devant la cour de justice criminelle du département de Jemmapes, une affaire entre la régie des douanes et Laurent Lesecq ; le directeur des douanes de la division de Dunkerque a déclaré, par un acte sous seing-privé, « passer au » cit. Silvy, homme de loi à Douai, et défenseur » de l'administration des douanes auprès des tri- » bunaux du Nord, pleine, entière et spéciale » procuration aux fins de défendre au tribunal » criminel de Jemmapes, pour l'administration » des douanes, et d'abondant au nom du cit. Guil- » lemard, receveur principal et stipulant desdites » douanes, dans l'affaire contre Laurent Lesecq ; » approuvant d'ailleurs tout ce que le cit. Silvy » sera dans le cas de faire en vertu de la présente » procuration ».

Le Sieur Silvy a, en conséquence, défendu la régie des douanes devant la cour de justice criminelle du département de Jemmapes; et ayant perdu sa cause le 1er. ventôse an 10., il a, par acte passé le même jour au greffe, déclaré, *en sa qualité de fondé de pouvoir de la régie des douanes*, se pourvoir en Cassation contre le jugement de ce tribunal.

« L'affaire portée à l'audience de la cour de Cassation, sections réunies, je me suis expliqué en ces termes:

» Ce serait en quelque sorte manquer au respect dû aux décisions émanées du tribunal suprême, sections réunies, que de mettre ici en question si vous devez casser le jugement que le tribunal criminel du département de Jemmapes s'est permis de rendre le 1er. ventôse an 10, dans un sens diamétralement opposé à celui que vous aviez prononcé le 15 frimaire précédent. Le jugement du tribunal criminel du département de Jemmapes doit être annulé par cela seul qu'il est en opposition avec le vôtre. C'est là tout ce que nous avons à dire sur le fond de la demande en Cassation qui vous est soumise.

» Mais, dans la forme, cette demande a-t-elle été intentée légalement au nom de la régie des douanes? Et en conséquence, est-ce sur cette demande elle-même, ou seulement sur nos conclusions, que vous devez casser le jugement déféré à votre censure?

» La demande en Cassation a été formée par le cit. Silvy, fondé de pouvoir de la régie pour la représenter dans cette cause devant le tribunal criminel du département de Jemmapes.

» Nous disons que le cit. Silvy était *le fondé de pouvoir de la régie*, et nous le disons, quoique la procuration du directeur des douanes de Dunkerque, qui existe dans les pièces, n'ait pas été enregistrée.

» Car cette procuration, quoique non enregistrée, a été reçue au greffe du tribunal criminel et c'est de ce greffe qu'elle a été transmise dans le vôtre.

» Le greffier du tribunal criminel peut être répréhensible de l'avoir reçue sans enregistrement préalable; mais en la recevant, en la joignant aux pièces de la procédure, il a toujours constaté la qualité du cit. Silvy.

» La preuve d'ailleurs que le cit. Silvy a paru devant le tribunal criminel du département de Jemmapes, comme fondé de pouvoir de la régie, c'est que les conclusions de la régie qui se trouvent dans le dossier avec celles de Laurent Lesecq et du ministère public, sont écrites et signées de la main du cit. Silvy lui-même.

» Cela posé, le cit. Silvy qui, au moment où le tribunal criminel a rendu son jugement, était incontestablement investi d'un pouvoir suffisant et reconnu tel, pour représenter la régie dans la cause, a-t-il été, par cela seul, autorisé à passer au greffe une déclaration de recours en Cassation?

» L'affirmative ne nous paraît pas douteuse. De même, en effet, que le fondé de pouvoir, pour plaider une cause en première instance, peut en sa qualité, sans nouveau mandat, et jusqu'à désaveu interjeter appel du jugement qui est intervenu au préjudice de son commettant, de même aussi le fondé de pouvoir pour plaider une cause devant un tribunal supérieur, doit avoir, dans sa procuration, un titre suffisant pour exercer, au nom de son commettant, le recours en Cassation contre le jugement qui l'a condamné. Dans un cas comme dans l'autre, le fondé de pouvoir est *dominus litis*; il peut conséquemment faire tout ce que lui paraît exiger le bien de la cause dont il est chargé.....

» Par ces considérations, nous estimons qu'il y a lieu, faisant droit sur le recours de la régie des douanes, de casser ou annuler le jugement rendu par le tribunal criminel du département de Jemmapes, le 1er. ventôse an 10, et de renvoyer le fond de la cause devant le tribunal criminel le plus voisin. »

Par arrêt rendu le 20 messidor an 11, au rapport de M. Seignette, ces conclusions ont été adoptées, et le fond de la cause a été renvoyé à la cour de justice criminelle du département des Ardennes.

§. II. 1° *Les jugemens rendus en dernier ressort par les tribunaux génevois, avant la réunion de Genève au territoire français, étaient-ils passibles du recours en Cassation?*

2°. *Que devait-on décider sur ce point, à l'égard des arrêts des sénats de Turin, de Nice et de Chambéry?*

I. J'ai traité la première de ces questions à l'audience de la cour de cassation, section civile, le 21 fructidor an 9, en portant la parole sur une demande en Cassation formée par Philippe Dalaizette contre Daniel Marc.

« Le jugement dont on vous demande la Cassation (ai-je dit), a été rendu par le tribunal civil de Genève, le 15 messidor an 6, c'est-à-dire, à une époque où les lois françaises n'étaient pas encore en activité dans son territoire; car, d'un côté, la constitution et les lois françaises n'ont commencé, aux termes de l'art. 11 de la loi du 8 fructidor an 6, à être exécutoires dans l'ancien territoire génevois, qu'à compter du 1er. vendémiaire an 7; et de l'autre, la loi du 28 floréal précédent, ou plutôt le traité qu'elle ratifie, porte expressément que les lois civiles de Genève resteront en vigueur jusqu'à la promulgation des lois de la république française; et de là naît, avant tout, la question de savoir si le recours en Cassation est admissible contre ce jugement.

» Cette question revient à celle de savoir si, avant la réunion de l'état de Genève à la république française, les jugemens rendus en dernier ressort par les tribunaux génevois, étaient passibles de ce recours.

» Car s'ils n'en étaient point passibles au moment où ils ont été rendus, ils n'ont pas pu le devenir depuis. La promulgation qui a été faite des lois françaises à Genève, le 1er. vendémiaire an 7, n'a pas pu rétroagir sur le passé, ni par conséquent priver les parties qui avaient obtenu ces jugemens, du droit qui leur était irrévocablement acquis de les faire exécuter.

» Aussi le demandeur a-t-il prévu dans sa requête la difficulté que l'on pourrait à cet égard lui opposer, et il n'a rien négligé pour établir que les jugemens en dernier ressort des tribunaux génevois pouvaient être cassés pour contravention à des lois expresses.

» Il a puisé sa preuve dans les art. 514, 515 et 516 des lois politiques de Genève du 5 février 1794, lesquels sont ainsi conçus : « Art. 514. Toute » pétition renfermant quelque grief fondé sur » l'infraction ou l'inobservation de quelque loi , » de quelque édit, ou de quelque règlement, » est remise par les syndics aux autorités con- » stituées que l'objet concerne, et elles sont » tenues de répondre dans le terme d'un mois. » 515. Avant de répondre, les autorités cons- » tituées que la pétition concerne, la communi- » quent au procureur-général, pour avoir ses » conclusions par écrit. Copie des conclusions » est remise aux pétitionnaires, avec la réponse » des autorités constituées. 16. Lorsqu'une péti- » tion renfermant quelque grief fondé sur l'in- » fraction ou sur l'inobservation de *quelque loi* » ou de *quelque édit*, est renouvelée et portée dans » un même jour, par quatre cents citoyens ou » plus, la pétition est renvoyée au conseil législ- » latif, avec copie de la première répétition, de la » réponse qni y a été faite, et des conclusions du » procureur-général. Le conseil législatif convo- » que le souverain dans le terme d'un mois au plus » tard, pour le consulter, par un projet de loi ou » d'édit, sur les conclusions des pétitionnaires.

» L'article suivant que le demandeur n'a pas cité, n'en doit pas moins être mis sous vos y eux. « Lorsqu'une pétition renfermant quelque » grief fondé sur l'infraction ou sur l'inobserva- » tion d'un *règlement*, (porte l'art.) est renouve- » lée et appuyée dans un même jour par deux » cents citoyens ou plus, la pétition est renvoyée » au conseil législatif avec copie de la première » pétition, de la réponse qui y a été faite, et des » conclusions du procureur-général. Le conseil » législatif prononce définitivement dans l'es- » pace d'un mois sur les conclusions des péti- » tionnaires ».

» Des trois premiers de ces articles, le demandeur conclud que, sous la constitution génevoise, toute partie qui avait à se plaindre d'un jugement rendu en contravention à quelque loi, à quelque édit ou à quelque règlement, pouvait présenter sa pétition aux syndics, c'est-à-dire, aux magistrats chargés de présider alternative-

ment le conseil administratif, ou en d'autres termes, le corps en qui résidait l'exercice du pouvoir exécutif en matière d'administration et de gouvernement.

» Et qu'est-ce que les syndics devaient faire de cette pétition ? Ils devaient la remettre à *l'autorité constituée que l'objet concernait*, c'est-à-dire, suivant les demandeurs, au tribunal dont était émané le jugement.

» Le tribunal à son tour, que devait-il faire ? Il devait communiquer la pétition au procureur-général de la république, prendre ses conclusions, prononcer ensuite, et remettre le tout au pétitionnaire.

» Mais que pouvait-il prononcer ? Pouvait-il rétracter son jugement, s'il le reconnaissait contraire aux lois ? Le pouvait-il surtout sans entendre la partie adverse, préliminaire que n'exigent ni l'art. 614 ni l'art. 515 ? Rien ne nous autorise à penser qu'il fût investi d'un pouvoir aussi monstrueux : ni la constitution, ni les lois politiques de Ge- nève ne le lui attribuent; et c'est sans doute déjà une très puissante raison de croire que les péti- tions dont il est parlé dans ces deux articles, ne sont pas des pétitions tendantes à l'annullation des jugemens; qu'il n'est question dans ces deux articles ni de jugemens ni de tribunaux; et que ces deux articles n'ont pour objet que les pétitions relatives à des actes d'administration.

» Mais les art. 516 et 517 ne laissent là-dessus aucune espèce de difficulté.

» Ces deux articles prévoient le cas où l'autorité constituée à laquelle les syndics ont renvoyé la pétition dont parlent les art. 514 et 515, y a ré- pondu d'une manière qui ne satisfait pas le pé- titionnaire : et ils ouvrent à celui-ci une nouvelle voie pour faire redresser le grief contre lequel il a réclamé sans succès.

» De deux choses l'une : ou ce grief est fondé, soit sur l'infraction, soit sur l'inobservation d'une loi ou d'un édit; ou il est fondé, soit sur l'in- fraction, soit sur l'inobservation d'un simple ré- glement.

» Dans la première hypothèse, lorsque la pé- tition est *renouvelée et portée dans un même jour par quatre cents citoyens ou plus*, elle est renvoyée au corps législatif, qui convoque le souverain pour y statuer par une loi ou par un édit dont il lui présente le projet.

» Dans la seconde, elle est pareillement renvoyée au corps législatif, mais alors c'est le corps législatif lui-même qui prononce définitivement sur les conclusions des pétitionnaires.

» Ces dispositions peuvent-elles jamais s'appli- quer à une pétition qui tendrait à la rétractation d'un jugement en dernier ressort ?

» Il est évident que non; et deux raisons se réu- nissent pour le prouver invinciblement.

« Premièrement, dans le cas où une pareille pétition serait fondée sur l'infraction d'une loi ou d'un édit, il ne pourrait être statué que par un édit ou par une loi. Or, n'est-il pas absurde de supposer qu'il puisse être fait un édit ou une loi pour prononcer la Cassation d'un jugement?

» En second lieu, pour casser un jugement en dernier ressort, il faut incontestablement exercer le pouvoir judiciaire; c'est trop peu dire, il faut exercer ce pouvoir dans toute sa suprématie, il faut l'exercer avec toute la plénitude de la puissance souveraine. Or, d'une part, l'art. 11 de la constitution génevoise porte que le *souverain ne connaît,* EN AUCUN CAS, *des causes civiles ou criminelles;* d'un autre côté, l'art. 12 de la même constitution déclare que le *corps législatif ne peut,* EN AUCUN CAS, *exercer le pouvoir judiciaire;* et certainement ces mots, *en aucun cas,* sont, dans l'un comme dans l'autre article, exclusifs de toute espèce d'exception. Dès-là, comment voudrait-on que, dans les art. 516 et 517 des lois politiques de Genève, c'est-à-dire, des lois organiques de la constitution de cet état, il pût être question de requêtes tendant à casser des jugemens? Il est évident que leur supposer ce sens, ce serait les mettre en contradiction formelle avec les art. 11 et 12 de la constitution elle-même.

» Tout concourt donc à démontrer que le recours en Cassation n'avait pas lieu dans l'état génevois avant sa réunion à la république française.

» Mais le demandeur cherche à insinuer qu'au moins le recours en Cassation a dû y être admis immédiatement après sa réunion et avant le premier vendémiaire an 7.

» Si cela était, le jugement dont il s'agit ici serait véritablement passible du recours en Cassation, puisqu'il a été rendu le 15 messidor an 6, et par conséquent un mois dix-sept jours après la loi portant ratification du traité de réunion.

» Mais assurément le recours en Cassation n'a pas pu s'introduire de lui-même dans cette contrée devenue française; il n'a pu y être introduit que de deux manières, ou par une loi nouvelle et spéciale, ou par la promulgation des lois générales de la république qui l'avait établi dans toute la France.

» Or, 1°. les lois générales de la république n'ont été publiées à Genève, que le premier vendémiaire an 7; c'est un fait constaté au procès; et d'ailleurs, quand elles y auraient été publiées avant cette époque, ce n'est pourtant qu'à cette époque même qu'elles y auraient été obligatoires; car voici ce que nous lisons dans l'art. 11 de la loi du 8 fructidor an 6, portant formation d'un nouveau département, sous le nom de département du Léman : « Le directoire exécutif fera » promulguer sans délai la constitution et les lois » de la république, dans l'étendue du nouveau » département; ces lois y seront exécutoires, à » compter du 1er. vendémiaire an 7 ».

» 2°. Il est bien constant qu'aucune loi spéciale, antérieure au 1er. vendémiaire an 7, n'a

établi le recours en Cassation dans le département du Léman.

» À la vérité, il existe, sous la date du 25 prairial an 6, un arrêté du commissaire du gouvernement chargé de l'organisation provisoire de ce pays, qui, en conservant provisoirement *la grande cour de justice,* l'investit des mêmes pouvoirs qui étaient attribués par nos lois aux tribunaux civils de département.

» Mais cet arrêté ne dit pas que les jugemens de ce tribunal seront sujets au recours en Cassation; et bien loin de là, il ordonne expressément que *toutes les lois, réglemens et ordonnances qui étaient en vigueur à Genève, y seront exécutés jusqu'à la proclamation des lois françaises.*

» Par ces considérations, nous concluons à ce qu'il soit déclaré qu'il n'y a lieu de statuer sur la requête du demandeur, et à ce qu'il soit condamné à l'amende ».

Ces conclusions ont été adoptées par arrêt du 21 fructidor an 9, au rapport de M. Pajon,

« Attendu qu'il est prouvé en fait au procès, que les lois de la république française n'ont été promulguées et mises à exécution dans le territoire de la ci-devant république de Genève, qu'à l'époque du 1er. vendémiaire an 7; et que le jugement attaqué est antérieur à cette promulgation, puisqu'il a été rendu le 6 messidor an 6;

» D'où il suit que l'admission d'un semblable pourvoi en Cassation contre un pareil jugement, inconnu dans l'ancienne législation de cette république, porterait atteinte à l'art. 7 du traité de réunion avec la France, sanctionné le 18 floréal ».

II. La seconde question a été jugée dans le même sens, par un arrêt de la cour de Cassation du 2 juin 1808, qui est rapporté dans le *Répertoire de jurisprudence,* aux mots *Pays réunis,* n°. 4.

§. III. *Un associé peut-il poursuivre en son nom seul, la Cassation d'un jugement rendu par défaut contre la société dont il fait partie, et contradictoirement avec lui, comme membre de cette société?*

V. le plaidoyer et l'arrêt du 30 ventôse an 11, rapportés à l'article *Société,* §. 5.

§. IV. *Peut-on attaquer par la voie de Cassation un arrêt qui rejette une demande en Cassation?*

Non. *V.* l'arrêt du 12 germinal, an 10, rapporté à l'article *Contrariété de jugemens;* et à l'article *Requête civile,* §. 3, celui du 2 frimaire an 10.

§. V. 1°. *L'acquiescement d'une partie au jugement qui la condamne, rend-il cette partie non-recevable à se pourvoir en Cassation?*

2°. *Y a-t-il acquiescement, lorsqu'une partie fait, sans protestation ni réserve, mais d'après des poursuites dirigées contre elle, ce à quoi elle est condamnée par le jugement?*

5°. *Que devrait-on décider, si elle le faisait spontanément?*

Sur ces questions et sur plusieurs autres qui y sont accessoires, *V.* l'article *Acquiescement*, et ci-après, le §. 50.

§. VI. *Lorsqu'en cassant un jugement attaqué par plusieurs moyens, la cour de Cassation, dans ses motifs, improuve un de ces moyens, sans cependant le rejeter par une disposition formelle, le moyen ainsi improuvé peut-il encore être reproduit, soit devant le tribunal auquel est renvoyée la connaissance du fond, soit devant la cour de Cassation elle-même, en cas de nouveau recours?*

V. le plaidoyer et l'arrêt du 16 pluviôse an 11, rapportés à l'article *Biens nationaux*, §. 1.

§. VII. *Peut-on, au lieu de la tierce-opposition, prendre la voie de Cassation contre un jugement auquel on n'a été ni partie ni appelé?*

V. le plaidoyer et l'arrêt du 11 vendémiaire an 10, rapportés au mot *Opposition (tierce)*, §. 1.

§. VIII. *Lorsque, sur une même affaire, il est intervenu deux jugemens en dernier ressort, l'un par défaut, l'autre portant débouté de l'opposition formée au premier, peut-on ne demander la Cassation que d'un seul de ces jugemens?*

Il faut distinguer.

Si l'on se borne à demander la Cassation du jugement par défaut, on doit y être déclaré non-recevable, parcequ'en vain ferait-on casser ce jugement, tandis que celui qui le maintient, subsisterait.

C'est ce que j'ai établi dans le plaidoyer et ce qu'a jugé l'arrêt de la cour de Cassation, du 14 floréal an 10, rapportés à l'article *Inscription de faux*, §. 1.

La même chose a été jugée depuis par les deux arrêts dont voici les espèces.

Le 23 messidor an 13, arrêt par défaut de la cour d'appel d'Aix, qui prononce des condamnations au profit du sieur Lombard contre les sieurs Moulard.

Les sieurs Moulard forment opposition à cet arrêt, mais ils en sont déboutés par un arrêt contradictoire du 10 thermidor suivant.

Ils se pourvoient en Cassation contre le premier, et n'attaquent pas le second.

Le 21 avril 1807, arrêt, au rapport de M. Liborel, et sur les conclusions de M. Daniels, par lequel,

« Attendu que le pourvoi n'ayant été exercé que contre l'arrêt par défaut de la cour d'appel d'Aix, du 23 messidor an 13, les demandeurs ne pourraient retirer aucun avantage de la Cassation de cet arrêt, puisque celui rendu le 13 thermidor suivant, qui a confirmé le premier, n'ayant pas été attaqué, devrait avoir son exécution;

» La cour (section civile) déclare les demandeurs non-recevables dans leur pourvoi.... ».

Le 8 mars 1816, arrêt par défaut de la cour royale de Caen, qui infirme, sur l'appel des héritiers de Bezons, un jugement de première instance rendu au profit du sieur Lebreton.

Opposition à cet arrêt de la part du sieur Lebreton; et le 26 avril 1817, arrêt contradictoire qui l'en déboute.

Le 4 juin suivant, signification de ces deux arrêts au domicile du sieur Lebreton.

Le 6 septembre de la même année, le sieur Lebreton se pourvoit en Cassation, non contre ces deux arrêts, mais seulement contre le premier.

L'affaire portée à la section civile par suite d'un arrêt d'admission de la section des requêtes, les héritiers de Bezons opposent au sieur Lebreton deux fins de non-recevoir. Vous êtes non-recevable, lui disent-ils, parceque vous n'attaquez que l'arrêt par défaut; et vous l'êtes encore parceque, du 5 juin 1817, lendemain du jour de la signification qui a fait courir contre vous le délai du recours en Cassation, au 6 septembre suivant, jour du dépôt de votre requête au greffe de la cour, il s'est écoulé, sans y comprendre ce jour même, un espace entier de trois mois.

Chose étonnante, il intervient, sur ces fins de non-recevoir, le 1er. mai 1820, un arrêt par lequel la section civile se déclare partagée.

Mais par arrêt du 24 novembre 1823, au rapport de M. Trinquelague, et sur les conclusions de M. l'avocat-général Jourde,

« Attendu que le pourvoi du sieur Lebreton n'est dirigé que contre l'arrêt en défaut du 8 mars 1816, et qu'il a été statué sur les dispositions de cet arrêt par l'arrêt contradictoire du 26 avril 1817, lequel a acquis l'autorité de la chose jugée;

» Attendu, d'ailleurs, que les deux arrêts ont été signifiés le 4 juin 1817, et que le pourvoi n'ayant été formé que le 6 septembre suivant, il l'a été hors du délai requis;

» La cour, vidant son partage du 1er. mai 1820, déclare le sieur Lebreton non-recevable dans son pourvoi..... (1) ».

Si, au contraire, c'est du jugement portant débouté d'opposition, que l'on se borne à demander la Cassation, point de fin de non-recevoir à craindre.

La demoiselle Leroux et le sieur Brandin ont cependant soutenu le contraire à l'audience de la cour de Cassation, du 22 thermidor an 9, dans l'affaire dont j'ai parlé sous le mot *Assignation*, §. 6.

_____

(1) Journal des audiences de la cour de cassation, année 1825, page 105.

« Suivant eux (disais-je, en concluant dans cette affaire), le cit. Decougny est non-recevable dans sa demande en Cassation du jugement du 28 frimaire an 5, parcequ'il n'attaque point le jugement qui avait été précédemment rendu contre lui par défaut, et qui avait à l'avance confirmé le jugement du tribunal civil de la Seine-Inférieure, dont il s'était rendu appelant au tribunal civil du département de l'Eure.

» Et pourquoi le défaut de demande en Cassation du jugement par défaut opérerait-il une fin de non-recevoir contre la demande en Cassation du jugement contradictoire? C'est, répond la demoiselle Leroux, et avec elle le cit. Brandin, que la Cassation du jugement contradictoire n'entraînerait pas celle du jugement par défaut; qu'ainsi, le jugement par défaut subsisterait toujours, nonobstant la Cassation du jugement contradictoire; et que, par une conséquence ultérieure, la Cassation du jugement contradictoire deviendrait sans utilité pour le cit. Decougny.

» Mais la demoiselle Leroux oublie que le jugement contradictoire n'a eu d'autre objet que de statuer sur l'opposition du cit. Decougny au jugement par défaut. Or, de là il suit nécessairement que la Cassation de l'un procurerait infailliblement au cit. Decougny l'avantage de pouvoir faire prononcer de nouveau par le tribunal devant lequel il serait renvoyé, sur l'opposition qu'il avait formée à l'autre, puisque celui-là se trouvant annullé, le débouté de son opposition se trouverait anéanti.

» En deux mots, que demande le cit. Decougny par sa requête en Cassation? Il demande d'être remis au même état où il était avant le jugement contradictoire du 28 frimaire an 5. Or, si ce jugement n'existait plus, il resterait certainement à statuer sur son opposition au jugement par défaut du 28 thermidor an 4. Il n'est donc pas vrai que le jugement du 28 thermidor an 4 subsisterait toujours irrévocablement, en cas d'annullation du jugement contradictoire du 28 frimaire an 5 : il n'est donc pas vrai que l'annullation du jugement contradictoire du 28 frimaire an 5, serait sans utilité pour le cit. Decougny.

» Par ces considérations, nous estimons qu'il y a lieu de rejeter la fin de non-recevoir tirée du défaut de recours en Cassation contre le jugement du 28 thermidor an 4, et d'ordonner qu'il sera passé outre au rapport de la demande en Cassation ».

Ces conclusions ont été adoptées par arrêt du 22 thermidor an 9, au rapport de M. Henrion, « Attendu que, si le jugement du 28 frimaire » an 5 était cassé, l'opposition formée à celui par » défaut du 28 thermidor précédent, subsiste- » rait; et que le tribunal auquel la connaissance » du fond serait renvoyée, aurait à statuer sur » cette opposition ».

§. IX. *Un recours en Cassation formé, en matière civile, par le ministère public, au moyen d'un simple acte mis au greffe du tribunal de qui est émané le jugement attaqué par cette voie, et transmis, par l'intermédiaire du ministre de la justice, au greffe de la cour de Cassation, est-il régulier et valable, lorsque d'ailleurs il remplit les autres conditions prescrites par la loi?*

Dans l'espèce rapportée à l'article *Assignation*, §. 1, le sieur Latour soutenait que le recours en Cassation du ministère public près le tribunal civil du département de la Meuse-Inférieure, devait être déclaré non-recevable, parcequ'il avait été formé par un simple acte mis au greffe de ce tribunal, tandis qu'il aurait dû l'être par une requête déposée au greffe de la cour de Cassation.

» Sans doute (ai-je dit en concluant sur cette affaire), il était inutile que le commissaire du gouvernement se rendît au greffe de son tribunal pour y rédiger et y signer l'acte contenant son recours en Cassation. Mais, si, tout en faisant en cela une démarche superflue, il n'a rien omis de ce qu'il devait réellement faire, qu'a-t-on à lui reprocher? Et n'est-ce pas ici le cas de la maxime, *utile non vitiatur per inutile?*

» Or, qu'y avait-il d'essentiel à faire, pour assurer la régularité du recours en Cassation du commissaire du gouvernement? Deux choses.

» Déposer l'acte contenant ce recours au greffe du tribunal de Cassation, dans les trois mois de la signification du jugement attaqué;

» Et y joindre une copie signifiée ou une expédition de ce jugement.

» Eh bien! ces formalités ont été remplies.

» D'abord, l'acte contenant le recours du commissaire du gouvernement, nous a été transmis par l'intermédiaire du ministre de la justice, et nous l'avons déposé au greffe du tribunal de Cassation, dès le 17 pluviôse an 8, avant même que le jugement attaqué eût été signifié, nous ne disons pas au commissaire (il ne l'a pas encore été), mais à la régie des douanes.

» Ensuite, la lettre du ministre de la justice, du 16 du même mois, qui est jointe aux pièces, prouve qu'à ce recours était annexée une expédition du jugement dont nous venons de parler.

» Il n'a donc été véritablement omis rien de ce qui était prescrit par la loi, pour l'admissibilité du recours du commissaire.

» Inutile d'insister sur ce que ce recours devait être formé par une requête déposée au greffe du tribunal de Cassation. Nous venons de voir qu'il l'a été par un acte dont le dépôt au greffe du tribunal ne peut être contesté. Or, cet acte, qui nous empêchera de le qualifier de *requête?* Qu'est-ce en effet qu'une requête? C'est un acte par lequel une partie forme une demande. A quoi tend, dans notre espèce, l'acte contenant le recours du commissaire? A faire annuller le jugement du tribunal de la Meuse-Inférieure, du 6 nivôse an 8. Cet acte est donc une véritable requête en Cassation ; et il est d'autant moins permis de lui en refuser le caractère, qu'il n'y a aucune loi qui ait réglé la forme d'une requête proprement dite.

» Une comparaison rendra cette vérité plus sensible.

» L'art. 194 du Code des délits et des peines veut qu'en matière correctionnelle, l'appel soit interjeté dans les dix jours de la prononciation du jugement rendu en première instance, et l'art. 195 ajoute : *La requête contenant les moyens d'appel est remise au greffe du tribunal correctionnel dans les dix jours accordés par la loi pour appeler , à peine de déchéance de l'appel.*

» D'après ces deux dispositions, François Bouchy avait été, par un jugement du tribunal criminel de la Seine, déclaré déchu de l'appel qu'il avait interjeté le 15 floréal an 5, d'un jugement du tribunal correctionnel de Paris, du 11 du même mois; et sa déchéance était motivée sur ce qu'il n'avait pas remis au greffe, dans les dix jours de la prononciation du jugement, une requête contenant ses moyens d'appel. Cependant François Bouchy s'est pourvu en Cassation contre ce jugement; il a exposé que l'acte par lequel il avait émis son appel au greffe, *énonçait qu'il avait été condamné par le tribunal correctionnel, sans preuve légale et judiciaire;* que ce peu de mots renfermait ses moyens d'appel; qu'à la vérité, il ne les avait pas rédigés dans la forme ordinaire d'une requête; mais que cette forme, elle-même, n'était pas déterminée par la loi; qu'ainsi, rien n'empêchait que son acte d'appel ne tînt lieu d'une requête véritable, et que par suite le tribunal criminel, en le déclarant déchu, sous le prétexte qu'il n'avait pas déposé sa requête d'appel au greffe du tribunal correctionnel dans les dix jours, avait fait une très-fausse application de l'art. 195 du Code des délits et des peines; et en effet, le tribunal de cassation l'a ainsi jugé, le 17 fructidor an 5, en cassant, par ce motif, le jugement du tribunal criminel du département de la Seine.

» La même chose a encore été jugée sur nos conclusions, et au rapport du cit. Busschop , le 16 prairial an 8, entre la régie des douanes, demanderesse en Cassation d'un jugement du tribunal criminel du département des Deux-Nèthes, et Antoine Lanwers.

» Le principe qui a dicté ces deux jugemens , reçoit une application directe et entière, et il en résulte très-clairement que l'acte passé au greffe du tribunal civil de la Meuse-Inférieure, par le commissaire du gouvernement près ce tribunal, et contenant de sa part déclaration de recours au tribunal de cassation contre le jugement du 6 nivôse an 8; il en résulte, disons-nous, que cet acte équivaut à une requête en Cassation, et qu'il doit en avoir tous les effets,

dès-là qu'il a été déposé en temps utile au greffe du tribunal de cassation ».

J'ai conclu de ces observations, que le recours du commissaire du gouvernement avait été exercé dans une forme régulière; mais j'ai ajouté que le commissaire du gouvernement en était déchu, pour avoir fait signifier à *la bretèque*, l'arrêt de la section des requêtes, du 21 ventôse an 8, qui avait admis ce recours.

Et effectivement la déchéance en a été prononcée par l'arrêt du 1ᵉ. germinal an 9, rapporté sous le mot *Assignation ,* §. 1 ; mais reste l'arrêt de la section des requêtes, du 21 ventôse an 8, qui, en admettant ce recours, avait clairement décidé qu'il était formé régulièrement.

La question s'est représentée depuis à la section civile et y a été jugée de même par un arrêt du 4 juin 1820, que l'on trouvera ci-après, §. 20.

§. X. 1°. *Les officiers du ministère public près les cours et les tribunaux inférieurs , peuvent-ils se pourvoir en Cassation pour le seul intérêt de la loi ?*

2°. *La cour de Cassation peut-elle annuller dans l'intérêt de la vindicte publique , un arrêt qui n'est attaqué que dans l'intérêt de la loi par l'officier local du ministère public ?*

3°. *Les tribunaux d'appel peuvent-ils annuller, dans l'intérêt de la loi , les jugemens qui leur sont déférés par des appels qu'ils trouvent non-recevables ?*

I. La première question n'en est point une. Le recours en Cassation dans l'intérêt de la loi, n'est ouvert qu'au magistrat chargé du ministère public près la cour suprême, et de là suit nécessairement la conséquence que ce recours est interdit tant aux procureurs généraux des cours qu'aux procureurs du roi.

Cette règle admet cependant une exception. L'art. 409 du Code d'instruction criminelle permet aux procureurs-généraux des cours de se pourvoir en Cassation , dans l'intérêt de la loi , contre les ordonnances des présidens des cours d'assises, qui , d'après la déclaration du jury, acquittent les accusés.

Mais comme ce n'est qu'une exception, il est clair que , si un procureur-général ou un procureur du roi s'en prévalait pour se pourvoir en Cassation dans l'intérêt de la loi contre un arrêt ou jugement en dernier ressort , il devrait être déclaré non-recevable.

II. La seconde question revient, en d'autres termes, à celle-ci : Si un procureur-général ou un procureur du roi se pourvoyait en temps utile, dans l'intérêt de la loi, contre un arrêt ou jugement en dernier ressort qu'il aurait le droit d'attaquer dans l'intérêt de la vindicte publique, la cour de cassation ne devrait-elle pas convertir en recours en Cassation dans l'intérêt de la vindicte publique, le recours en Cassation qu'il aurait formé dans l'intérêt de la loi?

Et il paraît évident que non.

En effet , de deux choses l'une : ou c'est sciem‧ment qu'il a qualifié de recours dans l'intérêt de la loi, un recours qu'il n'était recevable à former que dans l'intérêt de la vindicte publique ; ou il s'est trompé en le qualifiant ainsi.

Dans le premier cas , nul prétexte pour faire opérer à son recours en Cassation un effet qu'il n'a pas entendu lui-même en faire résulter.

Au second cas , son erreur doit tourner au profit de l'accusé ou du prévenu, parceque l'ac‧cusé ou le prévenu qui a été une fois acquitté ou absous, ne peut être soumis aux chances d'une nouvelle épreuve judiciaire, que par un recours légal et dûment qualifié.

En un mot, dans l'un comme dans l'autre cas, l'officier du ministère public a fait ce qu'il ne pouvait pas faire; et ce qu'il pouvait faire, il ne l'a pas fait.

Trois arrêts de la cour de cassation viennent à l'appui de cette doctrine.

Le premier, du 4 janvier 1812, nous est re‧tracé en ces termes dans le Bulletin criminel :

Annullation , dans l'intérêt de la loi , sur le pour‧voi du procureur criminel , d'un arrêt rendu le 27 novembre 1811 , par la cour d'assises du département du Zuyderzée.....

Il s'agissait d'un vol commis la nuit et de complicité de deux personnes. La cour d'assises avait prononcé une peine correctionnelle.

« Ouï M. Van Toulon, et M. Lecoutour, avocat-général ;

» Vu l'art. 386 du Code pénal ;

» Et attendu que, dans l'espèce, la déclaration du jury constatait un vol commis la nuit et de complicité , par deux personnes; qu'ainsi , il y avait lieu d'appliquer la peine afflictive et infa‧mante prononcée par l'article du Code pénal ci-dessus transcrit, et qu'en conséquence de cela d'assises du département du Zuyderzée, en ne prononçant qu'une peine correctionnelle,─a violé les dispositions dudit art. 386;

» Attendu néanmoins que le procureur crimi‧nel , en exerçant un droit facultatif, ne s'est pourvu en Cassation que seulement dans l'intérêt de la loi; et qu'ainsi, la cour n'est saisie de la connaissance de l'arrêt de la cour d'assises du département du Zuyderzée, que dans cet intérêt de la loi;

» D'après ces motifs, la cour casse et annulle, *dans l'intérêt de la loi seulement,* l'arrêt de ladite cour d'assises rendu le 20 novembre dernier con‧tre Maria Van Wilting et Kaatze Van Teylingen ».

Le second arrêt a été rendu dans l'espèce sui‧vante.

Le 27 novembre 1816, jugement du tribunal correctionnel de Chartres, qui renvoie le sieur Montgaillard des poursuites exercées contre lui par le procureur du roi, pour un délit de chasse qu'il déclare prescrit.

Appel de la part du procureur du roi au tri‧bunal correctionnel de Versailles.

Le 11 janvier 1817, jugement confirmatif.

Dans les trois jours de la prononciation de ce jugement, le procureur du roi du tribunal de Versailles fait au greffe une déclaration de re‧cours en Cassation *dans le seul intérêt de la loi.*

Mais par arrêt du 27 mars suivant, au rapport de M. Busschop, et sur les conclusions de M. Ol‧livier, conseiller , faisant fonctions d'avocat-gé‧néral ,

« Attendu que le demandeur ne s'est pourvu que dans l'intérêt de la loi;

» Vu les art. 409, 441 et 442 du Code d'ins‧truction criminelle, desquels il résulte que, con‧formément aux lois antérieures, le pourvoi en Cassation, dans le seul intérêt de la loi, contre les arrêts et jugemens en dernier ressort, est une attribution spécialement réservée au ministère public près des cours d'assises, et dans le cas seulement d'une ordonnance d'acquittement , rendue sur une déclaration du jury de non-cul‧pabilité, d'après l'art. 358 dudit Code;

» Que ce cas d'exception n'est pas celui de l'es‧pèce actuelle, où il s'agit d'un pourvoi contre un jugement rendu par un tribunal d'appel en matière de police correctionnelle;

» D'après ces motifs, la cour déclare le pro‧cureur du roi non-recevable en son pourvoi ».

Le troisième arrêt a été rendu le 27 septembre 1826, au rapport de M. Cardonnel, et sur les conclusions de M. l'avocat-général Laplagne-Barris.

« Vu (porte-t-il) l'art. 2 de la loi du 18 no‧vembre 1814.....; l'art. 408 du Code d'instruction criminelle.....; et l'art. 442 du même Code....;

» Attendu que le commissaire de police de Brest, par sa déclaration au greffe du tribunal, en date du 5 août, n'a fait son pourvoi que *dans l'intérêt de la loi, pour l'honneur des principes, sans préjudicier à la partie acquittée;* et qu'il est irrece‧vable dans le pourvoi ainsi dirigé et motivé;

» Attendu, d'un autre côté, que M. l'avocat-général a déclaré, à l'audience, requérir, dans l'intérêt de la loi, la Cassation du jugement dont il s'agit, et qu'aux termes de l'art. 442 du Code d'instruction criminelle, la cour de cassation doit en prendre connaissance, et l'annuller, s'il est contraire à la loi;

» Attendu que, dans l'espèce de la cause, la contravention reprochée au sieur Legal, a été lé‧galement et régulièrement constatée par un pro‧cès-verbal du commissaire de police de Brest, contre lequel il n'a été fourni d'ailleurs ni même proposé aucune preuve contraire;

» Attendu que le tribunal de police a formelle‧ment reconnu le fait de la contravention imputée au sieur Legal; mais qu'il a considéré, dans ses motifs, que cette contravention peut être rangée dans la classe des fautes que la loi pardonne; et que, vu la conduite constamment régulière du sieur Legal, et sa fidèle observation des réglemens de police, il y a lieu d'user d'indulgence à son égard; que, par de tels motifs contraires à la loi, le tribunal de police s'est arrogé un droit d'indulgence et de grace qui n'appartient qu'au souverain, et a manifestement excédé ses pouvoirs et violé ouvertemennt les dispositions d'une loi précise, celle du 18 novembre 1814;

» Par ces motifs, la cour déclare le commissaire de police de Brest non-recevable dans le pourvoi par lui formé dans l'intérêt de la loi;

» Et statuant sur les réquisitions du procureur-général en Cassation, dans l'intérêt de la loi, du jugement du tribunal de police de Brest, du 3 août dern'er;

» La cour casse et annulle ledit jugement dans l'intérêt de la loi (1) ».

III. Sur la troisième question, voyez le réquisitoire et l'arrêt du 23 brumaire an 11, rapportés à l'article *Opposition aux jugemens par défaut*, §. 7.

§. XI. *La violation de l'autorité de la chose jugée forme-t-elle, lorsqu'il y a identité de parties et de demande, une ouverture de Cassation, ou seulement de requête civile ?*

V. le plaidoyer et l'arrêt du 15 germinal an 9, rapportés à l'article *Chose jugée*, §. 2.

§. XII. *Avant le Code de procédure civile, le vice d'ultrà petita pouvait-il former un moyen de Cassation, notamment dans les contrées régies par le droit écrit ?*

Un jugement du tribunal de commerce de Lille, du 24 ventôse an 7, avait condamné le sieur Godard à payer à la veuve Rubrecq une somme de 4,200 francs.

Le sieur Godard en a appelé au tribunal civil du département du Nord, mais sans succès. Son appel a été rejeté par jugement du 19 thermidor de la même année.

Il s'est pourvu en Cassation contre ce second jugement; et entr'autres moyens, il a soutenu que le tribunal civil du Nord avait adjugé à la veuve Rubrecq, plus qu'elle n'avait demandé ; ce qui, disait-il, emporte une contravention formelle à l'art. 34 du tit. 35 de l'ordonnance de 1667.

« A cet égard (ai-je dit en concluant sur cette affaire), nous commencerons par observer que l'ordonnance de 1667 n'a jamais été enregistrée au ci-devant parlement de Douai, dans le ressort duquel se trouve la commune de Lille, siége du tribunal de commerce dont le jugement est confirmé par celui qu'attaque le demandeur, et qu'une loi du 28 avril-8 mai 1791 a maintenu les citoyens du département du Nord, dans la possession où ils étaient de ne pas la reconnaître.

» Mais nous devons ajouter que le tit. 35 de cette ordonnance a été converti, pour le parlement de Douai, en un édit particulier, du mois de mars 1674, qui y a été enregistré.

» Ainsi, nous avons à examiner, non pas précisément si le jugement attaqué contrevient à l'art. 34 de l'ordonnance de 1667, mais, ce qui revient au même, s'il contrevient à l'art. 34 de l'édit du mois de mars 1674.

» Or, que porte cet article ? Qu'il y aura ouverture à la requête civile, *s'il a été plus adjugé qu'il n'a été demandé*. Il résulte de cette disposition, dit le demandeur, que la loi défend aux tribunaux d'adjuger aux parties plus qu'elles ne demandent; et c'est pourtant ce qu'a fait le jugement du tribunal de commerce de Lille, confirmé par celui du tribunal civil du Nord; car la veuve Rubrecq ne me demandait, par son exploit introductif d'instance, qu'une somme de 822 francs; cependant, je suis condamné à 1,000 francs d'une part, et à 2,000 francs de l'autre.

» Il est vrai, dans le fait, que les premières conclusions de la veuve Rubrecq ne paraissaient tendre qu'au paiement d'une somme de 822 francs; mais ce ne pouvait être qu'une erreur de copiste; car, par le compte qui précédait ses conclusions, la veuve Rubrecq établissait qu'il lui était dû par le demandeur 3,715 livres 8 sous; et qu'à compte de cette somme, elle avait reçu de lui, en deux paiemens, 822 livres.

» Son avoué regardant ce qu'elle avait reçu comme formant sa créance, a conclu précisément à ce que ces 822 livres lui fussent payées; mais elle n'a pas tardé à réparer cette méprise. Nous voyons par le jugement interlocutoire du 27 nivôse an 7, que, dès l'audience du 22 messidor an 6, la veuve Rubrecq, *en rectifiant sa demande, avait conclu au paiement de* 3,868 *livres* 18 *sous*; et que le demandeur *avait consenti à cette rectification*.

» Cette observation n'écarte pourtant pas le vice que le demandeur reproche au jugement; car le jugement le condamne à payer 4,200 francs; et la veuve Rubrecq ne lui demandait, le 22 messidor an 6, que 3,868 livres 18 sous.

» Il y a donc toujours excès dans la condamnation sur la demande.

» Ce vice paraîtra bien plus frappant encore, si l'on fait attention aux dernières conclusions de la veuve Rubrecq.

» Le jugement définitif nous apprend, en effet, qu'à l'audience du 22 ventôse an 7, la veuve Rubrecq, *en persistant dans ses moyens de défense* ET EN RECONNAISSANT DIVERS PAIEMENS ALLÉGUÉS PAR LE DÉFENDEUR, *a conclu à ce qu'il fût condamné* A LUI PAYER LA SOMME DE 1906 FRANCS 30 CENTIMES.

» On ne voit pas que depuis, la veuve Rubrecq ait fait le moindre changement à ses conclusions; et la chose est d'autant moins vraisemblable, que

---

(1) Bulletin civil de la cour de cassation, tome 31, page 34.

le jugement définitif a été rendu deux jours après.

» Il y a donc véritablement ici un vice d'*ultrà petita*; mais ce vice peut-il donner lieu à la Cassation d'un jugement qui en est frappé? L'art. 34 de l'édit du mois de mars 1674 en fait résulter un moyen de requête civile ; et il y a si peu de conséquence à tirer de la requête civile à la Cassation, que le réglement de 1738 défend expressément d'employer comme moyen de Cassation, ce qui est mis par l'ordonnance de 1667 au rang des ouvertures de requête civile.

» L'art. 34 de l'édit du mois de mars 1674 pourrait bien fournir au demandeur un moyen de Cassation, s'il portait expressément que les tribunaux ne peuvent pas adjuger plus qu'il n'est demandé ; car alors, en vertu de la règle établie par la loi du 27 novembre 1790, que le tribunal doit casser les jugemens qui contiennent une contravention expresse quelconque, soit aux lois générales de la France, soit aux lois particulières de chaque localité, le moyen de requête civile deviendrait de plein droit un moyen de Cassation. Mais, ce n'est point là ce que porte l'article cité; il déclare seulement qu'il y aura lieu à la requête civile contre tout arrêt qui aura jugé *ultrà petita*.

» Si cependant, en laissant à l'écart cet article, nous trouvions dans une loi particulière à la contrée dans laquelle a été rendu le jugement dont il s'agit, une disposition qui renfermât précisément celle dont nous venons de parler, c'est-à-dire, qui défendît en termes exprès aux tribunaux d'adjuger aux parties plu qu'elles ne demandent, — il est clair qu'alors il résulterait de là un moyen de Cassation.

» Or, cette loi existe. L'édit d'homologation des coutumes de la ville et du bailliage de Lille porte expressément que, dans les cas non prévus par ces coutumes, les juges seront tenus de se conformer au droit écrit; ainsi, les dispositions du droit romain, sur les jugemens rendus *ultrà petita*, sont de véritables lois pour le tribunal de commerce de Lille; et l'on ne peut douter qu'elles ne le soient également pour le tribunal civil du département du Nord, lorsqu'il prononce comme juge d'appel de ce tribunal de commerce; on le peut d'autant moins que presque toutes les coutumes de son ressort, et notamment celle de la ville de Douai où il siége, ne peuvent pareillement, d'après les édits de leurs homologations respectives, être suppléées que par le droit écrit.

» Cela posé, voici ce que porte la loi 18 du titre *Communi dividendo*, au Digeste : *Sententia debet esse libello conformis, et protestas judicis ultrà id quod in judicium deductum est, nequaquam potest excedere.*

» Voilà donc une loi précise qui défendait au tribunal de commerce de Lille, et par suite au tribunal civil du Nord, d'adjuger à la veuve Rubrecq plus qu'elle ne demandait.

» Il y a donc lieu de casser le jugement de ce dernier tribunal, non pas, comme le prétend le demandeur, pour contravention à l'art. 34 du tit. 35 de l'ordonnance de 1667, mais pour contravention à une disposition formelle du droit romain.

» Par ces considérations, nous estimons qu'il y a lieu d'admettre la requête du demandeur ».

Ces conclusions n'ont pas été suivies. Par arrêt du 3 frimaire an 9, au rapport de M. Minier, la requête du sieur Godard a été rejetée,

« Attendu que le sixième moyen de Cassation, pris de la contravention à l'art. 34 du tit. 35 de l'ordonnance de 1667, n'est pas proposable, l'*ultrà petita* n'étant mis, par cette ordonnance, qu'au rang des moyens de requête civile, qui ne peuvent être cumulés avec les moyens de Cassation ;

» Qu'on s'efforcerait en vain de le travestir en moyen de Cassation, en invoquant la disposition de la coutume du domicile des parties, qui défendait aux juges d'adjuger plus qu'il n'était demandé, et les lois romaines, qui contiennent des dispositions semblables, puisqu'il est constant qu'un édit promulgué pour le département du Nord, en 1674, range, comme l'ordonnance de 1667, l'*ultrà petita* dans la classe des moyens de requête civile ».

Mais la cour de Cassation est revenue depuis à l'opinion que j'avais soutenue dans les conclusions ci-dessus transcrites. *V.* le *Répertoire de jurisprudence*, aux mots *Enregistrement (droit d')*, §. 56.

§. XIII. *Dans quel cas la violation d'un contrat donne-t-elle ouverture à la Cassation?*

V. le plaidoyer du 21 fructidor an 10, rapporté à l'article *Papier-Monnaie*, §. 2.

§. XIV. *Dans les affaires qui doivent être jugées d'après les lois antérieures au Code civil, la contravention aux lois romaines est-elle un moyen de Cassation?*

Elle ne l'est point dans ceux des pays coutumiers où le droit romain ne tenait lieu, même avant le Code civil, que de raison écrite.

Mais elle l'est incontestablement, et dans les pays proprement nommés de droit écrit, et dans les pays coutumiers dont les coutumes renvoyaient expressément au droit écrit la décision des cas sur lesquels elles ne s'étaient pas expliquées.

C'est ce que M. le chancelier d'Aguesseau a déclaré de la manière la plus précise au parlement de Toulouse, par une lettre du 29 septembre 1736.

« Il n'est pas vrai (ce sont ses termes) que la » contravention au droit civil ne soit pas regardée » au conseil comme un moyen de Cassation, lors-

» que, d'un côté, la disposition de ce droit est
» constante, et que, de l'autre, la contravention
» est évidente; autrement, la distinction célèbre
» et constante des provinces du royaume où le
» droit écrit tient lieu de loi, et de celles où il n'a
» pas la même autorité, serait inutile et illusoire.
» Que serait-ce qu'une loi à laquelle on pourrait
» contrevenir impunément, et que les juges se-
» raient les maîtres de suivre ou de ne pas suivre,
» à leur volonté? Ce serait réduire le droit ro-
» main, dans les lieux même où il a force de loi,
» à n'être plus regardé que comme la raison écrite,
» qui peut bien se faire respecter, mais non pas
» se faire obéir par les juges ».

Le même magistrat, dans les questions proposées à tous les parlemens, établit pour principe
fondamental,

« Que, dans les pays où le droit écrit est ob-
» servé, un arrêt rendu contre sa disposition est
» nul, suivant cette maxime du même droit, *quæ*
» *contrà leges fiunt nullius sunt momenti.* On ne
» devait donc pas dire que les rois ne se sont
» réservé la connaissance du mérite des arrêts,
» que par rapport à la contravention aux ordon-
» nances; la contravention au droit civil, dans
» les provinces où il a force de loi, n'étant pas un
» moyen de Cassation moins solide; et l'on en a
» vu en effet plusieurs exemples au conseil ».

La cour de cassation s'est invariablement conformée à cette règle. On pourrait citer plus de
mille de ses arrêts qui ont cassé des jugemens
rendus en contravention aux lois romaines.

Sans doute, sur les questions même de droit
romain, qui sont débattues entre les jurisconsultes, et sur lesquelles aucun texte précis et formel
n'a prononcé, les tribunaux supérieurs doivent
avoir un libre et vaste champ ouvert à leur sagacité, à leurs lumières, à leur expérience; rien
n'est plus digne de l'éminence de leurs fonctions,
de la confiance de leurs justiciables, et de l'auguste dépôt que le prince a mis dans leurs mains,
en les constituant les représentans et les mandataires de la souveraineté pour l'acquit de sa première et de sa plus noble mission.

Mais quand la loi romaine commande, leur
devoir, leur gloire même est de lui obéir comme
aux lois françaises proprement dites; et s'ils résistent à son empire, leurs arrêts doivent être cassés.

Il y a cependant à cet égard une distinction
entre les lois romaines qui, avant le Code civil,
étaient encore en vigueur, et celles qui étaient,
dès-lors, tombées en désuétude. *V.* les plaidoyers
et les arrêts des 2 ventôse an 9 et 2 messidor an
11, rapportés aux articles *Révocation de testament*,
§. 2, et *Servitude*, §. 2. *V.* aussi les articles *In-*
térêt, §. 2, et *Testament conjonctif*, §. 1.

§. XV. *Une simple erreur de rédaction, qui*
ne consiste qu'à énoncer dans un jugement en der-
nier ressort, une chose absolument inutile, peut-
elle former une ouverture de Cassation?

Dans un arrêt du parlement de Paris, du 22
septembre 1781, rendu en faveur des sieurs Burdet et d'Ardisson, appelans d'une plainte et
d'une permission d'informer, on avait énoncé,
par méprise, que lecture avait été faite des informations; ce qui ne pouvait pas être, puisqu'il
n'y avait point eu d'information sur la plainte
rejetée par cet arrêt.

Le sieur Guillermin, partie civile, s'est fait de
cette erreur un moyen de Cassation. Il y a, disait-il, précipitation et fausseté dans l'arrêt; il
ne peut donc pas subsister.

Burdet et Ardisson ont répondu:

« Dans un arrêt, il faut distinguer les qualités
du prononcé, et séparer le fait du greffier de celui
des juges.

» L'attention du président de l'audience ou de
la chambre consiste à résumer les opinions, à
en former le résultat, et à veiller à son exacte
rédaction. Les qualités, le vu, et tout ce qui
précède, sont indépendans du jugement, et ne
sauraient le vicier.

» Il suffit donc que le dispositif de l'arrêt du
22 septembre n'énonce en aucune manière les
prétendues informations, pour que le parlement
ne soit pas tombé dans l'inconvénient qu'on lui
reproche; inconvénient léger, indifférent, qui
ne touche point à l'essence de l'arrêt, qui n'en
forme point une disposition, et qui par conséquent ne peut fournir un moyen de Cassation.

» C'est un principe général que les mots,
même les clauses inutilement insérées dans les
actes, n'en opèrent point la nullité, si on peut
les retrancher sans en altérer les sens: *Vitiantur*
et non vitiant.

» On a énoncé que lecture avait été faite des
informations, et il n'en existait pas. C'est une
erreur personnelle au greffier, et il ne l'a commise que par l'effet de l'habitude où il est d'é-
noncer, pour éviter le moyen de Cassation, que
lecture a été faite des informations; c'est une
contradiction avec tout le vu de l'arrêt, suivant
lequel Guillermin demandait permission d'informer, tandis que Burdet et Ardisson soutenaient
au contraire qu'il n'y avait pas lieu. Ainsi, en
même temps que le greffier parlait des informations, il prouvait qu'il n'y en avait point; c'est
le mot d'*information* substitué à celui de *plainte*;
c'est une erreur de commis dont il n'est pas même
besoin de faire la recherche, puisqu'elle se reconnaît et s'explique à la lecture du vu de l'arrêt, et
des conclusions respectives dont il contient l'a-
nalyse.

» L'ordonnance exige bien, à peine de nullité,
que lecture soit faite des informations, lorsqu'il
y en a; mais elle n'ordonne nulle part, sous la
même peine, qu'il ne sera pas fait mention de la
lecture des informations, s'il n'en existe pas, et
qu'un mot substitué à un autre par le greffier,
hors le prononcé de l'arrêt, en opérera la nullité.

» Ce n'est donc réellement qu'une erreur, et

elle est tellement indifférente, qu'elle ne peut nuire, et encore moins anéantir la substance de l'arrêt; disons plus, elle ne peut regarder l'accusateur ».

Sur ces raisons, arrêt contradictoire du conseil privé du 18 août 1783, qui déboute Guillermin de sa demande en Cassation, et le condamne à l'amende et aux dépens.

§. XVI. *Lorsqu'en signifiant un arrêt portant admission d'une requête en Cassation, l'huissier omet d'énoncer dans son exploit le tribunal dans le ressort duquel il exerce ses fonctions, cet exploit est-il nul, et peut-il être déclaré tel sur la demande de la partie qui comparaît en vertu de la signification ?*

V. l'article *Assignation*, §. 5.

§. XVII. *Quel est l'effet d'une assignation donnée à un défendeur en Cassation, au domicile élu par lui dans l'exploit de signification du jugement attaqué, et pour cette signification seulement ?*

V. l'article *Domicile élu*, §. 3.

§. XVIII. 1°. *Est-il nécessaire, dans l'exploit d'assignation qui se donne à la suite d'un arrêt portant admission d'une requête en Cassation, d'exprimer le nom de la partie à la diligence de laquelle cet exploit est donné ?*

2°. *Lorsqu'un pareil exploit est donné à la requête d'un préfet, plaidant au nom de l'État, est-il nécessaire d'y exprimer que le procureur général de la cour de Cassation occupera pour lui ?*

V. Le plaidoyer et l'arrêt du 22 thermidor an 10, rapportés à l'article *Frais préjudiciaux*, §. 1.

§. XIX. 1°. *Le défaut de consignation d'amende peut-il faire déclarer purement et simplement non-recevable le demandeur en Cassation à qui n'a pas encore été signifié le jugement qu'il attaque, et contre lequel, par conséquent, ne court pas encore le délai dans lequel il lui est permis de se pourvoir en Cassation ?*

2°. *Le certificat d'indigence qui est joint à une requête en Cassation pour tenir lieu de la quittance de consignation de l'amende, est-il valable, lorsqu'y est annexé, non un extrait des impositions du demandeur, mais seulement un certificat constatant qu'il ne paie pas d'impositions, parceque tous ses biens sont en saisie réelle ? Est-il valable, lorsque le préfet ne l'a pas approuvé, mais seulement visé ? Est-il valable, lorsque le préfet a ajouté à son visa l'attestation que tous les biens du demandeur sont saisis réellement ?*

3°. *Le demandeur en Cassation qui a été admis à former son recours, moyennant un certificat d'indigence, est-il pour cela, s'il vient à succomber, dispensé du paiement de l'amende ?*

4°. *L'amende de 150 francs, à laquelle la sec-*

tion criminelle condamne tout demandeur en Cassation d'un jugement de police simple ou correctionnelle, est-elle précisément celle qui a été consignée pour l'admission du recours en Cassation, ou doit-elle y être ajoutée, de manière qu'au total le demandeur soit censé condamné à une amende de 300 francs ?

5°. *La consignation d'amende est-elle nécessaire de la part de celui qui se pourvoit en Cassation contre un arrêt de cour d'assises, par lequel, quoiqu'acquitté de l'accusation portée contre lui, il a été condamné, soit comme coupable d'une faute, à des dommages-intérêts envers la partie civile, soit comme coupable d'un délit, à une peine correctionnelle ?*

6°. *L'est-elle de la part d'un mineur de 16 ans pour se pourvoir en Cassation contre un arrêt qui, dans un procès de grand criminel intenté contre lui, et d'après la déclaration du jury portant qu'il a agi sans discernement, a ordonné en l'acquittant de l'accusation, conformément à l'art. 66 du Code pénal, qu'il serait détenu pendant un temps limité ?*

7°. *L'est-elle de la part d'un maire qui, dans l'intérêt de sa commune, se pourvoit en Cassation dans une affaire d'octroi ?*

8°. *Faut-il autant de consignations d'amende qu'il y a de parties demandant simultanément la Cassation du même arrêt ou jugement en dernier ressort ?*

9°. *Dans les cas où, en thèse générale, une seule consignation d'amende est suffisante, quoiqu'il y ait plusieurs parties qui demandent simultanément la Cassation du même arrêt ou jugement en dernier ressort, suffit-il que l'une des parties produise un certificat d'indigence en bonne forme pour que les autres soient dispensées d'une consignation ?*

10°. *La disposition de l'art. 5 du tit. 4 de la première partie du règlement de 1738 et celle de l'art. 419 du Code d'instruction criminelle qui réduisent à 75 francs l'amende à consigner, lorsque l'arrêt ou le jugement en dernier ressort a été rendu par défaut, sont-elles applicables au cas où le recours en Cassation est formé, non par le défenseur qui a été défaillant, mais par le demandeur qui a comparu, et qui, tout en obtenant défaut contre son adversaire, n'a pas laissé de succomber, parceque sa demande n'était pas vérifiée ?*

11°. *Le demandeur en Cassation qui a été déclaré non-recevable faute d'avoir consigné l'amende, peut-il se faire restituer contre l'arrêt, en rapportant la quittance de la consignation qu'il avait faite en temps utile, et qui n'avait pas été mise sous les yeux de la cour de Cassation ?*

I. La première question a été jugée pour l'affirmative, dans l'espèce suivante :

Le sieur Grugeon demandait la Cassation d'un jugement de la justice de paix du canton de Morisse, qui contenait un excès manifeste de pouvoir, et que le sieur Lévêque, son adversaire, ne lui avait pas encore fait signifier.

Le succès de la demande du sieur Grugeon paraissait infaillible. Mais, d'un côté, il n'avait point consigné l'amende ; de l'autre, ie certificat qu'il produisait pour en tenir lieu, ne portait point qu'il fût dans l'indigence, mais seulement dans un état peu aisé; ce qui ne pouvait pas remplir l'objet de la loi.

En conséquence, j'ai conclu à ce qu'il fût déclaré non-recevable, et condamné à l'amende de 150 francs.

Quelques juges ont douté si l'on devait prononcer ainsi, dans la circonstance où se trouvait le sieur Grugeon. Le jugement ne lui ayant pas été signifié, et le délai pour se pourvoir ne courant pas encore, n'était-ce point plutôt le cas de déclarer qu'il n'y avait pas lieu, quant à présent, de statuer sur la demande en Cassation?

Mais on a répondu que le demandeur, en formant son recours, même avant le temps fatal, avait dû le mettre en règle; et par arrêt du 11 frimaire an 9, au rapport de M. Cassaigne, mes conclusions ont été adoptées.

On est moins rigoureux en cas d'appel, comme on l'a vu au mot *Appel*, §. 10, art. 4, et cela doit être. L'appel est une voie ordinaire, et par conséquent favorable ; la Cassation est une voie extraordinaire, et doit par conséquent être restreinte plutôt qu'étendue.

II. La seconde question s'est présentée dans les circonstances que voici :

Le 26 avril 1811, arrêt de la cour de Limoges qui déboute Sylvain Delegues, ex-percepteur de la commune de Saint-Sébastien, arrondissement de Gueret, département de la Creuse, de la demande en nullité d'une saisie immobiliaire pratiquée à la poursuite de l'agent du trésor public.

Le 21 mai suivant, cet arrêt est signifié à Sylvain Delegues.

Le 19 août, celui-ci se pourvoit en Cassation et joint à sa requête 1°. un certificat du percepteur de la commune d'Azérable, visé par le maire de la même commune, constatant *qu'il ne paie aucune contribution, à raison de ce que ses biens sont tous saisis et qu'il ne jouit de rien à Azérable;* 2°. un certificat du maire de la commune de Saint-Sébastien, portant *qu'il est dans une indigence absolue, tous ses biens étant séquestrés et sous la main de justice; et que, par ce motif, il ne paie aucune contribution.* Au bas de ces pièces est un acte du préfet ainsi conçu : *Vu pour la légalisation de la signature des maires de Saint-Sébastien et d'Azérable, par le préfet qui certifie, d'après une attestation du greffier du tribunal de première instance, en date de ce jour, que les biens dudit Delegues sont saisis réellement.*

« Les pièces que le demandeur produit pour tenir lieu d'une quittance de consignation d'amende (ai-je dit à l'audience de la section des requêtes, le 4 décembre 1811); sont-elles revê-

tues des conditions requises pour remplir cet objet ? C'est la première et peut-être la seule question que cette affaire présente à votre examen.

» La loi du 14 brumaire an 5, qui, d'après un arrêt rendu, sections réunies, le 25 frimaire de la même année, fait loi en matière civile, ni plus ni moins qu'en matière correctionnelle et de police, exige deux choses pour qu'un certificat d'indigence remplace valablement une quittance de consignation d'amende : la première, que le demandeur joigne à ce certificat *un extrait de ses impositions;* la seconde, que ce certificat soit approuvé par l'administration départementale que représente aujourd'hui le préfet.

» Or, de ces deux conditions, ni l'une ni l'autre n'est remplie dans notre espèce par le demandeur.

» 1°. Le demandeur ne produit pas l'extrait de ses impositions. Il ne produit que deux certificats, l'un du percepteur de la commune d'Azérable, l'autre du maire de la commune de Saint-Sébastien, qui attestent qu'il ne paie pas de contributions, parceque tous ses biens sont en saisie réelle; et il est évident que ces deux certificats ne peuvent pas équivaloir à ce que la loi appelle *l'extrait des impositions.* Les biens du demandeur, quoique saisis réellement, ne cessent pas de lui appartenir; et c'est, par conséquent, toujours sous son nom qu'ils sont cotisés à la contribution foncière. Qu'importe qu'il n'en paie pas la cote? S'il ne la paie pas, il doit la payer; ou, ce qui revient au même, le séquestre judiciaire de ses biens doit la payer pour lui; et dans un cas comme dans l'autre, la loi veut que l'extrait de cette cote soit joint au certificat d'indigence.

» D'ailleurs, de ce que les biens du demandeur sont saisis réellement et séquestrés, il ne s'ensuit nullement que le demandeur ne soit pas imposé à la contribution personnelle et mobilière. Il n'est donc pas de prétexte qui puisse le dispenser de joindre à son certificat d'indigence un extrait de cette contribution.

» A la vérité, le demandeur rapporte un certificat du maire de la commune de Saint-Sébastien, dans lequel il est dit qu'il *ne paie aucune contribution*, parceque *ses biens sont séquestrés.* Mais, d'une part, ce n'est pas au maire, c'est au percepteur, à certifier de pareil faits; l'art. 420 du Code d'instruction criminelle de 1808 en contient une disposition expresse; et quoiqu'elle n'ait pour objet, dans son texte littéral, que les matières criminelles, on sent assez qu'étant explicatives de la loi du 14 brumaire an 5, elle doit, par cela seul, être étendue aux matières civiles. D'un autre côté, le maire de Saint-Sébastien fait lui-même entendre très-clairement qu'il n'est question dans son certificat que de la contribution foncière, puisqu'il atteste que c'est à raison de la saisie et du séquestre de ses immeubles, que le demandeur ne paie aucune contribution.

» 2°: Le certificat d'indigence que représente le demandeur, n'est point *approuvé* par le préfet; le préfet l'a seulement visé pour la légalisation des signatures des maires de Saint-Sébastien et d'Azérable.

» Et en vain dirait-on que le préfet l'a implicitement approuvé, en attestant, sur la foi du greffier du tribunal de première instance de Guéret, que tous les biens du demandeur sont saisis réellement. Une pareille attestation ne peut tenir lieu de l'approbation qu'exige la loi. Elle ne pourrait la remplacer qu'autant qu'elle équipollerait elle-même à un certificat d'indigence. Or, il est sensible qu'attester que tous les biens que possède un particulier dans un arrondissement, sont en saisie réelle, ce n'est pas attester l'indigence de ce particulier, non-seulement parcequ'il peut avoir dans d'autres arrondissemens des biens parfaitement libres, mais encore parcequ'il peut avoir, dans son domicile, des meubles, des créances, de l'argent comptant, qui échappent aux poursuites de ses créanciers.

» Par ces considérations, nous estimons qu'il y a lieu de déclarer le demandeur non-recevable ou de le condamner à l'amende de 150 francs ».

Arrêt du 4 décembre 1811, au rapport de M. Favard de Langlade par lequel,

» Vu la loi du 14 brumaire an 5, qui assujétit les demandeurs en Cassation à consigner l'amende de 150 francs, ou à justifier d'un certificat d'indigence revêtu des formes prescrites;

» Attendu que le certificat produit par le demandeur, n'est pas dans les formes voulues par la loi;

» La cour déclare Sylvain Delegues non recevable dans son pourvoi, contre l'arrêt de la Cour d'appel de Limoges du 26 avril dernier ».

La question spéciale qui, dans cette espèce, portait sur ce que le préfet n'avait pas *approuvé*, mais seulement *visé* le certificat d'indigence, a été jugée dans le même sens par quatre arrêts de la section criminelle, des 7 nivôse an 13, 30 novembre 1811, 18 janvier 1821 et 9 septembre 1825.

« Oui (porte le premier) le rapport de M. Seignette, conseiller, et les conclusions de M. Jourde, substitut du procureur-général;

» Vu la loi du 14 brumaire an 5;

» Et attendu que le préfet est substitué à l'administration centrale du département; que le certificat donné par le maire, n'est *approuvé* que par le sous-préfet de Spire ou son représentant; que le préfet du Mont-Tonnerre s'est contenté de légaliser la signature du *représentant* du sous-préfet; qu'ainsi il n'a pas été satisfait à la loi;

» La cour déclare Henri Scholler fils non-recevable en son pourvoi..... ».

Le second arrêt a été rendu au rapport de M. Aumont, et sur les conclusions de M. l'avocat-général Lecoutour :

» Attendu (porte-t-il) que Muller est demandeur en Cassation d'un jugement de police correctionnelle, et qu'il n'a pas consigné d'amende; que le certificat d'indigence, qu'il produit pour y suppléer, n'est que *légalisé* et non *approuvé* par le préfet du département, et n'est accompagné ni d'un extrait du rôle des contributions, ni d'une attestation de non-imposition; qu'ainsi, il n'a pas été satisfait aux dispositions de l'art. 420 du Code d'instruction criminelle;

» La cour déclare ledit Muller non recevable dans son pourvoi, et le condamne à l'amende de 150 francs au profit du trésor public ».

Le troisième arrêt est rapporté au n°. 5.

Le quatrième a été rendu au rapport de M. Brière, et sur les conclusions de M. de Vatimesnil.

« Attendu (y est-il dit) qu'aux termes des art. 419 et 420 du Code d'instruction criminelle, tout individu qui se pourvoit en Cassation contre un arrêt ou jugement en dernier ressort, en matière correctionnelle ou de police, doit joindre à son pourvoi une quittance d'amende de 150 francs, où y suppléer par la production 1°. d'un extrait du rôle des contributions constatant qu'il paie moins de six francs, ou un certificat du percepteur de la commune portant qu'il n'est point imposé; 2° un certificat d'indigence délivré par le maire de la commune de son domicile ou par son adjoint, visé par le sous-préfet et approuvé par le préfet du département;

» Et attendu que le certificat d'indigence produit par le demandeur, ne porte que le *vu pour légalisation* de la signature du maire de Tarbes, mais qu'il ne porte pas l'*approbation* exigée par la loi, du contenu audit certificat, par le préfet du département; et qu'ainsi, il n'est pas conforme à ce qui est exigé par la loi pour suppléer la quittance de consignation d'amende;

» La cour déclare le pourvoi non-recevable.... ».

III. Voici un arrêt qui prononce sur la troisième question.

Le sieur Decayla avait été, moyennant un certificat d'indigence, dispensé de consigner l'amende sur le recours en Cassation qu'il avait formé en 1807, contre deux arrêts de la Cour d'appel de Toulouse.

Son recours ayant été rejeté, et l'arrêt qui en avait prononcé le rejet, l'ayant condamné à l'amende portée par le règlement, la régie de l'enregistrement a décerné contre lui une contrainte en paiement de cette amende.

Il a formé opposition à cette contrainte, et le tribunal de première instance de Cahors l'a déclarée nulle, par jugement du 5 août 1811, sous le prétexte que la dispense de consignation, qu'il avait obtenue par l'effet de son certificat d'indi-

20.

gence, équipollait pour lui à une remise de l'amende.

Mais la régie s'est pourvue en Cassation ; et par arrêt du 28 décembre 1812, au rapport de M. de la Coste,

« Vu l'art. 2 de la loi du 14 brumaire an 5 ;

» Considérant que cette loi, en dispensant les indigens de la simple formalité de la consignation de l'amende, ne leur en fait pas grace pour le cas où ils succombent ;

» Que l'arrêt qui a prononcé le rejet du pourvoi, contient la condamnation au paiement de l'amende ;

» Que le défendeur en Cassation ainsi condamné, n'a réclamé ni directement ni indirectement contre sa condamnation ;

» Qu'en relaxant le même défendeur des conclusions contre lui prises en paiement du montant de cette amende, le tribunal de Cahors a mal interprété, et par cette fausse interprétation a violé la loi citée ;

» Par ces motifs , la cour casse et annulle….. ».

IV. La quatrième question a été élevée, pour la première fois, à l'occasion d'un arrêt de la section criminelle du 23 février 1809, qui, en rejetant le recours en Cassation formé par Antoine Laget contre un arrêt de cour de justice criminelle , l'avait condamné à l'amende de 150 francs.

La régie de l'enregistrement a commencé par toucher l'amende qui avait été consignée par Antoine Laget, au moment où il avait déposé au greffe sa requête en Cassation. Ensuite, elle a décerné contre lui une contrainte en paiement d'une seconde amende de la même somme, comme si la condamnation portée par l'arrêt de rejet, ne se fût pas référée précisément à celle qui avait été consignée à l'avance.

Antoine Laget a formé opposition à cette contrainte , mais inutilement. Par jugement en dernier ressort du 20 juin 1809, le tribunal civil de Perpignan l'en a débouté. « Attendu qu'en con-
» damnant Laget à l'amende de 150 francs, la
» cour de Cassation l'a condamné à une amende
» autre quecelle déjà consignée et acquise par
» la consignation ».

Ce jugement était trop contraire à l'esprit du réglement de 1738, et même de l'arrêt du 23 février 1809, pour qu'il échappât à la Cassation.

Aussi Antoine Laget l'ayant attaqué par cette voie, arrêt est intervenu à la section civile, le 21 janvier 1812, par lequel,

« Oaï le rapport de M. Babille, conseiller….. ;

» Vu les art. 5 et 35 du tit. 4 de la première partie du réglement du conseil de 1738 ;

» Et attendu que ce n'est que dans le cas du rejet d'une demande en Cassation *préalablement admise*, que cet art. 35 prononce une condamnation d'amende de 300 francs;

» Qu'il suit évidemment de là, que la disposi-

tion de cet article n'est pas applicable à une demande en Cassation, en matière criminelle, puisque cette demande, à la différence de celle en matière civile, n'est pas soumise à l'épreuve préalable de l'admission ;

» Et qu'en effet, jamais la section criminelle de la Cour ne condamne le demandeur qui succombe qu'à l'amende de 150 francs, qu'il a déjà consignée, en exécution de l'art. 5 ci-dessus ;

» Attendu que, dans l'espèce, le pourvoi rejeté par arrêt du 23 février 1809, et qui a donné lieu à une contrainte , de la part de la régie, l'a été en matière criminelle ;

» Que ce pourvoi ne pouvait donner lieu qu'à une amende de 150 francs;

» Que c'est aussi celle que cet arrêt a prononcée ;

» Qu'en cet état , Laget ne pouvait être poursuivi qu'en paiement d'une semblable amende ;

» Que néanmoins le jugement attaqué l'a, sur la poursuite de la régie, condamné à payer une amende de 300 francs, en le condamnant à en payer une de 150, outre celle de pareille somme qu'il avait déjà consignée :

» Et qu'en le faisant, ce jugement a fait tout ensemble une fausse application de l'art. 35, et violé l'art. 5 ci-dessus cités ;

» Attendu d'ailleurs que la régie, convaincue de cette vérité, a déclaré ne pouvoir s'opposer à la Cassation de ce jugement ;

» Par ces motifs , la Cour casse et annulle ».

V. La cinquième question se divise en deux branches.

Et d'abord sur le point de savoir si la consignation d'amende nécessaire de la part de celui qui se pourvoit en Cassation contre un arrêt de cour d'assises par lequel, quoiqu'acquitté de l'accusation portée contre lui, il est condamné à des dommages-intérêts envers la partie civile , voici un arrêt de la cour de Cassation qui juge pour l'affirmative.

Daniel Maury, acquitté par un arrêt de la cour d'assises du département de la Corrèze , de l'accusation portée contre lui pour avoir fait à Jean Poulot une blessure grave, se pourvoit en Cassation contre une disposition de cet arrêt qui le condamne à 1,000 francs de dommages-intérêts envers celui-ci ; mais il ne consigne pas d'amende. Jean Poulot conclud à ce qu'à raison de ce défaut de consignation , il soit déclaré non-recevable.

Daniel Maury répond que, par l'art. 420 du Code d'instruction criminelle, *les condamnés en matière criminelle sont dispensés de la consignation d'amende*, et que cet article ne distingue pas entre les condamnés à des peines afflictives ou infamantes et les condamnés à des peines correctionnelles ou à des dommages-intérêts.

Le 9 octobre 1815, arrêt au rapport de M. Audier-Massillon, par lequel,

«Vu l'art. 420 du Code d'instruction criminelle, qui ne dispense de l'amende que les condamnés en matière criminelle, et à l'égard de
toutes autres personnes, déclare que l'amende
sera encourue par celles qui succomberont dans
leur recours, et ne dispense de la consigner que
celles qui joindront à leur demande en Cassation
un extrait du rôle des contributions et un certificat d'indigence dans la forme prescrite par cet
article;

» Attendu que Daniel Maury a été pleinement
acquitté de l'accusation portée contre lui; que
l'arrêt de la cour d'assises du département de la
Corrèze, contre lequel il s'est pourvu, ne porte
contre lui aucune condamnation en matière criminelle, et ne dispose que sur les dommages et
intérêts réclamés par la partie civile; et que
néanmoins Maury n'a joint à son pourvoi ni une
quittance de l'amende, ni les certificats exigés
par ledit art. 420, pour en tenir lieu;

» La cour déclare le demandeur Daniel Maury
non-recevable dans son pourvoi.... (1) ».

C'est aussi pour l'affirmative qu'a été jugée la
question de savoir si la consignation d'amende
est également nécessaire de la part de celui qui
se pourvoit en Cassation contre un arrêt de cour
d'assises par lequel, quoiqu'absous de l'accusation portée contre lui, il a été, comme coupable
d'un délit, condamné à une peine correctionelle;
mais elle l'a été par un beaucoup plus grand
nombre d'arrêts, parcequ'elle porte sur un cas
qui se présente plus fréquemment.

Il y en a un du 9 juillet 1812, au rapport de
M. Carnot, contre Jean Albenne;

Un du 20 août 1812, au rapport de M. Lamarque, contre Jean et Nicolas Laroche;

Un du 16 octobre 1812, au rapport de M. Bauchau, contre Rosalie-Cécile Daix, femme d'André Ledreux;

Un du 5 novembre 1812, au rapport de M. Ben-
venuti, contre Camille Arducini;

Un du 12 du même mois, au rapport de
M. Audier-Massillon, contre Hyacinthe Guyot;

Un du 29 janvier 1813, au rapport de M. Aumont, contre Chrétien Leppert et Chrétien Berger;

Un du 11 mars 1813, au rapport de M. Lamarque, contre Jean Lebourgeois et Pierre Calois;

Un du 18 du même mois, au rapport de M. Aumont, contre Raymond Macubiau;

Un du premier avril 1813, au rapport de M. Rataud, contre Thomas-Vincent Pluviôse;

Un du 15 du même mois, au rapport de
M. Vasse, contre Edme Carillon;

Un du 29 du même mois, au rapport du même
magistrat, contre Jean-Joseph Philip;

Un du 28 mai suivant, encore au rapport de
M. Vasse, contre Joseph Bozeux;

Un du même jour, au rapport de M. Audier-
Massillon, contre Victoire Baret;

Un du même jour, encore, au rapport de
M. Aumont, contre Victor Simon;

Un du 2 novembre 1815, au rapport de M. Robert de Saint-Vincent, contre François Hagard
et Jean-Nicolas Laporte;

Et un du 18 janvier 1821, dont voici l'espèce :

Sur une accusation d'infanticide portée devant
la cour d'assises du département de la Seine-
Inférieure, contre Marie-Rosalie Leroux, arrêt
intervient qui, d'après la déclaration du jury,
considérant que l'accusée n'a causé la mort de
son enfant que par négligence, la condamne à
deux années d'emprisonnement et à 200 francs
d'amende.

Marie-Rosalie Leroux se pourvoit en Cassation,
et au lieu de consigner l'amende, produit un
certificat d'indigence qui n'est revêtu, de la
part du préfet, que d'un vu pour légalisation.

Par arrêt du 18 janvier 1821, rendu au rapport
du même magistrat que le précédent,

« Vu les art. 419 et 420 du Code d'instruction
criminelle;

» Attendu que le pourvoi de ladite Leroux
est formé contre un arrêt qui l'a condamnée à
une peine correctionnelle, et qui a été rendu
conséquemment dans une matière devenue, à
son égard, correctionnelle; que, néanmoins,
elle n'a produit ni quittance de consignation
d'amende, ni, pour y suppléer, un certificat
d'indigence qui ait été approuvé par le préfet du département, ainsi qu'il est prescrit par ledit art.
420; que le certificat par elle produit, n'a été visé
par le préfet que pour valoir légalisation, mais
non pour valoir approbation de son contenu;

» Que son pourvoi n'est donc pas recevable;
que, dès-lors, le moyen de Cassation relevé en
sa faveur et pris de la réponse faite par le jury,
sur ce qui lui était relatif dans la question posée,
ainsi que d'une fausse application de l'art. 319
du Code pénal, ne peut être examiné;

» La cour déclare ladite Marie-Rosalie Leroux
non-recevable dans son pourvoi, la condamne à
l'amende de 150 francs (1) ».

Enfin il y en a encore un du 2 septembre 1824,
qui, au rapport de M. Chopin, et sur les conclusions de M. l'avocat-général de Vatimesnil,

« Vu l'art. 420 du Code d'instruction criminelle;

» Et attendu que le demandeur (Caissé) s'est
pourvu contre un arrêt de la cour d'assises qui
l'a condamné à une peine d'emprisonnement,
par conséquent dans une matière devenue correctionnelle;

» Qu'il ne rapporte point de quittance de con-

---

(1) Jurisprudence de la cour de Cassation, tome 16,
page 454.

(1) Journal des audiences de la cour de cassation, 1er.
volume supplémentaire, page 446.

signation d'amende, et n'y a pas suppléé par la production des certificats spécifiés audit art. 420;

» Le déclare non-recevable dans son pourvoi, et le condamne à l'amende de 150 francs ».

VI. Sur la sixième question, M. Sirey, tome 17, partie 1, page 543, de sa *Jurisprudence de la cour de Cassation*, cite, comme la jugeant pour la négative, « un arrêt de la cour de Cassation, » du 12 août 1813, rendu sur le pourvoi du mi-» neur Pierratz».

Je crois qu'en effet, c'est la négative que cet arrêt eût dû adopter, s'il eût prononcé sur la question. Mais le fait est qu'il ne l'a point du tout jugée. Témoins les termes dans lesquels il est conçu :

« Ouï le rapport de M. le conseiller Bauchau, et les conclusions de M. l'avocat-général Pons;

» Attendu que, dans l'examen et les débats, il n'a été commis violation à aucun article de loi prescrit à peine de nullité, et que la loi a été bien appliquée, tant à Anne-Gertrude Frantzen, veuve Pierratz, qu'à Henry Pierratz;

» La cour rejette leur pourvoi.... ».

VII. La septième question s'est présentée à l'occasion d'un recours en Cassation formé sans consignation d'amende, par le maire de Nantes, contre un arrêt de la chambre correctionnelle de la cour royale de Rennes, du 28 août 1820, qui, dans une affaire d'octroi où il figurait seul comme partie civile, dans l'intérêt de sa commune, avait prononcé en faveur du prévenu.

A la fin de non-recevoir que le prévenu acquitté tirait, contre le maire, de ce qu'il n'avait point consigné d'amende, celui-ci opposait, la disposition de l'art. 420 du Code d'instruction criminelle par lequel sont dispensés de l'amende... « les agens publics pour affaires qui concernent » l'administration et les domaines ou revenus de » l'état ».

Mais par arrêt du 13 octobre 1820, au rapport de M. Bailly, et sur les conclusions de M. l'avocat-général Freteau,

« Vu les art. 419 et 420 du Code d'instruction criminelle;

» Considérant que, par le premier de ces articles, la partie civile qui s'est pourvue en Cassation, est tenue, *à peine de déchéance, de consigner une amende de cent cinquante francs....;*

» Et que le second ne *dispense* de l'amende que les condamnés en matière criminelle, et les *agens* PUBLICS, pour affaires qui concernent *directement* l'administration et les domaines ou revenus de l'état;

» Et attendu, en fait, 1°. que l'affaire dans laquelle l'arrêt dénoncé est intervenu, ne concerne que l'octroi de la ville de Nantes, matière dans laquelle le maire n'est qu'un agent *particu-lier* de sa commune; 2°. qu'il y a été seul demandeur et poursuivant, comme il est seul demandeur en Cassation; 3°. que néanmoins il *n'a point pro-*

duit de quittance de l'amende de cent cinquante francs, prescrite par ledit art. 419, et qu'en conséquence il a, en conformité dudit art. 420, encouru la déchéance de son pourvoi;

» La cour déclare le maire de Nantes *déchu* du pourvoi par lui formé, le 31 août dernier, contre l'arrêt rendu entre lui et le sieur Houdet, négociant à Nantes, le 28 du même mois, par la cour royale de Rennes, chambre des appels de police correctionnelle, et le condamne, en la qualité qu'il procède, à l'amende de cent cinquante francs, au profit du trésor royal (1).

VIII. La huitième question peut se présenter dans six cas différens :

1°. Dans celui où plusieurs parties attaquent simultanément, soit un jugement qui prononce des condamnations solidaires, soit un jugement qui les déboute de leur demande en paiement d'une créance ou d'un droit qu'elles prétendaient leur appartenir solidairement;

2°. Dans celui où, devant le tribunal dont le jugement est attaqué, toutes les parties qui en demandent simultanément la Cassation, plaidaient pour un seul et même objet indivis entre elles;

3°. Dans celui où, devant ce tribunal, tous les demandeurs en Cassation plaidaient chacun pour un objet qui le concernait personnellement, mais employaient les mêmes moyens, et par conséquent présentaient la même question à juger;

4°. Dans celui où il n'y avait identité, ni dans les objets pour lesquels ils plaidaient, ni dans les moyens qu'ils employaient respectivement, ni par conséquent dans les questions qu'ils soumettaient à la décision du tribunal;

5°. Dans celui où, quoiqu'il n'y eût identité ni dans les objets pour lesquels ils plaidaient, ni dans les moyens qu'ils employaient respectivement, ils attaquent par les mêmes moyens l'arrêt qui a prononcé en faveur de leur adversaire commun;

6°. Dans celui où, soit qu'il y ait eu, ou non, identité d'objets et de moyens, l'un des demandeurs attaque l'arrêt par un moyen qui lui est particulier.

DANS LE PREMIER CAS, nul doute qu'une seule consignation d'amende ne suffise pour tous les demandeurs en Cassation, non-seulement en matière civile, mais même en matière correctionnelle et de police.

» Lorsque les réclamans (dit M. Carnot, sur l'art. 420 du Code d'instruction criminelle, n°. 9) ont été solidairement condamnés, ils ont évidemment un intérêt indivisible à l'annullation du jugement.

» Il leur suffit, dès-lors, de consigner une seule amende.

(1) Bulletin criminel, tome 25, page 585.

» Cela fut ainsi jugé, les 11 janvier et 27 février 1808.

» Dans l'espèce de ce dernier arrêt, il y avait même cela de particulier, qu'il avait été rédigé des procès-verbaux *séparés* contre chacun des réclamans ; mais tous les prévenus avaient été jugés par le même arrêt, et tous avaient été condamnés par la voie *solidaire* à l'amende et aux frais ; ce qui était décisif ».

Je ferai cependant une observation sur ce passage de M. Carnot : c'est que des deux arrêts qu'il cite, comme justifiant sa doctrine, le premier n'existe pas, au moins, sous la date qu'il lui donne, et que même il n'y a point eu, ce jour-là, d'audience à la section criminelle.

Quant au second arrêt, il a été rendu entre Jean-Baptiste Poullingue, Jean-Baptiste-Étienne Vallée, Pierre-Fleury, Jean-Jacques Poullingue, François Douyère et Jean-Baptiste Goupil, demandeurs en Cassation d'un arrêt de la cour de justice criminelle du département de la Seine-Inférieure, du 9 novembre 1807, d'une part, et en faveur de François-Désiré Lechartier-Defeugray, intervenant comme partie civile, de l'autre :

« Ouï (porte-t-il) le rapport de M. Rataud....;
» Vu la requête à fin d'intervention présentée par le sieur Lechartier-Defeugray ;
» La cour reçoit ledit sieur Lechartier partie intervenante ; et, statuant sur la fin de non-recevoir par lui proposée,
» Attendu que c'est sur une seule et même action dirigée au nom de l'administration forestière, que les prévenus ont été traduits à la police correctionnelle ; qu'ils se sont tous prévalus de la même exception, et que c'est solidairement et par le même jugement que la condamnation a été prononcée contre eux ; qu'ainsi, il n'était pas nécessaire de consigner autant d'amendes qu'il y avait d'individus condamnés ;
» La cour rejette la fin de non-recevoir opposée par le sieur Lechartier ».

DANS LE SECOND CAS, deux arrêts de la cour de Cassation, des 2 ventôse an 12 et 24 mars 1807, rapportés dans le *Répertoire de jurisprudence*, au mot *Cassation*, §. 5, n°. 12-11, ont jugé qu'une seule consignation d'amende est également suffisante, et il n'y a là-dessus aucune espèce de difficulté.

DANS LE TROISIÈME CAS, la question est plus douteuse ; et voici un arrêt qui a jugé pour la nécessité d'autant de consignations d'amende qu'il y a de parties demanderesses en Cassation.

Le sieur Caumes avait, par trois baux séparés, affermé une pièce de terre au sieur Grimal, une autre au sieur Celles, et une troisième au sieur Albinet.

Le sieur Affre, à qui ces baux portaient préjudice, a prétendu qu'ils étaient faits en fraude de ses droits ; et il a formé contre les trois fermiers une demande tendant à ce que les trois actes fussent déclarés nuls, à raison du vice qui leur était commun.

Jugement en dernier ressort du tribunal civil de Saint-Afrique, qui, en effet, les déclare frauduleux et en prononce la nullité.

Les sieurs Grimal, Celles et Albinet se pourvoient en Cassation par une même requête, et ne consignent qu'une amende.

L'affaire portée à la section civile, par suite d'un arrêt d'admission, le sieur Affre oppose aux trois demandeurs une fin de non-recevoir, qu'il fait résulter de l'insuffisance de leur consignation d'amende.

Et, le 11 janvier 1808, arrêt par lequel,

« Ouï le rapport de M. Liborel...., les conclusions de M. Giraud-Duplessis, et après en avoir délibéré en la chambre du conseil ;
» Considérant que le jugement dénoncé a statué sur la validité de trois baux distincts, et vis-à-vis de trois parties différentes ; qu'ainsi, le pourvoi exercé contre ce jugement par les trois parties, ne pouvait être reçu que sur la représentation de trois quittances de consignation d'amende de 150 francs chacune, et qu'il n'en a été produit néanmoins qu'une seule de cette somme ;
» La cour déclare les demandeurs non-recevables dans leur pourvoi.... (1). »

Mais la question s'étant représentée cinq ans après, de nouvelles réflexions ont amené une détermination toute différente. Écoutons le *Bulletin civil* de la cour de Cassation, à la date du 10 février 1813 :

« Par contrats notariés de 1783 et 1786, le ci-devant chapitre d'Auch avait concédé à Catherine Brasseur et consorts, divers domaines, à titre de cens perpétuel, avec retenue du domaine direct, à la charge du paiement de redevances en grains dans les greniers du chapitre, et des lods et vente au douzième à chaque mutation.

» Les administrateurs des hospices civils d'Auch, auquel la régie des domaines a fait le transfert de ces rentes, en ont demandé le paiement aux détenteurs des fonds, qui l'ont refusé, sous le prétexte qu'étant entachées de féodalité, elles se trouvaient comprises dans l'abolition prononcée par l'art. 1er. de la loi du 17 juillet 1793.

» L'affaire a été portée au tribunal d'Auch, qui, après un premier jugement de jonction de toutes les instances, adoptant les moyens proposés par les détenteurs des biens dont il s'agit, a débouté les administrateurs des hospices de leur demande.

» Sur l'appel, le jugement a été infirmé par la

_____

(1) Jurisprudence de la cour de cassation, tome 8, page 128.

cour d'Agen, dont l'arrêt, en date du 3o juin 181o, a été motivé principalement sur ce que le ci-devant chapitre d'Auch n'avait pas pris la qualité de seigneur; sur ce que les actes de 1783 et 1786 pouvaient aussi bien être qualifiés d'emphytéose que de baux à cens; sur ce que le mot *cens* et les clauses de retenue du domaine direct, et même de paiement des lods et ventes, pris chacun isolément, n'étaient pas essentiellement caractéristiques de la féodalité, et pouvaient aussi bien s'appliquer à la simple emphytéose qu'au bail à cens proprement dit.

» Mais Catherine Brasseur et consorts se sont pourvus en Cassation.

» La cour, en examinant les motifs de l'arrêt.., a pensé que rien ne pouvait pallier la violation expresse de la loi du 17 juillet 1793, portant abolition, sans indemnité, de toutes les rentes et redevances entachées de féodalité.

» Et, ne trouvant pas même fondée la fin de non-recevoir contre le pourvoi des demandeurs, que les administrateurs des hospices croyaient pouvoir tirer de ce que les demandeurs n'avaient consigné qu'une seule amende pour eux tous, quoique chacun d'eux eût dans la cause un intérêt distinct et personnel, la cour a statué sur le tout, ainsi qu'il suit :

» Ouï le rapport de M. Poriquet, conseiller; les observations de Mailhe, avocat des demandeurs, et de Chabroud, avocat des défendeurs, ensemble les conclusions de M. Jourde, avocat-général ;

» Sur la fin de non-recevoir,

» Attendu que les demandes formées par les administrateurs des hospices civils d'Auch, avaient un seul et même objet, ne présentaient qu'une seule et même question ; que toutes les instances avaient été réunies par un premier jugement du tribunal civil ; que, sur l'appel, les instances sont restées jointes ; qu'il a été statué, par la même disposition, contre tous les censitaires en nom collectif; qu'enfin, il n'y a eu qu'un seul pourvoi formé sous le nom de tous les demandeurs; et qu'ainsi il leur a suffi de consigner une seule amende ;

» La cour rejette la fin de non-recevoir ;

» Et, vu l'art. 1er. de la loi du 17 juillet 1793, portant . . . . . ; l'avis du conseil d'État, approuvé le 13 messidor an 13, et le décret du 25 avril 1807 . . . . . ;

» La cour casse et annulle . . . . . . ».

Dans cette espèce, il n'y avait pas, comme le dit l'arrêt, identité d'objets, puisque la réclamation des administrateurs des hospices d'Auch portait sur des redevances distinctes, pesant sur des fonds différens, et créées par des titres séparés, et qu'elle avait été formée par autant d'exploits qu'il y avait de parties prétendues redevables. Mais il y avait identité de question; et tous les défendeurs, quoiqu'assignés séparément, avaient fini par faire cause commune.

L'affaire présentait donc les mêmes circonstances qui, lors de l'arrêt du 11 janvier 1808, avaient déterminé la cour de Cassation à déclarer les sieurs Grimal, Celles et Albinet non-recevables, pour n'avoir consigné qu'une seule amende. Pourquoi cependant la fin de non-recevoir des administrateurs des hospices d'Auch a-t-elle été rejetée ? L'on ne peut en donner qu'une raison : c'est que la cour de Cassation a reconnu que, par la manière dont elle avait prononcé, en 1808, à l'égard des sieurs Grimal, Celles et Albinet, elle avait donné à l'art. 5 du tit. 4 de la première partie du réglement de 1738, une interprétation trop rigoureuse.

En effet, cet article dit bien que *le demandeur en Cassation sera tenu de consigner la somme de 150 livres pour l'amende envers Sa Majesté....*, *sinon ladite requête ne sera pas reçue.* Mais si de ces termes, *le demandeur en Cassation,* l'on peut et l'on doit inférer qu'il y a lieu à la consignation de deux amendes lorsqu'il y a deux parties qui demandent, même simultanément, la Cassation de chefs distincts du même arrêt, en résulte-t-il aussi que la consignation de deux amendes est de rigueur, lorsque deux parties attaquent ensemble un arrêt qui, en prononçant sur une affaire dans laquelle elles ont des intérêts distincts, rejette les moyens qu'elles ont également fait valoir, ou accueille ceux qu'elles ont également combattus? Ne peut-on pas dire, en ce cas, que, quoiqu'il y ait plus d'un *demandeur,* il n'y a cependant qu'*une demande en Cassation ;* que, dès-là, les deux parties qui forment cette demande, ne doivent être considérées que comme un seul demandeur, et que, par conséquent, il ne doit être consigné qu'une amende?

Ce qu'il y a de certain, c'est qu'il n'y a pas de raison pour mettre plus de rigueur dans l'interprétation du réglement de 1738, qui assujétit le demandeur en Cassation à la consignation d'une amende de 150 livres, que l'on n'en mettait, sous l'ordonnance de 1667, dans l'interprétation de l'art. 16 du tit. 35 de cette loi, qui exigeait, comme l'exige encore l'art. 494 du Code de procédure civile, que *les impétrans de lettres en forme de requête civile contre des arrêts contradictoires...* fussent *tenus de consigner la somme de 300 livres pour l'amende envers le Roi, et celle de 150 livres pour celle envers la partie,* et que jamais on n'a douté que la consignation d'une seule amende ne fût suffisante, lorsque deux parties se pourvoyaient simultanément contre un arrêt qui leur portait le même préjudice. Cela est si vrai que le parlement de Toulouse a été jusqu'à dire, par l'art. 70 d'un arrêt de réglement, du 10 février 1693, que *les adhérens aux requêtes civiles ne sont pas tenus de consigner aucune amende, quoiqu'ils libellent dans leurs lettres ou requêtes en adhésion, de nouvelles ouvertures de requête civile, comme il a été jugé par arrêt de la cour du 26 août 1692, rendu à l'audience de la première chambre* (1).

Aussi la cour de Cassation a-t-elle invariablement persisté, depuis son arrêt du 10 février 1813, dans la détermination qu'elle avait embrassée pour celui-ci. Témoins les cinq arrêts suivans :

Le 4 décembre 1810, adjudication des biens du sieur Lecavelier, à l'audience des criées du tribunal de première instance de Rouen; et, par suite, ouverture du procès-verbal d'ordre.

L'état de collocation dressé par le juge-commissaire, est dénoncé aux créanciers inscrits, avec sommation d'en prendre communication, et de le contredire dans le délai d'un mois, conformément à l'art. 755 du Code de procédure civile.

Les sieurs Gihoul, Roussel et consorts, qui se trouvent rejetés de la classe des hypothécaires, se réunissent pour réclamer contre cet état de collocation, et font inscrire leur réclamation sur le procès-verbal.

Les créanciers, assignés sur cette réclamation, soutiennent qu'elle est à-la-fois tardive et irrégulière, et parviennent à le faire juger ainsi, d'abord par le tribunal de première instance, ensuite par la cour royale de Rouen.

Les sieurs Gihoul, Roussel et consorts se pourvoient en Cassation, mais ne consignent qu'une amende.

L'affaire portée à la section civile, on leur oppose deux fins de non-recevoir, dont la première est prise de ce qu'ayant des intérêts distincts et séparés, ils auraient dû consigner chacun une amende de 150 francs.

Mais, par arrêt du 27 février 1815, au rapport de M. Minier, et sur les conclusions de M. l'avocat-général Joubert,

« Attendu d'abord, sur les fins de non-recevoir proposées contre le pourvoi..... ;

» Sur la seconde, fondée sur ce que, aux termes de l'art. 5 du tit. 4 du réglement de 1738, il aurait dû être consigné autant d'amendes qu'il y avait de créanciers ayant des intérêts distincts et séparés;

» Attendu que les demandeurs figuraient dans l'ordre, non comme simples créanciers individuels, mais comme s'étant réunis pour défendre leurs intérêts en commun et par le ministère d'un seul et même avoué, et que, dès-lors, n'ayant que le même intérêt dans l'ordre, et tendant tous vers le même but, ils n'étaient tenus de consigner qu'une seule amende;

» La cour rejette les fins de non-recevoir proposées par les défendeurs.... (1) ».

Les sieurs Franck et Knap, ayant acquis en-

semble un domaine national en 1791, l'avaient revendu, en différens lots, à cinq particuliers, les sieurs Lenig et consorts, moyennant des sommes payables par douzième d'année en année.

Les sieurs Lenig et consorts, pressés par les héritiers de leurs vendeurs d'anticiper les premier paiemens, se sont libérés en assignats, mais postérieurement à la loi du 25 messidor an 3, et sans que, dans les quittances, il fût fait mention de la connaissance que les créanciers avaient de cette loi.

Long-temps après, les héritiers des vendeurs les ont fait assigner pour voir dire que leurs quittances seraient déclarées nulles, et qu'ils seraient tenus de payer de nouveau le prix de leurs acquisitions respectives.

Ils se sont défendus en commun, et après avoir triomphé en première instance, ils ont succombé en cause d'appel : par arrêt du 24 juillet 1813, la cour de Colmar a annulé les quittances dont ils se prévalaient.

Ils se sont pourvus en Cassation et n'ont consigné qu'une amende.

De là, une fin de non-recevoir que leurs adversaires leur ont opposée devant la section civile.

« Les demandeurs (a dit le défenseur de ceux-ci) n'ont consigné qu'une amende, quoiqu'ils forment cinq parties ayant chacune un intérêt distinct.

» Le principe que chaque demandeur doit consigner une amende, est puisé dans l'art. 5, tit. 4, première partie du réglement de 1738.

» La jurisprudence de la cour est constante sur ce point; c'est ce qui a été décidé par un arrêt du 1er. brumaire an 13.... ; et par un autre du 11 janvier 1808....

» On oppose un arrêt du 24 mars 1807, rendu sur le pourvoi de M. de Valence et de la dame Belissens. Mais si, dans cette espèce, la cour jugea qu'une seule amende avait été suffisante, ce fut par le motif qu'*il n'y avait qu'un même objet de litige*, auquel M. de Valence et la dame Belissens avaient *même intérêt*. Ainsi, loin de déroger au principe, cet arrêt l'a reconnu et consacré de nouveau. Dans la cause actuelle, il n'y avait pas un même objet de litige, et les demandeurs n'avaient point *même intérêt*, puisqu'il s'agit de cinq acquéreurs qui ont acheté, par eux ou par leurs auteurs, des lots séparés, chacun pour son compte personnel, et qui ont tous joui séparément. Cela n'est pas dénié.

» On objecte qu'ils ont procédé collectivement en première instance et en appel, comme en Cassation, par le ministère du même avoué et du même avocat; et qu'enfin, ils ont été condamnés par un seul et même arrêt. Toutes ces circonstances sont indifférentes : elles se rencontraient également dans les espèces jugées par les

---

(1) Recueil judiciaire de Toulouse, tome 2, page 169, édition de 1783.
(2) Jurisprudence de la cour de cassation, tome 15 page 188.

arrêts précités : la fin de non-recevoir n'en a pas moins été admise, toutes les fois que les parties qui ont procédé conjointement, avaient réellement des intérêts séparés et distincts à défendre, toutes les fois qu'elles ne puisaient pas leurs actions ou exceptions *dans le même titre* ».

Par arrêt du 20 novembre 1816, au rapport de M. Legonidec, sur les conclusions de M. l'avocat-général Jourde, et après un délibéré en la chambre du conseil,

« Attendu que les demandeurs ont collectivement agi dans les deux instances successives qu'ils ont soutenues contre les défendeurs ;

» Attendu que l'objet du litige leur était commun, qu'ils y avaient tous le même intérêt, et qu'étant tous parties dans l'arrêt attaqué, et n'ayant intenté qu'un seul et même recours contre un seul et même arrêt, ils ont pu ne consigner qu'une seule et même amende... ;

» Statuant au fond....., la cour casse et annulle....... (1) ».

Dans une espèce, qui est rapportée dans le *Répertoire de jurisprudence*, aux mots *Inscription hypothécaire*, §. 5, n°. 10, les sieurs Lepelletier et Letimonnier demandaient simultanément, mais chacun dans son intérêt particulier, la Cassation d'un arrêt de la cour royale de Caen, du 13 mars 1817, qui, en colloquant avant eux le sieur Chapet dans l'ordre du prix des biens de leur débiteur commun, avait neutralisé les hypothèques qu'ils avaient l'un et l'autre sur ces biens, pour des créances différentes. Le sieur Chapet leur opposait une fin de non-recevoir qu'il faisait résulter de ce qu'ils n'avaient consigné qu'une amende de 150 francs. Qu'a prononcé la cour de Cassation ? Par arrêt du 3 février 1819, au rapport de M. Trinquelague, et sur les conclusions de M. l'avocat général Cahier,

» Attendu, sur la fin de non-recevoir opposée par le défendeur, que les demandeurs ont un intérêt commun, et qu'aux termes mêmes de l'art. 760 du Code de procédure civile, ils ont dû s'accorder, pendant le cours des contestations, sur le choix d'un commun défenseur ; qu'ainsi, ils ne sont tenus qu'à la consignation d'une seule amende ;

« La cour rejette la fin de non-recevoir.... ».

Des ouvriers de différens genres s'étaient réunis pour former, contre la dame Galand de Lisle, une demande en paiement d'ouvrages qu'ils avaient respectivement faits à une maison dont elle était propriétaire ; et un arrêt de la cour royale de Paris du 24 décembre 1818, les avait déclarés non-recevables, sauf à eux à se pourvoir contre son mari, qui avait seul commandé et dirigé ces ouvrages.

Ils se sont pourvus en Cassation contre cet arrêt, et, quoiqu'ils n'eussent consigné qu'une amende, leur recours a été admis sans difficulté par la section des requêtes.

Devant la section civile, la dame Galand de Lisle a conclu à ce qu'ils fussent déclarés déchus, parcequ'ils agissaient chacun pour une créance distincte et séparée, et que, par conséquent, chacun d'eux avait dû consigner une amende.

Mais, par arrêt du 14 juin 1820, rendu comme le précédent, au rapport de M. Trinquelague, et sur les conclusions de M. Cahier,

« Attendu, sur la fin de non-recevoir, que les intérêts des demandeurs sont les mêmes ; qu'ils attaquent la même disposition de l'arrêt dénoncé et pour la même cause ; qu'ainsi, ils n'ont pas été tenus de consigner autant d'amendes qu'ils sont d'individus ..... ;

» Au fond, vu les art. 1372 et 1375 du Code civil ..... ;

» La cour casse et annulle..... (1) ».

Le 21 décembre 1821, police d'assurance, par laquelle plusieurs commerçans de Nantes prennent, à leurs risques, chacun pour sa part, une cargaison de marchandises expédiées, des îles de Bourbon et Maurice, aux sieurs Cabarrus et Appian.

Cette cargaison ayant péri en mer, des contestations s'élèvent, entre les assurés et les assureurs, sur le montant de la somme que ceux-ci doivent payer à ceux-là.

Le 24 février 1823, arrêt de la cour royale de Rennes qui donne gain de cause aux assurés.

Les assureurs se pourvoient en Cassation, et, pour prévenir toute difficulté, consignent autant d'amendes qu'ils sont d'individus ; mais ils concluent en même temps à ce qu'en cas de rejet de leur recours, il ne soit prononcé contre eux tous qu'une seule amende.

Le 5 août 1825, arrêt de la section civile, au rapport de M. Gaudon, et sur les conclusions de M. l'avocat-général Cahier, qui, après avoir établi que l'arrêt attaqué n'a violé aucune loi et qu'il doit être maintenu, ajoute :

« Et, considérant que les demandeurs n'étaient engagés que par la même police d'assurance, que leur intérêt était absolument le même, et qu'ils ont toujours procédé conjointement ;

» La cour rejette la demande en Cassation de l'arrêt de la cour royale de Rennes du 24 février 1823, condamne les demandeurs en l'amende de 300 francs au profit du fisc ; *ordonne que les sommes par eux consignées, au-delà de celle de 300 francs, leur seront rendues... (2)* ».

----

(1) *Ibid.*, tome 17, page 61.

DANS LE QUATRIÈME CAS, il n'y a aucune raison pour qu'il ne soit pas dû autant d'amendes qu'il y a de demandeurs en Cassation ; et c'est ce qu'a jugé l'arrêt du 1er. brumaire an 13, qui est transcrit dans le *Répertoire de jurisprudence*, au mot *Cassation*, §. 5, n°. 12-11°.

Mais (et c'est ici notre CINQUIÈME CAS) n'y a-t-il pas, à cet égard, une exception à faire en faveur de deux parties qui, sans qu'il y ait eu identité, ni dans les objets pour lesquels elles plaidaient devant le juge du fond, ni dans les moyens qu'elles employaient respectivement, ni dans les questions qu'elles présentaient à décider, attaquent, pour le même vice de forme, le jugement qui les a condamnées l'une et l'autre?

L'affirmative ne paraît pas douteuse. Alors, en effet, il y a identité d'intérêts dans les conclusions prises simultanément devant la cour suprême par les deux demandeurs en Cassation, et cela semble suffire pour les faire considérer comme ne formant ensemble qu'une seule demande.

Telle est du moins la pensée de M. Carnot, lorsqu'après avoir dit, à l'endroit cité, n°. 8, que « chacun des réclamans doit consigner une » amende personnelle, (que) tel est le principe » général, (que) cette règle souffre cependant » une exception, lorsque les réclamans n'ont » qu'un même intérêt dans l'affaire », il ajoute qu'elle souffre également exception *lorsque l'annullation du jugement, ne peut être prononcée qu'elle ne le soit dans l'intérêt de tous.*

DANS LE SIXIÈME CAS, nul doute qu'il y ait lieu à la consignation de deux amendes, puisqu'il ne peut pas y avoir *unité* de demande en Cassation et par conséquent lieu à une seule consignation d'amende, là où il y a diversité dans les moyens employés contre l'arrêt attaqué,

Voici d'ailleurs une espèce dans laquelle la cour de Cassation l'a ainsi jugé.

Les curateurs à la succession vacante du sieur Vandermey réclamaient contre le sieur Wissocq le délaissement de terres dont il était en possession, et que le sieur Vandermey avait, par un acte du 12 prairial an 13, reconnu lui appartenir.

Le sieur Quenedey et la dame Tupigny sont intervenus, et en réclamant les mêmes terres pour leur compte, ont demandé que la reconnaissance du sieur Vandermey, du 12 prairial an 13, fût déclarée nulle, comme faite en fraude de leurs droits.

Le 5 janvier 1825, arrêt de la cour royale de Douai qui rejette toutes les demandes des curateurs et des intervenans, et motive spécialement le rejet de celle des intervenans à fin d'annullation de la reconnaissance du 12 prairial an 13, par la considération que *les imputations de dol et de fraude, articulées par eux, sont dénuées de fondement.*

Les curateurs et les intervenans attaquent cet arrêt par des moyens qui leur sont communs ; mais les intervenans l'attaquent en même temps par un moyen qui leur est particulier : ils exposent que l'art. 7 de la loi du 20 avril 1810 a été violé à leur égard, en ce que la cour royale n'a pas motivé suffisamment le rejet de leur demande en nullité de la reconnaissance du 12 prairial an 13.

Cependant les curateurs et les intervenans consignent deux amendes, mais ils déclarent ne le faire que par précaution, et ils concluent « à » ce qu'en cas de rejet de leur pourvoi, la resti- » tution de l'une des amendes soit ordonnée, » attendu que leur pourvoi est absolument le » même ».

Mais par arrêt du 21 novembre 1826, au rapport de M. Lasagny et sur les conclusions de M. l'avocat-général de Vatimesnil, après avoir rejeté tous les moyens des curateurs et des intervenans, et par suite leur recours en Cassation,

« Statuant sur les conclusions subsidiaires de Quenedey et de la veuve Tupigny en restitution de l'amende particulière par eux consignée,

» Attendu que c'est par des motifs qu'ils prétendaient leur être particuliers, que Quenedey et la veuve Tupigny ont attaqué l'arrêt du 5 janvier 1825 ;

» La cour (section des requêtes) déclare qu'il n'y a pas lieu d'ordonner la restitution de l'amende (1) ».

IX. Sur la neuvième question, M. Carnot n'hésite pas, n°. 10, à se prononcer pour la négative... « Le certificat d'indigence (dit-il) ne » peut profiter qu'à celui qui l'a produit. C'est » ce que la cour de Cassation jugea par arrêt du » 14 avril 1809, sur le motif que le certificat » d'indigence est purement personnel à celui à » qui a été délivré ».

X. La dixième question doit sans contredit être résolue pour l'affirmative, d'après la disposition de l'art. 5 du tit. 4 de la première partie du réglement de 1738. En effet, rien de plus général que cette disposition. Elle réduit à 75 francs l'amende à consigner par le demandeur en Cassation, toutes les fois que l'arrêt attaqué a été rendu par défaut. Elle ne distingue pas entre le cas où le défaut a été encouru par la partie qui se pourvoit, et le cas où il l'a été par son adversaire ; elle les comprend donc tous deux ; on ne peut donc pas la restreindre au second et en excepter le premier : *ubi lex non distinguit, nec nos distinguere debemus.*

Ce qui d'ailleurs tranche toute difficulté, c'est que, dans ce texte, les mots *arrêt contradictoire* et les mots *arrêt par défaut* sont mis en opposition les uns avec les autres ; qu'ainsi, le législateur entend évidemment par *arrêt par défaut*, tout arrêt qui n'est pas *contradictoire*, et qu'un arrêt ne

_____

(1) Journal des audiences de la cour de cassation, année 1827, page 62.

peut être contradictoire, qu'autant qu'il a été rendu en présence de toutes les parties appelées dans la cause.

Mais cela est encore bien plus clair d'après la disposition de l'art. 419 du Code d'instruction criminelle. « La partie civile qui se sera pourvue » en Cassation (y est-il dit), est tenue, à peine ¡'¡de déchéance, de consigner une amende de » 15o francs, ou de la moitié de cette somme, si » l'arrêt est rendu par contumace ou par défaut »; car il n'y a que l'accusé qui puisse être jugé par contumace , et par conséquent dès que la partie civile n'est tenue qu'à la consignation d'une amende de 75 francs pour attaquer l'arrêt rendu par contumace en faveur de l'accusé fugitif, comment voudrait-on l'assujétir à une plus forte consignation pour attaquer un arrêt rendu en faveur d'un prévenu défaillant, alors que ces deux cas sont placés par la loi sur la même ligne, alors par conséquent qu'il est impossible de ne pas les assimiler l'un à l'autre ?

Cependant M. Sirey, tome 17, partie 1, page 347, présente comme contraire à cette doctrine, enseignée d'ailleurs et très-bien justifiée par M. Carnot, sur l'art. 419 du Code d'instruction criminelle, nᵒ. 6, un arrêt de la cour de Cassation, du 14 mai 1813. Mais il ne rapporte pas l'espèce de cet arrêt, et la voici.

Plainte des sieurs Lemême et Menier, parties civiles, contre Joséphine Polpot, femme de Jean Pierre Thabuis, et Françoise Busnel, femme de Nicolas Duhamel, en soustraction frauduleuse d'effets mobiliers.

Sur cette plainte, Joséphine Polpot et Françoise Busnel sont citées à l'audience correctionnelle du tribunal de Saint-Malo.

Joséphine Polpot fait défaut, et Françoise Busnel comparaît seule pour combattre la plainte.

Le 21 janvier 1813, jugement qui, donnant défaut contre Joséphine Polpot, la déclare, ainsi que Françoise Busnel, coupable des soustractions articulées par la plainte, et les condamne toutes deux à trois mois d'emprisonnement, aux dommages-intérêts des parties civiles et aux dépens.

Les deux condamnées appellent de ce jugement à la cour royale de Rennes.

Là, Joséphine Polpot fait encore défaut, mais Françoise Busnel se présente pour soutenir son appel.

Le 27 mars 1813, arrêt qui réforme le jugement attaqué, décharge les deux appellantes des condamnations prononcées contre elles, et condamne les sieurs Lemême et Menier aux dépens.

Les sieurs Lemême et Menier se pourvoient en Cassation, et quoique leur recours soit dirigé contre Françoise Busnel, ni plus ni moins que contre Joséphine Polpot, ils ne consignent qu'une amende de 75 francs.

Mais on leur oppose l'insuffisance de leur consignation; et par arrêt du 14 mai 1813, au rapport de Busschop,

« Vu les art. 419 et 436 du Code d'instruction criminelle.... ;

» Considérant que, si l'arrêt dénoncé a été rendu par défaut contre la femme Thabuis, il a été rendu contradictoirement contre les parties civiles ; que, dès-lors, ceux-ci devaient, sous peine de déchéance de leur pourvoi, consigner une amende de 150 francs, et que néanmoins ils n'ont consigné que la moitié de cette amende;

» La cour déclare Bertrand Lemême et Louis Menier déchus de leur pourvoi, les condamne à une amende de 150 francs envers l'état, à une indemnité de pareille somme envers la femme Thabuis et la femme Duhamel ».

Cet arrêt a sans doute très-bien jugé; mais pourquoi ? Parceque les sieurs Lemême et Menier n'attaquaient pas seulement l'arrêt de la cour royale de Rennes, en tant qu'il avait acquitté par défaut la femme Thabuis, et qu'ils l'attaquaient encore en tant qu'il avait acquitté contradictoirement la femme Duhamel ; parceque, dans ce cas, il était impossible de les considérer comme demandeurs en Cassation d'un arrêt non contradictoire à leur égard.

Mais la cour de Cassation eût-elle prononcé de même, soit dans le cas où la femme Duhamel eût fait défaut, tout aussi bien que la femme Thabuis, devant la cour royale de Rennes; soit dans le cas où les sieurs Lemême et Menier ne se fussent pourvus en Cassation contre l'arrêt de la cour royale de Rennes, qu'en tant qu'il avait acquitté la femme Thabuis ? Je crois pouvoir assurer que non ?

XI. La onzième question a été jugée pour la négative par trois arrêts de la cour de Cassation, des 16 germinal an 8, 9 prairial an 10 et 24 décembre 1824.

Les deux premiers sont rapportés dans le Répertoire de Jurisprudence, au mot Cassation , §. 5, nᵒ. 12-4ᵒ. Voici l'espèce et le prononcé du troisième.

Le 12 septembre 1824, jugement du tribunal correctionnel de Tarbes, qui réforme, au profit de Pierre Fitte et consorts, un jugement que les sieurs Perrin, père et fils , parties civiles, avaient obtenu contre eux au tribunal de police de Bagnères.

Le même jour, les sieurs Perrin font, au greffe du tribunal correctionnel, une déclaration de recours en Cassation.

Le lendemain, ils consignent, entre les mains du receveur de l'enregistrement, une somme de 150 francs pour l'amende; mais ils n'en déposent pas la quittance au greffe du tribunal correctionnel, et par suite, cette quittance ne se trouve pas jointe aux pièces de la procédure, dans le moment où le rapport de l'affaire se fait à l'audience de la section criminelle de la cour de Cassation.

En conséquence, arrêt du 14 octobre suivant,

qui les déclare non-recevables faute de consignation d'amende.

Le 18 novembre de la même année, requête par laquelle, en produisant la quittance de consignation qui leur avait été délivrée le 3 septembre, ils exposent à la cour de Cassation que son arrêt étant le résultat d'une *erreur de fait matérielle, qui est toujours réparable, ils espèrent de sa justice qu'elle voudra bien le rétracter, et les recevoir à proposer leurs moyens de Cassation:*

Mais par arrêt du 24 décembre 1824,

« Ouï le rapport de M. Chantereyne, conseiller en la cour ; Mᵉˢ. Scribe, pour Lizier et François Perrin, père et fils ; et Mᵉ. Odillon Barrot, pour Pierre et Gregoire Fitte et consorts, en leurs observations ; et M. de Vatimesnil, avocat-général, en ses conclusions;

» Vu les art. 419 et 420 du Code d'instruction criminelle.... ;

» Et attendu que des dispositions combinées de ces deux articles, il résulte que tout condamné en matière correctionnelle qui exerce un recours en Cassation contre un arrêt ou jugement en dernier ressort, doit, non-seulement consigner l'amende prescrite, mais encore reproduire devant la cour, à l'appui de son pourvoi, et avant qu'elle y statue, la quittance d'une consignation qui, tant que le demandeur n'en fournit pas la preuve, est réputée ne pas exister, ou justifier par les productions des pièces spécifiées au susdit article, qu'il est dans un des cas d'exception déterminés par la loi;

» Attendu; en fait, que Perrin, père et fils, n'ont point, dans le délai de plus d'un mois qui s'est écoulé depuis leur déclaration de pourvoi contre le jugement du tribunal de Tarbes jusqu'au moment où la cour a statué sur ledit pourvoi, déposé au greffe, ou apporté à son audience, la preuve légale de la consignation prescrite à peine de déchéance; que, dès-lors, l'arrêt du 14 octobre dernier qui les a déclarés non-recevables dans leur pourvoi, est juridique; et que la voie employée pour en obtenir, dans de semblables circonstances, la rétractation, ne peut être admise;

» Par ces motifs, la cour rejette la demande des sieurs Perrin.

Pourrait-on prononcer de même à l'égard d'un demandeur en Cassation, soit en matière criminelle, soit en matière correctionnelle ou de police, qui, dans le délai fixé au ministère public pour l'envoi des pièces au ministre de la justice, aurait déposé au greffe du tribunal dont il attaquerait le jugement, la quittance de la consignation d'amende? Non sans doute. Dans ce cas, le demandeur a dû se reposer sur le ministère public, du soin de joindre sa quittance aux pièces qu'il a transmises à la Cour de cassation, par l'intermédiaire du ministre de la justice, et par conséquent il n'y a point de négligence à lui imputer. Quelle

raison y aurait-il, dès-lors, de ne pas l'admettre à former opposition à l'arrêt qui l'a mal-à-propos déclaré non-recevable? Cet arrêt doit sans contredit être, à son égard, assimilé à un arrêt par défaut, puisqu'il a été rendu dans l'absence de l'une des pièces essentielles qui devaient être mises sous les yeux de la cour suprême, et que l'absence de cette pièce ne peut pas être reprochée au demandeur.

C'est, dit M. Carnot, sur l'art. 419 du Code d'instruction criminelle, n°. 5, ce qu'ont jugé deux arrêts de la cour de Cassation des 26 mai 1809 et 16 août 1811.

Je n'ai pas eu occasion de vérifier le premier de ces arrêts, mais voici les renseignemens qui me sont restés sur le second.

Il existe au greffe de la cour de Cassation, un extrait des registres du greffe du tribunal de police du canton d'Aigre, arrondissement de Ruffet, portant que le 14 janvier 1811, « le sieur Fran-
» çois-Antoine Denicastro a déclaré se pourvoir
» en Cassation contre les jugemens rendus par
» ce tribunal, les 14, 20 et 28 décembre 1810, 4
» et 11 janvier 1811, à son préjudice et au profit
» du sieur Mazière ».

A la suite de cet extrait, est un arrêt du 28 février 1811, ainsi conçu :

« Ouï le rapport fait par M. le conseiller Brillat de Savarin, et le réquisitoire de M. l'avocat-général Daniels ;

» Vu la loi du 14 brumaire an 5, qui veut qu'aucun pourvoi, en matière correctionnelle ou de police, ne soit reçu qu'autant que le demandeur aura consigné l'amende ou prouvé par les voies indiquées dans cette loi, qu'il est dans l'impossibilité de faire cette consignation ;

» Et attendu qu'Antoine Denicastro, demandeur, n'a point consigné l'amende et n'a pas justifié de son indigence ;

» La cour rejette le pourvoi dudit Denicastro, et le condamne à l'amende de 150 francs envers le trésor public ».

En marge de cet arrêt se trouve la mention qui suit : « Nota. Le demandeur ayant depuis prouvé
» qu'il avait consigné l'amende, et que la non-
» production n'était pas de son fait, la cour a
» arrêté que le rapport serait fait au fond. *Signé,*
» Brillat de Savarin ».

Et en effet, au bas de l'arrêt auquel s'applique cette note, il existe, sous la date du 16 août 1811, un arrêt qui, au rapport du même magistrat, statuant sur le fond, et répondant aux quatre moyens de Cassation présentés par le demandeur, *rejette le pourvoi.*

Il est vrai que ce second arrêt ne dit rien ni du précédent, ni de la quittance de consignation d'amende, ni de la cause pour laquelle elle n'avait pas été jointe aux pièces de la procédure.

Mais on voit par une requête annexée à la minute, et signée *Leroy de Neuf Villette,* avocat, « que l'amende avait été consignée par l'exposant

» le 21 janvier 1811; que la quittance a été re-
» mise au greffier du juge de paix avant l'envoi
» officiel des pièces au ministre de la justice;
» que cette quittance, on ne sait par quel motif
» ou par quel hasard, ne s'est point trouvée jointe
» aux pièces; mais que l'exposant en produit un
» *duplicata*, et conclud à ce qu'il plaise à la cour
» ordonner que, sans égard à son arrêt du 21 fé-
» vrier 1811, et toutes choses demeurant en état,
» son pourvoi sera examiné et jugé au fond ».

§. XX. 1°. *Est-il nécessaire que l'acte de recours en Cassation contienne les moyens par lesquels le demandeur prétend faire annuller l'arrêt
ou le jugement en dernier ressort qu'il attaque ?*

2°. *Dans les matières où cela est nécessaire, faut-
il que les moyens de Cassation soient développés
dans la requête en Cassation, ou suffit-il qu'ils
y soient indiqués ?*

3°. *Pour que l'on soit censé, par une requête
en Cassation, indiquer en quoi l'on argue un jugement en dernier ressort de contravention à la
loi, est-il nécessaire d'y citer le texte législatif
auquel on prétend que ce jugement a contrevenu ?*

4°. *Est-ce indiquer suffisamment, dans une requête en Cassation, les moyens sur lesquels on se
fonde pour provoquer l'annullation du jugement
en dernier ressort contre lequel on se pourvoit,
que d'y énoncer qu'ils sont exposés dans tel écrit
signifié à l'avoué de la partie adverse, dans le
cours de l'instance terminée par ce jugement ?*

5°. *Est-ce les indiquer suffisamment que de dire
que l'on se pourvoit en Cassation contre tel arrêt
ou jugement en dernier ressort, pour contravention aux lois de la matière ?*

6°. *L'irrégularité d'une requête en Cassation,
résultant de ce que les moyens de Cassation n'y
sont pas exposés, peut-elle être réparée par une
requête d'ampliation présentée dans le délai fixé
pour le recours en Cassation ?*

7°. *Une requête en Cassation qui a été reçue au
greffe peut-elle être par la suite déclarée nulle,
sur le fondement qu'elle n'énonce pas comme
pièces jointes, la quittance de consignation de
l'amende et la copie signifiée ou l'expédition en
forme du jugement attaqué, quoique, dans le fait,
ces pièces y soient jointes ?*

8°. *La cour de Cassation peut-elle, tout en
rejetant les moyens de Cassation que le demandeur fait valoir, en adopter un autre d'office ou
sur les conclusions du ministère public, pour casser, dans son intérêt, l'arrêt qu'il attaque ?*

9°. *Peut-elle casser un arrêt ou un jugement
en dernier ressort sur un moyen qui n'a pas été
indiqué dans la requête présentée en temps utile,
et ne l'a été que dans un mémoire d'ampliation
produit après l'expiration du délai du recours en
Cassation ?*

I. Sur la première question, l'art. 1er. du tit. 4
de la première partie du réglement de 1738 ne
permet pas le plus léger doute : « Les demandes

» en Cassation d'arrêt ou de jugement en dernier
» ressort (y est-il dit) seront formées par une
» requête *qui contiendra les moyens de Cassation* ».

Mais cette disposition n'est plus obligatoire
que pour les matières civiles. Il y a été dérogé
pour les matières criminelles, correctionnelles
et de police, tant par le Code des délits et des
peines du 3 brumaire an 4 que par le Code d'instruction criminelle, suivant lesquels, dans celles-
ci, la demande en Cassation d'un arrêt ou d'un
jugement en dernier ressort, doit être formée
par une simple déclaration au greffe de la cour
ou du tribunal qui a rendu l'arrêt ou le jugement,
avec faculté, mais sans obligation, d'y joindre
une requête contenant les moyens de Cassation.

II. Sur la seconde question qui ne peut plus,
ainsi que les cinq autres, se présenter qu'en matière civile, j'ai établi dans des conclusions du
15 décembre 1809, rapportées aux mots *Inscription hypothécaire*, §. 3, qu'il n'est pas nécessaire de
développer et qu'il suffit d'indiquer, dans la requête en Cassation, les moyens par lesquels on
prétend faire annuller l'arrêt ou le jugement en
dernier ressort contre lequel on se pourvoit ; et
c'est ce qu'ont jugé, de la manière la plus positive,
trois arrêts de la cour de Cassation des 1er. fructidor an 9, 14 nivôse an 10 et 4 janvier 1820.

Dans l'espèce du premier, les sieurs Coissac
avaient obtenu, à la section des requêtes, un
arrêt d'admission de leur recours en Cassation,
contre un jugement en dernier ressort du tribunal
civil du département de l'Indre, qui avait motivé
les condamnations qu'il avait prononcées contre
eux, sur une enquête dont la nullité résultait
clairement de la loi du 7 fructidor an 3.

L'affaire portée à la section civile, le défendeur
a prétendu qu'ils étaient non-recevables, parceque, dans la requête qu'ils lui avaient fait signifier sur l'arrêt d'admission, ils s'étaient bornés
à dire qu'ils demandaient la Cassation du jugement du tribunal de l'Indre, *pour contravention à
la loi du 7 fructidor an 3, concernant la forme des
enquêtes*; qu'à la vérité, ils avaient ensuite produit une consultation qui contenait un long développement de ce moyen ; mais que cette consultation, ils ne l'avaient pas signifiée avec leur
requête.

Par l'arrêt du 1er. fructidor an 9, la cour de
Cassation a rejetté la fin de non-recevoir, attendu
que les demandeurs (est-il dit dans le *Bulletin civil*)
« ne s'étaient pas bornés (dans leur requête) à
» une citation vague de la loi, et qu'ils y faisaient
» connaître en deux mots que la loi du 7 fructidor
» était violée, parcequ'elle renfermait un nouveau
» mode d'audition de témoins ; et que, d'un autre
» côté, le réglement de 1738 et la loi de brumaire
» an 4 ne prescrivent pas la signification des
» pièces produites à l'appui des mémoires en
» pourvoi ».

Dans la seconde espèce, qui est rapportée, pour

le fond, à l'article *Emigré*, §. 9, le sieur Duval de Bonneval opposait à la demande en Cassation des sieurs Lecomte et consorts, une fin de non-recevoir qu'il faisait résulter de ce que, dans leur requête en Cassation, ils avaient simplement exposé que, par le jugement contre lequel il réclamait, leur débiteur avait été déchargé de la solidarité de leur créance, et que, par là, il avait été tout à la fois contrevenu à l'art. 130 des *Placités* de Normandie de 1669, et fait une fausse application de la loi du 1er. floréal an 3.

Mais par l'arrêt du 14 nivôse an 10,

« Attendu que, dans la requête en Cassation, les lois violées par le jugement attaqué, sont indiquées de manière qu'il n'est pas possible de s'y méprendre, et que par conséquent le vœu du réglement de 1738, à cet égard, est rempli ;

» Le tribunal rejette la fin de non-recevoir ».

Le troisième arrêt est rapporté au n°. suivant.

III. La troisième question s'est présentée, avec celle qui est déjà traitée ci-dessus, §. 3, dans l'espèce suivante.

Le 10 mars 1818, jugement en dernier ressort du tribunal civil de Baume qui renvoie le sieur Colisson, notaire, d'une action que le procureur du roi avait intentée contre lui, pour le faire condamner à l'amende portée par l'art. 16 du tit. 3 de la loi du 29 septembre - 6 octobre 1791 concernant le notariat, et que cet officier avait encourue, faute d'avoir déposé son répertoire au greffe dans le délai fixé par cette loi.

Le 24 avril suivant, le procureur du roi remet au greffe de ce tribunal un acte par lequel il déclare « qu'il entend se pourvoir en Cassation, » attendu que Me. Colisson a été acquitté de l'a-» mende qu'il avait justement encourue ».

Cet acte est transmis, par l'intermédiaire du ministre de la justice, au greffe de la cour de Cassation ; et il est admis comme recours en Cassation, par un arrêt de la section des requêtes.

L'affaire portée à la section civile, le sieur Colisson soutient que le procureur du roi doit être déclaré non-recevable, et pour avoir formé son recours en Cassation dans une forme que la loi n'admet qu'en matière criminelle, et pour n'avoir pas indiqué, dans l'acte contenant ce recours, la loi qu'il prétendait avoir été violée par le jugement qu'il attaquait.

Mais par arrêt du 4 juillet 1820, au rapport de M. Zangiacomi, et sur les conclusions de M. l'avocat général Jourde,

« Considérant que la loi ne fixe aucune règle sur la forme des requêtes en Cassation ; que l'acte mis sous les yeux de la cour, contient une déclaration de pourvoi de la part du procureur du roi près le tribunal de Baume, et que le moyen sur lequel il l'a fondé, est suffisamment indiqué ;

» La cour rejette la fin de non-recevoir ; et vu

» l'art. 16, tit. 3 de la loi du 6 octobre 1791...,
» la cour casse et annulle.... (1) ».

Mais remarquez que cette question ne pourrait pas être jugée de même dans le royaume des Pays-Bas En effet, l'art. 8 de l'arrêté royal du 15 mars 1815, rapporté dans le *Répertoire de jurisprudence*, au mot *Cassation*, §. 9, exige expressément que la requête en Cassation contienne à la fois et un *exposé sommaire des moyens que le demandeur voudra employer*, et *l'indication des lois qu'il prétendra avoir été violées ; faute de quoi*, ajoute-t-il, *elle sera réputée comme non-avenue*.

IV. La quatrième question a été jugée pour la négative, le 15 avril 1825, par un arrêt de la cour supérieure de justice de Bruxelles, formée en cour de Cassation ; et elle l'a été par des motifs qui s'appliquent aussi bien au réglement de 1738 qu'à l'arrêté royal du 15 mars 1815 :

« Attendu (porte-t-il) qu'aux termes de l'art. 8 de l'arrêté royal du 15 mars 1815, la requête introductive, présentée par le demandeur en Cassation, doit contenir non-seulement l'indication des lois qu'il prétend être violées, mais encore un exposé sommaire des moyens qu'il veut employer ;

» Attendu que, si l'on consulte tant le texte du même art. 8 que l'esprit du réglement sur la Cassation, renfermé dans ledit arrêté, et particulièrement les art. 13 et 15 de ce réglement, d'après lesquels la requête *seule* doit être signifiée au *défendeur même*, on demeure convaincu que l'exposé sommaire des moyens de Cassation dont il s'agit, doit se trouver dans la requête même, et qu'il n'est pas satisfait à la loi, si le demandeur se borne à déclarer qu'il s'en rapporte à un autre écrit, ainsi que les demandeurs l'ont fait dans l'espèce, en se référant, en ce qui concerne l'exposé des moyens de Cassation, à certain écrit de griefs, dressé par eux et signifié à avoué en cause d'appel, et qu'ils ont joint aux pièces par eux produites en Cassation ;

» Attendu que les dispositions prescrites par ledit art. 8, doivent être observées sous peine qu'à défaut d'y satisfaire, la requête sera considérée comme non-avenue ;

» Par ces motifs, la cour, ouï le rapport fait par M. le conseiller Orts, et M. l'avocat-général Baumhauer entendu dans ses conclusions conformes, déclare les demandeurs déchus de leur pourvoi en Cassation, les condamne à l'amende et aux dépens.... (2) ».

V. La cinquième question s'est élevée au sujet d'un recours en Cassation, formé par le sieur Gauttereau, contre un jugement du tribunal d'appel d'Orléans, rendu en faveur de son épouse.

_____

(1) Journal des audiences de la cour de cassation, année 1821, page 223.

(2) Jurisprudence de la cour supérieure de Bruxelles, année 1825, tome 1er, page 213.

Le sieur Gauttereau s'était contenté de dire dans sa requête, qu'il demandait la Cassation de ce jugement *pour contravention aux lois de la matière*, sans ajouter, ni quelles étaient les lois qu'il avait en vue, ni en quoi une loi quelconque avait été violée.

Par arrêt du 11 pluviôse an 11, au rapport de M. Minier,

« Attendu que Barthélemy Gauttereau n'a articulé aucun moyen de Cassation à l'appui de son pourvoi, ce qu'il devait faire pour se conformer au réglement de 1736, part. 1, tit. 4, art. 1;

» Le tribunal (section des requêtes) déclare Gauttereau non-recevable en sa demande.... ».

VI. La sixième et la septième questions se sont présentées à l'audience de la cour de Cassation, section civile, le 27 pluviôse an 11, dans une affaire sur laquelle j'ai donné les conclusions suivantes :

« Les fins de non-recevoir qui sont opposées par la veuve et les héritiers Delarue, à la demande en Cassation du cit. Guyenot, pourraient sans doute être prises en considération, si la requête introductive de cette demande eût été présentée au dernier moment du délai fatal, et qu'en conséquence les irrégularités que l'on y relève, n'eussent pas pu être réparées par les requêtes d'ampliation qui l'ont suivie.

» Mais le jugement attaqué par le cit. Guyenot, ne lui ayant jamais été signifié, le cit. Guyenot était encore dans le délai fixé par la loi, lorsqu'il a déposé au greffe ses deux requêtes d'ampliation.

» Ses deux requêtes d'ampliation peuvent donc être considérées comme ne formant qu'un seul et même contexte avec la requête introductive de sa demande en Cassation ; et par conséquent elles doivent réparer, si elles sont en règle, ce qu'il peut y avoir de défectueux dans celle-ci.

» Or, qu'y a-t-il à critiquer dans ses deux requêtes d'ampliation ? A coup sûr, on ne dira pas que ses moyens de Cassation n'y sont pas exposés avec assez de détail : l'art. 1 du tit. 4 de la première partie du réglement de 1738 est donc ici sans application.

» Mais, objectent les défendeurs, au moins nous pouvons opposer au cit. Guyenot, les art. 4 et 5 du même titre, aux termes desquels aucune requête en Cassation ne peut être reçue au greffe ; s'il ne s'y trouve joint, et une quittance de consignation d'amende, et une copie signifiée ou une expédition en forme du jugement attaqué.

» Le cit. Guyenot n'avait-il donc pas joint à sa requête, une expédition en forme du jugement dont il demande la Cassation ? N'y avait-il pas joint la quittance constant la consignation qu'il avait faite de l'amende déterminée par la loi ?

» La preuve qu'il y avait joint en effet ces deux pièces, c'est que sa requête a été reçue au greffe ; c'est que, s'il ne les y avait pas jointes, le gref-fier ne se serait pas chargé de sa requête ; c'est que de cela seul que le greffier s'est chargé de sa requête, il suit nécessairement que ces deux pièces y étaient jointes.

» Mais, dit-on, il ne suffisait pas de les joindre, il fallait encore les énoncer dans la requête.

» Où cela est-il écrit ? Ce n'est ni dans l'art. 4 ni dans l'art. 5 du tit. 4 de la première partie du réglement de 1738 : ces articles se bornent à déclarer que les requêtes en Cassation ne seront pas reçues, si les deux pièces dont il s'agit, n'y sont pas annexées ; et sans doute, on ne peut pas arbitrairement ajouter aux dispositions irritantes de la loi. Dès qu'un demandeur en Cassation fait littéralement ce que la loi lui prescrit, il est en règle, et sa demande doit être reçue. Pour exiger qu'en outre il énonçât dans sa requête qu'il fait ce que lui prescrivent les art. 4 et 5, il faudrait exiger aussi qu'elle y énonçât qu'il se conforme à l'art. 8, c'est-à-dire, qu'il présente sa requête dans le délai fixé par la loi ; et si, de ces deux énonciations, l'on ne peut pas raisonnablement l'astreindre à la seconde, on ne peut pas non plus l'astreindre à la première.

» Mais, dit-on encore, lisez donc l'art. 1er. du tit. 4 de la deuxième partie du réglement : vous y verrez que la requête doit contenir *l'énonciation sommaire des pièces.*

» Oui, mais de quelles requêtes est-il question dans cet article ? Uniquement des requêtes d'instruction qui sont présentées dans le cours d'une instance contradictoire. Voici, en effet, comment cet article est conçu : *Dans les instances qui auront été introduites par assignation, la partie qui en poursuivra l'instruction, sera tenue, aussitôt après la nomination du rapporteur, de lui remettre une requête contenant le récit du fait, ses moyens, l'énonciation sommaire de ses pièces, et ses conclusions, lesquelles requêtes seront employées pour fins de non-recevoir, défenses au fond, écritures et productions.*

» Il ne s'agit point là, comme vous le voyez, des requêtes introductives de demandes en Cassation. C'est donc déplacer cet article, que de l'appliquer à celles-ci. La deuxième fin de non-recevoir des défendeurs est donc tout aussi futile que la première ; et nous ne devons, nous ne pouvons que requérir le rejet de l'une et de l'autre ».

Conformément à ces conclusions, arrêt du 27 pluviôse an 11, au rapport de M. Lasaudade, qui rejette les fins de non-recevoir, « Attendu que » le jugement attaqué n'a jamais été signifié à » Guyenot ; que, d'ailleurs, la requête d'amplia-» tion donnée en temps utile par ledit Guyenot, » contient ses moyens de Cassation ; qu'il est cons-» taté que la quittance d'amende et l'expédition » du jugement attaqué, ont aussi été joints en » temps utile à la demande en Cassation ».

La septième des questions proposées en tête de ce paragraphe, a encore été jugée dans le même sens, par un arrêt du 7 juin 1809, rapporté aux mots *Inscription hypothécaire*, §. 1.

VII. La huitième question se réduit à savoir si l'on doit appliquer à la cour suprême, lorsqu'elle prononce sur une demande en Cassation, la règle écrite dans la loi 1, C. *ut quæ desunt advocatis partium judex suppleat*, que le juge doit suppléer d'office à ce qui manque aux moyens de droit employés par les défenseurs des parties.

Que la cour de Cassation soit, comme les cours et les tribunaux inférieurs, assujétie à cette règle dans les matières criminelles, correctionnelles et de simple police, pc'est la conséquence manifeste de la loi laissé, dans ces matières, aux demandeurs en Cassation, de ne pas produire de requête contenant leurs moyens, et de s'en référer, à cet égard, aux lumières et à la justice des magistrats.

Mais par la raison contraire, il paraît évident qu'il en doit être tout autrement dans les matières civiles. En effet, obliger, comme le fait expressément la loi dans ces matières, le demandeur en Cassation d'indiquer les moyens qu'il croit propres à faire annuler l'arrêt ou le jugement en dernier ressort contre lequel il se pourvoit, et l'y obliger sous peine d'être déclaré non-recevable, c'est dire très-clairement que la demande en Cassation ne peut être accueillie que d'après les moyens sur lesquels elle est appuyée, et que la cour suprême ne peut pas, en les rejetant, les remplacer par d'autres ; ou du moins qu'elle ne peut le faire que dans l'intérêt de la loi.

C'est effectivement ce qu'a jugé un arrêt de la cour de Cassation du 24 brumaire an 12, qui est rapporté au mot *Appel*, §. 9, dans l'une des notes sur mes conclusions du 21 thermidor an 9.

Cependant la question s'étant présentée à l'audience de la section civile le 10 nivôse an 13, dans une affaire où je portais la parole, elle y a été jugée tout autrement, comme on peut le voir aux mots *Vaine pâture*, §. 2 ; mais je dois le dire, elle l'a été fort précipitamment et en quelque sorte par ma faute : voici comment :

J'étais arrivé ce jour là au palais avec des conclusions préparées tout à la fois pour le rejet du recours en Cassation dont il s'agissait, parcequ'aucun des moyens proposés par les demandeurs, ne me paraissait soutenable, et pour la Cassation dans l'intérêt de la loi, parcequ'il y avait dans la cause un moyen péremptoire de Cassation sur lequel les demandeurs avaient gardé le silence. Interrogé avant l'audience, et dans une conversation particulière, par l'un de Messieurs sur le parti que je prendrais dans mes conclusions, je lui en exposai en deux mots le double résultat ; et comme il ne connaissait pas plus que moi l'arrêt du 24 brumaire an 12, il

me répondit que probablement il s'élèverait de grandes difficultés sur ma proposition de ne casser que dans l'intérêt de la loi.

Le temps me manquait pour réfléchir sur la question, et les raisons qui justifiaient la première opinion que je m'en étais formée, ne se présentant pas tout de suite à mon esprit, je me déterminai à déclarer que, sur le point de savoir si la Cassation devait être prononcée dans l'intérêt des demandeurs, ou si elle ne devait l'être que dans l'intérêt de la loi, je m'en rapportais à la prudence de la cour. Qu'est-il résulté de là ? Que la cour saisit le moyen que j'indiquais, et que, sans délibération spéciale sur le point que je m'étais abstenu de discuter, elle cassa purement et simplement.

Mais j'ose croire que, si elle avait à se prononcer de nouveau sur la question, elle reviendrait sur le parti qu'elle a pris par son arrêt du 24 brumaire an 12, et la raison sur laquelle je me fonde, me paraît sans réplique.

Ce que l'art. 1er. du tit. 4 de la première partie du réglement de 1738 prescrit au demandeur en Cassation, l'art. 13 du tit. 35 de l'ordonnance de 1667, renouvelé par l'art. 495 du Code de procédure, le prescrit au demandeur en requête civile ; l'un veut que le demandeur en Cassation soit déclaré non-recevable, s'il n'énonce les moyens de Cassation dans la requête qu'il dépose au greffe de la cour suprême, comme l'autre veut, sous la même peine, que le demandeur en requête civile expose ses moyens de requête civile dans l'acte introductif de sa demande ; et il n'y a ni motif ni prétexte pour mettre moins de rigueur dans l'interprétation du premier, que l'on n'en met dans celle du second ; car la voie de Cassation est bien moins favorable que celle de requête civile.

Or, si, en me pourvoyant en requête civile, je me suis uniquement fondé, soit sur le dol personnel de mon adversaire, soit sur un vice d'*ultrà petita*, la cour royale pourra-t-elle, en rejetant l'un ou l'autre moyen, me donner gain de cause, soit parcequ'elle trouvera dans son arrêt des dispositions contraires, soit parcequ'elle reconnaîtra qu'il aurait dû être, mais qu'il n'a pas été précédé des conclusions du ministère public ! Non certainement ; le rejet de mes moyens entraînera nécessairement le rejet de ma demande. Comment donc si, en me pourvoyant en Cassation, je me fonde sur de mauvais moyens, la cour suprême pourrait-elle, en les écartant, y substituer une ouverture de Cassation qui m'est échappée ?

VIII. La neuvième question devrait sans contredit être résolue dans le même sens que la précédente, c'est-à-dire, pour la négative, si une requête en Cassation qui ne contient que de mauvais moyens, devait être assimilée à une requête qui n'en contient pas du tout ; car on vient de voir, n°. 6, qu'une requête en Cassation qui ne contiendrait aucun moyen, serait infailliblement rejetée, quoiqu'elle eût été suivie, après l'expiration du délai fatal, d'une requête d'ampliation dans laquelle serait exposé un moyen péremptoire, et que l'arrêt attaqué ne pourrait alors être cassé que dans l'intérêt de la loi. Si donc il n'y avait point de différence entre une requête qui ne contient aucun moyen et une requête qui n'en contient que de mauvais, il est clair que celle-ci ne pourrait pas échapper au rejet, sous le prétexte qu'aux mauvais moyens qui y sont exposés, on aurait été substitué un bon, par un mémoire d'ampliation produit à une époque où le délai de recours en Cassation était expiré.

Mais doit-on réellement assimiler la requête en Cassation qui ne contient que de mauvais moyens, à la requête en Cassation qui n'en contient point du tout?

Je ne le crois pas, et voici mes raisons :

Il en est d'une requête en Cassation qui ne contient aucun moyen, comme d'une citation en justice qui n'est point du tout libellée; et d'une requête en Cassation qui ne contient que de mauvais moyens, comme d'une citation en justice qui est fondée sur des points de fait ou de droit insuffisans pour faire accueillir la demande qu'elle renferme.

Or, est-ce la même chose pour une citation en justice, d'être mal libellée, ou de ne l'être point du tout? Non assurément.

Lorsqu'une citation en justice n'est pas du tout libellée, elle est, d'après l'art. 61 du Code de procédure, *nulle dans la forme*; elle ne peut par conséquent, aux termes de l'art. 2247 du Code civil, interrompre la prescription; et par une conséquence ultérieure, ce serait en vain que l'on chercherait à en réparer la nullité par une citation subséquente qui ne serait donnée qu'après que la prescription aurait décrit entièrement son cours.

Mais une citation en justice n'est pas nulle pour être motivée, soit sur des faits non justifiés ou insignifians, soit sur des points de droit erronés ou appliqués à faux; elle n'est que mal fondée, et tout mal fondée qu'elle est, elle n'en est pas moins interruptive de la prescription.

Donc, et par parité de raison, la requête en Cassation qui est dénuée de tout moyen, est par cela seul entachée, dans la forme, d'un vice qui la fait réputer non avenue, et par suite incapable d'interrompre la prescription de la faculté d'attaquer par cette voie les arrêts et les jugemens en dernier ressort; et l'on ne réparerait pas ce vice par un mémoire d'ampliation qui, produit seulement après l'expiration du délai dans lequel est circonscrit l'exercice de cette faculté, présenterait un ou plusieurs moyens péremptoires.

Donc, et toujours par parité de raison, la requête en Cassation qui ne contient que de mau-

vais moyens, est sans doute mal fondée, mais elle n'est pas nulle dans la forme ; et comme il n'en faut pas davantage pour qu'elle ait, tout aussi bien, que si elle était justifiée par les moyens les plus décisifs, l'effet d'interrompre la prescription du délai fatal, il n'en faut pas davantage non plus pour qu'aux mauvais moyens qui y sont exposés, on puisse en substituer de bons dans un mémoire d'ampliation produit même après que le délai fatal est expiré.

Cette seconde conséquence est au surplus justifiée par deux exemples frappans par leur analogie avec notre question.

1°. Sous le Code des délits et des peines du 3 brumaire an 4, il fallait, sous peine de déchéance, que l'appelant d'un jugement correctionnel déposât, dans les dix jours de la prononciation de ce jugement, une requête contenant ses moyens d'appel. Résultait-il de là qu'après les dix jours et devant le tribunal d'appel, l'appelant ne fût pas recevable à proposer de nouveaux moyens? On trouvera au mot *Appel*, §. 13, art. 1, n°. 5, un arrêt de la cour de Cassation, du 18 mai 1810, qui juge formellement que non, et par des motifs qui s'appliquent parfaitement à notre espèce : « Attendu (y est-il dit) que la loi, » en ordonnant de présenter des moyens d'appel » dans la requête, n'exclud nullement l'addition » et la présentation de nouveaux moyens, posté- » rieurement à cette requête, avant ou pendant » les débats; que la loi, bien loin de limiter les » moyens qui tiennent à la défense, laisse au » contraire aux accusés la latitude commandée » par la justice; que les fins de non-recevoir et » les déchéances sont de droit étroit, et ne peu- » vent être par conséquent étendues d'un cas à » un autre, sans excès de pouvoir; qu'il est » nécessaire qu'elles soient littéralement écrites » dans la loi, pour que les tribunaux soient au- » torisés à les prononcer ».

2°. L'ordonnance de 1667 voulait, tit. 35, art. 13, qu'il fût *attaché aux lettres de requêtes civiles une consultation de deux anciens avocats et de celui qui aurait fait le rapport, laquelle contiendrait sommairement les ouvertures de requête civile*; et elle le voulait sous la peine de nullité qui était constamment jugée y être sous-entendue. Résultait-il de là que, si, après avoir obtenu des lettres de requête civile dans cette forme, le demandeur découvrait de nouveaux moyens de requête civile, il ne fût pas recevable à les proposer, même après le délai dans lequel il avait dû obtenir et obtenu ces lettres, était expiré? L'ordonnance elle-même décidait que non : *si depuis les lettres obtenues, disait-elle, art. 29, et sans distinguer entre le cas où les lettres auraient été obtenues au dernier moment et celui où elles l'auraient été long-temps avant l'expiration du délai fatal, le demandeur en requête civile découvre d'autres moyens contre l'arrêt ou jugement en dernier ressort, que ceux employés en la requête civile, il sera tenu de les énoncer dans une requête, qui sera signifiée à cette fin au procureur du défendeur, sans obtenir lettres d'ampliation, lesquelles nous abrogeons.*

Il est vrai que l'art. 499 du Code de procédure civile en dispose autrement, ou que du moins telle paraît être la conséquence de ce qu'en le rédigeant tel qu'il est, le conseil d'état a rejeté une addition que le tribunat proposait d'y faire en ces termes : *Si, depuis la signification de la requête civile, le demandeur découvre d'autres ouvertures, et qu'il veuille s'en aider, il sera tenu de les énoncer dans une requête ampliative, en tête de laquelle il signifiera une nouvelle consultation de trois avocats contenant qu'ils sont d'avis que les nouvelles ouvertures doivent être accueillies* (1),

Mais quel argument peut-on tirer ici de cette innovation ? En ôtant aux demandeurs en requête civile, la faculté qu'ils tenaient du droit commun et que leur conservait l'ordonnance de 1667, d'ajouter de nouveaux moyens à ceux qu'ils avaient articulés en obtenant et faisant signifier leurs lettres de requête civile, il les a sans doute mis dans l'impossibilité de réparer, après l'expiration du délai fatal, l'insuffisance des moyens qu'ils auraient employés en formant et en faisant signifier leur demande ; et sans doute par là, il a neutralisé, à leur égard, le principe que la prescription est interrompue par une demande mal fondée, pourvu qu'elle soit régulière, comme elle l'est par une demande qui est à la fois régulière et bien fondée. Mais rendre ce principe inapplicable aux demandeurs en requête civile, ce n'est pas l'abroger, c'est seulement en excepter un cas particulier, c'est le laisser, pour tous les autres cas, tel qu'il était précédemment ; c'est par conséquent le maintenir pour toutes les matières où l'application en est encore possible ; et de là il suit évidemment que le demandeur en Cassation, qui a proposé que de mauvais moyens par sa requête présentée au dernier moment du délai fatal, peut encore aujourd'hui, tout aussi bien qu'avant le Code de procédure, remplacer ces moyens par de bons, après que le délai fatal est expiré, comme celui qui, en intentant une action la veille du jour où elle devait être prescrite, ne l'a fondée que sur des erreurs de fait et de droit, peut encore, dans le cours de l'instance, comme il pouvait avant le Code de procédure, rectifier ces erreurs et y substituer des moyens victorieux.

Pour qu'il en fût autrement, il faudrait que de l'art. 469 du Code de procédure on pût inférer que le demandeur en Cassation n'a plus, après avoir déposé sa requête en temps utile, la faculté d'y ajouter un mémoire d'ampliation, et comme il est clair qu'on ne le peut pas raisonnablement, il est clair aussi qu'on ne peut pas, non plus refuser au demandeur en Cassation le droit

de proposer, par un mémoire d'ampliation produit après le délai fatal, d'autres moyens que ceux qu'il a présentés en temps utile par sa requête introductive.

C'est ainsi, au surplus, que la question a été jugée par la cour de Cassation dans l'espèce suivante.

Le 21 juillet 1813, jugement en dernier ressort du tribunal civil de Gien, qui décharge la veuve Gauthier d'une contrainte décernée contre elle par la régie de l'enregistrement.

Le 13 mars 1816, arrêt de la cour de Cassation qui annulle ce jugement, renvoie les parties, sur le fond, devant le tribunal civil d'Orléans, et condamne la veuve Gauthier *aux dépens faits en la cour.*

Le 17 février 1817, jugement du tribunal civil d'Orléans, qui prononce au fond de la même manière que l'avait fait le tribunal civil de Gien, mais par un autre motif, et condamne la régie à rembourser à la veuve Gauthier les dépens qu'elle lui a payés en exécution de l'arrêt de la cour de Cassation du 13 mars 1816.

La régie de l'enregistrement se pourvoit en Cassation contre ce jugement, et ne fonde d'abord sa demande que sur la violation des art. 4 et 12 de la loi du 22 frimaire an 7.

Mais, par un mémoire d'ampliation produit après l'expiration du délai du recours en Cassation, elle fait valoir un nouveau moyen qu'elle tire de l'excès de pouvoir que le tribunal civil d'Orléans s'est permis, en la condamnant à restituer des dépens qui lui ayant été adjugés par la cour de Cassation, lui étaient irrévocablement acquis.

Les héritiers de la veuve Gauthier opposent à ce moyen une fin de non-recevoir qu'ils font résulter de ce qu'il a été proposé à une époque où le recours en Cassation était fermé à la régie.

Mais par arrêt du 4 août 1818, au rapport de M. Gandon, et sur les conclusion de M. l'avocat général Cahier,

« Considérant que la loi autorise à donner des mémoires ampliatifs, d'où il suit qu'elle permet de proposer de nouveaux moyens dans ces mémoires ;

» La cour rejette la fin de non-recevoir (1) ».

§. XXI. 1°. *D'après la règle écrite dans le titre du réglement de 1738 qui concerne le recours en Cassation, que l'on ne doit comprendre dans les délais qui y sont fixés, ni le jour de l'assignation ni celui de l'échéance, peut-on encore se pourvoir le 4 avril contre un jugement en dernier ressort qui a été signifié à personne ou à domicile le 2 janvier précédent ?*

2°. *Peut-on encore, d'après la même règle, signifier le 4 avril un arrêt d'admission que l'on a*

(1) *V. l'Esprit du Code de procédure civile*, par M. Locré, art. 495.

(1) Jurisprudence de la cour de cassation, tome 19, page 124.

22.

obtenu le 2 janvier précédent, à la section des requêtes?

3°. *Quel est le délai fatal pour le recours en Cassation contre un jugement en dernier ressort, rendu contre un mineur, et qui lui a été signifié avant la loi du 27 novembre 1790, mais dont la signification ne lui a été réitérée, ni depuis la publication de cette loi, ni depuis qu'il a atteint sa majorité?*

I. Sur la première question, la négative résulte clairement des détails dans lesquels je suis entré, relativement au délai de l'appel, dans un réquisitoire du 7 juin 1812, qui est transcrit dans le *Répertoire de jurisprudence*, au mot *Appel*; sect. 1, §. 1, n°. 14; et elle a été consacrée par l'arrêt de la cour de Cassation, du 24 novembre 1823 qui est rapporté ci-dessus, §. 8.

II. Il n'est pas à ma connaissance que la seconde question se soit jamais présentée devant la cour de Cassation; mais depuis la séparation de la Belgique d'avec la France, il en a été agité une devant la cour supérieure de justice de Bruxelles, formée en cour de Cassation, qui devait être et a été en effet jugée d'après un principe sur lequel serait sans doute calquée la décision de la nôtre, si elle venait à s'élever devant la cour suprême.

Suivant l'art. 13 de l'arrêté royal du 15 mars 1815, toute requête en Cassation, dans la Belgique, est admise de plein droit; mais elle doit, à peine de déchéance, être signifiée au défendeur dans le mois de la date d'une ordonnance rendue à cet effet par le premier président.

Ainsi, dans la Belgique, le défaut de signification de la requête en Cassation dans le mois de la date de l'ordonnance du premier président, équipolle parfaitement au défaut de signification, en France, de l'arrêt d'admission dans les trois mois du jour où cet arrêt a été rendu par la section des requêtes.

Cela posé, voici la question qui s'est présentée devant la cour supérieure de justice de Bruxelles.

Dans les derniers jours de décembre 1815, la régie de l'enregistrement et des domaines du royaume des Pays-Bas se pourvoit en Cassation, contre un jugement en dernier ressort rendu en faveur du sieur Goffiat, demeurant à Mons.

Le 5 janvier 1816, sa requête est mise sous les yeux du premier président; et ce magistrat rend, le même jour, une ordonnance de *soit signifié au défendeur.*

Le 7 février suivant, signification de cette requête au sieur Goffiat.

Le sieur Goffiat comparaît, et soutient que la régie est déchue de son recours en Cassation, parceque sa requête lui a été signifiée un jour trop tard.

La cause portée à l'audience, M. le procureur général Daniels s'explique en ces termes:

« L'art. 5 du tit. 1, part. 2, du réglement de 1738 porte que, dans tous les délais marqués par le réglement, le jour de l'assignation (ou de la signification) et celui de l'échéance ne seront point comptés; et ce principe a été maintenu dans la nouvelle législation française, sur le recours en Cassation.

» C'est ainsi que, par l'art. 1er. de la loi du 1er. frimaire an 2, il a été décidé, qu'en matière civile, le délai pour se pourvoir en Cassation est de trois mois francs, dans lesquels ne sont compris ni le jour de la signification du jugement à personne ou domicile, ni le jour de l'échéance.

» C'est de la même manière que nous devons compter le délai d'*un mois* prescrit par l'art. 13 de l'arrêté du 15 mars 1815. L'art. 60 renvoie, pour tous les cas non prévus par cet arrêt, aux lois qui étaient en vigueur à l'époque de l'occupation de la Belgique par les puissances alliées, notamment le réglement du 28 juin 1738.

» L'art. 13 de ce nouvel arrêté dit bien que cette signification de l'ordonnance sera faite *dans un mois;* le texte hollandais exprime la même idée, *binnen een maand;* de même l'art. 8 du tit. 4, 1re. partie du réglement de 1738 portait : « Aucune requête en Cassation ne pourra être » reçue, si elle n'a pas été présentée *dans* le délai » qui sera marqué par les articles suivants ». Cependant il est constant que ni le jour du départ, ni celui de l'échéance, n'y étaient compris. Ce réglement statuait formellement que *tous* les délais seraient comptés de la même manière, sans y comprendre les deux extrêmes; les *termini à quo* et *ad quem* étaient retranchés : il faut donc en appliquer les dispositions à l'espèce.

» L'ordonnance étant du 5 janvier 1816, si ce jour devait être compris, le mois serait expiré le 4 février et non le 5, parcequ'on ne peut avoir deux cinquièmes jours dans un mois.

» Mais si le jour de départ, le *terminus à quo,* doit être retranché, le premier jour du délai sera le 6 janvier; par suite le mois expirera le 5 février inclusivement; c'est le jour de l'échéance, le *terminus ad quem;* il ne compte pas non plus; son cours est toujours utile; il suffit d'employer encore le lendemain, et l'on aura eu ainsi un mois *franc.* La régie aurait par conséquent désigner l'ordonnance et son mémoire au plus tard le 6 février, elle ne l'a fait que le 7.

» On ne saurait méconnaître que, dans le sens du réglement du 28 juin 1738 qui n'a point été aboli par l'art. 13 de l'arrêté du 15 mars 1815, le demandeur en Cassation n'ait un mois franc, pour notifier son mémoire et l'ordonnance de *soit communiqué.* Il doit donc le faire le *lendemain de l'expiration du mois,* puisque c'est alors qu'il aura eu un mois franc.

» En effet, par *mois* il faut entendre l'espace de 28, 29, 30 ou 31 jours, suivant les différences adoptées dans le calendrier grégorien, l'année y étant divisée en douze parties, qui toutes ne sont point égales, mais dont aucune ne peut excéder 31 jours.

» Ce n'est point qu'il faille toujours ce dernier nombre pour former un mois. Toutefois la régie a eu 31 jours dans l'espèce, et encore n'en a-t-elle pas profité : elle est restée dans l'inaction. Ce n'est que le 7 février que se fait la notification de l'ordonnance. Il n'en était plus temps ; la déchéance était encourue, pour n'avoir pas fait la signification au moins la veille, 6.

» C'est en vain que la régie prétend ajouter au mois quatre jours, à raison de la distance de Bruxelles à Mons.

» Indépendamment de ce qu'il ne s'agit ici, ni de voyage, ni d'envoi, ni de retour, il est constant que le délai en Cassation a toujours été uniforme. Le règlement de 1738 ne permet de l'augmenter, que dans le cas où la partie assignée demeure dans les colonies.

» De même le délai d'un mois doit être uniforme pour tout le ressort de la cour de Bruxelles, jugeant en Cassation.

» C'est d'ailleurs mal appliquer l'art. 1033 du Code de procédure, concernant l'augmentation des délais à raison des distances ; jamais celui qui doit faire un exploit de notification, ne peut l'invoquer : ce n'est qu'en faveur de l'autre qui doit comparaître, que l'augmentation est établie d'un jour à raison de trois myriamètres de distance, outre le délai ordinaire ».

D'après ces considérations, M. le procureur-général a conclu à la déchéance ; et elle a été prononcée par arrêt de 31 octobre 1816 (1).

La troisième question s'est présentée à l'audience de la section des requêtes, le 7 floréal an 10, au sujet d'une demande en Cassation formée par M. Carion de Nisas, membre du tribunal.

« Cette demande, qui ne date que du 22 prairial an 2 (ai-je dit), est dirigée contre un arrêt du parlement de Toulouse, du 31 juillet 1782, signifié au cit. Carrion-Nisas, encore mineur, le 31 août de la même année ; et c'est assez dire qu'elle ne pourrait pas être accueillie, si l'on devait la juger d'après les règles établies par la loi du 27 novembre 1790.

» Mais ces règles sont-elles applicables aux jugemens rendus par les anciens tribunaux ? Il faut distinguer.

» Ou le délai du recours en Cassation contre ces jugemens, était commencé au moment de la publication de la loi dont ces règles font partie, ou il ne l'était pas encore.

» Au premier cas, l'art. 15 n'accorde que trois mois à compter du jour de l'installation du tribunal de Cassation.

» Au second cas, la loi est muette, et par conséquent impossible de la faire rétroagir sur les jugemens qui l'ont précédée.

» Tout dépend donc ici du point de savoir si, lorsqu'a paru la loi du 27 novembre 1790, le délai du recours en Cassation avait commencé à courir contre le cit. Carrion-Nisas. S'il courait dès-lors, le cit. Carrion-Nisas est déchu. S'il n'était pas encore entamé, le cit. Carrion-Nisas est encore à temps pour se pourvoir.

» Mais comment nous assurer si ce délai avait ou non commencé à courir avant la loi du 27 novembre 1790 ? Il faut nous reporter au règlement de 1738.

» Nous y verrons qu'à l'égard des majeurs, le délai du recours en Cassation courait du jour de la signification qui leur avait été faite à personne ou à domicile, des jugemens dont ils avaient à se plaindre ; mais que, pour les mineurs, il ne commençait à courir que du jour de la signification qui leur était faite, après qu'ils avaient atteint leur majorité.

» Ainsi, la signification faite à un mineur pendant sa minorité, n'était d'aucun effet quant au délai dont il s'agit ; et si, devenu majeur, on ne la lui réitérait pas, il avait pour se pourvoir tout le temps qu'embrasse la prescription ordinaire, c'est-à-dire, trente ans.

» Or, voilà précisément l'hypothèse dans laquelle se trouve le cit. Carrion-Nisas. On lui a bien signifié, pendant sa minorité, l'arrêt du parlement de Toulouse, du 31 juillet 1782 ; mais on ne le lui a pas signifié de nouveau depuis qu'il est majeur. Ainsi, le délai pour se pourvoir ne courait pas encore à l'époque de l'installation du tribunal de Cassation, et par une conséquence nécessaire, il est encore entier, même dans le moment actuel.

» Il n'y a donc pas de fin de non-recevoir à opposer au recours du cit. Carrion-Nisas, mais ce recours est-il fondé..... ? ».

Par arrêt du 7 floréal an 10, au rapport de M. Bailli, la requête du sieur Carrion-Nisas a été admise.

L'affaire portée à la section civile, les héritiers de la dame Spinola, défendeurs à la demande en Cassation, ont d'abord opposé au sieur Carrion-Nisas une fin de non-recevoir qu'ils faisaient résulter de ce que, selon eux, le sieur Carrion-Nisas s'était pourvu trop tard.

C'était renouveler la question déjà jugée contre eux par la section des requêtes. Mais à l'audience, ils s'en sont désistés, et ont renfermé leur défense dans la justification de l'arrêt du parlement de Toulouse, qui, en effet, a été confirmé par un arrêt du 2 messidor an 11, que je rapporte à l'article *Révocation de testament*, §. 2.

§. XXII. *La déchéance encourue par un demandeur en Cassation, à l'égard des parties à qui il n'a pas fait signifier son arrêt d'admission dans les trois mois de sa date, profite-t-elle aux*

(1) Jurisprudence de la cour supérieure de justice de Bruxelles, année 1817, tome 1, page 76.

autres parties auxquelles cet arrêt a été signifié en
temps utile ? Leur profite-t-elle notamment lors-
qu'au fond, elles sont poursuivies comme co-obli-
gées solidairement avec celles à qui l'arrêt d'admis-
sion n'a pas été signifié ?

Voici ce que j'ai dit sur cette question, à l'audience de la cour de Cassation, section civile, le
29 germinal an 11.

« La régie de l'enregistrement est-elle déchue
de son recours en Cassation du jugement rendu
par le tribunal civil de l'arrondissement de
Meaux, le 2 thermidor an 9, en faveur des héritiers Vallery ? Telle est la première question
que vous avez à examiner dans cette affaire.

» Les défendeurs soutiennent l'affirmative,
sur le fondement que le jugement portant admission du recours de la régie, n'a pas été signifié
à chacun d'eux dans les trois mois de sa date.

» Effectivement, il n'a pas été signifié aux héritiers de la veuve Moreau laquelle était une des
trois héritiers Vallery.

» Les défendeurs prétendent qu'il ne l'a pas été
non plus au cit. Despague. Mais le contraire est
prouvé par un exploit de signification en bonne
forme ; et cet exploit fera foi de son contenu, tant
qu'il n'aura pas été argué et convaincu de faux.

» Du reste, les défendeurs conviennent que
la signification du jugement a été faite en temps
utile à celui d'entr'eux qui s'appelle Jean-Baptiste
Pierre Vallery.

» Ainsi, la question que vous avez d'abord à
résoudre, est de savoir si le défaut de signification d'un jugement d'admission à l'une des parties qu'il permet de citer, emporte la déchéance
de ce jugement.

» Il l'emporte sans contredit à l'égard et en faveur de la partie à laquelle le jugement d'admission n'a pas été signifié.

» Mais l'emporte-t-il également à l'égard et en
faveur de ses consorts , à qui il a été fait des significations régulières ? La négative nous paraît
incontestable.

» Les fins de non-recevoir sont de droit étroit ;
on ne peut pas plus les étendre d'une personne à
une autre, qu'on ne peut les appliquer à des cas
pour lesquels la loi ne les a pas établies.

» Ainsi, de ce qu'en ne me mettant pas en règle envers une partie, je me suis rendu non-recevable à poursuivre contre elle une demande en
Cassation, il ne s'ensuit pas que les parties envers lesquelles j'ai rempli toutes les formalités
nécessaires , puissent profiter de la fin de non-
recevoir acquise à leur consort.

» Si, au lieu de succomber dans le tribunal
dont j'attaque le jugement, j'y avais obtenu gain
de cause, et que l'une seulement de mes parties
adverses vînt se pourvoir en Cassation, je ne
pourrais sûrement pas la faire déclarer non-recevable, sous le prétexte qu'elle ne serait pas
accompagnée de ses consorts.

» Par la même raison, si, dans le cas inverse,

ne me pourvois que contre une des parties qui
ont obtenu le jugement dont j'ai à me plaindre,
elle ne pourra pas me soutenir non-recevable à
me pourvoir contre elle seule.

» Eh bien ! Par l'effet du défaut de signification de mon jugement d'admission à l'une de
mes parties adverses, je me trouve précisément
au même point que si je ne m'étais pas pourvu
contre elle.

» Il n'y a donc pas plus de fin de non-recevoir à tirer pour ses consorts de ce défaut de signification, qu'il n'en pourrait être tiré du défaut absolu de recours contre l'un d'eux.

» Mais, dit-on, le jugement est indivisible ;
vous ne pouvez pas y acquiescer envers une partie et l'attaquer envers une autre.

» Quel serait donc le principe de cette prétendue indivisibilité ? Aucune loi ne l'établit, et la
loi seule peut créer un principe d'où pourrait dé-
couler une fin de non-recevoir,

» Mais, dit-on encore, il s'agit ici d'une action exercée solidairement contre les trois héritiers Vallery. Le jugement qui les en décharge,
ne peut donc pas être cassé au préjudice de deux
d'entre eux, tandis qu'il serait maintenu en faveur du troisième.

» Eh pourquoi ne le pourrait-il pas ? Si, au
lieu de poursuivre les trois héritiers à la fois, la
régie de l'enregistrement n'en avait poursuivi
qu'un seul, et qu'elle eût obtenu un jugement
contre lui, ce jugement ne serait pas exécutoire
contre les deux autres, et ceux-ci pourraient,
étant poursuivis à leur tour, faire rendre un
nouveau jugement qui les déchargeât de la demande de la régie. Il y aurait donc en ce cas
deux jugemens contraires sur le même objet, sur
les mêmes moyens ; mais entre parties diverses.
Or, c'est ici la même chose. Si le jugement attaqué par la régie, est cassé, et si par suite il en est
rendu un autre qui accueille la prétention de la
régie, il existera bien deux jugemens contraires ;
mais ce sera entre des parties différentes, et il
n'y aura là rien qui répugne aux règles de la matière (1).

» Inutile d'examiner en ce moment si, par
l'effet de la Cassation, en cas qu'elle soit prononcée, la régie conservera son action solidaire contre les deux héritiers à qui elle a fait signifier le
jugement d'admission ; et si, de la nouvelle demande qu'elle formera contre eux, elle ne devra pas déduire la part du troisième héritier à
l'égard duquel elle est en déchéance.

» Cette question ne pourra être agitée que devant le tribunal auquel, en cas de Cassation, vous

_____

(1) En m'expliquant ainsi, je supposais que le recours
en Cassation exercé contre l'une des parties actionnées
solidairement, est sans effet contre les autres; mais on va
voir que la cour de cassation, tout en adoptant mes
conclusions, en a jugé autrement par ses motifs; et il résulte des détails dans lesquels j'entrerai aux mots *Chose
jugée*, §. 18, qu'elle a très-bien jugé.

renverrez le fond de la cause. Quant à présent, il nous suffit d'avoir établi que la demande en déchéance formée par les défendeurs, doit être rejetée; et dans la confiance qu'il ne vous reste là-dessus aucun doute, nous nous hâtons de passer à l'examen des moyens de Cassation employés par la régie de l'enregistrement... ».

Sur ces conclusions, arrêt du 29 germinal an 11, au rapport de M. Vergès, par lequel,

« Considérant, sur la fin de non-recevoir, que l'action intentée par la régie, est essentiellement solidaire;

» Que les biens dépendans de la succession de Denis-Etienne Vallery, sont affectés au paiement des droits réclamés par la régie;

» Considérant en outre que, sous le rapport du titre d'héritier qui est indivisible, la régie n'a pas été astreinte à citer sur son pourvoi la totalité des héritiers Vallery;

» Que les deux héritiers cités représentent légalement la succession Vallery, ce qui suffit pour reconnaître en eux des contradicteurs légitimes au pourvoi de la régie;

» Le tribunal rejette la fin de non-recevoir ».

§. XXIII. *Les agens du gouvernement sont-ils assujétis à la disposition de l'art. 4 du tit. 4 de la première partie du règlement de 1738, suivant laquelle aucune requête en Cassation ne peut être reçue, si le demandeur n'y joint la copie qui lui a été signifiée du jugement dont il provoque la Cassation, ou une expédition en forme de ce jugement, s'il ne lui a pas été signifié ?*

Voici un arrêt de la cour de Cassation qui juge pour l'affirmative: il a été rendu à la section civile, le 23 brumaire an 10, au rapport de M. Cochard, et sur les conclusions de M. Lefessier-Grand-Prey, entre le préfet du département du Calvados, demandeur, au nom du gouvernement, en Cassation d'un jugement du tribunal civil du département de l'Orne, du 19° pluviôse an 8, et la commune de Ranville.

« Vu l'art. 4 du tit. 4 de la première partie du règlement du conseil de 1738..., l'art. 16 du même titre..... et l'art. 14 de la loi du 27 novembre-1er décembre 1790....;

» Et attendu 1°. que, dans l'espèce, le préfet du département du Calvados, en déposant, le 15 floréal an 8, au greffe du tribunal, sa requête en Cassation du jugement rendu contre la république par le tribunal civil du département de l'Orne, le 16 pluviôse précédent, n'a pas joint la copie à lui signifiée, ni une expédition en forme dudit jugement, et qu'il a contrevenu audit art. 4 ci-dessus cité;

» Attendu 2°. que la signification dudit jugement lui ayant été faite le 5 prairial an 8, et la copie à lui signifiée n'ayant été jointe à la requête en Cassation et remise au greffe du tribunal que le 3 brumaire an 9, il suit de là que cette jonction n'a été opérée qu'après l'écoulement du délai; déterminé par ledit art. 14 de la loi du 1er. décembre 1790;

» Qu'en conséquence, le pourvoi en Cassation contre ledit jugement n'a été effectué et véritablement consommé qu'après l'expiration dudit délai: d'où résulte la nullité radicale dudit pourvoi;

» Attendu 3°. que les agens du gouvernement n'ont jamais été et ne sont point encore dispensés par ledit art. 10 dudit règlement du conseil, de la formalité nécessaire de joindre à leurs requêtes en Cassation la copie à eux signifiée ou une expédition en forme des jugemens par eux attaqués, et que la faculté à eux accordée par ledit article de former leurs pourvois en Cassation hors des délais fixés par ledit règlement, se trouve expressément abrogée par la disposition générale et contraire dudit art. 14 de ladite loi du 1er. décembre 1790, qui assujétit à la fatalité du délai qu'elle détermine, tous ceux qui habitent en France, sans aucune distinction quelconque;

» Par ces considérations, le tribunal déclare le demandeur, en la qualité qu'il agit, non-recevable dans son pourvoi.... ».

§. XXIV. *Lorsqu'en appliquant l'art. 8 de la loi du 28 août 1792, une cour d'appel a déclaré qu'un bien était anciennement possédé par une commune, et qu'elle a en conséquence, réintégré celle-ci dans la propriété de ce bien, la cour de Cassation peut-elle, sur le recours exercé contre un pareil arrêt, entrer dans l'examen des faits caractéristiques de la prétendue ancienne possession de la commune ?*

V. l'article *Communaux*, §. 9.

§. XXV. *Quel était, avant le Code de procédure civile, l'effet d'un arrêt qui cassait un jugement de première instance, pour avoir été mal à propos rendu en dernier ressort? Les parties devaient-elles, après un pareil jugement, se pourvoir au tribunal d'appel, ou devaient-elles retourner devant un tribunal de première instance?*

V. le plaidoyer et l'arrêt du 25 pluviôse an 11, rapportés à l'article *Rente foncière*, §. 11.

§. XXVI. *Un arrêt de la cour de Cassation qui, sur le réquisitoire du ministère public et pour le seul intérêt de la loi, a cassé un jugement d'un tribunal criminel, comme ayant, par excès de pouvoir, déclaré un prévenu acquitté de l'accusation d'un délit, est-il susceptible d'opposition?*

2°. Peut-il donner lieu à une nouvelle action publique contre le prévenu?

Sur la première question, V. l'article *Opposition (tierce)*, §. 5.

La seconde a été jugée, comme elle devait évidemment l'être, pour la négative, dans l'espèce suivante.

Le 30 octobre 1810, jugement du tribunal de police du canton de Sellières, qui renvoie Jeannin Beuson et Nuot de l'action intentée contre eux par le ministère public, pour avoir vendangé avant le jour fixé par le *ban* local.

Le 16 novembre suivant, arrêt de la cour de Cassation qui, sur mon réquisitoire, et dans l'intérêt seul de la loi, casse ce jugement.

A la vue de cet arrêt, le ministère public fait citer de nouveau Jeannin, Beuson et Nuot devant le tribunal de police, pour se voir condamner aux amendes dont ils ont été illégalement déchargés par le jugement du 3 octobre.

Et le 26 décembre suivant, il intervient un nouveau jugement qui les y condamne en effet.

Ils acquiescent à ce jugement, comme le ministère public avait acquiescé à celui du 3 octobre.

Mais par arrêt rendu sur mon réquisitoire, et au rapport de M. Audier-Massillon, le 17 janvier 1812,

« Vu l'art. 88 de la loi du 27 ventôse an 10 ;

» Attendu que le jugement du tribunal de police du canton de Sellières, qui avait acquitté les sieurs Jeannin, Beusot et Nuot, n'avait pas été attaqué dans le délai prescrit par la loi ; qu'il avait acquis l'autorité de la chose jugée en faveur des prévenus ; et qu'il n'avait été cassé, par l'arrêt de la cour du 16 novembre 1810, que dans l'intérêt seul de la loi, et sans préjudice de son exécution entre les parties ; d'où il suit que le jugement du même tribunal de police du 26 décembre 1810, qui a condamné lesdits Jeannin, Beusot et Nuot, pour le même fait pour lequel ils avaient été acquittés, a violé l'autorité de la chose jugée, ainsi que les dispositions de la loi ci-dessus rapportée ;

» La cour casse et annulle ledit jugement rendu entre les parties le 26 décembre 1810, dans l'intérêt seul de la loi, et sans préjudice de son exécution entre les parties ».

§. XXVII. *La voie de Cassation est-elle toujours nécessaire pour que l'on puisse déclarer nul un jugement en dernier ressort, auquel manque une des formalités essentielles constitutives des jugemens ?*

V. le plaidoyer et l'arrêt rapportés au mot *Appel*, §. 9.

§. XXVIII. *En employant dans une requête en Cassation la copie signifiée du jugement qui en est l'objet, est-on censé approuver la signification de ce jugement, et en couvre-t-on par là les irrégularités ?*

V. l'article *Triage*, §. 2.

§. XXIX. *Après avoir attaqué avec succès, par Cassation, l'un des chefs d'un jugement en dernier ressort, sous la réserve de l'attaquer ensuite dans ses autres parties, peut-on, lorsqu'on est encore dans le délai fatal, user de cette réserve pour faire casser ce jugement dans les chefs non attaqués d'abord ?*

V. l'article *Triage*, §. 2.

§. XXX. *Une commune peut-elle, sans autorisation, attaquer, par la voie de Cassation, un jugement rendu à son désavantage, dans une instance pour laquelle le pouvoir compétent l'avait autorisée ?*

V. l'article *Commune*, §. 6.

§. XXXI. 1°. *La Cassation d'un jugement entraîne-t-elle nécessairement celle des jugemens postérieurs auxquels il a servi de base ?*

2°. *Emporte-t-elle, pour la partie qui l'a obtenu, et sans qu'il soit besoin de disposition expresse ni ultérieure pour le déclarer, le droit de se faire restituer par son adversaire les sommes qu'elle lui a payées en exécution du jugement attaqué ?*

3°. *Emporte-t-elle contre un tiers-acquéreur la résolution de la vente qui lui a été faite, soit par suite, soit en exécution du jugement cassé ?*

4°. *Emporte-t-elle pour les créanciers de la partie au profit de laquelle a été rendu le jugement cassé, lorsque l'objet du litige est une somme d'argent (et qu'il ont reçu cette somme de leur débiteur ou qu'ils l'ont contraint à la verser entre leurs mains), l'obligation de la restituer à son adversaire ?*

5°. *Emporte-t-elle, lorsqu'il s'agit d'une inscription hypothéc....e dont le jugement cassé avait ordonné la radiation, le droit de la faire rétablir à sa date primitive, et comme si elle n'avait pas été rayée ?*

I. La première question peut se présenter dans deux cas différens : dans celui où c'est entre les mêmes parties qu'ont été rendus le jugement cassé et le jugement qui en a été la conséquence, et dans celui où, après le jugement cassé et avant que la Cassation l'eût anéanti, la partie au profit de laquelle il a été rendu, s'en est fait un titre pour faire prononcer contre un tiers une condamnation à laquelle celui-ci n'a pu, d'après sa position et la nature de la cause, se soustraire en invoquant la maxime, *res inter alios judicata aliis nocere non potest*.

Dans le premier cas, nul doute que la Cassation du premier jugement n'entraîne celle du second, puisqu'il n'y a pas d'arrêt de Cassation qui ne contienne une disposition par laquelle les parties sont remises au même état que si le jugement cassé n'avait pas eu lieu, et c'est ainsi que la question a été jugée par un grand nombre d'arrêts de la cour suprême.

Il y en a notamment un du 22 thermidor an 10, qui est rapporté sous les mots *Frais préjudiciaux*, §. 1.

Il y en a encore un du 28 mai 1810, que l'on trouvera à l'article *Maternité*.

En voici un autre du 13 octobre 1812, que nous puisons dans le *Bulletin civil* :

» Dusautoir et consorts ayant fait citer Rémont en justice, aux fins de le faire condamner à leur ouvrir passage sur ses terres pour la récolte de leurs héritages. Rémont soutint ne devoir pas le faire, attendu qu'aucune servitude ne pouvait s'établir sans titre, et que les demandeurs n'en représentaient aucun.

» Le tribunal, devant lequel la demande fut portée, ordonna avant tout que, par experts, il serait levé un plan géométrique des lieux.

» A la vue du plan, les demandeurs reprirent les mêmes conclusions que par leur exploit de citation; mais le tribunal, ayant reconnu que la cause ne pouvait être jugée que *sur des enquêtes,* ordonna aux demandeurs de rapporter preuve d'une possession suffisante à prescrire.

» Ce préparatoire fut respectivement exécuté; et à la vue, soit des plans, soit des enquêtes et contre-enquêtes, Rémont fut condamné à ouvrir le passage demandé.

» Mais Rémont avait attaqué l'enquête de nullité, et les premiers juges ne s'y étant pas arrêtés, il avait interjeté appel du jugement, et son appel n'avait pas réussi.

» Sur son recours contre l'arrêt, la cour de cassation en prononça l'annullation, attendu que l'enquête à laquelle les demandeurs avaient fait procéder, était nulle dans la forme.

» Par suite de cette annullation, l'arrêt qui était intervenu sur le fond de l'affaire, et qui était fondé sur les preuves qui résultaient de l'enquête, aurait été annullé, s'il avait été attaqué par la voie du recours en Cassation, conjointement avec celui qui avait rejeté le moyen de nullité, invoqué contre l'enquête.

» Mais l'arrêt sur le fond n'avait été rendu que le 4 juillet 1810, pendant que l'instruction était pendante devant la cour de cassation sur le pourvoi contre l'arrêt qui avait rejeté la nullité.

» Cela ne changeait rien au droit qu'avait Rémont de demander l'annullation de cet arrêt sur le fond, annullation qui était la conséquence nécessaire de celle du premier arrêt, puisque l'arrêt sur le fond était motivé sur les preuves résultant de l'enquête, et qu'au moyen de l'arrêt qui en avait prononcé la nullité, elle ne pouvait plus produire aucun effet.

» Les défendans à la Cassation ne pouvaient se dissimuler cette vérité, mais ils prétendaient que l'arrêt sur le fond ayant été motivé, non-seulement sur les preuves résultant de l'enquête, mais encore sur celles résultant de la contre-enquête et sur le plan géométrique dressé par les experts, il fallait examiner, pour se décider sur le pourvoi, si l'arrêt attaqué pouvait se soutenir indépendamment des preuves qui résultaient de l'enquête.

» Cette proposition n'était pas admissible; car la cour de cassation ne peut jamais entrer dans le mérite des points de fait; elle peut bien suppléer les moyens de droit; mais c'est à cela que se bornent ses pouvoirs.

» La cour a donc dû faire droit au recours de Rémont, et c'est aussi ce qu'elle a fait par l'arrêt dont la teneur suit :

« Ouï le rapport de M. le conseiller Carnot, et les conclusions de M. Lecoutour, avocat général;

» Vu l'art. 61 du Code de procédure civile;

» Et attendu que, par arrêt de la cour, l'enquête à laquelle Dusautoir et consorts avaient fait procéder, avait été déclarée nulle pour contravention audit article; que cependant la cour d'appel de Douai, se fondant sur les preuves résultant de ladite enquête, avait prononcé la condamnation de Rémont; que son arrêt devait nécessairement tomber par suite de celui qui avait prononcé l'annullation de l'enquête;

» Que Dusautoir et consorts ont vainement prétendu que l'arrêt qui a prononcé sur le fond, peut suffisamment se justifier par d'autres motifs tirés des faits de la cause, attendu que la cour de cassation n'a pas dans son domaine l'appréciation des faits;

» Que, si Dusautoir et consorts trouvent, à suffire, dans les faits de la cause indépendans des preuves résultant de l'enquête, de quoi motiver la condamnation de Rémont, ils pourront les faire valoir devant la nouvelle cour d'appel à laquelle la connaissance de l'affaire doit être renvoyée;

» La cour casse et annulle....». .

A plus forte raison y aurait-il lieu de prononcer de même, si le jugement postérieur au jugement cassé, avait été rendu après l'arrêt de Cassation, et que celui-ci eût expressément cassé, non-seulement le jugement attaqué, mais encore tout ce qui avait pu le suivre.

De là un arrêt de la cour de Cassation, du 25 octobre 1813, dont le *Bulletin Civil* nous retrace ainsi l'espèce et le prononcé :

« Le 25 janvier 1813, la cour de Cassation, prononçant sur un pourvoi du sieur Selves, a cassé un arrêt rendu par la cour de Paris, le 6 mai 1811. Par une disposition générale et absolue, elle a également cassé tout ce qui avait suivi cet arrêt.

» Depuis, il s'est élevé de nouvelle contestations entre le sieur Selves et Me Boudard; il s'agissait principalement de savoir si la Cassation prononcée par la cour, ne portait que sur l'arrêt du 6 mai 1811, ou si elle s'étendait à plusieurs autres arrêts postérieurement intervenus entre les parties;

» La cour de Paris, saisie de ce différend, a jugé que l'arrêt du 6 mai 1811 était le seul qui eût été cassé;

» Sur quoi, ouï le rapport de M. Zangiacomi, conseiller en la cour; les observations du sieur Selves, en personne, dans sa propre cause; celles de Champion, avocat de Boudard, et les conclusions de M. Jourde, avocat général;

» Vu les art. 1350 et 1352 du Code civil;

» Considérant que, par son arrêt du 25 janvier dernier, la cour a cassé celui rendu par la cour de Paris, le 6 mai 1811, *et tout ce qui s'en est suivi ;*

» Qu'il résulte de plein droit de ces dernières expressions, que la cour a cassé, non-seulement l'arrêt du 6 mai, mais tous ceux qui en ont été la suite et la conséquence nécessaire ;

» Considérant que, dans un des motifs de son précédent arrêt du 25 janvier dernier, la cour a décidé que ceux rendus par la cour de Paris, postérieurement à celui du 6 mai, n'étaient que la suite et la conséquence de ce premier arrêt ;

» Que cela est d'ailleurs évident d'après la nature des contestations sur lesquelles les arrêts postérieurs ont statué ;

» Qu'ainsi, il sont nécessairement compris dans la Cassation prononcée le 25 janvier dernier, et qu'en jugeant le contraire, la cour de Paris a contrevenu aux lois ci-dessus ;

» La cour casse et annulle les deux arrêts rendus par la cour de Paris, les 18 mars et 28 avril dernier ; renvoie la cause, *circonstances et dépendances d'icelle,* devant la cour de Rouen...».

En est-il de même dans la second cas ?

Oui sans doute ; car si la règle *res inter alios judicata aliis nocere non potest,* n'a pas pu empêcher que le tiers ne fût condamné d'après un jugement dans lequel il n'avait pas été partie, il est bien impossible qu'elle empêche que la Cassation de ce jugement n'entraîne celle de la condamnation qu'il a amenée

Ceci deviendra plus sensible par un exemple. Le 11 mars 1803, Jean-Baptiste Cardon, français, meurt à Petersbourg, laissant une succession composée d'immeubles situés en France et d'effets mobiliers situés, partie en France, partie en Russie.

Le 4 septembre suivant, le 18 janvier 1804 et le 11 mai de la même année, jugemens des tribunaux russes qui adjugent cette succession à la dame Champeaux-Grammont, réputée épouse du défunt, tant en son nom comme légataire, qu'en sa qualité de tutrice de ses enfans mineurs, à l'exclusion des frères du défunt, français comme lui, qui la réclamaient sur le fondement que son mariage était nul (1).

En 1806, les frères Cardon renouvellent leur prétention devant le tribunal de première instance du département de la Seine.

Le 10 mars 1807, jugement qui, sans s'arrêter aux décisions rendues en Russie, qui sont déclarées comme non avenues, d'après l'art. 121 de l'ordonnance de 1629, déclare nul le mariage contracté entre le sieur Jean-Baptiste Cardon et la dame Champeaux-Grammont, et envoie les sieurs Cardon en possession de toute la succession de leur frère.

La dame Champeaux-Grammont appelle en

vain de ce jugement ; il est confirmé par arrêt de la cour (royale de Paris), du 10 février 1808.

Elle se pourvoit en Cassation ; mais comme son recours n'a point d'effet suspensif, les sieurs Cardon, armés de l'arrêt qu'ils ont obtenu contre elle, forment contre le sieur Desbrières, une demande en reddition de compte de la gestion qu'il a faite de la succession de leur frère, en vertu de la procuration que lui avait donnée sa prétendue veuve,

Il répond, non pas que l'arrêt dont se prévalent les frères Cardon pour le poursuivre, lui est étranger (il sent trop qu'il est sans qualité pour renouveler la contestation sur laquelle cet arrêt a prononcé, et qu'il ne peut en méconnaître ni en combattre la décision), mais qu'il ne doit compte de sa gestion qu'à sa commettante, et que c'est contre elle qu'ils doivent se pourvoir.

Les sieurs Cardon répliquent qu'à leur égard, il est un véritable *negotiorum gestor,* puisque c'est sans mandat de leur part qu'il a administré les biens de la succession dont ils sont jugés propriétaires ; qu'ainsi, c'est à eux qu'il doit le compte de sa gestion, et que telle est la disposition expresse de l'art. 1372 du Code civil.

Le 15 mars 1810, jugement du tribunal de la Seine qui renvoie les sieurs Cardon à se pourvoir contre la dame Champeaux-Grammont.

Mais sur l'appel des sieurs Cardon, arrêt de la cour (royale de Paris), du 4 mars 1811, qui, d'après l'art. 1372 du Code civil, infirme ce jugement et condamne le sieur Desbrières à leur rendre le compte de sa gestion.

Le 5 juillet suivant, arrêt de la cour de Cassation, qui, sur le recours exercé par la dame Champeaux-Grammont contre l'arrêt du 11 février 1808, casse et annulle celui-ci.

Les choses en cet état, le sieur Desbrières se pourvoit en Cassation contre l'arrêt du 4 mai 1811, et l'attaque par deux moyens qui n'en font, à proprement parler, qu'un : contravention à l'art. 1372 du Code civil, en ce que, considéré comme simple *negotiorum gestor,* il ne doit de compte qu'aux *propriétaires* de la chose gérée, et que, d'après l'arrêt de Cassation du 15 juillet 1811, la chose gérée n'appartenait pas, lors de l'arrêt qu'il attaque, aux sieurs Cardon, mais bien à la dame Champeaux-Grammont et à ses enfans ; nécessité de casser l'arrêt qu'il attaque, par cela seul qu'il n'est que la conséquence et l'exécution de celui du 10 février 1808.

Les sieurs Cardon répondent en vain que l'arrêt attaqué ne peut être apprécié que d'après l'état où étaient les choses au moment où il a été rendu, et qu'à cette époque, l'art. 1372 du Code civil leur assurait incontestablement le droit d'exiger du sieur Desbrières le compte qu'il a été condamné à leur rendre.

Par arrêt du 14 octobre 1812, au rapport de M. Babille,

« Vu l'art. 1372 du Code civil ;

---

(1) *V.* le *Répertoire de jurisprudence,* au mot *Jugement,* §. 7 *bis.*

» Et attendu qu'il résulte de cet article, que le compte dû par suite de la gestion y énoncée, ne l'est qu'au *propriétaire* même de la chose gérée ;

» Qu'aujourd'hui, et depuis la Cassation de l'arrêt de la cour de Paris, du 11 février 1808, prononcée le 15 juillet 1811, les sieurs Cardon, envoyés par cet arrêt en possession de la succession de leur frère, ont cessé d'avoir des droits à cette succession, et d'être *propriétaires* des biens en dépendans ;

» Qu'ainsi, ce n'est point à eux que doit être rendu le compte de cette succession dû par Desbrières, puisqu'ils n'ont plus la qualité requise à cet effet par l'art. 1372 ci-dessus cité ;

» Attendu, d'ailleurs, que la Cassation déjà prononcée de l'arrêt de 1808, doit entraîner, par voie de conséquence, la Cassation de celui attaqué qui en est la suite et l'exécution ;

» La cour casse et annulle..... ».

II. La seconde question ne présente aucune espèce de difficulté. Par la Cassation d'un jugement en dernier ressort, les parties entre lesquelles il a été rendu, sont nécessairement remises dans le même état que s'il n'eût jamais existé. Celle qui, en vertu de ce jugement, s'était fait payer, soit des capitaux, soit des intérêts, soit des dépens, est donc virtuellement condamnée à les rendre; et dès-là, nul doute que l'arrêt de Cassation ne forme par lui-même, pour la partie qui l'a obtenu, un titre suffisamment exécutoire pour se faire restituer ces objets.

C'est ce que la cour de Cassation a expressément déclaré par deux arrêts rendus le 15 janvier 1812 et le 22 janvier 1822, le premier, sur la demande du sieur Mens en interprétation d'un arrêt de Cassation qu'il avait obtenu, le 9 octobre 1811, contre le sieur Lansberg; le second, sur la demande des sieurs Garagnon et compagnie en interprétation d'un arrêt de Cassation qu'ils avaient obtenu, le 19 décembre 1821, contre les sieurs Martin-d'André et fils (1).

III. La troisième question porte sur trois cas différens :

Sur celui où la partie qui avait obtenu le jugement cassé, a vendu elle-même l'objet que ce jugement avait déclaré lui appartenir ;

Sur celui où l'objet litigieux a été vendu par expropriation forcée, à la requête des créanciers de la partie à laquelle, par le jugement cassé, il avait été déclaré appartenir ;

Et sur celui où le procès roulant sur des poursuites en expropriation forcée dirigées contre la partie qui a succombé, l'immeuble qui était l'objet de ces poursuites, a été adjugé en exécution de ce jugement.

Dans le premier cas, il est clair que l'annullation du jugement emporte, contre les tiers-acquéreurs, sinon immédiatement, du moins lorsqu'elle a été suivie, sur le fond, d'un jugement contraire au jugement cassé, la résolution de la vente qui a été faite à leur profit. C'est la conséquence nécessaire du principe écrit dans l'art. 2182 du Code civil, que *le vendeur ne transmet à l'acquéreur que la propriété et les droits qu'il avait lui-même sur la chose vendue;* car il résulte évidemment de ce principe, que le vendeur n'a pas pu transmettre aux tiers-acquéreurs une propriété incommutable, alors qu'il n'avait qu'une propriété soumise aux chances d'un recours en Cassation, et par conséquent incertaine.

Vainement les tiers-acquéreurs viendraient-ils dire que leur vendeur était, au moment de la vente, reconnu propriétaire par un jugement qui était exécutoire nonobstant le recours en Cassation dont il était passible ou même déjà frappé; qu'ils ont donc été autorisés par la loi elle-même à traiter avec lui, et qu'ils ne peuvent pas être victimes d'une confiance légitime.

On leur répondrait victorieusement que la propriété de leur vendeur ne reposait que sur un titre sujet *à rescision;* que, si, en vertu de ce titre, il leur avait hypothéqué les biens dont il s'agit, l'annullation de ce titre aurait fait évanouir leur hypothèque; que tel serait infailliblement le résultat de l'art. 2125 du Code civil, aux termes duquel, « ceux qui n'ont sur l'immeuble » qu'un droit suspendu par une condition, ou » résoluble dans certains cas, ou *sujet à rescision,* » ne pourra consentir qu'une hypothèque sou- » mise aux mêmes conditions ou *à la même resci-* » *sion* »; que l'hypothèque est à la propriété, comme le *moins* est au *plus;* qu'à la vérité, qui peut le *plus,* peut *à fortiori* le *moins;* mais que de là même il suit que, qui ne peut pas le *moins,* ne peut pas davantage le *plus;* et que, dès-lors, il est bien impossible qu'il y ait faculté de vendre irrévocablement, là où il n'existe que la faculté d'accorder une hypothèque résoluble.

Voici cependant une espèce dans laquelle la cour royale de Paris avait jugé le contraire.

Le 29 juillet 1816, arrêt de cette cour, qui adjuge à l'abbé Duclaux, en sa qualité de légataire universel de la duchesse de Béthune, héritière par bénéfice d'inventaire du comte de Signery, *le bois des Vieux* et *le bois de Croquet* qui lui étaient disputés par le marquis d'Épinay.

En vertu de cet arrêt, et nonobstant le recours en Cassation dont ils sont frappés, dès le 16 novembre suivant, par le marquis d'Épinay, l'abbé Duclaux fait procéder en justice et avec toutes les formalités prescrites par le Code de procédure civile pour la vente des biens dépendans des successions bénéficiaires, à l'adjudication des deux bois dont il est jugé que la propriété lui appartient.

---

(1) Journal des audiences de la cour de cassation, année 1822, page 35.

23.

Le 22 octobre 1817, *le bois des Vieux* est adjugé aux sieur et dame Lemonnier, moyennant la somme de 170,250 francs; et l'abbé Duclaux se rend adjudicataire du *bois de Croquet*.

Le 25 janvier 1819, arrêt de la cour de cassation qui annulle celui de la cour royale de Paris, du 29 juillet 1820, et renvoie le fond à la cour royale de Rouen (1).

Le 22 juillet 1819, arrêt de la cour royale de Rouen, qui déclare le marquis d'Épinay propriétaire des deux bois.

En conséquence, le marquis d'Épinay fait citer l'abbé Duclaux et les sieur et dame Lemonnier devant le tribunal de première instance du département de la Seine, en délaissement de l'un et de l'autre bois.

Les sieur et dame Lemonnier se présentent en même temps que l'abbé Duclaux pour défendre à cette demande; mais ils prennent contre lui des conclusions en garantie.

Le 22 août 1822, jugement qui ordonne le délaissement des deux bois au marquis d'Épinay, et condamne l'abbé Duclaux à restituer aux sieur et dame Lemonnier ce qu'ils lui ont payé à compte du prix de leur adjudication.

Appel de ce jugement, tant de la part des sieur et dame Lemonnier, que de la part de l'abbé Duclaux.

Le 5 août 1823, arrêt de la cour royale de Paris qui réforme ce jugement, en ce qui concerne *le bois des Vieux*.

« Attendu qu'en 1817, lors de l'adjudication faite à Lemonnier, la propriété des bois dont il s'agit résidait sur la tête de l'abbé Duclaux, en vertu des sentence et arrêt des 3 avril et 29 juillet 1816; qu'héritier bénéficiaire, l'abbé Duclaux a eu juste motif de vendre pour opérer la liquidation de la succession; qu'incidemment à la poursuite de la vente de ces biens dans les formes prescrites à l'héritier bénéficiaire, une sentence du 26 août 1817, passée en force de chose jugée, a ordonné le passé-outre à la vente, en faisant main-levée d'une opposition de Longonnay, réclamant, au même titre que l'intimé, cette portion de la succession de M. de Lignery; qu'en cet état, la transmission de propriété s'est opérée entre personnes capables et avec toutes les conditions de la loi, pour la validité du contrat, au temps où il a été formé; que c'est au moment de la vente qu'il faut se reporter pour connaître si le vendeur avait les droits qu'il a transmis, et s'il existait, pour l'acquéreur, une cause actuelle de résolution de la vente à laquelle il ait dû se soumettre;

» Que la condition de tiers ayant traité de bonne foi, sans la garantie de la force d'exécution donnée par la loi à la chose jugée, ne peut être dépendante de l'événement ultérieur, soit de la

Cassation, soit de la requête civile; que la propriété des immeubles ne devient point incertaine et flottante par le fait de la possibilité de ces deux recours extraordinaires que la loi déclare non suspensifs; que, pour les tiers appelés à enchérir, le litige sur le droit et la capacité du vendeur est terminé par le jugement souverain sur l'appel; que la révocabilité possible de la chose souverainement jugée ne concerne que les parties entre lesquelles le procès a eu lieu, hors le cas de fraude à laquelle un tiers aurait participé, et dont il n'existe aucun indice dans la cause ».

Mais le marquis d'Épinay se pourvoit en Cassation contre cet arrêt, et le dénonce comme violant les art. 2125 et 2182 du Code civil.

« La Cassation d'un arrêt (dit-il) a pour effet de remettre les parties au même et semblable état où elles étaient avant l'arrêt annullé. Pour rétablir la position des parties telle qu'elle était avant l'arrêt cassé, il faut nécessairement que tout ce qui a suivi cet arrêt, soit annullé, sans quoi la Cassation aurait été illusoire et sans objet. La vente des bois en question se trouvait donc anéantie avec l'arrêt en vertu duquel elle avait été faite.

» On conviendra que la propriété des bois résidait sur la tête de l'abbé Duclaux, en vertu de l'arrêt du 29 juillet 1816; mais cet arrêt pouvait être cassé; l'abbé Duclaux ne l'ignorait pas; les époux Lemonnier devaient le savoir d'après le contenu du cahier des charges; les droits résultant de l'arrêt cassé, étaient donc aussi incertains que l'arrêt même qui en était la base. Peu importe que, comme bénéficiaire, l'abbé Duclaux ait eu un juste motif de vendre pour liquider la succession; il ne s'agit pas du motif de la vente; il s'agit de savoir s'il avait droit à la propriété; et d'ailleurs il n'y avait pas de motif urgent de vendre, puisque, jusqu'au 1er. janvier 1820, toute poursuite était interdite à l'égard des biens rendus par l'État en vertu de la loi du 5 décembre 1814.

» C'est aussi sans raison que l'arrêt s'est prévalu du jugement qui, rejetant l'opposition de Longonnay, a ordonné de passer outre à la vente; car il est étranger au demandeur. Enfin, les formes prescrites n'ont pu changer le titre de cet héritier.

» Mais, dit la cour royale, la transmission de propriété s'est opérée entre personnes capables, et avec toutes les conditions de la loi pour opérer la validité du contrat au temps où il a été formé. Sans doute elles ont contracté régulièrement, mais avec la chance du recours en Cassation. La capacité des parties contractantes n'était donc que conditionnelle; le vendeur n'a pu transmettre qu'une propriété incomplète, incertaine et conditionnelle; il n'a pu transmettre plus de droits qu'il n'en avait lui-même (Code civil, art. 2125 et 2182); et si, d'après les art. 1179 et 1183 du

---

(2) *V.* l'article *Confiscation*, §. 2.

Code civil, la condition ne suspend pas l'obligation, elle a, au moment de son accomplissement, un effet rétroactif et remet les choses au même état que si l'obligation n'avait pas existé.

» La propriété des immeubles, dit-on encore, ne peut pas être incertaine et flottante, par le fait ou la possibilité d'un recours extraordinaire que la loi déclare non-suspensif. Peu importe qu'il soit extraordinaire; il est légal; lorsqu'il est accueilli, il faut bien qu'il produise des effets, et ces effets ne sont pas seulement dans l'intérêt de la loi, ils profitent aussi aux parties qui se pourvoient, et leurs droits dépendent du sort du recours, comme ils dépendraient de l'événement d'une condition.

» La cour royale a considéré en outre que la révocabilité de la chose jugée souverainement ne concerne que les parties entre lesquelles le procès a eu lieu, hors le cas de fraude à laquelle un tiers aurait participé, et dont il n'existait aucun indice dans la cause. S'il en était ainsi, que deviendraient le plus souvent les effets de la Cassation? On concevrait, mais par mesure de supposition, que des tiers ne fussent pas atteints par la Cassation, si, en exécution de l'arrêt annullé depuis, ils avaient reçu une somme d'argent qui leur était due: on pourrait, dans cette espèce particulière, s'étayer de l'art. 1238 du Code civil (1); mais lorsqu'il s'agit d'une adjudication d'immeubles, d'une acquisition faite volontairement, le droit de propriété reprend, après la Cassation, la force qui avait été momentanément suspendue, et atteint l'immeuble dans quelques mains qu'il soit passé : *resoluto jure dantis resolvitur jus accipientis* ».

Sur ces moyens, arrêt de la section des requêtes qui admet le recours en Cassation du marquis d'Épinay.

L'affaire portée en conséquence devant la section civile, les sieur et dame Lemonnier et l'abbé Duclaux cherchent ainsi à défendre l'arrêt attaqué :

« Les jugemens qui doivent passer en force de chose jugée, sont ceux rendus en dernier ressort, dont il n'y a pas d'appel, ou dont l'appel n'est plus recevable; or, la nature de la chose jugée est de rendre immuable le jugement, lors même que la décision serait erronnée; si ces jugemens rendus ainsi en dernier ressort peuvent être cassés, il n'en est pas moins vrai que le législateur ayant refusé au recours en Cassation, en matière civile, tout effet suspensif, les jugemens conservent, jusqu'à ce que la Cassation en soit prononcée, l'autorité de la chose jugée. La conséquence nécessaire de ce principe est que l'exécution de ces arrêts doit être ferme et stable à l'égard de ceux qui ont eu confiance dans les décisions souveraines et dans les dispositions de la loi; autrement, le législateur se serait mis en opposition

avec lui-même, en prescrivant explicitement la soumission à l'exécution de l'arrêt, et en conseillant implicitement la résistance. L'autorité de la chose jugée ne serait plus qu'un vain mot et qu'un piège tendu à la crédulité et à la bonne foi.

» Dans le système du demandeur, les inconvéniens se présentent en foule. Plusieurs années s'écoulent quelquefois avant que l'arrêt de Cassation ait été rendu; il est impossible que, pendant ce temps, la propriété reste incertaine et flottante; il est impossible que l'exercice et l'usage des droits juridiquement reconnus, soient, pour des tiers, un objet d'incertitude et d'inquiétude; telle n'a pas été l'intention du législateur.

» Si le système du demandeur prévalait, les tiers saisis qui ont payé, seraient tenus de payer une seconde fois une dette éteinte; les baux consentis par le propriétaire, seraient résiliés, dès que l'arrêt qui avait reconnu la propriété serait annullé; ainsi encore, une inscription hypothécaire aurait été rayée en vertu d'un jugement en dernier ressort; le propriétaire de l'immeuble précédemment hypothéqué aurait fait de nouveaux emprunts; les prêteurs se seraient assurés, par l'inspection des registres du conservateur, que le gage offert était libre; postérieurement le jugement de radiation serait annullé; il faudrait donc rétablir à sa date l'inscription dont la radiation aurait été ordonnée par un arrêt souverain; on détruirait, avec un pareil système, la garantie et la publicité du régime hypothécaire (1). Le même inconvénient se présente pour les ventes de rentes sur l'état, pour les ventes d'immeubles en justice, revendus ensuite par les acquéreurs à d'autres vendeurs qui ignoraient l'existence du *pourvoi*, et dans d'autres cas encore.

» Vainement les demandeurs voudraient-ils distinguer les actes d'exécution forcée des actes d'exécution volontaire. La chose jugée est toujours la même dans son principe et dans ses effets, et tous les actes d'exécution même volontaire ont droit à une égale protection.

» A la vérité, il y a aussi des inconvéniens à maintenir le droit acquis à des tiers, quoique l'arrêt soit cassé, tel que celui de l'insolvabilité de la partie contre laquelle la Cassation a été prononcée; mais le législateur a pensé que ces cas assez rares n'étaient pas de nature à modifier l'autorité de la chose jugée.

» Ce n'est pas non plus à titre provisoire que l'exécution est accordée à l'arrêt; le provisoire ne concerne que les parties litigantes; le tiers ne contracte que parceque la loi assure sa protection et sa garantie, en autorisant l'exécution de l'arrêt, nonobstant le pourvoi. La collusion dont les tiers se rendraient complices, vicierait les conventions; ce serait là une question de fait du domaine des

---

(1) *V.* le n°. 4 ci-après.

(1) *V.* ci-après, n°. 5.

cours royales et des autres tribunaux inférieurs. Enfin, en disant que chacun ne peut transmettre plus de droits qu'il n'en a lui-même, on ne lève point la difficulté : il reste toujours à décider si le vendeur qui est investi par un arrêt souverain de la propriété d'un immeuble, n'a pas le droit de transmettre cette propriété ; la vente n'est-elle pas alors l'exercice d'un droit légal ? Le vendeur n'agit-il pas comme mandataire de la loi qui consacre l'autorité de la chose jugée ?

» Enfin, la Cassation remet bien *les parties*, mais non pas *les choses*, dans le même état qu'auparavant ».

Sur ces moyens respectifs, arrêt du 26 juillet 1826, au rapport de M. Vergès, sur les conclusions conformes de M. l'avocat-général de Vatimesnil, et après un délibéré en la chambre du conseil, par lequel,

« Vu les art. 2125 et 2182 du Code civil... ;

» Vu en outre les art. 5 et 16 de la loi du 1er. décembre 1790 ;

» Attendu que, d'après l'art. 3 de cette loi, la cour de Cassation est tenue d'annuler non-seulement les procédures dans lesquelles les formes ont été violées, mais encore les jugemens en dernier ressort qui contiennent une contravention expresse à la loi ;

» Que le législateur, en ordonnant, par l'art. 16, que la simple demande en Cassation n'arrêterait pas l'exécution des jugemens en dernier ressort, n'a été déterminé que par la présomption de régularité qui s'élève d'abord en faveur de ces jugemens ;

» Que cette présomption cesse, lorsque l'arrêt de Cassation annulle le jugement comme contraire à la loi ;

» Que le jugement est alors considéré, dans l'intérêt de la loi et des parties, comme nul et de nul effet dans son principe ;

» Attendu que, lors de la vente faite par l'abbé Duclaux aux sieur et dame Lemonnier, le marquis d'Épinay-Saint-Luc s'était déjà pourvu en Cassation contre l'arrêt de la cour royale de Paris, du 29 juillet 1816 ;

» Que cet arrêt a été cassé, le 25 janvier 1819, en vertu de la loi du 5 décembre 1814 ;

» Que l'effet de cette Cassation a été de remettre la cause et les parties au même état où elles étaient avant l'arrêt annullé ;

» Que la cour royale de Rouen a déclaré ensuite, par arrêt du 22 juillet 1819, que le marquis d'Épinay-Saint-Luc était propriétaire des bois dont il s'agit, en vertu de la loi du 5 décembre 1814, comme parent successible du marquis de Lignery ;

» Que, par cette décision déclarative et non attributive de propriété, les droits du marquis d'Épinay-Saint-Luc ont été reconnus et déclarés préexistans ;

» Que le pourvoi de l'abbé Duclaux contre cet arrêt a été rejeté le 6 mars 1821 ;

» Attendu, en outre, que le vendeur ne peut pas transmettre à l'acquéreur plus de droits qu'il n'en a lui-même sur la chose vendue ;

» Que, d'après le même principe, celui qui n'a sur un immeuble qu'un droit résoluble dans certains cas, ou *sujet à rescision*, ne peut consentir qu'une hypothèque soumise aux mêmes conditions ou à la même rescision ;

» Que ce principe est général et s'applique tant aux ventes volontaires qu'aux ventes judiciaires ; que lorsque le législateur a eu de justes motifs pour modifier le principe, il a exprimé l'exception ;

» Que, n'y ayant point d'exception pour l'espèce de la cause, il faut appliquer le principe général, au lieu de recourir, par assimilation, à des exceptions faites pour des motifs très-graves, dans des espèces différentes ;

» Qu'il suit de là que l'abbé Duclaux, en vendant les bois dont il s'agit pendant l'instance en Cassation, n'a transmis que des droits subordonnés au sort de cette instance ;

» Que, par conséquent, les droits de l'abbé Duclaux ayant été déclarés nuls et comme non-avenus, par les arrêts rendus contre lui, ceux des sieur et dame Lemonnier, qui n'étaient autres que ceux transmis par l'abbé Duclaux, ont subi la même annullation et la même extinction ;

» Qu'en jugeant le contraire, la cour royale de Paris est contrevenue aux lois ci-dessus énoncées ;

» La cour casse et annulle.... (1) ».

Aurait-on dû juger de même dans le second cas, c'est-à-dire, si, pendant l'instance en Cassation, *le bois des vieux* eût été saisi sur l'abbé Duclaux par ses créanciers et vendu à leur requête ; et le marquis d'Épinay aurait-il triomphé de l'adjudicataire sur une expropriation forcée, comme il a triomphé d'un adjudicataire sur une vente qui, quoique faite en justice, n'en avait pas moins été volontaire ?

Oui, sans doute, et la raison en est aussi simple que tranchante : c'est que l'art. 731 du Code de procédure renferme, sur les effets de la vente par expropriation forcée, une disposition absolument conforme à celle qui se trouve dans l'art. 2182 du Code civil sur les effets de la vente volontaire : *L'adjudication définitive*, y est-il dit, *ne transmet à l'adjudicataire d'autres droits à la propriété que ceux qu'avait le saisi*. De là, en effet, il résulte clairement que l'on doit tirer de l'un contre l'adjudicataire sur expropriation forcée, les mêmes conséquences que l'arrêt de la cour de Cassation, du 16 juillet 1826, tire de l'autre contre l'acquéreur par vente volontaire.

Dans le troisième cas, les effets de la Cassation de l'arrêt qui a rejeté les moyens de nullité pro-

---

(1) Bulletin civil de la cour de cassation, tome 28, page 279. Journal des audiences de la cour de cassation, année 1826, partie 1, page 429.

posés par la partie saisie contre les poursuites de son adversaire en expropriation forcée, ne peuvent pas, comme dans le premier et le second, être réglés par le principe écrit dans les art. 2182 et 731 des Codes civil et de procédure, que la vente ne transmet pas à l'acquéreur plus de droits que n'en avait le vendeur ; mais ne doivent-ils pas l'être par cet autre principe, non moins constant et également rappelé dans l'arrêt de la cour suprême, du 16 juillet 1826, que l'*effet de la Cassation est de remettre la cause et les parties dans le même état où elles étaient avant le jugement annulé;* et en conséquence, l'annulation de l'arrêt par suite ou en exécution duquel a été prononcée une adjudication sur expropriation forcée,- ne doit-elle pas entraîner l'annulation de l'adjudication elle-même, l'éviction de l'adjudicataire, et la réintégration de la partie saisie dans sa propriété ?

M. Guichard, dans sa *Jurisprudence hypothécaire,* au mot *Cassation,* soutient la négative.

Mais ses raisons sont-elles bien concluantes? Elles consistent à dire,

« Que le jugement cassé existait et a existé légalement jusqu'au jour de sa Cassation ; que la loi elle-même voulait et autorisait son exécution jusqu'à ce moment, si bien qu'elle prononce que la requête en Cassation, même admise, ne suspend pas cette exécution; si bien qu'elle défend à la cour de Cassation d'accorder une surséance;

» Que, d'après cela, l'adjudication doit être maintenue, puisqu'elle a eu lieu en vertu d'un titre exécutoire, sur un titre légitime; d'autant plus que, si l'adjudication venait à être révoquée, tout le dommage de cette révocation frapperait sur l'adjudicataire, tiers de bonne foi, étranger au jugement qui a été cassé et à celui de Cassation, qui a pu et dû ignorer qu'un recours en Cassation était formé et indécis au moment de l'adjudication ; qui a dû se confier dans la stabilité de cette adjudication, dès-lors qu'elle était faite par un tribunal de justice réglée avec la solennité des formes accoutumées;

» Que tout ce que le propriétaire exproprié peut prétendre, c'est que la partie adverse qui l'a fait exproprier, soit condamnée à l'indemniser du dommage à lui causé par cette expropriation, indemnité qui ne pourrait encore lui être définitivement accordée qu'au cas où du nouveau jugement à rendre sur le fond de l'affaire, il résulterait qu'il n'était pas débiteur de la personne qui a poursuivi l'expropriation ;

» Que, si l'effet naturel qui doit suivre de la Cassation ou rescision d'un jugement, est de remettre les parties au même état qu'avant ce jugement, ce n'est que quant aux choses qui sont encore en leur pouvoir ou possession ; qu'elle ne doit pas porter atteinte aux droits légitimement acquis à des tiers; qu'ici l'adjudication ayant eu lieu en vertu d'un jugement alors exécutoire, et dont rien ne pouvait suspendre l'exécution, ayant

été faite à titre irrévocable sous l'égide de la justice et de la loi même, elle a nécessairement conféré à l'adjudicataire un droit aussi irrévocable à la propriété de la chose, qu'aucun événement postérieur ne peut changer ni détruire ».

Tout cela est fort spécieux, mais rien de plus.

D'abord, de ce que la loi refuse au recours en Cassation l'effet de suspendre l'exécution de l'arrêt contre lequel il est dirigé, s'ensuit-il que l'exécution donnée à un arrêt, non-seulement pendant le délai du recours en Cassation, mais encore après que ce recours est formé et même admis, doit survivre à la Cassation dont cet arrêt finit par être frappé? C'est demander en d'autres termes, si, de ce qu'une obligation authentique est exécutoire nonobstant la nullité dont elle est arguée en justice, de ce qu'il est même défendu au juge d'en suspendre l'exécution par des défenses provisoires, il s'ensuit que l'annulation qui en est prononcée définitivement, n'entraîne pas l'annulation de l'exécution dont elle a été suivie pendant l'instance ; et il n'est personne qui, sur cette question, osât soutenir l'affirmative.

En second lieu, l'adjudicataire est sans doute *étranger au jugement qui a été cassé et à celui de Cassation,* en ce sens qu'il n'a été partie ni dans l'un ni dans l'autre; mais est-ce à dire pour cela qu'*il a pu et dû ignorer qu'un recours en Cassation était formé et indécis au moment de l'adjudication ?* Non certainement. Il en est de celui qui achète en justice, comme de celui qui achète extrajudiciairement. L'un doit comme l'autre prendre connaissance des titres en vertu desquels est mis en vente le bien qu'il se propose d'acquérir.

De même que l'acquéreur extrajudiciaire doit s'assurer, avant de conclure, que son vendeur réunit toutes les conditions requises pour aliéner valablement, de même aussi l'adjudicataire sur expropriation forcée, doit, avant d'enchérir, s'assurer que la saisie immobilière n'a pas été attaquée en temps utile par la partie saisie, ou qu'elle l'a été inutilement, et que le jugement qui l'a déclarée valable, est passé en force de chose jugée.

Et de même que l'acquéreur extrajudiciaire qui a acheté sans prendre sur les titres et la capacité de son vendeur, tous les renseignemens que la prudence lui commandait de recueillir, ne peut pas se garantir de l'éviction sur le prétexte qu'il a acheté de bonne foi; de même aussi ce serait en vain que l'adjudicataire sur expropriation forcée invoquerait sa bonne foi pour couvrir le tort qu'il a eu d'enchérir sans avoir acquis la certitude que tous les actes de la régularité, desquels dépendait le sort de son adjudication, étaient valables et irrévocablement jugés tels.

Troisièmement, il est bien vrai que, d'après les art. 733 et 735 du Code de procédure civile, l'adjudication non entachée de nullités qui lui soient propres, ne peut jamais être annulée au préjudice de l'adjudicataire à raison des vices des actes qui l'ont précédée, lorsque ces vices n'ont pas été relevés en temps utile par la partie saisie. Mais quand la partie saisie a excipé en temps utile de ces vices, quand elle s'est, par là, assuré le droit de faire annuller l'adjudication, quelle raison y aurait-il pour n'annuller l'adjudication qu'à l'égard du créancier poursuivant et pour la maintenir en faveur de l'adjudicataire ?

IV. Si la quatrième question devait être résolue, comme les trois précédentes, d'après le principe que la Cassation remet tout dans le même état que si le jugement qu'elle anéantit n'avait jamais existé, il n'y aurait nul doute que les créanciers de la partie au profit de laquelle ce jugement a été rendu, ne fussent tenus de restituer à son adversaire la somme qu'elle leur a payée, soit de gré à gré, soit par suite de contraintes, après l'avoir touchée elle-même en exécution de ce jugement.

Mais il n'en est pas, à l'égard des tiers, d'un jugement qui condamne à payer ou adjuge une somme d'argent ou autre chose fongible, comme d'un jugement qui condamne à délaisser ou délivrer un objet formant par lui-même ce qu'on appelle en droit un *corps certain*, ou qui déboute de la demande en délaissement ou délivrance de cet objet.

Le jugement qui me condamne à vous délaisser ou délivrer un immeuble, ou qui me déboute de ma demande à ce que vous soyez condamné à me le délaisser ou délivrer, ne vous déclare propriétaire de cet immeuble, que sous une condition résolutoire, sous la condition qu'il ne sera pas cassé ou rétracté ; vous ne pouvez donc transférer cet immeuble à un tiers que sous la même condition ; et par conséquent, dès que cette condition vient à faillir, le tiers à qui vous avez vendu cet immeuble, n'a plus de titre ni de prétexte pour le conserver.

Il en est tout autrement et du jugement qui me condamne à vous payer une somme d'argent, et du jugement qui décide que c'est à vous qu'appartient une somme d'argent qui est déposée entre les mains d'un tiers. Le premier, lorsqu'il est exécuté par le paiement dont il est suivi de ma part, vous rend propriétaire incommutable de la somme d'argent qu'il vous déclare vous être due par moi ; et le second vous investit incommutablement, à l'instant même, de la propriété de la somme d'argent qu'un tiers tient en dépôt. Pourquoi cela ? Parceque, dans une somme d'argent, ce ne sont pas les corps matériels des pièces métalliques dont elle se compose, que l'on considère ; parcequ'on n'y considère que la quantité de francs, de livres, de florins qui en forment le montant (1) ; parcequ'adjuger une somme d'argent, c'est nécessairement conférer le droit d'en user ; parcequ'il est impossible d'en user sans le consommer, et par conséquent sans l'aliéner irrévocablement. Ainsi, je pourrai bien, en cas de rétractation ou de Cassation du jugement qui me condamne à vous payer une somme d'argent, ou vous a adjugé, à mon exclusion, celle qui était déposée entre les mains d'un tiers, vous contraindre à me rendre une somme égale à celle que vous avez reçue de moi ou du *tiers* qui en était dépositaire ; mais vous contraindre à me rendre physiquement la même somme, à me restituer les mêmes espèces métalliques que vous avez touchées, je ne le pourrai pas. Et il est, dès-lors, bien évident que je n'ai aucune action contre le tiers à qui vous avez transmis, soit de gré à gré, soit forcément, cette somme d'argent, ces espèces métalliques.

C'est ainsi, au surplus, que l'ont jugé deux arrêts de la cour de Cassation, des 16 mars 1807 et 13 mai 1823.

Le premier est rapporté dans le *Répertoire de jurisprudence*, aux mots *Distractions de dépens*, n°. 4.

Le second a été rendu dans une espèce assez compliquée, et qui, pour être bien comprise, exige une attention particulière.

Le 9 décembre 1813, jugement du tribunal de première instance de Limoux, qui, en réglant l'ordre du prix des biens du sieur Varnier, débiteur de la dame Dezasars et des mineurs Laglasière, agissant pour l'organe de leur mère, colloque la dame Dezasars en première ligne, et ordonne qu'il lui sera délivré, par suite de sa collocation, un bordereau de la somme de 35,971 francs 53 centimes, payable par le receveur de l'arrondissement dans la caisse duquel le prix a été versé par les acquéreurs.

Le 31 mai 1814, arrêt de la cour royale de Montpellier, qui réforme ce jugement, et ordonne que la dame Laglasière, en sa qualité de tutrice de ses enfans mineurs, sera colloquée avant la dame Dezasars.

Informé de cet arrêt, le sieur Ardenne, à qui les mineurs Laglasière doivent une somme de 6,787 francs, et les demoiselles Lahens, à qui ils en doivent une de 8,542 francs 27 centimes, font saisir, jusqu'à concurrence de ces sommes, entre les mains du receveur de Limoux, les deniers adjugés à leurs débiteurs, et font assigner la tutrice de ceux-ci en validité de leurs saisies-arrêts.

Le 7 novembre 1814, jugement qui, en déclarant leurs saisies-arrêts valables, ordonne au receveur de Limoux de vider ses mains dans les

_____

(1) *In nummis non tam corpora ipsa quæ solvuntur*, *consideramus, quàm quantitatem quæ ex his efficitur*, dit le président Favre, dans ses *Rationalia*, sur la loi 19, §. 2, D. *de conditione indebiti*, d'après la loi 64, D. *de solutionibus.*

In rebus fungibilibus quâ talibus (dit également Voët, sur le Digeste, liv. 1, tit 8, n°. 12, d'après la loi 30, D. *de legatis* 2°.), *non corpora considerantur, sed quantitas.*

leurs jusqu'à concurrence du montant de leurs créances, et faisant droit sur les conclusions de la dame Laglasière, ordonne que le surplus lui sera remis en sa qualité de tutrice.

Le 20 du même mois, exécution de ce jugement.

Quatre jours après, la dame Dezasars fait signifier au sieur Ardenne, aux demoiselles Lahens et à la dame Laglasière, un acte par lequel, annonçant qu'elle s'est pourvue en Cassation contre l'arrêt du 31 mai 1814, elle proteste contre les paiemens qui leur ont été faits respectivement par le receveur de Limoux, et spécialement contre le divertissement que la dame Laglasière pourrait faire des sommes qu'elle a touchées.

Le 22 août 1815, arrêt de la cour de Cassation qui casse celui du 31 mai 1814, et renvoie, sur le fond, la dame Dezasars et la dame Laglasière devant la cour royale de Bordeaux.

Le 26 juin 1819, arrêt de la cour royale de Bordeaux, qui confirme purement et simplement le jugement du tribunal de Limoux, du 9 décembre 1813.

Le 17 juillet suivant, la dame Dezasars fait notifier cet arrêt à celles des trois filles de la dame Laglasière, qui ont atteint leur majorité, et à la dame Laglasière elle-même, comme tutrice de sa quatrième fille, avec sommation de réintégrer dans la caisse du receveur de l'arrondissement de Limoux, les sommes qui en sont sorties à leur profit, en exécution de l'arrêt de la cour royale de Montpellier, du 31 mai 1814.

Point de réponse à cette notification de la part de la dame Laglasière ni de ses filles majeures; mais la dame Laglasière convoque aussitôt un conseil de famille, pour se faire autoriser, comme il l'autorise en effet, à émanciper sa quatrième fille; et elle fait signifier la délibération de ce conseil, ainsi que l'acte d'émancipation, à la dame Dezasars, en lui déclarant que désormais elle sera sans intérêt et sans qualité pour figurer dans les contestations qui existent ou pourraient exister entre ses enfans auxquels elle va rendre son compte de tutelle, et les créanciers du sieur Varnier.

Le 14 août de la même année, la dame Dezasars fait signifier à la veuve Laglasière et à ses enfans un acte par lequel elle proteste contre tout ce qui sera fait entre eux, en son absence, et somme la dame Laglasière personnellement de lui communiquer son compte de tutelle, avec les pièces justificatives, afin qu'elle puisse le débattre, en exerçant les droits de ses enfans.

Le 16 du même mois, la dame Laglasière, sans répondre à cet acte, fait arrêter par ses enfans un compte de tutelle, dans lequel sont portées, d'une part, en recette la somme de 24,257 francs 73 centimes qui a été versée entre ses mains par le receveur de l'arrondissement de Limoux, et en dépense une somme de 27,554 francs 87 centimes; en sorte que, toute déduction faite, elle se trouve en avance de 3,397 francs 11 centimes; et elle fait signifier ce compte à la dame Dezasars.

Le 16 octobre 1820, la dame Dezasars, munie d'un bordereau de 35,971 francs 53 centimes, qu'elle s'est fait délivrer en exécution de l'arrêt de la cour royale de Bordeaux, du 24 juin 1819, le fait signifier tant aux héritiers du sieur Ardenne et des demoiselles Lahens, qu'à la dame Laglasière et à ses enfans, avec commandement de rétablir, chacun à leur égard, dans la caisse du receveur de Limoux, les sommes qu'ils se sont fait payer par celui-ci, d'après l'arrêt cassé, du 31 mai 1814.

Faute d'obtempérer à ce commandement, les héritiers Ardenne et Lahens, la dame Laglasière et ses enfans sont assignés, à la requête de la dame Dezasars, devant le tribunal de première instance de Toulouse, pour se voir condamner respectivement à en remplir les fins.

Les demoiselles Laglasière n'avaient rien à opposer et n'ont effectivement rien opposé à cette demande, parcequ'en recevant des mains du receveur de l'arrondissement de Limoux le montant du bordereau de collocation qui leur avait été délivré en vertu de l'arrêt du 31 mai 1814, elles avaient nécessairement contracté l'obligation de le restituer à la dame Dezasars dans le cas où cet arrêt viendrait à être cassé.

Mais ni les héritiers Ardenne et Lahens, ni la dame Laglasière n'étaient dans la même position qu'elles; ils étaient, à l'égard de la dame Dezasars, de véritables tiers; et c'est comme tels qu'ils se sont défendus sans cependant employer la même exception.

Les héritiers Ardenne et Lahens auraient pu se borner à dire que, créanciers des mineurs Laglasière, leurs auteurs avaient reçu d'elles le montant de ce qu'elles leur devaient; qu'ils l'avaient reçu à une époque où elles étaient jugées propriétaires de la somme consignée dans la caisse du receveur de Limoux, et par conséquent maîtresses d'en user et de la consommer; et que, dès-lors, le paiement qu'elles leur avaient fait, était censé aussi irrévocable que légitime.

Mais au lieu de se renfermer dans ce moyen simple et décisif, ils ont supposé, avec la dame Dezasars, que, lors du paiement fait à leurs auteurs respectifs par les demoiselles Laglasière, celles-ci n'étaient pas propriétaires incommutables des sommes qu'elles avaient versées entre leurs mains par le ministère du receveur de Limoux; et dans cette supposition, ils ont invoqué l'art. 1238 du Code civil; aux termes du §. 2 de cet article, ont-ils dit, *le paiement d'une somme d'argent ou autre chose qui se consomme par l'usage, ne peut être répété contre le créancier qui l'a consommée de bonne foi, quoique le paiement ait été fait par celui qui n'en était pas propriétaire.* Or, nos auteurs étaient de bonne foi à l'époque du paiement dont il s'agit, puisqu'ils ignoraient le recours en Cassation dont la dame Dezasars avait frappé l'arrêt de la cour royale de Montpellier, du 31 mai 1814, et qu'ils devaient croire que le délai en était expiré. Nous sommes donc à l'abri de toute réclamation de la part de la dame Dezasars.

La dame Laglasière ne pouvait pas raisonner de même ; car elle avait été avertie par la protestation qui lui avait été signifiée le 20 novembre 1814, et par conséquent ayant le paiement qu'elle avait reçu de ses enfans, du recours en cassation que la dame Dezasars avait exercé contre l'arrêt du 31 mai 1824. Peut-être d'ailleurs ses conseils lui ont-ils fait sentir que l'art. 1238 du Code civil était inapplicable même à la position dans laquel se trouvaient les héritiers Ardenne et Lahens ; et en effet, il ne porte nullement sur le cas où celui qui paie une somme d'argent dont il est débiteur, se trouve exposé, de la part d'un tiers, à une action personnelle pour se faire remettre l'équivalent de cette somme, mais seulement sur le cas où celui qui la paie au nom, mais sans mandat, de la personne qui la doit, la tient de celle-ci à titre précaire, et n'a par conséquent pas le droit d'en user et de la consommer.

La dame Laglasière ne pouvait donc repousser l'action de la dame Dezasars, qu'en disant que peu lui importait que ses enfans fussent obligés personnellement envers la dame Dezasars, à lui remettre l'équivalent de la somme qu'ils lui avaient payée ; que, n'étant ni en faillite ni en déconfiture, ils avaient pu la lui payer de préférence à la dame Dezasars ; et que l'on ne pouvait pas l'accuser de l'avoir reçue de mauvaise foi, puisqu'elle n'avait fait, en la recevant, qu'user d'un droit légitime.

Et c'est effectivement ce qu'elle a dit.

Qu'a décidé le tribunal de première instance de Toulouse ?

Par jugement du 13 août 1821, il a renvoyé les héritiers Ardenne et Lahens de la demande en rapport des sommes payées à leurs auteurs, non d'après le moyen simple et tranchant auquel ils auraient dû borner leur défense, mais d'après celui qu'ils avaient tiré de l'art. 1238 du Code civil.

Et, à l'égard de la dame Laglasière, voici comment il a prononcé :

« Considérant que, s'il est vrai, en principe, qu'une tutrice n'est pas engagée personnellement par ce qu'elle a fait en cette qualité, et n'oblige que les mineurs, il n'en est pas de même dans la cause présente, où de toutes les circonstances (que le tribunal résume), il résulte que c'est elle qui a retiré les capitaux à raison desquels les contestations existent, et qu'aujourd'hui *elle en est détentrice, comme se les étant personnellement appropriées ;* d'où naît contre elle l'action personnelle ;

« Considérant que tout concourt pour démontrer que le compte rendu par elle à ses mineurs,

est le résultat du dol, de la fraude et de la collusion qui existe entre elle et ses enfans ; que cette fraude ne peut pas leur profiter ; et qu'il est convenu en fait, que la veuve Laglasière a reçu une somme de 24,527 francs ; qu'elle est débitrice de cette somme, qu'elle en profite, et veut se l'approprier ;

» Par ces motifs, le tribunal la condamne personnellement, et solidairement avec ses enfans, à rapporter cette somme, sauf à elle à s'arranger avec eux ».

Appel de ce jugement de la part de la dame Dezasars contre les héritiers Ardenne et Lahens, et de la part de la dame Laglasière contre la dame Dezasars.

Le 26 avril 1822, arrêt de la cour royale de Toulouse, qui, statuant sur l'appel de la dame Laglasière, réforme le jugement de première instance et décharge l'appelante des conclusions prises contre elle par la dame Dezasars, sauf à celle-ci *d'agir ainsi et comme elle trouvera convenir, à raison de la gestion et administration tutélaire de la dame Laglasière,*

« Attendu, que la veuve Laglasière n'a pas agi en son nom personnel, lorsque, le 20 novembre 1814, elle a reçu la somme de 24,527 francs 75 centimes ; qu'elle n'était alors que tutrice de ses enfans ; qu'elle n'a reçu qu'en cette qualité ; que ses enfans seuls ont été engagés par cet acte, et que la dame Laglasière n'a traité, ni quasi traité personnellement ; qu'elle ne peut donc être poursuivie par action personnelle, et qu'elle a été fondée à opposer, ou le rejet des poursuites, ou la fin de non-valoir, qui doivent faire prononcer le relaxe, et qui se confondent évidemment ;

» Qu'il est de principe constant que la tutrice qui reçoit et paie en cette qualité, ne peut jamais être responsable vis-à-vis des tiers ; qu'on n'a d'autre action contre elle que l'action en reddition de compte de tutelle, que peuvent employer les mineurs, ou ceux qui exercent leurs droits ; que, si la dame Laglasière a fait régler son compte d'administration avec ses enfans, elle n'a jamais opposé cet arrêté de compte à la dame Dezasars, dans le cours de l'instance, elle l'a fait signifier un an avant le procès actuel, et elle a au surplus déclaré n'entendre empêcher la dame Dezasars d'impugner le compte, si bon lui semble, même d'en demander un nouveau, et s'est bornée à dire que, si elle avait reçu, elle n'était débitrice que du compte de tutelle, dont elle était aussi créancière, et qu'elle ne pouvait devoir que le reliquat de ce compte, s'il en existait ; qu'une telle défense est évidemment fondée en droit, et qu'on ne peut assujétir un tuteur à rembourser les sommes qu'il a reçues pour la tutelle, sans qu'il puisse retenir ou imputer celles qu'il a aussi payées pour le même objet, et qui étaient légitimement dues, soit à lui, soit à d'autres ;

» Qu'en reconnaissant que la dame Dezasars

n'avait aucune action personnelle à exercer contre la dame Laglasière, la cour doit nécessairement relaxer celle-ci, et n'avoir aucun égard aux prétendus moyens de dol et de fraude que rien ne justifie, et qui ne pourraient jamais donner une action que la dame Dezasars n'avait pas et ne pouvait pas avoir ».

Le même arrêt, faisant droit sur l'appel de la dame Dezasars, confirme le jugement en ce qui concerne les héritiers Ardenne et Lahens.

« Attendu que, par l'effet de l'arrêt de la cour royale de Montpellier, dont la possibilité du pourvoi en Cassation et le pourvoi lui-même étaient incapables de suspendre l'exécution, les enfans du sieur Leroi de Laglasière furent investis de la propriété des sommes dont cet arrêt ordonne l'allocation en leur faveur; qu'ils étaient les maîtres de les retirer en vertu d'un bordereau de la caisse du receveur de Limoux, qui en était dépositaire pour leur compte, par suite de la consignation faite par l'adjudicataire des biens du sieur Varnier, débiteur discuté;

» Attendu que les héritiers des sieurs Ardenne et Lahens étaient créanciers légitimes desdits enfans Laglasière; que, par conséquent, ils eurent le droit de faire, à leur préjudice, des saisies-arrêts, ou des oppositions entre les mains dudit receveur, pour empêcher que celui-ci ne rendît toutes ces sommes à leurs débiteurs;

» Que la tutrice de ces derniers les ayant assignés devant le tribunal civil de Limoux, ils eurent le droit de percevoir le montant de leurs créances, en vertu du jugement qui ordonna au dépositaire de leur en faire la remise; que lesdits héritiers Ardenne et Lahens ayant perçu les sommes qui avaient fait partie du bordereau délivré à leurs débiteurs, ces derniers se trouvèrent libérés à leur égard, et les sommes payées furent entièrement acquises auxdits héritiers Ardenne et Lahens; que, dès-lors, la Cassation postérieure de l'arrêt de la cour de Montpellier, le renversement de l'allocation des héritiers Laglasière par l'arrêt de la cour royale de Bordeaux, et le rétablissement de l'allocation utile faite au profit de la dame Dezasars, ne purent priver lesdits héritiers Ardenne et Lahens des droits qui leur étaient irrévocablement acquis;

» Attendu, d'ailleurs, que, quand il serait possible de supposer que, depuis l'arrêt de la cour royale de Montpellier, la dame Dezasars n'aurait pas cessé d'être propriétaire des sommes allouées aux enfans Laglasière, les créanciers légitimes de ces derniers, se trouvant en possession desdites sommes, par l'effet de l'allocation et du bordereau, furent bien fondés à les prendre et recevoir en paiement de ce qui leur était dû;

» Attendu que, suivant l'art. 1238 du Code civil, le paiement d'une somme ne peut être répété contre le créancier qui l'a consommée de bonne foi, quoique le paiement en ait été fait par celui qui n'en était pas propriétaire;

» Attendu, en fait, que le paiement opéré en justice par les héritiers Laglasière, par suite du jugement du 7 novembre 1814, a été reçu de bonne foi, et les deniers consommés de même par lesdits héritiers Ardenne et Lahens; que ces derniers, ignorant le pourvoi en Cassation de la dame Dezasars, et, n'ayant demandé le paiement par voie de saisie ou d'opposition qu'à leurs débiteurs, sans agir nullement contre ladite dame Dezasars, n'ont fait que recevoir ce qui leur était dû par les héritiers Laglasière; que la dame Dezasars a mal-à-propos soutenu que les héritiers Ardenne et Lahens avaient exercé les droits de leurs débiteurs, et en qualité de leurs ayant-cause, puisque lesdits Ardenne et Lahens se sont au contraire bornés à exercer leurs actions personnelles contre lesdits débiteurs, en arrêtant, sur le fondement de leurs titres particuliers, et en prenant les sommes allouées aux enfans Laglasière; qu'il n'est pas exact de soutenir que lesdits Ardenne et Lahens soient, sous ce rapport, les images et les représentans des héritiers Laglasière, et au point d'être obligés, comme eux, à rétablir, dans la caisse du receveur, les sommes qu'ils en avaient retirées; que tout étant subordonné, en pareille matière, à la bonne foi du créancier qui reçoit des sommes même appartenant à tous autres qu'à son débiteur, et les actes et les circonstances de la cause ne permettant pas de révoquer en doute la bonne foi desdits Ardenne et Lahens, ils ne sauraient être contraints de restituer ce qui leur était légitimement dû ».

On voit qu'en prononçant ainsi, la cour royale de Toulouse est partie, à l'égard des héritiers Ardenne et Lahens, comme à l'égard de la dame Laglasière, du principe que les mineurs Laglasière avaient été investis par l'arrêt de la cour royale de Montpellier, du 31 mai 1814, de la propriété incommutable de la somme d'argent qui leur était disputée par la dame Dezasars; qu'à la vérité, elle a fait entrer dans les motifs de son arrêt, à l'égard des héritiers Ardenne et Lahens, l'argument qu'ils tiraient du §. 2 de l'art. 1238 du Code civil; mais qu'elle ne l'a fait que par une supposition subsidiaire et surabondante; et que, pour eux, comme pour la dame Laglasière, elle a fondé son arrêt en première ligne, sur le droit qu'ont tous les créanciers de se faire payer, par leur débiteur, sur les deniers qui se trouvent entre ses mains, avec pouvoir d'en user et de les consommer quelque droit qu'ait d'ailleurs, éventuellement, un tiers de le contraindre à lui en remettre l'équivalent.

Cependant la dame Dezasars s'est pourvue en Cassation contre cet arrêt, et l'a dénoncé 1°. comme violant l'art. 1235 du Code civil, suivant lequel *ce qui a été payé sans être dû, est sujet à répétition;* 2°. comme violant également l'art. 1238 du même Code, qui déclare que, *pour payer valablement, il faut être propriétaire de la chose donnée en paiement;* 3°. comme faisant une fausse application du §. 2 du même article.

« En droit (a-t-elle dit), il est constant que les jugemens en dernier ressort et les arrêts sont exécutoires contre les héritiers, successeurs ou ayant-cause de ceux entre qui ils sont rendus; qu'ils ne confèrent aux uns et aux autres que des droits conditionnels, tant qu'ils peuvent être attaqués par la voie de la Cassation; que, jusquelà, ils n'obligent que sous la condition qu'ils ne seront pas annullés; condition qui, aux termes des art. 1179 et 1183 du Code civil, ne suspend pas l'obligation, mais qui, lorsqu'elle s'accomplit, remet les parties au même état que si l'obligation n'avait pas existé ; il est également constant que ceux au profit desquels ces arrêts sont rendus, ne peuvent transmettre plus de droits qu'ils n'en ont eux-mêmes sur les choses mobiliaires qui leur ont été adjugées;

» Ce principe, également susceptible d'application, lorsque ceux au profit desquels les jugemens ont été rendus, disposent volontairement, ou lorsqu'ils y sont contraints par jugement rendu sur la poursuite de leurs créanciers, est consacré par la disposition littérale de la première partie de l'art. 1238 du Code civil, qui porte que, *pour payer valablement, il faut être propriétaire de la chose donnée en paiement.*

· » En fait, ce n'est qu'en qualité de créanciers des enfans Laglasière, qui n'avaient aux deniers dont il s'agit qu'un droit conditionnel, un droit résoluble, et qui a été en effet résolu par l'arrêt de Cassation, que leurs créanciers se sont fait autoriser à toucher les sommes déposées chez le receveur de Limoux ; ce n'est qu'en se substituant aux droits de leurs débiteurs, et en les exerçant, qu'ils ont été payés; ils étaient donc obligés, comme l'auraient été les héritiers Laglasière, si le paiement leur avait été fait, à le restituer.

» Aussi, ce n'est qu'en restreignant illégalement les effets de la Cassation, en supposant que les créanciers des héritiers Laglasière avaient, sur les deniers auxquels ceux-ci n'avaient qu'un droit précaire et résoluble, des droits personnels, indépendans de la condition résolutoire, et irrévocablement acquis, que la cour est parvenue à les soustraire à l'obligation de restituer ce qui leur avait été payé avec des deniers qui, depuis l'instant où ils ont été adjugés à la demanderesse par le jugement d'ordre de Limoux, sont légalement prouvés n'avoir jamais cessé d'être sa propriété.

» La cour royale a prétendu que les défendeurs n'étaient pas les ayant-cause de leurs débiteurs, parcequ'ils avaient obtenu un jugement contre eux; mais qu'a fait ce jugement? Il les a substitués aux droits que les mineurs Laglasière avaient en vertu de l'arrêt de Montpellier; il leur a donné le droit de toucher au lieu et place de ceux-ci, par conséquent aux mêmes conditions.

» En vain encore la cour royale a-t-elle dit qu'en cette matière, tout était subordonné à la bonne foi du créancier qui reçoit; c'est une erreur : la bonne foi, sans doute, est toujours nécessaire, mais elle ne suffit pas, et le paiement fait au créancier par le débiteur, avec des deniers dont il n'est pas propriétaire, n'est exempt de restitution, par exception à la règle générale, que dans le cas littéralement prévu par le second paragraphe de l'art. 1238; or, aux termes de cet article, la bonne foi du créancier ne le dispense de la restitution, que lorsque le paiement lui a été fait par son débiteur personnellement et volontairement, ou par quelqu'un payant, de même, volontairement pour lui.

» Et la raison de cette exception est que les deniers n'ayant, en général, rien qui puisse en faire connaître l'origine au créancier, celui-ci a juste sujet d'ignorer s'ils appartiennent définitivement ou conditionnellement à son débiteur; et sa bonne foi, en ce cas, le dispense de toute restitution.

» Mais les défendeurs ne sont pas dans ce cas; car il est constant, en fait, qu'ils n'ont rien reçu de leurs débiteurs, ou pour eux volontairement; qu'ils ont, au contraire, obtenu jugement pour les contraindre à leur faire remise de ces deniers ; et qu'enfin, c'est comme autorisés à exercer sur ces deniers le même droit que leurs débiteurs étaient censés y avoir, qu'ils les ont touchés.

» Il est donc évident que la cour n'a pu, sans faire la plus fausse application du §. 2 de l'art. 1238 du code Civil, et sans violer en même temps la première partie de ce même article, ainsi que l'art. 1235 du même Code, portant que ce qui a été payé sans être dû, est sujet à répétition, autoriser les défendeurs à s'approprier des deniers appartenant à la demanderesse. Ainsi, soit pour raison de la restriction illégalement apportée à l'effet de la Cassation, soit pour fausse application et violation des art. 1235 et 1238 du Code civil, l'arrêt doit être annullé.

» A l'égard de la dame Laglasière, elle a touché *personnellement* la somme de 24,527 francs; cette somme n'appartient pas à ses enfans, et elle se l'est appropriée par le remboursement de prétendues avances qu'elle avait faites pour eux.

» Qu'a donc fait la cour royale de Toulouse pour l'autoriser à retenir cette somme? Elle a admis une compensation proscrite par la loi, puisque l'art. 1293 du Code civil porte *que la compensation n'a pas lieu dans le cas de la demande en restitution d'une chose dont le propriétaire a été injustement dépouillé.*

» L'arrêt ne peut pas davantage être justifié par ce motif, que la veuve Laglasière ne devait qu'un compte de tutelle, et que la seule action que la dame Dezasars eût à exercer contre elle, était pour le débet du compte qu'elle avait présenté. Cela serait vrai s'il ne se fût agi que de contester la quotité des recettes et des dépenses; mais il s'agissait du droit que la veuve Laglasière prétendait avoir de retenir (pour se payer des sommes par elles avancées pour ses pupilles) les deniers appartenant à la demanderesse; que, sous ce rapport, le prétendu compte de tutelle était, à l'égard de cette dernière, *res inter alios acta*; et alors il ne pouvait être un obstacle à la revendication contre la tutrice qui avait *personnellement* touché des sommes qui n'appartenaient pas à ses pupilles ».

Sur ces moyens, suivis d'abord d'un arrêt d'admission, mais combattus devant la section civile par les défendeurs, il est intervenu, le 13 mai 1823, au rapport de M. Poriquet, et après un délibéré en la chambre du conseil, un arrêt par lequel,

«En ce qui touche le pourvoi dirigé contre les héritiers Ardenne et Lahens,

» Attendu que l'arrêt de la cour royale de Montpellier avait donné le droit aux héritiers Laglasière, ou à leur tutrice pour eux, de retirer de la caisse du receveur de Limoux la somme de 58,539 francs, 42 centimes dont il était ordonné qu'il leur serait délivré un bordereau de collocation;

» Que, dès-lors, ce fut pour eux que le receveur de Limoux dut conserver le montant dudit bordereau, non plus comme dépositaire de justice, mais comme simple mandataire desdits héritiers Laglasière; et qu'il les eût conservés tant que l'arrêt de la cour de Montpellier n'aurait pas été annulé par la cour de Cassation;

» Attendu qu'en assimilant, dans cette circonstance, le paiement fait par ce mandataire aux sieurs Ardenne et Lahens, en exécution du jugement du tribunal civil de Limoux, du 7 octobre 1814, contradictoire entre eux et la tutrice des héritiers Laglasière, qui y avait acquiescé, en sa dite qualité, au paiement qui aurait été fait par les héritiers Laglasière eux-mêmes, ou par leur tutrice en leur nom, et en tirant de cette assimilation la conséquence que les héritiers Ardenne et Lahens pouvaient exciper de la seconde disposition de l'art. 1238 du Code civil, parcequ'ils avaient reçu de bonne foi une somme d'argent en paiement de créances légitimes, la cour royale n'a pas fait une fausse application dudit paragraphe, et n'a violé aucune loi;

» En ce qui concerne le pourvoi dirigé contre la veuve Laglasière,

» Attendu qu'il résulte de l'arrêt dénoncé, que la veuve Laglasière a reçu les 24,527 francs 73 centimes dont il s'agit, comme tutrice de ses enfans; qu'elle en a fait l'imputation sur les sommes qu'elle avait dépensées en la même qualité, sans que rien justifie qu'à cet égard il y eût dol et fraude concertés entre elle et ses enfans; et que d'ailleurs la dame Dezasars est réservée à exercer, ainsi qu'elle avisera, les droits qui lui ont été reconnus par la dame veuve Laglasière, soit d'impugner le compte de tutelle arrêté entre elle et ses enfans, le 16 août 1819, soit même, si bon lui semble, d'en demander un nouveau;

» Attendu qu'en jugeant d'après ces considérations, que la dame Dezasars n'avait pas d'action contre la veuve Laglasière personnellement, et ne pouvait répéter les 24,527 francs, 73 centimes dont il s'agit contre les héritiers Laglasière, la cour royale n'a pas commis de contravention aux lois invoquées par la demanderesse;

» La cour rejette le pourvoi....... (1) ».

On est sans doute frappé, à la première lecture de cet arrêt, de la différence qui s'y trouve entre les motifs du rejet du *pourvoi dirigé contre les héritiers Ardenne et Lahens*, et les motifs du rejet du *pourvoi dirigé contre la dame Laglasière*. Mais en y réfléchissant, on aperçoit bientôt que cette différence n'est due qu'à celle des moyens de Cassation que la dame Dezasars employait contre les deux chefs de l'arrêt attaqué.

La dame Dezasars disait, d'une part, aux héritiers Ardenne et Lahens: vous reconnaissez vous-mêmes, en invoquant le §. 2 de l'art. 1238 du Code civil, que les demoiselles Laglasière n'étaient pas propriétaires des sommes qui ont été versées entre vos mains par le receveur de Limoux; et vous êtes réduits à dire que vous les avez reçues de bonne foi, parceque vous ignoriez le recours en Cassation que j'avais exercé contre l'arrêt de la cour royale de Montpellier. Mais cette exception ne pouvait vous mettre à l'abri de ma demande, que dans le cas où les demoiselles Laglasière vous auraient payé elles-mêmes ces sommes. Et ce cas n'est pas celui de la cause, puisque ce n'est pas de leurs mains, mais de celles d'un dépositaire public que vous avez reçu ces sommes, et que vous ne les avez reçues que par suite de contraintes.

Elle disait, d'un autre côté, à la dame de Laglasière: Vous ne pouviez pas être de bonne foi, lorsque vous avez reçu de vos enfans la somme qui leur avait été adjugée par l'arrêt de la cour royale de Montpellier, mais qui m'appartenait et qui depuis a été jugée m'appartenir, puisque vous saviez très-bien que je m'étais pourvue en Cassation contre cet arrêt. Vous ne pouvez donc pas m'opposer le §. 2 de l'art. 1238 du Code civil; aussi n'en excipez-vous pas. La cour royale de Toulouse a donc violé, en vous autorisant à retenir cette somme, la grande règle qui veut que, par la Cassation d'un arrêt, tout soit remis au même état que si cet arrêt n'avait jamais existé.

Et qu'a dit la cour de cassation par son arrêt de rejet? Elle a dit virtuellement:

En ce qui concerne les héritiers Ardenne et Lahens, je n'ai pas à juger si la supposition d'après laquelle la cour royale de Toulouse leur a appliqué le §. 2 de l'art. 1238 du Code civil est

─────────

(1) Journal des Audiences de la cour de cassation, année 1824, page 375. Jurisprudence de la cour de cassation, tome 24, page 302.

exacte ou non, parceque cette supposition n'est critiquéeni par eux ni par la dame Dezasars. Je n'ai à juger que la question de savoir si, cette supposition admise, le §. 2, de l'art. 1238 du Code civil a été justement appliqué par la cour royale de Toulouse; et l'affirmative n'est pas douteuse.

Mais en ce qui concerne la dame Laglasière, à laquelle cette supposition est reconnue étrangère par toutes les parties, il fauten revenir à la vérité; il faut tenir pour constant que la dame Laglasière a reçu de ses enfans, en compensation de ce qu'ils lui devaient, une somme d'argent qu'elle savait n'avoir été jugée leur appartenir que sous la condition résolutoire d'une Cassation déjà provoquée, et par conséquent réduire toute la question au point de savoir si le créancier qui, en paiement de sa créance, a reçu de son débiteurs des deniers que celui-ci avait touchés en vertu d'un arrêt passible de Cassation, peut être contraint de les rapporter à l'adversaire de son débiteur, après la Cassation de cet arrêt; et sur ce point, la négative est incontestable, parcequ'il n'en est pas d'une somme d'argent comme d'un corps certain.

Ainsi, point de contradiction entre la partie des motifs de l'arrêt de la cour de cassation, du 13 mai 1823, qui se rapporte aux héritiers Ardenne et Lahens, et la partie des motif du même arrêt qui se rapporte à là dame Laglasière. L'une est purement hypothétique et laisse notre question indécise pour le cas où le créancier payé avant la Cassation, sur la somme adjugée par l'arrêt cassé, ignorait, au moment de paiement, que cet arrêt fût attaqué. L'autre est absolu, et décide comme l'avait déjà fait l'arrêt du 16 mars 1807, que le paiement fait sur la somme adjugée par l'arrêt cassé, n'en est pas moins irrévocable, quoique le créancier qui l'a reçu, fût informé du recours en Cassation.

V. La cinquième question se divise en deux branches.

Ou il s'agit du rang dans lequel l'inscription hypothécaire qui a été rayée en exécution d'un arrêt cassé depuis; doit, par suite de la Cassation de cet arrêt, être rétablie à l'égard des créanciers qui étaient déjà inscrits au moment où cet arrêt a été rendu;

Ou il s'agit du rang que l'inscription rétablie par suite de la Cassation de l'arrêt qui en avait ordonné la radiation, doit prendre à l'égard des créanciers qui n'ont contracté et ne se sont inscrits que dans l'intervalle de la radiation à la Cassation de l'arrêt qui l'avait ordonnée.

Dans le premier cas, point de raison, pas même de prétexte pour ne pas appliquer dans toute sa latitude, la règle générale qui attribue à la Cassation l'effet de rendre comme non-avenu tout ce qui a été fait en exécution de l'arrêt qu'elle atteint; et par conséquent nul doute, comme 'établit M. Guichard dans sa *Jurisprudence*

hypothécaire au mot *Cassation*, que l'inscription qui a été rayée en vertu de l'arrêt cassé, ne doive, après la Cassation, être rétablie à sa date primitive. C'est ainsi que, comme l'a jugé un arrêt de la cour royale de Douai, du 10 janvier 1812, rapporté dans la *jurisprudence de la cour de Cassation*, tome 12, partie 2, page 370, lorsqu'un jugement déclare nulle, pour cause de dol et de fraude, la radiation consentie par acte notarié d'une inscription hypothécaire, l'inscription reprend de plein droit son premier rang à l'égard de celles qui existaient déjà au moment où elle a été rayée.

« Mais il en est autrement dans le second cas. » Vis-à-vis des créanciers qui auraient contracté » depuis la radiation (dit M. Guichard, à l'endroit » cité) qui auraient acquis hypothèque depuis » cette époque et l'auraient fait inscrire, qui » pourraient dire n'avoir traité que dans la con- » fiance qu'ils ne seraient pas primés par d'autres » hypothèques que celles portées sur les regis- » tres, et dont l'état leur fût délivré, nous pen- » sons qu'il serait difficile de faire revivre l'ins- » cription à sa première date; nous estimons au » contraire que ces créanciers seraient fondés à » prétendre que l'hypothèque dont il s'agit, ne » peut avoir rang à leur égard que du jour de sa » réinscription sur les registres, parceque pour » eux, en effet, elle n'a été publique, notoire, » que de ce jour là; et tout le système hypothé- » caire repose sur cette base, que, vis-à-vis des » tiers et entre créanciers du même débiteur, » les hypothèques n'existent et n'ont d'effet que » du jour qu'elles leur sont, pour ainsi dire, no- » tifiées par sa consignation sur les registres pu- » blics ».

On peut même citer à l'appui de cette doctrine un arrêt de la cour royale de Paris, du 15 avril 1811, par lequel il a été jugé (comme on le voit dans la *jurisprudence de la cour de cassation*, tome II, partie 2, page 472) que la réformation du jugement en vertu duquel, en le supposant par erreur non susceptible d'appel, une inscription hypothécaire a été rayée, ne rend pas sa première date à cette inscription au préjudice des créanciers qui n'ont contracté et ne se sont inscrits que postérieurement à la radiation.

« La loi (disait dans cette affaire le défenseur de la partie qui a obtenu gain de cause) ne reconnaît point de radiation provisoire; il ne peut exister qu'une seule espèce de radiation, et cette radiation doit être irrévocable; radier une inscription, c'est la détruire; une inscription détruite n'existe pas; si elle existait encore, elle ne serait pas détruite.

» Qu'importe la nature du titre en vertu duquel on aura opéré la radiation ? Que ce titre se trouve nul ou régulier, conditionnel ou pur et simple ? Le tiers qui voit une radiation opérée, n'a pas à examiner le mérite de cette radiation ; il ignore la nature et les vices de l'acte qui a motivé la radiation ; la radiation constitue son absence, et son absence constitue la sûreté du créancier qui se présente.

» D'après l'art. 2198 du Code civil, celui qui a requis du conservateur un certificat d'inscription, ne doit s'attacher qu'à ce certificat; que ce certificat soit faux ou inexact, il n'est tenu, comme acquereur de l'immeuble hypothéqué, que des inscriptions que ce certificat constate; l'erreur ou la malversation du conservateur ne peut entraîner de responsabilité que sur lui-même.

» Or, si la loi prononce la libération d'un acquéreur par le seul effet des certificats qu'on lui a délivrés, à plus forte raison doit-elle maintenir les droits d'un créancier qui n'a contracté que sur la foi d'une radiation constatée sur les registres. Il est certain que les deux propositions partent du même principe, de la publicité des registres, de la foi entière due aux mentions qu'ils peuvent renfermer; et l'on sent que la conséquence que l'art. 2198 a donnée à ce principe, est bien autrement rigoureuse que celle que l'on veut en tirer en ce moment ».

§. XXXII. 1º. *La voie de Cassation est-elle ouverte contre les jugemens interlocutoires, tant qu'ils n'ont pas été suivis de jugemens définitifs?*

2º. *L'est-elle contre les jugemens préparatoires émanés d'un tribunal dont l'incompétence est absolue?*

Sur la première question, *V.* l'article *Interlocutoire*, §. 5.

Sur la seconde, *V.* l'article *Tribunal de Commerce*, §. 5.

§. XXXIII. *Peut-on, après avoir acquiescé à un arrêt interlocutoire qui préjuge le fond, et sans l'attaquer, demander la Cassation de l'arrêt définitif qui s'en est ensuivi?*

La négative résulte clairement des principes que j'ai établis et des arrêts de la cour de Cassation que j'ai cités dans le *Répertoire de jurisprudence* au mot *Interlocutoire*, nº. 3-2º. C'est d'ailleurs ce qu'avait déjà jugé très-positivement, au rapport de M. Vallée et sur les conclusions de M. Giraud Duplessis, un arrêt de la section civile, du 11 janvier 1808, qui est ainsi conçu:

« Attendu que l'arrêt interlocutoire qui admet Vanoutrive à affirmer que, depuis le remboursement à lui fait, il a constamment tenu en réserve une somme correspondante à celle dont la valeur était réclamée, préjugeait la question décidée ensuite par l'arrêt entrepris;

» Qu'il a été exécuté sans réclamation et qu'aujourd'hui encore cet arrêt interlocutoire n'est pas attaqué;

» La cour rejette le pourvoi..... (1) ».

(1) Jurisprudence de la cour de cassation, tome 8, page 125.

§. XXXIV. *Lorsque, dans le cours de l'instance sur laquelle est intervenu le jugement attaqué par la voie de Cassation, la partie qui a obtenu ce jugement, n'a pas indiqué son vrai domicile, mais seulement sa résidence momentanée, peut-on lui signifier à cette résidence, l'arrêt qui admet la requête en Cassation de ce jugement?*

V. le plaidoyer et l'arrêt du 7 juin 1809, rapportés aux mots *Inscription hypothécaire*, §. 1.

§. XXXV. *Peut-on, après avoir obtenu gain de cause devant les premiers juges et succombé sur l'appel, employer comme ouverture de Cassation contre l'arrêt infirmatif du jugement de première instance, un moyen qui a été rejeté par l'un des motifs de ce jugement, lorsqu'on n'en a point attaqué le rejet par un appel incident?*

Cette question, jugée pour l'affirmative par un arrêt de la cour de Cassation, du 22 floréal an 10, que l'on trouvera, avec les conclusions qui l'ont précédé, sous les mots *Inscription sur le grand livre*, §. 4, l'a encore été dans le même sens par un autre arrêt de la même cour du 16 juillet 1816, qui est rapporté à l'article *Transport (Cession et)*.

§. XXXVI. 1º. *Pour que l'omission d'une formalité prescrite dans un exploit ou dans tout autre acte de procédure, à peine de nullité, puisse lorsqu'elle a eu lieu par le fait de l'une des parties ou d'un officier public agissant à sa requête, donner ouverture à la Cassation du jugement en dernier ressort qui a déclaré cet exploit ou acte de procédure valable, ou l'a pris pour base de son prononcé, suffit-il que le demandeur en Cassation ait conclu devant le tribunal dont ce jugement est émané, à ce qu'il fût déclaré nul; ou faut-il que l'omission de laquelle en provenait la nullité, ait été articulée en termes exprès?*

2º. *Pour que la nullité du titre fondamental d'une action ou d'une exception, nécessite la Cassation du jugement en dernier ressort qui a déclaré ce titre valable, ou l'a pris pour base de son prononcé, suffit-il que la partie demanderesse en Cassation ait conclu devant le tribunal dont elle attaque la décision, à ce qu'il fût déclaré nul; ou faut-il qu'elle ait articulé spécifiquement le vice qui devait le faire annuller?*

3º. *En général peut-on employer comme ouverture de Cassation, un moyen que l'on n'a pas présenté aux juges du fond?*

I. La première question ne peut souffrir aucune difficulté, d'après l'art. 4 de la loi du 4 germinal an 2, concernant *les cas où les jugemens peuvent et doivent être annullés en matière civile*, par la cour de Cassation : « Si c'est par le fait de l'une des » parties, ou du fonctionnaire public agissant à » sa requête (y est-il dit), qu'a été omise ou violée » une forme prescrite à peine de nullité....., cette

» violation ou omission ne peut donner ouverture
» à la Cassation que lorsqu'elle a été allouée
» par l'autre partie devant le tribunal dont celle-
» ci prétend faire annuller le jugement pour n'y
» avoir pas eu égard ». Delà, en effet, il résulte
clairement que pour être admis à critiquer un
jugement en dernier ressort devant la cour de
Cassation, en ce qu'il a déclaré valable un exploit
ou un acte de procédure qui était nul en soi, il
ne suffit pas d'avoir conclu devant le tribunal
qui a rendu ce jugement, à ce que cet exploit ou
acte de procédure fût annullé; mais qu'il faut
encore avoir allégué devant ce tribunal, l'omission de la forme dont l'absence emportait nullité; et c'est ce que la cour de Cassation a formellement jugé dans l'espèce suivante.

Par contrat du 23 septembre 1793, le sieur
Bertaut, ex-receveur-général de la régie des aides,
demeurant à Lisieux, paroisse Saint-Jacques, a
vend à la demoiselle Faneau divers héritages
qu'il a précédemment acquis de Robert Ressen-
court.

Le prix de cette vente est fixé à 30,000 livres,
dont 6,200 resteront entre les mains de la demoiselle Faneau, pour servir à l'acquittement de
diverses rentes, et 23,800 seront payées aussitôt
après que les lettres de ratification à prendre sûr
le contrat, auront été scellées sans oppositions,
ou s'il survient des oppositions, après la main-
levée que le vendeur s'oblige d'en fournir dans
la quinzaine de la dénonciation qui lui en sera
faite, à peine de tous dépens, dommages et intérêts.

Une autre clause du contrat porte que, « s'il
» arrivait que le prix de la vente dût être distri-
» bué ou colloqué en justice, et, à cet effet,
» consigné en tout ou en partie, les frais de cette
» consignation et distribution seront à la charge
» du vendeur; et (que) l'acquéreur ne sera point
» obligé de payer aucun intérêt de la somme qui
» lui reste aux mains, jusqu'à l'époque de son
» paiement fixée après la main-levée et radiation
» des oppositions; duquel intérêt elle est dispen-
» sée jusqu'à ce qu'elle ait été mise en état de se
» libérer, par la main-levée de ces oppositions...,
» ou même par état de distribution en justice ».

Le 22 prairial an 3, la demoiselle Faneau,
formant opposition au sceau des lettres de ratification qu'elle a obtenues sur ce contrat, désigne
le sieur Bertaut comme domicilié dans la commune de Duclèze, arrondissement d'Yvetot.

Le 26 du même mois, les lettres de ratification obtenues par la demoiselle Faneau, sont
scellées à la charge de sept oppositions.

Le 5 messidor suivant, la demoiselle Faneau
dénonce ces oppositions au vendeur, par un exploit contenant sommation d'en fournir ou rapporter main-levée sous quinzaine, et, à défaut
de ce, protestation de se pourvoir, tant pour obtenir cette main-levée et pour suivre l'ordre, que
pour se faire autoriser à consigner.

Cet exploit est signifié au sieur Bertaut, *en son
domicile à Lisieux, en parlant à une fille ou femme
qui n'a voulu dire son nom, quoique de ce sommée à cet
effet, chargée de lui faire savoir.*

Le 1ᵉʳ. messidor suivant, la demoiselle Faneau
fait au bureau des hypothèques une déclaration
portant que c'est par erreur que, dans son opposition du 22 prairial, elle a désigné le sieur
Bertaut, comme domicilié à Duclèze, et que réellement elle ne lui connaît pas d'autre domicile
qu'à Lisieux.

Le 15 fructidor suivant, elle fait assigner le
sieur Bertaut devant le tribunal de district de
Lisieux, pour voir dire qu'elle sera autorisée à
consigner.

Le 3 vendémiaire an 4, jugement par défaut,
qui l'y autorise en effet.

Le 14 du même mois, après avoir signifié ce
jugement au *dernier domicile* du sieur Bertaut à
Lisieux, et avoir sommé celui-ci de se trouver au
bureau du receveur des consignations, toujours
*en parlant à une femme ou fille qui n'a voulu dire son
nom,* elle consigne en assignats la somme de
24,752 livres 7 sous, qu'elle déclare *faire le prix
restant du contrat d'acquisition du 23 septembre 1793,*
compris 2,000 livres pour intérêts échus. Elle retire le
brevet de cette consignation, mais ne le signifie
au sieur Bertaut qu'en 1802.

Le 2 mai 1806, le sieur Bertaut fait assigner la
demoiselle Faneau devant le tribunal civil de
l'arrondissement de Lisieux, en paiement de
23,800 livres qui lui restent dues sur le prix de
la vente du 23 septembre 1793.

La demoiselle Faneau lui oppose le jugement
du 3 et la consignation du 14 vendémiaire an 4.

Le sieur Bertaut forme opposition à l'un, et
demande la nullité de l'autre.

Le 2 juillet 1807, jugement qui déboute le
sieur Bertaut de son opposition et déclare la consignation valable.

Appel de la part du sieur Bertaut.

Le 22 août suivant, arrêt par défaut, de la
cour de Caen, qui réforme le jugement dont est
appel, rapporte celui du 3 vendémiaire an 4,
comme nul, déclare également nulle la consignation du 14 du même mois, et condamne la
demoiselle Faneau à payer au sieur Bertaut la
somme de 23,800 livres, avec les intérêts du retard jusqu'au paiement effectif, à la charge par
le sieur Bertaut, de justifier de la main-levée des
oppositions formées par ses créanciers au sceau
des lettres de ratification.

La demoiselle Faneau se rend opposante à cet
arrêt.

Le sieur Bertaut conclud à ce qu'elle soit déboutée de son opposition; et néanmoins déclare
« qu'il n'est pas dans son intention de lui faire
» payer la somme de 23,800 livres en numéraire,
» mais seulement la valeur réduite de cette somme
» d'après le tableau de dépréciation des assignats
» du département du Calvados, à l'époque du 23

» septembre 1793, suivant lequel cette somme » se trouve réduite à celle de 10,872 livres ».

Le 2 juillet 1808, arrêt contradictoire ainsi conçu :

« 1°. L'opposition formée par la demoiselle Faneau à l'arrêt du 22 août dernier, est-elle fondée ?

» 2°. Le jugement dont le sieur Bertaut est appelant, doit-il être maintenu dans les termes dans lesquels il est conçu ?

» 3°. La dénonciation des oppositions existantes sur le sieur Bertaut, a-t-elle été légalement et régulièrement faite par la demoiselle Faneau ?

» 4°. Le sieur Bertaut a-t-il rempli les conditions auxquelles il s'est obligé par le contrat du 23 septembre 1793 ?

» 5°. La consignation faite par la demoiselle Faneau. est-elle régulière et libératoire ?

» 6°. Enfin, dans le cas de la négative, quelle serait, d'après les clauses de son contrat et les circonstances, la valeur que devrait la demoiselle Faneau au sieur Bertaut, pour demeurer quitte du prix de sondit contrat ?

» Sur quoi, la cour..... considérant que, le 26 prairial an 3, le contrat de vente consenti à la demoiselle Faneau par le sieur Bertaut, le 23 septembre 1793, fut scellé à la charge des oppositions existantes, qui étaient au nombre de sept, dont deux avant ce contrat, et deux dans l'intervalle des six mois qui l'ont suivi ;

» Considérant que, par ce contrat, le vendeur s'obligea de fournir main-levée et radiation des oppositions procédant de son fait ou de ses auteurs, quinzaine après la dénonciation qui lui en serait faite, et ce à peine de tous dommages-intérêts ;

» Considérant que la demoiselle Faneau a, le 5 messidor an 3, fait dénoncer les oppositions au dernier domicile du sieur Bertaut, à Lisieux, en parlant à une femme ou fille y trouvée, qui n'a dit son nom de ce sommée, chargée de lui faire savoir ;

» Considérant que le sieur Bertaut ne peut raisonnablement soutenir que cette dénonciation était nullement faite à ce domicile, puisque, d'une part, il n'avait pas fait connaître son intention d'en changer et que ses meubles y étaient restés ; que, d'un autre côté, la demoiselle Faneau devait se croire d'autant mieux autorisée à faire faire cette dénonciation au domicile dont il s'agit, que, le 21 nivôse an 3, elle y fit citer le sieur Bertaut en conciliation, pour la garantie des troubles qu'elle éprouvait de la part de la fille Roussencourt, et qu'il comparut par un fondé de pouvoir, sans opposer que cette citation n'était pas donnée à son vrai domicile et sans en indiquer un autre ; et que d'ailleurs ses créanciers, par leurs oppositions, ne lui avaient pas reconnu d'autre domicile, sauf la demoiselle Faneau, qui rectifia ensuite cette erreur ;

» Considérant qu'après cette dénonciation, il

n'a point satisfait à l'engagement qu'il avait pris par le susdit contrat de vente ;

» Considérant qu'avant d'examiner le mérite des nullités proposées par le sieur Bertaut contre les diligences, jugement et consignation faite en conséquence, il convient de savoir si cette consignation était forcée ou non ; et en supposant la négative, et que la consignation fût annullée, quelles seraient les valeurs dont serait comptable la demoiselle Faneau ;

» Considérant que, d'après la clause du contrat de vente qui porte que, s'il y a des oppositions, la demoiselle Faneau ne sera point obligée de payer les intérêts de la somme de 23,800 livres, jusqu'à ce qu'elle ait été mise en état de s'en libérer par la main-levée des oppositions que le vendeur s'obligeait de lui fournir, ou même par l'état ou distribution en justice des deniers, si le cas y échéait, la demoiselle Faneau n'était pas tenue de consigner, au moins tant que la distribution n'était pas ordonnée ; et que, dès-lors, dans cette circonstance, la consignation ne pouvait être forcée ;

» Considérant qu'on ne peut prétendre que le jugement du 3 vendémiaire an 4 ait acquis force de chose jugée, si la signification de ce jugement n'est pas valable ;

» Considérant que cette signification, qui comporte aussi sommation aux parties y dénommées, de se trouver, le 14 du même mois, au bureau des consignations, énonce qu'elle aurait été faite au dernier domicile du sieur Bertaut, à Lisieux, en parlant à une femme ou fille y trouvée, chargée de lui faire savoir ;

» Considérant que le *parlant à....* ne remplit point suffisamment le vœu de l'art. 3 du tit. 2 de l'ordonnance de 1667 ; qu'il fallait que la personne à qui cette signification fût remise, fût indiquée, ou par son nom, ou par sa qualité, ou par ses rapports avec le sieur Bertaut, ou du moins qu'il y fût fait mention de l'interpellation qui lui aurait été faite, ainsi que de sa réponse et de son refus ; et que, cette formalité manquant, la signification et la sommation doivent être regardées comme non-avenues, ainsi que la consignation qui en a été la suite et la conséquence ;

» Considérant au surplus que, par le contrat de vente précité, la demoiselle Faneau n'était point assujétie à payer d'intérêts, tant qu'elle ne serait pas mise en état de se libérer, par la main-levée des oppositions que le vendeur s'obligeait de fournir, ou par l'état et distribution des deniers, s'il y avait lieu ;

» Considérant que le sieur Bertaut n'ayant point satisfait à son engagement ; et mis, par-là, la demoiselle Faneau à portée de se libérer avec la monnaie d'alors, il doit s'en imputer la faute et être susceptible des pertes et dommages qui doivent en résulter ;

» Considérant que la demoiselle Faneau n'étant, ni tenue à payer des intérêts, ni mise en demeure de se libérer, et devant être regardée, ainsi que l'a soutenu lui-même le sieur Bertaut, comme *dépositaire* ou *séquestre*, elle ne peut être obligée qu'à remettre en même nature les sommes qu'elle aurait eues comme séquestre, ou leur valeur représentative en d'autres papiers-monnaie, si elle avait été échangée en conformité des lois; et que, dans la circonstance, la perte qu'ont éprouvée les assignats, ne doit pas retomber sur la demoiselle Faneau, d'après les dispositions de l'art. 12 de la loi du 11 frimaire an 6, et le droit commun maintenu par les art. 1929, 1932 et 1933 du Code civil;

» Considérant enfin que les assignats consignés par la demoiselle Faneau, doivent être regardés comme ayant formé le séquestre; et qu'elle doit, dès-lors, les restituer ou les valeurs qu'elle retirera des caisses dans lesquelles ces assignats ont été versés;

» Par ces motifs, la cour reçoit la demoiselle Faneau opposante contre l'arrêt du 22 août dernier; faisant droit sur son opposition, rapporte cet arrêt comme surpris; et statuant sur l'appel du jugement dont est appel, dit que, par ce jugement, il a été mal jugé; faisant ce que le premier juge aurait dû faire, la cour déclare la susdite consignation effectuée le 14 vendémiaire an 4, nulle; autorise ladite demoiselle Faneau à la retirer des caisses où elle aurait été versée, et la condamne à tous les dépens faits pour y parvenir, ainsi qu'aux frais de la signification du brevet d'icelle, sauf la dénonciation des oppositions, qui est à la charge du sieur Bertaut; au surplus, la demoiselle Faneau demeurera quitte envers le sieur Bertaut, en remettant à ce dernier les valeurs qu'elle retirera de la caisse publique, ce qu'elle effectuera dans un mois de ce jour, parcequ'en cas d'obstacle, elle sera tenue d'en justifier; et, de son côté, le sieur Bertaut remettra à la demoiselle Faneau, dans le même délai, les mains-levées des oppositions; les dépens du présent procès, tant de première instance que d'appel, compensés; ceux du présent arrêt à la charge de celle des parties qui ne l'exécuterait pas dans le susdit délai d'un mois; ordonne la cour que la demoiselle Faneau remettra au sieur Bertaut tous les frais de délivrance et signification du jugement dont est appel, avancés par l'appelant, et que l'amende sera restituée..... ».

Le sieur Bertaut se pourvoit en Cassation contre cet arrêt.

« Il l'attaque (ai-je dit à l'audience de la section des requêtes, le 29 août 1809) 1°. parcequ'en n'ordonnant pas l'estimation de l'immeuble qu'il avait vendu, en 1793, à la demoiselle Faneau, il a, suivant lui, violé l'art. 2 de la première loi du 16 nivôse an 6;

2°. Parcequ'en déclarant la demoiselle Faneau quitte envers lui, moyennant la remise des valeurs à retirer de la consignation qu'elle avait induement faite le 14 vendémiaire an 4, il a faussement appliqué l'art. 12 de la loi du 11 frimaire an 6, et violé les art. 1915, 1916 et 1963 du Code civil;

3°. Parcequ'en jugeant valable la dénonciation que la demoiselle Faneau lui avait faite le 5 messidor an 3, des oppositions à la charge desquelles ses lettres de ratification avaient été scellées, il a violé l'art. 22 de l'ordonnance de 1539 et l'art. 3 du tit. 2 de l'ordonnance de 1667.

» Le premier de ces moyens trouve sa réponse, en fait, dans la déclaration par laquelle le sieur Bertaut avait, devant la cour de Caen, adopté l'échelle départementale de dépréciation, pour règle de la réduction du prix stipulé dans le contrat de vente; et, en droit, dans l'art. 4 de la seconde loi du 16 nivôse an 6, qui porte que le *vendeur aura, dans tous les cas, comme l'acquéreur, la faculté de s'en tenir aux clauses du contrat, pour se soustraire à l'expertise.... ; auquel cas, il ne pourra prétendre que le remboursement du prix....., d'après l'échelle de dépréciation.*

» Le second moyen tend à établir qu'en considérant la demoiselle Faneau comme *dépositaire* ou *séquestre* du prix dont elle était débitrice, et en lui appliquant, en cette qualité prétendue, la disposition de l'art. 12 de la loi du 11 frimaire an 6, la cour de Caen a dénaturé l'obligation que la demoiselle Faneau avait contractée envers le sieur Bertaut.

» Admettons-le avec le demandeur : en résultera-t-il que vous devez casser l'arrêt qui vous est dénoncé ?

» Vous devriez sans doute le casser, si, en interprétant l'obligation de la demoiselle Faneau de manière à l'identifier avec celle que contracte un simple dépositaire, un simple séquestre, la cour d'appel de Caen avait violé une loi positive.

» Mais cette loi où est-elle? Dans les articles cités du Code civil, qui déterminent les caractères du séquestre et du dépôt? Mais ces articles ne peuvent pas, par un effet rétroactif que réprouve expressément l'art. 2 de ce Code, régler la nature d'un contrat qui avait été passé long-temps avant leur promulgation. Dans les lois romaines? Mais ces lois n'ont jamais eu, en Normandie, d'autre autorité que celle de raison écrite. Dans la coutume de Normandie? Mais cette coutume était absolument muette sur les caractères distinctifs du dépôt et du séquestre.

» Il reste donc à dire que la cour de Caen a mal jugé. Mais mal juger et juger contre une loi expresse, sont deux choses totalement différentes; et si vous pouvez, si vous devez casser tous les arrêts qui jugent contre la loi, vous ne devez, vous ne pouvez jamais casser un arrêt qui ne juge que contre la raison, qui n'offense que des principes universellement reçus, il est vrai, mais auxquels le législateur n'a pas imprimé le sceau de sa puissance.

» Remarquons d'ailleurs que la cour d'appel de Caen n'a jugé, comme elle l'a fait, que d'après la plaidoirie du demandeur lui-même ; que le demandeur lui-même, et l'arrêt attaqué le constate, s'était attaché, dans sa plaidoirie, à soutenir que la demoiselle Faneau devait être considérée, relativement au prix de la vente dont il était question, comme un dépositaire, comme un séquestre ; qu'ainsi, la cour d'appel de Caen n'a fait, pour ainsi dire, que prendre le demandeur au mot, que le juger sur sa propre parole.

» Le troisième moyen ne vous présente, de la part du demandeur, qu'une réclamation d'un très-mince intérêt. Il ne s'agit que des frais d'une dénonciation, et ces frais ne peuvent s'élever qu'à une somme extrêmement modique. Mais d'ailleurs ce moyen est-il recevable ?

» La loi du 4 germinal an 2 porte, art. 4, que *Si c'est par le fait de l'une des parties ou des fonctionnaires publics agissant à sa requête, qu'a été omise ou violée une forme prescrite à peine de nullité....., cette violation ou omission ne peut donner ouverture à la Cassation, que lorsqu'elle a été alléguée par l'autre partie, devant le tribunal dont celle-ci prétend faire annuler le jugement, pour n'y avoir pas eu égard.* Or, il est ici question d'une formalité omise dans un exploit, par l'huissier qui en a fait la signification, à la requête de la demoiselle Faneau ; et nous ne voyons pas que cette omission ait été alléguée par le demandeur, non-seulement devant la cour d'appel de Caen, mais même devant le tribunal de première instance.

» Devant le tribunal de première instance, il concluait bien à ce que le jugement du 3 vendémiaire an 4, ainsi que les *autres actes et pièces produits par la demoiselle Faneau, fussent déclarés nuls ;* mais il n'articulait, contre l'exploit de dénonciation du 5 messidor an 3, aucune nullité qui lui fût particulière ; il ne parlait même pas nommément de cet exploit ; et ce n'est que contre l'exploit de signification du jugement du 3 vendémiaire an 4, qu'il se prévalait de la manière dont l'huissier avait rempli le *parlant à....*

» Devant la cour d'appel, il attaquait spécialement l'exploit de dénonciation ; mais sur quel fondement ? Sur le seul et unique fondement que cet exploit lui avait été signifié à Lisieux, à une époque où il n'y avait plus son domicile ; et nous voyons à la page 5 de ses *griefs et moyens d'appel,* qui sont sous vos yeux, qu'il n'alléguait l'omission de la forme prescrite par l'art. 3 du tit. 2 de l'ordonnance de 1667, que relativement à l'assignation qui lui avait été donnée le 15 fructidor an 3.

» Ainsi, en cause d'appel comme en première instance, silence absolu de la part du sieur Bertaut, sur l'omission dont il cherche à se faire devant vous une ouverture de Cassation.

» Et qu'on ne dise pas qu'il lui a suffi de demander la nullité de l'exploit dans lequel se trouve cette omission, pour que cette omission, si en effet elle emporte nullité, puisse aujourd'hui lui fournir le moyen de Cassation qu'il prétend en faire résulter. Car la loi du 4 germinal an 2 exige impérieusement, non pas que la nullité soit simplement proposée, mais que l'omission ou la violation qui donne lieu à cette nullité, soit alléguée en termes exprès.....

» Par ces considérations, nous estimons qu'il y a lieu de rejeter la requête du demandeur et de le condamner à l'amende ».

Par arrêt du 24 août 1809, au rapport de M. Bailly,

« Considérant, sur le premier moyen, que, d'après la déclaration faite par le sieur Bertaut, devant la cour d'appel de Caen, qu'il était dans l'intention de ne faire payer, par la demoiselle Faneau, les 33,800 livres assignats à lui restant dues du prix de vente des immeubles en question, que sur le pied de leur valeur réduite selon l'échelle de dépréciation des assignats dans le département du Calvados, il ne pouvait plus y avoir lieu à l'estimation dont parle l'art. 2 de la loi du 16 nivôse an 6, et qu'aussi l'arrêt attaqué n'en a-t-il fait aucune application ;

» Considérant, sur le second moyen, que le sieur Bertaut est non-recevable à se plaindre de ce que, *conformément* à ce qu'il avait lui-même soutenu, la cour d'appel ait regardé la demoiselle Faneau comme *séquestre* des 24,652 livres 7 sous assignats, par elle déposés pour solde, en principal et intérêts, du prix de son acquisition desdits immeubles ; et que cette qualification de *séquestre* une fois admise, l'arrêt n'a fait aucune fausse application d'aucune loi ;

» Et attendu, sur le troisième moyen, qu'il n'est pas justifié que le demandeur ait proposé, soit en première instance, soit en cause d'appel, le moyen de nullité qu'il reproche à la cour d'appel de n'avoir pas adopté ;

» La cour rejette le pourvoi..... ».

J'avais déjà professé, dans le plaidoyer du 21 thermidor an 9, qui est rapporté au mot *Appel,* §. 9, la doctrine consacrée par le troisième motif de cet arrêt.

Mais cette doctrine est-elle applicable au cas où c'est par défaut faute de comparoir, qu'a été rendu le jugement en dernier ressort dont la Cassation est demandée sur le fondement qu'il a tenu pour valable une assignation nulle ?

Elle le serait sans doute si l'art. 4 de la loi du 4 germinal an 2 devait être pris dans toute sa généralité ; car il ne distingue pas entre le jugement contradictoire et le jugement par défaut. Mais le bon sens veut que l'on y sous-entende la distinction qu'il ne fait pas expressément.

En effet, pourquoi déclare-t-il non-recevable à tirer un moyen de Cassation d'une nullité d'exploit, la partie qui ne l'a pas alléguée devant le

25.

tribunal dont elle attaque le jugement? Parceque cette partie est censée, par le silence qu'elle a gardé devant ce tribunal sur la forme illégale de l'ajournement qui lui avait été donné, avoir renoncé au droit qui en résultait pour elle de se faire décharger de cet ajournement et avoir consenti à ce qu'elle fût considérée comme ajournée valablement. Or, cette présomption cesse nécessairement lorsque l'assigné n'a pas comparu, lorsqu'il a été jugé par défaut; car de deux choses l'une : ou il n'a pas comparu et il a fait défaut parceque l'assignation ne lui avait pas été remise; ou il ne s'est abstenu de comparaître et il ne s'est déterminé à faire défaut que parceque regardant l'assignation comme non-avenue par cela seul qu'elle était nulle, il s'est cru dispensé d'y déférer; et il est bien évident que, ni dans l'un ni dans l'autre cas, on ne peut présumer de sa part une rénonciation à la nullité de l'assignation. Comment, dès-lors, lui refuser la faculté de faire juger par la cour de Cassation qu'il n'a pas été défaillant, et qu'en le considérant comme tel le juge du fond a violé la loi ?

II. La seconde question est traitée dans les conclusions du 18 octobre 1809, qui sont rapportées au mot *Testament*, §. 13; et il résulte clairement de la loi du 7 nivôse an 5, qui y est transcrite, que *les nullités qui frappent le titre fondamental de l'action, donnent ouverture à la Cassation*, lors même que, devant le tribunal dont elles impugnent le jugement, elles n'ont pas été invoquées à l'appui des conclusions tendant à ce que certains actes fussent déclarés nuls, lors même que ces conclusions n'ont été fondées, devant ce tribunal, que sur d'autres nullités dont ces actes ont été jugés légalement n'être pas entachés.

Mais ne peut-on pas opposer à ce principe l'arrêt de la cour de Cassation, du 28 juin 1815, qui est rapporté dans le *Répertoire de jurisprudence*, au mot *Filiation*, n°. 20 ?

Dans le fait, les enfans et héritiers de Jean Lanchère avaient demandé, devant le tribunal de première instance et devant la cour d'appel de Paris, la nullité d'une donation entre-vifs que leur père avait faite à trois bâtards adultérins qu'il avait précédemment reconnus par un acte authentique, et ils l'avaient demandée sur le seul fondement que cette donation était prohibée par l'art. 908 du Code civil qui ne permet de laisser à des bâtards adultérins que de simples alimens.

Déboutés de cette demande, par un arrêt motivé sur l'art. 335 qui interdit toute reconnaissance volontaire au profit d'enfans nés d'un commerce adultérin, et par suite sur le fait que les donataires devaient être considérés comme étrangers au donateur, les héritiers se sont pourvus en Cassation, et en persistant dans la nullité qu'ils avaient inutilement fait valoir tant en pre-

mière instance qu'en cause d'appel, ils en ont proposé deux nouvelles.

D'une part (ont-ils dit pour second moyen), l'acte de donation exprime en toutes lettres que les donataires sont les enfans adultérins du donateur, et que celui-ci dispose comme il le fait, non-seulement parceque telle est sa volonté, mais encore *pour donner un témoignage de son affection à sesdits enfans*. Cet acte est donc déterminé par une cause illicite, et dès-lors, l'annullation en était commandée par les art. 1331 et 1333 du Code civil.

D'un autre côté (ont-ils ajouté pour septième moyen), si les trois donataires n'ont pas dû être considérés, par la cour royale, comme enfans adultérins du donateur, si elle a dû les juger étrangers à celui-ci, elle a dû juger en même temps, et par une suite nécessaire, qu'il y avait erreur sur les personnes et fausse cause dans la donation. Elle a dû par conséquent appliquer à la donation les art. 1109 et 1110 qui déclarent nuls les contrats dans lesquels il y a fausse cause ou erreur sur les personnes.

Mais quel a été le sort de ces deux moyens ? L'arrêt du 28 juin 1815 les a rejetés comme les autres,

« Attendu que rien ne justifie que le second moyen ait été présenté devant la cour qui a rendu l'arrêt dénoncé; qu'il n'en est fait aucune mention dans cet arrêt ni dans les qualités et les faits, ni dans les questions qui ont été posées, ni dans les motifs; et que même il n'en est pas fait mention dans le jugement de première instance;

» Que les demandeurs conviennent eux-mêmes qu'ils n'ont pas proposé le septième moyen devant la cour d'appel de Paris; et que cependant ils auraient pu et dû le proposer, d'après les défenses fournies par la veuve Blanié et ses deux frères;

» Qu'en conséquence, ces deux moyens ne sont pas admissibles comme ouvertures de Cassation, *puisqu'en matière civile, un arrêt de cour d'appel ne peut être cassé pour n'avoir pas prononcé des nullités qui n'avaient pas été demandées et proposées par les parties intéressées*;

» Que d'ailleurs, pour décider que la paternité adultérine de Jean Lanchère a été l'unique cause de la libéralité qu'il a faite à la veuve Blanié et à ses deux frères, il faudrait interpréter les termes de l'acte de donation; mais que cette interprétation n'a pas été faite par l'arrêt dénoncé, et qu'elle n'est pas dans les attributions de la cour».

Il faut en convenir franchement, si, dans cet arrêt, on devait prendre à la lettre et dans un sens absolu l'assertion qu'*en matière civile, un arrêt de cour d'appel ne peut être cassé pour n'avoir pas prononcé des nullités qui n'avaient pas été demandées et proposées par les parties intéressées* (termes qui, dans l'espèce de cet arrêt, n'auraient point de sens, s'ils n'étaient synonymes de ceux-ci :

un arrêt ne peut être cassé pour n'avoir pas suppléé, à l'effet de prononcer une nullité demandée, des moyens qui n'avaient pas été proposés par les parties intéressées), nous devrions dire que cet arrêt est en opposition diamétrale avec la loi du 7 nivôse an 5.

Mais en remontant à l'origine de cette loi, nous trouverons qu'elle a été rendue sur un référé de la cour de Cassation elle-même, du 17 prairial an 2, et qu'elle a résolu affirmativement la question présentée par ce référé, de savoir si la demande en nullité d'un procès-verbal de douaniers qui, devant le juge du fond, n'avait été motivée que sur des moyens justement réprouvés, pouvait l'être devant la cour suprême, sur un défaut d'affirmation qui n'avait pas été articulé lors du jugement attaqué, mais que le procès-verbal mettait matériellement en évidence, et qui par conséquent n'avait pas dû échapper à l'attention du tribunal de qui était émané ce jugement (1).

Or, est-il permis de supposer que la cour de Cassation se soit ainsi jouée, par son arrêt du 28 juin 1815, d'une loi qu'elle avait elle-même provoquée et qui est encore dans toute sa vigueur? Non sans doute; et il est bien plus naturel de penser que la cour de Cassation ne se serait pas exprimée comme elle l'a fait par cet arrêt, s'il n'avait pas été dans son intention de lier ce qu'elle a dit en termes trop généraux, à ce qu'elle a ajouté immédiatement, savoir que de l'acte de donation attaqué les héritiers de Jean Lanchère, il ne résultait pas nécessairement que *la paternité adultérine du donateur avait été l'unique cause de la libéralité qu'il avait faite aux donataires.*

Il n'y a donc qu'une conséquence à tirer de cet arrêt, c'est qu'à la vérité, une nullité non articulée devant le tribunal dont le jugement est déféré à la censure de la cour suprême, peut être présentée comme moyen de Cassation, par la partie qui avait conclu devant le juge du fond à ce que l'acte entaché de cette nullité fût annullé par d'autres motifs; mais qu'il faut pour cela qu'elle sorte, pour ainsi dire, du sein même de cet acte, que les juges du fond n'aient pas pu la méconnaître, et qu'elle n'ait pas pu échapper à leur attention.

Ainsi entendu, cet arrêt se trouve en parfaite harmonie avec le principe général que le juge du fond n'est tenu de suppléer d'office aux moyens de droit omis par les parties, qu'autant que les faits auxquels se rattachent ces moyens, ont été exposés et clairement prouvés devant lui. Entendu à la lettre et pris dans un sens absolu, il serait en contradiction manifeste, et avec la grande règle qui oblige le juge du fond à appliquer d'office aux faits exposés et clairement prouvés devant lui, les moyens de droit qui en découlent et auxquels les parties intéressées n'ont pas renoncé, et avec la disposition de la loi du

7 nivôse an 5 qui n'est que la conséquence immédiate de cette règle.

Au surplus, ce qu'a jugé l'arrêt de la section civile du 25 juin 1815 (pris dans le sens restreint que je viens d'indiquer) pour le cas où le fait d'où dérive la nullité non articulée devant le juge du fond, n'est pas clairement établi par le titre produit devant ce juge, il est évident qu'il faudrait le décider également dans les cas où il s'agirait d'une nullité qui, non-seulement n'aurait pas été articulée devant le juge du fond, mais qui aurait pour base un titre dont le juge du fond n'aurait pas eu connaissance, parceque la partie intéressée à le faire valoir ayant fait défaut, ne l'aurait pas produit ; et telle est en effet la décision expresse d'un arrêt rendu par la section des requêtes dans l'espèce suivante.

Le sieur Demontis avait reçu de sa femme, par donation entre-vifs, l'usufruit du domaine de Brie, pour lui tenir lieu de pension alimentaire, et sous la condition que les produits en seraient insaisissables de la part de ses créanciers.

Le sieur Fournal, à qui il devait une somme de 1,000 francs, n'en fit pas moins saisir et arrêter les fermages de ce domaine, et n'en poursuivit pas moins devant le tribunal civil de Barbésieux, l'effet de sa saisie-arrêt.

Le sieur Demontis ne se présentant pas sur l'assignation en validité qui lui avait été donnée en bonne forme, jugement intervint, le 15 mai 1826, qui, donnant défaut contre lui, et vérification faite de la créance du sieur Fournal, ordonna au fermier de vider ses mains.

Recours en Cassation contre ce jugement de la part du sieur Demontis, qui le fonde, en droit, sur l'art. 581 du Code de procédure civile, et en fait, sur l'acte de donation qu'il produit et dans lequel est écrite en toutes lettres la clause d'insaisissabilité.

Mais par arrêt du 28 novembre 1826, au rapport de M. Voisin de Gartempe, et sur les conclusions de M. l'avocat-général Lebeau,

« Attendu que le demandeur ayant constamment fait défaut devant les premiers juges, n'ayant pas ainsi fait connaître le titre de sa propriété, et fait valoir le moyen qu'il voulait en tirer, pour en induire la nullité de la saisie-formalisée sur son fermier par le sieur Fournal, son créancier, il ne peut aujourd'hui reprocher au jugement intervenu sur cette saisie, d'avoir violé, soit l'art. 581, soit l'art. 582 qui n'ont pas été invoqués, et que les juges de la cause ne pouvaient savoir être applicables en l'occurrence;

» Par ces motifs, la cour rejette le pourvoi..... (1)».

III. La troisième question ne diffère de la seconde, qu'en ce qu'elle est plus générale que celle-ci ; et c'est assez dire qu'elle doit, comme

---

(1) *V.* Les conclusions déjà citées, du 28 octobre 1809.

(1) Jurisprudence de la cour de cassation, tome 7 page 33.

celle-ci, être résolue d'après le principe qu'il y a lieu à Cassation toutes les fois que le juge en dernier ressort du fond n'a pas appliqué à une demande formée ou à une exception proposée devant lui, la disposition législative qui y était applicable d'après les actes qu'il avait sous les yeux, quoique la partie intéressée n'en réclamât pas expressément l'application.

Ainsi, de même que, comme l'a décidé spécialement la loi du 7 nivôse an 5, le défaut d'affirmation d'un procès-verbal de douaniers, peut, quoique non-articulé devant le juge du fond, être proposé comme moyen de Cassation contre le jugement qui rejette la demande en nullité de ce procès-verbal ;

De même que, comme l'a jugé un arrêt de la cour de Cassation du 15 septembre 1809, le défaut de lecture de l'une des dispositions d'un testament par acte public, peut, quoique non-allégué devant le juge du fond, être proposé comme moyen de Cassation contre le jugement qui a rejeté la demande en nullité du testament entier (1) ;

De même que, dans l'espèce rappelée à la fin du n°. précédent, si le sieur Demontis avait comparu et produit son acte de donation devant le tribunal de Barbésieux, et que, n'ayant attaqué la saisie-arrêt du sieur Fournal que par de mauvais moyens, il eût succombé, il aurait pu, comme le fait clairement entendre l'arrêt de la section des requêtes, du 28 novembre 1826, faire casser le jugement, pour n'avoir pas suppléé d'office la nullité résultant de l'insaisissabilité de son usufruit alimentaire ;

De même aussi, quoiqu'à la prétention que vous avez élevée sur la demande que j'avais formée contre vous en délaissement d'un immeuble, de compenser l'objet de ma réclamation avec une somme d'argent que vous deviez, j'ai seulement opposé que votre créance n'était pas liquide ou qu'elle n'était pas échue, je n'en serai pas moins recevable, en attaquant l'arrêt qui a admis la compensation de votre créance avec ma propriété, à invoquer, comme ouverture de Cassation, l'art. 1291 du Code civil, suivant lequel *la compensation n'a lieu qu'entre deux dettes qui ont également pour objet une somme d'argent ou une certaine quantité de choses fongibles de la même espèce ;*

De même aussi, quoiqu'aux conclusions que vous avez prises contre moi en paiement d'intérêts à sept ou huit pour cent que vous souteniez vous avoir été promis par moi, je n'aie opposé qu'une dénégation de ma promesse, je n'en serai pas moins, sur mon recours en Cassation contre l'arrêt qui, en déclarant ma promesse constante, m'a condamné à l'exécuter, recevable à dire que cet arrêt contrevient à la loi du 3 septembre

1807 qui limite l'intérêt conventionnel à cinq pour cent ;

De même aussi, quoique, pour repousser l'exception que vous avez tirée contre ma demande en collocation dans un ordre en vertu d'un *jugement par défaut faute de défendre*, de ce qu'il n'avait pas été exécuté dans les six mois de sa date, et de ce qu'en conséquence il était périmé, conformément à l'art. 156 du Code de procédure, je me sois borné à soutenir que ce jugement avait été suivi, dans les six mois de sa date, d'une exécution suffisante pour en empêcher la péremption, je n'en serai pas moins, sur mon recours en Cassation contre l'arrêt qui a déclaré ce jugement périmé, et m'a par suite rejeté de l'ordre, recevable à dire que cet arrêt donne à l'art. 156 du Code de procédure une extension illégale et arbitraire, en ce que le jugement dont il s'agit, avait été rendu par défaut *faute de défendre*, et non pas *faute de comparoir* ; et la cour de Cassation l'a ainsi jugé par un arrêt du 26 décembre 1811, rapporté dans le *Répertoire de jurisprudence*, au mot *Péremption*, sect. 2, §. 2, n°. 2.

Et vainement opposerait-on à cette doctrine un arrêt de la cour de Cassation, du 7 juin 1810, dans lequel il est dit en termes généraux, *qu'un moyen non opposé devant le juge du fond, ne peut pas, à moins qu'il ne soit d'ordre public, être proposé comme ouverture de Cassation.* Faisons bien attention à l'espèce de cet arrêt, et nous reconnaîtrons sans peine qu'en s'exprimant ainsi, la cour de Cassation n'a ni attaché ni pu attacher aux termes, *un moyen non opposé devant le juge du fond*, un sens aussi large qu'on le croirait d'abord.

Dans le fait, le sieur Schauemberg attaquait un arrêt de la cour d'appel de Colmar, du 19 avril 1809, qui avait confirmé des saisies-arrêts pratiquées sur lui par quatre juifs, en vertu de reconnaissances de prêts d'argent qu'il avait souscrites à leur profit avant 1789, à une époque où il était militaire ; et il se fondait notamment sur deux moyens : violation de l'art. 3 du décret du 17 mars 1808 par lequel il est dit que « tout en-» gagement fait par des juifs à des militaires, » sans l'autorisation de leurs supérieurs...., sera » nul de plein droit, sans que les porteurs ou » cessionnaires puissent s'en prévaloir.... » ; violation de l'art. 4 du même décret portant que « toute obligation ou promesse souscrite par un » particulier non commerçant, au profit d'un » juif, ne peut être exigée sans que le porteur » prouve que la valeur en a été fournie entière et » sans fraude ». La cour d'appel de Colmar, disait-il, devait, d'après l'art. 3, déclarer mes obligations nulles, et elle ne l'a point fait. Elle devait au moins, d'après l'art. 4, subordonner l'exécution de mes obligations à la preuve que les valeurs m'en avaient été fournies, et elle m'a condamné sans exiger cette preuve de la part de mes adversaires. Elle a donc violé l'un et l'autre article.

Par arrêt du 7 juin 1810, au rapport de

---

(1) *V.* l'article *Testament*, §. 2.

M. Chabot, et sur les conclusions de M. l'avocat-général Giraud Duplessis, la cour de Cassation a rejeté ces deux moyens,

« Attendu, sur le premier, que l'art. 3 du décret du 17 mars 1808 ne doit être appliqué qu'aux engagemens postérieurs à la publication de ce décret, puisqu'il n'existe aucune disposition qui étende aux engagemens antérieurs, l'application de l'art. 3, comme il en existe une dans l'art. 13, qui porte que l'art. 4 sera exécuté pour le passé comme pour l'avenir;

» Attendu, sur le second, que n'ayant pas été opposé devant la cour d'appel, il ne peut être présenté comme ouverture de Cassation, puisque la disposition de l'art. 4 du décret précité n'est relative qu'aux intérêts des particuliers débiteurs, et n'est pas du droit public (1) ».

Mais qu'a dû entendre et qu'a entendu cet arrêt en motivant ainsi le rejet du second moyen de Cassation du sieur Schauemberg?

Pour nous fixer là-dessus, rapprochons l'art. 3 du décret du 17 mars 1808 de l'art. 4 du même décret, et reportons-nous aux circonstances de la cause.

Il y a une grande différence entre l'art. 3 et l'art. 4 du décret du 17 mars 1808. Par l'un, les obligations pour prêts d'argent qui seront à l'avenir souscrites au profit de juifs, par des militaires, sans l'autorisation de leurs supérieurs, sont annullées d'une manière absolue. Par l'autre, les promesses qui ont été précédemment souscrites par des non commerçans, militaires ou non, au profit de juifs, sont déclarées ne pas faire suffisamment foi de leur contenu; et celui qui en est porteur, est chargé de la preuve directe que les valeurs en ont été fournies; mais il y est nécessairement sous-entendu que la disposition n'aura lieu qu'autant que les signataires de ces promesses, nieront avoir effectivement reçu ces valeurs.

Or, le sieur Schauemberg avait-il nié devant la cour d'appel de Colmar, que les juifs auxquels il avait affaire, lui avaient compté les sommes dont il s'agissait? Non, et bien loin de là : en se bornant à soutenir que ses reconnaissances n'étaient pas obligatoires, par cela seul qu'il était militaire lorsqu'il les avait souscrites, il avait implicitement reconnu en avoir reçu le montant. La cour d'appel de Colmar n'avait donc ni pu ni dû suppléer d'office au moyen qu'il n'a pu tirer devant elle de l'art. 4 du décret; et dès-lors, quel reproche avait-il à faire de ce chef, devant la cour de Cassation, à l'arrêt contre lequel il réclamait? Bien évidemment il n'en avait aucun. Le rejet de son recours en Cassation devenait donc indispensable.

Mais que serait-il arrivé, si, devant la cour d'appel de Colmar, le sieur Schauemberg eût

soutenu, sans se prévaloir expressément de l'art. 4 du décret du 17 mars 1808, qu'il n'avait pas touché, soit en totalité, soit en partie, la somme portée dans ses reconnaissances; si, en conséquence, il eût conclu à ce que ses adversaires bien connus pour juifs et s'avouant tels, fussent jugés n'être pas ses créanciers ou ne l'être que jusqu'à concurrence d'une certaine somme; et si, sans avoir égard à ces conclusions, la cour d'appel de Colmar l'eût jugé débiteur de la totalité des sommes litigieuses? Aurait-on pu alors, sous le prétexte qu'il n'avait pas invoqué devant cette cour l'art. 4 du décret du 17 mars 1808, le déclarer non-recevable à tirer de la violation de cet article, une ouverture de Cassation? Non assurément, et pourquoi? Parceque, pour mettre la cour d'appel de Colmar dans la nécessité de lui appliquer cet article, il n'aurait pas eu besoin d'invoquer cet article même; parcequ'il lui aurait suffi d'exciper du fait qui est l'objet de cet article; parceque le juge est obligé de suppléer aux moyens de droit omis par les parties, du moment que celles-ci n'ont pris les conclusions et établi les faits auxquels ces moyens sont applicables.

Qu'a donc voulu dire la cour de Cassation, lorsque, par l'arrêt dont il s'agit, elle a déclaré que le moyen tiré par le sieur Schauemberg de l'art. 4 du décret du 17 mars 1808, n'ayant pas été opposé devant la cour d'appel, ne pouvait pas être présenté comme ouverture de Cassation? Elle a voulu dire et elle a dit en effet, que le sieur Schauemberg, n'ayant pas nié devant la cour d'appel de Colmar qu'il avait touché le montant entier de sa reconnaissance, et n'ayant conséquemment pas excipé, devant cette cour, du fait auquel cet article était applicable, cet article ne pouvait pas lui fournir un moyen de Cassation.

Mais elle n'a ni dit ni voulu dire que, faute d'avoir invoqué cet article devant la cour d'appel de Colmar, le sieur Schauemberg n'eût pas pu en tirer un moyen de Cassation, s'il eût mis la cour d'appel de Colmar à portée de lui en faire d'office l'application, s'il eût excipé devant elle du fait sur lequel porte cet article; elle n'aurait pas pu le dire sans méconnaître, tranchons le mot, sans violer le principe fondamental de la loi du 7 nivôse an 5, le principe qu'une fois les conclusions prises et les faits établis, l'application de la loi est l'affaire du juge.

Cet arrêt ne juge donc pas, sur notre troisième question, autre chose que ce qui est jugé sur la seconde, et par l'arrêt de la section civile, du 28 juin 1815, sainement entendu, et par l'arrêt de la section des requêtes, du 28 novembre 1816, c'est-à-dire que, pour que l'on puisse présenter comme ouverture de Cassation, un moyen de droit que l'on n'a pas proposé devant le juge du fond, il faut de toute nécessité que, par les faits que l'on a allégués et prouvés, et par les conclusions que l'on a prises devant le juge du fond,

---

(1) Jurisprudence de la cour de Cassation, tome 10, page 315.

on l'ait mis à portée de suppléer ce moyen d'office.

Remarquons cependant avec l'arrêt du 7 juin 1810, qu'il en serait tout autrement s'il s'agissait d'un *moyen d'ordre public.* Alors, en effet, il importerait peu que le juge du fond n'eût pas été mis, soit par des faits allégués et prouvés, soit par des conclusions prises devant lui, à portée d'appliquer d'office le moyen de droit qui militait en faveur de l'une des parties; ce moyen n'en pourrait pas moins être proposé comme ouverture de Cassation.

C'est ainsi que, dans les matières criminelles, correctionnelles et de police, l'exception de chose jugée et la prescription forment toujours des moyens de Cassation, quoiqu'elles n'aient pas été proposées devant le juge du fond (1).

C'est ainsi que, dans les matières correctionnelles, le juge d'appel doit toujours suppléer d'office l'exception qui résulte en faveur du prévenu acquitté par le tribunal de première instance, de ce que le ministère public n'a appelé qu'après l'expiration du délai fatal (2).

C'est ainsi que, même en matière civile et à plus forte raison en matière criminelle, l'incompétence absolue peut, quoique non proposée devant le juge du fond, être présentée comme ouverture de Cassation devant la cour suprême (3).

§. XXXVII. *La violation, soit des formes prescrites par le Code de procédure, à peine de nullité, soit des dispositions qui ordonnent la communication de certaines affaires au ministère public, donne-t-elle lieu à la Cassation ou seulement à la requête civile?*

Le Code de procédure porte, art. 480, que « les jugemens contradictoires rendus en dernier » ressort par les tribunaux de première instance » et d'appel, les jugemens par défaut rendus aussi » en dernier ressort, qui ne sont plus suscepti- » bles d'opposition, pourront être rétractés sur » la requête de ceux qui y auront été parties ou » duement appelés, pour les causes ci-après....; » 2°. Si les formes prescrites à peine de nullité, » ont été violées, soit avant, soit lors des juge- » mens, pourvu que la nullité n'ait pas été ou- » verte par les parties....; 6°. S'il y a contrariété » de jugemens en dernier ressort, entre les » mêmes parties et sur les mêmes moyens, dans » les mêmes cours ou tribunaux....; 8°. Si, dans » les cas où la loi exige la communication au » ministère public, cette communication n'a pas » eu lieu, et que le jugement ait été rendu con- » tre celui pour qui elle était ordonnée ».

L'art. 504 ajoute : « La contrariété de juge-

(1) *V.* le *Répertoire de jurisprudence*, aux mots *Chose jugée*, §. 20, n° 2, et *Prescription*, sect 1, §. 3, n°. 3.
(2) *V.* l'article *Appel*, §. 9.
(3) *V.* l'article *Incompétence*, §. 1.

» mens rendus en dernier ressort entre les mêmes » parties et sur les mêmes moyens, en différens » tribunaux, donne ouverture à la Cassation... ».

Du rapprochement de ces textes il résulte clairement que la requête civile est la seule voie qui soit ouverte, et contre les jugemens en dernier ressort qui ont violé des formes prescrites à peine de nullité, et contre les jugemens en dernier ressort, qui, dans les affaires sujètes à communication, ont été rendus sans conclusions du ministère public. C'est ce qu'ont jugé trois arrêts de la cour de Cassation des 26 avril et 17 mai 1808, et 22 mars 1809, qu'on trouvera sous le mot *Étranger*, §. 4.

En voici un quatrième, dans l'espèce duquel on a prétendu que cette règle devait fléchir devant la circonstance que l'arrêt dont il s'agissait, avait été rendu sur un appel antérieur au 1er. janvier 1807.

Le 5 juillet 1806, jugement du tribunal de première instance de Mons, qui, statuant sur une contestation élevée entre Marie-Antoinette Godemart, procédant conjointement avec Étienne Génard, son mari, d'une part, et Jean-Baptiste Bosquet, de l'autre, relativement à leurs droits respectifs dans la succession de Jean-François Debraine, mort en 1782, adjuge à la première la totalité d'une rente foncière, et au second, la moitié des rentes mobilières qui se sont trouvées dans la succession.

Le 18 août suivant, Jean-Baptiste Bosquet appelle du premier chef de ce jugement.

Le 30 janvier 1807, Étienne Génard et son épouse appellent incidemment du second.

Le 22 février de la même année, arrêt de la cour d'appel de Bruxelles, qui, prononçant sur ces deux appels, sans que la cause ait été communiquée au ministère public, réforme le jugement attaqué sur le premier chef, et le confirme sur le second.

Étienne Génard et son épouse se pourvoient en Cassation contre cet arrêt, et emploient pour moyen de défaut de conclusions du ministère public.

« Ce moyen (ai-je dit à l'audience de la section civile, le 8 avril 1811) serait victorieux, si l'arrêt contre lequel il est dirigé, avait été rendu avant le 1er. janvier 1807, époque de la mise en activité du Code de procédure civile. Dans cette hypothèse, en effet, le défaut de conclusions du ministère public dans une cause où il s'agissait, entre autres objets, de la propriété d'une rente foncière qu'une femme mariée réclamait comme lui appartenant en totalité, formerait une ouverture de Cassation contre laquelle l'art. 5 de la loi du 4 germinal an 2 ne laisserait prise à aucune objection.

» Mais c'est depuis le 1er. janvier 1807, c'est le 28 février suivant qu'a été rendu l'arrêt dont il s'agit; et vous savez qu'aux termes de l'art. 480 du Code de procédure, le défaut de conclusions du ministère public, dans le cas où ces conclusions sont nécessaires, ne peut plus fournir qu'un moyen de requête civile.

» Comment donc les sieur et dame Génard peuvent-ils se flatter de tirer de là une ouverture de Cassation?

» C'est que l'art. 1041 du Code de procédure, en ordonnant que *tous procès qui seront intentés depuis le 1er. janvier 1807, seront instruits conformément aux dispositions* de ce Code, est censé vouloir que les dispositions de ce Code ne soient pas applicables aux procès intentés avant cette époque; c'est que l'affaire sur laquelle est intervenu l'arrêt attaqué par les sieur et dame Génard, avait été intentée long-temps avant le 1er. janvier 1807; c'est que l'appel même de leur adversaire, qui avait précisément pour objet la rente foncière réclamée par la dame Génard, comme un propre de son côté, remontait au 18 août 1806.

» Mais qu'est ce qu'entend l'art. 1041 du Code de procédure civile, par les mots *tous procès*? Ces mots sont-ils synonymes de *toutes contestations*? Ou bien répondent-ils aux expressions *toutes instances*?

» Vous sentez, messieurs, l'importance de cette question. Si les mots *tous procès* équipollent à ceux-ci, *toutes contestations*, il en résulte que la contestation qui a commencé, dans un tribunal inférieur, avant le 1er. janvier 1807, doit, même en parvenant après cette époque dans un tribunal supérieur, continuer d'être régie, quant à la forme de procéder et de juger, par les anciennes lois. Mais s'ils équipollent à ceux-ci, *toutes instances*, il en résulte seulement que, dans les contestations qui étaient indécises au 1er. janvier 1807, on doit régler par les anciennes lois, chacune des instances qui étaient entamées avant cette époque, et par le Code de procédure civile chacune de celles qui n'ont été entamées qu'après.

» Quelle est donc de ces deux manières d'interpréter les mots *tous procès*, celle qui doit prévaloir?

» C'est sans contredit la seconde; et nous en avons pour garant l'avis du conseil d'état du 6 janvier 1807, approuvé le 16 février suivant: l'un des principaux objets de cet avis était de déterminer si les appels qui seraient interjetés depuis le 1er. janvier, de jugemens rendus auparavant, devraient être considérés comme des procès intentés avant ou depuis le 1er. janvier même, et si, en conséquence, ils devaient être instruits suivant les anciennes lois, ou s'ils devraient l'être suivant le Code de procédure civile. Et qu'a décidé le conseil d'état? *Que l'on ne doit pas comprendre dans la classe des affaires intentées antérieurement au 1er. janvier, les appels interjetés depuis cette époque, parcequ'ils sont, dans le fait, le principe d'une nouvelle procédure qui s'instruit à la suite d'une précédente.*

» Assurément, s'il en est ainsi des appels, il en doit, à bien plus forte raison, être de même des recours en Cassation. Car le recours en Cassation n'a pas, comme l'appel, l'effet de suspendre le jugement, il le laisse, au contraire, dans toute sa force. Il ne lie donc pas, comme l'appel, l'instance dont il forme le principe, avec l'instance sur laquelle un jugement a déjà statué. Ces deux instances sont donc totalement indépendantes l'une de l'autre. Il n'y a donc pas même de prétexte pour affranchir des règles écrites dans le Code de procédure civile, la demande en Cassation intentée après le 1er. janvier 1807, contre des arrêts postérieurs à cette époque, quoique rendus sur des appels interjetés auparavant.

» On ne peut donc pas employer, comme moyens de Cassation contre ces arrêts, des défauts de forme qui, d'après la loi sous laquelle ils ont été rendus, ne peuvent donner ouverture qu'à la requête civile ».

Par arrêt du 8 avril 1811, au rapport de M. Liger de Verdigny,

« Attendu, sur le premier moyen, qu'en admettant qu'il fût fondé, il ne pourrait donner ouverture à Cassation, qu'après avoir épuisé la voie de la requête civile, aux termes des art. 480 et 504 du Code de procédure civile;

» La cour rejette le pourvoi..... ».

Il y a cependant, à l'égard des formes, une distinction à faire.

Et d'abord, il y a des formes tellement essentielles à un jugement, que, sans elles, il n'existe pas. Ainsi, par défaut de publicité, par défaut de nombre compétent de juges, par défaut de motifs, un jugement est nécessairement censé ne pas exister. Quelle voie prendra-t-on pour faire déclarer la nullité dont il est radicalement entaché? Ce ne sera pas la requête civile: le Code de procédure détermine toutes les ouvertures de requête civile, et n'y comprend point celle-ci. Ce sera donc la voie qui était reçue, en pareil cas, avant le Code de procédure, c'est-à-dire la Cassation. (*V.* l'article *Jugement*, §. 22, et le *Répertoire de jurisprudence*, aux mots *Motifs des jugemens*, n°. 2.)

En second lieu, lorsque les formes prescrites à peine de nullité, ne sont pas essentiellement constitutives des jugemens, elles peuvent être violées de deux manières.

Elles peuvent l'être, parceque les parties n'en auront pas ou proposé l'observation, ou relevé l'inaccomplissement, et que, par là, elles auront échappé à l'attention des juges.

Elles peuvent l'être aussi, parceque, bien que les parties en aient proposé l'observation ou relevé l'inaccomplissement, les juges auront décidé que l'on pouvait s'en écarter.

Au premier cas, la voie de la requête civile est la seule ouverte; et l'art. 480 du Code de procédure serait enfreint, si l'on prenait la voie de la Cassation.

Au second cas, si l'on prenait la voie de la requête civile, on irait directement contre la nature et l'objet de l'institution de la requête civile elle-même.

Qu'est-ce que la requête civile? C'est un moyen par lequel la partie condamnée représente aux juges que, par une cause qui leur est étrangère, que, par le fait ou l'erreur de l'une ou de l'autre des parties, ils ont rendu un jugement erroné. C'est une voie ouverte aux juges pour réparer décemment et sans blesser aucune convenance, les injustices qu'ils ont involontairement commises.

Mais, dans le cas proposé, que dirait-on aux juges? Précisément le contraire de ce qu'on doit leur dire par requête civile. On leur dirait : « Vous » avez sciemment violé telle loi; maintenant » rendez-lui hommage; détruisez vous-mêmes ce » que vous avez fait sachant fort bien ce que vous » faisiez ».

Or, pourrait-on décemment tenir un pareil langage, et eux-mêmes pourraient-ils l'écouter dans le calme, sans manquer à leur propre dignité? La loi n'a pas voulu, elle n'a pas pu vouloir les placer dans une position aussi choquante. Il faut donc bien, en ce cas, que la partie condamnée puisse recourir à la voie de la Cassation.

Aussi remarquons-nous que, sous l'ordonnance de 1667 qui disait, tit. 35, art. 34, la même chose que l'art. 480 du Code de procédure, l'ancien conseil d'état ne faisait aucune difficulté de recevoir les requêtes en Cassation d'arrêts qui, sur un vice de forme proposé par l'une des parties et débattu par l'autre, avaient jugé contre les dispositions des lois.

Témoin, entre autres, l'arrêt du 6 août 1668, qui, à une époque où le conseil était encore pénétré de l'esprit dans lequel avait été rédigé l'article cité de l'ordonnance de 1667, casse un arrêt du parlement de Bordeaux, du 13 juillet précédent, pour avoir débouté le sieur de Lachabanne de la demande qu'il avait formée devant cette cour, en nullité de l'exploit d'assignation dans lequel avaient été omises les formes prescrites par les art. 2 et 12 du tit. 2 de la nouvelle ordonnance (1).

§. XXXVIII. *La contravention aux arrêts de réglemens des anciennes cours supérieures, forme-t-elle un moyen de Cassation?*

V. le plaidoyer du 2 ventôse an 9, rapporté à l'article *Arrêt de réglement,* §. 1; et le plaidoyer et l'arrêt du 24 août 1809, rapportés au mot *Communauté de biens entre époux,* §. 4.

_____

(1) *Recueil des édits, déclarations, arrêts du conseil du parlement de Toulouse,* etc., tome 1, page 204, édition de 1782.

§. XXXIX. *Peut-on casser un arrêt, sur des vices qui se trouvent dans la copie signifiée qu'en représente le demandeur, mais qui n'existent pas dans l'original?*

V. le plaidoyer et l'arrêt rapportés au mot *Légitimité,* §. 3,

§. XL. *Peut-on employer contre un arrêt rendu en exécution d'un précédent que l'on n'a pas attaqué, des moyens qui ont été rejetés par celui-ci?*

V. le plaidoyer et l'arrêt du 4 décembre 1809, rapportés au mot *Appel,* §. 10, art. 1, n°. 3.

§. XLI. 1°. *Peut-on n'assigner que le mari sur la demande en Cassation d'un arrêt rendu au profit de deux époux, dans une affaire où il s'agit de droits mobiliers et dotaux de la femme?*

2°. *Lorsque la partie contre laquelle est formée une demande en Cassation, vient à mourir après l'arrêt portant admission de la requête, peut-on, en vertu de cet arrêt, assigner les héritiers en nom collectif au domicile du défunt?*

V. le plaidoyer du 29 novembre 1809, rapporté à l'article *Assignation,* §. 9

§. XLII. 1°. *Peut-on prendre la voie de Cassation contre un arrêt ou jugement en dernier ressort par défaut contre lequel celle de l'opposition est encore ouverte?*

2°. *De ce que par l'art. 6 du deuxième décret du 16 février 1807, il est dit qu'il ne pourra être interjeté appel du jugement qui aura statué sur une opposition à une taxe de dépens, qu'il y aura appel de quelque disposition sur le fond du jugement par lequel les dépens taxés postérieurement ont été adjugés, s'ensuit-il qu'un arrêt par lequel il est statué sur une opposition à une taxe de dépens, ne peut être attaqué par recours en Cassation, que lorsque celui qui a adjugé ces dépens, est lui-même attaqué par cette voie?*

Sur la première question, j'ai établi la négative dans des conclusions du 28 mars 1810, qui sont rapportées au mot *Serment,* §. 1. Sur la seconde question, voici une espèce dans laquelle on a vainement soutenu l'affirmative.

La cour d'appel de Paris, en condamnant le sieur Devaulx à 6,000 francs de dommages-intérêts envers le sieur Béraud, avait ordonné que son arrêt serait imprimé et affiché à ses frais au nombre de cinq cents exemplaires.

Dans la liquidation des dépens adjugés par cet arrêt au sieur Béraud, l'avoué de celui-ci réclama, pour les affiches, un droit de copie qu'il porta à 6,000 francs, et qui fut réduit par la taxe à la moitié de cette somme.

Le sieur Devaulx forma opposition à cette taxe, et soutint que le sieur Béraud n'ayant fait afficher que des imprimés, il ne pouvait lui être dû aucun droit de copie.

Le 17 mars 1810, arrêt qui déboute le sieur Devaulx de son opposition.

Le sieur Devaulx se pourvoit en Cassation contre cet arrêt.

L'affaire portée à la section civile, par suite d'un arrêt d'admission de la section des requêtes, le sieur Béraud soutient, en invoquant l'art. 6 du second décret du 16 février 1807, que le recours en Cassation du sieur Devaulx n'est pas recevable, et que la cour suprême ne pourrait l'accueillir qu'autant qu'il porterait en même temps sur quelque disposition du fond de l'arrêt qui a adjugé les dépens de la liquidation desquels il s'agit.

Mais par arrêt du 12 mai 1812, au rapport de M. Babille, et sur les conclusions de M. l'avocat-général Daniels,

« Considérant qu'il est dans les attributions de la cour de réprimer toutes les atteintes portées à la loi;

» Que l'exercice de cette attribution ne peut cesser que dans le cas d'une exception expresse et formelle;

» Et qu'une semblable exception, qu'on voudrait faire résulter de la disposition de l'art. 6 du second décret du 16 février 1807, ne s'y rencontre pas, puisque cet article, uniquement relatif à l'appel, est absolument muet sur la Cassation;

» D'où il suit que la cour est compétente pour statuer sur le pourvoi dont il s'agit;

» La cour rejette cette fin de non-recevoir ».

§. XLIII. *Après le rejet de la demande en Cassation formée par les condamnés contre l'arrêt qui prononce contre eux des peines inférieures à celles qu'ils auraient dû subir, le ministère public est-il encore recevable à requérir la Cassation de cet arrêt, dans l'intérêt de la loi ?*

V. le réquisitoire et l'arrêt rapportés à l'article *Peine*, §. 1.

§. XLIV. *Peut-on, pour un vice de forme qui n'a pu causer aucun préjudice aux parties, casser un arrêt dans l'intérêt privé de l'une d'elles ?*

V. le plaidoyer et l'arrêt du 17 mai 1810, rapportés à l'article *Nantissement*, §. 2.

§. XLV. *Le délai de recours en Cassation court-il par l'effet de la signification que fait un particulier à une commune, d'un arrêt qui, en exécution de la loi du 10 vendémiaire an 4, et sur le seul réquisitoire du ministère public, a condamné celle-ci à des dommages-intérêts envers celui-là ?*

V. l'article *Responsabilité des communes*, §. 2.

§. XLVI. *Peut-on et doit-on en cassant, comme contraire à une loi expresse, une disposition d'un jugement en dernier ressort, en casser aussi les autres dispositions qui ne contreviennent à aucune loi ?*

V. le plaidoyer et l'arrêt du 11 juin 1810, rapportés au mot *Testament*, §. 16.

§. XLVII. 1°. *Le recours en Cassation est-il ouvert contre les jugemens qui, sans être soumis à l'appel, sont cependant susceptibles d'être réformés par le tribunal supérieur, dans le cas où l'affaire sur laquelle ils ont été rendus, viendrait à y être portée ?*

2°. *Y a-t-il lieu à la consignation d'amende, lorsque le jugement dont la Cassation est demandée, est intervenu sur une procédure criminelle non encore réglée, mais qui tend à poursuivre un crime emportant peine afflictive ou infamante ?*

Le 14 janvier 1809, faillite de J.-B. D..., banquier et précédemment agent de change, à Dunkerque.

Le 27 juin suivant, les syndics rendent compte de l'état de ses affaires à l'assemblée générale des créanciers. Un concordat est proposé, la grande majorité des créanciers l'accepte.

Le sieur Duhamelle, l'un des créanciers non signataires, forme opposition à l'homologation du concordat.

Le 12 juillet de la même année, jugement du tribunal de commerce de Dunkerque, qui rejette l'opposition du sieur Duhamelle, homologue le concordat *et déclare le failli excusable et susceptible d'être réhabilité.*

Le 17 du même mois, le sieur Duhamelle rend contre D..., une plainte en banqueroute frauduleuse.

Cette plainte est suivie d'une instruction très-approfondie, et d'une ordonnance par laquelle le directeur du jury traduit le prévenu devant un jury d'accusation.

Le 12 octobre, déclaration du jury portant qu'il n'y a pas lieu à accusation contre D...

Le 9 novembre, la dame Porret rend, contre D..., une deuxième plainte en banqueroute frauduleuse, portant sur de nouveaux faits.

Le 10, le magistrat de sûreté décerne contre D..., un mandat de dépôt, et requiert le directeur du jury d'informer sur les faits énoncés dans la plainte de la dame Porret.

Le 11, ordonnance du directeur du jury conforme à cette réquisition.

Le 14, D..... est interrogé par le directeur du jury.

L'instruction se continue pendant cinq mois et demi sans réclamation.

Le 30 avril 1810, D... présente au directeur du jury une requête par laquelle, après avoir exposé que la plainte portée contre lui par la dame Porret, est un attentat à l'autorité *de la chose jugée résultante du jugement du tribunal de commerce qui a déclaré le failli excusable et susceptible d'être réhabilité,* il conclud à la nullité de cette plainte,

26.

ᵃ celle du mandat de dépôt dont elle a été suivie, et à sa mise en liberté pure et simple.

Le 7 mai, ordonnance du directeur du jury, qui statuant sur cette requête, et attendu que la même exception de chose jugée a déjà été opposée inutilement par D.... à la plainte du sieur Duhamelle ; qu'en effet, il a fait de cette exception la base d'une réclamation qu'il a adressée au procureur-général de la cour de justice criminelle du département du Nord, contre les poursuites faites par le magistrat de sûreté en conséquence de cette plainte ; que le procureur général a rejeté cette réclamation et a chargé son susbtitut de continuer ses poursuites ; que le Code de commerce ne contient aucune disposition de laquelle on puisse induire que l'action publique en banqueroute frauduleuse ne peut plus avoir lieu après l'homologation d'un concordat, déclare J.-B. D.... non-recevable ni fondé dans sa demande, et maintient « comme valables et compétemment rendus tous » mandemens de justice intervenus contre lui sur » nouvelles charges en banqueroute frauduleuse ».

Le 11 juin, J.-B. D... se pourvoit en Cassation contre cette ordonnance, et consigne à cet effet l'amende ordinaire de 150 francs.

« Deux questions (ai-je dit à l'audience de la section criminelle, le 7 septembre 1810) doivent, dans cette affaire, fixer successivement l'attention de la cour : l'ordonnance du directeur du jury de Dunkerque contre laquelle réclame J.-B. D...., est-elle passible de recours en Cassation ? Cette ordonnance est-elle, comme le soutient J.-B.-D..., en opposition avec l'autorité de la chose jugée et avec plusieurs textes du Code de commerce ?

» La première de ces questions n'est pas exempte de difficultés.

» Sans doute, il est de principe que les exceptions péremptoires peuvent être proposées en tout état de cause, et par conséquent au commencement tout aussi bien qu'au dernier acte de l'instruction.

» Sans doute, parmi les exceptions péremptoires, celle que l'on fait résulter de la chose jugée, tient le premier rang.

» Sans doute, il suit de là que J.-B. D..., a pu proposer son exception de chose jugée devant le directeur du jury, comme il pourrait, s'il était traduit devant la cour de justice criminelle, la proposer à cette cour, non-seulement au premier moment de sa comparution devant elle, mais encore jusqu'à la clôture des débats.

» Sans doute, en prononçant sur cette exception, le directeur du jury n'a pas fait un simple acte de procédure, mais il a rendu un véritable jugement.

» Sans doute, ce jugement ne peut pas être rangé dans la classe des jugemens préparatoires, c'est-à-dire, des jugemens contre lesquels l'art. 14 de la loi du 2 brumaire an 4 n'admet pas le recours en Cassation, tant qu'ils n'ont pas été suivis de jugemens définitifs ; car le directeur du jury n'a pas seulement préjugé que l'exception dans laquelle se retranche J.-B. D...., doit être rejetée ; il l'a rejetée purement et simplement, il l'a rejetée d'une manière absolue ; il l'a rejetée par une ordonnance qui, au moins, dans sa forme extérieure, présente tous les caractères d'un jugement définitif.

» Mais de tout cela devons-nous, pouvons-nous inférer que cette ordonnance peut être attaquée par la voie de Cassation ?

» L'affirmative paraît, au premier abord, ne pouvoir souffrir aucun doute, d'après deux arrêts par lesquels vous avez jugé, le 17 germinal an 10, au rapport de M. Vallée, que les cours de justice criminelle n'ont pas le droit de connaître, par appel, des ordonnances des directeurs du jury qui condamnent les cautions fournies pour l'élargissement provisoire des prévenus de délits correctionnels, au paiement des sommes portées dans leurs cautionnemens ; et le 8 prairial an 11, au rapport de M. Basire, que les mêmes cours ne peuvent pas réformer l'ordonnance d'un directeur du jury qui condamne un juré d'accusation défaillant aux peines prononcées par la loi du 10 germinal an 5.

» Il résulte, en effet, de ces arrêts, que les cours de justice criminelle ne sont pas juges d'appel des directeurs du jury ; et cette conséquence paraît devoir nous conduire à une autre ; savoir, que les ordonnances des directeurs du jury qui ont le caractère des jugemens, sont passibles du recours en Cassation.

» Effectivement, vous avez réuni ces deux conséquences dans l'arrêt que vous avez rendu, le 9 juin 1809, au rapport de M. Vergès, sur la demande en Cassation formée contre un arrêt de la cour de justice criminelle du département de la Sarthe, qui avait reçu l'appel d'une ordonnance du directeur du jury de l'arrondissement de Mamers, portant fixation du cautionnement à fournir par un prévenu d'escroquerie, pour obtenir provisoirement sa mise en liberté. Vous avez cassé cet arrêt, par le double motif que l'ordonnance du directeur du jury n'était pas soumise à l'appel, et que *la voie naturelle et directe du recours en Cassation contre cette ordonnance, était la seule ouverture dans l'état d'imperfection où étaient encore en ce moment l'instruction et la procédure.*

» Mais prenons-y garde : cet arrêt a été rendu dans une espèce qui diffère essentiellement de la nôtre.

» Dans l'espèce de cet arrêt, il était question d'une ordonnance de directeur du jury qui ne pouvait, en aucun cas, être réformée par la cour de justice criminelle, et qui par conséquent avait le caractère d'un jugement en dernier ressort.

» Ici, au contraire, il est un cas où la cour de justice criminelle du département du Nord pourrait réformer l'ordonnance attaquée en ce moment par le sieur D...., c'est celui où le sieur D.... viendrait à être traduit devant cette cour, d'après un acte d'accusation admis par un premier jury. Alors, en effet, cette cour se trouverait saisie de la connaissance de tous les actes faits par le directeur du jury; et elle serait, non-seulement autorisée, mais même obligée, d'annuler ceux qu'elle jugerait contraires à la loi. Elle pourrait donc alors réviser et par suite annuler l'ordonnance contre laquelle réclame ici le sieur J.-B. D..., comme elle pourrait réviser et par suite annuler l'ordonnance par laquelle aurait été déclarée la compétence du jury d'accusation, comme elle pourrait réviser et par suite annuler le mandat d'arrêt qui aurait été décerné immédiatement après cette ordonnance.

» Et de là il suit que, si l'ordonnance du directeur du jury qui rejette l'exception de chose jugée proposée par le sieur J.-B. D...., est un véritable jugement, ce n'est du moins pas un jugement que l'on puisse, quant à ses effets, considérer comme définitif et en dernier ressort; c'est du moins un jugement qui ne peut, quant à ses effets, être considéré que comme provisoire, et qui, pour n'être pas soumis isolément et immédiatement à l'appel proprement dit, ou, en d'autres termes, à l'appel volontaire, ne laisse pas d'être soumis à une sorte d'appel forcé, avec tous les autres actes de l'instruction faite par le directeur du jury; et par une conséquence nécessaire, c'est un jugement que la Cassation ne peut pas atteindre.

» Mais écartons pour un moment la fin de non-recevoir qui s'élève contre le recours en Cassation du demandeur; et voyons si ce recours est fondé en soi.

» L'ordonnance du directeur du jury du 7 mai dernier, vous dit-on, viole l'autorité de la chose jugée et les dispositions du Code de commerce relatives à l'homologation des concordats. Le Code de commerce investit les juridictions commerciales du droit exclusif de juger, en statuant sur les demandes en homologation des concordats, si les débiteurs en faveur desquels les concordats ont été souscrits, ont été de bonne ou mauvaise foi dans leur faillite. Les jugemens par lesquels ces juridictions homologuent des concordats, couvrent donc de toute l'autorité de la chose jugée, les débiteurs qui les ont obtenus. On ne peut donc plus, après qu'elles ont jugé, en homologant un concordat, que le débiteur qui en est l'objet, n'a été, dans sa faillite, que la victime d'événemens malheureux, poursuivre ce débiteur comme coupable, soit d'inconduite, soit de dol et de fraude; on ne peut donc plus l'accuser, ni de banqueroute simple, ni de banqueroute frauduleuse.

» Pour apprécier ce raisonnement, nous devons examiner deux choses: la première, si, en thèse générale et de droit commun, les jugemens civils ont, en matière criminelle, l'autorité de la chose jugée; la seconde, si le Code de commerce contient, à cet égard, quelque disposition dérogatoire au droit commun.

» Et d'abord, où a-t-on vu qu'en thèse générale, les jugemens civils lient les mains au juge criminel? Où a-t-on vu que le juge criminel, ayant à prononcer sur un fait imputé à crime, ne doit pas le faire avec la même liberté, avec la même latitude de pouvoir, que si le juge civil ne s'en était pas encore occupé?

» Pour qu'un jugement produise l'exception de la chose jugée, pour qu'il puisse en résulter un obstacle à l'exercice d'une action ultérieure, il ne suffit pas qu'il y ait identité entre le fait sur lequel le jugement a déjà statué, et le fait qui est la matière de la nouvelle action; il faut encore, et il faut principalement, qu'il y ait identité de partie, c'est-à-dire, que le jugement ait été rendu avec la partie par laquelle la nouvelle action est intentée.

» Or, cette identité de parties peut-elle jamais exister entre une instance civile et un procès criminel?

» Dans une instance civile, il n'y a de parties que les personnes privées entre lesquelles s'agite la contestation. Le ministère public peut bien y intervenir comme surveillant, mais comme partie, il ne le peut jamais; et cela est si vrai que, lors même qu'il y intervient comme surveillant, il doit se borner à donner son avis sur les droits respectifs des parties plaidantes, sans pouvoir former, de son propre chef, aucune espèce de demande.

» Dans un procès criminel, au contraire, le ministère public est toujours partie nécessaire; lui seul, avez-vous dit dans un arrêt célèbre du 10 messidor an 12, rendu au rapport de M. Barris, lui seul « a le droit d'intenter et de poursui-
» vre l'action criminelle. Si des art. 226 et 227
» du Code du 3 brumaire an 4, il paraît résulter
» que la partie civile participe aussi à l'exercice
» de cette action, cette participation n'est qu'un
» accessoire de l'action publique; elle naît de cet
» exercice; et ne peut avoir d'effet sans son con-
» cours. Effectivement l'art. 5 du Code du 3 bru-
» maire an 4 dispose que *l'action publique a pour*
» *objet de punir les atteintes portées à l'ordre social,*
» *et qu'elle est exercée au nom du peuple par des*
» *fonctionnaires établis à cet effet.* Des art. 15 et
» suivans de la loi du 7 pluviôse an 9, il suit
» aussi que la partie privée n'a point l'exercice de
» l'action criminelle; qu'elle peut seulement pro-
» voquer et exciter l'exercice de cette action dans
» les mains du ministère public; que l'effet de ce
» droit de provocation est même soumis à la dis-
» crétion et à la volonté de cet agent de l'auto-
» rité, qui peut seul réclamer devant le tribunal
» de première instance, et par appel devant les
» cours supérieures, contre le refus du directeur
» du jury de poursuivre ou d'instruire crimi-

» nellment sur l'action criminelle intentée par » le ministère public (1). »

» Ainsi, nulle possibilité que, dans un procès criminel, on retrouve les mêmes parties que dans une instance civile ; et par conséquent, nulle possibilité que du jugement rendu sur l'instance civile, il naisse une exception de chose jugée contre le procès criminel.

» C'est ce que vous avez solennellement décidé par un arrêt dont voici l'espèce.... (2).

» Il est donc bien clair que, d'après les principes généraux du droit commun, le jugement du tribunal de commerce de Dunkerque qui avait déclaré la faillite de J.-B. D.... exempte de fraude, n'a pas pu empêcher le ministère public de poursuivre J.-B. D.... comme coupable de banqueroute frauduleuse ; et qu'en le décidant ainsi, par son ordonnance du 7 mai, le directeur du jury n'a fait que se conformer à ces principes.

» Et vainement dirait-on qu'ici ce n'est pas le ministère public qui poursuit d'office ; qu'il ne poursuit que sur la plainte de la dame Porret, et que la dame Porret était partie dans le jugement du tribunal de commerce.

» De ce que la dame Porret a été partie dans le jugement du tribunal de commerce, il pourrait bien résulter que la dame Porret ne fût pas recevable à se rendre partie civile dans le procès en banqueroute frauduleuse, intenté contre J.-B. D.... ; mais on ne peut certainement pas en conclure que le ministère public soit non-recevable à intenter et poursuivre ce procès.

» Qu'importe que le ministère public n'ait intenté et poursuivi ce procès, que par suite de la plainte qui lui avait été portée par la dame Porret ?

» Si la plainte de la dame Porret était nulle, comme contraire à la règle non bis in idem (question sur laquelle nous n'avons pas à nous expliquer en ce moment), le ministère public n'en aurait pas moins eu le droit, il n'en aurait pas moins été de son devoir, de requérir une instruction sur les faits de dol et de fraude dont elle lui présentait le tableau. Pour qu'il en fût autrement, il faudrait que la nullité de la plainte de la partie privée emportât la nullité des poursuites du ministère public ; et c'est ce que personne n'oserait soutenir. La partie privée, nous l'avons déjà dit, d'après votre arrêt du 10 messidor an 12, ne joue dans un procès criminel qu'un rôle accessoire ; et assurément la nullité de l'accessoire ne peut jamais entraîner celle du principal.

» La nullité originaire d'une plainte peut-elle avoir plus d'effet que n'en aurait un désistement qui la ferait considérer comme non-avenue ? Non,

sans doute. Eh bien ! Si la dame Porret, après avoir donné sa plainte, avait usé de la faculté que lui accordait la loi de s'en désister dans les vingt-quatre heures, qu'aurait dû faire le ministère public ? Il aurait dû, suivant les art. 93 et 96 du Code du 3 brumaire an 4, *prendre d'office connaissance des faits, et faire, s'il y avait lieu, contre le prévenu toutes les poursuites ordonnées par la loi.*

» Mais si l'ordonnance du directeur du jury de Dunkerque, du 7 mai, est en parfaite harmonie avec les principes généraux, n'est-elle pas en opposition avec les règles particulières aux faillites, qui sont consignées dans le Code de commerce ; et le Code de commerce ne déroge-t-il pas, en cette matière, au droit commun ?

» Vous le savez, Messieurs, la dérogation au droit commun ne se présume pas ; elle ne peut être établie, dans une loi nouvelle, que de deux manières : ou par une disposition qui excepte formellement un cas spécialement déterminé, de la loi générale ; ou par une disposition avec laquelle la loi générale ne peut pas se concilier.

» Or, y a-t-il, dans le Code de commerce, une disposition qui soustrait, en termes précis et formels, les jugemens civils portant homologation de concordats, à l'empire de la règle générale qui veut que les jugemens civils ne puissent faire obstacle aux poursuites criminelles ? Le demandeur est forcé de convenir que non.

» Y a-t-il, dans le Code de commerce, quelque disposition inconciliable avec cette règle ? Pas davantage, et c'est une vérité dont il est facile de se convaincre, en parcourant les différens textes de ce Code à l'aide desquels le demandeur soutient le contraire.

» Que disent, en effet, les art. 441, 448, 449 et 490 ? Rien autre chose, si ce n'est que le tribunal de commerce doit, aussitôt qu'une faillite est ouverte, en informer le public par l'affiche du jugement qui la proclame ; que les agens et les syndics doivent, dans la huitaine de leur entrée en fonctions, remettre à l'officier du ministère public, un compte sommaire de l'état de la faillite, de ses causes, de ses circonstances et des caractères qu'elle paraît avoir ; que l'officier du ministère public peut, d'office, se transporter chez le failli, se faire représenter le bilan, les livres, tous les renseignemens qu'il juge convenables ; et que, s'il trouve des présomptions de banqueroute simple ou frauduleuse, il peut décerner contre le failli des mandats d'amener et de dépôt.

» Mais quelle conséquence peut-on tirer de tout cela contre l'opinion adoptée par l'ordonnance du directeur du jury de Dunkerque du 7 mai ? La loi prend toutes les précautions nécessaires pour procurer au ministère public la connaissance des fraudes qui accompagnent certaines faillites ; mais elle ne dit pas que, s'il ne poursuit pas ces fraudes avant l'homologation

---

(1) V. l'article *Question d'état*, §. 2.
(2) V. l'arrêt du 7 floréal an 12, rapporté dans le *Répertoire de jurisprudence*, aux mots *Chose jugée*, §. 15.

du concordat, il ne pourra plus les poursuivre après; elle ne prescrit, à ses recherches, à ses poursuites, aucun terme spécial; et conséquemment elle lui accorde tout le temps qu'il a pour la recherche et la poursuite des autres délits, c'est-à-dire, trois ou six ans, suivant les distinctions écrites dans les art. 9 et 10 du Code du 3 brumaire an 4.

» Que disent ensuite les art. 454, 501, 503, 505 et 509? Rien autre chose, si ce n'est que le tribunal de commerce, en déclarant une faillite ouverte, nommera, dans son sein, un commissaire pour en vérifier l'état et en surveiller toutes les opérations; que ce commissaire présidera à la vérification des créances, et qu'il y prendra toutes les mesures propres à faire discerner les créances légitimes d'avec les créances supposées. Mais vouloir inférer de là que, s'il échappe au juge-commissaire des erreurs sur le caractère de la faillite, sur la légitimité des créances, en un mot, sur la bonne ou mauvaise foi du failli, ces erreurs seront irrévocablement couvertes, et que, ce qui lui aura paru innocent, le ministère public ne pourra pas le poursuivre comme criminel, c'est une prétention qui n'a pour elle ni l'esprit de la loi, ni le vœu de la raison.

» Que disent enfin les art. 521, 523 et 526? Rien autre chose, si ce n'est qu'en cas que l'*examen des actes, livres et papiers du failli donne quelque présomption de banqueroute, il ne pourra être fait aucun traité entre le failli et les créanciers;* que le juge-commissaire y veillera spécialement; que tout créancier qui n'a pas signé le concordat, peut s'opposer à son homologation; que le tribunal de commerce *pourra, pour cause d'inconduite ou de fraude, refuser l'homologation du concordat;* que, *dans ce cas, le failli sera en prévention de banqueroute, et renvoyé, de droit, devant l'officier du ministère public, qui sera tenu de poursuivre d'office;* que, *si le tribunal accorde l'homologation, il déclarera le failli excusable et susceptible d'être réhabilité.* Mais si, de toutes ces dispositions, il résulte que le législateur a investi les tribunaux de commerce du droit de prononcer civilement, entre le débiteur et les créanciers, sur la moralité d'une faillite, il n'en résulte certainement pas que son intention ait été jusqu'à donner aux jugemens à rendre en cette matière par les tribunaux de commerce, une autorité qu'ils ne peuvent pas avoir par eux-mêmes contre des parties qui n'y ont pas figuré; ni par conséquent jusqu'à faire sortir de ces jugemens une exception de chose jugée que le débiteur puisse opposer au ministère public qui n'y a pas été et n'a pas pu y être partie.

» Donc le Code de commerce laisse dans toute sa force la maxime, *res inter alios judicata aliis obesse non potest.* Donc il ne porte aucune atteinte au droit qui, en thèse générale, appartient au ministère public, de poursuivre criminellement des faits qui, par la voie civile et entre

des parties purement privées, ont été jugés n'avoir rien de répréhensible. Donc il en est du jugement du tribunal de commerce de Dunkerque qui a déclaré la faillite de J.-B. D.... *excusable,* comme d'un jugement par lequel un tribunal civil, sur une demande formée civilement devant lui en restitution d'un objet volé, déclarerait qu'il n'y a point eu de vol. Donc, de même que le jugement d'un tribunal civil qui déclarerait entre deux particuliers, qu'il n'y a point eu de vol de la part de l'un d'eux au préjudice de l'autre, n'empêcherait pas que le ministère public ne poursuivît criminellement celui des deux contre lequel la prévention de vol lui paraîtrait suffisamment établie; de même aussi le jugement qui a déclaré la faillite de J.-B. D .... excusable, ne peut pas empêcher que le ministère public ne fasse juger que cette faillite porte tous les caractères d'une banqueroute simple ou d'une banqueroute frauduleuse.

» Et par ces considérations, nous estimons qu'il y a lieu de déclarer le recours du demandeur non-recevable, ou en tout cas de le rejeter ».

Par arrêt du 7 septembre 1810, au rapport de M. Guieu,

« Attendu que l'ordonnance du directeur du jury de l'arrondissement de Dunkerque, du 7 mai 1810, n'étant point un jugement en dernier ressort, n'était pas susceptible du recours en Cassation;

» La cour déclare Jean-Baptiste D..... non-recevable dans son pourvoi;

» Et attendu que la plainte qui a fait l'objet de ladite ordonnance, porte sur une banqueroute frauduleuse qui a déjà donné lieu à une traduction du prévenu devant le jury d'accusation; et que, dès-lors, il n'y avait lieu, de la part du demandeur en Cassation, à la consignation de l'amende, ordonne que l'amende consignée par J.-B. D..., lui sera restituée ».

§. XLVIII. 1°. *Peut-on casser un arrêt par le seul motif qu'il applique à faux une loi?*

2°. *Le simple mal jugé, dans les affaires qui intéressent le trésor public, forme-t-il un moyen de Cassation?*

I. Sur la première question, il faut convenir que rien n'est plus commun dans les requêtes en Cassation, que le moyen tiré de la fausse application d'une loi.

Mais il y a, en cette matière, une distinction aussi simple qu'importante.

La fausse application d'une loi peut n'être qu'un mauvais raisonnement, qu'un mal jugé; il est même possible qu'elle ne soit qu'une superfétation, qu'un hors-d'œuvre inutile; et dans ces différens cas, elle ne peut pas former une ouverture de Cassation; car l'art. 3 de la loi du

1er. décembre 1790 ne permet de casser les jugemens en dernier ressort, que *pour contravention expresse au texte de la loi.*

Mais la fausse application d'une loi peut entraîner la violation d'une autre loi ; et alors, mais seulement alors, il y a lieu à Cassation, non pas à raison de la loi faussement appliquée, mais à raison de la loi violée.

Cette distinction, qui est puisée dans la nature des choses, se fait particulièrement remarquer dans les art. 410 et 411 du Code d'instruction criminelle.

Suivant l'art. 411, la fausse application d'une loi pénale ne forme pas une ouverture de Cassation, lorsque la loi, faussement appliquée, porte absolument la même peine que la loi qui s'applique réellement au crime ou délit dont l'accusé est convaincu.

Mais il en est autrement, suivant l'art. 410, lorsqu'il y a quelque différence, quant à la pénalité, entre la loi qui a été appliquée et la loi qui aurait dû l'être, parceque la fausse application de l'une emporte nécessairement la violation de l'autre.

Au surplus, *V.* le plaidoyer du 4 décembre 1811, rapporté à l'article *Assignation*, §. 5, n°. 2.

II. Sur la seconde question, j'ai embrassé l'affirmative dans des conclusions du 27 juillet 1810, rapportées dans le *Répertoire de jurisprudence*, aux mots *Enregistrement* (*droit d'*), §. 14 ; et je l'ai fait par déférence pour la doctrine que M. le président Henrion de Pansey, l'un des magistrats devant lesquels je parlais, venait de publier dans son *Traité de l'autorité judiciaire.*

Mais ce savant et judicieux magistrat a reconnu depuis qu'il s'était trompé ; car il a supprimé, de la nouvelle édition qu'il a donnée de son ouvrage en 1818, le passage que j'en avais cité.

En effet, il s'était évidemment écarté de son exactitude ordinaire, lorsqu'il avait dit que, *relativement aux contestations qui intéressent éminemment les revenus de la couronne ou les revenus publics, le prince est dans une position bien différente de celle où il se trouve lorsqu'il s'agit d'affaires criminelles ou de contestations civiles entre particuliers ; que, dans celles-ci, la délégation qu'il fait aux tribunaux de l'autorité judiciaire, est absolue, parcequ'elle est obligée ; que, par cette raison, il ne pourrait, s'il exerçait lui-même le droit de Cassation, comme celui du pouvoir exécutif, annuller le jugement en dernier ressort que pour violation des formes et contravention aux lois ; et que, par conséquent, la cour de Cassation qui le représente dans l'exercice de ce droit, ne le peut pas davantage ; mais que, dans celles-là, comme il est libre de les juger lui-même, la transmission qu'il fait de ses pouvoirs aux tribunaux qu'il institue pour juger en dernier ressort, ne le dé-* pouille pas d'une manière aussi complète ; qu'il lui reste le droit d'examiner si les juges qu'il a commis, ont fidélement rempli toutes les conditions du mandat qu'il leur a conféré, et par conséquent celui de les reformer pour simple mal jugé, s'ils s'en sont écartés.*

Tout cela était vrai sous l'ancien régime, mais il a cessé de l'être du moment que, par un décret du 1er. octobre 1789, promulgué par des lettres-patentes du 3 novembre suivant, et confirmé depuis par l'art. 57 de la charte constitutionnelle, il a été mis en principe que *le pouvoir judiciaire ne pouvait, en aucun cas, être exercé par le roi, mais que la justice devait être administrée au nom du roi par les seuls tribunaux établis par la loi.*

Dès-lors, en effet, la délégation du pouvoir judiciaire est devenue, pour le roi, *obligée*, et *par conséquent absolue,* non-seulement pour les procès criminels et pour les affaires civiles entre particuliers, mais encore pour les contestations relatives aux droits du trésor public.

Et comme, dès-lors, aurait cessé pour le roi, s'il eût conservé le droit de Cassation comme branche du pouvoir exécutif, le motif qui autorisait son ancien conseil privé à casser, pour simple mal jugé, les jugemens rendus en dernier ressort au préjudice du trésor public, il est clair que ce motif ne peut plus s'appliquer à la cour de Cassation remplaçant le roi dans l'exercice de ce droit éminent.

Aussi n'y a-t-il aucune distinction entre les affaires qui intéressent le trésor public et les affaires qui intéressent des particuliers, dans les dispositions des lois qui déterminent les ouvertures de Cassation ; toutes s'accordent à dire qu'un jugement en dernier ressort ne peut être cassé que pour violation des formes prescrites, à peine de nullité et pour contravention expresse aux lois.

§. XLIX. *Les jugemens en dernier ressort des juges de paix sont-ils sujets au recours en Cassation de la part du ministère public et pour l'intérêt de la loi ?*

V. l'article *Contribution des portes et fenêtres.*

§. L. *Le ministère public peut-il attaquer, par recours en Cassation, un arrêt qu'il a lui-même provoqué par ses conclusions qui y sont conformes ?*

Dans l'affaire dont j'ai rapporté l'espèce dans le *Répertoire de jurisprudence*, au mot *Appel*, sect. 2, §. 3, n°. 6, Joseph Bianchini soutenait que le procureur-général de la cour d'appel de Rome n'était pas recevable à se pourvoir en Cassation contre l'arrêt dont il s'agissait, parceque cet arrêt avait été rendu conformément aux conclusions de l'avocat-général qui avait porté la parole dans la cause.

Mais par arrêt du 25 février 1813, au rapport de M. Audier-Massillon, et sur mes conclusions,

«Attendu que, d'après les lois, il n'existe au- cune fin de non-recevoir contre le pourvoi du ministère public, dès qu'il est exercé dans la forme et dans les délais prescrits;

» La Cour rejette la fin de non-recevoir pro- posée par Bianchini contre le pourvoi du procu- reur général près la cour de Rome ».

V. l'article *Acquiescement*, §. 13.

§ LI. *En cas de suppression du tribunal au- quel, par un arrêt de Cassation, est renvoyée une affaire pour y être instruite ou jugée de nou- veau, à quel tribunal cette affaire doit-elle être portée?*

V. l'article *Attribution de juridiction*, §. 3.

§. LII. 1°. *De ce qu'en matière criminelle, correctionnelle et de police, le recours en Cassa- tion suspend l'exécution de l'arrêt ou du juge- ment attaqué par cette voie, résulte-t-il que, si, avant qu'il ait été prononcé sur ce re- cours, la partie civile fait des poursuites pour le recouvrement des dépens qui lui ont été adjugés, la cour ou le tribunal de qui est émané cet arrêt ou ce jugement, puisse se refuser à statuer sur l'opposition formée à ces poursuites par la partie condamnée, et en renvoyer la connaissance à la cour de Cassation?*

2°. *En résulte-t-il que la cour de Cassation ne pourrait pas elle-même annuller ces pour- suites?*

3°. *En résulte-t-il que ces poursuites seraient nulles, alors même que le demandeur en Cassa- tion aurait laissé écouler les dix jours que la loi lui accorde pour déposer une requête contenant ses moyens de Cassation et n'aurait pas encore consigné l'amende?*

I. Sur la première question, voici une espèce dans laquelle la cour d'appel de Bruxelles s'est déterminée pour l'affirmative.

L'administration des droits réunis, déboutée avec dépens, par deux arrêts de cette cour, des demandes qu'elle avait formées par la voie correc- tionnelle contre le sieur Vanhamme, se pourvoit en Cassation contre l'un et l'autre.

Avant qu'il ait été statué sur ce recours, et sans s'y arrêter, le sieur Vanhamme poursuit auprès de la même cour et obtient, le 2 décem- bre 1811, deux exécutoires portant liquidation des dépens qui lui ont été adjugés par les deux arrêts, et les fait signifier à l'administration avec commandement de lui en payer le montant.

Par exploit du 9 du même mois, l'administra- tion forme opposition à ces exécutoires, et con- clud à ce qu'ils soient déclarés nuls, comme contraires à la loi qui attribue un effet suspensif au recours en Cassation.

Le 18 du même mois, arrêt par lequel la cour de Bruxelles se déclare *incompétente* pour connaî- tre de cette opposition, *renvoie les parties devant*

qui de droit, et condamne l'administration aux dépens.

Mais l'administration se pourvoit en Cassation contre cet arrêt, et le 2 avril 1812, au rapport de M. Bailly,

« Vu les art. 216, 373, 408 et 413 du Code d'instruction criminelle;

» Vu aussi l'art. 472 du Code de procédure civile;

» Considérant que, dans l'espèce, il s'agissait de dépens adjugés par arrêts de la cour de Bruxelles, qui ne pouvaient être liquidés que par elle, et d'oppositions qui, portant sur des exé- cutoires par elle délivrés pour ces mêmes dépens, et sur des poursuites exercées en vertu de ces exé- cutoires, se trouvaient nécessairement soumises à sa juridiction;

» Considérant que cette cour devait donc pro- noncer sur lesdites oppositions et sur les deman- des en sursis qui les avaient accompagnées; qu'en refusant d'y statuer, elle a, par son arrêt du 18 décembre 1811, rendu au profit de Van- hamme, et dont la Cassation est demandée, mé- connu sa propre compétence; et qu'en fondant son refus sur ce que, selon elle, la connaissance de ces oppositions et de cette demande apparte- nait à la cour de Cassation, à titre d'accessoire des pourvois en Cassation dont cette cour est en- core saisie, elle a oublié surtout que les dépens en question n'ayant été adjugés et liquidés que comme accessoires du fond, la cour de Cassation ne pourrait en connaître, qu'en violant elle-même les lois qui ont posé les bornes de sa compétence;

» Considérant, enfin, d'après ledit art. 408 du Code d'instruction criminelle, qu'il est du de- voir de la cour de Cassation d'annuller les arrêts qui méconnaissent les règles établies en matière de compétence;

» La cour, faisant droit sur le pourvoi de la ré- gie des droits réunis, casse et annulle ledit arrêt du 18 décembre dernier...... ».

II. La seconde question est résolue pour la né- gative par l'un des motifs de l'arrêt de Cassation que je viens de transcrire; mais on peut opposer à cette décision ce que j'ai dit dans des conclu- sions du 30 brumaire an 14, rapportées dans le *Répertoire de jurisprudence*, au mot *Cassation*, §. 6, n°. 6, et le dispositif de l'arrêt qui a été rendu le même jour, SECTIONS RÉUNIES, sur mes conclu- sions.

III. La troisième question s'est présentée dans une espèce dont on trouvera les détails à l'article *Commune*, §. 6, n°. 4, mais dont il faut ici rap- peler sommairement les faits principaux.

Le 28 août 1817, jugement du tribunal correc- tionnel de Montreuil-sur-Mer, qui, entr'autres dispositions, condamne les sieurs Garbe et con- sorts aux dépens envers la commune de Brimeux, partie civile.

Le 6 avril 1818, jugement du tribunal correctionnel de Saint-Omer, qui le confirme.

Recours en Cassation contre celui-ci de la part des sieurs Garbe et consorts.

Le 6 juin suivant, la commune de Brimeux obtient contre eux, au tribunal correctionnel de Montreuil, un exécutoire de dépens montant à 159 francs 59 centimes, et le leur fait signifier avec commandement.

Les sieurs Garbe et consorts y forment opposition devant le tribunal civil de Montreuil (juge de l'exécution du jugement du tribunal correctionnel de la même ville), sur le fondement qu'ils se sont pourvus en Cassation contre le jugement du tribunal d'appel, et que leur recours a nécessairement suspendu l'exécution du jugement.

La commune de Brimeux répond que leur recours en Cassation doit être considéré comme non avenu, et parcequ'ils n'ont pas effectué la consignation sans laquelle il ne peut être reçu, et parcequ'ils n'ont pas déposé, dans les dix jours fixés par la loi, la requête qui devait contenir leurs moyens de Cassation.

Le 1er. juillet 1818, jugement qui, adoptant cette défense, rejette l'opposition des sieurs Garbe et consorts.

Appel de la part des sieurs Garbe et consorts à la cour royale de Douai.

Le 17 mars 1819, arrêt qui, attendu que le jugement attaqué par eux n'ayant pour objet principal qu'une somme au-dessous de 1,000 francs, est nécessairement rendu en dernier ressort, déclare leur appel non-recevable.

Les sieurs Garbe et consorts se pourvoient en Cassation contre cet arrêt, et l'attaquent par trois moyens, dont le second consiste à dire qu'il viole les art. 177, 216 et 377 du Code d'instruction criminelle, suivant lesquels le recours en Cassation suspend toujours l'effet des jugemens qui en sont l'objet.

Par arrêt du 3 août 1820,

« Attendu, sur le deuxième moyen, pris de l'effet suspensif attribué par la loi au recours des condamnés en matière criminelle et correctionnelle, 1°. Que Garbe et consorts n'ont donné aucune suite à leur recours en Cassation, pour la régularité duquel il y avait lieu à la consignation d'amende et à la présentation de la requête en pourvoi dans les dix jours; 2°. que ce moyen, fût-il fondé, n'aurait été applicable qu'au jugement du tribunal de Montreuil, du 1er. juillet 1818, lequel étant rendu en dernier ressort n'a pas été attaqué par la voie de Cassation, et ne peut être proposé contre l'arrêt de la cour royale de Douai qui n'a pas eu à s'en occuper.... ;

» La cour (section des requêtes) rejette le pourvoi... ».

Des deux motifs de cet arrêt, le second est d'une parfaite justesse; et il est bien à regretter que la cour de Cassation ne s'y soit pas restreinte,

car le premier ne peut, j'ose le dire, être justifié sous aucun rapport.

D'une part, en matière criminelle, correctionnelle et de simple police, le dépôt de la requête contenant les moyens de Cassation, dans les dix jours de la déclaration du recours, n'est, de la part du demandeur, que facultatif. L'omission de ce dépôt ne peut donc emporter ni présomption de désistement, ni déchéance.

D'un autre côté, il est notoire que le demandeur qui n'a pas consigné l'amende en faisant sa déclaration de recours en Cassation, est toujours maître de la consigner jusqu'au moment où la section criminelle s'occupe de son affaire (1). Comment donc les sieurs Garbe et consorts auraient-ils pu être considérés comme déchus de leur recours en Cassation, par cela seul que, lors des poursuites dirigées contre eux en exécution du jugement qui était l'objet de ce recours, ils n'avaient pas encore consigné l'amende?

Enfin, la question était jugée par un arrêt de Cassation de la section criminelle du 26 mai 1810 (2).

§. LIII. *Autres questions relatives à la Cassation.*

V. les articles *Amende de fol appel*, *Arbitre*, *Assignation*, *Cantonnement*, *Caution*, *Conclusions*, *Contumace*, *Dépens*, *Dernier ressort*, *Direction de créanciers*, *Domicile élu*, *Émigré*, *Effet rétroactif*, *Exception*, *Excès de pouvoir*, *Expropriation forcée*, *Incompétence*, *Jugement*, *Motifs du jugement*, §. 2, *Nullité*, *Opposition (tierce)*, §. 5, *Réglement de juges*, *Requête civile*, *Signification de jugement* et *Usage*.

CATON (règle de). *V.* les articles *Capacité*, *disponibilité des biens* et *Règle de Caton.*

CAUSES DES OBLIGATIONS. §. I. *Quel est le sens de l'axiome, qu'une obligation sans Cause, ou dont la Cause est, soit fausse, soit illicite, ne doit avoir aucun effet? Est-il vrai dans tous les cas?*

Avant de discuter, il faut définir; ainsi, fixons-nous d'abord sur ce qu'on doit entendre ici par *cause*.

Tous les jurisconsultes conviennent que la Cause d'une obligation, est ce qui donne lieu à l'obligation même, le motif qui porte à la contracter, ce que Blackstone, liv. 2, chap. 30, appelle en anglais *consideration*, *inducement*, et en latin *id quod inducit ad contrahendum.*

Dans les contrats *intéressés*, la Cause de l'obligation que s'impose l'une des parties, est, ou ce que l'autre partie lui donne, ou ce qu'elle s'engage de lui donner, ou le risque dont elle se charge.

Dans les contrats de *bienfaisance*, la libéralité que l'une des parties veut exercer envers l'autre,

(1) *V.* le *Répertoire de Jurisprudence*, au mot *Cassation*, §. 5, n°. 12-15.
(2) *Ibid.* n°. 13.

est la *Cause* de l'engagement que subit celle-là envers celle-ci.

Il y a deux principes à remarquer sur cette matière.

Le premier est qu'une obligation sans Cause est nulle;

Le deuxième, qu'une Cause illicite est considérée comme non-existante, et que par conséquent l'obligation qui en résulte n'est pas plus valable que si elle était absolument sans Cause.

Développons ces deux principes.

Qu'une obligation qui n'a point de Cause, ou dont la Cause est fausse, soit nulle et ne produise point d'action, c'est une vérité qui n'a pas besoin de preuve; voici d'ailleurs un exemple qui la rend très-sensible.

Mon père vous a légué par son testament une somme de dix mille francs; mais ensuite, il vous en a privé par un codicille. A sa mort, vous me présentez le testament, et ignorant l'existence du codicille, je me crois obligé d'acquitter le legs; en conséquence, je m'engage de vous donner un immeuble en paiement de la somme qui vous a été léguée.

Il est bien sûr que cet engagement est nul : pourquoi? Parceque la Cause qui en forme la base, est fausse, ou, si l'on veut, parcequ'il n'y a point d'obligation sans consentement, et qu'au yeux de la loi, se tromper n'est pas consentir : *non videntur qui errant consentire.*

Mais quel est l'effet de cette nullité? Il faut distinguer; ou je vous ai livré l'immeuble que je m'étais engagé de vous donner en paiement, ou bien il est encore en ma possession.

Au premier cas, j'ai, pour vous forcer à me rendre l'immeuble, une action que les lois romaines appellent *condictio sine Causâ.*

Au second, non-seulement vous n'avez pas d'action contre moi, mais j'en ai une pour vous contraindre à me remettre le titre qui contient de ma part l'obligation dont il s'agit, ou, s'il n'est plus entre vos mains, pour en faire prononcer la nullité, avec défenses d'en faire aucun usage contre moi. C'est ce que les jurisconsultes romains appellent *condicere obligationem. V.* la loi D., *de condictione sine causâ,* la loi 2 et la loi dernière, C. *de condictione sine lege et sine causâ.*

Ce principe, incontestable dans la théorie, donne lieu dans la pratique à des difficultés assez fréquentes. Il faut qu'une obligation ait une Cause, tout le monde en convient; mais est-il nécessaire que cette Cause y soit exprimée? Doit-on regarder comme destituée de Cause, une obligation dans laquelle il n'est pas parlé de la Cause pour laquelle on l'a souscrite; ou doit-on y sous-entendre une Cause juste et suffisante, tant que le contraire n'est pas prouvé? Cette question a partagé les auteurs, et les tribunaux ne l'ont pas toujours décidée de même.

Costalius, sur la loi 23, **D.** *de probationibus;* Rebuffe, *ad constitutiones regias,* traité *de litteris obligatoriis,* art. 1er., gl. 9, n°. 25, Gomèz, *variarum resolutionum,* tome 2, chap. 11 n°. 3, Papon, dans son recueil d'arrêts, liv. 10, tit. 2, §. 1, Guérin sur l'art. 107 de la coutume de Paris, et plusieurs autres tiennent qu'à défaut d'expression de la Cause dans une obligation, si le débiteur vient à nier que cette Cause existe, c'est au créancier à la prouver; et que faute de cette preuve, l'obligation doit être déclarée nulle.

Cette doctrine a été confirmée par plusieurs arrêts.

Rebuffe, à l'endroit cité, en rapporte un du parlement de Paris, du 13 février 1511, par lequel il a été jugé qu'un contrat était nul et ne pouvait être mis en exécution, par cela seul qu'il n'apparaissait pas pour quelle Cause il avait été fait.

Un autre arrêt de la même cour, du 16 mai 1650, rendu sur le réquisitoire du procureur-général, et inséré tout au long dans le Journal des Audiences, fait défense *à tous marchands et autres personnes,* de se servir, à l'avenir, soit dans leur commerce, soit dans quelque autre traité ou affaire que ce soit, de promesses ou billets qui soient remplis du nom du créancier, *et des Causes pour lesquelles ils auront été faits, à peine de nullité.*

Deghewiet, dans ses *Institutions au droit belgique,* part. 2, tit. 5., §. 2, art. 3, après avoir dit que les obligations doivent contenir la Cause pour laquelle elles ont été faites, et qu'une obligation sans Cause est nulle, ajoute qu'il « en a » été ainsi décidé au parlement de Flandre, entre » Pierre Steyt et Robert Vanden-Kerchove, par » arrêt du 19 mars 1671 ».

Du Laury, chap. 136, rapporte une espèce qui a été jugée, d'après le même principe, au conseil privé de Bruxelles. Le baron de Raye s'était reconnu, par un billet signé de sa main, redevable de 300 pistoles au baron de Longuy, son beau-frère; mais il n'avait pas exprimé la Cause de cette dette. Depuis, il avait autorisé sa femme à le cautionner pour un à-compte de 900 florins. Longtemps après, le baron de Longuy fit assigner le marquis de Trelon, héritier, à titre de sa femme, du baron et de la baronne de Raye, pour le faire condamner au paiement de ce billet. Le marquis de Trelon opposa le défaut de Cause, et soutint que l'obligation était nulle. Par arrêt du 5 novembre 1637, le conseil privé, « avant faire droit, » ordonna au demandeur de déclarer la Cause » d'où procédait la prétendue dette de 300 pisto-» les, et l'admit à la vérifier ».

On aurait dû juger autrement, selon Du Laury, si les qualités respectives du créancier et du débiteur eussent rendu vraisemblable la Cause de l'obligation; en pareil cas, dit-il, on doit supposer cette Cause, quoique non exprimée; « par » exemple, si un écolier confesse devoir au prin-» cipal de son collége, un passant au maître de » l'hôtellerie, un malade à son médecin, un » plaideur à son procureur, les Causes se pré-

» sument comme si elles étaient exprimées et
» écrites ».

Costalius et Papon, aux endroits indiqués ci-dessus, tiennent le même langage.

Par la même raison, Brunneman, dans ses Décisions, cent. 2, chap. 99, dit qu'entre marchands, le défaut d'expression de la Cause dans un billet, n'empêche pas qu'il ne soit obligatoire.

D'autres auteurs vont plus loin, et tiennent qu'entre majeurs, on doit toujours présumer qu'une obligation est fondée sur une juste Cause, quoiqu'elle n'en fasse aucune mention. La raison qu'ils en donnent, est que, dans le doute, c'est contre l'obligé qu'il faut se déterminer, parceque sa reconnaissance le condamne.

M. l'avocat-général Lenain disait à l'audience du parlement de Paris, le 29 juillet 1706, que, « par notre usage, tout homme qui a signé une » promesse volontairement, *sine metu et sine dolo*, » est lié naturellement et civilement, et est as- » treint, par sa signature, à remplir son obliga- » tion, indépendamment du défaut d'expression » de la Cause (1) ».

Charondas, sur l'art. 107 de la coutume de Paris, rapporte deux arrêts conformes à cette maxime : le premier du 12 janvier 1567, le second, du 2 février 1582. Dans l'espèce de celui-ci, on demandait à un héritier le paiement d'un billet fait, sans expression de Cause, par le défunt à qui il avait succédé ; il s'y refusait en alléguant les lois romaines qui annullent les promesses sans Cause. Après avoir prononcé sa condamnation, le premier président de Thou avertit le barreau qu'il ne fallait pas s'arrêter aux subtilités du droit romain, mais considérer la qualité et la manière d'user des personnes qui faisaient de pareils billets.

Plus récemment, un particulier avait fait un billet conçu en ces termes : *Je confesse devoir et promets payer à M. Nantouillet, la somme de* 400 *livres. Fait le.......* Question de savoir si cette obligation est valable ? Par arrêt du 4 mars 1659, rendu à l'audience de la grand'chambre, le parlement prononce pour l'affirmative (2).

Un autre particulier avait contracté un engagement ainsi conçu : *Je soussigné promets payer à madame Bataille, la somme de trois cents livres dans six mois.* A l'échéance, la veuve Bataille demanda le paiement de la somme de 300 livres. Le débiteur prétendit que sa promesse était nulle, parcequ'elle n'était pas causée. Par arrêt du 16 mai 1664, la veuve Bataille obtint condamnation, en affirmant la légitimité de la dette (3).

Quelque temps après, il fut fait un autre billet en cette forme : *Je paierai à M...., à sa volonté, la somme de..... Fait à..... le.....* Sur la demande en paiement de ce billet, l'obligé alléguait le dé-

faut de Cause. La contestation portée à l'audience de la tournelle civile, M. de Lamoignon, avocat général, dit qu'autant il était à souhaiter que les anciens réglemens faits contre ces sortes de billets fussent exécutés, autant il était certain que ces sortes de billets étaient ordinaires dans l'usage du commerce. Il observa d'ailleurs que le débiteur était un homme qui faisait négoce d'argent, et savait, par conséquent, en faisant le billet, qu'il s'obligeait : par arrêt du 27 janvier 1689, la sentence qui avait ordonné le paiement, fut confirmée (1).

Il a été rendu, comme on le verra bientôt, plusieurs arrêts semblables dans le dernier siècle.

Nous trouvons la même jurisprudence établie au parlement de Toulouse.

Maynard, liv. 7, chap. 66, nous retrace un arrêt rendu à son rapport, en février 1574, par lequel a été confirmée une sentence du sénéchal de Rouergue, qui, en appointant en droit une contestation élevée sur un billet non causé, avait condamné par provision le débiteur à en payer le montant sous bonne et valable caution.

Le magistrat auteur du Journal du parlement de Toulouse, tome 4, §. 280, assure « qu'il fut » rendu encore un arrêt conforme à la seconde » chambre des enquêtes, au mois d'août 1740, au » rapport de M. de Cambolas, en faveur du sieur » Raynaud-Demons, héritier de la demoiselle » Raynaud-Demons, contre le sieur Causse, et » que M. de Juin, un des juges, assura qu'il avait » été rendu, quelques années auparavant, dans » la même chambre, un arrêt semblable.

» La jurisprudence des arrêts (dit à ce sujet le » même auteur) n'a pas cru devoir adopter les » subtilités du droit romain. Dès qu'une obliga- » tion est consentie par un majeur, on la déclare » valable, quoique la Cause de l'obligation ne pa- » raisse pas ; parcequ'en effet, on ne peut pas pré- » sumer qu'un majeur s'oblige sans raison ni pré- » texte au paiement d'une certaine somme ; et si » la Cause de l'obligation ne se trouve pas expri- » mée, c'est sans doute parceque les parties » avaient des raisons particulières pour la taire».

Voici au surplus ce que j'ai dit sur cette question, à l'audience de la cour de cassation, section des requêtes, le 6 prairial an 10, à l'occasion d'une demande en cassation formée par la régie de l'enregistrement, contre la veuve Berthelot.

« Le comte Vasselot-Dannemarie avait, en émigrant, laissé dans ses papiers un billet ainsi conçu : *Je soussigné reconnais devoir à M. le comte Dannemarie la somme de* 536 *livres que je promets lui payer de la Saint-Michel qui vient en deux ans. A la Guerche, le* 30 *juillet* 1790. *Signé Berthelot.*

» Ce billet ayant été remis au receveur de l'enregistrement du bureau de Châtillon, celui-ci a

---

(1) Augeard. tome 1, page 908, édition de 1756.
(2) Journal des audiences, tome 1, liv. 10, chap. 10.
(3) *Ibid.*, tome 2, liv. 3, chap. 31.

---

(1) *Brillon*, aux mots *billet sans Cause.*

décerné, le 23 floréal an 6, contre la veuve du cit. Berthelot, une contrainte tendante à lui en faire payer le montant.

» La veuve Berthelot a formé opposition à cette contrainte, et la cause a été portée au tribunal civil de l'arrondissement de Bressuire, département des Deux-Sèvres.

» Là, il s'est agi de savoir si le billet était obligatoire.

» La veuve Berthelot soutenait la négative, et elle se fondait sur ce que le billet n'exprimait pas la Cause de la promesse qu'il renfermait.

» Elle ajoutait que, dans la réalité, ce billet avait été souscrit par feu cit. Berthelot, son mari, pour un restant de droits de lods et ventes qu'il devait à raison d'une acquisition qu'il avait faite le 23 septembre 1789, dans la mouvance de Vasselot-Dannemarie, et que celui-ci, prévoyant dès-lors la suppression des lods et ventes, n'avait pas voulu qu'il en fût fait mention dans l'acte.

» La régie de l'enregistrement aurait pu répondre que la veuve Berthelot, en attribuant au billet une Cause manifestement invraisemblable, prouvait par cela seul que ce billet n'avait été souscrit que pour une Cause juste; qu'en effet, personne n'avait encore pensé, le 30 juillet 1790, à l'abolition des droits de lods et ventes, et que la proposition n'en avait été faite que deux ans après.

» Mais la régie s'est bornée à dire que les lois relatives aux émigrés enjoignaient à tous leurs débiteurs, sans distinction, de verser dans la caisse nationale le montant de leurs obligations; qu'il suffisait que le billet existât et fût dans les mains de la nation, pour que la nation fût autorisée à en demander le paiement.

» Sur ces dires respectifs, jugement du 13 thermidor an 9, qui porte: « Attendu que l'écrit » qui fait le fondement de l'action de la régie, ne » peut être considéré que comme le signe et la » preuve écrite de l'obligation qu'il paraît conte- » nir; qu'il est de principe que, pour qu'une obli- » gation existe, trois choses doivent essentielle- » ment concourir, une Cause, un objet, et le » consentement réciproque des deux parties sur » la Cause et l'objet; — Attendu que, dans l'écrit » susréféré, l'objet de l'engagement que paraît » avoir pris le feu cit. Berthelot de payer la » somme qui y est énoncée, n'est pas exprimé; » que ce défaut d'énonciation de l'objet, vicie » radicalement l'obligation, en la rendant sans » Cause, et fait présumer que cette Cause était ou » prohibée par la loi, ou illégitime; — Le tribu- » nal, jugeant en dernier ressort, déboute la ré- » gie de sa demande, dans laquelle elle est dé- » clarée non-recevable, et subsidiairement mal » fondée.... ».

» La régie se pourvoit en cassation contre ce jugement, et vous avez à examiner s'il a ou non violé les dispositions des lois des 23 août 1792 et 25 juillet 1793, qui imposent aux débiteurs d'émigrés l'obligation de déclarer à la municipalité de leur domicile les dettes dont ils sont tenus, et d'en verser le montant au trésor public dans la quinzaine de l'échéance.

» Certainement il ne les a pas violées, si le billet du feu cit. Berthelot est nul; car ni la loi du 23 août 1792, ni celle du 25 juillet 1793, n'ont rendu débiteurs d'émigrés ceux qui ne l'étaient pas réellement.

» Mais si le billet est valable, si le feu cit. Berthelot eût pu être contraint d'en payer le montant à Vasselot-Dannemarie, point de doute que le jugement ne contrevienne à ces deux lois, point de doute qu'il ne doive être cassé.

» Ainsi, le billet est-il ou n'est-il pas obligatoire? C'est à quoi se réduit la question soumise à votre examen.

» Qu'une obligation sans cause soit nulle, c'est un principe que les lois romaines ont consacré, et qui est universellement reconnu. *Cùm nulla subest Causa propter conventionem, hîc constat non posse constitui obligationem*, dit la loi 7, §. 4, D. *de pactis*.

» Mais de ce principe, résulte-t-il que la Cause de chaque obligation doive, à peine de nullité, être exprimée dans l'écrit fait pour constater l'obligation elle-même?

» Les lois romaines ne portent pas la rigueur jusqu'à ce point: elles veulent seulement que le défaut d'expression de la Cause dans un billet, rejette sur la personne au profit de laquelle ce billet a été souscrit, la preuve qu'il l'a été pour une Cause réelle et légitime. C'est la décision expresse de la loi 25, §. 4, D. *de probationibus et præsumptionibus*; et on la retrouve mot pour mot dans le droit canonique, chap. 14, *de fide instrumentorum*, aux décrétales.

» On a cependant vu des praticiens, qui ne se doutaient ni de l'existence ni de la disposition de ces deux textes, enseigner comme maxime constante, que tout billet non causé était nul.

» Mais il s'en faut de beaucoup que leur doctrine ait été reçue dans les tribunaux, soit des pays coutumiers, soit des pays de droit écrit.

» Serres, dans ses *Institutions du droit français*, liv. 3, tit. 15, rapporte un arrêt du parlement de Toulouse, du 1er avril 1737, par lequel « il » fut décidé (dit-il) qu'il n'y a point de restitu- » tion contre un billet sans Cause, c'est-à-dire, » où la Cause n'est point énoncée : le débiteur » prenait un moyen de restitution de ce qu'il » avait fait le billet sans exprimer la Cause de » l'obligation ; on n'y eut aucun égard, et l'on » s'en référa à la doctrine de Maynard, liv. 7, » chap. 65. Ce moyen est en effet trop subtil et » même contraire à la bonne foi; et les juges con- » vinrent qu'on n'a égard aujourd'hui qu'à la » fausse Cause ».

» Remarquons bien ces termes: *Les juges convinrent qu'on n'a égard aujourd'hui qu'à la fausse Cause*. Il en résulte clairement que, dans la jurisprudence actuelle, on n'exige même plus du porteur d'un billet non causé, la preuve directe de l'existence et de la légitimité de la Cause de l'obligation qui y est écrite, et que cette existence, cette légitimité doivent se présumer, tant que le défaut ou l'illégitimité de la Cause ne sont pas prouvés par le signataire.

» C'est aussi ce qu'ont jugé formellement deux arrêts du parlement de Paris, des 4 mars 1659 et 16 mai 1664, rapportés au Journal des Audiences.....

» Les nouveaux éditeurs de Denisart, au mot *Billet*, §. 1, n°. 4, nous fournissent un arrêt plus récent de la même cour, qui juge absolument de même : « Jacques-Hardouin Mansard, porteur » d'un billet de 9,215 livres, fait à son profit par » un débiteur solvable, remit ce billet à l'abbé » Richard, avec une reconnaissance écrite en ces » termes sur le billet même : *J'ai donné le présent* » *billet à M. l'abbé Richard, en nantissement de la* » *somme de 2,400 livres*. Le sieur Mansard, auquel » on demandait cette somme, soutenait que la » reconnaissance n'était pas obligatoire, parceque » 1°. elle n'exprimait aucune valeur fournie; 2°. » qu'il ne s'était pas reconnu débiteur. Les héri- » tiers de l'abbé Richard répondaient que la va- » leur fournie se prouvait par le nantissement » exprimé dans la reconnaissance; et par sentence » du Châtelet, du 5 décembre 1752, confirmée » par arrêt du 5 mai 1754, le sieur Mansard fut » condamné à payer ».

» Ces trois derniers arrêts sont d'autant plus remarquables, qu'ils n'ont eu aucun égard à un arrêt de réglement du 16 mai 1650, que les partisans de la nullité absolue des billets non causés invoquent à l'appui de leur système.

» Et dans le fait, il suffit de lire cet arrêt, pour se convaincre qu'il n'a ni l'objet ni l'intention qu'on lui prête communément. « Vu par la cour » (porte-t-il) la requête présentée par le pro- » cureur général du roi, contenant que bien que, » par plusieurs arrêts, toutes promesses pour » Cause de prêts entre toutes personnes indiffé- » remment, marchands, négocians et autres, » *payables au porteur, sans exprimer le nom du créan-* » *cier* , aient toujours été réprouvées et défen- » dues, comme frauduleuses, préjudiciables au » public, contraires à la franchise et loyauté » qui doit être dans le commerce; néanmoins, » depuis quelques années, telles promesses cau- » sées de prêt, le nom des créanciers en blanc, » avec termes généraux, payables au porteur » pour valeur reçue, auxquelles on donne le » nom de billets, se sont introduits dans le com- » merce par un mauvais usage, d'où naissent » journellement plusieurs différends, tant pour » savoir qui doit avoir risqué de la perte du con- » tenu èsdits billets en cas d'insuffisance ou de » faillite du débiteur, ou de celui entre les mains » duquel se trouve le billet, ou de celui qui le pre- » mier en a été porteur, comme aussi pour la

» multiplicité des recours de garantie entre ceux » par les mains desquels ont passé lesdits billets; » ce qui pourrait, avec le temps, anéantir entiè- » rement le commerce, s'il n'y était remédié; » requérait y être pourvu; — Arrêt du 5 juillet dernier, par lequel aurait été ordonné que les juges-consuls et aucuns anciens marchands et bourgeois de cette ville de Paris seraient assemblés pardevant l'un des conseillers de ladite cour pour donner avis sur le contenu de ladite re- quête.....; — Le procès-verbal de l'enquête faite pardevant le conseiller de ladite cour commis, du 13 dudit mois de juillet, contenant l'audition des consuls et aucuns marchands, en exécution dudit arrêt... : tout considéré. — La cour, ayant égard à ladite requête et conclusions dudit procureur général, a fait et fait inhibitions et défenses à tous marchands, négocians et autres personnes, de quelque qualité et condition qu'ils soient, de se servir à l'avenir, au fait de leur commerce, ni en quelque autre traité et affaire que ce soit, de promesse en billets qui ne soient remplis du nom du créancier, et des Causes pour lesquelles lesdits promesses ou billets auront été faits et pas- sés; si c'est pour argent prêté ou pour lettre de change, ou marchandises fournies ou à fournir, à peine de nullité desdits promesses ou billets...; — Et sera le présent arrêt lu et publié en l'au- dience du Châtelet de Paris et des consuls, et af- fiché ès-carrefours de ladite ville et faubourgs, et partout ailleurs que besoin sera, à la requête dudit procureur général, et diligence de son subs- titut au Châtelet, à ce qu'aucun n'en prétexte cause d'ignorance ».

» Vous voyez que cet arrêt n'a eu pour objet direct que la proscription des billets au porteur, proscription souvent renouvelée depuis et tou- jours sans succès, parcequ'à cet égard, l'usage l'a toujours emporté sur les réglemens. A la vé- rité, il voulait que les billets exprimassent les Causes pour lesquelles ils avaient été soumis; mais il ne voulait que par suite de la nécessité qu'il prétendait établir, d'y énoncer en même temps les noms des créanciers. L'énonciation des noms des créanciers était son objet principal, ou plutôt son unique objet; l'énonciation des Causes n'était prescrite que comme un moyen d'assurer l'exécution de la disposition qui défendait les bil- lets au porteur; et cette défense étant tombée en désuétude, l'obligation d'énoncer les Causes, n'a pas pu lui survivre.

» Observez d'ailleurs que ce réglement n'a été fait que pour Paris; qu'il ne l'a été que pour re- médier à des abus particuliers à la ville de Paris; qu'il est motivé, non sur les principes généraux du droit, mais sur l'avis des marchands de Paris; et qu'enfin ce n'est qu'au Châtelet et la juridic- tion consulaire de Paris qu'il a été publié.

» Toutes ces circonstances sont assurément plus que suffisantes pour prouver qu'un pareil arrêt ne peut pas faire autorité dans la cause actuelle, ni par conséquent justifier la décision qu'attaque ici la régie de l'enregistrement.

» Cette décision, au surplus, est d'autant plus extraordinaire, que, dans l'espèce sur laquelle le tribunal de Bressuire a prononcé, on ne pouvait pas même dire qu'il y eût dans le billet du feu cit. Berthelot, défaut d'énonciation de cause.

» Par cet acte, en effet, le cit. Berthelot ne s'était pas borné à promettre de payer à Vasselot-Dannemarie une somme de 536 livres; il n'avait fait cette promesse qu'après l'avoir causée; et comment l'avait-il causée? En disant : *Je reconnais devoir à M. le comte Dannemarie la somme de 536 livres.*

» Ecoutons là-dessus les nouveaux éditeurs de Denisart, à l'endroit déjà cité : *On exprime cette Cause* (celle d'un billet), *en mettant valeur reçue en argent ou en marchandises, ou en exprimant le motif quelconque qui a fait faire le billet. Ainsi, le billet qui porte, je reconnais devoir à......, est valable; la cause est dans la reconnaissance de devoir.*

» Long-temps auparavant, Charondas avait dit la même chose sur l'art. 107 de la coutume de Paris. Voici ses termes : *La reconnaissance de devoir, emporte une cause de prêt, joint avec la promesse de payer, qui tient de la stipulation, suivant* le § *si scriptum,* aux Institutes, *de inutilibus stipulationibus.*

» Charondas confirme ce qu'il avance, par deux arrêts du parlement de Paris : l'un, qu'il dit avoir vu prononcer à l'audience, le 12 janvier 1567; l'autre, qui a été rendu le 4 février 1582.

» Par le premier, dit-il, le débiteur d'*une cédule contenant confession de devoir, et promesse de payer, fut condamné à garnir par provision;* et s'il ne le fut point définitivement, c'est qu'*au principal il alléguait des faits, et avait obtenu lettres royaux pour faire casser la cédule.*

» Par le second, le parlement condamna purement et simplement à payer, le signataire d'un billet « qui contenait ces mots : *Je confesse devoir* » *cent écus, à celui qui est dénommé en ladite cédule,* » sans autre Cause ni promesse ».

» Ainsi deux erreurs graves ont motivé le jugement du tribunal de Bressuire.

» Ce tribunal a pensé que, dans le fait, le billet du feu cit. Berthelot n'était pas causé; et le contraire est prouvé par la teneur du billet même.

» Il a pensé que, dans le droit, le défaut d'expression de Cause *viciait radicalement le billet* (ce sont ses propres termes); et le contraire est établi, non-seulement par la jurisprudence des arrêts, mais même par les lois romaines, d'après lesquelles au moins le jugement définitif aurait dû être précédé d'un interlocutoire pour mettre la régie de l'enregistrement en demeure de justifier que la promesse du feu cit. Berthelot avait eu une Cause légitime.

» Ce n'est donc que sur des prétextes évidemment faux ou mal fondés, que le tribunal de Bressuire s'est appuyé pour éluder l'application des lois des 23 août 1792 et 25 juillet 1793, à l'obligation du feu cit. Berthelot; et dès-lors; nul doute que son jugement ne doive être annulé.

» Nous estimons en conséquence qu'il y a lieu d'admettre la requête de la régie ».

Ces conclusions ont été adoptées par arrêt du 7 prairial an 10, au rapport de M. Lombard; et l'affaire n'a pas eu d'autre suite, la veuve Berthelot ayant prévenu par un arrangement avantageux à la régie, le jugement de cassation auquel elle avait tout lieu de s'attendre.

Depuis, l'art. 1132 du Code civil a expressément consacré la doctrine que j'avais professée dans cette affaire : « La convention (porte-t-il) » n'est pas moins valable, quoique la Cause n'en » soit pas exprimée ».

II. Nous avons déjà dit qu'une Cause illicite est, en fait d'obligations, considérée comme non-existante. Ainsi, toute Cause qui blesse une loi prohibitive, l'ordre public ou les bonnes mœurs, vicie l'engagement auquel elle a donné lieu.

La nullité de cet engagement met-elle le débiteur qui, se croyant obligé valablement, l'a exécuté, en droit de répéter ce qu'il a payé indûment?

Il faut distinguer si la Cause n'est illicite que de la part de celui qui a reçu, ou si elle l'est également de la part de celui qui a promis et payé.

Au premier cas, la répétition peut avoir lieu; dans le second cas, elle serait non-recevable. C'est ce que décident la loi 3 et le §. 2 de la loi 4, D. *de condictione ob turpem causan : Ubi dantis et accipientis turpitudo versatur, non posse repeti dicimus; quoties autem accipientis turpitudo versatur, repeti potest.*

Mais dans l'un comme dans l'autre, si le paiement n'est pas encore effectué, il ne peut pas être exigé; et le débiteur peut, comme lorsqu'il s'agit d'une obligation sans Cause, revendiquer sa reconnaissance, ou en faire prononcer la nullité, avant même qu'on le poursuive.

III. Quoiqu'en général, l'obligation motivée sur une Cause fausse, soit tout aussi nulle que si elle était dépourvue de Cause, on doit néanmoins regarder comme valable l'obligation dont la Cause exprimée est fausse, mais qui, dans la vérité, a une Cause réelle; et c'est ce qu'ont jugé formellement trois arrêts de la cour de cassation.

Le premier, du 28 avril 1807, casse, sur le recours du sieur Gorlay, un arrêt de la cour d'appel de Paris, qui avait jugé que la déclaration faite en justice par celui en faveur duquel avait été consenti une obligation, que cette obligation n'avait pas pour véritable Cause, celle qu'exprimait l'acte, mais une autre Cause licite, pouvait être divisée, et qu'en conséquence l'obligation devait être annullée comme étant sans Cause.

Le second, du 8 juillet suivant, rejette le recours du sieur Saulon contre un arrêt de la cour d'appel d'Angers, qui avait jugé qu'une obligation causée pour prêt, souscrite par un mandataire ayant pouvoir de *consentir obligations et billets relatifs au commerce* du mandant, était valable dans la circonstance où il résultait de l'aveu des parties, qu'elle avait pour Cause réelle un solde de compte relatif à ce commerce.

Le troisième, du 13 juillet 1808, rejette le recours des héritiers Vivien contre un arrêt de la cour d'appel d'Orléans, qui, dans l'affaire sur laquelle était intervenu l'arrêt de cassation du 28 avril 1807, avait jugé en sens contraire à l'arrêt de la cour d'appel de Paris.

§. II. *Doit-on mettre au rang des conventions fondées sur Causes illicites, les traités que des particuliers font entre eux, pour que l'un sollicite au profit de l'autre, ou s'abstienne de solliciter d'son exclusion, une grace du gouvernement ?*

Cette question s'est présentée de nos jours, au parlement de Paris, dans deux cas différens ; et elle a été jugée de deux manière différentes.

Un fondé de procuration de l'abbé de ****, détenu à la Bastille, en vertu d'un ordre du gouvernement, avait souscrit une obligation de 2,400 livres au profit d'un officier de bouche de Monsieur, frère de Louis XVI, en reconnaissance des soins et mouvemens que cet officier se donnerait pour faire révoquer sa lettre de cachet. Sur le refus de payer, assignation aux requêtes du palais, pour faire condamner l'abbé à exécuter l'acte ; sentence qui déclare cet acte nul ; appel à la grand'chambre ; arrêt du 14 mars 1777 qui confirme.

Voilà quelle était la première espèce, voici la seconde. Elle exige un peu plus de détails.

En 1778, le sieur Le B.... était sur le point de voir expirer le privilége du *Courier d'Avignon*, qu'il avait obtenu du pape en 1760, pour 18 années, et il s'occupait des démarches nécessaires pour parvenir à le faire renouveler. Dans le même temps, le sieur Duvignot se donnait des mouvemens à l'effet d'obtenir le même privilége pour son propre compte. Il se flattait de pouvoir le faire demander au pape par la reine de France. Le succès paraissait assuré avec une protection aussi puissante. Le sieur Le B.... en fut instruit ; et il crut qu'il ne lui restait d'autre parti à prendre que de faire des propositions avantageuses à Duvignot, pour l'engager à se désister des sollicitations qu'il faisait. En effet, il lui proposa une pension de 3,000 livres, reversible d'abord sur la

tête de la dame Duvignot, ensuite sur celle de ses enfans, et une pension de 600 livres pour le sieur Duvignot, son frère, pendant la durée du nouveau privilége qu'il s'agissait d'obtenir. Ces offres furent acceptées : Duvignot se réunit à Le B....., pour lui faire renouveler son privilége, et il le fut effectivement en 1779, pour 18 ans. Le B.... fut très-fidèle à ses engagemens ; il paya les pensions promises, quoiqu'il n'y eût pas encore d'acte passé devant notaire, pour constituer un titre à Duvignot.

Dans ces circonstances, Le B.... tomba malade : Duvignot lui témoigna ses inquiétudes pour sa pension, qui n'avait d'autre base qu'une promesse verbale. Alors Le B.... effrayé lui-même du danger que couraient Duvignot et sa famille, consomma devant notaire l'acte qui n'était que projeté.

Le B... et son épouse s'engagèrent donc pour eux et leurs hoirs ou ayant-cause, à payer à Duvignot la pension de 3,000 livres, réversible, tant sur la tête de la dame Duvignot, que sur celle de ses enfans, et celle de 600 livres à Duvignot, frère, pendant toute la durée du privilége obtenu.

Le B.... mourut en 1782, en recommandant à son épouse de tenir fidèlement les engagemens qu'il avait pris avec la famille Duvignot.

La veuve Le B... est restée propriétaire du privilége ; mais s'étant persuadée que Duvignot ne devait la promesse surprise à son mari, qu'à la crainte qu'il avait su lui inspirer d'être dépouillé de son privilége, elle ne crut pas devoir tenir des obligations qu'elle regardait comme faites sans Cause ; elle cessa donc de payer les pensions.

Duvignot et son épouse firent assigner la veuve et les héritiers Le B.... pour les faire condamner à continuer le paiement des pensions promises par acte passé devant notaire, et à leur fournir titre nouvel.

Sur cette demande, la veuve Le B..., tant en son nom qu'en celui de ses enfans, obtint des lettres de rescision contre l'engagement contracté en 1782 ; elle les appuyait sur le dol et le défaut de Cause dans l'obligation.

Les époux Duvignot, assignés pour voir entériner ces lettres, soutinrent la validité de l'acte de 1782 ; ils établirent qu'il n'était pas fait sans Cause, puisqu'il était le prix du désistement de la sollicitation du privilége ; ils rapportèrent la preuve des négociations volontaires, faites auprès d'eux par Le B...., des promesses qu'il leur avait faites, et de leurs acceptation, d'après laquelle ils avaient employé leurs propres protections pour faire réussir la demande de Le B... Ils firent valoir la fidélité scrupuleuse de Le B.... à remplir ses engagemens, qu'il regardait comme sacrés, même avant la passation de l'acte ; enfin la recommandation que le défunt avait faite à sa femme, en mourant, de remplir avec exactitude les engagemens qu'ils avaient contractés envers la famille Duvignot.

Ces motifs ont déterminé M. l'avocat-général Séguier à rejeter la demande en entérinement des lettres de rescision, et à conclure à ce que la veuve et les héritiers Le B... fussent condamnés à continuer le paiement des pensions convenues dans l'acte de 1781.

Et c'est ce qui a été jugé par arrêt du 7 septembre 1785.

CAUTION. §. I. *Un avoué ou procureur* ad lites *peut-il être Caution en justice pour la partie au nom de laquelle il occupe ?*

Il n'y a aucune loi qui l'en déclare incapable; Basnage soutient même et prouve qu'il ne l'est point.

Voici comment s'exprime cet auteur, *Traité des hypothéques*, part. 2, chap. 2 :

« On a agité cette question, si les avocats et procureurs peuvent être offerts pour Caution ?

» On dit pour la négative, que la discussion en serait trop difficile ; que, par leurs procédures, ils pourraient prolonger le procès ; et qu'après une condamnation obtenue, on aurait de la peine à trouver des huissiers pour la mettre à exécution. Par l'art. 132 de l'ordonnance de Blois, *tous officiers de judicature, avocats, procureurs, solliciteurs, greffiers et leurs commis, tant des siéges royaux que subalternes, et sergens, ne pourront être fermiers des amendes, droits et émolumens de cour en leurs susdits siéges, ni être adjudicataires des fruits saisis par justice, ou Cautions pour les fermiers et adjudicataires d'icelles ;* d'où l'on infère que, si le roi ne permet pas que ces personnes soient reçues Cautions de ses fermiers, à plus forte raison les particuliers ne seront pas contraints de les accepter. Bouvot en ses *Questions notables*, tome 2, lettre F, quest. 15 et 20, rapporte deux arrêts, par le premier desquels un avocat fut reçu pour Caution, en baillant un attestateur ; et par le second, il fut dit que la Caution d'un procureur pour un pauvre villageois, était bonne. Papon, liv. 10, tit. 4, n°. 8, cite un arrêt par lequel l'on reçut un avocat et un procureur pour Cautions, quoiqu'ils eussent droit de *committimus*, parceque celui à qui l'on offrait la Caution, était domicilié à Paris.

» Il me paraîtrait raisonnable de décider cette question par les circonstances particulières ; car si, suivant le sentiment de Bartole, sur la loi 2, D. *qui satisdare cogantur*, l'avocat ou le procureur que l'on voudrait bailler pour Caution, était un plaideur ordinaire, *si cavillosus vel rixosus homo esset*, il serait fâcheux d'avoir affaire à un homme de cette humeur ; mais si leur conduite et leur réputation étaient honnêtes et sans reproche, on n'aurait aucun prétexte de les refuser ».

Mais dans plusieurs des anciens tribunaux, la jurisprudence des arrêts avait enchéri, à cet égard, sur la législation.

Le recueil du président Desjaunaux, tome 2, §. 229, nous présente un arrêt du parlement de

Flandre, du 15 octobre 1698, qui juge, en point de droit, *qu'on ne doit point recevoir les avocats ni les procureurs des parties pour leur servir de Cautions.*

Les praticiens qui plaident dans les juridictions commerciales, sous le nom de *postulans, d'agréés* ou de *sollicteurs*, étaient-ils, à cet égard, assimilés aux véritables procureurs *ad lites ;* et devait-on, dans ces juridictions, les regarder comme participant à l'incapacité de ceux-ci de cautionner leurs cliens en justice ? Cette question s'est présentée au parlement de Flandre, dans l'espèce suivante.

Le sieur Mottez-Gillion, négociant à Lille, ayant obtenu à la juridiction consulaire de la même ville, une sentence par défaut contre le sieur Dorigny, celui-ci en appela.

Pour exécuter cette sentence par provision, le sieur Mottez a donné une Caution dans la personne du *postulant* qui avait occupé pour lui ; et après avoir fait au sieur Dorigny les sommations ordinaires, il fit apposer gardiens aux meubles et effets de ce dernier.

Le sieur Dorigny s'est pourvu contre cette exécution ; il prétendait qu'elle devait être annullée, parceque, dans le fait, elle avait pour base un cautionnement souscrit par un procureur ; et que, dans le droit, il était défendu aux procureurs de se rendre Cautions pour leurs cliens.

Le sieur Mottez-Gillion a répondu 1°. qu'il n'y avait pas proprement de procureurs dans les juridictions consulaires ; 2°. que la qualité de procureur était bien un motif pour récuser une Caution, mais qu'elle n'en était pas un pour annuller une exécution faite d'après un pareil cautionnement.

Par arrêt du 3 février 1785, rendu à l'audience de la deuxième chambre, le sieur Dorigny a été débouté de sa demande en nullité d'exécution, et condamné aux dépens.

Au surplus, la jurisprudence des tribunaux qui, avant le Code civil, regardait les avocats comme incapables de cautionner leurs cliens en justice, est abrogée par les art. 1123 et 1124 de ce Code.

§. II. *La Caution solidaire et garante est-elle obligée de plaider devant le tribunal domiciliaire du débiteur principal, lorsqu'elle y est assignée conjointement avec lui, pour être condamnée solidairement?*

V. l'article *Connexité*, §. 1.

§. III. *La Caution d'une rente constituée à prix d'argent, peut-elle, avant d'être poursuivie par le créancier, contraindre le principal obligé à lui rapporter une décharge de son cautionnement ?*

Le *Répertoire de jurisprudence*, au mot *Caution*, §. 6, retrace plusieurs arrêts qui ont jugé le pour et le contre, suivant les circonstances.

En voici d'autres qui ne s'accordent pas davantage entre eux.

La terre de Virey ayant été saisie réellement sur le sieur Perrot père, avait été adjugée pour 34,000 livres. Le sieur Perrot la fit retraire par son fils. Il lui donna à cet effet 11,000 livres; et le sieur Perrot fils emprunta les 23,000 livres qui lui manquaient, sous le cautionnement de plusieurs particuliers. Le retrait exécuté, il remit la terre de Virey à son père. Trois ans après, les Cautions agissent pour leur décharge, et obtiennent à Châlons une sentence qui condamne le fils à la leur procurer dans trois mois, sinon permis à elles de se pourvoir hypothécairement sur la terre. Les trois mois expirés, les fidéjusseurs font mettre la terre en criées. Le père s'y oppose et appelle de la sentence. Par arrêt du parlement de Dijon, du 20 décembre 1666, rendu après une plaidoirie solennelle, la sentence a été confirmée, mais il a été accordé au père un an pour rapporter la décharge des Cautions, et il a été sursis pendant ce temps aux criées (1).

Deux particuliers, Cautions d'une rente de 150 livres, au principal de 3,000 livres, avaient été forcés de payer 205 livres 10 sous pour arrérages dus aux créanciers. Ils prétendirent en conséquence obliger le débiteur de rembourser. Celui-ci soutint que cette prétention attaquait directement l'essence des contrats de constitution de rentes, qui ne peuvent s'éteindre que par un remboursement volontaire. Il citait un arrêt du 14 février 1636, rapporté par Basset; et par arrêt rendu le 7 septembre 1756, à la grand'chambre du parlement de Paris, la demande des Cautions fut rejetée.

Davot (Traités de droit français à l'usage du duché de Bourgogne, tome 7, page 554), assure qu'un arrêt du parlement de Dijon, du 5 juillet 1717, rendu entre Henri et Charles Courtois, père et fils, a jugé pareillement que, quoiqu'en thèse générale, la Caution puisse agir contre le principal obligé pour se faire décharger, lorsqu'elle est poursuivie pour le paiement, néanmoins, « si le Cautionne- » ment a été prêté pour un engagement durable » et perpétuel de sa nature, comme une rente » qui ne se rembourse qu'à la volonté du débi- » teur, on ne peut le forcer à rembourser ».

Mais, suivant Raviot sur Périer, quest. 103, n°. 8, on ne peut guère compter sur cet arrêt : « Il » y avait (dit-il) des moyens de fait qui firent » condamner la prétention du père, Caution pour » son fils ».

Du reste, cet auteur discute parfaitement la question, et prouve que, dans la diversité des opinions et des arrêts, l'on doit s'en tenir au sentiment qui permet aux Cautions de se faire décharger après un certain temps.

« Je me détermine (dit-il) par la raison d'é-

_____

(1) Raviot sur Périer, quest. :32.

quité et par l'esprit des lois. Il est juste et équitable que le débiteur tire son fidéjusseur de l'engagement dans lequel il est entré pour lui; nul n'est censé s'obliger perpétuellement pour autrui; et nul n'est présumé exiger une semblable obligation d'un ami le plus intime. La loi n'est point opposée à ce sentiment; au contraire, elle la favorise. Les rentes constituées étaient inconnues aux Romains; mais il est certain que, si elles avaient eu lieu, le jurisconsulte Marcellus, auteur de la loi Lucius Titius, aurait pensé, dans ce cas comme dans les autres, que la fidéjussion ne doit pas être éternelle, et qu'il est du devoir et de la reconnaissance du débiteur, de ne pas souffrir que celui qui s'est prêté à ce bon office, demeure toujours, et même long-temps (diù), dans l'inquiétude que peut lui donner et aux siens une dette étrangère.

» On ne doit pas opposer que les termes de la loi persuadent que la fidéjussion doit suivre le sort et la durée de l'obligation principale, et que le jurisconsulte, après s'être fait cette question, si le fidéjusseur doit être déchargé et s'il a droit de le demander, répond qu'il la faut juger par la personne du débiteur, et par le temps pendant lequel les contractans ont voulu que l'obligation subsistât Marcellus respondit an et quandò debeat liberari, ex personâ debitoris, item ex eo quod inter contrahentes actum esset, ac tempore quo res de quâ quæreretur, obligata fuisset judicem estimaturam : d'où il faut conclure que, quand la dette est inexigible de sa nature, et n'a point de terme limité pour obliger le débiteur à l'éteindre, le fidéjusseur est tenu de soutenir ce joug perpétuel.

» On répond que le jurisconsulte, en parlant du temps convenu entre les contractans, c'est-à-dire, entre le créancier et le débiteur principal, pour acquitter la dette, suppose qu'il y a un temps de libération; il ne propose pas la question si la fidéjussion doit suivre en tout l'obligation, et durer autant qu'elle; mais en quel cas le fidéjusseur peut presser le débiteur de s'acquitter ou de lui obtenir une décharge de la fidéjussion, et il dit que le juge doit décider par les circonstances, ex personâ debitoris ac tempore; il ne dit pas même que la fidéjussion doive toujours durer autant de temps que l'obligation; mais que le terme stipulé est une raison sur laquelle le juge peut se déterminer pour condamner le débiteur à faire tenir quitte le fidéjusseur, ou pour lui donner un plus long délai : c'est là, suivant ma pensée, le vrai sens de la loi ».

De là, Raviot conclut que « c'est par les cir- » constances que cette demande doit être décidée, » judicem æstimaturam ».

» Si donc (ajoute-t-il) le débiteur vend ses » biens, et si ses facultés deviennent suspectes » (si bona sua dissipavit, dit la même loi), le fidé-

» jusseur peut agir; dans tous ces cas, sa condi-
» tion doit être favorable, et, pour peu qu'il y ait
» de risques pour lui, ses poursuites doivent
» paraître légitimes : il est même digne d'une
» plus grande faveur que le créancier, parceque
» le créancier tire un avantage du prêt, qui or-
» dinairement n'est pas purement gratuit, au
» lieu que le fidéjusseur s'oblige sans intérêt et
» sans aucun profit; ce qui le met dans une si-
» tuation plus capable d'attirer la protection de
» la justice; ainsi, le créancier qui, sur des
» soupçons, précipitera ses poursuites, pourra
» fort bien être condamné, tandis que le fidé-
» jusseur mériterait plus d'indulgence ».

Du reste, la question n'en est plus une pour
les cautionnemens passés sous l'empire du Code
civil : l'art. 2032 de ce Code décide que « la
» Caution, même avant d'avoir payé, peut agir
» contre le débiteur...., au bout de dix années,
» lorsque l'obligation principale n'a point de
» terme fixe d'échéance ».

§. IV. 1°. *Lorsqu'une Caution a fait elle-même
volontairement le rachat de la rente, à une époque
où elle ne pourrait pas forcer le débiteur à le faire
lui-même, peut-elle en exiger le remboursement de
celui-ci?*

2°. *Peut-elle l'exiger de ses co-fidéjusseurs, sa
part déduite?*

1. Sur la première question, la négative paraît
incontestable, et telle est, en effet, la doctrine
de Dumoulin, *de Usuris*, quest. 30, n°. 49; de
Brodeau sur Louet, lettre F, §. 27, et de Davot,
dans ses *Traités de droit français*, tome 3,
page 110.

Elle a pourtant été contredite par un arrêt du
parlement de Dijon, du 19 juin 1664, rapporté
dans les *Observations de Raviot sur Périer*,
quest. 232, n°. 5; mais un arrêt solitaire ne peut
pas prévaloir aux principes sur lesquels elle est
fondée. Il est d'ailleurs contredit lui-même par
une foule d'autres arrêts qui ont uniformément
décidé que le remboursement fait par une Caution, ne la met pas en droit d'exiger du débiteur
le capital de sa rente.

Périer, quest. 103, et Raviot, au même endroit,
n°. 20, en rapportent deux du parlement de
Dijon même, qui l'ont ainsi jugé. Ils sont des
12 mai 1672 et 20 décembre 1678, et par conséquent postérieurs à celui dont on vient de
parler; ce qui prouve que les juges qui l'avaient
rendu, ont reconnu leur erreur. Du reste, on ne
peut rien ajouter à la solidité des raisons que
Raviot emploie pour justifier cette rétractation.

» Quoique la fidéjussion (dit-il) soit un pur
bienfait, qui, par conséquent, soit digne de reconnaissance et de protection; comme elle est
aussi un témoignage d'amitié et d'humanité,
pour ainsi dire, il ne faut pas qu'elle serve de
prétexte à la cupidité, ni qu'elle soit l'occasion

de la ruine de celui qu'elle a voulu sauver ou
soutenir, en lui donnant moyen d'acquérir, ou en
lui procurant le temps nécessaire pour payer;
ainsi, le fidéjusseur qui, de son plein gré et sans
nulle contrainte, rembourse le créancier principal, et prend une cession de ses actions, n'est
pas en droit de l'exiger du débiteur, si ce capital est une rente constituée, parceque, quoique
suivant la loi *Lucius Titius*, 58, D. *fidejussoribus*,
le fidéjusseur ait droit de demander sa décharge,
si le débiteur diffère long-temps d'acquitter
(*si diù in solutione cessavit*), ce fidéjusseur, qui
a payé volontairement, et qui a pris librement la
cession des droits et des actions du créancier,
est censé avoir voulu suivre la foi du débiteur;
il n'a pas plus de droit que le créancier lui-même,
qui ne pouvait exiger son capital : le cautionnement est éteint, nul ne peut se devoir à soi-même
ni être sa propre Caution; ainsi, le fidéjusseur
cessionnaire ne doit pas contraindre le débiteur,
ni rendre sa condition plus dure qu'elle ne l'aurait été, si aucune Caution n'était intervenue
dans le contrat d'emprunt ».

Il en serait autrement d'une Caution qui n'aurait remboursé que par contrainte.

Il y a plus : eût-elle remboursé volontairement,
après la dixième année, elle pourrait également
forcer le débiteur principal à la rembourser elle-
même. C'est la conséquence nécessaire de l'art.
2032 du Code civil.

II. Les principes sont les mêmes à l'égard des
co-fidéjusseurs entre eux.

Par exemple, un co-fidéjusseur a-t-il remboursé
volontairement, avant la dixième année, le capital d'une rente qui n'était pas exigible? Il est
constant qu'il ne pourra pas obliger les autres
Cautions à racheter les parts pour lesquelles elles
répondent, comme lui, de cette rente. Le parlement de Dijon l'a ainsi jugé par un arrêt du 9 février 1674, rapporté dans les Observations de
Raviot sur Périer, quest. 232, n°. 16. Cet auteur
en retrace encore un sans date qui adopte la
même décision. Taisand, sur la coutume de
Bourgogne, tit. 4, art. 5, n°. 4, en cite un semblable du 1er. mars 1649.

Mais si, comme le remarque Davot (dans ses
Traités de droit français, tome 3, page 110), « le
» remboursement était forcé, en vertu de quel-
» que clause dont l'inexécution fût également du
» fait des co-obligés, celui qui aurait payé pour-
» rait contraindre les autres à lui rendre leur part
» du capital ».

En effet, dit Raviot, question 103, n°. 117,
« ces co-fidéjusseurs sont réputés co-obligés entre
eux; et d'ailleurs la dette principale étant devenue
exigible, ce n'est plus une rente que le co-fidéjusseur doit, c'est une somme qu'il est tenu d'acquitter pour libérer son co-fidéjusseur et pour se
libérer soi-même : ce fidéjusseur ne l'est point
du fidéjusseur, ils sont tous deux associés à une

28.

même dette; et dès qu'elle est divisible, chacun doit éteindre sa part.

» La dette principale étant acquittée, l'obligation accessoire, qui est la fidéjussion, doit suivre le même sort. Enfin, le co-fidéjusseur a contre l'autre co-fidéjusseur le même droit et la même action pour obtenir sa décharge et son remboursement, s'il a été forcé de payer, qu'il aurait contre le débiteur principal ».

§. V. *Les créanciers des émigrés, en devenant par la loi du 1er. floréal an 3, créanciers directs de l'état, ont-ils conservé leurs actions contre les Cautions de leurs débiteurs primitifs?*

V. l'article *Émigrés*, §. 9.

§. VI. 1°. *Sous l'ordonnance de 1673, celui qui, par un acte séparé, s'était rendu Caution et garant solidaire d'une lettre-de-change, en cas qu'à l'échéance le tireur n'en fît pas les fonds, pouvait-il opposer au porteur, qui ne lui avait pas fait signifier le protêt dans le terme prescrit par l'art. 13 du tit. 5 de cette loi, la fin de non-recevoir établie par l'art. 15 du même titre?*

2°. *Quelles sont les Cautions dont l'ordonnance de 1673, en matière de lettres-de-change, faisait durer trois ans l'obligation?*

V. l'article *Aval*, §. 1.

§. VII. *La partie civile qui, en matière correctionnelle a succombé devant le tribunal de première instance, mais qui, sur l'appel, a obtenu les fins de sa plainte, peut-elle, à défaut de représentation du condamné pour subir son jugement, poursuivre la Caution que celui-ci avait fournie devant le juge d'instruction, pour obtenir sa liberté provisoire?*

Cette question en renferme plusieurs, et la première est de savoir si le cautionnement n'a pas été irrévocablement éteint par le jugement de première instance, qui a déchargé à la fois le prévenu et la Caution?

A cet égard, il paraît d'abord que, dans l'hypothèse proposée, le cautionnement subsiste encore.

A la vérité, la Caution a été déchargée par le jugement de première instance; mais ce jugement ayant été réformé indéfiniment, la Caution ne peut plus s'en prévaloir pour faire considérer son cautionnement comme non avenu.

D'ailleurs, la disposition de ce jugement qui déchargeait la Caution, n'était qu'un accessoire nécessaire de celle qui déchargeait le prévenu de la plainte portée contre lui; et il est de principe que, *cùm principalis causa non subsistit, nec accessorium subsistere potest*. En un mot, la Caution demeure obligée, par cela seul que son cautionnement n'est anéanti par aucun titre légal et subsistant.

On peut d'ailleurs comparer à ce cautionne-

ment celui qu'on exige des étrangers, pour être admis à plaider en demandant, et qu'on appelle *judicatum solvi*. Or, il est généralement reconnu que la Caution *judicatum solvi* n'est point déchargée par le jugement de première instance qui donne gain de cause à la partie qu'elle a cautionnée, lorsque sur l'appel ce jugement vient à être réformé. C'est ce qu'établit Dumoulin, dans son Traité *de dividuo et individuo*, partie 2, n°. 538. Il assure même que la chose a été ainsi jugée par un arrêt du parlement de Rouen, qu'il date du 30 janvier (sans dire de quelle année), et par un autre du parlement de Paris du 4 mars 1528. C'est ce qu'a également décidé le grand conseil de Malines, par un arrêt du 15 octobre 1625, que l'on trouve dans le recueil de Dulaury, §. 203.

Mais il s'élève une seconde question : la partie civile a-t-elle des droits à exercer contre la Caution? Voici les raisons d'en douter.

Envers qui la Caution du prévenu s'est-elle obligée? Ce n'est point, ce semble, envers la partie civile; ce n'est qu'envers le ministère public, et pour l'intérêt de la vindicte publique.

Si le plaignant, au lieu de prendre la voie criminelle, avait intenté son action par la voie civile, bien certainement il n'aurait pas eu droit de faire arrêter provisoirement le prévenu, ni par conséquent d'exiger une Caution pour sa mise en liberté provisoire. Il n'aurait pu exercer contre lui la contrainte par corps, qu'après l'avoir fait condamner, et en vertu d'un jugement qui aurait prononcé sa condamnation.

Or, il semble que le plaignant n'a pas pu, en ce qui concerne ses intérêts privés, acquérir, en prenant la voie de plainte, des droits qu'il ne pourrait pas exercer par la voie civile. Il n'a donc pas pu se faire donner Caution par le prévenu, pour sa mise en liberté provisoire.

Et en effet, ce n'est pas pour l'intérêt de la partie civile, que le mandat d'arrêt est lancé contre le prévenu, sur les commencemens de preuve qui s'élèvent contre lui. Le mandat d'arrêt n'est décerné que pour l'intérêt de la société, que pour assurer l'effet de la vindicte publique. Ce n'est donc que relativement à l'intérêt de la société, ce n'est que relativement à l'effet de la vindicte publique, que s'accorde ou se refuse, suivant les circonstances, la main-levée provisoire du mandat d'arrêt; ce n'est donc que relativement à l'intérêt de la société, ce n'est que relativement à l'effet de la vindicte publique, que le prévenu est obligé de donner Caution, pour obtenir cette main-levée provisoire.

Et c'est ce qui paraît résulter de l'art. 222 du Code des délits et des peines, du 3 brumaire an 4. Après avoir autorisé le directeur du jury à mettre provisoirement le prévenu en liberté, moyennant Caution de se présenter à la justice, toutes les fois qu'il en sera requis, cet article ajoute : « *Pour cet effet*, la Caution offerte par le

» prévenu, fait sa soumission ... DE PAYER A LA
» RÉPUBLIQUE, entre les mains du receveur du
» droit d'enregistrement, une somme de 3000 li-
» vres, en cas que le prévenu soit constitué en
» défaut de se présenter à la justice ».

Il n'est là question ni de la partie plaignante
ni de ses intérêts civils; la Caution ne s'oblige
qu'envers la *république*.

Telle est, dans toute sa force, l'objection qui
se présente à la première vue contre la prétention du plaignant.

Mais elle se résout par une observation bien
simple : c'est que l'art. 222 du Code des délits et
des peines, du 3 brumaire an 4, sur lequel elle
est fondée, a été modifié par une loi postérieure,
qui, bien loin de confirmer les inductions résultant de cet article, contre la partie plaignante,
les détruit entièrement.

Cette loi est celle du 29 thermidor an 4; voici
comment en est conçu le préambule : « Le con-
» seil des cinq-cents, considérant que le caution-
» nement, tel qu'il est prescrit par l'art. 222 du
» Code des délits et des peines, prive souvent la
» république des amendes auxquelles elle a droit,
» *ainsi qu'un grand nombre de citoyens des restitutions*
» *et des indemnités qui leur sont dues, et qu'il est ins-*
» *tant de faire cesser cet abus*, etc. ».

On voit clairement que, dans l'esprit comme
dans l'objet de cette loi, le cautionnement, moyennant lequel le prévenu frappé d'un mandat d'arrêt, obtient sa mise en liberté provisoire, ne doit
pas seulement être fourni pour l'intérêt de la vindicte publique, mais qu'il doit l'être aussi pour
l'intérêt privé de la partie lésée et plaignante.

Et c'est ce que manifeste plus clairement encore l'art. 2 de cette loi :
» Lorsque le délit (porte-il) aura pour objet les
» larcins, filouteries ou simples vols, le directeur
» du jury admettra le prévenu sous Caution de
» se représenter. Cette Caution devra être d'une
» somme triple de la valeur des effets volés; elle
» sera fixée *sur cette base* par le directeur du
» jury ». Pourquoi *sur cette base?* C'est incontestablement parceque la valeur des objets vo-
lées doit déterminer le montant de la réparation
civile qu'il y aura lieu d'adjuger à la partie plaignante.

Enfin, tous les doutes, s'il pouvait en rester là-
dessus, sont levés par la manière dont s'est expliqué à la tribune du conseil des anciens, le
rapporteur de la résolution convertie en loi par
le décret du 29 thermidor an 4.

Voici ce que nous lisons à ce sujet, dans le
procès-verbal des séances du conseil des anciens,
du mois de thermidor an 4, pages 312 et 313 :
« Le rapporteur... dit que l'insuffisance du cautionnement établi par la loi du 3 brumaire dernier, sur les délits et les peines, a été sentie par
les juges des tribunaux, exposée par eux au directoire exécutif, et prise en considération par le
conseil des cinq-cents.

» En effet, par l'art. 222 de ce Code, le directeur du jury *est tenu* de mettre provisoirement en
liberté tout citoyen qui fournit une Caution de
3,000 livres, lorsque le délit dont il est prévenu,
n'emporte pas peine afflictive......

» Les inconvéniens qui résulteraient plus long-
temps de l'exécution de cet article, seraient très-
graves; *le propriétaire des effets volés ne serait justement indemnisé du vol qui lui aurait été fait, que
dans le cas où ce vol n'excéderait pas la valeur de
3,000 livres, ou serait au-dessus : dans le cas contraire, il n'aurait plus aucune garantie* (1) ».

Il est donc évident que le cautionnement fourni
par le prévenu, l'a été dans l'intérêt du plaignant, comme dans l'intérêt de la vindicte publique.

Et de là il résulte nécessairement que la partie
plaignante a qualité pour poursuivre l'effet de ce
cautionnement.

Mais l'effet du cautionnement ne s'est-il pas
borné à la représentation du prévenu devant le
tribunal de première instance et d'appel, jusqu'au jugement définitif?

Non : par ce cautionnement, s'il a été fourni
tel qu'il a dû l'être, la Caution s'est rendue garante que le prévenu se présenterait *à la justice
toutes les fois qu'il en serait requis.*

Or, la représentation du prévenu à la justice
n'a pas seulement été nécessaire pour le jugement du procès; elle l'est encore, elle est même
d'une nécessité beaucoup plus rigoureuse, pour
l'exécution de ce jugement. Car le jugement aurait pu être rendu hors la présence du prévenu,
et par défaut; mais pour l'exécuter, soit quant
à l'emprisonnement, considéré comme peine
principale, soit quant à la contrainte par corps,
qui est accordée au plaignant, il faut que le condamné se représente en personne; c'est donc principalement pour le cas où il ne se représente-
rait pas à l'effet de donner au jugement une
pleine et entière exécution, que le cautionnement a dû être fourni.

En veut-on une preuve palpable que la loi du
26 thermidor an 4, a été faite dans cet esprit?
Il n'y a qu'à ouvrir le procès-verbal du conseil
des anciens, pages 315 et 316 du volume déjà
cité:

« Un membre (y est-il dit) observe (contre la
proposition du rapporteur d'approuver la résolution du conseil des cinq cents), que, dans tout
délit, on doit distinguer deux choses : la première,
l'offense faite à la partie lésée ; la seconde, le
trouble apporté à l'ordre public.

» Il pense que les condamnations pécuniaires
que le cautionnement assure, peuvent réparer le
délit privé ; mais il ne croit pas qu'elles puissent

_____

(1) Le Code d'instruction criminelle de 1808, avant la
mise en activité duquel ceci a été écrit et imprimé pour
la première fois, nous offre absolument le même esprit.
V. les art. 116, 117, 119, 120, 121 et 122 de ce Code.

réparer le délit public : en permettant à un accusé de déposer une somme quelconque pour cautionner son délit, c'est lui faciliter le moyen de se soustraire à la peine qu'il a encourue.

» On lui répond que le Code des délits et des peines présente trois sortes de délits : 1°. ceux qui donnent lieu à des réparations civiles ; 2°. ceux pour lesquels on inflige une peine infamante ; 3°. ceux qui, outre la réparation civile, donnent lieu à une peine afflictive.

» Dans le premier cas, *les tribunaux n'ont aucun besoin de la présence de l'accusé pour prononcer sur les délits qui lui sont imputés.*

» Dans le second cas, *la présence de l'accusé devient également inutile,* parceque la peine infamante ne s'infligeant par aucune marque extérieurement, elle ne peut exister que dans l'opinion publique.

» Dans le troisième cas, celui qui donne lieu à une peine afflictive, la loi n'accordant aucune liberté provisoire, son adoption ne peut présenter aucune difficulté ».

Et c'est par ces observations que la discussion a été terminée.

On ne pouvait sans doute pas dire plus clairement que l'objet du cautionnement était, non pas précisément de faire représenter le prévenu pour entendre prononcer sa condamnation, mais de le faire représenter pour en subir l'effet, soit par l'emprisonnement, soit par la contrainte par corps pour le paiement des réparations civiles.

Aussi, consulté sur cette matière, comme ministre de la justice, le 22 brumaire an 5, par le commissaire du gouvernement près le tribunal correctionnel de Besançon, n'ai-je pas hésité de répondre conformément aux principes que je viens d'établir. Ma réponse est du 29 du même mois. Voici comment elle est conçue :

« L'art. 222 du Code des délits et des peines établit très-clairement que l'action contre la Caution est ouverte, *toutes les fois* que le prévenu, étant requis de se présenter à la justice, est constitué en défaut de représenter.

» La Caution n'est pas déchargée par cela seul que le prévenu s'est présenté à l'audience du tribunal correctionnel, pour être entendu conformément à l'art. 184. S'il en était ainsi, la loi n'exigerait qu'un cautionnement de se représenter *une seule fois ;* car c'est constamment à jour fixe que se jugent les affaires correctionnelles et criminelles.

» Il faut, par conséquent, que la Caution le représente à la justice, *même pour subir l'exécution du jugement intervenu contre lui ;* sinon, il faut qu'elle supporte les condamnations voulues, soit par l'art. 222, soit par la loi du 29 thermidor an 4 ».

§. VIII. *Peut-on considérer comme Caution judiciaire, le fidéjusseur qui s'est obligé devant*

un tribunal, sans jugement préalable qui ordonnât au débiteur principal de donner Caution ?

V. l'article *Vellëien (Sénatus-consulte),* §. 1

§. IX. 1°. La Caution qui a plaidé conjointement avec le principal obligé, et qui a été condamnée avec lui, peut-elle attaquer le jugement, soit par appel, soit par cassation, lorsque le principal obligé y acquiesce ? Peut-elle employer pour griefs, ou pour ouverture de cassation, des moyens que le principal obligé avait seul fait valoir avant le jugement ?

2°. Est-ce avantager indirectement un successible, que de le cautionner envers un tiers ?

V. les articles *Transfert* et *Avantages aux héritiers présomptifs,* §. 7.

§. X. 1°. La voie de l'appel ou du recours en cassation est-elle ouverte à la Caution contre le jugement qui a condamné le débiteur principal, lorsqu'il n'y a pas été partie ?

2°. La signification faite du jugement au débiteur principal, fait-elle courir, contre la Caution, le délai de l'appel ou du recours en cassation ?

3°. L'appel ou le recours en cassation du débiteur principal, profite-t-il à la Caution ?

V. l'article *Appel,* §. 2, n°ˢ. 2 et 3, §. 8, art. 1, n°. 13, et §. 15.

§. XI. *Est-ce devant la cour des comptes, ou devant les juges ordinaires que doit être portée la demande formée par la Caution d'un comptable contre celui-ci, à ce qu'il soit tenu de la faire décharger de son Cautionnement ?*

Le 9 floréal an 5 (28 avril 1797), le sieur Bernard passe, devant l'administration du département de la Manche, un acte par lequel il se rend Caution du sieur Vieillard, receveur-général de ce département, jusqu'à la concurrence de 100,000 francs, et affecte à son cautionnement divers immeubles. Le sieur Vieillard, son père, ses frères et les sieurs Letellier, ses beaux-frères, interviennent dans le même acte, et promettent solidairement de décharger le sieur Bernard envers le trésor public, *si bien et de manière qu'il n'en puisse être inquiété.*

Le 1ᵉʳ. germinal an 8, le sieur Vieillard meurt, peu de temps après avoir donné sa démission et avoir été remplacé.

Le 22 mai 1806, le sieur Bernard présente au ministre du trésor public une pétition par laquelle, après lui avoir exposé qu'il y a près de dix ans qu'il s'est rendu Caution du sieur Vieillard, et que cependant ses héritiers n'ont encore fait aucune diligence pour rendre le compte de sa gestion, il demande que, conformément à l'art. 2032 du Code civil, le gouvernement le décharge de son cautionnement.

Le ministre lui répond *qu'il faut attendre l'apu-*

rement des comptes du feu sieur Vieillard ; que l'art. 2052 du Code est sans application ; qu'il en résulte seulement qu'à l'expiration des dix années, le sieur Bernard pourra *agir contre la veuve et les héritiers du sieur Vieillard pour être indemnisé de son cautionnement, sauf leurs exceptions, s'ils en ont à lui opposer; mais que son obligation n'en subsistera pas moins envers le trésor public pendant trente années.*

Le 16 août suivant, le sieur Bernard fait citer les héritiers et les beaux-frères du sieur Vieillard devant le bureau de paix de Saint-Lô, à l'effet de se concilier sur la demande qu'il se propose de former contre eux, « pour les faire condam-
» ner à lui rapporter main-levée de son caution-
» nement, soit au moyen d'un *solvit*, soit en fai-
» sant agréer une autre Caution ; sinon, voir
» ordonner qu'à faute de lui rapporter pleine et
» entière décharge de son cautionnement, au
» plus tard le 1er. février 1808, ils y seront con-
» traints par saisie des revenus de leurs immeu-
» bles et des arrérages de rentes à eux dues, même
» par la vente de leurs biens autres toutefois
» que ceux affectés aux cautionnemens person-
» nels de chacune desdites Cautions envers le
» gouvernement, jusqu'à concurrence de la
» somme de 100,000 francs, lesquels revenus,
» arrérages ou capitaux il sera autorisé à consi-
» gner aux mains des receveurs des consigna-
» tions ; sauf à lui, après le complément de la
» somme de 100,000 francs à se pourvoir vis-à-
» vis du gouvernement, pour, au moyen de ladite
» consignation égale au montant de son caution-
» nement, en obtenir la décharge».

Le 21 du même mois, procès-verbal de non-conciliation.

Le 13 septembre de la même année, le sieur Bernard se pourvoit devant le tribunal civil de Saint-Lô et prend les conclusions annoncées par son exploit de citation du 16 août.

Les héritiers et les beaux-frères du sieur Vieillard comparaissent et demandent leur renvoi devant la cour des comptes.

Le 18 mai 1808, jugement par défaut, faute de plaider, par lequel,

» Considérant, en fait, que l'action intentée par le sieur Bernard, a pour objet de contraindre les ajournés à l'indemniser de son cautionnement, et non à faire cesser ce cautionnement envers l'état ;

» Considérant que, dès-lors, cette action est parfaitement étrangère au gouvernement, et que ses résultats ne peuvent l'intéresser en aucune manière ;

» Considérant enfin qu'il ne s'agit nullement de la recette et administration d'un fonctionnaire public, mais seulement de l'exécution des obligations subies particulièrement par les sieurs Vieillard et Letellier envers le sieur Bernard, c'est-à-dire, de l'effet du cautionnement entre le principal obligé et ses Cautions, et non entre les Cautions et le créancier ;

» Le tribunal dit à tort et mal fondé le décli-

natoire ; ce faisant, ordonne que les parties plaideront au fond ».

Opposition à ce jugement de la part des défendeurs. Le 2 novembre 1808, jugement contradictoire qui les en déboute.

Les défendeurs appellent de l'un et de l'autre jugement.

Le 11 mars 1809, arrêt de la cour d'appel de Caen ainsi conçu :

« Attendu que ce procès prend sa source première dans l'acte de cautionnement souscrit en faveur de l'état devant l'administration ; et que la demande tend à faire cesser en partie le cautionnement, soit par une liquidation, soit par un changement de Caution, qui ne peut avoir lieu sans le consentement des agens du gouvernement qu'il intéresse ;

» Attendu que l'objet de cette action est de substituer, pour le gouvernement, un cautionnement d'une autre espèce que celui qu'il a exigé et reçu ; de faire disparaître celui dans lequel les agens du trésor ont déclaré qu'il doit être maintenu jusqu'à l'apurement des comptes du sieur Vieillard ; qu'encore on ne peut dire qu'elle soit étrangère à l'administration publique ;

» Attendu que l'acte particulier souscrit par le sieur Vieillard et ses Cautions au profit du sieur Bernard, lui offre des garanties qui lui restent entières et dont il poursuivrait l'effet, s'il était inquiété par le trésor ; mais que, malgré les désagrémens de la position où il se trouve, il ne peut faire prononcer indirectement par les tribunaux une libération de cautionnement qu'il n'a pu obtenir d'une manière directe de l'autorité seule compétente pour l'accorder ;

» Attendu que, par la loi du 16 septembre 1807, la cour des comptes est chargée de juger tout ce qui tient à la comptabilité des receveurs généraux de département, et qu'elle seule peut prononcer sur les demandes en radiation, réduction ou translation d'hypothèques formées par des comptables ; que la même règle doit avoir lieu pour les Cautions qui répondent d'eux envers l'État ;

» Attendu enfin, qu'il n'est pas au pouvoir des héritiers Vieillard de terminer leur compte et d'obtenir du gouvernement une décharge générale ; et que l'on ne peut pas, en consignant une somme égale au cautionnement qui devait être fourni en immeubles, changer la position du gouvernement vis-à-vis le comptable, par le fait d'une décision des tribunaux ordinaires ;

» D'après ces considérations, le substitut du procureur-général, vu les lois des 16 et 21 fructidor an 3, conclud à ce qu'il plaise à la cour annuler les jugemens rendus par le tribunal civil de Saint-Lô, comme ayant statué sur une matière administrative ; et requiert en conséquence, aux termes de l'arrêté du gouvernement du 13 brumaire an 10, le renvoi de cette affaire devant l'autorité compétente.

» Vu les conclusions du substitut du procureur-général et adoptant les motifs y consignés, la cour déclare le jugement nul et incompétemment rendu, renvoie les parties se pourvoir devant qui de droit; condamne Bernard aux dépens ».

Le sieur Bernard se pourvoit en cassation contre cet arrêt.

« L'arrêt qui vous est dénoncé (ai-je dit à l'audience de la section civile, le 22 mai 1811), viole-t-il, comme le prétend le sieur Bernard, l'art. 2032 du Code civil? Contrevient-il, par une fausse application de la loi du 16 septembre 1807, portant création de la cour des comptes, aux règles qui déterminent la compétence des tribunaux? Telles sont les deux questions qui, dans cette affaire, doivent fixer l'attention de la cour.

» Sur la première, deux mots suffisent pour faire sentir qu'elle ne peut être décidée que négativement.

» En effet, s'il est vrai que l'art. 2032 du Code civil assure à la Caution le droit d'agir contre le débiteur au bout de dix années, pour le faire condamner à lui rapporter la décharge de son cautionnement; s'il est vrai qu'en vertu de cet article, le sieur Bernard peut intenter contre le débiteur comptable qu'il a cautionné envers l'état, la même action qu'il pourrait intenter contre tout autre débiteur qu'il aurait cautionné envers un créancier privé; il est aussi que la cour d'appel de Caen n'a pas jugé que cette action n'était pas ouverte dès ce moment au profit du sieur Bernard; il l'est aussi qu'elle a seulement jugé que le sieur Bernard ne pouvait pas intenter cette action devant les juges ordinaires, et que la cour des comptes était seule compétente pour en connaître.

» Qu'importe que, dans les conclusions du ministère public qui précèdent et motivent son arrêt, on trouve des réflexions qui tendent à prouver que l'action du sieur Bernard devrait être rejetée, même dans le cas où elle se trouverait soumise à un tribunal compétent?

» Ce ne sont point les motifs de l'arrêt de la cour de Caen que vous avez à juger: vous n'avez à juger que son dispositif; et il est certain que, par son dispositif, il ne prononce que sur la question de compétence à laquelle avait donné lieu le déclinatoire proposé par les défendeurs.

» La seconde question n'offre guère plus de difficulté que la première; mais c'est en faveur du sieur Bernard qu'elle nous paraît devoir être résolue.

» Que porte la loi du 16 septembre 1807? Rien autre chose si ce n'est, art. 11, que la cour des comptes sera chargée du jugement des comptes.... des receveurs généraux de département....; art. 12, que les comptables.... sont tenus de fournir et déposer leurs comptes au greffe de la cour, dans les délais prescrits.... ; et qu'en cas de défaut ou de retard des comptables, la cour pourra les condamner aux amen-

des et aux peines portées par les lois et réglemens; art. 13, que la cour réglera et apurera les comptes qui lui seront présentés; qu'elle établira, par ses arrêts définitifs, si les comptables sont quittes, ou en avance, ou en débet; art. 15, que la cour prononcera sur les demandes en réduction ou translation d'hypothèques formées par des comptables encore en exercice, ou par ceux hors d'exercice dont les comptes ne sont pas définitivement apurés, en exigeant les sûretés suffisantes pour la conservation des droits du trésor.

» Parmi toutes ces dispositions, en est-il une seule d'où l'on puisse raisonnablement induire que le sieur Bernard eût dû porter son action devant la cour des comptes, et, par suite, que les tribunaux ordinaires fussent incompétens pour y statuer?

» Le sieur Bernard demandait-il que le tribunal civil de Saint-Lô jugeât les comptes du feu sieur Vieillard? Demandait-il que les héritiers et les beaux-frères du sieur Vieillard fussent tenus de fournir et déposer les comptes du défunt au greffe du tribunal civil de Saint-Lô? Demandait-il que le tribunal civil de Saint-Lô décidât si la succession du sieur Vieillard était quitte, ou en avance, ou en débet? Demandait-il que le tribunal civil de Saint-Lô prononçât la réduction ou la translation des hypothèques qu'il avait consenties par son cautionnement pour le sieur Vieillard?

» Rien de tout cela: il demandait tout simplement que les héritiers et les beaux-frères du sieur Vieillard fussent condamnés à lui rapporter main-levée de son cautionnement, soit au moyen d'un solvit, soit en faisant agréer une autre Caution, c'est-à-dire, à faire leurs diligences auprès de la cour des comptes, pour obtenir d'elle ce qu'il n'appartient qu'à elle d'ordonner.

» Et certes, une pareille demande ne pouvait être portée que devant les tribunaux ordinaires.

» Lorsque la Caution d'une créance privée croit pouvoir agir, en vertu de l'art. 2032 du Code civil, pour forcer le débiteur à lui rapporter la décharge de son cautionnement, devant quel juge doit-elle porter son action? Devant le juge du domicile du créancier? Non sans doute; elle doit la porter et elle ne peut la porter que devant le juge du domicile du débiteur qu'elle a cautionné. Et pourquoi? Parceque cette action est étrangère au créancier; parceque ce n'est pas au créancier que la Caution demande ni peut demander la décharge de son cautionnement; parceque le juge du domicile du créancier n'a ni raison ni prétexte pour connaître d'une action qui n'est pas et ne peut pas être dirigée contre le créancier lui-même.

» Eh bien! Là cour des comptes tient lieu, pour les comptables, du juge domiciliaire: elle seule peut les juger, elle seule peut les acquitter, elle seule peut les condamner. Elle est, par conséquent, à l'égard de la Caution d'un comptable qui agit contre celui-ci en décharge de son cautionnement, ce qu'est à l'égard de la Caution d'une créance privée qui agit en décharge de son cautionnement contre le débiteur, le juge du domicile du créancier. Et par conséquent encore, elle ne peut pas plus connaître de l'action en décharge de cautionnement intentée contre un comptable, que le juge domiciliaire du créancier d'une dette privée ne peut connaître de l'action en décharge de cautionnement intentée contre le débiteur.

» Nous croirions abuser de vos momens, si nous insistions plus long-temps sur des vérités aussi évidentes. Nous estimons qu'il y a lieu de casser et annuller l'arrêt qui vous est dénoncé ».

Par arrêt du 22 mai 1811, au rapport de M. Gandon,

« Vu l'art. 15 de la loi du 16 septembre 1807;

» Considérant que le demandeur ne poursuivait ni la décharge ni la modération de son cautionnement, et qu'ainsi l'intérêt du gouvernement était nul et ne pouvait autoriser la cour de Caen à renvoyer les parties se pourvoir; qu'il s'agissait d'une action purement personnelle entre particuliers, dont la connaissance appartient exclusivement aux juges ordinaires;

» D'où il suit que la cour de Caen a fait une fausse application de l'art. 15 de la loi du 16 septembre 1807, et a par suite violé toutes les règles sur la compétence et l'ordre judiciaire;

» La cour casse et annulle.... ».

§. XII. *Le tribunal devant lequel la Caution d'un comptable s'est pourvue contre l'agent du trésor public, en radiation de l'inscription prise sur ses biens, est-il compétent pour y statuer? Peut-il y statuer avant que les comptes du comptable aient été réglés par la cour des comptes?*

Voici ce que décide là-dessus un arrêt de la cour de cassation, du 12 août 1814:

« Considérant que, si la connaissance de la demande formée par Marin (Caution de Duquesnoy, l'un des régisseurs des salines de l'est), à fin d'obtenir la radiation de l'inscription prise sur ses biens, était de la compétence de la cour royale de Metz, cette cour eût dû surseoir à prononcer, dès qu'il a été maintenu que la cour des comptes n'avait pas encore réglé le compte des régisseurs, et que le contraire n'était pas justifié; qu'en effet, la cour de Metz n'aurait pu donner la main-levée demandée, qu'en jugeant qu'il n'était rien dû au gouvernement; or, elle était incompétente pour le juger, la question étant dans les attributions exclusives de la cour des comptes, suivant l'art. 11 de la loi du 16 septembre 1807;

» La cour casse l'arrêt de la cour royale de Metz, du 4 avril 1811...., pour avoir usurpé la juridiction de la cour des comptes, en jugeant

qu'il n'était plus rien dû au gouvernement sur les trois premières années de la régie... ».

CAUTION *JUDICATUM SOLVI*. §. I.

1°. *Un étranger qui plaide en France comme demandeur pour fait de commerce ou de banque, est-il sujet à la Caution* JUDICATUM SOLVI?

2°. *Peut-on exiger cette Caution de l'étranger qui est domicilié en France avec l'autorisation du roi?*

3°. *Peut-on l'exiger de l'étranger demandeur en matière commerciale, pour les frais de l'incident qui, à cause de l'incompétence du tribunal de commerce pour y statuer, est renvoyé devant le tribunal civil?*

I. La première question n'en est plus une, depuis que l'art. 16 du Code civil l'a formellement résolue pour la négative.

Elle avait été jugée dans le même sens avant le Code civil, par les arrêts des parlemens d'Aix et de Paris, qui sont cités dans le *Répertoire de jurisprudence*, aux mots *Caution* JUDICATUM SOLVI, §. 1, n°. 5; et par un autre du parlement de Bordeaux, dont voici l'espèce:

Une sentence arbitrale avait été rendue à Bordeaux, entre le sieur Duriga, négociant espagnol, et le sieur Pouyet, négociant à Baïonne. Le sieur Duriga était appellant de cette sentence, et le sieur Pouyet lui demandait la Caution *judicatum solvi*.

Le sieur Duriga répondait qu'il était commerçant, et qu'à ce titre, il ne pouvait pas y être assujéti.

M. l'avocat-général Dupaty, qui portait la parole dans cette affaire, a pensé que les commerçans ne devaient pas être confondus avec les autres étrangers, pour lesquels les lois avaient conçu de la défiance. Il a soutenu que *le commerce rendait concitoyens tous les hommes qui y étaient livrés; que leur crédit était une Caution suffisante; qu'on devait attribuer à ce crédit autant de valeur qu'à des biens que tout autre étranger posséderait en France;* et sur ce fondement, il s'est déterminé à conclure au rejet de la demande formée par Pouyet.

C'est aussi ce qui a été jugé par le parlement: l'arrêt est du 1ᵉʳ. mars 1777.

II. La seconde question a été jugée, comme elle devait l'être sans difficulté, pour la négative, par un arrêt de la cour supérieure de justice de Bruxelles, du premier juillet 1826,

« Attendu que, suivant l'art. 13 du Code civil, un étranger qui, avec l'autorisation du roi, a fixé son domicile dans le royaume, y acquiert, par-là, la jouissance de tous les droits civils et la conserve aussi long-temps qu'il y réside;

» Attendu que, lorsque quelqu'un jouit de tous les droits civils, il doit, à cet égard, être considéré comme un Belge;

» Attendu que la loi n'oblige aucun citoyen belge, quand il forme une demande en justice, de fournir Caution pour le paiement des frais et dommages-intérêts auxquels il pourrait être condamné;

» D'où il suit que l'appelante, à qui, par arrêté du roi, du 18 février 1825, est accordée l'autorisation pour s'établir dans le royaume et y jouir de tous les droits civils tant qu'elle continuera d'y résider, ne peut, dans l'espèce, être tenue de fournir aucune Caution (1) ».

III. Sur la troisième question, la négative est un des points jugés et très-bien jugés par l'arrêt de la cour royale de Metz, du 26 mars 1821, dont l'espèce est rapportée au mot *Acquiescement*, §. 3. Voici comment il est motivé en cette partie :

« Attendu que, si les art. 16 du Code civil, 166 et 423 du Code de procédure civile, obligent l'étranger, demandeur ou intervenant, à fournir la Caution *judicatum solvi*, ils font néanmoins une exception fondée sur des raisons vraiment d'intérêt général en faveur de l'étranger qui actionne en matière commerciale;

» Attendu que l'affaire à l'occasion de laquelle Guyaux a formé demande contre Pros, au tribunal de commerce, est commerciale, puisqu'il s'agit du paiement d'un billet souscrit entre négocians et pour marchandises; que ce point ne fait aucune difficulté, d'où sort la conséquence que Guyaux n'était pas astreint à fournir une caution dans l'origine; ce qui est tellement vrai qu'elle n'a point été demandée;

» Attendu que la dénégation de l'écriture et de la signature du billet dont s'agit, faite par Pros devant le tribunal de commerce où la demande avait été portée, a forcé le tribunal, aux termes de l'art. 427 du Code de procédure, à surseoir au jugement de la demande principale; et à renvoyer les parties pour faire vérifier le titre devant les juges civils, tous dépens demeurant réservés en définitive;

» Attendu que cet incident n'a point dessaisi le tribunal de commerce, n'a point dénaturé la demande principale, n'a point changé l'affaire commerciale en une affaire civile; qu'il n'est qu'un moyen de forme, à l'aide duquel on parviendra à faire juger le fond en définitive par-devant les juges de commerce; que ce moyen de vérification, indiqué par la loi pour découvrir la vérité en cas de dénégation de signature, ne constitue nullement en lui-même une autre affaire; qu'il n'empêche pas qu'il ne s'agisse toujours de la même cause à laquelle la vérification à opérer se rattache essentiellement, mais comme procédure, comme formalité préliminaire à remplir avant d'arriver à la discussion de la réalité du droit réclamé;

» Attendu conséquemment, puisqu'il est de toute évidence qu'il ne s'agissait point devant les juges civils, d'une affaire civile distincte et indépendante de l'affaire commerciale, et que Guyaux aurait intentée par demande principale ou incidente, mais uniquement d'un incident à l'occasion de l'affaire commerciale restée pendante au fond au tribunal de commerce, que ce n'était point le cas d'exiger de Guyaux une Caution devant les juges civils sur la demande en vérification d'écriture du billet;

» Attendu, s'il était possible qu'il en fût autrement, qu'il arriverait que le même étranger serait obligé de fournir une Caution pour faire vérifier un titre dont on méconnaîtrait l'écriture, et que, retournant ensuite au tribunal de commerce pour faire prononcer sur le montant de son titre vérifié, il n'en devrait plus et pourrait se faire décharger de celle qu'il aurait fournie devant les juges civils; résultat qui ne peut être dans la loi;

» D'un autre côté, il arriverait encore que la loi qui veut protéger le commerce entre les nations, en permettant à l'étranger de plaider en matière de commerce, comme tout Français, sans donner Caution, serait facilement éludée, puisqu'il suffirait à un débiteur poursuivi devant un tribunal de commerce, de nier sa signature pour obliger l'étranger commerçant à fournir Caution, et le contraindre peut-être par-là à abandonner ses poursuites, inconvéniens graves que la loi a prévus et empêchés ».

§. II. *Le demandeur étranger qui exerce dans son pays les droits de souveraineté, peut-il s'en faire un titre pour ne pas fournir en France la Caution* JUDICATUM SOLVI?

J'ai cité, dans le *Répertoire de jurisprudence*, un jugement en dernier ressort des requêtes de l'hôtel, du 11 janvier 1777, qui a adopté la négative contre le prince de Hoenlohé.

Je dois ajouter ici que le prince de Hoenlohé est parvenu à faire casser ce jugement, à cause de quelques vices de forme qu'il renfermait; mais que l'affaire ayant été renvoyée à la grand'-chambre du parlement de Paris, il y est intervenu, le 23 mai 1781, un arrêt parfaitement semblable. Le prince de Hoenlohé en a encore tenté la cassation; mais ses efforts ont été vains. Par arrêt du 8 juillet 1782, le conseil a rejeté sa requête.

§. III. *Peut-on exiger la Caution* JUDICATUM SOLVI, *de l'étranger demandeur en nullité d'une saisie pratiquée contre lui en France?*

Non; et aux autorités citées à l'appui de cette opinion dans le *Répertoire de jurisprudence*, aux mots *Caution judicatum solvi*, §. 1, il faut joindre la doctrine de Le Febvre de la Planche, *Traité du domaine*, livre 6, chap. 8, n°. 7 :

« Il ne faut pas cependant (dit-il) appliquer à tout étranger, qui plaide en France, la règle de l'obligation de payer le jugé; et cette règle re-

---

(1) Annales de jurisprudence de M. Sanfourche-Laporte, année 1827, tome 1, page 276.

çoit une exception à l'égard des défendeurs, comme il a été jugé par arrêt rendu en la troisième chambre des enquêtes, sur les conclusions de M. Joly de Fleury, plaidant de Longueil et Milin, le 30 avril 1698.

» On peut tirer de cet arrêt la conséquence, que, si on a fait une saisie sur un étranger, et qu'il en demande main-levée, il n'est pas obligé de donner Caution de payer le jugé, parce qu'en ce cas, il n'est que défendeur à la demande que le saisissant a formée par sa saisie.

» On doit dire la même chose d'un étranger dont le vaisseau a été pris en mer pendant la guerre, et qui vient le réclamer.

» On a cependant proposé d'obliger cet étranger à donner Caution de payer les frais; mais cette proposition a paru irrégulière; le réclamateur ne pouvant être regardé que comme défendeur à la demande en confiscation de son vaisseau, à laquelle il est forcé de s'opposer, ce serait lui fermer la bouche, si on l'obligeait à donner une Caution qu'il pourrait avoir peine à trouver ».

§. IV. *La Caution judicatum solvi est-elle libérée de plein droit par le jugement qui, sur l'appel, infirme celui qui était intervenu contre le demandeur étranger qu'elle avait cautionné en première instance?*

V. l'article *Vélléien (Sénatus-cousulte)*, §. 1.

CENS. §. I. 1°. *Ce mot emporte-t-il toujours l'idée d'une redevance seigneuriale?*

2°. *La seule qualification de Cens donnée à une rente foncière, dans un titre recognitif de cette rente, emporte-elle la preuve qu'elle était originairement seigneuriale, et qu'elle a été en conséquence supprimée par la loi du 17 juillet 1793?*

V. l'article *Mines*, §. 1; et le plaidoyer du 26 pluviôse an 11, rapporté à l'article *Rente foncière*, §. 11.

§. II. *Dans quels cas l'abolition du Cens, prononcée par la loi du 17 juillet 1793, emporte-t-elle l'abolition de la rente foncière qui avait été stipulée par le même acte?*

V. les articles *Emphytéose*, §. 1, et *Rente foncière*, §. 9.

CENSURE (*droit de*) de la cour de cassation sur les juges. *V.* le réquisitoire et l'arrêt du 8 décembre 1809, rapportés aux mots *Non bis in idem.*

CERQUEMANAGE. *V.* l'article *Prescription*, §. 2.

CERTIFICAT. Quelle foi mérite le Certificat d'un greffier ou d'un notaire, portant qu'ils ont en dépôt, l'un dans son greffe, l'autre dans son étude, la minute ou l'expédition d'un acte quelconque?

V. les conclusions du 29 frimaire an 12, rapportées à l'article *Succession*, §. 11.

CERTIFICAT D'INDIGENCE. *V.* l'article *Cassation*, §. 19.

CERTIFICAT D'ORIGINE. *V.* les articles *Douanes* et *Marchandises anglaises.*

CESSION D'ACTIONS (exception de). *V.* l'article *Solidarité*, §. 5.

CESSION ET TRANSPORT. *V.* l'article *Transport.*

CHAMBRE DU CONSEIL. §. I. *Peut-il être statué en chambre du conseil, sur la requête d'une partie?*

V. les conclusions des 18 et 19 brumaire an 13, rapportées à l'article *Tribunal d'appel*, §. 5.

§. II. *Peut-on faire en chambre du conseil le rapport d'une affaire mise en délibéré?*

V. les articles *Délibéré* et *Rapport.*

CHANGE (contrat de). *V.* les articles *Billet à domicile* et *Lettre de change.*

CHARBONAGE (droit de). *V.* l'article *Mines.*

CHARGES ET INFORMATIONS. *V.* les articles *Evocation* et *Information.*

CHARMES (terres). Quel est le sens de ce mot dans les coutumes d'Auvergne et de Bourbonnais?

V. les conclusions du 24 vendémiaire an 13, rapportées à l'article *Terrage*, §. 1.

CHASSE. §. I. 1°. *La suppression du droit seigneurial de Chasse, prononcée par les lois destructives de la féodalité, peut-elle donner lieu à la réduction d'une rente formant le prix d'un usufruit acquis avant la révolution, et dans lequel était compris un droit de Chasse?*

2°. *A qu'elle époque le droit seigneurial de Chasse a-t-il été aboli?*

3°. *Dans quel sens le droit seigneurial de Chasse était-il incessible?*

V. le plaidoyer et l'arrêt du 26 pluviôse an 11, rapportés à l'article *Bail à rente*, §. 1.

§. II. 1°. *Le délit de Chasse en temps prohibé, commis par un propriétaire sur son terrain, doit-il être puni, indépendamment de l'amende déterminée par la loi, de la confiscation de l'arme avec laquelle celui-ci a chassé?*

2°. *Doit-il l'être, lorsque l'officier qui a dressé procès-verbal de ce délit, n'y a point déclaré saisir cette arme?*

3°. *Doit-il l'être, lorsqu'un permis de port d'armes avait été préalablement accordé au chasseur par l'autorité administrative?*

« Le procureur-général expose que la cour de

justice criminelle du département de Saône-et-Loire a rendu, le 12 septembre 1808, un arrêt qui lui paraît devoir être annullé, dans l'intérêt de la loi.

» Le sieur Peillon avait été trouvé chassant avec un fusil, en temps prohibé. Le procureur (du roi) du tribunal correctionnel de Châlons-sur-Saône l'avait en conséquence fait citer devant ce tribunal, pour se voir condamner à l'amende portée par l'art. 1er. de la loi des 22-30 avril 1790, et voir prononcer la confiscation de son fusil, conformément à l'art. 5 de la même loi.

» Le 22 août 1808, jugement par défaut, qui condamne simplement le sieur Peillon à 20 francs d'amende et aux dépens.

» Appel de la part du procureur (du roi), en ce que, par ce jugement, la confiscation du fusil avec lequel a chassé le sieur Peillon, n'a pas été prononcée.

» Par l'arrêt cité, considérant qu'il résulte des » débats que le sieur Peillon avait impétré de la » préfecture une permission de porter des armes » à feu, en date du 12 août 1807, pour un an; » qu'il en a obtenu une nouvelle en date du 28 » juillet 1808, visée et enregistrée au secrétariat » de la sous-préfecture, le 30 du même mois, » et que l'intimé a exhibé ces deux pièces à l'au- » dience de la cour; — Considérant que c'est à la » date du 9 août 1808, que le garde champêtre de » la commune de Chatenoy-l'Impérial a constaté » que ledit sieur Peillon chassait avec un chien » couchant, sur les fonds de divers propriétaires » de ladite commune; que ce garde champêtre » n'a même point déclaré la saisie du fusil dont » le prévenu était porteur; — Considérant que le » premiers juges, prononçant sur la contraven- » tion aux lois et réglemens, ont condamné le » sieur Peillon à l'amende et aux dépens; qu'à » l'égard de la confiscation du fusil, elle n'a point » été prononcée, attendu qu'il n'y avait aucune » poursuite à raison du port d'armes, pour in- » fraction aux arrêtés du préfet de ce départe- » ment, sur cette matière; — Considérant que le » moyen d'appel du procureur (du roi) près le » tribunal de première instance de cette ville, est » tiré de la violation de l'art. 5 de la loi du 22 » avril 1790; mais que cette disposition n'est ap- » plicable aujourd'hui qu'au cas où il n'existe » point de permis de porter des fusils; — Consi- » dérant que l'arrêté du 27 vendémiaire an 13, » pris par M. le préfet de ce département, porte » réglement sur le port d'armes et la chasse; que » l'art. 2 veut que le permis de porter les armes à » feu, soit accordé par le préfet; que l'art. 5 inflige » la peine de confiscation, quand le porteur n'est » pas muni d'une licence; — Considérant enfin » que le sieur Peillon a toujours été muni de li- » cence de port d'armes, et que, dès-lors, il n'é- » tait passible que de l'amende de 20 francs à la- » quelle il a été condamné par le jugement dont

» il s'agit; — Par ces motifs, la cour, sans s'ar- » rêter à l'appel émis par le procureur du roi près » le tribunal de première instance de l'arrondis- » sement de Châlons, a mis et met ledit appel au » néant, confirme ledit jugement et ordonne qu'il » sortira son plein et entier effet, néanmoins sans » dépens de la cause d'appel ».

» Ainsi, deux circonstances ont dû, suivant la cour de justice criminelle de Saône-et-Loire, soustraire à la confiscation le fusil avec lequel le sieur Peillon avait commis un délit de chasse; 1°. dans la forme, le garde qui avait dressé procès-verbal de ce délit, n'y avait point déclaré la saisie du fusil du sieur Peillon; 2°. au fond, le sieur Peillon était porteur d'un permis de port d'armes, qu'il avait obtenu du préfet du département.

» Mais que pouvaient ces deux circonstances contre le texte de l'art. 5 de la loi du 22-30 avril 1790? Dans tous les cas, porte cet article, les armes avec lesquelles la contravention aura été commise, seront confisquées, sans néanmoins que les gardes puissent désarmer les chasseurs.

» 1°. Si les gardes ne peuvent pas désarmer les chasseurs, bien sûrement ils ne peuvent pas saisir entre leurs mains les armes avec lesquelles ils chassent; comment donc le défaut d'une saisie qui, loin d'être commandée, est expressément interdite par la loi, pourrait-il faire taire la disposition de la loi qui ordonne la confiscation des armes, ?

2°. Cette disposition n'est pas bornée au cas où le chasseur délinquant porte un fusil sans permission; elle comprend tous les cas, et elle est absolue.

» De deux choses l'une: ou la loi suppose que le port d'armes est libre à tous les citoyens indistinctement; ou il est sous-entendu par elle que les anciennes lois qui défendent le port d'armes sans une permission particulière, conservent toute leur vigueur.

» Dans la première hypothèse, il est bien évident que ce n'est pas comme peine du port illicite d'armes, mais comme peine du seul délit de Chasse qu'elle prononce la confiscation du fusil du chasseur pris en contravention. C'est la même chose dans la seconde hypothèse; car la loi ne distingue pas si le chasseur délinquant avait ou n'avait pas obtenu la permission de porter un fusil.

» Qu'importe que, par l'arrêté du préfet du département de Saône-et-Loire, du 27 vendémiaire an 13, il soit dit que la confiscation des armes aura lieu quand celui qui en sera porteur, n'aura pas obtenu la permission de les porter. » Cet arrêté n'est en cela qu'une répétition des anciennes lois; et il en résulte seulement que tout homme qui porte un fusil, même sans chasser illégalement, même en chassant sur son propre terrain, et en temps prohibé, en encourt la confiscation.

» Mais conclure de là que la permission de

porter le fusil renferme, pour le chasseur délinquant, un brevet d'affranchissement de la peine
infligée au délit de Chasse par l'art. 5 de la loi,
c'est donner à l'arrêté du préfet une extension
qui répugne à son esprit, et que le préfet n'aurait pas pu lui donner.

» Ce considéré, il plaise à la cour, vu l'art.
88 de la loi du 27 ventôse an 8 et l'art. 5 de celle
du 22-30 avril 1790, casser et annuler, dans l'intérêt de la loi, l'arrêt de la cour de justice criminelle du département de Saône-et-Loire ci-dessus mentionné, et dont expédition est ci-jointe;
ordonner qu'à la diligence de l'exposant, l'arrêt
à intervenir sera imprimé et transcrit sur les registres de ladite cour.

» Fait au parquet, le 14 février 1806. *Signé*
Merlin.

» Ouï le rapport de M. Guieu....;

» Vu l'art. 5 de la loi du 22 avril 1790;

» Attendu que la confiscation des armes avec
lesquelles on a chassé en temps prohibé, est
une conséquence nécessaire de ce délit;

» Que la loi du 22 avril 1790 n'a point limité
la confiscation au seul cas du port d'armes sans
permission, puisque, d'une part, à l'époque où
cette loi a été rendue, le port d'armes était permis à tous les citoyens; et que, d'autre part,
l'art. 5 dispose précisément sur le délit de Chasse
en temps prohibé, et veut que les peines de l'a-
mende et de la confiscation soient, pour ce cas,
cumulativement prononcées avec les dommages
et intérêts dus à la partie lésée;

» Que cette disposition législative n'a pas été et
n'aurait pu être modifiée par l'arrêté du préfet
du département de Saône-et-Loire, auquel on a
donné, dans l'arrêt dénoncé, une fausse interprétation;

» Qu'il ne peut résulter aucun argument utile,
de ce que, dans l'espèce, le garde champêtre
n'a point saisi le fusil dont le sieur Peillon était
porteur, puisque la loi défend aux gardes de désarmer les chasseurs, et qu'elle ne subordonne
point la confiscation de leurs armes à leur saisie effective au moment de la reconnaissance du délit;

» Que, dès-lors, la cour de justice criminelle
du département de Saône-et-Loire a évidemment
violé la loi, en n'ordonnant pas la confiscation
du fusil, conformément à l'art. 5 de la loi précitée, et en se bornant à prononcer l'une des peines encourues par le délinquant;

» Par ces motif, la cour casse et annule, dans
l'intérêt de la loi, l'arrêt de la susdite cour du département de Saône-et-Loire, du 14 septembre
1808.

» Ainsi jugé à l'audience de la cour de cassation, section criminelle, le 10 février 1809...»

§. III. *Le fermier acquiert-il de plein droit,*
par le bail qui lui est fait d'un domaine rural,
la pleine faculté d'y chasser?

Dans l'ancienne législation, la Chasse était

l'attribut exclusif de la puissance féodale. Aujour-
d'hui, et aux termes de l'art. 3 des décrets du
4 août 1789, *tout propriétaire a le droit de détruire*
et faire détruire, sur ses possessions seulement, toute
espèce de gibier. La Chasse est donc aujourd'hui
un droit de propriété. Elle ne peut donc appartenir qu'au propriétaire. Elle n'appartient donc
pas au fermier.

Il est vrai que, par l'art. 15 de la loi du 22-30
avril 1790, il est permis *en tout temps, au proprié-*
taire ou possesseur, et même au fermier, de détruire
le gibier dans ses récoltes non closes, en se servant de
filets ou autres engins qui ne puissent pas nuire aux
fruits de la terre, comme aussi de repousser avec des
armes à feu les bêtes fauves qui se répandraient dans
sesdites récoltes.

Mais cette permission, en tant qu'elle est déclarée commune *au fermier,* bien loin de conférer à celui-ci le plein exercice du droit de Chasse,
suppose au contraire qu'il ne l'a pas. En le restreignant à la simple faculté de détruire par des
filets ou d'autres engins semblables, le gibier qui,
par son excessive multiplication, nuit à ses récoltes, elle lui refuse clairement le droit de le
détruire par les moyens ordinaires de la Chasse;
et en lui accordant l'usage de ces moyens pour
repousser les bêtes fauves qui se répandraient dans ses-
dites récoltes, elle le lui interdit manifestement à
l'égard de toutes les autres espèces de gibier.

Et c'est ce qu'a jugé formellement un arrêt de
la cour d'appel de Paris, du 19 mars 1812 : « Le
» gibier qui se repeuple dans les terres ou dans
» les bois (y est-il dit), ne peut être assimilé aux
» fruits produits par les terres ou les bois; (et) le
» droit de Chasse, qui est une dépendance de la
» propriété, ne peut appartenir au fermier
» qu'autant qu'il lui a été expressément conféré
» par le propriétaire (1) ».

On trouvera ci-après, §. 8, un arrêt de la cour
royale d'Angers, du 14 août 1826, qui proclame
les mêmes principes.

§. IV. *Pour que la justice correctionnelle puisse*
connaître d'un fait de Chasse sur le terrain d'au-
trui en temps non prohibé, suffit-il que le pro-
priétaire en rende plainte, ou est-il nécessaire
qu'il poursuive lui-même, comme partie, la puni-
tion de ce fait?

L'art. 8 de la loi du 22-30 avril 1790 porte,
par exception à la règle générale, suivant laquelle
tout délit peut-et doit être poursuivi par l'action
publique, que *les peines et contraintes aux-*
quelles donne lieu le fait de Chasse sur le terrain
d'autrui en temps non prohibé, ne pourront être
prononcées que sur la plainte des propriétaires ou
autre partie intéressée; et c'est comme l'on voit,
le pendant de l'art. 326 du Code pénal qui, par

_____

(1) Jurisprudence de la cour de cassation tome 12,
page 326.

une autre exception même à la règle, déclare que *l'adultère de la femme ne pourra être dénoncé que par le mari.*

Il y a, en effet, sous le rapport de la criminalité légale, une parfaite similitude entre le fait de Chasse sur le terrain d'autrui et l'adultère. De même que l'adultère ne constitue un délit punissable qu'autant que le mari n'y consent ou n'y connive pas, et qu'en cas de consentement ou de connivence du mari, il ne présente qu'une action immorale (1); de même aussi le fait de Chasse sur le terrain d'autrui ne prend le caractère de délit, que lorsqu'il a lieu sans le consentement du propriétaire; et de même que le silence du mari sur l'adultère commis par sa femme, est regardé comme une preuve, soit qu'il y a consenti, soit qu'il le pardonne; de même aussi le silence du propriétaire sur le fait de Chasse commis sur son terrain, emporte de sa part la preuve d'un consentement ou d'une ratification tacite (2).

Or, pour que le ministère public puisse poursuivre correctionnellement l'adultère dont une femme s'est rendue coupable, est-il nécessaire que le mari se constitue partie civile au procès ? Non, il suffit, comme l'ont jugé les arrêts retracés au mot *Adultère*, §. 3, que le mari en porte plainte, ou, ce qui est la même chose, en fasse la dénonciation; et pourquoi? Parceque le mari, par cela seul qu'il porte plainte de l'adultère commis par sa femme, manifeste clairement qu'il n'y a ni consenti ni connivé et qu'il ne le pardonne pas.

Il doit donc en être de même du fait de Chasse sur le terrain d'autrui en temps non prohibé; et c'est ce qu'a jugé formellement un arrêt de la cour supérieure de justice de Liége, du 3 août 1823, confirmatif d'un jugement du tribunal correctionnel de la même ville:

« Attendu (porte-t-il) que la loi du 30 avril 1790, en établissant que l'action publique pour délit de Chasse, hors le temps prohibé, n'est recevable que pour autant qu'il y ait plainte de la part du propriétaire ou autre partie intéressée, ne peut avoir attaché à l'expression *plainte*, énoncée à l'art. 8 de ladite loi, une signification plus étendue que celle que lui donnaient les lois en vigueur à cette époque;

» Attendu qu'il résulte des termes de l'ordonnance de 1670, non modifiée à cet égard par l'art. 3 du décret du 3 novembre 1789, que la signification alors attribuée à la susdite expression n'était pas équivalente à celle de *poursuite*, ainsi que le soutiennent les appelans;

» Attendu qu'il faut prendre l'expression *plainte* dans son sens naturel et celui qui est plus conforme aux principes de la justice et de l'équité; que d'après l'art. 1er. de la loi du 30 avril 1790,

l'absence du consentement du propriétaire doit être constatée par plainte, pour que le délit existe, et que, suivant l'art. 8, la peine encourue puisse être prononcée à la demande du ministère public; prétendre que cette demande serait non-recevable si la partie plaignante ne se constitue pas partie civile, c'est exiger plus que la loi,

» Attendu que, dans l'espèce, l'action du ministère public contre les appelans a été provoquée par les procès-verbaux et les plaintes à lui adressés par les propriétaires des fonds sur lesquels le délit de Chasse avait été commis, qu'ainsi la présomption d'un consentement; qu'admet l'art. 8, cesse, et le ministère public a droit d'agir pour l'application de la peine;

» Attendu que les appelans restent convaincus d'avoir, le 19 novembre dernier, chassé sur le terrain d'autrui sans son consentement;

» La cour met l'appellation au néant.... (1) ».

C'est aussi, comme l'attestent les auteurs de la *Jurisprudence de la cour supérieure de justice de Bruxelles* (année 1823, tome 1, page 117), ce que *la chambre des appels de police correctionnelle* de cette cour *a constamment jugé*.

Les mêmes auteurs ajoutent que cette jurisprudence *vient d'être consacrée par l'arrêt suivant de la cour de Cassation* de la même ville, en date du 24 juillet 1823:

« Attendu qu'il résulte des faits reconnus constans par le jugement attaqué, que les défendeurs ont été trouvés chassant, en temps non prohibé, sur des terres appartenant au sieur Moghe, prêtre, et à sa sœur; que le brigadier des gardes champêtres à Trazegnies en dressa procès-verbal dûment affirmé; que les propriétaires en formèrent plainte le 12 novembre 1821;

» Attendu que le fait de Chasse formant l'objet de cette plainte, a les caractères d'un délit privé, même en temps non prohibé; qu'il doit être poursuivi par la partie publique, sur la plainte de la partie lésée, aux termes de l'art. 8 de la loi du 30 avril 1790; d'où il résulte que la partie publique a qualité pour poursuivre le fait sus-énoncé, dont il lui avait été fait plainte par la partie lésée, et qui constitue un délit privé, qui a fait naître deux actions distinctes et indépendantes l'une de l'autre, savoir, l'action publique, à intenter au nom de la société, et l'action privée, appartenant à la partie lésée, qui ne doit pas se constituer partie civile, pour que l'action publique puisse être mise en mouvement;

» Qu'il suit de ce qui précède, que le jugement attaqué a violé les art. 1 et 8 de la loi du 30 avril 1790 ».

§. V. *En est-il, par rapport à l'action du ministère public pour fait de Chasse en temps non prohibé, des biens communaux comme des pro-*

_____

(1) *V.* l'article *Adultère*, §. 3.
(2) *V.* le *Répertoire de jurisprudence*, aux mots *Chasse*, §. 8, n°. 12.

(1) Annales de jurisprudence de M. Sanfourche-Laporte, année 1823, tome 1, page 347.

priétés particulières? En d'autres termes, le ministère public est-il non-recevable à poursuivre d'office un fait de Chasse commis, en temps non prohibé, sur un terrain communal, comme il est non-recevable à poursuivre d'office un fait de Chasse commis en temps non prohibé sur le terrain d'un particulier?

Il y a, sur cette question, une distinction à faire entre les bois communaux et les autres propriétés communales.

Les premiers étant, par l'arrêté du gouvernement du 19 ventôse an 10, assimilés en tout point, quant à l'administration, aux bois de l'état, il est clair que tout fait de Chasse qui y a lieu sans autorisation préalable, constitue un délit, et peut par conséquent être poursuivi par l'action publique; et c'est ce qui résulte clairement de deux arrêts de la cour de cassation, des 21 prairial an 11 et 28 janvier 1808, qui sont rapportés dans le *Répertoire de jurisprudence*, au mot *Chasse*, §. 5, n°. 3.

Mais les seconds restent sous l'empire de la règle générale. Ainsi, point de plainte de la part des communes contre ceux qui, sans la permission de leurs administrateurs, ont chassé dans leurs propriétés non forestières, point d'action contre eux de la part du ministère public.

C'est ce qu'ont jugé deux arrêts de la cour de cassation des 10 juillet 1807 et 22 juin 1815. Le premier est rapporté dans le *Répertoire de jurisprudence*, au mot *Pêche*, sect. 1, §. 2, n°. 12. Le second nous est retracé en ces termes par le *Bulletin criminel* de la cour de cassation:

« Claude-Germain Douge fut traduit en police correctionnelle pour avoir chassé avec des chiens lévriers sur un terrain communal, mais en temps non prohibé.

» Quoiqu'il n'y eût eu contre le prévenu ni plainte ni poursuite de la part de la commune sur le terrain de laquelle la Chasse avait eu lieu, ni de la part d'aucune autre partie intéressée, il fut néanmoins condamné aux peines établies par l'art. 1er. de la loi du 30 avril 1790.

» De là fausse application de cet article, et violation de l'art. 8 de la même loi, qui ont motivé l'arrêt de cassation dont la teneur suit:

»Ouï le rapport de M. Busschop, conseiller en la cour, et M. Giraud, avocat-général;

» Vu les art. 1 et 8 de la loi du 30 avril 1790, concernant la Chasse;

» Vu aussi l'art. 410 du Code d'instruction criminelle;

» Considérant qu'aucune loi postérieure à celle du 30 avril 1790 précitée, n'ayant prononcé de peines pour le fait de Chasse, c'est à cette loi que les tribunaux doivent se conformer en cette matière;

» Considérant que, d'après les dispositions de l'art. 8 de ladite loi, la Chasse sur le terrain d'autrui en temps *non prohibé*, ne peut donner

lieu à l'application d'aucune peine, lorsque le propriétaire du terrain ou la partie intéressée ne réclame point;

» Qu'il a été reconnu au procès que le fait de Chasse imputé à Claude-Germain Douge, a eu lieu sur un terrain communal et en temps non prohibé; que rien ne constate d'ailleurs que la commune, propriétaire dudit terrain, ni aucune autre partie intéressée, *se soit constituée partie civile contre ledit Douge à raison dudit fait de Chasse* (1); et qu'ainsi il n'y avait pas lieu, dans l'espèce, d'appliquer au prévenu aucune peine;

» Que l'arrêté du préfet du département de l'Aube, cité et transcrit dans le jugement dénoncé, ne contient aucune disposition contraire à la loi précitée, d'avril 1790; et qu'en tout cas cet arrêté ne saurait avoir l'effet d'anéantir ou de modifier ladite loi (2);

» Que néanmoins le jugement dénoncé a condamné le prévenu aux peines établies par l'art. 1er. de ladite loi de 1790, et qu'ainsi il a faussement appliqué cet article et ouvertement violé l'art. 8 de la même loi;

» D'après ces motifs, la cour, faisant droit au pourvoi de Claude-Germain Douge, casse et annulle le jugement du tribunal de l'arrondissement de Troyes, du 7 avril 1815 ».

§. VI. *Lorsque les terres sur lesquelles a été commis un délit de Chasse, sont affermées, le propriétaire a-t-il besoin du concours du fermier pour poursuivre correctionnellement les auteurs de ce délit?*

Il n'est pas à ma connaissance que l'affirmative ait jamais été soutenue dans aucun tribunal français; et en effet, elle paraît heurter de front le texte de l'art. 8 de la loi du 22-30 avril 1790.

Mais elle a trouvé des partisans dans la Belgique, depuis la séparation de ce pays d'avec la France; et ce qui est bien plus étonnant, elle est passée en maxime dans la chambre correctionnelle de la cour supérieure de justice de Bruxelles.

« Il existe (disent les auteurs de la *jurisprudence* » de cette cour, année 1825, tome 2, page 213) » une foule d'arrêts de la 4e. chambre, lesquels » décident que, lorsque les biens sont affermés, » c'est le fermier seul qui, comme *propriétaire des* » *fruits*, a le droit de poursuivre ceux qui chas » sent sans permission sur ces biens ».

Quels peuvent être les motifs d'une manière de juger aussi extraordinaire? Les voici, tels qu'ils sont consignés dans un arrêt du 25 février

---

(1) La cour de cassation n'avait pas à juger dans cette espèce, la question que j'ai traitée dans le §. précédent. On ne peut donc pas regarder comme contraire à la doctrine que j'ai établie dans ce paragraphe, les termes que je mets ici en italique. Aussi a-t-on vainement invoqués devant la cour supérieure de justice de Liége, lors de son arrêt du 3 avril 1823.

(2) *V.* ci-après, §. 9.

1826, rapporté par les mêmes auteurs (année 1826, tome 1, page 181) :

« Attendu que le fait de Chasse dont il s'agit au procès, aurait eu lieu en temps non prohibé, sur un terrain appartenant à la partie civile, mais affermé au fermier Verheyden ;

» Que ce dernier n'a point rendu plainte ;

» Que l'art. 8 de la loi du 30 avril 1790 dispose que les peines qu'elle établit, ne peuvent être prononcées que sur la plainte du propriétaire ou autre partie intéressée, lorsque le fait de Chasse a eu lieu en temps non prohibé ;

» Que le mot *propriétaire*, qui se trouve dans cet article, ne peut s'entendre que des propriétaires qui cultivent eux-mêmes leur bien, ou qui le font cultiver par d'autres pour une partie des fruits ;

» Que cela devient évident lorsqu'on examine le préambule de cette loi, qui a pour objet la conservation des fruits ;

» Qu'aussi l'art. 1er, de cette même loi n'accorde d'indemnité qu'au *propriétaire des fruits ;*

» Que, dans l'espèce, la partie civile n'a pas même allégué qu'elle serait pour partie propriétaire des fruits ;

» De sorte qu'il est certain qu'elle n'a point éprouvé le moindre dommage du fait de Chasse dont il se plaint ;

» Attendu qu'en général, l'intérêt est la mesure de toute action ;

» Que l'art. 1er. du Code d'instruction criminelle n'accorde non plus d'action en réparation de dommage, qu'à ceux qui ont souffert le dommage ;

» D'où il suit que, tant d'après les principes généraux de droit, que d'après la loi précitée du 30 avril 1790 même, la partie civile n'a aucune action ;

» Par ces motifs, la cour, ouï M. Duvigneaud, substitut du procureur-général, met le jugement du premier juge au néant ; acquitte le prévenu.... ».

Avant de discuter les motifs de cet arrêt, remarquons les étranges conséquences auxquelles il conduirait nécessairement ceux qui le prendraient pour règle.

D'une part, il est bien constant, comme on l'a vu au §. 3, que le droit de Chasse n'est jamais censé compris dans le bail à ferme de terres quelconques, à moins qu'il n'y soit stipulé en termes exprès au profit du fermier. Cependant qu'arriverait-il dans le système adopté par la chambre correctionnelle de la cour supérieure de justice de Bruxelles? Une chose fort bizarre : c'est que le fermier, à qui la Chasse est de droit interdite en tout temps, serait le maître de chasser impunément en temps non prohibé, puisqu'il ne pourrait être poursuivi ni par le propriétaire ni par le ministère public.

D'un autre côté, aux termes du §. 2 de l'art. 1er. de la loi du 22-30 avril 1790, le propriétaire lui-même, soit qu'il fasse personnellement valoir son bien, soit qu'il l'ait affermé, ne peut y chasser qu'après que l'autorité administrative a proclamé l'ouverture de la Chasse, par suite des renseignemens qu'elle a pris pour constater la *dépouille entière des fruits ;* et il est évident qu'alors la Chasse ne peut causer aucun dommage au fermier. Cependant alors même elle est interdite sur le terrain d'autrui. Mais qui poursuivra le contrevenant? Ce ne sera pas le fermier, puisqu'il est sans intérêt. Ce ne sera pas non plus le propriétaire suivant l'arrêt dont il s'agit et ceux qui l'ont précédé. Ce sera encore moins le ministère public, puisqu'à défaut de plainte de la part du *propriétaire ou autre partie intéressée*, il n'a d'action que contre ceux qui chassent en temps prohibé ou sans permission de port d'armes. Les contrevenans échapperont donc nécessairement aux peines que leur inflige la loi.

Ce ne serait pas répondre à cet argument que de dire qu'il peut encore, même après la proclamation de l'ouverture de la Chasse, rester sur pied quelques fruits tardifs, et que la Chasse peut les endommager. Tout ce qui résulte de là, c'est que le fermier peut avoir intérêt à ce qu'on ne chasse pas, à cette époque, sur quelques parcelles de son exploitation. Mais il n'en demeure pas moins constant qu'il n'est, sous aucun rapport, intéressé à ce qu'on ne chasse pas sur la presque totalité des terres comprises dans son bail, que par conséquent il est impossible qu'il ait qualité pour poursuivre ceux qui y chassent indûment, et que, par conséquent, l'impunité de ceux qui y chassent indûment, serait le résultat inévitable de la jurisprudence de la chambre correctionnelle de la cour supérieure de justice de Bruxelles.

Assurément une jurisprudence qui, de toute nécessité, entraîne des conséquences aussi absurdes, ne peut pas être conforme à la loi.

Mais analysons les motifs ci-dessus transcrits de l'arrêt du 25 février 1826.

« Le mot propriétaire, qui se trouve dans l'art.
» 8 de la loi du 30 avril 1790, ne peut (dit-on)
» s'entendre que des propriétaires qui cultivent
» eux-mêmes leur bien, ou qui le font cultiver
» par d'autres pour une partie des fruits ».

Rien de plus vrai, si la loi distingue elle-même entre le propriétaire qui afferme son bien et le propriétaire qui le fait valoir lui-même. Mais si cette distinction n'est pas dans la loi, comment peut-on l'y suppléer, au mépris du grand principe, *lege non distinguente, nec nos distinguere debemus ?*

Elle est dans la loi, répond l'arrêt ; et la preuve en résulte tant du préambule que de l'art. 1er. : elle résulte du préambule, puisqu'il y est dit que *la Chasse est devenue une source de désordres qui, s'ils se prolongeaient davantage, pourraient devenir funestes aux récoltes, dont il est instant d'assurer la conservation ;* et elle résulte également de l'art. 1er. ;

puisqu'*il n'accorde d'indemnité qu'au propriétaire des fruits.*

Il est pourtant bien sensible que tout ce qu'on peut inférer de ces énonciations du préambule et de l'art. 1er, c'est que, comme je l'établirai ci-après, §. 8, le fermier dont un délit de Chasse aurait endommagé les récoltes, devrait être admis à intervenir, pour son intérêt, dans l'action correctionnelle intentée par le propriétaire ; et qu'en conclure que le propriétaire est non-recevable à intenter cette action sans le concours du fermier, non-seulement lorsqu'il y a eu dommage causé aux récoltes, mais encore lorsqu'il n'y en a point eu, lorsqu'il n'a pas pu y en avoir, lorsque le fait de Chasse a eu lieu après l'enlèvement de la *dépouille entière*, c'est blesser toutes les règles de la saine logique et de l'interprétation des lois.

« Il est certain (continue l'arrêt) que la partie » civile (le propriétaire) n'a point éprouvé le » moindre dommage du fait de Chasse dont elle » se plaint. En général, l'intérêt est la mesure » de toute action. L'art. 1er du Code d'instruction » criminelle n'accorde non plus d'action en ré-» paration de dommage, qu'à ceux qui ont souf-» fert le dommage. Donc, tant d'après les prin-» cipes généraux de droit que d'après la loi du 3o » avril 1790 même, la partie civile (le proprié-» taire) qui est ici en cause sans l'assistance du » fermier n'a aucune action».

C'est dire nettement qu'aucune action civile n'est ouverte incidemment à l'action publique, contre le réfractaire à la défense de chasser sur le terrain d'autrui, lorsqu'en temps prohibé, il a chassé, soit sur des friches, soit sur des jachères ; et qu'aucune action, soit civile, soit publique, ne peut être intentée contre lui, lorsqu'il a chassé après l'enlèvement de la *dépouille entière*, après que l'autorité administrative a proclamé l'ouverture de la Chasse, en un mot toutes les fois qu'il n'est résulté et et qu'il n'a pu résulter du fait de Chasse aucune espèce de dommage. Or, je le demande, n'est-ce point là un paradoxe monstrueux? Que le fermier en pareil cas n'ait point d'action, cela est tout simple ; il est sans intérêt, et comme le dit très-bien l'arrêt dont il s'agit, *l'intérêt est la mesure de toute action.* Mais le propriétaire dont le droit exclusif de chasser a été violé, n'est-il pas intéressé à ce que la violation en soit réprimée? Et que deviendrait son droit, s'il n'avait pas d'action pour en faire punir les infracteurs qui n'y porteraient atteinte qu'après l'ouverture de la Chasse, et qui, par là, seraient à l'abri de toute poursuite de la part du ministère public? Disons-le franchement, raisonner comme le fait l'arrêt du 25 février 1826, c'est faire dire à la loi qu'a-près l'ouverture de la Chasse, tout individu pourra chasser impunément sur le terrain d'au-trui ; c'est lui faire dire tout le contraire de ce qu'elle a dit réellement.

§. VII. 1º. *Celui à qui le droit de chasser sur un domaine rural, a été affermé ou cédé d'une manière quelconque par le propriétaire, peut-il rendre plainte contre ceux qui y chassent sans sa permission ?*

2º. *Peut-il faire constater par son propre garde-champêtre ou forestier les délits de Chasse qui sont commis sur ce fonds ?*

Ces deux questions se sont présentées, et, je dois le dire à l'avance, ont été très-mal jugées dans l'espèce suivante.

Le sieur S... avait chassé sans permission, en temps non prohibé, sur des terres appartenant au sieur H...., mais sur lesquelles celui-ci avait cédé son droit de Chasse au vicomte de G..., son frère ; le garde-champêtre du vicomte de G... en avait dressé procès-verbal.

Traduit en conséquence devant le tribunal cor-rectionnel de Bruxelles, le sieur S....., sans mé-connaître la cession que le sieur H..... avait pré-cédemment faite au vicomte de G... de son droit de Chasse, s'est défendu en soutenant 1º. que le procès-verbal était nul et ne pouvait faire foi contre lui, parcequ'il était l'ouvrage, non du garde-champêtre du propriétaire du fonds sur lequel on l'accusait d'avoir chassé, mais de celui du vicomte de G...., qui n'avait sur ce fonds au-cun droit de propriété ; 2º. que la faculté de ren-dre plainte d'un délit de Chasse était concentrée dans la personne du propriétaire, et ne pouvait pas être étendue au cessionnaire de son droit de Chasse ; 3º. que le vicomte de G...., était d'au-tant moins recevable à le poursuivre, que le sieur H.... ne l'était pas lui-même, puisqu'il avait af-fermé ses terres et que le fermier ne se plaignait pas.

Le tribunal de Bruxelles n'a tenu aucun compte de ces moyens. Par jugement du 18 février 1825, motivé spécialement *sur ce que, bien qu'il fût établi que le champ sur lequel S.... avait chassé, apparte-nait au sieur H...., cependant celui-ci s'étant réservé le droit de Chasse sur ce champ par le bail qu'il en avait fait à son fermier, et ayant ensuite cédé ce droit au vicomte de G..., ce dernier avait qualité pour porter plainte comme étant intéressé à la conservation de la Chasse,* a condamné le sieur S...à l'amende de 20 francs, portée par l'art. 1er. de la loi du 22-3o avril 1790.

Mais sur l'appel du sieur S...., arrêt de la troi-sième chambre de la cour supérieure de justice de Bruxelles, du 31 mars 1825, par lequel,

« Attendu que, d'après l'art. 8 de la loi du 3o avril 1790, il ne peut, lorsque le délit est com-mis pendant l'ouverture de la Chasse, y avoir lieu à l'application des peines portées par cette loi, que sur la plainte du propriétaire ou autre partie intéressée ;

» Attendu que, dans l'espèce, la Chasse était ouverte ; que le sieur H......, propriétaire du champ sur lequel le prévenu aurait été trouvé chassant, n'a fait aucune plainte, mais bien son frère, qui n'avait aucun droit de le faire, comme étant sans intérêt.....;

» Attendu que le procès-verbal dressé par le garde particulier du vicomte de G......, ne peut non plus faire aucune foi dans l'espèce, puisque ce garde est uniquement établi et assermenté pour veiller aux propriétés du vicomte prédit, et que hors de là il est sans autorité; —

» Attendu que la pièce de terre, sur laquelle l'appelant aurait été trouvé chassant, étant donnée à ferme, le fermier seul, comme propriétaire des fruits, pouvait, dans l'espèce, d'après l'art. 1er. de la loi prémentionnée, demander une imdemnité, et que rien ne fait que le propriétaire se soit réservé le droit de Chasse, puisque les particuliers ne peuvent par leurs conventions changer la loi;

» Par ces motifs, la cour met le jugement dont est appel au néant..... (1) ».

Que le dernier motif de cet arrêt soit en opposition diamétrale avec le texte et l'esprit de la loi du 22-30 avril 1790, c'est ce que je crois avoir démontré dans le §. précédent.

Les deux autres sont-ils mieux fondés? Il est aisé de sentir que non.

D'abord, l'arrêt convient que le droit de porter plainte d'un délit de Chasse, n'est pas restreint à la personne du propriétaire, et qu'il appartient également à toute *autre partie intéressée.* Sur quel fondement déclare-t-il donc le vicomte de G.... non-recevable dans sa plainte contre le sieur S....? Ce n'est certainement pas faute de preuve légale de la cession que le sieur H..... a faite au vicomte de G.... de son droit de Chasse, puisqu'il ne contredit et ne dément en aucune manière le fait de cette cession énoncé en toutes lettres dans le jugement de première instance comme avoué et constant; c'est uniquement parceque le vicomte de G..... *est sans intérêt;* et que signifient ces termes? Ou ils sont vides de sens, ou ils signifient que le vicomte de G......, tout cessionnaire qu'il est du droit de Chasse du sieur H....., ne peut pas être considéré comme *partie intéressée* dans le sens de l'art. 8 de la loi; et c'est effectivement ainsi que les interprètent les magistrats à qui l'on doit le recueil d'après lequel je parle de cet arrêt, puisqu'ils le présentent dans le sommaire qui en forme l'intitulé, comme jugeant pour la négative la question de savoir si *celui à qui le droit de chasser sur un fonds a été cédé par le propriétaire, peut faire poursuivre ceux qui chassent sur ce fonds sans sa permission.* Mais ainsi entendu, et encore une fois, il est impossible de l'entendre autrement, l'arrêt suppose nécessairement de deux choses l'une, ou que le droit de Chasse n'est susceptible d'aucune cession, ou

que le propriétaire ne peut pas, en le cédant, transmettre au cessionnaire le droit d'en poursuivre les infracteurs. Or, d'une part, juger que le droit de Chasse, qui bien certainement ne peut pas être aliéné à perpétuité sans le fonds sur lequel l'exercice en est permis par la loi (1), ne peut pas non plus être cédé séparément, soit pour un temps limité, soit pour un temps indéfini, mais dont la durée dépende de la volonté du cédant, c'est une erreur hautement démentie, et par le décret du 25 prairial an 13 qui autorise *les maires des communes à affermer le droit de Chasse dans les bois communaux* (2), et par les exemples assez nombreux et jamais contredits, de propriétaires qui, en affermant leurs biens, comprennent le droit de Chasse dans leurs baux. D'un autre côté, juger que le cessionnaire d'un droit de Chasse n'acquiert pas, à ce seul titre, une qualité suffisante pour en poursuivre les infracteurs, c'est rendre illusoire la faculté d'affermer ce droit; car quel est l'homme assez insensé pour prendre à ferme un droit dont il ne pourrait pas faire réprimer la violation?

En second lieu, pourquoi le garde-champêtre du vicomte de G...... n'aurait-il pas eu qualité pour constater le délit de Chasse dont il s'agissait? Chargé par sa commission et par le caractère public dont il avait été en conséquence revêtu par la justice, de veiller à la conservation de tous les biens ruraux que le vicomte de G.... possédait dans l'arrondissement qui lui avait été assigné, il l'était par cela seul de veiller à la conservation du droit de Chasse qui appartenait au vicomte de G..... sur le fonds du sieur H...., puisque ce droit formait pour le vicomte de G...., un *bien* proprement dit, et qui était de nature rurale. Pour soutenir le contraire, il faudrait aller jusqu'à dire qu'il n'appartient qu'à un propriétaire foncier d'établir un garde-champêtre, avec le concours de l'autorité publique, et qu'il ne peut le charger que de la conservation de sa propriété foncière. Or, le moyen d'avancer une pareille proposition, alors qu'il est généralement reconnu, ainsi qu'il est jugé par un arrêt de la cour de cassation, du 27 brumaire an 11, qu'un fermier peut nommer un garde-champêtre pour la conservation de ses récoltes (3)?

§. VIII. *Le fermier a-t-il qualité pour porter plainte, devant le tribunal correctionnel, contre ceux qui chassent induement sur les fonds compris dans son bail?*

M. Toullier n'en doute pas. Après avoir dit, liv. 3, n°. 21, avec l'art. 8 de la loi du 22-30 avril 1790, que les délits de Chasse commis en

---

(1) Jurisprudence de la cour supérieure de justice de Bruxelles, année 1825, tome 2, page 212.

(1) V. le *Répertoire de jurisprudence,* au mot *Chasse,* §. 4, n°. 8.
(2) V. *Ibid.,* au mot *Communaux,* §. 5.
(3) V. le *Répertoire de Jurisprudence,* aux mots *Garde-champêtre,* n°. 6.

temps non prohibé, ne peuvent être poursuivis que *sur la plainte du propriétaire ou autre partie intéressée;* il ajoute : *ce qui comprend le fermier.*

Je suis complètement de son avis pour le cas où il s'agit d'un fait de Chasse en temps prohibé, parcequ'alors ce fait constitue, par lui-même et d'une manière absolue, un délit susceptible de poursuite de la part du ministère public, et parcequ'il est de principe que tout particulier lésé par un délit, peut en rendre plainte, ou en d'autres termes, poursuivre par la voie correctionnelle la réparation du dommage qui en est résulté pour lui.

Mais la même décision est-elle applicable au cas où il s'agit d'un fait de Chasse en temps non prohibé?

Il existe là-dessus deux arrêts contraires l'un à l'autre.

Le premier a été rendu, le 6 novembre 1822, par la cour supérieure de justice de Bruxelles, formée en cour de cassation.

« Attendu (porte-t-il) que, dans l'espèce, il ne s'agit point d'examiner si le fermier a le droit de chasser, proprement dit, sur les terres qu'il occupe à titre de locataire, mais bien de décider s'il a le droit de poursuivre en justice ceux qui chassent sur lesdites terres sans permission ;

» Attendu que l'art. 1er. de la loi précitée sur la Chasse, accorde une indemnité de dix livres au propriétaire *des fruits,* sans préjudice de plus grands dommages-intérêts, s'il y échoit ; qu'ainsi, pour pouvoir exiger cette indemnité, le fermier doit évidemment avoir le droit de se porter partie plaignante ; qu'au surplus, l'art. 8 de la même loi accorde au propriétaire ou *autre partie intéressée,* le droit de porter plainte ; que ces mots *ou autre partie intéressée,* combinés avec l'expression de l'art. 1er., doivent s'entendre du fermier intéressé à la conservation de ses récoltes ;

» Par ces motifs, la cour, sur les conclusions conformes de M. Duvigneaud, substitut du procureur général, rejette le pourvoi ; condamne les demandeurs à l'amende et aux dépens (1) ».

Le second arrêt a été rendu dans l'espèce suivante, par la cour royale d'Angers.

Les sieurs Baumont ayant chassé en temps non prohibé sur des terres appartenant aux hospices d'Angers, le sieur Monty, fermier de ces terres, les a fait citer au tribunal correctionnel de Saumur.

Le 19 mai 1826, jugement qui les décharge de la citation, « attendu que Monty, comme fer-
» mier, n'a pas qualité pour poursuivre correc-
» tionnellement les frères Baumont, pour fait de
» Chasse sur ces mêmes biens; que le droit de
» Chasse est un droit inhérent à la qualité de
» propriétaire; que celui-ci, dans l'espèce, ne
» l'a pas concédé; qu'un fermier ne peut former

» d'action que pour dommage causé à ses fruits et
» récoltes, et que cette action est purement civile ».

Le sieur Monty appelle de ce jugement à la cour royale d'Angers ; mais par arrêt du 14 août de la même année,

« Attendu que les animaux sauvages qui se transportent librement d'un lieu à un autre, ne peuvent être assimilés aux fruits produits par la terre ;

» Que le Code civil a reconnu leur différence en disposant, par l'art. 715, que la faculté de pêcher et de chasser est réglée par des lois particulières ;

» Attendu que la Chasse est une dépendance du droit de propriété ;

» Que le propriétaire n'est censé s'être dépouillé de ce droit au profit de son fermier, qu'autant que le bail en contient la clause expresse ;

» Que, si l'on admettait une jurisprudence contraire, il s'ensuivrait que le fermier pourrait toujours s'opposer à ce que le propriétaire exerçât le droit de Chasse sur les terres affermées, si celui-ci ne se l'était formellement réservé ;

» Attendu que, si le propriétaire du terrain ne rend pas plainte, le ministère public ne peut requérir l'amende de 20 livres, qui est la peine imposée par la loi ;

» Que, quand le tribunal de police correctionnelle ne peut infliger une peine, il n'a pas le droit d'accorder aux particuliers une indemnité qui ne doit être prononcée qu'accessoirement ;

» Que, si le fermier a des indemnités à réclamer, il doit porter sa demande devant le tribunal civil ;

» Attendu que le bail du sieur Monty ne lui confère pas le droit de Chasse ; qu'il en résulte qu'il ne peut poursuivre ceux qui chassent sur les terrains affermés, qu'autant qu'ils y causent des dommages ;

» Adoptant, au surplus, les motifs des premiers juges ;

» La cour met l'appellation au néant.... (1) ».

Lequel de ces deux arrêts devons-nous prendre pour règle? Il me paraît évident que c'est le second.

Sans doute de ces termes de l'art. 1er. de la loi du 22-30 avril 1790, *à peine.... d'une indemnité de 20 livres envers le propriétaire des fruits, sans préjudice de plus grands dommages et intérêts, s'il y échet ;* il résulte que le fermier, lorsqu'il s'agit d'un délit de Chasse en temps prohibé, peut, ou se constituer partie civile sur les poursuites exercées d'office par le ministère public, ou provoquer ces poursuites par une plainte portée directement, soit au procureur du roi, soit au juge d'instruction, ou par une citation donnée directement devant le tribunal correctionnel.

---

(2) Jurisprudence de la cour supérieure de Bruxelles, année 1822, tome 2, page 54.

(1) Journal des audiences de la cour de cassation, année 1827, partie 2, page 6.

Sans doute il en résulte également que le fermier peut intervenir dans l'instance correctionnelle intentée, soit par le propriétaire, soit par le ministère public, d'après la plainte du propriétaire, contre le coupable d'un délit de Chasse en temps non prohibé.

Mais en conclure de plus que, lorsque, sur un fait de Chasse en temps non prohibé, il n'y a, de la part du propriétaire, ni action correctionnelle intentée directement, ni plainte tendant à mettre le ministère public en état d'agir, le fermier peut lui-même, soit intenter directement l'action correctionnelle, soit la provoquer et la nécessiter de la part du ministère public, par une plainte, c'est heurter de front et le principe que le dommage causé par un fait quelconque, ne peut donner lieu à une action publique qu'autant que ce fait constitue un délit ; et le principe qu'un fait de Chasse en temps non prohibé, ne prend le caractère de délit que par la plainte qu'en porte le propriétaire sans le consentement duquel il a été commis.

Dira-t-on que le premier de ces principes n'est pas applicable au dommage causé par un délit de Chasse ?

Le contraire est clairement prouvé par l'arrêt de la cour de cassation, du 13 juillet 1810, rapporté dans le *Répertoire de jurisprudence*, aux mots *Tribunal de police*, sect. 2, §. 3, sur l'art. 191 du Code d'instruction criminelle.

Prétendra-t-on que le second de ces principes n'est pas applicable dans toute son étendue, au cas où le fait de Chasse, sans le consentement du propriétaire, a eu lieu, en temps non prohibé, sur des terres dont le propriétaire a affermé la jouissance; qu'il ait modifié, pour ce cas, par ces termes de l'art. 8 de la loi, *sur la plainte du propriétaire* ou AUTRE PARTIE intéressée; qu'en effet, dans ce cas, le propriétaire peut bien, pour ce qui le concerne, ratifier par son silence, le fait de Chasse qui a eu lieu sans son consentement, et par là empêcher qu'il ne soit, à son égard, considéré comme un délit; mais qu'il ne peut pas le ratifier au préjudice du fermier, ni par conséquent priver celui-ci du droit de le poursuivre correctionnellement ?

Mais ce qui prouve que tel ne peut pas être le sens des termes cités de l'art. 8 de la loi, c'est l'absurdité des deux conséquences qu'il faudrait en tirer.

Il serait impossible, en effet, de ne pas conclure de ces termes, et que le propriétaire qui, en chassant lui-même, après l'ouverture de la Chasse, sur ses terres affermées, causerait du dommage aux fruits tardifs qui y seraient encore sur pied, pourrait être poursuivi correctionnellement par le fermier; et que le fermier pourrait poursuivre par la même voie le tiers qui, en chassant à la même époque avec le consentement préalable du propriétaire, endommagerait des fruits de la même espèce. Car il est évident que, si de cela seul que le fermier est *intéressé* à la réparation du dommage causé à ses fruits par un fait de Chasse, il résultait nécessairement qu'il doit toujours être admis à l'action correctionnelle, le propriétaire ne pourrait, ni en chassant lui-même, ni en autorisant un tiers à chasser, le priver de l'exercice de cette action. Or, quoi de plus absurde que de réputer délit, de la part du propriétaire, un fait de Chasse qui n'est pour lui que l'exercice d'un droit légitime ? Quoi de plus absurde que de réputer délit, de la part du tiers expressément autorisé par le propriétaire à chasser, un fait de Chasse que l'art. 1er. de la loi ne punit d'une amende que dans le cas où il a lieu sans le consentement du propriétaire ?

Il y aurait sans doute préjudice pour le fermier de la part du propriétaire, si le propriétaire, en s'abstenant d'agir correctionnellement contre celui qui, après l'ouverture de la Chasse, a chassé sans son consentement sur ses terres affermées, mettait le fermier hors d'état d'agir lui-même civilement en réparation du dommage que lui a causé le fait de Chasse. Mais il n'y en a ni ne peut y en avoir, du moment qu'à défaut d'action correctionnelle de la part du propriétaire, l'action civile reste ouverte au fermier.

Mais, dira-t-on, si, dans l'art. 8 de la loi, les expressions *ou autre partie intéressée*, ne se rapportent pas au fermier, à qui les feriez-vous rapporter ?

Rien de plus simple : je les ferai rapporter à ceux qui, sans être propriétaires, ont le même droit de chasser que s'ils l'étaient, c'est-à-dire, à l'usufruitier et aux cessionnaires du droit de Chasse ; prises dans ce sens, elles n'offrent rien que de raisonnable, rien qui ne soit en harmonie avec les maximes régulatrices de l'action publique ; rapportées au fermier, elles seraient inconciliables avec le grand principe, qu'un fait de Chasse en temps non prohibé, ne prend le caractère de délit que par la *plainte* du propriétaire.

§. IX. *Quel cas doivent faire les tribunaux des arrêtés par lesquels les préfets., au lieu de se borner à fixer l'ouverture de la Chasse, conformément à l'art. 1er. de la loi du 22-30 avril 1790, se permettent quelquefois de déroger ou d'ajouter aux dispositions de cette loi ?*

Aucun, et c'est ce qu'a jugé formellement l'arrêt de la cour de cassation, du 22 juin 1815 rapporté ci-dessus, §. 5.

Dans l'espèce sur laquelle a été rendu cet arrêt, le procureur du roi opposait au sieur Douge, un arrêté du préfet du département de l'Aube, qui, sans rappeler les dispositions de la loi du 22-30 avril 1790, défendait d'une manière absolue la Chasse sur le terrain d'autrui; et il en inférait que, puisque le fait de Chasse dont était convaincu le sieur Douge, aurait constitué un délit quand même il eût été expressément autorisé par les administrateurs de la commune à laquelle appartenait le fonds sur lequel il avait eu lieu, à plus forte raison devait-il en avoir le caractère, alors que les administrateurs de la commune ne faisaient qu'y consentir par leur silence.

Ce moyen avait déterminé la condamnation du sieur Douge. Mais on a vu que la cour de cassation ne s'y est pas arrêtée ; et je prouverai à l'article *Préfet*, §. 4, qu'elle s'est, en cela, conformée aux principes.

§. X. *La disposition de l'art.* 12 *de la loi du* 22-30 *avril* 1790 *qui déclare que* « toute ac-» tion pour délit de Chasse, sera prescrite par » le laps d'un mois, à compter du jour où le » délit aura été commis », *est-elle applicable aux délits de Chasse commis, soit dans les bois de l'É-tat en général, soit dans ceux de ces bois qui font partie de la dotation de la couronne ? Ou bien doit-on appliquer à ces délits les dispositions de l'art.* 8 *du tit.* 9 *de la loi du* 15-29 *septembre* 1791, *concernant l'administration des forêts, suivant lesquelles* « les actions en réparation de » délits seront intentées au plus tard dans les » trois mois où ils auront été reconnus, lors-» que les délinquans seront désignés par les » procès-verbaux : à défaut de quoi elles se-» ront éteintes et prescrites. Le délai sera » d'un an, si les délinquans n'ont pas été » connus » ?

En traitant cette question à l'audience de la section criminelle de la cour de cassation du 2 juin 1814, dans une affaire où le prévenu d'un délit de Chasse dans une forêt dépendante du domaine de la couronne, attaquait un jugement en dernier ressort qui l'avait condamné, quoiqu'il se fût prévalu de la prescription d'un mois, j'ai dit qu'à la vérité, *l'État est soumis*, par l'art. 2227 du Code civil, *aux mêmes prescriptions que les particuliers*, mais que cette règle cesse toutes les fois qu'il y a, pour les prescriptions contre l'État des dispositions spéciales ; qu'il se trouve, dans la loi du 15-29 septembre 1791, une disposition spéciale sur la prescription *des délits et malversations commis dans les bois nationaux* ; et qu'on ne pouvait douter que les délits de Chasse ne fussent compris dans cette disposition, puisqu'à l'exemple de l'art. 4 du tit. 30 de l'ordonnance de 1669, l'arrêté du directoire exécutif du 28 vendémiaire an 5 les qualifiait expressément de *délits forestiers*.

En conséquence, j'ai conclu au rejet de la demande en cassation ; et elle a été effectivement rejetée par arrêt du même jour, *attendu que le délit de Chasse est placé par la loi au rang des délits forestiers, qui ne se prescrivent que dans le délai de trois mois* (1).

La question s'est représentée depuis dans une affaire où il s'agissait d'un délit de Chasse commis dans une forêt de l'État qui ne dépendait pas du domaine de la couronne.

Le tribunal correctionnel d'Epinal, se fondant sur la généralité de l'art. 12 de la loi du 22-30 avril 1790 et de l'art. 4 du décret du 4 mai 1812 qui ordonne indéfiniment l'exécution des *dispositions* de cette loi *concernant la Chasse*, avait, par un jugement en dernier ressort, déclaré la prescription acquise par le laps d'un mois sans poursuites ; et le procureur du roi près ce tribunal se pourvoyait en cassation pour contravention à l'art. 8 du tit. 9 de la loi du 15-29 septembre 1791.

Par arrêt du 27 juin 1817, au rapport de M. Buschopp et sur les conclusions de M. l'avocat-général Henri Larivière.

« Vu l'art. 12 de la loi du 30 avril 1790, sur la Chasse, l'art. 8 du tit. 9 de la loi du 29 septembre 1791, sur le régime forestier, l'art. 4 du tit. 30 de l'ordonnance des eaux et forêts de 1669 ;

» Considérant que le délit de Chasse qui se commet dans les forêts royales, est un délit forestier prévu par l'art. 4 du tit. 30 de l'ordonnance de 1669 ; que conséquemment la prescription n'en peut être acquise qu'après le temps prescrit par l'art. 8 du tit. 9 de la loi du 29 septembre 1791, postérieure à celle du 30 avril 1790 ;

» Que le décret du 4 mai 1812, relatif à la Chasse sans permis de port d'armes, ne contient aucune disposition dérogatoire audit art. 8 ;

» Considérant, dans l'espèce, que le délit de Chasse imputé aux nommés Colin ; Evrard et Receveur, a été commis dans une forêt royale ; que ce délit a été constaté le 18 novembre 1816, et que les poursuites en réparation ont été faites le 30 janvier 1817 ; qu'il ne s'était donc pas écoulé, entre ces deux actes, le temps de trois mois fixé pour la prescription par la loi du 29 septembre 1791 ;

» Que, néanmoins, en se fondant sur l'art. 12 de la loi du 30 avril 1790, et sur le décret du 4 mai 1812, le tribunal d'Epinal a déclaré le délit prescrit ; qu'ainsi, il a fait une fausse application de ces loi et décret, et violé en même temps la loi du 29 septembre 1791 et l'ordonnance de 1669 ;

» D'après ces motifs, la cour casse et annulle..... (1) ».

Quelques années après la même opinion a été adoptée par la cour supérieure de justice de Bruxelles, formée en cour de cassation.

Dans le fait, un délit de Chasse avait été commis le 19 novembre 1810, dans la forêt domaniale de Bertansart, et constaté le même jour par un procès-verbal régulier ; mais l'administration forestière n'avait fait citer le prévenu que le 29 janvier 1821 ; et celui-ci ne manquait pas d'exciper de la prescription.

---

(1) *Répertoire de jurisprudence*, au mot *Chasse*, §. 5, n°. 2.

(1) Bulletin criminel de la cour de cassation, tome 22, page 139.

Le 4 avril 1821, jugement du tribunal correctionnel de Charleroy qui rejette cette exception, « attendu que le délit a eu lieu dans une forêt » nationale, et que les lois qui régissent cette » sorte de biens, accordent trois mois pour la » prescription des délits correctionnels ».

Appel de la part du prévenu au tribunal correctionnel de Mons; et là il intervient, le 9 août de la même année, un jugement qui infirme celui de première instance, et déclare la prescription acquise au prévenu.

Mais sur le recours en cassation de l'administration forestière, arrêt du 26 novembre suivant, par lequel,

« Attendu que, d'après l'arrêté du 28 vendémiaire an 5, le port d'arme et la Chasse dans les forêts nationales, sont défendus par l'ordonnance de 1669, et dans les forêts des particuliers, par la loi du 30 avril 1790;

» Attendu que l'art. 1er. de cet arrêté interdit itérativement la Chasse dans les forêts nationales à tous particuliers sans distinction; et que, par l'art. 2, il est enjoint aux gardes de dresser contre les contrevenans, les procès-verbaux dans la forme prescrite pour les autres délits forestiers, et de les remettre à l'agent national près la ci-devant maîtrise de leur arrondissement;

» D'où il suit que les délits commis dans les forêts de l'État sont, aux yeux de la loi, des délits forestiers dont l'action n'est prescrite que par le laps de trois mois, aux termes de l'art. 8, tit. 9, de la loi du 29 septembre 1791.....;

» Par ces motifs, la cour, sur les conclusions conformes de M. l'avocat-général Destoop, casse et annulle le jugement rendu en appel par le tribunal correctionnel de Mons, le 9 août 1821, pour fausse application de la loi du 30 avril 1790.... (1) ».

Voilà une jurisprudence qui paraît bien établie; cependant je dois dire que des trois arrêts dont elle se compose, il n'y a que le premier qui doit servir de règle, et que, pour en justifier la décision, il faut modifier le motif qu'il contient d'après mes conclusions.

J'avais supposé dans mes conclusions que l'art. 12 de la loi du 22-30 avril 1790 était originairement et par lui-même applicable aux délits de Chasse commis dans les bois du domaine de la couronne; et qu'il le serait encore, s'il n'y était pas dérogé par l'art. 8 du tit. 9 de la loi du 15-29 septembre 1791. Mais je suis obligé de le reconnaître après y avoir bien réfléchi, cette supposition renfermait de ma part une grande erreur.

Sans doute, la loi du 22-30 avril 1790 est par elle-même applicable aux délits de Chasse commis dans les bois de l'État en général; mais elle ne l'est pas à ceux de ces bois qui font partie du domaine de la couronne; et la preuve de ces deux propositions résulte (comme l'a parfaitement démontré M. le procureur-général Mourre dans un réquisitoire du 9 mai 1822, imprimé dans le *Bulletin criminel* de la cour de cassation, tome 26, page 233) de la réserve qu'elle contient, art. 16, de *pourvoir par une loi particulière à la conservation des plaisirs du roi*.

Cela posé, il est d'abord évident que la prescription des délits de Chasse commis dans les bois du domaine de la couronne, ne peut s'acquérir que par trois mois ou un an, non parceque l'art. 8 du tit. 9 de la loi du 15-29 septembre 1791 déroge, en ce point, à la loi du 22-30 avril 1790, mais parcequ'il établit, pour la prescription des délits commis dans les bois de l'État, une règle qui, par sa généralité, s'applique à tous ceux de ces délits qui ne sont pas soumis à une prescription différente par une loi spéciale.

Mais de là même il suit non moins évidemment que la prescription des délits de Chasse commis dans les bois de l'État qui ne font pas partie du domaine de la couronne, est encore régie par l'art. 12 de la loi du 22-30 avril 1790, parceque cette loi a spécialement pour objet les délits de Chasse; parceque, dès-lors, elle ne peut pas être censée abrogée, quant aux bois de l'État non compris dans la dotation de la couronne, par la règle générale qui est écrite dans l'art. 8 du tit. 9 de la loi du 15-29 septembre 1791; parcequ'il est de principe qu'une loi spéciale survit toujours à la loi générale qui ne l'abroge pas expressément (1).

S'il en était autrement, il faudrait aller jusqu'à dire que les délits de Chasse commis dans les bois de l'État non compris dans le domaine de la couronne, doivent encore être punis, comme doivent encore l'être effectivement ceux qui sont commis dans les bois dépendant de la couronne, des amendes portées par le tit. 30 de l'ordonnance de 1669; or le contraire est clairement établi dans le réquisitoire déjà cité de M. le procureur-général Mourre, et formellement jugé par l'arrêt de la cour de cassation dont il a été suivi le 30 mai 1822.

Aussi dès le lendemain de cet arrêt, la cour de cassation n'a-t-elle pas hésité à en maintenir un de la cour royale d'Amiens qui avait déclaré prescrit par le laps d'un mois sans poursuites, un délit de Chasse commis dans une forêt appartenant à l'État, mais non compris dans la dotation de la couronne.

« Considérant (a-t-elle dit, au rapport de M. Busschop, et sur les conclusions de M. l'avocat-général Fréteau-de-Peny) que la loi du 30 avril 1790 sur la Chasse, est générale; qu'elle ne contient autre restriction que celle faite par son art. 16, relativement aux domaines faisant partie

_____

(2) Jurisprudence de la cour supérieure de Bruxelles, année 1821, tome 2, page 62.

(1) *V.* l'article *Délits ruraux*, §. 1.

de la liste civile, et destinés aux plaisirs de Chasse du roi; que ses dispositions sont donc applicables à tous les délits de Chasse commis sur des propriétés autres que celles mentionnées audit art. 16, conséquemment à ceux commis dans les bois et forêts de l'Etat comme à ceux commis sur des propriétés communales ou particulières; d'où il suit que, tous ces délits de Chasse se prescrivent généralement par le laps d'un mois, conformément à l'art. 12 de ladite loi d'avril 1790;

» Que, dans l'espèce, le délit de Chasse imputé à Louis Hérault, n'avait point été commis sur un domaine de la liste civile, et que ce délit n'a point été poursuivi dans le mois après qu'il eût été constaté par procès-verbal; d'où il suit qu'en déclarant le délit prescrit, et en renvoyant en conséquence ledit Hérault de toute poursuite, la cour royale d'Amiens a fait une juste application dudit art. 12 de la loi du 30 avril 1790;

» D'après ces motifs, la cour rejette le pourvoi..... (1) ».

Il est vrai que, le 6 juillet de la même année, la cour royale d'Orléans, saisie de la même question, l'a résolue en sens contraire, et a condamné, aux peines portées par le tit. 30 de l'ordonnance de 1669, le sieur Touquoi, qui, pour un délit de Chasse commis dans une forêt de l'Etat, le 18 janvier précédent, n'avait été poursuivi que le 6 mars, et excipait en conséquence de la prescription.

Mais le sieur Touquoi s'étant pourvu en cassation, tant pour violation de l'art. 12 de la loi du 22-30 avril 1790, que pour fausse application de l'ordonnance de 1669 qui ne pouvait, sous aucun rapport, être invoquée en cette matière, arrêt est intervenu, le 30 août suivant, au rapport de M. Busschop et sur les conclusions de M. l'avocat général Marchangy, par lequel,

« Vu les art. 1, 2 et 12 de la loi du 30 avril 1790..... ;

» Considérant que les dispositions de cette loi sont générales, et s'étendent conséquemment à tous les délits de Chasse commis tant sur les propriétés de l'Etat et du domaine public, que sur les propriétés appartenant aux communautés et aux particuliers;

» Que seulement, par son art. 16, ladite loi excepte les délits de Chasse qui se commettraient dans les bois, forêts, parcs et propriétés réservés aux plaisirs de Chasse du roi, faisant partie de la dotation de la couronne et de la liste civile;

» Que le délit de Chasse qui, dans l'espèce, a été l'objet des poursuites intentées contre le sieur Thomas Touquoi, n'avait point été commis dans une propriété réservée par ledit art. 16, mais dans une forêt appartenant au domaine public;

» Que ce délit avait été commis le 18 janvier 1822, et que les premières poursuites n'ont eu lieu, contre le prévenu, que le 27 mars de la même année, conséquemment après l'expiration du terme fixé par ledit art. 12, pour la prescription des délits de Chasse; d'où il suit qu'en rejetant cette prescription, et en condamnant le prévenu aux peines portées par l'ordonnance de 1669, la cour royale d'Orléans a faussement appliqué cette ordonnance, et violé ledit art. 12;

» Par ces motifs, la cour casse et annule... (1) ».

CHIRURGIEN. *V.* l'article *Dentiste*.

CHOSE JUGÉE §. I. *Les jugemens préparatoires et interlocutoires passent-ils en Chose jugée ; ou bien les juges qui les ont rendus, peuvent-ils les révoquer ?*

I. Que les jugemens préparatoires ne lient pas les tribunaux qui les ont rendus, c'est un principe que les lois romaines avaient formellement consacré (1), et qui a toujours été reconnu par notre jurisprudence.

De là l'arrêt que la cour de cassation a rendu dans l'espèce suivante.

Le 12 fructidor an 9, le tribunal civil de l'arrondissement de Bagnières, avant faire droit sur un appel interjeté par Joseph Dasson, d'un jugement rendu par une justice de paix, appointe les parties *à mettre*.

Le 22 nivôse an 10, sur les conclusions du ministère public, il rend un jugement qui rétracte cet appointement.

Joseph Dasson se pourvoit en cassation contre ce jugement, et contre le jugement définitif dont il a été suivi.

Mais sa demande est rejetée par la section des requêtes, le 25 ventôse an 11, au rapport de M. Vermeil, « attendu que, si un tribu-
» nal qui a prononcé définitivement, ne peut pas
» se réformer lui-même, aux termes de l'art. 1
» du tit. 35 de l'ordonnance de 1667, il n'en est
» pas ainsi des jugemens de pure forme, tels que
» celui qui avait ordonné une instruction par
» écrit; et que ce genre d'instruction n'ayant
» plus lieu dans le nouvel ordre judiciaire, le
» tribunal a pu rectifier son erreur, sur les con-
» clusions du commissaire du gouvernement,
» chargé spécialement de veiller au maintien des
» formes légales ».

II. Les jugemens interlocutoires ne lient pas davantage les tribunaux de qui ils sont émanés.

Le 18 nivôse an 9, la cour d'appel de Douai, avant faire droit sur l'appel d'un jugement du

---

(1) Bulletin criminel de la cour de cassation, tome 27, page 341.
(2) *V.* la loi 19, §. 2, D. *de receptis qui arbitrium.*

tribunal civil du département du Nord, qui déboutait le sieur Fanyau de l'action qu'il avait intentée contre le sieur Bance. et Marie - Anne Crone, sa femme, avait ordonné que ceux-ci feraient preuve des faits qu'ils avaient articulés pour défendre ce jugement au fond.

Le 6 ventôse de la même année, la même cour avait rendu un arrêt définitif par lequel, sans s'arrêter au jugement du tribunal civil du département du Nord, elle avait déclaré le sieur Fanyau *non-recevable* dans son action.

Recours en cassation contre cet arrêt de la part du sieur Fanyau. Il disait que la cour d'appel, en rendant l'arrêt interlocutoire du 18 nivôse an 9, avait implicitement rejeté la fin de non-recevoir que le sieur Bance et sa femme lui avaient opposée dès le principe de l'instance; qu'ainsi, en adoptant cette fin de non-recevoir par son arrêt définitif, elle avait établi entre les deux jugemens une contrariété qui devait faire annuller le second.

Mais par arrêt du 27 nivôse an 11, sa requête a été rejetée, au rapport de M. Aumont, « attendu qu'il est de principe que les juges ne sont » pas liés par les interlocutoires qu'ils prononcent, et que la loi qui ne leur permet pas de » se réformer eux-mêmes, ne s'applique qu'aux » décisions définitives, qu'ils ne peuvent changer » en totalité ni en partie par des décisions contraires ».

On trouvera là-dessus de nouveaux détails dans le plaidoyer et l'arrêt du 25 germinal an 10, rapportés à l'article *Usage (droit d')*, §. 1; dans le plaidoyer et l'arrêt du 17 janvier 1810, rapportés à l'article *Testament*, §. 14; dans le plaidoyer du 12 avril de la même année, rapporté à l'article *Interlocutoire*, §. 5, et dans le §. 2 du même article.

§. II. *Est-ce par requête civile ou par cassation que doit être attaqué un jugement en dernier ressort qui, par sa contrariété à un jugement rendu précédemment en dernier ressort entre les mêmes parties, viole l'autorité de la Chose jugée?*

2°. *Le jugement rendu contre le vendeur postérieurement à la vente, a-t-il l'autorité de la Chose jugée contre l'acquéreur, lorsque celui-ci a eu connaissance du procès?*

I. Sur la première question, l'ordonnance de 1667, tit. 35, art. 34, distinguait entre le cas de *contrariété d'arrêts ou jugemens en dernier ressort entre les mêmes parties* ET EN MÊMES COURS OU JURIDICTIONS, et le cas de *contrariété* EN DIFFÉRENTES COURS OU JURIDICTIONS.

Au premier cas, elle n'accordait que la voie de requête civile; mais dans le second, elle permettait *de se pourvoir au grand conseil*; ce qui, pour le résultat, signifiait la même chose que *se pourvoir en cassation*.

C'est en adoptant l'esprit de cette distinction, que le Code de procédure civile veut, d'une part, art. 480, que l'on ne puisse se pourvoir que par requête civile, *s'il y a contrariété de jugemens en dernier ressort, entre les mêmes parties et sur les mêmes moyens* DANS LES MÊMES COURS OU TRIBUNAUX, et déclare, de l'autre, art. 504, que *la contrariété des jugemens en dernier ressort rendus entre les mêmes parties et sur les mêmes moyens*, EN DIFFÉRENS TRIBUNAUX, *donne ouverture à cassation*.

De ces deux dispositions naissent quelques questions sur lesquelles j'aurai occasion de m'expliquer dans le §. 2 *bis*. Mais c'est ici le lieu d'en rappeler une qui s'est élevée dans l'intervalle de l'institution de la cour de cassation à la mise en activité du Code de procédure civile, et qui consistait à savoir si la loi du 27 novembre 1790 avait ou non dérogé à la disposition de l'art. 34 de l'ordonnance de 1667 qui interdisait le recours en cassation, et n'ouvrait que la voie de la requête civile, en cas de contrariété de jugemens rendus en dernier ressort entre les mêmes parties, par les mêmes cours ou juridictions.

Elle s'est présentée à l'audience de la cour de cassation, section civile, le 2 germinal an 9, sur le recours exercé par le sieur Jeannin contre un jugement du tribunal civil du département de Saône-et-Loire, rendu en faveur du sieur Bazin. J'y ai conclu à la cassation du jugement attaqué; mais les opinions des juges s'étant partagées sur le point de savoir si c'était par requête civile ou par cassation que le demandeur avait dû se pourvoir, cinq nouveaux juges ont été appelés pour vider le partage; et la cause reportée à l'audience du 15 du même mois, j'ai dit :

« Le demandeur emploie contre le jugement qu'il vous dénonce, deux moyens différens.

» Il prétend d'abord qu'en rejetant son action comme non-recevable, ce jugement a violé les principes et les lois concernant la tierce-opposition.

» Il soutient ensuite qu'en prononçant ainsi, ce même jugement a violé l'autorité de la Chose jugée.

» Pour apprécier ces deux moyens, remontons aux faits qui ont donné lieu au jugement attaqué.

» Le 8 octobre 1789, contrat d'échange entre le demandeur, d'une part, le sieur Barrault et son épouse, de l'autre.

» Par cet acte, le sieur Barrault et son épouse donnent, en contre échange au demandeur, un immeuble qu'ils avaient précédemment vendu au sieur Bazin.

» Ils en font la déclaration dans l'acte même, mais ils observent aussi que, le 18 janvier 1788, ils ont obtenu contre la vente des lettres de rescision, et que le sieur Bazin en a consenti l'entérinement.

» L'acte n'explique pas si l'instance en rescision est entièrement vidée, si Bazin a offert d'abaudonner le bien, et si, dans ce cas, il a été remboursé de ses avances, ou s'il a préféré de suppléer le juste prix.

» Mais l'acte en dit toujours assez pour avertir le demandeur de l'existence d'une procédure entre Barrault et Bazin, relativement au fonds qu'il acquérait du premier à titre d'échange.

» Quelque temps après, Barrault meurt. Sa veuve est poursuivie par Bazin devant le tribunal du district de Châlons-sur-Saône, en déboutement des lettres de rescision prises par elle et feu son mari contre la vente qu'ils lui avaient faite du fonds donné depuis en contre-échange au demandeur.

» Le 30 juillet 1791, jugement par défaut et qualifié en dernier ressort, qui, faute par la veuve Barrault d'avoir remboursé à Bazin les sommes qu'il avait payées à compte du prix de cette vente, rejette la demande en entérinement des lettres de rescision.

» Le 23 juin 1792, Bazin fait signifier ce jugement au demandeur.

» Il ne paraît pas qu'il l'eût précédemment fait signifier à la veuve Barrault elle-même; rien ne le prouve, rien même ne le fait présumer.

» Dès le 29 du même mois, et par conséquent dans la huitaine, le demandeur y forme, non pas une tierce-opposition, telle qu'elle est énoncée dans les art. 10 et 11 du tit. 27 de l'ordonnance de 1667, mais une opposition simple, telle qu'elle est autorisée par l'art. 3 du tit. 35 de la même ordonnance.

» Sur cette opposition, le tribunal du district de Châlons rend, le 26 juillet 1794, un jugement contradictoire qui, *y ayant égard et y faisant droit*, attendu qu'elle a été formée dans la huitaine de la signification du jugement rendu par défaut contre la veuve Barrault, le 30 juillet 1791, *remet les parties au même état qu'elles étaient avant ce jugement, et pour être fait droit au fond, renvoie la cause à la prochaine audience, toutes fins, exceptions et dépens réservés*.

» Il est à remarquer que Bazin avait, par ses conclusions prises à l'audience où ce jugement a été rendu, demandé expressément qu'il fût statué en dernier ressort sur l'opposition de Jeannin.

» Jeannin, de son côté, ne s'était pas expliqué sur ce point; et dans le fait, le jugement ne dit pas si c'est en dernier ressort ou à la charge de l'appel qu'il est rendu.

» Mais bien évidemment la clause du dernier ressort doit y être sous-entendue, puisque c'est sur l'opposition à un jugement en dernier ressort qu'il prononce.

» Cependant Bazin a cru pouvoir en appeler; et il a porté son appel au tribunal civil du département de la Côte-d'Or.

» Le 7 thermidor an 5, jugement par défaut, par lequel ce tribunal déclare non-recevable l'appel de Bazin, attendu que le jugement du 26 juillet 1793 a été rendu en dernier ressort.

» Bazin forme opposition à ce jugement, mais il ne donne aucune suite à cette procédure. Il s'en désiste au contraire; et par là, il reconnaît que c'est effectivement en dernier ressort qu'a prononcé le jugement du 26 juillet 1793.

» Les choses en cet état, Bazin s'adresse au tribunal civil du département de Saône-et-Loire, subrogé au tribunal du district de Châlons; il y demande contre Jeannin l'exécution du jugement qu'il a obtenu contre la veuve Barrault, le 30 juillet 1791.

» Et ce tribunal l'a ainsi ordonné, sur le fondement que Jeannin n'était pas recevable à attaquer, par tierce-opposition, un jugement rendu contre la personne de laquelle il tenait ses droits à la propriété de l'immeuble contentieux.

» C'est cette décision qu'attaque aujourd'hui le demandeur; et il la considère sous deux faces, en elle-même, et sous ses rapports avec le jugement du tribunal du district de Châlons, du 26 juillet 1793.

» Considérée en elle-même, c'est-à-dire, abstraction faite du jugement du 26 juillet 1793, et comme rendue sur une tierce-opposition formée au jugement du 30 juillet 1791, cette décision, suivant le demandeur, viole le principe établi ou du moins supposé, par les art. 10 et 11 du tit. 27 de l'ordonnance de 1667, que toute personne lésée par un jugement dans lequel elle n'a pas été partie, peut y former une tierce-opposition.

» Mais elle est plus vicieuse encore, considérée sous ses rapports avec le jugement du 26 juillet 1793, puisqu'elle détruit ce jugement en faisant revivre celui du 30 juillet 1791, et que, par là, elle porte atteinte à l'autorité de la Chose jugée.

» Reprenons chacun de ces deux moyens.

» Vous avez déjà remarqué que le demandeur avait été suffisamment averti par son contrat d'échange du 8 octobre 1789, de l'existence du procès qui se trouvait alors pendant entre Barrault et Bazin, relativement à l'immeuble que Barrault lui donnait en contre-échange.

» Cela posé, il nous sera facile de décider si, abstraction faite du jugement du 26 juillet 1793, et en considérant le demandeur comme tiers-opposant au jugement du 30 juillet 1791, le tribunal de Saône-et-Loire a pu rejeter la tierce-opposition comme non-recevable.

» Bien certainement le demandeur aurait pu se pourvoir en tierce-opposition, si le jugement du 30 juillet 1791 n'eût pas produit contre lui l'exception de Chose jugée.

» Mais aussi, point de tierce-opposition de sa part, si ce jugement est censé rendu avec lui, et si l'exécution de Chose jugée qui en résulte, peut lui être opposée.

» Or, sur ce point, écoutons la loi 63, D. *de re judicatâ*; et n'oublions pas que la question s'est élevée dans un pays où le droit romain exerce, au défaut des lois nationales et de la coutume, une autorité véritablement législative.

» Il est établi par plusieurs lois (porte ce texte célèbre), que la Chose jugée ne nuit pas à des tiers : *sæpe constitutum est res inter alios judicatas, aliis non præjudicare.* Cette règle admet cependant quelques distinctions : *quod tamen quamdam distinctionem habet.* Car il est des cas où un jugement rendu entre des parties, ne préjudicie pas à des tiers, lors même qu'ils en ont eu connaissance ; et il en est où il leur nuit, quoiqu'il n'ait rien prononcé contre eux : *Nam sententia inter alios dicta illis quibusdam etiam scientibus non obest ; quibusdam verò, etiam si contrà ipsos judicatum sit, nihil nocet* (1). Ainsi, quoique l'un des héritiers d'un débiteur ait été condamné au vu et su de l'autre, le jugement de condamnation ne pourra pas être opposé à celui-ci ; et la défense de ce dernier reste entière, bien qu'il n'ait pas ignoré les procédures faites contre son co-héritier : *Nam scientibus nihil præjudicat, velùti si ex duobus heredibus debitoris alter condemnatur : nam alteri integra defensio est, etiam si cum coherede suo agi scierit.* Il en est de même de deux demandeurs dont l'un acquiesce à la sentence qui les déboute tous deux ; son acquiescement ne préjudicie en rien à son co-demandeur : *Item si ex duobus petitoribus alter victus adquieverit, alterius petitioni non præjudicabitur ; idque ità rescriptum est.*

» Mais (continue la loi) la chose jugée nuit au tiers qui en a eu connaissance, lorsque ce tiers a souffert qu'une action, dont la poursuite ou la défense lui appartenait en première ligne, fût poursuivie ou défendue par une partie qui ne devait figurer au procès que secondairement : *scientibus sententia quæ inter alios data est, obest, cùm quis de eâ re cujus actio vel defensio primùm sibi competit, sequenti agere patiatur ;* comme si un créancier souffre que son débiteur plaide sans son intervention sur la propriété du bien qu'il a hypothéqué ; comme si un mari souffre que son beau-père ou son épouse plaident seuls sur la propriété du bien qu'il en a reçu en dot ; comme si l'acquéreur souffre que son vendeur plaide sans lui sur la propriété de la chose qui lui a été vendue : *velùti si creditor experiri passus sit debitorem de proprietate pignoris, aut maritus socerum vel uxorem de proprietate rei in dotem acceptæ, aut rei emptæ ; et hæc ità ex multis constitutionibus intelligenda sunt.*

» Mais pourquoi (c'est toujours la loi qui parle) pourquoi la connaissance du procès nuit-elle à ceux-ci et point à ceux-là ? *Cur autem his quidem scientia nocet, superioribus verò non nocet ?*

Voici la raison de la différence : c'est que celui qui sait que son co-héritier est en procès, ne peut pas l'empêcher d'exercer son action ou de proposer sa défense de la manière qui est le plus à son gré : *Illa ratio est, quòd qui scit coheredem suum agere, prohibere eum quominùs, uti velit, propriâ actione vel defensione utatur non potest.* Mais, si je laisse défendre la cause de ma propriété par le précédent propriétaire, la connaissance que j'en ai, produira contre moi l'exception de Chose jugée, parceque c'est de mon consentement que le juge prononce, quoique entre tierces personnes, sur le droit que je tiens de celui qui agit pour moi : *Is verò qui priorem dominum defendere causâm patitur, ideò propter scientiam præscriptione rei, quamvis inter alios suum judicatæ, movetur, quia ex voluntate ejus de jure quod ex personâ agentis habuit, judicatum est.*

2 D'après une loi aussi positive, nul doute que le demandeur ne soit lié ni plus ni moins que la veuve Barrault, par le jugement rendu le 30 juillet 1791, entre elle et Bazin, puisque, d'une part, la veuve Barrault était sa co-échangiste, sa venderesse, l'auteur de qui il tirait ses droits, sa garantie naturelle et légale ; et que, de l'autre, le contrat d'échange du 8 octobre 1789 l'avait informé de l'existence du procès alors pendant entre la veuve Barrault et Bazin, sur les lettres de rescision obtenues par l'un contre l'autre.

» Dès-là, par conséquent, il est clair, qu'abstraction faite du jugement du 26 juillet 1793, le demandeur ne peut pas attaquer le jugement du tribunal civil de Saône-et-Loire, du 12 ventôse an 7, pour avoir décidé que le jugement du tribunal du district de Châlons, du 30 juillet 1791, n'était point passible de tierce-opposition de sa part.

» Mais si nous cessons de faire abstraction du jugement du 26 juillet 1793 ; si, au lieu de considérer le jugement du tribunal de Saône-et-Loire en lui-même et isolément, nous le considérons sous ses véritables rapports ; à l'instant même nous demeurons convaincus que la question sur laquelle a prononcé le tribunal de Saône-et-Loire, n'était plus entière ; qu'elle était déjà jugée en dernier ressort ; qu'il ne lui appartenait pas de la juger de nouveau, et qu'en la jugeant de fait, il a outrepassé ses pouvoirs.

» Le jugement du 26 juillet 1793 avait remis les parties, c'est-à-dire, le demandeur et Bazin, *au même état qu'elles étaient avant le jugement rendu par défaut contre la veuve Barrault, le 30 juillet 1791 ;* il avait par conséquent anéanti ce dernier jugement.

» Et cependant le tribunal de Saône-et-Loire a prononcé comme si le jugement du 30 juillet 1791 subsistait encore dans toute sa force ; il l'a recréé pour en tirer contre le demandeur une exception de Chose jugée ; il a par conséquent réformé le jugement du 26 juillet 1793 ; et cependant il n'était saisi, ni par requête civile ni par aucune autre voie légale, du droit d'en discuter le bien ou le mal jugé ; il y a donc, de sa part,

---

(1) Je transcris ici cette partie de la loi, telle qu'elle est rectifiée par Cujas, *Observations*, liv. 12, chap. 25, par l'annotateur de la célèbre édition de Plantin, de 1555, sur cette loi même, et par Pothier, dans ses Pandectes, liv. 42, tit. 1, n°. 40, aux notes. La Vulgate la présente un peu différemment : *Nam sententia inter alios dicta aliis quibusdam etiam scientibus obest ; quibusdam verò, etiamsi contrà ipsos judicatum sit, nihil nocet.* Mais la suite de la loi va faire voir que la rectification est parfaitement exacte.

contravention manifeste à l'art. 1 du tit. 35 de l'ordonnance de 1667, portant *que les arrêts et jugemens en dernier ressort ne pourront être rétractés que par lettres en forme de requête civile, à l'égard de ceux qui y auront été parties ou duement appelés, et leurs héritiers, successeurs ou ayant-cause.*

» Cela posé, quelle difficulté peut-il y avoir à casser son jugement ? Et révoquer en doute la nécessité de le casser en effet, n'est-ce pas, en quelque sorte, mettre en question si l'ordonnance de 1667 est une loi ? Car l'art. 3 de la loi du 27 novembre 1790 porte que le tribunal de cassation *annullera toutes les procédures dans lesquelles les formes auront été violées, et tout jugement qui contiendra une contravention expresse au texte de la loi.*

» Or, d'un côté, c'est contrevenir expressément au texte de la loi, que de réformer sans requête un jugement en dernier ressort, que la loi défend expressément de rétracter autrement que par cette voie.

» D'un autre côté, c'est bien violer les formes auxquelles sont soumises les procédures qui ont pour objet la réformation des jugemens en dernier ressort, que de réformer un jugement de cette nature, sans que les formes prescrites à cette fin aient été employées.

» Ainsi, sous l'un comme sous l'autre rapport, il y a nécessité de casser le jugement du tribunal de Saône-et-Loire.

» Peut-être alléguera-t-on ici l'art. 3 de la loi du 4 germinal an 2, aux termes duquel la violation des formes prescrites par les lois antérieures à 1789, ne donne ouverture à la cassation, que lorsque ces lois portent la peine de nullité.

» Mais d'abord, cette objection n'altérerait en rien l'ouverture de cassation qui résulte de la partie de l'article cité de la loi du 27 novembre 1790, par laquelle le tribunal est chargé d'annuller *tout jugement qui contiendra une contravention expresse au texte de la loi.*

» Ensuite, c'est jouer sur les mots, que de ne pas vouloir trouver dans l'art. 1ᵉʳ. du tit. 35 de l'ordonnance de 1667, la peine de nullité attachée à la défense que fait cet article de rétracter, entre les mêmes parties, autrement que par requête civile, les jugemens rendus en dernier ressort.

» Cet article dit formellement que, sans requête civile, les jugemens en dernier ressort *ne pourront* être rétractés, à l'égard de ceux qui y auront été parties ; et il est généralement reconnu qu'il y a nullité de plein droit, dans tout acte qui a été fait au préjudice d'une défense exprimée par les mots *ne peut.* Cette expression, dit Dumoulin, ôte toute puissance de droit et de fait ; il en résulte une nécessité précise de ne pas agir autrement que le veut la loi, et une impossibilité absolue de faire ce qu'elle défend : *Negativa præposita verbo potest tollit potentiam juris et facti, et inducit necessitatem præcisam, designans actum impossibilem.*

» Et c'est sur ce fondement que, le 25 floréal an 8, la section criminelle a, sur nos conclusions, cassé une déclaration du jury, parcequ'il était prouvé que les jurés n'avaient pas fait la promesse de *fidélité à la constitution,* sans laquelle la loi du 29 nivôse précédent établit qu'ils *ne peuvent* remplir leurs fonctions, quoique d'ailleurs cette loi ne prononce pas expressément la peine de nullité.

» Il est au surplus bien inutile de disserter autant sur un point de jurisprudence qui n'a jamais éprouvé la plus légère difficulté dans le tribunal de cassation. Oui, le tribunal de cassation, depuis qu'il est établi, a constamment mis au nombre de ses attributions les plus claires, comme de ses devoirs les plus sacrés, d'annuller tous les jugemens qui portaient atteinte à l'autorité de la Chose jugée ; et le 12 de ce mois encore, vous avez cassé un jugement du tribunal civil de la Meuse, pour avoir jugé, en faveur du cit. Henri et au désavantage du cit. Diochet, le contraire de ce qu'avait décidé un jugement interlocutoire de première instance, dont il n'y avait pas eu d'appel.

» Cependant il reste à résoudre une difficulté qui, du premier abord, paraît très-sérieuse ; et elle résulte,

» D'une part, de ce que l'art. 34 du tit. 35 de l'ordonnance de 1667 déclare qu'il y a ouverture à la requête civile, *s'il y a contrariété d'arrêts ou jugemens en dernier ressort entre les mêmes parties, sur les mêmes moyens, et en mêmes cours de juridictions ;*

» De l'autre, de ce que, d'après l'art. 24 du tit. 4 de la première partie du réglement de 1738, les moyens de requête civile ne peuvent *être proposés pour moyens de cassation,* que dans un seul cas ; dans celui où la demande en cassation est formée contre un arrêt du conseil.

» En rapprochant ces deux textes l'un de l'autre, voici comment on raisonne :

» On convient que le jugement du tribunal civil du département de Saône-et-Loire, du 12 ventôse an 7, est contraire au jugement du tribunal du district de Châlons-sur-Saône, du 26 juillet 1793.

» Mais on ajoute que ces deux jugemens ont été rendus entre les mêmes parties ; ce qui est incontestable.

» On ajoute encore qu'ils doivent être considérés comme l'ayant été par le même tribunal ; et c'est ce qu'il n'est pas permis de révoquer en doute.

» On ajoute enfin que ces deux jugemens ont été rendus sur les mêmes moyens.

» On conclud de là que le jugement du tribunal de Saône-et-Loire est sujet à la requête civile.

» Et cette conséquence en amène une autre, c'est que ce même jugement ne peut pas être sujet à cassation.

31.

» Voilà l'objection dans toute sa force; deux réponses nous semblent devoir la faire disparaître.

» Supposons d'abord qu'il y ait ici identité parfaite, non-seulement de parties et de tribunal, mais encore de moyens.

» Dans cette hypothèse, sans doute, il y a ouverture à la requête civile contre le jugement du tribunal de Saône-et-Loire.

» Et la conséquence que l'on en tire, qu'il ne peut pas, dès-lors, y avoir ouverture à la cassation, serait parfaitement juste, s'il n'avait été apporté par les lois nouvelles, aucun changement à la disposition du réglement de 1738, qui défend de proposer pour moyens de cassation, les moyens de requête civile établis par l'ordonnance de 1667.

» Mais cette disposition ne subsiste plus dans son intégrité : il y a été dérogé, dans un point essentiel, par l'art. 3 de la loi du 27 novembre 1790, institutive du tribunal de cassation.

» Avant cette loi, les jugemens en dernier ressort ne pouvaient pas être cassés pour violation des formes auxquelles les procédures étaient assujéties; il n'y avait de recours contre ces jugemens, que par la voie de la requête civile, voie qui était expressément ouverte par l'art. 34 du tit. 35 de l'ordonnance de 1667, aux mots : *Si la procédure par nous ordonnée n'a point été suivie.*

» Mais depuis que la loi du 27 novembre 1790 a chargé le tribunal de cassation d'annuller toutes les procédures dans lesquelles les formes auraient été violées, la violation des formes des procédures est nécessairement devenue un moyen de cassation, sans néanmoins cesser pour cela d'être un moyen de requête civile.

» Aussi avez-vous, le 12 de ce mois, dans l'affaire des cit. Henri et Diochet, cassé un jugement au tribunal civil de la Meuse, du 21 vendémiaire an 8, pour avoir prononcé sur le fond, sans avoir préalablement fait droit sur l'exception déclinatoire proposée par l'une des parties, et avoir par là violé l'art. 3 du tit. 6 de l'ordonnance de 1667.

» Aussi avez-vous cent fois cassé des jugemens lors desquels avait été enfreint l'art. 3 du tit. 8 de la loi du 24 août 1790, qui exige des conclusions du ministère public, dans toutes les causes relatives aux intérêt de l'État ou d'une commune, *quoique l'art. 34 du tit. 35 de l'ordonnance de 1667, ne fasse résulter de là qu'une ouverture de requête civile.*

» Jusqu'à présent, nous avons supposé que le jugement du tribunal de Saône-et-Loire, du 12 ventôse an 7, avait été rendu sur les mêmes moyens que le jugement du district du tribunal de Châlons-sur-Saône, du 26 juillet 1793; et que conséquemment, il pouvait être attaqué par requête civile.

» Mais il est temps de revenir à l'exacte vérité, et il ne nous sera pas difficile de faire voir qu'il n'y a aucune ombre d'identité, aucune analogie même, entre les moyens sur lesquels ont prononcé respectivement les deux tribunaux.

» Le tribunal de Saône-et-Loire a rejeté l'opposition du demandeur au jugement par défaut rendu le 30 juillet 1791, contre la veuve Barrault; pourquoi?

» Parcequ'il a considéré le demandeur comme ayant formé cette opposition en qualité de tiers non ouï;

» Parcequ'il l'a considéré comme prenant à tort cette qualité, puisque étant aux droits de la veuve Barrault, il était censé la représenter;

» Parcequ'il a considéré le jugement du 30 juillet 1791, comme inattaquable de la part de la veuve Barrault elle-même;

» Parcequ'il est de principe général, qu'on ne peut pas attaquer, par tierce-opposition, un jugement dans lequel on a été partie par le ministère d'une personne dont on est l'ayant-cause.

» Et pourquoi le tribunal du district de Châlons-sur-Saône avait-il admis cette même opposition?

» Uniquement parceque le demandeur l'avait formée dans la huitaine de la signification du jugement par défaut, du 30 juillet 1791;

» Parceque la veuve Barrault étant encore à temps pour se rendre opposante à ce jugement, il en devrait être de même du demandeur qui était à ses droits, et avec lequel le jugement du 30 juillet 1791 était censé rendu;

» Parcequ'enfin ce n'était pas comme tiers non ouï et en vertu des art. 10 et 11 du tit. 27 de l'ordonnance de 1667, mais comme partie appelée dans la personne de la veuve Barrault, en vertu de l'art. 3 du tit. 35 de la même ordonnance, que le demandeur avait formé son opposition.

» Voilà assurément deux décisions bien contraires l'une à l'autre; mais d'où provient leur contrariété? Ce n'est point d'une différence dans la manière d'envisager les mêmes faits et les mêmes principes : c'est tout simplement de ce que le tribunal de Saône-et-Loire a supposé une tierce-opposition qui n'existait pas, et a mis à l'écart l'opposition simple de laquelle seule il avait été question devant le tribunal du district de Châlons-sur-Saône.

» Ainsi, les deux jugemens sont bien évidemment contraires, puisque l'un fait revivre le jugement par défaut du 20 juillet 1791, que l'autre avait détruit; mais c'est sur des moyens différens qu'ils ont été rendus; et dès-là, point d'ouverture à requête civile contre celui des deux qui a été rendu le dernier. Or, dès que ce jugement ne peut pas être attaqué par requête civile, il faut bien qu'il puisse l'être par le recours en cassation; car la Chose jugée ne peut pas avoir été violée impunément.

» Sans doute, on ne dira pas que, pour qu'il y ait violation de la Chose jugée, il faut qu'il y ait contrariété de jugemens sur les mêmes moyens.

» Il y a de la part d'un tribunal quelconque, violation de la Chose jugée, toutes les fois qu'il n'a pas égard à l'exception de Chose jugée, qui milite en faveur d'une partie contre l'autre.

» Or, dans notre espèce, il est bien évident que, du jugement du tribunal du district de Châlons-sur-Saône, du 26 juillet 1793, il résultait une exception de Chose jugée contre Bazin.

» Pour qu'il y ait lieu à l'exception de Chose jugée, il faut le concours de trois conditions : il faut que la partie à qui l'on oppose cette exception, demande la même chose dont elle avait été déboutée par le jugement dont on excipe contre elle ; il faut qu'elle la demande pour la même cause qui avait servi de titre à sa prétention précédemment rejetée ; il faut que, depuis le premier jugement, il ne soit survenu, dans la condition des deux parties, aucun changement qui leur donne de nouveaux droits. Voilà la règle tracée par le droit écrit, auquel était spécialement soumis le tribunal de Saône-et-Loire : *Cùm quæritur hæc exceptio (rei judicatæ) noceat necne, inspiciendum est an idem corpus sit, quantitas eadem, idem jus ; an eadem causa petendi, et eadem conditio personarum : quæ nisi omnia concurrant, alia res est.* Ce sont les termes des lois 12, 13 et 14, D. *de exceptione rei judicatæ.*

» Voyons si ces trois conditions se rencontrent ici.

» D'abord nul doute qu'il n'y ait identité entre l'objet demandé par Bazin devant le tribunal de Saône-et-Loire, et l'objet que lui avait refusé le tribunal du district de Châlons. Bazin demandait devant le tribunal de Saône-et-Loire, que le jugement par défaut, du 26 juillet 1791, fût déclaré exécutoire contre le demandeur ; et le tribunal de Châlons avait déclaré, non-seulement que ce jugement ne serait pas exécuté contre le demandeur, mais encore qu'il ne le serait point du tout, au moyen de ce que le demandeur l'avait anéanti par son opposition.

» En second lieu, les deux parties qui se trouvaient devant le tribunal de Saône-et-Loire, s'y trouvaient absolument dans le même état, dans la même condition, que devant le tribunal du district de Châlons-sur-Saône.

« Ainsi, il y avait bien constamment *eadem res et eadem conditio personarum.*

» Y avait-il également *eadem causa petendi* ? On pourrait, ce semble, soutenir que non, puisque les motifs qui ont déterminé le jugement du tribunal du district de Châlons-sur-Saône n'ont rien de commun avec ceux qui ont fait rendre le jugement du tribunal de Saône-et-Loire.

» Mais prenons garde qu'un faux principe ne nous égare ; prenons garde de confondre l'iden-

tité de titres avec l'identité de motifs ; car ce sont deux choses très-différentes.

» Pour qu'il y ait lieu à l'exception de Chose jugée, il faut qu'il y ait, comme dit la loi, *eadem causa petendi,* c'est-à-dire, identité de titres. Ainsi, vous m'avez, par un premier acte, vendu votre maison, et par un second vous me l'avez donnée. Si, après avoir agi contre vous à fin de délaissement de la maison, en vertu de la vente que vous m'en avez faite, et après avoir succombé faute de rapporter le contrat de vente, j'exerce une nouvelle action pour me faire livrer la maison à titre de donation, vous ne pourrez pas m'opposer l'exception de Chose jugée, parce-qu'il n'y a pas dans ma deuxième demande *eadem causa petendi* que dans la première.

» Mais la loi permet-elle de juger le contraire de ce qui a été décidé précédemment en dernier ressort, lorsque de nouvelles pièces ou de nouveaux raisonnemens viennent fournir des motifs tout différens de ceux qui ont déterminé le premier jugement ? Non certes ; et bien loin de là, il existe des lois très-précises qui défendent de rétracter les jugemens sous prétexte de pièces nouvellement recouvrées, ou de moyens de droit nouvellement découverts. Elles le permettent bien, lorsque ces pièces avaient été, lors du premier jugement, retenues par le fait de la partie en faveur de laquelle il a été rendu, ou lorsque des moyens de droit avaient été négligés par un mineur ou par une commune, mais dans ces cas même, elles exigent que la rétractation soit provoquée par la voie de requête civile. En un mot la différence des pièces et des motifs n'empêche pas qu'il n'y ait *eadem causa petendi.* Si j'ai été condamné parceque le juge n'a pas vu les pièces qui pouvaient servir à ma décharge, ou parceque je n'ai pas invoqué toutes les lois ou tous les points de jurisprudence qui militaient en ma faveur, je pourrai bien dire que j'ai été mal défendu ; mais je n'en resterai pas moins condamné.

» Ici, il y avait véritablement devant le tribunal de Saône-et-Loire, *eadem causa petendi* que devant le tribunal du district de Châlons : devant le tribunal du district de Châlons, il s'était agi de savoir quel droit avait conféré au cit. Bazin le contrat par lequel Barrault et sa femme lui avaient vendu le bien qu'ils avaient depuis cédé en contre-échange au cit. Jeannin ; devant le tribunal de Saône-et-Loire, c'était encore du même contrat qu'il était question ; c'était encore en vertu de ce titre qu'agissait le cit. Bazin.

» Le cit. Jeannin avait donc visiblement pour lui la troisième condition requise pour établir l'exception de Chose jugée. Il y a donc eu, de la part du tribunal de Saône-et-Loire, contravention à l'art. 1er. du tit. 35 de l'ordonnance de 1667.

» Il y a donc nécessité de casser son jugement ; et c'est à quoi nous concluons ».

Sur ces conclusions, arrêt du 15 germinal an 9, au rapport de M. Liborel, qui,

« Vu l'art. 5 du tit. 27 de l'ordonnance de 1667....;

» Attendu que le jugement rendu par le tribunal civil du département de Saône-et-Loire, le 12 ventôse an 7, et dont il s'agit, en rejetant l'opposition du cit. Jeannin à celui par défaut du 10 juillet 1791, a violé l'autorité de la Chose jugée, puisqu'il avait admis la même opposition par autre jugement rendu le 6 juillet 1793, et qu'ainsi il a contrevenu audit art. 5 du tit. 27 de l'ordonnance de 1667;

» Casse et annulle le jugement rendu par le tribunal civil du département de Saône-et-Loire, le 12 ventôse an 7, renvoie la cause et les parties devant le tribunal d'appel séant à Lyon .. ».

II. On a vu, au n°. précédent, que, d'après la loi 63, D. *de re judicatá*, le jugement rendu contre le vendeur, postérieurement au contrat de vente, avait l'autorité de la Chose jugée contre l'acquéreur, lorsque celui-ci avait eu connaissance du procès; et c'est ce qu'avaient jugé avant le Code de procédure civile, des arrêts qui sont rapportés dans le *Répertoire de Jurisprudence*, aux mots *Opposition (tierce-)*, §. 2, art. 4. Mais l'art. 474 du Code de procédure ne déroge-t-il pas à cette jurisprudence?

Voici un arrêt de la cour de cassation qui juge pour l'affirmative.

Par acte sous-seing-privé du 15 ventôse an 10, le sieur Azaïs vend au sieur Rousset la métairie de *la Mort*, moyennant une somme payable à des termes convenus.

Le 8 octobre 1812, à défaut de paiement du prix, il fait citer le sieur Rousset en conciliation, sur la demande qu'il se propose de former contre lui en délaissement de la métairie de *la Mort*.

Le 10 décembre suivant, le sieur Rousset revend cette métairie à la dame Larade.

Quelques jours après, mais avant que la dame Larade ait fait transcrire le contrat de revente, le sieur Azaïs, poursuivant l'effet de sa citation en conciliation du 6 octobre, fait assigner le sieur Rousset devant le tribunal de première instance de Limoux, pour se voir condamner à lui délaisser le domaine de *la Mort*; et ni lui ni le sieur Rousset ne font mettre en cause la dame Larade.

Le 23 mai 1814, jugement qui condamne le sieur Rousset à délaisser l'immeuble dont il s'agit.

Sur l'appel, le sieur Rousset produit l'acte de vente sous seing-privé du 15 ventôse an 10, sur lequel son vendeur et lui avaient jusqu'alors gardé le silence, pour en éluder l'enregistrement.

Le sieur Azaïs, de son côté, convertit sa demande à fin de délaissement, en demande à fin de résolution de la vente, faute de paiement du prix.

Le 25 novembre 1815, arrêt de la cour royale de Montpellier, qui, réformant le jugement de Limoux, maintient le sieur Rousset dans la propriété du domaine en litige, mais le condamne en même temps à en payer le prix, dans le délai de trois mois, « sinon et ce délai passé, déclare » d'ors et déjà la vente du 15 ventôse an 10 rési- » liée et comme non avenue ».

La dame Larade forme tierce-opposition à cet arrêt.

Le sieur Azaïs soutient qu'elle y est non recevable, parcequ'il est constant qu'elle a eu connaissance de la demande qu'il avait intentée contre son vendeur; que, si elle avait eu quelque exception à faire valoir, elle aurait dû intervenir dans l'instance; que ne l'ayant pas fait, ce qui a été jugé contre son vendeur, doit être censé l'avoir été contre elle-même; et que telle est la décision expresse de la loi 63, D. *de re judicatá*.

Le 3 juillet 1816, arrêt par lequel,

» Attendu que la vente consentie par Rousset à la dame Larade, du domaine ayant appartenu au sieur Azaïs, est postérieure à l'essai de conciliation entre lesdits Azaïs et Rousset, sur la demande en délaissement du domaine;

« Attendu que la transcription dudit contrat de vente n'a été opérée, de la part de ladite dame Larade, que postérieurement à l'instruction de l'instance introduite par Azaïs contre Rousset;

» Attendu que, dans l'acte de vente, elle a été assistée par le sieur Larade son mari, présent à l'acte;

» Attendu que, des circonstances de la cause, il résulte que la dame Larade a dû avoir connaissance de l'instance qui a existé pendant plus de deux ans et onze mois, depuis l'acte de vente consenti par Rousset à la dame Larade, entre lesdits Rousset et Azaïs, du domaine vendu à ladite dame Larade par Rousset, et dont ledit Azaïs demandait le délaissement;

» La cour déclare ladite dame Larade non recevable dans sa tierce-opposition...... ».

La dame Larade se pourvoit en cassation contre cet arrêt, et le dénonce comme enfreignant l'art. 474 du Code de procédure civile.

Par arrêt contradictoire du 19 août 1818; au rapport de M. Chabot,

« Vu l'art. 474 du Code de procédure civile...;

» Attendu que, des faits qui ont été constatés par l'arrêt dénoncé, la cour royale de Montpellier n'a pas tiré la conséquence qu'il y ait eu, de la part de la demanderesse, dol et fraude au préjudice du défendeur, et que seulement elle en a conclu que la demanderesse était non-recevable dans sa tierce-opposition;

» Mais que, suivant la disposition de l'art. 474 du Code de procédure civile, aucun de ces faits ne pouvait opérer de fin de non-recevoir, puisque, d'après les termes généraux de cette disposition, il suffit, pour qu'une partie puisse former tierce-opposition à un jugement, que ce jugement préjudicie à ses droits, et que ni elle ni ceux qu'elle représente, n'y aient été appelés;

» Que l'on ne peut pas dire qu'un vendeur représente l'acquéreur, relativement aux droits immobiliers qu'il a aliénés, puisque ces droits ne lui appartiennent plus, et que, s'en étant irrévocablement dessaisi, il ne peut plus en traiter, ni en disposer, ni les compromettre d'aucune manière, au préjudice de l'acquéreur qui est devenu seul maître et propriétaire, et contre qui doivent être, en conséquence, exercées toutes les actions en revendication et en délaissement;

» Qu'aucune disposition de la loi n'oblige l'acquéreur à intervenir sur les demandes en revendication qui peuvent être formées contre le vendeur, quoiqu'il en ait connaissance, et qu'au contraire, l'art. 474 précité, décide bien précisément que l'acquéreur n'y est pas obligé, puisque, sans aucune restriction quelconque, il admet la tierce-opposition de la partie qui n'a été ni appelée, ni représentée lors du jugement;

» Que la citation en conciliation donnée à Rousset, ne l'empêchait pas de vendre; et qu'enfin, la demanderesse est devenue propriétaire de l'immeuble dont il s'agit, dès le moment de la vente authentique du 10 décembre 1812, et non pas seulement à l'époque de la transcription de l'acte de vente, la transcription n'étant plus nécessaire pour consolider la propriété dans les mains de l'acquéreur;

» De tout quoi il résulte que l'arrêt dénoncé, en déclarant la demanderesse non-recevable dans sa tierce-opposition, a violé l'art. 474 du Code de procédure civile, et a d'ailleurs commis un excès de pouvoir, en ajoutant aux dispositions de la loi des conditions qu'elle ne prescrit pas pour l'admission de la tierce-opposition;

» Par ces motifs, la cour casse et annule...».

L'arrêt du 14 juin 1815, rapporté ci-après, §. 11, n°. 2, avait également jugé que la tierce-opposition est recevable de la part de l'acquéreur contre un jugement rendu au préjudice de son vendeur, postérieurement à la vente; mais c'était dans une espèce où il n'était ni prouvé ni même articulé que le premier eût eu connaissance du procès dans lequel ce jugement était intervenu contre le second.

§. II bis. Les juges peuvent-ils, doivent-ils, même, en matière civile, suppléer d'office l'exception de Chose jugée?

En effleurant cette question dans le Répertoire de jurisprudence, aux mots Chose jugée, §. 20, je me suis prononcé pour la négative, et j'y persiste.

Il est d'abord de toute évidence que l'exception de Chose jugée ne peut pas être suppléée par les juges, lorsque l'arrêt ou le jugement dont elle dérive, n'est pas produit devant eux, et qu'il n'y a point de conclusions à ce qu'il le soit.

Il ne peut donc s'élever de doute à cet égard que dans le cas où les juges, ayant à statuer sur un point déjà réglé irrévocablement par un arrêt ou un jugement produit devant eux, la partie intéressée à exciper de cet arrêt ou de ce jugement, n'en excipe pas; et c'est qu'alors les juges ne peuvent pas suppléer d'office l'exception de Chose jugée.

En effet, l'autorité de la Chose jugée n'est qu'une fiction du droit civil, qui, pour mettre fin au procès, l'assimile à la vérité (res judicata pro veritate habetur), comme la prescription n'est qu'une fiction du droit civil qui, par le même motif, l'assimile, soit à un titre translatif de propriété, soit à une quittance libératoire.

Mais de même que la prescription n'anéantit pas de plein droit l'obligation;

De même qu'elle n'ôte pas au créancier dont elle atteint la créance, l'action qu'il a pour en faire ordonner le paiement;

De même que, par cette raison, l'on ne peut pas, après avoir payé une dette prescrite, en répéter le montant sous le prétexte qu'on l'a payée indûment.

De même aussi le jugement qui renvoie un débiteur de la demande formée contre lui par son créancier, n'éteint pas de plein droit sa dette (licet enim absolutus sit, naturâ tamen debitor permanet, dit la loi 60, D. de condictione indebiti);

De même aussi il n'apporte aucun obstacle à ce que le créancier agisse de nouveau pour se faire payer, sauf au débiteur à se défendre par l'exception de Chose jugée (item, dit l'empereur Justinien, dans ses Institutes, liv. 4 tit. 13, §. 5, si in judicio tecum actum fuerit, sive in rem, sive in personam, nihilominùs obligatio durat, et ideo ipso jure de eâdem re posteà adversùs te agi potest; sed debes per exceptionem rei judicatæ adjuvari);

De même aussi il n'autorise pas le débiteur à répéter ce que le cri de sa conscience l'a porté depuis à payer volontairement.

C'est ce qu'explique parfaitement le président Favre, dans ses Rationalia in Pandectas, sur la loi 60, D. de Condictione indebiti : Rerum judicatarum auctoritas tota est ex jure civili, et ex merâ ratione juris civilis, ut aliquis litium finis esse possit, ad retinendam inter cives concordiam quâ sola reipublicæ salus continetur. Interest namque illius etiam cui per sententiam judicis fit injuria, ut quam citissimè lis expediatur. Nec habet ea res quicquam commune cùm ratione et æquitate naturali, præsertim si injusta et iniqua sententia proponatur, qualem necesse est eam esse per quam verus debitor absolvitur, quem ex contrario condemnari oporteret omni jure et naturali et gentium et civili. Et verò solemnitates omnes sunt juris civilis, nullæ penitus juris naturalis aut gentium, sine quibus tamen, nec ad judicem, nec ad sententiam pervenire potest. Cùm ergò exceptio rei judicatæ nullâ æquitate naturali nitatur, sed civili tantùm, apparet *non esse illam ex earum numero quæ aut naturalem obligationem possint tollere quæ ex solo naturalis æquitatis vinculo æstimatur, aut indebiti condictionem inducere*

Le même jurisconsulte fait encore mieux ressortir, dans ce qu'il écrit sur la loi 40 du même titre, la parfaite similitude qu'il y a, à cet égard, entre la prescription et l'autorité de la Chose jugée : *Si quis, dit-il, tutus exceptione perpetuâ longissimi temporis, sive triginta, sive etiam quadraginta aut plurium annorum, nihilominùs solverit, non repetet condiçtione indebiti, quia bonam fidem agnovit, et naturalem obligationem, quæ per ejusmodi exceptionem, nec nomine, nec effectu tollitur. Eoque jure passim utimur. Nam et, quod magis est, si verus debitor a justo creditore conventus, per injustam judicis sententiam absolutus sit, et posteà solverit, non repetit* (1. 60, h. t.), *nimirùm quia licet rei judicatæ exceptio æquè perpetua sit, non tamen æquitate naturali nititur, sed potiùs civili. Quid enim si per imperitiam judicis, aut per gratiam, aut, quod fœdius est, per sordes judicatum sit? Quis putet ex naturali æquitate hoc casu competere exceptionem rei judicatæ? Et tamen perindè standum est rebus ità judicatis propter rerum judicatarum auctoritatem, alioqui nullus esset litium finis, et facilè accideret ut, repetitâ sæpiùs lite, contraria pronunciarentur, quæ ratio et æquitas merè civilis est; ut nemo non videt. Proindè naturalem obligationem tollere non potest, nec ejus effectum ad inducendam repetitionem soluti.*

Or, c'est aujourd'hui une vérité généralement reconnue que l'exception de la prescription ne peut pas être suppléée d'office par le juge, et elle est expressément consacrée par l'art. 2223 du Code civil.

Comment donc le juge pourrait-il suppléer d'office l'exception de Chose jugée ? Comment surtout y serait-il tenu ?

La preuve qu'il ne le peut pas et qu'il n'y est pas tenu, c'est la manière dont se résoud constamment la question de savoir si l'on peut tirer un moyen de cassation de la contrariété qui se trouve entre le jugement en dernier ressort que l'on attaque, et un autre jugement qui, rendu précédemment entre les mêmes parties, avait, à l'époque du second, acquis l'autorité de la Chose jugée.

L'exception de Chose jugée a-t-elle été proposée et justifiée par la partie qui se plaint de ce qu'elle a été rejetée? Alors il y a violation de l'art. 1350 du Code civil, et par conséquent ouverture à cassation, même (comme l'a jugé un arrêt du 8 avril 1812, rapporté dans le *Répertoire de jurisprudence*, aux mots *Requête civile*, §. 3, n°. 10) dans le cas où les deux jugemens auraient été rendus par le même tribunal.

Mais la partie qui se plaint de ce que le jugement qu'elle attaque, en contrarie un autre précédemment rendu entre elle et son adversaire, n'a-t-elle pas excipé devant le tribunal de qui est émané le second, de l'autorité de la Chose

jugée qui résultait en sa faveur du premier? Alors la voie de la cassation lui est fermée, et il ne lui reste d'autre ressource que de recourir à la requête civile.

C'est ce qu'a jugé un arrêt de la cour de cassation, dont l'espèce n'est rapportée dans aucun recueil, mais dont j'ai une copie entière sous les yeux.

Dans le fait, un jugement avait été rendu le 17 prairial an 13, au tribunal de commerce de Turin, entre le sieur Belz et le sieur Biandru; et il avait été suivi d'un autre du 6 février 1806, qui avait statué entre les mêmes parties sur un objet déjà réglé par le premier.

Le sieur Biandru avait appelé du second jugement, et en avait obtenu la réformation par un arrêt de la cour d'appel de Turin, du 22 août de la même année.

Le sieur Belz s'est pourvu en cassation contre cet arrêt, et il l'a attaqué notamment comme violant l'art. 1350 du Code civil, en ce qu'il contrariait le jugement du 17 prairial an 13, auquel le sieur Biandru avait acquiescé.

Mais par arrêt contradictoire du 26 décembre 1808, au rapport de M. Botton, et sur les conclusions de M. Daniels, -

« Attendu que l'exception prise de l'autorité de la Chose jugée, n'a pas été proposée ni devant le tribunal de commerce, ni devant la cour d'appel....;

» La cour rejette le pourvoi du demandeur.....».

Or, que résulte-t-il de ce que la requête civile est la seule voie qu'une partie puisse prendre contre un jugement en dernier ressort qui, par l'effet du silence qu'elle a gardé sur l'exception de Chose jugée dont elle pouvait se prévaloir, a détruit ou neutralisé un jugement précédemment rendu entre elle et son adversaire, et devenu inattaquable ?

Il en résulte clairement que cette partie n'a aucun tort à reprocher aux juges pour n'avoir pas suppléé d'office son exception de Chose jugée.

Il en résulte par conséquent que les juges n'ont pas dû suppléer cette exception; car ce qui distingue essentiellement la requête civile de la cassation, c'est que, dans celle-ci, on fait en quelque sorte le procès aux juges, en ce qu'on les accuse, ou d'avoir volontairement violé la loi, ou de n'avoir pas eu assez de lumières pour en saisir le vrai sens; au lieu que, dans celle-là, ni leur impartialité ni leurs lumières ne sont compromises. « Dans l'énumération de la loi (dit M. le président Henrion de Pansey, traité *de l'autorité judiciaire*, chap. 14, sect. 9) fait de ces erreurs, » il n'en est aucune qui accuse directement les » intentions des juges; et il n'en est aucune qui » ne doive être attribuée, ou à la mauvaise foi des » parties, ou à l'impéritie de leurs défenseurs, » ou au peu d'attention des greffiers rédacteurs » des jugemens ; enfin il n'en est aucune que le » juge ne puisse promptement et complètement

» réparer sans compromettre la dignité de son
» ministère et l'opinion de son intégrité ».

Pour tout dire en deux mots, de même que le
débiteur à qui la prescription est acquise, est
censé y renoncer par un motif de conscience,
lorsqu'il n'en excipe pas, de même aussi celui
qui, ayant obtenu un premier jugement, n'en
excipe pas lors du second, est censé y renoncer
parcequ'il en reconnaît l'injustice ou l'irrégularité.

Il y a cependant une différence entre l'un et
l'autre; car, suivant l'art. 2224 du Code civil, le
premier est, en thèse générale, censé renoncer à
son exception par cela seul qu'il omet de la proposer, sinon en première instance, du moins en
cause d'appel; au lieu que le second n'est censé
renoncer à la sienne, comme le dit l'arrêt de la
cour de cassation du 15 pluviôse an 13 (rapporté
dans le *Répertoire de jurisprudence*, à l'endroit cité),
que lorsqu'il a laissé écouler le délai que la loi lui
accordait *pour faire cesser la contrariété* entre le jugement rendu en sa faveur et le jugement rendu
à son désavantage.

Mais à cette différence près, ils sont absolument sur la même ligne; et comme l'un ne peut
pas plus que l'autre reprocher aux juges de n'a-
voir pas suppléé d'office l'exception qu'il était de
son intérêt de faire valoir devant eux, il est clair
que les juges ne peuvent ni ne doivent pas plus
suppléer l'exception de Chose jugée en faveur de
l'une, qu'ils ne peuvent et ne doivent suppléer
l'exception de prescription en faveur de l'autre.

Il est même à remarquer que Voët qui, dans
le passage de son commentaire sur les Pandectes,
que j'ai transcrit dans les conclusions rapportées
au mot *Appel*, §. 9, soutenait avant le Code civil
que le juge devait suppléer l'exception de prescription, lorsqu'il avait sous les yeux les pièces
dont elle résultait, convenait qu'il en était tout
autrement de l'exception de Chose jugée. Voici
ses termes : *Perit vis sententiæ renuntiatione… Am-
pliùs etiam effectu destituitur res judicata, si reus per
sententiam absolutus, patiatur iterùm secùm eâdem de
re agi per eumdem actorem, nec ei opponat rei judicatæ
exceptionem ; eo quòd hoc ipso intelligitur tacitè juri
per sententiam quæsito, renunciasse, argumento legis
28, §. ult., et legis 28, D. de jurejurando*. Et à
combien plus forte raison n'en est-il pas de même
aujourd'hui que le Code civil a érigé en loi
expresse l'opinion des jurisconsultes qui ensei-
gnaient que l'exception de prescription ne pouvait pas être suppléée par le juge.

Voici cependant une espèce dans laquelle la
cour supérieure de justice de la Haye a décidé le
contraire.

Le 12 juillet 1822, jugement du tribunal de
première instance de Nimègue, qui, sur la demande formée par les sieurs S….. et consorts
contre la veuve J…., ordonne la vente par licitation d'une ferme indivise entre les parties.

Ce jugement est exécuté et la vente a lieu,

mais l'adjudicataire ne paie point le prix de son
adjudication.

Les sieurs S…. et consorts poursuivent la revente sur folle enchère, et, pour la faire ordonner, font assigner à la fois devant le même tribunal, et l'adjudicataire et la veuve J….

L'adjudicataire n'oppose rien à ces poursuites ;
mais la veuve J…. les combat par une fin de non-
recevoir, qu'elle fait résulter de ce qu'à l'époque
du jugement du 26 juillet 1822, elle n'avait plus
de qualité pour consentir ni prendre part à la
vente par licitation.

Les sieurs S…. et consorts, au lieu de dire que
cette fin de non-recevoir est en opposition diamétrale avec l'autorité de la Chose jugée résultant de l'exécution volontaire du jugement du 12
juillet 1822, se bornent à établir qu'elle est mal
fondée.

Le 26 juin 1823, jugement qui, sans s'arrêter
à la fin de non-recevoir de la veuve J…., ordonne qu'il sera procédé à la revente sur folle
enchère.

La veuve J…. appelle de ce jugement à la cour
supérieure de justice de la Haye ; et la cause portée à l'audience, les sieurs S…. et consorts, laissant toujours de côté l'exception de Chose jugée
sur laquelle ils se sont tus en première instance,
ne font que reproduire les moyens qu'ils avaient
opposés en première instance à la fin de non-
recevoir de la veuve J….

Mais par arrêt du 16 juillet 1824,

«Attendu que, par jugement du 12 juillet 1822,
le tribunal de première instance de Nimègue a
fait droit sur la même demande et entre les mêmes parties, et que ce jugement est passé en force
de Chose jugée;

» Attendu que, d'après les principes et aux
termes des lois, il ne peut être fait droit une
seconde fois entre les mêmes parties, lorsque la
chose demandée est la même, et que la demande
est fondée sur la même cause;

» Attendu que, par suite, le premier juge, en
envisageant la demande formée dans l'espèce
comme une nouvelle action, et en y faisant droit,
a mal jugé; que la cause doit être appréciée par
les juges d'appel de la même manière qu'elle aurait dû l'être en première instance; et qu'ils doivent suppléer d'office tel moyen de droit qu'il
était du devoir du premier juge de prendre en
considération.

» Attendu que les parties soumettant une seconde fois au juge la même demande sur laquelle
il était déjà intervenu un jugement passé en force
de Chose jugée, auraient dû être repoussées *à limine judicii*;

» D'où il suit que le jugement dont est appel
doit être tenu pour non-avenu, et que l'appel
étant sans objet, n'est certainement point admissible ;

» La cour met l'appel au néant ; déclare non-
avenu le jugement du tribunal de première ins-

tance de Nimègue, du 26 juin 1823, dont est appel; ordonne que les parties se tiendront et se conformeront au jugement du même tribunal, du 29 juillet 1822, passé en force de Chose jugée... (1) ».

Que dire d'un pareil arrêt, si ce n'est qu'il est le fruit d'une inconcevable irréflexion ?

D'abord, il se méprend étrangement sur le principe que le juge est tenu de suppléer les moyens de droit qui sont omis par les parties. Il y est tenu sans doute, lorsqu'une partie, en intentant une action ou en proposant une exception, omet de faire valoir les moyens de droit qui justifient l'une ou l'autre. Mais pour pouvoir conclure de là que le juge doit suppléer d'office une exception qui n'est pas proposée par le défendeur, il faudrait pouvoir en conclure aussi que le juge doit suppléer d'office un chef de demande que le demandeur ne forme pas. Or, de ces deux conséquences la seconde serait absurde; la première ne peut donc pas être vraie (2).

Ensuite, qui ne voit que l'arrêt se décrédite lui-même par l'annullation qu'il prononce d'office du jugement du 26 juin 1823, sous le prétexte qu'il était nul de plein droit, et que l'appel n'en était pas nécessaire ni même *admissible ?*

Quoi ! Un arrêt qui en contrarie un autre rendu entre les mêmes parties, ne peut, aux termes de l'art. 480 du Code de procédure civile qui fait loi en Hollande comme en France, être rétracté que par requête civile; et un jugement de première instance qui en contrarie un autre de la même nature passé en force de Chose jugée, pourrait être annullé sans appel ! Où donc la cour supérieure de justice de la Haye a-t-elle puisé une idée aussi extraordinaire ?

Elle l'a sans doute puisée dans la loi 1, C. *quandò provocare non est necesse*, qui, en effet, la proclamait en toutes lettres : *latam sententiam dicitis quam ideò vires non habere contenditis, quod contrà res prius judicatas, à quibus provocatum non est, lata sit. Cujus rei probationem si promptam habetis, etiam citrà provocationis adminiculum, quod ità pronunciatum est, sententiæ auctoritatem non obtinebit.*

Mais 1°. cette loi ne disposait ainsi que pour le cas où l'exception de Chose jugée avait été, non-seulement proposée, mais encore prouvée par la partie intéressée à la faire valoir, et rejetée par le juge. C'est ce qui résulte de la manière dont la même règle était énoncée dans la loi 1, D. *quæ sententiæ sine appellatione rescindantur : illud meminerimus ; si quæratur judicatum sit necne, et hujus quæstionis judex non esse judicatum pronunciaverit, licet fuerit judicatum, rescinditur, si provocatum non*

fuerit. Aussi Brunneman s'expliquait-il ainsi sur le premier de ces textes : *Sententia contra rem judicatam lata, ipso jure nulla est, et opus non habet appellatione,* SCILICET SI RES JUDICATA ALLEGATA FUIT ET PROBATA. Aussi Voët, après avoir dit, à l'endroit cité, que l'exception de Chose jugée cesse, soit lorsque la partie qui y a intérêt néglige de s'en prévaloir, soit lorsqu'elle s'en prévaut sans la prouver, et que le juge déclare en conséquence qu'elle n'est pas acquise, ajoutait-il : *contrà quàm dicendum foret, si reus iteratò conventus* EXCEPTIONEM QUIDEM REI JUDICATÆ OPPOSUISSET, *sed eâ insuper habitâ judex de novo de causâ cognovisset, ac definitivam, priori contrariam, dixisset sententiam ; quippè quo casu posterius judicatum ipso jure nullum foret, ac sua sententiæ priori staret auctoritas. L.* 1, D. *quandò provocare non est necesse.*

2°. La disposition de ces deux textes ne peut plus sympathiser, même pour le cas où l'exception de Chose jugée a été alléguée, prouvée et mal à-propos rejetée par le juge, avec le principe aujourd'hui universellement reconnu, et qui l'était même en Hollande avant le Code de procédure civile (1), que l'appel est indispensable pour faire annuller une sentence essentiellement vicieuse, comme pour faire réformer une sentence qui n'est qu'injuste.

Tout s'élève donc contre l'arrêt de la cour supérieure de justice de la Haye du 16 juillet 1824.

§. III. *Lorsqu'après avoir parcouru des tribunaux à qui n'en appartenait pas la connaissance, mais qui sont devenus compétens par prorogation tacite, une cause arrive devant le tribunal qui s'en trouve le juge naturel, ce tribunal peut-il écarter, comme dénués d'une autorité légitime, les jugemens rendus en dernier ressort par les tribunaux précédemment saisis, qui en ont décidé quelques questions incidentes ou préjudicielles, et statuer sur ces questions comme si elles étaient encore entières ?*

Cette difficulté, si c'en est une, s'est présentée à l'audience de la section civile de la cour de cassation, le 17 brumaire an 11.

Dans le fait, le 24 janvier 1794, jour correspondant au 15 nivôse an 2, arrêt du conseil de Brabant, séant à Bruxelles, en faveur d'Antoine Devisscher-Celles et consorts, et au préjudice de Pierre-Xavier de Brouchoven et consorts.

Cet arrêt était, par les lois du pays, sujet à la révision ou *proposition d'erreur*. Mais pour être admis à cette voie, il fallait, dans l'année, remplir différentes formalités, notamment obtenir des lettres de révision et les faire signifier avec ajournement.

---

(1) Jurisprudence de la cour supérieure de justice de Bruxelles, année 1826, tome 2, page 404.
(2) *V.* l'article *Appel*, §. 9, aux notes sur les conclusions du 24 thermidor an 9, et l'article *Cassation*, §. 36, n°. 2

(1) *V.* Groenewegen et Vinnius aux endroits cités dans le *Répertoire de jurisprudence*, au mot *Nullité*, §. 7, n°. 4; Matthæus, *de auctionibus*, liv. 1, chap. 16, n°. dernier, et Voët, liv. 49, tit.8, n°. 3.

Le 12 avril 1794, les sieurs de Brouchoven et consorts font signifier aux sieurs Devisscher-Celles et consorts une protestation par laquelle ils leur déclarent qu'ils entendent se pourvoir en révision contre l'arrêt du 24 janvier précédent.

Au mois de juillet suivant (messidor an 2), le Brabant est conquis par les troupes françaises.

Cet événement suspend pour un moment les fonctions du conseil de Brabant; mais il les reprend dès le mois de thermidor de la même année, en vertu d'un arrêté des représentans du peuple près l'armée du Nord; et il les continue jusqu'à l'établissement des tribunaux organisés par la constitution de l'an 3.

Le 30 vendémiaire an 4, les représentans du peuple en mission dans la Belgique, prennent un arrêté par lequel ils déclarent sujets à l'appel devant les nouveaux tribunaux qui vont être établis, *les sentences des anciens tribunaux supérieurs, dont la partie qui se croit lésée, a intenté la grande révision ou proposition d'erreur dans le terme prescrit par les lois du pays, ou dont elle aura seulement protesté de révision dans le même terme, pourvu qu'elle n'ait pas laissé écouler ce terme, sans impétrer des lettres de grande révision.*

Le même arrêté soumet également à l'appel aux tribunaux dont il annonce le prochain établissement, *les sentences passées en force de Chose jugée, mais contre lesquelles on aura légalement obtenu lettres de relièvement à l'égard de l'écoulement des fataux.*

En prairial an 6, les sieurs de Brouchoven et consorts, qui avaient bien *protesté de révision* dans l'année de l'arrêt du 24 janvier 1794, mais qui avaient laissé écouler cette année et même les quatre suivantes, *sans impétrer les lettres de grande révision*, font assigner leurs adversaires au tribunal civil du département de la Dyle, leur juge domiciliaire en première instance, pour voir dire qu'ils seront *relevés du laps des fataux écoulés depuis la conquête du pays*, et qu'en conséquence il leur sera permis d'appeler de l'arrêt du 24 janvier 1794, à l'un des trois tribunaux désignés par la loi pour recevoir les appels du tribunal de la Dyle, représentant l'ancien conseil de Brabant.

Les sieurs Devisscher-Celles et consorts opposent à cette demande tous les moyens qu'ils croient propres à la repousser.

Le 14 fructidor an 6, le tribunal de la Dyle se déclare incompétent, non à raison de ce que la demande qu'on lui soumettait, devait être portée devant les juges à qui appartenait la connaissance de l'appel auquel elle était incidente (les sieurs Devisscher-Celles et consorts n'avaient élevé là-dessus aucune espèce de difficulté), mais à raison de ce qu'il était, suivant lui, hors de la sphère du pouvoir judiciaire d'accorder aucun relief de laps de temps.

Les sieurs de Brouchoven et consorts appellent de ce jugement au tribunal civil du département de l'Escaut.

Le 17 germinal an 9, jugement par lequel ce dernier tribunal dit qu'il a été mal jugé; émendant, déclare qu'il appartient au pouvoir judiciaire d'accorder ou refuser le relief de laps de temps, et ordonne aux parties de contester sur les causes de restitution alléguées par les sieurs de Brouchoven et consorts.

Le 9 messidor suivant, second jugement qui relève les sieurs de Brouchoven et consorts de la déchéance qu'ils ont encourue, et les autorise à se pourvoir par la voie de l'appel, substituée à celle de révision, contre l'arrêt du conseil de Brabant du 24 janvier 1794.

Recours en cassation de la part des sieurs Devisscher-Celles et consorts; mais le 13 nivôse an 9, arrêt de la section civile qui rejette leur requête.

Ainsi, il est définitivement et irrévocablement décidé que les sieurs de Brouchoven et consorts sont relevés du laps du délai prescrit pour attaquer l'arrêt du conseil de Brabant, et qu'ils peuvent maintenant en suivre l'appel.

Ils le suivent en effet, et par le résultat des exclusions qui ont lieu de part et d'autre, cet appel est porté au tribunal civil du département de la Meuse-Inférieure.

Là, il ne devait plus, ce semble, être question que du bien ou mal jugé de l'arrêt de 1794. On ne pouvait plus remettre en problème s'il était encore susceptible d'appel, si la prescription n'avait pas éteint ce recours, si le laps des délais n'y mettait point obstacle. C'était Chose jugée et irrévocablement jugée par le tribunal civil du département de l'Escaut.

Cependant les sieurs Devisscher-Celles et consorts prennent le parti d'exciper encore du laps des délais, d'opposer encore la prescription, de soutenir enfin que l'appel n'est point recevable.

Le 16 ventôse an 8, jugement du tribunal civil du département de la Meuse-Inférieure, ainsi conçu:

« Il s'agit de décider, en point de droit, si les intimés (Devisscher) sont recevables à proposer devant ce tribunal, dans l'état de la cause, l'exception d'inappellabilité résultante de l'expiration des délais.

» Et si cette exception, en la supposant fondée, oppose une fin de non-recevoir invincible contre l'appel du jugement du ci-devant conseil de Brabant, du 24 janvier 1794?

» Vu, sur ces deux questions, les art. 1 et 2 de l'arrêté des représentans du peuple, du 30 vendémiaire an 4...;

» Vu les art. 660, 661 et 662 de l'ordonnance dite *Albertine*, du 13 avril 1604, art. 660: *Ceux qui voudront proposer erreur contre les arrêts rendus par notre conseil de Brabant, seront tenus, en dedans l'an de la prononciation desdits arrêts, de présenter leur requête contenant les moyens et raisons par lesquels ils voudront soutenir l'erreur susdite;* art. 662: *Après que l'appel aura été désert pendant une année entière, ceux de notre conseil ne relèveront pas d*

32.

l'encontre ; et si tant était que par inadvertance ou importunité , il eût été accordé quelque relièvement , il sera , lors de la décision de la cause , tenu pour nul et de nulle valeur ;

» Vu , au surplus , l'art. 54 du réglement du 6 mars 1691 , ordonnant qu'en matière d'appellation, les relièvemens des fataux sans connaissance de cause , pourront être accordés seulement dans les deux mois après la date de la sentence ; et qu'après ces mêmes deux mois, ne pourront plus être accordés pareils relièvemens;

» Attendu que le ci-devant conseil de Brabant était une cour souveraine, dont les arrêts portaient avec eux un caractère de dernier ressort , et qu'on ne pouvait les attaquer que par la voie de la révision ou proposition d'erreur, en suivant les formes prescrites ;

» Attendu, en point de fait, que le conseil de Brabant a été remplacé par le tribunal civil du département de la Dyle , constitutionnellement établi par l'arrêté du 10 frimaire an 4; et que la sentence du 24 janvier 1794 a été déclarée par l'arrêté du 30 vendémiaire, sujette à l'appel pardevant l'un des trois tribunaux voisins de celui du département de la Dyle ;

» Attendu, en point de droit, qu'il en résulte que c'est illégalement que les appelans (de Brouchoven) ont traduit les intimés (Devisscher) pardevant le tribunal civil de la Dyle, à l'effet d'obtenir le relief du laps des fataux écoulés , contre la sentence du 24 janvier 1794 ;

» Attendu que l'on ne peut révoquer en doute que la marche tracée pour l'introduction de tous les appels quelconques, ne forme un point de droit public auquel il est interdit de porter aucune atteinte ;

· » Qu'il suit de là que le tribunal de la Dyle n'avait pas et ne pouvait pas s'attribuer de juridiction à l'occasion de l'appel dont il s'agit ;

· » Attendu qu'il en résulte que ce défaut de juridiction du tribunal de la Dyle s'est nécessairement étendu au tribunal civil de l'Escaut, auquel l'appel du jugement rendu par le premier a été porté ;

» Qu'ainsi, l'un et l'autre de ces tribunaux a été sans pouvoir pour connaître de la demande dont il s'agissait ; et que celui de l'Escaut, en faisant droit sur cette demande, *a exercé une juridiction qui était essentiellement et exclusivement du ressort du tribunal saisi légalement de l'appel de la sentence du 24 janvier 1794;*

» Attendu qu'un acte de cette espèce n'a pu nullement ravir à ce tribunal (de Maëstricht), *le droit inhérent à sa qualité de tribunal d'appel ,* de connaître d'une question dont le résultat avait pour but de fonder sa compétence pour connaître de la matière au fond, ou d'assurer son incompétence à cet égard ; et que la maxime de droit qui enseigne que *extrà territorium jus dicenti impuné non paretur,* résiste fortement à toute opinion contraire ;

» Attendu que cette vérité devient plus sensible » Si l'on considère 1°. qu'il *appartient exclusivement au tribunal de connaître de toutes les questions , soit principales , soit incidentes , qui résultent de l'émission de l'appel ;* et qu'il serait déraisonnable de soutenir *in praxi* que le tribunal de première instance est compétent pour déclarer, par lui-même , que le jugement émané de son autorité est sujet ou non à l'appel ;

» Si l'on considère 2°. qu'en thèse générale, un jugement incident rendu par un juge étranger, sur une contestation liée devant le tribunal compétent , doit être regardé par le tribunal compétent comme nul et non existant , à moins que les deux parties ne veuillent s'assujétir à ses dispositions ;

» Attendu que, dans la hiérarchie des pouvoirs judiciaires établie par la constitution de l'an 3, les divers tribunaux de la république étaient sur une même ligne, et que par la balance de leur infériorité et de leur supériorité respective, la mesure de l'autorité des uns était la mesure de l'autorité des autres; qu'au surplus, les tribunaux de la république entre lesquels il n'existe point de relation formée par l'appel pour lequel ces tribunaux relèvent respectivement entre eux, sont regardés comme étrangers en matière de juridiction ;

» Attendu qu'en thèse particulière, le tribunal de l'Escaut ne fait point partie des trois tribunaux indiqués pour l'appel des jugemens de la Meuse-Inférieure , tribunal saisi de l'appel dont il s'agit , par les exclusions des deux parties ; et qu'ainsi , il doit être considéré, *jusqu'à un certain point,* comme étranger vis-à-vis de ce tribunal (de la Meuse-Inférieure) ;

» Attendu, en point de droit, que des considérations qui précèdent, il découle la conséquence, que le tribunal de la Meuse-Inférieure est compétent dans l'état où la cause est amenée d'appel ou de révision, donne lieu à la partie intimée de se prévaloir d'une fin de non-recevoir contre l'appelant, lorsque celui-ci entend poursuivre son appel ou révision; et que bien certainement elle ne fait naître aucun droit d'action en faveur de cette partie qui , ayant encouru la déchéance, *peut néanmoins faire valoir pardevant le tribunal auquel est dévolu,* les moyens qu'elle prétend opposer pour écarter la fin de non-recevoir ;

» Attendu que , dans l'espèce, les appelans ne sont pas fondés à faire résulter en leur faveur un pareil droit d'action , des dispositions du §. 4 de l'art. 1 de l'arrêté du 30 vendémiaire an 4, puisque les expressions contenues audit §., *les sentences passées en force de Chose jugée, mais contre lesquelles on aura légalement obtenu lettres de relièvement à l'égard de l'écoulement des fataux,* outre qu'elles ne sont relatives qu'aux jugemens émanés des cours inférieures ou subalternes, sans avoir aucun trait aux sentences des cours dites supérieures ou souveraines, font sentir d'une

manière aussi certaine que sensible, que le législateur n'a entendu parler que des relève-
mens *déjà obtenus* avant l'existence de l'arrêté;

» Attendu qu'il résulte textuellement dés articles de l'ordonnance Albertine, que le terme
accordé pour faire usage de la proposition d'erreur contre les arrêts rendus par les cours souveraines, était circonscrit dans l'espace d'une
année, à partir de la prononciation de l'arrêt;

» Que ce terme écoulé sans diligences, ledit
arrêt passait irréparablement en force de Chose
jugée, au point qu'il était fait défenses d'accorder le relèvement contre l'écoulement des fataux, et que la transgression même de cette défense était déclarée sans effet;

» Attendu qu'une telle clause irritante laisse
apercevoir d'une manière sensible, une intention fortement prononcée de la part du législateur, que l'on se conforme ponctuellement au
résultat de la volonté qu'il a exprimé;

» Attendu que la sentence rendue par le conseil de Brabant, est du 24 janvier 1794; et qu'a-
près avoir fait signifier le protêt de grande révision, le 12 avril suivant, les appelans ont négligé
de faire les démarches nécessaires à l'effet d'impétrer des lettres de révision;

» Attendu qu'il est constant et avéré au procès,
que les fonctions du conseil de Brabant n'ont été
suspendues (depuis le 2 messidor) que jusqu'au
27 thermidor an 2, et qu'il a continué ensuite de
les exercer jusqu'à l'établissement des tribunaux
constitutionnellement installés en frimaire an 4;
c'est-à-dire, beaucoup plus d'un an après l'é-
manation de la sentence du 24 janvier 1794;
qu'ainsi, les appelans auraient pu poursuivre la
grande révision dont ils avaient protesté, dans
le terme voulu par le statut du pays;

» Attendu que l'arrêté du 30 vendémiaire an 4
a statué que l'appel des sentences déclarées sujettes à l'appel, *suivraient les règles qui seraient
prescrites pour l'appel des jugemens qui seraient prononcés par les nouveaux tribunaux;*

» Que par l'art. 14 du tit. 5 de la loi du 24 août
1790, publiée dans le *Recueil des lois et arrêtés du
2 frimaire an 4,* le délai pour appeler est fixé à
trois mois;

» Qu'il en résulte qu'*abstraction faite de la question de savoir si la sentence de 1794 était ou non applicable,* c'était dans le délai de *trois mois,* que les
appelans auraient dû relever leur appel dans la
forme prescrite pour les appels ordinaires, sans
attendre que ce délai fût expiré depuis long-temps,
pour diriger leurs poursuites, et, ce qui est plus
irrégulier encore, pour intenter une action tendante à faire déclarer par le juge domiciliaire de
première instance, qu'appel échéait de ladite
sentence;

» Attendu que eu égard à cette négligence des
appelans, il y a lieu de leur appliquer la maxime,
non negligentibus subvenitur;

» Attendu qu'il s'agit d'une demande en reliè-

vement contre l'écoulement des fataux en matière de révision;

» Que cette révision doit être considérée, d'a-
près le sentiment unanime des interprètes, comme
une voie extraordinaire et un remède privilégié;
et qu'il est de principe que ces sortes de priviléges introduits contre l'ordre généralement établi, doivent être restreints bien plutôt qu'é-
tendus;

» Attendu que, si les appelans se sont trouvés
quelque temps dans une impossibilité morale de
se conformer au prescrit des ordonnances, pour
la poursuite de la révision, cette impossibilité n'a
été qu'instantanée;

» Attendu, au surplus, que le droit que les
appelans auraient pu avoir à obtenir un relièvement du laps des fataux, ne pouvait être mesuré
que sur l'étendue du temps pendant lequel ils
avaient été empêchés;

» Qu'admettre un système contraire, en soutenant que les appelans ont eu le droit d'intenter,
pendant dix ans, une demande *en restitution en entier,* contre l'écoulement des fataux, ce serait renverser les principes, blesser la lettre des lois, et
introduire une jurisprudence opposée aux vues
du bien public;

» Que les lois du pays avaient établi une grande
différence entre les reliefs de l'écoulement des
fataux, et *les récisions ou restitutions en entier;*

» Qu'en un mot, et le droit brabançon et le
droit français et le droit romain concourent pour
faire rejeter la demande dont il s'agit;

» Par toutes ces considérations, le tribunal,
ayant égard à l'exception proposée par les intimés, déclare les appelans non fondés ni recevables dans l'appel par eux interjeté du jugement
du ci-devant conseil de Brabant, en date du 24
janvier 1794 ».

Les sieurs de Brouchoven et consorts dénoncent
ce jugement à la cour de cassation, et ils le lui
dénoncent comme contraire à l'autorité de la
Chose jugée.

Pour le défendre, les sieurs Devisscher-Celles
et consorts observent qu'il porte sur deux bases
principales.

« Le tribunal de Maëstricht (disent-ils) a pris
pour première base, que, de sa nature, l'arrêt du 24 janvier 1794 n'était pas susceptible
d'appel.

» L'arrêté du 30 vendémiaire an 4 est venu déclarer conditionnellement l'*appellabilité* de cet
arrêt.

» Pour cette *appellabilité,* l'arrêté du 30 vendémiaire a exigé la condition que la partie condamnée eût intenté l'action en révision dans
les termes prescrits par les lois du pays; que
du moins elle eût protesté de grande révision
dans le délai prescrit, et qu'elle n'eût pas laissé
écouler ce délai, sans impétrer les lettres de révision.

» Or, Brouchoven et consorts avaient seulement protesté de grande révison ; ils n'avaient pas intenté l'action en révision, ils n'avaient pas impétré les lettres de révision dans les délais prescrits (1) : donc, sous ce rapport, l'arrêt de 1794 n'était pas rendu susceptible d'appel.

» L'arrêté du 30 vendémiaire ne relevait pas Brouchoven et consorts des délais expirés ; les représentans du peuple ont pensé qu'ils ne devaient pas accorder ce relèvement, et leur opinion était fondée sur un juste motif. Le conseil de Brabant avait continué d'être en activité de fonctions, depuis et malgré la conquête en messidor an 2, jusqu'à la réunion en vendémiaire an 4 ; du moins ses fonctions n'avaient été suspendues que momentanément, à l'instant même de la conquête, en messidor an 2, jusqu'au 27 thermidor même année. L'exercice de l'action en révision et l'impétration des lettres de révision (que le conseil de Brabant avait reçu pouvoir d'accorder), ont donc été libres et facultatives dans les derniers mois de l'an 2, comme précédemment, et aussi pendant tout le cours de l'an 3. Par cette raison, il n'y avait pas de justes causes d'accorder le relèvement des délais : relèvement qu'en effet l'arrêté du 30 vendémiaire n'a pas octroyé, et dont au contraire il est négatif, puisqu'il dit : *Sont sujettes à l'appel aux nouveaux tribunaux qui vont être établis, les sentences des anciens tribunaux supérieurs, dont la partie qui se croit lésée, a intenté la grande révision dans le terme prescrit par les lois du pays*, POURVU QU'ELLE N'AIT PAS LAISSÉ ÉCOULER CE TERME, SANS IMPÉTRER LES LETTRES DE GRANDE RÉVISION. Cette condition est bien explicite.

» L'arrêté parle ensuite des sentences émanées des tribunaux *inférieurs*, et passées en force de Chose jugée. Celles-là sont aussi déclarées sujettes à l'appel, *pourvu que l'on eût légalement obtenu lettres de relèvement à l'égard de l'écoulement des fataux.*

» Cette disposition de l'arrêté manifeste toujours que les représentans ne voulaient, dans aucun cas, relever des délais expirés ; et que ce relèvement leur paraissait inconciliable avec les nouvelles lois françaises, abrogatives en effet du relief de laps de temps.

» Il demeure donc démontré que, par les dispositions et les termes de l'arrêté du 30 vendémiaire, l'arrêt du 24 janvier 1794 n'était pas susceptible d'appel.

» Et c'est la première base du jugement rendu à Maëstricht.

» Contre cette première base, et pour la détruire, on peut opposer que le tribunal de l'Escaut a décidé, le 17 germinal an 7, qu'il était compétent pour accorder ou refuser le relief de temps ; que, par le second jugement du 9 mes-

sidor même année, il a relevé du laps de temps écoulé, et déclaré que l'arrêt du 24 janvier 1794 était sujet à l'appel ; que le tribunal de cassation a, le 3 nivôse an 9, laissé subsister ces jugemens ; que de cette manière, l'arrêté du 30 vendémiaire a été éludé ; et que, dès-lors, c'était Chose jugée que l'arrêt de 1794 était sujet à l'appel.

» Cette objection est sérieuse et plausible ; mais elle n'est pas insurmontable. Voici nos réponses :

» D'abord il est mathématiquement démontré que le tribunal de l'Escaut a mal jugé, qu'il a violé l'arrêté du 30 vendémiaire, et qu'il a commis un excès de pouvoir exorbitant, et une usurpation de l'autorité législative, en se déclarant compétent pour accorder le relief de laps de temps, et en concédant ce relief.

» Les jugemens de l'Escaut avaient-ils force de Chose jugée pour le tribunal de Maëstricht ?

» Non, et par deux raisons.

» Le tribunal de l'Escaut était incompétent, 1.° parce qu'il s'agissait de relief de laps de temps, et parce qu'il ne lui appartenait pas de délibérer s'il refuserait ou s'il accorderait un tel relief prohibé par nos lois ;

» 2°. Le relief de laps de temps n'a jamais été en France, ni en Belgique, l'objet d'une action contentieuse. En Brabant comme en France, il était le sujet d'une concession bénévole et gracieuse, que le gouvernement accordait ou refusait, sur l'exposé des motifs qui portaient à solliciter cette faveur : motifs qui pouvaient être de nature à concilier équitablement cette dérogation aux lois.

» Le tribunal de la Dyle, sur la demande en relief, s'était déclaré incompétent : il avait eu raison ; le tribunal de l'Escaut aurait certainement dû se régler par le même principe, et confirmer le jugement de la Dyle.

» Mais, sous un autre rapport, pour que le tribunal de l'Escaut eût au moins un prétexte spécieux de décider si l'arrêt de 1794 était ou non sujet à l'appel, il aurait fallu qu'il fût saisi de l'appel, et que, dans cette circonstance, il fût tribunal d'appel ; il aurait fallu que ce fût incidemment à l'appel, qu'il eût statué sur l'exception de non appellabilité.

» Le tribunal de Maëstricht reproche à celui de l'Escaut, d'avoir, dans ce cas, *exercé une juridiction qui était essentiellement et exclusivement du ressort du tribunal saisi légalement de l'appel ;* et le tribunal de Maëstricht raisonne juste, quand il argumente ainsi.

» Le tribunal de Maëstricht ajoute que celui de l'Escaut n'a pu ravir le droit inhérent à la qualité de tribunal d'appel, et connaître d'une question dont le résultat devait être d'attribuer une compétence au tribunal d'appel, ou de la lui méconnaître : raisonnement qui est encore très-exact.

---

(1) Deux arrêtés des 27 thermidor et 20 fructidor an 2, autorisaient le conseil de Brabant à expédier des lettres de révision, et toutes les lettres de chancellerie qui précédemment étaient accordées par l'empereur d'Autriche ou en son nom.

» Le tribunal de Maëstricht se fonde sur la règle, qu'il appartient exclusivement au tribunal d'appel de connaître de toutes les questions, soit principales, soit incidentes, qui résultent de l'émission d'un appel : qui est-ce qui contestera cette maxime?

» Le tribunal de Maëstricht observe qu'il serait déraisonnable de prétendre qu'un tribunal de première instance soit compétent pour déclarer que le jugement émané de son autorité, est sujet ou non à l'appel : qui dira le contraire?

» Le tribunal de Maëstricht considère que le tribunal de l'Escaut n'avait pas sur lui de supériorité, et que la dévolution des appels et des questions incidentes aux appels, est de droit public : comment encore contester cette proposition?

» De tout cela, le tribunal de Maëstricht a pu et dû conclure que pour lui il n'y avait pas *Chose jugée*; que, par une sorte de réglement de juges, dérivatif du droit public sur les appels, il avait pouvoir d'exercer une plénitude de juridiction sur l'appel à lui dévolu légalement, et sur les questions incidentes comme sur les questions principales, sur les exceptions et fins de non-recevoir comme sur le fond.

» Le jugement de Maëstricht est du 16 ventôse an 8.

» Le 13 nivôse an 9, le tribunal de cassation a rejeté la demande en cassation dirigée contre les jugemens de l'Escaut.

» Et on dira qu'il faut donc que les jugemens de l'Escaut subsistent!

» Mais le jugement du tribunal de cassation ne doit pas avoir d'effet rétroactif sur celui de Maëstricht; et c'est une vaine déclamation que le reproche fait au tribunal de Maëstricht d'avoir attenté à l'autorité du tribunal de cassation. Dire d'un jugement du 16 ventôse an 8, qu'il attente à un jugement du 13 nivôse an 9, cela est chronologiquement absurde.

» Devant le tribunal de l'Escaut, on agitait cette question : Brouchoven et consorts seront-ils relevés du laps de temps et des fataux de la révision?

» Devant le tribunal de Maëstricht, on traitait cette autre question : L'appel de l'arrêt du 24 janvier 1794 est-il recevable en l'an 8?

» Le tribunal de l'Escaut a dit : Je suis compétent pour relever du laps de temps, et je déclare que l'arrêt de 1794 est *sujet à l'appel*.

» Le tribunal de Maëstricht a dit : Et moi je déclare l'appel non-recevable en l'an 8.

» Le tribunal de Maëstricht s'est expliqué; il a développé tout le système de son jugement; et il a dit : Que l'arrêt de 1794 fût susceptible d'appel, je le nie. Avant l'arrêté du 30 vendémiaire an 4, il était impossible de soutenir l'appellabilité d'un arrêt rendu en dernier ressort par le conseil de Brabant; et avec l'arrêté du 30 vendémiaire, l'arrêt du 24 janvier 1794 n'était pas appelable encore; par l'arrêté même, l'arrêt

était mis à l'abri de l'appel, comme n'ayant pas été attaqué dans l'an par l'action en révision et par l'impétration de lettres de révision (première base du jugement de Maëstricht).

» Voulez-vous cependant que l'arrêt fût *appelable* contre les termes formels de l'arrêté? Ce qui était faux, voulez-vous le réputer vrai, par condescendance pour le tribunal de l'Escaut, dont la méprise est palpable? Je me prête à cette hypothèse, et alors je vous renvoie à l'art. 2 de l'arrêté du 30 vendémiaire; il porte : *Les appels des jugemens ci-dessus* (émanés des cours supérieures et des siéges subalternes) *suivront les régles qui seront prescrites pour l'appel des sentences prononcées par les nouveaux tribunaux.*

» Eh bien! L'une et la principale de ces règles concernant l'appel des sentences prononcées par les nouveaux tribunaux, c'est que l'appel devait être interjeté dans les *trois mois*.

» Or, l'appel que vous présentez au tribunal de Maëstricht, a-t-il été interjeté dans les trois mois à compter de l'arrêté du 30 vendémiaire an 4? Non, il s'en faut bien; votre appel n'a été interjeté que postérieurement au 9 messidor an 7, tardivement de plus de trois ans.

» Dites-nous que le temps écoulé depuis l'invasion et la conquête en messidor an 2, jusqu'à la réunion en vendémiaire an 4, a été, pour la Belgique, un temps d'inquiétude et de trouble; qu'il serait rigoureux de n'être pas relevé des délais courus pendant ce période, et de tenir à la sévérité des principes, par cela seul que le conseil de Brabant était en activité de fonctions, et qu'il était possible d'y poursuivre une action en révision.

» Nous vous répondons : Cette considération a été vue, balancée et appréciée; aussi l'arrêté des représentans du peuple, daté de Bruxelles, le 14 frimaire an 4, a prononcé : *Le temps qui se sera écoulé dans les départemens réunis, depuis le 10 messidor de l'an 2 jusqu'à l'expiration de la quinzaine qui suivra la publication du présent décret, ne sera point compté dans les délais fixés par l'ordonnance, pour se pourvoir en requête civile.* Le relief ainsi accordé pour les requêtes civiles, on peut, si l'on veut, l'appliquer par analogie aux appels et à la cassation. Mais il en résultera toujours que votre appel pouvait et devait être interjeté dans les trois mois qui ont suivi le 1er. nivôse an 4; et que par conséquent il était non-recevable comme interjeté seulement depuis messidor an 7 (deuxième base du jugement de Maëstricht).

» Le tribunal de l'Escaut a dit que l'arrêt de 1794 était *sujet à l'appel*. Mais le tribunal de Maëstricht, saisi de l'appel, a pu et dû examiner si toutes les conditions nécessaires pour que l'appel fût recevable, étaient remplies, ou si elles ne l'étaient pas.

» L'arrêt était sujet à l'appel, du moins c'était

Chose jugée, *et res judicata pro veritate accipitur :* soit. Mais juger en l'an 7, que l'arrêt de 1794 avait été rendu susceptible d'appel par l'arrêté du 30 vendémiaire an 4, ce n'était pas juger aussi que l'appel en serait nécessairement recevable en l'an 8.

» Il ne pouvait appartenir qu'au tribunal d'appel de prononcer sur la forme et le fond de l'appel, sur les fins de non-recevoir et exceptions contre l'appel.

» Il serait possible qu'un tribunal des départemens réunis s'ingérât de relever du laps de temps, à l'occasion d'un recours en cassation, et qu'il déclarât un jugement sujet à la cassation. Il serait possible encore que le jugement qui aurait déclaré l'autre sujet à la cassation, ne fût pas attaqué dans les trois mois. Dans ce cas, le regarderait-on comme ayant autorité de Chose jugée, et le tribunal de cassation se considérerait-il comme obligé d'admettre un pourvoi qui lui serait amené de cette manière, après les trois mois?

» Le tribunal de l'Escaut a décidé que l'arrêt était sujet à l'appel, et le tribunal de Maëstricht a jugé que l'appel était non-recevable : ces deux jugemens ne se contredisent pas; ils peuvent très-bien co-exister; et de leur co-existence ne résulte nullement la violation de la règle *res judicata pro veritate accipitur.*

» Le tribunal de Maëstricht a dit littéralement qu'*abstraction faite de la question de savoir si l'arrêt de 1794 était ou non appelable, c'était dans le délai de trois mois* (depuis les arrêtés de vendémiaire et de frimaire an 4) *que les appelans auraient dû relever leur appel; et que eu égard à leur négligence, il y avait lieu de leur appliquer la maxime,* NON NEGLIGENTIBUS SUBVENITUR.

» Cela répond péremptoirement au moyen de cassation que l'on nous oppose, et que l'on appuie avec tant de jactance, sur la maxime *res judicata,* etc. ».

C'était ainsi que les sieurs Devisscher-Celles et consorts cherchaient à justifier le jugement attaqué.

Après le rapport fait par M. Cochard, et les plaidoiries des défenseurs des deux parties, je me suis borné à dire :

« La question à laquelle cette affaire se trouve réduite en dernière analyse, est si simple, qu'on l'a, en quelque sorte, résolue d'avance en la proposant.

» Il s'agit de savoir si, par le jugement attaqué, le tribunal civil de la Meuse-Inférieure a pu décider qu'il n'y avait lieu, ni à restitution en entier contre le laps des délais, ni par conséquent à l'appel de l'arrêt du conseil de Brabant, du 24 janvier 1794; tandis que précédemment le contraire avait été décidé entre les mêmes parties, par un jugement contradictoire et en dernier ressort du tribunal civil de l'Escaut.

» Après avoir examiné cette question sous tous ses rapports, nous nous sommes demandé par quel prestige les juges du tribunal civil de la Meuse-Inférieure avaient pu se faire illusion au point de la décider, comme ils l'ont fait, pour l'affirmative.

» Nous nous sommes demandé si l'on ne devait pas plutôt plaindre qu'admirer des hommes qui trouvent dans leur érudition des ressources capables de les faire passer, sans scrupule, au-dessus de l'irréfragable et sainte barrière de l'autorité de la Chose jugée.

» Nous nous sommes demandé si c'était sérieusement que les défendeurs déployaient devant vous les mêmes ressources, pour vous engager à confirmer cet abus indécent de l'art de raisonner, cet excès monstrueux du pouvoir judiciaire.

» Mais nous n'avons pas hésité un moment à penser qu'il serait indigne de notre ministère et encore plus de la majesté de votre audience, de descendre dans les détails qui seraient nécessaires pour réfuter pied à pied toutes les cavillations des défendeurs. Nous aurions même cru, en le faisant, manquer à l'autorité de la Chose jugée; car c'est véritablement y manquer, que de la discuter, que de remettre en controverse ce qu'elle a irrévocablement décidé.

» Nous estimons en conséquence, qu'il y a lieu de casser et annuller le jugement rendu par le tribunal civil de la Meuse-Inférieure, le 16 ventôse an 8, renvoyer la cause et les parties devant le tribunal d'appel qui doit en connaître, et ordonner qu'à notre diligence, le jugement à intervenir sera imprimé et transcrit où il appartiendra ».

Ces conclusions ont été adoptées par arrêt du 17 brumaire an 11 :

« Vu (porte-t-il) l'art. 5 du tit. 27 de l'ordonnance de 1667;

« Et attendu 1°. qu'un jugement rendu en dernier ressort par le tribunal civil du département de l'Escaut, confirmé par un autre jugement du tribunal de cassation, avait prononcé que les demandeurs étaient relevés du laps des fataux; qu'en conséquence, ils étaient admissibles à se pourvoir en appel de l'arrêt de 1794;

Attendu 2°. que le tribunal civil du département de la Meuse-Inférieure, sans égard à l'autorité de cette décision souveraine, a prononcé, au contraire, qu'ils n'étaient pas légalement relevés; qu'il les a en conséquence déclarés non-recevables dans leur appel, et qu'il a formellement contrevenu audit article ci-dessus cité;

» Le tribunal, faisant droit à la demande en cassation formée par les demandeurs contre le jugement dudit tribunal de la Meuse-Inférieure, du 16 ventôse an 8, casse et annulle ledit jugement; renvoie sur le fond pardevant le tribunal d'appel, séant à Bruxelles, pour être fait droit aux parties, ainsi qu'il appartiendra.... ».

§. IV. *Y a-t-il contravention à la Chose jugée, lorsqu'une cour d'appel, en infirmant un jugement de première instance qui autorisait un débiteur à consigner, déclare nulle la consignation faite en exécution de ce jugement, et déjà déclarée valable par un jugement en dernier ressort?*

Le 12 vendémiaire an 4, le sieur Leroi obtient au tribunal du district de Caudebec, un jugement par défaut, qui confirme deux jugemens du tribunal du district de Rouen, des 24 messidor et 9 thermidor an 3, par lesquels il était autorisé à consigner une somme de 33,000 livres, qu'il devait au sieur Sacquépée, si, dans le jour, celui-ci ne la retirait des mains du notaire chez qui elle était en dépôt.

Le 14 du même mois, le sieur Leroi fait signifier ce jugement au domicile du sieur Sacquépée.

Le lendemain 15, il consigne les 33,000 livres; et le même jour, il notifie cette consignation au sieur Sacquépée.

Le 21, le sieur Sacquépée forme opposition au jugement du 12; mais il en est débouté par défaut, le 5 brumaire suivant.

Il se pourvoit alors contre la consignation, et la fait déclarer nulle par un jugement du tribunal civil du département de la Seine-Inférieure, du 3 nivôse an 4.

Mais sur l'appel qu'en interjette la veuve Leroi, tant en son nom, que comme tutrice des enfans mineurs nés d'elle et de son mari décédé depuis peu, il intervient au tribunal civil du département de l'Oise, le 5 fructidor de la même année, un jugement qui infirme celui du tribunal de la Seine-Inférieure, et déclare la consignation valable.

Pendant que s'agitait la contestation terminée par ce jugement, le sieur Sacquépée attaquait, devant la cour de cassation, celui du 5 brumaire an 4, par lequel il avait été débouté de son opposition au jugement par défaut du 12 vendémiaire précédent, confirmatif de ceux du tribunal du district de Rouen, des 24 messidor et 9 thermidor an 3.

Il se fondait sur ce que le jugement du 5 brumaire avait été rendu par quatre juges et un suppléant, c'est-à-dire, sur ce qu'un suppléant y avait pris part, sans que sa présence y fût nécessaire.

Ce moyen a eu tout le succès que lui assurait la loi du 5-27 mars 1791. Le 16 fructidor an 4, la cour de cassation a annulé le jugement du 5 brumaire, et a renvoyé le fond de la cause devant les juges qui en devaient connaître.

L'affaire reportée en conséquence au tribunal civil du département du Calvados, jugement par défaut, du 3 pluviôse an 8, qui reçoit le sieur Sacquépée opposant à celui du 12 vendémiaire an 4, annulle ce jugement et ceux du tribunal

du district de Rouen, des 24 messidor et 9 thermidor an 3, au chef qui autorisait la consignation des 33,000 livres, et déclare pareillement nulle et de nul effet la consignation qui s'en est ensuivie.

Opposition à ce jugement de la part des mineurs Leroi.

Le 3 thermidor an 8, arrêt de la cour d'appel de Rouen, qui rejette cette opposition.

Les mineurs Leroi se pourvoient en cassation contre cet arrêt; et ils se fondent, entre autres moyens, sur ce qu'il contrevient à l'autorité de la Chose jugée le 5 fructidor an 4, par le tribunal civil du département de l'Oise.

La cause portée à l'audience de la section civile, j'ai dit:

« S'il est un principe incontestable et sacré dans l'ordre social, c'est assurément celui qui établit qu'aucune loi ne peut avoir un effet rétroactif, et que les tribunaux ne peuvent appliquer aux actes sur lesquels ils prononcent, que les lois existantes aux époques où ces actes ont été faits.

» Comment donc le tribunal civil du Calvados, et après lui le tribunal d'appel de Rouen, ont-ils pu annuler des jugemens qui avaient autorisé un remboursement en papier-monnaie, sous le prétexte qu'une loi postérieure de plusieurs mois à ce jugement, celle du 11 frimaire an 4, avait suspendu cette manière de rembourser?

» Ils ont dit que la cassation du jugement du 5 brumaire an 4 avait remis la cause dans le même état où elle s'était trouvée avant ce jugement, et ils ont dit la vérité.

» Ils en ont conclu que les jugemens des 24 messidor et 9 fructidor an 3 se trouvaient par là dépouillés de l'autorité de la Chose jugée que le jugement du 5 brumaire an 4 leur avait imprimée; et ils ont raisonné juste, du moins quant au jugement du 24 messidor, dont le cit. Sacquépée avait interjeté appel dans le terme légal.

» Mais ils ont poussé plus loin leur conséquence : ils ont dit que, pour décider si les jugemens des 24 messidor et 9 thermidor an 3 avaient bien jugé, il fallait, non pas se rapporter aux lois qui étaient en vigueur aux époques où ils avaient été rendus, mais bien les comparer avec la loi du 11 frimaire an 4, postérieure de plusieurs mois à ces époques; et c'est une absurdité si palpable, c'est une conséquence si monstrueuse, que peut-être en trouverait-on difficilement des exemples dans les annales de jurisprudence judiciaire.

» Sans doute ils auraient raisonné plus conséquemment, s'ils s'étaient bornés à dire : « Le jugement du 5 brumaire an 4 ayant été annulé par le tribunal de cassation, la consignation qui s'est faite en vertu du jugement par » défaut, du 12 vendémiaire précédent, se

» trouve par cela seul anéantie, parcequ'elle
» n'a pas pu être valablement effectuée avant
» le délai fixé par la loi, pour former opposition
» à ce dernier jugement.

» Or, cette consignation ne peut plus être réi-
» térée aujourd'hui en papier-monnaie; ainsi, il
» est inutile de nous occuper des jugemens des
» 24 messidor et 9 thermidor an 3, qui avaient
» autorisé le cit. Leroi à rembourser en assi-
» gnats : ces jugemens ont été bien rendus eu
» égard au temps dont ils sont datés; mais au-
» jourd'hui, ils ne peuvent plus être exécutés;
» c'est donc le cas, non d'infirmer ces jugemens
» mais de prononcer *sans s'y arrêter*, et de dé-
» clarer, purement et simplement, la consigna-
» tion nulle ».

» Au lieu de se borner à ce seul raisonnement,
dans lequel du moins ils auraient respecté les
principes, les tribunaux du Calvados et de Rouen
ont dit que les jugemens des 24 messidor et 9
fructidor étaient *nuls au chef où ils autorisaient le
remboursement en papier-monnaie* (ce sont les propres termes du jugement du 3 pluviôse an 8,
confirmé par celui du 3 thermidor); et cette
nullité, ils l'ont fait dériver de la loi du 11 frimaire an 4; ce qui est bien donner à la loi du 11
frimaire an 4 un effet rétroactif, que réprouvent
la raison universelle et la législation de tous les
pays policés.

» Ce n'est pas au surplus qu'ils n'aient aussi,
à certains égards, raisonné comme nous venons
de supposer qu'ils auraient pu le faire; car ils ne
se sont pas bornés à réformer les jugemens des
24 messidor et 9 fructidor an 3, ils ont été jusqu'à annuller le remboursement que ces jugemens avaient autorisé; et ils l'ont tellement annullé, qu'ils n'ont laissé aux demandeurs que
l'alternative, ou de rembourser de nouveau en
monnaie métallique, ou de continuer la rente
que leur consignation avait éteinte.

» Mais, par là même, ils ont excédé leurs
pouvoirs, en jugeant le contraire de ce qu'avait
décidé, en dernier ressort, le jugement du tribunal de l'Oise, du 5 fructidor an 4.

» Nous n'examinerons pas si, abstraction faite
de ce jugement, ils auraient pu s'occuper de la
validité ou de l'invalidité du remboursement
opéré par la consignation du 15 vendémiaire an
4, et si, dans le cas où ce jugement n'eût pas
existé, ils n'auraient pas dû se borner à prononcer sur le bien ou mal jugé du jugement du 24
messidor an 3, sans s'occuper des suites qu'avait
pu avoir ce jugement.

» Mais une chose bien certaine, c'est que les
suites de ce jugement ayant fait la matière d'un
autre jugement en dernier ressort, il était dès-là
interdit aux tribunaux du Calvados et de Rouen
d'en prendre connaissance.

» Il n'importe que, dans leur manière de voir,
la réformation du jugement du 24 messidor an 3
dût entraîner l'annullation du remboursement

qui s'en était ensuivi par voie de consignation.
Toujours est-il vrai que, dans l'espèce particulière, ce n'était pas à eux à prononcer sur la
validité ou l'invalidité de ce remboursement,
puisque la question de savoir si ce remboursement était valable ou non, avait été soumise à
un autre tribunal qui l'avait décidée en dernier
ressort. Ils devaient donc, et ils devaient nécessairement se renfermer dans l'examen du bien
ou mal jugé du jugement du 24 messidor an 3,
qui avait autorisé le remboursement; et en réformant ce jugement, laisser au cit. Sacquépée
le soin de se pourvoir comme il aviserait contre
le jugement du 5 fructidor an 4, par lequel le
tribunal de l'Oise avait décidé, en dernier ressort, que le remboursement avait été légalement
et valablement effectué ».

Par ces raisons, j'ai conclu à la cassation de
l'arrêt de la cour d'appel de Rouen, du 3 thermidor an 8; et voici l'arrêt qui est intervenu en
conséquence, le 20 floréal an 10, au rapport de
M. Coffinal :

« Vu l'art. 5 du tit. 27 de l'ordonnance de 1667,
ainsi conçu : *Les sentences et jugemens qui doivent
passer en force de Chose jugée, sont ceux rendus en
dernier ressort....;*

» Considérant 1° que la consignation annullée
par le jugement du 3 thermidor an 8, en ordonnant l'exécution du jugement par défaut du 3
pluviôse précédent, avait été déclarée valable
par le jugement en dernier ressort rendu par le
tribunal civil du département de l'Oise, le 5
fructidor an 4;

» 2°. Que la contrariété se rencontre dans les
motifs comme dans le dispositif;

» Que l'on met en principe dans le jugement
du 3 pluviôse an 8, que le jugement du 12 vendémiaire an 4 n'a pu produire aucun effet pendant le délai de l'opposition, tandis que l'autre
jugement a décidé qu'il avait pu être mis à exécution jusqu'à ce que l'opposition fût intervenue;

» Et que Sacquépée ne défend en partie le jugement définitif, que sur les mêmes moyens
par lesquels il attaque celui du tribunal de l'Oise
et notamment par le jugement du 24 floréal an
4;

» Considérant que la veuve Leroi et son mari
avaient opposé la fin de non-recevoir fondée sur
l'autorité de la Chose jugée, et qu'elle n'a pu être
rejetée sans tomber dans une contrariété manifeste qui, suivant l'ordonnance de 1667 et le réglement de 1738, doit donner lieu à la rétraction
du dernier jugement, ce qui dispense d'examiner
les autres moyens de cassation proposés par la
veuve Leroi et son mari;

» Le tribunal casse et annulle le jugement
rendu par le tribunal d'appel de Rouen, le 3 dudit mois de thermidor an 8, comme contraire à
celui du tribunal civil du département de l'Oise,
du 5 fructidor an 4, et à la loi ci-dessus citée et

transcrite, ensemble tout ce qui a suivi et pourrait s'ensuivre......».

§. V. 1°. *Lorsqu'un droit est prétendu en vertu du même titre sur deux différens héritages, le jugement qui intervient sur la demande, relativement à l'un de ces héritages, a-t-il, entre les mêmes parties, l'autorité de la Chose jugée relativement à l'autre?*

2°. *Lorsque, sur les intérêts d'une portion d'une créance, il a été rendu un jugement en dernier ressort, ce jugement a-t-il, à l'égard des intérêts et du capital de l'autre portion et entre les mêmes parties, l'autorité de la Chose jugée?*

La première de ces deux questions est traitée dans un plaidoyer rapporté à l'article *Vaine pâture*, §. 2; la seconde s'est présentée dans l'espèce suivante.

Le 23 mai 1792, le sieur Sanegon s'est rendu adjudicataire, moyennant 1,801,000 livres du domaine d'Ablois, vendu sur le sieur Pottin-Vauvineux, par la direction des créanciers de celui-ci.

Il était obligé, par le jugement d'adjudication, de verser les 1,801,000 livres entre les mains de M⁵. Trutat, notaire, séquestre de la direction.

Le 12 octobre 1793, acte passé entre le sieur Sanegon et les créanciers unis, du nombre desquels sont les héritiers Meulan.

Il y est dit qu'à cette époque, le sieur Sanegon n'avait encore versé dans la caisse du séquestre que 1,365,000 livres; qu'ainsi, il redevait encore 436,000 livres;

Que, sur ce restant, il a retenu, tant pour sûreté de son acquisition, qu'à titre de compensation, et du consentement des créanciers, 212,756 livres 17 sous 5 deniers; ce qui réduisait sa dette à 223,243 livres 2 sous 5 deniers;

Que pour absorber ce reliquat, il venait d'emprunter devant notaire une somme de 250,000 livres, et qu'il était sur le point d'en faire le versement;

Que les héritiers Meulan lui ont proposé de ne pas donner suite à cet emprunt, de lui en rembourser les frais, et de substituer à cette mesure, celle de garder entre ses mains, *sur et en déduction de son prix*, la somme de 429,335 livres, qui, par l'effet de leur collocation dans l'ordre des créanciers, leur revenait dans le prix du domaine d'Ablois, à la charge de leur en payer l'intérêt à 4 pour cent;

Que le sieur Sanegon a souscrit à cette proposition; et qu'en conséquence, se trouvant avoir payé 211,828 livres de trop, il a retiré cette somme des mains du séquestre;

Que, par le même acte, les héritiers Meulan ont chargé le sieur Sanegon de payer à leur acquit différentes dettes dont ils étaient grevés, notamment une rente viagère de 2,400 livres, due à la veuve Lafage, et représentée par un capital de 60,000 livres; une autre rente viagère de 1,200 livres, due à la demoiselle Gauthier,

et représentée par un capital de 30,000 livres; enfin, une somme de 89,335 livres, due à la mineure Meulan d'Ablois.

Sur les 429,335 livres ainsi laissées par les héritiers Meulan entre les mains du sieur Sanegon, celui-ci a remboursé, à différentes époques, 250,000 livres; et il n'est plus resté reliquataire que des trois objets dont on vient de parler, et montant ensemble à 179,335 livres.

En 1797, la veuve Lafage a fait assigner le sieur Sanegon au tribunal civile du département de la Marne, pour être payée des arrérages de sa rente viagère en numéraire métallique.

Le sieur Sanegon a mis en cause les héritiers Meulan, et a demandé contre eux la réduction des arrérages réclamés, au taux de l'échelle départementale, conformément à la loi du 11 frimaire an 6.

Il s'est fondé sur ce que, par l'acte du 12 octobre 1793, c'était à titre de prêt qu'il avait reçu d'eux la somme de 429,335 livres dont le principal de la rente viagère de la veuve Lafage faisait partie.

Les héritiers Meulan ont soutenu, au contraire, que le sieur Sanegon s'était, par l'acte du 12 octobre 1793, constitué débiteur de 429,335 livres, pour portion du prix du domaine d'Ablois; et que, dès-là, il n'y avait d'applicable à sa dette, que le mode de réduction établi par la loi du 16 nivôse an 6, c'est-à-dire, l'expertise.

Par jugement rendu en 1798, le tribunal civil du département de la Marne a décidé que les arrérages réclamés par la veuve Lafage, devaient lui être payés sans réduction.

Appel au tribunal civil du département de l'Aisne, qui, par jugement du 26 ventôse an 8, déclare que les 60,000 livres formant le capital de la rente viagère de la veuve Lafage, n'existent dans les mains du sieur Sanegon, qu'à titre de prêt; et qu'en conséquence, il y a lieu à réduction d'après l'art. 2 de la loi du 11 frimaire an 6.

Avant ce jugement, la demoiselle Gauthier avait fait assigner le sieur Sanegon au tribunal civil du département de la Seine, en paiement des arrérages échus de sa rente viagère.

La demoiselle Meulan d'Ablois l'avait aussi fait citer devant le même tribunal, en remboursement des 89,335 livres qu'il était chargé, par l'acte du 12 octobre 1793, de lui payer à l'acquit des héritiers Meulan.

Le sieur Sanegon avait mis en cause les héritiers Meulan, pour faire juger avec eux que ces deux objets devaient, comme le capital de la rente viagère de la veuve Lafage, être réduits au taux de l'échelle départementale.

Et les héritiers Meulan avaient également soutenu que la réduction ne pouvait avoir lieu que d'après une expertise.

Par jugement du 14 floréal an 7, le tribunal civil du département de la Seine avait prononcé en faveur des héritiers Meulan.

Sur l'appel de ce jugement, le sieur Sanegon a prétendu que la question était décidée par celui du tribunal civil de l'Aisne, du 26 ventôse an 8 ; et que ce jugement étant rendu en dernier ressort, entre les mêmes parties, sur le même point, la réformation de celui du tribunal civil de la Seine ne pouvait faire la matière d'une difficulté sérieuse.

Cependant, par arrêt du 25 ventôse an 9, la cour d'appel de Paris a confirmé purement et simplement le jugement du tribunal civil de la Seine.

Le sieur Sanegon s'est pourvu en cassation contre cet arrêt ; et de leur côté, les héritiers Meulan ont pris la même voie contre le jugement du tribunal civil du département de l'Aisne, du 26 ventôse an 8.

La cause portée à l'audience de la section civile, j'ai commencé par établir que ce dernier jugement devait être cassé. Après quoi, venant à celui de la cour d'appel de Paris, j'ai ajoûté :

« Le cit. Sanegon emploie d'abord pour le combattre, les mêmes moyens que pour défendre celui du tribunal civil de l'Aisne ; et comme ces moyens ne peuvent pas empêcher la cassation de l'un, il est évident qu'ils ne peuvent pas non plus faire prononcer la cassation de l'autre.

» Ensuite, le cit. Sanegon soutient que le tribunal d'appel de Paris, en prononçant comme il l'a fait, a violé l'autorité de la Chose jugée ; et il faut convenir qu'à la première vue, rien n'est plus spécieux que ce moyen.

» Lorsque le tribunal d'appel de Paris a rendu son jugement, il y avait déjà un an que le tribunal civil de l'Aisne avait rendu le sien ; et il ne l'a pas ignoré, car le cit. Sanegon s'en était fait devant lui une exception de Chose jugée.

» Cependant il a décidé que la réduction devait être faite d'après la loi du 16 nivôse an 6, tandis que le tribunal civil de l'Aisne avait décidé qu'elle devait être faite d'après l'échelle de dépréciation du département de la Seine. Il y a donc contrariété entre les deux jugemens ; dès-lors, comment ne pas annuller celui des deux qui est postérieur à l'autre ? Bien évidemment, dit le cit. Sanegon, le plus récent des deux jugemens a enfreint l'autorité de la Chose jugée, en se mettant en opposition avec le plus ancien.

» A ce moyen, les héritiers Meulan répondent deux choses : la première, que le jugement du tribunal d'appel de Paris n'a pas été rendu entre les mêmes parties que le jugement du tribunal civil de l'Aisne ; la seconde, que le jugement du tribunal civil de l'Aisne n'a été rendu qu'après celui qu'a depuis confirmé le tribunal d'appel de Paris.

» Ces deux réponses, nous devons le dire, ne sont rien moins que satisfaisantes.

» D'une part, en effet, les deux jugemens sont rendus entre le cit. Sanegon et les héritiers Meulan. A la vérité, la veuve Lafage n'était point

partie dans le jugement du tribunal d'appel de Paris, comme les demoiselles Gauthier et Meulan-d'Ablois ne l'étaient point dans le jugement du tribunal civil de l'Aisne. Mais il suffit que les héritiers Meulan et le cit. Sanegon l'aient été dans l'un et l'autre, pour qu'à leur égard, il y ait dans l'un et dans l'autre, identité de parties.

» D'un autre côté, le jugement du tribunal civil de la Seine, confirmé en l'an 9 par le tribunal d'appel de Paris, a bien précédé le jugement du tribunal civil de l'Aisne ; mais le jugement du tribunal civil de la Marne, réformé en l'an 8 par le tribunal civil de l'Aisne, avait lui-même précédé le jugement du tribunal civil de la Seine. Si donc la priorité du jugement rendu en première instance, peut être ici de quelque considération pour déterminer quel est le plus légal des jugemens rendus en cause d'appel, c'est au jugement du tribunal civil de l'Aisne que doit évidemment demeurer l'avantage.

» D'ailleurs, il y a cette différence essentielle entre les jugemens des deux tribunaux d'appel, que, lors de celui du tribunal civil de l'Aisne, les héritiers Meulan n'opposaient pas, comme exception de Chose jugée, le jugement qu'ils avaient déjà obtenu au tribunal civil de la Seine, et sans doute ils ne s'abstenaient de l'opposer, que parce qu'il y en avait appel de la part du cit. Sanegon ;

» Au lieu que, lors de celui du tribunal d'appel de Paris, le cit. Sanegon se prévalait, non-seulement dans sa plaidoirie, mais dans le corps même de ses conclusions, du jugement du tribunal civil de l'Aisne, comme ayant déjà statué en dernier ressort, *entre les mêmes parties, sur le même fait, sur la même question et pour le même but* qui se retrouvaient en litige.

» Il n'y a donc rien dans la réponse proposée par les héritiers Meulan, qui puisse affaiblir le moyen de cassation que fournit au cit. Sanegon la contrariété du jugement du tribunal d'appel de Paris, à celui du tribunal civil de l'Aisne.

» Mais ce moyen n'est-il pas susceptible d'une autre réponse ?

» Quelles sont les conditions réquises pour qu'un jugement rendu en dernier ressort, ou resté sans appel, empêche de renouveler, dans une seconde instance, la question sur laquelle il a prononcé ? Les lois romaines en exigent trois : identité de chose, identité de titre, identité des parties : *Cùm quæritur hæc exceptio (rei judicatæ) noceat necne, inspiciendum est an idem corpus sit, quantitas eadem, idem jus ; et an eadem causa petendi, et eadem conditio personarum ; quæ nisi omnia concurrant, alia res est.* (Lois 12, 13 et 14 D. *de exceptione rei judicatæ.*)

» Or, dans l'espèce actuelle, nous trouvons bien, quant au cit. Sanegon et aux héritiers Meulan, l'identité des parties.

» Nous trouvons bien aussi le même titre ; car dans l'un et l'autre jugement, c'est l'acte du 12 octobre 1793 qui forme ce que la loi appelle *causa petendi.*

» Mais y trouvons-nous également le même objet, *eadem res ?* Non : car dans le jugement du tribunal civil de l'Aisne, il n'est question que de la rente viagère due à la veuve Lafage ; et dans le jugement du tribunal d'appel de Paris, la contestation ne roule que sur un principal de 90,000 livres, réclamé par la demoiselle Meulan d'Ablois, et sur une rente viagère dont la demoiselle Gauthier demande le paiement.

» Il est vrai que le capital de la rente viagère de la veuve Lafage, le capital de la rente viagère de la demoiselle Gauthier et le capital de 90,000 livres exigible par la demoiselle Meulan d'Ablois, font tous trois partie de la somme que le cit. Sanegon redoit aux héritiers Meulan.

» Il est vrai encore que le mode de réduction de ces trois capitaux dépend d'une seule et même question, de celle de savoir si les 179,335 livres que le cit. Sanegon redoit aux héritiers Meulan, sont un reliquat du prix de son acquisition, ou seulement une somme due pour cause de prêt.

» Mais il est vrai aussi que les arrérages de la rente viagère de la veuve Lafage, forment un objet distinct, et des arrérages de la rente viagère de la demoiselle Gauthier, et du capital de 90,000 livres dû à la demoiselle Meulan d'Ablois.

» Il est vrai aussi, que les premiers seuls ont fait la matière de la contestation jugée en l'an 8, par le tribunal civil de l'Aisne ; et par conséquent, il est encore vrai que le jugement rendu en l'an 8 par le tribunal civil de l'Aisne, sur le mode de réduction des arrérages de la rente viagère de la veuve Lafage, n'a pas pu lier les mains au tribunal d'appel de Paris, relativement aux deux autres objets qui lui ont été soumis en l'an 9.

» Car peu importe, en fait d'exception de Chose jugée, que la question portée dans un tribunal soit identiquement la même qui a été précédemment décidée dans un autre.

» Encore une fois, l'identité de question ne peut conduire à l'exception de Chose jugée, que lorsqu'elle concourt avec l'identité des parties, avec l'identité de titre, avec l'identité d'objet.

» Sans doute l'identité de question, de titre et de parties, aurait pu servir de motif au cit. Sanegon, pour solliciter auprès de la section des requêtes du tribunal de cassation, un jugement qui eût renvoyé les deux affaires devant un seul et même tribunal.

» Mais le cit. Sanegon ayant négligé cette ressource, et ayant par là consenti de courir la chance de deux jugemens contraires, il ne peut imputer qu'à lui-même la contrariété dont il vient aujourd'hui se plaindre.

» Et d'ailleurs sa condition est-elle aujourd'hui pire qu'elle ne serait, si les deux affaires avaient été attribuées au même tribunal ? Non, car de deux choses l'une :

» Ou les deux affaires auraient été attribuées au tribunal civil de l'Aisne, ou elles l'auraient été au tribunal d'appel de Paris.

» Au premier cas, le tribunal civil de l'Aisne aurait sans doute jugé la seconde affaire comme il a jugé la première ; et vous casseriez son jugement.

» Au deuxième cas, le tribunal d'appel de Paris aurait jugé la première affaire, comme il a jugé la seconde ; et vous rejeteriez la demande en cassation formée contre son jugement par le cit. Sanegon.

» Tout se réunit donc pour faire proscrire le moyen que le cit. Sanegon prétend tirer de la violation de la Chose jugée ; et par ces considérations, nous estimons qu'il y a lieu de rejeter sa demande en cassation».

Ces conclusions ont été adoptées par arrêt du 30 germinal an 11, au rapport de M. Rousseau,

« Attendu que, suivant les principes et suivant les lois romaines, pour qu'il y ait lieu à l'exception de la Chose jugée, il faut que l'instance présente les mêmes demandes, les mêmes parties et le même titre ;

» Qu'il était bien question de l'exécution du même acte, mais non de la même clause ; qu'il n'y avait pas identité de demande, et que la question n'était pas non plus la même en thèse, puisqu'au tribunal de l'Aisne, on posa seulement celle de savoir si les intérêts de la rente due à la dame Lafage, seraient réductibles, et qu'au tribunal d'appel de Paris, il s'agissait du capital d'autres créances.

» Qu'ainsi, ce n'était pas *eadem res*, ni *eadem causa petendi* ».

V. ci-après, §. 13, et le *Répertoire de jurisprudence*, aux mots *Chose jugée*, §. 17.

§. VI. *Lorsque dans une instance relative à un objet sur lequel il avait été transigé précédemment, l'une des parties a demandé que la transaction fût déclarée nulle, quant à cet objet, sans que l'autre ait, à son tour, conclu à ce qu'en ce cas, la transaction fût annulée pour le tout, le jugement qui déclare purement et simplement la transaction nulle, et en conséquence adjuge à la partie réclamante les fins de sa demande, est-il censé annuller la transaction dans tous ses autres points ?*

V. le plaidoyer et l'arrêt du 17 floréal an 10, rapportés à l'article *Main-morte.*

§. VII. *Les arrêts du ci-devant conseil des finances, rendus sur des questions de propriété, entre des parties entendues contradictoirement, ont-ils l'autorité de la Chose jugée ?*

V. le réquisitoire et l'arrêt rapportés à l'article *Arrêt du conseil*, §. 1.

§. VIII. 1°. *L'autorité de la Chose jugée cesse-t-elle lorsque postérieurement au jugement à qui elle est acquise, il survient une loi interprétative, de laquelle il résulte que ce jugement a été mal rendu?*

2°. *Doit-on, à cet égard, considérer comme ayant acquis l'autorité de la Chose jugée, un arrêt qui, au moment où paraît la loi interprétative, est encore possible du recours en cassation?*

I. Voici comment j'ai traité la première de ces questions, en concluant à l'audience de la cour de cassation, section des requêtes, sur le recours exercé par le sieur Morel, contre un jugement du tribunal civil du département du Haut-Rhin, du 29 ventôse an 8, qui l'avait jugée pour la négative, en confirmant un jugement du tribunal civil du département des Vosges, du 24 thermidor an 7.

« Le jugement dont le demandeur provoque la cassation, décide que la loi du 2 prairial an 7, en déclarant la loi du 19 floréal an 6 inapplicable aux ventes et reventes des biens originairement nationaux, n'a point anéanti un jugement arbitral rendu en dernier ressort, et confirmé par l'acquiescement des parties intéressées, par lequel cette dernière loi avait été appliquée à une vente de biens originairement nationaux, faite par le cit. Garandel au cit. Morel.

» Le cit. Morel prétend qu'en jugeant ainsi, le tribunal civil du Haut-Rhin a fait une fausse application des lois des 19 floréal an 6 et 2 prairial an 7; qu'il a violé la loi première, D. *de condictione sine causâ;* et qu'il a contrevenu aux art. 17 et 18 du tit. 23 de l'ordonnance civile de la ci-devant Lorraine, de 1707.

» Mais 1°. le tribunal civil du Haut-Rhin n'a pas jugé que la loi du 19 floréal an 6 fût applicable à la vente que Garandel avait faite à Morel en l'an 5; il a seulement jugé qu'il n'était pas en son pouvoir de réformer un jugement arbitral en dernier ressort, qui avait, d'après une fausse interprétation de cette loi, opéré une sorte de rescision de la vente dont il s'agissait.

» 2°. Le tribunal civil du Haut-Rhin n'a pas jugé que la loi du 2 prairial an 7 fût par elle-même inapplicable à cette même vente; il a seulement jugé que la loi du 2 prairial an 7 n'ayant pas annullé les jugemens contraires à l'interprétation qu'elle donne à la loi du 19 floréal an 6, ces jugemens devaient subsister, s'ils étaient en dernier ressort; et certes, il n'est pas difficile de démontrer qu'en prononçant ainsi, ce tribunal n'a fait que se conformer aux vrais principes.

» A entendre le demandeur, la loi du 2 prairial an 7 a, de plein droit, rendu sans effet le jugement arbitral du 24 thermidor an 6. Mais pour qu'elle le fît, il eût fallu qu'elle en eût le pouvoir; car bien sûrement, ce qu'elle ne pouvait pas faire d'une manière expresse et positive, on ne dira pas qu'elle l'ait fait tacitement;

ce qu'elle ne pouvait pas déclarer en termes formels, on ne dira pas qu'elle l'ait sous-entendu.

» Or, la loi du 2 prairial an 7 aurait-elle pu venir au secours des parties au désavantage desquelles il serait intervenu des jugemens en dernier ressort, contraires au principe qu'elle posait; et aurait-elle pu les restituer, soit contre la prescription qui les eût rendus non-recevables à attaquer ces jugemens par la voie de cassation, soit contre le droit résultant de la loi qui défend d'attaquer par la voie de cassation les jugemens rendus en dernier ressort par arbitres? Il est évident qu'elle n'aurait pu faire ni l'un ni l'autre, sans tomber dans le vice de la rétroactivité.

» Ce vice, vous le savez, est le plus grand de tous ceux que l'on puisse reprocher à une loi; et il n'est aucun cas, aucune circonstance qui puissent le pallier.

» Si quelques-unes des lois actuellement en vigueur, qui ont été faites depuis la révolution, semblent porter la physionomie d'une disposition rétroactive même contre les jugemens, ce n'a jamais été ni pu être que dans le cas où elles rapportaient des lois qui étaient elles-mêmes infectées du vice de la rétroactivité; et dans ce cas, il n'aurait pas même été exact de dire que la deuxième loi avait un effet rétroactif, car elle ne faisait que détruire la rétroactivité qui existait dans la précédente. C'est ainsi que la loi du 3 vendémiaire an 4 a pu et dû anéantir les actes et les jugemens qui n'avaient été que la suite forcée d'une loi, dont l'effet rétroactif avait détruit des droits de propriété fondés sur des lois qui n'avaient pu être valablement révoquées que pour l'avenir.

» Le législateur peut faire des lois interprétatives ou déclaratives des lois précédentes; mais cette faculté, dont il ne doit user qu'avec la plus grande sobriété, ne peut jamais devenir un prétexte pour donner à la deuxième loi un effet rétroactif.

» L'effet d'une loi interprétative ou déclarative est, sans doute, d'annoncer que la première a toujours dû être entendue dans tel sens et exécutée de telle manière. Mais tout ce qui résulte de là c'est que les droits non acquis irrévocablement, c'est que les contestations non encore jugées en dernier ressort, doivent être réglées d'après l'interprétation donnée; et à coup sûr, il n'en résulte point que les contrats ou les jugemens, revêtus d'un caractère irrévocable, puissent être anéantis, sous prétexte de l'erreur qui les a dictés.

» Si la loi que l'on interprète présentait un doute raisonnable, les parties qui ont contracté d'après cette loi, se sont donné à elles-mêmes une loi spéciale et volontaire, que nulle puissance humaine ne peut détruire.

» A l'égard des jugemens, si la partie contre laquelle il a été prononcé en dernier ressort, dans un sens contraire à l'interprétation déclarée par la loi nouvelle, a négligé de se pourvoir en cassation, ou si elle s'en est elle-même ôté la faculté par un compromis, elle doit s'imputer d'avoir abandonné ses droits.

» Si le tribunal de cassation a rejeté sa demande, c'est une décision irréparable, non-seulement parcequ'il n'existe plus aucun recours, mais encore parceque la cassation n'est admise contre un jugement, qu'autant qu'il a violé une loi textuelle et existante à l'époque où il a été rendu.

» Si la loi était claire, si la fausse interprétation qu'on lui a donnée, était une erreur facile à éviter; dans ce cas même, les contrats et les jugemens, irrévocables de leur nature, ne peuvent être anéantis, sous le prétexte de la loi nouvelle, qui a proscrit cette fausse interprétation. La partie contractante doit s'imputer son erreur volontaire, et plier sous le joug de la loi, qui veut que les conventions soient les lois spéciales des parties.

» Quant aux actes émanés du pouvoir judiciaire, un jugement erroné est mal sans doute; mais la partie intéressée doit s'imputer de n'avoir point recouru au remède que lui offrait la loi; et si ce jugement est de la classe de ceux contre lesquels la loi n'admet point de recours, c'est un mal particulier qui doit céder à l'intérêt général, lequel veut que les procès ne soient pas éternels, et que les propriétés ne soient pas trop long-temps incertaines.

» Tels sont les vrais principes, et vous en êtes trop pénétrés, l'amour de la justice les a depuis long-temps gravés trop profondément dans vos esprits, pour que nous ne regardions pas comme inutile tout développement ultérieur que nous pourrions leur donner.

» Il nous reste à examiner si le jugement attaqué par le demandeur, viole, comme le prétend celui-ci, la loi romaine et les articles de l'ordonnance civile de la ci-devant Lorraine, de 1707, qu'il cite dans son mémoire.

» La loi romaine porte qu'il y a lieu à l'action appelée *condictio sine causâ*, lorsqu'une obligation a été contractée sans cause. Dans ce cas, dit-elle, l'obligé peut demander qu'on lui remette, non pas la somme stipulée par cette obligation, s'il ne l'a pas encore payée, mais l'obligation elle-même : *Qui promisit sine causâ, condicere quantitatem non potest, quia non dedit, sed ipsam obligationem.*

» Mais s'agit-il ici d'une obligation contractée sans cause par le demandeur ? Non, il s'agit uniquement d'une décision arbitrale en dernier ressort; il s'agit d'un jugement auquel la loi elle-même imprime un caractère irréfragable de vérité, *res judicata pro veritate habetur.* Rien donc de plus mal imaginé que l'application que le demandeur prétend faire de cette loi romaine à son recours en cassation.

» Ce n'est pas avec plus de raison que le demandeur invoque les art. 17 et 18 du tit. 23 de l'ordonnance civile de la ci-devant Lorraine, qui permettent, l'un d'opposer l'erreur de calcul à un jugement en dernier ressort qui en est vicié, l'autre de faire valoir contre l'exécution d'un jugement en dernier ressort qui condamne à payer une somme d'argent, la quittance justificative du paiement de cette somme.

» Ces dispositions ne sont pas particulières à la ci-devant Lorraine, elles sont de droit commun; mais elles n'ont aucune analogie avec l'espèce actuelle; et puis, ce n'est point par des analogies que l'on peut faire casser un jugement.

» Dans ces circonstances, et par ces considérations, nous estimons qu'il y a lieu de rejeter la requête du demandeur, et de le condamner à 150 francs d'amende ».

Arrêt du 13 brumaire an 9, au rapport de M. Rataud, qui prononce conformément à ces conclusions,

« Attendu qu'aucune loi ne peut avoir d'effet rétroactif, et que la décision arbitrale dont il s'agit, ayant été rendue avant la promulgation de la loi du 2 prairial an 7, et ayant acquis la force de la Chose jugée, a dû recevoir toute son exécution;

» D'où il suit que le jugement attaqué ne présente aucune contravention aux lois citées par le demandeur ».

II. Quant à la seconde question, j'ai déjà fait entendre dans mes conclusions sur la première, qu'elle doit être résolue tout autrement que celle-ci. Et en effet, comme je l'établis dans le *Répertoire de jurisprudence*, aux mots *Effet rétroactif*, §. 13, d'après plusieurs arrêts de la cour de cassation, rappelés dans les conclusions rapportées aux mots *Domaine public*, §. 5, et *Inscription hypothécaire*, §. 2, il est de principe que les lois interprétatives doivent s'appliquer aux affaires déjà jugées en dernier ressort, mais dont le jugement est encore soumis aux chances du recours en cassation.

C'est aussi ce que la cour de cassation de Bruxelles a jugé solennellement dans une espèce où il s'agissait de savoir quel devait être, pour le bureau de bienfaisance de la commune d'Herzeele, l'effet d'un arrêté du roi des Pays-Bas, par lequel cette administration était, en vertu de la loi du 4 ventôse an 9, envoyée en possession de biens qui appartenaient à la fabrique de l'église d'Essche-Saint-Lievin, lors de la publication faite dans la Belgique de deux articles de la loi du 5 novembre 1790, relative aux domaines nationaux, et dont cette église avait continué de jouir sans en faire la déclaration aux administrateurs du domaine de l'État.

Fort de cet arrêté et de la loi qui en formait la base, le bureau de bienfaisance demandait que la fabrique fût condamnée à lui délaisser les biens qui en étaient l'objet.

La fabrique répondait que ces biens n'étaient pas compris dans la loi du 4 ventôse an 9, et que les propriétés des fabriques n'avaient été mises en France au rang des domaines nationaux, que par la loi du 13 brumaire an 2 qui n'avait jamais été publiée dans la Belgique.

Effectivement un arrêt de la cour supérieure de justice de Bruxelles, du 19 octobre 1819, a débouté le bureau de bienfaisance de sa demande, « attendu que les biens des fabriques des églises » dans la Belgique, n'ont jamais été réunis au » domaine national, et que par une conséquence » ultérieure, la propriété de ces biens est restée » dans le chef de la fabrique d'Essche-Saint-Lie- » vin, de laquelle, de l'aveu des parties, ils pro- » viennent originairement, ainsi qu'il a été dit; » d'où il suit ultérieurement que l'action en ré- » clamation des mêmes biens, exercée par le bu- » reau de bienfaisance d'Herzeele contre ladite » fabrique de l'église d'Essche-Saint-Lieven, man- » que essentiellement de base et de fondement ».

Le bureau de bienfaisance s'est pourvu en cassation contre cet arrêt; et avant qu'il fût statué sur son recours, a paru un arrêté du 4 juillet 1822, par lequel le roi des Pays-Bas, interprétant celui du directoire exécutif du 17 nivôse an 6, en vertu duquel deux articles de la loi du 5 novembre 1790 avaient été publiés dans la Belgique, a déclaré, *sans préjudice des droits acquis à des tiers en vertu de jugemens ayant force de Chose jugée*, que, par les mots *tous les biens du clergé* employés dans cette loi, on devait entendre les biens des fabriques des églises, ni plus ni moins que les biens affectés aux bénéfices ecclésiastiques.

Cette interprétation était-elle applicable à la cause? La fabrique d'Essche-Saint-Lievin a soutenu la négative, et elle s'est fondée sur la réserve contenue dans l'arrêté interprétatif, *des droits acquis à des tiers en vertu de jugemens ayant force de Chose jugée*.

Mais par arrêt du 25 juillet 1823,

« Attendu que, par arrêté royal du 6 juillet 1822, S. M., interprétant, en tant que de besoin, l'arrêté du gouvernement français du 17 ventôse an 6, qui ordonne la publication de deux articles de la loi du 5 novembre 1790 dans les neuf départemens réunis, formant actuellement les provinces méridionales du royaume, a déclaré, sans préjudice des droits acquis à des tiers en vertu de jugemens ayant force de Chose jugée, que, sous la dénomination de *tous les biens du clergé*, qui se trouve dans l'art. 1er., n°. 3, du tit. 1er. de ladite loi du 5 novembre 1790, tel que cet article a été alors publié dans ces départemens, ont été compris les biens des fabriques d'églises, et qu'en conséquence les biens desdites fabriques, dans les provinces méridionales, *ont été réunis* au domaine de l'État;

» Attendu qu'il est de principe que la loi interprétative ou déclarative d'une loi précédente, se rattache et s'identifie avec elle, tellement que son effet est d'annoncer que la première a toujours dû être entendue dans tel sens et exécutée de telle manière; d'où il résulte que les droits non irrévocablement acquis, ainsi que les contestations non encore irrévocablement jugées, ont dû être réglés d'après l'interprétation donnée.

» Attendu que, dans l'espèce, les demandeurs s'étant pourvus en temps utile en cassation contre l'arrêt dénoncé, du 19 octobre 1819, cet arrêt n'a pas acquis, en faveur des défendeurs, la force de Chose irrévocablement jugée; qu'ainsi rien n'empêche que l'effet rétroactif attaché à la loi interprétative, n'opère dans l'espèce, en réglant la contestation entre parties, d'après l'interprétation donnée par ledit arrêté royal du 6 juillet 1822;

» Attendu que l'arrêt dénoncé a décidé, en droit, que les biens des fabriques d'églises, dans les provinces méridionales, n'avaient pas été réunis au domaine de l'État, en vertu de la publication de deux articles de la loi précitée du 5 novembre 1790; d'où il suit qu'il appert, *ex post facto*, que la force de l'effet rétroactif du prédit arrêté interprétatif, que ladite loi de 1790 se trouve expressément avoir été violée par l'arrêt attaqué;

» Par ces motifs, la cour, sur les conclusions conformes de M. l'avocat-général Delahamaide, casse et annulle l'arrêt dénoncé du 19 octobre 1819.... (1) ».

§. IX. 1°.

En plaidant sur l'exécution d'un jugement avec des personnes qui n'étaient point parties dans l'instance sur laquelle il a été rendu, se prive-t-on du droit de leur opposer que ce jugement leur est étranger?

2°. Lorsqu'un jugement a été rendu avec une partie des héritiers d'un défunt et en leur faveur, ceux des héritiers qui n'étaient pas en nom dans l'instance, peuvent-ils s'en prévaloir et l'opposer comme Chose jugée à celui contre lequel il a prononcé?

3°. Celui qui a plaidé pour se faire adjuger la propriété d'un fonds, et qui en a été débouté, peut-il, par action nouvelle, demander en vertu d'un autre titre, l'usufruit de ce même fonds?

Ces questions ont été agitées à l'audience de la cour de cassation, section des requêtes, le 21 vendémiaire an 11, sur la demande en cassation formée par les sieurs Camus, Colin et consorts, contre Anne Déliard, veuve Debrye.

Voici les conclusions que j'ai données sur cette affaire.

« Jean-François Debrye et Anne Déliard, domiciliés dans la coutume de Bar, s'étaient mariés sans contrat. Mais aux termes de l'art. 76 de coutume, il y avait entre eux communauté d'acquêts; et ils étaient autorisés par l'art. 163, à se

_____

(1) Annales de jurisprudence de M. Lanfourche-Laporte, année 1823, tome 2, page 432.

faire un don mutuel de l'usufruit de leurs moitiés respectives dans cette communauté.

» En 1767, ils ont profité de la faculté que leur laissait ce dernier article, et par là, les droits de celui des deux qui survivrait l'autre, ont été clairement réglés : la coutume lui conférait en propriété la moitié des conquêts; et le don mutuel lui assurait l'usufruit de l'autre moitié.

» Le 7 messidor an 2, Jean-François Debryne, usant du droit que lui donnait la loi du 17 nivôse précédent, de faire de plus grands avantages à sa femme, lui lègue, sans autre explication, *la moitié des acquêts qu'ils ont faits ou feront ensemble, pour en jouir en pleine propriété.*

» Peu de temps après, il meurt sans laisser d'enfants.

» Procès entre la veuve et ses héritiers collatéraux, sur le sens et l'étendue de la disposition consignée dans son testament.

» La veuve soutient que son mari n'était propriétaire que de la moitié des conquêts, qu'il n'a pu disposer, qu'il n'a réellement disposé que de cette moitié, mais qu'il la lui a léguée tout entière; qu'ainsi, elle a droit à la totalité des conquêts; savoir, à une moitié en vertu de la communauté établie par la coutume, et à l'autre moitié en vertu du testament de son mari.

» Les héritiers répondent qu'il n'y a que deux manières d'expliquer ce testament. Ou bien, disent-ils, le mari a légué à sa femme la moitié dans la totalité des conquêts, et dans ce cas la femme n'a droit qu'à cette moitié, l'autre doit revenir aux héritiers; ou bien le mari a disposé de la moitié des conquêts, mais seulement dans la moitié qui lui appartenait; dans ce cas, le legs n'est que du quart de la totalité; et c'est aux héritiers qu'appartient l'autre quart.

» Le 25 floréal an 3, jugement arbitral en dernier ressort qui, de ces deux partis, adopte le second.

» La veuve se pourvoit en cassation contre ce jugement.

» Mais le 22 nivôse an 4, jugement contradictoire de la section civile, par lequel, « attendu que les juges arbitres, en interprétant le » testament, ont décidé, en point de fait, » que Debrye, testateur, n'avait légué que la » moitié de sa moitié, c'est-à-dire, un quart au » total, des acquêts de sa communauté; inter» prétation dépendante de la décision du fond » soumis aux arbitres, et dont le tribunal ne peut » s'occuper; qu'alors on ne peut trouver dans la » sentence attaquée, une violation de l'art. 76 de » la coutume de Bar, non plus que de l'art. 14 de » la loi du 17 nivôse an 2, qui permettent au mari, » le premier de disposer de tous ses acquêts au » profit de sa femme, et le second de disposer » de tous ses biens, quand il n'a pas d'enfants; » puisque les arbitres, au lieu de décider que le » mari avait disposé de tous ses acquêts, avaient

» décidé, au contraire, en point de fait, qu'il » n'avait disposé que de la moitié; le tribunal » rejette le pourvoi ... ».

» C'est ici le lieu de remarquer que la sentence arbitrale, confirmée par ce jugement, n'avait pas été rendue avec tous les héritiers de Jean-François Debryne, mais seulement avec quelques-uns désignés nominativement, et un cit. Cohon, curateur nommé aux absens.

» Après le jugement du tribunal de cassation, on procède à l'inventaire de la succession de Jean-François Debrye, et cet inventaire se fait en présence, non-seulement des héritiers qui avaient figuré dans l'instance arbitrale, mais encore de Jean Camus, Nicolas Ligier, N. Cabuche et Claude Collin.

» L'inventaire achevé, les héritiers avec lesquels la sentence arbitrale avait été rendue, font assigner la veuve Debrye devant le tribunal civil du département de la Meuse, pour se faire délivrer le quart des acquêts que cette sentence leur avait adjugé.

» Jean Camus, Nicolas Ligier, N. Cabuche et Claude Collin, interviennent et adhèrent aux conclusions de leurs co-héritiers.

» Un autre héritier, nommé Michel Debrye, qui n'avait pas plus qu'eux figuré dans la sentence arbitrale, intervient également, et forme, à cette sentence, une tierce-opposition au moyen de laquelle il conclud à ce qu'il soit décidé, pour ce qui le concerne, et pour la part qui lui revient, que les héritiers ont droit, non-seulement au quart, mais à la moitié des acquêts.

» La veuve Debrye déclare qu'elle s'en rapporte à la prudence des juges sur la tierce-opposition de Michel Debrye; mais dans le cas où cette tierce-opposition serait jugée recevable, elle demande que la sentence arbitrale soit rapportée envers toutes les parties; qu'en conséquence, il lui soit, par jugement nouveau, adjugé la totalité de la part qu'avait son mari dans les acquêts de la communauté; et subsidiairement, que, si le quart adjugé aux héritiers par la sentence arbitrale, leur reste, il soit dit qu'elle en aura l'usufruit en vertu de son don mutuel.

» Le 1er floréal an 4, jugement du tribunal civil du département de la Meuse, qui rejette la tierce-opposition de Michel Debrye, sur le fondement qu'il a été représenté dans l'instance arbitrale par ceux de ses co-héritiers qui y ont été parties; au fond, ordonne, conformément à la sentence des arbitres, que les héritiers auront en propriété le quart des acquêts; et ajoute que la veuve aura l'usufruit de ce quart, en exécution du don mutuel de 1767.

» Michel Debrye et les autres héritiers appellent de ce jugement, le premier en ce qu'il rejette sa tierce opposition, les autres en ce qu'il adjuge à la veuve Debrye l'usufruit du quart qui leur appartient dans les acquêts.

» La veuve Debrye conclud à ce qu'il soit dit

qu'il a été bien jugé, et néamoins à ce que, faisant droit sur l'appel incident qu'elle déclare interjeter, il soit dit qu'il a été mal jugé en ce que la sentence arbitrale a été déclarée commune avec Michel Debrye; émendant à cet égard, il soit ordonné, en conséquence de la tierce-opposition de Michel Debrye, que la sentence arbitrale sera rapportée et déclarée comme non-avenue; et qu'en exécution du testament de son mari, elle sera maintenue dans la pleine propriété de la totalité des acquêts.

» Le 21 ventôse an 5, jugement du tribunal civil du département de la Meurthe qui infirme celui du 1er. floréal an 4, reçoit Michel Debrye tiers-opposant à la sentence arbitrale, déclare cette sentence comme non-avenue envers toutes les parties, et décide que, d'après le testament du 7 messidor an 2, la totalité des acquêts appartient à la veuve Debrye.

» Les héritiers, privés par ce jugement de tout ce que les arbitres leur avaient accordé, se pourvoient en cassation.

» Il est annullé sur le fondement que la tierceopposition formée par Michel Debrye à la sentence arbitrale, n'avait pu remettre en question qu'à son égard et pour ce qui concernait sa portion dans les biens litigieux, la question jugée par la sentence arbitrale; et que cette sentence conservait toute sa force relativement aux héritiers avec lesquels elle avait été rendue.

» La cause reportée au tribunal d'appel de Nancy, la veuve Debrye déclare consentir à ce que les héritiers qui étaient en nom dans la sentence arbitrale, prennent dans les acquêts la part que cette sentence leur accorde; mais elle réclame, comme elle l'avait fait devant le tribunal civile de la Meuse, l'usufruit de cette part, en vertu de son don mutuel. Et à l'égard de Michel Debrye, Camus, Ligier, Cabuche et Collin, elle conclud à ce qu'attendu que n'ayant pas été parties dans la sentence arbitrale, cette sentence ne peut pas plus leur profiter qu'elle n'eût pu leur nuire, il soit dit qu'ils n'ont aucun droit dans les portions qui leur eussent appartenu dans le quart de ces biens, si la sentence arbitrale eût été rendue avec eux.

» Le 12 thermidor an 9, jugement conforme en tous points aux conclusions de la veuve Debrye.

» Recours en cassation de la part de tous les héritiers, Michel Debrye excepté.

» Sept moyens sont invoqués à l'appui de ce recours, et, de ces sept moyens, il y en a six qui sont dirigés spécialement contre la disposition du jugement qui prive Camus, Ligier, Cabuche et Collin, de l'effet de la sentence arbitrale; le septième tend à faire annuller celle qu soumet la part des autres héritiers dans les acquêts, à un droit d'usufruit en faveur de la veuve Debrye.

» *Premier moyen.* La demande formée par la veuve Debrye devant le tribunal d'appel de Nancy contre Camus, Ligier, Cabuche et Collin, était non-recevable par deux raisons.

» Elle était non-recevable, parcequ'alors la veuve Debrye avait reconnu que Camus, Ligier, Cabuche et Collin, par cela seul qu'ils avaient adhéré à la sentence des arbitres, devaient en profiter comme ceux de leurs co-héritiers qui avaient été parties dans l'instance arbitrale.

» Elle était non-recevable, parcequ'elle n'avait pas été présentée au premier juge, et que conséquemment elle ne pouvait pas, aux termes de l'art. 7 de la loi du 3 brumaire an 2, être proposée en cause d'appel.

» Telles sont les deux fins de non-recevoir dont se compose le premier moyen des demandeurs.

» La première est évidemment mal fondée. De ce que je plaide avec vous sur une sentence dans laquelle vous n'avez pas été partie, il ne s'ensuit pas que je renonce au droit de vous opposer que cette sentence vous est étrangère; comme en opposant l'exception de paiement à une dette pour laquelle vous me poursuivez, je ne renonce pas au droit de prouver que cette dette est illégitime.

» D'une part, en effet, l'exception résultante de ce que la sentence dont vous me demandez l'exécution, vous est étrangère n'est pas un de ces moyens de forme qui deviennent improposables après la contestation au fond; c'est une exception véritablement péremptoire, et que l'on peut par conséquent faire valoir en tout état de choses.

» D'un autre côté, il est de principe, que celui qui a en sa faveur une exemption péremptoire, n'est pas obligé de s'y refermer, et qu'il peut y ajouter toutes les autres exceptions qu'il juge propres à sa défense : *nemo ex his qui negant se debere, prohibetur etiam alià defensione uti, nisi lex impediat* : ce sont les termes de la loi 43, D. *de regulis juris.*

» Quant à la seconde fin de non-recevoir, elle ne roule que sur une confusion de mots, et ne présente qu'une équivoque.

» Sans doute, la veuve Debrye n'avait pas, à l'égard de Camus, Ligier, Cabuche et Collin, conclu spécifiquement en première instance, comme elle l'a fait en cause d'appel. Mais les conclusions qu'elle a prises en cause d'appel, étaient renfermées dans celles qu'elle avait prises en première instance; elles y étaient renfermées comme le plus est renfermé dans le moins; *in plus est minus*, dit une règle de droit; car en demandant, en cause d'appel, que la sentence arbitrale demeurât sans effet relativement à Camus, Ligier, Cabuche et Collin, elle n'a fait que restreindre à ceux-ci la demande qu'elle avait formée en première instance contre tous les héritiers indistinctement; et certainement l'art. 7 de la loi du 3 brumaire an 2 ne défend pas à un demandeur de modifier en cause d'appel, les conclusions qu'il avait trop étendues devant les premiers juges.

» *Deuxième moyen.* Il n'était pas nécessaire, dit-on, que Jean Camus et consorts fussent en nom dans la sentence arbitrale, pour pouvoir en réclamer le bénéfice et en faire valoir l'autorité contre la veuve Debrye.

» Pourquoi donc cela n'est-il pas nécessaire?

» Premièrement, dit-on, c'est parceque Jean Camus et consorts étaient représentés par le curateur nommé aux héritiers absens.

» Mais il n'avait été nommé un curateur qu'aux héritiers absens du territoire de la France; et ni Jean Camus, ni aucun de ses consorts n'était absent même de l'arrondissement dans lequel la succession était ouverte. C'est un point de fait constaté par le jugement du tribunal d'appel de Nancy.

» En second lieu, ajoute-t-on, c'est à la requête de la veuve Debrye, que les héritiers ont été cités devant les arbitres. Si donc Jean Camus et consorts n'ont pas été compris dans la sentence arbitrale, ce n'est pas leur faute, c'est la sienne; et cette faute ne peut pas tourner à son avantage.

» Mais en demeure-t-il moins vrai que, si la sentence arbitrale eût été favorable à la veuve Debrye, la veuve Debrye n'eût pas pu l'opposer à Jean Camus et consorts? En demeure-t-il moins vrai que, dans cette hypothèse, Jean Camus et consorts auraient été fondés à dire à la veuve Debrye que cette sentence était, à leur égard, *res inter alios judicata?* Et par quel renversement de principes voudrait-on que, dans un cas donné, Jean Camus et consorts pussent exciper d'un jugement dont on ne pourrait pas, dans le cas contraire, exciper contre eux?

» Au surplus, il existe là-dessus une décision expresse dans la loi 22, D. *de exceptione rei judicatæ.* J'avais déposé une somme d'argent entre les mains d'une personne qui a laissé plusieurs héritiers. M'étant pourvu contre un de ceux-ci en restitution de cette somme, j'ai été débouté faute de preuve suffisante du dépôt. Puis-je dans cet état de choses, agir contre les autres héritiers, comme si la question était encore entière? La loi citée répond que je le puis : *si cùm uno herede depositi actum sit, tamen et cùm cæteris heredibus rectè agitur; nec exceptio rei judicatæ eis proderit; nam et si eadem quæstio in omnibus judiciis vertitur, tamen personarum mutatio cùm quibus singulis suo nomine agitur, aliam atque aliam rem facit.*

» Troisièmement, continue-t-on, le droit d'hérédité est, par sa nature, indivisible; et dèslà, tout ce qui est fait ou jugé avec un héritier, doit nécessairement être réputé fait ou jugé avec tous les héritiers.

» Qu'y a-t-il donc d'indivisible, dans l'objet de la sentence arbitrale du 25 floréal an 3? Sans doute, la qualité d'héritier est indivisible en ce

sens, que l'on ne peut pas être héritier et ne l'être point; mais il n'est rien de plus divisible que les effets de cette qualité. On peut n'avoir aucun droit héréditaire à une certaine espèce de biens, et n'en être pas moins héritier. Que les héritiers Debrye aient un quart dans les acquêts ou qu'ils n'y prennent rien, qu'est ce que cela fait à leur qualité considérée en elle-même? Et puis, n'est-ce pas fouler aux pieds les premiers principes, n'est-ce pas surtout mépriser la loi dont nous venons de rappeler les termes, que de vouloir faire opérer pour ou contre un héritier qui n'était pas en cause, le jugement rendu pour ou contre son co-héritier?

» *Troisième moyen.* La sentence arbitrale, disent Jean Camus et consorts, a déclaré en termes formels que la veuve Debrye n'aurait que trois quarts dans les acquêts, et que les héritiers auraient l'autre quart. Le tribunal d'appel de Nancy a donc violé l'autorité de la Chose jugée.

» Ce moyen n'est, comme vous le voyez, que la répétition du précédent; et les observations que nous avons faites sur celui-ci, l'ont détruit à l'avance.

» Oui, il a été jugé par la sentence arbitrale, qu'il appartenait aux héritiers Debrye un quart des acquêts. Mais en faveur de qui cela a-t-il été jugé? En faveur de ceux qui étaient parties dans la sentence. Ainsi, que les héritiers qui étaient parties dans la sentence, prennent leur portion afférente dans ce quart, à la bonne heure; la sentence arbitrale l'a voulu, il faut l'exécuter; mais elle n'a pas voulu autre chose, et l'on ne peut pas en étendre l'exécution au-delà. La loi 22, D. *de exceptione rei judicatæ,* prouve d'ailleurs invinciblement que tel est le vœu des principes.

» *Quatrième moyen.* Le tribunal d'appel de Nancy a commis un excès de pouvoir, en statuant sur une demande qui n'avait pas été proposée devant les premiers juges.

» Quelle est donc cette demande? C'est celle qui tendait à faire déclarer que la sentence arbitrale ne devait pas profiter à Jean Camus et consorts. Mais déjà nous avons prouvé que cette demande n'était pas *nouvelle* dans le sens de la loi du 3 brumaire an 2. Ce quatrième moyen n'est donc que la répétition du premier, et ce n'est pas en augmenter la force que de le faire reparaître une seconde fois.

» *Cinquième moyen.* Distraire, comme le fait le jugement attaqué, distraire au profit de la veuve Debrye la portion revenant à Jean Camus et consorts, c'est juger que la veuve Debrye peut être à la fois héritière et légataire, c'est par conséquent violer l'art. 99 de la coutume de Bar, qui déclare incompatibles les qualités de légataire et d'héritier.

» Ce moyen mérite à peine une réponse sérieuse. Ce n'est pas comme héritière, au lieu et

34.

place de Jean Camus et consorts, que la veuve Debrye prend leur portion dans le quart des acquêts : elle ne la prend que comme légataire de son mari ; elle ne la prend que parceque le jugement attaqué décide que son legs comprend la totalité de la part qu'avait son mari dans les acquêts de la communauté.

» *Sixième moyen.* La portion qui serait revenue à Jean Camus et consorts, dans le cas où ils eussent été parties dans la sentence arbitrale, pouvait d'autant moins être adjugée à la veuve Debrye, qu'à défaut de Jean Camus et consorts, elle devait, par droit d'accroissement, retourner à la masse héréditaire, et être répartie entre ceux des héritiers au profit desquels les arbitres avaient prononcé.

» C'est une étrange idée que celle d'alléguer ici le droit d'accroissement ; et les demandeurs ne pouvaient pas mieux prouver combien peu ils sont familiers avec les principes concernant la nature de ce droit.

» Pour ne pas entrer, à cet égard, dans des détails superflus, nous nous bornerons à observer qu'on pourrait faire le même raisonnement dans l'espèce de la loi 22, D. *de exceptione rei judicatæ ;* en effet, ceux des héritiers du dépositaire qui n'étaient point parties dans le jugement rendu en faveur de leur co-héritier, pourraient dire en déposant, comme Jean Camus et consorts disent à la veuve Debrye : « Si les portions » qui nous reviennent dans la somme déposée » entre les mains de la personne à laquelle nous » avons succédé, ne nous appartiennent pas, si » nous en sommes réellement débiteurs, elles » doivent retourner par droit d'accroissement à » notre co-héritier. Ainsi, vous n'avez aucun in- » térêt à faire juger de nouveau avec nous la » question sur laquelle notre co-héritier a ob- » tenu gain de cause ». Cependant la loi décide que les co-héritiers peuvent être poursuivis par le déposant, nonobstant le jugement qui a déchargé leur co-héritier de sa demande. Elle décide par conséquent qu'il ne peut y avoir lieu au droit d'accroissement par l'effet de l'exception de la Chose jugée.

» *Septième moyen.* Le jugement attaqué contrevient à la sentence arbitrale, en assujétissant à un droit d'usufruit envers la veuve Debrye, la portion d'acquêts que cette sentence avait adjugée purement et simplement aux héritiers.

» La réponse à ce dernier moyen est extrêmement simple.

» La veuve Debrye avait deux titres qui lui donnaient des droits différens sur la moitié de son mari dans les acquêts de la communauté.

» Par le don mutuel de 1767, elle avait droit à l'usufruit de cette moitié.

» Par le testament du 7 messidor an 2, elle avait le droit de la réclamer en toute propriété.

» Or, de quoi a-t-il été question devant les arbitres ? Uniquement de savoir si, en vertu du testament du 7 messidor an 2, la veuve Debrye était propriétaire de la totalité ou seulement d'une portion de cette moitié.

» Si la veuve Debrye eût obtenu la totalité par la sentence arbitrale, il n'eût plus été question d'usufruit ni de don mutuel.

» Mais la veuve Debrye se trouvant, par la sentence arbitrale, évincée d'une portion de la propriété, quel obstacle pouvait-il y avoir à ce quelle revint à son don mutuel, et qu'à ce titre, elle demandât l'usufruit des biens que les arbitres avaient déclaré appartenir aux héritiers ?

» Assurément il ne pouvait pas, à cet égard, exister contre elle d'exception de Chose jugée.

» D'un côté, les arbitres n'avaient ni décidé ni pu décider que le don mutuel était révoqué par le testament. Ils ne l'avaient pas décidé, parcequ'il ne s'était élevé devant eux aucune question sur ce point. Ils n'avaient pas pu le décider, soit parceque l'irrévocabilité du don mutuel le mettait à l'abri de toute atteinte de la part de Jean-François Debrye, soit parcequ'en supposant à Jean-François Debrye l'intention de ne donner à son épouse qu'une portion de ses acquêts, on était forcé de reconnaître qu'il n'avait pas mis à cette donation ainsi restreinte, la condition de renoncer à l'usufruit du restant.

» D'un autre côté, pour qu'il y ait lieu à l'exception de Chose jugée, il ne suffit pas qu'il y ait identité de personnes, ni identité d'objet, il faut encore qu'il y ait identité de cause. *Cùm quæritur* (dit la loi 12, *de exceptione rei judicatæ,* au digeste), *cùm quæritur hæc exceptio noceat nec ne, inspiciendum est an idem corpus sit, quantitas eadem, idem jus ; an et eadem causa petendi et eadem conditio personarum ; quæ nisi omnia concurrant, alia res est.*

» Or ici, il y a bien identité de personnes, puisque les co-héritiers et la veuve Debrye qui ont figuré dans l'instance arbitrale, figurent encore devant le tribunal d'appel de Nancy.

» Il y a bien identité d'objet, car l'usufruit faisant partie de la propriété, la sentence arbitrale n'a pas pu juger purement et simplement que la veuve Debrye n'avait pas la propriété du quart des acquêts, sans juger en même temps qu'elle n'en avait pas l'usufruit ; et à cela revient ce que dit la loi 7 du titre cité : *si quis cùm totum petiisset, partem petat, nam pars rei judicatæ nocet, nam pars in toto est.* Aussi la loi 21, §. 3, du même titre, ajoute-t-elle que, si, après avoir été débouté de ma demande en revendication d'un héritage que je soutenais m'appartenir, j'agis en vertu de la même cause sur laquelle je fondais cette demande, pour en réclamer l'usufruit, je serai repoussé par l'exception de la Chose jugée : *si fundum meum esse petiero, deindè posted usumfructum ejusdem fundi petam, qui ex illâ causâ ex quâ fundus meus erat, meus sit, exceptio mihi obstabit.*

» Mais il n'y a pas dans les deux instances,

identité de cause; il n'y a pas dans les deux instances, ce que les lois romaines appellent *eadem
causa petendi*.

» Devant les arbitres, la veuve Debrye agissait
en vertu du testament du 7 messidor an 2, devant le tribunal d'appel de Nancy, elle agissait
en vertu du don mutuel de 1767. Il n'a donc pas
pu résulter de la décision portée par les arbitres,
une exception capable d'arrêter le jugement du
tribunal d'appel de Nancy; et c'est ce que fait
clairement entendre le texte dont nous venons
de retracer les termes, lorsqu'il dit que le jugement de la propriété emporte le jugement de
l'usufruit, dans le cas où l'usufruit est réclamé
au même titre que la propriété, *ex illâ causâ ex
quâ fundus meus erat*.

» Par ces considérations, nous estimons qu'il
y a lieu de rejeter la requête en cassation, et de
condamner les demandeurs à l'amende ».

Arrêt du 21 vendémiaire an 11, qui prononce
conformément à ces conclusions,

» Attendu, sur le premier moyen, que, bien
que la veuve Debrye n'eût pas opposé aux demandeurs l'exception tirée de ce qu'ils n'étaient
pas en qualité dans la sentence arbitrale, elle a
pu en cause d'appel se prévaloir de cette exception, parcequ'elle est du nombre de celles péremptoires qui peuvent être présentées en tout
état de cause;

» Attendu que la demande tendante à exclure
les demandeurs (qui ne forment que le plus
petit nombre des héritiers) du bénéfice de la sentence, ne peut être considérée comme une demande nouvelle, mais comme une modification
de celle originaire qui avait pour objet d'enlever
à tous les héritiers indistinctement le bénéfice de
la même sentence;

» Attendu, sur le deuxième moyen, que les
demandeurs qui habitaient sur le lieu ou près
du lieu où la succession a été ouverte, n'ont
été valablement représentés devant les arbitres,
ni par un curateur, ni par les héritiers présens
qui n'agissaient que dans leur propre intérêt;

» Attendu, sur le troisième moyen, que la
sentence arbitrale confirmée par le tribunal de
cassation, n'a pu prononcer qu'en faveur des
héritiers présens et en qualité; qu'ainsi, tout ce
qui résulte de cette sentence, c'est que les héritiers présens, mais uniquement ceux-ci, ont
droit à la part qui leur advient personnellement
dans le quart des acquets;

» Attendu, sur le quatrième moyen, qu'il est
réfuté par ce qui est dit plus haut sur le premier;

» Attendu, sur les cinquième et sixième moyens,
que le jugement attaqué n'accorde rien à la veuve
Debrye à titre d'hérédité; qu'il ne fait qu'ordonner l'exécution du testament;

» Attendu, sur le septième moyen, que le don
mutuel n'ayant pas été révoqué, a dû produire
son effet ».

§. X. *Lorsqu'entre deux parties qui se disputent une succession, il est intervenu un jugement qui les a déclarées toutes deux parentes du
défunt, mais qui en même temps a déclaré l'une
plus proche que l'autre, et que ce jugement est
passé en Chose jugée, un tiers peut-il, en prouvant qu'il est parent dans un degré plus éloigné
que la partie qui a succombé comme moins proche, être admis à prouver que la partie-qui a
triomphé, n'est point du tout parente, et, par-
là, évincer celle-ci?*

V. le plaidoyer et l'arrêt du 6 thermidor an
11, rapportés à l'article *Religionnaires*, §. 2.

§. XI. 1°. *Pour écarter l'exception de la Chose
jugée, tirée mal à propos d'un jugement dans
lequel on n'a pas été partie, est-il absolument
nécessaire de former une tierce-opposition à ce
jugement?*

2°. *Le Code de procédure civile a-t-il introduit là-dessus de nouvelles règles?*

3°. *Les jugemens rendus contre l'État, pendant qu'il était aux droits des émigrés et des prêtres déportés, ont-ils l'autorité de la Chose
jugée contre les émigrés et les déportés eux-
mêmes*

I. Voici une espèce dans laquelle la première
de ces questions s'est présentée à la section des
requêtes de la cour de cassation.

En 1668, émigration d'Antoine Delon, né
dans la commune de St.-Christol, département
du Gard, et élevé dans les principes de la religion protestante.

La régie préposée au séquestre des biens des
religionnaires fugitifs, s'empare de ses biens, et
en perçoit les revenus.

Le 28 juillet 1787, arrêt du conseil qui les
concède à Étienne Prunet, se disant parent d'É-
tienne Delon.

Le 24 mai 1792, jugement du tribunal du district d'Alais, qui, en vertu de la loi du 9 décembre 1790, condamne Prunet à les délaisser à
Marguerite et Madeleine Teissier, comme les parentes les plus proches, et conséquemment héritières apparentes du fugitif.

Le 8 juin suivant, signification de ce jugement
à Prunet.

Le 17 thermidor an 3, jugement du même tribunal, qui, sur la tierce-opposition de Jean La
Faye et consorts, envoie ceux-ci, comme plus
proches parens que Marguerite et Madeleine
Teissier, en possession des mêmes biens.

Les 21 et 22 pluviôse an 5, Abraham-David-
Dauzon-Louis Delon, descendant en ligne directe d'Étienne Delon, se présente à son tour, et
conclud à l'éviction de Jean La Faye et consorts,
qui ne sont que ses parens collatéraux.

Ceux-ci soutiennent qu'il arrive trop tard, et
que son action est prescrite.

Le 17 prairial an 7, jugement du tribunal civil

du département du Gard, qui, sans avoir égard à la fin de non-recevoir proposée par Jean La Faye et consorts, les condamne à délaisser les biens au nouveau réclamant.

Appel de leur part.

En défendant à cet appel, le sieur Delon se rend incidemment appelant des deux jugemens du ci-devant tribunal du district d'Alais. Le 11 messidor an 9, arrêt de la cour d'appel de Nîmes, qui déclare n'y avoir lieu à statuer sur l'appel incident du sieur Delon, et faisant droit sur l'appel principal des sieurs La Faye et consorts, dit qu'il a été bien jugé.

Recours en cassation contre cet arrêt.

« Voyons (ai-je dit en concluant sur cette affaire), voyons sur quels moyens les demandeurs fondent leur requête.

» Le premier consiste à dire que les jugemens du tribunal du district d'Alais, des 24 mai 1792 et 17 thermidor an 3, n'étaient point susceptibles d'appel incident de la part du cit. Delon : d'abord, parceque le second de ces jugemens était rendu en dernier ressort; ensuite, parcequ'on ne peut pas appeler d'un jugement dans lequel on n'a pas été partie; enfin, parcequ'un appel incident est une nouvelle demande, et que la loi du 3 brumaire an 2 prohibe toute nouvelle demande en cause d'appel; qu'ainsi, le tribunal de Nîmes aurait dû déclarer non-recevable l'appel incident dont il s'agit, et non pas simplement se borner à dire qu'il n'y avait pas lieu d'y statuer.

» Vous sentez qu'un pareil moyen ne peut pas être accueilli.

» 1°. Il n'est pas vrai que le jugement du 17 thermidor an 3 soit rendu en dernier ressort.

» 2°. Il n'est pas vrai non plus que, pour pouvoir appeler d'un jugement, il faille, dans tous les cas, y avoir été partie.

» La loi 5, §. 2, 3 et 4, au Digeste, *de appellationibus et relationibus*, décide que des légataires particuliers peuvent appeler d'un jugement qui déclare le testament nul, quoiqu'il ne soit rendu qu'entre l'héritier institué et l'héritier *ab intestat*.

» La même loi porte, au commencement, que la caution peut appeler du jugement de condamnation porté contre le débiteur principal.

» La loi 4, §. 3, du même titre, ouvre au vendeur la voie de l'appel contre le jugement qui évince son acheteur, quoiqu'il n'y ait pas figuré en nom ; et réciproquement la loi 20, C., et la loi 63, §. 1 et 2, D. *de evictionibus*, ouvrent la même voie à l'acheteur contre le jugement rendu avec son vendeur seulement, qui le dépouille du bien qu'il a acheté.

» Il résulte pareillement de la loi 3, D. *de pignoribus*, et de la loi 4, §. 4, D. *de appellationibus*, qu'un créancier hypothécaire peut appeler d'un jugement par lequel le débiteur est évincé de la propriété du bien sur lequel est assise son hypothèque.

» En un mot, et c'est ce que déclare en termes exprès la loi 4, §. 2, du dernier titre que nous venons de citer, il est de règle générale qu'on peut appeler de tout jugement que l'on a intérêt de ne pas laisser subsister, quoiqu'on ne soit pas compris personnellement dans la condamnation qu'il prononce : *alio condemnato, is cujus interest appellare potest.*

» Il est vrai que cette règle a été singulièrement modifiée par la défense qu'a faite l'art. 7 de la loi du 3 brumaire an 2, de former de nouvelles demandes en cause d'appel, et qu'en conséquence elle ne peut plus avoir lieu aujourd'hui à l'effet d'autoriser une partie à former devant le juge supérieur des demandes qui n'auraient pas encore été présentées à un tribunal de première instance, soit en son nom, soit au nom d'un tiers aux droits duquel elle se trouve (1).

» Mais cette règle subsiste encore en son entier, lorsqu'il n'est question que d'un appel interjeté incidemment à une affaire portée devant un tribunal d'appel, et dans laquelle on a été partie devant le premier juge, pourvu qu'en interjetant et soutenant cet appel incident, on ne fasse que répéter et appuyer les conclusions que l'on avait déjà prises en première instance. La raison en est qu'alors cet appel ne constitue pas une nouvelle demande de la part de celui qui l'interjette, mais seulement un nouveau moyen de faire triompher la demande qu'il avait formée devant le premier juge.

» Or, tel est précisément le cas dans lequel s'est placé le cit. Delon, en appelant incidemment des deux jugemens rendus au tribunal du district d'Alais, entre les demandeurs et Etienne Prunet. Quel était, en effet, l'objet de cet appel incident? Uniquement de faire juger que les demandeurs n'avaient aucun droit aux biens saisis en 1668 sur Antoine Delon, c'est-à-dire, de faire juger précisément ce que le cit. Delon avait demandé et obtenu en première instance par le jugement du 17 prairial an 7. L'appel incident du cit. Delon ne pouvait donc pas être considéré comme une nouvelle demande; il n'était, de la part du cit. Delon, qu'un moyen nouveau, et la loi du 3 brumaire an 2 n'a pas défendu d'employer de nouveaux moyens en cause d'appel.

» 3°. Enfin, quel tort le jugement attaqué a-t-il fait aux demandeurs, en disant qu'il n'y avait pas lieu de statuer sur l'appel incident du cit. Delon, au lieu de le déclarer purement et simplement non-recevable? Bien évidemment il ne leur en a fait aucun. L'une et l'autre manière de prononcer amenaient pour eux le même résultat, puisque, par l'une, l'appel incident du cit. Delon était écarté comme inutile, tandis que, par l'autre, il l'eût été comme inadmissible; qu'ainsi, dans les deux hypothèses, il était également jugé sans effet pour le cit. Delon.

» Pour second moyen, les demandeurs pré-

(1) *V.* l'article *Appel*, §. 2.

tendent que le tribunal d'appel de Nîmes a violé l'autorité de la Chose jugée, et voici comment ils croient le prouver.

» Le jugement du tribunal du district d'Alais, du 17 thermidor an 5, qui nous avait envoyés en possession des biens d'Antoine Delon, n'avait pas été attaqué par Marguerite et Madeleine Teissier, contre lesquelles nous l'avions obtenu. Il avait donc à leur égard toute sa force, toute son efficacité. D'un autre côté, le cit. Delon l'a bien attaqué par son appel incident; mais le tribunal de Nîmes n'ayant pas fait droit sur cet appel, c'est comme si cet appel n'eût pas été émis. Le jugement du 17 thermidor an 5 subsiste donc à l'égard du cit. Delon, comme à l'égard de Marguerite et Madeleine Teissier.

» Le cit. Delon n'avait qu'un moyen légal de le faire rétracter, c'était la tierce-opposition; mais ce moyen il ne l'a pas employé; et dès-là, en prononçant le contraire de ce que décide ce jugement, le tribunal d'appel de Nîmes a évidemment portéfatteinte à la Chose jugée.

. » En raisonnant ainsi, les demandeurs perdent de vue ce grand principe, que les jugemens n'ont d'effet qu'entre les parties entre lesquelles ils ont été rendus: *Sœpè constitutum est res inter alios judicatas aliis non præjudicare*, dit la loi 63, D. *de re judicatâ*.

» Sans doute, lorsque je n'ai pas été partie dans un jugement par l'effet duquel mon adversaire se trouve en possession du bien dont je réclame la propriété, je puis prendre contre ce jugement la voie de tierce-opposition devant le tribunal de qui il est émané.

» Mais je puis aussi, au lieu de cette voie, me pourvoir par action principale devant le juge compétent pour connaître en première instance de l'objet litigieux.

» Et s'il en était autrement, il ne serait plus vrai de dire que le jugement rendu entre mon adversaire et une tierce personne, fût sans effet à mon égard; il me préjudicierait réellement dans cette hypothèse, puisque je ne pourrais l'écarter que par une voie de droit à laquelle l'art. 10 du tit. 27 de l'ordonnance de 1667 attache une peine pécuniaire, en cas de non réussite.

» Observons d'ailleurs que, dans l'espèce actuelle, la demande du cit. Delon a été portée en première instance devant le tribunal civil du département du Gard, qui était subrogé au ci-devant tribunal du district d'Alais; et qu'ainsi, on doit le considérer comme ayant été portée devant le même tribunal de qui était émané le jugement du 17 thermidor an 5.

» Or, quelle était, par rapport au cit. Delon, l'objet de cette demande? C'était certainement de faire juger que les biens saisis sur son bisaïeul, en 1668, lui appartenaient exclusivement aux cit. La Faye et consorts. C'était, par conséquent, de faire juger en sa faveur le contraire de ce qu'avait décidé en faveur des cit. La Faye et con-

sorts, le jugement du tribunal du district d'Alais.

» Mais demander qu'on jugeât en sa faveur le contraire de ce qu'avait décidé ce jugement en faveur des cit. La Faye et consorts, n'était-ce pas former contre ce jugement une tierce-opposition implicite? Eh! Qu'importe que le cit. Delon ait dit: *Je m'oppose au jugement du 17 thermidor an 5*, ou qu'il se soit borné à dire: *ce jugement m'est étranger, je demande que les biens compris dans sa disposition, me soient adjugés?*

Par ces raisons, j'ai conclu au rejet de la requête; et elle a été effectivement rejetée par arrêt de la section des requêtes du 2 germinal an 10, au rapport de M. Vermeil.

« Attendu qu'il ne peut y avoir eu violation des formes judiciaires ni de l'autorité de la Chose jugée, dans le jugement attaqué, en ce qu'il n'a pas déclaré le Delon non-recevable dans l'appel par lui interjeté des jugemens des 24 mai 1792 et 17 thermidor an 5, soit parcequ'on peut interjeter appel d'un jugement dans lequel on n'est pas partie (1), soit parceque cet appel n'a pu être présenté au tribunal civil de Nîmes que comme un motif de plus pour faire confirmer les dispositions du jugement du tribunal civil du département du Gard, du 17 prairial an 7, qui, sans avoir égard à ceux des 24 mai 1792 et 17 thermidor an 5, obtenus par des parens collatéraux du religionnaire fugitif, avait envoyé Delon, arrière-petit-fils de ce dernier, en possession de ses biens; soit enfin parceque cet appel incident pouvait même être envisagé comme une précaution surabondante, le jugement qu'il attaquait ne pouvant nuire au cit. Delon qui n'y était pas partie, et étant à son égard *res inter alios acta;* raison pour laquelle le jugement du tribunal de Nîmes a déclaré qu'il n'y avait lieu de statuer sur cet appel incident ».

Voyez encore, sur cette matière, le plaidoyer, ainsi que l'arrêt du 1er. pluviôse an 9, rapportés à l'article *Date*, §. 5, et le *Répertoire de jurisprudence*, au mot *Opposition (tierce)*, §. 6.

II. La seconde et la troisième questions se sont présentées dans l'espèce suivante:

En brumaire an 5, décès du sieur Vissec de Fontis, laissant pour héritiers testamentaires, une fille naturelle adultérine, et trois neveux, Jean-Louis de Siran, émigré, Philippe de Siran, prêtre déporté, et Jean-Joseph de Siran, ex-religieux.

Un tribunal d'arbitres forcés est formé, en exécution de la loi du 12 brumaire an 2, pour régler le partage de sa succession entre la fille naturelle, Jean-Joseph de Siran, et l'administration du département de l'Hérault, représentant Jean-Louis et Philippe de Siran.

_____

(1) Sur ce membre de phrase, *on peut interjeter appel d'un jugement dans lequel on n'est pas partie, V.* ce que je dis à l'article *Appel*, §. 2, n°. 6, à la fin.

Sentence qui adjuge trois neuvièmes à la fille naturelle , deux neuvièmes à Jean-Joseph de Siran , et quatre neuvièmes à la République , du chef de l'émigré et du déporté.

Quelque temps après, la loi du 20 fructidor an 5 restitue aux héritiers des prêtres déportés les biens qui avaient été confisqués sur ceux-ci.

En vertu de cette loi, Jean-Joseph de Siran obtient , le 17 nivôse an 4 , contradictoirement avec l'administration du département et la fille naturelle, et par un nouveau jugement arbitral, le neuvième qui eût été dévolu à son frère déporté, s'il n'eût pas été mort civilement.

Dans le cours des années 5, 6 et 7, il vend à différens particuliers tout ce qu'il a recueilli en exécution de ces deux jugemens.

Le 1ᵉʳ. nivôse an 10, l'abbé de Siran se présentant, non comme prêtre déporté, mais comme prévenu d'émigration, se fait rayer de la liste des émigrés par un arrêté du gouvernement; et en conséquence, le 10 germinal an 11 , arrêté du préfet du département de l'Hérault, qui lui donne main-levée du séquestre apposé sur ses biens.

Bientôt après, il se pourvoit contre son frère ex-religieux et contre la fille naturelle du sieur Vissec de Fontis, en délaissement du tiers qu'il prétend lui appartenir dans la succession de celui-ci.

Jugement de première instance, du 10 prairial an 13, qui le déclare non-recevable, tant d'après le jugement arbitral du 17 nivôse an 4, que d'après l'art. 16 du sénatus-consulte du 6 floréal an 10.

Mais sur l'appel , arrêt de la cour de Montpellier , qui condamne l'ex-religieux à délaisser à l'abbé de Siran le neuvième qui lui a été adjugé par la sentence arbitrale du 17 nivôse an 4, sur le fondement que cette sentence avait été rendue dans la supposition que l'abbé de Siran était prêtre déporté, tandis que de l'arrêté qui l'avait rayé, il résultait que l'on n'avait dû le considérer que comme prévenu d'émigration, et que sa radiation équipollait à une déclaration qu'il n'avait jamais émigré effectivement (1).

Le 17 mars 1808, acte notarié, par lequel l'ex-religieux, pour se libérer envers l'abbé de Siran, lui abandonne tous les immeubles dont s'était composé le neuvième à lui adjugé par la sentence arbitrale du 17 nivôse an 4 , *pour pouvoir se les faire remettre par les tiers-acquéreurs :* ce sont les termes de l'acte.

Les choses en cet état, l'abbé de Siran fait sommer le sieur Moulières , acquéreur d'une partie des biens qu'il réclame, de lui en faire le délaissement en exécution de l'arrêt de 1806 et de l'acte de 1808.

Le sieur Moulières forme tierce-opposition à l'arrêt, et se retranche sur l'autorité de la Chose jugée en dernier ressort par la sentence arbitrale du 17 nivôse an 4.

Le 25 août 1809 , arrêt qui , adoptant les moyens de défense de l'abbé de Siran, reçoit, pour la forme, le sieur Moulières tiers-opposant à l'arrêt de 1806 ; mais faisant droit au fond, rejette la tierce-opposition, et sans s'arrêter à la sentence de l'an 4, qu'il déclare nulle , le condamne au délaissement de son acquisition.

Après avoir ainsi triomphé du sieur Moulières, l'abbé de Siran s'adresse aux sieurs Ribes , acquéreurs du restant des biens que son frère lui a abandonnés par l'acte de 1808 , et leur fait commandement, en vertu de cet acte et de l'arrêt de 1806 , de lui délaisser ces biens.

Opposition à ce commandement de la part des sieurs Ribes, devant le tribunal de première instance de Béziers.

Le 5 mars 1812 , jugement par lequel, sous le prétexte que l'arrêt de 1806 forme obstacle à l'opposition des sieurs Ribes, et que cet obstacle ne peut être levé que par une tierce-opposition dont la cour de Montpellier peut seule connaître, ce tribunal se déclare incompétent.

Les sieurs Ribes appellent de ce jugement, forment en tant que besoin , tierce-opposition à l'arrêt de 1806 , et prennent subsidiairement des conclusions tendant à vérifier si l'abbé de Siran n'est pas rempli de ses droits dans la succession du sieur Vissec.

Le 31 août suivant, arrêt qui ,

« Attendu que les sieurs Ribes n'avaient pu se pourvoir que par tierce-opposition à l'arrêt de 1806 , contre un commandement fait en vertu de cet arrêt ,

» Confirme le jugement du tribunal de Béziers ;

» Et attendu que, d'une part, ils ne peuvent pas attaquer par tierce-opposition un arrêt qui a été rendu contradictoirement avec leur vendeur; qu'ils s'y sont d'ailleurs rendus non-recevables par le seul effet de leurs conclusions à fin de vérification des objets que l'abbé de Siran a retirés de la succession du sieur Vissec de Fontis ;

» Que , de l'autre , et au fond, l'arrêté du gouvernement qui a rayé l'abbé de Siran de la liste des émigrés, l'a réintégré dans tous ses droits avec effet rétroactif; que déjà la sentence arbitrale du 17 nivôse an 4 a été déclarée nulle par l'arrêt de 1806, et qu'au surplus l'administration du département de l'Hérault n'a jamais acquiescé à cette sentence ;

» Déclare les sieurs Ribes non-recevables et non-fondés dans leur tierce-opposition ; et ordonne la vérification préalable à laquelle ils avaient conclu subsidiairement. »

Les sieurs Ribes se pourvoient en cassation contre cet arrêt, et soutiennent

1°. Qu'en confirmant le jugement du tribunal de Béziers, il a donné contre eux, à l'arrêt de 1806, un effet que lui refusait l'art. 1351 du Code

---

(1) C'était une erreur manifeste , vu l'époque où cette radiation avait été prononcée. *V.* l'article *Mort civile*, §. 3.

civil et converti en mesure forcée, en une mesure qui, d'après l'art. 474 du Code de procédure, n'était que facultative ;

2°. Qu'en déclarant leur tierce-opposition non-recevable, sous le prétexte qu'ils avaient contesté au fond, par leurs conclusions tendantes à la vérification des objets reçus par l'abbé de Siran, sur la succession Vissec, il avait oublié que ces conclusions n'étaient que subsidiaires et qu'elles ne portaient aucune atteinte à la demande principale sur laquelle la cour de Montpellier était restée obligée de statuer, conformément à l'art. 1351 du Code civil qui refuse aux jugemens toute autorité de Chose jugée, contre ceux qui n'y ont pas été parties ; que d'ailleurs, ils ne représentent pas l'ex-religieux Siran, leur vendeur ; et que l'arrêt de 1806 ayant été rendu contre lui postérieurement à la vente qu'il leur avait faite, cet arrêt est à leur égard, *res inter alios judicata* ;

3°. Qu'en rejetant au fond leur tierce-opposition, cet arrêt a violé, et la loi du 28 mars 1793 qui déclarait les émigrés morts civilement et par conséquent incapables de succéder, et la loi du 17 septembre de la même année qui assimilait les déportés aux émigrés, et l'art. 1351 du Code civil, d'après lequel la sentence arbitrale du 17 nivôse an 4, rendue contre le gouvernement exerçant les droits de l'abbé de Siran, était censée avoir été rendue contre lui-même.

A ces moyens de cassation, l'abbé de Siran oppose les motifs de l'arrêt attaqué.

Par arrêt du 14 juin 1815, au rapport de M. Boyer, et sur les conclusions de M. Fréteau,

« Vu la loi du 17 septembre 1793, l'art. 6 de la loi du 20 fructidor an 3, l'art. 16 du sénatus-consulte du 6 floréal an 10, et l'art. 474 du Code de procédure civile ;

» Attendu, soit qu'on ait dû considérer l'abbé de Siran comme émigré, ou comme prêtre déporté, la mort civile dont il était frappé dans l'une et l'autre hypothèse, à l'époque où s'est ouverte la succession du sieur de Vissec, le rendait inhabile à la recueillir, et que tous ses droits dans cette hoirie étaient exclusivement dévolus à la nation ;

» Attendu que, de l'ensemble de toutes les lois sur l'émigration et notamment de l'art. 16 du sénatus-consulte du 6 floréal an 10, il résulte qu'il est expressément interdit aux émigrés réintégrés dans leurs droits, d'attaquer, sous aucun prétexte, les partages de successions et autres actes passés entre la nation et des tiers, ainsi que les jugemens rendus avec elle et qui ont acquis à son égard l'autorité de la Chose jugée ;

» Attendu que tel est le jugement arbitral rendu, le 17 nivôse an 4, entre la nation, représentée par l'administration centrale du département de l'Hérault, et les autres ayant droit à la succession du sieur de Vissec ;

» Qu'en effet, il est constant et démontré par les actes de la cause, 1°. que l'administration

centrale a formellement concouru, par son arrêté du 11 frimaire an 3, à la formation de l'arbitrage ; et autorisé les arbitres à prononcer sur tous les points relatifs aux réglement et partage de cette succession ;

» 2°. Que, lorsque Jean-Joseph de Siran a déféré à ces arbitres sa prétention de faire considérer l'abbé de Siran, son frère, comme prêtre déporté, et de recueillir en conséquence la part revenant à ce dernier dans ladite succession, l'administration centrale, au lieu de réclamer contre la qualification donnée à l'abbé de Siran, et de soutenir qu'étant émigré, sa part devait être dévolue en totalité à la nation, s'est bornée à réclamer la moitié de cette part, du chef de Jean-Louis-Augustin de Siran, autre frère émigré, et a formellement consenti à ce que l'autre moitié fût adjugée à Jean-Joseph de Siran, ainsi qu'il résulte des conclusions expresses prises à cet égard devant les arbitres par le fondé de pouvoir de cette administration ;

» 3°. Enfin, que les arbitres l'ayant ainsi ordonné par leur sentence du 17 nivôse an 4, cette même administration, loin d'attaquer en aucune manière cette sentence, l'a au contraire volontairement exécutée, en provoquant, aussi par des conclusions expresses, le 29 germinal an 4, le tirage des lots en conformité et selon les bases de ladite sentence ;

» Attendu que, d'après un acquiescement aussi formel, la décision des arbitres, de quelques vices qu'on veuille la supposer atteinte, est devenue inattaquable de la part de la nation, et, par suite, de la part de l'abbé de Siran, et qu'elle a été, pour Jean-Joseph de Siran, un titre irréfragable de propriété des biens à lui adjugés par cette décision, biens dont il a pu, dès-lors, valablement et librement disposer au profit des demandeurs en cassation ;

» D'où il suit que l'arrêt attaqué, qui, au mépris de la sentence arbitrale du 17 nivôse an 4, a autorisé l'action en délaissement intentée contre les demandeurs par l'abbé de Siran, a violé ouvertement, et les lois relatives à l'autorité de la Chose jugée, et l'art. 16 du sénatus-consulte du 6 floréal an 10 ;

» Attendu qu'en vain, pour justifier cette violation, la cour de Montpellier a cru pouvoir exciper de ses précédens arrêts rendus, l'un avec Jean-Joseph de Siran, le 29 avril 1806, et l'autre avec le sieur Moulières, le 25 août 1809, PARCE QUE CES ARRÊTS SONT A L'ÉGARD DES DEMANDEURS *res inter alios acta*; et qu'au surplus, là tierce-opposition formée en tant que de besoin par ceux-ci au premier desdits arrêts, était également recevable et bien fondée : recevable, aux termes de l'art. 474 du Code de procédure, puisque, d'une part, cet arrêt servait de titre à l'action dirigée contre eux, et que, d'autre part, ils n'avaient pu être représentés dans un arrêt rendu avec leur vendeur plusieurs années après leur acquisition ; bien fondée, aux termes des lois précitées qui garantissaient l'irrévocabilité de cette acquisition;

» D'où il suit que le rejet de cette tierce-opposition a été, de la part de la cour de Montpellier, une violation manifeste dudit art. 474 du Code de procédure;

» Par ces motifs, la cour casse et annulle l'arrêt de cette cour, du 31 août 1812... ».

On peut encore voir, sur la troisième question, les arrêts rapportés dans le *Répertoire de jurisprudence*, au mot *Succession*, sect. 1., §. 2, art. 3.

§. XII. *La seule circonstance que, dans un procès, l'une des parties excipe de la Chose jugée, suffit-elle pour nécessiter des conclusions de la part du ministère public?*

V. l'article *Conclusions du ministère public*, §. 3.

§. XIII. *Le créancier hypothécaire d'un failli qui a obtenu, avant la loi du 11 brumaire an 7, un jugement par lequel le syndic des créanciers unis a été condamné à lui payer sa créance, telle qu'elle était alors connue, et qui en a reçu le montant, mais qui, par des événemens postérieurs, s'est trouvé au même titre créancier d'une plus forte somme, peut-il aujourd'hui, en vertu de ce jugement, par la seule exception de Chose jugée qu'il en fait résulter, et sans inscription hypothécaire, se faire colloquer, pour la somme excédante, dans le rang primitif de son hypothèque?*

V. l'article *Inscription hypothécaire*, §. 3.

§. XIV. *L'autorité de la Chose jugée avait-elle lieu, sous l'ancien régime, contre le domaine de l'État?*

V. l'article *Nation*, §. 5.

§. XV. *Lorsque, dans un ordre, il s'est présenté un créancier hypothécaire prétendant, comme privilégié, au premier rang de collocation, et que les autres créanciers ayant contesté la légitimité de sa créance, sans s'expliquer sur le rang dans lequel il y avait lieu de la colloquer, il est intervenu, de la part du juge-commissaire, une ordonnance qui a sursis à l'ordre jusqu'à ce qu'il eût été statué sur cette contestation; cette ordonnance et le jugement qui, ensuite, déclare la créance légitime et autorise les créanciers contestans à faire rapporter les sommes payées, ont-ils, par leur ensemble, l'autorité de la Chose jugée quant au privilège réclamé pour l'hypothèque de cette créance?*

V. le plaidoyer et l'arrêt du 1er. mai 1815, rapportés à l'article *Hypothèque*, §. 19.

§. XVI. *Y a-t-il contravention à l'autorité de la Chose jugée, lorsqu'après avoir accordé à une partie un délai déterminé, pour faire une option, en déclarant que, faute de la faire dans ce délai,* elle en sera déchue, un tribunal refuse de prononcer la déchéance, quoique l'option n'ait été faite qu'après l'expiration du délai fixé?

V. l'article *Délai*, §. 6.

§. XVII. *Quelle est, en matière civile, l'autorité des jugemens rendus en matière criminelle, et vice versâ?*

V. les articles *Faux*, §. 6; et *non bis in idem*, .5.

§. XVIII. 1°. *Le jugement rendu dans une matière divisible pour ou contre un créancier solidaire, a-t-il l'autorité de la Chose jugée pour ou contre ses co-créanciers?*

2°. *Le jugement rendu dans une matière divisible pour ou contre un débiteur solidaire, a-t-il l'autorité de la Chose jugée pour ou contre ses co-débiteurs?*

3°. *Le jugement rendu pour ou contre l'un des débiteurs ou propriétaires d'un droit ou d'une créance indivisible, a-t-il l'autorité de la Chose jugée pour ou contre ses co-débiteurs ou co-propriétaires?*

4°. *Le jugement rendu contre le débiteur principal, a-t-il l'autorité de la Chose jugée contre la caution?*

5°. *Le jugement rendu pour ou contre la caution, a-t-il l'autorité de la Chose jugée pour ou contre le débiteur principal?*

6°. *Y a-t-il, sur tout cela, quelque différence entre le jugement rendu en première instance et le jugement rendu sur un appel?*

I. Sur la première question, l'affirmative ne paraît pas douteuse.

Pour qu'il y ait Chose jugée, disent les lois romaines, dont l'art. 135 n'est que l'écho, le concours de trois conditions est nécessaire : il faut d'abord que l'objet demandé soit le même; il faut ensuite que la demande soit fondée sur la même cause; il faut enfin qu'il y ait identité de parties.

Or, 1°. une créance solidaire est la même dans sa substance pour chacun des créanciers par qui elle est prétendue.

2°. Elle est aussi la même dans sa cause.

3°. Les co-créanciers du créancier pour ou contre lequel le jugement a été rendu, ne sont sans doute pas physiquement le même individu que lui; mais ils le sont moralement, et c'est une vérité facile à saisir. Que sont deux personnes qui stipulent solidairement que la même dette leur sera payée? Elles se constituent mutuellement mandataires l'une de l'autre pour poursuivre et recevoir le paiement de cette dette. Ainsi, par cela seul que, créancier solidaire avec Paul d'une dette à laquelle vous vous êtes obligé envers nous deux, je vous poursuis pour vous faire condamner à la payer, Paul, mon co-créancier, est censé vous poursuivre aux mêmes fins par mon organe.

Aussi, quoiqu'il soit bien constant en droit que les poursuites faites par un co-créancier non solidaire, n'interrompent la prescription qu'à son profit, il n'en est pas moins de principe, suivant l'art. 1199 du Code civil, qui ne fait que renouveler la disposition de la loi dernière, D. *de duobus reis stipulandi vel debendi*, que « tout acte » qui interrompt la prescription à l'égard de l'un » des créanciers solidaires, profite aux autres » créanciers ».

Et l'on sent bien que, d'après cela, il est impossible que le jugement rendu pour ou contre un créancier solidaire, n'ait pas l'autorité de la Chose jugée pour ou contre ses co-créanciers.

Mais ne peut-on pas dire que, si cela était indistinctement vrai dans le droit romain, il n'en est plus de même aujourd'hui; et que, sous le Code civil, on doit, en distinguant, à cet égard, entre le jugement rendu pour un créancier solidaire et le jugement rendu contre lui, admettre ses co-créanciers au bénéfice de l'un, mais ne pas faire réfléchir sur eux l'autorité de l'autre?

Ce qui paraît, à la première vue, nécessiter cette distinction, c'est la différence qui se trouve entre le droit romain et le Code civil, sur les effets du serment déféré par l'un des créanciers solidaires.

Suivant la loi 28, D. *de jurejurando*, le serment déféré par l'un des créanciers solidaires à leur prétendu débiteur commun, et prêté par celui-ci, ôtait toute action aux autres créanciers de celui-là : *in duobus reis stipulandi, ab altero delatum jusjurandum etiam alteri nocebit.*

Et au contraire, suivant l'art. 1365 du Code civil, le serment déféré par l'un des créanciers solidaires au débiteur, ne libère celui-ci que pour sa part de ce créancier.

Le serment décisoire, peut-on dire, équipolle à un jugement : *jusjurandum vicem rei judicatæ obtinet,* suivant l'expression de la loi 1, D. *quarum rerum actio non datur;* et c'est à raison de la similitude qu'il y a entre l'un et l'autre, c'est parceque, dans le droit romain, le jugement rendu contre l'un des créanciers solidaires, était censé rendu contre ses co-créanciers, que la loi 28, D. *de jurejurando,* étendait les effets du serment décisoire jusqu'aux co-créanciers du créancier solidaire qui l'avait déféré; or, aujourd'hui le serment déféré par l'un des créanciers solidaires, ne nuit plus à ses co-créanciers. Il en doit donc être de même du jugement rendu contre lui.

Mais ne nous faisons pas illusion sur le sens de la loi romaine qui assimile le serment décisoire au jugement. Tout ce que cette loi signifie, c'est que l'exception de Chose jugée que le jugement produit par sa propre autorité, le serment décisoire la produit par la force de la convention dont il est la suite; et la preuve qu'elle ne veut pas dire autre chose, résulte clairement de sa disposition : *non immeritò*, ce sont ses termes, *cùm ipse*

quis judicem adversarium suum de causâ suâ fecerit, deferendo ei jusjurandum; et telle est également la pensée de la loi 26, §. 2, D. *de jurejurando,* quand elle assimile le serment, non-seulement à un jugement, mais encore à une convention qui, par novation ou délégation, détruit la créance primitive : *jurisjurandi conditio ex numero esse potest videri novandi, delegandive, quia proficiscitur ex conventione, quamvis habeat et instar judicii.* On sent, en effet, que déférer le serment décisoire à un prétendu débiteur, c'est véritablement convenir avec lui qu'on le tiendra quitte, s'il jure, ou qu'il n'a jamais rien dû, ou qu'il a payé.

Cela posé, on voit tout de suite pourquoi, dans le droit romain, les co-créanciers du créancier solidaire qui avait déféré le serment à leur prétendu débiteur commun, étaient privés de toute action contre celui-ci, et pourquoi, au contraire, sous le Code civil, leurs parts dans la dette restent intactes : c'est que, dans le droit romain, la créance solidaire était éteinte par la remise qu'on faisait l'un des créanciers à qui elle appartenait (*acceptilatione tota solvitur obligatio*, disait la loi 2, D. *de duobus reis.*) ; au lieu qu'aux termes de l'art. 1198 du Code civil, « la remise » qui n'est faite que pour l'un des créanciers so- » lidaires, ne libère le débiteur que pour la part » de ce créancier ».

Mais de là même il suit évidemment que, par rapport à l'exception de Chose jugée qui résulte du jugement rendu entre l'un des créanciers solidaires et le débiteur, l'art. 1198 n'autorise nullement à distinguer le cas où le créancier a obtenu gain de cause, d'avec celui où il a été débouté, et que le jugement nuit aux co-créanciers dans l'un, comme il leur profite dans l'autre.

II. La seconde question paraît devoir être résolue dans le même sens que la première et par la même raison.

En effet, on trouve ici, comme dans le cas sur lequel porte la première question, un concours parfait des trois conditions requises pour qu'il y ait Chose jugée.

D'une part, une dette solidaire est la même dans sa substance et dans sa cause, pour chacune des parties qui y sont obligées, comme une créance solidaire est la même dans sa substance et dans sa cause, pour chacun des créanciers qui l'ont stipulée.

D'un autre côté, le co-débiteur solidaire pour ou contre lequel un jugement a été rendu, ne forme moralement qu'un seul et même individu avec lui, parcequ'ils n'ont pu s'obliger solidairement à la même dette, sans se constituer mandataires l'un de l'autre pour la payer, et par suite pour se représenter mutuellement dans tous les actes et toutes les procédures qui tendraient à la faire payer, pour faire valoir dans leur intérêt commun, tous les moyens qu'ils pourraient avoir de s'exempter de la payer.

Aussi Voët n'hésite-t-il pas à dire, sur le titre du Digeste *de duobus reis*, n°. 5, que le jugement rendu en faveur de l'un des débiteurs solidaires, profite à ses co-débiteurs : *sed et si unus ex pluribus debendi reis judicio conventus, per sententiam judicis absolutus sit, alter ultrà nequit efficaciter conveniri.*

On sent néanmoins que cette assertion doit être restreinte au cas où l'absolution de l'un des débiteurs solidaires a été prononcée d'après une exception inhérente à la dette, et qu'il en serait tout autrement, si elle ne l'avait été que d'après une exception propre à ce débiteur, comme s'il avait soutenu et fait juger, ou qu'il n'a pris aucune part à l'obligation solidaire, ou qu'elle est entachée, à son égard, d'un vice résultant de son incapacité personnelle. C'est ainsi que, suivant l'art. 1365 du Code civil, « Le serment du co-débiteur solidaire..... ne profite aux autres co-débiteurs......, que lorsqu'il a été déféré sur la dette, et non sur le fait de la solidarité » .

Quant au jugement qui condamne l'un des débiteurs solidaires, il est d'abord certain qu'il laisse entières les exceptions qui sont personnelles à chacun des autres co-débiteurs, et qu'il ne prive aucun d'eux du droit de soutenir et de faire juger, s'il y a lieu, ou qu'il n'est pas vrai qu'il se soit obligé solidairement avec le condamné, ou qu'à raison de son incapacité, il n'a pas valablement participé à l'obligation solidaire, ou qu'il a été libéré de sa part dans la dette commune par le créancier.

Mais si les co-obligés solidaires du condamné n'ont à opposer au jugement rien qui leur soit personnel, le bon sens veut qu'il ait contre eux la même autorité que contre le condamné lui-même. Car il est impossible qu'ils aient couru la chance de profiter du jugement qui eût absous leur co-obligé, sans courir en même temps celle d'être compris dans la condamnation qui serait prononcée contre lui.

Cependant il y a des auteurs qui, en convenant que les co-débiteurs solidaires de celui qui a obtenu gain de cause, peuvent exciper du jugement qu'il a obtenu, soutiennent que la condamnation portée contre lui, ne les lie pas : voici comment ils raisonnent.

Il est bien vrai que le jugement, obtenu par l'un des débiteurs solidaires, profite aux co-débiteurs, comme leur profite, aux termes de la loi 28, §. 3, D. *de jurejurando*, le serment qu'il a prêté sur la déclaration que lui en a faite le créancier.

Mais de même que, suivant l'esprit de cette loi, le serment déféré au créancier par l'un des débiteurs solidaires, ne nuit pas aux co-débiteurs, de même aussi le jugement qui condamne l'un des débiteurs solidaires, ne leur nuit pas davantage.

C'est la pensée du président Favre, dans ses *rationalia* sur cette loi, quand il dit : *quid ergò si unus ex correis debendi jusjurandum detulerit adversario, isque juraverit ? An alteri nocebit ea delatio ? Et respondet Bartolus non nocere,* SICUTI NEC SENTENTIA *contrà unum ex correis* lata, alteri noceret ; *et rectè ex lege ultimâ, in fine,* C. *de fidejussoribus.*

Mais d'abord la loi que cite le président Favre, comme décidant que le jugement rendu contre l'un des débiteurs solidaires, ne nuit pas aux autres, ne contient pas un mot qui ressemble le moins du monde à ce qu'il lui fait dire, ni même qui ait le moindre rapport à la question : elle porte que, *si quis fidejusserit in usuras, non in biennium tantùm, sed in tantum temporis, in quantum cavit, tenetur. Quanto igitur voluerit tempore fidejussor, in usuris se obliget, modo nec suprà duplum teneatur.*

Et qu'on ne dise pas que le président Favre ne s'est trompé que sur le n°. de cette loi, que c'est la pénultième du même titre qu'il a voulu citer, et que, dans la dernière disposition (*in fine*) de celle-ci, il est parlé des co-obligés solidaires. Oui, il en est parlé, mais à quel propos ? voici ses termes : *idemque in duobus reis constituimus, ex unius rei electione præjudicium creditori adversùs alium fieri non concedentes ; sed remanere et ipsi creditori actiones integras, et personales, et hypothecarias, donec per omnia ei satisfiat. Si enim pactis conventis hoc fieri conceditur, et in usu quotidiano semper hoc versari adspicimus, quare non ipsâ legis auctoritate hoc permittatur, et nec simplicitas suscipientium contractus ex quâcunque causâ possit jus creditoris mutilare,* disposition qui est reproduite dans l'art. 1204 du Code civil, aux termes duquel « les poursuites faites contre l'un des dé- » biteurs (solidaires), n'empêchent pas le créan- » cier d'en exercer de pareilles contre les autres », mais qui est absolument étrangère à l'effet que la condamnation subie par l'un des débiteurs solidaires, doit produire contre ses co-débiteurs.

Ensuite, qu'importe que, suivant l'esprit de la loi 28, §. 3, *de jurejurando,* le serment déféré par l'un des débiteurs solidaires ne nuise pas aux co-débiteurs ? Qu'importe même que cela soit encore plus clair d'après l'art. 1365 du Code civil, qui, après avoir posé pour règle générale que *le serment fait ne forme preuve qu'au profit de celui qui l'a déféré, ou contre lui,* en excepte bien *le serment déféré* à *l'un des débiteurs solidaires,* mais non pas le serment déféré PAR l'un de ces débiteurs ? Lorsque deux personnes s'obligent solidairement à la même dette, elles se donnent sans doute tacitement le mandat de faire valoir dans leur intérêt commun, contre leur créancier, les moyens de libération que les circonstances pourront fournir à celle des deux qui sera attaquée. Mais ce mandat ne confère pas le pouvoir de déférer le serment à leur adversaire ; car la délation du serment est une renonciation à toute défense, et comme le dit le président

Favre lui-même, une sorte de donation (1) ; or, jamais le pouvoir de donner n'est censé compris dans un mandat, quelque général qu'il soit. Rien d'étonnant, d'après cela, que le serment déféré par l'un des débiteurs solidaires, soit sans effet contre ses co-débiteurs; mais inférer de là que les co-débiteurs solidaires du débiteur condamné après une loyale défense, ne sont pas liés par sa condamnation, c'est argumenter à contre-sens.

Les co-débiteurs solidaires du condamné diront-ils qu'ils ne l'ont constitué leur mandataire que pour faire leur condition meilleure; que, dès-lors, leur condition ne peut être empirée par rien de ce qui est fait par lui, avec lui ou contre lui; que tout ce qui est fait par lui, avec lui ou contre lui, est, à leur égard, *res inter alios ?*

Mais ils pourraient en dire autant de l'acte par lequel il aurait interrompu, par une reconnaissance de la dette, la prescription qui courait à leur profit comme au sien ; ils pourraient en dire autant des exploits interruptifs de prescription qui lui auraient été signifiés par leur créancier commun ; et cependant le Code civil, en renouvelant les dispositions de la loi dernière, C. *de duobus reis*, porte en toutes lettres, art. 1026, que « les » poursuites faites contre l'un des débiteurs soli- » daires, interrompent la prescription à l'égard » de tous » ; et art. 2249, que « l'interpellation » faite, conformément aux art. ci-dessus, à l'un » des débiteurs solidaires, ou sa reconnaissance, » interrompt la prescription contre tous les au- » tres ».

Donc les actes qui, faits avec, par ou contre l'un des débiteurs solidaires, ont pour résultat d'empirer la condition des co-débiteurs, ne sont pas plus, à l'égard de ceux-ci, *res inter alios*, que s'ils aboutissaient à l'amélioration de leur condition commune.

Donc le jugement qui condamne l'un des débiteurs solidaires, n'est pas moins que le jugement qui l'absout, censé rendu avec ses co-débiteurs.

Donc point de distinction, en cette matière, entre le jugement qui condamne et le jugement qui absout.

Que telle ait été de tout temps la jurisprudence uniforme des tribunaux français, c'est une vérité dont nous trouvons la preuve dans un arrêt du conseil du 13 juillet 1709, qui est ainsi conçu :

« Le roi ayant par son édit du mois de mai dernier, ordonné que les espèces d'or et d'argent seraient portées dans les hôtels des monnaies, pour y être converties en espèces nouvelles, dont la fabrication est ordonnée par ledit

édit, et Sa Majesté étant informée que, comme un travail aussi grand que celui de ladite conversion, n'a pu encore opérer assez de nouvelles-espèces pour rembourser les particuliers qui se sont empressés à porter leurs anciennes aux hôtels des monnaies, ce qui a apporté quelque retardement dans le commerce courant sur la place, par le défaut des espèces nouvelles, lequel a donné lieu à plusieurs poursuites faites de la part de ceux qui ont prêté leurs deniers à l'encontre de leurs débiteurs, et particulièrement à l'occasion des billets solidaires des gens d'affaires chargés des recouvremens des deniers de Sa Majesté, lesquels, par la raison ci-dessus, ne pouvant s'acquitter avec la même exactitude que par le passé, les porteurs les auraient remis entre les mains des huissiers et sergens, pour en poursuivre le paiement, lesquels abusant de leurs fonctions, et dans la vue de faire des profits illicites, se sont avisés d'introduire la manière de donner autant d'assignations qu'il y a de particuliers qui ont signé lesdits billets solidaires, *et ce contre l'usage établi de tout temps, suivant lequel l'on assignait tous ceux qui avaient signé ou endossé des billets solidaires, au domicile de l'un d'entre eux, pour être tous condamnés;* en sorte que, s'il n'était remédié à cet abus, le défaut de paiement d'un billet solidaire, signé de vingt personnes, pourrait opérer vingt assignations différentes, autant de défauts, suivis d'autant de significations de sentences, de réceptions de cautions, de significations d'icelles, premiers commandemens, itératifs commandemens, saisies de meubles et de rentes, dénonciations, saisies réelles et d'immeubles, et de même de toutes autres sortes de procédures, lesquelles, ainsi accumulées les unes sur les autres, se trouveraient souvent porter les frais aussi haut que le principal, augmentant à la charge du débiteur la dette sans utilité pour le créancier; et comme il est de l'intérêt de Sa Majesté et du public d'empêcher les suites d'une pareille procédure, ce qui se peut d'autant plus facilement qu'il y a lieu de croire que ceux qui sont porteurs de billets solidaires, n'ont jamais entendu donner lieu à des frais si exorbitans, et qui pourraient, en rendant les débiteurs insolvables, mettre le créancier en risque de perdre le tout ou partie de la somme qui lui est due ;

» A quoi Sa Majesté jugeant à propos de pourvoir, ouï le rapport de M. Desmaretz, conseiller ordinaire au conseil royal, contrôleur général des finances ;

» Sa Majesté, en son conseil, a ordonné et ordonne que les assignations pour parvenir à l'obtention des sentences faute de paiement des billets solidaires, ne pourront être données qu'à la personne ou domicile d'un de ceux qui auront signé lesdits billets solidaires, tant pour lui que pour ceux qui auront signé avec lui, ou endossé lesdits billets, et toutes les autres procédures

---

(1) *Parum enim abest ab eo qui donare rem velit ac perdere, ille qui adversario jusjurandum defert, ut eum in causâ propriâ testem et judicem constituat :* sur la loi 28, §. 2, D. *de jurejurando.*

de même, sans que, sous quelque prétexe que ce soit, il en puisse être usé autrement par les huissiers et sergens qui se trouveront chargés de faire lesdites poursuites; leur fait. Sa Majesté défenses de prendre ni exiger leurs frais et salaires, que sur le pied d'une seule assignation, quelque nombre d'exploits que lesdits huissiers et sergens donnent ci-après, à peine de concussion et de cinq cents livres d'amende, et à tous juges et autres qu'il appartiendra, de leur allouer en taxe leurs frais et salaires que sur ce pied, à peine de nullité;

» Ordonne Sa Majesté que les sentences qui seront ainsi prononcées, seront exécutoires contre tous les particuliers qui auront signé ou endossé lesdits billets, après que le commandement leur en aura été fait chacun en particulier en conséquence desdites sentences et au pied de copies d'icelles. Et sera le présent arrêt exécuté selon sa forme et teneur, nonobstant oppositions, appellations et autres empêchemens quelconques, pour lesquels ne sera différé (1) ».

On dira peut-être que cet arrêt n'ayant pas été revêtu de lettres-patentes, et par conséquent enregistré dans les cours, n'a jamais pu faire loi; et que d'ailleurs il serait au besoin compris dans l'abrogation générale que prononce l'art. 1041 du Code de procédure civile.

Mais si l'on peut, si l'on doit même conclure de là qu'il n'a jamais pu servir de base légale pour condamner aux peines qu'il prononce, les huissiers qui y contreveniaient, et qu'il le peut encore bien moins aujourd'hui, il n'en forme pas moins une preuve authentique qu'il a été, dans tous les temps, permis d'exécuter contre un débiteur solidaire, le jugement obtenu contre son co-débiteur.

Aussi Jousse, qui écrivait dans la seconde partie du dix-huitième siècle, le cite-t-il dans son commentaire sur l'ordonnance de 1667, tit. 2, art. 6, n°. 1, comme étant, quant à cela, en pleine vigueur; et l'on sent que le Code civil n'y déroge pas à cet égard, puisqu'au contraire il adopte les principes sur lesquels est fondé l'usage *immémorial* qui y est attesté.

III. La troisième question est résolue par Pothier (*traité des obligations*, partie 4, chap. 3, sect. 3, art. 5), dans le même sens que nous venons de résoudre les deux premières.

Après avoir établi qu'un jugement rendu pour ou contre l'un des débiteurs non-solidaires d'un objet divisible, n'a pas l'autorité de la Chose jugée contre ses co-débiteurs, et que le jugement

rendu contre l'un des héritiers du débiteur d'un objet de la même nature, n'a pas l'autorité de la Chose jugée contre ses co-héritiers, il ajoute : « Il n'en est pas de même lorsque la » chose due à plusieurs héritiers ou autres per- » sonnes co-propriétaires, est quelque chose d'in- » visible, tel qu'est un droit de servitude; cette » chose n'étant pas susceptible de part, chacun » d'eux est créancier du total, ou co-propriétaire » du total; c'est pourquoi le jugement rendu sur » la demande que l'un deux a faite de cette chose, » à eu pour objet la même chose que la demande » qu'en feraient les autres; c'est *eadem res*: on » peut aussi dire que ce jugement n'est pas *res* » *inter alios judicata*, à l'égard des autres créan- » ciers ou propriétaires de cette chose; car l'in- » divisibilité de leur droit avec le sien, les fait re- » garder comme étant avec lui une même par- » tie; c'est pourquoi ce jugement a à leur égard » l'autorité de *Chose jugée*; lorsqu'il a été ren- » du en faveur de leur co-propriétaire ou co-créan- » cier, ils peuvent, de même que lui, s'en ser- » vir contre la partie contre qui il a été rendu; » et s'il a été rendu contre leur co-propriétaire » ou co-créancier, il peut être opposé contre » eux, comme contre lui ».

Cette doctrine est clairement justifiée, quant à l'effet qu'elle attribue, en faveur des co-propriétaires ou co-débiteurs d'un objet indivisible, au jugement rendu au profit de leur co-propriétaire ou co-débiteur, par la loi 4, §. 3, D. *si servitus vindicetur*. S'il est dû, porte ce texte, une servitude à un fonds qui appartient à plusieurs personnes, chacun des co-propriétaires a une action solidaire pour la demander; et le jugement qui sera rendu en sa faveur, profitera aux autres : *si fundus cui iter debitur, plurium sit, unicuique in solidùm competit actio...... itaque de jure quidem ipso singuli experiantur, et victoria aliis proderit.*

Et l'on sent bien que, par réciprocité, le jugement rendu contre l'un des co-propriétaires ou co-débiteurs de l'objet indivisible, doit nuire à ses co-propriétaires ou co-débiteurs. C'est la conséquence du principe consacré par l'art. 2249 du Code civil, comme il l'était par le droit romain, que l'interruption contre l'un des co-débiteurs d'une Chose indivisible, empêche que les autres co-débiteurs ne continuent de prescrire.

Aussi la loi 19, D. *si servitus vindicetur*, suppose-t-elle manifestement que, si celui des co-propriétaires d'une servitude réelle qui a seul intenté l'action, vient à succomber, les autres ne pourront pas réclamer le droit qui aura été jugé ne pas leur appartenir; mais elle en excepte deux cas : celui où le co-propriétaire qui a intenté l'action, n'a succombé que par sa faute, et celui où il s'est laissé débouter par collusion avec son adversaire : *si de communi servitute quis benè quidem deberi intendit, sed aliquo modo litem perdidit*

---

(1) Recueil judiciaire du parlement de Toulouse, tome 3, page 379, édition de 1783. Recueil publié par Jousse en 1757, des ordonnances, déclarations, arrêts de réglement cités dans ses commentaires sur les ordonnances de 1667, 1669, etc., tome 2, page 435.

culpâ suâ; non est æquum hoc cæteris damno esse : sed si per collusionem cessit litem adversario, cæteris dandam esse actionem de dolo, Celsus scripsit.

Au surplus, ces deux exceptions ne sont pas particulières au jugement rendu contre l'un des co-propriétaires d'un droit indivisible; elles sont communes au jugement rendu, soit contre l'un des créanciers solidaires, soit contre l'un des débiteurs solidaires d'une Chose divisible.

Ainsi, que l'un des créanciers solidaires ait succombé parcequ'il avait fait remise de la dette dont il poursuivait le paiement, le jugement qui l'a repoussé, ne doit pas plus nuire à ses co-créanciers, que ne leur nuirait le fait qui a motivé ce jugement.

Ainsi, que l'un des débiteurs solidaires ait été condamné d'après le serment prêté par le créancier en conséquence de la délation qu'il lui en avait faite, sa condamnation ne pourra pas plus être opposée à ses co-débiteurs que ne pourrait l'être le serment qui l'a provoquée.

Ainsi, que l'un des débiteurs solidaires se soit laissé condamner par défaut, ses co-débiteurs ne doivent pas plus en souffrir que ne pouvait, dans le droit romain, préjudicier aux légataires le jugement qui, statuant par défaut contre l'héritier institué, déclarait son institution nulle, quoique, suivant les principes de ce droit, le jugement qui, d'après la seule contradiction de l'héritier institué, et sans que les légataires eussent été entendus, annullait l'institution, emportât la nullité des legs (1).

Ainsi, en toute matière, il est de règle générale: qu'un jugement rendu par collusion, ne lie aucun des tiers que lierait un jugement précédé d'une contradiction franche (2).

IV. La quatrième question porte, comme les trois précédentes, sur deux cas différens: l'un, où le débiteur principal a été renvoyé de la demande du créancier; l'autre, où le créancier a fait condamner le demandeur principal.

Dans le premier cas, il y a une distinction à faire: ou le débiteur principal a été déchargé par une exception qui lui était personnelle, comme le serait, aux termes de l'art. 225 du Code civil, pour une femme mariée, le défaut d'autorisation de son mari; ou il a été déchargé par une exception inhérente à la dette.

Si le renvoi du débiteur principal n'a été motivé que sur une exception qui lui était personnelle, nul doute que la caution ne soit non-recevable à s'en prévaloir. C'est la conséquence nécessaire de l'art. 2036 du Code civil, lequel, en renouvelant une des dispositions de la loi 7, D. *de exceptionibus*, décide que la caution « ne peut

» opposer les exceptions qui sont purement personnelles au débiteur ».

Mais si le débiteur principal a été renvoyé sur le fondement que la dette n'existait pas légalement ou qu'elle était éteinte, c'est-à-dire, d'après une exception qui porte sur la dette même, la caution peut-elle, pour s'approprier le bénéfice du jugement de renvoi, invoquer la disposition, soit de la loi 7, D. *de exceptionibus*, soit de l'art. 2036 du Code civil, par laquelle il est dit que « la caution peut opposer au créancier » toutes les exceptions qui appartiennent au dé- » biteur et qui sont inhérentes à la dette » ?

A la première vue, il semblerait que non. Sans doute, lorsque le créancier, débouté de la demande qu'il avait formée contre le débiteur principal, revient contre la caution, celle-ci peut lui dire qu'il y a *eadem res et eadem causa petendi*; mais il peut lui répliquer qu'il n'y a pas identité de parties; qu'elle n'est pas moralement que physiquement le même individu que le débiteur principal; que le débiteur principal ne l'a pas représentée dans l'instance sur laquelle a été rendu le jugement de renvoi; et que, dès-lors, ce jugement est, par rapport à elle, *res inter alios acta.*

Cependant la loi 21, §. 4, D. *de exceptione rei judicatæ*, décidait nettement le contraire : *si pro servo meo fidejusseris*, disait-elle, *et mecum de peculio actum est; si postea tecum eo nomine agatur, excipiendum est de re judicatâ;* et l'on trouvera dans le *Répertoire de jurisprudence*, au mot *Caution*, §. 5, un arrêt de la cour de cassation, du 29 brumaire an 12, qui l'a ainsi jugé.

Le Code civil a-t-il changé quelque chose à cette jurisprudence? Non, et pour nous en convaincre, il suffit de peser les raisons sur lesquelles Pothier, dans son *Traité des obligations*, partie 4, chap. 3, art. 5, fonde la décision de la loi romaine que je viens de citer.

« La dépendance de l'obligation d'une caution de celle du débiteur principal, à laquelle elle a accédé, fait aussi regarder la caution comme étant la même partie que le débiteur principal à l'égard de tout ce qui est jugé pour ou contre le débiteur principal.

» C'est pourquoi si le débiteur principal a eu congé de la demande du créancier, pourvu que ce ne soit pas sur des moyens personnels à ce débiteur principal, la caution depuis poursuivie peut opposer au créancier l'exception *rei judicatæ*.

» Le créancier ne peut en ce cas répliquer que c'est *res inter alios judicata*. Car étant de l'essence du cautionnement que l'obligation de la caution dépende de celle du débiteur principal, qu'elle ne puisse devoir que ce qu'il doit, qu'elle puisse opposer toutes les exceptions *in rem* qui peuvent être par lui opposées, il s'ensuit que tout ce qui est jugé en faveur du débiteur principal, est censé l'être en faveur de la caution, qui doit, à cet égard, être censée la même partie que lui ».

_____

(1) *V.* le *Répertoire de jurisprudence*, aux mots *Question d'état*, §. 3, art. 3, n°. 1.
(2) *Ibid.*, au mot *Collusion.*

Ajoutons avec M. Toullier (*Droit civil français*, tome 10, n°. 209), que, s'il en était autrement, » il en résulterait un circuit vicieux d'actions ; » car si le créancier, après avoir échoué contre » le principal obligé, actionnait la caution, elle » pourrait mettre en cause le principal débiteur, » qui viendrait prendre la garantie pour elle et » repousser le créancier par l'exception de Chose » jugée ».

Le second cas se divise également en deux : ou la caution poursuivie en exécution du jugement rendu contre le débiteur principal, oppose des exceptions qui ne portent que sur son cautionnement et qui, par conséquent, lui sont personnelles ; ou elle prétend faire juger de nouveau, soit que la dette dont elle a répondu, n'existe pas, soit qu'elle est éteinte par un fait antérieur à la condamnation du débiteur principal.

Dans la première hypothèse, point de difficulté. Le jugement qui condamne le débiteur principal, n'a rien prononcé sur la validité du cautionnement : il laisse donc entière la question de savoir si la caution est valablement obligée.

Mais que doit-on décider dans la seconde hypothèse ?

Pothier, à l'endroit que je citais tout-à-l'heure, après avoir dit que le jugement rendu en faveur du débiteur principal, profite à la caution ; ajoute : « *vice versâ*, lorsque le jugement a été » rendu contre le débiteur principal, le créan- » cier peut l'opposer à la caution et demander » qu'il soit exécutoire contre lui ». Les rédacteurs du nouveau Denisart, aux mots *Chose jugée*, §. 3, disent la même chose.

Mais sur quoi ces auteurs fondent-ils leur doctrine ?

La seule raison qu'en donnent les seconds, est que « l'obligation de la caution et celle du débi- » teur principal sont indivisibles, en ce sens que » la première ne peut subsister sans l'autre » ; et cette raison n'est rien moins que satisfaisante. De ce que l'*obligation de la caution ne peut subsister sans celle du débiteur principal*, il résulte bien, et même nécessairement comme on vient de le voir, que, lorsque le débiteur principal a été renvoyé de la demande du créancier, il y a indivisibilité entre son sort et celui de la caution, puisque, si le jugement ne profitait pas à celle-ci, il deviendrait sans effet même pour celui-là ; mais il n'en résulte nullement que, lorsque le débiteur est condamné, sa condamnation doive réfléchir de plein droit sur la caution ; car l'absolution de la caution n'emporterait pas la rétractation de la condamnation du débiteur principal.

Quant à Pothier, il ne motive pas spécialement la doctrine qu'il professe sur l'effet que doit produire, contre la caution, le jugement qui condamne le débiteur principal ; mais il paraît se référer à ce qu'il vient de dire de l'effet que doit produire en faveur de la caution, le jugement par lequel le débiteur principal est renvoyé de la demande, savoir, qu'*il est de l'essence du cautionnement que l'obligation de la caution dépende de celle du débiteur principal, qu'elle ne puisse devoir que ce qu'il doit ; qu'elle puisse opposer toutes les exceptions* IN REM *qui peuvent être par lui opposées ;* et par conséquent il ne justifie pas mieux cette partie de sa doctrine que ne le font les rédacteurs du *Nouveau Dénisart*.

Il semble au premier abord qu'on la justifierait mieux en disant que la loi 5, D. *de appellationibus*, permet à la caution d'appeler du jugement rendu contre le débiteur principal ; et cela serait en effet sans réplique, si, dans le droit romain, la faculté d'appeler d'un jugement dans lequel on n'a pas été partie, présupposait nécessairement que l'on est soumis à l'exception de Chose jugée qui résulte de ce jugement ; mais on a vu à l'article *Appel*, §. 2, n°. 2, que la loi citée prouve elle-même le contraire par la permission qu'elle accorde aux co-héritiers d'appeler du jugement rendu contre leur co-héritier, quoique ce jugement n'ait pas contre eux l'autorité de la Chose jugée.

Il est vrai qu'à l'époque où écrivait Pothier, il y avait long-temps que cette partie de la loi citée était tombée en désuétude, et qu'il était passé en maxime dans la jurisprudence que, pour pouvoir appeler d'un jugement dans lequel on n'avait pas été partie, il fallait être sujet à l'exception de Chose jugée qui en résultait.

Mais par là même, la question de savoir si la caution peut appeler du jugement qui a condamné le débiteur principal, s'était trouvée subordonnée à celle de savoir si le jugement rendu contre le débiteur principal, a l'autorité de la Chose jugée contre la caution ; et dès-lors, vouloir, à cette époque, établir que la caution était liée par le jugement rendu contre le débiteur principal, sur le fondement que, par l'une des dispositions de la loi citée, il était dit que la caution pouvait appeler de ce jugement, c'eût été vouloir résoudre la question par la question même.

Ce n'est donc pas plus par cette loi que par les raisons de Pothier et des rédacteurs du *Nouveau Denisart*, que doit être résolue la question de savoir si le jugement rendu contre le débiteur principal, peut être opposé à la caution.

Mais elle doit l'être, elle l'est même très-clairement pour l'affirmative, par un principe dont l'art. 2250 du Code civil contient à la fois le germe et l'application : « L'interpellation faite au » débiteur principal (porte cet article), ou sa » reconnaissance, interrompt la prescription con- » tre la caution ». Il résulte évidemment de cet article que, dans les poursuites exercées contre le débiteur principal, et dans les actes qui, de sa part, tendent à les prévenir, la caution est considérée par la loi comme ne formant avec lui qu'une seule et même personne, comme représentée par lui ; et de là la conséquence que le jugement rendu contre le débiteur principal, est censé rendu contre la caution, il n'y a qu'un pas qu'il est impossible de ne pas franchir.

C'est ce qu'a effectivement décidé, en cassant un arrêt de la cour d'appel de Lyon qui avait jugé le contraire, par l'admssion de la tierce opposition d'une caution au jugement rendu en dernier ressort contre le débiteur principal, un arrêt de la cour de cassation du 27 novembre 1811, qui est rapporté dans le *Répertoire de jurisprudence*, aux mots *Opposition (tierce)*, §. 2, art. 2, n°. 2.

Et voilà pourquoi l'art. 123 du Code d'instruction criminelle porte que « le juge d'instruction » délivrera...... une ordonnance de contrainte » contre la caution ou les cautions d'un individu » mis sous la surveillance spéciale du gouverne- » ment, lorsque celui-ci aura été condamné, » par un jugement devenu irrévocable, pour un » crime ou pour un délit commis dans l'inter- » valle déterminé par l'acte de cautionnement ».

A plus forte raison la caution qui se serait expressément soumise, par son acte de cautionnement, à exécuter le jugement que le créancier pourrait obtenir contre le débiteur principal, ne devrait-elle pas être écoutée, si, poursuivie pour l'exécution de ce jugement, elle soutenait ne pouvoir y être contrainte qu'en vertu d'un nouveau jugement qui serait rendu contre elle personnellement ; et c'est ce qui a été décidé par un arrêt de la cour supérieure de justice de Bruxelles, du 18 octobre 1823, dont le prononcé, que voici, explique assez l'espèce :

« Attendu que le mandat contesté, contenant le pouvoir *d'effet de se constituer*, par *acte devant notaire, cautionnaire solidaire du capitaine Deruyter et son second, Carlier, pour les suites d'un procès-verbal rédigé le 22 novembre 1819, par les employés des droits d'entrée et de sortie et des accises de Louvain, et de l'amende qui en résulte à cause d'un déficit qu'ils ont constaté sur la cargaison de sel du navire* LE VOLTIGEUR *d'Anvers, autorisant lesdits constitués à stipuler avec ladite administration ou ses représentans, tout ce qu'ils trouveront bon et utile dans l'intérêt des parties et sous la réserve de tous leurs droits*, renferme un pouvoir illimité pour faire tout ce qu'ils trouveraient bon et utile dans l'intérêt des parties et pour les suites d'un procès-verbal de contravention ; que ce mandat conférait ainsi aux mandataires le pouvoir de consentir à ce que les jugemens et arrêts à prononcer contre Deruyter et Carlier, fussent de plein droit exécutoires contre l'intimé, et que la contrainte par corps, à prononcer contre Deruyter, fût également applicable à lui intimé ;

» Que, de l'acte de cautionnement, il résulte d'abord que l'intimé a consenti 1°. à ce que, s'il y avait lieu à des condamnations contre Deruyter et Carlier, elles fussent ensemble exécutoires contre lui, sans que, de ce chef, il fallût prendre contre lui un nouveau jugement ; qu'ainsi, les condamnations prononcées contre lesdits Deruyter

et Carlier à Louvain, les 18 mai et 12 juin 1820, confirmées par arrêt du 30 septembre suivant, signifiées à l'intimé, ont toute leur force à l'égard de celui-ci, et qu'il n'était pas nécessaire, de ce chef, d'autre jugement ou arrêt pour le contraindre au paiement des sommes dont il était redevable en vertu de l'acte de cautionnement, au profit de l'administration appelante ;

» 2°. Que ces condamnations seraient exécutoires contre lui Wauters, en la même manière que contre Deruyter et Carlier mêmes ; d'où la conséquence nécessaire que, par ces actes, Wauters entendait bien se soumettre à la contrainte par corps, qui, en cas de condamnation, serait prononcée contre lesdits Deruyter et Carlier, puisque, d'après les lois de la matière, telle était la suite naturelle des condamnations résultant d'un procès-verbal concernant une pareille contravention :

» Que l'acte de cautionnement a encore été approuvé, confirmé et expliqué entièrement dans ce sens par l'intimé lui-même, par la transaction entre l'intimé, conjointement avec les frères Remy et l'administration, où l'acte de cautionnement est invoqué avec stipulation *que, si la transaction ne recevait pas d'exécution, et que les poursuites judiciaires fussent reprises* (ce qui a eu lieu en effet), *il ne sera cependant rien innové, ni à l'acte de cautionnement, ni aux jugemens et arrêt qui l'ont suivi*, etc.; *par conséquent, en vertu des stipulations de l'acte précité, des autres titres et des art. 2060 et 2067 du Code civil, le deuxième comparant* (Wauters) *restera, le cas échéant d'inexécution et de reprise des poursuites, contraignable par corps, attendu qu'il est cautionnaire de débiteurs poursuivables de cette manière*;

» Que l'intimé n'est donc pas recevable à contester les dispositions contenues dans l'acte de cautionnement, passé en son nom par les frères Remy, pour Deruyter et Carlier, au profit de l'administration sus-mentionnée ;

» Par ces motifs, la cour, conformément aux conclusions de M. l'avocat-général Destoop, met le jugement dont appel au néant ; déclare l'intimé non-recevable ni fondé en sa demande et conclusions prises en son exploit d'assignation sur opposition, en date du 3 janvier 1821, contre la saisie et la vente de ses meubles ; ordonne que cette saisie aura son plein et entier effet ; déclare que l'administration pourra faire vendre les sacs qu'elle retient ; déclare finalement que l'intimé sera contraint par corps au paiement de la somme faisant l'objet des condamnations prononcées pareillement par corps contre Deruyter et Carlier, par jugemens du tribunal de Louvain, des 18 mai et 12 juin 1820, confirmés par arrêt de cette cour du 30 septembre même année, montant ladite somme à celle de 15,785 florins; avec dépens, et accessoires, et aux dépens des deux instances (1) ».

_____

(1) Jurisprudence de la cour supérieure de justice de Bruxelles, année 1823, tome 2, page 243.

V. La cinquième question en renferme deux : l'une, si le jugement qui renvoie la caution de la demande du créancier profite au débiteur principal; l'autre, si le débiteur principal est lié par le jugement qui condamne la caution.

1°. Que le débiteur principal ne puisse pas se prévaloir du jugement qui, d'après une exception personnelle à la caution, a renvoyé celle-ci de la demande du créancier, c'est une vérité qui se sent d'elle-même.

Il n'y a donc de difficulté que sur le point de savoir si le débiteur principal peut exciper contre le créancier du jugement qui, prononçant sur la dette, a décidé entre celui-ci et la caution, ou qu'elle n'a pas été valablement contractée, ou qu'elle est payée, ou qu'elle est prescrite.

Et ce qui pourrait, à la première vue, faire penser qu'il le peut, c'est que, suivant l'art. 1365 du Code civil, *le serment déféré à la caution, profite au débiteur principal.*

Mais la loi 28, §. 1. D. *de jurejurando,* contenait là même disposition : *à fidejussore exactum jusjurandum* (portait-elle) *prodesse etiam reo, Cassius et Julianus aiunt : nam quia in locum solutionis succedit, hic quoque eodem loco habendum est ; si modo ideò interpositum est jusjurandum, ut de ipso contractu, et de re, non de personâ jurantis ageretur.* La loi dernière §. 1, du même titre disait la même chose : *si fidejussor juraverit se dare non oportere, exceptione jurisjurandi reus promittendi tutus est. Atquin si quasi omninò idem non fidejussisset, juravit, non debet hoc jusjurandum reo promittendi prodesse.*

Et cependant il était implicitement décidé par la loi 29, D. *de receptis qui arbitrium* (1), qu'encore que la caution fût déchargée de plein droit par le jugement qui renvoyait le débiteur principal de la demande du créancier, le débiteur principal n'était pas déchargé par le jugement qui renvoyait la caution, à moins que la caution n'eût intérêt à ce que le débiteur principal fût libéré comme elle, c'est-à-dire, comme l'expliquent les interprètes (2), à moins qu'elle ne fût associée au débiteur principal, ou que le débiteur principal ne fût que son prête-nom, et que, dans la réalité, elle eut cautionné sa propre dette. *Adversùs sententiam arbitri fit, si petatur ab eo, à quo arbiter peti vetat. Quid ergò, si à fidejussore ejus petatur, an pœna committatur? Et puto committi ; et ità Sabinus scribit. Nam potestate à reo petit. Sed si cum fidejussore compromisit, et à reo petatur, nisi intersit fidejussoris, non committetur.*

Et quoiqu'il ne fût question dans cette loi que des sentences arbitrales, les interprètes n'en appliquaient pas moins la décision aux jugemens ordinaires : *hinc collige,* disait, d'après Bartole,

Godefroy, dans l'une de ses notes sur ce texte, *sententiam pro fidejussore latam ad principalem non porrigi.*

Le président Favre, dans ses *Rationalia* sur la loi 28, §. 1, D. *de jurejurando,* tenait le même langage : *plus dicit Bartolus, nec malè meo judicio, etiamsi sententia absolutoria pro fidejussore lata sit, super re ipsâ, quasi non fuerit contractum, non tamen prodesse reo eam debere.*

On ne pouvait donc pas, dans le droit romain, argumenter de l'effet de la libération qui résultait, pour la caution, du serment qu'elle prêtait sur la délation que lui en faisait le créancier, à l'effet de la libération qu'elle acquérait par un jugement; et pourquoi le pourrait-on davantage sous le Code civil? Le débiteur principal a bien intérêt à ce qu'on ne redemande pas à la caution ce qu'il a été jugé ne pas devoir, puisqu'on ne pourrait pas juger le contraire au désavantage de la caution sans le juger contre lui-même ; et c'est par cette raison que la caution est libérée de plein droit par le jugement qui la décharge. Mais quel intérêt la caution a-t-elle, hors le cas dont parle la loi 29, D. *de receptis qui arbitrium,* à ce que le créancier dont elle a fait rejeter l'action, ne la reproduise pas contre le débiteur principal? Aucun, puisqu'il est impossible que le débiteur principal fasse retomber sur elle la condamnation que le créancier peut obtenir contre lui ; et dès-lors, nul prétexte pour que le jugement qui décharge la caution, ne soit pas, à l'égard du débiteur principal, *res inter alios.*

2°. Si le jugement qui décharge la caution, ne profite pas au débiteur principal, à plus forte raison le débiteur principal ne peut-il pas être lié par le jugement qui condamne la caution. Ce qui d'ailleurs paraît lever, à cet égard, toute espèce de difficulté, c'est que l'art. 2250 du Code civil dit bien que « l'interpellation faite au débiteur » principal, ou sa reconnaissance, interrompent » la prescription contre la caution », mais non pas que réciproquement l'interpellation faite à la caution, ou sa reconnaissance, interrompent la prescription contre le débiteur principal ; preuve évidente et sans réplique qu'encore que la caution soit considérée comme une seule et même partie avec le débiteur principal dans tout ce qui est fait pour, par ou contre celui-ci pour la conservation de la dette, le débiteur principal n'est pas pour cela considéré comme une seule et même partie avec la caution dans tout ce qui est fait par ou contre elle dans l'intérêt du créancier.

VI. Il reste à examiner si, sur les cinq questions

---

(1) Pour bien entendre cette loi, il faut la rapprocher des détails dans lesquels j'entre, à l'article *Peine compromissoire*, sur l'effet qui, dans l'ancien droit romain, résultait des sentences arbitrales.

(2) *Interesse in hâc specie* (dit le président Favre, dans ses *Rationalia* sur cette loi) *ità demum videtur, si inter-*

sit pecuniariter, ut dixi ad legem 21, §. ult. et legem sequentem, D. *de pactis. Nihil autem interest pecuniariter fidejussoris, an à reo petatur, nisi in casibus hîc ab Accursio notatis, id est, si fidejussor intervenerit in rem suam, vel si socius rei fuit. His enim casibus habetur fidejussor pro reo, et vicissim reus pro fidejussore.*

précédentes, il y a quelque différence à faire entre le jugement rendu en première instance et le jugement rendu sur un appel.

Qu'il n'y en ait point sur la cinquième, c'est-à-dire, que le jugement rendu contre la caution en cause d'appel, n'ait pas plus d'effet contre le débiteur principal, que n'en a celui qui a condamné la caution en première instance, cela se sent de soi-même.

Mais sur les quatre premières questions, Pothier fait entendre qu'il y a, entre le jugement rendu en première instance et le jugement rendu en cause d'appel, une différence fort importante.

Voici comment il s'explique sur la troisième question, après avoir cité la loi 19, D. *si servitus vindicetur*, transcrite au n°. 3 :

« Suivant nos usages, le jugement rendu contre l'un de plusieurs créanciers ou co-propriétaires d'un droit indivisible, peut, à la vérité, être opposé aux autres : mais sans qu'ils aient besoin d'alléguer la collusion, ils peuvent en interjeter appel, quoique celui contre qui il a été rendu, y eût acquiescé ; *et si c'est un jugement en dernier ressort, ils y peuvent former opposition en tiers.*

» Pareillement, entre plusieurs débiteurs d'une chose indivisible, l'indivisibilité de leur obligation les fait regarder comme n'étant tous qu'une même partie, et fait en conséquence réputer le jugement rendu avec l'un d'eux, comme rendu avec les autres, sauf que ceux qui n'ont pas été parties par eux mêmes, peuvent se pourvoir contre par la voie de l'appel *ou de l'opposition en tiers, comme il a été dit ci-dessus* ».

Et il dit la même chose par rapport à l'effet que doit produire contre la caution, le jugement rendu contre le débiteur principal. Après avoir établi que le créancier peut opposer à la caution et faire exécuter contre elle le jugement qu'il a obtenu contre le débiteur principal, il ajoute : « mais la caution est reçue à appeler de ce juge-» ment ; ou *s'il est rendu en dernier ressort, à y* » *former opposition en tiers* ».

N'est-ce pas dire aussi clairement qu'il est possible, qu'à la vérité, le jugement rendu en première instance, soit contre l'un des débiteurs solidaires ou réputés tels à raison de l'indivisibilité de la créance, soit contre le débiteur principal, a l'autorité de la Chose jugée, soit contre les co-débiteurs, soit contre la caution du condamné, mais qu'il en est autrement du jugement rendu en cause d'appel ?

Sur quoi peut donc reposer cette distinction ?

Je conçois très-bien que la caution (pour ne pas parler ici du co-débiteur solidaire qui est, à cet égard, placé sur la même ligne) peut appeler d'un jugement rendu en première instance contre le débiteur principal ; et il n'y a là rien qui ne s'accorde parfaitement avec l'idée que le jugement rendu contre le débiteur principal, a l'autorité de la Chose jugée contre la caution.

Mais je ne conçois pas que le jugement rendu en appel contre le débiteur principal, ait l'autorité de la Chose jugée contre la caution, et que cependant la caution soit admise à y former tierce-opposition. La tierce-opposition n'est recevable contre un jugement d'appel, comme contre un jugement de première instance, que de la part de ceux qui n'y ont été, ni ne peuvent être censés y avoir été parties ; et dès que la caution est censée avoir été partie dans le jugement d'appel qui a condamné le débiteur principal, dès que, par là, elle est soumise à l'exception de Chose jugée qui en résulte, il est impossible, comme l'a décidé l'arrêt de la cour de cassation, du 27 novembre 1811, qu'elle l'attaque par tierce-opposition.

Il semblerait pourtant, à la première vue, que la distinction de Pothier (évidemment inadmissible, et lorsque le débiteur principal, ayant obtenu gain de cause en première instance, n'a été condamné qu'en appel, et lorsque le jugement de première instance qui avait condamné le débiteur principal, n'a été confirmé qu'après avoir été signifié à la caution) dût être admise dans le cas où le jugement de première instance, qui condamne le débiteur principal, n'a pas été signifié à la caution, avant que la confirmation en ait été prononcée par le tribunal d'appel ; et que telle fût la conséquence du principe établi sous les mots *Asquiescement*, §. 22, et *Appel*, §. 10, art. 2, n° 13, que la faculté d'appeler du jugement qui condamne le débiteur principal, est, pour la caution, un droit qui lui est tellement propre, qu'elle ne peut le perdre que par des diligences qui la constituent personnellement en demeure de l'exercer, et que le débiteur principal ne peut pas l'en priver par la renonciation qu'il y fait lui-même, soit en acquiesçant à la condamnation, soit en s'abstenant d'appeler dans les trois mois de la signification qui a été faite du jugement à sa personne ou à son domicile.

Ne semble-t-il pas, en effet, résulter de là que le droit d'appel de la caution marche de front avec le droit d'appel du débiteur principal ; qu'ainsi, la caution peut l'exercer pour son propre compte, quoique le débiteur principal l'exerce pour le sien ; que l'exercice lui en appartient, tant que le jugement ne lui a pas été signifié à elle-même, et que la signification n'en a pas été suivie, de sa part, d'une inaction prolongée pendant trois mois ; qu'il lui appartient donc encore après que le jugement a été confirmé sur l'appel du débiteur principal ; que par conséquent la confirmation que le créancier obtient du jugement contre le débiteur principal, n'opère rien contre la caution ?

Ce système, il faut en convenir, est fort spécieux ; mais d'abord ce qui doit nous porter à nous en défier, c'est la singularité de la différence qu'il tend à établir entre le cas où le débiteur principal a obtenu gain de cause en première instance, et le cas où le débiteur principal a succombé en première instance comme en appel. Ne serait-il pas en effet bien singulier, parlons plus juste, ne serait-il pas choquant que la caution fût liée par le jugement d'appel qui condamnerait le débiteur principal absous en première instance, sans qu'il eût été fait contre elle-même, soit avant le jugement de première instance, soit avant le jugement d'appel, aucune diligence tendant à l'informer des poursuites du créancier, et qu'elle ne le fût pas par le jugement d'appel qui confirmerait le jugement rendu en première instance contre le débiteur principal?

Ensuite, de ce que le droit qui appartient à la caution d'appeler du jugement qui a condamné le débiteur principal, ne peut lui être enlevé, ni par l'acquiescement du débiteur principal, ni par le défaut d'appel de la part de celui-ci, s'ensuit-il bien que, lorsque le débiteur principal se rend appelant, le jugement confirmatif qui intervient contre lui, ne puisse valoir, contre la caution, qu'autant que la caution a été, par une signification à sa personne, ou à son domicile, mise à portée et constituée en demeure d'appeler elle-même? Faisons bien attention aux termes de la loi 5, D. *de appellationibus.* Les fidéjusseurs (y est-il dit) peuvent appeler pour celui qu'ils ont cautionné.: *Item fidejussores pro eo pro quo intervenerunt.* Sans doute, c me l'enseigne Scaccias, dans son Traité de a pellationibus, quest. 5, n° 33, d'après Bartole, sur la loi 2, D. *quandò appellandum sit,* ces expressions *pro eo* ne signifient pas que la caution ne peut appeler qu'au nom du débiteur principal; il est, au contraire, universellement reconnu qu'elle doit appeler en son propre nom et dans son intérêt personnel : *non debet appellare nomine alterius, sed proprio nomine et pro interesse proprio.* Mais le sens de ces expressions est que la caution peut appeler, *au lieu et place du débiteur principal;* c'est-à-dire que, lorsque le débiteur principal n'appelle pas, elle peut, pour empêcher que le jugement ne passe contre elle en force de Chose jugée, en appeler elle-même. Et comme il suit évidemment de là, sinon que son droit d'appeler cesse tout-à-fait, lorsque le débiteur principal exerce personnellement le sien, du moins il devient, en ce cas, inutile pour elle. (parceque si le débiteur principal a eu qualité pour la représenter en première instance, il l'a nécessairement aussi pour la représenter en cause d'appel); il en résulte également que le jugement confirmatif qui intervient contre le débiteur principal, a son plein effet contre la caution, quoique la caution n'ait ni appelé ni été constituée en demeure d'appeler.

§. XIX. *Le rejet d'une prétention qui avait été élevée incidemment et par exception dans une instance, forme-t-elle obstacle à ce que la même* prétention soit, dans une autre instance, renouvelée par action principale.

J'ai établi la négative dans le *Répertoire de jurisprudence,* aux mots *Question d'état,* §. 2; et je trouve dans le *Recueil* du président Wynants, §. 51, un arrêt du conseil souverain du Brabant, du 1er. mars 1706, qui la consacre formellement, en jugeant que *non potest is se tueri rei judicatæ exceptione, contra quem instituitur actio, quæ anteà in lite in quâ victor evasit, tantum per modum exceptionis inter cæteras, proposita fuerat.*

§. XX. *Autres questions sur l'exception de Chose jugée.*

V. les articles *Acquiescement, Contrainte par corps,* §. 11; *Héritier,* §. 8; *Homologation, Interprétation de jugement; Ministère public, Opposition (Tierce), Ratification,* n° 9; *Règlement de juges, Succession* et *Suppression d'état.*

CIVILISATION.
§. I. *Un procès civilisé sous l'empire de l'ordonnance de 1670, peut-il encore être réglé à l'extraordinaire, depuis le Code des délits et des peines du 3 brumaire an 4?*

V. le plaidoyer du 7 germinal an 11, l'arrêt du 18 du même mois, et celui du 30 fructidor an 10, rapportés à l'article *Section des Tribunaux,* .2.

§. II. *Quel est l'effet d'un partage d'opinions qui survient dans une cour d'appel, sur un procès criminel instruit dans l'ancienne forme, et que les anciens tribunaux avaient civilisé?*

V. l'article *Tribunal d'appel,* §. 5.

CLAMEUR DE LA LOI APPARENTE. Terme usité dans la ci-devant Normandie et qui est synonyme de *revendication.*

V. Les conclusions du 28 messidor an 12, rapportées aux mots *Tiers-coutumier.*

CLAUSE COMMINATOIRE. *V.* les articles *Emphytéose,* §. 2; et *Délai,* §. 6.

CLAUSE DÉROGATOIRE. *V.* l'article *Révocation de testament.*

CLAUSE PRIVATIVE. *Avant l'abolition du droit d'aînesse, un père pouvait-il, dans la coutume d'Artois, priver son fils aîné de toute part dans ses biens libres, en cas qu'il eût voulu exercer rigoureusement son droit d'aînesse?*

V. le plaidoyer et l'arrêt du 12 germinal an 9, rapportés sous le mot *Aînesse,* §. 2.

CLOTURE. §. I. *Quel est, par rapport au droit de vaine pâture, l'effet de la Clôture d'un héritage?*

V. l'article *Vaine pâture,* §. 1.

§. II. *Qu'entend-on dans le sens des lois pénales, par un terrain clos et fermé?*

V. le réquisitoire du 25 septembre et l'arrêt du 12 octobre 1809, rapportés au mot *Vol,* §. 2.

CO-ACCUSÉ. *V*. l'article *Connexité*, §. 2.

CO-ACQUÉREURS: *Y a-t-il donation au profit du survivant de deux Co-acquéreurs d'un même bien, lorsque, par le contrat d'acquisition, il est dit qu'ils acquièrent pour eux et pour celui des deux qui survivra l'autre?*

V. le plaidoyer et l'arrêt du 11 germinal an 9, rapportés à l'article *Mutation*, §. 3.

CODE de MICHAULT ou ORDONNANCE DE MDCXXIX. §. I. *Cette loi était-elle, avant la publication du Code civil, obligatoire dans le ressort du ci-devant parlement de Paris?*

V. les articles *Concubinage*, §. 1, *Divorce*, §. 6, et *Prescription*, §. 16.

§. II. *Etait-elle obligatoire dans le ressort du ci-devant parlement de Rouen?*

V. l'article *Jugement*, §. 14, n°. 1.

COLONGE (BAIL A). *V*. le plaidoyer et l'arrêt du 3 pluviôse an 10, rapportés à l'article *Rente foncière*, §. 10.

COMMAND. *V*. les articles *Déclaration de command*.

COMMENCEMENT DE PREUVE PAR ÉCRIT.

§. I. *Peut-on considérer comme formant un Commencement de preuve littérale, les écrits qui ne sont pas émanés de la partie à laquelle on les oppose, mais dont il est constant qu'elle a fait usage dans son intérêt?*

Oui sans doute, puisque, par l'usage qu'elle a fait de ces écrits dans son intérêt, elle se les est rendus propres, et qu'il n'y a, dès-lors, aucune raison pour qu'on ne les assimile pas à des écrits émanés d'elle-même. C'est ce qui a été jugé dans l'espèce suivante.

Un jeune Belge, nommé Baptiste Deneve, avait été incorporé en 1811 dans l'armée française, et n'avait depuis ni reparu dans ses foyers, ni donné de ses nouvelles.

En conséquence, un curateur lui avait été nommé, comme *absent présumé*.

Ce curateur, en recherchant la cause qui avait fait partir Deneve pour l'armée, s'assura d'abord qu'il ne s'y était pas rendu comme conscrit appelé par le sort. Il recueillit ensuite divers propos d'après lesquels il paraissait qu'il était parti comme remplaçant du sieur Livin V...., et que, pour prix de son remplacement, le sieur Livin V.... s'était obligé verbalement de lui payer, à une certaine époque, une somme déterminée.

D'après ces renseignemens, il fit assigner le sieur Livin V.... en paiement de la somme convenue.

Le sieur Livin V.... nia la convention, et la demande du curateur fut rejetée.

Mais sur l'appel, le curateur produisit des pièces dont le sieur Livin V.... s'était servi avant

l'année 1814, pour prouver qu'il avait satisfait à la loi de la conscription militaire, en se faisant remplacer par Deneve; et soutenant que ces pièces, quoique non signées du sieur Livin V...., devaient former contre lui un Commencement de preuve par écrit de la convention dont il s'agissait, parcequ'elles lui étaient devenues propres par l'emploi qu'il en avait fait; il offrit de prouver cette convention par témoins.

Effectivement, il intervint à la cour supérieure de justice de Bruxelles, le 15 février 1825, un arrêt par lequel,

« Attendu que l'appelant, à défaut de preuve écrite de la convention verbale, relative au prix du remplacement, invoque en sa faveur deux actes qu'il produit, savoir : 1°. un extrait du registre de la conscription pour la levée de 1811, canton d'Everghem, ledit registre reposant dans les archives du gouvernement de la Flandre orientale, et dans lequel Jean-Baptiste Deneve est désigné comme ayant remplacé l'intimé Livin V....; 2°. un certificat délivré par le gouverneur de la même province, duquel il conste, non-seulement que Deneve a remplacé l'intimé Livin V...., mais même que, sur le vu des pièces produites par ce dernier au conseil de milice, il s'est élevé tant de présomptions sur le décès du remplaçant prénommé, qu'elles ont été suffisantes pour faire décharger ledit Livin V...., du service militaire;

» Attendu que l'intimé Livin V...., s'étant approprié lesdites pièces, en les invoquant dans son propre intérêt, il y a lieu de les considérer comme émanées de lui, à qui on les oppose; et cela dans le sens de l'art. 1347 du Code civil;

» Par ces motifs, et sur les conclusions conformes de M. de Guchteneere, substitut du procureur-général, la cour, avant faire droit, ordonne à l'appelant de prouver, même par témoins, etc...... (1) ».

§. II. 1°. *Peut-on considérer comme formant un Commencement de preuve par écrit d'une convention prétendue passée entre deux personnes dont l'une est décédée, une obligation souscrite par un tiers qui paraît la présupposer, lorsqu'il est évident que ce tiers n'a pu la souscrire que pour le compte de la personne aux héritiers de laquelle on l'oppose, et avoué que cette personne l'a exécutée jusqu'à sa mort?*

2°. *Peut-on considérer comme un Commencement de preuve par écrit d'une convention verbale, un acte dans lequel se trouve une énonciation qui la rend invraisemblable, mais qui est avouée être fausse?*

3°. *Un arrêt qui admet, comme formant un Commencement de preuve littérale, un écrit émané de la partie à laquelle on l'oppose, peut-il*

_____
(1) Annales de jurisprudence de M. Sanfourche-Laporte, année 1825, tome 2, page 120.

être cassé sur le fondement que la vraisemblance du fait contesté ne résulte pas suffisamment de cet écrit?

Ces trois questions, dont la première a quelque analogie avec celle qui est l'objet du §. précédent, ont été agitées dans une espèce assez remarquable que je crois devoir retracer ici, avec les conclusions que j'y ai données devant la cour de cassation.

En 1796, le sieur Avice de Fermanville achète, du gouvernement, moyennant 150,096 francs, payables pour trois quarts en papier-monnaie, et pour le quart restant en numéraire, la terre de Tourville, séquestrée sur le sieur Avice de Tourville, son frère, pour cause d'émigration.

En 1800, le sieur Avice de Tourville, rayé de la liste des émigrés, rentre en France; et dénué de tout, il est reçu par son frère.

Le 29 avril 1804 (9 floréal an 12), acte notarié par lequel le sieur Avice de Fermanville constitue à son frère une rente viagère de 1200 francs. Le contrat énonce que le sieur Avice de Tourville a payé cette constitution par un capital de 12,000 francs.

Le 6 décembre suivant, le sieur Avice de Fermanville vend la terre de Tourville, pour le prix de 180,000 francs, payables d'après un état d'ordre et de collocation qui sera dressé à l'amiable entre les créanciers inscrits.

Les créanciers inscrits s'assemblent, le 4 avril 1805 (14 germinal an 13) chez le sieur Motel, avoué de l'acquéreur, à Valognes.

Le sieur Avice de Tourville, convoqué à cette réunion, s'y rend. Le sieur Hue de Caligny d'Huberville, gendre futur du sieur Avice de Fermanville, lui offre, au nom de celui-ci, le remboursement de sa rente viagère. Le sieur Avice de Tourville déclare qu'il n'y consentira qu'après qu'on lui aura donné les sûretés qui lui ont été promises par son frère, pour l'entier acquittement de toutes leurs dettes communes, ainsi que de toutes celles qu'il avait lui-même contractées avant son émigration; et il se retire.

Cependant, pour ne pas entraver la confection de l'ordre, il écrit au sieur Motel, une lettre par laquelle il lui demande une conférence particulière. Le sieur Motel lui répond : « Les inscrip- » tions existantes sur M. votre frère, et qui vous » préfèrent, vont être soldées et radiées ; et l'as- » semblée vous attend pour recevoir votre capital » et arrérages, *en vous donnant les sûretés par vous de- » mandées et promises.* Le temps ne me permet pas » de vous fixer de conférence particulière, at- » tendu que l'assemblée a lieu dans ce moment » pour aplanir tous les doutes et toutes les dif- » ficultés ».

Cette lettre ne satisfait pas entièrement le sieur Avice de Tourville ; mais quelques heures après, le sieur Motel lui apporte la preuve que de tous les contrats pour lesquels il craignait d'être in-

quiété, il n'en reste plus qu'un dont le sieur Avice de Fermanville ne l'ait pas pleinement libéré, et il lui remet, pour le tranquilliser sur le contrat restant, qui renferme une constitution de 750 livres de viagère au profit du sieur Guedon de Presle, une déclaration par laquelle le sieur Hue le Caligny, se disant *fondé aux droits du sieur Guedon de Presle* lui-même, s'oblige de l'en faire tenir quitte.

Rassuré par ces pièces, le sieur Avice de Tourville reçoit une partie du capital de sa rente viagère, sur le restant du prix de la terre de Tourville ; et le sieur Avice de Fermanville complète de ses propres deniers le remboursement de ce capital.

Le 14 août 1805, le sieur Hue de Caligny épouse la demoiselle Avice de Fermanville.

Le 21 mai 1806, le sieur Avice de Fermanville meurt ; et sa fille accepte sa succession sous bénéfice d'inventaire.

Quelque temps après, le sieur Avice de Tourville recueille une succession qui lui procure un revenu annuel de 2,000 francs.

En 1810, la dame Hue de Caligny, autorisée de son mari, fait assigner le sieur Avice de Tourville au tribunal civil de Valognes pour le faire condamner à payer seul, à la décharge de la succession du sieur Avice de Fermanville, plusieurs rentes qui, dans le partage fait entre eux, en 1788, de la succession de leur père commun, sont tombées dans le passif de son lot, et à lui restituer toutes les sommes que le sieur Avice de Fermanville a payées pour lui tant à leurs créanciers communs qu'à ses créanciers personnels.

Le 22 février 1812, jugement par défaut qui accueille cette double demande.

Le sieur Avice de Tourville appelle de ce jugement, et soutient qu'il a existé une convention verbale entre lui et son frère, par laquelle celui-ci, en considération du bénéfice qu'il a fait sur la terre de Tourville, en l'achetant comme bien national, s'est chargé de l'acquitter tant de sa part dans les dettes de la succession du père commun, que des dettes qu'il avait personnellement contractées avant son émigration.

La dame Hue de Caligny nie cette convention.

Le sieur Avice de Tourville répond que la preuve de cette convention résulte du contrat de rente viagère du 9 floréal an 12, de la lettre du sieur Motel du 14 germinal an 13, et de la déclaration du sieur Hue de Caligny du même jour ; et il offre subsidiairement de prouver par témoins, plusieurs faits qui tendent à justifier complètement que cette convention a existé.

Le 21 juillet 1813, arrêt contradictoire de la cour de Caen, ainsi conçu :

« 1°. Le procès offre-t-il une preuve littérale qu'Avice de Fermanville se soit engagé, à raison des bénéfices que lui avait procurés l'adjudication de la terre de Tourville, d'acquitter toutes les rentes dont la fortune de son frère était précédemment grevée?

» 2°. Si cette preuve littérale n'est pas complète, y trouve-t-on un Commencement de preuve par écrit? Et dans ce cas, la cour doit-elle ordonner, pour joindre, la preuve des faits articulés par Avice de Tourville?

» Considérant, sur la première question, que l'émigration d'Avice de Tourville à l'époque de la révolution, la vente de la terre par le gouvernement, l'acquisition qu'en fit de Fermanville, son frère, en l'an 4, pour 152,096 francs en mandats, le retour de l'émigré dans sa patrie long-temps après, son état de dénuement à cette époque, la bonne intelligence des deux frères, leur commune habitation pendant plusieurs années, et le bon soin que prenait Avice de Fermanville de subvenir à tous les besoins de l'amnistié, sont reconnus au procès;

» Considérant qu'il était naturel qu'Avice de Fermanville, qui avait acheté pour 152,096 francs, en papier-monnaie, en l'an 4, la terre de Tourville, de valeur de près de 260,000 francs en numéraire, assurât l'existence de son frère;

» Considérant que ce devoir, qu'inspirait la nature, fut en partie rempli par Avice de Fermanville;

» Considérant que l'acte authentique du 9 floréal an 12 (29 avril 1804), par lequel Avice de Fermanville se constitua en 1200 francs de rente viagère sur la tête de son frère et de son épouse, en est une preuve;

» Qu'il est, à la vérité, exprimé dans le contrat, qu'Avice de Tourville avait payé la somme de 12,000 francs; mais que tout annonce que cette déclaration n'était que pour donner une cause apparente à la constitution de la rente; qu'Avice de Tourville en a toujours fait l'aveu; et que les époux Caligny n'ont pas cru devoir en passer une méconnaissance formelle;

» Considérant que cette mesure eût été insignifiante, si Avice de Tourville fût resté obligé d'acquitter les rentes passives considérables qui étaient à sa charge avant son émigration;

» Considérant qu'il soutient que son frère avait pris l'engagement de les payer lui-même, ou de les éteindre de manière que la rente viagère de 1200 francs fût exempte de toute espèce de contribution auxdites rentes;

» Considérant que la conduite d'Avice de Fermanville pendant sa vie confirme la vérité de ce soutien;

» Qu'il est, en effet, reconnu au procès, qu'il a toujours payé les arrérages desdites rentes, ou qu'il les a éteintes; de sorte qu'il n'a fait aucune demande à cet égard à Avice de Tourville;

» Considérant que, lorsqu'il fut question de distribuer aux créanciers d'Avice de Fermanville le prix de la terre que celui-ci avait vendue, Avice de Tourville fut appelé à la collocation qui devait avoir lieu dans des conférences;

» Considérant que Hue de Caligny représentait, dans ces conférences, Avice de Fermanville, dont il avait les pouvoirs;

» Considérant qu'en présence des créanciers, Avice de Tourville annonça à Hue de Caligny qu'il refuserait le capital de sa rente viagère, tant qu'on ne lui justifierait pas de l'extinction des charges qui lui avaient été personnelles, et que, dans cette disposition, il quitta l'assemblée;

» Considérant que Me. Motel, chargé du travail de la collocation, l'y appela une seconde fois, en lui annonçant que les sûretés par lui demandées et promises, lui seraient données;

» Que cet écrit, qui est au procès, détermina Avice de Tourville à se rendre à l'invitation qui lui avait été faite;

» Que la justification annoncée fut donnée, excepté pour une rente de 750 livres viagères, due à Louis Guedon de Presle par Avice de Tourville;

» Que, pour procurer à ce dernier toute tranquillité, Hue de Caligny s'obligea, par acte produit au procès, sous la date du 14 germinal an 13, de porter à Avice de Tourville toute garantie de toute inquiétude, relativement à cette rente;

» Qu'alors, Avice de Tourville reçut le capital de sa rente viagère, qui lui fut payé partie sur le prix de la vente, et partie sur les deniers que fournit Avice de Fermanville;

» Considérant que, depuis cet acte, comme auparavant, il n'a été rien demandé à Avice de Tourville, ni par Avice de Fermanville, ni par Hue de Caligny, son gendre, jusqu'au moment de l'action intentée le 4 mai 1810;

» Considérant que toutes ces circonstances forment une masse de présomptions concordantes, qui jettent dans les esprits une conviction presqu'aussi imposante qu'une preuve complète par écrit;

» Considérant, sur la seconde question, qu'un commencement de preuve par écrit est, suivant Pothier, lorsqu'on a contre quelqu'un, par un écrit authentique où il était partie, ou par un écrit privé, écrit ou signé de sa main, la preuve, non à la vérité du fait total qu'on a avancé, mais de quelque chose qui y conduit ou en fait partie;

» Considérant que ce principe du jurisconsulte est converti en loi, par l'art. 1347 du Code civil, ainsi conçu: On appelle commencement de preuve par écrit, tout acte qui est émané de celui contre lequel la demande est formée, ou de celui qu'il représente, et qui rend vraisemblable le fait allégué;

» Considérant qu'il existe au procès un écrit authentique de la classe de ceux allégués par le jurisconsulte et par la loi, c'est l'acte du 14 germinal an 13, par lequel Hue de Caligny se charge d'une rente viagère de 750 francs qui était la dette personnelle d'Avice de Tourville;

» Considérant que cet écrit n'est pas la preuve du fait total avancé, mais de quelque chose qui en fait partie;

» Considérant que la preuve qui sort de cet

écrit, se fortifie 1°. par celui de M°. Motel, qui réglait lors de la collocation, et promettait toutes les sûretés demandées par Avice de Tourville; 2°. par un fort concours de circonstances qui rendent probables les engagemens pris par Avice de Fermanville vis-à-vis de son frère dont il avait toute la fortune;

» Par ces motifs, ouï M°. Alexandre, conseiller rapporteur; lecture prise des pièces; ouï le procureur général, par M°. Trolley, avocat-général;

» La cour..., infirme le jugement dont est appel, et faisant ce que le premier juge aurait dû faire, appointe, avant faire droit, Louis-Casimir-Marie Avice de Tourville, appelant à la preuve, pour joindre, des faits par lui articulés, sauf la preuve contraire,

» Savoir, 1°. que, pendant l'absence d'Avice de Tourville, et après qu'Avice de Fermanville eut acheté la terre de Tourville, ledit Avice de Fermanville dit à plusieurs personnes qu'il n'avait acheté la terre de son frère que pour la lui conserver et la lui rendre, s'il revenait en France, en lui remboursant seulement ce qu'il avait été obligé de payer au gouvernement;

» 2°. Qu'après le retour d'Avice de Tourville en France, Avice de Fermanville dit et répéta que non-seulement il fallait pour rendre justice à son frère, qu'il se chargeât de toutes les rentes dont Avice de Tourville était tenu, mais encore qu'il fallait qu'il lui assurât une rente viagère de 1200 francs;

» 3°. Qu'après la constitution des 1200 francs, Avice de Fermanville, instruit que Louis Guedon voulait poursuivre Avice de Tourville pour le paiement de la rente de 750 francs dont il était créancier, dit et reconnut, en présence de Hue de Caligny d'Huberville, que lui, Avice de Fermanville, avait pris à sa charge toutes les rentes qui pouvaient être dues par Avice de Tourville, et qu'il voulait que la rente viagère de 1200 francs qu'il lui faisait, fût payée exempte de tout;

» Sauf la preuve contraire à laquelle les intimés sont également appointés ......».

Le sieur et la dame Hue de Caligny se pourvoient en cassation contre cet arrêt, et proposent deux moyens:

1°. Violation des lois relatives aux ventes de domaines nationaux, en ce que la cour de Caen s'est permis d'examiner si la terre de Tourville, appréciée et aliénée par l'autorité administrative, avait été vendue sa valeur, et si l'adjudicataire y avait fait un bénéfice qui l'eût obligé à des charges que son adjudication ne lui imposait pas;

2°. Violation des lois relatives à l'admission de la preuve testimoniale et des présomptions non établies par la loi.

Sur ces moyens, arrêt de la section des requêtes qui admet le recours en cassation des sieur et dame Hue de Caligny.

En exécution de cet arrêt, le sieur Avice de Tourville se présente devant la section civile pour répondre aux moyens de Cassation de ses adversaires.

On trouvera la substance de ses réponses dans les conclusions suivantes, que j'ai données à l'audience de la section civile, le 30 août 1814.

« La cour de Caen a-t-elle, par l'arrêt que vous dénoncent les demandeurs, violé les lois relatives aux ventes de domaines nationaux? A-t-elle, par le même arrêt, violé les dispositions du Code civil qui, en matière de conventions dont l'objet excède 150 francs, interdisent la preuve testimoniale et les présomptions non établies par la loi? Telles sont les deux questions que cette affaire présente à votre examen.

» Sur la première, nous n'avons qu'un mot à dire: c'est qu'il est étonnant que les demandeurs l'aient élevée, qu'ils aient pu sérieusement reprocher à l'arrêt qu'ils attaquent, d'avoir interprété l'acte d'adjudication de la terre de Tourville, d'avoir ajouté à ses dispositions, d'en avoir critiqué le prix, et, par là, d'avoir porté le trouble dans une acquisition dont la loi garantit l'irrévocabilité; tandis qu'il est si clair, si évident, que cet arrêt prend l'acte d'adjudication de la terre de Tourville tel qu'il est, qu'il n'y ajoute et n'y critique rien, qu'il se borne à en comparer le prix avec la valeur réelle de la terre, manifestée par la revente que le sieur Avice de Fermanville en a faite depuis, et à tirer de la une induction, non pas en faveur de la *vérité*, mais en faveur de la *vraisemblance* de la convention dont le défendeur offrait de compléter la preuve par témoins.

» La seconde question n'en serait pas une, et la cassation de l'arrêt attaqué serait inévitable, si le défendeur n'avait pas appuyé sa défense sur des Commencemens de preuve par écrit: car point de Commencement de preuve par écrit, point de preuve testimoniale ni de présomptions non établies par la loi. Les art. 1341, 1347 et 1453 du Code civil sont là-dessus très-positifs.

» La seconde question se réduit donc, en d'autres termes, à celle-ci: le défendeur a-t-il produit devant la cour de Caen, des Commencemens de preuve par écrit de la convention qu'il articulait?

» Le défendeur a produit trois actes devant la cour de Caen: le contrat de rente viagère, du 9 floréal an 12; la lettre du sieur Motel, avoué, du 14 germinal an 13; la déclaration signée le même jour par le sieur Hue de Caligny; et il a soutenu que chacun de ces trois actes formait en sa faveur un Commencement de preuve par écrit.

» La cour de Caen a-t-elle jugé qu'en effet il résultait un Commencement de preuve par écrit de chacun de ces trois actes? Et si elle l'a jugé, a-t-elle pu le faire, sans violer la loi? C'est à ces deux points que se réduit notre seconde question.

» Sur le premier point, il semblerait d'abord que la déclaration du sieur Hue de Caligny, du

14 germinal an 13, fût le seul de ces trois actes qui ait eu, aux yeux de la cour de Caen, le caractère de Commencement de preuve par écrit.

» Il est effectivement le seul dans lequel la cour de Caen a déclaré, en termes exprès, reconnaître ce caractère : *Considérant*, a-t-elle dit, *qu'il existe au procès un écrit authentique de la classe de ceux allégués par l'art.* 1347 *du Code civil : c'est l'acte du* 14 *germinal an* 13, *par lequel Hue de Caligny se charge d'une rente viagère de* 750 *francs qui était la dette personnelle d'Avice de Tourville.*

» Mais si, au lieu de nous arrêter à l'écorce de son arrêt, nous en pénétrons l'esprit, nous verrons bientôt qu'à la vérité, comme les demandeurs en conviennent eux-mêmes dans leur requête en cassation, elle n'a considéré la lettre de l'avoué Motel que comme une addition surabondante au Commencement de preuve par écrit résultant, selon elle, de la déclaration du sieur Hue de Caligny ; mais qu'elle a envisagé d'un autre œil le contrat de rente viagère, du 9 floréal an 12, et qu'elle l'a implicitement placé sur la même ligne que la déclaration du sieur Hue de Caligny, c'est-à-dire, sur la ligne des Commencemens de preuve par écrit.

» La cour de Caen commence par dire *qu'il était naturel* que le sieur Avice de Fermanville, après avoir acheté pour 152,000 francs, en papier-monnaie de l'an 4, la terre de Tourville qui valait 200,000 francs espèces métalliques, *assurât l'existence de son frère.*

» Elle ajoute que *ce devoir qu'inspirait la nature, fut en partie rempli* par le sieur Avice de Fermanville; et elle en trouve la preuve dans le contrat de rente viagère du 9 floréal an 12.

» Puis, elle considère *que cette mesure eût été insignifiante, si Avice de Tourville fût resté obligé d'acquitter les dettes passives considérables qui étaient à sa charge avant son émigration.*

» Et c'est bien dire que du contrat de rente viagère du 9 floréal an 12, il résulte une présomption grave que le sieur Avice de Fermanville a pris à son compte personnel les rentes passives qui n'auraient pu rester à la charge du défendeur, sans rendre inutile et illusoire la ressource qu'il lui avait assurée par ce contrat.

» C'est bien dire par conséquent que ce contrat forme un Commencement de preuve par écrit de l'engagement que le défendeur soutient avoir été pris par le sieur Avice de Fermanville, de se charger lui-même de ses rentes passives.

» Maintenant fixons-nous sur le second point : examinons si la cour de Caen a pu, sans violer la loi, attribuer l'effet de Commencement de preuve par écrit au contrat de rente viagère du 9 floréal an 12, et à la déclaration du sieur Hue de Caligny, du 14 germinal an 13.

» On appelle *Commencement de preuve par écrit*, dit l'art. 1347 du Code civil, *tout acte par écrit qui est émané de celui contre lequel la demande est formée,*

ou *de celui qu'il représente, et qui rend vraisemblable le fait allégué.*

» D'après cette disposition, la cour de Caen a-t-elle pu, sans exposer son arrêt à la cassation, considérer l'acte du 9 floréal an 12 comme un Commencement de preuve par écrit ?

» Elle ne l'aurait sans doute pas pu, si l'acte du 9 floréal an 12 n'était pas émané d'une personne que représente celle à qui le défendeur l'opposait. Mais l'acte du 9 floréal an 12 est émané du sieur Avice de Fermanville, qui est représenté par la dame Hue de Caligny, sa fille et son héritière ; ainsi, nulle difficulté à cet égard.

» Elle ne l'aurait pas pu davantage, si, pour tirer de l'acte du 9 floréal an 12, une preuve de la vraisemblance du fait allégué par le défendeur, elle avait arbitrairement fait dire à cet acte le contraire de ce qu'il prouvait par sa propre teneur. Car alors elle aurait violé l'art. 1320 du Code civil, qui veut que tout acte authentique fasse *foi entre les parties, même de ce qui n'y est exprimé qu'en termes énonciatifs, pourvu que l'énonciation ait un rapport direct avec la disposition.*

» Et c'est précisément le reproche que lui font les demandeurs. Pour induire de l'acte du 9 floréal an 12, disent les demandeurs, que le fait allégué par le sieur Avice de Tourville, est vraisemblable, la cour de Caen a été obligée de dire que la rente viagère constituée par cet acte, l'avait été gratuitement. Or, cet acte énonce que la rente viagère n'a été constituée que moyennant un capital de 12,000 francs compté par le sieur Avice de Tourville à son frère. La cour de Caen a donc violé l'art. 1320 du Code civil.

» Mais l'art. 1320 du Code civil, quelque général qu'il soit, ne lie pas tellement les juges qu'ils ne puissent, qu'ils ne doivent même, dans deux cas, tenir pour constans des faits contraires aux énonciations contenues dans les actes authentiques.

» Ces cas sont 1°. celui où, par une procédure en faux principal ou incident, il est constaté que les énonciations contenues dans les actes authentiques, sont fausses ; 2°. celui où la partie en faveur de laquelle ces énonciations font preuve, reconnaît elle-même en justice la fausseté de ces énonciations.

» Il n'est pas ici question du premier de ces deux cas ; mais ne sommes-nous pas dans le second ?

» Les demandeurs avaient reconnu, devant la cour de Caen, pages 4, 17 et 18 de leur mémoire, qu'à l'époque de la constitution de la rente viagère, *le sieur de Tourville était dans une position qui avait fait à son frère un devoir de venir à son secours ; qu'il ne vivait alors que par le secours de l'amitié de son frère qui le faisait exister pendant sa détresse ; et c'est d'après ces aveux que l'arrêt attaqué déclare, dans ses motifs, en parlant du défendeur, que son état de dénuement, à cette époque, est reconnu au procès.*

» Or, avouer que le défendeur était, à cette époque, dans la détresse, qu'il ne vivait à cette époque que des secours de son frère, c'était avouer bien implicitement que le défendeur n'avait pas pu compter à son frère le capital de 12,000 francs qui est énoncé dans l'acte du 9 floréal an 12; c'était par conséquent avouer bien implicitement que la constitution de la rente viagère avait été gratuite; et cet aveu était encore singulièrement fortifié par une circonstance que l'arrêt attaqué n'oublie pas de faire valoir; c'est que les demandeurs n'avaient *pas cru devoir passer une méconnaissance formelle de* la gratuité de la constitution. Cet aveu devait donc, par cela seul, qu'aux termes de l'art. 1356 du Code civil, il faisait *pleine foi* contre les demandeurs, ôter toute croyance à l'énonciation contraire qui se trouvait dans l'acte; et il est, dès-lors, bien évident qu'en écartant cette énonciation, et en regardant la constitution de la rente viagère comme purement gratuite, la cour de Caen n'a violé ni l'art. 1520, ni aucun autre texte du Code civil

» Il ne reste donc plus aux demandeurs que la ressource de dire qu'en jugeant que l'acte du 9 floréal an 12, envisagé comme constitutif d'une rente viagère de pure libéralité, *rend vraisemblable le fait allégué* par le défendeur, la cour de Caen a violé l'art. 1347 du même Code.

» Mais comment la cour de Caen aurait-elle pu violer cet article, en jugeant de la sorte? Cet article détermine-t-il les circonstances dont le concours est nécessaire pour rendre un fait vraisemblable? Non, et il est bien impossible qu'il les détermine en effet. Le législateur ne peut pas avoir de base pour réglementer cette partie du ministère des tribunaux. Il faut donc, de toute nécessité, qu'en cette matière, il donne, pour ainsi dire, carte blanche aux magistrats. Aussi Pothier reconnaît-il, dans son *Traité des obligations*, n°. 767, qu'*il est laissé à l'arbitrage du juge, de juger du degré du Commencement de preuve par écrit, pour, sur ce degré de preuve, permettre la preuve testimoniale*. Aussi la cour a-t-elle, en rejetant, le 30 avril 1807, au rapport de M. Henrion de Pansey, et sur nos conclusions, le recours en cassation de la soi-disant veuve de Douhaut contre un arrêt qui avait refusé le caractère de Commencement de preuve par écrit à des pièces qu'elle présentait comme telles, déclaré que *la loi se réfère, sur les Commencemens de preuve par écrit, comme sur la force des présomptions, à la conscience des juges*.

» Du reste, si nous avions à prouver que la cour de Caen a très-bien jugé, en regardant comme vraisemblable, d'après la gratuité de la constitution de la rente viagère, le fait de l'engagement pris par le sieur Avice de Fermanville, de se charger de toutes les rentes passives du défendeur, rien ne serait plus facile; et nous n'au-

rions besoin, pour cela, que de quelques réflexions aussi simples que naturelles.

» Si le sieur Avice de Fermanville n'avait eu, en constituant à son frère une rente viagère de pur don, d'autre but que de lui procurer des moyens de subsistance, qu'aurait-il fait? Il aurait laissé à sa constitution de rente le caractère qu'elle avait réellement : il l'aurait énoncée comme purement gratuite; et il aurait, en conséquence, usé de la faculté qu'a tout donateur de rente viagère, de déclarer insaisissable la rente viagère qu'il donne.

» Mais si le sieur Avice de Fermanville avait un objet plus étendu, s'il ne voulait pas, relativement à son frère, se borner à lui assurer des alimens, s'il voulait l'honorer, en venant à son secours, s'il voulait le garantir de l'humiliation qu'éprouve tout homme d'honneur, à la vue de créanciers bien légitimes envers lesquels il ne peut pas s'acquitter, qu'a-t-il dû faire? Il a dû revêtir sa libéralité des couleurs d'un contrat à titre onéreux; et comme ce travestissement si noble, si délicat de sa part, pouvait, devait même, devenir funeste à son frère, en exposant sa rente à des saisies-arrêts qui se seraient renouvelées tous les jours, il a dû, pour prévenir cet inconvénient, se charger lui-même du paiement des dettes qui auraient attiré ces saisies; il a dû, en un mot, prendre l'engagement que son frère soutient qu'il a pris.

» Voilà où conduit naturellement et sans le moindre effort l'acte du 9 floréal an 12, considéré comme renfermant une constitution gratuite de rente viagère; et c'est assez dire que cet acte réunit tout ce qu'il faut, d'après la loi, pour former un véritable Commencement de preuve par écrit.

» En est-il de même de la déclaration du sieur Hue de Caligny, du 14 germinal an 13?

» L'affirmative est incontestable, si cette déclaration peut être assimilée à un acte émané du sieur Avice de Fermanville. Car il ne peut être douteux pour personne, que cette déclaration, par cela seul qu'elle a été passée à la suite de l'annonce faite au défendeur par la lettre de l'avoué Motel, *que les sûretés par lui demandées et promises lui seraient données*, ne forme un Commencement de preuve par écrit du fait allégué par le défendeur, que son frère s'était engagé personnellement à le décharger de toutes ses dettes, puisqu'elle est elle-même une exécution partielle de cet engagement, et que, comme l'établit Pothier, à l'endroit déjà cité, il y a un Commencement de preuve par écrit, toutes les fois *qu'on a contre quelqu'un, par un écrit..... signé de sa main, la preuve, non à la vérité, du fait total qu'on a avancé, mais de quelque chose qui y conduit* OU EN FAIT PARTIE.

» Inutile d'objecter avec les demandeurs, que le sieur Avice de Fermanville aurait pu prendre à son compte la rente passive qui est l'objet de la déclaration du sieur'Hue de Caligny, sans, pour cela, s'assujétir à payer les autres rentes passives de son frère, et surtout sans s'y assujétir même pour le cas où son frère viendrait à sortir, par l'échûte d'une succession, de l'état de détresse où il se trouvait alors.

» Tout ce qui résulte de là, c'est que la déclaration du sieur Hue de Caligny, si elle peut être assimilée à un acte émané du sieur Avice de Fermanville, ne prouve pas le fait total de l'engagement articulé par le défendeur. Mais il n'en résulte certainement pas qu'elle ne prouve pas quelque chose qui *fait partie* de ce fait; il n'en résulte certainement pas qu'elle ne rende pas ce fait vraisemblable; il n'en résulte certainement pas qu'elle ne forme pas un Commencement de preuve par écrit de ce fait.

» Et après tout, si la cour de Caen avait erré à cet égard, quel serait le caractère de son erreur? Pourrait-on la considérer comme une infraction à la loi qui ne répute Commencement de preuve par écrit que les actes qui rendent vraisemblables les faits dont la preuve testimoniale est offerte? Point du tout. Déjà nous avons vu qu'à cet égard, la loi elle-même s'en rapporte à la conscience des juges. Cette prétendue erreur de la cour de Caen ne serait donc qu'un mal jugé; il ne pourrait donc en résulter aucune ouverture de cassation.

» Mais nous raisonnons ici dans la supposition que la déclaration du sieur Hue de Caligny, du 14 germinal an 13, puisse être assimilée à un acte émané du sieur Avice de Fermanville; et il reste à savoir si cette supposition est exacte; car si elle ne l'était pas, l'art. 1347 du Code civil se trouverait manifestement violé par cette partie des motifs de l'arrêt attaqué, sauf à examiner si l'arrêt ne devrait pas encore être maintenu d'après la partie de ses motifs qui s'appliquent au contrat de rente viagère du 9 floréal an 12.

» Que faut-il pour que le sieur Avice de Fermanville soit censé avoir signé lui-même la déclaration du sieur Hue de Caligny, du 14 germinal an 13? Il faut que le sieur Hue de Caligny l'ait signée en vertu de pouvoirs à lui conférés à cet effet par le sieur Avice de Fermanville. Car tout ce qu'on fait par le ministère d'un mandataire *ad hoc*, on est censé le faire soi-même.

» Eh bien (dit le défendeur). L'arrêt attaqué déclare, en fait, que, dans les conférences qui ont eu lieu chez l'avoué Motel, pour la distribution du prix de la terre de Tourville, le sieur Hue de Caligny *représentait le sieur Avice de Fermanville*, vendeur de cette terre, *dont il avait les pouvoirs*; qu'appelé à ces conférences pour recevoir le capital de ma rente viagère, je m'y refusai tant qu'on ne me donnerait pas les *sécurités* que j'avais demandées et qui m'avaient été promises pour ma pleine libération de toutes les dettes qui avaient pesé sur moi avant mon émigration; et que ce fut pour faire cesser le motif de ce refus,

que le sieur Hue de Caligny s'obligea, par la déclaration dont il s'agit, de m'acquitter d'une rente de 750 francs que je devais au sieur Guédon de Presle, et qui était la seule que je crusse devoir encore.

» Qu'opposent à cela les demandeurs? Deux choses.

» Et d'abord, disent-ils, rien ne justifie l'assertion consignée dans l'arrêt, que le sieur Avice de Fermanville eût donné des pouvoirs au sieur Hue de Caligny pour le représenter dans les conférences provoquées par l'acquéreur de la terre de Tourville, et pour amener le défendeur à recevoir le remboursement de sa rente viagère.

» Mais la cour de cassation peut-elle apprécier les élémens de la conviction qui a porté la cour de Caen à tenir ce fait pour constant dans son arrêt? Que savons-nous si ce fait n'a pas été tenu pour constant dans son arrêt, précisément parceque les demandeurs l'avaient reconnu plus ou moins explicitement? Et d'ailleurs la preuve de ce fait n'était-elle pas la conséquence nécessaire de l'assistance bien constante et bien avérée du sieur Hue de Caligny aux conférences qui avaient pour objet la distribution à l'amiable du prix de la terre de Tourville? Quelle qualité avait le sieur Hue de Caligny pour assister à ces conférences? Il n'en avait, il n'en pouvait avoir personnellement aucune; car point d'intérêt, point de qualité. Il ne pouvait donc assister à ces conférences que comme représentant le sieur Avice de Fermanville; et il était bien naturel que le sieur Avice de Fermanville le choisît pour l'y représenter en effet, puisqu'étant sur le point de lui donner sa fille en mariage, il devait, à l'avance, le considérer comme un autre lui-même.

» Les demandeurs objectent, en second lieu, que le sieur Hue de Caligny n'a pas signé sa déclaration comme fondé de pouvoir du sieur Avice de Fermanville; qu'il ne l'a signée que comme *fondé aux droits du sieur Guédon*, créancier de la rente de 750 francs; qu'il n'a donc pas obligé le sieur Avice de Fermanville, en la signant; et que, dès-lors, elle ne peut pas être regardée comme l'ouvrage du sieur Avice de Fermanville.

» Cette objection est très-spécieuse; mais est-elle bien concluante?

» Le défendeur croit l'écarter, en observant que le sieur Hue de Caligny n'était pas encore subrogé aux droits du sieur Guédon, le 14 germinal an 13; qu'il ne le fut que le 27 mai 1806, par un acte passé devant notaire entre le sieur Guédon et lui; que, par cet acte, le sieur Guédon lui transporta en effet tous ses droits, pour les exercer, non-seulement sur la succession du sieur Avice de Fermanville, décédé depuis peu de jours, mais même sur le sieur Avice de Tourville; que, si le sieur Hue de Caligny se fût obligé en son nom privé, par sa déclaration du 14 germinal an 13, de garantir le sieur Avice de Tourville de toute inquiétude relativement à la rente du sieur Guédon, il n'aurait pas pu, le 27 mai 1806, se faire céder, par le sieur Guédon, le droit de se faire payer par le sieur Avice de Tourville une dette dont il eût été garant envers le sieur Avice de Tourville lui-même; qu'ainsi, pour concilier l'acte du 27 mai 1806 avec la déclaration du 14 germinal an 13, il faut nécessairement reconnaître que, dans celle-ci, le sieur Hue de Caligny n'a pu stipuler que comme fondé de pouvoirs du sieur Avice de Fermanville.

» Mais cette réponse est-elle bien satisfaisante ? Il s'en faut beaucoup qu'elle nous paraisse telle.

» Le sieur Hue de Caligny n'était pas encore, le 14 germinal an 13, cessionnaire des droits du sieur Guédon par un acte public; mais il pouvait l'être, dès-lors, soit par un acte privé, soit même par une convention verbale, qu'il aura fait convertir en acte public, le 27 mai 1806.

» Le sieur Hue de Caligny ne pouvait pas, sans doute, réacquérir, par l'acte public du 27 mai 1806, le droit d'exiger du défendeur une dette dont il s'était, par sa déclaration du 15 germinal an 13, engagé de l'affranchir. Mais rien ne l'obligeait d'informer le sieur Guédon, son cédant, de l'engagement privé qu'il avait pris, le 14 germinal an 13, envers le défendeur; et il a très-bien pu, le 27 mai 1806, traiter avec le sieur Guédon comme si déjà il n'eût pas contracté envers le défendeur un engagement qui eût, à l'égard de celui-ci, neutralisé sa cession.

» La déclaration du 14 germinal an 13 et l'acte notarié du 27 mai 1806 peuvent donc très-bien se concilier, sans qu'on soit obligé d'effacer de la première les mots, *fondé aux droits du sieur Guédon*, sans qu'à ces mots on soit obligé de substituer ceux-ci : *fondé de pouvoir du sieur Avice de Fermanville.*

» Et de là il suit que la réponse du défendeur, à la deuxième objection des demandeurs, est insignifiante.

» Mais de là suit-il également que la deuxième objection des demandeurs est insoluble ?

» Elle ne le sera certainement pas, elle tombera au contraire d'elle-même, si l'on peut établir que la déclaration du sieur Hue de Caligny, telle qu'elle est conçue, a été obligatoire pour le sieur Avice de Fermanville; car si elle a été obligatoire pour le sieur Avice de Fermanville, nul doute qu'elle n'ait eu, à son égard, tout l'effet d'un acte qu'il eût signé lui-même.

» Or, supposons qu'après avoir remboursé au défendeur le capital de sa rente viagère, le sieur Avice de Fermanville eût prétendu laisser à sa charge la créance du sieur Guédon, et que le sieur Hue de Caligny, devenu insolvable, se fût trouvé hors d'état d'acquitter le défendeur de cette créance : dans cette hypothèse, le sieur Avice de Fermanville aurait-il été fondé à dire au défendeur : *Ce n'est pas en mon nom, ce n'est pas comme mon mandataire, que le sieur Hue de Caligny s'est obligé de vous acquitter de la créance du sieur*

Guédon : il ne s'y est obligé qu'en son nom personnel; son obligation ne me regarde donc pas, vous ne pouvez donc pas vous en prévaloir contre moi ?

» Non, messieurs, et il nous paraît que le défendeur aurait pu lui répondre : *C'est en qualité de votre mandataire, que le sieur Hue de Caligny est entré en discussion avec moi sur la sûreté que j'exigeais relativement à la créance du sieur Guédon, et que j'exigeais comme condition essentielle et sine quâ non, de mon consentement à recevoir le remboursement de ma rente. S'il n'avait pas eu cette qualité, jamais il n'eût été, jamais il n'eût pû être question, entre lui et moi, d'un pareil objet. A la vérité, pour me tranquilliser d'autant plus sur la sûreté que j'exigeais, il me l'a donnée en son propre nom. Mais en me la donnant en son nom, il me l'a nécessairement donnée au vôtre, puisqu'il ne me l'a donnée en son nom, que parcequ'il était votre mandataire: D'ailleurs, vous avez vous-même ratifié ce qui avait été fait, à cet égard, entre votre mandataire et moi. Vous l'avez ratifié, en l'exécutant; et vous l'avez exécuté de deux manières : vous l'avez d'abord exécuté, en me faisant, non-seulement sur le prix de la terre de Tourville, mais même de vos propres deniers, un remboursement que j'avais le droit de refuser, et du refus duquel vous saviez parfaitement que je ne me serais jamais départi, si vous n'aviez pas pris à votre charge la créance du sieur Guédon. Vous en avez ensuite complété l'exécution, en continuant de payer vous-même au sieur Guédon les arrérages de sa rente. L'obligation contractée envers moi par le sieur Hue de Caligny, vous lie donc doublement : elle vous lie, parceque le sieur Hue de Caligny ne l'a contractée envers moi que par suite d'un mandat que vous lui aviez donné; elle vous lie encore, parceque vous vous l'êtes rendue propre, en la ratifiant par le fait.*

» Qu'aurait pu opposer le sieur Avice de Fermanville à ces raisonnemens ? Beaucoup de choses sans doute, mais rien que le défendeur n'eût pulvérisé, en rapprochant la déclaration du sieur Hue de Caligny, du 14 germinal an 13, non-seulement de la lettre de l'avoué Motel, mais encore du contrat de rente viagère, du 9 floréal an 12; rien qui eût pu résister au faisceau que forment ces trois actes par leur concours.

» De là, la conséquence que cette déclaration aurait pu former, contre le sieur Avice de Fermanville, un Commencement de preuve par écrit de son engagement de payer toutes les dettes du défendeur.

» De là, la conséquence qu'en donnant à cette déclaration l'effet d'un Commencement de preuve par écrit contre l'héritière du sieur Avice de Fermanville, la cour de Caen n'a pas violé l'art. 1347 du Code civil.

» Mais après tout, si l'on pouvait supposer que, relativement à cette déclaration, l'art. 1347 du Code civil eût été violé par l'arrêt de la cour de Caen, il est du moins certain qu'il ne l'aurait pas été relativement au contrat de rente viagère du 9 floréal an 12; il est du moins certain que relativement à ce contrat, l'arrêt de la cour de Caen resterait à l'abri de toute atteinte; et que faudrait-il de plus pour nécessiter le maintien de cet arrêt?

» Dans cette hypothèse, sans doute, le défenseur n'aurait plus eu en sa faveur deux Commencemens de preuve par écrit, mais il lui en serait resté un, et il n'est établi nulle part qu'un seul Commencement de preuve par écrit soit insuffisant pour motiver l'admission de la preuve testimoniale. Bien loin de là, il est dit en toutes lettres dans l'art. 1347 du Code civil, que la preuve testimoniale est admissible dans les matières où elle est régulièrement prohibée, *lorsqu'il existe* un *Commencement de preuve par écrit.*

» Après vous avoir ainsi exposé les raisons qui nous portent à croire que l'arrêt attaqué doit être maintenu, il est de notre devoir d'appeler votre attention sur un passage du Mémoire que l'avocat du défendeur a publié pour la justification de cet arrêt.

» L'avocat du défendeur commence par réfuter, et nous devons dire qu'il réfute victorieusement, le moyen de cassation dont les lois relatives aux ventes des biens nationaux, ont fourni le prétexte à ses adversaires; puis il ajoute, pages 12 et 13 : « Il faut donc écarter cette première ou-
» verture de cassation, et regretter seulement
» qu'elle ait été proposée par une nièce contre
» son oncle qu'elle assimile à un étranger, en as-
» similant son propre père *à un acquéreur ordinaire*
» *de biens nationaux.* Cette injure n'aurait pas dû
» être faite à la mémoire d'un père chez qui les
» principes, d'accord avec la naissance, repous-
» saient jusqu'à l'idée même *de pareilles acquisitions;*
» et qui, loin de l'assimiler lui-même à ces ac-
» quéreurs, n'a pensé qu'à mettre entre eux et
» les siens une barrière insurmontable, en deve-
» nant le conservateur et le gardien des proprié-
» tés de son frère, sous le titre apparent et né-
» cessaire d'acquéreur de biens nationaux ».

» Ainsi, suivant l'avocat du défendeur, c'est faire *injure* à la mémoire du sieur Avice de Fermanville, que de soutenir que c'est pour son propre compte, qu'il a acquis la terre de Tourville: de *pareilles acquisitions* doivent répugner aux principes d'un homme bien né; en un mot, les acquéreurs de biens nationaux sont une classe vile et méprisable.

» Nous sommes bien loin de soupçonner l'avocat du demandeur d'avoir attaché à ces idées aucune intention criminelle; mais ce n'est pas de son intention que nous devons nous occuper, nous ne devons nous occuper que de ce qu'il a dit.

» Or, ce qu'il a dit, les antagonistes les plus acharnés de l'art. 9 de la Charte constitutionnelle, et par conséquent les ennemis les plus dangereux du roi, de la nation et de la paix publique, le disent comme lui; comme lui, ils cherchent à déverser le mépris sur les hommes qui, forts de la puissance de la loi, et pleins

d'une confiance généreuse dans sa garantie, ont acquis et payé des biens dévolus à l'État, et que l'État mettait en vente; comme lui, ils cherchent à déconsidérer et à avilir ces acquéreurs, bien convaincus qu'une fois déconsidérés et avilis, ils seraient forcés d'abandonner des propriétés que la loi aurait vainement déclarées aussi inviolables pour eux, que le sont toutes les autres propriétés pour ceux à qui ils appartiennent.

» Des propositions aussi scandaleuses, aussi anti-sociales, nous avons pensé dire, aussi incendiaires, n'auront sans doute pas été avancées impunément devant la cour de cassation; instituée pour faire respecter toutes les lois, la cour de cassation ne peut pas souffrir que l'on insulte devant elle l'une des lois qui tiennent le plus essentiellement à la tranquillité publique.

» Dans ces circonstances et par ces considérations, nous estimons qu'il y a lieu, faisant droit sur le recours en cassation des demandeurs, de le rejeter, et de condamner les demandeurs à l'amende; faisant droit sur nos conclusions, ordonner que le passage du mémoire du défendeur, commençant par ces mots, *il faut donc écarter cette première ouverture de cassation*, et finissant par ceux-ci, *sous le titre apparent et nécessaire d'acquéreur de biens nationaux*, sera et demeurera supprimé, comme tendant à affaiblir le respect dû à l'art. 9 de la Charte constitutionnelle ».

Par arrêt du 30 août 1814, au rapport de M. Cassaigne,

«Attendu 1°. qu'en admettant Avice de Tourville à prouver que son frère Avice de Fermanville, adjudicataire de la terre de Tourville, ci-devant appartenant au premier, a pris l'engagement de payer les dettes de celui-ci, en considération des bénéfices par lui faits dans son acquisition, l'arrêt n'a ni interprété l'acte d'adjudication, ni entrepris sur l'autorité administrative, ni porté aucun trouble à l'acquéreur; qu'il n'a fait qu'ordonner la preuve d'une obligation civile dérivant d'un engagement volontaire, et qui ne porte aucune atteinte à l'adjudication;

» Attendu 2°. que, pour admettre la preuve par témoins et s'aider des présomptions résultant du procès, l'arrêt s'est fondé sur la déclaration du 14 germinal an 13, soutenue par l'acte du 9 floréal an 12, personnellement signé par Avice de Fermanville, desquels actes l'appréciation lui appartenait; que, par une suite, il s'est strictement conformé à l'art. 1347 du Code civil, et n'a point violé les art. 1341 et 1353 du même Code;

» La cour rejette le pourvoi en cassation exercé par les mariés Caligny contre l'arrêt de la cour de Caen du 21 juillet 1813, les condamne à l'amende de 300 francs envers le fisc, en l'indemnité de 150 francs envers la partie, et aux dépens;

» Faisant droit sur les conclusions du procureur général,

» Vu le paragraphe du mémoire du défendeur, imprimé, signifié et produit au procès, commençant, page 12, par ces mots, *il faut écarter*, et finissant par ceux-ci, *acquéreur de biens nationaux*;

» Considérant que ce paragraphe renferme des expressions injurieuses à la mémoire de feu Avice de Fermanville, attentatoires au respect dû à l'art. 9 de la Charte constitutionnelle et aux lois concernant les ventes de biens nationaux;

» Ordonne que ledit paragraphe sera et demeurera supprimé; donne néanmoins acte à l'avocat de la déclaration par lui faite à l'audience qu'il n'a eu aucune intention contraire aux lois ».

COMMERÇANT. *V.* l'article suivant.

COMMERCE (ACTE DE). §. I. *Y a-t-il acte de Commerce de la part de celui qui, propriétaire de matières premières qu'il tire de son propre fonds, les convertit, soit par ses mains, soit par celles d'ouvriers qu'il salarie, en objets d'une autre forme ou qualité qu'il vend ensuite, ou à des particuliers pour leur usage personnel, ou à des marchands pour les revendre?*

Ce qui pourrait le faire penser ainsi à la première vue, c'est qu'il y a *manufacture* ou *fabrique* toutes les fois qu'il y a conversion de certaines matières en d'autres, et que l'art. 632 du Code de Commerce range expressément dans la catégorie des *actes de Commerce*, toute entreprise de manufactures.

Mais s'est-on jamais avisé de qualifier de Commerçant, soit le propriétaire d'une forêt qui, après en avoir fait abattre une coupe, l'emploie en tout ou en partie à faire du charbon de bois, soit le propriétaire d'un troupeau de vaches qui en fait convertir le lait en fromages, soit le propriétaire d'un domaine rural qui fait distiller en liqueurs spiritueuses une partie des grains qu'il en retire?

S'est-on jamais avisé d'assimiler à un *manufacturier*, en prenant ce mot dans le sens commercial, le propriétaire d'une mine terrestre, qui, après en avoir extrait de la houille, la soumettrait, avant de la vendre, à des manipulations qui auraient pour objet de l'épurer et de la dépouiller de l'odeur désagréable qu'elle est de nature à répandre?

S'est-on jamais avisé de ranger dans la classe des fabricans, le propriétaire de vignes qui, après en avoir recueilli les raisins, les convertit en vins; qui, même après les avoir convertis en vins, convertit ses vins en eaux-de-vie, ou qui, allant plus loin encore, convertit ses eaux-de-vie en esprits de vins?

Non, jamais on n'a tiré de pareilles conséquences, soit de l'art. 632 du Code de commerce, soit des anciennes lois qu'il renouvelle et remplace; la disposition de cet article, de ces anciennes lois, a été constamment restreinte aux *manufactures*, aux *fabriques* qui consistent à convertir des matières premières provenant d'achat, en objets susceptibles de vente et fabriqués avec l'intention de les vendre.

En effet, il est impossible qu'il y ait *acte de Commerce*, là où il n'y a pas *fait de marchandise*, c'est-à-dire, *action d'acheter pour revendre ou louer*.

Sans doute, un boulanger est Commerçant et même manufacturier, parcequ'il achète la farine qu'il revend convertie en pains. Mais certainement on ne considérerait pas comme tel un propriétaire de biens ruraux situés à portée d'une grande ville, qui ferait vendre au marché de cette ville le pain qu'il aurait fait fabriquer chez lui avec les produits de ses récoltes.

Et dans le fait, j'ai connu, il y a environ vingt ans, à deux lieues de Paris, le propriétaire d'un domaine considérable qui en usait ainsi, sans que jamais on ait pensé à le réputer Commerçant.

Mais supposé qu'en vertu de l'art. 632 du Code de commerce, les agens du fisc eussent voulu le soumettre à la patente : que leur aurait-il répondu ? Je ne suis ni *manufacturier* ni *fabricant* dans le sens de la loi dont vous vous prévalez; car cette loi doit être interprétée de manière à ne pas emporter dérogation aux lois anciennes qui avaient défini ce que l'on devait entendre par ces mots. C'est la conséquence nécessaire du principe établi par la loi 28. D. *de legibus*, que *posteriores leges ad priores pertinent, nisi contrariæ sint*. Or, la loi du 1er. brumaire an 7, concernant le droit de patentes, tout en déclarant, art. 32, *que sont réputés fabricans ou manufacturiers tous ceux qui convertissent des matières premières en objets d'une autre forme ou qualité, soit simple, soit composée*, y met cette modification décisive : *à l'exception néanmoins de ceux qui manipulent les fruits de leurs récoltes*. Je ne suis donc pas manufacturier ou fabricant, par cela seul que je manipule les fruits de mes récoltes en les convertissant en pains que je vends, pas plus qu'un propriétaire de vignes ne se constitue fabricant ou manufacturier en convertissant d'abord sa vendange en vins, ensuite ses vins en eaux-de-vie et enfin ses eaux-de-vie en esprits de vins.

Vainement lui aurait-on objecté que, pour convertir les fruits de ses récoltes en pains, il était obligé d'acheter tous les ustensiles d'une boulangerie.

Pour extraire de sa mine le charbon de terre qu'elle renferme dans son sein, le propriétaire à qui elle appartient, est obligé d'acheter une grande quantité de bois, de fers et de cordages; cependant la loi du 21 avril 1810 déclare expressément qu'il ne fait pas *acte de Commerce*; pourquoi? Parcequ'il ne vend pas les objets qui lui servent de moyens pour extraire son charbon des entrailles de la terre. Eh bien ! Il en était de même du propriétaire dont je parle. Il ne revendait pas les ustensiles de boulangerie qui lui servaient de moyens pour convertir le produit de ses récoltes en pains; il n'était donc pas Commerçant.

Plus vainement lui aurait-on objecté que, pour convertir le produit de ses récoltes en pains, il était obligé d'acheter des combustibles.

J'admets que ces combustibles étaient censés entrer dans la composition de son pain, quoiqu'ils se détruisissent par cette composition même; j'admets par suite qu'il était censé revendre ces combustibles avec le pain à la cuisson duquel ils avaient servi (suppositions que j'examinerai dans le §. suivant) ; au moins il n'était censé les revendre que comme accessoires à son pain. Or, y a-t-il acte de Commerce de la part de celui qui, accessoirement à la vente d'un objet qu'il a tiré de son propre fonds, vend un objet qu'il a acheté pour le revendre de cette manière? Non assurément, ou il faudrait dire, ce qui serait souverainement absurde, qu'un propriétaire de vignes qui vend ses vins, fait nécessairement un acte de Commerce, puisqu'il ne peut les vendre qu'avec les barriques qui les contiennent et qu'il n'a pu, le plus communément, se procurer que par achat.

Aussi trouvons-nous dans le recueil de Brillon, au mot *Noblesse*, n°. 62, un arrêt de la cour des aides de Paris par lequel il a été jugé qu'il n'y avait pas acte de Commerce, de la part d'un propriétaire qui, trouvant dans son domaine de la terre propre à faire de la tuile, y avait établi une tuilerie, la faisait valoir au moyen de combustibles qu'il achetait, et vendait les tuiles qu'il y faisait fabriquer. Voici les propres termes de cet auteur :

« Par arrêt de la cour des aides de Paris, rendu le 24 mai 1717, entre les habitans de la paroisse de Courville, appelans, d'une part, et Catherine-Etienne, veuve de Gabriel Bercy, sieur du Mousnoir, lieutenant de cavalerie au régiment d'Orléans, intimée, d'autre, il a été ordonné qu'elle demeurera rayée du rôle des tailles.

» On lui contestait sa noblesse. Lesdits habitans avaient mis en fait que ladite veuve Bercy faisait valoir une tuilerie; qu'elle achetait du bois pour cet effet; qu'elle vendait de la tuile comme un marchand; qu'elle élevait des poulains et bêtes cavalières pour vendre, lorsqu'elles étaient en état, et qu'elle en avait actuellement plusieurs.

» La veuve Bercy soutenait que la tuilerie qu'elle faisait valoir, n'était point un acte de dérogeance, les terres qu'elle faisait valoir de son enclos avec sa tuilerie, ne composant en tout que douze ou quinze septiers; que les gentils-hommes, par les réglemens des tailles de 1634 et 1645, avaient le privilége d'exploiter et faire valoir jusqu'à concurrence de quatre charrues qui font trente-six muids de terre; qu'ainsi, ce qu'elle

faisait valoir était bien au dessous; que la tuilerie qu'elle faisait valoir, en faisant fabriquer de la tuile de sa terre, achetant du bois pour la faire cuire, et la vendant en gros et en détail, n'était point un acte de dérogeance, parceque la tuile qu'elle fait et qu'elle vend, ne peut être considérée que comme un fruit qu'elle recueille de sa terre, de même que du blé qui en proviendrait et qu'elle vendrait; le bois qu'elle achète pour la faire cuire, n'est que la même chose que les charrues et ustensiles de labour qu'un gentilhomme achète pour cultiver sa terre et en recueillir le blé; la tuile ne pouvant pas se faire, pour être perfectionnée, qu'elle ne soit cuite, et que par conséquent l'on n'achète du bois pour la faire cuire.

» Ainsi cet arrêt juge qu'il n'y avait dérogeance à noblesse ».

§. II. 1°. *Doit-on considérer comme acte de Commerce l'achat que fait un artisan ou manufacturier des outils nécessaires à l'exercice de sa profession?*

2°. Doit-on considérer comme tel l'achat qu'il fait des matières servant à la fabrication des choses qu'il vend, mais qui n'en font pas partie, et au contraire se détruisent par la fabrication même de ces choses?

I. Sur la première question, nulle difficulté : ce n'est ni pour les revendre ni pour les louer, qu'un artisan achète les outils nécessaires à l'exercice de sa profession; il ne fait donc pas un acte de Commerce en les achetant.

En vain dirait-on qu'il fait entrer dans le prix des objets qu'il fabrique, celui que ces outils lui ont coûté. Il y fera entrer aussi les dépenses qu'il aura faites pour apprendre son métier. Est-ce à dire pour cela qu'il est justiciable des tribunaux de commerce pour les contestations auxquelles les frais de son apprentissage peuvent donner lieu ? Non certainement. Il en doit donc être de même de l'achat de ses outils.

A la vérité, l'art. 4 du tit. 12 de l'ordonnance de 1673 semblait en disposer autrement par la généralité de la disposition par laquelle il attribuait aux juges-consuls la connaissance des différends pour ventes faites par des marchands, *à des artisans et gens de métier à fin de travailler à leur profession*. Mais il prouvait lui-même que telle n'était point son intention, par le soin qu'il prenait d'expliquer ce qu'il entendait par les mots *à fin de travailler à leur profession* : « comme à tail» leurs d'habits (portait-il), pour étoffes, passe» mens et autres fournitures; boulangers et pâ» tissiers, pour blé et farine; maçons, pour » pierre, moëllon et plâtre; charpentiers, menui» siers, charrons, tonneliers et tourneurs, pour » bois; serruriers, maréchaux, taillandiers et » armuriers, pour fer; plombiers et fontainiers, » pour plomb; et autres semblables ».

Aussi Jousse, sur cet article, traduisait-il les mots *pour ventes à fin de travailler à leur profession,* par ceux-ci :

« C'est-à-dire, pour ventes de marchandises qui doivent être converties en ouvrages de leur profession, ainsi que les exemples, rapportés dans cet art. 4, le prouvent évidemment. La raison en est que ces ouvrages venant à être vendus par ces ouvriers, c'est une espèce de revente qu'ils font des choses qui leur ont été vendues, avec cette différence qu'elles ont changé de nature.

» D'où il suit que les ventes faites par des marchands à des artisans, de choses qui ne doivent point être employées ou converties en ouvrages de leur profession, ne sont point de la compétence des juges-consuls, quand même les choses vendues seraient pour l'usage de la profession des ouvriers qui les achètent.

» Ainsi, une vente de pierres ou de bois faite à un meunier pour la construction d'un moulin, n'est point de la compétence des juges-consuls, parceque ces pierres ou ces bois ne sont point destinés pour être employés aux ouvrages de la profession de ce meunier, quoique ces choses lui soient fournies pour l'usage de son moulin ; et il en est de même des meubles et autres fournitures semblables ; autrement, il faudrait dire que la vente même d'un moulin, faite par un meunier ou autre personne à un autre meunier, ou celle d'un étau faite par un boucher à un autre boucher, serait de la compétence des juges-consuls, ce qui est absurde.

» Par la même raison, la vente d'un métier à bas, faite à un bonnetier, est une vente ordinaire, faite pour l'usage de l'ouvrier seulement, et non à fin de revendre ; et par conséquent elle n'est point de la compétence des juges-consuls, comme le seraient des ventes de laines faites au même ouvrier, parcequ'alors ces laines sont destinées à être converties en ouvrages de sa profession ».

M. Pardessus professe la même doctrine dans son cours de droit commercial, n°. 19 :

« L'ouvrier qui achète les outils de son métier (ce sont ses termes), ne fait point un acte de Commerce, quoiqu'on puisse dire que, dans le prix de son travail, il comprendra implicitement le prix de loyer de ces mêmes outils, parceque l'industrie qu'il loue est d'un prix plus considérable que l'usage des outils.

» Tout le monde n'est pas également habile à faire usage d'outils ; et quiconque n'a pas appris à s'en servir, n'en peut tirer aucun profit ».

II. La seconde question a été jugée par un arrêt de la cour supérieure de justice de Bruxelles, qui ne paraît pas à l'abri de toute critique.

Dans le fait, Charles Dekegele, serrurier à Gand, avait acheté d'Albert Poppe, marchand de charbon en la même ville, une certaine quantité de ce combustible.

Albert Poppe ayant failli peu de temps après, les syndics de la faillite ont fait assigner Charles Dekegele devant le tribunal de commerce, pour se voir condamner par corps à payer le prix du charbon qui lui avait été livré.

Charles Dekegele a demandé son renvoi devant le tribunal civil, sur le double fondement qu'il n'avait acheté le charbon dont il s'agissait, que pour son chauffage personnel, et que l'eût-il acheté pour l'exploitation de son atelier, cet achat n'aurait pas constitué, de sa part, un acte de Commerce.

Le 24 août 1814, jugement qui, « avant de » statuer sur le déclinatoire d'incompétence, admet les demandeurs à preuve que les livraisons » de charbon ont eu lieu pour l'exploitation de » l'atelier du défendeur ; droit de preuve contraire » sauf au défendeur ».

Charles Dekegele appelle de ce jugement et expose.

« Que, d'après les art. 631 et 632, la loi ne répute acte de Commerce l'achat de denrées et marchandises, que lorsqu'il est fait pour les revendre ;

» Que le charbon étant consommé et réduit en poussière, il n'en reste plus rien qui puisse faire l'objet d'une revente ;

» Qu'ainsi, les juges du tribunal de commerce de Gand ont ordonné une preuve frustratoire, en admettant les intimés à prouver que les livraisons de charbon avaient eu lieu pour l'exploitation de l'atelier de serrurier, puisque cette preuve étant faite, il n'en résulterait rien de décisif pour la cause....».

Par arrêt du 28 novembre 1815,

« Attendu qu'il est en aveu entre les parties que l'appelant ne fait pas le Commerce de houille, et que de là il suit que la livraison dont il s'agit, ne lui a pas été faite *commercialement*, c'est-à-dire, pour acheter et revendre ;

» Attendu que, soit que la consommation de la houille dont il s'agit, ait eu lieu en tout ou en partie pour l'usage particulier de l'appelant dans sa forge de serrurier, ou tout ailleurs dans sa maison, toujours est-il vrai que ce n'est pas *marchandement* qu'il en a fait usage ; qu'ainsi, l'art. 638 du Code de commerce n'est pas applicable à l'espèce ;

» D'où il suit que le juge de Commerce ne serait pas compétent pour en connaître, fût-il même que l'intimé fît la preuve à laquelle il a été admis par le jugement dont est appel ;

» Par ces motifs, la cour, ouï l'avocat-général Delahalmaide pour le procureur général, met le jugement dont appel au néant ; dit que le tribunal *a quo* n'est pas compétent ; renvoie les intimés à se pourvoir autrement dûment... (1) ».

Que cet arrêt ait bien jugé en décidant que le serrurier n'aurait pas fait un acte de Commerce

---

(1) Jurisprudence de la cour supérieure de justice de Bruxelles, année 1815, page 221.

en achetant le combustible dont il s'agissait, s'il ne l'eût acheté que pour le service de sa maison, cela n'est pas douteux; mais a-t-il également bien jugé en décidant qu'il n'y aurait pas eu acte de Commerce de la part de cet artisan, même dans le cas où il eût été prouvé qu'il avait acheté le charbon pour l'employer dans sa serrurerie? J'ai peine à le croire. Dans cette hypothèse, en effet, aurait-on pu dire qu'il n'avait pas acheté le charbon en sa qualité de serrurier, qu'il ne l'avait pas consommé comme tel, et par conséquent qu'il ne l'avait pas acheté et consommé *marchandement?* Non sans doute. Qu'importe, qu'en le consommant, il se fût mis dans l'impossibilité de le revendre en nature? Par la consommation qu'il en avait faite, il était censé l'avoir fondu dans ses ouvrages de serrurerie: il le retrouvait par conséquent dans ces ouvrages; et cela est si vrai qu'il n'avait pu fabriquer ces ouvrages qu'en le consommant.

Telle est, au surplus, la doctrine de M. Pardessus, dans son *Cours de droit commercial*, n°. 17: « il faut (dit-il) considérer comme acte de Commerce, l'achat que ferait un distillateur du bois » et du charbon qu'il consomme pour ses distillations. Ce serait abuser de la rigueur des mots » que de dire qu'il ne revend pas ce charbon, ce » bois, en tout ou partie, après l'avoir travaillé; » sans cet emploi il n'aurait pu fabriquer les liqueurs qu'il vend; et ici l'esprit de la règle doit » l'emporter sur le respect puéril pour les mots ».

§. III. *Y a-t-il acte de Commerce de la part de l'auteur d'un ouvrage littéraire, soit par l'achat qu'il fait du papier nécessaire pour le faire imprimer à son compte, soit par la vente qu'il en fait ensuite au public?*

L'affirmative ne serait pas douteuse, si le papier sur lequel on imprime un ouvrage littéraire, pouvait être considéré comme la matière première de cet ouvrage. A cette hypothèse, en effet, s'appliquerait de lui-même le principe qu'acheter des matières premières et les convertir en objets d'une autre forme ou qualité, c'est faire acte de fabricant ou manufacturier, et par conséquent acte de Commerce.

Mais le papier n'est évidemment à l'ouvrage littéraire qu'il sert à l'imprimer, que ce qu'est le contenant au contenu; il n'en est donc pas plus la matière première, que les futailles dans lesquelles sont renfermées les eaux-de-vie qu'un propriétaire a fabriquées avec les vins de sa récolte, ne sont la matière première de ces eaux-de-vie, que la toile sur laquelle est peint un tableau de Raphaël ou de David, n'est la matière première de ce tableau.

Aussi les tribunaux de commerce ont-ils vainement tenté d'assujétir à leur juridiction, soit les achats de papier que des auteurs avaient faits pour l'impression d'ouvrages qu'ils avaient en-

suite mis en vente pour leur propre compte, soit les billets à ordre qu'ils avaient souscrits pour se procurer l'argent nécessaire à l'impression de ces ouvrages.

Le sieur Babaut, auteur des *Annales dramatiques*, assigné par le sieur Veillard, devant le tribunal de commerce de Paris, en paiement d'un billet à ordre, demande son renvoi devant le tribunal civil, et se fonde sur sa qualité de non-commerçant.

Jugement qui rejette son déclinatoire, « Attendu qu'il s'agit d'un billet à ordre, et que le » sieur Babaut fait imprimer et vendre ses *An-* » *nales dramatiques*, ce qui est une opération de » Commerce ».

Mais sur l'appel, arrêt de la cour royale de Paris, du 4 novembre 1809, par lequel, « Considérant qu'il n'est point justifié que le sieur Babaut soit marchand, ni qu'il fasse des actes de » Commerce, déclare le jugement dont est appel, » nul et incompétemment rendu (1) ».

Vers le même temps, le sieur M..., directeur d'un bureau d'agence, est assigné devant le même tribunal de commerce, par le sieur Despilly, en paiement des papiers qu'il lui a fournis pour l'impression d'un ouvrage de sa composition, intitulé *Nouveau Code des Ventes*, et qu'il vend ou fait vendre à son compte; et comme le sieur Babaut, il demande son renvoi devant le tribunal civil.

Jugement qui rejette son déclinatoire, attendu qu'en faisant imprimer un ouvrage pour le vendre ou le faire vendre à son compte, il a fait un acte de Commerce; que d'ailleurs il est commerçant par cela seul qu'il est directeur d'un bureau d'agence; qu'il y a un rapport frappant entre l'objet de son livre et sa profession; qu'ainsi, son livre n'est que le produit d'une profession mercantile.

Mais sur l'appel, arrêt de la même cour de Paris, du 1er. décembre de la même année, qui, « Attendu que M....., en sa qualité d'auteur, » n'est pas justiciable du tribunal de commerce, et que le rapport de son ouvrage avec l'objet de sa profession est sans conséquence;

» Dit qu'il a été incompétemment jugé, et renvoie la cause et les parties devant les juges qui en doivent connaître (2) ».

En 1816, la veuve Hayez, marchande de papiers, fait assigner le sieur Maubach, éditeur propriétaire d'un journal intitulé *Le Vrai Libéral*, devant le tribunal de commerce de Bruxelles, en paiement de fournitures qu'elle lui a faites; et à la demande de son adversaire en renvoi devant le tribunal civil, elle oppose qu'il est commerçant sous trois rapports; qu'il l'est, parcequ'il fait profession de vendre lui-même un journal dont

(1) Jurisprudence de la cour de cassation, tome 7, partie 2, page 1152.
(2) *Ibid.*

4e. édit., Tome II.

38

il achète les matières premières; qu'il l'est, parce-qu'un journaliste ne peut pas être assimilé à l'au-teur d'un ouvrage vraiment littéraire; qu'il l'est enfin, parcequ'en traitant avec elle, il lui a donné un intérêt dans son entreprise.

En conséquence, jugement qui rejette le dé-clinatoire du sieur Maubach.

Mais le sieur Maubach en appelle à la cour su-périeure de justice de Bruxelles; et par arrêt du 15 décembre 1816,

« Attendu que la disposition de l'art. 632 du Code de commerce qui range au nombre des opérations commerciales l'achat de marchan-dises, pour les revendre après les avoir travaillées et mises en œuvre, concerne évidemment les marchands-fabricans, en opposition avec ceux qui revendent les marchandises dans le même état où ils les achètent, et que cette disposition ne peut être appliquée à un auteur qui commu-nique au public, au moyen de l'impression, une production littéraire, quels qu'en soient la déno-mination, la nature et le mode de publication; et bien que l'auteur ait pour objet d'en retirer un bénéfice pécuniaire, par la raison que, dans une telle opération ou entreprise, le travail de l'esprit, qui n'appartient point au domaine du Commerce, forme incontestablement la partie principale, tandis que le papier et autres maté-riaux employés à l'impression, quoique suscep-tibles de servir d'objets à des actes de Commerce, n'en sont que des accessoires, au moyen desquels l'auteur communique au public ses propres pen-sées, ou celles qu'il aurait recueillies dans d'autres ouvrages, ce qui, malgré les vues d'intérêt pé-cuniaire qui peuvent être entrées dans les inten-tions de l'auteur, présente, aux termes de la loi, aussi peu l'idée d'une opération commerciale que toute autre opération civile, entreprise dans l'es-poir d'un gain;

» Attendu que la loi sur le timbre étant entiè-rement étrangère à la matière dont s'agit, elle ne saurait servir de règle dans une question sur la compétence, ni autoriser la distinction admise par le premier juge, qui n'est d'ailleurs justifiée par aucune autre loi;

» Attendu, enfin, que l'arrangement fait par l'ap-pelant avec l'intimée, par rapport au gain ou à la perte résultant de l'édition du journal dont s'agit, ne donne pas non plus au premier la qualité de commerçant, puisque l'entreprise pour laquelle ils se sont associés, ne constituant pas une opération commerciale dans le chef de l'appelant, aux termes de la loi, la circonstance que l'intimée est une personne marchande, ne suffit pas pour communiquer à l'appelant cette qualité, pour le soumettre à la juridiction consulaire, dans une discussion existante entre les parties con-tractantes, sur des choses relatives à l'objet de leur association;

» Qu'existât-il même un doute, il faudrait dé-cider pour la juridiction ordinaire;

» Par ces motifs, la cour, l'avocat-général Destoop, pour le procureur général, entendu et de son avis, met le jugement dont appel au néant; émendant, déclare incompétemment jugé par le premier juge; renvoie les parties devant qui de droit........(1) ».

Deux ans après, mêmes poursuites contre le sieur Maubach, de la part d'un autre marchand de papiers, et même jugement de la part du tri-bunal de commerce.

Appel; et le 8 octobre 1818, arrêt de la même cour par lequel,

« Attendu que les parties sont d'accord que la livraison de papier a eu pour objet l'impression du journal intitulé Le Libéral;

» Que l'entreprise d'un journal ne peut être mise au rang des actes de Commerce,

» Que le papier destiné à l'imprimerie, ne peut être considéré comme acheté pour le revendre après l'avoir travaillé et mis en œuvre;

» Que le papier imprimé du Journal et sa dis-tribution ne peuvent également être classés dans la catégorie des fournitures dont parle le Code de commerce; d'où il résulte que, sous aucun aspect, l'achat du papier dont il s'agit ne peut être considéré comme acte de Commerce.

» Par ces motifs, la cour, M. l'avocat-général Destoop entendu et de son avis, met ce dont appel au néant, émendant, déclare qu'il a été in-compétemment jugé par le premier juge; renvoie les parties devant qui de droit....., (2) ».

§. IV. *La disposition de l'art. 632 du Code de commerce qui répute actes de Commerce, les agences ou bureaux d'affaires, est-il applicable à toutes ces agences, à tous ces bureaux ?*

V. l'article *Agent d'affaires.*

§. V. *Acheter des immeubles avec l'intention bien manifestée de les revendre, est-ce faire un acte de Commerce ?*

Non, parcequ'aux termes de l'art. 632 du Code de commerce, acheter pour revendre, n'est une opération commerciale, qu'autant que l'objet acheté consiste en *denrées* ou *marchandises*, et que des immeubles ne sont ni des *marchandises* ni des *denrées*.

C'est ce qu'explique fort bien un arrêt rendu par la cour royale de Metz, le 18 juin 1812, dans une affaire où était argué d'incompétence un ju-gement par lequel un tribunal de commerce avait statué sur les contestations élevées entre plusieurs négocians qui s'étaient associés pour acheter en bloc et revendre en détail des immeubles mis en vente par l'État; il annule ce jugement,

« Attendu que, si le *Commerce*, dans une accep-tion générale, comprend toutes les relations des hommes dans la vie civile, et s'il s'applique aux

---

(1) Jurisprudence de la cour supérieure de justice de Bruxelles, année 1816, tome 2, page 259.
(2) *Ibid.*, année 1818, tome 2, page 186.

actes et conventions sur la matière des objets communicables et susceptibles de transmission; néanmoins, pris dans un sens restrictif pour signifier le négoce et le trafic entre des marchands ou négocians achetant pour revendre, il ne s'exerce que sur des objets qui, par la voie du trafic, par des échanges faciles et spontanés, sont susceptibles de passer rapidement, sans formes ni conventions régulières et solennelles, de main en main; sur des matières ou des objets fongibles de leur nature, fugitifs et mobiles, dont la simple tradition forme le titre et règle les droits des possesseurs;

» Attendu que les immeubles susceptibles d'hypothèque et dont la transmission ne peut avoir lieu que par des contrats qui se règlent d'après les principes du droit civil, ne furent jamais susceptibles d'être classés dans la catégorie des marchandises, des objets *mobiles* et commerciaux, lesquels, dans la convention que fait naître leur tradition, sont au contraire réglés d'après les principes du droit des gens;

» Attendu que les tribunaux de commerce qui ont succédé aux juridictions consulaires, instituées pour faciliter les opérations de Commerce, en donnant aux négocians des juges pris parmi leurs pairs, pour terminer brièvement et sans formes embarrassantes, de faciles contestations, sont des tribunaux extraordinaires et d'exception, dont les pouvoirs restreints ne peuvent, sans atteinte au droit public, recevoir aucune extension directe ni indirecte;

» Attendu qu'établis pour connaître des contestations sur le négoce des marchandises, le courtage, les opérations et les autres actes de Commerce proprement dits, ces tribunaux ne peuvent s'immiscer, même entre marchands, dans la connaissance des causes qui dérivent des contrats purement civils;

» Attendu qu'aucunes lois n'ont assimilé les domaines, dits nationaux, aux choses mobiles ou fongibles appartenant au négoce et ne les ont rangés parmi les objets dont la transmission pût se régler sur les lois du trafic entre négocians;

» Attendu qu'en les livrant aux spéculations des acquéreurs, la volonté publique a bien rendu les biens nationaux communicables, susceptibles de mutation, et a ainsi changé leur immutabilité ancienne; mais elle n'a pas dénaturé, anéanti leur qualité intrinsèque de véritables immeubles assimilés aux autres; comme eux devenant à l'avenir des objets susceptibles des transactions sociales, ils sont aussi demeurés assujétis pour elles aux règles du droit civil;

» Attendu que, ni l'opinion qu'on supposerait aux contractans, ni celle qui aurait été le fruit de l'erreur des temps antérieurs et des idées désorganisatrices où poussa le délire de l'agiotage, ne doivent faire fléchir la rigueur des principes conservateurs de l'ordre public, qui commandent, dans l'intérêt de la société, comme dans

celui des citoyens, de prononcer formellement qu'une association, fût-elle formée entre véritables négocians, pour *acheter, revendre* ou *partager des domaines nationaux*, est une société ordinaire, une vraie communauté conventionnelle, qui repose sur les principes du droit civil, dont les effets doivent se régler par les lois civiles, et les contestations entre les associés, être jugées par les tribunaux ordinaires (1) ».

C'est sur le même fondement que, par un arrêt de la cour de cassation, du 28 brumaire an 13, confirmatif d'un arrêt de la cour d'appel d'Amiens, il est dit *qu'une société formée pour acquérir et revendre des immeubles, est une société extraordinaire qui ne peut être assimilée à un acte de Commerce (2).*

§. VI. *Une entreprise de construction sur le fonds d'autrui, est-elle un acte de Commerce?*

I. Elle ne l'est certainement pas à l'égard du propriétaire qui la stipule et sur le fonds duquel doit se faire la construction qu'elle a pour objet, puisqu'en ce qui le concerne, elle ne peut avoir pour résultat que d'immobiliser des matériaux en les incorporant à un immeuble, et que, si, comme on l'a vu au §. précédent, l'achat d'un immeuble ne peut jamais être considéré comme un acte de Commerce, il en est nécessairement de même de tout ce qui tend à la conservation, à l'agrandissement, à l'amélioration ou à l'embellissement d'une propriété immobilière.

Ainsi un propriétaire aurait beau n'avoir pas d'autre occupation que de faire faire des constructions sur ses immeubles par des entrepreneurs, on ne pourrait pas dire pour cela que sa profession habituelle est celle du Commerce; on ne pourrait pas pour cela le réputer commerçant, et les tribunaux de commerce n'en seraient pas moins incompétens pour connaître des demandes que les entrepreneurs formeraient contre lui pour l'exécution des marchés qu'ils auraient faits ensemble.

Il n'importerait même que le propriétaire eût fait faire ces constructions pour une usine ou une fabrique dont l'exploitation le rendrait commerçant; il n'en serait pas moins, pour cela, affranchi de la juridiction commerciale, puisqu'il le serait même pour l'achat qu'il ferait de cette usine ou de cette fabrique.

En effet, on a vu plus haut, §. 2, n°. 1, Jousse enseigner, sur l'art. 4 du tit. 12 de l'ordonnance de 1673, qu'il serait absurde de soumettre à la juridiction des tribunaux de commerce, « La vente » d'un moulin faite par un meunier ou autre » personne à un autre meunier, ou celle d'un » étau faite par un boucher à un autre boucher»;

---

(1) Jurisprudence de la cour de cassation, tome 12, partie 2, page 417.

(2) *Ibid.*, tome 7, partie 2, page 1205.

38.

et je dois ajouter que cette doctrine, clairement justifiée par le principe établi, dans le §. 5, que la vente et l'achat d'un immeuble ne peuvent jamais constituer des actes de Commerce, est également professée par M. Pardessus, dans son *Cours de droit commercial*, n°. 8 : « l'achat d'un
» immeuble pour y placer une manufacture (dit-
» il) ou même d'une manufacture déjà établie
» et en activité, quelque considérables que fussent
» les instrumens ou ustensiles qui en formeraient
» l'accessoire, ne serait point un acte de Com-
» merce ».

Comment expliquer, d'après cela, l'arrêt que la cour royale de Toulouse, a rendu dans l'espèce suivante ?

Les frères Brunet, maçons, s'étaient chargés, *à l'entreprise*, de construire des cuves et chaudières dans une fabrique de teinture appartenant aux sieurs Houlés, de Mazamet, et compagnie. L'ouvrage achevé, des difficultés se sont élevées sur le paiement du prix. Les frères Brunet se sont pourvus contre la société devant le tribunal de commerce. Celle-ci a décliné la juridiction de ce tribunal; et déboutée de son déclinatoire, elle en a appelé.

Mais par arrêt du 15 juillet 1825,

« Attendu que la construction des chaudières avait été faite par les sieurs Brunet frères *à l'entreprise*; que cette entreprise est une véritable spéculation, avec chance de gain et de perte, qui constitue un acte de Commerce; que, d'un autre côté, les sieurs Houlés, frères, ont traité et se sont engagés pour un fait relatif à leur Commerce, puisqu'il paraît certain que les cuves et chaudières ont été construites pour leur fabrique de teinture; que, dès-lors, l'action en paiement de la somme due à cause de cette entreprise, a pu et dû être portée devant le tribunal de commerce.....;

» Par ces motifs, la cour, après en avoir délibéré, sans avoir égard à l'appel relevé par les sieurs Houlés frères, dont les a démis et démet, ordonne que ce dont est appel sortira son plein et entier effet (1) ».

Quel eût été le sort de cet arrêt, s'il eût été dénoncé à la cour suprême? Je ne crains pas de dire qu'il eût été cassé. Car il était bien indifférent que l'entreprise des maçons fût, de leur part, comme on le verra ci-après, un acte de Commerce, en supposant, ou qu'ils se fussent chargés de la fourniture des matériaux; ou qu'ils se fussent fait aider dans leur travail par des ouvriers dont ils eussent sous-loué l'industrie à la société Houlés; sans contredit, il résultait de là que, si cette société eût actionné les maçons devant le tribunal de commerce pour les contraindre à exécuter leur entreprise, ou pour les faire condamner à des dommages-intérêts, faute de l'avoir exécutée sui-

vant les règles de l'art, ils n'auraient pas pu décliner la juridiction de ce tribunal. Mais il n'en résultait point du tout qu'assignée elle-même par les maçons devant ce tribunal, elle ne fût pas fondée à demander son renvoi devant les juges civils; car rien n'empêche, comme on le verra ci-après, §. 9, que le même acte ne soit réputé commercial à l'égard de l'une des parties contractantes et non commercial à l'égard de l'autre partie.

II. Mais l'entreprise de construction sur le fonds d'autrui, n'est-elle pas un acte de Commerce de la part de l'entrepreneur ?

Il est deux cas, fort rares à la vérité, mais qui ne sont pas sans exemple, où la négative n'est pas douteuse.

Le premier est celui où l'entrepreneur ne fournit que son travail personnel, et fait, sans l'assistance d'aucun ouvrier, toute la construction à laquelle il s'est obligé.

Alors, en effet, il n'y a, de sa part, ni avance de fonds, ni spéculation quelconque; il n'est qu'un simple artisan, et c'est une vérité généralement reconnue que l'artisan qui ne loue que ses bras et son industrie, ne fait pas un acte de Commerce. « J'ai été consulté plusieurs fois » (écrivait le ministre de la justice, le 7 avril 1811, à la chambre des notaires de Deux-Ponts) « sur
» le sens à attacher au mot *Commerçant* dans le
» cas de l'application de l'art. 69 du Code de
» commerce, et j'ai toujours répondu que l'on
» devait d'abord considérer comme tels tous
» *négocians, banquiers, fabricans* et *marchands*, mais
» qu'il ne paraissait pas qu'on dût ranger dans
» cette classe le simple artisan, qui, ne travaillant
» qu'au fur et à mesure des commandes qu'il reçoit
» journellement, ne fait point de son état un
» objet de spéculation ».

Aussi a-t-il été jugé, par un arrêt de la cour d'appel de Rome, du 5 septembre 1811, que le tribunal de commerce de la même ville n'avait pu retenir la connaissance de la demande formée par un particulier contre deux artisans pour les obliger à exécuter une convention par laquelle ils s'étaient engagés, en recevant de lui une matière, de la lui rendre après l'avoir façonnée (1).

On objecterait inutilement que de l'art. 29 de la loi du 1er. brumaire an 7, combiné avec le tarif qui y est annexé, il résulte que les artisans sont assujétis à la patente, lors même qu'ils travaillent *sans compagnons, enseigne ni boutique*, à moins qu'ils ne soient payés à la journée ou qu'ils n'aient des gages fixes. On peut bien argumenter du non-assujétissement de telle classe d'hommes au droit de patente, pour en inférer qu'elle est étrangère au Commerce. Mais de ce qu'une profession est, par une disposition particulière

---

(1) Jurisprudence de la cour de cassation, tome 26, artie 2, page 131.

(1) *Ibid.*, tome 12, partie 12, page 165.

de la loi, assujétie au droit de patente, il ne s'ensuit nullement que ceux qui l'exercent, soient réputés commerçans. Ainsi, la loi du 1er. brumaire an 7 assujétit les huissiers à la patente; et cependant on n'a jamais songé à en tirer la conséquence qu'un exploit d'huissier soit un acte de Commerce.

Le second cas est celui où l'entrepreneur, en ne louant, comme dans le premier, que son travail personnel, sans l'assistance d'aucun ouvrier, fournit des matériaux qu'il n'achète pas, mais qu'il tire de son propre fonds; comme si un couvreur, propriétaire d'une tuilerie, prenait envers moi l'engagement d'employer une partie des tuiles qu'il y fabrique ou fait fabriquer, à la couverture de ma maison et de faire lui-même tout l'ouvrage.

Alors, en effet, il ne ferait pas acte de Commerce, comme nous venons de le voir, par cela seul qu'il me louerait son travail; et l'on a vu, au §. 1er., qu'il ne le ferait pas davantage par cela seul qu'il me vendrait des tuiles provenant de son propre terrain. Tout prétexte manquerait donc pour qualifier son entreprise d'acte de Commerce.

Mais comment la question doit-elle être décidée dans les cas les plus ordinaires, et d'abord dans celui où l'entrepreneur se charge de la fourniture des matériaux nécessaires à l'exécution de l'entreprise, et qu'il ne peut fournir qu'en les achetant?

Il est clair qu'alors l'entreprise est, dans toute l'énergie du terme, un acte de Commerce, puisque, dans le droit, l'art. 632 du Code de commerce répute tel, « tout achat de denrées et » marchandises, pour les revendre, soit en na- » ture, soit après les avoir travaillées et mises » en œuvre, ou même pour en louer simplement » l'usage »; et que, dans le fait, l'entrepreneur n'achète les matériaux dont il s'agit, que pour les livrer tout travaillés et mis en œuvre, moyennant un prix déterminé, au propriétaire du fonds sur lequel il doit élever la construction qu'il entreprend, c'est-à-dire, pour les lui revendre.

Aussi y a-t-il un arrêt de la cour royale de Caen qui juge positivement qu'il n'appartient qu'aux tribunaux de commerce de connaître des contestations élevées entre deux entrepreneurs associés pour des travaux publics dont ils se sont rendus adjudicataires, avec obligation de fournir les matériaux nécessaires à leur exécution.

En 1815, le sieur Burette se rend adjudicataire des réparations à faire aux chemins vicinaux de plusieurs communes, avec la clause expresse qu'il achètera et fournira les pierres nécessaires à ces réparations; et il associe les sieurs Chrétien et Renouf à son entreprise.

Deux ans après, les sieurs Chrétien et Renouf le font assigner devant le tribunal civil de Caen en reddition de compte de ses fournitures et des

sommes qu'il a reçues à compte.

Il décline la juridiction de ce tribunal et demande son renvoi devant les juges de Commerce, sur le fondement qu'il s'agit d'un compte entre associés pour une opération commerciale.

Le 13 février 1818, jugement qui rejette le déclinatoire, « attendu qu'il ne s'agit que d'un » louage d'ouvrages de l'espèce mentionnée dans » les art. 1787 et suivans du Code civil; que, si » Burette a été chargé d'achever et de fournir » les pièces propres aux réparations des chemins, » il ne l'a été qu'accessoirement à l'obligation » principale qui consistait dans la main-d'œu- » vre ».

Mais, sur l'appel, arrêt du 27 mai de la même année, par lequel,

« Considérant que l'action de Chrétien et Renouf contre Burette, concernait les comptes d'une société qui existait entre eux, pour les réparations à faire à de certains chemins vicinaux; » Considérant que Burette, qui s'était fait adjuger par l'administration la confection de ces travaux, où il s'agissait, de la part de l'adjudicataire, principalement d'acheter les pierres, de les fournir et de les disposer convenablement pour la réparation des chemins, a fait une entreprise que les 2e., 3e. et 4e. alinéa de l'art. 632 du Code de commerce réputent également acte de Commerce, suivant les différens rapports sous lesquels elle peut être envisagée; que l'action de Chrétien et Renouf contre Burette, leur associé, était donc relative à un acte de Commerce; que dès-lors, ils pouvaient l'intenter devant le tribunal de commerce; que Burette qui pouvait y être traduit, a, par cette raison, été fondé à demander qu'il y fût renvoyé;

» La cour..... renvoie les parties procéder devant le tribunal de commerce..... (1) ».

Cependant il existe plusieurs arrêts de la cour supérieure de justice de Bruxelles qui jugent qu'une entreprise de construction sur le fonds d'autrui, avec obligation de fournir les matériaux qui y sont nécessaires, ne forme point, de la part de celui qui s'en charge, un acte de Commerce.

Agapite Watteau s'était engagé, envers des sociétés propriétaires de mines de charbon, à construire deux pompes à feu dont il leur avait d'avance assuré l'usage perpétuel, moyennant une part dans les produits de leur exploitation; et la construction de ces machines avait absorbé, pendant plusieurs années, tout son temps, tous ses soins, toute son industrie. Mais il avait fini par succomber sous le poids de son entreprise, et un jugement du tribunal de commerce de Charleroy l'avait déclaré failli.

Trois de ses créanciers ont formé opposition à ce jugement et ont soutenu que n'étant pas com-

_____

(1) Jurisprudence de la cour de cassation, tome 18, partie 2, page 350.

merçant, il n'avait pas pu, suivant la doctrine établie dans le *Répertoire de jurisprudence*, aux mots *Faillite et Banqueroute*, sect. 2, §. 2, art. 3 *bis*, être constitué en faillite.

Le 24 décembre 1815, jugement qui rejette l'opposition de ces créanciers,

« Attendu que le sieur Watteau avait entrepris la construction de deux pompes à feu; ce qui l'avait mis dans le cas de faire un grand nombre d'actes de Commerce, non-seulement en ce sens qu'il achetait les matériaux pour construire ces machines dont il louait l'usage aux sociétés charbonnières, mais encore un grand nombre d'opérations de change qu'il avait dû faire, en traitant avec les négocians et fabricans pour ces matériaux et en souscrivant de nombreux effets;

» Que la construction de ces pompes à feu absorbait depuis plusieurs années tout le temps, les soins et l'industrie du sieur Watteau, et pouvait être considérée comme sa profession habituelle.... ».

Mais sur l'appel, arrêt du 15 mars 1816, par lequel,

« Attendu que, d'après l'art. 633 du Code de commerce, *la loi ne répute actes de Commerce les entreprises de construction, que lorsqu'elles ont pour objet des bâtimens de mer*;

» Qu'ainsi, Agapite Watteau, en se chargeant de l'entreprise de la construction des deux machines à vapeur, dont il concédait ensuite l'usage, moyennant un tantième dans l'extraction, aux sociétés charbonnières contractantes, ne s'est point par là constitué négociant et n'a pas même fait d'acte de Commerce;

» Attendu que, si l'extraction de la houille en elle-même ne constitue pas un acte de Commerce, la construction d'une pompe à feu, pour faciliter cette extraction, et en vue d'acquérir une part à fosse, ne doit pas davantage être considérée comme opération commerciale;

» Attendu que, quoique les lettres de change souscrites par Agapite Watteau, dans la vue de se procurer les fonds nécessaires pour la construction, rendant ledit Wateau, à raison de ces lettres de change, justiciable de la justice consulaire, cependant n'ayant pas pour objet le Commerce d'argent, elles ne constituent pas des actes de Commerce dans le sens de le rendre négociant..;

» Par ces motifs, M. l'avocat-général Destoop entendu, la cour met le jugement dont appel au néant en ce qu'il a déclaré Agapite Watteau négociant par le fait de la construction des pompes à feu.... (1) ».

Je n'ai rien à dire sur le second motif de cet arrêt, et je conviens que, si, comme l'affirme, les propriétaires des mines, en assurant à Watteau une part dans les charbons qu'ils devaient en extraire avec ses pompes à feu, lui avaient véri-

tablement cédé ce qu'on appelle en Hainaut *une part à fosse*, c'est-à-dire, une action dans leur propriété commune, Watteau n'avait pas fait, en traitant avec eux, un acte de Commerce.

Je conviens également de la justesse du troisième motif. Il est clair en effet que Watteau ne s'était pas constitué banquier, par cela seul que, pour se procurer les fonds nécessaires à la construction des deux pompes à feu dont il s'agissait, il avait tiré, endossé et accepté des lettres de change, et que, par conséquent, s'il s'était soumis par ces opérations à la juridiction des tribunaux de commerce, il n'était pas devenu par là commerçant et passible d'une déclaration de faillite.

Mais comment justifier le premier motif?

De ce que l'art. 633 du Code répute *acte de Commerce toute entreprise de construction et tous achats, ventes et reventes de bâtimens pour la navigation intérieure et extérieure*, conclure que l'entreprise de toute autre construction que celle de bâtimens servant à la navigation, n'est pas un acte de Commerce, n'est-ce pas faire dire à cet article ce qu'il ne dit pas, ce qu'il n'entre pas dans son objet de dire, et le contraire de ce qui est dit implicitement par l'art. 632?

L'art. 633 n'est pas conçu, par rapport à la *construction*, en termes limitatifs; il ne dit pas que la construction des bâtimens servant à la navigation, est la seule qui constitue une opération commerciale. Uniquement occupé de ce qui concerne le Commerce maritime, il se tait sur les constructions étrangères à ce Commerce; et par conséquent il se réfère, pour celles-ci, à la règle générale qui est tracée par l'art. 632, suivant lequel on doit réputer acte de Commerce toute entreprise qui entraîne l'achat de choses mobilières pour les revendre, et le louage de choses de la même nature pour les sous-louer.

Oserait-on inférer de l'art. 633 que la construction d'une voiture n'est pas un acte de Commerce de la part du charron, du serrurier et du sellier qui l'entreprennent en commun, en y employant le bois, le fer, l'acier et le cuir qu'ils achètent respectivement, pour la livrer à celui qui la leur a commandée, n'importe qu'il doive l'employer à son usage personnel, ou qu'il se propose de la louer au public? Non assurément. Et cependant il faudrait aller jusque-là pour pouvoir inférer du même article que l'on doit rayer de la catégorie des actes de Commerce, une construction de bâtimens qu'un maçon entreprend d'élever sur le fonds d'autrui, avec les pierres, les briques, les moellons, la chaux et le plâtre qu'il se procure par des achats.

La question, si étrangement résolue dans cette affaire où elle pouvait et devait être mise de côté, parcequ'elle n'y était qu'un hors-d'œuvre, s'est représentée devant la même cour et y a encore été jugée de même; d'abord par les motifs d'un arrêt du 5 novembre 1818, dont on trouvera le

_____

(1) Jurisprudence de la cour supérieure de justice de Bruxelles, année 1816, tome 1, page 232.

texte ci-après, n°. 4; ensuite, par un autre dont l'espèce est rapportée en ces termes dans la *Jurisprudence de la cour supérieure de Bruxelles*, année 1819, tome 2, page 56:

« Le sieur Godau, entrepreneur des travaux publics, avait entrepris en société avec le sieur Jean-Robert Ballieu, maître maçon, la construction des voûtes d'un canal à Anvers, ainsi que celle d'une bascule.

» Il fit assigner ce dernier au tribunal de commerce de cette ville, en nomination d'arbitres, pour faire juger les contestations relatives à leur entreprise.

» Ballieu proposa le déclinatoire, sur le motif que la société qui avait existé entre les parties, n'avait pas pour objet une opération de Commerce.

» Par jugement du 12 mars 1818, le tribunal de commerce d'Anvers a écarté le déclinatoire. Appel.

» Devant la cour, l'appelant a reproduit son exception d'incompétence; il a dit: les tribunaux de commerce sont des juges d'attribution; ils ne peuvent connaître que des cas qui leur sont expressément attribués par la loi. Or, nulle disposition de la loi ne leur attribue la connaissance des contestations relatives à une entreprise de travaux publics. Les seules constructions de bâtimens pour la navigation, sont réputées actes de Commerce. Cette exception confirme la règle pour tout autre genre de construction. Il est donc établi que, dans l'espèce où il ne s'agit point d'une entreprise de construction de navire, le tribunal de commerce était incompétent.

» A ces griefs, l'intimé a fait deux réponses: il disait en premier lieu, que le tribunal de Commerce d'Anvers était compétent à raison des personnes, attendu que l'appelant était commerçant; et il invoquait l'art. 631 du Code de commerce, portant que les tribunaux de commerce connaîtront de *toutes contestations* relatives aux engagemens et transactions *entre-négocians, marchands et banquiers*.

» En second lieu, l'intimé soutenait que la compétence était établie, même à raison de la matière, d'après l'art. 633 du Code cité, qui répute acte de Commerce *toute entreprise de construction de bâtimens pour la navigation intérieure et extérieure*. C'est mal concevoir cet article (disait l'intimé) que de le restreindre à la construction *des navires*: la généralité des termes, *toute entreprise de construction de bâtimens*, résiste à cette interprétation. L'art. 633 s'applique à toute espèce de construction qui a pour objet la navigation intérieure ou extérieure. Or, on ne peut nier que les canaux ne soient des constructions de cette nature ».

On voit que l'intimé, subjugué par les arrêts des 24 décembre 1815 et 5 novembre 1818, n'osait pas attaquer de front le faux principe qui était entré dans leurs motifs; qu'il cherchait seulement à en éluder l'application et qu'il n'employait pour cela que des moyens ridicules. Aussi a-t-il succombé: par arrêt du 22 mai 1819,

« Attendu qu'encore que la compétence des tribunaux de commerce ne soit pas seulement déterminée, d'après le Code actuel de commerce par la nature de l'acte sur lequel il y a contestation, mais aussi par la qualité de la personne; toutefois il est d'une jurisprudence certaine que les commerçans ne sont assujétis à la juridiction commerciale, pour les obligations qu'ils ont contractées, qu'autant qu'elles sont relatives au fait de leur Commerce, l'art. 631 du Code de commerce ne renfermant qu'une présomption de droit, en tant qu'il présume que tous engagemens contractés entre commerçans, l'ont été pour le fait de leur Commerce;

» Attendu que l'art. 633 du susdit Code de commerce ne place pas génériquement au nombre des actes de Commerce *toute entreprise de construction pour la navigation intérieure et extérieure*, par la raison que toutes les entreprises de construction sont de simples locations ou louages d'ouvrages; qu'elles n'ont aucune analogie avec les faits de Commerce, si ce n'est les constructions de navires marchands, à raison de leur destination pour le Commerce;

» Attendu qu'il est constant, en point de fait, que la société qui a existé entre l'appelant et l'intimé, n'a eu d'autre objet que l'entreprise *du voûtement du canal Sûle*, ainsi que celui *de la bascule*; d'où il résulte que l'objet de ladite société n'a pas la nature d'un acte de Commerce, aux termes de l'art. 633, sus énoncé, et que, par suite ultérieure le tribunal de commerce d'Anvers était incompétent à raison de leur matière, pour connaître de la susdite société,

» Par ces motifs, la cour, M. l'avocat-général Destoop entendu et de son avis, met le jugement dont appel au néant, émendant, dit que le tribunal de commerce d'Anvers était incompétent à raison de la matière.... ».

Cette manière de juger conduisait naturellement à une conséquence fort étrange; car il devait en résulter que l'entrepreneur d'une construction sur le fonds d'autrui, n'est pas justiciable des tribunaux de commerce envers les fournisseurs des matériaux qu'il a achetés pour l'exécution de son entreprise; et c'est effectivement ainsi qu'ont argumenté deux mois après, devant la même cour, les sieurs Serrure et compagnie, entrepreneurs des fortifications de Mons, pour faire annuler un jugement du 23 mars précédent, par lequel le tribunal de commerce de cette ville avait rejeté le déclinatoire qu'ils avaient opposé à la demande en paiement des bois qu'ils avaient employés aux travaux de leur entreprise, après les avoir achetés des sieurs Lefebvre et compagnie, et en avait ainsi motivé le rejet:

« Attendu que, dans l'espèce, les sieurs Lefebvre et compagnie soutiennent avoir vendu des bois dont ils font le Commerce, aux sieurs Serrure et compagnie;

» Que les demandeurs ont allégué que cette marchandise a été employée par les acheteurs, aux travaux des fortifications, pour laquelle marchandise ils sont payés à tant du pied; ce qui n'a pas été contesté par ces derniers;

» Que de ces faits il résulte un acte de Commerce, vu que les cités ont acheté une marchandise pour la revendre, et non pour leur propre usage ».

Cependant par arrêt du 23 juillet 1819, « adoptant les motifs du premier juge, la cour, sur » les conclusions conformes de M. Spruyt, avocat-» général, a mis l'appellation au néant avec » amende et dépens (1) ».

Vainement dirait-on, pour concilier cet arrêt avec le précédent, que celui du 22 mai 1819 ne juge que la question de savoir si deux individus qui s'associent pour élever en commun une construction sur le fonds d'autrui, font un acte de Commerce entre eux; et que celui du 23 juillet suivant ne statue que sur la question de savoir si, en achetant de personnes tierces les matériaux nécessaires à cette construction, ils font un acte de Commerce envers leurs vendeurs.

Sans doute ces deux questions diffèrent l'une de l'autre quant à leur objet; mais elles n'en font et ne peuvent en faire qu'une quant au principe dans lequel la solution doit en être puisée; car il est impossible que les deux entrepreneurs s'associent pour une construction, sans s'associer en même temps pour l'achat des matériaux dont ils ont besoin pour exécuter leur entreprise; et dès que l'on est forcé de convenir que l'achat et la mise en œuvre de ces matériaux constituent, de leur part, un acte de Commerce, il faut bien que l'on convienne aussi qu'ils font un acte de Commerce en s'associant pour acheter ces matériaux et les mettre en œuvre.

III. 1°. L'entreprise d'une construction sur le fonds d'autrui, constitue-t-elle un acte de Commerce de la part de l'entrepreneur, lorsque celui-ci ne se charge que de la main-d'œuvre et qu'il ne peut l'exécuter ou ne l'exécute que par des ouvriers?

2°. En constitue-t-elle un, lorsqu'outre la main-d'œuvre, l'entrepreneur se charge de la fourniture des échafaudages et des autres objets nécessaires à la construction, les matériaux exceptés?

Il n'y aurait aucune difficulté à résoudre ces deux questions par la négative, si l'on s'en tenait aux arrêts de la cour supérieure de justice de Bruxelles, des 24 décembre 1815, 5 novembre 1818 et 22 mai 1819, dont j'ai rendu compte dans le n°. précédent; elle en serait même une conséquence à fortiori.

Aussi a-t-elle été adoptée par un arrêt de cette cour dont voici l'espèce.

La régence (ou municipalité) de Gand expose au rabais l'adjudication de divers ouvrages de maçonnerie à faire à la maison de détention de cette ville, et stipule, par le cahier des charges, « que l'entrepreneur fournira seulement son » travail, les échafaudages et autres objets né-» cessaires à la confection des ouvrages entrepris; » mais que, quant aux matériaux, ils seront tous » fournis et mis à la disposition de l'entrepreneur » par l'administration qui fait faire les travaux ».

Le sieur R.... se rend adjudicataire de cette entreprise.

Quelque temps après, le sieur D.... fait assigner le sieur R... devant le tribunal de commerce de Gand, pour le faire condamner à le reconnaître pour son associé.

Le sieur R.... se défend au fond, et nie le fait de l'association mise en avant par son adversaire.

Jugement qui prononce en faveur du sieur D...

Le sieur R.... en appelle comme de juge incompétent à raison de la matière, et soutient « que sa qualité d'entrepreneur ne peut le faire » ranger dans la classe des commerçans et le » rendre justiciable des tribunaux de commerce, » d'autant moins qu'il s'agit uniquement ici d'un » simple louage d'ouvrage ou d'industrie qui ne » peut être considéré comme un acte de Com-» merce ».

Le sieur D.... répond « qu'il n'est point question d'un simple contrat de louage d'ouvrage » ou d'industrie, puisque, d'après le cahier des » charges, l'appelant était tenu de fournir les » échafaudages et autres objets mentionnés ci-» dessus, ce qui constitue une véritable entre-» prise de fournitures que l'art. 632 du Code de » commerce répute acte de Commerce ».

Le 12 septembre 1825, arrêt à la chambre des vacations, par lequel,

« Attendu que les tribunaux de commerce ne sont compétens que pour connaître des affaires que la loi leur attribue expressément;

» Attendu que de simples entreprises d'ouvrages de maçonnerie, par suite de devis et adjudication publique, ainsi que le différend qui, dans l'espèce, en est résulté entre les parties, sur le point de savoir si et jusqu'où l'intimé aurait eu part au marché intervenu dans une telle entreprise faite par l'appelant, ne sont réputés actes de Commerce, ni par le Code de commerce, ni par aucune autre disposition; que de telles entreprises sont, au contraire, considérées par le Code civil comme de simples actes civils, et sont, comme telles, rangées dans la classe des contrats ordinaires de louage d'ouvrage et d'industrie, par le n°. 3 de l'art. 1779;

» Qu'en outre, d'après l'art. 46 du cahier des charges de l'adjudication dont il s'agit au procès, l'entreprise se borne à des ouvrages de maçonnerie, et même tous les matériaux nécessaires

---

(1) *Ibid.*, année 1819, tome 2, page 248.

doivent être mis à la disposition de l'entrepreneur par l'administration;'

» Par ces motifs, la cour, M. le substitut Deguchteneere entendu dans ses conclusions conformes, faisant droit sur le déclinatoire proposé par l'appelant en instance d'appel, met le jugement dont appel au néant...; (1) ».

Cet arrêt ne tient, comme l'on voit, aucun compte de la circonstance que le cahier des charges de l'entreprise imposait expressément à l'adjudicataire l'obligation de fournir les échafaudages et les autres objets nécessaires à la confection des ouvrages, les matériaux exceptés.

Il est cependant bien sensible que le sieur R... n'avait pu se procurer que par des achats, les échafaudages et les autres objets qu'il s'était obligé de fournir pour la construction qu'il avait entreprise; qu'il ne les avait achetés que pour en louer l'usage à l'administration avec laquelle il avait traité; et que, par conséquent, il avait fait, par ces achats, aux termes de l'art. 632 du Code, un acte de Commerce proprement dit.

Supposons qu'assigné par les fournisseurs de ces échafaudages, de ces objets divers, devant le tribunal de commerce de Gand, pour leur en payer le prix, il eût décliné la juridiction de ce tribunal; que, débouté de son déclinatoire, il en eût appelé à la cour supérieure de justice de Bruxelles, et que son appel eût été porté à la même audience que celui du jugement qui l'avait condamné à reconnaître le sieur D.... pour son associé.

Bien certainement la cour n'aurait pas pu se dispenser de confirmer celui des deux jugemens qui eût rejeté le déclinatoire du sieur R... Mais comment, dès-lors, aurait-elle pu accueillir le déclinatoire que le sieur R.... proposait pour la première fois devant elle ? N'eût-ce pas été juger à la fois et que le sieur R.... avait fait des actes de Commerce dans lesquels il était possible que le sieur D.... fût intéressé, et qu'il n'en avait point fait?

Je suppose néanmoins qu'elle eût dit et qu'elle eût été fondée à dire qu'il n'y avait point là de contradiction; que les achats faits par le sieur R..., étaient bien, vis-à-vis du vendeur, des actes de Commerce de sa part et de celle de son prétendu associé; mais qu'entre eux, on devait les considérer comme de simples accessoires de l'entreprise de construction qui formait l'objet principal de leur prétendue société; que, dès-lors, ils n'auraient pu être réputés actes de Commerce, qu'autant que l'entreprise elle-même en eût eu le caractère.

Dans cette hypothèse, l'arrêt n'aurait eu à résoudre, comme il n'a résolu en effet, qu'une seule question, celle de savoir s'il y a acte de Commerce de la part d'un entrepreneur de

constructions qui ne se charge que de la main-d'œuvre à exécuter par des ouvriers de son choix; mais, cette question, l'a-t-il bien jugée ? Il me paraît évident que non.

Le sieur R.... n'avait pris à louage le travail de ses ouvriers, que pour le sous-louer avec bénéfice à la ville de Gand, propriétaire du fonds sur lequel il avait élevé, par leurs mains, les constructions qu'il avait entreprises.

Or, si, comme le décide expressément l'art. 632 du Code, il y a acte de Commerce de la part de celui qui achète un effet mobilier pour le louer, il faut bien aussi qu'il y ait acte de Commerce de la part de celui qui prend à louage un effet de la même nature pour le sous-louer; car le louage d'une chose n'est, en soi, que l'achat de l'usage auquel cette chose est propre. « Le » contrat de louage (dit Pothier, dans son *Traité* » *du contrat de louage*, n°. 4) s'analyse en une es- » pèce de vente; car le contrat de louage ren- » ferme, en quelque façon, non la vente de la » chose même qui est louée, mais la vente de la » jouissance et de l'usage de cette chose pour le » temps que doit durer le bail; et la somme con- » venue pour le loyer, en est le prix. Par exemple, » le bail à ferme d'une terre s'analyse en une » vente que le bailleur fait au fermier des fruits » qui y seront à recueillir pendant le temps du » bail; et la ferme de chaque année du bail est » le prix des fruits que le fermier recueillera pen- » dant ladite année. C'est pourquoi les Romains » se servaient quelquefois des termes de vente » et d'achat pour signifier le contrat de louage ».

C'est même sur ce fondement que, sous l'ordonnance de 1673, qui ne déclarait expressément actes de Commerce que les achats faits *pour revendre*, on ne laissait pas de réputer tels les achats faits *pour louer*; et vainement ai-je entrepris de soutenir le contraire dans des conclusions du 23 brumaire an 9, que l'on trouvera aux mots *Tribunal de commerce*, §. 5 : la jurisprudence que j'attaquais a été confirmée, d'abord par un arrêt de la section des requêtes, du même jour, ensuite par un arrêt de cassation de la section civile, du 11 vendémiaire an 10, rapportés au même endroit.

Or, si, avant le Code de commerce, on était censé acheter pour revendre, par cela seul que l'on achetait pour louer, il est clair qu'aujourd'hui l'on est censé acheter pour louer, par cela seul qu'on loue pour sous-louer.

Aussi, M. Pardessus, dans son *Cours de droit commercial*, après avoir rappelé, n°. 32, la disposition de l'art. 632 du Code qui répute actes de Commerce, les achats de choses destinées à être revendues, n'hésite-t-il pas à ajouter :

« On peut aussi, dans la vue de faire un profit, louer des choses mobilières pour en sous-louer l'usage ; et à cet égard, les motifs sont les mêmes pour déclarer acte de Commerce la convention par laquelle on prend ces choses à loyer, et celle

---

par laquelle on ferait l'entreprise de les sous-louer.

» Les contrats maritimes nous en offriront un exemple dans les louages des navires. Le Commerce de terre en fournit également, et l'on peut dire en général que toutes les choses qui peuvent être achetées dans la vue d'en louer l'usage, peuvent être louées dans la vue de les sous-louer.

» Ainsi, une personne pourrait louer un certain nombre de chevaux pendant un certain temps, et les sous-louer ensuite ensemble ou en détail. Il n'est pas douteux que cette sous-location, étant faite dans la vue et supposant l'intention d'obtenir du profit, serait, par cela même, un acte de Commerce ».

Inutile d'objecter qu'il n'en est pas du travail d'un artisan, comme d'un simple effet mobilier; que l'un ne peut pas, comme l'autre, être censé vendu, par cela seul qu'il est loué; et que, par une conséquence ultérieure, la sous-location de l'un ne peut pas, comme celle de l'autre, être assimilée à la location d'une chose achetée pour être louée.

Sans doute, le travail d'un homme ne peut pas être vendu incommutablement; mais il peut être loué pour un temps fixe ou indéfini; et dès que la location *s'analyse*, suivant l'expression de Pothier, *en une espèce de vente*, il est clair que louer pour un temps fixe ou indéfini le travail d'un ouvrier, c'est l'acheter pour un temps indéfini ou fixe; il est clair que le sous-louer, c'est louer une chose dont on a acheté la jouissance temporaire; il est clair, en un mot, que l'on fait un acte de Commerce, par cela seul qu'on le loue pour le sous-louer.

Et voilà pourquoi il est généralement reconnu que « l'on doit (comme le dit M. Pardessus, n°. » 35) considérer comme actes de Commerce, les » entreprises de balayage des rues d'une ville, de » curage ou entretien des canaux et égouts ».

Et dès-lors, il est bien impossible de ne pas considérer également comme acte de Commerce, l'entreprise d'une construction dans laquelle l'entrepreneur ne vend que la main-d'œuvre des ouvriers qu'il y emploie.

IV. Peut-être m'objectera-t-on, comme contraire aux principes établis dans le n°. précédent, comme adoptant ceux sur lesquels sont fondés les arrêts de la cour supérieure de justice de Bruxelles, des 24 décembre 1815, 5 novembre 1818 et 22 mai 1819, un arrêt de la cour royale de Rouen, que M. Sirey présente dans son recueil, tome 26, partie 2, page 135, comme jugeant qu'*un charpentier n'est point justiciable du tribunal de commerce, pour avoir, par suite d'un marché, construit et vendu une machine hydraulique pour une filature, et qu'une pareille construction n'est un acte de Commerce, qu'autant qu'elle se rattache à la navigation intérieure ou extérieure.*

Mais en examinant de près le compte que rend M. Sirey de l'espèce de cet arrêt, on reconnaîtra facilement qu'il en fait une fausse application :

« Par suite d'un traité (dit M. Sirey), Amaury, charpentier, construisit et livra à Dechancé une roue hydraulique destinée à une filature que possédait ce dernier ».

Amaury avait-il construit seul cette machine, ou y avait-il employé des ouvriers dont il avait, pour cet objet, loué le travail ? L'avait-il construite avec des matériaux fournis par Dechancé ? C'est ce que l'arrêt nous laisse ignorer.

« Des contestations s'étant élevées sur le prix (continue M. Sirey), Dechancé assigna Amaury devant le tribunal de commerce de Rouen, en lui donnant, dans l'exploit, la simple qualité de charpentier. Amaury déclina la compétence ; mais, nonobstant son déclinatoire, le tribunal se déclara compétent, et statua au fond.

» Appel, en ce que le tribunal avait rejeté le déclinatoire.

» L'appelant a soutenu 1°. qu'il n'était point commerçant; que Dechancé avait reconnu ce fait en l'assignant simplement comme charpentier, qualité en vertu de laquelle il n'était justiciable que des tribunaux civils; 2°. qu'aucune disposition de la loi ne range au nombre des actes de Commerce, la construction d'une roue hydraulique; qu'il n'était pas possible, dans l'espèce, de faire application de l'art. 633 du Code de commerce, qui ne parle que des constructions relatives à la navigation, soit extérieure, soit intérieure.

» L'intimé répondait qu'Amaury devait être considéré comme commerçant, ou du moins comme ayant fait souvent des actes de Commerce, puisqu'il était dans l'habitude d'acheter des matières premières qu'il fabriquait et revendait ensuite aux filatures et manufactures qui avaient besoin de machines. Toutefois il ne paraît pas qu'il ait demandé à faire preuve de ces faits, et il est à remarquer que la roue hydraulique, qui lui avait été livrée par Amaury, n'avait été construite que par suite d'un marché convenu entre eux, et que, dans ce cas, au moins, Amaury n'avait travaillé que comme simple charpentier, et dans les bornes de son état ».

Deux choses à remarquer dans cette défense.

D'une part, l'intimé ne prétendait pas qu'Amaury eût *vendu* la roue hydraulique dont il s'agissait, c'est-à-dire, qu'il eût acheté les matériaux nécessaires à la confection de cette machine et qu'il les lui eût revendus tout façonnés. Il mettait seulement en fait, sans le prouver, et même, à ce qu'il paraît, sans en offrir la preuve, qu'Amaury était *dans l'habitude* d'acheter des matières premières qu'il fabriquait et revendait ensuite aux manufacturiers qui avaient besoin de machines ; ce qui, assurément, était bien insignifiant, puisque la question n'était pas de savoir si Amaury faisait habituellement des actes de Commerce vis-à-vis d'autres manufacturiers, mais uniquement de savoir s'il en avait fait un vis-à-vis de l'intimé, en s'obligeant de lui construire une roue hydraulique.

D'un autre côté, quelque peu vraisemblable qu'il fût qu'Amaury eût construit seul cette machine, l'intimé n'alléguait même pas qu'il eût loué des ouvriers pour l'aider à la construire; et comme les juges ne pouvaient pas suppléer ce fait d'office, ils ne pouvaient pas non plus en conclure d'office que la construction de cette machine avait été, de la part d'Amaury, un acte de Commerce.

D'après une pareille défense, il n'est pas étonnant que, par arrêt du 14 mai 1825, la cour royale de Rouen ait prononcé en ces termes :

« Attendu qu'Amaury a été assigné en qualité de charpentier, qualité répétée dans le jugement dont est appel; que la confection d'une roue hydraulique pour une filature, ne peut être considérée comme une opération commerciale de la compétence des tribunaux de commerce, qui ne sont que des tribunaux d'exception ;

» Que l'art. 633 du Code de commerce ne considère une entreprise de construction, comme constituant une opération de Commerce, qu'autant qu'elle se rattache à la navigation, soit intérieure, soit extérieure; que toute autre entreprise de construction n'est qu'une opération purement civile, d'après la maxime *exceptio firmat regulam*;

» La cour, réformant, déclare le tribunal de commerce incompétent ».

On dira, sans doute, que les motifs de cet arrêt sont conçus en termes trop généraux pour ne pas s'appliquer aussi bien, soit au cas où Amaury eût fourni les matériaux de la roue hydraulique, soit au cas où il eût du moins loué des ouvriers pour l'aider dans la construction qu'il en avait entreprise, qu'au cas dans lequel la défense de l'intimé forçait les magistrats de supposer Amaury, c'est-à-dire, au cas où il était censé n'avoir fait ni l'un ni l'autre.

Mais d'abord, quelque généraux que soient ces motifs, ils n'en doivent pas moins être restreints à l'espèce particulière de l'arrêt qui les contient. Ainsi le veut le principe, *verba semper debent intelligi secundum subjectam materiam.*

Ensuite, si la cour royale de Rouen avait entendu, en généralisant ainsi les motifs de son arrêt, juger qu'Amaury n'eût fait un acte de Commerce, ni dans le cas où il eût fourni les matières premières de la roue hydraulique, ni dans le cas où il eût loué des ouvriers pour la construction de cette machine, nous dirions franchement qu'elle a mal jugé, et que l'art. 633 du Code de commerce serait loin de justifier sa décision.

En effet, qu'y a-t-il d'exceptionnel dans la disposition de cet article, qui répute acte de Commerce, *toute entreprise de construction de bâtimens pour la navigation?* Pas autre chose que le mot

toute; il en résulte sans doute que l'entreprise de la construction d'un bâtiment de navigation constitue, par elle-même et d'une manière absolue, un acte de Commerce; il en résulte sans doute que, pour la rendre telle, il ne faut ni qu'elle soit accompagnée de l'obligation de fournir les matières premières, ni qu'elle ne puisse être exécutée par l'entrepreneur qu'avec le concours de plus ou moins d'ouvriers loués à cet effet; il en résulte, sans doute, que l'entreprise de la construction d'une chaloupe constituerait un acte de Commerce de la part du charpentier qui s'en chargerait pour l'exécuter seul, sans le concours d'aucun ouvrier et sans fourniture de matériaux. Mais bien certainement il n'en résulte pas que *toute autre entreprise de construction* est une opération non commerciale, lorsque s'y trouve jointe, ou l'obligation d'en acheter et revendre les matériaux, ou la nécessité de louer ou de sous-louer des bras pour la confectionner.

V. L'entrepreneur d'une construction qui s'est obligé à fournir les matériaux nécessaires à la confection des ouvrages compris dans son marché, fait-il un acte de Commerce, lorsqu'il sous-trait d'une partie de son entreprise pour laquelle il n'y a point de matériaux à livrer, mais simplement des travaux à faire par des ouvriers?

La négative serait incontestable, si, comme l'ont jugé les arrêts de la cour supérieure de justice de Bruxelles, dont il est parlé aux trois n°. précédens, une entreprise de construction ou de travaux à faire par des ouvriers loués à cet effet, sur le fonds d'autrui, avec ou sans obligation de fournir les matériaux, n'était pas, par elle-même, un acte de Commerce; et c'est effectivement ce qu'a jugé un de ces arrêts, celui du 5 novembre 1818.

Dans le fait, il avait été passé, le 21 décembre 1816, entre les entrepreneurs des fortifications de Mons et de Charleroy, et les sieurs Darchambeau et Carondelet, une convention par laquelle ceux-ci s'étaient chargés, envers ceux-là, moyennant une somme de 162,572 francs, payable à différens termes, d'exécuter les déblais et remblais qui restaient à faire dans une partie des travaux de leur entreprise.

En 1818, les sieurs Darchambeau et Carondelet ont fait assigner les entrepreneurs devant le tribunal de commerce de Charleroy, en paiement de la portion échue de la somme qui leur avait été promise.

Les entrepreneurs ont décliné la juridiction de ce tribunal, sur le fondement qu'ils n'étaient pas commerçans, et que le sous-traité du 21 décembre 1816 ne contenait pas, de leur part, un acte de Commerce.

Le 21 juillet de la même année, jugement par lequel le tribunal de commerce de Charleroy se déclare incompétent ,

« Attendu que les tribunaux de commerce sont

des tribunaux d'exception, et qu'en conséquence ils ne peuvent connaître que des contestations qui leur sont attribuées par la loi;

» Que les attributions des tribunaux de commerce sont réglées par les art. 631 et suivans du Code de commerce, et principalement par l'art. 631, qui distribue en deux classes principales ces sortes de contestations, savoir, une première, qui comprend les contestations appartenant plus spécialement à la juridiction personnelle, et dans laquelle sont comprises toutes les contestations entre les négocians, marchands et banquiers; la deuxième, comprenant les contestations relatives aux actes de Commerce, entre toutes personnes, et qui paraissent plutôt tenir à la juridiction réelle;

» Que, pour placer les parties dans la première classe, il faudrait, d'après la définition donnée en l'art. 1er. du Code de commerce, non-seulement qu'elles exerçassent des actes de Commerce, mais encore qu'elles en fissent leur profession habituelle ;

» Que le Code de commerce, en définissant les actes de Commerce et énumérant ceux qu'il répute tels, a si peu voulu que les entreprises de construction et de bâtimens de terre fussent des actes de Commerce, qu'il n'a réputé tels que les entreprises de construction pour la navigation, et que, par la maxime *exceptio firmat regulam*, il a exclu les entreprises de constructions autres que celles ayant rapport à la navigation;

» Qu'en conséquence, du chef de l'entreprise de plusieurs lots des fortifications de Charleroy et de Mons, les défendeurs au principal ne peuvent être classés parmi les négocians, marchands, manufacturiers, traficans ou autres personnellement justiciables des tribunaux de commerce, ni par là avoir fait un acte de Commerce;

» Que, s'il est contestable que, relativement aux achats et ventes des matériaux entrant dans la bâtisse, que les entrepreneurs achètent pour être livrés ensuite au gouvernement, ils font des actes de Commerce qui, aux termes des art. 631 et 632, les rendent, quant à ce, justiciables des tribunaux de commerce, on ne peut rien en conclure pour les cas actuels où, de l'aveu des parties et par la nature de leurs conventions, *il n'y a eu aucun achat ni vente d'objet quelconque*;

» Que ni l'entreprise principale ni la sous-entreprise des sieurs Carondelet et Darchambeau ne peuvent être assimilées à une entreprise de fournitures qui exige toujours une continuité d'achats faits, soit pour revendre, soit pour en louer l'usage;

» Qu'enfin, sous aucun point de vue, on ne peut assimiler des sous-entrepreneurs à des commis ou facteurs; et qu'en conséquence l'art. 634 du Code n'est pas plus applicable au cas que les précédens ».

Appel de la part des sieurs Darchambeau et

Carondelet; mais par arrêt du 5 novembre 1818 « la cour, adoptant les motifs des premiers juges, » met l'appellation au néant (1) ».

Je le répète, le bien-jugé de cet arrêt ne serait pas douteux, si l'on pouvait admettre le système sur lequel il repose; si l'on pouvait inférer de l'art. 633 du Code de commerce, que les constructions de navire sont les seules dont l'entreprise puisse former une opération de Commerce. Mais ce système est évidemment insoutenable, et avec lui tombent nécessairement les conséquences qu'en tire l'arrêt.

D'une part, il résulte des développemens dans lesquels je suis entré dans les nos. 2 et 3, que l'entreprise des fortifications de Mons et de Charleroy constituait un acte de Commerce, non-seulement à raison de la fourniture des matériaux nécessaires à la confection des travaux qui en étaient l'objet, mais encore à raison de la location et de la sous-location des ouvriers employés à ces travaux.

D'un autre côté, qu'avaient fait les entrepreneurs, en sous-traitant de la partie des travaux de leur entreprise pour laquelle il n'y avait à fournir que de la main-d'œuvre? Sans contredit, ils avaient trafiqué d'un objet qui, à leur égard, avait tous les caractères d'une opération commerciale. Ils avaient donc fait un acte de Commerce envers les sous-entrepreneurs, comme les sous-entrepreneurs en avaient fait un envers eux? Ils étaient donc justiciables du tribunal de commerce pour l'exécution de leur sous-traité. L'arrêt du 5 novembre 1818 aurait donc dû, au lieu d'accueillir leur déclinatoire, le rejeter comme une mauvaise chicane.

§. VII. 1º. *Prendre à ferme des droits d'octroi, est-ce faire un acte de Commerce?*

2º. *Doit-on assimiler aux actes de Commerce, les billets que souscrit le fermier d'un droit d'octroi?*

3º. *Doit-on les y assimiler, lorsque le fermier les a souscrits avant son entrée en possession, mais qu'ils sont relatifs aux engagemens qu'il a pris par son bail?*

I. La première question doit, sans difficulté, être résolue pour la négative. Le fermier d'un droit d'octroi n'achète rien pour le revendre ou louer, et il ne loue rien pour le sous-louer. Il n'y a donc rien de commercial dans son entreprise; et c'est ce que suppose évidemment l'arrêt de la cour de cassation qui est rapporté au nº. suivant.

II. La seconde et la troisième questions se sont présentées dans l'espèce suivante :

Le 1er. septembre 1811, faillite du sieur Branzon, fermier de l'octroi de Caen, qui doit à la caisse municipale une somme de 26,166 francs,

(1) Jurisprudence de la cour supérieure de Bruxelles, année 1818, tome 1, page 274.

et à ses receveurs particuliers, pour les cautionnemens qu'ils ont versé entre ses mains, une somme de 14,500 francs.

Le 1er. octobre de la même année, délibération du conseil municipal qui subroge le sieur Guiraud au bail de l'octroi, à la charge de cautionner le *debet* du sieur Branzon envers la ville, et de rembourser aux receveurs particuliers les 14,500 francs qui leur sont dus par celui-ci.

Le 22 novembre suivant, acte notarié par lequel le sieur Guiraud se rend caution, envers la ville, du *debet* du sieur Branzon.

Le 21 décembre, le sieur Guiraud souscrit, au profit des receveurs particuliers, quatorze obligations, montant ensemble à 14,500 francs, et ainsi conçues : « Bon pour la somme de...., que » je paierai à M..... ou à son ordre, valeur reçue » comptant, pour son cautionnement, lequel » paiement n'aura lieu qu'un mois après la fin » de sa gestion et qu'en me rapportant le certificat » de *Quitus* de la recette qui lui est confiée ».

Le même jour, arrêté du conseil de préfecture du département du Calvados, qui approuve la subrogation du sieur Guiraud au bail de l'octroi, et en motive spécialement l'approbation sur le fait que le nouveau fermier a rempli les conditions qui lui ont été imposées, et notamment qu'il a fourni *quatorze bons au profit de divers employés de l'octroi, montant ensemble à la somme de* 14,500 *francs.*

En conséquence, le sieur Guiraud est mis, le 1er. janvier 1812, en possession de la ferme de l'octroi.

Le 1er. février suivant, convaincu qu'au lieu des bénéfices qu'il s'était promis, il n'a vu la modicité des droits dont il a pris à bail la perception, que des pertes à essuyer, il réclame auprès de l'administration municipale une augmentation de ces droits.

Le 7 du même mois, délibération du conseil municipal, homologuée par le préfet, qui reconnaît la nécessité de cette augmentation.

Mais le ministre de l'intérieur refuse d'approuver cette délibération, et réserve seulement au sieur Guiraud la faculté de *cesser sa gestion.*

Le sieur Guiraud, profitant de cette faculté, renonce à son bail, et présente une pétition pour se faire décharger des engagemens qu'il a contractés tant envers la ville qu'envers les receveurs particuliers.

Sur cette pétition, arrêté par lequel le conseil municipal déclare « être d'avis que la de- » mande du sieur Guiraud, en tant qu'il prétend » faire résilier ses engagemens comme du jour » où ils ont eu lieu, doit être rejetée; mais qu'il » serait équitable d'accorder la cessation de la » jouissance comme du 1er. février dernier, épo- » que où il a formé ses premières réclamations, » et qu'à compter de ce jour, il devra être libéré » du paiement du prix du bail pour le temps » qui a commencé à ladite époque; et que, dans

» ce prix, il serait encore équitable de compren- » dre et répartir, jour par jour, les 40,666 francs » cautionnés par le sieur Guiraud ».

Les choses en cet état, quatre des receveurs particuliers de l'octroi, au profit desquels le sieur Guiraud a souscrit les bons du 22 décembre 1811, le font assigner devant le tribunal de commerce de Caen, pour le faire condamner au paiement de ceux de ces bons qui les concernent.

Le sieur Guiraud décline la juridiction de ce tribunal, sur le double fondement 1°. qu'il n'est pas commerçant et qu'il n'a pas fait un acte de Commerce en souscrivant les billets à ordre dont il s'agit; 2°. que l'autorité administrative est seule compétente pour prononcer sur la demande formée contre lui, qu'elle en est déjà saisie, et que déjà elle y a statué en forme d'avis.

Jugement qui rejette le déclinatoire.

Appel à la cour royale de Caen; et le 30 août 1812, arrêt confirmatif, « attendu que Guiraud, » en sa qualité de fermier de l'octroi de la ville » de Caen, est véritablement receveur de deniers » publics; que l'art. 634 du Code de commerce » attribue aux tribunaux de commerce la con- » naissance des billets faits par des hommes de » cette profession, et qu'il est superflu d'exami- » ner si Guiraud doit, à raison de cette qualité, » être réputé comptable, parceque la loi ne fait » pas dépendre exclusivement la compétence de » la qualité de comptable ».

Le sieur Guiraud se pourvoit en cassation contre cet arrêt, et l'attaque comme violant les règles de la compétence.

« Il est vrai (dit-il) que l'art. 634 du Code de commerce attribue aux juridictions commerciales la connaissance *des billets faits par les receveurs, payeurs, percepteurs et autres comptables de deniers publics.*

» Mais ces mots *ou autres comptables de deniers publics*, démontrent clairement que, suivant l'intention de la loi, il ne suffit pas, pour être justiciable des tribunaux de commerce, d'être chargé de percevoir des deniers publics, il faut encore être tenu de rendre un compte. Or, un fermier de l'octroi n'a aucun compte à présenter; ses obligations se bornent à payer le prix de son bail; il ne peut donc être rangé dans la classe des individus désignés par l'art. 634.

» Il est d'ailleurs évident que les comptables de deniers publics ne sont soumis à la juridiction commerciale que pour les billets faits pendant la durée de leur gestion; car l'attribution de juridiction étant uniquement fondée sur leur qualité de comptables, ne peut avoir lieu pour des engagemens pris à une époque où cette qualité n'existait point encore.

» Les reconnaissances dont il s'agit dans l'espèce, sont antérieures à l'arrêté qui a subrogé le sieur Guiraud aux droits de l'ancien fermier, puisqu'elles s'y trouvent relatées; elles ont, à plus forte raison, précédé la gestion du sieur

Guiraud, puisque cette gestion n'a commencé que dix jours après la date de l'arrêté qu'on vient de rappeler; il n'était donc pas comptable au moment où il les a souscrites; et cette qualité, s'il l'a eue depuis, n'a pu rétroagir sur des obligations contractées avant qu'elle lui appartînt. Nouvelle raison de décider que le tribunal de commerce était incompétent ».

A ce moyen, le sieur Guiraud en ajoute un second qu'il tire d'une prétendue contravention à l'art. 13 du tit. 2 de la loi du 24 août 1790, et à la loi du 17 fructidor an 3, qui interdisent aux tribunaux toute connaissance des actes administratifs.

Mais, par arrêt du 12 mai 1814, au rapport de M. Boyer, et sur les conclusions de M. l'avocat général Joubert,

« Attendu que l'art. 634 du Code de commerce soumet à la juridiction des tribunaux de commerce la connaissance des billets faits par les receveurs, payeurs, percepteurs ou autres comptables de deniers publics; que la cour royale de Caen, en confirmant le jugement du tribunal de commerce de Caen, a reconnu que Guiraud, en sa qualité de fermier général de l'octroi, était essentiellement receveur de deniers publics, et que les obligations litigieuses sont causées pour valeur du cautionnement de ses préposés, relatives par conséquent à son administration et à sa perception; d'où il résulte qu'il y avait lieu à l'application de l'art. 634 dudit Code, et que ladite cour n'a point commis la violation qui est arguée par le demandeur;

» Attendu qu'il ne pouvait être question, dans l'instance, des intérêts du gouvernement, ni de l'interprétation d'un acte souscrit en son nom, mais bien de l'exécution d'obligations privées à l'égard desquelles il n'a existé ni pu exister aucun conflit élevé par l'autorité administrative; d'où il résulte qu'il n'y avait lieu à lui renvoyer la connaissance de l'affaire; et que les lois des 24 août 1790, 16 fructidor an 3 et 5 fructidor an 9, étaient sans application, et n'ont pu être violées par l'arrêt attaqué ».

» La cour (section des requêtes) rejette le pourvoi..... ».

§. VIII. *Y a-t-il acte de Commerce dans la prise à ferme d'un entrepôt municipal dans lequel sont déposées, par les voituriers, les marchandises que refusent de recevoir ceux à qui elles sont adressées ?*

Il existe, dans presque toutes les villes de Commerce, des établissemens dans lesquels sont déposées pour le compte de qui il appartiendra, et conservées moyennant un salaire déterminé, les marchandises adressées du dehors à des habitans qui refusent de les recevoir; et dans plusieurs de ces villes, l'autorité municipale, au lieu de faire régir ces établissemens au profit de la commune,

par des préposés de son choix, les baille à ferme par adjudication publique.

Si l'adjudicataire d'un pareil établissement pouvait être assimilé à un particulier qui ouvre au public, dans ses magasins, un entrepôt volontaire dans lequel il reçoit, à leur arrivée, les marchandises qui lui sont adressées pour les remettre ou les faire parvenir à leur destination, il n'y aurait nul doute que l'on ne dût le considérer comme faisant un acte commercial; car l'art. 632 du Code répute, *acte de Commerce*, toute *entreprise de commission*.

Et c'est effectivement ce qu'on a soutenu, mais contre toute raison et sans succès, dans l'espèce suivante.

En 1809, deux pièces de vin sont expédiées de Dijon par les sieurs Rebattu, à l'adresse et pour le compte du sieur Harstman, de Bruxelles.

Arrivées à Bruxelles, le sieur Harstman refuse de les recevoir; et elles sont, en conséquence, déposées à l'entrepôt municipal, connu sous la dénomination de *poids de la ville*, où elles restent pendant deux années consécutives sans réclamation.

En 1811, les sieurs Rebattu font assigner le sieur Coomans, adjudicataire de l'entrepôt, devant le tribunal de commerce de Bruxelles, pour se voir condamner à leur payer la somme de six cents francs à laquelle ils évaluent les deux pièces de vin, si mieux il n'aime leur remettre ces deux pièces *en bon état*.

Le sieur Coomans décline la juridiction du tribunal de commerce, et demande son renvoi devant le tribunal civil.

Jugement qui rejette le déclinatoire,

« Attendu que l'établissement dont Coomans s'est rendu adjudicataire, constitue une entreprise de Commerce, dans le sens de l'art. 632 du Code de commerce;

» Que, d'après le cahier des charges de l'adjudication, Coomans est responsable envers les négocians de la reproduction et conservation des marchandises qui seront déposées au poids de la ville;

» Que la nature de son entreprise consiste essentiellement dans des relations continuelles avec des marchands;

» Qu'il importe peu que ces relations soient l'effet d'un bail ou de tout autre titre; qu'elles n'en sont pas moins totalement dans la nature d'une entreprise liée à la confiance et à l'intérêt du Commerce ».

Le sieur Coomans appelle de ce jugement à la cour de Bruxelles, et soutient,

« Qu'on ne conçoit pas de Commerce là où il n'y a ni matière à spéculation, ni liberté d'acheter ou de vendre;

» Qu'en sa qualité de fermier du poids de la ville, il est simplement dépositaire et gardien, moyennant un salaire réglé, des objets qu'on remet à l'entrepôt;

» Que l'établissement est bien destiné à l'intérêt du Commerce, en ce qu'il sert de dépôt public pour conserver les marchandises litigieuses, où dont les véritables propriétaires ne sont pas reconnus; mais qu'il n'en résulte pas plus d'acte de Commerce à l'égard de l'adjudicataire qu'envers tout gardien établi, soit judiciairement, soit de gré à gré;

» Que la ville pourrait elle-même régir cet établissement à son gré, au lieu de le laisser à ferme, et que, dans ce cas, personne n'oserait s'aviser de croire que la ville, aux droits de laquelle se trouve l'adjudicataire, est justiciable du tribunal de commerce ».

Par arrêt du 5 mai 1813, conforme aux conclusions de M. l'avocat-général Destoop,

« Attendu que, bien que le fermier du droit d'entrepôt de Bruxelles, dit *poids de la ville*, soit, d'après le cahier des charges, responsable de la reproduction et conservation des marchandises qu'on y dépose, il n'en résulte pas que l'adjudication de cette ferme donne à l'adjudicataire la qualité d'entrepreneur dans le sens de l'art. 632 du Code de commerce;

» Qu'en effet, il est dans la nature de toute entreprise de cette catégorie, qu'elle puisse être assimilée à l'état de commerçant, c'est-à-dire, que les actes qu'elle comporte puissent être réputés actes de Commerce; que l'entrepreneur puisse traiter avec qui bon lui semble et au prix qui lui convient; qu'il ne soit pas enfin, comme dans l'espèce, le préposé d'un établissement public, et obligé de se soumettre, vis-à-vis de tous, aux clauses de son bail, sans qu'il lui soit permis, en vertu de son bail et de cette prétendue entreprise, de se livrer à aucune sorte de spéculation;

» Considérant enfin que Coomans, en devenant fermier d'un droit municipal, n'a contracté qu'une obligation civile, pour sûreté de laquelle il ne doit pas être distrait de son juge ordinaire;

» La cour met au néant le jugement dont est appel; émendant, dit que le tribunal de commerce était incompétent pour statuer sur la demande de l'intimé.... (1) ».

§. IX. *Pour qu'un contrat synallagmatique soit réputé acte de Commerce à l'égard de l'une des parties, est-il nécessaire qu'il soit également réputé tel à l'égard de l'autre partie?*

La négative me paraît résulter clairement de la combinaison des art. 632 et 638 du Code de commerce.

En effet, d'une part, l'art. 632 répute acte de Commerce, *tout achat de denrées pour les revendre, soit en nature, soit après les avoir travaillées et mises en œuvre, ou même pour en louer simplement l'usage;* et il ne distingue point entre le cas où le vendeur de ces denrées les avait lui-même achetées pour les re-

vendre, et le cas où elles provenaient de son crû; ainsi, nul doute que le boulanger qui achète, même d'un propriétaire ou d'un fermier, du blé pour le revendre converti en pain, ne fasse un acte de Commerce pour raison duquel son vendeur peut l'actionner devant le tribunal de commerce.

D'un autre côté, l'art. 638 déclare les tribunaux de commerce incompétens pour connaître des *actions intentées*, n'importe par qui, n'importe qu'elles le soient par un commerçant ou par un non-commerçant, *contre un propriétaire, cultivateur ou vigneron, pour vente de denrées provenant de son crû.*

Ces deux articles ne sont donc qu'une répétition implicite de l'art. 10 du tit. 12 de l'ordonnance de 1673, aux termes duquel « les gens d'église, » gentilshommes et bourgeois, laboureurs, vi-» gnerons et autres, pourront faire assigner pour » ventes de blé, vins, bestiaux et autres denrées » procédant de leur crû, ou pardevant les juges » ordinaires, ou pardevant les juges et consuls, » si les ventes ont été faites à des marchands ou » artisans, faisant profession de revendre », et de la défense que faisait aux juges-consuls l'arrêt de réglement du parlement de Paris, du 24 janvier 1733, de connaître des actions intentées contre des *gens d'église, gentilshommes, bourgeois, laboureurs et autres, pour ventes de blé, vins, bestiaux, et autres denrées procédant de leur crû.*

Et, dès-lors, il est clair qu'un contrat signallagmatique peut être réputé acte de Commerce à l'égard de l'une des parties, quoiqu'il n'en ait point le caractère à l'égard de l'autre.

Ainsi, de ce qu'un marchand de chevaux ne peut m'actionner que devant le tribunal civil, en paiement du prix du cheval que je lui ai acheté, il ne s'ensuit nullement que je ne puisse pas l'actionner lui-même devant le tribunal de commerce, à raison des vices rédhibitoires dont le cheval était infecté au moment où il me l'a vendu; et c'est ce qui a été jugé par un arrêt de la cour supérieure de justice de Bruxelles, du 27 octobre 1826, « Attendu que le défendeur étant marchand de » chevaux, a bien été assigné devant le tribunal » de commerce, sur la demande en restitution du » prix d'un cheval par lui vendu, et que le de-» mandeur prétendait être atteint d'un mal à » l'époque de la vente (1) ».

« Ainsi (dit M. Pardessus dans son *Cours de droit commercial*, n°. 1346), le contrat d'apprentissage qui intervient entre un père et l'ouvrier à qui il a confié l'enseignement de son fils, n'est acte de Commerce que de la part de ce dernier; et si ce dernier peut être traduit au tribunal de commerce, faute d'exécution de son engagement, il ne peut

(1) Décisions notables de la cour d'appel de Bruxelles, tome 28, page 321.

(1) Jurisprudence de la cour supérieure de justice de Bruxelles, année 1827, page 72.

y traduire le père, en paiement du prix d'enseignement promis.

» Ainsi, lorsqu'un non-commerçant a commandé quelqu'ouvrage à un entrepreneur qui le fait par lui-même ou par des ouvriers qu'il emploie, les demandes contre cet entrepreneur, de la part de celui envers qui il s'est engagé, pour tout ce qui concerne les effets et l'exécution de cette convention, peuvent être portées au tribunal de commerce, par suite des règles données n°. 35, encore bien que l'ouvrier ne puisse y traduire celui qui l'a employé.

» Ainsi, le non-commerçant qui a confié des effets mobiliers à un voiturier, à un commissionnaire de transports, à des préposés d'une entreprise de diligence, a droit de les poursuivre devant le tribunal de commerce; et ceux-ci, s'ils ont quelqu'action contre lui, ne peuvent le traduire qu'au tribunal civil ».

Inutilement opposerait-on à cette doctrine un arrêt de la cour de cassation du 20 mars 1811, que M. Sirey (tome 11, page 193) présente comme jugeant que *les tribunaux de commerce ne sont pas compétens pour connaître des demandes en paiement du prix d'effets confiés à la diligence et qui ont été perdus, et que c'est aux tribunaux ordinaires seuls qu'il appartient d'en connaître.*

Cet arrêt dit bien, en rejetant la demande en cassation d'un arrêt de la cour d'appel de Poitiers, du 17 janvier 1810, que *l'on ne peut raisonnablement soutenir que le dépôt d'un sac de nuit à la diligence, soit un acte de Commerce;* mais il ne lit que pour en conclure que le voyageur qui a fait ce dépôt à la diligence, peut en poursuivre la restitution devant les tribunaux ordinaires; c'est par conséquent comme s'il disait, et rien de plus, que ce dépôt ne forme pas un acte de Commerce de la part du voyageur.

Inférer de là, comme le fait M. Sirey, que ce dépôt ne forme pas un acte de Commerce de la part de l'entrepreneur de la diligence, que celui-ci ne peut pas être actionné devant le tribunal de commerce en restitution des effets qui lui ont été confiés, en un mot que *les tribunaux sont* incompétens pour connaître des *demandes en paiement du prix de ces effets,* c'est évidemment aller trop loin et faire dire à l'arrêt ce qu'il ne dit pas, ce qu'il n'entrait pas dans son objet de dire, ce qu'il n'aurait pas pu dire sans violer la disposition de l'art. 632, qui répute acte de Commerce *toute entreprise de transports par terre ou par eau.*

Cet arrêt ne porte donc aucune atteinte au principe consacré par l'art. 10 du tit. 12 de l'ordonnance de 1673, et renouvelé implicitement par l'art. 632 du Code actuel, que toutes les fois qu'un contrat n'est commercial que du côté de l'une des parties contractantes, il est libre à celle qui n'a pas fait acte de Commerce, de traduire son adversaire devant la juridiction commerciale; il décide seulement que la partie qui n'a pas fait acte de Commerce en contractant, peut, si elle le trouve plus convenable à ses intérêts ou à sa position, traduire son adversaire devant le tribunal civil, et rien n'est ni plus naturel ni plus conforme au véritable esprit de la loi : « D'un » côté (dit M. Pardessus, n°. 1347), il n'y a rien » d'injuste envers le défendeur qui a dû s'attendre » à être soumis à la compétence commerciale; » d'un autre côté, ce même défendeur n'a pas » dû compter que celui avec qui il traitait, entendît consentir à plaider devant le tribunal de » commerce dont son engagement ne l'a pas rendu » justiciable, ce qui arriverait s'il était obligé d'y » traduire son adversaire ».

COMMISSAIRES DU GOUVERNEMENT PRÈS LES TRIBUNAUX. *V.* les articles *Conclusions du ministère public* et *Ministère public.*

COMMISSIONNAIRE. §. I. *Un commissionnaire répond-il de la saisie des marchandises qu'il a reçues en entrepôt, lorsqu'il a négligé de remettre au voiturier à qui il les a confiées, les acquits, les certificats et les autres pièces qui devaient assurer à ces marchandises un libre passage par les différens bureaux de douanes où elles devaient être visitées?*

Le 13 juillet 1779, le sieur Regnier, négociant à Pétersbourg, a expédié trois barriques de cire au sieur Liguel, marchand cirier à Paris; et pour les lui faire parvenir plus aisément, il les a adressées d'abord au sieur Gravier, négociant à Ostende.

Le 11 octobre suivant, le sieur Gravier, à son tour, les a adressées au sieur Lancel-Carré, négociant à Lille.

Le 12, elles ont été visitées au bureau d'Halluin.

Le 13, le sieur Gravier s'est procuré un certificat du consul de France à Ostende, portant que les trois barriques de cire lui avaient été déclarées provenir de Pétersbourg; et il s'est empressé de l'envoyer au sieur Lancel-Carré.

Mais les marchandises avaient devancé le certificat. Il était, comme on vient de le dire, daté du 13; et ce jour-là même, les marchandises sont arrivées à Lille, et elles ont été conduites à la douane.

Le lendemain 14, le sieur Lancel-Carré, ayant reçu le certificat du consul d'Ostende, a été le présenter aux commis de la douane, comme un titre qui devait assurer aux trois barriques de cire une exemption entière de tout droit.

Les employés de la ferme générale ne devaient avoir aucun égard à cet acte, parceque, d'un côté, il était présenté trop tard, et que, de l'autre, il établissait bien qu'on avait fait au consul d'Ostende la déclaration de l'origine des marchandises, mais il ne prouvait pas la sincérité de cette déclaration. Cependant ils n'ont exigé, sur les trois barriques de cire, qu'un droit de quatre livres du cent pesant, non compris les huit sous pour livre.

Ce droit acquitté, le sieur Lancel-Carré a fait partir les trois barriques pour Paris; et, soit que les employés de la douane de Lille eussent retenu le certificat d'Ostende, soit qu'il l'eût lui-même oublié dans leur bureau, il ne l'a pas remis au voiturier.

Parvenues à Péronne, les marchandises ont été visitées par les commis du bureau qui y étaient alors établis; et plus éclairés que ceux de Lille, ces derniers se sont fait payer un supplément de droit de 20 pour cent, non compris les huit sous pour livre.

Le sieur Lignel, en recevant les marchandises, a formé des plaintes contre cette perception; mais les fermiers généraux lui ayant prouvé qu'elle était conforme aux lois, il a pris, à leur égard, le parti du silence, et il s'est replié sur le sieur Lancel-Carré, qu'il a prétendu rendre responsable du supplément de droit payé à Péronne, pour n'avoir pas joint à l'expédition des marchandises, le certificat du consul de France à Ostende.

Le sieur Lancel-Carré a répondu que ce certificat était insuffisant par lui-même pour exempter les marchandises du droit dont il s'agissait; et que d'ailleurs, s'il ne l'avait pas remis au voiturier, c'était parceque les commis du bureau de Lille l'avaient retenu en même temps qu'ils l'avaient jugé inutile.

La cause plaidée contradictoirement, les juges et consuls de Lille ont rendu, le 15 juillet 1780, une sentence qui « ordonne au défendeur de » prouver que le certificat du consul de France » à Ostende était insuffisant pour éviter le paie- » ment des droits de vingt pour cent perçus à » Péronne sur les cires dont est question, faute » de certificat d'origine, et que ledit certificat » d'Ostende a été rejeté par les employés de la » douane de cette ville ».

Le sieur Lancel-Carré a prouvé l'un et l'autre point par une lettre des fermiers-généraux, du 17 février 1780, et par un certificat du receveur et du contrôleur de la douane de Lille, du 26 juillet suivant.

Il paraît que ces pièces ont déconcerté le sieur Lignel : du moins il a abandonné la cause.

Cinq ans après, ses créanciers unis l'ont reprise, et les juges-consuls ont rendu, le 12 juillet 1785, une sentence définitive, qui, « vu le » défaut du défendeur d'avoir fait suivre avec sa » marchandise, le certificat du consul d'Os- » tende, l'a condamné à payer au demandeur la » somme de 916 livres 27 sous, et aux dépens ».

Le sieur Lancel-Carré a appelé de cette sentence au parlement de Flandre, et la cause a été portée à l'audience de la deuxième chambre.

« Deux questions (disais-je pour lui) se présentent à examiner : 1°. Le droit de vingt pour cent, perçu à l'entrée des cinq grosses fermes,

était-il dû, même en supposant le certificat du consul d'Ostende représenté au bureau de Péronne, et la perception en a-t-elle été faite légitimement ? 2°. En supposant l'affirmative, peut-on en rendre Lancel-Carré responsable, sous prétexte qu'il n'a pas fait présenter au bureau de Péronne un certificat nul et incapable d'éluder légalement la perception du droit ?

» Sur la première question, la date du certificat, postérieure à l'entrée des marchandises en France, et les lettres-patentes sur arrêt du 11 janvier 1746, forment pour Lancel-Carré deux moyens également inexpugnables.....

» Sur la seconde, une considération très-simple suffit pour la décider en sa faveur. Est-ce par le fait de Lancel-Carré, que le droit de vingt pour cent a été exigé au bureau de Péronne ? Non, c'est par le fait de Regnier, qui, en expédiant les marchandises à Pétersbourg, n'y a pas joint le certificat d'origine prescrit par les lettres-patentes du 11 janvier 1746. C'est encore, si l'on veut, par le fait de Gravier, d'Ostende, qui n'a pris du consul de cette ville le certificat dont il est question dans la cause, que le surlendemain du jour qu'elles étaient passées par le bureau d'Halluin ».

Les créanciers Lignel répondaient :

« Un Commissionnaire ne peut pas négliger impunément les précautions qui peuvent épargner un préjudice quelconque à son commettant. Le certificat du consul d'Ostende ayant été jugé suffisant par les commis du bureau de Lille, tout porte à croire que les commis du bureau de Péronne l'auraient vu du même œil, si on le leur avait présenté. A la vérité, il ne paraît pas remplir le vœu de l'arrêt du conseil du 11 janvier 1746; mais la conduite des commis du bureau de Lille est une preuve que cet arrêt ne s'exécute pas à la rigueur. En tout cas, ce n'était pas à Lancel-Carré à en juger. On lui avait remis un certificat pour le joindre aux marchandises; c'était à lui à l'y joindre effectivement : un Commissionnaire ne doit point raisonner; instrument simple et aveugle, il faut qu'il se plie à toutes les volontés de celui qu'il a bien voulu reconnaître pour son commettant.

» D'ailleurs, la sentence interlocutoire du 15 juillet 1780 a chargé Lancel-Carré de prouver que le certificat du consul d'Ostende avait été rejeté par les commis du bureau de Lille : la question n'est donc plus de savoir s'il a fait cette preuve. Il est certain que non. Les commis ont beau attester qu'ils ont jugé le certificat insuffisant; le visa qu'ils y ont apposé, et le défaut où ils ont été, à la vue de cette pièce, de percevoir le droit de vingt pour cent, démontrent que cette attestation n'est, de leur part, qu'un acte de complaisance pour Lancel-Carré ».

Sur ces moyens respectifs, il est intervenu, le 10 août 1785, un arrêt qui a confirmé purement et simplement la sentence des juge et consuls de Lille.

§. II. *Les Commissionnaires de voiture (c'est-à-dire, ceux qui font profession d'annoncer ou de procurer aux marchands les voituriers qu'ils trouvent disposés et propres à faire passer leurs marchandises d'un lieu à un autre), sont-ils garants des voituriers qu'ils choisissent; et répondent-ils des fautes ou du dol de ceux-ci, lorsqu'il n'est pas prouvé qu'ils ont mis dans leur choix une imprudence inexcusable?*

J'ai rapporté dans le *Répertoire de jurisprudence*, au mot *Commissionnaire*, plusieurs arrêts qui ont jugé pour l'affirmative.

Cette opinion a encore été adoptée depuis par deux autres arrêts qui méritent d'être remarqués.

Dans l'espèce du premier, un négociant de Lille avait chargé Miron, Commissionnaire de voituriers en la même ville, d'un ballot de marchandises destiné pour Lyon. Le voiturier à qui Miron le confia, fut volé dans la route; et il fut prouvé, par le procès-verbal dressé dans le lieu du délit, que ce ballot avait été compris dans le vol. Mais comme il n'y avait point de preuve que ce vol eût été fait par force majeure, le négociant de Lille soutint que Miron devait en répondre: les juge et consuls le décidèrent ainsi, et sur l'appel, leur sentence fut confirmée au parlement de Douai, par arrêt du 2 décembre 1784.

L'autre espèce présentait à juger plusieurs questions notables. Voici les faits qui y ont donné lieu.

A la fin d'août 1782, le sieur Laviolette, négociant à Courtrai, a fait parvenir au sieur Vanacker, négociant à Lille, trois ballots de marchandises, avec charge de les expédier pour Brest, à l'adresse des sieurs Rhoner et Riscoff, négocians en cette ville.

Le sieur Vanacker a remis ces ballots au sieur Azéma, Commissionnaire de voituriers. Azéma les a fait parvenir au sieur Jean le Comte, de Boulogne; des mains de celui-ci, ils sont passés dans celles du sieur Germonds, de Versailles, qui les a adressés au sieur de Piédoye, de Rennes, *en passe debout pour Brest.* Le sieur Piédoye, de son côté, en a chargé un voiturier public, nommé Saint-Hylan, d'Iffigniao, qui, lui-même, les a transmis aux sieurs Prud'homme et Langer respectivement voituriers publics à Saint-Brieux et à Château-Landrin.

Langer, en transportant ces marchandises à Brest, a été écrasé par sa voiture: son domestique, après lui avoir fait rendre les derniers devoirs, a continué sa route. Arrivé à Brest, il a déposé les trois ballots au bureau des marchands, en déclarant qu'il avait cherché pendant deux jours les personnes à qui ils étaient adressés, et qu'il ne les avait pas trouvées. Ce fait était prouvé par l'acte même de dépôt, en date du 3 novembre 1782.

Cependant, les sieur Rhoner et Riscoff, étonnés de ne point recevoir leurs marchandises, écrivirent au sieur Laviollette de Courtrai. Après différentes recherches, on est parvenu à découvrir que les trois ballots étaient déposés dans le bureau des marchands de Brest; et comme les toiles qui y étaient contenues, avaient beaucoup perdu de leur valeur par la diminution de prix survenue depuis le mois de décembre 1782, on a prétendu les laisser pour le compte des Commissionnaires.

En conséquence, les sieurs Azéma, Jean le Comte, Germonds et Piédoye, ont été successivement assignés par le sieur Vanacker, à la juridiction consulaire de Lille, pour se voir condamner à payer au sieur Laviolette le prix de trois ballots, sur le pied de la facture qui en accompagnait l'envoi.

Les sieurs Azéma, Jean le Comte et Germonds ayant prouvé que leurs commissions respectives ne s'étendaient point au-delà de Boulogne, Versailles et Rennes, et que la charge de faire parvenir les ballots à Brest, n'avait été imposée qu'au sieur Piédoye, celui-ci est demeuré seul en cause, et les autres ont été déchargés.

Le sieur Piédoye employait plusieurs moyens pour sa défense. Il disait, entre autres choses,

1°. Que le sieur Vanacker était non-recevable, parceque, comme Commissionnaire du sieur Laviollette, il n'était tenu que de remettre les marchandises à un voiturier connu et public; qu'il l'avait fait, en chargeant des trois ballots le sieur Azéma; que par conséquent il était sans intérêt;

2°. Qu'en supposant que le sieur Vanacker pût exercer les droits du sieur Laviolette, au moins il était certain qu'il ne pouvait agir que contre ceux à la charge desquels celui-ci pu agir lui-même: or, ajoutait-on, était-il naturel que le sieur Laviolette commençât par attaquer les voituriers? Non, il devait commencer par poursuivre les sieurs Rhoner et Riscoff, en paiement de ses marchandises: pourquoi? Parceque la perte même des marchandises, dans la route, n'aurait pas dispensé Rhoner et Riscoff du paiement du prix. Alors peut-être les sieurs Rhoner et Riscoff auraient agi récursoirement contre les voituriers; mais cette marche aurait pu produire, à l'égard de ceux-ci, des effets bien différens: ils auraient pu opposer aux sieurs Rhoner et Riscoff, des fins de non-recevoir qui seraient sans force contre le sieur Laviolette.

3°. Le sieur Piédoye ajoutait qu'il ne pouvait y avoir aucune action contre lui parcequ'il n'avait été chargé des marchandises qu'*en passe-debout*, c'est-à-dire, de les recevoir des mains d'un voiturier pour les remettre en celles d'un autre; qu'il avait rempli sa commission, et qu'on ne pouvait lui reprocher aucune négligence dans le choix du voiturier à qui il avait transmis les trois ballots, puisque c'était un homme notoirement connu pour exact et soigneux.

4°. Enfin, disait le sieur Piédoye, supposé que je sois responsable des faits du domestique de Langer, au moins on ne peut pas me condamner à payer les trois ballots sur le pied de la facture, parcequ'il est possible que cette facture en ait enflé le prix; et que la lettre de voiture n'indiquant pas la somme pour laquelle les marchandises sont vendues, le voiturier n'est censé contracter, en s'en chargeant, que l'obligation de répondre de leur valeur intrinsèque.

En conséquence, le sieur Piédoye concluait subsidiairement à ce qu'avant faire droit, il fût ordonné une estimation par experts des marchandises dont il s'agissait, eu égard au temps où elles avaient été déposées au bureau des marchands de Brest.

Ces différens moyens n'ont fait aucune impression sur les juges-consuls de Lille. Par sentence du 13 mars 1784, ils ont condamné le sieur Piédoye à payer au sieur Vanacker le montant de la facture des trois ballots, sauf à lui à les retirer du bureau des marchands, et en faire son profit.

Sur l'appel, le sieur Piédoye a fait assigner en garantie les sieurs Saint-Hylan et Prud'homme et la veuve Langer; et de concert avec eux, il a répété au parlement de Douai, tous les moyens qu'il avait inutilement fait valoir devant les juges-consuls.

Par arrêt du 8 juin 1785, rendu après un interlocutoire, dont nous parlerons sous le mot *Voiture*, la sentence a été confirmée avec amende et dépens; sauf le recours de Piédoye contre les assignés en garantie, à l'égard desquels il lui a été donné acte de leur déclaration, par laquelle ils avaient consenti à l'indemniser de toutes les condamnations qui pourraient intervenir contre lui.

Il a donc été jugé,

1°. Qu'un mandataire, tel qu'était le sieur Vanacker, a qualité pour agir contre son propre Commissionnaire, quoique son commettant ne l'ait pas encore inquiété, parcequ'il a intérêt de se libérer envers celui-ci, et qu'il ne fait par là que prévenir ses poursuites;

2°. Qu'un vendeur qui a envoyé à leur destination des marchandises achetées chez lui, a pareillement qualité pour agir directement contre les Commissionnaires à qui il les a remises;

3°. Qu'un Commissionnaire, chargé de marchandises en *passe-debout* seulement, ne laisse pas d'être responsable des faits des voituriers qu'il a choisis, quoiqu'on ne puisse pas l'accuser de dol ni d'imprudence dans son choix;

4°. Que les propriétaires des marchandises avariées dans le transport, sont fondés à les lui laisser pour son compte, et lui en faire payer le prix, non d'après leur valeur intrinsèque, mais sur le pied de la facture qui y est relative.

§. III. *Le Commissionnaire ou voiturier, qui s'est chargé d'un transport de marchandises, est-il responsable de la perte ou des avaries qu'elles éprouvent pendant la route, par cela seul que, pendant la route même, il les a remises à un autre Commissionnaire ou voiturier, sans que, ni la lettre de voiture, ni aucune convention particulière, lui en eussent donné la faculté, quoique d'ailleurs il n'y ait aucune faute à reprocher au Commissionnaire ou voiturier intermédiaire qu'il a choisi?*

L'art. 99 du Code de commerce suppose bien clairement que non, lorsqu'il dit, en parlant du Commissionnaire qui se charge d'un transport par terre ou par eau, qu'*il est garant des faits du Commissionnaire intermédiaire auquel il a adressé les marchandises;* et c'est ce qui a été jugé dans l'espèce rapportée aux mots *Appel incident*, §. 6.

Les sieurs Bellot et Vallat soutenaient qu'abstraction faite de la question de savoir s'il y avait eu faute de la part de la maison Lafeuillade, de laquelle les sieurs Coste et Bimar, leurs Commissionnaires directs, avaient reçu les marchandises qu'ils leur avaient confiées pour les faire transporter à Paris, les sieurs Coste et Bimar devaient en garantir la perte, par cela seul qu'au lieu d'effectuer eux-mêmes le transport qu'ils avaient pris à leur compte, ils en avaient chargé un autre Commissionnaire.

Le tribunal de commerce de Lodève l'avait ainsi jugé, en condamnant les sieurs Coste et Bimar à payer la valeur des marchandises, quoiqu'en même temps il eût déchargé la maison Lafeuillade, sur le fondement qu'elle n'était pas en faute, de l'action en garantie qu'ils avaient exercée contre elle.

Mais, par arrêt du 23 janvier 1819, la cour royale de Montpellier a mis l'appellation et ce dont était appel au néant; émendant, a déchargé les sieurs Coste et Bimar de la condamnation prononcée contre eux, « Attendu qu'il est d'usage notoire dans le » commerce, qu'un Commissionnaire de roulage » charge un ou plusieurs autres Commissionnaires » en sous-ordre de conduire les marchandises à » leur destination, et qu'il n'a été dérogé, dans » l'espèce, à cet usage, par aucune convention par-» ticulière ».

Et vainement les sieurs Bellot et Vallat se sont-ils pourvus en cassation. Leur recours a été rejeté par arrêt du 1er. août 1821,

« Attendu que la responsabilité qu'a pu encourir la maison de roulage Coste et compagnie de Lodève, envers les demandeurs en cassation, en se chargeant du transport à Paris des draps en question, a dû être et a été en effet appréciée par la cour de Montpellier, sous deux rapports: 1°. sous celui des faits personnels à la compagnie que l'on vient de nommer; 2°. sous le rapport des faits personnels au roulier Bousquier, à qui elle avait confié le transport, et à la compagnie Lafeuillade de Clermont, à qui Bousquier remit les draps, pour qu'elle les envoyât à leur destination;

» Attendu que, dans le commerce de roulage, aucune loi ne défend à un Commissionnaire ou voiturier de faire, pendant sa route, la remise des marchandises à un autre Commissionnaire ou voiturier, pour les faire parvenir à leur destination ultérieure, et que l'arrêt dénoncé a constaté que tel était notoirement l'usage du commerce;

» Attendu que, s'il est vrai que les parties pouvaient déroger à ce principe, dans la lettre de voiture ou par des conventions particulières, la cour de Montpellier, en appréciant toutes les circonstances de cette affaire, a reconnu que les demandeurs ne se trouvaient pas dans le cas de l'exception à la règle générale;

» Attendu que les dispositions particulières du droit romain et des lois françaises, relatives aux maîtres de navires, sont étrangères à l'espèce;

» Attendu, au surplus, que l'arrêt dénoncé a déclaré, en point de fait, que la conduite personnelle, tant de la compagnie Coste que de Bousquier, avait été irréprochable ».

§. IV. *Quelle est l'étendue du privilège que l'art. 93 du Code de commerce accorde à* « tout Commissionnaire qui a fait des avances » sur les marchandises à lui expédiées d'une » autre place, pour être vendues pour le » compte d'un commettant, pour le rembour- » sement de ses avances, intérêts et frais sur » la valeur des marchandises, si elles sont à » sa disposition dans des magasins ou dans un » dépôt public; ou si, avant qu'elles soient » arrivées, il peut constater, par un connais- » sement ou par une lettre de voiture, l'expé- » dition qui lui en a été faite » ? *Ce privilège peut-il être exercé au préjudice du vendeur des marchandises elles-mêmes, qui les revendique, faute de paiement de leur prix de la part du commettant du Commissionnaire?*

V. l'article *Revendication*, §. 7.

COMMUNAUTÉ DE BIENS ENTRE ÉPOUX.
§. I. *Avant l'abolition du régime féodal, les fiefs acquis pendant le mariage, sous l'empire des chartes générales du Hainaut, entraient-ils dans la Communauté?*

2°. *Quels étaient, suivant les mêmes lois et avant le Code civil, les droits de la femme sur les francs-alleux acquis pendant le mariage par le mari?*

3°. *Quel est, par rapport à la Communauté, le sort des biens du Hainaut qui étaient fiefs à l'époque de la célébration du mariage, et qui, au moment où le mari en a fait l'acquisition, se trouvaient, aux termes de la loi du 19-27 septembre 1790, convertis en francs-alleux par l'abolition de la féodalité?*

4°. *Quel est, à cet égard, le sort des biens du Hainaut qui, à l'époque de la célébration du mariage, étaient mainfermes, et comme tels susceptibles d'entrer en Communauté, mais dont le mari n'a fait l'acquisition que depuis l'abolition du régime féodal et censuel?*

En thèse générale, ce qui est acquis, soit par le chef, soit par les membres d'une société, ne devient pas pour cela commun de plein droit; c'est à celui qui l'a acquis en son nom personnel, qu'en appartient la propriété; les autres n'ont qu'une action pour l'obliger à la leur communiquer.

Nos coutumes avaient dérogé à cette maxime en faveur de la Communauté conjugale : elles voulaient que les acquisitions faites par le mari, fussent de plein droit communes à la femme; et le Code civil en dispose de même.

Mais les chartes générales du Hainaut avaient limité cette dérogation aux acquisitions de biens censuels ou *mainferme*. La règle générale subsistait dans cette province pour les fiefs, et l'on y tenait pour principe, que les biens de cette nature, acquis pendant la Communauté, n'appartenaient qu'à celui des époux qui en avait été saisi par adhéritance.

L'art. 2 du chap. 97 des chartes générales ne donnait à la femme qu'un droit d'usufruit dans les fiefs *acquis par l'homme, constant mariage;* ce qui supposait que l'homme avait été seul saisi au moment de l'acquisition.

Mais l'art. 3 du chap. 93 prévoyait le cas contraire, et voici comment il le décidait : « L'homme » allié par mariage, acquérant fief, pourra se faire » adhéritier de la propriété d'icelui, et sa femme » de l'usufruit, ou bien la femme de ladite pro- » priété, et soi-même de l'usufruit, ainsi que bon » lui semblera ».

Ce texte prouve bien nettement que les chartes ne faisaient attention, en matière de fiefs, qu'à la saisine opérée par les formalités du nantissement. La saisine avait-elle été prise par le mari, au moment de l'acquisition? C'était le mari qui était propriétaire du fief. L'avait-elle été, au contraire, par la femme, du consentement du mari? C'était sur la tête de la femme que la propriété était transmise.

Et pourquoi ces lois ne faisaient-elles pas tomber les fiefs en Communauté? Pourquoi voulaient-elles que, dans le cas d'acquisition d'un bien féodal pendant le mariage, il ne pût y avoir de saisi que, ou le mari ou la femme? C'est parcequ'en Hainaut, comme dans plusieurs autres coutumes limitrophes, les fiefs étaient indivisibles.

La coutume de Tournai, titre *des fiefs*, art. 1er, s'en expliquait formellement : *Tous fiefs*, disait-elle, *sont indivisibles.*

Cette indivisibilité se faisait remarquer dans une foule de dispositions des chartes du Hainaut.

En succession collatérale, tous les fiefs appartenaient à l'aîné des héritiers mâles; les autres n'y avaient rien (chap. 90, art. 9, et chap. 92, art. 2 et 3).

En succession directe, quand il n'y avait qu'un fief, il appartenait à l'aîné. Quand il y en avait plusieurs, l'aîné des mâles avait le choix; et après lui, les puînés choisissaient suivant l'ordre de leur âge, (chap. 90, art. 7). Jamais un fief ne se partageait.

Dans les dispositions connues sous le nom d'*avis de père et mère*, les ascendans pouvaient intervertir l'ordre de succéder aux fiefs, comme à leurs autres biens, et donner aux puînés ce que les chartes déféraient à l'aîné; mais ils ne pouvaient pas ordonner le partage en nature de leurs fiefs; et lorsqu'ils n'en avaient pas assez pour en donner un à chacun de leurs enfans, leur seule ressource était d'assigner à ceux à qui ils n'en laissaient pas, des rentes sur les fiefs qu'ils donnaient aux autres. (*V.* le plaidoyer du 11 ventôse an 11, rapporté à l'article *Dévolution coutumière*, §. 3).

Aussi les commentateurs des chartes attestent-ils unanimement l'indivisibilité des fiefs du Hainaut.

Les fiefs sont indivisibles, dit Dumées, dans sa *Jurisprudence du Hainaut français*, page 192.

Le président Boulé dans son *Institution au droit coutumier du pays de Hainaut*, tome 2, page 122, parle aussi de l'*indivisibilité des fiefs*, comme d'une chose constante et indubitable.

Et voilà pourquoi il n'est point question dans les chartes, de fiefs conquêts; voilà pourquoi l'art. 3 du chap. 93 permet bien au mari qui acquiert un fief, d'en prendre seul la saisine ou de la faire donner à sa femme seule, mais il ne dit pas qu'il puisse la prendre conjointement avec elle, au moins pour la propriété.

Du reste, soit que le mari prît saisine du fief, soit qu'il la fît prendre par son épouse, il n'était dû pour cela aucune *récompense* à la Communauté. C'est ce que j'ai établi dans le *Répertoire de jurisprudence*, aux mots *Communauté de biens entre époux*, §. 6.

II. Quoique les francs-alleux du Hainaut ne fussent pas indivisibles comme les fiefs, la femme n'entrait cependant pour rien, quant à la propriété, dans l'acquisition qui, pendant le mariage, était faite, soit par son mari seul, soit par elle et son mari, de biens de cette nature; mais en cas de survie, elle avait l'usufruit de la totalité : « Si » deux conjoints constant leur mariage (portait » l'art. 2 du chap. 105 des chartes générales) ac- » quièrent aucun alloet et l'un d'iceux va de vie à » trespas, le survivant tiendra et possédera tout » ledit alloet, soit qu'il y ait génération, ou non; » et après le trespas d'icelui, les enfans desdits » conjoints y succéderont, et en faute d'enfans, » ou de génération d'icelui en ligne directe, il » écherra aux plus prochains hoirs en un mesme » degré de l'homme l'ayant acquis ».

Et voilà pourquoi le chap. 33, intitulé *de re-*

nonciation de veuve, réglait ainsi, à t. 4, le droit de la veuve qui renonçait à la Communauté mobiliaire : « Et si aura et jouira.... de tous les héri- » tages venant de son côté, fiefs, alloets et » mainfermes, aussi de ses assennes et douaires » coutumiers. Si jouira encore, sa vie durant, *de » la moitié des fruits des fiefs et alloets acquis par » sesdits maris constant leur mariage*, et de la » moitié en propriété des mainfermes aussi par » eux acquis, s'il n'y a condition au contraire ».

Voilà pourquoi encore le chap. 121, intitulé *des biens qui devront compéter à gens divorcés* (c'est-à-dire, séparés de corps), après avoir établi, art. 1, que « les biens meubles des divorcés » compéteront et se partiront moitié à l'homme et » l'autre moitié à la femme »; et art. 2, que « quant aux immeubles, fiefs, alloets ou main- » fermes, ils appartiendront respectivement au » côté dont ils seront venus, soit de l'homme ou » de la femme »; ajoutait, art. 3, « et au regard » des *acquêts par eux faits constant leur mariage*, » l'homme jouira des fiefs à la charge du viage de » sa femme en la moitié des fruits, *et des alloets* » et mainfermes *chacun jouira de la moitié*, à » *charge qu'incontinent le trespas de la femme* » *advenu, la totalité dudit alloet appartiendra à* » *l'homme ou à ses hoirs*, nonobstant devise de » mariage, ou autres dispositions au contraire ».

III. Ces notions posées, il se présente, relativement aux acquisitions faites en Hainaut pendant les mariages contractés avant l'abolition du régime féodal et censuel, prononcée par les lois du 4 août 1789, deux questions fort importantes.

Et d'abord, quel a été, par rapport à la Communauté, le sort des biens de ce pays qui étaient fiefs à l'époque de la célébration du mariage, mais ne l'étaient plus au moment où le mari en a fait l'acquisition?

Il semble, à la première vue, qu'ils sont entrés dans la Communauté, et que telle est la conséquence qui résulte de l'art. 13 du tit. 1 de la loi du 15-28 mars 1790, qui déclare « abolis tous » les effets que les coutumes, statuts et usages » avaient fait résulter de la *qualité féodale* ou » censuelle des biens, soit par rapport au douaire, » soit pour la forme d'estimer les fonds, *et géné-* » *ralement pour tout autre objet, quel qu'il soit* ».

Mais cette conséquence, parfaitement juste pour les pays où tous les immeubles non féodaux, acquis pendant le mariage, entraient de plein droit dans la Communauté, ne l'est nullement pour le Hainaut, où, comme on vient de le voir, les francs-alleux, acquis pendant le mariage, n'appartenaient qu'au mari; car l'abolition de la féodalité a converti les fiefs en francs-alleux; et dès-là il est clair que, si, en acquérant un ci-devant fief après la publication des lois du 4 août 1789, le mari n'a pas pu, pour se l'approprier à l'exclusion de sa femme, se prévaloir de la disposition des chartes générales qui lui attribuaient précédemment la propriété entière des fiefs qu'il acquérait, il n'en est pas moins devenu seul propriétaire de ces biens, par cela seul que la qualité de franc-alleu avait pris, dans ce bien, la place de la qualité de fief. C'est même ce qui résulte de l'art. 2 de la loi du 19-27 septembre 1790 : « Dans les pays et les » lieux (y est-il dit) où les biens allodiaux sont » régis, soit en succession, soit en disposition, *soit* » *en toute autre manière*, par des lois ou sta- » tuts particuliers, ces lois ou statuts régissent » pareillement les biens ci-devant féodaux ou cen- » suels ».

IV. Ensuite, quel a été, par rapport à la Communauté, le sort des biens du Hainaut qui étaient mainfermes à l'époque de la célébration du mariage, mais dont le mari n'a fait l'acquisition que depuis l'abolition du régime féodal et censuel ?

Cette question paraît devoir se résoudre dans le même sens que la précédente, et par une raison très-simple : c'est que les mainfermes ont été, par l'abolition du régime censuel, convertis en francs-alleux, et qu'ils ont, dès-lors, aux termes de l'article cité de la loi du 19-27 septembre 1790, été soumis à toutes les dispositions des chartes générales qui régissaient les biens allodiaux.

C'est ainsi, en effet, que l'ont jugé deux arrêts de la cour supérieure de justice de Bruxelles, que je n'ai fait qu'indiquer dans le *Répertoire de jurisprudence,* aux mots *Effet rétroactif,* sect. 5, §. 5, n°. 2, mais dont voici les espèces.

En 1791, mariage entre Pierre Joseph Descamps et Anne Gabrielle Clain, tous deux domiciliés à Paturage-Carignon, commune du Hainaut, dit alors autrichien, et du chef-lieu de Mons.

En brumaire an 4 et pluviôse an 5, les lois du 4 août 1789 et 19-27 septembre 1790 sont publiées dans la partie du Hainaut nouvellement réunie à la France.

Le 21 ventôse an 8, Descamps acquiert la moitié d'une maison, ci-devant mainferme, située à Lugis, autre commune du chef-lieu de Mons.

Le 27 ventôse an 11, divorce entre Descamps et sa femme; et par conséquent, aux termes de l'art. 5 du §. 2 et de l'art. 4 du §. 3 de la sect. 4 de la loi du 20 septembre 1792, ouverture au partage de leur Communauté, comme si l'un des deux était décédé, mais sans gains de survie.

Le 13 avril 1810, Anne-Gabrielle Clain prend inscription, sur les biens de son ci-devant mari, pour sûreté de ses droits matrimoniaux.

En 1811, la moitié de maison que Descamps avait acquise en l'an 8, est saisie par un de ses créanciers qui la fait vendre par expropriation forcée.

L'ordre est ouvert; et parmi les créanciers, se présente Antoine Auguste Vion, qui, en sa qualité de cessionnaire des droits d'Anne-Gabrielle Clain, se fondant sur les dispositions de la coutume par lesquelles la moitié des conquêts mainfermes est attribuée à la femme, aussi bien que sur le

chap. 121 des chartes générales qui réserve textuellement le même avantage à la femme divorcée, réclame la moitié du prix de l'adjudication, comme représentant la propriété du quart de la maison vendue judiciairement.

Ordonnance du juge-commissaire qui déboute Vion; et le 14 mai 1813, jugement contradictoire du tribunal de première instance de Mons qui la confirme,

« Attendu qu'Anne-Gabrielle Clain s'est mariée le 4 septembre 1791, sans conventions matrimoniales et sous l'empire des chartes du Hainaut; que son divorce ayant été prononcé le 27 ventôse an 11, c'est l'art. 4, §. 5, sect. 4, de la loi du 20 septembre 1792, alors en vigueur, qui a réglé les droits réciproques des époux divorcés, comme si l'un des deux était décédé; et qu'ainsi les dispositions du chap. 121 des chartes du Hainaut ne sont point applicables à l'espèce;

» Que l'art. 2 de la loi du 19 septembre 1790, publiée en pluviôse an 5, dans ce pays, était encore en vigueur en l'an 8, époque de l'acquisition faite par Descamps du bien dont il s'agit, et que cet article règle que les lois faites pour les alleux dans les coutumes locales, régissent les biens fiefs et censuels;

» Que l'acquisition faite par Descamps, le 21 ventôse an 8, était, d'après la prédite loi du 19 septembre 1790, un bien qui devait être régi, à cette époque, comme allodial, et que, sous l'empire des chartes du Hainaut, dans l'acquisition des alleux, le mari était, de droit, seul acquérant; qu'il résulte de la combinaison de ces articles de lois, qu'en l'an 8, Descamps a acquis pour lui seul le bien dont il s'agit, auquel sa femme ne peut prétendre aucun droit; qu'Antoine Auguste Vion, cessionnaire d'Anne-Gabrielle Clain, n'a d'autre droit que celui de sa cédante ».

Appel de ce jugement de la part de Vion, qui, luttant contre le texte de la loi du 19-27 septembre 1790, s'attache à soutenir que l'abolition du régime féodal a nécessairement entraîné celle de l'allodialité proprement dite, qui n'était, suivant lui, qu'une exception à la féodalité; que, par cette innovation, tous les biens du Hainaut sont devenus plutôt des *mainfermes* libres de toute servitude, que de véritables *alloets;* et qu'ainsi, on n'a pas pu appliquer à ceux qui avaient été acquis pendant un mariage contracté avant le Code civil, les dispositions particulières des chartes du Hainaut qui excluaient les *alloets* de la Communauté.

Mais, par arrêt du 7 mars 1814, la cour de justice supérieure de Bruxelles, « adoptant les mo- » tifs des premiers juges, met l'appellation au » néant (1) ».

En 1784, mariage entre Jacques-Joseph Jo-

_____

(1) Jurisprudence de la cour supérieure de Bruxelles, année 1814, tome 1, page 121 et suivantes.

niaux , et Marie-Magdelaine Simon, veuve avec six enfans de Pierre Joseph Basin, tous deux domiciliés à Thumaide, commune du Hainaut autrichien et du chef-lieu de Valenciennes.

Le 13 pluviôse an 6, le sieur Joniaux acquiert, dans cette commune, un domaine composé de 37 bonniers de terres ci-devant mainfermes.

En 1799, décès de la dame Joniaux. Son mari la suit de près.

Question de savoir si les enfans qu'elle a laissés de son premier mariage, ont droit à la moitié du domaine acquis pendant le second.

Les héritiers du sieur Joniaux soutiennent la négative, et se fondent, d'une part, sur l'art. 2 du chap. 105 des chartes générales du Hainaut qui attribue au mari seul la propriété des *alloets* acquis pendant le mariage, et de l'autre, sur l'art. 2 de la loi du 19-27 septembre 1790 qui déclare que, *dans les pays et les lieux où les biens allodiaux sont régis par des lois et statuts particuliers,* ces lois et statuts sont communs aux biens ci-devant *censuels* ou mainfermes.

Les enfans du premier lit de la dame Joniaux ne contestent pas précisément les bases de la défense de leurs adversaires, mais ils soutiennent que ceux-ci en font une fausse application. La commune de Thumaide, disent-ils, n'était pas, avant le Code civil, un des *lieux où les biens allodiaux étaient,* relativement à la Communauté conjugale, *régis par des lois ou statuts particuliers;* elle n'était régie, à cet égard, que par la coutume du chef-lieu de Valenciennes; et l'art. 12 de cette coutume portait, sans distinction entre les mainfermes et les biens allodiaux, que, *quant aux acquisitions faites durant la conjonction par mariage, le survivant en demeure propriétaire puissant fourfaire de la moitié et viager de l'autre.*

Les héritiers du sieur Joniaux répliquent, en citant le *Répertoire de jurisprudence,* aux mots *Hainaut,* §. 2, et *Valenciennes,* n°. 2, que la coutume du chef-lieu de Valenciennes ne régissait que les meubles et les mainfermes; que les francs-alleux et les fiefs de son arrondissement ne reconnaissaient pour loi que les chartes générales; que par conséquent on ne pouvait appliquer qu'aux mainfermes la disposition de l'art. 12 de cette coutume; et que, dès-lors, cette disposition était devenue sans objet du moment que tous les mainfermés avaient été convertis en francs-alleux.

Le 13 mai 1817, jugement du tribunal de première instance de Tournai qui déclare les héritiers de la dame Joniaux non-recevables de leur demande en partage du domaine litigieux,

« Attendu que Thumaide était bien régi par la coutume de Valenciennes pour les mainfermes, mais non pour les alleux, qui étaient régis, comme dans tout le Hainaut, par les chartes générales;

« Attendu qu'après l'abolition de la distinction des immeubles en *fiefs, alleux* et *mainfermes,* la loi du 19-27 septembre 1790 dispose que la loi faite pour la succession des alleux dans les coutumes locales, régira les biens fiefs et censuels;

» Attendu que l'acquisition faite par Joniaux, l'a été sous l'empire de cette loi;

» Attendu que, d'après les chartes générales du Hainaut, dans l'acquisition des alleux le mari était seul *acquérant* ».

Et sur l'appel, arrêt du 6 février 1819, par lequel,

« Attendu que la coutume de Valenciennes régissait exclusivement les mainfermes de son ressort, et qu'elle n'avait aucune relation directe ni indirecte avec les fiefs ou alleux qui existaient ou étaient enclavés dans la circonscription des villes et villages qui composaient ce ressort;

» Qu'il suit de là que, lorsque l'art. 12 de cette coutume, dit : *Quant aux acquêts faits durant la conjonction par mariage,* etc., il ne faut pas prendre le mot *acquêts* dans un sens indéfini; mais qu'on doit le prendre dans un sens limité aux acquêts pour le régime desquels la coutume est rédigée, ainsi aux main fermes, ou, si l'on veut, aux acquêts venant au chef-lieu;

» Par ces motifs, et ceux repris au jugement dont est appel, la cour met l'appellation au néant; condamne l'appelant à l'amende et aux dépens (1) ».

La même chose a été jugée depuis par la Cour royale de Douai, dans une espèce où la question, totalement mise de côté en première instance, avait été discutée en cause d'appel d'une manière toute différente des points de vue sous lesquels on l'avait précédemment traitée à Bruxelles.

Le 26 juillet 1783, contrat de mariage entre le sieur Destrés et la demoiselle Laurent, fille majeure, tous deux domiciliés à Avesnes, ville du chef-lieu de Mons.

Par cet acte, la future épouse déclare apporter *dans la Communauté tous ses droits, noms, raisons et actions.*

Point de convention particulière sur le sort des immeubles qui seraient acquis pendant le mariage. Il est seulement stipulé que « l'époux survivant » sera propriétaire de tous les meubles, effets et » actions réputés meubles, et qu'il sera héritier » du mobilier du prédécédé, à l'exclusion de tous » les autres ».

Le 26 mai 1786, le sieur Destrés, déjà propriétaire du huitième de la maison de nature mainferme, qu'il habite avec son épouse, achète les sept autres huitièmes, et par une *condition de manbournie,* insérée dans l'acte de *réalisation* de son contrat (2), il déclare, suivant la faculté que lui en accorde la coutume du chef-lieu de Mons, *retenir le pouvoir de disposer de cet acquêt à sa volonté,* et conférer le même *pouvoir* à sa femme, en cas qu'elle le survive.

_____

(1) *Ibid.*, année 1819, tome 1, page 250.
(2) *V.* l'article *Condition de Manbournie.*

En juin 1793, il achète, par divers contrats notariés, d'autres immeubles ci-devant mainfermes, que son vendeur avait acquis, comme biens nationaux, de l'administration du district d'Avesnes; et par chacun de ces actes qu'il ne fait pas et ne peut plus faire *réaliser,* parcequ'il n'existe plus de justice seigneuriale, il déclare *retenir le pouvoir de disposer à sa volonté* des objets qu'il acquiert, en accordant le même pouvoir à sa femme, pour le cas où il viendrait à mourir avant elle.

Dans la suite, il achète encore, mais par remploi, d'autres biens qu'il a précédemment vendus et qui lui étaient propres, quelques immeubles ci-devant mainfermes, à l'égard desquels il ne stipule rien pour sa femme en cas qu'elle le survive.

A ces acquisitions en succèdent d'autres qu'il fait, non pour lui-même, mais pour la dame Rivery, sa sœur, domiciliée à Bruxelles, en déclarant que c'est des deniers qu'elle lui a fait passer qu'il en a payé le prix.

La dame Destrés meurt en 1813.

Le 20 janvier 1814, le sieur Destrés acquiert du sieur d'Escoufflaire, par acte notarié, 2 hectares 24 ares de terres ci-devant mainfermes.

Le 4 juin suivant, les héritiers de son épouse le font assigner devant le tribunal de première instance d'Avesnes, en partage de tous les biens qu'il a achetés pendant le mariage, sans en excepter, ni ceux dont il a fait l'acquisition au nom de sa sœur, parcequ'il ne l'a ainsi faite que par une simulation frauduleuse, ni ceux qu'il a achetés sous la couleur de remploi, parce qu'il n'y a aucune proportion entre le prix qu'il en a payé et la valeur des propres qu'il avait précédemment vendus, ni ceux qu'il a achetés par actes authentiques depuis la mort de sa femme, parcequ'il est prouvé qu'il les avait acquis antérieurement par des actes sous seing-privés.

Le sieur Destrés oppose d'abord à cette demande, pour ce qui concerne les sept huitièmes de la maison qu'il habite, la *condition de manbournie,* insérée dans l'acte de réalisation du 26 mai 1786; et là-dessus ses adversaires passent condamnation.

Il se prévaut ensuite, quant aux biens achetés en juin 1793, de la clause par laquelle il a stipulé dans chacun des contrats d'acquisition, qu'il se réservait le pouvoir d'en disposer à sa volonté; et il soutient que cette clause doit avoir tout l'effet d'une *condition de manbournie.*

Du reste, sans penser au moyen qu'il pourrait tirer de l'art. 2 de la loi du 19-27 septembre 1790, il combat de son mieux les présomptions de fraude qu'on lui oppose relativement aux autres acquisitions.

Les choses en cet état, la veuve Rivery intervient, par requête du 3 janvier 1815, et conclud à ce que les biens acquis sous son nom, par son frère, soient distraits du partage provoqué par les héritiers de la dame Destrés, et à ce qu'elle en soit déclarée propriétaire.

Le 19 octobre 1816, jugement ainsi conçu:

« Considérant que, suivant les statuts de la coutume de Hainaut, et les dispositions des lois qui ont remplacé cette coutume, les acquêts faits durant le mariage entrent dans la communauté, et là femme est censée être également acquéreur, quoique le mari seul ait été adhérité, à moins, dit cette coutume, chap. 33, art. 4, qu'il n'y ait condition contraire;

» Considérant que les conditions contraires, permises par la même coutume, sont les seules qui pouvaient être stipulées par acte appelé *de Manbournie,* contenu dans un acte de déshéritance et adhéritance, que les mayeurs et échevins avaient seuls qualité de recevoir; qu'à la suppression de ces officiers, toutes les formes de ces actes ont été également supprimées, et les conditions de *manbournie* abolies et anéanties, sans qu'il ait été créé aucun mode pour les remplacer;

» Considérant que l'acquisition des sept huitièmes de la maison dont il s'agit, est la seule que Destrés ait faite avant la suppression desdites lois et coutumes locales, la seule dont il a pu disposer ainsi qu'il l'a fait, par *condition manbournie*; qu'il s'ensuit nécessairement et incontestablement que les prétendus pouvoirs de disposer, qu'il a fait insérer dans les contrats notariés des acquisitions faites en Communauté, postérieurement à la suppression, sont nulles et de nul effet; que ces acquisitions sont toutes de la nature des conquêts, dont la loi attribue la moitié à la femme; qu'en conséquence, ils doivent entrer dans le partage d'entre lui et les héritiers de sadite femme;

» Considérant, à l'égard des acquisitions faites par Destrés, pour et au nom de Victoire Destrés, veuve de Rivery, sa sœur, qu'elles ne doivent être regardées que comme feintes et simulées, afin de les faire reparaître en son nom après la dissolution de la Communauté, s'il restait survivant, ou d'en priver les héritiers de son épouse; la démonstration de cette simulation résulte de ce que, depuis les acquisitions, Destrés les a possédées, en a joui et disposé comme maître et comme seul propriétaire; qu'il les a affermés et en a reçu les loyers en cette qualité, ce qui se prouve par les baux et par d'autres circonstances; qu'il les a aussi déclarés comme étant sa propriété, dans les tenans des héritages y joignans; d'ailleurs, il n'a produit ni fait aucune mention dans les actes d'acquisition, du mandat ou procuration de sa sœur, ni représenté aucun acte de consentement ou d'autorisation de son mari, quoique cela soit nécessaire et indispensable; de plus, les lettres de ladite Destrés, produites, méritent d'autant moins d'égard qu'elles n'ont de date certaine que du jour de leur enregistrement, ce qui doit les faire rejeter. Enfin, il n'y a aucune preuve ni indice d'envoi d'argent de la part de ladite sœur, pour acquitter ces mêmes acquisitions; toutes circonstances qui suffisent pour les faire regarder comme conquêts de la Communauté, de même que les trois parties de biens qu'il prétend avoir acquises postérieurement à la mort de sa femme, par le contrat de vente en date du 21 janvier 1814. Il est prouvé, en effet, par un extrait de la matrice du rôle, que Destrés s'en est déclaré propriétaire avant la formation du plan du cadastre qui date de 1800, et qu'il les a affermés bien antérieurement à la date de ce contrat.....;

» Considérant, à l'égard des acquisitions que Destrés a déclaré avoir faites par remploi du prix des ventes de ses propres, que leur valeur s'élève à une somme au moins double de celle du prix stipulé dans les actes, ce qui est prouvé par la grande différence qui existe dans la comparaison du prix de ces acquisitions, avec celles d'autres biens par lui acquis aux mêmes époques; que ces motifs donnent lieu de faire estimer, par experts, les biens qui devront lui être cédés pour remploi de la hauteur du prix de ses propres vendus;

» Considérant que l'intervention de Victoire Destrés, sœur de Louis Destrés, défendeur, est liée par son objet à la cause de ce dernier, concernant les prétendues acquisitions faites par lui au nom de sa sœur, et que ce sont les mêmes moyens qu'elle emploie, ce qui porte à faire droit par le même jugement;

» Le tribunal, maintenant le pouvoir retenu par *condition* de *Manbournie*, dans l'acquisition des sept huitièmes de la maison dont il s'agit, faite par le défendeur, aussi la vente d'immeubles provenant des propres de sa femme, à laquelle elle a donné son consentement, ainsi que ses héritiers, dit qu'il n'y a pas lieu à répétition de leur part à cet égard; déclare nuls les pouvoirs de disposer que le même défendeur a pris, depuis la suppression des actes de vest et dévest, par des contrats passés devant notaires, de même aussi la déclaration qu'il a faite dans les actes d'acquisition de plusieurs parties de biens, que c'était pour et au nom de Victoire Destrés, sa sœur; déclaration qui, dans les circonstances, est feinte et simulée, puisqu'il en a toujours joui et disposé en maître, et qu'il les a déclarés dans différens actes comme étant sa propriété; en conséquence, ordonne que toutes les parties de biens comprises dans les uns et les autres de ces contrats, entreront en partage et seront réputées comme conquêts, de même que les trois parties de biens par lui acquises d'Escouflaire, dont l'acquisition est antérieure, de plusieurs années, à celle de la date du contrat...; et à l'égard du remploi du prix provenant de ses propres vendus, ordonne qu'il sera effectué par délivrance qui lui sera faite des parties de biens estimés par experts à la valeur du prix de cette vente; met, pour le surplus, les parties hors de cause ».

Appel de ce jugement de la part du sieur Destrés et de la veuve Rivery, à la cour royale de Douai.

Là, mieux instruit de ses droits, le sieur Destrés présente sa cause sous une face toute nouvelle.

Il soutient d'abord que, si, comme on l'avait

mal-à-propos supposé en première instance, il fallait remonter à ce qu'étaient, à l'époque du contrat de mariage, les biens qu'il avait acquis depuis l'abolition du régime féodal et censuel, on ne pouvait pas du moins lui contester la totalité des acquisitions qu'il avait faites en juin 1793; qu'en effet, les lois qui, à l'époque du contrat de mariage, régissaient les mainfermes, permettaient au mari, qui les acquérait de se les approprier en entier par des *condition de manbournie*; qu'à la vérité, il n'existait plus, en juin 1793, d'officiers seigneuriaux pour recevoir les actes ainsi qualifiés; mais qu'il avait suppléé, autant qu'il était en lui, à l'impossibilité dans laquelle il s'était trouvé de remplir la formalité moyennant laquelle il aurait pu, sous l'ancienne législation, faire siens, à l'exclusion de sa femme, tous les mainfermes qu'il eût acquis; qu'en se réservant, par le contrat d'acquisition, la faculté de disposer à sa volonté des biens qu'il acquérait, il avait fait l'équivalent de ce que l'art. 4 du chap. 33 des chartes générales appelait une *Condition*.

Allant ensuite plus loin, il rappelle la disposition de l'art. 2 de la loi du 19-27 septembre 1790, et il en conclud qu'aux époques où il a fait les diverses acquisitions dont il s'agit, il n'existait plus de mainferme, qu'il n'existait plus que des francs-alleux; qu'ainsi, ce ne sont pas des mainfermes, mais des francs-alleux qu'il a achetés; qu'en les achetant, il en est devenu seul propriétaire, aux termes de l'art. 4 du chap. 33, de l'art. 2 du chap. 105 et de l'art. 2 du chap. 121 des chartes générales; que, dès-lors, les héritiers de sa femme n'ont rien à réclamer dans les acquisitions qu'il a faites; et qu'ils sont, par une suite nécessaire, non-recevables à les arguer de simulation frauduleuse.

La veuve Rivery, en persistant dans les moyens qu'elle a fait valoir en première instance, adhère à ceux que son frère propose en cause d'appel, et en conclud que, si ceux-ci triomphent, l'examen de ceux-là devient inutile, puisque son frère ne lui conteste pas les acquisitions qu'il a déclarés dans le temps faire pour elle et de ses deniers.

De leur côté, les héritiers de la dame Destrés s'efforcent de justifier le jugement du tribunal d'Avesnes.

« Les contrats en général (disent-ils), et plus particulièrement les contrats de mariage, doivent être régis, pour tous leurs effets, par la loi qui existait lors de leur confection; ils ne peuvent recevoir aucune atteinte par des lois postérieures, à moins que ces lois ne déclarent expressément que leurs dispositions rétroagiront jusqu'au moment de la passation des contrats.

» Dans l'espèce, les époux se sont mariés sous l'empire des chartes générales du Hainaut. Or, suivant ces lois, qui reconnaissaient trois espèces de biens, *les fiefs*, *les francs-alleux* et *les mainfermes*, les acquisitions faites, constant le mariage, de biens de nature mainferme, devaient être communes aux deux époux, à moins de conditions de manbournie.

» Il est bien vrai que l'abolition du régime féodal, postérieure au contrat de mariage, a fait disparaître ces diverses distinctions dans les biens ; mais ne serait-ce pas porter une atteinte à l'acte le plus sacré parmi les hommes, au contrat de mariage, que de prétendre faire régir par les lois abolitives de la féodalité, un pareil contrat passé sous l'empire de cette féodalité, et de prétendre que, parceque les lois postérieures ont détruit, de fait, toutes les distinctions dans les biens, il en résulte que les acquisitions faites postérieurement aux lois abolitives de la féodalité, ont toutes eu lieu au profit du mari, à l'exclusion de son épouse ? Un pareil système donnerait évidemment un effet rétroactif à la loi, il priverait l'épouse d'un droit acquis par la force de la coutume qui régissait son contrat de mariage ; il faut voir, non ce qu'étaient les biens à l'époque de l'acquisition, mais ce qu'ils étaient lors de l'union des époux antérieurement à l'abolition du régime féodal.

» Sous l'empire des chartes générales du Hainaut (réplique le sieur Destrés), la femme n'avait aucun droit acquis lors de son mariage, puisque ce prétendu droit dépendait entièrement de la volonté du mari, qui, en déclarant vouloir user de la faculté de disposer de l'acquisition des biens mainfermes, se les rendait propres, sans que son épouse pût y rien prétendre.

» Au reste, les lois abolitives de la féodalité ayant fait disparaître et les fiefs et les mainfermes, les biens acquis postérieurement à ces lois, n'ont pu être que des alleux, qui appartenaient au mari ; et il serait absurde de penser que le législateur, en supprimant les formalités d'adhéritance et des héritance, et autres œuvres de loi, eût pu forcer ainsi l'époux à acquérir pour le compte commun, tandis que la loi statutaire, sous l'empire de laquelle il avait contracté, l'autorisait à faire des acquisitions à son profit singulier ; ce serait alors, seulement, que les lois auraient un effet rétroactif, ce qui serait contraire à tous les principes ».

Par arrêt du 24 avril 1819,

« Vu le contrat de mariage, en date du 26 juillet 1783 ;

» Considérant qu'en principe, on doit regarder comme insérées dans les contrats, toutes les dispositions des lois relatives à leur objet, qui ne sont pas détruites ou contrariées par des stipulations particulières ;

» Qu'à la vérité, à l'époque du contrat de mariage en question, la loi qui régissait les époux Destrés était les chartes générales de Hainaut ;

» Que l'art. 4 du chap. 33 de ces chartes accordait à la femme, à certaines conditions, la moitié des mainfermes acquis par le mari ;

» Considérant que les lois du 4 août 1789, 15 mars et 19 septembre 1790, ont aboli le régime féodal et avec lui toute distinction entre les biens ;

» Que les biens dont il s'agit, ayant été acquis

par Destrés, depuis la promulgation de ces lois, c'est-à-dire, dans un temps où il n'existait plus ni fiefs, ni mainfermes, on ne peut dire qu'il ait acheté des mainfermes ou des fiefs ;

» Considérant que, s'il s'agissait de partager des biens achetés avant 1789, on ne pourrait appliquer au partage de ces biens les lois de cette époque, sans donner à ces lois un effet rétroactif;

« Mais que les biens en question, en supposant qu'ils aient été mainfermes à l'époque du contrat de mariage, ayant cessé de l'être au moment de l'acquisition, on ne peut dire qu'à aucune de ces époques, l'une des parties ait un droit acquis relativement à la manière de partager ces mêmes biens ;

» Qu'enfin, on ne peut réclamer ici aucune des distinctions ou des prérogatives attachées aux biens en question par des lois existantes lorsque ces fiefs n'appartenaient ni à l'un ni à l'autre des époux, mais qui n'existaient plus au moment de l'acquisition ;

» Considérant que la décision de cette première question dispense d'examiner s'il y a eu fraude dans l'acquisition faite par Destrés, soit par remploi, soit au nom de sa sœur ;

» La cour met l'appellation et le jugement au néant ; émendant, déclare que les biens acquis par Destrés, soit en son nom, soit au nom de sa sœur, ne peuvent entrer dans le partage dont il s'agit.... (1) ».

Un arrêt aussi bien motivé paraissait à l'abri de toute attaque. Cependant il a été frappé de recours en cassation ; et ce qui doit bien plus étonner, il a été cassé le 23 avril 1823 ; mais par quels motifs ?

« Vu (porte-t-il) l'art. 4 du chap. 33 des chartes de Hainaut, qui est ainsi conçu : *La femme jouira, sa vie durant, de la moitié des fruits des fiefs et alloets acquis par son mari, constant le mariage, et de la moitié en propriété des mainfermes aussi par eux acquis, s'il n'y a condition contraire;*

» Vu l'art. 2 du Code civil, portant : *la loi ne dispose que pour l'avenir.... ;*

» Vu les lois des 4 août 1789, 15 mars et 19 septembre 1790, qui, en abolissant le régime féodal, ont fait cesser toute distinction entre les différentes espèces de biens ;

» Considérant qu'il est de l'essence des sociétés, d'après le droit commun, que les associés qui sont exposés à supporter les pertes, participent aux bénéfices ;

» Que cette règle doit être appliquée surtout en matière de Communauté entre époux ;

» Considérant que, par le contrat de mariage du 26 juillet 1783, les époux Destrés établirent entre eux une Communauté dont ils ne réglèrent ni l'étendue ni les effets ;

» Que, dès-lors, ils furent également censés avoir

---

(1) Annales de la cour royale de Douai, tome 2, page 90.

soumis cette Communauté aux dispositions des chartes générales du Hainaut ;

» Que l'art. 4 du chap. 33 de ces chartes, formant un statut réel, attribuait irrévocablement à la femme la propriété de la moitié des biens connus sous la dénomination de *mainfermes* que le mari acquérait pendant le mariage, à la différence des acquêts de fiefs et d'alleux, qui, d'après ces chartes, appartenaient en totalité au mari ;

» Considérant que les fiefs et les alleux ne formaient qu'une très-petite partie de biens immobiliers du Hainaut, tandis que les mainfermes en formaient la partie la plus nombreuse ;

» Qu'il n'a pas été méconnu que les biens qui ont donné lieu au litige, étaient mainfermes avant les nouvelles lois, et qu'ils n'ont cessé de l'être qu'en vertu de ces lois, qui ont déclaré ces biens libres ;

» Que peu importe, par conséquent, que ces biens aient été acquis postérieurement à ces lois, dès que le contrat de mariage, qui attribuait irrévocablement à la femme, en vertu de la coutume, la moitié de la propriété des biens de cette espèce, était de beaucoup antérieur à ces acquisitions ;

» Que, dès que, dans son essence, ce droit à la propriété de la moitié de ces biens était irrévocablement dévolu à la femme, le changement opéré postérieurement par les nouvelles lois, qui n'ont plus reconnu qu'une espèce de biens, n'a porté ni pu porter aucune atteinte à ce droit ;

» Que les nouvelles lois, en ne reconnaissant plus que des biens libres, n'ont pas produit l'effet extraordinaire d'anéantir le droit résultant du statut local, et d'un contrat de mariage antérieur à ces lois ;

» Considérant, enfin, que les acquisitions ont été faites des deniers et des revenus communs, ainsi que des profits d'une collaboration réciproque ;

» Que, quoique, lors des acquisitions, il n'y eût plus que des biens libres, la Communauté établie antérieurement, en vertu tant de la convention que du statut, a dû être réglée par les lois sous la protection desquelles elle avait été contractée, et sous l'égide desquelles le droit avait été irrévocablement acquis ;

» Qu'en décidant le contraire, la cour royale de Douai a contrevenu à l'art. 4 du chap. 33 des Chartes du Hainaut, à l'art. 2 du Code civil, et a fait une fausse application des lois des 4 août 1789, 15 mars et 19 septembre 1790 ;

» La cour casse et annulle.... (1) ».

Je le dis à regret, mais je dois le dire, parceque j'en suis profondément convaincu, il s'en faut beaucoup que cet arrêt soit marqué au coin de cette haute sagesse, de cette saine logique, de ce respect religieux pour la loi, qui distinguent les oracles de la cour suprême.

Il débute par un principe vrai en soi, mais qui, avant le Code civil, n'était en Hainaut qu'une erreur grave : *il est de l'essence des sociétés, d'après le droit commun, que les associés qui sont exposés à supporter les pertes, participent aussi aux bénéfices, et cette règle doit être appliquée surtout en matière de Communauté entre époux.* Tous ceux qui ont étudié la législation particulière du Hainaut avant le Code civil, savent que la Communauté entre époux était très-imparfaite dans cette province, ou plutôt qu'elle y était véritablement *léonine* ; et nous en verrons dans un instant des preuves frappantes.

L'arrêt passe ensuite au fait que *les époux Destrés* n'avaient réglé par leur contrat de mariage, ni *l'étendue ni les effets de la Communauté* qu'ils avaient établie entre eux ; et concluant de là avec raison qu'ils étaient *légalement censés avoir soumis cette Communauté aux dispositions des chartes générales du Hainaut,* il en tire la conséquence ultérieure que leurs droits respectifs avaient été, à cet égard, fixés par l'art. 4 du chap. 33 de ces lois.

Mais de là même il résulte qu'ils n'avaient stipulé qu'une Communauté imparfaite, puisque le mari était resté maître d'en employer tout l'argent comptant, toutes les créances, tous les effets mobiliers, à l'acquisition de fiefs ou de francs-alleux qui lui appartiendraient en totalité, sans que, d'après une jurisprudence qui n'avait jamais souffert la moindre altération, ni la femme ni ses héritiers eussent la moindre action contre lui pour s'en faire adjuger la récompense (1).

En résulte-t-il, du moins, comme le dit l'arrêt, qu'ils étaient censés être convenus que la femme aurait *irrévocablement la propriété de la moitié des mainfermes que le mari acquerrait pendant le mariage ?* L'article cité des chartes générales prouve clairement que non, puisqu'après avoir dit que la femme aura *la moitié en propriété des mainfermes par eux acquis,* il ajoute : *s'il n'y a condition au contraire.*

En effet, ces termes, *s'il n'y a condition au contraire,* avaient, pour les parties du Hainaut qui, relativement aux mainfermes, étaient régies par la coutume du chef-lieu de Mons, un sens tout différent de celui qu'ils avaient dans les parties du Hainaut qui, relativement aux mêmes biens, étaient régis, soit par la coutume du chef-lieu de Valenciennes, soit par celle de Cambrésis, soit par celle de Vermandois, etc.

Dans celles-ci, ils signifiaient : *si les deux époux n'en ont disposé autrement de commun accord;* car dans ces parties du Hainaut, le mari ne pouvait pas *conditionner* seul les mainfermes qu'il acquérait ; il ne pouvait le faire qu'avec le concours de sa femme (2).

---

(1) Bulletin civil de la cour de cassation, tome 25, page 193.

(1) *Répertoire de jurisprudence,* aux mots *Communauté,* §. 6, et *Récompense,* sect. 1, §. 2, n°. 13.

(2) V. le *Répertoire de jurisprudence,* aux mots *Conditionner un héritage,* n°. 2.

Mais dans celle-là, ils étaient bien constamment synonymes de cette restriction : *à moins que le mari n'ait usé du pouvoir qu'il a de stipuler seul et sans le concours de la femme, par des devoirs de loi connus sous le nom de condition de manbournie, que les mainfermes qu'il acquiert ou qu'il a précédemment acquis, lui appartiendraient en totalité, sans que la femme, en cas de survie, puisse y prétendre autre chose qu'un droit d'usufruit.* C'est en ce sens qu'ils ont toujours été entendus sans la moindre contradiction ; et aux preuves que j'en ai rapportées dans le *Répertoire de jurisprudence*, aux mots *Condition de Manbournie*, §. 4, n°. 1-3°, se joint encore le témoignage de Dumée, qui, dans sa *Jurisprudence du Hainaut français*, page 276, trace ainsi, d'après la pratique journalière de son temps, la formule d'une *condition* de manbournie : *Adhérité B....* *manbour ; condition de par ledit A.... acquéreur, de disposer de ladite maison en tout état ; et si rien n'en fuit, et que C...., son épouse, lui survive, elle en jouisse et dispose comme lui-même ;* ou simplement : *qu'elle en jouisse sa vie seulement :* à quoi il ajoute : « A Cambrai et à Valenciennes, » les conditions se font par l'accord mutuel des » conjoints.... Dans la coutume du chef-lieu de » Mons, le mari est partie capable d'user de telles » conditions qu'il juge à propos indépendamment » de sa femme ».

On aperçoit tout de suite la conséquence qui résulte de là : c'est que les époux Destrés, loin d'être tacitement et légalement convenus que la moitié des mainfermes acquis pendant leur mariage, appartiendrait nécessairement ou irrévocablement à la femme, étaient, au contraire, tacitement et légalement convenus que le mari pourrait, par des conditions de manbournie, s'approprier ces biens en entier ; et cela est si vrai que, comme l'a jugé un arrêt du parlement de Douai, du 8 février 1782, rapporté dans le *Répertoire de jurisprudence*, à l'endroit cité, cette convention eût été suppléée de plein droit dans leur contrat de mariage, alors même qu'ils y auraient stipulé qu'ils seraient *uns et communs en tous biens meubles et conquêts immeubles.*

Il est donc bien clair que le contrat de mariage, du 26 juillet 1783, n'avait conféré à la femme, sur les mainfermes qui seraient acquis pendant l'union des époux, que des droits absolument subordonnés à la volonté du mari, et que la seule différence qu'il y eût à cet égard, entre les acquisitions de main-ferme et les acquisitions de fiefs ou de francs-alleux, c'est que celles-ci devaient, de plein droit, appartenir en totalité au mari, au lieu que, quant à celles-là, il fallait, pour en exclure la femme, que le mari déclarât en termes exprès que telle était sa volonté.

Que peut signifier, d'après cela, le *considérant* de l'arrêt dans lequel il est affirmé que les *fiefs et les alleux ne formaient qu'une petite partie des biens immobiliers du Hainaut, et que les main-*fermes en formaient la partie la plus nombreuse ?* Rien, évidemment rien, puisqu'encore une fois, il résultait clairement de la combinaison du contrat de mariage, du 26 juillet 1783, avec l'art. 4 du chap. 33 des chartes générales, que le mari avait été constitué, par les parties contractantes, maître absolu de s'approprier à lui seul toutes les acquisitions de mainfermes, ni plus ni moins que toutes celles des fiefs et des francs-alleux.

Mais il y a plus. Deux raisons également péremptoires s'opposaient ouvertement à ce que l'assertion que renferme le *considérant* dont il s'agit, entrât dans les motifs de l'arrêt de cassation : elle n'y pouvait pas entrer, parcequ'elle n'était pas justifiée au procès par aucun acte authentique, et que la cour royale de Douai ne l'avait pas reconnu par l'arrêt attaqué ; elle n'y pouvait pas entrer parcequé, si elle est matériellement vraie, comme il est possible qu'elle le soit dans plus ou moins de localités, elle est, en thèse générale, contraire à la présomption de droit qui est écrite en toutes lettres dans l'art. 2 du chap. 102 dès chartes générales : *tous biens immeubles sont réputés fiefs, si par fait spécial n'appert du contraire.*

Les trois bases fondamentales de l'arrêt de cassation ainsi détruites, rien de plus facile que de répondre aux motifs subséquens qui s'y rattachent.

De ce qu'*il n'a pas été méconnu que les biens qui ont donné lieu au litige, étaient mainfermes avant la nouvelle loi, et qu'ils n'avaient cessé de l'être qu'en vertu de ces lois, qui ont déclaré ces biens libres,* l'arrêt conclud que *peu importe que ces biens aient été acquis postérieurement à ces lois, dès que le contrat de mariage qui attribuait irrévocablement à la femme, en vertu de la coutume, la moitié de la propriété des biens de cette espèce, était de beaucoup antérieure à ces acquisitions ; que, dès que, dans son essence, ce droit à la propriété de la moitié des biens était irrévocablement dévolu à la femme, le changement opéré postérieurement par les nouvelles lois, qui n'ont plus reconnu qu'une espèce de biens, n'a porté ni pu porter aucune atteinte à ce droit.*

Mais cet argument qui serait, comme je le prouverai tout à l'heure, insignifiant même pour les mainfermes du Hainaut régis par les coutumes de Valenciennes, de Cambresis et du Vermandois, l'est à bien plus forte raison pour les mainfermes régis par la coutume du chef-lieu de Mons, puisqu'à l'égard de ces biens, le contrat de mariage, du 26 juillet 1783, n'attribuait à la femme qu'un expectative qu'il laissait au pouvoir du mari de rendre sans effet.

Vainement l'arrêt ajoute-t-il que *les nouvelles lois, en ne reconnaissant plus que des biens libres, n'ont pas produit l'effet extraordinaire d'anéantir le droit résultant du statut local, et d'un contrat de mariage antérieur à ces lois.*

C'est toujours le même paralogisme. L'arrêt suppose que le statut *local* avait, par sa combinaison avec le contrat de mariage, revêtu la femme d'un droit irrévocable à la moitié des mainfermes qui seraient acquis par le mari ; et le contraire est de la plus grande évidence.

Plus vainement l'arrêt dit-il encore *que les acquisitions ont été faites des deniers et des revenus communs, ainsi que des profits d'une collaboration commune.*

1°. Ces deniers, ces revenus communs, ces profits d'une collaboration commune, étaient des objets mobiliers ; et quel tort avait fait Destrés à sa femme en les employant à l'acquisition de mainfermes convertis en francs-alleux, c'est-à-dire, de biens qui, par leur nature, ne pouvaient appartenir qu'à lui seul ? Aucun, puisqu'il avait survécu à sa femme, et que, d'une part, il était stipulé par le contrat de mariage que le survivant des époux serait héritier mobilier du prédécédé ; et que, d'un autre côté, quand même il n'eût pas été dérogé en faveur du survivant, par le contrat de mariage, à la loi qui donnait à la femme la moitié des meubles de la Communauté, le mari aurait pu y déroger de lui-même et sans le concours de sa femme, comme on peut le voir dans le *Répertoire de jurisprudence*, au mot *Entravestissement*, sect. 2, §. 1, par un acte judiciaire qui eût eu le même effet que l'institution contractuelle du survivant dans l'universalité des biens de cette nature.

Inutile d'objecter que, du moins il avait, en employant les objets de la Communauté à l'acquisition d'immeubles qui ne pouvaient appartenir qu'à lui seul, cherché à frauder les droits de sa femme dans le cas où il serait venu à mourir avant elle. En matière de fraude, l'intention n'est rien sans l'événement, comme l'événement n'est rien sans l'intention. *Fraudis interpretatio* (dit la loi 69, D. *de regulis juris) semper in jure civili non ex eventu duntaxat, sed ex consilio quoque desideratur ;* ce qui signifie clairement, comme le dit le docteur Dantoine sur cette loi, « que nul acte ne peut être » réputé frauduleux, s'il ne s'y trouve un concours » de ces deux circonstances, savoir, le propos déli-» béré de frauder et l'événement qui s'en est en-» suivi ».

2°. Allons plus loin, supposons que Destrés eût véritablement préjudicié aux droits de sa femme en employant les deniers de la Communauté à l'acquisition de biens qui, par leur nature de francs-alleux, ne pouvaient appartenir qu'à lui seul : eût-ce été une raison pour attribuer aux héritiers de sa femme une part dans la propriété de ces biens ? Non, assurément. Tout ce qu'on aurait pu en conclure, c'est que les héritiers de sa femme auraient pu contraindre Destrés à rapporter dans la communauté mobilière, pour y être partagé entre lui et eux, le prix qu'il en avait tiré pour les acquisitions qu'il avait faites. *V.* le *Répertoire de jurisprudence*, au mot *Récompense*, sect. 1, §. 3, n°. 6.

L'arrêt de cassation du 23 avril 1823 ne peut donc être justifié sous aucun rapport ; mais il reste à examiner s'il n'aurait pas bien jugé dans le cas où il se fût agi d'un mariage contracté et de ci-devant mainferme acquis dans les parties du Hainaut qui, relativement aux biens de cette nature, étaient régis, soit par la coutume du chef-lieu de Valenciennes, soit par celle de Cambresis, soit par celle de Vermandois, c'est-à-dire, par l'une des coutumes qui ne permettaient au mari de *conditionner* les biens de cette nature qu'avec le concours de la femme.

C'est demander en d'autres termes si, dans la fausse supposition que la coutume du chef-lieu de Mons était, à cet égard, conforme à celles du chef-lieu de Valenciennes, de Cambresis et de Vermandois, l'arrêt a bien jugé en décidant, par application de l'art. 2 du Code civil, que, *dès-que, dans son essence, le droit à la moitié* des mainfermes qui seraient acquis pendant le mariage, *était irrévocablement dévolu à la femme, le changement opéré postérieurement par les nouvelles lois, qui n'ont plus reconnu qu'une espèce de biens, n'a porté ni pu porter aucune atteinte à ce droit.*

Et je n'hésite pas à me prononcer pour la négative.

Sans doute, elle est bien générale la règle écrite dans l'art. 2 du Code civil, que *la loi ne dispose que pour l'avenir*, qu'*elle n'a point d'effet rétroactif.* Cependant elle ne forme qu'une exception à une autre règle plus générale encore, à celle qui nous est tracée par l'art. 1er. du même Code, et suivant laquelle les lois doivent être exécutées aussitôt que la promulgation en est légalement présumée avoir acquis une publicité suffisante pour que personne ne soit censé l'ignorer. Et comme il est de principe que toute exception doit être resserrée dans le sens rigoureux des termes qui l'expriment, il est clair qu'étendre au-delà de leur sens rigoureux les termes de l'art. 2, ce serait en méconnaître l'esprit et violer l'art. 1er.

Que signifient donc, pris dans leur sens rigoureux, ces termes de l'art. 2, *la loi ne dispose que pour l'avenir, elle n'a point d'effet rétroactif?* Ils signifient, et rien de plus, comme je l'ai démontré dans le *Répertoire de jurisprudence*, aux mots *Effet rétroactif*, sect. 3, §. 1, qu'une nouvelle loi ne peut pas, en changeant le passé et en dérogeant aux lois existantes, préjudicier aux droits précédemment acquis.

Ainsi, on ferait véritablement rétroagir l'art. 2 de la loi du 19-27 septembre 1790, si l'on en inférait que les main fermes, dont un mari aurait, avant l'abolition du régime censuel, fait l'acquisition dans la coutume de Valenciennes, sont devenus sa propriété exclusive.

Mais en conclure qu'en acquérant comme francs-alleux, postérieurement à l'abolition du régime censuel, des biens qui, à l'époque de la célébration du mariage, étaient mainfermes, le mari les a faits siens à l'exclusion de sa femme, est-ce donner à cet article un effet rétroactif, ou en d'autres termes, est-ce enlever à sa femme un droit qui lui était précédemment acquis ?

Sans contredit, la femme avait acquis, par son mariage, un droit irrévocable à la propriété de la moitié des mainfermes dont son mari ferait l'acquisition, et qu'il n'aurait pas aliénés avant la dissolution du lien conjugal.

Mais avait-elle acquis le droit d'obliger son mari à ne porter que sur des mainfermes les acquisitions qu'il lui conviendrait de faire? Avait-elle acquis le droit d'empêcher son mari d'acheter des fiefs ou des francs-alleux à la propriété desquels elle n'aurait rien à prétendre? Avait-elle acquis le droit d'exiger que son mari, ne trouvant pas de mainfermes à sa portée, en allât chercher dans un lieu où il ne lui conviendrait pas d'en acheter? Non certainement.

Elle n'avait donc pas non plus acquis le droit de faire réputer mainfermes les francs-alleux que le mari acquerrait dans le cas où il n'existerait plus de biens censuels, où tous les biens censuels seraient légalement convertis en biens allodiaux.

Ce n'est donc pas faire rétroagir la loi du 19-27 septembre 1790, que d'en conclure que la femme n'a aucune part à la propriété des ci-devant mainfermes achetés par son mari après l'abolition du régime féodal et censuel.

Pour rendre ceci plus sensible, reportons-nous à l'art. 1er. du chap. 107 des chartes générales : *aucuns ayant acquis héritage de mainfermes tenus de leurs fiefs, lesdits mainfermes seront réputés entendus rentrés au gros et corps de leurs disfiefs.*

Il résulte clairement de là que le seigneur qui acquérait un main ferme dans sa directe, le dépouillait de sa qualité censuelle et en faisait un bien féodal.

Il en résulte aussi que, si, après avoir acquis ce ci-devant mainferme, il le revendait, ce n'était pas comme mainferme, mais comme fief qu'il le transmettait à l'acheteur, et que c'était comme fief que l'acheteur le possédait.

Cela posé, comment aurait-on accueilli la femme de l'acheteur qui, sous le prétexte que l'immeuble était mainferme à l'époque de la célébration de son mariage et qu'il était alors soumis comme tel à la coutume du chef-lieu de Valenciennes, fût venue prétendre, après la mort de son mari, qu'il n'en était pas devenu le propriétaire exclusif par l'acquisition qu'il en avait faite? Bien sûrement sa prétention eût été rejetée avec mépris.

On aurait donc jugé, et sans la plus légère hésitation, que, pour déterminer, relativement aux droits de la femme, la nature des biens achetés par le mari, il fallait, non pas remonter à celle qu'ils avaient à l'époque de la célébration du mariage, mais s'attacher uniquement à celle qu'ils avaient à l'époque de l'acquisition.

Et ce qu'on eût jugé alors par suite de la conversion particulière d'un mainferme en fief, comment pourrait-on ne pas le juger aujourd'hui par suite de la conversion générale des main fermes en francs-alleux? Où la raison est la même, la décision ne peut pas être différente.

Voyez d'ailleurs où conduirait le système contraire!

Les chartes générales de Hainaut n'étaient pas les seules lois locales qui attribuassent au mari la propriété entière des fiefs qu'il acquérait pendant le mariage; c'est ce que faisaient également les coutumes d'Artois, de Gand et de Tournésis. Mais elles différaient des chartes générales du Hainaut, en ce qu'elles ne soumettaient pas les francs-alleux à des dispositions particulières, en ce qu'elles les comprenaient dans toutes leurs dispositions, sous la dénomination générale de *biens non féodaux*; et dès-là, il est clair que, par l'abolition du régime féodal, le mari a perdu, dans ces coutumes, le droit qu'il avait précédemment de s'approprier à lui seul les fiefs qu'il acquérait, ou ce qui est la même chose, que ce droit y est devenu sans objet.

Cependant si l'on admettait en faveur de la femme mariée sous les chartes générales de Hainaut, le prétendu principe que, pour déterminer ses droits aux biens acquis postérieurement à l'abolition du régime féodal, il faut se reporter à la nature qu'avaient ces biens à l'époque de la célébration du mariage, il faudrait nécessairement aussi l'admettre au préjudice de la femme mariée sous les coutumes d'Artois, de Gand et du Tournésis, et en conclure que celle-ci n'a rien à prétendre dans les biens qui, à l'époque de la célébration du mariage, étaient féodaux. Or, une pareille conséquence serait-elle proposable ? Je crois pouvoir affirmer qu'elle n'est encore venue à la pensée d'aucun mari; et c'est assez dire que le système dont il serait l'inévitable corollaire, n'est qu'une erreur.

§. II. *Dans la coutume de la châtellenie de Lille, les fiefs que le mari acquérait par retrait lignager pendant le mariage, entraient-ils réellement dans la Communauté, lorsque, par le contrat de mariage, il avait été stipulé qu'ils seraient compris dans les conquêts, et que néanmoins ils suivaient le côté et ligne du retrayant, en rendant par les héritiers de ce côté et ligne, le prix du retrait ? Ou bien la Communauté n'avait-elle contre le mari ou ses héritiers, qu'une action en récompense de ce prix ?*

Cette question s'est présentée à l'audience de la cour de cassation, section des requêtes, le 2 ventôse an 11. Voici les faits qui y avaient donné lieu:

Le 8 juillet 1757, contrat de mariage passé à Lille, entre Louis François de Haynin et Marie-Ignace de Widebien.

Deux clauses à remarquer dans cet acte.

« 1°. Les acquêts ou conquêts qui seront faits durant la conjonction en *fiefs*, coteries (ou rotures) et autres biens, seront communs entre les futurs marians, soit que la future épouse soit dénommée ès contrats, saisine ou non; et le survivant en jouira de la totalité sa vie durant, savoir, de la

moitié propriétairement , et de l'autre usufruitièrement.

2°. » Ésdits acquets ou conquêts seront compris
tous retraits lignagers et féodaux qui suivront le
côté et ligne dont ils procéderont, en rendant par les
héritiers qui en profiteront, à ceux de l'autre côté, la
juste moitié des deniers employés pour y parvenir ».

Pendant ce mariage, Louis François de Haynin
exerce le retrait lignager de la terre de Seclin, régie
par la coutume de la châtellenie de Lille.

Marie-Ignace de Widebien meurt , laissant une
fille , Marie-Louise-Bonne de Haynin.

Le 17 juin 1773, le mari survivant et sa fille liquident la Communauté qui avait existé entre l'un
et la mère de l'autre.

L'acte qu'ils passent à ce sujet, constate d'abord
que les améliorations faites, pendant le mariage, aux
propres de la dame de Haynin, se montent à 150,000
livres, dont la fille doit récompense à son père;
ensuite qu'il a été aliéné plusieurs propres de la
dame de Haynin et de son consentement; mais
que le remploi en a été fait par des acquisitions et
des remboursemens.

Puis, il ajoute :

« Les parties ont remarqué que, par le contrat
de mariage de 1737, les retraits lignagers et féodaux devaient être communs, comme les conquêts;
qu'ils suivront le côté et ligne du retrayant, en
rendant, par les héritiers qui en profiteront, à
ceux de l'autre côté, la juste moitié des deniers
employés pour y parvenir, et que le survivant en
doit, comme des conquêts, jouir de la totalité sa
vie durant, moitié propriétairement, et l'autre
moitié usufruitièrement, conformément audit contrat.

» Ainsi le père devrait à sa fille , ou plutôt les
héritiers du père devraient à ceux de sa fille, la
moitié des deniers employés pour le retrait lignaa-
ger qu'il a fait de la terre de Seclin, moyennant
56,115 livres ».

» Mais cette somme provenant de l'aliénation des
propre de la feue dame de Haynin , les parties ont
reconnu que les héritiers du père devraient aux
héritiers de la fille la somme entière de 56,115
livres.

» Et les parties voulant prévenir tous procès qui
pourraient arriver pour raison des prétentions
qu'elles pourraient avoir respectivement l'une contre l'autre, conviennent que , pour récompense et
indemnité des réparations faites sur les propres de
l'épouse décédée, le père aura en toute propriété
tels et tel conquêts, et sa fille, pour la même cause,
lui fait remise de la moitié des 56,115 livres employées pour le retrait de la terre de Seclin, dont
le père jouira comme d'un conquêt commun, de
façon qu'il en jouira de la moitié propriétairement,
et de l'autre moitié usufruitièrement; pour le tout
retourner à son côté et ligne, en payant pour les
héritiers qui en profiteront, à ceux de sa fille, la
somme de 28,057 livres 10 sous, juste moitié du prix
du retrait, si mieux n'aiment les héritiers du père

abandonner aux héritiers de la fille la moitié de
ladite terre ».

Le 3 octobre 1773, la demoiselle de Haynin
épouse Louis-François de Tenremonde. Elle survit
à son père, ainsi qu'à son mari ; et elle meurt sans
enfans, le 31 octobre 1786.

Alors contestation entre Charles-François Montmaur, son héritier aux propres paternels, et la
demoiselle de Mouchy, son héritière aux propres
maternels, sur la question de savoir si la terre de
Seclin est en totalité dévolue au prémier, comme
formant pour le tout un propre ancien de la ligne
du père, ou s'il en appartient la moitié à la seconde,
comme formant, jusqu'à cette concurrence, un propre naissant de la ligne de la mère de la dame de
Tenremonde.

Le 26 messidor an 9, jugement contradictoire
du tribunal civil de l'arrondissement d'Arras, qui
prononce en ces termes :

« Considérant que , par le contrat de mariage
du 8 juillet 1773, entre Louis-François de Haynin
et Marie-Ignace de Widebien, il a été stipulé que
les acquets et conquêts qui seraient faits pendant
leur conjonction, seraient communs entre eux, et
que le survivant en jouirait sa vie durant, savoir,
de la moitié propriétairement, et de l'autre moitié
usufruitièrement, pour, après son décès, ladite
moitié retourner aux héritiers du prédécédé, en
payant par eux lors la moitié de tout ce qui
pourrait être dû à raison desdits acquets; èsquels
acquets ou conquêts seraient compris tous retraits
lignagers ou féodeaux, qui néanmoins suivront le
côté et ligne d'où ils procéderont, en rendant par
les héritiers en profitant, à ceux de l'autre côté,
la juste moitié des deniers employés pour y parvenir ;

» Considérant que, pendant le mariage, Louis-
François de Haynin a retiré lignagèrement les
château, ferme, marché et plantis de Seclin ;

» Considérant que Marie - Ignace Widebien ,
femme dudit Louis - François de Haynin , est
décédée le 17 avril 1773, ne laissant de son mariage avec ledit Haynin, qu'une fille nommée Marie-Louise-Bonne de Haynin, leur unique héritière;

» Considérant qu'aux termes du contrat de mariage précité, Louis-François de Haynin avait la
propriété des château, ferme et marché de Seclin,
par lui retrait lignagèrement pour suivre sa
côte et ligne, et que les biens lui appartenaient au
titre de propres affectés à sa ligne, en rendant à
sa fille la moitié des sommes payées pour parvenir
au retrait ;

» Considérant que, d'après d'autres dispositions
du même contrat de mariage, le réglement pour
les acquets était commun aux retraits, de sorte
que le survivant devait en jouir propriétairement
pour la moitié, et usufruitièrement pour l'autre
moitié, ce qui renvoyait après la fin de l'usufruit
de Louis-François de Haynin, la condition et l'exigibilité du mi-denier des biens retraits;

» Considérant que Marie-Louise-Bonne de Haynin a confondu en sa personne la qualité de créan-

cière et celle de débitrice; et qu'en conséquence, elle a recueilli, dans la succession de son père, la totalité des biens retraits, comme étant des propres du côté et ligne de son père;

» Considérant que, si, par l'acte du 27 juin 1773, et postérieurement au décès de Marie-Ignace Widebien, il a été convenu entre Louis-François de Haynin et sa fille, que ledit Louis-François de Haynin jouirait des biens retraits comme d'un conquêt commun entre les parties, savoir, de la moitié viagèrement, il ne se rencontre aucun obstacle à cet ordre de succéder, attendu que cette convention est conforme aux clauses du contrat de mariage, et qu'elle a été faite d'ailleurs pour le cas éventuel où Marie-Louise-Bonne de Haynin décéderait avant son père, et sans que la confusion ait eu lieu en sa personne, de la qualité de créancière ou de débitrice de la moitié du prix des biens retraits; qu'il résulte, au contraire, de cet acte, que, même dans le cas éventuel dont il s'agit, la qualité de propres du côté et ligne de Louis-François de Haynin, à l'égard des biens retraits, était maintenue pour la totalité, puisqu'il y est dit que le tout retournera à la côte et ligne du père, en payant, par les héritiers qui en profiteront, aux héritiers de sa fille, la juste moitié du prix du retrait, si mieux n'aiment les héritiers du père abandonner aux héritiers de sa fille la moitié desdits château, ferme et marché de Seclin;

» Considérant que, d'après les motifs ci-dessus, les biens retraits dont il s'agit, ayant été recueillis pour la totalité par Marie-Louise-Bonne de Haynin, dans la succession de Louis-François de Haynin, son père, comme étant des biens propres de ce côté et ligne, ils ont conservé, dans la succession de Marie-Louise-Bonne de Haynin, la même qualité de propres de la ligne paternelle, et, par suite, la totalité doit en appartenir à son héritier des propres de cette ligne;

» Le tribunal déclare la partie de Lefrond (la demoiselle de Mouchy) non fondée dans ses demandes, et la condamne aux frais autorisés par la loi »,

La demoiselle de Mouchy appelle de ce jugement; et le 29 nivôse an 10, arrêt de la cour d'appel de Douai, qui réforme; voici par quels motifs:

« Considérant qu'il est de principe, que, lorsqu'il s'agit d'examiner quels doivent être les véritables effets d'une clause, il faut en faire opérer toutes les parties...: *in omni dispositione, hoc est regulare quod omne verbum debet de aliquo operari;*

» Mais dans la clause du contrat de mariage dont il s'agit, on aperçoit trois parties : la première, c'est que des conquêts le survivant en jouira de la moitié propriétairement, et de l'autre moitié usufruitièrement : la deuxième, c'est que, dans les conquêts, seraient compris les retraits féodaux : la troisième, c'est que les conquêts provenant de retraits féodaux, suivraient néanmoins la côte et ligne d'où ils procéderaient, en rendant

par les héritiers en profitant, à ceux de l'autre côté, la juste moitié des deniers employés pour y parvenir. Ainsi, pour bien apprécier chacune des trois parties de cette clause, il ne faudra voir ni l'une ni l'autre isolément; il ne faudra pas non plus donner un effet à l'une, de sorte qu'une autre resterait sans effet.

» Quant à la première, si on voit que les retraits féodaux sont compris dans les acquêts ou conquêts, on ne pourra néanmoins pas dire que c'est *une simple assimilation aux conquêts,* puisqu'il est exprimé formellement *qu'ils y sont compris;* on ne devra pas tenir non plus, qu'ils devront toujours conserver *la nature des conquêts,* puisque la seconde et la troisième partie présentent des dispositions hypothétiques contraires : de sorte que, par toute la teneur de la clause, pour juger sainement de la première partie, il faudra tenir que les retraits féodaux conquêts après le décès de l'un des conjoints, pourront se diviser comme des conquêts ordinaires, et devront rester dans cet état de division, s'il y a abstention par l'autre conjoint ou ses héritiers d'exercer la faculté qui leur est réservée par les deux autres parties de la même clause; de sorte aussi qu'ils pourront ne pas être divisés, et qu'après l'avoir été, ils pourront encore retourner à la ligne dont ils procédaient, si l'autre conjoint ou ses héritiers manifestent expressément leur intention d'exercer la faculté qui leur a été réservée.

» Ainsi, par tout l'ensemble de cette clause, si on veut en concilier toutes les parties, on y voit qu'elle doit avoir, non des effets absolus, mais hypothétiques;

» Que c'est en vain que, de la part de l'intimé, on a argumenté que, si dans la clause, on avait exprimé que *les retraits féodaux seront compris dans les acquêts,* on ne devrait pas entendre pour cela *qu'ils avaient pu un instant entrer réellement dans la Communauté,* mais qu'on devait seulement entendre qu'ils n'y étaient entrés que fictivement et représentativement, pour faciliter l'exercice de la reprise du mi-denier;

» Parceque 1°. les termes formels qu'on lit dans cette clause (èsquels conquêts seront compris les retraits féodaux), résistent absolument à ce qu'on puisse se prêter à une telle fiction;

» 2°. Que, si l'intention des contractans avait été de donner à la clause l'effet seulement de la disposition de l'art. 139 de la coutume de Paris, ainsi que l'intimé paraît ici vouloir l'insinuer, alors, au lieu de dire, *èsquels conquêts seront compris les retraits féodaux,* les contractans se seraient contentés d'exprimer, *à la charge de la restitution du mi-denier;*

» 3°. que l'acte de 1773, par lequel on voit que les biens dont il s'agit, *ont été réellement divisés entre le père et la fille,* explique clairement quelle a été l'intention des contractans, et que jamais elle n'a été ainsi que veut la supposer l'intimé;

» Que c'est encore en vain que, de la part de

l'intimé, on a argumenté que, dans la troisième partie de la clause (*en rendant la justice moitié du prix*), on ne pouvait jamais *y voir une condition*, mais simplement *une charge*, et qu'il était de principe que l'inexécution d'une charge ne rendait pas une clause sans effet, comme l'inexécution d'une condition , parceque ce raisonnement est plus spécieux que solide, puisqu'il ne s'agit point ici de faire une chose qui aurait été réprouvée par quelque loi, ou l'intérêt public, ou les bonnes mœurs; et que, hors de ces cas, l'obligation de faire une chose à charge ou à condition de faire une autre chose, est absolument la même;

» Considérant que, pour apprécier sainement quelle a été la qualité des biens de Seclin trouvés dans la succession de la fille, il faut nécessairement chercher quel effet la clause ci-dessus analysée a dû produire sur les mêmes biens, lors du partage de la Communauté entre le père et la fille; mais, par ce partage, on voit que le père et la fille font entrer en masse les biens de Seclin (qui avaient été retraits lignagèrement), *et comme objets communs*. Et non-seulement ils les font entrer en masse, mais ils les partagent réellement de fait par moitié; le père n'en reçoit que la moitié *propriétairement*, il ne jouit de l'autre moitié *qu'usufruitièrement*, et la fille reste par conséquent saisie de cette seconde moitié *propriétairement*. Il est vrai que ce même partage ajoute, *pour le tout retourner à sa côte et ligne, en payant*, etc. Mais tout ce qui résulte de cette suite de la clause, c'est que la propriété cédée à la fille a été soumise à une condition qui pouvait éventuellement la révoquer. Cette condition était la faculté accordée aux héritiers du père, de revendiquer la seconde moitié, comme faisant partie du retrait lignager, en en payant le prix; mais il fallait que les héritiers du père exerçassent cette faculté, pour que la propriété cédée à la fille retournât au père, et de lui à ses héritiers. Mais ce cas n'est pas arrivé; il ne pouvait avoir lieu qu'autant que la fille, décédant avant son père, aurait laissé des héritiers différens de ceux du père; ayant, au contraire, survécu à son père, elle n'a pu exercer sur elle-même ce retrait conventionnel du partage. Dès-lors, la propriété qui lui avait été cédée, comme héritière de sa mère, et qui était devenue un propre naissant maternel, n'a pu retourner à la côte et ligne du père. Il est arrivé ici la même chose que, si les héritiers du père n'avaient pas voulu retirer les héritages sur les héritiers de la fille décédée avant son père ; il serait indubitable alors que cet héritage serait demeuré propre maternel dans la succession de la fille ; par la même raison, pour que l'héritage ait conservé la qualité de propre maternel que le partage lui avait imprimé, il suffit que le partage n'ait point été détruit, et que la propriété cédée de fait à la fille, ne soit point retournée aux héritiers du père, par l'effet d'un retrait devenu impossible;

» Considérant qu'il y a erreur dans le premier motif du jugement dont est appel, puisqu'il suppose que, d'après le contrat de mariage, *les biens de Seclin avaient irrévocablement appartenu pour la totalité au père, à titre de propres affectés à sa ligne;* tandisque, par le même contrat de mariage, on voit qu'il n'y avait eu qu'un réglement hypothétique, si bien même que les retraits féodaux y étaient dits *être compris dans les conquêts;* ils ont été ensuite compris réellement dans la masse de la Communauté, par le partage, après le décès de la mère; et que, pour les placer dans une autre condition, il aurait fallu l'intervention d'une volonté déclarée, et d'une offre de la part des héritiers du mari, ou si l'on veut, de quelque chose d'équivalent; et que jamais il n'y a eu, ni volonté telle, ni offre, ni rien d'équivalent;

» Considérant que le second motif du jugement dont est appel, est assis sur une base inexacte, en supposant que la condition et l'exigibilité du demi-denier étaient renvoyées à la fin de l'usufruit du père; parceque, s'il est vrai de dire que l'exigibilité était renvoyée à telle époque, il était très-inexact de dire qu'il en fût de même pour la condition, puisqu'après le décès de la mère, le père pouvait faire régler (dès le partage de la Communauté), que les biens de Seclin n'en auraient fait aucunement partie, et auraient été irrévocablement affectés à sa ligne, à la condition, par ses héritiers, de remettre après son décès le mi-denier; et ce n'est pas ainsi que le père a procédé, tandis qu'aux termes du contrat de mariage, il en avait la faculté; et on a vu qu'il a fait une disposition toute contraire qui, n'ayant éprouvé aucun changement, a fixé ensuite irrévocablement la qualité des biens entrés dans la Communauté;

» Considérant que le troisième motif du jugement dont est appel, basé sur ce que *la fille, après le décès du père, avait confondu en sa personne la qualité de créancière, et celle de débitrice*, est inadmissible, parceque, quand il s'agit d'une convention formelle, il n'est pas permis d'alléguer ce qui est censé être; qu'il faut, au contraire, voir ce qui est; qu'en supposant que la fille, après le décès de son père, n'était que créancière d'une somme de deniers, c'est dénaturer les faits et la convention du partage par lequel les biens dont s'agit, sont réellement entrés dans la Communauté, par lequel la fille a été saisie de la moitié propriétairement des biens de Seclin, puisqu'il est dit que le père n'avait que la moitié *propriétairement*, et n'avait l'usufruit que de l'autre moitié; il ne s'agissait donc pas, par les premiers juges, de chercher seulement ce qui n'avait pu être fait, mais encore ce qui avait été fait et à quel point les parties en étaient restées; mais les héritiers de la fille trouvent dans sa succession un héritage dont elle a reçu moitié comme héritière de sa mère, et dont l'autre moitié a appartenu à son père, et lui est revenu comme héritière de son père. Donc les premiers juges devaient dire, cet héritage est propre paternel pour moitié, et propre maternel pour l'autre moitié, parceque les successions se prennent et doivent être réglées dans l'état où elles se trouvent ; ainsi, peu importe qu'il ait existé un cas dans lequel cette qualité de propre maternel pour moitié aurait pu être effacée, parceque ce cas n'étant pas arrivé, il incombe seulement d'examiner si l'héritage a conservé la qualité première que lui a imprimée le partage, et cela est évident ;

» Considérant enfin que le quatrième motif du jugement dont est appel, n'est basé que sur la supposition qu'il fallait seulement s'en référer à la partie de la clause qui exprimait que les *retraits* retourneraient à la ligne d'où ils procédaient, sans aucun égard à la partie qui exprimait *que les retraits étaient compris dans les conquêts*, ni à celle qu'ils retourneraient à la ligne en payant........; qu'ainsi les premiers juges se sont égarés, en perdant de vue que le retour à la ligne du père était relatif à un cas éventuel ; et que ce cas n'étant pas arrivé, il n'était resté que le réglement de jouir comme d'un conquêt ».

Le sieur Montmaur s'est, à son tour, pourvu en cassation contre l'arrêt fondé sur ces motifs ; et la cause portée à l'audience de la section des requêtes, j'y ai donné les conclusions suivantes :

« La question sur laquelle vous avez à prononcer, se réduit à savoir si, par le retrait lignager qu'a fait Louis-François de Haynin, d'un fief régi par la coutume de la châtellenie de Lille, ce fief est entré dans la Communauté qui existait entre lui et la mère de la dame de Tenremonde.

» Car s'il y est entré, point de doute que la dame de Tenremonde n'ait possédé ce bien, moitié comme héritière de son père et moitié comme héritière de sa mère ; point de doute par conséquent qu'il n'ait formé dans sa main un propre mi-paternel et mi-maternel.

» Si, au contraire, il n'y est pas entré, si la Communauté n'a eu, pour raison du retrait lignager exercé par le père de la dame de Tenremonde, qu'une action en récompense du prix qui y avait été employé, bien évidemment la dame de Tenremonde n'a pu posséder ce fief qu'en qualité d'héritière de son père. Elle n'a pu, conséquemment, le posséder que comme propre paternel pour le tout.

» Entre ces deux partis, le tribunal d'appel de Douai a adopté le premier ; et nous avons d'abord à examiner si, comme le soutient le demandeur, il a contrevenu en cela au texte de la coutume de la châtellenie de Lille.

» La contravention serait en effet évidente, si c'était par le texte de la coutume que la question eût dû être jugée. Car la coutume déclare formellement, tit. 2, art. 24, que les fiefs acquis par retrait lignager sont, dans la succession du retrayant, propres de la ligne dont ils proviennent.

» A la vérité, la coutume ne prévoit point le cas où le retrayant du fief serait marié au moment du retrait ; et l'on serait, au premier abord, tenté d'appliquer à ce cas la disposition de l'art. 56 du même titre, qui répute acquêts, à l'effet d'entrer dans la Communauté, *les héritages cotiers*, c'est-à-dire, les roitures, *retraits par le mari, constant le mariage*,

quoique d'ailleurs les rotures qu'un homme non marié acquiert par la voie du retrait, lui tiennent nature de propres, comme les fiefs.

» Mais il faut bien saisir l'esprit qui a dirigé la coutume dans la distinction qu'elle a ainsi faite, par rapport aux rotures, entre le retrait exercé par un garçon ou veuf, et le retrait exercé pendant le mariage.

» Le retrait exercé par un garçon ou veuf, conserve aux rotures acquises par cette voie leur qualité de propres, parceque tel est le but général du retrait, et qu'il n'y a pas de raison de différencier à cet égard les rotures d'avec les fiefs.

» Mais en cas de retrait exercé pendant le mariage, la roture devient conquêt de Communauté ; pourquoi ? Parceque la coutume rend communs entre les époux, tous les biens roturiers que peut acquérir le mari ; et qu'elle ne veut pas laisser au mari la faculté de frauder les droits de son épouse, en acquérant par retrait lignager, plutôt que par un achat pur et simple. La coutume fait, pour ce cas, le sacrifice de son zèle pour la conservation des propres dans leur ligne, à la crainte qu'elle a de donner ouverture à des actes nuisibles aux femmes.

» Il n'en est pas de même pour les fiefs. La coutume commence par établir, tit. 2, art. 20, que *fiefs acquêtés durant la conjonction de mariage, tiennent la côte et ligne du mari, sans que la femme ou les héritiers d'icelle y aient droit.*

» Et d'après cela, il est tout simple que, pour les fiefs retirés par droit de lignage pendant la Communauté, elle laisse subsister la règle générale, qui fait réputer propre tout bien acquis par retrait lignager.

» Ainsi, encore une fois, il est bien clair que, si c'est la coutume qui doit ici décider, la terre de Seclin a été intégralement exclue de la Communauté qui existait entre le retrayant et son épouse ; que le retrayant l'a possédée, en totalité, comme propre de sa ligne ; et que, par une suite nécessaire, c'est comme propre paternel que la dame de Tenremonde l'a recueillie en totalité après la mort de son père.

» Mais, est-ce bien par la coutume, et n'est-ce pas plutôt par le contrat de mariage du 8 juillet 1757, que nous devons juger si la terre de Seclin a fait ou non partie de la Communauté dont il s'agit ?

» Sur cette question, il est un premier point très-constant : c'est que, dans la coutume de la châtellenie de Lille, on pouvait, par contrat de mariage, faire entrer réellement dans la Communauté, les fiefs dont le mari exerçait le retrait ou faisait l'acquisition par les voies ordinaires.

» Témoin Pollet, dans son Recueil d'arrêts du parlement de Douai, part. 2, §. 17 : « La dispo-» sition de cet article (dit-il, en parlant de l'art. 20 » du tit. 2 de cette coutume) ne regarde que la suc-» cession *ab intestat*. Rien n'empêche qu'on ne » puisse y déroger par les conventions matrimo-» niales. S'il a été convenu, par le contrat de ma-» riage, que les fiefs acquis durant le mariage seront » communs entre les conjoints, la femme, en cas

» qu'elle survive, en retient la moitié contre l'hé-
» ritier du mari; et de même, en cas de survie du
» mari, la moitié passe à l'héritier de la femme.
» M. Cuvelier en rapporte trois arrêts du grand
» conseil de Malines (auquel ressortissait le bailliage
» de Lille, avant les conquêtes de Louis XIV). Le
» parlement (de Flandre) l'a aussi jugé plusieurs
» fois, et même par arrêt rendu à mon rapport, le
» 14 janvier 1706 ».

» Dans le §. suivant, le même magistrat retrace
les circonstances de ce dernier arrêt, et elles sont
très-remarquables : Par le contrat de mariage entre
» Louis-Ignace de Moucheaux et Anne-Isabelle
» Stalins, il a été convenu que tous les acquêts
» de quelque nature et condition qu'ils fussent,
» seraient communs, et se partageraient égale-
» ment entre le survivant et les enfans. La terre
» et seigneurie de Hautmer a été acquise durant
» le mariage; le mari en a été adhérité.
» Le (mari), seigneur de Hautmer, meurt. On
» laisse passer deux ans et quelques mois sans faire
» le relief. Le sieur de Perenchier, dont le fief est
» tenu, le fait saisir pour en avoir la jouissance jus-
» qu'à ce qu'on l'ait relevé, et après le relief fait,
» autant de temps qu'on a été en défaut de le relever
» avant la saisie, conformément à l'art. 37 du tit.
» 1 de la coutume. La dame de Hautmer s'y op-
» pose, et dit que le fief n'est ouvert que pour la
» moitié échue à ses enfans par la mort de leur
» père; que l'autre moitié lui appartient en vertu
» de son contrat de mariage. Le sieur de Péren-
» chier soutient qu'il a droit de jouir du fief en-
» tier : il se fonde sur ce que le sieur de Hautmer
» en ayant été seul adhérité, il en serait seul devenu
» propriétaire, suivant la disposition de l'art. 20
» du tit. 2 ; que l'effet de la stipulation contenue
» au contrat de mariage, est borné à conserver à la
» femme la répétition de la moitié des deniers em-
» ployés à l'acquisition; qu'elle ne peut changer
» le droit des fiefs, ni celui du seigneur, sans le
» consentement duquel le fief ne peut (aux termes
» de l'art. 66 du tit. 1) être éclipsé ni démembré.
» La dame de Hautmer répond qu'il est dérogé
» à la disposition de la coutume par son contrat de
» mariage; qu'on ne trouve aucun article dans la
» coutume, qui puisse faire douter de la validité
» de la dérogation ; que le fief entrant dans la Com-
» munauté en vertu de la convention, le mari qui
» en prend seul l'adhéritance, la prend tant pour
» lui que pour sa femme, tout de même qu'en ac-
» quisition de terres en roture; qu'il ne s'agit pas
» de démembrer le fief; qu'elle tiendra avec ses
» enfans la terre de Hautmer en un seul fief; que la
» coutume n'empêche pas qu'un fief ne puisse ap-
» partenir à plusieurs personnes; qu'elles peuvent
» mêmes jouir divisément des fonds qui composent
» le fief, pourvu qu'on ne divise point la féodalité.
» Par arrêt rendu à mon rapport, le 14 janvier
» 1706, il a été jugé que la moitié du fief de Hautmer
» appartenait à la dame de Moucheaux, en vertu
» de la convention portée en son contrat de mariage;

» et que le droit du seigneur, pour le défaut de re-
» lief de la part des enfans, ne s'étend point au-delà
» de la jouissance de leur moitié ».

» Vous sentez que, si l'on a ainsi jugé, vis-à-vis
d'un seigneur suzerain, il y a une bien plus forte
raison pour juger de même entre les héritiers respectifs des deux époux.

» Car il est de principe qu'entre les époux et
leurs héritiers respectifs, on peut, par contrat de
mariage, faire toutes les stipulations qui ne blessent ni l'ordre public ni les bonnes mœurs; et que
toutes doivent recevoir leur pleine et littérale exécution.

» Il faut donc repousser bien loin l'idée que,
par l'effet d'une clause de la nature de celle dont
il est ici question, le fief acquis ou retrait par le
mari pendant le mariage, n'entrerait pas réellement en Communauté, et qu'il n'en résulterait
pour la femme qu'une action de mi-denier.

» Vous voyez d'ailleurs que restreindre la femme
à cette action, ce serait aller directement contre
le but des contractans. Qu'ont voulu les futurs
époux, en stipulant par leurs conventions matrimoniales, que les fiefs acquis ou retraits pendant
le mariage seraient communs, ou, ce qui revient
au même, compris dans les conquêts? Ils ont
voulu assimiler entièrement les fiefs aux rotures.

» Et comme, en fait de rotures acquises ou retraites pendant le mariage, la coutume donne à la
femme, non une simple action de mi-denier, mais
une moitié réelle, une moitié en nature, il est évident qu'il en doit être de même des fiefs acquis ou
retraits dans le même temps.

» Il ne nous reste donc plus qu'à examiner le
contrat de mariage du père et de la mère de la
dame de Tenremonde. Si, par cet acte, ils ont imprimé le caractère de conquêts aux fiefs qui pourraient être acquis ou retraits pendant leur union,
nul doute que la dame de Tenremonde n'ait hérité
de sa mère la moitié du fief de Seclin. Mais aussi
dans l'hypothèse contraire, la coutume conservant
toute sa force, et la terre de Seclin n'ayant jamais
cessé, depuis le retrait qui en a été fait, d'appartenir en entier au père de la dame de Tenremonde,
la dame de Tenremonde l'aura possédée en entier
comme propre paternel.

» Vous connaissez la clause du contrat de mariage du 8 juillet 1737, qui est relative aux biens
que les futurs époux pourront acquérir ou retraire
pendant leur Communauté.

» Il y est d'abord stipulé que les acquêts ou conquêts qui seront faits en fiefs, coteries (ou rotures) et autres biens, seront communs entre le
mari et la femme, soit que celle-ci figure, soit
qu'elle ne figure pas, dans les contrats d'acquisition et dans les actes de saisine ou adhéritance ;
que le survivant en aura la moitié en propriété, et
qu'il jouira du surplus à titre d'usufruit.

» Ainsi, voilà déjà pour les fiefs une grande dérogation à la coutume : la coutume voulait qu'il

42.

appartinssent au mari seul, les contractans veulent que la femme y ait part comme aux rotures ; il les rangent, comme les rotures, dans la classe des conquêts.

» Si donc la terre de Seclin avait été achetée par Louis-François de Haynin, très-certainement son épouse en aurait eu la moitié en propriété ; et par suite, la dame de Tenremonde eût possédé cette moitié comme propre maternel.

» Mais ce n'est point par une acquisition ordinaire, ce n'est point par un simple achat, que la terre de Seclin est parvenue dans les mains du père de la dame de Tenremonde ; c'est par un retrait lignager.

» Il s'agit donc de savoir si l'on doit, à cet égard, assimiler le retrait lignager au simple achat.

» Nous avons déjà remarqué que la coutume, relativement aux droits du mari et de la femme, fait marcher sur la même ligne ces deux manières d'acquérir ; qu'elle ne donne rien à la femme dans les fiefs retraits par le mari, parcequ'elle ne lui donne rien dans les fiefs que le mari peut acquérir par achat ; et qu'au contraire, elle donne à la femme la moitié des rotures que le mari a retirées par droit de lignage, parcequ'elle lui donne pareillement la moitié des rotures achetées par le mari.

» Il est donc bien naturel de penser que les contractans, en dérogeant à la coutume pour les fiefs, ont pris pour règle, dans un sens inverse et pour un effet opposé, la parfaite similitude que la coutume avait établie entre l'acquisition par retrait et l'acquisition par achat.

» Et c'est effectivement ce qu'ils ont fait : èsquels acquêts ou conquêts (ont-ils dit) seront compris tous retraits lignagers et féodaux.

» Cependant ils ont senti qu'il convenait d'accorder quelque chose à l'affection qu'ils pourraient avoir chacun pour les biens de sa ligne qui seraient frappés de retrait pendant le mariage.

» Et voilà pourquoi ils ont ajouté aussitôt : lesquels suivront le côté et la ligne dont ils procéderont, en rendant par les héritiers qui en profiteront, à ceux de l'autre côté, la juste moitié des deniers employés pour y parvenir.

» Ainsi, les biens acquis par retrait, seront compris dans les conquêts, et par conséquent ils entreront dans la Communauté.

» Ils pourront pourtant en sortir, et suivre le côté et ligne dont ils seront provenus, c'est-à-dire, le côté et ligne, l'époux retrayant.

» Mais comment s'opérera ce changement, s'il a lieu ? Il s'opérera par le retrait de mi-denier.

» Et qui est-ce qui exercera ce retrait ? Ce ne sera pas l'époux survivant : il n'en aura pas besoin, parcequ'il jouira de la totalité des biens retirés, moitié comme propriétaire, moitié comme usufruitier. Mais ce sera son héritier : la faculté du retrait de mi-denier est prorogée jusqu'à celui-ci ; et s'il en use, en rendant à l'héritier de l'époux

prédécédé, la moitié du prix déboursé par la Communauté conjugale, il reprendra comme propriétaire, la portion du fief dont l'époux survivant à qui il succède, n'avait eu que l'usufruit.

» Telles sont les dispositions du contrat de mariage : elles sont assurément bien claires, et sans doute vous vous demandez à vous-mêmes comment elles ont pu donner lieu à une contestation sérieuse.

» Cependant le cit. Montmaur ne craint pas d'attaquer le jugement qui a, non pas interprété, mais proclamé ces dispositions, telles que nous venons de les retracer.

» A l'entendre, ce jugement a violé la loi que le père et la mère de la dame de Tenremonde avaient faite à leurs héritiers respectifs par leur contrat de mariage.

» Le père et la mère de la dame de Tenremonde avaient imprimé aux biens qu'ils pourraient acquérir par retrait lignager ou féodal, la qualité de propre du chef du conjoint retrayant. Ils la leur avaient imprimée, en stipulant que ces biens suivraient le côté et ligne dont ils seraient provenus ; et s'ils y avaient attaché la condition de rendre la moitié du prix à l'héritier de l'autre époux, c'était dans la supposition que chacun des époux aurait un héritier distinct, c'est-à-dire, dans la supposition qu'ils ne laisseraient pas d'enfans. Mais cette condition s'est évanouie, et la clause de tenir côté et ligne est devenue pure et simple, au moyen de la confusion des qualités de créancière et de débitrice qui s'est opérée dans la personne de la dame de Tenremonde, devenue à la fois héritière des deux époux.

» C'est ainsi que, dans la coutume de Paris, et d'après l'art. 159 de cette loi, le fils qui héritait de son père un bien retrait par celui-ci, le transmettait comme propre à ses héritiers paternels, quoiqu'il n'eût pas remboursé, ou plutôt parcequ'il était censé s'être remboursé à lui-même, par confusion, le prix que cet article charge l'héritier des propres de rendre à l'héritier des acquêts.

» Tel est le système du cit. Montmaur. Pour le bien apprécier, il faut comparer les dispositions de l'art. 159 de la coutume de Paris avec celles du contrat de mariage de 1737.

» L'art. 159 de la coutume de Paris est ainsi conçu : « L'héritage retiré par retrait lignager,
» est tellement affecté à la famille, que, si le re-
» trayant meurt délaissant un héritier des acquêts
» et un héritier des propres, tel héritage doit ap-
» partenir à l'héritier des propres de la ligne dont
» est venu et issu ledit héritage, et non à l'héri-
» tier des acquêts, en rendant toutefois, dans l'an
» et jour du décès, aux héritiers desdits acquêts,
» le prix dudit héritage ».

» La coutume, comme vous le voyez, ne commence pas, dans cet article, par déclarer acquêt l'héritage retiré par retrait lignager ; elle débute, au contraire, par la déclaration expresse qu'il est affecté à la famille, ce qui, en d'autres termes, signifie qu'elle le répute propre.

» Elle va plus loin : elle déclare que cet héritage *doit appartenir* à l'héritier des propres de la ligne dont il est venu et issu ; et remarquons bien ces expressions, *doit appartenir*.

» Si la coutume disait, *peut appartenir*, on en conclurait avec raison qu'elle ne donne à l'héritier des propres qu'une simple faculté de retenir le bien retiré, en remboursant le prix du retrait ; et cette conséquence amènerait naturellement celle que l'héritier des propres n'a pas la saisine légale de ce bien ; que cette saisine appartient à l'héritier des acquêts, et que, par suite, l'héritage est réputé acquêt, tant que le remboursement du prix n'est pas effectué.

» Mais la coutume dit impérativement que le bien retiré *doit appartenir* à l'héritier des propres, avec la charge de rembourser. C'est donc pour l'héritier des propres un droit certain et positif ; il n'y a là, pour lui, ni option ni alternative. Il doit rembourser, par cela seul qu'il est héritier ; c'est une dette qu'il a contractée en acceptant la succession des propres ; et il ne s'en affranchirait pas en abandonnant ce bien à l'héritier des acquêts, si celui-ci aimait mieux en avoir le prix. En un mot, il est saisi de l'héritage retiré, avec l'obligation d'en rendre le prix à l'héritier des acquêts ; comme l'acheteur est saisi de la propriété qu'il a achetée, avec l'obligation d'en payer le prix à son vendeur, et à la charge que celui-ci aura, faute de paiement, l'option de revendiquer l'héritage même.

» Tel est le véritable sens, tel est l'unique objet de l'art. 139 de la coutume de Paris ; et c'est de là que l'on est constamment parti, dans cette coutume, pour décider que, puisque l'héritier des propres possède l'héritage retiré comme propre, l'héritier unique, qui réunit les propres et les acquêts, le recueille et le possède aussi comme tel.

» Le contrat de mariage de 1737 présente-t-il le même sens et a-t-il le même objet ? Non certes.

» Par ce contrat, nous l'avons déjà dit, on commence par déclarer *conquêts* les biens qui, pendant le mariage, seront retirés, soit par retrait lignager, soit par retrait féodal. C'est donc à la Communauté que ces biens appartiennent ; c'est donc la Communauté qui en a la saisine ; il faut donc, pour en dessaisir la Communauté, qu'il survienne un nouvel acte ; la Communauté en demeurera donc saisie, les biens retirés conserveront donc leur qualité primitive de *conquêts*, s'il ne survient rien qui puisse intervertir cet état des choses.

» Sans doute, l'héritier des propres de la ligne d'où sont venus les biens retirés, pourra les redemander à la Communauté, en lui rendant le prix qu'elle a déboursé pour en faire le retrait. Mais ce ne sera pour lui qu'une faculté dont il lui sera libre de ne pas user ; et tant qu'il n'en usera pas, il n'aura aucun droit aux biens retirés, les biens retirés resteront ce qu'ils sont devenus par le retrait,

ils resteront *conquêts*, et il en appartiendra la moitié à la ligne de chacun des époux.

» Il n'y a donc aucune analogie entre les dispositions du contrat de mariage de 1737, et celles de l'art. 139 de la coutume de Paris.

» Mais une coutume avec laquelle cadrent parfaitement les premières, c'est celle de Poitou, art. 339, 340 et 341. Voici ce qu'elle porte : « Si le mari retrait aucune chose vendue par » le lignager de sa femme, ou par les siens propres, ou mouvante de son fief, ladite chose sera » acquêt commun entre eux, comme serait une » autre chose acquise d'un étranger. — Mais si sa » femme va de vie à trépas la première, et que la » chose vendue et retraite soit procédée de son » estoc et branchage, ou soit en son fief, les héritiers d'elle seront reçus, dedans l'an et jour » de la mort de ladite femme, qui auront le tout » de ladite chose, en payant le mi-denier au » mari ou à ses héritiers, c'est à savoir la moitié du prix que la chose aurait coûté à retraire.

» Et si ladite chose vendue provenait de l'estoc » et branchage du mari, ou fût en son fief, sera » semblablement reçu, et devra avoir le total de » ladite chose, en payant dedans l'an et jour de » la mort de ladite femme, aux héritiers d'elle, le » mi-denier ».

» Vous remarquez que cette coutume fait précisément, pour les époux de son territoire, ce que fait le contrat de mariage de 1737, pour le père et la mère de la dame de Tenremonde : elle déclare conquêts les biens acquis par retrait lignager ou féodal, pendant le mariage ; mais elle laisse aux héritiers de l'époux retrayant, la faculté de les retirer de la Communauté, s'ils veulent en rendre le prix.

» Or, il est bien constant que, dans cette coutume, on n'a jamais pensé au système qu'élève ici le cit. Montmaur ;

» Il est bien constant que jamais l'héritier des propres d'un fils qui avait recueilli les successions de son père et de sa mère, n'a élevé, dans cette coutume, la prétention de prendre comme propre la totalité de l'héritage retiré par l'un de ceux-ci, sous le prétexte que le fils étant héritier de l'un comme de l'autre, devait être censé s'être payé à lui-même ce que l'un eût dû payer à l'autre, en cas de retrait de mi-denier ;

» Il est bien constant, en un mot, que, dans cette coutume, les biens retirés pendant le mariage, demeuraient conquêts à défaut de retrait de mi-denier dans l'an et jour de sa dissolution, lors même que ce défaut n'avait eu d'autre cause que le concours des qualités d'héritiers des deux époux retrayans dans la même personne.

» Et que sera-ce si, des conséquences lumineuses que ce rapprochement fait, en quelque sorte, jaillir sur notre espèce, nous passons au commentaire qu'a donné au contrat de mariage de 1737, l'acte de liquidation de Communauté de 1773 ? Alors, nous osons le dire, l'évidence ne sera pas plus claire que ne l'est, à nos yeux, le bien jugé de la décision attaquée par le cit. Montmaur.

» Vous vous rappelez, en effet, que, par ce dernier acte, le père de la dame de Tenremonde a reconnu expressément que, par l'effet de la disposition du contrat de mariage qui rangeait les biens retraits dans la classe des conquêts, il n'était propriétaire que de la moitié de la terre de Seclin, et que, s'il en avait l'usufruit, il ne le devait qu'à la clause du même contrat qui soumettait tous les conquêts indistinctement à un droit d'usufruit en faveur du survivant des époux.

» Assurément, une reconnaissance aussi positive, de la part du père de la dame de Tenremonde, doit écarter jusqu'au plus léger doute sur le sens du contrat de mariage.

» Et cependant, vous l'avez entendu, c'est sur cette reconnaissance même que se fonde le cit. Montmaur pour accuser le tribunal d'appel de Douai d'avoir violé la loi des conventions.

» Mais tout ce qu'il dit à cet égard, est détruit à l'avance par les observations que nous avons faites sur le contrat de mariage; et, sans nous livrer à des répétitions qui seraient absolument inutiles, nous estimons qu'il y a lieu de rejeter la requête ».

Ces conclusions ont été adoptées par arrêt du 2 ventôse an 11, au rapport de M. Chasle,

« Attendu 1°. que, par le contrat de mariage des époux de Haynin, du 8 juillet 1757, il fut stipulé que les acquêts et conquêts qui seraient faits durant la conjonction, soit fiefs, coteries, anciens manoirs, etc., seraient communs entre les futurs; que le survivant jouirait de la totalité sa vie durant, savoir, de la moitié propriétairement, et de l'autre moitié usufruitièrement, èsquels acquêts ou conquêts seraient compris tous retraits lignagers ou féodaux, lesquels suivraient la côte et ligne dont ils procéderaient, en rendant, par les héritiers en profitant, à ceux de l'autre côté, la juste moitié des deniers employés auxdits retraits;

» 2°. Que la stipulation dudit contrat relative aux retraits lignagers et féodaux, était dérogatoire à la disposition de la coutume de la Salle de Lille, tit. 2, art. 24, portant que les fiefs retraits pendant le mariage, n'entrent point dans la Communauté, et qu'ils tiennent les côte et ligne des retrayans;

» 5°. Que l'exécution donnée à ce contrat par le réglement des droits portant partage de Communauté entre l'époux de Haynin survivant et sa fille, unique héritière de sa mère, le 17 juin 1775, par lequel la terre de Seclin, retirée lignagèrement pendant le mariage et procédant de la côte et ligne du mari survivant, a été comprise dans la masse de la Communauté, pour, par lui, en jouir propriétairement de moitié et usufruitièrement de l'autre

moitié, ne laisse aucun doute sur l'intention primitive des contractans;

» 4°. Que, par l'effet de la stipulation et de l'exécution qui y a été donnée, la propriété de la moitié de la terre de Seclin a passé sur la tête de la fille Haynin, par l'effet du décès de sa mère; que cette moitié est devenue, dans la main de la fille, un propre maternel naissant; et que l'autre moitié qu'elle a héritée du chef de son père, lui a été un propre paternel;

» 5°. Qu'en supposant que la terre de Seclin retrayée eût pu, par la force de cette coutume locale, reprendre la nature de propre paternel pour le tout, à la mort de la fille Haynin, l'héritier paternel n'aurait pu réclamer la totalité comme propre, qu'en rendant à l'héritier maternel la moitié du juste prix employé au retrait de cette terre, ou au moins la somme fixée par le partage de Communauté de 1775, lequel n'a point été offert;

» 6°. Qu'on ne peut pas dire que le tribunal de Douay ait contrevenu à la coutume de Lille, ni qu'il ait violé la loi des contrats, puisque d'abord il s'est exactement conformé aux dispositions desdits contrats, qui ont voulu que les fiefs retrayés fussent compris dans les conquêts; et que, si sa décision est contraire à la disposition de cette coutume, art. 24, c'est que les futurs époux y avaient dérogé par le contrat de mariage de 1757, dérogation qu'ils avaient eu le droit de faire;

» Attendu qu'à l'époque du décès de la fille de Haynin, ses héritiers paternels et maternels ont été saisis chacun pour moitié de la propriété de la terre de Seclin; que le demandeur s'étant mis en possession de la totalité, a dû rapporter à l'héritier maternel la moitié des fruits et les intérêts; qu'ils ont été adjugés à celui-ci sur sa demande; qu'ainsi, le jugement attaqué n'a pas accordé *ultrà petita*, ce qui d'ailleurs ne formerait pas un moyen de cassation ».

§. III. *L'abolition du régime féodal et censuel a-t-elle entraîné de plein droit l'abrogation des coutumes qui faisaient entrer dans la Communauté les censives que chacun des époux possédait au moment de la célébration du mariage?*

V. le plaidoyer et l'arrêt du 9 ventôse an 11, rapportés à l'article *Féodalité*, §. 5.

§. IV. *Le statut de la Communauté des meubles et acquêts, est-il réel ou personnel? Quelle est, à cet égard, la nature du statut de la Communauté universelle?*

V. l'article *Féodalité*, §. 5.

§. V. 1°. *Lorsqu'en vertu d'une clause de son contrat de mariage, le survivant de deux époux demeure propriétaire de tous les meubles et effets mobiliers de l'autre, la prescription des créances que la Commu-*

nauté avait sur un particulier, devenu héritier des immeubles du prédécédé, et qui se trouvent, dès-lors, dévolus au survivant, est-elle, dès ce moment, suspendue jusqu'après la liquidation de la Communauté entre le survivant et cet héritier ?

2°. Par qui doit être supportée, dans les pays où les dettes mobilières sont toutes à la charge des meubles, la dette du prix d'un conquêt de la Communauté, lorsqu'à la dissolution de la Communauté, elle est encore due, et que le survivant demeure, en vertu d'une clause du contrat de mariage, propriétaire de tous les meubles et effets mobiliers ?

3°. Lorsque deux époux qui, par leur contrat de mariage, avaient réglé que le survivant demeurerait propriétaire de tous les meubles et effets mobiliers de la Communauté, ont, de leurs deniers communs, acquis un immeuble par retrait lignager au nom et au profit de l'enfant mineur que l'un d'eux avait d'un mariage précédent, et que celui des époux, auquel cet enfant était étranger, vient à mourir le premier, les héritiers de ses immeubles ont-ils droit à la moitié du bien acquis de cette manière ?

4°. S'ils ne peuvent pas réclamer cette moitié en nature, peuvent-ils au moins demander à l'enfant du survivant la moitié du prix qui a été tiré de la Communauté pour l'acquisition dont il s'agit ? Ou bien est-ce à l'époux survivant qu'est due la totalité de ce prix ?

5°. Que doit-on décider, à cet égard, dans les pays où les avantages entre époux sont prohibés ?

Le 25 mars 1769, contrat de mariage entre Felix Devillers et Marie Thérèse Dron, veuve d'Étienne Morcrette, dont il lui reste une fille, tous deux domiciliés en Artois.

Pierre Devillers, frère de Félix, domicilié en Cambresis, intervient dans ce contrat, et y déclare devoir à celui-ci une somme de 5,000 florins.

Et les futurs époux stipulent que celui des deux qui survivra l'autre, avec ou sans enfans, « sera maître, propriétaire et donataire de tous les meubles, effets mobiliers et réputés tels de leur Communauté, usufruitier de tous les immeubles que délaissera le premier mourant, et tenu et chargé des dettes, obsèques et funérailles du prédécédé ».

Le 7 septembre suivant, Felix Devillers et sa femme acquièrent dix-huit mencaudées et demie de terre, moyennant la somme de 10,500 florins, et déclarent « que, dans la somme de 10,500 florins, prix principal et accessoire ci-dessus, il » est entré celle de 4,400 florins, provenant de la » vente de onze mencaudées, situées à Awoing

» en Cambresis, qu'ils ont faite aux frère et sœur » dudit Devillers, et qui étaient propres et patrimoines à ce dernier, faisant cette déclaration » afin que les huit mencaudées ci-dessus acquétées, » soient propres et patrimoines audit Devillers... » et lesdites dix mencaudées et demie restant des- » dits dix-huit et demie ci-devant acquises se- » ront acquêts auxdits acquéreurs, à l'effet que le » survivant d'eux sera propriétaire de la moitié » et viager de l'autre ; et ont encore déclaré les- » dits acquéreurs que, dans le prix principal et » accessoire ci-dessus, est entrée la somme de 4,000 » florins, qu'ils ont levée en constitution de rente, » par contrat de ce jourd'hui, passé devant ledit » notaire, de Philippe-Ignace Desquelye, faisant » cette déclaration afin que lesdites terres, au dé- » sir du susdit acte de constitution, soient légale- » ment affectées et hypothéquées pour sûreté de » ladite rente et de ses deniers capitaux ».

Le 25 juillet 1775, acte notarié par lequel Félix et Pierre Devillers reconnaissent « qu'après » liquidation faite entre eux des avances faites par » ledit Pierre sur les 5,000 florins que ledit Pierre » était tenu de donner audit Félix, par son contrat » de mariage......, ledit Pierre est resté redevable » de la somme de 1,400 florins qu'il s'oblige de » payer audit Félix à sa première réquisition ».

Le 21 décembre 1776, Félix Devillers et son épouse empruntent, à titre de constitution de rente, une somme d'argent qu'ils déclarent être dans l'intention d'employer à l'exercice d'un retrait lignager au nom et au profit de Marie-Thérèse Morcrette, fille mineure du premier mariage de la dame Devillers.

En février 1777, ils exercent en effet ce retrait sur dix mencaudées de terre aliénées tout récemment par un parent paternel de la demoiselle Morcrette, qui les possédait comme propres de la ligne de celle-ci.

Le 10 janvier 1780, les deux époux marient la demoiselle Morcrette au sieur Billoir, et lui abandonnent les dix mencaudées de terre.

Félix Devillers meurt quelques années après sans enfans.

Conformément au contrat de mariage, du 25 mars 1769, la veuve demeure propriétaire de tous les meubles de la Communauté, et usufruitière de tous les immeubles du mari prédécédé. Quant à la propriété nue des biens de cette dernière classe, elle est transmise, par droit de succession *ab intestat*, aux trois filles de Pierre Devillers, nièces de Félix, savoir, Marie-Madeleine Devillers, épouse d'Isidore Tellier; Julie Devillers, épouse de Charles Tellier; et Marie-Thérèse Devillers, épouse de Louis-Joseph Delamotte.

En 1803, les trois nièces de Félix Devillers, assistées de leurs maris, font assigner Marie-Thérèse Morcrette, veuve Billoir, au tribunal civil de l'arrondissement d'Arras, pour voir dire que la donation à elle faite, le 10 janvier 1780, par son beau-père et Marie-Thérèse Dron, sa mère, de dix men-

caudées de terre qu'ils avaient précédemment retraites en son nom, sera déclarée nulle, et qu'elle
sera condamnée « à leur laisser suivre la propriété
» nue, à la charge du viage de sa mère, de la
» moitié desdites terres; si mieux elle n'aime, en
» ratifiant le retrait fait en son nom, leur payer, au
» décès de sa mère, le mi-denier et loyaux qui fu-
» rent payés pour cette acquisition ».

En même temps, elles demandent, tant à la
même veuve Billoir qu'à la veuve de Félix Devillers, sa mère, « partage, division et bornage de
» treize mencaudées une boisselée de terre propres,
» prises dans les dix-huit mencaudées et demie, ac-
» quises par le contrat du 7 septembre 1769, des-
» quelles treize mencaudées une boisselée elles sont
» propriétaires, savoir, de huit mencaudées, sui-
» vant la stipulation de remploi qui en fut faite au
» profit de Félix Devillers, et le reste pour sa part
» dans ces conquêts ».

Le 24 mai 1806, requête de la veuve Billoir, expositive « qu'on ne révoque pas en doute qu'elle
» ne peut profiter du bien retrait, en son nom,
» sans restituer les sommes déboursées pour ce re-
» trait; c'est ce qu'elle a fait par les arrangemens
» pris avec sa mère : c'est donc à Marie-Thérèse
» Dron, sa mère, veuve en deuxièmes noces de Fé-
» lix Devillers, de prouver qu'elle était en droit de
» réclamer la totalité des sommes déboursées en
» cette occasion, ou à payer aux héritiers Devil-
» lers les deniers qu'ils réclament ».

Le même jour, autre requête par laquelle la
veuve de Félix Devillers, mère de la veuve Billoir,
ajoute à cet exposé, que, « pour justifier que la
» totalité de la somme déboursée lui appartient,
» elle n'a besoin que d'observer que, par son con-
» trat de mariage, il a été réglé que le survivant
» des futurs conjoints serait propriétaire et dona-
» taire de tous les meubles, effets mobiliers et ré-
» putés tels de leur Communauté; elle demande
» qu'il plaise au tribunal la recevoir intervenante
» dans la cause pendante et indécise sur la de-
» mande formée par les héritiers de Félix Devil-
» liers, afin de se faire adjuger le demi-denier des
» sommes tirées de la seconde Communauté mobi-
» lière, à l'occasion du retrait d'immeubles exercé
» au profit de Marie-Thérèse Morcrette; joindre et
» combiner ladite cause avec celle des héritiers de
» Félix Devillers, afin d'obtenir partage, mesu-
» rage et bornage des dix-huit mencaudées et de-
» mie dont il s'agit; faisant droit sur le tout....,
» déclarer lesdits Devillers et consorts non-rece-
» vables dans leurs demandes en réclamation.....,
» à fin d'obtenir le mi-denier des sommes dé-
» boursées pour l'exercice du retrait dont il s'agit;
» ou, en tout cas, les en débouter; ayant égard
» aux demandes formées par lesdits Devillers et
» consorts, afin d'obtenir partage, dire et décla-
» rer qu'à titre de remploi des propres aliénés,
» pendant son mariage...., ils peuvent réclamer
» huit mencaudées des dix-huit mencaudées et de-
» mie de terre dont il s'agit....; ordonner que du

» surplus, il en sera formé deux lots...., lesquels
» seront ensuite tirés au sort...., à charge par les-
» dits Devillers et consorts, avant de se mettre en
» possession de la moitié qui leur écherra, de con-
» tribuer avec ladite Dron, et à raison de moitié,
» au remboursement de ladite rente de 4,000 flo-
» rins, légalement affectée et hypothéquée sur les-
» dits biens; condamner, au surplus, lesdits en-
» fans et héritiers de Pierre-Joseph Devillers à
» payer à Marie-Thérèse Dron, veuve Devillers,
» propriétaire de toute la Communauté mobilière
» d'entre elle et son mari, la somme de 5,000 flo-
» rins, qui était due à ce dernier, aux termes du
» contrat de mariage du 25 mars 1769, contenant
» réitération d'obligation ».

Les nièces de Félix Devillers opposent,
1°. A la demande en paiement de la somme de
5,000 florins, que cette créance est éteinte par
les trente-sept ans qui se sont écoulés depuis le
25 mars 1769, jusqu'à la demande faite de cette
somme par requête du 24 mai 1806;

2°. A la demande en remboursement de la rente
de 4,000 florins, que, suivant la loi et les stipulations, elle forme une dette mobilière; que, par
conséquent, la Communauté mobilière en est seule
chargée; et que, par une conséquence ultérieure,
elle pèse tout entière sur la veuve de Félix Devillers, à qui toute la Communauté mobilière est dévolue, d'après son contrat de mariage;

3°. « Relativement au retrait de demi-denier,
» que la prétention de la veuve Devillers est inad-
» missible, puisqu'il en résulterait un avantage
» prohibé entre époux, par la faculté supposée à
» la mère et à la fille, de faire, du bien acquis par
» retrait lignager pendant la Communauté, soit
» un conquêt partageable, soit une somme de de-
» niers non partageable entre le survivant et les
» héritiers du prédécédé ».

Le 19 août 1802, jugement par lequel,
« Considérant, en ce qui concerne le partage
des dix-huit mencaudées et demie acquises par Devillers et sa femme, par acte du 7 septembre 1769,
pendant leur Communauté, que cette acquisition
renferme, pour une partie, un remploi de propres aliénés du mari, et pour l'autre partie, un
conquêt de Communauté;

» Considérant que la portion servant de remploi a été déterminée, par le contrat, devoir être de
huit mencaudées à prendre dans la totalité de l'immeuble; qu'ainsi, il devra en être assigné une pareille quotité aux héritiers du mari prédécédé, à
titre des propres;

» Considérant que du surplus consistant en dix
mencaudées et demie, et formant un conquêt de
Communauté, le partage doit être fait à raison de
moitié entre la veuve Devillers et les héritiers de
son mari, à la charge de l'usufruit au profit de
la veuve Devillers, ainsi qu'il a été réglé à cet
égard par le contrat d'acquisition, auquel il faut
s'en référer, le contrat de mariage ne contenant
pour cet objet aucune disposition;

» Considérant, en ce qui concerne la charge de la somme de 4,000 florins, que cette somme forme le capital d'une rente constituée pour parvenir à l'acquisition des dix mencaudées et demie faisant partie de dix-huit et demie; que la déclaration en avait été faite dans le contrat même d'acquisition, ce qui a produit un privilége sur la partie de l'immeuble conquêt en faveur du créancier de la rente; que, dès-lors, cette charge est devenue une dette réelle et concommitante du fonds, qui doit être supportée par la veuve Devillers et par les héritiers Devillers, par suite du partage de ce conquêt de Communauté, et conformément aux décisions en cette matière, sur les anciens statuts coutumiers de l'Artois;

» Considérant que la veuve Devillers ne saurait être chargée seule du capital de cette rente, sur le motif que, par son contrat de mariage, elle serait tenue d'acquitter les dettes, attendu que les dispositions relatives à la Communauté, au cas de dissolution, ne donnent au survivant que les effets mobiliers, à la charge du paiement de la totalité des dettes de la Communauté; ce qui ne comprend que les dettes de la Communauté mobilière qui appartient au survivant, et non les dettes de la Communauté des acquêts, puisque ces conquêts se partagent entre le survivant et les héritiers du prédécédé;

» Considérant que la moitié des conquêts qu'obtiennent les héritiers, est néanmoins soumise à l'usufruit de la veuve Devillers; qu'ainsi, on ne devra lui rembourser la moitié du prix qui en est dû, qu'à l'époque de la cessation de l'usufruit;

» Considérant, en ce qui concerne la demande à fin de paiement d'une somme de 5,000 florins, que cette somme était due à Félix Devillers avant son mariage, et par Pierre Devillers son frère; qu'il en existe des titres authentiques, puisque la reconnaissance s'en trouve dans le contrat de mariage de Pierre Devillers et dans celui de Félix Devillers; que les présomptions de paiement dont les héritiers Devillers font usage, sont insuffisantes; qu'au surplus, ils font résulter ces présomptions de différens actes et arrangemens qui sont en leur possession, et dont ils devraient justifier, s'ils veulent en faire résulter la preuve de leurs allégations; et que, pour opérer leur libération à cet égard, il faut nécessairement qu'ils représentent des titres ou des quittances capables d'anéantir le titre de la créance;

» Considérant, quant à la prescription, qu'elle ne peut être invoquée de la part des héritiers Devillers, attendu qu'il ne s'était pas écoulé un délai suffisant lors de la dissolution de la Communauté, et que cette somme étant tombée dans ladite Communauté sans avoir été acquittée, elle faisait partie de la liquidation de cette Communauté, qui n'est point encore terminée;

» Considérant que, relativement à la demande en partage des dix mencaudées de terre, formée par les héritiers, qui veulent faire regarder ces immeubles comme un conquêt de la Communauté, quoique provenant d'un retrait, qu'il est à remarquer, ainsi qu'on en convient, que ces immeubles proviennent d'un retrait lignager exercé par la veuve Devillers, assistée de son mari, au nom de la veuve Billoir, leur mineure et leur pupille; que, dès-lors, les immeubles sont devenus des propres en la personne de la veuve Billoir, à l'effet de suivre sa côte et ligne; qu'il résulte de ces principes certains, qu'ils n'ont jamais pu appartenir à la Communauté et en former un conquêt; que, dans le fait, la veuve Billoir a toujours conservé la propriété de ces immeubles, et qu'il n'y a eu à cet égard aucune répudiation de sa part; d'où il suit qu'il ne peut y avoir lieu à en ordonner le partage avec les héritiers Devillers;

» Le tribunal, faisant droit sur le tout, ordonne que, par experts, il sera procédé à l'estimation, division et partage des dix-huit mencaudées et demie dont il s'agit, pour en être assigné huit mesures aux héritiers Devillers, parties de Leducq, et du surplus, contenant dix mencaudées et demie, en être formé deux lots, qui seront tirés au sort pardevant le même commissaire, pour l'un appartenir auxdits héritiers Devillers, et l'autre à la veuve Devillers, partie d'Hocédé, à la charge par les héritiers Devillers de rembourser et acquitter la somme de 2,000 florins, moitié des 4,000 florins qui sont dus pour le prix de l'acquisition desdites dix mencaudées et demie, lequel remboursement aura lieu et sera effectué à l'époque de la cessation de l'usufruit auquel leur part et portion desdites terres se trouvent assujéties; ordonne que le rapport des experts, pour les opérations ci-dessus, sera déposé au greffe; et en outre condamne les héritiers Devillers, en leur qualité d'héritiers de Pierre Devillers, à payer à la veuve Devillers la somme de 5,000 florins dont il s'agit, avec intérêts, à compter du jour de la demande judiciaire, à liquider conformément à la loi; déclare les héritiers Devillers non fondés dans le surplus de leurs demandes; et les condamne aux dépens, sauf les frais de partage, qui seront supportés par les parties qui ont des droits, à concurrence de leurs parts et portions ».

Les nièces de Félix Devillers appellent de ce jugement, et en insistant sur tous les moyens qu'elles ont fait valoir en première instance, elles produisent l'acte du 25 juillet 1775, qui réduit à 1,400 florins la somme dont Pierre Devillers, leur père, s'était reconnu redevable par le contrat de mariage du 25 mars 1769.

Par arrêt du 9 juin 1808, la cour d'appel de Douai,

« Adoptant les motifs des premiers juges, met l'appellation au néant;

» Et néanmoins, vu la liquidation contenue en l'acte du 25 juillet 1775, réduit à 1,400 florins la condamnation de 5,000 florins contre les enfans de Pierre Devillers; ordonne que, pour le surplus, le jugement, dont est appel, sortira effet... ».

Les nièces de Félix Devillers se pourvoient en cassation.

« Trois moyens de cassation (ai-je dit à l'audience de la section des requêtes, le 24 août 1809) vous sont proposés dans cette affaire par les demanderesses :

» Violation de l'art. 5 du chap. 17 de la coutume de Cambresis, qui déclare toutes les actions personnelles prescriptibles par l'espace de trente ans, en ce que, bien qu'à l'époque où la veuve de Félix Devillers a formé sa demande en paiement d'une somme de 1,400 florins, plus de trente ans se fussent écoulés depuis que Pierre Devillers s'était reconnu redevable de cette somme envers son frère, la cour de Douai a jugé que cette somme était encore due ;

» Violation des art. 140 et 185 de la coutume d'Artois, qui rangent les rentes constituées dans la classe des meubles, et obligent l'héritier mobilier et la veuve d'acquitter les dettes mobilières à la décharge de l'héritier des immeubles, en ce que, bien que la veuve de Félix Devillers fût, par son contrat de mariage, donataire de tous les meubles de la Communauté, elle a néanmoins fait condamner les demanderesses, en leur qualité d'héritières immobilières de son mari, à contribuer pour moitié au paiement d'une rente que son mari et elle avaient constituée pour l'acquisition d'une partie des dix-huit mencaudées et demie de terre qui sont l'objet du contrat du 7 septembre 1769 ;

» Violation de l'art. 89 de la même coutume, qui défend aux époux de s'avantager l'un l'autre, par *disposition testamentaire ni autrement*, en ce que, bien que la veuve Billoir, fille du premier mariage de la veuve de Félix Devillers, fût, d'après cet article, incapable de recevoir aucune libéralité de son beau-père, la cour de Douai a jugé qu'elle devait conserver la totalité des dix mencaudées de terres retraites en son nom et à son profit, par sa mère et son beau-père, sans rendre aux héritiers de son beau-père la moitié de la somme employée à ce retrait.

» Le premier de ces moyens ne peut, quant au point de droit sur lequel il repose, souffrir aucune espèce de difficulté. D'une part, la coutume de Cambresis régissait le domicile du débiteur des 1,400 florins dont il s'agit ; de l'autre, elle soumettait toutes les actions personnelles à la prescription de trente ans. C'était donc, d'après cette loi, que devait être décidée la question de savoir si la créance de 1,400 florins était prescrite ou non, par les trente ans écoulés entre l'époque où elle avait été reconnue devant notaire, et celle où le paiement en avait été demandé en justice.

» Aussi la cour d'appel de Douai a-t-elle, en adoptant les motifs des premiers juges, reconnu bien clairement qu'en thèse générale, le silence d'un créancier pendant trente ans, suffit pour éteindre sa créance.

» En quoi donc la cour d'appel de Douai aurait-elle pu violer l'art. 5 du chap. 17 de la coutume de Cambresis? Elle l'a violé, répondent les demanderesses, en ce que, pour écarter la prescription qu'elle aurait dû, d'après cet article, déclarer acquise en notre faveur, elle a dit qu'à l'époque de la dissolution de la Communauté entre Félix Devillers et son épouse, il n'y avait pas encore trente ans que Pierre Devillers avait reconnu sa dette, et que le temps écoulé depuis ne devait pas être compté, parceque cette dette *faisait partie de la liquidation de la Communauté*, laquelle n'était pas encore terminée.

» Ainsi, selon les demanderesses elles-mêmes, la cour de Douai n'a pas jugé directement contre le texte de la coutume de Cambresis : elle a seulement déclaré ce texte inapplicable à l'espèce, par la raison que la dette de Pierre Devillers était devenue sujette à liquidation, au moyen de la rupture de la Communauté qui avait existé entre Félix Devillers et Marie-Thérèse Dron.

» Et déjà, par cela seul, il est démontré que l'arrêt de la cour de Douai ne peut pas être cassé comme contraire au texte de la coutume, puisque la cour de Douai, pour nous servir des termes de la loi 1, §. 2, D. *quæ sententiæ sine appellatione rescindantur*, n'a pas jugé *de jure constitutionis*, mais seulement *de jure litigatoris* (1).

» Mais cet arrêt ne doit-il pas être cassé comme ayant jugé que la dette de Pierre Devillers, étant devenue sujette à liquidation par la dissolution de la Communauté existante entre Félix Devillers et Marie-Thérèse Dron, la prescription en avait été dès ce moment interrompue?

» Pour résoudre cette question, nous devons d'abord bien déterminer le sens dans lequel les premiers juges et la cour de Douai ont dit que la dette de Pierre Devillers *faisait partie de la liquidation de la Communauté*.

» Ont-ils entendu, par ces mots, que la dette de Pierre Devillers, considérée isolément en elle-même, était devenue illiquide par la mort de Félix Devillers? Non, sans doute. Considérée isolément et en elle-même, la dette de Pierre Devillers était liquidée par l'acte du 25 juillet 1775, qui l'avait fixée à 1,400 florins ; et la mort de Félix Devillers, qui en était le créancier, n'avait pu ni l'augmenter ni la réduire.

» Il faut donc qu'ils aient pris ces mots dans une autre acception : il faut donc, qu'en disant que la dette de Pierre Devillers *faisait partie de la liquidation de la Communauté*, ils aient voulu dire que les filles de Pierre Devillers, en devenant héritières de leur oncle Félix, avaient acquis, sur la Communauté qui avait existé entre lui et sa femme, des prétentions par le moyen desquelles, si elles eussent été fondées, la dette de leur père, devenue leur dette personnelle, eût pu être balancée. Nous voyons en effet que, dans l'instance sur laquelle a été rendu l'arrêt attaqué, les demanderesses ré-

---

(1) *V.* le *Répertoire de jurisprudence*, aux mots *Substitution fidéicommissaire*, sect. 8, n°. 2

clamaient, contre la veuve de Félix Devillers, la moitié de la somme qui avait été employée à un retrait lignager fait par elle et son mari, au nom et au profit de la veuve Billoir, sa fille de premières noces; et il est très-possible, il est très-permis de supposer, quoique la procédure ne nous apprenne rien à cet égard, que les demanderesses eussent encore contre la Communauté d'autres actions du même genre, soit que, sur ces actions, les parties se soient arrangées à l'amiable, soit que ces actions n'aient pas encore été exercées et soient encore entières.

» Il est donc jugé par l'arrêt attaqué, qu'à défaut de liquidation de la communauté entre la veuve et les héritiers du mari, la prescription de la créance de 1,400 florins avait cessé de courir, du moment où la Communauté avait été dissoute.

» Et à quelle loi, en jugeant ainsi, l'arrêt attaqué a-t-il contrevenu?

» Il est de principe que, tant qu'une succession reste indivise, la prescription dort à l'égard des actions dérivant de cette succession, que les héritiers ont respectivement les uns contre les autres. C'est ce que vous avez reconnu dans l'affaire de la veuve Bourdon, par l'arrêt du 11 ventôse an 11, que les demanderesses vous citent, on ne sait pourquoi: *attendu*, avez-vous dit, *que le tribunal d'appel.... n'a pas violé la loi, en déclarant la prescription acquise, n'ayant pas été justifié que la succession d'Amé Bourdon était restée indivise entre ses enfans, la seule indivision pouvant empêcher le cours de la prescription; le tribunal rejette...* (1). Et sans doute, il en doit être d'une Communauté comme d'une succession : *ubi eadem ratio, ibi idem jus*.

» Inutile d'objecter que la Communauté qui avait existé entre Félix Devillers et sa femme, ne pouvait pas être, à sa dissolution, considérée comme indivise, relativement aux meubles, entre la veuve et les héritiers de Félix Devillers, puisque la veuve était, par son contrat de mariage, donataire universelle des meubles de son mari.

» Il est vrai que les coutumes d'Artois et de Cambresis distinguaient deux sortes des successions : la succession des meubles et la succession des immeubles. Mais elles ne distinguaient pas de même deux sortes de Communautés; elles n'en connaissaient qu'une, celle des meubles et des conquêts immeubles.

» Et il importait peu que, par le contrat de mariage, il fût stipulé que les meubles demeureraient en toute propriété au survivant, tandis qu'il n'aurait que la moitié des conquêts immeubles, cela ne changeait rien à l'unité de la Communauté; la Communauté restait toujours une, quoique les obrets qui y entraient, fussent susceptibles de différens modes de partage.

» Il n'avait donc existé, il n'avait donc pu exister, entre Félix Devillers et Marie-Thérèse Dron, qu'une seule Communauté. Marie-Thérèse Dron s'était donc trouvée, à la mort de son mari, dans l'indivision avec les héritiers qu'il avait laissés. La prescription avait donc cessé, dès-lors, de courir en faveur de ceux-ci, par rapport aux actions que la Communauté avait eues contre eux avant sa dissolution. Le premier moyen de cassation des demanderesses ne peut donc pas être accueilli.

» Accueillerez-vous le deuxième, celui qui consiste à dire qu'en condamnant les demanderesses à contribuer, pour moitié, au paiement de la rente de 4,000 florins que Félix Devillers et sa femme avaient constituée pour le prix de l'acquisition qu'ils avaient faite, le 7 septembre 1769, de dix-huit mencaudées de terre, la cour de Douai a violé tout à la fois, et l'art. 140 de la coutume d'Artois qui range les rentes constituées à prix d'argent dans la classe des meubles, et l'art. 185 de la même coutume qui oblige l'héritier mobilier, pour le tout, et la veuve pour sa part, d'acquitter les dettes mobilières à la décharge de l'héritier immobilier?

» Cette question n'est pas difficile à résoudre.

» A la vérité, la plupart des auteurs enseignent, et nous conviendrons que c'est la doctrine la plus conforme aux principes (1), qu'entre les héritiers d'une même personne, appelés à des masses différentes de ses biens, les dettes qui ont été contractées par l'acquisition d'un immeuble, ne sont pas précisément à la charge de celui d'entre eux à qui cet immeuble est dévolu par droit successif; qu'elles suivent au contraire le sort des autres dettes; et qu'en conséquence, elles sont entièrement à la charge de l'héritier mobilier, dans les pays où les meubles sont seuls grevés des dettes héréditaires, comme elles sont, dans les autres pays, à la charge de tous les héritiers indistinctement, au prorata de ce que chacun amende dans la succession.

» Mais, outre que cette doctrine n'est pas sans contradicteur;

» Outre qu'elle est combattue, notamment par Coquille, sur la coutume de Nivernais, titre *des successions*; art. 41; par Renusson, *Traité des propres*, chap. 3, sect. 13, n°. 26; et par Pocquet de Livonnière, *Règles du droit français*, liv. 3, sect. 3, n°. 7;

» Outre que l'opinion de ces auteurs a été confirmée par un jugement du conseil d'Artois, du 11 décembre 1703, qui a décidé, dit l'écrivain qui le rapporte, *que le prix d'un fief acheté par le défunt, étant dû, l'aîné à qui ce fief appartient, doit seul payer le prix, et non pas les héritiers des meubles, comme étant une dette viscérale,* ET QUASI MINUS ACQUISITUM;

» Il ne faut pas, en cette matière, argumenter de la succession à la Communauté; et de ce qu'entre les héritiers d'une même personne appelés à des masses différentes de biens, la dette contractée pour l'acquisition d'un immeuble, ne doit pas peser exclusivement sur celui des héritiers à qui cet immeuble échoit, il ne s'ensuit pas qu'il en soit de même entre le survivant des époux et les héritiers du prédécédé; il ne s'ensuit pas que les héritiers

_____

(1) *V.* l'article *Prescription*, §. 2.

(1) *V.* l'article *Dette de suite ou concomittante.*

du prédécédé puissent réclamer leur part d'un immeuble acquis pendant la Communauté, sans payer leur part du prix qui en reste dû, quoique d'ailleurs ce prix soit une dette mobilière, quoique d'ailleurs les dettes mobilières de la Communauté soient toutes à la charge du survivant.

» Qu'un homme, avant de se marier, achète un bien fonds sans en payer le prix, et qu'après s'être marié, il paie le prix des deniers de la Communauté; certainement il en sera dû récompense à la femme, encore que la dette de ce prix ait été mobilière dans son origine, encore qu'il soit de principe que la Communauté est grevée de toutes les dettes mobilières que chacun des époux avait contractées avant le mariage. Tous les auteurs n'ont là-dessus qu'une voix, une foule d'arrêts l'ont ainsi jugé, et c'est ce que décide expressément l'art. 1437 du Code civil.

» Et pourquoi n'en serait-il pas de même du prix d'un immeuble acquis pendant la Communauté, lorsque, par le contrat de mariage, la totalité des meubles doit demeurer au survivant à la charge de payer toutes les dettes mobilières? Qui ne sait que, si alors le mari pouvait, en acquérant des immeubles à crédit, rejeter sur sa femme, en cas qu'elle vînt à le survivre, l'obligation d'en payer le prix, il pourrait enrichir ses héritiers au préjudice de sa femme; il pourrait, par des emprunts frauduleusement accumulés, grossir la masse des conquêts, avec la perspective que ses héritiers en prendraient la moitié franche de toutes dettes; il pourrait en un mot, réduire à rien les droits de survie qu'il a assurés à sa femme par le plus sacré de tous les contrats?

» Aussi la jurisprudence n'a-t-elle jamais varié sur ce point; et la preuve que, spécialement en Artois, la dette du prix était constamment regardée comme une charge inhérente à l'immeuble acquis pendant la Communauté, c'est que les premiers juges attestent, dans leurs motifs adoptés par la cour de Douai, qu'ils ne font, à cet égard, que prononcer *conformément aux décisions en cette matière sur les anciens statuts coutumiers d'Artois.*

» Le 2° moyen de cassation des demanderesses n'est donc pas mieux fondé que le premier.

» Que dirons-nous maintenant du troisième, et de ce que la cour de Douay a maintenu la veuve Billoir dans la propriété des dix mencaudées de terres que Félix Devillers, son beau-père, et Marie-Thérèse Dron, sa mère, avaient acquises en 1787, par un retrait lignager exercé sous son nom et à son profit, sans l'obliger, ni elle ni sa mère, à leur rembourser la moitié de la somme qui avait été employée à cette acquisition, concluons-nous que la cour de Douay a violé l'art. 89 de la coutume d'Artois qui défendait aux époux de s'avantager *par disposition testamentaire ni autrement?*

» Non, et par deux raisons également tranchantes.

» 1°. Quand la cour de Douay aurait jugé par là, comme le prétendent les demanderesses, que la défense qui était faite aux époux par la coutume

d'Artois, de s'avantager respectivement, ne les empêchait pas de donner aux enfans l'un de l'autre, son arrêt ne serait pas, pour cela, susceptible de cassation.

» Il ne pourrait l'être de ce chef, qu'autant que l'art. 89 de la coutume d'Artois eût expressément déclaré que les enfans respectifs de deux époux étaient compris dans la défense qu'il prononçait; et non-seulement cet article ne disait rien de semblable, mais plusieurs arrêts avaient jugé le contraire (1).

» Nous savons bien que le contraire a été jugé, même pour la coutume d'Artois, par deux arrêts du parlement de Paris, des 7 mai 1742 et 23 janvier 1778.

» Mais que prouve cette diversité d'arrêts? Rien autre chose, si ce n'est qu'avant que l'art. 911 du Code civil eût décidé que *toute disposition au profit d'un incapable* serait *nulle,* lors même qu'on la ferait *sous le nom de personnes interposées,* et *que seraient réputées personnes interposées, les père et mère, les enfans et descendans de l'incapable,* la question était fort problématique, et que le législateur l'avait laissée à la discrétion des tribunaux.

» Et vainement les demanderesses prétendent-elles que l'arrêt du parlement de Paris, du 7 mai 1742, avait été rendu en forme de réglement, et que, dès-lors, il ne pouvait plus y avoir de controverse sur ce point en Artois.

» Cet arrêt est rapporté par l'un des juges qui ont concouru à le rendre, par Lépine de Grainville, aux mots *Avantages entre conjoints;* et ce magistrat ne dit pas qu'il ait été rendu en forme de réglement.

» Mais l'eût-il été, il ne pourrait pas en résulter un moyen de cassation pour les demanderesses. *La contravention aux arrêts de réglemens faits par les cours* (disent les nouveaux éditeurs de la *Collection de Denisart,* au mot *Cassation,* §. 2, n°. 3), *n'est pas un moyen de cassation, parceque ces réglemens, quoique faits sous le bon plaisir du roi, ne sont pas des lois, mais seulement l'exposé du vœu du tribunal souverain sur des points non décidés par le législateur, et une déclaration que font les magistrats, que, jusqu'à ce que le prince statue sur ces points, ils décideront de telle manière. Mais quelque respectables que soient ces réglemens, ils n'émanent pas de l'autorité législative, et par conséquent les jugemens qui y sont contraires, ne peuvent être cassés sur ce fondement, puisqu'ils ne contreviennent point aux lois. D'ailleurs, le tribunal qui a fait le réglement, qui sait les motifs qui l'y ont déterminé, a pu en avoir pour ne pas appliquer la disposition à l'affaire qu'il a jugée.*

» Plus inutilement les demanderesses diraient-elles que la cour de Douay avait elle-même jugé en leur faveur, le 11 germinal an 11, que les enfans respectifs des époux étaient compris dans la

---

(1) *V.* l'article *Avantage entre époux,* §. 3, n°. 3.

prohibition portée par l'art. 89 de la coutume d'Artois ; qu'en effet, elle avait déclaré nulle, dans leur intérêt, la donation que Félix Devillers et Marie-Thérèse Dron avaient faite à la veuve Billoir, par son contrat de mariage, de dix mencaudées et demie, prises dans les dix-huit qu'ils avaient achetées le 7 septembre 1769 ; et qu'elle ne l'avait annullée que parceque la veuve Billoir était, comme sa mère, incapable de recevoir aucun libéralité de Félix Devillers, son beau-père.

» Tout ce qui pourrait résulter de là, c'est que la cour de Douay aurait rendu deux arrêts contraires sur la même question. Mais bien loin que de cette contrariété d'arrêts, il puisse sortir un moyen de cassation contre celui qui vous est aujourd'hui dénoncé, il n'en pourrait pas même sortir un moyen de requête civile, puisque le second arrêt, quoique rendu entre les mêmes parties et sur les mêmes moyens, ne l'a cependant pas été sur le même objet que le premier.

» 2°. Dans l'exacte vérité, l'arrêt dont il s'agit en ce moment, n'a pas jugé que la veuve Billoir avait pu recevoir de son beau-père un avantage que sa mère n'eût pas pu en recevoir personnellement : il n'a pas jugé que la donation faite à la veuve Billoir, par Félix Devillers, du prix du retrait lignager de 1777, qu'il avait tiré de la communauté existante entre lui et Marie-Thérèse Dron, était valable pour la portion qui appartenait à Félix Devilliers dans ce prix ; il a seulement jugé que la portion qui appartenait à Félix Devillers dans ce prix ; étant une créance mobilière qu'avait eue celui-ci contre la Communauté, avait été dévolue à Marie-Thérèse Dron, mère de la veuve Billoir, en vertu de la clause de son contrat de mariage qui lui assurait la totalité des meubles et des effets mobiliers que délaisserait son mari ; il a seulement jugé que c'était à Marie-Thérèse Dron, et non aux héritiers de Félix Devillers, que la veuve Billoir avait dû restituer cette portion du prix.

» Et comment peut-on sérieusement soutenir qu'en jugeant ainsi, il a violé l'art. 89 de la coutume d'Artois ?

» Il l'a violé, dit-on , en ce que, du retrait lignager exercé par Félix Devillers et son épouse au profit de la veuve Billoir, il résultait nécessairement pour l'épouse de Félix Devillers, une chance qui ne pouvait tourner qu'à son avantage.

» Ici, nous devons l'avouer, nous ne comprenons pas les demanderesses. Il pouvait arriver, à la dissolution du mariage de Félix Devillers et de Marie-Thérèse Dron, de deux choses l'une : ou que la veuve Billoir conservât, comme elle a en effet conservé, les biens acquis en son nom par le retrait lignager qu'avaient exercé pour elles les deux époux, à la charge d'en rendre le prix à la Communauté ; ou que, pour se dispenser d'en rendre le prix à la Communauté, elle abandonnât ces biens à la Communauté elle-même.

» Or, dans l'un et l'autre cas, la condition des deux époux n'aurait-elle pas été parfaitement

égale ? Si Félix Devillers eût survécu sa femme, la veuve Billoir n'aurait-elle pas, en conservant le profit du retrait, été tenue de lui rendre, comme elle a rendu a sa mère, la totalité du prix qui y avait été employé, savoir, la moitié pour la part qu'il y avait eue en qualité de commun en biens avec Marie-Thérèse Dron, et la moitié pour la part qu'y avait eue Marie-Thérèse Dron , à laquelle il aurait succédé à titre de donataire de l'universalité de ses meubles ? Et la veuve Billoir venant à renoncer à l'effet du retrait lignager, Félix Devillers, s'il eût survécu sa femme, n'aurait-il pas pris la moitié du bien retiré, qui, par là , serait devenu conquêt, comme l'eût fait Marie-Thérèse Dron, survivant son mari, dans la même hypothèse ?

» Il y avait donc, entre Félix Devillers et Marie-Thérèse Dron une parfaite égalité de chances. L'art. 89 de la coutume d'Artois était donc absolument étranger à cette opération.

» Mais, disent les demanderesses, c'était aux héritiers de Félix Devillers, c'était à nous qu'appartenait, du chef de Félix Devillers, la moitié du prix qui avait été employé au retrait ; cette portion du prix ne pouvait pas tomber dans le gain de survie des meubles.

» Pourquoi donc n'aurait-elle pas pu y tomber ? La somme qu'elle représentait, n'y serait-elle pas tombée, si le retrait n'avait pas eu lieu, si par suite, cette somme était originairement restée dans la caisse de la Communauté ? Et comment l'interposition du retrait aurait-elle pu, à cet égard, changer quelque chose aux effets du gain de survie ? Comment le gain de survie aurait-il pu ne pas comprendre, dans le cas du retrait, une somme qu'il aurait infailliblement comprise dans le cas contraire ?

» Oh ! Mais, disent les demanderesses, faites attention à une chose : par l'effet du retrait, les dix mencaudées de terre n'avaient pas été rendues propres à la fille de Marie-Thérèse Dron, elles étaient entrées dans la Communauté, elles étaient devenues conquêts ; la fille de Marie-Thérèse Dron n'avait acquis que le droit de les faire sortir de la Communauté, à la dissolution de la Communauté même ; elle n'avait acquis que le droit de les convertir à cette époque, de conquêts qu'elles étaient entre son beau-père et sa mère, en propres de sa ligne : la loi lui donnait, pour cela, une action connue sous le nom de *retrait de mi-denier ;* et cette action n'ayant été exercée par elle qu'après la dissolution de la Communauté, il est clair qu'à la dissolution de la Communauté, les dix mencaudées de terre formaient des conquêts ; il est clair par conséquent que la fille de Marie-Thérèse Dron n'a pas pu nous dépouiller de la part dont nous étions saisies dans ces conquêts, sans s'assujétir à nous en rendre le prix.

» D'abord, quand nous admettrions ce raisonnement, à quelle conséquence nous conduirait-il ?

» A dire que l'art. 89 de la coutume d'Artois a été violé ? Ce serait une absurdité. L'art. 89 de la coutume d'Artois n'entre et ne peut entrer pour rien dans ce raisonnement.

» A dire que la cour de Douay a mal jugé? Ce serait, pour nous, la chose du monde la plus indifférente : le mal-jugé, on l'a dit mille fois à votre audience, et mille fois vous l'avez proclamé par vos arrêts, le mal-jugé n'est pas un moyen de cassation.

» Ensuite, tout ce raisonnement porte sur une confusion de mots véritablement inconcevable : il porte sur la confusion du *retrait de mi-denier* avec les droits qui ont résulté, pour la veuve Billoir, du retrait exercé en son nom par son beau-père et sa mère.

» Qu'était-ce, dans notre ancienne jurisprudence, que le *retrait de mi-denier?* C'était, suivant le droit commun, et abstraction faite des usages particuliers à la Bretagne et à la Normandie, le retrait qui avait lieu lorsqu'un héritage avait été *acheté* pendant la Communauté, par deux époux dont l'un était parent du vendeur, et que ce bien, après la dissolution de la Communauté, était partagé comme conquêt, entre le survivant et les héritiers du prédécédé. Dans ce cas, la moitié de l'héritage était sujette au retrait contre le survivant, s'il n'était pas de la ligne, ou contre les héritiers du prédécédé, si celui-ci était étranger au vendeur.

» Ce retrait était qualifié de *mi-denier*, parce-que la personne qui l'exerçait ne retirait que la moitié de l'héritage, et, par conséquent, ne remboursait à celui ou ceux à qui elle était échue, que la moitié du prix que l'héritage entier avait coûté.

» En était-il de même, lorsque, pendant la Communauté, les époux avaient retiré un propre de la ligne de l'un d'eux? Non; dans ce cas, l'époux du chef duquel le retrait avait été exercé, était, de plein droit, saisi de la propriété de l'héritage ; l'héritage n'entrait pas dans la Communauté; seulement l'autre époux avait contre lui l'*action de mi-denier*, c'est-à-dire, une action en vertu de laquelle l'époux retrayant devait lui rendre la moitié du prix passé dans la Communauté pour l'exercice du retrait ; à défaut de quoi l'héritage ne demeurait pas, mais tombait dans la Communauté.

» C'est la remarque de Dumoulin, sur l'art. 184 de l'ancienne coutume de Paris, qui est le 155e. de la nouvelle. On lit, dans ce texte, qu'il y a ouverture au retrait de *mi-denier*, quand un héritage est *acquis*, pendant la Communauté, d'un vendeur, parent lignager de l'un des époux. Sur ce mot *acquis*, Dumoulin a laissé la note suivante : « Acquis *simpliciter; Sed* s'il était acquis par retrait » lignager, *tunc esset statim proprium illius ex* » *cujus personâ retrahitur, nec cederet in divi-* » *sionem, sed esset tantùm media pretii alteri* » *restituenda* ».

» Et c'est ce qui avait également lieu, quand les époux, au lieu de retirer l'héritage sous le nom de l'un d'eux, le retiraient au nom d'un des enfans que l'un d'eux avait eus d'un mariage précédent. Car, dit Charondas, sur l'art. 139 de la coutume de Paris, *si le père retire, au nom de son fils, quelque*

héritage, il est fait propre au fils et lui appartient, et non au père ; ce qui a été (ajoute-il) *confirmé par plusieurs arrêts de la cour, en manière que le père ne peut disposer dudit héritage au préjudice de son fils, qui sera bien recevable à le revendiquer de ceux qui l'auront acheté de son père, comme a été jugé par arrêt du 15 juillet 1578, donné à l'audience, au rôle de Poitiers.*

» Basnage, sur l'art. 482 de la coutume de Normandie, rapporte un arrêt du parlement de Rouen, du 10 décembre 1644, qui confirme hautement ce dernier point ; et il remarque que, d'après cette décision, *on ne doute pas au palais, que l'héritage retiré par le père au nom de ses enfans, ne leur appartienne, et qu'il ne peut plus l'aliéner à leur préjudice, quoiqu'il en ait fourni les deniers.*

« De là cette conséquence, dit Charondas, que, si le fils meurt avant le père, *l'héritage appartiendra aux héritiers du fils, du côté et ligne dont il est issu et procédé, et non au père, soit par droit de réversion, ou comme héritiers des meubles et acquêts de son fils,* suivant l'arrêt donné entre *Madeleine le Plat, appelante, et Jean Dupuis et consorts, intimés, le 7 septembre 1590.*

» Si l'héritage retiré est un fief, continue le même auteur, *il se partira comme fief échu en ligne collatérale, auquel les sœurs du défunt ne succéderont, en étant exclues par la coutume, sauf à faire rapporter par le fils ou ses héritiers à la succession du père, les deniers déboursés par le père pour faire le retrait, comme a été jugé par arrêt du 18 mai 1585, en la coutume de Chartres.*

» Il résulte bien clairement de là, que la fille de Marie-Thérèse Dron était devenue, à l'instant même du retrait lignager exercé en son nom, propriétaire de l'héritage qui en était l'objet ; que cet héritage n'a jamais été conquêt de la Communauté entre son beau-père et sa mère ; et conséquemment qu'à la dissolution de cette Communauté, les héritiers de Félix Devillers n'ont été saisis d'aucune portion de cet héritage.

» A la vérité, cet héritage serait tombé dans la Communauté, il serait devenu conquêt de la Communauté, si, après la dissolution de la Communauté, la fille de Marie-Thérèse Dron n'avait pas remboursé à la Communauté elle-même le prix qui en était sorti pour l'exercice du retrait, ou, ce qui revient au même, si le survivant des époux, à qui appartenaient toutes les actions mobilières de la Communauté, ne lui en avait pas fait la remise.

» Mais ce cas n'est pas arrivé, et les demanderesses ne peuvent pas argumenter ici du droit qu'elles auraient eu dans ce cas, puisque, encore une fois, la condition de la veuve Billoir eût été la même, dans ce cas, si sa mère était morte la première, qu'elle a été, sa mère ayant survécu.

» Par ces considérations, nous estimons qu'il y a lieu de rejeter la requête des demanderesses et de les condamner à l'amende ».

Arrêt du 24 août 1809, au rapport de M. Basire, par lequel,

« Attendu que l'arrêt attaqué n'a point contrevenu à l'art. 5, du chap. 17 de la coutume de
Cambray, puisqu'il décide que l'indivision de la
succession du sieur Félix entre sa veuve et les demandeurs, a interrompu la prescription qu'opposaient ces derniers ;

» Attendu qu'en jugeant que la moitié de la
dette de 4,000 florins était à la charge des demandeurs, l'arrêt attaqué n'a fait que se conformer à
la jurisprudence du parlement de Flandre, dans
les circonstances pareilles à celles de l'espèce actuelle ;

» Attendu enfin qu'antérieurement au Code civil, aucune loi ne réputait personnes interposées
les enfans des personnes incapables ;

» La cour rejette le pourvoi... ».

§. VI. *La femme qui, à la dissolution de
la Communauté, renonce, soit au profit de
son mari, soit au profit de tous les héritiers
de son mari ; non gratuitement, mais moyennant un prix, doit-elle être considérée comme
l'ayant acceptée, et peut-elle être en conséquence poursuivie par les créanciers en qualité de femme ou veuve commune ?*

Pothier, dans son *traité de la Communauté,*
n°. 545, reconnaît que, si la femme cède, soit à
son mari, soit à ses héritiers, le droit qu'elle a dans
la Communauté, elle est censée faire acte de commune, par la raison « qu'on ne peut céder que ce
» qu'on a ; que la femme ne peut donc céder son
» droit à la Communauté, si elle ne l'a acquis ;
» qu'elle ne peut l'acquérir qu'en acceptant la Com-
» munauté ; que cette cession suppose donc néces-
» sairement en elle et manifeste suffisamment sa
» volonté d'accepter la Communauté ».

Et cependant il soutient que, si au lieu de céder
son droit dans la Communauté, la femme renonce
à la Communauté même, moyennant un prix, elle
ne fait pas acte de commune, parceque « cette re-
» nonciation, quoique faite pour de l'argent, n'est
» pas proprement ni une vente ni une cession que
» la femme fasse de son droit, mais un contrat *do
» ut facias.* Les héritiers du mari (continue-t-il)
» ayant intérêt que la femme renonce à la Commu-
» nauté, lui donnent une somme d'argent pour la
» porter à faire cette renonciation : en conséquence,
» elle renonce à la Communauté ; elle ne leur fait
» aucune cession de son droit à la Communauté ;
» cette cession était inutile aux héritiers, puisque,
» sans aucune cession, par la seule renonciation de
» la femme tous les biens de la Communauté leur
» demeurent *jure non decrescendi* ».

Mais n'est-ce pas jouer sur les mots que de raisonner ainsi ? Quelle différence y a-t-il entre le cas
où la femme vend son droit à la Communauté et
le cas où elle y renonce moyennant un prix ? Il n'y
en a qu'une nominale ; il n'y en a point d'effective.

Sans doute, si la femme renonçait purement et
simplement, sa renonciation n'équipollerait point
à une cession, parcequ'une cession serait inutile
de sa part pour que les héritiers demeurassent,
par droit de non-décroissement, propriétaires de
sa moitié. Mais du moment que les héritiers achètent sa renonciation, ils achètent nécessairement
l'avantage qui en résulte pour eux ; et par conséquent elle fait nécessairement, à leur égard, l'é-
quipollent d'une vente de ses droits.

Pothier objecte « qu'il en est de la renonciation
» à la Communauté que la femme fait pour une
» somme d'argent qu'elle reçoit de son mari,
» comme de celle que quelqu'un fait à une suc-
» cession qui lui est déférée pour une somme d'ar-
» gent qu'il reçoit de ses co-héritiers, ou de l'hé-
» ritier qui lui est substitué ; (que) suivant la dé-
» cision de la loi 24, D. *de acquirendâ vel omit-
» tendâ hereditate,* une telle renonciation ne ren-
» ferme point un acte d'héritier : *qui pretium
» omittendæ hereditatis causâ capit, non vide-
» tur heres esse ;* (et qu') il y a même raison pour
» décider que la femme qui a reçu de l'argent pour
» renoncer, n'est pas censée pour cela avoir fait
» acte de commune ».

Mais d'abord cet argument se rétorque aujour-
d'hui avec une force invincible contre le système
de Pothier ; car l'art. 780 du Code civil contient,
sur la renonciation faite à une succession moyennant un prix, une disposition diamétralement contraire à la loi 24, D. *de acquirendâ vel omittendâ
hereditate.* Après avoir dit que « la donation,
» vente ou transport que fait de ses droits succes-
» sifs un des co-héritiers, soit à un étranger, soit
» à tous ses co-héritiers, soit à quelqu'un d'eux,
» emporte de sa part acceptation de la succession »,
cet article ajoute qu'il en est de même, non-seulement « de la renonciation, même gratuite, que
» fait un des héritiers au profit d'un ou de plu-
» sieurs de ses co-héritiers » ; mais encore « de la
» renonciation qu'il fait même au profit de tous
» ses co-héritiers indistinctement, lorsqu'il reçoit
» le prix de sa renonciation ».

En second lieu, la disposition de la loi 24, D.
de acquirendâ vel omittendâ hereditate, pouvait-
elle, même avant le Code civil, être étendue à la
Communauté ? Non, et par une raison bien simple : c'est qu'elle n'était qu'une subtilité contraire
aux vrais principes, et que par conséquent elle devait être resserrée dans ses termes précis : *quod
contrà rationem juris receptum est, non est producendum ad consequentias,* dit la loi, 14, D. *de
legibus.*

Que cette décision ne fût qu'une subtilité, et
qu'elle heurtât de front les vrais principes, j'en
trouve la preuve dans la loi 24, D. *de acquirendâ
vel omittendâ hereditate* elle-même. Cette loi déclare positivement que, quoique le successible qui
reçoit de l'argent pour renoncer, ne soit pas censé
faire acte d'héritier, néanmoins il est censé tenir
du défunt à titre de donation à cause de mort, et

par conséquent prendre dans la succession, l'argent qui lui est compté ou promis pour prix de sa renonciation : *fuit quæstionis an pro herede gerere videatur, qui pretium hereditatis omittendæ causâ capit? Et obtinuit hunc pro herede quidem non gerere, qui ideò accepit, ne heres sit : in edictum tamen prætoris incidere. Sive igitur à substituto heres accepit, sive à legitimo, mortis causâ accepisse videtur. Idemque erit, et si non accepit, sed promissa sit ei pecunia : nam et stipulando mortis causâ capit;* et voilà pourquoi, ajoute la loi 1, C. *si omissa sit causa testamenti,* sa renonciation ne le soustrait pas aux actions des légataires : *si in fraudem legatorum transmissam hereditatem ad substitutum probatura es, utilis actio adversùs eum cùm quo fraudis consilium participatum est, competit. Planè, si, pecuniâ acceptâ, omisit aditionem, legata el fideicommissa præstare cogitur.* Or, peut-on raisonnablement ne pas regarder comme faisant acte d'héritier, le successible qui est censé prendre dans la succession même à laquelle il est appelé, le prix de sa renonciation qu'il y fait?

Aussi Domat, tout attaché qu'il était au droit romain, n'hésitait-il pas, dans ses *lois civiles, Traité des successions,* liv. 1, tit. 1, sect. 1, n°. 18, et tit. 5, sect. 1, n°. 9, à dire que, dans notre jurisprudence, la renonciation faite à une succession moyennant un prix, devait être assimilée à une cession des droits successifs.

Et ce qu'il y a de bien remarquable, c'est que telle était la disposition expresse de l'art. 6 de la coutume de Paris : « N'est aussi dû droit de relief » (portait-elle, art. 6) par la renonciation faite » par aucuns des enfans à l'hérédité de leur père et » mère, aïeul ou aïeule, encore que, par ladite re-» nonciation, il y ait accroissement au profit des « autres enfans : *pourvu toutefois que pour faire* « *ladite renonciation, n'y ait argent baillé,* ou « *autre chose équipollent* ».

§. VII. *Autres questions sur la Communauté.*

V. les articles *Conquêts, Continuation de Communauté, Contribution foncière,* §. 2, *Dot, Fourmorture, Propres conventionnels, Remploi* et *Société d'acquêts.*

COMMUNAUX (BIENS). §. I. *Un bois situé dans le territoire d'une commune et dont elle a l'usage, est-il censé appartenir à celle-ci ; et le ci-devant seigneur qui en a la possession, comme propriétaire, doit-il en être évincé, s'il ne représente pas un titre légitime d'acquisition?*

Cette question a été agitée et jugée à l'audience de la cour de cassation, section des requêtes, le 14 floréal an 10.

La commune de la Chassagne demandait la cassation de deux jugemens qui avaient maintenu, au profit du sieur Émonin, son ci-devant seigneur, et de l'État, subrogé aux droits de l'ancien co-propriétaire de celui-ci, un arrêt du conseil du 2 juin 1778, par lequel la commune avait été *cantonnée* dans une portion d'un bois dont elle avait précédemment l'usage indéfini.

Après le rapport de la cause, fait par M. Brillat-Savarin, j'ai donné des conclusions ainsi conçues :

« La commune de la Chassagne prétend que le jugement par défaut du ci-devant tribunal civil du département du Doubs, du 11 messidor an 8, et le jugement contradictoire du tribunal d'appel de Besançon, du 17 ventôse an 9, ont violé l'art. 9 de la loi du 19-27 septembre 1790, l'art. 1 de la loi du 28 août 1792, l'art. 8 de la même loi, et les art. 1 et 8 de la 4e. section de la loi du 10 juin 1793.

» Comparons ces divers articles avec les jugemens attaqués; ce sera un moyen sûr de vérifier si, en effet, les jugemens attaqués les ont enfreints.

» L'art. 9 de la loi du 19-27 septembre 1790 porte que les tribunaux de district pourront *réviser et réformer, s'il y a lieu, les cantonnemens prononcés, depuis moins de trente ans, par arrêts du conseil, sans qu'au préalable le fond des droits de propriété ou d'usage eût été convenu, ou en cas de contestation, jugé par les tribunaux ordinaires.*

» Il est certain que, d'après cet article, la commune de la Chassagne a pu demander que l'on révisât le cantonnement qu'avait prononcé l'arrêt du conseil du 2 juin 1778 ; et si les jugemens attaqués avaient jugé le contraire, nul doute qu'ils ne dussent être cassés.

» Mais ces jugemens ont-ils décidé que la voie de révision était fermée à la commune de la Chassagne? Point du tout : ils ont seulement décidé que le cantonnement avait été prononcé légitimement ; et la loi du 19-27 septembre 1790, en se servant des mots, *réformés* s'IL Y A LIEU, annonce assez qu'elle laisse aux tribunaux ordinaires le droit, qui d'ailleurs leur appartiendrait naturellement, de maintenir les cantonnemens ordonnés par le ci-devant conseil, comme elle leur donne celui de les annuler.

» Ainsi, première vérité incontestable : point de contravention, de la part des jugemens attaqués, à l'art. 9 de la loi du 19-27 septembre 1790.

» Ces jugemens ont-ils violé l'art. 1 de la loi du 28 août 1792? Oui, répond la commune de la Chassage; car, par cet article, le législateur a été beaucoup plus loin que par l'art. 9 de la loi du 19-27 septembre 1790.

» Par l'art. 9 de la loi du 19 septembre 1790, il avait soumis à une révision facultative les arrêts du conseil rendus en matière de cantonnement ; mais par l'art. 1 de la loi du 28 août 1792, il les a tous révoqués, il les a tous anéantis purement et simplement.

» Il est cependant bien facile de se convaincre que l'art. 1 de la loi du 28 août 1792 n'a nulle espèce de rapport aux cantonnemens ; et il ne faut pour cela que jeter un coup-d'œil sur les art. 5 et 6 de la même loi.

» L'art. 5 porte : *conformément à l'art. 8 du décret du 19 septembre 1790, les actions en cantonnement continueront d'avoir lieu dans les cas de droit ; et le cantonnement pourra être demandé tant par les usagers que par les propriétaires.*

» L'art. 6 ajoute : « Et néanmoins tous les can- » tonnemens prononcés par édits, déclarations, » arrêts du conseil, lettres-patentes et jugemens, » ou convenus par transactions ou autres actes de » ce genre, *pourront être révisés, ou réformés par* » les tribunaux de district ».

» Quelle différence y a-t-il entre la disposition de ce dernier article et celle de l'art. 9 de la loi du 19-27 septembre 1790 ? Il n'y en a point d'autre, si ce n'est que la première étend aux cantonnemens prononcés par édits, déclarations, lettres-patentes et jugemens quelconques, même à ceux qui ont été convenus par transactions ou tout autre acte purement volontaire, depuis un temps quelconque, le recours en révision que la seconde avait restreint aux cantonnemens prononcés, depuis moins de 3o ans, par arrêts du conseil.

» A cette seule différence près, la loi du 28 août 1792 n'est que la répétition littérale de la loi du 19-27 septembre 1790. Comme celle-ci, la loi du 28 août 1792 n'ordonne qu'une révision ; et par conséquent elle maintient les cantonnemens prononcés, même par arrêts du conseil, tant qu'il n'est pas jugé qu'ils lèsent les communes.

» Les jugemens attaqués ne contreviennent donc pas plus, soit à l'art. 1, soit à l'art. 6 de la loi du 28 août 1792, qu'ils ne contreviennent à l'art. 9 de la loi du 19-27 septembre 1790.

» Mais ne contreviennent-ils pas à l'art. 8 de la première de ces deux lois ? Vous allez en juger :

» L'art. 8 de la loi du 28 août 1792 veut que *les communes* qui justifieront *avoir anciennement possédé des biens ou droits d'usage, dont elles ont été dépouillées par des ci-devant seigneurs,* puissent *se faire réintégrer dans la propriété et possession desdits biens ou droits d'usage, nonobstant tous édits, déclarations,* arrêts du conseil, *lettres-patentes, jugemens,* etc.

» Ainsi, nul doute que cet article n'ait été violé par les jugemens des 11 messidor an 8 et 17 ventôse an 9, si la commune de la Chassagne a *justifié,* soit devant le tribunal civil du Doubs, soit devant le tribunal d'appel de Besançon, qu'elle était, avant l'arrêt du conseil du 2 juin 1778, propriétaire de la totalité des bois dont cet arrêt ne lui adjuge qu'une portion à titre de cantonnement.

» Mais aussi n'a-t-elle pas *justifié* ce fait essentiel et décisif, ou, ce qui revient au même, n'en a-t-elle point rapporté des preuves légales et suffisantes ? Alors nul prétexte pour accuser les deux jugemens d'avoir violé la loi.

» Or, les deux jugemens ont décidé, en point de fait, que la commune de la Chassagne n'avait pas prouvé qu'elle eût été, avant l'arrêt du conseil du 2 juin 1778, propriétaire des bois litigieux ; et nous ne voyons pas comment elle peut se flatter de faire juger le contraire par le tribunal de cassation.

» Sans contredit, s'il existait des titres authentiques et non équivoques qui justifiassent avec une clarté, pour ainsi dire, éblouissante, que les bois litigieux appartenaient ci-devant à la commune de la Chassagne, il faudrait bien passer par-dessus la décision qu'ont portée, sur ce point de fait, les jugemens des 11 messidor an 8 et 17 ventôse an 9.

» Alors, en effet, la décision portée sur ce point de fait, ne serait, de la part du tribunal civil du Doubs et du tribunal d'appel de Besançon, qu'un détour imaginé pour violer impunément la loi ; et toutes les fois que le tribunal de cassation a reconnu de pareilles intentions dans les jugemens déférés à sa censure, il n'a pas hésité à les faire rentrer dans le néant.

» Mais, dans l'espèce actuelle, que voyons nous ? Des titres ou informes ou insignifians, et rien de plus.

» C'est un titre informe, par exemple, que celui du 13 juin 1621, par lequel la commune de la Chassagne prétend avoir concédé à celle du *Fay-Dessous* le droit de prendre, dans ses bois communaux, tous les bois de chauffage et de construction dont elle aurait besoin pour son usage ; car l'acte de cette prétendue concession n'a été produit qu'en copie tout récemment collationnée par un notaire, sur une copie simple et dénuée de toute espèce d'authenticité.

» C'est en même temps un titre bien insignifiant ; car la seule chose qu'il prouve, c'est que la commune de la Chassagne avait, en 1621, des bois qui lui appartenaient en toute propriété, et ce fait n'a pas été contesté au procès ; mais de savoir si les bois qui lui appartenaient en 1621 ; sont identiquement les mêmes que les bois aujourd'hui litigieux, c'est une question que l'acte de 1621 ne résoud certainement pas.

» Il en est de même des autres pièces qu'a produites la commune de la Chassagne.

» Les unes ne caractérisent que des actes d'usager ; et il est fort indifférent qu'elles s'appliquent ou non aux bois litigieux, puisque jamais on n'a nié que la commune n'eût un droit d'usage sur les bois litigieux, avant le cantonnement de 1778.

» Les autres caractérisent des actes de propriété ; mais rien ne prouve qu'elles soient relatives aux bois litigieux, rien ne prouve qu'elles ne s'appliquent pas uniquement aux bois dont la commune était véritablement propriétaire.

» La commune convient que le bois connu sous le nom de *bois de Messieurs,* a toujours appartenu aux auteurs du cit. Emonin, sous la charge des droits d'usage qu'elle y exerçait ; et c'est ce qu'elle avait elle-même déclaré en 1584 et en 1707, par les reconnaissances qu'elle avait, à ces deux époques, fournies à ses ci-devant seigneurs.

» D'après cela, à quoi se réduisait la contestation devant le tribunal civil du Doubs et le tribunal d'appel de Besançon ? Elle se réduisait au seul point de savoir quelle était l'étendue du *bois de Messieurs*.

» Or, comment voudrait-on aujourd'hui faire juger par le tribunal de cassation, que le *bois de Messieurs* était, avant le cantonnement de 1778, circonscrit par telle ou telle limite ; qu'il s'étendait jusqu'à tel ou tel endroit et non plus avant ; que tel héritage, actuellement possédé par un tel, représente tel confin qui est désigné dans les anciens titres, et que le temps a rendu méconnaissable ? Il est évident que le tribunal de cassation ne peut pas entrer dans de pareils détails ; et que c'est dénaturer ses attributions, que de lui présenter à résoudre des difficultés semblables.

» Mais, dit-on, le seul rapprochement des deux reconnaissances de 1584 et 1707 suffit pour établir un moyen de cassation ; car, d'un côté, la reconnaissance de 1584 ne donne au *bois de Messieurs* qu'une *demi-lieue de circuit* ; de l'autre, la reconnaissance de 1707 en fixe le circuit à *deux lieues*. Ainsi, voilà deux titres contraires l'un à l'autre relativement à l'étendue de ce bois. Donc, aux termes de l'art. 12 de la loi du 28 août 1792, celui des deux qui est le plus favorable à la commune doit être préféré. Donc les jugemens des 11 messidor an 8 et 17 ventôse an 9, ont violé cet article, en faisant prévaloir le titre le plus favorable au ci-devant seigneur.

» Cette objection est spécieuse, mais quelques observations très-simples la feront évanouir.

» D'abord, est-il bien constant que, dans la reconnaissance de 1584, il y a *demi-lieue* et non pas *deux lieues de circuit ?* Cette reconnaissance n'est pas produite en original, elle ne peut même pas encore l'être, puisqu'elle se trouve entre les mains de l'une des parties qui seraient défenderesses à la cassation, si la requête était admise. Cependant, sans l'avoir examinée, sans l'avoir vue, on peut à l'avance observer que les mots *demie* et *deux* ont, quant à leur conformation, une très-grande affinité ; qu'il est facile de les prendre l'un pour l'autre dans de vieilles écritures ; et qu'ainsi, il ne serait pas étonnant que la reconnaissance de 1584 donnât au *bois de Messieurs*, non une *demi-lieue*, mais *deux lieues de circuit*.

» A cette première observation, il s'en joint une autre qui est d'un plus grand poids.

» La commune de la Chassagne elle-même prouve que, depuis 1686 jusqu'en 1743, elle a été fréquemment en procès avec son ci-devant seigneur par rapport à ses bois Communaux. Or, conçoit-on qu'ainsi accoutumée à résister aux prétentions de son ci-devant seigneur, elle eût signé, en 1707, une reconnaissance qui aurait attribué au *bois de Messieurs*, une étendue de deux lieues de circuit, si réellement ce bois eût été limité à un circuit d'une demi-lieue ?

» Ce n'est pas tout. Le jugement du 17 ventôse an 9 constate qu'il a été produit, et par le cit. Emonin et par la commune, un grand nombre d'actes qui établissent qu'en 1473, plus de cent ans avant la première des deux reconnaissances dont nous venons de parler, le *bois de Messieurs* s'étendait de beaucoup au-delà des confins dans lesquels la commune s'efforce aujourd'hui de le renfermer.

» C'en est assez sans doute, pour vous convaincre que les jugemens du 11 messidor an 8 et 17 ventôse an 9 n'ont violé, ni l'art. 8, ni l'art. 12 de la loi du 28 août 1792 ; et il ne nous reste plus qu'à voir si, comme le soutient la commune de la Chassagne, ils ont contrevenu aux art. 1 et 18 de la quatrième section de la loi du 10 juin 1793.

» Le premier de ces articles est ainsi conçu : « Tous les biens Communaux en général, connus » dans toute la république sous les divers noms » de terres vaines et vagues, gastes, garrigues, » landes, pacages, pâtis, ajoncs, bruyères, bois » communs, hermes, vacans, palus, marais, maré- » cages, montagnes, et sous toute autre dénomina- » tion quelconque, sont et appartiennent, de leur » nature, à la généralité des habitans ou membres » des communes ou sections de communes, dans » le terroir desquelles ces Communaux sont si- » tués ; et comme tels, lesdites communes ou sec- » tions de communes sont fondées et autorisées à » les revendiquer.... ».

» A entendre les habitans de la Chassagne, il résulte de cet article, que tous les bois situés dans une commune, sont censés lui appartenir, et qu'elle n'en a été dépossédée que par la puissance féodale, à moins d'un titre de la part du ci-devant seigneur, qui constate qu'il en a été acquéreur légitime.

» Mais sans doute, il n'est pas besoin de réfuter sérieusement un système aussi déraisonnable. L'article cité ne dit pas autre chose, sinon que les bois Communaux sont censés appartenir à la commune qui les possède ; et il est absurde d'en inférer qu'elle ait la grande main sur tous les bois de son territoire : elle ne l'a pas plus sur les bois que sur les prés, sur les vignes, que sur les terres à labour ; et c'est insulter à la loi même, que de prêter à ses despositions un sens aussi bizarre, aussi dévastateur.

» Quant à l'art. 8, voici ce qu'il porte : « La » possession de quarante ans exigée par la loi du » 28 août 1792, pour justifier la propriété d'un » ci-devant seigneur sur les terres vaines et va- » gues, gastes, garrigues, landes, marais, biens » hermes, vacans, ne pourra en aucun cas sup- » pléer le titre légitime ; et ce titre légitime ne » pourra être celui qui émanera de la puissance » féodale, mais seulement un acte authentique » qui constate qu'ils ont légitimement acheté les-

» dits biens, conformément à l'art. 8 de la loi du
» 28 août 1792 ».

» Vous voyez qu'il n'est point là question de
bois, mais seulement de terres incultes et désertes,
de biens qui n'ont ni possesseur ni propriétaire
connu, et qui, par cette raison, sont censés n'appartenir à personne.

» Que fait la loi à leur égard ? Elle les attribue
aux communes, elle défend aux ci-devant seigneurs de se les approprier, quand même ils re-
présenteraient, soit des actes de possession qui
remontassent à quarante ans, soit un titre d'acquisition émané de la puissance féodale.

» Mais la loi ne dit rien de semblable par rapport aux bois; et elle n'eût pas pu étendre aux
bois une disposition aussi extraordinaire, sans se
mettre elle-même dans la nécessité, pour être con-
séquente, de porter cette extension jusqu'aux prés,
jusqu'aux terres à labour, jusqu'aux propriétés de
toute espèce.

» Par ces considérations, nous estimons qu'il y a
lieu de rejeter la requête en cassation, et de condamner la commune de la Chassagne à 150 francs
d'amende ».

Conformément à ces conclusions, arrêt du 14
floréal an 10, par lequel,

« Considérant...... que les demandeurs n'ayant
aucunement prouvé qu'ils eussent jamais été propriétaires des bois contentieux, et que le contraire
ayant même été jugé dans la contestation qui précéda les arrêts du conseil de 1778 et 1779, ils ne se
trouvent point dans les cas prévus par les lois de
1790, 1792 et 1793;

» Le tribunal rejette le pourvoi... ».

V. encore ci-après, §. 2, le plaidoyer et l'arrêt
du 18 brumaire an 11; et §. 4, les plaidoyers et
arrêts des 25 et 26 du même mois.

§. II. 1°. *Une commune peut-elle reven-*
diquer, en vertu de l'art. 8 de la loi du 28
août 1792, un bois qu'elle prouve avoir pos-
sédé animo domini, *mais sans titre légitime*
de propriété, et pendant un temps insuffisant
à la prescription?

2°. *Peut-elle présenter comme une preuve*
de sa propriété, la reconnaissance non cau-
sée, que son ci-devant seigneur en a faite par
un acte extrajudiciaire, dans le temps qu'elle
jouissait de ce bois comme propriétaire?

3°. *De ce qu'une commune était ancien-*
nement assujétie à la main-morte, s'ensuit-
il, ou que les bois dont elle n'a aujourd'hui
que l'usage, lui appartenaient, à cette épo-
que, en propriété, ou qu'ils appartenaient
dès-lors à son seigneur ?

Ces trois questions sont traitées dans le plaidoyer suivant, que j'ai prononcé à l'audience de
la cour de cassation, section des requêtes, le 18
brumaire an 11.

« La commune de Jasseron vous demande la cassation d'un jugement du tribunal d'appel de Lyon,
du 16 thermidor an 9, qui, en infirmant celui du
ci-devant tribunal civil du département de l'Ain,
du 8 floréal an 7, maintient le cantonnement de
la forêt de Theyssonge, ordonné à la requête des
ci-devant seigneurs de cette commune; par un arrêt du conseil du 14 mars 1769.

» Deux moyens vous sont présentés à l'appui de
ce recours : l'un est de pure forme, l'autre porte
sur le fond de la cause....

» Au fond, la commune prétend qu'en ordonnant l'exécution du cantonnement de 1769, et en
jugeant par là qu'avant cet acte, elle n'était qu'u-
sagère de la forêt de Theyssonge, le tribunal d'appel de Lyon a violé les lois des 25 et 28 août 1792.

» Pour apprécier ce second moyen, et décider
s'il est mieux fondé que le premier, nous devons
commencer par examiner quels étaient les droits
de la commune de Jasseron et de ses ci-devant seigneurs, sur la forêt de Theyssonge, avant l'arrêt
de cantonnement du 14 mars 1769.

» A l'époque de cet arrêt, la forêt de Theyssonge
était, par sa situation, dépendante de deux seigneuries : celle du monastère de Saint-Oyen de
Joux, réuni à l'évêché de Saint-Claude; et celle du
cit. Grollier, qui avait, à cet égard, succédé aux
maisons de Lesdiguières, de Savoie et de Coligny.

» Mais à qui appartenait-elle alors? Pour bien
nous fixer sur ce point, il ne sera pas sans doute
inutile de rechercher à qui elle avait appartenu
précédemment.

» Or, le jugement attaqué énonce, d'après Gui-
chenon, historien de la Bresse, que cette forêt fut
concédée, sous le règne de Charlemagne, au monastère de Saint-Oyen de Joux, pendant que *Ber-*
trad ou *Berthald* en était abbé.

» On voit dans le même jugement et dans celui
de première instance, que, par une transaction
passée, en 1265, entre le monastère de Saint-Oyen
de Joux et Guillaume de Coligny, cette forêt fut
reconnue appartenir au premier, à l'exclusion du
second.

» On y voit encore qu'en 1281, le monastère de
Saint-Oyen de Jouy associa à sa propriété Etienne
de Coligny.

» Il est bien difficile, d'après de pareils titres,
de croire qu'originairement la forêt de Theyssonge
n'appartînt pas aux seigneurs territoriaux de sa
situation.

» Sans doute, ces titres ne font pas pleine foi
contre la commune de Jasseron, à l'égard de laquelle ils sont véritablement *res inter alios*. Mais
ils forment du moins, même contre elle, des actes
de possession, et par conséquent un commencement de preuve de propriété, qui doit influer
puissamment sur l'interprétation des titres postérieurs.

» Parmi ces titres, le plus rapproché par sa date,
du dernier de ceux dont nous venons de parler, et
le plus important de tous ceux qui ont été invo-

qués dans la cause, est la charte de 1285, par laquelle l'abbé de Saint-Oyen de Joux et Étienne de Coligny, affranchissent de la main-morte les habitans de Jasseron.

» Par cette charte, l'abbé et Coligny parlent des habitans de Jasseron, comme de leurs propres hommes, *nostros homines*.

» Ils déclarent qu'à l'avenir ces mêmes hommes et leurs biens seront francs : *iisdem hominibus et eorum rebus et bonis concedimus quòd de cœtero non dent nec dare teneantur nobis*, etc.

» Mais ils se réservent le quart du produit des vignes faites et à faire : *in vineis factis et faciendis quartam partem retinemus*.

» Ils ajoutent à cette réserve, celle de la forêt de Theyssonge, qu'ils énoncent leur appartenir : *item omnia nemora* NOSTRA *de Theyssongiis nobis et nostris successoribus retinemus*.

» Et en même temps, ils concèdent à *leurs hommes ci-devant nommés*, c'est-à-dire, aux habitans de Jasseron, le *plein usage* de cette forêt, pour leurs maisons, granges, chariots, charrues et autres ustensiles quelconques, pourvu qu'ils soient nécessaires; le *plein usage* de toute espèce de bois mort pour se chauffer; enfin le *plein usage* pour les cercles de tonneaux, les vignes et les palissades : *concedentes nihilominùs nostris hominibus antedictis, in dictis nemoribus,* PLENUM USUM *pro domibus, grangiis, carruciis, et aliis ustencilibus necessariis quibuscumque;* PLENUM USUM *pro calefaciendo de quolibet nemore mortuo;* PLENUM USUM *pro peyssellis et vimine ad ligandum pallicias.*

» Ce titre, comme vous le voyez, s'accorde parfaitement avec ceux de 1265 et de 1281; il établit clairement que la forêt de Theyssonge appartient aux seigneurs de Jasseron; et la commune peut d'autant moins le contredire à cet égard, que c'est à ce même titre qu'elle est redevable du droit d'usage qui a été converti en cantonnement par l'arrêt du conseil de 1769.

» C'est cependant par ce titre même, que la commune de Jasseron prétend prouver que jusqu'à 1285, elle avait possédé en toute propriété la forêt de Theyssonge.

» Il résulte de la charte de 1283, dit-elle, que jusqu'alors les habitans de Jasseron et leurs biens avaient été soumis à la servitude de la main-morte; car par cette charte, les co-seigneurs affranchissent les biens, comme les personnes des habitans : *iisdem hominibus et eorum rebus et bonis concedimus*, etc.

» Ainsi, avant 1285, par l'effet de la main-morte, les biens des habitans étaient, comme leurs personnes, la propriété des co-seigneurs.

» Faut-il s'étonner, après cela, que dans la charte, les co-seigneurs disent *nostra nemora in Theyssongio?* Ils y disent bien aussi, *nostros homines, nostris hominibus antedictis.* En faisant ainsi marcher de pair la propriété des hommes et la propriété de la forêt, les co-seigneurs font bien voir qu'ils ne sont propriétaires de la forêt qu'au

même titre qu'ils le sont des hommes, c'est-à-dire, par droit de main-morte.

» Tout ce que prouve donc la charte de 1283, c'est que la forêt de Theyssonge a été exceptée de l'affranchissement; c'est que les co-seigneurs y ont retenu leurs droits de main-morte.

» Ainsi raisonne la commune de Jasseron; mais une observation très-simple va faire crouler tout son système.

» La main-morte n'était, dans la ci-devant Bourgogne et dans la ci-devant Bresse, que ce que l'on nommait *taillabilité* dans la ci-devant Savoie et dans le ci-devant Dauphiné; c'est Dunod qui en fait la remarque, *dans son Traité de la main-mórte,* chap. 1er., page 10.

» Elle ne rendait donc pas le seigneur propriétaire, soit du sujet, soit du fonds main-mortable; elle lui donnait seulement des droits plus ou moins étendus sur l'un et sur l'autre; et c'est ce qu'explique encore Dunod, page 11 : « Les effets de la » main-morte (dit-il) sont réels ou personnels. » Les personnels consistent, dans le comté de » Bourgogne, en ce que le main-mortable ne peut » disposer, par aucun acte de dernière volonté, » de ses biens, même de ses meubles et biens » francs, qu'au profit de ses parens, qui sont en » communion avec lui au temps de son décès, et » que, s'il n'a point alors de parens communiers, » son seigneur est son successeur universel. Les » effets réels sont que le bien de main-morte » ne peut être aliéné ni hypothéqué sans le con- » sentement du seigneur; et que, si la possession » réelle en est prise sans ce consentement, en cas » d'aliénation, il y a lieu à la commise ».

» Assurément si le sujet main-mortable pouvait, à son gré, disposer entre vifs, si même il pouvait, à cause de mort, disposer en faveur de ses communiers, il fallait nécessairement qu'il fût propriétaire.

» Et si le possesseur d'un fonds tenu en main-morte pouvait l'aliéner avec le consentement du seigneur, bien évidemment il en avait la propriété, et ce n'était pas sur la tête du seigneur que cette propriété reposait.

» Aussi voyez comme s'exprime là-dessus l'ordonnance rendue en 1606 pour le ci-devant comté de Bourgogne, et citée par Dunod, chap. 5, page 186 : *l'héritage de main-morte,* y est-il dit, soit QU'IL APPARTIENNE *à l'homme franc* ou DE MAIN-MORTE, *ne peut être vendu, aliéné ni hypothéqué sans le consentement du seigneur :* ces mots, *qu'il appartienne,* sont certainement décisifs.

» Et ce qui prouve manifestement que l'on avait là-dessus les mêmes idées dans la ci-devant Bresse, même à l'époque de l'affranchissement des habitans de Jasseron, c'est que, dans la charte de 1285, l'abbé de Saint-Oyen de Joux et Étienne de Coligny parlent des biens des habitans comme appartenant à ceux-ci : *iisdem hominibus et eorum rebus et bonis concedimus....*

» Si donc, dans cette charte, l'abbé et Coligny énoncent la forêt de Theyssonge comme formant leur propriété, *nostra nemora*, ce n'est pas d'une propriété à titre de main-morte qu'ils entendent parler, puisqu'encore une fois, la main-morte ne constituait pas le seigneur propriétaire.

» Mais, dit-on, l'abbé et Coligny se servent, dans cette charte, des expressions, *nostros homines*, *nostris hominibus*. Ils se regardaient donc, par le droit de main-morte, comme propriétaires des personnes. A plus forte raison devaient-ils se regarder comme propriétaires des biens possédés par ces personnes.

» Pure et mauvaise équivoque. Les termes *nostri homines* ne désignaient pas, dans la bouche des co-seigneurs de Jasseron, des individus qui leur appartinssent en propre, mais seulement des personnes sur lesquelles ils avaient des droits quelconques, des personnes qui étaient dans leur dépendance.

» Ducange, dans son *Glossaire*, article *Homo*, dit que ces termes *hommes de quelqu'un*, signifient en général sujets et dépendans, soit libres, soit affranchis, soit serfs; et il cite un diplôme de Louis-le-Débonnaire, de l'an 814, qui ne laisse aucun doute sur la justesse de cette définition; on y lit : « les hommes de l'église, tant ingénus que » serfs, *homines ipsius ecclesiæ tam ingenuos* » *quàm servos* ». Être l'homme de quelqu'un, ce n'était donc pas essentiellement lui appartenir en propre, c'était indifféremment être son justiciable, son vassal, son censitaire, son serf ou son main-mortable.

» Et une preuve bien évidente que les mots, *homines nostri*, ne désignent pas, dans la charte de 1283, des hommes appartenant en propre aux co-seigneurs de Jasseron, c'est que, dans cette charte même, après les avoir affranchis de la main-morte, et en leur concédant un droit d'usage dans la forêt de Theyssonge, les co-seigneurs de Jasseron les appellent encore leurs hommes : *concedentes nihilóminus nostris hominibus antedictis plenum usum in dictis nemoribus*.

» Mais, dit-on encore, pourquoi, dans la charte de 1283, les co-seigneurs de Jasseron ne se réservent-ils en propriété que la forêt de Theyssonge ? Pourquoi ne s'y réservent-ils pas aussi leur château, et les autres biens qui peuvent leur appartenir à titre particulier ? C'est sans doute, parceque leur objet n'est pas de parler *de leurs véritables propriétés personnelles*, parcequ'ils ne s'occupent que des personnes et des choses appartenant *aux habitans* ; en un mot, parcequ'en dégageant de la main-morte les personnes et les biens des habitans, ils croient devoir en excepter la forêt de Theyssonge. Donc la forêt de Theyssonge ne leur appartenait que par droit de main-morte; donc elle n'était pas pour eux un patrimoine personnel.

» Avec de pareils argumens, il n'est rien qu'on en puisse obscurcir, il n'est point d'acte qu'on ne puisse dénaturer.

» Mais il se présente une réponse aussi simple que tranchante. Les co-seigneurs de Jasseron ont cru devoir s'expliquer nettement sur la réserve qu'ils entendaient se faire de la propriété de la forêt de Theyssonge, parceque, sur cette forêt, ils accordaient aux habitans un droit d'usage presque indéfini; parceque ce droit, par son ample latitude, aurait pu, par la suite des temps, faire considérer les habitans comme propriétaires; parceque c'était aux yeux des co-seigneurs, une précaution nécessaire pour qu'on ne les regardât point comme expropriés de la forêt de Theyssonge. La même précaution était inutile pour leur château et pour leurs autres biens, parceque ni leur château ni leurs autres biens n'étaient assujétis envers les habitans à un droit d'usage quelconque; et voilà tout simplement pourquoi ils n'en ont point fait la réserve dans la charte.

» Mais, dit-on encore, si, par ces mots, *item nostrum nemus Theyssongii retinemus*, on pouvait reconnaître aux seigneurs un titre de propriété du bois de Theyssonge, il faudrait donc aussi, par les mots, *in vineis factis et faciendis quartam partem retinemus*, leur faire un titre de propriété de la quatrième partie des vignes qui existent et pourront exister dans le territoire de Jasseron, Cependant les co-seigneurs n'ont pas encore osé réclamer la propriété de cette quatrième partie de toutes les vignes que les habitans de Jasseron possèdent divisément.

» Nous répondrons qu'il y a une grande différence entre la clause de la charte qui concerne les vignes et celle qui concerne la forêt de Theyssonge.

» En parlant des vignes, Étienne de Coligny et l'abbé de Saint-Oyen de Joux ne disent pas qu'elles leur appartiennent; ils parlent simplement des vignes faites et à faire : *in vineis factis et faciendis ;*

» Au lieu qu'en parlant de la forêt de Theyssonge, ils la signalent comme leur propre bien, comme leur patrimoine véritable : *omnia nemora nostra de Theyssongiis.*

» Aussi, par la seconde clause, ils se réservent positivement la propriété de la forêt; tandis que, par la première, ils retiennent, non, comme les habitans voudraient l'insinuer, la propriété de la quatrième partie des vignes, mais le quart du produit des vignes qui existent et existeront par la suite; ce qui ne caractérise qu'un droit de champart.

» Ce droit de champart peut sans doute être considéré comme le prix de l'affranchissement des habitans et du territoire de Jasseron; et par cette raison, il n'a pas dû survivre aux lois nouvelles sur la féodalité et la main-morte.

» Mais il est impossible de ranger dans la même classe, la propriété de la forêt de Theyssonge. Par la charte de 1283, les co-seigneurs se réservent cette forêt, parcequ'elle leur appartient *jure suo*, parcequ'elle fait partie de leur patrimoine, parcequ'elle existe dans leur propriété indépendamment de la main-morte, parceque, quand même ils maintiendraient la main-morte, ils en demeureraient propriétaires, ni plus ni moins qu'ils le sont en l'abolissant.

» Il est donc bien démontré que la charte de 1285 ne prouve rien en faveur du système de la commune de Jasseron ; que, bien loin de là, elle le détruit de fond en comble.

» Mais n'a-t-il pas été dérogé à cette charte, par les titres qui la suivent dans l'ordre des dates? C'est sur quoi il nous sera facile de nous fixer.

» La portion indivise que l'abbé de Saint Oyen de Joux avait concédée, en 1281, à la maison de Coligny, dans la forêt de Theyssonge, passa, peu de temps après, de cette maison dans celle de Savoie.

» Et dès le 16 février 1329, Edouard, comte de Savoie, accorda aux habitans de Ceyzeriat, un droit d'usage et de parcours dans la forêt de Theyssonge.

» C'était bien évidemment faire acte de propriétaire, que d'asservir cette forêt à de nouveaux usagers.

» Le 2 février 1378, cette concession fut confirmée par le duc Amédée ; et vers le même temps, elle fut étendue à la commune de Treconnas.

» En 1447, les officiers du duc Louis Ier firent d'autres concessions, à titre d'abergeage, à différens particuliers étrangers aux communes de Jasseron, de Treconnas et de Ceyzeriat.

» Que firent alors ces trois communes? Écoutons celle de Ceyzeriat, dans son dire consigné au procès-verbal, dressé le 17 septembre 1767, par le maître particulier de la maîtrise des eaux et forêts de Bellay, en exécution de l'arrêt du conseil du 17 mars précédent, qui l'avait commis pour entendre les parties intéressées, sur la requête en cantonnement des co-seigneurs de Jasseron :
« Les habitans des trois communautés réunies
» formèrent opposition aux nouvelles conces-
» sions d'abergeage faites par les officiers du
» duc ; il y eut une instance à ce sujet au conseil de
» ce prince, séant à Genève..... Les communautés
» de Jasseron, Ceyzeriat et Treconnas soutinrent,
» dans le cours de cette instance, que les officiers
» du duc n'avaient pu aberger partie des bois de
» Theyssonge, au préjudice des droits à elle ap-
» partenans PAR LA RAISON ESSENTIELLE QUE LA FORÊT
» DE THEYSSONGE, DANS TOUTE SON ÉTENDUE, NE SUF-
» FISAIT PAS POUR FOURNIR A L'USAGE DES TROIS COM-
» MUNAUTÉS ; ET SUR CE SEUL MOYEN, opposé de la part
» de ces communautés, il intervint jugement au
» conseil du prince, séant à Genève (le 13 mai
» 1447), qui déclara les abergeages nuls et de nul
» effet, et prononça que le bois Theyssonge devait
» rester uniquement AFFECTÉ AU DROIT D'USAGE AN-
» TÉRIEUREMENT CONCÉDÉ aux communautés qui se
» plaignaient ».

» Plus bas, la commune de Ceyzeriat ajoute que les officiers du duc de Savoie avaient fait ces abergeages, «sur le fondement que ce prince AVAIT CON-

» SERVÉ LA PROPRIÉTÉ de la forêt de Theyssongeque;
» déjà ils étaient dans l'opinion qu'il pouvait en
» retenir une partie comme propriétaire, et dis-
» poser de cette partie à son gré, en laissant le
» surplus aux habitans, sur lequel ceux-ci pour-
» raient exercer leur droit d'usage ».

» Plus bas encore, elle rappelle que la même chose fut encore jugée par le conseil du duc de Savoie, toujours séant à Genève, par un arrêt du 16 mai 1566, lequel annulla un nouvel abergeage que les officiers de ce prince avaient fait à Henri de Villette, d'une portion de bois de Theyssonge.

» La commune de Ceyzeriat prétendait que, par ces arrêts, il avait été jugé à l'avance qu'il ne pouvait pas y avoir lieu au cantonnement.

» De leur côté, l'évêque de Saint-Claude et le cit. Groslier observaient (nous copions encore le procès-verbal du mois de septembre 1767) que ces jugemens « ne servaient qu'à justifier que les
» ducs de Savoie n'avaient jamais voulu souffrir l'a-
» liénation de la propriété de la forêt de Theyssonge ;
» le motif de ces jugemens (continuaient-ils) est
» sans doute que les officiers des ducs de Savoie
» n'avaient ni le droit ni le pouvoir de faire des
» aliénations et des abergeages. Les ducs de Savoie
» ne pouvaient même aliéner la portion de la forêt
» qui appartenait à l'abbaye de Saint-Oyen de
» Joux ». Tels étaient, suivant eux, les seuls motifs des arrêts de 1447 et 1566 ; ainsi, la question du cantonnement restait entière.

» Vous sentez combien tout cela est décisif pour l'objet qui nous occupe en ce moment. En 1447 et 1566, on aliène au nom du duc de Savoie, comme co-seigneur de Jasseron, des parties de la forêt de Theyssonge ; et on les aliène, parceque les seigneurs de Jasseron, en concédant l'usage de cette forêt, en avaient conservé la propriété. La commune de Jasseron réclame, conjointement avec celle de Ceyzeriat et de Treconnas ; et elle fonde sa réclamation, non sur ce qu'elle est propriétaire du bois de Theyssonge, mais sur ce qu'elle y a un droit d'usage fort étendu. Que juge le conseil de Savoie? Il déclare les aliénations nulles, vous venez de voir par quels motifs, et il maintient les trois communes dans l'usage qui leur a été antérieurement concédé. Voilà donc la question de propriété bien clairement résolue contre la commune de Jasseron, et, ce qu'il y a de remarquable, la voilà résolue d'après la défense de cette commune-elle même, c'est-à-dire, conformément à la réclamation qu'elle fondait sur sa qualité d'usagère.

» Avançons, et continuons d'interroger le procès-verbal du mois de septembre 1767.

» Une chose qui mérite singulièrement votre attention, c'est que, dans l'extrait de ce procès-verbal, produit par la commune de Jasseron, l'on ne trouve aucun des dires qu'elle opposait alors à la demande en cantonnement sur laquelle il s'agissait de statuer ; et sans doute elle a eu de puissantes raisons pour vous en soustraire cette partie.

» Cependant il existe, même dans l'extrait qu'elle produit, des traces suffisamment indicatives de la défense dans laquelle elle se retranchait à cette époque. Écoutons encore la commune de Ceyzeriat: « *Dans leur comparant, les habitans de Jasseron* » *annoncent des titres postérieurs* (au jugement » *de* 1566), *qui ont réuni le titre de* propriété *au* » *titre de* plein usage. Il est très-vraisemblable que » les ducs de Savoie, voyant que le titre de propriété » leur était inutile, par rapport à la force et à l'é-» tendue de l'usage qu'ils avaient précédemment » concédé, résolurent de tirer du moins quelque » argent comptant de cette frivole propriété. Ils » en affichèrent la vente en 1570; et il y a les plus » grandes raisons de penser que les communautés, » pour se garantir de toutes recherches ultérieu-» res, et se rédimer des entreprises des officiers pa-» trimoniaux, en firent l'acquisition. Les remon-» trans dont les titres ont été négligés depuis long-» temps, et divertis en partie dans le cours et le » malheur des temps, n'ont aucun éclaircissement » sur ce point; mais en cas de découverte à l'ave-» nir, ils font toutes protestations utiles et néces-» saires à ce sujet, même de recourir dans la suite » par la voie de la requête civile ».

» Voilà bien la preuve qu'en 1767, la commune de Jasseron ne cherchait pas, comme aujourd'hui, à faire remonter sa prétendue propriété jusqu'à la charte de 1283, puisqu'alors, pour se prétendre propriétaire, elle était obligée de supposer une aliénation faite, en 1570, par les ducs de Savoie.

» Et encore y a-t-il là-dessus deux observations décisives.

» D'abord, rien ne prouve que cette prétendue aliénation ait eu lieu. Nous lisons bien dans les *considérant* du jugement rendu en première in-stance au tribunal civil du département de l'Ain, qu'en 1570, le duc de Savoie rendit un *décret* qui ordonnait la mise en vente de la propriété de la forêt de Theyssonge; mais ce *décret* a-t-il été exé-cuté? Il n'en existe aucune ombre de preuve; et outre que les actes postérieurs dont nous parle-rons bientôt, établissent le contraire par le fait, il est sensible que les ducs de Savoie n'ont pas pu don-ner suite à un projet d'aliénation qu'ils n'avaient pas le droit de réaliser sans le concours de l'abbaye de Saint-Oyen de Joux.

» En second lieu, quand on supposerait que la mise en vente affichée en 1570, eût été suivie d'une vente effective, il ne s'ensuivrait certainement pas qu'elle l'eût été au profit de la commune de Jasseron; et la commune de Jasseron s'est tellement trouvée réduite à l'impuissance de prouver qu'elle eût alors acquis la propriété du bois de Theyssonge, que, pour soutenir son système, elle a été obligée d'articuler, sans en fournir le plus léger indice, que son titre d'acquisition lui avait été volé par le père du cit. Groslier.

» Reprenons la suite des faits:

» La maison de Savoie, ayant vendu au connétable de Lesdiguières, sa portion indivise dans la seigneu-rie de Jasseron, le connétable douta si peu qu'à ce titre il fût devenu co-propriétaire de la forêt de Theyssonge, qu'en 1614, il concéda, au nommé Sibuet, son châtelain, le droit d'y prendre tous les bois nécessaires pour la cuisson de son pain.

» C'était assurément, de sa part, un acte de propriété bien caractérisé; et il est à remarquer qu'il fut si peu contredit par les communes usa-gères, qu'en 1767, le successeur de Sibuet se pré-senta au procès-verbal du maître particulier de Bellay, et y conclud à ce qu'il lui fût, en consé-quence, adjugé une portion dans le cantonnement auquel il était question de procéder.

» A la suite de la partie du procès-verbal où se trouve mentionnée cette concession, il est parlé d'un inventaire signifié le 24 août 1630, par les habitans de Jasseron, dans un procès qu'ils en soute-naient contre le connétable de Lesdiguières; et voici comment il y est dit qu'ils s'exprimaient, à la qua-trième page de cet inventaire: *lesdits syndics et habitans de* Jasseron *n'ont jamais eu en doute que ladite forêt de* Theyssonge *n'appartienne à mondit seigneur le connétable et au prieur de Jas-seron par commun. Dans le même inventaire,* y est-il encore dit, les habitans de Jasseron *convien-nent expressément qu'ils n'avaient qu'un droit d'usage dans la forêt de Theyssonge.*

» A ces énonciations, qui certes sont tranchantes, le procès-verbal ajoute ce qui suit: *Les terriers de* 1683 *vérifient encore que, dans ce temps, ils n'étaient qu'usagers et non point propriétaires.*

» Un peu plus bas: *Il existe de leur part des aveux bien plus récens, qui se trouvent dans les délibérations de* 1757 *et* 1758 (prises en corps de communauté relativement à un procès qu'ils sou-tenaient contre un sieur Burlot). *Ils y sont expres-sément convenus qu'ils n'avaient* que l'usage *dans la forêt de Theyssonge,* et non point la propriété.

» Nous voilà arrivés à une époque bien voisine de l'arrêt du conseil qui a ordonné le cantonnement contre lequel réclame aujourd'hui la commune de Jasseron; et jusqu'à présent, tout annonce, tout démontre, que la commune de Jasseron n'a jamais eu dans la forêt de Theyssonge qu'un droit d'usage.

» Cependant elle insiste encore, et elle produit, pour justifier sa propriété, cinq pièces qu'il est de notre devoir d'analyser.

» La première est une sentence du châtelain de la seigneurie de Jasseron, du 8 septembre 1681, qui homologue une délibération prise le même jour en sa présence par la commune, pour mettre *en ban,* pendant dix années consécutives, une por-tion de la forêt de Theyssonge.

» La commune infère de là qu'elle était alors recon-nue, même par les officiers des seigneurs, proprié-taire exclusive de la forêt; car, dit-elle, il ne pouvait appartenir qu'aux propriétaires de la mettre *en ban.*

» Deux réponses.

» 1°. Dans cette délibération même, il est dit que la forêt de Theyssonge *dépend de la seigneurie et de la communauté de Jasseron;* ce qui signifie assez clairement que les seigneurs et les habitans ont chacun leurs droits sur cette forêt; ce qui, par conséquent, doit naturellement s'expliquer par le partage qui avait été précédemment fait entre les uns et les autres, de manière que les premiers demeurassent propriétaires, et qu'il appartint aux seconds un droit d'usage.

» 2°. Le châtelain déclare expressément qu'il adhère au vœu de la commune, *pour l'utilité et bien public et conservation des intérêts des seigneurs.* Les seigneurs de Jasseron étaient intéressés à la mise en ban sollicitée et délibérée par la commune; et quel intérêt y avaient-ils? C'était sans doute celui qu'a tout propriétaire d'une forêt dévastée, à ce qu'on la tienne en défends, à ce qu'on la repeuple, à ce qu'on la rétablisse en bon état.

» Ce premier acte ne prouve donc rien en faveur de la commune, ou plutôt il prouve contre elle.

» La seconde pièce est un compte des deniers communaux rendu devant le châtelain du cit. Groslier, le 30 mai 1756. Le syndic y porte en recette *la somme de 7 livres pour bois du canton de réserve vendu à Benoît Gugat; plus celle de 15 livres pour du bois du même canton vendu au nommé Grosel; et finalement celle de 12 livres pour fougères vendues au même, le tout pendant son syndicat*, en 1755.

» Ainsi, de ce qu'en 1755, la commune a vendu pour 33 livres de bois et de fougères (apparemment dans la forêt de Theyssonge, car cela n'est pas même exprimé), il s'ensuit, suivant elle, qu'à cette époque, elle était considérée comme propriétaire, ou que du moins elle possédait alors la forêt de Theyssonge *animo domini.*

» On pourrait effectivement en tirer cette conséquence, si la commune elle-même, avant et depuis, ne se fût pas formellement reconnue pour simple usagère.

» Or, nous venons de voir qu'elle s'était reconnue telle par l'inventaire signifié, le 24 août 1630, par le terrier renouvelé en 1683, et qu'elle a, de la manière la plus positive, réitéré cette reconnaissance par ses délibérations de 1757 et 1758.

» D'après cela, il est bien évident que, si elle a, en 1755, vendu pour la chétive somme de 33 livres, des bois et des fougères provenant de la forêt de Theyssonge, il faut de deux choses l'une, ou qu'elle ne les ait vendus qu'avec l'autorisation du seigneur propriétaire, ou que ces bois et ces fougères fussent compris dans ce qui lui avait été délivré en sa qualité d'usagère.

» La troisième pièce produite par la commune, est un compte du 24 juillet 1747, dans lequel le syndic porte en recette la somme de 36 livres reçue d'un particulier, *pour mésus dans les bois.* La commune conclud de là que les bois lui appartenaient en pleine propriété; et nous devons convenir que cette induction est, par elle-même, assez vraisemblable.

» Mais elle s'évanouira bientôt, si nous considé-

rons que c'est en 1757 même, que la commune s'est, par une délibération expresse, déclarée simple usagère; et alors nous serons forcés de dire que, si la commune a touché, à cette époque, des amendes *pour mésus dans les bois*, c'est, ou parceque les seigneurs les lui avaient abandonnées, ou parceque les *mésus* avaient été commis dans les bois qui lui avaient été délivrés dans le cours de cette année, pour son droit d'usage.

» La quatrième pièce offre un caractère plus prononcé de propriété en faveur de la commune; c'est un procès-verbal d'aménagement des bois de Theyssonge, fait à la requête des habitans, les 30 mai 1757 et jours suivans. Il y est dit que ce sont des *bois communaux appartenant aux habitans de Theyssonge;* et l'on y énonce une sommation bien importante, que le cit. Groslier avait fait signifier à la commune le 4 décembre précédent: *Ledit seigneur* (porte cette sommation) *étant instruit que cette communauté fait aménager le bois qui lui appartient, et en fait lever le plan par Burlot, arpenteur de la maîtrise, lequel comprend dans ce plan la forêt du château, quoique cette dernière partie appartienne à lui, Mr. de Groslier, il s'oppose, en conséquence, à ce que l'arpenteur comprenne dans ledit plan cette forêt du château, et qu'elle soit aménagée pour faire partie des bois communaux de Jasseron.*

» Voilà, nous devons le reconnaître, deux pièces qui, considérées isolément, forment, pour la commune, la première, un grand acte de propriété, la seconde, une reconnaissance non équivoque de sa qualité de propriétaire.

» Mais d'abord, un seul acte de propriétaire, quelque marquant qu'il soit, ne suffit pas pour rendre propriétaire celui qui ne l'était pas primitivement. Il ne peut former qu'un commencement de possession *animo domini;* et si cette possession, lorsqu'elle est destituée de titre, ne se continue pas sans interruption pendant trente ans, elle ne peut, au pétitoire, porter aucun préjudice au véritable propriétaire.

» Or, du 30 mai 1755, date du procès-verbal d'aménagement dont il s'agit, au 17 mars 1767, date du premier arrêt rendu par le conseil sur la requête en cantonnement, et par suite en nullité de ce procès-verbal, il n'y a que quatorze ans d'intervalle; par conséquent, point de prescription. Et d'ailleurs, on ne peut pas même compter quatorze années de possession utile en faveur de la commune, puisqu'en 1753 et 1758, elle s'est elle-même reconnue simple usagère par des délibérations expresses; et que, par-là, elle a nécessairement interrompu la prescription qui aurait pu commencer en sa faveur.

» En second lieu, il est de principe que l'usager ne peut jamais devenir propriétaire par le seul effet de la possession; parcequ'à cet égard il est sur la même ligne que le fermier et l'engagiste, et que, comme eux, il est soumis à la règle *nemo potest mutare sibi causam possessionis.*

» Troisièmement enfin, il est également de principe qu'une reconnaissance ne peut pas priver un propriétaire de son domaine, ni convertir en propriété le droit d'usage auquel il s'était précédemment asservi. La simple reconnaissance, dit Dumoulin, ne dispose pas et ne change rien à l'état des choses : *simplex recognitio non disponit nec immutat statum rei.* Quand une reconnaissance est simple, ajoute-t-il, c'est-à-dire, non-motivée, la qualité de la chose n'en reçoit aucune atteinte ; et l'erreur, quand on la découvre, doit faire place à la vérité : *si sit simplex recognitio, non immutatur qualitas rei ; quæ tamquàm errônea cedit veritati.*

» Il y a des des siècles (dit le cit. Henrion dans le *Répertoire de jurisprudence*, au mot *Prescription*), « il y a des siècles que cette maxime forme » la règle des tribunaux ; on voit, en parcourant les » arrêtistes, qu'elle a servi de base à une multitude » d'arrêts, Dunod, *Traité des prescriptions*, page 50 » en rapporte trois des années 1698, 1700 et 1717. » Le premier, sur la représentation du titre pri » mitif, déboute les Jésuites de Dôle de leur pré » tention à la propriété d'un bois sur lequel ils » exerçaient, depuis cent ans, des actes de pro » priétaires. Les deux autres réduisent pareille » ment aux termes des titres anciens, une pos » session de soixante appuyée de reconnaissance. » Un arrêt du parlement de Paris, de l'année » 1672, a jugé suivant les mêmes principes contre » les religieux de l'abbaye de Longpont et ceux » de Valseng. Un droit d'usage avait été concédé » originairement à ces abbayes dans un canton de » la forêt de Villers-Coterets. Ces religieux avaient » transmué la donation de l'usage en celle de *très* » *fonds* ; ils s'étaient attribué la qualification de » *très-fonciers* ; ils s'arrogeaient, à ce titre, le » tiers du prix de la vente des bois ; et plusieurs » siècles avaient confirmé cette usurpation. Le duc » d'Orléans se détermina enfin à réclamer ses droits ; » les titres originaux furent produits, et prévalu » rent sur la longue possession des religieux, » même sur les reconnaissances dont ils tiraient » avantage ».

» A ces quatre arrêts, le cit. Henrion en ajoute trois, de 1729, 1733 et 1770, rendus au conseil après des instructions très-approfondies, et par lesquels le cantonnement fût ordonné contre des communes originairement usagères, qui prétendaient être devenues propriétaires par le seul effet d'une longue possession appuyée de reconnaissances multipliées de la part des propriétaires véritables.

» La commune de Jasseron ne peut donc pas plus se prévaloir ici de la reconnaissance du cit. Groslier, du 4 décembre 1753, que de l'aménagement fait à sa propre requête le 30 mai 1753. Ni l'un ni l'autre acte ne peut l'emporter sur le titre primitif, sur la charte de 1283, qui réduit manifestement la commune à la simple qualité d'usagère ; ils ne le peuvent pas surtout dans la triple circonstance

qu'ils ont été précédés, dans l'espace de quatre à cinq siècles, d'une foule de reconnaissances, de jugemens et d'autres titres qui n'attribuent à la commune qu'un droit d'usage ; qu'ils ont été suivis, de la part de la commune elle-même, en 1747 et 1748, de deux délibérations par lesquelles elle a reconnu n'avoir qu'un droit d'usage sur la forêt de Theyssonge ; enfin, que, depuis 1758, jusqu'à la présentation de la requête en cantonnement, il ne s'est pas écoulé, à beaucoup près, un temps suffisant à la prescription.

» Tout se réunit donc pour démontrer que la forêt de Theyssonge n'a jamais appartenu en propriété à la commune de Jasseron, et d'après cela, il nous sera bien facile d'apprécier les moyens de cassation qui vous sont présentés par cette commune.

» Le premier consiste à dire que, dans la procédure en cantonnement commencée en 1767 et terminée en 1769, la commune de Jasseron avait soutenu formellement et *à limine litis*, qu'elle était propriétaire du bois de Theyssonge ; que, dès-lors, le conseil d'état était devenu incompétent ; qu'il n'avait pas pu prononcer sur le cantonnement avant que la question de propriété fût vidée par les tribunaux ordinaires ; que cela résultait de l'art. 10 du tit. 1 de l'ordonnance des eaux et forêts de 1666 ; et que le tribunal d'appel de Lyon a violé cet article, en maintenant l'arrêt de cantonnement du 14 mars 1769.

» L'art. 9 de la loi du 19-27 septembre 1790 va répondre à cet argument : *Pourront néanmoins* (porte-t-il) *être révisés et réformés, s'il y a lieu, par les tribunaux de district, et à la charge de l'appel ainsi que de droit, les cantonnemens prononcés, depuis moins de trente ans, par arrêts du conseil, sans qu'au préalable le fond des droits de propriété ou d'usage eût été convenu, ou, en cas de contestation, jugé par les tribunaux ordinaires.* Les arrêts du conseil qui ont prononcé des cantonnemens en jugeant des questions de propriété, ne sont donc pas nuls de plein droit : seulement ils peuvent être *révisés*, être *réformés, s'il y a lieu.* Mais par la même raison, ils peuvent être maintenus, s'ils ont bien jugé. Or, l'arrêt du conseil du 14 mars 1769, avait bien jugé en déclarant les co-seigneurs de Jasseron propriétaires de la forêt de Theyssonge ; le tribunal d'appel de Lyon a donc dû le maintenir ; et il n'a fait, en le maintenant, que se conformer à la loi.

» Pour deuxième moyen, la commune de Jasseron invoque l'art. 8 de la loi du 28 août 1792, par lequel sont réintégrées dans leurs propriétés les communes qui justifieront en avoir été anciennement dépouillées par leurs ci-devant seigneurs.

» Mais nous avons prouvé que les ci-devant seigneurs de la commune de Jasseron ne l'ont, à aucune époque, dépouillée de rien, puisqu'ils ont toujours été propriétaires de la forêt de Theyssonge ; que la commune de Jasseron n'y a jamais eu qu'un droit d'usage; que jamais elle n'en a eu la propriété; et c'est assez dire que l'article dont elle réclame l'autorité, ne lui est applicable sous aucun rapport.

» Le troisième moyen de cassation est tiré de l'art. 3 de la loi du 25 août 1792, lequel, en révoquant tous les actes d'affranchissement de la main-morte, ordonne la restitution de tous les corps d'héritages cédés pour prix de ces affranchissemens, qui se trouveront entre les mains des ci-devant seigneurs.

»Mais pour pouvoir appliquer cette disposition à notre espèce, il faudrait que la commune de Jasseron eût, en 1285, cédé la propriété de la forêt de Theyssonge à ses ci-devant seigneurs, pour prix de l'affranchissement qu'ils lui accordaient de la main-morte; et c'est bien aussi ce que la commune soutient avoir fait. Mais c'est de sa part une prétention marquée au coin de la déraison même, et que condamnent, non-seulement la charte d'affranchissement de 1285, mais encore celles de 1265 et 1281, mais encore une multitude presque innombrable de titres postérieurs.

» Le quatrième et dernier moyen est puisé dans l'art. 12 de la loi du 28 août 1792; et vous savez ce que porte cet article: il porte que, *pour statuer sur les demandes en révision de cantonnement......, s'il y a concours de plusieurs titres, le plus favorable aux communes sera toujours préféré, sans avoir égard au plus ou moins d'ancienneté de leur date.*

»Mais quelle application cet article pouvait-il recevoir à l'espèce? La commune de Jasseron représentait-elle un *titre* qui lui conférât la propriété du bois de Theyssonge? Non; elle ne produisait que des actes de possession et une reconnaissance.

» Mais, d'une part, ses actes de possession étaient tous insignifians, à la réserve d'un seul, c'est-à-dire, à la réserve de l'aménagement du 30 mai 1753; et cet aménagement n'aurait pu, dans l'hypothèse la plus favorable, former un titre pour elle; qu'autant que la prescription dont elle pouvait être le commencement, se serait complétée. Or, nous l'avons déjà dit, la commune de Jasseron n'a pas pu prescrire, même d'après cet acte, puisque, du jour dont il porte la date à celui de la requête en cantonnement, il y a eu à peine un intervalle de quatorze ans.

» D'un autre côté, la reconnaissance consignée dans la sommation du sieur Groslier, du 4 décembre 1752, n'était pas un titre attributif de propriété, conçue dans les termes les plus simples, et dénuée de toute espèce de cause capable d'intervertir le mode de possession de la commune, elle n'a pas pu changer l'état des choses, ni par conséquent commuer un droit d'usage en propriété : *simplex recognitio non disponit, nec immutat statum rei* : vous vous rappelez que ce sont les termes de Dumoulin.

» Il n'a donc été violé aucune loi; disons plus, il a été souverainement bien jugé par la décision que vous dénonce la commune; cette décision n'est d'ailleurs infectée d'aucun vice de forme emportant nullité; et, par ces considérations, nous estimons qu'il y a lieu de rejeter la requête des habitans de Jasseron, et de les condamner à l'amende de 150 francs ».

- Conformément à ces conclusions, arrêt du 18 brumaire an 11, au rapport de M. Vasse, par lequel, « Attendu, ..., sur le second moyen, qu'aux termes de l'art. 9 de la loi du 19-27 septembre 1790, l'arrêt du ci-devant conseil du 14 mars 1769 qui avait jugé une question de propriété, en ordonnant le cantonnement dont est question, n'était pas pour cela nul de plein droit, mais seulement sujet à révision; que le tribunal d'appel de Lyon, en le révisant, pouvait le confirmer ou le réformer; qu'en le confirmant, il n'a fait qu'user du pouvoir qu'il tenait de la loi; et que, conséquemment, il n'a violé ni la disposition de l'art. 10 du tit. 1 de l'ordonnance des eaux et forêts de 1669;

» Sur le troisième moyen, attendu que la loi du 28 août 1792 n'a pas pour objet de rendre aux communes des propriétés qu'elles n'ont jamais eues, mais seulement celles dont elles ont été dépouillées par la puissance féodale; que le tribunal d'appel de Lyon n'a pu regarder comme dépouillée de sa propriété, une commune qui n'a jamais été propriétaire, et qui, si elle a possédé *animo domini*, ne l'a fait que pendant un temps insuffisant à la prescription; que telle était l'espèce dans laquelle se trouvait la commune de Jasseron, relativement à la forêt de Theyssonge; qu'ainsi, en refusant d'appliquer à cette commune la disposition de l'art. 8 de la loi du 28 août 1792, le tribunal d'appel de Lyon n'a pas violé cet article;

» Sur le quatrième moyen, attendu que, par la charte même de 1285, portant affranchissement de la main-morte en faveur des habitans de Jasseron, il est prouvé qu'à cette époque, la forêt de Theyssonge appartenait aux co-seigneurs de cette commune; qu'il est encore prouvé par d'autres titres, qu'ils en étaient déjà propriétaires en 1281 et en 1265; qu'ainsi, la commune de Jasseron n'est pas fondée à prétendre qu'elle ait, en 1285, cédé la propriété de cette forêt à ses ci-devant seigneurs, pour prix de son affranchissement; et que, par conséquent, c'est avec raison que le tribunal de Lyon ne lui a pas appliqué l'art. 3 de la loi du 25 août 1792;

» Attendu, sur le cinquième moyen, que la commune de Jasseron n'a produit, devant le tribunal d'appel de Lyon, aucun titre qui lui eût transféré la propriété de la forêt de Theyssonge; que seulement elle y a produit des actes de possession, et une reconnaissance résultante de la sommation à elle faite par le cit. Groslier, le 4 décembre 1752; mais que, d'abord, parmi ces actes de possession, il en est un, et c'est le plus ancien, qui est absolument insignifiant ; qu'il est énoncé par le procès-verbal de mise en ban, d'un canton de la forêt de Theyssonge, en date du 8 septembre 1681 ; que cette mise en ban, requise et délibérée pour la commune, a été consentie par le châtelain du lieu, pour la conservation des intérêts des seigneurs ; ce qui prouve que les seigneurs avaient un intérêt direct à ce que ce canton de bois fût remis en bon état ; intérêt qu'ils n'auraient pas eu, s'ils n'eussent pas été propriétaires ; qu'à l'égard des autres actes de possession, invoqués par la commune, ils embrassent au plus un espace de quinze années, à compter de l'année 1752, date des premières opérations de l'aménagement consommé en 1765, jusqu'en 1767, époque de la requête des ci-devant co-seigneurs en nullité de cet aménagement ; et que, par une possession commencée sans titre, et continuée durant ce seul espace de temps, la commune n'a pu prescrire la propriété de la forêt de Theyssonge ; qu'enfin, le cit. Groslier, en reconnaissant la commune propriétaire de cette forêt, par sommation du 4 décembre 1752, ne s'est pas dépouillé de la propriété de la forêt de Theyssonge, et ne l'a pas transférée à la commune ; que cette reconnaissance erronée et dénuée de cause, n'a pu rien changer à l'état des choses, suivant la maxime de Dumoulin : *Simplex recognitio non disponit nec immutat statum rei* ; que, dès-lors, elle ne peut, pas plus que les actes de possession ci-dessus, constituer en faveur de la commune un titre attributif de propriété : qu'ainsi, il ne se rencontrait pas, dans la cause, concours de plusieurs titres, dont les uns fussent favorables, et les autres contraires à la commune ; qu'ainsi, il n'y a pas lieu à l'application de l'art. 12 de la loi du 28 août 1792, et conséquemment que le jugement attaqué n'a pas contrevenu à la disposition de cet article ;

» Le tribunal rejette la demande des habitans de Jasseron, etc. »

Voyez encore, sur les première et troisième questions énoncées en tête de ce paragraphe, les plaidoyers et les arrêts des 25 et 26 brumaire an 11, rapportés ci-après, §. 4.

§. III. 1°. *Des marais auxquels il a été fait anciennement des travaux pour les mettre en valeur, sont-ils compris dans la classe des terrains vains et vagues, que la loi du 10 juin 1793 répute biens Communaux ?*

2°. *Que doit-on décider à cet égard, lorsque les travaux sont récens ? — A qui des seigneurs ou des communes, les marais étaient-ils réputés appartenir sous l'ancien régime ? — Quels changemens les nouvelles lois ont-elles apportés, sur cette matière, à l'ancienne législation ? — Le domaine public est-il soumis à ces lois, relativement aux communes dont le roi était seigneur avant l'abolition de la féodalité ?*

3°. *Suffit-il à une commune de prouver que des terres aujourd'hui en valeur étaient anciennement incultes, vaines et vagues, pour qu'elle puisse les revendiquer comme biens Communaux ?*

I. La première de ces questions est décidée négativement par plusieurs arrêts de la cour de cassation. Après la publication de la loi du 10 juin 1793, la commune d'Offoy a formé, contre la veuve Chazeron, propriétaire du domaine ci-devant seigneurial du même lieu, une revendication de tous les marais, eaux, digues, bois, terres vaines et vagues, hermes et vacans, situés sur son territoire ; et elle a énoncé, dans sa demande même, qu'il avait été fait anciennement, sur les terrains qu'elle réclamait, des digues, des chaussées, des plantations et d'autres travaux, pour les rendre productifs.

Le 18 messidor an 2, jugement arbitral qui, fondé sur l'art. 1er de la quatrième section de la loi du 10 juin 1793, prononce en faveur de la commune.

Recours en cassation de la part de la veuve Chazeron ; et le 2 ventôse an 7, arrêt de la section civile ; sur les conclusions de M. Jourde, qui :

« Attendu que si l'art. 1er de la sect. 4 de la loi du 10 juin 1793, déclare appartenir aux communes, de leur nature, les biens Communaux connus sous les noms de *terres vaines et vagues*, *marais*, etc., cet article suppose que ces terrains sont incultes ;

» Qu'il résulte de la demande formée par la commune d'Offoy et du jugement arbitral, que les terrains adjugés à cette commune, étaient en état productif ; que lesdits terrains ne pouvaient donc être, de leur nature, réputés biens Communaux ; que la demande en revendication de la commune d'Offoy rentrait par conséquent dans l'application de l'art. 8 de la loi du 28 août 1792 ; qu'aux termes de cet article, la commune qui revendique des biens, doit nécessairement prouver qu'elle les avait anciennement possédés, et qu'elle en a été dépouillée par l'effet de la puissance féodale ; que la commune d'Offoy n'a point fait ni même offert cette preuve ; que, dès-lors, et sous le rapport d'une revendication d'une propriété patrimoniale, la demande de la commune d'Offoy devait être écartée ;

» D'où il résulte qu'en accueillant la réclamation de cette commune, fondée sur la nature des terrains qui en étaient l'objet ; les arbitres ont fait une fausse application de l'art. 1er de la loi du 10 juin 1793, et, par suite, violé l'art. 8 de la loi du 28 août 1792 ;

» Casse et annulle le jugement arbitral du 18 messidor an 2. »

Des marais situés dans les territoires des communes de Pont et de Quérieux, près d'Amiens, avaient fait, peu de temps avant la révolution, la matière d'un grand procès qui avait été porté

45.

au parlement de Paris, et dans lequel étaient parties, d'un côté, les habitans, de l'autre, le seigneur.

Un premier arrêt avait jugé que les habitans n'avaient sur ces marais qu'un droit d'usage, et en a adjugé la propriété au seigneur (1).

Par un second arrêt, un cantonnement avait été ordonné entre les parties; en sorte que le seigneur avait obtenu, dans les marais litigieux, une portion séparée et entièrement affranchie de l'usage des habitans.

Les lois du 28 août 1792 et du 10 juin 1793 ayant introduit une nouvelle législation en faveur des communes, les habitans de Pont et de Quérieux ont cru pouvoir en profiter pour retirer des mains du sieur Godechard, ci-devant seigneur, la portion de bien qui lui avait été adjugée, à titre de cantonnement, par le parlement de Paris.

La cause portée au tribunal civil du département de la Somme, il y est intervenu, le 18 ventôse an 7, un jugement qui a ordonné au sieur Godechard « de justifier d'un titre légitime par le-» quel il aurait valablement acquis la propriété de » la portion de marais dont il jouissait; sinon, et » faute de ce faire dans le délai donné, l'en a dé-» claré déchu ».

Appel de la part du sieur Godechard.

Le 18 nivôse an 8, jugement du tribunal civil du département de la Seine-Inférieure, qui infirme celui du 18 ventôse an 7, et maintient le sieur Godechard.

Recours en cassation, fondé

1°. Sur l'art. 8 de la loi du 28 août 1792, qui réintègre les communes dans tous les biens et droits dont elles ont été dépouillées par leurs ci-devant seigneurs, *nonobstant tous arrêts, jugemens*, etc., *à moins que les ci-devant seigneurs ne représentent un acte authentique qui constate qu'ils ont légitimement acheté lesdits biens*;

2°. Sur l'art. 1er. de la sect. 4 de la loi du 10 juin 1793, portant que « tous les biens Commu-» naux en général, connus dans toute la république, » sous les divers noms de terres vaines et vagues, » gastes, garrigues, landes, pacages, pâtis, ajoncs, » bruyères, bois communs, hermes, vacans, palus, » *marais*, marécages, montagnes, et sous toute au-» tre dénomination quelconque, *sont et appartien-* » *nent, de leur nature, à la généralité des habitans* » *ou membres des communes*, ou des sections de » communes dans le territoire desquelles ces com-» munes sont situées; et comme tels, lesdites com-» munes sont fondées et autorisées à les reven-» diquer.... ».

Ces deux moyens n'ont fait aucune impression sur la cour de cassation; voici l'arrêt qui a rejeté, le 14 vendémiaire an 9, la requête à laquelle ils servaient de base:

« Ouï Muraire, en son rapport, Gérardin, avoué, pour les habitans des communes de Pont et de

Quérieux, et Jourde, substitut du commissaire du gouvernement, en ses conclusions;

» Attendu, sur les deux moyens relatifs au fond, qui se lient et se confondent, que, si, d'une part, la loi du 10 juin 1793, sect. 4, art. 1er., dit que tous les biens Communaux en général appartiennent, de leur nature, aux habitans des communes dans le territoire desquelles ils sont situés; d'autre part, il ne faut pas perdre de vue la disposition de l'art. 8 de la loi du 28 août 1792, qui porte que, pour se faire réintégrer dans la propriété et possession des biens qu'elles réclameraient, les communes doivent justifier avoir anciennement possédé lesdits biens, et en avoir été dépouillées, en tout ou en partie, par les ci-devant seigneurs;

» Que, pour concilier ces deux articles, dont l'un semble accorder aux habitans des communes une propriété indéfinie, tandis que l'autre ne les autorise à se faire réintégrer que dans une proportion justifiée; il faut distinguer les biens Communaux proprement dits, tels que les terres vaines et vagues, les biens hermes et vacans auxquels s'applique la disposition de la loi du 10 juin 1793, et les biens en valeur et productifs que la disposition de la loi du 28 août 1792 concerne;

» Que ceux-ci n'étant point Communaux de leur nature, ou ayant cessé de l'être, les communes doivent justifier préalablement qu'elles les avaient possédés, et qu'elles en ont été dépouillées par les ci-devant seigneurs; que c'est qu'à cette preuve d'ancienne possession et de spoliation, que les ci-devant seigneurs sont obligés d'opposer un acte authentique qui constate qu'ils ont légitimement acheté lesdits biens;

» Que c'est ainsi que le tribunal de cassation l'a formellement jugé, le 2 ventôse an 7, dans la cause de la veuve Chazeron contre les habitans de la commune d'Offoy;

» Attendu que, dans l'espèce, il est justifié par la demande même des habitans de Pont et de Quérieux en restitution des fruits, du prix des tourbes extraites, des arbres abattus, demande dont la demi donna lieu, de leur part, à un appel incident du jugement de première instance, que les marais en litige sont en valeur et productifs;

» Que cependant les habitans n'ont justifié ni de leur ancienne possession, ni de leur spoliation; qu'au contraire, il est énoncé et reconnu dans le jugement de première instance, qu'ils n'ont d'autre titre de propriété que les lois de 1792 et 1793;

» Qu'en cet état, loin que ces lois aient été violées par le jugement du tribunal de la Seine-Inférieure, qui a maintenu purement et simplement le cit. Godechard dans son droit de propriété, reconnu par les arrêts du ci-devant parlement de Paris, en le déchargeant de l'obligation que lui avait imposée le jugement de première instance, de justifier d'un titre d'acquisition, ce jugement offre, au contraire, une juste et exacte application de ces lois;

» Par ces motifs, le tribunal rejette la requête

des habitans des communes de Pont et Quérieux. ».

Il a été rendu un arrêt semblable le 10 fructi-dor an 13. *V.* le *Répertoire de Jurisprudence*, au mot *Marais*, §. 3.

II. Sur la seconde question, *V.* l'art. *Usage* (*droit d'*), §. 5, et *le Répertoire de Jurisprudence*, aux mots *Terres vaines et vagues*.

III. Par jugement arbitral du 7 frimaire an 2, rendu par défaut, et confirmé sur opposition le 7 nivôse suivant, la commune de Grainville-la-Tein-turière, département de la Seine-Inférieure, avait obtenu contre Armande-Louise Bec-de-Lièvre, épouse civilement séparée de M. de Montmorency-Luxembourg, sa réintégration dans plusieurs por-tions de terrains dont les unes étaient actuellement plantées en bois, les autres étaient cultivées et en plein rapport. Les arbitres s'étaient fondés sur le fait que ces terrains étaient autrefois vains et va-gues, et que les seigneurs de Grainville ne les avaient plantés et mis en culture, que postérieu-rement à l'usurpation qu'ils en avaient fait sur la commune.

La dame de Montmorency s'est pourvue en cas-sation contre ce jugement. « La contravention qu'il » renferme (disait-elle) mérite d'autant plus d'être » réprimée, qu'elle tend à mettre en principe, que » toutes les fois qu'une commune prouvera que » des terres ont été incultes, vaines et vagues dans » un siècle quelconque, quelque reculé qu'il soit, » elle sera fondée à les revendiquer, quoiqu'en » culture depuis un temps immémorial, même en » convenant qu'elle n'en a jamais eu la propriété » ni la possession; et comme il est possible de » prouver que toutes les terres ont été originai-» rement incultes, chaque commune pourra donc » s'emparer de toutes les propriétés nationales et » particulières ».

Arrêt du 5 germinal an 5, sur les conclusions de M. Lasaudade qui,

« Vu l'art. 1er de la sect. 4 de la loi du 10 juin 1793; vu aussi l'art. 8 de la loi du 28 août 1792; » Et attendu que, dans l'espèce, il ne s'agissait pas de terres vaines et vagues, mais de terrains en culture;

» Attendu que la commune de Grainville n'a-vait pas prouvé devant les arbitres, que lesdites terres eussent été mises en valeur depuis moins de quarante ans avant le 4 août 1789;

» Attendu que ladite commune n'avait pas non plus établi son ancienne possession desdits terrains;

» D'où il résulte qu'en réintégrant cette com-mune dans la propriété, possession, et jouissance des terrains par elle réclamés, les arbitres ont fait une fausse application de l'art. 1 de la sect. 4 de la loi du 10 juin 1793;

» Le tribunal casse et annulle..... ».

§. IV. *De ce que d'anciens titres désignent par les mots,* Bois de telle commune, *des bois dont cette commune avait l'usage, et dont il est prouvé par d'autres titres qu'elle n'a ja-*

mais été propriétaire, résulte-t-il que ces doivent bois être rendus à la commune, en exécution de l'art. 8 de la loi du 28 août 1792 ?

Cette question et trois autres déjà traitées ci-dessus, §. 1 et 2, ont été portées à l'audience de la cour de cassation, section civile, les 25 et 26 brumaire an 11.

Dans le fait, il existe dans le territoire de la commune de Bourogue, département du Haut-Rhin, une forêt dont la propriété avait été long-temps en litige entre cette commune et ses co-sei-gneurs, la maison de Mazarin et les auteurs du sieur Barth.

Le procès avait été jugé définitivement au désa-vantage de la commune, d'abord par un arrêt du conseil supérieur de Colmar, du 15 juin 1703, en faveur des auteurs du sieur Barth, ensuite par un autre arrêt du même tribunal, du 1er mars 1706, en faveur de la maison de Mazarin.

Le 18 août 1772, un arrêt du conseil, rendu contradictoirement entre la commune et ses co-seigneurs, avait ordonné qu'une portion de la fo-rêt serait distraite au profit des habitans, pour en jouir, comme propriétaires, en remplacement du droit d'usage qu'ils avaient précédemment exercé sur le tout; et que le surplus demeurerait en toute propriété aux deux co-seigneurs.

Après la loi du 28 août 1792, la commune s'est pourvue successivement contre le sieur Barth et contre l'État (qui, par la loi du 14 juillet 1791, était rentré dans tous les droits de la maison de Mazarin), pour faire déclarer nul l'arrêt de can-tonnement, et obtenir sa réintégration dans la propriété de la totalité de la forêt.

Par jugement du tribunal civil du département du Haut-Rhin, du 16 floréal an 5, la commune a été déboutée de sa demande à l'égard du sieur Barth, sauf à elle à se pourvoir *en révision* du can-tonnement.

Ce jugement a été confirmé par un autre du tribunal civil du département des Vosges, du 25 thermidor de la même année.

Envers l'État, la commune fut d'abord plus heu-reuse. Une sentence par défaut, rendue par des arbitres forcés, le 24 ventôse an 2, annulla le cantonnement et réintégra les habitans.

La voie de l'appel ayant été ouverte contre cette sentence, par la loi du 28 brumaire an 7, le com-missaire du gouvernement près l'administration centrale du département du Haut-Rhin en appela au tribunal civil du même département.

Mais elle y fut confirmée le 23 thermidor an 7.

Le commissaire du gouvernement s'est pourvu en cassation contre ce dernier jugement; et la commune en a fait autant, de son côté, contre le jugement rendu en faveur du sieur Barth.

Les deux affaires ont été instruites en même temps, et rapportées à la suite l'une de l'autre.

Voici ce que j'ai dit, en concluant, à l'audience

du 25 brumaire an 11, sur la demande en cassation formée par la commune contre le sieur Barth.

« Ce n'est sans doute pas le moyen de cassation tiré par la commune de Bourogne, de la condamnation aux dépens prononcée contre elle par le jugement du 21 thermidor an 5, qui, dans l'examen de cette affaire, fixera le plus particulièrement votre attention.

» Ce moyen, en effet, ne vous présente qu'une application évidemment fausse, qu'un abus manifeste, des dispositions de la loi du 3 brumaire an 2.

» Sans contredit, la loi du 3 brumaire an 2, en supprimant les avoués, avait implicitement défendu de condamner les parties qui succomberaient, à la restitution des frais des actes de procédure appartenant au ministère de ces officiers.

» Mais elle n'avait pas défendu de les condamner à la restitution des frais d'exploits d'ajournement, des frais de signification de jugemens, des droits de greffe, et de ceux d'enregistrement.

» Bien loin même de le défendre, l'art. 3 de cette loi le permettait implicitement; après avoir déterminé quels actes de procédure les parties devaient respectivement se notifier dans le cours d'une instance, il ajoutait : *La notification de tout autre acte de procédure ou jugement n'entrera point dans la taxe des frais;* et assurément il résultait bien de là qu'il devait y avoir des frais taxés à la charge des parties condamnées.

» Ce n'était donc pas contrevenir à cette loi, c'était au contraire s'y conformer, que de condamner aux frais susceptibles de taxe, ou ce qui est la même chose, que de condamner aux dépens, la partie qui succombait au principal.

» Mais en écartant ce moyen de forme par lequel la commune de Bourogne termine sa requête en cassation, nous en trouvons trois autres qui tiennent au fond de la cause, et qui exigent, de notre part, un examen approfondi.

» Le sort de ces trois moyens dépend d'une question de fait : la commune de Bourogne a-t-elle été dépouillée par ses ci-devant seigneurs, de la propriété de la forêt litigieuse; ou, ce qui revient au même, était-elle propriétaire de cette forêt, avant que ses ci-devant seigneurs se la fissent adjuger par deux arrêts du conseil supérieur de Colmar, l'un de 1703, et l'autre de 1706?

» Vous connaissez déjà les actes qui doivent vous conduire à la solution de cette question importante. Cependant il est de notre devoir de vous les retracer encore, parceque ce n'est qu'en les remettant sous vos yeux, que nous pouvons les discuter successivement, et les apprécier chacun selon son mérite.

» A la tête de ces titres, est la charte du 31 janvier 1520, par laquelle la terre de Bourogne, précédemment assujétie à la main-morte, en fut affranchie par Guillaume de Fustemberg. Cette charte n'est point rapportée, mais le contenu en est avoué de part et d'autre, et l'on convient même que, par cet acte, Guillaume de Fustemberg s'est

réservé tous *ses droits de directe et de propriété*.

» Résulte-t-il de là, comme le prétend le cit. Barth, qu'à cette époque, les bois de Bourogne ne pouvaient appartenir qu'au seigneur de cette terre? En résulte-t-il qu'il était alors impossible que les habitans possédassent ces bois comme biens Communaux?

» Suivant le cit. Barth, les main-mortables ne jouissaient pas des droits de communes; ils ne pouvaient rien posséder à titre de patrimoine commun; tout ce qui était en leur possession, appartenait foncièrement au seigneur de la main-morte.

» Mais ce sont là des assertions purement gratuites; parlons plus juste, ce sont des erreurs que démentent hautement les monumens les plus authentiques…(1).

» Ainsi, de ce que les habitans de la terre de Bourogne ont été autrefois assujétis à la main-morte, et de ce que Guillaume de Fustemberg les en a affranchis avec la réserve de ses droits de propriété, il ne s'ensuit nullement qu'ils ne pussent pas alors posséder des bois Communaux. La charte d'affranchissement de 1650 est donc une pièce absolument insignifiante dans la cause.

» Des titres qui méritent plus d'attention, sont ceux des 3 juillet 1484, 25 mai 1500, 27 août 1520, 28 février 1531 et 5 mai 1574.

» Par ces actes, des parties précédemment démembrées de la terre de Bourogne, sont vendues ou données aux auteurs du cit. Barth, et il y est dit qu'elle comprend des *bois, forêts*, etc.

» Sans doute, rien ne justifie que les *bois* vendus ou donnés à ces différentes époques, soient identiquement les mêmes que ceux dont la propriété a depuis été contestée entre la commune et les seigneurs de Bourogne; mais aussi rien ne prouve, rien n'annonce même qu'ils en soient distincts; et c'est toujours une grande présomption qu'originairement les bois aujourd'hui litigieux faisaient partie du domaine de la seigneurie.

» La même conséquence résulte d'une transaction passée le 20 février 1533, entre les auteurs du cit. Barth et les seigneurs de la terre de *Delle*, à laquelle la maison d'Autriche avait précédemment réuni sa portion indivise dans la seigneurie de Bourogne.

» Il s'agissait de régler l'exercice de la juridiction de chacun des deux co-seigneurs, et spécialement de déterminer à qui appartiendraient les amendes auxquelles pourraient être condamnés les délinquans étrangers à la commune. Voici comment la transaction s'est expliquée là-dessus : « Mais si l'une » ou l'autre seigneur se saisissait d'un maleficiant » étranger sur les COMMUNAUX, ès-bois ou finages » communs, au premier qui aura fait la saisie, ne » sera fait aucun empêchement…… Mais les amen- » des pécuniaires ainsi commises par les étrangers, » tant ès-affaires civiles que criminelles, au finage

---

(1) V. le §. 2 ci-dessus.

» commun ET ès-bois, seront également partagées
» entre les parties », c'est-à-dire, entre les deux
seigneurs.

» Ces termes prouvent clairement, comme vous
le voyez, que les *bois* étaient distingués des *Communaux*, et par conséquent qu'il existait à cette
époque, dans le *finage* ou territoire de Bourogne,
des *bois* qui n'appartenaient pas à la commune.

» Mais voici un titre beaucoup plus important :
c'est la sentence arbitrale, rendue le 8 août 1558,
par *Henri, baron de Norimont et de Bedfort*.

» Deux choses sont à remarquer dans cette sentence : sa forme et son prononcé.

» Dans la forme, il est constant, par sa propre
teneur, qu'elle est l'ouvrage, non-seulement d'un
commissaire député par la régence d'Ensisheim,
mais encore d'un arbitre choisi de gré à gré par
Hanneman de Brinighoffen, co-seigneur de Bourogne, et par les habitans de cette commune ; car
Henri de Morimont réunissait bien constamment
ces deux qualités : il tenait la première d'une commission que la régence d'Ensisheim lui avait donnée, à la demande des deux parties ; et la seconde
est prouvée par ces termes de la sentence : *S'en
étant aussi lesdites parties référées à nostre jugement, avec promesse faite en nos mains, de l'avoir
et tenir à jamais, eux et leur postérité,.... pour
agréable, ferme et stable, sans y contrevenir.*

» Il importerait peu, d'après cela, que Henri de
Morimont eût été intéressé à prononcer en faveur
de Hanneman de Brinighoffen, sous le prétexte
qu'il eût tenu en engagement de la maison d'Autriche, la partie indivise qu'avait celle-ci dans la
seigneurie de Bourogne. Car du moment que la
commune avait demandé et consenti de l'avoir
pour juge, sa sentence ne serait pas moins obligatoire, même dans la supposition qu'il eût eu personnellement intérêt à la contestation.

» Mais cette supposition n'est même pas exacte ;
et il est constaté par une transaction du 20 février
1533, et par un dénombrement du 9 mai 1566,
que ce n'était pas à Henri de Morimont, que c'é-
tait, au contraire, à *Jean-Jacques, baron de
Morimont*, qu'appartenait alors, par engagement,
la partie indivise de la maison d'Autriche dans la
seigneurie de Bourogne.

» La sentence arbitrale de 1558 est donc, dans
sa forme, à l'abri de toute critique.

» Au fond, cette sentence contient trois dispositions qui nous instruisent à la fois, et des objets
sur lesquels roulaient la contestation soumise au
jugement de Henri de Morimont, et de la manière
dont celui-ci les a décidés.

» Par la première, Hanneman de Brinighoffen
est maintenu, comme seigneur haut-justicier en
partie, dans le droit « de faire couper et abattre
» bois en tous temps et saison, en quels lieu, bois
» et forêt que bon lui semblera du finage de Bou-
» rogne, selon son bon plaisir, tant pour la bâtisse
» que pour son affouage de sa maison, moulins et
» tous autres bâtimens, sans que les habitans du

» dit lieu puissent ou doivent y mettre ou donner
» aucun trouble ni empêchement ».

» Par la deuxième disposition, il est dit que,
*pour ce qui concerne le panage ès-dits bois et fo-
rêts*, Hanneman de Brinighoffen pourra y mettre
*autant de porcs qu'il en voudra, et au bon gré et
vouloir d'icelui, sans nul contredit ni empêchement des habitans*. Et pourquoi la sentence lui
accorde-t-elle un droit aussi indéfini ? Pourquoi ne
limite-t-elle pas le nombre de porcs qu'il pourra
envoyer à la glandée, comme on le limite toujours
à l'égard des simples usagers ? C'est, répond-elle,
« attendu que lesdits bois et forêts ne sont ni ap-
» partiennent aucunement à ladite communauté,
» mais propriétairement aux haut-justiciers sei-
» gneurs dudit Bourogne, qui sont, savoir, le sei-
» gneur de Delle et ledit seigneur de Brinighoffen,
» conjointement et par ensemble ».

» Enfin, par la troisième disposition qui se
trouve à la suite immédiate de la deuxième, et
ne forme avec elle qu'un seul contexte, il est dit
que, tant pour « les bois que pour le panage, les
» manans et habitans et toute la communauté,
» seront tenus de se conformer aux ordonnances
» sur ce établies, sans y contrevenir, sur peine des
» amendes y portées, applicables au seigneur du-
» quel celui qui sera à ce contrevenant, sera sujet ».

» Vous êtes sans doute frappé de la différence
que met cette troisième disposition entre la manière dont les habitans doivent user de leurs droits
sur le bois à couper, ainsi que sur la glandée, et
la latitude avec laquelle les seigneurs peuvent exercer les leurs sur l'un comme sur l'autre.

» Les seigneurs peuvent couper du bois partout
et en tout temps : ils peuvent aussi mettre en panage tel nombre de porcs qu'ils jugent à propos ;
ils n'ont, à cet égard, d'autre règle que leur volonté.

» Les habitans, au contraire, sont assujétis,
tant pour le bois que pour le panage, aux règles
prescrites par les ordonnances. Il leur est défendu
d'y contrevenir ; s'ils y contreviennent, des amendes
sont là pour les punir ; et ces amendes, c'est aux
seigneurs qu'elles doivent appartenir.

» Si une différence aussi essentielle, aussi carac-
téristique, n'était pas motivée par la sentence elle-
même, la raison s'en ferait, pour ainsi dire, toucher au doigt et à l'œil ; et il n'est personne de
bonne foi qui n'en inférât, à la première vue,
que, d'une part, les seigneurs n'ont une aussi
grande latitude pour la coupe des bois et pour le
panage, que parcequ'ils sont propriétaires fonciers
de la forêt ; que, de l'autre, les habitans ne sont
ainsi restreints dans leur jouissance, que parcequ'ils sont réduits à un simple droit d'usage.

» Mais la sentence va plus loin : elle ne nous
laisse pas la peine de rechercher le motif de la différence qu'elle établit entre les seigneurs et les habitans ; elle nous l'explique en toutes lettres :
Attendu, dit-elle, *que lesdits bois et forêts n'appartiennent aucunement à la communauté, mais*

propriétairement aux seigneurs justiciers de Bourogne.

» Il est inconcevable, d'après cela, que la commune de Bourogne ait prétendu trouver dans cette sentence, la preuve que les seigneurs de Bourogne n'avaient, sur la forêt litigieuse, que des droits d'usage; aussi les argumens qu'elle emploie à l'appui de cette étrange prétention; ne méritent-ils aucune réponse.

» Après la sentence de 1558, vient un mandement de la régence d'Ensisheim, du 5 août 1630, qui mérite encore de fixer vos regards.

» Ce mandement est adressé à *Jean de Brinighoffen, à Bourogne.*

» On y voit qu'un procès s'était élevé *au sujet des forêts de Bourogne,* entre Jean de Brinighoffen lui-même, en sa qualité de co-seigneur du lieu, et les officiers de la terre de Delle appartenant à la maison d'Autriche.

» Quel était l'objet direct de ce procès? Le mandement ne le dit pas positivement; mais il laisse entrevoir que Jean de Brinighoffen et les officiers de la maison d'Autriche se disputaient respectivement les profits de la glandée, en tant qu'elle excédait les besoins des habitans usagers.

» Ce qui le prouve, c'est qu'il débute par exposer que *la faîne est abondante cette année dans les forêts de Bourogne,* et qu'il ajoute aussitôt: *cependant il y a, au sujet de ces forêts, procès pendant pardevant nous, entre vous et les officiers du bailliage et seigneurie de Delle. A ces causes,* continue-t-il, *et afin que, pendant la litispendance, il ne soit causé de préjudice à personne, et qu'après la décision du procès, chacun puisse récupérer ce qui lui appartient de droit,* il ordonne que l'on commencera par visiter le panage, pour déterminer, conformément à l'ordonnance forestière, le nombre des porcs que chacun des habitans pourra y envoyer; qu'en cas qu'il se trouve de l'excédant, on *admettra des porcs de louage,* qui iront à la glandée conjointement avec ceux des habitans; que, dans cette hypothèse, il sera procédé au recouvrement des loyers du panage, et que les deniers en seront séquestrés entre les mains du receveur du domaine de Bedfort, *jusqu'en fin de cause ou nouvel ordre* de la part de la régence.

» Tout cela prouve clairement, comme nous l'avons dit, que les profits de la glandée formaient alors l'objet d'une contestation entre les deux co-seigneurs de la commune de Bourogne.

» Mais par là même, il est prouvé non moins clairement qu'à cette époque, la commune n'était nullement en possession de la propriété de la forêt, puisque ce n'était pas à elle, mais aux co-seigneurs ou à l'un d'eux, que l'excédant des profits de la glandée sur les besoins des habitans, était reconnu devoir appartenir.

» L'année suivante, le 11 juillet 1631, des commissaires sont nommés par la régence d'Ensisheim, pour procéder «à une descente et vue des

» lieux, au sujet d'une coupe de bois faite contrairement au réglement forestal de l'Autriche antérieur, dans les forêts contentieuses de Bourogne, par les maire, jurés et communauté dudit lieu ».

» Les deux commissaires s'acquittent de leur mission, et ils en dressent un procès-verbal, dans lequel on voit les habitans se plaindre de ce que Brinighoffen *voulait leur ôter l'usage du bois pour leurs besoins, contrairement à leurs droits et à l'ancienne observance.* Ces plaintes ne sont pas équivoques: elles nous montrent à la fois, et que les forêts de Bourogne ne sont qualifiées par le procès-verbal de *contentieuses,* que parceque des difficultés s'étaient élevées entre Brinighoffen et les habitans, au sujet de leur droit d'usage; et que les habitans ne réclamaient rien autre chose qu'un droit d'usage dans ces forêts.

» La clôture du procès-verbal met cette vérité dans un nouveau jour: « La vue et visite achevées » (y est-il dit), les habitans de Bourogne se sont » présentés à nous par leurs députés, et nous ont » fait prier de vouloir bien nous rendre compte au » plutôt de notre commission, pour qu'ils sussent » comment ils devaient se conduire ultérieure-» ment, relativement à leurs droits d'usage de » bois nécessaire, dont ils manquaient dans ce » moment ». Certes, en s'exprimant ainsi, les habitans devaient être bien éloignés de se prétendre propriétaires de la forêt.

» Il ne paraît pas que la régence d'Ensisheim ait prononcé sur ce procès-verbal. Vraisemblablement elle en fut empêchée par la guerre qui survint peu de temps après, et par suite de laquelle la ci-devant Alsace passa sous la domination française.

» La commune et les seigneurs de Bourogne n'en demeurèrent pas, pour cela, plus d'accord entre eux. Cela résulte de l'assignation que Louis-Frédéric de Brinighoffen fit donner, le 2 octobre 1659, aux habitans, pour se voir condamner (par le conseil supérieur nouvellement établi à Colmar) « à lui payer le prix du bois, tant à bâtir que de » chauffage, par eux coupé dans la forêt de Bouro-» gne, et en leurs dommages-intérêts, et pour » qu'il leur fût fait défense d'en couper à l'avenir, » sous telle peine qu'il plaira au conseil, confor-» mément aux anciennes sentences rendues par la » régence d'Ensisheim contre lesdits habitans, les-» quels, nonobstant les défenses à eux faites, ne » laissent pas de couper du bois dans ladite forêt, » encore qu'ils n'en aient aucun droit ».

» Vous voyez par ces conclusions, qu'à d'abord couronnées un arrêt par défaut du 8 novembre 1659; que le seigneur de Bourogne allait beaucoup trop loin; et qu'au lieu de se borner à faire régler l'usage des habitans, il le leur contestait absolument.

» Les habitans, de leur côté, opposèrent à cette prétention exagérée, une prétention qui n'était pas plus supportable; ils voulurent empêcher Brinighoffen de faire couper du bois dans sa propre forêt.

» De là s'ensuivit, devant le conseil de Colmar, une action en complainte, sur laquelle il fut statué par un arrêt du 12 décembre 1692, rendu contre le curateur d'Otton-Louis de Brinighoffen, alors mineur, et la commune de Bourogne. Cet arrêt maintient et garde les deux parties « dans la pos- » session de couper du bois pour leur chauffage, » bâtimens, et autres besoins, DANS TOUS LES BOIS » DE LA COMMUNAUTÉ DE BOUROGNE, en les faisant » marquer à la manière accoutumée, et en usant » par Brinighoffen, en bon père de famille, le tout, » à son égard, suivant qu'il est porté par la sen- » tence arbitrale rendue entre les parties, le 8 » août 1558 ».

» Que signifient, dans cet arrêt, les mots : *dans tous les bois de la communauté?*

» Du premier abord, on serait tenté d'en con- clure, avec les habitans, que les bois, aujourd'hui en litige, étaient alors regardés comme apparte- nant à la commune.

» Mais remontons à la requête introductive de l'instance sur laquelle a été rendu l'arrêt, et bien- tôt nous demeurerons convaincus qu'il est impos- sible de donner un pareil sens aux termes dont il s'agit.

» Cette requête est transcrite dans le vu d'un arrêt provisoire du 17 mars 1691. Le mineur Bri- nighoffen y désigne les bois litigieux, tantôt sous le nom de *bois de Bourogne*, tantôt sous celui de *bois du village de Bourogne*, tantôt sous celui de *bois de la communauté de Bourogne*.

» Mais ce qu'il y a de remarquable, c'est qu'il produit la transaction ou sentence arbitrale du 8 août 1558 ; et que, tout en produisant cette pièce qui le déclare si énergiquement propriétaire, il se borne à conclure à ce qu'il soit *maintenu et gardé dans la possession où il est de faire couper toutes sortes de bois, en quels temps et saison il voudra, DANS LES FORÊTS DE LA COMMUNAUTÉ DE BOUROGNE, CONFORMÉMENT A LADITE TRANSACTION.*

» Bien certainement, le mineur Brinighoffen ne pouvait pas produire la transaction ou sentence ar- bitrale de 1558, sans reconnaître son droit de pro- priété dans les bois de Bourogne. Si donc il qualifie ces bois de *forêts de la communauté*, il n'entend pas, pour cela, les regarder comme des biens Com- munaux : son intention est uniquement de dire qu'ils sont situés dans le territoire de la commune de Bourogne; en un mot, *bois de la communauté de Bourogne* sont à ses yeux, et sa propre requête le prouve, synonymes de *bois de Bourogne*, *bois du village de Bourogne.*

» Or, l'arrêt du 12 décembre 1692 n'a fait, à cet égard, que copier les conclusions du mineur Brinig- hoffen. Il n'a donc pas pu entendre dans un autre sens que celui-ci, les termes *bois de la commu- nauté de Bourogne* ; et cela est d'autant moins pos- sible, que le conseil de Colmar s'en réfère à la sen- tence arbitrale de 1558, qu'il a déjà visée dans son

arrêt provisoire de 1691 ; ce qui suppose évidem- ment qu'il reconnaît lui-même le mineur Brinig- hoffen pour propriétaire.

» Cet arrêt, au surplus, mérite d'autant plus d'attention, qu'en le liant avec l'assignation du 2 octobre 1659, il suffit pour écarter tous les actes de possession dont la commune se prévaut, et qu'elle fait remonter à l'année 1650.

» On ne peut, en effet, disconvenir que le père du mineur Brinighoffen, en demandant par un ex- ploit dûment signifié le 2 octobre 1659, qu'il fût défendu à la commune de couper du bois dans la forêt de Bourogne, n'ait, par cela seul, interrompu la possession dans laquelle la commune aurait pu, de fait, se mettre elle-même de la propriété de cette forêt.

» Ainsi, les comptes des années 1650 et 1657 que produit la commune, et qui forment ses seuls actes de possession antérieurs à l'assignation du 2 octobre 1659, ont été, par cette assignation même, rendus sans effet pour la prescription ; et ce n'est qu'à partir du 2 octobre 1659, que la commune avait pu recommencer à prescrire.

» Or, depuis le 2 octobre 1659, quels ont été ses actes de possession?

» Le plus ancien est de l'année 1689 ; et c'est assez dire qu'il ne remonte pas à une époque assez reculée, pour qu'en le supposant suivi sans inter- ruption d'autres actes possessoires jusqu'à l'arrêt de 1692, il ait pu rendre la commune propriétaire par prescription ; sans compter que, même deux ans avant 1692, la possession de la commune au- rait été interrompue par la minorité d'Otton-Louis de Brinighoffen, devenu, en 1690, héritier de son père.

» De l'année 1692 à l'année 1697, date des pre- mières procédures terminées en 1703, par un arrêt contradictoire qui a débouté définitivement la com- mune de toutes ses prétentions à la propriété, l'in- tervalle n'a certainement pas été assez long pour que la commune ait pu prescrire, surtout contre un mineur.

» Dès-là, point de prescription en faveur de la commune ; dès-là, par conséquent, les titres de propriété qui militent en faveur du cit. Barth, conservent toute leur force.

» Maintenant, il nous sera bien facile d'appré- cier les trois moyens de cassation que la commune puise dans le fond de la cause, pour attaquer le jugement du tribunal civil du département des Vosges, du 25 thermidor an 5.

» Le premier est tiré de l'art. 1 de la sect. 4 de la loi du 10 juin 1793, aux termes duquel tous les bois Communaux sont censés appartenir aux communes dans le territoire desquelles ils sont situés.

» Mais d'abord cet article est totalement étran- ger à l'objet de la contestation actuelle. Il ne dis- pose que relativement aux prétentions respectives des communes entre elles ; et sa disposition se ré- duit à dire que tout bien *communal*, ou, en d'au-

-tres termes, tout bien prouvé par titre ou par pos-session appartenir à une commune quelconque, est censé appartenir à la commune territoriale de sa situation.

» Ensuite, nous venons de voir que la forêt de Bourogne n'est rien moins qu'une propriété communale ; et ce seul mot tranche toute difficulté sur le premier moyen de cassation de la commune.

» Le second moyen n'a pas une base plus solide. On le fait résulter de l'art. 10 de la section déjà citée de la loi du 10 juin 1793, lequel veut, dit la commune, que la possession même de quarante ans ne puisse suppléer le titre en faveur du ci-devant seigneur, et que celui-ci ne puisse la conserver qu'au moyen d'un contrat légitime d'achat.

» Nous commencerons par observer que l'art. 10 ne dit pas un mot de cela, et que, sans doute, c'est de l'art. 8 que la commune a voulu parler.

» En effet, cet article porte que « la possession » de quarante ans exigée par la loi du 28 août » 1792, pour justifier la propriété d'un ci-devant » seigneur sur les terres vaines et vagues, gastes, » garrigues, landes, marais, biens hermes, va-» cans, ne pourra en aucun cas suppléer le titre » légitime ; et ce titre légitime ne pourra être » celui qui émanerait de la puissance féodale, » mais seulement un acte authentique qui cons-» tate qu'ils ont légitimement acheté lesdits biens, » conformément à l'art. 8 de la loi du 28 août » 1792 ».

» Mais comment ne voit-on pas que la disposition de cet article est limitée aux terrains vagues, aux biens qui, à proprement parler, n'ont jamais été possédés propriétairement par personne? Et comment peut-on appliquer une pareille disposition à une forêt, c'est-à-dire, à un bien essentiellement productif, à un fonds qui, tous les ans, tous les jours, à toute heure, enrichit son maître?

» Il ne faut pas, au reste, de grands efforts ni de grandes recherches pour connaître quel a été le but de la Convention nationale, en décrétant cet article.

» En décrétant cet article, la Convention nationale a voulu enchérir sur l'assemblée législative, comme l'assemblée législative avait voulu, en décrétant l'art. 9 de la loi du 28 août 1792, enchérir sur l'assemblée constituante ; et ceci va s'expliquer en peu de mots.

» Avant la révolution, les coutumes, les arrêts et les auteurs étaient assez peu d'accord sur le point de savoir à qui du seigneur haut-justicier ou de la commune territoriale, devaient, dans le doute, être censées appartenir les terres vaines et vagues, connues dans certaines contrées sous les noms de *garrigues*, de *landes*, de *terres gastes*, de *vacans*. Cependant, on décidait le plus généralement en faveur du seigneur haut-justicier.

» En supprimant les hautes justices, l'assemblée constituante semblait avoir mis fin à la que-relle ; mais elle ne pouvait l'avoir fait que pour l'avenir : et si, d'une part, il demeurait constant que les ci-devant seigneurs hauts-justiciers ne pourraient plus, dans la suite, s'approprier aucun bien vacant ; de l'autre, il restait à décider ce que deviendraient les biens vacans dont les seigneurs s'étaient mis en possession avant les lois du 4 août 1789.

» Ce fut pour résoudre cette question que l'assemblée constituante fit les art. 7, 8, 9 et 10 de la loi du 13-20 avril 1791.

» Voici comment ils étaient conçus : Art. 7. Le » droits de déshérence, d'aubaine, de bâtardise, » d'épaves, de varech, de trésor trouvé, et celui » de s'approprier les terres vaines et vagues ou » gastes, landes, biens hermes ou vacans, garri-» gues, flégards ou wareschaix, n'auront plus » lieu en faveur des ci-devant seigneurs, à comp-» ter de la publication des décrets du 4 août 1789. » 8. Et néanmoins les terres vaines et vagues » ou gastes, landes, biens hermes ou vacans, gar-» rigues, flégards ou wareschaix, dont les ci-de-» vant seigneurs ont pris publiquement possession » avant la publication des décrets du 4 août 1789, » en vertu des lois, coutumes, statuts ou usages » locaux lors existans, leur demeurent irrévo-» cablement acquis, sous les réserves ci-après. » 9. Les ci-devant seigneurs justiciers seront » censés avoir pris publiquement possession des-» dits terrains, à l'époque désignée par l'article » précédent, lorsqu'avant cette époque, ils les au-» ront, soit inféodés, accensés ou arrentés, soit » clos de murs, de haies ou de fossés, soit cultivés » ou fait cultiver, plantés ou fait planter, soit mis à » profit de toute autre manière, pourvu qu'elle ait » été exclusive et à titre de propriété ; ou, à l'é-» gard des biens abandonnés par les anciens pro-» priétaires, lorsqu'ils auront fait les publications » et rempli les formalités requises par les coutumes, » pour la prise de possession de ces sortes de » biens.

» 10. Il n'est préjudicié, par les deux articles » précédens, à aucun des droits de propriété et » d'usage que les communautés d'habitans peuvent » avoir sur les terrains y mentionnés ; et toutes » actions leur demeurent réservées à cet égard. » L'assemblée nationale charge ses comités de » constitution, des domaines et d'agriculture, de » lui présenter incessamment leurs vues sur la na-» ture des preuves d'après lesquelles doivent être » fixés ces droits ».

» Telles étaient les dispositions par lesquelles l'assemblée constituante avait cherché à concilier les effets de l'abolition de la justice seigneuriale, avec les droits de la propriété et de la possession.

» L'assemblée législative les trouva trop peu favorables aux communes, et voici ce qu'elle y substitua par l'art. 9 de la loi du 28 août 1792 : « Les terres vaines et vagues ou gastes, landes, » biens hermes ou vacans, garigues, dont les » communes ne pourraient pas justifier avoir été

» anciennement en possession, sont censées leur
» appartenir, et leur seront adjugées par les tri-
» bunaux, si elles forment leur action dans le
» délai de cinq ans; à moins que les ci-devant
» seigneurs ne prouvent par titre ou par posses-
» sion exclusive, continuée paisiblement et sans
» trouble pendant 40 ans, qu'ils en ont la pro-
» priété ».

» C'était assurément beaucoup faire pour les
communes, que de leur donner ainsi la grande
main sur toutes les terres vaines et vagues. Cependant la Convention nationale jugea qu'on n'a-
vait pas encore assez fait; et de là est venu l'art.
8 de la sect. 4 de la loi du 10 juin 1793, qui, en
rendant sans effet la possession quarantenaire des
ci-devant seigneurs, les a réduits à ne pouvoir plus
réclamer aucun bien ci-devant inculte et vacant,
à moins qu'ils n'en rapportent un titre légitime
d'acquisition, étranger au régime féodal.

» Mais, encore une fois, quel rapport cet article peut-il avoir avec une forêt? Bien évidemment il n'en a aucun; et, par une conséquence
nécessaire, il ne peut porter la plus légère atteinte
au jugement dont on vous demande la cassation.

» Reste le troisième moyen qui consiste à dire,
d'une part, que la loi du 10 juin 1793 a été violée
par le jugement dont il s'agit, en ce qu'il a admis
comme preuve de propriété en faveur du cit.
Barth, des titres qui dérivaient uniquement de
la puissance féodale; et de l'autre, qu'il suffisait
que la commune eût justifié sa possession pendant un temps quelconque, pour que l'art. 8 de
la loi du 28 août 1792 fît un devoir au tribunal
des Vosges de l'y réintégrer.

» Ainsi, le troisième moyen de la commune se
divise en deux branches: violation de la loi du 10
juin 1793, c'est la première; violation de la loi
du 28 août 1792, c'est la seconde.

» Mais 1°. quel est donc l'article de la loi du 10
juin 1793, que la commune accuse le tribunal
des Vosges d'avoir violé? C'est toujours l'art. 8
de la 4°. section, et nous venons de démontrer
que cet article ne porte que sur les terres vaines et
vagues.

» Dans le fait, d'ailleurs, il n'est pas vrai, et il
s'en faut beaucoup, que le cit. Barth soit réduit à
n'invoquer, pour preuves de sa propriété, que des
actes de la puissance féodale.

» Ce n'est sûrement pas un acte de la puissance
féodale, que la sentence arbitrale du 8 août 1558.
C'est un jugement rendu par un homme qui, à la
qualité de commissaire de la régence d'Ensisheim,
alors tribunal supérieur du pays, réunissait celle
d'arbitre volontaire; c'est un jugement auquel les
parties plaidantes avaient acquiescé à l'avance, en
s'obligeant de l'exécuter sans recours ni réserve;
c'est un acte libre du pouvoir judiciaire proprement dit.

» Et il n'importe que, dans la première disposition de ce jugement, il soit dit que Brinighoffen

a le droit, comme seigneur haut-justicier, de
couper du bois dans la forêt, en telle quantité,
en tel temps, et de telle manière qu'il lui conviendra.

» Ce qui, dans cette première disposition, peut
se trouver obscur ou équivoque, est expliqué,
éclairci, mis dans le plus grand jour, par la seconde, qui déclare *que les bois et forêts ne sont ni,
n'appartiennent aucunement à la communauté,
mais propriétairement aux hauts-justiciers seigneurs de Bourogne;* ce qui évidemment signifie
que la propriété des bois de Bourogne fait partie
du domaine de la seigneurie, et qu'elle appartient
aux seigneurs au même titre que le restant de ce
domaine.

» La même observation s'applique à l'arrêt du
15 juin 1703, qui condamne *la communauté à
se désister et départir, au profit de Brinighoffen, de la moitié des bois situés dans le ban et
finage de Bourogne,* COMME ÉTANT SEIGNEURIAUX,
c'est-à-dire, comme appartenant à Brinigoffen,
co-seigneur de Bourogne, comme englobés dans
les propriétés foncières de la seigneurie, comme
portion intégrante du gros du domaine haut-justicier.

» Si ce sont là des titres féodaux, que l'on nous
dise donc quel sera le ci-devant seigneur à qui l'on
ne pourra pas arracher jusqu'à la dernière glèbe
de ses propriétés foncières, en prouvant, par ses
propres actes d'acquisition, qu'il les a ci-devant
possédées comme formant le gros de son fief,
comme constituant son domaine seigneurial?

» De pareilles idées ne méritent pas une discussion sérieuse; les proposer, c'est les détruire.

» 2°. Si la loi du 10 juin 1793 n'a pas été violée
par le jugement du tribunal des Vosges, comment l'art. 8 de celle du 28 août 1792 aurait-il
pu l'être? C'est, dit la commune de Bourogne,
parcequ'aux termes de cet article, il suffisait
que j'eusse possédé la forêt pendant un temps
quelconque, pour que le tribunal des Vosges fût
obligé de me *réintégrer* dans la propriété de cette
forêt.

» Sans contredit, si la commune de Bourogne
eût *possédé propriétairement* les bois litigieux
pendant une seule année, pendant un seul jour,
il faudrait la réintégrer dans la propriété de ces
bois.

» Mais si elle ne les a possédés que par l'effet
d'une usurpation de peu de durée, si elle n'en a
eu qu'une possession furtive et passagère, dans
quoi la réintégrerait-on? Dans une propriété
qu'elle n'a jamais eue? Ce serait le comble de la
déraison comme de l'injustice. *Réintégrer* quelqu'un dans un bien, c'est le remettre, relativement à ce bien, dans le même état où il était avant
l'acte qui nécessite sa réintégration. On ne peut
donc pas le réintégrer dans la qualité de propriétaire, si jamais la qualité de propriétaire n'a
reposé sur sa tête. Il ne peut donc pas y avoir lieu à

46.

sa réintégration, si jamais il n'a possédé *propriétairement.*

» À la vérité, l'art. 8 de la loi du 28 août 1792
ne parle de réintégration qu'en faveur des communes *dépossédées.* Mais par cela même qu'il
ordonne de les réintégrer, il limite nécessairement sa disposition aux communes qui, avant leur
dépossession, étaient propriétaires.

» Et c'est ce qu'explique parfaitement la loi du
8 août 1793. *La Convention nationale* (porte-
t-elle) *décrète que, par l'art. 12 de la 4ᵉ. section
de la loi du 10 juin dernier, il n'est porté aucune
atteinte aux droits qui résultent aux communes des dispositions des lois des 25 et 28 août
1792, relatives au rétablissement des communes
DANS LES PROPRIÉTÉS ET DROITS dont elles ont été dépouillées par l'effet de la puissance féodale.* C'est
donc dans *leurs propriétés,* et uniquement dans
leurs propriétés, que la loi du 28 août 1792 ordonne de rétablir les communes. Elle ne veut donc
pas qu'on les réintègre dans une possession purement de fait, dans une possession, pour ainsi dire,
fugitive, dans une possession qui n'a été ni assez
longue ni assez paisible pour opérer la prescription de la propriété.

» Et c'est ce que la section des requêtes a formellement jugé sur nos conclusions, le 18 de ce
mois, en rejetant, au rapport du cit. Vasse, la
demande en cassation de la commune de Jasseron,
contre un jugement du tribunal d'appel de Lyon,
infirmatif d'un jugement du ci-devant tribunal
civil du département de l'Ain, qui l'avait réintégrée dans la possession de la forêt de Theyssonge:
possession qu'elle justifiait avoir exercée *animo
domini,* et par les actes les plus marquans, pendant quatorze années consécutives, mais qui, d'une
part, n'embrassait pas un espace de temps suffisant pour la prescription, et, de l'autre, était en
opposition avec des titres antérieurs de propriété
en faveur de la ci-devant abbaye de Saint-Oyen
de Joux et du cit. Groslier.

» En dernière analyse, vous voyez que le jugement du 25 thermidor an 5 est régulier dans
la forme; vous voyez qu'au fond, il ne fait qu'appliquer, avec la plus scrupuleuse justice, les lois
qu'on lui reproche d'avoir enfreintes; et c'en est
assez pour déterminer le rejet de la requête de la
commune.

» Nous disons le *rejet,* car ce n'est point par
fin de NON-RECEVOIR qu'il est ici possible de prononcer. La fin de non-recevoir dont se prévaut le cit.
Barth est si frivole, que nous avions d'abord cru
ne pas devoir vous en entretenir; et nous n'en
parlons que parceque le défenseur du cit. Barth
l'a reproduite à l'audience.

» Elle ne repose, au surplus, que sur une mauvaise interprétation du texte du jugement du 16
floréal an 5. Ce jugement ne réserve pas, comme
l'annonce le cit. Barth, à la commune de Bourogne, la faculté de se pourvoir *en cassation,* mais
seulement en *revision* du cantonnement de 1772;

et en effet, il eût été ridicule de lui réserver une
voie qu'elle venait d'exercer, et dont on la déboutait : car que demandait la commune dans l'instance jugée le 16 floréal an 5? Elle demandait la
nullité du cantonnement, attendu qu'elle n'était
pas simplement usagère, mais véritablement et
réellement propriétaire. Mais il était fort raisonnable de lui réserver la voie de *révision,* parceque,
comme usagère, elle pouvait n'avoir pas obtenu
tout ce qui aurait dû lui être adjugé, en un mot,
parcequ'elle pouvait avoir été lésée.

» Ainsi, sans nous arrêter à la fin de non-recevoir proposée par le cit. Barth, nous estimons qu'il
y a lieu de rejeter la requête de la commune en
cassation du jugement du 25 thermidor an 5, confirmatif de celui du 16 floréal précédent, et de
la condamner à l'amende ».

Ces conclusions ont été adoptées par arrêt du
25 brumaire an 11, au rapport de M. Maleville,

« Attendu, sur les deux premiers moyens de
cassation proposés par la commune, que les art. 1
et 8 de la sect. 4 de la loi du 10 juin 1793 n'ont
pour objet que les terres vaines, vagues et en fri-
che, et non les bois et forêts en rapport, que l'art.
3 de la première section excepte même du partage
qu'elle permet à l'égard des Communaux en général; que, dans aucun des actes produits au procès, la forêt de Bourogne n'est appelée *communale,* dans ce sens que la propriété en appartînt
en commun aux habitans; que seulement, par la
transaction du 20 février 1533, les bois sont dits
communs, comme appartenant par indivis aux ci-
devant seigneurs de Delle et de Bourogne; qu'enfin, il est prouvé par divers actes des années 1484,
1500, 1520, 1531 et 1574, que les prédécesseurs
du cit. Barth avaient acquis à tire onéreux différentes parties des bois dont s'agit; qu'ainsi, sous
aucun rapport, la loi du 10 juin 1793 n'est applicable à l'espèce;

» Attendu, sur le troisième moyen, que l'art.
8 de la loi du 28 août 1792 exige, pour que les
communes soient réintégrées dans leurs anciennes
propriétés ou droits d'usage, qu'elles justifient les
avoir anciennement possédés, et en avoir été dépouillées par la puissance féodale; mais que la
commune ne prouve nullement avoir anciennement possédé la forêt de Bourogne, comme propriétaire; qu'au contraire, la transaction du 8
août 1558 et le procès-verbal du 11 juillet 1631
démontrent qu'elle n'y prétendait qu'un droit d'u-
sage, en remplacement duquel il lui fut délaissé,
par arrêt du conseil d'état du 18 août 1772, cinq
cent seize arpens, sur huit cents quatre-vingts que
la forêt se trouva contenir; que si, dans les temps
postérieurs à 1631, et surtout pendant la minorité d'Othon Bringhoffen, l'un des prédécesseurs
du cit. Barth, la commune s'écarta de ce simple
droit d'usage, et prétendit anticiper sur la propriété, ces entreprises furent chaque fois répri-
mées par des jugemens en dernier ressort; et qu'il
est improuvable de soutenir que des entreprises

ainsi proscrites et contraires aux titres communs des parties, aient pu créer, au sens même de la loi du 28 août 1792, un droit de propriété en faveur de la commune ;

» Attendu, sur le quatrième moyen, que le jugement attaqué n'a réellement condamné la commune qu'au remboursement des frais déboursés par le cit. Barth ».

A l'audience du lendemain, j'ai donné les conclusions suivantes sur la demande en cassation formée par l'État contre le jugement du tribunal civil du département du Haut-Rhin, du 23 thermidor an 7 :

« Les plus grandes difficultés de cette affaire sont déjà levées par le jugement que vous avez rendu hier en faveur du cit. Barth.

» En rejetant la requête de la commune de Bourogne en cassation du jugement du tribunal civil des Vosges, du 25 thermidor an 5, vous avez décidé, en fait, que la commune de Bourogne n'avait jamais pu, respectivement au cit. Barth, être considérée comme propriétaire de la forêt située dans son territoire ; et en droit, qu'en lui refusant la réintégration dans une propriété qu'elle n'avait jamais eue, le tribunal civil des Vosges n'avait violé, ni la loi du 28 août 1792, ni celle du 10 juin 1793.

» Que reste-t-il donc à examiner ? Une seule chose, c'est de savoir si la république se trouve, relativement à la forêt de Bourogne, dans une position, sinon identiquement la même, du moins aussi avantageuse que celle du cit. Barth.

» Vous n'avez pas oublié que la forêt de Bourogne a été, par une sentence arbitrale du 8 août 1558, déclarée appartenir aux co-seigneurs de cette commune, qui étaient alors la maison d'Autriche, à cause de sa seigneurie de Delle, et Hanneman du Brinighoffen ; et vous savez que cette sentence n'ayant été précédée, de la part des habitans, d'aucune espèce d'acte de possession qui indiquât qu'ils eussent même la pensée de prétendre à la propriété des bois qui en sont l'objet, elle doit être considérée, dans la cause, comme un titre primitif d'après lequel il est impossible de nier qu'à cette époque, la maison d'Autriche fût véritablement propriétaire par indivis de la moitié de ces bois.

» Vous n'avez pas oublié non plus que, du mandement de la régence d'Ensisheim, du 3 août 1630, il résulte qu'alors la maison d'Autriche et la famille de Brinighoffen étaient tellement en possession paisible de la propriété de la forêt de Bourogne, que la portion de la glandée qui excédait les besoins des habitans usagers, était par elle donnée à louage.

» Enfin, vous vous rappelez que le premier acte de possession dont la commune se prévaut contre la république, comme elle s'en prévalait contre le cit. Barth, ne remonte pas au-delà de l'année 1650.

» Il s'agit donc de savoir si, depuis, la commune est devenue propriétaire de la moitié indivise qu'a-

vait précédemment la maison d'Autriche dans la forêt de Bourogne.

» Si, depuis 1650, cette propriété est passée à la commune, soit par prescription, soit par tout autre moyen légal, nul doute que le tribunal civil du département du Haut-Rhin n'ait bien jugé, le 3 thermidor an 7, en réintégrant la commune dans les portions de la forêt qui en avaient été distraites, à titre de cantonnement, par l'arrêt du conseil du 18 août 1772.

» Mais si la commune est restée depuis 1650 ce qu'elle était auparavant, c'est-à-dire, simple usagère de la forêt de Bourogne, il ne nous sera pas difficile d'établir que le jugement du 3 thermidor an 7 doit être cassé.

» Vous savez qu'en 1650, ce n'était plus la maison d'Autriche qui possédait la terre de Delle, ni par conséquent la co-seigneurie de Bourogne, qui en formait depuis long-temps une partie intégrante.

» A cette époque, existait depuis deux ans le fameux traité de Munster, en vertu duquel tous les droits de souveraineté et de propriété qui appartenaient à la maison d'Autriche en Alsace, avaient été abandonnés à la France, qui déjà en avait fait la conquête en 1636.

» Ainsi, en 1650, c'était au domaine de l'État qu'appartenait la terre de Delle, et conséquemment la co-seigneurie de Bourogne, et conséquemment encore la moitié indivise de la forêt du même lieu.

» Il est vrai que, par un brevet du 31 juillet 1636, confirmé par un autre du 20 mars 1640, Louis XIV avait accordé au comte de la Suze le gouvernement de Bedfort et de Delle, avec la jouissance des domaines qui en dépendaient ; mais ces brevets n'étaient ni ne pouvaient être translatifs de propriété ; et d'ailleurs ils ne furent ni revêtus de lettres-patentes, ni enregistrés ; et d'ailleurs encore le comte de la Suze s'étant révolté contre Louis XIV en 1645, il se trouva, par cela seul, déchu de toutes les grâces qu'il avait précédemment obtenues, ainsi que le jugea depuis un arrêt du conseil du 18 janvier 1684, rapporté dans le Traité du droit commun des fiefs, de Goëtzman, tome 2, page 219.

» Ce n'est donc que contre le domaine de l'État lui-même, que la commune de Bourogne a pu exercer en 1650 l'acte de possession qu'elle cherche aujourd'hui à faire valoir ; acte qui, au surplus, ne consiste que dans un compte dénué de toute espèce d'authenticité ; acte qui énonce bien une modique recette pour une vente de bois, mais qui, au lieu de s'appliquer à la forêt litigieuse, pourrait très-bien n'être applicable qu'à un bois particulier dont la commune était alors propriétaire et qu'on ne lui a jamais disputé depuis.

» A ce prétendu acte de possession de 1650, la commune en fait succéder un autre de 1657, qui consiste pareillement dans un compte plus régulier dans la forme que le précédent, mais qui, comme le précédent, pourrait tout aussi bien s'appliquer au bois particulier de la commune, qu'à la forêt proprement dite de Bourogne.

» Mais, quoi qu'il en soit, voilà deux actes de possession qui, réels ou supposés, ne peuvent être ici d'aucune considération, puisqu'en 1657 comme en 1650, le domaine de l'État jouissait indéfiniment du privilège de l'imprescriptibilité.

» Que s'est-il passé depuis ces deux actes? Vous savez que, deux ans après le dernier, c'est-à-dire, en décembre 1659, Louis XIV fit *don irrévocable*, par lettres-patentes, au cardinal Mazarin, de la seigneurie de Delle, du comté de Bedfort et d'autres domaines situés en Alsace.

» Ces lettres-patentes sont rapportées dans le Recueil des ordonnances d'Alsace, mais sans mention d'enregistrement. Il est cependant certain qu'elles y ont été enregistrées; elles l'ont même été au parlement de Paris, le 14 janvier 1660, et à la chambre des comptes de la même ville, le 20 décembre 1707.

» Mais ces formes n'ont pu couvrir la nullité radicale de la donation.

» Par l'art. 74 du traité de Munster, il était dit *que tous les vassaux, habitans, sujets, hommes, villes, bourgs, châteaux, métairies, forteresses, bois, forêts, minières d'or et d'argent et d'autres métaux, rivières, ruisseaux, paturages et tous les droits régaliens, et tous les autres droits et appartenances, cédés par la maison d'Autriche, sans réserve aucune, appartiendraient dorénavant et à perpétuité au roi très-chrétien et à la couronne de France,* ET SERAIENT INCORPORÉS A LADITE COURONNE.

» En exécution de ce traité, un édit du mois de septembre 1657, publié en Alsace le 14 octobre 1658, c'est-à-dire, plus d'un an avant le don fait au cardinal Mazarin, avait réuni au domaine de l'État toutes les terres, toutes les seigneuries et tous les biens que la maison d'Autriche avait possédés dans cette contrée; et cet édit avait été suivi d'un procès-verbal de prise de possession réelle, *de tous les hommes, vassaux, sujets, villes, villages, châteaux, forts,* BOIS, FORÊTS, *mines, fleuves, rivières, terres, et tous les autres droits royaux et appartenances, sans aucune exception ni réserve, pour être lesdites villes, pays, domaines,* etc., *unis et incorporés pour toujours à la couronne de France.*

» C'en était assez pour mettre Louis XIV dans l'heureuse impuissance de donner au cardinal Mazarin les seigneuries de Delle et de Bedfort.

» Aussi les agens du domaine réclamèrent-ils, vers la fin du règne de Louis XIV lui-même, contre cette donation; et Goëtzman, dans l'ouvrage déjà cité, page 224, nous apprend que leur réclamation fut appuyée par un avis de l'intendant d'Alsace.

» Mais le crédit et la faveur l'emportèrent alors sur les principes; et par arrêt du conseil, du 21

juin 1707, l'héritier du cardinal Mazarin fut maintenu dans les objets donnés.

» Cependant, ni cet arrêt, ni la possession paisible dont il fut suivi pendant plus de 80 ans, n'ont pu effacer, des objets donnés, le caractère de domanialité que leur avait imprimé le traité de Munster, l'édit de septembre 1657, et le procès-verbal de prise de possession dressé en conséquence.

» C'est ce qui résulte, et de l'art. 28 de la loi du 22 novembre-1er. décembre 1790, portant que *les dons, concessions et transports à titre gratuit de biens et droits domaniaux....., d'une date postérieure à l'ordonnance de 1566, quand même la clause de retour y serait omise, sont et demeurent révocables à perpétuité;* et de l'art. 37 de la même loi, qui déclare cette disposition obligatoire pour les provinces réunies à la France depuis l'ordonnance de 1566, *en ce qui concerne les aliénations faites depuis la date de leurs réunions respectives.*

» Aussi le don fait au cardinal Mazarin a-t-il été expressément déclaré nul et révoqué par une loi du 14 juillet 1791. *L'assemblée nationale* (porte cette loi), *ouï le rapport de son comité des domaines,* ANNULLE *et révoque la donation faite au cardinal Mazarin, des ci-devant comté de Ferrette et seigneuries de Bedfort,* DELLE, *Tann, Alkirch et Issenheim, par lettres-patentes du mois de décembre 1659, lesqu'elles demeurent aussi révoquées.*

» Il est donc bien clair que le cardinal Mazarin, et après lui ses héritiers, n'ont pu jouir de la seigneurie de Delle, qui comprenait une portion indivise de celle de Bourogne, que comme d'un domaine appartenant à l'État; et que ce n'est pas comme propriétaires qu'ils en ont joui, mais comme simples détenteurs.

» De là une conséquence fort simple : c'est que, quand même la commune de Bourogne aurait exercé contre la maison de Mazarin des actes de possession capables d'opérer la prescription à l'égard de celle-ci, cette prescription n'aurait jamais pu nuire au domaine de l'État, qui, jusqu'à la loi du 22 novembre-1er. décembre 1790, a bien constamment joui, sans exception ni réserve, du double privilège de l'imprescriptibilité et de l'inaliénabilité.

» Cette seule réflexion devrait nous dispenser de toute espèce d'examen des actes de possession qui, de la part de la commune de Bourogne, peuvent avoir suivi le don fait au cardinal Mazarin.

» Cependant nous dirons que, quand même la question actuelle se présenterait entre la maison de Mazarin et la commune de Bourogne; quand même la maison de Mazarin aurait été, par les lettres-patentes du mois de décembre 1659, rendue propriétaire absolue et incommutable de la seigneurie de Delle; quand même ces lettres-patentes n'auraient pas été annullées, comme elles l'ont été par la loi du 14 juillet 1791, les actes de possession dont se prévaut la commune de Bourogne, ne pourraient encore lui être d'aucune utilité.

» En effet, ces actes de possession sont-ils applicables, le sont-ils tous, le sont-ils au moins en partie, à la forêt litigieuse? Rien ne le prouve, et déjà nous avons observé que la commune de Bourogne jouissait, dans l'espace de temps qu'embrassent ces actes, d'un bois particulier qui lui était patrimonial; ce qui est assez dire que les ventes d'arbres ou de taillis qu'elle a faites dans cet intervalle, ont pu n'avoir lieu que dans ce bois; ce qui est assez dire qu'à ce bois seul ont pu se référer les autres faits qu'elles vous présente comme des actes de possession communs à toute la forêt de Bourogne; ce qui est assez dire, par conséquent, qu'elle ne prouve pas avoir possédé *animo domini* la forêt de Bourogne, pendant un temps assez long et d'une manière assez marquante, pour en prescrire la propriété; ce qui est assez dire enfin, par une conséquence ultérieure, qu'elle ne prouve pas avoir été dépouillée de cette prétendue propriété par l'arrêt du conseil supérieur de Colmar, du 1er. mai 1706, qui l'a adjugée à la maison de Mazarin.

» D'un autre côté, le jugement du tribunal civil des Vosges, du 21 thermidor an 5, que vous venez de confirmer, déclare constant, en fait, *que le ci-devant duc de Mazarin, qui avait formé le dessein de priver Brinighoffen de sa haute-justice, pour en jouir seul, avait cru en trouver le moyen dans l'appui qu'il donnait à la commune, en l'autorisant, sans le concours de Brinighoffen, à vendre quelques bois dans les forêts contestées.* Ils sont donc purement précaires, les actes de possession qu'allègue la commune; or, s'ils sont précaires, comment auraient-ils pu opérer une prescription?

» Enfin, quand ces actes de possession ne seraient ni précaires, ni susceptibles d'application à d'autres bois que la forêt litigieuse, encore demeurerait-il constant qu'ils ne se sont pas prolongés pendant un assez long espace de temps, pour qu'il puisse en résulter une prescription de la propriété.

» En effet, en faisant abstraction des actes de possession de 1650 et de 1657, qui bien évidemment n'ont pu nuire au domaine de l'État, puisqu'ils ont eu lieu avant le don fait au cardinal Mazarin, on trouve au plus un espace de vingt-six ans décrit par les autres actes, le plus ancien étant de 1680, et la commune ayant été déboutée de toutes ses prétentions à la propriété, par l'arrêt contradictoire de 1706. Or, pour prescrire sans titre coloré, vingt-six ans ne suffisent pas, il en faut au moins trente. C'est une maxime que justifient les lois les plus notoires, et sur laquelle il serait inutile d'insister.

» D'après cela, deux mots suffisent pour établir les moyens de cassation qui s'élèvent contre le jugement du 23 thermidor an 7.

» 1°. Ce jugement a fait une application manifestement fausse de l'art. 8 de la loi du 28 août 1792, qui ordonne bien la réintégration des communes dans les propriétés dont elles ont été dépouillées par l'effet de la puissance féodale, mais qui n'a voulu ni pu vouloir rendre aux communes des propriétés que jamais elles n'avaient eues; qui n'a ni voulu ni pu vouloir rétablir les communes dans le domaine foncier de biens sur lesquels elles n'avaient précédemment qu'une possession précaire.

» 2°. En donnant à la prétendue possession exercée par la commune depuis 1650 jusqu'en 1699, l'effet de lui assurer une propriété que les titres antérieurs. et notamment la sentence du 8 août 1558, démontrent ne pas lui avoir appartenu précédemment, le jugement dont il s'agit viole ouvertement, et la loi de l'imprescriptibilité du domaine de l'État, et la loi du 14 juillet 1791, qui, par cela seul qu'elle annulle la donation faite au cardinal Mazarin de la co-seigneurie de Bourogne, décide que la co-seigneurie de Bourogne n'a jamais cessé, depuis le traité de Munster, de faire partie de ce domaine.

» Par ces considérations, nous estimons qu'il y a lieu de casser et annuller le jugement du 23 thermidor an 7, renvoyer la cause et les parties devant le tribunal d'appel qui doit en connaître, et ordonner qu'à notre diligence, le jugement de cassation sera imprimé.... ».

Conformément à ces conclusions, arrêt du 26 brumaire an 11, au rapport de M. Maleville, qui,

« Vu l'art. 8 de la loi du 28 août 1792...;

» Considérant que, loin que la commune justifiât avoir anciennement possédé comme propriétaire la forêt de Bourogne, la transaction ou sentence arbitrale du 8 août 1558 et le procès-verbal du 11 juillet 1631 prouvent, au contraire, qu'elle n'y avait aucun droit de propriété, et n'y réclamait qu'un droit d'usage ;

» Considérant qu'en remplacement de ce droit d'usage, et par l'arrêt du conseil d'état du 18 août 1772, autorisant le cantonnement, il lui a été accordé 516 arpens en toute propriété sur 880 que la forêt se trouva contenir, et ce, indépendamment de 69 arpens qu'elle réclamait à part, et qui lui ont été également délaissés ;

» Considérant, que, si, depuis la réunion au domaine national, par le traité de Westphalie, de la partie de la forêt de Bourogne qui appartenait ci-devant à la maison d'Autriche, et pendant la jouissance que la famille Mazarin a eue de cette partie, en vertu de la cession, depuis révoquée, que Louis XIV en avait faite au cardinal, la commune a fait quelques entreprises sur ce domaine, elles n'ont pu nuire à la propriété de la nation, quelle qu'eût été la connivence de l'engagiste;

» Par ces motifs, le tribunal.... casse et annule le jugement rendu par le tribunal civil du Haut-Rhin, le 3 thermidor an 7; sur le fond, renvoie les parties à se pourvoir devant le tribunal d'appel séant à Nancy..... ».

§. V. *De simples présomptions, des expressions équivoques, desquelles on prétend induire qu'une commune était propriétaire d'un bois, lorsque, par une transaction, elle a reconnu que la propriété en appartenait son seigneur, et qu'elle n'y avait eu jusqu'alors qu'un droit d'usage, suffisent-elles, après que cette transaction a été confirmée par une très-longue possession, pour faire appliquer à cet acte la disposition de l'art. 8 de la loi du 28 août 1790.*

V. l'article *Usage (droit d'), §.* 2.

§. VI. *Les titres douteux doivent-ils s'interpréter en faveur des communes, lorsqu'en exécution de l'art. 8 de la loi du 28 août 1792, elles réclament leur réintégration dans des propriétés dont elles prétendent avoir été anciennement dépouillées par leurs ci-devant seigneurs ?*

V. le plaidoyer du 22 messidor an 9, rapporté ci-après, §. 9.

V. encore ci-devant, §. 2, le plaidoyer et l'arrêt du 18 brumaire an 11.

§. VII. *Une commune qui, de temps immémorial, a été reconnue propriétaire d'un bois, peut-elle, en vertu de la loi du 28 août 1792, évincer son ci-devant seigneur de la propriété qu'il a également, de temps immémorial, des chênes croissant dans ce bois ?*

Sur cette question, et sur une autre indiquée à l'article *Délibéré*, §. 1, j'ai prononcé, le 3 ventôse an 10, à l'audience de la Cour de cassation, section des requêtes, le plaidoyer suivant :

« La commune de Mesnil-Latour attaque deux jugemens du tribunal d'appel de Nancy ;

» L'un du 2 messidor an 9, qui met en délibéré l'affaire sur laquelle il s'agissait de statuer, *pour le jugement définitif être prononcé à l'audience du 4 du même mois* ; l'autre, du 4 du même mois, qui, en vidant ce délibéré, et infirmant un jugement du ci-devant tribunal civil du même lieu, déboute la commune de Mesnil-Latour de la demande qu'elle avait formée contre la veuve Migot et contre le préfet du département de la Meurthe, en revendication des chênes croissant dans les bois communaux.

» S'il en faut croire la commune de Mesnil-Latour, le premier de ces jugemens a violé l'art. 10 de la loi du 3 brumaire an 2, et voici comment elle cherche à le prouver.

» Cet article, dit-elle, autorise bien les tribunaux à mettre la cause en délibéré, c'est-à-dire, à se retirer dans la chambre du conseil pour examiner les pièces, et même discuter les questions de fait ou de droit agitées entre les parties ; mais il veut expressément qu'immédiatement après cet examen et cette discussion, les juges rentrent à l'audience et prononcent tout de suite le jugement ; *d'où il suit*, ajoute la commune de Mesnil-Latour, *que la cause doit être jugée à la même audience où elle a été mise en délibéré* ; or, le tribunal d'appel

de Nancy ne s'est pas conformé à cette règle ; il l'a au contraire violée manifestement, en ordonnant à l'audience du 2 messidor, un délibéré dont il n'a prononcé le résultat qu'à celle du 4 du même mois.

» Un semblable moyen vous a été présenté par David Hadamar, contre un jugement du tribunal de commerce de Metz, rendu en faveur de la veuve Girardin. Mais quel en a été le succès ? Par jugement du 1er nivôse an 9, au rapport du cit. Barris, et sur nos conclusions, vous avez rejeté la requête de David Hadamar, par la raison que l'art. 10 de la loi du 3 brumaire an 2 exige bien que les délibérés soient prononcés aussitôt qu'ils ont été vidés, mais qu'il n'exige pas qu'ils soient vidés aussitôt qu'ils ont été ordonnés.

» C'est assez dire que le jugement du tribunal d'appel de Nancy, du 2 messidor an 9, est parfaitement régulier, et qu'à cet égard le recours de la commune de Mesnil-Latour est dénué de tout fondement.

» Quant au jugement définitif du 4 du même mois, la commune de Mesnil-Latour l'attaque comme attentatoire aux art. 8 et 12 de la loi du 28 août 1792 ; et pour apprécier la critique qu'elle croit pouvoir en faire, il est nécessaire de nous reporter aux faits articulés et aux actes produits de part et d'autre dans la cause.

» Il paraît constant que, de temps immémorial, la commune de Mesnil-Latour a été reconnue propriétaire des bois situés dans son territoire.

» Naturellement, le propriétaire du fonds d'un bois l'est aussi des arbres de toute espèce qui peuvent y croître.

» Cependant la commune de Mesnil-Latour reconnaît elle-même que, depuis très-long-temps, le ci-devant seigneur du lieu jouissait seul des chênes croissant dans ces bois ; et, en effet, la possession du ci-devant seigneur est constatée par des aveux et dénombremens de 1702 et de 1775, et elle a été maintenue par un arrêt contradictoire du 30 novembre 1775.

» A quel titre le ci-devant seigneur exerçait-il, sur les bois de la commune, un droit qui, à la première vue, paraît aussi exorbitant ?

» Était-ce à titre de servitude féodale, ou bien était-ce comme propriétaire partiel du fonds ?

» S'il en jouissait à titre de servitude féodale, sa jouissance a dû cesser par le seul effet de la loi du 28-15 mars 1790, qui, en expliquant l'abolition des droits féodaux prononcée par les décrets du 4 août 1789, a déclaré compris dans cette abolition tous les droits émanés de la puissance féodale, et n'a conservé que ceux qui devaient leur origine à des concessions de fonds.

» Si, au contraire, il en jouissait comme propriétaire partiel des bois dits *Communaux*, il a dû continuer d'en jouir nonobstant la loi du 15-28 mars 1790, parceque l'abolition du régime féodal n'a porté aucune atteinte aux propriétés foncières des ci-devant seigneurs.

» Or, la preuve que c'était comme propriétaire partiel, que c'était *animo domini*, et non à titre de servitude féodale, que le ci-devant seigneur jouissait des chênes dont il s'agit, c'est que la commune de Mesnil-Latour ne s'est prévalue contre lui, ni de l'art. 1 du décret du 4 août 1789, ni de la loi du 15-28 mars 1790, et qu'elle ne lui a opposé, comme elle ne lui oppose encore, que les art. 8 et 12 de la loi du 28 août 1792.

» Les art. 8 et 12 de la loi du 28 août 1792 ne portent, en effet, que sur le ci-devant seigneur jouissant à titre de propriétaire; ils sont absolument étrangers aux droits de servitude féodale qu'avaient précédemment exercés les ci-devant seigneurs.

» Cela posé, voyons si ces articles sont aussi favorables à la commune qu'elle le soutient.

» Le premier réintègre les communes, nonobstant tous édits, arrêts, transactions et possessions contraires, dans les propriétés et usages qu'elles justifieront leur avoir anciennement appartenu, et dont elles ont été dépouillées par leurs ci-devant seigneurs.

» Le second déclare qu'en cas de concours de plusieurs titres opposés les uns aux autres, les plus avantageux aux communes seront préférés, sans avoir égard à leurs dates respectives, et sans que l'autorité de la chose jugée, sans qu'aucune transaction, sans qu'aucune possession puissent à cet égard prêter le moindre secours aux ci-devant seigneurs.

» D'après ces deux articles, nul doute que la commune n'ait dû obtenir gain de cause, nul doute que le tribunal d'appel de Nancy n'ait jugé contre le texte formel de la loi, s'il est prouvé qu'à une époque quelconque, le ci-devant seigneur ne jouissait pas des chênes croissans dans les bois Communaux; s'il est prouvé qu'à une époque quelconque, la commune jouissait de ces chênes comme des autres arbres; ou si, dans le concours des pièces produites pour établir ou combattre ce fait, il se trouve un seul titre qui décide en faveur de la commune.

» Mais aussi la commune ne prouve-t-elle pas qu'elle jouissait des chênes de ces bois, dans un temps, n'importe lequel, antérieur à celui où elle accuse le ci-devant seigneur de les avoir usurpés; ou du moins, dans les preuves fournies à cet égard par la commune, n'existe-t-il pas un véritable choc de titres, dont les uns soient contre elle, et les autres en sa faveur? En ce cas, le tribunal d'appel de Nancy a bien jugé, et la commune se plaint à tort.

» Tout dépend donc ici des actes qui ont été produits de part et d'autre.

» Il y en a un du 22 juillet 1595, et c'est le plus ancien, dans lequel les co-seigneurs de Mesnil-Latour s'expliquent comme propriétaires exclusifs des chênes croissans dans les bois Communaux.

» Cet acte n'est point représenté par la commune; mais le jugement du 4 messidor an 9 atteste qu'il est en forme authentique, et c'en est assez pour qu'il fasse foi contre la commune, quoiqu'elle n'y ait pas été partie.

» A la vérité, les titres authentiques ne forment régulièrement une preuve complète contre des tiers, que de ce qu'on appelle le *gestum* de l'acte; ou, en d'autres termes, ils prouvent seulement contre des tiers, que la convention dont ils renferment les clauses, a été passée à l'époque qu'ils indiquent. Cette règle est consignée dans le traité des fiefs de Dumoulin, §. 8, gl. 1re., nos. 8 et 10.

» Ainsi, dit Pothier, dans son *Traité des obligations*, no. 704, « l'acte qui renferme le contrat de
» vente d'un héritage, prouve, même contre un
» tiers, qu'il y a eu effectivement une vente de cet
» héritage, contractée dans le temps porté par cet
» acte. Mais l'acte ne fait pas foi contre un tiers
» qui n'a pas été partie à l'acte, de ce qui y est
» énoncé. Par exemple, s'il est énoncé dans le con-
» trat de vente, que la maison du vendeur a un
» droit de vue sur la maison voisine, cette énon-
» ciation ne fera aucune preuve contre le proprié-
» taire de la maison voisine, qui est un tiers qui
» n'était point partie à l'acte ».

» Mais à côté de cette règle qui, du premier abord, paraît si favorable à la commune de Mesnil-Latour, il existe une exception que Pothier lui-même établit aussitôt en ces termes: *Cette règle souffre exception; car in antiquis enunciativa probant, même contre les tiers, lorsque ces énonciations sont soutenues de la longue possession.* « Par exemple, quoique le long usage n'attribue
» pas droit de servitude, néanmoins si ma maison
» a depuis très-long-temps une vue sur la maison
» voisine, et que, dans les anciens contrats d'ac-
» quisition qu'en ont fait mes auteurs, il soit énoncé
» qu'elle a ce droit de vue; ces anciens contrats,
» soutenus de ma possession, feront foi du droit
» de vue contre le propriétaire de la maison voi-
» sine, quoiqu'il soit un tiers, et que ses auteurs
» n'aient jamais été parties dans ces contrats ».

» Or, dans notre espèce, une longue possession, une possession immémoriale, vient à l'appui de l'énonciation portée par l'acte du 22 juillet 1595, que les seigneurs de Mesnil-Latour sont propriétaires des chênes croissans dans les bois Communaux du lieu. L'acte du 22 juillet 1595 fait donc foi de cette propriété, même contre la commune de Mesnil-Latour, qui n'y a pas été partie.

» Mais peut-être la commune de Mesnil-Latour a-t-elle en sa faveur quelque acte plus récent qui lui attribue la propriété des chênes dont il est question, et si cela est, nous devons dire à l'avance que, d'après l'art. 12 de la loi du 28 août 1792, c'est à l'acte plus récent, et non à celui du 22 juillet 1595, qu'il doit être ajouté foi.

» Voyez donc quels sont, parmi les actes postérieurs à celui du 22 juillet 1595, ceux que la commune invoque pour sa défense.

» Il en existe trois, savoir, deux contrats de vente, l'un du 21 janvier 1631, l'autre du 22 novembre 1642, et un arrêt du 13 novembre 1770.

» Le contrat de vente du 21 janvier 1631 est celui qui mérite le plus d'attention.

» Par cet acte, tel qu'il est produit par la commune, quelques habitans, en vertu de la procuration de tous les autres, vendent au ci-devant seigneur la propriété de soixante arpens de bois, à prendre dans les forêts communales, *à la réserve des chênes vieux francs*. Il résulte de cette réserve, dit la commune, que les *chênes vieux francs* n'ont pas été compris dans la vente faite au ci-devant seigneur. S'ils n'y ont pas été compris, ils sont donc demeurés aux habitans. Les habitans en étaient donc propriétaires. Voilà donc un titre qui tranche, en faveur de la commune, la question de propriété; la commune prouve donc qu'elle était propriétaire en 1631. C'est donc le cas de l'art. 12, et par suite de l'art. 8 de la loi du 28 août 1792.

» Cet argument est spécieux; mais il se présente une première réflexion qui déjà l'atténue singulièrement.

» C'est que le contrat de vente de 1631 ne dit pas que les habitans vendeurs se réservent *les chênes vieux francs*; il dit seulement que ces chênes sont *réservés*, c'est-à-dire, non compris dans la vente.

» Pourquoi n'y sont-ils pas compris? Est-ce parcequ'ils appartiennent au seigneur, qui, par conséquent, n'a pas besoin de les acheter? Ou bien est-ce parceque les habitans en sont propriétaires et veulent en conserver la propriété?

» La clause de *réserve* peut s'entendre dans l'un comme dans l'autre sens.

» Sans doute, si elle était isolée, il serait plus naturel de l'entendre dans le sens que lui prête la commune.

» Mais rapprochez-la, et de l'acte du 22 juillet 1595, qui énonce qu'alors, c'est-à-dire, trente-cinq ans et demi avant la vente, les seigneurs étaient propriétaires des chênes, et de la possession que les seigneurs ont conservée de ces arbres depuis un temps immémorial:

» Vous vous sentirez en quelque sorte forcés de donner à cette clause une interprétation toute différente; vous demeurerez convaincus que cette clause ne signifie rien autre chose, sinon que les chênes sont exceptés de la vente du fonds, parceque les habitans vendeurs du fonds ne sont pas propriétaires des chênes. Car tel est l'effet de la possession, et surtout de la possession immémoriale; patrone du genre humain, elle fait présumer en sa faveur tout ce qui est nécessaire pour la légitimer; il y a plus: elle tient lieu de titre, elle forme même espèce de loi. *Ductus aquæ cujus origo memoriam excessit, jure constituti loco habetur,*

dit la loi 3, §. 4. *de aquâ quotidianâ*, au Digeste. *Vetustas semper pro lege habetur*, ajoute la loi 2, au Digeste, *de aquâ pluviâ arcendâ*.

» Ce n'est pas tout. Nous disions tout-à-l'heure que ceux des habitans qui stipulent au nom de la commune dans le contrat de vente du 21 janvier 1631, n'y stipulent que comme porteurs de la procuration de la commune elle-même. Or, cette procuration est représentée, et il y est dit en toutes lettres que la commune donne pouvoir à tels et tels de vendre au seigneur telle partie de bois, *à la réserve des chênes vieux francs qui appartiennent audit seigneur*.

» Ainsi, ce que la possession immémoriale aurait seule dû faire présumer, un acte émané de la commune le prouve authentiquement.

» En vain la commune vient-elle critiquer cet acte comme supposé et faux; le jugement attaqué atteste que les juges se sont convaincus *par la grosse produite en bonne forme*, qu'ils contient réellement les termes que nous venons de rappeler. Il doit donc faire foi de son contenu, jusqu'à inscription de faux admise et jugée.

» Inutile, après cela, d'examiner à laquelle des deux grosses qui sont produites, du contrat de vente passé le 21 janvier 1631, en vertu de cette procuration, il doit être ajouté foi de préférence à l'autre.

» Le jugement attaqué entre dans des détails bien capables de nous faire regarder comme fausse, ou plutôt comme expédiée sur une fausse minute, celle qui est représentée par la commune. Mais nous n'avons pas besoin d'aller jusque-là. La procuration est indépendante du contrat de vente; elle a une existence qui lui est propre; et la grosse qui en est produite, n'étant pas contrariée par une autre grosse du même acte, elle doit nécessairement faire pleine foi de son contenu.

» Ainsi, faisons abstraction de la grosse du contrat de vente, produite par le ci-devant seigneur et par le préfet du département de la Meurthe, et supposons qu'il n'y ait pas d'autre grosse de ce contrat, que celle dont excipe la commune.

» Eh bien! Dans cette hypothèse, il restera, à la vérité, que le contrat de vente renferme une *réserve pure et simple des chênes vieux francs*; mais il restera aussi que cette réserve est équivoque, que par soi et considérée isolément, elle laisse douter si les *chênes vieux francs* sont exceptés de la vente comme devant demeurer à la commune, ou s'ils en sont exceptés comme appartenant au seigneur; il restera par conséquent que, pour lever le doute, il faut recourir à la procuration qui déclare, dans les termes les plus positifs, que c'est parceque le seigneur est déjà propriétaire des chênes, qu'il ne les achète pas.

» Ainsi rapprochée de la procuration, la grosse du contrat de vente produite par la commune, et supposée véritable, ne présente même plus en faveur de la commune, l'ombre d'une preuve dont celle-ci puisse étayer son système; et c'est plus qu'il n'en faut pour écarter l'application de l'art. 12 de la loi du 28 août 1792, sur lequel se fondent si mal à propos les habitans.

» A l'égard du contrat de vente du 22 novembre 1642, il ne contient aucune réserve des chênes, soit au profit de la commune, soit au profit du seigneur; et la commune en infère que le seigneur a reconnu, en achetant le fonds purement et simplement, que les chênes ne lui appartenaient pas.

» Mais ce n'est là qu'une preuve négative; et s'il est vrai que, considérée à part, elle puisse être de quelque avantage à la commune, il est vrai aussi que, comparée avec la procuration de 1631, avec l'acte du 22 juillet 1595, et avec la possession immémoriale qui se trouve parfaitement d'accord avec ces deux titres, elle ne peut plus conduire qu'à une seule conséquence raisonnable, savoir, que le seigneur et les habitans ont pensé qu'il était inutile d'excepter les chênes de la vente, parceque, par les actes antérieurs, il était suffisamment établi que les chênes n'appartenaient pas à la commune.

» Reste l'arrêt du 13 novembre 1770. Mais que porte-t-il? Une seule chose, c'est que les contrats de vente de 1631 et de 1642 sont annullés; que, par suite, la commune est réintégrée dans la propriété des bois qu'elle avait aliénés par ces contrats, et que le seigneur rentre dans tous les droits qu'il avait précédemment sur ces mêmes bois, droits que l'arrêt ne détermine pas encore, et sur lesquels il renvoie les parties à contester, mais qu'a depuis reconnus et consacrés l'arrêt du 30 novembre 1773.

» C'est pourtant sur l'arrêt du 13 novembre 1770, que porte tout le système de la commune. Par cet arrêt, dit-elle, je suis reconnue propriétaire des bois, je le suis donc aussi des chênes, par la règle *superficies cedit solo*; cet arrêt-juge donc que les chênes sont dans ma propriété; il juge donc que, si j'ai perdu la propriété de ces chênes, ce n'a pu être que par l'usurpation du seigneur.

» Mais d'abord il est impossible de scinder les dispositions de cet arrêt. Il faut que la commune le prenne tel qu'il est, ou qu'elle l'abandonne. Or, tel qu'il est, que prouve-t-il? Il porte, à la vérité, que la commune est propriétaire des bois; mais il porte aussi que le seigneur peut avoir droit à la propriété des chênes, et ce qu'il ne fait à cet égard que laisser en suspens, l'arrêt définitif du 30 novembre 1773 le juge en termes exprès; et cet arrêt est inséparable de celui du 13 novembre 1770, puisqu'il en est la suite et l'exécution.

» Au demeurant, il n'est pas extraordinaire de voir simultanément une commune propriétaire d'un bois, et un particulier propriétaire d'une partie des arbres croissans dans ce bois. Ce concours ne forme qu'un partage de propriété, et ce partage a pu s'établir de différentes manières. Il a pu s'établir par la concession du fonds des bois, avec réserve de telle ou telle espèce d'arbres qui y croîtraient. Il a pu s'établir aussi par une sorte de prescription qui aura converti en propriété par-

tiaire du fonds, l'usage auquel la commune était limitée dans le principe. Mais qu'il se soit établi d'une manière ou de l'autre, il suffit qu'il existe, il suffit qu'il soit consolidé par une possession immémoriale, pour qu'il soit à l'abri de toute atteinte (1).

» C'est ce qu'ont décidé trois jugemens du tribunal de cassation, dont les motifs reçoivent ici une application directe et entière.

» Le premier a été rendu le 21 messidor an 8, au rapport du cit. Borel.

» Par jugement du 27 prairial an 7, le tribunal civil du département du Haut-Rhin avait confirmé une sentence arbitrale du 22 ventôse an 2, dont la république était appelante, et qui, d'après l'art. 8 de la loi du 28 août 1792, avait réintégré la commune d'Andolsheim dans la propriété de la haute-futaie de la forêt de Kostenvald, située dans son territoire, quoiqu'il fût reconnu qu'à l'égard de la haute futaie, cette commune ne justifiait pas son ancienne possession.

» Il avait présumé que la possession de la haute futaie de la part du comte d'Horbourg, à qui la république avait succédé, ne dérivait que de la puissance féodale; et cependant on produisait un arrêt du conseil, du 15 mai 1775, qui avait proscrit la prétention que le comte d'Horbourg avait formée, en vertu de son seul titre de seigneur, à la propriété universelle de la haute futaie de tous les bois appartenant, dans l'étendue de sa seigneurie, à des propriétaires particuliers.

» Le tribunal du Haut-Rhin s'était encore fondé sur le fait non contesté, que la commune jouissait, depuis un temps immémorial, comme propriétaire absolue d'une portion de terrain située au milieu de la forêt, autrefois en nature de bois, et depuis convertie en chemin.

» Le commissaire du gouvernement près l'administration du département du Haut-Rhin, s'étant pourvu en cassation, est intervenu le jugement cité, par lequel, « Considérant que la loi du 28 août 1792, » art. 8, ne maintient les communes que dans les » droits dont elles justifieraient l'ancienne posses- » sion; que, d'après la disposition du jugement arbi- » tral du 22 ventôse an 2, il est reconnu que la com- » mune d'Andolsheim n'a pas justifié son ancienne » possession à l'égard de la haute futaie de la forêt » dont il s'agit; que c'est avoir jugé contre le titre » même, que d'admettre que la possession du bas

(1) Un arrêt de la table de marbre de Paris, du 4 octobre 1727, dont une expédition m'a passé par les mains, porte que, dans la partie de la forêt de Bondy qui est connue sous le nom de *Coupe de Chary*, « le prieur d'Aul- » nay ne pourra faire abattre que les taillis qui se trouve- » ront à leur terme de croissance, s'il n'a le consente- » ment du seigneur d'Aulnay; que les bois non taillis ou » le prix d'iceux, seront partagés entre le seigneur d'Aul- » nay et le prieur d'Aulnay, de manière que le seigneur » en ait dix-huit parts et le prieur quatorze; que le sei- » gneur d'Aulnay est de plus maintenu dans les droits de » glandée, panage et pacage dans les bois du prieuré ».

47.

» bois suppose la possession du tout ; que ledit ju-
» gement n'a établi le droit de la commune, que
» sur la présomption que l'exclusion de jouissance,
» à l'égard des hautes futaies, ne procédait que d'un
» droit féodal prétendu par le ci-devant comte
» d'Horbourg sur toutes les futaies dudit comté,
» même dans les propriétés privées ; que cette pré-
» somption ne pouvait subsister, puisqu'il a été
» mis en fait que la prétention élevée par ce sei-
» gneur, suivant sa requête de 1763, a été proscrite
» par un arrêt du conseil du 15 mai 1775; que
» ce fait est reconnu par le jugement du tribu-
» nal civil du Haut-Rhin, du 27 prairial an 7 ;
» considérant que la contestation ne portait pas
» sur la propriété et possession d'une portion de
» terrain autrefois en nature de forêt, puis con-
» vertie en chemin, nommé Kænigswicq, située au
» milieu de la forêt dont il s'agit ; que la posses-
» sion ancienne de la commune d'Andolsheim à l'é-
» gard de cette portion de terrain, ne prouve pas
» la possession d'aucune partie de la forêt ; que la
» présomption de propriété n'est pas admise par la
» loi du 28 août 1792, qui ordonne aux communes
» de justifier de leur ancienne possession et de
» la spoliation par l'effet de la puissance féodale ;
» considérant que le jugement du tribunal du
» Haut-Rhin, du 27 prairial an 7, attaqué par la
» voie de cassation, en confirmant le jugement ar-
» bitral du 22 ventôse an 2, a faussement appliqué
» l'art. 8 de la loi du 28 août 1792, et commis une
» contravention formelle audit article ; le tribunal
» casse et annulle.... ».

» Le second jugement a été rendu le 22 du même
mois, au rapport du cit. Liborel, entre la république, demanderesse en cassation, et la commune
de Forchwir, défenderesse. Les circonstances de
cette affaire étaient les mêmes que celles de la précédente ; et le jugement de cassation est rédigé à
peu près dans les mêmes termes que celui dont
nons venons de vous rendre compte,

» Le troisième jugement est du 1er. thermidor an
9. En voici le prononcé : « Oui le rapport du cit. La-
» mont.... vu l'art. 8 de la loi du 28 août 1792 ; vu les
» lois concernant la suppression du régime féodal,
» dont aucune ne fait mention du prétendu droit des
» ci-devant seigneurs, de disposer, à ce titre,
» des chênes dans l'étendue de leurs seigneuries ;
» considérant que la commune d'Heimbsprunn n'a
» pas prouvé avoir joui des chênes dans la forêt
» contentieuse ; qu'elle a au contraire formelle-
» ment et authentiquement reconnu que les ci-
» devant seigneurs du lieu avaient la libre et ex-
» clusive disposition de cette espèce d'arbres ;
» considérant que rien ne justifie que les ci-de-
» vant seigneurs aient disposé des chênes de la fo-
» rêt dont il s'agit, autrement que comme pro-
» priétaires, et uniquement à titre de servitude,
» féodale ; et que, lorsqu'il s'agit d'objets immobi-
» liers surtout, la présomption est toujours que la
» jouissance a eu pour cause la propriété ; que le
» droit de jouir et de disposer des chênes, ne sau-

» rait être considéré comme dérivant de la féodalité,
» et qu'il n'est pas compris parmi les droits seigneu-
» riaux abolis par les lois qui ont détruit le régime
» féodal ; qu'il suit de là qu'il y a dans le juge-
» ment attaqué (rendu par le tribunal civil du dé-
» partement des Vosges, le 11 floréal an 7), con-
» travention formelle à l'art. cité de la loi du 28
» août 1792, et fausse application des lois concer-
» nant la féodalité ; le tribunal cassé et annulle
» ledit jugement ; renvoie les parties devant le
» tribunal d'appel séant à Nancy.... ».

» Des décisions aussi formelles et aussi bien motivées, ne laissent plus le moindre doute sur la
parfaite conformité du jugement attaqué aux vrais
principes et aux lois de la matière.

» Nous estimons, en conséquence, qu'il y a lieu
de rejeter la requête en cassation, et de condamner la commune demanderesse à l'amende de 150
francs ».

Ces conclusions ont été adoptées par arrêt du 23
ventôse an 10, au rapport de M. Lombard,
« Attendu que, si l'art. 10 de la loi du 3 brumaire an 2 prescrit aux juges de prononcer le jugement le même jour qu'ils ont vidé le délibéré, il
ne leur impose pas le devoir de prononcer le jugement avant qu'ils aient fait l'examen des pièces,
et pu vider le délibéré qu'ils ont ordonné ;
» Que les habitans de la commune de Mesnil-
Latour n'ont pas prouvé avoir possédé, dans aucun
temps, la futaie des bois de chêne des bois Communaux ; et qu'au contraire, il a été établi que les ci-
devant seigneurs de cette commune ont possédé,
depuis un temps immémorial, cette futaie ;
» D'où il suit que le tribunal d'appel de Nancy
n'a point contrevenu aux art. 8 et 12 de la loi du
28 août 1792, et qu'au contraire, il en a fait la
plus juste application ».

§. VIII. *Les jugemens qui, avant la révo-*
lution, ont évincé des communes dont le roi
n'était pas seigneur, de propriétés préten-
dues communales qu'elles avaient usurpées
sur le domaine de l'État, sont-ils révoqués
par l'art. 8 de la loi du 28 août 1792 ?

Voici ce que j'ai dit sur cette question, en portant la parole à l'audience de la cour de cassation,
section civile, le 26 vendémiaire an 11.

« Le jugement qui vous est dénoncé par le préfet du département du Doubs, mérite toute votre
attention, par l'influence qu'aurait sa décision, si
elle était maintenue, sur le sort des propriétés nationales,

» Dans le fait, le 4 janvier 1704, cession par le
seigneur de la Corne de Chaux à celui de Villars-
Saint-Georges, d'un canton de bois, situé aux lieux
dits *derrière-Rougeau* et *derrière-Château-le-*
bois.

» Le 4 novembre de la même année, transaction entre le seigneur et les habitans de Villars.

Saint-Georges, par laquelle les habitans renoncent à tous leurs droits sur un bois de 400 journaux, alors appelé *Bois-Monsieur* ; et le seigneur, de son côté, déclare que *tous les bois et broussailles* situés dans ce territoire, appartiennent aux habitans.

» Il paraît que, par cette transaction, les habitans de Villars-Saint-Georges sont entrés dans les droits ou prétentions de leur seigneur, sur le bois dit *derrière-Rougeau*, qu'avait précédemment cédé à celui-ci le seigneur de la Corne de Chaux. Du moins il est dit dans le jugement attaqué, que, dans un plan de la forêt de Chaux, de l'année 1717, ce bois est figuré comme possédé par les habitans de Villars-Saint-Georges.

» Le jugement attaqué ne nous apprend pas à quelle occasion ce plan fut dressé. Mais nous devons croire qu'il le fut à l'occasion de l'arrêt du conseil, du 10 avril 1717, par lequel l'intendant de Franche-Comté, le grand-maître des eaux et forêts de la même province, et un professeur de l'université de Besançon, furent commis pour réformer tous les abus et toutes les entreprises qui avaient pu se commettre dans les bois domaniaux situés dans l'étendue des maîtrises des eaux et forêts de Dole et de Clerval. Cet arrêt est rappelé dans le préambule d'un autre du 18 décembre de la même année, qui établit une commission semblable dans le ressort de la maîtrise des eaux et forêts de Besançon, et que l'on trouve, avec la mention des lettres-patentes dont il fut revêtu le 15 janvier 1718, dans le recueil des édits et réglemens propres au ressort du ci-devant parlement de Franche-Comté, tome 3, page 239.

» Ces deux commissions furent supprimées, comme on le voit à la page 425 du même tome, par un arrêt du conseil du 9 mai 1724, avec ordre d'envoyer au contrôleur général des finances, tous les titres et pièces concernant *la réformation*, qui se trouvaient dans leurs greffes respectifs.

» Il paraît que, parmi ces titres et pièces, il se trouvait des mémoires relatifs au bois dit *derrière-Rougeau* ; et que, par ces mémoires, il était soutenu, de la part des agens du domaine, que ce bois faisait partie de la forêt domaniale de Chaux.

» Car le 23 octobre de la même année 1724, il intervint un arrêt du conseil qui déclara que la forêt de Chaux embrassait ce canton de bois dans sa compréhension.

» Cet arrêt, s'il faut en croire le jugement attaqué, fut rendu sans entendre les habitans de Villars-Saint-Georges ; et cependant tout porte à croire qu'il ne le fut que sur les pièces qui avaient été produites devant les commissaires réformateurs. Mais quoi qu'il en soit, bientôt il devint contradictoire, et voici comment.

» Le 20 novembre 1726, un arrêt du conseil, revêtu de lettres-patentes enregistrées le 10 décembre suivant, créa une nouvelle réformation dans les maîtrises de Besançon, Dole, Clerval, Ve-

soul, Gray et Poligny, composée de l'intendant, du grand-maître des eaux et forêts, du premier président et d'un conseiller du parlement, et d'un professeur de l'université ; et donna pouvoir aux commissaires de réunir aux domaines les biens et terres usurpés, régler les usages, juger les questions de propriété, etc.

» Les habitans de Villars-Saint-Georges s'adressèrent à cette commission pour être réintégrés dans la possession du canton de bois dit *derrière-Rougeau*. Mais le 15 juin 1729, leur requête fut répondue d'un *néant* ; et par là, il fut décidé contradictoirement avec eux, que cette partie de bois appartenait réellement au domaine public.

» Les choses restèrent en cet état jusqu'à la publication de la loi du 28 août 1792. Mais alors les habitans de Villars-Saint-Georges, croyant trouver dans l'art. 8 de cette loi un moyen assuré de revenir contre l'arrêt du conseil de 1724, et le jugement de la réformation de 1729, se sont pourvus en réintégration d'un canton de bois qu'ils ont prétendu être le même que le bois dit *Derrière-Rougeau*, et qui contient trente-six hectares quatre-vingt-seize ares et demi, ou soixante-douze arpens trente-huit perches.

» L'affaire portée devant les arbitres forcés, en exécution de la loi du 10 juin 1793, premier jugement du 18 messidor an 2, qui commet nominativement deux géomètres, pour vérifier, à l'aide d'indicateurs que les parties leur fourniront ou qu'ils choisiront eux-mêmes, s'il y a identité entre le terrain réclamé par la commune de Villars-Saint-Georges, et celui qui est désigné dans les titres du 4 janvier et du 4 novembre 1704.

» Et le 3 brumaire an 3, jugement définitif qui, en déclarant cette identité suffisamment vérifiée, réintègre la commune, comme ayant été dépouillée, non par la *puissance féodale* ainsi que le porte implicitement l'art. 8 de la loi du 28 août 1792, mais (ont dit les arbitres) par la *puissance despotique*.

» Appel de l'un et de l'autre jugement, de la part du préfet du département du Doubs.

» Pour soutenir cet appel, le préfet aurait pu dire que les arbitres avaient violé l'autorité de la chose jugée en 1724 et 1729 ; qu'en effet, l'arrêt du conseil et le jugement de réformation rendus à ces deux époques, n'avaient jamais été rétractés ; et que l'art. 8 de la loi du 28 août 1792 ne leur avait porté aucune atteinte, puisque cet article n'abolit que les arrêts du conseil et les jugemens qui ont dépouillé les communes, pour enrichir leurs ci-devant seigneurs.

» Ce moyen était péremptoire sans doute, mais le préfet ne l'a pas employé : supposant au contraire que l'art. 8 de la loi du 28 août 1792 était applicable aux jugemens rendus en faveur de l'Etat, comme aux jugemens rendus en faveur des ci-devant seigneurs, il s'est borné à plaider,

» Que les deux titres de 1704 ne pouvaient pas être opposés à la nation qui n'y avait pas été partie; qu'ainsi, on n'en pouvait pas conclure contre la nation, que la commune de Villars-Saint-Georges eût été propriétaire du bois litigieux avant l'arrêt de 1724; que, par une conséquence ultérieure, on ne pouvait pas envisager cet arrêt comme ayant dépouillé la commune;

» Que d'ailleurs il n'y avait aucune preuve légale d'identité entre le bois réclamé par la commune et le bois énoncé dans les titres de 1704; qu'à la vérité, deux géomètres avaient fait un rapport qui présentait cette identité comme constante; mais qu'ils n'avaient reçu, pour faire ce rapport, qu'une mission irrégulière; qu'il n'appartenait pas aux arbitres de nommer, de leur propre mouvement, des experts-géomètres; qu'ils n'auraient pu en nommer d'office, que sur le refus des parties; et qu'en les nommant comme ils l'avaient fait, ils avaient violé les dispositions de l'ordonnance de 1667.

» Cette défense n'a fait aucune impression sur le tribunal d'appel. Par jugement du 18 thermidor an 9, il a confirmé purement et simplement les deux sentences arbitrales.

» C'est de ce jugement que le préfet vous demande aujourd'hui la cassation. Il se fonde sur trois moyens.

» Dans la forme, le tribunal d'appel a violé la loi, en jugeant valable un rapport d'experts choisis d'emblée par les arbitres, et assistés d'indicateurs pris parmi les habitans eux-mêmes.

» Au fond, le tribunal d'appel a mal jugé, en regardant comme pièces probantes contre la nation, les titres de 1704, dans lesquels la nation n'était point partie.

» Enfin, il a fait une fausse application de l'art. 8 de la loi du 28 août 1792, en mettant l'arrêt de 1724 et le jugement de la réformation de 1729, au rang des usurpations de la puissance féodale.

» De ces trois moyens, le premier ne nous paraît mériter aucun égard. Les arbitres forcés n'étaient pas assujétis, dans les nominations d'experts, aux mêmes formes que les juges ordinaires: ils pouvaient faire ces nominations d'office, sans que les parties eussent été préalablement constituées en demeure; et c'est ce que prouve clairement l'art. 13 de la cinquième section de la loi du 10 juin 1793: *dans le cas* (porte-t-il) *où il serait nécessaire de faire quelques vérifications, lesdits arbitres nommeront des gens de l'art pour y procéder.*

» Quant aux indicateurs, aucune loi ne défendait à la commune de prendre dans son sein ceux qu'elle était, par le jugement du 18 messidor an 2, autorisée à présenter aux experts; et ce n'est pas sa faute, si l'agent national du district n'en avait pas pris ailleurs, comme il en avait le droit.

» Le second moyen, considéré isolément, ne présente qu'un mal jugé, et ne peut conséquemment pas autoriser la cassation du jugement du tribunal d'appel. Nous devons même dire que, si la contestation était entre une commune et un ci-

devant seigneur, le tribunal d'appel eût bien jugé, d'après la disposition de l'art. 12 de la loi du 28 août 1792, qui veut que, dans le concours de plusieurs titres opposés les uns aux autres, les plus favorables aux communes soient préférés, sans distinguer s'ils ont été passés contradictoirement avec les ci-devant seigneurs, ou si ceux-ci n'y sont intervenus pour rien.

» Reste le moyen de cassation tiré de l'art. 8 de la loi du 28 août 1792, et de la nature des jugemens des 23 octobre 1724 et 15 juin 1729.

» La disposition de l'art. 8 de la loi du 28 août 1792 n'est ni obscure ni équivoque. Cet article veut que *les communes qui justifieront avoir anciennement possédé des biens ou droits d'usage quelconques, dont elles auront été dépouillées en tout ou en partie par des* CI-DEVANT SEIGNEURS, *puissent se faire réintégrer dans la possession desdits biens ou droits d'usage, nonobstant tous édits, arrêts, jugemens, transactions et possession contraires.*

» Si donc c'est par un ci-devant seigneur que la commune de Villars-Saint-Georges a été dépossédée du canton de bois dit *derrière-Rougeau;* si c'est en faveur d'un ci-devant seigneur qu'ont été rendus l'arrêt du conseil du 23 octobre 1724 et le jugement de la réformation du 15 juin 1729, nul doute que le tribunal d'appel de Besançon n'ait bien jugé, en appliquant cet article au canton de bois réclamé par la commune de Villars-Saint-Georges.

» Mais nul doute aussi que, dans l'hypothèse contraire, cet article n'ait reçu, de la part du tribunal d'appel de Besançon, l'application la plus fausse; car, comme l'a expressément énoncé la section civile, dans son jugement du 23 fructidor an 9, rendu contre la commune de Joinville, « la » loi ci-dessus rapportée ne réintègre les com- » munes dans la propriété et possession des biens » et droits qu'elles avaient anciennement possé- » dés, que lorsqu'elles en ont été dépouillées » par les ci-devant seigneurs; elle n'a même anéanti » les titres, les transactions, les jugemens et la » possession des ci-devant seigneurs, qu'autant » qu'ils prennent leur source dans la puissance » féodale ».

» Et c'est ce que décide textuellement la loi du 8 août 1793, donnée en interprétation de l'art. 12 de la quatrième section de la loi du 10 juin précédent.

» L'art. 12 de la quatrième section de la loi du 10 juin avait déclaré généralement « que les par- » ties des Communaux possédées ci-devant, soit » par des bénéficiers, soit par des monastères, soit » par des émigrés, soit par le domaine, à quelque » titre que ce fût, appartenaient à la nation, et » que comme tels, ils ne pouvaient appartenir » aux communes ».

» Des réclamations se sont élevées contre cet article, et elles étaient fondées sur les abus qu'avaient pu faire de la puissance féodale, non-seu-

lement les bénéficiers, les monastères et les émigrés, mais même le domaine public, dans les lieux
où il exerçait la seigneurie directe ; et l'on avait
représenté, avec raison, que la république ne devait pas, à cet égard, être mieux traitée que les
ci-devant seigneurs particuliers.

» C'est sur ces réclamations qu'a statué la loi du
8 août 1793 ; et que porte-t-elle ? Le voici : « Dé-
» crète que, par l'art. 12 de la quatrième section
» de la loi du 10 juin dernier, il n'est porté aucune
» atteinte aux droits qui résultent aux communes
» des dispositions des lois des 25 et 28 août 1792,
» RELATIVES AUX DROITS FÉODAUX, et au rétablisse-
» ment des communes dans les propriétés et droits
» dont elles ont été dépouillées PAR L'EFFET DE LA
» PUISSANCE FÉODALE ». Voilà bien la preuve que la
répression des abus de la *puissance féodale* a été
le seul objet de la loi du 28 août 1792 ; et que l'on
ne peut regarder comme abolis par cet article, ni
les titres, ni les jugemens, ni la possession qui
n'ont rien de commun avec les *droits féodaux*.

» Et c'est ce que vous venez de juger de la manière la plus positive, en cassant trois jugemens
du tribunal d'appel de Besançon lui-même, qui
avaient étendu hors de leurs termes la disposition
de l'art. 8 de la loi du 28 août 1792.

» La commune de Gendrey avait anciennement
un droit d'usage sur une forêt qui faisait partie du
domaine de l'État. Mais elle en avait été évincée
par un jugement de la réformation du 7 avril 1731,
fondé sur les art. 1 et 10 du tit. 20 de l'ordonnance des eaux et forêts de 1669, qui avaient aboli
tous les droits d'usage dont les forêts domaniales
étaient alors grevées.

» Après la promulgation de la loi du 28 août
1792, la commune de Gendrey s'était pourvue en
réintégration de son droit d'usage, et elle y avait
été effectivement rétablie par un jugement du tribunal d'appel de Besançon, du 15 pluviôse an 9.

» Mais le préfet du Jura s'étant pourvu en cassation, jugement est intervenu, au rapport du
cit. Coffinhal, le 1er. frimaire an 10, par lequel,
« considérant que les dispositions des art. 1 et
» 10 du tit. 20 de l'ordonnance de 1669 sont rela-
» tives à la police générale des forêts, qui avaient
» été presque entièrement ruinées par les dégra-
» dations qui y avaient été faites pendant les
» guerres ; que c'est un acte de la puissance pu-
» blique, qui n'a rien de commun avec la féoda-
» lité, et que n'ont atteint ni dû atteindre les
» lois des 28 août 1792 et 10 juin 1793 ; le tri-
» bunal casse et annule le jugement rendu
» par le tribunal d'appel de Besançon, le 15 plu-
» viôse an 9, en ce que, par icelui, les habitans
» de Gendrey ont été réintégrés dans leur droit
» d'usage, nonbstant la révocation qui en avait été
» prononcée, tant par les articles cités du tit. 20
» de l'ordonnance de 1669, que par l'arrêt de la
» chambre de réformation, du 7 avril 1731 ».

» Le second jugement a été rendu dans une espèce semblable.

» Les communes de Voitteur, Domblans et Blandan jouissaient, depuis fort long-temps, d'un droit
d'usage dans la forêt domaniale de Vernois, lorsqu'a paru l'ordonnance des eaux et forêts de 1669.

» D'après les art. 1 et 10 du tit. 20 de cette ordonnance, ce droit ne pouvait plus être maintenu ;
et en effet les trois communes en furent déclarées
déchues par un arrêt du conseil du 1er. octobre
1743, confirmatif d'un jugement de la réformation, du 27 décembre 1727.

» Mais l'art. 8 de la loi du 28 août 1792 ayant
réintégré les communes dans les propriétés et
droits d'usage dont elles avaient été dépouillées
par leurs ci-devant seigneurs, les communes de
Voitteur, Domblans et Blandan ont cru pouvoir
s'autoriser de cette disposition pour réclamer leur
ancien droit d'usage, et en demander la conversion
en cantonnement.

» Une sentence arbitrale, du 8 germinal an 2,
prononça en leur faveur, et leur adjugea en conséquence, à titre de cautionnement, 213 arpens
de bois, à prendre en toute propriété dans la forêt
de Vernois.

» Le préfet du département du Jura appela de
cette sentence ; et par jugement du 18 pluviôse an 9,
le tribunal d'appel de Besançon la confirma purement et simplement, sous le prétexte que l'art. 8
de la loi du 28 août 1792 avait dérogé aux art. 1
et 20 de l'ordonnance de 1669, et aboli les jugemens des 30 décembre 1727 et 1er. octobre 1743.

» Mais sur le recours en cassation du préfet du
département du Jura, jugement du 25 germinal
an 10, au rapport du cit. Maleville, et sur nos
conclusions (rapportées à l'article (*Usage droit d'*),
§. 1, qui casse et annule, par le même motif qui
avait déjà déterminé le jugement rendu le 1er. frimaire, contre la commune de Gendrey.

» Enfin, plus récemment encore, le 22 floréal
an 10, au rapport du cit. Audier-Massillon, vous
avez, dans des circonstances absolument semblables, et toujours sur nos conclusions, cassé
un troisième jugement du tribunal d'appel de
Besançon, du 25 nivôse an 9, qui avait prononcé
en faveur de la commune de Courte-Fontaine,
comme l'avaient fait les deux précédens en faveur
des communes de Gendrey, Domblans, Voitteur
et Blandan.

» Il ne peut donc pas y avoir l'ombre d'un
doute sur la nécessité de restreindre la disposition de l'art. 8 de la loi du 28 août 1792, aux
spoliations exercées envers les communes par leurs
ci-devant seigneurs et par l'effet de la puissance
féodale.

» Or, est-ce en faveur d'un ci-devant seigneur,
est-ce par l'abus de la puissance féodale, qu'ont
été rendus, dans notre espèce, l'arrêt du conseil
du 23 octobre 1724 et le jugement de la réformation du 15 juin 1729 ? Non : le domaine de l'État
n'avait aucun droit de seigneurie sur la commune
de Villars-Saint-Georges ; cette commune ne reconnaissait pas d'autre *seigneur* que celui avec le-

quel elle avait passé la transaction du 4 novembre 1704. Cet arrêt et ce jugement n'ont donc aucun rapport à la féodalité; ils ont donc jugé entre la commune de Villars-Saint-Georges, et le domaine de l'Etat, une question de propriété, comme ils l'auraient jugée entre de simples particuliers; ils ne sont donc pas abolis par la loi du 28 août 1792; ils ont donc conservé toute leur autorité; il y a donc, à la fois, dans le jugement du tribunal d'appel de Besançon, violation de la chose jugée et fausse application de la loi.

» Nous estimons en conséquence, qu'il y a lieu de casser et annuller le jugement dont il s'agit, renvoyer la cause et les parties devant le tribunal d'appel le plus voisin, et ordonner qu'à notre diligence, le jugement à intervenir sera imprimé et transcrit sur les registres du tribunal d'appel de Besançon ».

Conformément à ces conclusions, arrêt du 26 vendémiaire an 11, au rapport de M. Audier-Massillon, qui,

» Vu les art. 6 et 8 de la loi du 28 août 1792;
» Attendu que la loi du 28 août 1792 n'a eu pour objet que de réprimer les abus de la puissance féodale, et de rétablir les communes dans les biens et droits dont elles avaient été dépouillées par les ci-devant seigneurs;
» Qu'il résulte des articles ci-dessus cités, que cette loi n'a anéanti les jugemens, accords ou transactions qui auraient statué sur des questions de propriété et d'usage, qu'autant qu'ils seraient intervenus entre les ci-devant seigneurs et les communautés;
» Que les bois que la commune de Villars réclame avaient été déclarés appartenir au domaine, par jugemens rendus par la commission établie en exécution de l'arrêt du conseil de 1724, pour la limitation de la forêt de Chaux;
» Que le roi n'était pas seigneur de la commune de Villars, et qu'il n'était intervenu dans ces jugemens, que comme propriétaire des fonds voisins; ou comme ayant l'administration du domaine public et pour la conservation de ce domaine;
» Qu'en appliquant aux jugemens rendus en faveur du domaine, les dispositions des lois qui n'avaient été faites que contre les jugemens rendus en faveur des ci-devant seigneurs, sous prétexte que l'autorité qui avait obtenu ces jugemens était plus tyrannique et plus abusive que la puissance féodale, les juges du tribunal de Besançon ont usurpé l'autorité législative, en étendant ces lois hors des cas énoncés dans leurs dispositions;
» Que cette extension de la loi du 28 août 1792 serait d'autant plus dangereuse, qu'elle tendrait à anéantir le domaine public;
» Attendu qu'en annullant des jugemens qui n'avaient été anéantis par aucune loi, et qui avaient acquis l'autorité de la chose jugée, le tribunal de Besançon a fait, non-seulement une fausse application des art. 6 et 8 de la loi du 28 août 1792, ci-dessus rapportés, mais qu'il a en outre attenté à

l'autorité de la chose jugée, et violé l'art. 5 du tit. 27 de l'ordonnance de 1667;
» Par ces motifs, la cour casse et annulle... ».

Le même principe est encore reconnu par un arrêt de la section civile, du 20 frimaire an 11, que je rapporte à l'article *Arrêts du conseil*, §. 1, et par un autre du 24 pluviôse an 5, qui est cité et discuté dans un plaidoyer que l'on trouvera dans le *Répertoire de jurisprudence*, à l'article *Terres vaines et vagues*.

§. IX. *Lorsqu'en appliquant l'art. 8 de la loi du 28 août 1792, un tribunal d'appel a déclaré qu'un bien était anciennement possédé propriétairement par une commune, et qu'il a, en conséquence, réintégré celle-ci dans la propriété de ce bien, la cour de cassation peut-elle, sur le recours exercé contre un pareil jugement, entrer dans l'examen des faits et des actes caractéristiques de la prétendue ancienne possession de la commune?*

J'ai soutenu l'affirmative dans le plaidoyer suivant, que j'ai prononcé à l'audience de la cour de cassation, section civile, sur le recours exercé par le préfet du département de la Haute-Saône contre un jugement du 3 floréal an 8, rendu en faveur de la commune de Saponcourt:

« Le jugement du tribunal civil du département de la Haute-Saône, qui vous est dénoncé, confirme un jugement arbitral du 22 octobre 1793, qui réintègre la commune de Saponcourt dans la propriété d'un bois de 268 arpens, dont l'abbaye de Cherlieu était en possession à l'époque où les biens du clergé ont été déclarés nationaux;

» Et vous avez à décider si ces deux jugemens ont fait une juste application de l'art. 8 de la loi du 28 août 1792, aux termes duquel *les communes qui justifient avoir anciennement possédé des biens ou droits d'usage quelconques, dont elles ont été dépouillées en totalité ou en partie par des ci-devant seigneurs, peuvent se faire réintégrer dans la propriété et possession desdits biens ou droits d'usage, nonobstant tous jugemens et... possession contraires, à moins que les ci-devant seigneurs ne représentent un acte authentique, qui constate qu'ils ont légitimement acheté lesdits biens.*

» Dans l'examen que vous avez à faire, il ne peut y avoir aucune difficulté sur le point de droit: le texte que nous venons de citer décide nettement que, si la commune de Saponcourt justifie avoir anciennement possédé le bois litigieux, ce bois doit lui être restitué.

» Toute la contestation roule donc sur ce point de fait: la commune de Saponcourt justifie-t-elle que le bois litigieux lui a anciennement appartenu?

» Et de là naît d'abord la question de savoir s'il entre dans vos attributions de discuter et de juger le jugement qu'a porté, sur ce point de fait, le tribunal civil de la Haute-Saône.

» La commune de Saponcourt soutient la négative. Suivant elle, il suffit que le jugement attaqué ait reconnu et déclaré constant le fait que le bois litigieux a autrefois appartenu à cette commune, pour que ce fait ne puisse plus être contesté devant vous, pour que ce jugement ne puisse pas être argué du vice de fausse application de la loi.

» Mais il est évident qu'avec un pareil système, il n'y a point de propriété dont les tribunaux ne pussent impunément dépouiller, soit la république, soit les ci-devant seigneurs, pour en investir les communes.

» Et le tribunal de cassation en a si fortement senti les inconvéniens, que, depuis long-temps, il s'est fait un devoir, dans toutes les affaires de cette nature, d'entrer dans l'examen des faits déclarés par les jugemens soumis à sa censure suprême, et qu'il a, sans hésiter, cassé tous ceux de ces jugemens dans lesquels il a reconnu des erreurs de fait démenties par des actes authentiques.

» Les motifs de cette jurisprudence sont aussi sages que simples.

» La loi n'accorde aux communes la faveur extraordinaire qui fait l'objet de l'art. 8 du décret du 28 août 1792, que sous la condition de justifier qu'elles ont anciennement possédé tel bien ou tel droit d'usage. Si cette condition n'est pas remplie, si la commune réclamante ne présente, au lieu de la preuve exigée par la loi, que des raisonnemens équivoques; si, au lieu de l'évidence qui doit caractériser sa preuve, elle n'offre aux regards de la justice que des nuages plus ou moins épais; en un mot, si, au lieu de *justifier* une possession ancienne, elle n'accumule que des raisons d'en douter; bien évidemment elle n'est point dans le cas de la loi; et la loi ne peut pas lui être appliquée, sans que l'intention du législateur soit enfreinte, sans que le jugement qui la lui applique soit sujet à cassation. Or, comment pouvez-vous juger si l'application de la loi est exacte ou fausse, si ce n'est en appréciant les faits, en discutant les actes, en analysant les preuves? Comment pouvez-vous juger que la condition prescrite par la loi pour la réintégration des communes, a ou n'a pas été remplie, si ce n'est en rapprochant les titres respectivement produits, en les comparant, en pesant les diverses conséquences qui en résultent? Comment pouvez-vous enfin juger qu'il y a ou qu'il n'y a pas lieu à la réintégration d'une commune, si ce n'est en jugeant s'il est ou non prouvé légalement que la commune ait autrefois possédé?

» Et remarquez que, pour qu'il y ait en cette matière fausse application de la loi, il n'est pas nécessaire qu'il soit prouvé que la commune n'a pas possédé anciennement le bien qu'elle réclame; non, la loi n'impose au ci-devant seigneur que la commune cherche à évincer, aucune espèce de preuve; il possède et cela lui suffit. C'est à la commune à prouver l'ancienne possession qu'elle articule et qui fait le fondement de sa réclamation : si elle ne la prouve pas clairement, si elle ne la prouve que

d'une manière obscure, équivoque ou incertaine, le jugement qui convertit en preuves les présomptions plus ou moins fortes qu'elle avance, fait par cela seul une fausse application de la loi; en deux mots, dès qu'il y a doute, la réclamation de la commune doit être rejetée; et si, au contraire, le jugement résoud le doute en faveur de la commune, c'est une raison péremptoire pour qu'il soit cassé.

» Or, dans l'espèce dont il est ici question, non-seulement il est douteux que la commune de Saponcourt ait autrefois possédé le bien connu sous la dénomination de *grand bois*; mais il est prouvé, c'est trop peu dire, il est *démontré* par ses propres titres qu'elle n'en a jamais eu ni la propriété ni la possession.

» Il y a plus encore : il est démontré qu'en jugeant le contraire, le tribunal de la Haute-Saône a violé la foi due aux contrats, et enfreint les lois qui lui faisaient un devoir de maintenir, de respecter, de faire exécuter les conventions passées entre les parties.

» La commune est forcée de convenir que, jusqu'en 1541, ce bois avait appartenu à l'abbaye de Cherlieu.

» Mais elle prétend qu'en 1541 même, l'abbaye de Cherlieu en fit la concession aux habitans, sous la charge de différentes redevances, de corvées, de banalités et de main-morte.

» Qu'à cette époque, il ait été fait, par l'abbaye de Cherlieu, à la commune de Saponcourt, une concession de terres de diverses natures, c'est une vérité à laquelle les deux parties rendent un hommage uniforme, et qui est constatée par la représentation d'une charte authentique.

» Mais que le *grand bois* ait été compris dans cette concession, c'est ce qui ne peut se concevoir, d'après ce qui a immédiatement suivi la charte elle-même.

» En 1542, les habitans de Venizey commirent des voies de fait dans le *grand bois*.

» L'abbaye de Cherlieu se pourvut contre eux en complainte, et obtint, à cet effet, un *mandement de nouvelleté*. Les habitans de Venizey y formèrent opposition.

» Le procès dura cinquante-cinq ans, et fut enfin jugé en faveur de l'abbaye qui, depuis lors jusqu'en 1763, c'est-à-dire, pendant l'espace de près de deux siècles, posséda seule le *grand bois*, sans aucune espèce de réclamation.

» Pourquoi l'abbaye figura-t-elle seule dans ce procès? C'est la première question que l'on se fait là-dessus; et la réponse la plus simple, la plus naturelle, est que l'abbaye plaida seule, parcequ'elle était restée propriétaire du *grand bois*, parceque le *grand bois* n'avait pas été concédé par elle à la commune de Saponcourt.

» La commune, il est vrai, prétend que c'est à la fois, et parcequ'elle n'avait pas encore eu le temps de se former en corps de commune, et parceque l'abbaye devait lui garantir l'effet de sa concession.

» Mais ce son   es conjectures absolument

hasardées, et que dément leur seule invraisemblance.

» D'abord, la charte de 1541 autorise les habitans concessionnaires à se nommer des *échevins* pour régir et administrer leurs affaires communales; et l'on ne voit pas pourquoi ils auraient tant différé à mettre cette autorisation à profit, surtout dans une circonstance où, s'ils eussent été propriétaires du *grand bois*, il leur eût été si intéressant de veiller eux-mêmes à la défense de leur propriété.

» Ensuite, voyons-nous que l'abbaye n'ait agi, dans le procès, que comme garante de la commune de Saponcourt? Il n'y en a pas l'ombre de preuve; et, dès-là, on doit nécessairement croire que c'est en son nom, que c'est comme seule et véritable propriétaire du *grand bois*, que l'abbaye a plaidé contre la commune de Venisey.

» Mais encore qu'a dit, qu'a soutenu l'abbaye dans ce procès? Écoutons les habitans eux-mêmes, page 14 du mémoire imprimé qu'ils produisirent dans la contestation jugée en 1782, au parlement de Besançon : *Dans ce procès, Jean de Nicey* (c'était le nom de l'abbé de Cherlieu, qui avait signé la charte de 1541) *objectait aux habitans de Venizey, qu'il était tellement propriétaire des grands bois de Saponcourt, que, depuis dix ans, il y avait établi des cultivateurs à qui il avait donné la permission d'en réduire de bois à plain* (c'est-à-dire d'en défricher) *12 à 1500 arpens, et qu'il n'était permis à aucune personne* ÉTRANGÈRE DE SAPONCOURT *d'y couper du bois.*

» C'est donc comme propriétaire, comme seul propriétaire, comme propriétaire actuel, de ce qui restait en nature de forêt dans le *grand bois*, que l'abbé de Cherlieu plaidait contre les habitans de Venizey.

» A la vérité, il convenait, et la charte de 1541 justifie parfaitement cette assertion, que des cultivateurs récemment établis par son ordre à Saponcourt, en avaient défriché une très-grande partie; mais en avouant par là que la partie défrichée appartenait à des cultivateurs, il faisait bien entendre que la partie non défrichée était demeurée dans la propriété de l'abbaye.

» C'est ce que le jugement attaqué met dans le plus grand jour, par la manière dont il analyse ce même dire de l'abbé de Cherlieu. En voici les termes, tels que nous les lisions dans la copie signifiée (car dans l'expédition originale, ce passage se trouve tellement dénaturé, qu'il ne présente aucun sens) : *Dans une requête présentée par l'abbé de Cherlieu pour la provision, dans le cours de cette instance, celui-ci reconnaît que les bois litigieux, dits le* grand bois *de Saponcourt, sont ceux dans lesquels les défrichemens ont été faits, et sur lesquels les habitans de Saponcourt devaient avoir les défrichemens.*

» Il est donc bien clair que, dans le procès commencé en 1542, contre les habitans de Venizey, l'abbé de Cherlieu se présentait comme n'ayant concédé aux habitans de Saponcourt que la partie

défrichée du grand bois, et par conséquent comme ayant conservé la propriété de tout ce qui, dans ce terrain, était resté dans sa première nature.

» Quelles ont été les suites de ce procès? Il a été jugé en 1597; ce sont les habitans eux-mêmes qui nous l'apprennent dans leur mémoire imprimé; et par l'arrêt qui intervint à cette époque, l'abbaye de Cherlieu fut maintenue dans la propriété du *grand bois*.

» Si elle n'eût obtenu cet arrêt que comme garante de la commune de Saponcourt et pour le compte personnel de celle-ci, sans doute cette commune eût alors demandé sa réintégration dans le *grand bois*; car, quoi qu'on en dise aujourd'hui, il n'était pas possible qu'après cinquante-cinq ans, il n'y eût plus personne dans la commune qui se fût souvenu de la concession de 1541. Cette concession d'ailleurs avait été faite devant notaires sous les sceaux de l'officialité de Besançon et du bailliage impérial d'Amont, en présence d'un grand nombre de témoins, pris dans le clergé, dans ce qu'on appelait alors la *noblesse*, et dans la classe des hommes de loi.

» Cependant la commune laisse jouir paisiblement l'abbaye de l'effet de l'arrêt de 1597; en conséquence, l'abbaye continue de posséder le *grand bois*, et personne ne pense à l'y troubler.

» Le mémoire imprimé pour la commune dans le procès jugé en 1782, nous apprend, page 15, qu'en 1612 et en 1722, il fut fait deux terriers, dans lesquels la commune reconnut que le *grand bois* appartenait à l'abbaye, et se borna à y réclamer un *droit d'usage.*

» Il y est dit encore que les articles de cette reconnaissance furent déclarés, par les terriers mêmes, *conformes à la charte de* 1541.

» En 1763, la commune, une expédition de cette charte à la main, réclame le *grand bois*, le bois du *Couvremont* et le bois de *Clairs-Chênes*. Elle soutient que la charte lui a concédé la pleine propriété de ces trois bois; et s'appuyant sur l'imprescriptibilité des engagemens réciproquement contractés entre elle et l'abbaye, elle écarte le moyen que l'abbaye aurait pu tirer de sa possession.

» L'abbaye, de son côté, reconnaît qu'elle n'a pas pu prescrire contre la commune la propriété des objets qui formaient le prix de l'asservissement de celle-ci à main-morte; elle reconnaît aussi que les bois du *Couvremont* et des *Clairs-Chênes* ont été concédés à la commune par la charte de 1541, et qu'elle en fait l'abandon aux habitans.

» Mais à l'égard du *grand bois*, elle soutient que la charte n'en fait pas concession à la commune, et un procès s'engage sur ce point devant le bailliage de Vesoul.

» Le bailliage de Vesoul déboute la commune et maintient l'abbaye; et sur l'appel, après une longue instruction, il intervient, au parlement de Besançon, en 1782, arrêt qui confirme la sentence.

» Cet arrêt mérite ici d'autant plus de considération, qu'il a été rendu sans aucune espèce d'égard pour la possession de l'abbaye, et comme il eût pu l'être le lendemain de la signature de la charte; car il était reconnu au procès, que les clauses de la charte étaient inaltérables et imprescriptibles; et d'après ce principe, les parties se trouvaient à l'avance dans la position où, depuis, l'art. 8 de la loi du 28 août 1792 a placé toutes les communes.

» Il est donc vrai, comme nous l'avons avancé, que tout ce qui s'est passé depuis la charte de 1541 résiste irréfragablement à l'idée que, par cette charte, l'abbaye de Cherlieu ait concédé à la commune de Saponcourt la propriété du *grand bois*.

» Mais analysons la charte elle-même, et bientôt nous verrons que, loin de concéder le *grand bois* à la commune de Saponcourt, elle l'a, au contraire, réservé de la manière la plus positive à l'abbaye.

» A cet égard, deux choses sont principalement à examiner :

» Quels sont les objets que la charte concède aux habitans?

» Quels sont les objets qu'elle réserve à l'abbaye?

» Sur le premier point, il faut bien se garder de confondre le préambule de la charte avec son dispositif.

» Dans le préambule, l'abbaye de Cherlieu déclare que les *bois et finages de Saponcourt* lui appartiennent *pour le tout, tant en propriété qu'en justice haute, moyenne et basse; que, depuis quelque temps, partie a été mise en nature de valeur, tant en terres labourables, prés, vignes* ET PORTION LAISSÉE EN USAGE *aux habitans, le tout montant à 15 ou 1800 journaux, sous l'espoir d'y pouvoir ériger et construire maisons et édifices pour y faire leur demeurance perpétuelle.*

» Ainsi, avant la concession, l'on distinguait dans Saponcourt, les *bois* d'avec le *finage*, c'est-à-dire, d'avec le terroir proprement dit. Le tout avait été long-temps inculte; mais depuis peu, il en avait été converti une portion en terres labourables, en prés et vignes. Le surplus avait été laissé *en usages;* Et ce surplus en quoi consistait-il ? Etait-ce en bois? Était-ce en landes? La charte ne s'explique point là-dessus. Mais avançons; le dispositif va tout éclaircir.

» *Les habitans et chacun d'eux respectivement* (y est-il dit), *tant conjointement que divisément, jouiront dorénavant desdits 15 ou 1800 journaux de* TERRES, *et d'iceux en feront leur profit chacun en droit soi.*

» La charte ne concède, comme vous le voyez, que des *terres;* il n'est point là question de *bois;* et la conséquence qui sort naturellement de là, c'est que, dans les 15 ou 1800 journaux concédés, il n'existait plus de bois à l'époque de la concession; c'est que la concession n'a porté que sur les parties du bois qui se trouvaient alors défrichées.

» En veut-on une preuve sans réplique? C'est

que, l'année suivante, en 1542, les moines de Cherlieu, plaidant contre la commune de Venezey, qui se prétendait propriétaire du *grand bois*, posent en fait que les habitans de *Saponcourt* ne doivent avoir dans ce bois que *les défrichemens;* c'est-à-dire, en d'autres termes, que les parties non défrichées, les parties existantes encore en nature de bois, n'avaient pas été concédées à la commune de Saponcourt.

» Cette preuve ne paraît-elle pas suffisante? En voici une autre plus péremptoire encore. C'est immédiatement après la concession des terres, que la charte de 1541 ajoute la concession *d'un canton de bois contenant 50 journaux, nommé* Couvremont, *et d'une autre pièce de bois nommée les* Clairs-Chênes, *contenant aussi environ 50 journaux.*

» Assurément, s'il eût été dans l'intention de l'abbaye de concéder, par la première partie du dispositif de la charte, tous les bois non défrichés, il eût été inutile, parlons plus juste, il eût été absurde, de comprendre dans deux articles séparés, la concession spéciale des bois du *Couvremont*, et des *Clairs-Chênes*. Et c'est ici, ou ce ne sera jamais le cas de la maxime; *inclusio unius est exclusio alterius.*

» La commune de Saponcourt a senti toute la force de cet argument, et il est curieux de voir de quelle manière elle a cherché à y répondre.

» Elle a prétendu la rétorquer contre la république, et voici comment.

» Vous supposez, a-t-elle dit, que la charte m'a concédé la propriété des bois du *Couvremont* et des *Clairs-Chênes;* mais point du tout, elle ne m'en a concédé que l'usage. C'est donc par exception à la concession générale de propriété contenue dans la première partie du dispositif de la charte, qu'il a été ajouté deux articles séparés dans lesquels il a été parlé successivement de ces deux bois; et il en a été parlé, non pas pour faire entendre que les bois autres que ceux des *Clairs-Chênes* et du *Couvremont* ne m'étaient pas concédés; mais uniquement pour expliquer que les bois des *Clairs-Chênes* et du *Couvremont* ne m'étaient concédés qu'en usage, tandis que les autres l'étaient en propriété.

» Il est certes bien étrange de voir aujourd'hui la commune se restreindre, sur les bois du *Couvremont* et des *Clairs-Chênes*, à la simple qualité d'usagère, après avoir, en 1763, exigé que ces deux bois lui fussent abandonnés en pleine propriété, après en avoir, depuis ce temps, joui comme seule propriétaire, et tandis qu'aujourd'hui encore c'est comme propriétaire qu'elle les possède.

» Et sur quoi se fonde-t-elle pour soutenir, contre ses propres intérêts, que la charte de 1541 ne lui a concédé que l'usage de ces bois ?

» Elle se fonde, relativement au bois du Couvremont, sur ce qu'après avoir dit que les habitans *jouiront* et *feront leur profit, chacun en droit de soi, des 15 à 1800 journaux de terres,* ENSEMBLE

48

d'un canton de bois nommé Couvremont, la charte ajoute : *fors et réservés les chênes qui demeureront pour faire leurs édifices, et le gland d'iceux pour servir de paisson à leurs bêtes porcelines.*

» Est-ce à dire pour cela que le bois du *Couvremont* n'appartiendra pas en toute propriété aux habitans? Non, il en résulte seulement que les habitans ne pourront pas dénaturer la propriété que l'abbaye leur abandonne, et qu'ils seront obligés de la laisser en bois, afin d'avoir toujours des *chênes* pour bâtir leurs maisons, et des glands pour nourrir leurs porcs. Par là, le donateur ne fait que régler la manière dont les concessionnaires devront user de leur propriété; et il y est grandement intéressé, puisqu'il ne fait sa concession, ainsi qu'il s'en explique formellement, que pour faciliter l'établissement d'une commune dans le territoire de Saponcourt; et que son but pourrait manquer, s'il était permis aux concessionnaires de défricher le bois, et par ce moyen de priver leurs successeurs des ressources nécessaires pour construire des maisons et élever des bestiaux.

» Et remarquez que, si, de cette précaution du donateur, on pouvait conclure qu'il n'a pas concédé la propriété du bois du *Couvremont*, il faudrait aller jusqu'à dire qu'il n'a pas même concédé la propriété des terres défrichées, et que la charte ne contient à tous égards qu'une simple concession d'usage; car voici ce que porte la charte : *Item ; pourront lesdits habitans, chacun d'eux, faire construire, ériger et édifier meix, maisons, pourpris et accins audit Saponcourt, et au lieu pour ce marqué et montré, chacun desquels accins et pourpris contiendra un journal et demi, et* NON PLUS....; et quatre pages après, la charte dit encore : *et ce s'entend que chacun habitant n'aura, comme dessus est dit, pour faire sa maison, grange, pourpris et accins, qu'un journal et demi.*

» Par ces deux clauses, l'abbaye modifie, d'une manière bien frappante, l'exercice de la propriété qu'elle concède aux habitans, et elle le fait dans la vue de multiplier les habitations, en empêchant qu'on n'en fasse de trop grandes.

» Mais certainement, elle n'entend pas, par ces modifications, restreindre les habitans à la qualité d'usagers des fonds qu'elle leur concède pour se bâtir des maisons.

» Il en est de même du bois du Couvremont : en empêchant que les habitans ne le dénaturent, en les obligeant d'y conserver les chênes qui y existent, l'abbaye n'ôte rien à la propriété qu'elle leur en a concédée, elle ne réduit pas sa concession à un simple droit d'usage.

» Quant au bois des *Clairs-Chênes*, la charte porte, à la vérité, que les habitans en jouiront *en droit d'usage;* mais elle ajoute aussitôt qu'ils en jouiront *en telle liberté que le bois du Couvremont.* La concession du *Couvremont* sert donc de modèle à la concession des *Clairs-Chênes;* l'éten-

due de celle-ci doit donc se mesurer par l'étendue de celle-là; et puisque la concession du *Couvremont* est une véritable concession de propriété, il est impossible que la concession des *Clairs-Chênes* ne soit qu'une simple concession d'usage.

» Au surplus, tous les doutes qui auraient pu rester là-dessus ont été résolus par le fait : la commune a soutenu, en 1763, que les bois du *Couvremont* et des *Clairs-Chênes* lui avaient été concédés en toute propriété; et l'abbaye de Cherlieu a souscrit à sa prétention, en lui abandonnant la propriété de ces bois. C'est donc un point irrévocablement décidé.

» Mais, dès-lors, l'argument qui résulte de la mention spéciale que fait la charte de ces deux bois, subsiste dans toute sa force; et encore une fois, une preuve irréfragable que la charte, dans la première partie de son dispositif, ne concède aux habitans que des *terres* proprement dites, une preuve irréfragable que, dans cette première partie, elle ne lui concède pas les bois non encore défrichés, c'est qu'elle fait, des deux bois du *Couvremont* et des *Clairs-Chênes*, une concession particulière et séparée, concession qui formerait un vrai pléonasme et porterait le caractère d'une absurdité choquante, si la concession des 15 à 1800 *journaux de terres* comprenait celle de tous bois.

» Ce n'est pas tout : en examinant les objets que l'abbaye se réserve par sa charte, nous nous convaincrons de plus en plus que la concession des bois autres que ceux du *Couvremont* et des *Clairs-Chênes*, a été fort éloignée de son intention.

» La charte porte que *les habitans et chacun d'eux, pourront mener en temps de grenier, jusqu'au nombre de chacun six porcs, en tous les bois seign...iaux dudit Saponcourt, excepté les deux bois et garennes retenus et réservés par lesdits vénérables, selon qu'il est ci-après déclaré; réservé aussi le bois qui pourra être en taillis jusqu'après le revenu de la quinte feuille, en payant par chacun porc quatre niquets, ou huit deniers.*

» Voilà donc les habitans concessionnaires d'un droit de glandée dans les bois seigneuriaux, à l'exception néanmoins de deux bois dont il est parlé plus bas, et qui s'appellent l'un les *Ombrages*, l'autre le *bois de Broy.*

» Et ce droit de glandée, les habitans n'en doivent jouir qu'à la charge d'une redevance de *quatre niquets* par tête de porc; et encore ne pourront-ils introduire leurs porcs dans les taillis au-dessous de l'âge de six ans.

» Maintenant, est-il concevable que l'abbaye ait concédé la propriété des bois qu'elle qualifie elle-même de bois *seigneuriaux,* c'est-à-dire, dépendans de la seigneurie, appartenant à la seigneurie? Est-il concevable qu'en assujétissant les bois seigneuriaux à un droit de glandée, elle n'en retienne pas la propriété?

» Bien évidemment; un pareil asservissement

emporte la réserve de la propriété ; c'est la conséquence nécessaire de la maxime, *res sua nemini servit.*

» Or, quels sont les *bois seigneuriaux* sur lesquels la charte accorde ainsi aux habitans un droit de servitude ? Il n'y en a pas, et il ne peut pas y en avoir d'autres, que les *grands bois*, puisque, de l'aveu de toutes les parties, les seuls bois qui existent dans le territoire de Saponcourt, sont, d'une part, les bois des *Ombrages* et de *Broy* que la charte soustrait formellement au droit de glandée, et de l'autre, les bois du *Couvremont* et des *Clairs-Chênes* dont la charte concède la propriété aux habitans, et qui, par cela seul qu'ils cessent d'appartenir à la seigneurie, cessent d'être *bois seigneuriaux.*

» Donc les *grands bois* n'ont été assujétis par la charte qu'à un droit de glandée envers les habitans. Donc les habitans n'en sont pas devenus propriétaires par la charte. Donc l'abbaye de Cherlieu en a conservé la propriété.

» A cet argument que nous osons appeler invincible, que répond la commune de Saponcourt ?

» Elle répond, et c'est ici que paraît dans tout son jour le désespoir de sa défense, elle répond, avec le jugement attaqué, que *les bois seigneuriaux* sur lesquels la charte accorde un droit de glandée aux habitans, peuvent très-bien être les bois dits *la Communaille* et *Moys* ; qu'ainsi, on n'est pas obligé de recourir aux *grands bois* de Saponcourt, pour trouver l'application des mots *bois seigneuriaux* qu'emploie la charte.

» Mais d'abord, remarquons une chose fort essentielle : c'est que la charte ne dit pas simplement *bois seigneuriaux,* elle dit *bois seigneuriaux de Saponcourt.* C'est donc dans le territoire de Saponcourt que sont situés les bois dépendant de la seigneurie, les bois appartenant à la seigneurie, sur lesquels la charte concède aux habitans un droit de glandée.

» Ensuite, est-ce dans le territoire de Saponcourt que sont situés les bois de la *Communaille* et de *Moys*? Est-ce de la seigneurie de Saponcourt que dépendent ces deux bois? Est-ce à la seigneurie de Saponcourt qu'ils appartiennent ?

» Non, ils sont situés dans le territoire de Contréglise ; et c'est dans les productions de la commune elle-même, que nous en trouvons la preuve.

» Dans un mémoire intitulé, *Découverte de cinq chartes de l'abbaye de Cherlieu,* et qui a été produit par la commune dans le procès jugé en 1782, nous lisons ce qui suit, page 9 : *Les territoires sont différens ; la Communaille est du territoire de Contréglise, et provient des seigneuries de ce lieu.... Les grands bois sont du territoire de Saponcourt.*

» Et la preuve qu'en effet les bois de la Communaille sont étrangers à ce dernier territoire, c'est que la commune elle-même rapporte une charte de l'an 1268, par laquelle Béatrice, veuve de Simon d'Annegrey, et ses enfans, seigneurs de

Contréglise, déclarent abandonner aux moines de Cherlieu tous leurs droits sur *le bois et la terre de Communaille qui sied entre Saponcourt et Tramoncourt,* et leur céder en même temps un droit de parcours sur tout le territoire de Contréglise.

» Du reste, il paraît que cette charte n'a eu aucun effet quant au bois de la *Communaille,* et que les habitans de Contréglise en sont demeurés propriétaires ; car la commune de Saponcourt dit elle-même, page 8 du mémoire déjà cité, que *la forêt de la Communaille est possédée par les habitans de Contréglise* ; et c'est ce que vérifie parfaitement le plan qu'elle a produit. Raison de plus pour ne pas appliquer aux *bois seigneuriaux de Saponcourt,* dont il est parlé dans la charte de 1541, la dénomination de *bois de la Communaille.*

» Quant au bois de *Moys,* non-seulement il est, comme celui de la *Communaille,* étranger au territoire de Saponcourt ; non-seulement il forme, comme celui de la *Communaille,* une portion intégrante du territoire de Contréglise ;

» Mais les moines de Cherlieu n'en ont jamais été propriétaires et encore moins seigneurs ; ils n'y ont jamais eu qu'un droit d'usage sur un quart, et un droit de glandée sur le tout ; droit de glandée qui n'est pas indéfini, comme celui qu'ils ont concédé en 1541, sur les bois seigneuriaux de Saponcourt ; mais limité à un nombre fixe de porcs nourris dans la *grange* ou ferme que l'abbaye possédait à Saponcourt même.

» Tout cela est prouvé textuellement par des chartes de 1189, 1212 et 1228, que la commune cite dans le même mémoire dont nous parlions tout à l'heure, pages 2, 3 et 4.

» Viric d'Annegrey, co-seigneur de Contréglise (est-il dit dans la première), a donné à l'abbaye de Cherlieu, du consentement de son père, de sa mère, de son épouse et de son fils, un droit d'usage dans la quatrième partie du bois de *Moys,* et a approuvé les bornes plantées entre les bois de Moys et le bois de Saponcourt : *Viricus d'Annegrey, laudantibus patre suo, uxore et filio, dedit domui cari loci usagium quartæ partis in bosco de Moys, et laudavit metas ejusdem bosci et de Saponcourt.*

» Une autre charte ajoute : *Nerduinus miles.... dedit.... in nemore de Moys, panagium ad centum porcos pro grangiâ de Saponcourt.*

» Et ce qui prouve encore bien positivement que jamais on n'a confondu les bois de Moys avec ceux de Saponcourt, que jamais les bois de Moys n'ont été possédés par les moines de Cherlieu, et qu'au contraire ils sont toujours restés dans la propriété des seigneurs de Contréglise, c'est qu'à la page 4 du grand *mémoire* imprimé pour la commune de Saponcourt, dans le procès jugé en 1782, nous trouvons une note ainsi conçue : *Madame la marquise de Rosen vient de vendre au sieur de Saint-Fergueux, la moitié de la forêt de Moys qui touche les bois litigieux. Cette portion contient* 211 *arpens.*

» Il est donc bien clair que ce n'est pas des bois de *Moys* qu'a voulu parler la charte de 1541, quand elle a concédé aux habitans un droit de glandée indéfini sur les *bois seigneuriaux de Saponcourt.*

» On sent d'ailleurs que, par cette charte, les moines de Cherlieu n'avaient pas pu transférer aux habitans plus de droits qu'ils n'en avaient sur les bois de Moys. Or, ils n'avaient sur les bois de Moys qu'un droit de glandée limité; ils ne pouvaient donc pas leur céder sur ces bois un droit de glandée indéfini.

» Ajoutons encore que leur droit de glandée était spécialement affecté à leur ferme de Saponcourt, et qu'il eût été contre leur intérêt de dépouiller cette ferme d'une ressource qui lui était nécessaire pour nourrir les porcs qu'on y élevait.

» Mais si la dénomination de *bois seigneuriaux de Saponcourt,* employée dans la charte de 1541, ne peut s'appliquer, ni au bois de *Moys,* ni au bois de la *Communaille,* quel parti reste-t-il à prendre? Point d'autre, que d'appliquer cette dénomination aux bois litigieux, au *grand bois* de Saponcourt, puisque encore une fois, il n'y a dans le territoire de Saponcourt aucun autre bois auquel elle puisse convenir.

» Donc, nous ne saurions trop le répéter, c'est le *grand bois* qui a été assujéti, par la charte de 1541, à un droit de glandée envers les habitans.

» Donc c'est le *grand bois* qui a été qualifié par la charte de 1541, de *bois seigneuriaux,* c'est-à-dire, de bois dépendans de la seigneurie, de bois appartenans à la seigneurie.

» Donc le *grand bois* n'a pas été concédé en propriété par la charte de 1541.

» Ici, la commune nous arrête par une objection qui n'a pas même le mérite d'être spécieuse.

» Par la charte de 1541, dit-elle, l'abbaye s'est réservé spécialement le bois de *Broy,* le bois des *Ombrages,* une garenne et un enclos seigneurial. Or, il est de principe que l'exception confirme la règle; ainsi, au particulier, tout ce qui n'est pas réservé, se trouve nécessairement concédé; et comme le grand bois n'est pas compris dans la réserve, il faut nécessairement qu'il le soit dans la concession.

» Mais d'abord si, par la charte de 1541, l'abbaye se réserve un terrain propre à y former un enclos seigneurial, c'est parceque ce terrain, faisant partie des fonds défrichés, aurait été, sans cette clause, enveloppé dans la concession. Cette clause ne prouve donc rien quant au grand bois, puisque la concession ne porte que sur les fonds défrichés.

» En second lieu, la charte indique elle-même quel était l'objet de la réserve du bois de Broy, du bois des *Ombrages* et de la garenne : c'était, non pas d'excepter ces deux bois et cette garenne de la concession en propriété que stipule le premier article, mais de les excepter du droit de glandée;

auquel, par l'un des articles subséquens, se trouvent asservis les bois seigneuriaux de Saponcourt. Répétons les termes que nous avons déjà cités : *Item, pourront iceux habitans et chacun d'eux mener, en temps de grenier, jusqu'au nombre de chacun six porcs, en tous les bois seigneuriaux dudit Saponcourt, excepté les deux bois et garenne retenus et réservés par lesdits vénérables, selon qu'il est ci-après déclaré.*

» Loin donc que cette réserve prouve en faveur des habitans, il en sort contre eux un argument sans réplique : elle démontre, jusqu'à la dernière évidence, que l'abbaye a conservé la propriété, non-seulement des deux bois et de la garenne dont il s'agit, mais encore des autres *bois seigneuriaux de Saponcourt,* c'est-à-dire, en d'autres termes, du *grand bois,* du bois litigieux.

» Maintenant venons aux deux jugemens qui, dans cette affaire, ont prononcé en faveur de la commune, et pesons-en les motifs.

» Le jugement arbitral du 22 octobre 1793 s'appuie d'abord sur ce que, *par la charte de* 1541, *tout le territoire de Saponcourt a été concédé aux habitans, et que les* GRANDS BOIS *font partie de ce territoire.*

» Rien de plus faux que la première de ces assertions. La charte de 1541 concède si peu aux habitans tout le territoire de Saponcort, que l'abbaye n'y prend même pas la précaution de se réserver la *grange* ou *ferme* qu'elle y possédait dès le treizième siècle. Il est bien parlé de cette grange comme encore existante, mais ce n'est point par forme de réserve; et cependant une réserve formelle eût été nécessaire, si la totalité du territoire eût été concédée.

» Dans l'exacte vérité, la charte ne concède que des *terres :* ce mot *terres* est expressément employé dans la concession, la concession n'en emploie pas d'autres; et si elle eût compris dans cette expression la totalité du territoire, non-seulement il eût été inutile de faire deux articles à part pour concéder les bois du *Couvremont* et des *Clairs-Chênes,* mais il eût été absurde de ne concéder ensuite, sur les *bois seigneuriaux,* qu'un simple droit de glandée.

» *L'abbaye de Cherlieu* (disent encore les arbitres) *s'est réservé plusieurs portions de bois, et n'a fait aucune réserve des grands bois, plus importans que chacun de ceux réservés; donc les bois font partie de la concession.*

» Nous avons déjà réfuté ce motif; et il suffit de répéter que, d'une part, les *grands bois* ont été réservés, par cela seul qu'ils n'ont été assujétis qu'à un droit de glandée; de l'autre, que la réserve des bois du *Broy* et des *Ombrages* n'avait point d'autre objet que de les excepter de l'assujétissement général des bois seigneuriaux à cette servitude.

» Troisième motif des arbitres : *les bois seigneuriaux sur lesquels l'abbaye n'a concédé qu'un droit de glandée, ne sont point les grands bois, mais bien , entre autres , la forêt de* COMMUNAILLE, *située sur le territoire de Contréglise.*

» Dès que la forêt de Communaille est située sur le territoire de Contréglise, il est impossible de l'identifier avec les *bois seigneuriaux* dont parle la charte , puisque la charte dit expressément que ces bois seigneuriaux sont situés dans le territoire de Saponcourt.

» Quatrième motif : *les abbé et religieux , et la nation qui les représente , n'ayant jamais justifié d'aucun titre d'acquisition des grands bois concédés en* 1541 *, la loi du 28 août* 1792*, art. 8, exige la réintégration des habitans.*

» Nous avons démontré que les grands bois n'ont pas été compris dans la concession de 1541 ; la nation n'a donc pas besoin de titre d'acquisition postérieur à cette époque.

» Cinquième motif : *quand il y aurait égalité de titre , le plus favorable à la commune doit être préféré , suivant l'art.* 12 *de la loi du 28 août* 1792.

» C'est ici une pure équivoque, une véritable confusion de mots.

» L'article cité par les arbitres , porte : *Pour statuer sur les demandes en révision ; cassation ou réformation de cantonnement , ou sur des questions de propriété , de servitude ou d'usage, s'il y a concours de plusieurs titres , le plus favorable aux communes et aux particuliers sera toujours préféré , sans avoir égard au plus ou moins d'ancienneté de leurs dates , ni même à l'autorité de la chose jugée en faveur des ci-devant seigneurs.*

» Quelle est la conséquence à tirer de cet article? C'est que, s'il est produit deux titres , dont l'un déclare une commune propriétaire et l'autre la réduit à un droit d'usage , ou dont l'un la déclare usagère et l'autre établit qu'elle n'a pas même cette qualité , la préférence doit être donnée au premier sur le second , indépendamment de la règle générale qui fait toujours céder les titres plus anciens aux plus récens , *posteriora derogant prioribus.*

» Voilà tout ce que dit , voilà tout ce que veut l'article invoqué par les arbitres.

» Et bien certainement, il ne dit pas que, si un titre est douteux, on l'interprétera en faveur de la commune plutôt qu'en faveur de celui qui, depuis plusieurs siècles, possède, comme propriétaire, les fonds que la commune vient réclamer.

» Il ne déroge pas à la maxime qui veut que, dans le doute, l'on interprète le titre par la possession, *talis præsumitur titulus qualis apparet usus et possessio.*

» En un mot, il laisse subsister la disposition de l'art. 8 de la même loi, qui n'admet les communes à rentrer dans les biens qu'elles prétendent avoir anciennement possédés, qu'en *justifiant* qu'effectivement elles en ont eu anciennement la possession.

» Il ne permet pas qu'au lieu de *justifier ,* la commune se borne à *faire douter* ; il n'accorde pas à des *doutes ,* le privilège qu'il réserve à une *preuve*

véritable et complète, de faire réintégrer les communes dans ce qu'elles appellent leurs anciennes propriétés.

» Les motifs du jugement arbitral n'ont donc pas l'ombre de fondement. Passons à ceux du jugement rendu sur l'appel.

» Le premier et celui d'où découlent tous les autres, se trouve réfuté à l'avance par les observations que nous venons de faire sur le jugement arbitral : c'est celui qui consiste à dire que l'abbé de Cherlieu a acensé aux habitans, par la charte de 1541, *la généralité du territoire et finage de Saponcourt.* Nous avons prouvé démonstrativement que la concession ne portait que sur les *terres ;* ainsi, le jugement attaqué repose sur une base absolument fausse.

» Le second motif est que, d'après la charte de 1541, l'abbé de Cherlieu ne devait plus posséder sur le terroir de Saponcourt, que les réserves qu'il s'était faites.

» Pour les terres proprement dites et nouvellement défrichées, *oui* ; et voilà pourquoi il a fallu une réserve expresse, relativement aux terres destinées à former l'enclos seigneurial.

» Pour les terres anciennement défrichées , *non* ; et voilà pourquoi l'abbé ne s'est pas réservé expressément la ferme qui existait depuis long-temps à Saponcourt.

» Pour les terrains existans en nature de bois, *non encore;* et voilà pourquoi la commune n'aurait ni le bois du *Couvremont ,* ni le bois des *Clairs-Chênes ,* si la charte ne les lui eût concédés nommément. Voilà pourquoi encore la charte ne donne aux habitans qu'un droit de glandée sur les *bois seigneuriaux de Saponcourt,* quoique ces bois ne fussent pas spécialement réservés à l'abbaye.

» Le troisième motif a quelque chose de plus apparent que les deux premiers. Il est tiré de ce que la charte de 1541 fixe à 15 ou 1800 journaux, l'étendue des terres qu'elle concède aux habitans, et qu'il s'en faut précisément de la contenance du *grand bois,* que les possessions des habitans aient cette étendue. Le jugement attaqué conclud de là que le *grand bois* était compris dans la concession.

» C'était aussi le grand argument de la commune, dans le procès jugé à Besançon en 1782. L'arrêt rendu à cette époque n'y a eu aucun égard, et nous ne craignons pas de dire qu'il a très-bien jugé.

» D'abord, nous voyons par le mémoire de la commune, que les moines opposaient alors à cet argument un fait péremptoire : ils disaient que, si les habitans de Saponcourt ne jouissaient pas de toute l'étendue de terrain qui leur avait été concédée par la charte de 1541, c'était parcequ'ils avaient souffert l'usurpation d'une partie de leur territoire du côté de *Polaincourt.* A la vérité, nous n'avons pas sous les yeux les preuves que les moines fournissaient à l'appui de cette assertion décisive ; mais ne suffit-il pas que l'arrêt ait alors prononcé en leur faveur, pour que nous soyons en droit de dire que leurs preuves étaient complètes?

» En second lieu, dans un aussi long intervalle de temps, les mesures ont pu éprouver des changemens notables; et il n'est rien moins que démontré que l'arpentage fait dans le procès jugé en 1782, l'ait été à la même mesure qui se trouve déterminée par la charte de 1541.

Troisièmement, ce qui prouve que la charte de 1541 n'a pas mis une grande exactitude dans l'énoncé des mesures, c'est, d'une part, qu'elle ne donne au bois des Clairs-Chênes qu'une étendue de 50 journaux, tandis que, suivant le plan produit par la commune, il en a 58 un quart, et 10 perches trois quarts; c'est, d'un autre côté, qu'elle donne également 50 journaux au bois du *Couvremont*, tandis que, par le plan, il n'en a que 57 trois quarts et 12 perches trois quarts.

» Quatrièmement, quel fond peut-on faire sur une énonciation aussi vague que celle *de 15 à 1800 arpens?* On ne peut pas assurément de meilleure preuve que les terrains concédés n'ont pas été mesurés avant la concession, et que l'étendue n'en a été évaluée que par des approximations nécessairement fautives.

» Et en vain objecte-t-on que la charte elle-même énonce que les terrains concédés avaient été *arpentés et limités.*

» Si la charte l'énonçait effectivement, elle se contredirait elle-même; car il est impossible que les moines aient eu sous les yeux un arpentage régulier et complet de ce qu'ils concédaient, et qu'en même temps ils n'aient pas su la juste étendue de ce qu'ils concédaient effectivement. On ne parle pas par *environ*, on ne laisse pas prise à une différence de 300 journaux, lorsqu'on sait précisément ce que l'on possède.

» Que signifie donc le passage de la charte où il est parlé d'arpentage? Il signifie tout simplement qu'un arpenteur juré avait, non pas arpenté les terres concédées, pour en déterminer la contenance entre l'abbaye et les concessionnaires, mais arpenté et limité ces mêmes terres, pour régler les portions des concessionnaires entre eux; il signifie que l'abbaye avait concédé les terres en bloc, *per aversionem*, et que la distribution en avait été faite entre les habitans par un arpenteur qui avait fixé et limité le lot de chacun.

» C'est là en effet le sens naturel de ces mots: *Et d'iceux en feront leur profit, chacun endroit soi, et ainsi qu'il leur a été limité et arpenté par Jacques Robichon, arpenteur juré, et que ce pourra faire pour semblable à tous autres qui pourront et voudront venir résider en ladite ville de Saponcourt.*

» Ces derniers termes surtout dissipent, à cet égard, toute espèce de doute. Il en résulte que, s'il vient de nouveaux habitans à Saponcourt, il se fera également un arpentage pour déterminer leurs portions. C'est bien la preuve que l'arpentage qui

avait été fait, ne concernait que les concessionnaires entre eux.

» Et ce qui prouve encore très-clairement que l'arpentage de ces 15 à 1800 journaux n'avait pas été fait entre l'abbaye et les habitans, mais seulement entre eux, c'est qu'en concédant les bois du *Couvremont* et des *Clairs-Chênes,* la charte ne dit pas qu'ils aient été arpentés. Pourquoi, en effet, ne l'ont-ils pas été? Parceque les habitans devaient en jouir en commun, parceque, pour une pareille jouissance, il était inutile de déterminer le lot de chacun.

» Et, pour le dire en passant, cette différence, dans la manière de procéder par rapport aux terres concédées par le premier article, et aux deux bois concédés par les deux articles suivans, forme une preuve de plus, mais une preuve irrésistible qu'il ne se trouvait point de bois dans le premier article de la concession; puisque, s'il s'en fût trouvé, les habitans eussent dû en jouir en commun, et que, dès-là, il n'eût pas fallu d'arpentage pour limiter le lot de chaque portionnaire.

» Le quatrième motif du jugement attaqué est que *le canton dit le Grand-bois a été reconnu par l'abbé de Cherlieu, dans le procès qu'il soutint en 1542 contre la commune de Venizey, comme faisant partie du territoire de Saponcourt.*

» Oui, mais l'abbé de Cherlieu a en même temps articulé que ce bois lui appartenait, qu'il en était tellement propriétaire, que c'était lui qui, depuis 10 ans, avait permis aux habitans de Saponcourt d'y faire des défrichemens; et que les habitans *devaient en avoir les parties défrichées.*

» Certes, on ne présumera pas qu'à une époque aussi rapprochée de la concession, l'abbé de Cherlieu ait cherché à la défigurer, surtout dans un procès où elle formait un titre de possession contre ses adversaires, dans un procès où il lui importait fort peu de convenir qu'il eût concédé aux habitans de Saponcourt autre chose que les parties défrichées du *grand bois;* dans un procès où d'ailleurs les habitans de Saponcourt auraient pu intervenir pour lui donner un démenti formel sur la restriction qu'il mettait à sa concession, en la présentant comme limitée aux parties défrichées.

» Il s'en faut donc beaucoup que ce qu'a dit l'abbé de Cherlieu dans ce procès, puisse être aujourd'hui opposé à la république; ce qu'il y a dit, est, au contraire, pour la république, le commentaire le plus lumineux et le plus décisif qu'elle puisse invoquer, de la charte de 1541.

» Pour quatrième motif, le jugement attaqué énonce que l'on doit présumer que le *grand bois* a été usurpé sur ceux du *Couvremont* et des *Clairs-Chênes,* qui ont été restitués.

» Où en seraient donc les propriétés nationales, si une pareille présomption était jugée suffisante pour dépouiller la république d'un bien qu'elle possède depuis plusieurs siècles, et si elle devait l'emporter sur les preuves positives que la charte même de 1541 renferme de la non-concession de ce bien?

»Quelles différences d'ailleurs entre le *grand bois* et les bois du *Couvremont* et des *Clairs-Chênes!*

» En 1612 et 1722, la commune de Saponcourt réclamait, dans ses déclarations au terrier seigneurial, la propriété des bois du *Couvremont* et des *Clairs-Chênes*, tandis que, par les mêmes actes, elle avouait que la propriété du *grand bois* appartenait aux moines de Cherlieu.

» La commune avait donc, dès-lors, une exacte connaissance de ses véritables droits; et rien ne peut mieux justifier l'hommage qu'à cette époque elle rendait à ceux de l'abbaye.

» En 1763, la commune produit une expédition de la charte de 1541; et sur le champ, l'abbaye, sans plaider, sans attendre un jugement, lui abandonne les bois des *Clairs-Chênes* et du *Couvremont*. Pourquoi ne lui aurait-elle pas également abandonné le *grand bois*, si elle eût eu pardevers elle des actes ou des documens qui l'eussent assurée que le *grand bois* eût été compris dans la concession de 1541? Assurément, une pareille conduite est loin de prouver que l'abbaye de Cherlieu cherchât à usurper les propriétés de la commune de Saponcourt.

» Le cinquième et dernier motif du jugement attaqué repose sur l'application qu'il a à faire aux bois de la Communaille et de Moys, c'est-à-dire, à deux bois indépendans de la seigneurie de Saponcourt, de la clause de la charte de 1541, dans laquelle il est question des *bois seigneuriaux de Saponcourt* même.

» Mais déjà nous avons pulvérisé ce motif, en répondant aux objections de la commune.

» Il reste donc que le jugement attaqué ne présente pas un seul motif qui puisse soutenir le choc d'une discussion sérieuse; que ce jugement a fait la violence la plus fortement caractérisée aux stipulations contenues dans la charte de 1541; qu'il les a torturées avec une scandaleuse subtilité, pour leur faire dire ce qu'elles ne disent pas; qu'il a par conséquent violé le respect dû aux contrats; que par une conséquence ultérieure, il a contrevenu aux lois romaines, qui ont, dans le département de la Haute-Saône, une autorité véritablement législative, et qui, à chaque ligne, nous crient que les conventions sont des lois sacrées pour les parties contractantes; qu'enfin, il a fait l'application la plus fausse et tout à la fois la plus injuste, de l'art. 8 de la loi du 28 août 1792.

» Nous osons le dire, un pareil jugement ne peut être attribué qu'à la dépendance dans laquelle, à l'époque où il a été rendu, les magistrats se trouvaient encore de l'opinion de leurs justiciables, et au besoin qu'ils avaient de leurs suffrages, pour être réélus à l'expiration des cinq ans fixés à l'exercice de leurs fonctions; et jamais des erreurs aussi graves n'auraient été sanctionnées par des juges inamovibles, c'est-à-dire, par des juges tels que l'ex-

périence nous a fait sentir que doivent être les fonctionnaires chargés de tenir la balance entre tous les intérêts litigieux.

» Par ces considérations, nous estimons qu'il y a lieu de casser et annuller le jugement du tribunal civil de la Haute-Saône, du 13 floréal an 8; remettre les parties au même état où elles étaient avant qu'il fût rendu; les renvoyer, pour le jugement du fond, devant le tribunal d'appel, qui doit en connaître; ordonner qu'à notre diligence, le jugement à intervenir sera imprimé et transcrit sur les registres du tribunal civil du département de la Haute-Saône ».

Conformément à ces conclusions, arrêt du 22 messidor an 9, rendu sur délibéré et de toutes voix, au rapport de M. Aumont, qui,

« Vu l'art. 8 de la loi du 28 août 1792; vu la loi 23, *de regulis*, au Digeste : *Hoc servabitur quod ab initio convenit; legem enim contractus dedit;*

»Considérant que le tribunal civil du département de la Haute-Saône a décidé, contre la teneur même de la charte de 1541, que la propriété des *grands bois* avait été concédée aux habitans de Saponcourt; que cela résulte de toutes les clauses de cet acte, et notamment de ce que l'abbaye ne donne qu'un droit de glandée sur les bois seigneuriaux de Saponcourt, ce qui suppose nécessairement que l'abbaye était restée propriétaire de tous les bois situés dans le territoire de Saponcourt, autres que ceux nommément exprimés dans la concession; que, bien loin que la commune ait prouvé avoir anciennement possédé ces *grands bois*, il est au contraire reconnu, et que tous les actes du procès établissent, qu'elle n'en a joui dans aucun temps; qu'ainsi, ni sous le rapport des titres, ni sous celui de la possession, elle n'était dans le cas de l'art. 8 de la loi du 28 août 1792;

» Considérant que, non-seulement le tribunal civil du département de la Haute-Saône a fait une fausse application de cet article, mais qu'il a de plus violé le respect dû aux contrats, qui, surtout dans les pays de droit écrit, sont des lois pour les parties entre lesquelles ils sont passés et pour leurs ayant cause;

» Casse et annulle..... ».

La cour de cassation pourrait-elle encore prononcer de même, depuis la loi du 16 septembre 1807? *V.* les conclusions du 29 janvier 1808, rapportées dans le *Répertoire de jurisprudence*, au mot *Société*, sect. 2, §. 3, art. 2.

§. X. *Les communes peuvent-elles encore aujourd'hui exercer la faculté qui leur est accordée par les anciennes lois, de racheter leurs biens Communaux aliénés en temps de détresse?*

V. l'article *Faculté de rachat*, §. 3.

§. XI. 1°. *Est-ce au pouvoir judiciaire ou à l'autorité administrative qu'appartient le jugement d'une contestation dont l'objet est de savoir si tel terrain revendiqué par une commune sur une autre, leur appartient par in-*

divis, et s'il y a lieu de le partager entre elles, à raison du nombre de feux dont chacune est composée ?

2°. Le tribunal qui siége dans l'une des deux communes, est-il, à raison de l'intérêt personnel qu'ont ses membres dans la contestation, incompétent pour en prendre connaissance ?

3°. Lorsqu'avant la revendication, le terrain qui en est l'objet, avait été partagé, en exécution de la loi du 10 juin 1793, entre les membres individuels de la commune défenderesse, le juge doit-il mettre celle-ci hors de cause, sauf à la commune demanderesse à se pourvoir contre les possesseurs actuels ?

Le 4 ventôse an 3, la commune d'Ennezat arrête, par une délibération calquée sur la loi du 10 juin 1793, qu'il sera fait partage entre ses habitans d'un terrain communal situé entre cette ville et celle de Riom.

Le 4 nivôse an 4, ce partage est consommé par la formation de 1035 lots qui sont assignés par tête aux habitans de la commune.

Le 11 pluviôse an 12, le maire de Riom, en vertu d'une délibération du conseil municipal de cette ville, homologuée par un arrêté du conseil de préfecture du département du Puy-de-Dôme, fait assigner la commune d'Ennezat devant le tribunal de première instance de Riom, pour voir dire « que les habitans de la ville de Riom sont co-pro-» priétaires avec ceux d'Ennezat, d'un terrain con-» tenant 300 stères, ancienne mesure, situé dans les » appartenances de Riom, terrain du Marais, confiné » par...; ledit terrain plus amplement désigné et » confiné dans un procès-verbal fait en exécution » d'arrêt du parlement de Paris, le 28 septembre » 1489...; que, depuis ce procès-verbal, les habitans » de la ville de Riom et de celle d'Ennezat ont tou-» jours joui en commun dudit terrain jusqu'en 1793; » que les habitans d'Ennezat s'en sont emparés ex-» clusivement....; qu'en conséquence, les habitans » de Riom seront maintenus aux droits de propriété » et possession, concurremment et par indivis, » avec les habitans de la commune d'Ennezat, du » terrain ci-dessus désigné....; qu'il sera procédé » au partage dudit terrain entre les parties, et qu'à » cet effet, les parties conviendront d'experts..... ».

Le 19 ventôse suivant, arrêté du conseil de préfecture qui autorise le maire d'Ennezat à défendre à cette demande.

Le 18 août 1806, le maire d'Ennezat fait signifier des défenses par lesquelles, sans décliner ni récuser le tribunal de Riom, il soutient que la commune a toujours été seule propriétaire des biens revendiqués par le maire de Riom, et conclud à ce que celui-ci soit déclaré *non-recevable*, ou, en tout cas, *mal fondé*.

Le 28 décembre 1809, jugement qui, avant faire droit, ordonne un rapport d'expert ; et ce rapport fait, jugement définitif, du 7 février 1810,

qui maintient la commune de Riom dans la possession et propriété du terrain dont il s'agit, par indivis avec celle d'Ennezat, et ordonne qu'il sera procédé au partage de ce terrain entre les habitans des deux villes.

Le maire d'Ennezat appelle de ces deux jugemens, et soutient, entre autres choses, que l'action du maire de Riom aurait dû être déclarée non-recevable, par cela seul qu'il l'avait dirigée contre la commune d'Ennezat, puisqu'elle ne possédait plus le terrain qui en était l'objet, et que ce terrain était devenu la propriété individuelle des habitans par l'effet du partage du 4 nivôse an 4 ; que d'ailleurs cette action était de la compétence exclusive du conseil de préfecture.

Arrêt du 13 février 1811, qui confirme les deux jugemens, « sauf aux parties à se retirer pardevant « l'autorité administrative, pour la division et dis-« tribution des parts ».

Le maire d'Ennezat s'est pourvu en cassation contre cette arrêt, et a proposé différens moyens, dont un seul, fondé sur une infraction à la loi du 9 ventôse an 12, dans une disposition du jugement définitif de première instance, concernant des restitutions de fruits, a déterminé l'admission de sa requête.

L'affaire portée en conséquence à la section civile, j'ai préparé, pour le jour où devait s'en faire le rapport, des conclusions dans lesquelles j'ai discuté, en ces termes, les trois questions énoncées en tête de ce paragraphe :

« Le premier moyen qui vous est proposé dans cette affaire, consiste à dire que le tribunal de première instance et la cour de Riom étaient incompétens *ratione materiæ* pour juger les contestations élevées entre les deux communes ; que la connaissance de ces contestations ne pouvait appartenir qu'au conseil de préfecture du département du Puy-de-Dôme, sauf le recours au conseil d'état ; qu'en prononçant sur ces contestations, le tribunal de première instance et la cour de Riom ont entrepris sur les attributions de l'autorité administrative.

» Pour apprécier ce moyen, nous devons distinguer trois dispositions principales dans l'arrêt attaqué.

» 1°. Il déclare la commune de Riom propriétaire, par indivis avec celle d'Ennezat, du marais litigieux.

» 2°. Il ordonne que le marais litigieux sera partagé entre les deux communes.

» 3°. Il ordonne que ce partage sera fait entre les deux communes, à raison du nombre des feux dont chacune est composée, et qu'il y sera procédé par l'autorité administrative.

» Sur le premier point, il est difficile de croire que ce soit bien sérieusement que le maire de la commune d'Ennezat conteste la compétence du pouvoir judiciaire.

» La loi du 10 juin 1793, sur laquelle il s'appuie, bien loin de justifier son système, le détruit de fond en comble.

» Cette loi dit bien, sect. 5, art. 1, que *les con-*

testations qui pourront s'élever à raison du partage entre les communes, seront terminées sur
simples mémoires, par le directoire du département, d'après l'avis de celui du district.

» Elle dit bien, art. 2, que *le directoire du département, sur l'avis de celui du district, prononcera pareillement, sur simples mémoires, sur
toutes les réclamations qui pourront s'élever à
raison du mode de partage des biens Communaux.*

» Mais elle décide en même temps qu'au pouvoir
judiciaire seul appartient la connaissance de toutes
les contestations qui s'élèveront, soit entre une
commune et des particuliers, soit entre deux communes, sur la propriété des biens Communaux ou
prétendus tels.

» *Tous les procès actuellement pendant* (porte-
t-elle, art. 3) *ou qui pourront s'élever entre les
communes et les propriétaires, à raison de biens
Communaux ou patrimoniaux, soit pour droits,
usages, prétentions, demandes en rétablissement
dans les propriétés dont elles ont été dépouillées
par l'effet de la puissance féodale, seront vidés
par la voie de l'arbitrage.*

» *Les procès* (ajoute-t-elle, art. 4) *qui ont ou
qui auront lieu* ENTRE DEUX OU PLUSIEURS COMMUNES,
*à raison de leurs biens Communaux ou patri-
moniaux, soit qu'ils aient pour objet la propriété ou
la jouissance desdits biens, seront terminés pareillement par la voie de l'arbitrage.*

» Nous disons que ces articles, par cela seul qu'ils
soumettent à un arbitrage forcé les contestations
dont ils parlent, les rangent sous les attributions
du pouvoir judiciaire; et en effet, le pouvoir judiciaire n'est pas seulement exercé par les tribunaux,
il l'est encore par les arbitres; et l'arbitrage est
tellement considéré comme une branche du pouvoir judiciaire, qu'il forme l'objet de titres séparés dans la loi du 24 août 1790, dans la loi du 27
ventôse an 8 et dans le Code de procédure civile.

» On sait d'ailleurs que la loi de ventôse an 4, en
supprimant l'arbitrage forcé, a expressément renvoyé aux tribunaux toutes les matières sur lesquelles il s'exerçait précédemment.

» La loi du 9 ventôse an 12 déroge-t-elle, comme
le prétend la commune d'Ennezat, aux règles de
compétence établies par la loi du 10 juin 1793?
Non; et au contraire, elle les confirme très-positivement.

» L'art. 6 de cette loi renouvelle l'attribution
faite à l'autorité administrative par celle du 10 juin
1793, *de toutes les contestations relatives à l'occupation des biens Communaux, qui pourront
s'élever entre les co-partageans, détenteurs ou
occupans depuis cette dernière loi, et la commune.*

» L'art. 7 lève le sursis dont la loi du 21 prairial
an 4 avait frappé les *actions que des tiers pourraient avoir à intenter sur les biens partagés en
exécution de celle du 10 juin.*

» Et en conséquence, poursuit l'art. 8, *toutes
personnes prétendant des droits de propriété sur
les biens Communaux partagés ou occupés par
des particuliers, comme biens Communaux, pourront se pourvoir pardevant les tribunaux ordinaires pour raison de ces droits.*

» On ne dira pas sans doute que, par ces mots
toutes personnes, la loi restreint sa disposition aux
particuliers qui revendiquent des biens partagés
entre les membres d'une commune. Car les communes sont aussi des *personnes morales;* elles sont,
à cet égard, de la même condition que l'État, que
les hospices, que les établissemens publics; et certainement si l'État, si un hospice, si un établissement public, revendiquait comme sa propriété
un bien qu'une commune aurait partagé entre ses
membres, ce ne serait pas devant l'autorité administrative, ce serait devant les tribunaux, que la
revendication devrait être portée.

» Ce qui tranche d'ailleurs toute difficulté, c'est
que les parties que l'art. 8 désigne par le mot *toutes
personnes*, sont désignées dans l'art. 7 par les mots
des tiers; et que par les mots *des tiers*, l'art. 7 entend aussi bien une corporation d'habitans que des
particuliers.

» L'art. 8 place donc évidemment dans les attributions des tribunaux, à l'instar de la loi du 10
juin 1793, toutes les affaires dans lesquelles les
communes revendiquent contre d'autres communes
les biens que celles-ci ont partagés entre leurs
membres, comme il y place toutes les affaires dans
lesquelles des particuliers revendiquent les mêmes
biens contre des communes.

» On vous cite, comme contraire à cette conséquence, l'avis du conseil d'état du 18 juin 1809;
mais on vous le cite très-inconsidérément.

» Sans contredit, il résulte de cet avis, qu'une
commune ne peut se pourvoir que devant le conseil de préfecture, contre ceux de ses membres qui,
*depuis la loi du 10 juin 1793, jusqu'à celle du 9
ventôse an 12*, se sont emparés, par usurpation,
d'une partie de ses biens Communaux; et qu'à cet
égard, la compétence est la même pour les usur-
pateurs que pour les détenteurs à titre de partage.

» Mais il n'en résulte nullement que, de commune à commune, les questions de propriété
soient du ressort de l'autorité administrative; et
c'est ce qu'a décidé, en très-grande connaissance de
cause, un décret du 28 novembre de la même année, sur le rapport de M. de Fréville, maître des
requêtes.

» Dans le fait, un arrêt du parlement de Paris,
du 21 juillet 1658, avait ordonné « qu'à l'avenir,
» délivrance serait faite aux habitans des deux
» bourgs de Villiers-le-Duc et Vanvey, du bois
» nécessaire, tant pour leur chauffage que pour
» bâtir, à prendre dans les bois Communaux; à
» savoir, pour ledit chauffage, *à proportion de ce
» que chacun desdits habitans en peut et doit user
» dans sa maison*, sans en pouvoir vendre ou tra-
» fiquer, et en ce qu'il est taxé et imposé au rôle
» des tailles; et à bâtir, selon sa nécessité ». Depuis,
et nonobstant cet arrêt, les habitans de Vanvey

49.

s'étaient maintenus en possession de ne laisser prendre aux habitans de Villiers, que le cinquième des revenus des bois, et de s'approprier exclusivement le surplus.

» En 1807, les deux communes ont respectivement demandé au préfet du département de la Côte-d'Or, le partage des bois indivis entre elles ; et il s'est agi de savoir si ce partage devait être fait par feux, ou si les deux communes devaient avoir, l'une les quatre cinquièmes, l'autre un cinquième seulement.

» Le préfet ayant décidé que le partage devait être fait par feux entre les deux communes, celle de Vanvey s'est pourvue au conseil d'état, et a soutenu que les arrêtés de cet administrateur devaient être annullés pour cause d'incompétence. Par le décret cité, il a été prononcé en ces termes : « Sur » le rapport de notre commission du contentieux ; » vu la requête présentée par la commune de » Vanvey, afin qu'il nous plaise annuller, pour » cause d'incompétence, deux arrêtés du préfet » de la Côte-d'Or, en date des 5 décembre 1808, » et 20 mars 1809 ; vu les arrêtés précités qui » portent que le partage des bois indivis entre les » communes de Vanvey et de Villiers, se fera par » feux ; vu l'ordonnance de *soit communiqué*, ren- » due par le grand juge ministre de la justice ; vu » la réponse de la commune de Villiers, ensemble » les répliques et les pièces produites de part et » d'autre ; vu la loi du 10 juin 1793, ainsi que les » décrets des 20 juillet 1807 et 26 avril 1808 ; » considérant que les moyens opposés par la com- » mune de Vanvey, à la demande de celle de » Villiers, présentent une question différente de » la simple application des lois et décrets sur par- » tage des biens indivis entre les communes ; con- » sidérant que cette question, relative à la propor- » tion des droits que l'une et l'autre commune » peuvent tirer respectivement de leurs titres ou » de la possession, doit être soumise à l'autorité » judiciaire ; notre conseil d'état entendu, nous » avons décrété et décrétons ce qui suit : les arrêtés » du préfet de la Côte-d'Or, en date des 5 décembre » 1808, et 20 mars 1809, sont annullés ; les par- » ties sont renvoyées devant les tribunaux ».

» Vous voyez, Messieurs, par ce décret, que, si, sur la demande de la commune de Riom, en partage du marais dont il s'agit, la commune d'Ennezat était venue soutenir, non comme elle l'a fait, que la commune de Riom n'était pas co-propriétaire de ce marais, mais que ses droits de co-propriété devaient, d'après des titres ou la possession, être réglés autrement qu'à raison du nombre de feux dont elle est composée, les tribunaux auraient été seuls compétens pour statuer sur cette exception.

» Et, à combien plus forte raison ont-ils été compétens pour statuer sur la dénégation que la commune d'Ennezat a faite à la commune de Riom de toute espèce de droit à la co-propriété de ce marais ? Nous croirions abuser de vos momens, si nous

insistions plus long-temps sur une vérité aussi évidente.

» Le second point n'offre pas plus de difficulté que le premier.

» En ordonnant que le marais litigieux sera partagé entre les deux communes, la cour de Riom n'a fait, par l'arrêt attaqué, qu'user du droit qui appartient notoirement aux tribunaux.

» Sans doute, si un habitant demandait, contre la commune dont il est membre, sa part dans les biens Communaux, il ne pourrait se pourvoir que devant le conseil de préfecture.

» Mais une commune demande-t-elle contre une autre commune le partage de biens indivis entre elles ? Il faut distinguer :

» Ou la commune à qui la demande est faite consent au partage, ou elle s'y refuse.

» Si elle y consent et qu'il ne s'agisse plus que des opérations de partage, les tribunaux n'ont rien à faire, le préfet seul est compétent.

» Si elle s'y refuse, son refus seul élevant une question de propriété, la compétence du préfet cesse et celle des tribunaux commence.

» Aussi, est-ce bien constamment devant les tribunaux que sont portées toutes les contestations de cette nature ; et il est même à remarquer que, le 4 thermidor an 7, au rapport de M. Target, la cour a cassé, comme violant les lois qui donnent le droit à tout co-propriétaire de provoquer le partage de toutes les choses indivises qui en sont susceptibles, un jugement en dernier ressort, par lequel la commune de Detwillers avait été déboutée de sa demande en partage d'un bois indivis entre elle et la commune de Saverne, sous le prétexte que le partage eût été nuisible à celle-ci.

» Reste le troisième point, c'est-à-dire, les dispositions de l'arrêt qui ordonnent que le partage sera fait par feux et qu'il y sera procédé par l'autorité administrative. Par ces dispositions, la cour de Riom a-t-elle violé les règles de la compétence ?

» Elle ne les a certainement pas violées en tant qu'elle a renvoyé à l'autorité administrative les opérations de partage à faire entre les deux communes.

» Elle ne les a pas violées davantage, en tant qu'elle a ordonné que le partage serait fait par feux. Car, d'un côté, il n'y avait, à cet égard, aucune difficulté entre les parties ; et la cour de Riom n'a fait là-dessus que déclarer une chose reconnue pour constante, elle n'a rien jugé. D'un autre côté, ce n'est que parcequ'elle a déclaré qu'il y avait lieu au partage par feux, et ce n'est que parcequ'elle a trouvé les parties d'accord à cet égard, qu'elle a tout de suite renvoyé les opérations du partage à l'autorité administrative. S'il y avait eu là-dessus quelques difficultés entre les parties, si l'une des deux communes avait prétendu, comme dans l'espèce du décret du 28 novembre 1809, que, d'après ses titres ou sa possession, on dût partager autrement que par feux, la cour de Riom aurait dû, avant de renvoyer les opérations du partage à l'autorité administrative, prononcer sur cette contestation essentiellement préalable, essentiellement dépendante du pouvoir judiciaire. La disposition de l'arrêt qui renvoie les opérations du partage à l'autorité administrative, n'est donc que la conséquence de la disposition qui ordonne que le partage sera fait par feux. Celle-ci est donc nécessairement, comme celle-là, en harmonie avec les règles de compétence.

» Le second moyen de cassation de la commune d'Ennezat est fondé sur l'intérêt personnel que chacun des membres de la cour de Riom avait à la contestation sur laquelle est intervenu l'arrêt attaqué.

» Nul ne peut être juge dans sa propre cause, dit la commune d'Ennezat, et l'art. 280 du Code de procédure civile veut que *tout juge qui sait cause de récusation en sa personne, soit tenu de la déclarer d'office.* Or, la cour de Riom savait que la commune de cette ville venant à triompher, chacun de ses membres avait, de droit et nécessairement, une part individuelle dans le marais litigieux ; elle savait donc que chacun de ses membres était directement et individuellement intéressé dans la cause. Elle devait donc s'abstenir, quoique non récusée.

» Mais d'abord, l'art. 380 du Code de procédure civile n'est que la répétition littérale de l'art. 17 du tit. 24 de l'ordonnance de 1667. Or, sous l'ordonnance de 1667, un arrêt était-il nul par cela seul que, parmi les juges qui l'avaient rendu, il s'en trouvait un dans la personne duquel existait une cause de récusation qu'il n'avait pas déclarée d'office, quoique la connaissant bien, et qu'aucune des parties qui en étaient également instruites, n'avait proposée? Vous avez jugé que non, le 22 frimaire an 11, en rejetant, au rapport de M. Aumont, une requête en cassation des sieurs Gagling et du préfet du Bas-Rhin, « attendu (avez-» vous dit), que, si l'ordonnance de 1667 prescrit » au juge, par l'art. 17 du tit. 24, de déclarer les » causes valables de récusation qu'il connaît en sa » personne, l'omission de cette déclaration n'en-» traîne pas la nullité du jugement lorsque de » parties ont eu elles-mêmes, dans le principe, con-» naissance du moyen de récusation, parcequ'elles » sont naturellement présumées avoir reconnu pour » leur juge celui qu'elles n'ont pas récusé, ayant » le pouvoir de le faire ».

» En second lieu, il n'est pas vrai que les membres de la cour de Riom eussent un *intérêt direct et présent* à la cause. De ce que la commune de Riom est déclarée co-propriétaire du marais litigieux, il ne s'ensuit pas *nécessairement* que la portion de ce marais qui, par le partage à faire avec la commune d'Ennezat, tombera dans son lot, sera sous-divisée entre ses habitans. Il est certain au contraire que, si vous maintenez l'arrêt attaqué, la commune de Riom sera tenue, aux termes du décret du 9 brumaire an 13, de laisser sa portion de marais indivise, et qu'elle ne pourrait le partager entre ses membres qu'en vertu d'une autorisation du gouvernement, autorisation dont il n'y a peut-être pas d'exemple.

» Dès-lors, point *d'intérêt direct et présent* à la cause pour les membres de la cour de Riom; dès-lors, les membres de la cour de Riom ne sont pas intéressés à la cause *ut singuli,* mais seulement *ut universi;* et la commune d'Ennezat convient elle-même que, dans cette hypothèse, *les fastes de la jurisprudence ne nous offrent pas d'exemple de récusation ou d'abstension de juge dans les procès de leur commune, sur le motif qu'ils y sont intéressés.* Combien de fois en effet n'avons-nous pas vu la cour de Paris connaître des procès dans lesquels la commune de cette ville était partie? Et vous-mêmes, Messieurs, n'avez-vous pas souvent prononcé sur des affaires dans lesquelles était partie la légion d'honneur qui vous compte presque tous parmi ses membres......?

» Le quatrième moyen de cassation se présente sous des dehors plus spécieux que les précédens.

» L'action de la commune de Riom, vous dit la commune d'Ennezat, était réelle par son objet, et c'était comme réelle que l'exploit introductif d'instance la signalait. Or, contre qui doit être dirigée une action réelle? Sans contredit elle doit l'être contre le possesseur du bien revendiqué, et elle ne peut l'être que contre lui. Cependant, au lieu d'intenter son action contre les particuliers à qui étaient échues les portions du marais litigieux par le partage du 4 nivôse an 4, la commune de Riom l'a intentée contre la commune d'Ennezat qui ne possédait plus une seule parcelle de ce marais. Cette action a donc été intentée irrégulièrement; l'arrêt qui l'a accueillie, a donc violé formellement l'art. 7 de la loi du 9 ventôse an 12, lequel, en parlant de ces sortes d'actions, les qualifie *d'actions que des tiers pourraient avoir sur les biens* partagés en exécution de la loi du 10 juin 1793, et par conséquent suppose qu'elles ne peuvent être dirigées que contre les possesseurs de ces biens.

» Rien de plus séduisant au premier coup-d'œil que ce raisonnement. Mais que devient-il, après qu'on l'a soumis au creuset d'une mûre réflexion?

» Si la commune d'Ennezat, tout en déclarant qu'elle ne possédait plus le marais litigieux, n'avait tiré de là aucune exception, soit en première instance, soit sur l'appel, si elle n'avait demandé, sur ce fondement, ni en première instance ni sur l'appel, que les juges la missent hors de cause, la cour de Riom aurait-elle pu prononcer au fond comme elle l'a fait?

» Ce qui pourrait faire pencher pour la négative, c'est qu'aux termes de la loi 9, D. *de rei vindicatione,* le juge doit, même d'office, examiner si le défendeur à l'action réelle possède l'objet revendiqué : *Officium autem judicis hoc erit ut judex aspiciat an reus possideat;* ce qui semble amener la conséquence, que, si le défendeur ne possède pas, le juge doit le renvoyer, sans entrer dans la connaissance du fond.

» Mais cette décision est-elle applicable à une commune qui, assignée en revendication de biens Communaux qu'elle a cessé de posséder par l'effet du partage qu'elle en a fait entre ses membres, se défend au fond purement et simplement, et sans se prévaloir de la cessation de sa possession?

» Plusieurs fois, Messieurs, vous avez jugé que non. Plusieurs fois, dans des espèces où, par suite de jugemens rendus en arbitrage forcé, des partages de biens Communaux avaient été faits entre les habitans des communes qui avaient obtenu ces jugemens, vous avez accueilli des demandes en cassation formées contre ces communes elles-mêmes, long-temps après la consommation des partages, et par conséquent à des époques où ces communes avaient cessé de posséder les biens que ces demandes remettaient en litige.

» Le 20 floréal an 2, jugement arbitral qui adjuge aux communes de Fampoux et de Rœux des marais dont le sieur Brisy jouissait précédemment comme propriétaire. Peu de temps après, les communes de Fampoux et de Rœux partagent ces marais entre leurs habitans respectifs. Le 11 floréal an 12, le sieur Brisy se pourvoit en cassation contre le jugement arbitral; et il dirige sa demande, non contre les possesseurs actuels des marais, mais contre les deux communes, qu'il reconnaît cependant n'être plus en possession des biens qu'il réclame. Le 11 germinal an 13, arrêt qui admet sa requête, et en ordonne la communication aux communes de Fampoux et de Rœux. Les communes de Fampoux et de Rœux se présentent devant vous; et tout en alléguant qu'elles ne possèdent plus, mais sans exciper de la cessation de leur possession, elles proposent leurs moyens de défense. Par arrêt du 12 frimaire an 14, vous cassez le jugement arbitral, et vous renvoyez les deux communes, ainsi que le sieur Brisy, devant les tribunaux ordinaires, pour faire juger le fond.

» Le 8 décembre 1806, vous avez rendu trois arrêts semblables, au rapport de MM. Busschop et Chasle, en faveur des sieurs Flamend, Vertegans et Mengen, contre les communes de Santes et d'Ancoisne, qui se trouvaient précisément dans la même position que les communes de Rœux et de Fampoux. Il est même à remarquer que les communes de Santes et d'Ancoisne opposaient à leurs adversaires une fin de non-recevoir qu'elles faisaient résulter de ce que les demandes en cassation de ceux-ci n'avaient été formées que plusieurs années après la signification du jugement dont il était question; et que vous avez rejeté cette fin de non-recevoir, *attendu que, s'agissant de jugemens d'arbitrage forcé rendus en l'an 2, sur des actions en revendication de biens prétendus Communaux, dont le partage avait été fait en exécution de la loi du 10 juin 1793, lesdits pourvois devaient être regardés comme faits à temps utile, d'après les dispositions combinées des lois dès 12 et 21 prairial an 4 et 21 ventôse an 12.* Ainsi, vous saviez parfaitement que les communes de Santes et d'Ancoisne ne possédaient plus les biens litigieux; et cependant, c'est contradictoirement avec ces communes que vous avez prononcé la cassation des sentences qui les leur avaient adjugés; et c'est entre les communes et les demandeurs en cassation, que vous avez ordonné une instruction nouvelle sur le fond devant les tribunaux ordinaires.

» Le 24 mars 1807, pareil arrêt, au rapport de M. Bailly, entre M. le comte de Valence et la dame de Bélissens, d'une part, et la commune de Saint-Jorry, de l'autre: « attendu » (porte-t-il) qu'il a été procédé, en fructidor an » 3, vendémiaire et brumaire an 4, tant à des » opérations préparatoires de partage entre les ha- » bitans de Saint-Jorry, qu'à une division par lots » du ténement dont les arbitres avaient ordonné la » réintégrande, *et que le partage de ce ténement* » *a été effectué;* ce qui suffit pour que la dame de » Bélissens et M. de Valence aient été autorisés à » jouir du nouveau délai de trois mois accordé par » la loi du 9 ventôse an 12, et pour que leur » pourvoi ait été formé en temps utile; la cour » rejette les fins de non-recevoir; au principal, » casse et annule les jugemens (arbitraux) dès » 11 frimaire et 26 nivôse an 2, rendus en faveur » de la commune de Saint-Jorry....; sur le fond, » renvoie les parties devant la cour d'appel de Tou- » louse.... ».

» En rendant ces cinq arrêts, la cour savait très-bien que, d'après la loi 27 D. *de rei vindicatione,* il ne suffit pas, pour pouvoir être condamné sur une demande en revendication, d'avoir possédé la chose litigieuse, soit au moment où l'action s'est exercée, soit pendant l'instance; et qu'il faut encore le posséder à l'instant même du jugement: *possidere autem aliquis debet utique et litis contestatæ tempore et quo res judicatur; quod si litis contestationis tempore possidet, cùm autem res judicatur, sine dolo malo amisit possessionem, absolvendus est possessor.*

» Pourquoi donc la cour n'a-t-elle pas, dans les cinq affaires que nous venons de rappeler, mis d'office hors de cause les communes qui ne possédaient plus, au moment où elle prononçait sur ces affaires, les biens que leur avaient adjugés des sentences arbitrales rendues plusieurs années auparavant?

» C'est indubitablement parcequ'il a paru à la cour qu'on ne peut pas appliquer à une commune, qui n'a cessé de posséder des biens Communaux, que par l'effet du partage qu'elle en a fait entre ses membres, la règle qui veut qu'en matière de revendication, le juge renvoie d'office le défendeur qui possède le bien revendiqué; c'est indubitablement parcequlla cour a pensé qu'une commune contre laquelle sont revendiqués des biens Communaux qu'elle a précédemment mis hors de ses mains, par un partage fait de bonne foi entre ses habitans, peut renoncer au droit qui appartient à tout possesseur dépossédé sans fraude, de demander congé de la revendication, et que par suite elle peut défendre à cette action, comme si elle possédait encore les biens qui en sont l'objet.

» Et en effet, quoique dépossédée de ces biens, par un partage antérieur à la demande en revendication, la commune a encore un grand intérêt à ce que la demande en revendication soit rejetée; car il lui importe beaucoup que ses membres conservent les moyens de subsistance qu'elle a cherché à leur procurer par le partage de ces biens; il lui importe beaucoup que les portionnaires qui n'ont pas d'autres moyens de subsistance que les lots assignés à chacun d'eux par le partage de ces biens, ne retombent pas à sa charge. Elle seule d'ailleurs a dans ses mains les titres qui peuvent neutraliser la demande en revendication; ces titres étant indivisibles, n'ont pas pu, lors du partage, être transmis aux portionnaires; il a fallu qu'ils restassent dans les archives de la commune. Il est donc bien naturel que la commune les emploie elle-même à la défense des portionnaires; il est donc bien naturel qu'elle prenne le fait et cause de ses habitans; il est donc bien naturel que si elle est assignée elle-même en leur lieu et place, le juge la laisse en cause, et ne lui donne pas congé d'office.

» Tels sont, il n'en faut pas douter, les motifs des cinq arrêts cités; et vous nous avez sûrement prévenus, Messieurs, sur la conséquence à laquelle ils vont nous conduire.

» Dès que la commune d'Ennezat a pu se charger elle-même de répondre pour ses habitans à la demande en revendication de la commune de Riom, il est clair que la commune de Riom a pu diriger cette demande contre la commune d'Ennezat elle-même; il est clair que, si, assignée sur cette demande, la commune d'Ennezat avait voulu ne pas y défendre, elle aurait dû le déclarer et demander sa mise hors de cause, avant de contester au fond, et, comme on dit, à limine litis; il est clair, par une suite inévitable, qu'après avoir contesté au fond, elle n'a plus été recevable à exciper de ce qu'elle avait cessé de posséder le marais litigieux; et c'est précisément ce qu'a jugé l'arrêt attaqué.

» Il importerait peu, du reste, que les particuliers portionnaires du marais litigieux, pussent revenir par tierce opposition contre le jugement rendu à leur préjudice avec leur commune. Cela ne changerait rien au droit de la commune elle-même; cela n'empêcherait pas qu'à l'égard de la commune elle-même, le jugement ne fût régulier et ne conservât toute sa force... ».

Après avoir ainsi réfuté trois des moyens de cassation du maire d'Ennezat, et avoir pareillement répondu à plusieurs autres qui portaient sur les dispositions principales de l'arrêt attaqué, je terminais mes conclusions par requérir la cassation de cet arrêt, au chef qui concernait les restitutions des fruits (1).

Mais tout ce travail est devenu inutile, parce-qu'avant d'entendre le rapport sur les moyens de cassation, la cour à cru devoir statuer sur un moyen de déchéance, que le maire de Riom faisait résulter de la manière dont avait été signifié l'arrêt d'admission; et qu'adoptant ce moyen, elle a, par arrêt du 22 novembre 1813, déclaré le maire d'Ennezat déchu de son recours en cassation (2).

§. XII. 1º. De ce que, d'après des circonstances particulières, une commune est à l'abri de l'action en cantonnement sur des fonds dont elle a l'usage, s'ensuit-il qu'elle peut être déclarée propriétaire de ces fonds?

2º. Le peut-elle spécialement, lorsqu'avant les lois nouvelles sur l'expropriation forcée, elle a laissé vendre ces fonds par décret forcé, sans y réclamer autre chose qu'un droit d'usage? Le décret forcé n'a-t-il pas, au besoin, purgé toutes ses prétentions à la propriété?

V. l'article Cantonnement, §. 8.

§. XIII. Autres questions sur les biens Communaux.

V. les articles Commune, Remembrement, Rente foncière, Rente seigneuriale, §. 19; Tiers-denier, Triage et Usage (droit d').

COMMUNE. §. I. 1º. Lorsqu'une Commune est en retard d'acquitter des dettes qu'elle a contractées, ou d'exécuter des condamnations prononcées à sa charge, peut-on s'en prendre à quelques-uns de ses membres en particulier, et les contraindre de payer pour elle?

2º. Lorsqu'un tribunal condamne une Commune à payer une redevance qui est le prix d'un droit d'usage dont tous les habitans jouissent individuellement, peut-il condamner le maire à fournir le rôle de ces habitans au créancier, afin que celui-ci puisse se faire payer directement par chacun d'eux?

I. Il y a, sur la première question, un principe universellement reconnu et qui est consacré par un texte exprès du droit romain : c'est que la dette d'une communauté ne peut pas être considérée comme celle des individus qui la composent : Si quid universitati debetur, singulis non debetur; nec quod debet universitas singuli debent. Ce sont les termes de la loi 7, §. 1, D. quod cujuscumque universitatis nomine vel contrà eam agatur.

De ce principe à la conséquence qu'un particulier ne peut pas être exécuté en son nom pour une condamnation prononcée contre une communauté, le pas est, comme l'on voit, aussi facile que naturel.

_____

(1) V. l'article Fruits, §. 5.
(2) V. l'article Assignation, §. 7.

La jurisprudence du parlement de Paris avait pourtant modifié cette conséquence. Écoutons Denisart, aux mots *Communauté d'habitans :*

« Dans les affaires de la compétence du parlement, la cour..... est dans l'usage de condamner les maires, échevins et syndics, en leur qualité seulement, à payer dans un temps qu'elle prescrit, après lequel elle ordonne qu'ils seront contraints en leur nom personnel, sauf leur recours contre qui ils aviseront.

» C'est ainsi que la cour en a usé par un arrêt rendu le samedi 3o mai 1761, contre les sieurs Gallimard, Sallot et Hanot, maire, syndic et corps de la ville de Saint-Florentin, dans une affaire où il s'agissait du loyer d'une maison qui avait servi de caserne ; et M. l'avocat-général de Saint-Fargeau, qui portait la parole dans cette affaire, a cité deux arrêts rendus en 1752 et en.1768, par lesquels la cour avait pris le même parti ».

On a depuis vérifié que le premier de ces arrêts avait été rendu le 8 février 1752, sur les conclusions de M. l'avocat-général d'Ormesson, contre Alexis Tardieu et d'autres habitans de la Commune de Travecy.

Un autre arrêt dont nous n'avons pu retrouver la date, mais qui a donné lieu à une difficulté jugée le 3r mai 1766, sur les conclusions de M. l'avocat-général Barentin, a décidé la même chose, entre le chapitre de Saint-Hilaire de Poitiers et la communauté des habitans de Fontenay.

Le 1er. octobre 1768, il est intervenu, à la chambre des vacations, un arrêt qui a pareillement ordonné que les quatre principaux habitans d'une communauté d'habitans, seraient contraints chacun pour un quart du montant d'un exécutoire de 1,168 livres, obtenu par le nommé Béru, contre la communauté même. Comme cet arrêt avait été rendu sur requête, les quatre particuliers y ont formé opposition ; mais par arrêt prononcé à l'audience de la deuxième chambre des enquêtes, le 25 février 1769, ils en ont été déboutés avec dépens.

Remarquez, à ce sujet, que les particuliers contre lesquels étaient ainsi prononcées des condamnations, faute par la communauté de payer ses dettes, n'en étaient pas tenus solidairement, quand la solidarité n'était pas exprimée formellement dans l'arrêt. C'est ce qui a été jugé par arrêt du 6 mai 1758, à la deuxième chambre des enquêtes, entre la communauté des habitans de Mareuil, et les quatre principaux habitans de la Commune de Morizel. M. l'avocat-général Lepelletier de Saint-Fargeau, sur les conclusions duquel il a été rendu, en a cité un autre de 1751, qui, dans un cas semblable, avait également déchargé de la solidarité.

Un autre point non moins remarquable, et qu'a précisément jugé l'arrêt du 31 mai 1766 dont nous parlions tout à l'heure, c'est que les habitans condamnés et contraints en leur nom pour la dette de la communauté, n'étaient pas obligés d'attendre, pour leur remboursement, l'époque de l'assiette et de la collecte de la taille ; mais que chaque habitant devait être contraint tout de suite au marc la livre de la taille, suivant sa cote ; et qu'à cet effet, les collecteurs en charge étaient tenus de leur communiquer leurs rôles.

La cour des aides de Paris avait suivi jusqu'en 1715 l'usage du parlement, de faire contraindre quelques habitans pour toute la communauté, lorsque celle-ci était en retard d'acquitter ses dettes ou de satisfaire aux condamnations prononcées contre elle. Mais depuis, elle n'avait laissé aux créanciers que la voie de faire réimposer le montant de leurs créances avec la taille, sans même pouvoir en faire dresser un rôle séparé. Elle avait cependant conservé l'ancienne forme pour les cas de rébellion, et elle rendait alors les contraintes solidaires contre les principaux habitans.

La jurisprudence du conseil était conforme à celle de la cour des aides de Paris.

Par arrêt du 24 octobre 1780, rapporté dans la *Gazette des tribunaux,* tome 15, page 49, le conseil a jugé, au profit des habitans de Saint-Jean-sur-Moine, élection de Laval, contre Mouillé de la Rétrie, lieutenant de la maréchaussée de Château-Gonthier, « qu'on ne peut attaquer les quatre » principaux habitans, pour payer seuls les condam-» nations prononcées contre toute une paroisse ; » mais qu'on doit s'adresser au commissaire départi » en chaque généralité, pour obtenir, par la voie du » rejet, la répartition de la dette commune sur le » général des habitans ».

C'est ce qu'a encore jugé depuis un arrêt dont voici l'espèce.

Le parlement de Flandre avait condamné, le 3o juin 1784, *les mayeur, échevins, syndics, corps et communauté du village d'Elincourt,* en Cambrésis, à 12,5oo livres de dommages-intérêts envers le sieur de Sars de Prémont, seigneur du lieu, pour avoir suspendu pendant plusieurs années, par un procès jugé à son avantage, l'exercice de la banalité de son moulin.

En vertu de cet arrêt, et le 5 juillet suivant, le sieur de Sars a fait faire commandement au sieur Maroniez, syndic de la communauté, de lui payer dans la huitaine la somme de 12,5oo livres.

Le 17 du même mois, sur le défaut de satisfaire à ce commandement, le sieur de Sars a fait saisir les meubles du sieur Maroniez.

Le sieur Maroniez s'est pourvu au parlement, par une requête expositive qu'il n'était pas condamné en son nom ; qu'il ne devait rien comme particulier ; que le sieur de Sars n'avait pas d'autre voie que celle de s'adresser à l'intendant, pour obtenir, par le moyen du rejet, l'imposition du montant de sa créance sur tous les habitans d'Elincourt.

Sur cette requête, arrêt du 26 juillet, qui accorde des défenses de passer outre à l'exécution, et ordonne aux parties de comparaître pour instruire la cause.

Cependant, dès ce jour-là même, les meubles et

effets du sieur Maroniez se vendaient publiquement à Elincourt.

Le sieur Maroniez a demandé la nullité de cette vente. Je le défendais, et je comptais bien sur un succès complet.

Mais le sieur de Sars ayant exposé « que la » communauté étant condamnée, il fallait bien » que la condamnation fût exécutée par ses mem- » bres ; que la communauté n'était qu'un être » idéal ; que c'étaient les habitans qui la compo- » saient ; et que par conséquent ils étaient tous » responsables de ses dettes ; que d'ailleurs Maro- » niez, comme syndic, avait dû faire ses dili- » gences pour qu'il se trouvât, dans la caisse de la » communauté, des deniers suffisans pour satis- » faire à l'arrêt du 3o juin ; que ne les ayant pas » faites, il devait s'imputer à lui-même les pour- » suites qu'il souffrait en son nom » ; il est inter- venu, le 14 août 1784, un arrêt qui a débouté le sieur Maroniez de ses demandes, et a ordonné que l'exécution commencée serait *parachevée*.

Le sieur Maroniez et d'autres particuliers que le sieur de Sars avait fait également exécuter après cet arrêt, se sont pourvus au conseil ; et, dès le 7 décembre suivant, ils y ont obtenu un arrêt qui « casse et annulle l'arrêt du parlement de Douai, » du 14 août 1784, ensemble toutes les saisies, » ventes et adjudications de meubles et effets, et » toutes autres poursuites qui ont eu lieu avant » et après ledit arrêt, contre les sieurs Jean-Jac- » ques Maroniez, Jacques Noyelle, Charles-Fran- » çois d'Elbart, Claire et Jean-Louis Maroniez, » comme aussi celles qui auraient pu avoir été » faites depuis contre aucuns habitans que ce soit » de la communauté d'Elincourt, pour raison des » dommages et intérêts et dépens adjugés au sieur » de Sars de Prémont, par arrêt dudit parlement, » du 3o juin de la même année 1784, contre les » mayeur, échevins, syndics, corps et commu- » nauté dudit Elincourt ; sauf audit sieur de Sars » à se pourvoir par les voies de droit, pour répé- » ter, contre ladite communauté d'habitans, les » dommages et intérêts dont il s'agit ; condamne » ledit sieur de Sars à rendre et restituer auxdits » sieurs Jean-Jacques Maroniez, Jacques Noyelle, » Charles-François d'Elbart, Claire et Jean-Louis » Maroniez, toutes les sommes qu'ils auraient pu » payer en vertu dudit arrêt...., ensemble les in- » térêts desdites sommes, à compter du jour des » paiemens et de la date des procès-verbaux de » vente ; condamne pareillement ledit sieur de Sars » aux dommages intérêts desdits sieurs Jean-Jac- » ques Maroniez, Jacques Noyelle, Charles-Fran- » çois d'Elbart, etc. ».

La maxime consacrée par cet arrêt est encore dans toute sa vigueur ; et elle a été rappelée par un arrêté des consuls, du 11 brumaire an 11, portant, entre autres choses, « qu'il n'appartient » qu'à l'autorité administrative de régler la ma- » nière dont les dépenses des Communes doivent » être acquittées ; que les tribunaux ont consommé

» leur pouvoir, lorsqu'ils ont prononcé des con- » damnations contre des Communes autorisées à » plaider ; qu'aucune loi ne leur attribue le droit » de répartir le montant des condamnations entre » les habitans, et qu'enfin la loi du 10 vendé- » miaire an 4, tit. 5, art. 8 et 9, attribue textuel- » lement aux municipalités la répartition, entre les » habitans, des dommages et intérêts auxquels les » Communes auront été condamnées ».

C'est d'après ces conclusions, que l'arrêté dont il s'agit, statuant sur un conflit de juridiction élevé entre le tribunal de première instance de Fonte- nay, et le préfet du département de la Vendée, déclare comme non-avenues les dispositions de deux jugemens du tribunal de Fontenay, qui or- donnaient que dix des principaux habitans de la Commune de Nailliers seraient tenus de faire l'a- vance des condamnations prononcées contre cette Commune.

Le même arrêté ajoute : « Si, pour l'exécution » des condamnations prononcées, il y a lieu de » faire une répartition entre les habitans, il y sera » pourvu par l'autorité administrative ».

II. La seconde question s'est présentée dans l'es- pèce suivante.

Les Communes de Valois et Haut-Valois étaient poursuivies, dans la personne de leur maire, par le sieur Bresson et la dame Normand, pour le paiement des arrérages d'une redevance qui était le prix de la concession d'un droit d'usage dans une forêt.

Elles avaient soutenu que cette redevance était de nature féodale et par conséquent abolie par l'art. 1 de la loi du 17 juillet 1793 ; et le tribunal civil de Mirecourt l'avait ainsi jugé.

Mais sur l'appel, la cour de Nancy, trouvant qu'il n'y avait rien de féodal dans la redevance, avait condamné les deux Communes à la payer ; et se fondant sur deux arrêts du conseil de 1754 et 1775, qui avaient ordonné aux syndics de l'une et de l'autre, de dresser chaque année le rôle des re- devables, et de percevoir de chacun d'eux sa quote- part pour la verser, dans les mains des créanciers, elle avait condamné les maires, en leur qualité, à fournir aux créanciers l'état des habitans qui avaient joui du droit d'usage, afin que les créanciers pus- sent se faire payer directement par ceux-ci.

Les maires n'ayant pas satisfait à cet arrêt, il en était intervenu un autre par lequel la cour de Nancy leur avait enjoint d'y satisfaire dans le mois, à peine d'une amende de 10 francs par chaque jour de retard.

Mais les maires s'étant pourvus en cassation, arrêt du 23 octobre 1809, au rapport de M. Au- dier-Massillon, par lequel,

« Vu l'art. 13 du tit. 2 de la loi du 24 août 1790 ;

» Et attendu que la cour de Nancy, en ordon- nant aux maires des Communes de Valois et Haut- Valois de dresser un rôle de redevables et de le remettre au sieur Bresson et à la dame Normand, leur a imposé une obligation à laquelle ils ne sont pas assujétis par les lois qui ont réglé et déterminé leurs fonctions;

» Que, si ce rôle était nécessaire pour assurer le paiement de la redevance dont il s'agit, l'ordre de l'expédier et de le dresser ne pouvait être donné que par l'autorité administrative, seule compétente pour décider ce que les maires doivent faire comme administrateurs des Communes;

» D'où il suit que la cour d'appel a violé l'article précité, et excédé ses pouvoirs;

» La cour casse et annulle.... ».

§. II. 1°. *La disposition de l'édit du mois d'août 1683, qui défend aux créanciers des Communes de les actionner en justice, sans en avoir préalablement obtenu la permission de l'autorité administrative, a-t-elle encore force de loi?*

2°. *Si elle a encore force de loi, en résulte-t-il que c'est comme incompétemment rendus, et non comme la violant, que doivent être attaqués les jugemens qui y contreviennent?*

3°. *En résulte-t-il, pour l'autorité administrative, le pouvoir de statuer elle-même sur le fond des prétentions des créanciers, et par suite de refuser à ceux-ci, en cas qu'elle les trouve mal fondées, l'autorisation nécessaire pour les faire valoir en justice?*

4°. *Est-elle applicable aux poursuites dirigées contre une Commune, à l'effet d'obtenir, en vertu de la loi du 10 vendémiaire an 4, la réparation des dégâts commis dans son territoire par des attroupemens armés?*

I. La première question a été agitée à la cour de cassation, section des requêtes, le 15 messidor an 10, à l'occasion du recours en cassation exercé par la Commune d'Arles, contre un arrêt de la cour d'appel d'Aix, qui la condamnait à payer diverses sommes aux sieurs Ripert et Martin.

« Les demandes formées par les cit. Ripert et Martin, contre la Commune d'Arles (ai-je dit en concluant sur cette affaire), avaient, devant le tribunal de première instance du département des Bouches-du-Rhône, ainsi que devant le tribunal d'appel d'Aix, deux objets absolument distincts.

» Les cit. Ripert et Martin demandaient d'abord le paiement de 180 setiers de blé qu'ils avaient, disaient-ils, prêtés à la Commune d'Arles, en ventôse et germinal an 3; et ce prêt était avoué par la Commune elle-même.

» Ainsi, à cet égard, nul doute que le pouvoir judiciaire ne fût compétent; mais il ne pouvait exercer sa compétence qu'après le préliminaire prescrit par l'édit du mois d'août 1683.

» Cet édit, comme vous le savez, fait défense » aux créanciers des communautés d'intenter contre » elles, en la personne des maires et échevins, syn- » dics, capitouls, jurats et consuls, aucunes

» actions, même pour emprunts légitimes, qu'a- » près qu'ils en auront obtenu la permission par » écrit des sieurs intendans et commissaires dépar- » tis en chacune généralité, dont ils feront donner » copie, avec l'exploit de demande, à peine de nul- » lité de toutes les procédures qui pourraient être » faites au préjudice, et des jugemens rendus en » conséquence ».

» Vous savez encore que, par l'arrêté du gou- » vernement consulaire, du 17 vendémiaire der- » nier, il est dit : « Les consuls de la république, » vu l'édit du mois d'août 1683...., sur le rapport » du ministre de l'intérieur, le conseil d'état en- » tendu, arrêtent : les créanciers des Communes » ne pourront intenter contre elles aucune action, » qu'après qu'ils auront obtenu la permission par » écrit du conseil de préfecture, sous les peines » portées par l'édit du mois d'août 1683 ».

» Sans doute, on n'objectera pas que les pour- suites des cit. Ripert et Martin ont été intentées avant que cet arrêté fût pris et promulgué. Cet arrêté n'existait pas encore, au moment où les cit. Ripert et Martin ont fait assigner la Commune d'Arles; mais alors l'édit du mois d'août 1683 était dans toute sa force; et l'arrêté, en ordonnant son exécution pour l'avenir, ne lui a rien ôté de son autorité pour le passé.

» Dans notre espèce, ni le cit. Ripert, ni le cit. Martin, avant de se pourvoir en justice contre la Commune d'Arles, en paiement des 180 setiers de blé qu'ils lui avaient prêtés, n'ont rempli la formalité administrative que leur prescrivait l'édit du mois d'août 1683; ils n'ont donc pas valablement saisi les tribunaux de leur action; les tribunaux devaient donc les déclarer non-recevebles, quant à présent.

» Voilà pour le premier chef des demandes des cit. Ripert et Martin.

» Le cit. Martin demandait, en outre, le paiement de 540 autres setiers de blé, qu'il soutenait avoir livrés forcément à la Commune d'Arles, en thermidor an 3; et cela, en vertu de réquisitions arrêtées par la municipalité de cette Commune.

» Là-dessus, il se présente d'abord une question de fait. Est-ce en vertu de réquisitions proprement dites, ou sur de simples invitations, que le cit. Martin a fourni à la Commune d'Arles les 540 setiers dont il s'agit?

» Si c'est sur de simples invitations, il n'y a eu entre la Commune et le cit. Martin qu'un marché volontaire; et dès-là, il n'y a rien dans cette affaire qui la différencie d'avec celle des 180 setiers prêtés en ventôse et germinal an 3.

» Et dans le fait, les délibérations représentées par la Commune, ne portent pas d'autre caractère que celui de simples invitations.

» Mais tout porte à croire, ou plutôt il est prouvé par les jugemens mêmes dont se plaint la Commune, que les extraits qui sont produits de ces délibérations, sont incomplets; et que ce n'est pas par de simples invitations, mais par des réquisitions véritables, que le cit. Martin a été amené à fournir à la Commune d'Arles les 540 setiers de blé dont il réclame le paiement : « Considérant (porte » le jugement de première instance) qu'il est con-» staté par les quatre réquisitions produites par le-» dit Martin, sous la date des 11 et 21 thermidor » an 3, que ledit Martin a été requis, lesdits jours, » de fournir 1470 setiers de blé, pour être vendus » au public, avec déclaration que, faute d'y sa-» tisfaire de suite, un officier municipal se trans-» portera dans ses greniers, procédéra à la vente, » et en lui rendant compte du produit, retiendra » la somme de 100 livres à titre d'amende; et que » de pareils ordres sont de véritables réquisitions » impératives; qu'ils ne peuvent être considérés » comme une simple invitation ».

» Le jugement du tribunal d'appel ne contredit pas ces assertions; il les confirme au contraire assez positivement, lorsqu'il dit : « Les 10 et 11 du » même mois (*thermidor an 3*), le cit. Martin avait » été frappé de deux réquisitions, par lesquelles il » était requis de garder à la disposition de la muni-» cipalité d'Arles, tous les blés, orges et seigles » qu'il avait de disponibles; et qu'il ne peut y avoir » eu vente libre et de gré à gré, là où il y avait déjà » eu RÉQUISITION FORCÉE ».

» C'est donc, on ne peut en douter, c'est en vertu de réquisitions proprement dites, c'est en vertu d'actes administratifs, que le cit. Martin a fourni à la municipalité d'Arles les 540 setiers de blé dont il a depuis demandé le paiement à la commune.

» Et cela seul nous conduit nécessairement à dire que sa demande ne pouvait pas être portée devant les tribunaux; qu'elle était uniquement du ressort de l'autorité administrative; et qu'en l'accueillant, qu'en y faisant droit, malgré le décliniatoire proposé par la Commune, le tribunal d'appel d'Aix a violé ouvertement la loi du 15 fructidor an 3.

» Inutile, d'après cela, de nous occuper des autres moyens de cassation de la Commune d'Arles.

» Nous estimons, en conséquence, qu'il y a lieu de convertir en réglement des juges, la demande en cassation formée par la Commune d'Arles; ce faisant, sans avoir égard aux jugemens rendus entre les parties, lesquels demeureront nuls et comme non-avenus, renvoyer les cit. Ripert et Martin à se pourvoir devant l'autorité administrative, ainsi qu'il appartiendra; ordonner que l'amende consignée par la Commune d'Arles lui sera restituée ».

Sur ces conclusions, arrêt du 16 messidor an 10, au rapport de M. Delacoste, par lequel,

« Considérant que l'art. 13 du tit. 2 de la loi du 24 août 1790 veut que les fonctions judiciaires soient distinctes et demeurent toujours séparées des fonctions administratives, et défend aux juges de citer devant eux les administrateurs pour raison de leurs fonctions;

» Considérant que l'art. 61 de la loi du 14 décembre 1789, en conservant à tout citoyen le pouvoir

de présenter contre les officiers municipaux la dénonciation des délits d'administration dont il prétendra qu'ils se sont rendus coupables, exige qu'avant de présenter cette dénonciation devant les tribunaux, il soit tenu de la soumettre à l'administration du département, qui renvoie, s'il y a lieu, devant les tribunaux qui en doivent connaître;

» Et que l'art. 11 du décret du 14 novembre 1790 décide qu'aucun administrateur ne peut être traduit devant les tribunaux pour raison de ses fonctions, à moins qu'il n'y ait été renvoyé par l'autorité supérieure;

» Considérant que la loi du 28 pluviôse an 8, art. 4, place dans les attributions des conseils de préfecture les exécutions d'arrêtés des corps administratifs, et notamment les demandes et contestations concernant les indemnités dues aux particuliers;

» Attendu qu'il résulte des pièces produites, que la totalité des grains fournis par divers propriétaires de la Commune d'Arles, dans le cours de l'an 3, à la Commune d'Arles, l'ont été en exécution d'arrêtés pris par le conseil général de la Commune, en prairial et thermidor de la même année, que ces blés ont été versés dans le grenier public, et livrés à un trésorier nommé par une commission des subsistances publiques;

» Attendu que, sous tous les rapports, l'incompétence du tribunal était prononcée par les lois; qu'en effet, si les 167 et demi setiers de blé avaient été livrés à titre de vente ordinaire, faite par le cit. Martin à la commune d'Arles, et si le prix en était encore dû, malgré le paiement de 33,850 livres assignats, *c'était une dette de Commune, une demande concernant des indemnités dues à des particuliers par un corps administratif, et, comme telle, attribuée par la loi aux conseils de préfecture* (1); si la même demande est considérée, comme portant sur les 270 setiers formant le dixième de la récolte, c'était une réclamation contre des arrêtés pris administrativement, réclamation qui ne pouvait être portée dans les tribunaux judiciaires, sans avoir été préalablement soumise à l'autorité administrative, et par elle renvoyée devant les tribunaux qui en devaient connaître;

» Considérant que la Commune d'Arles a opposé devant les premiers juges, par l'organe de ceux de ses officiers municipaux qui étaient en fonctions lors des arrêtés pris en l'an 3, cette incompétence;

» Que, sur l'appel, la question de compétence a été posée et décidée affirmativement pour le tribunal, et par lui;

» Par ces motifs, le tribunal, convertissant les fins du pourvoi contre le jugement du tribunal d'appel

_____

(1) On voit qu'il y a ici une erreur très-grave de rédaction : sans doute, le conseil de préfecture devait prendre connaissance de cette dette, mais à quelle fin ? Uniquement pour autoriser les sieurs Ripert et Martin à en poursuivre le paiement devant les tribunaux. *V.* les n°s. 2 et 3 de ce paragraphe.

séant à Aix, du 5 fructidor an 9, en fins de réglemens de juges, annulle ledit jugement, comme rendu par juges incompétens, et renvoie, par réglement de juges, la cause et les parties, sur la demande des cit. Martin et Ripert contre la Commune d'Arles, devant l'autorité administrative à qui il appartient d'en connaître.... ».

Le Code de procédure civile ne déroge-t-il pas à la règle établie ou plutôt rappelée par l'arrêté du 17 vendémiaire an 10?

D'une part, il dit bien, art. 1032, que *les Communes et les établissemens publics seront tenus, pour former une demande en justice, de se conformer aux lois administratives;* mais il ne prescrit rien de particulier à ceux qui ont des demandes à former contre les Communes. D'un autre côté, par l'art. 1041, il abroge *toutes lois, coutumes, usages et réglemens relatifs à la procédure civile.* Il semblerait donc que l'on dût regarder la règle dont il s'agit comme abrogée.

Mais ce n'est là qu'une fausse apparence. Le Code de procédure civile ne renouvelle pas plus les dispositions de la loi du 5 novembre 1790, concernant les préliminaires à observer par ceux qui ont des actions à exercer contre l'État (1), qu'il ne renouvelle les dispositions de l'arrêté du 17 vendémiaire an 10, concernant les préliminaires à observer par ceux qui ont des actions pécuniaires à intenter contre les Communes. Or, il est universellement reconnu que les dispositions citées de la loi du 5 novembre 1790 ne sont pas abrogées par l'art. 1041 du Code de procédure civile; et pourquoi ne le sont-elles pas? Parcequ'elles forment, pour les actions à intenter contre l'État, un règlement tout-à-fait spécial; parcequ'il est de principe que les lois spéciales survivent aux lois générales, même dans les points sur lesquels celles-ci leur sont opposées (2). Il en doit donc être de même des dispositions de l'arrêté du 17 vendémiaire an 10.

II. S'il fallait, sur la seconde question, s'en tenir aux conclusions et à l'arrêt de la cour de cassation, du 15 messidor an 10, rapportés au n°. précédent, il ne serait pas douteux que ce ne serait pas comme violant l'édit de 1683, mais comme entaché d'incompétence, que devrait être attaqué un jugement qui, par contravention à cette loi, condamnerait une Commune au paiement d'une créance dont les poursuites judiciaires n'auraient pas été préalablement autorisées par le conseil de préfecture.

Et c'est effectivement ce qu'avait décidé, avant ces conclusions et cet arrêt, un décret du 9 ventôse an 10, qui se trouve dans le *Bulletin des lois,* 5e. série, n°. 166.

Mais il est aujourd'hui bien reconnu que cette manière de juger n'était qu'une erreur. *V.* le *Répertoire de jurisprudence* au mot *Hôpital,* §. 5.

(1) *V.* l'article *Nation,* §. 2.
(2) *V.* l'article *Délits ruraux,* §. 1.

III. La troisième question s'était élevée en 1806 et avait été décidée négativement par un avis du conseil d'état dont je n'ai pas conservé la date, mais qui a été cité dans le rapport du ministre de l'intérieur, sur lequel est intervenu, le 21 mars 1809, un décret qui l'a décidée de même.

Dans le fait, le sieur Robert s'était adressé au conseil de préfecture du département de Vaucluse, pour être autorisé à se pourvoir contre la Commune de Lauris, en indemnité du tort qu'il avait éprouvé par suite du mauvais état dans lequel lui avaient été remis les fossés d'un moulin que le sieur Grégoire, aux droits duquel il se trouvait, avait pris à bail de cette Commune.

Par arrêté du 30 frimaire an 14, le conseil de préfecture lui avait refusé cette autorisation, « attendu que, lors de l'entrée en jouissance du sieur » Grégoire, l'état du moulin avait été constaté par » un procès-verbal de reconnaissance contre lequel » le sieur Grégoire n'avait point réclamé ».

Le sieur Robert s'est pourvu au conseil d'état contre cet arrêté; et par le décret cité, il a été prononcé en ces termes:

« Vu l'avis de notre commission du contentieux;

» Considérant que mal à propos le conseil de préfecture a prétendu juger un point litigieux qui concerne l'exécution d'un bail; qu'il n'est pas besoin d'autorisation pour actionner à cet effet la Commune, *ne s'agissant point d'une simple créance* ....;

» Notre conseil d'état entendu, nous avons décrété et décretons ce qui suit:

» Art. 1er. L'arrêté du conseil de préfecture de Vaucluse, du 30 frimaire an 14, est annullé.

» 2. Le sieur Robert est renvoyé à se pourvoir devant les tribunaux, pour la demande qu'il se croit en droit de former contre la Commune de Lauris ».

C'est ce qu'a également jugé une ordonnance du roi, du 20 janvier 1819, qui est ainsi conçue:

« Sur le rapport du comité contentieux,

» Vu la requête à nous présentée par le sieur Lanusse ...., tendant à ce qu'il nous plaise annuler un arrêté rendu par le conseil de préfecture du département des Basses-Pyrénées, en date du 30 décembre 1817, qui a refusé de lui accorder l'autorisation nécessaire pour intenter contre la Commune d'Oloron une action en indemnité, pour raison de l'incendie qui a consumé, dans la nuit du 8 au 9 février 1812, une propriété dite *le séminaire de Sainte-Marie,* qu'il possède dans ladite Commune, à laquelle il en avait loué une portion; et à ce que, par suite, ladite autorisation lui soit par nous accordée....;

» Vu l'ordonnance de *soit communiqué,* étant ensuite de ladite requête, rendue le 8 juin 1818, par notre garde des sceaux, ministre de la justice;

» Vu l'exploit, en date du 7 juillet 1818, fait par Jean Selles, huissier, contenant signification desdites requête et ordonnance aux habitans de la ville d'Oloron, en la personne du maire de ladite ville, qui l'a visée et n'a pas répondu dans les délais du réglement;

» Vu toutes les pièces produites;

» Considérant que l'obligation imposée aux particuliers qui veulent intenter une action contre une Commune, de soumettre préalablement leur demande à l'administration, n'a pour objet que d'empêcher les Communes de soutenir un procès injuste et onéreux dans le cas où la demande formée contre elles serait fondée; mais qu'il n'en résulte pas que l'administration soit compétente pour statuer sur le fond du procès, en refusant au demandeur l'autorisation de plaider contre la Commune;

» Considérant, dans l'espèce, que, si le conseil de préfecture eût trouvé mal fondée la demande du sieur Lanusse, il aurait dû se borner à autoriser la Commune d'Oloron à ester contre lui en jugement;

» Notre conseil d'état entendu, nous avons ordonné et ordonnons ce qui suit:

» Art. 1er. L'arrêté du conseil de préfecture du département des Basses-Pyrénées, du 30 décembre 1817, est annulé, sauf à la Commune d'Oloron à se pourvoir devant le même conseil pour obtenir, s'il y a lieu, l'autorisation d'ester en jugement contre le sieur Lanusse.

» 2. Les frais relatifs à la présente autorisation, seront supportés par celle des parties qui succombera en définitive.... (1).

IV. Sur la quatrième question, point de difficulté quand il s'agit de poursuites exercées d'office par le ministère public, d'après l'obligation que lui en impose la loi du 10 vendémiaire an 4, rapportée aux mots *Dernier ressort*, §. 1, et *Responsabilité des Communes*. Il est évident, en effet, que ces poursuites, n'étant de la part du ministère public que l'accomplissement d'un devoir, l'exercice n'en peut pas être subordonné à l'obtention préalable d'une permission de l'autorité administrative.

Mais ne devrait-on pas décider autrement à l'égard des poursuites qui seraient exercées concurremment avec celles du ministère public, par la partie à laquelle ont préjudicié les dégâts commis par des attroupemens?

Non, et il y en a une raison bien simple: c'est que la partie lésée par ces dégâts, n'a pas besoin d'agir elle-même pour en obtenir la réparation; c'est que, lorsqu'elle agit en personne, elle ne fait qu'exciter ou appuyer surabondamment l'action du ministère public; c'est, par une conséquence ultérieure, que son action ne peut pas plus que celle du ministère public, dépendre d'une permission de l'autorité administrative.

Voici cependant une espèce dans laquelle l'opinion contraire a prévalu dans deux cours royales.

En septembre 1815, un attroupement de gens armés se porte sur les domaines du sieur Cazelle,

_____

(1) Jurisprudence de la cour de cassation, tome 19, part 2, page 255.

situés dans le territoire de la Commune de Montagnac, les dévaste et met le feu aux bâtimens.

Ces délits sont constatés par l'autorité administrative qui en adresse les procès-verbaux, conformément à la loi du 10 vendémiaire an 4, au procureur du roi près le tribunal de première instance de Béziers.

Mais point de poursuites de la part de ce magistrat.

Le 25 juillet 1818, le sieur Cazelle fait citer le maire de Montagnac devant le même tribunal, pour se voir condamner, en sa qualité, aux dommages-intérêts qui, d'après la loi, lui sont dus par la Commune.

Le 25 novembre de la même année, jugement qui, adoptant les conclusions du procureur du roi, déclare « qu'en l'état, il n'y a lieu à statuer, sauf » au sieur Cazelle à se pourvoir ainsi qu'il avisera » en exécution de l'édit de 1683 et de l'arrêté du » gouvernement, du 17 vendémiaire an 10, pour » faire autoriser le maire de la Commune de Montagnac à ester en jugement ».

Appel de ce jugement de la part du sieur Cazelle, à la cour royale de Montpellier; et le 14 juin 1819, arrêt confirmatif,

« Attendu, sans entrer dans l'examen de la question de savoir si la loi de vendémiaire an 4 a ou n'a pas été abrogée par les lois postérieures, et notamment par l'art. 74 et autres du Code pénal, que cette loi contient deux parties distinctes: la première, par laquelle elle détermine les crimes et les délits dont les Communes peuvent être déclarées responsables, et fixe les dommages et réparations en résultant; la deuxième, par laquelle elle règle la forme de procéder pour faire prononcer cette responsabilité;

» Attendu que, si, dans cette forme de procéder, la permission exigée par l'arrêté du 17 vendémiaire an 10, n'est pas nécessaire, puisque les Communes ne sont pas appelées, cela ne doit avoir lieu que dans les cas prévus par la loi où, n'y ayant pas d'instance entre parties, ce sont les autorités administratives et judiciaires qui, d'office, poursuivent, prononcent et exécutent; que la loi de l'an 4, étant une loi d'exception, doit être exécutée telle qu'elle est; et que, si l'autorité publique n'agit pas d'office, et que la partie lésée veuille poursuivre le paiement des dommages qu'elle prétend lui être dus par une Commune, ce n'est plus la forme établie par la loi de l'an 4 qu'il faut suivre, mais la forme ordinaire; que la partie trouve bien alors dans cette loi le principe et les effets de l'action qu'elle veut exercer, mais qu'elle n'y trouve pas la manière dont elle doit le faire, et qu'elle est alors comme toute partie civile qui poursuit, par la voie civile, la réparation des dommages que lui a causés une action prévue et qualifiée crime par la loi; qu'en actionnant la Commune, elle établit une discussion contradictoire qui n'existe pas dans le système de la loi de l'an 4; elle intente un procès, et reste, par conséquent, soumise aux dispositions de l'arrêté du 7 vendémiaire an 10 ; que la cour de cassation, dans son arrêt de rejet du 17 juin 1817, n'a rien jugé de contraire, puisqu'elle a dit, dans ses motifs, que la Commune d'Happlaincourt ayant été autorisée sur l'appel, et les jugemens de première instance ayant été annullés, elle avait obtenu tout ce qu'elle était en droit d'obtenir ; d'où la conséquence que, si la Commune d'Happlaincourt n'avait pas été autorisée sur l'appel, elle n'aurait pas obtenu tout ce qu'elle était en droit d'obtenir ;

» Attendu que l'on dirait vainement que l'arrêté du 17 vendémiaire an 10, ne parlant que des créanciers, n'est pas applicable à ceux qui, demandant des dommages ne le sont pas encore, puisque la permission d'intenter une action contre une Commune étant exigée d'un créancier qui a un titre certain et reconnu, doit l'être à plus forte raison de celui qui cherche à le devenir, et à se procurer un titre sur le champ exécutoire (1) ».

Mais le sieur Cazelle se pourvoit en cassation ; et par arrêt du 19 novembre 1821, au rapport de M. Vergès et sur les conclusions de M. l'avocat-général Joubert,

« Vu les art. 2, 4 et 5 de la loi du 10 vendémiaire an 4 ;

« Vu aussi l'arrêté du gouvernement du 17 vendémiaire an 10 ;

» Considérant que les délits dont se plaignit le demandeur, vers la fin de 1815, furent alors constatés par l'autorité administrative, et successivement dénoncés par le juge de paix au procureur du roi près le tribunal civil de Béziers ;

» Qu'il fut aussi procédé administrativement, en vertu des ordres du préfet du département de l'Hérault, soit à l'audition des témoins, soit à l'estimation des dommages causés par ces délits ;

» Que le préfet transmit lui-même les divers procès-verbaux au procureur-général de la cour de Montpellier, et l'invita à faire donner aux poursuites toute la célérité possible ;

» Que le procureur du roi et le tribunal civil de Béziers furent en effet saisis de cette affaire, en exécution de la loi du 10 vendémiaire an 4, tant en vertu de la dénonciation du juge de paix, que par l'envoi des procès-verbaux et autres actes administrativement dressés dans cette affaire ;

» Qu'il s'était néanmoins écoulé un délai de deux ans et demi, sans que le tribunal civil de Béziers eût prononcé sur cette affaire,

» Que, dans cet état de choses, le sieur Cazelle fit citer, par exploit du 25 juillet 1818, le maire de la Commune de Montagnac devant ce tribunal, afin de parvenir à faire condamner ladite Commune au paiement des dommages déterminés par ladite loi ;

» Considérant que cette citation, que la loi n'in-

terdisait pas, ne fut réellement qu'accessoire aux poursuites dont ce tribunal était saisi depuis long-temps en vertu de l'envoi des procès-verbaux et des autres actes émanés de l'autorité administrative ;

» Que l'intervention et la citation n'avaient d'autre but que d'éveiller l'attention et d'exciter le zèle du ministère public et du tribunal ;

» Que par conséquent, malgré cette citation, la poursuite principale, fondée sur ladite loi, conservait sa force et ses effets ;

» Considérant que les mesures prescrites par ladite loi sont de haute police, tant dans l'intérêt du gouvernement, sous le rapport de la sûreté publique, que dans l'intérêt des particuliers lésés ;

» Que cette loi, en ordonnant à l'autorité administrative de constater les délits et les dommages, et aux tribunaux de prononcer dans de très-courts délais, a établi un mode de procéder spécial, totalement inconciliable avec l'édit de 1683 et l'arrêté du 17 vendémiaire an 10 ;

» Que cet édit et cet arrêté, qui défendent, dans les contestations purement civiles, aux créanciers des Communes, de se pourvoir devant les tribunaux sans en avoir demandé la permission à l'autorité administrative, sont sans application à des poursuites d'ordre public et de haute police, ordonnées par une loi spéciale, qui détermine à-la-fois les attributions de l'autorité administrative et celles des tribunaux ;

» Qu'en décidant le contraire, la cour royale de Montpellier a faussement appliqué l'édit de 1683 et l'arrêté du 17 vendémiaire an 10, et violé les art. 2, 4 et 5 de la loi du 10 vendémiaire an 4 ;

» La cour casse et annulle l'arrêt de la cour royale de Montpellier, du 14 juin 1819.... ; et sur le fond, renvoie les parties devant la cour royale de Toulouse (1) ».

Cet arrêt paraissait trop bien motivé pour ne pas servir de règle aux magistrats qu'il appelait à prononcer de nouveau sur la question ; mais il n'en a pas été ainsi.

Par arrêt du 5 mars 1822, la cour royale de Toulouse, chambres réunies, a prononcé comme l'avait fait celle de Montpellier,

« Attendu que, d'après les dispositions formelles des lois anciennes, comme des lois nouvelles, les Communes ne peuvent ester en jugement, tant en demandant qu'en défendant, qu'après y avoir été autorisées par l'autorité administrative, soit sur leur propre demande, soit sur celle des tiers qui veulent introduire contre elles une action en justice ; que ces principes, qui sont d'ordre public, et qui dérivent de l'état de minorité où sont placées les Communes, et de la protection spéciale qui leur est due à ce titre, sont consacrées par une jurisprudence constante et invariable, et qu'il ne peut y être dérogé que dans les cas clairement et expressément déterminés par des lois d'exception ;

---

(1) Jurisprudence de la cour de Cassation, tome 22, page 201.

(1) Bulletin civil de la cour de cassation, tome 23, page 306.

et que le sieur Cazelle a lui-même rendu hommage à ce principe, lorsque, dans l'exploit signifié à sa requête, le 25 juillet 1818, à la Commune de Montagnac, dans la personne de son maire, il lui a donné un délai de quinzaine, afin qu'il eût le temps d'obtenir l'autorisation administrative dont il conteste maintenant la nécessité (1);

» Attendu que la Commune de Montagnac n'a pas été autorisée à défendre à l'action introduite contre elle devant le tribunal de Béziers par le sieur Cazelle, le 15 juillet 1818; qu'il résulte de l'exploit de ce dernier, en date dudit jour, que le sieur Cazelle entendit agir et agit en effet de son chef, par voie principale, et même en motivant son action sur ce que le ministère public n'avait fait aucune des poursuites auxquelles semblait l'obliger la loi du 10 vendémiaire an 4; qu'il intenta directement contre la Commune de Montagnac, une action mobilière en paiement des sommes qu'il prétendit lui être dues à titre de restitution et de dommages-intérêts, et dont il détermina lui-même le montant, sans s'arrêter aux évaluations faites en 1815 par l'autorité administrative, comme étant inférieures aux pertes qu'il avait éprouvées; et que, se présentant ainsi avec le caractère d'un véritable créancier, il était tenu de se pourvoir, avant toute poursuite, devant l'autorité administrative, pour en obtenir l'autorisation voulue par l'édit de 1683 et par l'arrêté du 17 vendémiaire an 10;

» Attendu qu'il n'y a pas moyen de soutenir que la citation du 25 juillet 1818 n'ait pas introduit une instance nouvelle, et qu'elle n'ait été qu'accessoire aux poursuites dont le tribunal de Béziers était depuis long-temps saisi par suite de l'envoi des procès-verbaux et des autres actes de l'autorité administrative qui avait été fait en 1815 au procureur du roi près ledit tribunal; qu'il est bien vrai que cet envoi avait pour but et paraissait devoir produire l'effet de provoquer des poursuites d'office de la part du ministère public contre la Commune de Montagnac; mais que de là que le procureur du roi acquit par cet envoi les moyens de poursuivre, on ne peut pas conclure que le tribunal de Béziers ait été nanti desdites poursuites, lorsqu'il est prouvé que le procureur du roi a gardé dans son cabinet les pièces qui lui furent envoyées en 1815, sans en faire usage, et qu'il n'a adressé au tribunal aucune demande, aucune réquisition qui ait pu le saisir de l'affaire et le mettre à même d'y statuer; que l'inaction absolue du procureur du roi est reconnue par le sieur Cazelle lui-même, qui s'en est plaint comme d'un déni de

justice, et qui n'a pas eu d'autre motif pour introduire de son chef une action que le ministère public ne se mettait nullement en peine d'exercer; que, lorsque, par suite de l'instance engagée directement par le sieur Cazelle, le procureur du roi a rompu le silence absolu qu'il gardait depuis l'envoi des pièces administratives, ce magistrat n'a parlé que pour réclamer en faveur de la Commune de Montagnac, défaillante, l'autorisation d'ester en jugement prescrite par les lois; qu'il n'existait donc pas d'instance contre la Commune de Montagnac, devant le tribunal de Béziers avant la citation du 25 juillet 1818, et que le sieur Cazelle ne peut, par conséquent, couvrir le vice de ses poursuites, qui résulte du défaut d'autorisation de la Commune de Montagnac, sur le fondement qu'il n'aurait fait qu'intervenir dans une instance préexistante où cette autorisation n'était pas nécessaire;

» Attendu que la circonstance prise de ce que le sieur Cazelle fondait sa demande sur les dispositions de la loi du 10 vendémiaire an 4, relative à la responsabilité civile des Communes, ne l'affranchissait pas de l'observation de la formalité essentielle et d'ordre public qui est prescrite, tant par l'édit de 1683, que par l'arrêté du 17 vendémiaire an 10, et cela par plusieurs raisons également décisives;

» Qu'en premier lieu, sans rien préjuger sur l'existence ou l'abrogation de la loi du 10 vendémiaire an 4, question qui appartient au fond de la cause, dont la cour n'a pas à s'occuper, et en supposant même que cette loi, toute d'exception et de circonstance, soit encore en vigueur (1), il faut reconnaître qu'elle détermine des formes spéciales de procédure pour les poursuites d'office dont elle charge les autorités administratives et judiciaires; mais qu'elle ne s'occupe nullement des formes à suivre dans le cas où la partie lésée agit directement et en son nom contre la Commune qu'elle veut rendre passible des réparations et dommages-intérêts résultant des délits commis sur son territoire; que, dès-lors, dans ce dernier cas, la partie lésée ne trouvant rien dans la loi sur laquelle est basée l'action qu'elle prétend exercer qui prescrive, en ce qui la concerne, des formes particulières, est astreinte à suivre la marche de la procédure ordinaire;

» Qu'en second lieu, la loi du 10 vendémiaire an 4, considérée comme loi spéciale de haute police, est éminemment une loi d'exception, qu'on ne pourrait étendre à des cas qu'elle n'a pas expressément prévus et déterminés, sans violer ouvertement les principes les plus positifs et les plus tutélaires de notre législation; or, qu'on étendrait évidemment les dispositions déjà si rigoureuses, pour ne rien dire de plus, de cette loi, si l'on soumettait les parties privées à des formes de procédure qui n'ont été établies que pour les pour-

---

(1) Le sieur Cazelle ne soutenait pas, ou du moins il aurait eu tort de soutenir que la Commune de Montagnac n'avait pas besoin d'autorisation pour défendre à l'action qu'il intentait contre elle; mais il soutenait et il était fondé à soutenir que, pour intenter son action contre la Commune, il n'avait pas besoin de la permission de l'autorité administrative.

(1) V. l'article *Responsabilité des Communes*, §. 1, n°. 2.

suites d'office de la partie publique, et qui dérogent d'une manière aussi essentielle au droit commun ; qu'à la vérité, le conseil d'état, par un avis du 12 mai, approuvé le 1er. juin 1807, a décidé que, nonobstant l'art. 1041 du Code de procédure civile, les formes de procédure établies par des lois spéciales doivent continuer d'être observées, quoique dérogeant aux lois générales ; mais qu'il résulte seulement de cet avis, que les lois spéciales doivent être suivies, quant à la forme de procéder, et dans l'intérêt du gouvernement (1), lorsqu'elles déterminent elles-mêmes cette forme, et dans les seuls cas pour lesquels elles l'ont expressément prescrite ; qu'ainsi, et à l'égard de la loi du 10 vendémiaire an 4, supposé qu'elle soit encore en vigueur, les autorités administratives et judiciaires, ayant à en faire l'application d'office, devraient se conformer au mode de procéder qu'elle détermine, et selon lequel il n'est certes pas besoin que les Communes soient-autorisées à ester en jugement ; puisque, loin de les appeler en cause, on doit alors procéder contre elles en leur absence, et sans qu'elles soient admises à se défendre ; mais qu'il n'en saurait être ainsi, lorsque, comme dans l'espèce, la partie lésée, voyant que le ministère public demeure dans l'inaction au lieu de provoquer l'exercice des poursuites d'office qui lui sont dévolues par le recours à l'autorité supérieure, se décide à engager de son chef une instance contre la Commune responsable, et qu'exerçant, dans ce cas, une action purement privée, et dans son intérêt seul, ne trouvant d'ailleurs, dans la loi dont il s'agit, que le principe de cette action au fond, sans aucune forme spéciale relativement à son exercice, il est évident que la partie lésée doit se conformer au droit commun, en faisant autoriser la Commune contre laquelle elle agit ;

» Qu'en troisième lieu, il est incontestable, et on en demeure d'accord, que, s'il était intervenu d'office, et sur les seules réquisitions du ministère public, un jugement de condamnation contre la Commune de Montagnac, celle-ci aurait eu le droit, malgré le silence de la loi du 10 vendémiaire an 4 à cet égard, de former opposition à ce jugement, ou d'en interjeter appel ; qu'il est aussi incontestable que la Commune n'aurait pu faire usage de l'un ou de l'autre moyen, surtout envers la partie lésée, qu'avec l'autorisation préalable du conseil de préfecture, qu'elle aurait dû provoquer dans ce cas, en sa qualité de demanderesse ; mais que ces deux propositions étant admises, il serait bien singulier et bien étonnant que le sieur Ca-

zelle, poursuivant lui-même le jugement avec la Commune de Montagnac par une instance régulière et privée, eût pu légitimement s'affranchir du recours à l'autorité administrative, et se dispenser, en attaquant la Commune, de l'accomplissement d'une formalité sans laquelle la Commune elle-même n'aurait pu agir contre lui par voie d'opposition ou d'appel (1) ;

» Attendu, enfin, que la nécessité de l'autorisation des Communes, même relativement à l'application de la loi du 10 vendémiaire an 4, a été formellement reconnue et consacrée par le conseil d'état, notamment par son arrêté du 12 brumaire an 11, relatif à deux jugemens du tribunal de première instance de Fontenay, et plus récemment par une ordonnance royale, aussi rendue en conseil d'état, le 18 juillet 1819, dans la cause du sieur Guy contre la Commune d'Agde (2);

» Attendu qu'il suit des motifs ci-dessus, qu'il a été bien jugé par le tribunal de Béziers, et que le jugement par lui rendu dans la présente cause, le 23 novembre 1818, doit être confirmé (3) ».

Mais ces motifs n'ont pas effrayé le sieur Cazelle : il s'est de nouveau pourvu en cassation, et par arrêt du 28 janvier 1826, sections réunies sous la présidence de M. le garde des sceaux, au rapport de M. Carnot, et sur les conclusions de M. le procureur général Mourre.

« Vu l'édit du mois d'avril 1685, les art. 1, 2, 3, 4 et 5 du tit. 5 de la loi du 10 vendémiaire an 4, et l'arrêté du gouvernement du 17 vendémiaire an 10 ;

» Considérant qu'en accordant une action civile contre les Communes, pour la réparation des dommages résultant des désordres qui sont commis sur leur territoire, la loi du 10 vendémiaire an 4 a soumis l'exercice de cette action à des formes spéciales et d'exception qui ne peuvent se concilier avec la nécessité d'obtenir l'autorisation prescrite par l'édit de 1683 et par l'arrêt du 17 vendémiaire an 10 ; d'où il suit qu'en jugeant que le demandeur était non-recevable dans son action, pour n'avoir pas

---

(1) Cet avis du conseil d'état ne se rapporte pas seulement aux affaires qui *intéressent le gouvernement*, mais encore à *toute autre matière pour laquelle il aurait été fait*, par une loi spéciale, exception aux règles générales ; et il n'est que la conséquence du principe rappelé aux mots *Délits ruraux*, §. 1, que les lois générales ne sont jamais censées déroger aux lois spéciales qui les ont précédées.

(1) C'est comme si l'on disait : un maire ne peut pas, sans autorisation, défendre à une action réelle intentée contre une Commune ; donc une action réelle ne peut être intentée contre une Commune sans que le demandeur en ait préalablement obtenu la permission de l'autorité administrative, conséquence qui certainement ne serait pas soutenable, puisqu'il est généralement reconnu que l'édit de 1683 ne porte que sur le demandeur agissant comme *créancier*, et qu'il est totalement étranger au demandeur agissant comme propriétaire.

(2) La cour royale de Toulouse aurait pu ajouter que telle est aussi la disposition de l'ordonnance du roi du 20 janvier 1819, rapportée au n°. précédent. Mais encore une fois, la question n'était pas de savoir si la Commune de Montagnac pouvait sans autorisation défendre à l'action du sieur Cazelle ; il ne s'agissait que de savoir si le sieur Cazelle avait eu besoin d'autorisation pour agir contre la Commune accessoirement à l'action que le procureur du roi avait dû intenter d'office.

(3) Jurisprudence de la cour de cassation, tome 22, page 202.

fait préalablement autoriser la Commune de Montagnac à y défendre, la cour de Toulouse a fait une fausse application de l'édit de 1683, et de l'arrêté du 17 vendémiaire an 10, et ouvertement violé les articles cités de la loi du 10 vendémiaire an 4;

» Par ces motifs, la cour casse et annulle l'arrêt rendu par la cour royale de Toulouse, le 5 mars 1822.... (1) ».

§. III. 1°. *Dans l'ancien droit, une Commune pouvait-elle, par une transaction non légalement autorisée par l'autorité législative, abandonner un immeuble dont elle avait la possession immémoriale?*

2°. *Y a-t-il lieu à garantie, lorsque, sur une demande justement formée avant la loi du 28 août 1792, mais adoptée par un jugement postérieur à cette loi et motivé sur elle, le tiers-acquéreur d'un bien illégalement abandonné par une Commune à son ci-devant seigneur, en a été évincé au profit de cette Commune?*

3°. *Le maire d'une Commune, assigné en délaissement d'un bien dont elle s'est emparée sans titre, peut-il valablement acquiescer à la demande? Le peut-il spécialement, lorsqu'il y est autorisé par une délibération du conseil municipal, approuvée par le conseil de préfecture?*

I. Sur les deux premières questions, *V.* le plaidoyer du 15 et l'arrêt du 27 pluviôse an 11, rapportés à l'article *Fait du souverain.*

II. Sur la troisième question, voici ce que j'ai dit à l'audience de la section des requêtes, le 17 novembre 1813, en portant la parole sur une affaire dont je parlerai encore à l'article *Délits forestiers,* §. 15:

« Le premier moyen de cassation que vous propose la commune d'Agnos contre l'arrêt de la cour de Pau, du 22 juillet 1812, qui la condamne à réparer les dégradations commises dans le bois du Bédat, consiste à dire que cet arrêt viole les lois qui défendent aux Communes d'aliéner et de transiger sans l'autorisation du gouvernement.

» Pour appuyer ce moyen, la Commune d'Agnos vous dit qu'elle avait été autorisée par un arrêté de l'administration du département des Basses-Pyrénées, du 6 floréal an 5, à disputer devant les tribunaux, au sieur Courrèges, la propriété du bois de Bédat; que, cet arrêté subsistant, elle n'aurait pu être déchue légalement de ses prétentions à la propriété du bois de Bédat, que par l'effet d'un jugement qui les eût déclarées mal fondées; que cependant elle s'en trouve déchue par le seul effet de l'acquiescement de son maire aux conclusions du sieur Courrèges qui tendaient à le faire maintenir dans la propriété du bois litigieux; et qu'en

(1) Bulletin civil de la cour de cassation, tome 28, page 39.

4. *édit., Tome II.* 51

donnant un tel effet à cet acquiescement, la cour de Pau a violé les lois qui défendent aux Communes d'aliéner leurs droits immobiliers, si elles n'y sont autorisées par un décret du corps législatif, et de transiger sur ces mêmes droits, si elles n'y sont autorisées par un décret du chef du gouvernement.

» Mais 1°. La Commune d'Agnos est-elle recevable à vous proposer ce moyen?

» La cour de Pau n'a fait, en maintenant les héritiers du sieur Courrèges dans la propriété du bois de Bédat, que renouveler la disposition du jugement du tribunal de première instance d'Oléron, du 16 prairial an 12, qui avait retenu acte au maire d'Agnos de son acquiescement à ce que le sieur Courrèges fût maintenu dans cette propriété.

» Or, cette disposition était demeurée sans appel de la part de la Commune d'Agnos; elle était par conséquent passée en force de chose jugée. La Commune d'Agnos ne pouvait donc pas l'attaquer, et en effet elle ne l'attaquait pas devant la cour de Pau; elle ne peut donc pas aujourd'hui se plaindre de ce que la cour de Pau a renouvelé cette disposition par son arrêt.

» 2°. Ce n'est pas de son propre mouvement, c'est d'après la délibération du conseil municipal de la Commune d'Agnos, du 27 prairial an 9, homologuée par le conseil de préfecture, le 26 messidor suivant, que le maire de cette Commune a donné l'acquiescement dont il s'agit.

» Or, où est-il écrit qu'un administrateur ne peut pas, avec l'autorisation qui lui est nécessaire, pour soutenir une prétention en justice, se désister de cette même prétention?

» Suivant la Commune d'Agnos, se désister d'une prétention à des droits immobiliers, c'est aliéner, ou au moins transiger. Or, pour aliéner des droits immobiliers, et pour transiger sur des droits de la même nature, l'autorisation du conseil de préfecture ne suffit pas à un maire: il lui faut, ou un décret du corps législatif, ou un décret du chef de l'État.

» Mais ce ne sont là que de vaines subtilités.

» Toute loi d'exception à part et de droit commun, le pouvoir qui est compétent pour autoriser un administrateur à former ou à combattre une demande en justice, l'est nécessairement aussi pour l'autoriser, soit à se désister d'une demande d'abord intentée mal à propos, soit à acquiescer à une demande d'abord combattue injustement. Cela résulte de la maxime écrite dans la loi 35, D. *de regulis juris, nihil tam naturale est quàm eo genere quidque dissolvere quo colligatum est.* Et c'est sur ce fondement que l'art. 464 du Code civil place sur la même ligne, par rapport au tuteur, et l'autorisation dont il a besoin pour *soutenir en justice une action relative aux droits immobiliers du mineur,* et l'autorisation dont il a besoin pour *acquiescer à une demande relative aux mêmes droits;* c'est sur ce fondement qu'il déclare le tu-

402 COMMUNE, §. IV ET V.

teur capable de l'un et de l'autre, moyennant l'autorisation du conseil de famille.

» Assurément, si acquiescer à une demande relative aux droits immobiliers du mineur, c'était aliéner ou transiger, le tuteur ne pourrait pas le faire avec la simple autorisation du conseil de famille; il faudrait, d'après les art. 458 et 467 du Code civil, que la délibération du conseil de famille contenant cette autorisation fût homologuée par le tribunal de première instance, sur les conclusions du ministère public.

» Or, ce qu'est, pour un tuteur, le jugement d'un tribunal de première instance qui homologue une délibération du conseil de famille, le décret du corps législatif, lorsqu'il s'agit d'aliéner, et le décret du chef de l'État, lorsqu'il s'agit de transiger, le sont pour le maire d'une Commune. Ceux-ci ne sont nécessaires au maire, que dans le cas où celui-là est nécessaire au tuteur. Si donc un tuteur peut, avec la simple autorisation du conseil de famille, acquiescer à une demande formée contre son mineur, il faut bien qu'un maire puisse également, avec la simple autorisation du conseil de préfecture, acquiescer à une demande formée contre sa Commune.

» En effet, on n'aliène ni ne transige, lorsqu'on ne fait que reconnaître que l'on est sans droit à la chose revendiquée. Aliéner, c'est renoncer à des droits certains; transiger, c'est renoncer à des droits douteux. Il n'y a donc ni aliénation ni transaction, lorsqu'il n'y a ni certitude ni doute sur les droits auxquels on déclare n'avoir rien à prétendre ».

Ce moyen écarté, il en restait à la Commune d'Agnos trois autres, dont deux paraissaient avoir déterminé l'admission de sa requête.

Mais l'affaire portée à la section civile, il y est intervenu, le 6 février 1816, au rapport de M. Boyer, un arrêt contradictoire qui a rejetté les quatre moyens de la Commune, et par suite, sa demande en cassation.

Voici comment est motivé le rejet du premier moyen.

« Attendu 1°. que le désistement donné en justice par le maire d'Agnos, des prétentions de sa Commune à la propriété du bois de Bédat, n'a été que la conséquence et l'exécution de la délibération prise à cet égard par le conseil municipal de cette Commune, le 27 prairial an 9, et de l'arrêté du conseil de préfecture du 26 messidor suivant, qui, en homologuant ladite délibération, a autorisé le maire à défendre dans ce sens à l'action du sieur Courrèges contre ladite Commune;

» Qu'il suit de là que la cour royale de Pau a pu, sans contrevenir aux lois relatives à l'autorisation des Communes pour ester en justice et transiger sur leurs droits de propriété, fonder sur le désistement du maire la disposition de son arrêt qui maintient les héritiers Courrèges dans la propriété du bois dont il s'agit;

» 2°. Que le jugement de première instance du

16 prairial an 12 qui, d'après le même motif, avait prononcé la maintenue du sieur Courrèges dans la propriété du bois de Bédat, ayant été frappé d'appel par la Commune d'Agnos, cette Commune n'a proposé, en cause d'appel, aucun grief résultant de cette disposition du jugement; d'où il suit qu'elle s'est rendue non-recevable à critiquer, sur son pourvoi en cassation, la disposition de l'arrêt attaqué qui a confirmé en ce chef la décision des premiers juges....».

V. l'article Acquiescement, §. 18.

§. IV. Un jugement dans les qualités duquel une Commune figure, non par le ministère de son maire ou adjoint, mais par elle-même, peut-il être annullé sur la demande de la partie qui n'a pas contredit ces qualités?

V. l'article Usage (droit d'), §. 2.

§. V. 1°. Le jugement rendu en faveur d'une Commune qui n'avait pas été autorisée légalement à plaider, et à laquelle on n'avait pas opposé le défaut d'autorisation, peut-il, à raison de ce défaut, être annullé sur la demande de la partie adverse?

2°. Les habitans d'une Commune à qui appartient un droit d'usage sur la propriété d'un particulier, peuvent-ils individuellement le réclamer en justice? La Commune en corps n'a-t-elle pas, seule et exclusivement, qualité pour intenter ou soutenir une action de cette nature, par l'organe de son maire?

3°. Une Commune qui a été autorisée, sous la loi du 2 octobre 1793, concernant les biens communaux, à intenter une action devant des arbitres forcés, a-t-elle besoin, depuis la loi du 9 ventôse an 4, d'une autorisation nouvelle pour reporter cette action devant les tribunaux ordinaires?

4°. L'autorisation accordée à une Commune pour intenter ou soutenir une action, s'étend-elle à tous les incidens auxquels cette action peut donner lieu? S'étend-elle notamment à une demande en péremption formée contre la Commune?

5°. Les Communes sont-elles soumises, comme les particuliers, à la disposition de l'art. 173 du Code de procédure civile, suivant laquelle les nullités d'exploit se couvrent par les défenses au fond?

I. Sur la première question, on peut dire, pour la négative, qu'il en doit être d'une Commune qui plaide sans l'autorisation du conseil de préfecture, comme du mineur qui plaide sans l'autorisation de son tuteur ou curateur.

Si le mineur, dépourvu de tuteur ou de curateur, obtient gain de cause, sans que son adversaire lui ait opposé l'incapacité résultant de sa minorité, le jugement n'en sera pas moins valable; et son adversaire ne pourra pas, pour faire prononcer la nullité de ce jugement, rétorquer contre le mineur une règle qui n'a été introduite que pour son avantage, et pour d'autant mieux assurer la défense de ses droits. Ainsi le décide expressément la loi 14, C. *de procurationibus* : *non eò minùs*, dit-elle, *sententia adversùs te lata juris ratione subsistit, quòd adversaria tua minor vigenti quinque annis constituta, causam suam marito sine curatore agendam mandavit. Minoribus enim ætas in damnis subvenire, non in rebus prosperè gestis obesse consuevit.*

Il doit donc, ce me semble, en être de même d'une Commune qui a obtenu un jugement favorable, parceque, comme le mineur, une Commune n'est jamais incapable d'améliorer sa condition.

Une loi expresse paraît venir à l'appui de cette observation. L'art. 4 de la loi du 4 germinal an 2 porte que, « si c'est par le fait de l'une des parties » qu'a été omise ou violée une forme prescrite à » peine de nullité, cette omission ou violation » ne peut donner ouverture à la cassation que » lorsqu'elle a été alléguée par l'autre partie de- » vant le tribunal dont celle-ci prétend faire an- » nuller le jugement pour n'y avoir pas eu égard ». Ici, c'est par le fait de la Commune qu'a été omise la formalité qui lui était nécessaire, d'après la loi, pour être admise à plaider; et cette omission n'ayant pas été alléguée par l'adversaire de la Commune, celui-ci ne paraît pas recevable à s'en faire un moyen de cassation.

La loi qui impose aux Communes l'obligation de se faire autoriser pour plaider devant les tribunaux, n'est pas plus impérative que celle qui veut que le ministère public soit entendu dans toutes les affaires dans lesquelles les Communes sont parties. Or, la loi du 4 germinal an 2 dit encore, art. 5, « qu'il ne peut y avoir lieu à cassation, au » préjudice des mineurs, des interdits, des abens » indéfendus, des femmes mariées, *des Communes*, » ou de la république, sous prétexte que le com- » missaire national n'aurait pas été entendu dans » les affaires qui les intéressent et qui ont été ju- » gées à leur avantage ». C'est bien dire, en d'autres termes, que les Communes ne peuvent jamais souffrir de l'inobservation des lois faites en leur faveur; et de là il paraît résulter assez clairement que le défaut d'autorisation ne peut pas être, après coup, opposé à une Commune, pour invalider des procédures dont le résultat est à son avantage.

C'est aussi la conséquence qu'en a tirée sur mes conclusions, et d'après les mêmes raisons que je ne fais ici que répéter, un arrêt de la section criminelle, du 27 messidor an 8, rendu sur la demande de Jean Gonnel, en cassation d'un arrêt de la cour de justice criminelle du département de l'Hérault, confirmatif d'un jugement du tribunal correctionnel de Montpellier.

Dans le fait, un troupeau appartenant à Jean Gonnel s'était introduit, sous la garde de son berger nommé Azéma, dans un bois taillis apparte-

nant à la Commune de Marles, et y avait causé du dommage.

Un mandat d'amener avait été, en conséquence, décerné contre Azéma; et le directeur du jury de Montpellier avait rendu une ordonnance qui, en renvoyant le prévenu à l'audience du tribunal correctionnel, avait ordonné la mise en cause de Jean Gonnel, comme civilement responsable du délit de son berger.

L'agent municipal de la Commune de Marles était intervenu, et sans autre mission que sa qualité, sans autorisation quelconque, il s'était porté partie civile, à l'effet d'obtenir la réparation du dommage causé au bois taillis.

Les choses en cet état, jugement du 24 brumaire an 8, qui déclare constant le fait du dommage causé, par le troupeau de Jean Gonnel, au bois taillis de la Commune de Marles, dans la troisième année de sa croissance; déclare pareillement constant le fait de l'ordre donné par Jean Gonnel à son berger Azéma, de faire paître son troupeau dans ce bois; condamne, en conséquence, d'après l'art. 38 du tit. 2 de la loi du 28 septembre 1791, sur la police rurale, le berger Azéma à une amende de 500 francs, à raison de 3 francs par bête à laine, et 50 francs de dommages-intérêts envers la Commune de Marles; et d'après l'art. 7 de la même loi, déclare Jean Gonnel responsable civilement de ces condamnations.

Appel de ce jugement de la part de Jean Gonnel, à la cour criminelle du département de l'Hérault.

Là, pour la première fois, Jean Gonnel excipe, contre l'agent municipal de la Commune de Marles, du défaut d'autorisation de l'administration centrale du département.

Mais sans s'arrêter à ce moyen, la cour criminelle confirme le jugement du tribunal correctionnel.

Jean Gonnel se pourvoit en cassation, et se prévaut surtout de ce qu'en cause d'appel, il a allégué le défaut d'autorisation de l'agent municipal.

Mais par arrêt du 27 messidor an 8, au rapport de M. Busschop, la section criminelle a rejeté sa demande, « attendu qu'en première instance de- » vant le tribunal correctionnel, le réclamant n'a » point contesté sur le défaut d'autorisation de la » part des autorités administratives dont devait » être muni l'agent municipal de la Commune; » que, par cela, le réclamant ayant reconnu ledit » agent habile à poursuivre l'action en dommages- » intérêts au nom de la Commune, il n'a pu en- » suite se faire un moyen d'appel dudit défaut d'au- » torisation ».

Je sais bien, et je ne l'ai pas dissimulé en portant la parole sur cette affaire, que la cour de cassation s'est fait, dès l'année 1796, une jurisprudence toute différente, et qui n'a jamais varié depuis, relativement aux sentences arbitrales qui, sous le régime de l'arbitrage forcé, avaient adjugé aux

Communes une foule de propriétés sur lesquelles elles n'avaient aucun droit.

Mais cette jurisprudence, plus politique que légale, plus juste que régulière, peut-elle être tirée à conséquence pour les jugemens rendus autrement qu'en arbitrage forcé?

De grandes injustices avaient été commises par des arbitres ignorans ou prévenus; et pour les réparer, il fallait sortir du cercle des règles communes. La cour de cassation l'a fait, et tous les hommes sages ont applaudi à son équitable hardiesse.

Mais en même temps la cour de cassation a senti (c'est du moins ce que paraît prouver l'arrêt du 28 messidor an 8), que, dans les matières ordinaires, il fallait revenir aux vrais principes; et elle a fait elle-même à ces matières l'application de la loi romaine qui dit: *Quod contra rationem juris introductum est, non est producendum ad consequentias.*

Je dois pourtant remarquer que, depuis l'arrêt du 27 messidor an 8, il en est venu à ma connaissance deux autres qui, en 1798, avaient déclaré nuls, même des jugemens rendus par des tribunaux ordinaires, au profit de Communes non autorisées.

La Commune de Sigy s'était pourvue contre Marie-Elisabeth Defremont, veuve Detrye, en délaissement de plusieurs portions de terres à labour et de bois, qu'elle prétendait avoir été usurpées sur elle par les auteurs de celle-ci.

Le 2 vendémiaire an 4, époque où l'arbitrage forcé était aboli de droit, des arbitres nommés dans le temps où cette manière de juger avait encore lieu, rendent par défaut une sentence qui prononce en faveur de la Commune.

La veuve Detrye forme opposition à cette sentence devant le tribunal civil du département de la Seine-Inférieure, qui la déboute par un jugement du 19 prairial an 4.

Sur l'appel, jugemens du tribunal civil du département de l'Oise, l'un par défaut, du 15 messidor, l'autre contradictoire, du 25 fructidor suivant, qui confirment celui du tribunal de la Seine-Inférieure.

La veuve Detrye se pourvoit en cassation, et se fonde principalement sur les art. 54 et 56 de la loi du 14 décembre 1789, qu'elle soutient avoir été violés, en ce que la Commune a intenté et suivi son action, sans avoir été légalement autorisée.

La Commune répond 1°. qu'elle a été autorisée par une délibération de son conseil général, homologuée par le district de Gournay; 2°. que la veuve Detrye a défendu au fond devant les tribunaux de première instance et d'appel, sans relever le défaut d'autorisation; qu'ainsi, elle est non-recevable à en tirer un moyen de cassation.

Le 28 brumaire an 6, sur les conclusions de M. Abrial, arrêt qui,

« Vu les art. 54 et 56 de la loi du 14 décembre 1789;

» Et attendu que les habitans de la Commune de Sigy n'ont intenté et suivi leur action qu'en vertu d'une délibération du conseil général, non revêtue de l'approbation de l'administration ou du directoire du département; que ce vice radical a infecté de nullité tous les actes de la procédure et tous les jugemens qui en ont été la suite; et que cette nullité étant absolue et de droit public, le silence des parties n'a pu la couvrir;

» Casse et annulle le jugement arbitral du 2 vendémiaire an 4, ceux rendus par les tribunaux civils des départemens de la Seine-Inférieure et de l'Oise, les 19 prairial, 15 messidor et 25 fructidor suivans; remet les parties au même état où elles étaient avant lesdits jugemens ».

Les Communes d'An et de Berg avaient plaidé l'une contre l'autre devant le tribunal du district de Bitche, sans que celle-ci eût été autorisée à cet effet; et il était intervenu en ce tribunal trois jugemens en dernier ressort, des 5 juillet 1792, 4 et 15 mars 1793, dont la Commune d'An demandait la cassation.

Le 19 thermidor an 6, sur les conclusions de M. Roux, arrêt qui,

« Vu les art. 54 et 56 de la loi du 14 décembre 1789;

» Et attendu que les habitans de la Commune de Berg ont été admis, par le tribunal du district de Bitche, à plaider sans y être autorisés de la manière voulue par ces articles; que les jugemens attaqués sont nuls.....;

» Casse et annulle... ».

La question s'est représentée depuis, sur une demande en cassation formée par le mineur Lambertye contre un arrêt de la cour d'appel de Nancy, du 8 thermidor an 9, confirmatif d'un jugement du tribunal civil du département de la Meurthe, du 9 thermidor an 7, rendu en faveur de la Commune de Moriviller.

Le mineur Lambertye attaquait cet arrêt comme contraire, dans la forme, aux art. 54 et 56 de la loi du 14 décembre 1789; et pour le prouver, il soutenait que la Commune de Moriviller n'avait été autorisée à plaider contre lui, ni par la ci-devant administration centrale, ni par le conseil de préfecture du département de la Meurthe.

« Ce point de fait (ai-je dit à l'audience de la section civile, le 5 nivôse an 12) n'est contredit ni par la Commune de Moriviller qui fait défaut, ni par aucune énonciation des deux jugemens que vous avez sous les yeux; et cependant il pourrait n'être pas vrai. La Commune de Moriviller pourrait avoir été autorisée sans que l'un ou l'autre jugement en fît mention; et dans ce cas, leur silence sur l'autorisation viendrait précisément de ce que l'autorisation elle-même étant constante et reconnue par le mineur Lambertye, les juges auraient cru inutile d'en parler. Il semble donc que le mineur Lambertye eût dû, au lieu de la preuve

négative qu'il croit trouver en faveur de son allégation, dans le silence des deux jugemens, vous rapporter une preuve directe et positive, c'est-à-dire,
un certificat du préfet du département de la Meurthe, constatant que ni son conseil de préfecture,
ni la ci-devant administration centrale, n'avaient
autorisé la Commune de Moriviller à soutenir en
justice l'action sur laquelle ont statué les deux jugemens qui vous sont dénoncés ; et de ce qu'il ne
vous rapporte point ce certificat, nous devons inférer que son moyen de cassation porte sur un point
de fait non-suffisamment vérifié.

» Mais si, nonobstant ces observations, vous re-
gardez comme constant le fait de la non-autorisa-
tion de la Commune de Moriviller, il se présentera
une question fort importante, celle de savoir si le
jugement rendu en faveur d'une Commune qui n'a
pas été autorisée légalement à plaider, et à laquelle
on n'a pas opposé le défaut d'autorisation, peut, à
raison de ce défaut, être annullé sur la demande
de la partie adverse ».

Ici, j'ai rappelé tout ce que j'avais dit sur cette
question à l'audience de la section criminelle du
27 messidor an 8 ; et j'ai conclu au rejet de la demande en cassation.

Mais par arrêt rendu le 6 nivôse an 12, au rapport de M. Riolz, après un délibéré dans lequel les
opinions avaient été un moment partagées à six
contre six, il a été prononcé en ces termes :

« Vu les art. 54 et 56 de la loi du 14 décembre
1789, et la loi du 29 vendémiaire an 5 ;

» Attendu qu'il résulte de ces dispositions, que
la Commune de Moriviller n'a pu valablement
poursuivre le procès dont il s'agit, qu'en vertu
d'une autorisation préalable des corps administratifs ;

» Attendu que, ni l'exploit introductif d'instance, ni le jugement de première instance, ni la
cour d'appel, ne font aucune mention de cette autorisation, et que le demandeur en cassation affirme qu'elle n'a pas eu lieu, sans que cette affirmation de sa part soit contredite par la Commune
qui n'a pas jugé à propos de se défendre ;

» Par ces motifs, le tribunal, après avoir donné
défaut contre la Commune de Moriviller, casse et
annulle..... ».

Même décision dans l'espèce suivante :

En 1630 et 1639, la Commune de Lusigny
aliène des biens pour acquitter le montant d'une
taxe.

En 1776, elle se pourvoit devant l'intendant de
Champagne, pour faire condamner l'acquéreur à
recevoir le rachat de ces biens, en vertu de l'édit
de 1667, rapporté à l'article *Faculté de rachat*,
§. 3.

La même année, ordonnance conforme à sa demande.

L'acquéreur en appelle, et les choses restent
dans cet état, jusqu'à la loi du 10 juin 1793.

En vertu de cette loi, la Commune de Lusigny,
sans se faire autoriser, renouvelle sa demande devant des arbitres forcés.

Le 18 pluviôse an 5, les arbitres condamnent
l'acquéreur à délaisser les biens.

Celui-ci se pourvoit en cassation, et fonde son
recours sur les art. 54 et 56 de la loi du 14 décembre 1789.

La Commune répond 1°. qu'ayant gagné son
procès, on ne peut pas lui opposer l'omission d'une
formalité qui n'a été prescrite que dans son intérêt ; 2°. que d'ailleurs l'autorisation qu'elle a obtenue de l'intendant en 1776, remplissait suffisamment l'objet de la loi.

Le 15 prairial an 12, arrêt, au rapport de M. Maleville, par lequel,

« Vu les art. 54 et 56 de la loi du 14 décembre
1789 ;

» Et considérant que, d'après ces articles, l'autorisation de la Commune de Lusigny était indispensablement nécessaire pour intenter la demande
en désistat dont il s'agit ; que ce n'est pas seulement pour leur intérêt que l'autorisation des Communes est exigée, mais encore pour qu'elles ne
tracassent pas sans raison les particuliers ; que
cette autorisation actuelle ne pouvait être rem-
placée par une autre donnée anciennement dans
une instance périmée, et fondée sur d'autres lois ;
qu'enfin, si la prétention de la Commune de Lusigny est juste, elle ne perdra rien à être examinée par les tribunaux ordinaires ;

» La cour casse et annulle..... ».

On trouvera aux mots *Vaine pâture*, §. 2, un
arrêt du 2 nivôse an 10, qui juge encore de même ;
et c'est ce que fait également celui dont voici l'espèce.

La Commune d'Arbois avait, par l'organe de son
maire, et sans y avoir été autorisée par l'administration supérieure, actionné les sieurs Bernard et
consorts en paiement de redevances que ceux-ci
prétendaient être abolies comme entachées de féodalité.

Le 10 mars 1806, arrêt de la cour d'appel de
Besançon, qui, sans faire attention à ce défaut
d'autorisation non allégué par les sieurs Bernard
et consorts, les condamne au paiement des redevances contestées.

Mais les sieurs Bernard et consorts se pourvoient
en cassation ; et par arrêt du 2 mai 1808, au rapport de M. Liborel,

« Vu les art. 54 et 56 du décret du 14 décembre
1819.... ;

» Et attendu qu'il résulte des dispositions dudit
article..... que le maire d'Arbois n'a pu valablement intenter l'action dont il s'agit, qu'en vertu
d'une autorisation préalable des corps administratifs supérieurs ; que ni l'exploit introductif d'instance, ni la sentence des premiers juges, ni l'arrêt,
ne font aucune mention de cette autorisation, et
que les demandeurs en cassation affirment qu'elle n'a
pas existé, sans que cette affirmation ait été contredite de la part du maire d'Arbois... ;

» La cour, en donnant défaut contre le maire de de la ville d'Arbois, casse et annulle l'arrêt dénoncé.... ».

Mais quelque imposans que soient ces arrêts par leur nombre et par le grand caractère du tribunal duquel il sont-émanés, je n'en persiste pas moins à penser qu'ils n'ont proclamé qu'une erreur contre laquelle ils est toujours temps de revenir; et c'est ce qu'a parfaitement démontré M. le président Henrion de Pansey, dans son *Traité des biens communaux*, chap. 19, §. 12.

II. Sur la seconde question, *V*. l'article *Vaine pâture*, §. 2.

III. Les trois autres questions se sont présentées dans l'espèce suivante.

Par exploits des 6, 7 et 21 messidor an 2, la Commune de Saint-Ouen cite la dame Dugrès, les sieurs Demertus et autres devant le juge de paix du canton, pour convenir d'arbitres à l'effet de statuer, conformément à la loi du 2 octobre 1793, sur la demande qu'elle déclare former, d'après l'art. 8 de la loi du 28 août 1792, en délaissement de prés et de marais dont elle a été précédemment dépouillée par la puissance féodale.

Le 6 fructidor de la même année, ordonnance du juge de paix qui donne acte aux parties de leurs nominations respectives d'arbitres, et enjoint à chacune d'elles de remettre leurs pièce à ceux-ci.

L'un des arbitres nommés par la Commune de Saint-Ouen, meurt avant la remise des pièces; et il n'est fait, de part ni d'autre, aucune diligence pour le remplacer.

Survient la loi du 9 ventôse an 4, qui déclare que l'arbitrage forcé a été aboli par la constitution du 5 fructidor an 3; et ordonne, art. 1, que « les affaires précédemment attribuées à des arbi- » tres forcés, seront portées devant les tribunaux » ordinaires ».

Le 8 ventôse an 12, les héritiers Dugrès et consorts font assigner la Commune de Saint-Ouen au tribunal civil de l'arrondissement de Vitry, pour voir dire que sa demande est tombée en péremption par l'effet de la cessation de toute procédure pendant plus de trois ans.

Le 19 prairial suivant, arrêté du conseil de préfecture du département de la Marne, qui autorise la Commune de Saint-Ouen à défendre à cette demande.

En conséquence, le maire de la Commune de Saint-Ouen comparaît devant le tribunal, et conclud à ce qu'il lui plaise, « sans s'arrêter à la de- » mande en péremption dont il s'agit, ordonner que » les parties instruiront et défendront sur la de- » mande principale, pour y être statué par le tribu- » nal ainsi qu'il appartiendra ».

Le 22 ventôse an 13, jugement par lequel,

« Considérant qu'il est constant entre les parties, que le tribunal arbitral, chargé de statuer sur leurs différends, est devenu incomplet par le décès de l'un des arbitres; et que, depuis la suppression des arbitrages forcés, l'affaire n'a été

régulièrement reportée devant aucun tribunal; d'où il suit que la péremption n'a pu s'acquérir;

» Le tribunal, sans s'arrêter à la demande des héritiers Dugrès, dont ils sont déboutés, ordonne que les parties procéderont sur le fond, pour être réglées ainsi que de droit ».

La Commune ne lève ni ne signifie ce jugement.

Le 19 mars 1808, les héritiers Dugrès et consorts le font signifier à l'avoué de la Commune, avec citation à l'audience, pour voir dire qu'attendu que, depuis la prononciation de ce jugement, il n'a été fait aucune procédure, la demande de la Commune sera déclarée duement périmée,

Le 23 mai suivant, le tribunal,

« Considérant que la cause se présente dans le même état où elle se trouvait lors du jugement du 22 ventôse an 13; qu'aucune des parties n'a régulièrement reporté l'affaire au tribunal; que la Commune de Saint-Ouen, qui s'est pourvue pour être autorisée à suivre sa demande, n'est pas même encore munie de cette autorisation;

» Considérant que le jugement du 22 ventôse an 13 n'a été signifié aux défendeurs que le 19 mars dernier, et qu'il n'a été fait, en conséquence de ce jugement, aucun autre acte de procédure que celui de la signification de la requête de conclusions tendantes à la péremption de l'instance;

» Déclare les héritiers Dugrès non-recevables en leur demande en péremption, sauf à eux à se pourvoir ainsi qu'ils aviseront, pour faire statuer sur la demande principale ».

Le 1er. juin de la même année, la Commune de Saint-Ouen fait signifier ce jugement à l'avoué des sieurs Dugrès et consorts.

Le 17 août suivant, les sieurs Dugrès et consorts appellent de ce jugement par exploit contenant assignation, et signifié au maire de la Commune de Saint-Ouen, *parlant à sa femme*.

Le 21 novembre, les parties comparaissent devant la cour de Paris, et concluent purement et simplement, savoir, les appelans à la réformation, et la Commune à la confirmation du jugement dont est appel.

Le 29 décembre, la Commune fait signifier des conclusions nouvelles qui tendent à ce que l'acte d'appel soit déclaré nul, attendu qu'il n'a pas été visé par son maire, et qu'en l'absence de cet officier, il aurait dû l'être, conformément à l'art. 69 du Code de procédure civile, par le juge de paix du canton, ou à son défaut, par le procureur du gouvernement.

Par arrêt du 7 janvier 1809,

« En ce qui touche l'exception de nullité proposée par la Commune de Saint-Ouen,

» Vu l'art. 173 du Code de procédure civile;

» Considérant que cette Commune, lors des qualités posées, a pris et déposé au greffe des conclusions tendantes à la confirmation pure et simple du jugement dont est appel; et que ce n'est que depuis qu'elle a proposé son exception de nullité contre l'acte d'appel de Dugrès et consorts ;

» En ce qui touche la péremption demandée par les héritiers Dugrès,

» Considérant que la Commune de Saint-Ouen, défendant à la première demande en péremption qui n'était qu'une exception principale, avait conclu à ce que, sans s'arrêter à cette demande en péremption, les héritiers Dugrès fussent tenus d'instruire et défendre sur la demande principale, pour être statué par le tribunal de Vitry ainsi qu'il appartiendrait ;

» Que ce tribunal, conformément à ces conclusions de la Commune de Saint-Ouen, avait ordonné, par son jugement du 22 ventôse an 13, que les parties procéderaient sur le fond, pour être réglées ainsi que de droit ; d'où il suit que le tribunal de Vitry a été saisi par la Commune, et qu'il s'est lui-même reconnu saisi, de la connaissance du fond qui n'était autre que la demande en désistement des propriétés revendiquées ;

» Considérant que, depuis l'époque du 22 ventôse an 13, il y a eu discontinuation de poursuites pendant trois ans ;

» La cour a mis et met l'appellation au néant ; au principal, déclare la demande principale formée par les habitans de Saint-Ouen, à fin de désistement des prés et marais dont s'agit, périmée avec dépens. ».

Recours en cassation de la part de la Commune de Saint-Ouen.

« Trois questions (ai-je dit à l'audience de la section des requêtes, le 10 janvier 1810) se présentent, dans cette affaire, à votre examen ; et la première est de savoir si la cour d'appel de Paris a pu, d'après l'art. 173 du Code de procédure civile, déclarer que la Commune de Saint-Ouen avait couvert, en concluant, le 21 novembre 1808, à la confirmation du jugement de première instance, la nullité de la signification qui lui avait été faite le 17 août précédent, de l'acte d'appel des sieurs Dugrès et consorts.

» La Commune de Saint-Ouen soutient la négative ; et cependant elle reconnaît que, par l'art. 173 du Code de procédure, il est dit que *toute nullité d'exploit est couverte, si elle n'est proposée avant toute défense ou exception autre que les exceptions d'incompétence.* Comment donc peut-elle accorder avec cet article un système qui le contrarie aussi directement ?

» Elle emploie pour cela deux moyens ; et d'abord, elle prétend qu'en concluant à l'audience du 21 novembre 1808, à la confirmation du jugement du tribunal de Vitry, elle avait implicitement conclu à l'annulation de l'acte d'appel ; pourquoi ? Parceque la *confirmation de ce jugement* (dit-elle) *était de droit, soit que l'on statuât par voie de nullité, soit que l'on statuât sur les moyens du fond.*

» Mais 1°. vous avez jugé le contraire le 22 avril 1806, en rejetant, au rapport de M. Coffinhal et sur nos conclusions, le recours des héritiers Royer

contre un arrêt que la cour d'appel de Paris avait rendu dans une espèce parfaitement semblable à la nôtre : « Considérant (avez-vous dit) qu'en déclarant la nullité de l'acte d'appel de Plouvié et » sa femme, couverte par les conclusions prises » par les héritiers Royer, et qui avaient été dépo-» sées au greffe, lorsque les qualités avaient été » posées, lesquelles conclusions tendent à la con-» *firmation pure et simple du jugement de pre-» mière instance*, sans parler ni de fin de non-re-» cevoir ni de nullité, l'arrêt attaqué n'a violé » aucune loi, et s'est conformé aux règles de l'ordre » judiciaire....., la cour rejette.... (1) ».

» 2°. Il n'est pas vrai que, dans notre espèce, l'annulation de l'acte d'appel eût entraîné la confirmation du jugement du tribunal de Vitry.

» Sans doute, lorsqu'un jugement a été signifié à personne ou domicile, et que l'acte d'appel qui en a été interjeté dans les trois mois est déclaré nul, après l'expiration de ce délai, la partie contre laquelle ce jugement a été rendu, ne peut pas en appeler de nouveau ; et la chose revient au même que, si, au lieu d'annuller l'acte d'appel, le tribunal supérieur eût mis purement et simplement l'appellation au néant.

» Mais il en est autrement, si le jugement dont il a été appelé par la partie condamnée, n'avait été signifié ni à la personne, ni au domicile de cette partie : alors, l'annulation de l'appel interjeté avant que le délai fatal commençât à courir, n'empêche pas que la partie condamnée ne puisse en interjeter un nouveau ; et cette partie en conserve la faculté, tant que son adversaire ne s'est pas mis en devoir de lui faire, à personne ou domicile, une signification régulière du jugement, et qu'il ne s'est pas écoulé trois mois depuis cette signification.

» La cour l'a ainsi jugé le 11 mars 1808, au rapport de M. Busschop.... (2).

» Dans notre espèce, la Commune de Saint-Ouen n'a signifié, ni à personne, ni à domicile, le jugement dont il s'agit ; elle ne l'a signifié qu'à l'avoué des héritiers Dugrès et consorts. Les héritiers Dugrès et consorts auraient donc pu en appeler de nouveau, dans le cas où leur acte d'appel eût été jugé nul. La Commune de Saint-Ouen n'aurait donc pas pu obtenir, par l'annulation de leur appel, la confirmation du jugement du tribunal civil de Vitry. Elle ne peut donc pas être supposée avoir eu, en concluant à la confirmation de ce jugement, l'intention de conclure à l'annulation de leur appel.

» Le second moyen sur lequel la Commune de Saint-Ouen fonde son système, consiste à dire que les juges de la cour de Paris étaient obligés de suppléer d'office l'exception de nullité qu'elle avait omise ; et qu'ils y étaient obligés, parceque cette

(1) *V.* le *Répertoire de jurisprudence*, au mot *Loi*, §. 5, n°. 9.
(2) *V.* l'article *Appel*, §. 10, art. 4.

exception formait pour elle une défense péremptoire qui, non-seulement éteignait l'appel, mais même ôtait la faculté d'appeler de nouveau ; parcequ'elle ne pouvait pas y renoncer ; parceque, si, en l'omettant, elle avait dispensé les juges de la suppléer, elle se serait, par cela seul, préparé l'ouverture de requête civile qui est accordée aux Communes non valablement défendues ; parcequ'il serait absurde qu'un tribunal supérieur pût d'abord rejeter une exception de nullité, sous le prétexte que la Commune à qui elle appartient ne s'en prévaut pas, et qu'ensuite il fût réduit à la nécessité de l'admettre sur la requête civile que cette Commune prendrait contre son arrêt.

» Mais, d'une part, il s'en faut beaucoup, comme nous venons de le voir, que l'annullation de l'appel des sieurs Dugrès et consorts les eût privés du droit d'en interjeter un nouveau ; et dès-là, il est clair que la Commune de Saint-Ouen n'aurait pu tirer de cette annullation qu'un avantage dilatoire ; il est clair, par conséquent, qu'il lui était permis d'y renoncer.

» D'un autre côté, la loi qui veut que les nullités d'exploits soient couvertes par les défenses au fond, ne fait aucune distinction entre les majeurs et les mineurs, entre les particuliers et les corporations : elle est donc applicable aux mineurs comme aux majeurs, aux corporations comme aux particuliers ; et il importe peu que les mineurs, que les corporations, puissent revenir, par requête civile, contre un arrêt qui n'a omis d'annuller un exploit, que parcequ'ils n'en ont pas demandé l'annullation. Si c'est un inconvénient, il n'est pas limité aux nullités d'exploits : il peut également se présenter à l'égard de la prescription que l'art. 2223 du Code civil défend aux juges de suppléer d'office, quoique d'ailleurs l'art. 2222 du même Code déclare expressément que *celui qui ne peut aliéner, ne peut renoncer à la prescription acquise.* Mais au reste, quelque grave que puisse être cet inconvénient, ce n'est pas aux magistrats à le prévenir : les magistrats ne peuvent pas être plus sages que la loi ; obéir à loi, voilà leur premier devoir ; et la loi elle-même fera des inconvéniens qui peuvent résulter de sa rigoureuse exécution.

» Mais si l'arrêt attaqué par la Commune de Saint-Ouen, ne peut pas être cassé pour avoir appliqué à cette Commune la fin de non-recevoir qu'élevait contre elle l'art. 173 du Code de procédure, ne doit-il pas l'être pour avoir prononcé sur une demande en péremption à laquelle le conseil de préfecture du département de la Marne ne l'avait pas autorisée à défendre? Et n'a-t-il pas violé, en cela, les art. 54 et 56 de la loi du 14 décembre 1789? C'est la seconde question que nous avons à examiner.

» A cet égard, de deux choses l'une : ou la Commune de Saint-Ouen avait été originairement autorisée par l'administration du département de la Marne, à intenter son action, en messidor an 2,

devant des arbitres forcés, ou elle ne l'avait pas été.

» Si elle y avait été autorisée, sous quel rapport aurait-elle eu besoin de l'être de nouveau pour défendre à la demande en péremption formée contre elle par les sieurs Dugrès et consorts?

» Serait-ce parcequ'il s'agissait de plaider devant le tribunal ordinaire que la loi du 9 ventôse an 4 avait subrogé aux arbitres forcés?

» Il n'est écrit nulle part, que l'autorisation accordée à une Commune pour plaider devant les juges que la loi lui donne au moment où elle intente sa demande, perde son effet par les changemens qu'une loi nouvelle amène dans l'ordre des juridictions.

» Serait-ce parceque la demande en péremption formée contre la Commune de Saint-Ouen, était un incident qui n'avait pas été prévu lors de l'autorisation qui lui avait été accordée pour intenter son action?

» L'autorisation qui est accordée à une Commune pour intenter une action, s'étend nécessairement à tous les incidens auxquels cette action peut donner lieu. Exiger une autorisation nouvelle pour chaque incident, ce serait ajouter à la loi ; ce serait contrarier son esprit ; ce serait entraver, sans objet et sans utilité, la marche des procédures.

» Il est vrai que la Commune de Saint-Ouen avait obtenu, le 19 prairial an 12, une autorisation spéciale pour défendre à la première demande en péremption que ses adversaires avaient formée ; mais elle ne l'avait obtenue, elle n'avait pu l'obtenir, que par surabondance ; et une autorisation dont elle pouvait se passer, n'a pu lui rendre nécessaire, quatre ans après, une seconde autorisation qui, d'après les véritables règles de l'ordre judiciaire, lui était inutile.

» Si la Commune de Saint-Ouen n'avait pas été autorisée, dans le principe, à intenter son action devant des arbitres forcés, qu'a dû faire la cour d'appel de Paris, lorsqu'elle s'est occupée de l'appel du jugement qui rejetait la demande en péremption que les adversaires de cette Commune avaient formée contre elle?

» Sans doute, elle a dû au moins, d'après la jurisprudence de la cour, déclarer comme non-avenues toutes les procédures qui avaient été faites entre les parties, à compter des exploits introductifs d'instance inclusivement.

» Or, n'a-t-elle pas fait l'équivalent? En déclarant toutes ces procédures périmées, ne les a-t-elle pas déclarées comme non-avenues? Et qu'importe que, pour les déclarer comme non-avenues, elle se soit fondée sur leur péremption, plutôt que sur leur nullité originaire? Le résultat est évidemment le même, et la Commune de Saint-Ouen n'a aucun intérêt à ce qu'entre ces deux manières de prononcer, la cour de Paris ait préféré la première à la seconde.

» Au surplus, voulons-nous savoir si la Commune de Saint-Ouen avait ou n'avait pas été autorisée pour intenter, en messidor an 2, son action devant des arbitres forcés? Nous n'avons qu'à nous fixer sur ce passage de son *Mémoire ampliatif:* « D'après l'art. 1 de la loi du 9 ventôse an 4, comme » d'après le simple bon sens, pour que la demande » de la Commune, d'abord portée devant les arbi- » tres forcés, devînt soumise à la juridiction des » tribunaux ordinaires, il fallait qu'elle y fût por- » tée par quelqu'un, soit par les défendeurs, soit » par les demandeurs; cela ne se fit pas.... La Com- » mune *avait besoin d'une autorisation nouvelle,* » pour engager l'affaire devant les tribunaux ordi- » naires; elle la sollicita..... ». Vous sentez, mes- sieurs, la conséquence qui résulte de ces termes : pour que l'autorisation dont la Commune croyait avoir besoin, à l'effet de reporter son action devant les tribunaux ordinaires, pût être regardée comme *nouvelle,* il fallait nécessairement qu'elle eût été précédée d'une première autorisation; il fallait né- cessairement qu'une première autorisation eût été accordée à la Commune, pour se pourvoir devant des arbitres forcés. Donc, de l'aveu de la Commune elle-même, l'action qu'elle avait intentée, en mes- sidor an 2, devant des arbitres forcés, avait été autorisée par l'administration du département de la Marne. Donc, de l'aveu de la Commune elle- même, cette action avait été intentée légalement.

» Et ne croyez pas que ce soit là un aveu échappé sans réflexion au défenseur des habitans. Le défenseur des habitans n'a fait, en s'expliquant ainsi que nous venons de le voir dans son *Mémoire ampliatif,* que copier littéralement un *Mémoire à consulter* qu'il a joint à sa production, et qui est signé du maire de la Commune.

» Ce qui d'ailleurs doit faire disparaître toute espèce de doute sur la véracité de cet aveu, c'est l'arrêté du conseil de préfecture du département de la Marne, du 19 prairial an 12, qui est sous vos yeux.

» On sent en effet que, par cet arrêté, le con- seil de préfecture du département de la Marne n'aurait pas autorisé la Commune de Saint-Ouen à défendre à la demande des sieurs Dugrès et con- sorts en péremption de l'action intentée, en mes- sidor an 2, devant des arbitres forcés, s'il n'eût pas reconnu que l'administration du département de la Marne, qu'il remplaçait, avait précédemment au- torisé l'exercice de cette action.

» Le moyen de cassation que la commune cher- che à tirer des art. 54 et 56 de la loi du 14 décembre 1789, est donc dénué de toute espèce de fondement.

» Reste à décider, et c'est notre troisième ques- tion, si l'arrêt attaqué a fait, en déclarant la pé- remption acquise, une fausse application de l'art. 397 du Code de procédure; s'il a étendu cet ar- ticle à un cas que cet article ne prévoit pas.

» *Toute instance, encore qu'il n'y ait pas eu constitution d'avoué, sera éteinte par disconti- nuation de poursuites pendant trois ans.* Tels sont les termes de l'art. 397 du Code de procédure.

» Or, dans l'instance actuelle, il y a eu discon- tinuation de poursuites pendant les trois ans qui se sont écoulés entre le jugement du 23 ventôse an

13, et l'avenir signifié par les sieurs Dugrès et con- sorts, le 19 mars 1808. Donc, cette instance est éteinte; donc en déclarant cette instance périmée, la cour de Paris n'a fait qu'appliquer textuellement la loi qui devait dicter son arrêt.

» Mais, dit la Commune de Saint-Ouen, il n'y avait point d'instance engagée devant le tribunal civil de Vitry.

» Quoi! La Commune de Saint-Ouen n'avait pas engagé, ou plutôt repris, l'instance sur le fond de- vant ce tribunal, lorsqu'elle avait conclu à ce que, sans s'arrêter à la demande en péremption formée contre elle par les sieurs Dugrès et consorts, il fût ordonné que les parties instruiraient et défen- draient sur la demande principale!

» Quoi! Le tribunal civil de Vitry ne s'était pas jugé lui-même valablement saisi de cette instance, lorsque, par son jugement du 22 ventôse an 13, il avait ordonné, conformément aux conclusions de la Commune, *que les parties procéderaient sur le fond, pour être réglées ainsi que de droit!*

» Ce sont là, nous devons le dire, des paradoxes insoutenables, et qui ne méritent pas l'honneur d'une réfutation sérieuse.

» Nous nous permettrons seulement une ques- tion : la Commune de Saint-Ouen aurait-elle eu be- soin, après le jugement du 22 ventôse an 13, de faire assigner les sieurs Dugrès et consorts à per- sonne ou domicile pour défendre à la demande qu'elle avait formée contre eux en messidor an 2? Non certainement; et si elle l'eût fait, les sieurs Dugrès et consorts auraient pu faire déclarer l'assi- gnation frustratoire; ils auraient pu faire ordonner que les frais en demeureraient, en tout événement, à la charge de la Commune. Le tribunal de Vitry était donc valablement saisi de l'instance au fond; cette instance a donc pu se périmer par la disconti- nuation des procédures pendant trois ans.

» Par ces considérations, nous estimons qu'il y a lieu de rejeter la requête de la Commune de Saint- Ouen, et de condamner cette Commune à l'amende de 150 francs ».

Sur ces conclusions, arrêt du 10 janvier 1810, au rapport de M. Pajon, par lequel,

« Attendu 1°. que l'art. 173 du Code de procé- dure ne contenant aucune exception en faveur des Communes, l'arrêt attaqué n'en a fait qu'une juste application;

» Attendu 2°. que la Commune demanderesse était suffisamment autorisée à défendre à la seconde demande en péremption, d'après l'autorisation qu'elle avait reçue pour défendre à la première, celle-ci supposant évidemment que la Commune avait été originairement autorisée, comme elle en convenait elle-même dans son mémoire ampliatif, à l'effet d'intenter son action en messidor de l'an 2;

» Attendu 3°. que cette Commune ayant elle- même conclu, lors du jugement du 22 ventôse de l'an 13, à ce que les parties instruisissent sur le fond de leur contestation, elle en avait par consé- quent saisi le tribunal qui l'avait ainsi ordonné;

» D'où il résulte nécessairement qu'un intervalle de plus de trois ans s'était écoulé depuis cette époque jusqu'à celle de la nouvelle demande formée par les héritiers Dugrès, la cour d'appel, en déclarant l'instance périmée, n'a fait qu'une juste application des lois de la matière;

» La cour rejette le pourvoi..... ».

§. VI. 1°. *Une Commune qui, étant valablement autorisée à plaider devant un tribunal de première instance, y a obtenu un jugement favorable, a-t-elle besoin d'une nouvelle autorisation pour défendre ce jugement en cause d'appel?*

2°. *Si elle a succombé, a-t-elle besoin d'une nouvelle autorisation pour appeler?*

3°. *Les Communes ont-elles besoin d'une autorisation spéciale pour se pourvoir en cassation et pour attaquer, devant le conseil d'état, les arrêtés des préfets et des conseils de préfecture?*

4°. *Une Commune peut-elle, sans l'autorisation du conseil de préfecture, se porter partie civile dans une affaire criminelle, correctionnelle ou de simple police?*

5°. *Peut-elle, sans cette autorisation, poursuivre l'exécution d'un jugement qu'elle a obtenu dans un procès qu'elle a soutenu avec une autorisation en bonne forme, ou pour le soutien duquel elle n'a pas eu besoin d'autorisation?*

6°. *Si, au mépris de l'art. 3 de la loi du 29 vendémiaire an 5, qui veut que l'autorisation du conseil de préfecture ne soit accordée que sur l'avis de l'administration municipale, un conseil de préfecture autorisait un maire à plaider au nom de sa Commune, sans que le conseil municipal en eût préalablement délibéré, les tribunaux pourraient-ils dénier audience au maire jusqu'à ce que ce défaut de forme fût réparé?*

I. Aucune loi n'a dit que, pour soutenir en cause d'appel le bien jugé d'une sentence rendue en sa faveur, une Commune eût besoin de l'autorisation qui lui est nécessaire pour intenter une action. Ni la loi du 14 décembre 1789, ni celle du 29 vendémiaire an 5, ne s'est expliquée là-dessus; et il existe une disposition contraire dans l'édit de Louis XV, du mois d'août 1764, contenant réglement pour l'administration des villes et bourgs.

Après avoir dit, art. 43, « que les ordonnances, » édits et déclarations concernant les autorisations » nécessaires auxdites villes et bourgs, pour pou- » voir plaider, seront exécutés selon leur forme et » teneur », elle ajoute, art. 44 : « Ne pourra néan- » moins ladite autorisation être nécessaire pour » défendre aux appels des sentences ou jugemens » qui auront été rendus en faveur desdits villes et » bourgs, ni pour se pourvoir par devers nous ».

Cette disposition n'a été abrogée ni modifiée par aucune de nos lois nouvelles; elle est conséquemment encore en vigueur; ainsi le veut la loi générale du 21 septembre 1792; et ce qui le prouve d'une manière bien positive, c'est que le 1er. floréal an 9 et le 4 fructidor an 11, la section civile

de la cour de cassation a jugé que la Commune de Pernes et la Commune de Theux n'avaient pas eu besoin d'autorisation pour se pourvoir en cassation, l'une contre un jugement du tribunal civil du département de Vaucluse, rendu en faveur du sieur Traverse, l'autre contre un jugement du tribunal civil du département de Sambre-et-Meuse, rendu en faveur du sieur Goër.

Si, comme la section civile l'a décidé dans ces deux espèces, l'art. 44 de l'édit du mois d'août 1764 fait encore loi dans la partie de sa disposition qui permet aux Communes de recourir sans autorisation au conseil du monarque, représenté au contentieux par la cour de cassation, bien certainement elle doit également faire loi dans la partie de sa disposition qui les dispense de toute autorisation pour défendre aux appels des sentences rendues à leur avantage.

Au surplus, *V.* les conclusions du 8 messidor an 12, rapportées à l'article (*Usage droit d'*), §. 2.

II. Sur la seconde question, il y a une distinction à faire entre l'appel et les procédures auxquelles il donne lieu.

L'appel n'étant qu'une mesure conservatoire, et toujours ou presque toujours d'une urgence incompatible avec la nécessité d'une autorisation préalable, il a été jugé par deux arrêts de la cour de cassation, l'un du 28 brumaire an 14, rapporté dans le *Répertoire de jurisprudence*, aux mots *Communauté d'habitans*, n°. 7, l'autre du 20 mars 1827, dont il sera parlé dans un instant; et il est généralement reconnu dans la pratique, qu'il peut être interjeté et signifié avant que le conseil de préfecture l'ait autorisé.

Mais donner suite à cet appel, c'est véritablement *suivre une action;* et comme l'art. 3 de la loi du 29 vendémiaire an 5 défend aux officiers municipaux de *suivre aucune action devant les autorités constituées, sans y être préalablement autorisés par l'administration centrale*, il est clair que, si, au moment où la cause est portée à l'audience, le maire appelant ne représente pas une autorisation du conseil de préfecture, il doit être déclaré non-recevable; c'est d'ailleurs ce qui résulte de la disposition de l'art. 44 de l'édit du mois d'août 1764, par laquelle la dispense de l'autorisation est limitée au cas où il ne s'agit que de *défendre aux appels*. Enfin, pour remonter encore plus haut, cela est écrit en toutes lettres dans l'édit du mois d'août 1683 : « Faisons défense (porte-t-il) auxdites com- » munautés et à leurs maires d'intenter aucune » action, ni de commencer aucun procès, *tant en » cause principale que d'appel*, sans avoir aupa- » ravant obtenu une permission par écrit du sieur » commissaire départi en la généralité ».

La cour royale de Pau avait cependant jugé le contraire, par un arrêt du 2 août 1822, sur le fondement que les jugemens dont un maire avait appelé, portaient sur des instances commencées avant les lois des 14 décembre 1789 et 29 vendémiaire an 5; mais cet arrêt a été cassé, en ces termes, le 3 avril 1826, au rapport de M. Cassigne, sur les conclusions de M. l'avocat-général de Vatimesnil , et après un délibéré en la chambre du conseil :

« Vu l'édit du mois d'avril 1683..... ; vu aussi les art. 43 et 44 de l'édit du mois d'août 1764....; vu enfin l'art. 3 de loi du 29 vendémiaire an 5 ;

» Attendu qu'aux termes de ces lois , les Communes ne peuvent intenter aucune action , ni commencer aucun procès, tant en cause principale qu'en appel, sans en avoir obtenu la permission par écrit de l'autorité administrative ; que cependant l'arrêt attaqué a admis la Commune de Salies à faire suite des appels par elle interjetés des jugemens du tribunal de première instance d'Orthez, des 27 janvier 1819 et 16 août 1820 , sans qu'elle y ait été autorisée par l'autorité administrative ; qu'en cela l'arrêt viole formellement les lois ci-dessus citées ;

» La cour casse et annulle l'arrêt de la cour royale de Pau, du 22 août 1822, dont est question...(1) ».

Mais est-ce à dire pour cela qu'une Commune peut d'emblée être déclarée non-recevable dans l'appel qu'elle a interjeté sans autorisation , par cela seul qu'au moment où elle se présente pour plaider sur cet appel , elle n'a pas encore obtenu l'autorisation nécessaire pour en *faire suite ?*

Non sans doute, puisque l'appel est valable par lui-même, et que, dès-lors, il ne peut y avoir lieu que de surseoir, afin de laisser à la Commune le temps de se mettre en règle.

Le contraire a cependant été jugé par un arrêt de la cour supérieure de justice de Bruxelles, du 17 février 1825, dont voici l'espèce.

Le 23 février 1820, la commission de bienfaisance de la Commune de Saint-Gilles , assimilée en cette matière aux Communes par l'art. 1032 du Code de procédure civile, obtient de la députation des états provinciaux de la Flandre orientale, remplissant à cet égard les fonctions de conseil de préfecture, l'autorisation d'ester en jugement sur une contestation élevée entre elle et le sieur Debarre.

La cause plaidée contradictoirement , jugement intervient qui condamne la commission ; elle s'en rend appelante , et poursuit l'audience sans avoir obtenu ni même demandé une nouvelle autorisation à cet effet.

Le sieur Debarre conclud à ce qu'elle soit déclarée non-recevable.

Elle répond qu'autorisée à plaider en première instance, elle l'a été implicitement et par cela seul à appeler, s'il y avait lieu, et à soutenir son appel.

Par l'arrêt cité,

« Attendu que l'autorisation à l'effet d'ester en justice dans une affaire, accordée par les états-députés à un collége d'administration au commencement d'un procès, ne doit être considérée, d'après la jurisprudence établie sur cette matière, que comme applicable seulement à l'instance en premier ressort, sans pouvoir s'étendre à celle qui , après l'obtention du jugement, pourrait être poursuivie devant le juge supérieur ; puisqu'une affaire qui , lors d'un premier examen, paraissait suffisamment fondée pour légitimer cette autorisation, pourrait, dans la suite ,

par les motifs du prononcé du premier juge, être démontrée totalement dénuée de fondement, au point que la continuation de la procédure en instance d'appel devrait, *à priori*, être considérée comme une entreprise téméraire ;

» Mais que cependant , puisqu'en certains cas l'appel interjeté peut n'être considéré que comme un simple acte conservatoire, l'absence d'une autorisation ultérieure ne fait point naître une fin de non-recevoir qui obligerait toujours le juge supérieur à déclarer l'appel non-recevable à défaut de cette autorisation, quand même la possibilité de recourir à l'appel serait par là entièrement perdue à cause de l'expiration du délai accordé pour recourir à cette voie ; qu'il est libre au juge, dans des cas semblables et pour les raisons prédites , de recevoir l'appel et de fixer à la partie qui en a besoin , un délai convenable , durant lequel elle puisse faire les devoirs nécessaires pour obtenir une autre autorisation ;

» Attendu que l'autorisation accordée, le 23 février 1820, par les états-députés de la Flandre orientale à l'administration de bienfaisance , ici appelante , et en vertu de laquelle elle a , dans la présente cause, agi devant le juge de première instance , était , d'après ce qui précède et nonobstant la généralité des termes dans lesquels elle est conçue , insuffisante pour pouvoir interjeter appel du jugement *à quo* ; et que, puisque les appelans n'ont point soutenu et qu'il ne conste point non plus des pièces du procès que la voie d'appel leur serait fermée à cause de l'expiration des délais accordés pour user de ce moyen, si leur appel actuel ne pouvait être reçu du chef du défaut d'autorisation ultérieure, il ne se présente à cet égard aucun motif qui devrait porter la cour à ne considérer l'appel interjeté du jugement *à quo*, que comme un acte conservatoire, et à déclarer par suite, provisoirement et sauf la production d'une nouvelle autorisation dans un délai déterminé, les appelans recevables dans leur appel, afin de prévenir la déchéance de leur droit d'appeler ;

» Par ces motifs, M. le substitut Degnehteneere entendu dans ses conclusions conformes , déclare l'appel jusqu'ores (c'est-à-dire, *hic et nunc*) non-recevable...(1) ».

Mais que serait devenu cet arrêt, s'il eût pu être et eût été effectivement attaqué devant la cour de cassation de France ?

On peut en juger par le sort qu'a eu un arrêt semblable que la cour royale de Paris avait rendu, le 20 décembre 1723, entre la Commune de Chaumes et le sieur Gaudry.

Dans cette espèce , la Commune de Chaumes s'était présentée à l'audience de la cour royale de Paris , pour plaider sur un appel qu'elle avait interjeté sans autorisation ; et tout en soutenant qu'elle n'avait pas eu besoin d'autorisation , non-seulement pour l'interjeter, mais même pour en *faire suite*, elle avait conclu subsidiairement à ce qu'il fût sursis à statuer, afin qu'elle pût se procurer l'autorisation qui lui serait jugée nécessaire.

Par l'arrêt cité, la cour royale de Paris avait purement et simplement déclaré la Commune non-recevable, non parcequ'elle n'était pas actuellement munie d'une autorisation pour plaider sur son appel, mais parcequ'elle avait interjeté son appel sans autorisation.

Mais le maire de la Commune de Chaumes s'étant pourvu en cassation , arrêt du 20 mars 1827, par lequel,

« Oui, le rapport fait par M. le conseiller Carnot; les observations de Rochelle , avocat du demandeur ; celles de Dumesnil de Merville , avocat du défendeur , et les conclusions de M. l'avocat-général Cabier ;

---

(1) Bulletin civil de la cour de cassation , tome 28 , page 131.

(1) Jurisprudence de la cour supérieure de Bruxelles , année 1825, tome 1er, page 123,

» Vu l'art. 443 du Code de procédure civile ;

» Attendu que l'appel interjeté par le maire de Chaumes, au nom de sa commune, l'avait été dans le délai fixé par ledit art. 443, et avec l'observation de toutes les formalités prescrites, ce qui est tout ce que le Code exige pour rendre un appel recevable ;

» Que, si la loi refuse aux Communes la faculté de plaider sans en avoir obtenu l'autorisation préalable, elle ne leur interdit pas de faire des actes conservatoires de leurs droits, et que l'appel est un acte de cette nature ;

» Que cependant la cour royale de Paris a déclaré la Commune de Chaumes non-recevable dans son appel, sur l'unique motif qu'il avait été interjeté sans autorisation préalable ;

» Qu'en le jugeant ainsi, la cour royale de Paris a ouvertement violé les dispositions dudit art. 443 du Code de procédure civile, et faussement appliqué les lois des 14 décembre 1789, 29 vendémiaire an 5 et 28 pluviôse an 8 ;

» Que la cour royale aurait d'autant moins dû déclarer la Commune non-recevable dans son appel, qu'elle avait subsidiairement conclu à ce qu'il fût sursis de statuer, jusqu'à ce qu'elle se fût procuré l'autorisation du conseil de préfecture, au cas où elle serait jugée nécessaire ;

» Que ces conclusions étaient même surabondantes ; que, dans l'état de la cause, le sursis était de rigueur ;

» Par ces motifs, la cour casse et annulle l'arrêt rendu par la cour royale de Paris le 9 décembre 1823..... (1) ».

Remarquons, au surplus, avec M. le président Henrion de Pansey (*Traité des biens communaux*, chap. 19, §. 10), que, pour donner suite à un appel, « une nouvelle autorisation ne serait » pas nécessaire (à la Commune), si l'arrêté du » conseil de préfecture portait, au moins implici-» tement, qu'en cas de non succès, elle est auto-» risée à parcourir tous les degrés de juridiction ».

Mais cette autorisation implicite résulterait-elle d'un arrêté par lequel une Commune serait autorisée *à plaider devant les juridictions et cours compétentes,* soit sur une action qu'elle aurait intentée, soit sur une action qui serait intentée contre elle ?

La négative a été très-judicieusement adoptée par un arrêt de la cour royale de Bourges, dont voici l'espèce.

En 1818, arrêté du conseil de préfecture du département de la Nièvre qui autorise le maire de la Commune de Saint-Bénin d'Azy à défendre *devant tous tribunaux et cours compétens,* aux demandes formées contre cette Commune par les sieurs Brière et Saint-Phal.

Le 11 juillet 1820, jugement qui prononce en faveur de ceux-ci.

Appel de la part de la Commune, sans nouvelle autorisation.

La cause portée à l'audience, les sieurs Brière et Saint-Phal soutiennent que la Commune est non-recevable, parceque l'autorisation de plaider qu'elle a obtenue du conseil de préfecture, était, de droit, limitée à la première instance.

«En le supposant ainsi, en thèse générale, répond le maire, il en doit être autrement dans l'espèce, parcequ'il résulte des termes de l'arrêté du conseil de préfecture qu'il a prévu le cas d'un appel, et qu'il a étendu jusqu'à ce cas l'autorisation de défendre aux demandes des sieurs Brière et Saint-Phal.

» Quelle nécessité de solliciter une autorisation

déjà accordée ? Les mêmes motifs qui l'ont fait donner existent encore ; les droits de la Commune ne sont pas changés. Exiger une nouvelle autorisation ne peut avoir d'autre résultat que de prolonger la contestation et augmenter les frais.

Par arrêt du 7 mars 1822,

« Considérant que l'appel est une instance nouvelle, et que la jurisprudence a établi la nécessité d'une nouvelle autorisation pour la Commune qui est en procès ;

» Qu'en vain on oppose les termes de l'autorisation donnée avant l'action qui sont pour plaider *devant les tribunaux et cours,* puisque cette extension ne peut prévaloir sur les règles en cette matière ; qu'on peut supposer d'ailleurs que l'addition du mot *cours,* s'applique au cas où la Commune, ayant réussi en première instance, serait exposée à un appel ; mais qu'ici c'est la Commune elle-même qui est appelante ; que l'administration, en l'autorisant pour procéder devant les premiers juges, n'avait pu voir ni les pièces ni les moyens contraires ; que la lecture du jugement lui offre les lumières qui lui manquaient, et peut ainsi, ou l'affermir dans sa première opinion, ou lui en faire reconnaître l'erreur ;

» La cour, avant faire droit, ordonne que le maire de Saint-Bénin d'Azy sera tenu de se faire autoriser à plaider en appel...... (1) ».

III. On a déjà vu, n°. 1, que la non-nécessité d'une autorisation du conseil de préfecture pour habiliter une Commune à se pourvoir en cassation contre un arrêt rendu à son préjudice, a été reconnue, d'après l'art. 44 de l'édit du mois de janvier 1764, par deux arrêts de la cour suprême, des 1er. floréal an 9 et 4 fructidor an 11.

Je dois ajouter ici, avec M. le président Henrion de Pansey (*Traité des biens communaux*, chap. 19, §. 11), qu'elle l'a encore été par un arrêt de la même cour, du 12 septembre 1809, « attendu » que la Commune ayant été suffisamment autori-» sée pour plaider en première instance et en » cause d'appel, elle n'a pas besoin d'une nouvelle » autorisation pour se pourvoir en cassation con-» tre l'arrêt qui a rejeté sa prétention ».

La même raison s'applique évidemment au recours qu'une Commune peut se trouver dans le cas d'exercer, devant le conseil d'état, contre un arrêté de préfet ou de conseil de préfecture.

Et cependant M. Sirey (tome 12 de sa *Jurisprudence de la cour de cassation,* partie 2, page 164) rapporte, comme jugeant le contraire, un décret rendu le 30 novembre 1811, contre la Commune de Cléville. Mais il suffit de bien peser les termes dans lesquels il rend compte de ce décret, pour se convaincre qu'il en fait une fausse application.

« La Commune de Cléville, département du Calvados, était en contestation avec l'administration des domaines sur la propriété d'une certaine étendue de terrain.

» Divers arrêtés du préfet du Calvados et du

---

(1) Bulletin criminel de la cour de cassation, tom. 28, page 105.

(1) Jurisprudence de la cour de cassation, tome 23, partie 2, page 72.

conseil de préfecture avaient repoussé les préten-tions des habitans de Cléville, en confirmant les droits du domaine sur ces marais, ainsi que ceux de la dame Boisgelin, à laquelle l'administration en avait cédé le tiers.

» Le sieur Lalonde, se disant député du conseil municipal, au nom des habitans de toute la Com-mune de Cléville, a présenté au conseil d'état une requête pour obtenir l'annulation des arrêtés du préfet et du conseil de préfecture du Calvados.

» Mais sa requête a été rejetée par le décret suivant du 30 novembre 1811 :

» *Considérant que l'avocat du conseil qui a si-gné la requête présentée au nom de la Commune, ne l'a fait que sur la foi du sieur Lalonde, et a été en vain requis de produire l'acte qui autorisait le pourvoi ;*

» *La requête présentée au nom de la Commune de Cléville, par le sieur Lalonde, est rejetée* ».

Assurément ce décret ne juge pas, comme l'avance M. Sirey, que *les Communes ont besoin d'être autorisées pour se pourvoir au conseil d'état contre un arrêté du préfet ou du conseil de préfec-ture ;* il juge seulement, et avec raison, que l'indi-vidu qui réclame au nom d'une Commune, devant le conseil d'état, contre un arrêté de préfet ou de conseil de préfecture, doit prouver, par une délibé-ration du conseil municipal, qu'il n'agit pas sans mission.

Il faut pourtant convenir que l'art. 3 de la loi du 29 vendémiaire an 5 semblerait à la fois justi-fier le principe que M. Sirey suppose mal-à-propos avoir été consacré par le décret dont il s'agit, et condamner la jurisprudence établie par les arrêts cités de la cour de cassation : *Les officiers munici-paux* (y est-il dit) *ne pourront suivre aucune action* DEVANT LES AUTORITÉS CONSTITUÉES, *sans y être préalablement autorisés par l'administration centrale du département, après avoir pris l'avis de l'administration municipale.* En effet, ces ter-mes *devant les autorités constituées*, s'appliquent par eux-mêmes, non-seulement aux tribunaux ap-pelés à juger le fond des affaires, mais encore au gouvernement et à la cour de cassation.

Mais ce qui prouve que, par ces mots, la loi n'a ni entendu ni pu entendre autre chose que les au-torités constituées pour le jugement du fond des affaires, c'est que, si on les prenait à la lettre, il serait impossible de n'en pas conclure que, pour se pourvoir au conseil d'état contre un arrêté du conseil de préfecture de son département, une Com-mune aurait besoin de l'autorisation de ce conseil même ; conséquence qui serait évidemment ab-surde, et qu'on ne peut pas repousser quant au re-cours devant le conseil d'état, sans la repousser en même temps quant au recours devant la cour de cassation, puisque, si l'art. 3 de la loi du 29 vendé-miaire an 5 n'abroge pas, en ce qui concerne l'un, la disposition ci-dessus rappelée de l'édit du mois d'août 1764, il ne peut pas non plus l'abroger en ce qui concerne l'autre.

IV. Voyons maintenant si une Commune peut,

sans l'autorisation du conseil de préfecture, se por-ter partie civile dans une affaire criminelle, cor-rectionnelle ou de police.

Déjà l'on a remarqué que j'ai supposé la né-gative dans mes conclusions du 27 messidor an 8, rapportées ci-dessus, §. 5, n°. 1, et que l'arrêt de la section criminelle de la cour de cassation, du même jour, la suppose également.

Elle est d'ailleurs formellement consacrée par l'arrêt que la même section a rendu depuis dans l'espèce suivante.

Le 11 juillet 1811, procès-verbal du garde-champêtre de la Commune de Sévénum, mairie de Horst, département de la Roër, qui atteste 1° avoir vu, le 11 juin précédent, plusieurs particu-liers à lui inconnus enlever du *pael* ou territoire de cette Commune des tourbes qu'ils avaient ex-ploitées en contravention aux réglemens de police du lieu ; 2° avoir trouvé, le 11 juillet, le domes-tique de Léonard Engels chargeant de pareilles tourbes sur une charrette, dans un terrain dépen-dant de la Commune de Brée ; 3° avoir appris que ces tourbes avaient été exploitées par Pierre Vanenkevort.

D'après ce procès-verbal dûment affirmé et en-registré, le maire de Horst fait citer Léonard En-gels, son domestique et Pierre Vanenkevort, de-vant le tribunal de police du canton, pour se voir condamner à une amende de 5 francs, à 130 francs de dommages-intérêts envers la Commune de Sévé-num, et à voir prononcer la confiscation des tourbes.

Le 3 août suivant, jugement qui renvoie les prévenus, attendu que le procès-verbal du 11 juil-let ne peut pas faire foi d'un fait arrivé le 11 juin précédent ; et qu'à l'égard du fait passé le 11 juillet même dans un territoire étranger, le garde-cham-pêtre de Sévénum n'était pas compétent pour le constater.

Le 17 du même mois, le maire de Horst fait réassigner Pierre Vanenkevort au tribunal de po-lice, et demande à prouver par témoins les faits qui ont été jugés n'être pas constatés suffisamment par le procès-verbal du garde-champêtre.

Le 10 septembre de la même année, jugement qui, vu l'art. 360 du Code d'instruction criminelle, renvoie Pierre Vanenkevort.

Le même jour, le maire de Horst, *faisant les fonctions du ministère public*, se pourvoit en cas-sation, tant contre ce jugement que contre celui du 3 août ; et il joint à sa déclaration un certificat d'indigence de la Commune de Sévénum.

« Devez-vous statuer (ai-je dit à l'audience de la section criminelle le 26 mars 1812) sur le recours en cassation qui vous est soumis, ou, en d'autres termes, les jugemens qui sont l'objet de ce recours, ont-ils été rendus en dernier ressort ?

» Ce qui pourrait en faire douter, à la première vue, c'est que les demandes rejetées par ces juge-mens, s'élevaient à une somme de beaucoup supé-rieure à 5 francs, et que l'art. 172 du Code d'ins-truction criminelle rend passibles de l'appel tous les jugemens des tribunaux de police qui prononcent des condamnations au-dessus de cette somme.

» Mais déjà vous avez décidé plusieurs fois (1) que, pour déterminer si les jugemens des tribunaux de police sont rendus en dernier ressort ou s'ils le sont à la charge de l'appel, ce n'est point aux demandes ; mais aux condamnations, que l'on doit s'arrêter ; et c'est ce qui résulte en effet du texte littéral de l'art. 172 du Code d'instruction criminelle (2).

» Mais si, sous ce rapport, le recours en cassation du maire de Horst est recevable, l'est-il sous d'autres rapports, soit quant au jugement du 3 août, soit quant à celui du 10 septembre ?

» D'abord, il ne l'est, à aucun égard, contre le jugement du 3 août ; car il ne pouvait être formé que dans les trois jours francs qui ont suivi la prononciation de ce jugement ; et il ne l'a été que le 10 septembre.

» Ensuite, il ne l'est pas davantage, quant au jugement du 10 septembre, dans l'intérêt de la Commune de Sévénum, au nom de laquelle le maire de Horst paraît l'avoir formé, en même temps qu'il l'a formé comme *faisant les fonctions du ministère public*, puisque, pour dispenser cette Commune de la consignation d'amende, il a produit pour elle un certificat d'indigence. Car le maire de Horst n'avait pas pu, faute d'autorisation du conseil de préfecture, représenter valablement la Commune de Sévénum devant le tribunal de police ; et il ne peut pas, par la même raison, la représenter devant vous.

» Ce n'est pas qu'une Commune qui a été autorisée à plaider devant un tribunal jugeant en dernier ressort, ait besoin d'une nouvelle autorisation pour attaquer devant vous le jugement de ce tribunal ; plusieurs fois, au contraire, la cour a décidé qu'une nouvelle autorisation lui est inutile à cet effet. Mais, lorsqu'une Commune a plaidé sans autorisation devant un tribunal jugeant en dernier ressort, le défaut de qualité qui la rendait non-recevable devant ce tribunal, la suit nécessairement devant la cour.

» Enfin, le recours en cassation du maire de Horst, considéré comme officier du ministère public, est-il fondé quant au jugement du 10 septembre ? Non, et il y en a une raison bien simple : c'est ce jugement a prononcé comme il devait le faire sous peine de cassation.

» Que demandait le maire de Horst au tribunal de police, à son audience du 10 septembre ? Il demandait que ce tribunal condamnât, d'après des dépositions de témoins qui n'avaient pas été produits à son audience du 3 août, un prévenu qu'il avait acquitté à cette audience même, faute de preuves légales ; il demandait par conséquent que

ce tribunal violât l'art. 360 du Code d'instruction criminelle ; il demandait que ce tribunal, sans respect pour la règle *non bis in idem*, sans respect pour l'autorité de la chose jugée, rétractât son jugement du 3 août. Il demandait par conséquent une chose absurde.

» Nous estimons qu'il y a lieu de déclarer le maire de Horst non-recevable dans son recours en cassation contre le jugement du 3 août ; de le déclarer pareillement, en tant qu'il agit comme représentant la Commune de Sévénum, non-recevable dans son recours en cassation contre le jugement du 10 septembre ; et faisant droit sur le recours en cassation qu'il a formé contre le même jugement, comme *faisant les fonctions du ministère public*, de le rejeter ».

Par arrêt du 26 mars 1812, au rapport de M. Van-Toulon.

« Vu l'art. 373 du Code d'instruction criminelle et l'art. 360 du même Code.... ;

» Et attendu, sur le pourvoi du maire de Horst contre le jugement du tribunal de police du canton de Horst en date du 3 août 1811, que, d'après l'art. 373 du Code d'instruction criminelle, ce pourvoi ne pouvait être formé que dans les trois jours francs qui ont suivi la prononciation de ce jugement, tandis qu'il ne l'a été que le 10 septembre suivant ;

» Attendu, sur le pourvoi du même maire formé dans l'intérêt de sa Commune, contre le jugement dudit tribunal, en date du 10 septembre 1811, que les maires ne peuvent agir valablement au nom de leurs Communes devant les tribunaux sans l'autorisation du conseil de préfecture de leur département, et que conséquemment le maire susdit n'a pas pu, faute de cette autorisation, former un pourvoi au nom de sa Commune dans une affaire qui avait été poursuivie, sans que cette Commune eût été autorisée dans les poursuites ;

» Attendu enfin, sur le pourvoi dudit maire, comme faisant les fonctions du ministère public, qu'en demandant que le tribunal de police condamnât, d'après les dépositions des témoins qui n'avaient pas été produits à l'audience du 3 août 1811, un prévenu acquitté par ledit tribunal, à cette audience même, faute de preuves légales, il a demandé que le tribunal violât la règle *non bis in idem*, et les dispositions de l'art. 360 précité du Code d'instruction criminelle, et qu'ainsi le tribunal a fait par son jugement une juste application de la loi ;

» D'après ces motifs, la cour déclare le maire de Horst non-recevable dans son pourvoi contre le jugement du tribunal de police du canton de Horst, en date du 3 août 1811 ; le déclare pareillement non-recevable dans son pourvoi contre le jugement du même tribunal, en date du 10 septembre 1811, en sa qualité de représentant la Commune de Horst ;

» Et faisant droit sur le recours en cassation formé par ledit maire, comme officier du ministère public, contre le même jugement du 10 septembre 1811, la cour rejette.... ».

Il y a cependant un arrêt de la section des

---

(1) *V.* l'article *Dernier ressort*, §. 4, à la fin.
(2) J'aurais dû ajouter que, lors même que, sur des demandes excédant cinq francs, les tribunaux de police prononcent des condamnations qui n'excèdent pas cette somme, leurs jugemens sont toujours en dernier ressort à l'égard du ministère public et des parties civiles, et qu'ils ne sont passibles d'appel que de la part des prévenus condamnés. *V.* l'article *Appel*, §. 2, n°. 10.

requêtes, du 3 août 1820, qui, par l'un de ses motifs, décide que les Communes n'ont pas besoin d'autorisation pour se porter parties civiles en matière criminelle ou correctionnelle. Mais fixons-nous bien sur l'espèce de cet arrêt.

Le 28 août 1817, jugement du tribunal correctionnel de Montreuil-sur-Mer, qui, sur la poursuite de la Commune de Brimeux, agissant par l'organe de son maire, mais sans l'autorisation du conseil de préfecture, condamne les sieurs Garbe et consorts, en les déclarant convaincus d'un délit de pâturage sur les propriétés de cette Commune, à une amende de 30 francs et aux dépens pour tous dommages-intérêts.

Les sieurs Garbe et consorts appellent de ce jugement au tribunal correctionnel de Saint-Omer, mais sans succès : par jugement du 6 avril 1818, celui qu'ils attaquent, est confirmé.

Ils se pourvoient en cassation, mais ils ne consignent point l'amende et ne déposent point au greffe la requête par laquelle la loi leur permet d'indiquer et de développer leurs moyens.

La Commune de Brimeux, concluant de là, et fort mal à propos, que leur recours en cassation doit être considéré comme non avenu, et que, par suite, il n'a point d'effet suspensif, obtient du tribunal correctionnel de Montreuil, le 6 juin suivant, un exécutoire des dépens prononcés par le jugement du 28 août 1817, et fait signifier aux sieurs Garbe et consorts un commandement de lui payer la somme de 159 francs 59 centimes qui en forment le montant.

Les sieurs Garbe et consorts forment opposition tant à l'exécutoire de dépens qu'au commandement, et font assigner la Commune de Brimeux devant le tribunal civil de Montreuil pour voir dire que l'un et l'autre seront déclarés nuls, avec 1,200 francs de dommages-intérêts.

Le 1er. juillet 1818, jugement qui rejette l'opposition des sieurs Garbe et consorts, et permet à la Commune de donner suite à son commandement.

Appel de leur part à la cour royale de Douai; et le 17 mars 1819, arrêt qui, attendu que le jugement a été rendu en dernier ressort, les déclare non-recevables.

Ils se pourvoient en cassation, et proposent trois moyens :

1°. Violation de l'art. 5 du tit. 4 de la loi du 24 août 1790, en ce que le jugement du 1er. juillet 1818 ne peut pas avoir été rendu en dernier ressort, parcequ'il ne s'agissait pas seulement de la somme de 159 francs 59 centimes qui formait le montant de l'exécutoire de dépens, mais encore de celle de 1,200 francs à laquelle ils concluaient pour dommages-intérêts;

2°. Violation des art. 177, 216 et 373 du Code d'instruction criminelle qui attribue au recours en cassation un effet suspensif;

3°. Violation de l'art. 1032 du Code de procédure civile, et par suite, de l'art. 3 de la loi du 29 vendémiaire an 5, qui défend aux Communes de *suivre aucune action* sans l'autorisation préalable du conseil de préfecture.

Le premier de ces moyens ne pouvait pas être accueilli, et l'on verra pourquoi à l'article *Dernier ressort*, §. 11, n°. 2.

Le second moyen aurait été péremptoire, si le recours en cassation des sieurs Garbe et consorts eût été dirigé contre le jugement du 1er. juillet 1818; mais il ne l'était que contre l'arrêt qui avait déclaré et dû nécessairement déclarer non-recevable l'appel de ce jugement.

Quant au troisième moyen, quel était, en le proposant, le but des sieurs Garbe et consorts?

Ce n'était pas d'établir que la Commune n'avait pas pu, faute d'autorisation du conseil de préfecture, se pourvoir correctionnellement contre eux. D'une part, ils supposaient eux-mêmes le contraire, sans doute faute d'y avoir bien réfléchi; de l'autre, ils devaient sentir que la régularité de l'action correctionnelle, intentée par la Commune, ne pouvait pas être critiquée devant la section des requêtes à l'appui de leur recours en cassation contre l'arrêt de la cour royale de Douai, et qu'elle n'aurait pu l'être que devant la section criminelle à l'appui de leur recours en cassation contre le jugement du tribunal correctionnel de Saint-Omer.

Le seul but des sieurs Garbe et consorts était d'établir que la Commune n'avait pas pu, sans l'autorisation préalable du conseil de préfecture, défendre à la demande en nullité de l'exécutoire de dépens qu'ils avaient formée contre elle, devant le tribunal civil de Montreuil, par suite de la confirmation du jugement du tribunal correctionnel de la même ville; et voici comment ils s'expliquaient à cet égard:

« En vain objecterait-on que cette autorisation n'était pas nécessaire, parcequ'il s'agissait de l'exécution d'un jugement correctionnel, et qu'aucune loi n'exige que les Communes soient autorisées en matière criminelle ou de police correctionnelle; car, de ce que l'autorisation n'est point exigée dans les affaires criminelles ou correctionnelles, il ne s'ensuit pas qu'elle cesse d'être obligatoire pour les Communes, quand il s'agit de poursuivre, devant les tribunaux civils, l'exécution des jugemens criminels et correctionnels qu'elles peuvent avoir obtenus, et de plaider sur les difficultés que fait naître cette exécution; c'est là un nouveau procès, parfaitement distinct de celui qui est terminé par le jugement à exécuter; c'est une contestation purement civile pour laquelle une Commune ne peut être dispensée d'autorisation.

» Ce n'est pas avec plus de raison, qu'on prétendrait justifier le défaut d'autorisation, en disant qu'il n'y avait pas de procès, et que la Commune ne faisait que poursuivre l'exécution du jugement qui avait mis fin à tout débat. Pour peu qu'on y réfléchisse, on sentira que l'exécution d'un jugement peut donner lieu à des questions aussi sérieuses que la contestation qui a précédé ce jugement lui-même, et qu'ainsi la Commune a tout autant besoin d'autorisation dans l'un que dans l'autre cas, pour ne pas s'engager témérairement à soutenir des prétentions sans fondement et s'exposer à des frais ruineux ».

Par arrêt du 3 août 1820, au rapport de M. Dunoyer, et sur les conclusions de M. l'avocat-général Joubert, la section des requêtes écarte le premier moyen par un motif que l'on trouvera aux mots *Dernier ressort*, §. 11.

Elle écarte également le second par deux motifs; l'un qui est la conséquence nécessaire du rejet du premier moyen, l'autre que j'ai examiné à l'article *Cassation*, §. 52., n°. 3.

Enfin, elle rejette le troisième *fondé sur le défaut d'autorisation* de la Commune de Brimeux, .

« Attendu 1°. que *cette autorisation n'est prescrite par la loi, ni en matière criminelle, ni en matière de police correctionnelle,* et qu'il s'agissait, dans l'espèce, de l'exécution d'un jugement rendu par des tribunaux correctionnels; 2°. que, même en matière civile, l'art. 1032 du Code de procédure civile emploie les expressions *pour former une demande en justice,* et que la loi du 28 pluviôse an 8 n'imposait aux Communes l'obligation de se faire autoriser par les conseils de préfecture que *pour être autorisées à plaider,* ce qui ne peut pas s'entendre de simples actes d'exécution en vertu d'un jugement en dernier ressort qui a mis fin au litige (1) ».

Rien de plus juste que ce rejet; mais est-il motivé comme il devrait l'être ? Je le dis à regret, mais je dois le dire, parceque cela me paraît de toute évidence, non, et il s'en faut de beaucoup.

Il n'y avait, dans mon opinion, qu'une seule manière de bien motiver le rejet du troisième moyen des sieurs Garbe et consorts: c'était de dire que ce moyen devenait sans objet comme le second, du moment que, par le rejet du premier, il était décidé que le jugement du tribunal de Montreuil, du 1er. juillet 1818, était en dernier ressort, et que l'appel qui en avait été interjeté, avait été justement déclaré non-recevable. En effet, il résultait nécessairement de là que la cour royale de Douai n'avait ni dû ni pu s'occuper de la question de savoir si la Commune de Brimeux avait eu besoin d'autorisation pour poursuivre le recouvrement des dépens qui lui avaient été adjugés dans l'instance correctionnelle, comme elle n'avait ni dû ni pu s'occuper de la question de savoir si cette Commune avait pu poursuivre ce recouvrement, nonobstant le recours en cassation exercé par les sieurs Garbe et consorts contre le jugement du tribunal correctionnel de Saint-Omer, du 6 avril 1818.

Du reste, je ne conçois pas, je l'avoue, comment l'arrêt a pu, indépendamment de l'obstacle invincible qui s'opposait à ce qu'il entrât dans l'examen d'une question sur laquelle la cour de Douai avait été forcée de se taire, motiver le rejet du troisième moyen de cassation des sieurs Garbe et consorts, sur le prétendu principe que l'autorisation dont il s'agit, *n'est prescrite par la loi ni en matière criminelle ni en matière correctionnelle.*

Que l'on consulte toutes les lois tant anciennes que nouvelles qui défendent aux Communes d'*intenter aucun procès, de suivre aucune action, de plaider,* sans l'autorisation préalable du conseil de

préfecture, on n'y trouvera pas l'ombre d'une distinction entre les matières criminelles, correctionnelles ou de simple police et les matières purement civiles ; et il est de principe que là où la loi ne distingue pas, les magistrats ne doivent ni ne peuvent distinguer non plus.

Sans doute, quelque générale que soit cette défense, elle ne serait pas applicable au cas où une Commune serait (si la chose était encore possible, comme elle l'était sous l'ordonnance de 1670) poursuivie en corps, soit criminellement, soit correctionnellement, soit par voie de simple police ; à raison d'un crime, d'un délit ou d'une contravention dont elle se serait rendue collectivement coupable ; et c'est ce qu'établissait nettement Serpillon, dans son Commentaire sur l'art. 2 du tit. 21 de l'ordonnance citée ; après avoir dit qu'il faut que le syndic nommé par la Commune accusée, ait une délibération en bonne forme pour défendre à l'accusation formée contre elle, il ajoutait : « Il n'est » pas nécessaire pour cela d'une permission de » messieurs les commissaires députés dans les pro- » vinces ; parceque c'est le même cas des mineurs » accusés, qui sont poursuivis au criminel, quoi- » qu'ils ne soient pas autorisés..... D'ailleurs ce » n'est qu'en matière civile que le roi a défendu » aux communautés des villes, bourgs et villages » de plaider (comme défenderesses) sans être au- » torisées ; *la défense au criminel est forcée.* »

Mais conclure de là qu'une Commune peut, sans autorisation, se porter partie civile dans une affaire criminelle, correctionnelle ou de police, ce serait comme si de ce qu'un mineur n'a pas besoin d'être assisté de son tuteur ou curateur pour défendre à une action criminelle, correctionnelle ou de police, on concluait, quoique le contraire soit universellement reconnu, qu'il n'en a pas besoin non plus pour intenter une action de cette nature en qualité de partie civile ; c'est comme si de ce qu'aux termes de l'art. 216. du Code civil, *l'autorisation du mari n'est pas nécessaire, lorsque la femme est poursuivie en matière criminelle et de police,* on concluait, quoique le contraire ait été formellement jugé par un arrêt de la cour de cassation, du 30 juin 1808 (1), que cet article dispense également de la nécessité de l'autorisation maritale, la femme qui poursuit elle-même, comme partie civile, la réparation du tort que lui a causé un crime, un délit, une contravention.

Qu'est-ce d'ailleurs que se porter partie civile dans un procès criminel, correctionnel ou de police? Rien autre chose qu'intenter une action civile ; et telle est manifestement la pensée de l'art. 3 du Code d'instruction criminelle, lorsqu'il dit que *l'action civile peut être poursuivie en même temps et devant les mêmes juges que l'action publique.* Et comment, dès-lors, ne pas assujétir les Communes, tout aussi bien que les mineurs et les femmes mariées, lorsqu'il s'agit de se porter parties civiles dans un procès criminel, correctionnel ou

(2) *V.* le *Répertoire de jurisprudence,* aux mots *Autorisation maritale,* §. 7, n°. 18.

de police, à la nécessité des mêmes autorisations que s'il était question d'intenter civilement une action purement civile?

V. Du reste, l'arrêt de la cour de cassation, du 3 août 1820, qui est rappelé dans le n°. précédent, juge, par le second motif du rejet du troisième moyen des sieurs Garbe et consorts, et il juge très bien, quoique par un véritable hors-d'œuvre, que l'obligation imposée par les lois aux Communes de se faire autoriser toutes les fois qu'il s'agit de former *une demande en justice, de suivre une action, de plaider*, ne peut pas s'entendre *des actes de simple exécution en vertu d'un jugement qui a mis fin au litige*. Il en est de ces actes comme des incidens qui s'élèvent dans le cours d'un procès, et pour lesquels on a vu plus haut, §. 5, que les Communes n'ont pas besoin d'autorisation spéciale.

VI. La sixième question a été jugée pour la négative par un arrêt de la cour de cassation, du 29 juillet 1823, mais elle ne l'a été que dans une espèce particulière et qu'il importe de bien connaître. Voici comment elle est rapportée dans le *Bulletin civil* de cette cour, tome 25, page 561.

« Le 22 janvier 1817, le sieur Bourliaud se rendit adjudicataire de l'octroi de la Commune de Civray, pour trois années qui devaient finir le 1er. janvier 1820.

» Le 15 septembre 1819, le nouveau bail est adjugé au sieur Bourdon. Le 26 décembre suivant, le sieur Bourdon se plaint dans une pétition au maire, de ce que le sieur Bourliaud, par une contravention à l'art. 37 de son bail, se permet, depuis plusieurs mois, d'accorder aux redevables des remises de la moitié ou du quart des droits fixés par le tarif. Il ajoute que les débitans de boissons et un grand nombre de particuliers ont profité de cette infraction aux charges du bail pour faire toutes leurs provisions de l'année qui va commencer, ce qui met le nouveau fermier dans le cas de faire une perte considérable. En conséquence, le maire est invité à diriger des poursuites contre le délinquant, afin d'éviter l'action directe du plaignant contre la Commune, à raison du tort qu'il ne peut pas manquer d'éprouver.

» Le maire considère qu'il convient de soumettre la plainte à l'administration supérieure pour obtenir l'autorisation de convoquer le conseil municipal. Le *conseil arrête que la plainte sera communiquée au sous-préfet, avec invitation d'envoyer l'autorisation nécessaire pour diriger les poursuites.*

» Le 2 janvier 1820, le sous-préfet émet l'avis qu'il y a lieu d'autoriser le maire à poursuivre le sieur Bourliaud devant le tribunal civil de Civray, sans qu'il soit nécessaire de convoquer le conseil municipal, attendu que le sieur Bourdon s'est soumis à payer tous les frais de l'action et que cette soumission désintéresse la Commune.

» Le 20 du même mois, le conseil de préfecture

autorise le maire à poursuivre le sieur Bourliaud devant les tribunaux compétens, et à fournir tous moyens, soit en demandant, soit en défendant.

» Le 14 avril suivant, le maire, agissant au nom de la Commune, fait assigner le sieur Bourliaud devant le tribunal civil de Civray, pour se voir condamner à 1,800 francs de dommages-intérêts, à raison des contraventions par lui commises.

» Le sieur Bourdon intervient et demande que la Commune soit condamnée envers lui à une indemnité de 1,800 francs pour les vices survenus à la chose louée, sauf son recours contre le sieur Bourliaud. Celui-ci oppose que le maire n'a pas pu intenter l'action, sans que le conseil municipal en ait préalablement délibéré et qu'il en ait été d'avis.

» Le 21 juillet 1820, jugement par lequel le tribunal, sans s'arrêter aux exceptions du sieur Bourliaud, ordonne qu'il sera plaidé au fond; attendu 1°. que le conseil de préfecture a autorisé le maire à poursuivre, et a décidé qu'il était inutile qu'il prît préalablement l'avis du conseil municipal; attendu 2°. qu'il n'appartient pas à l'autorité judiciaire de réformer la décision d'une autorité administrative, quelque vicieuse qu'elle puisse être.

» Appel de ce jugement. Il est infirmé par arrêt de la cour royale de Poitiers, du 23 janvier 1821, sur le fondement

» Qu'aux termes de l'art. 1032 du Code de procédure, les Communes sont tenues, pour former une demande en justice, de se conformer aux lois administratives; que, d'après ces lois, l'autorisation doit être donnée par le conseil de préfecture sur l'avis du conseil municipal;

» Que, dans l'espèce, le maire de la Commune de Civray n'a pas obtenu l'autorisation qui lui était nécessaire pour se pourvoir devant les tribunaux, puisqu'il est reconnu en fait que l'autorisation dont il est porteur, a été donnée par le conseil de préfecture, sans aucun avis préalable du conseil municipal;

» Que les tribunaux, en examinant si l'autorisation a été donnée conformément au mode prescrit, n'interprètent aucune décision administrative; qu'ils vérifient seulement si l'action dirigée par la Commune, a été valablement formée, et si cette Commune a rempli le préalable que lui prescrivait la loi; qu'une pareille vérification appartient à l'autorité judiciaire.

» La cour de cassation a annullé cet arrêt par les motifs suivans :

» Ouï le rapport de M. le conseiller Henri-la-Rivière, les observations de Rochelle, avocat de la Commune de Civray, celles de Champion, avocat de Bourliaud, et celles de Teste-Lebeau, avocat de Bourdon, ainsi que les conclusions de M. l'avocat général Joubert;

» Vu l'art. 13, tit. 2, de la loi du 16-24 août 1790, la loi du 16 fructidor an 3, et l'art. 4 de la loi du 28 pluviôse an 8;

» Considérant que le maire de la Commune de

Civray ayant été autorisé à plaider par le conseil de préfecture du département de la Vienne, la cour royale de Poitiers n'a pas eu à examiner si cette autorisation était ou non régulière et suffisante, quoique le conseil municipal de la Commune n'eût pas délibéré préalablement sur la question de savoir s'il était ou non de l'intérêt de la Commune d'intenter l'action qui a été formée par le maire, en son nom, contre le fermier de l'octroi;

» Qu'en se livrant à cet examen, et en déclarant la Commune non-recevable, quant à présent, dans son action, faute d'autorisation suffisante, cette cour s'est immiscée dans les fonctions du conseil de préfecture, a annullé un de ses actes, ce qui est un excès de pouvoir et une contravention aux lois précitées;

» Par ces motifs, la cour casse et annulle l'arrêt de la cour royale de Poitiers, du 23 janvier 1821..».

On voit que, dans cette espèce, le conseil municipal de Civray avait commencé par arrêter que la plainte par laquelle le fermier de l'octroi provoquait, de la part de la Commune, la répression des abus qui préjudiciaient à ses droits, *serait communiquée au sous-préfet, avec invitation d'envoyer l'autorisation nécessaire pour diriger les poursuites;* et que, par conséquent, c'était de l'aveu de la Commune, représentée par le conseil municipal, que les poursuites avaient été dirigées par le maire.

A la vérité, c'était illégalement qu'avait été assemblé le conseil municipal qui avait pris cette délibération; car l'art. 15 de la loi du 28 pluviôse an 8, en disant que les conseils municipaux *pourront être convoqués extraordinairement par ordre du préfet,* donne assez à entendre que, sans ordre du préfet, ils ne pourront se réunir qu'aux époques déterminées par le même article.

Mais cette illégalité avait été couverte, sinon par l'arrêté du conseil de préfecture, du 20 janvier 1820, du moins par *l'exequatur,* dont le préfet avait dû le revêtir (1), et l'avait sans doute revêtu; car, par cet *exequatur,* le préfet avait implicitement ratifié la délibération du conseil municipal de Civray, qui provoquait l'autorisation des poursuites à exercer par le maire; et là, par conséquent, s'appliquait la maxime écrite dans la loi 70, D. *de regulis juris,* que *omnis ratihabitio mandato comparatur.* En tout cas, il ne pouvait pas appartenir aux tribunaux de juger le contraire.

Il y avait donc, dans l'espèce sur laquelle a été rendu l'arrêt dont il s'agit, une raison toute particulière pour casser celui de la cour royale de Poitiers, qui avait déclaré l'autorisation du conseil de préfecture insuffisante à défaut de délibération préalable du conseil municipal de la Commune.

Il ne paraît cependant pas que cette raison ait influé sur la cassation de l'arrêt de la cour royale de Poitiers; car cet arrêt n'a été cassé que pour contravention à l'art. 13 du tit. 2 de la loi du 24

août 1790, et à la loi du 16 fructidor an 3, qui défendent aux *juges de troubler, de quelque manière que ce soit, les opérations des corps administratifs, et de connaître des actes d'administration;* ne l'a été que par la considération *que la cour royale de Poitiers n'avait pas à examiner si l'autorisation accordée par le conseil de préfecture au maire de Civray, était régulière et suffisante, quoique le conseil municipal n'eût pas délibéré préalablement s'il était ou non de l'intérêt de la Commune d'intenter l'action.*

Et dès-là il est clair que, par l'annullation de cet arrêt, la cour de cassation a jugé que, si un maire se présentait devant un tribunal pour plaider au nom de sa Commune, en vertu d'un arrêté par lequel le conseil de préfecture l'y aurait autorisé, sur sa seule demande et sans que la Commune y eût préalablement adhéré par l'organe de son conseil municipal, même illégalement convoqué, le tribunal excéderait ses pouvoirs en lui refusant audience.

Que cette manière de juger soit sujette à de grands inconvéniens, c'est une vérité qui se sent d'elle-même.

D'une part, c'est, en quelque sorte, forcer une Commune de plaider malgré elle. De l'autre, c'est oublier que, par l'art. 4 de la loi du 28 pluviôse an 8, il est bien dit que *le conseil de préfecture prononcera sur les demandes qui seront présentées par les communautés des villes, bourgs et villages, pour être autorisées à plaider,* mais non pas qu'il autorisera ces communautés à plaider, lorsqu'elles n'en feront pas la demande, ou ce qui revient au même, lorsque la demande qui en sera formée en leur nom, le sera par des fonctionnaires publics qui ne les représentent pas à cet effet.

Quel remède y a-t-il à ces inconvéniens?

Il ne peut pas être dans un recours au conseil d'état contre l'arrêté de conseil de préfecture qui, sur la demande du maire seul, l'a autorisé à plaider au nom de sa Commune; car par qui ce recours serait-il formé? Ce ne serait pas par le maire qui aurait sollicité l'autorisation. Ce ne serait pas non plus par le conseil municipal. Il n'aurait aucune qualité pour cela. Ce serait encore moins par un ou plusieurs habitans de la Commune.

Le remède ne peut donc exister que dans les tribunaux, dans le devoir qui leur est imposé de n'admettre le maire à plaider au nom de sa Commune, qu'autant qu'il y sera autorisé de la manière déterminée par la loi, c'est-à-dire, par un arrêté du conseil de préfecture précédé et provoqué par une délibération du conseil municipal.

Et, dès-lors, il faut bien, il faut même de toute nécessité, si l'on ne veut pas arriver forcément au plus absurde résultat, à l'inconvénient de faire plaider une Commune malgré elle, que les tribunaux aient le pouvoir, non pas d'annuller l'autorisation accordée illégalement par le conseil de préfecture, mais de la déclarer insuffisante.

Mais comment concilier ce pouvoir avec la défense que fait la loi aux tribunaux de *troubler les opérations des corps administratifs, de connaître des actes d'administration?*

Cela serait impossible, si cette défense s'étendait jusqu'à réduire les tribunaux à l'impuissance d'apprécier la légalité des actes d'administration qui ont pour objet direct de mettre leur juridiction en mouvement. Mais il n'en est pas ainsi ; car le pouvoir judiciaire n'est pas plus subordonné au pouvoir administratif, que le pouvoir administratif ne l'est au pouvoir judiciaire ; et de même qu'un tribunal ne peut pas, par un jugement, obliger un maire, un sous-préfet, un préfet ou un conseil de préfecture, de faire ou d'ordonner telle chose ; de même aussi, ni un maire, ni un sous-préfet, ni un préfet, ni un conseil de préfecture, ne peuvent, par un acte de leur ressort, obliger un tribunal de juger de telle ou telle manière.

Les exemples viennent en foule à l'appui de cette vérité.

Qu'un maire, ou qu'un préfet à son défaut, prenne, hors des cas déterminés par le tit. 11 de la loi du 24 août 1790, un arrêté par lequel il prohibe, sous une peine quelconque, un fait qui n'est pas prohibé par la loi, ou que la loi prohibe sans le punir, et que l'on vienne, en vertu de cet arrêté, requérir contre les particuliers qui y auront contrevenu, l'application de la peine qu'il prononce : que devra faire le tribunal ? Condamner les contrevenans ? Non, assurément ; et s'il le fait, son jugement sera nul. Témoins les arrêts de la cour de cassation des 23 mai et 3 août 1810, 2 juillet et 13 avril 1813, et 27 janvier 1820, qui l'ont ainsi jugé (1).

Qu'un préfet prenne un arrêté par lequel il diminue ou augmente la peine infligée par la loi à un fait qu'elle prohibe, et que le tribunal, auquel un pareil fait est dénoncé, calque sur cet arrêté la peine qu'il prononce : que deviendra son jugement, s'il est en dernier ressort, et s'il est déféré à la cour de cassation ? Il sera cassé sans la moindre difficulté ; et tel est le sort qu'a éprouvé notamment, le 4 mai 1810, un arrêt de la cour criminelle du département de l'Escaut, qui, en vertu d'un arrêté du préfet de ce département, avait réduit à une amende de trois francs un délit de port d'armes que les lois alors en vigueur dans ce pays punissaient plus sévèrement (2).

Qu'un préfet prenne un arrêté par lequel il ordonne que les prévenus de tel délit qui, par sa nature, est de la compétence des tribunaux correctionnels, seront traduits devant les tribunaux de police, et qu'un tribunal de police, le prenant pour règle, prononce sur une affaire qui est, en conséquence, portée devant lui : cet arrêté couvrira-t-il l'incompétence de ce tribunal ? Quatre arrêts

de la cour de cassation, des 8 termidor an 13, 25 juin 1809, 1er. décembre de la même année et 30 août 1811, ont jugé que non (1).

Qu'un sous-préfet, usurpant à la fois les fonctions du conseil de préfecture et celles du préfet, prenne un arrêté par lequel il charge un avoué d'intenter ou de soutenir en justice, pour lui et au nom de l'État, une action qui intéresse le domaine public : le tribunal devant lequel se présentera cet avoué, sera-t-il obligé de lui donner audience, et de statuer sur le fond des conclusions que le sous-préfet prendra par son organe ? Non-seulement il n'y sera pas obligé, mais, dans le cas où il le ferait, son jugement sera sujet à réformation, s'il est rendu à la charge de l'appel, et à cassation, s'il est en dernier ressort ; c'est ce qui résulte clairement d'un arrêt de la cour de cassation, du 19 prairial an 11 (2).

Qu'un préfet, oubliant qu'il ne peut pas plaider au nom de l'État, sans l'autorisation du conseil de préfecture, prenne un arrêté par lequel, de son propre mouvement et sans consulter le conseil de préfecture, il charge un avoué de le représenter devant le tribunal compétent pour connaître de l'affaire qu'il se propose d'intenter, ou à laquelle il se propose de défendre : le tribunal pourra-t-il l'admettre à plaider, sans exposer son jugement à être déclaré nul, soit sur l'appel qui en sera interjeté, soit sur le recours en cassation dont il sera frappé ? Ce qui prouve évidemment que non, c'est que, par l'arrêt du 29 prairial an 11, que je viens de citer, il est jugé formellement qu'il y aurait nullité même dans le jugement qui serait rendu contre un préfet plaidant comme défendeur, en vertu d'un arrêté du conseil de préfecture, si cet arrêté eût été pris sans que le demandeur eût, conformément à la loi du 5 novembre 1790, déposé au secrétariat de la préfecture un mémoire contenant le sommaire de ses moyens d'attaque (3).

Qu'un demandeur en cassation vienne présenter, pour être dispensé de la consignation d'amende, un certificat d'indigence qu'il aura obtenu directement du préfet, ou qu'il aura obtenu du maire de sa Commune, et que le préfet aura revêtu de son approbation, mais auquel ne sera pas joint, soit un extrait du rôle des contributions constatant qu'il paie moins de six francs, soit un certificat du percepteur de sa Commune portant qu'il n'est point imposé : que fera la cour de cassation ? Elle n'annullera pas en termes exprès le certificat d'indigence, mais elle n'y aura aucun égard, et elle déclarera le demandeur non-recevable, comme elle l'a fait dans un grand nombre d'occasions (4).

---

(1) V. l'article *Préfet*, §. 4
(2) *Ibid.*

---

(1) *Ibid.*
(2) V. l'article *Nation*, §. 2
(3) *Ibid.*
(4) V. le *Répertoire de jurisprudence*, aux mots *Certificat d'indigence*, et M. Carnot sur le Code d'instruction criminelle, art. 420, n°. 12.

Et pourquoi n'en serait-il pas de même, d'un arrêté par lequel le conseil de préfecture autoriserait un maire, soit de son propre mouvement, soit sur la seule demande du maire même, à plaider au nom de sa Commune?

Dût-on, sur cette matière, ne consulter que l'art. 3 de la loi du 29 vendémiaire an 5, suivant lequel *les officiers municipaux ne pourront suivre aucune action*, devant les tribunaux, *sans y être préalablement autorisés par le conseil de préfecture du département, après avoir pris l'avis du conseil municipal*, il n'en faudrait pas davantage, non-seulement pour conférer aux tribunaux le droit de déclarer non-recevable, quant à présent, le maire qui se présenterait devant eux avec une autorisation du conseil de préfecture qu'un avis du conseil municipal n'aurait pas précédée et provoquée, mais même pour leur en imposer le devoir. Car, il en serait évidemment d'une pareille autorisation, comme d'un certificat d'indigence qui serait, ou délivré directement par un préfet, ou que le préfet n'aurait fait qu'approuver, mais qui ne serait pas accompagnée, soit de l'extrait du rôle des contributions constatant que le demandeur paie moins de six francs, soit de l'attestation du percepteur constatant qu'il n'est pas imposé. De même, en effet, que ce certificat d'indigence ne remplirait pas les conditions prescrites par la loi du 14 brumaire an 5 et de l'art. 420 du Code d'instruction criminelle, de même aussi cette autorisation manquerait de l'une des conditions prescrites par la loi du 29 vendémiaire an 5.

Mais la chose deviendra bien plus sensible encore, si l'on met la loi du 29 vendémiaire an 5 en regard avec les lois qui, sur cette matière, l'ont précédée et suivie.

A s'en tenir judaïquement au texte de l'art. 3 de la loi du 29 vendémiaire an 5, le conseil de préfecture n'aurait besoin, pour autoriser un maire à plaider au nom de sa Commune, que de l'*avis* du conseil municipal, et il pourrait accorder l'autorisation, lors même que l'*avis* du conseil municipal serait contraire à la proposition que le maire en aurait faite.

Ce n'est pourtant point là ce que veut cet article; et la preuve que, par le mot *avis*, il n'entend pas autre chose qu'une délibération par laquelle la Commune manifeste, par l'organe de son conseil municipal, sa détermination à plaider, et en provoque l'autorisation, c'est la manière dont sont conçues, à cet égard, les lois antérieures et subséquentes qui contiennent la même disposition, en l'appropriant au régime administratif sous lequel chacune d'elles a été faite.

L'édit du mois d'avril 1683, portait : « Faisons » pareillement défenses auxdites Communautés et » à leurs maires, échevins, syndics, jurats et con» suls, d'intenter aucune action, ou de commencer » aucun procès, tant en cause principale que d'ap» pel..., sous quelque prétexte que ce soit, *sans*

» *en avoir auparavant obtenu le consentement des* » *habitans, dans une assemblée générale,* dont » l'acte de délibération sera confirmé et autorisé » d'une permission par écrit du sieur commissaire » départi en la généralité ».

A cette disposition la loi du 14 décembre 1789 substituait celle-ci :

« Art. 54. Le conseil général de la Commune, composé tant des membres du corps municipal que des notables, sera convoqué toutes les fois que l'administration municipale le jugera convenable; elle ne pourra se dispenser de le convoquer, lorsqu'il s'agira de délibérer,

» Sur des acquisitions ou aliénations d'immeubles...,

» Sur les procès à intenter,

» Même sur les procès à soutenir....

» 56. Quant à l'exercice des fonctions propres au pouvoir municipal, toutes les délibérations pour lesquelles la convocation du conseil général de la Commune est nécessaire, suivant l'art. 54 ci-dessus, *ne pourront être exécutées qu'avec l'approbation de l'administration ou du directoire de département*, qui sera donnée, s'il y a lieu, sur l'avis de l'administration ou du directoire de district ».

Et déjà nous avons vu que l'art. 4 de la loi du 28 pluviôse an 8 appelle les conseils de préfecture *à prononcer sur les demandes qui seront présentées par les Communautés des villes, bourgs et villages pour être autorisées à plaider.*

Il résulte clairement de chacune de ces lois que, pour qu'une Commune soit valablement représentée dans un procès par son maire, il faut, non-seulement que l'administration supérieure ait autorisé son maire à plaider pour elle, mais encore que l'autorisation en ait été *demandée* par la Commune elle-même ou par les notables qui sont chargés d'exprimer son vœu.

Il en résulte par conséquent que, si l'administration supérieure a accordé l'autorisation sans que la Commune l'ait demandée, il manque au maire qui agit ou défend en conséquence devant les tribunaux, une des conditions essentiellement requises pour qu'il représente valablement la Commune.

Et par une conséquence ultérieure, il en résulte que les tribunaux ne peuvent pas, quant à présent, l'admettre à plaider en sa qualité.

Voyez d'ailleurs à quelle absurdité nous conduirait nécessairement le système contraire! Il n'est pas plus au pouvoir des tribunaux d'annuller les délibérations des conseils municipaux que les arrêtés des conseils de préfecture; car les unes ne sont pas moins que les autres des actes d'administration. Supposons cependant qu'un maire se présente devant un tribunal pour plaider au nom de sa Commune, en vertu d'une délibération du conseil municipal légalement convoqué, qui l'y autorise, avec la clause expresse et motivée sur un prétexte quelconque, qu'il n'aura pas besoin pour cela de l'approbation du conseil de préfecture : qui est-ce qui osera soutenir que le tribunal ne peut lui refuser audience tant que le conseil de préfecture n'aura pas donné son attache à l'autorisation du conseil municipal? Personne assurément. Eh! Comment, dès-lors, ne pas convenir que les tribunaux peuvent déclarer insuffisans les actes administratifs qui ont pour objet de mettre en mouvement leur juridiction? Comment ne pas convenir que l'arrêt de la cour de cassation, du 29 juillet 1823, quoique parfaitement juste dans l'espèce particulière sur laquelle il a été rendu, n'est pas motivé comme il devrait l'être?

§. VII. 1°. *Les Communes qui ne justifient pas avoir abandonné à l'Etat la totalité de leur actif, à l'exception de leurs biens communaux et des objets destinés à des établissemens publics, peuvent-elles, en vertu de la loi du 24 août 1793, renvoyer leurs créanciers envers qui elles se sont obligées antérieurement à cette loi, à se pourvoir contre le trésor public, comme grevé de toutes leurs dettes?*

2°. *Les Communes demeurent-elles, nonobstant la loi du 24 août 1793, chargées des dettes qu'elles avaient, avant cette loi, spécialement affectées et hypotéquées sur leurs biens communaux?*

3°. *Les deux questions ci-dessus sont-elles du ressort des tribunaux?*

V. l'article *Dettes des Communes*, §. 2.

§. VIII. 1°. *Est-ce au pouvoir judiciaire ou à l'autorité administrative, qu'appartient la connaissance des différends auxquels une concession faite par une Commune, donne lieu entre son concessionnaire et un particulier prétendant droit à l'objet concédé?*

2°. *Est-ce au pouvoir judiciaire ou à l'autorité administrative qu'appartient l'interprétation du bail d'un revenu communal passé par le maire de la Commune à un particulier et revêtu de l'approbation du préfet du département?*

Sur la première question, *V.* l'article *Pouvoir judiciaire*, §. 9.

Sur la seconde, *V.* l'article *Concussion*, §. 2.

§. IX. *Les Communes avaient-elles, sous l'empire de l'ordonnance de 1667, le même délai que l'Eglise, pour appeler des jugemens rendus à leur préjudice?*

V. l'article *Appel*, §. 8, art. 1, n°.3, à la note.

§. X. *Quel est, d'après le Code de procé-*

dure, le délai dans lequel les Communes doivent se pourvoir en requête civile?

V. l'article *Requête civile*, §. 9.

§. X. *Autres questions relatives aux Communes.*

V. les articles *Cantonnement*, *Communaux*, *Exploit*, §. 14; *Assignation*, §. 11, 12 et 13; *Pâturage*, *Responsabilité des Communes*, *Tiersdenier*, *Triage*, *Vaine pâture* et *Usage (droit d')*.

COMPENSATION. §. I. *L'héritier du mari peut-il compenser, jusqu'à due concurrence, la dot qu'il doit rendre à sa veuve, avec la valeur des effets que celle-ci a soustraits de la maison maritale? Peut-il là compenser avec les robes, bagues et joyaux que le mari avait donnés à sa femme pendant le mariage?*

V. Le plaidoyer et l'arrêt du 2 ventôse an 11, rapportés à l'article *Dot*, §. 5.

§. II. *Un associé qui a accepté une lettre de change tirée sur lui, pour les affaires de la société, par son associé, lequel s'en trouve encore porteur au moment de la dissolution de la société même, peut-il en refuser le paiement jusqu'à ce que, par le résultat du compte à rendre, il soit constaté, lequel des deux associés doit à l'autre?*

V. l'article *Lettre de change*, §. 6.

§. III. 1°. *L'adjudicataire d'une coupe de bois nationaux peut-il en compenser le prix avec ce qu'il prétend lui être dû, pour manque de mesure, dans l'adjudication d'une année précédente?*

2°. *Les tribunaux sont-ils compétens pour prononcer sur les demandes en Compensation opposées à l'Etat par ses débiteurs dont les créances sont sujettes à liquidation?*

De ces deux questions, la seconde est décidée négativement par un arrêt de la cour de cassation, du 17 thermidor an 7, qui annulla un jugement du tribunal civil du département du Jura, du 29 frimaire précédent, « attendu que la dette du cit. » Prost étant une suite d'une adjudication de bois » appartenant à la république, c'est à l'autorité ad-» ministrative, et non aux tribunaux qu'il appar-» tient de prononcer sur la demande en Compensa-» tion de cette dette avec la créance que ledit cit. » Prost prétend avoir sur la république; que le » tribunal civil du département du Jura devait » donc se déclarer incompétent pour statuer sur » cette demande ».

Cette même question et la première se sont représentées à l'audience de la section des requêtes, le 11 brumaire an 9; voici dans quels termes je les ai discutées.

« La régie de l'enregistrement demande la cassation d'un jugement du tribunal civil du département de la Somme, du 2 floréal an 8, confirmatif d'un autre tribunal civil du département du Pas-de-Calais, du 11 messidor an 7, qui admet les cit. Delporte à compenser ce qu'ils redoivent du prix d'une adjudication de bois qui leur a été faite en 1790, avec ce qu'ils prétendent leur être dû pour manque de mesure dans quelques adjudications antérieures.

» La régie fonde sa demande sur trois moyens ; et d'abord, elle soutient que le jugement du tribunal civil du Pas-de-Calais, du 11 messidor an 7, confirmé par celui du 2 floréal an 8, est nul, en ce qu'il se trouve diamétralement contraire à un autre jugement du même tribunal, du 1er, floréal an 7, qui n'a ni été rapporté ni réformé......

» Le second moyen de la régie résulte d'une fausse application de l'art. 8 du tit. 16 de l'ordonnance de 1669.

» Cet article porte que « si, par les procès-ver-
» baux de réarpentage, il se trouve moins de me-
» sure entre les pieds corniers, ce qui défaudra
» sera rabattu à proportion sur le prix de l'adjudi-
» cation, ou remboursé en argent sur les ventes
» de l'année suivante, sans qu'il soit permis de faire
» Compensation en espèce, de sur-mesure avec le
» manque de mesure ».

» Ainsi, deux dispositions bien précises et bien distinctes.

» Si, lorsque le manque de mesure est constaté par le réarpentage, le prix de l'adjudication n'est pas encore soldé, le manque de mesure se rabat sur ce prix; c'est-à-dire, qu'alors la Compensation a lieu de plein droit entre ce que doit l'adjudicataire, et ce qui lui est dû pour manque de mesure.

» Si, au contraire, le prix de l'adjudication est entièrement soldé à cette époque, alors il n'y a plus matière à Compensation, et par conséquent il est impossible qu'elle ait lieu. Mais la loi veut que l'adjudicataire soit renvoyé à l'année suivante pour toucher, sur le prix de la vente qui s'y fera, l'indemnité qui lui est due pour manque de mesure; elle veut par conséquent qu'il soit, en ce cas, traité comme créancier de la nation, quoique avec délégation spéciale sur un objet déterminé.

» Et ce qui prouve que cette délégation légale n'emporte pas le droit d'en compenser le montant avec le prix de la coupe suivante, dans le cas où elle serait adjugée au même individu, c'est que, dans le fait, la valeur des manques de mesure ne pouvait être acquittée, avant la révolution, que sur des états qui étaient arrêtés au conseil des finances; et que, depuis, elle n'a pu l'être qu'en vertu de décrets particuliers du corps législatif.

» Le tribunal du Pas-de-Calais et, par suite, le tribunal de la Somme, ont donc évidemment abusé de l'article cité de l'ordonnance de 1669, en admettant la Compensation proposée par les cit. Delporte.

» Le troisième moyen de cassation de la régie est fondé sur les lois relatives à l'arriéré de la dette publique : le régie ne l'a pas présenté dans tout son jour, mais il est facile de suppléer à ce qu'elle a omis pour cet effet.

» Le 16 décembre 1790, l'assemblée constituante a rendu un décret par lequel elle a établi une direction générale de liquidation sous les ordres d'un commissaire nommé par le pouvoir exécutif, pour la liquidation de différentes parties de la dette publique.

» L'art. 2 de ce décret porte : *L'objet de la direction générale de liquidation sera de reconnaître, déterminer et liquider l'arriéré de chaque département, les finances des offices de judicature..., les indemnités prétendues pour différentes causes non encore discutées et jugées.*

» Par cet article, les cit. Delporte ont été évidemment renvoyés à la direction générale de liquidation pour les indemnités qu'ils avaient à réclamer relativement aux manques de mesure dont il s'agit, puisqu'à cette époque, il n'y avait eu à cet égard ni discussion ni jugement.

» Et il faut bien qu'ils l'aient ainsi entendu eux-mêmes, puisque, dans le fait, ils se sont pourvus devant le directeur de la liquidation, pour faire liquider ces indemnités.

» Qu'est-il résulté de là ? C'est que, le 30 juillet 1792, il est intervenu un décret de l'assemblée législative, qui a ordonné, entre autre choses, de payer au cit. Delporte une somme de 1,457 livres 12 sous 4 deniers, pour manque de mesure sur la coupe de 1789.

» Le préambule de ce décret est très-remarquable : *L'assemblée nationale (y est-il dit), sur le rapport de son comité de liquidation, qui lui a rendu compte des opérations et vérifications du directeur général de la liquidation, sur les états des bois des ci-devant généralités, arrêtés au conseil du roi pour l'année* 1790, *et formant partie de l'arriéré de la dépense publique, décrète, etc.*

» Il est donc décidé, par ce décret, que les sommes dues au cit. Delporte, pour manque de mesure, *font partie de l'arriéré de la dépense publique.*

» Il y a plus : il est décidé, par ce même décret, que les sommes dues aux cit. Delporte, pour manque de mesure, ne peuvent leur être payées qu'après avoir été reconnues, déterminées et fixées par le directeur général de la liquidation, et qu'en vertu d'un décret spécial du corps législatif.

» D'après cela, comment les cit. Delporte pourraient-ils être admis à compenser ces sommes avec ce qu'ils doivent à la république ? Il faudrait, pour cela, qu'ils pussent les exiger par les mêmes voies que sont exigées d'eux celles dont ils sont débiteurs; c'est-à-dire, qu'ils pussent en poursuivre le paiement devant les tribunaux, comme la république poursuit devant les tribunaux le paiement des créances qu'elle a sur eux. Or, c'est un droit qu'ils n'ont pas, c'est une faculté que la loi leur ôte expressément, en soumettant à la direction générale de liquidation, toutes les prétentions qu'ils ont à former contre le trésor public.

» Ce n'est pas tout. Pour que la Compensation pût avoir lieu en faveur des cit. Delporte, il faudrait que leur créance fût exigible comme l'est celle de la république; car, pour compenser, il ne suffit pas qu'il y ait dette de part et d'autre; il faut encore qu'il y ait ressemblance et identité entre les deux dettes.

» Or, la créance des cit. Delporte est-elle exigible, ou du moins l'est-elle dans les mêmes espèces que la créance de la république? Non certainement.

» La créance de la république est exigible en numéraire.

» La créance des cit. Delporte n'est exigible, pour deux tiers, qu'en bons admissibles en paiement de domaines nationaux, et pour le tiers restant, qu'en une inscription provisoire sur le grand livre.

» De deux choses l'une, en effet: ou les sommes dues par la république aux cit. Delporte, s'élèvent au-dessus de 3,000 livres, ou elles n'excèdent pas cette somme.

» Si elles s'élèvent au-dessus de 3,000 livres, elles ont été constituées, et elles doivent être portées sur le grand livre, en exécution des art. 56, 57, 58 et 59 de la loi du 24 août 1793.

» Si elles n'excèdent pas 3,000 livres, l'art. 71 de la même loi les a, il est vrai, exemptées de la constitution, et en a autorisé le remboursement; mais ce remboursement n'ayant été ni demandé ni effectué, la loi du 9 vendémiaire et celle du 24 frimaire suivant, qui n'en est que l'exécution, ont nécessairement dû atteindre les cit. Delporte, comme tous les autres créanciers de la république, et les replacer par conséquent au même point où ils se seraient trouvés, si leur créance eût été constituée et inscrite sur le grand livre, en vertu de la loi du 24 août 1793.

» Les cit. Delporte ont prétendu, devant le tribunal de la Somme, et ceci est prouvé par le jugement même, que la loi du 24 frimaire an 6 n'était applicable qu'aux indemnités dues par la république, à raison de domaines aliénés par elle; et ils ont cité, pour le prouver, l'art. 2 du tit. 1 de cette loi. Mais c'est une grande erreur.

» Le tit. 1 de la loi du 24 frimaire an 6 n'a qu'un seul objet: c'est de déterminer quelles sont les autorités compétentes pour procéder à la liquidation de l'arriéré de la dette publique, dont la loi du 9 vendémiaire précédent avait réglé le sort.

» A cet effet, l'art. 1 de ce titre attribue au ministre des finances la liquidation de certaines dettes.

» L'art. 2, si mal à propos invoqué par les cit. Delporte, attribue à la régie de l'enregistrement, la liquidation des sommes dues par le trésor public, soit pour restitution du prix des domaines nationaux dont les ventes ont été annulées, soit pour remplacement de la valeur des domaines aliénés par la république, et à raison desquels les anciens propriétaires ont été renvoyés à se pourvoir en indemnité.

» Les art. 3, 4 et 5 attribuent aux commissaires de la trésorerie nationale la liquidation de différens objets.

» Les art. 6 et 7 en renvoient d'autres devant les administrations départementales.

» Enfin, et ceci est décisif contre les cit. Delporte, l'art. 8 ajoute: « Les créances pour d'autres causes que celles énoncées aux articles précédens; ainsi que celles de 3,000 francs en capital et au dessus....; ne pourront être définitivement liquidées que par le liquidateur général de la dette publique de Paris ».

» Ainsi, non-seulement la loi du 24 frimaire an 6 ne restreint pas aux objets énoncés dans l'art. 2, les dispositions qu'elle renferme sur l'arriéré de la dette publique; mais elle établit clairement, par l'art. 8, qu'il n'y a rien d'excepté de ces dispositions.

» Une dernière observation va lever toute espèce de doute sur la nécessité d'admettre la requête de la régie.

» Il est certain que la liquidation des sommes dues aux cit. Delporte pour manque de mesure, est un préalable nécessaire à la Compensation qu'ils réclament; car ils ne pourraient compenser qu'autant qu'ils seraient reconnus créanciers de la république; et bien sûrement ils ne peuvent être reconnus tels que par la liquidation de leurs créances. Or, cette liquidation à qui appartient-il de la faire?

» Sur cette question, les parties se sont trouvées totalement divisées. La régie soutenait que ce pouvoir n'appartenait qu'au liquidateur général; les cit. Delporte prétendaient, au contraire, que la liquidation devait être faite en justice, et le jugement attaqué l'a ainsi décidé. Mais par là même, ce jugement a contrevenu à l'art. 93 de la loi du 24 frimaire an 6, qui porte: « S'il s'élève quelques difficultés sur la compétence de l'autorité qui doit procéder à la liquidation des sommes dues par la république, elles seront réglées par le ministre des finances ».

» Le tribunal du Pas-de-Calais et celui de la Somme ont donc évidemment entrepris sur les fonctions du ministre des finances, en prononçant comme ils l'ont fait; et c'est un motif de plus pour casser leurs jugemens.

» Par ces considérations, nous estimons qu'il y a lieu d'admettre la requête de la régie ».

Ces conclusions ont été adoptées par arrêt du 11 brumaire an 9, au rapport de M. Riolz; et les sieurs Delporte ayant prévenu par un arrangement avantageux à la régie, l'arrêt de cassation auquel ils avaient tout lieu de s'attendre, l'affaire n'a pas eu d'autre suite.

§. IV. Peut-on proposer la Compensation contre une condamnation à des dommages-intérêts en matière civile?

Pourquoi non, puisque les dommages-intérêts adjugés, même en matière criminelle, sont sujets à la Compensation?

Cependant on cite, d'après Denisart, un arrêt du parlement de Paris qui a refusé au sieur Prouffa, juif d'Avignon, la faculté de compenser avec une partie de sa créance, les dommages-intérêts auxquels il avait été condamné envers son débiteur, pour l'avoir fait emprisonner injustement; mais Denisart nous apprend lui-même que des circonstances particulières ont motivé cet arrêt; et il nous en fournit, sous le mot *Prison*, un autre du 23 juillet 1760, qui a admis la Compensation sans difficulté.

Le parlement de Douai a rendu un arrêt semblable, le 28 juillet 1776.

Le sieur Manesse devait au sieur Meunier 612 livres. Assigné au tribunal consulaire de Valenciennes pour se voir condamner à les payer, il déclina cette juridiction, par acte signifié au domicile de son créancier; et cependant il fut condamné, même par corps, arrêté et constitué prisonnier. Appel au parlement.

La cause portée à l'audience, je disais pour lui que la sentence était évidemment nulle du chef d'incompétence; que la nullité du jugement entraînait celle de l'exécution par corps; que d'ailleurs cette exécution avait été pratiquée après le coucher du soleil, à la campagne; et que cela suffisait, aux termes d'un arrêt de réglement de 1677, pour la faire anéantir.

Par l'arrêt cité, rendu sur les conclusions de M. l'avocat-général Lecomte de la Chaussée, et après un délibéré, le parlement a déclaré la sentence nulle; et faisant droit sur la demande en nullité de l'exécution, a cassé l'emprisonnement, avec 100 livres de dommages-intérêts, qu'il a néanmoins permis au sieur Meunier d'imputer sur sa créance.

Voici une autre espèce dans laquelle la Compensation a encore été admise par le parlement de Paris.

La demoiselle Duvernay avait fait saisir, en vertu d'un arrêt du parlement de Paris, les meubles du sieur Guillet. Dans les poursuites, elle avait pris la qualité de fille majeure; cependant elle ne l'était pas, car, dans le même temps qu'elle agissait au parlement, comme majeure, elle demandait au Châtelet l'entérinement de lettres de rescision prises contre divers engagemens qu'elle

avait contractés, disait-elle, en minorité, et elle prenait même la qualité de mineure dans les procédures.

Le sieur Guillet ayant demandé la nullité des poursuites faites contre lui, un arrêt rendu à la grand'chambre, en 1782, a déclaré toutes ces poursuites nulles, et condamné la demoiselle Duvernay à restituer les meubles, avec 2,000 livres de dommages-intérêts.

Lorsque le sieur Guillet voulut poursuivre l'exécution de cet arrêt, et se faire payer les dommages-intérêts qui lui étaient adjugés, la demoiselle Duvernay demanda la Compensation d'autant sur la somme de 60,000 livres, que Guillet avait été précédemment condamné à lui payer pour valeur d'un billet de pareille somme.

Question de savoir si ces 2,000 livres de dommages-intérêts entreraient en Compensation avec la créance de la demoiselle Duvernay.

Par arrêt du 24 mars 1783, le parlement a jugé qu'il y avait lieu à la Compensation; en conséquence, a ordonné que les 2,000 livres de dommages-intérêts adjugés à Guillet, demeureraient compensées, jusqu'à due concurrence, avec la somme qu'il devait à la demoiselle Duvernay; et a condamné Guillet aux dépens.

§. V. Comment se fait la Compensation des intérêts avec les fruits?

V. l'article *Imputation par échelette.*

§. VI. 1°. La Compensation s'opère-t-elle de plein droit, sans qu'elle soit opposée par la partie qui a intérêt de la faire valoir? Quel est, à cet égard, le sens des mots, de plein droit?

2°. La Compensation peut-elle être opposée par un héritier bénéficiaire? Peut-elle l'être contre lui?

3°. Peut-elle l'être dans l'instance de distribution des biens d'un débiteur en déconfiture?

4°. Une dette prescrite avant la naissance d'une autre, peut-elle être opposée en Compensation à celle-ci?

5°. Peut-on, à une dette encore exigible, opposer en Compensation une dette née avant elle, mais non demandée dans l'espace de temps fixé par la loi pour la prescription?

6°. Quel a été l'effet de la Compensation sur deux dettes réciproques, qui se sont trouvées exigibles à la même époque pendant le cours du papier-monnaie, et qui appartenaient, l'une à la classe de celles que la loi du 11 frimaire an 6 a depuis déclarées payables en numéraire, l'autre à la classe de celles que la même loi a soumises à la réduction?

V, les conclusions rapportées à l'article *Papier-monnaie*, §. 4.

§. VII. *Les tribunaux d'arrondissement peuvent-ils prononcer en dernier ressort sur la prétention d'une partie à laquelle on ne demande que 1,000 francs, de compenser cette dette avec une plus forte créance qu'elle soutient avoir sur son adversaire ?*

V. l'article *Dernier ressort*, §. 8.

§. VIII. *Pendant que la coutume de Mons était en vigueur, un père pouvait-il compenser les intérêts de la fourmorture, avec les alimens qu'il avait fournis à ses enfans ?*

V. l'article *Fourmorture*, §. 2.

§. IX. *Y a-t-il lieu à Compensation entre deux créances dont l'une, quoique constatée par un titre authentique et exécutoire, est attaquée par une demande en nullité ou en rescision ? Le juge peut-il, au lieu d'admettre la Compensation, se borner à condamner le débiteur qui l'allègue, et à ordonner qu'il sera sursis à l'exécution du jugement, jusqu'à ce qu'il ait été statué sur la validité de sa propre créance ?*

Le 22 octobre 1810, le sieur Charret, médecin, fait assigner le sieur Félix Tourangin, négociant, devant le tribunal de première instance de Bourges, pour se voir condamner à lui rendre une somme de 2,300 francs qu'il lui a prêtée.

Le 29 novembre suivant, jugement par défaut qui condamne le sieur Tourangin au paiement de cette somme.

Le 13 décembre de la même année, le sieur Tourangin forme opposition à ce paiement, et demande son renvoi devant le tribunal de commerce.

Le 28 du même mois, jugement qui rejette le déclinatoire du sieur Tourangin, lui ordonne de plaider au fond, et sur son refus de plaider au fond, le déboute de son opposition au jugement du 29 novembre.

Le 13 février 1811, le sieur Tourangin appelle de ce jugement.

Le 21 du même mois, arrêt par défaut de la cour de Bourges, qui met l'appellation au néant.

Opposition à cet arrêt de la part du sieur Tourangin.

Sur cette opposition, la cause est portée à l'audience du 21 janvier 1812. Là, le sieur Tourangin, en persistant dans son déclinatoire, soutient subsidiairement que la créance du sieur Charret est éteinte par Compensation ; qu'en effet, il est lui-même créancier du sieur Charret d'une somme de 24,000 francs ; que la dette du sieur Charret est même constatée par une obligation notariée du 9 juillet 1810 ; qu'à la vérité, le sieur Charret s'est pourvu en nullité de cette obligation, mais que sa

réclamation est encore indécise ; qu'ainsi, cette obligation est encore exécutoire.

Par arrêt du même jour,

« Considérant que.... le tribunal civil a dû seul être saisi de l'affaire ; que la dette des 2,300 francs réclamés n'est pas déniée ; mais que, suivant l'appelant, il est créancier de l'intimé de 24,000 francs, par obligation notariée ; que l'existence de cet acte est reconnue, mais que cette créance est l'objet d'un procès non encore jugé, et que la Compensation ne peut avoir lieu que de liquide à liquide ; qu'ainsi, dans l'espèce, elle est nécessairement suspendue jusqu'au jugement à intervenir sur la validité de cette obligation ;

» La cour met l'appellation au néant, ordonne que le jugement dont est appel, sortira son plein et entier effet, surseoit à l'exécution du présent arrêt jusqu'à la décision de l'instance existante entre les parties, relativement à l'obligation de 24,000 francs ».

Le sieur Tourangin se pourvoit en cassation contre cet arrêt.

« La cour d'appel de Bourges (ai-je dit à l'audience de la section des requêtes, le 17 mars 1813) a-t-elle, comme le prétend le demandeur, violé l'art. 19 de la loi du 25 ventôse an 11, qui veut que tous actes notariés fassent *foi en justice* ; qu'ils soient *exécutoires*, et que l'exécution n'en puisse être suspendue même provisoirement, en cas de plainte en faux principal, que par une mise en accusation, et en cas d'inscription de faux incident, par un jugement motivé sur la gravité des circonstances ?

» A-t-elle violé l'art. 319 du Code civil qui dit les mêmes choses ? A-t-elle violé l'art. 460 du Code de procédure civile, qui défend aux tribunaux d'appel d'accorder des défenses contre l'exécution des jugemens exécutoires par provision, et d'arrêter cette exécution, soit directement, soit indirectement ?

» A-t-elle violé l'art. 547 du même Code, qui déclare que *les jugemens rendus et les actes passés en France, sont exécutoires, sans visa ni pareatis ?*

» Telles sont les questions que vous avez à résoudre dans cette affaire ; et sans doute, en nous entendant les proposer ainsi, d'après ce que le demandeur appelle ses moyens de cassation, vous seriez fondés, si cette affaire ne vous était pas déjà connue par le rapport qui vient de vous en faire, à penser que la cour de Bourges a défendu provisoirement au demandeur de mettre à exécution, contre le sieur Charret, son obligation notariée du 9 juillet 1810.

» La vérité est cependant que l'arrêt attaqué ne contient pas un mot de cela.

» Il n'oblige pas le demandeur d'attendre jusqu'au jugement de l'instance engagée sur la validité de l'obligation du 9 juillet 1810, pour saisir les meubles, les créances et les immeubles du sieur Charret ; il ne défend pas au demandeur d'exercer, tant que ce jugement ne sera pas rendu, telles contraintes qu'il jugera à propos contre son prétendu débiteur.

» Il déclare seulement que le prétendu débiteur du sieur Tourangin, en est lui-même créancier d'une somme de 2,300 francs.

» Il déclare seulement que, quant à présent, il y a lieu de condamner le sieur Tourangin à payer cette somme au sieur Charret, non à l'instant même, mais seulement après le jugement du procès encore indécis sur la validité de l'obligation notariée du 9 juillet 1810; sauf alors au sieur Tourangin à la compenser, jusqu'à due concurrence, avec les 24,000 francs dont le sieur Charret s'est reconnu débiteur envers lui, si par l'événement de ce procès, il se trouve créancier d'une somme supérieure à celle qu'il doit.

» Et qu'y a-t-il, dans cette manière de juger, qui ressemble à des défenses provisoires d'exécuter une obligation notariée? Rien assurément.

» Le sieur Tourangin n'aurait-il pas pu, après comme avant la prononciation de l'arrêt qu'il attaque, faire contraindre le sieur Charret à lui payer les 24,000 francs portés dans l'obligation notariée? Oui, sans doute, il l'aurait pu : l'arrêt qu'il attaque, n'aurait fourni au sieur Charret aucun prétexte pour l'en empêcher; seulement le sieur Charret aurait pu ne payer provisoirement que 21,700 francs, parceque le sieur Tourangin lui-même était jugé lui devoir 2,300 francs.

» Et dès-lors, où est la contravention aux lois citées par le sieur Tourangin?

» Bien loin d'avoir contrevenu à ces lois, la cour d'appel de Bourges ne pouvait pas juger autrement qu'elle l'a fait.

» Il est vrai qu'aux termes de l'art. 1290 du Code civil, qui n'est, à cet égard, que l'écho des lois romaines, la Compensation, dans les cas où elle a lieu, s'opère de plein droit, par la seule force de la loi, même à l'insu des débiteurs.

» Mais on ne peut pas inférer de ce principe, que celui qui se trouve à la fois créancier et débiteur de la même personne, soit toujours sans action pour forcer cette personne, à reconnaître sa créance. Si sa créance n'est justifiée par aucun titre authentique, il faut bien qu'il soit admis à provoquer un jugement qui la constate; c'est même le seul moyen qu'il ait de la compenser avec ce qu'il doit.

» Il est vrai encore qu'en pareil cas, le juge ne peut régulièrement que déclarer le demandeur créancier de telle somme; et qu'au lieu de condamner le défendeur à payer, il doit se borner à dire que la créance qu'il déclare, demeure compensée avec celle que le défendeur a sur le demandeur.

» Mais pour que le juge puisse et doive prononcer ainsi, il faut, suivant l'art. 1291 du même Code, que les deux dettes soient ÉGALEMENT liquides et exigibles.

» Or, cette condition se rencontrait-elle dans l'espèce sur laquelle est intervenu l'arrêt attaqué? La créance du sieur Tourangin est-elle liquide, était-elle exigible à l'égal de celle du sieur Charret? Il est évident que non.

» La créance du sieur Charret était définitivement liquide; elle était absolument exigible.

» Celle du sieur Tourangin, au contraire, n'était exigible que provisoirement; elle ne l'était que sauf réfusion, en cas d'annullation de l'acte du 9 juillet 1810; et par cette raison, elle ne pouvait pas, à proprement parler, être considérée comme liquide; car, dit Pothier, Traité des obligations, n°. 592, une dette contestée n'est pas liquide, et ne peut être opposée en Compensation.

» A la vérité, par cela seul qu'elle était exécutoire par provision, elle devait, par provision, être assimilée à une créance liquide.

» Mais une créance qui n'est liquide que par provision, une créance qui n'est exigible que par provision, n'est pas une créance liquide et exigible à l'égal d'une créance qui est liquidée irrévocablement, d'une créance qui est exigible définitivement et à l'instant même. Et encore une fois, l'art. 1291 du Code n'admet la Compensation qu'entre deux dettes qui sont ÉGALEMENT liquides et exigibles.

» Que doit donc faire le juge, lorsqu'à la demande en condamnation au paiement d'une somme définitivement liquide et exigible, on oppose devant lui, en Compensation de cette somme, une créance qui n'est liquide et exigible que par provision?

» Il ne peut pas condamner le défendeur à payer sur-le-champ la somme qui lui est demandée; car il l'y condamnerait vainement : le défendeur ayant le droit de se faire payer provisoirement une somme égale au demandeur, la condamnation serait illusoire et sans objet.

» Mais il peut et il doit, en condamnant le défendeur à payer, surseoir à l'exécution de son jugement, jusqu'à la décision du procès sur la validité du titre sur lequel le défendeur fonde sa créance. Il peut et il doit, par conséquent, faire ce qu'a fait, dans notre espèce, la cour de Bourges.

» Et par ces considérations, nous estimons qu'il y a lieu de rejeter la requête du demandeur ».

Par arrêt du 17 mars 1813, au rapport de M. Favart de Langlade,

« Considérant que, d'après l'art. 1291 du Code civil, la Compensation n'a lieu qu'entre deux dettes qui sont également liquides et exigibles; que, dans l'espèce, les parties étant en instance sur la validité de l'obligation que le demandeur proposait de compenser jusqu'à due concurrence avec la dette de 2,300 francs réclamée contre lui et non contestée, la cour de Bourges a fait une juste application de l'article cité du Code, en refusant la Compensation demandée;

» Par ces motifs, la cour rejette le pourvoi... ».

COMPÉTENCE. *V.* les articles *Appel, Attribution de juridiction, Biens nationaux, Cassation, Commune, Connexité, Contrefaçon, Cour royale, Cours d'eau, Dernier ressort, Douanes, Escroquerie, Excès de pouvoir, Faux, Gendarmerie, Justice de paix, Incompétence, Lettre de change, Pouvoir judiciaire, Prorogation de juridiction, Réglement de juges, Suppression d'état, Suppression de titres, Tribunal correctionnel, Tribunal de Commerce et Tribunal de Police.*

COMPLAINTE. §. I. *Une demande ou un acte judiciaire qui tend directement à déposséder quelqu'un, soit d'un bien, soit d'un titre, soit d'un droit, peut-elle donner matière à la Complainte ?*
Il y a dans le *Répertoire de jurisprudence*, sous le mot *Complainte*, §. 4, un arrêt du parlement de Paris, du 13 mai 1708, qui juge clairement que non.
Denisart, au mot *Trouble de fait*, nous en retrace un semblable. « Il est si peu vrai (dit-il) » qu'un acte judiciaire quelconque donne matière » à Complainte, qu'il a été jugé par arrêt du 12 » août 1763, rendu conformément aux conclusions » de M. l'avocat général Joly de Fleury, en faveur » des héritiers du marquis de Provehenque, contre » le comte de Wallen, qu'on n'était pas recevable » à prendre pour trouble une demande judiciaire, » que c'était au contraire la seule voie de se faire » rendre justice ; de sorte que le comte de Wallen » qui avait pris une pareille demande pour trouble » et en avait formé Complainte, a été déclaré non-» recevable…. ».
On trouve dans la dernière édition des arrêts de Louet, lettre C, au mot *Complainte*, un arrêt du parlement de Bordeaux, du 12 janvier 1672, par lequel il a été pareillement jugé qu'on ne peut pas agir en Complainte contre celui qui se met en possession d'un fonds en vertu d'un arrêt.
J'ai rapporté, dans le *Répertoire de jurisprudence*, aux mots *Complainte en matière civile parlement de Flandre*, un arrêt du 15 janvier 1692, trois du 25 février et un du 24 juillet 1775, qui sont fondés sur le même principe.

§. II. *Les juges peuvent-ils, en prononçant sur une action possessoire, avoir égard aux titres de propriété produits par l'une des parties ?*
2°. *Est-il nécessaire, pour pouvoir intenter Complainte, d'avoir la possession annale ?*
3°. *Entre deux acquéreurs d'un même bien, demandeurs en Complainte l'un contre l'autre, la préférence est-elle due à celui dont le titre d'acquisition a été enregistré et transcrit le premier, quoique le titre de l'autre soit antérieur en date ?*
Voici les conclusions que j'ai données, à l'audience de la section des requêtes de la cour de cassation, sur une affaire dans laquelle ces trois questions étaient agitées.
« Les faits déclarés constans par le jugement attaqué, sont,
» D'un côté, que, le 9 brumaire an 9, les cit. Usquin et Lefebvre ont acquis, par acte sous seing-privé, des dames Mascrany, sœurs, 5000 arpens de bois situés dans le canton d'Auroux, département de la Nièvre ;
» Que, le 19 du même mois, cet acte a été revêtu de la formalité de l'enregistrement ;
» Que, le 29, il a été reconnu et renouvelé devant notaire ;
» Que, le 6 frimaire suivant, il a été transcrit au bureau des hypothèques de la situation des biens ;
» D'un autre côté, que, le 11 du même mois de brumaire an 9, le cit. Thomas a acheté les mêmes bois, d'un fondé de pouvoir des dames Mascrany ;
» Que l'acte a été passé sous seing-privé ;
» Qu'il l'a été à une distance trop considérable du lieu où avaient traité les cit. Usquin et Lefebvre, pour que l'on puisse soupçonner que le cit. Thomas eût, en acquérant du fondé de pouvoir des dames Mascrany, connaissance de l'acquisition faite par ces derniers ;
» Mais que le cit. Thomas n'a fait enregistrer son acte que le 6 nivôse de la même année.
» Ces faits respectifs ne concernent, comme l'on voit, que les titres d'acquisition.
» Quant aux faits de possession qui s'en sont ensuivis de part et d'autre, nous remarquons, relativement aux cit. Usquin et Lefebvre,
» Qu'ils n'avaient droit, par leur traité du 9 brumaire an 9, d'entrer en jouissance que le 1er. nivôse suivant ;
» Que cependant, à peine leur contrat a-t-il été transcrit au bureau des hypothèques, qu'ils ont nommé des gardes forestiers, donné procuration à un régisseur, et fait d'autres actes de propriété ;
» Relativement au cit. Thomas, que, par son titre d'acquisition du 11 brumaire, il était autorisé à se mettre tout de suite en possession ;
» Qu'il est incertain si, en effet, il a tout de suite exercé des actes de propriété ;
» Mais que, dès le 29 du même mois, il a fait commencer l'exploitation des bois.
» Ainsi, d'une part, les cit. Usquin et Lefebvre paraissaient avoir sur le cit. Thomas la priorité de titre, mais de l'autre le cit. Thomas avait sur eux la priorité de prise de possession.
» Telle était la position des deux parties, lorsque les cit. Usquin et Lefebvre ont fait assigner le cit. Thomas en Complainte devant le juge de paix du canton d'Auroux ; leur citation est du premier nivôse an 9. Le cit. Thomas, à son tour, a déclaré prendre cette citation pour trouble, et a formé une demande en Complainte réconventionnelle.
» Après divers incidens dont il est inutile de

rendre compte, jugement du 19 prairial an 9, qui accorde la maintenue aux cit. Usquin et Lefebvre, fait défense au cit. Thomas de les troubler, et le condamne à des dommages-intérêts.

» Les motifs de ce jugement sont, qu'il est » constant , en fait , qu'aucune des parties » n'a, de son chef, et ne peut avoir la posses- » sion annale des bois dont il s'agit, puisque leur » droit ne remonte qu'au mois de brumaire der- » nier; qu'en droit, il est de principe que, dans » la prescription et dans toutes actions, on doit » réunir, compter et considérer la possession » de l'auteur avec celle des successeur ou ac- » quéreur; qu'aucune des parties n'ayant de pos- » sesssion annale de son chef, il faut necessaire- » ment recourir à la possession de leur auteur. » Ainsi, toute la question consiste à savoir laquelle » des deux parties est en droit de s'attribuer cette » possession, et de revendiquer, en sa faveur, » celle des cit. Mascrany; que la solution de » cette question rend nécessaire et même indis- » pensable , surtout d'après le jugement du » 3 floréal, l'examen des titres des parties, non » pas à l'effet de juger de leur validité au fond, » ou de savoir lequel doit avoir sur l'autre la » préférence relativement à la propriété, ce qui » n'appartient pas à la justice de paix, mais seule- » ment relativement à la possession ; que, d'après » cela, la vente faite aux cit. Usquin et Lefebvre, » le 9 brumaire an 9, est la première; qu'elle a » été enregistrée la première, et ce, le 19 du » même mois; que, par cette vente, les cit. Mascra- » ny ont infailliblement conféré tous leurs droits, » et notamment leur possession à ces acquéreurs ; » que cette vente a été encore fortifiée par la ré- » daction pardevant notaire, le 29 dudit mois, et » par la transcription du 6 frimaire ; mais qu'ab- » straction faite de ces deux faits, qui ont plus de » rapport à la question de propriété, il n'était au » pouvoir, ni des cit. Mascrany de transférer au cit. » Thomas une possession qu'elles avaient transmises » aux premiers, ni même du cit. Thomas de l'ac- » quérir; que les cit. Usquin et Lefebvre sont » donc réellement les seuls qui aient acquis les » premiers la possession , ou plutôt le droit de se » prévaloir de celle des cit. Mascrany ; et qu'ainsi, » peu importe que le cit. Thomas se soit le pre- » mier entremis dans les bois, et quelques jours » avant les demandeurs; que cette entremise, loin » de pouvoir lui donner quelques droits, ne peut » plus être regardée que comme un trouble à la » possession des demandeurs, ou au moins une » erreur de sa part; que le cit. Thomas était, à » vrai dire, sans titre de possession, lorsque les » cit. Usquin et Lefebvre se sont mis en jouis- » sance, puisque la vente à lui faite n'a acquis de » date certaine que le 6 nivôse an 9, date de son » enregistrement; d'autre part, que, dans le doute, » ou dans la concurrence, il faudrait toujours, » quant à la possession seulement, se déterminer » pour celui qui a le titre le plus apparent ».

» Appel de la part du cit. Thomas au tribunal civil de l'arrondissement de Moulins-en-Gilbert.

» Ce tribunal se trouvant dépourvu d'un nom- bre suffisant de juges non-récusés pour statuer sur la cause, jugement du tribunal de cassation qui renvoie les parties au tribunal civil de l'arrondis- sement de Nevers.

» Et là, jugement du 21 germinal an 10, qui confirme celui de la justice de paix.

» C'est de ce jugement que le cit. Thomas de- mande la cassation ; et pour l'obtenir il propose deux moyens : le premier, tiré du déni de justice qu'il prétend avoir éprouvé de la part du tribunal de Nevers, par le refus qu'ont fait les juges de ce tribunal de connaître de l'appel qu'il avait in- terjeté de plusieurs jugemens postérieurs à celui du 19 prairial an 9; le second, fondé sur la con- travention qu'il les accuse d'avoir commise aux dispositions du tit. 18 de l'ordonnance de 1667, en ne prenant pas la possession des parties pour règle unique de leur décision en matière pure- ment possessoire.

» Un mot suffit pour écarter le premier de ces deux moyens : c'est que le cit. Thomas ne rapporte aucune preuve que le tribunal de Nevers fût au- torisé à prononcer sur autre chose que sur son ap- pel du jugement du 19 prairial an 9.

» Quant au second, nous remarquerons d'abord que le cit. Thomas se fait illusion sur la nature de l'action possessoire, lorsqu'il soutient que, dans cette action, il ne doit jamais être pris égard aux titres. Le contraire est prouvé par ce passage du *Traité des prescriptions* de Dunod; part. 2, chap. 3 : « Celui qui a possédé pendant l'an et jour, a » l'avantage de pouvoir exercer la Complainte, in- » terdictum uti possidetis, et de se faire main- » tenir dans sa possession, en se pourvoyant dans » l'an et jour depuis qu'il est troublé. C'est l'effet » de la possession qui décide en ce cas. On peut » cependant produire son titre, et alléguer les » raisons du pétitoire, pour fortifier sa possession ; » et c'est ce qui l'emporte, lorsque les preuves de » la possession paraissent égales de côté et d'au- » tre ».

» Nous trouvons la même doctrine dans le Code du président Favre, livre 8, tit. 4, défin. 1, 3 et 8.

» Et ce qui prouve bien qu'en motivant leurs jugemens comme ils l'ont fait, le tribunal de paix du canton d'Auroux et le tribunal civil de Nevers n'ont violé en aucune manière les dispositions du tit. 18 de l'ordonnance de 1667, c'est qu'ils ont expressément déclaré qu'ils n'examinaient les titres respectifs des parties, que *relativement à la pos- session, et non pas à l'effet de juger de leur vali- dité au fond.*

» Mais il reste à savoir si le cit. Thomas n'a pas dû obtenir la maintenue par cela seul que sa prise de possession était antérieure à celle des cit. Usquin et Lefebvre; et si, en la lui refusant, le tribunal de paix et le tribunal civil n'ont pas successivement enfreint l'art. 1 du tit. 18 de l'ordonnance de 1667, aux termes duquel, *si aucun est troublé en la possession et jouissance d'un héritage......* QU'IL POSSÉDAIT PUBLIQUEMENT, *sans violence, à autre titre que de fermier ou possesseur précaire, il peut,* DANS L'ANNÉE DU TROUBLE, *former Complainte en cas de saisine et nouvelleté, contre celui qui a fait le trouble.*

» A cet égard, il est, dit l'auteur du *Traité des injures,* page 81, *une chose essentielle à remarquer et à laquelle on ne fait pas toujours assez d'attention; c'est que l'ordonnance ne dit pas qu'il faille être possesseur d'an et jour pour se plaindre, mais seulement que l'on doit se pourvoir dans l'année.*

» Ainsi, le possesseur public et actuel d'un héritage peut agir en Complainte contre celui qui le trouble dans sa possession, quand même sa possession n'aurait pas encore une année de daté.

» A la vérité, si l'auteur du trouble avait lui-même possédé l'héritage antérieurement, et qu'il ne se fût pas encore écoulé un an depuis la dépossession, le possesseur actuel serait sans action à son égard; ou, ce qui revient au même, son action serait écartée par celle du perturbateur qui viendrait la croiser par une action contraire, et qui réussirait infailliblement par cela seul qu'il se pourvoirait dans l'année de sa dépossession.

» C'est à cette hypothèse que se rapporte l'art. 3 du tit. 18 de l'ordonnance de 1667 : *si le défendeur en Complainte dénie la possession du demandeur, ou de l'avoir troublé,* OU QU'IL ARTICULE POSSESSION CONTRAIRE, *le juge appointera les parties à informer.* En effet, si la possession la plus courte suffisait, dans tous les cas, au demandeur en Complainte, il ne servirait de rien au défendeur d'articuler sa possession contraire; cependant l'ordonnance l'y autorise; elle ne veut donc pas que le juge se décide par la dernière possession du moment; elle entend donc, quand les deux adversaires s'opposent réciproquement la leur, donner la préférence à celui des deux qui possédait avant l'autre, pourvu qu'il n'ait pas laissé passer, sans agir, l'année dans le courant de laquelle il a été dépossédé.

» En deux mots, l'ordonnance accordant la Complainte à tout possesseur public et actuel, pourvu qu'il agisse dans l'année du trouble, il en résulte évidemment que la possession annale n'est pas nécessaire pour intenter cette action contre un tiers qui n'avait pas la possession de la chose, et que la possession non annale n'est insuffisante que contre le possesseur d'an et jour qui vient troubler le possesseur du moment.

» Cette distinction est, comme vous le voyez, d'une grande importance; et nous devons ajouter qu'elle est établie par Boucheul, sur la coutume du Poitou, art. 399, n°. 19; par Poulain-Duparcq dans ses *Principes du droit français,* tome 10, pages 704 et 705; et par le cit. Lanjuinais, dans son article *Voie de fait,* au Répertoire de jurisprudence.

» Dans notre espèce, il est constant que le cit. Thomas avait pris, le 29 brumaire an 9 au plus tard, possession réelle et publique des trois mille arpens de bois dont il est question au procès; qu'il l'avait prise sans violence; qu'il l'avait prise, non à titre de fermier ou de possesseur précaire, mais *animo domini.*

» Il est également constant que les cit. Usquin et Lefebvre n'ont pris possession qu'après la transcription de leur contrat, c'est-à-dire, après le 6 frimaire an 9, conséquemment plusieurs jours après que le cit. Thomas était devenu possesseur réel et public.

» Le cit. Thomas a donc pu intenter Complainte contre les cit. Usquin et Lefebvre, à raison du trouble qu'ils étaient venus apporter à sa possession.

» Il a pu l'intenter, quoiqu'il n'eût pas la possession annale; nous venons de le démontrer par le texte même de l'ordonnance.

» Il a pu l'intenter, parceque sa possession était antérieure à celle des cit. Usquin et Lefebvre : il n'y a, vous le savez, aucune difficulté sur ce point de fait, il est même expressément consigné dans le jugement du 19 prairial an 9, confirmé par celui du tribunal de Nevers.

» Mais les cit. Usquin et Lefebvre n'ont-ils pas pu opposer à sa possession celle des deux dames Mascrany, leurs venderesses?

» S'ils l'ont pu, nul doute que leur possession n'ait dû prévaloir sur celle du cit. Thomas, puisqu'en joignant leur possession à celle de leurs venderesses, ils se sont trouvés possesseurs d'an et jour; puisqu'à ce titre, ils ont dû l'emporter sur le cit. Thomas, possesseur actuel; puisqu'enfin le cit. Thomas, dans cette hypothèse, n'a dû être considéré, à leur égard, que comme un perturbateur momentané, dépossédé par le possesseur annal.

» En thèse générale, il n'est pas douteux que la possession du vendeur ne doive profiter à l'acheteur, soit pour prescrire, soit pour intenter Complainte.

» Et d'où l'acheteur tire-t-il le droit de joindre ainsi la possession de son vendeur à la sienne?

» Il le tire de la transmission que son vendeur lui a faite de ses droits dans la chose vendue.

» Ainsi, en faisant valoir la possession de son vendeur, c'est le droit de son vendeur même qu'il exerce; c'est son vendeur même qu'il représente; c'est son vendeur même qui agit par son organe.

» Il peut donc intenter Complainte dans les mêmes cas, pour les mêmes causes et contre les mêmes personnes, que pourrait le faire son vendeur.

» Et réciproquement, s'il est des cas où le vendeur ne le pourrait pas, s'il est des causes pour lesquelles le vendeur ne le pourrait pas, s'il est des personnes contre lesquelles le vendeur ne le pourrait pas, à coup sûr l'acheteur ne le peut pas davantage : *nemo plus juris in alium transferre potest, quàm ipse habet.*

» Or, les dames Mascrany, venderesses des cit. Usquin et Lefebvre, auraient-elles pu se pourvoir en Complainte contre le cit. Thomas, à l'époque où les cit. Usquin et Lefebvre se sont pourvus eux-mêmes, c'est-à-dire, le 1er. nivôse an 9 ?

» Ce qui pourrait en faire douter, c'est qu'à cette époque, les dames Mascrany avaient elles-mêmes vendu les 5000 arpens de bois au cit. Thomas, et cela par le ministère de leur fondé de pouvoir.

» À la vérité, leur acte de vente n'était pas encore enregistré. Mais que pouvait-il résulter de ce défaut d'enregistrement? Rien autre chose, si ce n'est que l'acte ne pouvait pas faire foi de sa date contre des tiers : l'acte n'en était pas moins valable et obligatoire entre les dames Mascrany et le cit. Thomas.

» Il semble donc que les dames Mascrany n'auraient pas pu agir efficacement en Complainte contre le cit. Thomas, le 1er. nivôse an 9.

» Il semble donc que les cit. Usquin et Lefebvre n'ont pas pu, à la même époque, prendre cette voie contre le cit. Thomas.

» Il semble donc qu'en accueillant la Complainte des cit. Usquin et Lefebvre, le tribunal de paix d'Auroux et le tribunal civil de Nevers ont accordé aux cit. Usquin et Lefebvre plus de droits que les dames Mascrany ne leur en avaient transmis par leur acte de vente.

» Mais, d'un autre côté, nous n'avons pas précisément à examiner si les dames Mascrany seraient fondées à agir en Complainte contre le cit. Thomas.

» L'unique question qui doit nous occuper, est de savoir si, en agissant en Complainte contre le cit. Thomas, les cit. Usquin et Lefebvre peuvent joindre à leur possession celle des dames Mascrany......

» Or, nous l'avons déjà dit, nul doute que, dans la Complainte des cit. Usquin et Lefebvre, la possession des dames Mascrany ne doive, d'après le principe général, venir se joindre à leur possession nouvelle.

» Que peut opposer le cit. Thomas à l'application de ce principe général?

» Il ne peut opposer qu'une exception résultant du contrat passé entre lui et le fondé de pouvoir des dames Mascrany.

» Mais ce contrat est sous seing-privé ; ce contrat n'a été enregistré et n'a par conséquent acquis une date, que postérieurement à la prise de possession des cit. Usquin et Lefebvre.

» Il ne peut donc pas être opposé aux cit. Usquin et Lefebvre.

» Il ne peut donc pas empêcher les cit. Usquin et Lefebvre de joindre à leur propre possession, la possession des dames Mascrany.

» Car les cit. Usquin et Lefebvre ne sont pas les héritiers des dames Mascrany, ils ne sont que les acquéreurs de leurs droits; et comme acquéreurs de leurs droits, ils ne sont pas sujets aux mêmes exceptions que s'ils étaient leurs héritiers.

» Ainsi, l'héritier de celui qui, par un acte sous seing-privé, a transporté une créance, ne peut pas contester en justice la date de cet acte, ni par conséquent en empêcher l'exécution, sous prétexte qu'il est sous seing-privé.

» Mais le tiers qui, postérieurement à cet acte, sous seing-privé, aurait acquis la même créance par un acte public, serait certainement bien fondé à soutenir que l'acte sous seing-privé ne fait pas foi contre lui; que cet acte doit être envisagé à son égard comme n'existant pas ; et que, par suite, l'acquisition qu'il a faite par acte public, doit l'emporter sur l'acquisition qui a été faite par acte sous seing-privé.

» Par ces considérations, nous estimons qu'il y a lieu de rejeter la requête et de condamner le demandeur à l'amende ».

Sur ces conclusions, arrêt du 12 fructidor an 10, au rapport de M. Poriquet, ainsi conçu :

« Attendu, sur le premier moyen, que le jugement dénoncé déclare en fait que les juges de Nevers n'avaient pas reçu du tribunal de cassation d'autres pouvoirs que celui de statuer sur l'appel du jugement du 19 prairial, et que le jugement du tribunal de cassation qui pourrait seul détruire cette assertion, n'a pas été produit par le demandeur;

» Attendu, sur le deuxième moyen, que les demoiselles Mascrany ont transporté, par les actes des 9 et 19 brumaire, tous leurs droits rescindans et rescisoires sur les bois dont il s'agit, aux cit. Usquin et Lefebvre ;

» Attendu que, relativement à des tiers, les demoiselles Mascrany avaient encore, à cette époque, la possession incontestable desdits bois, et qu'Usquin et Lefebvre qui y ont succédé sans aucune interruption légale, ont, tant en leur nom que du chef de leurs venderesses, intenté l'action en Complainte dans l'année du trouble résultant de la possession du fait allégué par Thomas;

» D'où il suit que le jugement dénoncé est conforme à l'art. 1 du tit. 15 de l'ordonnance de 1667 ;

» Par ces motifs, le tribunal rejette le pourvoi...».

§. III. 1°. *L'interruption que le fermier a apportée par son fait à la possession du propriétaire, forme-t-elle obstacle, lorsqu'elle a duré plus d'un an, à ce que celui-ci prenne la voie de la Complainte pour se faire réintégrer dans sa possession ?*

2°. *Y a-t-il interruption de la possession du propriétaire, par cela seul que le fermier reconnaît, au profit d'un tiers, par un acte quelconque, que cette possession n'est que précaire, et qu'il se soumet à n'en jouir désormais, vis-à-vis du tiers, que par provision et moyennant une redevance annuelle ?*

3°. *L'effet interruptif de cette reconnaissance est-il neutralisé par le non-paiement, de la part du fermier, de la redevance à laquelle il s'était soumis ?*

4°. *Suffit-il au propriétaire, pour faire*

*cesser l'effet de cette reconnaissance, de désa-
vouer le fermier qui l'a souscrite ?*

Toutes ces questions se sont présentées, et je les
ai discutées dans une espèce que je crois devoir
retracer ici.

Le ci-devant comté d'Évreux, transféré par
Louis XIV à la maison de Bouillon, par le traité
du 20 mars 1651, en échange de la principauté de
Sedan et Raucourt, avait été sequestré en 1803,
après la mort du dernier duc de Bouillon; et le
gouvernement l'avait en conséquence tenu sous sa
main pendant plusieurs années, lorsque, par suite
des événemens de 1814, les héritiers de ce prince
obtinrent du roi, le 26 juin 1816, une ordonnance
qui les réintégre dans leur propriété.

Remis, par là, vers la fin de la même année,
en possession des forêts dépendantes du ci-devant
comté d'Évreux, les héritiers Bouillon s'occupèrent,
en première ligne, de la vérification des droits d'u-
sage qu'une foule de communes, d'établissemens
publics et de particuliers prétendaient être en possession d'exercer sur ces forêts.

Parmi les prétendans se présenta, entr'autres,
au nom des administrateurs de l'hospice d'Évreux,
le sieur Damiens, fermier du domaine du Gand,
situé dans la commune de Saint-Éloi-des-Ventes,
et appartenant à cet hospice, comme subrogé aux
droits du bureau des pauvres de l'Hôtel-Dieu de la
même ville. Il réclamait, comme en ayant joui
sans interruption depuis l'année 1812, un droit de
pâturage dans la partie de la forêt d'Évreux qui
avoisine la ferme, et il demandait qu'il lui fût fait
délivrance, pour l'année 1817, d'un canton de
bois défensable pour y mettre ses bestiaux.

Les agens forestiers des héritiers de Bouillon
savaient fort bien que de pareils droits, formant
de véritables servitudes, n'avaient pu, aux termes
de l'art. 607 de la coutume de Normandie, être
établis que par des titres exprès; mais comme ils
ayaient sous les yeux un arrêt de la chambre de
réformation des eaux et forêts du parlement de
Rouen, du 2 août 1687, qui avait maintenu dans
le droit réclamé par le sieur Damiens, *les habitans de Saint-Éloi-des-Ventes, propriétaires de
maisons bâties depuis quarante ans, ou sur anciennes masures*, ils inclinèrent à croire que sa
demande était de nature à être accueillie. Cependant, pour ne rien prendre sur eux avant la révision de tous les titres qui pouvaient avoir rapport
à cet objet, ils consentirent à lui délivrer, mais
seulement *par provision, sans tirer à conséquence,*
le canton de bois qu'il demandait, et sous la condition qu'il paierait la redevance *de 4 sous par
acre de terre*, à laquelle l'arrêt du 2 août 1687 lui-
même assujétissait les usagers qu'il maintenait.

Le sieur Damiens ne contesta point cette condition; mais trouvant plus commode de payer la
valeur de deux journées de travail par chaque
vache qu'il mettrait en pâture, il en fit l'offre, et
elle fut acceptée.

En conséquence, le 17 juin 1817, il fut dressé
un procès-verbal ainsi conçu:

« Nous soussigné, Pierre-Ignace-François Coget,
inspecteur-général des forêts de l'ancien comté d'É-
vreux, certifions avoir fait délivrance *provisoire*, en
attendant révision des titres par le conseil établi
par l'administration de la succession de M. le duc
de Boullon, *et sans préjudicier à ses droits, ni
tirer à conséquence pour l'avenir*, au fermier de
l'hospice d'Évreux, commune des Ventes, canton
d'Évreux, en la personne de M. Damiens, des cantons reconnus défensables, ci-après dénommés,
pour le pâturage de ses bestiaux au Mailler, dans
la forêt d'Évreux, avec défense de les envoyer
paître en autres lieux de la forêt d'Évreux....

» Laquelle délivrance a été faite à la charge par
le sieur Damiens, propriétaire des bestiaux marqués pour le pâturage, *d'une rétribution supplémentaire à raison de deux journées de travail
par chacune bête marquée....*

» Ladite délivrance ayant lieu à la charge, par le
fermier de l'hospice d'Évreux, de se conformer aux
dispositions de l'ordonnance de 1669, tit. 19, tant
pour la nomination des pâtres, que pour le dénombrement et la marque des bestiaux.... la confection des fossés...., enfin, l'obligation de mettre
des clochettes aux bestiaux, et autres conditions
prescrites par le tit. 19 susdit, et sous les prohi-
bitions et restrictions portées par l'arrêt du 2 août
1687, tant à l'égard des époques interdites que
des habitations existantes en 1647.

» De laquelle délivrance nous avons dressé le présent procès-verbal que les assistans sus-nommés ont
signé avec nous, aussi bien que M. Damiens, fermier de l'hospice d'Évreux, auquel il a été remis
copie du présent, ainsi qu'il déclare et reconnaît
l'avoir reçue par le fait de sa signature y apposée ».

Ce procès-verbal fut, en effet, revêtu de la signature du sieur Damiens.

Le même jour, six heures du soir, autre procès-
verbal par lequel l'inspecteur constate qu'il s'est
transporté, accompagné de deux gardes, dans la
ferme du Gand, afin de reconnaître et marquer
les bestiaux destinés à être mis en pâturage qui s'y
trouvaient. « Là (continue-t-il), nous avons trouvé
» le sieur Damiens, et lui avons donné connais-
» sance des limites du canton de pâturage qui lui
» a été délivré, et de la *rétribution supplémentaire
» de deux journées de travail par chacune bête
» marquée.* En conséquence de tout ce que dessus,
» le garde Goudard a pris la marque et a marqué
» les bestiaux du fermier Damiens, au nombre de
» huit vaches, d'un fer chaud portant pour em-
» preinte les lettres L et V renversées, à l'épaule
» gauche ». Ce nouveau procès-verbal fut signé,
comme le premier, par le sieur Damiens, qui y
prit la double qualité de fermier et de pâtre.

L'inspecteur remit, comme il le devait, ces deux
procès-verbaux au bureau du receveur entre les
mains duquel le sieur Damiens devait, suivant

l'usage observé de tout temps, et aux époques ac- coutumées, payer la redevance à laquelle il s'était obligé, et ne doutant pas que le sieur Damiens ne fût exact à la payer, il le laissa jouir tranquille- ment, pendant tout le reste de l'année 1817, du canton de pâturage qu'il lui avait délivré.

Mais, le 1er. juin de l'année suivante, le sieur Damiens s'étant présenté pour obtenir la délivrance d'un nouveau canton, sans avoir payé cette rede- vance et sans en offrir une semblable pour 1818, les agens forestiers se refusèrent à sa demande.

Le 7 juillet suivant, les administrateurs de l'hos- pice d'Évreux ont obtenu du conseil de préfecture du département de l'Eure, l'autorisation de se pourvoir en justice contre ce refus; et en consé- quence, par exploit du 17 août, ils ont cité la prin- cesse Berthe de Rohan, tant pour elle que pour ses co-héritiers, devant le juge de paix du canton d'Évreux, section du midi, « pour voir dire qu'aux » termes de différens titres plus anciens les uns » que les autres, maintenus et confirmés par un » arrêté du conseil de préfecture du 24 brumaire » an 14, leur fermier, en la ferme du Gand, située » en la commune de Saint-Éloy-des-Ventes, avait » droit de faire pâturer ses vaches dans la forêt » d'Évreux; que, de tout temps, ce fermier et ses » prédécesseurs avaient usé de ce droit; que le » fermier actuel en avait usé l'année dernière, mais » qu'il était empêché d'en user depuis le 1er. juin » dernier, par le refus que faisaient les héritiers » Bouillon, dans la personne de leurs agens, de » lui délivrer une partie de ladite forêt dans la- » quelle il le pût exercer; et que leur possession » plus qu'annale étant troublée par ce refus, ils y » seraient maintenus et gardés ».

Avec cet exploit, les administrateurs de l'hospice ont fait signifier à la princesse Berthe de Rohan, l'arrêté du conseil de préfecture du département de l'Eure, du 24 brumaire an 14, qui y était mentionné.

La princesse Berthe de Rohan s'est présentée sur la citation à laquelle cet arrêté servait d'appui, et a pris des conclusions portant en substance,

Que le trouble dont les administrateurs de l'hos- pice se plaignaient, n'avait pas eu lieu; que, sans reconnaître que la possession dont ils se prévalaient relativement au droit de pâturage, remontât au- delà de l'année 1817, elle n'avait pas entendu et n'entendait pas encore se refuser à ce qu'ils conti- nuassent, pour le moment, à jouir de ce droit, comme ils en avaient joui pendant cette dernière année, par les mains de leur fermier, c'est-à-dire, provisoirement, *sans tirer à conséquence*; et sous l'obligation de payer une redevance de la valeur de deux journées de travail par chaque vache qu'ils mettraient en pâturage;

Que l'obligation imposée à tous les usagers de la commune de Saint-Éloy-des-Ventes, par l'ar- rêt du 2 août 1687, de payer une redevance an- nuelle pour l'exercice de leurs droits d'usage, avait été reconnue par leur fermier lui-même, et qu'il

s'y était expressément soumis par les procès-verbaux du 17 juin 1817;

Que les administrateurs de l'hospice ne pouvaient pas séparer cette obligation de la possession qu'il n'aurait pas obtenue et dont il n'aurait pas joui, s'il ne l'eût contractée;

Que, n'ayant eu, par ce moyen, qu'une posses- sion précaire, provisoire et à titre onéreux, ils ne pouvaient pas en faire le fondement d'une action en Complainte pour se faire maintenir dans une possession définitive et gratuite;

Que ce n'était d'ailleurs que parceque cette pos- session était accordée précairement *et sans tirer à conséquence*, que les agens forestiers avaient con- senti que le fermier mît huit vaches en pâturage, tandis qu'aux termes de l'art. 18 d'une sentence en forme de réglement de la maîtrise des eaux et fo- rêts d'Évreux, du 10 septembre 1787, calquée, y est-il dit, sur *l'arrêt de la chambre de réformation des eaux et forêts de Normandie, du 22 octobre 1584, et sur celui du conseil du Roi, du 18 mars 1585,* « Le nombre des bestiaux que chaque ha- » bitant des paroisses et hameaux, villages et com- » munautés usagères pourra envoyer dans les fo- » rêts, ne pourra excéder celui de *deux vaches avec leur suite d'un an*, et quatre porcs par feu » et ménage de chaque maison coutumière, *de » quelque qualité que soient les propriétaires » d'icelle* »;

Qu'enfin, c'était toujours parcequ'il ne s'agis- sait que d'un provisoire et d'une délivrance qui ne devait pas *tirer à conséquence*, que les mêmes agens forestiers avaient permis, en 1817, au fer- mier du Gand, de faire paître ses vaches en trou- peau à part, ce qui est expressément prohibé par l'ordonnance des eaux et forêts de 1669 et par l'arrêt du 2 août 1687;

Que les administrateurs de l'hospice étaient donc doublement non-recevables dans leur action en Complainte; qu'ils y étaient non-recevables, parce- que la possession annale dont ils argumentaient, était toute différente de la possession dans laquelle ils demandaient à être maintenus; et qu'ils l'étaient encore, parcequ'ils n'offraient de se conformer ni à l'arrêt de 1687, qui leur imposait une redevance annuelle, ni aux arrêts de 1584 et 1585, rappelés dans le réglement de 1787, qui leur défendaient de mettre plus de deux vaches en pâturages, ni à la disposition de l'ordonnance de 1669 qui les assu- jétissait à ne les faire paître qu'avec le troupeau commun des autres usagers de Saint-Éloy-des- Ventes.

Les administrateurs de l'hospice ont répliqué par de nouvelles conclusions qui se réduisaient à dire

Que ce n'était pas en vertu de l'arrêt du 2 août 1687, ni comme faisant partie des propriétaires de la commune de Saint-Éloy-des-Ventes, qu'ils ré- clamaient le droit de pâturage dont il s'agissait; qu'ils le réclamaient en vertu de titres qui leur étaient spé- cialement propres, et d'après lesquels ce droit leur était dû sans redevance quelconque, sans limitation de têtes de bestiaux et sans assujétissement à la règle du troupeau commun ;

Qu'il résultait de l'arrêté du conseil de préfecture du 24 brumaire an 14, que l'arrêt du 2 août 1687 leur était étranger ; que la sentence en forme de réglement de 1787 pouvait d'autant moins leur être opposée, qu'elle n'était qu'un acte nul dans la forme et non obligatoire au fond ;

Que leur possession annale était reconnue même, par madame de Rohan, puisqu'elle avouait que leur fermier avait joui en 1817; qu'à la vérité, il s'était soumis, par les procès-verbaux qu'elle leur opposait, à des charges et à des conditions ; mais que ces charges et ces conditions étaient nulles par rapport à eux, étant de principe que le fermier ne peut pas préjudicier au propriétaire ; qu'ainsi, il était censé avoir joui purement et simplement en 1817, comme il avait joui purement et simplement les années précédentes.

Sur ces débats, il est intervenu, le 2 septembre 1818, un jugement ainsi conçu :

« Attendu que des diverses conclusions, discussions et observations respectives des parties, il demeure constant :

» 1°. Que l'action des administrateurs de l'hospice d'Évreux a été formée comme purement possessoire, quoique, pour l'appuyer, ils invoquent divers titres authentiques, dont un sous la date du 29 juillet 1385, attributif ou conservatoire du droit de pâturage dans la forêt d'Évreux, en exemption de toute espèce de redevance, en soutenant que ce titre a été constamment suivi d'exécution ;

» 2°. Qu'à diverses époques, et notamment depuis 1812, les fermiers dudit hospice, exploitant la ferme dite du Gand, située en la commune de Saint-Éloy-des-Ventes, limitrophe et enclavée en majeure partie dans la forêt d'Évreux, ont obtenu des officiers de ladite forêt la délivrance du pâturage particulier dans icelle pour leurs bestiaux, sous la surveillance de pâtres particuliers qui ont été assermentés en cette justice de paix, et sans qu'aucun desdits fermiers ait rien payé pour l'exercice de ce pâturage ; que les héritiers de M. de Bouillon argumentent bien de deux actes rédigés en l'année dernière par leurs agens ou gardes, et souscrits du nouveau fermier de l'hospice, par lesquels il lui serait imposé l'obligation de payer une redevance; mais que les administrateurs de l'hospice désavouent cet engagement, en soutenant qu'il n'en avait pas le pouvoir, qu'eux-mêmes ne pourraient le lui conférer et grever l'hospice ; et qu'en outre, cette promesse n'a reçu aucune exécution, si ce n'est la continuité dudit pâturage en la même année 1817;

» 3°. Que les héritiers de Bouillon n'ont fait, en la présente année 1818, ni antérieurement, aucunes défenses extrajudiciaires, soit aux administrateurs de l'hospice, soit au sieur Damiens, leur fermier actuel en ladite ferme du Gand, de continuer l'exercice dudit pâturage ; mais que, de fait, au mois de juin dernier, ils s'y sont opposés en refusant de lui délivrer ou assigner un canton quel-

conque dans ladite forêt, et en manifestant le projet de verbaliser contre lui ; que conséquemment ce fermier a été constamment privé de l'exercice du pâturage, à partir du 1er. juin jusqu'à ce jour;

» Attendu, au surplus, relativement aux rétributions ou charges quelconques que les héritiers de Bouillon prétendent exiger ou leur être dues, soit par l'hospice d'Évreux ou son fermier, à raison de ce pâturage, et que ces derniers contestent ; que les parties respectivement invoquent *des titres sur la validité desquels les juges de paix sont incompétens de statuer, ces sortes de questions ne devant être jugées que par les juges ordinaires;*

» Attendu, en cet état de choses, que, ne s'agissant de statuer que sur ladite action possessoire, et que, de l'aveu des défendeurs, le fermier de la ferme du Gand est en possession plus qu'annale de faire paître ses bestiaux dans ladite forêt d'Évreux, et dans les cantons qui préalablement doivent leur être désignés annuellement par les agens, il devient nécessaire d'obliger les propriétaires de ladite forêt à faire cette délivrance, et d'indemniser l'hospice ou son fermier de la privation qu'il a soufferte dudit pâturage ;

» Par ces motifs, sans avoir égard à la fin de non-recevoir opposée par madame de Rohan, de laquelle elle est déboutée ,

» Disons à bon droit l'action possessoire des administrateurs de l'hospice d'Évreux ; en conséquence, gardons et maintenons ledit hospice dans la possession d'envoyer par ses fermiers de ladite ferme du Gand, les bestiaux de ces derniers au pâturage dans ladite forêt d'Évreux, dans les endroits défensables, et ce annuellement et dans le temps prescrit par l'ordonnance des eaux et forêts de 1669. » ......

La princesse Berthe de Rohan a appelé de ce jugement au tribunal civil d'Évreux ; mais inutilement. Par jugement du 16 décembre 1819, ce tribunal, *adoptant les motifs consignés en celui du juge de paix*, a déclaré qu'il avait été bien jugé.

Le recours en cassation était la seule voie que la princesse de Rohan pût prendre contre ce jugement. Elle l'a prise, et voici ce que j'ai dit dans une consultation du 11 septembre 1820, pour établir qu'en effet ce jugement devait être cassé.

« Il a plu au juge de paix de déclarer en fait, quoique cela eût été ni reconnu par la demanderesse, ni prouvé par ses adversaires, que l'hospice d'Évreux avait été, depuis 1812 jusqu'en 1817, en possession publique et paisible, par son fermier du Gand, de faire paccager ses bestiaux dans la forêt d'Évreux, en nombre illimité, sans rétribution quelconque, et sous la direction de pâtres particuliers.

» Mais ce fait, qui pourrait être de quelque importance au pétitoire, pour écarter la prescription dont il serait possible qu'on excipât contre l'hospice, est absolument insignifiant dans la cause actuelle, où il n'est question que du possessoire.

» En effet, dans l'action possessoire, il n'y a que deux points à examiner : l'un, si le demandeur en Complainte a la possession annale ; l'autre, s'il n'y a rien de précaire dans sa possession. *Les actions possessoires* (dit l'art. 23 du Code de procédure civile) *ne seront recevables qu'autant qu'elles auront été formées* DANS L'ANNÉE DU TROUBLE, *par ceux qui*, DEPUIS UNE ANNÉE AU MOINS, *étaient en possession paisible, par eux ou les leurs, à titre non précaire* ».

» Il importe donc peu, dans l'espèce, que l'hospice d'Évreux ait eu, en 1812, 1813, 1814, 1815 et 1816, la possession paisible, non précaire et gratuite que lui suppose le juge de paix, et après lui le tribunal civil du même arrondissement. Si cette possession a cessé, si elle a été intervertie, si elle a été troublée par les procès-verbaux du 17 juin 1817, elle ne peut plus être d'aucune considération : pourquoi ? Parce qu'il s'agit ici, non d'une action en Complainte intentée d'après la cessation, l'interversion ou le trouble que cette possession aurait éprouvé en 1817, mais d'une action en Complainte intentée d'après le trouble que cette possession a, dit-on, éprouvé le 1er. juin 1818, et contre lequel l'hospice d'Évreux ne s'est pourvu au possessoire que par exploit du 17 août suivant ; parce que la possession antérieure au 17 juin 1817, aurait bien pu faire la base d'une action possessoire qui eût été intentée avant le 17 juin 1818 ; mais qu'une action possessoire, qui n'a été intentée que le 17 août de cette dernière année, ne peut avoir pour base que la possession qui a eu lieu du 17 juin 1817 au 16 juin 1818.

» De cette observation capitale et sur la parfaite justesse de laquelle la loi ne permet pas d'élever le moindre doute, découle naturellement un moyen de cassation aussi simple que péremptoire :

» D'une part, la loi n'admet l'action en Complainte qu'autant qu'elle est appuyée sur une possession non précaire ; et de l'autre, l'objet de cette action ne peut être que de faire maintenir celui qui l'intente, dans une possession exactement conforme à celle dans laquelle il prétend avoir été troublé.

» Ainsi, *premier principe*, point d'action en Complainte si la possession prétendue troublée n'avait pas de caractère d'une possession véritablement civile.

» *Second principe*, lors même que l'action en Complainte est fondée, le jugement qui l'accueille ne peut pas dénaturer la possession qui a souffert un trouble réel ; il ne peut que la rétablir dans l'état où elle était avant le trouble, sans y rien ajouter, sans y rien changer au préjudice du perturbateur.

» Or, ces deux principes, qui ne sont, en d'autres termes, que l'art. 23 du Code de procédure civile, sont violés ouvertement par le jugement attaqué.

» 1º. Que la possession de l'hospice d'Évreux n'ait été que précaire en 1817, c'est ce que prouve d'une manière sans réplique le premier procès-verbal du 17 juin de cette année, par lequel le fermier du Gand a obtenu la délivrance d'un canton de pâturage. *Certifions*, (y est-il dit) *avoir fait* DÉLIVRANCE PROVISOIRE, *en attendant révision des titres par le conseil établi par l'administration de la succession de M. le duc de Bouillon*, ET SANS PRÉJUDICIER A SES DROITS, NI TIRER A CONSÉQUENCE POUR L'AVENIR..... Assurément elle est bien précaire la possession qui n'est accordée que provisoirement, la possession qui ne doit pas préjudicier *aux droits* de celui qui l'accorde, la possession qui ne peut pas tirer *à conséquence* pour le temps qui excédera celui pour lequel elle est accordée. Comment, en effet, pourrait-elle être autre chose ? comment pourrait-elle avoir le caractère d'une possession civile ?

» Pour qu'il y ait possession civile, il ne suffit pas qu'il y ait jouissance de fait : il faut encore qu'il y ait jouissance *animo domini*, et certes, celui-là ne jouit pas *animo domini* qui ne jouit que sous la condition que sa jouissance sera purement provisoire, qui n'est sûr de jouir que pendant un temps limité, qui ne jouit qu'en consentant lui-même que sa jouissance temporaire ne tirera pas à conséquence pour l'avenir.

» Pour qu'il y ait possession civile, il faut que le possesseur puisse défendre sa possession par sa possession même, il faut qu'il puisse dire : *possideo quia possideo* ; il faut qu'il ne soit tenu de rendre compte à personne des titres de sa possession ; il faut que, si quelqu'un se prétend en droit de critiquer cette possession, il soit obligé d'agir en justice, de se constituer demandeur, de prendre sur soi le fardeau de la preuve directe de son droit et de sa qualité, tandis que le possesseur se tiendra sur la défensive et se bornera à combattre les titres qu'on lui opposera. Or, oserait-on dire que de pareils avantages soient attachés à la possession qui est résultée pour l'hospice d'Évreux, pendant l'année 1817, du procès-verbal de délivrance du 17 juin de cette année ? Oserait-on dire qu'une possession *povisoire*, qu'une possession qui ne peut pas *préjudicier aux droits* des héritiers de Bouillon, qu'une possession qui ne peut pas *tirer à conséquence pour l'avenir*, confère à l'hospice d'Évreux le droit de la défendre par elle-même, et de la perpétuer en invoquant la maxime *possideo quia possideo*, aussi long-temps que les héritiers de Bouillon n'en prouveront pas le vice ? Et si elle ne confère pas ce droit à l'hospice d'Évreux, comment pourrait-elle former la matière d'une action en Complainte ? Comment le jugement attaqué aurait-il pu accueillir une action en Complainte fondée sur une pareille possession, sans violer l'art. 23 du Code de procédure civile ?

» 2º. La possession dans laquelle le procès-verbal du 17 juin 1817 a mis l'hospice d'Évreux, n'est pas seulement précaire, elle est encore grevée d'une redevance, et ce n'est qu'à la charge de payer une redevance qu'elle est accordée. Fermons les yeux, s'il le faut, sur le précaire dont elle est imprégnée ; consentons, pour le moment, à l'envisager comme une possession civile : que résultera-t-il de là? Qu'elle doit être maintenue sans charge de redevance? Ce serait une absurdité. Elle ne peut être maintenue que telle qu'elle est : or, elle est grevée d'une redevance; ce n'est donc qu'avec la charge de la redevance qu'elle peut être maintenue. La dégager, en la maintenant, de la redevance qui la grève, c'est créer une possession toute autre que celle qui a eu lieu dans l'année; et ce n'est pourtant que pour le maintien de la possession qui a eu lieu dans l'année, que l'art. 23 du Code de procédure accorde l'action en Complainte.

» Mais (dit le jugement attaqué, en se référant au motif du juge-de-paix) c'est en vain que les héritiers de Bouillon argumentent du procès-verbal du 17 juin 1817, et de la signature dont le fermier de l'hospice d'Évreux l'a revêtu. C'est en vain qu'ils prétendent inférer de cet acte que la possession de l'hospice est, dès-lors, devenue provisoire et précaire. C'est en vain qu'ils cherchent à s'en prévaloir pour n'accorder une nouvelle délivrance, en 1818, qu'à la charge d'acquitter et de continuer la redevance convenue en 1817: *Les administrateurs de l'hospice désavouent cet engagement en soutenant que leur fermier n'en avait pas le pouvoir, qu'eux-mêmes ne pourraient pas le lui conférer et grever l'hospice, et qu'en outre cette promesse n'a reçu aucune exécution, si ce n'est la continuation du pâturage en la même année 1817.*

» Que d'erreurs dans ce peu de mots!

» D'abord, pouvez-vous séparer du procès-verbal de délivrance du 17 juin 1817, les conditions qui y sont insérées et d'après lesquelles la délivrance qu'il contient, ne doit être que provisoire, d'après lesquelles elle ne préjudiciera point aux droits des héritiers Bouillon, d'après lesquelles elle ne tirera point à conséquence pour l'avenir, d'après lesquelles elle n'aura lieu que moyennant une redevance? Hé! Comment le pourriez-vous? Ne sentez-vous pas que, si vous retranchez ces conditions du procès-verbal, le procès-verbal n'existe plus?

» Ensuite, pouvez-vous séparer du procès-verbal de délivrance, le fait de la jouissance qui s'en est ensuivie? Comment le pourriez-vous encore? Otez le procès-verbal de délivrance, que vous restera-t-il? Un fait de possession légitime? Point du tout : il ne vous restera qu'une voie de fait punissable d'une peine correctionnelle. En effet, ouvrez l'ordonnance de 1669 ; elle vous apprendra, tit. 19, art. 1 et 3, que les usagers ne peuvent exercer leurs droits de pâturage que dans *les contrées de bois qui ont été déclarées défensables;* et qu'après en avoir obtenu la délivrance, *à peine de confiscation des bestiaux, et d'amende arbitraire contre les pâtres.*

» Ces dispositions ont même été spécialement appliquées aux forêts du ci-devant comté d'Évreux, par l'arrêt de réformation du 2 août 1687. *Comme aussi les à maintenus* (y est-il dit en parlant no-tamment des usagers, propriétaires, dans la commune de Saint-Éloy-des-Ventes) *au droit de pâturage et panage par leurs bêtes aumailles et leurs porcs et autres bêtes,* DANS LES VENTES QUI LEUR SE-RONT DÉLIVRÉES PAR LESDITS OFFICIERS...*Auxquels* (usagers) *défenses sont faites d'user de leurs priviléges, sans au préalable avoir demandé la délivrance, qui leur sera faite par lesdits officiers, selon notre ordonnance et édit portant réglement général pour les eaux et forêts, du mois d'août 1669».*

» Ce qui prouve qu'il n'a été rien changé depuis à cette règle, dont le maintien sévère est si essentiel à la conservation des forêts, c'est qu'elle est expressément rappelée, comme on peut le voir dans le bulletin des lois, par un décret du 17 nivôse an 13, tant pour les droits de pâturage exercés par des particuliers, que pour ceux dont jouissent des communes, *dans les forêts appartenant, soit à l'État,* ou *aux établissemens publics,* soit *aux particuliers.*

» Ainsi, encore une fois, si vous séparez du procès-verbal de délivrance du 17 juin 1817, le fait de la jouissance qui s'en est ensuivie, ce fait ne vous offrira plus qu'un délit; et bien certainement un délit ne peut pas être transformé en acte de possession légitime; bien certainement une jouissance qui n'est que le résultat d'un délit, ne peut être assimilée à la possession civile, qui seule peut servir de base à une action en Complainte; bien certainement le tribunal civil d'Évreux avait perdu de vue les premières notions du droit, lorsqu'il s'est permis de dire au juge de paix, qu'en mettant de côté les reconnaissances et les promesses consignées par le fermier de l'hospice, dans le procès-verbal de délivrance du 17 juin 1817, il restait toujours la *continuité de la possession du pâturage à cette même année.*

» Mais ce n'est pas tout : le juge-de-paix et le tribunal civil sont tombés dans une erreur bien plus étrange encore, lorsqu'ils ont prétendu que, pour neutraliser tout-à-fait les reconnaissances et les promesses consignées par le fermier de l'hospice d'Évreux, dans le procès-verbal du 17 juin 1817, il suffisait aux administrateurs de les désavouer.

» Que les administrateurs de l'hospice eussent immédiatement désavoué ces reconnaissances et ces promesses; que, partant de là, ils eussent pris le fait des agens forestiers qui les avaient exigées comme conditions inséparables de la délivrance qu'ils accordaient, pour trouble de leur prétendue possession antérieure, et qu'ils se fussent en conséquence pourvus en Complainte, en prouvant cette possession prétendue; cela se concevrait parfaitement.

» Mais laisser leur fermier jouir pendant toute l'année 1817, comme il était autorisé à le faire par le procès-verbal de délivrance, c'est-à-dire, provisoirement, sans préjudice aux droits des héritiers Bouillon, sans tirer à conséquence, et à la charge d'une rétribution pécuniaire, et venir dire, long-temps après l'expiration de l'année dans laquelle ils avaient exercé leur prétendue possession antérieure : *Nous désavouons les reconnaissances et les promesses de notre fermier, il n'a pu nous lier par les unes ni par les autres, et nous n'en sommes pas moins en droit de nous prévaloir de sa jouissance pendant l'année 1817, pour fonder notre action possessoire;* c'est insulter à la raison, c'est fouler aux pieds les principes les plus notoires.

» Sans doute le fermier ne peut pas nuire au bailleur, en ce qui concerne la propriété.

» Mais, quant à la possession, c'est tout autre chose. En matière de possession, le fait du fermier devient essentiellement celui du bailleur; et par conséquent il lui nuit, comme il lui profite.

» En effet, par qui le bailleur possède-t-il? Par le fermier et par le fermier seulement. Il conserve, à la vérité, la possession civile, quoiqu'il ne jouisse pas de fait; mais il ne la conserve qu'autant qu'il s'y joint, de la part du fermier, une jouissance réelle. Car, point de possession proprement dite, s'il n'y a à la fois intention de posséder comme propriétaire, *animus rem sibi habendi,* et détention effective, soit dans la personne du possesseur qui a cette intention, soit dans la personne du fermier, de l'agent, du gardien qui jouit en son nom, et comme exerçant ses droits.

» Il suit nécessairement de là que, dès que le fermier cesse de jouir et qu'un tiers commence à jouir en sa place, le bailleur cesse de posséder civilement.

» Nous disons, *et qu'un tiers commence à jouir en sa place,* et nous devons, pour prévenir toute objection, expliquer ceci.

» C'est une maxime triviale en droit que, pour acquérir la possession civile, il faut que le fait de la détention corporelle concoure avec l'intention de posséder; mais que, pour la conserver, l'intention seule suffit : *et corpore et animo acquirere debemus possessionem,* dit la loi 3, §. 1, *de acquirendâ et amittendâ possessione,* au Digeste; *licet possessio nudo animo acquiri non possit* (ajoute la loi 4 du même titre au Code), *tamen solo animo retineri potest.*

» Il semblerait résulter de cette maxime que, quoique le fermier cesse de jouir, le bailleur n'en conserve pas moins la possession civile; mais il y a une distinction à faire.

» S'il n'y a eu, de la part du fermier, qu'une cessation de jouissance, sans qu'un tiers se soit mis en possession, le bailleur continue de posséder civilement : *Si servus vel colonus per quos corpore possidebam, decesserint discesserinte, animo retinebo possessionem :* ce sont les termes de la loi 5, §. 8, du titre cité, au Digeste.

» Mais si, au fait de la cessation de jouissance du fermier, se joint le fait d'un tiers qui commence à posséder pour soi, la possession civile du bailleur cesse à l'instant même; et c'est ce que décide expressément la loi 1, §. 22, *de vi et vi armatâ,* au Digeste : *quod servus, vel procurator, vel colonus tenent, dominus videtur possidere; et ideò*

his dejectis, ipse dejeci de possessione videtur etiamsi ignorat eos dejectos per quos possidebat. La loi 44, §. 2, *de acquirendâ vel amittendâ possessione,* dit la même chose : *Ejus verò quod servi vel etiam coloni corpore possidetur, non aliter amitti possessionem, quàm eam alius ingressus fuisset, eamque amitti nobis quoque ignorantibus.* Et c'est ce qu'enseigne également Pothier, dans son *Traité de la possession,* n°. 75.

» Il est aisé de sentir que c'est toujours dans le second membre de cette distinction, que rentre la cessation de jouissance de la part du fermier, lorsqu'il s'agit d'une servitude active, telle qu'un droit de pâturage. Car le fermier ne peut pas cesser d'en jouir, sans que, par cela seul, le propriétaire du fonds servant n'entre en possession de la franchise et ne commence à prescrire la libération de la servitude. Et en effet, si, comme l'enseigne M. Toullier, dans son *Droit civil français,* liv. 2, tit. 4, chap. 5, n°. 706, *les servitudes se conservent par l'usage qu'on en fait par ses fermiers,* il est clair que, dès que les fermiers cessent d'en user, elles commencent à se prescrire.

» Aussi n'a-t-on jamais douté que le propriétaire d'une servitude active, même fondée en titre, ne fût non-recevable à la réclamer par l'action possessoire, lorsque son fermier avait cessé d'en jouir pendant une année.

» Cette règle n'est d'ailleurs que la conséquence de celle que l'on suit par rapport aux immeubles corporels dont le fermier s'est laissé déposséder par un tiers depuis le même espace de temps. Écoutons Raviot, dans ses *Observations sur les arrêts de Périer,* tome 2, page 189. — « On agite » une question qui est de savoir si la conni- » vence ou la négligence d'un fermier peut nuire » au maître, et éteindre son droit ou sa propriété » par la prescription et par la non-jouissance? » A quoi je réponds qu'il est des règles et du » bien public, qu'en pareil cas, on puisse prescrire » contre le maître. Nous possédons par nos fer- » miers, dit la loi......; par la même raison, le fait » de nos fermiers peut nous nuire. Si donc un fer- » mier s'est laissé déposséder pendant l'an et jour, » le maître n'a pas le droit d'intenter l'action pos- » sessoire ».

» C'est même parceque le fait du fermier nuit en ce sens au bailleur, qu'à l'exemple de l'art. 614 du Code civil, qui déclare l'usufruitier responsable envers le nu-propriétaire, du dommage qu'il lui a causé en ne lui dénonçant pas *les usurpations* faites sur le fonds et les autres *atteintes* portées à ses *droits,* l'art. 1768 du même Code porte *que le preneur d'un bien rural est tenu, sous peine de tous dépens, dommages et intérêts, d'avertir le propriétaire des usurpations qui peuvent être commises sur le fonds;* et de même que du premier de ces articles, il résulte évidemment, comme l'énonce dans ses motifs un arrêt de la cour de cassation du 7 octobre 1817, qu'un tiers prescrit contre le nu-propriétaire par le défaut de jouissance de la part de l'usufruitier (1); de même aussi il résulte du second, avec non moins d'évidence, que le fait du fermier qui s'est laissé déposséder par un tiers, pendant une année, opère de plein droit la dépossession du bailleur, et le met hors d'état d'intenter l'action en Complainte pour rentrer dans sa possession.

» Ce qui d'ailleurs tranche là-dessus toute difficulté, c'est la manière dont est conçu l'art. 23 du Code de procédure civile : *les actions possessoires ne seront recevables qu'autant qu'elles auront été formées dans l'année du trouble, par ceux qui, depuis une année au moins, étaient en possession paisible par eux* ou LES LEURS. Ces mots *les leurs* ne sont pas équivoques : ils désignent manifestement les fermiers, les régisseurs, les agens des demandeurs en Complainte; et il en résulte clairement que, si les demandeurs en Complainte n'ont pas possédé par *eux-mêmes, depuis une année au moins*, il faut, pour que leurs demandes soient recevables, qu'ils aient possédé par leurs agens, leurs régisseurs ou leurs fermiers, conséquence qui en amène nécessairement une autre : savoir, que, si les agens, les régisseurs, les fermiers ont été dépossédés pendant l'année qui précède la demande en Complainte, sans que les demandeurs aient eux-mêmes repris personnellement la possession, ceux-ci ne peuvent pas être écoutés.

» Enfin, cette doctrine est expressément consacrée par un arrêt de la cour de cassation dont voici l'espèce.

» Les sieurs Huot avaient affermé à la veuve Viefville et au sieur Odem, un domaine dont une possession publique et long-temps prolongée semblait leur assurer incontestablement la propriété, et ils en percevaient paisiblement les fermages, lorsque, le 6 juin 1809, le sieur Petit, qui venait d'acheter ce domaine d'un tiers, fit notifier son contrat d'acquisition à leurs fermiers, avec défense de payer les arrérages du bail en d'autres mains que les siennes.

» Le 10 novembre suivant, semblable notification, avec les mêmes défenses, de la part du sieur Boudet, acquéreur des droits du sieur Petit.

» Les choses restent dans cet état jusqu'au 11 janvier 1811; à cette époque, la veuve Viefville et le sieur Odem, pour arrêter les poursuites que les sieurs Huot se disposaient à exercer contre eux pour leur faire payer les fermages arriérés, leur font notifier les deux sommations qu'ils ont reçues des sieurs Petit et Boudet.

» Le 16 avril suivant, les sieurs Huot, prenant les sommations pour un trouble de droit apporté par les sieurs Petit et Boudet à leur possession, font citer ceux-ci en Complainte devant le juge de paix du canton de Stain.

» Les sieurs Petit et Boudet répondent que cette action est non-recevable, parcequ'elle n'a été intentée que plus d'une année après les deux actes par lesquels les sieurs Huot eux-mêmes prétendent avoir été troublés dans leur possession.

» Les sieurs Huot répliquent que l'année n'a pu courir à leur égard, que du jour où les deux actes de trouble leur ont été notifiés par leurs fermiers, c'est-à-dire, du 11 janvier 1811; et que par conséquent leur action a été intentée en temps utile.

» Jugement qui déclare les sieurs Huot non-recevables dans leur demande en Complainte; et sur l'appel qu'ils en interjettent, il est confirmé par le tribunal civil de Vervins, le 26 mars 1812, « Attendu que, d'après l'art. 23 du Code de procé- » dure, l'action possessoire n'est recevable qu'au- » tant qu'elle a été exercée dans l'année du trou- » ble; que le délai utile pour l'exercice de cette » action, ne prend pas date du moment de la dé- » nonciation faite par le détenteur à celui pour » lequel il détient, mais bien du moment où ce » trouble a pris naissance; que, bien qu'il soit vrai » de dire qu'au possesseur *animo domini* seul et » exclusivement appartient le droit d'exercer l'ac- » tion en Complainte, et non au possesseur à titre » précaire, cette action n'en doit pas moins être » intentée dans l'année du trouble, sous peine de » non-recevabilité; qu'une preuve nouvelle que » cette action doit être intentée dans l'année, dans » tous les cas et nonobstant toutes les circonstan- » ces, se puise dans les art. 614 et 1768 du Code ci- » vil combinés, d'après lesquels les usufruitiers et » les fermiers sont tenus, sous les peines de droit, » et dans le délai réglé pour les assignations, d'a- » vertir le propriétaire de toutes les atteintes por- » tées à sa propriété; qu'une année et plus s'était » écoulée lors de l'action intentée, le 16 avril » 1811, par les appelans, puisque le dernier acte » de trouble dont ils se plaignent remonte au 10 » novembre 1809 ».

» Les sieurs Huot se pourvoient en cassation contre ce jugement, et le dénoncent comme violant l'art. 23 du Code de procédure. Il résulte clairement de cet article, disent-ils, qu'il n'y a que le possesseur *animo domini* qui ait le droit de former les actions possessoires; et en effet, ces actions ayant pour objet de conserver la possession civile, il est évident qu'elles ne peuvent pas être exercées par celui qui ne jouit que précairement. Or, sur qui la possession civile peut-elle être acquise? Sur celui-là seul sans doute à qui elle appartient réellement. En vain donc, pour obtenir cette possession civile, troublerait-on dans sa jouissance un fermier ou tout autre possesseur à titre précaire. Il faut évidemment que le trouble soit exercé contre le possesseur *animo domini*, ou du moins que le possesseur *animo domini* en ait connaissance. Tant que le possesseur *animo domini* n'est pas troublé personnellement, tant qu'au moins il n'est pas informé du trouble souffert par celui qui possède en son nom, il est censé conserver sa possession; et par conséquent, l'année pour

---

(1) Journal des audiences de la cour de cassation, année 1815, page 58.

se pourvoir en Complainte, ne peut pas courir contre lui.

» Nonobstant ces moyens, et quoique les sieurs Petit et Boudet, défendeurs à la demande en cassation, ne se fussent pas présentés pour la combattre, arrêt, à la section civile, au rapport de M. Carnot, le 12 octobre 1814, par lequel, « attendu que les défendeurs avaient fait signifier aux fermiers des demandeurs, dès les 6 juin et 10 novembre 1809, les actes extrajudiciaires que les demandeurs ont pris pour trouble à leur possession, et qu'ils n'ont formé leur action en Complainte que le 16 avril 1811, c'est-à-dire, hors du délai fixé par l'art. 23 du Code de procédure civile; — Que, si ces actes ne furent contre-signifiés aux demandeurs, de la part de leurs fermiers, que le 11 janvier 1811, la faute n'en était pas imputable aux défendeurs à la cassation, mais aux fermiers des sieurs Huot, qui étaient seuls responsables de leur négligence, aux termes de l'art. 1768 du Code civil; — La cour rejette le pourvoi..... (1) ».

» C'est donc une vérité bien constante que, si le fermier de l'hospice d'Évreux eût cessé de jouir pendant l'année 1817, du droit de pâturage prétendu possédé par cet établissement, les administrateurs de cet établissement auraient été, par cela seul, non-recevables à prendre, en 1818, la voie de la Complainte pour se faire réintégrer dans leur prétendue possession.

» Mais, dès-lors, comment ne pas reconnaître que le fermier a également fermé cette voie à l'hospice d'Évreux, par la manière dont il s'est soumis à jouir pendant l'année 1817? Il pouvait, en ne jouissant pas du tout, ôter l'action possessoire à son bailleur; et il ne l'aurait pas pu en souscrivant à des conditions qui dépouillaient sa jouissance, à l'égard de son bailleur, du caractère de possession *animo domini*! Il est pourtant bien clair que l'un emporte nécessairement l'autre. En effet, ne pas jouir du tout, lorsqu'on prétend à une jouissance gratuite, ou ne jouir que sous la condition que la jouissance ne sera que précaire et grévée d'une rétribution, c'est bien une seule et même chose quant à l'action possessoire, et cette action n'est pas plus admissible dans le second cas que dans le premier.

» Inutilement objecterait-on que nul ne peut intervertir le titre de sa possession (*nemo sibi ipse causam possessionis mutare potest*, dit la loi 3, §. 19, D. *de acquirendâ vel amittendâ possessione*); et que, dès-lors, le fermier de l'hospice d'Évreux n'a pas pu, par les conditions qu'il a souscrites dans le procès-verbal de délivrance du 17 juin 1817, changer sa jouissance, qui avait pour son bailleur le caractère d'une possession civile et gratuite, en une jouissance précaire et à titre onéreux.

» Raisonner ainsi, ce serait faire d'une maxime très-vraie, une application souverainement fausse.

» Sans doute, nul ne peut, par sa volonté intérieure et isolée, changer le titre ni la nature de sa possession, et comme le dit la loi 19, §. 1er., du titre cité, *hoc solum statuere ut ex aliâ causâ possideret*.

» Mais l'interversion n'en a pas moins lieu, lorsqu'à la volonté qu'on a d'intervertir le titre ou la nature de sa possession, vient se joindre un fait extérieur qui tend à ce but, soit avec, soit même sans le concours d'un tiers.

» Ainsi, il y a interversion sans le concours d'un tiers, lorsque le fermier déclare à son bailleur qu'il entend désormais jouir comme propriétaire; et il y a interversion avec le concours d'un tiers, lorsque le fermier, à l'insu de son bailleur, vend comme sien propre le bien qu'il tient de lui à ferme; dans l'un et l'autre cas, le bailleur est dépossédé *ipso facto* ; il l'est dans le premier, parceque le fermier ne jouit plus en son nom; il l'est dans le second, parceque le tiers à qui le fermier a vendu, commence à jouir pour son propre compte; et sa dépossession est tellement constante, que, dès ce moment, le fermier, ou l'acquéreur du fermier, commence à prescrire contre lui.

» C'est la disposition expresse des art. 2238 et 2239 du Code civil.

» Après les art. 2236 et 2237, qui établissent que ni ceux qui possèdent pour autrui ni leurs héritiers ne prescrivent jamais, par quelque laps de temps que ce soit; ces deux articles ajoutent : « Néanmoins les personnes énoncées dans les art. 2236 et 2237, peuvent prescrire, si le titre de leur possession se trouve interverti, soit par une cause venant d'un tiers, soit par la contradiction qu'elles ont opposée au droit du propriétaire. — Ceux à qui les fermiers, dépositaires et autres détenteurs précaires, ont transmis la chose par un titre translatif de propriété, peuvent la prescrire ».

» Faisons bien attention à ce dernier article; nous en verrons sortir un argument inexpugnable contre le jugement attaqué.

» Pourquoi le tiers à qui le fermier a transmis la chose, par un titre translatif de propriété, peut-il la prescrire? C'est évidemment parceque, en la lui transmettant ainsi, le fermier a fait cesser la possession du bailleur; car si le bailleur continuait de posséder nonobstant cette transmission, il serait impossible que le tiers prescrivît contre lui.

» Mais si le fermier peut, par un acte exprès fait avec un tiers, faire cesser totalement la possession de son bailleur, il est clair qu'il peut, à plus forte raison, par un acte de la même espèce, ôter à la possession de son bailleur le caractère qu'elle avait précédemment de possession *animo domini* : qui peut le plus peut nécessairement le moins.

» Comment, dès-lors, serait-il possible de douter que le fermier de l'hospice d'Évreux ait pu, par les conditions auxquelles il s'est soumis dans le procès-verbal du 17 juin 1817, intervertir la possession de cet établissement ?

» Si, à cette époque, il eût vendu aux héritiers Bouillon le droit de pâturage, dont il jouissait au nom de l'hospice, ou, ce qui revient au même, s'il y eût renoncé purement et simplement, en leur faveur, n'aurait-il pas, par cela seul, dépossédé l'hospice de ce droit ? N'aurait-il pas, par cela seul, habilité les héritiers Bouillon à prescrire la libération de ce droit ?

» Pourquoi non ? Serait-ce parceque les héritiers Bouillon n'auraient pas pu ignorer sa qualité de fermier ? Serait-ce parcequ'ils n'auraient pu être de bonne foi en traitant ainsi avec lui ?

» Mais qu'importe, pour l'application de l'art. 2237 du Code civil, que le tiers avec lequel le fermier traite, soit de bonne ou de mauvaise foi ?

» S'il est de mauvaise foi, il en résultera bien qu'il ne pourra pas prescrire par dix ou vingt ans, suivant les distinctions écrites dans l'art. 2265; mais du moins, il prescrira par trente ans : l'art. 2262 y est formel, et cela seul prouve que sa mauvaise foi ne l'a pas empêché de posséder *animo domini* dès le principe, ni, par conséquent, de déposséder, dès le principe, le légitime propriétaire. Dans le fait, on ne s'est jamais avisé de dire qu'un acte qui, par sa nature, opère la dépossession, cessât de produire cet effet lorsqu'il était accompagné de mauvaise foi. La loi 3, §. 18, D. *de acquirendâ vel amittendâ possessione,* dit même en toutes lettres que, si vous me volez une chose que je vous avais donnée en dépôt, et que je continuais en conséquence de posséder par vos mains, j'en perds, par cela seul, la possession : *Si rem apud te depositam, furti faciendi causâ contractaveris, desino possidere.*

» Mais si le fermier de l'hospice d'Évreux eût pu, en renonçant, par un traité fait avec les héritiers Bouillon, au droit de pâturage prétendu annexé à sa ferme, déposséder son bailleur de ce droit, à combien plus forte raison a-t-il pu, par le procès-verbal de délivrance du 17 juin 1817, consentir efficacement à ce que la possession civile et gratuite que l'hospice prétend avoir eue, de ce même droit, pendant quelques-unes des années précédentes, ne fût plus désormais qu'une possession provisoire, précaire et à titre onéreux ! Encore une fois, c'est la conséquence nécessaire de la maxime, *qui peut le plus peut le moins;* et cette conséquence acquiert ici d'autant plus de force, que les agens forestiers des héritiers de Bouillon, non-seulement étaient de très-bonne foi en exigeant de lui ce consentement avant de lui délivrer le canton de pâturage qu'il leur demandait, mais même ne pouvaient l'exiger que de lui, puisque c'était lui seul qui se présentait pour exercer le prétendu droit de l'hospice.

» Inutile, au surplus, d'objecter avec le jugement attaqué, ou, ce qui est la même chose, avec celui du juge de paix, que le fermier n'a pas donné de suite à son consentement, puisqu'il n'a pas payé la redevance à laquelle il s'était soumis.

» Non, il ne l'a pas payée; mais lui a-t-il suffi de ne pas la payer pour anéantir l'obligation qu'il en avait contractée ? Cette obligation pouvait-elle se dissoudre sans le consentement des héritiers de Bouillon, ou au moins de leurs agens ? Pouvait-il, en la rétractant en lui-même et à part soi, changer la nature qu'elle avait imprimée à la possession de l'hospice ? Pouvait-il de lui-même et sans fait extérieur, intervertir cette possession et la rendre civile et gratuite, de précaire et non gratuite qu'elle était devenue ? N'était-ce pas, au contraire, à ce cas que s'appliquait la maxime établie par les lois romaines ci-dessus citées, *nemo sibi ipse causam possessionis mutare potest, nemo potest hoc solum statuere ut ex aliâ causâ possideret ?*

» Sans doute, si, avant d'entrer en jouissance, ou même pendant sa jouissance de 1817, il eût fait signifier aux héritiers de Bouillon un acte par lequel il eût protesté qu'il n'entendait ni jouir précairement, ni payer la redevance, il serait résulté de là une contradiction qui, aux termes de l'art. 2258 du Code civil, l'eût rétabli, au nom de l'hospice, dans la possession qu'il pouvait avoir eue précédemment. Mais point du tout : il a gardé le silence; il a conséquemment joui conformément au nouveau titre qu'il avait souscrit; il n'a conséquemment achevé sa jouissance de 1817 que sur la foi de la parole qu'il avait donnée aux héritiers de Bouillon, de ne jouir que précairement, et de leur en payer, à l'époque d'usage, la rétribution qui avait été convenue.

» Ainsi tombent, ainsi s'écroulent d'eux-mêmes tous les prétextes dont le tribunal civil d'Évreux a cherché à colorer la contravention que présente son jugement à l'art. 23 du Code de procédure civile........ ».

Sur cette consultation, mise sous les yeux de la section des requêtes, et développée à l'audience par M. Odillon-Barrot, il est intervenu, en 1821, un arrêt qui a admis le recours en cassation de la princesse de Rohan.

Et cet arrêt pronostiquant assez l'annulation d'un jugement qui violait les premiers principes de la matière, les administrateurs de l'hospice d'Évreux ont pris le parti de la prévenir par un désistement.

§. IV. *Autres questions sur les actions possessoires.*

V. les articles *Dénonciation de nouvel œuvre, Pouvoir judiciaire,* §. 9; *Servitude,* §. 5 et 6, et *Voie de fait,* §. 2.

COMPLICE. §. I. *La mort du principal accusé éteint-elle le procès à l'égard de ses complices ? Peut-on condamner le complice, lorsqu'on ab-*

sout le principal accusé , à raison de son intention?

V. les conclusions du 12 septembre 1812, rapportées ci-après, §. 4; celles du 20 fructidor an 12, rapportées à l'article *Suppression de titres*, §. 1, et les notes qui y sont ajoutées dans cette édition.

§. II. *Peut-on punir le maître d'un café , d'un cabaret, ou de toute autre maison publique, comme Complice des troubles et des voies de fait qui y ont eu lieu, pour ne les avoir pas dénoncés immédiatement?*

« Le procureur général expose que le tribunal de police du canton de Varzy, arrondissement de Clamecy, département de la Nièvre, a, depuis peu, rendu un jugement qui n'a pas été attaqué dans le délai fatal par la partie intéressée, mais qui blesse trop évidemment la loi, pour n'être pas cassé dans l'intérêt de la loi elle-même.

» Le 27 août 1809, l'adjoint du maire de la commune de Varzy, faisant fonctions de commissaire de police, a fait citer le sieur Delangle, cafetier, demeurant en la même commune, à comparaître le lendemain devant le tribunal de police du canton, « pour être contrevenu aux §. 7 et 8 » de l'art. 605 du Code du 3 brumaire an 4, dans » la journée du 21 du présent mois, en souffrant » dans sa maison des hommes qui ont troublé l'ordre » public, sans les avoir dénoncés à M. le comman- » dant de la gendarmerie et à l'autorité locale; et » attendu que pareilles scènes ont été réitérées de- » puis plusieurs mois, voir dire qu'il sera condamné » à 3 francs d'amende, à fermer sa maison publi- » que ou café pendant trois mois; que défenses lui » seront faites de plus à l'avenir récidiver, sous » plus grande peine; comme aussi voir ordonner » que le jugement à intervenir sera lu, publié et » affiché à la porte de sondit café, ainsi que sur » la place publique de cette ville; condamné en » outre à tous les dépens ».

» Le sieur Delangle est comparu sur cette citation, au jour indiqué, c'est-à-dire le 24 août; et le jugement qui a été rendu à la même audience, nous apprend qu'il a dit et déclaré que « n'étant point » dans son café la journée du 21 du présent mois, » il ne pouvait sur-le-champ donner, soit à M. le » commissaire de police, soit au commandant de la » gendarmerie, connaissance des auteurs du trou- » ble qui s'éleva dans son dit café; que d'ailleurs, » lors de cette scène, se trouvait dans son café un » gendarme qui y jouait, qu'on nomme le sieur » Cap; et que depuis, il avait appris que c'était » M. Bellin, officier de santé, qui avait, dit-on, » donné deux coups de poing au sieur Brotron, » propriétaire en cette ville de Varzy, et un coup » de cravache sur la tête de ce dernier ».

» A ces mots, le commissaire de police, « en re- » tirant ses conclusions pour l'amende, conclud à » ce qu'il soit enjoint au défendeur de dénoncer à » l'avenir les hommes qui troubleront l'ordre dans

» sa maison, et, pour ne l'avoir pas fait, qu'il soit » condamné aux dépens ».

» Et le tribunal de police rend un jugement ainsi conçu : « Enjoignons au défendeur de dénon- » cer à l'avenir, soit à l'autorité locale, soit au » commandant de la gendarmerie à la résidence de » Varzy, les hommes qui , dans son café, trouble- » ront l'ordre et la tranquillité publique; et pour » ne l'avoir point fait, le condamnons, pour cette » fois seulement, aux dépens réglés à 6 francs 5 » centimes......, conformément à l'art. 1 de la loi » du 18 germinal an 7... ».

» A la lecture de ce jugement, il n'est personne qui ne fasse cette réflexion :

» Ou le sieur Delangle , en ne dénonçant pas à l'autorité publique les auteurs des troubles commis dans son café, s'était rendu coupable d'un délit emportant une peine déterminée ; ou il n'avait, par là, fait qu'une faute non prévue ni punie par la loi.

» Au premier cas, le tribunal de police devait le condamner à la peine qu'il avait encourue; et en lui faisant la remise de cette peine, il a excédé ses pouvoirs et entrepris sur la prérogative du chef de l'État.

» Au second cas, il ne pouvait pas être condamné aux dépens; et il ne faut, pour s'en convaincre, que s'arrêter aux termes de l'art. 1 de la loi du 18 germinal an 7, sur lequel le tribunal de police s'est fondé pour prononcer contre lui cette condamna- tion : *Tout jugement d'un tribunal criminel, correc- tionnel ou de police,* PORTANT CONDAMNATION A UNE PEINE QUELCONQUE, *prononcera en même temps , au profit de la république , le remboursement des frais auxquels la poursuite en punition des crimes et délits aura donné lieu.* La condamnation aux dé- pens n'est donc, selon la lettre et l'esprit de cette loi, que l'accessoire de la condamnation à une peine quelconque. Il n'y a donc de dépens à prononcer, là où il n'est infligé aucune peine.

» Dans l'exacte vérité, il ne pouvait y avoir lieu contre le sieur Delangle à aucune poursuite judi- ciaire. *Aucun acte, aucune omission* (porte l'art. 2 du Code du 3 brumaire an 4), *ne peut être ré- puté délit , s'il n'y a contravention à une loi pro- mulguée antérieurement.* Or, il n'existe aucune loi qui enjoigne, sous une peine quelconque, aux ca- fetiers, aux aubergistes, aux propriétaires ou lo- cataires de maisons ouvertes au public, de dénon- cer les auteurs des troubles qui éclatent dans ces maisons.

» Prétendre, comme l'a fait le commissaire de police dans son exploit de citation, que le sieur Delangle devait, pour n'avoir pas dénoncé ces troubles, être puni des peines portées par les nos. 7 et 8 de l'art. 605 du Code du 3 brumaire an 4, c'est un système dénué de toute espèce de fonde- ment.

» Les nos. 7 et 8 de l'art. 605 du Code du 3 brumaire an 4 ne sévissent que contre *les auteurs d'injures verbales*, que contre *les auteurs de rixes, attrou-*

pemens injurieux ou nocturnes, voie de fait et violences légères; et il est bien évident que ne pas dénoncer des injures, des rixes, des attroupemens, des voies de fait, des violences, ce n'est pas s'en constituer l'auteur.

» Ce n'est même pas s'en rendre complice : car on ne peut, aux termes de l'art. 1 du tit. 3 de la seconde partie du Code pénal du 25 septembre 1791, être réputé complice d'un crime ou d'un délit, que, ou pour avoir, *par dons, promesses, ordres ou menaces, provoqué le coupable ou les coupables à le commettre;* ou pour avoir, *sciemment et dans le dessein du crime, procuré au coupable ou aux coupables les moyens, armes ou instrumens qui ont servi à son exécution;* enfin ou pour avoir, *sciemment et dans le dessein du crime, aidé et assisté le coupable ou les coupables, soit dans les faits qui ont préparé ou facilité son exécution, soit dans l'acte même qui l'a consommé.*

» Au surplus, on conçoit très-bien que la police administrative fasse fermer un café dans lequel il se commet habituellement des troubles, faute par le propriétaire de lui en avoir dénoncé les auteurs; mais qu'un tribunal punisse ce défaut de dénonciation, même par une simple condamnation aux dépens de poursuites judiciaires que la loi défendait, c'est ce qui répugne à toutes les notions.

» Ce considéré, il plaise, à la cour, vu l'art. 456 du Code du 3 brumaire an 4, casser et annuler, dans l'intérêt de la loi, et sans préjudice de son exécution entre les parties intéressées, le jugement du tribunal de police du canton de Varzy, du 24 août 1809, dont expédition est ci-jointe; et ordonner qu'à la diligence de l'exposant, l'arrêt à intervenir sera imprimé et transcrit sur les registres dudit tribunal.

» Fait au parquet, le 6 décembre 1809. *Signé* Merlin.

» Ouï le rapport de M. Busschop.....;

» Vu les art. 456 et 605 du Code des délits et des peines, du 3 brumaire an 4.....; et l'art. 1 de la loi du 18 germinal an 7.....;

» Considérant que ni les §. 7 et 8 de l'art. 605 ci-dessus cité ni aucune loi ne prononcent une peine quelconque contre les propriétaires ou locataires des maisons ouvertes au public, qui négligent de dénoncer les auteurs des troubles qui se commettent dans ces maisons; d'où il suit qu'un pareil défaut de dénonciation ne peut être réputé délit, ni par conséquent donner lieu à la condamnation aux frais de poursuites prescrite par ledit art. 1 de la loi du 18 germinal an 7;

» Que néanmoins le sieur Delangle a été poursuivi devant le tribunal de police de Varzy, comme ayant négligé de dénoncer les auteurs des désordres qui s'étaient commis dans la maison où il exerce l'état de cafetier; et qu'à raison de cette négligence, ledit tribunal l'a condamné au remboursement des frais de la poursuite, par jugement du 24 août 1809;

» Que cette condamnation est donc un excès de pouvoir et une violation manifeste des lois ci-dessus citées;

» D'après ces motifs, la cour, faisant droit au réquisitoire du procureur-général, casse et annulle, dans l'intérêt de la loi seulement, le jugement du tribunal de police du canton de Varzy, du 24 août 1809.

» Fait et prononcé à l'audience publique de la cour de cassation, section criminelle, le 14 décembre 1809 ».

§. III. *Celui qui a fourni à une personne voulant se suicider, les instrumens nécessaires à la consommation de son projet, peut-il être puni comme complice de suicide?*

V. l'article *Suicide.*

§. IV. *La complicité d'un crime, et en général la culpabilité d'un accusé, est-elle suffisamment établie par une déclaration de jury portant que l'accusé s'est rendu* COMPLICE OU COUPABLE *de ce crime,* SOIT *de telle,* SOIT *de telle manière?*

Le 9 août 1812, le jury convoqué devant la cour d'assises du département du Nord, pour prononcer sur l'accusation portée contre François-Joseph Telle, Boniface Decaux, François Rappe, Jean-Baptiste Réal et Charles Lempereur-Cambai, prévenus, les uns d'avoir fabriqué, les autres d'avoir aidé à fabriquer, d'autres d'avoir employé de faux actes de décès et un faux acte de mariage, dans le dessein de soustraire des conscrits au service militaire, déclare 1°. que Telle et Decaux ont fabriqué les faux actes dont il s'agit, mais sans dessein criminel; 2°. que Rappe et Réal ne sont point coupables; 3°. que Lempereur-Cambai est coupable de complicité de l'un des actes faux, *soit* pour avoir sciemment provoqué l'auteur à le commettre, *ou* pour lui avoir, sciemment et dans le dessein du crime, procuré les moyens qui ont servi à son exécution; *soit* pour avoir fait usage de la pièce fausse, sachant qu'elle était fausse et dans un dessein criminel.

En conséquence, Telle, Decaux, Rappe et Réal sont acquittés, et Lempereur-Cambai est condamné à la peine des travaux forcés pour cinq ans et à la marque.

Lempereur-Cambai se pourvoit en cassation.

« Les trois moyens de cassation qui vous sont proposés par le réclamant (ai-je dit à l'audience de la section criminelle, le 12 septembre 1812), ne méritent pas une discussion sérieuse. Nous observerons seulement,

» Sur le premier, que l'art. 353 du Code d'instruction criminelle n'attache pas la peine de nullité à la disposition par laquelle il ordonne que l'examen et les débats, une fois entamés, devront être continués sans interruption, et sans aucune espèce de communication au dehors, jusqu'après la déclaration du jury inclusivement;

» Sur le second, que l'art. 338 du même Code autorisait le président de la cour d'assises à poser, d'après les débats, la question intentionnelle sur laquelle l'acte d'accusation était resté muet ;

» Sur le troisième, qu'il n'est écrit nulle part que l'acquittement de l'auteur principal d'un crime, doive emporter l'acquittement de ses complices ; et que vous avez constamment jugé le contraire.

» Mais en écartant ces moyens qui tombent évidemment d'eux-mêmes, nous devons dire un mot sur la partie de la déclaration du jury qui concerne le réclamant.

» Le jury déclare le réclamant coupable de complicité du faux imputé à Telle ; mais comment établit-il la complicité qu'il déclare ?

» Charles Lempereur, dit-il, s'est rendu complice de ce crime, SOIT *pour avoir provoqué sciemment l'auteur à le commettre; ou pour lui avoir, sciemment et dans le dessein du crime, fourni les moyens qui ont servi à son exécution;* SOIT *pour avoir fait usage de la pièce fausse, sachant qu'elle était fausse et dans un dessein criminel.*

» D'abord, il est certain que *provoquer sciemment à commettre une action criminelle,* c'est un acte qui n'est réputé crime par la loi qu'autant que la provocation a été faite par *dons, promesses; ordres, menaces, artifices ou manœuvres coupables;* et que ces circonstances manquant dans notre espèce, le réclamant n'a pas pu être condamné comme complice, pour avoir seulement provoqué *sciemment* l'auteur du faux à le commettre.

» Mais il reste à examiner si le réclamant n'a pas dû être condamné, comme il l'a été, d'après les deux faits reconnus par le jury, savoir, qu'il a, sciemment et dans le dessein du crime, fourni à l'auteur du faux les moyens qui ont servi à son exécution, et qu'il a fait usage de la pièce fausse, sachant qu'elle était fausse, et dans un dessein criminel.

» La seule raison de douter qui se présente à cet égard, c'est que les deux faits ne sont énoncés dans la déclaration du jury que dans une forme alternative ; c'est que, dès-là, il semblerait, au premier coup-d'œil, que le jury n'a pas reconnu positivement que le réclamant était coupable de ces deux faits, ni même de l'un des deux taxativement ; mais seulement qu'il était coupable ou de l'un ou de l'autre; que par conséquent il demeure incertain si c'est du premier ou du second fait que le réclamant s'est rendu coupable ; et que l'arrêt de condamnation n'a point de base certaine.

» Mais 1°. l'alternative qui se trouve dans la déclaration du jury, ne porte point sur les deux faits dont il est question : elle ne porte que sur la complicité qui est résultée de ces deux faits ; et, par-là, elle a tout l'effet d'une conjonctive expresse.

» Si un tribunal civil disait dans un jugement : *le demandeur est non-recevable, soit parceque son titre est nul, soit parceque son action est prescrite;* il ne serait assurément pas censé dire qu'il est douteux si le titre du demandeur est nul, qu'il est douteux si son action est prescrite; que seulement il est certain que, si le titre du demandeur est valable, son action est prescrite ; et que, si son action n'est pas prescrite, son titre est nul, mais il serait évidemment censé dire que le demandeur est non-recevable par deux raisons : la première, parceque son titre est vicieux ; la seconde, parceque son action est éteinte par la prescription.

» Et de même, dans notre espèce, le jury n'a pas dit simplement : *ou Charles Lempereur a aidé l'auteur du faux dans les moyens qui ont servi à son exécution; ou il a fait usage de la pièce fausse dans un dessein criminel.* Mais il a dit : *Charles Lempereur s'est rendu coupable de complicité, soit pour avoir aidé, etc., soit pour avoir fait usage, etc.;* ce qui signifie visiblement qu'il a tout à la fois aidé l'auteur du faux dans les moyens qui ont servi à l'exécution de ce crime, et fait usage de la pièce fausse, sachant qu'elle était fausse.

» 2°. Quand même l'alternative qui se trouve dans la déclaration du jury, porterait précisément sur les deux faits de complicité, la condamnation du réclamant n'en serait pas moins légale. Ni la raison ni la loi ne s'opposent à ce que le jury résolve alternativement pour l'affirmative, une question qui embrasse deux faits, quoiqu'il ne sache pas bien positivement lequel des deux est constant.

» Par exemple, si, dans l'examen d'une accusation d'assassinat, le jury acquiert la conviction de la culpabilité de l'accusé, mais doute si c'est en portant les premiers coups qu'il s'est rendu coupable, ou s'il ne s'est rendu coupable qu'en aidant une autre personne à frapper, quel obstacle y aura-t-il à ce qu'il exprime simultanément sa conviction et son doute, à ce qu'il déclare que l'accusé est coupable, ou d'avoir commis l'assassinat, ou d'avoir aidé à le commettre ? Quel obstacle y aura-t-il à ce que les juges appliquent à l'accusé la loi qui punit également et l'auteur et le Complice d'un assassinat ?

» Par ces considérations, nous estimons qu'il y a lieu de rejeter le recours en cassation de Charles Lempereur-Cambay ».

Arrêt du 12 septembre 1812, au rapport de M. Busschop, par lequel,

« Considérant, sur le premier moyen, que les débats n'ont été suspendus que pendant les intervalles déterminés par l'art. 353 du Code d'instruction criminelle ; et que, si, durant ces intervalles, des jurés ont communiqué au dehors, cette contravention, fût-elle prouvée, n'emporterait point de nullité ;

» Considérant, sur le second moyen, que les questions ont été posées d'après les faits exposés dans l'acte d'accusation et ceux qui ont pu résulter des débats, ce qui suffit pour remplir le vœu des art. 337 et 338 du Code d'instruction criminelle, dont l'exécution littérale n'est d'ailleurs prescrite à peine de nullité ;

» Considérant que la procédure est d'ailleurs

régulière, et qu'aux faits déclarés constans par le jury à la charge du réclamant, la peine a été légalement appliquée;

»D'après ces motifs, la cour rejette le pourvoi..».

Même décision dans l'espèce suivante.

Le 18 mai 1812, acte d'accusation dont le résumé est ainsi conçu : « Pourquoi le procureur » général déclare que Jacques Thuilot fils, est ac- » cusé d'avoir homicidé, de dessein prémédité, » René Loriot, son beau-père, *soit* en lui portant » un coup à la tête, *soit* en lui arrachant de vive » force l'oreille gauche, *soit* en le jetant ou le pous- » sant dans la rivière et l'y noyant ».

Le 8 septembre suivant, le président de la cour d'assises du département de la Sarthe demande au jury si « l'accusé Jacques Thuilot est coupable d'a- » voir commis, volontairement et avec préméditia- » tion, un meurtre sur la personne de René Loriot, » son beau-père, en employant plusieurs des ma- » nières et avec toutes les circonstances mention- » nées dans l'acte d'accusation »; ou s'il est « cou- » pable de s'être rendu Complice de l'auteur de ce » crime, en le provoquant à le commettre et en » l'aidant et assistant sciemment dans les faits qui » l'ont préparé et facilité ».

Le jury répond : « Oui l'accusé est coupable » d'avoir commis le crime, avec toutes les circons- » tances comprises dans la position des questions » et dans le résumé de l'acte d'accusation ».

Sur cette réponse, arrêt qui condamne Jacques Thuilot à la peine du parricide.

Jacques Thuilot se pourvoit en cassation et soutient que la déclaration du jury, d'après laquelle il a été condamné, ne présente rien de précis, rien de déterminé, et qu'elle est contradictoire.

Par arrêt du 16 octobre 1812, au rapport de M. Bauchau,

« Attendu que la réponse du jury est en harmo- nie avec la question et au résumé de l'acte d'accu- sation auquel elle se réfère; qu'elle ne présente aucune contradiction dans ses différentes parties; » La cour rejette le pourvoi.... ».

§. V. *La culpabilité d'un accusé est-elle* *suffisamment établie par une déclaration du* *jury, portant qu'il a commis tel crime, ou* *qu'il s'en est rendu Complice de l'une des ma-* *nières qui sont déterminées par l'art.* 60 *du* *Code pénal?*

Le 20 avril 1812, acte d'accusation du procu- reur général de la cour de Liége, dont le résumé est ainsi conçu : en conséquence, les susnommés » Germain Verres, Tillmann Fecter, Chrétien Vos- » senkulh, François Braun et Pierre Albert sont » accusés d'avoir, le 9 janvier dernier, vers 7 à » 8 heures du soir, fait des blessures et porté des » coups à Tillmann Schmitz, par suite desquelles » ce dernier est resté incapable de travail person- » nel pendant plus de vingt jours ».

L'affaire portée à la cour d'assises du départe-

ment de la Roër, le jury déclare Germain Verres, Chrétien Vossenkuhl, François Braun et Pierre Albert « coupables d'être *auteurs ou Complices* » des coups portés à Tillmann Schmitz, le 9 janvier » dernier, avec la circonstance que, par suite de » ces coups, il est resté incapable de travail per- » sonnel pendant plus de vingt jours ».

En conséquence, arrêt du 12 juin 1812 qui condamne les accusés à la peine de la réclusion.

Trois des condamnés se pourvoient en cassation, et disent, entre autres moyens :

« Toute déclaration du jury doit être pertinente, précise et catégorique; il faut qu'elle ne laisse au- cune ombre de doute. Or, lorsqu'il est dit : *L'ac-* *cusé est* ou *l'auteur* ou *le Complice,* la déclaration porte avec elle-même la preuve que le jury n'a pas su de quelle manière l'accusé s'est rendu coupable.

» Il est possible que les jurés aient été partagés, et sur la question de savoir si chacun des accusés était auteur, et sur la question de savoir si chacun des accusés était *Complice.* Et si ce cas s'était réalisé, les accusés auraient dû être acquittés.

» Or, qui nous répondra que les choses ne se sont pas ainsi passées » ?

Par arrêt du 10 septembre de la même année, au rapport de M. Audier-Massillon.

» Attendu que, dans les circonstances du procès où il s'agissait de coups portés à un individu par une réunion de personnes armées, la question de complicité résultait nécessairement du fait de l'ac- cusation; qu'en rapprochant la déclaration du jury de l'acte d'accusation auquel elle se rapporte, il en résultait que les accusés qui ont été déclarés au- teurs ou Complices, avaient coopéré au fait de l'accusation; et qu'il n'y a, dans la déclaration du jury, ni ambiguité, ni incertitude.... ; » La cour rejette le pourvoi.... ».

Le 5 février 1825, premier arrêt par lequel la cour d'assises de la Flandre orientale, dans le royaume des Pays-Bas, déclare, comme jury (1), que Jean-Baptiste V....., notaire, est coupable, SOIT *d'avoir soustrait les minutes de deux baux* dont il était dépositaire en sa qualité, SOIT *de* s'être rendu *Complice de cette soustraction, en* *aidant celui qui l'avait commise, dans les faits* *qui l'avaient préparée, accompagnée ou suivie.*

Et par suite, second arrêt qui applique à Jean- Baptiste V.... la disposition de l'art. 173 du Code pénal.

Jean-Baptiste V..... se pourvoit en cassation contre le second arrêt, devant la cour supérieure de justice de Bruxelles, et soutient que n'étant déclaré positivement par le premier, ni auteur ni Complice de la prétendue soustraction dont il s'a- git, il aurait dû être acquitté purement et simple- ment par la cour d'assises.

Mais par arrêt du 22 mars 1825,

« Considérant que la cour d'assises de la Flandre

(1) *V.* le *Répertoire de jurisprudence,* aux mots *juré,* *jury,* §. 6.

orientale a déclaré en fait, sur les onzième et douzième questions, que *V*.... était coupable d'avoir détourné ou soustrait, dans le courant de l'année 1824, ou auparavant, deux minutes d'actes de bail, dont il était dépositaire en sa qualité de notaire public, ou, tout au moins, d'avoir assisté, en connaissance de cause, l'auteur de la soustraction dans les faits qui ont précédé, accompagné ou suivi ce délit;

» Que cette déclaration contient, mot pour mot, le fait prévu par l'art. 173 du Code pénal, et qu'il est indifférent pour V... d'en être envisagé comme l'auteur ou comme simple Complice, puisque ce délit entraîne la même peine, dans l'un comme dans l'autre cas;

» D'où il suit que, sous ce point de vue, il était impossible de faire une fausse application de l'art. 173....;

» La cour.... rejette le pourvoi.... (1) ».

Le principe qui a déterminé ces deux arrêts, est encore justifié par celui que la cour de cassation a rendu sur le recours exercé par Louis Dermenon-Annet contre un arrêt de la cour d'assises du département de la Seine, du 30 décembre 1825, qui, par application du §. 4 de l'art. 593 du Code de commerce, l'avait condamné à la peine des travaux forcés, d'après la déclaration du jury, portant qu'il était convaincu d'avoir *supposé des dettes passives et collusoires entre lui et des créanciers fictifs, en faisant des écritures simulées,* ou, *en se constituant débiteur sans cause ni valeur, par des actes publics* ou *par des engagemens sous signature privée.*

Le condamné attaquait cet arrêt comme appliquant à faux la loi pénale, en ce que la question qui avait été proposée au jury par le président de la cour d'assises, *contenait une alternative, et que le jury avait adopté les deux hypothèses,* au lieu d'opter pour l'une ou pour l'autre.

Mais par arrêt du 18 mars 1826, au rapport de M. Bernard, et sur les conclusions de M. l'avocat-général Freteau de Pény,

« Attendu que la question étant conforme au texte du §. 4 de l'art. 593 du Code de commerce, elle a été régulière; que d'ailleurs les deux alternatives n'étant point contraires, mais pouvant exister ensemble, et étant chacune d'elles, punissable de la même peine, elles ont pu, toutes les deux, être régulièrement adoptées par les jurés...;

» La cour rejette le pourvoi.... (2) ».

Mais qu'arriverait-il si, d'après la manière dont la question aurait été proposée par le président, le jury déclarait simplement que l'accusé est coupable du fait dont il s'agit, ou qu'il en est Com-

plice, sans expliquer en quoi consiste sa complicité, et par conséquent sans constater qu'il se trouve dans l'une des circonstances prévues par l'art. 60 du Code pénal?

Dans ce cas, la déclaration du jury serait évidemment insuffisante pour appliquer aucune peine, puisque, d'une part, il serait incertain si l'accusé est l'auteur du crime ou s'il n'en est que le Complice; et que, de l'autre, en ne le supposant que Complice, on ne saurait pas si la complicité porte le caractère voulu par la loi pour qu'elle soit punissable.

De là un arrêt de la cour de cassation, du 29 juillet 1824, qui est ainsi conçu :

« Ouï le rapport de M. Brière et les conclusions de M. Freteau de Pény, avocat-général;

» Vu l'art. 410 du Code d'instruction criminelle, d'après lequel la cour de cassation doit annuller les arrêts qui contiennent une fausse application de la loi pénale....;

» Attendu que la question soumise au jury est conçue dans les termes suivans : *Joseph Gorde, accusé, est-il coupable d'être auteur ou Complice d'un faux commis en écriture authentique et publique, en fabriquant une fausse donation, à la date du 1er. février 1824, et qui avait pour but de dépouiller François Aillaud de ses biens au profit dudit Joseph Gorde et de Marguerite Aillaud, nièce du donateur;* et que la déclaration du jury porte : *Oui il est coupable;*

» Attendu que la question étant conçue en termes alternatifs, la réponse du jury se référant à la totalité et à chacune des parties de la question, dans le sens alternatif sous lequel elles sont énoncées, cette réponse ne détermine positivement la culpabilité du demandeur, ni comme auteur, ni comme Complice; que cette culpabilité peut être appliquée au fait de complicité comme à celui d'auteur direct; qu'il faudrait donc, pour que la condamnation du demandeur fût légitime, ou qu'il eût été déclaré auteur, ou s'il était déclaré Complice que la question eût porté sur un ou plusieurs des faits particuliers compris dans l'art. 60 du Code pénal, qui l'auraient constitué en état de complicité criminelle, et que le jury eût répondu affirmativement sur lesdits faits;

» Que cependant la question et la réponse n'énoncent ni ne reconnaissent constant contre le demandeur aucun de ces faits particuliers;

» Attendu que, dès-lors, la condamnation prononcée contre le demandeur par l'arrêt attaqué, n'a point eu de base légale, et qu'elle a été une fausse application de la loi pénale;

» D'après ces motifs, la cour casse et annulle la position de la question, la déclaration du jury et l'arrêt rendu le 10 juin 1824, contre Joseph Gorde, par la cour d'assises du département des Basses-Alpes,.... (1) ».

(1) Annales de jurisprudence de M. Sanfourche-Laporte, année 1825, tome 2, page 123.
(3) Bulletin criminel de la cour de cassation, tome 30, page 138.

(1) *Ibid*, tome 29, page 297.

§. VI. *La complicité d'un crime de faux est-elle suffisamment établie par une déclaration de jury portant que l'accusé est coupable de s'être prévalu de la pièce fausse ? Se* PRÉVALOIR *est-il, en ce cas, synonyme de* FAIRE USAGE?

V. l'article *Faux*, §. 7, n°. 4.

COMPLOT. *Les cours spéciales, lorsqu'elles existaient, étaient-elles compétentes pour connaître du Complot de pillage et de massacre dans une commune?*

V. l'article *Cour spéciale.*

COMPROMIS. *Avant la loi du 24 août 1790, sur l'ordre judiciaire, les Compromis qui ne contenaient point de peines, étaient-ils valables? Étaient-ils du moins résolubles à volonté, de la part d'un seul des signataires? La partie condamnée par des arbitres, pouvait-elle, par le seul paiement de la peine, rendre leur sentence comme non-avenue? Quelles différences y avait-il, sur ces trois points entre la législation romaine et la jurisprudence, tant de la Belgique que du territoire français?*

V. l'article *Peine compromissoire.*

COMPTABLE. §. I. *La cour des comptes est-elle compétente pour connaître de la demande formée contre un Comptable par sa caution, à ce qu'il ait à lui rapporter la décharge de son cautionnement ?*

V. l'article *Caution*, §. 3.

§. II. *La radiation de l'inscription hypothécaire prise par l'agent du trésor public, sur les biens de la caution d'un Comptable, peut-elle être ordonnée par un tribunal ordinaire, avant que la cour des comptes ait réglé les comptes du principal obligé?*

V. l'article *Caution*, §. 4.

COMPTE. §. I. 1°. *Conférence des lois anciennes et modernes relativement à l'erreur de Compte et aux voies à prendre pour la faire rectifier.*
2°. *Détermination du véritable sens de l'art. 541 du Code de procédure civile sur cette matière.*
3°. *Cas auxquels cet article est applicable.*
« Il ne sera procédé à la révision d'aucun » Compte ; sauf aux parties, s'il y a erreurs, omis- » sions, faux ou doubles emplois, à en former » leurs demandes devant les mêmes juges ». Voilà ce que porte l'art. 541 du Code de procédure civile.

Pour en bien saisir l'objet et l'esprit, il faut le comparer avec les lois antérieures qui s'étaient occupées des erreurs de Comptes.

Le droit romain nous offre, sur cette matière, quatre dispositions : celle de la loi 8, D. *de administratione rerum ad civitates pertinentium ;* celle de la loi 1 ; C. *de errore calculi ;* celle de la loi 1, C. *de re judicatâ ;* et celle de la loi 1, §. 1, D. *quæ sententiæ sine appellatione rescindantur.*

La loi 8, D. *de administratione rerum ad civitates pertinentium*, met en principe que l'erreur de calcul ne se couvre, ni par le laps de dix ans, ni par celui de vingt ans : *calculi erroris retractatio etiam post decennii aut vicennii tempora admittetur.*

La loi 1, C. *de errore calculi*, déclare que l'erreur de calcul ne nuit jamais à la vérité, n'importe qu'elle ne se soit glissée que dans un contrat, ou qu'elle se soit glissée dans plusieurs ; qu'ainsi, on peut toujours revenir sur un Compte, quelque nombreux que soient les réglemens qui en ont été faits, à moins qu'il n'y soit intervenu un jugement ou une transaction : *errorem calculi, sive ex uno contractu, sive ex pluribus emerserit, veritati non afferre præjudicium sæpè constitutum est ; undè rationes etiam sæpè computatas denuò tractari posse, si res judicatæ non sunt, vel transactio non intervenit, explorati juris est.*

Il semblerait, au premier abord, résulter de ce texte, que l'on ne peut jamais faire redresser une erreur de calcul qui s'est glissée dans un jugement passé en force de chose jugée, ou dans une transaction ; et ce qui paraît confirmer cette conséquence, c'est que la loi 2, C. *de re judicatâ*, défend de rétracter les jugemens sous prétexte d'erreurs de calcul : *res judicatæ, si sub prætextu computationis instaurentur, nullus erit litium finis.*

Mais la loi 1, §. 1, D. *quæ sententiæ sine appellatione rescindantur*, explique tout cela d'une manière très-précise. Elle décide qu'il n'est pas nécessaire d'appeler d'une sentence, pour faire réformer l'erreur de calcul qui s'y trouve ; ainsi, dit-elle, si le juge prononce en ces termes : *Titius doit à Seïus 50 francs pour argent prêté, et 25 francs pour dépôt ; en conséquence, je le condamne à rendre 100 francs à Seïus ;* le juge peut, en reconnaissant son erreur, la réformer lui-même. Il peut même la réformer encore, après y avoir persisté une première fois, sur la demande en redressement qui a été formée devant lui. Mais si, sur cette demande, il a déclaré qu'indépendamment de 50 francs pour argent prêté et de 25 francs pour dépôt, il était encore dû 25 francs pour une autre cause, et que, par suite, il ait maintenu la condamnation de Titius à 100 francs, l'appel deviendra indispensable, et sa sentence ne pourra être réformée que par cette voie : *Item, si calculi error in sententiâ esse dicatur, appellare necesse non est ; veluti si judex itâ pronunciàverit :* CUM CONSTAT TITIUM SEIO EX ILLA SPECIE QUIN-QUAGINTA, ITEM EX ILLA SPECIE VIGINTI QUINQUE DE-BERE, IDCIRCÒ TITIUM SEIO CENTUM CONDEMNO ; *nma quoniam error computationis est, nec appellare necesse est, et citrà provocationem corrigitur. Sed et si hujus quæstionis judex sententiam centum confirmaverit,'si quidem ideò quòd quinquaginta et viginti quinque fieri centum putaverit, adhuc idem error computationis est, nec appellare necesse est; si verò ideò quoniam et alias species viginti quinque fuisse dixerit, appellationi locus est.*

En combinant cette loi avec les deux précédemment citées, les interprètes, et notamment Godefroy, Tulden et Brunneman, sur le tit. 5 du liv. 2 du Code, en ont tiré trois conséquences :

La première, qu'un jugement ne peut être redressé pour cause d'erreur de calcul, qu'autant que l'erreur de calcul y est exprimée en toutes lettres, comme elle l'est effectivement dans l'exemple de ce juge qui dit : *Titius doit* 5o *francs d'une sorte, et* 25 *francs d'une autre sorte; donc il doit* 100 *francs;*

La seconde, qu'il en est, à cet égard, d'une transaction comme d'un jugement; et que, par suite, il faut que l'erreur de calcul soit matérielle et patente dans une transaction, pour qu'elle ne soit pas couverte par la transaction même;

La troisième, que le jugement et la transaction dans lesquels s'est glissée une erreur de calcul matérielle et patente, ne doivent être redressés que dans le chef sur lequel est tombée cette erreur; et qu'ils doivent, pour le surplus, avoir leur plein effet.

Les mêmes interprètes conviennent néanmoins que l'on doit assimiler à une erreur de calcul matérielle et patente, ou, en d'autres termes, à une erreur de calcul littéralement exprimée dans le jugement, l'erreur de calcul que le juge commet en se référant à des actes qui renferment une erreur de ce genre : *idem est,* dit Brunneman, en citant un grand nombre de docteurs qui enseignent la même chose, *si sententia expressè errorem non exprimat, sed ad acta se referat, in quibus error calculi expressus habetur.*

Voilà quelle était, sur les erreurs de Compte, la jurisprudence établie par les lois romaines, lorsqu'a paru l'ordonnance de 1667.

Cette ordonnance renfermait, sur *la reddition des Comptes,* un titre qui a servi de modèle à notre Code de procédure : c'était le 29e; et l'on y remarquait deux dispositions ainsi conçues :

Art. 20. *Le jugement qui interviendra sur l'instance de Compte, contiendra le calcul de la recette et de la dépense, et formera le reliquat précis, s'il y en a aucun.*

Art. 21. *Ne sera ci-après procédé à la révision d'aucun Compte; mais s'il y a des erreurs, omissions de recette ou faux emplois, les parties pourront en former leurs demandes ou interjeter appel de la clôture des Comptes, et plaider leurs prétendus griefs en l'audience.*

Ce dernier article s'accordait parfaitement avec les lois romaines, en ce qu'il permettait de se pourvoir, pour erreur de calcul, en redressement du Compte devant le même juge qui l'avait arrêté, sans que les autres chefs du jugement en souffrissent aucune atteinte; et il n'y dérogeait pas en ce qu'il permettait aussi d'appeler, pour la même cause, de la clôture du Compte; car les lois romaines ne faisaient, en pareil cas, que dispenser de l'appel; elles ne l'interdisaient pas : *appellare necesse non est.*

Mais n'allait-il pas plus loin que les lois romaines, quant à la détermination des cas où il y aurait lieu à la demande en redressement de Compte?

Les lois romaines n'ouvraient cette voie qu'en cas d'erreur de calcul, *error calculi, error computationis.* L'article cité de l'ordonnance de 1667 l'ouvrait en cas *d'erreurs, omissions de recette ou faux emplois.* Ces mots *erreurs, omissions de recette ou faux emplois,* étaient-ils, dans l'ordonnance de 1667, synonymes de ce que les lois romaines appelaient *error computationis, error calculi?*

Une preuve qu'ils l'étaient effectivement, c'est que, dans le procès-verbal de l'ordonnance de 1667, nous voyons les mots *erreur de calcul* employés comme désignant collectivement tous les objets compris dans l'article dont il s'agit : *M . le premier président* (y lisons-nous) *a dit que cet article est impossible dans son exécution, et qu'une erreur de calcul ne se plaide point à l'audience.*

Mais cette preuve n'est pas la seule.

D'abord, on ne peut pas raisonnablement supposer que, dans l'art. 21, l'ordonnance de 1667 ait entendu, par le mot *erreurs,* toutes les erreurs possibles dont un plaideur obstiné aurait pu arguer l'arrêté de Compte. Donner à ce mot une acception indéfinie, c'eût été autoriser à reproduire, par une simple demande en redressement, des articles de recette ou de dépense qui auraient été rejetés après discussion spéciale; c'eût été enlever à la *chose jugée* toute son autorité; c'eût été éterniser les procès. Il est bien plus simple de dire que l'art. 21 ne parle *d'erreurs* que par relation à l'article qui le précède immédiatement, et que par conséquent il ne parle que d'erreurs qui peuvent se glisser dans le calcul que l'article précédent oblige le juge de faire de la recette, de la dépense et du reliquat.

En second lieu, quel effet produisent, dans l'arrêté d'un Compte, les *omissions de recette?* Elles y produisent nécessairement une erreur de calcul; car la recette y est d'autant moins forte, que les omissions le sont davantage. Il est vrai que cette erreur de calcul n'est pas, pour parler le langage des interprètes du droit romain, *exprimée* dans l'arrêté de Compte; mais l'arrêté de Compte se réfère aux articles du chapitre du Compte qui détaillent la recette; il suppose donc, et que rien ne manque matériellement à ces articles, et que le montant de chacun de ces articles a été reporté exactement dans le relevé général qui forme l'arrêté de Compte même. Il y a donc erreur virtuellement matérielle dans l'arrêté de Compte, s'il manque matériellement quelque article dans le chapitre de recette, ou si quelque article du même chapitre est omis dans le relevé général que l'arrêté de Compte en contient. L'omission de recette est donc, à proprement parler, une *erreur de calcul*. L'art. 21 de l'ordonnance de 1667 n'ajoutait donc rien aux lois romaines, en comprenant l'*omission de recette* dans sa disposition.

Troisièmement, qu'est-ce que le *faux emploi* dans un Compte? Encore une erreur matérielle de calcul, et rien de plus.

En effet, il y a faux emploi dans un compte, lorsqu'une fausse pièce de comptabilité y est employée comme vraie, et lorsqu'une pièce de comptabilité vraie en elle-même, est employée dans un compte auquel elle est étrangère, comme, par exemple, si un tuteur employait comme pièce de dépense pour les affaires de son pupille, l'état des frais d'un procès qu'il aurait soutenu pour ses affaires personnelles.

Dans l'un et l'autre cas, le juge, en arrêtant la dépense du compte, se réfère nécessairement à une pièce qui n'a grossi cette dépense que par l'effet d'une erreur matérielle. La chose revient donc au même que si cette erreur était exprimée dans l'arrêté de la dépense. Cette erreur n'est donc alors qu'une erreur de calcul, dans le sens des lois romaines. L'art. 21 de l'ordonnance de 1667 n'ajoutait donc également rien aux lois romaines, en comprenant les *faux emplois* dans sa disposition.

Mais ce qu'il importe singulièrement de remarquer, c'est que l'art. 21 de l'ordonnance de 1667 ne distinguait nullement entre le cas où l'erreur de compte provenait du fait de l'une des parties, et le cas où elle provenait du fait du juge; c'est qu'il permettait, dans l'un comme dans l'autre, de demander la réparation de l'erreur devant le même juge qui avait statué sur l'instance de compte. Témoin Jousse qui, sur cet article même, dit : « Si l'erreur ou omission est de la part du » rendant dans le compte par lui présenté, il doit » la faire réformer à ses dépens ; mais *si cette erreur vient de la part du juge*, elle doit être réformée aux dépens de celui qui vient à succomber, ou du moins il faut compenser les dépens » à cet égard, à moins qu'il n'eût été contestée » mal à-propos, auquel cas ce serait aux dépens » de celui qui aurait donné lieu à cette contesta-» tion ». Les nouveaux éditeurs de Denisart disent la même chose, au mot *Compte*, §. 2, n°. 12.

Et de là suit une conséquence fort intéressante : c'est que l'erreur du juge qui, dans le relevé général du chapitre de recette, omet un article quelconque au préjudice du rendant, ne doit pas, dans l'esprit de l'ordonnance de 1667, être considérée comme une simple *omission de prononcer* qui donne lieu à la requête civile ; mais qu'elle forme une ouverture de redressement, qui peut être proposée devant le même juge, et que le même juge peut la réparer par un nouveau jugement.

Si, de l'ordonnance de 1667, on passe au Code civil, qu'y trouve-t-on sur la matière qui nous occupe en ce moment? Un seul article, et c'est le 2058e : *l'erreur de calcul dans une transaction*, y est-il dit, *doit être réparée*.

Et cet article que signifie-t-il?

Incontestablement il signifie que quelque respectable, quelque sacrée que soit une transaction, elle ne peut pas empêcher la réparation des erreurs de calcul matérielles et patentes qui s'y trouvent ; en sorte que si, par une transaction, Pierre reconnaît devoir à Paul 50 francs pour argent prêté, et 25 francs pour dépôt, et s'oblige en conséquence à lui rembourser 100 francs, l'obligation de Pierre sera, sur la demande en redressement de Paul, réduite à 75 francs, sans préjudice de la pleine exécution des autres clauses de la transaction.

Mais il signifie quelque chose de plus : il signifie encore que, si, sur un Compte dont la recette est diminuée par des *omissions*, ou la dépense grossie par de *faux emplois*, il intervient une transaction qui suppose la recette et la dépense intégralement renseignées dans le Compte, cette supposition pourra être attaquée, et que, s'il est prouvé qu'un article de recette a été omis, ou qu'un article de dépense a été faussement employé par le comptable, le tort que cette erreur matérielle aura causé à l'autre partie, sera réparé, à moins que la transaction n'ait porté spécialement sur les *omissions de recettes* ou les *faux emplois*.

Et cela ne résulte pas seulement du principe que les omissions de recette et les faux emplois constituent, à proprement parler, des erreurs de calcul ; cela résulte encore d'un autre principe beaucoup plus général, et qui est écrit dans l'art. 2049 du Code civil, savoir, que *les transactions ne règlent que les différends qui s'y trouvent compris* ; car il est bien évident qu'une transaction faite sur un Compte tel qu'il est présenté, et qui n'est pas argué, soit d'omissions dans la recette, soit de faux emplois, ne peut être censée porter, ni sur des articles de recette que le Compte ne comprend pas, ni sur de faux emplois qui, à raison de leur fausseté même, sont étrangers au Compte, quoiqu'ils y figurent matériellement.

D'après ce tableau de toutes les lois qui, avant le Code de procédure, se sont occupées d'objets analogues à celui de l'espèce actuelle, il ne sera pas difficile de nous fixer sur le sens de l'art. 541 de ce Code.

L'art. 541 du Code de procédure a cela de commun avec l'art. 21 du tit. 29 de l'ordonnance de 1667, qu'il est, comme celui-ci, précédé d'une disposition qui veut que le jugement rendu sur l'instance de Compte, contienne le calcul de la recette et de la dépense, et fixe le reliquat.

Il a encore cela de commun avec le même article, qu'il ne permet de procéder à la révision d'aucun Compte, sauf aux parties, dans les cas qu'il détermine, à se pourvoir en redressement devant les mêmes juges.

Et il en diffère seulement quant à la détermination de ces cas : il en diffère seulement, en ce qu'au lieu de dire *s'il y a erreurs, omissions de recette ou faux emplois;* il dit : *s'il y a erreurs, omissions, faux ou doubles emplois;* en ce qu'il substitue le simple terme *omissions,* aux mots *omissions de recette;* et en ce qu'il ajoute aux *doubles emplois,* les *faux emplois.*

Mais il est aisé de sentir que cette différence est purement nominale, qu'elle n'apporte aucun changement réel au fond de l'art. 21 du tit. 29 de l'ordonnance de 1667, et que, dès-là, tout ce que nous avons dit sur l'art. 21 du tit. 29 de l'ordonnance de 1667, reçoit une application directe et entière à l'art. 541 du Code de procédure.

En effet, qu'importe premièrement que, dans l'art. 541 du Code de procédure, le mot *erreurs,* au lieu d'être suivi, comme dans l'ordonnance de 1667, des mots *omissions de recette* et *faux emplois,* soit suivi des mots *omissions* et *faux ou doubles emplois?*

Il n'en est pas moins certain que, dans l'art. 541 du Code de procédure, le mot *erreurs* ne peut, comme dans l'ordonnance de 1667, s'entendre que des *erreurs de calcul.* Cela résulte de la relation qui existe entre cet article et le précédent, comme cela résultait, dans l'ordonnance de 1667, de la relation parfaitement semblable qui existait entre l'art. 20 et l'art. 21 du tit. 29; et la cour de cassation l'a ainsi jugé, de la manière la plus positive, par un arrêt dont voici l'espèce.

En floréal an 3, les sieurs Enfantin achètent une maison du sieur Lecarpentier.

En floréal an 7, le sieur Lecarpentier se pourvoit en rescision pour lésion d'outre-moitié.

La rescision prononcée, les sieurs Enfantin offrent le supplément du juste prix.

Le 23 août 1811, arrêt de la cour de Paris, qui règle ce supplément, et en ordonne la compensation avec ce qui est dû aux sieurs Enfantin, pour avoir payé, à l'acquit du sieur Lecarpentier, les intérêts d'un douaire de 100,000 francs dû à la dame Thoinard de Jouy.

De là une instance de Compte entre les mêmes parties.

Le sieur Lecarpentier demande, par des conclusions précises, que les intérêts dont il doit faire état aux sieurs Enfantin, soient calculés sur le pied de 4 pour 100, à raison de la retenue des impositions; et il établit son Compte de manière que les sieurs Enfantin restent ses débiteurs.

De leur côté, les sieurs Enfantin, sans s'expliquer sur le taux des intérêts dont le sieur Lecarpentier doit leur faire état, signifient des conclusions dont le résultat les constitue créanciers de celui-ci.

Le 31 août 1812, arrêt contradictoire qui, adoptant, pour les intérêts du douaire de la dame Thoinard de Jouy, le calcul proposé par le sieur Lecarpentier, réduit ces intérêts à 4 pour 100; déclare le sieur Lecarpentier créancier des sieurs Enfantin, et fixe la somme dont les sieurs Enfantin sont reliquataires.

Les sieurs Enfantin, poursuivis pour le paiement de cette somme, se pourvoient en redressement de Compte devant la cour de Paris, et soutiennent que c'est par une erreur de calcul que les intérêts du douaire n'ont été comptés qu'à 4 pour 100.

Le sieur Lecarpentier répond 1°. que ces intérêts ont dû être comptés comme ils l'ont été; 2°. que, s'il y a erreur à cet égard, ce n'est point une erreur de calcul, mais un mal-jugé au fond, et que l'arrêt, tel qu'il est, ne peut pas être réformé par les magistrats qui l'ont rendu.

Le 27 novembre suivant, arrêt qui, *attendu que la différence entre les intérêts portés dans les Comptes respectifs, n'est qu'une erreur de calcul toujours réparable,* ordonne que les intérêts dont il s'agit seront comptés sur le pied de 5 pour 100, sans retenue des impositions.

Mais le sieur Lecarpentier se pourvoit en cassation; et par arrêt contradictoire du 8 juin 1814, au rapport de M. Oudot,

« Vu l'art. 80 de la loi du 27 ventôse an 8, et l'art. 480 du Code de procédure civile;

» Attendu que Lecarpentier a demandé à la cour de Paris que les intérêts du capital du douaire de la femme Thoinard de Jouy, dont il devait faire état aux frères Enfantin, fussent réglés au taux de 4 pour 100, à cause de la retenue des impositions; que ses conclusions relatées dans l'arrêt du 31 août, sont d'ailleurs conformes à ce qui est énoncé sur ces intérêts dans un Compte fait entre les avoués de la direction Thoinard de Jouy, et Marcel Enfantin, au nom de ses frères, devant Fleury, notaire, le 10 février 1806, et encore dans une quittance donnée par les agens de la direction Thoinard, aux frères Enfantin, le 31 août 1807, où ces mêmes intérêts sont calculés à 4 pour 100, comme étant sujets à la retenue du cinquième, desquels Compte et quittance extrait délivré par le notaire Fleury, le 23 juillet 1812, a été produit au procès et rappelé dans l'arrêt du 31 août 1812;

» Qu'il résulte du rapprochement de ces conclusions, du Compte et de la quittance sus-énoncés, avec le dispositif de l'arrêt qui a adopté le calcul des intérêts présenté par Lecarpentier à 4 pour 100 du capital du douaire, que la cour de Paris a jugé, en droit, le 31 août 1812, que la retenue des impositions devait avoir lieu; en conséquence, que ces intérêts devaient être comptés sur le pied de 4 pour 100, depuis le 19 juillet 1796, jusqu'au 1er. septembre 1812; d'où il suit que la même cour n'a pu, par son arrêt du 27 novembre 1812, réformer cette décision, sous prétexte que la fixation de ces mêmes intérêts était une erreur de calcul, sans excéder ses pouvoirs, et sans contrevenir à la disposition de l'art. 480 du Code de procédure qui prescrit les seules causes pour lesquelles on peut faire rétracter un arrêt contradictoire ;

» La cour casse et annulle...... ».

Qu'importe, en second lieu, que, dans l'art. 541 du Code de procédure, on lise, au lieu des mots *omissions de recette*, le simple mot *omissions* ?

On peut bien sans doute conclure de là que les *omissions de dépense* sont, quant à l'objet de l'art. 541, sur la même ligne que les *omissions de recette* ; et rien n'est plus juste : en étendant ainsi aux *omissions de dépense*, la disposition que l'ordonnance de 1667 n'appliquait littéralement qu'aux *omissions de recette*, l'art. 541 du Code de procédure n'a véritablement rien ajouté à cette disposition, il n'a fait que la développer, il n'a fait qu'en déclarer l'esprit.

Mais assurément on ne peut pas, de ce que le mot *omissions* se trouve isolé dans l'art. 541, conclure que, dans l'art. 541, le mot *omissions* désigne autre chose que des omissions de recette et de dépense, c'est-à-dire, des erreurs de calcul ; on ne peut pas en conclure surtout que, si le jugement sur l'instance de Compte, omet d'adjuger à l'une des parties une demande qui ne rentrait ni dans la recette ni dans la dépense, cette partie puisse l'attaquer autrement que par requête civile ; on peut encore bien moins en conclure que, si le jugement sur l'instance de Compte, met expressément hors de cour sur toutes les demandes qu'il n'adjuge pas, on puisse, sans contrevenir ouvertement à l'autorité de la chose jugée, reproduire, par une simple requête en redressement, la demande qu'il a ainsi implicitement rejetée.

Qu'importe enfin que, dans l'art. 541, on lise, au lieu des mots *faux emplois*, les mots *faux ou doubles emplois* ?

Les *doubles emplois* sont encore bien plus manifestement que les *faux emplois*, des erreurs de calcul. L'art. 21 du tit. 29 de l'ordonnance de 1667 comprenait donc les *doubles emplois* sous l'expression générale d'*erreurs*. C'est donc par surabondance que l'art. 541 du Code de procédure ajoute les *doubles emplois* aux *faux emplois*. Il n'y a donc, sur ce point comme sur les autres, aucune différence réelle entre l'art. 541 du Code de procédure et l'art. 21 du tit. 29 de l'ordonnance de 1667.

§. II. *La disposition de l'art.* 541 *du Code de procédure civile est-elle applicable aux Comptes qui se rendent en matière commerciale ? L'est-elle aux Comptes courans entre négocians ?*

V. l'article *Compte courant*, §. 2.

§. III. *Questions relatives aux Comptes de tutelle.*

V. l'article *Tuteur*, §. 3.

4e. édit., Tome II.

COMPTE COURANT. §. I. *Qu'est-ce qu'un Compte courant? Peut-on considérer comme débiteur par Compte courant, dans le sens de l'art.* 22 *de la loi du* 16 *nivôse an* 6, *le banquier qui a eu en mains les fonds d'un correspondant, exigibles à la volonté de celui-ci, en traites à trois usances, et portant intérêts? Dans quels cas un débiteur par Compte courant est-il rétentionnaire des fonds de son correspondant ?*

Ces questions et deux autres qui sont indiquées sous les mots *Appel*, §. 14, art. 1, n°. 16-5°., et *Ratification*, §. 1, se sont présentées à l'audience de la cour de cassation, section civile, le 8 germinal an 11. Voici les conclusions que j'ai données sur la cause qui les avait fait naître.

« Le jugement du tribunal d'appel de Paris, qui vous est dénoncé par les héritiers Vanoverstraeten, a-t-il, au fond, violé ou faussement appliqué les dispositions de la loi du 16 nivôse an 6, concernant les Comptes courans ?

» A-t-il, dans la forme, contrevenu à l'art. 7 de la loi du 3 brumaire an 2 ?

» Telles sont les deux questions, les deux seules questions, que vous avez à examiner dans cette affaire ; car il n'est ni dans votre intention ni dans votre pouvoir de discuter le moyen de prétendue *injustice évidente*, sur lequel s'appuient en outre les héritiers Vanoverstraeten ; et nous devons ajouter que la discussion de ce moyen, si elle pouvait avoir lieu devant vous, ne tournerait vraisemblablement pas à leur avantage.

» Nous ne dirons qu'un mot sur la question de forme. Le tribunal d'appel de Paris ne pourrait avoir violé l'art. 7 de la loi du 3 brumaire an 2, qu'autant qu'il eût prononcé sur des *demandes* non formées en première instance ; et dans l'espèce, il est évident que ce n'est pas comme *demandes*, mais comme *exceptions*, comme *moyens de défense*, que doivent être considérées les conclusions que les défendeurs ont successivement prises, tant en cause principale qu'en cause d'appel. Il importe donc peu que les défendeurs aient pris en cause d'appel des conclusions additionnelles à leurs conclusions de première instance, et que le tribunal d'appel ait fait droit sur les unes comme sur les autres. Il n'y a en cela rien que de régulier, rien qui blesse la loi du 3 brumaire an 2, rien qui ne soit conforme à votre jurisprudence constante.

» La contestation se trouve donc réduite à la première des deux questions que nous avons annoncées, à celle de savoir si l'art. 22 de la loi du 16 nivôse an 6 a été violé ou faussement appliqué par le tribunal d'appel de Paris ; et à cet égard, vous savez

» Que, par le Compte courant du 31 décembre 1791, il est prouvé que, pendant cette année et la précédente, les cit. Tourton et Ravel faisaient à Paris tous les recouvremens qui appartenaient à François Vanoverstraeten, de Bruxelles ; qu'ils les tenaient à sa disposition, et qu'il tirait sur eux à volonté, pour en faire arriver le montant dans sa caisse ;

» Qu'au 13 décembre 1791, les cit. Tourton et Ravel se sont trouvés , par le résultat du Compte courant arrêté à cette époque, débiteurs de François Vanoverstraeten, d'une somme de 100,730 livres 15 sous 6 deniers ;

» Qu'à la même époque, il a été convenu entre les parties que la maison Tourton et Ravel ne pourrait pas rembourser Vanoverstraeten avant le 1er. janvier 1794 ; que néanmoins Vanoverstraeten pourrait se faire rembourser par traites à trois usances, quand il lui plairait, et à concurrence de telle somme qu'il jugerait à propos ; que, jusqu'au 1er. janvier 1794, la maison Tourton et Ravel lui paierait l'intérêt à 4 pour 100, du capital qu'elle avait ou qu'il lui laisserait entre les mains ; et que l'intérêt cesserait de courir au 1er. janvier 1794, si alors la maison Tourton et Ravel lui offrait son remboursement ;

» Que, le 1er. février 1793, Vanoverstraeten, usant de la faculté qu'il s'était réservée de disposer de ses fonds, tira sur la maison Tourton et Ravel une somme de 31,000 livres, en lettres de change à trois mois, qui furent acceptées et payées ;

» Que, le 11 décembre suivant, la maison Tourton et Ravel écrivit à Vanoverstraeten, que *les circonstances générales du commerce leur faisant désirer de liquider leurs anciennes affaires, ils lui appliquaient et tenaient à sa disposition* sept billets de la compagnie d'assurance sur la vie, payables au 1er. janvier 1797, et qui formaient, à 209 livres 13 sous près, le solde de son Compte courant ; et que, pour lui faire pressentir les motifs qui les avaient déterminés à employer ainsi ses fonds, ils ajoutèrent : *cet arrangement conciliant votre avantage et nos convenances, vous voudrez bien l'agréer ; vous avez sans doute appris la fin tragique de Vandenyver et ses deux fils. Nous apprendrons avec plaisir que vos Comptes avec eux soient soldés* ;

» Que, le lendemain, 12 décembre 1793, les cit. Tourton et Ravel réitérèrent cet avertissement à Vanoverstraeten, en lui envoyant la copie des sept billets de la compagnie d'assurance sur la vie, que l'on avait omis de joindre à leur lettre de la veille ;

» Qu'un mois après , le 13 janvier 1794, les cit. Tourton et Ravel ne recevant point de réponse, et craignant que leurs lettres des 11 et 12 décembre 1793 n'eussent été interceptées, en envoyèrent copie à Vanoverstraeten, et lui exprimèrent en ces termes les motifs de leur conduite : *nous vous réitérons les propositions que renferment nos deux lettres ; elles tiennent d'autant plus à notre satisfaction, ainsi qu'à votre intérêt et sûreté, que les défenses très-rigoureuses de rien payer aux étrangers en guerre avec nous, soit par traites, remises, ou de toute autre manière, nous interdiraient toute voie directe de liquidation ; et , dans cette catégorie, nous avons préféré, à tout*

événement, d'affecter un gage spécial à votre avoir en nos mains ;

» Que cette lettre resta sans réponse comme les deux précédentes ; et qu'il en fut de même d'une quatrième, du 4 avril 1795, qui les confirmait toutes ; que cependant Vanoverstraeten les avait reçues , puisqu'il les a depuis représentées ;

» Que, le 19 mai suivant, Vanoverstraeten leur écrivit sur un autre objet , et garda le plus grand silence sur les quatre lettres dont nous venons de parler ;

» Que les cit. Tourton et Ravel, en lui répondant sur cet objet, le 29 du même mois, ajoutèrent ce qui suit : *quoique vous ne fassiez aucune mention de nos lettres des 11, 12 décembre, 13 janvier et 4 avril, nous nous persuadons néanmoins que vous les aurez reçues ; les trois premières avaient trait au réglement de nos Comptes, que vous aurez sans doute trouvés d'accord et en règle* ;

» Que la loi du 18 messidor an 2 ayant obligé les détenteurs de fonds ou d'effets appartenans aux habitans des pays en guerre avec la république, de les déposer dans les caisses nationales, les cit. Tourton et Ravel déposèrent, le 8 fructidor an 2, entre les mains du receveur de l'enregistrement de leur domicile, les sept billets qu'ils avaient précédemment annoncé à Vanoverstraeten, avoir pris pour son Compte, de la compagnie d'assurance sur la vie ;

» Que plusieurs années se passèrent sans que Vanoverstraeten leur donnât aucun signe d'existence ;

» Qu'en l'an 7 seulement, il les fit assigner au tribunal de commerce de Paris, en paiement *du solde de son Compte courant* ; solde qu'il faisait consister 1°. en une somme de 43,932 francs, représentant, d'après le tableau de dépréciation du département de la Seine, celle de 69,730 francs 77 centimes, qu'ils lui devaient en capital , au cours du 31 décembre 1792 ; 2°. en une autre somme de 10,984 francs 40 centimes, qu'il prétendait lui être due pour intérêts, à compter du même jour 31 décembre 1792 , jusqu'à celui de la demande ;

» Que, de leur côté, les cit. Tourton et Ravel offrirent de payer à Vanoverstraeten le solde de son Compte courant en assignats, ou en valeurs représentant les assignats à l'époque de leur démonétisation ; et que, se fondant sur l'art. 22 de la loi du 16 nivôse an 6, ils soutinrent Vanoverstraeten non-recevable dans toute prétention ultérieure ;

» Que, par jugement du 8 messidor an 7, le tribunal de commerce de Paris prononça en faveur de Vanoverstraeten, sur le fondement que, par leur convention du mois de décembre 1791 , les parties avaient cessé d'être en relation de Compte courant ; qu'il n'avait plus, dès-lors , existé entre elles qu'un contrat de prêt à intérêt ; que les cit. Tourton et Ravel ne justifiaient pas avoir, conformément à la loi dont ils excipaient , averti Vanoverstraeten, le 1ᵉʳ. janvier 1794, ni depuis; qu'ils n'entendaient plus user de la faculté qu'il leur avait laissée de garder ses fonds, moyennant un intérêt de 4 pour 100, et qu'ils les tenaient à sa disposition; enfin, que Vanoverstraeten n'ayant pas répondu aux lettres par lesquelles les cit. Tourton et Ravel lui annonçaient l'application qu'ils lui avaient faite de sept billets de la compagnie d'assurance sur la vie, on ne pouvait pas dire qu'il l'eût acceptée ni par conséquent la lui opposer;

» Mais que les cit. Tourton et Ravel ayant appelé de ce jugement, le tribunal d'appel de Paris en a rendu un, le 19 pluviôse an 9, par lequel, d'après l'art. 22 de la loi du 16 nivôse an 6, il a déclaré suffisantes les offres qu'ils avaient faites en première instance, si mieux n'aimait Vanoverstraeten, ainsi qu'ils y avaient conclu en cause d'appel, accepter les sept billets de la compagnie d'assurance sur la vie, avec l'appoint légal; ce qu'il serait tenu d'opter dans le mois, sinon déchu de l'option;

» Et qu'enfin, c'est sur la demande en cassation de ce jugement, que vous avez à statuer.

» A-t-il violé et faussement appliqué l'art. 22 de la loi du 16 nivôse an 6? Telle est, nous l'avons déjà dit, la seule question que vous présente cette demande. Mais cette question est complexe, et elle en renferme véritablement deux:

» La première, si les cit. Tourton et Ravel ont été, après la convention du mois de décembre 1791, en relation de Compte courant avec Vanoverstraeten;

» La deuxième, si depuis et jusqu'à la démonétisation des assignats, ils ont tenu constamment à la disposition de Vanoverstraeten, la somme qu'ils lui devaient.

» Pour décider la première de ces questions, il est essentiel de bien connaître ce qu'a entendu par Compte courant, l'art. 22 de la loi du 16 nivôse an 6.

» Sans contredit, la loi a entendu ces mots dans le sens que leur avait attribué l'usage général du commerce et de la banque. Si elle y avait attaché une signification différente, elle nous en aurait avertis; et de cela seul qu'elle ne l'a point fait, il résulte nécessairement que nous devons donner à ces expressions toute la latitude qu'elles ont dans le langage des négocians et des banquiers.

» Ce qui, d'ailleurs, fortifie singulièrement cette conséquence, c'est, et nous le savons tous, que l'article dont il s'agit n'a été décrété que sur les pétitions multipliées des négocians et des banquiers eux-mêmes, et qu'il a eu surtout pour but de prévenir la ruine entière du commerce et de la banque de Paris.

» Or, dans l'usage général du commerce et de la banque, on appelle Compte courant, le tableau des lettres de change que les négocians et les banquiers tirent les uns sur les autres, et des remises qu'ils se font réciproquement.

» Dans l'usage général du commerce et de la banque, deux négocians sont en état de Compte courant, lorsque l'un est débiteur envers l'autre d'un capital dont celui-ci a commencé de disposer ou dont il peut disposer encore par la suite.

» En un mot, dans l'usage général du commerce et de la banque, il y a Compte courant toutes les fois qu'il y a débit et crédit, toutes les fois qu'il y a doit et avoir.

» D'après cela, nul doute que les cit. Tourton et Ravel, d'une part, et François Vanoverstraeten, de l'autre, n'aient été en état de compte courant, avant leur convention du mois de décembre 1791.

» Mais ont-ils cessé de l'être après cette convention? Oui, répondent les demandeurs; car, par l'effet de cette convention, les cit. Tourton et Ravel ont perdu, pour deux ans, la faculté de rembourser les fonds de Vanoverstraeten; par l'effet de cette convention, les fonds de Vanoverstraeten n'ont été exigibles de sa part qu'en traites à trois usances; par l'effet de cette convention, les fonds de Vanoverstraeten ont produit des intérêts à quatre pour cent.

» Mais où est-il écrit que l'état de Compte courant est incompatible avec toutes ces circonstances?

» Encore une fois, c'est l'usage du commerce et de la banque qui doit ici décider.

» Or, les cit. Tourton et Ravel ont produit au tribunal d'appel trois parères, datés du 16 pluviôse an 9, signés de quarante-cinq banquiers, négocians et agens de change, et portant « que » ce qui constitue un Compte courant, ce qui en » forme les élémens, ce sont les traites que les né- » gocians font les uns sur les autres, ou les remises » qu'ils se font réciproquement; qu'à quelque date » ou échéance que soient les traites ou remises, » elles sont portées au Compte courant dont elles » font partie nécessaire, et que ce Compte courant » continue et ne cesse de subsister, que lorsque les » parties sont définivement quittes ensemble ».

» Les cit. Tourton et Ravel produisent encore un parère daté du 13 pluviôse dernier, et signé de trente banquiers et négocians qui certifient, « qu'un Compte courant se compose de toutes les » sommes qui doivent être portées au débit ou » au crédit; que, d'après ce, l'on porte au crédit » toutes les sommes reçues et toutes les remises, » et au débit du Compte courant toutes les sommes » payées et toutes les traites, à telle échéance » qu'elles soient faites; — Que presque tous les » Comptes courans portent intérêt à un taux qui » se règle de gré à gré entre négocians; — Qu'à » la fin de chaque année, les banquiers ou né- » gocians envoient à chacun de leurs correspon- » dans l'extrait du courant, auquel est joint le » calcul des intérêts convenus; qu'à la fin du compte, » est indiqué le solde du Compte courant; que cela » se pratique d'année en année, jusqu'à ce que les » comptes soient réglés et terminés; — Qu'un » compte de la nature ci-dessus désignée, et réu- » nissant toutes ces circonstances, est si positi-

» vement un Compte courant, qu'il n'y a même
» pas dans le commerce d'autre mot usité pour
» l'exprimer ».

» Nous savons bien qu'en général; on doit se
défier des parères des négocians et banquiers, et
qu'il n'est pas rare d'en voir produire de contraires
sur les questions les plus simples.

» Cependant lorsqu'ils sont uniformes, non sur
une question de droit proprement dite, mais sur
un point d'usage, lorsque la partie à laquelle on
les oppose, n'en rapporte aucun pour les combattre, ils doivent être d'un grand poids dans la
balance de la justice; et il faudrait de bien fortes
raisons pour que la justice n'y ajoutât pas une
pleine foi.

» Ici, d'ailleurs, non-seulement les demandeurs
n'ont aucun parère à opposer à ceux que vous présentent les cit. Tourton et Ravel; mais leur auteur
lui-même, François Vanoverstraeten, a reconnu
à l'avance l'exactitude de ces parères, et son propre
témoignage vient se joindre à ceux qui ont formé,
l'une des bases du jugement attaqué.

» Vous vous rappelez, en effet, que, le 1er. février 1793, Vanoverstraten écrivait en ces termes
à la maison Tourton et Ravel : « ayant besoin d'une
» partie de mes fonds déposés entre vos mains, j'ai
» l'honneur de vous prévenir que, conformément
» à la convention que nous avons faite ensemble, au
» commencement de l'année 1792, je viens de tirer
» sur vous, à l'ordre de MM. Vandenyver, frères, la
» somme de 31,000 livres tournois à trois usances,
» de laquelle somme je vous ai crédités; je vous
» prie aussi de vouloir bien m'envoyer mon *Compte*
» *courant* de cette année, car vous devez sentir
» que j'aime à tenir mes affaires en règle ».

» Vous vous rappelez encore que, le 4 décembre
de la même année, Vanoverstraeten, accusant aux
cit. Tourton et Ravel la réception de leur lettre
du 12 février précédent, a reconnu qu'à cette lettre
était joint le *Compte courant* qu'il leur avait demandé par la sienne du même mois; que ce *Compte
courant* était arrêté au 31 décembre 1792; et qu'il
en avait *annoté le contenu à son livre*.

» Vous vous rappelez encore que, le 14 nivôse
an 7, revenu de son long assoupissement, il leur
écrivait : « Je vous prie de me faire parvenir *mon*
» *Compte courant*, dans lequel vous comprendrez
» les intérêts convenus des fonds dont je vous ai
» laissé la disposition, conformément à votre de-
» mande, vers la fin de 1791 ».

» Vous vous rappelez enfin que, par son exploit
introductif d'instance de la même année, Vanoverstraeten demandait à la maison Tourton et Ravel le paiement du solde de *son Compte courant*.

» Donc, de l'aveu même de Vanoverstaeten, il
était en Compte courant avec la maison Tourton et
Ravel, après la convention de 1791.

Donc, de son aveu, cette convention n'avait pas
rompu le genre de relations qui existaient auparavant entre lui et cette maison.

» Donc, Vanoverstraeten a lui-même sanctionné,

à l'avance, les parères que les cit. Tourton et Ravel
opposent aujourd'hui à ses héritiers.

» Mais ce qui achève de donner à ces parères
une autorité irréfragable, c'est que le point d'u-
sage qu'ils attestent, est expressément consacré par
le tribunal d'appel de Paris : « Attendu (y est-il
» dit) que la condition de payer un solde de compte
» par des traites à une ou plusieurs usances, et
» même d'en payer les intérêts, ne change pas l'état
» de Compte courant, lorsque le créancier peut
» tirer d'un instant à l'autre, puisque, par la fa-
» culté qu'a le créancier de disposer de ses fonds à
» volonté, le débiteur n'a jamais dans ses mains
» une somme fixe sur laquelle il puisse compter ».

» Nous n'avons pas besoin d'observer qu'en tant
qu'il atteste un point d'usage, un jugement en
dernier ressort est inattaquable par la voie de cassation. L'usage est un fait, et la cassation n'a aucune prise sur les faits déclarés par les jugemens en
dernier ressort, lorsqu'ils ne sont pas démentis par
des pièces authentiques.

» Mais, disent les demandeurs, il ne s'agit pas ici
d'un point d'usage : la loi elle-même a décidé nettement que l'état de débiteur par Compte courant
est incompatible avec l'obligation de payer des intérêts. L'art. 12 de la loi du 11 frimaire an 6, après
avoir déclaré que *les dépositaires seront valablement libérés, en remettant en même nature les
sommes qu'ils auront reçues à ce titre, de quelque
cause qu'elles proviennent*, excepte formellement
de cette disposition *les dépositaires qui se seraient
soumis de payer l'intérêt* des sommes déposées
entre leurs mains.

» Qu'y a-t-il donc de commun entre un négociant ou banquier débiteur par Compte courant,
et un dépositaire payant ou ne payant pas l'intérêt
de son dépôt?

» Le négociant ou banquier qui doit un solde de
Compte courant, doit une somme dont il a la pleine
propriété; et cela est si vrai, que l'art. 22 de la loi
du 16 nivôse an 6 qualifie expressément de *créancier*, et non de *propriétaire*, la personne à laquelle
est dû ce solde.

» Celui au contraire qui doit une somme à titre
de dépôt, la doit comme simple détenteur de la
chose d'autrui; et ce n'est pas à un créancier, c'est
à un propriétaire qu'il la doit. Seulement s'il s'est
soumis d'en payer l'intérêt, il en a, par cela seul,
acquis la propriété; et par cela seul, le dépôt a été
converti en prêt.

» Ainsi, le débiteur par Compte courant est,
dans tous les cas, ce que le débiteur par dépôt
n'est que dans un seul cas d'exception. Le débiteur
par dépôt n'est propriétaire de la chose déposée,
que dans le cas où il en a promis l'intérêt. Le débiteur par Compte courant est toujours et dans
tous les cas possibles, propriétaire de la somme qui
forme le solde de son compte.

» C'est donc déplacer l'art. 12 de la loi du 11
frimaire, que de l'appliquer au débiteur par
Compte courant.

» Si le débiteur par Compte courant n'eût été considéré, par le législateur, que comme un dépositaire; si le législateur eût voulu faire dépendre son sort, comme celui du dépositaire, de la stipulation ou de la non-stipulation des intérêts, il eût été inutile de s'occuper de lui dans une loi postérieure à celle du 11 frimaire; tout se serait trouvé fait, à son égard, par la loi du 11 frimaire elle-même.

» Et cependant, après avoir parlé dans la loi du 11 frimaire, du débiteur par dépôt, le législateur a cru devoir parler dans la loi du 16 nivôse, du débiteur par Compte courant.

» Le débiteur par Compte courant n'est donc pas un débiteur par dépôt. On ne peut donc pas appliquer au premier la disposition d'une loi qui n'a été faite que pour le second.

» Il y a plus : vous voyez qu'après avoir dit, dans la loi du 11 frimaire, que le dépositaire ne sera plus considéré comme tel, mais bien comme emprunteur, lorsqu'il se sera soumis à payer l'intérêt, le législateur n'a pas dit, dans la loi du 16 nivôse, que le débiteur par Compte courant ne serait pas réputé tel dans le cas où des intérêts courraient à sa charge par l'effet d'une stipulation.

» Et de là que doit-on conclure? On doit en conclure, et on le doit nécessairement, que, dans l'intention du législateur, on peut être débiteur par Compte courant, en payant des intérêts, quoiqu'en payant des intérêts, le dépositaire perde sa qualité primitive et devienne simple emprunteur. *Inclusio unius est exclusio alterius.*

» Ainsi se rétorque contre les demandeurs la loi même qu'ils opposent aux parères des cit. Tourton et Ravel. Ainsi, par son rapprochement avec la loi du 16 nivôse, cette loi prouve et tout à la fois justifie l'usage dans lequel on est, entre négocians et banquiers, de regarder comme débiteur par Compte courant, celui qui paie l'intérêt de son solde, comme celui qui ne le paie pas.

» Tout se réunit donc pour établir que les cit. Tourton et Ravel étaient en 1793, comme en 1790 et 1791, en état de Compte courant avec François Vanoverstraeten; et par là se trouve nettement résolue pour l'affirmative, la première des deux questions auxquelles est subordonnée celle de savoir s'il a été contrevenu, par le jugement attaqué, à l'art. 22 de la loi du 16 nivôse an 6.

» Mais pour justifier le jugement du tribunal d'appel de Paris, il ne suffit pas que cette première question soit résolue à l'avantage des cit. Tourton et Ravel; il faut encore que la solution de la seconde leur soit favorable; et ceci nous conduit naturellement à examiner si les cit. Tourton et Ravel ont constamment tenu le solde de leur Compte courant à la disposition de Vanoverstraeten, jusqu'à la démonétisation des assignats.

» Pour établir la négative, les demandeurs emploient quatre moyens différens; et ces moyens, ils les tirent 1°. de la condition qui avait été imposée à Vanoverstraeten par la convention de 1791, de ne pouvoir disposer de ses fonds qu'en traites à 3 mois; 2°. de la lettre des cit. Tourton et Ravel, du 22 février 1793; 3°. de la lettre des mêmes, du 11 décembre suivant; 4°. de leur conduite après la levée du séquestre apposé sur les biens des habitans des pays en guerre avec la république.

» D'abord, s'il en faut croire les demandeurs, les cit. Tourton et Ravel ne peuvent pas être censés avoir, après la convention de 1791, tenu les fonds de François Vanoverstraeten à sa disposition, puisque, par cette convention, ils avaient exigé qu'il n'en pût disposer que par des traites à trois usances.

» Mais cette première raison tombe, pour ainsi dire, d'elle-même. La convention de 1791 laissait à Vanoverstraeten la liberté de tirer jusqu'au dernier sou de ses fonds, non-seulement avant l'époque où il serait permis à la maison Tourton et Ravel de les lui rembourser, mais même dès le premier jour du terme pendant lequel devait durer cette convention.

» A la vérité, Vanoverstraeten ne pouvait tirer qu'à trois usances; mais en tirant à trois usances, il pouvait disposer de tout ce qu'avaient à lui les cit. Tourton et Ravel; et la loi du 16 nivôse an 6 ne dit pas que le débiteur par Compte courant sera réputé rétentionnaire des fonds de son créancier, s'il ne justifie pas que son créancier a pu constamment tirer sur lui à vue; il serait même absurde de prêter à la loi une pareille intention; les traites à vue sont très-rares dans le commerce, ou du moins leur nombre n'est en aucune proportion avec celui des traites à terme; et certainement la loi, en réglant le sort du débiteur par Compte courant qui en a tenu le solde à la disposition de son créancier, a entendu le régler d'après les cas les plus habituels; car, dit la loi 10, D. *de legibus*, c'est toujours pour les cas les plus habituels, que se font les lois et les sénatus-consultes.

» Mais, disent les demandeurs, et c'est leur seconde raison, il est si vrai que les cit. Tourton et Ravel n'ont pas entendu tenir constamment les fonds qu'ils avaient en mains, à la disposition de Vanoverstraeten, que, le 22 février 1793, ils l'ont prié, en lui accusant réception de l'avis de sa traite de 31,000 livres, du premier du même mois, *de ne pas disposer sur eux d'autres fonds d'ici à quelque temps.*

» Oui, ils l'en ont prié, mais une prière n'est pas un ordre; prier *de ne pas disposer d'autres fonds d'ici à quelque temps,* ce n'est pas rétracter l'engagement antérieur et toujours subsistant d'acquitter toutes les traites de Vanoverstraeten à trois mois; c'est, au contraire, reconnaître cet engagement; c'est le contracter de nouveau; car on ne prie pas quand on est le maître; on ne prie un créancier que parcequ'on ne peut obtenir que de sa complaisance les facilités que l'on désire. — La lettre du 22 février 1793 n'a donc pas constitué les cit. Tourton et Ravel rétentionnaires des fonds de

Vanoverstraeten. — Les demandeurs ne peuvent donc pas en exciper, pour ôter aux cit. Tourton et Ravel le bénéfice de l'art. 22 de la loi du 16 nivôse. — La seconde raison qu'ils emploient pour placer les cit. Tourton et Ravel dans le cas d'exception, prévu par cet article, n'est donc pas mieux fondée que la première.

» Nous voici parvenus à la troisième, à celle qu'ils tirent de la lettre du 11 décembre 1793, par laquelle les cit. Tourton et Ravel mandaient à Vanoverstraeten qu'ils avaient placé ses fonds en billets de la compagnie d'assurance sur la vie, et il faut convenir qu'à la première vue, et considérée isolément, cette troisième raison doit paraître péremptoire.

» Qu'ont fait, à cette époque, les cit. Tourton et Ravel? Ils ont, de leur autorité privée, dénaturé les fonds de Vanoverstraeten; ils les ont, de leur autorité privée, convertis en billets à quatre ans de terme; ils ont, par conséquent, ôté à Vanoverstraeten la disposition de ses fonds; et par conséquent encore, ils sont bien loin de pouvoir être censés avoir toujours tenu les fonds de Vanoverstraeten à sa disposition.

» Telle est, nous le répétons, la première idée que présente à tous les esprits la lettre du 11 décembre 1793.

» Mais pour bien apprécier cette lettre, il faut nous reporter, et aux circonstances dans lesquelles elle a été écrite, et à ce qui s'en est ensuivi de la part de Vanoverstraeten.

» Lorsque cette lettre a été écrite, la ville de Bruxelles était au pouvoir des troupes autrichiennes. Elle avait bien été réunie à la république par un décret du 1er. mars 1793, mais ce décret avait été depuis rapporté par la force des armes; et tout le monde sait qu'il n'a été remis en vigueur que par la loi du 9 vendémiaire an 4. Encore est-il à remarquer que cette loi n'en a pas ordonné l'exécution, à partir du jour où il avait été publié avant nos revers momentanés, mais seulement à partir du jour où cette loi elle-même a été rendue. C'est ce qui résulte de l'art. 5, portant que les habitans des communes de la Belgique qui avaient été réunies en 1793, *jouiront* DÈS A PRÉSENT *de tous les droits de citoyens français*. Aussi est-il notoire que la Belgique fut traitée en pays ennemi, lorsque nos troupes s'en emparèrent pour la seconde fois, et qu'elle resta dans cet état désastreux jusqu'au 9 vendémiaire an 4.

» Vanoverstraeten était donc, à l'époque où lui fut écrite la lettre dont il s'agit, habitant de l'un des pays avec lesquels la république était en guerre.

» Il était donc compris dans la loi du 7 septembre 1793, qui prononçait la confiscation de tous les biens et de toutes les créances appartenant en France aux habitans de ces pays.

» Les cit. Tourton et Ravel ne pouvaient donc pas alors, sans compromettre leur sûreté personnelle, rembourser directement à Vanoverstraeten

le solde de leur Compte courant; et personne n'a oublié la fin tragique des banquiers Vandenyver, père et fils, qui, depuis la loi du 7 septembre, avaient eu, dirons-nous l'imprudence, dirons-nous le courage, de faire de pareils remboursemens à des créanciers étrangers.

» Cependant les cit. Tourton et Ravel avaient le droit de se libérer; et ils n'avaient qu'un moyen de le faire légalement : c'était de verser dans la caisse nationale le montant de leur Compte courant.

» Ce moyen, ils ne l'ont pas employé; ils n'ont même pas, du moins rien ne le prouve, déclaré à leur municipalité, ainsi que les y obligeait la loi du 7 septembre, la créance qu'avait sur eux le belge Vanoverstraeten.

» Ils se sont donc exposés personnellement à des peines légales, pour conserver à Vanoverstraeten le montant de sa créance.

» Mais tout en s'y opposant, ils ont voulu se libérer, et rien n'était plus naturel; la difficulté était d'en trouver le moyen.

» Écrire à Vanoverstraeten de tirer sur eux, c'eût été courir le risque de suivre sur l'échafaud les malheureux Vandenyver, et c'est ce qu'ils font clairement entendre à Vanoverstraeten lui-même, par leur lettre du 11 décembre 1793.

» Écrire à Vanoverstraeten qu'ils ne voulaient plus lui payer d'intérêts et que ses assignats resteraient dans leur caisse pour son compte, c'eût été annoncer à leur correspondant qu'ils entendaient profiter, à son préjudice, de l'impossibilité dans laquelle il se trouvait de faire rentrer dans son pays les fonds qu'il avait en France; c'eût été par conséquent afficher à ses yeux une coupable déloyauté.

» Ainsi, d'un côté, l'échafaud, et de l'autre, le manque de foi : telle était la position pénible des cit. Tourton et Ravel, à l'époque de leur lettre du 11 décembre 1793. Qu'ont-ils fait dans cette cruelle alternative? Ils ont fait ce que tout homme d'honneur eût fait à leur place; ils ont employé les fonds de leur créancier; les fonds que leur créancier ne pouvait ni retirer ni utiliser en aucune manière; ils les ont employés en acquisition de billets d'une compagnie qui jouissait alors du plus grand crédit, et qui le méritait par les gages immenses qu'elle offrait à la confiance publique; et ces billets, qui portaient intérêt, ils les ont pris à des termes assez longs pour pouvoir espérer qu'à leur échéance, les circonstances politiques permettraient à leur créancier d'en tirer parti.

» Sans contredit, en faisant cet emploi, ils rendaient à Vanoverstraeten un service dont il devait leur savoir gré. Cependant il était libre à Vanoverstraeten de le refuser : *Invito beneficium non datur*. Mais l'a-t-il refusé réellement?

» Vous savez qu'il n'a répondu ni à la lettre du 11 décembre 1793, qui lui annonçait cet emploi, ni à celle du lendemain qui le lui confirmait, ni à celles des 13 janvier, 4 avril et 29 mai 1794, qui en contenaient une confirmation nouvelle, quoique d'ailleurs toutes ces lettres lui fussent parvenues.

» Vous savez aussi qu'après avoir reçu les quatre premières de ces cinq lettres, il a écrit sur un autre objet aux cit. Tourton et Ravel, en termes qui étaient bien loin d'annoncer qu'il eût à se plaindre d'eux.

» Vous savez encore que, non-seulement il n'a pas improuvé, dans le temps, le contenu de ces cinq lettres, mais qu'il a gardé par devers lui la copie des sept billets de la compagnie d'assurance sur la vie.

» C'était pourtant bien le cas, si l'emploi fait par les cit. Tourton et Ravel, ne lui convenait point, de le leur déclarer en termes formels, de leur renvoyer les copies des sept billets; et il n'y a nul doute qu'en gardant le silence, qu'en retenant les copies des sept billets, il n'ait ratifié la disposition que les cit. Tourton et Ravel avaient cru pouvoir faire de ses fonds.

» Cela résulte du principe qu'entre négocians qui se constituent ce qu'on appelle en droit les *negotiorum gestores* les uns des autres, le défaut d'improbation du contenu d'une lettre qu'on a reçue, en renferme l'approbation implicite.

» Ce principe dérive de la loi 60, D. *de regulis juris*. Celui-là, porte-t-elle, est présumé consentir à ce qu'un autre fait pour lui, lorsque le sachant, il ne s'y oppose pas. *Semper qui non prohibet pro se intervenire, mandare creditur*.

» Cette règle (dit Dantoine dans son Commentaire, page 186) « ne doit pas se restreindre au » seul exemple d'un débiteur, par rapport à son ré- » pondant, comme quelques interprètes l'ont cru; » elle doit s'étendre à toutes les affaires que l'on » peut entreprendre au nom d'autrui sans procu- » ration; car le mot *intervenire* a plusieurs sens, » et ne signifie pas seulement s'obliger et répondre » pour autrui..... D'où il faut conclure que, de » quelque nature que soit l'affaire, cautionnement, » paiement, achat, vente, etc., elle produit une » obligation contre celui au nom duquel elle a été » faite, pourvu que ce ne soit pas à son insu et » qu'il en tire quelque avantage. *Si passus sim* » *aliquem pro me fidejubere* (dit la loi 6, § 2, » *Mandati*, au Digeste) *vel aliàs intervenire,* » *mandati teneor,* parceque l'on est présumé con- » sentir à la chose que l'on voulait faire à son » avantage, lorsque l'on ne s'y oppose pas: ainsi, » celui qui sait que son ami a donné commission » à des agens de chercher de l'argent pour le lui » faire prêter, n'est pas moins engagé que s'il avait » donné la commission lui-même : *Qui patitur ab* » *alio mandari, ut sibi credatur, mandare intel-* » *ligitur* (loi 18 D. *Mandati*) ».

» Pothier, dans son *Traité du contrat de man-dat*, n°. 29, dit également : « Le contrat de man- » dat peut se faire tacitement, et sans qu'il inter- » vienne aucune déclaration expresse de la volonté » des parties ; car toutes les fois que je fais, au vu » et su de quelqu'un, quelqu'une de ses affaires, » il est censé, par cela seul, intervenir entre nous

» un contrat de mandat, par lequel il me charge » de cette affaire : cela est conforme à la règle de » droit écrite dans la loi 60, D. *de regulis juris* ».

» Ajoutons que c'est sur la même règle qu'est fondée la loi 16, D. *de Senatus-Consulto Macedoniano*, dans laquelle il est spécialement question d'une lettre écrite d'une part, et reçue sans improbation de l'autre.

» Cette loi décide que, si un fils de famille écrit à son père qu'il a emprunté une somme d'argent, comme y étant autorisé par son ordre exprès, et qu'il le prie en conséquence de rembourser cette somme, le père est censé approuver ce qu'a fait son fils et reconnaître le prêt, à moins qu'il ne proteste contre sa lettre, immédiatement après l'avoir reçue : *Si filius familiâs, absente patre, quasi ex mandato ejus pecuniam acceperit, cavisset, et ad patrem litteras emisit, ut eam pecuniam in provinciâ solveret, debet pater, si actum filii sui improbat, continuò testationem interpónere contrariæ voluntatis.*

» Le corps du droit canonique nous offre une décision semblable. Le chapitre premier des Clémentines, titre *de Procurationibus*, porte que, si vous avez reçu, sans protestation, une lettre ou un acte contenant de ma part une procuration pour me défendre dans quelque procès, vous êtes censé, par votre silence, avoir accepté mon mandat, et que par-là vous vous êtes mis dans la nécessité de l'accomplir : *Instrumento vel litteris, quibus te aliquis in causis suis procuratorem constituens, pro te debito modo cavit simpliciter (nullâ factâ protestatione) à te scienter receptis, non potes posteà recusare defensionem illius : imò cogi poteris ipsum defendere in omnibus causis et negotiis ad quæ prædicta instrumenta seu litteræ se extendunt : cùm per hœc omnia tuum præstitisse videaris assensum.*

» C'est en s'appuyant sur ces deux textes, que Peckius, professeur de l'université de Louvain, et conseiller au grand conseil de Malines, dit, en son Commentaire sur la dixième règle du droit canonique, que celui-là est censé ratifier ce qu'un autre a fait en son nom, qui, en recevant une lettre par laquelle on l'en avertit, ne témoigne pas tout de suite son improbation : *Qui litteras recepit, et contrariam testationem non facit, censetur ea quæ illis litteris continentur, rata habuisse.*

» Menochius, en son traité *de Præsumptionibus*, liv. 3, chap. 65, établit également, comme une maxime constante en droit, qu'entre négocians, celui qui reçoit, sans protestation ni désaveu, une lettre par laquelle il lui est notifié qu'il doit telle chose à son correspondant, est présumé, par cela seul, approuver le contenu de cette lettre : *Contingit sæpissimè inter socios et mercatores, mitti litteras absentibus sociis et debitoribus, quibus significatur aliquid deberi : quare dubitatur an litteras ipsas recipiens præsumatur fateri et approbare contractum, obligationem et debitum in eis scriptum?... Et sanè constituenda hœc juris sententia, recipientem litteras præsumi illas approbare, et fateri vera esse quæ in eis sunt scripta.* Et il cite une demi-page d'auteurs qui enseignent cette doctrine.

» Mévius, dans son *Recueil des jugemens du tribunal supérieur de Weimar en Saxe,* part. 2, chap. 140, rapporte un arrêt du 25 avril 1654, qui juge qu'un procureur ayant, sans l'aveu de son client, transigé et reçu en paiement une créance sur un tiers, le client est censé avoir ratifié la transaction, en ne contredisant pas l'envoi que le procureur lui a fait du transport de cette créance, et en le gardant quelque temps par devers lui.

» Voici les termes de l'arrêtiste : *Procuratoris ad litem constituti officium liti agendæ adstrictum est, nec ultrà hanc potestas quædam est circà negotia domini, quem ideò non obligat, si cum adversario transigit, aut in solutum quidquam recipit, ut teneatur ratum habere. Postquàm autem ratum habuerit, placitis stare tenetur; nec ultrà ad allegandum defectum potestatis in procuratore aut transgressum mandati, admittitur. Non opus est expressè factum procuratoris fuisse approbatum, sed sufficit evenisse ex quo approbatio colligi potest. Uti ratihabitionis loco est recepisse cessionem in solutum dati, non contradixisse, aliquandò penès se retinuisse. Uti conclusum.*

» Ici l'auteur cite l'arrêt qui l'a ainsi décidé; puis il ajoute : *Retinens litteras approbare intelligitur quod continent.*

» Et plus bas; *Retinens apud se in prejudicium suum vergentia, approbat et posteà non auditur.*

» Le même jurisconsulte rapporte, part. 3, chap. 65, un autre arrêt du même tribunal, du 24 janvier 1655, qui juge en faveur de David Machen, contre le magistrat de Weimar; qu'en recevant et gardant par devers soi sans protestation, un compte par lequel on est constitué débiteur pour avances faites à un tiers, on est présumé ratifier ces avances : *Pro probatione debiti allegabatur de impendiis præbitis ad jussum magistratûs hospitii pro iisdem repetendis rationum exhibitio, receptio et silentium. Ex eo argumentum existentis atque agniti debiti desumitur; ideò, pro eo probando, articuli, velut relevantes, admissi sunt præsertim cùm alia causa non appareret.*

» Et Mévius tire de là cette maxime, qu'il pose comme sommaire du chapitre cité : *Recipiens rationes et retinens, earum causam veram fateri seque ex eis debitorem agnoscere censetur.*

» Cette décision s'applique ici avec d'autant plus de justesse, que, par leur lettre du 13 décembre 1793, les cit. Tourton et Ravel ne se bornaient pas à faire part à Vanoverstraeten de l'emploi qu'ils avaient fait de ses fonds, mais qu'ils lui adressaient en même temps leur compte arrêté et soldé au 31 du même mois, moyennant cet emploi et un appoint de 209 livres 15 sous.

» Vanoverstraeten a donc ratifié cet emploi en laissant sans réponse les lettres qui lui en don-

naient avis; il l'a donc ratifié en recevant et en gardant par devers soi, sans improbation, pendant près de quatre ans, le compte dans lequel cet emploi était porté à son *débit;* il l'a donc ratifié en retenant, pendant le même intervalle, les copies des billets qui constituaient cet emploi.

» Mais, s'il l'a ratifié, comment ses héritiers peuvent-ils aujourd'hui critiquer un jugement qui leur laisse l'option de prendre cet emploi pour leur compte? Comment ne sentent-ils pas même que ce jugement les traite, à cet égard, beaucoup mieux qu'il ne l'aurait dû, puisque les sept billets de la compagnie d'assurance sur la vie étant devenus la propriété de Vanoverstraeten, les cit. Tourton et Ravel n'étaient tenus envers eux à rien autre chose qu'à leur en indiquer le dépôt actuel, comme ils l'ont fait, et à y ajouter l'appoint de 209 livres 15 sous.

» Du reste, en mettant à part cette ratification, comme a cru le devoir faire le tribunal d'appel de Paris, il demeurera toujours constant que les cit. Tourton et Ravel ont manifesté à Vanoverstraeten l'intention qu'ils avaient de se libérer envers lui, à l'époque où la convention de 1791 leur en laissait la faculté; et c'est bien là le point essentiel.

» A la vérité, dans cette hypothèse, on pourra dire qu'ils lui ont présenté un mode de libération qui ne lui a pas convenu.

» Mais si ce mode de libération ne lui convenait pas, c'était à lui à s'en expliquer, c'était à lui à dire qu'il voulait retirer ses fonds en nature; les cit. Tourton et Ravel auraient alors opté entre le danger qu'il y aurait eu pour eux de les lui faire passer sur les traites qu'il eût faites sur leur maison, et la faculté qu'ils avaient de les consigner dans la caisse nationale.

» Mais en gardant sur l'avis cinq fois réitéré des cit. Tourton et Ravel, un silence que nous devons appeler astucieux, il a mis les sieur Tourton et Ravel dans l'impossibilité de se libérer de l'une ou de l'autre manière.

» Et dès-là, si les cit. Tourton et Ravel ne se sont pas libérés de l'une ou de l'autre manière, c'est par le fait, par le fait seul de Vanoverstraeten. Leur condition ne peut donc pas être aujourd'hui pire qu'elle ne serait si Vanoverstraeten eût, à l'époque dont il s'agit, exigé le paiement de ses fonds en nature. Ils ne peuvent donc pas être aujourd'hui traités comme rétentionnaires de ses fonds. Ils ne peuvent donc pas être soumis à l'exception qui modifie l'art. 22 de la loi du 16 nivôse an 6. Ils doivent donc jouir de l'avantage accordé par cet article, aux débiteurs par Compte courant.

» Mais, disent encore les demandeurs, et c'est leur quatrième raison, les cit. Tourton et Ravel ont prouvé eux-mêmes, par leur conduite, après la levée du séquestre des biens des étrangers habitans des pays en guerre avec la république, qu'ils entendaient garder pour leur Compte personnel, les sept billets de la compagnie d'assurance sur la vie; car ils ont retiré ces billets de la caisse dans laquelle ils avaient été séquestrés tout le temps que la loi du 18 messidor an 2 avait été en vigueur; et en les retirant, ils en ont donné récépissé comme de leur propre chose.

» Trois réponses.

» 1°. Quand le fait serait littéralement vrai, qu'en pourrait-on conclure? Rien qui puisse aider les demandeurs.

» En retirant les sept billets de la caisse du séquestre, les cit. Tourton et Ravel se seraient retrouvés au même point où ils étaient avant la loi du 18 messidor an 2. Avant la loi du 18 messidor an 2, ils étaient dépositaires des sept billets pour le Compte de Vanoverstraeten. Ils en seraient donc redevenus dépositaires pour son Compte, si réellement ils en avaient fait le retrait après la levée du séquestre.

» Et inutile de dire, dans cette hypothèse, qu'ils en ont donné récépissé comme de leur propre chose : le moyen de concevoir qu'ils se seraient comportés en propriétaires de billets qui n'avaient été séquestrés que parcequ'ils appartenaient à des étrangers! Le moyen de concevoir qu'ils les auraient retirés comme leur propriété personnelle, tandis que le retrait n'en aurait été motivé que sur la levée du séquestre dont ces effets avaient été frappés comme propriété ennemie! Le moyen de concevoir qu'ils eussent été assez inconséquens, assez stupides, pour aller dire au caissier du séquestre : les sept billets que nous retirons, nous appartiennent, à nous qui sommes citoyens français; et cependant nous les retirons, parceque la loi ne veut plus séquestrer les propriétés des habitans des pays en guerre avec la nation française!

» 2°. Où est la preuve que les cit. Tourton et Ravel ont, en effet, retiré de la caisse du séquestre, les sept billets dont il est question. Les demandeurs n'ont rien produit à cet égard.

» Ils parlent bien, dans leur mémoire, d'un bordereau arrêté entre le cit. Ravel et le liquidateur de la compagnie d'assurance sur la vie.

» Mais le liquidateur de la compagnie d'assurance sur la vie n'a jamais eu en dépôt les sept billets dont il s'agit. Le certificat du directeur des domaines, produit par les cit. Tourton et Ravel, prouve que ces billets ont été déposés à la trésorerie nationale; et rien n'annonce qu'ils en aient été retirés par qui que ce soit.

» 3°. Mais il y a plus. Les demandeurs eux-mêmes nous ont communiqué la preuve matérielle que ces billets n'ont pas été retirés de la trésorerie par les cit. Tourton et Ravel; que le liquidateur de la compagnie d'assurance sur la vie n'en a reçu du percepteur de l'enregistrement que de simples copies; et qu'au dos de chacun des originaux, laissés dans la caisse de ce percepteur, il a écrit et signé, sans doute d'après la déclaration que lui en avaient faite les cit. Tourton et Ravel, une note portant qu'ils appartenaient à Vanoverstraeten.

» Cette preuve matérielle consiste précisément dans les originaux mêmes des billets.

» Les demandeurs ne les ont pas produits au greffe, mais nous devons le répéter, ils nous les ont communiqués; et voici ce que nous avons lu au dos de chacun : *Reçu copie du présent billet, par le cit. Mattagon, receveur des domaines nationaux, appartenant au cit. Vanoverstraeten de Welden, de Bruxelles. Paris, ce 1er. nivôse an 3 de la république française, une et indivisible.* Signé *Fontaine.*

» Comment ces billets originaux se trouvent-ils aujourd'hui entre les mains des héritiers Vanoverstraeten? C'est ce qu'il ne nous appartient pas d'expliquer. Mais toujours est-il vrai qu'ils portent avec eux-mêmes la preuve invincible que les cit. Tourton et Ravel ne les ont pas retirés de la trésorerie, et que les cit. Tourton et Ravel ne les ont pas pris à leur Compte personnel.

» Ainsi se trouvent successivement réfutés les quatre moyens employés par les héritiers Vanoverstraeten, contre l'application que contient le jugement attaqué, de l'art. 22 de la loi du 16 nivôse an 6. Cependant les héritiers Vanoverstraeten ne se rebutent pas encore; ils invoquent le jugement que vous avez rendu, le 29 nivôse dernier, entre le cit. Féline, banquier à Paris, et les créanciers unis de Pelletier-Carrier; et ils trouvent dans le rejet prononcé par ce jugement, un pronostic certain de la cassation qu'ils provoquent aujourd'hui.

» Mais qu'a de commun l'espèce jugée le 29 nivôse, avec celle qui vous occupe en ce moment?

» S'agissait-il, dans la première, d'un *débiteur par Compte courant?* Non, le cit. Féline n'y figurait que comme *commissionnaire;* et toute la contestation se réduisait à savoir si c'était comme *commissionnaire,* et en se renfermant dans les termes de sa commission, qu'il avait reçu en assignats la somme que l'on répétait à sa charge, ou s'il l'avait reçue, s'il en avait disposé, pour son Compte personnel, s'il en avait fait sa propre affaire.

» Le tribunal d'appel de Paris avait jugé, le 17 ventôse an 10, que le cit. Féline avait excédé les termes de sa commission, par la manière dont il avait touché la somme litigieuse, ainsi que par la disposition qu'il en avait faite; en conséquence, il avait déclaré l'art. 22 de la loi du 16 nivôse an 6 inapplicable au cit. Féline; et vous avez confirmé sa décision.

» Dans l'espèce actuelle, au contraire, c'est comme *débiteurs par Compte courant,* que les cit. Tourton et Ravel sont poursuivis; et cette seule circonstance établit, entre leur position et celle du cit. Féline, une différence incommensurable.

» Il y a mieux. Les cit. Tourton et Ravel ne sont poursuivis comme *débiteurs par Compte courant,* qu'après s'être libérés par un emploi des fonds de leur créancier, par un emploi que leur créancier a implicitement ratifié, par un emploi que leur créancier n'a pas pu improuver après l'avoir *fait sien.*

» Par ces considérations, nous estimons qu'il y a lieu de rejeter la demande en cassation, et de condamner les demandeurs à l'amende ».

Ces conclusions ont été adoptées par arrêt du 8 germinal an 11, au rapport de M. Ruperou,

« Attendu, sur le premier moyen, que le tribunal d'appel a jugé, en fait, d'après la correspondance des parties, que les cit. Tourton, Ravel et compagnie n'ont pas cessé d'être débiteurs par Compte courant du cit. Vanoverstraeten ; que cette décision, loin d'être démontrée fausse par des déclarations précises, ou par des actes sur lesquels on puisse prononcer son annullation, est conforme à l'aveu constant du cit. Vanoverstraeten, qui, non-seulement dans sa correspondance, mais encore dans sa demande introductive du 2 floréal an 7, a qualifié de Compte courant les relations qu'il avait avec les cit. Tourton, Ravel et compagnie ; que par conséquent on ne saurait apercevoir dans le fait ainsi établi, d'après les inductions mêmes que présente naturellement l'état du procès, aucune violation même indirecte de la loi ;

» Attendu qu'il n'est pas contesté qu'avant le 1er. janvier 1792, les parties étaient en Compte courant ; qu'il est constant que, quel qu'ait été leur état jusqu'au 11 décembre 1793, les cit. Tourton, Ravel et compagnie, à cette dernière époque, ont annoncé vouloir se libérer, ainsi qu'ils en avaient le droit, et en vertu des conventions intermédiaires et en vertu de la faculté générale accordée à tout débiteur; qu'ils ont, par suite, averti le cit. Vanoverstraeten qu'ils lui appliquaient et tenaient à sa disposition, pour solde, sept billets de la caisse d'assurance à vie, dont ils lui ont envoyé copie-figurée, et qu'ils ont déposés ensuite, comme lui appartenant, pour obéir à la loi du 18 messidor an 2;

» Attendu que le cit. Vanoverstraeten a gardé la copie de ces billets et n'a rien répondu, pendant plusieurs années, aux diverses lettres que les cit. Tourton et Ravel lui écrivaient à cet sujet, et dans lesquelles ils se flattaient qu'il verrait, sans doute, la pureté de leur intention, dans une proposition qui tenait d'autant plus à leur satisfaction et à son intérêt personnel, que toute voie directe de liquidation leur était interdite par les défenses très-rigoureuses de rien payer aux habitans des pays alors en guerre avec la république;

» Attendu que de ces faits et de ces circonstances, le tribunal d'appel a pu, sans violer aucune loi et sans faire aucune interprétation forcée, conclure que l'état des parties avait été, dès-lors, fixé ; qu'en effet, les cit. Tourton et Ravel, ou avaient été libérés par le placement ou l'application des billets dont il s'agit, si le silence du cit. Vanoverstraeten devait être considéré comme une acceptation; ou bien, dans le cas où son silence serait regardé comme un refus, qu'il résultait et de l'impossibilité où ils étaient de se libérer autrement, et de leur intention manifestée dans la lettre du 11 décembre 1793, qu'ils étaient revenus dans le simple état de débiteurs par Compte courant;

» Attendu que l'art. 12 de la loi du 12 frimaire an 6, uniquement relatif aux dépositaires ordinaires et aux séquestres judiciaires et volontaires, n'a point été fait pour régler les intérêts des négocians et des banquiers ; que le tit. 5 de la loi du 16 nivôse de la même année a suffisamment pourvu à ce qui concerne les engagemens et les liquidations du commerce ; et que l'art. 22 de ce titre est le seul qui ait trait à la libération de tout débiteur par Compte courant ;

» Attendu enfin qu'il résulte de toutes ces considérations, que le tribunal d'appel n'a ni violé ni faussement appliqué les art. 21 et 22 de la loi du 16 nivôse an 6, & l'art. 12 de la loi du 11 frimaire de la même année, en donnant au cit. Vanoverstraeten l'option de s'appliquer les billets d'assurance ou de recevoir son paiement comme solde de Compte courant ;

» Attendu, sur le second moyen, pris de la violation de l'art. 7 de la loi du 3 brumaire an 2, que ce moyen n'est pas fondé en fait, et qu'il n'a point réellement été formé de nouvelles demandes en cause d'appel, mais seulement présenté de nouveaux moyens de défense ».

§. II. L'art. 541 du Code de procédure civile est-il applicable aux Comptes courans entre négocians ?

La négative a été soutenue dans une affaire qui a été portée à la cour de cassation, le 28 mars 1815.

L'art. 541, disait-on, est placé sous le titre des redditions de Comptes. Or, dans tout ce titre, il ne s'agit que des Comptes à rendre par les personnes qui ont administré les affaires d'autrui ; il ne s'y agit point du tout des Comptes courans de négocians qui se sont fait mutuellement des avances et des prêts ; il ne s'y agit même nullement des Comptes proprement dits qui se rendent en matière commerciale ; et la preuve en est que les art. 529, 532 et 536 supposent la nécessité de l'intervention des avoués dans les comptes dont ils parlent, intervention qui évidemment ne peut pas avoir lieu dans les comptes qui se rendent en matière commerciale, puisqu'aux termes de l'art. 414, le ministère des avoués est interdit dans les tribunaux de commerce.

« Mais 1°. (ai-je dit) pourquoi les comptes qui, en matière commerciale, se rendent devant les tribunaux de commerce, ne seraient-ils pas assujétis aux règles prescrites par le titre des redditions de Comptes du Code de procédure civile ?

» Ils ne le sont pas sans doute à celles de ces règles dont l'exécution est incompatible avec la forme de procéder qui est particulière aux tribunaux de commerce.

» Mais il n'y a aucune raison pour les soustraire à celles de ces règles qui concernent le fond.

» Or, c'est au fond qu'est relative la disposition de l'art. 541 qui permet de revenir par simple demande en redressement, contre les erreurs, omissions et doubles emplois qui se sont glissés dans les arrêtés de Comptes.

» 2°. Cette disposition de l'art. 541 doit même être étendue aux simples Comptes courans, quoiqu'ils n'y soient pas littéralement compris, et pourquoi? Parceque l'art. 541 ne fait qu'appliquer aux jugemens qui interviennent sur les Comptes proprement dits, un principe commun à tous les jugemens, à tous les traités, à tous les actes possibles; savoir, que l'erreur de calcul est toujours réparable; principe que nous retrouvons jusque dans les lois relatives aux transactions sur procès, et notamment dans l'art. 2058 du Code civil ».

En effet, l'arrêt de la cour de cassation, du 28 mars 1815, a si bien jugé que les Comptes dont il s'agissait, étaient compris dans la disposition de l'art. 541 du Code de procédure, qu'il a déclaré que, sur la demande en redressement de ces Comptes, il n'y avait pas d'autre juge compétent que celui qui les avait réglés et arrêtés par une sentence que l'une des parties arguait d'erreurs de calcul par omission. *V.* le *Répertoire de jurisprudence*, au mot *Société*, sect. 6, §. 5, n°. 2.

§. III. *Quel est, dans l'art. 581 du Code de commerce, le sens des mots, passé en Compte courant? En d'autres termes, de ce que cet article, après avoir déclaré que « pourront être revendiquées aussi long-temps qu'elles existeront en nature, les marchandises consignées au failli..., pour être vendues pour le compte de l'envoyeur », ajoute : « dans le dernier cas, le prix desdites marchandises pourra être revendiqué, s'il n'a pas été* PAYÉ OU PASSÉ EN COMPTE COURANT ENTRE LE FAILLI ET L'ACHETEUR », *s'ensuit-il que, pour exclure, de la part de l'envoyeur, la revendication du prix des marchandises vendues par le commissionnaire tombé depuis en faillite, il suffit que celui-ci et l'acheteur en aient respectivement porté ou consenti d'en porter le prix dans un Compte courant, qui signale l'un comme créancier et l'autre comme débiteur?*

L'affirmative paraît, au premier abord, résulter de l'assimilation que l'art. 581 du Code de commerce établit entre le cas où le prix a été payé par l'acheteur au commissionnaire failli, et le cas où il a été *passé en Compte courant* entre le commissionnaire failli et l'acheteur; et telle est sans doute la pensée de M. Pardessus, dans son *Cours de droit commercial*, lorsqu'après avoir dit, n°. 1280, que, « si le tiers acheteur a payé le commissionnaire, » le commettant est alors simple créancier, dans la » faillite, du prix que le failli a touché », il en con-

clud, n°. 1281, « que, si le prix a été employé » dans un Compte courant entre l'acheteur et le » commissionnaire failli, la revendication n'a plus » lieu au profit du commettant », parceque, « d'un » côté, les marchandises ont été vendues; de l'autre, » il n'a aucun droit contre l'acheteur qui a aussi » valablement payé de cette manière que s'il eût » donné une somme effective d'argent ».

Mais la raison qu'en donne M. Pardessus, et la seule qu'on puisse en donner, prouve manifestement que son assertion est trop générale : c'est, dit-il, que *la compensation conventionnelle est un mode parfait et régulier de paiement.*

Que résulte-t-il de ce que, dans un Compte courant, le prix d'une vente de marchandises est simplement énoncé comme dû par l'acheteur au vendeur? Rien autre chose si ce n'est que l'acheteur n'a point payé réellement ce prix et que le vendeur lui en a fait crédit. Or, y a-t-il équipollence à un paiement effectif, par cela seul qu'il y a, de la part du vendeur, consentement à faire crédit du prix qui lui est dû, et de la part de l'acheteur, reconnaissance qu'il doit ce prix? Non assurément; il faut de plus que l'acheteur se trouve créancier du vendeur jusqu'à concurrence d'une somme égale au prix qu'il lui doit. Les mots *passé en Compte courant* ne peuvent donc être entendus dans l'art. 581, que comme signifiant que la revendication du prix des marchandises n'aura pas lieu au profit de l'envoyeur, lorsque, par le Compte courant, soit du commissionnaire vendeur avec l'acheteur, soit de l'acheteur avec le commissionnaire vendeur, il sera constaté que celui-ci doit à celui-là une somme égale à ce prix.

Et c'est effectivement ainsi que M. Pardessus finit par croire, mais cependant sans l'affirmer d'une manière positive, que doivent être interprétés, dans l'art. 581, les termes dont il s'agit : « il semble » toutefois (dit-il) que, dans ce cas, il faut que le » Compte courant entre l'acheteur et le commis- » sionnaire failli, soit réel; qu'il soit composé d'un » crédit et d'un débit réciproques; car si, dans ce » Compte, simplement ouvert, le failli n'était que » créditeur, et n'avait point d'articles à son débit » qui eussent pu opérer ou amener une compensa- » tion, la fiction par laquelle on suppose que le » tiers acheteur a payé le failli, céderait à la vé- » rité que ce dernier n'a pas effectivement touché » ce prix par une compensation qui exige le con- » cours de deux dettes réciproques, et que ce qui » est dû par l'acheteur est précisément le prix des » marchandises du revendiquant ».

Une chose étonne seulement dans ce passage : c'est que M. Pardessus y présente comme susceptible de quelque doute, une interprétation à laquelle on ne pourrait se refuser qu'en supposant à l'art. 581 un sens absurde.

Voici au surplus un arrêt de la cour supérieure de justice de Bruxelles, qui la prend pour base.

En mars et avril 1815, les sieurs Joseph, négocians écossais, envoient à Joseph Osy, négociant à Anvers, des denrées coloniales qu'ils le chargent de vendre pour leur compte.

Le 6 et le 8 mai de la même année, Joseph Osy vend à Jean-Baptiste Synave une partie considérable de ces denrées, moyennant la somme de 77,273 francs 62 centimes, payée comptant, et celle de 83,781 francs 20 centimes payable à terme.

Quelques jours après, faillite de Joseph Osy.

Le 24 juillet suivant, les sieurs Joseph, envoyeurs, font signifier à Synave une saisie-revendication du prix de la totalité des marchandises qu'il a achetées de leur commissionnaire.

Synave la conteste, quant à la somme de 77,273 francs 62 centimes, sur le fondement qu'il l'a payée comptant; et quant à celle de 83,781 francs 20 centimes, sur le fondement qu'elle a été *passée en Compte courant* entre lui et son vendeur, allégation qu'il croit prouver en produisant à la fois ses registres sur lesquels il a crédité Osy de cette somme, et les factures d'Osy portant *Valeur en Compte courant.*

Le 14 janvier 1817, jugement du tribunal de commerce d'Anvers qui annulle la saisie-revendication, « Attendu qu'une partie du prix des mar- » chandises en question a été payée comptant, et » que l'autre a été passée en Compte courant entre » le failli et l'acheteur ».

Les sieurs Joseph appellent de ce jugement à la cour supérieure de justice de Bruxelles; et les syndics établis à la faillite dans laquelle Synave tombe vers le même temps, interviennent pour défendre à cet appel.

La cause portée à l'audience, les sieurs Joseph cherchent à prouver, en fait, qu'il a été mal jugé en première instance, quant à la partie du prix que Synave soutenait avoir payée comptant, mais ils s'attachent surtout à établir que les premiers juges ont mal saisi le sens des termes de l'art. 581 du Code de commerce, *ou passé en Compte courant entre le failli et l'acheteur.*

« Le tribunal de commerce d'Anvers (disent-ils) a pensé que ces mots sont synonymes de *porté au Compte courant du failli et de l'acheteur.* C'est là une erreur grave. Si tel était le sens de l'article cité, la revendication n'aurait jamais lieu, puisque le prix d'une vente à terme est toujours porté au Compte courant des deux parties. Le vrai sens de la loi est qu'il y a lieu à la revendication, toutes les fois que le prix n'a pas été payé *réellement ou par voie de compensation*, c'est-à-dire, par un règlement de Compte arrêté de commun accord. Le texte et l'esprit de la loi justifient cette interprétation.

» Or, dans l'espèce, il n'existe aucun arrêté de Compte entre l'intimé et le failli Osy; car on ne peut donner ce nom aux factures portant *valeur en Compte courant.* Selon l'intimé lui-même, ces mots ne signifient rien autre chose, si ce n'est que le vendeur et l'acheteur étaient convenus de porter le prix dans leur Compte courant. Cette clause des factures était superflue, par la raison que, dans

toute vente à terme, le prix est porté au Compte courant du vendeur et de l'acheteur ».

Par arrêt du 24 juillet 1819,

« En ce qui concerne le prix des marchandises vendues au comptant par Osy à Synave,

» Attendu qu'il est justifié, tant par les livres de ce dernier que par les pièces du procès, que le prix des marchandises montant à la somme de 77,273 francs 62 centimes, a été payée par Synave à Osy, avant la faillite de ce dernier, en mandats sur la maison Vanerthorn et fils à Anvers;

» En ce qui touche le prix des marchandises vendues à terme,

» Attendu, d'une part, qu'il n'est pas vérifié au procès que le prix de ces marchandises ait été passé en Compte courant entre le vendeur Osy et l'acheteur Synave; qu'en effet, *aucun réglement ni arrêté de Compte courant n'est intervenu, à cet égard, entre ces derniers;* que l'art. 581 du Code de commerce ne peut être entendu en ce sens qu'il suffirait, pour autoriser la revendication, que l'acheteur eût crédité le vendeur du prix des marchandises vendues à terme, et que, de son côté, le vendeur eût porté ce prix au débet de l'acheteur, dans son Compte courant; que, si tel était le sens de l'article cité, il s'ensuivrait que la revendication ne pourrait avoir lieu en aucun cas, puisque toutes les ventes entre marchands doivent nécessairement être portées sur leur journal; que les mots *passé en Compte courant entre le failli et l'acheteur*, dont se sert l'art. 581, indiquent un mode de régler le paiement, par la balance définitive du Compte courant arrêtée de commun accord entre le vendeur et l'acheteur;

» Attendu, d'autre part, que *les syndics Synave n'ont pas prouvé que le prix des marchandises dont il s'agit, eût été payé par voie de compensation;*

»De tout quoi il résulte que la revendication exercée par les appelans, est non-recevable, en ce qui concerne le prix des marchandises vendues au comptant, s'élevant à la somme de 77,273 francs 62 centimes; mais que la revendication doit être reçue à l'égard du prix des marchandises vendues à terme, montant, sauf erreur, à la somme de 83,781 francs 20 centimes;

» Attendu néanmoins que depuis la demande introductive d'instance, Jean-Baptiste Synave a été déclaré en état de faillite; d'où il suit qu'il ne peut y avoir lieu de condamner sa masse à payer aux appelans le montant du prix à raison duquel la revendication est recevable; mais seulement d'ordonner aux syndics d'admettre les appelans au passif de la faillite, de même que les autres créanciers légitimes, sauf aux appelans à réclamer la préférence, dans les formes prescrites par l'art. 533 du Code de commerce, s'ils croient y avoir matière;

» Par ces motifs, la cour, M. Sprayt, avocat-général entendu et de son avis, met le jugement dont est appel au néant, en ce qui regarde la revendication des marchandises vendues à crédit par Osy à Synave; émendant, dit que la revendication du prix de ces marchandises est recevable et fondée; par suite, ordonne aux syndics de la faillite Synave d'admettre les appelans au passif de la masse, à concurrence de la somme de 83,781 francs 20 centimes, ou de telle autre somme qui, d'après les factures, sera reconnue former ledit prix, sauf aux appelans à réclamer le privilége pour cette somme, dans les formes prescrites, s'ils s'y croient fondés; confirme le jugement dont est appel; en ce qui concerne la revendication du prix des marchandises vendues au comptant, lequel prix a été payé avant la faillite du vendeur Osy.... (1) ».

CONCEPTION. *V.* les articles *Viabilité* et *Vie.*

CONCILIATION. *V.* l'article *Bureau de paix.*

CONCLUSIONS. §. I. *Dans quels cas des Conclusions prises pour la première fois en cause d'appel, doivent-elles être considérées comme* NOUVELLES *dans le sens de l'art. 7 de la loi du 3 brumaire an 2, et de l'art. 464 du Code de procédure civile?*

V. les mots *Appel,* §. 14, art. 1, n°. 16; *Chose jugée,* §. 9; *Compte courant,* §. 1; *Mariage,* §. 5; les Conclusions du 22 mars 1810, rapportées aux mots *Contrat pignoratif,* §. 1, et celles du 15 nivôse an 12, rapportées au mot *Revendication,* §. 1.

§. II. *Après un arrêt de cassation, peut-on, devant le tribunal auquel cet arrêt a renvoyé la connaissance du fond et des Conclusions respectives des parties, rétracter les Conclusions que l'on avait prises devant le tribunal dont le jugement a été cassé?*

V. les conclusions rapportées à l'article *Tribunal d'appel,* §. 5.

§. III. 1°. *Peut-on, après avoir réclamé une redevance sur un fonds, en abandonner la demande et conclure à ce qu'on soit déclaré propriétaire de ce fonds?*
2°, *Le peut-on encore après l'annullation du jugement qui a adjugé la redevance?*

V. le plaidoyer et l'arrêt du 26 octobre 1809, rapportés aux mots *Tiers-denier,* §. 2.

§. IV. *Peut-on, sans nouvelle citation devant le bureau de paix, réduire les Conclusions que l'on a prises en justice après un procès-verbal de non-conciliation?*

V. le plaidoyer et l'arrêt du 8 messidor an 11, rapportés aux mots *Bureau de paix,* §. 4.

§. V. *Y a-t-il lieu à la requête civile en faveur d'un mineur, comme non valablement défendu, lorsque son tuteur a exposé tous ses moyens de défense, mais n'a pas pris ex-*

pressément *toutes les Conclusions auxquelles ces moyens pouvaient donner lieu?*

V. l'article *Requête civile,* §. 6.

§. VI. *Des Conclusions subsidiaires et subordonnées au maintien du jugement que l'on attaque, renferment-elles un acquiescement implicite à ce jugement?*

V. l'arrêt de la cour de cassation, du 14 juin 1815, rapporté à l'article *Chose jugée,* §. 11, n°. 2.

CONCLUSION EN DROIT. 1°. *Qu'entendait-on, dans la Belgique, avant le Code de procédure civile, par la* Conclusion *d'une cause en droit?*
2°. *Pouvait-on, en déclarant une cause conclue en droit, renvoyer à un autre jour pour la prononciation du jugement?*
3°. *Pouvait-on en ce cas prononcer le jugement un autre jour que celui qui d'abord avait été indiqué?*
4°. *Pouvait-on, dans ce même cas, juger sans un rapport préalable?*

V. le plaidoyer du 22 messidor an 11, rapporté aux mots *Testament conjonctif,* §. 2.

CONCLUSIONS DU MINISTÈRE PUBLIC. §. I. *Le ministère public doit-il être entendu dans les causes des militaires majeurs qui sont en activité de service?*

Le sieur Cazeau, capitaine d'infanterie, demandeur en cassation d'un jugement du tribunal civil du département des Hautes-Pyrénées, rendu en faveur de Jean Serer, dit Drouillet, se faisait un moyen de ce que le ministère public n'avait pas été entendu avant ce jugement. C'était, suivant lui, une contravention à l'art. 8 de la loi du 6 brumaire an 5.

« Cet article (ai-je dit) exige-t-il donc que le ministère public donne des Conclusions dans toutes les affaires qui intéressent des défenseurs de la patrie? Non, il ne dit pas un mot de cela : il porte seulement que les *commissaires du directoire exécutif auprès des administrations et des tribunaux sont chargés; chacun en ce qui le concerne, de surveiller l'exécution de la présente.*

» Ainsi, le commissaire du gouvernement près chaque tribunal, doit veiller à ce que le tribunal nomme les *trois citoyens probes et éclairés* qui doivent former le *conseil officieux* des défenseurs de la patrie, absens pour cause de leur service.

» Ainsi, lorsqu'un défenseur de la patrie, absent pour cause de son service, se trouve cité devant un tribunal civil, ou qu'il y a fait lui-même citer une partie, le commissaire du gouvernement près ce tribunal, doit veiller à ce que le conseil officieux se charge de sa défense, sur la demande de son fondé de pouvoir.

» Ainsi, lorsqu'un jugement de condamnation est rendu contre un défenseur de la patrie, absent

---

(1) Jurisprudence de la cour supérieure de justice de Bruxelles, année 1819, tome 2, page 16.

pour cause de son service, le commissaire du gouvernement doit veiller à ce qu'on ne le mette à exécution qu'après avoir fourni le cautionnement prescrit par l'art. 5 de la loi citée.

» Mais porter la parole à l'audience, donner son opinion motivée sur le fond de la cause, c'est ce que n'est pas tenu de faire le commissaire du gouvernement, parceque la loi ne l'exige pas.

» Par ces Considérations, nous estimons qu'il y a lieu de rejeter la requête, et de condamner le demandeur à l'amende ».

Arrêt du 13 messidor an 9, au rapport de M. Borel, qui prononce, conformément à ces conclusions, « Attendu que l'art. 8 de la loi du 6 » brumaire an 5 n'exige pas que le ministère pu- » blic donne ses Conclusions dans les causes des » militaires ou autres citoyens absens pour le ser- » vice de terre et de mer; et qu'aucune loi n'a exigé » d'une manière absolue cette intervention dans » les causes où les absens sont intéressés ».

§. II. *Le défaut de Conclusions du ministère public, en première instance, est-il couvert par les Conclusions données en cause d'appel; et réciproquement, le défaut de Conclusions en cause d'appel, est-il couvert par les Conclusions données en première instance?*

Dans l'ancien ordre judiciaire, lorsque, sur un procès par écrit porté par appel devant les juges supérieurs, il se trouvait des Conclusions données par l'officier qui exerçait les fonctions de partie publique devant les premiers juges, l'usage le plus général était d'exiger de nouvelles Conclusions sur cet appel.

Mais cet usage était-il de rigueur?

Ce qui nous ferait assez penser qu'il ne l'était pas, c'est que l'arrêt du conseil, du 14 mai 1708, portant réglement pour le parquet du parlement de Bordeaux, dispensait expressément de donner de nouvelles Conclusions dans les procès d'appel par écrit, lorsqu'il en aurait été donné devant les premiers juges.

Serpillon, dans son *Code criminel*, page 982, dit aussi que, dans les causes d'appel, en matière criminelle, s'il n'était survenu aucune nouvelle demande qui intéressât le ministère public, le procureur-général du parlement de Dijon ne prenait pas de nouvelles Conclusions, celles de ses substituts aux bailliages et aux sénéchaussées étant suffisantes. Il ajoute que cela était fondé, suivant une lettre écrite au parlement de Dijon, par le chancelier le Tellier, sur l'art. 6 du tit. 16 de l'ordonnance de 1670, qui porte que les procès criminels seront distribués par les procureurs-généraux à leurs substituts, pour donner leurs Conclusions, *s'il y échet.*

Le même auteur, page 1188, sur l'art. 10 du titre cité, observe que « cet article fait une diffé- » rence bien marquée des procès criminels jugés

» par écrit, et de ceux qui sont jugés à l'audience. » Dans les premiers, il faut des Conclusions, *s'il* » *y échet;* mais dans les autres, *il en faut tou-* » *jours* ».

Aujourd'hui, il n'y a plus de distinction à faire, à cet égard, entre la cause principale et celle d'appel: la loi du 24 août 1790 a voulu que le ministère public fût entendu dans l'une comme dans l'autre, lorsque l'affaire serait, par la qualité des parties, ou par sa nature, sujette à lui être communiquée; et le Code de procédure civile, art. 83 et 420, renouvelle cette disposition.

Il ne faut cependant pas conclure de là, que, sous l'empire de la loi du 24 août 1790, un arrêt rendu par une cour d'appel dût toujours être cassé, pour n'avoir pas annulé, d'après cette loi, un jugement de première instance rendu sans Conclusions du ministère public.

Il devait l'être, sans doute, s'il n'avait pas été lui-même précédé des Conclusions du procureur-général près la cour d'appel.

Il devait l'être également, si la partie intéressée à exciper du défaut de Conclusions du ministère public devant les premiers juges, et ayant qualité pour cet effet, avait allégué ce défaut en cause d'appel, et avait, en conséquence, demandé l'annulation du jugement de première instance.

Mais si cette partie n'avait rien dit à cet égard en cause d'appel, elle n'eût pas pu se faire un moyen de cassation de ce que la cour d'appel n'avait pas annulé d'office le jugement du premier tribunal:

C'est ce qu'a décidé la cour de cassation, section des requêtes, par un arrêt du 11 frimaire an 9, rendu au rapport de M. Cassaigne.

Dans le fait, la dame Bardonnex avait soutenu, contre les sieurs Mercier et Dentaud, un procès d'une grande importance devant le tribunal civil du département du Léman, qui y avait statué sans Conclusions du ministère public, quoique la dame Bardonnex fût mariée.

La dame Bardonnex a appelé de ce jugement à la cour d'appel de Lyon.

Par arrêt du 7 thermidor an 8, son appellation a été mise à néant.

Elle s'est pourvue en cassation, et elle a soutenu

Que la cour d'appel eût dû annuler le jugement dont elle s'était rendue appelante;

Que l'annulation de ce jugement lui était commandée par l'art. 3 du tit. 8 de la loi du 24 août 1790, puisqu'il avait été rendu sans Conclusions du ministère public, quoiqu'il y fût question des droits d'une *femme mariée;*

Qu'en maintenant ce jugement, la cour d'appel de Lyon avait consacré et s'était rendu propre l'omission de forme qui le viciait;

Qu'ainsi, cette omission de forme viciait également l'arrêt rendu sur l'appel, et que, par cette raison, il devait être cassé.

« Rien de plus régulier (ai-je dit, en portant la

parole sur cette affaire), rien de mieux suivi et de plus conséquent en apparence, que ce raisonnement.

» Mais consultons le jugement du tribunal d'appel, nous y verrons

» Que la demanderesse n'a point conclu devant ce tribunal, à l'annullation du jugement de première instance;

» Que les Conclusions qu'elle y a prises, roulaient uniquement sur le fond ;

» Qu'elle n'a pas même dit un mot, soit dans sa plaidoirie, soit dans sa réplique, du vice de forme dont il s'agit ;

» Et que ce n'est qu'au moment où, après avoir posé les questions à juger, et ordonné qu'il en serait délibéré, à la suite des Conclusions du ministère public, les juges se retiraient de la chambre d'audience pour passer dans la chambre du conseil, que le défenseur de la demanderesse a élevé la voix, pour observer que le jugement du tribunal du Léman ne faisait pas mention que le commissaire du gouvernement eût été entendu.

» Remarquez qu'en faisant cette observation, le défenseur de la demanderesse n'a pas conclu à l'annullation du jugement dont elle était appelante ; et remarquez encore que, non-seulement il n'y a pas conclu, mais qu'il n'était plus à temps d'y conclure, puisque les débats étaient terminés, puisque le ministère public avait été entendu, puisque les juges avaient entamé leur délibération, en posant les deux questions qu'ils avaient à juger ; puisqu'enfin ils avaient prononcé un délibéré, et qu'il est de principe élémentaire que tout délibéré doit être vidé dans l'état où il était prononcé.

» Dans cette position, qu'a fait et qu'a dû faire le tribunal d'appel ? Il a considéré qu'aucune des parties ne s'était plainte de l'irrégularité du jugement du premier tribunal; qu'au contraire, elles avaient appelé, instruit, distribué des mémoires imprimés, et plaidé uniquement sur le fond pendant plusieurs audiences; que, par là, elles paraissaient avoir renoncé à se prévaloir de l'omission des Conclusions du ministère public en première instance, et avoir consenti à être jugées définitivement, et en dernier ressort, sur le fond; et que d'ailleurs le commissaire du gouvernement avait été entendu en cause d'appel.

» En conséquence, il a, non pas débouté la demanderesse de Conclusions qu'elle n'avait pas prises pour l'annullation du jugement de première instance, mais supposé qu'il n'y avait rien à statuer à cet égard, et il a tout de suite passé au jugement du fond.

» A-t-il dû, a-t-il pu le faire ? C'est ce que nous avons à examiner.

» Une chose bien certaine; c'est que, s'il eût, soit d'office, soit sur des Conclusions prises à cet effet, déclaré nul le jugement du tribunal civil du Léman, il n'en aurait pas moins pu et dû prononcer sur le fond, et cela par jugement nouveau.

» En effet, un jugement, quelque vicieux qu'il

puisse être, est toujours un jugement ; il subsiste tant qu'il n'a pas été annullé par l'autorité supérieure ; et lorsque le tribunal supérieur auquel il est déféré, l'annulle à raison du vice de forme dont il se trouve frappé, il doit toujours le remplacer par un autre; et dans ce cas, le tribunal supérieur, faisant lui-même ce qu'aurait dû faire le premier juge, doit, en remplissant exactement les formalités omises ou violées par celui-ci, statuer lui-même au fond (1).

» Cela posé, voici comment ont dû raisonner les juges du tribunal d'appel de Lyon.

» Il est fort indifférent au droit des parties, que nous annullions ou que nous n'annullions pas le jugement de première instance, puisque, dans le cas où nous l'annullerions, nous devrions statuer au fond, de la même manière que nous le ferions dans le cas où nous n'en prononcerions pas la nullité. La question de savoir si ce jugement doit ou ne doit pas être annullé, tient donc uniquement à l'intérêt de la loi ; elle est absolument étrangère à l'intérêt des parties.

» Or, la loi nous impose-t-elle l'obligation d'annuller ce jugement ? Non ; car on ne nous en demande pas l'annullation ; et la loi elle-même nous défend de statuer sur des choses qui ne nous sont pas demandées.

» Nous devons donc nous borner à l'examen du fond même du jugement, et le confirmer, s'il a bien jugé; nous le devons d'autant plus, qu'ayant rempli nous-mêmes la formalité omise par les premiers juges, en entendant, sur l'appel, le commissaire du gouvernement, notre jugement équipollera évidemment à celui par lequel, en déclarant nul le jugement dont est appel, et faisant ce qu'aurait dû faire le tribunal du Léman, nous prononcerions au fond comme l'a fait ce tribunal.

» Si ce n'est pas ainsi qu'a raisonné le tribunal de Lyon, il est du moins bien constant qu'il a pu raisonner ainsi; et que, si son jugement peut être justifié par ce raisonnement (fait ou non par les juges entre eux), il n'y a pas lieu de le casser, sous prétexte qu'il ne serait pas précisément motivé de cette manière.

» Il ne reste donc qu'un seul point à examiner : c'est de savoir si le raisonnement que nous venons de mettre dans la bouche des juges, au moment de leur délibération, peut justifier la forme dans laquelle ils ont prononcé.

» Or, il ne peut pas y avoir de doute raisonnable sur l'affirmative.

» Nous l'avons déjà dit, la demanderesse n'avait pas conclu à l'annullation du jugement de première instance; et remarquez qu'elle seule avait qualité pour y conclure : car, même dans le cas où le jugement de première instance eût été rendu en sa faveur, sa partie adverse n'aurait pas pu en demander la nullité pour cause d'omission des

_____

(1) V. l'article Appel, §. 14, art. 1, n°. 4.

Conclusions du ministère public ; cela est écrit textuellement dans l'art. 5 de la loi du 4 germinal an 2.

» Qu'a-t-il donc dû résulter, aux yeux du tribunal d'appel, de ce défaut de Conclusions de la demanderesse, à l'annullation du jugement de première instance ?

» Il a dû en résulter que la demanderesse avait renoncé au droit qu'elle avait de faire annuller ce jugement dans la forme ; et il ne faut pas qu'elle vienne objecter ici qu'une pareille renonciation n'était pas plus en son pouvoir qu'elle ne serait en celui d'un mineur ; car un mineur qui se trouverait dans la même position qu'elle, pourrait comme elle renoncer valablement au droit de faire annuller un jugement de première instance ; et la raison en est simple : c'est qu'en renonçant à ce droit, il ne renoncerait véritablement à rien, puisque le jugement ne pourrait être annullé que pour la forme, et que le tribunal d'appel serait toujours obligé, en prononçant *par annullation*, de statuer sur le fond de la cause, comme il le ferait en prononçant *par bien ou mal jugé*.

» Encore une fois donc, la demanderesse était censée, en ne concluant pas, devant le tribunal d'appel, à l'annullation du jugement dont elle était appelante, avoir renoncé, et renoncé valablement, au droit de faire prononcer cette annullation.

» D'après cela, de quel droit le tribunal d'appel aurait-il prononcé l'annullation de ce jugement ?

» Sans doute, les juges sont obligés de suppléer les moyens de droit que les parties peuvent omettre dans leur défense, *à l'appui des Conclusions qu'elles ont prises*.

» Mais suppléer des moyens de droit *uniquement relatifs à des Conclusions que les parties n'ont ni prises ni annoncé vouloir prendre*, c'est ce que les juges ne peuvent pas faire, puisque ce serait équivalemment conclure pour les parties elles-mêmes.

» Encore moins le peuvent-ils, lorsque, comme dans l'espèce, les moyens de droit omis par les parties, sont d'une telle nature, que les parties n'ont aucune espèce d'intérêt à les faire valoir ; et lorsque de cette circonstance il résulte une présomption légale que les parties n'ont omis ces moyens, que dans l'intention de renoncer aux Conclusions auxquelles ils auraient pu servir de base.

» Disons donc que la demanderesse ne peut pas se faire ici un moyen de cassation, de ce que le tribunal d'appel n'a pas annullé, pour la forme, le jugement du tribunal civil du département du Léman ».

Sur ces raisons, l'arrêt cité a rejeté la requête de la dame Bardonnex,

« Attendu que le défaut de Conclusions du ministère public, lors du jugement de première instance, ne fut proposé en cause d'appel qu'au moment où les juges se retiraient pour délibérer, et sans prendre de Conclusions le concernant ; que d'ailleurs, le principe fut reconnu par les juges dans les motifs de leur jugement ; en sorte que, s'ils omirent d'y prononcer, on ne peut l'attribuer qu'au défaut de Conclusions à cet égard ;

» Qu'enfin, passant en conséquence au jugement du fond, ils y statuèrent comme s'ils l'avaient fait par nouveau jugement ;

» Que, dès-lors, ni au fond, ni dans la forme, le jugement dont il s'agit ne contient point de contravention à la loi ».

On trouvera un arrêt semblable sous le mot *Nullité*, §. 3.

§. III. *La seule circonstance que dans un procès, l'une des parties réclame l'autorité de la chose jugée, et s'en fait une exception péremptoire, suffit-elle pour nécessiter l'intervention du ministère public, et des Conclusions de sa part sur cette affaire ?*

Anne Bruni et Antoine Elzéard Sagny ont soutenu l'affirmative dans leur requête en cassation du jugement du tribunal civil du département du Gard, du 6 frimaire an 8, dont il est parlé à l'article *Bénéfice d'inventaire*, §. 1.

« Où est-il écrit (ai-je dit, en concluant sur cette affaire) que, toutes les fois qu'une partie excipe de la chose jugée, l'intervention du ministère public devient indispensable ?

» Elle l'est, sans doute, toutes les fois qu'un jugement en dernier ressort est attaqué par requête civile ou en cassation ; des lois expresses l'ont ainsi réglé.

» Mais aucune loi n'a étendu leur disposition au cas où il s'agit simplement de savoir s'il y a lieu ou non à l'exception de la chose jugée.

» Eh ! Comment l'aurait-on étendue jusque-là, tandis qu'elle n'a pas même lieu dans les tierces-oppositions aux jugemens en dernier ressort, quoique là il s'agisse directement de maintenir ou de réformer ces jugemens au fond ?

» Et cela seul prouve combien peu est refléchie l'objection que tirent les demandeurs, de ce que l'exécution des jugemens est une des attributions spéciales des commissaires du gouvernement près les tribunaux.

» Sans doute, les commissaires du gouvernement sont chargés de veiller à toutes les opérations matérielles qui précèdent, accompagnent et constituent l'exécution des jugemens ; mais qu'a de commun cette attribution, avec l'objet qui nous occupe ici ?

» De ce que l'interposition de l'autorité du commissaire du gouvernement est nécessaire pour faire ouvrir une porte, à l'effet d'exécuter un jugement, s'ensuit-il qu'on ne pourra plus ensuite, sans ses conclusions, décider la question de savoir si ce jugement produit ou ne produit pas, contre telles et telles personnes l'exception de chose jugée ?

» Il n'est pas besoin assurément de faire sentir toute l'absurdité d'une pareille conséquence ».

Par arrêt du 14 messidor an 9, rendu au rapport de M. Brillat Savarin, section des requêtes, la demande en cassation a été rejetée avec amende.

§. IV. *Les Conclusions prises en première instance par le ministère public, partie poursuivante, conservent-elles leur effet en cause d'appel, et la cour d'appel est-elle obligée d'y faire droit, quoiqu'elles ne soient pas renouvelées devant elle ?*

Sur cette question et sur deux autres qui sont indiquées sous le mot *Douanes*, j'ai donné à l'audience de la cour de cassation, section criminelle, le 6 messidor an 8, des Conclusions ainsi conçues :

« Vous avez à statuer sur l'opposition formée par le cit. Louis Chaigneau, négociant à Brest, à un jugement du tribunal de cassation, du 24 floréal an 7......

» Les 15, 16 et 17 thermidor an 5, procès-verbal de saisie de *faïences* qualifiées *anglaises*, envoyées d'Ostende et de Dunkerque à Brest.

» Le 29 du même mois, jugement du tribunal correctionnel de Morlaix, qui déclare cette saisie valable.

» Appel au tribunal criminel du département du Finistère.

» Le 29 vendémiaire an 6, jugement de ce tribunal qui infirme celui du tribunal correctionnel, annulle la saisie, et donne main-levée des faïences qui en étaient l'objet.

» Les motifs de ce jugement sont absolument les mêmes que ceux de l'autre jugement du même jour, qui avait pareillement annullé la saisie du 16 thermidor (1).

» Sur le recours en cassation formé par la régie des douanes contre ce jugement, il est annullé le 6 nivôse an 6, par les mêmes motifs que le premier l'avait été le même jour, c'est-à-dire, 1.° pareeque la disposition de la loi du 14 fructidor an 3, sur la nécessité d'appeler la partie saisie à l'affirmation du procès-verbal, n'est pas applicable aux affaires qui, en exécution de la loi du 10 brumaire an 5, s'instruisent dans la forme criminelle ; 2.° pareeque le tribunal du Finistère a violé la loi du 10 brumaire an 5 lui-même, en se fondant, pour prononcer, que les faïences saisies ne sont point marchandises anglaises, sur des pièces qui ne prouvent rien autre chose si ce n'est que ces faïences ont été expédiées des ports de Dunkerque et d'Ostende pour Brest.

» En conséquence, les parties sont renvoyées devant le tribunal criminel du département des Côtes-du-Nord, *pour être procédé et statué sur le fond, conformément à la loi.*

(1) V. le mot *Appel*, §. 14, art. 2, n°. 2.

4e. édit., *Tome II.*

» Le 6 messidor an 6, après le rapport fait, par l'un des juges et les plaidoiries respectives des parties, Conclusions du commissaire du gouvernement à ce que le procès-verbal de saisie soit déclaré nul, pour contravention à l'art. 3 de la loi du 14 fructidor an 3, en ce qu'il n'en avait pas été délivré copie, le 15 thermidor an 5, à la partie saisie, quoique présente à la rédaction.

» Le même jour, jugement qui, adoptant ces Conclusions, infirme le jugement du tribunal correctionnel de Morlaix, *casse, rejette et annulle le procès-verbal de saisie, décharge les prévenus des condamnations prononcées contre eux, les renvoie en même et pareil état qu'ils étaient avant la saisie, et condamne la régie des douanes aux dépens.*

» Vous voyez, que, par ce jugement, le tribunal criminel des Côtes-du-Nord s'est mis en opposition diamétrale avec le jugement du tribunal de cassation, du 6 nivôse an 6.

» En effet, le tribunal de cassation avait décidé nettement que le tribunal du Finistère avait mal-à-propos annullé le procès-verbal de saisie ; et le tribunal des Côtes-du-Nord l'a annullé de nouveau par le défaut de délivrance de la copie au prévenu, c'est-à-dire, par un moyen qui avait déjà motivé le jugement du tribunal du Finistère, et qui n'avait pas empêché que ce jugement ne fût cassé.

» Il est vrai que le jugement de cassation du 6 nivôse an 6 n'avait pas statué nominativement sur ce moyen ; mais il l'avait nécessairement rejeté, par cela seul qu'il avait cassé le jugement du tribunal du Finistère, puisque ce moyen subsistant, le jugement du tribunal du Finistère devait nécessairement subsister aussi ; et il est aisé, après tout, de sentir quel a pu être le motif de ce rejet.

» Nous n'avons pas sous les yeux le procès-verbal ; mais les différens jugemens dont il a été suivi, s'accordent à le dater des 15, 16 et 17 thermidor an 5, ce qui signifie clairement qu'il a été commencé le 15, et clos le 17. D'après cela, il est clair qu'on ne pouvait pas l'arguer de nullité, sous prétexte que la copie n'en n'avait pas été délivrée au prévenu dès le 15, ou, ce qui est la même chose, à l'issue de la première vacation ; car ce n'est que *lors de la clôture* du procès-verbal, que l'art. 3 de la loi du 14 fructidor an 3 assujétit les saisis-sans à en délivrer copie au prévenu présent ; vous savez d'ailleurs que la loi du 9 floréal an 7 est la première qui ait prescrit l'obligation de délivrer copie de chaque contexte, au moment où il est signé ; encore ne l'a-t-elle prescrite que pour les saisies faites sur les bâtimens de mer pontés.

» Aussi la régie des douanes n'a-t-elle pas manqué d'observer dans son mémoire en cassation contre le jugement du tribunal des Côtes-du-Nord, qu'il était absolument contraire à vo-

59

tre jugement du 6 nivôse an 6. Mais il paraît que le tribunal de cassation ne s'est pas arrêté à cette observation, sans doute parcequ'il aurait fallu, d'après l'art. 156 de l'acte constitutionnel de l'an 3, alors en vigueur, recourir au corps législatif, qui aurait décidé la question par une loi; et que, pour éviter une voie aussi extraordinaire, le tribunal aura préféré s'en tenir au moyen subsidiaire que la régie tirait de la seconde partie de l'art. 23 du tit. 10 de la loi du 22 août 1791.

» En effet, par jugement du 24 floréal an 7, le tribunal a cassé celui du tribunal criminel des Côtes-du-Nord, avec renvoi du fond au tribunal criminel du département d'Ille et Vilaine, par le seul motif que, de la loi dont nous venons de parler, il suit que les juges qui prononcent seulement la nullité de procès-verbaux de saisie, ne doivent point, à la vérité, prononcer d'amende, mais qu'ils ne peuvent se dispenser de prononcer la confiscation des marchandises; et attendu que, dans le fait, le tribunal des Côtes-du-Nord avait déchargé les prévenus, par la seule considération de la nullité du procès-verbal de saisie, *et sans avoir décidé que la faïence n'était point de la classe des marchandises prohibées à l'entrée, ni de manufacture anglaise ; d'où il résultait une contravention, et à la loi du 10 brumaire an 5, et à l'art. 23 du tit. 10 de la loi du 22 août 1791, précité.*

» C'est à ce jugement que le cit. Chaigneau a formé opposition, par requête du 11 fructidor an 7; et c'est sur cette opposition que vous avez aujourd'hui à prononcer.

» Il l'a fondé sur deux moyens.

» Il prétend, d'abord, que le commissaire du gouvernement près le tribunal criminel des Côtes-du-Nord, n'ayant pas requis la confiscation, ce tribunal n'aurait pas pu la prononcer, sans violer même l'art. 23 du tit. 10 de la loi du 22 août 1791, puisque cet article n'attribue qu'au commissaire du gouvernement le droit de poursuivre la confiscation des marchandises prohibées à l'entrée, dans le cas où la saisie est déclarée nulle pour vice de formes.

» Il soutient en second lieu, que, dans le fait et quand même le commissaire du gouvernement eût conclu à la confiscation, le tribunal des Côtes-du-Nord n'eût pas pu la prononcer, parcequ'il était constant et prouvé au procès que les faïences n'étaient point de fabrique anglaise.

» Nous commencerons par écarter ce second moyen, afin de réduire l'affaire qui vous occupe, à ses termes les plus simples; et nous l'écarterons, parcequ'il porte sur une supposition évidemment fausse.

» En effet, il ne s'agit pas ici de savoir s'il est prouvé ou non que les faïences saisies soient de la classe des marchandises prohibées ; le fait est que le tribunal des Côtes-du-Nord n'a point

jugé qu'elles n'en fussent pas, et c'est pour cela même que son jugement a été cassé; car ce n'eût été qu'en décidant qu'elles n'étaient pas de fabrique anglaise, qu'il eût pu se dispenser d'en prononcer la confiscation. Aussi le jugement de cassation porte-il en toutes lettres, qu'en déchargeant les prévenus des condamnations prononcées contre eux par les tribunaux correctionnels (et par conséquent de la confiscation des faïences saisies), *sans avoir décidé que ces faïences n'étaient point de la classe des marchandises prohibées à l'entrée, ni de manufacture anglaise,* le tribunal des Côtes-du-Nord avait violé, et la loi du 10 brumaire an 5, et l'art. 23 du tit. 10 de la loi du 22 août 1791.

» Le deuxième moyen du cit. Chaigneau est donc insoutenable, et nous devons, sans nous y arrêter davantage, reporter toute notre attention sur le premier.

» A cet égard, deux questions se présentent, l'une de fait, l'autre de droit.

» La question de fait est celle-ci : est-il vrai, comme le prétend le cit. Chaigneau, que le tribunal criminel des Côtes-du-Nord n'ait pas été requis par le ministère public, de prononcer la confiscation des faïences saisies ?

» L'affirmative paraît, à la première vue, incontestable, puisque le commissaire du gouvernement près ce tribunal a conclu purement et simplement à ce que, d'après la nullité prétendue de la saisie, les prévenus fussent déchargés des condamnations portées contre eux par le tribunal correctionnel de Morlaix.

» Mais ces Conclusions n'étaient pas les seules que le ministère public eût prises dans cette affaire. Avant que le commissaire du gouvernement près le tribunal criminel des Côtes-du-Nord eût porté la parole, un autre commissaire du gouvernement l'avait aussi portée devant le tribunal correctionnel de Morlaix; et là, comme le prouve le jugement même de ce dernier tribunal, il avait requis formellement la confiscation des marchandises saisies. Or, cette réquisition subsistait encore dans toute sa force, lorsqu'a été rendu le jugement du tribunal criminel des Côtes-du-Nord, et ce tribunal n'a pas pu se dispenser d'y faire droit. Qu'était-il en effet ce tribunal criminel ? Simple juge d'appel, il était uniquement subrogé au juge de première instance, pour faire ce que celui-ci avait dû, d'après la loi, faire lui-même, c'est-à-dire, pour confirmer son jugement, s'il était légal; et pour le réformer, dans le cas contraire. Il fallait donc qu'il examinât l'affaire dans l'état où elle s'était présentée devant le tribunal correctionnel, et par conséquent d'après les Conclusions qui avaient été prises devant ce tribunal.

» Que, sur l'appel, le commissaire du gouvernement ait exprimé son opinion individuelle sur ces Conclusions; qu'il les ait trouvées mal fondées, qu'il ait conclu à ce qu'il n'y fût pris aucun égard; il en a été bien le maître.

» Mais que, par là, il ait pu faire perdre à la république le droit qu'elle avait acquis en première instance, par les Conclusions qui y avaient été prises; que, par là, il ait dégagé le tribunal d'appel de l'obligation de faire droit sur ces mêmes Conclusions; que, par là, en un mot, il ait pu faire du tribunal d'appel autre chose que ce qu'il est réellement, c'est-à-dire, juge subrogé au tribunal de première instance, pour prononcer comme celui-ci aurait dû le faire; c'est ce qu'il est impossible d'admettre, sans bouleverser toutes les idées reçues, sans dénaturer entièrement nos institutions judiciaires, et surtout sans faire revivre les maximes de l'ancien régime, d'après lesquelles les magistrats chargés du ministère public en première instance, n'étant regardés que comme les substituts des procureurs-généraux près les cours supérieures, il dépendait toujours de ceux-ci de déroger par leurs propres Conclusions sur l'appel, aux Conclusions qui avaient été prises en leur nom devant les premiers juges (1).

» Nous pourrions nous arrêter ici; car dès qu'en point de fait, il est reconnu que des Conclusions ont été prises par le ministère public, pour la confiscation des marchandises saisies, le moyen que tire le cit. Chaigneau du défaut prétendu de ces Conclusions, tombe et s'évanouit nécessairement de lui-même.

» Mais pour mettre dans un plus grand jour le bien jugé de la cassation, prononcée le 24 floréal an 7, abordons la question de droit, et prouvons en peu de mots que, même dans le cas où le ministère public n'eût pas conclu à la confiscation, il eût suffi que la régie des douanes l'eût requise, pour que le tribunal des Côtes-du-Nord fût obligé de la prononcer.

» Cette proposition paraît, dès la première vue, contraire à l'art. 23 du tit. 10 de la loi du 22 août 1791; et il serait difficile d'établir qu'elle ne le fût pas effectivement, si la disposition de cet article était encore telle qu'on la dit dans la loi même.

» Cet article, en effet, tel qu'il est conçu, paraît ôter toute action à la régie, dans le cas où un procès-verbal se trouve nul par défaut de forme; car ce n'est pas seulement sur le procès-verbal, c'est encore sur la saisie qu'il fait porter la nullité à laquelle le vice de forme donne lieu; et il est assez naturel de dire que la saisie étant nulle, c'est

comme si elle n'avait pas été faite : or, point de saisie de la part de la régie, point d'action pour elle, au moins en matière de contravention.

» Mais, depuis la loi de 1791, il en est intervenu d'autres qui ont changé entièrement cette partie de la législation. Nous ne parlerons pas ici de celle du 9 floréal an 7, parcequ'elle est postérieure à la saisie et au jugement du tribunal des Côtes-du-Nord dont il s'agit ici; mais nous vous rappellerons celles du 4 germinal an 2 et du 14 fructidor an 3.

» L'art. 7 du tit. 6 de la loi du 4 germinal an 2 met en principe que; *dans toute action sur une saisie, les preuves de non contravention sont à la charge du saisi.*

» Ainsi, dans l'esprit comme d'après la lettre de cette loi, il ne suffit pas qu'un procès-verbal soit irrégulier, pour que le saisi soit censé n'être pas en contravention; il faut encore que le saisi rapporte la preuve positive qu'il n'y a aucune contravention à lui reprocher.

» Aussi voyons-nous que cette loi fait si peu de cas des formes des procès-verbaux, qu'elle abroge toutes celles qui avaient été établies par la loi de 1791, pour leur en substituer d'autres excessivement simples.

» Et venant ensuite aux jugemens qui interviennent sur les saisies, elle ne s'occupe pas même du cas où les procès-verbaux se trouveraient nuls; elle paraît regarder ce cas comme devant être trop rare, pour avoir besoin d'être prévu; mais elle porte toute son attention sur le fond même des saisies : *si la saisie est jugée bonne,* dit l'art. 14; et l'art. 19 ajoute : *si le tribunal d'appel déclare qu'il n'y avait pas une probabilité fondée de contravention;* manières de s'exprimer qui bien certainement excluent toute possibilité de jugemens qui déclareraient des saisies nulles par suite de la nullité des procès-verbaux.

» Le même esprit se remarque dans la loi du 14 fructidor an 3. A la vérité, elle assujétit les procès-verbaux à des formes moins simples que ne l'avait fait la loi du 4 germinal an 2; mais, comme celle-ci, elle fait dépendre que du fond, la validité ou l'invalidité des saisies. *Si la saisie est jugée bonne,* dit-elle, art. 7. *Si la saisie n'est pas fondée,* dit-elle, art. 9.

» Cela posé, il est évident que l'art. 23 du tit. 10 de la loi du 22 août 1791 ne subsiste plus dans la disposition qui déclare nulle toute saisie dont le procès-verbal est irrégulier; donc, on ne peut plus dire que l'irrégularité du procès-verbal ôte à la régie des douanes le droit de poursuivre le principal effet de la saisie, c'est-à-dire, la confiscation; donc la régie des douanes partage ce droit avec le commissaire du gouvernement; donc la régie peut l'exercer seule, quoique le commissaire du gouvernement s'en abstienne; donc il suffit que la régie ait conclu à la confiscation, dans le cas où la confiscation doit avoir lieu, d'après l'article dont s'agit, pour que les juges soient tenus de la prononcer.

___

(1) Oui; mais quel était, à l'égard des cours supérieures, l'effet de cette dérogation? Les empêchait et les dispensait-elle de statuer sur les Conclusions que les procureurs du roi avaient prises en première instance? Cette question revient à celle de savoir quel est aujourd'hui et depuis que les procureurs du roi des tribunaux de première instance sont redevenus, par l'art. 6 de la loi du 20 avril 1810, ce qu'ils étaient dans l'ancien ordre judiciaire, c'est-à-dire, les substituts des procureurs-généraux près les cours royales, l'effet des Conclusions par lesquelles un procureur-général rétracte en cause d'appel les Conclusions qui ont été prises en son nom, devant les premiers juges, par le procureur du roi? Elle sera traitée à l'article *Ministère public*, §. 4.

» Et c'est effectivement ce que vous avez décidé le 15 prairial dernier, après un délibéré, dans l'affaire de la régie des douanes contre le batelier Simoski. En cassant, dans cette affaire, sur le seul recours de la régie, et quoique le ministère public ne réclamât point, un jugement du tribunal criminel de l'Escaut, pour n'avoir pas prononcé la confiscation de grains saisis par un procès-verbal nul dans la forme, vous avez admis et consacré le principe, que l'action du commissaire du gouvernement pour faire prononcer la confiscation dans ces sortes de cas, n'est pas concentrée dans sa personne, et que la régie peut l'exercer à son défaut (1).

» Dans ces circonstances et par ces considérations, nous estimons qu'il y a lieu de rejeter l'opposition formée par le cit. Chaigneau, au jugement de cassation du 22 floréal an 7 ».

Sur ces Conclusions, arrêt du 6 messidor an 8, au rapport de M. Chasle, par lequel,

« Considérant que, dans le fait, la régie des douanes et le commissaire du gouvernement près le tribunal de police correctionnelle de Morlaix avaient conclu tant à la confiscation des marchandises saisies, qu'à l'amende; que ces Conclusions subsistaient devant le tribunal criminel du département des Côtes-du-Nord; qu'il était saisi de l'appel; que ce tribunal n'ayant ni reconnu ni déclaré que les marchandises n'étaient pas anglaises, ne pouvait se dispenser d'en prononcer la confiscation, conformément à l'art. 23 du tit. 10 de la loi du 22 août 1791;

» Le tribunal, sans s'arrêter à l'opposition formée par Chaigneau, au jugement du 24 floréal an 7, ordonne que ledit jugement sera exécuté selon sa forme et teneur ».

§. V. 1°. *Peut-il être statué sans Conclusions du ministère public, sur la demande en nullité d'une arrestation pratiquée en vertu de la loi du 10 septembre 1807 ?*

V. l'article *Étranger*, §. 4.

§. VI. *Le défaut de Conclusions du ministère public dans le cas où elles sont requises par le Code de procédure civile, donne-t-il ouverture à la cassation, ou seulement à la requête civile ?*

V. les articles *Cassation*, §. 38, et *Étranger*, §. 4.

§. VII. *Pour décider si les Conclusions du ministère public sont nécessaires dans un jugement, faut-il consulter, soit la loi du pays où sont situés les biens en litige, soit celle du pays où sont les parties sont domiciliées, soit celle du temps où ont été passés les actes qui* ont donné lieu à la contestation; ou ne doit-on s'attacher qu'à la loi du pays ?

V. l'article *Substitution fidéicommissaire*, §. 12.

§. VIII. *Autres questions relatives aux Conclusions du ministère public.*

V. l'article *Ministère public.*

CONCOURS D'ACTIONS. *A quels cas s'applique la maxime, qu'en cas de Concours de deux actions, le choix de l'une emporte renonciation à l'autre ?*

V. l'article *Option*, §. 1.

CONCUBINAGE. §. I. *Quel était chez les Romains, et quel a été parmi nous jusqu'à la publication de la loi du 13 floréal an 11, formant le tit. 2 du liv. 3 du Code civil, l'effet des donations entre concubinaires ?*

I. L'ancien droit romain autorisait expressément toute espèce de libéralité, non-seulement en faveur de ce qu'il appelait proprement *concubines*, c'est-à-dire, des femmes libres avec lesquelles vivaient des hommes non mariés (suivant la définition qu'en donne la loi unique, C. *de concubinis*); mais aussi en faveur des filles prostituées.

Pour les donations faites aux *concubines*, rien de plus formel que la loi 31, D. *de donationibus*, et la loi 5, §. 1, D. *de donationibus inter virum et uxorem*.

A l'égard des filles prostituées, voici ce que porte la loi 5, D. *de donationibus* : *Affectionis gratiâ neque inhonestæ donationes sunt prohibitæ; honestæ ergà merentes amicos vel necessarios : inhonestæ ergà meretrices.* (Il n'importe, lorsque les donations ont pour motif un sentiment d'affection, qu'elles soient honnêtes ou qu'elles ne le soient pas; elles ne sont pas plus défendues dans un cas que dans l'autre. On appelle donations honnêtes, celles qu'on fait à des amis de qui on a reçu des services, ou à des parens; et par donations déshonnêtes, on entend celles qui sont faites à des femmes livrées publiquement à la débauche.)

Cependant les personnes qui vivaient ensemble dans un commerce adultérin ou incestueux, ne pouvaient ni s'instituer héritières ni se faire aucun legs; et les libéralités qu'elles se faisaient par l'une ou l'autre voie, étaient, pour cause d'indignité, dévolues au fisc; c'est ce que nous apprennent la loi 13, D. *de his quæ ut indignis auferuntur*, et la loi 6, C. *de incestis nuptiis.*

Les militaires ne pouvaient pas non plus donner valablement aux filles débauchées qu'ils entretenaient. Cela résulte de la loi 2, C. *de donationibus inter virum et uxorem*, de la loi 14, D. *de his quæ ut indignis*, et de la loi 41, §. 1, D. *de testamento militis.*

Les empereurs Valentinien et Gratien allèrent

(1) L'espèce de cet arrêt est rapportée, en note, au mot *Douanes*, §. 8.

plus loin ; ils restreignirent considérablement la faculté de donner, même aux *concubines*.

Et pour cet effet, ils distinguèrent entre le donateur qui avait des enfans légitimes et celui qui n'en avait pas.

Ils défendirent au premier de donner à sa concubine et aux enfans qu'il pouvait avoir d'elle, plus d'un douzième des biens qu'il laissait à sa mort ; et s'il n'avait d'elle aucun enfant, elle ne pouvait recevoir de lui qu'un vingt-quatrième.

A l'égard du second, lorsqu'il n'avait ni père ni mère, ils lui permirent de donner à sa concubine et aux enfans qu'il pouvait en avoir, jusqu'à trois douzièmes de ses biens.

La loi qui contenait ces dispositions, est rappelée dans la Novelle 89, chap. 12.

Justinien la modifia d'abord en faveur de ceux qui n'avaient point d'enfans légitimes : il leur permit de donner la moitié de leurs biens à leurs concubines et aux enfans nés d'elle. C'est ce qu'il nous apprend lui-même dans le §. 1 du chapitre que nous venons de citer.

Mais bientôt il observa que l'on éludait par des fidéicommis tacites, la défense qu'il avait faite de donner, dans ce cas, au-delà de la moitié des biens ; et voulant que les enfans naturels ne pussent pas être traités moins favorablement que des étrangers ou même des inconnus, il ordonna, par le §. 2 du même chapitre,

1°. Que tout homme qui aurait des enfans légitimes, ne pourrait laisser à ses enfans naturels et à leur mère , plus du douzième de ses biens ;

2°. Qu'il ne pourrait , dans le même cas, laisser plus d'un vingt-quatrième à la *concubine* dont il n'aurait pas d'enfans ;

3°. Que tout homme qui n'aurait point d'enfans légitimes, pourrait, en réservant à ses ascendans leur portion légitimaire, laisser tout à ses enfans naturels.

Il ne détermina expressément, ni par cette Novelle, ni par aucune autre loi postérieure, ce qui pourrait, dans ce dernier cas, être laissé à la *concubine*, soit qu'elle eût des enfans, soit qu'elle n'en eût pas.

Mais il paraît que son intention fut qu'alors la *concubine* jouît de la même capacité de recevoir, que les enfans naturels ; c'est ainsi que l'a entendu Voët, sur le Digeste, titre *de donationibus inter virum et uxorem*.

II. Quant à la jurisprudence française sur cette matière, avant le Code civil, il faut, pour le bien connaître, faire plusieurs distinctions de lieux et d'époques.

Nous avions plusieurs coutumes qui déclaraient expressément nulle toute donation faite entre concubinaires. C'étaient celles de Cambresis, tit. 3, art. 7 ; de Loudunois, titre *des donations*, art. 2 ; de Touraine, art. 246 ; d'Anjou, art. 342 ; du Maine., art. 554 ; et du Perche, art. 100.

Les provinces Belgiques y compris le département du Nord, et toute la partie de celui du Pas-de-Calais qui composait ci-devant la province d'Artois, avaient une loi semblable dans l'art. 12 de l'édit de Charles-Quint du 4 octobre 1540 ; mais elle était limitée aux dispositions qui emportent translation ou hypothèque de propriétés immobilières, et encore ne frappait-elle que sur les mineurs de 25 ans ; en voici les termes : « Que tous » dons testamentaires, légats, donations d'entre-» vifs ou en cas de mort, faits par mineurs de 25 » ans, des biens immeubles, ou par lesquels les » biens immeubles seraient chargés de sommes d'ar-» gent, ou rente à vie ou perpétuelle, au profit » de leurs curateurs, gardiens et autres leurs ad-» ministrateurs, ou de leurs enfans, ou au profit » de leurs parâtres ou marâtres, *ou de leurs con-» cubines*, seront nuls et de nulle valeur : ordon-» nons à tous juges ainsi le juger ».

Il semble donc que, dans toutes les contrées connues sous le nom de *Provinces Belgiques*, un majeur pouvait, même avant la loi du 13 floréal an 11, comme sous le droit romain, donner tout ce qu'il lui plaisait à sa concubine (lorsqu'il n'y avait entre elle et lui ni inceste ni adultère), et que l'on y devait également maintenir les donations qu'il lui faisait en minorité, de sommes ou créances qui n'entrînaient, pour ses immeubles, ni aliénation ni hypothèque.

C'est en effet ce que soutenaient deux jurisconsultes hollandais, Jacques Coren, dans son conseil 21, et Van-Leuwen, dans sa *Censura forensis*, partie 1, liv. 3, chap. 4, n°. 41.

Et Voët, sur le Digeste, titre *de heredibus instituendis*, n°. 6, observait que leur opinion paraissait favorisée par l'édit de Charles-Quint : *pro quâ opinione facere videtur quod edicto Caroli Quinti 4 octobris 1540 vetitum no minores 25 annis quidquam donent aut testamento legent concubinis ; qualis prohibitio supervacua foret, si et majorennès prohibiti censerentur concubinas actu inter-vivos aut ultimâ voluntate gratificari* (1).

On doit pourtant convenir que l'édit de Charles-Quint n'était pas assez positif pour que l'on pût en tirer avec certitude une pareille conséquence.

A la vérité, il *supposait* tacitement les majeurs capables de donner à leurs concubines, lorsqu'elles étaient libres comme eux ; mais une *supposition* tacite n'est pas une *disposition ;* elle n'ajoute ni ne retranche rien aux lois antérieures.

Dira-t-on que du moins elle laissait les lois antérieures dans leur intégrité , et que, parmi les lois antérieures à Charles-Quint, se trouvaient les dispositions du droit romain qui , hors les cas d'inceste et d'adultère, permettaient à tout homme non militaire qui n'avait point d'enfant légitime, de donner à sa concubine tout ce qu'il possédait ?

Mais certainement on ne niera pas que ces dispositions n'eussent pu être abrogées par un usage contraire.

(2) *V.* le plaidoyer et l'arrêt du 4 nivôse an 12, rapportés ou mot *Revendication*, §. 1.

Si donc, dans les provinces Belgiques, il a existé, même avant la loi du 12 floréal an 11, un usage contraire à ces dispositions, il est bien clair que l'édit du 4 octobre 1540 n'a pas pu justifier l'opinion qui tendait à favoriser les donations entre concubinaires, même majeurs.

Or, cet usage est attesté par Christin, tome 1, décision 200, n°. 5; par à Sande, *de prohibitâ alienatione*, part. 1, chap. 2, n°^{os}. 9 et 7; par Groenwegen, *de legibus abrogatis*, sur la loi 2, C. *de liberis naturalibus*; par Rodemburg, *de jure conjugum*, tit. 2, chap. 4, n°. 11; et par Paul Voët, sur les Institutes de Justinien, titre *de donationibus*, n°. 5.

Tous ces auteurs s'accordent à dire que la jurisprudence belgique proscrit indistinctement les donations entre concubinaires; et leur doctrine a été confirmée par un arrêt du parlement de Douay, rendu dans l'espèce suivante.

Le sieur Saudemont, secrétaire du roi, domicilié à Douay, avait légué, par son testament, à la nommée Ridon, sa servante, *une pension viagère de* 300 *livres, pour raison connue*.

Le frère et unique héritier du testateur refusa le paiement de ce legs, sur le fondement que la fille Ridon avait vécu avec celui-ci dans un Concubinage habituel et public, dont il était même provenu plusieurs enfans.

La fille Ridon ne niait pas ces faits; mais elle prétendait que le legs n'en était pas moins valable. Elle s'appuyait 1°. sur la faculté qu'accordait la coutume de Douay aux personnes majeures, de disposer de toute leur fortune en faveur de qui il leur plaisait; 2°. sur ce que ce legs n'était pour elle qu'une juste compensation des dommages-intérêts qu'elle avait droit d'exiger.

Il ne fut pas difficile à l'héritier d'écarter le premier de ces moyens.

Sur le second, il observait 1°. que la légataire était suffisamment dédommagée par différens petits avantages que le testateur lui avait faits avant sa mort, et qu'il avait bien voulu ne pas lui contester; 2°. que sa qualité de servante lui ôtait toute action en dommages-intérêts; et qu'un arrêt rendu en 1755 n'avait accordé à la nommée Prévôt, servante d'un cultivateur qui l'avait rendue mère, qu'une somme de 60 francs pour tout dédommagement.

D'après ces raisons, arrêt du 14 janvier 1757, qui « déclare le legs de 300 livres de pension viagère, » fait au profit de ladite Ridon, par François-Antoine-Félix de Saudemont, et son testament du 6 » mars 1752, nul et de nul effet; condamne ladite » Ridon aux dépens ».

Ainsi, nous devons regarder comme constant, qu'avant la loi du 13 floréal an 11, la jurisprudence des provinces Belgiques s'accordait parfaitement, pour la nullité des donations entre concubinaires, soit mineurs, soit majeurs, avec les dispositions des coutumes de Cambresis, de Touraine, d'Anjou, du Maine, du Loudunois et du Perche.

Ces dispositions n'avaient-elles pas été étendues à toute la France, par l'ordonnance du mois de janvier 1629?

Oui, elles l'avaient été; car l'art. 132 de cette ordonnance déclare *toutes donations faites à concubines nulles et de nul effet*.

Mais il est à remarquer que cette ordonnance n'avait été enregistrée ni aux parlemens d'Aix et de Rennes, ni dans les tribunaux supérieurs qui ont été créés depuis. Ainsi elle n'avait jamais pu faire loi dans une grande partie du territoire actuel de la France.

Les parlemens de Toulouse, de Bordeaux, de Grenoble, de Dijon et de Pau l'avaient enregistrée *librement*, et sans modification, quant à l'art. 132.

Aussi trouvons-nous dans le recueil de Catellan, liv. 2, chap. 83, un arrêt du parlement de Toulouse, du 21 juin 1644, par lequel un curé ayant institué son héritière une femme mariée, des cousins au quatrième degré, successeurs *ab intestat* de ce curé, furent reçus à prouver par témoins l'indignité et le Concubinage de cette femme avec le testateur, avant et après le mariage de cette femme.

Et Védel ajoute que, par un autre arrêt de la même cour, du 21 avril 1718, « il fut jugé que » Jean Epy et Louis Preaux, comme successeurs *ab* » *intestat* du sieur de la Traverse, étaient fondés à » demander la cassation d'un testament qu'il avait » fait en faveur d'Anne Marcouse, femme mariée, » sa voisine, sur le fondement du Concubinage no- » toire du défunt avec cette femme, duquel l'arrêt » leur permet de faire preuve ».

Voici trois autres arrêts plus récens de la même cour, qui mettent le sceau à cette jurisprudence; nous les transcrivons d'après le *Supplément au Journal du Palais de Toulouse*, tome 2, page 229:

« Par arrêt du 25 juin 1756, les héritiers du sieur de l'Isle-Bouchon furent reçus à prouver son mauvais commerce avec la Debaux, femme de Croisat, héritière instituée par le sieur de l'Isle.

» Le 4 septembre de la même année, 1756, au rapport de M. de Cambon, les héritiers furent reçus à prouver que la nommée Jourdan avait malversé avec Hugon.

» Autre arrêt du 6 mai 1761, même rapporteur, qui admit la preuve du commerce d'Albert avec Honorée Bertrand ».

Nous devons cependant observer que, dans trois de ces cinq espèces, il y avait, non-seulement Concubinage, mais encore adultère, et que par conséquent les seules dispositions du droit romain auraient suffi, indépendamment de l'ordonnance de 1629, pour déterminer le parlement de Toulouse à annuller les testamens; et ce qui le prouve bien clairement, c'est qu'il avait jugé de même dans un cas pareil, dès le 26 juin 1582, par un arrêt que nous a conservé Maynard, liv. 3, chap. 4.

A l'égard du parlement de Paris, il avait aussi enregistré l'ordonnance de 1629, mais non pas précisément comme l'avaient fait après lui les parlemens de Toulouse, de Bordeaux, de Grenoble, de Dijon et de Pau; il l'avait enregistré sans vérification, sans examen, sans délibération *libre*, en un mot, dans un lit de justice tenu le 15 janvier 1629; et cette circonstance, jointe à la disgrace presque immédiatement subséquente du garde des sceaux Marillac, l'avait fait pendant long-temps tomber dans un discrédit absolu. (*V.* l'article *Divorce*, §. 6).

Au demeurant, voyons comment le parlement de Paris jugeait la question de la validité ou l'invalidité des donations entre concubinaires.

Les arrêts qu'il a rendus sur cette question, se divisent en trois époques.

Il y en a d'antérieurs à l'ordonnance du mois de janvier 1629; il y en a qui lui sont postérieurs: et parmi ceux-ci, les uns ont suivi de près, d'autres n'ont suivi que de très-loin l'enregistrement de cette ordonnance.

Avant l'ordonnance du mois de janvier 1629, le parlement de Paris a quelquefois confirmé les donations faites entres personnes qui vivaient ensemble dans le Concubinage. Témoin l'arrêt du 18 février 1610, rapporté par le Bret, liv. 1, décis. 12.

Quelquefois aussi, il les a annullées absolument. Arrêt du 5 avril 1599, rapporté par Brodeau, sur Louet, lettre D, §. 43. Autre du 4 août 1627, inséré dans le Journal des Audiences, à l'ordre de sa date.

On l'a encore vu, à la même époque, réduire ces sortes de donations à de simples alimens. Arrêt du 15 août 1582, rapporté par Montholon, §. 14.

La seconde époque nous offre les mêmes variations.

Arrêt du 1er. juillet 1630 (rapporté dans le troisième plaidoyer de Lemaître), qui confirme une donation faite entre concubinaires.

Arrêt du 13 décembre 1629 (rapporté dans le Recueil de Bardet, à l'ordre de sa date), qui la réduit à de simples alimens.

Et Ricard, qui écrivait peu de temps après, dit (*Traité des donations*, part. 1. n°. 408) que la validité des donations faites aux concubines, « est » une difficulté diversement agitée par nos auteurs. » Les uns (ajoute-t-il) tiennent pour l'affirmative; » les autres leur sont directement opposés; et tous » allèguent l'usage en leur faveur, *sans rapporter* » *aucun arrêt qui ait nettement jugé la question* ».

La troisième époque nous présente une jurisprudence plus fixe, et qui peut se réduire à ces deux points:

1°. Que la donation faite à une concubine, était nulle, et devait être entièrement anéantie, lorsque la donataire n'avait pas d'action en dommages-intérêts à exercer contre le donateur;

2°. Que, dans le cas contraire, on pouvait donner des alimens, et qu'il y avait lieu de réduire au taux d'une pension alimentaire, la donation qui l'excède.

Voici un arrêt solennel qui justifie la première de ces assertions.

Le marquis de Béon avait fait, par son testament, un legs particulier de la somme de 70,000 livres à la demoiselle Gardel. La légataire fit assigner, aux requêtes du palais, la comtesse de Beaumont, sœur et seule héritière du testateur, pour avoir la délivrance de son legs: la comtesse de Beaumont lui opposa son indignité, et prétendit qu'elle avait vécu pendant huit années dans un commerce criminel, adultérin, et même incestueux avec le marquis de Béon, son parrain; elle rapporta, pour le prouver, quatre lettres de la légataire; et elle offrit d'y ajouter une enquête testimoniale.

Les juges des requêtes du palais trouvèrent le fait du Concubinage suffisamment établi, mais ils ne crurent pas devoir proscrire entièrement le legs; par sentence du 6 septembre 1726, ils le réduisirent à la somme de 35,000 livres, qu'ils adjugèrent à la demoiselle Gardel, avec les intérêts du jour de la mort du testateur.

La demoiselle Gardel regardant cette sentence comme un outrage fait à sa vertu, en interjeta appel, et demanda au parlement son legs, sans retranchement et sans réserve.

A cet appel, la comtesse de Beaumont opposa un appel incident, et soutint qu'on ne pouvait laisser subsister aucune portion de ce legs, sans faire triompher le crime et blesser les droits de la légitime héritière.

Après les plaidoiries des défenseurs des parties, M. l'avocat général Gilbert de Voisins dit que la preuve de l'indignité de la légataire se trouvait complète dans ses lettres, et que le crime était découvert dans celles même qu'elle avait écrites au marquis de Béon, depuis qu'il pensait à changer de conduite; qu'ainsi, il n'était pas besoin de recourir à la preuve testimoniale offerte par la comtesse de Beaumont, et il conclud à la nullité du legs entier. Il ajouta que son ministère ne lui permettait pas de conclure autrement; mais que la cour avait souvent, en pareille occasion, accordé au légataire quelque somme ou pension viagère, et qu'il dépendait d'elle d'user de la même bonté envers la demoiselle Gardel.

Les juges s'en tinrent à la rigueur. Voici l'arrêt qui fut prononcé le 4 mars 1727 : « La cour reçoit » la partie de Cochin (la comtesse de Beaumont) » incidemment appelante; faisant droit sur les appellations respectives des parties, met les appellations et ce au néant; émendant, déclare le legs » nul; en conséquence, déboute la partie de Boulet (la demoiselle Gardel) de sa demande en délivrance de legs; fait main-levée à la partie de » Cochin, des saisies faites à la requête de la partie » de Boulet; condamne la partie de Boulet aux dépens ».

La demoiselle Gardel prit contre cet arrêt la voie de cassation, et, entre autres moyens, proposa ce dilemme : « Ou le Concubinage n'est pas » suffisamment établi, et dans ce cas, le legs devait » être confirmé : ou la preuve en est acquise, et » dans ce cas, la demoiselle Gardel, mineure, sé-

» duite par un homme riche, et qui avait abusé, » tant de sa qualité de parrain, que de la supério-» rité de son âge, pour triompher de sa vertu, de-» vait obtenir la délivrance du legs par forme de » dommages-intérêts ».

Malgré cet argument que plusieurs personnes trouvaient invincible, la requête de la demoiselle Gardel fut rejetée ; ce n'était en effet qu'un sophisme, car l'action en dommages-intérêts pour fait de défloration, n'aurait pu dériver que de l'événement d'une grossesse ; et d'ailleurs, elle ne pouvait pas avoir lieu contre un homme marié.

Françoise Lagogue éprouva le même sort par arrêt du 7 juin 1757. Le sieur Forestier lui avait donné entre-vifs une maison de campagne, et l'avait instituée légataire universelle d'un mobilier de plus de 70,000 livres. La donation et le testament furent attaqués par les héritiers. Ils prouvèrent que Françoise Lagogue avait vécu dans un commerce scandaleux avec le défunt ; que, quoique mariée, elle avait porté le désordre si loin, que la police avait été obligée de sévir contre elle ; qu'elle avait été bannie comme coupable de prostitution publique, et que son mari, complice de ses débauches, avait été relégué à trente lieues de Paris. Il n'en fallut pas davantage pour déterminer le parlement à anéantir entièrement l'une et l'autre disposition.

Quant à notre deuxième assertion, voici un arrêt qui la justifie,

Un capitaine qui avait son domicile et ses biens dans la coutume d'Anjou, avait légué à Marguerite des Roches une rente viagère de 50 livres, et une petite maison située à Vendôme, *pour causes à lui connues, et pour la remercier des services qu'elle lui avait rendus*. Les héritiers du testateur prétendirent que cette donation était annullée par l'art. 342 de leur coutume ; et pour justifier l'application qu'ils faisaient de ce texte, ils demandèrent permission de prouver que le défunt et la légataire avaient eu ensemble des liaisons criminelles. Ils rapportaient des commencemens de preuve bien violens : c'était un extrait baptistaire qui constatait que Marguerite des Roches avait mis au monde un enfant dont le père n'était pas nommé, et une sentence qui avait condamné le capitaine à se charger de cet enfant.

Le juge de Vendôme rejeta la preuve offerte, et ordonna l'exécution du legs.

Sur l'appel, M. l'avocat général Chauvelin conclud à ce que la preuve fût admise, après néanmoins qu'il aurait été fait une estimation de la maison pour connaître si la valeur des choses données n'excédait pas les alimens qu'on accorde ordinairement aux filles séduites.

Mais comme cette valeur était déterminée par le contrat d'acquisition de la maison, et qu'elle était fort modique, le parlement de Paris, par arrêt du 17 mars 1750, mit purement et simplement l'appellation au néant, avec amende et dépens.

Un autre arrêt bien remarquable et en même temps bien décisif, est celui qui a été rendu en faveur de la demoiselle de Grandmaison, quelques jours après celui dont nous venons de parler. Nous ne pouvons mieux en faire connaître l'espèce, qu'en retraçant ici les principaux endroits du plaidoyer de M. l'avocat général Talon, sur les conclusions duquel il est intervenu :

« Nous apprenons d'une infinité de vos arrêts, qu'on ne peut pas faire une donation considérable, bien moins encore une institution universelle en faveur d'une concubine ; et lorsque ces sortes de questions se présentent, on est toujours réduit à constater deux sortes de faits.

» D'abord, on examine si le honteux commerce du donateur et de la donataire est suffisamment prouvé, pour ne pas établir la punition d'un crime sur de simples présomptions, et pour ne pas légèrement couvrir d'opprobre ceux qui soutiennent ces sortes de donations.

» En second lieu, si le fait du mauvais commerce est démontré, on met dans la balance de la justice, d'un côté, ce qui serait nécessaire pour les alimens de la donataire, et de l'autre les effet qui lui ont été donnés, afin de prescrire de justes bornes à des libéralités qui ne doivent pas être immenses ; et plutôt pour rendre à la donataire ce qui lui est exactement dû, que pour lui donner lieu de s'applaudir de son crime.

» Nous proposons ces principes avec d'autant plus de confiance, qu'un de vos arrêts les a tout récemment adoptés, en confirmant une donation faite à la nommée des Roches, qui était assez médiocre pour ne pas excéder de simples alimens : cependant l'héritier du donateur demandait à prouver des faits de débauche.

» Réduisons-nous donc à examiner si, dans l'espèce particulière, le mauvais commerce est prouvé, et quelle est l'étendue des donations dont il s'agit.

» D'abord, il est certain que le sieur Perraud et la demoiselle de Grandmaison ont habité ensemble pendant plusieurs années, à Paris et en province. Cette co-habitation a même excité deux sortes de plaintes : celle que le feu sieur de Grandmaison, père de la demoiselle, a fait au sieur Perraud lui-même, du départ de sa fille en 1712, qu'il avait conduite à Paris sans le consentement de ce père ; plainte alors naturelle à un père dont l'autorité avait été méprisée, mais plainte qui commence à justifier présentement que la demoiselle de Grandmaison s'était soustraite à une autorité légitime, pour se livrer à un commerce suspect. Cette première preuve est tirée d'une lettre écrite par le sieur Grandmaison au sieur Perraud, le 20 avril 1712, et cette lettre n'est point contestée. Joignons-y une lettre écrite en 1719, à la demoiselle de Grandmaison par sa mère, lettre qui est pareillement reconnue, et où cette mère parle des murmures excités dans sa famille même, par les frères de la demoiselle de Grandmaison, au sujet de son voyage de Paris, et parcequ'elle demeurait avec le sieur Perraud. Ces aveux peuvent être de quelque conséquence dans la bouche des père et mère de la demoiselle de Grandmaison, et dans un temps où la vérité devait parler sans déguisement. Il y a même des termes dans la lettre du sieur de Grandmaison, qui semblent annoncer une grossesse : il parle *du mal qui la pressait*, ce sont ses termes : et c'est la raison à laquelle le sieur de Grandmaison attribue le départ précipité de sa fille.

» Après ces deux lettres, nous devons examiner celles que la demoiselle de Grandmaison a écrites elle-même au sieur Perraud, et qu'elle n'a point désavouées dans cette contestation. Ce langage ne serait-il pas du moins une forte présomption du mauvais commerce dont il s'agit? Ces lettres, réunies à la co-habitation du feu sieur Perraud et de la demoiselle de Grandmaison, nous engageraient du moins à faire des recherches plus particulières de ce fait, si nous n'avions pas, dans des dispositions authentiques, des témoignages trop convaincans de la débauche de la demoiselle de Grandmaison..... Après ces dispositions, ces lettres de la demoiselle de Grandmaison, ces aveux de ses père et mère, cette co-habitation publique à Paris et en province, ne doutons donc plus du mauvais commerce que l'on oppose à la demoiselle de Grandmaison. On ne voit, dans tout cela, ni trace ni espérance de mariage ; et une co-habitation aussi longue et aussi publique mérite sans doute le nom honteux de Concubinage.

» Voyons présentement quelle est l'espèce des donations qui en ont été le fruit, et si ces donations passent les bornes que la sévérité de nos maximes leur prescrit.

» D'abord, le sieur Perraud a donné à la demoiselle de Grandmaison une somme de 25,000 livres en effets qui avaient cours en 1720. La condition de cette donation a été que ces mêmes effets seraient employés à une rente viagère sur la tête et pendant la vie de la demoiselle de Grandmaison, et que cependant le sieur Perraud en jouirait pendant sa vie : donation qui assure aujourd'hui à la demoiselle de Grandmaison une rente viagère de 800 livres, que les héritiers du sieur Perraud réclament.

» A cette première libéralité a succédé celle de l'usufruit d'une maison située à Lahy, et des meubles qui étaient alors dans cette maison. Le sieur Perraud a porté son attention jusqu'à prévenir les recherches que ses héritiers pourraient faire un jour des réparations de cette maison, et il en a affranchi sa donataire et sa succession.

» Enfin, il lui a donné les provisions qui se trouvaient alors dans cette maison de Lahy, les meubles qui étaient dans le premier étage de la maison qu'il occupait à Paris, une somme de 6,000 livres à prendre spécialement sur la maison de Lahy, et quelque vaisselle d'argent.

» Regardons comme un principe, que les ali-

mens peuvent être donnés à une concubine : disons même plus; il est des circonstances où ces alimens sont dus, et où ils sont plus l'effet de la justice que d'une pure libéralité. Combien de donations ont été autorisées par vos arrêts sous ce titre favorable d'alimens ! D'autres fois, les arrêts ont réduit des donations qui étaient trop fortes pour être regardées comme de simples alimens; et en général, vos décisions semblent avoir une attention particulière à fixer en simple u. fruit les donations faites à une concubine, et à empêcher que les héritiers, appelés par la nature et par la loi, ne soient dépouillés par ces sortes de donations.

» Nous voyons même que, dans l'esprit de la loi, on peut ajouter quelquefois aux alimens un dédommagement convenable, pour réparer la honte et le dérangement que le mauvais commerce du donateur avec la donataire peut avoir produit.....

» Dans l'espèce particulière, il semble que l'on ne peut refuser des alimens à la demoiselle de Grandmaison ; et ces alimens, elle peut les trouver dans la rente viagère que le sieur Perraud lui a laissée. Vous jugerez peut-être que cette rente est proportionnée à la qualité de la demoiselle de Grandmaison.

» Mais, en rendant ainsi ce que nous croyons devoir à l'exemple, aux bonnes mœurs, à notre ministère, l'équité demande de nous que nous observions aussi quelques circonstances qui peuvent rendre moins odieuses les donations dont il s'agit, et qui vous détermineront peut-être à joindre aux alimens quelque dédommagement parmi les effets qui ont été donnés, et sur la succession du sieur Perraud.

» Le commerce illicite du sieur Perraud et de la demoiselle de Grandmaison paraît avoir commencé en 1712. La demoiselle de Grandmaison, née en 1692, n'était alors âgée que de 20 ans : elle était mineure, et sous la puissance de son père et mère; le sieur Perraud était alors âgé de plus de 60 ans; sa fortune a été considérable; il n'a point laissé de postérité légitime, et ses héritiers collatéraux trouvent encore dans sa succession beaucoup de biens. Les donations principales qu'il a faites à la demoiselle de Grandmaison, sont l'usufruit de la maison et des terres de Lahy, et la rente viagère de 800 livres. Cette rente a été formée d'effets peu solides en 1720, et les donations dont il s'agit n'entament la succession du sieur Perraud, que par la somme de 6,000 livres que les héritiers de la demoiselle de Grandmaison pourront prendre sur la maison de Lahy.

» Ces circonstances semblent exiger quelques dédommagemens, et pourraient ne soumettre les donations dont il s'agit qu'à une réduction médiocre, et peut-être à empêcher que la succession du sieur Perraud ne soit un jour dépouillée des 6,000 livres qui ont été données à prendre sur la maison de Lahy : le surplus est purement viager ; il consiste aussi en meubles de peu de conséquence, parceque nous avons observé que, dans la donation de la propriété des meubles qui se trouvaient au premier étage de la maison de Paris, le sieur Perraud a excepté quelques meubles considérables.

» La disproportion d'âge, la fortune considérable du sieur Perraud, les avantages que les héritiers trouvent dans sa succession, les éloges que le sieur Marie donne dans quelques lettres aux soins que la demoiselle de Grandmaison avait du sieur Perraud, dans un âge décrépit ; les intérêts des héritiers collatéraux ménagés par le sieur Perraud, et sans atteinte de la part de la demoiselle de Grandmaison, toutes ces circonstances peuvent autoriser, avec les alimens, une sorte de dommages et intérêts ».

D'après ces raisons. M. l'avocat général Talon a estimé qu'il y avait lieu d'infirmer la sentence du Châtelet, dont la demoiselle de Grandmaison était appelante, et qui avait déclaré nulles les dispositions faites en sa faveur par le sieur Perraud ; émendant, sans s'arrêter à la requête des héritiers, ordonner que les actes dont il s'agissait, seraient exécutés *jusqu'à telle concurrence qu'il plairait à la cour*».

Par arrêt du 28 mars 1730, le parlement de Paris a mis l'appellation et ce au néant ; émendant a ordonné que les donations seraient exécutées selon leur forme et teneur, a fait main levée des saisies pratiquées par les héritiers, et a condamné ceux-ci aux dépens.

Mais cette jurisprudence (devenue aujourd'hui sans objet par la faculté que le Code civil laisse aux Concubinaires de se donner tous leurs biens disponibles) (1) doit-elle encore servir de règle pour le temps qui, avant le 13 floréal an 11, a suivi la publication des lois par lesquelles avait été précédemment abolie toute action en déclaration de paternité non avouée ?

Pourquoi non ? De deux choses l'une. Ou le donateur s'est reconnu, par un acte authentique, père de l'enfant mis au monde par la fille donataire, ou il ne l'a pas fait.

Au premier cas, quelle raison y aurait-il de priver la mère de l'enfant de l'action en dommages-intérêts que l'ancienne jurisprudence lui accordait ? Cette jurisprudence a dû subsister jusqu'à la publication du Code civil ; et dès qu'on la maintenait alors, il fallait bien maintenir aussi celle qui faisait valoir les donations en faveur des concubines, jusqu'à concurrence des dommages-intérêts qui pouvaient leur être dus.

Dans le second cas, la mère de l'enfant est, à la vérité, sans action pour ses dommages-intérêts ; mais c'est uniquement par le fait de l'auteur de sa grossesse ; c'est uniquement parceque celui-ci ne

veut pas reconnaître authentiquement sa paternité ; et certainement ce n'est pas une raison pour que ses dommages-intérêts ne puissent pas lui être accordés à l'amiable ; ce n'est pas une raison pour que l'auteur de sa grossesse ne puisse pas s'acquitter volontairement envers elle.

II. Du reste, on ne peut douter que les lois prohibitives des donations entre concubinaires, n'aient conservé tout leur empire jusqu'à la publication de la loi du 13 floréal an 11, même depuis que la loi du 17 nivose an 2 et celle du 4 germinal an 8 avaient limité, l'une au 6.e et au 10e., suivant les circonstances qu'elle désignait, l'autre à des quotités plus fortes, la portion de biens dont chacun pouvait disposer au préjudice de ses héritiers légitimes ; et ceux qui ont prétendu le contraire, ne peuvent avoir eu d'autre but que de prouver qu'ils savaient réduire en problème les vérités les plus constantes et les plus palpables.

Pour la validité d'une donation, le concours de trois conditions est nécessaire : la première, que la chose donnée soit disponible ; la seconde, que le donateur soit capable de donner ; la troisième, que le donataire soit capable de recevoir.

De ces trois conditions, il n'y a que la première dont les lois des 17 nivose an 2 et 4 germinal an 8 se soient occupées. Ces lois n'ont parlé ni de la seconde ni de la troisième. Elles ont donc laissé subsister, sur la deuxième et sur la troisième, toutes les dispositions des anciennes lois.

Prétendre qu'elles ont aboli la troisième, par cela seul qu'elles n'en ont pas dit un mot, c'est prétendre, en d'autres termes, qu'elles ont aussi aboli la seconde.

C'est, par conséquent, prétendre que, sous l'empire de ces lois, un mineur, un interdit pouvaient donner entre-vifs, c'est-à-dire, aliéner sans retour, la portion d'immeubles déclarée disponible par les lois des 17 nivôse an 2 et 4 germinal an 8.

C'est par conséquent, prétendre que, sous l'empire de ces lois, un homme mort civilement pouvait, par un testament ou par un codicille, disposer de cette même portion, et en faire l'objet, soit d'une institution d'héritier, soit d'un legs universel ou particulier.

L'absurdité de ces conséquences est sensible ; le principe dont elles dérivent, ne peut donc pas être vrai.

III. Ce n'est pas une question, si, avant la loi du 13 floréal an 11, on pouvait éluder la défense de donner à une concubine, en couvrant les libéralités qu'on lui faisait, du voile d'un contrat, d'une obligation, d'une reconnaissance. La négative n'a jamais été révoquée en doute. Ce serait, en effet, une défense bien dérisoire et bien impuissante, que celle dont on pourrait éviter l'effet par un simple travestissement d'actes.

(1) *V.* le *Répertoire de jurisprudence*, au mot *Concubinage*, n°. 3.

Mais la question est de savoir si toute espèce d'obligation, de reconnaissance ou de promesse, passée au profit d'une concubine, doit, dans la législation antérieure au 15 floréal an 11, être réputée donation indirecte, et comme telle, anéantie?

Cette question peut se présenter dans deux cas différens:

Ou la débauche est, soit accompagnée d'une cohabitation scandaleuse, soit prouvée très-clairement et par écrit;

Ou on ne la fait résulter que des relations intimes de deux personnes de différens sexes qui demeurent séparément, et il n'en existe que des présomptions plus ou moins fortes.

Au premier cas, les arrêts ont, dans tous les temps, annullé les obligations passées au profit de concubines qui ne pouvaient pas prouver que ces actes eussent des causes justes et légitimes.

Le sieur Sainte-Gemme avait vécu dans une débauche incestueuse avec Jacqueline Bigot, sa servante, et avec la sœur de celle-ci; le fait était prouvé par deux sentences par défaut, qui l'avaient condamné à avoir la tête tranchée, et les deux sœurs à être fustigées et bannies à perpétuité. Après sa mort, on trouva deux contrats qu'il avait faits au profit de Jacqueline Bigot: l'un était un bail à rente, et l'autre une vente portant numération de deniers. Une circonstance faisait présumer la simulation et la fraude: c'est que ces contrats n'avaient pas encore eu d'exécution jusqu'à ce moment: tant que Sainte-Gemme avait vécu, Jacqueline Bigot n'avait joui de rien. Par arrêt du 25 février 1665, rendu conformément aux conclusions de M. l'avocat-général Talon, les deux actes furent déclarés nuls.

Vincente Bouserie avait été, quinze ans entiers, servante du sieur de la Pinardière, à 45 livres de gages; et pendant ce temps, elle avait eu de lui six enfans. Après la mort du sieur de la Pinardière, les héritiers attaquèrent, comme nuls et frauduleux, deux contrats de constitution portant ensemble 1,900 livres; et prétendirent en outre faire rentrer dans le patrimoine du défunt, une acquisition qu'elle paraissait avoir faite pour 1,790 livres de prix principal.

Le nommé Gendron, qu'elle avait épousé depuis, répondait

« Qu'on ne pouvait pas arguer ces contrats de fraude, ni de donation indirecte faite par le sieur de la Pinardière, puisque lui-même, de son vivant, n'avait point trouvé d'autre moyen pour les combattre, sollicité par ses parens, que de faire voir de prétendues contre-lettres qui ne s'étaient pas trouvées véritables;

» Que Vincente Bouserie avait véritablement prêté de l'argent à la Pinardière; et que, quand il y en aurait eu partie comme provenant de ses gages, les contrats avaient un principe et un fondement légitimes;

» Qu'à l'égard de l'adjudication, elle était faite

en son nom et de ses deniers; que, si la Pinardière en avait fait les baux et reçu les loyers, c'était au nom de Vincente Bouserie, et parcequ'elle ne savait pas écrire ni signer;

» Que la preuve que les contrats avaient été trouvés valables et sincères, c'est que la Pinardière avait cru lui-même, de son vivant, ne pouvoir s'exempter de payer les arrérages de rentes, qu'en supposant qu'il en avait des contre-lettres: ce qui n'était pas ».

Nonobstant ces raisons, par arrêt du 22 août 1674, les contrats ont été déclarés nuls, et l'acquisition adjugée aux héritiers.

Cette espèce et la précédente sont rapportées au Journal des Audiences. Le même recueil nous en fournit une autre, qui n'est pas moins intéressante.

Françoise Huet, veuve du sieur Fauveau, ayant fait à ses enfans une démission de biens, ceux-ci furent poursuivis pour le paiement d'un billet de 3,500 livres que leur mère avait fait, seize ans auparavant, au profit de Javeau de la Tour, de qui elle avait eu cinq enfans: ce billet était causé *pour argent ci-devant prêté*; et, quoique stipulé payable dans six mois, il n'avait été jusqu'alors suivi d'aucune demande ni poursuite. Les frères Fauveau prirent des lettres de rescision contre cette obligation, et soutinrent qu'elle contenait un avantage indirect, frauduleux et par conséquent nul.

Le présidial de Poitiers les débouta de leurs lettres. Mais, sur l'appel, leur mère intervint et déclara qu'elle n'avait fait le billet que pour avantager son amant; que jamais elle n'en avait rien reçu; que même elle était enceinte lorsqu'elle l'avait signé.

Par arrêt rendu le 3 juillet 1685, sur les conclusions de M. l'avocat-général de Lamoignon, le parlement de Paris reçut la mère partie intervenante, mit l'appellation et ce au néant; émendant, ayant égard aux lettres, déclara l'obligation nulle, et néanmoins compensa les dépens.

On citait dans la plaidoirie, un arrêt du 7 mars 1683, qui, en confirmant une sentence du Châtelet, rendue au profit des enfans de Florent Hébert, avait permis la preuve d'un adultère, à l'effet de détruire ou faire annuller des contrats de constitution, passés par leur père au profit de son amante.

Par un autre arrêt du 16 mars 1723, le parlement de Paris déclara nulle une quittance de dot de 60,000 livres, donnée devant notaires, au profit d'Élisabeth Fricot, et que celle-ci essayait de faire valoir contre les héritiers du marquis de Sainte-Foy (*Dictionnaire du droit normand*, au mot *Donation*).

L'année suivante, cette femme essuya le même sort au sujet de plusieurs billets du chevalier de Graville, dont elle demandait paiement à ses héritiers. Ils furent annullés, dit Denisart, par arrêt rendu en 1724, quoique revêtus des formalités essentielles. On ne les attaquait point par la voie

60.

de l'inscription de faux ; mais Élisabeth Fricot était une aventurière qui avait beaucoup d'histoires sur son compte : elle avait eu des enfans de plusieurs maris, avant de les épouser ; et elle en avait eu de plusieurs autres, qu'elle n'avait pas épousés ; ses aventures avaient même attiré l'attention de la police, qui l'avait fait enfermer pour débauche : ces circonstances et ses liaisons scandaleuses avec le chevalier de Graville, firent annuller les billets de celui-ci.

Il est à remarquer d'ailleurs que, dans l'espèce jugée le 16 mars 1723, la quittance portait que le marquis de Sainte-Foy avait reçu les 60,000 livres tant en effets mobiliers qu'en immeubles, et la fille Fricot ne pouvait indiquer un seul contrat ni un seul bien-fonds dont elle eût jamais été propriétaire.

Voici une espèce plus récente, qui a été jugée au parlement de Normandie.

Le sieur Tourtesmenil, riche particulier de la ville de Dieppe, ayant fait connaissance avec une demoiselle L......, fille d'un aubergiste, la détermina à demeurer chez lui : elle n'avait alors que seize ans, et elle était d'une figure très-agréable. Vingt anss'écoulèrent pendant cette co-habitation.

En 1778, un contrat de mariage fut passé sous seing-privé, entre le sieur Tourtesmenil et la demoiselle L...... ; le premier y reconnut qu'il avait reçu de la seconde une somme de 15,000 livres. On fixa le jour de la célébration du mariage ; mais la mort du sieur Tourtesmenil dérangea ce projet.

Le sieur d'Anglesqueville, son frère, s'empressa de faire faire inventaire de la succession ; et on prétend qu'il n'y trouva que de modiques effets, quoique le défunt eût aliéné tous ses immeubles.

Sur son refus de restituer la dot qu'énonçait le contrat de mariage de son frère, la demoiselle L... le fit assigner en justice.

Pour écarter cette demande, il soutint que la demoiselle L...., n'était qu'une concubine, qui avait profité de l'empire qu'elle avait sur le cœur d'un homme faible et malade ; qu'ainsi, la prétendue dot qu'elle paraissait avoir apportée à son amant, n'était qu'une donation déguisée et contraire aux lois ; et que la demoiselle L...... devait être déboutée de sa demande.

La demoiselle L... opposa au frère de son amant, 1°. que n'ayant aucun commencement de preuve par écrit, pour attaquer le contrat de mariage, il s'élevait une fin de non-recevoir contre sa prétention ; 2°. qu'il ne pouvait pas être admis à prouver des faits vagues de Concubinage ; 3°. que les arrêts qui avaient admis cette preuve, n'avaient eu pour objet que des femmes déshonorées, et non une femme qui avait toujours respecté les mœurs et l'honnêteté publique.

Malgré ces considérations, les premiers juges admirent la preuve du Concubinage ; la demoiselle L...... interjeta appel de leur sentence ; et pour la faire infirmer, elle développa les trois moyens que nous venons d'indiquer.

Mais, par arrêt du 27 janvier 1780, le parlement de Rouen mit l'appellation au néant, avec amende et dépens.

Sans doute que la longue co-habitation de la demoiselle L.... avec le sieur Tourtesmenil, qui ne pouvait, vu la différence d'âges et d'états, avoir avec elle que des relations suspectes, parut un commencement de preuve suffisant pour autoriser la justice à approfondir sa conduite. D'ailleurs, le contrat de mariage annonçait quel avait été le genre d'affection que le sieur Tourtesmenil avait eu pour elle ; il prouvait que cette affection n'était pas renfermée dans les bornes de la simple amitié ; et passé dans les derniers momens du sieur Tourtesmenil, dans un temps où il était assez indifférent qu'il se mariât ou mourût célibataire, il ne pouvait être regardé que comme un moyen imaginé pour réparer l'honneur de la demoiselle L....

Dans toutes ces espèces, il y avait, ou demeure commune et mépris habituel des bienséances, ou preuve écrite et démonstrative de la débauche, ou tous les deux ensemble.

Mais lorsque ces circonstances ne se rencontraient pas, lorsqu'il n'y avait, contre une obligation passée entre deux personnes de sexe différent, que des présomptions de déguisement, et qu'il n'était pas prouvé clairement qu'elle dût l'être à un commerce criminel, quel parti devaient prendre les juges ?

Écoutons là-dessus Houard (*Dictionnaire de droit normand*, au mot *Donation*, sect. 2) :

« Les donations, les testamens en faveur d'une fille libre avec laquelle on a eu des relations intimes, doivent bien être distingués des contrats de vente ou des obligations pour argent reçu en dépôt ou prêté, faits à son profit.

» Les testamens et les donations sont des actes de pure générosité. Si les objets légués et donnés sont excessifs, pour peu que l'intimité entre le bienfaiteur et celle à qui s'adresse le bienfait, soit suspecte, il est naturellement présumable que la générosité part plutôt d'une passion désordonnée que d'une affection honnête, dont les effets sont toujours réglés par la prudence et la modération ; mais les reconnaissances de dépôt, même en faveur d'une fille dont les mœurs n'ont pas été à l'abri d'une juste critique, sont, de droit, réputées avoir la cause qu'elles expriment ; parcequ'il est très-possible que la personne la plus déréglée ait en sa possession des deniers dont il serait injuste que le complice de ses déréglemens ou les héritiers de ce dernier eussent le droit de la dépouiller. L'acte mérite plus de foi que la présomption de son déguisement ».

Plus bas, le même auteur ajoute : « Quand il » s'agit de pures libéralités, et qu'il y a commen- » cement de preuve par écrit de la débauche, on » en permet la preuve testimoniale ; s'il est ques- » tion d'obligation, des preuves écrites complètes » de l'inconduite de l'accusé sont indispensables. » Mais en ce dernier cas, s'il n'y a de preuves ac-

» quises par écrit d'un commerce criminel entre les
» deux parties contractantes, l'obligation subsiste »

Houard avait observé un peu plus haut, que le
parlement de Rouen l'avait ainsi jugé par un arrêt
rendu en faveur de la demoiselle de Martainville,
contre les héritiers de la Motelière.

Nous ne connaissons ni l'espèce ni la date de cet
arrêt; mais il serait bien étrange qu'il eût consacré purement et simplement une doctrine aussi
visiblement fausse par sa trop grande généralité.

Sans doute, avant le Code civil, des présomptions de Concubinage qui ne suffisaient pas pour
faire annuller une donation, ne pouvaient pas non
plus suffire pour faire déclarer frauduleuse, et
considérer comme une libéralité déguisée, une
obligation à titre onéreux.

Et c'est sur ce principe qu'est fondé un arrêt du
parlement de Paris, de l'année 1726, que l'on
trouve dans les *Plaidoyers de Manoury*.

Par contrat passé devant notaires, un particulier
reconnut que Marie Dubreuil lui avait remis en
argent et en billets une somme de 75,000 livres;
et il s'obligea de la lui faire rendre par ses héritiers,
lorsqu'il serait décédé.

A sa mort, ses héritiers contestèrent cette reconnaissance. Ils disaient 1°. que, sur l'enveloppe
de l'acte même, le notaire avait écrit qu'il devait
demeurer comme non avenu, si le mariage n'avait
pas lieu; 2°. qu'il subsistait des lettres écrites à
Marie Dubreuil, par lesquelles ce particulier, en
disant adieu à cette *belle indifférente*, l'embrassait
de tout son cœur; 3°. que cette fille avait été trois
ans à la Bastille, au Fort-l'Évêque, à la Conciergerie; et qu'un arrêt l'avait bannie pour neuf ans.

On répondait, pour Marguerite Dubreuil, 1°.
que la note mise par le notaire sur l'enveloppe du
contrat, n'était pas signée des parties; que par
conséquent elle ne pouvait pas être regardée
comme l'expression de leur volonté; 2°. que les
lettres établissaient bien des sollicitations de la
part de l'amant, mais non un mauvais commerce;
3°. que les causes de la détention, de l'emprisonnement et du bannissement, alléguées par les héritiers, n'avaient rien de commun avec les liaisons
de Marie Dubreuil avec celui dont ils contestaient
la reconnaissance.

Sur ces raisons, le parlement de Paris, jugea,
par l'arrêt cité, que l'acte devait l'emporter sur les
considérations par lesquelles on essayait de le combattre.

Et il jugea d'autant mieux, que, d'une part,
les héritiers n'articulaient point de faits précis et
circonstanciés de Concubinage, et n'offraient aucune preuve propre à suppléer aux présomptions
dont ils excipaient; que, de l'autre, ces présomptions étaient, sinon détruites, du moins fortement
combattues, par les lettres mêmes de Dubreuil,
sur lesquelles reposait toute leur défense.

Mais, lorsque les héritiers concluaient à la preuve
testimoniale du Concubinage, et qu'il existait en

leur faveur des présomptions assez fortes pour déterminer les juges à la permettre, on ne voit pas
pourquoi l'effet de cette preuve ne serait pas le
même contre une obligation, que contre un acte
de libéralité.

Houard convient que l'obligation devait être regardée comme simulée et frauduleuse, lorsqu'il y
avait preuve entière par écrit, du Concubinage;
pourquoi donc ne l'eût-elle pas été également,
lorsque le Concubinage déjà présumé, soit d'après
des commencemens de preuves écrites, soit par des
circonstances avouées ou notoires, se trouvait
prouvé complètement par témoins? On ne pouvait établir entre ces deux cas aucune différence
raisonnable. Ou il fallait, dans le premier, donner tout son effet à l'obligation; ou il fallait l'annuller dans le second, comme dans le premier. Le
Concubinage ne pouvait pas être prouvé et ne l'être
pas; et s'il était suffisamment prouvé pour faire
anéantir une donation directe, il devait l'être aussi
pour opérer l'annullation d'une libéralité déguisée
sous les couleurs d'un contrat à titre onéreux.

Ce n'est pas que, dans notre opinion, la preuve
du Concubinage dût toujours emporter la preuve
de la simulation des contrats à titre onéreux passés
entre les concubinaires. On sent que de pareils
actes ne pouvaient être jugés frauduleux, que
lorsqu'il s'élevait contre leur teneur des présomptions d'une certaine force.

Mais nous disons qu'on ne devait pas, à cet
égard, distinguer entre le cas où le Concubinage
était complètement prouvé par écrit, et le cas où
la preuve n'en devenait complète que par témoins.

En un mot, ce n'était pas à la nature de la preuve
du Concubinage que l'on devait s'arrêter en cette
matière; c'était uniquement à la qualité des présomptions de fraude qui attaquaient le contrat;
et c'est précisément en cela que consiste l'erreur
d'Houard.

IV. *Le déguisement de contrat* n'était pas la
seule manière dont on pouvait chercher à éluder la
loi prohibitive des donations entre concubinaires;
on pouvait aussi tenter d'arriver au même but par
interposition de personnes.

Et à cet égard, une question se présente : c'est
de savoir si la donation faite au fils ou à la fille
d'une personne avec laquelle on vivait en Concubinage, devait être considérée comme faite à cette
personne elle-même?

Nous avons établi, à l'article *Avantages entre
époux*, §. 3, que, suivant l'esprit général du
droit français, les donations faites aux enfans,
étaient, même avant le Code civil, censées faites
au père ou à la mère, sans distinguer, comme on
le faisait dans le droit romain, si ces enfans étaient
ou ne sont pas émancipés.

Et il existe deux arrêts qui l'ont jugé ainsi formellement, par rapport aux enfans des concubinaires.

Le premier a été rendu au parlement de Paris,

le 4 août 1625 ; il est rapporté au Journal des Audiences, dans l'ordre de sa date.

Le second est intervenu au parlement d'Aix, le 20 février 1642 ; nous en avons retracé l'espèce sous le mot *Adultère*.

Furgole enseignait cependant le contraire, dans son *Traité des Testamens*, chap. 6, sect. 2, n°. 86, mais il ne motivait pas son opinion : il la fondait seulement sur un arrêt du parlement de Paris, du 10 janvier 1645, qui est rapporté par Soefve, tome 1, cent. 1, chap. 73, comme ayant juré que « le fait du Concubinage entre le testa-« teur et la mère de celle au profit de laquelle il » a disposé, est recevable en la bouche des héri-» tiers du testateur (ecclésiastique), pour annuller » le legs ».

Et à cet égard, il est d'abord à remarquer que Soefve ne détaille pas assez bien l'espèce de l'arrêt qu'il rapporte, pour qu'on puisse en connaître la décision précise.

Ensuite, ce qui prouve bien que cet arrêt n'a-vait pas jugé ce que lui prêtait Furgole, c'est qu'il avait été rendu, suivant Soefve lui-même, *conformément aux conclusions de M. l'avocat-général Talon*, qui déjà, lors de l'arrêt du 4 août 1625, avait conclu à la nullité du legs qu'un chanoine avait laissé à la fille de sa concubine, par la raison « que la donation, étant faite à la fille, était pré-» sumée faite en considération de la mère, et par » conséquent nulle (1) ».

V. Autre question. Nous citions tout-à-l'heure un passage d'Houard, dans lequel il est dit que, *quand il s'agit de pures libéralités, et qu'il y a un commencement de preuve par écrit de la dé-bauche, on en permet la preuve testimoniale.* Était-il donc nécessaire, avant le Code civil, pour faire admettre la preuve par témoins en ces sortes de matières, qu'il existât un commencement de preuve par écrit ?

Il y a des auteurs qui soutiennent l'affirmative ; et Lapeyrere, lettre I, n°. 5, paraît la confir-mer par deux arrêts du parlement de Bordeaux, l'un du mois de décembre 1665, l'autre du 26 juin 1696.

C'est aussi ce qu'a soutenu M. l'avocat-général Séguier, lors d'un arrêt plus récent, rendu au parlement de Paris, et dont voici l'espèce.

Le sieur Rey, ancien officier et vieux garçon, vivait seul à Abbeville : ennuyé de sa solitude, il pria deux demoiselles, qui étaient en pension dans un couvent, de venir loger chez lui, et de se char-ger des détails de son ménage. Ces demoiselles, alors âgées, l'une de cinquante-six ans, l'autre de qua-rante-trois ans, acceptèrent sa proposition ; elles sortirent de leur couvent, et demeurèrent avec lui jusqu'à sa mort, c'est-à-dire, pendant douze an-nées.

Le vieillard, en mourant, les institua ses léga-

taires universelles ; mais, lorsqu'après la mort du testateur, elles demandèrent la délivrance de leur legs, l'héritière attaqua le testament, et soutint que les légataires avaient été les concubines de son frère. Elle voulut faire preuve du Concubinage, et elle articula plusieurs faits, qui n'avaient aucun caractère de vraisemblance.

Les premiers juges rejetèrent la prétention de l'héritière, firent délivrance des legs, et condam-nèrent l'héritière à 6,000 livres de dommages-in-térêts.

Sur l'appel, le parlement, par arrêt du 1er. septembre 1784, confirma la sentence du bailliage d'Abbeville, relativement à la délivrance des legs ; cependant il ne condamna l'héritière qu'à 100 livres de dommages-intérêts.

Mais ces arrêts ne formaient pas, à beaucoup près, une règle générale.

Le premier avait été dicté par un motif parti-culier au Concubinage adultérin, et que nous avons discuté sous le mot *Adultère*.

Les circonstances du second sont absolument inconnues.

Quant au troisième, la seule invraisemblance des faits articulés pour établir le Concubinage, avait dû suffire pour faire rejeter la preuve que l'on en offrait.

Et dans l'exactitude des principes, disait Fur-gole, *Traité des Testamens*, chap. 6, sect. 3, n°. 194, « il ne peut y avoir de doute que le fait » du Concubinage avec une fille ou veuve, qui » rend les personnes indignes de recevoir des libé-» ralités, ne puisse être prouvé par témoins. Il est » impossible, ou du moins très-difficile, d'en rap-» porter la preuve par écrit ; ainsi, si la preuve » testimoniale n'était pas reçue, on ne pourrait » jamais faire valoir l'indignité. Le Concubinage » est un fait...., il faut donc que la preuve en » puisse être faite par témoins, nonobstant les » ordonnances de Moulins et de 1667, qui ne peu-» vent pas recevoir une juste application aux sim-» ples faits qui n'ont aucun rapport avec des con-» trats et des conventions. Aussi tous nos livres « sont pleins d'arrêts, qui ont admis la preuve » testimoniale ».

On se rappelle, en effet, que telle est la décision expresse de cinq arrêts du parlement de Toulouse, rapportés ci-dessus, n°. 1 ; et il y en a plusieurs autres à l'article *Adultère*.

Et qu'on y fasse bien attention : dans cette ma-tière, un seul arrêt qui admet la preuve testimo-niale du concubinage, l'emporte, en point de droit, sur dix qui la rejettent. Ceux-ci peuvent avoir eu différens motifs ; et c'est effectivement ce qu'on voit par tous ceux dont on connaît l'espèce. Mais l'arrêt qui reçoit la preuve par témoins, sans commencemens de preuve par écrit, juge positi-vement que cette condition n'est pas nécessaire, et forme conséquemment une autorité constante pour l'admissibilité de cette preuve, en thèse géné-rale.

---

(1) Journal des Audiences, tome 1, liv. 1, chap. 6.

En un mot, c'est de la contrariété même des arrêts qui existent sur ce point, que sort la véritable maxime à laquelle on doit s'attacher. Il y en a qui l'admettent, et c'en est assez pour montrer qu'en principe, la preuve testimoniale est admissible. Il y en a qui la rejettent, et leur autorité fait voir que cette preuve ne doit pas toujours être admise. La vérité qui résulte de ce combat, c'est qu'il ne peut pas y avoir de règle générale sur ces sortes de questions; que le sort des contestations de ce genre dépend toujours des faits particuliers de chaque espèce; et que les décisions peuvent varier à chaque instant, sans que le principe change.

VI. Un légataire universel, un héritier institué, qui tiennent leur droit que du testament même par lequel le testateur mort avant la loi du 13 floréal an 11, a fait des avantages à sa concubine, sont-ils recevables à attaquer ces avantages?

Il est de principe (dit-on que la négative) que le testateur a le droit d'imposer telles conditions qu'il lui plaît à ses héritiers institués et à ses légataires : *Suus quoque heres* (dit la loi 4, D. *de heredibus instituendis*) *sub omni conditione potest heres institui;* et les conditions, lorsqu'elles ne présentent rien d'impossible dans l'exécution, ou qu'elles ne tendent point à faire faire une chose prohibée par la loi (*comme si le testateur ordonnait à son héritier ou à son légataire de se battre avec celui dont il aurait reçu un affront*), doivent être exécutées, parcequ'elles portent, ainsi que le don, le caractère de la volonté de celui qui les a prescrites. *In conditionibus primum locum defuncti voluntas obtinet.* (Dans les conditions, la première chose à considérer est la volonté du défunt.) Ce sont les termes de la loi 19, D. *de conditionibus et demonstrationibus.*

La volonté du testateur (ajoute-on) qui fait le titre de l'héritier institué et du légataire, s'étend avec la même force sur le don et sur la condition : produits l'un et l'autre par la même cause, ils sont indivisibles; ils ne peuvent subsister l'un sans l'autre, et à défaut d'exécution de la condition, le don s'éclipse et s'évanouit.

Or (continue-t-on), lorsqu'un testateur, après avoir fait un legs à sa concubine, institue un légataire universel, il est bien clair qu'il ne fait cette institution qu'à la charge par celui-ci d'acquitter le legs particulier. C'est sa volonté, soit qu'il l'exprime, soit qu'il ne l'exprime pas; et cette volonté n'obligeant à rien d'impossible ou de prohibé par la loi, le légataire universel ne peut certainement pas se refuser à la condition sous laquelle il est institué, sans encourir la déchéance de son legs. La même volonté qui fait son titre à l'égard de ce legs, s'étend également sur la condition, puisque c'est d'elle que ce titre reçoit son existence, et que sans elle le don ne peut plus exister.

D'ailleurs (dit-on encore), le légataire universel et les légataires particuliers n'ont rien de commun entre eux. Les biens qui forment l'objet des legs-particuliers, ne peuvent pas être confondus avec ceux qui forment l'objet du legs universel. Ce que le testateur a laissé à ses légataires particuliers, ne peut pas faire partie du legs universel.

Or, si le légataire universel n'a aucun droit sur ce qui est donné par le testateur à ses légataires particuliers, il est évident qu'il n'a pas et ne peut pas avoir d'action pour attaquer les dispositions faites en faveur de ceux-ci. En un mot, le legs universel n'est et ne peut être formé que de ce qui reste après le paiement des legs particuliers, puisque le testateur dispose du surplus en faveur d'autres personnes. Le légataire universel ne peut donc pas étendre les bienfaits qu'il a reçus du testateur, au-delà des bornes que le testateur leur a marquées lui-même; il ne peut donc pas attaquer les dispositions particulières du testateur : le testament lui interdit, à cet égard, toute action.

Telles sont les raisons sur lesquelles se fondent ceux qui soutiennent qu'un héritier institué ou légataire universel ne peut pas critiquer, sous prétexte de débauche ou de Concubinage, une disposition particulière qui diminue la masse de l'hérédité ou du legs universel; et cette opinion a été adoptée par un arrêt du parlement de Bordeaux, du 10 février 1663, rapporté par Lapeyrere, lettre D, n°. 47. Voici les termes de cet auteur : « Arrêt du 10 février 1663, en la grand-chambre, » au rapport de M. de Mirot, entre Catherine Viole » et Marie Larieu, mère et fille, d'une part, et » Jean Casaux, héritier testamentaire de M°. Pierre » Lafite, prêtre et curé d'Amony : jugé que ledit » Casaux n'étant point le plus proche à succéder » audit Lafite, il n'était pas recevable, en qualité » d'héritier testamentaire, à contester les legs des- » dites Viole et Larieu, sur ce qu'il offrait véri- » fier que ladite Viole était concubine et ladite La- » rieu, fille dudit Lafite ».

Mais, osons le dire, un faux principe a dicté cet arrêt et égaré les partisans de sa décision.

C'est une vérité généralement reconnue, que, dans les actes de dernière volonté, les conditions contraires à l'honnêteté publique et aux bonnes mœurs, doivent être réputées non écrites.

Conditiones contrà edicta imperatorum ; aut contrà leges; aut quæ legis vim obtinent, scriptæ, quæ vel contrà bonos mores, vel derisoriæ sunt, aut hujus modi quas prætores improbaverunt, pro non scriptis habentur : et perindè ac si conditio hereditati sive legato adjecta non esset, capitur hereditas legatumve (loi 14, D. *de conditionibus institutionum*).

Filius qui fuit in potestate, sub conditione scriptus heres, quam senatus aut princeps improbant, testamentum infirmat patris, ac si conditio non esset in ejus potestate : nam quæ facta lædunt pietatem, existimationem, verecundiam nostram, et (ut generaliter dixerim) contrà bonos mores fiunt, nec facere nos posse credendum est (loi 15, D. au même titre).

Or, n'est-ce pas une condition contraire aux bonnes mœurs et à l'honnêteté publique, que celle d'exécuter une disposition que les lois ont proscrite par respect pour ces grandes bases de l'ordre social ?

La chose paraît si évidente, qu'à peine pouvons-nous concevoir comment on a pu imaginer de soutenir le contraire.

Aussi existe-t-il plusieurs arrêts qui ont rejeté l'opinion embrassée par celui que rapporte Lapeyrere. Voyez, entre autres, sous le mot *Adultère*, celui que le parlement d'Aix a rendu le 20 février 1642 ; et celui du parlement de Paris, du 13 mai 1762, que rapportent les nouveaux éditeurs du Recueil de Denisart, au mot *Condition*, §. 5, n°. 8.

VII. Mais le concubinaire pouvait-il, avant la loi du 13 floréal an 11, attaquer lui-même les donations qu'il avait faites à sa concubine ?

Il le pouvait sans contredit, lorsqu'il était mineur, ou qu'ayant fait ces donations en minorité, il se trouvait encore dans le temps utile de la rescision.

Mais hors ce cas, le donateur n'était pas recevable à alléguer sa propre turpitude, pour faire déclarer sa donataire incapable. C'est ce qu'ont décidé deux arrêts du parlement de Paris.

Le premier est rapporté fort au long dans le Journal des Audiences. Pour éviter des détails inutiles, nous nous contenterons de placer ici le sommaire qui lui sert d'annonce dans ce recueil. Voici les termes du journaliste :

« On n'est pas recevable à se faire relever par lettres de rescision, contre un contrat de donation d'une pension viagère, passé trois semaines après la majorité, fondé sur l'estime et la considération.

» Pour parvenir à faire entériner ces mêmes lettres, on n'est pas recevable à demander de faire preuve de faits calomnieux contre la personne qui a reçu la pension viagère.

» Le 31 mars 1707, sur instance appointée et productions respectives des parties, est intervenu arrêt en grand'chambre, au rapport de M. le Clerc de Lesseville, par lequel la contestation des parties a été jugée par les motifs des propositions ci-dessus. »

Le second arrêt a été rendu dans l'espèce suivante :

Par acte passé devant notaires, le 22 octobre 1781, M.... a constitué à la demoiselle A... 600 livres de rente viagère, pour la somme de 6,000 livres qu'il a reconnue avoir reçue d'elle le même jour, et dont il lui a donné quittance par le contrat.

Il était aisé de soupçonner en quelle valeur ce capital avait été fourni, lorsqu'on faisait attention que M.... était un homme riche et dans la force de l'âge, et que la demoiselle A..... était mineure, sans autre fortune que sa jeunesse et ses graces,

Mais un billet sous seing-privé expliquait cela plus clairement. M.... réfléchissant un peu tard sur le contrat qu'il venait de souscrire, voulut du moins se mettre en garde contre les dangers de l'inconstance, et s'assurer que sa libéralité recevrait toujours le prix qu'il en attendait. Il obtint donc de la demoiselle A..... un billet, par lequel elle s'obligeait à ne plus recevoir la rente de 600 livres, du jour qu'elle ne voudrait plus vivre avec lui.

La demoiselle A..... fut bientôt instruite par un jeune homme qui la recherchait en mariage, et qu'elle a depuis épousé, de l'inconséquence qu'elle avait faite en souscrivant ce billet. Elle fit tous ses efforts pour le retirer des mains de M..... ; elle ne put pas y parvenir, mais elle obtint à peu près l'équivalent : c'était un écrit conçu en ces termes :

« Je soussigné, M....., promets et m'engage de ne
» faire aucun usage qui puisse préjudicier à made-
» moiselle A....., d'un écrit sous seing-privé qu'elle
» m'a remis dans le courant d'octobre dernier, par
» lequel elle consent de ne point exiger la rente
» viagère de 600 livres, que je me suis obligé de
» lui faire, par contrat passé devant notaires, le 22
» du même mois, au principal de 6,000 livres,
» dans le cas où elle cesserait de vivre avec moi,
» ou me refuserait sa porte ; reconnaissant que la-
» dite A.... ne m'a fait ledit écrit que par pure
» complaisance, et qu'elle m'a réellement compté
» ladite somme de 6,000 livres, capital du contrat
» que j'approuve et ratifie de nouveau en tant que
» de besoin : promettant, au surplus, lui remettre
» ledit écrit qui se trouve maintenant égaré, aus-
» sitôt que je pourrai le retrouver, etc. ».

La demoiselle A..... n'a pas eu plutôt ce billet, qui la rassurait sur ses droits, qu'elle a quitté M... pour se marier avec G....

M...., se voyant joué, ne voulut plus acquitter la rente ; mais G....., à l'échéance du premier terme, lui fit faire un commandement de payer, obtint sentence, et fit prendre par exécution les meubles de M.....

Appel de la saisie.

Arrêt provisoire qui ordonne la continuation des poursuites.

Les choses en cet état, M..... rend plainte au Châtelet en escroquerie de la rente viagère, en soustraction de la contre-lettre qui annullait le contrat, et en vol d'une montre d'or.

Information. Décret d'ajournement personnel, qui, faute de comparution, est converti en décret de prise de corps. La demoiselle A... est constituée prisonnière ; mais après son interrogatoire, le juge lui rend sa liberté provisoire.

Alors, elle interjette appel de toute la procédure, et en demande la nullité.

Par arrêt du 16 octobre 1782, la chambre des vacations a mis l'appellation et ce au néant ; émendant, évoquant le principal, et y faisant droit, a déclaré nulle toute la procédure extraordinaire faite contre la demoiselle A...., par M....; a mis hors de cour sur le surplus des demandes, fins et conclusions (qui tendaient, de la part de M......, à la nullité du contrat du 22 octobre 1781 ; et de la part de la demoiselle A....., aux dommages intérêts résultans des poursuites exercées contre elle par la voie extraordinaire) ; et néanmoins a condamné M...... aux dépens.

La même chose a été jugée au parlement de Grenoble en 1771. L'arrêt est rapporté dans l'Encyclopédie méthodique, au mot *Concubinage.*

§. II. 1°. *Peut-on, sous le Code civil, donner à une Concubine, ce que l'on ne peut pas donner aux enfans que l'on a d'elle ?*

2°. *Le peut-on notamment lorsque ces enfans sont adultérins, et qu'il existe un obstacle insurmontable à ce que les biens donnés à leur mère, leur soient jamais transmis à quelque titre que ce soit ?*

Sur la première question, *V.* le *Répertoire de jurisprudence*, au mot *Concubinage*, n°. 3.

Sur la seconde, *V.*, ci-après, l'article *Interposition de personne*, §. 2.

CONCUSSION. §. I. *Y a-t-il Concussion dans le fait imputé à un fonctionnaire public, d'avoir reçu des présens pour conniver à des délits ou abus qu'il était chargé de réprimer ?*

V. le plaidoyer du 16 janvier 1812, rapporté à l'article *Corruption.*

§. II. *Y a-t-il Concussion dans le fait imputé à un fermier d'octroi, d'avoir perçu des droits excessifs, surtout lorsque son bail le lui défendait à peine de Concussion ?*

Le 10 décembre 1810, le sieur Lecardi se rend adjudicataire de la ferme des droits que la ville de Rouen est autorisée à percevoir sur les halles aux toiles et aux cotons, et se soumet, par l'art. 17 de l'acte d'adjudication, à être traité comme concussionnaire, en cas de perception d'autres ou plus fortes rétributions que celles qui sont déterminées par les tarifs.

Le 18 novembre 1816, arrêt de la cour royale de Rouen, qui, en confirmant un jugement du tribunal correctionnel de la même ville, le déclare coupable d'avoir perçu, dans les halles, des droits de location au-dessus du taux fixé par l'adjudication, et en conséquence, lui appliquant l'art. 174 du Code pénal, le condamne à un emprisonnement de deux années et à une amende de 2,000 francs.

Mais sur son recours en cassation, arrêt du 2 janvier 1816, au rapport de M. Chasle, par lequel,

« Vu l'art. 174 du Code pénal.....;

» Attendu que cet article est placé sous la rubrique des *Concussions commises par des fonctionnaires publics ;* que l'orateur du gouvernement, dans son exposé au corps législatif, n'en a fait non plus l'application qu'aux fonctionnaires publics, et qu'il en a justifié les dispositions pénales par *la nécessité d'opposer des barrières à la cupidité,*

quand elle est unie au pouvoir ; qu'en punissant de la peine de la réclusion les fonctionnaires publics concussionnaires, cet article punit aussi leurs commis ou préposés coupables du même crime, parcequ'en le commettant, ils ont agi en vertu de l'autorité que ces fonctionnaires leur avaient confiée ; mais qu'il les punit seulement d'une peine correctionnelle, parcequ'ainsi que l'a dit l'orateur du gouvernement, *ils ne sont pas investis d'un si haut caractère ;* que, si cet article, dans sa disposition énonciative, comprend tous percepteurs de droits ou revenus publics ou communaux, ce n'est que sous le rapport de la qualité de fonctionnaires ou d'officiers publics qu'ils peuvent avoir ; qu'en effet, il ne les rappelle point dans la nomenclature de sa disposition pénale ; que ces percepteurs ne peuvent donc être compris dans cette disposition qu'en qualité de fonctionnaires ou d'officiers publics, et conséquemment que cet article ne leur est applicable que dans le cas seulement où ils peuvent être réputés avoir cette qualité ;

» Et attendu que Lecardi n'a rien perçu comme fonctionnaire ou officier public ; qu'il n'était investi d'aucun caractère public ; qu'il n'a perçu qu'à titre de fermier, les droits de halles qui appartenaient à la commune de Rouen ; que ce titre n'était qu'un titre privé ; qu'il n'était ni le commis ni le préposé d'aucun fonctionnaire ou officier public ; qu'en sa qualité de fermier, il ne percevait point pour autrui ; qu'il percevait pour son propre compte et à ses risques et périls ; que, s'il faisaie sa perception en vertu d'un bail passé entre lui et l'adjoint de la commune, la qualité de la partie avec laquelle il avait contracté, ne changeait rien à la sienne, qui était déterminée par le bail ; à celle de fermier, exclusive de celle de commis ou préposé ; que, d'ailleurs, s'agissant, dans cet acte, d'un revenu communal, l'adjoint municipal n'y avait eu que la qualité privée de mandataire ou de gérant de la commune, et non le caractère public de fonctionnaire ou d'agent du gouvernement ; que, si Lecardi a donc reçu ce qu'il savait n'être pas dû ou excéder ce qui lui était dû, d'après son bail, il ne s'est pas rendu coupable de Concussion ; qu'il n'a commis qu'une simple exaction contre laquelle il peut être réclamé devant qui de droit ; et qu'en le condamnant à la peine correctionnelle portée dans le susdit art. 174 du Code pénal, contre les commis et préposés des fonctionnaires ou officiers publics convaincus de Concussion, la cour royale de Rouen a fait une fausse application de cet article ;

» Par ces motifs, la cour casse et annulle... ».

CONDAMNATION VOLONTAIRE. *V.* l'article *Appel*, §. 1, n°. 4.

CONDICTIO INDEBITI. §. I. *Celui qui, par erreur de droit, a payé ce qu'il ne devait pas, est-il recevable à le répéter ?*

V. le plaidoyer du 4 frimaire an 9, rapporté à

l'article *Monnaie décimale;* et celui du 25 du même mois, rapporté aux mots *Contribution foncière,* §. 1.

§. II. *Le créancier hypothécaire qui, postérieurement à la loi du 8 avril 1792, a reçu le paiement de sa créance des mains de l'acquéreur d'un émigré, lequel s'en était chargé par le contrat de vente, peut-il être forcé par cet acquéreur de lui rapporter ce qu'il a reçu, sous le prétexte que celui-ci a été contraint par les agens du fisc de payer une seconde fois?*

V. le plaidoyer et l'arrêt du 22 germinal an 9, rapporté à l'article *Émigré,* §. 5.

§. III. *Une loi interprétative qui survient après un paiement effectué en vertu des lois existantes, peut-elle donner lieu à la* CONDICTIO INDEBITI?

V. l'article *Chose jugée,* §. 8.

CONDITION. §. I. 1°. *La Condition de se marier avec telle personne, stipulée dans une institution contractuelle antérieure à la loi du 5 septembre 1791, et dont l'auteur est pareillement décédé avant cette loi, a-t-elle été abolie par cette loi même?*

2°. *Était-elle réputée non écrite par les lois romaines et par l'ancienne jurisprudence?*

3°. *Peut-on en opposer l'inaccomplissement à l'institué qui, depuis la loi du 5 septembre 1791, et même pendant la durée de l'effet rétroactif qu'avaient donné à celle-ci les lois des 5 brumaire et 17 nivôse an 2, a épousé une autre personne que celle qui lui avait été désignée par l'instituant?*

4°. *Quelle différence y a-t-il entre la Condition de ne pas se marier, et celle de ne pas se remarier?*

5°. *Quel est l'effet des Conditions illicites dans les testamens? Quel est-il dans les contrats?*

Ces questions ont été agitées à l'audience de la cour de cassation, section des requêtes, le 6 floréal an 11; voici les conclusions que j'ai données sur la cause qui les avait fait naître :

« La demande en cassation qui vous est soumise par Jean Chambrand et Madeleine Giroir, son épouse, est-elle régulière dans la forme? Est-elle fondée sur une contravention expresse aux lois qu'ils invoquent? Telles sont les deux questions que cette affaire présente à votre examen.

» Sur la première, il n'est besoin que de deux mots. D'une part, la demande en cassation a été formée dans le délai fixé par la loi. De l'autre, elle est accompagnée d'un certificat d'indigence qui tient lieu de la consignation de l'amende. Il est vrai qu'à ce certificat n'est pas joint, comme l'exige la loi du 14 brumaire an 5, l'extrait du rôle des impositions supportées par les demandeurs; mais le certificat même y supplée, en énonçant que Jean Chambrand et son épouse *ne paient point de contributions foncières,* et seulement 1 franc 81 centimes et demi de contribution mobilière, sous l'art.

55. Ainsi, point d'irrégularité à reprocher aux demandeurs, quant à la forme de leur recours en cassation.

» La seconde question se réduit à savoir quel a été l'effet, d'abord des lois romaines, ensuite des lois des 5 septembre 1791, 5 brumaire et 17 nivôse an 2, sur l'une des clauses d'un contrat de mariage passé dans la commune de Cressac, département de la Creuse, le 26 février 1783.

» Vous savez que, par cet acte, Étienne Giroir et Jean Roby, mariant ensemble Anne Giroir, fille aînée du premier, et Jean-Léonard Roby, fils aîné du second, les ont respectivement institués leurs héritiers universels, à la charge d'*associer à cette institution,* celui-ci, Pierre Roby, son frère, et celle-là, Madeleine Giroir, sa sœur; *mais dans le cas seulement* où Pierre Roby et Madeleine Giroir *contracteraient mariage ensemble.*

» Vous savez aussi que le contrat ajoute : *de quelque part que vienne le défaut, l'institution entière tournera au profit des futurs de part et d'autre; et les associés seront réduits chacun à sa légitime.*

» Vous savez encore qu'Étienne Giroir est mort en 1785; que, le 2 décembre 1793, Madeleine Giroir a épousé, non Pierre Roby, comme l'y avait obligé son père pour profiter de son association à l'institution contractuelle de sa sœur, mais Jean Chambrand, aujourd'hui demandeur en cassation; que, de concert avec son mari, elle a formé contre sa sœur et Léonard Roby, son beau-frère, une demande en partage de la succession paternelle; que ceux-ci y ont répondu par l'offre d'une portion légitimaire, et que cette offre a été déclarée suffisante par le jugement du tribunal d'appel de Limoges, du 4 pluviôse an 10, c'est-à-dire, par le jugement soumis en ce moment à votre censure suprême.

» Les demandeurs soutiennent que, par ce jugement, le tribunal d'appel de Limoges a violé les dispositions des lois romaines concernant la liberté des mariages, et les dispositions que contiennent, sur la même matière, les lois des 5 septembre 1791, 5 brumaire et 17 nivôse an 2.

» D'abord, s'il faut les en croire, les lois romaines regardaient comme non écrite toute Condition qui, soit dans un contrat, soit dans un testament, tendait, de la part d'un père, à gêner son fils dans le choix d'une épouse, ou sa fille dans le choix d'un mari; et le contrat de mariage du 26 février 1783 ayant été passé sous l'empire de ces lois, il n'y a nul doute qu'elles n'aient, de leur autorité seule, effacé la condition qui y était imposée à Madeleine Giroir, d'épouser Pierre Roby.

» Les demandeurs conviennent cependant que, par le droit romain, un étranger pouvait grever d'une pareille Condition le donataire qu'il gratifiait; mais qu'il n'en était pas de même, suivant eux, d'un père à l'égard de son fils ou de sa fille; et ils citent à l'appui de cette distinction, Ferrière, sur Guy-Pape, quest. 185; Cambolas, liv. 2, chap.

22; un arrêt du parlement d'Aix, du 10 octobre 1675; un autre du parlement de Paris, du 19 mars 1720; et un troisième du parlement de Toulouse, du 28 août 1727.

» Nous devons le dire, il s'en faut beaucoup que les lois romaines autorisent une semblable distinction, même dans les actes de dernière volonté.

» Elles réprouvent sans doute, et elles regardent comme non écrite dans un testament, la Condition imposée, soit par un père, soit par un étranger, à l'héritier institué ou au légataire, de ne point se marier. C'est ce qui résulte des lois 62, 63, 64, 72 et 74, D. *de Conditionibus et demonstrationibus*.

» Mais elles considèrent comme valable et obligatoire; la Condition d'épouser telle personne. Les lois 23 et 24, D. *de Conditionibus institutionum*, ne laissent là-dessus aucun doute.

» Et il n'importe que cette Condition soit imposée par un père ou par un étranger. Papinien, dans la loi 101, D. *de Conditionibus et demonstrationibus*, nous propose une espèce dans laquelle un père avait légué un héritage à sa fille, si elle épousait le nommé Elius Philippus : *Pater severinam proculam Œlio Philippo nuptiis testamento designavit ; eidem filiæ prædium , si Œlio Philippo nupsisset, verbis fideicommissi reliquit* ; et ce jurisconsulte, bien loin de regarder cette Condition comme nulle, disserte sur les effets qu'elle doit produire, dans le cas du décès de la fille avant l'âge de puberté.

» Dans la loi 1re., C. *de institutionibus et substitutionibus sub Conditione factis*, les empereurs Sévère et Antonin décident qu'une petite-fille, instituée héritière par son aïeul, sous la Condition d'épouser le fils du nommé Anthille, ne peut réclamer l'hérédité qu'en accomplissant cette Condition ou en prouvant que le fils d'Anthille a refusé de la prendre pour femme : *cùm avum maternum eâ Conditione filiam tuam heredem instituisse proponas, si Anthilli filio nupsisset, non priùs eam heredem existere, quàm Conditioni paruerit, aut Anthilli filio recusante, matrimonium impeditum fuerit, manifestum est.*

» Dans la loi 2 du même titre, les mêmes législateurs déclarent obligatoire pour une fille, la Condition que sa mère lui a imposée, en l'instituant son héritière, d'épouser son cousin-germain.

» Que peuvent contre ces lois, les arrêts invoqués par les demandeurs? Assurément ils n'en affaibliraient pas l'autorité, s'ils leur étaient contraires; mais il n'est pas même vrai qu'ils aient enfreint les dispositions de ces textes.

» Nous ne parlerons point de l'arrêt du 10 octobre 1675, que les demandeurs attribuent au parlement d'Aix : ils n'indiquent pas le recueil dans lequel ils l'ont puisé ; et c'est au moins une grande présomption qu'ils ont craint, en le citant, qu'on n'en vérifiât l'espèce.

» Mais une chose bien certaine, c'est que ni l'arrêt du parlement de Paris, du 16 mars 1720, ni celui du parlement de Toulouse, du 28 août 1727, n'ont rien jugé de ce que leur prêtent les demandeurs.

» Dans l'espèce sur laquelle a été rendu le premier, un aïeul maternel qui n'avait pour successeur *ab intestat* qu'un petit-fils, l'avait institué héritier, sous la Condition d'épouser la demoiselle Quarré; le père de l'institué refusait son consentement à ce mariage ; et l'institué, qui était encore bien loin de l'âge de 30 ans, nécessaire alors pour pouvoir se marier malgré ses parens, ne manquait pas de dire que la Condition devait, à son égard, être réputée accomplie, parceque le refus de son père le mettait dans l'impossibilité de la réaliser.

» Il citait la loi 30, C. *de Conditionibus institutionum*, suivant laquelle, *Conditionem implevisse is videtur per quem constat eam impleri non potuisse.*

» Il ajoutait qu'étant l'unique héritier *ab intestat* de son aïeul maternel, on devait considérer comme une exhérédation injuste et illégale, de la part de celui-ci, l'institution qu'il avait faite en sa faveur, sous une Condition dont l'accomplissement lui devenait impossible par le refus de son père.

» Enfin, il prouvait, par le rapprochement des différentes circonstances, que son aïeul n'avait été, dans ses dispositions, que l'organe involontaire des parens de la demoiselle Quarré, qui l'avaient séduit et obsédé, pour procurer à leur fille un mariage avantageux (1).

Assurément, cette espèce était bien différente de la nôtre; et c'est abuser étrangement de l'arrêt qui l'a jugée, que de vouloir en inférer qu'en thèse générale, les lois antérieures à l'année 1791, réputaient non écrite la Condition imposée par un ascendant à sa fille ou petite-fille, d'épouser telle personne.

» C'est aussi dans une espèce particulière qu'a été rendu l'arrêt du parlement de Toulouse, du 18 août 1727.

» Augeard, d'après lequel les demandeurs le citent, nous apprend lui-même que la question était de savoir *si une substitution faite à la charge par la substituée d'épouser son cousin-germain, pouvait être valable sans l'exécution de la Condition*. Il ajoute, à la vérité, qu'en jugeant pour l'affirmative, le parlement de Toulouse s'est déterminé par le seul principe, *que la liberté pour contracter un mariage, ne doit jamais être contrainte* ; mais comment Augeard qui écrivait à Paris, pouvait-il connaître les motifs d'un arrêt rendu à Toulouse?

» Furgole était certainement plus à portée que lui de savoir ce que cet arrêt avait véritablement jugé. Or, voici ce qu'il en dit dans son *Traité des Testamens*, chap. 6, sect. 2.

» Il demande si l'on doit *admettre ou rejeter la Condition de se marier avec un cousin-germain.* Et voici sa réponse : « Si l'on ne consultait que

(1) *Journal des audiences*, tome 7, page 376.

» le droit romain , la question ne serait suscep-
» tible d'aucune difficulté, parceque le mariage est
» permis entre les cousins-germains........; mais la
» disposition du droit canonique, qui défend le
» mariage entre parens jusqu'au 4e. degré inclusi-
» vement, étant reçue par notre usage, la Condi-
» tion du mariage se trouve bien clairement con-
» traire aux lois reçues, et par conséquent elle doit
» être rejetée....' La dispense qui peut être obte-
» nue dans la suite, peut bien rendre le mariage
» licite....; mais elle ne peut pas empêcher que la
» Condition, eu égard à l'état où étaient les choses,
» lorsqu'elle a été imposée, ou au temps de la mort
» du testateur, ne fût contre les lois, et par consé-
» quent *rejetable* de plein droit; car en matière
» de Conditions impossibles ou contre les lois, on
» ne considère point les événemens qui peuvent
» arriver et qui peuvent rendre les Conditions li-
» cites; il faut avoir égard à l'état où les choses
» sont lorsque la Condition a été imposée, suivant
» la loi 157, §. 6, D. *de verborum obligatio-*
» *nibus*. Cette opinion, qui me paraît la meilleure,
» est autorisée par deux arrêts du parlement de
» Toulouse : le premier est un arrêt général du 14
» août 1626 , rapporté par Albert; *et le second,*
» *que j'ai vu rendre à la grand'chambre, est de*
» *l'année* 1727 ».

» Ainsi, le seul point jugé par l'arrêt qu'invoquent les demandeurs, c'est que la Condition imposée à une fille dans un testament, d'épouser un
homme auquel la loi lui défend de se marier,
n'est pas obligatoire pour elle; et que, sans l'accomplir, cette fille peut recueillir, comme pure
et simple, la libéralité que le testament contient
en sa faveur.

» Du reste, c'est bien vainement que les demandeurs prétendent que la Condition d'épouser
Pierre Roby, doit être tenue pour accomplie à l'é-
gard de Madeleine Giroir, soit parceque Pierre
Roby n'a fait aucune démarche pour gagner son
affection , soit parcequ'ayant soumis , lors du
mariage de Madeleine Giroir avec Jean Chambrand , à la loi de la réquisition militaire, on devait, à cette époque, le considérer comme incapable de se marier.

» D'abord, il est vrai qu'aux termes des lois romaines , la Condition d'épouser telle personne,
doit être tenue pour remplie, lorsque cette personne refuse de se marier avec l'héritier ou le légataire institué sous cette Condition.

» Mais il est vrai aussi qu'il faut, pour cela,
qu'il y ait refus exprès : *aut Anthilli filio recu-*
sante, matrimonium impeditum fuerit : vous vous
rappelez que ce sont les termes de la loi 1, C. *de*
institutionibus et substitutionibus sub conditione
factis.

» La loi 31, D. *de conditionibus et demonstra-*
tionibus, nous offre une décision semblable.

» Un testateur avait légué cent écus à Stichus
et à Pamphila, sous la Condition de se marier ensemble. *In testamento ità scriptum erat : si Sti-*
chus et Pamphila in matrimonium coierint, he-
res meus his centum daré damnas esto.

» Il peut arriver deux cas.

» Ou Stichus meurt avant l'ouverture du legs,
et alors , non-seulement il ne transmet rien à son
héritier, mais Pamphila , sa co-légataire , est elle-
même déchue de la libéralité du testateur , parceque l'accomplissement de la Condition est devenu
impossible par un événement étranger à la volonté
de l'un et de l'autre : *Stichus antè apertas tabulas*
decessit : respondit partem Stichi defectam esse ;
sed et Pamphilam defectam Conditione videri ,
ideòque partem ejus apud hæredem remansuram.

» Ou ils vivent tous deux , et Stichus ne veut
pas épouser Pamphila , qui, de son côté , lui offre
sa main ; et alors Pamphila doit obtenir son legs,
mais Stichus est déchu du sien : *Sed et si uterque*
viveret, et Stichus nollet eam uxorem ducere ,
cùm mulier parata esset nubere , illi quidem
legatum deberetur , Stichi autem portio inutilis
fiebat.

» Or, Madeleine Giroir a-t'-elle manifesté à
Pierre Roby, l'intention de le prendre pour époux?
S'est-elle mise , à son égard , dans le cas prévu
par la loi , *cùm mulier parata esset nubere?* A-t-
elle attendu , pour épouser Jean Chambrand, que
Pierre Roby lui eût déclaré qu'il ne lui convenait pas? Pierre Roby a-t-il agi envers elle, soit
comme le fils d'Anthille envers l'héritière instituée dont parle le premier des textes cités , *An-*
thilli filio recusante , matrimonium impeditum
fuerit; soit comme Stichus envers Pamphila, dont
il est question dans le deuxième, *et Stichus nollet*
eam uxorem ducere? Rien de tout cela ; et au
contraire, le jugement attaqué constate *que Made-*
leine Giroir a témoigné , par son propre fait,
qu'elle ne voulait point épouser Pierre Roby, en
se fiançant avec Jean Chambrand, dont elle a en-
suite fait son époux....., lors même que Pierre
Roby avait à peine atteint l'âge de puberté.

» En vain dit-on que les fiançailles de Madeleine
Giroir avec Jean Chambrand, ne formaient pas un
engagement indissoluble. Elles annonçaient du
moins , dans Madeleine Giroir, la volonté de n'a-
voir point d'autre mari que Jean Chambrand ;
elles prouvaient par conséquent qu'elle n'était
point *parata nubere* avec Pierre Roby.

» En vain dit-on encore qu'à l'époque du mariage de Madeleine Giroir avec Jean Chambrand ,
Pierre Roby était compris dans la réquisition.

» Aucune loi n'a interdit le mariage aux militaires ; et d'ailleurs, il n'est écrit nulle part que
la Condition d'épouser Pierre Roby, dût être tenue
pour accomplie de la part de Madeleine Giroir,
par l'effet d'un événement qui, sans ou contre la
volonté de Pierre Roby lui-même , l'eût mis dans
l'impossibilité de se marier. Si Pierre Roby , au
lieu de partir pour l'armée, fût descendu au tombeau, Madeleine Giroir eût-elle pu réclamer l'effet
de son association a l'institution contractuelle de
sa sœur ?·Non, et nous venons d'en voir la preuve

textuelle dans la loi 31, D. *de conditionibus et demonstrationibus.* Pourquoi donc le départ forcé de Pierre Roby pour l'armée, aurait-il opéré, en faveur de Madeleine Giroir, un effet différent de celui qu'eût opéré sa mort? Dans un cas comme dans l'autre, la Condition d'épouser Jean Roby eût manqué par un événement auquel sa volonté n'aurait eu aucune part; et Godefroy a soin de remarquer, dans sa note sur la loi que nous venons de rappeler, que *conditio pendens ex facto duorum, si casu, non facto unius, deficit non habetur pro impletâ.*

» Tout se réunit donc pour démontrer que, quand même il serait ici question d'un testament, la Condition qu'il aurait imposée à Madeleine Giroir d'épouser Pierre Roby, ne devrait être considérée, d'après les lois romaines, ni comme illicite ou contraire aux bonnes mœurs, ni par conséquent comme non écrite.

» Mais est-ce d'une institution testamentaire qu'il s'agit dans cette cause? Non, c'est d'une institution contractuelle. Or, quand nous admettrions, relativement aux institutions testamentaires, tous les paradoxes des demandeurs; quand nous supposerions avec eux que la Condition imposée à Madeleine Giroir, d'épouser Pierre Roby, dût être considérée, d'après les lois romaines, comme illicite, déshonnête, immorale, à quelle conséquence cette supposition nous conduirait-elle?

» Elle nous conduirait à dire, non pas que la Condition d'épouser Pierre Roby doit, d'après les lois romaines, être regardée comme non écrite, mais que l'institution contractuelle, faite sous cette Condition en faveur de Madeleine Giroir, doit être regardée comme nulle dans son principe.

» Car telle est la différence que les lois romaines ont tracée entre les Conditions illicites apposées dans les testamens, et les Conditions illicites apposées dans les contrats : les premières, aux termes de la loi 104, §. 1, D. *de legatis,* 1°., et de la loi 3, D. *de conditionibus et demonstrationibus,* sont réputées non écrites, *vitiantur et non vitiant ;* les secondes au contraire vicient radicalement les clauses auxquelles elles sont apposées, et empêchent qu'il en naisse aucune obligation; c'est ce que décident expressément la loi 31, D. *de obligationibus et actionibus,* la loi 7, D. *de verborum obligationibus,* et un de vos jugemens dont nous aurons bientôt occasion de parler.

» Ainsi, sous tous les rapports possibles, les lois romaines, loin de provoquer la cassation du jugement attaqué, en sollicitent hautement le maintien; et il ne nous reste plus qu'à examiner si les demandeurs peuvent tirer plus d'avantage des lois des 5 septembre 1791, 5 brumaire et 17 nivôse an 2.

» Sans contredit, si la cause devait être jugée d'après ces lois, elle ne pourrait l'être qu'en faveur de Madeleine Giroir; car elles déclarent *non écrite* la Condition de se marier *avec telle personne ;* et elles confondent, dans leur disposition, les contrats et les testamens.

» Mais est-ce bien par ces lois que doit être jugée une cause dans laquelle il s'agit, non-seulement d'un acte passé long-temps avant leur publication, mais d'un acte dont l'effet était ouvert antérieurement à la même époque? Car vous vous rappelez que l'institution contractuelle dont il est question, remonte au 26 février 1785, et que l'auteur de cette institution était mort en 1785.

» Bien certainement, par le décès de l'instituant, les adversaires des demandeurs ont été saisis de l'universalité de sa succession. A la vérité, ils ne l'ont été qu'à la charge de rendre la moitié de cette succession à Madeleine Giroir, dans le cas où elle épouserait Pierre Roby. Mais de là même il résulte qu'ils ont eu, dès-lors, un droit acquis à la conservation de la totalité, dans le cas où le mariage projeté, entre Pierre Roby et Madeleine Giroir, ne s'effectuerait pas.

» Or, ce droit a-t-il pu leur être enlevé par une loi postérieure? Il est évident que non.

» Nous devons pourtant convenir que les lois des 5 brumaire et 17 nivôse an 2 le leur avaient enlevé de fait. Mais vous savez que toutes les dispositions rétroactives de ces lois ont été abolies par la loi du 3 vendémiaire an 4; et dès là, point d'argument à en tirer de la part des demandeurs.

» Cependant les demandeurs soutiennent que la loi du 3 vendémiaire an 4 n'a porté aucune atteinte à la partie de ces lois qui répute non écrite toute clause de la nature de celle dont il s'agit, *insérée dans les actes passés même avant le décret du 5 septembre 1791.*

» Mais, pour donner quelque couleur à ce système, ils sont obligés d'aller jusqu'à dire que tel était le vœu de la loi du 5 septembre 1791, et comme celle-ci n'a éprouvé aucune altération de la part de la loi du 3 vendémiaire an 4, ils en concluent que la loi du 3 vendémiaire an 4 a également respecté l'application interprétative que les lois des 5 brumaire et 17 nivôse an 2 en avaient faite aux actes antérieurs à la première.

» Comment donc les demandeurs peuvent-ils établir que la loi du 5 septembre 1791 comprenait, dans sa disposition irritante, les clauses insérées dans les actes dont la confection et même l'ouverture avaient précédé sa publication?

» Ils emploient, pour cela, deux moyens.

» Ils soutiennent d'abord que cette loi a pu, sans rétroagir sur le passé, annuler des clauses qui subsistaient au moment où elle a été promulguée ; qu'elle n'a fait que dispenser pour l'avenir de leur exécution, les personnes qui s'y trouvaient assujéties; qu'elle a pu dire aux malheureux sur la tête desquels pesait encore le joug de ces clauses, ce que la loi du 4 août 1789 a dit aux serfs et aux main-mortables : *soyez libres;* que détruire une institution qui existe, ce n'est pas faire une disposition rétroactive; que, si cela était, les lois ne pourraient jamais rien changer; qu'enfin, Madeleine Giroir n'a épousé Jean Chambrand qu'après la publication de la loi du 5 septembre 1791, et même après celle du 5 brumaire an 2 ; qu'ainsi, à l'époque de son mariage, ses adversaires n'étaient pas encore saisis de sa part dans leur institution contractuelle ; qu'il ne faut donc pas donner à cette loi un effet rétroactif, pour rejeter leur prétention à cette part.

» Ils soutiennent ensuite que, de fait, les clauses impératives ou prohibitives condamnées par la loi du 5 septembre 1791, le sont relativement aux actes qui existaient au temps où elle a été publiée, comme elles le sont relativement aux actes qui seraient faits à l'avenir, et que cela résulte de ce que la loi se sert des mots *est réputée* (et non pas *sera réputée*) non écrite.

» Reprenons chacune de ces propositions.

» Sans doute, une loi nouvelle ne rétroagit pas, lorsqu'en faisant revivre une loi écrite dans le Code éternel et imprescriptible de la nature, elle efface par sa toute puissance, les actes qui, pendant le sommeil de celle-ci, ont porté atteinte aux droits les plus précieux de l'homme ; et voilà pourquoi l'assemblée constituante, tout ennemie qu'elle s'est montrée constamment de toute espèce de rétroactivité, n'a pas craint, dans la célèbre nuit du 4 août 1789, de détruire la servitude personnelle, la main-morte et la féodalité.

» Mais la loi rétroagirait véritablement, si, en prohibant des actes permis jusqu'à sa publication, elle anéantissait ceux qui existent à cette époque. Elle priverait du droit qui leur est acquis, les personnes en faveur desquelles ces actes ont été faits ; et il n'importe que ce droit leur soit acquis incommutablement, ou sous une Condition, soit suspensive, soit résolutoire. Dès qu'il y a droit acquis, même imparfaitement, il est hors du domaine de la loi : la loi ne peut pas plus m'ôter une propriété résoluble qu'une propriété incommutable ; elle ne peut pas plus anéantir un contrat qui m'assure la possession d'un champ ou d'une maison, en cas que telle Condition arrive, qu'elle ne peut m'expulser d'une maison ou d'un champ dont j'ai la possession actuelle.

» Nous savons bien qu'à ces principes proclamés, dans toutes nos assemblées législatives, on peut opposer quelques actes de ces assemblées elles-mêmes. Nous savons bien, par exemple, que la loi du 14 novembre 1792, en prohibant les substitutions fidéicommissaires, en a étendu la proscription jusqu'aux actes antérieurs qui contenaient des dispositions de cette nature, et qui n'avaient pas encore eu tout leur effet.

» Mais ce sont là des exceptions extraordinaires, que des motifs supérieurs peuvent seuls excuser ; et ce serait abuser étrangement d'une pareille exception, que de la convertir en règle générale. Toute exception est au contraire une preuve irrésistible que la règle générale lui est diamétralement opposée.

» Lorsque la convention nationale, dégagée de la tyrannie qui avait trop long-temps dicté ses décrets rétroactifs, et devenue enfin l'organe libre de la volonté d'un peuple juste, se détermina, dans sa séance du 14 fructidor an 3, à supprimer l'action rescisoire pour lésion d'outre-moitié, comprit-elle dans sa loi les ventes qui avaient été faites précédemment ? Non, et bien loin de là, elle conserva expressément pour ces ventes, l'action qu'elle crut ne pouvoir prohiber que pour les contrats à venir.

» Et l'on voudrait que l'assemblée constituante, qui a toujours joui de la plus grande liberté dans ses discussions, eût été, le 5 septembre 1791, moins circonspecte que la convention nationale ne l'a été le 14 fructidor an 3! On voudrait que, le 5 septembre 1791, c'est-à-dire, à une époque où elle joignait à une immense réunion de lumières, toute la maturité d'une longue expérience, elle eût détruit, dans les testamens et dans les contrats qui existaient alors, toutes les clauses impératives et prohibitives concernant les mariages! Loin de nous le soupçon que cette idée se soit présentée à son esprit? Ce serait, nous osons le dire, calomnier sa mémoire.

» On vous a dit, au nom des demandeurs, que le décret du 5 septembre 1791 avait été proposé par l'illustre et malheureux Thouret ; et il est vrai que, dès le mois de février précédent, il l'avait rédigé avec le cit. Target et moi, tel que nous le lisons aujourd'hui dans le recueil des lois nationales. C'était alors le 32e. article du tit. 2 d'un long projet de loi sur les successions, les donations et les testamens, dont l'assemblée constituante avait détaché ce qui forme actuellement la loi du 8 avril 1791, en ajournant le surplus à la prochaine législature. Mais de ce que ce décret peut et doit être cité comme l'ouvrage d'un homme aussi distingué que Thouret, par la pureté de ses principes, nous sommes assurément en droit de conclure qu'il n'y a, dans ce décret, rien de rétroactif, et qu'il ne porte que sur les clauses qu'on pourrait insérer dans les actes postérieurs à sa publication officielle.

» C'est aussi ce qui résulte de la *motion d'ordre*, par laquelle un membre, qui n'avait eu aucune part à la rédaction de l'article dont il s'agit, proposa, à la séance du 5 septembre 1791, de le retirer de l'ajournement auquel était soumis le projet de loi dont il faisait partie, et de le décréter sur-le-champ. Voici mot pour mot comment il s'expliqua à ce sujet.
— « Vous avez sagement renvoyé à l'autre législa-
» ture le projet de loi sur les successions, en ce qui
» regarde les effets et les limites des dispositions de
» l'homme. Cette résolution était nécessaire à l'a-
» chèvement de la constitution ; elle peut provo-
» quer les méditations de nos successeurs, éclairer
» les citoyens, et former l'opinion publique dans
» les divers départemens, surtout dans ceux où
» les lois romaines ont donné une si grande lati-
» tude aux volontés arbitraires des mourans. —
» Mais, au milieu même de ce projet de loi, pré-

» senté par les comités de constitution et d'aliéna-
» tion, les amis de la révolution et de la justice
» ont remarqué l'art. 32, qui peut être facilement
» séparé des autres dispositions présentées par les
» comités. Cet article regarde comme *non écrite*
» *toute clause impérative ou prohibitive qui serait*
» *contraire aux lois et aux bonnes mœurs, qui*
» *porterait atteinte à la liberté religieuse du do-*
» *nataire, héritier ou légataire, qui gênerait la*
» *liberté qu'il a, soit de se marier, même avec*
» *telle personne, soit d'embrasser tel état, emploi*
» *ou profession, ou qui tendrait à le détourner*
» *de remplir les devoirs imposés et d'exercer les*
» *fonctions déférées par la constitution aux ci-*
» *toyens actifs et éligibles.* — Voilà une disposi-
» tion que la variété de la jurisprudence, la dif-
» férence des lois suivies dans les pays de coutume
» et dans les pays de droit civil, rend nécessaire
» autant que la disposition actuelle des esprits. —
» Ce n'est pas moi qui réclame l'adoption de cet
» article seulement; c'est la constitution elle-même,
» c'est la nécessité d'assurer ses maximes et d'affermir
» son esprit; c'est le moyen d'arrêter les effets mal-
» heureux de l'intolérance civile et religieuse; c'est
» le besoin de poser de justes bornes aux préjugés
» et au despotisme de quelques citoyens qui, ne
» pouvant se plier aux principes de l'égalité poli-
» tique et de la tolérance religieuse, proscrivent
» d'avance, *par des actes protégés par la loi,*
» l'exercice des fonctions publiques, l'union de
» leurs enfans avec des femmes qu'ils appellent ro-
» turières, ou avec des personnes qui exercent un
» autre culte religieux, ou qui ont une autre opi-
» nion politique. On voit tous les jours faire des
» testamens, par lesquels des pères, en instituant
» des héritiers ou en faisant des legs, leur imposent
» des conditions contraires à la liberté civile, à
» la tolérance religieuse, ou à l'égalité constitu-
» tionnelle. C'est ainsi qu'ils écrivent la défense ou la
» Condition de se marier à telle ou telle personne,
» à une femme d'une telle ou telle classe, d'une
» telle ou telle religion, etc. — On voit que ce
» n'est là qu'un moyen donné par la loi civile et
» ancienne, pour échapper à l'empire de la loi po-
» litique et moderne; que ce n'est là qu'une subver-
» sion des maximes de la constitution par des testa-
» mens ou donations; car ces bienfaits mêmes sont
» empoisonnés par le souffle intolérant et aristocrati-
» que. — Craignez que, du sein de cette révolution
» même, la loi ne prête son secours aux opinions
» ennemies de l'égalité et de la liberté que vous
» avez établies; craignez que le père fanatique, le
» testateur intolérant, le donateur ennemi de la
» constitution, ne frappent à leur gré d'exhéréda-
» tion, des enfans, des légataires, que la nature et
» la reconnaissance appellent à leur succession;
» craignez que les testateurs et les donateurs ne
» chargent de Conditions impératives ou prohibi-
» tives, des droits et des dons que la loi doit rendre
» libres, qu'elle doit dégager des vieux préjugés
» et ravir à l'empire avilissant des passions. Autre-

» ment, les lois de la nature et de la constitution
» seront violées impunément; la haine de la révo-
» lution se cachera sous les formes respectables de
» la volonté des mourans ou de la générosité des
» donateurs; des mariages seront empêchés, les
» mœurs seront altérées, des legs seront intercep-
» tés, des hérédités même seront chargées de con-
» ditions impolitiques, immorales et intolérantes;
» enfin, l'aristocrate, l'intolérant et l'ennemi des
» principes de notre constitution commanderont
» encore dans le tombeau. — C'est à vous de faire
» cesser une contradiction aussi frappante entre
» les lois politiques et les lois civiles, entre les
» volontés particulières et la volonté générale;
» la constitution seule doit triompher. Je demande
» que l'art. 32 présenté par les comités, soit dé-
» crété ».

» Vous voyez, que, dans ce discours, l'orateur
convient que les clauses dont il demande la proscription, *sont protégées par la loi,* et qu'elles
forment, pour échapper à l'empire de la loi politique
et moderne, *un moyen donné par la loi civile et
ancienne.* Comment supposer, d'après cela, qu'il
ait songé, et que l'assemblée constituante ait songé
avec lui, à abolir ces clauses dans les actes déjà faits,
dans les contrats déjà obligatoires pour ceux qui
les avaient souscrits, dans les testamens déjà devenus lois par le décès de leurs auteurs ?

» Mais ce qui manifeste évidemment son intention de ne disposer que pour les contrats et les testamens qui se feront à l'avenir, c'est cette partie
de son discours où il dit : *craignez,* si vous ne don-
nez à l'instant force de loi à l'article que vous avez
renvoyé à vos successeurs, *craignez que les testateurs et les donateurs ne chargent de Conditions
impératives ou prohibitives, des droits et des dons
que la loi doit rendre libres.*

» C'est surtout celle où il ajoute : si vous n'a-
doptez pas ma proposition, *des hérédités seront
chargées de Conditions impolitiques, immorales
et intolérantes.*

» Il est clair, plus clair que le jour, qu'en s'exprimant ainsi, l'orateur n'entendait frapper de la
proscription qu'il avait en vue, que les clauses impératives ou prohibitives des contrats à faire, que
les clauses impératives ou prohibitives des testamens
non encore existans, ou dont les auteurs vivaient
encore.

» Et en vain les demandeurs cherchent-ils à
prouver le contraire, par l'observation que fit le
cit. Martineau, sur le projet de décret qui était
proposé.

» Il est vrai que le cit. Martineau dit alors en
propres termes : « L'objet de l'article se trouve
» rempli par les anciennes lois romaines. Les ma-
» gistrats n'ont jamais hésité à regarder comme
» nulle toute clause qui gênait la liberté civile :
» *pro non scriptâ habetur,* disaient tous les juris-
» consultes ».

» Mais que lui a-t-on répondu ? Nous l'appre-

488 CONDITION, §. I.

nons par le *Moniteur*. « Je vais citer (a dit un membre dont on ne nous a pas conservé le nom), « je vais citer, en réponse à M. Martineau, le texte » d'une loi romaine suivie dans les pays de droit » écrit, et d'après laquelle le donateur pouvait » prescrire au donataire de ne point prendre en » mariage telle ou telle....».

» Il a donc été prouvé, à la séance même du 5 septembre 1791, que le cit. Martineau était dans l'erreur; et, dès-lors, on ne peut pas présumer que l'assemblée constituante ait cru, en rendant, ce jour-là, le décret dont il est question, qu'elle ne faisait que confirmer l'ancien droit : on ne peut pas présumer qu'elle n'ait pas entendu introduire un nouveau droit : on ne peut pas présumer qu'elle ait voulu appliquer ce droit nouveau aux actes qui avaient jusqu'alors imposé, soit aux donataires, soit aux légataires, soit aux héritiers institués, des Conditions que *protégeait* le droit ancien.

» Et il n'importe qu'elle ait dit : *est*, et non pas *sera réputée non écrite*. En employant le présent au lieu du futur, elle n'a pas dérogé au principe qui défend toute rétroactivité dans les lois; et encore une fois, jamais législateur n'a plus respecté ce principe, que ne l'a fait l'assemblée constituante.

» Le moyen, d'ailleurs, d'élever le moindre doute à cet égard, le moyen de soutenir encore que l'assemblée constituante a entendu frapper les actes existans à l'époque du 5 septembre 1791, lorsqu'on voit la Convention nationale, dans la loi du 5 brumaire an 2, c'est-à-dire, dans une loi qui n'est presque composée que de dispositions rétroactives, étendre jusqu'à ces actes le décret que l'assemblée constituante avait rendu à cette époque? Très-certainement la convention nationale a reconnu, par là, que ces actes n'étaient pas compris dans le décret de l'assemblée constituante; très-certainement la rétroactivité que la Convention nationale a donnée momentanément à ce décret, équivaut à une déclaration formelle, que ce décret ne renfermait en lui-même rien de rétroactif.

» Mais, dit-on, la section civile du tribunal de cassation a prouvé, par la manière dont elle a motivé un jugement de rejet, du 22 nivôse an 9, qu'elle regardait la loi du 5 septembre 1791 comme applicable aux actes qui l'avaient précédée.

» Vous allez apprécier cette assertion, d'après le compte que nous croyons devoir vous rendre du jugement qui en est l'objet.

» Philippe-Joseph Martin, domicilié dans la commune de Vallignac, département de l'Allier, s'était marié le 11 janvier 1773, et son contrat de mariage présentait une clause ainsi conçue : « Il a été convenu entre les futurs conjoints, qu'en considération du présent mariage et pour la bonne amitié qu'ils ont l'un pour l'autre, ils se donnaient, comme en effet ils se donnent par les présentes, à titre de donation viagère, mutuelle et réciproque, au sur-

vivant d'eux, ce acceptant, la jouissance de tous les biens, tant meubles qu'immeubles, qui appartiendront au premier mourant d'eux au jour de son décès, en quoi qu'ils consistent, et en quelques lieux qu'ils soient situés; pour de tous lesdits biens jouir par le survivant sa vie durant, aux conditions de faire faire inventaire avec les héritiers du décédé, d'entretenir les bâtimens donnés et autres héritages de toutes réparations viagères, pour être rendus en bon état, lorsque l'usufruit cessera; pourvu que, lors du décès du premier mourant, il n'y ait aucuns enfans vivans nés et à naître; auquel cas d'enfans, la présente donation n'aura lieu que pour la moitié de la jouissance des biens donnés; et iceux enfans défaillant avant leur majorité, la présente donation aura lieu pour la moitié : elle sera nulle, au contraire, dans le cas où le survivant convolerait ayant des enfans de leur mariage. Dans tous les cas, le survivant aura toujours le droit de jouir de la moitié des biens du prédécédé ».

» La dame Martin est morte sans enfans, le 29 décembre 1791.

» Le 3 nivôse an 2, Philippe-Joseph Martin s'est remarié avec Claudine Camus.

» Le 19 messidor suivant, les héritiers de sa première femme le font assigner au tribunal du district de Gannat, pour voir dire que le don mutuel en usufruit stipulé par le contrat de mariage du 11 janvier 1773, sera réduit à la moitié.

» Martin leur oppose les art. 12 et 15 de la loi du 17 nivôse an 2 : l'un, comme abrogeant toutes les clauses impératives ou prohibitives qui, soit dans les actes entre-vifs, soit dans les dispositions à cause de mort, gênent la liberté qu'aurait le donataire ou légataire, *soit de se marier ou de se remarier*; l'autre, comme maintenant tous les avantages stipulés entre époux.

» Le 21 thermidor de la même année, jugement qui déboute les héritiers de la dame Martin, de leur demande. Appel de leur part.

» Le 25 prairial an 5, jugement du tribunal civil du département de l'Allier, qui, sur le fondement de l'abolition de la rétroactivité de la loi du 17 nivôse an 2, et de l'impossibilité de subordonner à cette loi l'effet d'un contrat de mariage passé 20 ans avant sa promulgation, infirme le jugement de première instance, et réduit à la moitié l'usufruit du cit. Martin.

» Le cit. Martin se pourvoit en cassation. Il soutient que le tribunal civil du département de l'Allier a violé les lois des 5 septembre 1791, 5 brumaire. — « Les expressions qu'elles emploient, *est réputée non-écrite* (dit-il), ne s'appliquent pas seulement aux actes postérieurs à la publication de ces lois; elles prouvent que le législateur a entendu anéantir toutes les dispositions semblables qui existaient alors dans les actes dont l'exécution n'était pas encore ouverte. Le rapport de l'effet rétroactif des lois des 5 brumaire et 17 nivôse an 2,

» a bien pu déranger ce qui n'était pas consommé
» sans retour; mais, il n'a pu influer sur un ma-
» riage auquel il n'était plus au pouvoir des parties
» de rien changer. A l'instant même de la mort
» de mon épouse (continuait-il); je suis demeuré
» saisi de l'universalité de l'usufruit de ses biens;
» dès ce moment, le contrat de mariage du 11
» janvier 1773 a reçu son exécution parfaite, il l'a
» reçue irrévocablement, il l'a reçue sans retour;
» j'ai donc pu me remarier en vertu d'une loi
» existante, sans rien perdre de mes avantages;
» et le rapport de l'effet rétroactif n'a pas pu
» frapper sur cet objet entièrement consommé. »

Nonobstant ces raisons, jugement du 22 nivôse
an 9, au rapport du cit. Coffinhal, qui rejette la
demande en cassation « attendu, 1°. Que la Con-
» dition absolue de ne point se marier, était re-
» jetée dans les dispositions testamentaires ou à
» cause de mort, non-seulement lorsqu'elle était
» imposée à la personne gratifiée, mais encore
» lorsque l'était au père de ne point marier
» sa fille, dans ce dernier cas, on la
» regardait comme apposée en fraude de la loi ;
» mais qu'une semblable Condition, si elle était
» apposée dans les contrats, n'était pas rejetée,
» parcequ'ils sont l'ouvrage de deux ou de plu-
» sieurs personnes, qui stipulent selon leurs vues
» et selon leurs intérêts; que d'ailleurs, si l'on
» pouvait considérer une telle convention comme
» contraire aux bonnes mœurs, elle serait nulle
» pour le tout; 2°. Que la Condition de ne pas se
» marier et demeurer en viduité, n'était pas rejetée,
» soit qu'elle fût apposée dans un acte de dernière
» volonté ou dans un contrat; que la Novelle 22,
» chap. 44, veut que la personne gratifiée s'abs-
» tienne du second mariage ou renonce à la libé-
» ralité; et qu'elle servait de règle pour les pays
» coutumiers, comme pour les pays de droit
» écrit; d'où il suit que la Condition insérée dans
» le contrat de mariage de 1773 dont il s'agit,
» valable dans son principe; 5°. Que la loi du 5
» septembre 1791 ne s'explique que sur les Condi-
» tions qui ôtaient ou restreignaient la liberté du
» mariage, et qu'elle ne parle pas de la Condition
» de viduité, qui est tout-à-fait différente; qu'elle
» n'était par conséquent pas applicable à l'espèce
» actuelle; et que c'est vraisemblablement le mo-
» tif pour lequel on ne l'a point invoquée devant
» les tribunaux de première instance et d'appel;
» 4°. A l'égard des art. 1 de la loi du 5 bru-
» maire, 12 de celle du 17 nivôse, et 23 de celle
» du 9 fructidor an 2, que l'effet de la disposition
» du contrat de mariage de 1773 s'est ouvert anté-
» rieurement à ces lois, la femme Martin étant
» décédée le 29 décembre 1791; et qu'il est
» même permis de douter si elles s'appliquent
» à une convention de la nature de celle dont il
» s'agit; d'où il résulte que le jugement attaqué
» n'est en contravention à aucune loi ».

» Ainsi s'est expliquée la section civile, dans
son jugement du 22 nivôse an 9; et l'on voit

4. édit., Tome II.

clairement pourquoi elle n'a pas cru devoir se
prononcer sur la question de savoir si les actes antérieurs à la loi du 5 septembre 1791, étaient ou
n'étaient pas compris dans sa disposition : c'est que
sa disposition n'embrasse pas la Condition de demeurer en viduité. Il était en effet bien inutile de
décider cette question dans une espèce où il n'y
avait pas même lieu de l'agiter.

» Mais, ce qu'il importe singulièrement de remarquer dans ce jugement : c'est qu'il déclare
les lois des 5 brumaire et 17 nivôse an 2 inapplicables à la disposition contractuelle du 11
janvier 1773, parceque *l'effet de cette disposition s'était ouvert antérieurement à ces lois, la
femme Martin*, donatrice, *étant décédée le 29
décembre 1791.*

» Donc par la même raison, la loi du 5 septembre 1791; et *à fortiori* celles des 5 brumaire et 17
nivôse an 2, sont également inapplicables à la
disposition contractuelle dont Madeleine Giroir
réclame ici l'exécution, puisque Étienne Giroir
était mort dès l'année 1785.

» Donc la section civile, en rejetant le recours
du cit. Martin contre le jugement du tribunal
civil du département de l'Allier, du 25 prairial
an 5, a préjugé d'avance le rejet du recours de
Madeleine Giroir, contre le jugement du tribunal
d'appel de Limoges, du 4 pluviôse an 10.

» Donc le recours de Madeleine Giroir doit être
rejeté, comme l'a été celui du cit. Martin; et c'est
à quoi nous concluons ».

Ces conclusions ont été adoptées, par arrêt
du 6 floréal an 11, au rapport de M. Oudot,
« Attendu que Léonard Roby et Anne Giroir
sont directement institués pour la totalité des
biens de leurs père et mère, et que ceux-ci ont
voulu que les institués n'associassent Madeleine
Giroir et Pierre Roby à cette institution, que dans
le cas où Madeleine Giroir épouserait Pierre Roby;
qu'il en résulte que cette clause est moins une
clause prohibitive, qu'une modification de l'institution qui résidait essentiellement sur la tête
d'Anne Giroir et de Léonard Roby, laquelle ne
pouvait être altérée que dans un cas qui n'est
pas arrivé;

» D'où il suit que la disposition des lois qui
déclarent non écrites les Conditions qui gênent
la liberté des mariages, ne sont pas applicables
à l'espèce ».

Au surplus, *V.* les articles *Condition* et *Viduité*,
dans le *Répertoire de Jurisprudence.*

§. II. *Quelle différence y a-t-il entre les
contrats et les testamens, par rapport à
l'effet suspensif des Conditions qui sont
insérées dans les uns et dans les autres?*

V. le plaidoyer du 23 germinal an 10, rapporté
au mot *Douaire*, §. 2.

62

§. III. 1°. *L'hypothèque constituée par une obligation dont l'effet est subordonné à une Condition potestative de la part du débiteur, est-elle valable à l'égard des tiers qui n'ont pris inscription sur le bien qui en est l'objet, qu'après l'accomplissement de cette Condition?*

2°. *A-t-elle son effet contre eux, lorsque cette Condition n'a été remplie que postérieurement à leur inscription?*

V. L'article *Hypothèque*, §. 3.

CONDITION DE MANBOURNIE. J'ai exposé sous ces mots, dans le *Répertoire de Jurisprudence*, ce qu'on entendait autrefois par là, dans la partie du Hainaut qui était connue sous la dénomination de *Chef-lieu de Mons*. On en retrouvera, d'ailleurs, la définition dans les différens paragraphes de cet article.

Je dois seulement observer ici que cette manière de disposer des immeubles dits *mainfermes*, a été abolie par l'art. 24 de la loi du 15-20 avril 1791, concernant les droits seigneuriaux; loi qui n'a été publiée que long-temps après dans le Hainaut ci-devant autrichien, ainsi qu'on le verra dans le plaidoyer du 14 messidor an 9, rapporté à l'article *Donation*, §. 3.

§. I. 1°. *La procuration que donnait un acquéreur pour prendre adhéritance en son nom, et stipuler en même temps une Condition de manbournie* (*avant que cette manière de disposer eût été abolie par la loi du 15-20 avril 1791*)*, devait-elle être passée devant les échevins de son domicile?*

2°. *Les biens donnés par Condition de manbournie, étaient-ils propres ou acquêts dans la personne du donataire?*

Ces questions se sont présentées en 1801, à l'audience de la section civile de la cour de cassation.

Il s'agissait d'une maison située à Mons, que Marie-Marguerite de Rocquenies avait acquise le 16 février 1733.

Celle-ci, par une procuration sous seing-privé de la veille, avait chargé la veuve d'Alexis Crapolle, sa sœur et unique héritière présomptive, de comparaître, en son nom, devant les échevins de Mons, à l'effet de recevoir la *déshéritance* que le vendeur devait faire entre leurs mains de cette maison.

Elle l'avait aussi chargée par la même procuration, de faire insérer dans l'acte de déshéritance, un *condition* portant qu'elle se réservait le pouvoir de disposer *en tout état*; et que, si elle n'en faisait rien, l'héritage appartiendrait, après sa mort, à Jean-Baptiste et à Dominique Crapolle,

ses neveux, fils de sa sœur: au premier, pour deux tiers, et au second, pour l'autre tiers.

En conséquence, le lendemain, la veuve Crapolle, en sa qualité de mandataire de Marie-Marguerite de Rocquenies, reçut la déshéritance du vendeur; et, à sa réquisition, Antoine-Joseph Parez *adhérité de la maison, à titre de manbour, pour ladite Rocquenies en jouir et faire sa volonté en tout état; et si rien n'en fait, aller et appartenir, après son trépas, pour deux tiers, à Jean-Baptiste Crapolle, et pour l'autre tiers, à Dominique Crapolle*, ses neveux.

Marie-Marguerite de Rocquenies est morte peu de temps après.

La veuve Crapolle, sa sœur, vivait encore à cette époque; et c'était à elle que la maison eût appartenu par la loi des successions *ab intestat*, si la défunte n'en eût pas disposé.

Mais fidèle observatrice des dispositions de Marie-Marguerite de Rocquenies, la veuve Crapolle a laissé jouir de la maison Jean-Baptiste et Dominique Crapolle, ses enfans.

Dominique Crapolle est mort sans postérité.

Jean-Baptiste Crapolle, devenu par là propriétaire de toute la maison, l'a vendue le 24 octobre 1782.

Il est mort ensuite, également sans enfans, et en célibat.

Alors, se sont présentés Noël Segault et consorts, ses héritiers du côté et ligne Rocquenies, qui ont prétendu que la maison lui avait tenu lieu de propre, et que n'ayant pas *femme première, et enfans vivans d'elle*, il n'avait pas pu l'aliéner.

Ils ont ajouté que la *Condition de manbournie* était nulle, parcequ'au mépris du décret des archiducs Albert et Isabelle, du 20 mars 1606, interprétatif de la coutume de Mons, la procuration en vertu de laquelle la veuve Crapolle avait procédé à cet acte, n'avait pas été passée devant les échevins du domicile de Marie-Marguerite de Rocquenies.

Magloire-Benjamin Buisset et consorts, héritiers de l'acquéreur de la maison, ont soutenu au contraire que la *Condition de manbournie* était régulière, et que d'ailleurs la maison revendiquée par leurs adversaires, avait tenu à Jean-Baptiste Crapolle nature d'acquêt; qu'ainsi, il avait pu l'aliéner, quoique non marié et sans enfans.

Le tribunal civil du département de Jemmapes, juge en première instance de cette affaire, déclara valable la Condition de manbournie; mais, considérant le bien qui en avait été l'objet, comme propre dans la main de Jean-Batiste Crapolle, il annula la vente du 24 octobre 1752.

Sur l'appel interjeté de ce jugement par Magloire-Benjamin Buisset et consorts, le tribunal civil du département de Sambre-et-Meuse l'infirma par un autre du 15 nivôse an 6.

Noël Segault et consorts se sont pourvus en cassation contre ce dernier jugement, et l'affaire m'a été distribuée pour y donner des conclusions.

Après avoir écarté les moyens de forme qu'invoquaient les demandeurs, et qui n'avaient pas l'ombre de fondement, j'ai ajouté :

« Au fond, les demandeurs soutiennent que le jugement dont ils se plaignent, a violé les dispositions de la coutume du chef-lieu de Mons, en maintenant l'aliénation que Jean-Baptiste Crapolle avait faite, le 24 octobre 1782, de la maison dont ils exerçaient la revendication sur l'acquéreur.

» Selon eux, Jean-Baptiste Crapolle possédait cette maison comme propre; et dès-là, il ne pouvait pas l'aliéner, puisque, d'une part, il était célibataire; et que, de l'autre, pour aliéner un propre régi par la coutume du chef-lieu de Mons, il fallait être marié en premières noces, et avoir des enfans.

» Et comment les demandeurs prouvent-ils que cette maison tenait nature de propre à Jean-Baptiste Crapolle ?

» A les entendre, elle lui tenait nature de propre pour le tiers, parceque c'était comme héritier de son frère, que Jean-Baptiste Crapolle était devenu possesseur à cette concurrence.

» Elle lui tenait la même nature pour les deux autres tiers, parcequ'il les avait recueillis dans la succession de Marie-Marguerite de Rocquenies, sa tante.

» Ainsi, deux choses à distinguer, ou plutôt à bien fixer : la qualité du tiers transmis à Jean-Baptiste Crapolle par son frère, et la qualité des deux autres tiers que sa tante lui avait laissés directement.

» Sur le premier objet, point de doute que ce ne soit à titre successif et comme héritier, que Jean-Baptiste Crapolle est devenu propriétaire de la maison litigieuse qui avait été transmise à son frère par leur tante commune.

» Mais s'ensuit-il de là qu'il ait possédé ce tiers comme propre?

» La question paraît singulière; et cependant si on l'examine d'après les dispositions des chartes générales du Hainaut, elle ne paraîtra pas sans difficulté (1)....

» Mais n'oublions pas qu'il est ici question d'un mainferme régi par la coutume du chef-lieu de Mons. Or, dans cette coutume, il est de maxime incontestable que les biens échus par succession collatérale, acquièrent ou conservent dans les mains des héritiers, la qualité de propres, comme s'ils venaient immédiatement de ligne directe. Le chap. 49 ne laisse là-dessus aucune espèce de doute....

» Nous devons donc tenir pour constant, que

Jean-Baptiste Crapolle possédait comme propre, le tiers qui lui était échu par la mort de son frère, dans la maison que leur avait laissée leur tante commune.

» Il s'agit maintenant de savoir si c'est également comme propres, ou si ce n'est pas comme acquêts, qu'il possédait les deux autres tiers de la même maison.

» Vous vous rappelez que cette maison avait été acquise le 19 février 1753, par Marie-Marguerite de Rocquenies; que celle-ci avait fait cette acquisition par l'intermédiaire de la veuve Crapolle, sa mandataire; et que la veuve Crapolle, en vertu du pouvoir que lui en avait donné sa sœur, avait fait adhériter manbour Antoine-Joseph Parez, pour, par ladite de Rocquenies, en jouir et faire sa volonté en tout état; et si rien n'en fait, aller et appartenir après son trépas, pour deux tiers, à Jean-Baptiste Crapolle, et pour l'autre tiers, à Dominique Crapolle, ses neveux.

» Ces clauses constituaient, ce qu'on appelle dans le chef-lieu de Mons, une Condition de manbournie, manière reçue dans cette partie du Hainaut, de disposer, à cause de mort, d'un héritage de nature mainferme.

» Le principe général dans le chef-lieu de Mons, comme sous les chartes générales, est que les immeubles sont indisponibles à cause de mort; mais ce principe admet plusieurs exceptions.

» 1°. On peut disposer à cause de mort par avis de père et de mère; mais ces sortes de dispositions ne peuvent avoir lieu qu'entre enfans ou petits-enfans.

» 2°. Dans le chef-lieu de Mons, comme sous les chartes générales, on peut disposer par un testament ordinaire, en employant la clause privative; mais pour la faire respecter, il faut laisser plus de fortune en meubles qu'en immeubles; et voilà pourquoi cette clause n'est pas toujours efficace.

» 3°. Les chartes générales permettent encore les dispositions à cause de mort par déshéritance, ou, pour nous expliquer plus clairement, elles autorisent tout propriétaire capable d'aliéner, à se déshériter ou dessaisir d'un héritage entre les mains des juges fonciers de la situation, pour qu'il soit vendu dans l'année de son décès, à la diligence de ses exécuteurs testamentaires, et que le prix en soit donné à celui qu'il veut gratifier.

» Mais cette manière de disposer n'est permise que pour les fiefs.

» 4°. Il y a une autre espèce de disposition qui n'a lieu que pour les mainfermes; et c'est celle qu'on nomme Condition de manbournie.

» On entend, dans la coutume du chef-lieu de Mons, par Condition de manbournie, un acte par lequel un propriétaire capable de disposer, en se déshéritant de son héritage, ou un acquéreur, en recevant la déshéritance de l'héritage qu'on lui vend, en fait adhériter une espèce de gardien que l'on nomme manbour, à l'effet que cet héritage

(1) J'omets ici tout ce que j'ai dit sur cette question, parceque je n'ai fait que répéter à l'audience, ce que j'avais précédemment écrit là-dessus dans le Répertoire de jurisprudence, au mot Propre, §. 3, n°. 4.

suive, soit en succession , soit en disposition , des *Conditions* ou règles différentes de celles qui sont prescrites par la loi.

» Une Condition de manbournie peut donc avoir deux fins différentes.

» Elle peut se faire pour intervertir l'ordre des successions *ab intestat*. Ainsi , Marie-Marguerite de Rocquenies, par l'acte dont il est ici question , appelle à la propriété de la maison qu'elle acquiert , non pas sa sœur , son héritière présomptive , mais ses deux neveux ; et elle les y appelle, non pas également , comme la loi l'aurait fait s'ils lui eussent succédé *ab intestat*, mais pour des portions inégales, l'un pour deux tiers, l'autre pour le tiers restant.

» On fait encore des Conditions de manbournie, pour se ménager la faculté de disposer, de vendre, d'aliéner dans un temps où l'on en serait privé, si l'on n'allait au-devant de l'incapacité dans laquelle on prévoit que l'on pourra tomber. Ainsi, Marie-Marguerite de Rocquenies stipule, par l'acte du 16 février 1753, qu'elle pourra *disposer en tout état* de la maison qu'elle acquiert.

» Pour opérer une Condition de manbournie , il faut deux choses : *déshéritance* de la part de celui qui dispose , et *adhéritance* en faveur du manbour qu'il nomme.

» De ces deux formalités, la seconde est, dans tous les cas, indispensable.

» Mais la première est inutile, ou plutôt sans objet, et même impossible, lorsque, comme dans l'espèce actuelle, la Condition de manbournie porte sur un acquêt, et s'opère par les *œuvres de loi* qui se font pour *réaliser* le contrat d'acquisition. L'acquéreur alors ne peut pas se déshériter ; il ne le pourrait qu'après s'être fait adhériter lui-même ; mais l'adhéritance est, sur sa réquisition, prise directement par le manbour.

» Telles étaient les règles de la Condition de manbournie dans le chef-lieu de Mons , avant que cette manière de disposer fût abolie par la conversion des mainfermes en francs-alleux.

» Ces règles, on en chercherait en vain le développement dans la coutume de cet arrondissement. La coutume, telle qu'elle est rédigée, ne contient pas la moitié des principes qui forment le droit commun du chef-lieu de Mons ; et pour nous borner aux Conditions de manbournie en particulier, nous remarquerons que le seul endroit où elle en parle, est le chap. 55, dans lequel il est seulement dit que « quand aucuns ordonne- »ront par œuvre de loi leur héritage de patri- » moine ou d'acquêt, sur telle forme que le der- » nier vivant de lui et de sa femme en jouisse, tels » héritages qui ne seront autrement *conditionnés* » que par telles et semblables paroles, et dont le » dernier vivant n'aurait rien ordonné au con- » traire, doivent retourner aux lez et côté dont ils » seront venus, c'est à savoir, etc. ».

» Il est encore parlé des *Conditions* dans le décret des archiducs Albert et Isabelle, du 20 mars 1606 : cette loi en parle comme d'une manière de disposer des mainfermes *par œuvres de loi;* mais elle ne dit rien de plus.

» Un autre décret du 17 octobre 1755 nous apprend que l'empereur d'Autriche avait été *supplié de vouloir interpréter les points des chartes de la province et comté de Hainaut , concernant les Conditions que les acquéreurs peuvent mettre aux mainfermes à leur acquisition, savoir si le chap.* 55 *des chartes de l'an* 1534 *et autres , comme aussi la coutume de ladite province , permettent de conditionner , non-seulement dans les cas y exprimés , les héritages de mainfermes , mais indéfiniment, soit que les Conditions s'apposent en faveur des étrangers , ou en faveur des héritiers légaux ; et par le dispositif de ce même décret, il est dit que, suivant l'esprit des chartes , coutumes et usages de la province de Hainaut , il est permis à un acquéreur de biens de mainferme , de stipuler une ou deux conditions et même davantage, tant en faveur ou à charge des héritiers légaux que des étrangers.*

» C'est d'après ces lois, que Marie-Marguerite de Rocquenies crut pouvoir, en 1753, insérer dans l'acquisition qu'elle faisait de la maison aujourd'hui litigieuse, deux *Conditions*, dont l'une lui réservait la faculté de disposer de ce bien, même dans le cas où elle serait venue à changer d'état, c'est-à-dire, à se marier, et l'autre, à défaut de disposition de sa part, le déférait à ses neveux Jean-Baptiste et Dominique Crapolle.

» Vous n'avez pas oublié qu'à cette époque, Jean-Baptiste et Dominique Crapolle n'étaient pas ses héritiers présomptifs, puisque leur mère, veuve d'Alexis Crapolle, vivait encore, mais que, s'il en faut croire les demandeurs, celle-ci est décédée avant Marie-Marguerite de Rocquenies, sa sœur ; de manière qu'à la mort de Marie-Marguerite de Rocquenies elle-même, Jean-Baptiste et Dominique Crapolle, ses neveux, se trouvaient, comme tels, dans le degré le plus prochain de successibilité.

» Jean-Baptiste et Dominique Crapolle avaient donc , dans le système des demandeurs eux-mêmes, à la mort de leur tante , à choisir entre deux titres pour appréhender la maison qu'elle avait acquise le 16 février 1753.

» Ils pouvaient l'appréhender comme appelés par la *Condition de manbournie* que leur tante avait faite en leur faveur.

» Ils pouvaient l'appréhender aussi comme héritiers légitimes de leur tante.

» S'ils l'ont appréhendée comme héritiers légitimes, bien évidemment la maison leur a tenu nature de propre.

» Mais est-ce bien comme tels qu'ils l'ont appréhendée ? N'est-ce pas plutôt comme appelés par la *Condition de manbournie?* Et dans ce cas, est-ce à titre de propre, est-ce à titre d'acquêt qu'ils ont possédé la maison ?

» Sur ces questions, il y a deux choses fort importantes à remarquer : la première, que devant le tribunal civil du département de Jemmapes, comme devant celui du département de Sambre-et-Meuse, toutes les parties s'accordaient à reconnaître que J.-B. et Dominique Crapolle avaient joui de la maison, non comme héritiers légitimes, mais en vertu de la Condition de manbournie; l'autre, que le tribunal de Jemmapes a jugé en termes formels que la Condition de manbournie avait eu tout son effet en faveur de J.-B. et Dominique Crapolle; et que les adversaires des demandeurs en cassation n'ont pas appelé de cette partie du jugement.

» Il n'y a donc pas ici de doute sur le point de fait : c'est en vertu de la Condition de manbournie, du 16 février 1755, que J.-B. Crapolle est devenu possesseur des deux tiers de la maison dont il s'agit; et il ne reste plus qu'à savoir si, d'après cela, il a pu les posséder comme propres, ou s'il n'a pu les posséder que comme acquets.

» Cette question, en supposant les faits exactement posés par les demandeurs, revient à celle-ci : quelle est, entre les mains du donataire à cause de mort, la nature de l'immeuble qui lui a été transmis, à ce titre, par un parent collatéral, dont il se trouvait héritier présomptif à son décès?

» La coutume du chef-lieu de Mons ne contient pas un mot sur cette question. Et nous avons déjà observé qu'elle seule fait loi pour les mainfermes situés dans son ressort.

» Il est donc impossible que le jugement attaqué ait contrevenu à une loi quelconque, en décidant que, dans le chef-lieu de Mons, la donation à cause de mort faite à l'héritier présomptif en ligne collatérale, forme, non pas des propres, mais des acquets.

» Ainsi, que le tribunal de Sambre-et-Meuse ait bien ou mal jugé, il ne peut y avoir de ce chef ouverture à cassation contre son jugement.

» Mais du reste, il est facile de se convaincre qu'il a très-bien jugé; et cela, soit que l'on s'en rapporte au droit commun coutumier, soit que l'on s'en tienne aux dispositions des chartes générales du Hainaut, concernant les fiefs; dispositions qui, encore une fois, ne sont pas des lois proprement dites pour les mainfermes du chef-lieu de Mons, mais qui ont une sorte de droit de convenance à servir de supplément et d'interprète à la coutume de cet arrondissement.

» Que, suivant le droit commun coutumier, la donation en ligne collatérale ne forme pas des propres, lors même qu'elle est faite à l'héritier présomptif, c'est une vérité trop notoire, trop unanimement reconnue par les auteurs, et consacrée par une trop grande multitude d'arrêts, pour qu'il soit nécessaire de nous y arrêter un seul instant.

» À l'égard des chartes générales du Hainaut, bien loin d'attribuer à la donation en ligne collatérale, la vertu de former des propres, elles ne l'attribuent pas même à la donation en ligne directe, à moins qu'elle ne soit faite en avancement d'hoirie. C'est ce qui résulte des art. 1 et 2 du chap. 93.

» Dans l'un comme dans l'autre de ces deux articles, il n'est question que des fiefs donnés par un père à son fils; et les chartes générales distinguent, à cet égard, entre le *don au droit et aîné hoir* et le *don absolu.*

» Pour donner un fief à son fils comme *à son droit et aîné hoir,* il n'est pas nécessaire que le père ait la capacité requise pour aliéner. Ainsi, quand il serait veuf avec enfans, état qui, dans le Hainaut, emporte incapacité de vendre et de disposer, il peut toujours se déshériter d'un de ses fiefs au profit de son fils aîné, et en faire adhériter celui-ci, comme son droit et aîné hoir.

» Mais pour donner *absolument,* c'est-à-dire, en termes purs et simples, même à son fils, fût-il l'aîné, il faut que le père soit capable d'aliéner.

» Lorsque le père donne purement et simplement à son fils, il y a lieu au droit de quint pour le seigneur dont relève son fief. Mais s'il lui donne comme à son droit et aîné hoir, le seigneur n'a rien à prétendre, parcequ'alors la propriété est censée, non pas changer de main, mais se continuer de plein droit de la personne du père donateur à celle du fils donataire.

» Lorsque le père, après avoir donné son fief, vient à perdre son fils donataire, que devient le fief? S'il l'a donné à son droit et aîné hoir, le fief passe aux parens collatéraux, par la raison que le fils l'a possédé comme propre, et qu'en Hainaut la maxime, *propres ne remontent,* ne souffre ni restriction ni réserve.

» Mais s'il l'a donné purement et simplement, il le reprendra par le droit de succession, parceque le fils l'a possédé comme acquet, et qu'en Hainaut comme ailleurs, le père succède seul aux acquets de son fils (*chap.* 92 ,*art.* 1er.).

» Telle est l'analyse exacte des art. 1 et 2 du chap. 93 des chartes générales; et assurément il en résulte la preuve la plus claire et la plus palpable, que, sous l'empire de ces lois, les donations pures et simples, en ligne directe, ne forment pas des propres.

» Hé! Comment, d'après cela, les donations en ligne collatérale pourraient-elles y former autre chose que des acquets?

» La chose est si évidente, que nous croirions abuser de vos momens, si nous nous y arrêtions davantage.

» Nous ajouterons seulement que l'art. 105 de la coutume du chef-lieu de Valenciennes présente absolument le même esprit que les art. 1 et 2 du chap. 93 des chartes générales : « tous dons d'héri-» tages (y est-il dit), autres que faits en avance-» ment de succession en ligne directe, sont réputés » pour acquets ».

» Mais, au surplus, si, d'après tout ces développemens, on pouvait encore douter que J.-B. Crapolle eût possédé comme acquets les deux tiers que lui avait assurés la Condition de manbournie, du 16 février 1753, dans la maison acquise à cette époque par sa tante, une circonstance particulière viendrait lever toute espèce de doute à cet égard :

c'est que, sans la Condition de manbournie, la maison se serait partagée par égales portions entre les deux frères.

» De là, en effet, il suit nécessairement que la Condition de manbournie a dérangé entre eux l'ordre de succéder qu'avait tracé la coutume; qu'elle a par conséquent formé pour eux un titre absolument distinct de celui qu'ils tenaient de leur qualité d'héritiers légitimes; et qu'enfin, en prenant la maison en qualité de donataires, ils ont abdiqué tout le droit qu'ils pouvaient y avoir d'après la loi à laquelle seule appartient le pouvoir de former des propres.

» Il importe peu, d'après cela, d'examiner si la Condition de manbournie était originairement régulière ou nulle.

» A la vérité, les demandeurs prétendent qu'elle était nulle, parceque la procuration en vertu de laquelle la veuve Crapolle l'avait stipulée, n'avait pas été passée, conformément au décret du 20 mars 1606, devant les échevins du domicile de Marie-Marguerite de Rocquenies.

» Mais, si effectivement elle était nulle, ce que nous sommes bien loin de reconnaître, du moins elle a été approuvée par J.-B. et Dominique Crapolle, puisque c'est en vertu de cet acte qu'ils ont pris possession et qu'ils ont joui de la maison de leur tante. Or, qui peut douter que les nullités d'une disposition à cause de mort ne soient couvertes par l'exécution que lui donne volontairement l'héritier *ab intestat*? Et puisque Dominique Crapolle, qui avait tant d'intérêt à faire disparaître une Condition de manbournie par laquelle il était réduit au tiers d'un bien dont la loi lui déférait la moitié; puisque Dominique Crapolle, disons-nous, a, librement et en pleine connaissance de cause, exécuté cette Condition de manbournie; puisque J.-B. Crapolle lui a également donné tout son effet, en jouissant des deux tiers qu'elle lui assignait, au lieu de la moitié à laquelle le bornait la loi; n'est-il pas évident que nul n'est aujourd'hui recevable à venir discuter la forme de cet acte; que nul n'est recevable aujourd'hui à en relever les prétendues irrégularités; que nul n'est aujourd'hui recevable à en contester la validité extérieure?

» Et quel serait, après tout, le résultat d'une pareille discussion? Quand vous supposeriez la Condition de manbournie nulle dans la forme, en serait-il moins vrai que c'est en vertu de cette Condition de manbournie elle-même que J.-B. Crapolle a possédé, après la mort de sa tante, les deux tiers de la maison qu'elle avait acquise en 1753? Mais dès qu'il ne les a possédés qu'en vertu de la Condition de manbournie, comment les aurait-il possédés avec la qualité de propres? On ne possède comme propres, en Hainaut surtout, que ce qu'on possède en vertu de la loi seulement; et ici, argumentez, raisonnez tant qu'il vous plaira, jamais vous ne parviendrez à établir que c'est par la loi, et par la loi seule, que J.-B. Crapolle a été saisi, à

la mort de sa tante, des deux tiers de la maison litigieuse.

» Ajoutons encore un mot. Les demandeurs n'ont pas appelé du jugement du tribunal de Jemmapes, et ils en ont au contraire défendu les dispositions devant le tribunal d'appel. Or, nous l'avons déjà dit, le tribunal de Jemmapes a décidé que la Condition de manbournie, du 16 février 1753, était valable; il a décidé qu'elle avait dû avoir et qu'elle avait eu tout son effet; il est donc bien impossible d'admettre le moyen de cassation que tirent les demandeurs de la prétendue nullité de cette disposition.

» Enfin, ce qui doit lever, à cet égard, toute espèce de doute, c'est que les défendeurs prouvent, par l'extrait mortuaire de la veuve Crapolle, qu'elle n'est décédée qu'après Marie-Marguerite de Rocquenies....

» En dernière analyse, vous voyez que les deux tiers de la maison dont il s'agit, tenaient à J.-B. Crapolle, nature d'acquêts, parceque c'est à titre de donataire de sa tante qu'il en était devenu possesseur.

» Mais vous voyez aussi que l'autre tiers de cette même maison lui tenait nature de propre, parcequ'il ne l'avait pas reçu directement de sa tante, et qu'il n'en avait été saisi qu'en sa qualité d'héritier de son frère Dominique.

» Cela posé il nous sera facile d'apprécier le jugement du tribunal de Sambre-et-Meuse.

» Sans contredit, ce jugement est exact, il est inattaquable quant aux deux tiers de la maison, c'est-à-dire, quant à la partie de cet immeuble que J.-B. Crapolle possédait comme acquêt, lorsqu'il l'a aliéné.

» Mais quant à l'autre tiers, c'est-à-dire, quant à la partie de la maison qui était propre à J.-B. Crapolle, le jugement paraît, au premier abord, insoutenable.

» C'est une maxime constante, dans le chef-lieu de Mons, que, pour pouvoir aliéner un propre, il faut, ou le consentement des héritiers présomptifs, ou l'autorisation du juge donnée en connaissance de cause et sur la preuve de besoins pressans, ou avoir *femme première et enfans vivans d'elle*.

» C'est ce que fait très-clairement entendre le chap. 24 de la coutume, lors qu'il déclare que les *gens mariés non ayant enfans*, qui ne peuvent obtenir le *lot* ou consentement de leurs héritiers présomptifs, pour aliéner leurs biens de *patrimoine*, doivent, s'ils sont pressés par le besoin, s'adresser aux juges et requérir permission d'en faire la vente ou de les hypothéquer.

» La même chose résulte plus nettement encore de l'art. 1er. du décret des archiducs Albert et Isabelle, du 28 mars 1606. Par cet article, les archiducs déclarent qu'à l'avenir, on pourra faire par procureur les actes d'aliénation de mainfermes; mais voici sous quelles conditions : *Bien entendu qu'icelle procuration devra contenir spécialement les lieux et gens de loi où l'on voudra besogner, et davantage de quel côté les héritages et rentes procéderont et viendront à ceux qui en voudront faire a liénation : savoir*, si de patrimoine, ayant femme première et d'elle enfans vivans à ce jour; *si d'acquêt, étant au même point d'icelui, ou bien en vertu de pouvoir retenu.*

» Aussi lisons-nous dans l'art. 1. du chap. 32 des *chartes préavisées* du chef-lieu de Mons, que, *pour pouvoir vaillablement vendre héritages ou rentes de mainfermes venant de patrimoine, convient que l'homme, au jour dudit vendage, ait sa femme première et d'elle enfans vivans.*

» Dumées, dans sa *Jurisprudence du Hainaut français*, page 361, dit également que *les qualités requises par la coutume du chef-lieu de Mons, pour pouvoir vendre ses mainfermes, sont, à l'égard des patrimoniaux, d'avoir sa première femme et d'elle enfant vivant; à l'égard des acquêts, d'être au même état, à moins que l'on n'ait retenu pouvoir de disposer en tout état.* Il cite le décret du 20 mars 1606, puis il ajoute : *Ce décret n'établit point un droit nouveau, il ne fait que déclarer le droit ancien de la coutume.*

» Et voilà pourquoi, dans le procès sur lequel a été rendu le jugement qui vous est dénoncé, cette maxime a été regardée par toutes les parties et par les deux tribunaux devant lesquels elles ont successivement paru, comme une de ces vérités fondamentales qui, par leur évidence native, sont au-dessus de toute espèce de difficultés. Toutes les parties ont reconnu, et les deux tribunaux se sont également accordés à reconnaître, que J.-B. Crapolle n'ayant jamais été marié, avait été, toute sa vie, incapable d'aliéner ses biens propres; que, pour suppléer à son incapacité, il lui aurait fallu, ou le consentement de ses héritiers présomptifs, ou l'autorisation du juge; mais qu'il n'avait même provoqué ni l'un ni l'autre.

» Le seul point qui a divisé les parties, ainsi que les deux tribunaux, a été de savoir si la maison aliénée par J.-B. Crapolle, en 1782, lui avait tenu nature de propre.

» Or, autant il est démontré qu'elle n'avait point cette qualité entre ses mains, quant aux deux tiers qu'il en avait reçus immédiatement de sa tante par l'effet de la Condition de manbournie, du 16 février 1753, autant il est indubitable qu'il l'avait réellement, quant au tiers qu'il en avait hérité de de son frère Dominique.

» Ainsi, nous le répétons, le jugement du tribunal de Sambre-et-Meuse a très-bien jugé relativement aux deux tiers de la maison contestée; mais il paraît avoir violé formellement, par rapport à l'autre tiers, le chap. 24 de la coutume du chef-lieu de Mons, et l'art. 1 du décret des archiducs Albert et Isabelle, du 20 mars 1606.

» Cependant ne précipitons rien, et commençons par examiner la défense qu'emploient à cet égard les cit. Buisset et consorts.

» Si le tiers de maison (disent-ils) eût été acquêt dans la main de Dominique Crapolle, il serait échu à Jean-Baptiste du chef de son frère; il aurait donc formé, dans la main de Jean-Baptiste, un propre du côté et ligne Crapolle.

» Or, les demandeurs ne sont pas, ne se disent même pas parens de Jean-Baptiste Crapolle du côté et ligne Crapolle, c'est-à-dire, du côté paternel; ils se qualifient de parens du côté maternel, comme descendans du bisaïeul et de la bisaïeule de la mère des Crapolle, qui, encore un coup, n'ont pas recueilli l'immeuble dont il s'agit, soit dans la succession de leur mère, soit dans celle d'aucun parent de son côté; donc les demandeurs n'auraient ni droit ni qualité pour impugner l'aliénation faite par Jean-Baptiste Crapolle, quant au tiers de la maison qu'il pourrait avoir appréhendé comme héritier de son frère.

» Cette aliénation, continuent les défendeurs, ne pourrait être attaquée que par nous; puisque nous sommes les plus proches parens paternels de Jean-Baptiste Crapolle; mais nous ne l'attaquons pas, nous la défendons au contraire, et nous devons la défendre, parcequ'en notre qualité d'héritiers mobiliers de celui-ci, nous sommes tenus de garantir l'acquéreur.

» Le tribunal de Sambre-et-Meuse a donc nécessairement dû la maintenir.

» Toute cette défense repose, comme vous le voyez, sur un principe qui n'est rien moins qu'à l'abri de toute contradiction, savoir, qu'en succession de propres, les parens paternels du côté de l'acquéreur, sont préférés aux parens maternels du même côté.

» Ce principe est en effet admis par l'art. 248 de la coutume de Normandie; mais il est rejeté par l'art. 315 de celle de Reims; et Renusson, dans son *Traité des propres*, prouve très-bien qu'il doit être sévèrement restreint aux coutumes qui ont cru devoir l'adopter : « Les parens du côté de » la mère de l'acquéreur (dit-il) ne sont pas moins » parens que ceux du côté du père de l'acquéreur, » et le plus proche d'entre eux doit succéder; la » ligne paternelle n'est pas plus considérée que la » ligne maternelle. Nos coutumes n'ont jamais fait » différence entre l'agnation et la cognation; elle a » été autrefois faite par le droit civil, mais cette » différence fut ôtée par la Novelle 118 de Justi- » nien. En succession de propres, la ligne commence » à l'acquéreur; il suffit d'être parent à l'acquéreur, » soit du côté de son père, soit du côté de sa mère. » Il ne faut point remonter plus haut que l'acqué- » reur, pour distinguer entre la ligne du père de » l'acquéreur, et la ligne de la mère de l'acquéreur : » c'est-à-dire qu'il n'est pas nécessaire de distinguer » entre les parens paternels de l'acquéreur, et les » parens maternels de l'acquéreur, d'autant que le » plus proche du côté de l'acquéreur indistincte- » ment, soit qu'il soit parent du côté du père de » l'acquéreur, soit qu'il soit parent du côté de la » mère de l'acquéreur, doit succéder; le plus » proche d'entre eux exclud le plus éloigné. »

» Cette doctrine, au surplus n'est pas particulière à Renusson ; c'est celle de tous les auteurs qui ont écrit sur la matière, et elle a été confirmée par un grand nombre d'arrêts. Guynée, dans son traité de la règle *paterna paternis*, en rapporte un du 13 avril 1548, dont il résulte, dit-il, que « dès le » temps de l'ancienne coutume de Paris, on jugeait » qu'entre différens héritiers qui étaient tous pa- » rens du défunt du côté de l'acquéreur, l'héritage » était déféré au plus proche, sans distinction des » parens de la ligne paternelle et maternelle de » l'acquéreur ; et qu'on ne donnait nulle préférence » au nom de famille, ni à l'agnation, nonobstant » que l'héritage eût fait souche en collatérale ».

» Guynée ajoute qu'il en a été jugé de même dans la nouvelle coutume de Paris, par l'arrêt des Guibert, du 2 décembre 1595 ; par celui des Grassins, du 23 du même mois ; et par un autre, du 30 janvier 1665.

» Renusson en rapporte trois semblables, des 16 février 1648, 5 février 1656 et 8 mars 1678.

» Nous ne pouvons donc pas nous arrêter au moyen que tirent les défendeurs, de ce que les demandeurs n'étaient que parens maternels de Dominique Crapolle, acquéreur du tiers de maison dont il s'agit, puisque, comme parens maternels, ils étaient aussi bien appelés que les défendeurs eux-mêmes, à succéder à ce tiers de maison ; et qu'entre eux tous, c'était la proximité seule de parenté à J.-B. Crapolle qui devait décider de la préférence.

» Mais quels sont donc les plus proches parens de J.-B. Crapolle ? Ce sont sans contredit les défendeurs, car ils figurent au procès comme ses héritiers mobiliers ; c'est comme tels que l'acquéreur de la maison aliénée par J.-B. Crapolle, en 1782, les a fait assigner en garantie ; c'est comme tels qu'ils ont pris son fait et cause contre les demandeurs, et les demandeurs ne leur ont pas contesté cette qualité.

» C'est donc aux défendeurs, non pas précisément comme parens paternels de J.-B. Crapolle, mais comme ses plus proches parens du côté de son frère Dominique, acquéreur, que le tiers de maison aurait été dévolu par la loi des successions *ab intestat*, si J.-B. Crapolle ne l'eût pas aliéné.

» Les défendeurs auraient donc seuls qualité, s'ils n'étaient pas héritiers mobiliers du vendeur, pour en attaquer l'aliénation.

» Les demandeurs ne sont donc pas plus recevables à l'attaquer eux-mêmes, qu'ils ne seraient fondés à réclamer ce bien comme héritiers, s'il n'eût pas été vendu.

» Le tribunal de Sambre-et-Meuse n'a donc pas violé, en déboutant les demandeurs même du tiers de la maison, les dispositions de la coutume du chef-lieu de Mons qui prohibent toute aliénation de propre à celui qui n'a pas *femme première et enfans vivans d'elle*.

» Il a seulement jugé que ces dispositions ne pouvaient pas être réclamées par des parens qui n'étaient pas héritiers *ab intestat* du propre induement aliéné.

» Ou plutôt il n'a rien jugé, il n'a même pu rien juger, à cet égard ; et vous vous en convaincrez facilement, si vous vous reportez aux conclusions que prenaient les demandeurs, tant en cause principale qu'en cause d'appel.

» Les demandeurs concluaient-ils à ce que le tiers de maison advenu à J.-B. Crapolle par le décès de son frère Dominique, qui en était l'acquéreur, leur fût adjugé comme propre de la ligne des Crapolle, et en leur qualité de plus proches parens du premier du côté du second ?

» Non, et de pareilles conclusions auraient été ridicules dans leur bouche, puisqu'ils n'étaient pas les plus proches parens du défunt du côté de l'acquéreur.

» A quoi concluaient-ils donc ? Ils concluaient à ce qu'en leur qualité de plus proches parens du défunt du côté de Marie-Marguerite de Rocquonies, sa tante maternelle, qui avait acquis et mis la première dans la famille, la maison aliénée par J.-B. Crapolle, en 1782, cette maison leur fut adjugée en totalité, comme propre pour le tout du côté et ligne des Rocquenies.

» C'est sur ces conclusions, et sur ces conclusions seules, qu'ont eu à prononcer le tribunal de première instance et le tribunal d'appel.

» Le tribunal de première instance les a admises, parcequ'il a jugé que J.-B. et Dominique Crapolle avaient possédé comme propre, l'un ses deux tiers, l'autre son tiers de maison.

» Le tribunal d'appel les a rejetées, parcequ'il a jugé que les deux tiers et le tiers de maison transmis à J.-B. et Dominique Crapolle, par la Condition de manbournie de 1753, leur avait tenu nature d'acquêts ; et qu'ainsi, ni l'une ni l'autre partie de ce bien ne pouvait être réclamée comme propre du côté et ligne de Marie-Marguerite de Rocquenies.

» Or, nous avons démontré que, de ces deux manières de juger, il n'y a que la seconde qui soit d'accord avec les dispositions des lois du Hainaut, et avec les principes généraux de la matière des propres.

» Mais allons plus loin : supposons pour un moment que le jugement attaqué ne puisse pas être justifié par les moyens qu'emploient les défendeurs, et que nous avons cru devoir écarter.

» Supposons que, pour garantir ce jugement de la cassation, l'on soit réduit à dire que les demandeurs n'étaient pas recevables à attaquer la vente du tiers de maison, parcequ'ils n'étaient pas de la ligne paternelle du dernier possesseur.

» Supposons, en un mot, que l'on soit réduit à prétendre que le tribunal de Sambre-et-Meuse a étendu au chef-lieu de Mons, la disposition de la coutume de Normandie, qui exclut les parens du côté des femmes de la succession aux propres : eh bien ! Dans cette hypothèse, quel est le texte de

la coutume du chef-lieu de Mons, auquel le jugement attaqué aura contrevenu ?

» La coutume du chef-lieu de Mons dit-elle
quelque part que les cousins maternels sont ha-
biles à succéder aux propres naissans comme les
cousins paternels ?

» Dit-elle même quelque part qu'à défaut d'autres parens, les propres naissans appartiennent
aux cousins les plus proches du côté et ligne d'où
viennent ces biens ?

» Non, la coutume du chef-lieu de Mons ne dit
pas un mot de cela ; elle ne s'occupe de la succession des propres, que relativement aux fils et aux
filles, aux petits-fils et aux petites-filles, aux frères
et aux sœurs, aux oncles et aux tantes.

» Et que deviennent les propres, quand il ne
se trouve ni oncles ni tantes, ni frères, ni sœurs,
ni descendans, soit du premier, soit du second
degré ?

» Sans doute, ils passent au cousin le plus proche du côté et ligne de l'acquéreur ; mais ce n'est
pas en vertu d'une disposition de la coutume,
c'est uniquement par la force de l'usage.

» Mais violer un usage, ce n'est pas violer une
loi ; la violation de la loi nécessite la cassation des
jugemens ; la violation d'un usage ne constitue
qu'un mal jugé.

» Par ces considérations, nous estimons qu'il y
a lieu de rejeter la requête en cassation, et de
condamner les demandeurs à l'amende et aux dépens ».

Par arrêt du 21 germinal an 9, au rapport de
de M. de Liborel,

« En ce qui touche le premier moyen au fond,
pris de la prétendue contravention à l'art. 1 du
décret de 1606, portant que, *lorsqu'il s'agira de
passer une déshéritance, un transport, et autres
espèces d'aliénation, ou une Condition, le mandataire sera établi par une procuration spéciale
faite et connue dans l'an et jour par devant les
gens de loi*,

» Attendu qu'en déclarant qu'une procuration
passée devant les gens de loi, n'était nécessaire
que lorsqu'il s'agissait de faire une déshéritance,
les juges de Sambre-et-Meuse n'ont point contrevenu audit art. 1 du décret de 1606 ;

» En ce qui concerne le second moyen, fondé
sur la prétendue fausse application de l'art. 2 du
chap. 93 des chartes du Hainaut, qui répute le
don acquêt, et sur la prétendue contravention à
l'art. 1, portant que *le fief donné entre-vifs par
un père à son fils, comme son droit et aîné hoir,
tient à celui-ci nature de patrimoine,*

» Attendu que la maison dont il s'agit, n'est
point un ci-devant fief ; et que, soit à l'époque
des actes des 15 et 16 février 1753, soit à l'époque
du décès de Marie-Marguerite de Rocquenies,
Jean-Baptiste et Dominique Crapolle n'étaient pas
ses héritiers présomptifs ;

» En ce qui concerne le troisième moyen, fondé
sur la contravention prétendue à l'art. 47 des

chartes du Hainaut, qui défend aux célibataires
de disposer de leur patrimoine,

» Attendu que la maison dont il s'agit, était,
dans la main de Jean-Baptiste Crapolle, un propre
naissant, à la succession duquel les défendeurs,
en qualité de plus prochains parens dudit Crapolle, se trouvaient appelés à l'exclusion des demandeurs ;

» Le tribunal rejette la demande en cassation....»

§. II. *Des doubles Conditions de manbournie.*

J'ai rapporté dans le *Répertoire de jurisprudence*, aux mots *Condition de manbournie*, §. 5,
le décret de l'empereur d'Autriche, du 17 octobre
1735, relatif aux *Conditions doubles*, en observant que, quoiqu'il ne fît pas loi dans la partie
française du chef-lieu de Mons, il n'en devait pas
moins y être suivi comme raison écrite.

Comme ce décret ne parlait que des *Conditions*
faites en acquérant, on a prétendu en inférer que
les *doubles Conditions* n'étaient permises, ni dans
les acquêts, ni dans les propres, lorsqu'on en disposait par des actes de manbournie faits exprès.
Voici l'espèce dans laquelle on a élevé ce système.

Martin-Joseph Harvent, domicilié à Hon-
gies, avait épousé Marie-Rose Beaurin. Considérant *qu'elle était sa première femme, et qu'il avait
d'elle un enfant vivant*, et voulant profiter de cet
avantage pour disposer de ses biens patrimoniaux, il fit un acte de manbournie, le 12 octobre 1769.

Il y stipula 1°. qu'il se réservait le pouvoir de disposer en tout état des parties de biens qui y étaient
dénommées ; 2°. qu'en cas de survie de la part de
Marie-Rose Beaurin, son épouse, elle en jouirait
pendant sa vie toute sa vie ; 3°. que, dans le cas où tous
leurs enfans et descendans viendraient à prédécé-
der, elle en pourrait également disposer en tout
état ; 4°. enfin, qu'après sa mort et celle de sa
femme, sans disposition contraire, le tout devrait
appartenir à leurs enfans, par égale portion.

Toutes les formalités requises par la coutume,
présence du mayeur, intervention de quatre échevins, déshéritance, conjure, adhéritance de manbour, tout fut exactement observé.

Arriva le cas prévu du prédécès d'Harvent et
de ses enfans. La veuve ayant épousé en secondes
nôces Pierre-Joseph Lerat, les héritiers de son premier mari lui suscitèrent des difficultés, et prétendirent faire déclarer nul l'acte de manbournie dont
elle se prévalait.

Un de leurs principaux moyens était que cet
acte contenait une *double Condition*, et qu'elle
portait sur un temps où Martin-Joseph Harvent
lui-même aurait cessé de pouvoir *conditionner,*
s'il eût vécu.

Le décret de 1735 (disaient-ils) ne permet les
doubles Conditions qu'en acquérant : elles demeurent donc prohibées dans tout autre cas.

D'un autre côté, la disposition de Martin-Joseph Harvent n'est faite que pour avoir lieu dans le cas de prédécès de ses enfans : elle porte donc sur un temps où il ne pourra plus disposer ; et dès-lors, elle est nécessairement nulle, parceque *res devenit ad casum à quo incipere non potuit* (les choses en sont venues à un point qui résiste à toute confection d'acte de cette espèce).

La veuve Harvent répondait :

« Pourquoi le décret de 1735 ne parle-t-il que des Conditions faites en acquérant ? C'est parceque c'étaient les seules à l'égard desquelles il existât des doutes sur la question de savoir si l'on pouvait les faire *doubles* ou *triples*. Le silence de ce décret par rapport aux autres conditions, n'est donc pas prohibitif : il forme au contraire une preuve certaine de la faculté qu'on a, dans le chef-lieu de Mons, d'étendre ces Conditions aussi loin qu'on le trouve à propos.

» Pour accueillir le système des héritiers Harvent, surtout dans l'espèce présente, il faudrait prêter à la coutume un sens inhumain et révoltant. Quelle est, en effet, cette *double Condition* qui, suivant eux, annule l'acte dont il s'agit ? Elle consiste en ce que le *conditionnant* n'a disposé en faveur de son épouse, qu'après l'avoir fait en faveur de ses enfans, et seulement pour le cas où ils seraient morts avant elle.

» Mais si de pareilles Conditions étaient défendues, il faudrait convenir, ou que le pouvoir de disposer de son bien, lorsqu'on a des enfans, n'est qu'une faculté illusoire, puisqu'à leur égard une disposition est plutôt un partage qu'une véritable libéralité; ou qu'on ne peut jamais la mettre en usage, sans s'armer de la résolution cruelle de les en priver irrévocablement, conséquence aussi révoltante qu'elle est absurde.

» La même observation fait tomber l'argument tiré de ce que la Condition se réfère à un temps où le *conditionnant* ne pourra plus disposer. Si une pareille relation était défendue, il s'ensuivrait encore qu'on ne pourrait valablement disposer de ses biens, si ce n'est en faveur de ses enfans, ou pour les en priver. Aussi cet argument frondet-il ouvertement toutes les notions reçues sur cette matière, dans le chef-lieu de Mons : on y tient pour maxime qu'un homme avec *femme première et enfant vivant d'elle*, a un pouvoir absolu et indéfini de disposer de ses biens, soit purement et simplement, soit sous une ou plusieurs conditions, en un mot, comme il lui plaît ».

Sur ces raisons, sentence des mayeur et échevins de Hon-Hergies, du 17 mai 1784, qui ordonne l'exécution de l'acte de manbournie, du 12 octobre 1769, déboute les héritiers Harvent de leurs demandes, et les condamne aux dépens.

Appel de leur part au parlement de Flandre; et après une nouvelle instruction, arrêt du 29 juillet 1785, en la deuxième chambre, au rapport de M. le Boucq, qui « met l'appellation au néant, » ordonne que ce dont est appel sortira effet, condamne les appelans à l'amende et aux dépens de » la cause d'appel ».

§. III. *Un impubère pouvait-il être manbour; et l'adhéritance qui lui était donnée, en cette qualité, dans un acte de manbournie, était-elle valable ?*

Cette question s'est présentée au parlement de Douai, dans l'espèce rapportée au §. précédent.

Les héritiers *ab intestat* de Martin-Joseph Harvent, entre autres moyens contre l'acte de manbournie du 18 octobre 1769, faisaient valoir la circonstance qu'on y avait établi pour manbour, et adhérité comme tel, le nommé Hennet, fils du mayeur de Hon-Hergies, qui n'avait encore que six ans et demi.

« Voulez-vous (disaient-ils) considérer un manbour comme une sorte de donataire interposé ? Son acceptation sera indispensable, et bien sûrement un enfant de six ans ne peut pas accepter une donation.

» Le considérerez-vous comme un mandataire ? Ce sera encore la même chose. Point de mandat, sans le concours de la volonté du mandant et de celle du mandataire. Or, quelle volonté peut avoir, en cette matière, un enfant qui n'a pas même atteint l'âge de raison » ?

La veuve Harvent répondait que la coutume ne prescrivait rien sur l'âge du manbour; que l'usage de ne pouvoir disposer sans en nommer un, était déjà assez dur, pour qu'on n'y ajoutât point la gêne de ne pouvoir pas le choisir tel qu'on le voulait ; qu'au surplus, la jurisprudence du chef-lieu de Mons était constante sur ce point, et que la preuve en résultait d'une consultation de plusieurs avocats au conseil souverain du Hainaut autrichien, qui était produite.

Cette réponse a prévalu. Par sentence du 17 mai 1784, confirmée par arrêt du 29 juillet 1785, les mayeur et échevins de Hon-Hergies ont ordonné l'exécution de l'acte de manbournie, ont débouté les héritiers de leurs demandes, et les ont condamnés aux dépens.

Les héritiers Harvent avaient encore employé un autre moyen : ils avaient prétendu que l'adhéritance donnée au fils de Hennet était nulle, parceque Hennet lui-même avait fait, dans l'acte de manbournie, les fonctions de mayeur. Mais cette circonstance n'a pas fait plus d'impression que l'autre.

§. IV. 1°. *La Condition de manbournie, par laquelle un mari disposait de ses propres, à l'effet que sa femme, si elle le survivait, en jouît et fît sa volonté, transférait-elle à la femme devenue veuve, la propriété de ces biens ?*

2°. *Le second mari de cette femme pouvait-il les aliéner et les hypothéquer ?*

Le 26 novembre 1746, Pierre Lechausseteur

fait, devant les échevins de Mons, une Condition de manbournie, par laquelle il se déshérite de deux maisons qui lui sont propres, « pour, par lui » et Marie-Anne Flament, sa femme, en jouir et » faire respectivement leur volonté en tous états; » et si rien n'en font, aller et appartenir après » leurs trépas, à leurs enfans fils et filles égale- » ment; duquel pouvoir cependant sadite femme » ne pourra user tant et si long-temps que leur • génération subsistera, ne fût que ce soit pour » l'avantage de l'un ou de l'autre de leurs enfans ».

Pierre Lechausseteur décède avant son épouse. Il ne restait plus qu'un fils de leur mariage, il se fait religieux.

Marie-Anne Flament, veuve Lechausseteur, se remarie au sieur Faucart.

Le 15 septembre 1762, celui-ci constitue au sieur Dalcantara une rente de 230 livres; et pour sûreté de cette rente, il fait, devant les échevins de Mons, un *rapport* par lequel il se *déshérite* des deux maisons, « comme bien venant de donation » faite à Marie-Anne Flament, son épouse, par » Pierre Lechausseteur, son premier mari, par » Condition de manbournie du 26 novembre » 1746; puissant de ce faire, au moyen qu'il a, à » ce jour, ladite Flament son épouse icelle en se- » condes nôces, et d'elle enfans vivans, icelle » n'ayant retenu de ses premières nôces qu'un en- » fant religieux profès ».

Après la mort du sieur Faucart, de sa femme et de leurs enfans, Jean-Joseph Piret, héritier de Pierre Lechausseteur, vient réclamer la propriété des deux maisons, et conclud, contre les héritiers Dalcantara, à la nullité du *rapport* du 15 septembre 1762, ainsi qu'à la main levée de la saisie que ces derniers ont fait faire en vertu de cet acte.

Le 17 prairial an 8, jugement du tribunal civil du département de Jemmapes, qui déclare le *rapport* nul et donne main levée de la saisie faite en conséquence, « Attendu que la Condition de man- » bournie, du 25 novembre 1746, n'a donné à » Marie-Anne Flament que le pouvoir de disposer » en tout état des maisons dont il s'agit au procès, » et non la propriété d'icelles; que Marie-Anne » Flament n'a point usé de ce pouvoir, après la » mort de Lechausseteur; qu'ainsi, la propriété » n'ayant point été dévolue sur son chef, elle doit » retourner au lez et côté de Lechausseteur con- » ditionnant, *sur pied des anciennes lois et usages* » *du chef-lieu de Mons;* que, d'après ce, il n'a pas » été permis à Faucart de soumettre lesdites mai- • sons à ses dettes et de les affecter à ladite rente, ∞ par le rapport du 15 septembre 1762 ».

Appel de la part des héritiers Dalcantara à la cour de Bruxelles.

Le 3 pluviôse an 9, arrêt ainsi conçu:

« La femme Faucart a-t-elle eu le pouvoir de disposer des deux maisons? Faucart a-t-il pu dis- poser des biens qui étaient à la disposition de sa femme?

» Sur quoi, considérant que, par l'acte de man- bournie du 26 novembre 1746, Pierre Lechausse- teur a conféré à Marie-Anne Flament, son épouse, le droit de disposer en tout état des deux maisons dont il s'agit; que Faucart, second mari de Marie- Anne Flament, a pu exercer le droit qu'avait son épouse, de disposer de ces deux maisons en tout ou en partie, et par conséquent les donner en rapport;

» Le tribunal déclare qu'il a été mal jugé par le jugement dont est appel; émendant, déclare Jean- Joseph Piret non-recevable et non-fondé dans sa demande en nullité du rapport... ».

Jean-Joseph Piret se pourvoit en cassation con- tre cet arrêt.

Le 2 ventôse an 9, au rapport de M. Cassaigne et contre les conclusions de M. Lecoutour, arrêt de la section des requêtes qui admet sa demande.

La cause devenue ainsi contradictoire et portée à l'audience de la section civile, j'y ai donné mes conclusions en ces termes:

« Le moyen de forme que le demandeur em- ploie contre le jugement du tribunal d'appel de Bruxelles, du 3 pluviôse an 9, ne méritant pas de nous arrêter un seul instant, nous passerons tout de suite à l'examen de la question de savoir si, par ce jugement, le tribunal d'appel de Bruxelles a contrevenu aux dispositions des lois du Hainaut, et singulièrement à celles de la coutume du chef- lieu de Mons.

» Il y a contrevenu, s'il faut en croire le de- mandeur, de deux manières: 1°. en jugeant que Marie-Anne Flament était devenue, par la *Condi- tion de manbournie* du 26 novembre 1746, pro- priétaire des deux maisons qui sont aujourd'hui en litige, quoique, dans la réalité, elle n'eût acquis, par cet acte, qu'une simple faculté de disposer des biens qui en étaient l'objet; 2°. en jugeant que cette faculté n'était pas personnelle à Marie- Anne Flament, et que celle-ci en avait transmis l'exercice à Faucart, son second mari.

» Mais d'abord est-il vrai que, par l'acte de manbournie du 26 novembre 1746, Lechausse- teur n'avait pas donné à sa femme, dans le cas arrivé où elle le survivrait, la propriété des deux maisons dont il s'agit?

» Il ne la lui avait pas donnée incommutable- ment, puisque, si elle était venue à mourir sans en avoir disposé, cette propriété devait, aux ter- mes de l'art. 15 de la charte de Guillaume de Bavière, de 1410, retourner à la famille du mari *conditionnant.*

» Mais une propriété peut être transportée pour un temps ou sous une Condition résolutoire, comme elle peut l'être pour toujours et incom- mutablement; et dans le premier cas, celui au profit duquel en a été fait le transport, n'est pas moins propriétaire que dans le second. *Non enim,* dit Voët sur le Digeste, titre *de Usufructu*, n°. 11, *non enim inter hæc pugna est, aliquem domi- num esse, et temporarium tantùm, quamdiù vi- vit, dominium habere.*

63.

» Or, de savoir si, par l'acte du 26 novembre 1746, Lechausseteur a transféré à Marie-Anne Flament la propriété temporaire et résoluble de ses deux maisons, c'est une question sur laquelle nous devons consulter et les principes de droit commun et les lois particulières du Hainaut.

» De droit commun, le legs ou la donation du droit de jouir d'un bien, emporte la propriété du bien même, toutes les fois qu'au droit de jouir est ajoutée, soit une faculté qui ne peut être exercée, soit une charge qui ne peut être remplie que par le propriétaire.

» La loi *Proculus* qui est la dix-neuvième du titre *de Usufructu*, au Digeste, nous en fournit la preuve et l'exemple. Un testateur avait dit : Je lègue à un tel l'usufruit de telle maison, à la charge qu'il la grévera envers mon héritier de la servitude *altiùs non tollendi*. La loi décide que, par là, le testateur était censé avoir légué la maison en propriété : *Quia*, dit Godefroy, dans sa glose, *qualitas et facultas fructuario hic conceditur, quæ proprietariis solis competit; testator enim mandat fructuario ut ne altiùs tollat ædes fructuarias invito herede testatoris : atqui potestas altiùs tollendi nisi proprietario non competit.*

» Par la même raison, il est clair que, si je vous donne, outre le droit de jouir de mon bien, celui de l'aliéner et *d'en faire votre volonté*, je ne vous en rends pas simple usufruitier, mais véritablement propriétaire; car, dit Voët, à l'endroit déjà cité, c'est une chose impossible que la co-existence d'un simple droit d'usufruit séparé de la propriété, avec la puissance d'aliéner; cette puissance ne peut, en effet, résider que dans la personne du propriétaire, puisqu'elle suppose nécessairement, dans la personne aliénante, un droit de propriété qu'elle ne pourrait pas transférer, si elle ne l'avait pas : *Constat sanè consistere simul non posse nudum jus usufructûs à proprietate separati, cùm alienandi potestate solis dominis de jure permissâ, ac requirente dominium quod alienando transferatur.* Telle est, dit Voët, la conséquence inévitable de la loi 54°, *de regulis juris*, au Digeste : *Nemo plus juris in alium transferre potest quàm ipse habet.*

» C'est aussi ce qu'enseigne un autre jurisconsulte non moins accrédité que Voët, dans les tribunaux de la Belgique, Huber, sur le Digeste, titre *de Usufructu*, n°. 8. Il demande si le pouvoir d'aliéner ajouté au legs de l'usufruit, rend propriétaire celui à qui est laissé ce legs : *An usufructus mutetur in proprietatem, datâ facultate alienandi ?* Et voici sa réponse : *Alienandi, perdendi, datâque operâ diminuendi facultas ab usufructu penitùs abest ; adeò ut si testator potestatem alienandi adjecerit, etsi fecerit usufructûs mentionem, proprietatem tamen reliquisse censeatur ;* et il ajoute que telle est l'opinion de tous les interprètes : *Ut aiunt omnes interpretes*.

» Ainsi, nul doute que, d'après les principes du droit commun, Lechausseteur n'ait, par son acte

de manbournie, de 1746, transféré à Marie-Anne Flament la propriété des deux maisons dont il lui a donné le droit de jouir, avec le pouvoir *d'en faire sa volonté*.

» Et c'est précisément dans ce sens que s'interprétaient et s'exécutaient en Hainaut, avant la Charte de 1410, tous les actes de manbournie qui renfermaient de semblables clauses. On allait même, à cet égard, beaucoup plus loin que ne le veulent Huber et Voët. Huber et Voët soutiennent que, pour concilier avec elle-même, la disposition du testateur qui donne simultanément l'usufruit et le pouvoir d'aliéner, et ne pas rendre absolument inutile la mention de l'usufruit, on doit à-la-fois considérer le légataire comme investi de la propriété, et comme grevé de rendre à la famille du testateur ce qu'il n'aura pas aliéné avant sa mort.

» Et au contraire, avant la charte de 1410, l'usage était, dans le chef-lieu de Mons, que la femme venant à mourir sans avoir usé, à l'égard des biens de son mari, du pouvoir d'aliéner qui lui avait été accordé par une Condition de manbournie, ces biens passassent, non à la famille du mari, mais à celle de la femme.

» La Charte de 1410 a corrigé cet usage, comme étant *du tout côntre raison Et pourtant*(a-t-elle dit), *ordonnons et constituons quechel héritaiges qui autrement ne seraient conditionnés que telles paroles ou semblables, et dont li darains vivans n'arait riens ordonné, revoisent au lieu et costé dont ils sont venus.*

» Mais en déclarant ainsi, pour l'avenir, que la femme survivante ne transmettait plus à ses propres héritiers les biens de son mari, de l'aliénation desquels elle s'était abstenue, la charte de 1410, a-t-elle entendu que la femme survivante ne serait plus elle-même réputée, pendant sa vie, véritable propriétaire de ces biens ? Non, la charte n'a pas été jusques-là ; elle a seulement ôté à la propriété de la femme le caractère d'incommutabilité qu'elle avait eu précédemment, et elle a seulement voulu que cette propriété cessât d'être transmissible aux héritiers de la femme ; elle a seulement voulu que cette propriété, à défaut d'aliénation de la part de la femme pendant sa vie, retournât à la famille du mari donateur.

» Et la preuve que c'est un simple droit de retour qu'a entendu établir la charte de 1410, c'est qu'elle se sert du mot *revoisent*, expression qui, dans l'ancien idiome du pays, était synonyme de *retournent*.

» Or, si, à défaut de disposition de la femme survivante, les biens conditionnés en sa faveur *retournent* aux héritiers de son mari, il est clair que, pendant la vie de la femme, les biens conditionnés en sa faveur lui appartiennent, et qu'elle seule en est propriétaire. Qu'est-ce, en effet, que le droit de retour, si ce n'est le droit de reprendre, de recouvrer une propriété que l'on avait donnée, si ce n'est le droit de rentrer dans un domaine dont on s'était exproprié ? Et il est bien impossible de concevoir l'idée d'un *retour*, sans qu'à cette idée se rattache celle d'une expropriation antérieure.

» Ainsi, loin de favoriser le système du demandeur en cassation, la charte de 1410 le détruit et le renverse de fond en comble. Elle n'adopte pas, à la vérité, dans toute sa simplicité, la doctrine des auteurs qui, d'après les principes du droit commun, veulent que la donation de l'usufruit, avec pouvoir d'aliéner, emporte, au profit des parens du donateur, fidéicommis de ce qui n'aura pas été aliéné par le donataire; mais elle fait plus en quelque sorte : au lieu d'un fidéicommis auquel ne seraient appelés que les parens du donateur qui, à la mort du donataire, se trouveraient dans le degré le plus proche, elle crée un droit de retour qui, par sa nature, doit être exercé par les *héritiers* du donateur, c'est-à-dire, par ceux de ses parens qui, au moment où ce droit s'ouvre, au moment par conséquent de la mort du donataire, sont saisis par la loi de la succession du donateur lui-même.

» Et c'est ce qu'explique parfaitement la charte de 1533, plus connue sous le nom de *Coutume du chef-lieu de Mons;* voici ce qu'elle porte, chap. 35, art. 2 : Quand aucuns ordonneront par œuvres de » loi leur héritage de patrimoine ou d'acquêt, sur » telle forme que le darain (dernier) vivant de lui et » de sa femme en jouisse, tels héritages qui ne seront autrement conditionnés que par telles et » semblables paroles, et dont le darain vivant n'aurait rien ordonné au contraire, doivent *retourner* » au lez et côté dont ils seront venus ; c'est à savoir » que, si iceux héritages viennent du patrimoine » de l'homme ou de son acquêt avant son mariage, » *ils retourneront aux hoirs de son côté;* pareille- » ment pour ceux venans de la femme, *retourne- » ront aux hoirs d'elle....* ; entendu que pour les- » dits héritages et rentes de patrimoine, la succes- » sion propriétaire prendra pied au jour du trépas » de celui du côté dont ils viendront au profit de » son plus prochain hoir lors vivant, soit un ou » plusieurs, ou de leurs hoirs tenant leur lieu, si » devant ledit viager trépassait ».

» Deux choses sont à remarquer dans ce texte.

» D'abord, la charte de 1533 traduit par, *doivent retourner, retourne, retourneront,* l'expression *revoisent* qui se trouve dans la charte de 1410. On ne peut donc pas douter que la charte de 1410 n'ait établi un véritable droit de retour, et que la charte de 1533 ne l'ait confirmé; on ne peut donc pas douter que, dans l'esprit de l'une et de l'autre charte, la femme survivante au profit de laquelle il a été fait une Condition de manbournie avec pouvoir de *jouir* et *de faire sa volonté,* ne soit, pendant toute sa vie, propriétaire des biens compris dans cette Condition.

» Ensuite, à qui ces biens doivent-ils *retourner?* C'est, répond la charte de 1533, *aux hoirs;* c'est-à-dire, aux héritiers du mari; ce droit de retour fait donc partie de la succession du mari donateur;

il doit donc être exercé par celui à qui cette succession est dévolue; c'est donc au parent le plus proche du mari donateur, qu'appartient, à l'époque du décès de la femme donataire, l'exercice de ce droit; et c'est ce que la charte de 1533 elle-même décide expressément : *La succession propriétaire prendra pied au jour du trépas de celui du côté dont ils viendront.*

» Voulons-nous une autre preuve que les chartes de 1410 et de 1533 n'ont eu en vue qu'un droit de retour proprement dit, et par conséquent un droit qui suppose nécessairement la propriété sortie des mains du donateur et de ses héritiers avant son ouverture? Ouvrons la coutume de Valenciennes, dont le territoire est immédiatement contigu à celui du chef-lieu de Mons, et qui a été, en beaucoup de points, rédigée d'après les mêmes principes que les lois municipales de cette dernière partie du Hainaut; voici ce que nous y trouverons, art. 108 : « Quand aucun donne ses héritages et » rentes immobilières, simplement à aucun *pour* » *en faire sa volonté,* sans déclarer *pour lui et ses* » *hoirs,* soit pour en jouir promptement ledit don » fait, ou après le trépas du donateur; et qu'après, » tel donataire termine vie par trépas, sans avoir » disposé desdits héritages et rentes, tels biens » *retournent* et doivent appartenir à *l'héritier* plus » prochain du donateur du lez et côté dont l'héri- » tage sera procédé ».

» Il est évident que, dans cet article, la coutume de Valenciennes a en vue des biens dont la propriété a été transférée au donataire par l'acte même de donation. Aussi dit-elle que le donataire venant à mourir sans en avoir disposé, ces biens *retournent* à l'héritier du donateur; aussi déclare-t-elle expressément qu'ils ne *doivent appartenir* à cet héritier qu'après la mort du donataire, et dans le cas où le donataire ne les aura pas aliénés. Elle entend donc que le donataire en aura la propriété toute sa vie; elle entend donc que cette propriété reposera, pendant toute la vie du donataire, sur la seule tête de celui-ci.

» Maintenant comparons la coutume de Valenciennes avec la charte du chef-lieu de Mons, de 1533. Quelle différence trouverons-nous entre l'une et l'autre? Aucune. Dans l'une comme dans l'autre, il s'agit de biens donnés, soit à un étranger, soit à un époux, *pour en jouir et faire sa volonté.* Par l'une comme par l'autre, ces biens sont soumis à un droit de retour en faveur de l'héritier du donateur, en cas que le donataire meure sans en avoir disposé. Par l'une comme par l'autre, l'exercice de ce droit de retour est déféré au parent du donateur qui, à sa mort, est appelé par la loi à lui succéder.

» Donc, dans l'une comme dans l'autre, la propriété est, par l'effet de la donation, sortie des mains du donateur; donc, dans l'une comme dans l'autre, la donation a transféré la propriété dans les mains du donataire; donc, dans l'une comme dans l'autre, le donataire qui n'a pas aliéné, meurt propriétaire; et ce n'est que par sa mort arrivée sans aliénation, que la propriété retourne à la famille du donateur.

» C'est donc bien vainement que le demandeur en cassation cherche à tirer avantage de la disposition de la charte de 1533, par laquelle le droit de retour est attribué au parent du donateur qui, à la mort de celui-ci, se trouve dans le plus prochain degré de successibilité. A entendre le demandeur, il résulte de là que le parent le plus proche du mari donateur est, à la mort du mari même, saisi des biens conditionnés; il en résulte par conséquent que la propriété de ces biens ne réside pas dans la personne de la femme survivante.

» Le demandeur confond visiblement deux choses très-distinctes, il confond la propriété actuelle des biens avec le droit de la recouvrer à titre de réversion. La charte de 1533 n'attribue pas la propriété actuelle des biens conditionnés à l'héritier du mari; elle ne lui attribue qu'un droit de retour sur ces biens; elle lui attribue ce droit à l'instant même où le mari décède, mais elle ne le rend point par là propriétaire actuel des biens qui en sont l'objet; et cela est si vrai, que la femme survivante conserve le pouvoir de les aliéner, pouvoir, nous l'avons déjà dit avec Voët, qu'elle n'aurait pas, qu'elle ne pourrait pas avoir, si elle n'était pas propriétaire, puisqu'il faut nécessairement être propriétaire, pour transférer une propriété : *Nemo plus juris in alium transferre potest quàm ipse habet.*

» Et inutilement viendrait-on objecter que la charte de 1533 qualifie de *viager* l'époux survivant qui n'a pas disposé des biens conditionnés à son profit : *si devant ledit viager trépassait.*

» Pour conclure de là que la charte de 1533 ne considère l'époux survivant que comme un simple usufruitier, il faut fermer les yeux à la lumière qui jaillit, pour ainsi dire, du texte par lequel elle n'appelle les héritiers du premier mourant que par droit de retour; il faut plus encore, il faut mettre la charte en contradiction avec elle-même : car la charte ne dispose pas seulement pour le cas où la femme aurait survécu son mari et serait morte sans avoir aliéné les biens conditionnés; elle dispose également pour le cas où le mari qui a conditionné ses propres biens, aurait survécu sa femme et serait pareillement décédé sans les avoir aliénés. Et certainement la charte n'a pas entendu réduire à la simple qualité d'usufruitier, le mari qui, par une Condition de manbournie, s'est réservé, ainsi qu'à sa femme, dans le cas où elle le survivrait, la faculté de disposer, en tout état, de ses biens; elle n'a pas entendu que le prédécès de la femme pût exproprier le mari, et convertir en usufruit le plein domaine de sa chose : et elle l'a si peu entendu, qu'elle a formellement déclaré que la mort du mari serait, dans ce cas, l'époque qui fixerait les droits de ses héritiers aux biens qu'il avait conditionnés.

» Mais, dit-on encore, comment l'épouse survivante serait-elle propriétaire des biens compris dans la *Condition de manbournie?* A l'instant même où la *Condition* se fait, la propriété passe dans les mains du *manbour*, espèce de donataire interposé, ou, si l'on veut, de dépositaire; et si, par là, elle cesse dès-lors d'appartenir même au mari *conditionnant,* il est, à plus forte raison, bien impossible que la femme devienne propriétaire par le prédécès de son mari.

» Cette objection est spécieuse; mais analysons-là, et bientôt nous la verrons s'évanouir.

» Qu'est-ce que le *manbour* qui, dans les Conditions faites sous le chef-lieu de Mons, est indiqué par le *conditionnant* aux juges fonciers des biens, lesquels en conséquence l'adhéritent, le saisissent? C'est, nous devons le dire, un personnage dont le caractère n'a jamais été bien défini.

» D'abord, il n'en est parlé, ni dans la charte de 1410, ni dans celle de 1533, ni dans aucune autre loi du chef-lieu de Mons. Aussi a-t-on longtemps pensé qu'il ne fallait, pour la validité d'une *Condition,* ni désignation ni adhéritance de manbour; et non-seulement Dumées qui écrivait en 1750, nous donne, dans sa *Jurisprudence du Hainaut français*, page 112, une formule de *Condition* dans laquelle il n'en est point du tout parlé; mais nous trouvons même un arrêt du souverain chef-lieu de Mons, du 3 février 1671, qui a déclaré valable une *Condition* faite par un prêtre au profit de ses neveux et nièces, quoiqu'il n'y fût point intervenu de manbour.

» Il est vrai que l'usage le plus général s'est prononcé pour la nécessité de cette intervention, et qu'il a été confirmé par deux arrêts du chef-lieu de Mons, des 11 juillet 1698 et 23 octobre 1708, et par un autre du parlement de Douai, du 13 août 1779.

» Mais tout en suivant aveuglément cette routine, on n'en est pas moins demeuré dans la plus profonde ignorance sur les motifs qui l'avaient introduite, et sur les effets qui devaient résulter de l'adhéritance prise par le *manbour* dans les Conditions.

» Le manbour était-il dépositaire de la propriété des biens conditionnés? Non, car il était universellement reconnu, et le demandeur reconnaît lui-même avec l'art. 78 de la coutume locale de Binche, que, lorsque le conditionnant voulait disposer de son bien, suivant la faculté qu'il s'en était réservée, il n'était pas nécessaire qu'il appelât le *manbour* pour se déshériter, et qu'il pouvait faire lui-même la déshéritance; preuve évidente et irréfragable que la propriété ne passait pas dans les mains du manbour, et que le *conditionnant* la conservait dans toute sa pureté.

» Le manbour était-il considéré comme un donataire interposé? Pas davantage, et ce qui le démontre invinciblement, c'est que, comme l'a jugé un arrêt du parlement de Douai, du 17 mai 1784, rendu d'après la preuve de l'usage du chef-lieu de Mons, un impubère pouvait intervenir comme manbour dans une condition, quoique bien certainement une donation acceptée par un impubère, soit nulle par cela seul.

» Qu'était-ce donc que le manbour? Encore une fois, on ne l'a jamais su bien précisément; et ce qui vous étonnera sans doute, c'est qu'en même temps que, dans toute l'étendue du chef-lieu de Mons, on regardait l'adhéritance d'un manbour comme une formalité essentielle pour la validité d'une *Condition*, l'on était forcé de convenir unanimement que la *Condition* n'en demeurait pas moins valable et n'en conservait pas moins toute sa force, quoique le manbour adhérité vînt à mourir avant le le conditionnant.

» Écartons donc toutes les inductions que l'on prétend tirer ici de l'usage de nommer et de faire adhériter des manbours dans les *Conditions*. Un usage aussi bizarre et auquel on ne peut assigner aucun motif plausible, ne pourrait nous conduire qu'à des conséquences très-équivoques; il ne pourrait d'ailleurs, dans aucune hypothèse, fournir au demandeur aucune ouverture de cassation.

» Ce qui doit nous suffire ici, ce qui doit nous fixer invariablement, c'est que ni la charte de 1410 ni la charte de 1533 ne dérogent aux principes du droit commun, suivant lesquels le legs de l'usufruit avec pouvoir d'aliéner, renferme le legs de la propriété; c'est qu'au contraire l'une et l'autre chartes reconnaissent et proclament les mêmes principes, en ne soumettant qu'à un droit de retour les biens *conditionnés* de cette manière, dont la femme n'a pas disposé.

» Mais si, comme on n'en peut douter, il résulte de ces principes, que Marie-Anne Flament était devenue, par la mort de Lechausseteur, son premier mari, propriétaire des biens conditionnés à son profit, le 26 novembre 1746, il doit en résulter également, et c'est un corollaire avoué par le demandeur lui-même, que ces biens ont pu être aliénés, et à plus forte raison hypothéqués par Faucart, second mari de Marie-Anne Flament, puisque celui-ci ayant des enfans d'elle, et ne possédant plus rien de son propre chef, se trouvait investi par le dernier article du chap. 12 de la coutume, du droit de disposer à sa volonté de tous les biens qu'elle lui avait apportés en mariage.

» Au surplus, c'est bien gratuitement que nous avons jusqu'à présent supposé, avec le demandeur, que le tribunal d'appel de Bruxelles avait décidé contre lui la question de savoir si Marie-Anne Flament était ou non devenue, par la mort de son premier mari, propriétaire des biens conditionnés par l'acte du 26 novembre 1746. La vérité est que le tribunal d'appel de Bruxelles ne s'est pas occupé de cette question, et que, la regardant comme surabondante, il s'est attaché à ces deux seuls points: que l'acte du 26 novembre 1746 avait conféré à Marie-Anne Flament le droit de disposer en tout état des deux maisons dont il s'agit, et que Faucart, second mari de Marie-Anne Flament, avait pu exercer, à cet égard, le droit qui appartenait à son épouse. Il nous suffira donc, pour jus-

tifier le jugement attaqué, de prouver que le droit conféré à Marie-Anne Flament, par l'acte du 26 novembre 1746, même en le supposant séparé de la propriété des biens litigieux, n'était pas tellement personnel à cette femme, qu'il n'ait pu être exercé par son second mari; et c'est une tâche qu'il nous sera facile de remplir.

» Par l'acte du 26 novembre 1746, Lechausseteur avait investi sa femme du droit d'aliéner *en tout état* les deux maisons qu'il avait *conditionnées*.

» Marie-Anne Flament a donc acquis, par cet acte, le droit d'aliéner ces deux maisons, non-seulement dans le cas où elle deviendrait veuve, mais encore dans celui où, devenue veuve, elle passerait à un second mariage; car c'est là bien constamment ce que l'on entend, ce que l'on a toujours entendu, dans le chef-lieu de Mons, par le pouvoir de disposer *en tout état*.

» Or, comment Marie-Anne Flament pouvait-elle, après son second mariage, exercer le droit que son premier mari lui avait conféré?

» Elle ne pouvait certainement pas l'exercer par elle-même: en se remariant, elle avait perdu l'exercice personnel de tous ses droits; elle ne pouvait plus les exercer que par le ministère de son second mari.

» Cette maxime qui est si constante en Hainaut, ce n'est pas sans étonnement que nous l'avons vu contredire dans la cause actuelle; et nous ne craignons pas d'assurer que, si un avocat s'était avisé de la combattre, soit devant le conseil souverain, soit devant le chef-lieu de Mons, il eût encouru la censure de l'un ou de l'autre tribunal.

» Nous pouvons, du reste, la justifier par les textes les plus précis de la coutume du chef-lieu de Mons et des chartes générales du Hainaut.

» Qu'y a-t-il de plus personnel à la femme devenue veuve, que *son droit de puissance* sur les enfants que lui a laissés son mari? Nous disons son *droit de puissance*; car ce n'est pas une simple tutelle que lui donne la coutume, c'est une véritable puissance maternelle, c'est là même puissance que le père avait avant sa mort. Il n'est point de principe plus notoire, plus trivial, dans la jurisprudence du Hainaut.

» Eh bien! Lorsqu'une mère veuve se remarie, peut-elle exercer personnellement son droit de puissance sur les enfans de son premier mariage? Non; elle perd l'exercice de ce droit, mais elle le transfère à son second mari. Dumée le dit en toutes lettres, page 13; et le chap. 8 de la coutume du chef-lieu de Mons le prouve d'une manière irréfragable, en attribuant au *parâtre*, c'est-à-dire, au second mari, le droit de *mettre hors de pain*, ou, ce qui revient au même, le droit d'émanciper, les enfans de sa femme.

» Qu'y a-t-il encore de plus personnel à la femme mariée, que le droit de disposer de ses propres? Cependant ce droit, elle ne peut pas l'exercer par elle-même. Le dernier article du chap. 12 de la coutume du chef-lieu de Mons le confère au mari seul; et sur ce. fondement, un arrêt du conseil souverain de Mons, du 11 juillet 1678, a déclaré valable l'aliénation qu'un mari avait faite des propres de sa femme, quoiqu'elle n'eût point paru dans l'acte, et qu'elle ne lui eût donné aucun pouvoir pour le passer en son nom.

» Voici quelque chose de plus frappant encore. S'il est un acte qui semblerait devoir exiger la présence et l'intervention de la femme, c'est assurément le don mutuel, connu en Hainaut sous le nom de *ravestissement par lettres*. Cependant, telle est la latitude de l'incapacité absolue dans laquelle la loi place la femme pour toute espèce d'actes; telle est la latitude du pouvoir attribué au mari d'exercer tous les droits de sa femme sans exception, que le mari paraît seul, stipule seul, signe seul, dans les dons mutuels. C'est ce qui résulte du premier article du chap. 35 de la coutume du chef-lieu de Mons, de l'art. 19 du chap. 29 des chartes générales du Hainaut, de l'art. 90 de la coutume locale de Binche; et c'est ce qu'a jugé, *in terminis*, un arrêt du conseil souverain de Mons, du 20 novembre 1709, rapporté dans le Recueil manuscrit du conseiller Tahon.

» A tout cela, le demandeur oppose l'art. 5 du chap. 94 des chartes générales, aux termes duquel le mari ne peut aliéner les fiefs de sa femme, lors même qu'il en a des enfans, à moins qu'elle n'y consente.

» Oui, pour l'aliénation des fiefs de la femme, les chartes générales exigent son consentement. Mais quand la femme y donne son consentement, par qui l'aliénation peut-elle être faite? Par le mari seul. Si la femme aliène elle-même, quoiqu'autorisée par son mari, l'aliénation est nulle. Cela paraît singulier, mais la chose n'en est pas moins constante; et la prétention contraire, élevée pour la première fois au commencement du dix-huitième siècle, a été proscrite par un arrêt du conseil souverain de Mons, du mois de janvier 1710, que nous avons extrait en 1779 d'un recueil manuscrit qui nous a été alors communiqué par M. Millendorf, premier président de ce tribunal.

» Tant il est vrai que la femme est, en Hainaut, considérée comme une sorte de serve, comme un être purement passif, comme absolument incapable de toute espèce d'acte civil!

» L'esprit d'innovation, qui cherche toujours à réduire en problème les maximes les plus invétérées, a fait depuis et assez récemment un pas de plus. On a prétendu qu'une femme mariée pouvait tester en Hainaut, avec l'autorisation de son mari; bien que les chartes générales disent indéfiniment que *femme liée de mari ne peut faire testament*. Mais quelle a été l'issue de cette tentative? Par arrêt du parlement de Paris, rendu sur délibéré, le 1er. septembre 1780, conformément aux conclusions de M. l'avocat général Séguier, et après une plaidoirie de plusieurs audiences, dans laquelle l'esprit

des lois du Hainaut sur l'état de la femme mariée, a été développé avec la plus grande étendue, le testament que la dame de l'Épine, domiciliée au Quesnoy, avait fait le 10 mai 1774, avec l'autorisation de son mari, a été déclaré nul, comme contraire, ce sont les termes de l'arrêt, aux *chartes générales du Hainaut*.

» Il nous serait facile de multiplier les citations de textes et d'arrêts pour justifier de plus en plus notre proposition, qu'en Hainaut la femme mariée ne peut rien faire que par le ministère de son mari, et que son mari peut exercer tous les droits dont elle était saisie, lorsqu'il l'a épousée. Mais, nous devons le dire, il est pénible d'être obligé à de pareils développemens sur un point de jurisprudence que l'on n'aurait pas osé révoquer en doute devant les anciens tribunaux supérieurs du Hainaut, tant français qu'autrichien; et nous craignons d'avoir déjà abusé des momens de votre audience, pour le démontrer.

» Revenons à notre espèce.

» Marie-Anne Flament, nous l'avons déjà dit, et c'est une vérité incontestable, avait reçu par l'acte du 26 novembre 1746, le droit d'aliéner, et par conséquent d'hypothéquer en tout état, les deux maisons *conditionnées* par cet acte.

» Une autre vérité qui n'est pas plus susceptible de contradiction, c'est que de ces mots, *en tout état*, résultait, pour Marie-Anne Flament, le droit d'hypothéquer et d'aliéner les deux maisons après comme avant son second mariage.

» Ces deux bases posées, il faut nécessairement dire, de deux choses l'une, ou que le second mari de Marie-Anne Flament a pu aliéner et hypothéquer les deux maisons, ou que le pouvoir attribué à Marie-Anne Flament de les aliéner, d'en *faire sa volonté* après son second mariage, était illusoire, qu'il n'a dû produire aucun effet, et que l'on doit considérer comme non écrite la clause de l'acte de 1746 qui y est relative.

» Or, à qui persuadera-t-on que l'on doit laisser cette clause sans effet? A qui persuadera-t-on que Marie-Anne Flament a perdu, par son second mariage, un droit qui lui était conféré spécialement pour être exercé pendant son second mariage?

» Mais si, par son second mariage, elle n'a pas perdu ce droit, elle l'a donc transmis à son deuxième mari : son deuxième mari a donc pu aliéner et hypothéquer les deux maisons, comme elle eût pu elle-même les aliéner et hypothéquer pendant la viduité qui avait suivi son premier mariage : il a donc été bien jugé par le tribunal d'appel de Bruxelles, même dans la supposition très-gratuite, ou, pour mieux dire, souverainement fausse, que Marie-Anne Flament ne fût pas propriétaire des deux maisons.

» Et quand, ce que nous sommes loin de reconnaître, quand il y aurait du doute sur le bien ou mal jugé de la décision que l'on vous dénonce, serait-ce une raison pour provoquer contre cette décision la censure du tribunal suprême? Tout ce que l'on pourrait reprocher au tribunal d'appel de Bruxelles, ce serait d'avoir interprété dans un sens plutôt que dans l'autre, quelques dispositions obscures de la coutume du chef-lieu de Mons. Ce serait par conséquent d'avoir exercé un droit que lui attribuait une loi expresse; car voici ce que portent les lettres-patentes de Charles-Quint, du 25 mars 1553, confirmatives de cette coutume : *et si en icelles chéait ci-après quelque difficulté ou obscurité, lesdits échevins de Mons pourront vider et déclarer icelle difficulté et obscurité.*

» Les échevins de Mons, il est vrai, n'existent plus; mais le tribunal qu'ils composaient sous le nom de *souverain chef-lieu*, est remplacé par le tribunal d'appel de Bruxelles. Le tribunal d'appel de Bruxelles aurait donc pu, dans le doute, prononcer comme il l'a fait; la loi lui en donnait le pouvoir; et il n'a pas pu, en exerçant un pouvoir légal, exposer son jugement à la cassation.

» Dans ces circonstances et par ces considérations, nous estimons qu'il y a lieu de rejeter la requête, et de condamner le demandeur à l'amende ».

Ces conclusions ont été adoptées par arrêt du 14 thermidor an 11, au rapport de M. Vasse,—

« Attendu, sur le moyen de forme, que le jugement attaqué remplit à suffire le vœu de la loi dans les différentes parties de sa rédaction;

» Attendu, sur les moyens du fond, que, par l'acte de *Condition de manbournie*, du 26 novembre 1746, Pierre Lechausseteur avait donné à Marie-Anne Flament, sa femme, la jouissance et *disposition à volonté, en tout état*, des deux maisons dont s'agit;

» Attendu que, suivant la charte de 1410 et celle de 1553, vulgairement dite coutume du chef-lieu de Mons, l'immeuble ainsi conditionné ne retournait aux héritiers du mari, que dans le cas où la femme n'en aurait pas disposé;

» Attendu que, d'après les dispositions de ladite coutume, et notamment celles du dernier article du chap. 12, le droit de disposer, qui appartenait à Marie-Anne Flament, était passé à Jean-François Faucart, son second mari, qui avait enfans d'elle et n'avait point de biens personnels dans le chef-lieu de Mons;

» Attendu que, par l'acte du 14 septembre 1762, Jean-François Faucart a exercé ce droit de disposer;

» Qu'ainsi, le jugement attaqué n'a méconnu, ni le caractère de la *Condition de manbournie*, ni les dispositions des statuts locaux propres à la partie du Hainaut connu sous le nom de chef-lieu de Mons ».

CONFESSION. §. I. *L'aveu fait par une partie dans une instance, peut-il lui être opposé dans une autre?*

Il n'y a nul doute qu'on ne puisse en tirer contre lui une forte induction; et c'est ce que décide implicitement la loi 41, C. *de liberali causâ* (1):

(1) Voici les termes de cette loi : *Jubemus omnes epis-*

Mais en faire résulter une preuve proprement dite, ce serait aller trop loin. Il est vrai que la loi 5, §. 2, C. *de receptis arbitris*, déclare que les aveux faits dans une instance compromissoire, conservent leur force devant les juges ordinaires; mais sa décision ne peut s'entendre que du cas où l'instance dont les juges ordinaires se trouvent saisis, n'est que la continuation de l'instance commencée devant les arbitres (1).

Aussi Voët, sur le Digeste, titre *de confessis*, n°. 7, enseigne-t-il que l'un des effets de la Confession judiciaire, est *quod in uno judicio civili facta etiam probat in alio inter easdem personas, AUT SALTEM GRAVEM ADVERSUS CONFESSUM INDUCAT PRÆSUMPTIONEM.*

Du reste, il a été jugé au grand conseil de Malines, comme on le voit dans le recueil de Dufief, page 42, « Qu'un aveu fait dans un procès, » ne nuit point dans une autre cause, à celui qui » l'a fait, *lorsqu'on n'y a point eu égard* ».

§. II. *De la maxime, qu'en matière civile, on ne peut pas diviser l'aveu judiciaire d'une partie.*

I. Cette maxime, consacrée par l'art. 1356 du Code civil, avait été précédemment combattue par Berroyer, dans ses notes sur les arrêts de Bardet, tome 1, page 617. Voici ses termes :

« Cette maxime, qu'en matière civile, la Confession doit être prise intégralement, et ne peut être divisée, mérite quelque examen.

» On l'a tirée de la loi 59, D. *de operis libertorum*, où le jurisconsulte Paul propose l'espèce d'un patron qui a stipulé que, si son affranchi ne lui donne pas vingt journées, il sera tenu de lui donner vingt écus : il demande si l'affranchi a droit d'offrir vingt écus, pour se libérer des vingt journées; et il répond qu'il ne faut pas avoir cette indulgence pour l'affranchi, parcequ'il ne doit point approuver son obligation pour la dernière partie, et se plaindre de la première, comme si elle était injuste.

» Les commentateurs du droit ont pris occasion de former une règle sur cette loi, que l'on ne peut pas diviser son obligation, en reconnaître une partie, et rejeter l'autre.

» Dans la suite, quelques auteurs moins éclairés ont voulu faire une maxime plus générale; et, sous prétexte que l'obligation contient une recon-

tolas actricis, quas ad Ælium tanquam principalem fecerat, inanes ac vacuas esse, atque in irritum devocari ac de in genuitate ejusdem Ælii requiri : nec mulieri id obesse quod ad eum tanquam decurionem ac principalem scripserit, vel id quod idem se finxerit decurionem vel principalem : MAXIMÈ CUM NON SOLUM testium professione et cognationis ejus jugum servile cognoscitur, VERUM ETIAM voce propriâ ejusdem Ælii APUD ALIUD JUDICIUM patuerat quod conditionis servilis videretur.

(1) Cette loi est ainsi conçue : *Ad hæc generaliter sancimus in his quæ apud compromissarios facta sunt, si aliquid in factum respiciens, vel professum est, vel attestatum, posse et in ordinariis uti judiciis.*

64

naissance ou Confession de celui qui s'oblige, et qu'en justice l'on forme tous les jours une espèce de contrat par des Confessions, ils se sont ingérés de dire qu'en matière civile, l'on ne peut pas diviser la Confession, soit judiciaire, ou contractuelle, de l'une des parties.

» Les simples praticiens qui font volontiers application à toutes sortes de causes, d'un principe qu'ils ont ouï dire pour une espèce particulière, sans en connaître la différence, ont enfin rendu ce brocard si familier, qu'il ne faut pas s'étonner des préventions qu'on peut trouver là-dessus.

» Mais, en remontant à la source, l'on trouvera que la décision du jurisconsulte est limitée dans son cas singulier, et ne peut être appliquée à d'autres qui n'y ont aucune conformité.

» La Confession de l'affranchi était contre lui dans les deux parties, et tout entière au profit du patron, qui avait seul le choix de demander les vingt journées, ou vingt écus pour la peine. L'affranchi, qui n'avait pas la même option, ne pouvait pas dire qu'il ne se fût obligé qu'à payer vingt écus, puisqu'il s'était d'abord engagé à donner vingt journées; et il ne lui était plus libre de diviser ses obligations ni sa Confession.

» Dans l'espèce de celui qui confesse devoir ou être dépositaire, et ajoute que le maître de la chose déposée lui est pareillement débiteur, c'est pour lors que la Confession peut être divisée, et qu'elle ne produit, d'un côté, aucune preuve ni obligation active au dépositaire, pour ce qu'il prétend lui être dû; et d'autre part, celui qui a fait le dépôt en a la preuve par la Confession, et il a la liberté de l'achever, si les juges ne la trouvent pas parfaite.

» C'est la réponse du même jurisconsulte Paul, dans le texte précis de la loi 26, §. 2, D. *depositi*, où il propose l'espèce d'un homme qui confesse par une lettre, qu'il est dépositaire de dix livres d'or plus ou moins, deux plats et un sac cacheté, appartenant à deux particuliers; et il ajoute incontinent que leur père lui devait dix écus. Le jurisconsulte réduit uniquement le doute aux dix écus, et répond que la lettre ne peut produire aucune obligation au profit du dépositaire; qu'elle ne contient que la preuve du dépôt, qui peut être achevée; et, pour savoir si le dépositaire a la preuve des dix écus par la lettre, le juge connaîtra que non. Voici ses termes : TITIUS SEMPRONIIS SALUTEM. *Habere me à vobis auri pondo plus minus decem, et discos duos, saccum signatum : ex quibus debet is mihi decem, quos apud Titium deposuistis; item quos Trophimati decem : item ex ratione patris vestri decem et quod excurrit. Quæro an ex ejusmodi scripturâ aliqua obligatio nata sit, scilicet quod ad solam pecuniæ causam attinet ? Respondit ex epistolâ de quâ quæritur, obligationem quidem nullam natâm videri, sed probationem depositarum rerum impleri posse; an autem is quoque qui deberi sibi cavit in eâdem epistolâ*

decem, probare possit hoc quod scripsit, judicem æstimaturum.

» La glose d'Accurse sur le mot *possit*, ajoute *per hanc epistolam*; et sur le dernier *æstimaturum*, elle dit : *Ut si ille consentit his quœ erunt etiam contrà se, stetur epistolæ in totum, aliàs non*; ce qui est plus clairement expliqué par Vivianus, en faisant l'espèce de ce §.; d'où il résulte que l'on peut diviser la Confession, et rejeter ce qu'elle contient en faveur de celui qui l'a faite.

Les art. 8 et 9 du titre *des intérêts, du change et rechange* de l'ordonnance de 1673, font assez connaître que la seule Confession du dépositaire, sans autre preuve par écrit, suffirait pour le faire contraindre à la restitution des gages; au lieu que, de sa part, il ne peut prétendre de privilége sur les gages, s'il n'en a un acte pardevant notaire; et si la même ordonnance lui réserve ses actions pour prêt prétendu, elle suppose qu'il en a preuve par écrit, au cas que la somme excède cent livres.

» Il y a encore l'arrêt du 1er. août 1630 (rapporté dans ce recueil), qui a jugé que la Confession du dépositaire peut être divisée, et celui qui avait fait le dépôt, admis à en achever la preuve par témoins ».

Ainsi parle Berroyer; et comme l'on voit, il s'en faut beaucoup que la maxime de l'indivisibilité de la Confession en matière civile, fût, avant le Code civil, admise par tous les jurisconsultes.

Mais la critique qu'il en faisait, était-elle, avant le Code civil, justifiée par les deux textes qu'il y opposait?

Elle ne l'était certainement pas par la loi 26, §. 2, D. *depositi*, et c'est ce que je prouverai ci-après, n°. 2.

Elle ne l'était pas davantage par les art. 8 et 9 du tit. 6 de l'ordonnance de 1673, qui se bornait à dire, l'un, que « aucun prêt ne sera fait sous gages, » qu'il n'y en ait un acte pardevant notaire, dont » sera retenu minute, et qui contiendra la somme » prêtée, et les gages qui auront été délivrés, à » peine de restitution des gages, à laquelle le prê» teur sera contraint par corps, sans qu'il puisse » prétendre de privilége sur les gages, sauf à exer» cer ses autres actions »; l'autre, que « les gages » qui ne pourront être exprimés dans l'obligation, » seront énoncés dans une facture ou inventaire, » dont sera fait mention dans l'obligation; et la » facture ou inventaire contiendront la quantité, » poids et mesure des marchandises, et autres effets » donnés en gage, sous les peines portées par l'ar» ticle précédent ».

En effet, le premier de ces articles, en exigeant que tout nantissement, pour cause de prêt entre commerçans, fût constaté par un acte notarié, excluait bien la preuve que le prêteur eût prétendu en tirer, soit d'un acte sous seing-privé, soit de la reconnaissance de son débiteur. Mais il ne contenait pas un seul mot qui fît entendre, comme l'annonce si légèrement Berroyer, que *la seule Con-*

f *ession des dépositions, sans autre preuve par écrit, suffirait pour le faire contraindre à la restitution des gages, et qu'il ne pourrait exercer ses autres actions pour prêt prétendu, qu'autant qu'il en aurait la preuve légale.* Uniquement occupé du mode de preuve du nantissement, il se taisait absolument sur le mode de preuve du prêt que le nantissement aurait pour cause ; et il était tout simple qu'en se contentant de régler celui-là, il se référât, quant à celui-ci, pour le cas où le prêt sur nantissement aurait lieu sans écrit quelconque, à la manière dont devait être jugée la question de savoir si l'aveu judiciaire était ou n'était pas divisible.

Du reste, les auteurs qui, avant le Code civil, admettaient la maxime de l'indivisibilité de l'aveu judiciaire, et c'était sans contredit le plus grand nombre, s'accordaient à la limiter par plusieurs exceptions.

Henrys, dans sa 6ᵉ. question posthume (tome 3, page 18), s'expliquait là-dessus en ces termes :

« Les auteurs remarquent deux exceptions sur la règle des Confessions indivisibles.

» La première, c'est lorsqu'il y a présomption qui répugne à la condition que l'on met à l'aveu. Cette exception est tirée de la doctrine de Bartole, sur la loi *Aurelius*, §. *idem quæsiit*, D. *de liberatione legatá.*....

» La deuxième exception est lorsqu'on a, outre la Confession, quelqu'autre fondement ou preuve de la demande ; car, en ce cas, quand elle ne serait pas suffisante, elle devient telle, étant jointe à la Confession ».

Mais personne n'avait traité cette question plus méthodiquement que Voët, célèbre professeur de l'université de Leyde, qui, par sa clarté et sa logique, mérite d'être appelé le géomètre de la jurisprudence. Voici comment il s'exprimait dans son commentaire sur le Digeste, titre *de Confessis*, n°. 5 :

Les interprètes n'ont pas assez clairement défini si la Confession d'une partie peut être divisée par son adversaire, et si celui-ci peut l'accepter dans un article, et la rejeter dans un autre : *An confessio per adversarium dividi ac pro parte acceptari, pro parte repudiari possit, non satis inter juris interpretes expeditum est.*

A la vérité, si, dans une Confession, il se trouve plusieurs articles distincts, et dont l'un ne dépende point de l'autre, rien n'empêche qu'on ne divise la Confession et qu'en acceptant une de ses parties, on ne puisse opposer à l'autre une dénégation pure et simple. Il en est de la Confession, comme d'une sentence (suivant la loi qui dit, *Confessus pro judicato habetur*) ; or, celui qui est condamné par une sentence, peut acquiescer à l'un de ses chefs, et appeler de l'autre : *Equidem si plura sint capita Confessionis separata, quorum unum haud dependet ab altero, nihil vetat quominùs divisio Confessionis admittatur, et accipietur pars*

una, altera rejiciatur ; sicut unam partem sententiæ, quæ Confessioni similis, admittere potest qui succumbit et ei acquiescere, ab altera vero appellare.

Mais si tous les articles d'un aveu sont liés entre eux et ne contiennent que l'exposé d'un *seul acte continu*, il ne paraît pas qu'on puisse le diviser ; il faut alors l'accepter en entier, ou le rejeter intégralement. Ainsi le veut la règle, que celui qui tire avantage d'une chose, doit supporter ce qu'elle a d'onéreux : *Sin omnia Confessione comprehensa inter se connexa sint, et unius quasi actûs continui factum contineant, non videtur circà eumdem actum admittenda separatio ; ut proindè vel tota Confessio acceptanda sit, vel tota rejicienda, cùm iniquum sit commoda quædam admittere, repudiare verò onera eidem cohærentia.*

C'est pourquoi, si j'avoue que je dois sous une condition déterminée, celui à qui je déclare devoir ainsi conditionnellement, ne pourra pas accepter l'aveu de mon obligation, et rejeter sur moi la preuve, qu'en stipulant cette obligation, il y a été ajouté une condition qui en suspend l'effet : *Quâ ratione, si quis fateatur se debere sub certâ conditione, non rectè Actor acceptaverit debiti Confessionem, et à Reo confitente exegerit probationem, conditionem obligationi adjectam fuisse.*

Il en serait autrement, si l'aveu contenait des faits qui, quoique connexes à celui dont on voudrait argumenter contre le déclarant, ne se seraient pas passés dans le même temps, mais à une autre époque ; et surtout si ces faits d'une telle nature que, bien loin d'avoir en leur faveur la présomption de droit, ils l'eussent contre eux. Par exemple, si vous avouez que vous m'avez originairemeut dû purement et simplement : mais que, dans la suite, votre dette est devenue conditionnelle par l'effet d'une nouvelle convention faite entre nous, ou que vous m'avez dû, mais que je suis convenu de ne vous rien demander : dans ce cas, en avouant votre dette, vous demeurez chargé de la preuve, soit du pacte de non-paiement que vous prétendez être intervenu, soit de la condition que vous alléguez avoir été stipulée après coup : *Diversum esset, si Confessione contineantur connexa quæ non eo, sed alio tempore gesta sunt ; et quidem talia quibus non opitulatur, sed magis obstat juris præsumptio ; veluti si quis fateatur se primo purè debuisse, sed posteà conditionem obligationi fuisse appositam ; vel se debere seu debuisse, sed pactum de non petendo fuisse interpositum : rectè etenim hoc casu ab eo qui debitum confessus est, probatio exigetur conditionis adjectæ.*

A l'appui de cette dernière partie de sa doctrine, Voët cite la loi 26, D. *depositi*, qui est transcrite dans le passage ci-dessus rappelé de Berroyer, et la loi 9, C. *de exceptionibus.*

Celle-ci porte que l'assigné n'a besoin de se préparer à aucune espèce de défense, lorsqu'il a la certitude que le demandeur manque de preuve pour établir son *intention*, c'est-à-dire, le fait qui constitue le fondement de sa demande; mais que si, en avouant *l'intention* du demandeur, l'assigné, pour s'en garantir, met en avant une exception, ce sera sur cette exception seulement que devra rouler toute la discussion du procès : *Si quidem intentionem actoris probatione deficere confidis, nulla tibi defensio necessaria est. Si vero de hâc confitendo, exceptione te munitum asseveras; de hâc tantùm agi convenit.*

Mais si, ce que j'examinerai ci-après, n°. 2, il résulte de la première de ces lois, que l'aveu est susceptible de division, lorsqu'il porte sur deux faits non continus, on ne peut certainement pas tirer la même conséquence de la seconde.

Celle-ci décide, à la vérité, que, si le défendeur avoue le fait qui sert de base à l'action du demandeur, et se borne à y opposer une exception qui la neutralise, c'est sur lui que doit tomber la preuve de cette exception; et par conséquent que son aveu peut être séparé de l'exception qu'il y joint.

Mais d'abord, le décide-t-elle pour le cas où le demandeur n'a point justifié le fait sur lequel repose son action, comme pour le cas où ce fait est dénué de toute preuve de la part du demandeur? C'est sur quoi elle ne s'explique pas; et il paraît que son seul objet est d'établir pour règle, qu'en thèse générale, la preuve de l'exception est à la charge du défendeur, *reus excipiendo fit actor.*

Ensuite, si l'on devait conclure de cette loi que l'aveu est divisible toutes les fois qu'il porte sur des faits *non continus*, on devrait en tirer la même conséquence pour le cas où l'aveu porte sur des faits dont la continuité n'est pas douteuse. Or Voët reconnaît lui-même que l'aveu est indivisible dans le second de ces cas. L'argument qu'il tire de cette loi pour établir la divisibilité de l'aveu portant sur des faits *non continus*, prouve donc trop, et par conséquent ne prouve rien.

Quoi qu'il en soit, nous trouvons, sur ce point, une doctrine un peu différente dans Zoezius, sur le Digeste, titre *de confessis*, n°. 9.

Il commence par demander si, en thèse générale, la Confession judiciaire est divisible, et il établit que non : *Quæri posset an necesse sit pars totam acceptet Confessionem, an verò et partem tantùm acceptare valeat? Quod non videtur, ex ratione quòd circà eumdem actum non admittatur divisio, et in omni materiâ totum acceptari debeat aut reprobari.*

Cette indivisibilité a même lieu, dit-il ensuite, lorsque la Confession est qualifiée; ou, en d'autres termes, lorsqu'elle comprend plusieurs faits connexes, pourvu qu'ils aient tous pu arriver dans un seul et même temps : *Quod et dicendum, si Confessio fuerit qualificata et informata, sive extensa ad plura quæ simul cohærent et connexa sunt, quæque uno et eodem tempore potuerunt simul contingere.* Mais si les articles de l'aveu sont séparés (et l'on

vient de voir qu'ils peuvent l'être, ou par leur nature, ou par le temps), rien n'empêche que l'on n'en accepte une partie et qu'on ne rejette l'autre, comme le prouve très-bien Bartole (à l'endroit déjà cité d'après Henrys) : *Quod si separata sint capitula, nihil implicat partem Confessorum acceptare, partem rejicere, secundùm elegantem doctrinam Bartoli in lege* 28, §. *fin.* D. *de liberatione legatâ.*

C'est ce qui a lieu même dans le cas où le fait que l'on veut rejeter, bien que connexe au fait accepté, se trouve combattu par une présomption de droit : *Quod et dicetur obtinere, si sit quidem connexum capitulum, cui tamen juris præsumptio obstet.*

On voit qu'à la différence de Voët, qui admet indistinctement l'indivisibilité de l'aveu portant sur des faits continus, Zoezius ne l'admet que lorsque l'article contesté de l'aveu n'est pas combattu par une présomption de droit; et que, tandis que Voët n'admet la divisibilité de l'aveu portant sur des faits non continus, que lorsqu'une présomption de droit rend invraisemblable l'article contesté de l'aveu, Zoesius l'admet indistinctement.

Du reste, il est à remarquer que cette partie de la doctrine de Zoezius est contredite par Pothier : « Observez (dit celui-ci, dans son *Traité des obli-* » *gations*, n°. 832) que, lorsque je n'ai d'autre » preuve que votre Confession, je ne puis la divi- » ser. Supposons, par exemple, que j'aie donné une » demande contre vous pour une somme de 200 » francs que je soutiens vous avoir prêtée, et dont » je vous demande le paiement. Si, sur cette de- » mande, vous êtes convenu en justice du prêt, en » ajoutant que vous m'avez rendu cette somme, » je ne puis tirer de votre Confession une preuve » de prêt, qu'elle ne fasse en même temps foi de » paiement; car je ne puis m'en servir contre vous » qu'en la prenant telle qu'elle est en son entier; » *Si quis Confessionem adversarii allegat, vel de-* » *positionem testis, dictum cum suâ quantitate* » *approbare tenetur*; Bruneman, *ad legem* 28, » D. *de pactis* ». On voit que, dans l'exemple proposé, l'aveu porte sur deux faits non continus; et que cependant Pothier regarde l'indivisibilité de l'aveu comme aussi constante que les deux faits avoués se rapportaient à la même époque.

Transcrivons encore ce que disent sur cette matière les nouveaux éditeurs de la collection de Denisart, au mot *Confession*, §. 2 :

« Le principe de l'indivisibilité de la Confession ne souffre aucune difficulté, lorsque les deux parties de la Confession sont également vraisemblables, ou du moins également possibles. Mais si l'une des deux était absurde, ou prouvée fausse, ou infectée de quelque mensonge qui donnât lieu d'en suspecter la vérité, alors la Confession se diviserait; et le juge, suivant les circonstances, pourrait, ou déférer le serment au demandeur, ou même lui adjuger ses conclusions sur-le-champ. Voyez dans

Bardet, l'arrêt du 1er. août 1630 (1), et celui du 3 août 1678 (2), rapporté au journal du Palais, et qui a été vérifié sur les registres.

» Cette exception importante a été affermie par deux arrêts plus récens, l'un du 1er. septembre 1730, l'autre du 7 septembre 1778 », dont ces auteurs retracent fort au long les espèces.

En résumant toutes ces autorités, on remarque six cas dans lesquels, avant le Code civil, la divisibilité de l'aveu judiciaire comptait plus ou moins de partisans :

Le premier, lorsque la partie contestée de l'aveu se trouvait en opposition ouverte avec une présomption de droit;

Le second, lorsqu'elle était d'une invraisemblance qui dégénérait en absurdité;

Le troisième, lorsqu'elle était prouvée fausse ou infectée de quelque mensonge qui en rendait la vérité suspecte;

Le quatrième, lorsqu'elle était combattue par un commencement de preuve;

Le cinquième, lorsque l'aveu portait sur des faits qui, bien que connexes, ne se référaient pas à une seule et même époque et ne formaient pas ce que les jurisconsultes appellent un *acte continu*;

Le sixième, lorsqu'à défaut de continuité dans ces faits, se joignait celui de connexité.

Mais du reste, ces six cas exceptés, tous les auteurs, moins Berroyer, s'accordaient à reconnaître l'indivisibilité absolue de l'aveu judiciaire; et elle était consacrée par la jurisprudence uniforme des tribunaux.

II. L'art. 1356 du Code civil érige cette jurisprudence en loi, mais il ne s'explique pas sur les exceptions qu'y mettaient les auteurs cités; et de là naît la question de savoir si l'on doit les y suppléer.

L'affirmative ne paraît douteuse, ni quant à la première, ni quant à la seconde, ni quant à la troisième, ni quant à la quatrième de ces exceptions.

Elle ne l'est point quant à la première; car lorsqu'une présomption de droit s'élève contre l'article contesté d'un aveu judiciaire, le juge se trouve placé entre deux preuves qui se balancent mutuel-

lement; et par là même, il est maître d'opter, d'après sa conscience, pour celle des deux qui lui paraît la plus conforme à la vérité.

La seconde exception ne paraît pas plus susceptible de difficulté. Obliger le juge de s'en tenir à l'article contesté d'un aveu judiciaire, malgré l'invraisemblance choquante dont cet article porte le caractère, ce serait prêter à l'art. 1356 un sens absurde; et non-seulement on ne doit pas supposer qu'une loi, quelque générale qu'elle soit, n'excepte pas de sa disposition les cas où elle dégénérerait en absurdité, mais ce serait même la violer que de les y comprendre (1).

Il ne doit pas y avoir plus de difficulté à diviser l'aveu judiciaire, dans les cas sur lesquels portent les troisième et quatrième exceptions, c'est-à-dire, dans le cas où la partie qui l'a fait, est convaincue de mensonge ou de dol dans l'article contesté de cet aveu; et dans celui où l'article contesté de cet aveu se trouve combattu par un commencement de preuve par écrit; et la raison en est simple : c'est que l'art. 1353 du Code civil permet au juge de se déterminer par des présomptions morales dans toutes les affaires où il peut y avoir lieu à la preuve par témoins; qu'aux termes de l'art. 1347, la preuve par témoins peut être reçue dans tous les cas où il y a commencement de preuve par écrit; et que l'art. 1353 lui-même admet les présomptions morales contre un *acte attaqué pour cause de dol ou de fraude*.

Mais peut-on encore adapter à la maxime consacrée par l'art. 1356 sur l'indivisibilité de l'aveu judiciaire, la cinquième des exceptions qu'y mettaient quelques auteurs dans un temps où elle n'était écrite dans aucune loi? En d'autres termes, l'art. 1356 ne consacre-t-il cette maxime que pour le cas où le fait énoncé dans la partie contestée de l'aveu judiciaire, forme un acte continu avec le fait énoncé dans la partie acceptée de cet aveu; et en exclud-il le cas où ces deux faits se rapportent à des époques différentes?

Je crois que non, d'abord parceque l'art. 1356 est conçu d'une manière trop générale pour qu'on puisse la modifier par une exception qui ne sort pas de la nature même des choses, et ne peut être déduite d'aucune des autres dispositions du Code civil; ensuite, parceque cet article paraît avoir été, comme presque tous ceux qui sont relatifs aux conventions et à leur preuve, emprunté du *Traité des obligations* de Pothier, où, comme on l'a vu plus haut, la maxime de l'indivisibilité de l'aveu judiciaire est présentée comme un point de droit indubitable, même dans le cas où l'aveu porte sur deux faits passés à des époques différentes.

Et c'est ainsi que l'a jugé un arrêt de la cour d'appel de Paris, dont voici l'espèce.

Le sieur Durand, attaqué par le sieur Fessard, devant le tribunal de première instance du départe-

---

(1) Cet arrêt déjà cité plus haut, d'après Berroyer, est rapporté fort au long par Bardet, tome 1, livre 3, chap. 120, avec un sommaire ainsi conçu : « Confession du dépositaire fait foi contre lui, et peut être divisée, pour » admettre celui qui a fait le dépôt à prouver par témoins » qu'une contre-lettre a été vue, lue et tenue ».

On remarque, en parcourant les détails de cette affaire, qu'il s'élevait contre le dépositaire plusieurs présomptions de dol; et c'est cette circonstance qui a déterminé l'arrêt.

(2) Cet arrêt avait également admis la division d'une affirmation faite par le sieur Gilbert de Rivoyre; et il l'avait admise, parcequ'il existait contre celui-ci des *conjectures* de simulation.

---

(1) *V.* les conclusions et l'arrêt du 3 thermidor an 9, rapportés aux mots *Déclaration de command*, § 2.

tement de la Seine, en paiement d'une somme de 1,649 francs, nie d'abord sa dette, mais ensuite la reconnaît, en ajoutant qu'il a payé un à-compte de 744 francs, et que par conséquent il ne doit plus que 905 francs.

Jugement qui, attendu qu'il a commencé par nier sa dette et que, par là, il s'est montré de mauvaise foi, le condamne à payer la somme entière de 1649 francs, *en affirmant par le demandeur qu'elle lui est légitimement due.*

Mais sur l'appel, le sieur Durand se justifie complètement du reproche de mauvaise foi que lui avait fait le tribunal de première instance d'après la dénégation qu'il avait d'abord faite de la créance du sieur Fessard; et en conséquence, arrêt du 12 fructidor an 13, qui réforme le jugement « attendu que la partie de Delavigne (Fessard) n'a » d'autre titre pour réclamer la créance dont il » s'agit que la Confession de la partie de Saint-» Amand (Durand), et qu'en matière civile, la » Confession ne peut pas se diviser; d'où il suit » que celle qui a été faite dans l'espèce par la par-» tie de Saint-Amand, était en effet indivisible, et » que les premiers juges ne devaient pas, sur le » fondement de la division, déférer le serment » litis-décisoire à la partie de Delavigne, qui était » demanderesse, tandis que d'ailleurs, il ne s'é-» levait aucun soupçon de fraude ni de mauvaise » foi contre la partie de Saint-Amand (a) ».

Aussi M. Toullier ne fait-il aucune difficulté de dire (liv. 5, tit. 3, chap. 6, sect. 4, n°. 339) « qu'il est juste et naturel de ne pas séparer l'aveu » de la dette de celui du paiement; car (ajoute-t-il) » si vous n'avez d'autre preuve de votre créance » que mon aveu, il est juste de m'en croire, lors-» que j'affirme avoir payé; car n'existant pas de » titre contre moi, je n'ai pas dû songer à me faire » donner une quittance parfaitement inutile ».

Reste à savoir de quel usage doit être, sous le Code civil, l'exception que la plupart des anciens auteurs mettaient à l'indivisibilité de l'aveu judiciaire, dans le cas où il portait sur des faits qui, non-seulement n'étaient pas *continus,* mais n'étaient pas même *connexes.*

Fixons-nous d'abord sur un point : la doctrine de ces auteurs était-elle indistinctement vraie sous l'ancienne jurisprudence?

Elle l'était sans contredit dans tous les cas où de deux faits non connexes qui étaient compris dans un aveu judiciaire, l'un ne servait pas de défense à l'autre.

Mais l'était-elle également lorsqu'en avouant le fait articulé par le demandeur comme base de son action, le défendeur y ajoutait un autre fait qui le neutralisait?

On se fondait, dans ce cas, sur la loi 26, §. 2,

D. *depositi,* dont on trouvera les termes dans le passage ci-dessus transcrit de Berroyer; et c'est en citant ce texte comme raison écrite, que M. Toullier prétend qu'elle doit encore être admise sous le Code civil. « Si (dit-il), comme dans cette loi, » Titius écrivant aux Sempronius, pour reconnaître » le dépôt qu'ils lui ont confié, ajoute à cette re-» connaissance, et pour se faire un titre à lui-» même, qu'ils lui doivent différentes sommes, on » ne peut appliquer à cette espèce l'indivisibilité » de l'aveu. Cette addition n'est point un aveu; » c'est une allégation qui, n'étant point acceptée » ni reconnue par les Sempronius, ne peut former » une obligation contre eux, dit fort bien le juris-» consulte Paul : *respondi obligationem nullam* » *natam videri.* Cela est évident. Mais cette addi-» tion forme-t-elle du moins une preuve de la » créance alléguée par Titius? C'est, dit encore » Paul, ce que le juge seul peut décider, *judicem* » *œstimaturum,* parcequ'en effet, les circonstances » seules peuvent éclairer sur ce point.».

Mais M. Toullier se trompe étrangement dans l'exposé qu'il fait du contenu de cette loi.

D'abord, il s'en faut beaucoup que, par ces mots, *respondi obligationem nullam natam videri,* le jurisconsulte Paul, auteur de cette loi, veuille dire que l'allégation de Titius, relative aux différentes sommes qu'il prétend lui être dues par les Sempronius de qui il reconnaît avoir reçu une somme plus forte en dépôt, n'étant pas reconnue ni acceptée par ceux-ci, *ne peut former aucune obligation contre eux.* Le jurisconsulte Paul ne s'occupe, dans cette partie de la loi, que de l'article de la lettre dans laquelle Titius se reconnaît, en qualité de dépositaire, débiteur de telle somme; et c'est précisément de cet article qu'il dit qu'*aucune obligation ne paraît en être née;* pourquoi? Parceque le dépôt étant un *contrat réel,* un de ces contrats qui *re et traditione perficiuntur,* il ne peut pas se former par une simple reconnaissance, parceque la reconnaissance du dépositaire peut bien prouver, lorsqu'elle est pure et simple, que le dépôt a eu lieu, mais non pas le constituer.

Ensuite, le jurisconsulte Paul ne dit pas que la reconnaissance contenue dans la lettre de Titius prouve en effet que le dépôt a eu lieu; il dit seulement qu'il en résulte un commencement de preuve, et que les Sempronius peuvent s'en aider pour compléter la preuve dont ils ont besoin, *sed probationem rerum depositarum impleri posse.*

Et par quel motif n'attribue-t-il à la reconnaissance de Titius que l'effet d'un commencement de preuve? Est-ce que le droit romain ne considérait que comme des commencemens de preuve, les lettres missives qui étaient reconnues par ceux dont elles portaient la signature? Point du tout : il est, au contraire, établi très-clairement par la loi 24, D. *de pecuniâ constitutâ* (1), et par la loi 26 du

_____

(2) Jurisprudence de la cour de cassation, tome 7, partie 2, page 799.

(1) *Titius Seio epistolam emisit in hæc verba :* Remanserunt apud me quinquaginta ex credito tuo, ex contractu

même titre (1), qu'elles faisaient, comme chez nous, pleine foi des obligations qu'elles retraçaient. Il ne peut donc y avoir qu'une raison qui détermine le jurisconsulte Paul à regarder la lettre de Titius comme insuffisante pour constater le dépôt qui y est mentionné : c'est qu'à la reconnaissance qu'elle contient de ce dépôt, est mêlée une allégation par laquelle Titius se déclare lui-même créancier des Sempronius.

Mais, dès-lors, comment a-t-on pu conclure de cette loi, qu'un aveu portant sur deux faits non connexes, mais dont l'un servait de défense à l'autre, était divisible ? Comment n'a-t-on pas senti que c'était précisément tout le contraire que l'on devait en inférer.

En effet, si la partie de la lettre par laquelle Titius se reconnaît débiteur des Sempronius à titre de dépôt, pouvait être séparée de la partie de la même lettre par laquelle Titius se porte leur créancier à un autre titre, les Sempronius n'auraient pas besoin de preuve ultérieure pour faire condamner Titius à leur rendre le dépôt qu'ils soutiennent lui avoir confié. Cependant la loi décide qu'une preuve ultérieure leur est nécessaire. Elle décide donc que le mélange de l'allégation de la créance de Titius à l'aveu de sa dette, ôte à l'aveu de sa dette la force probante qu'il aurait pleinement s'il était pur et simple ; elle décide donc que cet aveu ne peut être divisé, quelque défaut de connexité qu'il y ait entre les deux faits sur lesquels il porte, qu'autant que les Sempronius suppléeront par une preuve ultérieure, au commencement de preuve qu'il forme pour eux ; elle place donc cet aveu sur la même ligne que l'aveu de deux faits, non-seulement connexes, mais encore continus, lequel, suivant la doctrine de tous les auteurs, n'est divisible (abstraction des circonstances sur lesquelles sont fondées les première, seconde et troisième des exceptions au principe général de l'indivisibilité) que dans le cas où la partie qui en conteste l'article dont on argumente contre elle, peut fournir à l'appui de l'article dont elle argumente elle-même, soit une preuve complète, soit au moins un commencement de preuve.

Et s'il en était ainsi dans le droit romain, qui n'établissait par aucun texte formel l'indivisibilité de l'aveu judiciaire, à combien plus forte raison n'en doit-il pas être de même sous le Code civil, qui la consacre de la manière la plus positive et par

une disposition générale pour qu'on la restreigne par des exceptions non commandées par la nature même des choses, ou non résultant de l'esprit d'autres dispositions du même Code ?

III. Du reste il résulte clairement de tout ce qui vient d'être dit, que l'aveu judiciaire n'est indivisible, qu'autant qu'il forme l'unique preuve des deux faits sur lesquels il porte, et que les juges peuvent le diviser toutes les fois qu'ils n'en ont pas besoin pour décider que la preuve de l'un de ces faits est acquise à la partie qui conteste l'autre.

Un arrêt de la cour royale de Metz, du 17 août 1824, avait jugé que des aluns qui avaient été expédiés de Liége à Charleville, par le sieur Brocard, l'avaient été pour le compte du sieur Legrand, et qu'ils avaient cessé d'appartenir au sieur Brocard.

Le sieur Brocard s'est pourvu en cassation contre cet arrêt, et l'a attaqué comme violant l'art. 1356 du Code civil. A la vérité (a-t-il dit), j'avais reconnu devant la cour royale, que les marchandises expédiées par moi, l'avaient été pour le compte du sieur Legrand ; mais j'avais en même temps soutenu que ces marchandises n'avaient pas cessé, pour cela, de m'appartenir. La cour royale a donc divisé mon aveu.

Mais par arrêt du 20 juin 1826, au rapport de M. Liger de Verdigny, et sur les conclusions de M. l'avocat-général Lebeau ;

« Sur le moyen que le demandeur prétend faire résulter de l'art. 1356 du Code civil, sur l'indivisibilité de l'aveu judiciaire ;

» Attendu, qu'indépendamment de l'aveu fait par le demandeur, il était établi que les aluns avaient été expédiés au sieur Legrand et pour son compte, et que la lettre de voiture et la facture sont en son nom propre.... ;

» La cour (section des requêtes) rejette le pourvoi.... (1) ».

§. III. 1°. L'aveu extrajudiciaire est-il divisible ?
2°. Doit-on, à cet égard, considérer comme aveu extrajudiciaire, celui qui est réitéré en justice ?

I. Le Code civil est muet sur la première question. Après avoir distingué deux sortes d'aveux, l'un extrajudiciaire, l'autre judiciaire, il se contente de dire, art. 1356, que l'aveu judiciaire ne peut être divisé. Pourquoi ne s'explique-t-il pas également sur la divisibilité ou l'indivisibilité de l'aveu extrajudiciaire ?

Cette réticence peut surprendre au premier abord. Mais si l'on veut bien faire attention que, dans l'art. 1355, le Code ne parle, à l'occasion de l'aveu extrajudiciaire, que de celui qui est pure-

---

pupillorum meorum, quos tibi reddere debeo idibus maii probos : quos si ad diem suprà scriptum non dedero, tunc debebo dare usuras tot. Quæro an Lucius Titius in locum pupillorum hâc cautione reus successerit ? Marcellus respondit : Si intercessisset stipulatio, successisse. Item quæro, an is non successisset, de constitutâ teneatur ? Marcellus respondit, in sortem teneri ; est enim humanior et utilior ista interpretatio.

(1) Quidam ad creditorem litteras hujus modi fecit : Decem, quæ Lucius Titius ex arcâ tuà mutuo acceperat, salvâ ratione usurarum, habes penes me, domine. Respondit, secundùm ea quæ proponerentur, actione de constitutâ pecuniâ eum teneri.

(1) Jurisprudence de la cour de cassation, tome 26, page 430.

ment verbal, et qu'il n'en autorise l'allégation que dans les cas où la preuve testimoniale est admissible, on ne sera plus étonné du silence qu'il garde à cet égard, et du nuage sous lequel il en laisse la divisibilité ou l'indivisibilité.

En effet, lorsqu'une partie oppose à son adversaire un aveu qu'elle lui impute d'avoir fait hors justice et qu'il nie, mais dont elle rapporte la preuve par témoins, celui-ci est, par cela seul, prouvé coupable de mauvaise foi. Il est donc tout simple qu'alors, le juge ait la faculté de ne pas prendre cet aveu au pied de la lettre, et qu'il puisse le diviser, suivant les circonstances et d'après les nuances des dépositions des témoins qui l'ont entendu.

II. Ceci nous donne la clé de la seconde question. Dès qu'il ne s'agit dans l'art. 1355, que de l'aveu *purement verbal*, que de l'aveu qui a besoin d'être prouvé par témoins, et par conséquent que de l'aveu qui est mis en dénégation formelle par la partie à qui on l'oppose, il est clair que le juge ne peut plus diviser un pareil aveu, lorsque la partie à qui on l'oppose en justice, au lieu de le nier, le réitère expressément. Et pourquoi? Parce qu'alors, l'aveu, d'extrajudiciaire qu'il était originairement, prend le caractère d'un aveu judiciaire, et que, par suite, l'art. 1356 s'y applique directement. Conçoit-on, en effet, comment un aveu fait en justice, pourrait cesser d'être considéré comme judiciaire et en perdre le privilége, par la seule raison qu'il aurait été précédé d'un aveu extrajudiciaire dont il ne serait que l'écho? Cela répugne au bon sens naturel.

Ce raisonnement acquerrait une nouvelle force, dans une matière où la preuve testimoniale ne serait pas admissible; car alors, l'aveu extrajudiciaire ne serait rien : l'*allégation* en serait même *inutile*, dit le Code; il ne resterait donc que l'aveu judiciaire, et assurément l'aveu judiciaire ne demeure pas moins indivisible, lorsqu'il vient à la suite d'un aveu extrajudiciaire dont le juge ne peut tenir aucun compte, qu'il ne le serait pour lui-même, s'il était fait pour la première fois en justice.

§. IV. L'aveu extrajudiciaire, lorsqu'il n'est pas verbal, mais consigné dans un acte, soit authentique, soit sous seing-privé, est-il divisible?

I. Cette question peut se présenter dans deux cas différens :

Dans celui où c'est en présence de la partie ou de l'ayant-cause de la partie qui a précédemment fait un aveu, soit par un acte authentique, soit par un acte sous seing-privé, qu'on lui oppose cet aveu en justice.

Et dans celui où on le lui oppose en son absence, par exemple, lorsqu'elle est défaillante.

Dans le premier cas, la partie qui a fait, soit par acte authentique, soit par acte sous seing-privé, un aveu dont on se prévaut contre elle en justice, le rend nécessairement judiciaire, comme on l'a déjà vu dans le §. précédent, par cela seul qu'elle le réitère devant le juge; et là, par conséquent s'applique directement la disposition de l'art. 1556 du Code civil, qui déclare l'aveu judiciaire indivisible.

C'est effectivement ce qu'ont jugé deux arrêts de la cour de cassation. Voici l'espèce du premier :

Le 17 brumaire an 7, acte sous seing-privé par lequel le marquis de Boulainvilliers reconnaît devoir au sieur Testard une somme de 57,500 francs.

En l'an 9 (1801), et après la mort du marquis de Boulainvilliers, ses héritiers sont assignés à la requête du sieur Testard, devant le tribunal civil du département de la Seine, en paiement de cette somme.

Le 20 messidor de la même année, Testard est mandé à la préfecture de police, et il y subit un interrogatoire dans lequel il reconnaît, par une réponse signée de lui, « que la succession Boulain- » villiers ne lui doit rien ni directement ni indi- » rectement; qu'à la vérité, le cit. Montz, ban- » quier, est porteur d'un billet souscrit au nom » de lui déclarant par feu le cit. Boulainvilliers; » mais qu'il ignore la cause de ce billet; qu'il n'est » que *prête-nom*; qu'il en a même fourni une dé- » claration au cit. Montz, à qui il a donné procu- » ration; et que c'est en vertu de cette procura- » tion que les héritiers sont poursuivis en paie- » ment ».

Le lendemain, Testard rétracte cette déclaration devant le juge de paix, et la cause se poursuit sous son nom devant le tribunal.

Les héritiers Boulainvilliers lui opposent que sa déclaration, quoique rétractée, n'en fait pas moins foi contre lui, et qu'il n'en résulte pas moins que la succession ne lui doit rien.

Jugement qui, avant faire droit, ordonne que Testard comparaîtra en personne à l'audience.

Testard ne comparaît pas. En conséquence, le 21 pluviôse an 11, jugement définitif qui le déclare non-recevable dans sa demande.

Ce jugement est signifié à Testard, qui laisse passer les trois mois sans en appeler.

Ainsi, il est irrévocablement jugé, d'après l'aveu fait par Testard à la préfecture de police, qu'il n'est point propriétaire du billet dont il s'agit.

Mais comme il n'est point jugé par là que ce billet est nul en soi et que le montant n'en est pas dû au sieur Montz, celui-ci renouvelle en son propre nom, par exploit du 10 germinal an 11, l'action qui avait été précédemment intentée sous le nom de Testard, et conclud, contre les héritiers Boulainvilliers, au paiement de la somme de 57,500 francs.

L'instance ainsi engagée, le sieur Montz, par acte notarié du 14 thermidor suivant, cède tous ses droits au sieur Mortenard, et il les lui cède tant en son nom que comme fondé de pouvoir de de Testard qui intervient dans l'acte et se porte garant de la créance cédée.

Avertis de ce transport par la signification que leur en fait faire le sieur Mortenard, les héritiers Boulainvilliers le citent en reprise d'instance, et concluent à ce qu'il soit déclaré non-recevable dans sa prétention, attendu qu'il ne peut pas avoir plus de droits que Testard, son cédant, à qui ils sont irrévocablement jugés ne rien devoir.

Le 11 thermidor an 12, jugement qui accueille cette fin de non-recevoir.

Appel de la part du sieur Mortenard.

La cause portée à l'audience de la cour d'appel, le sieur Mortenard reconnaît que, s'il ne tenait que de Testard le billet de 57,500 francs, il serait effectivement non-recevable à en demander le paiement.

Mais, ajoute-t-il, ce n'est pas seulement de Testard que je tiens ce billet; je le tiens aussi et principalement du sieur Montz, qui me l'a transporté *tant en son nom qu'en celui de Testard*. Si donc le billet appartenait au sieur Montz, à l'époque où le transport m'en a été fait, il est clair que j'en suis moi-même propriétaire, que nulle fin de non-recevoir ne peut m'être opposée du chef de Testard, et qu'on ne peut faire valoir contre moi que des exceptions qui s'élèveraient contre le sieur Montz lui-même. Or, quelle exception pourrait-on opposer au sieur Montz? Le billet n'est impugné, ni dans sa forme, ni dans son contexte, ni pour cause de dol, ni pour cause de fraude. A la vérité, Testard a déclaré à la préfecture de police que le billet ne lui appartenait pas, qu'il n'était que le prête-nom du sieur Montz, et que le sieur Montz était le véritable créancier. Mais les héritiers Boulainvilliers ne peuvent pas diviser cette déclaration, en invoquer la partie qui leur est favorable et rejeter l'autre; il faut qu'ils la prennent telle qu'elle est, puisqu'elle forme le seul titre dont ils puissent exciper, et dont ils excipent en effet.

Sur ces moyens inutilement combattus par les adversaires du sieur Mortenard, arrêt du 4 août 1807, qui, «attendu que les héritiers Boulainvil-
» liers ne peuvent pas diviser la déclaration de
» Testard, et que, si ce dernier n'est pas proprié-
» taire du billet de 57,500 francs, comme il l'a
» déclaré, c'est Montz qui l'est, ainsi qu'il résulte
» de la même déclaration », réforme le jugement de première instance, et condamne les héritiers Boulainvilliers au paiement du billet.

Les héritiers Boulainvilliers se pourvoient en cassation contre cet arrêt et l'attaquent,

Comme faisant une fausse application de l'art. 1356 du Code civil, qui ne porte que sur l'aveu judiciaire, tandis que, dans l'espèce, il s'agit d'un aveu extrajudiciaire, et par conséquent d'un aveu qu'aucune loi ne déclare indivisible;

Comme faisant une fausse application du même article, en ce que le principe de l'indivisibilité qu'il consacre, ne peut être invoqué que par la partie de laquelle est émané l'aveu même judiciaire, et

qu'un tiers ne peut jamais avoir qualité pour s'en prévaloir;

Et par conséquent comme violant, par la condamnation qu'il prononce contre eux, les lois qui ne permettent aux juges d'accueillir des demandes en paiement d'obligations quelconques, qu'autant qu'il est légalement justifié que ces obligations appartiennent aux demandeurs.

Ces moyens tombaient d'eux-mêmes, et M. l'avocat général Jourde les a réfutés en peu de mots.

D'une part, a-t-il dit en substance, l'aveu extrajudiciaire de Testard est devenu judiciaire par la réitération qui en a été faite par le sieur Mortenard, tant devant le tribunal de première instance que devant la cour d'appel.

D'un autre côté, le sieur Mortenard ne doit pas être ici considéré comme un tiers. Il est l'ayant-cause du sieur Montz, qui l'était lui-même de Testard, puisque c'est de la déclaration de Testard qu'il tient tous ses droits. L'aveu dont il s'agit, ne peut donc pas plus être divisé au préjudice du sieur Mortenard qu'il ne pourrait l'être au préjudice du sieur Montz, qu'il ne pourrait l'être au préjudice de Testard lui-même.

Par arrêt du 17 mai 1808, au rapport de M. Pujon,

« Attendu que l'arrêt attaqué n'a point violé l'art. 1356 du Code civil, et n'en a, au contraire, fait qu'une juste application, en décidant que l'aveu de Testard ne pouvant être divisé, c'était à Montz qu'appartenait le billet, et qu'en conséquence Mortenard avait le droit d'en réclamer le paiement, en sa qualité de cessionnaire de Montz;

» La cour (section des requêtes) rejette le pourvoi..... ».

Le second arrêt a été rendu à la section civile, le 20 avril 1821. Voici le compte qu'en rend le bulletin civil de la cour de cassation, tome 23, page 120:

« Gourraud, ancien avoué au conseil supérieur de la Guadeloupe, avait à répéter contre le sieur Huré, père, praticien, demeurant à la Basse-Terre, le montant de divers exécutoires obtenus contre lui.

» Pour s'acquitter, celui-ci lui transporta par la voie de l'ordre, un billet de 15,000 livres, dû par un sieur Vaulthier de Moyencourt.

» Cet ordre le faisait nécessairement réputer propriétaire du montant de ce billet.

» Dans la suite, il parvint à terminer avec le sieur Vaulthier, par l'entremise du sieur Aimer de la Chevalerie; il rendit le billet de 15,000 livres acquitté, reçut en paiement quatre mandats souscrits et acceptés par différentes personnes, et pour solde un billet de 3671 livres payable en sucre à un an de date.

» Divers à-comptes furent payés sur ce billet; il ne restait dû sur cette somme que 1707 livres 17 sols, lorsque Gourraud, qui se proposait de passer sur le continent, crut devoir rendre hommage à la vérité, et souscrivit au profit d'Huré, père, le 12 novembre 1815, une reconnaissance portant que, sur le billet originaire de 15,000 livres, il avait à reprendre la somme de 1500 livres qui lui revenait et appartenait, et lui fit l'abandon des 1707 livres 17 sols qui restaient dus par le sieur de la Chevalerie.

» Il eut lieu d'être surpris, d'après cet abandon et cette déclaration loyale de sa part, de se voir assigner, le 11 juin 1816, par le sieur Huré, fils, se disant cessionnaire des droits de son père, à fin de paiement d'une somme de 9008 livres 10 sols 5 deniers, qu'il prétendit être due à son père sur le billet de 15,000 livres.

» Le sieur Gourraud opposa alors pour sa défense l'ordre dont la régularité n'a jamais été contestée, et qui l'aurait constitué propriétaire des 15,000 livres, montant du billet, s'il n'avait pas eu la loyauté de déclarer que, sur cette somme, il devait revenir 1500 livres au sieur Huré, père, aveu qu'il devait à la vérité, qu'il avait fait spontanément, qui n'avait jamais été combattu par le sieur Huré, père, et qu'il soutenait d'ailleurs qu'il n'aurait pas été recevable à combattre; en conséquence, il concluait au renvoi de la demande.

» Malgré la solidité de sa défense, la sénéchaussée de la Basse-Terre, abusant de son aveu, qui, selon lui, ne pouvait pas être divisé, et trouvant qu'il résultait de sa reconnaissance que la valeur entière du billet n'avait pas été fournie, crut devoir condamner le demandeur à justifier des valeurs par lui fournies sur le billet dont il s'agissait au procès, pour être ensuite ordonné ce qu'il appartiendrait.

» Il s'empressa d'interjeter appel de ce jugement au conseil supérieur de la Guadeloupe, qui, par arrêt du 13 septembre 1816, crut devoir le confirmer en adoptant les motifs des premiers juges.

» Pourvoi en cassation. Moyen pris de la violation de l'art. 1356 du Code civil, et des art. 136 et 137 du Code de commerce, en ce que son aveu, consigné dans une déclaration qui n'a cessé d'être répétée dans l'instruction de l'affaire et à l'audience, devait produire tous les effets d'un aveu judiciaire.

» Silence du sieur Huré, fils; depuis l'admission de ce pourvoi, il reste constamment défaillant.

» Dans cette position, la cour, reconnaissant que l'aveu du sieur Gourraud, qui pouvait seul autoriser le sieur Huré, père, ou son fils, à réclamer la somme de 1500 livres dans le billet de 15,000 livres, avait été divisé contre lui, à son préjudice; et que de là, il suivait évidemment que l'art. 1356 du Code civil avait été violé, a rendu l'arrêt de cassation dont la teneur suit:

» Ouï le rapport fait par M. Minier; les observations de Nicod, avocat du demandeur, et les conclusions de M. l'avocat général Jourde;

» Vu l'art. 1356 du Code civil;

» Attendu qu'il est constant au procès que l'ordre passé au profit du sieur Gourraud par le sieur Huré, père, d'un billet de 15,000 livres, sous-

crit par le sieur Vaulthier de Moyencourt, rendait ledit sieur Gourraud propriétaire du montant de cette créance, à lui transportée par ledit sieur Huré, père, pour se libérer envers lui de ce dont il était son débiteur; que, si son fils, en sa qualité de cessionnaire de son père, a pu, dans la suite, prétendre au remboursement de quelque chose sur le montant de cette créance de 15,000 livres, il n'a pu trouver son titre que dans la déclaration spontanée par lui souscrite au profit du sieur Huré, père, le 12 novembre 1815, laquelle déclaration a pris le caractère d'aveu judiciaire, lorsque le sieur Gourraud, en s'en appuyant, en a fait l'unique base de sa défense, et n'a cessé d'opposer qu'elle devait faire foi de son contenu, et qu'elle ne pouvait pas être divisée contre lui;

» Attendu qu'en s'armant de la déclaration faite par écrit par le sieur Gourraud, et par lui maintenue dans tout le cours de l'instruction et à l'audience, pour en conclure qu'il n'avait pas fourni la valeur intégrale du billet de 15,000 livres, et qu'il devait justifier des valeurs par lui fournies, la sénéchaussée de la Basse-Terre, a, par son jugement du 5 août 1816, divisé la déclaration du sieur Gourraud à son préjudice, ouvertement violé l'art. 1356 du Code civil; et que le conseil supérieur de la Guadeloupe, en adoptant les motifs de la sénéchaussée de la même colonie, pour confirmer son jugement, s'est rendu propre cette violation de l'article précité;

» Par ces motifs, la cour, donnant défaut contre le sieur Huré, non comparant, casse et annulle l'arrêt rendu par le conseil supérieur de la Guadeloupe, le 13 septembre 1816... ».

Dans l'intervalle du premier de ces arrêts au second, la question s'était présentée devant la cour royale d'Orléans, qui, par l'un de ses motifs, l'avait jugée tout autrement, mais dont l'arrêt n'a échappé à la cassation, que parcequ'à ce motif en était joint un autre de pur fait, sur lequel la censure de la cour suprême n'avait aucune prise. Voici l'espèce.

Le 17 septembre 1810, décès de la dame Delanoue, épouse du sieur Barbot, domicilié dans l'arrondissement de Pithiviers.

Le 28 du même mois, le sieur Barbot écrit à l'un des parens de sa femme, qu'elle a laissé deux testamens olographes, l'un du 22 décembre 1807, par lequel elle l'institue son légataire universel, l'autre du 8 septembre 1810, qui ne contient qu'une répétition littérale du premier.

Du reste, il ne présente que le premier au président du tribunal civil, et ce n'est qu'en vertu du premier qu'il obtient de ce magistrat l'ordonnance d'envoi en possession.

Plusieurs années se passent sans réclamation de la part des héritiers de sa femme. Mais en 1816, ceux-ci le font assigner devant le tribunal de première instance de Pithiviers, pour voir dire qu'il sera tenu de représenter le testament qu'il est convenu, par sa lettre écrite à l'un d'eux, le 28 septembre 1810, avoir été fait par sa femme le 8 du même mois, quelques jours avant sa mort; que, sinon, ce testament sera considéré comme révocatoire de celui du 22 décembre 1807.

Le sieur Barbot répond que le testament du 8 septembre 1810, a été perdu au milieu des désordres qui, l'année précédente, avaient été, dans le lieu de son domicile, la suite de l'invasion des armées étrangères.

Jugement interlocutoire qui l'admet à la preuve de ce fait.

Enquête dont le résultat est que, bien loin d'avoir perdu le testament du 8 septembre 1810, par l'effet de l'invasion de 1815, il a, au contraire, reconnu devant plusieurs personnes que ce titre était encore en sa possession quelque temps après la retraite de l'ennemi.

Que fait-il alors pour effacer l'impression que doit produire contre lui la fausseté bien constante de l'allégation dans laquelle il s'est d'abord retranché? Il se rabat à soutenir que l'aveu contenu dans sa lettre du 28 septembre 1810, ne peut pas été divisé contre lui; que, s'il résulte de cette lettre que sa femme avait fait un second testament le 8 du même mois, il en résulte aussi que ce testament n'était que la répétition littérale de celui du 22 décembre 1807; qu'ainsi, quand on supposerait qu'il eût supprimé l'un, il n'aurait pas pour cela encouru la privation du droit de se prévaloir de l'autre.

Le 30 août 1817, jugement qui, adoptant cette défense, déclare les héritiers de la dame Barbot non recevables dans leur demande.

Appel de la part des héritiers de la dame Barbot à la cour royale d'Orléans; et le 7 mars 1818, arrêt par lequel,

« Considérant, en droit, qu'un testament, comme acte de dernière volonté, défini par l'art. 895 du Code civil, ne peut être révoqué, aux termes de l'art. 1035 du même Code, que par un testament postérieur ou par un acte devant notaire portant déclaration du changement de volonté; d'où il suit que, lorsqu'il existe deux testamens de dates différentes, le premier ne peut être exécuté qu'autant qu'il n'a pas été révoqué en tout ou partie par le second;

» Considérant que l'ancienne législation, qui considérait ces actes comme une loi domestique et un titre commun à toutes les parties qui pouvaient y avoir intérêt, les assujétissait, pour leur exécution, à être remis dans un dépôt public, et que les art. 1007 du Code civil, 916 et suivans du Code de procédure, exigent qu'avant d'être exécutés, ils soient présentés au président du tribunal de première instance dans le ressort duquel la succession est ouverte, lequel en ordonne alors le dépôt entre les mains du notaire qu'il choisit; d'où il résulte nécessairement que tout possesseur d'un testament olographe ou de tout autre écrit privé, contenant des dispositions de dernière volonté, ne peut se prétendre à l'abri des poursuites dont il est pas-

sible, à défaut de leur représentation, qu'en justifiant de l'accomplissement des formalités voulues par la loi;

» Considérant que, s'il est de principe qu'on ne peut admettre la preuve testimoniale qu'il existe un acte par écrit révocatoire d'un testament, lors qu'il n'en apparaît aucune, il n'en est pas moins reconnu que le fait de suppression ou de rétention frauduleuse d'un tel acte peut être établi par tous les genres de preuve et de présomptions admises par les lois civiles; qu'il peut même être poursuivi par la voie criminelle, et qu'il en existe, dans la cause, des présomptions graves, précises et concordantes;

» Considérant que, lorsqu'une partie, avant toute demande juridique, a fait, de son propre mouvement, et par écrit, un aveu qu'on lui oppose comme aveu extrajudiciaire, il ne peut dépendre d'elle, en renouvelant judiciairement cet aveu depuis la demande, de se prévaloir du bénéfice du Code civil, qui dispose, art. 1356, que l'aveu judiciaire ne peut être divisé; et que, d'ailleurs, le principe de l'indivisibilité de l'aveu cesse d'être applicable toutes les fois qu'il s'agit d'un acte ou d'un fait argué de dol ou de fraude; que c'est dans cette classe que doit nécessairement être rangée la rétention d'un testament;

» Considérant qu'il résulte de la lettre écrite par le sieur Barbot à la dame Delanoue, parente de sa femme, que la dame Barbot a fait un second testament, le 8 septembre 1810;

» Considérant que le sieur Barbot ne justifie pas que ce second testament soit sorti de ses mains par la force majeure;

» Considérant que, d'après tous ces motifs ET TOUS LES ÉLÉMENS DE L'INSTRUCTION, il doit passer pour constant que le sieur Barbot est resté, à partir du 10 septembre 1810, rétentionnaire d'un testament de sa première femme, ou écrit contenant des dispositions de dernière volonté, postérieures au testament du 22 décembre 1807, et dont par conséquent les héritiers de ladite femme ont le besoin, comme le droit, de réclamer la représentation qu'ils ne peuvent exiger en justice que de celui qui, seul, jusqu'à ce jour, l'a eu en sa possession...;

» La cour met l'appellation et ce dont est appel au néant; émendant, ordonne que, dans le délai d'un mois, à partir de la signification du présent à personne ou domicile, le sieur Barbot sera tenu de rapporter aux héritiers Delanoue, soit en original, soit en expédition régulière et authentique, le testament olographe qui a été fait par la dame Rosalie Delanoue, son épouse, le 8 septembre 1810; sinon, et à faute de ce faire dans ledit délai, et icelui passé, déclare le testament olographe de feue ladite dame Delanoue, femme Barbot, du 22 décembre 1807, nul et comme non avenu, et en conséquence remet les parties au même et semblable état dans lequel elles étaient avant ledit testament ».

Le sieur Barbot se pourvoit en cassation contre cet arrêt, et l'attaque comme violant, par la division qu'il fait de l'aveu consigné dans sa lettre du 28 septembre 1810, l'art. 1356 et les art. 1319 et 1522 du Code civil : l'art. 1356, en ce que cet aveu, d'extrajudiciaire qu'il était originairement, était devenu judiciaire par la réitération qu'il en avait faite en justice; les art. 1319 et 1322, en ce que, quand même cet aveu aurait conservé son caractère primitif d'acte extrajudiciaire, il n'en aurait pas moins été indivisible, puisqu'aux termes de ces articles, la lettre du 28 septembre 1810, qui le contenait, devait faire *pleine foi de son contenu*, et que par conséquent son contenu devait être pris tel qu'il était.

Sur ces moyens, arrêt de la section des requêtes qui admet le recours en cassation du sieur Barbot.

Mais l'affaire portée à la section civile, les héritiers de la dame Barbot, après avoir soutenu par des raisons faciles à réfuter, que l'aveu contenu dans la lettre du 28 septembre 1810, eût pu, en thèse générale, être divisé par la cour royale d'Orléans, sans violer ni l'art. 1356 ni les art. 1319 et 1322 du Code civil, réduisent toute leur défense à dire que, par l'arrêt attaqué, le fait de l'existence du testament du 8 septembre 1810 n'avait pas été déclaré constant d'après la seule lettre du sieur Barbot, du 28 du même mois; qu'il l'avait encore été d'après *tous les élémens de l'instruction* qui imprimaient un caractère de fraude à la conduite du sieur Barbot, notamment d'après la fausseté bien prouvée par les témoins ouïs en première instance de l'allégation faite par lui devant le tribunal de Pithiviers, de la perte de ce testament par l'effet de l'invasion que la France avait subie en 1815; que, sous ce rapport, l'arrêt attaqué n'a jugé qu'une question de fait, et que, dès-lors, la décision qu'il contient, ne peut, quelle qu'elle soit, être critiquée devant la cour de cassation.

En conséquence, arrêt du 29 février 1820, au rapport de M. Trinquelague, et sur les conclusions de M. l'avocat général Cahier, par lequel,

« Attendu que la cour royale d'Orléans a jugé en fait, que la dame Barbot avait fait un second testament olographe, le 8 septembre 1810; que ce second testament avait été au pouvoir du sieur Barbot, après la mort de sa femme, et qu'il en était encore rétentionnaire;

» Attendu qu'en concluant de ces faits, que le sieur Barbot était tenu, sur la réquisition des héritiers légitimes de sa femme, de représenter ce testament, à peine d'être privé des avantages que lui conférait le premier, la cour royale n'a violé aucune loi;

» La cour rejette le pourvoi...... ».

Qu'a fait la section civile par cet arrêt, en laissant de côté le motif que la cour royale d'Orléans avait tiré de la prétendue divisibilité de l'aveu qui résultait d'abord d'un acte extrajudiciaire, et avait été ensuite réitéré en justice? Si l'on ne pouvait

pas dire qu'elle l'a implicitement improuvée, du moins on ne pourrait pas dire non plus qu'elle a contredit l'improbation que la section des requêtes en avait faite hautement par l'admission du recours en cassation du sieur Barbot; mais ce qui prouve que, loin de la contredire, elle y a tacitement adhéré, c'est que, comme on vient de le voir, ayant à prononcer, en 1821, sur la question dégagée de toute circonstance particulière, elle l'a formellement jugée dans le même sens que l'avait précédemment fait la section des requêtes par son arrêt du 17 mai 1808.

II. Que doit-on décider dans le second cas, c'est-à-dire, lorsque c'est en l'absence de la partie qui a fait extrajudiciairement un aveu consigné dans un acte, qu'on le lui oppose en justice, et que par conséquent elle ne peut pas le rendre judiciaire en le renouvelant devant le juge?

Ce qui, à la première vue, semblerait devoir faire pencher pour la partie de la divisibilité, c'est qu'il n'y a que l'*aveu judiciaire* qui, par l'art. 1356 du Code civil, soit déclaré indivisible.

Mais pourquoi cet article ne parle-t-il, relativement à l'indivisibilité, que de l'*aveu judiciaire*? C'est que, dans la sect. IV, sous laquelle est placé cet article, et qui a pour rubrique *de l'aveu de la partie*, le législateur ne s'occupe que de l'aveu verbal, de l'aveu fait de vive voix, soit extrajudiciairement devant des témoins qui en rendent compte, soit devant des magistrats qui en tiennent acte; c'est qu'il n'y est pas du tout question de l'aveu par écrit; c'est que l'aveu par écrit rentre dans la classe des *preuves littérales* qui font l'objet des sect. I et II.

Or, en disant, par les art. 1319 et 1322, que les actes authentiques font pleine foi entre les parties qui les ont signés, et que les actes sous seing-privé reconnus ou tenus pour tels par jugement, font la même foi que s'ils étaient authentiques, le Code civil établit clairement que les uns comme les autres doivent être pris tels qu'ils sont et dans leur parfaite intégrité ; car ils ne feraient pas pleine foi, ils ne feraient foi qu'à demi, si l'on pouvait les diviser, si l'on pouvait n'en adopter qu'une partie et rejeter l'autre.

M. Toullier (liv. 3, tit. 3, chap. 6, sect. 4, n°. 341) convient que *ce raisonnement est parfaitement exact à l'égard des actes écrits, signés des deux parties; mais, suivant lui, il est sans force à l'égard des écrits qui ne sont signés que de l'une d'elles, comme les lettres missives.* Ainsi, continue-t-il, « lorsque Titius, dans l'exemple tiré de la loi » 26, §. 2, D. *depositi ;* en écrivant aux Sempro- » nius qu'il reconnaît le dépôt qu'ils lui ont confié, » ajoute, pour se former un titre, qu'ils lui doi- » vent 10,000 francs du chef de leur père, *ex ra-* » *tione patris,* cette addition n'est pas signée des » Sempronius; elle ne peut donc pas faire pleine » foi contre eux, en vertu des art. 1319 et 1322. » Nous persistons donc à penser que, même sous

» l'empire du Code, la décision de la loi romaine
» doit être suivie : *judicem œstimaturum* ».

Mais 1°., j'ai déjà prouvé, §. 2, n°. 2, que la
loi 26, §. 2, D. *depositi*, bien loin de justifier le
système de la divisibilité de l'aveu contenu dans
une lettre missive, le détruit complétement.

2°. Sans doute la lettre missive par laquelle, en
reconnaissant que vous m'avez prêté une somme
d'argent, j'ajoute que je vous l'ai remboursée, ou
que j'ai fait pour vous des avances qui en dimi-
nuent ou absorbent le montant, ne prouve pas,
par elle-même, soit le rembourse-
ment, soit les avances que j'y articule. Mais du
moment que vous la produisez contre moi, du
moment que vous vous en faites un titre pour
prouver le prêt que vous alléguez m'avoir fait, du
moment qu'elle vous est nécessaire pour le prouver, il faut bien qu'elle prouve aussi en ma faveur,
soit la restitution, soit la compensation de ce prêt.
Car c'est un principe écrit dans tous nos livres,
que toute pièce qui est produite par une partie,
fait pleine foi contre elle : *quod produco non re-
probo.*

Dumoulin, sur l'art. 5 de l'ancienne coutume
de Paris, n°. 30, dit que la copie, même simple
et informe, d'un acte quelconque, fait pleine foi
en justice contre la partie qui l'a produite, et
qu'elle opère cet effet, non par elle-même, mais
par l'aveu de cette partie qui, en la produisant,
est censée en reconnaître tout le contenu pour vé-
ridique : *quœ probatio non oritur ex producto
exemplo, sed ex Confessione producentis qui eo
ipso censetur confiteri omnia contenta in scripturâ
quam producit, etiamsi essent merè privata.*

Le président Favre, dans son Code, liv. 7, tit.
10, défin. 10, dit avec plusieurs autres auteurs,
auxquels il renvoie, que par cela seul qu'on produit une pièce en justice, on la rend commune à
la partie contre laquelle on s'en prévaut ; *instrumentum productum in actis dicitur esse de actis,
et consequenter commune.*

Et c'est de là que part Voët, liv. 22, tit. 4,
n°. 18, pour établir que *quisquis instrumentum
aliquod pro se produxit in judicio, illum fidem
ejus enervare non posse, quatenus id sibi produ-
centi nocet, à pragmaticis vulgò tradi solet, ut-
cunque producens protestatus fuerit, se illud tantùm quatenùs prodest, productum velle.*

CONFISCATION. §. I. *L'acquéreur qui, sous
le régime hypothécaire de 1771, a payé une portion de son prix à son vendeur, et qui, par suite
de l'émigration de celui-ci, ou de sa condamnation
révolutionnaire, emportant Confiscation, a été
contraint de payer le restant de ce même prix à
la caisse nationale, peut-il renvoyer les créanciers
opposans au sceau de ses lettres de ratification,
à se pourvoir préalablement sur les deniers qu'il
a versés au trésor public?*

V. le plaidoyer et l'arrêt du 6 ventôse an 10,
rapportés à l'article *Lettres de ratification*, §. II.

§. II. 1°. *A qui appartient le bénéfice de
la restitution ordonnée par la loi du 21 prairial an 3, des biens confisqués sur les personnes condamnées par jugement révolutionnaire? Est-ce aux ayant-droit de ceux qui,
au temps de la mort des condamnés, étaient
leurs plus proches parens? Est-ce aux personnes qui, à l'époque de la publication de
la loi du 21 prairial an 3, se trouvaient dans
le plus prochain degré de successibilité?*

2°. *Quels sont, dans le sens de l'art. 2 de
la loi du 5 décembre 1814, relative à la remise des biens confisqués pour cause d'émigration, les héritiers et ayant-cause de l'ancien propriétaire, à qui ces biens doivent être
rendus?*

I. Sur la première question portée à l'audience
de la cour de cassation, section civile, j'ai donné,
le 23 thermidor an 10, des conclusions ainsi conçues :

« La question sur laquelle vous avez à prononcer
est plus intéressante que difficile.

» Dans le fait, Louis-Auguste Delaviefville, et
sa fille unique, Isabelle Delaviefville, épouse d'Eugène de Béthune, émigré, ont péri le 4 floréal an
2, victimes d'un jugement du tribunal révolutionnaire d'Arras ; et par le même acte, leurs biens ont
été confisqués au profit de la république.

» Isabelle Delaviefville laissait un fils en bas âge,
nommé Louis de Béthune.

» Ce fils est décédé le 7 frimaire an 3.

» Six mois après sa mort, le 14 floréal an 3, la
convention nationale a décrété que les biens des
condamnés depuis le 10 mars 1793, seraient rendus à leurs familles ; et le 21 prairial suivant, elle
a, par un autre décret, réglé définitivement le
mode de cette restitution.

» Alors se sont présentés pour recueillir les biens
confisqués sur Louis-Auguste Delaviefville et la
dame de Béthune, les cit. Daussi et Decarnin,
leurs plus proches parens collatéraux.

» Le directeur des domaines nationaux s'est opposé à leur prétention ; il a soutenu que les biens
réclamés par eux avaient été transmis, par le décès
de Louis-Auguste Delaviefville et de la dame de
Béthune, à Louis de Béthune, fils ; que Louis de
Béthune, d'après l'art. 69 de la loi du 17 nivôse
an 2, avait eu pour héritier Eugène de Béthune,
son père, émigré ; que la république représentait
celui-ci, et que, d'après l'art. 3 de la loi du 28
mars 1793, elle devait en exercer tous les droits
de successibilité ; qu'ainsi, ces biens devaient rester
confondus dans la masse du domaine national.

» Les cit. Daussi et Decarnin ont soutenu, de
leur côté, que Louis de Béthune n'avait succédé,
ni de fait ni de droit à Louis-Auguste Delaviefville,
son aïeul, et à la dame de Béthune, sa mère ; qu'il
ne leur avait pas succédé de fait, puisque jamais
il n'avait joui de ce qu'ils avaient laissé ; qu'il ne
leur avait pas succédé de droit, puisque, par l'effet

de la Confiscation, et tout le temps qu'elle avait duré, ils n'avaient pas eu d'autre héritier que le fisc ; que conséquemment Louis de Béthune fils n'avait rien transmis à son père émigré ; et que, par une conséquence ultérieure, la république n'avait rien à prétendre du chef de l'émigré Eugène de Béthune.

» Sur ces moyens respectifs, il est intervenu d'abord un arrêté de l'administration centrale du département du Nord, en date du 17 prairial an 4, qui a prononcé en faveur des cit. Daussi et Ducarnin.

» Mais cet arrêté a été cassé le 8 fructidor an 6, par le ministre des finances ; et le 21 frimaire an 8, le ministre actuel a confirmé la décision de son prédécesseur, en laissant néanmoins aux cit. Daussi et Decarnin la faculté de se pourvoir devant les tribunaux, s'ils se croyaient lésés.

» De là une instance devant le tribunal civil du département du Nord, qui, par jugement du 9 messidor an 8, a donné gain de cause aux cit. Daussi et Decarnin.

» Le préfet du même département, qui avait figuré au nom de la république dans ce jugement, s'en est rendu appelant devant le tribunal d'appel de Douai ; et là, après une discussion extrêmement approfondie de part et d'autre, nouveau jugement du 11 fructidor de la même année, qui déclare qu'il a été mal-jugé, et maintient la république dans les biens litigieux.

» C'est de ce second jugement que les cit. Daussi et Decarnin vous demandent la cassation.

» Suivant eux, les lois des 28 mars 1793 et 17 nivôse an 2 ont été faussement appliquées par le tribunal d'appel de Douai ; et ce tribunal, par la fausse application qu'il en a faite, a violé les lois des 14 floréal et 21 prairial an 3.

» Ce n'est pas qu'ils disconviennent aujourd'hui, comme ils le faisaient dans le principe, qu'en thèse générale, la république doive recueillir, en vertu de la loi du 28 mars 1793, les successions qui échoient aux émigrés.

» Ils ne nient pas non plus qu'en thèse générale, tout père émigré ne doive, en vertu de la loi du 17 nivôse an 2, recueillir, par les mains de la république, la succession de son fils décédé postérieurement à son émigration.

» Mais voici en quoi, s'il faut les en croire, le tribunal d'appel de Douai a faussement appliqué ces deux lois : c'est que ni l'une ni l'autre ne peuvent être adaptées à une succession qui, par les lois des 14 floréal et 21 prairial an 3, a été rendue à la famille des condamnés Delaviefville, père et fille, telle qu'elle existait au moment où ces deux dernières lois ont paru ; qui par conséquent n'a jamais reposé sur la tête de Louis de Béthune, leur fils et petit-fils, qui par conséquent encore n'a pas pu être transmise par celui-ci à l'émigré Eugène de Béthune, son père.

» La contestation dépend donc tout entière du seul point de savoir si Louis de Béthune a succédé à son aïeul Delaviefville et à la dame de Béthune, sa mère ; car s'il leur a succédé, nul doute qu'il n'ait transmis leur succession à Eugène de Béthune, son père ; et conséquemment à la république ; et s'il ne leur a pas succédé, nul doute encore que leur succession ne doive appartenir aux cit. Daussi et Decarnin.

» Pour établir qu'il ne leur a pas succédé, les cit. Daussi et Decarnin invoquent les lois des 14 floréal et 21 prairial an 3.

» Mais avant de discuter les argumens qu'ils tirent de ces deux lois, il ne sera pas inutile d'examiner si la question n'est pas décidée par d'autres dispositions législatives ; et si nous parvenons à démontrer qu'elle l'est en effet, il ne nous restera plus qu'à raccorder ces mêmes dispositions législatives et la déterminaison à laquelle elles nous auront conduits, avec le texte des lois des 14 floréal et 21 prairial an 3.

» Une maxime entièrement opposée aux règles du droit romain qui vous ont été citées, mais qui est commune à toutes les parties du territoire de la république, aux pays de droit écrit, comme aux pays coutumiers, et qui est spécialement écrite dans la plupart des coutumes de la situation des biens litigieux, c'est que *le mort saisit le vif, son plus proche héritier habile à lui succéder.*

» Et la conséquence nécessaire de cette maxime, c'est qu'à l'instant même où Louis Delaviefville et la dame de Béthune ont cessé d'exister, Louis de Béthune, petit-fils de l'un et fils de l'autre, a dû se trouver investi du titre d'héritier de son aïeul et de sa mère.

» S'il en a été réellement investi, la question est résolue ; ou plutôt elle n'en est pas une ; car, encore une fois, les cit. Daussi et Decarnin reconnaissent que, si Louis de Béthune a été héritier de son aïeul et de sa mère, l'émigré Eugène de Béthune est, à son tour, devenu héritier de Louis de Béthune.

» Pourquoi donc Louis de Béthune n'aurait-il pas été héritier de sa mère et de son aïeul ? C'est, disent les cit. Daussi et Decarnin, parcequ'il est principe général que l'homme qui meurt civilement, ne peut pas avoir d'héritier ; et que la confiscation de ses biens est de droit, à moins qu'une loi particulière n'en fasse la remise expresse ; c'est parceque, dans notre espèce particulière, le même jugement qui a fait périr l'aïeul et la mère, a de fait confisqué leurs biens ; c'est parceque ce jugement étant indivisible, on ne peut pas considérer l'aïeul et la mère comme morts, sans les considérer en même temps comme morts sans héritier de leur sang ; c'est parceque la confiscation ne leur a donné, tout le temps qu'elle a duré, que la république pour héritière.

» Mais d'abord, dans quel Code les cit. Daussi et Decarnin ont-ils lu que la Confiscation est tellement de droit, qu'il faille une loi positive, pour que le condamné à une peine emportant mort civile, puisse avoir un héritier ? Si nous ouvrons les lois romaines, nous y verrons que, dans les vastes pays qu'elles ont gouvernés, il s'est écoulé plusieurs siècles avant qu'on y eût seulement l'idée de la Confiscation. « Par l'ancien droit romain » (dit Renusson, *Traité des propres*, chap. I, sect. 9, n°. 1), « on ne confisquait point les biens des condamnés, mais ils étaient conservés aux héritiers ; la loi *Cornelia*, faite par Sylla, pendant sa dictature, est la première qui ait ordonné la Confiscation des biens des condamnés ». Il existait donc des héritiers relativement aux condamnés, long-temps avant qu'il fût question de confisquer les biens de ceux-ci ; il est donc souverainement faux que la condamnation de Louis-Auguste Delavieyille et de la dame de Béthune, sa fille, les ait, de plein droit, privés de l'avantage d'avoir un héritier.

» Mais est-il vrai que le fisc soit héritier du condamné dont il s'approprie les biens ? Est-il vrai que le condamné, dont la Confiscation absorbe tout le patrimoine soumis à l'empire du jugement qui la prononce, n'a pas pour héritier le parent à qui la maxime, *le mort saisit le vif*, en défère le titre ?

» C'est un principe universellement reconnu, que le fisc n'est jamais tenu envers les créanciers du condamné, que jusqu'à la concurrence de la valeur des biens qu'il recueille par droit de Confiscation ; que jamais il ne confond en lui-même les créances qu'il avait sur le condamné avant sa condamnation ; et que, pour jouir de l'un et de l'autre avantage, il n'a pas besoin de recourir au bénéfice d'inventaire. Les auteurs, les coutumes, les arrêts, tout est uniforme à cet égard ; il n'y a pas de règle plus constante dans la jurisprudence de l'Europe entière.

» Mais ce principe, d'où dérive-t-il ? A-t-il sa source dans un privilège particulier au fisc ? Non, il n'est que le résultat de la nature, de l'essence même du titre d'héritier.

» L'héritier représente en tout point le défunt à qui il succède ; il n'est avec lui qu'une seule et même personne ; le défunt est censé revivre en lui, ou plutôt, il n'est censé n'être pas mort, et l'existence de l'un, n'est aux yeux de la loi, que la prolongation de l'existence de l'autre : de là l'obligation indéfinie de l'héritier, d'acquitter toutes les dettes du défunt ; de là, la confusion qui se fait de tous les droits que le premier avait contre le second.

» Le fisc, au contraire, n'est qu'un simple successeur aux biens. Quelques auteurs, il est vrai, l'appellent *héritier irrégulier* ; mais ce mot *irrégulier* prouve qu'ils ne le regardent pas comme un *héritier* proprement dit. Lebrun en fait expressément la remarque dans son *Traité des successions*, liv. 3, chap. 4, n°. 79 : « L'on peut encore demander » (dit-il) si les *héritiers irréguliers*, qui n'obtien- » nent point de lettres et ne font point d'inven- » taire, sont tenus envers les créanciers au-delà des » forces de la succession ; par exemple, ... le fisc » qui succède par droit de Confiscation... ; et il faut » répondre qu'ils ne sont point obligés d'obtenir » des lettres, parceque leur titre contient une es-

» pèce de bénéfice d'inventaire, *puisqu'ils ne sont* » *que des successeurs et non point de véritables* » *héritiers* ».

» Le fisc ne représente donc point la personne dont il appréhende le patrimoine par droit de Confiscation ; et s'il est tenu d'en payer les dettes, c'est uniquement parcequ'il n'existe de biens réels, qu'après les dettes payées : *bona non intelliguntur, nisi deducto ære alieno*. Aussi les créanciers n'ont-ils pas contre lui l'action personnelle qui résulte de l'adition d'hérédité ; ils n'ont contre lui qu'une action réelle, action dont l'unique fondement est la possession des biens du condamné ; et cette action, il la fait cesser, en leur abandonnant les biens qui en sont la cause en même temps que l'objet.

» Le fisc n'est donc pas héritier ? S'il ne l'est pas, comment empêcherait-il l'effet de la maxime, *le mort saisit le vif ?* S'il ne l'est pas, comment empêcherait-il que la qualité d'héritier ne se fixât sur la tête du plus proche parent du condamné ?

» Il l'empêche si peu, que, si le condamné a laissé des biens dans un pays où la Confiscation n'étend pas ses effets, ces biens appartiennent incontestablement à son parent le plus proche.

» Et si, comme dans notre espèce, la Confiscation dévore toute la fortune du condamné, le plus proche parent n'en est pas moins héritier ; car on peut être et l'on est réellement héritier, quoiqu'il n'existe aucun bien dans la succession : *Hereditas sine ullo corpore intellectum habet*, dit la loi 50, D. *de petitione hereditatis*.

» De là venait, et de là seulement pouvait venir, dans l'ancien ordre des successions, ce point de jurisprudence si constant, qui, en cas de remise faite par le fisc à la famille du condamné, des biens confisqués sur celui-ci, faisait considérer ces biens comme propres dans la main du parent à qui ils advenaient par l'effet de cette remise.

» De là vient encore que, dans le même cas, on a toujours déféré les biens, non au parent qui se trouvait le plus proche à l'époque de la remise de la confiscation, mais à celui qui s'était trouvé le plus proche à l'instant de la mort du condamné.

» Et ce qui est péremptoire, ce qui est tranchant pour notre espèce, c'est que ce second point de jurisprudence a été formellement consacré de nos jours, par le pouvoir législatif : il existe, à ce sujet, deux lois bien connues.

» Par la première, en date du 22 fructidor an 3, la Convention nationale a rendu aux familles des ecclésiastiques déportés, les biens qui avaient été confisqués sur eux en exécution du décret du 17 septembre 1793 ; et elle a déclaré expressément, art. 4, que les héritiers présomptifs à qui devait profiter ce grand acte d'humanité et de justice, étaient *ceux qui, au moment de la déportation ou réclusion, auraient succédé auxdits ecclésiastiques, s'ils étaient morts naturellement*.

» La seconde loi, que vous êtes sans doute étonnés de ne voir citée dans aucun des actes de la procédure , est du 20 prairial an 4; et une chose bien remarquable , c'est qu'elle a été faite pour servir de supplément aux lois des 14 floréal et 21 prairial an 5.

» Il s'agissait de savoir qui du père et du fils, morts ensemble sur l'échafaud révolutionnaire, devait être censé avoir survécu, et avoir par là transmis à ses propres héritiers présomptifs les biens du prédécédé. La question, comme vous le voyez, supposait manifestement, ou plutôt prouvait jusqu'à l'évidence, que, nonobstant la Confiscation dont avaient été frappés les biens de l'un et de l'autre, la qualité d'héritier avait instantanément reposé sur la tête du survivant, et voici comment la loi l'a décidée. « Le conseil des cinq-cents , considérant qu'il est instant de tracer » aux tribunaux une marche certaine et régu-» lière, lorsqu'il sera impossible de constater le » prédécès de deux personnes se succédant de » droit, et mises à mort dans la même exécu-» tion , déclare qu'il y a urgence.... Lorsque » des ascendans , des descendans et autres per-» sonnes qui se succèdent de droit, auront été » condamnés au dernier supplice, et que, » mis à mort dans une même exécution, il devient » impossible de constater leur prédécès ; le plus » jeune des condamnés sera présumé avoir sur-» vécu ».

» A la vérité, rien n'annonce dans le texte de cette loi, que, dans les cas pour lesquels elle a été faite, les condamnés eussent subi la Confiscation générale de leurs biens. Mais la chose n'en est pas moins certaine, et nous en trouvons la preuve, 1°. dans le message du directoire exécutif, du 2 germinal an 4, qui a provoqué la loi ; 2°. dans le rapport fait au conseil des cinq-cents, en conséquence de ce message, le 4 floréal suivant ; 3°. dans la discussion qui a eu lieu sur ce rapport, dans le sein du même conseil.

» Le message du directoire exécutif est ainsi conçu : « Une question extraordinaire appelle vos mé-» ditations. *Elle s'élève relativement à l'exécution* » *des lois des 14 floréal et 21 prairial an 5*, qui » ordonnent la restitution des biens des condam-» nés révolutionnairement depuis le 10 mars 1793. » Dans l'impuissance de distinguer les innocens » des coupables, ces lois ont présumé l'innocence. » Elles déclarent les Confiscations non avenues, et » ordonnent en conséquence la restitution des biens » des condamnés à leurs familles. Il semble » donc que les biens des condamnés ne sont pas » *donnés* à leurs héritiers, mais qu'ils leur » sont *rendus* comme s'ils étaient morts naturelle-» ment : d'où il paraîtrait résulter que, lorsque le » père et le fils condamnés par le même jugement, » ont été exécutés le même jour, on devrait s'as-» surer qui des deux est mort le premier, pour » décider à qui leurs biens sont transmis. Mais » il n'est pas toujours possible de constater le » prédécès : il s'agit, par exemple, de deux per-

» sonnes condamnées à être fusillées dans la même » exécution ; il est presque toujours impossible de » reconnaître celle qui a succombé la première. » Le doute s'accroît, si le père et le fils ayant » été condamnés avec plusieurs autres, par un ju-» gement qui ne déterminait pas le genre de sup-» plice, les uns ont été passés par les armes, et les » autres ont reçu la mort sur l'échafaud. En effet, » il est incertain, dans ce cas, si le père et le fils » ont subi le même supplice, et lequel des » deux modes d'exécution a précédé l'autre. » Dans une telle incertitude, les juges n'ont pas » même d'exemple qu'ils puissent consulter. Il est » besoin d'une loi pour fixer leurs opinions flot-» tantes et déterminer les droits des héritiers, in-» dépendamment de la conscience du juge, qui » reste toujours inquiète quand la loi n'appuie pas » le jugement. — Le directoire exécutif, citoyens » législateurs, vous fera observer que cette ques-» tion, qui s'est déjà élevée, est de nature à se re-» produire encore ; il vous invite, en conséquence, » à la prendre en prompte considération ».

» Vous voyez qu'en s'expliquant ainsi, le direc-toire exécutif n'avait pas d'autre objet que de faire décider par le corps législatif, si le père et le fils étant morts ensemble, en exécution d'un de ces jugemens auxquels la loi du 10 mars 1793 avait attaché la Confiscation des biens, c'était le père qui devait être présumé avoir hérité du fils sur l'échafaud même, ou si c'était au contraire le fils qui devait être censé, dans cette cruelle position, avoir hérité de son père.

» Le rapport fait d'après ce message, à la séance du 4 floréal an 4, nous présente la même question élevée dans les mêmes circonstances. Voici les termes dont s'est servi le cit. Bontoux, rapporteur : » Lorsqu'à des temps de deuil et de calamité » eurent succédé des jours qui doivent ramener la » vertu, la tranquillité et le bonheur ; la conven-» tion nationale, se trouvant dans l'impuissance » de distinguer les innocens qui, confondus avec » des coupables, avaient expiré sur l'échafaud, » dut présumer l'innocence de tous. Ce principe, » base de tout gouvernement fondé sur la saine » morale, fut consacré dans les décrets des 14 flo-» réal et 21 prairial dernier ; ils ordonnent la res-» titution aux familles des biens confisqués sur les » condamnés révolutionnairement depuis le mois » de mars 1793. Par un message du 2 germi-» nal, le directoire exécutif vous a demandé la » résolution d'une difficulté élevée sur l'exécu-» tion des lois précitées ; elle consiste à fixer l'opi-» nion des tribunaux *pour déterminer les vrais* » *héritiers*, lorsque le père et le fils, mis à mort » dans une même exécution, il devient impossible » de constater quel est celui des deux qui a prédé-» cédé. Organe de la commission que vous avez » créée pour examiner cet objet, je viens vous pré-» senter le résultat de ses méditations ».

» Ici, l'orateur entre dans des détails qu'il serait

trop long de vous retracer, mais voici la conséquence qu'il en tire : « D'après une expérience » fondée sur tant de faits, qui prouvent la force » invincible de l'affection paternelle, n'y a-t-il » pas lieu de présumer que le père et le fils, » traînés conjointement à l'échafaud, le père » se sera fait donner la mort le premier, pour » ne pas survivre à son fils, et n'être pas » témoin du déchirant spectacle de son sup- » plice ? Votre commission a cru que vous pré- » senter d'autres idées, eût été s'écarter du vœu » de la nature ; et d'après ces considérations, elle » m'a chargé de vous présenter le projet de réso- » lution suivant ».

» Dans ce projet, deux choses sont à distinguer : le décret d'urgence et le dispositif.

» Le décret d'urgence est mot pour mot le même que dans la loi du 20 prairial an 4. Mais le dispositif est différent ; en voici les termes : *dans les affaires qui seront portées devant les tribunaux, dans l'hypothèse où l'on ne pourrait constater positivement qui du père ou du fils a survécu l'un à l'autre, le père sera présumé avoir prédécédé.*

» Ce projet, d'abord ajourné, a été représenté à la séance du 18 prairial an 4 ; aucun membre du conseil des cinq-cents n'en a combattu le fond ; mais la rédaction en a été discutée par le cit. Dumolard : « Je ne m'opposerais pas au projet (a-t-il dit) » s'il était une réponse au message du directoire » qui lui a donné lieu. Le directoire a demandé » lequel des parens exécutés le même jour, par » suite de jugemens révolutionnaires, devait être » censé être mort le premier. Votre commission » n'avait que cette difficulté à résoudre. Mais, au » contraire, elle vous propose de faire une appli- » cation générale de son principe, quoiqu'il » choque et la raison et la législation existante. » J'admets ce principe, lorsqu'il s'agit d'une » condamnation et d'une exécution criminelle ; » mais dans un naufrage, par exemple, un in- » cendie, ou dans tout autre événement extraor- » dinaire et dangereux, je dois présumer l'enfant » de trois ans mort avant l'homme d'un âge mûr. » Je pense que ce principe ne peut être appli- » qué généralement. Je demande que le projet » présenté soit réduit aux termes du message du » directoire, c'est-à-dire, restreint aux condamnés » et exécutés le même jour ».

» Ces observations ont été adoptées ; et le projet, ainsi amendé, est devenu la loi du 20 prairial an 4.

» Il a donc été décidé par cette loi, non-seulement que le père et le fils ayant péri ensemble sur un même échafaud, la Confiscation qu'ils avaient encourue, n'avait pas empêché que l'un n'eût acquis de plein droit le titre et les droits d'héritier de l'autre ; mais encore que, dans le doute, ce titre et ces droits devaient être censés avoir reposé sur la tête du fils, plutôt que sur celle du père ; en sorte que les biens d'abord confisqués sur l'un

comme sur l'autre, venant ensuite à être rendus à leur famille, c'était aux héritiers du fils et non à ceux du père, que la restitution devait en être faite.

» Et cette décision en renferme nécessairement une autre : c'est que les plus proches parens du fils lui avaient succédé immédiatement, quoiqu'au moment où la succession s'était ouverte, le fisc en eût appréhendé tous les biens.

» Supposons donc que le jeune Louis de Béthune, au lieu de mourir naturellement, le 7 frimaire an 3, eût péri le 4 floréal an 2 avec sa mère et son aïeul.

» Dans cette hypothèse, quel est celui des trois condamnés à qui, nonobstant la Confiscation, eût appartenu le titre d'héritier des deux autres ? La loi nous le dit elle-même, il eût appartenu à Louis de Béthune.

» Et à qui, toujours nonobstant la Confiscation, Louis de Béthune eût-il transmis ce titre ? La loi nous le dit encore : il l'eût transmis à l'émigré Eugène de Béthune, son père, et par conséquent à la république.

» Et l'on voudrait que la république ne succédât pas à Louis de Béthune mort naturellement, comme elle aurait succédé à Louis de Béthune mort sur un échafaud ? Cette idée est véritablement insoutenable ; et il a fallu, pour la défendre sérieusement en justice, que les cit. Daussi et Decarnin se fissent une étrange illusion sur les premiers principes.

» Car, nous devons le dire, il s'en faut beaucoup que les lois des 14 floréal et 21 prairial an 3 contiennent là-dessus des dispositions favorables au système des cit. Daussi et Decarnin. Tout annonce au contraire dans ces deux lois, l'intention de rendre les biens confisqués à ceux qui y auraient eu droit sans la Confiscation, et conséquemment à ceux que la loi du 17 nivôse an 2 appelait à les recueillir à l'époque du décès des condamnés.

» D'abord, ces lois déclarent formellement dans leurs préambules, qu'elles ne rendent les biens confisqués aux familles des condamnés, qu'en considération *de l'abus que l'on a fait des lois révolutionnaires ;* ce qui signifie bien clairement, comme l'ont observé le message du 2 germinal et le rapport du 4 floréal an 4, que, *dans l'impuissance de distinguer les innocens des coupables, ces lois présument l'innocence de tous.*

» Or, si tous les condamnés sont présumés avoir péri innocemment, bien certainement la Confiscation est présumée avoir été prononcée injustement envers chacun d'eux ; et par une suite nécessaire, chacun d'eux doit être considéré comme n'ayant pas essuyé la Confiscation ; chacun d'eux par conséquent doit être considéré, comme ayant transmis immédiatement ses biens à ses héritiers naturels.

» Aussi voyons-nous que, dans leurs préambules, les deux lois veulent que les biens des condamnés soient, non pas *donnés*, non pas *délivrés*, mais *rendus* à leurs familles; et ce mot *rendus* tranche évidemment toute difficulté.

» Aussi le directoire exécutif remarque-t-il, dans le message du 2 germinal an 4, que les biens des condamnés sont rendus à leurs héritiers, *comme s'ils étaient morts naturellement.*

» En second lieu, le dispositif de la loi du 21 prairial an 3 nous offre également des preuves sans réplique, que telle a été effectivement l'intention de la convention nationale.

» *Toutes Confiscations* (est-il dit dans l'art. 1er. de cette loi) *prononcées depuis le 10 mars 1793, par les tribunaux ou commissions révolutionnaires*, SONT CONSIDÉRÉES COMME NON AVENUES.

» Considérer les Confiscations comme *non avenues*, c'est bien dire qu'elles sont censées n'avoir pas été prononcées; c'est bien dire que les successions des condamnés doivent être réglées, comme si le fisc n'y avait jamais eu aucun droit; c'est bien dire qu'elles sont déférées à ceux qui y étaient appelés au moment où les condamnés ont cessé d'exister.

» Et c'est ce que l'art. 1er. lui-même déclare en termes exprès : *Les héritiers*, porte-t-il, *jouiront conformément aux lois.*

» De quelles lois veut parler cette partie de l'article? Ce sont certainement celles-là, et celles-là seules, qui règlent l'ordre des successions; et vous savez que la première de ces lois est la maxime, *le mort saisit le vif.*

» Ainsi, non-seulement la loi du 21 prairial an 3 ne déroge pas à cette maxime générale, ce qu'elle ne pourrait faire que par une disposition formelle; mais elle la conserve, elle la maintient, elle en prescrit l'observation dans les familles auxquelles elle restitue les biens dont elle rend les Confiscations *comme non avenues.*

» Mais, disent les cit. Daussi et Decarnin, déclarer les Confiscations comme *non avenues*, ce n'est pas les déclarer *nulles*; ce n'est conséquemment pas en faire cesser les effets pour le passé, mais seulement pour l'avenir; et par une conséquence ultérieure, ce n'est pas rendre les biens *ut ex tunc*; c'est seulement les rendre *ut ex nunc.*

» Nous pourrions, nous devrions peut-être abandonner cet argument à sa propre futilité. Dans quelle loi, dans quel dictionnaire, les cit. Daussi et Decarnin ont-ils lu cette distinction, qu'ils font sonner si haut, entre l'*acte déclaré comme non avenu* et l'*acte déclaré nul?* Il y a sans doute entre ces deux expressions une différence grammaticale; mais est-elle à l'avantage du système des cit. Daussi et Decarnin? Il s'en faut beaucoup. L'expression *non avenu* est à l'expression *nul*, ce que l'effet est à sa cause, ce que la conséquence est à son principe. Un acte n'est, aux yeux de la loi, comme *non avenu*, que parcequ'elle le considère comme *nul*; et de ce qu'elle le considère comme

nul, il suit nécessairement qu'elle le rend comme *non avenu.*

» Les cit. Daussi et Decarnin insistent cependant encore, et ils croient trouver dans les art. 14, 18 et 21 de la loi du 21 prairial an 3, la preuve que la confiscation n'est, par cette loi, déclarée comme non avenue que pour l'avenir, et comme ils le disent, *ut ex nunc.*

» Mais c'est assurément de leur part une très-grande erreur.

» L'art. 14 porte, que « les inventaires, partages, cessions, estimations et autres arrange-
» mens faits en vertu des lois précédentes, entre
» les agens du trésor public, les veuves des con-
» damnés et les associés de leurs maris, seront exé-
» cutés, en satisfaisant par les veuves et associés
» aux conditions desdits arrangemens, et en payant
» aux héritiers la part qui serait revenue au trésor
» public, si la restitution ci-dessus accordée n'avait
» pas eu lieu ».

» L'art. 21 ajoute que « les ventes des meubles et
» immeubles des condamnés, faites antérieurement
» à la promulgation du décret de surséance du 30
» ventôse, sont confirmées. Le prix seul qui a été ou
» qui sera payé au trésor public, sera restitué au con-
» joint survivant, ou aux héritiers du condamné ».

» Et par l'art. 18, « les survivans ou héritiers
» ne pourront rien réclamer du trésor public pour
» restitution de loyers, intérêts ou fruits perçus
» par la république, jusqu'au 14 floréal dernier.
» Ces objets resteront compensés avec les frais de
» gardiens et de séquestres ».

» Que résulte-t-il de ces trois articles combinés entre eux? Il en résulte une distinction aussi simple que juste, entre les effets de l'abolition de la Confiscation par rapport aux droits des héritiers envers les tiers-acquéreurs, et les effets de l'abolition de la Confiscation par rapport aux droits des héritiers envers la république.

» Des héritiers aux tierces-personnes qui ont traité légalement avec la république, pendant la durée de la Confiscation et sous la foi des lois alors existantes, la Confiscation n'est abolie que pour l'avenir; les héritiers sont obligés de prendre les biens dans l'état où ils les trouvent; et rien n'est plus sage, rien n'est plus conforme aux principes. Disposer autrement, c'eût été bouleverser la fortune de toutes les familles; c'eût été faire rétroagir au préjudice des tiers, l'abolition des effets de la Confiscation; c'eût été faire d'un acte de justice et de clémence, une source intarissable de divisions et de difficultés.

» Mais des héritiers à la république seule, la Confiscation est rendue sans effet, même pour le passé. Cette espèce de rétroaction est au pouvoir de la volonté nationale, qui n'est pas autre chose que la loi; et la loi ne manque pas de la prononcer.

» Comment la prononce-t-elle? Précisément en ordonnant, art. 18, que les fruits perçus par la république pendant la durée de la Confiscation, resteront compensés avec les frais de gardiens et de séquestres. En s'expliquant ainsi, la loi reconnaît bien manifestement que, par cela seul que la Confiscation est déclarée comme non avenue, les fruits sont dus aux héritiers, à compter du jour de la mort du condamné. Elle reconnaît par conséquent qu'à compter du jour de la mort du condamné, ses héritiers ont été saisis légalement de ses biens, et par une conséquence ultérieure, elle reconnaît encore que la règle, *le mort saisit le vif*, a agi sur la succession du condamné, comme s'il n'y avait pas eu de Confiscation.

» Mais tout en rendant hommage à cette vérité, la loi ne veut pas qu'on en abuse au préjudice de la république; elle ne veut pas qu'on en tire des inductions ruineuses pour le trésor national; et comme il est dû à la république des frais de gardiens et de séquestres, en même temps qu'elle doit des restitutions de fruits, la loi ordonne que les uns se compenseront par les autres.

» Ce n'est donc pas, comme l'avancent les cit. Daussi et Decarnin, *par continuation de droit, que les fruits perçus par la nation, lui restent;* ils ne lui restent qu'à titre de compensation; et ce titre non-seulement suppose, mais prouve, que les fruits perçus par la nation, ne lui appartiennent pas, et qu'elle devrait les restituer, si elle n'avait pas de quoi les balancer par des contre-préventions légitimes; il prouve conséquemment que de la nation aux héritiers, la Confiscation est déclarée comme non avenue dès son principe.

» Et ici se place naturellement une observation extrêmement importante : c'est que, dans la loi du 22 fructidor an 3, qui contient, comme vous l'avez déjà vu, la solution directe de notre question principale, relativement aux biens des prêtres déportés, nous trouvons précisément les mêmes dispositions que dans les art. 1, 14, 18 et 21 de la loi du 21 prairial précédent.

» A l'instar de l'art. 1 de la loi du 21 prairial, qui déclare *comme non avenues* les Confiscations prononcées contre les condamnés, et veut en conséquence que leurs biens soient rendus à leurs héritiers, les art. 1 et 3 de la loi du 22 fructidor portent, l'un que les décrets par lesquels, relativement à la Confiscation des biens, les ecclésiastiques déportés avaient été assimilés aux émigrés, *sont rapportés en ce qui concerne ladite Confiscation,* termes qui équipollent évidemment à ceux-ci, *la Confiscation est déclarée comme non avenue;* l'autre, que *les biens ou leur valeur seront remis sans délai,* soit aux ecclésiastiques eux-mêmes, s'ils sont relevés de leur état de déportation ou mort civile, soit, dans le cas contraire, à *leurs héritiers présomptifs;* et il n'est pas besoin d'observer que ce mot *remis* est absolument synonyme du mot *rendus,* qu'emploie la loi du 21 prairial.

» Quant aux dispositions des art. 14, 18 et 21 de cette dernière loi, l'art. 5 de la loi du 22 fructidor les adopte purement et simplement

en ces termes : « En ce qui concerne les ventes » faites des biens meubles et immeubles desdits ec-» clésiastiques, le paiement du restant de prix, » la restitution de ce qui en reste en nature, » le remboursement auxdits individus et à leurs » héritiers, de ce qui a été ou devra être exigé ou » perçu au nom de la république, les perceptions » de fruits, frais de séquestres, abus ou malversa-» tions, on se réglera sur les dispositions de la sec-» tion deuxième de la loi du 21 prairial, relative » au mode de restitution des biens des condamnés ».

» Les deux lois des 21 prairial et 22 fructidor an 3 nous offrent donc la même marche, la même économie dans leurs dispositions sur le mode et les effets de la remise des biens confisqués; et dès là, quoi de plus naturel que de regarder l'article par lequel celle-ci déclare que, pour fixer les droits des héritiers présomptifs, il faut se reporter à l'époque où la Confiscation a été encourue, comme un supplément ajouté à celle-là, pour faire cesser des doutes mal fondés? Quoi de plus naturel que d'appliquer à celle-là, l'interprétation qui se trouve dans celle-ci, surtout quand il y a dans les deux lois identité absolue de principes, surtout quand cette interprétation s'accorde aussi bien avec les dispositions de l'une qu'avec les dispositions de l'autre?

» Les cit. Daussi et Decarnin se fondent encore sur ce que, dans son préambule, la loi du 21 prairial an 3 manifeste le vœu de rendre les biens confisqués *aux familles* des condamnés. Selon eux, en se servant ainsi du mot *familles,* au lieu de la dénomination spéciale d'*héritiers,* la loi an-nonce qu'elle rend les biens *à ceux qui sont ac-tuellement de la famille, sans aucune considéra-tion pour ceux qui sont morts;* car, ajoutent-ils, *le législateur n'a pas pu faire considérer les morts comme étant de la famille; et il faut nécessaire-ment que la famille recueille ou qu'elle se trouve éteinte....*

» Les cit. Daussi et Decarnin reconnaissent donc que, si la loi eût employé le mot *héritiers,* au lieu du mot *familles,* elle aurait par cela seul proscrit leur système. Eh bien! Consultons le dis-positif de la loi, et nous verrons, dans tous les articles qui le composent, que ce n'est pas aux *familles* proprement dites, mais aux *héritiers* qu'elle rend les biens. Cette expression, *les héri-tiers,* se trouve notamment dans les art. 1, 11, 14, 17, 18, 19 et 22; et certainement ces articles sont bien propres à déterminer le sens du mot *fa-milles,* employé dans le préambule : ils forment une démonstration irréfragable, que ce n'est pas aux familles indéfiniment, mais aux individus ap-pelés dans chaque famille par la règle *le mort sai-sit le vif,* que doit être faite la restitution des biens précédemment frappés de Confiscation.

» Inutile encore d'objecter que, par plusieurs jugemens du tribunal de cassation, il a été décidé que la prescription à laquelle la loi de l'enregistre-ment soumet les droits résultant des successions, n'avait pas couru contre la république, pendant le temps qu'elle avait joui des biens confisqués.

» Ce point de jurisprudence tient à d'autres principes que la question sur laquelle vous devez prononcer aujourd'hui.

» Pour prescrire, il faut posséder; et la possession est un fait auquel on ne supplée point par des fictions de droit.

» D'après cela, il est bien clair que les héritiers des condamnés n'avaient pas pu prescrire contre la république, pendant que la république jouissait des biens confisqués.

» Aussi l'un des jugemens qui ont le plus contribué à établir la jurisprudence dont il s'agit, celui du 5 thermidor an 9, rendu au rapport du cit. Cochard et sur nos conclusions, énonce-t-il formellement dans ses motifs, que la prescription n'a pu courir au profit des héritiers des condamnés, *que par leur mise en possession réelle des biens confisqués* d'abord sur ceux-ci (1). Les cit. Daussi et Decarnin oseraient-ils conclure de là que, pour régler les droits des héritiers des condamnés, que, pour savoir quels sont parmi les parens des condamnés, ceux qui doivent profiter de la remise de la Confiscation, il faut n'avoir égard qu'au moment où chaque famille a obtenu de l'administration départementale, un arrêté d'envoi en possession? Cette conséquence serait évidemment absurde; le principe dont elle dérive, ne peut donc pas être vrai.

» Nous ne répondrons pas aux autres objections des cit. Daussi et Decarnin. Quelque nombreuses, quelque subtiles qu'elles soient, elles sont toutes détruites par les principes que nous venons de rappeler; elles le sont surtout par la preuve résultant de la loi du 20 prairial an 4, que les personnes condamnées et mortes sous le règne de la loi du 10 mars 1793, ont eu pour héritiers, au moment même de leur décès, ceux que la règle *le mort saisit le vif*, appelait à leur succéder; et par ces considérations, nous estimons qu'il y a lieu de rejetter la requête en cassation, et de condamner les demandeurs à l'amende ».

Sur ces conclusions, arrêt du 22 thermidor an 10, au rapport de M. Audier-Massillon, par lequel,

« Considérant que, par la loi du 21 prairial an 3, toutes les Confiscations de biens prononcées depuis le 10 mars 1793, par les tribunaux ou commissions révolutionnaires, ont été déclarées comme non avenues;

» Qu'une Confiscation non avenue est de même que si elle n'avait jamais existé; d'où il suit qu'il faut considérer les successions des condamnés révolutionnairement, comme n'ayant jamais passé dans les propriétés nationales, et suivre, à leur égard, l'ordre de succéder qui existait à l'époque de leur décès;

» Considérant que l'ordre ordinaire des successions déterminé par les lois, ne peut être changé

que par une disposition expresse d'une loi contraire; et qu'ainsi, pour que les demandeurs en cassation eussent pu recueillir la succession de Laviefville et de sa fille, dont ils n'étaient pas les plus proches parens et héritiers lors du décès, il aurait fallu que la loi du 21 prairial an 3 eût établi un nouvel ordre pour les successions des condamnés dont elle ordonnait la restitution;

» Considérant que la loi du 21 prairial n'a laissé subsister les effets de la Confiscation, pour le temps qui s'est écoulé depuis la condamnation jusqu'à la publication de la loi, qu'à l'égard des acquéreurs des biens vendus et de ceux qui avaient traité avec la nation; et qu'elle en a entièrement anéanti les effets à l'égard des condamnés, puisqu'elle a ordonné la restitution du prix des immeubles vendus et des bois coupés; que, si elle n'a pas ordonné la restitution des fruits perçus, elle a rendu hommage aux principes, en ordonnant que les fruits perçus seraient compensés avec les frais de gardiens et de séquestres;

» Considérant que, bien loin que la loi du 21 prairial an 3 ait changé, à l'égard des héritiers des condamnés, l'ordre ordinaire des successions, elle l'a expressément maintenu, puisqu'elle a ordonné, par une disposition finale de l'art. 1 de la sect. 1, *que les époux survivans et héritiers jouiront conformément aux dispositions de la sect.* 2;

» Considérant que les dispositions de la loi du 21 prairial an 3, à cet égard, sont encore expliquées et confirmées par l'art. 4 de celle du 22 fructidor même année, qui ordonne que *les héritiers présomptifs des déportés seront ceux qui, au moment de la déportation ou réclusion, auraient succédé auxdits ecclésiastiques, s'ils étaient morts naturellement*; et qu'on doit d'autant moins hésiter d'expliquer la loi du 21 prairial par celle du 22 fructidor, que cette dernière a été faite pour servir de continuation et de complément à la précédente, aux dispositions de laquelle elle se réfère dans plusieurs articles;

» Considérant que, s'il avait pu subsister encore quelque doute sur la nécessité de remonter au temps du décès de Laviefville et de sa fille, pour connaître l'héritier à qui la loi du 21 prairial an 3 a voulu restituer leur succession, ce doute aurait été dissipé par la loi du 20 prairial an 4, qui porte : *Lorsque des ascendans, des descendans, et autres personnes qui, se succédant de droit, auront été condamnés au dernier supplice, et que, mis à mort dans une même exécution, il devient impossible de constater leur prédécès, le plus jeune des condamnés sera présumé avoir survécu*; que cette loi a été provoquée et rendue pour faire cesser les difficultés qui existaient au sujet des successions des condamnés révolutionnairement, ainsi qu'on le voit par le message du 2 germinal an 4 et par le rapport du 4 floréal suivant;

» Considérant que, lorsque cette loi a déterminé lequel des deux parens condamnés par le même jugement, était présumé avoir survécu à l'autre, c'est à raison de ce que la succession du prédécédé devait passer à celui qui lui avait survécu et être par lui transmise à ses héritiers ; et si la loi a supposé que, dans ce cas, l'un d'eux a hérité de l'autre, et qu'il lui a succédé, quoiqu'il ne lui ait survécu qu'un instant, comment peut-on penser que ce ne sont pas les héritiers au temps du décès qui sont appelés à recueillir la succession des condamnés, et que ces héritiers sont exclus lorsqu'ils sont morts avant la loi du 21 prairial an 3?

» Considérant qu'il résulte de toutes les lois ci-dessus rapportées, que les successions de Lavieffville et de sa fille ont été recueillies par Louis-Eustache de Béthune, leur fils et petit-fils, qui les a transmises par son décès à Marie-Eugène de Béthune, son père, en vertu de la loi du 17 nivôse an 2; et qu'elles ont passé dans le domaine de la nation, en vertu de l'art. 3 de la loi du 28 mars 1793, et par conséquent que le jugement qui a débouté les cit. Daussi, Decarnin et consorts de leur demande, et a maintenu la nation dans les successions dont il s'agit, est conforme aux lois;

» Par ces motifs, le tribunal rejette la demande en cassation desdits Daussi, Decarnin et consorts envers le jugement rendu par le tribunal d'appel séant à Douay, le 11 fructidor an 8... ».

II. La seconde question est plus complexe et présente plus de difficultés que la première.

La première était, à proprement parler, résolue par le texte même de l'art. 3 de la loi du 21 prairial an 3, qui, d'une part, déclarait *comme non avenues* les Confiscations prononcées par les jugemens des tribunaux révolutionnaires, et de l'autre, appelait les *héritiers* des condamnés *à jouir de leurs biens conformément aux lois ;* car de ces deux dispositions il résultait clairement qu'elle n'avait en vue que les *héritiers* qui, sans la Confiscation, auraient recueilli, en vertu de la règle *le mort saisit le vif*, à l'instant même du décès des condamnés, les biens dont elle ordonnait la restitution.

Mais la loi du 5 décembre 1814 est conçue dans un tout autre esprit. Elle n'est pas, comme celle du 21 prairial an 3, un acte de pure justice : elle n'est qu'une loi de grâce; elle ne considère pas *comme non avenues*, les Confiscations des biens qu'elle rend aux émigrés ou à leurs héritiers : elle suppose au contraire que ces Confiscations ont dû avoir et ont eu tout leur effet, et elle se borne à en donner main-levée pour l'avenir. Cela est si vrai, qu'elle débute, dans son 1er article, par maintenir, *soit envers l'État, soit envers les tiers, tous les droits acquis avant la Charte constitutionnelle, en vertu des lois sur l'émigration.* Et ce qui vient encore singulièrement à l'appui de cette idée, c'est que, sur la proposition du rapporteur du projet de loi à la chambre des députés, et pour faire d'autant mieux sentir, comme il le disait lui-même, que la loi n'était autre chose qu'un acte de pure munificence, les mots *sont restitués* ont été remplacés, dans l'art. 2, par les mots *sont rendus.*

Il n'y a donc pas, pour déférer aux parens les plus proches du temps de la Confiscation, le bénéfice de la remise ordonnée par cette loi, la même raison qui, dans l'exécution de celle du 21 prairial, avait le plus contribué à faire pencher la balance en leur faveur.

Mais il existe pour eux un autre terme de comparaison qui ne leur est pas moins favorable.

Le sénatus-consulte du 6 floréal an 10 avait fait, pour les émigrés qui profiteraient de l'amnistie qu'il leur accordait, relativement à tous leurs biens invendus, les bois exceptés, ce que la loi du 5 décembre 1814 a fait depuis pour tous les émigrés en général et relativement à leurs biens invendus de toute nature ; et l'avis du conseil d'état, du 9 thermidor an 10, approuvé le 9 du même mois, avait, en conséquence, déclaré que les émigrés décédés précédemment en état d'émigration, pourraient être amnistiés sur la demande de *leurs héritiers*, lesquels seraient, par suite, réintégrés dans les biens confisqués sur eux.

Quels étaient ceux qui devaient, d'après cela, être admis, en qualité de *leurs héritiers*, à faire amnistier leur mémoire, et à reprendre leurs biens ?

On voit que cette question était absolument la même que celle qui s'élève aujourd'hui à l'occasion de la loi du 5 décembre 1814.

Eh bien ! Un arrêt de la cour de cassation, du 21 décembre 1807, inséré dans le *Répertoire de jurisprudence*, au mot *Héritier*, sect. 5, a décidé que, dans l'avis du conseil d'état du 9 thermidor an 10, le mot *Héritiers*, devait s'entendre de ceux qui, cessant la Confiscation, auraient dû succéder aux émigrés, lorsque leurs successions s'étaient ouvertes.

C'est donc dans le même sens que le mot *Héritiers* doit être entendu dans la loi du 5 décembre 1814: *Ubi eadem ratio, ibi idem jus.*

Cependant la question n'est pas encore résolue dans toutes ses branches.

Et d'abord, dans le concours du parent qui se trouvait le plus proche à l'époque de l'émigration, et de celui qui l'était à l'époque de la mort naturelle de l'émigré, lequel des deux doit être préféré à l'autre ?

C'est sans doute le premier ; car c'est lui qui, cessant la Confiscation, aurait succédé à l'émigré, puisque, par l'effet de son émigration, l'émigré avait encouru la mort civile, et que sa mort civile avait ouvert sa succession.

Il est dit, à la vérité, dans l'arrêt cité de la cour de cassation, que *c'est l'héritier légitime, à l'époque de la mort naturelle de l'émigré, qui a dû recueillir sa succession ;* mais pourquoi l'arrêt s'est-il ainsi énoncé? Pour décider notre question actuelle? Non ; elle était étrangère à l'espèce sur laquelle il avait à statuer. Le parent qui, dans cette affaire, s'était trouvé le plus habile à succéder lors de la mort naturelle de l'émigré, l'avait été également à l'époque de l'émigration; il était donc indifférent à la partie qui se présentait comme son ayant-cause, que, pour juger de son habileté, on eût égard à l'une ou à l'autre époque ; et comme elle ne s'était attachée, dans sa défense, qu'à la seconde, c'est aussi à la seconde que l'arrêt s'est fixé. Mais on ne peut pas dire que l'arrêt ait jugé, par là, que la seconde eût dû être considérée de préférence à la première, si le parent en faveur de l'ayant-cause duquel il a prononcé, eût eu pour concurrent un parent qui se fût trouvé dans un degré plus proche que lui, à la première époque. En un mot, l'arrêt n'a jugé qu'une chose, savoir, que le bénéfice de la restitution ordonnée par le sénatus-consulte du 6 floréal an 10, n'appartenait pas précisément au parent le plus proche à l'époque de l'amnistie, mais que, pour trouver l'héritier qui devait profiter de cette restitution, il fallait remonter à une époque plus reculée ; et en énonçant comme un point sans conséquence, que, dans le cas particulier qui se présentait, il fallait remonter jusqu'à la mort naturelle de l'émigré, il n'a pas jugé qu'il n'eût fallu remonter que jusquelà, s'il se fût trouvé un autre concurrent qui eût été successible à l'époque de l'émigration.

Mais voici une autre question, et c'est précisément celle qui, dans l'affaire sur laquelle a été rendu cet arrêt, eût dû spécialement fixer l'attention des parties. Le légataire universel de la personne qui eût succédé à l'émigré, s'il n'y avait pas eu de Confiscation, a-t-il, sur les biens rendus par l'État, les mêmes droits qu'aurait cette personne elle-même, si elle vivait encore ; et peut-il réclamer ces biens, à l'exclusion d'un parent qui se trouve à la fois, et le plus proche de l'émigré après cette personne, et l'héritier légitime de celle-ci ?

Les deux parties, dans cette affaire, supposaient l'affirmative hors de doute ; et l'arrêt l'a plutôt supposée, comme elles, et d'après elles, qu'il ne l'a décidée : car, sans examiner si le légataire universel (1) représentait réellement, quant aux biens en litige, le parent qui, cessant la Confiscation, eût eu droit de les recueillir, à l'époque de l'ouverture de la succession de l'émigré, il s'est borné à décider que c'était à ce parent, et non à celui qui le suivait dans l'ordre de successibilité, que ces biens devaient être censés avoir été transmis par l'émigré lui-même ; et ce n'est que par une conséquence de ce principe, avouée des deux parties, quoique sujette à contestation, qu'il a déclaré qu'ils étaient compris dans le legs universel. Je dis que cette conséquence était sujette à contestation ; et en effet, le légataire universel ne pouvait réclamer que ce que son auteur avait eu

l'intention et le pouvoir de lui donner. Or, son auteur qui était mort en 1796, n'avait certainement ni voulu ni pu lui donner des biens qui alors faisaient partie du domaine de l'État. Il y a plus : quoiqu'alors le legs de la chose d'autrui fût valable, celui des choses hors du commerce était absolument nul ; et tels étaient spécialement les biens domaniaux (1).

Si donc, dans cette espèce, la demoiselle Deloncelles, au lieu de se fonder sur sa seule qualité de plus proche parente de l'émigré, à l'époque de l'amnistie accordée à sa mémoire, avait dirigé sa défense contre l'application que le sieur Guillemette faisait de son titre, et soutenu que le legs universel du sieur Guillemette ne s'étendait pas jusqu'aux biens dont il s'agissait, il est permis de croire que l'arrêt eût prononcé tout autrement.

Et à plus forte raison devrait-on juger tout au trement par rapport à un legs universel qui eût été fait sous le Code civil, dont les art. 1003 et 1021 ne permettent de léguer, soit à titre universel, soit à titre particulier, que les biens dont on est propriétaire au moment de sa mort.

Aussi la cour de cassation a-t-elle cassé, le 25 janvier 1819, un arrêt de la cour royale de Paris qui avait érigé en décision formelle, ce qui, dans l'arrêt du 21 décembre 1807, n'avait été que le résultat de la mauvaise défense de la demoiselle Deloncelles.

Dans le fait, le 3 février 1799, le comte d'Epinay de Ligery meurt en émigration, laissant une fille unique, la duchesse de Sully.

En vertu du sénatus-consulte du 6 floréal an 10, et de l'avis du conseil d'état, du 9 thermidor suivant, la duchesse de Sully, agissant comme héritière de son père, fait amnistier sa mémoire, et obtient la remise des biens qui avaient été confisqués sur lui, à l'exception des bois.

Le 10 juin 1809, elle meurt, après avoir fait, le 30 janvier précédent, un testament qui institue l'abbé Duclaux son légataire universel.

L'abbé Duclaux recueille sa succession dans laquelle se trouvent confondus les biens de son père qui lui avaient été restitués, et il en jouit paisiblement.

Survient la loi du 5 décembre 1814, et alors s'élève la question de savoir à qui doivent être rendus les bois qui avaient été exceptés de la restitution faite à la duchesse de Sully.

L'abbé Duclaux les réclame, comme légataire universel de la duchesse de Sully, héritière immédiate de l'ancien propriétaire. Mais sa prétention est combattue par le marquis d'Épinay-Saint-Luc, qui lui oppose sa qualité de plus proche parent du comte d'Épinay de Ligery, et par conséquent aussi de la duchesse de Sully, sa fille.

Le 3 avril 1816, jugement du tribunal de pre-

_____

(1) Dans l'espèce de cet arrêt, le sieur Guillemette n'était pas à proprement parler, *légataire universel* de la demoiselle Deloncelles, son épouse, qui était sœur germaine de l'émigré dont il s'agissait ; mais ce qui revenait au même pour la question à juger, il était donataire, par acte révocable, de *l'usufruit de tous les biens immeubles* qu'elle avait laissés à sa mort.

(1) *V.* le *Répertoire de jurisprudence*, au mot *Legs*, sect. 3, §. 3.

mière instance du département de la Seine, qui prononce en faveur de l'abbé Duclaux,

« Attendu que, par la loi du 5 décembre 1814, les biens immeubles séquestrés ou confisqués pour cause d'émigration, et qui se trouvent dans le domaine de l'État, sont rendus à ceux qui en étaient propriétaires, à leurs héritiers ou ayant-cause ;

» Que cette remise, quant aux biens encore existant en nature dans le domaine public, opère une véritable restitution en entier en faveur des anciens propriétaires, et efface, à cet égard et dans les termes de la remise, toute trace d'émigration, de séquestre et de Confiscation;

» Que, dès-lors, lesdits biens sont censés n'être pas sortis des mains des anciens propriétaires, qui les ont transmis à leurs héritiers ou ayant-cause ;

» Que le comte d'Épinay de Ligery, propriétaire originaire des biens dont il s'agit, étant décédé en 1799, a laissé pour héritière la duchesse de Sully qui, après avoir accepté sa succession sous bénéfice d'inventaire, a institué le sieur abbé Duclaux son légataire universel ; que ce dernier, en cette qualité, est le représentant à titre universel et l'ayant-cause, non-seulement de la duchesse de Sully, mais encore du comte d'Épinay de Ligery, dont la succession bénéficiaire est tout entière confondue dans son legs;

» Que, pour admettre la prétention du marquis d'Épinay-Saint-Luc, il faudrait supposer qu'à deux époques diverses et éloignées l'une de l'autre, il se serait ouvert, au profit de deux personnes différentes, deux successions du même individu, l'une au moment de son décès, l'autre au jour de la promulgation et par la seule force de la loi du 5 décembre 1814; ce qui contrarierait manifestement tous les principes reçus en matière de transmission d'hérédité, et renfermés dans cette maxime vulgaire du droit français, *le mort saisit le vif* ».

Le marquis d'Épinay-Saint-Luc appelle de ce jugement; mais par arrêt du 29 juillet 1816, la cour royale de Paris, « en adoptant les motifs des » premiers juges, met l'appellation au néant ».

Recours en cassation de la part des héritiers du marquis d'Épinay-Saint-Luc, décédé peu de temps après. Violation des art. 2, 1003 et 1021 du Code civil; et par suite, fausse application de l'art. 2 de la loi du 5 décembre 1814 : tels sont leurs moyens.

L'abbé Duclaux y oppose les motifs de l'arrêt attaqué. Il reproduit d'abord celui qui a pour fondement la prétendue restitution en entier, résultant de l'art. 2 de la loi du 5 décembre 1814; mais il insiste spécialement sur celui qui consiste à dire que, si, en sa qualité de légataire universel de la duchesse de Sully, il n'était pas admis à reprendre, comme faisant partie de la succession, les bois dont il s'agit, on se trouverait réduit à supposer que le comte d'Épinay de Ligery a laissé deux successions, l'une à la duchesse de Sully, l'autre au marquis d'Épinay-Saint-Luc.

Le 25 janvier 1819, arrêt, au rapport de M. Carnot, ainsi conçu :

« Vu les art. 2, 1003 et 1021 du Code civil, et l'art. 2 de la loi du 5 décembre 1814;

» Attendu que, lors de la promulgation de la loi du 5 décembre 1814, le domaine de l'État se trouvait propriétaire légal des biens qui avaient été confisqués sur les émigrés, et qui n'avaient été ni vendus ni aliénés par suite des lois sur l'émigration ; que la loi du 5 décembre a bien fait cesser, du moment où elle a été publiée, tous les effets de la Confiscation sur lesdits biens, mais qu'elle ne les a pas abolis pour le passé, de manière à faire considérer ces biens comme n'étant jamais sortis des mains des anciens propriétaires ; que ce fut même pour écarter les doutes qui auraient pu s'élever à cet égard, que le mot *restitué* qui se lisait dans le projet de la loi du 5 décembre, en fut retranché pour y substituer le mot *rendu* ; qu'il ne peut donc être question de *restitution* dans l'application de la loi du 5 décembre 1814, et encore moins de *restitution en entier* ; d'où il suit que les biens confisqués sur les émigrés et réunis au domaine de l'État, qui ont été rendus par ladite loi, ne l'ont été réellement qu'à titre de libéralité ;

» Attendu que, pour être habile à recueillir une libéralité, il faut avoir capacité pour la recevoir ; et que, dans l'espèce, l'ancien propriétaire et la duchesse de Sully, son héritière, étaient décédés long-temps avant qu'ils pussent profiter du bénéfice de la loi ; que les biens remis à ce titre, ne purent, dès-lors, faire partie de leurs successions ; et par suite, que l'on ne peut dire qu'il y aura deux successions du même individu, parceque ses biens passeront en d'autres mains qu'entre celles du légataire universel de la duchesse de Sully ; que la qualité de légataire universel de la duchesse de Sully ne donne droit à l'abbé Duclaux qu'aux biens délaissés par la testatrice à son décès, suivant l'art 1003 du Code civil ; et que, non-seulement la duchesse de Sully ne possédait pas les bois dont il s'agit, à son décès, mais qu'elle n'avait non plus aucun droit de les réclamer ; qu'on ne peut admettre la fiction que des biens rendus par la loi du 5 décembre 1814, l'ont été réellement à la succession de la duchesse de Sully, puisque cette fiction aurait pour résultat de donner à cette loi un effet rétroactif, ce qui serait une violation ouverte de l'art. 2 du même Code ;

» Attendu d'ailleurs que la duchesse de Sully n'a légué ni pu léguer à l'abbé Duclaux la propriété de biens qui n'ont été rendus qu'après son décès ; que ces biens ne se trouvaient pas en effet compris dans sa disposition, et que, lors même qu'ils y auraient été nominativement compris, ils l'y auraient été inutilement, puisqu'ils se trouvaient alors irrévocablement réunis au domaine de l'État, et que l'art. 1021 du Code civil prononce la nullité des legs de la chose d'autrui;

» Que c'est avec aussi peu de raison que l'abbé

Duclaux prétend recueillir de son chef, les biens rendus par la loi de décembre, attendu qu'il ne le pourrait qu'en sa qualité de légataire universel de la duchesse de Sully, et qu'un représentant ne peut avoir plus de droit que la personne qu'il représente ; que, si le légataire universel, lorsqu'il n'y a pas d'héritier à réserve, se trouve placé sur la même ligne que l'héritier naturel, c'est par une fiction de droit qui ne peut être invoquée dans les matières que régit une législation spéciale ; qu'aussi toutes les fois qu'il avait été question de savoir qui devait profiter des remises de Confiscation ; ou de l'héritier institué ou de l'héritier du sang, il a été dans tous les temps, reconnu et déclaré que la remise était faite, non par la loi civile des successions, mais bien par la voie naturelle de justice et d'équité, au profit de la famille des anciens propriétaires ;

» Que la loi du 5 décembre 1814 est une loi politique et spéciale qui doit trouver son interprétation dans les motifs qui l'ont fait rendre ; et qu'il n'y aurait ni justice, ni motif de convenance et d'équité, à rendre les biens confisqués sur les émigrés, pour en gratifier des étrangers à leur famille ;

» La cour casse et annule.... ».

On voit que cet arrêt décide nettement que le légataire universel de l'héritier de l'ancien propriétaire, décédé avant la loi du 5 décembre 1814, est sans titre comme sans qualité, pour réclamer les biens rendus par cette loi.

Mais on voit en même temps qu'il ne repousse que par la fin de non-recevoir résultant de ce défaut de titre et qualité, l'objection que tirait l'abbé Duclaux du principe qu'il ne peut pas y avoir deux successions d'une même personne.

Et l'on ne peut se dissimuler que, si ce principe eût été recevable dans la bouche d'un légataire universel, il aurait suffi pour écarter la demande du marquis d'Epinay-Saint-Luc, telle qu'elle était formée.

En effet, ce n'était pas comme plus proche parent de la duchesse de Sully, quoiqu'il le fût réellement, c'était comme plus proche parent du comte d'Epinay de Ligery, que se présentait le marquis d'Epinay-Saint-Luc. Or, pour être admis à rentrer dans les biens en litige, il ne lui suffisait pas d'être le plus proche parent existant du comte d'Epinay de Ligery ; il fallait encore, aux termes exprès de la loi du 5 décembre 1814, qu'il fût son héritier ; et comment pouvait-il être son héritier, tandis que la duchesse de Sully l'avait été ?

Sans doute, la duchesse de Sully n'avait pas été l'héritière de son père dans les bois dont il s'agissait ; sans doute, ces bois n'avaient pas fait partie de la succession de son père qu'elle avait recueillie ; et c'est ce que l'arrêt exprime très-nettement.

Mais il n'en est pas moins vrai que de là il résultait nécessairement que, pour admettre la demande du marquis d'Epinay-Saint-Luc ; telle qu'il l'avait formée ; il eût fallu supposer ; s'il eût eu en

tête un adversaire compétent, que le comte d'Epinay de Ligery avait laissé deux successions qui s'étaient ouvertes à deux époques différentes ; supposition qui répugne aux notions les plus triviales de la jurisprudence.

Aussi l'arrêt ne contient-il pas un mot en faveur de cette supposition.

Il dit bien qu'en fait de successions confisquées remises par le gouvernement, « il a été, dans tous les » temps, reconnu et déclaré que la remise était faite, » non par la loi civile des successions, mais bien par » la voie naturelle de justice et d'équité, au profit » de la famille des anciens propriétaires » ; mais il ne le dit que relativement à la question de savoir qui devait profiter des remises des confiscations, ou de l'héritier institué ou de l'héritier du sang. Il ne s'explique ainsi, que pour prouver d'autant mieux qu'un légataire universel étranger à la famille des anciens propriétaires, n'a aucun droit à la remise des biens confisqués ; et ce qui doit achever de nous convaincre qu'en s'expliquant ainsi, il n'entend pas qu'entre les membres de la famille des anciens propriétaires, on doive faire abstraction des règles ordinaires des successions, c'est qu'il met expressément l'héritier du sang en opposition avec l'héritier institué ; preuve incontestable qu'il regarde la qualité d'héritier comme indispensable à tout membre de la famille des anciens propriétaires, qui se présente pour profiter de la remise.

Il dit bien que la loi du 5 décembre 1814 est une loi politique et spéciale ; mais il ne va pas jusqu'à dire qu'elle donne à l'expression héritier, une acception différente de celle que lui attribuent les lois ordinaires.

Il dit bien que cette loi doit trouver son interprétation dans les motifs qui l'ont fait rendre ; mais il ne s'en suit nullement de là que l'expression héritier soit, dans son texte, susceptible d'un autre sens que celui qu'il présente par lui-même.

En un mot, il n'y a point de raison pour qu'on ne dise pas de l'art. 2 de la loi du 5 décembre 1814, ce que dit l'arrêt de la cour de cassation, du 21 décembre 1807, de l'avis du conseil d'état du 9 thermidor an 10, interprétatif du sénatus-consulte du 6 floréal précédent, savoir, que par les mots leurs héritiers, l'on doit entendre les personnes auxquelles les lois civiles en accordent le titre.

Que serait-il donc arrivé, si la duchesse de Sully eût laissé un parent maternel qui fût venu disputer au marquis d'Epinay-Saint-Luc, non la totalité, mais la moitié des bois dont la remise avait été faite par le gouvernement, en exécution de l'art. 2 de la loi du 5 décembre 1814 ? Qu'aurait pu répondre le marquis d'Epinay-Saint-Luc, à ce parent maternel qui lui eût dit : » Vous réclamez ces bois » en qualité d'héritier du comte d'Epinay de Li- » gery ; mais cette qualité, vous ne l'avez pas, vous » ne pouvez pas l'avoir. Le comte d'Epinay-Saint- » Luc a eu pour héritière la duchesse de Sully, » notre parente commune ; et il n'a pas laissé deux » successions. Vous ne pouvez donc réclamer ces

» bois, que comme héritier de la duchesse de Sully
» elle-même; mais à cet égard, je vais de pair avec
» vous. L'hérédité de la duchesse de Sully s'est par-
» tagée de droit entre deux moitiés égales, l'une
» pour ses parens paternels, l'autre pour ses parens
» maternels. Je suis donc appelé comme vous à re-
» prendre les bois que vous prétendez vous appro-
» prier à vous seul. J'ai donc droit à la moitié de
» ces bois » ?

Il est bien vraisemblable que le marquis d'Epinay-Saint-Luc n'eut rien opposé à un argument
aussi péremptoire et qu'il eût passé condamnation.

Ce qu'il y a de certain; c'est qu'il n'y a rien dans
l'arrêt de la cour de cassation, du 25 janvier 1819,
que l'on puisse alléguer contre la prétention que
je suppose ici élevée par un parent maternel de la
duchesse de Sully. Il y est bien dit que les bois confisqués sur le comte d'Epinay de Ligery, ne s'étaient
pas trouvés dans la succession de la duchesse de
Sully, ce qui conduit nécessairement à cette conséquence, que la duchesse de Sully n'avait pas plus
transmis ces bois à ses plus proches parens, qu'elle
ne les avait transmis à son légataire universel. Mais
du moins elle avait transmis à ses plus proches parens sa qualité d'héritière de son père ; et si les effets
utiles de cette qualité avaient été, eu égard au moment de son décès, transférés par son legs universel à l'abbé Duclaux, du moins cette qualité elle-
même était restée intacte dans la personne de ses
plus proches parens; et ses plus proches parens s'en
trouvaient encore investis lorsqu'a paru la loi du
5 décembre 1814, ce qui leur assurait un droit incontestable à la libéralité dont cette loi gratifie les
héritiers de l'ancien propriétaire, droits qu'ils n'auraient évidemment pas pu exercer en se présentant
comme *héritiers immédiats* de celui-ci, puisqu'encore une fois, celui-ci n'avait laissé pour héritière immédiate que la duchesse de Sully, sa fille.

On vient de voir que, dans le concours du plus
proche parent de l'ancien propriétaire des biens
confisqués, et du légataire universel d'un autre
parent, plus proche encore, mais décédé antérieurement à la loi du 5 décembre 1814, c'est le premier qui doit être préféré.

Et d'après les principes sur lesquels cette décision est fondée, il sera bien facile de répondre à
la question suivante.

La cession que l'héritier d'un émigré amnistié
a faite à un tiers, avant la loi du 5 décembre 1814
de tous ses droits quelconques dans la succession
de cet émigré, comprend-elle les biens qui, à l'é-
poque où elle a eu lieu, étaient encore réunis au
domaine de l'État et n'ont été rendus que plus tard
en vertu de cette loi ?

Cette question s'est présentée dans l'espèce que
voici :

Le 5 frimaire an 8, décès du sieur de Lespinasse,
fils, en état d'émigration.

Comme il n'avait pas laissé d'enfans, son père,
agissant en qualité de son héritier unique, obtient,

après la promulgation du sénatus-consulte du 6
floréal an 10, un brevet d'amnistie pour sa mémoire, et se fait en conséquence envoyer en possession de ses biens invendus, à l'exception de ceux
qui avaient été compris dans la dotation de la sénatorerie de Riom, et dont ce sénatus-consulte
prohibait la remise.

Par acte du 18 vendémiaire an 12, le sieur de
Lespinasse père «vend, cède et transporte, sans
» aucune garantie de sa part, ni restitution de de-
» niers, pour quelque cause que ce soit, à M. Pierre
» Grenier, notaire, tous les droits, noms, raisons,
» actions tant mobiliers qu'immobiliers, fruits et
» revenus, rescindans et rescisoires, revenans à lui
» dans la succession du sieur de Lespinasse, son fils,
» en quoi qu'ils consistent et puissent consister, et
» être sis et situés, moyennant la somme de 3000 fr.».

La loi du 5 décembre 1814 ayant rendu ceux
des biens du sieur de Lespinasse fils qui faisaient
partie de la dotation de la sénatorerie de Riom,
le sieur de Lespinasse père se présente pour les recueillir.

Le sieur Grenier prétend qu'ils sont compris dans
sa cession; et l'affaire est portée devant le tribunal
de première instance d'Issoire.

Le 13 juin 1816, jugement qui prononce en faveur du sieur de Lespinasse père,

«Attendu que l'irrévocabilité des lois relatives aux
biens nationaux est garantie par la constitution;
que les biens dont il s'agit, étaient irrévocablement
réunis à la dotation du sénat, plus de deux ans avant
la cession faite par le sieur de Lespinasse au sieur
Grenier;

» Que, dans la supposition où ces biens eussent
été nominativement compris dans la cession, la
clause eût été, par les lois existantes, déclarée
comme non écrite; qu'il serait ridicule de regarder comme faisant partie d'une cession, des biens
sur lesquels la loi interdisait tout traité, toute
transaction entre le cédant et le cessionnaire;

» Que le sieur Grenier a déclaré avoir une connaissance certaine des objets qu'il achetait, ce qui
exclud toute idée que les biens en question fissent
partie de son acquisition, par la certitude qu'il tenait de la loi même, qu'ils ne pouvaient y être compris;

» Qu'en effet, l'on ne peut être présumé avoir
traité au mépris de la loi, et que la présomption
contraire est de droit; que, par la cession même,
le sieur Grenier s'oblige de garantir le sieur de Lespinasse des réclamations du gouvernement, et que
les biens dont il s'agit, lui étaient déjà acquis ».

Le sieur Grenier appelle de ce jugement à la
cour royale de Riom, qui le confirme, le 3 mars
1817, par les mêmes motifs.

Il se pourvoit en cassation, et soutient que, par
cet arrêt, l'art. 2 de la loi du 5 décembre 1814 a
été interprété à faux, et que les principes qui régissent l'état civil des émigrés, ont été violés ouvertement; que la loi du 5 décembre 1814 n'est que
le développement de la réintégration des émigrés

dans leurs droits civils, déjà prononcée par l'ordonnance du 21 août précédent, d'après l'esprit de la charte constitutionnelle; que cette réhabilitation avait effacé, tant pour le passé que pour l'avenir, tous les effets de la mort civile des émigrés, *sauf les droits acquis aux tiers*; que, dès-lors, on ne peut admettre l'idée que la loi du 5 décembre 1814 n'ait fait qu'accorder une libéralité aux héritiers les plus proches des émigrés, à l'époque de la remise; que, par conséquent, les biens dont il s'agit, doivent être censés s'être trouvés dans la succession du sieur de Lespinasse fils, au moment de la cession du 18 vendémiaire an 14; et que, par une suite nécessaire, ils se trouvent compris dans cette cession.

Par arrêt contradictoire du 25 janvier 1819, au rapport de M. Carnot, le recours en cassation est rejeté, « attendu qu'il a été reconnu et déclaré » par la cour royale de Riom qui a rendu l'arrêt » dénoncé, que de Lespinasse n'avait pas entendu » vendre, ni Grenier acheter, le huitième de la » terre de Saint-Martin, dont la loi du 5 décembre » 1814 a ordonné la remise; et qu'en le jugeant » ainsi, la cour royale de Riom n'a pu violer au-» cune loi ».

Le 18 février suivant, autre arrêt de la section des requêtes, qui, dans une espèce semblable et par les mêmes motifs, rejette le recours en cassation du baron de Pançemont contre un arrêt de la cour royale de Paris, du 30 décembre 1817, rendu en faveur du marquis de la Ferté-Seneterre et consorts.

Il y a encore, sur cette matière, d'autres questions qui sont traitées au mot *Héritier*, §. 6.

§. III. *De la Confiscation de choses particulières.*

V. les articles *Contrefaçon*, §. 1; *Coupe des bois*, §. 1; *Délit*, §. 1; *Douanes* et *Grains*.

CONFUSION. *La Confusion a-t-elle lieu pour les arrérages qui ont couru pendant que le séquestre était apposé, pour cause d'émigration, sur les biens du créancier et surceux du débiteur? A-t-elle lieu pour les mêmes objets, lorsque les biens du créancier et ceux du débiteur n'ont été séquestrés qu'à raison de la guerre qui existait entre leur patrie et la France?*

V. le plaidoyer et l'arrêt du 7 juin 1809, rapportés aux mots *Inscription hypothécaire*, §. 1.

CONJOINTS. *V.* les articles *Avantages entre époux*, *Communauté de biens entre époux*, *Continuation de communauté*, *Contrat de mariage*, *Contrats entre époux*, *Divorce*, *Dot*, *Douaire*, *Femme*, *Mari*, *Gains de survie*, *Remploi* et *Séparation de biens*.

CONJONCTIVE. *Dans quel cas la conjonctive est-elle synonyme de la disjonctive ou, et réciproquement?*

V. l'article *Substitution fidéicommissaire*, §. 3.

CONNEXITÉ. §. I. *La caution solidaire et garante est-elle obligée de plaider devant le tribunal domiciliaire du débiteur principal, lorsqu'elle y est assignée conjointement avec lui, pour être condamnée solidairement?*

Cette question a été agitée et jugée par l'ancien conseil privé du Roi, dans une instance en règlement de juges, entre Pierre Joubert, domicilié à la Marandière, commune de Frouillouze-en-Forêt, du ressort du parlement de Paris, et Marguerite Palhion, domiciliée à Saint-Didier-en-Velay, du ressort du parlement de Toulouse.

Celle-ci était demanderesse en règlement de juges, et prétendait, par cette voie, faire révoquer l'assignation qui lui avait été donnée devant le juge du domicile du débiteur principal qu'elle avait cautionné.

Pierre Joubert répondait

1°. Qu'une caution solidaire n'ayant point, comme la caution pure et simple, le bénéfice de division et de discussion, ne pouvait se refuser de plaider devant les mêmes juges que le principal obligé; qu'il serait injuste d'exiger que le créancier liât deux instances en deux différentes juridictions, pour une seule et même créance;

2°. Que le prétexte d'un conflit de juridiction, élevé de la part de la caution qui se trouvait elle-même débitrice, ne pouvait être considéré, dans l'espèce, que comme un acte de mauvaise foi qui ne tendait qu'à éluder le paiement de la somme empruntée;

3°. Que le créancier était en droit d'invoquer l'art. 13 du tit. 8 de l'ordonnance de 1667, qui décide que, « si la demande principale et celle en » garantie sont en même temps en état d'être ju-» gées, il y sera fait droit conjointement ». Et l'art. 8 du titre 8 de la même ordonnance, portant que « ceux qui seront assignés en garantie, seront te-» nus de procéder en la juridiction où la demande » originaire sera pendante ».

Ces principes ont été couronnés par le conseil privé. Par arrêt du 10 décembre 1781, Marguerite Palhion a été renvoyée devant les mêmes juges que le principal obligé, et condamnée à l'amende et aux dépens.

L'art. 59 du Code de procédure civile consacre et étend cette décision : « en matière personnelle » (porte-il), s'il y a plusieurs défendeurs (l'assi-» gnation sera donnée) devant le tribunal du do-» micile de l'un d'eux, au choix du demandeur ».

§. II. *L'incompétence d'un tribunal correctionnel pour connaître d'un délit emportant peine infamante ou afflictive, cesse-t-elle, lorsqu'à ce délit s'en trouve mêlé un autre pour le jugement duquel ce tribunal*

*est compétent ? Peut-il, en conséquence, con-
naître des deux délits simultanément ? Ou
bien doit-il disjoindre les deux actions,
soumettre l'une à une instruction à l'extraordinaire, et renvoyer l'autre à l'audience correctionnelle?*

V. l'article *Incompétence,* §. 2.

§. III. *Lorsqu'un tribunal institué principalement pour connaître du crime de faux,
est incompétent pour connaître des faits
d'escroquerie, de concussion ou de tout autre
délit ordinaire, se trouve saisi d'une procédure qui présente, soit un fait de concussion
ou d'escroquerie, soit tout autre délit ordinaire, commis à l'aide d'un faux, ce tribunal peut-il prononcer sur les deux délits à la
fois? Peut-il, sans déclarer si le faux est
constant ou non, et en jugeant que les prévenus n'en sont point coupables, les acquitter
de l'accusation d'escroquerie, de concussion
ou de tout autre délit ordinaire?*

V. l'article *Incompétence,* §. 5.

§. IV. *Peut-on, en mettant un prévenu
en état d'accusation et en le renvoyant devant une cour d'assises pour y être jugé, rat-
tacher au crime dont on l'accuse, comme en
formant une circonstance aggravante, un
autre crime dont la connaissance appartient
à un tribunal d'exception, et sur lequel ce
tribunal n'a pas encore statué?*

La seule raison qu'il y ait de douter qu'on le
puisse, est que, par-là, on mettrait la cour d'assises dans la nécessité de prononcer, soit par elle-
même, soit par l'organe des jurés, sur un fait qui
n'est pas de sa compétence.

Mais de ce qu'une cour d'assises n'est pas compétente pour prononcer sur tel fait qui lui serait
déféré par action principale, s'ensuit-il qu'elle n'en
puisse pas connaître incidemment et à l'effet d'apprécier, soit la nature, soit la gravité du crime soumis à son examen? Non assurément.

La question de savoir si Pierre est père de Paul,
est certainement du ressort des tribunaux civils,
et par conséquent hors de la compétence des cours
d'assises. Cependant, que Paul soit traduit devant
une cour d'assises, comme accusé d'avoir tué Pierre,
et que, dans sa défense, il soutienne n'en pas être
le fils, il faudra bien que, pour juger si, en cas
de conviction, il doit être puni comme parricide,
la cour d'assises décide qu'il est réellement le fils
de l'individu à qui il a donné la mort; et la raison
en est simple : c'est que, comme je le disais dans
des conclusions du 27 novembre 1812, rapportées
dans le *Répertoire de jurisprudence,* au mot *Parricide,* n°. 3, « en matière de crimes et de délits,
» la compétence des juges criminels n'est circons-
» crite par aucune borne, n'est modifiée par au-
» cune réserve, n'est limitée par aucune exception;

» que, dès qu'un crime ou délit est articulé, les juges
» criminels doivent le rechercher, le poursuivre,
» le juger dans tous les élémens qui le constituent
» ou en forment la substance »; c'est-que, comme l'a-
dit la cour de cassation dans l'arrêt qu'elle a rendu,
le même jour, sur ces conclusions, « les tribunaux
» criminels chargés d'instruire et de prononcer sur
» les crimes et délits, ont essentiellement carac-
» tère pour prononcer sur toutes les matières ac-
» cessoires et incidentes qui s'y rattachent, et qui
» ne sont pas exceptées, par la loi, de leur juri-
» diction; qu'ils sont même compétens pour pronon-
» cer sur les questions de droit qui naissent de l'ins-
» truction et de la défense des parties, lorsque ces
» questions doivent modifier ou aggraver le carac-
» tère du fait de la poursuite et la peine dont il
» peut être susceptible, quoiqu'ils fussent, par
» leur institution, incompétens pour prononcer
» sur ces mêmes questions de droit, considérées
» indépendamment du fait criminel et d'une ma-
» nière principale ».

Donc, par la même raison, il n'importe que la
cour d'assises, devant laquelle est envoyé le prévenu
d'un crime auquel se rattache, comme circonstance
aggravante, un crime d'une autre nature, ne soit
pas compétente pour connaître de celui-ci par action principale ; elle n'en est pas moins compétente
pour en connaître incidemment ; et il faut bien
qu'elle en connaisse ainsi ; à moins qu'on ne prétende la réduire à l'impossibilité de remplir ses
fonctions dans toute leur étendue, et la forcer de
violer la loi pénale, en ne punissant que d'une
peine légère, un crime qui, isolé, serait assez
puni de cette manière; mais qui, par ses accessoires, mérite une peine beaucoup plus grave.

Toutefois il est possible, comme le remarque
l'arrêt de la cour de cassation, du 27 novembre
1812, qu'une loi spéciale en dispose autrement; et
si elle le fait, les cours d'assises n'ont plus à raisonner, il ne leur reste qu'à obéir. Mais on sent
bien que, pour qu'une loi spéciale soit censée déroger à une règle du droit commun, il faut qu'elle
le dise expressément; et qu'en cette matière, il
ne peut y avoir lieu ni à conjecture, ni à extension
d'un cas à un autre.

C'est sur ce principe que s'était fondée la chambre d'accusation de la cour royale de Limoges,
pour prononcer, le 26 mars 1825, sur l'espèce suivante.

Léderic Ottevaere était traduit devant elle comme
prévenu d'avoir, étant déserteur de la marine de
l'État, tué le gendarme Guénier, au moment où
celui-ci se mettait en devoir de l'arrêter. Elle a
très-bien senti que, sur le crime de désertion, il
ne pouvait être jugé que par l'un des conseils de
guerre maritimes permanens substitués, par l'ordonnance du roi, du 22 mai 1816, en vertu de
l'art. 63 de la charte constitutionnelle, aux conseils de guerre spéciaux, dont la formation avait
été prescrite par l'arrêté du gouvernement, du 5
germinal an 12. Mais en même-temps, elle a pensé

que ce crime devait entrer dans les élémens de celui de *meurtre* volontaire et non prémédité, sur lequel il appartenait à la cour d'assises de statuer, parcequ'il en formait une circonstance aggravante, et qu'il devait, aux termes de l'art. 504 du code pénal, emporter, en cas de conviction, la peine de mort, au lieu de celle de travaux forcés à perpétuité, qui seule y aurait été applicable, s'il eût été isolé. En conséquence, elle a mis Léderic Ottevaere en état d'accusation, et l'a renvoyé devant la cour d'assises, pour y être jugé comme prévenu *du crime de meurtre, commis sur la personne d'un gendarme, à la suite de celui de désertion, pour en favoriser et assurer l'accomplissement, et se soustraire aux peines portées par le décret du 5 germinal an 12.*

Mais cet arrêt a été cassé, le 14 mai 1825, au rapport de M. Chasle, et sur les conclusions de M. l'avocat-général de Vatimesnil.

« Vu les art. 1 et 22 du décret du 5 germinal an 12, lesquels sont ainsi conçus :

» *Art. 1er. Les officiers mariniers, matelots et ouvriers embarqués, ou levés pour être embarqués sur les bâtimens du roi, qui seront accusés de désertion, seront jugés par un conseil de guerre maritime spécial.*

» *Art. 22. L'information étant terminée, le conseil de guerre maritime spécial sera assemblé,*

» *Si le conseil,....*

» *Si, outre le crime de désertion, ce conseil trouve que l'accusé en a commis un de nature à être puni plus sévèrement par les lois, il renverra l'accusé, la procédure et les pièces du procès par-devant le tribunal compétent, et il en rendra compte au ministre de la marine.*

» *Si, au contraire, le conseil trouve que l'accusé n'a pas commis le crime de désertion, mais un délit moins grave, après l'avoir acquitté du crime de désertion, il le renverra, pour être puni, au tribunal ou chef militaire compétent.*

» *Tout tribunal auquel un conseil de guerre maritime spécial aura renvoyé un accusé de désertion, comme en même temps accusé d'un crime plus sévèrement puni par les lois, renverra l'accusé, après son jugement, s'il n'est pas condamné à une peine plus grave que celle portée contre la désertion, au conseil de guerre maritime spécial, pour prononcer sur le crime de désertion, dont la connaissance lui est expressément et privativement attribuée.*

» *Il en sera usé de même pour tout tribunal qui devra prononcer sur un individu accusé de désertion;*

» Attendu que, par l'arrêt attaqué, la cour royale de Limoges a mis en accusation Léderic Ottevaere, pour s'être rendu coupable du crime de meurtre sur la personne du gendarme Guénier, et que ladite cour a rattaché à ce crime, comme circonstance aggravante, qu'il aurait été commis à la suite de celui de désertion, pour en favoriser et assurer l'accomplissement, et se soustraire aux

peines prononcées par le décret du 5 germinal an 12 ;

» Que, par cette seconde disposition, ladite cour royale a nécessairement appelé, soit la cour d'assises, soit le jury, à prononcer, au moins implicitement, sur le fait de l'existence du crime de désertion, que rien ne justifie avoir été ni reconnu ni jugé par l'autorité compétente; qu'elle a, dès-lors, tiré une circonstance aggravante d'un fait incertain, dont la connaissance n'entre pas dans les attributions de la juridiction ordinaire; et, qu'en cela, la cour royale de Limoges a excédé les bornes de sa compétence, et violé les articles précités du décret du 5 germinal an 12 ;

» Par ces motifs, la cour casse et annulle l'arrêt de la chambre de mise en accusation de la cour royale de Limoges, du 26 mars dernier..... (1) ».

Qu'il me soit permis de faire quelques observations sur la cassation prononcée par cet arrêt.

Elle serait sans doute à l'abri de toute critique, si elle était fondée sur une véritable contravention à l'arrêté du gouvernement, du 5 germinal an 12 ; car les dispositions de cet arrêté, qui étaient relatives aux conseils de guerre maritimes spéciaux, sont déclarées, par l'ordonnance du roi, du 22 mai 1816, applicables aux conseils de guerre maritimes permanens qu'elle leur substitue, comme celles de l'arrêté du 19 vendémiaire an 12, qui, conçues dans les mêmes termes, concernaient les conseils de guerre spéciaux de l'armée de terre, sont maintenues par l'ordonnance du roi, du 21 février 1816, pour les conseils de guerre permanens qui les remplacent aujourd'hui.

Mais en quoi l'arrêt de la cour royale de Limoges, du 26 mars 1825, contrevenait-il à l'arrêté du 5 germinal an 12 ? Plus j'y réfléchis, plus il me paraît évident qu'il n'y contrevenait en aucune manière.

Remarquons d'abord que l'art. 22 de cet arrêté est, tout aussi bien que l'art. 34 de celui du 19 vendémiaire précédent, dont il n'est que la répétition littérale, une innovation à l'ancien droit, et qu'avant cet arrêt les tribunaux ordinaires connaissaient indistinctement du crime de désertion, lorsqu'il se trouvait mêlé à un autre crime dépendant de leur juridiction. C'est ce que j'ai établi dans un réquisitoire du 30 thermidor an 12, rapporté dans le *Répertoire de jurisprudence*, aux mots *Délit militaire*, n°. 6; et ce que justifient parfaitement les articles suivans du titre premier de la loi du 30 septembre-19 octobre 1791 :

« 1. Les délits militaires consistent dans la violation, définie par la loi, des devoirs militaires...

» 6. Si, dans le même fait, il y a complication de délit commun et de délit militaire, c'est aux juges ordinaires d'en prendre connaissance.

» 7. Si, pour raison de deux faits, la même per-

(1) Bulletin criminel de la cour de cassation, année 1825, n°. 94.

sonne est dans le même temps prévenue d'un délit commun et d'un délit militaire, la poursuite en est portée devant les juges ordinaires.

» 8. Lorsque les juges ordinaires connaissent en même temps, par la préférence qui leur est accordée, d'un délit commun et d'un délit militaire, ils appliqueront les peines de l'un et de l'autre, si elles sont compatibles, et la plus grave, si elles sont incompatibles ».

Il est clair que, tant que ces dispositions ont été en vigueur, le militaire qui se trouvait prévenu à la fois et d'un crime appartenant à la juridiction ordinaire, et du crime de désertion, ne pouvait, en aucun cas, être jugé sur celui-ci par un conseil de guerre, et qu'il devait toujours être renvoyé devant le tribunal ordinaire, pour y être jugé sur l'un comme sur l'autre.

Quels changemens les arrêtés des 19 vendémiaire et 5 germinal an 12, ont-ils faits à cet ordre de choses? C'est sur quoi il importe beaucoup de nous fixer.

Ces arrêtés s'occupent, d'abord, du cas où le conseil de guerre se trouve saisi d'une accusation de désertion portée contre un individu à qui est en même temps imputé un crime ordinaire.

Et ils distinguent :

Ou le crime ordinaire est de nature à emporter une peine plus grave que le crime de désertion, ou c'est le crime de désertion qui emporte la peine la plus grave.

Dans la première hypothèse, le conseil de guerre ne doit pas s'occuper de l'accusation de désertion, mais renvoyer le prévenu devant le tribunal compétent pour connaître du crime ordinaire.

Dans la seconde, il doit d'abord statuer sur l'accusation de désertion; et s'il acquitte le prévenu, renvoyer, par rapport au crime ordinaire dont l'imputation pèse sur lui, devant le tribunal compétent.

Mais, dans la première hypothèse, que fera le tribunal ordinaire du prévenu qui, par suite du renvoi prononcé par le conseil de guerre, se trouvera devant lui chargé à la fois et de l'imputation d'un crime ordinaire et de l'imputation du crime de désertion?

Il le jugera sur le crime ordinaire, et alors de trois choses l'une : ou il l'acquittera de ce crime, ou il le condamnera à une peine moindre que celle de la désertion, ou il le condamnera à une peine plus forte.

S'il l'acquitte ou s'il le condamne à une peine moindre que celle de la désertion, il le renverra devant le conseil de guerre pour y être jugé sur ce dernier crime.

S'il le condamne à une peine plus forte, tout sera dit, parceque la peine la plus légère sera absorbée dans la plus grave, et il n'y aura lieu à aucun renvoi.

Mais pour la détermination de la peine la plus forte à laquelle il condamnera l'accusé, pourra-t-il, ou plutôt devra-t-il avoir égard au fait de désertion articulé et prouvé au procès?

Les arrêtés des 19 vendémiaire et 5 germinal an 12 ne le lui défendent pas positivement; et l'on sent que, s'ils sont muets là-dessus, la compétence du tribunal ordinaire, pour prononcer incidemment sur le fait de désertion, se trouvera assurée et par la disposition formelle de l'art. 6 de la loi du 30 septembre - 19 octobre 1791, et par l'absence d'une dérogation expresse à cette disposition dans les deux arrêtés.

Or, y a-t-il dans les deux arrêtés une dérogation expresse à cette disposition? Oui, il y en a une pour le cas où le prévenu de désertion n'est condamné par le tribunal ordinaire qu'à une peine inférieure à celle de la désertion même; mais il n'y en a point pour le cas où le tribunal ordinaire condamne le prévenu à une peine plus forte.

Vainement, prétendrait-on que, par ces mots, le *crime de désertion dont la connaissance lui* (au conseil de guerre) *est expressément et privativement attribuée*, les deux arrêtés rendent la dérogation commune aux deux cas.

D'une part, ces mots sont placés à la suite d'autres qui ne se rapportent qu'au cas où une peine inférieure à celle de la désertion a été prononcée contre le prévenu. Il est donc tout naturel de ne les rapporter même qu'à ce cas.

D'un autre côté, s'il y avait là-dessus quelque doute, quel parti y aurait-il à prendre? Point d'autre que celui de prononcer en faveur de la compétence du tribunal ordinaire, pour faire entrer la désertion dans les circonstances aggravantes du crime qui lui est soumis; et il y en a deux raisons également tranchantes.

La première, c'est que l'on doit toujours restreindre dans le sens le plus étroit qu'il est possible de leur donner, les lois qui dérogent à des lois antérieures, et surtout à des lois qui sont fondées sur la nature des choses.

La seconde, c'est que, si le législateur eût ôté au tribunal ordinaire, le droit de faire entrer la désertion dans les circonstances aggravantes du crime qui lui est soumis, il aurait fait une chose absurde, puisqu'il aurait, par là, sans aucun ombre de prétexte, excepté la désertion de la loi générale qui veut que tout homme convaincu d'un meurtre commis à la suite d'un autre crime, soit condamné, non pas à la peine des travaux forcés comme coupable d'un meurtre simple, mais à la peine de mort.

A cette seconde raison qui, assurément, suffirait seule pour lever toute espèce de difficulté, on ne pourrait opposer qu'une objection : ce serait de dire que le tribunal ordinaire pourrait suspendre son jugement jusqu'après celui que le conseil de guerre aurait rendu pour le fait de désertion.

Mais pour sentir combien cette objection serait futile et insignifiante, il ne faut que nous fixer sur le cas où un tribunal ordinaire se trouve saisi directement, c'est-à-dire, sans renvoi prononcé par un conseil de guerre, de la connaissance d'un crime de sa compétence auquel est mêlé un crime de désertion.

C'est évidemment sur ce cas que porte la phrase qui termine l'art. 34 de l'arrêté du 19 vendémiaire, et l'art. 22 de celui du 5 germinal an 12 : « Il en sera usé de même par tout tribunal qui » devra prononcer sur un individu accusé de dé- » sertion » ; et il est clair qu'en s'exprimant ainsi, le législateur a voulu dire :

« Si le tribunal ordinaire devant lequel est porté un crime de sa compétence, trouve que le prévenu de ce crime l'est en outre de celui de désertion, et que la peine du crime de désertion soit plus forte que celle du crime de sa compétence, il le renverra devant le conseil de guerre.

» Si, au contraire, la peine du crime de la compétence du tribunal ordinaire est plus forte que celle de la désertion, le tribunal ordinaire jugera le prévenu sur le premier ; et s'il l'acquitte ou s'il le condamne à une peine inférieure à celle du second, il le renverra devant le conseil de guerre pour y être jugé sur le second crime ».

Cela posé, revenons à l'espèce sur laquelle a été rendu l'arrêt de cassation que je me permets d'examiner ici, et supposons d'abord que la chambre d'accusation de la cour royale de Limoges n'eût pas, dans son arrêt de mise en accusation de Léderic Ottevaere, énoncé, comme circonstance aggravante du crime dont il s'agissait, le fait que ce crime avait été commis à la suite de celui de désertion.

Dans cette hypothèse, la cour d'assises n'en aurait pas moins eu le droit, et ce n'en eût pas moins été pour elle un devoir, de proposer aux jurés, d'après la preuve que les débats auraient fournie du fait de désertion, la question de savoir si ce fait avait précédé le meurtre. Elle en aurait eu le droit, et c'est une vérité qui est clairement établie dans le *Répertoire de Jurisprudence*, au mots *Questions (procédure par jurés)*, n°s. 6 et suivans. Et c'eût été pour elle un devoir, parceque, sans la solution affirmative de cette question, il lui eût été impossible, en cas que l'accusé fût déclaré coupable du crime de meurtre, de lui appliquer la peine qu'il avait encourue.

Mais comment s'y serait-elle prise dans le système que je combats pour se mettre en état de proposer cette question aux jurés ? Il aurait fallu, suivant ce système, qu'elle sursît à la position des questions jusqu'à ce que le conseil de guerre eût statué sur le fait de désertion imputé à l'accusé.

Or, d'une part, l'art. 353 s'y serait opposé formellement : « l'examen et les débats une fois en- » tamés (porte-t-il), devront être continués sans » interruption jusqu'après la déclaration du jury » inclusivement ».

D'un autre côté, qu'auraient répondu les membres du conseil de guerre, si elle eût pris sur elle

de leur renvoyer préalablement la reconnaissance du fait de désertion ?

« Si Léderic Ottevaere (auraient-ils dit) avait » été traduit directement devant nous, et que de » l'information qui eût été faite contre lui, il fût » résulté que, pour faciliter la consommation de » son crime de désertion et s'en assurer l'impu- » nité, il avait tué le gendarme qui se mettait en » mesure de l'arrêter, notre devoir eût été, d'a- » près le texte littéral de l'art. 22 de l'arrêté du 5 » germinal an 12, de le renvoyer devant le juge » ordinaire ; et il n'aurait pu être ramené devant » nous, qu'après que les juges ordinaires l'eus- » sent acquitté ou condamné à une peine moindre » que celle de la désertion. Comment donc pour- » rions-nous le juger aujourd'hui comme prévenu » de désertion, tandis qu'il est encore devant les » juges ordinaires comme accusé de meurtre ? » Cela est impossible, parceque cela nous est dé- » fendu par la loi. Nous nous déclarons donc im- » compétens, quant à présent ».

Supposons ensuite que la chambre d'accusation de la cour royale de Limoges, ayant à cœur de ne pas omettre dans l'arrêt qu'elle aurait à rendre sur les charges existantes contre Léderic Ottevaere, la circonstance aggravante qui se trouvait dans le crime de meurtre, eût débuté par un *avant faire droit* qui eût renvoyé le fait de la désertion au conseil de guerre, et eût sursis à statuer sur la mise en accusation jusqu'à ce que le conseil de guerre eût prononcé sur ce fait. A coup sûr, le conseil de guerre se serait pareillement déclaré incompétent dans l'état où se trouvait la procédure ; et si le conflit négatif qui serait résulté de là eût été porté, comme il eût dû l'être, devant la cour de cassation, elle n'eût pu, sans violer ouvertement l'art. 22 de l'arrêté du 5 germinal an 12, blâmer l'abstention du conseil de guerre, et approuver le renvoi que lui eût fait la cour royale de Limoges.

Qu'on dise maintenant s'il est possible de concilier le système adopté par l'arrêt de cassation, du 14 mai 1825, avec l'obligation imposée aux cours d'assises, par l'art. 304 du Code pénal, de punir de mort tout meurtre commis à la suite d'un autre crime ; et qu'on juge, dès-lors, si cet arrêt ne doit pas être considéré comme une de ces aberrations rares et passagères qui échappent aux magistrats les plus éclairés.

§. V. *Autres questions relatives à la Connexité.*

V. l'article *Attribution de juridiction*, §. 1, et le plaidoyer, ainsi que l'arrêt du 5 pluviôse an 10, rapportés à l'article *Réglement de juge*, §. 2.

CONQUÊTS. §. I. *Ce mot embrasse-t-il dans sa signification usuelle, les meubles aussi bien que les immeubles, acquis pendant le mariage? En conséquence, la donation des Conquêts faite par contrat de mariage au survivant des époux, comprend-elle les effets mobiliers, ou seulement les immeubles de la communauté ?*

Le *Dictionnaire civil et canonique de droit et de pratique*, qui a été imprimé en 1717, définit le mot *Conquêts*, « les *immeubles* acquis par le mari » et la femme pendant la communauté ».

Ferrière, dans son *Dictionnaire de droit*, après avoir rapporté la définition romaine, *generaliter sumpto hoc vocabulo, sunt bona cùm alio cunjunctim acquisita*, ajoute : « C'est ce qui fait que, » parmi nous, en pays coutumier, nous appelons » *Conquêts* les *immeubles* acquis par le mari et la » femme pendant leur communauté ».

Pour justifier ces définitions, prenons en main la coutume de Paris, qui, par le soin et la précision avec lesquels elle avait été rédigée, pouvait, en cette matière, servir de modèle à presque toutes les autres.

Il est certain que, dans son esprit, les termes *acquêts* et *Conquêts* sont entièrement synonymes, à la seule différence que l'acquêt est un immeuble acquis hors communauté, et le Conquêt un immeuble acquis en communauté.

Or, consultons tous les articles de la coutume où il est question d'*acquêts*, c'est-à-dire, les art. 139, 152, 253, 272, 279, 292, 293, 294, 295, 311, 325, 334, et 340. Dans les uns, le mot *acquêts* est employé avec le terme *Conquêts*, par opposition aux *meubles* et avec la qualification d'*immeubles* ; il l'est dans d'autres, par opposition aux *meubles* sans qualification ; il l'est dans quelques-uns sans qualification et sans opposition aux *meubles* ; il ne l'est dans aucun, comme désignant à la fois des meubles et des immeubles ; il est consacré dans tous à la désignation de propriétés immobilières.

C'est également aux seuls immeubles que s'applique le mot *Conquêts*, dans tous les articles de la coutume où il est employé.

Dans les art. 257, 272, 281, et 333, les *meubles* sont mis en opposition avec les *Conquêts*, sans que ceux-ci soient qualifiés d'*immeubles*.

Dans les art. 220, 225, 240, 280, 292, 293, 294, 295, 296, 311, et 340, il est parlé des *meubles* par opposition aux *Conquêts immeubles;* mais que peut-il résulter de l'épithète *immeubles*, ajoutée dans ces articles aux mots *Conquêts?* Rien autre chose, si ce n'est que, dans le langage de la coutume, il n'y a que les immeubles qui puissent être réputés *Conquêts*. C'est ainsi que dans l'art. 325, elle se sert des expressions *acquêts immeubles*.

Les art. 229 et 258 rendent cette vérité encore plus sensible.

Le premier porte : « Après le trépas de l'un des » conjoints, les *biens* de la communauté se divisent » en telle manière que la moitié en appartient au » survivant, et l'autre moitié aux héritiers du tré- » passé ».

Assurément, dans cet article, le mot *biens* comprend les meubles comme les immeubles.

Mais en est-il de même dans le suivant : « La- » quelle moitié des *Conquêts* advenue aux héritiers » du trépassé, est le propre *héritage* desdits héri- » tiers ; tellement que, si lesdits héritiers vont de » vie à trépas sans hoirs de leur corps, icelle moi- » tié retourne à leur plus proche héritier *du côté* » *et ligne* de celui desdits mariés, par le trépas du- » quel leur est advenue ladite moitié »? Il est bien évident que là, ce n'est que des immeubles que la coutume veut parler.

L'art. 244 ajoute un nouveau trait de lumière à cette démonstration. Le but de la coutume, dans cet article, est d'immobiliser la récompense due à la communauté pour le rachat ou le remboursement qu'elle a fait d'une rente dont l'un des époux se trouvait débiteur avant le mariage; et que fait la coutume pour atteindre à ce but? Elle dit simplement que *tel rachat est réputé Conquêt;* elle n'ajoute pas la qualification d'*immeubles;* cette qualification lui paraît suffisamment exprimée par le mot *Conquêt*.

Mais, dit-on, un arrêt rendu le 2 mars 1697, sur les conclusions de M. l'avocat général d'Aguesseau, et un autre de 1698 ont étendu aux meubles la prohibition que l'art. 279 fait à l'époux remarié, de disposer des *Conquêts* de sa première communauté, au préjudice de la part que les enfans du premier lit doivent y prendre. Le mot *Conquêts* est donc une expression commune aux meubles et aux immeubles.

Point du tout. Ces arrêts prouvent au contraire, par l'extension qu'ils ont faite de l'art. 279, que, dans le principe, il ne comprenait que les immeubles.

Et la preuve qu'effectivement ces arrêts ont étendu l'art. 279 au-delà de ses termes, c'est que tous les auteurs qui avaient écrit précédemment sur la coutume, avaient tenu pour constant que cet article ne comprenait pas les meubles dans sa disposition.

Charondas le dit en termes exprès sur cet article, en faisant néanmoins des vœux pour « qu'on » supplée à ce qui défaut dans la coutume, par la » disposition du droit commun, qui consiste en » l'édit des secondes noces, et en la loi *hâc edic- » tali, C. de secundis nuptiis* ».

Ricard rapporte un arrêt rendu en interprétation d'un autre du 19 février 1653, par lequel il a été jugé que, dans l'art. 279, les *Conquêts* de la première communauté s'entendent seulement des immeubles, « parceque cet article étant plus ri- » goureux que la loi générale, on n'a pas cru qu'on » dût encore étendre sa rigueur, en violentant la » propriété du mot *Conquêts* dont il s'est servi, » sous lequel nous n'entendons communément que » les immeubles ».

Auzanet dit également « que cet article ne pro- » hibe la disposition que des *Conquêts*, et non des » meubles et effets mobiliers ».

Même langage de la part de Duplessis, *Traité des donations*, *chap.* 1, *observ.* 6; et ses annotateurs citent en marge un arrêt du 2 avril 1683, qui confirme son assertion.

Plus bas, il est vrai, Duplessis ajoute que «toutefois il se pourrait rencontrer tel cas où il serait » favorable d'étendre la disposition de l'art. 279 aux » meubles, *par une bénigne interprétation; comme* » quand une veuve a remporté de grandes richesses » d'une communauté qui consisterait toute en » meubles ». Mais cela même prouve qu'aux yeux de Duplessis, l'art. 279, par sa propre teneur, ne frappe pas sur les effets mobiliers.

Au surplus, ses annotateurs citent en cet endroit les arrêts de 1697 et de 1698, en ajoutant : « Ces » deux préjugés sont contraires à un précédent, » du 19 février 1653, aux sentimens de Ricard et » d'Auzanet, et l'on peut dire, à l'opinion com- » mune du palais ».

Lebrun répète la même chose dans les additions à son *Traité des successions :* « Jusqu'à présent » (dit-il), on a cru que les meubles n'étaient pas » compris dans la dernière partie de l'art. 279 ».

Mais, objecte-t-on encore, M. d'Aguesseau, sur les conclusions duquel a été rendu l'arrêt du 4 mars 1697, a établi alors en thèse que l'expression de *Conquêts* s'applique aussi bien aux meubles qu'aux immeubles.

Nous savons que l'on a prêté cette proposition à M. d'Aguesseau; Delachampagne et Dupin, dans leurs *Traités des secondes noces,* Denisart, dans sa *Collection de jurisprudence,* ont avancé qu'il l'avait soutenue à l'audience du 4 mars 1697 ; et, ce qu'il y a d'étonnant, les éditeurs de ses œuvres eux-mêmes, en remplissant à leur manière le canevas de son plaidoyer, ont accrédité l'assertion de ces trois écrivains.

Le seul moyen de détruire une erreur aussi dangereuse par ses suites et par les procès qu'elle peut occasioner, était de consulter le canevas même de M. d'Aguesseau, d'examiner son ouvrage dans toute sa pureté, tel qu'il est sorti de sa plume : je l'ai fait sur la copie que le fils aîné de l'illustre chancelier en a laissé prendre sur l'original, en 1763, à un jurisconsulte qui a bien voulu m'en faire part en 1785; et cet examen m'a intimement convaincu que M. d'Aguesseau ne pouvait pas s'être déterminé, le 4 mars 1697, par les motifs que lui prêtent les auteurs cités.

Voici cette copie, avec les observations qu'y a faites en notes le jurisconsulte à qui je la dois.

« Pour examiner avec ordre les questions qu'on vous propose, nous croyons d'abord devoir reprendre les principes généraux établis par les lois qui regardent les secondes noces, et faire ensuite l'application de ces principes aux questions particulières de la cause.

» 1re. *partie. La disposition des lois.*

» Trois sortes de lois qu'on peut regarder comme les sources de notre jurisprudence dans ce qui concerne les secondes noces : le droit civil, l'édit des secondes noces, la coutume de Paris.

» Dans la première, nous découvrons la raison de la loi; dans la seconde, l'autorité de la loi; et dans la troisième, l'interprète de la loi : *optima legum interpres consuetudo.*

» Sans nous étendre dans de longues dissertations sur le droit civil, il est certain que les anciens législateurs avaient négligé cette partie si utile et si nécessaire de la jurisprudence, qui regarde les peines ou plutôt les précautions établies contre les secondes noces.

» Théodose-le-Grand fut le premier qui voulut arrêter, par une sainte sévérité, la liberté ou plutôt la licence des secondes noces, et réprimer, par des lois salutaires, les libéralités excessives que les femmes faisaient, *au préjudice de leurs enfans,* à leurs seconds maris.

» Il ordonna par la loi *Fœminæ,* qu'elles seraient obligées de réserver à leurs enfans *tout ce qu'elles auraient acquis* par la libéralité de leurs maris en premières noces, ou en faveur du mariage.

» Les hommes ne furent pas compris dans cette loi, et l'on crut que la simple monition à cet égard, serait une loi suffisante, *etc,* (1). Voyez le Code Théodosien.

» Mais, dans la suite, ils méritèrent, par leur conduite, une loi précise qui établit contre eux les même peines, *etc.,* Voyez L. *generaliter,* C. *de secundis nuptiis.*

» Telles furent les dispositions des lois romaines.

» Les empereurs portèrent ensuite plus loin leur sévérité, et ils défendirent également aux hommes et aux femmes qui passaient à de secondes noces, de donner à leurs secondes femmes ou à leurs seconds maris, plus que la part du moins prenant, *etc.*

» Ces deux lois comprennent évidemment, et dans leurs termes exprès, les meubles aussi bien que les immeubles: le motif de la loi était le même; nulle raison de différence ; sans cela, mille fraudes indiscrètes auraient éludé l'intention de la loi.

» Mais autant que cette maxime est constante, autant il est certain que l'on chercherait inutilement dans le droit, des exemples par lesquels on pût montrer que l'on mettait au nombre des avantages réservés par la loi, les biens qu'une femme acquiert plutôt en faveur du mariage que par la libéralité de son mari, et qui sont plutôt l'ouvrage de la disposition de la loi, que l'effet de la volonté de l'homme.

» On a fait néanmoins de grands efforts, de la part des appelans, pour établir cette proposition. Ils ont fait valoir deux argumens : l'un, tiré des termes de la loi *Fœminæ,* l'autre, de l'exemple de l'augment.

» Sur le premier, deux réflexions :

---

(1) Ce signe, etc., désigne que de vive voix, M. d'Aguesseau s'est étendu davantage.

» 1°. Bien loin que les termes de la loi soient favorables à ceux qui les citent, ils suffisent seuls pour condamner leur prétention.

» *Quidquid ex facultatibus priorum maritorum,* voilà le commencement de la loi. Il faut donc que ces biens aient appartenu au mari; il ne suffit donc pas que la loi les donne immédiatement à la femme; il faut qu'ils passent nécessairement par les mains du mari avant que de parvenir à la femme.

» La loi explique ensuite les différens titres par lesquels une femme peut recueillir les effets de la libéralité de son mari.

» *Sponsalium jure,* c'est-à-dire, les présens que l'on avait accoutumé de faire dans les fiançailles.

» *Quidquid nuptiarum solemnitate :* cela comprend les gains nuptiaux qui procédaient des biens et de la libéralité du mari.

» *Mortis causâ donationibus, testamento, jure directo, aut fideicommissi, vel legati titulo :* trois dispositions qui ne peuvent venir que de la libéralité du mari.

» La fin de la loi rassemble, réunit tous les titres différens, et s'accordant parfaitement avec les premiers termes, elle s'expplique ainsi : *vel cujuslibet munificæ liberalitatis præmio ex bonis priorum maritorum fuerint consecutæ.*

» Donc, tout ce qui ne porte pas ce caractère de libéralité du mari, tout ce qui n'a jamais été compris dans ses biens, n'était point renfermé dans la disposition de la loi.

» 2°. Mais sans s'arrêter à peser scrupuleusement les termes de cette loi, voici une unique réflexion qui démontre qu'on ne peut jamais donner cette interprétation aux lois romaines.

» Dans les temps qu'elles ont été faites, la loi ne donnait encore aux femmes aucun avantage indépendamment de la volonté de leurs maris; la communauté de biens était inconnue, et l'est encore aujourd'hui dans le droit civil. L'augment de la dot est la donation en faveur du mariage, que le mari faisait pour compenser, pour égaler le bienfait de la dot; il n'était pas encore devenu nécessaire.

» Comment les lois auraient-elles pu comprendre dans leurs dispositions les avantages que la loi donne sans le ministère du mari, puisque, dans ce temps-là, il n'y en avait encore aucun de cette nature ?

» Sur le second argument tiré de la comparaison de l'augment,

1°. Qu'est-ce que l'augment ? Nous venons de le dire en passant : c'est une donation faite par le mari à sa femme, pour la récompenser de la dot qu'elle offre à son mari.

» 2°. L'augment peut être assez justement comparé au douaire; mais il n'a aucun rapport avec les effets de la communauté : ainsi, comparaison étrangère, qu'il fallait absolument retrancher de cette cause.

» Quelles sont donc les véritables maximes des lois romaines auxquelles il faut s'attacher ?

» 1re. maxime : la femme ou le mari qui passe à de secondes noces, ne peut donner que la part du moins prenant.

» 2°. maxime : tous les avantages que la femme a reçus de la libéralité de son mari, sont affectés, réservés, consacrés aux enfans de ce mariage.

» 3°. maxime : les deux premières maximes, soit pour le retranchement des donations, soit pour les biens réservés et incapables d'entrer dans les donations, ont également lieu, soit qu'il s'agisse d'immeubles ou d'effets mobiliers, parceque, *una eademque ratio in mobilibus quàm immobilibus;* et que, dans une matière sujette à la fraude, il est bon de comprendre tout dans la loi, afin de ne rien laisser à l'artifice et à la surprise.

» Si nous passons du droit romain au droit français, et de la première loi à la seconde, nous y trouverons le même esprit et la même disposition.

» L'édit des secondes noces a deux parties.

» La 1re. a été tracée sur le plan de la loi *Fœminæ,* la seconde a eu pour modèle la loi *Hâc edictali.*

» Dans la 1re., on défend aux femmes de donner une plus grande part dans leurs successions à leurs maris, que celle du moins prenant.

» Dans la 2e., on réserve aux enfans tous les avantages que leur mère a reçus de la libéralité de leur père.

» Et l'une et l'autre comprennent également les meubles et les immeubles;

» La 1re. expressément, la 2e. sous le nom général de *biens acquis par la libéralité du mari.*

» Après avoir examiné les deux premières lois, voyons ce qui a donné lieu à la troisième, c'est-à-dire, à la disposition de la coutume de Paris qui fait le véritable sujet de cette contestation.

» L'édit des secondes noces était conçu en termes généraux; il réservait simplement aux enfans *les biens meubles et immeubles, acquis par la libéralité du mari.*

» L'on a demandé, et cela a fait la matière d'une grande question, si les Conquêts de la communauté seraient considérés comme un avantage sujet à la disposition de la loi.

» D'un côté, l'on disait que c'était la loi, plus que l'homme, qui déférait cet avantage; qu'il était indépendant de la volonté des conjoints, le fruit de leur travail et de leur industrie, plutôt que le gage de leur union et de leur affection réciproque.

» De l'autre, on soutenait que, puisque les conjoints avaient la liberté de renoncer à toute communauté, et de l'exclure absolument par leur contrat de mariage, ils étaient censés se faire un avantage réciproque, quand ils se soumettaient à la disposition de la loi qui introduit la communauté;

» Que d'ailleurs la communauté était l'effet de l'économie, du travail et de l'industrie, et, pour se servir des termes de nos docteurs, de la collaboration commune des conjoints; et que, si on ne pouvait pas la considérer comme un véritable avantage acquis à la femme par la libéralité du mari, on ne pouvait s'empêcher du moins de la regarder comme un avantage et un profit du premier mariage;

» Que la communauté était une espèce de société légale ou conventionnelle, et qu'il paraissait dur d'admettre à la participation des profits un étranger qui n'avait eu aucune part au travail, un étranger aussi peu favorable qu'un second mari;

» Enfin, qu'un de nos plus anciens praticiens, le père des juriconsultes français, *Joannes Faber*, avait cru qu'il y avait lieu d'établir la même maxime pour les effets de la communauté, que pour les avantages reçus de la pure libéralité du mari: *Idem dici potest de conquestis quorum medietatem uxor haberet de consuetudine*.

» C'est ce doute important, que la coutume de Paris a décidé: elle a regardé comme une espèce d'avantage les effets de la première communauté, comme un fruit du premier mariage, s'ils n'étaient pas un présent du premier mariage. C'est dans cette vue qu'elle a suivi l'opinion de Jean Faber, et qu'elle a décidé que la femme ne pouvait pas disposer des Conquêts de la première communauté au préjudice des portions qui appartiennent aux enfans du premier mariage.

» Ainsi, l'article a deux parties: l'une, par laquelle il suit la disposition de l'édit des secondes noces, et défend à la femme qui se remarie, de donner une part plus grande dans ses propres et acquêts, qu'à celui de ses enfans qui prendra le moins;

» L'autre par laquelle il *interprète* l'édit, et met au nombre des avantages reçus du premier mari, les Conquêts de la première communauté, avec cette limitation, que le second mari seul sera exclu d'y avoir part, parceque les enfans du second lit pourront les partager avec ceux du premier.

» Telles sont les trois espèces de lois que nous devions expliquer d'abord, pour établir en général quel est le droit par lequel cette cause doit être décidée.

» 2°. *partie. Interprétation de la loi.*

» Passons maintenant à la seconde partie de la cause, voyons quelle doit être l'interprétation de la loi.

» Deux questions à décider sur l'interprétation de la dernière loi, c'est-à-dire, de la coutume de Paris.

» L'une, si la disposition, en ce qui concerne la prohibition de disposer des Conquêts de la première communauté, doit être étendue au mari.

» L'autre, si, sous le nom de *Conquêts*, on doit comprendre les effets mobiliers qui, dans l'espèce de cette cause, comprennent toute la communauté.

» Après avoir montré que la loi doit être interprétée, voyons comment l'interprétation doit être faite.

» On ne peut trouver que quatre voies différentes de parvenir à cette interprétation:

» 1°. Par le texte même de l'article, en comparant ensemble ses différentes dispositions;

» 2°. Par les autres articles de la coutume, où les mêmes expressions se trouvent;

» 3°. Par les lois et l'interprétation des lois qui ont été le fondement de la disposition de la coutume;

» 4°. Par les raisons, les motifs et les inconvéniens de la loi ou de ses interprétations différentes.

» Quelle est la question? Si l'on étendra aux meubles le terme de *Conquêts*; s'ils sont réputés compris sous ce nom général; ou si, au contraire, ce nom est tellement affecté aux immeubles, *qu'il ne puisse jamais s'appliquer aux effets mobiliers*.

» Examinons cette question par les quatre voies que nous venons de marquer.

» 1°. Par le texte même de l'article sujet à interprétation.

» Deux parties différentes dans cet article: l'une, qui prohibe les donations au-delà de la part du moins prenant; l'autre, qui défend la disposition des Conquêts.

» Comment la première est-elle conçue? *Femme convolant en secondes noces, ayant enfans, ne peut avantager son second mari ou autre subséquent mari, de ses propres et acquêts, plus que l'un de ses enfans.*

» Comment la seconde est-elle expliquée? *Et quant aux Conquêts faits avec ses précédens maris, n'en peut disposer aucunement au préjudice des portions dont les enfans des premiers mariages pourraient amender de leur mère.*

» Le même mot se trouve dans l'un et l'autre chef; car le terme *Conquêt* répond parfaitement à celui d'*acquêt*. La seule différence qui s'y trouve, c'est que le terme d'*acquêt* marque une acquisition (1) faite par un seul, et que celui de *Conquêts* marque des acquisitions faites en commun par deux ou plusieurs personnes.

» Voyons donc comment le terme d'*acquêts* se prend dans la première partie de l'article. Exclud-il les meubles, ou les comprend-il?

» Dire qu'il les exclud, c'est permettre à une femme de donner indistinctement tous ses meubles et effets mobiliers au second mari, puisqu'en fixant

---

(1) Non *acquisition*, mais immeuble acquis. *Idem* pour le mot *Conquêts*.

ainsi l'interprétation du terme *Conquêts*, il ne comprendra que les immeubles (1).

» Dire, au contraire, qu'il comprend les meubles, c'est s'attacher au véritable esprit de la loi (2).

» Or, le terme d'*acquêts* est le même que celui de *Conquêts*, si l'on excepte la seule différence que nous venons d'observer: car, de même que, dans la première partie de l'article, le terme d'*acquêts* comprend les meubles; de même aussi, dans la seconde, le terme *Conquêts* les doit comprendre pareillement.

» Si l'on répond que le terme d'*acquêts* comprend à la vérité les meubles, mais parceque les meubles sont exprimés dans l'édit dont l'article n'est qu'une copie, il est facile de détruire cette couleur.

» Quand il n'y aurait pas l'édit, pourrait-on donner une autre interprétation au terme d'*acquêts*? N'est-il pas visible que cette *interprétation* serait également nécessaire?

» Pourquoi les réformateurs auraient-ils négligé d'ajouter le terme de *meubles*, si ce n'est parcequ'ils ont cru l'avoir suffisamment expliqué dans celui de *Conquêts*?

» Pourquoi ne suppléera-t-on pas par l'édit, la seconde partie comme la première, puisque la seconde partie n'est qu'une interprétation de l'édit, comme la première n'en est qu'une répétition (3)?

» 2°. On peut interpréter encore cet article en examinant les autres articles dans lesquels le même terme de *Conquêts* se trouve.

» Est-il vrai que, de sa nature, il emporte avec lui la signification et l'idée d'un *immeuble* (4)?

» Et si cela est, pourquoi prend-elle tant de soin d'ajouter presque toujours le terme d'*immeubles* à celui de *Conquêts*; terme qui ne serait plus qu'une répétition superflue, s'il était vrai que celui de *Conquêt* signifiât de lui-même un *immeuble*?

» Il y a 18 articles dans la coutume (1), où le terme de *Conquêts* est employé; il en faut retrancher celui dont nous cherchons l'interprétation; il n'en restera que 17 (2).

» Et dans ces 17 articles, le terme *Conquêts* ne se trouve que cinq fois seul, pour signifier les immeubles; au lieu qu'il se trouve douze fois suivi du terme d'*immeubles*, pour déterminer sa nature.

» Ce n'est donc pas ici un de ces termes toujours déterminés par eux-mêmes. C'est une expression générale qui ne marque qu'une acquisition commune, un profit commun, etc. (3).

» Eclaircissons encore cette pensée. Nous trouvons dans notre coutume un terme aussi fréquent que celui de *Conquêts*; c'est celui de *propres*: parceque ce terme est par sa nature tellement déterminé à l'*immeuble*, qu'il ne peut jamais convenir au *meuble* que par *fiction*, on ne trouvera pas que la coutume ait ajouté le terme d'*immeuble* à celui de *propre*.

» Mais, au contraire, parceque celui de *Conquêts* n'est pas nécessairement appliqué à l'immeuble, la coutume a pris douze fois la précaution d'y joindre celui d'*immeubles*, pour lever toute équivoque (4).

---

(1) *Il ne comprendra que les immeubles!* C'est à cause de cet inconvénient, que les commentateurs, en pensant que les meubles n'étaient pas compris dans l'article, en souhaitaient la réformation : dire le contraire, c'est aller contre les lois romaines; et l'édit des secondes noces s'attache au véritable esprit de la coutume.

(2) On dira, au contraire, que le terme *acquêts* ne comprend pas les *meubles*, que l'édit y aurait joints inutilement, s'il les comprenait. La nécessité de cette interprétation n'était pas visible alors : *vilis erat mobilium possessio*. Et c'est le pourquoi de la négligence des réformateurs.

(3) La coutume a restreint l'édit dans ses deux parties. Dans l'une et l'autre, elle exclut les *meubles* employés dans l'édit; dans la première, en n'exprimant que les *propres* et *acquêts*, qui l'un et l'autre ne s'entendent que des immeubles, suivant même l'aveu qu'en fait ci-après M. d'Aguesseau; et dans la seconde, en changeant le mot *biens* en celui de *Conquêts*. Suppléez par l'édit, ou plutôt réformez la coutume suivant les lois romaines et l'édit : à la bonne heure.

(4) De sa nature ou de son étymologie, non; mais par la restriction faite par la coutume. Il est certain, en effet, qu'elle le restreint aux immeubles : sans quoi, dans tous les articles où les *meubles* sont joints aux *Conquêts*, sans que le terme d'*immeubles* y soit ajouté, si le mot *Conquêts*, dans la coutume, comprend les *meubles*, ce mot *meubles* ne sera plus qu'une répétition superflue. Cette addition dans la coutume, sent seulement l'antithèse qui était du goût de ce temps.

(1) Il y en a 19.

(2) Il en restera 18.

(3) Et dans ces 18 articles, le terme *Conquêts* ne se trouve que sept fois seul, et onze fois suivi du terme d'*immeubles*, pour déterminer, non sa nature, mais la restriction que la coutume fait du terme *Conquêts* aux immeubles. Ce n'est donc pas ici un de ces termes toujours déterminés par sa nature; c'est une expression restreinte qui ne marque qu'un immeuble acquis en commun, un profit immobilier commun.

(4) Le terme *propre*, par sa nature ou son étymologie, peut s'appliquer au meuble comme à l'immeuble, quans être plus déterminé à l'un qu'à l'autre; il signifie ce qui appartient à quelqu'un privativement à tout autre.

La coutume, en admettant les meubles dans la communauté, semble restreindre tacitement ce mot *propre* à ne signifier que l'immeuble, hors le cas seulement où elle rend au *meuble* ou au *mobilier* qui appartenait à l'un des conjoints privativement à l'autre, sa signification de *propre*, sans y ajouter le terme *fictif*. Ainsi, de ce que la coutume regarde comme *propre*, tantôt un *meuble*, tantôt un *immeuble*, il s'ensuit qu'elle n'a entendu le mot *propre* que dans sa signification générale; au lieu que, n'ayant jamais appliqué le mot *Conquêt* au *meuble*, il s'ensuit qu'elle a entendu restreindre ce mot aux immeubles seulement. Si elle n'a jamais ajouté le terme d'*immeuble* à celui de *propre*, c'est qu'elle ne l'a regardé comme immeuble que quand, par la nature de ce qu'il représentait, il était meuble. Dans ce dernier cas, elle le déclarait meuble sans fiction, lorsqu'elle jugeait à propos de déroger à la disposition par laquelle elle avait ordonné, art. 220, que les *meubles* et les *conquêts immeubles* entreraient en communauté. Ainsi, quoique le mot *Conquêts*, par sa na-

68.

» 3°. Si on a recours aux lois antérieures, deux réflexions :

» Ces lois ont toujours été étendues. Nous avons parlé de l'extension au mari; il y en a une infinité d'autres semblables : par exemple, la jurisprudence établie par les arrêts, pour retrancher les communautés inégales que l'on a considérées comme des avantages indirects.

» Ces lois rejettent absolument la distinction des meubles et des immeubles.

» En effet, c'est très mal à propos qu'on s'en voudrait servir par rapport aux secondes noces.

» Distinguer deux sortes de matières. Les unes où il est important de séparer le meuble de l'immeuble ;

» Les autres où cela est indifférent.

» Dans les premières, comme quand il s'agit de succession ou de communauté ; alors on ne peut croire que la coutume ait omis à dessein le terme de *meubles*, parceque c'est un des termes essentiels à la matière (1).

» Dans les autres, pourquoi disputer scrupuleusement sur l'omission d'un terme qui était indifférent? Or, rien n'est plus constant que cette indifférence du meuble et de l'immeuble, par rapport aux secondes noces.

» Les lois romaines l'établissent. L'édit des secondes noces le suit.

» La coutume de Paris s'y attache constamment dans sa première partie (2) ; pourquoi n'étendre pas l'édit à la seconde partie comme à la première?

» L'édit comme la coutume ont la même disposition en général : les avantages et les gains du premier mariage doivent être réservés aux enfans.

» Qu'est-ce que la coutume y ajoute? Que les Conquêts sont réputés avantages; après cela, tout le reste est commun entre les deux lois, soit que les Conquêts soient meubles, soit qu'ils soient immeubles, ils sont regardés comme avantages, et par conséquent sujets à la prohibition de l'édit.

» 4°. Si on cherche enfin le motif et la raison de la loi, si on examine les inconvéniens qui naîtraient d'une opinion contraire, on trouve que tout conspire en faveur de cette explication.

» 1°. La raison est la même ; et il est visible que le mobilier peut être souvent aussi considérable, et plus considérable que l'immobilier ; il y a un égal sujet d'appliquer à tous les deux la juste disposition de la loi.

» 2°. Sans cela, la loi serait imparfaite et facilement éludée :

» Imparfaite, parcequ'elle ne comprendrait pas un cas très-commun et très-important, celui où toute une communauté se trouve en effets mobiliers, comme sont celles des marchands, gens d'affaires, et plusieurs bourgeois ;

» Facile à éluder, parceque, dans la pensée de se remarier, un mari, maître de la communauté, voyant sa femme infirme, pourrait se préparer une voie indirecte d'avantager une seconde femme, en aliénant les immeubles.

» Au contraire, quel inconvénient peut-il arriver de l'explication que nous proposons?

» Que les seconds mariages soient moins fréquens? C'est un bien public (1).

» Que les seconds maris soient moins avantagés? C'est le but des législateurs.

» Contre toutes ces réflexions, on oppose le préjugé d'un arrêt qui porte que les meubles d'une première communauté seront employés en fonds, et néanmoins que le mari y aura une portion égale que les moins prenans des enfans.

» Mais 1°. cet arrêt a l'apparence d'un arrêt rendu de concert. On l'a levé depuis la dernière audience, il ne l'avait jamais été par ceux entre lesquels il a été rendu.

» C'est un arrêt sans qualité. On ne voit pas quelles étaient les demandes des parties; et enfin, nos arrestographes ne s'accordent pas sur les questions qu'il a décidées. Soefve prétend qu'il a jugé la même question que celle dont il s'agit; néanmoins Dufresne (2) soutient qu'il ne s'agissait que de l'extinction de la communauté, et que les enfans n'insistèrent pas sur la donation faite au mari.

» Un arrêt de cette qualité est trop obscur pour juger, sur son autorité, en faveur des secondes noces.

» Enfin, les maximes générales sont encore plus favorables, si on les joint au fait particulier de la cause.

» Une communauté uniquement composée d'effets mobiliers ;

» Une somme de 100,000 livres, due par le roi,

---

ture ou son étymologie, comprenne le *meuble* ou l'*immeuble* acquis par deux ou plusieurs ensemble, et ne soit pas en conséquence nécessairement appliqué à l'*immeuble* ; cependant la coutume ne l'a jamais appliqué au *meuble*, ainsi qu'elle a fait celui de *propre* ; au contraire, elle a pris onze fois la précaution d'y joindre celui d'*immeuble*, pour signifier absolument la restriction qu'elle en faisait à la qualité d'*immeuble*, et non pas pour lever toute équivoque où il n'y en avait pas, puisque, dans ces onze articles, le mot *meubles* étant joint aux *Conquêts immeubles*, éclaircissait tout par lui-même.

(1) On peut et on doit croire que, dans l'art. 279, la coutume a omis à dessein le terme de *meubles*, puisqu'elle a affecté de supprimer le mot *meubles* employé dans l'édit des secondes noces, et de changer le mot *biens*, qui y est aussi employé, en celui de *Conquêts*. D'où il suit que la coutume n'a pas cru le terme *meubles* essentiel à la matière, parcequ'elle a pensé qu'alors *vilis erat mobilium possessio*. Les circonstances ont changé depuis; cette vilité du mobilier est devenue un objet important. La coutume semble n'avoir pas eu le droit de déroger à l'édit ; l'intérêt des enfans des premiers lits était blessé : tous motifs qui ont rendu le terme *meubles* essentiel à la matière, ont dû porter à réformer l'article, et ont dû déterminer seuls les conclusions de M. d'Aguesseau.

(2) Au contraire, elle s'en détache, en supprimant le mot *meubles*.

---

(1) C'est un bien public, oui, quand il y a des enfans nés et vivans du premier mariage.
(2) Je ne trouve pas que Dufresne ait parlé de cet arrêt.

n'a pu être payée pendant la première communauté. —

» Sera-t-il juste de regarder une somme de cette qualité, comme quelque chose de moins important qu'un immeuble de 2 ou 3,000 livres?

» Enfin, faut-il que les enfans souffrent de ce qu'une somme qui aurait été employée en immeubles, si elle avait été reçue, n'a pu l'être, parceque le père n'a point été payé aussitôt qu'il aurait dû l'être, et qu'une étrangère, une seconde femme en profite?

» *Récapituler* (1).

» Quant à nous (2),

» Voyons maintenant s'il y a quelque raison de diversité qui empêche qu'on n'applique à la nouvelle disposition de la coutume de Paris, ce qui est décidé par l'édit.

» Expliquons-nous encore plus clairement. Il y a deux parties dans l'art. 279.

» L'une, qui n'est qu'une répétition abrégée de l'édit par lequel on défend aux femmes qui convolent en secondes noces, de donner à leurs maris plus que la part d'un des enfans, dans les propres et acquêts ;

» L'autre, par laquelle on défend à la femme de disposer des Conquêts de la première communauté.

» Constant que, dans la première partie, le mari y est compris. Question de savoir s'il l'est dans la seconde.

» On oppose pour raison de différence,

» 1°. Que l'article est contre le droit commun ;

_____

(1) Cette première partie du discours de M. d'Aguesseau paraît n'être que le ballotage des plaidoyers des avocats pour et contre. S'il y a compris la minutieuse discussion grammaticale du terme *Conquêts*, c'est sans doute pour prouver qu'il ne négligeait pas même les moindres moyens employés par les parties. Mais ce serait faire injure à ce grand et savant magistrat,—que de penser que cette inexacte et fausse discussion eût formé son sentiment. Si cela eût été, il l'aurait approfondie lui-même, avant de se décider; il en aurait corrigé les erreurs et les inexactitudes; et il s'en serait encore servi dans la seconde partie de son discours, où il n'emploie que les vrais motifs qui l'ont déterminé, où il ne dit plus un seul mot de l'erronée discussion grammaticale.

C'est cependant l'injure que font à M. d'Aguesseau, Delachampagne, avocat, présent, dit-il, au discours, et d'après lui Dupin, dans leurs Traités des secondes noces, ainsi que Denisart, et tous ceux qui, d'après la discussion grammaticale ci-dessus, ont le préjugé que les meubles étaient compris dans l'art. 279 de la coutume de Paris, en conséquence de l'arrêt du 4 mars 1697, rendu sur les conclusions de M. d'Aguesseau, et veulent étendre cet arrêt hors le cas des secondes noces, dans tous les autres cas où la coutume n'a pas restreint nommément les Conquêts aux seuls immeubles.

Et même depuis l'arrêt du 1er. juillet 1763 (*que je rapporterai ci-après*), les éditeurs des œuvres de M. d'Aguesseau, sans rien approfondir, ont eux-mêmes suivi ce torrent, et gâté le canevas beaucoup plus beau et plus solide que leur broderie.

(2) C'est cette seconde partie qui paraît être le *quant à nous* des gens du roi, et leur véritable sentiment.

» 2°. Que la communauté est une espèce de bienfait et d'avantage gratuit pour la femme, au lieu qu'elle appartient de plein droit au mari ; et que par conséquent il a été plus juste de défendre aux femmes de disposer des Conquêts de la première communauté, qu'il ne serait de faire la même défense aux hommes ; parcequ'en un mot, les Conquêts sont l'ouvrage de l'industrie du mari, et lui sont acquis comme un bien propre ; au lieu qu'ils ne sont déférés à la femme que par une espèce de grâce et de faveur de la coutume.

» Rien de plus aisé à détruire que ces deux différences.

» Inutile de dire que l'article est contraire au droit commun, le droit commun étant de restreindre, autant qu'il est possible, la permission de donner aux seconds maris ; et l'article s'accorde parfaitement avec cette intention.

» Il est vrai que l'article ajoute au droit commun, mais il ne lui est pas contraire ; ce sont deux choses différentes d'être *præter jus commune*, ou *contrà jus commune*.

» 2°. La communauté n'appartient pas moins à la femme qu'au mari. Ridicule pour un législateur d'aller examiner celui qui a le plus contribué à l'enrichir,

» 1°. Souvent la femme n'y a pas moins de part que le mari ; 2°. presque toujours c'est le fruit et le profit des biens communs, et souvent même de la dot de la femme.

» Il faut enfin revenir à cette distinction qui lève toute équivoque.

» Ou on examine la communauté avant ou après la dissolution du mariage.

» Avant la dissolution du mariage, le mari est seul considéré comme propriétaire, quoique la femme y ait un droit habituel qui n'est pas encore développé ; mais cette propriété apparente n'est qu'une simple administration.

» Après la dissolution, le droit des conjoints est égal, et la femme n'a pas moins *suo jure* que le mari, la part que la commune lui donne dans les effets de la communauté.

» Enfin, cette question pour le mari est nettement jugée par un arrêt célèbre du mois de juillet 1655, rendu au rapport de M. Labouley, appelé l'arrêt des Ponts. Charondas, Ricard, Auzanet sont de même sentiment.

» Passons à la seconde et plus importante question. Les effets mobiliers sont-ils compris, aussi bien que les immeubles, dans la disposition de la coutume?

» Pour traiter plus à fond cette question, qui n'a encore été décidée nettement par aucun arrêt, examiner deux choses.

» La disposition de la coutume est-elle de droit étroit, tellement qu'elle ne puisse recevoir aucune explication? Ou, au contraire, peut-elle être expliquée, étendue, interprétée?

» Les deux principales objections qu'on fait contre l'extension de la coutume sont, 1° que les coutumes sont de droit étroit ; 2°. qu'elles le sont encore plus, lorsqu'il s'agit d'une loi pénale.

» Sur le premier point, 1°. cette objection prouve trop ; car il s'en suivrait de là que tous les arrêts que vous avez rendus en interprétation de la coutume, sont contraires à la nature de la coutume même ; et pour ne pas chercher des exemples hors de la cause, il s'ensuivrait que l'arrêt des Poichevins est injuste, parceque cet arrêt a jugé que la disposition en particulier que nous examinons, s'appliquait également aux maris et aux femmes.

» Qu'est-ce donc que veulent dire ces maximes communes qui vous ont été citées, que les statuts, que les coutumes ne s'étendent pas, que *casus omissus habetur pro omisso ?* Distinguer.

» *Ou la coutume s'accorde avec l'ordre commun, avec la police et l'utilité publique, et alors elle s'étend facilement ; -*

» Ou elle y est contraire, et alors on la considère comme une exception qu'il faut renfermer dans son cas.

» Telles étaient les espèces des arrêts que l'on vous a cités.

» Sur le second point, est-ce une loi pénale ? C'est ici, MM., où il faut entrer dans la distinction que Dumoulin propose sur la règle *de publicandis resignationibus.* Le terme de loi pénale est une de ces expressions dont on abuse souvent.

» Il y a deux sortes de lois auxquelles on l'applique. Les unes proprement ; et ce sont celles qui restreignent en quelque manière, la liberté naturelle à tous les hommes.

» Ces dernières lois sont des lois restrictives, prohibitives, des lois de précaution, mais non des lois pénales.

» Ainsi, par exemple, dira-t-on que la loi qui défend au mari de donner à sa femme, est une loi pénale ? Que les lois qui défendent de priver les héritiers du sang d'une portion des propres, soient des lois pénales, etc. ? Il en est de même des lois des secondes noces.

» Que font ces lois ? Elles défendent les libéralités excessives ; elles veulent que tout ce qui est acquis à l'occasion du premier mariage, demeure aux enfans communs, et ne puisse du moins passer en des mains absolument étrangères.

» *Elles n'ordonnent aux maris et aux femmes que ce que la droite raison et ce que la sagesse, la prudence et l'amour des enfans inspire naturellement, et sans loi, à un bon père de famille.*

» Et peut-on appeler du nom de *peine,* ce que la raison suggère, ce que la prudence dicte, ce que la tendresse inspire ?

» Deuxième réflexion. Quelle est l'intention et le motif de toutes les lois, et de la coutume de Paris en particulier, quand elles imposent un joug sévère à ceux qui se remarient ? Est-ce précisément la haine des seconds mariages, ou plutôt la faveur des enfans ?

» Peut-on trouver une plus grande preuve que de voir que toutes les peines cessent aussitôt qu'il n'y a pas d'enfans, et qu'il suffit même pour les faire cesser, que les enfans soient morts avant de temps de la succession ouverte, pour confirmer, par un effet rétroactif, les dispositions *quæ ab initio non consistebant.*

» Cela posé, *la disposition de la coutume de Paris doit être regardée comme entièrement favorable :*

» Favorable par son motif, qui ne tend qu'à la conservation du patrimoine des enfans ;

» *Favorable par sa disposition, dès qu'elle n'impose aux femmes que ce que la droite raison exige d'elles, sans le secours de la loi.*

» Et par conséquent, loi qui peut être interprétée. Il y a plus : non-seulement elle peut, mais elle doit être interprétée ; et pourquoi ?

» Parcequ'elle est imparfaite.

» Dans la première disposition de l'article, on ne défend aux femmes de donner une plus grande part à leurs maris qu'à leurs enfans, que par rapport aux propres et aux acquêts ; n'est-il pas nécessaire d'y suppléer le terme de meubles (1) ?

» Allons encore plus loin : c'est une loi qui peut et qui doit être interprétée. Ce n'est pas tout encore ; elle l'a été.

» *Nous venons de vous montrer qu'on l'a appliquée, même dans le point dont il s'agit, au mari, quoique la coutume ne fasse mention que des femmes.* Or, comment pourrait-on prouver qu'il sera permis d'interpréter la loi par rapport aux personnes, plutôt que de l'interpréter par rapport aux biens qui y sont compris ?

» Que, si on oppose que les arrêts ont jugé que la disposition de la coutume ne devait avoir lieu que dans son territoire, et par conséquent qu'elle ne pouvait être étendue, il est facile de répondre qu'il y a une grande différence entre étendre la loi quant au sens et pour suppléer ce qui manque à sa perfection, et étendre la loi quant au territoire et pour la faire exécuter dans les lieux qui ne sont pas soumis au pouvoir du législateur.

» Il en est de même des fictions : on ne les étend pas hors de leur cas ; mais dans leur cas elles ont toute l'étendue dont elles sont susceptibles. *Idem* des priviléges, etc.

» La raison fondamentale, c'est que, dans ce qui regarde le territoire, le pouvoir manque ; au lieu que, dans les autres cas, il ne manque que la clarté qui se peut suppléer.

» Commençons par la première et la plus facile des deux questions.

» Le mari est-il compris, aussi bien que la femme, dans la disposition de la coutume ?

» Premier principe à supposer. L'article, comme nous l'avons déjà dit, n'est que l'extension et l'interprétation de l'édit ; et l'édit n'a fait que prêter son

---

(1) Si le terme *acquêts* comprend les *meubles,* à quoi bon suppléer ce mot ? M. d'Aguesseau ne regardait donc pas comme certaine la discussion grammaticale.

autorité à la raison écrite, c'est-à-dire, au droit civil.

» Or, dans l'édit ou son interprétation, et dans les propres termes des lois romaines, les hommes sont compris aussi bien que les femmes.

» Donc, dans l'exclusion introduite par la coutume, le mari ne doit pas mériter une exception particulière.

» Pour mettre cette preuve dans un plus grand jour, il est bon d'expliquer le progrès de la jurisprudence sur ce point.

» Certainement l'édit ne prononçait pas, dans la première disposition, les mêmes peines contre les hommes que contre les femmes.

». Et ce fut une grande question après qu'il fut fait, de savoir si cette loi, qu'on considérait comme rigoureuse, parcequ'elle était nouvelle en France, pourrait être étendue aux maris.

» L'on opposait à ceux qui voulaient l'étendre, les mêmes moyens que l'on a encore soutenus dans votre audience.

» La maxime commune du droit qui veut que jamais le sexe masculin *sub fœmineo contineatur,* les mêmes textes des lois, les mêmes autorités de M. Cujas, etc., le principe de l'équité naturelle, qui défend d'étendre les lois rigoureuses, le préambule de l'édit qui en explique les motifs, ces motifs uniquement convenables aux femmes, tirés de la faiblesse et de la légèreté de leur sexe; enfin, une réflexion singulière, prise encore de la disposition de l'édit, que, dans le second chef, on marque expressément les hommes aussi bien que les femmes : preuve sensible qu'on ne les avait pas omis par oubli dans la première partie, et que, si on n'y avait fait aucune mention d'eux, c'était uniquement parcequ'on n'avait pas cru qu'il fût juste de les soumettre à cette loi.

» Malgré toutes ces raisons, l'utilité publique a prévalu sur la subtilité du droit.

» On a considéré que la raison et les motifs étant les mêmes, il serait absurde que la décision fût différente;

» Que la légèreté, la faiblesse, la passion, étaient des infirmités communes à l'un et à l'autre sexe;

» Et qu'enfin, les lois Romaines, que l'édit loue et approuve en cette matière, avaient également assujéti les hommes et les femmes à la même disposition.

» Voilà quels furent les motifs que la cour voulut bien déclarer elle-même dans les arrêts solennels prononcés en robes rouges pour décider la question. Le dernier est de 1586; et depuis ce temps-là, on n'a point révoqué en doute que les hommes, aussi bien que les femmes ne fussent compris dans la prohibition de l'édit.

» L'appellation et ce, émendant, ordonner, conformément à la requête des appelans, que les sommes de 31,150 livres, d'une part, et 25,852 livres d'autres effets actifs de la première communauté, seront et demeureront en entier aux appelans, la sentence au résidu sortira effet.

» Arrêt conforme, le 4 mars 1697. Plaidans Le-gendre pour les appelans, Gueau pour les intimés; prononcé par M. le premier président de Harlay ».

Tel est mot pour mot, le canevas du plaidoyer prononcé par M. d'Aguesseau, le 4 mars 1697.

Le jurisconsulte qui me l'a communiqué, m'a assuré qu'il avait été, en 1763, mis sous les yeux de la grand'chambre du parlement de Paris, lors du jugement d'un procès célèbre, dont voici l'espèce.

Louis-François-Soucanye de Baricourt avait épousé, au mois d'août 1721, Marguerite Badin.

Le contrat de mariage contenait stipulation de communauté de tous les biens meubles et Conquêts immeubles.

On déclarait que les biens de la future épouse consistaient en un cinquième des biens fonds et effets à recouvrer des successions de son père et de sa mère, laissées en commun et indivises entre elle et ses sœurs, et en une somme de 7,504 livres 4 sous 9 deniers, dont 5,520 livres 12 sous 7 deniers en meubles, et 2,175 livres 12 sous 2 deniers d'argent comptant.

On avait fait entrer en communauté 5,000 livres à imputer sur les meubles; le surplus était stipulé propre à la future épouse, et aux siens de son côté et ligne, avec tout ce qui lui échoirait pendant la durée du mariage, par succession, donation, legs ou autrement, tant en meubles qu'immeubles.

On accordait à la future épouse un douaire de 1,500 livres de rente, et un préciput au survivant sur les meubles de la communauté, suivant la prisée de l'inventaire et sans crue, jusqu'à la somme de 3,000 livres, ou la somme en deniers comptant, au choix du survivant.

On accordait encore à la future épouse et aux enfans, la faculté de renoncer à la communauté et de reprendre; on stipulait le remploi des propres aliénés; enfin, le contrat de mariage contenait une donation dont il est nécessaire de rapporter les propres termes : « Et pour la bonne amitié que les dits » sieur et demoiselle futurs époux se portent réci-» proquement, ils se sont, par ces présentes, fait » donation entre-vifs et irrévocable, en la meilleure » forme et manière que donation puisse valoir, l'un » d'eux à l'autre survivant d'eux, savoir, le futur » époux à la future épouse, de tous les biens meu-» bles, acquêts, Conquêts et propres, qui appartien-» nent présentement au futur époux, et se trou-» veront lui appartenir au jour de son décès, pour, » par la future épouse, en jouir, faire et disposer » en pleine propriété; et la future épouse au futur » époux, de la propriété des Conquêts de leur com-» munauté future, et de l'usufruit des meubles, » effets mobiliers et des propres qui appartiennent » à la future épouse, pour par ledit futur époux, » disposer en propriété des Conquêts, et jouir en » usufruit comme dit est, desdits meubles, effets » mobiliers et propres de la future épouse, à sa » caution juratoire ».

Ces donations étaient faites à la condition qu'au jour du décès du premier mourant des époux, il n'y aurait aucun enfant né ou à naître du mariage ; cependant au cas qu'il y en eût, et qu'ils vinssent à décéder en minorité, ou avant de se marier, la donation devait reprendre sa force.

Le sieur Soucanye et son épouse n'ont point eu d'enfans de leur mariage. La dame Soucanye est décédée le 12 décembre 1747, après avoir fait, le 27 septembre précédent, un testament qui contenait différens legs particuliers.

Ce testament a été exécuté par un acte passé entre les héritiers de la dame Soucanye et ses légataires.

Le sieur Soucanye, survivant, a joui de la donation portée par son contrat de mariage. Il est décédé le 30 septembre 1757 ; les scellés ont été apposés sur ses effets, et il en a été fait inventaire.

Il avait fait un testament par lequel il avait institué le sieur Boyer de Baricourt son légataire universel pour moitié, à la charge de substitution en faveur de ses enfans nés ou à naître, et la demoiselle Caureillon sa légataire universelle, pour l'autre moitié en propriété.

Les héritiers de la dame Soucanye avaient formé opposition aux scellés. Le sieur Boyer de Baricourt a renoncé à la succession du sieur Soucanye, son oncle. L'exécution du testament a été consentie par un curateur nommé à la succession vacante du sieur Soucanye ; et le 20 février 1758, le sieur Boyer de Baricourt, en qualité de légataire universel, à la charge de substitution, a fait assigner au Châtelet la dame Thorel de Villette et les autres héritiers de la dame Soucanye, la demoiselle Caureillon, légataire universelle pour l'autre moitié, le tuteur à la substitution, et le curateur à la succession vacante du sieur Soucanye, pour voir dire que main levée sera faite des oppositions aux scellés apposés après le décès de celui-ci ; qu'il serait procédé à l'amiable ou en justice à la liquidation des sommes mobilières stipulées propres à son épouse et des sommes par lui payées, tant à la décharge de celle-ci, que de sa succession, desquelles déduction et compensation seraient faites sur les propres jusqu'à due concurrence.

Il a demandé acte de son consentement à ce que les héritiers fussent payés du surplus sur les biens de la succession du sieur Soucanye, et dans le cas où cette succession se trouverait en avance, il a conclu à la restitution de reliquat avec les intérêts.

La demoiselle Caureillon a déclaré, par une requête du 15 mars 1758, qu'elle adhérait aux conclusions du sieur Boyer de Baricourt ; elle a demandé une provision de 1,200 livres, et l'autorisation à toucher sa moitié des arrérages d'une rente constituée pour le prix de l'office de greffier du conseil, dont était pourvu le sieur Soucanye.

Le sieur Boyer de Baricourt et la demoiselle Caureillon ont fait, par une requête du 20 octobre suivant, la liquidation des droits de la dame Thorel et de ses consorts, dans la succession de la dame Soucanye ; ils ont soutenu qu'ils ne pouvaient prétendre, sur le mobilier, qu'une somme de 7,125 li-

vres 3 sous 4 deniers, et que les paiemens à eux faits par le feu sieur Soucanye, à la décharge de la succession, montaient à la somme de 13,250 livres 16 sous ; ils ont conclu de là que les héritiers de la dame Soucanye étaient débiteurs de 6,105 livres 7 sous 8 deniers faisant l'excédant de leur reprise ; ils en ont demandé le paiement avec les intérêts, à compter du jour du décès du sieur Soucanye.

Les héritiers de la dame Soucanye ont répondu par un dire du 8 septembre, employé pour défense, que le sieur Boyer de Baricourt et la demoiselle Caureillon omettaient mal-à-propos, dans leur opération, le compte du mobilier de la communauté qui avait existé entre le sieur Soucanye et son épouse ; que la donation portée dans le contrat de mariage du 28 août 1721, ne comprenait point le mobilier, le mot Conquêts ne pouvant s'appliquer qu'aux immeubles.

Le 2 janvier 1759, est intervenue une sentence contradictoire et dont il n'y a point eu d'appel, qui ordonnait que le sieur Boyer de Baricourt et la demoiselle Caureillon rendraient compte au sieur Bertin de Saint-Leu, dans un mois, de la tutelle que le défunt Soucanye avait eue de sa personne et de ses biens ; elle faisait main-levée au sieur Boyer de Baricourt et à la demoiselle Caureillon, des oppositions faites entre les mains des locataires et débiteurs des biens et effets qui leur appartenaient personnellement ; enfin, elle continuait l'audience au premier jour sur la demande en main-levée des oppositions formées sur la succession du sieur Soucanye.

Le sieur Boyer de Baricourt et la demoiselle Caureillon ont suivi l'affaire au fond ; et les héritiers de la dame Soucanye n'ayant pas comparu, ils ont obtenu, le 13 juillet 1759, une sentence par défaut, qui leur a adjugé leurs conclusions.

Les héritiers de la dame Soucanye en ont interjeté appel.

L'affaire, en cet état, présentait deux objets différens. Il s'agissait de savoir,

D'abord, si la donation des Conquêts comprenait ou non le mobilier de la communauté ;

Ensuite, si la liquidation des reprises de la dame Soucanye avait été régulièrement faite par la requête du 20 octobre 1758, et par la sentence qui l'avait entièrement adoptée.

De ces deux chefs, le second est étranger à notre objet : nous ne discuterons ici que le premier.

Voici les raisons qu'on employait pour établir que le mobilier de la communauté était compris dans la donation faite au mari survivant.

« Nos adversaires (disaient les intimés, par l'organe de MM. Doulcet fils et Target, leurs défenseurs) sont forcés de convenir qu'il a été jugé, par un arrêt du 4 mars 1697, rapporté au cinquième tome du Journal des Audiences, que le terme Conquêts comprend autant le mobilier que l'immobilier acquis pendant la durée d'une communauté, lorsqu'il s'agit de l'exécution de l'édit des secondes noces et de l'art. 279 de la coutume de

Paris : preuve évidente que cette expression *Conquêts* n'est pas tellement limitée aux seuls effets immobiliers, qu'elle soit incompatible avec le mobilier de la communauté. S'il y avait une incompatibilité notoire, il aurait été impossible, malgré la défaveur des secondes noces, et l'importance de conserver aux enfans du premier lit les fruits de la collaboration commune de leur père et de leur mère, d'appliquer aux effets mobiliers la prohibition portée par l'édit des secondes noces et par l'art. 279 de la coutume de Paris. En un mot, l'arrêt du 14 mars 1697 n'aurait pas pu juger comme il l'a fait, s'il était vrai que les seuls immeubles fussent susceptibles de la dénomination de *Conquêts*.

» Mais qu'avons-nous besoin d'argumenter de l'aveu de nos adversaires? La droite raison nous suffit. Un acquêt désigne une acquisition faite par plusieurs, faite en commun, faite par des associés ; n'acquiert-on pas les meubles de la même manière que l'on acquiert les effets immobiliers? La tradition à l'égard des uns produit le même effet que les actes rédigés par écrit produisent à l'égard des autres ; mais ils sont, les uns et les autres, le fruit du travail commun des deux époux : ainsi, la nature des choses veut que le mot *Conquêts* soit commun aux meubles et aux immeubles ; il n'y a point de raison d'en restreindre le sens aux seuls immeubles.

» Que nos adversaires n'argumentent point de quelques textes de la coutume. Dans quel cas le terme *Conquêts* ne comprend-il que les immeubles? C'est lorsque la coutume l'a voulu. Ainsi, dans l'art. 220, « les conjoints par mariage sont » communs en biens, meubles et Conquêts immeu- » bles faits durant et constant le mariage ».

» Le terme de *Conquêts* employé dans cet article, ne s'applique qu'aux seuls *immeubles* ; il y en a deux raisons sans réplique : l'une, que la coutume a particularisé l'expression, en joignant au mot de *Conquêts* celui d'*immeubles* ; preuve évidente que l'expression aurait renfermé le mobilier autant que l'immobilier, si la coutume n'avait pas lié ensemble ces deux termes *Conquêts immeubles*.

» L'autre raison, également forte, est que la coutume ayant fait entrer dans la communauté les meubles, sans aucune distinction du temps où ils ont été acquis, soit avant, soit depuis le mariage, elle n'avait plus rien à décider pour le mobilier dans la seconde partie de sa disposition ; son objet unique était de séparer les immeubles acquis antérieurement au mariage, des immeubles acquis pendant la durée de la communauté ; ainsi, en désignant les immeubles qui devaient faire partie de la communauté, elle a voulu que ce fussent seulement ceux qui seraient acquis pendant le mariage ; c'est pour remplir cet objet, que la coutume a dit que la communauté serait composée des *Conquêts immeubles* faits pendant la durée du mariage. Elle a donc elle-même reconnu que le terme *Conquêts* embrassait, sans aucune distinction, le mobilier

et l'immobilier ; et qu'il était nécessaire d'attacher la qualité d'immeubles à la dénomination de *Conquêts*, pour en exclure le mobilier.

» On peut faire le même raisonnement sur tous les autres articles : il n'y en a pas un seul qui décide que le mot *Conquêts* soit exclusif du mobilier ; il n'y en a pas un seul qui annonce suffisamment par son texte, que son intention est de l'attacher aux seuls immeubles.

» Ainsi, en argumentant d'après le texte de la coutume de Paris (et ce doit toujours être un argument solide), si le sieur et dame Soucanye avaient voulu restreindre la donation faite au mari survivant, aux seuls immeubles qui se trouveraient acquis pendant la communauté, ils ne se seraient pas contentés de cette expression indéfinie, *les Conquêts de leur communauté future* ; ils auraient dit, dans les mêmes termes que l'art. 220 de la coutume de Paris, *les Conquêts immeubles de leur communauté future*.

» Indépendamment de ces observations générales, l'esprit de la convention forme une preuve à laquelle il est impossible de résister. Les parties ont voulu distinguer les profits de la communauté, d'avec les biens que la future épouse avait eus de sa famille ; elle a consenti de donner en propriété sa part dans la communauté, mais elle a voulu réserver à sa famille ce qu'elle avait reçu d'elle, tant en immeubles qu'en meubles, en effets mobiliers ; ainsi, en exceptant de la donation faite en propriété, les meubles qui existaient au moment du mariage, elle a voulu que la donation d'usufruit s'appliquât aux propres et aux meubles existant à cette époque ; et que les meubles ou immeubles acquis pendant la communauté, fissent l'objet de la donation en propriété.

» Il est sensible que la femme a voulu que ses effets mobiliers entrassent dans la donation qu'elle a faite, soit en propriété, soit en usufruit.

» Cependant on admet le système de nos adversaires, les meubles de la communauté acquis pendant le mariage, n'entreraient, ni dans la donation de l'usufruit, ni dans la donation de la propriété.

» Ils n'entreraient pas dans la donation de l'usufruit, puisque cette partie de la convention n'est relative qu'aux meubles qui existaient au moment de l'acte ; c'est au temps présent que se réfère la donation. Les meubles de la communauté ne font donc pas partie de cette donation.

» Ils ne seraient pas non plus compris dans la donation de propriété ; cependant la femme a voulu donner tous ses effets mobiliers, soit en propriété, soit en usufruit ; c'est par là qu'elle a voulu compenser la donation qui lui a été faite par son mari ; il donnait universellement tous ses biens en propriété ; c'est donc une donation réciproque : or, comme les donations réciproques sont ordinairement égales, il faut interpréter celle dont il s'agit, de manière qu'elle se rapproche de l'égalité. Est-il vraisemblable que la femme ait voulu donner des immeubles en propriété, et qu'elle n'ait pas voulu donner des meubles, dont on devait présumer que la valeur serait moins considérable que celle des immeubles; et qu'ayant donné en usufruit ses meubles personnels, elle n'ait donné, ni en usufruit, ni en propriété, les meubles acquis pendant la communauté? C'est toute sa part dans la communauté qu'elle a voulu donner en propriété; elle donnait l'usufruit des meubles, des effets mobiliers et des propres qui existaient au moment de son mariage; les meubles de sa communauté future ont été distingués des meubles alors existans, par le mot *Conquêts*, qui, étant employé par opposition aux *meubles* et aux *propres*, doit comprendre les immeubles et les meubles acquis par les conjoints. Si les parties avaient eu une intention différente, elles auraient excepté de la donation, par une clause spéciale, les meubles de la communauté; et, dans ce cas, la donation aurait été sujette à un inconvénient considérable : le mari aurait pu laisser manquer la maison du mobilier le plus nécessaire, pour augmenter l'immobilier : la convention aurait été une source intarissable de divisions. Le mari aurait pu se procurer indirectement un avantage que le contrat ne lui aurait pas donné directement, en convertissant le mobilier en immeubles : on ne doit pas admettre une interprétation qui entraîne de telles conséquences.

» Il a été stipulé, par le contrat de mariage, que la donation aurait lieu quant aux Conquêts de la communauté, au profit du survivant des futurs époux, soit qu'il y eût ou non des enfans du mariage.

» Supposons que la femme eût survécu ayant des enfans. Elle serait alors donataire des Conquêts de la communauté; pourrait-on lui disputer la propriété du mobilier acquis pendant le mariage, à elle qui était donataire universelle de la totalité des biens de son mari, dans le cas où il n'y aurait point d'enfans? Il est sensible que, dans cette hypothèse, la donation des Conquêts a eu pour objet d'assurer à la femme survivante avec enfans, le mobilier et l'immobilier acquis pendant la durée du mariage : or, il est impossible que le mot *Conquêts* produise en faveur de la femme plus d'effet qu'en faveur du mari; la loi doit être égale.

» Enfin, c'est ainsi que la dame Soucanye a entendu la clause du contrat de mariage : elle a voulu que les dispositions de son testament ne fussent exécutées qu'après la cessation de l'usufruit dont son mari avait le droit par son contrat de mariage. Si le mobilier acquis pendant la communauté, n'avait pas fait partie de la donation en propriété des Conquêts, il n'aurait pas fait partie non plus de la donation en usufruit, puisque cet usufruit ne s'applique qu'aux effets mobiliers qui existaient au moment du mariage; il n'y aurait eu aucun motif de suspendre l'exécution du testament, si les meubles acquis pendant le mariage, avaient appartenu à la succession de la testatrice;

elle a pensé que ses biens propres et son mobilier existant au moment de son mariage, devaient être destinés au paiement de ses legs; et que ses biens et effets étant chargés de l'usufruit de son mari, il était indispensable d'en retarder l'exécution jusques après sa mort. Tout se réunit donc pour assurer à la succession du mari la propriété des meubles acquis pendant la durée du mariage ».

Tels étaient les moyens des intimés.

Les appelans répondaient par l'organe de leur défenseur (M. Paporet) que d'après le sens que la coutume, le style ordinaire des actes et du palais, le langage commun, avaient attaché aux mots *acquêts* et *Conquêts*, on ne pouvait entendre par ces mots que des immeubles.

« Si, en vertu de cette signification unique (ajoutaient-ils), les seuls immeubles de la communauté future ont été, sous le terme *Conquêts*, donnés en propriété, il s'ensuit que les *meubles et les effets mobiliers* donnés en usufruit, ne peuvent être autres que les meubles et effets mobiliers de la communauté, d'autant plus que tous les propres tant réels que fictifs, sans distinction, sont donnés aussi en usufruit seulement, avec la séparation par l'article *des*, d'avec les *meubles et effets mobiliers*......

» Tous les auteurs, les dictionnaires même, ces livres usuels qui communément déterminent le consentement des parties et leur intention dans les clauses des actes, s'accordent uniformément à limiter aux immeubles la signification du terme *Conquêts*.

» Ce sentiment général était aussi celui de M. le chancelier d'Aguesseau; quoi qu'en disent certains auteurs......

» Du discours qu'il prononça lors de l'arrêt du 4 mars 1697, sortent naturellement deux conséquences :

» La première, que, selon lui-même, le terme *Conquêts* ne peut, dans le principe de l'art. 279, s'entendre que des immeubles acquis en communauté; mais qu'on peut et qu'on doit, en cet article, l'étendre aux meubles et effets mobiliers; de même que, dans le même article, la prohibition faite aux femmes, et celle concernant les acquêts, ont été étendues aux maris et aux meubles; et dans l'art. 246, les termes *chose immeuble* à la chose *meuble*, quoique les mots *mari*, *acquêt*, et chose *immeuble* ne puissent signifier la *femme*, un *meuble* ou une *chose meuble*.

» Le sentiment de M. d'Aguesseau, que l'extension du mot *Conquêts* aux meubles, dans la prohibition faite par l'art. 279, est conforme aux lois, en ce qu'elles n'ordonnent que ce que la droite raison, la sagesse, la prudence et l'amour des enfans inspirent naturellement et sans loi à un bon père de famille, fournit la seconde conséquence, que toute interprétation qui, dans ce cas et hors ce cas, pourrait devenir contraire à l'avantage des enfans, cesserait dès-lors de paraître conforme à ces lois, et conséquemment à la droite raison, à la sagesse, à la prudence, et à l'amour naturel des enfans.

» Or, dans le cas de la donation en question, si des enfans réclamaient contre leur père ou mère survivant, la moitié de la propriété des meubles et effets mobiliers de leur communauté, il est certain que l'extension du terme *Conquêts* à ces meubles et effets mobiliers, tournerait au profit du survivant contre l'avantage des enfans; donc cette extension, selon M. d'Aguesseau, cesserait de paraître conforme aux lois, à la droite raison, à la sagesse, à la prudence et à l'amour naturel des enfans.

» Il est vrai que ceux qui réclament aujourd'hui cette propriété, ne sont pas des enfans, mais des héritiers qui, quoique collatéraux et non directs, n'en sont pas moins héritiers du sang de celle à qui, de droit commun, appartenait la moitié de la communauté; et l'arrêt qui interviendrait contre eux, serait dans la suite opposé aux enfans en droit de former la même demande; de même qu'aujourd'hui, les arrêts de 1697 et 1698, rendus dans le cas de l'édit des secondes noces et de l'art. 279 de la coutume, sont allégués pour servir de règle dans une espèce de premières noces.

» D'ailleurs, ces héritiers du sang perdent la moitié des *Conquêts*; c'est-à-dire, des immeubles de la communauté, en vertu de la donation, qui, à cet égard, a dérogé au droit commun : ils cherchent à se conserver au moins la moitié des meubles et effets mobiliers de cette communauté, parceque la simple donation de la propriété des *Conquêts*, c'est-à-dire, des immeubles, n'a pas dérogé au droit commun à l'égard des meubles et effets mobiliers.

» Les légataires universels du mari, de leur côté, non contens de gagner la totalité des *Conquêts*, et la moitié de tous les autres biens, c'est-à-dire, des meubles et effets mobiliers de cette communauté, ne cherchent qu'à gagner encore plus, en s'efforçant de se faire adjuger l'autre moitié de ces meubles et effets mobiliers.

» D'après le raisonnement de M. d'Aguesseau, lesquels paraîtront les plus favorables, de ces héritiers du sang, ou de ces légataires universels? Une interprétation qui tournerait au désavantage de ceux qui perdent une partie de ce qui leur appartient de droit commun, et ne cherchent qu'à conserver le reste; paraîtrait-elle s'accorder avec l'ordre commun, la police et l'utilité publique? N'y serait-elle pas plutôt contraire? Et l'extension du terme *Conquêts* aux meubles, quoique ordonnée dans l'art. 279, par les arrêts de 1697 et 1698, ne doit-elle pas être regardée comme une exception qu'il faut renfermer dans son cas?

» Ces arrêts, dont on voudrait se prévaloir, sont sans application à l'espèce, c'est-à-dire, de premières noces. Il est sensible que, par ces arrêts, la cour n'a pas voulu changer en général la signification du mot *Conquêts*, en lui faisant comprendre les meubles et les immeubles ailleurs que dans l'art. 279.

» En général, suivant le texte et l'esprit de la coutume, jamais le mot *Conquêts* ne s'entend que des immeubles et non des meubles acquis en communauté; les parties contractantes dans la donation n'ont pas entendu se servir d'un langage particulier, qui attribuât au mot *Conquêts* une signification autre que la commune, et différente de celle que lui attribue la coutume à laquelle elles ont soumis la régie de leur communauté par leur contrat de mariage; donc les seuls immeubles de la communauté ont été, sous le terme *Conquêts*, donnés en propriété; donc les meubles et effets mobiliers donnés en simple usufruit, sont les meubles et effets mobiliers de la communauté : c'est ce qui va encore devenir plus sensible par la comparaison des deux donations. ».

A ces raisonnemens les appelans ajoutaient un moyen qu'ils tiraient de la comparaison de la donation de la femme au mari avec celle du mari à la femme.

« Dans la donation du mari à la femme (disaient-ils), le mot *meubles* est ajouté et joint au mot *Conquêts*; preuve de la distinction que les contractans faisaient des meubles et des *Conquêts* immeubles de la communauté.....

» Ne voit-on pas d'ailleurs qu'en prétendant que ce ne sont pas les meubles et effets mobiliers de la communauté dont la dame Soucanye a donné l'usufruit avec celui des propres qui lui appartenaient, il faudrait nécessairement supposer qu'elle a donné l'usufruit des meubles et effets mobiliers qu'elle avait auparavant stipulés propres, et des propres réels qui lui appartenaient; mais comment admettre cette supposition? Ce serait faire entrer forcément dans la donation en usufruit, après les mots, *meubles, effets mobiliers*, les mots, *ci-devant stipulés propres*, et après les *propres*, le mot *réels*; au lieu de suppléer simplement après les mots, *meubles, effets mobiliers*, ceux *de leur communauté future*, qu'on a par inattention transposés en les mettant immédiatement aprè *les Conquêts*; mots qui suivent naturellement, tant de la donation en propriété des seuls *Conquêts*, que de la donation en usufruit généralement de tous les propres qui appartenaient à la future, sans distinction de réels et de fictifs.

» On voit néanmoins que ce supplément, en laissant au mari la totalité des *Conquêts*, c'est-à-dire, des immeubles de la communauté, au sujet desquels la donation en propriété a clairement et nettement dérogé au droit commun, maintient ce droit commun, auquel cette donation en propriété ne déroge pas, quant aux meubles, qui, au contraire, paraissent conservés aux héritiers de la femme par les textes et la construction des donations respectives.

» Donc, l'intention des contractans, en ajoutant dans la donation du mari à la femme, de la propriété de tous ses biens, le mot *meubles*, et supprimant ce même mot dans la donation de la femme au mari, *de la propriété des Conquêts de leur communauté future*, a été que les meubles fussent compris dans la donation du mari à la femme de la propriété de ses biens, et ne fussent pas compris dans la donation de la femme au mari de la propriété des seuls *Conquêts* de leur communauté future.

» Donc, l'intention des contractans, en ajoutant dans la donation de la femme au mari, de *l'usufruit des meubles, effets mobiliers et des propres qui lui appartenaient*, l'article *des immeubles* avant les *propres à elle appartenant*, et en supprimant cet article *des* comme inutile dans la donation du mari, a été de comprendre les effets mobiliers, présens et à venir, de la communauté, dans la donation d'usufruit, de caractériser les propres réels et fictifs par la qualité d'*appartenans à la future*, et d'imposer aux héritiers de la femme la nécessité de laisser jouir le mari en usufruit des meubles de la communauté, en même temps que des propres réels et fictifs, qui appartenaient à la femme.

» Toutes les clauses du contrat de mariage concourent à établir cette vérité.

» On y voit en général que, toutes les fois que les contractans ont voulu comprendre, même les meubles de la communauté dans leurs dispositions, ils ont eu soin de les exprimer nommément, comme n'étant pas compris nécessairement sous le mot *Conquêts*.

« *Communauté de biens meubles et Conquêts immeubles, suivant la coutume de Paris* : pourquoi dans la donation n'a-t-on pas dit la propriété des *immeubles et Conquêts meubles*, et n'a-t-on donné la propriété que des simples *Conquêts* ?

» On stipule la communauté *suivant la coutume de Paris* ; peut-on, dans une autre clause, interpréter le mot *Conquêts* autrement que ne l'entend la coutume?

» De la dot de la *future*, il entre en communauté 5,000 livres, à prendre sur les *meubles*, *le surplus stipulé propre*, etc.

» On a vu l'effet de cette stipulation de propre, quant à la donation.

» Préciput de 3,000 livres pour le survivant, *à prendre avant le partage à faire des biens meubles de la communauté, en argent ou en meubles* : clause illusoire, si la propriété des meubles et des immeubles de la communauté a été donnée sous le mot *Conquêts*, puisqu'il n'y avait plus en ce cas de préciput à prendre ni de partage à faire de la communauté ; mais clause en effet très-réellement utile au futur, parcequ'il n'a réellement la propriété que des immeubles de la

communauté, et qu'il partage les meubles après avoir réalisé son droit de préciput avant ce partage ; clause également utile à la future en cas d'enfans et pour les mêmes raisons....

» Mais, objecte-t-on, en ne comprenant pas le mobilier de la communauté dans les Conquêts donnés en propriété, vous ménagez au futur la faculté de se procurer indirectement pendant le mariage, un avantage que le contrat de mariage ne lui donne pas directement ; ce qui est prohibé par la coutume.

» On ne voit donc pas que, si la femme a pu donner toute sa part de la communauté, elle a pu aussi ne donner que sa moitié dans les immeubles ; la faculté de se procurer un plus grand avantage en multipliant les immeubles et diminuant les meubles, est une conséquence si nécessaire, qu'on ne peut se dispenser de regarder cette faculté comme accordée directement par cette disposition.

» Si la femme eût employé les expressions, *Conquêts immeubles*, les intimés eussent-ils souffert et souffriraient-ils que, sous le prétexte de la simple expression de *Conquêts*, qui, en effet, ne comprend que les immeubles, les appelans attaquassent cette donation par la voie de nullité, sous prétexte de cet avantage prétendu indirect? L'avantage est direct et non indirect ; il n'a donc rien qui soit prohibé par la coutume.

» D'ailleurs, la femme, en ne donnant en propriété sa part que dans les seuls immeubles de la communauté, n'a fait que se rapprocher du droit commun, 1°. en faveur de ses enfans, à qui elle assurait la propriété et l'usufruit des meubles, et dont elle mettait le douaire à l'abri de tout événement ; 2°. en faveur de sa famille, à qui elle laissait la propriété de ses meubles. Par là, d'ailleurs, elle égalisait les donations réciproques.

» Enfin, c'est un principe général, que lorsqu'il n'y a pas d'ambiguité dans les paroles, il ne faut pas former de question sur la volonté. (Loi 25, §. 1, D. *de legatis*).

» Il ne faut jamais s'écarter de la propre signification des mots, que lorsque l'intention parait visiblement contraire. (Loi 69, D. *eod*, *tit*.)

» Mais en supposant de l'ambiguité dans la clause et dans l'intention des parties, la cause des héritiers du sang est, même en ce cas, préférable à celle du mari.

» C'est une règle certaine, que les obscurités des clauses qui obligent, s'interprètent toujours en faveur de celui qui est obligé, et qu'il faut restreindre l'obligation au sens qui la diminue. (Loi 47, D. *de obligationibus et actionibus*).

» Or, ici la succession de la femme, à qui appartient de droit commun la moitié du mobilier et de l'immobilier de la communauté, est celle qui est obligée d'acquitter le contenu en la donation : elle soutient ne devoir pas l'immobilier ; et on suppose qu'il n'est pas clair qu'elle doive ou ne doive pas le mobilier. Dans cette obscurité prétendue, le mobilier doit donc lui rester.

» D'ailleurs, en cas d'obscurité, les lois trouvent plus à propos de favoriser une demande juste et conforme au droit commun, qu'un pur gain procuré par le hasard. (Loi 4, §. 1, D. *de regulis juris.*) La moitié des immeubles de la communauté, ainsi que des meubles, appartenait de droit commun à la femme et à ses héritiers. Cette moitié des immeubles est une perte pour ses héritiers, et un gain pour le mari; cependant ces héritiers ne se plaignent pas de leur perte; ils consentent au gain que fait le mari, parcequ'ils voient clairement que cette moitié d'immeubles a été donnée au mari en propriété, contre le droit commun auquel il a été dérogé à cet égard. Mais ils ne voient pas la même chose à l'égard de la moitié des meubles; au contraire, ils croient voir avec certitude que ces meubles ont été exclus de la donation en propriété; ils les demandent : quand il y aurait de l'obscurité dans la clause, au lieu de l'évidence qu'ils y aperçoivent, la loi veut que leur demande soit plutôt favorisée, parceque *certant de damno vitando,* que celle de leurs adversaires qui *certant de lucro captando.*

» A combien plus forte raison toutes ces lois doivent-elles s'observer, quand d'ailleurs on peut s'assurer de la vérité, suivant la règle établie par Domat, liv. 1, tit. 1, sect. 2, art. 12, selon laquelle *toutes les clauses des conventions s'interprètent les unes par les autres, en donnant à chacune le sens qui résulte de l'acte entier.*

» Le même auteur dit encore, liv. 8, tit. 1, sect. 6, art. 16, que *les expressions doivent se prendre au sens que donne aux termes l'usage commun; ce qu'il ne faut pas toujours entendre du sens général et indéfini que peuvent avoir tous les mots, mais du sens qui se rapporte au sujet de l'expression du testateur* ou des contractans.

» L'usage commun, ou plutôt celui de la coutume, est bien constaté, quant au mot *Conquêts;* l'esprit des contractans et leur intention sont développés par toutes les clauses du contrat; en un mot, le sens qui résulte de l'acte entier, et de la donation même à interpréter, exclud les meubles de la donation en propriété des *Conquêts,* et les renferme dans celle de l'usufruit des meubles et effets mobiliers ».

Sur ces moyens respectifs, plaidés pendant plusieurs audiences, premier arrêt qui ordonne qu'il en sera délibéré.

Et le 1er juillet 1763, arrêt définitif qui, « met » l'appellation et ce dont est appel au néant; émendant, décharge les parties de Paporet des condamnations contre elles prononcées par la sentence dont est appel; ordonne que, dans un mois à compter du jour de la signification du présent arrêt à procureur, les parties de Doulcet et Target rendront compte en forme de la communauté d'entre les feu Louis-François Soucanye et Marguerite Badin, pardevant Me Jean-Jacques Farjonnel, conseiller que la cour a commis,

» dans lequel lesdites parties porteront en recette » tous les meubles et effets mobiliers, même les » immeubles et Conquêts de ladite communauté, » ensemble les propres fictifs de ladite Marguerite » Badin, femme Soucanye, reçus et recouvrés par » son mari, à l'effet de régler la contribution aux » dettes, sauf à porter en dépense ou reprise, tant le » préciput de 3,000 livres et les immeubles à eux » appartenant, aux termes du contrat de mariage, » déduction faite sur lesdits immeubles de ce dont » ils doivent contribuer aux dettes de la communauté et aux frais funéraires de ladite Marguerite » Badin, à cause de la qualité dudit sieur Soucanye, » de donataire d'une universalité de biens, que la » moitié des meubles et effets mobiliers restans après » ledit préciput prélevé, les dettes passives acquittées par ledit feu Soucanye, à la décharge de Marguerite Badin, sa femme; condamne dès à présent » lesdites parties de Doulcet et Target, à payer aux » parties de Paporet ce qui se trouvera rester dû » par l'événement dudit compte, ensemble les intérêts dudit reliquat, à compter du jour de l'opposition formée aux scellés apposés après le décès » dudit Soucanye.... ».

Le grand conseil de Malines avait également jugé par un arrêt du 13 avril 1717, « que sous le » mot de *Conquêts,* qui, par contrat de mariage, » en cas de non enfans, devaient appartenir en » pleine propriété au survivant, n'avaient été compris les actions et crédits, lettres de change, » deniers comptant, provisions de ménage, arrérages des comptes, linges, habits ni joyaux ».

Ce sont les termes de M. de Coloma, tome 1, page 280. Ce magistrat ajoute :

« La première et principale division des biens, consiste en ce que les uns sont corporels, et les autres incorporels. *Res corporales hæ sunt quæ tangi possunt, incorporales autem quæ tangi non possunt.* §. 1 et 2. Inst. *de rebus corporalibus et incorporalibus.*

» On subdivise les biens corporels en meubles et immeubles; cette subdivision ne concerne point les biens incorporels, à cause que c'est une qualité propre aux corps d'être palpables, et conséquemment mobiles ou immobiles.

» Les coutumes de France et de Flandre font une ultérieure subdivision des immeubles, en biens propres ou patrimoniaux, qui ont fait souche, et en acquêts; et il ne semble pas que cette subdivision puisse concerner les biens meubles.

» Quant aux propres ou patrimoniaux, Renusson, dans le Traité qu'il en a fait, chap. 1, sect. 3, nos. 2 et 4, nous fait observer que la qualité de propre présuppose celle d'immeubles; qu'il n'y a que les immeubles sur nos mœurs et nos coutumes attribuent la qualité de propre. Les choses mobilières ne deviennent point propres, et ne sont point réputées telles par nos mœurs et par nos coutumes.

» Quoique ce mot *patrimoine,* selon sa signification grammaticale, comprenne tout ce que nos pères nous ont laissé, soit meuble, soit immeuble, néanmoins selon l'usage, qui est le fidèle interprète des mots, l'argent comptant provenu de nos parens, n'a jamais été réputé pour un bien qui a fait souche, et conséquemment n'a jamais été mis au rang des biens patrimoniaux, qui sont quelquefois bien moins considérables que les deniers comptant. (*Le Camus, en ses Observations sur Paris, tit.* 15 *des successions, n°* 5, *au tome* 4 *de la Compilation de Ferrière, page* 364.)

» Il en est de même des acquêts : car, encore que ce mot semble comprendre tout ce que nous profitons par nos soins, industrie et économie *(lois* 7 *et* 8, D. *pro socio; Wesel, ad Nov. Constit. Ultraj., art.* 6, *n°.* 33, *et de quœst. inter conjug. commun. n°s* 6, 7, 10 et 156*),* soit que ce profit consiste en droits, actions, soit en choses mobilières ou immobilières (*Maillart, en ses Notes sur l'art.* 120 *de la coutume d'Artois, n°* 20; *Garsias, de conjug. acquœst. n°* 64; *Bouvot, tome* 1 *de ses Questions notables, vari.* 2, verbo *Association, quest.* 1, *page* 15), cependant, au dire de Challine, en sa *Méthode générale pour l'intelligence des coutumes de France, règle* 3, *exemple* 6, selon notre usage, qui est le fidèle interprète des mots, il ne s'entend que des immeubles, ainsi qu'il a été jugé par plusieurs arrêts de la cour.

» C'est aussi le sentiment de d'Argentrée, *ad consuet. Britan. art.* 418, *gl.* 1, *n°* 1; *et ad art.* 219, *gl.* 2, *n°.* 2; de Ferrière, *sur Paris, art.* 220, *gl.* 2, *n°.* 2, *et art.* 279, *gl.* 2, *n°s* 3 *et* 4, *édit. de Paris,* 1692; Ricard, *des donations, page* 3, *chap.* 9, *gl.* 7, *n°s* 1337 et 1338 et de Charondas, *sur l'art.* 226 *de la coutume de Paris,* où il enseigne quelle différence il y a entre les propres, les meubles et les acquêts.

» Les propres ou patrimoniaux n'entrent point dans la communion conjugale; cette communion n'est que des Conquêts faits durant le mariage, et non des acquêts faits auparavant; mais tous les meubles sont faits communs, tant ceux qui sont obvenus aux conjoints par succession ou autrement, *quocumque titulo,* auparavant le mariage, que ceux qu'ils ont eus durant icelui.

» Ce qui démontre avec évidence qu'on ne peut faire aucune distinction entre les meubles conquis, acquis et patrimoniaux, à cause que cette distinction ne serait que simplement verbale et sans effet, puisqu'ils sont d'une même nature.

» Quant aux coutumes de Flandre, elle se servent des mêmes termes dans le même sens que leur donne le français. D'où l'on conclud, qu'il n'y a que les immeubles, à qui les coutumes de Flandre attribuent la qualité de biens patrimoniaux, et de Conquêts : nommément la coutume de Gand, *rubr.* 20, *art.* 1, 3, 13, 24 et 25; *rubr.* 25, *art.* 7, 9. 10, 14; et surtout *rubr.* 26, *art.* 14 et 15; Ypres, *rubr.* 8, *art.* 4; et *rubr.* 9, *art.* 2; Franc de Burges, *in den Deelboeck, art.* 28 et 31; Audenaerde, *rubr.* 16, *art.* 13; et *rubr.* 22, *art.* 1 et 24. La coutume de Bruxelles, *art.* 238, s'énonce de la même manière.

» Nous avons interprété en ce sens le contrat de mariage conclu à Gand, le 17 mars 1683, entre Simon van Intervelde et Jeanne Marie Reyloff, qui portait que les Conquêts, en cas de non enfans, appartiendraient en pleine propriété au survivant, à l'exclusion des héritiers du prémourant. Et par suite fut déclaré que, sous les mots de *Conquêts* n'avaient été compris les actions et crédits, lettres de change, deniers comptant, provisions de ménage, arrérages des Conquêts, linges, habits, ni joyaux; mais que tous lesdits effets mobiliers étaient restés communs, et partageables par moitié entre la survivante et les héritiers dudit Intervelde prédécédé. Par arrêt donné au rapport de M. van Volden, le 30 avril 1717, réformatoire de la sentence de ceux du conseil en Flandre.

» Ladite Reyloff impétra contre ledit arrêt, lettres de révision et proposition d'erreur; et soutint fort probablement, conformément à ce qui avait été jugé par ledit conseil en Flandre, que les Conquêts comprenaient aussi bien les meubles que les immeubles suivant la disposition du droit commun, et la manière dont s'énoncent les Flamands : et pour preuve de cet usagé, fit grande force sur les coutumes de Termonde, *rubr.* 12, *art.* 1; et d'Audenaerde, *rubr.* 16, *art.* 10; et *rubr.* 17 *art.* 8.

» Elle se fonda au surplus en la doctrine de Charles Dumoulin (ci-devant adoptée par arrêt de cette cour, selon Dulaury, *arrêt* 73) qui enseigne, sur la coutume de Paris tit. 3, §. 94, *n°s* 25, 27, et 28, *quod consuetudines non spectent ad ampliandam vel restringendam dispositionem hominis : quia consuetudo non tendit ad hunc finem, nec in eam agit, sed in proprias dispositiones tantùm; hoc respectu relinquit dispositionem hominis in statu suo et in jure communi.*

» Mais les parties ayant été réglées à s'accorder, prévinrent le jugement révisionnel par transaction décrétée le 17 janvier 1718 ».

§. II. *A la charge de qui est le prix non payé pendant le mariage, d'un Conquêt de la communauté, lorsque, par les conventions matrimoniales, il a été stipulé que l'époux survivant serait propriétaire de tous les meubles de la communauté, et en supporterait toutes les dettes?*

V. les articles *Communauté de biens entre époux, §.* 5, et *Dette concomitante.*

CONSCRIT. §. I. *De la résiliation des baux autorisée par la loi du premier jour complémentaire an* 7, *en faveur des conscrits.*

V. l'article *Bail, §.* 9.

§. II. *Y avait-il, sous le régime de la conscription, quelque différence entre le déserteur et le Conscrit réfractaire?*

V. le §. suivant et l'article *Amnistie, §.* 4.

§. III. *Les jugemens qui, sous le régime de la conscription, étaient rendus contre les Conscrits réfractaires et leurs pères et mères, devaient-ils l'être par les tribunaux civils ou par les tribunaux correctionnels ?*

Cette question n'a plus d'objet depuis que la conscription est abolie; mais je n'en crois pas moins devoir retracer ici la discussion qu'elle a reçue dans l'affaire qui est rapportée dans le *Répertoire de Jurisprudence*, au mot *Appel*, sect. 2, §. 3, n° 6, parceu'elle peut jeter quelques traits de lumière encore utiles à recueillir, sur les caractères distinctifs de la justice civile d'avec la justice correctionnelle.

Dans cette affaire, le procureur général de la cour d'appel de Rome demandait la cassation d'un arrêt de cette cour, qui avait déclaré nul, pour cause d'incompétence, un jugement du tribunal correctionnel de Perrugia, lequel, d'après un arrêté du préfet du département de Trasimène, qui déclarait le Conscrit Sante Bianchini réfractaire, avait prononcé contre lui et contre son père et sa mère, les peines déterminées par la loi d'alors.

« Le moyen de cassation qui est dirigé contre cette partie de l'arrêt attaqué (ai-je dit à l'audience de la section criminelle, le 25 février 1813), vous présente la question de savoir si c'est comme tribunal civil, ou comme tribunal correctionnel, que le tribunal de première instance de Perrugia a dû prononcer contre Santé Bianchini et ses père et mère, les condamnations qu'il renferme ; et cette question sera bientôt résolue, si elle doit l'être d'après les règles du droit commun.

» De droit commun, toute condamnation à une peine qui, sans être afflictive ou infamante, s'élève au-dessus d'une amende de 15 francs, ou d'un emprisonnement de cinq jours, est du ressort exclusif des tribunaux correctionnels.

» Il est, à la vérité, des amendes qui peuvent être prononcées par les tribunaux civils, et ne peuvent l'être que par eux. Telles sont celles qu'encourent, en matière civile, les appelans, les demandeurs en requête civile, les demandeurs en cassation ; les demandeurs en récusation, les demandeurs en réglement de juges, les tiers-opposans, qui sont ou déboutés, ou déclarés non-recevables. Telles sont encore celles qu'encourent, en matière d'enregistrement et de timbre, les contrevenans aux dispositions des lois qui concernent cet impôt. Telles sont enfin celles qu'encourent, en matière de douanes, les contrevenans à certaines dispositions de la loi du 22 août 1791; et de celles qui l'ont suivie, étendue ou modifiée.

» Mais ce sont là des exceptions ; et il est certain que, hors les cas où elles sont applicables, les tribunaux civils sont incompétens pour prononcer des condamnations d'amendes.

» Il le sont bien plus encore pour prononcer des condamnations qui emportent à la fois une amende et une peine corporelle, même non afflictive.

» Or, que doit faire un tribunal de première instance, lorsque le procureur du gouvernement lui présente un arrêté par lequel un préfet déclare réfractaire un Conscrit qui est en état de désobéissance à la loi ?

» Il doit *condamner* le Conscrit *à être conduit dans un dépôt militaire, et à une amende* dont il fixe le taux d'après l'avis du préfet.

» Il doit de plus déclarer le père et la mère du Conscrit responsables civilement de cette amende, et les y condamner solidairement.

« C'est ce qui résulte des art. 9 et 10 de la loi du 6 floréal an 11, et ce que prescrit textuellement le décret du 8 fructidor an 13 : « Le préfet sera tenu » (porte l'art. 69 de ce décret), conformément » aux dispositions de la loi du 6 floréal an 11, et » dans le délai qu'elle a fixé, de déclarer réfrac- » taires les Conscrits qui lui seront dénoncés, et de » transmettre les arrêtés qu'il prendra à ce sujet, » au commissaire du gouvernement près le tribunal » de première instance de l'arrondissement, avec » son avis sur la quotité de l'amende à imposer au » réfractaire, et dont ses père et mère seront civi- » lement responsables. Cette amende ne pourra » être moindre de 500 francs, ni excéder 1,500 » francs, suivant les facultés du Conscrit ou de sa » famille, et les circonstances particulières qui au- » ront donné lieu à le déclarer réfractaire. » Le commissaire du gouvernement (continue » l'art. 70) procédera, ainsi qu'il est prescrit par » la loi du 6 floréal an 11 ; et les Conscrits réfrac- » taires seront *condamnés à être traduits dans un » dépôt militaire, et à une amende réglée d'après » l'avis du préfet*, ainsi qu'il est expliqué à l'ar- » ticle précédent ».

» Assurément, prononcer de pareilles condamna- tions, ce n'est point faire un acte de juridiction civi- le, c'est faire un acte de juridiction correctionnelle.

» Mais dès là, comment la cour d'appel de Rome a-t-elle pu déclarer incompétemment rendu le ju- gement du tribunal correctionnel de Perrugia du 17 octobre 1812 ?

» Elle en a donné trois raisons : la première, que l'art. 10 de la loi du 17 ventôse an 8 attribue expressément aux *tribunaux civils* le droit de dé- clarer exécutoires les condamnations d'amendes prononcées par les conseils de guerre contre les déserteurs et les Conscrits réfractaires ; la seconde, que l'art. 9 de la loi du 6 floréal an 11 et l'art. 69 du décret du 8 fructidor an 13 désignent, par la dénomination de *tribunal de première instance*, le tribunal qui doit prononcer les condamnations qu'ils déterminent ; la troisième, que ces condam- nations ne sont pas des jugemens proprement dits ; et qu'en les prononçant les tribunaux ne font qu'homologuer les arrêtés pris par les préfets.

» Mais 1°. l'art. 10 de la loi du 17 ventôse an 8 se réfère, quant aux Conscrits réfractaires, à un ordre de choses qui n'existe plus ; car, depuis la loi du 6 floréal an 11, les Conscrits réfractaires ne sont plus assimilés aux déserteurs : ils forment une classe à part; et ce n'est plus des conseils de guerre qu'ils sont justiciables : ils ne le sont plus que des préfets pour la déclaration des faits, et des tribunaux ordinaires pour l'application de la peine.

» Du reste, on conçoit très-bien pourquoi, relativement aux déserteurs, cette loi attribue encore aux *tribunaux civils* le droit de déclarer exécutoires les jugemens des conseils de guerre qui les condamnent à des amendes.

» C'est que, relativement aux déserteurs, les tribunaux ordinaires n'ont point de peines à prononcer; c'est qu'à l'égard des déserteurs, les condamnations aux amendes fixées par la loi, sont prononcées par les conseils de guerre; c'est qu'une fois ces condamnations prononcées par les conseils de guerre, il n'est plus besoin, pour les rendre exécutoires, de l'attache de la juridiction ordinaire en matière pénale ; c'est qu'il n'est plus besoin alors, pour cet effet, que de l'attache de la juridiction ordinaire en matière civile.

» Et pourquoi, alors, l'attache de la juridiction ordinaire en matière civile, devient-elle nécessaire? Ce n'est assurément pas pour faire exécuter l'amende contre la personne du condamné : la personne du condamné est, de plein droit, placée sous l'autorité militaire, et l'autorité militaire est investie de tout le pouvoir, de tous les moyens, dont elle peut avoir besoin pour le faire arrêter et le retenir jusqu'à ce qu'il ait payé l'amende qu'il a encourue ; mais c'est pour faire exécuter l'amende sur ses biens, c'est-à-dire, sur des objets qui sont hors de la dépendance de l'autorité militaire. Car (dit M. d'Aguesseau, tome 7, page 590), « tous » les actes de la justice militaire se bornant à la » personne, il est évident qu'elle ne peut s'étendre » sur les biens; et, en effet, prétendrait-on que l'on » peut réquérir, ou une hypothèque sur l'immeuble » d'un soldat, ou même la propriété de ses immeu- » bles, en vertu d'un jugement militaire? Or, pour- » quoi cette prétention paraîtrait-elle nouvelle et » absurde, si ce n'est parcequ'on est naturellement » persuadé que les juges militaires n'ont aucune » juridiction sur les biens des soldats, parceque tout » leur pouvoir est renfermé dans ce qui regarde la » personne » ?

» Mais en est-il aujourd'hui des peines encourues par les Conscrits réfractaires, comme des amendes encourues par les déserteurs? Non, certainement non.

» Les Conscrits réfractaires ne sont plus et ne peuvent plus être condamnés aux peines portées contre eux, que par les tribunaux ordinaires. Les tribunaux ordinaires ne doivent plus, à leur égard, se borner à déclarer exécutoires des jugemens déjà rendus : il faut qu'ils rendent eux-mêmes, contre les Conscrits réfractaires, les jugemens qui, sans eux, n'existeraient pas; et ces jugemens, ils ne les rendent pas seulement pour être exécutés sur les biens des Conscrits réfractaires : ils les rendent encore pour être exécutés sur leurs personnes;

car ils ne doivent pas seulement condamner les Conscrits réfractaires à des amendes, ils doivent encore les condamner à être traduits dans les dépôts militaires.

» Et l'on voudrait que de pareils jugemens pussent être rendus par des tribunaux civils ! On voudrait que les tribunaux civils fussent seuls compétens pour condamner les Conscrits réfractaires à des peines qui frappent sur leurs personnes, en même temps que sur leurs biens ! Et on le voudrait, sous le prétexte que les tribunaux civils sont seuls compétens pour faire exécuter sur les biens des déserteurs, les condamnations prononcées contre ceux-ci par les conseils de guerre? Raisonner ainsi, nous ne craignons pas de le dire, c'est argumenter de choses totalement disparates, c'est méconnaître les premières règles de la logique.

» 2°. Il est vrai que l'art. 9 de la loi du 6 floréal an 11 et l'art. 69 du décret du 8 fructidor an 13 qualifient de *tribunaux de première instance*, les tribunaux qui doivent condamner les Conscrits réfractaires aux peines réglées par ces deux textes.

» Mais les tribunaux de première instance ne sont-ils pas tribunaux correctionnels en même temps que tribunaux civils?

» La loi du 27 ventôse an 8 qui formait le dernier état de la législation sur l'ordre judiciaire en floréal an 11 et en fructidor an 13, ne disait-elle pas expressément, art. 7, que les *tribunaux de première instance* connaîtraient, *en premier et dernier ressort, dans les cas déterminés par la loi, des matières civiles*, et qu'ils connaîtraient *également des matières correctionnelles?*

» L'art. 179 du Code d'instruction criminelle de 1808, ne dit-il pas aussi que *les tribunaux de première instance en matière civile* connaîtront, *en outre, sous le titre de tribunaux correctionnels, de tous délits dont la peine excède cinq jours d'emprisonnement et quinze francs d'amende?*

» Et dès-lors, qu'est censée dire la loi qui attribue les affaires d'une certaine nature à un tribunal de première instance, sans expliquer si c'est comme tribunal civil ou comme tribunal correctionnel qu'il doit en connaître? Bien évidemment elle est censée dire qu'il en connaîtra civilement, si ces affaires sont de nature civile; et qu'il en connaîtra correctionnellement, si ces affaires sont de nature correctionnelle.

» Il n'y a donc ici rien à conclure de la manière dont la loi du 9 floréal an 11 et le décret du 8 fructidor an 13 qualifient les tribunaux qui doivent condamner les Conscrits réfractaires.

» 3°. Il est encore vrai que la cour d'appel de Rome, en disant que les tribunaux de première instance qui prononcent, contre les Conscrits réfractaires, les peines portées par la loi du 6 floréal an 11 et le décret du 8 fructidor an 13, ne font qu'homologuer les arrêtés des préfets, s'est servie d'une expression qui est devenue assez commune et qui pourrait paraître, jusqu'à un certain point, autorisée par une lettre de M. le grand juge ministre de la justice, du 26 janvier 1809.

» Mais cette expression n'est pas celle de la loi; et il faut bien prendre garde de confondre ici des choses que la loi a parfaitement distinguées.

» S'agit-il d'une amende encourue par un déserteur? La loi veut que la condamnation à cette amende soit prononcée par un conseil de guerre; et que le tribunal ordinaire se borne à homologuer cette condamnation.

» Mais s'agit-il des peines encourues par un Conscrit réfractaire? La loi veut que le tribunal ordinaire les prononce lui-même : elle veut qu'il le condamne lui-même directement et sans provocation préalable de l'autorité administrative, *à être traduit dans un dépôt militaire;* elle veut qu'il le condamne lui-même, d'après l'*avis* du préfet, à une amende de 500 à 1500 francs.

» Sans doute le tribunal ordinaire ne peut pas ne point condamner à être traduit dans un dépôt militaire; le Conscrit qui a été déclaré réfractaire par l'autorité administrative. Sans doute il ne peut pas, en condamnant le Conscrit à une amende, abaisser cette amende au-dessous du taux fixé par l'*avis* du préfet.

» Mais peut-on dire, pour cela, qu'il ne fait qu'homologuer l'arrêté par lequel le préfet a déclaré le Conscrit réfractaire, et a donné son avis sur le taux de l'amende que le Conscrit avait encourue? Non, car qu'est-ce qu'homologuer un acte quelconque? C'est, et rien de plus, l'approuver purement et simplement. Cette approbation le rend bien exécutoire; mais elle ne le rend exécutoire que tel qu'il est; elle n'y ajoute rien au fond.

» Or, en prononçant les peines portées par l'art. 9 de la loi du 6 floréal an 11 et par l'art. 70 du décret du 8 fructidor an 13, le tribunal ajoute à l'arrêté du préfet, et il y ajoute de deux manières bien sensibles : il y ajoute, en condamnant le Conscrit à être traduit dans un dépôt militaire; il y ajoute, quant à l'amende, en convertissant un simple avis en jugement.

» Il n'y a donc point là d'homologation proprement dite; il y a donc là un jugement véritable; ce jugement ne peut donc être rendu que par les magistrats investis, par le droit commun, du pouvoir de condamner à des peines correctionnelles.

» Lorsque, d'après la déclaration d'un jury, une cour d'assises prononce contre l'accusé les peines écrites dans le livre de la loi, peut-on dire qu'elle ne fait qu'homologuer la déclaration du jury? Non certes : elle rend contre l'accusé un arrêt qui en a tous les effets, comme il en a la dénomination.

» Eh bien! Ce qu'est la déclaration d'un jury, pour une cour d'assises prononçant les peines portées par le Code pénal, l'arrêté du préfet qui déclare un Conscrit réfractaire, l'est pour un tribunal de première instance prononçant les peines portées par la loi du 6 floréal an 11 et le décret du 8 fructidor an 13. Il l'est même à l'égard de l'amende, comme à l'égard de la condamnation à être traduit dans un dépôt militaire; car, même à l'égard de la quotité de l'amende, le préfet remplit toutes les fonctions d'un jury, puisque l'avis qu'il donne sur cette quotité, doit reposer uniquement, d'après l'art. 69 du décret cité, sur les connaissances personnelles qu'il a, tant des *facultés du Conscrit et de celles de sa famille, que des circonstances qui ont donné lieu de le déclarer réfractaire.*

» Aussi remarquons-nous dans la lettre de M. le grand-juge ministre de la justice, du 26 janvier 1809, que c'est bien plutôt comme des jugemens rendus sur les déclarations de jury résultant des arrêtés des préfets, que comme des jugemens d'homologation de ces arrêtés, qu'y sont considérés les jugemens des tribunaux de première instance qui condamnent les Conscrits réfractaires et leurs parens : *Dans cette forme de procéder,* y est-il dit, *l'autorité administrative est chargée de déclarer les faits constans, et les tribunaux sont simplement tenus de faire l'application de la loi; la condamnation qu'ils prononcent, n'est que la conséquence de l'acte administratif qui déclare le Conscrit réfractaire.* Voilà bien les arrêtés des préfets assimilés aux déclarations de jury; voilà bien les jugemens des tribunaux de première instance assimilés aux arrêts des cours d'assises.

» Et si, dans la même lettre, il est ajouté que les tribunaux *n'ont* en quelque sorte *qu'un mandement d'exécution à donner, comme lorsqu'ils rendent exécutoires les condamnations à l'amende prononcées contre les déserteurs par les conseils de guerre,* on voit assez, par les mots *en quelque sorte,* que, dans cette phrase, le chef de la justice se sert d'expressions qu'il regarde lui-même comme impropres, et surtout qu'il n'y attache pas un sens destructif de ce qu'il vient immédiatement de dire en parlant le langage de la loi.

» C'est avec cette même impropriété d'expressions, que doit être entendu ce que le chef de la justice dit plus bas au sujet du décret du 22 janvier 1808; et cela résulte des termes même de ce décret, qui n'est pas motivé sur le prétendu principe que les tribunaux de première instance ne font, par les jugemens qu'ils rendent contre les Conscrits réfractaires et leurs parens, *que donner la forme légale et exécutoire, pour régulariser les poursuites en recouvrement;* mais sur le principe vrai et commun aux cours d'assises dans leurs rapports avec les jurés, que le tribunal de première instance séant à l'Argentière, a excédé ses pouvoirs, en réduisant l'amende réglée par l'autorité administrative; motif que nous retrouvons encore mot pour mot, dans un autre décret du 24 juin de la même année, qui a également annullé trois jugemens par lesquels le tribunal de première instance d'Alençon avait réduit les amendes fixées par les *avis* du préfet.

» Éloignons donc ici toute idée d'*homologation*, et disons que de même que c'est par des arrêts proprement dits, que les cours d'assises prononcent, d'après les déclarations des jurés, les peines écrites dans le Code pénal; de même aussi c'est par des jugemens proprement dits, que les tribunaux de première instance prononcent, d'après les arrêtés des préfets, les peines portées par l'art. 9 de la loi du 6 floréal an 11 et l'art. 70 du décret du 8 fructidor an 13.

» Disons par conséquent que les jugemens par lesquels les tribunaux de première instance prononcent ces peines, ne peuvent être rendus qu'aux audiences correctionnelles de ces tribunaux.

» Voudrait-on prétendre que ces tribunaux dussent prononcer ces peines à leurs audiences civiles, précisément parceque la prononciation de ces peines est pour eux un ministère forcé?

» Mais qu'importe qu'il soit forcé ou libre? Les cours d'assises n'exercent aussi qu'un ministère forcé, lorsqu'elles appliquent la loi pénale aux faits déclarés par les jurés; leurs arrêts en sont-ils moins des arrêts criminels? Et pourquoi donc les jugemens par lesquels les tribunaux de première instance appliquent la loi pénale aux faits déclarés par les préfets, ne seraient-ils pas considérés comme de véritables jugemens correctionnels?

» Voici au surplus un exemple qui doit trancher, là-dessus, toute espèce de difficulté.

» La loi du 29 floréal an 10 attribue aux conseils de préfecture la connaissance et le jugement exclusif des contraventions en matière de grande voirie; mais comme elle ne les leur attribue pas expressément pour les peines correctionnelles qui vont jusqu'à l'emprisonnement, on a toujours tenu pour règle, et il a été constamment décidé, que cette attribution est limitée aux peines pécuniaires.

» Cependant il peut arriver qu'une même contravention à la grande voirie importe à la fois un emprisonnement et une amende; et dans ce cas, il est certain que la décision du conseil de préfecture qui, en déclarant le prévenu coupable, le condamne à l'amende, lie, quant au fait, le tribunal ordinaire devant lequel le prévenu est ensuite traduit pour être condamné à l'emprisonnement; il est certain que cette décision a, pour le tribunal ordinaire, toute l'autorité qu'a pour une cour d'assises une déclaration de jurés; il est certain par conséquent que le tribunal ordinaire ne fait alors, en prononçant la peine d'emprisonnement contre le prévenu déjà

déclaré coupable par le conseil de préfecture, que remplir un ministère forcé.

» Est-ce une raison pour dire que le tribunal ordinaire ne doit alors prononcer la peine d'emprisonnement qu'en sa qualité de tribunal civil, et qu'il ne peut pas la prononcer en sa qualité de tribunal correctionnel?

» Non, et c'est ce qu'a expressément jugé un décret, rendu le 23 avril 1807, sur un conflit négatif qui s'était élevé entre le tribunal de première instance de Dijon et le conseil de préfecture du département de la Côte-d'Or........(1).

» Donc, par la même raison, de ce que, relativement aux peines qu'ils ont à prononcer contre les Conscrits réfractaires et leurs parens, les tribunaux ordinaires sont liés par les arrêtés des préfets, il ne résulte nullement qu'ils puissent prononcer ces peines à leurs audiences civiles, et qu'ils ne soient pas tenus de les prononcer à leurs audiences correctionnelles.

» Donc restent dans toute leur force les argumens qui sortent du texte de la loi du 6 floréal an 11 et du décret du 8 fructidor an 13, pour établir que c'est aux audiences correctionnelles des tribunaux de première instance, que doivent être prononcées les peines portées par cette loi et ce décret contre les Conscrits déclarés réfractaires par les préfets.

» Et, par ces considérations, nous estimons qu'il y a lieu de casser et annuller l'arrêt de la cour d'appel de Rome, du 30 décembre 1812 ».

Par arrêt du 25 février 1813, au rapport de M. Audier-Massillon,

« Vu l'art. 9 de la loi du 6 floréal an 11 et les art. 69 et 70 du décret du 8 fructidor an 13;

» Attendu que, d'après ce décret, le tribunal de première instance de l'arrondissement est chargé de prononcer la condamnation à l'amende portée par la loi du 17 ventôse an 8, contre le Conscrit réfractaire et contre ses père et mère, comme civilement responsables, sur le vu de l'arrêté du préfet;

» Que les attributions faites à des tribunaux composés de plusieurs chambres, se divisent suivant l'ordre des matières dont la connaissance leur est répartie par les lois organiques;

» D'où il suit que les condamnations à des amendes pour délits et contraventions doivent être portées, dans ces tribunaux, à la chambre correctionnelle;

» Attendu que, si, d'après la loi du 17 ventôse an 8, art. 10, les condamnations à des amendes, rendues contre des déserteurs, doivent être adressées aux tribunaux civils, c'est que, d'après cette loi, la condamnation est prononcée par le conseil de guerre; et que la loi charge seulement le tribunal civil du domicile du déserteur de rendre exé-

(1) *V.* le *Répertoire de jurisprudence*, au mot *Chemin* (grand), n° 14.

cutoire la condamnation à l'amende sur le vu du jugement rendu par le conseil de guerre;

» Au lieu que, par la loi du 6 floréal an 11 et le décret du 8 fructidor an 13, le tribunal d'arrondissement est chargé de rendre un jugement, et de prononcer une condamnation et une amende tant contre le Conscrit réfractaire que contre ses père et mère, comme civilement responsables, qui peut s'élever jusqu'à 1,500 francs.

» Que, d'après l'art. 1er. du Code pénal, l'infraction à une loi qui doit être punie d'une peine correctionnelle, est un délit; que, d'après l'art. 179 du Code d'instruction criminelle, les délits passibles d'une amende au-dessus de 15 francs sont soumis à la juridiction correctionnelle; que la désobéissance des Conscrits aux lois de la conscription étant punie d'une amende de 1,500 francs, et les Conscrits réfractaires devant en outre subir une condamnation personnelle, par l'effet de laquelle ils sont traduits dans un dépôt militaire, ces condamnations entrent essentiellement dans les attributions de la police correctionnelle;

» Que, si les jugemens que ces tribunaux doivent rendre dans ces matières, sont assujétis à des formes particulières d'expédition, s'ils sont même affranchis, quant au fond des condamnations qu'ils prononcent, de l'appel et de l'opposition, cette dérogation au droit commun, suite nécessaire de l'obligation imposée aux tribunaux de conformer leur jugement aux arrêtés des préfets qui ont pour eux tout l'effet de la déclaration des jurés, n'altère point le principe établi par la loi sur l'ordre et la division des juridictions;

» De tout ce que dessus, il résulte que la chambre correctionnelle du tribunal d'arrondissement de Perrugia, en prononçant la condamnation à l'amende contre un Conscrit réfractaire et contre ses père et mère, comme civilement responsables, bien loin d'avoir violé les règles de la compétence, s'est conformée à la loi; et par suite, que la cour de Rome, en annullant ce jugement par son arrêt du 30 décembre dernier, a contrevenu elle-même aux règles de la compétence, et violé l'art. 9 de la loi du 6 floréal an 11, ci-dessus rapporté;

» La cour casse et annulle... »

CONSEIL D'ÉTAT (ancien). §. I. *L'ancien Conseil d'état du roi avait-il une juridiction proprement dite? Ses arrêts contradictoires ont-ils l'autorité de la chose jugée?*

V. l'article *Arrêt du conseil*, §. 1.

§. II. *Des demandes en cassation d'arrêt de l'ancien Conseil d'état.*

V. l'article *Usage* (droit d'), §. 5.

CONSEIL DE GUERRE. §. I. *Les jugemens des Conseils de guerre doivent-ils, à peine de nullité, contenir la mention expresse que les témoins qui ont été entendus, ont prêté serment avant de déposer?*

V. l'article *Témoin*, §. 8.

§. II. *Est-il nécessaire, à peine de nullité, de faire mention dans les jugemens des Conseils de guerre, que les interrogatoires des accusés leur ont été lus? Cette mention est-elle requise, sous les mêmes peines, à l'égard des informations?*

V. l'article *Information*.

§. III. *La juridiction des Conseils de guerre s'étend-elle sur les hommes qui, de fait, sont incorporés dans l'armée, mais qui, de droit, en sont incapables?*

J'ai établi l'affirmative dans des conclusions du 17 juin 1813, et elle a été adoptée par un arrêt de la cour de cassation du même jour, rapporté dans le *Répertoire de jurisprudence*, aux mots *Délit militaire*, n°. 7.

La question s'est représentée depuis, et a encore été jugée de même.

En 1817, Jean Bernard, soldat au premier bataillon de la Gironde, en garnison à Bourges, est traduit devant le Conseil de guerre, séant en la même ville, comme prévenu de désertion, avec soustraction et vente à son profit d'effets appartenant au corps dont il fait partie.

Le 26 juin, jugement qui l'acquitte du fait de désertion, sur le fondement qu'il n'avait que treize ans lorsqu'il s'est engagé, et que par conséquent son engagement est nul; mais le condamne à cinq années de fers, pour avoir emporté et vendu des effets qu'il avait reçus en qualité de soldat.

Recours en révision de la part de Jean Bernard; et le 18 juillet suivant, jugement qui casse celui du Conseil de guerre, attendu que, d'après la nullité de l'engagement contracté par Jean Bernard à l'âge de treize ans, celui-ci ne peut pas être considéré comme militaire, ni par conséquent comme justiciable du Conseil de guerre, et renvoie le prévenu devant les juges ordinaires, pour être procédé contre lui sur le fait de la vente des effets dont il s'agit.

L'affaire est en conséquence portée devant le tribunal correctionnel de Bourges, qui, par jugement du 5 novembre de la même année, se déclare incompétent, à raison de la qualité de *soldat de fait* qu'avait Jean Bernard au moment du délit qui lui est imputé.

Le cours de la justice se trouvant ainsi arrêté, M. le procureur général de la cour de cassation se pourvoit en réglement de juges; et, le 2 décembre 1817, arrêt, au rapport de M. Rataud, par lequel,

« Attendu que Bernard avait été prévenu de deux faits très-distincts: l'un de désertion du corps auquel il était attaché; l'autre, d'avoir emporté et vendu des effets d'habillement qui lui avaient été fournis comme soldat;

» Que, si le Conseil de guerre, en acquittant Bernard, sous le rapport de la désertion, paraît avoir pensé que n'étant pas, à raison de son âge, sous les liens d'un engagement valable, il ne pouvait être poursuivi et puni comme.déserteur, il ne s'ensuit pas, comme l'a jugé le conseil de révision, qu'il ne pouvait pas être censé militaire, ni par conséquent justiciable des tribunaux militaires, pour les délits par lui commis, tant qu'il conservait au corps la qualité de soldat;

» Que cette qualité de fait n'a été ni pu être méconnue, puisqu'il est établi que Bernard était porté sur les contrôles de la légion; qu'il recevait la solde et toutes les fournitures accordées aux soldats; que la seule circonstance qu'il était en activité de service comme soldat, suffisait pour le soumettre à la juridiction des tribunaux militaires auxquels la connaissance de tout délit commis dans une garnison par un individu attaché à l'armée, ou qui y est employé, est attribuée par l'art. 5 du tit. 1er de la loi du 3 pluviôse an 2;

» Qu'ainsi, le deuxième conseil de guerre de la vingt et unième division militaire, séant à Bourges, et le tribunal correctionnel de la même ville, se sont conformés aux règles de compétence établies par la loi; l'un en statuant au fond sur le fait de vente d'effets dont il s'agit; l'autre en se déclarant incompétent pour en connaître, et que le conseil de révision a méconnu ces mêmes règles, en déclarant l'incompétence de la juridiction militaire, et en renvoyant devant les juges ordinaires;

» Par ces motifs, la cour, faisant droit sur le réquisitoire, et statuant par réglement de juges, en vertu de l'art. 527 du Code d'instruction criminelle, sans s'arrêter ni avoir égard au jugement rendu, le 8 juillet dernier, par le conseil de révision de la vingt et unième division militaire lequel sera considéré comme nul et non-avenu, renvoie devant le conseil de révision de la vingt-deuxième division militaire, séant à Tours, pour, sur la demande en révision du susdit jugement du deuxième conseil de guerre, séant à Bourges, formée par Jean Bernard, être procédé et jugé conformément à la loi..... (1) ».

Le 30 avril 1825, arrêt semblable ainsi conçu:
« Ouï M. Brière, conseiller, en son rapport, et M. de Vatimesnil, avocat-général, en ses conclusions;
» Vu l'art. 441 du Code d'instruction criminelle....;
» Vu l'expédition du jugement intitulé *Décision*, rendu le 31 décembre 1824, par le second Conseil de guerre permanent du cinquième arrondissement maritime, séant à Toulon, par lequel il s'est déclaré incompétent pour juger le nommé Vuillemot (Jules-François), apprenti marin à la troisième compagnie du quatrième équipage de ligne, accusé de vol envers ses camarades, et a renvoyé ledit Vuillemot, avec les pièces de la

procédure et les pièces de conviction, devant qui il appartiendrait, et ce par le motif que cet accusé étant seulement âgé de seize ans trois mois, et ne faisant point partie de l'inscription maritime, ne pouvait être enrôlé avant l'âge de dix-sept ans, aux termes de l'art. 14 du réglement du roi, du 7 janvier 1824, et que, dès-lors, la disposition générale qui rend les hommes enrôlés dans les équipages de ligne, passibles des mêmes peines que ceux des corps réguliers du département de la marine, ne saurait être appliquée audit Vuillemot, qui, ne faisant point partie de l'armée, ne pouvait jamais être traduit devant les juges délégués par la loi militaire;

» Vu l'expédition du jugement intitulé *Décision*, rendu le 26 février dernier, par le premier conseil de guerre permanent du cinquième arrondissement maritime, séant à Toulon, par lequel il s'est déclaré incompétent pour juger le nommé Manceau (Marie Joseph-Alexandre), apprenti marin à la troisième compagnie du quatrième équipage de ligne, accusé d'avoir vendu ou détourné des effets à lui fournis par l'État, et a renvoyé ledit Manceau avec les pièces de la procédure devant qui il appartiendra; et ce, vu que cet individu est âgé seulement de seize ans et demi environ, et au surplus par les mêmes motifs qui ont déterminé le jugement du deuxième Conseil de guerre permanent ci-dessus mentionné;

» Vu le décret du 22 juillet 1806, relatif à l'organisation des Conseils de marine, et à l'exercice de la police et de la justice à bord des vaisseaux;

» Vu la disposition générale formant le complément du réglement du 7 janvier 1824, ainsi conçu: *Les dispositions pénales des lois et ordonnances concernant la police et la discipline des corps réguliers du département de la marine, sont applicables aux hommes enrôlés dans les équipages;*

» Attendu que les nommés Vuillemot et Manceau, indépendamment de la validité ou de l'invalidité de leur engagement, sur lequel il ne s'agissait pas de statuer, puisqu'ils n'étaient pas poursuivis pour cause de désertion, étaient, par le fait, apprentis marins; qu'ils étaient portés sur les contrôles, recevaient la solde et étaient assujétis à la discipline des corps réguliers, et que, dès-lors, ils étaient, par le seul fait du service effectif, justiciables des tribunaux maritimes, pour les fautes de discipline, les délits ou les crimes qu'ils pouvaient commettre étant en activité de service, à moins qu'ils ne fussent commis contre les habitans, étant, dans ce dernier cas, réservés aux juges des lieux, par l'art. 76 du décret susdaté; et qu'aucun autre tribunal n'aurait été compétent pour la répression des délits imputés auxdits Vuillemot et Manceau;

» Que, dès-lors, les premiers et deuxième Conseils de guerre permanens ont, l'un et l'autre, violé les règles de leur propre compétence, les principes de la matière, et la disposition générale du réglement du 7 janvier 1824;

_____

(1) Bulletin criminel de la cour de cassation, tome 22, page 517.

» Attendu, enfin, que le cours de la justice est interrompu par l'effet de ces jugemens; et que c'est à la cour de cassation de le rétablir ;

» En conséquence, la cour, statuant sur le réquisitoire de M. le procureur général du roi, casse et annulle le jugement rendu par le second Conseil de guerre permanent du cinquième arrondissement maritime, séant à Toulon, le 31 décembre 1824, dans l'affaire du nommé Jules-François Vuillemot, apprenti marin; casse et annulle pareillement le jugement rendu par le premier Conseil de guerre permanent du même arrondissement maritime, le 26 février 1825, dans l'affaire du nommé Marie-Alexandre Manceau;

» Et pour être statué conformément à la loi sur les poursuites intentées contre lesdits Vuillemot et Manceau, les renvoie, en l'état qu'ils sont, avec les pièces des procédures et les pièces de conviction, devant le premier Conseil de guerre permanent de l'arrondissement maritime, séant à Rochefort; et par suite, s'il y échéait, dans l'ordre hiérarchique des tribunaux maritimes dudit arrondissement..... (1) ».

Le 7 janvier 1826, autre arrêt, au rapport du même magistrat, qui consacre le même principe :
« Vu (porte-t-il) l'art. 441 du Code d'instruction criminelle....;

» Vu l'expédition du jugement par lequel le premier Conseil de guerre permanent du 5e. arrondissement maritime séant à Toulon, s'est déclaré incompétent pour juger le nommé Gros (Jean-Melchior), apprenti marin, à la 2e compagnie du 4e équipage de ligne, accusé d'avoir vendu et détourné une vareuse de toile rousse, à lui fournie par l'État, et a renvoyé ledit Gros, avec les pièces de la procédure, devant qui il appartiendra, par le motif que le nommé Gros, quoiqu'admis dans le 4e équipage de ligne, n'y a contracté et n'y pouvait contracter aucun engagement qui le soumît à la discipline militaire, attendu qu'il n'était âgé que de seize ans, et que, dès-lors, la disposition générale du réglement du 7 janvier 1824 ne pouvant être appliquée audit Gros, il ne peut, à raison du délit qui lui est imputé, être justiciable du conseil de guerre permanent établi pour les troupes de la marine ;

» Vu le décret du 22 juillet 1806....., le réglement royal du 7 janvier 1824.....;

» Attendu que le nommé Gros (Jean-Melchior) était, par le fait, apprenti marin; qu'il faisait partie de la 2e. compagnie du 4e. équipage de ligne; qu'il était nécessairement porté sur le contrôle de ladite compagnie; qu'il recevait la solde, était assujéti au service et par conséquent à la discipline du corps; qu'il n'aurait pu être question de la validité ou de l'invalidité de son engagement qu'autant qu'il aurait été poursuivi pour cause de désertion ;

que, par le seul fait du service effectif, il n'appartenait plus, du moins temporairement, à l'ordre civil, et ne pouvait être justiciable des tribunaux ordinaires que dans les cas où les militaires y sont traduits, soit pour cause de co-opération et de complicité de crimes ou délits commis avec des citoyens non militaires, soit pour les avoir commis étant en congé, soit, aux termes de l'art. 76 du décret susdaté, pour crimes ou délits commis contre les habitans, dont la répression est réservée aux juges des lieux; que, dès-lors, par le seul fait du service effectif, et sauf les exceptions ci-dessus rapportées, ledit Gros était justiciable des tribunaux maritimes pour les crimes ou délits qu'il pouvait commettre étant en activité de service, et qu'aucun autre tribunal qu'un tribunal maritime, ne serait compétent pour connaître du délit imputé audit Gros;

» Qu'il suivrait du principe posé dans le jugement attaqué, pour motiver l'incompétence du Conseil de guerre, que tous les individus apprentis marins, enrôlés avant l'âge fixé par le réglement, devraient être exemptés même des peines de simple discipline, pour les fautes commises dans l'ordre ordinaire du service, puisque, si l'invalidité prétendue de l'engagement suffisait pour que l'individu incorporé, de fait, dans les rôles d'équipages, fût considéré comme étranger à l'armée de mer, cette invalidité pourrait être opposée, quelque légère que fût la faute et quelque modérée que fût la peine applicable; que la présence de ces individus dispensés de toute subordination et assurés de l'impunité, serait, dans les corps, par les conséquences régulièrement déduites d'un tel système, incompatible avec le maintien de l'ordre et le bien du service; qu'il suit de là que leur admission volontaire dans les équipages, entraîne, de nécessité, leur soumission aux lois de discipline et à la juridiction des tribunaux maritimes qui est instituée par ces lois; ce qui démontre invinciblement l'erreur dans laquelle le premier Conseil de guerre permanent est tombé, en déclarant, dans l'espèce, son incompétence à raison de la personne; que, dès-lors, il a violé les règles de sa propre compétence, les principes de la matière et la disposition générale du réglement du 7 janvier 1824, dont il a fait une fausse application;

» Attendu qu'aucun tribunal ordinaire ne serait, dans l'espèce, compétent pour connaître du délit imputé audit Gros, et que le jugement dénoncé a acquis l'autorité de la chose jugée; que, dès-lors, le cours de la justice est interrompu, et que c'est à la cour de cassation qu'il appartient de le rétablir;

» En conséquence, la cour, statuant sur le réquisitoire du procureur général du roi, casse et annulle le jugement rendu par le premier Conseil de guerre permanent du 5e. arrondissement maritime, séant à Toulon, le 27 juin 1825, dans l'affaire du nommé Jean-Melchior Gros, apprenti marin;

(1) *Ibid.*, tome 30, page 243.

» Et pour être statué conformément à la loi sur le fait imputé audit Gros, et pour lequel il est poursuivi, renvoie ledit Gros, en l'état qu'il est, avec les pièces de la procédure et de conviction, devant le 2ᵉ conseil de guerre permanent du même arrondissement maritime, et, par suite, dans l'ordre hiérarchique des tribunaux maritimes dudit arrondissement..... (1) ».

§. IV. *Autres questions sur la compétence des Conseils de guerre.*

V. L'article *Gendarmerie*, §. 1.

CONSEIL DES PRISES. §. I. *Le Conseil des prises, lorsqu'il existait, pouvait-il connaître d'une inscription de faux formée contre des pièces employées ou produites pour justifier ou impugner une prise?*

V. l'article *Inscription de faux*, §. 2.

§. II. *A qui du Conseil des prises, lorsqu'il existait, ou des juges ordinaires, appartenait la connaissance des suites d'un jugement qui déclarait nulle et illégale la prise faite en mer, soit d'un bâtiment, soit de sa cargaison?*

V. l'article *Prises*, §. 2.

CONSEIL DE TUTELLE. *Avant le Code civil, lorsqu'un tuteur, à qui, par le titre de sa nomination, il était défendu de plaider sans l'avis d'un conseil de tutelle, avait plaidé sans cet avis, le jugement qui intervenait contre le mineur, était-il valable?*

V. l'article *Tuteur*, §. 1.

CONSIDÉRANT. *V.* l'article *Motif.*

CONSIGNATION. §. I. *La Consignation faite sans ajournement préalable au créancier pour y être présent, était-elle valable avant le Code civil?*

Dans l'espèce rapportée à l'article *Chose jugée*, §. 4, le sieur Sacquépée exposait, pour moyen subsidiaire de cassation contre le jugement du tribunal civil du département de l'Oise, du 5 fructidor an 4, qu'il n'avait pas été appelé à la consignation; que cependant il avait dû l'être; et qu'en consignant sans l'appeler, le sieur Leroy l'avait privé du droit qu'il avait, jusqu'au dernier moment, de recevoir le montant de sa créance, et par là d'en prévenir la Consignation.

« Y a-t-il (ai-je dit, en concluant dans cette affaire), y a-t-il donc quelque loi qui défende au débiteur de consigner, sans appeler le créancier envers lequel il cherche à se libérer par cette voie? Nous n'en connaissons et nous pouvons affirmer qu'il n'en existe aucune,

» Pothier dit bien, dans son *Traité des obligations*, que cette formalité est nécessaire; mais il le dit de lui-même, et il ne cite aucune disposition

législative à l'appui de sa doctrine. Le tribunal de l'Oise n'a donc violé aucune loi, en jugeant sur ce point comme il l'a fait; et cela seul répond au dernier moyen de cassation du cit. Sacquépée.

» Nous ajouterons seulement que le cit. Leroy avait mis son adversaire bien à portée de prévenir la Consignation, en le faisant sommer, le 14 vendémiaire an 4, de satisfaire au jugement du tribunal de Caudebec, c'est-à-dire, de retirer dans le jour le dépôt existant chez le notaire; *et que d'ailleurs, immédiatement après avoir consigné, il en a fait signifier l'acte au cit. Sacquépée* ».

Par ces raisons, j'ai conclu au rejet de la demande en cassation du sieur Sacquépée; et ces conclusions ont été adoptées par arrêt de la section civile, du 20 floréal an 10, au rapport de M. Coffinhal, « Attendu, sur le moyen résultant, soit de » la précipitation, soit de la clandestinité de la » Consignation, en ce qu'elle fut faite le 15 ven- » démiaire, à onze heures du matin, quoique le » jugement n'eût été signifié que le 14 après midi, » et de ce qu'il ne lui a été donné aucun ajourne- » ment pour être présent à cette Consignation, » qu'elle est l'exécution des jugemens qui con- » damnaient Sacquépée à recevoir dans le jour, et » ce délai passé, autorisaient à consigner; que » la signification, et notamment celle du juge- » ment du 12 vendémiaire, ne permet pas de s'ar- » rêter à l'allégation de clandestinité et de défaut » d'ajournement dont elle a dû évidemment tenir » lieu ».

V. le *Répertoire de jurisprudence*, au mot *Consignation*, nᵒˢ 26 et 27.

§. II. *Lorsqu'un tribunal d'appel infirme un jugement de première instance qui autorisait un débiteur à consigner, peut-il déclarer nulle la Consignation faite en exécution de ce jugement, et déjà déclarée valable par un autre jugement en dernier ressort?*

V. l'article *Chose jugée*, §. 4.

CONTINUATION DE COMMUNAUTÉ. Cette matière est toute du droit ancien. La Continuation de communauté est abrogée par le Code civil; ainsi, ce que nous allons en dire, n'a plus d'objet que pour les communautés régies par l'ancienne jurisprudence.

§. I. *Dans les coutumes qui, pour empêcher ou arrêter la Continuation de Communauté, n'exigent pas, soit un inventaire authentique, soit un partage régulier et en bonne forme, suffit-il, pour tenir lieu de l'un ou de l'autre, un acte quelconque de la part du survivant des époux, annonçant qu'il n'est pas dans l'intention de continuer la communauté avec ses enfans?*

Pour résoudre cette question, il faut d'abord examiner quel est, sur la Continuation de communauté et la manière de l'empêcher, l'esprit le plus général de nos coutumes.

Il en est qui n'ont rien décidé sur cette matière : ce sont celles d'Artois, du Boulonnais, d'Amiens, de Douai, de Chauny, de Valois, de Dreux, de Chartres, de Vitry, de Chaumont en Bassigny, de Loudunois, d'Anjou, de la Rochelle, etc.

Parmi celles qui se sont occupées de cette matière, il y en a une dont on connaît les dispositions : c'est celle de Paris, la plus importante de toutes. Voici les autres.

La coutume de Meaux, art. 61, déclare qu'il y a Continuation de communauté, « si aucun ayant » enfans, mêle leurs biens avec les siens, sans » avoir fait inventaire ou partage avec lesdits en- » fans ».

Celle de Melun, art. 220 : « Si le survivant ne » fait inventaire solennel..., ou que partage n'en » ait été fait..., jusqu'à ce que ledit inventaire » soit solennellement fait, clos et arrêté parde- » vant juge compétent ».

Celles de Sens, art. 283, et d'Auxerre, art. 204 : « Inventaire ou partage et division, ou chose équi- » pollente ».

Celle d'Etampes, art. 99 : « Jusqu'à ce que le- » dit inventaire soit solennellement fait, clos et » arrêté pardevant juge compétent, durera ladite » communauté ».

Celle de Monfort l'Amaury, art. 137 : « Si le » survivant n'a pas fait inventaire solennel, ou » qu'il n'y ait d'autre acte dérogeant à commu- » nauté ».

Celle de Mantes et Meulan, art. 131 : « Si le » survivant n'a fait faire inventaire solennel ou » que partage n'en ait été fait ».

Celle de Senlis, art. 169 : « Si le survivant ne » fait faire un inventaire ».

Celle de Clermont, art. 192 : « Ne fait faire un » inventaire solennel ».

Celle de Troyes, art. 109 : « Sans faire inven- » taire, partage ou division ».

Celle de Vermandais, art. 265 : « Si le survivant » ne fait faire inventaire, ou qu'il ne fasse autre » acte solennel dérogeant à la communauté ».

Celle de Saint-Quentin, tit. 1, art. 7 : « Si le » survivant tient les biens du décédé qui étaient » communs, sans en faire inventaire ou partage ».

Celle de Châlons, art. 59 : « Inventaire clos et » affirmé, partage ou division, ou chose équipol- » lente ».

Celle de Péronne, Montdidier et Roye, art. 127 : « Le survivant est tenu de faire faire inven- » taire et prisée par autorité de justice..., jusqu'au » jour dudit inventaire et prisée, ou partage » actuel ».

Celle de Nivernais, art. 4 du chapitre *des commu- nautés* : « S'il n'y a contradiction, avec lequel tu- » teur ou curateur se fera inventaire et appréciation » des biens de ladite communauté, ensemble l'acte » de ladite contradiction ».

Celle de Montargis, art. 3 du chap. 9 : « Si le » survivant ne fait inventaire, partage et division, » ou autre convention équipollente, icelle com- » munauté continue......, jusqu'à ce que partage » ou division en soit fait, ou autrement entre les- » dites parties en soit disposé ».

Celle d'Orléans, art. 216 : « Jusqu'à ce qu'inven- » taire, partage ou division en soit fait, ou qu'autre- » ment par eux en soit disposé ».

Celle de Dourdan, art. 86 : « Ne fait partage ou » inventaire solennel...., jusqu'à ce que ledit par- » tage ou inventaire ait été fait solennellement et » clos pardevant le juge ».

Celle de Touraine, art. 348 : « Faire inventaire » et appréciation par autorité de justice, les parens » et amis des mineurs, si aucuns sont au lieu de » la demeure du prédécédé, et en leur défaut, le » procureur du roi ou de la seigneurie, appelés à » la diligence du survivant ».

Celle du Maine, art. 506 : « Si le survivant n'a » fait inventaire, les parens prochains appelés ».

Celle du Grand-Perche, art. 106 : « Jusqu'à ce » qu'inventaire desdits biens ait été fait solennel- » lement pardevant le juge ordinaire des lieux, » et tenu pour clos ».

Celle de Château-Neuf en Thimerais, art. 70 : » Jusqu'à ce que le survivant ait fait inventaire, » ou aucun acte contraire ».

Celle de Blois, art. 183 : « Sans en faire inven- » taire par autorité de justice ».

Celle de Berry, tit. 8, art. 19 : » Jusqu'à ce qu'il » y ait inventaire dûment fait ».

Celle de Bourbonnais, art. 270 : « Inventaire, » partage, division, ou autre convention équipol- » lente à partage ».

Celle de Poitou, art. 234, 306 et 308 : « N'ayant » fait inventaire dûment par autorité de justice, » en présence de personnes publiques, avec ap- » préciation dûment, et avec curateur pourvu » aux enfans ».

Celle d'Angoumois, art. 42 : « Sinon que le père » fasse inventaire ».

Celle de Saintonge, art 83 : « Sans inventorier » les biens-meubles ».

Celle de Bretagne, art. 584 : « Faire inventaire » dûment » ; art. 503 : « Par serment bon et loyal » inventaire par le greffier de la juridiction, ap- » pelant deux parens, ou voisins, ou amis ».

Celle de Cambray, tit. 7, art. 11 : « Si ledit sur- » vivant se remarie sans faire et bailler partage » desdits meubles à sesdits enfans, et sans leur » assigner fourmorture compétente pour la part de » leur père ou mère défunt, lesdits enfans peu- » vent demander pour la succession mobilière » dudit défunt, la juste moitié des biens meubles » qui auront été trouvés ou délaissés au jour du » trépas de leurdit père ou mère défunt ; et pour » conserver le droit desdits enfans, le survivant » doit, après le décès du premier mourant, faire » légal inventaire et prisée desdits biens meubles; » ou à défaut de ce, la communauté durera ».

Celle de Sedan, tit. 4, art. 82 : « Sans en faire
» inventaire ou partage, la communauté sera con-
» tinuée ».

' Celle de Bar, art. 87 : « demeurant communs
» entre le survivant et les enfans, jusqu'à l'inven-
» taire fait, partage, ou autre acte dérogeant à
» communauté ».

Celle de Lorraine, tit. 2, art. 9 : Le survivant
» doit faire inventaire incontinent après le décès,
» s'il y a enfans mineurs; autrement, leur est loisir
» de demander communauté, jusques au temps
» que ledit inventaire aura été dûment fait ».

Celle de Bayonne, tit. 9, art. 45 et 46 : « Le
» survivant doit faire bon et loyal inventaire,
» pour et afin que les enfans puissent connaître
» quels biens leur peuvent échoir pour raison du
» décès de leur père ou mère et de la communau-
» té; et se doit purger par serment, en présence
» du maire, ou de son lieutenant et des enfans,
» s'ils sont en âge, ou sinon, devant les tuteurs
» ou curateurs, que bien et loyalement a fait ledit
» inventaire ».

Ces détails sont un peu longs, mais le résultat
en est précieux. Voilà trente-cinq coutumes qui,
en admettant la communauté, en prononcent formellement la Continuation, lorsque, comme s'exprime la coutume de Meaux, le survivant mêle
ses biens avec ceux de ses enfans, et comme dit la
coutume de Saint-Quentin, lorsqu'il tient les biens
qui étaient communs.

Pour faire cesser cette Continuation, elles exigent un partage; et si elles en dispensent le survivant, ce n'est qu'en l'assujétissant à un acte qui
a, comme le partage même, l'effet d'empêcher la
confusion des biens, en fixant et constatant les
droits des enfans dans la société : cet acte est l'inventaire, et les coutumes n'en connaissent point
d'autre à défaut de partage.

Lorsque l'ancienne coutume de Paris, et les coutumes de Montfort-l'Amaury, de Vermandais, de
Château-Neuf demandent un inventaire ou autre
acte dérogeant à la communauté, cet autre acte
ne peut être que le partage, ou du moins un acte
équipollent à partage : l'explication de ces termes
est confirmée par les dispositions de la généralité
des coutumes, qui portent en termes exprès inventaire ou partage. Si quelques-unes disent inventaire, ou partage, ou chose équipollente, telles
que celles de Sens, d'Auxerre, de Châlons et de
Bar, la chose équipollente ne saurait s'entendre
d'un acte équipollent à inventaire. Il faut donc
que ce soit un acte équipollent à partage; car ce
mot chose n'a point d'autre sens dans ces coutumes, que les mots convention équipollente, dans
la coutume de Montargis : or, il est évident qu'une
convention ne peut être qu'un traité fait avec les
parties; l'inventaire n'est pas un traité. Ainsi, les
mots convention, chose équipollente, ne peuvent
être relatifs au mot inventaire, et le sont nécessairement au mot partage.

La coutume de Montargis elle même nous en

donne la preuve : tout en se servant des termes,
convention équipollente, elle déclare que la communauté continue jusqu'à ce qu'il en soit fait partage ou division, ou qu'autrement entre les parties
en soit disposé. La coutume d'Orléans dit la même
chose.

Ces expressions démontrent évidemment que la
convention dont il s'agit est un traité par lequel,
après que chacune des parties a réclamé, discuté
et fixé ses droits, on leur assigne ce qui leur appartient : or, ce traité est un véritable partage,
quoiqu'il n'en ait pas la forme. C'est pourquoi les
rédacteurs de ces coutumes ont toujours placé les
termes, chose équipollente, convention équipollente, après les termes, partage ou division; il
n'y a point là d'ambiguïté. Mais s'il était possible
d'en imaginer une, elle serait levée par les coutumes de Calais et de Bourbonnais, qui portent expressément, convention équipollente à partage.

Concluons donc que, dans les coutumes qui ne
requièrent pas uniquement un inventaire ou un
partage, mais qui se contentent d'un inventaire,
d'un partage, ou chose et convention équipollente,
d'un inventaire ou autre acte dérogeant à communauté, cette chose, cette convention équipollente,
cet acte dérogeant à communauté, ne peuvent
être qu'un partage, ou du moins un acte qui équivaut à un partage, et qui par conséquent est fait
contradictoirement entre les parties ayant intérêt
à la communauté.

Tel est l'esprit de ce petit nombre de coutumes,
et qui ne sont pas les plus considérables. La nouvelle coutume de Paris, et vingt-quatre autres ne
regardent point les actes équipollens à partage,
comme suffisans pour dissoudre la société conjugale; elles exigent formellement, les unes, un inventaire, les autres un inventaire ou partage.

C'est sans contredit le plus grand nombre des
coutumes que l'on doit consulter pour connaître le
droit commun coutumier de la France.

Ainsi, nul doute que la société conjugale ne soit
continuée dans les coutumes muettes, lorsque le
survivant n'a point fait un inventaire ou partage
en bonne forme.

Si la plupart des coutumes veulent un partage
en bonne forme, elles veulent aussi que, s'il n'y
a point de partage, le survivant fasse un inventaire
solennel; c'est le vœu des coutumes de Paris, de
Melun, d'Étampes, de Monfort-l'Amaury, de
Mantes et Meulan, de Clermont, de Châlons, de
Péronne, de Nivernais, de Dourdan, de Blois, de
Touraine, du Maine, du Grand-Perche, de Berry,
de Poitou, de Bretagne, des trois bailliages de
Lorraine et de Bayonne.

Et ce qui prouve que leurs dispositions, en tant
qu'elles déclarent insuffisant un inventaire informe, doivent être étendues aux coutumes qui ne
requièrent qu'un inventaire, sans en désigner les formalités, comme les coutumes de Meaux, de Senlis,
de Saint-Quentin, de Troyes, d'Orléans, d'Angoumois, de Saintonge et de Sedan, c'est qu'on le

jugeait ainsi dans l'ancienne coutume de Paris, qui demandait seulement un *inventaire ou autre acte dérogeant à communauté*

Levest, §. 23 et 231, nous en fournit deux arrêts : l'un du 21 mars 1542, l'autre du 27 mars 1574.

Celui-ci a été rendu entre Anne de Conan, veuve de Michel Champeron, d'une part, François de Pimont et Anne de Champeron, d'autre ; il a déclaré la communauté continuée, quoiqu'il y eût un inventaire, et cela parceque cet acte n'était pas bien fait. Ainsi, même dans les coutumes qui exigent *un inventaire ou autre acte dérogeant*, il faut que l'inventaire soit en bonne forme ; et cet *acte dérogeant* né peut s'entendre, ni d'un acte équipollent à inventaire, ni d'une simple déclaration de ne vouloir plus vivre en société, ni d'une fixation ou description arbitraire ; mais uniquement d'un partage, soit proprement, soit improprement dit.

Ces conséquences se trouvent confirmées par l'arrêt de 1542 : en voici l'espèce. Perrette de la Fontaine, veuve de Pierre Dupuis, qui lui avait laissé des enfans mineurs, s'était remariée à Josse Maillard. Avant de passer à ses secondes noces, elle avait fait faire un inventaire en présence de deux notaires et de Jean Baillard. Perrette de la Fontaine étant morte, Josse Maillard avait épousé Catherine de Mézières. Des enfans du premier lit, après le décès de leur beau-père, intentèrent contre ses héritiers, l'action en partage de la communauté continuée; ceux-ci opposèrent l'inventaire. On leur répondit qu'il était insuffisant pour dissoudre la communauté; que ce n'était qu'une simple description faite à la requête de Perrette de la Fontaine seule, *sans qu'aucun ayant puissance pour les mineurs y eût assisté ;* que Jean Baillard, qu'on voulait faire passer pour leur oncle, ne leur était pas même parent, et qu'il n'avait point de qualité pour les représenter. Les héritiers de Josse Maillard se renfermaient dans la disposition de la coutume de Paris, et répliquaient *qu'en tout événement, cette description devait valoir, sinon pour inventaire solennel, du moins pour acte dérogeant à la communauté.* Mais parceque la description n'avait point été faite avec un légitime contradicteur, le parlement déclara que la communauté avait continué.

Peut-on décider plus nettement, qu'il n'y a point d'acte équivalent à l'inventaire, et que le seul inventaire qui puisse arrêter la communauté, est celui que le survivant fait contradictoirement ?

Il est étonnant que Brodeau sur Louet, lettre C, §. 30, n°. 11, cite cet arrêt sans en retracer l'espèce, sans même dire ce qu'il a jugé; qu'il se contente d'observer que les héritiers de Maillard avaient fait usage de l'arrêt rendu le 14 août 1538, contre les enfans du président d'Olivier, et qu'il ne fasse pas remarquer qu'en 1542 le parlement n'y eut aucun égard. D'ailleurs, les circonstances n'étaient pas les mêmes : on opposait en 1538 un

inventaire fait en bonne forme; le seul défaut qu'on y trouvait, était celui de la clôture : défaut qui ne jette aucun soupçon sur l'acte ; au lieu que celui de légitime contradicteur en fait, avec justice, soupçonner la fidélité.

Si en 1611 et 1616, on n'a point écouté les plaintes des enfans sur des inventaires faits sous l'empire de l'ancienne coutume, ce n'a été encore que parcequ'il y avait eu des contradicteurs légitimes, et qu'on n'y relevait, comme en 1538, que le défaut de clôture. Brodeau n'a cité ces arrêts que d'après Mornac (sur la loi dernière, D. *de divortiis*); et Mornac nous apprend que ce qui a fait juger ces inventaires suffisans pour dissoudre la communauté, c'est qu'il y était intervenu de légitimes contradicteurs : *definitumque est in publicis causarum actionibus sufficere inventarium cui interfuerit contradictor legitimus ad dissolvendam societatem.*

Brodeau, qui ne tient que de Levest l'arrêt de 1574, dont nous avons déjà parlé, insinue que cet arrêt a été rendu sur des particularités : mais d'où l'a-t-il appris? Levest qui l'a transcrit tout entier ; n'en dit rien.

L'arrêt du 25 mai 1619, rendu dans la coutume de Sens, n'a pas eu d'autre fondement, de l'aveu même de Brodeau, que ceux de 1538, 1611 et 1616. On ne reprochait à l'époux survivant que le défaut de clôture ; il existait un inventaire qui avait été fait avec l'aïeul des mineurs, leur subrogé tuteur.

Au surplus, dans les coutumes qui s'expriment comme l'ancienne de Paris, les arrêts ont beaucoup varié, et sur le défaut de clôture, et sur le défaut de contradicteur légitime.

On trouve dans Mornac un arrêt du 13 avril 1558, qui, dans la coutume de Senlis et sur l'appel d'une sentence du prévôt de Pontoise, décide que l'article de cette coutume par lequel il est dit que la communauté conjugale continue jusqu'à ce qu'il ait été fait inventaire, doit s'entendre d'un inventaire fait par personnes publiques avec un tuteur ; mais qu'il n'est pas nécessaire qu'il soit clos ni revêtu des autres solennités de droit.

Brodeau en rapporte trois autres, des 12 mai 1606, 18 janvier 1620 et 15 mars 1622, qui ont jugé, au contraire, dans la même coutume, qu'un inventaire non clos et affirmé était nul, et qu'il n'empêchait point la Continuation de communauté. Le premier de ces arrêts a été rendu à la première chambre des enquêtes, après un *consultis classibus ;* et il a été ordonné par le dernier qu'il serait lu et publié aux sièges de Senlis et de Pontoise.

Il en a été jugé de même par un arrêt du 28 février 1628, rendu dans la coutume de Vermandois, qui ne demande cependant qu'un *inventaire ou acte solennel dérogeant à la communauté.*

Quant au défaut de contradicteur légitime, outre les arrêts déjà cités, qui, dans l'ancienne coutume de Paris, ont jugé qu'il rendait l'inventaire insuffisant pour dissoudre la communauté, il en existe d'autres qui jugent de même dans les coutumes de Bourbonnais (1) et de Péronne (2).

Il y en a deux contraires pour les coutumes de Montfort et de Meaux (3).

---

(1) Arrêt de 1670, cité par Auroux sur cette coutume.

(2) La coutume de Péronne, Roye et Montdidier, art. 127, ne parle pas de contradicteur légitime; elle demande seulement *un inventaire et une prisée par autorité de justice*, pour dissoudre la communauté. On y a cependant mis en question, dans le dernier siècle, si la condition dont il s'agit, est nécessaire, et cette question a donné lieu à un procès entre les enfans du premier lit de Mathieu de Sachy, sa seconde femme, et les enfans du second lit.

Les premiers soutenaient que la communauté du premier mariage avait continué, parceque leur père avait fait l'inventaire sans légitime contradicteur. Les autres disaient au contraire que cette formalité n'était point ordonnée par la coutume, et que l'usage avait suffisamment établi qu'elle n'était point nécessaire.

La sentence de Roye avait jugé que la communauté avait continué.

Sur l'appel, les intimés disaient, pour en soutenir le bien jugé, que l'esprit général de toutes les coutumes est de demander dans les inventaires un légitime contradicteur; que les unes prescrivent précisément cette condition, et que les autres la supposent nécessairement par les expressions qu'elles emploient; que celle de Péronne, par exemple, exige un inventaire fait par autorité de justice; qu'un inventaire ne peut être censé fait par autorité de justice, s'il n'est solennel, et qu'il ne peut être solennel, sans contradicteur; qu'au surplus, la question était déjà jugée par un arrêt en forme de règlement, du 5 février 1661, publié au bailliage de Montdidier; que, d'après cela, il importait peu que Caron, Villette et Ricard eussent enseigné le contraire dans leurs commentaires ou notes sur cette coutume; que les arrêts dont on pouvait se prévaloir pour la validité des inventaires faits sans contradicteurs légitimes, avaient été rendus dans des coutumes où la communauté peut être dissoute par un acte quelconque qui y déroge; mais qu'à l'égard de celles qui s'expriment, comme celle de Péronne, il avait toujours été jugé que la présence d'un contradicteur est indispensable; qu'il suffisait, pour le prouver, de rappeler un arrêt de 1623, cité par Brodeau, lettre C, §. 30, comme rendu dans la coutume de Blois, et un autre du 5 janvier de la même année, que Tronçon à la coutume de Paris, assure être intervenu dans celle d'Orléans.

« Par ces motifs (dit Lépine de Grainville), la quatrième chambre des enquêtes a confirmé, le 27 avril 1728, la sentence qui avait déclaré la communauté continuée.

» Lorsqu'il est question (continue ce magistrat) de l'exécution de la disposition de la loi, il faut que cette exécution soit accompagnée de formalités qui seules peuvent garantir l'objet que la loi s'est proposé, a été rempli.

» Un inventaire est un acte conservatoire des intérêts de tous ceux qui ont droit à une succession; s'il n'a point été fait contradictoirement, il est difficile que l'on présume qu'il ait ce caractère; et lorsqu'une coutume porte qu'il sera fait un bon et fidèle inventaire par autorité de justice, on doit juger qu'elle présume qu'il doit être fait avec un légitime contradicteur; ce qui est une condition essentielle dans les autres coutumes ».

(3) Le premier est cité dans les additions à la Bibliothèque civile de Bouchel, au mot *Communauté*.

Le second est rapporté fort au long par Bardet, sous la date du 15 janvier 1637. Voici comment s'est expliqué dans l'affaire sur laquelle il a été rendu, M. l'avocat-général Talon :

« Il y a diversité de coutumes touchant la Continuation

Mais si, dans l'ancienne coutume de Paris et dans celles qui ont des dispositions semblables, on a élevé tant de difficultés sur la suffisance des inventaires faits par des officiers publics, soit sur ce qu'ils n'avaient pas été clos et affirmés dans un certain temps, soit sur ce qu'il n'y était pas intervenu de contradicteurs légitimes; si, sur ce dernier point surtout, les opinions se sont prononcées pour ou contre avec tant de chaleur, *agitatum acerrimè*, dit Mornac (sur la loi dernière, *D. divortiis*), du moins on est toujours tombé d'accord sur ce point capital : c'est que, dans les coutumes dont il s'agit, c'est-à-dire dans celles qui, pour dissoudre la communauté, requièrent simplement un inventaire, ce n'est pas assez d'un inventaire quelconque, il faut un inventaire solennel et en bonne forme.

Et en effet, ôtez l'inventaire solennel, contentez-vous d'une simple description, d'un simple mémoire, d'une fixation arbitraire et qui ne serait l'ouvrage que du survivant, dont le cœur souvent trop préoccupé d'une nouvelle passion, sacrifie tout pour la satisfaire, quelle ressource restera-t-il à ses enfans malheureux? Sera-ce l'action de recélé, le serment *in litem*? Mais porter des enfans à accuser leur père de divertissement, à lui imputer une espèce de larcin, à le diffamer publiquement, cela est-il proposable? Et d'ailleurs, quel est communément le fruit de ces procédures honteuses? L'incertitude des preuves, l'embarras des juges, le déshonneur et la ruine des parties.

Or, si ces inconvéniens ont déterminé les tribunaux à multiplier les formalités de l'inventaire, dans les coutumes qui ne l'assujétissaient à aucune solennité particulière, pourquoi les mêmes motifs ne les feraient-ils pas regarder comme néces-

---

de communauté. De cent coutumes différentes, il y en a dix seulement qui requièrent un inventaire solennel fait avec un contradicteur légitime, pour arrêter la communauté. Toutes les autres se contentent d'un simple inventaire, du partage ou acte équipollent à partage. Dans cette diversité, il ne serait pas raisonnable que le plus reçût la loi du moins.

» Il y a des inventaires de trois sortes, suivant les Novelles 1 et 94, la loi *Scimus*, C. *de jure deliberandi* et la loi *Tutores*, C. *de administratione et periculo tutorum*.

» Nos coutumes ne définissent point de quelle de ces trois sortes d'inventaires elles ont voulu parler, il faut estimer qu'elles ont entendu se contenter du moins solennel.

» Le légitime contradicteur et la clôture ne sont point de l'essence de l'inventaire. Donc celui qui est fait suivant la disposition de la loi *tutores*, est suffisant. La femme qui renonce à la communauté, faisant faire inventaire, n'y appelle personne : aussi cela est inutile, puisque, par là, l'on ne peut point empêcher le recélé.

» Pour confirmation de cette maxime, grand nombre d'anciens arrêts s'en sont ensuivis.

» L'ancienne coutume de Meaux ne requérait qu'une simple protestation. La nouvelle ayant désiré un inventaire, s'est contentée d'un inventaire fait en la forme commune d'une description des biens faite par un juge ou par un notaire qui sont personnes publiques, et n'a point entendu assujétir à la confection d'un inventaire le plus solennel qui puisse se faire ».

saires dans les coutumes qui n'en parlent point du tout?

Ce qu'on oppose à cet argument, ne l'affaiblit point. Il est souvent de la prudence du survivant, dit-on, de ne point faire un inventaire en forme; et les enfans doivent être satisfaits d'une simple description, d'une fixation faite par le survivant même; autrement, ce serait manifester l'état de leur fortune : modique, elle attire le mépris; opulente, elle excite la jalousie et quelquefois les soupçons injurieux. Des enfans doivent entrer dans des vues aussi sages; leur intérêt même les y porte.

Mais ces ménagemens d'une fausse prudence n'auraient-ils pas plutôt pour objet de cacher aux enfans l'état de leurs biens, que d'en dérober la connaissance au public? La première de toutes les règles, c'est de rendre à chacun la justice qu'il a droit d'exiger, *suum cuique tribuere*; il faut, après cela, mépriser les discours du vulgaire, toujours incliné à la censure; et ce n'est pas aux dépens de la vérité qu'on doit le ménager.

On objecte encore qu'une peine ne peut pas être étendue d'une coutume qui la prononce, à une coutume dans laquelle il n'en est point parlé.

Mais la Continuation de communauté, faute d'avoir fait un inventaire régulier, n'est pas tant une peine contre le survivant, qu'une justice envers les enfans dont le bien est resté commun et indivis avec le sien. Le survivant n'ayant pas voulu les séparer par un partage (1), la loi établit

(1) C'est l'une des raisons par lesquelles M. d'Aguesseau, dans son plaidoyer du 10 juin 1698, établit que la Continuation de communauté n'est pas précisément, comme quelques-uns l'imaginent, une peine introduite en haine du père et des mères qui négligent les intérêts de leurs enfans, et qu'on doit au contraire la regarder comme favorable : « L'idée à laquelle nous devons nous » fixer (dit-il), est qu'il s'agit ici d'une loi non pénale, » mais sujette à certaines formalités rigoureuses; d'une loi » dont la disposition ne doit pas être restreinte, mais est » plutôt favorable, puisqu'on a toujours cherché les moyens » de la rendre plus commune... Jugeons de ces principes » par l'étendue que vos arrêts ont donnée à la loi de Con- » tinuation. Vous l'avez introduite dans toutes les coutu- » mes qui n'ont point de disposition précise sur cette » matière ».

Quels sont donc les motifs de cette loi? M. d'Aguesseau en assigne trois :

« Obliger les pères à faire inventaire ; pour prévenir les actions des recélés, les preuves par témoins, les procès infinis qu'on serait forcé d'essuyer sans cela, pour faire voir la quantité et la qualité des biens, pour épargner même aux pères l'ancien serment *in litem* qu'on déférait aux enfans, et par lequel ils étaient maîtres de la fortune de leurs pères : serment injurieux, infâmant. Voilà le premier motif favorable et aux enfans et aux pères, parcequ'il épargne les procès, ou les suites fâcheuses des procès auxquels le défaut d'inventaire donne lieu.

» Le second motif est la confusion et le mélange des biens, qui fait présumer que ce que le père a acquis depuis la mort de la mère, ou *vice versâ*, est acquis *ex re communi*. Or, quoiqu'en général ce qui est acquis, ne suive pas toujours la nature du prix pour lequel on l'achète, cependant il a été établi en faveur des pupilles,

une *communion* entre lui et ses enfans, et fait participer ses enfans à tous les profits qui peuvent en résulter. En cela, on ne punit point le survivant, on lui laisse ce qui lui appartient ; et ce que les enfans ont droit d'exiger de lui, ce n'est point par l'action *pro socio*, comme associés, mais par l'action *communi dividundo*, comme simples communiers, qu'ils doivent en faire la demande. Il était le maître de se dispenser du partage; mais il devait du moins faire la séparation des biens par un inventaire en bonne forme : il ne l'a point fait, le fonds est donc demeuré commun, et il ne cessera de l'être que par la division ou l'inventaire.

Tel est le langage des commentateurs des coutumes muettes, notamment de Merville, sur celle de Chartres ; de Leroi de Lozembrune, sur celle de Boulonnais ; de Delieu, sur l'art. 98, sur celle d'Amiens ; de Dufresne, sur l'art. 99 de la même; de Dupineau, sur l'art. 508 de celle d'Anjou, etc.

Telle est aussi la jurisprudence des arrêts rendus dans ces coutumes.

Louet, lettre C, §. 30, en rapporte un du 16 avril 1596, par lequel, dans la coutume d'Anjou, un inventaire fait sans subrogé tuteur, a été jugé insuffisant pour arrêter la communauté. Il est vrai que la cause fut jugée par un motif particulier; mais Louet observe qu'*une bonne partie de messieurs furent d'avis de juger la thèse, et qu'il y avait Continuation de communauté, cessant la particularité du procès*. Nous voyons en effet que, par deux autres arrêts rendus pour la même coutume, le 2 juin et le 6 octobre 1634, la Continuation de communauté a été admise faute d'inventaire en bonne forme.

Même jurisprudence dans la coutume de Chartres. Guéret, sur Leprêtre, page 457, en cite un arrêt du 14 février 1612.

La question s'étant présentée dans la coutume de Dreux, il est intervenu, le 10 juillet 1627, un arrêt qui a déclaré la communauté continuée entre un époux survivant et ses enfans, faute

que res *ex pecuniâ pupillari empta, pupillaris dice- retur.*

» C'est par une fiction semblable que l'on donne un droit de propriété aux mineurs, sur les effets acquis *ex re communi.*

» Enfin, on a considéré que les raisons qui avaient fait admettre cette règle dans le droit romain, *morte solvitur societas*, ne convenaient pas parfaitement à la communauté du mari et de la femme ;

» 1°. Parceque, si la société continuait après la mort entre étrangers, ils ne trouveraient pas la même union, la même fidélité, la même correspondance. Mais cet inconvénient n'est point à craindre entre le père et les enfans ; la continuation des sociétés ordinaires donnerait des étrangers, souvent inconnus, pour associés ; la Continuation de la communauté donne au survivant ses enfans pour associés.

» 2°. Dans les sociétés ordinaires, chaque associé agit : dans la communauté ; le mari ou le survivant est le seul qui agisse. Donc il n'a rien à craindre ».

d'inventaire ; le parlement en a même ordonné la publication au bailliage de Dreux, pour y servir de réglement.

Dufresne, qui rapporte cet arrêt sur l'art. 107 de la coutume d'Amiens, nous en retrace un semblable rendu dans celle-ci, le 11 juillet 1626.

Par un autre arrêt rendu dans la coutume de Valois, les *chambres consultées*, le 15 mars 1653, la communauté a été déclarée continuée, faute d'inventaire solennel fait avec un subrogé tuteur, affirmé et clos, quoiqu'on eût soutenu au procès que, dans cette coutume qui est muette, un inventaire défectueux étant un acte dérogeant à la communauté, suffisait pour la dissoudre, et que le premier juge l'eût ainsi décidé d'après l'usage du lieu.

Vigier atteste que la communauté continue dans la coutume de la Rochelle, tant qu'il n'y a point d'inventaire ; et il cite un arrêt du 6 mars 1606, qui l'a jugé de la sorte.

Cet arrêt n'est pas le seul ; nous en avons un autre beaucoup plus récent.

Elisabeth Bernard avait eu de son premier mariage avec René Graveur, une fille nommée Marie-Geneviève. Après la mort de René Graveur, Elisabeth Bernard épousa Antoine Bourreau, qui ne vécut pas long-temps ; et enfin, elle convola en troisièmes noces avec François Ricard. Dans son contrat de mariage avec ce dernier, elle fit à Marie-Geneviève Graveur, sa fille, un *apportionnement* de la somme de 50 livres, pour ses droits mobiliers du chef de René, son père. Marie-Geneviève Graveur approuva cet apportionnement par des actes des 27 juillet 1694, 15 mars 1695 et 28 juin 1697 : elle reçut même la somme à laquelle il avait été fixé. Dans la suite, elle prétendit que la première communauté avait continué, obtint des lettres de rescision contre les différens actes qu'on pouvait lui opposer, et en demanda l'entérinement. François Ricard excipa de l'apportionnement contenu dans son contrat de mariage ; il soutint que c'était un acte dérogeant à la communauté, et suffisant pour la dissoudre à son égard ; que le défaut d'inventaire importait peu, puisque la coutume ne requérait pas cette formalité ; que le seul moyen de faire rescinder l'acte d'approvisionnement et les autres actes approbatifs, était la lésion ; mais que la lésion ne se présumait pas, et que c'était à celui qui l'alléguait, à la justifier. Toutes ces raisons furent méprisées. Par arrêt rendu en 1704, le parlement ayant égard aux lettres de rescision, et les entérinant, remit les parties au même état où elles étaient avant les actes approbatifs, et déclara que la première communauté avait continué, faute par Elisabeth Bernard d'avoir fait faire inventaire après le décès de René Graveur.

Nous trouvons la même jurisprudence établie dans les pays de droit écrit, non pas, à la vérité,

pour la communauté légale qui n'y est pas admise, mais, ce qui revient bien au même, pour la communauté conventionnelle.

Les 8 juin 1619 et 50 juillet 1659, le parlement de Paris confirma deux sentences des juges de Mâcon, qui avaient déclaré une communauté continuée, faute d'inventaire (1).

Un arrêt du 1er. août 1640, rendu en faveur de Marie Esmond, aussi domiciliée en pays de droit écrit, a jugé que, faute d'inventaire, il y avait eu Continuation de communauté entre elle et son père survivant, quoique celui-ci, en la mariant, lui eût constitué 5,000 livres en dot, moyennant quoi elle avait renoncé à tous ses droits maternels (2).

Furgole, *traité des testamens*, chap. 9, n°. 38, nous a conservé un arrêt du parlement de Toulouse, du 16 mai 1737, qui juge la même chose ; et l'on peut d'autant mieux compter sur ce qu'il en dit, qu'il avait écrit au procès sur lequel cet arrêt a statué.

Au reste, ce n'est pas seulement dans l'ancien territoire français, qu'on a reconnu la nécessité d'un inventaire en bonne forme, pour empêcher la confusion des biens, et mettre les intérêts des mineurs en sûreté. Toutes les coutumes de la province de Flandre exigent qu'immédiatement après le décès de l'un des époux, le survivant fasse nommer un tuteur à ses pupilles ; qu'il procède avec lui au partage des biens ; que ce partage soit précédé d'un inventaire fait contradictoirement, *par bonne spécification et déclaration*, affirmé en justice, et consigné dans les registres mêmes de la *garde orpheline* (5) : si le survivant ne remplit pas ces formalités, dans quelques-unes de ces coutumes, il est contraint par les *chefs tuteurs* de les remplir ; et dans les autres, outre qu'il est condamné à des amendes, la communauté continue avec ses enfans (4).

La coutume de Gand, rubr. 22, art. 1, s'exprime ainsi : « Le survivant, y ayant des en- » fans de lit commun, délaissés mineurs, est » obligé de les faire pourvoir de tuteur en partage, » au subrogé, par les échivins......., comme tu- » teurs en chef ».

C'est aussi ce que portent celles de Courtray, rubr. 13, art. 2 ; de Teremonde, rubr. 14, art. 3 ; du pays de Waes, rubr. 7, art. 3 ; de Bourbourg, rubr. 14, art. 1 ; d'Ecloo et Lembeecke, rub. 15, art. 2 ; d'Assenede, rubr. 15, art. 1 ; de Bouchaute, rubr. 19, art. 2 ; d'Ypres, rubr. 5, art. 4.

Suivant celle de Cassel, art. 324, « où il y a » des mineurs, on ne pourra commencer aucun » partage, si ce n'est que premièrement lesdits » mineurs aient des tuteurs ».

---

(1) Brodeau, sur Louet, lettre C, §. 50, n°. 6.
(2) Bardet, tome 2, page 385.
(3) *V.* ce mot dans le *Répertoire de Jurisprudence.*
(4) *V.* le *Répertoire de Jurisprudence*, aux mots *Tuteurs en chef.*

Même disposition dans celles de Lille, chap. 5, art. 1; de Furnes, tit. 9. art. 4; de Properinghe, tit. 13, art. 1.

Tous ces textes démontrent bien l'obligation où est le survivant en Flandre, de faire créer un tuteur à ses enfans mineurs. Mais les dispositions des mêmes coutumes au sujet du partage et de l'inventaire, la mettent encore dans un plus grand jour.

La coutume de Gand, rubr. 22, dit :

« Art. 2. Le tuteur en partage est chargé de rassembler et inventorier, et de mettre par état les biens et les dettes, et de rapporter pardevant la *loi* les biens de la succession.

» L'inventaire étant rapporté pardevers la *loi*, et là, étant lu en présence du survivant et des autres parens du côté des mineurs, on leur demande, chacun en particulier, s'ils tiennent cela pour la juste part et portion des biens échus aux mineurs ».

Les coutumes de Teremonde, rubr. 14, art. 6; de Courtray, rubr. 13, art. 1; de Bourbourg, rubr. 14, art. 5; de Bruges, tit. 30, art. 8; de Renaix, tit. 19, art. 1; d'Ypres, rubr. 5, art. 8; du pays de Waes, rubr. 7, art. 4; d'Ecloo et Lembeeck, rubr. 15, art. 6; de Bouchaute, rubr. 19, art. 6, veulent que « les tuteurs règlent et liquident la maison mortuaire en présence du commun des proches parens et alliés, comme aussi rapportent au bureau des mineurs ou à la justice, par bonne déclaration et spécification, tous les biens qui leur appartiennent ».

Il est dit, au *Livre de partage* du pays du franc de Bruges, art. 5 : « Tous survivans en quelque maison mortuaire, sont tenus de faire l'inventaire des biens de ladite maison en profits et en charges, et de l'affirmer par serment, en étant requis, et même n'étant point requis, là où il y a des mineurs, avant que l'on puisse procéder au partage ».

Bruges, tit. 4, art. 9; Nieuport, rubr. 19, art. 5; Bergues-Saint-Winoc, rubr. 12, art. 39; Ostende, rubr. 9, art. 13; Alost, rubr. 18, art. 4 et 9, disent : *inventaire en bon état.*

Ninove, rubr. 4, art. 14, et Bailleul, rubr. 5, art. 6 : *inventaire en bonne forme.*

Le pays du franc de Bruges, art. 160 : *état des biens clair et entier.*

Le pays de Waes, rubr. 7, art. 10 : *inventaire pertinent avec les tuteurs.*

La coutume d'Audenarde porte, rubr. 2, art. 9, que « là où il y a survivant ou survivante en une maison mortuaire qui ressortit sous les avoués, il fera les inventaires des biens dans le temps de six semaines, après la mort du défunt, de tout ce dont il jouissait au jour de son décès, en y spécifiant pertinemment et duement, tant les dettes actives que passives; et qu'il les rapportera auxdits avoués, en présence des héritiers et des parens et amis des enfans ».

L'art. 14 ajoute que, « si les héritiers et les

» parens des mineurs ne se contentent pas de l'inventaire rapporté par le survivant ou la survivante, ils peuvent contraindre le survivant ou la survivante d'en rapporter un autre, et de lui faire affirmer, par serment et notamment, qu'il ne sait point d'autres biens ou dettes passives concernant la maison mortuaire, que ceux déclarés par l'inventaire ».

L'art. 17 veut que « la prisée des meubles soit faite par des priseurs jurés ».

Plusieurs de ces coutumes ordonnent même l'enregistrement de l'inventaire dans les registres de la garde orpheline, *afin d'être mis sur le livre ou registre des mineurs*, disent Teremonde, rubr. 14, art. 6; Courtray, rubr. 13, art. 1; Alost, rubr. 18, art. 9; Bruges, tit. 30, art. 8; Nieuport, rubr. 19, art. 65; Ecloo et Lembeecke, rubr. 15, art. 6; Bouchaute, rubr. 19, art. 6.

Il est vrai que la plupart de ces coutumes ne prononcent pas la Continuation de communauté, dans le cas d'inobservation de ces formalités. Mais, quelle en est la raison ? C'est qu'il y a des *chefs tuteurs* qui doivent forcer le survivant, par des peines pécuniaires, et même par corps, à les observer. On n'a pas dû prévoir un cas que la vigilance des magistrats, rend presque impossible : *A peine d'être mis à l'amende de trois livres, d'aller en prison, et d'y demeurer jusqu'à ce qu'ils aient fait ledit rapport, et qu'ils aient pris soin de l'enregistrement;* c'est ce que portent Courtray, rubr. 13, art. 1; Alost, rubr. 18, art. 51, etc.

Dans dix-sept autres coutumes, il n'est point fait mention de la contrainte par corps; mais on condamne à des amendes le survivant qui est en demeure; et il est hors de doute que, s'il s'opiniâtrait à ne point faire constater l'état de la *maison mortuaire*, il y aurait entre lui et ses enfans Continuation de communauté, ou *communion de biens*, suivant le droit écrit auquel la province de Flandre est assujétie par les décrets d'homologation de ses coutumes.

Et dans le fait, les autres coutumes dont nous n'avons pas parlé, déclarent que la communauté continue, faute d'inventaire, même malgré le paiement des amendes auxquelles le survivant a pu être condamné. « En toutes les maisons mortuaires où il y a des enfans mineurs, le survivant est obligé de faire l'inventaire des biens et de les faire partager, et de rapporter les biens des mineurs au registre des mineurs, le tout dans les trois mois après le décès de la personne, à peine de l'amende; et outre ladite amende, tous les conquêts faits par le survivant pendant ses nondevoirs, demeureront communs pour lesdits mineurs, comme si le lit n'avait pas été rompu ». Ainsi parlent Furnes, tit. 5, art. 17; Ypres, rubr. 10, art. 44; Lille, chap. 32, art. 53; Rousselaër, rubr. 12, art. 2; pays de Waes, rubr. 71, article 10.

Le croira-t-on ? Des jurisconsultes, des magistrats, ont prétendu que la province d'Artois jouissait à cet égard d'un privilége particulier. Mais quel privilége! Celui de laisser au survivant la liberté de tromper impunément ses enfans et de s'approprier leurs biens.

N'imputons pas légèrement à cette contrée un privilége aussi odieux, et voyons sur quoi on le fonde.

On se prévaut de ce qu'Hébert, conseiller au conseil d'Artois, a dit dans ses notes manuscrites sur l'art. 159 de sa coutume, n°s. 5 et 6, et la sentence du 22 décembre 1701, qu'il y rapporte.

Mais cet estimable magistrat s'est livré dans ce court passage à de grosses erreurs; il a cru que le droit commun coutumier n'exigeait pas précisément un inventaire; qu'une manifestation de volonté contraire y étant suffisante pour dissoudre la communauté, elle devait d'autant plus suffire en Artois, qu'on y suit les anciennes maximes de France, et que l'ancienne coutume de Paris ne requérait pas autre chose. Nous ne nous attacherons pas à réfuter ces raisons; elles tombent d'elles-mêmes d'après les détails dans lesquels nous sommes entrés plus haut.

Ce sont cependant ces raisons qui ont séduit l'auteur d'un commentaire plus moderne sur la même coutume (1), et lui ont fait adopter le système d'Hébert.

On nous a même soutenu qu'il existait, en faveur de ce système, un arrêt du parlement de Paris, confirmatif d'une sentence du conseil d'Artois. Mais nous nous sommes convaincus par nos propres yeux, que cet arrêt et cette sentence n'avaient jugé qu'un cas très particulier. Il est bon d'en rappeler l'espèce, pour qu'on ne puisse pas douter du motif qui en a déterminé la décision.

Étienne Cordier, demeurant à Hesdin, s'était marié avec Marie-Françoise Maniez, dont il eut trois enfans, Jacques-Albert, Jean-Françoise et Marie-Françoise. Sa femme étant morte en 1723, il épousa Jeanne-Joseph Dubromez. Ses enfans du premier lit étaient mineurs. Il déclara, par le contrat de son second mariage, passé sous signature privée, qu'il avait fait procéder à la prisée et estimation des effets qui avaient composé sa première communauté, et il fixa à une somme les parts de ses enfans. Jacques-Albert Cordier se maria en 1758; Marie-Françoise Cordier, en 1744, et Jean-Françoise Cordier, en 1746. Ces enfans, dans leurs contrats de mariage, qui étaient sous signatures privées, composèrent leur apport de la part qui leur revenait dans la somme que leur père avait fixée, en déclarant qu'elle tenait lieu de leurs droits dans la succession mobilière de leur mère.

Étienne Cordier décéda en 1746, et laissa des enfans mineurs de son second mariage. Ceux du premier firent assigner la veuve, tant comme commune, que comme tutrice, pour voir dire que la communauté avait continué. Cette veuve leur opposa son contrat de mariage et les leurs.

Les échevins d'Hesdin jugèrent que rien ne pouvait suppléer au défaut d'inventaire en bonne forme; que la prisée et estimation non déposée en mains tierces, la fixation des droits à une somme, et l'approbation formelle de cette fixation, étaient absolument insuffisantes pour dissoudre la communauté; et qu'en conséquence, la communauté avait continué.

Sur l'appel, les officiers du bailliage d'Hesdin déclarèrent qu'il avait été bien jugé.

Le conseil d'Artois réforma ces sentences; mais craignant que l'on n'abusât de sa décision, il en consigna le motif dans le jugement qu'il rendit en ces termes : « Nous mettons l'appellation et sentence de laquelle a été appelé, au néant; émendant, ayant égard à la déclaration faite par Étienne Cordier, en son contrat de mariage avec Marie-Jeanne Dubromez, du 21 février 1724, ainsi qu'à celles faites par Jacques-Albert, Jean-Françoise, et Marie-Françoise Cordier, dans les leurs, des 17 février 1758, 22 mai 1744, et 8 juillet 1748, etc. ».

L'arrêt dont il s'agit a confirmé ce jugement; et, comme l'on voit, si, dans cette espèce, on s'en est rapporté à la fixation des droits des enfans faite par le survivant dans le contrat de son second mariage, ce n'a été que parceque les enfans eux-mêmes l'avaient approuvée après leur majorité. On a cru devoir donner à cette approbation, l'effet d'un partage de la communauté fait contradictoirement entre les parties intéressées, parcequ'il n'était pas présumable que ces enfans eussent adopté la fixation, si elle n'eût pas rempli leurs droits; et l'on n'a attribué qu'à la mauvaise humeur les plaintes qu'ils portaient ensuite contre le défaut d'inventaire. En un mot, on s'en est tenu à la doctrine de Bobé, sur l'art. 91 de la coutume de Meaux, qui est également celle de Souchet sur l'art. 42 de la coutume d'Angoumois.

§. II. *Lorsqu'un inventaire fait avant le second mariage, pour arrêter la Continuation de la communauté du premier, se trouve infecté de nullités, qui l'empêchent de produire cet effet, la deuxième femme peut-elle s'en faire indemniser par le mari ou par sa succession ?*

La jurisprudence a varié sur cette question; mais elle est enfin fixée, et l'on n'accorde plus de dédommagement à une veuve qui est aussi en faute que son mari, et de laquelle il aurait dépendu de faire faire un inventaire en règle, en retardant les épousailles. Ce dédommagement contradictoire avec la Continuation de communauté, serait plutôt une

(1) *Coutumes générales d'Artois, rédigées dans un ordre didactique*, par M. *Roussel de Bouret*, avocat au parlement, et commis au bureau des affaires contentieuses du contrôle général des finances.

récompense de la négligence, qu'une punition de l'indifférence du mari ; ce serait dépouiller les enfans du premier lit pour enrichir une seconde femme, et faire porter à ces enfans la peine de la faute de leur belle-mère.

On peut citer à cet égard différens arrêts : il y en a trois du parlement de Bretagne, des 31 mai 1680, 6 avril 1745 et 16 mai 1774.

Le dernier de ces arrêts, qui a été rendu entre les nommés Renou et Rapet, a encore jugé qu'en Bretagne, il faut, pour arrêter la communauté, que la minute de l'inventaire soit déposée au greffe, et qu'il ne suffit pas qu'elle le soit chez un notaire.

« Le raisonnement est poussé si loin dans ce siècle (disait Renou, en défendant cette proposition), qu'on met tout en problème. Les maximes les mieux établies sont attaquées avec la même force que les systèmes les moins raisonnables ; la dialectique devient un corrosif qui n'épargne rien : on ne sait si le mauvais usage qu'on en fait est excusable, ou si ce n'est point un abus répréhensible.

» L'art. 584 de la coutume de Bretagne s'exprime ainsi : « *Jusqu'à ce qu'il y ait inventaire duement fait, la première communauté durera, si bon semble aux enfans du premier lit.* La jurisprudence, en interprétant ces mots, *duement fait,* a jugé qu'ils exigeaient le dépôt de l'inventaire au greffe. Ce dépôt a été regardé comme d'autant plus essentiel, qu'autrefois les notaires royaux n'étaient tenus de garder leurs minutes que trente ans, et qu'actuellement encore l'obligation de ceux de la campagne n'est pas plus étendue ; mais quand les uns et les autres seraient obligés de les représenter à perpétuité, un acte ne pourrait encore être aussi en sûreté chez eux qu'au greffe, c'est-à-dire, dans un dépôt public, que l'œil du juge conserve. Lorsque les notaires, soit royaux, soit de campagne, sont peu soigneux, ou qu'ils meurent insolvables, quelle ressource aura-t-on pour se dédommager de la perte des minutes » ?

C'est sur ces raisons qu'a été rendu l'arrêt du 16 mai 1774.

§. III. *Peut-on suppléer à l'inventaire, en stipulant dans le contrat d'un second mariage, qu'il en sera fait un ? La seconde femme qui a fait cette stipulation pour empêcher la Continuation de communauté, peut-elle l'opposer aux enfans du premier lit?*

Argou, tome 2, liv. 3, chap. 5, distingue si ces enfans sont héritiers de leur père, ou s'ils ne le sont pas. Il convient bien que, dans les deux cas, la stipulation est impuissante pour arrêter la Continuation de communauté ; mais il prétend que, dans le premier, elle produit en faveur de la seconde femme, une action d'indemnité qu'elle peut faire valoir contre tous les enfans ; et cette action, dit-il, a le même effet que la dissolution de la communauté, parceque l'indemnité ne peut être moindre que la valeur de ce que la seconde femme perd par le défaut d'inventaire solennel.

Cette doctrine est visiblement erronée. « Il est » constant (dit Souchet sur l'art. 42 de la coutume d'Angoumois) qu'on ne peut priver les » enfans d'un droit qui leur est acquis en vertu de » la loi, par aucune convention, parceque les » héritiers ne sont point tenus d'exécuter des » clauses insérées dans un contrat en fraude de » leurs droits ; *in fraudem heredum facta non* » *tenent, nec illos obligant.* (Dumoulin, conseil » 45, n°. 3, et sur la coutume de Paris, §. 7, » gl. 3, n°. 22). Tout contrat, toute convention » faite en fraude de la loi, n'est point obligatoire, » conséquemment l'héritier n'est point tenu de » l'exécuter. Par la même raison, la femme ne » peut exiger d'indemnité à défaut d'exécution de la » convention (Brodeau, lettre H, §. 14 ; Le- » brun, *de la communauté*, liv. 3, chap. 3, » n°. 3) : il n'a dépendu que d'elle de faire dis- » soudre la communauté avant son mariage par » l'inventaire reconnu. Il n'est pas juste d'empê- » cher ses enfans de continuer la communauté, » tandis que leurs biens s'y trouvent confondus ».

A ces raisons se joint un arrêt du mois de juillet 1655, qui, dans le cas dont nous parlons, met hors de cour sur la sommation de la seconde femme contre les enfans. Il est rapporté par Auzanet sur la coutume de Paris, pages 175 et 179, et par le Camus sur l'art. 242 de la même loi.

Un autre arrêt du 3 mai 1758, rendu à la grand'chambre du parlement de Paris, a encore jugé, dit Denisart, « que la veuve Vidalin ne » pouvait demander aucune indemnité à la suc- » cession de son mari, sur le fondement de la » clause insérée dans son contrat de mariage, por- » tant que, pour constater les biens du sieur Vi- » dalin et dissoudre la première communauté sub- » sistante avec ses enfans du premier lit, *il serait* » *fait inventaire avant ou après la célébration* ».

V. encore les arrêts de Rennes, rapportés dans le §. précédent.

§. IV. *Faut-il un inventaire solennel et suivi de clôture, lorsque la veuve renonce à la communauté? Sa renonciation seule suf- fit-elle, dans la coutume de Paris, pour en empêcher la continuation?*

Il existe, sur cette question, deux arrêts très-précis, et tous deux sont contre la veuve.

Par le premier, du 6 juin 1690, rendu sur les conclusions de M. l'avocat-général de Lamoignon, il a été jugé qu'une communauté était continuée entre les enfans de deux mariages, faute par leur mère d'avoir fait nommer un subrogé-tuteur pour la confection de l'inventaire, et cela nonobstant qu'elle eût renoncé à la communauté (1).

Le second, qui est du 4 mars 1727, a été rendu en forme de réglement, sur les conclusions de M. l'avocat-général d'Aguesseau. Il ordonne qu'à l'avenir, dans le cas de renonciation à la communauté par le survivant, s'il y a enfant mineur, l'inventaire sera clos dans les trois mois; et que, faute de clôture, la communauté pourra être continuée, si bon semble aux enfans.

Cet arrêt proscrit sans retour l'opinion de Lebrun et de plusieurs autres jurisconsultes, qui estimaient que l'art. 237 de la coutume de Paris, pour autoriser une renonciation à la communauté, ne demande qu'un inventaire, qu'il n'en prescrit pas la clôture, et que cette formalité n'est requise que pour dissoudre une communauté acceptée. M. l'avocat-général se détermina par l'intérêt des mineurs, par l'esprit de la coutume et par le sentiment de Dumoulin, qui dit qu'un inventaire doit être *parfait*, parceque c'est un acte judiciaire.

§. V. *Le droit de demander la Continuation de la communauté, est-il absolument personnel et ne communique-t-il, ni aux héritiers, ni aux légataires universels, ni à l'époux, ni aux créanciers de la personne à laquelle il est acquis ?*

Il y a sur cette question une variété étonnante d'opinions et d'arrêts.

Suivant Lebrun, les héritiers et les légataires universels d'un enfant doivent être admis à demander la Continuation de communauté, comme il aurait pu le faire lui-même; mais il ajoute que cette faculté ne peut pas être exercée par les créanciers, ni même par la veuve de cet enfant.

Renusson, part. 5, chap. 5, ne parle pas nommément des créanciers; mais il regarde le droit dont il s'agit comme transmissible, non-seulement aux héritiers, mais même aux légataires universels et à la veuve.

Argou, tome 2, liv. 3, chap. 5, refuse le bénéfice de la transmission aux légataires universels, parcequ'il lui paraît dur de permettre à des étrangers d'entrer dans les secrets des familles, et de brouiller toutes les affaires; mais il l'accorde aux créanciers, parceque « parmi nous, ils entrent » dans tous les droits de leur débiteur (vivant), » et les peuvent exercer malgré lui, pourvu qu'ils » le fassent à leurs risques, périls et fortune ».

Barbier, son annotateur, va plus loin : il prétend que la faculté de demander la Continuation de communauté ne passe pas même aux héritiers.

C'est aussi la décision de Sérieux, dans ses notes sur Renusson à l'endroit cité; mais il la modifie un peu : « Ni l'héritier (dit-il), ni le léga- » taire, ni les créanciers n'auraient aucun droit

de demander partage de la Continuation de communauté, si celui du chef duquel ils le demanderaient, n'avait pas fait usage de son droit à cet égard, à moins que peut-être la cour ne distinguât le cas où celui *de cujus* serait encore mineur ; mais il est naturel d'excepter ce cas, ainsi que celui de créanciers qui verraient leur débiteur négliger, en fraude de leur créance et par collusion, l'exercice de son droit personnel vis-à-vis du survivant de son père et de sa mère qui n'auraient pas fait inventaire... Mais il faudrait que la fraude et la collusion fussent claires et prouvées, pour qu'on les admît ».

Souchet, sur l'art. 42 de la coutume d'Angoumois, tient la même doctrine et n'y met aucune modification. « La Continuation de communauté » (dit-il) n'a lieu qu'avec les enfans : le privi- » lége ne passe point à d'autres personnes, pas » même aux héritiers collatéraux ou créanciers » des enfans. Ce privilége est contraire au droit » commun, qui fait cesser toute société par le dé- » cès de l'un des associés : or, tout privilége doit » être resserré dans les termes de la loi qui l'auto- » rise ; il ne souffre aucune extension : les enfans » ont donc seuls droit de demander la Continua- » tion de la communauté à défaut d'inventaire. Il » faut cependant en excepter les petits-enfans, les » héritiers en ligne directe, parcequ'en droit les » petits-enfans représentent leur père et leur » mère dans tous les cas : *liberorum appellatione, » nepotes et pronepotes cæterique qui ex his des- » cendunt, continentur* (Loi 220, D. *de verbo- » rum significatione*). Néanmoins, quoique les » héritiers collatéraux ni les créanciers ne soient » pas recevables à prétendre la Continuation de la » communauté, ils ne perdent pas pour cela les » droits qui sont échus à celui à qui ils succèdent, » à leur débiteur : ils ont le droit de demander le » compte de la communauté. Si leur débiteur, ou » celui à qui ils succèdent, avait fixé ses droits » dans la Continuation par quelque traité, ils » peuvent les réclamer; autrement, ils ne peu- » vent prétendre que sa portion dans la commu- » nauté. Le défaut d'inventaire n'est pas pour eux » une raison d'autoriser la Continuation en leur » faveur. La communauté a cessé à leur égard dès » l'instant du décès, même sans inventaire ni par- » tage; par cette seule raison, que la coutume » n'autorise la Continuation à défaut d'inventaire, » qu'en faveur des enfans ».

Voilà bien de la bigarrure dans des opinions qu'il importe cependant au repos des familles de rendre uniformes; mais ce n'est pas encore tout; Pothier (*de la Communauté*, n°. 875) et Denisart (aux mots *Continuation de communauté*) en proposent une autre. Ils conviennent, avec les partisans de la précédente, qu'il ne faut mettre en cette matière aucune différence entre l'héritier, le légataire, la veuve et le créancier d'un enfant ; mais prenant un parti diamétralement opposé au leur, ils soutiennent que la faculté dont nous parlons, doit se transmettre et au créancier et à la veuve, et au légataire, et à l'héritier, dans tous les cas et sans distinction.

Avant d'apprécier ces diverses opinions, il faut passer en revue les arrêts qu'on cite pour les appuyer respectivement.

Urbain Bouvier n'avait point fait d'inventaire après le décès de sa femme. Il avait de son mariage une fille unique nommée Elisabeth, qui décéda en minorité. Il la suivit de près, et alors question de savoir à qui devait appartenir la moitié des acquêts faits par le père, dans l'intervalle de la mort de la mère à celle de la fille. Dans la coutume de Paris, ils auraient été incontestablement dévolus aux héritiers paternels, parceque, même en regardant la communauté comme continuée faute d'inventaire, on n'aurait pas pu, après la mort de la fille, les déférer à un autre qu'au père ; et que, par ce moyen, il se serait opéré, dans la personne de celui-ci une confusion de laquelle ses héritiers auraient profité. Mais la question se présentait dans la coutume d'Anjou, qui exclud le père et la mère des acquêts de leurs enfans, pour les donner aux parens collatéraux. Ainsi, il fallait nécessairement examiner s'il y avait eu Continuation de communauté, et si les héritiers maternels de la fille étaient recevables à s'en prévaloir. Par arrêt du 7 septembre 1637, le parlement prononça l'affirmative sur l'un et l'autre point (1).

Peu temps après, le 22 novembre 1644, un arrêt rendu à la grand'chambre déclara une veuve non-recevable à demander, du chef de son mari décédé, la Continuation d'une communauté dans laquelle celui-ci avait eu intérêt (2).

Le 10 avril 1669, nouvel arrêt qui, dans une espèce semblable, juge directement le contraire (3).

Le 31 mars 1670, arrêt qui revient au système condamné par celui-ci, et décide que des créanciers sont non-recevables à réclamer les droits de leur débiteur dans une communauté continuée (4).

Le 17 août 1677, autre arrêt qui, sur le même principe, exclud un légataire universel du droit de demander une Continuation de communauté (5).

Il y en a un du 6 septembre 1687, qui l'admet, au contraire, à l'exercice de ce droit. Il est vrai que, dans l'espèce sur laquelle il a été rendu, le légataire était un des enfans ; mais c'était contre ses frères qu'il demandait la Continuation de communauté ; et ce qu'il y a de remarquable, il ne la demandait que du chef du défunt ; il y avait renoncé en son nom (6).

Le 20 mars 1707, le parlement de Paris est revenu, par rapport à la veuve, au système adopté

par l'arrêt de 1644, et a abandonné la décision de celui de 1669.

Dans le fait, le sieur Favier épouse Anne Marmion ; de ce mariage il laisse, en mourant, un fils mineur ; la veuve ne fait point faire d'inventaire : par conséquent, Continuation de communauté avec le fils.

Le sieur Favier fils épouse Catherine Lefèvre, qui lui apporte en mariage 20,000 livres, dont il est stipulé qu'un tiers entrera dans la communauté ; aucune somme n'y entre de la part du mari, et il ne se fait aucun ameublissement de ses propres ; dans la suite, le mari et la femme n'ayant point d'enfans, se font un don mutuel.

La mère du mari meurt ; celui-ci, à qui, en conséquence de la Continuation de la communauté, appartient la moitié des acquisitions qu'elle avait faites pendant sa viduité, accepte purement et simplement la succession de sa mère.

Le mari décède ; Catherine Lefèvre, sa veuve, demande le paiement de ses conventions matrimoniales, et la moitié des acquisitions faites par la mère de son mari ; savoir, un quart en propriété, comme veuve commune, l'autre quart en usufruit, à cause de son don mutuel.

Les héritiers lui opposent qu'elle ne peut rien prétendre dans les acquisitions faites par la mère de son mari, parceque son mari s'étant porté héritier pur et simple de sa mère, tous les biens de celle-ci sont devenus propres en sa personne.

Sentence du Châtelet, du 23 décembre 1705, qui adjuge à la veuve le paiement de ses conventions matrimoniales, et la déboute de sa seconde demande.

Appel porté à la cinquième chambre des enquêtes.

On disait pour l'appelante, que son mari avait transmis à ses héritiers le droit de Continuation de communauté, et qu'elle pouvait les obliger de l'exercer, parceque son mari y avait renoncé en fraude et à son préjudice.

« Le droit d'opter la Continuation de communauté (ajoutait-on), est un droit utile accordé en faveur des enfans ; tout droit utile une fois acquis, se transmet aux héritiers ; tel est le privilége d'une veuve de renoncer à la communauté ou de l'accepter, et celui des enfans de se tenir au douaire de leur mère, ou d'accepter la succession de leur père. Le mari de l'appelante s'est marié avec le droit qu'il avait à la communauté continuée entre sa mère et lui ; il n'a apporté que ce droit dans la communauté qu'il a contractée avec l'appelante : ainsi, il n'a pas pu dans la suite lui ôter cet avantage.

» Si le mari peut disposer des effets de la communauté, c'est à condition que ce sera sans fraude. Or, y a-t-il fraude plus évidente, que de donner à son héritier présomptif ce qui appartient à sa femme, de rendre propre ce qui est naturellement acquêt, de changer, au préjudice de sa femme, l'ordre de sa succession et la nature d'un bien sur

(1) Louis, sur l'art. 506 de la coutume du Maine.
(2) Auzanet, sur la coutume de Paris, art. 240.
(3) Journal des Audiences.
(4) Denisart, au mot Continuation de communauté.
(5) Journal du Palais.
(6) Ibid.

lequel sa femme avait droit du jour de son mariage » ?

On disait, au contraire, de la part des héritiers, que le droit de Continuation de communauté n'était point transmissible; que même il n'était rien jusqu'à ce que le mari de l'appelante l'eût réalisé par une demande, faute de quoi il était demeuré infructueux. Voici comment on développait cette assertion :

« La Continuation de communauté est une peine portée par la loi contre le survivant du père et de la mère qui n'a point fait d'inventaire, et un privilége accordé aux enfans; or, une peine, un privilége ne doivent point s'étendre hors de leur cas, à moins qu'il n'y en ait une disposition expresse.

» A l'égard de la fraude, c'est sans fondement qu'on l'oppose dans l'espèce présente. Un mari est maître de vendre et d'aliéner les effets de la communauté ; par conséquent, il n'est point censé faire préjudice à la communauté, lorsqu'il néglige d'exercer des droits qui lui appartiennent.

» Le mari qui est en communauté avec sa femme, peut répudier ou accepter une succession venant de son chef; à plus forte raison peut-il renoncer à un droit qui lui serait peut-être inutile, et qui le constituerait dans des frais très-considérables.

» En effet, quelle apparence y a-t-il qu'un mari, qui peut avoir tout le patrimoine de sa mère, en se portant héritier, fasse créer un curateur à la succession, pour savoir s'il s'y trouve quelque bien qui lui appartienne en conséquence de la Continuation de communauté » ?

Sur ces raisons, arrêt du 20 mars 1707, qui confirme la sentence du Châtelet.

En est-ce assez, et verrons-nous, cette fois, la jurisprudence prendre une attitude stable?

Non, un arrêt plus récent renverse celui que nous venons de rapporter ; écoutons l'additionnaire de Denisart, aux mots *Continuation de communauté :* « La question de savoir si le droit de » Continuation de communauté est transmissible, » vient d'être jugée pour l'affirmative, par arrêt » du lundi 1er septembre 1765, rendu à la grand'- » chambre, au rapport de M. Pasquier. Les par- » ties étaient les directeurs des créanciers-unis du » feu sieur Durand, écuyer, seigneur de Mezy, con- » tre le sieur Durand de Blonzac et autres. La sen- » tence de MM. des requêtes de l'hôtel, du 5 juin » 1764, a été infirmée. Me Pincemaille écrivait » dans cette instance ».

Dans ce chaos de décisions qui se croisent et s'entrechoquent, quel sera le flambeau que nous prendrons pour guide? Sans doute, ce doit être la raison : si les opinions des auteurs et les arrêts des tribunaux méritent nos égards, c'est lorsqu'on y trouve de l'uniformité. Quand ce caractère leur manque, il faut en revenir aux lumières naturelles, et se décider d'après ce qu'elles nous dictent. Que nous dictent-elles donc ici? Précisément ce qu'elles ont dicté à un homme qui, pour n'être pas jurisconsulte, n'en a pas moins raisonné judi-

cieusement sur ce point, à Denisart. Voici les termes de cet écrivain :

« Je pense que la faculté de demander la Continuation de la communauté, passe à l'héritier, au légataire universel, et même au survivant des deux conjoints qui ont été en communauté ; et je ne vois pas qu'il y ait des raisons pour considérer cette faculté comme un privilége personnel et inséparable de l'enfant. Voici mes raisons :

» La Continuation de communauté est fondée sur deux motifs; 1°. sur la négligence ou la mauvaise foi présumée du conjoint survivant, qui ne peut être plus doucement punie ; 2°. sur la difficulté qu'il y aurait à démêler les biens de l'enfant, d'avec ceux du survivant.

» Il est certain que ces motifs ne cessent point par la mort de l'enfant, et par conséquent leur effet ne doit pas cesser. D'ailleurs, il y a deux règles de droit qui paraissent trancher la question : la première, dont Bartole fait une règle générale, est que la faculté de choisir pour soi passe à l'héritier; et la seconde, que quand une faculté est accessoire à une obligation précédente, elle suit toujours l'obligation, et l'accompagne, en quelques mains qu'elle passe. V. Dumoulin, sur l'ancienne coutume, §. 10.

» Or, la faculté de demander la Continuation de communauté, n'est qu'une suite et un accessoire d'un droit antérieur, qui appartient à l'enfant dans les biens de la communauté; et puisque ce droit passe à l'héritier, la faculté de demander la continuation, doit aussi lui passer.

» Enfin, il est certain que tout ce qui tombe dans le commerce, et peut être cédé à personne étrangère, est transmissible à l'héritier; or, on ne doute point que l'enfant, qui peut vendre sa portion héréditaire, ne puisse aussi céder ses prétentions dans la communauté, comme continuée, et le droit d'en faire la demande en justice ».

§. VI. *Jurisprudence particulière à la ci-devant Navarre, sur la Continuation de communauté.*

Voici une note que m'a communiquée, sur cette matière, en 1784, M. Mourot, alors professeur de droit à Pau.

« La coutume de Navarre n'admet point la Continuation de la communauté faute d'inventaire dans le cas du convol du père ou de la mère qui a des enfans pupilles ou mineurs d'un premier mariage. Il y a un arrêt du 17 avril 1756, rendu au rapport de M. de Cazevane, en la grand'chambre, qui l'a jugé ainsi.

» Il n'y a de Continuation de communauté, suivant l'art. 17 de la coutume, rub. 24 *de Pay ot Filh,* qu'autant qu'un des époux passe à de secondes noces, sans procéder à un partage des biens avec ses enfans du premier lit. La coutume n'exige point que les enfans soient pupilles ou mineurs pour donner lieu à cette Continuation; et elle en fixe les effets, en ordonnant que les acquêts faits durant le second mariage, seront partagés en trois portions, l'une pour le mari, l'autre pour la femme, et la troisième pour les enfans du premier lit ».

CONTRAINTE. *Est-il nécessaire que les Contraintes pour le recouvrement des amendes soient visées par un juge?*

V. l'article *Amende*, §. 2.

CONTRAINTE PAR CORPS. §. I. *Les engagemens de commerce, contractés dans l'intervalle de la loi du 24 ventôse an 5 à celle du 15 germinal an 6, emportent-ils aujourd'hui la Contrainte par corps?*

La loi du 9 mars 1793 avait abrogé la Contrainte par corps en matière civile, et celle du 30 du même mois n'en avait excepté que « les » comptables qui ont eu ou ont actuellement le » maniement des deniers appartenant à la répu- » blique, les fournisseurs qui ont reçu des avances » du trésor public, et autres ses débiteurs directs. »

La loi du 24 ventôse an 5 a rapporté celle du 9 mars 1793, et a déclaré en conséquence que « les » obligations qui seraient contractées postérieure- » ment à la promulgation de la présente loi, et pour » le défaut d'acquittement desquelles les lois anté- » rieures prononçaient la Contrainte par corps, y » seraient assujéties comme par le passé ».

C'est pour organiser le mode d'exécution de cette loi qu'a été faite celle du 15 germinal an 6 ; et voici comment elle termine toutes ses dispositions, tit. 3, art. 19 : « Tous réglemens, lois et » ordonnances précédemment rendus sur l'exercice » de la Contrainte par corps, en matière civile et » de commerce, sont abrogés ».

De là est née, à l'audience de la cour de cassation, section civile, le 23 floréal an 9, la question proposée en tête de ce paragraphe. Voici les faits.

Le 29 prairial an 5, le sieur Rigoult, domicilié à Paris, et non marchand, a acheté du sieur Lancel, négociant à Dunkerque, une inscription de 5,000 francs sur l'Etat ; et il est convenu de lui en payer le capital à raison de 36 francs 60 centimes le cent.

Ce marché a été fait entre les deux parties présentes en personne à Paris.

En paiement de cette inscription, le sieur Rigoult a accepté pour 36,000 francs de lettres de change, créées par le sieur Lancel.

Ces lettres de change, quoique datées de Dunkerque, ont néanmoins été faites à Paris ; elles l'ont été à l'ordre du sieur Lancel, *valeur en lui-même* ; et c'est à Paris qu'elles étaient payables.

A leur échéance, le sieur Rigoult s'est refusé à les acquitter ; et le sieur Lancel, qui ne les avait pas négociées, en a poursuivi le paiement devant le tribunal de commerce de Paris.

Jugement de ce tribunal, qui condamne *par corps* le sieur Rigoult.

Appel au tribunal civil du département de la Seine ; et le 28 prairial an 7, jugement confirmatif de celui du tribunal de commerce.

Requête en cassation, motivée notamment sur l'art. 1 du tit. 2 et sur l'art. 19 du tit. 3 de la loi du 15 germinal an 6.

Arrêt de la section des requêtes qui l'admet.

La cause portée à l'audience de la section civile, le sieur Rigoult disait :

« Pour me condamner par corps, le tribunal civil de la Seine ne pouvait s'étayer, ni de l'ordonnance de 1667, ni de la loi du 24 ventôse an 5, puisque, par l'art. 19 du tit. 3 de la loi du 15 germinal an 6, *tous réglemens, lois et ordonnances précédemment rendus sur l'exercice de la Contrainte par corps, en matière civile et de commerce, sont abrogés.*

» Il ne pouvait pas non plus argumenter de l'art. 1 du tit. 2 de cette dernière loi qui permet la Contrainte par corps *contre toutes personnes qui signeront des lettres ou billets de change.*

» Car 1°. les prétendues lettres de change que j'ai acceptées, le 29 prairial an 5, n'en avaient que le nom : elles ne portaient point remise de place en place ; elles n'exprimaient pas que la valeur en eût été fournie, ni en quoi elle l'eût été ; elles ne constituaient par conséquent que de simples obligations.

» 2°. Quand il eût été question de véritables lettres de change, il aurait suffi qu'elles eussent été signées avant la publication de la loi du 15 germinal an 6, pour que je ne fusse pas sujet à la Contrainte par corps. Cela résulte du texte même de l'art. 1 du tit. 2 de cette loi : A DATER DE LA PUBLICATION DE LA PRÉSENTE, *la Contrainte par corps aura lieu dans toute l'étendue de la république....., contre toutes personnes* QUI SIGNERONT *des lettres ou billets de change.*

» Le tribunal de la Seine a donc violé formellement la loi du 15 germinal an 6, en laissant subsister le *par corps* qui se trouvait dans le jugement du tribunal de commerce ».

Le sieur Lancel, de son côté, se retranchait dans une fin de non-recevoir ; et il la tirait du silence que le sieur Rigoult avait gardé sur ce point devant le tribunal de la Seine.

« Voudrait-il donc inférer dans son silence (ai-je dit dans mes conclusions sur cette affaire) que le cit. Rigoult a volontairement subi une condamnation par corps, à laquelle la loi ne le soumettait pas ? Mais, dans cette hypothèse, le cit. Rigoult invoquerait avec avantage l'art. 2 du tit. 1er. de la loi du 15 germinal an 6, qui déclare *essentiellement nulle, toute condamnation volontaire qui prononcerait la Contrainte par corps, hors les cas où la loi l'a permise.*

» Au surplus, la seule induction raisonnable qu'on puisse tirer du silence du cit. Rigoult, c'est qu'il n'a pas cru nécessaire de rappeler aux juges une loi aussi importante et aussi généralement connue que l'est celle du 15 germinal an 6 ; c'est que, content de les avoir éclairés sur les faits, de leur avoir mis sous les yeux la date et la forme des prétendues lettres de change pour lesquelles il était poursuivi, il s'en est référé à leurs lumières pour l'application des principes de droit; c'est, en un mot, que, dans la confiance que la loi parlerait d'elle-même pour lui, il s'est permis de ne point la faire parler; et, certes, sa position ne peut pas être pire que s'il s'était laissé juger par défaut, cas où personne n'oserait lui contester le droit de faire valoir un pareil moyen de cassation.

» Écartons donc la fin de non-recevoir que l'on oppose à ce moyen, et cherchons à l'apprécier en lui-même, cherchons à nous éclairer sur sa valeur intrinsèque.

» D'abord, peut-on considérer comme de véritables lettres de change les obligations acceptées par le cit. Rigoult, le 29 prairial an 5, et payables le 30 thermidor suivant ?

» Il nous semble que, non-seulement *on peut*, mais qu'*on doit* les considérer comme telles, et qu'il n'est plus permis de mettre devant vous ce point en contestation.

» Ce n'est en effet qu'en considérant ces actes comme des lettres de change proprement dites, et par conséquent comme ayant porté originairement remise de place en place, que le tribunal de commerce en a pris connaissance. Les tribunaux de commerce connaissent des lettres de change entre toutes personnes, négocians ou non; mais ils ne peuvent connaître des engagemens simples, ni même des billets à ordre, qu'autant qu'ils sont entre marchands et créés ou présumés créés pour fait de marchandise.

» Or, le cit. Rigoult n'est point marchand, et ce n'est point pour fait de marchandise qu'ont été créés les billets du 29 prairial an 5; le tribunal de commerce n'aurait donc pas pu en connaître, si ces billets n'eussent pas été considérés comme lettres de change; c'est donc comme lettres de change qu'ils ont subi la juridiction de ce tribunal.

» Le cit. Rigoult ne l'a point déclinée; il n'a pas même attaqué devant le tribunal d'appel, la compétence du tribunal de commerce; dès-là, il ne peut plus l'attaquer devant vous, comme de fait il ne l'attaque point.

» Nous disons qu'il ne peut plus l'attaquer devant vous, car il ne peut pas vous constituer juges d'un fait qu'il n'a articulé ni prouvé, soit devant le tribunal de commerce, soit devant le tribunal d'appel, savoir, que c'est à Paris qu'ont été créés les billets en forme de lettres de change dont il est ici question. Ce fait, par cela seul qu'il est pour la première fois articulé devant vous, par cela seul que c'est devant vous seulement que les preuves en sont rapportées, doit être considéré comme un être de raison; ou plutôt par cela seul que c'est un fait nouveau, par cela seul qu'il n'est pas reconnu et constaté par le jugement que l'on vous dénonce, l'allégation en est interdite

devant vous, et il doit demeurer constant à vos yeux, quelque preuve qu'on vous représente du contraire; que c'est à Dunkerque, et non à Paris, qu'ont été créés les billets du 29 prairial an 5; il doit demeurer constant à vos yeux que ces billets portent véritablement remise de place en place.

» Il est donc jugé irrévocablement que le tribunal de commerce était compétent pour connaître des billets du 29 prairial an 5.

» Il est donc jugé irrévocablement que ces billets sont de vraies lettres de change.

» On ne peut donc plus contester devant vous la qualité de lettres de change à ces billets.

» Mais il reste à examiner si ces billets ayant une date antérieure à la loi du 15 germinal an 6, ils ont pu motiver une condamnation par corps.

» Cette question revient à celle de savoir si la loi du 15 germinal an 6 a abrogé celle du 24 ventôse an 5; car si elle ne l'a pas abrogée, bien évidemment le cit. Rigoult a pu être condamné par corps au paiement des lettres de change dont il s'agit.

» Or, le moyen de concevoir que la loi du 24 ventôse an 5 ait été abrogée par l'art. 19 du tit. 3 de celle du 15 germinal an 6?

» Quel a été l'objet de la loi du 15 germinal an 6? Il n'y en a pas eu d'autre, que d'organiser le mode d'exécution de la loi du 24 ventôse an 5. C'est ce qu'annonce clairement le préambule de la loi du 15 germinal an 6 : « Le conseil des cinq » cents (porte-t-il), considérant qu'il est indispen- » sable de préciser les cas auxquels doit être appli- » qué le principe de la Contrainte par corps, ré- » cemment remise en vigueur, soit en matière » civile, soit en matière de commerce, et d'établir » à cet égard, dans toute l'étendue de la républi- » que, une uniformité incompatible, soit avec » nos anciens usages et réglemens, soit avec ceux » des pays réunis à la république... »,

» C'est donc pour faire exécuter la loi du 24 ventôse an 5, et non pour l'abroger, qu'a été faite celle du 15 germinal an 6. La loi du 15 germinal an 6 n'a donc pas abrogé la loi du 24 ventôse an 5. La loi du 24 ventôse an 5 conserve donc tout son empire; elle a donc pu motiver une condamnation par corps contre le cit. Rigoult.

» Qu'importe que, par l'art. 1 du tit. 2 de la loi du 15 germinal an 6, il soit dit qu'à *compter de la publication de la présente loi, la Contrainte par corps aura lieu dans toute l'étendue de la république!*

» Le seul objet de cette disposition, comme le prouve clairement le préambule dont nous venons de rétracer les termes, a été d'assujétir à un régime uniforme toutes les parties du territoire français, c'est-à-dire, d'assimiler les contrées réunies à la république depuis la révolution, aux contrées de l'ancienne France.

» Ainsi, on peut bien conclure de l'article cité, que la Contrainte par corps ne doit avoir lieu dans les contrées récemment réunies (et dont la législation antérieure était muette sur cette matière), que pour les actes postérieurs à la promulgation de la loi dont cet article fait partie.

» Mais on ne peut pas en conclure qu'elle ne doive pas avoir lieu pour l'ancien territoire français, dans le cas où nos anciennes lois remises en vigueur par la loi du 24 ventôse an 5, l'avaient adoptée.

» Pour en tirer une pareille conséquence, il faudrait supposer que la loi du 24 ventôse an 5 fût rapportée par celle du 15 germinal an 6 ; et, encore une fois, il serait absurde de regarder la loi du 24 ventôse an 6 comme rapportée par une loi qui n'a été faite que pour en régler et uniformiser l'exécution.

» Par ces considérations, nous estimons qu'il y a lieu de rejeter la requête en cassation, et de condamner le demandeur à l'amende ».

Ces conclusions ont été adoptées par arrêt du 23 floréal an 9, au rapport de M. Lasaudade, « Attendu que les acceptations dont il s'agit, sont
» postérieures à la publication de la loi du 24 ven-
» tôse an 5, qui, en rapportant la loi du 9 mars
» 1793, portant abrogation de la Contrainte par
» corps en matière civile, décrète que *les obliga-*
» *tions qui seront contractées postérieurement à*
» *la promulgation de la présente loi, et pour le*
» *défaut d'acquittement desquelles les lois an-*
» *térieures prononçaient la Contrainte par corps,*
» *y seront assujéties comme par le passé* ».

§. II. *Les engagemens de commerce con-*
tractés avant la loi du 9 mars 1793, et dont
l'exécution n'a été demandée que depuis
celle du 24 ventôse an 5, emportent-ils la
Contrainte par corps?

Le 26 février 1789, contrat de société pour le commerce de draperie et mercerie entre les sieurs Brun père et fils, le sieur Marty, et le sieur Jean-Baptiste Petit.

Le 15 avril 1791, le sieur Brun père souscrit, sous le nom social, au profit de Catherine et Marguerite Négré, sœurs, trois billets montant ensemble à 3,666 livres et payables à des époques éloignées.

Le 11 thermidor an 6, jugement du tribunal de commerce de Montauban, qui condamne les sieurs Brun père et fils, Petit et Marty, solidairement *et par corps*, à payer aux sœurs Négré, la somme de 3,666 livres portée aux trois billets du 15 avril 1791.

Sur l'appel, jugement confirmatif du tribunal civil du département du Lot, du 27 floréal an 7.

Jean-Baptiste Petit se pourvoit en cassation : il soutient que l'on a tout à la fois violé la loi du 9 mars 1793, portant abolition de la Contrainte par corps, et faussement appliqué la loi du 24 ventôse an 5, qui, en abrogeant celle du 9 mars 1793, n'assujétit, suivant lui, à la Contrainte

par corps, que les engagemens postérieurs à sa publication.

Le 4 nivôse an 9, arrêt de la section civile, au rapport de M. Basire, qui,

« Attendu que les billets dont il s'agit, ont été souscrits avant le décret du 9 mars 1793, et conséquemment sous la garantie de la Contrainte par corps ; que la loi du 9 mars 1793 qui avait aboli cette Contrainte, a été rapportée par l'art. 1 de celle du 24 ventôse an 5 ;

» Que, dès-lors, les juges du tribunal de commerce de Montauban et ceux du tribunal civil du Lot ont pu, sans contrevenir à aucune loi, prononcer, depuis la promulgation de celle du 24 ventôse an 5, que les sœurs Négré et le cit. Petit étaient respectivement rentrés dans la plénitude de leurs droits et de leurs engagemens primitifs, dont la Contrainte par corps était un accessoire légal.

» Rejette la demande en cassation formée par Petit......».

Il a été encore rendu un arrêt semblable, le 21 germinal an 10, entre le sieur François Caillat, demandeur en cassation d'un jugement du tribunal civil de Saône et Loire, du 28 prairial an 8, confirmatif d'un jugement du tribunal de commerce de Châlons-sur-Saône, d'une part ; et le sieur Louis-Vivant Prillard, le jeune, défendeur, de l'autre. Cet arrêt est conçu en ces termes :

« Ouï le rapport du cit. Aumont......;

» Vu la loi du 9 mars 1793, portant que les prisonniers pour dettes seront élargis, et que la Contrainte par corps est abolie ; la loi du 28 ventôse an 5, par laquelle celle du 9 mars 1793, qui abolit la Contrainte par corps, est rapportée ;

» Attendu que les obligations dont il s'agit au procès, ont été souscrites antérieurement à la loi du 9 mars 1793, et sous la garantie de la Contrainte par corps ; qu'ainsi, cette Contrainte a dû être prononcée par le jugement du tribunal de commerce, postérieur de plus de deux ans à la loi du 24 ventôse an 5, qui l'a rétablie ;

» Le tribunal rejette le pourvoi du demandeur......».

§. III. 1°. *Les septuagénaires étaient-ils*
sujets, sous la loi du 15 germinal an 6,
à la Contrainte par corps pour lettres de
change?

2°. *Le sont-ils sous le Code de procédure*
civile?

I. La loi du 15 germinal an 6 traitait, dans son tit. 1, de la Contrainte par corps en *matière civile*, et dans son titre deuxième, de la Contrainte par corps en *matière de commerce*.

Ces mots en *matière de commerce*, étaient donc mis, dans la loi, en opposition avec ceux-ci, en *matière civile*.

La loi entendait donc par *matière civile*, non ce qui appartient à l'ordre purement civil exclusivement au criminel, mais ce qui appartient aux affaires civiles du ressort des juges ordinaires, ce qui par conséquent est étranger aux affaires de commerce.

S'il pouvait y avoir là-dessus quelques doutes, ils seraient bientôt levés par la lecture du rapport fait au conseil des cinq-cents, en nivôse an 6, et d'après lequel a été décrétée la loi dont il s'agit : « Votre commission (y est-il dit) a cru de- » voir vous proposer de restreindre à un très- » petit nombre les cas où la Contrainte par » corps pourrait avoir lieu en *matière civile pro-* » *prement dite*.......... Il a fallu devenir plus sé- » vère en matière de commerce ». Il est bien clair, d'après cela, que les rédacteurs de la loi n'ont pas entendu les expressions, *en matière ci-* *vile*, dans toute la latitude du sens qu'elles présentent, et qu'ils les ont, au contraire, restreintes à la désignation des matières civiles non commerciales.

C'est aussi ce qui résulte, et même d'une manière plus authentique, du préambule de la loi du 15 germinal an 6 : « Considérant (porte- » t-il) qu'il est indispensable de préciser les » cas auxquels doit être appliqué le principe de » la Contrainte par corps, remise récemment en » vigueur, soit en *matière civile*, soit en *matière* » *de commerce*,......»,

Cette base posée, ouvrons les tit. 1 et 2 de cette loi.

Le premier, après avoir précisé le cas où la Contrainte par corps doit être prononcée en *ma-* *tière civile*, c'est-à-dire, en matière non commerciale ni criminelle, déclare, art. 5, qu'elle ne peut être décernée, en cette matière, contre les sep- TUAGÉNAIRES, *les mineurs, les femmes et les filles*, *si ce n'est pour cause de stellionat*.

Dans le deuxième titre, la loi soumet à la Contrainte par corps (art. 1, §. 3) TOUTES PER- SONNES *qui signeront des lettres ou billets de* *change*; mais elle ajoute, art. 2 : « Sont exceptés » des dispositions énoncées au §. 4 de l'article pré- » cédent, les femmes, les filles et les mineurs non » commerçans ».

Les septuagénaires ne sont pas, comme l'on voit, compris dans cette exception ; elle ne leur est donc pas applicable. Toute exception est de droit étroit; il n'est pas plus permis de l'étendre que de la restreindre; elle doit être entendue, elle doit être appliquée, telle que le législateur l'a conçue, telle qu'il l'a exprimée. Il n'appartiendrait qu'au législateur lui-même, ou de lui donner une plus grande latitude ou de la resserrer dans un cercle plus borné.

Au surplus, il ne faut pas s'étonner que la loi ne rende pas commune aux septuagénaires qui ont signé des lettres ou billets de change, la faveur de l'exception qu'elle accorde aux sep- tuagénaires qui ont eu le maniement des deniers

publics, qui ont reçu des dépôts nécessaires, ou qui ont en mains, soit des sommes que l'on y a consignées par ordonnance de justice, soit des effets dont ils ont été constitués séquestres, commissaires ou gardiens judiciaires. Nous en avons vu le motif dans le rapport d'après lequel la loi a été faite: c'est que le législateur a cru devoir se montrer *plus sévère en matière de com-* *merce, qu'en matière civile proprement dite*.

Il est inutile d'objecter que, sous l'empire de l'ordonnance de 1667, les septuagénaires étaient exempts de la Contrainte par corps pour lettres de change.

L'art. 19 du dernier titre de la loi du 15 germi- nal an 6 a prévu et détruit à l'avance cette objection, en abrogeant *tous réglemens, lois et* *ordonnances précédemment rendus sur l'exercice* *de la Contrainte par corps en matière civile et de* *commerce* (1).

II. Le Code de procédure civile a-t-il dérogé à cette législation? *V.* ci-après §. 10.

§. IV. *Sous l'empire des ordonnances de* *1667 et 1673, la Contrainte par corps pour* *dettes de commerce, était-elle de rigueur, ou* *dépendait-il des juges de la prononcer ou de* *ne la prononcer pas?*

La loi du 15 germinal an 6 s'exprimait, relativement à la Contrainte par corps pour dettes de commerce, d'une manière qui ne permettait pas de douter que les juges ne fussent tenus de la prononcer contre ceux à qui étaient applicables les dispositions de cette loi : « A dater de la publi- » cation de la présente loi (portait-elle, tit. 2, » art. 1), la Contrainte par corps AURA LIEU dans » toute l'étendue de la république française, » 1°. contre les banquiers, etc. ».

Les art. 2059 et 2060 du Code civil, s'expriment de même pour les cas qu'ils prévoient.

En était-il de même sous l'empire des ordon-

(1) Depuis que ceci a été imprimé pour la première fois, il est intervenu un avis du conseil d'état, du 6 brumaire an 12, qui a sanctionné formellement la doctrine qu'on vient d'établir.

« Le conseil d'état (porte-t-il), qui, d'après le renvoi du gouvernement, a entendu le rapport de la section de législation sur celui du grand-juge, ministre de la justice, ayant pour objet de faire décider si la Contrainte par corps doit être prononcée contre les septuagénaires qui ont signé des lettres ou billets de change;

» Est d'avis que, dans l'état actuel de la législation, la Contrainte par corps doit être prononcée contre les sep- tuagénaires qui ont signé des lettres ou billets de change.

» L'art. 2 du tit. 2 (*de la Contrainte par corps en ma-* *tière de commerce*) de la loi du 15 germinal an 6 n'ex- cepte des dispositions de l'art. 1, qui a établi la Con- trainte par corps contre les signataires de lettres de chan- ge, que les *femmes, filles et mineurs non-commerçans*.

» L'exception en faveur des septuagénaires portée dans l'art. 15 du tit. 1 de la même loi, n'est applicable qu'aux Contraintes par corps en matière civile, et non en ma- tière de commerce ».

nances de 1667 et 1673; et, en conséquence, y a-t-il, pour les juges, nécessité de prononcer la Contrainte par corps à raison de dettes entre marchands, qui ont été contractées avant la publication de la loi du 15 germinal an 6?

Cette question s'est présentée à l'audience de la cour de cassation, le 12 thermidor an 9.

Dans le fait, les munitionnaires généraux connus sous le nom collectif de *Compagnie Godard*, avaient passé, avec des sous-fournisseurs associés sous la raison de *Compagnie de France*, cinq traités qui avaient pour objet des fournitures de grains, de légumes secs et de boissons aux armées françaises.

De ces cinq traités, deux avaient précédé et trois avaient suivi la publication de la loi du 24 ventôse an 5, portant rétablissement de la Contrainte par corps.

Et la compagnie Godard les avait tous résiliés par acte signifié le 30 messidor an 5.

La compagnie de France s'était pourvue contre elle au tribunal de commerce, et avait conclu à ce qu'elle fût condamnée par corps à lui payer une somme de 186,495 francs, pour restant de ses fournitures, et celle de 331,961 francs pour dommages-intérêts résultant de la résiliation des cinq marchés.

Par jugement du 5 nivôse an 7, le tribunal de commerce a condamné la compagnie Godard à payer, *par les voies de droit*, une somme de 88,507 francs, pour raison de ce qui restait dû à la compagnie de France sur ses fournitures, et celle de 137,095 francs pour dommages-intérêts.

La compagnie Godard a appelé de ce jugement, en ce qu'il accordait à la compagnie de France des dommages-intérêts trop considérables.

La compagnie de France en a aussi appelé, en ce qu'il ne prononçait pas la Contrainte par corps.

Le 16 prairial an 7, jugement du tribunal civil du département de la Seine, qui, en infirmant le jugement au chef qui portait les dommages-intérêts de la compagnie de France à 137,095 francs, réduit ces dommages-intérêts à 9,000 francs; et faisant droit sur l'appel incident de la compagnie de France, dit qu'il a été bien jugé.

Recours en cassation de la part de la compagnie de France.

Arrêt de la section des requêtes, qui admet ce recours.

La cause portée à l'audience de la section civile, la compagnie de France soutenait que les lois des 24 ventôse an 5 et 15 germinal an 6 avaient été violées, en ce que la Contrainte par corps n'avait été prononcée, ni pour ce qui lui restait dû sur ses fournitures, ni pour raison des dommages-intérêts résultant de la résiliation signifiée le 30 messidor an 5.

Il n'était pas besoin sans doute de prouver (et j'en ai fait l'observation en deux mots dans mes conclusions sur cette affaire) que la loi du 15 germinal an 6 ne pouvait, sous aucun prétexte, s'ap-pliquer à une dette contractée et formée avant sa publication. Une vérité aussi palpable se sentait d'elle-même; et l'énoncer, c'était la démontrer.

À l'égard de la loi du 24 ventôse an 5, deux questions se présentaient à examiner.

1°. Cette loi était-elle applicable aux 88,508 francs formant le solde du compte de la compagnie de France?

2°. L'était-elle aux dommages-intérêts adjugés pour la résiliation signifiée le 20 messidor an 5?

Sur la première question, le jugement du tribunal civil du département de la Seine justifiait parfaitement le refus qu'il avait fait à la compagnie de France, de la Contrainte par corps. Il portait,

Que, des cinq marchés qui avaient été passés entre les parties, il y en avait deux qui avaient précédé la loi du 24 ventôse an 5, à laquelle était dû le rétablissement de la Contrainte par corps; qua, sur les 1,237,784 francs 9 centimes, montant des fournitures faites par les demandeurs, en exécution de ces cinq marchés, il avait été payé 1,145,275 francs 26 centimes, et qu'il ne restait plus dû qu'une somme de 88,507 francs 26 centimes; qu'il était impossible de savoir si ce reliquat frappait plutôt sur les trois derniers marchés, que sur les deux premiers;

Qu'en droit, l'imputation se fait toujours sur la condition la plus dure, et même qu'elle appartient au débiteur, lorsqu'elle n'est pas faite par les quittances qu'a délivrées le créancier au moment même du paiement; que, dans l'espèce, les quittances ne faisaient aucune imputation; qu'ainsi, toutes les sommes payées devaient s'imputer sur les sommes emportant la Contrainte par corps; que, par une conséquence nécessaire, ce qui restait dû aux demandeurs, était réputé provenir des marchés antérieurs à la publication de la loi du 24 ventôse an 5; et que, par une autre conséquence non moins évidente, la loi du 24 ventôse an 5 devait être regardée comme étrangère à ce reliquat.

En raisonnant ainsi, le tribunal de la Seine avait certainement fait une application exacte des principes du droit commun sur l'imputation. Il est inutile de rappeler quelles sont là-dessus les dispositions des lois romaines; elles sont généralement connues et d'un usage journalier.

Mais sur la deuxième question, le jugement du tribunal de la Seine ne contenait pas un mot qui pût aider à repousser la critique qu'en faisait la compagnie de France.

Il n'y avait nul doute que la résiliation qui avait donné lieu aux dommages-intérêts réduits par le tribunal de la Seine à 9,000 francs, ne fût postérieure à la publication de la loi du 24 ventôse an 5.

Il n'était par conséquent pas possible de douter que ces dommages-intérêts ne constituassent une dette soumise à cette loi.

Mais était-ce une raison pour casser le jugement du tribunal de la Seine?

« Sans contredit (disais-je dans mes conclusions), le tribunal de la Seine aurait pu prononcer la Contrainte par corps contre la compagnie Godard, en la condamnant à 9,000 francs de dommages-intérêts.

» Mais n'était-ce pour ce tribunal qu'une *faculté*, ou bien était-ce un *devoir* proprement dit? La loi du 24 ventôse an 5 l'y obligeait-elle, comme elle l'y autorisait?

» Sur cette question, il faut bien distinguer les différentes manières dont s'expriment, suivant les différentes époques, les lois qui parlent de la Contrainte par corps.

» Il est des cas où les dispositions de ces lois sont impératives; il en est d'autres où elles ne sont que facultatives.

» C'est ce que nous remarquons, par exemple, dans les art. 3 et 4 du tit. 1 de la loi du 15 germinal an 6 : La *Contrainte par corps* (est-il dit dans l'art. 3) AURA LIEU *pour versement de deniers publics et nationaux, stellionat, dépôt nécessaire, consignation par ordre de justice ou entre les mains de personnes publiques, et représentation de biens par les séquestres, commissaires et gardiens.*

» Voilà qui est clairement impératif. Mais l'art. 4 ne présente qu'une disposition purement facultative : Les *juges* POURRONT AUSSI LA PRONONCER *contre tout fermier de biens ruraux, faute de représentation, à la fin de son bail, du cheptel de bétail, des semences, des charrues et outils aratoires qui lui seront confiés pour l'exploitation des biens à lui affermés......*

» Nous trouvons des distinctions semblables, non pas précisément dans la loi du 24 ventôse an 5, mais dans les lois anciennes auxquelles elle se réfère.

» Ainsi, la Contrainte par corps est établie impérativement par l'art. 27 du tit. 15 de l'ordonnance des eaux et forêts de 1669 : *Si le marchand adjudicataire se désistait de son enchère et renonçait à la vente,* IL SERA ARRÊTÉ, *jusqu'à ce qu'il ait payé ou donné bonne caution de sa folle enchère......*

» Ainsi, l'art. 18 du dernier titre de la même ordonnance veut encore impérieusement que les condamnés au paiement des amendes forestières, y soient *contraints, par emprisonnement de leurs personnes.*

» Mais la déclaration du 26 février 1692 est purement facultative, relativement à la Contrainte par corps à laquelle elle soumet les comptables de deniers publics, pour le paiement des billets qu'ils signent pendant leur gestion, et qui sont causés valeur reçue.

» Il ne nous reste donc plus qu'à savoir si la créance des demandeurs sur la compagnie Godard, pour raison de dommages-intérêts, est dans la classe des titres qui emportent *impérativement* la Contrainte par corps, ou si elle appartient à la classe des titres pour l'exécution desquels la Contrainte par corps n'est que *facultative.*

» Cette créance, nous n'en pouvons pas douter, doit être considérée comme une créance d'un négociant sur un autre négociant.

» Or, que portent, relativement à ces sortes de créances, les lois anciennes que la loi du 24 ventôse an 5 a remises en activité, et qui, suivant que vous l'avez vous-mêmes jugé le 23 floréal dernier, entre les cit. Rigoult et Lancel, ont conservé tout leur empire pour les affaires antérieures à la publication de la loi du 15 germinal an 6?

» Les seules lois anciennes qui se soient expliquées là-dessus, sont l'ordonnance de 1667 et celle de 1673.

» L'ordonnance de 1667, tit. 34, art. 4, porte : *Défendons à nos cours et à tous autres juges de condamner aucun de nos sujets par corps en matière civile, sinon en cas de réintégrande pour délaisser un héritage, en exécution de jugement; pour stellionat, pour dépôt nécessaire, consignation faite par ordonnance de justice, ou entre les mains de personnes publiques; représentation de biens par les séquestres, commissaires ou gardiens; lettres de change, quand il y aura remise de place en place, dettes entre marchands pour fait de marchandises dont ils se mêlent.*

» Cet article, comme l'on voit, établit à la fois une règle générale et une exception.

» La règle générale est qu'il est défendu aux juges de prononcer la Contrainte par corps, pour dettes civiles.

» L'exception est qu'il ne leur est pas défendu de prononcer la Contrainte par corps, pour différens objets énumérés dans l'article, notamment pour *dettes entre marchands.*

» Donc, pour *dettes entre marchands,* l'ordonnance permet aux juges de prononcer la Contrainte par corps.

» Mais le leur ordonne-t-elle? Non. Ne pas défendre une chose, ce n'est pas l'ordonner; c'est seulement la permettre.

» Et la preuve que l'ordonnance l'a ainsi entendu, c'est que, dans l'art. 3 du tit. 27, elle se sert d'expressions purement permissives, pour l'un des objets exceptés par l'art. 4 du tit. 34 de la défense de condamner par corps.

» Nous venons de voir que, par l'art. 4 du tit. 34, il est fait exception à cette défense, en faveur des jugemens qui, en cas de réintégrande, condamnent à délaisser un héritage. Eh bien! Voici comment s'explique, sur ce même objet, l'art. 3 du tit. 27 : *Si, quinzaine après la première sommation, les parties n'obéissent à l'arrêt ou jugement,* ILS POURRONT *être condamnés par corps à délaisser la possession de l'héritage.*

» Il est donc bien évident que, pour tous les objets exceptés par l'art. 4 du tit. 34, de la défense de condamner par corps, et par conséquent pour les *dettes entre marchands,* la Contrainte par corps n'est pas de rigueur, mais de simple faculté; et qu'il dépend du juge de la prononcer, ou de ne la prononcer pas, suivant les circonstances de chaque affaire.

» Voyons maintenant quelles sont, sur la même matière, les dispositions de l'ordonnance de 1673. Voici comment elle s'exprime, tit. 7, art. 1 : « Ceux qui auront signé des lettres ou billets de » change POURRONT ÊTRE CONTRAINTS PAR CORPS; en-» semble ceux qui y auront mis leur aval, qui au-» ront promis d'en fournir avec remise de place » en place, qui auront fait des promesses pour » lettres de change à eux fournies, ou qui le de-» vront être; entre tous négocians ou marchands » qui auront signé des billets pour valeur reçue » comptant ou en marchandises, soit qu'ils doivent » être acquittés à un particulier y nommé, ou à » son ordre, ou au porteur ».

» Ainsi, tout homme marchand ou non, qui a signé des lettres ou billets de change;

» Tout homme, marchand ou non, qui a mis son aval sur une lettre ou sur un billet de change;

» Tout homme marchand ou non, qui a promis de fournir une lettre de change avec remise de place en place;

» Tout homme, marchand ou non, par lequel a été faite une promesse pour une lettre de change qui lui a été ou doit lui être fournie;

» Tout homme, marchand ou négociant, qui a signé un billet pour valeur reçue comptant ou en marchandises;

» Tous ces hommes-là pourront être contraints par corps. Ainsi le veut l'ordonnance de 1673.

» Mais, que signifient ces mots, pourront être contraints par corps?

» Signifient-ils que le porteur d'une condamnation au paiement d'une lettre de change entre toutes personnes, ou d'un billet pour valeur reçue comptant ou en marchandises, entre marchands et négocians, pourra, de son propre mouvement, contraindre par corps le condamné? Non, certainement; car la Contrainte par corps (dit Jousse, sur l'art. 4 du tit. 34 de l'ordonnance) ne peut avoir lieu qu'elle n'ait été prononcée par le juge, même dans les cas où elle a lieu; c'est (ajoute-t-il) ce qui est attesté par un acte de notoriété du Châtelet de Paris, du 24 juillet 1705.

» Le sens de ces mots, pourront être contraints par corps, est donc nécessaire que les juges pourront condamner par corps au paiement des différentes dettes énoncées dans l'article dont il s'agit.

» Et ce qui le prouve jusqu'au plus haut degré d'évidence, c'est que, dans l'article suivant, l'ordonnance ne se sert plus d'expressions simplement permissives. les mêmes contraintes (porte-t-elle) AURONT LIEU pour l'exécution des contrats maritimes, grosses aventures, chartes-parties, ventes et achats de vaisseaux, pour le fret et le nau-lage; disposition qui se retrouve dans l'art. 5, tit. 13 du liv. 1 de l'ordonnance de la marine

de 1681, ainsi conçu : Les jugemens en matière de vente et achat de vaisseaux, fret ou nolis, engagemens ou loyers de matelots, assurances, grosses aventures, ou autres contrats concernant le commerce et la pêche de la mer, SERONT EXÉ-CUTÉS PAR CORPS.

» Voilà une différence bien marquée entre les affaires qui tiennent au commerce de terre, et les affaires qui tiennent au commerce maritime.

» Dans celles-ci, la Contrainte par corps est prescrite impérativement; dans celles-là, elle est de pure faculté.

» Dans celles-ci, le juge ne peut pas se dispenser de condamner par corps; dans celles-là, il a plein pouvoir; les circonstances, le plus ou le moins de faveurs des parties, doivent seuls déterminer son jugement.

» Et comment pourrait-on, dans l'art. 1 du tit. 7 de l'ordonnance de 1673, regarder les mots pourront être contraints par corps, comme imposant aux juges la nécessité de prononcer cette Contrainte? Il faudrait pour cela qu'ils dérogeassent à l'ordonnance de 1667, qui, bien constamment, ne renferme à cet égard, qu'une disposition permissive. Or, à qui prétendra-t-on, de bonne foi, persuader qu'un article qui emploie expressément le mot pourront, et qui n'en emploie pas d'autre, ne laisse pas de convertir une simple permission en ordre impératif?

» Disons donc que l'ordonnance de 1673 s'accorde parfaitement, sur cette matière, avec l'ordonnance de 1667; que, par l'une comme par l'autre de ces lois, les juges sont autorisés, mais non pas obligés de condamner par corps au paiement des dettes ou billets entre marchands; que, lorsqu'ils s'y refusent, ils ne font qu'user d'un pouvoir que leur laissent ces deux lois (1); et par une suite nécessaire, qu'un pareil refus peut bien faire, en cause d'appel, la matière d'un grief; mais d'une ouverture de cassation, jamais ».

Sur ces raisons, arrêt du 12 thermidor an 9, qui, après un délibéré, rejette la demande en cassation, et condamne la compagnie de France à l'amende et aux dépens.

« Attendu que les parties, soit devant le tribunal de commerce, soit devant celui d'appel, n'ont fait aucune distinction des fournitures qui pouvaient concerner un traité plutôt que l'autre; qu'on ne peut opposer en cassation un pareil moyen qui est de fait; et que, dans l'incertitude où les parties ont laissé les juges à cet égard, ils n'ont violé aucune loi, et s'y sont au contraire conformés, en faisant l'imputation des sommes reçues sur les obligations les plus dures;

» Attendu que la loi du 24 ventôse an 5, qui a rétabli la Contrainte par corps, sous l'empire de laquelle le traité qui a donné lieu à l'indemnité, a été

_____

(1) Ferrière, Dictionnaire de droit et de pratique, aux mots Contrainte par corps, adopte formellement cette doctrine.

73

fait, renvoie aux précédentes lois pour les cas où cette Contrainte doit avoir lieu ; que l'ordonnance du commerce ni aucune loi y relative, n'a imposé. dans le cas où il s'agit de dommages-intérêts, l'obligation formelle de prononcer la Contrainte par corps ; d'où il suit que le jugement attaqué ne renferme aucune contravention expresse à la loi ».

§. V. *Dans le cas où les effets saisis, dont un gardien s'est chargé sans déplacer, se trouvent détournés ou dissipés par le fait de la partie, peut-on et doit-on accorder au gardien contraint par corps, le recours par les mêmes voies contre cette partie?*

Cette question a été proposée au conseil souverain d'Alsace, le 30 avril 1736, par le procureur général de ce tribunal, pour être décidée par forme de réglement.

On disait pour la négative, « que l'art. 4 du » tit. 34 de l'ordonnance de 1667 défend impérieu- » sement d'emprisonner en matière civile, si ce » n'est pour représentation de biens par séquestres, » commissaires ou gardiens ; que l'ordonnance » n'ayant pas exprimé en cet article, la partie sai- » sie par le fait de laquelle les biens sont détour- » nés, c'est une marque que l'intention du légis- » lateur n'a pas été qu'on pût l'y contraindre par » corps, et que la raison en est sensible ; c'est que » cette partie saisie n'est pas dans le cas du gar- » dien, qui a contracté avec la justice ; et si, dans » la suite, il se trouve contraint par corps pour » avoir suivi la foi de la partie saisie, *sibi imputet* » (qu'il se l'impute à lui-même) ; il peut bien avoir » recours par les voies ordinaires, mais jamais par » la voie de Contrainte par corps ».

Voici, au contraire ce qu'on disait pour l'affirmative :

« L'ordonnance, en n'exprimant pas la partie saisie dans l'art. 4 du titre cité, ne peut avoir prétendu ôter aux juges la liberté d'accorder le recours au gardien, parceque le divertissement d'effets est toujours une fraude de la partie saisie, qui est punissable, et contre laquelle la Contrainte par corps n'est pas un excès, d'autant plus que, par la facilité qu'a eue le gardien de se confier à sa bonne foi, on peut la regarder comme dépositaire de biens de justice, et par conséquent contraignable.

»D'ailleurs, on ne peut croire que l'ordonnance ait prétendu autoriser une injustice ; et c'en serait une de tenir en état de captivité, par le fait d'une partie saisie, un gardien qui s'est confié à elle de bonne foi. Ce n'est point une raison de dire que le gardien, ayant su l'engagement qu'il contractait, ne peut imputer qu'à lui-même le divertissement arrivé par la facilité qu'il a eue de se confier en la partie saisie ; car on sait que, dans les villages, un malheureux paysan ne sait la plupart du temps, et presque jamais, à quoi il s'engage en se chargeant de la garde d'effets saisis ; et vainement exercerait-il

son recours par les voies ordinaires : la partie saisie, à laquelle on laisserait la liberté de sa personne, inventerait toutes les chicanes qu'il faudrait pour tergiverser et faire périr un gardien dans les fers.

» Enfin, il paraît être du bien public de ne pas interdire aux gardiens la liberté du non-déplacement, parceque les frais du déplacement sont toujours ruineux, comme, par exemple, le transport de tous les vins d'une cave dans une autre, et ainsi du reste, et quand la partie saisie a distrait, il est tout naturel de la contraindre par les mêmes voies que le gardien constitué prisonnier par le dol de cette partie ».

Sur ces raisons contraires, tous les avis se sont réunis à dire qu'on ne ferait point de réglement ; qu'en pareil cas, chaque fois qu'il se présenterait, la pluralité en déciderait dans chaque chambre, et que cependant le législateur serait supplié de faire connaître ses intentions à la compagnie.

M. le premier président a rendu compte de cet arrêté à M. le chancelier d'Aguesseau, et voici ce que lui a répondu ce magistrat (sa lettre est du 3 novembre 1736) :

« Cette question est du nombre de celles qui doivent être jugées diversement et par des principes différens, suivant la qualité des circonstances ; c'est ce qui fait qu'il serait très-difficile d'y établir une règle générale ; et de là est venu sans doute le partage de sentimens sur lequel votre compagnie a jugé à propos de me consulter.

» Il est certain, d'un côté, que l'ordonnance de 1667, a voulu faire cesser l'abus des Contraintes par corps, soit en ne la faisant plus dépendre de la convention libre des parties, soit en ôtant aux juges le pouvoir de la prononcer, si ce n'est dans certains cas et par des exceptions qui confirment la règle dans tout ce qui n'y est pas compris.

» Comme celui du débiteur saisi qui trouve le moyen de soustraire ses effets des mains du gardien, n'a point été mis dans l'exception, il n'est point extraordinaire que plusieurs des juges aient cru que ce cas devait être regardé comme ne pouvant être décidé que par la règle générale.

»Ils ont pu même penser que le saisi n'étant point et ne pouvant être le gardien ou le dépositaire des choses saisies sur lui, c'était à celui qui avait cette qualité de veiller à la sûreté des effets dont la garde lui avait été confiée, et que sa négligence ou sa collusion pouvait bien le rendre responsable envers les créanciers de la soustraction des effets saisis, mais non pas lui donner la Contrainte par corps contre le débiteur, qui, ne faisant que souffrir dans une saisie qu'il peut empêcher, n'a contracté aucun engagement avec le gardien qu'on a établi malgré lui.

» D'un autre côté, on peut répondre que l'ordonnance de 1667 n'a abrogé la Contrainte par corps que dans les matières civiles, et non dans celles qui, quoique civiles par leur nature ou dans leur origine, reçoivent un mélange de crime par la fraude ou par la violence des parties ;

» Que l'esprit de l'ordonnance n'est pas douteux sur ce sujet, puisqu'on voit, dans l'art. 4 du tit. 34, qu'elle a voulu que la Contrainte par corps pût être prononcée, soit dans le cas de réintégrande pour délaisser un héritage en exécution d'un jugement, soit en cas de stellionat ou dépôt nécessaire ; parceque, dans ces différens cas, il y a de la violence ou de la fraude et du dol, qui ont rendu l'affaire *mixte*, c'est-à-dire, en partie civile et en partie criminelle.

» Ainsi, pour appliquer cette réflexion à la question présente, lorsqu'un débiteur saisi trouve le moyen d'enlever par force ou par adresse, le gage des créanciers saisissans, il est dans le cas où, suivant les lois, le propriétaire même est traité comme voleur de son propre bien, *furtum rei suœ facit*; et par conséquent il survient un mélange de crime, dans une affaire originairement civile, qui peut autoriser les juges, suivant l'esprit et les exemples de l'ordonnance, à prononcer la Contrainte par corps.

» Il est d'ailleurs d'une équité, et même d'une justice évidente, que celui qui est exposé à la Contrainte par corps par le défaut d'une partie, ait contre elle son recours par les mêmes voies.

» C'est sur ce fondement que, dans l'usage, on accorde la Contrainte par corps au receveur des consignations et au commissaire aux saisies réelles, pour répéter des créanciers ce que ceux-ci ont reçu de trop, et cela par la raison que la contrainte active doit naturellement appartenir à ceux qui, par le titre même de leurs charges, et sans aucune faute de leur part, sont exposés à la contrainte passive.

» Il est donc encore beaucoup plus juste que le propriétaire ou le débiteur, par la faute duquel le gardien ou le dépositaire se trouve livré à la Contrainte par corps de la part des créanciers saisissans, puisse user de la même voie contre le débiteur qui l'a mis dans cette mauvaise situation.

» Il est enfin de l'intérêt, soit du saisissant ou des autres créanciers, soit du débiteur même, qu'on puisse trouver des gardiens solvables, sans être réduit à la nécessité de déplacer les effets ou d'établir une garnison. Or, comment pourrait-on parvenir à en trouver, s'ils savent qu'on leur refusera la Contrainte par corps contre le débiteur, s'ils viennent à enlever par force, ou à soustraire par artifice, les effets dont la garde leur est confiée ?

» C'est par toutes ces considérations que, dans de telles circonstances, les juges peuvent se déterminer à accorder au gardien la Contrainte par corps contre la partie saisie, sans craindre de contrevenir à la disposition de l'ordonnance.

» Mais ces mêmes considérations font voir qu'il serait difficile, comme je l'ai dit d'abord, d'établir indistinctement et par une règle générale, que la Contrainte par corps sera toujours accordée au gardien contre le propriétaire des effets saisis.

» En effet, si ce n'est ni par violence ni par artifice du débiteur, que ces effets se trouvent avoir été soustraits, mais par la négligence, ou par la collu-sion, ou par la connivence du gardien, il ne serait pas juste, en ce cas, de lui accorder la Contrainte par corps ; il en faudrait revenir à cette règle de droit, *in pari delicto potior est conditio possidentis* (à délit égal, la condition de celui qui possède est la meilleure); ou si la Contrainte par corps pouvait être prononcée, ce serait, non en faveur du gardien, mais en faveur des créanciers qui pourraient l'obtenir légitimement dans de telles circonstances, non-seulement contre le gardien, mais contre le saisi.

» Il y a une dernière réflexion à faire sur ce sujet : c'est que, dans le doute, la présomption de dol et de fraude est plutôt contre la partie saisie, qui profite du divertissement qu'elle a fait de ses effets, que contre le gardien, dont le véritable intérêt est de l'empêcher ; et qu'ainsi, l'on doit incliner à donner au gardien son recours, même par corps, contre cette partie, plutôt qu'à le lui refuser, lorsqu'il n'est suspect ni de connivence ni de collusion.

» Vous voyez donc qu'il n'est pas nécessaire de faire ici une loi nouvelle. Les règles de l'équité naturelles, fortifiées par les dispositions du droit romain et de nos ordonnances qui montrent le véritable esprit des lois, suffisent pour faire reconnaître les principes généraux par lesquels les juges doivent se déterminer ; et comme l'application dépend des circonstances, qui peuvent souvent être différentes, ces sortes de questions sont plutôt la matière des jugemens, qu'un véritable objet de législation » (1).

Ainsi s'est expliqué le savant et célèbre d'Aguesseau. Mais quelque bien fondée que paraisse sa doctrine comparée avec les dispositions et l'esprit des anciennes ordonnances, il n'est plus possible de la concilier avec la défense absolue que font l'art. 1 de la loi du 15 germinal an 6 et l'art. 2063 du Code civil, de prononcer la Contrainte par Corps dans aucun cas où elle n'est pas autorisée *par une loi formelle.*

§. VI. *Des saufs-conduits accordés aux témoins contre la Contrainte par Corps.*

V. l'article *Sauf-conduit.*

§. VII. *En matière criminelle, correctionnelle et de police, le jugement qui condamne l'accusé aux frais de la procédure envers le trésor public, doit-il l'y condamner par corps ?*

V. L'article *Procédure criminelle* (*frais de*).

§. VIII. *Le locataire qui, sur des contestations élevées entre lui et son propriétaire, s'est constitué gardien judiciaire de ses propres meubles, peut-il être condamné par corps à les représenter ?*

« L'objet de cette affaire (ai-je dit à l'audience de la section des requêtes, le 11 pluviose an 9) est aussi important que délicat : il s'agit de la li-

---

(1) Recueil des ordonnances d'Alsace, tom. 1, pag. 144.

73.

berté individuelle d'un citoyen, c'est-à-dire, de tout ce que l'homme a de plus précieux après l'honneur.

» Dans le fait, la veuve Rosetti, demanderesse en cassation, avait loué au cit. Lamothe, marchand de meubles à Paris, un appartement qui fait partie d'une maison dont elle est propriétaire.

» Dans le cours de l'an 6, le cit. Lamothe faisant chaque jour sortir de cette maison des marchandises qu'il y tenait en magasin, pour les faire vendre dans des encans publics, la demanderesse en conçut des inquiétudes, et ordonna à son portier d'empêcher désormais toute sortie des meubles du cit. Lamothe.

» De là des procédures dans lesquelles les deux parties s'accordèrent sur ce point, que le cit. Lamothe devait conserver dans son appartement des meubles d'une valeur suffisante pour répondre d'une année de loyer.

» Après une estimation et un procès-verbal, faits le 27 messidor, en exécution d'une ordonnance sur référé, et dans lesquels se trouvait comprise une partie de meubles évaluée 8,563 francs, le cit. Lamothe conclud à ce qu'au moyen de cette estimation et de ce procès-verbal, il lui fût libre de disposer du surplus des effets et marchandises qui formaient le fonds de son commerce.

» La demanderesse soutint d'abord que le cit. Lamothe n'était plus marchand de meubles; et qu'ainsi, tout ce qui se trouvait d'effets mobiliers dans son appartement, devait y rester pour sûreté de ses loyers. Elle ajouta que, si l'on jugeait que le cit. Lamothe dût être autorisé à disposer des meubles qu'il pouvait avoir au-dessus de ceux qui avaient été estimés 8,563 francs, au moins, pour empêcher la distraction frauduleuse qu'il pourrait faire même de ces derniers, ce qui lui serait très-facile avec le titre apparent de marchand de meubles, il fallait l'assujétir à se charger judiciairement des objets compris au procès-verbal d'estimation pour les représenter quand et à qui il appartiendrait.

» Cette défense subsidiaire de la demanderesse fut adoptée par un jugement contradictoire du tribunal civil du département de la Seine, du 2 thermidor an 6 : *Ordonne* (y est il dit) *que Lamothe sera tenu de se charger comme gardien judiciaire dudit mobilier, montant, suivant l'estimation qui en a été faite, à 8,563 francs; et en chargeant ainsi par ledit Lamothe dudit mobilier, ledit Lamothe aura la disposition de tous les objets qui composent son fonds de commerce.*

» Le 7 du même mois, Lamothe a fait signifier ce jugement à la demanderesse; et le même jour, il l'a exécuté, en faisant au greffe une soumission par laquelle il se constituait *gardien et répondant des meubles et effets* dont il s'agit, *pour faire la représentation du tout quand et à qui par justice il serait ordonné.*

» Dix-neuf mois après, Lamothe, redevable de 10,000 francs, pour deux années et demie de loyer, a été sommé par la demanderesse de représenter les meubles compris dans le procès-verbal du 27 messidor an 6; et sur son refus, elle l'a fait citer au tribunal de première instance du département de la Seine, pour l'y faire condamner par corps comme dépositaire judiciaire, conformément à l'art. 3 du tit. 1 de la loi du 15 germinal an 6.

» Le 13 messidor an 8, jugement conforme aux conclusions de la demanderesse.

Mais sur l'appel de Lamothe, jugement du tribunal d'appel de Paris, du 5 vendémiaire an 9, qui décharge celui-ci de la Contrainte par Corps, sur le fondement 1° que, d'après l'art. 2 du tit. 1 de la loi du 15 germinal an 6, on ne peut se soumettre à la Contrainte par corps, hors les cas prévus par là loi; 2° que, dans l'espèce, les meubles de Lamothe n'ayant pas été saisis ni mis sous la main de justice, Lamothe n'en avait point été légalement constitué dépositaire judiciaire.

» C'est de ce jugement que la demanderesse provoque la cassation, et nous devons nous hâter de dire qu'elle y paraît bien fondée.

» Ce jugement, en effet, viole à la fois l'autorité de la chose jugée et la loi du 15 germinal an 6.

» Il viole l'autorité de la chose jugée, en ce qu'il déclare que Lamothe n'a point été légalement constitué dépositaire judiciaire des meubles compris au procès-verbal du 27 messidor an 6, tandis que le jugement du 2 thermidor de la même année, dont il n'y avait pas eu et dont il ne pouvait plus y avoir d'appel, avait jugé que Lamothe pouvait se charger de ces meubles *comme gardien judiciaire*, et que Lamothe s'en était, dans le fait, chargé comme tel, pour jouir des avantages qui, d'après ce jugement, devaient résulter de là pour lui.

» Que l'on raisonne, que l'on argumente tant que l'on voudra, toujours demeura-t-il constant que, par le jugement du 2 thermidor an 6, il a été décidé irrévocablement que Lamothe deviendrait gardien judiciaire des meubles dont il s'agit, s'il s'en chargeait comme tel; toujours demeurera-t-il constant qu'en exécution de ce jugement, Lamothe a déclaré au greffe se charger de ces meubles comme *gardien et répondant, pour les représenter quand et à qui il serait ordonné par justice*; et toujours, par une conséquence nécessaire, demeurera-t-il constant que, par l'effet et du jugement et de la soumission faite au greffe, Lamothe a été constitué gardien judiciaire des meubles compris au procès-verbal du 27 messidor an 6.

» Mais il ne l'a point été *légalement*, s'il en faut croire le tribunal d'appel; c'est-à-dire que le tribunal d'appel a décidé que le jugement du 2 thermidor an 6 n'avait pas pu faire ce qu'il avait fait : c'est-à-dire que le tribunal d'appel s'est permis de réformer un jugement qui n'était ni ne pouvait être attaqué par aucune voie légale; c'est-à-dire enfin que le tribunal d'appel a violé formellement l'art. 5 du tit. 27 de l'ordonnance de 1667.

» Et au surplus, s'il était nécessaire, il serait

aussi très-facile de justifier de tout reproche le jugement du 2 thermidor an 6.

» Les meubles de Lamothe n'avaient pas été saisis judiciairement, mais ils avaient été arrêtés de fait par la demanderesse ; et de là s'était ensuivi un procès-verbal judiciaire dans lequel ils avaient été décrits et estimés. La justice en était donc nantie par une sorte de saisie *brevis manûs ;* et si elle ne l'eût pas été, rien n'eût été plus aisé que d'ajouter à la description estimative de ces meubles, la formalité d'une saisie proprement dite ; mais on ne l'a pas fait, parceque cette formalité, comme l'a décidé le jugement du 2 thermidor an 6, n'était pas nécessaire pour mettre les meubles sous la main de la justice.

» Dira-t-on que Lamothe n'aurait pas pu, même en cas de saisie, devenir gardien judiciaire de sa propre chose ?

» Mais ce serait une erreur. A la vérité, l'art. 13 du tit. 19 de l'ordonnance de 1667 défend aux héritiers de *prendre pour gardiens de choses par eux saisies, aucuns de leurs parens ou alliés,* NI PAREILLEMENT LE SAISI, à peine de tous dépens, dommages et intérêts *envers le créancier saisissant.*

» Mais Jousse fait sur cet article deux observations essentielles : la première, *que sa disposition n'a pas lieu dans la gagerie qui est en usage dans la coutume de Paris à l'égard des locataires ; que même le caractère propre à cette espèce de saisie, est de laisser les meubles saisis en la garde du débiteur ;* la seconde, que ce n'est qu'en faveur du créancier saisissant que l'article cité défend aux huissiers de prendre le saisi lui-même pour gardien, et que le consentement du créancier fait cesser cette défense.

» Il n'y a donc rien qui puisse pallier ni couvrir l'atteinte que porte le jugement du tribunal d'appel de Paris, à l'autorité de la chose jugée.

» Celle qu'il porte à la loi du 15 germinal an 6, n'est pas moins évidente, puisqu'il refuse la Contrainte par corps dans l'un des cas où l'art. 3 du tit. 1er de cette loi veut expressément qu'elle soit prononcée : *la Contrainte par corps aura lieu pour représentation de biens par les séquestres, commissaires et gardiens.*

» En vain le tribunal d'appel s'est-il retranché dans l'art. 1er du même titre : que porte cet article? Rien autre chose, si ce n'est que toute stipulation de Contrainte par corps énoncée dans des actes, contrats ou transactions quelconques, et toute condamnation volontaire qui prononcerait cette peine hors les cas où la loi l'a permis, sont essentiellement nulles.

» Mais, d'abord, il ne s'agit pas ici d'une Contrainte par corps stipulée par contrat, transaction ou autre acte quel qu'il soit.

» Ensuite, ce n'est pas de son consentement, c'est au contraire, malgré lui, et par un jugement très-contradictoire, que Lamothe a été condamné à se charger comme gardien judiciaire, d'une partie de ses meubles, dans le cas où il voudrait avoir la libre disposition du restant.

» On n'objectera pas sans doute que Lamothe aurait pu appeler de ce jugement, et qu'il ne l'a point fait. Il est trop évident que cette circonstance ne saurait changer la nature de ce jugement, ni par conséquent le réduire à la qualité de condamnation volontaire.

» Le jugement du tribunal d'appel applique donc à faux l'art. 2, en même temps qu'il viole l'art. 3 du tit. 1er de la loi du 15 germinal an 6.

» Nous estimons en conséquence, qu'il y a lieu d'admettre la requête de la veuve Rosetti ».

Ces conclusions ont été adoptées, par arrêt du 11 pluviôse an 9, au rapport de M. Vasse ; et l'affaire portée, en conséquence, à la section civile, arrêt y est intervenu, le 23 brumaire an 10, au rapport de M. Pajon, par lequel,

« Vu la disposition des art. 2 et 3 de la loi du 15 germinal an 6, ainsi conçus :

» *Toute stipulation de contrainte par corps, énoncée dans des actes, Contrats et transactions quelconques, toutes condamnations volontaires qui prononceraient cette peine hors les cas où la loi l'a permis, sont essentiellement nulles.*

» *La Contrainte par corps aura lieu pour versement de deniers publics et nationaux, stellionat, dépôt nécessaire, consignation par ordonnance de justice ou entre les mains des personnes publiques, et représentation de biens par les séquestres, commissaires et gardiens* (1) ;

» Et attendu que, dans l'espèce, la Contrainte par corps requise par la demanderesse, ne dérivait point d'une stipulation volontaire de la part du défendeur, mais d'une condamnation prononcée contre lui par le jugement du 2 thermidor an 6, qui ne lui avait permis la sortie de ses meubles qu'à la charge de se constituer gardien judiciaire de ceux énoncés dans le procès-verbal du 27 messidor précédent, condamnation par lui acquiescée, d'après sa soumission au greffe, du 7 du même mois de thermidor ;

» D'où il résulte que le jugement attaqué a fait, dans l'espèce, une fausse application de l'art. 2 de la loi ci-dessus citée, qui ne parle que des stipulations ou condamnations volontaires ; et, par suite, violé directement l'art. 3, en refusant à la demanderesse la condamnation par corps qu'elle avait droit de requérir pour la représentation d'objets dont le défendeur avait été constitué gardien judiciaire ;

» Le tribunal casse et annulle… ».

§. IX. 1°. *Quels sont les cas où peut avoir lieu la Contrainte par corps provisoire, qui est autorisée par la loi du 10 septembre 1807, à l'égard des étrangers ?*

2°. *Peut-elle avoir lieu entre associés ?*

V. l'article *Étranger* §. 4.

_____

(1) Les mêmes dispositions se retrouvent dans l'art. 2007 du Code civil.

§. X. *Quelle est aujourd'hui l'autorité des dispositions de la loi du 15 germinal an 6, concernant la Contrainte par corps en matière commerciale ?*

I. Le Code civil n'abroge certainement pas ces dispositions; et au contraire, il les maintient, puisqu'après avoir réglé, art. 2059 et suivans, tout ce qui concerne au fond la Contrainte par corps en matière civile, il ajoute, art. 2070 : « il n'est » point dérogé aux lois particulières qui autorisent » la Contrainte par corps dans les matières de com- » merce ».

Ces dispositions ne sont pas non plus abrogées par le Code de commerce, puisque ce Code ne contient, sur la Contrainte par corps en matière commerciale, qu'un seul art., le 625e, dans lequel il est dit qu'*il sera établi pour la ville de Paris seulement, des gardes de commerce pour l'exécution des jugemens emportant la Contrainte par corps*, et que par conséquent il laisse la Contrainte par corps, en matière commerciale, sous l'empire des lois qui l'avaient précédemment réglée.

Mais ces dispositions n'étaient-elles pas, à l'époque où a été décrété le Code de commerce, abrogées et remplacées par celles du titre de l'*emprisonnement* du Code de procédure civile.

Nul doute sur l'affirmative, quant à celles de ces dispositions qui sont relatives, soit à la forme de l'emprisonnement, soit aux obligations qu'il entraîne pour le créancier qui le fait pratiquer; et là raison en est simple : c'est qu'elles sont générales, et que par conséquent elles s'appliquent aussi bien au mode d'exécution des jugemens des tribunaux de commerce, qui font la matière d'un titre exprès de ce Code, qu'au mode d'exécution des jugemens des tribunaux ordinaires. Aussi lisons-nous dans un arrêt de la cour royale de Toulouse, du 12 janvier 1825, que « le Code de pro- » cédure a abrogé les dispositions de la loi du 15 » germinal an 6, sur *le mode à suivre* pour les » Contraintes par corps (1) », et il n'est pas à ma connaissance que cette proposition ait jamais été contredite.

Il ne peut donc y avoir de controverse que sur celles des dispositions de la loi du 15 germinal an 6, qui concernent *le fond* de l'emprisonnement, c'est-à-dire, les cas où il peut avoir lieu, les personnes qui y sont sujettes et les causes qui le font cesser.

Et à cet égard, il s'est élevé trois questions principales :

La première, si les septuagénaires qui, par l'art. 2066 du Code civil, implicitement renouvelé par l'art. 800 du Code de procédure, sont exempts de la Contrainte par corps, y sont encore sujets en matière commerciale;

La seconde, si l'art. 800 du Code de procédure abroge, par son silence, pour les matières commer- ciales, les dispositions de l'art. 18 du tit. 3 de la loi du 15 germinal an 6, par lesquelles il est dit que « toute personne légalement incarcérée pourra ob- » tenir son élargissement..., 3° par le paiement du » tiers de la dette, et une caution pour le surplus, » consentie par le créancier, ou régulièrement re- » çue par le tribunal qui a rendu le jugement » d'exécution..., 6° de plein droit, par le laps de » cinq années consécutives de détention» ;

La troisième, si, par l'art. 804 du Code de pro- cédure qui permet au créancier dont le débiteur emprisonné à sa requête, a été élargi faute de con- signation d'alimens, de le faire emprisonner de nouveau en lui remboursant les frais faits pour obtenir son élargissement, et en consignant de nouveau six mois d'alimens, il est dérogé, pour les matières commerciales, à l'art. 14 du tit. 3 de la loi du 15 germinal an 6, portant que *tout débiteur élargi faute de consignation d'alimens, ne pourra plus être incarcéré pour la même dette.*

II. La première question a été jugée pour l'af- firmative par quatre arrêts de la cour de cassation, le premier, du 10 juin 1807, confirmatif d'un ar- rêt de la cour d'appel de Paris; le second, du 3 février 1813, portant cassation, dans l'intérêt de la loi, d'un arrêt de la cour d'appel de Caen; le troisième, du 15 juin de la même année, portant cassation d'un arrêt de la cour d'appel de Bruxelles; le quatrième, du 7 août 1815.

Les deux premiers sont rapportés dans le *Réper- toire de Jurisprudence*, aux mots *Contrainte par corps*, n° 20, avec les conclusions et le réquisi- toire qui les ont précédés; le troisième est indiqué au même endroit; et voici l'espèce du quatrième.

Le 15 mai 1806, le sieur de Borredon tire, à l'ordre de la demoiselle Chabrillat, deux lettres de change, chacune de 3,000 francs.

Ni l'une ni l'autre n'est acquittée à l'échéance. La demoiselle Chabrillat les fait protester et se pour- voit en remboursement contre le sieur de Borredon.

Le 20 juillet de la même année, jugement du tribunal de commerce de Clermont-Ferrand, qui condamne par corps le sieur de Borredon à payer le montant des deux lettres de change.

Point d'appel de ce jugement de la part du sieur de Borredon.

En conséquence, la demoiselle Chabrillat fait les diligences nécessaires pour le faire exécuter par corps.

Le sieur de Borredon y forme opposition, sur le fondement qu'il a atteint sa soixante-dixième année.

Le 27 avril 1813, jugement qui décide qu'en effet le sieur de Borredon est affranchi, par l'art. 800 du Code de procédure, de la Contrainte par corps.

Appel de la part de la demoiselle Chabrillat; et le 25 août de la même année, arrêt de la cour de Riom, qui, en adoptant les motifs des premiers juges, et en y ajoutant que l'art. 800 du Code de procédure déroge à l'art. 2070 du Code civil, par cela seul qu'il y est postérieur, confirme le juge- ment attaqué.

---

(1) *Journal des Audiences de la cour de cassation*, année 1825, partie 2, page 135.

La demoiselle Chabrillat se pourvoit en cassation contre cet arrêt, et elle ne l'attaque pas, comme elle pourrait le faire avec un succès infaillible (1), en ce que, même en supposant que l'art. 800 du Code de procédure eût dérogé à l'avis du Conseil-d'État du 6-11 brumaire an 12, explicatif de l'art. 1 du tit. 2 de la loi du 15 germinal an 6, il aurait donné un effet rétroactif à cette dérogation, puisque c'est pour des lettres de change souscrites et en vertu d'un jugement rendu en 1806, qu'elle s'est mise en devoir de faire emprisonner le sieur de Borredon; mais elle l'attaque directement en ce qu'il a jugé que cette dérogation résulte de l'art. 800 du Code de procédure.

Et par arrêt du 7 août 1815, au rapport de M. Pajon,

« Vu l'art. 1er du titre de la loi du 15 germinal an 6, et l'art. 2070 du Code civil...

» Et attendu que l'art. 800 du Code de procédure, quoique publié postérieurement auxdits articles, n'a en aucune manière dérogé à leur disposition, en ce qui concerne les dettes purement commerciales;

» D'où il résulte que l'arrêt attaqué, en affranchissant le défendeur de la Contrainte par corps, sous le prétexte qu'il avait atteint sa soixante-dixième année, a fait une fausse application dudit article à l'espèce de la cause où il s'agissait du paiement de lettres de change par lui souscrites, et a en conséquence, manifestement contrevenu aux deux textes de la loi ci-dessus cités;

» La cour casse et annulle l'arrêt de la cour de Riom, du 25 août 1813.... (2) ».

Ce qui, au surplus, achève de mettre cette manière de juger à l'abri de toute critique, c'est qu'en 1818, dans l'art. 4 d'un long projet de loi présenté à la chambre des pairs, et dont il sera parlé au n°. suivant, le gouvernement proposa de maintenir l'assujétissement des septuagénaires à la Contrainte par corps, en matière commerciale, et que ce projet de disposition fut unanimement approuvé.

« L'art. 4 du premier titre (dit à ce sujet M. le comte Abrial, rapporteur de la commission chargée de l'examen du projet de loi) n'exempte pas les septuagénaires de la Contrainte par corps en matière de commerce; à cet égard, la loi n'innove pas. C'était le vœu précis de la loi du 4 avril 1798 (15 germinal an 6).

» On est toujours dans une disposition pénible, quand il s'agit de retrancher quelque privilége à la vieillesse. Mais il est vrai de dire que les lois précédentes n'ont jamais accordé le privilége des septuagénaires, en matière de commerce. L'ordonnance civile de 1667 l'avait institué plutôt en matière civile que commerciale. Ce fut la jurisprudence qui l'étendit aux négocians. La loi du 4 avril 1798 ne le prononce qu'en matière civile exclusivement, et si le nouveau Code de procédure civile l'a conservé dans son art. 800, c'est que, dans l'intention des auteurs de ce Code, cet art. 800, comme le reste du Code, ne devait avoir trait qu'aux matières civiles.

» Il paraît que l'intérêt même du commerce a fait exclure ce privilége. Il ne serait pas juste que le septuagénaire pût contraindre les autres négocians, et que ceux-ci n'eussent pas le même droit à cet égard. La Contrainte par corps est d'usage dans tous les royaumes de l'Europe. Nous pourrions, dans les royaumes étrangers, exercer la Contrainte contre les septuagénaires, et ils ne le pourraient pas en France? Que deviendrait la réciprocité? On peut connaître les moyens, les ressources d'un négociant; on peut prendre à cet égard des renseignemens et des précautions. Mais l'âge du débiteur, comment le saura-t-on dans les provinces éloignées, en Espagne, en Angleterre, en Allemagne? Le négociant se ferait un tort réel à lui-même; il ne trouverait pas beaucoup de négocians qui voulussent se lier avec un homme qu'ils ne pourraient atteindre ».

III. Sur la seconde question, c'est-à-dire, sur celle de savoir si, par cela seul que les n°s. 3 et 6 de l'art. 18 du tit. 3 de la loi du 15 germinal an 6, ne sont pas renouvelés par l'art. 800 du Code de procédure, ils sont abrogés pour les matières commerciales, comme ils le sont pour les matières civiles ordinaires, la négative était tenue pour constante par l'arrêt de la cour d'appel de Caen qui a été cassé, sur mon réquisitoire, dans l'intérêt de la loi, par celui du 3 février 1813, dont il est parlé au n°. précédent; et je l'ai moi-même regardée comme telle, en répondant à l'argument que cette cour en tirait pour établir que les septuagénaires sont aujourd'hui exempts de la Contrainte par corps, en matière commerciale, comme ils le sont en matière purement civile; mais je n'ai adhéré à cette opinion, que parceque la discussion en était indifférente à l'objet qui m'occupait tout entier; que parceque je n'aurais pu la discuter qu'en allongeant beaucoup et sans utilité, un réquisitoire déjà assez chargé de détails sur la question jugée par l'arrêt que j'attaquais; enfin, que parcequ'elle avait été implicitement adoptée par deux arrêts de la cour d'appel de Paris, des 14 janvier 1809 et 25 septembre 1811, qui, pour faire jouir des débiteurs incarcérés pour dettes de commerce, du bénéfice résultant du n°. 6 de l'art. 18 du tit. 3 de la loi du 15 germinal an 6, s'étaient uniquement fondés sur la circonstance que les débiteurs s'étaient obligés et avaient même été condamnés et incarcérés sous l'empire de cette loi, qui, seule, pouvait et devait régler la durée de l'emprisonnement (1); et je ne

____

(1) V. les conclusions et l'arrêt du 21 avril 1813, rapportés dans le Répertoire de jurisprudence, aux mots Contrainte par corps, n°. 20.

(2) Bulletin civil de la cour de cassation, tome 17, page 161.

(1) Jurisprudence de la cour de cassation, tome 13, partie 2, page 216.

pressentais que trop qu'elle ferait tôt ou tard la matière d'une controverse très-sérieuse.

Aussi, la question s'est-elle reproduite peu de temps après devant la cour royale de Paris, dans une affaire où le sieur d'Hauteville, incarcéré en 1809, en vertu de jugemens obtenus contre lui, dans la même année, pour des lettres de change qu'il avait souscrites sous le Code de procédure civile, était demandeur en élargissement après une détention quinquennale.

Cette demande avait été rejetée par un jugement du tribunal de première instance du département de la Seine, du 2 septembre 1814, « attendu que le Code de procédure civile s'appli-
» que au mode d'exécution des jugemens des tri-
» bunaux de commerce, autant qu'à celui des
» jugemens des tribunaux ordinaires ; que l'art.
» 18 de la loi du 15 germinal an 6, fait partie du
» tit. 3 de la même loi, intitulé *du mode d'exé-*
» *cution des jugemens emportant Contrainte par*
» *corps ;* qu'ainsi, le Code de procédure civile a
» abrogé toutes les dispositions du tit. 3 qu'il n'a
» pas conservées ».

Sur l'appel interjeté par le sieur d'Hauteville de ce jugement, la cause a été plaidée le 22 du même mois, à la chambre des vacations ; et il y est intervenu le même jour un arrêt de partage.

Les plaidoiries ont en conséquence été recommencées à l'audience du 1er octobre suivant ; et là, on a fait valoir pour le sieur d'Hauteville une consultation de MM. Pigeau, Delvincourt, Pardessus et Bellart, qui mettait à nu l'erreur des premiers juges.

« A la vérité (y était-il dit), le Code de procédure civile a réglé, par les art. 780, 799, 801 et 805, les formes de l'emprisonnement, et par l'art. 800, les cas d'élargissement du nombre desquels n'est pas la détention depuis cinq ans.

» Mais il n'en faut pas conclure pour cela que cet art. 800 s'applique aux dettes commerciales.

» En effet, ce Code, au titre de l'*Emprisonne-ment*, a deux sortes de dispositions.

» La première espèce est de celles de forme, lesquelles sont aux art. 780, 801 et 805 ; elles s'appliquent à l'emprisonnement pour dettes commerciales, comme à celui qui a lieu pour dettes civiles.

» La seconde disposition est de celles qui ont trait au fond ; telle est celle de l'art. 800 qui règle les cas où l'on peut obtenir l'élargissement, laquelle touche au fond et non à la forme de la Contrainte par corps. Ces dispositions peuvent bien régler, quant au fond, les Contraintes par corps en matière civile, mais non celles en matière commerciale, qui sont restées sous la loi de germinal, puique le Code civil les y a laissées.

» Et comment le Code de procédure aurait-il pu s'occuper, on ne dit pas de la forme, mais du fond du droit commercial?

» On va voir que le conseil-d'état qui a révisé le projet et l'a érigé en loi, n'a jamais pensé à introduire dans ce Code aucune disposition de *droit commercial.*

» Les commissaires nommés pour faire le projet, par arrêté du 3 germinal an 10, avaient deux motifs pour ne pas régler le droit commercial ; le premier, parceque cet arrêté les nommait uniquement *pour s'occuper de la rédaction du Code de la procédure civile* (ce sont les termes de l'arrêté) ; le second, parcequ'ils savaient qu'une seconde commission étant nommée alors pour le Code de commerce ; c'était à cette commission exclusivement qu'il appartenait de régler le droit commercial.

» Il faut avouer cependant que les commissaires du Code de procédure civile, quoiqu'ils n'eussent mission que de régler la procédure civile, et non la procédure commerciale, ont réglé celle-ci ; mais si le conseil-d'état a adopté leurs idées à cet égard, par les art. 414 et 442 du Code, c'est parcequ'il a vu que beaucoup d'élémens de la procédure civile pouvant entrer dans la procédure commerciale, il était bon que ces deux procédures fussent réglées par la même main, pour éviter les disparates.

» Il faut avouer encore que ces commissaires, en réglant les formes de l'exécution du jugement, l'ont fait pour les jugemens commerciaux comme pour les jugemens civils, et que le conseil-d'état a consacré leur travail ; mais c'est parcequ'il a pensé, avec raison, que, s'il pouvait y avoir quelque différence pour la forme de procéder avant le jugement, entre les tribunaux civils et les tribunaux de commerce, il ne pouvait y en avoir aucune pour l'exécution, et qu'ainsi on ne devait pas renvoyer au Code de commerce à régler cette exécution ; d'autant plus que, d'après les art. 442 et 555 du Code de procédure, les tribunaux de commerce n'ont pas l'exécution de leurs jugemens.

» On voit par là que, si, dans l'intention du législateur, le Code de procédure a réglé les *formes* commerciales, il n'a nullement touché *au droit* commercial.

» Aux preuves qu'on vient de donner, on va en joindre deux autres desquelles il résultera, bien évidemment, que le conseil a voulu écarter du Code de procédure tout ce qui appartenait au droit commercial.

» *Première preuve.* Le projet, art. 813-5°, portait une disposition de droit commercial, par laquelle, après avoir accordé l'élargissement au septuagénaire, on le lui refusait, s'il était marchand ou négociant. Au conseil, on a rayé cette modification, non pas pour étendre l'élargissement aux commerçans, comme à ceux qui ne l'étaient pas, mais parceque ce point étant commercial, devait être discuté lors de l'examen du projet de Code de commerce, et que le Code de procédure civile ne devait s'occuper que des formes. *Notre Code civil,* a dit l'orateur du gouvernement en présentant au corps législatif le titre de ce Code sur l'exécution, *a prononcé sur les questions du fond*, et il *ne l'avait fait*, *comme on l'a vu*, *que pour le civil et non pour le commerce*; nous n'avons plus à traiter *que les formes de la procédure qui doivent procurer l'exécution du jugement qui a prononcé sur la Contrainte par Corps*.

» *Seconde preuve*. Les commissaires du Code de procédure civile, après avoir tracé les formes à suivre avant le jugement devant les tribunaux de commerce, et celles d'exécution, avaient dépassé la ligne qui leur était tracée, en réglant, par le projet, les *formes* et le *fond* des faillites; les *formes*, par les art. 1047, 1055, 1057, 1058, 1060, 1064 et 1065 de leur projet; le *fond*, par les art. 1056, 1059, 1061, 1062 et 1063. Le conseil a rejeté toute cette partie du projet, comme appartenant en totalité, même pour les *formes*, au droit commercial, et comme devant être renvoyée à la commission établie pour le Code de commerce, afin de ne pas rompre l'harmonie qui devait régner entre toutes les parties de ce dernier Code, lesquelles devaient être toutes rédigées dans le même esprit.

» Il est bien démontré, d'après cela, que le législateur n'a statué, par le Code de procédure, que sur la procédure et non sur le droit commercial, dont la loi de germinal faisait alors partie. S'il eût voulu statuer sur ce droit, il ne se serait pas borné à dire, comme il l'a fait par l'art. 1041: *toutes les lois, coutumes et usages relatifs à la procédure civile, seront abrogés*; il aurait aussi dérogé aux lois commerciales, en ce qu'il y aurait de contraire à ce Code. Le législateur n'a dérogé en aucune manière au droit commercial, à la loi de germinal, quant à ses dispositions de droit; donc il a maintenu ce droit et cette loi, en ce qui concerne ses dispositions de droit commercial, dans leur entier.

» La sixième et dernière loi relative à notre législation commerciale sur la Contrainte par corps, est le Code de commerce.

» L'art. 625 du Code est le seul qui parle de cette Contrainte; encore n'est-ce que pour annoncer l'établissement, pour Paris, des gardes du commerce, pour mettre cette Contrainte à exécution. Du reste, ce Code ne détermine ni les personnes, ni les engagemens sujets à cette Contrainte. Et qu'on ne croie pas que cette omission ait été l'effet de l'oubli. Le conseil avait *sous les yeux* le projet *de la commission* établie pour le Code de commerce; ce projet désignait les engagemens produisant la Contrainte par corps et les personnes qui y étaient sujettes; il a rejeté cette partie du projet; et comme on ne peut pas dire qu'il ait voulu abroger la Contrainte par corps, puisque l'art. 625 annonce la création d'officiers pour l'exercer, qu'au contraire il a voulu la maintenir, il faut décider qu'il a voulu qu'elle eût lieu d'après la loi de germinal qu'avaient laissé subsister les deux Codes civil et de procédure donnés

depuis cette loi, et avant le Code de commerce. D'ailleurs, l'art. 649 de ce dernier Code n'a abrogé, des anciennes lois commerciales, que celles *touchant les matières commerciales* sur lesquelles il est statué par le présent code. Et comme il n'est point statué par ce Code sur la Contrainte par corps, il faut décider qu'il n'a point abrogé les lois qui la réglaient, ni par conséquent la loi du 15 germinal.

» Aussi, toutes les fois que les tribunaux de commerce ont prononcé la Contrainte par corps, depuis le Code de commerce, ont-ils dit, comme avant ce Code, *conformément aux lois des 24 ventôse an 5 et 15 germinal an 6*; jamais appel de la disposition qui prononçait cette Contrainte, n'a été fondé sur ce qu'elle était motivée par ces lois, parceque tous ont senti que le Code de commerce, n'ayant pas abrogé cette Contrainte, avait laissé subsister ces lois.

» Les tribunaux, de leur côté, surtout la cour de cassation, ont reconnu également ce point, que la loi de germinal avait continué de subsister, et qu'on ne pouvait invoquer le Code de procédure pour le *fond* de cette Contrainte. Si l'art. 800 de ce Code qui accorde, §. 5, la liberté aux septuagénaires, et qui est une disposition de droit et non de forme, avait abrogé l'art. 18 du tit. 3 de la loi du 15 germinal, on aurait décidé que cet art. 800 s'appliquait aux commerçans comme à ceux qui ne le sont pas.

» Eh bien! on a toujours décidé que cette disposition de droit ne s'appliquait qu'aux non commerçans, et non à ceux qui étaient commerçans; que ceux-ci étant restés sous la loi de germinal, ils ne pouvaient l'invoquer, parceque l'art. 5 du tit. 1er de cette loi n'accorde la liberté qu'aux septuagénaires non commerçans.

» Dès qu'on a jugé que la disposition concernant les septuagénaires commerçans, qui est dans la loi de germinal, *étant disposition de droit*, n'avait point été abrogée par le Code de procédure (quoique l'art. 800 dispense les septuagénaires en général de la Contrainte par corps), on doit décider aussi que la disposition de cette loi concernant l'élargissement après cinq ans, *étant également disposition de droit*, n'a pas été abrogée par le Code, lequel, encore une fois, n'abroge, par l'art. 1041, que *toutes lois, coutumes et réglemens* relatifs à la procédure civile, et non ceux relatifs au droit.

» Il résulte de tout ce qu'on vient de dire, que la disposition de la loi du 15 germinal, qui accorde la liberté après cinq ans, est une disposition, non de forme, mais de droit commercial; que cette loi, quant *au droit* commercial, n'a point été changée par le Code de procédure; qu'elle a été maintenue, à l'égard de la Contrainte, par le Code de commerce: il n'y a donc point de difficulté à accorder après cinq ans la liberté aux détenus pour dettes commerciales ».

Sur ces raisons, arrêt du 1ᵉʳ octobre 1814, par lequel,

« La cour, vidant le partage prononcé par arrêt du 22 septembre dernier; faisant droit sur l'appel interjeté par Duhardot-d'Hauteville, du jugement rendu par le tribunal civil de la Seine le 2 dudit mois de septembre;

» Considérant que, lorsqu'il s'agit de l'exécution d'un jugement, il ne peut être permis de rien ajouter à la rigueur des condamnations qu'il prononce; que, si les jugemens des 9 et 30 juin et 4 juillet 1809 prononcent la Contrainte par corps, ils ne la prononcent que conformément aux lois des 24 ventôse an 5 et 15 germinal an 6, et par conséquent que pour le temps fixé par la dernière de ces deux lois; qu'aucune loi n'a textuellement prononcé l'abrogation de la disposition portée au § 6 de l'art. 18 du tit. 3 de la loi du 15 germinal an 6; et que ni l'art. 800 du Code de procédure ni aucune autre loi ne renferment des dispositions qui soient contraires à celle du § 6 de l'art. 18 du tit. 3 de la loi du 15 germinal an 6;

» Met l'appellation et ce dont est appel au néant; émendant, décharge d'Hauteville des condamnations contre lui prononcées; au principal, ordonne que le sieur d'Hauteville sera sur-le-champ élargi et mis en liberté.... (1) ».

Cet arrêt, et surtout les raisons victorieuses qui l'avaient provoqué, ont fait cesser, du moins à Paris, tous les doutes sur la non abrogation de la disposition de l'art. 18 du tit. 3 de la loi du 15 germinal an 6 qui ordonne que tout débiteur incarcéré pour dettes de commerce, sera élargi après une détention de cinq années.

Aussi, lorsqu'en 1817, le gouvernement présenta à la chambre des députés, par l'organe de M. Lainé, ministre de l'intérieur, un projet de loi contenant trois articles, dont le second accordait au débiteur son élargissement au bout de trois ans, en payant le tiers de la dette et en donnant caution pour le surplus, M. Try, rapporteur de la commission chargée de l'examen de ce projet, fit-il, sur l'art. 2, une observation dont sa qualité de président du tribunal de première instance du département de la Seine le mettait plus que personne à portée de garantir la parfaite conformité à la jurisprudence de cette époque, et qui est ici d'une grande importance : « Le projet de loi (a-t-il dit) maintient donc, par son silence, en faveur des commerçans, le bénéfice » de l'art. 18 du tit. 3 de la loi du 4 avril 1798 » (15 germinal an 6), d'après lequel le commer» çant incarcéré est rendu à la liberté après cinq » années de détention ».

Et ce qu'il y a de bien remarquable, c'est que non-seulement aucune voix ne s'éleva dans l'as-

semblée pour contredire M. Try, en tant qu'il affirmait que la disposition citée de la loi du 4 avril 1798 était alors dans toute sa vigueur, mais encore qu'un orateur ayant soutenu que l'art. 2 du projet devait être entendu et au besoin expliqué comme abrogeant cette disposition, le ministre de l'intérieur prit, immédiatement après, la parole pour déclarer que telle était effectivement l'intention du projet de loi qu'il avait présenté : « M. le » ministre de l'intérieur (porte le procès-verbal » de la séance du 1ᵉʳ février 1817) confirme ce » que vient de dire le préopinant sur l'intention » que l'on a eue, en proposant la loi, d'établir » une seule et même législation en matière civile » et en matière commerciale. Il s'accorde égale» ment avec lui sur l'abrogation de la loi du 4 » avril. C'est une mesure convenue avec le com» merce, et qui était dans l'intention des rédac» teurs du projet de loi ».

Ainsi, toutes les opinions étaient alors réunies sur le principe que l'art. 800 du Code de procédure n'avait pas abrogé la disposition contenue dans le nᵒ 6 de l'art. 18 du tit. 3 de la loi du 15 germinal an 6; il n'y avait de désaccord que sur le point de savoir si l'on devait abroger cette disposition par la nouvelle loi dont on discutait le projet.

Du reste, toute cette discussion n'aboutit qu'à un renvoi du projet de loi à la commission qui ne le reproduisit pas avant la fin de la session de 1817.

Il est vrai que l'année suivante, le gouvernement changea d'avis sur le sens de l'art. 800 du Code de procédure, et que, dans un nouveau projet de loi qu'il présenta à la chambre des pairs, il proposa, à la suite d'un grand nombre de dispositions relatives à la Contrainte par corps en matière commerciale et à la Contrainte par corps en matière civile, de déclarer que cet article était applicable à l'une comme à l'autre, non-seulement pour le passé, mais encore pour l'avenir; ce qui signifiait bien clairement que cet article avait toujours dû être entendu comme abrogeant le nᵒ 6 de l'art. 18 du tit. 3 de la loi du 15 germinal an 6.

Mais qu'est devenu ce projet de loi? La chambre des pairs l'a rejeté; et ce qui ne permet pas de douter que le vice de rétroactivité dont était entachée la disposition proposée, ne soit entré pour beaucoup dans les motifs de sa détermination, c'est la manière dont s'est expliqué là-dessus M. Abrial, rapporteur de la commission nommée pour l'examen de ce projet.

« Votre commission (a-t-il dit à la séance du 18 avril 1818) n'eût fait aucune difficulté d'adopter le projet purement et simplement, si les reproches de rétroactivité adressés à cette loi, n'eussent excité sa sollicitude....

» Les lois par elles-mêmes ne disposent que pour l'avenir, et quoiqu'elles parlent au temps présent, c'est toujours pour l'avenir qu'elles disposent. Ainsi, quand le projet de loi actuel dit à l'art 13, *les causes d'élargissement des détenus sont déter-*

minées par l'art. 800 du Code de procédure civile, cela ne devrait signifier autre chose si ce n'est que les causes d'élargissement spécifiées par l'art. 800 du Code de procédure civile, sont empruntées de ce Code, par la présente loi, pour être à l'avenir les seules causes d'élargissement.

» Mais quand les auteurs du projet de loi nous disent, dans les motifs du projet, que le but de la loi est, au contraire, de fixer le sens que doit avoir cet art. 800 dans le Code de procédure civile, et de déterminer que, dès la promulgation de ce Code, il n'y a plus eu d'autre cause d'élargissement, la rétroactivité n'est plus équivoque; il n'est plus possible de laisser l'article tel qu'il est, et il faut nécessairement une clause qui indique formellement que cet art. 13 n'aura d'effet que pour l'avenir.

» Nous lisons en tête de notre Code civil, comme article fondamental, que la loi ne dispose que pour l'avenir, et qu'elle n'a point d'effet rétroactif; ce principe est général et ne souffre point d'exception.

» S'il arrivait qu'une loi fût obscure, que ses dispositions fussent en opposition entre elles, ou avec quelque autre loi, il faut recourir à l'interprétation; et à cet égard, le législateur a prescrit des règles et tracé une marche à suivre.

» Il y a lieu à interprétation de la loi, porte l'art. 1er de la loi du 16 septembre 1807, si la cour de cassation annulle deux arrêts ou jugemens en dernier ressort, rendus dans la même affaire, entre les mêmes parties et qui ont été attaqués par les mêmes moyens. Cette interprétation est donnée dans la forme des réglemens d'administration publique.

» Alors, comme c'est le procès même à juger qui a donné lieu à l'interprétation, le réglement qui intervient fait la règle de décision. Il est reconnu que le sens adopté a toujours été le véritable sens de la loi. Le réglement ne dispose pas, il est simplement déclaratif.

» Mais il ne faut pas confondre ce mode d'interprétation avec une loi nouvelle qu'il plairait au Roi et aux Chambres de provoquer spontanément, pour corriger, modifier, éclaircir une loi préexistante qui n'aurait pas été bien entendue; c'est alors une loi nouvelle qui ne peut disposer que pour l'avenir, et qui ne peut avoir rien de rétroactif, parceque la loi fondamentale qui ne veut point d'effet rétroactif, est générale pour tous les cas et n'admet point d'exception.

» Autrement, qu'arriverait-il? Ce serait le législateur qui jugerait tous les procès pendans devant les tribunaux, sur une matière douteuse. Quelle confusion du pouvoir législatif et du pouvoir judiciaire? Les tribunaux saisis doivent seuls juger les affaires dont ils sont saisis; ils doivent les juger d'après les lois existantes; sauf au législateur, s'il croit que les tribunaux se trompent, à faire dénoncer les jugemens par le procureur général, à

la cour de cassation, ou à provoquer une nouvelle loi qui explique, éclaircisse les anciennes, et par là prévienne les erreurs qui auraient encore pu se prolonger; mais encore une fois, cette loi ne peut disposer que pour l'avenir.

« Les commissaires du gouvernement tantôt disent que la loi actuelle a pour but de dissiper les doutes qu'avait pu faire naître l'application de l'art. 800 du Code de procédure civile; tantôt ils assurent qu'il n'y a aucun doute à cet égard; que sitôt que le Code de procédure civile a paru, la loi du 4 avril 1798 a été abolie; qu'il n'y a donc pas de rétroactivité dans la loi actuelle, puisque la question était tranchée par l'art. 800 lui-même.

» Si le projet de loi qui nous est présenté, est une loi interprétative, nous venons de prouver que cette interprétation ne peut avoir lieu que pour l'avenir.

» Si on suppose que la loi du 4 avril 1798 a été abrogée ipso facto, par cela seul que le Code de procédure civile, dans les motifs d'élargissement qu'il énonce, n'a pas désigné le laps de cinq ans de détention continue, nous croyons qu'on est dans l'erreur.

» Il faut reconnaître dans la loi du 4 avril 1798, ainsi que nous l'avons déjà dit, deux parties bien distinctes, la Contrainte par corps en matière de commerce, et la Contrainte par corps en matière purement civile.

» Un troisième titre est commun aux deux espèces de Contraintes, et traite du mode d'exécution des jugemens emportant Contrainte par corps.

» Lorsque le Code de procédure civile a paru, il devait naturellement traiter de l'emprisonnement en matière civile; il a emprunté à la loi du 4 avril 1798, tout ce qui concerne la Contrainte en matière civile : c'était tout ce qu'il avait à faire, et ce qu'il a fait réellement.

» Mais ce qui concerne la Contrainte pour dettes de commerce est resté intact; la matière était étrangère au Code de procédure civile.

» Le titre qui indique les objets communs aux deux Contraintes, énonçait, à l'art. 18, cinq moyens d'élargissement dont le cinquième était celui du laps de cinq ans. Le Code de procédure civile, dans ses moyens d'élargissement en matière civile, n'en a adopté que quatre, et a laissé celui du laps de cinq ans. Ce moyen est donc resté pour la Contrainte en matière de commerce.

» Le Code de procédure civile a si bien entendu ne s'occuper que de la Contrainte en matière civile, qu'il a emprunté au tit. 1er de la loi de 1798, un moyen d'élargissement qu'elle n'a établi qu'en matière civile, l'âge de soixante-dix ans.

» Les choses en matière de commerce sont donc restées, pour la Contrainte, comme elles étaient avant le Code de procédure civile. Les tribunaux ont toujours regardé le bénéfice des cinq ans comme existant, et ont, au contraire, rejeté le bénéfice des soixante-dix ans, comme ne regardant que les matières civiles.

» Le Code de procédure civile déclare lui-même qu'il n'a pas entendu déroger aux lois du commerce. L'art. 1041 porte en effet : *toutes lois, coutumes, usages et réglemens relatifs à la* PROCÉDURE CIVILE, *seront abrogés.* Cette abrogation n'a donc lieu que pour les lois antérieures, relatives à la *procédure civile,* et nullement pour les matières de commerce.

» Il y a encore un raisonnement à faire, qui se tire du Code civil.

» Le Code de procédure civile n'est en quelque sorte qu'une suite et un appendice du Code civil. Or, le Code civil a un titre exprès sur la Contrainte en matière civile, et l'art. 2270 de ce Code dit expressément : *il n'est point dérogé aux lois particulières qui autorisent la Contrainte par Corps dans les matières de commerce.*

» Donc le Code de procédure civile, se référant au Code civil, n'a pu travailler que sur la Contrainte en matière civile.

» En fait d'abrogation, il est de principe que la loi précédente doit être *nominativement abrogée.*

» Une loi postérieure peut quelquefois *tacitement* déroger à une loi précédente ; mais c'est lorsqu'il s'agit de la même matière, et que les dispositions de la nouvelle loi sont incompatibles avec les lois précédentes. C'est là le cas de dire, *posteriorà derogant prioribus.*

» Mais ici la loi du 4 avril 1798 est une loi de commerce ; et le Code de procédure civile a un tout autre objet.

» D'un autre côté, en laissant subsister les dispositions du Code de procédure civile, rien n'empêche que le § 5 de l'art. 18 de la loi de 1798, qui prononce l'élargissement en matière de commerce par le laps de cinq ans, n'ait son exécution.

» On fait un autre raisonnement qui paraît susceptible d'être combattu avec le même avantage.

» On dit : les tribunaux de commerce ne connaissent point de l'exécution de leurs jugemens, ce sont les tribunaux civils. Or, les modes d'élargissement sont compris dans la loi de 1798, sous le tit. 3, qui est intitulé *du mode d'exécution des jugemens emportant Contrainte par Corps.* Ce titre est refondu dans le Code de procédure civile, sous le titre *de l'emprisonnement;* donc il n'y a d'autres motifs d'élargissement en matière commerciale, que ceux spécifiés dans le titre *de l'emprisonnement,*

» Il faudrait commencer par prouver que le Code de procédure a voulu effectivement refondre dans le titre DE L'EMPRISONNEMENT, le tit. 3 de la loi du 4 avril 1798, tant pour les matières commerciales que pour les matières civiles ; et il n'en est pas dit un mot.

» En second lieu, de ce que les tribunaux de commerce ne connaissent pas de l'exécution de leurs jugemens, et que ce sont les tribunaux civils,

que résultera-t-il ? Que les tribunaux civils connaîtront de la mise à exécution des jugemens des tribunaux de commerce, qu'ils feront exécuter les Contraintes prononcées par les tribunaux en matière de commerce. Mais ils feront exécuter la Contrainte telle qu'elle doit être exécutée en matière de commerce, telle qu'elle est déterminée par la loi du 4 avril 1798 ; ils la feront exécuter en matière civile, telle qu'elle est réglée par le titre de l'*emprisonnement* au Code de procédure civile.

» Il ne suit pas de ce renvoi aux tribunaux civils que la Contrainte change de nature. Elle est spécifiée, déterminée par les lois respectives.

» En matière civile, le prisonnier ne pourra pas exciper d'une détention quinquennaire pour demander son élargissement ; en matière de commerce, le prisonnier ne pourra pas exciper du privilége des septuagénaires. Ce sont là des dispositions du fond, qui tiennent au droit, qui préexistent dans le jugement avant qu'il soit mis à exécution. Les tribunaux de commerce n'ont point de moyens d'exécution, il faut bien qu'ils s'adressent aux tribunaux civils ; mais cela ne peut changer ni le jugement, ni l'exécution qu'il entraîne nécessairement.

» Quant aux formes de l'exécution proprement dites, elles sont absolument les mêmes, soit en matière civile, soit en matière commerciale ; la procédure est la même, et s'il survient des incidens, c'est au juge ordinaire à en connaître.

» Mais autre chose sont les formes pour effectuer la Contrainte, autre chose est la durée de la détention. Ceci ne dépend point des formes.

» Pourquoi donc, dira-t-on, est-ce dans le tit. 3 de la loi du 4 avril 1798, qui traite du mode d'exécution des jugemens, que se trouve ce qui regarde la durée de l'emprisonnement ? C'est qu'il fallait bien que cette disposition fût placée quelque part. Elle était trop courte pour faire un titre particulier.

» Aussi ne se trouve-t-elle dans le titre de l'*exécution* qu'à la fin et comme une espèce d'appendice.

» Après avoir parlé du mode de l'exécution, la loi parle des moyens d'*élargissement.* C'est dans l'art. 18 qui est le dernier. C'est donc un appendice bien distinct par sa nature et par sa place dans l'économie de la loi.

» Il était encore une fois si peu question dans le tit. 15 du Code de procédure, de statuer sur les matières commerciales, il était si peu question d'abroger la loi du 4 avril 1798, sur la Contrainte en matière de commerce, que, dans les motifs, soit des orateurs du gouvernement, soit des orateurs du tribunat, sur le titre de l'*emprisonnement* du Code de procédure, il n'est pas dit un mot ni de commerce, ni de la loi du 4 avril 1798. Si cependant on eût eu l'intention d'abroger cette loi en tout ou en partie, cette abrogation était un objet assez important pour en prévenir l'assemblée.

» Ce silence des orateurs, soit du gouvernement, soit du tribunat, est sans doute ici de quelque poids.

» Interrogeons les tribunaux sur l'effet du tit. 15 du Code de procédure civile. Ont-ils pensé que ce Code avait aboli la loi du 4 avril 1798, sur les Contraintes en matière de commerce? Une jurisprudence, ou peut dire presque universelle, a décidé que le Code de procédure civile n'avait pas en ce point abrogé la loi du 4 avril 1798; que cette loi, au contraire, subsistait dans toute sa vigueur pour les matières commerciales, et devait être exécutée dans tout son contenu, comme par le passé.

» Je sais bien qu'on cherchera à écarter cette jurisprudence importune, en disant qu'il ne s'agit pas ici de jurisprudence; que la jurisprudence n'est rien devant les corps législatifs.

» Sans doute, dans les matières ordinaires, les corps législatifs n'ont pas de leçon à recevoir des corps judiciaires; c'est au contraire aux tribunaux à recevoir la loi des corps législatifs; mais, quand il s'agit de savoir si la jurisprudence a été incertaine sur l'application d'une loi, sur le sens à lui donner, quand il s'agit de vérifier si une loi a été regardée comme abrogée, à qui peut-on mieux s'adresser qu'aux tribunaux?

» Or, les tribunaux ont décidé que le Code de procédure civile n'avait point abrogé la loi du 4 avril 1798, dans les matières de commerce.

» Ils ont jugé que, quoique le Code de procédure civile ait mis, dans les motifs d'élargissement, l'âge de soixante-dix ans, ce privilège ne pouvait appartenir aux débiteurs du commerce; conformément à la loi du 4 avril 1798.

» Ils ont jugé que, quoique le Code de procédure civile n'ait point placé le laps de cinq ans de détention parmi les causes d'élargissement, cette cause subsistait dans toute sa plénitude pour les matières de commerce, en vertu de la loi du 4 avril 1798, que n'avait pas en cette partie abrogée le Code de procédure civile.

» Votre commission pense, comme le ministre, qu'il ne faut pas d'incertitude dans la loi; c'est pour cela qu'elle demande une clause explicative à l'art. 13, non pas pour dire qu'il aura effet pour juger les affaires antérieures, mais pour dire qu'il n'aura effet que pour l'avenir.

» Que peut-on demander davantage? Vous prétendez que la loi du 4 avril 1798, si elle n'a pas été abolie de fait, a dû l'être de droit. C'est un point que les tribunaux seuls peuvent juger. Vous ne voulez pas qu'elle subsiste pour l'avenir : nous l'abrogeons pour l'avenir.

» Mais du moins convenons que les malheureux détenus ne doivent pas souffrir de ces incertitudes. Convenons qu'il a été au moins douteux jusqu'à présent que la loi du 4 avril 1798 ait été abrogée par le Code de procédure civile. Il faut donc alors pencher en faveur du malheur, d'autant plus que cette loi de 1798, étant aujourd'hui abrogée par la nouvelle loi, les fausses interprétations ne pourront plus avoir lieu; *favores ampliandi, odia restringenda.*

» Convenons que la plupart des détenus, s'ils s'étaient trompés, auraient été dans une erreur invincible. Ils ne sont pas des jurisconsultes; ils ne peuvent entendre la loi que telle qu'elle leur est expliquée par les tribunaux; ce sont pour eux les seuls interprètes qu'ils peuvent consulter. D'après une jurisprudence aussi constante, ils ont souscrit leurs engagemens; ils ont vu, si le malheur les poursuivait, un terme à leur détention au moins au bout de cinq ans. S'ils n'avaient pas eu cet espoir, peut-être n'auraient-ils pas souscrit. Quel désespoir pour eux, si, à la veille de sortir de prison, ils se trouvaient, par la nouvelle loi, jetés dans une captivité perpétuelle? Où seraient l'équité, l'humanité? S'ils se sont trompés, ils se sont trompés avec les tribunaux. Cette erreur commune les met dans un cas d'exception. *Error communis facit jus* (1) ».

On ne devait plus s'attendre, d'après tout cela, que le système de l'abrogation du n° 6 du tit. 3 de la loi du 15 germinal an 6, par l'art. 800 du Code de procédure en matière commerciale, trouvât encore des partisans.

Cependant il en a encore trouvé; mais la cour de cassation en a fait justice.

En 1818, jugement du tribunal de commerce de Montpellier qui prononce des condamnations par corps contre le sieur Moinié, au profit des sieurs Curnier et Ramondène.

En exécution de ce jugement, le sieur Moinié est incarcéré. Il reste en prison pendant cinq années consécutives.

Au bout de ce temps, il assigne ses créanciers devant le tribunal de Montpellier, pour voir dire que, conformément au n° 6 de l'art. 18 du tit. 3 de la loi du 16 germinal an 6, il sera mis en liberté.

Jugement qui rejette sa demande, attendu que la loi qu'il invoque, est abrogée par les art. 800 et 1041 du Code de procédure.

Mais sur l'appel, arrêt qui réforme ce jugement et ordonne l'élargissement du sieur Moinié.

Et sur le recours en cassation des sieurs Curnier et Ramondène, arrêt du 3 mars 1825, au rapport de M. Vallée, par lequel, en adoptant les conclusions de M. l'avocat-général Lebeau,

« Attendu qu'aux termes de l'art. 2070 du Code civil, il n'est pas dérogé, par ce Code, aux lois particulières qui autorisent la Contrainte par corps dans les matières commerciales; que, dès-lors, la loi du 15 germinal an 6 se trouve maintenue par cet article;

» Qu'à la vérité, on prétend, fondé sur les art. 800 et 1041 du Code de procédure, que ces

_____

(1) Moniteur du 9 mai 1818.

articles ont abrogé la loi de germinal quant à la mise en liberté d'un débiteur emprisonné depuis plus de cinq ans pour dettes commerciales ;

» Mais attendu 1° que l'art. 800 peut bien régler la forme de procéder, même en exécution des jugemens commerciaux, mais ne touche ni directement ni indirectement le fond du droit commercial ; 2° que l'art. 1041 se borne à abroger les lois, coutumes, usages et réglemens relatifs à *la procédure civile ;*

» Qu'en ordonnant donc la mise en liberté de Moinié, emprisonné depuis plus de cinq ans, par suite d'un jugement commercial, l'arrêt n'a violé ni faussement appliqué les lois invoquées ;

» La cour (section des requêtes) rejette le pourvoi.... (1) ».

Voici cependant une espèce dans laquelle le système condamné par cet arrêt et par celui qu'il maintient, a été accueilli par la cour supérieure de justice de Bruxelles.

En 1823, la veuve Debroyer, cabaretière, détenue depuis cinq ans en vertu d'un jugement obtenu contre elle, par le sieur Vanhophem, brasseur, pour des fournitures de bière qu'il lui avait faites postérieurement à la mise en activité du Code de procédure, forme contre lui une demande en élargissement qu'elle fonde sur la loi du 15 germinal an 6.

Le sieur Vanhophem s'y oppose, en soutenant que cette loi est abrogée par l'art. 1041 du Code de procédure civile, et que, par conséquent, l'art. 800 de ce Code est la seule loi à consulter sur les causes de la cessation des emprisonnemens pratiqués sous son empire.

Le premier juge rejette ce système, et ordonne la mise en liberté de la veuve Debroyer; mais sur l'appel, arrêt du 12 août 1823, par lequel,

« Attendu que la loi du 15 germinal an 6 contient trois titres divers, relatifs à trois différentes matières, savoir : le premier, qui concerne les cas dans lesquels la Contrainte par corps est autorisée en matière *civile* ; le second, qui touche les cas où elle est permise en matière de *commerce* ; et le troisième, ayant pour objet *la forme* dans laquelle ce moyen d'exécution doit être employé, ainsi que les cas où, sur la demande de mise en liberté, la Contrainte par corps doit venir *à cesser ;*

» Attendu que ledit premier titre de la loi du 15 germinal an 6 a été abrogé par les art. 2059 à 2069 du Code civil, lesquels contiennent tous les cas dans lesquels la Contrainte par corps a lieu en matière *civile ;*

» Attendu que l'art. 2070 de ce Code, placé sous la même rubrique, doit être entendu *pro subjectâ materiâ*, et qu'il n'est relatif qu'à ces lois particulières qui autorisent la Contrainte par corps en

matière de *commerce*, et conséquemment au tit. 2 de ladite loi du 15 germinal an 6, lequel, par ce moyen, est conservé ;

» Attendu que l'art. 441 du Code de procédure civile, qui est postérieur à la loi du 15 germinal an 6, porte que tout ce qui concerne l'exécution des jugemens des tribunaux de commerce est attribué aux tribunaux civils; qu'ainsi, les dispositions dudit Code de procédure, relatives à l'exécution des jugemens, sont applicables tant aux jugemens en matière de commerce qu'en matière civile ; et que, par une conséquence ultérieure, tout ce que prescrivent les art. 780 et suivans du Code de procédure, comme étant relatif aussi bien à la manière dont la Contrainte par corps doit être mise à exécution, qu'aux cas dans lesquels ce moyen d'exécution *doit cesser*, a abrogé le susdit tit. 3 de la loi du 15 germinal an 6 ;

» Attendu encore que ledit Code ayant statué sur tout ce qui est relatif à la procédure et à l'exécution des jugemens, tant en matière civile que commerciale, l'abrogation générale des lois antérieures, dont il est fait mention en l'art. 1041, doit être entendue de toutes les procédures qui sont en opposition avec les procédures criminelles et correctionnelles, et non pas restrictivement des procédures civiles en opposition avec les procédures touchant le commerce ;

» Attendu que l'art. 800 dudit Code de procédure, en exprimant tous les cas dans lesquels le débiteur emprisonné peut aujourd'hui demander sa mise en liberté, ne comprend pas le cas d'emprisonnement quinquennal ; qu'ainsi, le sixième point de l'art. 18 de la loi du 15 germinal an 6, pré-rappelé, n'est pas plus applicable aujourd'hui, en matière de Contrainte par corps, aux cas nés depuis l'émanation du Code de procédure, que les troisième et cinquième points du même article ;

» Par ces motifs, la cour, M. l'avocat-général Baumhauer entendu, met le jugement dont appel au néant; émendant, déclare l'intimée, en ses conclusions prises en première instance, non-recevable ni fondée (1) ».

Mais il est permis de croire que cet arrêt aurait prononcé tout autrement qu'il ne l'a fait, si l'on eût mis sous les yeux de la cour qui l'a rendu, les raisons qui avaient déterminé celui de la cour royale de Paris, du 2 octobre 1814, et que l'on y eût ajouté tout ce qui a été dit depuis sur la question, tant dans la Chambre des députés, en 1817, que dans la Chambre des pairs, en 1818.

IV. La troisième question est résolue à l'avance par les principes qui ont déterminé la solution des deux premières ; car une fois qu'il est reconnu que le droit d'incarcération en matière commerciale, est encore régi au fond par la loi du 15

---

(1) Journal des audiences de la cour de cassation, année 1825, page 186.

(1) Jurisprudence de la cour supérieure de justice de Bruxelles, année 1823, tome 2, page 195.

germinal an 6, il est impossible de n'en pas conclure que la disposition de l'art. 14 du tit. 3 de cette loi, par laquelle le débiteur mis en liberté, faute de consignation d'alimens, est pour toujours à l'abri de la Contrainte par corps pour la même dette, a survécu à l'art. 804 du Code de procédure civile.

Le tribunal de première instance du département de la Seine avait cependant jugé le contraire, le 22 avril 1817, contre le sieur Pourin ; mais sur l'appel de celui-ci, il est intervenu, à la cour royale de Paris, le 5 août de la même année, un arrêt qui,

« Attendu qu'aux termes de l'art. 14 de la loi du 15 germinal an 6, le débiteur élargi faute de consignation d'alimens, ne peut être écroué ni recommandé une seconde fois pour la même dette ; que cette disposition tient véritablement au fond du droit, et n'est point abrogée par la disposition contraire du Code de procédure, qui n'a réglé, quant au fond de droit, la Contrainte par Corps, que relativement aux matières civiles ;

» Faisant droit sur l'appel, met l'appellation et ce dont est appel au néant ; émendant, décharge Pourin des condamnations contre lui prononcées ; au principal, déclare l'arrestation et la recommandation de la personne de Pourin nulles et de nul effet ; ordonne que, nonobstant icelles, tout greffier, concierge et gardien de la maison d'arrêt de Sainte-Pélagie seront tenus de mettre sur le champ le dit Pourin en liberté..... (1) ».

Chose étonnante, la question s'étant représentée depuis à la cour royale de Rouen, y a été jugée, par arrêt du 20 mai 1823, comme elle l'avait été en première instance à Paris, le 22 avril 1817,

« Attendu que le tit. 3 de la loi du 15 germinal an 6 a réglé le mode d'exécution de la Contrainte par Corps rétablie par les deux premiers titres de cette loi ;

» Que le livre 5 du Code de procédure, rédigé postérieurement, est intitulé *de l'exécution des jugemens* ; que le tit. 15 de ce livre ne traite que de l'emprisonnement, et que l'art. 804, qui se trouve dans le dit titre, a réglé généralement de quelle manière la Contrainte par corps serait exercée contre un débiteur qui aurait obtenu son élargissement faute d'alimens consignés dans le temps de droit ; que cet art. 804 est donc dérogatoire au dernier paragraphe de l'art. 14, tit. 3, de la loi du 15 germinal an 6, et est par conséquent applicable aux matières commerciales comme aux matières civiles ».

Mais cet arrêt a été déféré à la cour de cassation, comme violant, par une fausse application de l'art. 804 du Code de procédure, l'art. 14 du tit. 3 de la loi du 15 germinal an 6 ; et par arrêt du 8 février 1825, au rapport de M. Cassaigne,

« Vu l'art. 14, tit. 3 de la loi du 15 germinal an 6 ;

» Attendu que la loi du 15 germinal an 6 contient trois titres relatifs, le premier à la Contrainte par corps en matière civile, le second à celle en matière de commerce, le troisième commun à ces deux espèces de Contraintes ; que l'art. 14 portant que le débiteur élargi faute de consignation d'alimens, ne peut être incarcéré de nouveau pour la même dette, se trouve placé dans le troisième titre, et est par conséquent commun aux deux sortes de Contraintes ; qu'il est de principe constant qu'une première loi n'est abrogée par une seconde, qu'autant que celle-ci déroge expressément à la précédente, ou contient quelque disposition contradictoire et nécessairement inconciliable avec elle ; que le Code civil, s'occupant de la Contrainte par Corps en *matière civile*, loin de déroger à l'article précité de la loi du 15 germinal an 6, relativement à celle qui concerne les affaires commerciales, a maintenu expressément, par son art. 2070, les lois qui autorisent la Contrainte par corps dans les affaires de commerce ; que l'art. 804 du Code de procédure dit bien que le débiteur élargi faute de consignation d'alimens, peut être repris pour la même dette, en remplissant les conditions prescrites ; mais que cet article doit être entendu dans le sens des lois précédentes ; qu'il est évident qu'il n'a pour objet que la Contrainte par Corps en *matière civile*, puisqu'il ne déroge point formellement à l'art. 2070 du Code civil qui la maintient *en matière de commerce*, et puisqu'il ne contient à cet égard, aucune disposition nécessairement contradictoire et inconciliable avec ce dernier article, ni avec celui précité de la loi du 15 germinal an 6, son but se trouvant rempli par son application à la Contrainte par Corps en *matière civile* ;

» Attendu enfin qu'il suit de ce qui précède, que l'art. 804 du Code de procédure ne déroge point à l'art. 14 de la loi du 15 germinal an 6, en ce qui concerne la Contrainte par corps en matière de commerce ; que cependant l'arrêt attaqué jugé le contraire, qu'en cela, il viole formellement ce dernier article, et fait une fausse application de l'art. 804 du Code de procédure civile ;

» La cour casse et annulle..... (1) ».

§ XI. *Le jugement qui, hors les cas déterminés par la loi, prononce la Contrainte par Corps, passe-t-il en force de chose jugée par le seul effet de l'acquiescement du condamné, et sans le concours de l'expiration du délai dans lequel ce jugement peut être attaqué, soit par opposition, soit par appel, soit par recours en cassation ?*

_____

(1) Journal des audiences de la cour de cassation, année 1817, supplément, page 35.

(1) Bulletin civil de la cour de cassation, tome 27, page 71.

Il n'est point de jugement, quelque illégal ou injuste qu'il soit, qui ne passe en force de chose jugée par le laps du temps que la loi accorde pour l'attaquer; mais, comme on l'a vu au mot *Acquiescement*, § 19, il ne suffit pas toujours que la partie condamnée ait acquiescé au jugement rendu contre elle, pour qu'on puisse la déclarer non-recevable à en poursuivre la réformation ou la nullité; l'acquiescement qu'elle y a donné, ne produit cet effet, lorsqu'il ne concourt pas avec l'expiration du délai fatal, que dans les matières qui tiennent au droit privé et sur lesquelles il peut être dérogé par des conventions particulières aux lois qui les régissent.

Or, telle n'est pas la Contrainte par Corps: non-seulement elle appartient tout entière, par sa nature, au droit public, mais l'art. 2063 du Code civil défend expressément *à tous notaires et greffiers de recevoir des actes dans lesquels elle serait stipulée hors les cas déterminés par la loi, et à tout français de consentir de pareils actes; encore qu'ils eussent été passés en pays étrangers; le tout à peine de nullité.*

Et dès-là nul doute que le seul acquiescement à un jugement qui prononce la Contrainte par Corps dans un cas où la loi ne le permet pas expressément, ne soit insuffisant pour imprimer à ce jugement le caractère de chose jugée.

C'est effectivement ce qu'ont décidé les trois arrêts suivans de la cour supérieure de justice de Bruxelles.

Le 27 octobre 1825, jugement du tribunal de commerce de Bruxelles, qui condamne par corps le sieur J....., non commerçant, à payer au sieur Lagnier le montant d'un billet à ordre souscrit par le premier au profit du second pour cause non commerciale.

Le 1er novembre de la même année, le sieur J.... remet au sieur Lagnier un acte sous seing-privé par lequel il déclare acquiescer à ce jugement.

Peu de temps après, et avant que soit expiré le délai de l'appel, le sieur J.... se rend appelant de ce jugement à la cour de Bruxelles.

Le sieur Lagnier lui oppose une fin de non-recevoir, et soutient qu'il ne peut pas attaquer un jugement à l'exécution duquel il s'est expressément soumis.

Mais, par arrêt du 2 juin 1826, la fin de non-recevoir est rejetée et l'appel reçu;

« Attendu que, par acte du 1er novembre 1825, l'appelant a acquiescé au jugement par défaut, rendu contre lui par le tribunal de commerce de Bruxelles, le 27 octobre précédent;

» Attendu que cet acquiescement a pu avoir lieu de sa part, pour tout ce qui dépendait de lui, et non au-delà;

» Attendu que la condamnation par corps ne dépend point de la volonté des citoyens ou des parties contractantes;

» Que l'art. 2063 du Code civil défend bien expressément à tous juges de prononcer la Contrainte par Corps, hors les cas déterminés par une loi formelle;

» Que, dans l'espèce, la lettre de change en question ne peut être considérée que comme un billet à ordre, signé par un individu non commerçant, ainsi que le prouvait l'exploit d'ajournement même;

» Que l'effet dont il s'agit, n'a pas eu pour occasion des opérations de commerce, de change ou de banque, et que l'intimé n'a pas allégué le contraire;

» Qu'ainsi, le cas dont il s'agit, ne tombait dans les termes d'aucune loi autorisant la Contrainte par corps;

» Et que, par suite, le juge ne pouvait la prononcer dans l'espèce, ni la partie y donner son consentement;

» Attendu que, dans tous les cas où la loi défend de faire une chose, pareille disposition appartient indubitablement à l'ordre public, ainsi que cela résulte suffisamment des lois 29 et 45, §. 1 D. *de regulis juris* (1) ».

Le sieur J....., non commerçant, avait souscrit au profit du sieur T...., sous la forme d'une lettre de change, en le datant d'un lieu supposé, un billet à ordre qui, d'après l'art. 112 du Code de commerce, ne peut valoir que comme simple promesse (2).

Le sieur T.... transporte ce billet au sieur H...., par un endossement régulier.

A l'échéance, celui-ci en poursuit le paiement, et obtient contre le sieur J..., un jugement de condamnation par corps.

Le sieur J.... acquiesce à ce jugement par un acte sous seing-privé; mais bientôt après, il en interjette appel.

La cause portée à l'audience, il articule plusieurs faits desquels il résulte que le sieur H.... a eu connaissance, lors de l'endossement qui lui a été fait par le sieur T...., du vice de supposition de lieu dont est entaché le billet dont il s'agit; et il demande que le sieur H.... soit interrogé sur ces faits.

Le sieur H..... répond que toute explication sur ce fait est inutile, parceque l'acte d'acquiescement de celui-ci à sa condamnation par corps, oppose une barrière insurmontable à son appel.

Par arrêt du 71 novembre 1826, la cour, avant faire droit, ordonne que le sieur H...., sera tenu de répondre aux faits articulés par l'appelant;

« Attendu que la loi défend de se soumettre à la Contrainte par corps, hors les cas expressément prévus par elle;

» Que, si le jugement *à quo*, qui prononce la

---

(1) Jurisprudence de la cour supérieure de Bruxelles, année 1826, tome 2, page 269.

(2) *V.* le *Répertoire de jurisprudence*, aux mots *Lettre* et *Lettre de change*, §. 3, no 2 bis.

Contrainte par corps a été rendu dans un cas où la loi ne l'admettait pas, l'acquiescement à ce jugement, en ce qui concerne la Contrainte par corps, n'est point valable ».

Le sieur H...., assigné en vertu de cet arrêt devant le conseiller nommé pour procéder à son interrogatoire, ne comparaît pas; et en conséquence, le 4 janvier 1827, nouvel arrêt ainsi conçu:

« Attendu que H.... n'est point comparu pour répondre sur les faits et articles déclarés pertinens, la cour tient ces faits et articles pour reconnus;

» Attendu qu'il en résulte que H.... avait connaissance que la lettre de change dont il s'agit, renfermait supposition de lieu; et qu'ainsi, la Contrainte par corps ne pouvait être prononcée contre l'appelant; et, par une conséquence ultérieure, que l'acquiescement de l'appelant au jugement qui accorde contre lui la Contrainte par corps, ne peut, quant à ce point, être valable, puisqu'il n'est permis à personne de se soumettre à la Contrainte par corps hors les cas prévus par la loi;

» La Cour, ouï M. le substitut Duvigneaud en ses conclusions conformes, déclare l'appel recevable, en ce qui concerne la décision du premier juge sur la Contrainte par corps; met, quand à ce, le jugement au néant, dit que l'acquiescement est nul... (1) ».

§. XII. *Quelle est, par rapport à la Contrainte par corps, la condition des membres de la chambre des pairs et de la chambre des députés?*

Avant la restauration de 1814, il était généralement reconnu que les membres du corps législatif étaient, en matière civile, contraignables par corps, ni plus ni moins que les simples citoyens; et telle était la décision expresse d'un décret de l'Assemblée constituante, du 7 juillet 1790 (2).

Mais la charte constitutionnelle a modifié cette jurisprudence par rapport aux membres de la chambre des députés, en disant, art. 51, qu'*aucune Contrainte par corps ne peut être exercée contre un membre de la Chambre* (des députés), *durant la session et dans les six semaines qui l'auront précédée ou suivie*; disposition de laquelle il résulte à-la-fois que les membres de la chambre des députés peuvent, dans les mêmes cas que les simples citoyens, être condamnés par corps au paiement de leurs dettes; et que les condamnations prononcées contre eux, soit avant, soit depuis leur élection, ne peuvent être exécutées par corps, ni pendant les six semaines qui précèdent la session, ni pendant la session même, ni pendant les six semaines qui la suivent.

Mais la jurisprudence établie par le décret du 7 juillet 1790, est-elle également modifiée par

rapport aux membres de la chambre des pairs, et comment l'est-elle à leur égard?

La solution de cette question dépend de la manière d'entendre l'art. 34 de la charte constitutionnelle, lequel est ainsi conçu : *Aucun pair ne peut être arrêté que de l'autorité de la chambre, et jugé que par elle en matière criminelle.*

Et d'abord, le mot *arrêté* a-t-il dans ce texte la même acception que dans l'art. 51, suivant lequel « aucun membre de la chambre (des députés) » ne peut, pendant la durée de la session, être » poursuivi ni *arrêté* en matière criminelle, sauf » le cas de flagrant délit, qu'après que la chambre » a permis des poursuites? » Et en conséquence résulte-t-il de l'art. 34 que les pairs de France ont, à la vérité, comme les députés, le privilège de ne pouvoir être *arrêtés en matière criminelle que de l'autorité de la chambre* dont ils font partie, mais qu'ils n'en ont aucun en fait d'arrestation en matière civile?

En second lieu, si, comme tout porte à le croire, le terme *arrêté* a, dans la première disposition de l'art. 34, un sens absolu, et si cette disposition signifie que, même en matière civile, *aucun pair ne peut être contraint par corps, que de l'autorité de la chambre*, en résulte-t-il que la Contrainte par corps ne peut pas être prononcée par les tribunaux contre les pairs de France, ou seulement que la Contrainte par corps prononcée contre eux par les tribunaux, ne peut être mise à exécution que de l'autorité de la chambre?

Troisièmement, en résulte-t-il non-seulement que la chambre des pairs *peut* refuser l'exécution d'une Contrainte par corps prononcée en matière civile contre l'un de ses membres; mais encore qu'elle le *doit*, et que chacun de ses membres est, en matière civile, pleinement à l'abri de la Contrainte par corps?

Quatrièmement, ne doit-on pas, à cet égard, distinguer entre les dettes purement civiles, et celles qui portent l'empreinte du dol et de la fraude?

Cinquièmement, ne doit-on pas aussi distinguer entre le pair poursuivi pour une dette purement civile, contractée avant son élévation à la pairie, et le pair poursuivi pour une dette purement civile, contractée depuis qu'il est investi de cette dignité?

Toutes ces questions ont été agitées, en 1820 et 1822, dans la chambre des pairs : voici à quelle occasion.

En 1819, les sieurs Sol et Begué présentent à la chambre des pairs, des pétitions tendant à ce qu'il leur soit permis de faire exécuter contre un de ses membres, des jugemens par corps qu'ils ont obtenus contre lui pour lettres de change, avant qu'il fût élevé à la pairie.

Ces pétitions sont renvoyées à une commission de sept membres, pour en faire le rapport et présenter un projet de décision.

Dans le rapport qui est fait à la séance du 6 juillet 1820, la commission débute par annoncer que

(1) *Jurisprudence de la cour supérieure de Bruxelles*, année 1827, tome 1, page 141.
(2) *V.* le *Répertoire de jurisprudence*, aux mots *Contrainte par corps*, n° 25.

les questions dont elle s'est occupée, *demandent à être vues de plus, et sous un aspect plus généralisé* que celui d'une créance, d'un créancier, d'un débiteur ordinaire ; que, dans une délibération qui doit, sinon écarter, au moins primer, toutes les autres, *les individualités matérielles doivent disparaître*, et qu'il s'agit ici du moral de la pairie, c'est-à-dire, de ce qui la crée, la compose et la soutient ; *de ce qui est nécessaire à la pairie, parceque la pairie est nécessaire à l'état* ; et elle termine par une proposition tendant à « déclarer que » l'art. 34 de la charte, en statuant *qu'aucun* » *pair ne peut être arrêté que de l'autorité de la* » *chambre*, a laissé à la conscience et à la décision de la chambre de déterminer dans quel » cas un pair doit ou ne doit pas être arrêté, » et que la chambre regarde comme un privilège » inhérent à la pairie, que, *pour* TOUTE DETTE, *et* » *dans* TOUTE·CAUSE OU MATIÈRE CIVILE, *la liberté* » *personnelle d'un pair soit à jamais inviolable* » *et sacrée* ».

Une discussion très-approfondie s'engage sur les conclusions de ce rapport ; elle occupe quatre séances entières.

Des quatorze orateurs qui sont entendus, il n'y en a qu'un qui soit d'avis de rejeter le projet de la commission sans y rien substituer : il reconnaît bien que *la charte donne à la chambre le droit de décider des cas particuliers où tel pair devrait ou ne devrait pas être arrêté ;* mais il soutient en même temps que *conclure de l'individualité à l'universalité*, c'est aller contre les premiers principes de la logique ; et il se montre surtout préoccupé de la crainte que les pairs de France n'arrivent à *posséder les mêmes prérogatives que possèdent les pairs d'Angleterre.*

Sur les treize autres orateurs, dix adoptent les conclusions de la commission, le plus grand nombre purement et simplement, quelques-uns avec de légères modifications ; et trois seulement les combattent, soit parcequ'elles étendent à toutes les causes civiles l'inviolabilité absolue de la liberté personnelle des pairs, au lieu de la restreindre aux seules *poursuites pour dettes*, soit parcequ'elles devaient se borner à dire que la chambre statuerait *dans chaque occurrence, selon l'exigence du cas.*

Et tous s'accordent unanimement sur le principe que « l'art. 34 de la charte, en statuant *qu'au-* » *cun pair ne pouvait être arrêté que de l'autorité* » *de la chambre*, a laissé à la conscience et à la » décision de la chambre de déterminer dans quel » cas un pair doit ou ne doit pas être arrêté ».

La discussion parvenue à ce point, il est proposé un nouvel avis dont le résumé est ainsi conçu :

« Attendu que les questions dont il s'agit, tiennent essentiellement à l'exécution du droit civil et aux rapports qui devront nécessairement exister entre la cour suprême et les autres tribunaux ;

» Attendu également que l'organisation de la chambre des pairs, comme cour suprême, est incomplète, et qu'il est impossible de prononcer définitivement, ni sur les conséquences, ni sur les formes de ces rapports ; que, dès-lors, la chambre ne peut prendre, sur les questions résultant des pétitions présentées, ni résolution, ni arrêté, et ne peut pas même statuer provisoirement ;

» Je conclus à ajourner la discussion jusqu'à ce qu'il ait plû à sa majesté d'organiser définitivement la chambre des pairs en cour suprême de justice, et de régler les formes qu'elle doit suivre en toute matière, soit vis-à-vis de ses membres, soit vis-à-vis des tiers ».

Le ministère appuie fortement cet avis, et en même temps attaque comme une nouveauté dangereuse par ses conséquences et comme portant le caractère d'acte législatif, la partie des conclusions de la commission qui tendrait à déclarer « que la » chambre regarde comme un privilège inhérent » à la pairie, que, pour toute dette et dans toute » cause, en matière civile, la liberté d'un pair soit » à jamais inviolable et sacrée ».

La proposition de l'ajournement est mise aux voix, le 15 juillet 1820, et repoussée par la majorité.

En conséquence, la discussion continue sur le projet d'arrêté de la commission, et n'amène d'autre résultat qu'une délibération par laquelle la chambre des pairs, laissant de côté les questions générales dont ce projet offrait la solution, et se renfermant dans les deux affaires particulières qui les avaient fait naître, renvoie les pétitions des sieurs Sol et Begué au comité des pétitions pour en faire rapport au premier jour.

Le 22 juillet 1820, le rapporteur de ce comité obtient la parole pour proposer un projet d'arrêté tendant *à passer à l'ordre du jour sur les pétitions, attendu l'art. 34 de la charte*; c'est-à-dire, un projet renfermant en peu de mots toute la substance de celui de la commission. Mais au moment où il en commence la lecture, il survient une ordonnance du roi qui lui ferme la bouche, en terminant la session de 1819.

La session de 1820 se passe sans qu'il soit question des pétitions des sieurs Sol et Begué ; mais elles sont reproduites en 1822, dans la session de 1821 ; et elles sont renvoyées à une nouvelle commission spéciale, au nom de laquelle M. le comte de Lally-Tolendal fait, à la séance du 11 avril, un rapport dont l'objet est, comme en 1820, de fixer les principes généraux qui devront servir de guides à la chambre pour prononcer dans tous les cas particuliers.

« Nous avons établi pour principes généraux (dit-il), ou ceux qui ne peuvent souffrir de contradiction, ou ceux qui, ayant été controversés en 1820, ont obtenu pour eux, dans la chambre, une majorité souvent voisine de l'unanimité.

» Ainsi, nous avons regardé comme impossible

de nier que les questions générales qui nous occupent, appartiennent beaucoup plus au droit politique qu'au droit civil. Nous avons vu que personne n'avait donné un démenti à Montesquieu, lorsqu'il a écrit son chapitre intitulé : *qu'il ne faut pas décider par les règles du droit civil, quand il s'agit de décider par celles du droit politique;* et nous avons cherché à nous élever avec ce grand homme aux grandes autorités que lui-même a jugées dignes de lui servir de guides.

» Ainsi, dans la controverse de 1820, toutes les opinions, et celles qui adoptaient la *déclaration générale* proposée par vos commissaires, et celles qui ont préféré par système ou admis par lassitude *la voie des décisions spéciales*, et celles qui sollicitaient l'ajournement de *toutes décisions tant spéciales que générales*, et l'illustre président du conseil des ministres, et le noble pair adjoint au ministre de la justice, et le très-honorable ministre des affaires étrangères, et le savant magistrat collaborateur de notre Code civil, tous ont reconnu, avec la commission, le premier principe posé par elle, que *l'art. 34 de la charte, en statuant qu'aucun pair ne peut être arrêté que de l'autorité de la chambre, a laissé à la conscience et à la décision de la chambre de déterminer dans quel cas un pair doit ou ne doit pas être arrêté.* Nous avons donc tenu aujourd'hui ce principe pour inattaquable.

» Mais dès-lors que la *chambre est juge suprême de l'application de ces priviléges*, comme l'a prononcé formellement le noble comte adjoint au secrétaire d'état de la justice; dès-lors que la chambre peut, dans chaque circonstance particulière, décider si elle ordonnera ou si elle refusera l'arrestation d'un pair, elle peut, par la même raison, décider généralement, et une fois pour toutes, qu'il est un genre de poursuites pour lequel son *autorité* n'exercera ni ne laissera jamais exercer la Contrainte par corps contre un pair du royaume, et mettre la liberté personnelle de ses membres à l'abri de toute atteinte possible dans ce genre unique de poursuites, en se réservant de statuer, dans toute autre occurrence, si elle suspendra ou ne suspendra pas cette liberté, n'implique nullement contradiction.

» Par un sophisme qui ne peut soutenir le plus simple examen, et par une fausse interprétation qui mérite d'être repoussée sévèrement, un des pétitionnaires, qui poursuit devant vous l'arrestation civile d'un membre de la pairie, vous a insinué que c'était par condescendance qu'il voulait bien voir en vous les rédacteurs d'un *Pareatis*, les instrumens passifs, les exécuteurs forcés des sentences d'un tribunal de commerce, et que, d'après l'art. 34 de la charte, vous n'aviez réellement d'*autorité* à exercer, relativement à la liberté individuelle de vos pairs, qu'en *matière criminelle*.

» Mais pour soutenir ce système, il a fallu qu'on dénaturât cet article en le rapportant; qu'on en transposât trois mots; qu'on les plaçât au commencement de l'article, tandis que la charte les a placés à la fin.

» Ouvrez la pétition à la page 17, vous y trouverez, à partir de la ligne neuvième, ces mots imprimés comme texte en caractères italiques : *L'auguste auteur de la charte a voulu qu'en matière criminelle, aucun pair ne pût être arrêté que de l'autorité de la chambre, et jugé que par elle.*

» Ouvrez la charte, et vous y lirez l'art. 34 conçu littéralement en ces termes : *Aucun pair ne peut être arrêté que de l'autorité de la chambre* (virgule), *et jugé que par elle en matière criminelle.*

» Ainsi, Messsieurs, et vous n'en avez jamais douté, cet art. 34 renferme deux dispositions bien évidemment distinctes: l'une, qu'en toute matière, un pair *ne peut être arrêté que de l'autorité de la chambre*; et l'autre, *qu'il ne peut être jugé que par elle en matière criminelle.*

» Le rapporteur de votre commission est d'autant plus, je ne dirai pas fondé, mais astreint à vous rappeler ce principe, que, dans la session de 1816, dans cette première de nos tentatives si malheureusement infructueuses pour fixer votre organisation judiciaire, je hasardai de proposer à la chambre d'excepter de l'immunité des pairs français, les cas exceptés de l'immunité des pairs anglais, tels que la trahison, la félonie, et la violation de la paix publique. La grande majorité de la chambre repoussa cette proposition, et ne voulut admettre que dans le cas unique du flagrant délit, la possibilité qu'un pair fût arrêté autrement que de l'autorité de la chambre, même pour matière correctionnelle.

» Sans doute, Messieurs, il n'est plus nécessaire de reproduire ici tous les développemens qui ont eu lieu dans cette chambre, il y a deux ans, sur toutes les dépendances de la grande question que nous agitons; mais il est impossible de ne pas rappeler avec quelque détail les motifs qui, dans tout pays où existe une pairie, ont porté le législateur à déclarer insaisissables, pour dette ou pour toute autre matière civile, les personnages revêtus de cette dignité.

» Ne fût-ce que l'intérêt évident de l'État à voir sa plus haute dignité investie du plus grand respect; ne fût-ce que le scandale révoltant d'offrir à l'œil des niveleurs et des factieux, un pair traîné ignominieusement à Sainte-Pélagie par des *sergens de la marchandise*, comme on les appelait autrefois, ou par des recors de police, c'en serait assez pour que vos seigneuries, supérieures à une vanité puérile, se missent également au-dessus d'une fausse pudeur, et n'eussent pas le tort réel de compromettre les intérêts publics, pour éviter l'imputation calomnieuse de sacrifier à leur intérêt personnel.

» Mais la grande raison, la raison déterminante du privilége (car c'en est un, il faut qu'il existe, il faut l'appeler de son nom, et ne pas donner au puritanisme de l'égalité, l'avantage de n'oser défendre franchement contre lui les gradations de l'ordre social), la raison déterminante du privilége, c'est que la pairie, c'est que le temps, les méditations, les paroles, les actions, toutes les facultés des pairs, appartiennent à la chose publique, au service du prince et de l'État; c'est que leur présence et leurs voix sont acquises à toutes les questions qui s'agitent au sein de ces trois pouvoirs qui constituent le parlement français; c'est que, quand tous les biens meubles et immeubles d'un pair sont abandonnés à ses créanciers, il faut que sa personne reste inviolable, parceque sa liberté personnelle est une garantie des libertés publiques, et qu'il vaut mieux que la loi donne une garantie de moins à l'intérêt de pécule de quelques individus, et en assure une de plus à l'intérêt vital de la société entière.

» Toutes les hypothèses s'admettent quand il s'agit de défendre un intérêt si sacré. Est-on sûr que l'heureuse tranquillité dont nous jouissons enfin, après l'avoir si chèrement achetée, ne recevra jamais d'altération dans l'avenir? Est-il impossible qu'à une époque ou à une autre, il se rencontre, ou un ministère despote et rusé, ou une faction tyrannique et haineuse? Eh bien! Dans l'un ou l'autre cas, il ne faut pas, ou que l'administration oppressive, ou que la faction triomphante, puissent écarter des délibérations un pair dont elles redouteront l'intégrité, le courage et l'ascendant, en lâchant contre lui un ou plusieurs créanciers peut-être équivoques, peut-être usuriers, peut-être aussi porteurs de créances réelles et de sentences justes; mais qui, abandonnés à la bonté naturelle de leurs cœurs, eussent pu transiger avec leurs débiteurs, victimes d'une infortune non méritée, et qui, stimulés par des passions étrangères, ou séduits par des moyens corrupteurs, plongeront dans les ténèbres d'une prison celui que les besoins et les vœux du prince et de la patrie appelleraient à la tribune des chambres.

» Je dis *des chambres*, Messieurs, parceque les membres de l'une et de l'autre doivent jouir, et jouissent en effet du même privilége pour les mêmes motifs; parceque l'art. 51 de la charte est la sauvegarde de la liberté des députés électifs, comme l'art. 54 est la sauvegarde de la liberté personnelle des pairs.

» *Aucune Contrainte par corps,* dit cet art. 51, *ne peut être exercée contre un membre de la chambre durant la session, et dans les six semaines qui l'auront précédée ou suivie.*

» Il n'y a pas ici un moyen d'équivoquer, point d'explication à donner, point d'hypothèses à combattre par d'autres, point de distinction à proposer, admettre ou réfuter entre les différens genres de *dettes,* entre les différentes *matières civiles* qui, dans le droit commun, et d'après le tit. 16 du Code civil, entraînent telle ou telle espèce de Contrainte par corps. AUCUNE *Contrainte par corps,* dit la loi fondamentale, AUCUNE *ne peut être exer-*

cée *contre un membre de la chambre des députés.*

» Plus on y pense, et plus on est étonné que des esprits, distingués par leur droiture, même par leur supériorité, aient pu nier l'analogie de ces deux art. 54 et 51, par des argumens tirés de la différente position des deux chambres.

» Il n'y a point d'analogie complète dans la nature; il n'y a pas une seule comparaison dans laquelle les deux objets que l'on compare, n'aient des points de similitude et des points de dissemblance, des rapports communs entre eux et des caractères particuliers à chacun d'eux.

» Le bon sens dit que celui qui argumente d'une comparaison entre deux objets, la fonde sur les points de similitude. La bonne foi permet-elle de ne relever, pour la critiquer, que les points de dissemblance?

» Ainsi, dans l'espèce présente, voici les points d'analogie entre les deux chambres :

» Aucun privilége n'est accordé ni à l'une ni à l'autre que pour l'avantage général de la société, et non pour leur avantage particulier.

» Le privilége de n'être exposé à aucune Contrainte par corps, pour que rien ne les trouble dans leurs fonctions publiques, appartient aux membres de la chambre des députés. Comment, à ce titre seul, le même privilége n'appartiendrait-il pas aux pairs qui remplissent dans leur chambre, les mêmes fonctions publiques remplies par les députés dans la leur?

» On objecte que le privilége des députés n'est que temporaire, qu'ils n'en jouissent que durant la session, quarante jours avant, quarante jours après, et qu'ils n'en sont mis en possession que pour cinq ans, terme de leur mandat et de leur magistrature politique, tandis que le privilége des pairs serait perpétuel et transmissible par l'hérédité.

» Nous pourrions observer d'abord, sur la dernière partie de l'objection, que ces députés, élus pour cinq années, peuvent, de cinq ans en cinq ans, être réélus pour tout le temps de leur vie; que cette habitude précieuse de confiance, qui, en Angleterre, perpétue sur la chaise curule des communes les Pitt et les Fox, les Shéridan et les Wyndham, commence à s'établir en France; et que, par exemple, le département et la ville du *douze mars* se sont bien gardés de ne pas réélire ces grands citoyens, ces sujets fidèles dont s'honore leur patrie, autant qu'ils s'honorent d'elle. Mais nous prenons l'objection dans tout son entier, dans toute sa rigueur, et nous disons que, non-seulement elle ne prouve rien contre, mais qu'elle prouve tout pour le droit des pairs.

» Elle ne prouve rien contre; car au moins faudrait-il qu'il y eût parité entre les deux chambres *durant la session* législative; et je ne sais pas qui aurait le courage de dire *ex cathedrâ* : pendant huit ou dix mois qu'occupe le session du parlement français, *aucune* Contrainte par corps ne peut être exercée contre les membres d'une des deux chambres, et *toute* espèce de Contrainte par corps peut être exécutée contre les membres de l'autre.

» L'objection prouve tout pour le droit des pairs ; car ici le privilége ne tient pas à l'homme, il tient à la fonction ; et précisément parceque le privilége des députés ne dure qu'autant que leur fonction, le privilége des pairs doit durer autant que la leur. S'il y a pérennité dans la fonction, il y a pérennité dans le privilége.

» Maintenant qu'il y ait pérennité dans la fonction des pairs, qui peut la révoquer en doute ? Ne pouvez-vous pas être convoqués par le roi sans la chambre des députés, qui ne peut pas l'être sans vous ? Au mois d'août 1820, n'avez-vous pas été convoqués en cour de justice, hors de la session des chambres ; et le droit des accusés à la présence de tous leurs juges, n'est-il pas encore plus impératif, plus sacré, s'il est possible, que le droit des sujets et des citoyens à la présence de tous leurs législateurs ?

» Enfin, n'êtes-vous pas, par votre office et par votre dignité, les conseillers nés et les défenseurs spéciaux de la couronne? Votre commission de 1816 n'a-t-elle pas proclamé, par l'organe si justement accrédité de son rapporteur, ce principe fondamental auquel vous vous êtes empressés de donner votre assentiment, que vous deviez vous tenir prêts dans tous les momens *ad consultendum, ad defendendum Regem ?* Et ceux de nos publicistes qui ont traité ce sujet, et les publicistes de nos voisins, depuis Blackstone qui écrivait son commentaire il y a bientôt un siècle, jusqu'à Custance qui nous a enrichis en 1816 d'un *tableau* si généralement estimé, tous ont parlé le même langage et consacré le même principe. *C'est en qualité de conseillers héréditaires du roi*, a dit ce dernier, dans son chap. 46, *que les pairs ne sont en aucun temps saisissables par corps, parceque la loi les suppose, ou aidant le roi de leurs conseils pour le bien public, ou occupés à maintenir la sûreté du royaume par leur habileté ou leur courage.* Il avait dit plus haut, dans son chap. 6 : *c'est un privilége du parlement que tous ses membres, soit pairs, soit députés à la chambre des communes, ne puissent être arrêtés ni détenus, sans qu'il y ait violation de ses droits. Ce privilége ne s'étend pas toutefois au cas de félonie ou de trahison, ni à ceux où la tranquillité publique pourrait être intéressée; car les priviléges du parlement ne sont pas accordés à ses membres pour leur avantage particulier, mais comme une sorte de sauvegarde que la constitution leur a donnée, pour les mettre en état de remplir avec sûreté les devoirs de leur emploi.* Vous retrouvez ici, Messieurs, les trois exceptions au privilége, dont j'avais hasardé de vous proposer l'adoption il y a six ans, et que vous n'avez pas cru devoir admettre; mais vous y retrouvez aussi cette égalité de privilége entre les deux chambres, que l'auguste auteur de la charte a, dans sa sa-

gesse, adaptée à la constitution que nous lui devons, dans ses art. 34 et 51.

» Un noble pair qui résistait en 1820 à reconnaître l'analogie de ces deux articles, en donnait pour raison que la chambre des députés ne se trouvant jamais saisie d'aucun pouvoir judiciaire, la liberté personnelle de ses membres avait dû être mise à couvert par un article aussi explicite et aussi général que l'art. 51, tandis que la chambre des pairs, joignant aux fonctions législatives des fonctions judiciaires, n'avait pas besoin d'autre protection pour la liberté personnelle de ses membres, que du jugement qu'elle rendrait, suivant l'exigence des cas, dans chaque occurrence où on lui demanderait de permettre une atteinte à cette liberté, et que c'était là ce qu'avait entendu l'art. 34 de la charte.

» Mais, a-t-on bien réfléchi à cette proposition, en la présentant ? Quoi ! Messieurs, un privilége universel, permanent, irrévocable, défendrait la liberté personnelle d'un député contre toute Contrainte par corps, commerciale ou civile, et la liberté personnelle d'un pair ferait question chaque fois qu'une Contrainte de cette nature la menacerait ! Il y aurait chaque fois un procès, des débats, un jugement dépendant de la majorité, d'une majorité peut-être de dix, peut-être de cinq, peut-être d'une seule voix ! Non, Messieurs, la liberté de tous les individus, membres d'une chambre ou de l'autre, doit être couverte du même bouclier, doit être garantie non-seulement des atteintes du dehors, mais même de la variabilité des jugemens et décisions de chaque chambre, de l'infiltration des préjugés de parti qui pourrait rendre une chambre plus ou moins sévère pour le pair ou le député civilement poursuivi, selon qu'il appartiendrait à la majorité ou à la minorité politique du moment. *Aucune Contrainte par corps ne peut être exercée contre un membre de la Chambre des députés; aucune Contrainte par corps ne doit pouvoir être exercée contre un membre de la chambre des pairs.*

» Quoi ! (s'est encore écrié, en 1820, un orateur de cette chambre). Une immunité non-seulement pour toute dette commerciale ou autre, mais pour *toute matière civile ?* Pour stellionat? Pour possession indue et refus de restitution? Pour tous les cas enfin que le tit. 16 du Code civil soumet à la Contrainte par corps? Quoi ! Un chapitre entier du Code civil concerne la Contrainte par corps, et la chambre déclarerait que ce chapitre entier cessera d'être à l'avenir la loi de ses membres !

» A cette objection, Messieurs, il pourrait suffire d'opposer une réponse aussi péremptoire que laconique, et toujours la même. Il suffirait de dire : *Ce chapitre entier du Code civil a cessé d'être la loi des députés : pourquoi resterait-il la loi des Pairs?*

» Et cette réponse suffirait également pour écarter tous les lieux communs qu'on voudrait renouveler sur le *droit commun* dans une *question* qui est toute de *privilége.*

» Cependant, Messieurs, vos commissaires, après

y avoir bien pensé, ont jugé que, d'après les motifs d'une délicatesse qu'ici l'on sera toujours bien plus disposé à exagérer qu'à restreindre, il serait possible d'établir une distinction entre les différens cas pour lesquels le tit. 16 du Code civil autorise la Contrainte par Corps. En conséquence, dans le projet de résolution qui va bientôt vous être présenté, votre commission vous proposera de borner exclusivement le privilége et l'immunité des membres de la pairie aux *simples lettres de change*, aux *simples billets à ordre* et aux *matières purement civiles*. Assurément le stellionat, l'abus d'un dépot, l'invasion, la rétention, enfin la possession indue du bien d'autrui et le refus d'une restitution ordonnée par justice, ne sont point *matières purement civiles*, puisqu'il y a dol, fraude, violence, rébellion à justice; puisque les expressions de *quasi-délits*, de *délits*, même de *crimes*, et au moins de *petit criminel*, ont toujours été légalement employées pour caractériser les actions de cette nature. Ainsi, Messieurs, puisque dans toutes les éventualités de la vie humaine, puisque dans l'égarement des passions, quel que soit l'individu dont elles s'emparent, il n'est pas entièrement impossible qu'un homme revêtu de cette pairie qui ne doit respirer et inspirer que l'honneur, oublie sa dignité et s'oublie lui-même au point de se porter à des actes si honteux; il est bon de lui faire savoir qu'alors ni le haut caractère dont il se sera montré si indigne, ni aucun des priviléges attachés à ce caractère, ne pourront le préserver des rigueurs de la loi commune et de la Contrainte par corps qui en fait partie :

» Bien entendu que la chambre se réservera toujours d'ordonner, en connaissance de cause, l'exécution de ces rigueurs; et alors la chambre…, *statuerait par un jugement particulier, dans chaque occurrence, selon l'exigence des cas*;

» Bien entendu encore que, quand la Contrainte par corps serait ordonnée de l'autorité de la chambre, un de ses huissiers, et aucun autre, serait chargé de l'exercer et de s'assurer de la personne du pair qui devrait la subir.

» Il ne reste plus, Messieurs, qu'une seule difficulté à résoudre; mais la plus forte de toutes, la seule sur laquelle votre commission de 1821 n'ait pas été unanime, la seule qui ait empêché beaucoup de nobles pairs d'adhérer à la résolution qui vous fut alors proposée par vos commissaires.

» Cette difficulté porte sur la rétroactivité alléguée du privilége qu'on vous propose, non pas de créer, car il existe, mais de proclamer pour que personne n'ignore son existence.

» Le créancier qui a contracté avec un débiteur dans le temps où la loi lui assurait la double garantie et des biens et de la personne de ce débiteur, peut-il être aujourd'hui réduit à la première de ces garanties et dépouillé de la seconde, parcequ'il y a eu un changement impossible à prévoir dans la condition du débiteur, parcequ'il a été investi d'une dignité, d'une magistrature politique, dont le privilége rend sa personne insaisissable? Voilà le problème qu'il nous reste à résoudre.

» Nous ne craignons pas de nous tromper en disant que, lorsque cette question fut agitée en 1820, le premier mouvement, le mouvement naturel et unanime de tous les nobles pairs, fut de se soulever contre l'idée, contre le nom seul de rétroactivité. Notre premier instinct fut de nous écrier avec notre grand référendaire : *Repoussons tout privilége entaché de rétroactivité.*

» Lorsque, dans la discussion, un noble maréchal, par un de ces mouvemens généreux qui lui appartiennent, nous adressa ces mots : *Ne prenons de résolution que pour l'avenir; la dette du passé est contractée, il faut la payer, ne souffrons pas l'arrestation d'un pair de France; vérifions les titres; payons par souscription ce qui sera dû légitimement : le débiteur nous remboursera;* il ne fut pas un de nous qui ne désirât, avec un noble vicomte, assis aujourd'hui sur le banc ministériel, *que cette proposition fût aussi facile dans son exécution, qu'elle était honorable dans les sentimens qui l'avaient dictée.*

» Mais enfin il fallait décider sans délai la question de droit politique; il fallait s'imposer la nécessité douloureuse de prononcer entre le droit politique et le droit civil qui se trouvaient ici en contradiction; entre la garantie publique de l'indépendance du sénat français et la diminution du gage d'une dette privée.

» La majorité de la commission se crut obligée de reconnaître qu'en principe de droit, *le privilége saisit l'homme, dans l'instant marqué par les lois;* qu'en fait, cette rétroactivité existait dans le privilége assuré aux députés par l'art. 51 de la charte; que des mesures d'intérêt public, de l'importance de celle qu'il s'agissait de prendre, avaient toujours froissé quelques intérêts particuliers……; que la rétroactivité se trouvait encore dans l'ordonnance de Blois, lorsqu'à moins de dol ou de fraude, elle mettait à l'abri de la Contrainte par corps le prêtre qui, étant laïc, avait contracté des engagemens passibles de cette Contrainte; qu'on peut également craindre d'enlever au sacerdoce de la loi, comme à celui de la religion, les ministres de l'une et de l'autre; et qu'enfin, toute réflexion faite, il y aurait cependant une grande erreur de jugement à confondre avec une *rétroactivité pénale*, qui ne peut être qu'horrible, une *rétroactivité politique et civile*, qui peut paraître nécessaire, devenir légale, et même se montrer bienfaisante.

» Cette opinion de la majorité de vos commissaires fut soutenue dans la chambre par beaucoup de suffrages imposans……

» Par ces détails, Messieurs, par cette revue que votre commission actuelle a faite de toute l'ancienne discussion, vous voyez au moins tout le scrupule, tout le zèle qu'elle a apporté à s'instruire pour répondre à l'honneur de votre confiance, et pour s'arrêter à la décision qui lui paraîtrait la plus digne d'obtenir vos suffrages.

» Nous ne vous cacherons pas qu'elle s'est trouvée d'abord plus divisée sur cette question de la rétroactivité, peut-être même que sur ce qui était ou n'était pas réellement rétroactivité. Nous venons de vous le dire : dès qu'on examine la question en point de droit, il est difficile de nier la rigueur du principe que *le privilège saisit la personne dans l'instant où elle est investie de la dignité qui le donne*. Mais le désir de nous présenter devant vous avec une entière unanimité, mais le besoin que sentent également la chambre et le public d'une décision déjà beaucoup trop retardée, mais peut-être cette pudeur d'une *justice naturelle* qui triomphe des *combinaisons sociales* et du droit politique et du droit civil, nous ont réunis dans un vote commun, même sur ce point, même au risque de paraître à de sévères jurisconsultes avoir abandonné, dans quelques conséquences, une partie du privilège que nous avons établi en principe.

» Nous avons marqué trois époques distinctes pour les lettres de change, à raison desquelles un pair pourrait être poursuivi :

» 1°. Celles qui seront signées à l'avenir;

» 2°. Celles qui l'ont été avant que le débiteur fût promu à la pairie, et qui ont provoqué un jugement d'un tribunal de commerce emportant la Contrainte par corps;

» 5°. Celles qui l'ont été avant même que l'institution de la pairie eût lieu, et qui ont provoqué un pareil jugement.

» Pour celles de la première classe, nous vous proposerons de déclarer qu'à l'avenir, et pour jamais, la personne d'un pair sera insaisissable, sans qu'il soit même besoin d'examiner les transactions.

» Pour la seconde, et la troisième classe, nous vous proposerons de vous réserver de prononcer particulièrement sur chaque cas qui vous sera déféré, et d'ordonner ou de refuser, suivant l'exigence de ces cas divers, l'arrestation d'un pair poursuivi devant vous.

» Nous vous proposerons de plus de statuer que la Contrainte par corps, décernée de votre autorité contre un pair, ne pourra être mise en exécution que par un huissier appartenant à la chambre, sous la surveillance duquel le pair arrêté sera détenu ou dans sa propre maison, ou dans le local désigné pour lieu de sa détention, le tout en vertu de l'ordre et de la commission expédiés et signés par votre président.

» Vous voyez, messieurs, que la résolution qui va vous être soumise, ainsi réduite, ne sera plus, à proprement parler, qu'un avertissement positif donné à tous les prêteurs, pour ne pas compromettre leurs fonds, et une interdiction virtuelle à tous ceux qui sont honorés de la pairie, de signer aucune lettre de change ou aucun billet à ordre, et de contracter aucune dette commerciale ou aucune transaction civile pouvant emporter la Contrainte par corps; mais cette interdiction seule sera un grand bien : il ne faut pas qu'un pair de Fance, il ne faut pas que son fils, que son héritier apparent, puissent signer et contracter de telles dettes ou de tels actes.

» Il faut avant tout que la pairie conserve sa pureté, son autorité, son indépendance, pour remplir dignement et efficacement la haute destination qui la consacre au service du roi et au salut de la patrie.

» Voici, Messieurs, le projet d'arrêté que votre commission, en pleine unanimité, a l'honneur de vous soumettre, relativement aux principes généraux.

» *La chambre des pairs, après avoir entendu le rapport de sa commission spéciale, et en avoir délibéré, arrête ce qui suit :*

» *Que l'art.* 54 *de la charte, en statuant qu'*AUCUN PAIR NE PEUT ÊTRE ARRÊTÉ QUE DE L'AUTORITÉ DE LA CHAMBRE, *a nécessairement laissé à la conscience et à la décision de la chambre de déterminer dans quels cas un pair doit ou ne doit pas être arrêté;*

» *Qu'à partir du jour de la présente résolution, la chambre regardera et maintiendra comme droit inhérent à la pairie, le principe absolu résultant de la charte, que la personne d'un pair est insaisissable et à l'abri de toute arrestation ou Contrainte par corps pour raison de simple lettre de change, de simple billet à ordre, et pour toute matière purement civile et commerciale;*

» *Que, pour toute cause pareille, soit de simple lettre de change, soit de simple billet à ordre, soit de matière purement civile ou commerciale, lesquelles causes seraient antérieures au jour présent, la chambre se réserve de statuer particulièrement, dans chaque occurrence, suivant l'exigence de chaque cas et la nature de chaque fait;*

» *Que, toutes les fois que la chambre aura ordonné, de son autorité pour les causes susdites ou pour d'autres, la Contrainte par corps, l'arrestation ou l'emprisonnement d'un de ses membres, cet ordre ne pourra être exécuté que par un huissier de la chambre, et non par aucun autre, et en vertu d'une commission et injonction signées du président de la chambre.*

» Messieurs, les principes généraux ainsi fixés, il restera encore à régler leur application aux cas particuliers dont vous êtes saisis par les pétitions ou requêtes maintenant devant vous. Votre commission a pensé unanimement, et sans la moindre hésitation, qu'elle ne devait pas se permettre d'énoncer, et qu'elle ne pouvait même pas se former un avis sur l'application à faire de ces principes, avant qu'ils fussent sanctionnés et posés par vous-mêmes (1) ».

----

(1) Procès-verbal de la Chambre des Pairs, session de 1821, page 1380 à 1405.

Le projet de résolution qui terminait ce rapport, a été discuté à la séance du 16 avril 1822; et voici comment le procès-verbal de cette séance retrace l'opinion du premier orateur, inscrit pour le combattre:

« Le noble pair observe que, dans nos lois, ce n'est pas seulement pour raison de lettres de change que la Contrainte par corps est admise en matière civile. Des dispositions formelles la prononcent pour dommages-intérêts, pour dissipation de deniers pupillaires, pour stellionat, pour restitution du dépôt nécessaire, et pour réintégrande. Voudrait-on dispenser les pairs du royaume de la juste sévérité du droit commun à cet égard? L'opinant est loin de croire que tel soit le vœu de la chambre, et cependant c'est ce que proposait formellement la commission de 1820, et ce qui paraît être regardé par celle-ci comme un privilége inhérent à la qualité de pair.

» On invoque à l'appui d'une pareille doctrine, l'exemple de l'Angleterre, le texte de la charte et la dignité de la pairie. L'opinant discutera successivement ces divers moyens.

» À son avis, l'exemple de l'Angleterre est sans application à la France. Chez nos voisins, en effet, la constitution s'est établie en fait, avant d'être reconnue en droit. Une conquête lente et graduelle avait, durant la lutte de plusieurs siècles engagée entre la couronne d'une part, les barons et les communes de l'autre, investi les membres du parlement de priviléges vraiment excessifs dont enfin ils se trouvèrent en possession, et qui s'étendaient, non-seulement à leurs personnes, mais à leurs biens et à ceux mêmes de leur famille et de leur suite. Cet abus fut réformé par un bill, passé la dixième année du règne de Georges III, et qui autorisa les poursuites sur les biens des membres des deux chambres. Ce bill va plus loin à l'égard de la chambre des communes: il en exclut tout négociant qui laisse sans paiement un billet de cent livres sterling. Tel est aujourd'hui le privilége qu'on propose à la France de s'approprier. Mais ce privilége, c'est par une loi qu'il existe, et il ne pourrait s'établir chez nous que de la même manière. En vain se prévaudrait-on de la possession qu'en a eue le parlement britannique antérieurement au bill dont on vient de parler; cette possession tient à des circonstances de fait, qui, chez nous, sont toutes différentes. En Angleterre, les chambres existaient avant la constitution; chez nous leur établissement est une conséquence de la charte: c'est donc dans ses dispositions qu'il faut chercher les priviléges de la pairie.

» Aussi est-ce la seconde autorité que l'on invoque; mais dans l'opinion du noble pair, on se trompe sur le sens de l'art. 34. Cet article porte *qu'aucun pair ne peut être arrêté que de l'autorité de la chambre, et jugé que par elle en matière criminelle*. De la première partie de cette disposition on veut conclure qu'aucune Contrainte par corps ne peut être exercée contre un pair que de l'autorité de la chambre : mais pourquoi scinder une disposition qui ne forme qu'un tout indivisible? Pourquoi appliquer aux matières civiles un texte qui ne se rapporte évidemment qu'aux matières criminelles, ainsi que l'indique le mot *arrêté* dont s'est servi l'auteur de la charte, et qui n'est employé dans les lois qu'en matière de crime; ainsi qu'on le sentira mieux encore, si l'on compare l'un à l'autre les art. 51 et 52 qui, en établissant le privilége de la chambre des députés, désignent par une expression différente l'exercice de la Contrainte par corps, et l'arrestation pour crime ou délit?

» Dira-t-on que le privilége résultant du premier de ces articles en faveur de l'autre chambre, doit à plus forte raison exister en faveur de la pairie? Le noble pair répond que la chambre des pairs trouve, dans le droit de juger ses membres au criminel, un privilége assez beau pour ne pas envier ceux que la charte ne lui accorde pas, et que rend inutiles d'ailleurs le mode de formation de la chambre. Car est-il permis de supposer que les citoyens appelés à la pairie, soit par le droit de leur naissance, soit par le choix du monarque, puissent être infidèles à leurs engagemens, injustes dans leurs traités, ou déprédateurs dans leurs familles? Le privilége de l'autre chambre est d'ailleurs temporaire, et s'il suspend l'exercice des droits des créanciers, il ne l'entrave pas du moins pour toujours, comme le ferait le privilége réclamé par la commission pour les pairs de France. L'autorité de la charte n'est donc pas plus favorable que l'exemple de l'Angleterre au principe établi par le projet de résolution.

» Le noble pair examine, en dernier lieu, si l'indépendance et la dignité de la chambre exigent qu'elle le consacre. A cet égard, il se demande par qui l'on peut craindre que l'indépendance de la chambre des pairs ne soit attaquée. Par l'administration sans doute : mais quels rapports pourraient donc exister entre elle et les créanciers porteurs de Contraintes, et comment supposer qu'il se trouvât à-la-fois plusieurs membres de la pairie exposés à des poursuites semblables? Cette crainte est donc chimérique. Celle de voir la dignité de la pairie compromise par la détention d'un pair, ne doit pas arrêter davantage. Si la chambre, en effet, devait être affligée de voir ses membres conduits en prison par les *sergens de la marchandise*, suivant l'expression du noble rapporteur, ne le serait-elle pas encore plus de voir un pair exposé aux sarcasmes publics de créanciers qu'il braverait à la faveur de son privilége? Ainsi tombent, à la suite l'un de l'autre, les divers argumens présentés à l'appui du projet.

» Mais ce projet devrait encore être repoussé sous un autre point de vue. C'est une maxime constante de notre droit actuel, qu'aucune juridiction ne peut prononcer par voie de décision générale et réglementaire. La chambre, astreinte, comme tous les tribunaux, à l'observation de cette règle, ne peut donc admettre la déclaration générale qu'on lui propose, à moins de vouloir la convertir en projet de loi, ce que personne sans doute ne désire. Mais quelle décision adoptera donc la chambre sur les pétitions dont le renvoi a donné lieu au projet de résolution? Sans être contraire à lui-même, le noble pair croit pouvoir proposer l'ordre du jour. Cette décision, dont chaque pair ne serait comptable qu'à sa conscience, est, aux yeux de l'opinant, l'unique moyen qu'ait la chambre de concilier avec le respect dû à la charte, le sentiment de sa propre dignité, qui ne permet pas qu'on puisse exiger d'elle un concours passif à l'exécution de jugemens qu'elle n'aurait aucun droit de réformer.

» Le noble pair conclud à l'ordre du jour (1) »

Un second orateur adopte le fond du projet de la commission, mais il demande que la forme en soit changée. « A ce sujet (porte le procès-verbal) » le noble pair insiste sur l'observation déjà faite, » que la chambre n'a pas le droit de procéder par » voie de décision générale, dans une matière qui » intéresse tous les citoyens. Ce n'est pas d'elle » seule que peut émaner une disposition législa-» tive sur cette matière; et cependant une décision » formelle est indispensable et ne peut plus être » retardée. Il faut, d'un autre côté, que la cham-» bre expose avec franchise les principes qui la di-» rigent, afin que les citoyens ne puissent plus » être induits en erreur. Ces principes, clairement » exposés dans le rapport de la commission, peu-» vent, sans inconvénient, être insérés comme » motifs dans la décision particulière que prendra » l'assemblée. Elle atteindra ainsi d'une manière » également prompte et sûre, le but qu'elle doit se » proposer : c'est à quoi conclud le noble pair (2) ».

Un troisième orateur propose l'adoption pure et simple du projet de la commission, en supprimant toutefois tout ce qui tendrait à la restreindre aux dettes postérieurement contractées.

Une quatrième opinion va plus loin. L'orateur qui l'émet, tout en partageant au fond l'avis de la commission, regrette de ne pas trouver dans son rapport la base d'une décision définitive à l'égard des pétitions des sieurs Sol et Degué.

« C'est une déclaration générale qu'on vous pro-» pose (a-t-il dit); mais les questions particulières » sont encore ajournées, malgré le vœu formelle-» ment exprimé par la chambre et dans celle de » 1819. C'est contre cet ajournement que je m'é-» lève; et, pour faciliter à la chambre les moyens » de le faire cesser; je crois devoir mettre sous ses » yeux les conclusions qu'allait présenter, en 1820, » au moment même où la session se termina, le » rapporteur du comité auquel avaient été défini-» tivement renvoyées les deux pétitions, et dont » je faisais partie. Ces conclusions étaient basées » sur le principe reconnu par la chambre, qu'elle

» seule avait le pouvoir d'ordonner l'arrestation de » ses membres, et que, dès-lors, c'était à elle et » non à aucun autre tribunal que l'on devait s'a-» dresser pour faire prononcer la Contrainte par » corps. Le comité concluait en conséquence à ce » qu'il fût passé à l'ordre du jour sur les pétitions, » comme ne contenant qu'une simple demande » d'autoriser l'exercice de la Contrainte, en vertu » d'un jugement déjà rendu, et nul en cette par-» tie, puisqu'il n'était pas émané de la chambre. » Ce mode de prononcer conservait les droits de » tous, rendait à la chambre ce qui lui est dû, et à » la justice ce qui lui appartient. Je demande qu'il » soit aujourd'hui mis en délibération (1) ».

Un cinquième opinant appuie l'avis du second.

« Si le privilége dont il s'agit, existe réellement (ce sont ses termes), quel besoin de recourir, pour le consacrer, à une déclaration nouvelle? S'il n'existait pas, la chambre n'aurait pas le droit de se l'attribuer. Une décision générale serait donc également inutile dans l'un et l'autre cas; et ce mode de prononcer ne peut convenir à la chambre.

» En vain, pour le justifier, invoquerait-on l'exemple des arrêts de règlement rendus par les anciens corps de magistrature: cet exemple n'est point applicable. La position de la chambre ne peut être assimilée à celle des anciens parlemens. Ceux-ci avaient une juridiction habituelle, non-seulement sur les citoyens, mais sur les tribunaux inférieurs; et ils avaient droit de faire connaître à ceux-ci, par des décisions générales, les règles qu'ils devaient suivre dans l'application des lois. La chambre, au contraire, n'a et ne peut avoir aucune juridiction générale; et hors du cercle des affaires qui lui sont soumises, toute décision émanée d'elle serait sans force et sans pouvoir.

» Quel serait d'ailleurs le caractère de la déclaration proposée? Ce ne serait point un projet de résolution, puisqu'on ne veut pas apparemment le transmettre à l'autre chambre; ce ne serait pas non plus une adresse au Roi, la chose est évidente : et cependant la chambre n'a que ces deux manières de manifester régulièrement son opinion. S'adresser directement aux citoyens pour leur faire connaître, par une déclaration générale, quelle sera toujours la décision de la chambre sur une question qui ne peut lui être soumise que par application à des espèces particulières, c'est reproduire la forme des adresses au peuple si justement et si formellement interdites par la charte.

» Quelle que soit donc la nécessité de faire connaître hautement et avec franchise le sentiment de la chambre sur cette matière, le mode proposé par la commission pour parvenir à ce but, ne saurait être admis, et il faut en chercher un autre.

» Celui qui offre le plus d'avantages, parcequ'il exprime le mieux une volonté constante, c'est la jurisprudence. Ce puissant moyen d'action ne peut

(1) Ibid., pages 1505 à 1510.
(2) Ibid., pages 1513 et 1514.
4e. édit., Tome II.

(1) Ibid., pages 1518 et 1519.

76

exister encore pour la chambre des pairs; mais elle est appelée à l'établir par une suite de décisions conformes. Qu'elle décide aujourd'hui la question relativement aux deux pétitions qui lui sont soumises; qu'elle la décide encore plus tard dans le même sens, à l'égard des pétitions nouvelles qui pourraient lui être présentées sur le même objet; et sa doctrine, ainsi appuyée sur des décisions successives et semblables, quoique rendues par d'autres hommes, dans d'autres temps, et dans des circonstances différentes, acquerra plus de force qu'elle n'en pourrait recevoir d'une déclaration abstraite de principes sur laquelle rien n'empêcherait de revenir ultérieurement ».

L'orateur propose en conséquence de statuer sur chacune des pétitions par voie de décision spéciale; mais il pense en même temps que les principes de la chambre devraient être formellement énoncés. « Ces principes (dit-il), tels que les a ex-
» primés le rapporteur de la commission; peuvent
» être insérés comme *considérant* dans les déci-
» sions qui seront prises, et qui, ayant en quelque
» sorte le caractère de jugement, se trouveront
» convenablement précédées des motifs pour les-
» quels la chambre se sera déterminée ».

Un sixième orateur parle dans le même sens, et insiste particulièrement sur les raisons précédemment développées pour appliquer le principe fondamental de la commission aux dettes contractées par un pair avant son élévation à la pairie (1).

A la séance du 25 avril, la commission, cédant à l'opinion qui paraît prédominer dans la chambre, présente, par l'organe de son rapporteur, un nouveau projet qui tend tout à-la-fois et à poser des principes généraux en forme de *considérant*, et à statuer sur les pétitions des sieurs Sol et Begué. Voici comment il est conçu :

« La chambre des pairs, après avoir entendu les deux rapports de sa commission spéciale et en avoir délibéré;

» Considérant que l'art. 34 de la charte, en statuant qu'*aucun pair ne peut être arrêté que de l'autorité de la chambre*, a nécessairement laissé à la conscience et à la décision de la chambre de déterminer dans quels cas un pair doit ou ne doit pas être arrêté, et a interdit, par là, l'exécution de toute arrestation et Contrainte par corps qui auraient été ordonnées contre un de ses membres, par une autre autorité que la sienne ;

« Considérant que du rapprochement et de la combinaison des art. 34 et 51 de la charte il résulte évidemment que le privilége d'être à l'abri de toute Contrainte par corps, arrestation, emprisonnement, pour simple lettre de change, simple billet à ordre en matière purement civile, où l'on n'allègue ni dol ni fraude, est un privilége qui appartient également aux membres des deux Cham-

bres, et dont leur chambre entière ne pourrait pas les priver;

» Considérant que, comme ce privilége tient essentiellement aux fonctions publiques et à l'indépendance nécessaire des membres des deux chambres, il doit être temporaire pour les députés temporairement élus, tandis que, pour les pairs, la pérennité de l'office entraîne nécessairement la pérennité du privilége;

» Considérant que, dans le cas même où la chambre aurait cru ne pas devoir étendre ce privilége au très-petit nombre de transactions antérieures au jour présent, ou de celles antérieures à la promulgation de la charte, les pétitions ou requêtes à elle présentées par les sieurs Sol et Begué, ne lui auraient pas encore paru pouvoir être admises;

» Pour toutes ces raisons, a passé à l'ordre du jour sur les pétitions ou requêtes à elles présentées par les sieurs Sol et Begué, sauf à eux à exercer, par les voies ordinaires, tous les droits de saisie et vente qui auraient été ou seraient jugés par les tribunaux leur appartenir sur tous biens, meubles et immeubles de leurs débiteurs (1) ».

La discussion ouverte sur ce nouveau projet, un orateur en attaque le principe.

« Je ne pense pas (dit-il) qu'il appartienne à la chambre de déclarer qu'aucun de ses membres ne peut être contraignable par corps en matière civile. A la différence d'un pays voisin où toute dette de ce genre entraîne la Contrainte par corps, cette Contrainte est abrogée en France. Elle n'y subsiste que par exception pour les lettres de change et quelques autres cas en petit nombre qui sont des quasi-délits. La lettre de change oblige par corps quiconque la tire, la signe ou l'endosse : c'est une monnaie dont la valeur a pour garantie la liberté de celui qui la met en circulation. Otez-lui cette garantie, et vous verrez s'évanouir la confiance qu'elle motive, et qui est le premier besoin du commerce.

» En vain dira-t-on que la Contrainte par corps atteint rarement les vrais commerçans; elle est comme les lois sévères dont l'utilité se fait peu remarquer, parcequ'elles préviennent au lieu de punir. Mais cette Contrainte est si essentielle aux lettres de change, que les ecclésiastiques même n'en étaient pas exceptés.

» On sait que les anciens ducs et pairs y étaient soumis, et que le parlement de Paris avait refusé l'exemption qui lui en était offerte par lettres patentes du roi. A cette époque, le parlement se faisait gloire de *prendre et recevoir la même loi qu'il bailloit à autrui*.

» On a prétendu que la Contrainte par corps était un reste de l'ancienne barbarie qui livrait le débiteur à son créancier. Il serait peut-être plus aisé d'établir qu'elle est un moyen de crédit inventé avec les lettres de change; mais j'éviterai de m'engager dans cette question.

» Je me dispenserai pareillement d'examiner si la pairie actuelle exige de plus grands priviléges que l'ancienne pairie, et si, à l'instar des pairs d'Angleterre, les pairs de France devraient être insaisissables dans leurs personnes pour cause civile. Toutes ces questions seraient affirmativement résolues, et la nécessité du privilége incontestablement établie, qu'il n'en faudrait pas moins une loi qui attribuât ce privilége à la chambre des pairs.

» Or, non-seulement cette loi n'existe pas, mais la charte dispose au contraire que *les Français sont égaux devant la loi, quels que soient d'ailleurs leurs titres et leurs rangs*.

» Ainsi, la chambre aurait beau déclarer que la personne d'un pair est insaisissable : cette déclaration n'obligerait en aucune manière les tribunaux qui pourraient continuer d'appliquer aux pairs la loi commune, et de les soumettre à une contrainte dont ils se seraient déclarés exempts.

» C'est sans doute par ce motif que, dans l'avant dernière séance, la chambre a craint d'adopter la déclaration de principes qui lui était proposée. Mais peut-elle reproduire cette déclaration dans les décisions particulières qui seront prises sur chaque cas? Peut-elle déclarer que jamais elle ne permettra l'exécution d'un jugement conforme à la loi, et prononcé par un tribunal compétent?

» On répondra peut-être que la loi civile, qui prononce la contrainte, doit céder à la loi politique dont émane le privilége. En admettant cette primauté d'une loi sur l'autre, il restera à examiner quel est, d'après notre loi politique, le privilége de la pairie : c'est, d'après l'art. 34 de la charte, qu'aucun pair ne peut être jugé que par la chambre en matière criminelle, arrêté que de son autorité en matière civile.

» J'adopte, à cet égard, la juste analogie qu'on a signalée entre l'article dont il s'agit et l'art. 51 relatif au privilége des députés. J'adopte, par suite, les deux premiers *considérant* de la commission, fondés sur cette analogie. Mais de ce qu'un pair ne peut être arrêté en matière civile que de l'autorité de la chambre, s'ensuit-il qu'il ne puisse aucunement être arrêté? Cette conséquence ne répugne-t-elle pas à l'esprit comme à la lettre de la loi? Tout ce qui résulte de l'art. 34, interprété dans le sens le plus favorable, c'est que la Contrainte par corps prononcée contre un pair, ne pourra, dans aucun cas, être mise à exécution que de l'autorité de la chambre.

» On conçoit qu'elle ne permettra cette exécution, ni durant les sessions législatives, ni dans les momens où elle serait judiciairement convoquée. Le permettra-t-elle en d'autres cas? J'estime que la décision de la chambre à ce sujet devra se régler sur les circonstances de l'affaire. Il est tel cas sans doute qui provoquerait toute sa sévérité; mais en la déployant, elle aurait encore les moyens

d'en adoucir l'exercice, et de le rendre compatible avec la dignité du débiteur.

» Veut-on aller au-delà? D'insurmontables difficultés se présentent. La chambre ne peut faire seule la loi qui serait nécessaire pour l'investir du privilége le plus indispensable à sa considération et à sa dignité, le plus utile au maintien de l'ordre public. Elle pourra établir en principe, dans ses arrêtés, l'inviolabilité personnelle de ses membres; elle pourra faire de cette inviolabilité une règle de fait, mais qui sera vue avec envie et critique, tant qu'une loi ne l'aura pas convertie en règle de droit ».

L'orateur conclud, en conséquence, à ce qu'une loi soit sollicitée; et il pense que, jusqu'à l'obtention de cette loi, la chambre ne devra statuer sur les autorisations qui lui seraient demandées, que par des motifs tirés des circonstances particulières à chaque cause (1).

M. le baron Pasquier, abondant dans le même sens, observe qu'au milieu des opinions diverses qui se sont manifestées dans le cours de la discussion, un principe est demeuré incontestable :

« C'est (dit-il) qu'aux termes de la charte, la chambre des pairs a seule autorité pour ordonner l'exécution de la Contrainte par corps contre un de ses membres.

» Mais on se divise sur les conséquences à tirer de ce principe; beaucoup de bons esprits sont portés à conclure qu'aucune Contrainte par corps ne peu avoir lieu contre les membres de la pairie pour simples dettes civiles, et ils se fondent, à cet égard, sur l'analogie qui existe entre les fonctions des pairs et celles des députés. Cette induction peut être juste, mais il faut convenir qu'elle ne résulte pas immédiatement du texte de la charte, et qu'aucune loi ne la consacrant, les tribunaux ne cesseront pas, quelle que soit la décision de la chambre, de prononcer la Contrainte par corps contre les pairs, dans le cas où ils l'auront encourue. Une loi formelle pourrait seule empêcher de pareils jugemens; et dans l'absence de cette loi, tout ce que la chambre pourra faire, ce sera d'arrêter l'exécution des Contraintes décernées. Elle n'a donc point à décider si, en thèse générale, la Contrainte par corps peut ou non être prononcée contre un pair de France; mais si, dans l'espèce particulière, il y a lieu ou non d'autoriser l'exécution de cette Contrainte.

» C'est à ce point que, dans mon opinion, doit se borner la décision de l'assemblée. Je propose, dans cette vue, de réduire les *considérant* du projet à un seul, celui qui réserve à la chambre le droit exclusif d'ordonner, même en matière civile, l'arrestation de ses membres. Ainsi restreinte, la décision de l'assemblée pourrait être conçue en ces termes :

» *La chambre des pairs, après avoir entendu*

_____

(1) *Ibid.*, pages 1600 à 1604.

lés deux rapports de sa commission spéciale, « Considérant que l'art. 34 de la charte, en statuant qu'AUCUN PAIR NE PEUT ÊTRE ARRÊTÉ QUE DE L'AUTORITÉ DE LA CHAMBRE, a nécessairement laissé à la conscience et à la décision de la chambre de déterminer dans quel cas un pair doit ou ne doit pas être arrêté;

» Examen fait des pétitions ou requêtes à elle présentées, par les sieurs Sol et Begué, passe à l'ordre du jour (1) ».

A cette opinion en succède une autre dont l'auteur, sans contester l'application de l'art. 34 de la charte aux matières civiles, estime que du moins on ne peut en faire résulter une immunité générale qui, dans tous les cas, exempte les pairs de France de la Contrainte par corps.

« C'est à la chambre qu'il appartient (dit-il) de peser les circonstances, et de décider suivant les faits, et pour chaque espèce qui se présente, s'il y a lieu ou non d'ordonner l'arrestation.

» Mais cette décision ayant plutôt le caractère d'un jugement que d'une délibération législative, c'est peut-être comme cour judiciaire et avec les formes destinées à assurer la régularité des jugemens, que la chambre devrait y procéder.

» C'est une réflexion que le noble pair croit devoir soumettre à l'assemblée, et qui lui paraîtra sans doute mériter quelque attention (2) ».

M. le comte Boissy-d'Anglas pense qu'il ne s'agit, pour la chambre, ni de juger un procès, ni de statuer sur un intérêt privé, ni sur une question de droit civil.

« Ce que demandent les pétitionnaires (dit-il), c'est de priver la chambre du concours de l'un de ses membres. Ce que veut la chambre, c'est que tous ceux qui la composent, continuent de lui apporter le tribut de leurs lumières; c'est que la confection des lois ne soit pas entravée, que l'indépendance de la pairie soit entière, et que sa dignité ne soit point compromise. Voilà toute la question. C'est de la pairie qu'il s'agit en ce moment, et non de l'individu. Ce n'est donc point sur une espèce particulière qu'il faut prononcer, et de nouveaux détails sur les faits ne changeraient rien à l'opinion de la chambre. J'insiste en conséquence sur une décision immédiate, et pour épargner les discussions auxquelles pourrait donner lieu une rédaction aussi étendue que celle de la commission, j'en propose une plus abrégée qui atteindrait le même but, en consacrant également le principe général.

» Cette rédaction est ainsi conçue : La chambre des pairs, vu les pétitions des sieurs Sol et Begué, et les art. 34 et 51 de la charte, passe à l'ordre du jour sur les pétitions présentées par les sieurs Sol et Begué (3) ».

M. le comte Lanjuinais propose, en ces termes,

une autre rédaction qui renferme, dit-il, en quelques lignes, toute la substance du projet de la commission, et à laquelle adhère M. le comte Boissy-d'Anglas, en retirant la sienne :

« La chambre des pairs, considérant que, d'après le texte et l'esprit des art. 34 et 51 de la charte constitutionnelle et la nature des fonctions des pairs, la personne d'un pair ne peut être arrêtée pour dettes contractées par lettres de change ou billets à ordre;

» Passe à l'ordre du jour sur les deux pétitions présentées par les sieurs Sol et Begué (1) ».

Ces diverses propositions sont successivement discutées, et la décision en est renvoyée à la séance du 25.

Là, toutes les opinions se réunissent à dire qu'il faut opter entre les trois rédactions proposées, la première par la commission spéciale, la seconde par M. le baron Pasquier, la troisième par M. le comte Lanjuinais. Mais à laquelle des trois la priorité doit-elle être accordée?

M. le baron Pasquier la réclame pour la sienne, c'est-à-dire, pour la seconde.

« Il observe (ce sont les termes du procès-verbal) que, dans une question aussi délicate, le vœu de la chambre doit être d'arriver à un résultat qui satisfasse, autant que possible, toutes les opinions, toutes les consciences. Ce résultat, sans doute, ne peut être que difficilement obtenu; mais, aux yeux du noble pair, on ne peut l'espérer ni de la première ni de la troisième rédaction, et celle qu'il présente lui paraît seule pouvoir y conduire. La chambre, en effet, se trouve divisée, sur la question dont elle s'occupe, entre deux opinions fortement prononcées, et tellement différentes, qu'il est impossible de croire que les partisans de l'une se déterminent à revenir à l'autre. Ceux-ci pensent que la personne d'un pair ne peut, en aucun cas, être saisissable pour dettes civiles : les autres croient, au contraire, que, dans certains cas, elle peut l'être, et que le privilége de la chambre consiste à être seule juge et appréciatrice de ces cas. Le projet de la commission a pour base la première de ces opinions; il ne peut donc satisfaire les partisans de la seconde; il offre d'ailleurs, dans ses détails, quelques inconvéniens que le noble pair croit devoir relever en peu de mots.

» Le premier des considérant qu'il renferme, se divise en deux parties, dont l'une au moins est inutile, puisqu'elle n'est que la répétition de l'autre.

» Le second, en admettant que la contrainte pourrait être ordonnée en cas de dol et de fraude, ouvre la porte à toutes les discussions de fait que l'on voudrait prévenir, puisqu'alors les créanciers ne manqueront jamais d'alléguer le dol ou la fraude.

» Le troisième s'appuie sur une induction tirée de l'art. 51 de la charte, par une analogie plau-

(1) Ibid., pages 1616 à 1618.
(2) Ibid., pages 1618 et 1619.
(3) Ibid., page 1620.

(1) Ibid., pages 1620 et 1621.

sible sans doute, mais contestable tant qu'elle ne sera pas consacrée par une loi. . . . . (1) »

» Enfin, le dispositif, en réservant aux pétitionnaires une faculté qui est de droit commun, celle d'exercer leur action sur les biens de leur débiteur, semble attribuer indirectement à la chambre le pouvoir de leur interdire cette faculté.

» Telles sont, au premier coup-d'œil, les objections qui s'élèvent contre le projet de la commission.

» Quant à la troisième rédaction proposée, elle énonce d'une manière plus absolue encore la même doctrine, et ne saurait par conséquent être admise par ceux qui la combattent.

» Celle que présente le noble pair, s'appuie, au contraire, sur un principe clairement établi dans la charte, et que personne ne conteste. A la vérité, elle favorise l'opinion de ceux qui veulent que la chambre reste juge des cas où la Contrainte par corps doit être prononcée; mais elle ne heurte pas l'opinion des autres, puisqu'elle conduit au résultat qu'ils désirent, et qu'en refusant, dans l'espèce particulière, l'exercice de la Contrainte par corps, chacun pourra, dans sa conscience, attribuer pour motif à cette décision, ou le principe général, ou les circonstances particulières. La rédaction dont il s'agit, est donc la plus propre à réunir les suffrages; et, sous ce rapport, elle semble préférable aux deux autres. Mais une objection a été faite. On a dit qu'elle supposait un examen préalable des faits, que cet examen n'avait pas eu lieu. Le noble pair observe que, si, dans la discussion actuelle, la commission ne s'est pas expliquée en détail sur les faits, elle a cependant fait connaître une des principales raisons de décider, en rappelant que l'exécution des jugemens avait été négligée pendant un long intervalle de temps, et n'avait été reprise que depuis l'élévation du débiteur à la dignité de pair de France. Si d'ailleurs on avait eu besoin d'autres renseignemens, chacun aurait pu les trouver, soit dans l'une des pétitions qui a été imprimée, soit dans un rapport fait, il y a trois ans, par une commission alors chargée de leur examen, et qui rendit compte des faits avec tous les détails désirables. Ainsi, quoique peut-être il eût été à désirer que le rapport présenté cette année, fournît plus d'éclaircissemens à cet égard, quoiqu'il en fût fait un nouveau seulement relatif au point de fait, il est vrai cependant que la chambre, surtout après une aussi longue discussion, ne pourra point être accusée d'avoir prononcé légèrement et sans connaissance de cause. Elle ne peut d'ailleurs retarder sa décision; et comme dans l'état actuel il ne s'agit que de choisir entre les diverses rédactions, le noble pair insiste pour que la priorité soit accordée à la sienne (1) ».

Un autre orateur, sans adopter précisément la rédaction de M. le baron Pasquier, présente cependant des observations qui tendent à la justifier.

« La question principale (dit-il) étant celle de l'existence du privilége et de son étendue, c'est du principe qu'il convient de s'occuper en premier lieu. Je cherche donc sur quoi se fonde et à quoi s'applique le privilége de la pairie.

» Tout privilége est une dérogation à l'art. 1er, de la charte, qui déclare les Français égaux devant la loi. Tout privilége doit donc avoir pour base, soit une loi particulière, soit une disposition précise de cette loi fondamentale. On ne cite aucune loi rendue sur le privilége de la pairie, et le seul article de la charte qui le consacre, est l'art. 34. Mais en quoi consiste le privilége consacré par cet article? Il consiste en cela seulement qu'un pair ne peut être arrêté que de l'autorité de la chambre. Il y a loin de là sans doute à l'inviolabilité absolue dont on prétend investir les membres de la pairie.

» Aussi, pour leur attribuer cette inviolabilité, se fonde-t-on par analogie sur l'art. 51 de la charte, relatif aux députés des départemens.

» Mais d'abord la première condition de toute analogie est que le principe soit le même, et qu'on l'applique à un cas semblable. Or, il n'y a dans l'espèce ni parité de cas, ni identité de principe. Le principe n'est pas le même; puisque c'est un privilége perpétuel que l'on réclame, et que celui dont jouit l'autre chambre, n'est que temporaire. Le cas n'est pas semblable, puisque, sans l'art. 51, la chambre élective n'aurait aucune garantie pour la liberté de ses membres, tandis que la chambre des pairs, seule maîtresse d'ordonner l'arrestation des siens, n'a point à craindre de les voir enlever à leurs fonctions dans le moment où leur présence est nécessaire.

» Toutefois, j'admettrai par supposition l'analogie dont on argumente; j'admettrai que le privilége des députés s'étende par induction aux pairs de France. Alors, en vertu de l'art. 51, les pairs, comme les députés, seront exempts de la Contrainte par corps et pendant le cours de la session, et pendant les six semaines qui la précèdent et qui la suivent. Mais ce n'est pas ainsi que l'on raisonne. Après avoir rendu commun à la chambre héréditaire le privilége établi pour la chambre élective, on dénature ce privilége pour lui donner, relativement à la pairie, une permanence, une fixité, qu'exige, dit-on, la permanence des fonctions.

» On peut aussi regarder comme permanentes pendant cinq ans les fonctions d'un député : son privilége devrait donc subsister sans interruption jusqu'à leur terme. La charte cependant en dispose autrement. Par quelle analogie déduirait-on de l'art. 51, pour un cas étranger à cet article, une permanence dont sa disposition est exclusive pour le cas même qu'il a prévu?

» L'art. 34 est donc l'unique base du privilége de la pairie; et ce privilége se borne au droit qu'a chaque pair de ne pouvoir être arrêté que de l'autorité de la chambre. Veut-on aller au-delà? Une loi spéciale est indispensable (1).

» A cette manière assurément très-conforme au texte, et, j'ose le dire, à l'esprit de la charte, d'envisager le privilége de la pairie, plusieurs opinans objectent qu'elle ramènerait sans cesse la chambre à des discussions de fait peu convenables à sa dignité. Mais aucun ne répond d'une manière satisfaisante à cette grande raison que tout privilége établi par la loi, doit être pris tel que la loi l'a établi; qu'il doit par conséquent être restreint dans les limites que la loi elle-même lui a données; et que l'étendre au-delà, sous le prétexte des inconvéniens qui sont attachés, par la nature même des choses, au mode de son exercice, c'est entreprendre sur le pouvoir législatif. »

Quoi qu'il en soit, le rapporteur de la commission déclare que, pour en finir, elle se rallie à la rédaction proposée par M. le comte Lanjuinais, c'est-à-dire, à la troisième, « en repoussant forte- » ment l'idée que cette décision puisse être regar- » dée comme révocable dans une autre occasion, » et en y voyant au contraire la base fondamentale » et le premier précédent de la jurisprudence in- » variable de la chambre (2) ».

Par cette déclaration, la question de priorité se trouve concentrée entre la seconde et la troisième rédaction. Elle est mise aux voix, et après une première épreuve qui laisse du doute, elle est résolue par une seconde, en faveur de celle-ci.

« La troisième rédaction (porte le procès-verbal) est en conséquence soumise à la délibération de la chambre.

» Un membre propose de retrancher du considérant la citation de l'art. 51 de la charte, qui, ne concernant point la chambre des pairs, ne saurait avoir d'application directe à la question.

» Un autre demande que l'on supprime également la mention de l'art. 34, aucun de ces deux articles n'établissant en faveur de la pairie l'immunité absolue que l'on réclame. Aux yeux du noble pair, c'est sur la nature seule des fonctions attribuées aux membres de la pairie, que cette immunité peut être convenablement motivée.

» Un troisième opinant appuie le premier retranchement proposé, mais il pense que le second ne saurait être admis, puisque la chambre n'étant juge des cas où un pair ne peut être arrêté qu'en vertu de l'art. 34, c'est sur cet article qu'elle peut uniquement se fonder, lorsqu'elle repousse une demande d'arrestation dirigée contre un de ses membres.

» Un quatrième observe que c'est du rapprochement des deux articles que résulte, dans l'opinion de ceux qui défendent la rédaction, le privilége qu'ils veulent établir : il est donc nécessaire, dans cette opinion, de citer l'un et l'autre ; et sous

ce rapport, les retranchemens proposés sont tous deux inadmissibles. Mais il en est un qui semble devoir être adopté par les partisans du privilége, et que le noble pair soumet à la chambre. Le considérant du projet, après avoir établi les motifs de l'immunité, déclare qu'en vertu de cette immunité, *la personne d'un pair ne peut être arrêtée pour dettes contractées par lettres de change et billets à ordre*. Pourquoi restreindre à ces deux espèces de dettes un privilége qui, s'il existe, doit s'appliquer également à toutes celles où il n'entre aucun soupçon de dol ou de fraude? Le noble pair propose de dire seulement que *la personne d'un pair ne peut être arrêtée pour dettes*.

» L'auteur de la rédaction déclare qu'il adopte d'autant plus volontiers ce retranchement, qu'il rétablit dans toute sa pureté le principe qui sert de base à son projet; mais il ne peut consentir à ce qu'on retranche la citation des art. 34 et 51, l'analogie qui existe entre ces deux articles étant un des principaux motifs de la décision projetée.

» Le rapporteur de la commission appuie également, et exclusivement, la suppression des mots *contractées par lettres de change et billets à ordre*. Il croit faire une concession assez importante aux adversaires du privilége, en le réduisant à ce simple énoncé que *la personne d'un pair ne peut être arrêtée pour dettes*. En effet, l'art. 51 de la charte n'affranchit pas les députés seulement de la Contrainte par corps pour dettes, mais de toute Contrainte par corps, exemption plus générale, et qui, en vertu de l'analogie invoquée, devrait aussi appartenir aux pairs de France.

» Un membre observe que, si l'on a inséré dans la rédaction les mots de *lettres de change et billets à ordre*, c'est que les pétitions présentées sont uniquement relatives à des dettes de ce genre; et que la chambre ne statuant que par voie de décision particulière, il suffisait que son prononcé s'appliquât à l'espèce qui lui était soumise.

» Un pair propose de supprimer dans le considérant l'induction fondée sur l'*esprit* des art. 34 et 51 de la charte. C'est sur le texte formel des lois que les décisions doivent être motivées; et si le juge peut dans sa conscience en tirer les inductions qu'il croit raisonnables, il ne doit point les exprimer dans son jugement, un pareil motif laissant toujours quelques doutes sur la légalité de la décision.

» Un autre pair, en appuyant la suppression dont il s'agit, s'oppose au retranchement des mots: *pour lettres de change et billets à ordre*. Ce retranchement généraliserait encore un principe déjà trop étendu dans l'opinion du noble pair, et ferait sortir la délibération des bornes dans lesquelles il a paru convenable de la renfermer.

» L'opinant qui a proposé ce retranchement, estime que, dans tous les cas, on devrait au moins supprimer l'expression de *billets à ordre*, les pétitions n'ayant pour objet que des jugemens prononcés à défaut de paiement de lettres de change.

_____

(1) *Ibid.*, pages 1643 à 1645.
(2) *Ibid.*, pages 1669 à 1676.

» M. le président observe qu'il doit mettre l'assemblée à portée de statuer sur les différentes modifications proposées à la rédaction dont il s'agit. Il les rappelle en conséquence dans l'ordre successif des dispositions où elles se rattachent.

» La première tend à retrancher du *considérant* la citation des art. 34 et 51 de la charte. Cette modification est mise aux voix et rejetée.

» La chambre rejette pareillement la seconde modification, tendant à retrancher la mention seule de l'art. 51.

» Elle adopte au contraire la troisième, et substitue, en l'adoptant, à cet énoncé, *d'après le texte et l'esprit des art. 34 et 51 de la charte constitutionnelle*, cet autre énoncé : *d'après les art. 34 et 51 de la charte constitutionnelle.*

» Une quatrième modification consistait dans le retranchement proposé de ces mots : *par lettres de change et billets à ordre.*

» L'auteur de cette modification observe que, pour généraliser encore davantage la disposition, et rendre l'analogie plus exacte, on pourrait employer, pour exprimer le privilége des membres de la pairie, les termes propres qu'emploie l'art. 51 pour exprimer le privilége des députés, et dire : *aucune Contrainte par corps ne peut être exercée contre la personne d'un pair.*

» L'auteur de la rédaction déclare qu'il adopte ce changement, comme ajoutant encore à la force du *considérant* qui se trouve ainsi fondé sur le texte précis de la charte.

» Un pair ajoute que, dans le cours de la discussion, la chambre a toujours soigneusement distingué les dettes purement civiles de celles qui, portant l'empreinte du dol ou de la fraude, semblent prendre un caractère différent. Ne conviendrait-il pas que la décision de la chambre exprimât aussi cette distinction, qui a paru obtenir l'assentiment général ? Le noble pair propose dans cette vue, en profitant de la dernière observation qui vient d'être faite, de déclarer *qu'aucune Contrainte par corps ne peut être exercée contre la personne d'un pair pour dettes purement civiles.*

» Cette modification est mise aux voix et adoptée.

» D'après ces divers changemens, la troisième rédaction se trouve définiment conçue ainsi qu'il suit :

» La chambre des pairs, considérant que, d'après les art. 34 et 51 de la charte constitutionnelle, et la nature des fonctions des pairs, aucune Contrainte par corps ne peut être exercée contre la personne d'un pair pour dettes purement civiles,

» Passe à l'ordre du jour sur les deux pétitions présentées par les sieurs Sol et Begué.

» M. le président, après avoir donné lecture du projet de décision ainsi modifié, annonce qu'il va le soumettre à l'adoption de la Chambre.

» Plus de quinze pairs, aux termes du réglement, réclament le vote par scrutin. Il y est procédé dans la forme accoutumée.

» Le résultat du dépouillement donne, sur un nombre total de 119 votants, 68 suffrages en faveur du projet.

» Son adoption est proclamée, au nom de la chambre, par M. le président (1) ».

Ainsi s'est terminée cette grande discussion. Mais il reste à nous fixer sur les conséquences à tirer de la délibération qu'elle a amenée.

1°. Cette délibération décide nettement que l'art. 34 de la charte comprend l'arrestation pour dettes civiles, comme l'arrestation pour crimes ou délits, dans la partie de son texte, où il est dit qu'*aucun pair ne peut être arrêté que de l'autorité de la chambre.*

2°. Elle décide implicitement et par son silence que les tribunaux peuvent condamner par corps un pair de France, ni plus ni moins qu'un député, ni plus ni moins qu'un autre citoyen, au paiement d'une dette civile pour laquelle la loi générale autorise ce genre de condamnation.

3°. Elle décide que la chambre des pairs, non-seulement peut, mais doit se refuser à l'exécution des Contraintes par corps qui, pour dettes purement civiles, seraient prononcées par les tribunaux contre quelques-uns de ses membres, et que chacun de ses membres est, de plein droit, à l'abri de ce genre d'exécution.

4°. Elle excepte implicitement de cette décision les dettes qui, sans cesser d'être, à proprement parler, *civiles,* n'en auraient cependant pas le caractère pur, en ce qu'elles porteraient l'empreinte du dol et de la fraude.

5°. Elle exclud, à cet égard, toute différence entre les dettes contractées avant, et les dettes contractées après la promotion à la pairie.

De ces cinq décisions, il y en a quatre auxquelles il est impossible de rien opposer de solide : ce sont la première, la seconde, la quatrième et la cinquième.

Mais, si je suis bien informé, la troisième n'a pas obtenu l'assentiment de l'opinion publique, qui s'est, au contraire, fortement prononcée, d'accord avec une forte minorité de la chambre des pairs, pour la rédaction de M. le baron Pasquier.

Du reste, on sent bien qu'elle ne peut pas plus lier la chambre des pairs elle-même, qu'un arrêt motivé sur une loi à laquelle il fait dire ce qu'il ne dit pas, n'apporte d'obstacle à ce que les magistrats qui l'ont rendu, ne reviennent, par la suite et dans une autre affaire, au véritable sens de cette loi.

CONTRARIÉTÉ DE JUGEMENS. §. I. 1°. *Peut-on attaquer, par le moyen de Contrariété, un jugement en dernier ressort qui ne diffère d'un précédent, que parceque, dans l'intervalle de l'un à l'autre, l'état de la contestation a été changé ?*

(1) *Ibid.*, pages 1669 à 1676.

2°. *Peut-on, sous le prétexte de Contrariété, faire rétracter un arrêt de la cour suprême qui rejette une demande en cassation ?*

Ces questions se sont présentées dans une espèce que fera suffisamment connaître le plaidoyer suivant que j'ai prononcé à l'audience de la section des requêtes, le 12 germinal an 10.

« Deux demandes également dirigées contre un jugement de la section civile, du 5 prairial an 9, vous sont soumises par la veuve Winther, et par Andréas Lingréen, héritier, à titre de son épouse, de Jean-Michel-Christophe Rinderhagen.

» La première tend à faire déclarer qu'il y a Contrariété entre l'arrêt du conseil, du 14 avril 1791, et le jugement de la section civile dont il s'agit.

» La seconde, qui n'est que subsidiaire à la précédente, tend à faire casser ce même jugement, comme rendu en contravention à l'art. 78 de la loi du 27 ventôse an 8.

» Sur la première demande, vous n'avez à examiner qu'une seule question, celle de savoir si la Contrariété dont se trouve argué le jugement de la section civile, du 5 prairial an 9, existe véritablement.

» L'affirmative paraît, du premier abord, ne pouvoir éprouver aucune difficulté. D'une part, en effet, le conseil a, par l'arrêt du 14 avril 1791, cassé l'arrêt du parlement de Paris, du 5 mars 1765, qui déclarait les trente-cinq communes du ci-devant bailliage d'Hesdin, propriétaires des marais litigieux ; et de l'autre, la section civile a, par le jugement du 5 prairial an 9, confirmé un jugement du tribunal civil du département de la Seine, du 8 pluviôse an 8, par lequel ces mêmes marais avaient été déclarés appartenir aux trente-cinq communes. Ainsi, le jugement de la section civile a rejeté une demande en cassation que l'arrêt du conseil avait précédemment accueillie et couronné ; il y a, par conséquent, du moins à la première vue, Contrariété entre les deux jugemens.

» Mais prenons garde que cette Contrariété ne soit qu'apparente. « Pour savoir » (dit Tolozan dans ses observations sur le tit. 7 de la première partie du réglement de 1738), « s'il y a Contrariété en-
» tre deux dispositions, il est nécessaire de les com-
» parer l'une à l'autre, afin de voir si elles sont en
» contradiction, ou seulement différentes… ; il faut
» (surtout) examiner attentivement l'état de la con-
» testation, lors des deux arrêts qui paraissent op-
» posés, et les demandes sur lesquelles ils sont in-
» tervenus ; car *si la contestation avait changé de
» face*.., si l'on avait agité des questions nouvelles,
» il n'y aurait point de Contrariété entre des dispo-
» sitions qui seraient relatives à des demandes tou-
» tes différentes ».

» Or, dans l'espèce, l'état de la contestation était-il le même, en pluviôse an 8, devant le tribunal civil du département de la Seine, qu'il avait été en mars 1765, devant le parlement de Paris ?

Non certainement ; et ce qui le prouve, c'est que, dans l'intervalle, était survenue la loi du 28 août 1792, qui avait établi, sur les propriétés communales, une législation infiniment plus favorable aux habitans des campagnes, que ne l'étaient les lois sous l'empire desquelles avait été rendu l'arrêt du parlement de Paris.

» Que le parlement de Paris eût violé, par son arrêt du 5 mars 1765, les lois alors en vigueur, nous devons le croire, puisque l'arrêt du conseil, du 14 avril 1791 l'a ainsi jugé.

» Mais ces lois ont été révoquées par l'art. 8 de la loi du 28 août 1792 ; et il a été ordonné par le même article, que, nonobstant leurs dispositions, les communes seraient réintégrées dans les propriétés qu'elles prouveraient avoir anciennement possédées.

» Or, qu'a fait le tribunal civil du département de la Seine, par son jugement du 8 pluviôse an 8 ? Rien autre chose que d'appliquer aux trente-cinq communes du ci-devant bailliage d'Hesdin, l'art. 8 de la loi du 28 août 1792.

» Et qu'a fait la section civile par son jugement du 5 prairial an 9 ? Rien autre chose que de déclarer qu'en faisant cette application, le tribunal civil de la Seine n'avait violé aucune loi.

» Il y a donc bien entre l'arrêt du 14 avril 1792 et le jugement de la section civile du 5 prairial an 9, différence de résultat, mais non pas contrariété de disposition ; et cela seul nous force de repousser la première demande de la veuve Winther et d'Andréas Lindgréen.

» Mais il se présente sur cette même demande, une autre considération bien plus décisive encore.

» C'est que, par l'art. 8 de la loi du 28 août 1792, le législateur a expressément révoqué tous les *arrêts du conseil*, tous les jugemens qui pourraient être opposés aux demandes des communes en réintégration dans leurs anciennes propriétés.

» Si l'arrêt du conseil du 14 avril 1791 est révoqué par cet article, comment pourrait-on aujourd'hui vous le présenter comme *contraire* au jugement de la section civile du 5 prairial an 9 ? La *Contrariété* d'un jugement à un autre suppose nécessairement l'existence simultanée des deux jugemens. Dès que l'un n'existe plus, toute idée de Contrariété s'évanouit : *non entis nulla est qualitas.*

» La même observation s'applique à la seconde demande de la veuve Winther et d'Andréas Lindgréen.

» Dès que l'arrêt du conseil du 14 avril 1791 avait été révoqué par la loi du 28 août 1792, dès qu'il n'existait plus, lorsqu'a été soumise à la section civile la demande en cassation du jugement du tribunal civil du département de la Seine, du 8 pluviôse an 8 ; sur quel fondement aurait-on pu prétendre alors que cette demande eût dû être portée devant les sections réunies ? Bien évidemment il ne pouvait pas y avoir lieu d'appliquer une pareille circonstance, la disposition de l'art. 78 de la loi du 27 ventôse an 8.

» Aussi les demandeurs n'ont-ils pas alors invoqué cette disposition. Bien loin de là, ils ont eux-même cité leurs adversaires devant la section civile seulement; et c'est devant la section civile seulement qu'ils ont plaidé sans réclamation, sans protestation quelconque.

» Et en vain, pour écarter la fin de non-recevoir qui résulte de là, contre leur demande actuelle, en vain diraient-ils que cette marche leur était impérieusement tracée par le jugement de la section des requêtes, du 5 thermidor an 8, qui avait admis leur recours en cassation.

» Car, de là même, il sortirait une seconde fin de non-recevoir encore plus tranchante que la première.

» En effet, si, dans la manière de juger cette affaire, l'art. 78 de la loi du 27 ventôse an 8, eût été violé, ce ne serait point le jugement de la section civile, du 5 prairial an 9, qu'il faudrait en accuser; la faute en serait toute entière au jugement de la section des requêtes, du 5 thermidor an 8.

» Et comme ce dernier jugement n'est point attaqué par les demandeurs, il est clair, plus clair que le jour, que les demandeurs ne peuvent pas être écoutés dans leur recours en cassation contre celui de la section civile.

» Par ces considérations, nous estimons qu'il y a lieu de déclarer les demandeurs non-recevables et non fondés dans les fins de leur requête ».

L'arrêt qui a été rendu sur cette affaire, le 12 germinal an 10, au rapport de M. Brillat-Savarin, s'est attaché uniquement à une fin de non-recevoir commune aux deux demandes, et à laquelle j'avoue que je n'ai pas pensé.

« Vu (y est-il dit) l'art. 39 du tit. 4 du réglement de 1738, qui porte: *Après qu'une demande en cassation d'un arrêt ou jugement aura été rejetée par arrêt sur requête ou contradictoire, la partie qui l'aura formée, ne pourra plus se pourvoir en cassation contre le même arrêt ou jugement, encore qu'elle prétendît avoir de nouveaux moyens, ni pareillement contre l'arrêt qui aura rejeté la demande; ce qui sera observé à peine de nullité;*

» Et attendu que les conclusions, tant principales que subsidiaires de la veuve Winther et consorts, ne sont autre chose qu'un nouveau pourvoi contre le jugement de la section civile, en date du 5 prairial an 9, qui a rejeté leur demande en cassation, contre le jugement du tribunal de Paris, du 8 pluviôse an 8;

» Le tribunal rejette le pourvoi.... »,

§. II. *Quel doit être le résultat d'un arrêt par lequel la cour de cassation casse un jugement en dernier ressort, parcequ'il est contraire à un autre jugement en dernier ressort, précédemment rendu entre les mêmes*

4. édit., Tome II.

parties et sur les mêmes moyens, par un autre tribunal?

En thèse générale, lorsque la cour de cassation casse un jugement en dernier ressort, elle doit renvoyer le fond devant un autre tribunal pour y statuer. Telle est la disposition expresse de l'art. 5 de la loi du 27 novembre 1790.

Mais cette disposition, quelque indéfinie qu'elle soit par les termes qui l'expriment, est limitée par une exception qui est fondée sur l'essence même des choses: c'est qu'il n'y a pas lieu à renvoi, lorsque le fond est de telle nature, qu'il est jugé par l'arrêt même qui casse le jugement attaqué.

Par exemple, lorsque la cour de cassation casse un jugement en dernier ressort, sur le fondement qu'il a prononcé sur une matière administrative, elle ne renvoie pas le fond devant un autre tribunal; elle délaisse seulement les parties à se pourvoir là et ainsi qu'il appartiendra.

Lorsqu'une cour s'est mal à propos déclarée, soit compétente, soit incompétente, et que la cour de cassation casse son arrêt, elle ne renvoie pas à une autre cour la question d'incompétence qui a été erronément décidée : elle décide elle-même cette question définitivement; et elle renvoie le fond, mais seulement le fond devant le tribunal qui doit en connaître.

Tel a toujours été l'usage de la cour de cassation: et il est à remarquer que cet usage est expressément confirmé par l'art. 429 du Code d'instruction criminelle de 1808 : si *l'arrêt et la procédure,* y est-il dit, *sont annullés pour cause d'incompétence, la cour de cassation renverra le procès devant les juges qui doivent en connaître, et les désignera.*

Ainsi, lorsque, sur l'appel d'un jugement rendu en dernier ressort par un tribunal de commerce, il intervient un arrêt qui reçoit cet appel, et que la cour de cassation casse cet arrêt, elle ne doit pas renvoyer le fond devant une autre cour, elle doit simplement ordonner que le jugement du tribunal de commerce sera exécuté; et c'est précisément ce que lui prescrit le réglement de 1738, part. 2, tit. 4, art. 19.

Lorsque la section criminelle, saisie de la demande en cassation d'un arrêt qui, dans un procès où il n'y a point de partie civile, condamne un accusé à une peine quelconque, casse cet arrêt sur le fondement que le fait dont l'accusé a été déclaré convaincu, n'est rangé par la loi ni au nombre des crimes, ni au nombre des délits, ni au nombre des contraventions, jamais elle ne renvoie l'accusé devant une autre cour; et l'article cité du Code d'instruction criminelle de 1808 confirme encore bien formellement sa jurisprudence à cet égard : *lorsque l'arrêt sera annullé,* porte-t-il, *parceque le fait qui aura donné lieu à une condamnation, se trouvera n'être pas un délit qualifié par la loi, le renvoi, s'il y a une partie civile, sera fait devant un tribunal de première instance autre que*

77

celui auquel aura appartenu le juge d'instruction ; et s'il n'y a pas de partie civile, AUCUN RENVOI NE SERA PRONONCÉ.

Ainsi, et par la même raison, il ne peut pas y avoir de renvoi à prononcer dans le cas proposé en tête de ce paragraphe, si, par l'arrêt qui casse celui d'une cour, comme contraire à un jugement en dernier ressort précédemment rendu par un autre tribunal, le fond de la cause, sur laquelle a prononcé cette cour, se trouve nécessairement jugé.

Or, dans ce cas, en quoi consiste le fond de la cause ? Il consiste uniquement dans la question de savoir, s'il y a, entre l'arrêt attaqué et le jugement en dernier ressort précédemment rendu, une Contrariété telle que l'arrêt ne puisse pas être maintenu. La cour de cassation ne peut donc pas, d'après l'essence même des choses, casser cet arrêt, sans juger le fond ; elle ne peut donc pas, en le cassant, renvoyer le fond devant une autre cour.

Et c'est ainsi qu'en usait constamment le grand conseil, lorsqu'en vertu de l'attribution qui lui était faite par l'édit du mois de décembre 1552 et par l'art. 34 du tit. 35 de l'ordonnance de 1667, il prononçait sur les demandes en Contrariété d'arrêts émanés de différentes cours.

Telle était aussi, pour les demandes en Contrariété d'arrêts qui étaient de la compétence du ci-devant conseil privé, la disposition expresse du réglement de 1738 : En cas qu'il soit jugé (portait ce réglement, part. 2, tit. 6, art. 6) qu'il y a Contrariété entre les deux arrêts ou jugemens, il sera ordonné que, sans s'arrêter au dernier, le premier sera exécuté selon sa forme et teneur.

Ce que faisait le grand conseil, ce que faisait le conseil privé, la cour de cassation peut et doit incontestablement le faire aujourd'hui, puisque c'est à elle que l'art. 504 du Code de procédure civile délègue le droit de prononcer, par voie de cassation, sur les demandes en Contrariété d'arrêts rendus par différentes cours.

Et inutilement objecterait-on que, par l'art. 504 du Code de procédure civile, il est dit qu'en cas de Contrariété d'arrêts rendus par différentes cours, l'instance en cassation est formée et jugée conformément aux lois qui sont particulières à la cour de cassation.

D'un côté, au nombre des lois qui sont particulières à la cour de cassation, est éminemment le réglement de 1738 : l'art. 28 de la loi du 27 novembre 1790 et l'art. 90 de la loi du 27 ventôse an 8 en commandent formellement l'observation dans tous les points auxquels les lois ne dérogent pas.

D'un autre côté, indépendamment du réglement de 1738, il est dans l'esprit des lois qui sont particulières à la cour de cassation, et cela résulte clairement de l'art. 429 du Code d'instruction criminelle, que cette cour ne prononce jamais de renvoi, lorsque le fond se trouve nécessairement jugé par un arrêt de cassation.

Une comparaison très-simple achèverait de dissiper tous les doutes, s'il pouvait en rester encore.

La requête civile est, pour la Contrariété d'arrêts rendus par la même cour, l'équivalent de ce qu'est la cassation pour la Contrariété d'arrêts rendus par des cours différentes. Or, comment doit-on prononcer, lorsqu'en jugeant une requête civile, fondée sur la Contrariété d'arrêts rendus par la même cour, on trouve que la Contrariété existe réellement ? Suit-on alors la règle générale qui défend de prononcer en même temps sur le rescindant et sur le rescisoire ; règle qui évidemment forme le pendant de la loi par laquelle il est interdit à la cour de cassation de statuer par ses arrêts de cassation, sur le fond des affaires ? Non. L'art. 501 du Code de procédure civile veut qu'en ce cas, on ordonne, en entérinant la requête civile, que le premier jugement sera exécuté selon sa forme et teneur.

L'arrêt de la cour de cassation, du 29 mars 1809, qui est rapporté dans le Répertoire de Jurisprudence, au mot Réunion, n'a point, comme on l'a annoncé dans quelques recueils périodiques, condamné cette doctrine. Dans l'espèce de cet arrêt, il ne s'agissait pas seulement de savoir si celui de la cour d'appel de Gênes, du 30 janvier 1807, était contraire aux jugemens en dernier ressort du tribunal civil du département des Bouches-du-Rhône, des 19 pluviôse an 6, 29 pluviôse et 7 ventôse an 7 ; il y était encore question de l'effet qui, relativement à l'exécution de ces trois jugemens dans le ressort de la cour d'appel de Gênes, avait dû résulter de la réunion de la Ligurie à la France ; et c'est principalement cette considération qui a déterminé la cour de cassation à ne pas se borner, en cassant l'arrêt du 30 janvier 1807, à ordonner l'exécution des trois jugemens de l'an 6 et de l'an 7, mais à renvoyer la cause et les parties devant la cour d'appel de Lyon.

CONTRAT. §. I. *Peut-on insérer un Contrat dans un testament ?*

V. le plaidoyer du 29 et l'arrêt du 30 messidor an 11, rapportés à l'article *Testament conjonctif*, §. 1.

§. II. *Les Contrats mixtes doivent-ils être revêtus des formes propres à chaque espèce de Contrats qu'ils renferment ?*

V. l'article *Contrat de mariage*, §. 2.

§. III. *En matière de Contrats, des faits positifs équipollent-ils à des stipulations expresses ?*

V. l'article *Emphytéose*, §. 3.

§. IV. *Dans quels cas une loi nouvelle est-elle censée déroger aux Contrats antérieurs ?*

V. l'article *Inscription sur le grand livre*, §.

§. V. *Effet de l'exécution d'un Contrat pour déterminer le sens dans lequel les parties l'ont entendu, au moment où elles l'ont signé.*

V. l'article *Testament*, §. 7.

§. VI. 1°. *Les lois et les coutumes doivent-elles toujours servir de supplément aux Contrats ?*

2°. *Peut-on appliquer aux dispositions contractuelles qui sont calquées sur les dispositions des lois et coutumes, les fictions et les peines introduites par celles-ci ?*

V. les articles *Meubles*, §. 2 ; et *Remploi*, §. 4.

§. VII. *Résolution des Contrats, effets qu'elle produit à l'égard des tiers.*

V. l'article *Résolution*, §. 1.

§. VIII. *Autres questions relatives aux Contrats.*

V. Les articles *Acte notarié, Contre-lettre, Crainte, Date, Double écrit, Erreur, Escroquerie, Garantie, Mandat, Partage, Paiement, Prix, Pollicitation, Signature, Simulation, Société, Stipulation pour autrui et Suppression des titres.*

CONTRAT DE MARIAGE. §. I. *Dans la Belgique, un mineur pouvait-il, sous l'empire des placards ou édits de 1540 et 1623, disposer de ses immeubles par son Contrat de mariage, sans l'autorisation de son père ?*

V. l'arrêt de la cour de cassation, du 2 germinal an 9, rapporté à l'article *Mineur*, §. 1.

§. II. *Quel était, avant le Code civil, dans les contrées qui n'avaient pas là-dessus de loi expresse, l'effet d'un Contrat de mariage passé, ou sous seing-privé, ou devant notaire, mais sans qu'il en restât minute ?*

Cette question a été traitée, en 1782, par le magistrat qui exerçait alors au conseil d'Artois, les fonctions d'avocat général (M. Foacier de Ruzé). Voici comment il s'est exprimé, dans une cause dont nous rapporterons ci-après l'espèce :

« Il est des circonstances dans la vie où l'homme jouit de la plus grande liberté, et où cessant d'être soumis à l'empire des lois civiles, les lois elles-mêmes permettent qu'il prenne leur place. C'est en législateur qu'il marche vers l'autel et qu'il descend dans le tombeau. Au pied de l'autel, il est roi de la nouvelle famille qu'il va fonder dans l'état ; c'est au même titre que, sur les bords de la tombe, il fait le partage de sa dépouille. C'est ainsi que la loi l'invite à vivre pour la société, et qu'elle le récompense d'avoir vécu pour elle.

» Telle est la grande faveur accordée aux deux actes les plus importans de la vie civile, les testamens et les Contrats de mariage ; mais à peine le Contrat anténuptiel est-il scellé par la religion du serment, qu'il devient aussi indissoluble que le nœud que les époux viennent de former ; chaque condition, chaque partie du contrat civil, sont aussi intimement liées, forment un tout aussi indivisible, qu'est inséparable l'union des cœurs qui repose sur l'engagement des conventions matrimoniales, comme sur une base inébranlable.

» L'irrévocabilité, l'immutabilité est donc ce qui constitue spécialement le Contrat de mariage (1). Mais il n'est qu'un moment où il peut-être revêtu de ce caractère d'immutabilité : il faut qu'il en soit frappé à l'instant même où l'engagement des époux est adopté, consacré par la religion. C'est le nœud indissoluble qui vient d'être formé, qui sert de sceau au Contrat qui en a réglé les conditions. La loi ne respecte que ce signe, parcequ'il donne au Contrat le caractère d'immutabilité conforme à sa nature.

» Le Contrat de mariage n'a-t-il pas reçu cette empreinte ? Son existence reste incertaine ; elle est au pouvoir des époux, ou plutôt, ce n'est plus qu'un acte clandestin, qui se flétrit entre leurs mains. C'est un corps qui restera toujours inanimé. L'ouvrage de la législation domestique n'a pas été consommé ; la loi civile reprend son empire ; elle préside à l'engagement contracté devant le ministre de la religion, elle en règle les conditions d'une manière irrévocable ; en un mot, telle est la nature des conditions du mariage, qu'il ne peut pas y avoir un instant après la bénédiction nuptiale, où elles soient douteuses, où il soit incertain si les époux vivent sous l'empire d'une loi domestique ou de la coutume, où il soit en leur pouvoir de préférer l'une à l'autre. Cette préférence est attachée à un moment fatal. Il faut, en revenant de l'autel, être soumis irrévocablement à une loi domestique ou à la loi civile ; l'option doit alors être consommée. Or, un Contrat de mariage qui n'est point sorti des mains des époux, est un ouvrage de législation domestique qui n'a pas été consommé, et qui, au lieu de porter un caractère d'immutabilité, porte un caractère d'une juste réprobation.

» Il est donc de principe que le Contrat de mariage est immuable de sa nature ; que ce caractère d'immutabilité doit être assuré irrévocablement, au moment de la célébration du mariage ; qu'à ce moment, il doit être à l'abri de toute soustraction, de tout changement ; et qu'enfin, par une conséquence également juste et nécessaire, toute faculté potestative, réservée même indirectement, est interdite par la nature de ce Contrat ; qu'une pareille faculté en vice qui en corrompt la substance, et qui autorise la coutume à prendre la place du contrat vicieux dans son principe.

» C'est cependant cette dernière conséquence,

---

(1) *V.* le *Répertoire de jurisprudence*, aux mots *Conventions matrimoniales*, §. 2.

77

tirée des principes, qu'on ne veut pas reconnaître ; ou prétend qu'il n'y a que l'abus résultant de l'exercice de la faculté potestative, qui soit condamné, et que cette faculté n'est pas vicieuse en elle-même.

» Mais ce moyen qu'on n'a pas entrepris d'établir, est une assertion que les lois ont condamnée dans tous les cas où il s'agit de la faculté potestative. Ainsi, dans le contrat de vente, toute faculté réservée qui donne à l'un des contractans le pouvoir de détruire ou d'altérer la substance du contrat, vicie radicalement l'acte, quoique l'abus ne se soit pas ensuivi. Ainsi, en matière de donation, la seule contravention à la règle *donner et retenir ne vaut*, opère une nullité absolue, sans considérer si la faculté a été ou non réduite à l'acte.

» Et d'ailleurs qu'entend-on par une *faculté potestative réduite à l'acte*, en matière de Contrat de mariage? Ce peut être que la suppression de ce Contrat, ou le changement et l'altération des clauses qu'il contient. Mais quel sera alors le remède? Le mal ne sera-t-il pas irréparable? Il répugne qu'un titre qui doit justifier aux yeux de la loi, l'existence de conventions immuables, soit un être mobile et changeant; sa nature doit être certaine et déterminée; s'il n'a pas ce caractère, c'est un monstre qui ne peut pas exister dans l'ordre légal; là où il n'y a pas de remèdes contre l'abus, les lois ont proscrit indéfiniment la cause qui pouvait le produire. C'est donc une vérité certaine que la voie indirecte que les conjoints se ménagent, pour faire paraître ou disparaître à leur gré leur Contrat de mariage, est un vice qui attaque ce Contrat dans son essence, dans sa nature.

» S'il est une province où ces principes doivent exercer leur empire d'une manière absolue, n'est-ce pas dans la nôtre, où l'immutabilité des Contrats de mariage est la suite nécessaire d'une disposition de la coutume, qui défend impérativement aux conjoints (art. 89) de s'avantager directement ou indirectement; qui proscrit, par un statut aussi irritant, tous les moyens quelconques qui seraient de nature à porter atteinte à la prohibition; qui ne condamne pas seulement l'abus de l'exercice d'une faculté potestative, mais qui prévient cet abus, presque toujours irréparable, en réprouvant la faculté potestative comme une cause vicieuse?

» Il est bien étonnant que les législateurs qui ont reconnu la vérité et la sagesse de ces principes, n'aient porté aucune loi pour en assurer les effets.

» Ce sont, il est vrai, les lois naturelles qui tracent les premières règles de la jurisprudence; ce sont elles encore qui donnent les moyens principaux d'assurer l'exécution des Contrats; mais parmi ces moyens, il en est qui ne peuvent être produits que par des lois arbitraires, et telles sont les formes des conventions : ce sont les lois arbitraires qui les déterminent; ce sont elles qui établissent les règles convenables pour assurer la stabilité, l'exécution des Contrats; lorsque ces règles ne sont pas établies, les raisons de convenance,

les motifs qui doivent les créer, ne peuvent pas en tenir lieu. Le silence de la loi autorise les citoyens à ne pas se soumettre à des formes gênantes qui ne sont pas commandées. Il y a plus encore : lorsqu'une loi arbitraire, déterminant une forme, n'exige pas qu'elle soit remplie à peine de nullité, il est permis de se reposer sur cet adoucissement de la loi, et d'user d'une liberté qu'elle n'a pas voulu interdire d'une manière absolue; et si cette confiance est affermie par une multitude d'exemples, par un usage ancien, qui n'a jamais cessé d'être toléré, quelque salutaire que pourrait être la peine de nullité, il y aurait de l'injustice à la prononcer; ce serait ébranler les fondemens du repos d'une infinité de familles qui ont contracté à l'ombre du silence ou de la tolérance de la loi.

» Tel est le défaut de puissance des lois arbitraires, que, lors même qu'elles sont fondées sur l'utilité publique et sur l'équité des motifs qui y donnent lieu, elles ne règlent que l'avenir sans toucher au passé : *leges et constitutiones futuris certum est dare formam negotiis, non ad facta præterita revocari.* Cette règle, enseignée par Domat, dans ses *Lois civiles*, *liv. prél.*, *tit.* 1, *sect.* 1., *art.* 13, est exactement suivie par les législateurs; aussi voyons-nous dans l'ordonnance des donations, que le législateur n'entend pas que les règles qu'il prescrit, puissent décider du sort des donations antérieures à cette ordonnance; et cependant ces règles ne sont établies que pour assurer l'immutabilité de ces sortes d'actes.

» Ainsi, quoique la nature et l'immutabilité des Contrats de mariage aient pu, jusqu'à présent, provoquer une loi qui ordonnât que ces actes seraient passés pardevant notaire, pour assurer leur date, et qu'il en serait gardé minute pour les mettre à l'abri de toute suppression, cette loi n'existant pas encore, les motifs d'utilité publique ne peuvent point la suppléer.

» Ces principes sont bien en opposition avec ceux que nous avons d'abord fait valoir. Le Contrat de mariage est le plus important, le plus solennel, le plus immuable de tous les Contrats; et cependant, point de loi positive pour en déterminer la solennité, en régler l'authencité, et en assurer l'immutabilité. Ainsi, d'un côté, nécessité de maintenir l'immutabilité des Contrats de mariage ; de l'autre, voie ouverte qui en facilite la soustraction ou l'altération.

» Dans ces circonstances, il faut, comme dans toutes les lois qui s'entrechoquent, chercher et établir un tempérament. Le juge en tient le pouvoir du silence du législateur.

» C'est la diversité apparente des arrêts, en cette matière, qui va nous servir de boussole, et nous indiquer le tempérament qu'il faut adopter. L'immutabilité des Contrats de mariage a toujours été le principe dont on ne s'est jamais écarté; au défaut de loi qui assurât ce caractère par une forme extrinsèque, les juges ont désiré que le Contrat dé mariage fût accompagné de circonstances qui le rendissent solennel, et suffisantes pour en empêcher facilement la suppression ou l'altération. Ce sont ces circonstances que les auteurs relèvent, lorsqu'ils rapportent les arrêts qui ont adopté des Contrats de mariage passés sous signatures privées, et dont il ne serait pas resté minute; de sorte que, lorsque les formes extrinsèques ont été omises, il faut que la sincérité de la date ait une certitude morale; il faut qu'il se rencontre des circonstances qui garantissent l'existence du Contrat, en laissant des traces remarquables, et permettent aux tierces parties intéressées de rapporter la preuve de cette existence, lors de la célébration du mariage, des circonstances, en un mot, qui soient un frein à l'esprit de dol et de fraude.

» Les conjoints sont dépositaires de leur Contrat de mariage, c'est-à-dire, d'un titre qui intéresse leur famille, leurs héritiers, les enfans à naître, le public. Il faut donc que la publicité, la notoriété garantisse l'abus qu'ils pourraient faire de ce dépôt; et pour cela, il faut que la qualité des dépositaires soit connue au moment même de la célébration du mariage. Si le Contrat est privé du caractère de solennité et de notoriété, s'il a été enfanté dans l'obscurité, si les conjoints ou plutôt le mari seul peut se jouer impunément de son existence, dans la certitude de ne pas encourir les peines qui menacent ceux qui violent les dépôts, alors le Contrat de mariage a été frappé du caractère vicieux de clandestinité qui infecte, qui corrompt son essence.

» C'est ici le lieu de rapporter un beau passage de Brodeau, sur Louet, qui confirme la justesse de ces réflexions : « Entre toutes les conventions des » hommes (dit cet auteur, lettre M, §. 4, n° 5), » il n'y a point qui aient plus de poids, de so- » lidité, de stabilité, ni plus d'autorité, et qui » lient plus fortement la société civile, que les » Contrats de mariage, auxquels, comme au cen- » tre, aboutissent tous les actes particuliers qui se » passent ensuite entre les conjoints; mais il n'y » a pas de Contrat où l'on apporte plus de solen- » nité; et le mariage serait réputé clandestin, si » l'on n'appelait les parens au Contrat, par l'avis » desquels, comme de conseillers domestiques, » les conventions se règlent, et bien souvent les » successions; c'est là qu'on établit le nœud indis- » soluble d'une alliance, et les lois d'une famille » qui doivent demeurer à la postérité, fixes, per- » pétuelles et immuables, sans qu'il soit plus au » pouvoir des conjoints d'y rien changer, alté- » rer ni diminuer; l'autorité d'un Contrat de » mariage ne pouvant être blessée sans violer en » quelque façon la dignité du sacrement qui la » confirme ».

» Il est donc certain qu'à défaut d'existence d'un Contrat de mariage dans un dépôt public, il faut au moins qu'il n'ait pas été conçu dans les ténèbres; que les familles et le public soient instruits que les conjoints en sont restés dépositaires; qu'il n'a pas été en leur pouvoir d'abuser impuné-

ment de ce dépôt, parceque leur qualité de dépositaires étant connue, suffit pour les rendre responsables de toutes les suites que peut entraîner le défaut de représentation du contrat.

» Tels sont, à ce qu'il nous semble, les véritables principes en cette matière, telles sont les maximes reconnues par les auteurs et la jurisprudence. La dernière conséquence que nous en tirerons directement, c'est que les Contrats de mariage, passés sous signature privée ou dont il n'est pas resté minute, ont besoin d'être soutenus par des circonstances favorables qui écartent toute idée de clandestinité, qui manifestent la droiture de ceux qui ont omis les formes extrinsèques, qui établissent qu'ils ne peuvent, sans une témérité aveugle, se prévaloir d'une omission, parceque le défaut de représentation d'un contrat dont ils sont reconnus être dépositaires, suffit pour les rendre responsables de la perte du contrat.

» Ainsi, ceux qui attaquent un Contrat de mariage dont aucune forme n'assure l'immutabilité, n'ont rien à prouver, ils ont en leur faveur la présomption que le Contrat est clandestin, et cette présomption milite pour eux jusqu'à la preuve du contraire; il faut qu'on leur fasse voir que la faculté potestative d'anéantir ou d'altérer le Contrat, n'a pu être mise en exercice, à cause de la solennité et de la notoriété de l'existence de cet acte.

» Tel est le tempérament qui nous paraît devoir concilier la nécessité de donner un effet à l'immutabilité des Contrats de mariage, et le défaut de pouvoir suffisant pour prononcer une nullité, quand aucune loi ne détermine, à peine de nullité, quelle doit être leur forme extrinsèque. Adopter ce tempérament, c'est, d'un côté, prévenir les abus funestes que peut produire l'exercice d'une faculté potestative, qui ne serait retenue par aucun frein; et c'est, de l'autre côté, prévenir également les alarmes, le trouble, le désordre dans des familles qui ne doivent pas être les victimes d'un usage toléré, et qui pourront encore se reposer avec confiance sur la solennité, la notoriété de l'existence des Contrats de mariage, caractères suffisans pour les mettre à l'abri de tout reproche légitime, jusqu'à ce que la législation établisse une forme plus efficace.

» Les auteurs (notamment Lebrun, de la Communauté, liv. 1, chap. 5) qui parlent des arrêts intervenus en cette matière, les rapportent à des circonstances qui ont paru suffisantes pour soutenir des Contrats de mariage passés sous signature privée, ou dont il n'avait pas été gardé minute. Tel est l'arrêt du 17 mai 1677 (rapporté au Journal des Audiences, tome 5), qui a admis la validité d'articles, signés deux jours avant la célébration du mariage, et confirmés par un Contrat en forme quelques heures après cette célébration. Rien de clandestin dans ce Contrat; ceux qui en contestaient la validité, étaient héritiers des parens du mari qui avaient signé les articles. D'ailleurs, le Contrat de mariage avait été passé dans le ressort de la coutume de Touraine, qui, par l'art. 243, permet les avantages entre conjoints, en cas de non enfans; et ce cas était celui de l'espèce de l'arrêt. Enfin, Lebrun remarque que la femme était une maîtresse ouvrière en soie, qui, ayant un très-bel établissement dans la ville de Tours, était descendue en secondes noces avec un garçon de boutique; en sorte qu'on jugea, ajoute-t-il, que les héritiers d'un tel mari étaient assez avantagés d'une somme de 15,000 livres pour tout droit de communauté, et que c'était une sorte de mariage inégal.....

» Cet auteur rapporte encore un autre arrêt du 7 décembre 1701, par lequel le parlement a confirmé un Contrat de mariage postérieur à la célébration, mais conforme à des articles qui avaient précédé la bénédiction nuptiale; et il remarque qu'on a ainsi jugé, à cause de la circonstance que les parens de qui les articles étaient signés, étaient des personnages d'une estime universelle et d'un crédit avéré.

» L'arrêt du 19 août 1738, qui ordonne l'exécution des articles du mariage de Cauvel de Griviller avec Suzanne Tudelle, est aussi dû à la circonstance que le père, magistrat de Montdidier, homme de mérite et d'une grande probité, avait signé les articles, ainsi que la mère de la future; et c'était cette mère qui opposait la nullité. (Denisart, aux mots Contrat de mariage).

» L'arrêt du 11 février 1649, rapporté au Journal des Audiences, n'est relatif à aucun Contrat de mariage entre les conjoints. Il ne s'agissait que d'articles signés par un père, portant constitution de dot; et l'on a jugé qu'ils étaient suffisans pour obliger les héritiers d'entretenir cette constitution de dot : ces héritiers ont paru défavorables; ils avaient usé de violence envers leur père, pour lui faire révoquer cette constitution dotale.

» Telles sont, dans les arrêts favorables aux Contrats de mariage sous-seing-privé, les circonstances particulières qui les ont provoqués. Nous remarquons au contraire que, lorsque ces circonstances ont manqué, les arrêts ont déclaré nuls les Contrats de mariage revêtus seulement de la signature privée des conjoints, et dont il ne serait pas resté minute.

» Nous trouvons dans le Journal des Audiences, un arrêt du 20 mars 1621, qui déclare nul un Contrat de mariage signé des conjoints, quoique trouvé dans l'étude du notaire, qui avait négligé de le signer.

» Celui du 17 août 1725, rapporté par M. Lépine de Grainville, proscrit le Contrat de mariage de Mayoul, par la raison seule, dit ce magistrat, qu'il n'en avait pas été gardé minute. On s'est déterminé (continue-t-il) par les moyens de droit employés contre le Contrat de mariage parceque d'ailleurs il est d'une extrême conséquence qu'un des contractans puisse rester en possession des deux doubles, et que le mari est toujours le maître de celui de sa femme comme du sien (1).

» L'arrêt du 30 mai 1742, rendu en faveur de Bailly (2), serait donc le seul qui pourrait faire plier les principes en cette matière; mais depuis quand est-il permis d'ériger en principe un arrêt unique?

» Et d'ailleurs est-il bien vrai que le Contrat de mariage de Bailly était destitué de toutes circonstances favorables? Est-il bien vrai qu'il était marqué dans son origine, du sceau de la clandestinité? Nous avons recherché la vérité d'un fait aussi important, et nous avons reconnu, par une copie délivrée par le greffier du gros (3), que loin que Bailly, et son épouse eussent voulu ensevelir leur Contrat dans les ténèbres, il paraît, au contraire qu'ils avaient voulu lui donner de la publicité, en prenant la précaution extraordinaire de le faire signer par deux témoins qu'ils avaient fait appeler, outre les notaires.

» Tous les arrêts, en confirmant certains Contrats de mariage dont il n'était pas resté minute, mais qui étaient soutenus par le mérite de circonstances particulières, ont donc confirmé les principes de tempérament que nous proposons; et le résultat de toute cette discussion est qu'il faut au moins qu'il paraisse, en pareil cas, que le Contrat de mariage n'a point été frappé, dans son origine, du vice de clandestinité; et c'est à ceux qui en soutiennent la validité, à le justifier ».

Voilà comment s'est expliqué M. l'avocat-général Foacier du Ruzé, à l'audience du conseil d'Artois, du 27 février 1782; mais en applaudissant à la justesse de ses raisonnemens, je dois dire que la doctrine établie dans son plaidoyer, était en opposition avec une loi particulière à l'Artois même et aux autres contrées de la Belgique, tant française qu'autrichienne, c'est-à-dire, avec l'art. 19 de l'édit perpétuel de 1611, qui, en prohibant la preuve par témoins de toute convention ou disposition dont l'objet excédait 300 florins, voulant que les ordonnances de dernière volonté, donations, Contrats de mariage, venditions et autres contrats quelconques, fait de chose réelle ou pécuniaire de la valeur que dessus, fussent faites sous signatures privées ou pardevant notaire et témoins.

Aussi a-t-elle toujours été rejetée par la jurisprudence du parlement de Douay; et quoique cette jurisprudence ait été dénoncée au conseil, elle n'y a essuyé aucune atteinte.

Voici l'espèce du premier arrêt qui l'a introduite.

(1) Maillart, sur l'art. 166 de la coutume d'Artois, rapporte un autre arrêt, du 17 février 1727, rendu à la quatrième chambre des requêtes, qui a déclaré nul un Contrat de mariage passé à Bourbourg, sous les signatures privées des contractans, en présence du frère, de l'époux et d'un ami de l'épouse.

(2) Cet arrêt a confirmé un Contrat de mariage fait à Arras, le 16 mars 1730. L'acte avait été passé devant notaires; mais il n'en était pas resté minute; les deux doubles avaient été remis, l'un au mari, l'autre à la femme.

(3) V. le Répertoire de Jurisprudence, aux mots Greffier du gros.

Le 11 février 1745, Contrat de mariage devant notaires à Cambray, entre le sieur Douay et la demoiselle Hove, respectivement assistés de parens, d'amis et de conseils.

Une des clauses de cet acte portait : « Arrivant » au contraire que la future épouse vienne à pré- » décéder sans délaisser enfans, le sieur futur » époux sera son héritier mobilier et immobilier » universel, desquels biens, tant meubles qu'im- » meubles paternels, elle lui fait, audit cas, *dona- » tion en faveur de mariage*, à la charge..... des » dettes et funérailles ».

L'acte était terminé par ces mots : « Ainsi fait » et passé à Cambray, en doubles délivrés aux par- » ties, à la décharge des notaires ».

» La dame Douay est tombée malade au commencement de l'année 1746. Le 21 avril de cette année le mari a déposé le Contrat de mariage au greffe du tabellion de Cambray; et dix jours après, son épouse est décédée.

Le 27 février 1747, le sieur Grenet, héritier de la dame Douay, présente requête aux échevins de Cambray, en nullité de la donation qu'elle avait faite à son mari par son Contrat de mariage. Il fonde cette demande sur l'art. 1 de l'ordonnance de 1751 : *et il en restera minute, à peine de nullité*, dit cette loi.

Le sieur Douay n'a pas jugé à propos de répondre à cette requête devant les échevins de Cambray; il a fait évoquer l'affaire au parlement de Flandre, pour des raisons qu'il est inutile de retracer ici.

Là, il a soutenu d'abord que son Contrat de mariage ne renfermait pas une donation, soit entre-vifs, soit à cause de mort, mais seulement une institution contractuelle.

» Ce n'est point (disait-il) une donation entre-vifs, parceque l'essence de cette donation est que le donateur se dépouille, en faveur de son donataire, au moins de la propriété nue des choses données, que celui-ci en soit revêtu, et qu'il la transmette à ses héritiers. Or, la future épouse ne se dépouillait de rien; elle retenait par-devers elle la propriété de ses biens, et le mari perdait toute espèce de droit s'il mourait le premier, ou s'il survivait un enfant. D'ailleurs, la donation entre-vifs est une libéralité : or, les conjoints qui s'avantagent en se mariant, ne sont pas censés se faire de libéralité; ce que l'un donne, l'autre l'acquiert à titre onéreux, parceque c'est la condition du mariage. Enfin ce n'est pas non plus une donation à cause de mort, parcequ'il est aussi de l'essence de cette donation d'être une libéralité.

» En second lieu, que l'on considère, si l'on veut, la clause du Contrat de mariage dont il s'agit, comme un agencement, un gain de survie, une convention matrimoniale; pourra-t-elle pour cela être annullée, faute de minute restée chez les notaires? Non. La déclaration du 25 juin 1729 exempte ces sortes de clauses de la formalité de l'insinuation. L'art. 21 de l'ordonnance de 1731

confirme cette exemption, et l'art. 10 de la même loi les affranchit de la nécessité de l'acceptation. Elles ne sont donc pas soumises aux lois faites pour les donations entre-vifs.

» Enfin (disait le sieur Douay) il n'y a ni loi ni ordonnance qui exige que les Contrats de mariage soient passés devant notaires : ils sont valables même sous seing-privé; et alors sûrement il n'en peut pas rester minute ».

Sur ces raisons, que le sieur Grenet avait cependant combattues avec le plus grand avantage, arrêt du 31 janvier 1748, qui ordonne l'exécution du Contrat de mariage du sieur Douay, et condamne son adversaire aux dépens.

Le sieur Grenet s'est pourvu en cassation, et le conseil a admis sa requête; mais une transaction a assoupi l'affaire.

Depuis, on a toujours tenu au parlement de Flandre, que les donations faites entre époux, par Contrats de mariage, en forme de gains de survie, étaient valables, quoique sous seing-privé.

Il est vrai qu'un arrêt du 1er. décembre 1783, rendu à la 2e chambre, sur un appel du prévôt de Bavay, a déclaré nul, quant aux stipulations de gains de survie, un Contrat de mariage qui n'était signé que des parties; mais le motif de cet arrêt (je l'ai su des juges mêmes) a été que le Contrat avait été fait devant deux notaires qui y étaient nommés; que cependant il n'était signé ni de l'un ni de l'autre; que, dès-là, on devait croire que l'intention des époux était demeurée au pur projet; et qu'enfin, c'était le cas de la loi *si in scriptis*, en la prenant dans le sens que j'ai combattu à l'article *contrat judiciaire*, §. 2.

Il est si vrai d'ailleurs que, par cet arrêt (contre lequel, après tout, il a été pris sur-le-champ des lettres de révision qui ont donné lieu à un arrangement avantageux aux donataires), il n'a été porté aucune atteinte à la jurisprudence du parlement de Flandre sur cette matière, que, le 10 du même mois, il en est intervenu un autre à la première chambre qui, en confirmant un chef d'une sentence du présidial de Bailleul, a jugé valables des stipulations du même genre, dans une espèce où le Contrat de mariage était absolument sous seing-privé. M. le premier président m'a même dit ce jour-là, que la question n'avait fait nulle difficulté, par la raison que telle était depuis long-temps la jurisprudence du parlement, surtout dans le cas où, comme dans celui dont il s'agissait, les avantages de survie n'étaient pas extraordinaires.

Remarquons cependant que cet arrêt, « faisant » droit sur les conclusions du procureur général, lui » donne acte de la réserve par lui faite de requérir » ci-après ce qu'il appartiendra, conformément à » un autre arrêt du 30 novembre 1776, pour assurer, » en Flandre, la date des Contrats de mariage sous » signatures privées, et remédier aux inconvéniens » qui peuvent en résulter ».

Cette réserve (qui faisait espérer un réglement

prochain et propre à remplir les vues proposées par M. l'avocat général Foacier de Ruzé, dans la partie de son plaidoyer du 27 février 1782, que j'ai rapportée ci-dessus) est demeurée absolument sans effet. On avait cependant bien le droit d'espérer que le réglement projeté irait même plus loin, et que, ramenant la jurisprudence du parlement de Flandre au point marqué avec tant de précision par l'ordonnance de 1731, il assujétirait au moins les Contrats de mariage, portant donation, aux deux formalités prescrites par l'art. 1 de cette loi.

Car, soyons de bonne foi, il n'était pas possible de se méprendre sur le sens de cet article ; et il est clair qu'il frappait sur les donations par Contrat de mariage, comme sur toutes les autres.

C'est ce qu'a parfaitement démontré le magistrat dont nous venons de parler, dans la seconde partie du plaidoyer cité. Pour en bien saisir les principes, et en faire une juste application, il faut connaître les faits qui avaient donné lieu à la cause dans laquelle il portait la parole.

Il s'agissait de la validité d'un Contrat de mariage, du 11 octobre 1753, qui ne renfermait qu'une clause, mais qui, par cette clause seule, rendait le survivant propriétaire de tous les biens du prédécédé.

Jamais Contrat ne fut plus simple ; il fut passé à Béthune, en brevets, et les notaires déclarèrent en avoir remis les doubles aux parties. Ce Contrat ne précéda que de cinq jours la célébration du mariage.

Une grosse expédiée en 1755, par le greffier du gros de la ville d'Aire, justifie qu'à cette époque, un des deux doubles existait dans ce dépôt.

Le 12 mai 1779, décès de la dame Bardoult (c'était le nom de l'épouse). Le même jour, il paraît que, par l'ordre du mari, l'autre double est déposé au greffe du gros de Béthune. Il met cet acte au jour au moment où il va lui-même fermer les yeux ; il ne survit que vingt-quatre heures à la dame Bardoult.

Tels étaient les principaux faits de la cause ; la circonstance qu'il n'avait existé aucune minute du Contrat, au moment de la célébration du mariage, devait-elle faire déclarer nulle la donation qu'il contenait au profit du survivant ? C'est la question que cette cause présentait à juger.

M. l'avocat-général l'a considérée sous deux points de vue : d'abord, comme portant sur un Contrat de mariage en général ; ensuite comme relative à un Contrat de mariage qui contenait une donation.

Sous le premier point de vue, il a soutenu que tout Contrat de mariage dont il n'était point resté minute, devait être considéré comme nul et non avenu, dès qu'il ne portait pas ce caractère de notoriété dont il avait parlé dans la première partie de son plaidoyer.

Appliquant ensuite ce principe à la cause, il a dit :

« Non seulement rien ne prouve que le Contrat

de mariage dont il s'agit, ne soit pas clandestin, défaut de preuve qui seul suffit pour le proscrire ; mais au contraire, toutes les circonstances se réunissent pour nous faire connaître qu'il est infecté de ce vice.

» D'abord, il est passé entre les futurs conjoints seulement ; point de parens, point d'amis qui y assistent ; et on délivre les deux minutes aux parties.

» En 1755, il est déposé au greffe du gros d'Aire, ville qui n'était pas celle du domicile des époux.

» Ce dépôt est fait par la femme à l'insu du mari ; elle le fait faire secrètement par une autre personne que le notaire, puisque celui-ci n'en a pas tenu note sur son protocole ; le mari ignore également la grosse qui est expédiée. Ces faits sont prouvés par son testament, fait en 1769 : dans le cas de son prédécès, il institue pour héritiers ses deux sœurs germaines. Il croit donc que son Contrat de mariage est encore dans le sein de l'obscurité.

» La dame Bardoult meurt ; le jour même de son décès, le mari se hâte de faire déposer au greffe du gros de Béthune le double du Contrat de mariage qu'il possédait ; et dans le moment qu'il tire cet acte de l'obscurité, il entre lui-même dans la nuit du tombeau ; le dernier acte de sa volonté est l'exercice de la faculté potestative qu'il s'était ménagée de soustraire ou de produire son Contrat de mariage, suivant les occasions.

» Ainsi, clandestinité dans l'origine du contrat ; clandestinité de la part du mari, pendant tout le cours du mariage ; consommation de la clandestinité par l'effet qu'on lui fait produire, au moment même de la dissolution du nœud conjugal : se peut-il une réunion de circonstances plus frappantes ?

» Mais cette réunion de circonstances est surabondante ; il suffit que, dans l'origine, l'acte ait été dérobé à la connaissance de la famille et du public, pour qu'il ait été frappé du caractère de clandestinité, qui en infecte toute la substance ».

Après ces réflexions, M. l'avocat-général a considéré l'affaire sous son deuxième point de vue,

« Le Contrat de mariage (a-t-il dit) n'a, à proprement parler, que le nom ; il ne contient qu'une seule et unique clause, celle du gain de survie au profit du survivant, de la succession du prédécédé : or, il est de principe que les Contrats de mariage, étant susceptibles de clauses de natures différentes et étrangères les unes aux autres, renferment des conventions qui constituent autant d'actes séparés ; chaque acte forme un Contrat dont la nature et la forme extrinsèque sont déterminées par les lois qui y sont relatives.

» Ainsi, lorsqu'un Contrat de mariage renferme une donation, c'est la loi concernant cette matière qu'il faut consulter. Cette loi est l'ordonnance de 1731. Suivant l'art. 1, « tous actes portant donation entre-vifs, seront passés pardevant notaires ; et il en restera minute, à peine de nullité ».

» En premier lieu, cette disposition de la loi embrasse-t-elle les donations contenues dans un Contrat de mariage?

» En second lieu, la donation mutuelle au profit du survivant est-elle, à proprement parler, une donation?

» En troisième lieu, considérée comme un contrat *do ut des*, ne doit-elle pas encore être soumise aux formalités prescrites par l'art. 1 de l'ordonnance de 1731?

» Examinons séparément ces trois questions.

» Et d'abord, la lettre et l'esprit de l'ordonnance ne permettent pas de douter que l'art. 1 ne comprenne les donations faites par Contrat de mariage.

» La lettre de la loi : elle ne dit pas seulement, *les actes de donation entre-vifs*, mais *tous actes portant donation*. Donc elle embrasse toutes les espèces d'actes qui peuvent contenir des donations, et par conséquent les Contrats de mariage. Rien ne serait plus vicieux que la rédaction de cet article, si le législateur avait entendu en exclure les donations faites par Contrats de mariage, qui sont naturellement et presque toujours consacrées aux donations.

» L'esprit de la loi est conforme à sa lettre : deux principes adoptés par le législateur, font la base de toutes les dispositions de son ordonnance : l'irrévocabilité des donations, et la nécessité de les rendre publiques. Elles sont un des actes les plus importans de la société ; le législateur ne pouvait prendre trop de soin d'en rendre l'existence certaine, la solennité parfaite et l'exécution infaillible. De là, nécessité que l'acte soit passé pardevant notaire, et qu'il en soit gardé minute.

» Il est important que le public soit instruit des engagemens d'un citoyen qui aliène à titre gratuit, afin que ceux qui voudraient contracter avec lui, n'ignorent pas des transports de propriété faits par la voie de la tradition feinte ou de droit. De là, nécessité de l'insinuation déjà établie par le droit romain et maintenue par les anciennes ordonnances.

» Les dispositions de la loi relatives à la formalité de l'insinuation, contiennent des exceptions et des modifications ; au contraire, la disposition de la loi qui règle l'authenticité de l'acte, qui en assure l'existence, et qui ne permet pas aux parties d'en anéantir les dispositions, ne reçoit, de la part du législateur, ni exception ni modification ; d'où vient cette différence? C'est que l'objet de l'insinuation est, dans certain cas, rempli par équipollence ; et que celui de l'authenticité et de l'immutabilité des actes contenant donation, ne peut être rempli, suivant la loi, que par l'accomplissement de certaines formes.

» Tels sont les deux motifs qui président aux principales dispositions de la loi, et qui en déterminent l'étendue ; et à ces deux motifs se rapportent clairement toutes les dispositions de l'ordonnance qui parlent des donations faites par Contrat de mariage.

» Pour en rendre l'application plus simple, distinguons quatre sortes de donations qui peuvent se rencontrer dans les Contrats de mariage :

» Les donations faites par les ascendans ;

» Les donations faites par des parens collatéraux ou par des étrangers ;

» Les donations faites gratuitement par l'un des conjoints à l'autre ;

» et Enfin, celles qui sont faites par les conjoints mutuellement, en faveur l'un de l'autre.

» Les donations faites en ligne directe, sont déclarées exemptes de l'insinuation par l'art. 19 de l'ordonnance ; et pourquoi? C'est, disent les auteurs (et notamment d'Amours, sur l'art. 19 de l'ordonnance de 1731), à cause de la publicité des Contrats de mariage. Le motif de cette exception prouve donc que le législateur a pensé que l'art. 1 avait suffisamment pourvu à mettre le public à l'abri de toute surprise, en assurant l'authenticité et l'existence de ces donations.

» Mêmes raisons, ou plutôt raisons encore plus fortes, de comprendre dans l'art. 1 les donations faites par des parens collatéraux ou par des étrangers. Ces donations ne sont pas exceptées de la nécessité de l'insinuation, parceque n'ont pas en leur faveur la présomption qu'elles peuvent être facilement connues de ceux qui ont à traiter avec les donateurs.

» A l'égard des donations faites gratuitement par l'un des conjoints à l'autre, l'ordonnance les exempte de la peine de nullité à défaut d'insinuation ; parceque le public, qui doit naturellement croire l'existence de ces sortes de donations, a la voie ouverte d'en être instruit par la représentation d'un Contrat de mariage ; exception qui prouve encore qu'à l'égard de ces sortes de donations, le Contrat de mariage doit être authentique et à l'abri de toute soustraction.

» Ainsi, nous devons tenir pour constant que les trois espèces de donations que nous venons de rappeler, sont comprises dans la disposition de l'art. 1 de l'ordonnance ; et c'est ce que donne à entendre une lettre de M. d'Aguesseau, adressée au procureur général du parlement de Flandre, le 19 de mars 1747 (à l'occasion de l'affaire des sieurs Grenet et Douay, rapportée ci-dessus). En voici les termes : — « Je n'ai pas cru qu'il convînt » en aucune manière de prévenir par ma décision les » suffrages des juges qui sont saisis, et qui pourront » l'être dans la suite, de la contestation dont le » Contrat de mariage du sieur Douay fait la matière. » La seule raison qui m'avait fait d'abord hésiter à » cet égard, était qu'on avait voulu me faire entendre que, même depuis l'ordonnance qui a » été faite sur les donations, en l'année 1731, » celles qui étaient contenues dans un Contrat de » mariage, avaient été regardées comme valables » dans l'étendue de votre ressort, quoique le contrat n'eût pas été passé pardevant notaire, ou » qu'il n'en fût resté aucune minute ; en sorte

» qu'on pouvait craindre de donner lieu à un
» grand nombre de contestations qui troubleraient
» la paix des familles, si le roi n'avait la bonté d'y
» pourvoir par son autorité; mais j'ai vu, par votre
» lettre, que l'affaire dont il s'agit entre le sieur
» Douay et les héritiers de sa femme, est le pre-
» mier exemple d'une contestation portée en jus-
» tice dans cette matière; et il parait même fort
» vraisemblable que c'est le sieur Douay qui a ex-
» cité secrètement les notaires de Cambray à m'en-
» voyer le Mémoire que vous avez examiné. Il n'y
» a donc ici rien qui doive engager à s'écarter de
» cette règle générale du droit, *non licet impe-*
» *ratori in medio litis preces offerre.* — Tous les
» juges d'ailleurs sont présumés être instruits
» des lois; ils doivent les avoir devant les yeux
» quand ils rendent leurs jugemens; et elles ne
» sont faites que pour ne les pas mettre dans la
» nécessité de consulter le roi sur chaque question
» qui se présente, et de lui faire prendre à tous
» momens la qualité de juge, qui lui convient
» beaucoup moins que celle de législateur. C'est
» donc aux parties intéressées dans l'affaire pré-
» sente, à soutenir leurs droits, si elles les croient
» légitimes, et à attendre ensuite la décision de
» leurs juges, qui ne la donneront sans doute
» qu'après avoir fait toutes les réflexions néces-
» saires sur la disposition de la loi qui doit leur
» servir de règle en cette occasion ».

» Combien n'est pas admirable l'esprit de réserve, l'art et l'adresse qui règnent dans cette lettre! Le grand magistrat qui avait fait la loi, semble ne vouloir pas influencer sur le suffrage des
juges : *Non licet imperatori in medio litis preces
offerre.* Mais il insinue qu'il existe une loi (l'ordonnance de 1751), et que c'est la disposition de
cette loi qui doit leur servir de règle. Or, dire
qu'une loi conçue dans des termes qui excluent
toute exception, doit servir de règle, n'est-ce pas
dire que les donations par Contrat de Mariage sont
comprises dans le statut de la loi.....?

» Mais la donation dont il s'agit, était réciproque entre les conjoints. Une stipulation de cette
espèce, quand elle est faite au profit du survivant,
est-elle proprement une donation, et comme telle,
doit-on la comprendre dans la disposition de l'art. 1
de l'ordonnance?

» Examinons à cet égard, la stipulation en elle-
même, ce que les auteurs en ont pensé, et ce
qu'en a décidé le législateur.

» Une donation mutuelle dont l'effet doit être
recueilli par le survivant, donne l'idée d'un véritable échange; c'est un contrat irrégulier *do ut
des*, une espèce de chance faite avec le hasard de
la survie; un moyen d'acquérir de part et d'autre,
qui doit le faire mettre au rang des contrats onéreux. Les parties contractantes n'ont point pour
motif la libéralité qui est l'ame de la donation; les
sentimens d'affection qui précédent l'union des
cœurs, peuvent ennoblir ce contrat; mais de ce
combat de deux cœurs généreux, il ne résulte que

des sacrifices qui se compensent, et dont tout l'a-
vantage n'est réel que pour la cupidité; on ne
donne qu'à condition de recevoir, et on ne reçoit
qu'à la charge de donner; c'est donc véritablement un contrat *do ut des*, qui n'a, dans nos
mœurs, qu'improprement le nom de *donation*.

» Mais que ces idées ne nous fassent pas illusion.
Il est bien difficile de déterminer, par une règle générale, la nature des donations mutuelles qui précèdent les liens du mariage. Quels sont, dans ce
moment, les dispositions, les sentimens de deux
cœurs qui vont consommer leur union? Il n'appartient qu'à celui qui sonde les cœurs, de les bien
connaître, *scrutatur corda et renes Deus.* Le flambeau de l'hymen n'éclaire pas le fond des cœurs.
Nous sommes donc bornés à des apparences vaines
et trompeuses. Nous savons seulement, en général,
que c'est tantôt une affection pure, tantôt un vil
intérêt qui préside à ces sortes de donations; quelquefois ces sentimens, par un mélange bizarre,
y prennent une part plus ou moins grande : l'affection commence l'ouvrage, la cupidité l'achève.
Dans cet état d'incertitude, que présume la loi?
Que c'est le sentiment le plus noble qui domine.
La coutume locale de la ville d'Arras en présente
un exemple bien frappant dans la forme de l'entravestissement; elle ne veut voir dans cette sorte
de don réciproque qu'un gage mutuel de l'amour
conjugal; et voilà pourquoi elle exige qu'un signe
tendre et démonstratif de cet amour soit le sceau
de ce nouvel engagement (1).

» Si, d'après ces réflexions, il pouvait encore rester quelques doutes sur la nature, sur la qualité
du nom qu'on doit donner à une donation mutuelle, qui offre à chacun des conjoints des avantages propres à balancer les sacrifices, on moins
serait-on forcé de reconnaître que, lorsque l'inégalité se fait remarquer d'une manière sensible,
c'est un motif de libéralité qui fait agir celui qui
donne beaucoup, pour recevoir peu; alors ce qui
constitue l'essence du contrat *do ut des*, manque
absolument, parceque ce contrat exige autant l'é-
galité que le contrat de vente.

» Ces réflexions nous déterminent naturellement
à définir la donation mutuelle, un contrat mixte,
qui participe, et de la donation entre-vifs, et de
la donation à cause de mort : donation entre-vifs,
parcequ'elle est irrévocable; donation à cause de
mort, parcequ'elle est faite *cogitatione mortis* (dans
la pensée de la mort), et que son effet est suspendu.

» Mais sous l'un et l'autre aspect, elle est toujours libéralité.

» Et d'abord, comme donation entre-vifs, cela
est incontestable.

» Comme donation à cause de mort, vérité également certaine. Les lois romaines ne donnent qu'une
seule et même définition pour ces deux sortes de
donations : toutes deux sont *liberalitas nullo jure*

<hr>

(1) *V.* le *Répertoire de jurisprudence*, au mot *Entravestissement*, sect. 2, § 1, n° 14.

cogente facta. La seule différence qui les caractérise, suivant Pérèz, c'est que l'une est faite *cogitatione mortis* et l'autre *sine ullâ cogitatione mortis.*

» Il est vrai que, dans la donation à cause de mort, la libéralité est moins parfaite que dans la donation entre-vifs : on donne moins son bien que celui de ses héritiers ; mais la préférence de la personne du donataire à ses propres héritiers, est, aux yeux de la loi, un acte de libéralité dicté par l'affection, et fait *nullo jure cogente ;* aussi les lois définissent-elles le legs UNE DONATION : *Legatum est donatio quædam à defuncto relicta. Dicitur donatio ,* dit Pérèz, *quia liberalitatem continet.*

» Examinons à présent les sentimens des auteurs sur la nature de la donation mutuelle.

» Ricard (*Traité du don mutuel,* chap. 1) est celui qui a donné l'idée de considérer le don mutuel comme un contrat irrégulier *do ut des ;* mais il exige, pour lui attribuer cette qualité, que le don mutuel soit égal de part et d'autre, qu'il ne retienne rien de la qualité des donations que le nom ; de sorte, ajoute-t-il (*ibid.* n°. 12) *que s'il est inégal, et que l'avantage ou l'espérance soit beaucoup plus ample d'un côté que de l'autre : si celui qui y contribue davantage, y a été porté par un motif de libéralité, ce qui excède ne peut passer que pour une véritable donation.*

» Cet auteur examine ensuite (n°. 13) si une donation mutuelle inégale, qui n'est pas revêtue des qualités requises pour les donations entre-vifs, est viciée ou non pour le tout. *La raison de douter est qu'il semble juste* (dit-il), *de lui donner effet jusqu'à la concurrence de ce qui pouvait être fait valablement sans les solennités requises dans les donations ; mais la raison de décider est qu'en matière de contrats synallagmatiques, les conventions sont indivisibles.*

» Les autres auteurs ne distinguent pas, comme lui, dans les donations mutuelles, si elles sont égales ou inégales.

» Boucheul, en son *Traité des conventions de succéder,* chap. 23, n°s. 61 et 62, les regarde comme des contrats qui participent de la donation entre-vifs, et de la donation à cause de mort.

» Argou, liv. 3, chap. 22, dit que les donations mutuelles que le mari et la femme peuvent se faire par leur Contrat de mariage, sont de la nature des autres donations.

» Aussi l'auteur des *Principes de la jurisprudence française* dit-il qu'une formalité nécessaire pour le don mutuel, est qu'il soit passé pardevant notaires, et qu'il en reste minute ; autrement, ajoute-t-il, le mari serait le maître de le révoquer indirectement.

» Enfin, un arrêt du 14 décembre 1714, rapporté au Journal des audiences, a admis la révocation pour cause d'ingratitude, d'une donation, quoique mutuelle et réciproque (1).

_____

(1) On en trouvera de semblables dans le *Répertoire de jurisprudence,* à l'article *Séparation de corps ,* §. 4.

» Mais l'ordonnance de 1731 a-t-elle entendu comprendre, dans l'article premier, les donations mutuelles faites par Contrat de mariage?

» L'ordonnance ne parle que des donations entre-vifs ; donc elle n'embrasse pas les donations à cause de mort, quoiqu'elle les autorise, art. 3, dans les Contrats de mariage; et comment pourrait-elle comprendre cette sorte de donation? Le législateur ne déclare-t-il pas qu'il ne veut plus la reconnaître, excepté dans les Contrats de mariage? Le législateur devait donc ajouter à l'article premier, que même les donations à cause de mort, contenues dans un Contrat de mariage, seraient passées pardevant notaires, et qu'il en serait gardé minute. Mais il ne l'a pas fait; sa disposition est absolument limitative et bornée aux donations entre-vifs.

» Mais que de réponses satisfaisantes à cette objection! Et d'abord, il suffit que cette espèce de donation participe à la nature de la donation entre-vifs, pour qu'elle soit assujétie aux formalités prescrites par les donations entre-vifs ; en effet, il est de principe qu'un contrat dont la matière est mixte, est soumis aux règles établies pour chacun des contrats qu'il renferme ; ainsi, s'il existait des règles différentes pour les donations entre-vifs, elles devraient être appliquées également aux donations mutuelles faites par Contrats de mariage.

» En second lieu, toutes les dispositions de l'ordonnance manifestent le véritable sens et l'étendue de l'article premier.

» Le législateur, dans cet article, établit une règle générale, qui est le fondement de toutes les autres dispositions. Il veut d'abord que toutes les donations dont il va différencier les espèces, soient fermes, inébranlables, immuables. Cette règle une fois posée, il n'y revient plus.

» Il établit ensuite des règles pour l'acceptation, pour la tradition, pour l'insinuation, pour la révocation ; il y apporte les limitations et les exceptions dont les différens cas lui paraissent susceptibles ; et ces limitations supposent que l'art. 1 a pourvu au cas général de l'authenticité des donations.

» Renfermons-nous dans la disposition de la loi relative aux donations faites par Contrat de mariage.

» Par l'art. 19, les donations faites dans les Contrats de mariage en ligne directe, sont exemptes de la formalité de l'insinuation.

» L'art. 20 dispense de la peine de nullité le défaut d'insinuation pour les donations que les conjoints peuvent se faire l'un à l'autre.

» Pourquoi cette exemption? C'est que le législateur pense que le public doit présumer naturellement que ces sortes de donations se rencontrent dans les Contrats de mariage portant donation.

» L'art. 39 parle positivement des donations mutuelles faites par Contrat de mariage ; il veut qu'elles ne soient pas révocables par la survenance d'enfans. Donc il a entendu assurer, par les for-

-8.

malités prescrites par l'art. 1, l'irrévocabilité et l'immutabilité des donations mutuelles entre conjoints.

» Cet article qui, dans tout autre cas, soumet à la révocation pour survenance d'enfans, les donations mutuelles et même rémunératoires par Contrat de mariage, leur attribue évidemment la nature des véritables donations dont parle l'art. 1.

» L'art. 20 est encore plus précis. Avant l'ordonnance, quelques tribunaux, quelques auteurs, et notamment Ricard, distinguaient les donations mutuelles et rémunératoires à titre onéreux, de celles qui étaient à titre lucratif.

» Mais le législateur renverse cette distinction ; il soumet les unes et les autres à la formalité de l'insinuation, quand même, dit-il, *elles seraient égales.* Donc l'art. 1 comprend ces sortes de donations, puisque le législateur décide qu'elles ont la nature des donations entre-vifs, et que c'est pour cela qu'elles sont irrévocablement immuables.

» Mais supposons, contre le vœu de l'ordonnance, qu'une donation mutuelle ne soit qu'un contrat *do ut des :* quel sera le sort du système des héritiers Bardoult? Dans cette hypothèse, qui leur est la plus favorable, le contrat n'en devra pas moins être déclaré nul, en vertu de la disposition de l'art. 1.

» En effet, de deux choses l'une : ou le législateur regarde la donation mutuelle comme une véritable donation, ou seulement comme un contrat à titre onéreux.

» Au premier cas, point de difficulté.

» Au deuxième cas, le vœu du législateur est encore de rendre cette espèce de contrat irrégulier, autant irrévocable, autant immuable, aussi authentique, que le contrat de donation à titre purement lucratif.

» Cette assertion est fondée sur ce que le législateur a dit, art. 20, que les donations rémunératoires ou mutuelles, dans le cas même où elles seraient entièrement égales, seraient assujéties, de même que les donations à titre lucratif, à la nécessité de l'insinuation; c'est donc comme s'il avait dit, dans cette opinion supposée : « Les do-
» nations mutuelles égales, quoique considérées
» comme un contrat irrégulier *do ut des,* devront
» être cependant rendues publiques par la voie de
» l'insinuation, de même que les donations à titre
» lucratif ». Or, de ce vœu du législateur résulte nécessairement la conséquence qu'il a également soumis ces donations aux formalités de l'art. 1, pour en assurer l'authenticité et l'existence.

» Et en effet, dans les cas où la formalité de l'insinuation est jugée indispensable, il faut que la forme de l'acte et son dépôt dans un registre public attestent son authenticité et son existence. L'insinuation, suivant les auteurs, ne donne à l'acte qu'une époque sûre; elle ne suffit pas pour empêcher les contractans de supprimer ou de changer l'original de l'acte. Comment, après cela, supposer que le législateur n'aurait pas interdit,

par les précautions que prend l'art. 1, la faculté de supprimer ou d'altérer cette sorte de contrat *do ut des?* La loi veut que ce contrat ne soit point secret, afin que le public soit instruit des transports de propriété qui se font par la voie de la tradition feinte ou de droit; et cette même loi permettrait l'abus qu'elle a voulu prévenir, celui de pouvoir se jouer impunément d'un contrat dont l'existence et l'exécution intéressent le public? Ces idées sont inconciliables et incompatibles. Il est donc certain que la donation mutuelle, considérée même comme contrat *do ut des,* doit être passée devant notaires, et qu'il doit en être gardé minute.

» Il est vrai que la peine de nullité, relativement au défaut d'insinuation, n'est pas prononcée pour les gains mutuels de survie, par la disposition de l'art. 21. Mais cette exception, comme nous l'avons déjà dit, manifeste de plus en plus le vœu du législateur, de soumettre ce gain de survie mutuel aux formalités prescrites par l'art. 1 ; le législateur a pensé que le public devait présumer que les avantages entre conjoints se rencontraient fréquemment dans les Contrats de mariage, et qu'il suffisait que ces clauses fussent rendues certaines et publiques par les précautions qu'il avait prises dans l'art. 1.

» Ainsi, sous quelque point de vue que l'on considère la question, elle ne présente aucune difficulté réelle.

» En premier lieu, l'art. 1 embrasse toutes les espèces de donations dont les Contrats de mariage sont susceptibles.

» En second lieu, la donation mutuelle au profit du survivant, est mise par le législateur dans la classe des donations.

» En troisième lieu, cette donation, considérée comme un contrat irrégulier *do ut des,* serait encore soumise aux formalités introduites par l'art. 1er.

» En quatrième lieu, la donation dont il s'agit, en se conformant au sentiment de Ricard, ne serait contrat *do ut des* que pour une partie, à cause de l'inégalité de fortune des futurs conjoints ; et, sous cet aspect, elle serait encore nulle ».

Par ces considérations, M. l'avocat-général a estimé qu'il y avait lieu de déclarer le Contrat de mariage dont il s'agissait, nul et de nul effet, et en conséquence d'ordonner le partage par moitié de la communauté qui avait existé entre le sieur Bardoult et son épouse.

Ces conclusions ont été suivies par un jugement, du mercredi 27 février 1782, rendu après quatre audiences, et dont il n'y a pas eu d'appel.

M. l'avocat-général Foacier de Ruzé a conservé à la suite de son plaidoyer, dont j'ai une copie sous les yeux, les motifs qui ont dicté cette décision :

« Les juges (dit-il) ont adopté pour règle le tempérament que j'ai proposé, de regarder comme clandestin un Contrat de mariage, auquel n'assistent ni parens, ni amis, et dont les conjoints ne veulent pas qu'il reste minute, et ils ont pensé que cette sorte de clandestinité devait en opérer la nullité.

» Ils ont considéré, en outre, mais surabondamment, les circonstances qui annonçaient, de la part du mari, un esprit de dol.

» Enfin, il sont aussi tenu que l'art. 1er. de l'ordonnance des donations de 1731 embrassait toutes les donations faites par Contrat de mariage, même celles mutuelles et réciproques ».

V. ci-après, §. 4.; et le *Répertoire de Jurisprudence*, aux mots *Démission de biens*, n°. 5.

§. III. Que doit-on penser d'une donation faite, avant le Code civil, dans un Contrat de mariage sous seing-privé, par un père au fils qu'il avait sous sa puissance?

Le parlement de Toulouse a rendu deux arrêts entièrement opposés sur cette question.

En 1749, le 23 août, la troisième chambre des enquêtes de ce tribunal a confirmé une donation faite par le sieur Rey père, en faveur de son fils, dans des articles de mariage sous seing-privé.

En 1750, au contraire, le 24 juillet, une donation semblable, faite par le sieur Martinet père, de la moitié de ses biens en faveur de son fils, a été déclarée nulle, et le père maintenu dans la possession des biens qu'il avait donnés.

Cette diversité d'arrêts est, sans doute, faite pour jeter du trouble sur cette question; mais Soulatge, qui les rapporte dans son Commentaire sur la coutume de Toulouse, page 208, prouve très-bien qu'il faut s'en tenir à la décision du premier. « En effet (dit-il), la disposition de l'art. 46 de » l'ordonnance ne saurait être plus précise et plus » claire : il paraît évident, par cet article, que l'or-» donnance ne comprend pas les donations faites » par les pères de famille aux enfans étant en leur » puissance, et qu'elle entend les excepter de ses » dispositions; et conséquemment que ces sortes » de donations peuvent être faites sans signature » privée, comme auparavant ».

Cette opinion de Soulatge est parfaitement conforme à la jurisprudence du parlement de Bordeaux, qui, toutes les fois que la question s'est présentée devant lui, l'a décidée en faveur des donations contenues dans des articles de mariage sous seing-privé, et cela d'après le texte de l'art. 46, lequel, comme on sait, dit formellement : « N'en-» tendons comprendre dans les dispositions de la » présente ordonnance, *ce qui concerne les dona-» tions faites...... par les pères de famille aux » enfans étant en leur puissance*, à l'égard des-» quels il ne sera rien innové ».

C'est cette exception, textuellement écrite dans l'ordonnance, qui a donné lieu aux arrêts rendus au parlement de Bordeaux, sur notre question.

Il y en a un premier du 27 mai 1737, qui confirme une donation faite sous seing-privé, par un père à sa fille, le jour même de son Contrat de ma-

riage, outre et pardessus la constitution dotale qu'il lui avait faite.

Il y en a un second du 30 juin 1744, entre Antoinette Massaudran, femme Ribeyrein et Jean et Pierre Bourgeois, père et fils. Cet arrêt confirme une donation de tous biens, meubles et immeubles faite à la dame de Ribeyrein, par le sieur Massaudran, son père, dans des articles de mariage sous seing-privé, et les fait prévaloir sur un testament du donateur, en leur attribuant hypothèque du jour même de leur date.

Il y en a un troisième du 4 juillet 1753, rendu dans des circonstances très-remarquables.

Le sieur Basterot, habitant de Bazas, avait fait une donation dans des articles sous seing-privé, en faveur de la demoiselle Basterot, sa fille, qu'on avait projeté de marier avec le sieur Dupont, fils d'un avocat de Mont-de-Marsan.

La demoiselle Villars, femme du sieur Basterot, était intervenue dans cette donation, et n'avait cependant pas signé les articles qui la renfermaient.

Le mariage n'eut pas lieu, et le sieur Basterot mourut.

Après sa mort, la demoiselle Basterot épousa le nommé Girelle, et demanda l'exécution de la donation.

Sa mère soutint devant le sénéchal de Bazas, que cette donation était nulle, pour n'avoir pas été rédigée en acte public, et fit particulièrement valoir d'ailleurs la circonstance qu'elle n'était pas même revêtue de sa signature.

Sentence du sénéchal, du 15 août 1752, qui, en effet, déclare la donation nulle. Appel. Arrêt qui réforme cette sentence et confirme la donation.

Il a été rendu un quatrième arrêt à la grand'chambre, le 7 juin 1757, dans l'espèce suivante :

En novembre 1758, articles de mariage sous seing-privé, par lesquels le sieur Bajouran et la demoiselle Tahir donnent à Élisabeth, leur fille, en faveur de son mariage avec Jean de Vaisiocourt, la seigneurie de Gibel.

Le mariage accompli, les époux jouissent de cette seigneurie pendant plusieurs années.

Le sieur Vaisiocourt décède; Élisabeth se remarie à Jacques de Vernejouth, et dans cet état, elle jouit encore deux ans de la seigneurie de Gibel.

Mais au bout de ce temps, il est passé entre elle et les donateurs, un acte privé, par lequel il est dit qu'elle n'avait eu qu'une jouissance, et que, pour régler ses droits, on lui donne la métairie de Guiraidon, *en renonçant par elle à tous plus amples droits*.

Les articles de mariage avaient été soustraits par le père et la mère, au temps de la mort du sieur Vaisiocourt; mais le sieur Vernejouth et Élisabeth les ont fait sommer de convenir de l'existence de ces articles, et de déclarer 1°. s'ils n'en avaient pas le double; 2°. si ces articles ne contenaient pas la donation de la seigneurie de Gibel et d'autres conventions expliquées.

Sur le refus de répondre, assignation devant le

sénéchal d'Agen, et requête en *audition cathégo-rique* sur les mêmes faits.

Le 14 août, sentence qui ordonne l'interrogatoire sur faits et articles.

Le 28, autre sentence qui tient les faits pour confessés.

Appel au parlement de Bordeaux.

On disait pour le sieur Bajouran et son épouse, que des enfans ne pouvaient pas déférer le serment à leur père ni à leur mère; que les faits étaient diffamans; et que d'ailleurs ils étaient inutiles, parceque la donation étant sous seing-privé, ne pouvait pas manquer d'être déclarée nulle, d'après l'art. 1er, de l'ordonnance.

On répondait pour le sieur Vernejouth et sa femme, que l'art. 46 de l'ordonnance et les arrêts déjà rendus sur cette question, la mettaient hors de problème.

En conséquence, arrêt qui met l'appellation au néant.

Enfin, il a été rendu un arrêt semblable, en 1768, à la seconde chambre des enquêtes.

Voilà, comme on voit, un corps de jurisprudence bien suivi; et cette jurisprudence est fondée, non-seulement sur l'art. 46 de l'ordonnance, qui se prête bien naturellement à l'interprétation que le parlement de Bordeaux a cru devoir lui donner, mais encore sur l'extrême faveur qu'on doit à toutes les conventions stipulées à l'occasion d'un mariage, et qui deviennent la loi des familles.

§. IV. *Avant que le Code civil eût proscrit les donations entre-vifs aux enfans à naître, pouvait-on faire une donation de cette espèce par un Contrat de mariage sous seing-privé?*

En 1755, Contrat de mariage sous seing-privé entre Jean Montozon et Henriette Mabromé. Par l'un des articles de cet acte, les futurs époux font donation de la moitié de leurs biens présens et à venir, à l'un de leurs enfans mâles à naître, qu'ils se réservent de choisir conjointement ou séparément.

De ce mariage naît, entre autres enfans, Jean-Baptiste Montozon, que son père et sa mère choisissent pour recueillir l'effet de cette donation. Il meurt laissant sa veuve héritière universelle. Celle-ci réclame le bénéfice de la donation contre le sieur Dufaure-Rochefort, représentant les co-héritiers de son mari.

Le sieur Dufaure-Rochefort soutient que la donation est nulle, et se fonde sur l'art. 1 de l'ordonnance du mois de février 1731.

Le 15 floréal an 6, jugement en dernier ressort du tribunal civil du département de Lot-et-Garonne, qui déclare la donation valable, 1°. parcequ'elle est plutôt une convention matrimoniale qu'une dotation proprement dite : 2°. parceque l'art. 46 de l'ordonnance de 1731 excepte de la disposition de l'art. 1 de cette loi, les donations

faites par le père de famille aux enfans qui sont en sa puissance.

Recours en cassation de la part du sieur Dufaure-Rochefort; et le 16 fructidor an 7, arrêt sur les conclusions de M. Zangiacomi, par lequel,

« Vu les art. 1, 2, 10 et 40 de l'ordonnance du mois de février 1731;

» Attendu 1°. que, bien qu'une donation soit comprise dans un Contrat de mariage, et puisse être, sous ce rapport, considérée comme une convention matrimoniale, il ne s'en suit pas qu'elle perde sa nature de donation, et qu'elle ne soit point, par conséquent, sujette aux règles prescrites par l'ordonnance de 1731;

» Attendu que, soit que l'on considère que la donation faite à un enfant à naître, est, par sa nature, irrévocable et doit avoir son effet du jour où elle est faite, et que c'est ainsi que les juges du tribunal civil du département de Lot-et-Garonne l'ont décidé, soit que l'on s'attache aux termes de l'art. 10 de l'ordonnance de 1731, desquels il résulte que le législateur a considéré les donations faites à des enfans à naître, comme des donations entre-vifs, il est évident que la donation faite par Jean-Montozon et sa femme, dans les articles de mariage, sous la date du 16 avril 1735, à l'un des enfans à naître, est une donation entre-vifs, qui, aux termes des art. 1 et 2 de la même ordonnance, devait être faite par acte notarié, à peine de nullité;

» Attendu 3°. et enfin, que l'exception portée dans l'art. 46 de l'ordonnance de 1731, ne frappe que sur les donations faites par un père de famille aux enfans étant en sa puissance; et que, dans l'espèce, Jean Montozon, donateur, n'était point père de famille, et n'a point donné à des enfans étant sous sa puissance; et que d'ailleurs les donations faites à des enfans à naître, étant comprises dans les dispositions des art. 10, 11 et 17 de l'ordonnance de 1731, ne peuvent pas être regardées comme prévues par l'art. 46; que par conséquent le tribunal civil du département de Lot-et-Garonne ne pouvait étendre à la donation dont il s'agit, l'exception portée dans ce dernier article;

» D'où il suit qu'en maintenant cette donation, ce tribunal a violé les art. 1 et 2 de l'ordonnance de 1731, et fait une fausse application de l'art. 46 de cette ordonnance;

» Par ces motifs, le tribunal casse et annulle.... ».

§. V. *Questions sur l'art.* 1395 *du Code civil, concernant l'irrévocabilité des conventions matrimoniales.*

I Quels étaient, avant le Code civil, les principes qui régissaient cette matière?

Dans des conclusions du 12 germinal an 13, rapportées dans le *Répertoire de jurisprudence*, aux mots *Conventions matrimoniales*, §. 2, j'ai établi que, dans le droit romain, les pactes dotaux pouvaient être révoqués ou modifiés, après la célébration du mariage, du consente-ment des époux; que la convention par laquelle ils les révoquaient ou modifiaient, n'avait entre eux que l'effet d'une donation entre mari et femme, et que, comme les donations entre mari et femme étaient toujours révocables de la part de l'époux donateur, chacun des époux demeu-rait toute sa vie maître de revenir aux pactes dotaux qui avaient précédé le mariage et de s'y tenir malgré l'autre.

J'y ai établi en même temps que, dans ceux des pays coutumiers où les avantages, soit di-rects, soit indirects, entre époux étaient pro-hibés pendant le mariage, et sauf quelques ex-ceptions locales, les conventions matrimoniales étaient tellement irrévocables, que les change-mens qui y étaient faits pendant leur union, restaient absolument sans effet.

J'ai ajouté que l'irrévocabilité des conventions matrimoniales était également reçue, tant dans ceux des pays coutumiers où il était permis aux époux de s'avantager, que dans les pays de droit écrit, où, suivant les lois romaines, les avantages entre époux valaient comme do-nations à cause de mort.

Mais, sur ce dernier point, je n'ai pas expli-qué toute ma pensée, parceque la cause sur la-quelle je portais la parole, se présentant dans une coutume qui prohibait expressément les avan-tages directs et indirects entre époux, elle ne comportait de ma part, aucune espèce de dé-veloppement sur la jurisprudence de ces pays; et je dois y suppléer ici sommairement.

D'abord, quant aux pays de droit écrit, tout ce qu'en disent Serres à l'endroit que j'ai cité et le président Maynard auquel il renvoie, se réduit à ces trois assertions:

« Les donations ou institutions contractuelles faites en faveur du mariage, sont si fort irrévoca-bles, qu'il n'y peut être dérogé par aucune con-vention postérieure des parties; non plus qu'à au-cun article des conventions matrimoniales concer-nant l'avantage des mariés ou de leurs enfans :

» Ces changemens ou ces dérogations sont ap-pelées des contre-lettres, parcequ'elles se font con-tre la lettre du Contrat de mariage :

» Et on les casse sur ce fondement que tout ce qui est porté par les Contrats de mariage, est immuable, suivant la coutume générale de ce royaume ».

Il résulte bien de là que la jurisprudence des pays de droit écrit n'admettait pas plus que celles des pays coutumiers, les contre-lettres par les-quelles il était dérogé aux Contrats de mariage.

Il en résulte bien aussi que les époux ne pou-vaient pas plus dans les pays de droit écrit que dans les pays coutumiers, renoncer efficacement et d'une manière irrévocable aux donations et aux institutions contractuelles qui avaient été stipulées en leur faveur par des tiers dans leur Contrat de mariage, ou qu'ils y avaient stipu-lées en faveur les uns des autres.

Mais je ne vois là rien dont on puisse con-clure que, dans les pays de droit écrit, les époux n'eussent pas la faculté de s'avantager récipro-quement par une dérogation, toujours révoca-ble de la part de chacun d'eux, à leurs con-ventions matrimoniales.

À l'égard de ceux des pays coutumiers où les avantages étaient permis entre mari et femme, on y a tenu long-temps pour maxime que le Contrat de mariage formait, pour les familles des deux époux, une loi tellement irrévocable, que les deux époux ne pouvaient y déroger en faveur l'un de l'autre, soit par des conventions arrêtées entre eux d'un commun accord, soit par des dispositions séparées.

Mais en examinant de près cette maxime, on a fini par reconnaître qu'entendue dans un sens aussi absolu, elle était contraire à tous les principes.

Et d'abord, il a été jugé par un grand nom-bre d'arrêts cités dans les conclusions du 18 fructidor an 13, rapportées à l'article Testament, sect. 5, du Répertoire de jurisprudence, que les clauses d'un Contrat de mariage par lesquelles les époux avaient réciproquement stipulé pro-pres et reversibles à leurs héritiers respectifs, des objets qui étaient de nature à entrer en communauté, n'apportaient aucun obstacle à ce que l'un d'eux disposât de ces objets au profit de l'autre; et par conséquent à ce qu'il déro-geât à la convention matrimoniale qui en pro-mettait le retour à ses héritiers, sans cependant leur conférer à cet égard aucun droit que l'on pût regarder comme véritablement acquis.

Cependant alors même, cédant à l'ancien pré-jugé, on exceptait de cette faculté le cas où les époux avaient expressément renoncé, en se mariant, à celle de s'avantager l'un l'autre; et on l'en exceptait par deux considérations : l'une, qu'en renonçant à la faculté de s'avantager, les futurs époux ne faisaient, avant la loi du 17 nivôse an 2, que se replacer dans les termes du droit commun qui prohibait les donations entre le mari et la femme, et que le retour au droit commun est toujours facile, facilis est reditus ad jus commune; l'autre, que l'on devait regarder d'un œil favorable la précaution par la-quelle des futurs époux, en renonçant à la fa-culté de se faire aucun avantage singulier ou réciproque, se prémunissaient à l'avance contre les séductions ou violences qu'ils auraient pu, dans la suite, exercer l'un envers l'autre pour dépouiller leurs héritiers respectifs.

Mais ces deux considérations ayant été neu-tralisées par la disposition de la loi du 17 nivôse an 2 qui permettait aux époux de s'avantager, et convertissait par là un droit commun, ce qui n'était précédemment qu'une dérogation à la ju-risprudence la plus générale du royaume, on est revenu à des idées plus saines; et il a été depuis constamment jugé que les époux pouvaient se jouer à leur gré de la défense qu'ils s'étaient faite à eux-mêmes par leurs conventions matrimoniales, de s'avantager réciproquement pendant le mariage (1).

II. Que fait, à cet égard, l'art. 1395 du Code civil, en consacrant de nouveau le principe que *les conventions matrimoniales ne peuvent recevoir aucun changement pendant le mariage ?*

Dans les conclusions du 12 germinal an 13, citées au n°. précédent, j'ai dit que, *beaucoup plus sévère* que le droit romain sur la stabilité des conventions matrimoniales, *le Code civil, art. 1395, prohibe absolument toute révocation de Contrat de mariage, quoique d'ailleurs il autorise les donations entre mari et femme ;* ce qui signifiait bien clairement que les changemens faits par les époux, en faveur l'un de l'autre, pendant le mariage, à leurs conventions matrimoniales, n'ont pas même entr'eux l'effet de donations à cause de mort ; mais je ne l'ai dit qu'en courant et sans avoir examiné la question, parcequ'elle était étrangère à la cause qui m'occupait.

Je n'hésiterais cependant pas à tenir encore aujourd'hui le même langage, s'il était possible de prendre isolément la disposition de l'art. 1395 ; car dans cette hypothèse, et d'après la manière dont je me crois fondé à dire qu'en thèse générale, la particule *ne*, placée dans une loi avant le mot *peut*, emporte nullité de plein droit (2), il n'y aurait aucun doute que les conventions substituées pendant le mariage à celles qui en ont précédé la célébration, ne fussent dénuées de toute espèce d'effet.

Mais isoler cette disposition, ce serait oublier la règle de droit, ou plutôt du bon sens, que la loi 24, D. *de legibus*, prescrit aux magistrats et aux jurisconsultes : *incivile est, nisi totâ lege perspectâ, unâ aliquâ particulâ ejus propositâ, judicare vel respondere.*

Il faut donc concilier cette disposition avec celle de l'art. 1096 qui permet aux époux de se faire, pendant le mariage, telles donations qu'ils jugent à propos, pourvu qu'elles n'entament pas les réserves légales des héritiers en ligne directe, et à la charge qu'elles seront toujours *révocables*, lors même qu'elles seraient qualifiées entre-vifs.

Or, il n'y a évidemment, pour concilier ces deux dispositions, qu'un seul moyen : c'est de dire avec M. Toullier, liv. 3, tit. 5, chap. 2, n° 57, que l'art. 1395 signifie et rien de plus, que les conventions matrimoniales ne peuvent pas, pendant le mariage, être remplacées ni modifiées par d'autres conventions proprement dites, ou, ce qui est la même chose, par d'autres con-

ventions qui aient un effet irrévocablement obligatoire, mais qu'elles peuvent l'être par d'autres conventions dont chacun des époux peut se désister à son gré sans le consentement de l'autre, et qui ne valent, de la part de chacun d'eux, que comme dispositions toujours révocables.

III. Mais ne faut-il pas, dans l'application de cette doctrine, distinguer, quant à la forme, le cas où, par les conventions qui seraient substituées pendant le mariage aux conventions matrimoniales, il n'y aurait d'avantagé que l'un des époux, d'avec celui où la substitution des uns aux autres emporterait avantage en faveur des deux époux à la fois ?

Ce qui paraît nécessiter une distinction entre ces deux cas, c'est qu'aux termes de l'art. 1097 du Code civil, *les époux ne peuvent, pendant le mariage, se faire, ni par acte entre-vifs, ni par testament, aucune donation mutuelle et réciproque par le même acte.*

Il résulte en effet de cette disposition que, si, par les conventions qui sont substituées pendant le mariage, aux conventions matrimoniales, les époux se font des donations mutuelles, ces donations sont nulles dans la forme, et que, lors même qu'elles ne sont pas révoquées, elles laissent aux conventions matrimoniales tout leur effet primitif.

Ce n'est donc pas par des actes rédigés en forme de conventions synallagmatiques, mais par des actes séparés et qualifiés de donations entre-vifs ou de testamens, que les deux époux peuvent déroger, chacun de son côté, aux donations mutuelles qu'ils se sont faites par leurs conventions matrimoniales.

§. VI. *Avant la publication du Code civil, les donations et les promesses faites aux futurs époux, par Contrat de mariage, dans la coutume du haut quartier de Gueldres, étaient-elles sujettes à la règle,* donner et retenir ne vaut? *Etait-il nécessaire qu'elles fussent suivies de tradition dans l'an et jour.*

V. l'article *Remploi, §. 4.*

§. VII. *La faveur des Contrats de mariage s'étend-elle jusqu'aux actes particuliers par lesquels, postérieurement aux Contrats de mariages proprement dits, des donations ou promesses sont faites aux futurs époux, en considération de leur mariage ?*
V. l'article *Remploi, §. 4.*

§. VIII. *Dans quels cas et pour quels effets les dispositions des statuts et des lois sous l'empire desquels a été passé un Contrat de mariage, sont-elle censées avoir été tacitement stipulées dans ce Contrat ?*
V. les conclusions du 28 messidor an 12, rapportées à l'article *Tiers coutumier.*

(1) *V.* les arrêts de la cour de cassation, du 18 fructidor an 13, 31 juillet 1809 et 23 décembre 1818, rapportés dans le *Répertoire de jurisprudence*, aux mots *Renonciation*, §. 1, et *Testament*, sect. 3.
(2) *V.* l'article *Nullité*, §. 8.

§. IX. *Autres questions relatives aux Contrats de mariage.*

V. les articles *Communauté de biens entre époux, Conquêts, Continuation de communauté, Délivrance, Donation, Dot, Douaire, Gains de survie, Institution contractuelle* et *Société d'acquêts.*

CONTRAT ENTRE ÉPOUX. *Le droit romain laissait-il aux époux la faculté de contracter ensemble à titre onéreux?*

V. le plaidoyer du 3o germinal an 10, rapporté aux mots *Séparations de biens*, §. 1.

CONTRAT JUDICIAIRE. §. I. *Comment se forme le Contrat judiciaire? Peut-il être résilié par l'une des parties, malgré l'autre?*

V. le plaidoyer du 25 floréal an 9, rapporté aux mots *Effets publics*, §. 1.; celui du 6 fructidor an 10, rapporté à l'article *Opposition (tierce)*, §. 3; et le *Répertoire de Jurisprudence*, aux mots *Contrat judiciaire.*

§. II. *Lorsque le Contrat judiciaire est formé, soit par un expédient signé des parties et de leurs avoués, soit par des conclusions signifiées respectivement avec les mêmes signatures, l'une des parties peut-elle le résilier malgré l'autre, tant que le juge n'en a pas donné acte?*

Je me suis prononcé pour la négative dans le *Répertoire de jurisprudence*, aux mots *Contrat judiciaire*; et quoique j'y persiste, je crois devoir y revenir ici pour répondre à Pigeau, qui soutient le contraire dans son *Traité de la procédure civile*, tome 1, page 461.

Il commence par dire que, *sous l'ancien droit*, on considérait *la transaction par forme d'expédient comme révocable jusqu'à la réception de l'expédient par le juge,*

Et je conviens avec lui, non pas que tel était *l'ancien droit*, mais que tel était *l'ancienne routine* de plusieurs tribunaux

Mais sur quoi se fondait-on pour juger ainsi? Sur une mauvaise interprétation de la loi 17, C. de *fide instrumentorum.*

Par cette loi, disait-on, il est décidé textuellement que, lorsqu'en concluant une vente ou un échange, on est convenu d'en passer l'acte devant notaires, le contrat n'est parfait que par l'entier accomplissement de toutes les formalités requises pour que l'acte notarié acquière lui-même toute sa perfection; et que chacune des parties est maîtresse de se rétracter, non-seulement tant que l'acte n'a pas été rédigé par le notaire et signé par toutes les parties, mais encore tant que le notaire ne l'a pas revêtu de sa propre signature. Il résulte donc de cette loi que, par cela seul qu'en arrêtant une convention, on a exprimé l'intention de la passer devant notaire, on est censé

avoir voulu n'être lié que par la perfection de l'acte notarié. Or, le même motif s'applique à la transaction que des parties plaidantes passent entre elles sous la forme d'un expédient. En lui donnant cette forme, elles manifestent clairement l'intention de la faire revêtir du sceau de la justice. La transaction est donc imparfaite tant que la justice n'y a pas apposé son sceau; elle ne devient donc irrévocable que par le jugement qui en donne acte aux parties, ou, en d'autres termes, que par la réception de l'expédient.

Cette conséquence eût été sans réplique, si le principe en eût été vrai, s'il eût été bien constant que stipuler, en arrêtant les bases et toutes les clauses d'un contrat, qu'il en serait dressé acte devant notaire, c'était implicitement convenir que l'on demeurait libre de se dédire tant que l'acte notarié n'aurait pas été dressé et revêtu de toutes ses formes constitutives;

Mais la loi 17, D. *de fide instrumentorum*, ne disait pas cela, ou du moins elle ne le disait pas en termes assez positifs pour qu'on l'entendît dans un sens aussi contraire aux premières notions du juste et de l'injuste; et non-seulement les plus judicieux interprètes s'accordaient à en restreindre la disposition au cas où les parties auraient fait de la rédaction notariée de leurs conventions, une condition expresse du lien qu'elles formaient réciproquement; mais c'était ainsi qu'on le jugeait avant le Code civil, et aux preuves que j'en ai rapportées dans le *Répertoire de jurisprudence*, aux mots *Acte notarié*, n°. 8, et *Vente*, sect. 1, §. 1, n°. 7, se joint encore l'autorité de Pothier, qui, dans son *Traité des obligations*, n°. 11, s'exprimait ainsi:

« Quoique le consentement des parties suffise pour la perfection des contrats consensuels, néanmoins, si les parties, en contractant une vente, ou un louage, ou quelqu'autre espèce de marché, sont convenus d'en passer un acte pardevant notaires, avec intention que le marché ne serait parfait et conclu que lorsque l'acte aurait reçu sa forme entière, par la signature des parties et du notaire, le contrat ne recevra effectivement sa perfection que lorsque l'acte du notaire aura reçu la sienne; et les parties, quoique d'accord sur les conditions du marché, pourront licitement se dédire avant que l'acte ait été signé. C'est la décision de la fameuse loi *Contractus*, 17, C. de *fide instrumentorum*, qui se trouve aussi aux *Institutes*, titre *de contrahendâ emptione*. Mais si, en ce cas, l'acte ou l'instrument est requis pour la perfection du contrat, ce n'est pas par la nature du contrat, qui de soi n'exige pour sa perfection que le seul consentement des parties; c'est parceque les parties contractantes l'ont ainsi voulu, et qu'il est permis aux parties qui contractent de faire dépendre leur obligation de telle condition que bon leur semble.

» Observez que la convention qu'il sera passé acte devant notaires d'un marché, ne fait pas par elle-même dépendre de cet acte la perfection du marché ; il faut qu'il paraisse que l'intention des parties, en faisant cette convention, a été de l'en faire dépendre. C'est pourquoi il a été jugé, par un arrêt de 1595, rapporté par Mornac, qu'une partie ne pouvait se dédire d'un traité de vente fait sous les signatures des parties, quoiqu'il y eût la clause qu'il en serait passé acte pardevant notaires, et que cet acte n'eût pas encore été passé ; parcequ'on ne pouvait pas conclure de cette clause seule que les parties eussent voulu faire dépendre de l'acte devant notaires la perfection de leur marché, cette clause ayant pu être ajoutée seulement pour en assurer davantage l'exécution, par les hypothèques que donne un acte devant notaire, et à cause du risque qu'un acte sous signatures privées court de s'égarer».

Que faisaient donc les tribunaux, qui, dans l'ancienne jurisprudence, jugeaient, d'une part, que les traités dont il avait été convenu qu'il serait dressé acte devant notaires, ne laissaient pas de lier les parties, quoiqu'un notaire ne les eût pas encore rédigées de nouveau en forme authentique, ou qu'il eût commis une nullité dans la nouvelle rédaction qu'il en avait faite; et, de l'autre, que les expédiens signés par les parties, étaient toujours révocables tant que le juge ne les avait pas reçus? Bien évidemment ils se contredisaient eux-mêmes, et c'est assez dire que leur manière de juger, parfaitement exacte sur le premier point, ne peut plus être suivie sur le second.

Aussi, pour soutenir que l'on doit encore aujourd'hui, comme sous l'ancienne jurisprudence, regarder les expédiens signés des parties comme révocables jusqu'à leur réception en justice, Pigeau est-il réduit à supposer que la jurisprudence actuelle, d'accord avec l'ancienne, attribue à la seule convention de renouveler devant notaire le traité que l'on passe sous seing-privé, l'effet de tenir le lien obligatoire de ce traité en suspens jusqu'à la perfection de l'acte notarié. Voici ses termes :

« Pour décider cette question, il faut examiner si des parties ayant signé un acte devant notaire, chacune d'elles peut, avant que le notaire ait signé, se désister de l'acte et s'opposer à ce que le notaire signe ; en un mot, si la signature du notaire est nécessaire pour former le lien. On doit juger pour l'affirmative, parceque les parties ayant voulu traiter devant notaire, elles ont voulu n'être liées qu'après la perfection du contrat, qui n'est acquise que par la signature du notaire. Ainsi, appliquant les mêmes principes au contrat qui se fait par un jugement, on doit décider que le jugement passé de concert n'étant complet que par l'adoption qu'en fait le juge, jusque là chacune des parties peut se désister.

» Il est vrai que la loi du 25 ventôse an 11, après avoir dit, dans l'art. 14, que l'acte sera signé du notaire, et par l'art. 68, que, faute par le notaire d'avoir signé, l'acte sera nul, ajoute dans ce dernier article, que l'acte vaudra comme écrit privé, s'il est signé des parties; que l'art. 1318 du Code civil dit la même chose des actes devant notaires, lorsqu'il y a défaut de forme; d'où l'on peut conclure que, dès que l'acte est signé des parties, le lien est formé sans l'intervention du notaire; qu'il en doit être de même de l'expédient signé des parties, et non encore reçu par le juge.

» La réponse à cette objection est qu'il faut bien distinguer deux cas qui paraissent semblables, mais qui sont bien différens.

» Le premier de ces cas est celui prévu par la loi du 25 ventôse et l'art. 1318 du Code civil, où les parties ayant signé devant notaire, se retirent de chez cet officier, persistant dans leur acte, et dans la persuasion que le notaire le signera. S'il ne le fait pas, la loi, considérant que les parties ont cru le notaire l'avoir signé, et qu'elles ont pris leurs arrangemens en conséquence, décide que l'acte vaudra s'il est signé d'elles, à cause de l'opinion où elles ont été que l'acte était complet, et, pour ne pas jeter le désordre dans leurs affaires en renversant les arrangemens qu'elles ont pris d'après cette opinion.

» Mais dans le second cas, c'est-à-dire, lorsque les parties ne se sont pas encore retirées de chez le notaire, et que cet officier n'a pas encore signé, les parties n'étant pas dans l'opinion que l'acte est parfait, étant, au contraire, dans la persuasion qu'il ne l'est pas, et n'ayant encore pris aucuns arrangemens en conséquence de l'existence d'un lien qui n'est pas encore formé, il faut décider que chacune d'elles peut encore se dédire ; et appliquant ces principes à l'expédient, on doit dire que, tant que l'expédient n'est pas adopté par le juge, chacune des parties peut le révoquer et s'opposer à la réception».

Rien de plus juste que ce raisonnement, si, indépendamment des dispositions de l'art. 68 de la loi du 27 ventôse an 11 et de l'art. 1318 du Code civil, qui portent sur le cas où les parties ont réalisé, autant qu'il a été en elles, leur convention de faire rédiger par un notaire le traité qu'elles avaient conclu entre elles, il n'existait pas un principe général d'après lequel, comme l'a dit l'orateur du gouvernement dans l'exposé des motifs du titre du Contrat de Vente du Code civil, que *la rédaction d'une convention privée en contrat public ne peut être réputée essentielle qu'autant qu'il aurait été déclaré par les parties que, jusqu'à cette rédaction, leur premier acte demeurerait aux termes d'un simple projet.* Mais ce principe existe par lui-même, il existe dans la législation actuelle, comme il existait dans l'ancienne, et il suffit seul pour nécessiter le rejet du système de Pigeau, qui est d'ailleurs formellement condamné par M. Carré, dans ses *Questions sur la procédure civile*, n°. 2313.

CONTRAT PIGNORATIF. §. I. *Avant que la loi du 2 octobre 1789 eût permis le prêt à intérêt, le ministère public pouvait-il, d'office, faire déclarer qu'un contrat de vente à réméré avec relocation au vendeur, n'était, à raison de la vilité du prix qui y était stipulé, qu'un Contrat pignoratif, lorsque le vendeur lui-même ne se plaignait ni de dol, ni de fraude, ni d'usure?*

Voici une espèce dans laquelle le parlement de Paris s'est prononcé, en 1782, pour la négative.

Le 8 novembre 1769, Devaux acquiert de Leturcq et de sa femme, sept journaux de terres labourables, moyennant 800 livres, sous la faculté de réméré pendant 9 ans.

En même temps et par le même acte, il leur donne, à titre de ferme, pour 9 années consécutives, et moyennant 8 setiers de blé par an, mesure de Péronne, les sept journaux de terre qu'ils viennent de lui vendre.

Le 10 mai 1770, même opération entre les parties, pour quatre autres journaux et un quart d'autres terres labourables. Le prix de la vente est fixé à 600 livres, et celui du bail à 6 setiers de blé par an.

Leturcq étant venu à mourir et sa femme s'étant remariée avec Estève, Devaux fait assigner ce dernier au bailliage de Péronne, dans le courant de juillet 1776, en condamnation des fermages échus, et pour voir déclarer les baux de 1769 et 1770 exécutoires contre lui, comme ils l'étaient contre Leturcq.

L'année suivante, le 12 juillet, Devaux forme une seconde demande pour les fermages échus depuis la première.

Enfin, au mois d'avril 1779, nouvelle assignation aux mêmes fins, mais pour quatre années, parceque les deux premières assignations, à ce qu'il paraît, n'avaient pas eu de suite.

Sur cette dernière assignation, Estève et sa femme ne réclament pas contre les actes qui en étaient tout à la fois le fondement et l'objet; mais le ministère public conclut d'office à ce que ces actes soient déclarés nuls; il requiert en même temps l'exécution des ordonnances, arrêts et réglemens concernant le taux des rentes constituées, et portant défenses de tous contrats usuraires.

Le bailliage de Péronne adopte ses conclusions, par sentence du 8 mai 1779.

Appel de cette sentence par Devaux.

M. l'avocat-général d'Aguesseau, qui a porté la parole dans cette cause, a observé qu'un acte n'est pas usuraire, parcequ'il contient vente à faculté de réméré et relocation au vendeur.

« Rien n'est plus commun (a-t-il dit) que ces sortes de contrats, et l'avantage qui en résulte pour le vendeur, est sensible.

» Il ne se dessaisit point, pour ainsi dire, de sa chose; il en a la culture, il en conserve la jouissance, son héritage ne dépérit point entre ses mains: il a l'espoir d'en redevenir propriétaire.

» Le fameux contrat *Mohatra*, si justement proscrit, ne l'était pas précisément par la raison qu'un particulier achetait une chose à crédit, et qu'il la revendait au premier vendeur pour argent comptant; il était réprouvé, parceque la revente était faite à un moindre prix que la vente, et que l'usure était frappante, malgré la ruse dont on se servait pour la cacher.

» Il ne s'agit donc que de savoir, dans l'espèce, si la location au vendeur est usuraire.

» Les 14 arpens ont été vendus et payés comptant 1,400 livres, et la location est faite moyennant 14 setiers de blé par an.

» Si l'acquéreur eût fait cette location à une autre personne qu'au vendeur, et que le locataire la trouvât excessive, quelle voie aurait-il à prendre? Pourrait-il dire, la location est usuraire?

» Non, il ne pourrait se plaindre que du dol et de la fraude. Pourquoi donc, lorsque la location est faite au vendeur même, vouloir que cette location soit usuraire, surtout lorsque le vendeur-locataire ne se plaint, ni de l'usure, ni qu'on ait employé aucune fraude, aucun dol contre lui » ?

Sur ces raisons, arrêt du 13 juillet 1782, qui infirme la sentence du bailliage de Péronne, et ordonne l'exécution des baux.

§. II. 1°. *Une vente à faculté de rachat, était-elle, avant la loi du 2 octobre 1789, réputée, dans tous les cas, simple Contrat pignoratif, par le seul effet du concours de la vilité du prix et de la relocation au vendeur?*

2°. *Y a-t-il lieu de casser l'arrêt qui juge qu'elle n'a pas ce caractère, lorsqu'elle a été faite après la publication de la loi du 2 octobre 1789, et avant celle de l'art. 1353 du Code civil, et que le loyer ou fermage de l'objet vendu n'excède pas le taux de l'intérêt légal?*

3°. *Y a-t-il lieu de casser l'arrêt qui juge qu'elle a ce caractère, lorsqu'elle a été faite à la même époque et dans le même cas?*

4°. *Y a-t-il lieu de casser l'arrêt qui juge qu'elle a ce caractère, lorsqu'elle a été faite, non-seulement après la publication de la loi du 2 octobre 1789, mais encore après celle de l'art. 1353 du Code civil, et qu'elle ne contient d'ailleurs aucune stipulation usuraire?*

5°. *Y a-t-il lieu de casser l'arrêt qui juge qu'elle a ce caractère, lorsque, quoique faite après la publication de la loi du 2 octobre 1789, et après celle de l'art. 1353 du Code civil, elle est entachée d'usure?*

6°. *Peut-on, après n'avoir conclu en première instance qu'au rachat ou à la rescision d'une vente, conclure en cause d'appel à ce qu'il soit dit que cette vente n'est qu'un Contrat pignoratif?*

7°. *Le peut-on, lorsqu'en première instance, on n'était que défendeur?*

79.

8°. *Lorsque, poursuivi en délaissement d'un immeuble que l'on avait vendu sous la faculté de réméré, et dont on avait conservé la jouissance, on s'est borné, en première instance, à opposer à cette demande les offres réelles que l'on avait précédemment faites pour le racheter, peut-on encore soutenir en cause d'appel que la prétendue vente à réméré n'est qu'un Contrat pignoratif?*

I. J'ai traité les deux premières questions à l'audience de la section des requêtes de la cour de cassation, en discutant la requête que le sieur Roy et sa femme avaient présentée contre un jugement du tribunal civil du département du Cher, du 24 pluviôse an 8, rendu en faveur du sieur Petit.

« Le jugement attaqué (ai-je dit) constate qu'avant le contrat passé entre les parties, le 17 septembre 1790, « le cit. Roy avait été chargé par le » cit. Petit de vendre pour lui des fers à Paris; que » de cette commission, il était résulté une créance » assez considérable en faveur du cit. Petit; et que » ce fut pour s'en acquitter, que le cit. Roy et son » épouse souscrivirent le contrat dont il est ques-» tion ».

» Or, que porte ce contrat? Le cit. Roy et son épouse y déclarent « vendre par engagement, cé-» der, quitter, délaisser, transporter et abandon-» ner en toute propriété, possession et jouissance, » avec promesse de garantir et faire valoir....., au » cit. Petit, acceptant, une maison sise à la Cha-» rité-sur-Loire....., moyennant le prix de 6,195 » livres, laquelle somme les vendeurs ont reconnu » avoir précédemment reçue du cit. Petit.....; au » moyen de quoi, les vendeurs se sont présente-» ment et à l'instant démis, dévêtus et dessaisis de » la propriété, possession et jouissance de la mai-» son....., au profit de l'acquéreur, pour par lui » en jouir, faire et disposer comme de sa propre » chose ».

» Le cit. Roy et son épouse se réservent ensuite *la faculté de pouvoir rentrer dans leur maison et de la retirer dans six ans, en rendant au cit. Petit la somme principale de 6,195 livres, avec les frais et loyaux coûts.*

» L'acte ajoute que, *faute par eux d'exercer ce retrait dans les six années, le cit. Petit demeurera propriétaire incommutable de la maison; pourquoi, ladite vente demeurera pour vente pure et simple.*

» Enfin, par une dernière disposition, le cit. Petit déclare donner à bail au cit. Roy et à son épouse, la maison qu'il vient d'acquérir d'eux, pour six années consécutives, moyennant 320 livres de loyer par an.

» De l'ensemble de ces différentes clauses, les demandeurs concluaient, devant le tribunal du Cher, « que le contrat dont il s'agissait, était un » Contrat pignoratif, défendu et prohibé par toutes » les lois anciennes et nouvelles; qu'il ne pouvait » souffrir les regards de la justice, qu'il devait

» être proscrit, et que les demandeurs devaient » être conservés dans leur propriété ».

» Le cit. Petit, au contraire, soutenait, et c'est le jugement lui-même qui l'énonce, « que le Con-» trat, quoique pignoratif, était licite, et permis » même sous l'ancienne jurisprudence; et qu'il » était encore devenu plus licite par l'effet de la » loi du 2 octobre 1789, qui permet le prêt à in-» térêt ».

» Sur cette discussion, le tribunal du Cher a posé la question de savoir si le Contrat du 17 septembre 1790 était un Contrat pignoratif, prohibé dans la plupart des coutumes.

» Et cette question, voici comment il l'a résolue: il a considéré « que les caractères qui constituent la » pignoration dans un contrat, sont au nombre de » trois, savoir, la relocation, la faculté de réméré et » la vilité du prix de l'objet vendu; que le concours » de ces trois conditions se trouve dans l'acte du » 17 septembre 1790; que ces sortes de contrats, » sous l'ancienne jurisprudence et dans les pays où » ils n'étaient pas reçus, ne transféraient aucun » droit de propriété dans la personne de celui qui » semblait être l'acquéreur; que la raison pour » laquelle ils étaient proscrits dans la plupart des » tribunaux, était qu'ils avaient pour but de faire » produire des intérêts à des fonds ou créances qui » n'en pouvaient produire qu'autant qu'ils étaient » aliénés; mais que cette jurisprudence est en-» tièrement changée, depuis la promulgation » de la loi du 2 octobre 1789, qui a permis » le prêt à intérêt pour un temps, sans alié-» nation; d'où il suit qu'on ne reconnaît plus » aujourd'hui de Contrats pignoratifs; et que le » cit. Petit, en acquérant la maison dont il s'agit, » n'a eu d'autre intention que de faire produire » des intérêts aux différentes créances qu'il avait » à répéter contre Roy et sa femme: que l'acte de » vente dont il s'agit, étant postérieur à la loi pré-» citée, il doit avoir sa pleine et entière exécu-» tion ».

» Ainsi s'est expliqué le tribunal du Cher, et comme vous le voyez, il a confondu dans la discussion à laquelle il s'est livré, deux questions très-distinctes: celle de savoir si les Contrats pignoratifs sont aujourd'hui autorisés partout, même dans les parties du territoire français où ils n'étaient pas admis avant le 2 octobre 1789; et celle de savoir si ces contrats sont, par leur nature, translatifs de propriété, s'ils forment de véritables ventes, ou s'ils ne doivent être considérés que comme des antichrèses, comme de simples engagemens.

» Pour bien éclaircir cette matière, commençons par définir le *Contrat pignoratif*.

» Le Camus d'Houlouve, dans son *Traité des intérêts*, page 348, dit que « le Contrat pignoratif » est un contrat par lequel le propriétaire d'un » héritage, pour se procurer des deniers dont il a » besoin, *ou pour s'acquitter d'une dette* pour la-» quelle on fait des poursuites contre lui, vend

» cet héritage à son prêteur ou créancier, sous la
» condition de pouvoir le racheter pour le même
» prix dans un certain temps : et après cette vente
» sous faculté de rachat, l'acquéreur loue ce même
» héritage à son vendeur pour le même temps,
» moyennant une somme que celui-ci s'oblige de
» payer annuellement, et qui est ordinairement
» égale à l'intérêt du prix pour lequel l'héritage peut
» être racheté.—Ce contrat (ajoute-t-il) a été substi-
» tué en France à l'antichrèse, qu'on n'osait plus y
» pratiquer ouvertément, après qu'elle eut été pro-
» hibée par le droit canonique, et dans un temps où
» les juges ecclésiastiques connaissaient de l'usure.
» Des créanciers ne prirent donc plus de fonds en
» gage avec pacte d'en recevoir les fruits pour
» leurs intérêts ; mais ils achetèrent des fonds que
» leurs vendeurs avaient la faculté de racheter ; et
» comme, aux termes de la loi 57, D. *de acqui-*
» *rendâ et amittendâ possessione,* et de la loi 57,
» D. *de pignoratitiâ actione,* la chose donnée en
» gage pouvait être louée par le créancier à son
» débiteur ; ils relouèrent à leurs vendeurs les
» fonds que ceux-ci leur avaient vendus. Ces con-
» trats furent nommés *pignoratifs,* parceque la
» vente qui y était stipulée, n'était véritablement
» qu'une impignoration ou engagement ».
   » Ces sortes de contrats étaient fort communs
dans toutes les parties de la France, avant que les
rentes constituées fussent reconnues susceptibles
d'hypothèque sur des immeubles. Mais la jurisprudence une fois fixée sur ce point, les contrats
de constitution devinrent très-fréquens et les Contrats pignoratifs très-rares. Il ne fut plus question
de ceux-ci que dans les coutumes d'Anjou, du
Maine, de Touraine et de Loudunois ; comme
elles assujétissaient le fonds des rentes à la prescription de cinq années, peu de personnes osèrent,
dans leurs territoires, placer ainsi leur argent, et
l'on y continua l'usage des Contrats pignoratifs.
— « Dans ces coutumes » (dit encore le Camus
d'Houlouve), « la possession mettant celui qui
» jouit, à l'abri de toute prescription, la vente
» sous faculté de rachat, qui est un titre translatif
» de propriété, a paru le moyen le plus sûr pour
» la conservation du prix qui avait été payé ; et,
» quoique le vendeur, à qui le prix avait été déli-
» vré, se trouvât, par la relocation à lui faite, en
» possession du bien qu'il avait vendu, cette pos-
» session de fait n'étant que précaire et à titre de
» fermier ou locataire, elle ne pouvait préjudicier
» à la possession civile de celui de qui la possession
» précaire était tenue. Par cette raison, quoique
» le Contrat pignoratif fût une antichrèse déguisée,
» mais une antichrèse moins défavorable au débi-
» teur que celle qui avait été prohibée par le droit
» canonique, ce contrat fut néanmoins toléré dans
» ces quatre coutumes ».
   » C'est avec beaucoup de raison que l'auteur dit
toléré; car il y avait été originairement prohibé
par un arrêt de réglement, du 29 juillet 1572, rapporté par Leyest, chap. 121, et dont la publica-

tion avait été ordonnée à la sénéchaussée de Saumur et dans tous les tribunaux du ressort du parlement de Paris.
   » Mais dans la suite, et pendant la translation
du parlement à Tours, sa jurisprudence devint
plus favorable au Contrat pignoratif : Louet, lettre P, §. 10, dit avoir vu rendre en 1594, deux
arrêts *par lesquels les vendeurs ont été condamnés
à racheter dans un an; autrement, que les
choses vendues seraient décrétées au plus offrant
et dernier enchérisseur, pour, des deniers en provenant, l'acquéreur être remboursé.*
   » Brodeau observe, au même endroit, que tel
est le parti auquel on s'est définitivement fixé, et
il le prouve par deux autres arrêts semblables, des
19 mai 1612 et 7 mars 1613.
   » Ces arrêts ne permettent pas de douter que,
dans les quatre coutumes dont il s'agit, le Contrat
pignoratif, c'est-à-dire, la vente à faculté de réméré, accompagnée de relocation au vendeur,
n'ait été, lorsqu'ils ont été rendus, considérée
comme une sorte d'antichrèse, comme un simple
engagement.
   » C'est effectivement sous cet aspect que l'envi-
sage Leprêtre, cent. 4, chap. 10, n° 2, lorsqu'il
dit qu'en cas de prorogation expresse ou tacite de
la faculté de rachat, par quelque laps de temps
que le créancier et ses héritiers après lui aient
possédé la propriété apparente de l'héritage qui a
été vendu sous faculté de rachat, et loué au débiteur, ils ne peuvent le prescrire contre celui-ci....
   » Le Camus d'Houlouve dit également, page 354,
que la vente à faculté de réméré avec relocation,
*ne transfère au créancier aucune propriété de
l'héritage qui lui a été vendu sous faculté de
rachat, et qu'elle ne lui procure qu'un gage de sa
créance, sur lequel, à défaut de paiement de la part de son débiteur, il le peut obtenir
de la justice.*
   » Si cette jurisprudence pouvait ici nous servir
de règle pour l'interprétation du contrat passé entre les parties le 17 septembre 1790, il en résulterait sans difficulté que ce contrat n'a pas transféré au cit. Petit la propriété de la maison des
demandeurs ; que ceux-ci n'ont fait que la lui donner en gage ; qu'à l'expiration des six années fixées
pour l'exercice de la faculté de rachat, le cit. Petit
aurait bien pu en faire exproprier les demandeurs
dans la forme prescrite par la loi du 11 brumaire
an 7 ; mais que, par le laps de temps, il n'est pas
devenu de plein droit propriétaire de la maison ;
et qu'en le déclarant tel, le tribunal du Cher a
violé formellement cette dernière loi.
   » Mais d'abord, serait-il raisonnable de supposer au cit Petit, d'une part, et aux demandeurs,
de l'autre, l'intention de calquer des conventions
passées dans le ci-devant Nivernais, sur une jurisprudence qui n'avait été établie que pour les ci-devant provinces d'Anjou, du Maine, du Loudunois
et de la Touraine, et que très-vraisemblablement
ils ne connaissaient pas?

» En second lieu, cette jurisprudence était-elle bien constante, même dans les quatre ci-devant provinces dont nous venons de parler?

» À la vérité, il y a été jugé que le Contrat pignoratif ne rendait pas l'acquéreur propriétaire incommutable, et que, pour le devenir, il fallait qu'à l'expiration de la faculté de rachat, il se fît adjuger l'héritage par décret.

» Mais on y a aussi jugé plusieurs fois le contraire; et c'est Brodeau lui-même qui nous l'apprend, lettre P, n° 10 : *Par d'autres arrêts* (dit il), *la cour a condamné le débiteur à payer, dans certain temps, le sort principal et intérêts* (c'est-à-dire a prorogé la faculté de rachat, chose fort ordinaire dans l'ancienne jurisprudence du parlement de Paris); *autrement, le temps passé, la terre adjugée purement et simplement au créancier.*

» Et ce qui prouve encore mieux que, même dans les quatre ci-devant provinces dont il s'agit, on ne regardait pas le Contrat pignoratif comme une simple antichrèse, et qu'on lui attribuait véritablement l'effet de transférer la propriété, c'est que, dans la succession du créancier, acquéreur sous faculté de rachat avec relocation, l'immeuble ainsi acquis était partagé comme propriété immobilière, ainsi que l'ont jugé un arrêt du 15 juin 1600, rapporté par Pallu, sur l'art. 165 de la coutume de Touraine; un autre du 25 mai 1620, rapporté par Malicote, sur la coutume du Maine, art. 299, et un troisième, du 29 août 1657, rendu dans la coutume du Loudunois, et rapporté par Rousseaud de la Combe, au mot *Antichrèse.*

» Mais, au surplus, si nous voulons avoir une idée exacte de la manière dont les Contrats pignoratifs doivent être envisagés dans toute la France, depuis qu'ils y sont, comme ils l'étaient ci-devant dans le Maine, l'Anjou, la Touraine et le Loudunois, mais véritablement permis et autorisés par une suite nécessaire de la loi du 2 octobre 1789, examinons quel est l'effet qu'on leur attribuait, avant cette loi, dans les pays de droit écrit, où le prêt à intérêt et l'antichrèse étaient alors aussi licites qu'aujourd'hui.

» Or, nous trouvons dans le Journal du Palais, un arrêt du 17 février 1674, qui a jugé que, dans le ci-devant Lyonnais, le Contrat pignoratif, c'est-à-dire, la vente à faculté de réméré avec relocation au vendeur, emportait translation de propriété au profit de l'acquéreur, et que, le terme du rachat expiré, celui-ci devenait, de plein droit, propriétaire incommutable, sans qu'il fût besoin de faire saisir réellement l'héritage ni de le faire décréter.

» C'est aussi ce qui résulte de la manière dont les derniers éditeurs de la collection de Denisart l'expliquent au mot *Antichrèse* : « L'antichrèse » (disent-ils) « a quelque affinité avec le Contrat » pignoratif, en ce que, dans l'un et dans l'autre, » la chose représente le capital de la somme prê-

» tée, et les fruits, les intérêts de cette somme. » Mais il y a cette différence essentielle, que l'anti-» chrèse ne transfère point la propriété de la » chose remise entre les mains du créancier; au » lieu que le Contrat pignoratif est proprement » une vente à charge de réméré, qui transfère la » propriété, quoique le titre soit résoluble sous » condition, en cas de remboursement ».

» Enfin, c'est ce que la section civile a jugé tout récemment entre des parties qui étaient domiciliées, et avaient traité, sous l'ancien régime, dans les pays qui composent aujourd'hui le département de l'Ain, pays où le prêt à intérêt était permis.

» Le 28 novembre 1733, Dalban et sa femme avaient vendu à Siry, leur créancier, des immeubles situés dans le bourg de Perex et dans les lieux circonvoisins, et dont le prix avait été fixé à 5,000 livres, montant de leur dette. Trois conditions avaient été apposées à cette vente : la première, que les vendeurs resteraient fermiers, pendant neuf ans, des biens qu'ils aliénaient; la seconde, qu'à défaut de paiement des fermages, le bail serait nul; la troisième, que, si, pendant le bail, les vendeurs remboursaient les 5,000 livres, la vente serait résolue.

» Siry avait revendu ces biens à Bona, par acte du 30 septembre 1750; et celui-ci, après une possession de plus de trente ans, fut recherché par Aimé Buclet, héritier de Dalban et de sa femme, comme *possesseur de mauvaise foi* d'un bien vendu par Contrat pignoratif, et par conséquent non aliéné, mais seulement engagé. Aimé Buclet mit en même temps en cause les héritiers de Siry.

» Le 6 vendémiaire an 4, jugement du tribunal de district de Châtillon-sur-Chalalonne, qui condamne Bona à délaisser les biens.

» Mais sur l'appel, le tribunal civil du département de Saône-et-Loire rend, le 12 fructidor an 6, un jugement qui déclare qu'il a été mal jugé, maintient Bona dans les biens litigieux, et décharge les héritiers Siry de *l'action pignorative* intentée contre eux.

» Recours en cassation contre ce jugement; mais vaine tentative. Le 24 fructidor an 8, jugement au rapport du cit. Doutrepont, par lequel, « Considérant qu'il n'existe aucune loi romaine qui ait » prononcé qu'une vente faite par un débiteur à » son créancier, avec faculté de rachat et reloca-» tion au profit du vendeur, dût être regardée » comme un simple Contrat pignoratif; que cette » jurisprudence, introduite par les jurisconsultes » français en haine de l'usure, était nécessairement » étrangère au droit romain, qui permettait le » prêt à intérêt; que cette jurisprudence fran-» çaise n'était autorisée par aucune loi qui eût » indiqué les cas ou les conditions sous lesquelles » une vente devait être regardée comme simple » Contrat pignoratif; que les jurisconsultes fran-» çais ne s'accordent pas même entre eux sur les » conditions, et le nombre de celles dont ils exi-

» geaient la réunion ; que le tribunal de Saône-et-
» Loire, loin d'avoir contrevenu aux lois romaines,
» s'est, au contraire, conformé aux lois 3 et 8, C. de
» Præscriptione triginta vel quadraginta an-
» norum, en jugeant que la prescription de trente
» ans avait mis les héritiers Bona entièrement à
» couvert de toute action revendicatoire, et les
» héritiers Siry de toute action pignorative, fût-il
» même vrai que cette action eût résulté du
» contrat du 28 novembre 1733 ; le tribunal rejet-
» te le pourvoi.... ».

» Que conclure de tous ces détails ? Une chose
fort simple : c'est que, depuis que la loi a légitimé
partout le prêt à intérêt, le contrat de vente à réméré avec relocation au vendeur, moyennant un loyer
qui n'excède pas le taux de l'intérêt légal, ne pouvant
plus être suspecté, dans aucune partie de la France,
de servir de voile à une perception d'intérêts illicites, il doit, par cela seul, être partout apprécié
d'après lui-même, et qu'il n'est plus permis de le
dénaturer, comme on prétendait le faire ci-devant
dans quelques coutumes, par des fictions qui le
réduisaient à la condition d'une simple antichrèse
déguisée.

» Nous ne devons donc voir dans le contrat du
17 septembre 1790, dont il est ici question, que
ce qu'il contient réellement ; et comme il ne contient réellement qu'une vente à faculté de rachat,
quoique accompagnée d'un bail de la chose vendue
au profit des vendeurs, nul doute qu'il ne doive
être considéré comme une vente proprement dite,
comme un acte véritablement translatif de propriété. Nul doute, en un mot, que l'intention des
parties n'ait été, en le souscrivant, de faire ce qu'il
énonce effectivement qu'elles ont fait.

» Sous-entendre dans cet acte, et y ajouter les
fictions que l'ancienne jurisprudence adaptait à
ces sortes de contrats, dans les pays où le prêt à
intérêt n'était pas autorisé, ce serait en changer
la nature, ce serait en violer essentiellement les
clauses capitales, ce serait contrevenir formellement aux lois qui assurent leur effet aux conventions.

» En vain les demandeurs argumentent-ils ici de
ce que, dans le contrat du 17 septembre 1790, se
trouve le mot engagement.

» Leur argument serait sans réplique, si le contrat portait simplement que la maison dont il s'a-
git, a été donnée par eux en engagement au cit.
Petit.

» Mais ce n'est point là ce que porte le contrat ;
il porte que le cit. Roy et son épouse vendent PAR
ENGAGEMENT, cèdent, quittent, délaissent, transportent EN TOUTE PROPRIÉTÉ, POSSESSION et jouissance,
avec promesse de garantir et faire valoir.

Il ajoute que les vendeurs se sont présentement et à l'instant démis, dévêtus et dessaisis de
la PROPRIÉTÉ, possession et jouissance de la maison ; que, dès cejourd'hui, ils en ont saisi l'acquéreur, et qu'ils l'en mettent en bonne et paisible possession réelle et actuelle, pour, par lui

en jouir, faire et disposer COMME DE SA PROPRE
CHOSE.

» Assurément il est impossible de ne pas voir
dans ces termes, une translation complète du domaine de la maison ; il est impossible de n'y pas
voir l'expropriation totale et actuelle des demandeurs.

» Et qu'importe que les demandeurs aient déclaré ne faire cette expropriation que par engagement ?

» Si ces mots, par engagement, étaient obscurs
ou équivoques, du moins les expressions qui emportent l'expropriation, ne le seraient pas ; et ce
serait ici le cas de la fameuse règle de Descartes :
non sunt neganda clara propter quædam obscura.

» Mais il n'y a véritablement ni obscurité ni
ambiguïté dans les termes vendent par engagement. Vendre par engagement, c'est vendre à faculté de réméré ; et la chose est d'autant plus certaine, que le seul mot engagement, sans l'accom-
pagnement du mot vente, emporte l'idée d'une
vente proprement dite, quoique résoluble, lorsqu'il est suivi de la stipulation d'un réméré facultatif.

» Écoutons encore ce que disent au mot Engagement, les derniers éditeurs de la collection de
Denisart, suivant l'acception la plus commune,
l'engagement d'un immeuble est la vente qui en
est faite avec faculté de rachat. Dans un autre
sens, l'engagement est synonyme d'antichrèse.

» Puisque le mot engagement est susceptible de
deux significations aussi différentes, il est clair
que, pour déterminer quelle est précisément celle
qu'il a dans tel ou tel acte, il faut consulter, et
les autres expressions qui le précèdent ou le suivent, et les clauses dont il fait partie ou auxquelles
il se réfère.

» Il est clair par conséquent que, si les autres
expressions de l'acte dans lequel il est employé,
et les clauses essentielles de cet acte caractérisent,
non une antichrèse, mais une aliénation du fonds,
une translation de propriété, en un mot une
vente, on ne peut considérer l'engagement que
comme une vente, une translation de propriété,
une aliénation du fonds.

» Or, dans notre espèce, les demandeurs ont
vendu, il est vrai, par engagement, mais ils ont
vendu en toute propriété, possession et jouissance ; ils se sont dessaisis du domaine de leur
maison, ils en ont saisi l'acquéreur, ils ont consenti qu'il en disposât comme de sa propre chose.

» Ils ont donc vendu à l'acquéreur véritablement
propriétaire, ils lui ont donc fait une vente proprement dite ; il a donc été bien jugé par le jugement du tribunal du Cher ; et annuler ce jugement, comme on vous le propose, ce serait manquer au respect dû aux contrats, ce serait violer la
foi que les lois leur garantissent.

» Par ces considérations, nous estimons qu'il y
a lieu de rejeter la requête en cassation, et de condamner les demandeurs à l'amende ».

Ces conclusions ont été adoptées par arrêt du 22 nivôse an 9, au rapport de M. Brillat-Savarin, « attendu que l'acte du 17 septembre 1790 contient la stipulation précise de vente pure et » simple après le délai du rachat, et que cette » clause est licite; et que cette même clause investissant l'acquéreur dans le cas donné, est exclusive de toute formalité ultérieure d'expropriation ».

II. La troisième question a été d'abord résolue pour l'affirmative, par deux arrêts de la cour de cassation.

Voici l'espèce du premier :

Le 6 juillet 1793, acte public par lequel le sieur Gautherot vend au sieur Lambert 46 journaux de terres, avec faculté de réméré pendant trois ans et six mois.

Par le même acte, le sieur Lambert afferme au vendeur les 46 journaux de terre.

Dans la suite, le sieur Gautherot prétend faire annuler cet acte, sous prétexte qu'on y trouve tous les caractères du Contrat pignoratif; et le tribunal civil du département des Vosges le décide ainsi par jugement en dernier ressort, du 8 messidor an 5.

Recours en cassation contre ce jugement, de la part du sieur Lambert; et le 6 frimaire an 8, sur les conclusions de M. Lefessier, arrêt par lequel,

« Vu l'art. 46 de l'ordonnance de 1510, l'art. 50 du chap. 8 de celle d'octobre 1535, et l'art. 154 de celle de 1539, qui veulent que les actes et conventions passés entre majeurs, et non attaqués par les voies de droit, soient exécutés suivant leur forme et teneur;

» Considérant que l'acte du 6 juillet 1793 présente tous les caractères d'un véritable contrat de vente à faculté de réméré, et en même temps de bail à loyer des héritages ainsi vendus; que, sous ces deux rapports, cet acte était autorisé par les lois; qu'il devait donc recevoir son exécution entre les parties;

» D'où il suit qu'en considérant cet acte comme un Contrat pignoratif, prohibé par les lois, le tribunal civil du département des Vosges l'a essentiellement dénaturé, et par là dispensé Gautherot de l'exécuter, et a ainsi violé les lois sur le respect que l'on doit aux conventions;

» Le tribunal casse le jugement du tribunal civil du département des Vosges, du 8 messidor an 5..... ».

Le second arrêt a été rendu le 16 juin 1806, et il est rapporté avec mes conclusions, qui l'ont précédé, dans le *Répertoire de jurisprudence*, aux mots *Pignoratif* (*Contrat*), §. 2.

Mais cette manière de juger supposait à la cour suprême le pouvoir indéfini d'annuler les jugemens en dernier ressort qui, en interprétant les contrats, leur donnaient, d'après des présomptions purement morales, un sens contraire à l'intention exprimée des parties; et c'est assez dire qu'elle n'a

pas pu survivre indistinctement à la loi du 16 septembre 1807, concernant le recours en cassation (1).

C'est effectivement ce que j'ai établi dans l'espèce suivante, qui présentait en même temps à juger les 6e et 7e questions posées en tête de ce paragraphe.

Le 29 septembre 1791, le sieur Rey père, domicilié dans le département des Bouches-du-Rhône, fait un testament par lequel il institue Victor Rey, son fils cadet, héritier universel, et réduit Benoît Rey, prêtre, son fils, à sa légitime.

Le 7 octobre suivant, transaction entre Benoît et Victor Rey, par laquelle les droits légitimaires, tant paternels que maternels, du premier, sont liquidés à 30,000 livres, dont 28,000 sont laissées au second en constitution de rente.

Le 7 messidor an 7, Benoît fait assigner son frère en supplément de légitime maternelle, et en paiement d'arrérages de la rente de 1400 livres, qui lui avait été constituée par la transaction du 7 septembre 1791.

Le 25 pluviôse an 8, les deux frères conviennent 1°. que Victor abandonnera à Benoît pour 30,000 livres d'immeubles, qui seront évalués et bornés par des experts; 2°. que, moyennant cet abandon, Benoît renoncera à sa demande en supplément de légitime; 5° que Victor pourra, pendant deux ans, racheter les immeubles qu'il doit abandonner à Benoît.

Le 15 germinal an 8, ces conventions sont rédigées, partie en acte public, partie en acte sous seing-privé.

Par l'acte public, Victor Rey abandonne à Benoît une partie du domaine de *Paleison*, situé dans le terroir de Roquebrune, quartier de Saint-Sauveur, *dépendant de la succession de feu Pierre-Emmanuel Rey, leur père*. Il est convenu que cette partie consistera dans une étendue de *trente-cinq charges en semence; qu'elle sera prise* « en partant du levant, et prenant pour largeur » toute l'étendue du midi au nord, qui était de » la contenance de trente-cinq charges en se- » mence, et où il n'y a ni arbres, ni vignes, ni » bâtimens; (et qu'elle) sera séparée de la partie » restante par des bornes qui seront posées par » des experts convenus, qui feront, *dans trois* » *mois au plus tard, un rapport de bornage*, » *fixeront l'imposition foncière relative à l'ob-* » *jet vendu..., dont le sieur Benoît Rey prendra* » *possession et jouissance d'abord après que le* » *susdit rapport de bornage aura été fait et en-* » *registré*..... Au moyen de quoi, Benoît Rey » quitte sondit frère de tous les susdits droits lé- » gitimaires, supplémentaires ou héréditaires, » paternels, maternels et autres, avec promesse » de ne plus le rechercher directement ni indi- » rectement pour raison d'iceux; renonçant ex-

---

(1) *V.* les conclusions du 27 janvier 1808, rapportées dans le *Répertoire de Jurisprudence*, au mot *Société*, sect. 3, §. 3, art. 2, n° 3.

» pressément ledit Benoît Rey à tous autres plus
» grands droits héréditaires, légitimaires et sup-
» plémentaires, si aucun lui en revenait sur les-
» dites successions ».

Par l'acte privé, il est convenu « que Victor
» Rey aura la faculté de reprendre, *par voie de*
» *rachat conventionnel*, la partie de la propriété
» rurale qu'il a désemparée à son frère Benoît
» Rey, dans l'espace de deux années à compter
» du 25 pluviôse d'auparavant, à la charge par
» lui de rembourser en numéraire métallique la
» somme pour laquelle ladite désemparation a été
» faite, avec la condition qu'*après les deux an-*
» *nées près, le cit. Victor Rey sera déchu de la fa-*
» *culté de rachat en vertu de la présente; sans*
» *qu'il soit besoin de faire prononcer la dé-*
» *chéance...., attendu qu'il s'agit de paiement*
» *de droits légitimaires en biens héréditaires* ».

Et comme la totalité de la terre de Paleison est
affermée au sieur Imbert, les parties prévoyant
que Victor Rey va être exposé à une demande en
indemnité de la part de ce fermier, à raison de
sa non-jouissance de la portion abandonnée à Benoît, il est convenu qu'on en laissera jouir le
sieur Imbert pendant les deux ans que doit encore
durer son bail, et qu'il paiera à Benoît la quantité
de grain correspondante au produit présumé de
cette partie du terrain transporté. En conséquence, la convention continue. « Et avant si-
» gner, il est en outre convenu que l'entrée
» en jouissance dudit Benoît Rey n'aura lieu
» qu'après l'expiration des deux années de ra-
» chat, attendu le mandat dont il est porteur sur
» le cit. Imbert, fermier, et par ce dernier ac-
» cepté.... ».

Le 19 ventôse an 9, procès-verbal de bornage
qui sépare la partie du domaine de Paleison
abandonnée à Benoît, de celle qui reste à Victor, en exécution de l'acte public du 15 germinal an 8. Il en résulte que la contenance de
terrain donnée en paiement à Benoît, est fixée
en partant du levant, et comprenant toute la
largeur de ladite propriété du midi au nord. Dix
bornes séparatives sont plantées par les experts.

Ce procès-verbal est signifié par Benoît Rey à
Victor, le 22 germinal suivant. Celui-ci ne fait
aucune réclamation.

Le 15 vendémiaire an 10, Victor Rey vend à
Louis Tripoul et François d'Estelle les biens qu'il
possède dans le terroir du Puget; et, entre autres
indications, il les charge de payer chacun la
somme de 15,000 francs à Benoît Rey, pour
exercer le rachat qu'il s'est réservé sur la partie
de la propriété de Paleison qu'il lui a donnée
en paiement de sa légitime.

Le 22 pluviôse suivant, il assigne devant un
notaire, les sieurs d'Estelle, Tripoul et Benoît
Rey : les premiers pour compter à son frère les
50,000 francs, et celui-ci pour les recevoir.

Les sieurs Tripoul et d'Estelle comparaissent ;
ils refusent de compter les sommes indiquées, attendu que les inscriptions hypothécaires dont sont

grevés les immeubles que Victor Rey leur a vendus, excèdent de 119,000 francs le montant des indications; que le vendeur leur a indiqué des dettes à jour, comme étant à constitution de rente ;
qu'il leur a aussi indiqué des créanciers postérieurs en hypothèques au préjudice d'autres
créanciers antérieurs, et ils déclarent qu'ils ne
peuvent payer qu'ensuite d'un ordre qui doit être
fait conformément à la loi du 11 brumaire an 7.

Benoît Rey comparaît aussi, et déclare qu'il est
prêt à recevoir la somme de 30,000 francs qui lui
a été offerte, et à délaisser, après l'avoir touchée,
la partie de terre qui lui avait été abandonnée
avec pacte de rachat.

Victor Rey proteste de ses droits et dommages-
intérêts contre les sieurs Tripoul et d'Estelle.

Le notaire donne acte aux parties de leurs dires
respectifs et des protestations de Victor Rey.

Le 6 ventôse an 10, Victor fait citer Benoît Rey
devant le juge de paix, pour se concilier sur la demande qu'il entend former contre lui pour être
admis au rachat conventionnel de la partie de terre
dont il s'agit.

Benoît répond que le délai étant expiré, son
frère n'est plus recevable ; et, *attendu le trouble*
que Victor veut lui faire dans la jouissance de
ladite propriété, il requiert d'être concilié, si
faire se peut, sur la demande qu'il se propose
de former contre lui, aux fins de faire dire et
ordonner qu'il sera maintenu provisoirement et
définitivement en la possession et jouissance de
ladite propriété, avec inhibitions et défenses
audit Victor Rey de l'y troubler, et aux fins en
outre de le faire condamner aux dommages et
intérêts résultant du trouble qu'il pourra appor-
ter à la jouissance.

Victor Rey réplique que *Benoît Rey ne peut*
ni ne doit refuser la demande qui lui est faite.

En conséquence, procès-verbal de non-conciliation.

Le 15 du même mois, Benoît Rey fait assigner
Victor devant le tribunal civil de l'arrondissement
de Draguignan, pour voir dire que Victor n'ayant
pas exercé le rachat qu'il s'est réservé par l'acte
du 15 germinal an 8, dans les deux ans qui ont
couru depuis le 25 pluviôse précédent, Benoît
sera maintenu dans la propriété du domaine qui
lui a été donné en paiement par cet acte.

Victor Rey se borne à soutenir que le délai du
rachat n'est point fatal; qu'il a d'ailleurs prévenu
la fatalité du délai, en faisant citer Benoît devant
un notaire, le 22 pluviose; que le 24; que, du
reste, les acquéreurs Tripoul et d'Estelle, qui n'ont
pas satisfait à l'indication de paiement portée par
leurs contrats d'acquisition, sont des garans; et, en
effet, il met en cause les sieurs d'Estelle et Tripoul.

Le 13 fructidor suivant, jugement qui déclare
Victor Rey déchu de la faculté de rachat, pour
ne l'avoir pas exercée dans les deux ans, et met
Tripoul et d'Estelle hors d'instance.

Victor Rey appelle de ce jugement, et, sans
abandonner le moyen qu'il a fait valoir en pre-

mière instance, il soutient subsidiairement que ce n'est point par une vente à faculté de rachat, mais par une simple antichrèse, qu'il a transporté à Benoît la jouissance momentanée d'une partie du domaine de Paleison.

Le 10 août 1809, arrêt de la cour d'appel d'Aix, ainsi conçu :

« Considérant, en point de droit, que, pour juger de la véritable nature d'un contrat, la loi n'exige point qu'on s'arrête aux apparences; elle veut au contraire qu'on recherche le véritable objet que les parties se sont proposé et ce qu'elles ont réellement fait; *meliùs valere quod agitur quàm quod simulatè concipitur;*

» Que les Contrats pignoratifs sont si ordinairement déguisés sous les formes d'une vente pure et simple, que tous les auteurs se sont occupés du soin de désigner les signes auxquels on peut les reconnaître sous ce déguisement;

» Que les signes les plus certains sont la faculté du rachat, la vilité du prix et surtout la relocation, c'est-à-dire, lorsque le vendeur continue à conserver la possession de l'immeuble qu'il paraît avoir vendu : que cette dernière circonstance est réellement décisive, qu'elle offrait seule aux législateurs romains la preuve de la non-réalité de la vente : *Non videtur enim traditum esse fundum cujus possessio per locationem retinetur à venditore* (Loi 16, D. *de periculo et commodo rei venditæ.*) ,

» Considérant, en point de fait, que ces diverses circonstances se trouvent réunies dans l'espèce de la cause, pour attester la véritable nature du contrat dont s'agit;

» 1°. La faculté de rachat a été stipulée pour deux ans dans une contre-lettre qui ne fait qu'un seul et même tout avec l'acte public;

» 2°. Il a été stipulé, dans cette même contre-lettre, que l'acheteur ne pourrait entrer en jouissance qu'après l'expiration de ces deux ans, au moyen des mandats dont il était porteur sur le fermier;

» 3°. Enfin, la vilité du prix auquel le domaine aurait été vendu, quoique contestée par le sieur Benoît Rey, se trouve prouvée au procès par deux pièces irrécusables, et notamment par deux actes de bail de ce domaine, passés par ledit Benoît Rey lui-même, depuis qu'il en a été mis en possession, en l'an 10, de l'autorité du premier tribunal. Il résulte de ces actes que la propriété *insoluton-donnée* pour 30,000 francs, rend au-delà de 60,000 francs à 5 pour 100, toutes charges prélevées;

» Considérant qu'on peut joindre à ces signes une circonstance non moins décisive qui est que l'acte dont s'agit, a été souscrit par le sieur Victor Rey, à l'effet d'échapper au résultat désastreux de l'expropriation forcée de tous ses biens qui allait être consommée à la poursuite de son frère;

» Cet acte présente d'autant plus clairement la preuve de la nécessité qui l'a dicté, qu'on y voit le débiteur s'obliger de payer dans deux ans, sans réduction, une somme considérable qu'il devait garder à constitution de rente jusqu'après la mort de son frère;

» Considérant qu'en cet état de choses, il est impossible de ne pas reconnaître que l'acte du 15 germinal en 8 n'a été qu'une véritable impignoration, qu'un contrat par lequel le débiteur a entendu donner à son créancier un gage rassurant du paiement de sa créance et des intérêts, pour se soustraire à des exécutions violentes;

» Considérant que, dans un contrat de cette nature, lorsque le délai pour exercer la faculté du rachat est expiré, sans que le débiteur ait payé ce qu'il a promis, il n'est pas pour cela déchu, et le créancier ne devient point propriétaire; il n'acquiert que le droit de poursuivre l'expropriation forcée du gage qui lui avait été donné. La loi dernière, C. *de pactis pignorum et de leg. commissariâ*, réputait nul et usuraire tout pacte portant qu'à l'expiration d'un tel délai, l'engagement serait un titre translatif de propriété. *La faculté de réméré étant à temps, quand il est expiré, le débiteur doit restituer la somme ou souffrir la vente par décret* (Lacombe, *Jurisprudence civile*, au mot *Réméré*). Les mêmes principes ont été consacrés par l'art. 2088 du Code civil. On peut remarquer que leur application à la cause doit être d'autant plus favorablement accueillie, qu'on voit que le débiteur avait fait de bonne heure tout ce qui dépendait de lui pour que son créancier fût satisfait au terme convenu; quatre mois auparavant, il avait vendu pour 126,000 francs de biens; et il avait indiqué à ses acquéreurs de payer les 30,000 francs dus à son frère, avant l'expiration du délai fixé pour la vente;

» Qu'au surplus, l'intérêt légitime du sieur Benoît Rey sera parfaitement rempli, lorsque la cour ordonnera qu'il soit payé du montant de sa créance, et qu'il demeure, jusqu'à ce paiement, en état de possession et de jouissance du gage qu'il a reçu;

» Que, par ce moyen, on accorde au créancier tout ce qu'il peut équitablement prétendre, et on fournit à son débiteur le moyen de sauver sa fortune d'une perte énorme qui ne nuirait pas seulement à ses intérêts, mais encore à ceux de ses autres créanciers;

» Considérant que, par la décision ci-dessus, la cour est dispensée d'examiner quel eût été le droit des parties, s'il se fût agi d'une véritable vente entre elles, et non d'un Contrat pignoratif;

» Il n'y a pas lieu non plus à s'occuper du mérite de la demande en garantie introduite par le sieur Victor Rey, contre les sieurs Tripoul et d'Estelle.

» La cour, vidant le partage par elle déclaré le 29 août 1807, met l'appellation et ce dont est appel, au néant; et, par nouveau jugement, ordonne que le sieur Benoît Rey désemparera au sieur Victor Rey, l'immeuble à lui impignoré par l'acte du 15 germinal an 8, étant préalablement remboursé 1°. de la somme de 30,000 francs à lui dûe en principal; 2°. des améliorations compensables avec les détériorations, si aucunes y a, et telles qu'elles seront liquidées par experts convenus, autrement pris et nommés d'office; déclare, au moyen de ce, n'y avoir lieu de statuer sur la demande en garantie introduite par le sieur Victor Rey, envers les sieurs Tripoul et d'Estelle; ordonne la restitution de l'amende; condamne le sieur Benoît Rey aux dépens envers toutes les parties... ».

Benoît Rey se pourvoit en cassation contre cet arrêt.

« Deux moyens de cassation (ai-je dit à l'audience de la section des requêtes, le 22 mars 1810) vous sont proposés par le demandeur :

» Dans la forme, contravention à l'art. 46 du Code de procédure civile, qui défend de former, *en cause d'appel*, *aucune nouvelle demande*, et par conséquent interdit aux cours de prononcer sur les nouvelles demandes qui seraient formées devant elles;

» Au fond, contravention aux art. 1582, 1583 et 2088 du Code civil, qui déterminent les caractères de la *vente*, et la distinguent de l'antichrèse.

» Le premier de ces moyens ne nous offre aucune difficulté sur le principe qui en est la base. Il est constant, et l'art. 464 du Code de procédure civile déclare, de la manière la plus positive, que les cours d'appel ne peuvent prononcer sur les demandes formées pour la première fois devant elles, que dans trois cas : le premier, lorsqu'il s'agit de compensation; le deuxième, lorsque la *demande nouvelle est la défense à l'action principale*; le troisième, lorsqu'elle porte sur *des intérêts, arrérages, loyers et autres accessoires échus depuis le jugement de première instance, ou sur des dommages-intérêts pour le préjudice souffert depuis ledit jugement.*

» Il ne peut donc être ici question que de savoir si, dans le fait, l'arrêt attaqué statue sur une demande nouvelle, et si cette demande nouvelle rentre ou non dans l'une des trois exceptions qui modifient la règle générale.

» Que ce soit en statuant sur une nouvelle demande, que la cour d'appel d'Aix a prononcé contre Benoît Rey, et donné gain de cause à son frère Victor, c'est ce qu'il ne nous paraît pas possible de contester.

» Devant le tribunal de première instance de Draguignan, Victor Rey n'a pas contesté qu'il y avait eu, de sa part, une véritable dation en paiement, ou, ce qui est la même chose, une véritable vente au profit de son frère Benoît. Il a seulement prétendu exercer contre son frère Benoît, la faculté de rachat qu'il s'était réservée par l'acte du 15 germinal an 8; et ce n'est qu'en cause d'appel, qu'il a soutenu que cet acte n'avait pas les caractères d'une vente; ce n'est qu'en cause d'appel, qu'il a soutenu que cet acte ne constituait qu'une antichrèse, un Contrat pignoratif. Il y a donc eu, de

la part de Victor Rey, *nouvelle demande* devant la cour d'appel d'Aix. C'est donc en statuant sur une nouvelle demande, que la cour d'appel d'Aix a jugé que, par l'acte du 15 germinal an 8, l'immeuble litigieux n'avait été qu'engagé à Benoît Rey.

» Mais cette nouvelle demande ne rentrait-elle pas dans les exceptions qui limitent la disposition générale de l'art. 464 du Code de procédure civile?

» Elle ne rentrait certainement ni dans l'exception relative à la *compensation*, ni dans l'exception relative aux *fruits, intérêts ou arrérages échus*, et aux *dommages-intérêts soufferts depuis le jugement de première instance.*

» Reste donc à savoir si elle rentrait dans l'exception relative au cas où la nouvelle demande sert de *défense à l'action principale.*

» Et à cet égard, la question se réduit à ce seul point : qui est-ce qui était demandeur en première instance, ou en d'autres termes, par qui l'action principale a-t-elle été intentée?

» Car, si l'action principale a été intentée par Victor Rey, il est clair que la nouvelle demande qu'il a formée en cause d'appel, ne peut pas être considérée comme une défense à cette action. Ces mots *action* et *défense* sont nécessairement en opposition l'un avec l'autre; et la *défense* d'une partie présuppose toujours une *action* intentée par l'adversaire de cette partie. Si donc c'est Victor Rey qui, en première instance, a ouvert la lice judiciaire par une action tendant à ce qu'il fût admis à résoudre, par la voie du rachat, la vente qu'il a reconnu, en première instance, avoir faite à Benoît Rey, nul doute qu'en demandant ensuite devant la cour d'appel d'Aix, que cette prétendue vente fût déclarée n'avoir jamais existé, et qu'au lieu de vendre à Benoît Rey l'immeuble litigieux, il le lui avait seulement donné en antichrèse, il n'ait fait ce que lui défendait expressément l'art. 464 du Code de procédure civile; nul doute par conséquent que la cour d'appel d'Aix, en accueillant cette nouvelle demande, n'ait violé le même art.

» C'est ainsi que, par arrêt du 8 pluviôse an 13, au rapport de M. Bailly, la cour a cassé, comme contraire à l'art. 7 de la loi du 3 brumaire an 2 (dont l'art. 464 du Code de procédure civile n'est que la répétition), un arrêt de la cour de Bourges, qui, sur l'appel d'un jugement par lequel, d'après la demande formée par l'administration des domaines en nullité d'un bail de biens nationaux, ce bail avait été déclaré nul, avait admis cette administration à substituer à sa demande en nullité une demande en résiliation, et avait en conséquence déclaré résolu le bail dont la validité seule avait été mise en question devant les premiers juges (1).

» C'est ainsi que, par arrêt du 5 novembre 1807, au rapport de M. Cochard, la cour a jugé,

(1) *V.* le *Répertoire de jurisprudence*, au mot *Nullité*, §. 9, n°. 1.

80.

en maintenant un arrêt de la cour de Paris, attaqué par le sieur Leclerc, qu'on ne peut pas, en cause d'appel, convertir en demande en nullité, une demande en rescision formée en première instance (1).

» C'est ainsi que, par arrêt du 22 février 1809, au rapport de M. Lachèze, la cour a jugé, en rejetant la requête du sieur Guérin en cassation d'un arrêt de la cour de Paris, que, même en première instance, on ne peut-pas, sans une nouvelle citation devant le bureau de paix, joindre à la demande en rescision d'un contrat de vente pour cause de lésion, une demande tendant à ce que le contrat soit déclaré n'être qu'un simple engagement, une simple *impignoration* (2).

» Mais si ce n'est pas Victor Rey, si c'est au contraire Benoît Rey, qui a intenté l'action principale, tout change de face. Alors, Victor Rey, en sa qualité de défendeur, n'a point eu de demande à former, de conclusions à prendre ; il n'a eu besoin que d'indiquer et de faire valoir

les moyens qui pouvaient le mettre à l'abri de la demande formée contre lui, et ces moyens ; il a pu indifféremment, ou les employer tous, ou n'en employer aucun en première instance, ou les réserver tous, ou en réserver quelques-uns seulement pour le cas d'appel. Il a conséquemment pu, en cause d'appel, employer des moyens qu'il avait négligés en première instance ; et par une conséquence ultérieure, il a pu, en cause d'appel, joindre au moyen qu'il avait tiré en première instance de sa prétention au droit de rachat, un nouveau moyen résultant de la prétendue inexistence de la vente : dans cette hypothèse, en effet, la prétendue inexistence de la vente n'était pour lui, comme sa prétention au rachat, qu'un moyen d'échapper à l'action qui tendait, de la part de Benoît Rey, à être maintenu dans la possession incommutable de l'immeuble litigieux ; et il est clair, d'après l'art. 464 du Code de procédure civile, qu'il a pu l'employer pour la première fois en cause d'appel.

» Répétons donc que le sort du premier moyen de cassation du demandeur dépend de cette seule question de fait : par qui, de Benoît ou de Victor Rey, l'action principale a-t-elle été intentée ?

» Or, sur cette question, que nous disent les actes de la procédure qui sont sous nos yeux ?

» Nous y voyons bien que, le 22 pluviôse an 10, Victor Rey, a cité Benoît devant un notaire, pour recevoir les 50,000 francs que lui devaient les sieurs d'Estelle et Tripoul, et lui rétrocéder en conséquence l'immeuble qu'il lui avait donné en paiement le 15 germinal an 8.

» Mais où est-il écrit qu'une citation devant un officier ministériel, équivaut à l'exercice d'une action judiciaire ?

» Nous y voyons bien encore que, par exploit du 6 ventôse an 10, Victor Rey a fait citer Benoît devant le bureau de paix, pour se concilier sur la demande en rachat qu'il se proposait de former contre lui.

» Mais nous y voyons aussi que c'est Benoît qui, le premier, s'est pourvu, par exploit du 15 du même mois, devant le tribunal civil de l'arrondissement de Draguignan ; et qu'il y a fait assigner Victor, pour voir dire que, faute par celui-ci d'avoir exercé le rachat dans le terme convenu par le contrat de vente du 15 germinal an 8, il serait maintenu dans la possession incommutable des biens qui lui avaient été cédés par cet acte.

» Comment s'est-il donc fait que Victor Rey, après avoir cité son adversaire en conciliation, a été devancé par son adversaire lui-même, dans la poursuite de l'action qu'il se proposait d'intenter ? Le procès-verbal de non-conciliation, du 11 ventôse an 10, va nous l'expliquer.

» Dans ce procès-verbal, comparaît d'abord Victor Rey : il rappelle l'objet de sa citation du 6, et annonce l'intention de faire assigner son frère devant le tribunal civil de Draguignan, *à l'effet*

(1) *Ibid.*, n° 2.
(2) Voici l'espèce de cet arrêt.
Le 17 brumaire an 14, le sieur Guérin vend un immeuble au sieur de S. Julien. Quelque temps après, il fait citer celui-ci en conciliation sur la demande qu'il se propose de former en rescision du contrat de vente pour cause de lésion de plus des sept douzièmes. A défaut de conciliation, le sieur de S. Julien est assigné devant le tribunal civil du département de la Seine. Là, le sieur Guérin, en persistant subsidiairement dans sa demande en rescision, conclud à ce que la prétendue vente du 17 brumaire an 14 soit déclarée n'être qu'un Contrat pignoratif, et à ce qu'en conséquence le sieur de S. Julien soit condamné à délaisser l'immeuble, moyennant la restitution qu'il offre de lui faire du prix.
Le sieur de S. Julien répond que cette nouvelle demande n'ayant pas subi le préliminaire de la conciliation, est non-recevable.
Le sieur Guérin réplique que l'art. 48 du Code de procédure civile n'assujétit au préliminaire de la conciliation que les *demandes principales* ; et que, dans l'espèce, il s'agit d'une demande accessoire à celle qui a été portée devant le juge de paix.
Jugement qui, attendu que la nouvelle demande du sieur Guérin *ayant pour objet de déclarer pignoratif le contrat de vente du 17 brumaire an 14*, est une demande principale, déclare le sieur Guérin non-recevable dans cette demande.
Appel. Arrêt qui met l'appellation au néant.
Recours en cassation. Par l'arrêt cité,
« Attendu que la demande en rescision pour fait de lésion de la vente des immeubles dont il s'agit, et celle en désistement des mêmes immeubles pour fait d'impignoration, formée successivement par le sieur Guérin, étaient essentiellement différentes, et par les causes qui engendraient ces actions, et par les résultats que ces actions devaient avoir ; que la dernière ne pouvait être implicitement comprise dans la précédente, ni être regardée comme un moyen nouveau qui lui servit d'appui, mais qu'elle était elle-même une action principale et indépendante ; et qu'en l'écartant par fin de non-recevoir, faute d'avoir été précédée d'un essai de conciliation, la cour d'appel a justement appliqué l'art. 48 du Code de procédure civile ;
» La cour rejette le pourvoi... ».

d'obtenir l'adjudication du rachat de ladite propriété.

» Benoît Rey comparaît à son tour, et dit que, prenant la démarche de Victor pour *trouble dans la jouissance de sa propriété, il requiert d'être concilié, si faire se peut, sur la demande qu'il se propose de former contre lui, aux fins de faire dire et ordonner qu'il sera maintenu provisoirement et définitivement en la possession et jouissance de ladite propriété.*

» Et c'est en conséquence de cette déclaration, suivie d'un procès-verbal de non-conciliation, que Benoît Rey a fait assigner Victor, par l'exploit du 15, devant le tribunal civil de Draguignan.

» C'est donc bien véritablement par Benoît Rey, que l'action principale a été intentée; car Victor, en citant Benoît devant le bureau de paix, n'avait pas intenté une action, il s'était seulement mis en mesure de l'intenter.

» Il est vrai que, suivant l'art. 6 du tit. 10 de la loi du 24 août 1790, sous l'empire de laquelle Victor Rey a fait citer Benoît devant le bureau de paix, la citation en conciliation avait, comme aujourd'hui, *l'effet d'interrompre la prescription.* Mais il fallait pour cela, comme il faut encore aujourd'hui, qu'elle fût *suivie d'ajournement;* preuve sans réplique qu'elle n'équipollait pas à l'ajournement même, qu'elle ne formait pas un commencement d'instance, qu'elle n'était que le préliminaire de l'exploit d'ajournement par lequel seul une instance pouvait être commencée. Et voilà pourquoi la cour a jugé, par deux arrêts des 30 ventôse et 18 fructidor an 12, en faveur du sieur Foulon-Descottiers, contre le sieur Chabert de Prailles, que, par la comparution volontaire sur une citation en conciliation devant un juge de paix incompétent, on ne perd pas le droit de décliner le tribunal de l'arrondissement de ce juge, devant lequel on est ensuite assigné (1).

» Ainsi, Victor Rey qui, par sa citation en conciliation du 6 ventôse an 10, avait clairement manifesté l'intention de se constituer demandeur en rachat de l'immeuble litigieux, n'a été, par l'événement, que défendeur à une demande en maintenue dans la possession incommutable de cet immeuble. Il a donc pu, après s'être renfermé, devant le tribunal de première instance, dans une seule exception, en employer une seconde devant la cour d'appel d'Aix. Il a donc pu, après s'être borné, devant le tribunal de première instance, à soutenir qu'il avait droit de faire résoudre, par le rachat, la vente qu'il reconnaissait avoir faite à Benoît, soutenir, devant la cour d'appel d'Aix, qu'il n'avait fait à Benoît qu'une vente simulée, qu'une antichrèse. Le premier moyen de cassation du demandeur ne peut donc pas être accueilli.

» Le deuxième est-il mieux fondé?

» Il vous paraîtrait infailliblement tel, si vous

pouviez encore, comme avant la loi du 16 septembre 1807, casser un arrêt pour avoir dénaturé un contrat d'après des présomptions non établies par la loi.

» En effet, plus on médite l'arrêt qui vous est dénoncé, plus on demeure convaincu que c'est par la violation des premiers principes, que c'est par la fausse application des règles de l'ancienne jurisprudence, concernant les Contrats pignoratifs, que la cour d'appel d'Aix s'est déterminée à juger qu'un acte revêtu de tous les caractères d'une dation en paiement, et par conséquent d'une vente, n'était néanmoins qu'une antichrèse.

» Les premiers principes nous disent que les actes font pleine foi de leur contenu entre les parties qui les ont passés; que, jusqu'à la preuve du contraire, on doit regarder comme sérieux tout ce qu'ils contiennent; et que la simulation ne s'y présume jamais.

» L'acte du 15 germinal an 8 fait donc foi contre Victor Rey, que, ce jour-là, il a vendu, et non pas engagé, à Benoît Rey, une portion du domaine de Paleison. On doit donc, jusqu'à la preuve du contraire, tenir pour constant que c'est réellement à titre de vente, qu'une portion du domaine de Paleison a été transportée, le 15 germinal an 8, à Benoît Rey. On ne peut donc pas présumer que Benoît Rey n'ait acquis cette portion de biens qu'à titre d'antichrèse.

» Il est vrai que, dans l'ancienne jurisprudence, les canonistes, et après eux les jurisconsultes, étaient parvenus, en interprétant et étendant les décrétales *ad nostram*, titre *de emptione et venditione*, et *illo vos*, titre *de pignoribus*, à faire juger, dans la plupart des tribunaux, que la vente à faculté de rachat devait être réputée simple antichrèse ou Contrat pignoratif, suivant les uns, toutes les fois qu'il y avait seulement vilité du prix; suivant les autres, lorsqu'avec la vilité du prix concourait la relocation au vendeur; suivant d'autres enfin, lorsqu'à la vilité du prix et à la circonstance de la relocation au vendeur se trouvait jointe la preuve que l'acquéreur était un usurier d'habitude (1).

» Mais 1°. cette jurisprudence n'avait pour base que des lois canoniques qui n'ont jamais eu d'autorité législative en France. Comme l'a fort bien remarqué la cour, dans l'arrêt du 28 fructidor an 8, par lequel, au rapport de M. Doutrepont, elle a maintenu un jugement du tribunal civil du département de Saône-et-Loire, attaqué par Aimé Buclet, « il n'existe aucune loi romaine qui ait » prononcé qu'une vente faite par un débiteur à » son créancier, avec faculté de rachat et reloca- » tion au profit du vendeur, dût être regardée

(1) *V.* le *Répertoire de jurisprudence*, au mot *Déclinatoire*, §. 1.

(1) V. *Fachinœi controversiœ*, liv. 12, chap. 2; Serres, *Institutions au droit français*, tit. 15, §. 4; Loyseau, *du Déguerpissement*, liv. 1, chap. 7, n°. 16; Leprêtre, cent. 4, chap. 10, n°. 6; Pothier, *du Contrat de vente*, n°. 406; et le *Répertoire de jurisprudence*, au mot *Pignoratif (contrat)*, §. 2.

» comme un simple Contrat pignoratif. Cette ju-
» risprudence, introduite par les jurisconsultes
» français, en haine de l'usure, était nécessaire-
» ment étrangère au droit romain, qui permettait
» le prêt à intérêt. Cette jurisprudence française
« n'était autorisée par aucune loi qui eût indiqué
« les cas ou les conditions sous lesquelles une vente
» devait être regardée comme simple Contrat pi-
» gnoratif; les jurisconsultes français ne s'accor-
» daient pas même entre eux sur les conditions et le
» nombre de celles dont ils exigeaient la réunion.»
» 2°. Cette jurisprudence n'ayant été, comme
on vient de le voir, introduite qu'en haine de
l'usure, ne pouvait avoir d'objet que dans les cas
et les pays où le prêt à intérêt était prohibé; elle n'est conséquemment plus applicable à aucune partie de la France depuis que la loi du 2
octobre 1789 a autorisé, dans toute la France, le
prêt à intérêt. Elle n'a conséquemment jamais
été applicable au cas où, même pendant tout le
temps qu'a duré la prohibition du prêt à intérêt,
il s'agissait de créances, telles que les dots et les légitimes, qui produisaient des intérêts de plein
droit et sans stipulation.
» 3°. Cette jurisprudence eût été sans doute applicable même au cas où, cessant la prohibition du
prêt à intérêt, il était défendu de stipuler ou d'exiger des intérêts au-dessus d'un certain taux; mais
elle n'aurait plus eu d'objet en France à l'époque
du contrat du 15 germinal an 8, puisqu'alors,
comme l'a formellement reconnu la loi du 3 septembre 1807, et comme la cour l'a encore jugé le
7 mai 1809, au rapport de M. Gandon, *les parties
avaient toute liberté de faire les stipulations
qu'elles jugeaient convenables en matière d'intérêts.*
» Il est vrai encore que, dans notre espèce, la
cour d'appel, partant du fait prétendu qu'il y avait,
par le contrat sous seing-privé du 15 germinal an
8, relocation de la part de Benoît Rey au profit
de Victor, s'est permis d'avancer, comme une
maxime justifiée par la loi 16, D. *de periculo et
commodo rei venditæ*, que la relocation au vendeur, même dans un contrat de vente pur et
simple, *offrait seule aux législateurs romains la
preuve de la non-réalité de la vente.*
» Mais 1°. que dit la loi qu'elle a citée à l'appui
d'une assertion aussi notoirement fausse? Elle dit,
et rien de plus, que, si l'acquéreur d'un esclave,
qui n'en a pas encore payé le prix, et à qui, par
cette raison, n'en a pas encore été faite la tradition, seule capable, dans les principes du droit romain, de lui en transférer la propriété, convient
avec le vendeur qu'en attendant le paiement du
prix, il jouira de cet esclave à titre de locataire, il
ne pourra pas, tant qu'il en jouira de ce titre, réclamer comme siennes les acquisitions que fera cet
esclave, parceque le vendeur, retenant la possession de cet esclave par le louage qu'il en fait, est
censé n'en avoir pas encore effectué la tradition :
Servi emptor si eum conductum rogavit, donec

*pretium solveret, nihil per eum servum acquirere
poterit ; quoniam non videtur traditus is cujus
possessio per locationem retinetur à venditore.*
De bonne foi, qu'a de commun une pareille décision avec la conséquence qu'en tire la cour d'appel? Et comment la cour d'appel peut-elle ainsi
abuser d'un texte qui ne parle que de l'acheteur
devenu locataire avant la tradition (et qui d'ailleurs est bien loin d'établir qu'en devenant ainsi
locataire, l'acheteur est censé résilier la vente),
pour lui faire dire que, par le seul fait que le
vendeur prend à loyer la chose qu'il vend, la vente
est réputée n'être pas sincère ?
» 2°. Il n'est pas même vrai que, dans notre espèce, il y ait eu, de la part de Benoît, relocation
au profit de Victor Rey.
» Par le contrat notarié du 15 germinal an 8, il
était stipulé que Benoît prendrait POSSESSION ET
JOUISSANCE *de l'objet vendu, d'abord après que
le rapport de bornage qui,* suivant le même acte,
devait être fait dans les trois mois, aurait été
dressé et enregistré; et assurément rien n'était
plus opposé à l'idée d'une relocation.
» La contre-lettre sous seing-privé du même
jour a bien modifié cette stipulation, quant à la
jouissance en nature, mais elle l'a laissée subsister,
quant à la *possession*. Il y a bien été convenu que
Benoît Rey n'entrerait en *jouissance* de l'objet
vendu, c'est-à-dire qu'il n'en jouirait, soit par ses
propres mains, soit par celles d'un fermier de son
choix, qu'à la fin du bail à ferme qui en avait été
précédemment accordé par Victor au sieur Imbert; et qu'en attendant, le sieur Imbert paierait
à Benoît Rey sa quote-part des fermages.
» Mais, d'une part, il n'a pas été dérogé, par
cette convention, à la clause du contrat notarié
qui autorisait Benoît à prendre *possession* immédiatement après le bornage, et par conséquent fixait à
cette époque le moment où, soit qu'il jouit par
ses propres mains, soit qu'il jouit par celles d'un
fermier, la tradition de l'objet vendu serait censée lui être faite par Victor.
» D'un autre côté, consentir, comme l'a fait
Benoît Rey, à la continuation d'un bail antérieur
à la vente, ce n'est certainement pas relouer au
vendeur le bien qu'on achète de lui; c'est tout
simplement renoncer à la faculté que la loi *Emp-
torem* conférait alors à tout acquéreur d'un immeuble d'en expulser le fermier; c'est tout simplement reconnaître pour sien un fermier qui,
jusqu'à la vente, n'était que celui du vendeur:
» Il n'y a donc pas l'ombre de fondement dans les
motifs qui ont porté la cour d'appel d'Aix à regarder
comme simulé, comme renfermant une antichrèse
déguisée sous de fausses apparences, le contrat de
vente à faculté de rachat que Victor Rey avait
souscrit au profit de Benoît; et dès-là il est clair
que, si vous pouviez encore prononcer comme vous
le faisiez habituellement avant la loi du 16 septembre 1807, l'arrêt de la cour d'Aix devrait être

cassé, comme ayant dénaturé les conventions des parties.

» Mais vous le savez, messieurs, et vous l'avez déjà jugé plusieurs fois, il est dans l'esprit de la loi du 16 septembre 1807, que les arrêts qui dénaturent des contrats ne puissent plus être cassés qu'autant qu'en dénaturant des contrats, ils violent des lois expresses.

» Or, à quelle loi peut-on reprocher à la cour d'appel d'Aix d'avoir contrevenu en jugeant comme elle l'a fait?

» Elle a contrevenu, dit le demandeur, aux art. 1582, 1585 et 2085 du Code civil, qui déterminent, les deux premiers, les caractères de la vente, le troisième ceux de l'antichrèse; et qui, par conséquent, ne permettent pas de les confondre l'une avec l'autre.

» Mais d'abord, il ne peut pas être ici question de ces articles. Le Code civil ne peut pas, par un effet rétroactif, qu'il réprouve lui-même formellement, déterminer la nature d'un contrat qui a devancé de plusieurs années sa promulgation.

» Ensuite, s'il est vrai que les articles cités du Code civil ne font que renouveler, sur les caractères de la vente et de l'antichrèse, les dispositions du droit romain qui faisaient loi, à l'époque du contrat dont il s'agit, dans le ressort de la cour d'appel d'Aix, il est vrai aussi qu'à côté de ces dispositions, le droit romain en présentait d'autres qui autorisaient le juge à percer, dans chaque contrat, l'écorce des mots, à y rechercher la véritable intention des parties, et à décider, d'après sa conscience éclairée par un débat contradictoire, si les parties avaient réellement voulu faire le contrat qu'elles paraissaient avoir fait, ou si elles n'avaient pas voulu en masquer un autre sous son extérieur.

» Ces dispositions sont consignées notamment sous le titre du Code, *plus valere quod agitur quàm quod simulatè concipitur*.

» Dans les contrats, dit la loi première de ce titre, il faut moins s'attacher à ce qui est écrit qu'à ce qui a été réellement convenu : *in contractibus rei veritas potiùs quàm scriptura perspici debet*.

» La loi du 2 du même titre n'est pas moins positive : la simulation par laquelle, dans un acte, un mari a fait, sous le nom de sa femme, une acquisition pour son propre compte, ne peut pas nuire à la vérité; et c'est au juge à prononcer sur cette question de fait : *acta simulata, velut non ipse sed ejus uxor comparavit, veritatis substantiam mutare non possunt. Quæstio itaque facti per judicem vel præsidem provinciæ examinabitur.*

» La troisième loi semble avoir prévu la contestation qui nous occupe en ce moment : on ne doit pas, dit-elle, exécuter comme vente, mais comme simple engagement, la convention par laquelle un débiteur, tout en disant qu'il vendait son bien à son créancier, ne le lui a cependant que donné en gage : *emptione pignoris causâ factâ, non*

quod scriptum, sed quod actum est, inspicitur.

» Vous remarquez, messieurs, que la deuxième de ces lois qualifie expressément de question de fait, *quæstio facti*, celle de savoir s'il y a en effet simulation dans un contrat. Et de là il suit tout naturellement que, de quelque manière que soit jugée une question de cette nature, l'arrêt qui la juge légalement, ne peut jamais être sujet à cassation.

» Nous disons, *qui la juge légalement :* car si, pour la juger, il admettait un genre de preuve qui fût prohibé par la loi, très-certainement il contreviendrait à la loi en la jugeant; et dès-là, nul doute qu'il ne dût être cassé.

» Ainsi, nul doute qu'il ne dût être cassé, si, pour juger entre les parties contractantes, qu'il y a simulation dans un contrat passé, soit avant, soit depuis la publication du Code civil, il se fondait sur une preuve testimoniale qui ne serait pas soutenue d'un commencement de preuve par écrit; car l'ordonnance de Moulins de 1566, l'ordonnance de 1667 et le Code civil s'accordent à dire qu'il ne peut être reçu aucune preuve par témoins *contre le contenu aux actes, ni sur ce qui serait allégué avoir été dit avant, lors ou depuis les actes.*

» Mais qu'arriverait-il, s'il jugeait ainsi, d'après des présomptions résultant de circonstances avouées par les parties ou constatées par des titres? Dans ce cas, il faudrait distinguer.

Ou ces présomptions seraient du nombre de celles qui sont établies par la loi, ou elles seraient du nombre de celles que la loi n'a pas établies elle-même, et que les jurisconsultes appellent, par cette raison, *présomptions humaines ou morales.*

» Dans la première hypothèse, l'arrêt serait parfaitement régulier, parceque, suivant l'art. 1352 du Code civil et les lois romaines dont il n'est que l'écho, la *présomption légale dispense de toute preuve celui au profit duquel elle existe.* Ainsi, une donation est-elle faite au père, à la mère, au fils, à la fille, à l'époux d'un incapable? l'art. 911 du Code civil déclare que, par cela seul, elle est réputée faite à l'incapable lui-même, et conséquemment simulée.

» Dans la seconde hypothèse, il faut sous-distinguer.

» Ou l'arrêt devrait être apprécié d'après la législation antérieure au Code civil, ou il devrait l'être d'après le Code civil lui-même.

» Si l'arrêt devait être apprécié d'après la législation antérieure au Code civil, de quelle loi pourrait-on se prévaloir pour le casser?

» Ce ne serait certainement ni de l'ordonnance de Moulins ni de celle de 1667; car, en interdisant toute preuve purement testimoniale *contre le contenu aux actes*, elles ne défendent pas d'opposer aux actes les présomptions même non établies par la loi, qui peuvent les faire regarder comme simulés. Dès que les circonstances desquelles sortent ces présomptions, sont prouvées autrement que par témoins, le juge ne viole ni l'une ni l'autre ordonnance, en s'attachant à ces présomptions, pour déclarer qu'il y a simulation dans un contrat; il ne fait au contraire, par là, que se conformer à la doctrine de tous les auteurs. *Simulationem probari ex indiciis et conjecturis probationesque imperfectas minùsque integras admitti.....; et cùm acutissimè ac secretè fiant simulationes, ideòque difficiliùs probantur, ad indicia fuit recurrendum*, dit Leféron, sur l'art. 15 du tit. 10 de la coutume de Bordeaux. *Fraudes et simulationes contractuum non tantùm veris et apertis probationibus deteguntur, sed et conjecturis et præsumptiònibus et indiciis :* ce sont les termes de Tiraqueau, Traité *de retractu gentilitio,* aux mots *Equipollens à vente,* §. 14, n°. 58.

» Mais si l'arrêt devait être apprécié d'après le Code civil, il ne suffirait pas pour le justifier et le mettre à l'abri de la cassation, que les présomptions sur lesquelles il se serait fondé pour déclarer un contrat simulé, sortissent de faits dont la preuve fût acquise autrement que par témoins; il faudrait encore que la preuve par témoins du fait principal, du fait même de la simulation, fût admissible; ou, en d'autres termes, il faudrait encore qu'il existât un commencement de preuve, par écrit, de la simulation : « Les présomptions » qui ne sont point établies par la loi (dit l'art. » 1353 du Code), sont abandonnées aux lumières » et à la prudence du magistrat, qui ne doit ad- » mettre que des présomptions graves, précises et » concordantes, *et dans les cas seulement où la* » *loi admet les preuves testimoniales,* à moins que » l'acte ne soit attaqué pour cause de fraude ou de » dol ».

» Ces notions posées, revenons à notre espèce.

» L'arrêt qui vous est dénoncé, juge que le contrat du 15 germinal an 8 est simulé; il juge que, sous l'extérieur d'une vente, ce contrat renferme une véritable antichrèse.

» Et sur quoi se fonde-t-il pour le juger?

» Ce n'est pas sur une preuve testimoniale; et conséquemment il ne viole, sous ce rapport, ni l'art. 54 de l'ordonnance de Moulins, ni l'art. 2 du tit. 20 de l'ordonnance de 1667, ni l'art. 1341 du Code civil.

» Mais il se fonde sur une présomption qu'il fait résulter du concours de trois circonstances dont il trouve la preuve, soit dans le contrat même, soit dans des actes subséquens : savoir, la faculté de réméré, la vilité du prix, la relocation au vendeur.

» Cette présomption est-elle établie par la loi? Non : car les décrétales des papes qui pourraient, jusqu'à un certain point, la justifier, ne sont pas des lois pour nous; elle n'est donc, pour nous, qu'une *présomption humaine.*

» Cette présomption est-elle soutenue d'un commencement de preuve par écrit de la simulation elle-même? Non encore : la cour d'appel d'Aix n'a jugé le contrat simulé, que sur le seul fondement de cette présomption; elle l'a par conséquent jugé

tel, dans un cas où la loi prohibait la preuve testimoniale du fait même de la simulation.

» Maintenant que nous reste-t-il à examiner? Une seule question, celle de savoir si c'est d'après le Code civil, ou d'après la jurisprudence de l'an 8, que l'arrêt de la cour d'Aix doit être apprécié.

» Si nous devons l'apprécier d'après le Code civil, très-certainement il viole l'art. 1353 de ce Code, en admettant une présomption non établie par la loi, dans un cas où la loi prohibait la preuve par témoins.

» Si nous devons l'apprécier d'après la jurisprudence de l'an 8, quelle loi contrarie-t-il? Aucune, puisque, avant le Code civil, il n'existait point de loi qui limitât l'usage des présomptions purement humaines, au cas où la preuve testimoniale était permise; puisque, avant le Code civil, le juge pouvait admettre, *contre le contenu aux actes,* des présomptions humaines, tout aussi bien que des présomptions légales.

» Fixons-nous donc sur cette question : est-ce d'après le Code civil, est-ce d'après la jurisprudence antérieure, que doit être apprécié l'arrêt attaqué par les demandeurs?

» Si le mode de preuve d'un fait articulé par une partie et nié par l'autre, tenait à la forme de procéder, à ce que les jurisconsultes appellent *ordinatoria litis,* il n'y aurait évidemment à consulter que la loi du temps où le juge prononce sur la contestation dont le sort dépend de ce fait. Cela résulterait du principe enseigné par tous les auteurs, et consacré par l'arrêté du gouvernement du 5 fructidor an 9, que *tout ce qui touche à l'instruction des affaires, tant qu'elles ne sont pas terminées, se règle d'après les formes nouvelles, sans blesser le principe de non-rétroactivité que l'on n'a jamais appliqué qu'au fond du droit.*

» Mais le mode de preuve d'un fait contesté, ne tient pas précisément à la forme de procéder; il tient à ce que les jurisconsultes appellent *decisoria litis;* il influe nécessairement sur le fond; car telle partie triomphera, si elle peut prouver ce fait, soit par témoins, soit par une présomption purement humaine; et elle succombera, si elle ne peut pas le prouver, soit de l'une, soit de l'autre manière. C'est donc à la loi du temps où les parties rapportent le fait contesté, que l'on doit uniquement s'attacher pour en déterminer le mode de preuve. Et en effet, quelle injustice n'y aurait-il pas à faire dépendre ce mode de preuve de la loi du temps où le juge prononce? Lorsque j'ai contracté avec vous, la loi me permettait de prouver, ou par témoins, ou par un concours de circonstances propres à former une présomption purement humaine, le fait que vous niez aujourd'hui. Plein de confiance dans cette loi, je n'ai pas exigé de vous une preuve par écrit de ce fait. Et aujourd'hui que la loi est changée, aujourd'hui que la loi défend de prouver ce fait, non-seulement par témoins, mais encore par des présomptions qui ne portent pas son de ses dispositions, pour repousser les preuves que j'aurais pu vous opposer, que je vous aurais opposées victorieusement, si notre contestation eût été jugée sous la loi qui avait présidé à notre contrat! Mais ce serait visiblement faire rétroagir la loi nouvelle, ce serait ouvertement fouler aux pieds l'art. 2 du Code civil.

» Il en est, à cet égard, de la loi du temps, comme de la loi du lieu; or, il est constant que la loi du lieu où un contrat a été passé, doit régler seule et indépendamment de la loi du lieu où l'on plaide, le mode de preuve des faits relatifs à ce contrat ; et c'est sur ce fondement que deux arrêts du parlement de Paris, rapportés par Brodeau, sur Louet, lettre C, §. 42, ont *jugé que l'ordonnance de Moulins ne peut s'appliquer aux contrats passés hors de France, parcequ'elle tend* AD LITIS DECISIONEM.

» Donc, par la même raison, c'est aussi par la loi, par la seule loi du temps où a été passé un contrat, que doit être réglé le mode de preuve des conventions que l'une des parties soutient et que l'autre nie avoir été alors stipulées entre elles. Vous l'avez même ainsi jugé, formellement, au rapport de M. Pajon, le 18 novembre 1806, en maintenant un arrêt de la cour d'appel de Turin qu'attaquait le sieur Canosio, sous le prétexte qu'il avait admis, après la promulgation du Code civil, une preuve testimoniale contre un acte sous l'empire des lois sardes qui la permettaient.

» Donc la cour d'appel d'Aix a pu admettre, pour preuve du fait de simulation articulé par Victor et nié par Benoît Rey, une présomption qui n'était pas établie par la loi (1).

» Donc elle a pu, sans violer aucune loi, juger qu'il y avait simulation dans le contrat du 15 germinal an 8, par cela seul qu'il y avait, dans cet acte, faculté de rachat, relocation et vilité de prix.

» Qu'importe qu'elle ait erré sur le fait de la relocation? Qu'importe qu'elle ait considéré comme une clause de relocation, une clause, qui, dans la réalité, n'en a point le caractère? Ce n'est là qu'une erreur de fait : en errant ainsi, elle n'a violé aucune loi ; et ce seul mot dit tout.

» Qu'importe encore qu'elle ait mal appliqué, disons mieux, qu'importe qu'elle ait mal raisonné en appliquant, à un contrat qui était au-dessus de tout soupçon d'usure, une présomption que les anciens jurisconsultes n'avaient établie, que les anciennes cours de justice n'avaient adoptée, qu'en haine des intérêts usuraires? On peut bien conclure de là que la cour d'appel d'Aix a mal jugé; mais entre juger mal et violer une loi expresse, entre offenser la raison et contrevenir à la volonté formelle du législateur, la différence est, pour ainsi dire, incommensurable.

» Messieurs, en vous établissant les gardiens, les vengeurs de la loi, la constitution vous a in-

terdit toute connaissance *du fond des affaires*. Vous ne pouvez donc pas casser les arrêts qui, laissant la loi intacte, ne présentent qu'un mal jugé au fond. Vous ne pouvez donc que rejeter la requête du demandeur, et c'est à quoi nous concluons ».

Par arrêt du 22 mars 1810, au rapport de M. Pajon,

« Attendu que le contrat dont il s'agissait, était antérieur au Code civil, et que l'arrêt attaqué, en l'interprétant d'après des présomptions admises par l'ancienne jurisprudence, n'a violé aucune loi qui fût applicable à l'espèce de la cause ;

» La cour rejette le pourvoi... ».

III. Sur la quatrième question, j'ai établi l'affirmative dans les conclusions qui ont précédé l'arrêt dont je viens de rendre compte, et elle est implicitement reconnue par cet arrêt, puisque, pour maintenir celui de la cour d'appel d'Aix, du 10 août 1809, il se fonde sur l'antériorité du contrat entre Victor et Benoît Rey, à la publication de l'art. 1353 du Code civil.

IV. Mais, par la raison inverse, c'est la négative qui doit prévaloir sur la cinquième question; et elle est la conséquence nécessaire de la faculté que l'art. 1353 du Code civil laisse aux juges de se déterminer par des présomptions morales, même dans les matières non susceptibles de la preuve par témoins, toutes les fois qu'un *acte est attaqué pour cause de fraude ou de dol*; car il y a évidemment, (comme le décide un arrêt de la cour de cassation du 22 novembre 1811, rapporté dans le *Répertoire de jurisprudence*, au mot *Usure*, n°. 4) fraude ou dol, toutes les fois qu'il y a usure voilée sous les apparences d'un intérêt légal.

C'est ce qu'ont jugé, de la manière la plus positive, deux arrêts de la cour de cassation, dont le premier a prononcé en même temps sur notre huitième question.

Le 1er. mai 1810, acte sous seing-privé, par lequel les sieurs Motsch, Houder et Isembarth, copropriétaires du domaine de *Janau*, qu'ils avaient acheté en commun, le 19 juin 1806, et qui leur avait coûté 17,000 francs, le vendent au sieur Bloch, juif, moyennant la somme de 10,000 francs, payables aussitôt que la vente aura été rédigée en forme authentique, ce qui aura lieu dans la quinzaine au plus tard, et à la charge 1°. que chacun d'eux pourra le racheter pour le même prix dans l'espace de deux ans; 2°. que l'acquéreur n'entrera en jouissance qu'à l'expiration de ce délai.

Le 31 du même mois, cet acte est, non pas rédigé en forme authentique, mais déposé par le sieur Bloch chez un notaire, en présence des sieurs Houder et Isembarth; et l'acte de dépôt est signifié au sieur Motsch.

Le 4 mai 1812, le sieur Motsch fait signifier au sieur Ressouche, cessionnaire des droits de ses covendeurs et de ceux du sieur Bloch, un exploit contenant offres réelles du prix de la vente.

(1) *V.* l'article *Simulation*, §. 2, n°. 2.

Le sieur Ressouche refuse ces offres, sur le fondement qu'elles sont faites après le délai convenu par l'acte du 1er. mai 1810, pour l'exercice du réméré, et assigne le sieur Motsch devant le tribunal de première instance de Sarguemines, en délaissement du domaine de Janan.

Le sieur Motsch comparaît sur cette assignation, et soutient que les offres réelles ont été faites à temps, parceque, suivant lui, le délai du réméré n'a commencé à courir que du jour du dépôt de l'acte de vente dans l'étude d'un notaire.

Le 27 du même mois, jugement qui déclare les offres réelles tardives, et condamne le sieur Motsch à délaisser au sieur Ressouche le domaine de Janan.

Le sieur Motsch appelle de ce jugement, et laissant de côté le moyen qu'il a opposé en première instance à la demande en délaissement, formée contre lui par le sieur Ressouche, il soutient que l'acte du 1er. mai 1810 n'est, sous les apparences d'une vente à réméré, qu'un Contrat pignoratif entaché d'usure.

Le 23 juin suivant, arrêt par lequel, considérant que l'acte, du 1er mai 1810 présente tous les caractères d'un contrat de prêt à intérêt excessif, déguisé sous le nom d'une vente à rachat; qu'en effet, on y trouve à la fois vilité dans le prix, continuation de jouissance de l'objet vendu de la part des vendeurs, et stipulation d'intérêts qui, d'après les mesures prises dans l'acte même, s'élèvent à plus de 15 pour 100 par année, la cour d'appel de Metz réforme le jugement du tribunal de Sarguemines, déclare valables les offres réelles du sieur Motsch, et déboute le sieur Ressouche de sa demande en désistement.

Le sieur Ressouche se pourvoit en cassation contre cet arrêt, et l'attaque par quatre moyens :

1°. Dans la forme, contravention à l'art. 464 du Code de procédure civile, qui interdit en cause d'appel toute demande qui n'a pas été présentée aux premiers juges, en ce que la cour de Metz a statué sur les conclusions prises pour la première fois devant elle, à ce que le contrat du 1er. mai 1810 fût déclaré n'être qu'un acte de prêt déguisé;

2°. Au fond, contravention à l'art. 1341 du Code civil qui défend la preuve par témoins contre les actes écrits, et à l'art. 1353, qui, assimilant les présomptions morales à la preuve par témoins, les déclare inadmissibles dans tous les cas où la preuve par témoins l'est elle-même;

3°. Contravention aux art. 1382 et 1383, concernant les caractères de la vente, et aux art. 1661 et 1662, qui attribuent, à l'expiration du réméré, l'effet de rendre l'acquéreur propriétaire incommutable, sans que le délai du rachat puisse être prolongé par le juge.

Mais par arrêt contradictoire, du 18 janvier 1814, au rapport de M. Pajon, et sur les conclusions de M. l'avocat-général Giraud Duplessis,

« En ce qui touche le premier moyen résultant d'une prétendue violation de l'art. 464 du Code de procédure,

» Attendu que le défendeur, en excipant de la simulation de l'acte du 1er. mai 1810, ne formait point une demande nouvelle dans le sens dudit article, mais proposait uniquement cette exception comme moyen de défense à l'action en délaissement contre lui exercée par le demandeur;

» En ce qui touche les second et troisième moyens que l'on fait résulter de prétendues violations des art. 1382, 1383, 1661 et 1662 du Code civil,

» Attendu 1°. qu'ils reposent sur l'unique supposition que l'acte du 1er. mai 1810 était un véritable contrat de vente, d'après les termes qui y sont énoncés; mais que l'arrêt attaqué, ayant décidé que ce n'était qu'un prêt d'argent déguisé sous la forme d'un contrat de vente, n'a pas dû appliquer les règles particulières à cette espèce de contrat;

» Attendu 2°. que, d'après la disposition de l'art. 1156 du Code civil, *on doit, dans les conventions, rechercher quelle a été la commune intention des parties, plutôt que de s'arrêter au sens littéral des termes;* d'où il résulte que la cour d'appel a pu, sans contrevenir à aucune loi, déclarer, d'après les circonstances énoncées dans les motifs de son arrêt, que l'acte dont il s'agissait, n'était qu'un prêt déguisé, et déclarer en conséquence qu'il n'y avait pas lieu à l'exercice de l'action en délaissement intentée par le demandeur;

» La Cour (section des requêtes) rejette le pourvoi.... ».

Le 4 mars 1815, acte notarié par lequel les sieur et dame Devaux vendent, avec faculté de rachat pendant trois ans, à la demoiselle Bernard, leur créancière d'une somme de 880 francs, une maison et une pièce de terre qu'ils ont précédemment hypothéquées à divers créanciers. La demoiselle Bernard s'engage à les employer à l'extinction de leurs dettes hypothécaires, et elle leur donne à bail les biens vendus, moyennant 126 francs pour la première année, et 252 francs pour chacune des deux autres.

La demoiselle Bernard remplit, envers les créanciers hypothécaires, l'obligation qu'elle a contractée; elle leur paie le prix de son acquisition d'après un ordre arrêté entre eux à l'amiable.

Le délai du rachat expiré, la demoiselle Bernard le proroge, mais pour la maison seulement, jusqu'au mois de mars 1822, sous la condition qu'il lui sera payé annuellement une somme de 315 francs, dans laquelle sera compris le loyer de la maison.

En 1822, les sieur et dame Devaux, après avoir fait des offres réelles à la demoiselle Bernard, la font assigner devant le tribunal de première instance d'Auxerre, pour voir dire qu'attendu que la prétendue vente du 4 mars 1815 était simulée, qu'il n'avait jamais été question entre eux ni de vendre ni d'acheter, mais que, pour leur prêter les 2,200 francs dont ils avaient besoin pour payer leurs créanciers hypothécaires, elle a exigé qu'ils lui livrassent leur maison et la pièce de terre en antichrèse, et que, pour enfreindre avec plus de sûreté la défense que lui faisait la loi du 3 septembre 1807, de se faire payer plus de 5 pour 100 d'intérêts, elle avait fait donner à ce contrat les apparences d'une vente à réméré, le prétendu contrat de vente du 4 mars 1815 et l'acte de prorogation du 15 mars 1818, seront déclarés nuls.

Le 14 mars 1822, jugement qui accueille ces conclusions,

« Attendu que l'un des contractans est admis à se plaindre de la simulation du contrat, lorsqu'il en est lésé, et lorsque cette simulation a eu pour but d'enfreindre des dispositions prohibitives d'ordre public ;

» Que, si le Contrat pignoratif a été introduit dans notre droit, par l'art. 2085 du Code civil, ce n'est que sous la condition que le créancier ne deviendrait pas propriétaire de l'immeuble engagé, par le seul défaut de paiement au terme convenu ; que toute clause contraire est nulle, et que le débiteur qui l'a souscrite, est indubitablement recevable à se prévaloir de la simulation ;

» Que sa demande doit d'autant plus être accueillie, lorsqu'à cette stipulation se trouve jointe une stipulation usuraire ;

» Que toute infraction à une loi prohibitive constitue son auteur coupable de dol et de fraude ».

Appel de la part de la demoiselle Bernard, et le 15 décembre 1825, arrêt par lequel,

« Considérant que des actes produits et des circonstances de la cause, il résulte que les contrats de 1815 et 1818 n'ont que l'apparence d'une vente à réméré, et sont, dans la réalité, de véritables Contrats pignoratifs, renfermant des stipulations usuraires ;

» La cour (royale de Paris) met l'appellation au néant ».

La demoiselle Bernard se pourvoit en cassation ; mais par arrêt du 5 mars 1825, au rapport de M. Hua, et sur les conclusions de M. l'avocat-général Lebeau,

« Attendu qu'aux termes de l'art. 1353 du Code civil, les présomptions graves, précises et concordantes dont l'appréciation appartient aux juges, peuvent être admises contre les actes dans les cas de fraude et de dol, qui font exception aux règles ordinaires ;

» Que l'arrêt attaqué a été rendu dans cette espèce, où le prétendu acte de vente à réméré et celui de prorogation du délai pour l'exercice de ce réméré, ont été déclarés n'avoir que l'apparence de la vente et être en réalité des Contrats pignoratifs, renfermant des stipulations usuraires ; qu'en annullant ces actes, l'arrêt s'est conformé aux principes ;

» La cour (section des requêtes) rejette le pourvoi.... (1) ».

§. III. *Le jugement qui, sur des présomptions desquelles il résulte qu'une vente n'est qu'un Contrat pignoratif, renvoie le vendeur en possession de l'objet vendu en apparence, donne-t-il lieu à un droit proportionnel d'en-*

registrement, comme s'il s'agissait d'une nouvelle vente ou d'une rétrocession ?

V. l'article *Enregistrement*, §. 3, n°. 2.

CONTRAVENTION DE POLICE. *V.* l'article *Tribunal de police.*

CONTRAVENTION DE POLICE RURALE. *V.* l'article *Délits ruraux.*

CONTREFAÇON. §. I. *La Contrefaçon d'un ouvrage littéraire est-elle un délit ? La connaissance en appartient-elle aux tribunaux correctionnels ?*

« Le commissaire du gouvernement près le tribunal de cassation expose qu'il se croit obligé, pour le maintien de l'ordre des juridictions, de dénoncer au tribunal une ordonnance du directeur du jury de l'arrondissement de Metz, du 5 messidor an 7, qui viole ouvertement les règles de la compétence judiciaire.

» Le 18 germinal an 6, Élisabeth-Georgette Daubenton, veuve de Georges-Marie-Louis Leclerc-de-Buffon, et tutrice de son fils mineur, a rendu, devant le juge de paix de la première section de la commune de Metz, une plainte contenant que le cit. Behmer, imprimeur et libraire, domicilié ci-devant à Deux-Ponts, et actuellement à Metz même, se permettait de vendre publiquement, en cette dernière commune, une édition qu'il avait contrefaite des Œuvres de Buffon, en 54 vol. in-12 ; qu'il le faisait sans la permission de l'auteur ni de son héritier ; qu'ainsi, c'était de sa part un délit caractérisé par la loi du 19 juillet 1793.

» Sur cette plainte, des témoins ont été entendus, les scellés ont été apposés dans le magasin du cit. Behmer, et sa contravention a été légalement constatée : le tout, le même jour, 18 germinal an 6.

» Le lendemain, le cit. Behmer a été interrogé par le juge de paix. L'affaire a ensuite traîné en longueur ; et ce n'est que le 24 prairial an 7, que le juge de paix, trouvant le cit. Behmer prévenu d'un délit dont la peine excédait la valeur de trois journées de travail, l'a traduit, par un mandat de comparution, devant le directeur du jury.

» Mais celui-ci, au lieu de renvoyer le prévenu devant le tribunal correctionnel, a pensé qu'il ne pouvait y avoir lieu contre lui qu'à une action civile ; et de là, son ordonnance du 5 messidor an 7, par laquelle il renvoie l'affaire dont il s'agit, devant les juges qui en doivent connaître.

» La veuve Buffon aurait pu se pourvoir en cassation contre cette ordonnance ; elle ne l'a pas fait : mais l'exposant croit devoir le faire dans l'intérêt de la loi ; et pour prouver que la loi a été violée par cette manière de prononcer du directeur du jury de Metz, il n'aura besoin que de laisser parler un arrêté de l'ancien gouvernement, en date du 27 messidor an 7, rendu sur le rapport du cit. Cambacérès, qui remplissait alors l...

(1) Journal des Audiences de la cour de cassation, année 1825, page 177.

ministère de la justice : « Considérant (y est-il » dit) que la Contrefaçon des ouvrages de l'es- » prit était réputée délit par les lois anté- » rieures à la révolution ; que l'arrêt du con- » seil d'état, rendu le 30 juillet 1778, sur les Mé- » moires de la ci-devant académie française, or- » donnait l'exécution de l'art. 55 de l'édit du mois » d'août 1686 et de l'art. 109 du réglement de » 1723, et voulait qu'il fût énoncé dans toutes les » lettres-patentes de privilége, qu'il serait pro- » cédé par voie de plainte et d'information, sans » que les peines pussent, en aucun cas, être re- » mises, ni modérées ; que ces articles de l'édit du » mois d'août 1686 et du réglement de 1723 pres- » crivaient de prononcer contre les contrefacteurs » les peines portées par les priviléges, et en cas de » récidive, de les punir corporellement ; que les » peines portées étaient la confiscation des ouvra- » ges contrefaits, et une amende de 1,500 francs, » ou de 3,000 francs, ou même de 6,000 francs, » selon l'importance de l'ouvrage contrefait, dont » un tiers était applicable au profit du propriétaire » de l'ouvrage ; et que la loi du 21 septembre 1792 » a ordonné l'exécution des lois auxquelles il n'a- » vait pas été dérogé ; considérant que ces » réglemens n'ont été modifiés que par la loi du » 19 juillet 1793 ; que l'art. 3 de cette loi pro- » nonce, au profit des auteurs, la confiscation » de tous les exemplaires des éditions contrefaites, » et charge les officiers de paix de faire, à la réqui- » sition de ceux-ci, tous les actes tendans à la con- » fiscation ; considérant que, suivant l'art. 168 du » Code des délits et des peines, les tribunaux cor- » rectionnels connaissent de tous les délits dont la » peine n'est ni infamante ni afflictive, et néan- » moins excède la valeur de trois journées de tra- » vail ou trois jours d'emprisonnement ; que con- » séquemment la confiscation, lorsqu'elle a pour » objet de réprimer un acte qui trouble l'ordre » social (art. 1er du Code des délits et des peines), » et lorsque le prix de la chose confisquée excède » la valeur de trois journées de travail, ne peut » être prononcée que par les tribunaux correc- » tionnels ; que l'art. 601 du même Code, porte que les peines correctionnelles sont celles » qui consistent, ou dans une amende au-dessus » de la valeur de trois journées de travail, ou » dans un emprisonnement de plus de trois jours, » n'a point été ainsi rédigé pour exclure la con- » fiscation du nombre des peines correctionnelles, » puisque l'art. 190 du même Code comprend » nommément la confiscation au nombre des pei- » nes que prononcent les tribunaux correctionnels, » et dont le recouvrement se poursuit au nom du » commissaire du pouvoir exécutif, par le direc- » teur de la régie des droits d'enregistrement et » domaines ; qu'en effet, la confiscation est une » peine de même espèce que l'amende ; et qu'elle » n'en diffère qu'en ce qu'elle est exclusivement as- » signée sur le prix d'un effet actuellement saisi ou » séquestré ; que, d'après ce principe, l'art. 609

» du Code des délits et des peines a ordonné que » les tribunaux correctionnels appliqueraient aux » délits de leur compétence, les peines que pro- » nonce l'ordonnance des eaux et forêts de 1669 ; » et que, dans le cas, par exemple, où les proprié- » taires ou conducteurs de bestiaux trouvés en dé- » lit n'ont pu être connus, la peine de confiscation » que portent les art. 9 et 10 du tit. 32 de cette » loi, est la seule que les tribunaux correctionnels » puissent prononcer ; que, d'après les mêmes » principes, les art. 103 et 104 de la loi du 19 » brumaire an 6 portent que les poinçons, ouvra- » ges ou objets saisis en contravention, seront dé- » posés au greffe du tribunal de police correction- » nelle, et que le tribunal prononcera la confisca- » tion des objets saisis ; que l'art. 107 porte que » tout ouvrage d'or et d'argent achevé et non mar- » qué, sera saisi, et donnera lieu aux poursuites » par-devant le tribunal de police correctionnelle ; » que les propriétaires des objets saisis encourront » la confiscation de ces objets, et en outre les au- » tres peines portées par la loi ; d'où il suit que la » confiscation est une peine, et qu'il appartient » aux tribunaux correctionnels de la prononcer ; » considérant que la confiscation prononcée par » l'art. 3 de la loi du 19 juillet 1793, ne cesse pas » d'être une peine, parceque la loi en applique le » produit au propriétaire de l'ouvrage contrefait, » de même que l'amende portée par les anciens » réglemens et priviléges, ne cesse pas d'être une » peine pour le total, quoique ces réglemens et » priviléges en délèguent le profit pour un tiers » aux auteurs, et pour un tiers aux hôpitaux ; » de même que la confiscation prononcée par » l'art. 104 de la loi du 19 brumaire an 6, ne » cesse pas d'être une peine pour le total, quoi- » qu'un dixième du produit de la confiscation soit » donné au dénonciateur, et un autre aux em- » ployés du bureau de garantie ; de même qu'une » condamnation à des dommages et intérêts ne » change point de nature, quoique le jugement » qui prononce cette condamnation, en attribue » le produit au profit des pauvres des hospices, du » consentement de ceux qui l'obtiennent ; qu'en » un mot, une somme que la loi a adjugée comme » peine, ne peut changer de nature par l'emploi » ultérieur de cette somme ; considérant qu'un » arrêté du comité de législation de la Con- » vention nationale, en date du 9 floréal an 3, » porte que la loi du 19 juillet 1793 est ré- » pressive *d'un délit attentatoire à la pro- » priété*, ce qui ne peut se rapporter qu'à la con- » fiscation portée par cette loi, et au tribunal qui » doit la prononcer ; qu'en effet, des dommages et » intérêts, des réparations indemnisent ; mais ne » sont point des condamnations *répressives* ; que » les tribunaux civils ne sont point des tribunaux » répressifs, puisqu'ils ne peuvent considérer les » délits que comme des actes plus ou moins nuisi- » bles à des tiers, mais non jamais pour en punir » les auteurs ; que les tribunaux répressifs sont les

» tribunaux de police, les tribunaux correction-
» nels, les tribunaux criminels, suivant l'art. 150
» du Code des délits et des peines, qui porte que
» *la justice, pour la répression des délits, est ad-*
» *ministrée par les tribunaux de police...., par les*
» *tribunaux correctionnels...., par les directeurs*
» *du jury et les tribunaux criminels;* et qu'ainsi
» la confiscation portée par la loi du 19 juillet
» 1793, étant qualifiée *répressive d'un délit at-*
» *tentatoire à la propriété,* est nécessairement
» considérée comme une peine du ressort du
» tribunal correctionnel; considérant que la
» loi du 25 prairial an 5, qui porte que l'objet
» de la loi du 19 juillet 1793 est d'*assurer*
» *aux auteurs et artistes la propriété de leurs*
» *ouvrages par des mesures répressives,* con-
» sidère nécessairement aussi comme une peine
» du ressort du tribunal correctionnel, la confis-
» cation prononcée par la loi du 19 juillet 1793;
» qu'enfin, cette loi et celle du 25 prairial an 5,
» déléguant les premières poursuites aux officiers
» de paix, aux commissaires de police et aux juges
» de paix, il résulte encore de ces délégations,
» quoique modifiées aujourd'hui par le Code des
» délits et des peines, que les lois considèrent la
» Contrefaçon comme un délit, et la confiscation
» comme une peine » ;

» Par ces motifs, l'arrêté du 27 messidor an 7
charge le commissaire du gouvernement près le
tribunal de cassation de requérir l'annullation
d'une ordonnance du directeur du jury de Lyon,
du 8 floréal an 7, qui, sur une plainte portée par
le cit. Jeudy-Dugour, contre les contrefacteurs du
Cours d'agriculture de Rozier, avait renvoyé le
plaignant à se pourvoir devant les juges civils.

» Il est vrai que le réquisitoire présenté au tribunal de cassation en conséquence de cet arrêté,
n'a pas été accueilli, et que le rejet en a été prononcé le 4 fructidor an 7, « attendu que des
» lois du 19 juillet 1793 et du 25 prairial
» an 5, il résulte que les officiers de paix et les
» commissaires de police ne peuvent procéder
» à la recherche des ouvrages contrefaits que
» sur la réquisition des auteurs, compositeurs ou
» cessionnaires, ce qui exclud toute action de la part
» du ministère public pour la vengeance des lois;
» attendu que, ni dans le Code des délits et des
» peines, ni dans les lois précitées, la Contrefaçon
» n'est comprise dans la classe des faits qui peuvent
» fonder une poursuite criminelle ou correction-
» nelle; attendu que les tribunaux de police correc-
» tionnelle ne peuvent connaître que des délits em-
» portant la peine soit d'une amende excédant le
» prix de trois journées de travail, soit d'un em-
» prisonnement de plus de trois jours; attendu
» que les dispositions répressives contre la Con-
» trefaçon ne portent aucune de ces peines, et
» que ne rappelant point les lois préexistantes à
» cet égard, elles y dérogent explicitement;
» attendu que les peines portées contre les con-

» trefacteurs, ne consistent que dans la confisca-
» tion des exemplaires de l'ouvrage contrefait, et
» dans la condamnation en une somme pécuniaire
» au profit de la partie reconnue vraie proprié-
» taire de l'ouvrage original; d'où il suit que la
» loi n'a pour but, dans cette disposition, que
» d'établir une indemnité au profit de ce même
» propriétaire, et ne lui laisse, pour y parvenir,
» qu'une action civile, après avoir fait constater
» la Contrefaçon par la voie que la même loi indi-
» que; attendu que les lois pénales ne peuvent
» souffrir aucune extension, mais qu'elles doivent
» être appliquées dans leur sens étroit ».

» Mais ce jugement, fruit d'une aberration momentanée, n'a pas effacé les raisons victorieuses
qui l'avaient à l'avance réfuté; elles ont surnagé à
sa décision; et le tribunal de cassation, réorganisé
d'après la loi du 27 ventôse an 8, s'est empressé
de saisir la première occasion qui s'est présentée de
leur rendre un hommage solennel.

» Le 12 frimaire an 9, le tribunal criminel du
département de la Seine avait jugé, en faveur de
la veuve Louvet, que le tribunal de première instance de Paris avait pu connaître correctionnellement de l'action intentée par elle contre les cit.
Marchand et Baucheron, contrefacteurs des ouvrages de son mari.

» Le commissaire du gouvernement près le tribunal criminel, s'était pourvu en cassation de ce
jugement.

» L'affaire portée à l'audience du tribunal de cassation, jugement y est intervenu, sur délibéré, le
28 ventôse an 9, par lequel : « Considérant
» qu'aux termes des art. 150 et 168 du Code des
» délits et des peines, les tribunaux correctionnels
» sont établis pour la répression des délits dont
» la peine n'est ni infamante ni afflictive, et
» excède néanmoins la valeur de trois journées
» de travail ou trois jours d'emprisonnement;
» considérant que les lois anciennes, relatives
» aux contrefacteurs d'ouvrages en librairie, no-
» tamment les arrêts du conseil du 30 août 1777
» et du 15 juillet 1778, ont qualifié les Contrefa-
» çons de délits susceptibles même de poursuite
» criminelle; que ces lois n'ont pas été abro-
» gées, mais seulement modifiées par celles des
» 19 juillet 1793 et 25 prairial an 5, qui, con-
» sidérant toujours les Contrefaçons comme de vé-
» ritables délits et de véritables larcins, ont sou-
» mis les contrefacteurs à des confiscations qui, de
» leur nature, sont essentiellement pénales;
» considérant que la peine de confiscation est
» nécessairement du nombre des peines correction-
» nelles, puisqu'elle n'est ni afflictive ni infamante,
» et qu'elle excède la valeur de trois journées de
» travail; qu'aussi était-elle énoncée parmi les pei-
» nes correctionnelles dans la loi du 19-22 juillet
» 1791, maintenue formellement par l'art. 609 du
» Code des délits et des peines, et que mention spé-
» ciale en est faite dans l'art. 190 du même Code,

» lequel article s'occupe de la police correction
» nelle; par ces motifs, le tribunal, recevant l'in
» tervention de la veuve Louvet, rejette le pourvoi
» du commissaire du gouvernement près le tribu
» nal de la Seine.

» La question s'est encore présentée à l'audience
du 16 germinal an 10. Les cit. Bossange, Masson,
Besson et Gabon se pourvoyaient en cassation de,
trois jugemens du tribunal criminel du département de la Seine, qui avaient prononcé, en faveur
de la veuve Louvet et du cit. Guyon-d'Assas, comme
l'avait fait celui du 12 frimaire an 9. Et quel a
été le sort de leur recours ? Il a été rejeté,
» attendu, sur le premier moyen, que la loi du
» 19-22 juillet 1791, maintenue par l'art. 609 du
» Code des délits et des peines, et l'art. 190 dudit
» Code, portant au nombre des peines correction
» nelles la confiscation, les tribunaux correction
» nels sont compétens pour prononcer sur les dé
» lits qui emportent la peine de confiscation ; que
» la loi du 19 juillet 1793, qui sert de règle dans
» l'espèce, prononçant contre les contrefacteurs,
» débitans et détenteurs d'ouvrages de librairie
» contrefaits, la confiscation desdits ouvrages, le
» fait de Contrefaçon, de débit et de détention de
» ces mêmes ouvrages, est, par cela même, de la
» compétence des tribunaux correctionnels ; sur
» le second moyen, que la compétence des tri
» bunaux correctionnels étant déterminée en ma
» tière de Contrefaçon d'ouvrages de librairie, le
» commissaire du gouvernement a dû exercer les
» poursuites contre les prévenus ; sur le troi
» sième moyen, que, s'agissant d'un délit pas
» sible d'une peine correctionnelle, c'est le Code
» des délits et des peines seul, et non les dis
» positions des lois qui concernent les appels en
» matière civile, qui doivent servir de règle pour
» prononcer l'amende et les dépens relativement
» aux appels respectifs des parties; que le Code des
» délits et des peines, non plus qu'aucune autre
» loi, ne prononçant d'amende contre le fol ap
» pel, en matière de police correctionnelle, ni de
» dépens contre la partie qui, succombant dans
» une partie de ses conclusions, obtient cependant
» des réparations, le tribunal criminel de la Seine
» n'a contrevenu à aucune loi, en ne prononçant ni
» amende ni dépens contre la veuve Louvet;
» sur le quatrième moyen, que les réclamans
» ayant été déclarés débitans et non pas simples
» détenteurs des ouvrages en question, le tribunal
» criminel de la Seine a fait une juste application
» de la loi du 19 juillet 1793; sur le cinquième
» moyen, que, de fait, c'est un commissaire de
» police qui a fait perquisition chez les réclamans;
» qu'ainsi, on s'est conformé, en cela, à la loi du
» 19 juillet 1793 ».

» Il est donc aujourd'hui bien constant que la
contrefaçon est un délit correctionnel ; et dès là il
ne peut plus y avoir de doute sur l'infraction faite
à la loi par l'ordonnance du directeur du jury de
Metz, du 5 messidor an 7.

» Ce considéré, il plaise au tribunal de cassation, vu l'art. 88 de la loi du 27 ventôse an 8, la
loi du 19 juillet 1793, et les art. 190 et 501 du
Code des délits et des peines, casser et annuller,
pour l'intérêt de la loi, l'ordonnance rendue le 5
messidor an 7, par le directeur du jury de Metz...
Signé Merlin.

» Oui le rapport du cit. Schwendt, juge...;

» Vu les art. 150 et 168 du Code des délits et
des peines....;

» Considérant que les lois anciennes, spécialement les arrêts du conseil des 30 août 1777 et 13
juillet 1778, ont qualifié de délit les Contrefaçons
d'ouvrage de librairie; et qu'elles n'ont point été
abrogées, mais seulement modifiées, par celles des
19 juillet 1793 et 25 prairial an 3;

» Que ces lois nouvelles, en qualifiant également
les Contrefaçons de véritables délits et de véritables
larcins, soumettent les contrefacteurs à des confiscations qui, de leur nature, sont essentiellement pénales et du nombre des peines correctionnelles, puisqu'elles ne sont ni afflictives ni infamantes, et
qu'elles excèdent la valeur de trois journées de
travail ;

» Que la peine de confiscation est énoncée parmi
celles correctionnelles dans la loi du 19-22 juillet
1791, maintenue par l'art. 609 du Code des délits
et des peines, et mentionnée spécialement dans
l'art. 190 du même Code;

» Le tribunal, vu l'art. 88 de la loi du 27 ventôse an 8, faisant droit sur le réquisitoire du commissaire du gouvernement, casse, pour l'intérêt de
la loi, l'ordonnance du directeur du jury de la
première section de la commune de Metz, du 5
messidor an 7, rendue sur la plainte de la dame
Daubenton, veuve Buffon, contre le cit. Behmer,
imprimeur et libraire, comme contraire aux lois citées, pour en avoir ordonné le renvoi devant les
tribunaux civils.... ;

» Fait et prononcé à l'audience du tribunal
de cassation, section criminelle, le 21 prairial
an 11.... ».

Cette décision est confirmée, de la manière la
plus positive, par l'art. 425 du Code des délits et
des peines de 1810, et par l'art. 43 du décret du 5
février de la même année, concernant l'imprimerie
et la librairie.

§. II. 1°. *Le ministère public peut-il poursuivre, seul et d'office, un délit de Contrefaçon?*

2°. *Le peut-il, sans l'adjonction d'un agent
civil du gouvernement, lorsqu'il s'agit de la
Contrefaçon d'une propriété littéraire de
l'État?*

3°. *Celui à qui le propriétaire d'un ouvrage littéraire a cédé le droit d'en faire une
édition, peut-il, comme partie civile, poursuivre le contrefacteur de cet ouvrage?*

Ces questions ont été agitées et jugées par la

cour de cassation, section criminelle, dans la célèbre affaire du *Dictionnaire de l'académie française.*

Voici les conclusions que j'ai données sur cette affaire, à l'audience du 7 prairial an 7.

« L'éclat qui a environné cette cause dans les deux tribunaux qu'elle a parcourus avant d'arriver jusqu'à vous, le concours nombreux de citoyens éclairés qui en attendent le jugement définitif avec une avidité égale aux grands intérêts qui en dépendent, l'attention particulière qu'elle a méritée de la part d'un gouvernement qui a élevé à un si haut degré de gloire et de prospérité la nation de la langue de laquelle il s'agit ici spécialement, rien de tout cela ne peut arrêter vos regards dans la discussion sur laquelle vous avez à prononcer.

» Juges suprêmes, mais impassibles, de l'application de la loi, vous n'avez que deux points à examiner :

» La loi a-t-elle été violée par le jugement que vous dénonce le commissaire du gouvernement près le tribunal criminel du département de la Seine ? C'est le premier.

» Si elle a été violée en effet, les cit. Bossange, Masson et Besson sont-ils personnellement recevables à vous en dénoncer l'infraction, et peuvent-ils réclamer, pour leur intérêt particulier, l'annullation du jugement qui l'a enfreinte? C'est le deuxième.

» Vous connaissez les faits et les circonstances qui ont donné lieu à ces deux questions.

» Vous savez que l'académie française, créée par un édit du mois de janvier 1635, avec la mission spéciale et expresse de composer un Dictionnaire de la langue nationale, avait publié, en 1762, la quatrième édition de cet ouvrage intéressant sous tant de rapports; que, dans l'intervalle de cette époque au décret du 8 août 1793, qui a prononcé la dissolution de l'académie française, elle avait préparé une cinquième édition du même ouvrage; que ce travail avait consisté, de sa part, à recueillir et à porter sur les marges et dans les interlignes d'un exemplaire de l'édition précédente, toutes les additions et corrections dont celle-ci lui avait paru susceptible; que cet exemplaire, ainsi corrigé et augmenté, était la véritable et unique copie sur laquelle devait s'imprimer la cinquième édition; et que c'était même sur cette copie, que l'académie française avait commencé, au moment de sa suppression, de faire imprimer son édition nouvelle.

» Vous savez que, par un décret du 5 thermidor an 2, *les biens des académies et sociétés littéraires supprimées,* ont été déclarés faire *partie des propriétés de la république,* en même temps que leurs dettes ont été déclarées nationales; et que, par là, le *Dictionnaire de l'académie française* a été solennellement classé parmi les propriétés de la nation.

» Vous savez que, le 1er. jour complémentaire an 3, la Convention nationale a rendu un décret portant (art. 1.) que l'exemplaire du *Dictionnaire de l'académie française,* chargé de notes marginales et interlinéaires, actuellement déposé à la bibliothèque du comité d'instruction publique, serait remis aux libraires Smits, Maradan et compagnie, pour être par eux rendu public après son entier achèvement; (art. 2) que ces libraires prendraient avec des gens de lettres de leur choix, les arrangemens nécessaires pour que le travail fût continué sans délai et terminé dans dix mois au plus tard; (art. 3) que l'édition serait tirée à 15 mille exemplaires; (art. 4) qu'il en serait prélevé cent exemplaires au nom de la république; (art. 5) que les cit. Smits, Maradan et compagnie rembourseraient, s'il y avait lieu, les frais des copies qui auraient pu avoir été faites par d'autres, pour cet objet, à la bibliothèque du comité d'instruction publique; (art. 6) que les mêmes soumissionnaires fourniraient une garantie de cette entreprise entre les mains de la commission d'instruction publique; qu'enfin, cette commission, et après elle le ministre de l'intérieur, demeureraient chargés de l'exécution du présent arrêt.

» Vous savez que l'édition autorisée par ce décret, a été publiée en l'an 7; que les cit. Bossange, Masson et Besson l'ont acquise, en l'an 8, du cit. Gosuin, à qui les cit. Smits et Maradan l'avaient précédemment cédée; qu'en l'an 9, les cit. Moutardier et Leclere ont imprimé et mis en vente un ouvrage intitulé : *Dictionnaire de l'académie française, nouvelle édition, augmentée de plus de vingt mille articles;* que les cit. Bossange, Masson et Besson en ont porté leurs plaintes au gouvernement; que, le 8 prairial an 10, le ministre de l'intérieur a répondu qu'il lui paraissait incontestable que les libraires Moutardier et Leclere, par l'entreprise qu'ils avaient faite d'une nouvelle édition du *Dictionnaire de l'académie française,* avaient porté une atteinte réelle au droit des réclamans; que ceux-ci avaient rendu public, envers le gouvernement, les conditions auxquelles ils avaient été autorisés à publier un dictionnaire qui était sa propriété; qu'aucun autre n'avait dû, sans une autorisation émanée du même pouvoir, en entreprendre une nouvelle édition, même avec des additions ou des changemens; mais que c'était devant les tribunaux que les cit. Bossange et compagnie devaient porter en ce moment leurs réclamations.

» Vous savez que les cit. Bossange et compagnie ayant rendu, contre les cit. Moutardier et Leclere, une plainte en Contrefaçon, et le ministère public ayant pris lui-même la qualité de *plaignant* contre ceux-ci, une instance correctionnelle s'est engagée devant le tribunal de première instance de Paris; que là, par jugement du 22 thermidor an 10, les prévenus ont été déchargés de la plainte des cit. Bossange avec quinze cents francs de dommages-intérêts; et que ce jugement a été motivé sur deux considérations principales : l'une, que le *Dictionnaire de l'académie française* était une propriété publique; qu'ainsi, il était permis à tout le monde de l'imprimer; l'autre, que les cit. Bossange n'avaient obtenu, par le décret du 1er. jour complémentaire an 3, qu'une simple permission d'imprimer cet ouvrage; que cette permission n'emportait pas pour eux un privilége exclusif; et que, si elle eût eu ce caractère, l'art. 355 de la constitution de l'an 3 en eût limité l'exercice à une seule année.

» Vous savez que, sur l'appel émis de ce jugement, et par le ministère public et par les cit. Bossange, il en est intervenu un au tribunal criminel du département de la Seine, le 7 vendémiaire an 11, qui, donnant défaut, tant contre ceux-ci que contre les cit. Moutardier et Leclere, *et faisant droit sur la réquisition du commissaire du gouvernement*, « attendu que, relativement à Bossange et compagnie, il paraît qu'ils n'ont pas acquis tous les droits ordinaires d'un auteur, mais seulement la faculté d'imprimer et de tirer à quinze mille exemplaires, le *Dictionnaire de l'académie*, avec les notes marginales et interlinéaires que l'académie y avait faites; qu'en conséquence, on ne peut pas dire qu'il y ait, dans l'hypothèse, Contrefaçon à leur préjudice; que, dans ce cas, leur plainte peut seulement être prise comme dénonciation; mais attendu, relativement à Moutardier et Leclere, qu'ils ne pouvaient se permettre, sans y être autorisés par le gouvernement, de faire une édition nouvelle du *Dictionnaire de l'académie*, qui est une véritable propriété nationale, et moins encore d'y ajouter une infinité d'articles que l'académie n'avait point adoptés; qu'ainsi, ils ont blessé les droits qui n'appartiennent qu'à la nation, de régler seule elle-même, ou par des préposés de son choix, les mots de la langue française qui doivent être en usage, leur valeur et leur définition; qu'ainsi également il se sont rendus les contrefacteurs du *Dictionnaire de l'académie française*; dit qu'il a été mal jugé.... ; faisant droit au principal, vu l'art. 3 du décret du 19 juillet 1793...., déclare Nicolas Moutardier et Adrien Leclere coupables du délit de Contrefaçon; en conséquence, déclare la saisie des exemplaires de Moutardier et Leclere valable, ordonne qu'ils demeureront confisqués au profit de la république. »

» Vous savez enfin que c'est sur l'opposition formée à ce jugement, tant par les cit. Moutardier et Leclere que par les cit. Bossange et compagnie, qu'a été rendu, le 24 frimaire, celui qui vous est aujourd'hui dénoncé.

» Vous n'avez pas d'ailleurs oublié quelles sont les dispositions qu'il renferme.

» Il commence, en rapportant le jugement par défaut du 17 vendémiaire, par annuller, dans tous ses chefs, le jugement de première instance du 22 thermidor; et à cette première disposition, il en ajoute deux autres qu'il faut bien distinguer.

» D'abord, il déclare le commissaire du gouvernement *non recevable en ses conclusions, demandes et consentement;*

» Ensuite, il renvoie les cit. Moutardier et Leclere de la plainte portée contre eux par les cit. Bossange et compagnie; et il condamne ceux-ci à tous les dépens, même à ceux qui avaient été faits à la diligence du ministère public.

» Quels sont l'objet et les motifs de chacune de ces deux dispositions? C'est sur quoi il importe de nous fixer.

» Le commissaire du gouvernement avait, aux premières audiences contradictoires de la cause d'appel, fait deux sortes de réquisitions.

» Il avait conclu à ce qu'en infirmant la décision des juges de première instance, les cit. Moutardier et Leclere fussent condamnés, envers les cit. Bossange, aux indemnités prononcées par la loi du 19 juillet 1793.

» Et subsidiairement il avait demandé que, dans le cas où le tribunal criminel jugerait que les cit. Bossange fussent sans qualité pour réclamer à leur profit l'application de ces indemnités, elles fussent adjugées à la république, comme propriétaire du *Dictionnaire de l'académie française.*

» Mais à la dernière audience, cédant à l'impulsion du mouvement généreux, qui déjà s'était manifesté de la part du gouvernement en faveur des cit. Bossange, il a abandonné sa demande subsidiaire; il a consenti, sans réserve, que les cit. Bossange obtinssent, pour leur propre compte, les indemnités qu'ils croyaient fondés à prétendre; il a conclu purement et simplement à ce que ces indemnités leur fussent adjugées; mais en même temps, et ceci est à remarquer, il a aussi conclu purement et simplement à la confiscation des exemplaires de l'édition contrefaite par les cit. Moutardier et Leclere.

» Ainsi, en le déclarant *non-recevable dans ses conclusions, demandes et consentement,* le tribunal criminel a décidé que le ministère public n'avait pu ni requérir l'application de la disposition pénale de la loi du 19 juillet 1793, ni relativement aux indemnités accordées par la même loi, aux auteurs des ouvrages contrefaits et à leurs cessionnaires, demander subsidiairement que ces indemnités fussent adjugées à la république, ni renoncer à cette demande subsidiaire, et consentir que les dommages-intérêts qui en étaient l'objet, fussent prononcés au profit des cit. Bossange.

» Et par quels motifs a-t-il ainsi jugé? Il n'a pas été, comme le tribunal de première instance, jusqu'à dire que le *Dictionnaire de l'académie* fût une propriété commune à tous les citoyens individuellement, et que tous pouvaient l'imprimer, comme tous peuvent puiser de l'eau à une fontaine publique, comme tous peuvent aller et venir sur un grand chemin. Il a, au contraire, reconnu que ce Dictionnaire était *une propriété nationale, appartenant à la nation prise collectivement.*

Mais il a pensé que le commissaire du gouvernement n'avait pas de qualité pour exercer les actions qui peuvent appartenir à la nation, et qui tendent à revendiquer ou conserver, soit les propriétés nationales, soit les droits qui en dérivent; que l'exercice des actions nationales était déféré par la loi à un agent créé et existant à cet effet; que, dans l'espèce particulière, la loi du 19 juillet 1793, dérogeant aux règles ordinaires de l'action publique, ne permettait pas au commissaire du gouvernement de poursuivre seul la peine de la Contrefaçon; qu'il ne pouvait la poursuivre que sur la réquisition formelle de l'auteur ou de ses cessionnaires; qu'ainsi, là où ne paraissaient ni l'auteur ni ses cessionnaires, le commissaire du gouvernement restant isolé, était sans droit et sans qualité pour rien demander aux contrefacteurs; et qu'il l'était également pour donner, au nom de la nation, un consentement valable à ce que des droits que la nation pourrait être fondée à revendiquer, fussent transmis en jugement et par un tribunal, à des particuliers dépourvus par eux-mêmes de qualité pour requérir l'application des peines écrites dans la loi.

» Ce n'est pas encore le moment de discuter toutes ces idées et de les réduire, par une exacte analyse, à leur véritable valeur. Nous devons auparavant retracer les motifs qui, dans le jugement attaqué, étayent la disposition par laquelle les cit. Moutardier et Leclere sont renvoyés de la plainte des cit. Bossange et compagnie.

» Vous venez de voir que le tribunal criminel a reconnu la nation seule propriétaire du *Dictionnaire de l'académie française*. C'est ici le lieu d'ajouter qu'il a en même temps reconnu deux autres points très-importans dans la cause : l'un, que les cit. Smits et Maradan avaient reçu de la nation le droit de donner à son Dictionnaire une cinquième édition; l'autre, que les cit. Bossange et compagnie représentaient, à cet égard, les cit. Smits et Maradan.

» Il a fait plus : il a encore reconnu, ou, pour parler plus exactement, il a supposé, que les cit. Bossange et compagnie avaient souffert un dommage quelconque, par la nouvelle édition que les cit. Moutardier et Leclere avaient publiée du même ouvrage; et qu'en conséquence, l'action intentée par les cit. Bossange contre les cit. Moutardier et Leclere, était basée, de leur part, sur un intérêt réel.

» Mais à quelle conséquence ces trois données l'ont-elle conduit? En a-t-il conclu que les cit. Bossange pouvaient poursuivre les contrefacteurs du *Dictionnaire de l'académie française*, comme la nation aurait pu les poursuivre elle-même? Non, il a considéré que, pour intenter une action, *il ne suffit pas d'avoir intérêt, et qu'il faut encore avoir qualité*; que la loi du 19 juillet 1793 n'attribue la plainte en Contrefaçon, qu'*au véritable propriétaire*; que c'est *au véritable propriétaire* seulement; que cette loi *accorde les*

peines *et les indemnités qu'elle prononce*; que par conséquent elle n'attribue pas l'une et n'accorde pas les autres à *celui qui n'a été autorisé qu'à faire une édition d'un livre;* qu'à la vérité, si la nation voulait exercer l'action en Contrefaçon, et si, *malgré les exceptions de Moutardier et Leclere*, elle parvenait à les faire condamner, Bossange et consorts pourraient, *d'après leur intérêt et l'autorisation* consignée en leur faveur dans le décret du premier jour complémentaire an 3, obtenir, soit la totalité, soit une partie de l'effet de la condamnation; mais que, dans ce cas même, ils ne devraient cet avantage qu'à la munificence nationale; que, dans ce cas même, la nation pourrait retenir, pour son propre compte, l'indemnité entière; et pourquoi? *Parcequ'il ne serait pas exact de dire* (ce sont les termes du tribunal criminel) *que le Dictionnaire imprimé par Moutardier et Leclere, n'aurait porté préjudice qu'à l'édition de Bossange; qu'il est au contraire sensible que l'ouvrage de Moutardier, par le débit intermédiaire, en eût porté peut-être encore davantage aux éditions futures, et surtout à la plus prochaine que la nation voudrait faire faire.*

» Tels sont les motifs qui, d'une part, ont fait rejeter par fin de non-recevoir, les *conclusions, demandes et consentement* du ministère public; et qui, de l'autre, ont fait décharger les cit. Moutardier et Leclere de la plainte des cit. Bossange; ils se réduisent, comme vous le voyez, à ces deux propositions:

» La nation, propriétaire exclusive du *Dictionnaire de l'académie française*, peut en poursuivre les contrefacteurs; mais elle ne le peut que par l'organe d'un agent de l'administration générale; elle ne le peut pas par l'organe du ministère public;

» Les cit. Bossange, simples cessionnaires du droit de donner une édition du *Dictionnaire de l'académie française*, ne peuvent pas en faire punir la Contrefaçon, qui cependant peut leur avoir causé un vrai préjudice.

» Ainsi, le tribunal criminel n'a ni examiné ni jugé la question de savoir s'il existait dans la cause un délit de Contrefaçon; ou, en d'autres termes,

» Il n'a ni examiné ni jugé la question de savoir si, en thèse générale, c'est contrefaire un ouvrage, que d'en donner une édition nouvelle, avec des additions et des corrections, sans le consentement du propriétaire;

» Il n'a ni examiné ni jugé la question de savoir si, dans le cas particulier où il s'agit d'un ouvrage appartenant à la nation, il pouvait y avoir Contrefaçon proprement dite, ou si, au contraire, il n'était pas libre à tout individu de réimprimer cet ouvrage, et de lui donner la forme qui lui paraissait la plus propre à flatter le goût public.

» Ces deux questions constituaient le fond de la cause, et le tribunal criminel les a laissées de côté; il a jugé qu'il n'y avait pas lieu d'y faire droit, parceque, suivant lui, il n'y avait dans la cause aucune partie compétente pour les discuter contradictoirement avec les cit. Moutardier et Leclere.

» Nous n'avons donc pas à nous occuper ici de la manière dont le tribunal criminel eût dû juger ces deux questions, s'il les eût jugées en effet.

» Sans doute, s'il les eût jugées, et que, pour justifier son jugement sur l'une ou sur l'autre, on vînt vous présenter des motifs qu'il n'eût pas adoptés, mais qu'il eût dû adopter, il serait de notre devoir de discuter ces motifs, et, dans le cas où ils paraîtraient fondés, de conclure au maintien de son jugement.

» Mais, du moment qu'il n'a jugé ni l'une ni l'autre question, du moment qu'il les a écartées l'une et l'autre par des fins de non-recevoir, nous ne devons, nous ne pouvons nous attacher qu'à ces fins de non-recevoir elles-mêmes; nous ne devons, nous ne pouvons que les apprécier parcequ'elles valent isolément; et ce serait aller contre le but direct et légal de votre institution, ce serait convertir le tribunal de cassation en tribunal d'appel, ce serait bouleverser toutes les règles de l'ordre judiciaire, que de vouloir chercher dans le fond d'une cause qui n'est pas jugée, des moyens de couvrir les reproches que l'on fait à un tribunal de n'avoir pas voulu la juger, et de s'être arrêté, pour ne pas la juger, à de simples fins de non-recevoir.

» En un mot, le tribunal criminel du département de la Seine n'a pas jugé le fond : nous ne devons donc pas discuter le fond. Le tribunal criminel du département de la Seine n'a statué que sur des fins de non-recevoir : nous ne devons donc discuter que des fins de non-recevoir.

» Mais ces fins de non-recevoir, d'après quelle hypothèse devons-nous les discuter? Sans contredit, nous devons les discuter d'après l'hypothèse d'un délit de Contrefaçon existant, avéré, et commis sur un ouvrage littéraire appartenant à la nation.

» Car ce délit était articulé devant le tribunal criminel du département de la Seine ; il formait la matière de la plainte et des réquisitions sur lesquelles le tribunal criminel du département de la Seine avait à statuer. Cette plainte, ces réquisitions ne sont pas jugées *non-fondées*; elles ne sont jugées que *non-recevables*. Nous devons donc, pour décider si on a pu les déclarer *non-recevables*, partir de la supposition qu'elles sont *bien fondées*.

» Un exemple rendra ceci plus sensible.

» Une accusation d'homicide a été intentée contre un particulier. Portée devant le tribunal criminel, elle y a été déclarée éteinte par la prescription. On se pourvoit devant vous en cassation du jugement de ce tribunal.

» Qu'avez-vous à faire dans cette circonstance? Avez-vous à examiner si l'homicide est constant ou non? Avez-vous à examiner si, en le regardant comme constant, il ne doit pas être envisagé comme involontaire, ou même comme légal? Non,

vous n'avez à examiner que ce seul point : la prescription est-elle ou n'est-elle pas acquise? Vous devez donc supposer, et qu'il a été commis un homicide, et que cet homicide constitue un véritable délit; vous devez donc supposer que l'accusation de cet homicide est fondée; et si vous jugez qu'en la déclarant prescrite, on a violé la loi, vous devez casser le jugement qui l'a déclarée éteinte ; vous devez, par conséquent, renvoyer à un nouveau tribunal la décision à rendre sur le fond même de l'accusation.

» Par la même raison, dans notre espèce, vous n'avez pas à juger s'il y a ou s'il n'y a pas délit de Contrefaçon de la part des cit. Moutardier et Leclere; vous n'avez pas à juger si la loi ouvre ou non, contre les cit. Moutardier et Leclere, une action quelconque pour la punition de ce délit; vous n'avez à juger que ces deux seules questions :

» Le tribunal criminel du département de la Seine a-t-il pu déclarer le commissaire du gouvernement non-recevable?

» Le tribunal criminel du département de la Seine a-t-il pu déclarer les cit. Bossange et compagnie sans qualité?

» Et en jugeant ces deux questions, vous devez supposer constans, et le fait qu'il y a eu Contrefaçon de la part des cit. Moutardier et Leclere, et la conséquence que les cit. Moutardier et Leclere doivent, s'ils sont poursuivis par des parties compétentes, subir la peine infligée par la loi à tout contrefacteur.

» D'après cette observation préliminaire, qui élague une grande partie des défenses que vous ont proposées les cit. Moutardier et Leclere, abordons les deux moyens de cassation que vous présente le commissaire du gouvernement près le tribunal criminel.

» Le premier de ces moyens consiste à dire qu'en le déclarant *non-recevable*, le tribunal criminel a violé les art. 4 et 5 du Code des délits et des peines, aux termes desquels la poursuite de tout délit appartient essentiellement et exclusivement au ministère public; que la Contrefaçon, suivant la définition qu'en donne le célèbre jugement du tribunal de cassation, du 28 ventôse an 9, est *un véritable délit, un véritable larcin*; que, suivant le même jugement, la *confiscation* dont la loi du 19 juillet 1793 frappe le produit de la Contrefaçon, *est essentiellement pénale*; que, dans l'espèce, l'état de la procédure correspondait à ces principes sur l'action du ministère public; que, dans le jugement de première instance, le commissaire du gouvernement est, en termes exprès, qualifié de *plaignant*; que l'on avait donc reconnu le ministère public, non-seulement recevable à poursuivre le délit de Contrefaçon, mais encore partie essentielle pour la poursuite de ce délit, et par conséquent pour la réquisition de la peine infligée par la loi au contrefacteur; qu'ainsi, la contravention aux art. 4 et 5 du Code du 3 brumaire an 4 est formelle, positive, manifeste; et qu'il importe d'autant plus de la réprimer, qu'elle tend à renverser les premières bases de notre législation criminelle.

» Les cit. Moutardier et Leclerc répondent

» Que le *non-recevable* du dispositif du jugement attaqué, se réfère uniquement à la réquisition subsidiaire que le commissaire du gouvernement avait faite en cause d'appel, et qui tendait à faire adjuger la confiscation à la république, dans le cas où elle ne serait pas adjugée aux cit. Bossange et compagnie;

» Que le commissaire du gouvernement n'a donc pas été déclaré non-recevable, comme partie publique, comme exerçant l'action populaire pour la répression d'un délit, mais seulement comme agent du gouvernement, comme voulant exercer, au nom du gouvernement, une action dont le gouvernement ne pouvait saisir les tribunaux que par le ministère d'un agent-administrateur;

» Que, du reste, il importe peu que, dans le jugement de première instance, le commissaire du gouvernement soit en qualité comme *plaignant*; qu'il n'y est qualifié de *plaignant* qu'avec cette addition : *aux termes des procès-verbaux dressés le 18 prairial an 10, par les commissaires de police des divisions du Luxembourg et du Pont-Neuf, lesdits procès-verbaux contenant plainte de la part des cit. Bossange et compagnie;* qu'ainsi, les cit. Bossange et compagnie étaient les seuls qui eussent porté plainte; que le commissaire du gouvernement ne figurait dans la cause que comme partie publique; que ce n'est que par erreur qu'on lui a attribué la dénomination de *plaignant;* et que cette erreur a été rectifiée à l'instant même où elle a été commise, par l'explication dont le mot *plaignant* a été immédiatement suivi;

» Que, d'ailleurs le commissaire du gouvernement a dû être déclaré non-recevable, par cela seul qu'il n'avait pas conclu en première instance, à ce que la confiscation fût prononcée au profit de la république, par cela seul qu'il n'y avait conclu qu'en cause d'appel, par cela seul que, d'après l'art. 7 de la loi du 3 brumaire an 2, le tribunal d'appel ne pouvait pas statuer sur une demande qui était absolument *nouvelle* pour lui.

» Telles sont les principales réponses des cit. Moutardier et Leclerc au premier moyen du commissaire du gouvernement; et, comme vous le voyez, elles ne l'attaquent pas directement, elles ne font que l'éluder. Mais comment l'éludent-elles? Par des suppositions que les faits démentent hautement.

» Les cit. Moutardier et Leclerc supposent d'abord que le jugement attaqué ne déclare le commissaire du gouvernement non-recevable que dans les *demandes* qu'il avait formées subsidiairement en faveur de la nation; qu'il ne le déclare non-recevable que dans le *consentement* qu'il avait donné, en rétractant ces demandes subsidiaires, à ce que le profit de la confiscation fût adjugé aux cit. Bos-

sange; mais la vérité est qu'il le déclare encore non-recevable dans les *conclusions* qu'il avait prises comme partie publique.

» *Sans s'arrêter* (porte-t-il) *aux conclusions, demandes et consentement du commissaire, dans lesquels il est déclaré non-recevable.*

» La fin de non-recevoir porte évidemment sur trois choses : *conclusions*, *demandes*, *consentement.*

» Les *demandes*, le commissaire du gouvernement les avait formées, comme agissant au nom de la nation et pour son intérêt : c'était également au nom et pour l'intérêt de la nation, qu'il avait donné le *consentement.* Mais les *conclusions*, il ne les avait prises que comme partie publique, il ne les avait prises qu'au nom et pour l'intérêt de la loi.

» On l'a donc déclaré non-recevable comme partie publique; on a donc jugé que l'action publique ne lui appartenait pas.

» Et on l'a si bien jugé, que, dans les *motifs*, on a cherché à justifier cette décision.

» Après avoir établi que le commissaire du gouvernement *n'a pas ni n'a jamais eu les actions que la nation peut avoir à exercer pour revendiquer ou conserver les propriétés nationales, ou les droits qui en dérivent;*

» Après avoir conclu de ce principe (sur l'application duquel nous reviendrons tout à l'heure) que le commissaire du gouvernement était sans qualité pour requérir, au nom de la nation et pour son intérêt, la confiscation du fruit de la Contrefaçon des cit. Moutardier et Leclerc,

» On a ajouté que *particulièrement dans l'espèce*, *et suivant les expressions de l'art. 5 de la loi de 1793, et par une exception aux règles ordinaires de l'action publique, le magistrat qui concourt à l'application de la loi, ne peut jamais seul poursuivre et faire prononcer la peine de la Contrefaçon, qui est la confiscation, que sur la réquisition formelle de l'auteur ou de ses cessionnaires; et qu'ainsi, dès que Bossange n'est ni l'auteur ni le cessionnaire du droit de l'auteur; que c'est lui qui a porté la plainte et fait la réquisition, et que l'agent national n'est pas partie et n'a pas fait de réquisition, le commissaire seul est isolé et entièrement sans droit et sans qualité pour rien demander à cet égard.*

» Ainsi, suivant le tribunal criminel, l'action publique ne peut, en matière de Contrefaçon, être mise en mouvement que par l'action civile; tant qu'il n'y a pas d'action civile valablement intentée, l'action publique reste dans le néant : la partie publique a les mains liées tant que la partie privée n'agit pas.

» Et voilà ce qui détermine le tribunal criminel à déclarer le commissaire du gouvernement *non-recevable*, non-seulement dans ses *demandes* et *consentement*, mais même dans ses *conclusions.*

» C'est donc comme *partie publique*, et non pas

82.

seulement comme *partie civile au nom de la nation*, qu'il le déclare *non-recevable*.

» Le texte de son jugement le dit, et ses motifs le prouvent invinciblement.

» D'un autre côté, les cit. Moutardier et Leclere supposent qu'en première instance, le commissaire du gouvernement ne s'était pas, à proprement parler, rendu *plaignant*, et qu'il n'y avait pas pris de conclusions pour l'intérêt de la république. Mais cette supposition est tout aussi gratuite, disons mieux, elle est tout aussi fausse que la précédente.

» Pour le démontrer, remontons à l'origine de la procédure, et suivons-en les progrès.

» La procédure commence par deux procès-verbaux de saisie, dressés le 18 prairial an 10, à la requête des cit. Bossange et compagnie.

» Le 21 du même mois, le préfet de police, sur le vu de ces procès-verbaux, rend une ordonnance portant qu'*ils seront transmis aux cit. Pinot et Rioux*, *substituts du commissaire du gouvernement près le directeur du jury, pour poursuivre les délinquans, conformément à la loi*.

» Le 23, après l'interrogatoire des cit. Moutardier et Leclere, le cit. Pinot, substitut, requiert le renvoi de l'affaire au tribunal de première instance du département de la Seine, *pour y être jugée en police correctionnelle, attendu qu'il s'agit de contravention aux lois et réglemens concernant la librairie, et notamment aux dispositions de la loi du* 19 *juillet* 1793.

» Le même jour, le renvoi est ordonné par le directeur du jury.

» Le 2 messidor suivant, les cit. Moutardier et Leclere, d'une part, et le cit. Bossange, de l'autre, sont assignés, *à la requête du commissaire du gouvernement près le tribunal de première instance*, à comparaître à l'audience de ce tribunal, séant en police correctionnelle.

» Le 4 du même mois, un jugement ordonne que la copie originale du premier volume du *Dictionnaire de l'académie française*, sur laquelle a été faite l'édition représentée à l'audience par le cit. Bossange, sera déposée au greffe; et remarquez que ce jugement est rendu *entre le commissaire du gouvernement, plaignant, demandeur, d'une part; les cit. Moutardier et Leclere, prévenus de Contrefaçon d'ouvrage littéraire, de l'autre*.

» C'est encore *entre le commissaire du gouvernement, plaignant et demandeur; et les cit. Moutardier et Leclere, prévenus de Contrefaçon*, qu'est rendu, le 7 thermidor, un jugement qui ordonne que les cit. Target, Boufflers, Morellet, Suard, Ducis, Choiseul-Gouffier et Gaillard, ci-devant membres de l'académie française, seront cités à l'audience, pour donner au tribunal les renseignemens qui leur seront demandés.

» Ils sont en effet cités le 12 thermidor; et à la requête de qui le sont-ils? A la requête, à la seule requête du *commissaire du gouvernement près le tribunal de première instance*.

» Le 18 thermidor, la cause revient à l'audience pour y être jugée définitivement. Elle y est mise en délibéré; et, le 22, il intervient un jugement qui acquitte les cit. Moutardier et Leclere; mais entre quelles parties ce jugement était-il rendu? Toujours *entre le commissaire du gouvernement, plaignant et demandeur, et les cit. Moutardier et Leclere, prévenus*.

» Comment, d'après cela, peut-on soutenir devant vous que le commissaire du gouvernement n'était pas *plaignant* en première instance? Comment le peut-on surtout à la vue de ses conclusions transcrites dans le jugement du 23 thermidor, conclusions par lesquelles il a formellement requis la confiscation et l'amende, non au profit des cit. Bossange et compagnie, mais purement et simplement; ou plutôt ce qui est encore plus décisif, dans l'intérêt du gouvernement lui-même: *Attendu enfin* (a-t-il dit) *que le gouvernement est d'autant plus intéressé à demander la confiscation du nouveau Dictionnaire, qu'il porte une atteinte formelle aux droits exclusifs qu'il a cédés aux libraires Smits et Maradan,* ET AU DROIT QU'IL A CONSERVÉ *d'ordonner seul les changemens nécessaires au Dictionnaire de l'académie, d'en confier la rédaction à des commissaires revêtus de sa confiance et de son choix, droits que tant de raisons importantes lui font un devoir de ne jamais laisser usurper; je requiers que, conformément à la loi de* 1793, *les exemplaires soient et demeurent confisqués; que les cit. Moutardier et Leclere soient solidairement condamnés à la somme de 36,000 francs, pour l'amende de trois mille exemplaires prononcée par la loi susdatée*.

» Voilà donc deux vérités bien constantes: l'une, que le ministère public était en première instance, *plaignant et demandeur* au nom et dans l'intérêt du gouvernement; l'autre, que par le jugement attaqué, le ministère public a été déclaré non-recevable, tant en sa qualité et comme organe de la loi, que comme organe de la nation et défenseur des droits nationaux.

» Ces bases posées, deux questions se présentent à résoudre:

» La première, si le tribunal criminel a pu, sans violer la loi, écarter par une fin de non-recevoir, l'action publique qui était intentée par le commissaire du gouvernement, contre les cit. Moutardier et Leclere;

La seconde, s'il a pu, sans violer la loi, paralyser, par la même fin de non-recevoir, les demandes que le commissaire du gouvernement avait formées contre ceux-ci, pour l'intérêt national et par suite de la circonstance particulière, qu'il s'agissait dans la cause de la Contrefaçon d'un ouvrage appartenant à la nation.

» Sur la première question, il est certain que la Contrefaçon est un *délit*. Vous l'avez jugé solennellement plusieurs fois, et ce principe n'est plus contesté.

» Or, aux termes de l'art. 4 du Code des délits et des peines, *tout délit*, et par conséquent la Contrefaçon, comme le vol ordinaire, comme l'escroquerie, comme l'homicide, *donne essentiellement lieu à une action publique.*

» Mais par qui peut et doit être exercée l'*action publique* qui naît de toute espèce de délit? L'art. 5 du même Code va nous le dire : *l'action publique.... appartient essentiellement au peuple; elle est exercée en son nom par des fonctionnaires spécialement établis à cet effet.*

» C'est donc au *peuple* qu'appartient *essentiellement* l'action publique à laquelle s'exposent tous les contrefacteurs d'ouvrages littéraires. C'est donc au fonctionnaire spécialement établi pour l'exercice des actions publiques, c'est donc au commissaire du gouvernement, qu'est délégué le droit, qu'est imposé le devoir de poursuivre le délit de Contrefaçon.

» C'est donc violer ouvertement la loi, que de repousser, par une fin de non-recevoir, les poursuites dirigées contre un délit de cette nature par le commissaire du gouvernement.

» Mais, disent les cit. Moutardier et Leclere, avez-vous oublié la distinction que faisaient les lois romaines, et après elles, tous nos anciens criminalistes, entre les délits publics et les délits privés?

» Non, nous ne l'avons pas oublié : nous nous en souvenons parfaitement ; mais nous nous en souvenons, comme nous conservons le souvenir d'une foule de droits, de principes et d'institutions qui existaient, il y a quatorze ans, et que la révolution a fait disparaître. Aujourd'hui, il n'y a plus, par rapport au ministère public, de différence entre les délits qui attaquent plus ou moins directement l'ordre social. Tous donnent indistinctement lieu à l'action publique; et cela est si vrai, que, par l'art. 154 du Code des délits et des peines, le commissaire du gouvernement est chargé de poursuivre d'office tous les délits de simple police; délits qui bien sûrement appartiennent, pour la plupart, à la classe des délits privés.

» Mais, disent encore les cit. Moutardier et Leclere, le commissaire du gouvernement n'était plaignant, en première instance, *qu'aux termes des procès-verbaux dressés à la requête des cit. Bossange et compagnie, et contenant plainte de leur part;* la plainte du commissaire du gouvernement ne consistait donc que dans une adhésion à la plainte des cit. Bossange; elle n'était donc qu'un accessoire de celle-ci; elle a donc perdu toute sa force, elle s'est donc anéantie d'elle-même, du moment que les cit. Bossange ont été jugés n'avoir point de qualité pour se constituer parties plaignantes.

» Ce raisonnement, ce n'est pas la première fois qu'il vous est proposé. Le tribunal crimi-

nel du département du Rhin-et-Moselle l'avait fait avant les cit. Moutardier et Leclere, par un jugement du 8 frimaire dernier, au sujet de l'*adhésion* donnée par le commissaire du gouvernement près le tribunal de première instance de Coblentz, à un appel interjeté par un garde-général forestier, d'un jugement qui avait déchargé des délinquans de l'amende et de la restitution auxquelles il avait conclu contre eux. L'appel du garde-général se trouvait nul et non-recevable, et le tribunal criminel en avait inféré qu'on ne devait avoir aucun égard à l'adhésion donnée à cet appel par le commissaire du gouvernement. Mais sur le recours exercé contre son jugement, vous l'avez cassé, le 23 nivôse dernier, au rapport du cit. Carnot, *attendu que ce fut le 8 brumaire, le dixième jour après la prononciation du jugement du 28 vendémiaire, que le commissaire du gouvernement déclara adhérer à l'appellation interjetée dudit jugement par le garde-général forestier; et que cette adhésion de sa part, ne peut être considérée que comme une véritable appellation, puisque, par le même acte, le commissaire du gouvernement donne ses griefs d'appel.*

» Donc, par la même raison, l'adhésion du commissaire du gouvernement près le tribunal de première instance de Paris à la plainte des cit. Bossange, Masson et Besson, ne peut être considérée comme une plainte principale, puisque tout en adhérant à la plainte des cit. Bossange, Masson et Besson, c'est-à-dire, en la prenant pour dénonciation, le commissaire du gouvernement près le tribunal de première instance de Paris n'a pris de conclusions que relativement à la vindicte publique et dans l'intérêt du gouvernement.

» Mais, a dit le tribunal criminel du département de la Seine, il n'en est pas de la Contrefaçon comme des autres délits : la loi du 19 juillet 1793 a dérogé, pour la Contrefaçon, *aux règles ordinaires de l'action publique.*

» La loi du 19 *juillet* 1793 a dérogé au Code des délits et des peines du 3 *brumaire an* 4! Elle a dérogé à une loi qui lui est postérieure de plus de deux ans! Quel étrange renversement des idées les plus simples et les plus communes! Et, pourriez-vous croire, si vous n'en aviez sous les yeux la preuve écrite, qu'une erreur aussi choquante a pu souiller un jugement rendu par un tribunal supérieur? Pourriez-vous le croire, surtout d'après le soin qu'a pris le Code des délits et des peines de déclarer, art. 594, que ses dispositions doivent *seules à l'avenir régler l'instruction et la forme*, tant de procéder que de juger, relativement aux DÉLITS DE TOUTE NATURE, et par conséquent au délit de Contrefaçon, comme à tout autre?

» Et d'ailleurs, la loi du 19 juillet 1793 elle-même subordonnait-elle l'action publique du commissaire du gouvernement à l'action privée du propriétaire de l'ouvrage contrefait? Disait-elle au commissaire du gouvernement : tu ne pourras agir pour l'ordre social, que lorsque le propriétaire de l'ouvrage contrefait agira pour son intérêt individuel? Non, certes, et il s'en faut beaucoup.

» Le troisième article de cette loi porte seulement que les *officiers de paix*, c'est-à-dire, les agens avoués de la police, *seront tenus de faire confisquer, à la réquisition et au profit des auteurs...., leurs héritiers ou cessionnaires, tous les exemplaires des éditions imprimées sans la permission formelle et par écrit des auteurs ;* et de là que résulte-t-il?

» Sans doute, il en résulte que le ministère public ne peut poursuivre un prévenu de Contrefaçon que lorsqu'il a la preuve que la Contrefaçon existe réellement, c'est-à-dire, lorsqu'il a la preuve qu'une édition a été imprimée *sans la permission formelle et par écrit* du propriétaire, et conséquemment lorsqu'il est averti par le propriétaire lui-même, qu'il n'a pas donné cette permission, ou, en d'autres termes, lorsqu'il est requis par le propriétaire de poursuivre les contrefacteurs.

» Mais une fois l'avertissement donné au ministère public, une fois le ministère public nanti de la preuve qu'un ouvrage a été imprimé sans la permission du propriétaire, une fois le ministère public assuré par là de l'existence du délit de Contrefaçon, dès ce moment, l'action du ministère public lui appartient essentiellement, ou plutôt, pour nous servir des expressions de l'art. 5 du Code des délits et des peines, elle *appartient essentiellement au peuple*, dont le ministère public n'est que l'organe ; et le ministère public peut, le ministère public doit l'exercer jusqu'à jugement définitif, soit que le propriétaire fasse ou ne fasse pas concourir avec elle l'action privée qui lui est attribuée par la loi.

» Il n'importerait même que le propriétaire transigeât avec les contrefacteurs, et se désistât par ce moyen, de son action privée. Le ministère public n'en devrait pas moins poursuivre son action : pourquoi? Parceque les *délits* (ce sont les termes d'un décret du 6 vendémiaire an 3) *sont poursuivis par le ministère public, moins parcequ'ils lèsent l'intérêt particulier, que parcequ'ils blessent l'intérêt général ; que, sous ce dernier rapport, il ne dépend pas des citoyens, quand bien même ils seraient désintéressés subséquemment à une accusation par eux intentée, d'arrêter le cours de la vindicte publique, qui ne peut être satisfaite que par un jugement.*

» Et vainement vient-on vous dire que la loi du 19 juillet 1793 adjuge au propriétaire lésé par la Contrefaçon, le bénéfice de la confiscation des exemplaires contrefaits. Vainement vient-on prétendre que, par là, cette loi ôte au minis-

tère public le droit de poursuivre un contrefacteur, si ses poursuites ne concourent pas avec celles du propriétaire.

» La loi du 19 juillet 1793 fait, comme toutes les lois répressives, dériver deux effets différens du délit qu'elle a en vue. Elle en fait sortir une peine, c'est la confiscation dont elle s'occupe dans l'art. 3. Elle en fait aussi résulter des dommages-intérêts, et elle les détermine ainsi par l'art. 4 : *Tout contrefacteur sera tenu de payer au véritable propriétaire, une somme équivalente au prix de trois mille exemplaires de l'édition originale.*

» Nous retrouvons la même distinction dans le Code des délits et des peines :

Tout délit, porte l'art. 4, *donne essentiellement lieu à une action publique ; il peut aussi en résulter une action privée ou civile.*

» *L'action publique*, continue l'art. 5, *a pour objet de punir les atteintes portées à l'ordre social ; elle appartient essentiellement au peuple.*

» *L'action civile*, dit encore l'art. 6, *a pour objet la réparation du dommage que le délit a causé ; elle appartient à ceux qui ont souffert ce dommage.*

» Ainsi la Contrefaçon *donne essentiellement lieu à une action publique*, et il peut aussi en résulter une action civile en réparation du dommage causé par ce délit.

» *L'action civile* est à la disposition du propriétaire de l'ouvrage contrefait ; il peut l'exercer ou y renoncer : la loi lui laisse à cet égard pleine liberté.

» Mais *l'action publique* est le résultat *essentiel* du délit de Contrefaçon. Il est donc impossible que le délit de Contrefaçon existe, sans qu'il soit atteint par l'action publique.

» L'action publique appartient *essentiellement au peuple* ; le peuple ne peut donc pas en être privé par la renonciation du propriétaire lésé à son action civile ; la renonciation du propriétaire lésé à son action civile, ne peut donc pas lier les mains au fonctionnaire préposé par le peuple à l'exercice de l'action publique.

» Et il n'importe que le bénéfice de la peine à laquelle aboutit l'action publique, soit abandonné par la loi au propriétaire de l'ouvrage contrefait.

» Conclure de là, comme l'a fait le tribunal criminel de la Seine, que l'exercice de l'action publique est subordonné à la volonté de ce propriétaire, c'est confondre le bénéfice de la peine avec la peine elle-même.

» La peine est l'objet direct de l'action publique ; et nous devons répéter avec l'art. 5 du Code, que l'action publique, *l'action qui appartient essentiellement au peuple*, tend à faire *punir les atteintes portées à l'ordre social*.

» Mais la peine une fois prononcée, si elle consiste dans une amende ou dans une confiscation, rien n'empêche que la loi n'en cède le produit à un particulier, en récompense du soin qu'il a pris, soit de signaler les coupables au ministère public, soit de les faire arrêter.

» C'est ainsi que, par la loi du 25 août 1793, les marchandises confisquées pour infraction des réglemens sur les douanes, sont accordées aux préposés de l'administration, aux gardes nationaux, aux gendarmes, aux soldats de ligne, et à tous les fonctionnaires publics qui les ont saisies, à la seule exception d'un sixième réservé à la nation *pour subvenir aux frais de la procédure.*

» C'est ainsi que l'art. 26 de la loi du 20 brumaire an 5, concernant les marchandises anglaises introduites dans le territoire français, veut textuellement que *la confiscation* en soit *prononcée au profit des saisissans et de tous ceux qui auront favorisé l'arrestation,* sauf qu'il en doit être distrait un sixième en faveur des officiers municipaux, dans le cas où leur présence est nécessaire pour la saisie.

» Assurément on n'a jamais pensé à tirer de ces lois la conséquence que le ministère public ne peut pas agir contre les fraudeurs, lorsqu'il n'est pas assisté des saisissans ; et si, pour la première fois, on venait vous proposer une doctrine aussi diamétralement opposée aux attributions du ministère public, nous l'affirmons sans hésiter, vous vous hâteriez de la proscrire.

» Qu'arrive-t-il donc, lorsque le commissaire du gouvernement poursuit les fraudeurs, sans l'intervention des saisissans ? La confiscation est prononcée, ni plus ni moins que si les saisissans s'étaient rendus parties plaignantes. Et s'ils ne se présentent pas ensuite pour en recueillir le profit, le profit en reste à la république, parceque la république n'y ayant renoncé qu'en faveur des saisissans, sa renonciation cesse et perd son effet par le sacrifice que les saisissans veulent bien en faire.

» Il en est nécessairement de même dans le cas de Contrefaçon. Si le propriétaire de l'ouvrage contrefait concourt avec le ministère public dans la poursuite du contrefacteur, il reçoit de la libéralité de la loi le bénéfice de la confiscation encourue par celui-ci. S'il ne prend point part à la poursuite, s'il ne demande rien, le bénéfice de la confiscation reste dans le trésor public. Mais, dans l'un comme dans l'autre cas, la confiscation doit être prononcée sur la demande du ministère public, parceque la confiscation est une peine ; parceque toute peine *a pour objet,* suivant les termes de l'art. 5 du Code, *de punir les atteintes portées à l'ordre social* ; et parcequ'au ministère public seul appartient *essentiellement,* suivant le même article, le droit de requérir la punition de ces atteintes.

» Par là se concilie parfaitement avec la théorie du Code des délits et des peines, la disposition de la loi du 19 juillet 1793, qui attribue au propriétaire de l'ouvrage contrefait le bénéfice de la confiscation qu'elle prononce. Mais, au surplus, s'il y avait à cet égard impossibilité de les raccorder l'une avec l'autre, à laquelle des deux devrions-nous ici

donner la préférence ? Sans contredit, ce serait à la théorie du Code des délits et des peines, et nous en avons déjà donné deux raisons tranchantes : la première, c'est que le Code des délits et des peines est postérieur à la loi du 19 juillet 1793 ; la seconde, c'est que l'art. 594 de ce Code veut que ses dispositions règlent seules désormais *la forme de procéder et de juger, relativement aux délits de toute nature.*

» Et de là il résulterait inévitablement que la confiscation prononcée par la loi du 19 juillet 1793, ne pourrait plus, en aucun cas, appartenir au propriétaire de l'ouvrage contrefait, mais devrait toujours être adjugée au trésor public, puisqu'aux termes de l'art. 190 du Code, *les poursuites pour le paiement des amendes et confiscations* prononcées par les jugemens correctionnels, doivent être *faites au nom du commissaire du pouvoir exécutif, par le directeur des droits d'enregistrement et domaines.*

» Ainsi, de deux choses l'une : ou la disposition de la loi du 19 juillet 1793, qui accorde au propriétaire de l'ouvrage contrefait le bénéfice de la confiscation, a été abrogée par le Code des délits et des peines, ou elle ne l'a pas été.

» Si elle l'a été, la confiscation appartient à la république ; et par conséquent le commissaire du gouvernement a qualité pour la requérir, sans le concours du propriétaire de l'ouvrage contrefait.

» Si elle ne l'a pas été, le commissaire du gouvernement a nécessairement, en cette matière, le même pouvoir qu'il a dans les affaires de douanes ; il peut, en cette nature, comme dans les affaires de douanes, requérir la confiscation prononcée par la loi, quoique les personnes appelées par la loi elle-même à en recueillir le bénéfice, ne le réclament pas, ou se trouvent, par un événement quelconque, sans qualité pour le réclamer.

» En un mot, dans l'une comme dans l'autre hypothèse, nous arrivons, ou, pour parler plus juste, nous sommes entraînés par la force même de l'évidence, à ce résultat aussi simple, aussi lumineux qu'il est décisif : c'est que le tribunal criminel du département de la Seine a violé, de la manière la plus formelle, les dispositions des art. 4 et 5 du Code des délits et des peines, en déclarant le commissaire du gouvernement non-recevable dans ses conclusions à fin de confiscation des exemplaires de l'édition contrefaite par les cit. Moutardier et Leclere.

» Mais jusqu'à présent nous n'avons considéré l'ouvrage contrefait par les cit. Moutardier et Leclere, que comme un ouvrage étranger à la nation, et appartenant à un individu quelconque à qui les cit. Moutardier et Leclere l'ont volé, en le contrefaisant. Nous devons maintenant le considérer sous son véritable rapport ; nous devons, avec le tribunal criminel du département de la Seine, le considérer comme une propriété nationale ; et ici se présente la deuxième question que nous avons annoncée, c'est-à-dire, la question de savoir si le tribunal criminel du département de la Seine a pu, sans se mettre en rébellion contre la loi, déclarer le commissaire du gouvernement non-recevable à requérir, pour l'intérêt de la république, la confiscation encourue par les contrefacteurs de la propriété nationale, connue sous le nom de *Dictionnaire de l'académie française*.

» Le tribunal criminel du département de la Seine n'a pas nié, il est au contraire convenu formellement, que cette confiscation aurait pu être adjugée à la république, si elle eût été requise par l'agent de l'administration générale à qui est confié, dans les tribunaux, l'exercice des actions nationales. Ainsi, il a lui-même décidé au fond, que la république pouvait avoir droit à cette confiscation ; et ce n'est que parcequ'il n'y avait point de partie administrative dans la cause, qu'il s'est refusé à juger si, en effet, cette confiscation était ou n'était pas dévolue à la république.

» Eh bien ! C'est de la part du tribunal criminel, une erreur textuellement condamnée par les lois les plus positives.

» En fait de délits, il en est de la nation comme des particuliers.

» Lorsqu'un délit a été commis au préjudice d'un particulier, il en dérive deux actions : l'action publique, qui ne peut être exercée que par le commissaire du gouvernement ; et l'action civile, qui appartient à la personne lésée.

» De même, lorsqu'un délit a été commis au préjudice de la nation, incontestablement il en résulte pour la nation et pour le gouvernement qui la représente, une action civile dont l'objet est la réparation du dommage causé par ce délit ; et cette action ne peut être intentée que par l'agent-administrateur, auquel est délégué le droit de poursuivre en justice les actions civiles qui appartiennent à la république.

» Mais il en naît aussi, il en naît même *essentiellement*, c'est l'expression de l'art. 4 du Code des délits et des peines, il en naît *essentiellement une action publique ; et l'objet* de cette action, ajoute l'article suivant, est de faire *punir les atteintes portées à l'ordre social*, c'est-à-dire, de faire appliquer au délinquant la disposition pénale de la loi.

» Or, à qui la loi confie-t-elle l'exercice de l'action publique ? C'est encore l'art. 5 qui va répondre : elle le confie au commissaire du gouvernement.

» Le commissaire du gouvernement a donc qualité, il a donc seul qualité, pour requérir l'application de la peine, quelle qu'elle soit.

» Et sans doute, il peut, il doit même la requérir, sans s'inquiéter si l'agent-administrateur est là pour prendre ses conclusions à fins civiles en réparation du dommage causé par le délit à la république, ou s'il n'y est pas. Car l'action publique ne peut pas être paralysée par l'inertie de l'action civile ; c'est au contraire l'action civile qui, lorsqu'elle n'est pas intentée en même temps que l'ac-

tion publique, doit dormir tant que l'action publique, intentée avant la poursuite de l'action civile, n'est pas jugée définitivement. Tel est le vœu formel de l'art. 8 du Code.

» Nous voyons, en effet, que toutes les fois qu'il s'agit d'infliger à un délinquant quelconque, une amende ou une confiscation, le commissaire du gouvernement agit seul, requiert seul, et fait seul adjuger à la république, soit la confiscation, soit l'amende prononcée par la loi.

» Ainsi, l'art. 25 du tit. 10 de la loi du 22 août 1791 et l'art. 4 de la loi du 15 août 1793 veulent que la confiscation encourue pour la contravention aux lois sur les douanes, soit adjugée sur les seules réquisitions du commissaire du gouvernement, quoique l'administration des douanes qui, dans ces sortes d'affaires, remplit, au nom de la nation, le rôle de partie plaignante, se soit rendue, par vice de forme, non-recevable à exercer son action civile.

» Ainsi, l'art. 2 de la loi du 16 floréal an 4 charge le commissaire du gouvernement près chaque tribunal civil, de faire condamner à l'amende qu'il détermine, les notaires en retard de déposer au greffe le double du répertoire des actes reçus par eux dans le cours de chaque année.

» Ainsi, l'arrêté des consuls du 18 ventôse an 8 enjoint au commissaire du gouvernement près chaque tribunal de police correctionnelle, de poursuivre et de faire condamner à l'amende portée par la loi du 7 du même mois, les notaires qui ne lui auront pas rapporté la preuve du versement de leur cautionnement pécuniaire dans la caisse de l'enregistrement.

» Ainsi, dans la poursuite des délits commis dans les forêts nationales, si aucun préposé de l'administration forestière ne se présente pour conclure à la *restitution* de la valeur des bois coupés ou enlevés, le commissaire du gouvernement n'en est pas moins tenu de requérir l'amende infligée par la loi aux délinquans.

» En deux mots, il est impossible d'imaginer un cas où la république étant lésée par un délit, par une contravention de quelque genre qu'elle soit, le commissaire du gouvernement ne puisse et ne doive pas poursuivre seul l'action publique qui dérive de ce délit, de cette contravention, soit que de son côté, l'agent-administrateur agisse ou n'agisse pas en même temps que lui à fins civiles.

» Maintenant à quoi se réduit la question qui nous occupe dans cette partie de la cause ? Elle se réduit à ce seul point : la Contrefaçon est-elle un délit ? La confiscation dont la loi punit le contrefacteur, est-elle une peine proprement dite ?

» Or, sur ce point, votre jurisprudence est invariablement fixée : c'est comme délit que vous considérez la Contrefaçon ; c'est comme disposition pénale que vous considérez l'art. 5 de la loi du 19 juillet 1793.

» Donc, le commissaire du gouvernement peut, sans le concours de l'agent-administrateur, poursuivre le contrefacteur d'un ouvrage national, pour faire prononcer contre lui la confiscation des exemplaires qu'il a contrefaits.

» Donc il a été mal jugé, donc il a été jugé contre la loi, par le tribunal criminel du département de la Seine.

» Sans doute, le commissaire du gouvernement près le tribunal de première instance avait transgressé les bornes de ses attributions, lorsqu'il avait conclu, dans l'intérêt du gouvernement, non-seulement à la confiscation, ce qu'il pouvait et devait faire, mais encore à ce qu'il appelait l'*amende de trois mille exemplaires*, et qui, dans la réalité, d'après le texte formel de la loi du 19 juillet 1793, n'est qu'une réparation civile, une indemnité pécuniaire accordée au propriétaire de l'ouvrage contrefait. Cette réparation, cette indemnité ne pouvait être requise au nom du gouvernement, que par l'agent-administrateur, et l'agent-administrateur n'étant pas en cause, il ne pouvait pas être question de cet objet purement civil.

» Mais ce qu'il y avait à cet égard de défectueux dans les conclusions du commissaire du gouvernement près le tribunal de première instance, a été rectifié devant le tribunal d'appel. Là, et à l'audience du 7 vendémiaire an 11, le ministère public s'est borné à requérir, pour le profit de la république, la confiscation des exemplaires contrefaits; et le tribunal d'appel l'a prononcée sans réparation civile.

» Qu'on ne vienne pas, au reste, nous objecter que, sur l'opposition à ce jugement, le ministère public a reproduit subsidiairement, devant le tribunal d'appel, à l'audience du 15 frimaire, l'intégralité des conclusions qu'il avait prises en première instance. Le fait est vrai; mais il est vrai aussi que le tribunal devait distinguer dans ces conclusions, ce qui sortait des attributions du commissaire du gouvernement, d'avec ce qui y était renfermé; il est vrai aussi que le tribunal devait déclarer le commissaire du gouvernement non-recevable à requérir la réparation civile, mais qu'il devait faire droit sur la partie de ses réquisitions qui tendait à l'application de la loi pénale.

» Dira-t-on que du moins, à la dernière audience, le commissaire du gouvernement a consenti qu'au lieu d'appliquer à la nation le bénéfice de la confiscation qu'il requérait, le tribunal l'appliquât aux cit. Bossange et compagnie?

» Supposons-le pour un moment; qu'en résultera-t-il? Sans contredit, le tribunal pouvait, d'après ce consentement supposé, faire aux cit. Bossange l'application entière des profits de la confiscation. Mais du moment qu'il se déterminait, bien ou mal, à repousser les cit. Bossange, le consentement donné par le ministère public, devenait sans objet; les conclusions primitives du ministère public reprenaient toute leur force, et le tribunal se trouvait obligé, en y statuant au fond, de décider si, en effet, la confiscation devait être adjugée à la république.

» Il n'aurait même pas été nécessaire, pour en imposer l'obligation au tribunal criminel, que le ministère public eût primitivement requis la confiscation au profit de la nation; il aurait suffi qu'il l'eût requise même au profit du cit. Bossange.

» Dans ce cas, en effet, le tribunal criminel pouvait bien, à tort ou avec raison, déclarer le profit de la confiscation inapplicable aux cit. Bossange; mais, alors même, il devait l'adjuger à la république; car la confiscation, par cela seul qu'elle est une peine, doit toujours être prononcée du moment qu'existe le délit auquel la loi l'inflige; et dès que le profit ne peut pas en être attribué au particulier qui le réclame, il doit nécessairement retomber dans le trésor public, qui est, pour ainsi dire, son réservoir naturel.

» Il y a plus. Le tribunal criminel aurait dû adjuger la confiscation à la république, même dans le cas où le commissaire du gouvernement ne l'eût requise, ni au profit des cit. Bossange, ni au profit de la république elle-même.

» C'est trop peu dire encore: il aurait dû adjuger la confiscation à la république, même dans le cas où le commissaire du gouvernement eût refusé expressément d'y conclure.

» C'est ce que vous avez décidé tout récemment, sur la demande en cassation formée par l'adjoint du maire d'Argental, contre un jugement du tribunal de police de ce canton. L'adjoint du maire, exerçant devant le tribunal de police les fonctions de commissaire du gouvernement, s'était opposé à une instruction qu'il croyait, mal à propos, irrégulière; et sous ce prétexte, il avait refusé de prendre des conclusions pour faire condamner à l'amende le prévenu qui, par le résultat de cette instruction, avait été prouvé coupable. En conséquence, le tribunal de police s'était borné à condamner le prévenu à 50 francs de dommages-intérêts envers la partie plaignante. Mais l'adjoint du maire vous ayant dénoncé ce jugement, vous l'avez cassé le 24 nivôse dernier, au rapport du cit. Liborel, *attendu*, avez-vous dit, *qu'il a contrevenu à l'art. 606 du Code des délits et des peines, en ne prononçant aucune condamnation d'amende.*

» Mais nous raisonnons ici sur une hypothèse absolument gratuite : nous supposons que le commissaire du gouvernement près le tribunal criminel a consenti, par ses dernières réquisitions, que le bénéfice de la confiscation fût adjugé aux cit. Bossange; et cette supposition n'est rien moins qu'exacte. Les dernières réquisitions du commissaire du gouvernement sont littéralement transcrites dans le jugement attaqué, et qu'y voyons-nous?

» Nous y voyons le commissaire du gouvernement conclure à deux choses très-distinctes : d'abord, à ce que *les exemplaires qui ont été saisis soient confisqués;* ensuite, à ce que les cit. Moutardier et Leclerc *soient condamnés solidairement et par corps, à payer à Bossange, Masson et Besson, la valeur de trois mille exemplaires du*

Dictionnaire contrefait, ou telle somme qui sera fixée par le tribunal, pour tenir lieu auxdits Bossange, Masson et Besson, de leurs dommages et intérêts.

» Nous y voyons quelque chose de plus : nous y voyons le commissaire du gouvernement motiver ces deux différens chefs de conclusions, sur le *principe incontestable* (ce sont ses termes) *que les auteurs d'un délit quelconque,* INDÉPENDAMMENT DES PEINES DÉTERMINÉES PAR LA LOI POUR LA VINDICTE PUBLIQUE, *sont en outre reponsables envers les particuliers de tous les dommages causés par le délit; et que tous ceux qui ont éprouvé quelque dommage, par suite d'un délit, ont une action directe en dédommagement, qu'ils peuvent exercer en même temps et devant le même juge que l'action publique, ce qui est établi par les art. 6, 7 et 8 du Code des délits et des peines.*

» Ainsi, le commissaire du gouvernement distingue, avec autant de précision que d'exactitude, *les peines déterminées par la loi pour la vindicte publique,* d'avec le dédommagement dû au particulier lésé par un délit; et partant de cette distinction, qui n'est que l'écho littéral de l'art. 4 du Code du 5 brumaire an 4, il conclud, d'une part, purement et simplement à la confiscation des exemplaires de l'édition contrefaite par les cit. Moutardier et Leclere; de l'autre, à ce que les cit. Moutardier et Leclere soient condamnés, envers les cit. Bossange, aux dommages - intérêts que la loi du 19 juillet 1793 fixe à la valeur de trois mille exemplaires.

» Sans doute, par ces conclusions définitives, il renonce; quant aux dommages-intérêts, à celles qu'il avait prises subsidiairement en faveur de la nation; et il demande qu'à cet égard, les cit. Bossange soient les seuls qui profitent de la condamnation qu'il provoque.

» Mais quant à la confiscation, il ne la requiert pas au profit des cit. Bossange : encore une fois , il requiert purement et simplement; et par conséquent, c'est au profit du trésor public qu'il la requiert; car, par sa nature, toute amende, toute confiscation prononcée en police correctionnelle, appartient de plein droit au trésor public, comme nous l'avons remarqué; la preuve en est écrite textuellement dans l'art. 190 du Code, et ce qui doit, sur ce point, faire évanouir jusqu'au plus léger des doutes, c'est que le commissaire du gouvernement a soin d'exprimer, dans les motifs de ses réquisitions, que la confiscation à laquelle il va conclure, est une *peine déterminée par la loi pour la vindicte publique.*

» Disons donc que le tribunal criminel du département de la Seine a violé, sous deux rapports également palpables, les art. 4 et 5 du Code des délits et des peines; qu'il les a violés, en déclarant le ministère public non-recevable à poursuivre le délit de contrefaçon en général; qu'il les a violés, en le déclarant non-recevable à poursuivre ce dé-

lit, dans la circonstance particulière, où il s'agissait d'un ouvrage appartenant à la nation; et que, sous l'un comme sous l'autre rapport, son jugement doit être cassé.

» Nous pourrions nous arrêter ici; mais un deuxième moyen de cassation nous est proposé par le commissaire du gouvernement près le tribunal criminel, et il est de notre devoir de le discuter.

» Ce moyen est tiré des dispositions de la loi du 19 juillet 1793, et il vous présente à décider la question de savoir si ces dispositions ont été violées au préjudice des cit. Bossange et compagnie, par le jugement du 24 frimaire dernier.

» Nous disons, *au préjudice des cit. Bossange et compagnie;* car, dans cette partie de la cause, il ne s'agit plus de l'intérêt social, il ne s'agit plus de l'atteinte que le jugement dénoncé a pu porter aux principes régulateurs de la vindicte publique ; il ne s'agit plus que de l'intérêt particulier des cit. Bossange; et de là naît, dans la bouche des cit. Moutardier et Leclere, une observation qu'ils n'ont pas expressément qualifiée de fin de non-recevoir, contre le second moyen du commissaire du gouvernement, mais qui, si elle était fondée, n'en aurait pas moins l'effet d'une fin de non-recevoir proprement dite.

» Suivant les cit. Moutardier et Leclere, le commissaire du gouvernement près le tribunal criminel *ne peut point proposer d'ouverture de cassation qui ait son principe unique dans l'intérêt de Bossange. Cela est,* ajoutent-ils, *de toute évidence.*

» Et nous, au contraire, il nous paraît, *de toute évidence* que, si la loi du 19 juillet 1793 a été violée au préjudice des cit. Bossange, le commissaire du gouvernement a pu et dû vous en dénoncer la violation.

» Dans les tribunaux criminels, comme dans les tribunaux civils, le ministère public est le gardien de la loi; il veille à ce qu'elle soit constamment observée, il la rappelle aux juges, il en requiert l'application dans les jugemens.

» Mais il est, à cet égard, chargé, dans les tribunaux criminels, d'une mission qui ne lui appartient pas dans les tribunaux civils, c'est de poursuivre la cassation des jugemens qui contrarient la loi.

» Et il est fort indifférent que ces jugemens la contrarient au préjudice de la société ou au préjudice d'un particulier : dans un cas comme dans l'autre, le recours en cassation est toujours ouvert au ministère public. Ainsi, un accusé est-il condamné à une peine qui excède les termes de la loi ? Le ministère public peut requérir la cassation de son jugement, quoique l'accusé lui-même ne s'en plaigne pas. Ainsi, en fait de marchandises anglaises saisies à l'importation , les saisissans sont-ils, contre le texte formel de la loi du 10 brumaire an 5, déboutés de leur demande en confiscation?

Le ministère public est là pour invoquer en leur faveur l'autorité du tribunal suprême. En un mot, dans tous les cas où la loi a été violée en matière criminelle, le droit, comme le devoir du ministère public, est de prendre les voies nécessaires pour en faire réparer l'infraction. L'art. 441 du Code des délits et des peines ne fait aucune distinction, quand il dit que, dans les trois jours de la prononciation du jugement, le commissaire du gouvernement peut déclarer qu'il en demande la cassation *au nom de la loi*.

» Examinons donc si le tribunal criminel de la Seine a fait une juste application de la loi du 19 juillet 1793, ou s'il y a contrevenu, par la manière dont il a prononcé à l'égard des cit. Bossange.

» Comme nous l'avons déjà observé, il est reconnu, par le jugement du tribunal criminel, que le *Dictionnaire de l'académie française* est une propriété nationale. De cette vérité fondamentale découlent deux conséquences infiniment simples : l'une, que la nation a pu transférer aux personnes qu'elle a trouvé lui convenir à cet effet, le droit d'imprimer ce Dictionnaire; l'autre, que nul n'a pu réimprimer ce Dictionnaire sans le consentement de la nation.

» La première de ces deux conséquences est écrite littéralement dans la loi du 19 juillet 1793 : *Les auteurs d'écrits en tous genres* (porte l'art. 1 de cette loi) *jouiront, durant leur vie entière, du droit exclusif de vendre*, FAIRE VENDRE, *distribuer leurs ouvrages dans le territoire de la république*, ET D'EN CÉDER LA PROPRIÉTÉ, en tout ou EN PARTIE. L'art. 2 ajoute : *Leurs héritiers* OU CESSIONNAIRES *jouiront du même droit durant l'espace de dix ans, après la mort des auteurs*.

» Ces deux textes, comme vous le voyez, proclament, comme inhérent à la propriété d'un ouvrage littéraire, le droit d'en *céder la propriété en tout ou en partie*.

» La cessibilité de la propriété entière ou partielle d'un ouvrage littéraire est donc un droit inhérent à la propriété même de cet ouvrage.

» Or, comment peut-on devenir cessionnaire de la propriété d'un ouvrage littéraire? On peut le devenir de deux manières différentes, comme on peut, de deux manières différentes, acquérir la propriété partielle d'un fonds de terre.

» Propriétaire intégral d'un fonds de terre, je puis vous associer à ma propriété dans toute sa solidité comme dans toute son étendue; et si je le fais, nous serons, vous et moi, co-propriétaires par indivis de ce fonds.

» Mais je puis aussi vous céder la jouissance superficiaire de la totalité de mon fonds, et cela, soit pour un temps et pour un objet limités, soit pour un temps et pour un objet indéfinis; et, dans ce cas, vous serez, par l'effet de cette cession, et tant qu'elle durera, propriétaire en partie du bien qu'elle a pour objet : car l'usufruit fait partie de la propriété ; et c'est aliéner en partie son fonds que d'en céder l'usufruit.

» Par la même raison, le propriétaire d'un ouvrage littéraire peut transférer à un imprimeur, à un libraire, à un spéculateur quelconque, la moitié, le tiers, le quart de sa propriété pleine et entière; mais il peut aussi ne lui en transférer que la jouissance, et faire porter cette jouissance sur l'ouvrage entier, avec la condition qu'elle ne dépassera point telles limites : c'est ce qu'on appelle, en termes de librairie, *céder l'édition d'un ouvrage*.

» La nation, propriétaire du *Dictionnaire de l'académie française*, a donc le droit d'en céder à qui il lui plaît la faculté d'en faire une édition.

» Et en vain a-t-on soutenu que la loi, ne parlant que des *auteurs*, ne pouvait pas être appliquée à la nation, qui n'est pas et ne peut pas être l'auteur du *Dictionnaire de l'académie française*.

» Le mot *auteurs* n'a pas, dans la loi, une signification aussi restreinte qu'on a voulu le prétendre. Il désigne, non-seulement ceux qui ont composé par eux-mêmes un ouvrage littéraire, mais encore ceux qui l'ont fait composer par d'autres, et qui en ont pris la composition à leur compte.

» Ainsi, ce n'est pas le feu cit. Panckoucke qui a composé l'*Encyclopédie méthodique*; il l'a fait composer par des gens de lettres dont il en a distribué les matières, et dont il a salarié le travail. Et certainement, depuis comme avant la loi du 19 juillet 1793, le cit. Panckoucke a été universellement reconnu seul propriétaire de l'*Encyclopédie méthodique*; et le cit. Panckoucke aurait pu la *céder en tout ou partie* à des étrangers, comme il a pu la transmettre, et comme de fait il l'a transmise à ses héritiers.

» Le cit. Guyot n'a composé qu'une partie du *Répertoire de jurisprudence*. Les trois quarts au moins de cet ouvrage ont été composés par des jurisconsultes que le cit Guyot avait associés à ses travaux, et qu'il a indemnisés par des honoraires payés au fur et à mesure qu'ils lui remettaient leurs manuscrits. Cependant qui est-ce qui oserait aujourd'hui contester au cit. Guyot, sur l'intégralité du *Répertoire de jurisprudence*, le plein exercice des droits que la loi du 19 juillet 1793 attribue aux auteurs sur leurs ouvrages?

» Ce n'est pas le cit. Agasse qui a composé la collection du *Moniteur*, il n'en a pas même fourni personnellement un seul article ; cependant si quelqu'un s'avisait aujourd'hui de réimprimer cette collection, sans le consentement du cit. Agasse, bien sûrement le cit. Agasse trouverait dans la loi du 19 juillet 1793, des armes répressives de cette violation de sa propriété.

» Ce n'est pas la nation qui compose le *Bulletin des jugemens du tribunal de cassation*; cependant c'est au profit de la nation que se vendent ceux des exemplaires de cet ouvrage qui ne sont pas réservés pour les fonctionnaires publics, auxquels le gouvernement le fait distribuer; et s'il plaisait au gouvernement d'en céder la propriété

83.

en partie, ou pour un temps plus ou moins long, à un imprimeur ou à un libraire, très-certainement on ne pourrait voir dans cette cession qu'un acte permis par la loi du 19 juillet.

» Il y a plus (et ceci répond encore bien plus directement au *parère* qu'on vous a lu à l'audience du premier de ce mois, et dans lequel il est dit, avec un ton d'assurance qui ne devrait convenir qu'à la vérité, que jamais le gouvernement ne fait vendre à son profit les éditions des ouvrages qui lui appartiennent) ; il y a plus, disons-nous : lorsque le gouvernement fait imprimer à l'imprimerie de la république des ouvrages d'un grand intérêt, qui ont été composés par des auteurs qu'il veut honorer par cette marque spéciale de sa considération, c'est au profit de la république elle-même, que se vendent les exemplaires de ces ouvrages :

» *Lorsqu'il sera imprimé* (à l'imprimerie de la république), porte l'art. 6 de l'arrêté des consuls, du 19 frimaire an 9, *des ouvrages susceptibles de la vente au public, les exemplaires qui en auront été tirés au-delà du nombre nécessaire pour le service du gouvernement, ne pourront être vendus qu'au profit de l'imprimerie de la république.*

» Et si quelque forban de la librairie s'ingérait de contrefaire de pareils ouvrages, très-certainement le gouvernement aurait le droit de le poursuivre et de le faire condamner aux peines portées par la loi du 19 juillet.

» Or, les droits qui appartiennent à la nation sur les ouvrages que les auteurs lui remettent pour les faire imprimer dans son imprimerie, les droits qui appartiennent à la nation sur le *Bulletin des jugemens du tribunal de cassation*, les droits qui appartiennent au cit. Agasse sur le *Moniteur*, au cit. Guyot sur le *Répertoire de jurisprudence*, ces mêmes droits appartiennent incontestablement à la nation sur le *Dictionnaire de l'académie française*.

» Ils lui appartiennent, parceque c'est la nation elle-même qui a institué, qui a salarié l'académie française, pour composer ce Dictionnaire.

» Ils lui appartiennent, parceque l'académie française, avant sa suppression, ne possédait son Dictionnaire et n'en pouvait disposer, que comme les corporations possèdent des biens quelconques, que comme le clergé, par exemple, possédait ci-devant ses immenses propriétés territoriales, c'est-à-dire au nom et pour le compte de la nation.

» Ils lui appartiennent enfin, parceque la nation est rentrée, par la suppression de l'académie française, dans l'exercice entier et actuel de tous les droits de propriété dont elle avait jusqu'alors laissé jouir cette compagnie; parceque telle est la disposition textuelle de la loi du 6 thermidor an 2.

» La nation peut donc aujourd'hui, à l'égard du Dictionnaire dont il s'agit, tout ce que pourrait l'académie française, avec le consentement de la nation, si cette compagnie existait encore; elle

peut donc, comme le pouvait l'académie française, immédiatement après la loi du 19 juillet, et avant sa suppression, céder à qui il lui plaît, soit en tout ou en partie, la propriété de son Dictionnaire; elle peut donc, comme le pouvait l'académie française, céder à qui il lui plaît le droit de donner à ce Dictionnaire une nouvelle édition.

» Notre première conséquence du droit de propriété de la nation, sur le *Dictionnaire de l'académie française*, se trouve donc invinciblement démontrée.

» La seconde n'est pas plus difficile à établir; et c'est encore dans la loi du 19 juillet 1793, que nous en puisons la preuve.

» Le premier article de cette loi attribue aux propriétaires d'écrits en tout genre, le *droit exclusif* de vendre, faire vendre et distribuer leurs ouvrages dans le territoire de la république. Certainement ce droit ne serait pas *exclusif* pour le propriétaire, si l'on pouvait, sans sa permission, *vendre, faire vendre et distribuer* l'écrit qui lui appartient.

» Mais l'art. 3 s'explique encore plus clairement sur ce point : il déclare confiscables *tous les exemplaires des éditions imprimées sans la permission formelle et par écrit des auteurs.* Cette permission est donc nécessaire à quiconque entreprend l'édition d'un ouvrage qu'il n'a pas composé ou fait composer; c'est donc un délit d'entreprendre cette édition sans la permission du propriétaire.

» Notre deuxième conséquence n'est donc pas plus susceptible de difficulté que la première; et il ne s'agit plus que de les appliquer toutes deux à la cause.

» D'abord, la nation a-t-elle cédé aux cit. Smits et Maradan le droit de faire une cinquième édition du *Dictionnaire de l'académie française?* Et les cit. Bossange représentent-ils, à cet égard, les cit. Smits et Maradan? Ce sont deux questions sur lesquelles on s'est beaucoup et beaucoup trop étendu devant le tribunal criminel, mais qui ne peuvent plus être agitées devant nous : le tribunal criminel les a décidées pour l'affirmative; et sa décision n'étant, ni sur l'un ni sur l'autre point, attaquée par aucune des parties, fait nécessairement, pour toutes les parties, une loi dont il leur est impossible de s'écarter.

» Ensuite, la nation a-t-elle permis aux cit. Moutardier et Leclere de donner une *nouvelle édition* de ce même Dictionnaire? Les cit. Moutardier et Leclere conviennent eux-mêmes que non. Les cit. Moutardier et Leclere conviennent donc, par cela même, qu'ils ont contrefait le *Dictionnaire de l'académie française*; et leur aveu, pour n'être qu'implicite, n'en est pas moins irréfragable.

» Ainsi, trois vérités constantes :

» La nation est propriétaire du *Dictionnaire de l'académie*;

» Les cit. Bossange sont cessionnaires *en partie* de la propriété de la nation;

» Les cit. Moutardier et Leclere ont imprimé,

sans le consentement de la nation, le Dictionnaire qu'ils ne pouvaient imprimer qu'avec sa *permission formelle et par écrit*.

» Maintenant quelle doit être, d'après la loi du 19 juillet 1793, la condition des cit. Moutardier et Leclere? Quelle doit être, d'après la même loi, la condition des cit. Bossange et compagnie?

» La condition des cit. Moutardier et Leclere n'est pas et ne peut pas être douteuse. Coupables du délit de Contrefaçon, ils doivent à la fois en subir la peine publique, et en supporter les dommages-intérêts.

» La peine publique, c'est la confiscation; les dommages-intérêts consistent dans *une somme équivalente au prix de trois mille exemplaires de l'édition originale*.

» Mais cette confiscation, ces dommages-intérêts, à qui doit-on les adjuger? La république a-t-elle seule le droit de les réclamer? Ou les cit. Bossange ont-ils aussi qualité pour y prétendre? C'est ici la grande question de cette partie de la cause.

» Mais, sur cette question, il se présente d'abord un mot décisif contre les cit. Moutardier et Leclere : c'est qu'elle leur est absolument étrangère, c'est qu'ils sont sans intérêt quelconque pour la discuter.

» Que leur importe, en effet, que ce soit la république ou les cit. Bossange qui recueillent les profits pécuniaires de leur délit? Coupables, ils doivent payer à qui de droit. De savoir s'ils paieront à tel ou tel, c'est un démêlé qui ne les regarde pas.

» Et inutile de dire qu'ils ne doivent pas payer, si les parties qui se présentent pour recevoir, n'ont pas qualité pour les actionner.

» Certainement la république reconnue par le jugement du tribunal criminel, propriétaire du Dictionnaire contrefait, a, par cela seul, qualité pour les actionner, tant pour la confiscation que pour les dommages-intérêts.

» Or, la confiscation, elle l'a requise par l'organe du ministère public, et nous croyons avoir démontré qu'elle a pu la requérir de cette manière.

» Quant aux dommages-intérêts, elle n'a pas, il est vrai, employé la voie légale pour les faire adjuger à son profit; elle ne les a pas demandés par l'organe d'un agent-administrateur; mais elle a déclaré, par la lettre du ministre de l'intérieur, du 8 prairial an 10, que les cit. Bossange étaient en droit d'en poursuivre le recouvrement devant les tribunaux. Elle a, par conséquent, cédé aux cit. Bossange l'action qu'elle pouvait avoir à cet effet; et par conséquent encore, les cit. Bossange, s'ils n'avaient pas d'eux-mêmes ce droit, l'auraient acquis par la déclaration ministérielle dont ils sont porteurs.

» Ainsi, non-seulement les cit. Moutardier et Leclere sont non-recevables à critiquer la qualité des cit. Bossange pour les poursuivre; mais le tribunal criminel du département de la Seine, en donnant cette qualité aux cit. Bossange, a ouvertement contrevenu à une décision administrative, et a conséquemment violé l'art. 13 du tit. 2 de la loi du 24 août 1790.

» Mais c'est trop nous arrêter aux avenues de la question que nous avons annoncée : il est temps de pénétrer dans l'intérieur de cette question, et de voir si, même indépendamment de la lettre du ministre de l'intérieur, du 8 prairial an 10, cette question n'aurait pas dû être résolue par le tribunal criminel, en faveur des cit. Bossange.

» Nous l'avons déjà dit, les cit. Bossange sont reconnus par le tribunal criminel lui-même, cessionnaires de la république, quant au droit de donner une édition du *Dictionnaire de l'académie française*.

» D'après cela, comment le tribunal criminel a-t-il pu les déclarer non-recevables à poursuivre les contrefacteurs de ce Dictionnaire?

» A-t-il jugé que la Contrefaçon dont ils se plaignaient, ne leur portât point préjudice?

» Non, il a au contraire déclaré, ou du moins supposé, et supposé en termes exprès, qu'ils étaient lésés par cette Contrefaçon, et qu'ils avaient *intérêt* de la faire punir.

» Mais il a jugé, d'une part, que, *pour intenter une action, il ne suffit pas d'avoir intérêt, et qu'il faut encore avoir qualité*; de l'autre, que les peines et les indemnités prononcées par la loi du 19 juillet 1793, ne le sont, aux termes des art. 4 et 5, qu'au profit du propriétaire de l'ouvrage contrefait; et que, par conséquent, elles ne peuvent pas être réclamées par *celui qui n'a été autorisé qu'à faire l'édition d'un livre*.

» C'est d'abord une étrange assertion que celle de dire : *pour intenter une action, il ne suffit pas d'avoir intérêt, il faut encore avoir qualité*. S'il y a dans le droit une maxime constante et indubitable, c'est bien assurément celle qui porte que *l'intérêt est la mesure des actions*; et que la qualité pour intenter une action, est entièrement subordonnée à l'intérêt que l'on peut y avoir. Or, les cit. Bossange et compagnie sont, de l'aveu du tribunal criminel, intéressés à poursuivre les contrefacteurs de leur édition; ils ont donc qualité pour les poursuivre en effet.

» Voilà ce que nous disent la raison et l'équité: serait-il possible que la loi du 19 juillet tînt un autre langage? Serait-il possible qu'elle fût assez inconséquente, pour laisser sans action l'entrepreneur qui, ayant fait les frais de l'édition d'un livre, avec la permission du propriétaire, se voit tout-à-coup dépouillé, par un coupable *larcin*, du fruit de sa dépense et de ses soins personnels? Non, nous n'en sommes pas réduits à faire ce reproche à la loi, et vous allez voir que le tribunal criminel l'a doublement calomniée; qu'il l'a calomniée, en dissimulant les dispositions qu'elle renferme; qu'il l'a calomniée, en lui prêtant des dispositons qu'elle ne renferme pas; et que

que, par là, il l'a tout à la fois violée et appliquée à faux.

» L'art. 1ᵉʳ.; nous l'avons déjà dit, place au rang des attributs de la propriété d'un ouvrage littéraire, le droit de céder cette propriété *en tout ou en partie*. Ainsi, lorsque, dans les articles suivans, il est parlé des *cessionnaires*, c'est évidemment des cessionnaires d'une propriété partielle, comme des cessionnaires d'une propriété intégrale, que ces articles sont censés parler.

» Or, nous l'avons prouvé jusqu'au plus haut degré d'évidence, l'entrepreneur qui a acquis du propriétaire d'un livre, le droit d'en faire une édition, est, à ce titre, *cessionnaire en partie* de la propriété de ce livre. Il est par conséquent compris dans les dispositions de la loi du 19 juillet 1793, qui sont relatives aux *cessionnaires*, et qui règlent leurs droits.

» Il a donc, aux termes de l'art. 2, *le droit exclusif de vendre, faire vendre et distribuer dans le territoire de la république*, l'ouvrage dont il est éditeur.

» Il a donc, aux termes de l'art. 3, le droit de faire saisir et *confisquer à son profit tous les exemplaires des éditions imprimées sans la permission formelle et par écrit* de son cédant; car, remarquons-le bien, dans cet art. 3, les *cessionnaires* sont mis à côté des auteurs et de leurs héritiers : *à la réquisition*, porte-t-il, *et au profit des auteurs, leurs héritiers ou cessionnaires*.

» Comment donc le tribunal criminel du département de la Seine a-t-il pu se permettre de dire que les peines écrites dans la loi, ne sont pas applicables à *celui qui n'a été autorisé qu'à faire une édition d'un livre?* La loi veut qu'on les applique *aux cessionnaires* des auteurs ou de leurs représentans, comme aux auteurs eux-mêmes. Le tribunal criminel s'est donc mis en opposition manifeste avec la volonté expresse de la loi.

» Mais, a-t-il dit, *les peines et les indemnités que la loi prononce, ne sont textuellement accordées, dans les art. 4 et 5, qu'au véritable propriétaire;* et l'on ne peut pas considérer comme *véritable propriétaire* un simple éditeur, même autorisé.

» Mauvaise défaite et pure équivoque.

» D'abord, il n'est pas question de *peines* dans les art. 4 et 5; il ne s'y agit que des *indemnités*. La peine de la Contrefaçon est déterminée par l'art. 3, et il est inutile de répéter que cet article la prononce au profit du *cessionnaire* de l'auteur ou de son représentant, et par conséquent au profit de l'entrepreneur qui tient de l'auteur ou de son représentant, le droit de faire une édition. Ainsi, d'après cet article, le tribunal criminel ne pouvait au moins se dispenser d'adjuger aux cit. Bossange et compagnie, la confiscation des exemplaires contrefaits; et il a ouvertement violé cet article, en la leur refusant.

» Quant aux art. 4 et 5, il est vrai que c'est au *véritable propriétaire* qu'ils attribuent les indemnités auxquelles ils condamnent, l'un, les contrefacteurs, l'autre, les distributeurs d'éditions contrefaites. Mais qu'entendent-ils par ces mots, *véritables propriétaires?*

» Ils entendent l'auteur, s'il existe encore.

» Ils entendent le représentant de l'auteur, si celui-ci n'existe plus.

» Ils entendent le *cessionnaire*, soit de l'auteur, soit de son représentant, si l'un ou l'autre a transféré *en tout ou en partie* la propriété de son ouvrage; car le cessionnaire est *propriétaire* ni plus ni moins que l'était son cédant, et comme nous ne l'avons déjà que trop répété, il est ou propriétaire intégral, ou propriétaire partiel, suivant la nature et l'étendue de la cession qui lui a été faite.

» Ils entendent par conséquent, pour nous servir des expressions du tribunal criminel, *celui qui n'a été autorisé qu'à faire une édition d'un livre*, comme celui qui a composé ce livre, comme celui à qui l'auteur du livre en a vendu l'entière propriété.

» Le tribunal criminel a donc violé ces articles, en refusant aux cit. Bossange les *indemnités* qu'ils accordent au *véritable propriétaire*, comme il a violé l'art. 3, en leur refusant le bénéfice de la confiscation.

» L'erreur du tribunal criminel vient de ce qu'il n'a pas vu, dans les art. 4 et 5, quel avait été l'objet du législateur, en employant les mots *véritable propriétaire*.

» Le tribunal criminel a traduit ces mots par ceux-ci : *propriétaire du fonds de l'ouvrage contrefait;* et il en a conclu que la république ayant conservé la propriété foncière du *Dictionnaire de l'académie française*, à elle seule appartenait le droit d'en poursuivre les contrefacteurs.

» Mais, c'est là une méprise manifeste. La loi ne se sert des expressions, *véritable propriétaire*, elle n'ajoute au mot *propriétaire*, l'épithète *véritable*, que par opposition au terme *contrefacteur*, qu'elle emploie dans les mêmes articles. Ainsi, le *véritable propriétaire* à qui elle attribue les indemnités qu'elle détermine, c'est celui dont l'édition a été contrefaite, c'est par conséquent l'auteur ou son représentant, si c'est l'auteur ou son représentant qui a donné l'édition qu'elle appelle *originale;* c'est par conséquent le cessionnaire de l'auteur ou de son représentant, si, par l'un ou l'autre, un entrepreneur a été autorisé à faire une édition de son livre.

» Mais, disent les cit. Moutardier et Leclere, la loi du 19 juillet 1793 ne donnerait aux cit. Bossange le droit de nous poursuivre, qu'autant que les cit. Bossange eussent acquis de la nation le droit exclusif de réimprimer le *Dictionnaire de l'académie française*. Or, ce droit exclusif, les cit. Bossange ne l'ont pas reçu de la nation : les cit. Bossange sont donc sans action contre nous.

» Cet argument est déjà détruit par les deux conséquences que nous avons vu dériver du fait que le *Dictionnaire de l'académie française* appartient à la nation.

» Car, si la nation a pu céder au cit. Bossange le droit de réimprimer ce Dictionnaire, si elle le leur a cédé en effet, et si elle ne l'a cédé qu'à eux, bien évidemment ce droit est exclusif en leur faveur, bien évidemment ils ont seuls ce droit, bien évidemment ils ont action contre ceux qui contrefont le *Dictionnaire de l'académie.*

» Mais, disent encore les cit. Moutardier et Leclere, quel sera donc le terme de votre droit exclusif ?

» Quel en sera le terme? Cela ne regarde point les cit. Moutardier et Leclere. Les cit. Bossange jouiront de leur droit tant que la nation ne l'aura pas révoqué ou concédé à d'autres; et tant que la nation ne l'aura ni révoqué ni concédé à d'autres, il sera nécessairement exclusif, parcequ'eux seuls seront, à cet égard, les cessionnaires de la nation.

» Ici, nous n'avons pas besoin d'examiner si, comme le soutiennent les cit. Bossange, leur droit exclusif devra subsister jusqu'à l'entier épuisement de leur édition. Nous supposerons, si l'on veut, que la nation pourrait dès demain, dès ce jour même, le révoquer, et concéder à d'autres le droit de faire une sixième édition de son *Dictionnaire.* Nous supposerons, si l'on veut, que les cit. Bossange ne jouissent plus de leur droit exclusif de débit, que par la bienveillance de la nation, et par conséquent à titre précaire. Mais est-ce à dire pour cela que tant que dure leur titre précaire, ils sont sans action contre les contrefacteurs du *Dictionnaire de l'académie?*

» Non certes, et bien loin de là. Leur titre n'est précaire que vis-à-vis de la nation; vis-à-vis des tiers, leur titre confère les mêmes droits que s'il était incommutable. Le bon sens nous le dit et les lois le confirment. Dans la loi 17 D. *de precario*, on demande si le possesseur à titre précaire peut intenter, contre ceux qui le troublent dans sa jouissance, l'action possessoire, appelée en droit *interdictum uti possidetis* : et la réponse est qu'il peut l'intenter contre tous excepté contre celui de qui il tient son titre : *Qui precariò fundum possidet, ex interdicto uti possidetis adversùs omnes, præter eum quem rogavit, utipotest.*

» Ainsi, les cit. Bossange, s'ils ne sont plus réellement que possesseurs précaires de leur droit exclusif de débit, ne pourraient pas se plaindre de la nation, si elle concédait ce droit à un autre imprimeur; c'est-à-dire, si elle autorisait un autre imprimeur à faire une sixième édition de son Dictionnaire. Mais tant que la nation les laisse jouir du droit qu'elle leur a concédé, nul ne peut y porter atteinte par la Contrefaçon; et les cit. Bossange peuvent poursuivre les contrefacteurs, ni plus ni

moins que s'ils devaient perpétuellement jouir de leur droit.

» Une même réponse s'applique à une dernière objection que vous ont proposée les cit. Moutardier et Leclere, et qui consiste à dire que les cit. Bossange ont consommé leur droit par les ventes qu'ils ont faites, soit par eux-mêmes, soit par leurs cédans, de quelques parties de leur édition du *Dictionnaire de l'académie.*

» Et d'ailleurs, cette objection, quand elle serait en soi aussi bien fondée qu'elle le paraît aux cit. Moutardier et Leclere, est-ce devant vous, qu'elle peut être discutée? Elle porte sur un fait qui n'a pas été jugé par le tribunal criminel du département de la Seine; elle a trait au fond que le tribunal criminel du département de la Seine n'a pas voulu juger; elle ne peut donc pas couvrir la contravention que le tribunal criminel du département de la Seine a faite à la loi en ne jugeant pas le fond.

» Ce serait vous fatiguer inutilement que de vous rappeler ici et de réfuter pied à pied plusieurs autres objections du même genre, dans lesquelles se sont retranchés les cit. Moutardier et Leclere. Vous devez être maintenant bien convaincus que le tribunal criminel a tout à la fois violé et faussement appliqué, en ce qui concerne les cit. Bossange et compagnie, les dispositions de la loi du 19 juillet 1793, comme il a violé et faussement appliqué, en ce qui concerne le ministère public, les dispositions du Code des délits et des peines; et il ne nous reste plus qu'un mot à dire sur le point de savoir si les cit. Bossange sont recevables dans leur recours en cassation.

» Si les cit. Bossange sont recevables dans ce recours! Et pourquoi ne le seraient-ils pas ? C'est, dit-on, parceque les art. 440 et 441 du Code des délits et des peines n'accordent le recours en cassation qu'au *condamné* et au commissaire du gouvernement; c'est parceque de ces articles il résulte que la partie plaignante n'est, dans aucun cas, admise à requérir la cassation du jugement en dernier ressort qui a rejeté sa plainte.

» Mais les cit. Bossange ne sont-ils donc pas *condamnés* par le jugement qu'ils attaquent? *Condamner*, lisons-nous dans le *Dictionnaire de l'académie française, c'est donner un jugement contre quelqu'un.* Condamnation, dit Ferrière, en son Dictionnaire de pratique, *est le jugement qui condamne quelqu'un et le fait déchoir de ses prétentions; aussi,* continue-t-il, *dit-on au palais : subir condamnation, passer condamnation, pour dire qu'on se désiste de ses prétentions.*

» Or, le jugement dont se plaignent devant vous les cit. Bossange est certainement rendu contre eux; il les fait certainement déchoir des prétentions qu'ils avaient formées contre les cit. Moutardier et Leclere; les cit. Bossange sont donc *condamnés* par ce jugement; ils sont donc recevables à en poursuivre la cassation, et ce qui tranche absolument la difficulté, c'est que vous l'avez ainsi jugé, sections réunies, le 17 floréal dernier, non pas, comme l'ont soutenu les cit. Moutardier et Leclere, par des motifs particuliers à la régie des douanes, mais en thèse générale et pour toutes les parties plaignantes indistinctement (1).

» Dans ces circonstances et par ces considérations, nous estimons qu'il y a lieu de rejeter la fin de non-recevoir opposée aux cit. Bossange et compagnie par les cit. Moutardier et Leclere; faisant droit, tant sur le recours en cassation du commissaire du gouvernement près le tribunal criminel du département de la Seine, que sur celui des cit. Bossange et compagnie, casser et annuler le jugement du tribunal criminel du département de la Seine, du 24 frimaire dernier; renvoyer l'affaire et les parties devant le tribunal criminel le plus voisin; et ordonner qu'à notre diligence le jugement de cassation à intervenir sera imprimé et transcrit sur les registres du tribunal criminel du département de la Seine ».

Sur ces conclusions, arrêt du 7 prairial an 11, au rapport de M. Ligier de Verdigny, par lequel,

« Statuant sur la fin de non-recevoir proposée par Moutardier et Leclere;

» Considérant 1°. que la constitution accordant généralement la faculté du recours en cassation contre les jugemens des tribunaux d'appel, il faudrait, pour priver le plaignant, lorsqu'il a été condamné, de l'exercice de ce droit contre un jugement du tribunal criminel prononçant sur l'appel d'un jugement correctionnel, qu'il existât une exception ou une exclusion précise; que cette exception, cette exclusion n'étant prononcée par aucune loi, et celle du 3 brumaire an 4 accordant la faculté d'appel contre les jugemens des tribunaux correctionnels, il résulte de la disposition constitutionnelle, que la faculté du recours en cassation doit être admise contre les jugemens des tribunaux criminels en matière de police correctionnelle;

2°. Que, dans l'espèce, les procès-verbaux de saisie et de scellés ayant été annulés, et Moutardier et Leclere ayant été renvoyés de la plainte contre eux présentée, Bossange, Masson et Besson, dont toutes les prétentions ont été rejetées *avec dépens; doivent être considérés comme parties condamnées;*

» Par ces motifs, le tribunal rejette la fin de non-recevoir proposée par Moutardier et Leclere;

» Et faisant droit, tant sur le pourvoi du commissaire du gouvernement près le tribunal criminel du département de la Seine, que sur celui de Bossange, Masson et Besson;

» Vu les art. 4 et 5 du Code des délits et des peines, du 3 brumaire an 4, ainsi conçus....;

» Considérant 1° que la poursuite des délits appartient essentiellement et exclusivement au mi-

nistère public; que, dans l'espèce, s'agissant d'une plainte en Contrefaçon, c'est-à-dire d'un délit, le commissaire du gouvernement près le tribunal criminel du département de la Seine était *partie essentielle* par la nature du fait, soit pour la poursuite, soit pour la réquisition des peines prononcées par la loi du 19 juillet 1793;

» 2°. Qu'en admettant, ainsi qu'on l'a prétendu, que la nation étant seule intéressée, la poursuite devait être exercée en son nom par l'agent du trésor public ou par tout autre agent du gouvernement, cette circonstance, en la supposant vraie, n'était pas un motif pour paralyser et éteindre même l'action publique, qui, pour être mise en mouvement en matière de délit, n'a pas besoin de l'intervention ou du concours de la partie privée ou civile;

» Que le tribunal criminel du département de la Seine, en déclarant le commissaire du gouvernement non-recevable, non-seulement dans ses *demandes et consentement, mais encore dans ses conclusions,* sans aucune réserve, et même sans en excepter celles par lui prises et fixées par écrit, tendantes à l'application des peines prononcées par la loi du 19 juillet 1793, a commis un excès de pouvoir, et violé les art. 4 et 5 du Code des délits et des peines;

» Vu encore les art. 4 et 5 de la loi du 19 juillet 1793, ainsi conçus...;

» Considérant 1° que, par les décrets des 8 et 12 août 1793, toutes les académies ou sociétés littéraires *patentées* ou *dotées par la nation*, ont été supprimées; que les tableaux, statues, *livres* et *manuscrits* dont elles avaient *la jouissance* ont été déclarés, par le décret ultérieur du 6 thermidor an 2, *faire partie des propriétés de la république;*

» 2° Que l'exemplaire du *Dictionnaire de l'académie française*, chargé de notes marginales et interlinéaires, reconnu au procès *pour la véritable et unique copie* destinée pour servir de type à la cinquième édition qui était à faire lors de la suppression de l'académie française, faisait *partie des manuscrits* et *livres* appartenant à l'académie; que ces écrits, ces manuscrits étant devenus, par la volonté expresse de la puissance publique, une propriété de la nation, le gouvernement a été investi également du droit d'en disposer, et d'en permettre, ainsi qu'il l'a fait par un décret du 1er jour complémentaire an 3, l'édition au nombre de quinze mille exemplaires, aux cit. Smits, Maradan et compagnie, représentés aujourd'hui par Bossange, Masson et Besson;

» 3° Que le véritable propriétaire d'un écrit, dans le langage de la loi, peut être tout autre individu que l'auteur, puisqu'elle reconnaît pour tels *les cessionnaires en tout ou en partie de l'ouvrage;* que, par les art. 4 et 5 de la loi, précités, ces mots, *véritable propriétaire,* mis en opposition avec celui de *contrefacteur,* ne permettent pas de restreindre les véritables dispo-

_____

(1) *V.* l'article *Cassation*, §. 1.

sitions de la loi au seul propriétaire du fonds d'un ouvrage; qu'elles doivent s'étendre à tous ceux qui sont cessionnaires en tout ou en partie; que celui qui a reçu d'un auteur, ou d'un représentant de l'auteur, le droit d'en débiter une édition, est subrogé dans tous les droits et qualités de l'auteur;

» 4°. Qu'il est dans le texte, comme dans l'esprit de la loi, que le véritable propriétaire à indemniser par le contrefacteur, est le propriétaire de l'édition originale, c'est-dire, *l'éditeur*, puisque, dans le délit de Contrefaçon, il n'y a que *l'éditeur* dont les intérêts sont lésés par la Contrefaçon de l'édition originale; et que la peine prononcée par la loi contre les contrefacteurs, est l'indemnité due à l'éditeur qui souffre seul de cette Contrefaçon;

». Attendu enfin qu'il résulte de ces considérations, que le tribunal criminel du département de la Seine, en déclarant que Bossange, Masson et Besson *étaient sans qualité pour poursuivre l'action en Contrefaçon*, parceque cette action n'était donnée par la loi qu'au véritable propriétaire, a fait une fausse application des art. 4 et 5 de la loi du 19 juillet 1793;

» Par ces motifs, le tribunal casse et annulle, tant pour excès de pouvoir, contravention aux art. 4 et 5 de la loi du 5 brumaire an 4, que pour fausse application des art. 4 et 5 de celle du 19 juillet 1793, le jugement rendu le 24 frimaire dernier, par le tribunal criminel du département de la Seine; renvoie le procès devant le tribunal criminel du département de Seine-et-Oise, pour être procédé à un nouveau jugement, sur l'appel interjeté par Bossange, Masson et Besson....».

§. III. *Y a-t-il Contrefaçon, lorsque; sans la permission du propriétaire ou de son cessionnaire, un ouvrage est réimprimé sous le même titre que l'édition originale, mais avec l'addition des mots,* nouvelle édition augmentée; *dans le fait, cette nouvelle édition contient des changemens et des additions à l'ouvrage contrefait; et que d'ailleurs elle est annoncée comme faite à une autre époque, comme sortie des presses d'un autre imprimeur, comme mise en vente chez un autre libraire?*

V. l'article *Propriété littéraire*, §. 1.

§. IV. *Peut-on poursuivre comme contrefacteur, celui qui, ayant commenté un ouvrage déjà publié, le fait réimprimer avec son commentaire; et le propriétaire du premier peut-il faire saisir le deuxième comme une Contrefaçon?*

Cette question s'est élevée, sous l'ancien régime, entre la veuve Duchesne et le sieur Lejay, libraires, à Paris.

La veuve Duchesne avait obtenu, le 31 août 1770, un privilége exclusif pour l'impression et la vente des OEuvres diverses de Voltaire, notamment de *la Henriade*; et elle l'avait fait enregistrer à la chambre syndicale.

Quelques années après, le sieur Lejay a fait imprimer *la Henriade* avec des notes critiques, et il l'a mise sous le titre de *Commentaire sur la Henriade*, *par feu M. de la Beaumelle*, *revu et corrigé par M. Fréron*. La veuve Duchesne en a fait saisir les exemplaires, en vertu d'une ordonnance du lieutenant-général de police, commissaire du conseil en cette partie.

Le sieur Lejay a prétendu qu'il n'était point en contravention, parcequ'il n'avait pas imprimé *la Henriade* seule, mais avec un commentaire.

La veuve Duchesne a soutenu, au contraire, que les réglemens de la librairie défendaient absolument et indistinctement de contrefaire un livre imprimé en vertu d'un privilége, soit qu'on l'imprimât avec des notes ou sans notes, avec un commentaire ou sans commentaire; que le commentaire ni les notes ne donnaient à personne la propriété du texte, ni le droit de le faire imprimer et vendre à son profit; que les observations critiques sur la *Henriade* n'avaient pu la priver de son privilége; que le sieur Lejay était dans l'impossibilité de citer aucun réglement particulier qui eût dérogé aux lois générales sur la Contrefaçon, et qui eût établi l'exception injuste et absurde qu'il voulait introduire en sa faveur; qu'en un mot, le privilége n'admettait aucune restriction. A-t-on jamais cru, ajoutait-elle, qu'il fût permis à l'ouvrier qui fabrique des chaînes ou des cordons, de prendre à l'horloger des montres d'or, pour mieux vendre ses ouvrages?

« Qu'est-ce qu'une Contrefaçon dans la librairie, (répondait le sieur Lejay)? C'est, suivant la définition qu'en donne le *Dictionnaire de l'académie française*, la réimpression de ce poëme, tel que la veuve Duchesne a droit de le vendre. Cette définition du mot *contrefaire*, et son application, sont également justes.

» Mais si l'ouvrage renferme un autre corps d'ouvrage qui n'ait point été imprimé, qui n'aurait pu l'être en vertu du privilége sur lequel on établit le crime de la Contrefaçon, alors l'édition que l'on appelle *Contrefaçon* n'en est point une; c'est un ouvrage nouveau, pour l'impression duquel il faut un privilége particulier, et sans lequel il ne pourrait être imprimé.

» Or, le commentaire de M. de la Beaumelle n'est point une copie figurée de l'édition de *la Henriade*; c'est un ouvrage tout-à-fait distinct du poëme, dont le texte est la base; il est d'ailleurs beaucoup plus long que l'ouvrage de M. de Voltaire, et la veuve Duchesne n'aurait pas eu le droit de le faire imprimer en vertu de son privilége, puisqu'il a fallu une permission particulière pour l'offrir au public: il ne peut donc être regardé comme une Contrefaçon de la Henriade.

» *Contrefaire* est rendre *le même objet trait pour trait*; c'est *le représenter*. Ainsi, la réunion du texte au commentaire n'est point une Contre-façon dans la véritable acception du mot *contre-faire*.

» La veuve Duchesne a obtenu du roi le privilège d'imprimer, pendant six années consécutives, le théâtre et les œuvres de M. de Voltaire.

» Ce privilège défend à tous libraires et autres, d'en introduire en France aucune impression étrangère, comme aussi de les imprimer ou faire imprimer, de les vendre, débiter ou *contrefaire*, *et d'en faire aucuns extraits*, sans la permission expresse ou par écrit de la veuve Duchesne ou de ceux qui auront droit d'elle, à peine de trois mille livres d'amende.

» Ce privilège est le titre de la veuve Duchesne, et renferme tous les cas où elle a droit de le faire valoir ; on ne peut l'étendre au-delà de ses bornes, ni le restreindre.

» On ne voit point qu'il y soit défendu de faire *de commentaire* sur *la Henriade* : il est seulement défendu de *l'imprimer et de la contrefaire*, et d'en introduire dans le royaume des éditions étrangères.

» En effet, qu'est-ce qu'un commentaire ? C'est un composé de notes et d'observations nécessaires pour faire remarquer les beautés et les défauts d'un livre, pour les développer, et, en un mot, pour approfondir un ouvrage. Oter le texte, c'est détruire le commentaire, c'est l'anéantir ; or, s'il n'a de vie que par son union avec l'ouvrage principal, ils doivent paraître ensemble. Il est sûr qu'il y a nécessité au commentateur de rapporter l'objet qu'il commente, de le joindre au commentaire pour le placer sous les yeux du lecteur qui doit le juger ; et le propriétaire du texte ne peut pas s'y opposer.

» Examinons cela plus particulièrement. Si un commentateur n'avait pas ce droit, à quoi servirait un commentaire ? Il faudrait acheter l'ouvrage original, avoir deux livres sous les yeux, se fatiguer à suivre, page pour page, ligne pour ligne, mot pour mot, les deux volumes. Peut-on faire cette ridicule proposition ?

» A cet embarras se joint une nécessité relative à M. de Voltaire, qui oblige de joindre le texte de ses ouvrages aux commentaires. Tout le monde sait combien de fois on a imprimé les œuvres de ce poète ; cet homme célèbre les a si souvent corrigées, qu'un commentaire sur la moindre partie de ses productions, qui ne présenterait pas le texte au-dessus des notes, ne pourrait être d'aucune utilité au public. M. de la Beaumelle aurait-il pu remplir l'objet d'instruction qu'il s'était proposé dans son travail, s'il n'avait pas mis continuellement sous les yeux du public le texte du poète ?

Il aurait pu se faire que le lecteur eût eu une édition de *la Henriade* tout-à-fait différente de celle qui a été adoptée par M. de la Beaumelle, et que, rebuté à chaque instant par la différence du texte commenté d'avec celui qu'il aurait eu sous les yeux, il eût reproché au commentateur des mé-

prises, des erreurs qu'il n'aurait pas commises ; qu'il lui eût imputé des falsifications criminelles pour avoir le plaisir de critiquer M. de Voltaire, et des fautes dont il ne serait pas coupable. Ces imputations injustes n'auraient cependant eu d'autre fondement que la différence de l'édition que ce lecteur aurait eue sous les yeux avec celle que M. de la Beaumelle avait adoptée.

» Ainsi, cette nécessité de rapporter le texte serait un titre pour le sieur Lejay, s'il en avait besoin. Mais le droit du commentateur est certain ; aucune loi, aucun règlement ne lui défendent de joindre le texte au commentaire.

» Tous les jurisconsultes qui ont commenté les lois, les ont rapportées. Ceux qui ont travaillé sur les coutumes, ont mis leur commentaire sous le texte.

» Cette cause intéresse le public. Il ne s'agit point d'examiner le mérite de l'ouvrage qui donne lieu à la contestation ; la réputation de M. de Voltaire ne peut influer sur la décision.

» Le public doit être éclairé ; c'est aux gens de lettres que ce soin honorable est confié ; l'un produit une idée, un autre l'examine, l'approuve ou la critique ; le public juge. C'est par ce travail continuel que l'on arrive quelquefois à des connaissances utiles à l'humanité. Tous les ouvrages qui lui sont offerts dans cette vue, méritent sa protection et celle des magistrats qui sont choisis pour soutenir et défendre ses droits.

» On ne peut soupçonner d'autre intention dans le commentaire dont il s'agit. Si toutefois les observations n'en sont pas justes, c'est que c'est l'ouvrage d'un homme, et que malheureusement on fait beaucoup de chemin pour trouver une vérité ; mais il suffit qu'il y en ait pour qu'il mérite de paraître et que le public ait le droit de l'exiger ; qu'un règlement qui limiterait les facultés des gens de lettres, arrêterait le progrès des sciences, en les obligeant de ramper sous des conditions absurdes. Un libraire, un auteur, intéressés à la vente d'un ouvrage, élèveraient mille difficultés pour empêcher un commentaire de paraître ; si le commentateur était obligé de prendre leur agrément, de se rapprocher d'eux, et si, surtout, le commentaire était peu favorable à l'ouvrage, que d'embarras, de difficultés ! On verrait le magistrat continuellement occupé de leurs procès, et le public privé des lumières qu'il doit attendre des gens éclairés ».

Sur ces moyens respectifs, jugement du lieutenant-général de police, du 6 février 1776, qui donne main-levée au sieur Lejay de la saisie, et condamne la veuve Duchesne aux dépens.

Aurait-on pu juger de même après l'arrêt du conseil du 30 août 1777, et pourrait-on encore juger de même aujourd'hui ? *V.* l'article *Propriété littéraire*, §. 1.

§. V. 1°. *Y a-t-il Contrefaçon, lorsque, sans la permission d'un évêque, on réim-*

prime son catéchisme, ses instructions pastorales, ses sermons, etc. ?

2°. *Le cessionnaire d'un auteur, par acte sous seing-privé, enregistré seulement après la saisie des exemplaires contrefaits, a-t-il qualité pour poursuivre le contrefacteur ? L'a-t-il notamment, lorsqu'il n'a pas, avant la saisie, déposé à la bibliothèque du roi, deux exemplaires de la véritable édition ?*

Les deux premières questions ont été agitées avec d'autres qui sont indiquées sous les mots *Tribunal correctionnel*, §. 1, à l'audience de la cour de cassation, section criminelle, le 29 thermidor an 12. Voici les faits.

Dans le courant de pluviôse an 12, la veuve Malassis, imprimeur à Nantes, imprime et met en vente, d'après l'autorisation verbale de l'évêque de la même ville, un ouvrage intitulé : *Publication d'une indulgence plénière en forme de jubilé, avec le mandement de M. l'évêque de Nantes, suivie d'une Instruction en forme de catéchisme sur les indulgences et jubilés, et des prières pour la procession de l'ouverture, pour les stations et pour la clôture du jubilé. A Nantes, chez madame Malassis.*

Le 22 ventôse suivant, un commissaire de police se transporte, par ordre du substitut-magistrat de sûreté, dans les magasins de Jean Gaudin-Odiette, imprimeur, et de Nicolas Busseuil, libraire à Nantes, et y saisit plusieurs exemplaires d'une édition nouvelle du même ouvrage.

Le 25 du même mois, l'évêque de Nantes donne à la veuve Malassis une déclaration ainsi conçue : « Je soussigné reconnais avoir cédé à madame Malassis, mon imprimeur, la propriété d'une brochure intitulée : *l'ublication d'une indulgence..,* pour qu'elle la fasse imprimer et en jouisse exclusivement, comme j'aurais pu le faire moi-même ; et quoique cette cession soit faite *gratis*, je déclare cependant, et pour la fixation du droit d'enregistrement, en cas de besoin, estimer mon manuscrit la somme de 50 francs. Fait à Nantes....».

Le même jour, la veuve Malassis, après avoir fait enregistrer cette déclaration, cite l'imprimeur Gaudin-Odiette et le libraire Busseuil, à l'audience correctionnelle du tribunal de première instance de Nantes, pour s'y voir condamner aux peines infligées aux contrefacteurs, par la loi du 19 juillet 1793.

Le lendemain, jugement qui, vu l'art. 6 de la loi du 19 juillet 1793, et faute, par la veuve Malassis, d'avoir justifié qu'elle eût déposé deux exemplaires de l'ouvrage dont il s'agit, à la bibliothèque nationale, la déclare non-recevable, quant à présent dans son action.

La veuve Malassis appelle de ce jugement, fait en conséquence citer Gaudin-Odiette et Busseuil devant la cour de justice criminelle du département de la Loire-Inférieure.

Le 30 du même mois, elle fait à la bibliothèque nationale le dépôt prescrit par la loi du 19 juillet 1793.

Le 3 germinal suivant, un commissaire de police saisit chez le libraire Busseuil de nouveaux exemplaires de l'ouvrage dont il s'agit.

Le 5, la veuve Malassis fait citer Busseuil à l'audience correctionnelle du tribunal de première instance de Nantes. Busseuil, comparaissant sur cette citation, soutient que l'ouvrage dont on a saisi chez lui des exemplaires, est une propriété publique, sur laquelle ne peut s'exercer le droit d'auteur ; il observe d'ailleurs que la veuve Malassis a pris, dans deux imprimés étrangers à cet ouvrages, la qualité d'imprimeur-libraire du clergé, et demande que défenses lui soient faites de la prendre à l'avenir.

Le 10, jugement qui déclare Busseuil convaincu d'avoir débité des contrefaçons de l'imprimé ayant pour titre, *Publication d'une indulgence.....,* ; confisque les exemplaires contrefaits qui ont été saisis dans sa boutique ; et le condamne, envers la veuve Malassis, à une amende de 300 francs.

Busseuil appelle de ce jugement : la veuve Malassis, de son côté, en appelle aussi en ce qu'il n'a pas déclaré Busseuil convaincu d'avoir lui-même imprimé l'édition contrefaite.

Par arrêt du 18 prairial an 12, la cour de justice criminelle, statuant à la fois sur ces deux appels et sur celui que la veuve Malassis avait précédemment interjeté du jugement du 26 ventôse, « rejette les requêtes d'appel de la dame Malassis, » et faisant droit sur l'appel de Busseuil, dit qu'il » a été mal jugé......, décharge Busseuil des con-» damnations prononcées contre lui ; ordonne que » les imprimés saisis chez lui, lui seront rendus ; » fait défense à la veuve Malassis de prendre la » qualité d'imprimeur du clergé...... »

La veuve Malassis se pourvoit en cassation, et soutient

1°. Que, d'après l'art. 5 du Code des délits et des peines, du 3 brumaire an 4, le ministère public aurait dû figurer dans la procédure comme partie poursuivante ; que cependant il n'y a paru que pour *donner ses conclusions*; qu'ainsi, cet article a été violé ;

2°. Qu'il n'a pas été statué sur l'appel du jugement du 26 ventôse ; et que, par là, il a été commis un déni de justice ;

3°. Que la défense de prendre la qualité d'imprimeur du clergé, est un excès de pouvoir ;

4°. Qu'il a été contrevenu à la loi du 19 juillet 1793, concernant les Contrefaçons.

« Le premier de ces moyens (ai-je dit à l'audience de la section criminelle) nous paraît ne présenter qu'une conséquence fausse et erronée de l'art. 5 du Code du 3 brumaire an 4. Cet article dit bien que *l'action publique est exercée au nom du peuple, par des fonctionnaires spécialement établis à cet effet;* mais il ne détermine pas le mode de l'exercice de cette action ; et l'on sent assez que cette action peut aussi bien être exercée par des conclusions prises incidemment aux poursuites de la partie civile, que par un réquisitoire direct et principal.

»Du reste, il est dans l'esprit des dispositions subséquentes du Code du 3 brumaire an 4, de distinguer à cet égard entre les procès de grand criminel et les affaires de police, soit simple, soit correctionnelle. Dans les uns, toutes les poursuites se font à la diligence du ministère public. La partie civile peut, sans doute, y intervenir; mais elle n'y joue qu'un rôle secondaire. Dans les autres, le ministère public peut agir directement, mais il peut aussi être devancé par la partie civile; la partie civile, suivant les art. 154 et 180 du Code, peut citer elle-même le prévenu, soit au tribunal de simple police, soit au tribunal correctionnel; et dans ce dernier cas, le ministère public n'a que des *conclusions* à donner, pour faire appliquer au prévenu, s'il lui paraît coupable, les peines infligées par la loi. Il est même à remarquer que les art. 162 et 186 n'exigent de sa part que des *conclusions*, avant le jugement définitif, dans le cas où il n'y a point de partie civile, comme dans le cas où il y en a une.

» Le second moyen ne roule que sur une erreur de fait.....

» Le troisième moyen offre à votre examen la question de savoir quels sont les cas où les tribunaux correctionnels peuvent connaître des demandes formées reconventionnellement par les prévenus contre les parties plaignantes. Car c'était une demande reconventionnelle que Busseuil avait formée contre la veuve Malassis, en concluant à l'audience du tribunal de première instance de Nantes, à ce qu'il lui fût défendu de se qualifier *seule imprimeur du clergé*, comme elle l'avait fait, non au bas de l'imprimé qui avait donné lieu au procès; mais *dans son Journal intitulé* LE PUBLICATEUR NANTAIS, n°. *du 3 germinal, et au pied de l'imprimé du mandement de M. l'évêque, pour chanter un Te Deum en réjouissance de la découverte de la conspiration contre le premier consul.*

» Sans contredit, le tribunal correctionnel de Nantes eût été compétent pour statuer sur cette demande reconventionnelle, si le fait qui en était l'objet, eût été un délit, et si ce délit eût été placé au rang de ceux dont la justice correctionnelle peut prendre connaissance. Mais aucune loi n'a qualifié ce fait de délit, aucune loi n'en a attribué la connaissance aux juges correctionnels; et dès-là, comment le tribunal de première instance de Nantes aurait-il pu en connaître correctionnellement? Comment la cour de justice criminelle a-t-elle pu, en faisant ce qui eût dû, suivant elle, être fait par le tribunal de première instance, statuer correctionnellement sur la demande reconventionnelle de Busseuil?

» Il est vrai qu'en thèse générale, le juge qui,

d'après les règles ordinaires, est incompétent pour connaître d'une action, cesse de l'être, lorsque cette action est intentée devant son tribunal, par forme de reconvention, c'est-à-dire, lorsque le défendeur, trouvant le demandeur en jugement, prend contre lui des conclusions par lesquelles il se constitue à son tour demandeur pour un objet différent de celui de la demande originaire. Mais cette règle n'a lieu dans les matières où l'incompétence du juge n'est que *relative;* elle n'a pas lieu dans celle où son incompétence est *absolue.* Il ne faut pas croire, dit Voët, sur le Digeste, titre *de judiciis*, n°. 85, que la reconvention puisse être formée devant tous les juges indistinctement : *sed nec apud omnem judicem reconventio rectè fit.* A la vérité, on peut la former devant un juge délégué ou devant un juge d'exception, comme devant un juge ordinaire, lorsqu'il a, parmi ses attributions, le pouvoir de connaître de la demande reconventionnelle : *etsi enim nihil intersit utrùm judex ordinarius an delegatus sit, aut etiam certis tantùm causis judicandis constitutus, quoties reconventio ex causâ tali fit quæ ejus potestati et cognitioni commissa est;* cela résulte même de la loi 14, C. *de sententiis interlocutionibus,* et du chap. 1, aux décrétales, *de mutuis petitionibus.* Mais on ne doit pas étendre la faveur de la reconvention, jusqu'à la faire admettre devant des juges tellement incompétens pour connaître de son objet, que leur incompétence ne pourrait pas même être couverte par la prorogation expresse des parties : *non tamen indulgendum est reconventionem fieri apud eos de causis talibus, quæ nec ex speciali quidem jurisdictionis prorogatione possunt per eos determinari.* Ainsi, dans les lieux où il existe des juridictions spécialement établies pour la connaissance des matières féodales, celui qui est assigné, pour un objet tenant à la féodalité, devant une de ces juridictions, ne peut pas y former de demande reconventionnelle pour un objet auquel la féodalité est absolument étrangère : *veluti si de re feudali apud judicem feudalem impetitus eumdem de negotio ad ordinarii judicis notionem pertinente tentaret vicissìm interpellare.* C'est, continue Voët, ce qu'enseignent Carpzow, dans ses *Definitiones forenses*, part. 1, const. 7, def. 4, n°. 3; Berlich, dans ses *Practicæ conclusiones*, part. 1, concl. 22, n°. 18; Néostade, dans son Recueil d'arrêts du haut-conseil de Hollande, §. 127; Mynsinger, cent. 4, obs. 90; Gayl, liv. 1, obs. 40, n°. 6; et Zanger, *de exceptionibus*, part. 2, chap. 1, n°. 378.

» Vous sentez, messieurs, avec quelle justesse cette doctrine s'applique à la cause actuelle. Les juges criminels sont essentiellement renfermés dans la connaissance des délits et des crimes; leur juridiction y est tellement limitée, qu'elle ne peut être prorogée au-delà, même par le consentement exprès des parties; en un mot, pour tout ce qui n'est ni délit ni crime, leur incompétence est absolue. En vain donc supposerait-on à celui qui intente devant eux une action criminelle, la volonté de se soumettre à leur juridiction pour l'action civile qu'il aurait à redouter de la part de son adversaire : quand sa volonté serait en effet telle, quand il la manifesterait dans les termes les plus positifs, l'action civile de son adversaire n'en demeurerait pas moins hors de la sphère des juges criminels; les juges criminels n'en demeureraient pas moins incompétens pour connaître de cette action. Ainsi, point de reconvention pour des objets civils devant les juges criminels ; et par conséquent nécessité de casser, pour excès de pouvoir, la disposition de l'arrêt de la cour de justice criminelle de la Loire-Inférieure, qui, sur les conclusions reconventionnelles de Busseuil, décide que la veuve Malassis n'a pas le droit de se qualifier *seule imprimeur du clergé*.

» A l'égard de la disposition de cet arrêt qui rejette la plainte en Contrefaçon de la veuve Malassis, et contre laquelle sont dirigés les quatrième et cinquième moyens de la demande en cassation qui vous occupe en ce moment, nous devons, pour la bien apprécier, en comparer les motifs avec le texte des lois de la matière.

» Ces motifs sont *que toutes les fonctions ecclésiastiques sont gratuites; que tel est le vœu de l'art. 5 de la loi du* 18 *germinal an* 10 *; que les mandemens, les publications d'indulgences et les enseignemens qui y sont relatifs, sont une partie essentielle de ces fonctions ; que ces sortes d'écrits, étant l'ouvrage d'ecclésiastiques salariés, ne sont point leur propriété; que le droit exclusif de les imprimer et de les débiter, ne peut être cédé et transporté ; que le privilége, en détruisant la concurrence, pourrait être un moyen d'exaction de la part des cessionnaires ; que la loi du* 19 *juillet* 1793 *n'est applicable qu'aux écrits qui sont la propriété de leurs auteurs, et non à ceux qui appartiennent au public; qu'au surplus, la cession faite à la veuve Malassis, est postérieure à la Contrefaçon, et ne lui transmet point le droit d'en poursuivre les auteurs et distributeurs.*

» Ainsi, deux questions à examiner : l'une, si, en thèse générale, les évêques sont propriétaires de leurs mandemens, si à eux seuls appartient le droit de les faire imprimer, si ce droit est cessible de leur part ; l'autre, si, dans le cas particulier, la veuve Malassis a pu poursuivre les contrefacteurs et les distributeurs de la Contrefaçon du mandement dont il s'agit.

» La première question nous paraît résolue par l'art. 1 de la loi du 19 juillet 1793. Cet article attribue aux *auteurs d'écrits en tout genre*, le droit exclusif de les faire imprimer et distribuer dans tout le territoire de la France, et d'en céder la propriété en tout ou en partie; et si, comme on n'en peut douter, un mandement d'évêque est un *écrit;* si, comme on n'en peut douter davantage, l'évêque qui a fait un mandement, est *auteur* de cet écrit; il est également impossible de douter

que l'évêque qui a fait un mandement, n'ait le droit exclusif de le faire imprimer et vendre; il est également impossible de douter que cet évêque ne puisse céder à qui il lui plaît, la propriété de son mandement.

» Le moyen, en effet, de soutenir le contraire? Non-seulement ces expressions, *écrits en tout genre*, n'exceptent rien ; mais elles excluent même toute espèce d'exception. Et vainement vient-on dire que les évêques sont salariés par l'Etat, que toutes leurs fonctions sont essentiellement gratuites; qu'ainsi, les mandemens qu'ils font, appartiennent de plein droit au public. Ce n'est pas seulement depuis la loi du 18 germinal an 10, que les évêques sont salariés par l'Etat ; ce n'est pas seulement depuis cette loi que leurs fonctions sont gratuites. La loi du 18 germinal an 10 n'a fait, sur ces points, que renouveler les dispositions des art. 3 et 12 du tit. 3 de la loi du 24 août 1790, communément appelée *Constitution civile du clergé*. Et qu'on ne s'imagine pas que cette dernière loi eût cessé d'être en vigueur à l'époque où a été faite celle du 19 juillet 1793. A la vérité, des tentatives avaient été faites peu de temps auparavant, dans le sein de la convention nationale, pour détruire le culte et décharger le trésor public des traitemens des évêques, des curés et des vicaires. Mais elles avaient été repoussées avec éclat par deux décrets solennels ; l'un du 7 juin 1793, portant que *tout membre* de la convention nationale qui se permettrait dans son sein de demander la déportation des prêtres qui s'étaient soumis à la loi et étaient salariés des deniers publics, serait envoyé pour huit jours à l'Abbaye ; l'autre, du 27 du même mois, antérieur par conséquent de vingt-deux jours seulement à la loi du 19 juillet, par lequel la convention nationale, *après avoir entendu le rapport de son comité de salut public*, avait déclaré que le traitement des ecclésiastiques *faisait partie de la dette publique*. Ce n'est même que par un décret du 18 septembre 1793, postérieur de deux mois à la loi du 19 juillet, que les traitemens des évêques ont été, non pas supprimés, mais réduits à 6,000 livres. Ainsi, à l'époque où a été faite la loi du 19 juillet, les évêques étaient salariés ni plus ni moins qu'en 1790; et comme en 1790, toutes leurs fonctions étaient essentiellement gratuites. Certainement alors, comme en 1790, comme aujourd'hui, ils faisaient des mandemens; si donc la loi du 19 juillet n'eût pas voulu étendre jusqu'à eux le droit exclusif qu'elle conférait aux *auteurs d'écrits en tout genre*, elle l'aurait dit et elle aurait dû le dire, pour empêcher qu'en vertu de la règle, *qui dit tout n'excepte rien*, ils ne s'attribuassent ce droit. Elle ne l'a pas fait; elle n'a donc pas voulu les excepter de sa disposition générale ; elle a donc voulu les faire jouir de ce droit exclusif.

» Y a-t-il d'ailleurs rien de plus contraire à toutes les notions reçues, que cette idée de refuser la propriété d'un ouvrage littéraire à l'auteur

qui l'a composé dans l'exercice de fonctions sala-
riées par l'État? Il était aussi salarié par l'État le
célèbre évêque de Clermont, dont les traits et le
nom revivent au milieu de vous dans la personne
de son petit-neveu (1). Il l'était, notamment pour
prêcher dans la chapelle de Versailles, ces chef-
d'œuvres d'éloquence, que toute l'Europe admire
dans le *Petit Carême de Massillon*. Cependant,
qui est-ce qui aurait osé lui contester la propriété de ses immortels discours? Ils étaient aussi
salariés par l'État, ce courageux Servin, ce savant
Lebret, cet illustre d'Aguesseau, ce judicieux
Gueydan, qui ont honoré les fonctions du ministère public dans les parlemens de Paris et d'Aix.
Cependant il n'est venu à la pensée de personne,
que leurs plaidoyers ne leur appartinssent pas, et
qu'il fût libre à tout libraire d'obtenir un privilége pour les imprimer et vendre à son profit.

» Enfin, messieurs, la question, si c'en est une,
est spécialement décidée en faveur de l'évêque de
Nantes, par une lettre du ministre des cultes, du
14 ventôse dernier; et quoique cette lettre, qui a
été produite devant la cour de justice criminelle
de la Loire-Inférieure, n'ait pas dû nécessairement
enchaîner les suffrages des magistrats qui la composent, elle a cependant dû être pour eux une
preuve non équivoque de la manière dont le gouvernement considère la loi du 19 juillet 1793, dans
ses rapports avec les écrits que les évêques composent et publient par suite de leurs fonctions sa-
lariées.

» Il ne nous reste donc plus à résoudre que la
difficulté particulière à cette cause, et que la cour
de justice criminelle de la Loire-Inférieure a fait
résulter de ce que *la cession faite par l'évêque de
Nantes à la veuve Malassis, est postérieure à la
Contrefaçon de son mandement*.

» A cet égard, deux observations :
» 1°. Dans le fait, la Contrefaçon qui a donné
lieu au procès actuel, n'a pas de date par elle-
même; et le seul moyen de fixer les époques où
elle a été commise, c'est de consulter les procès-
verbaux de saisie des exemplaires contrefaits. Or,
s'il est vrai que deux de ces procès-verbaux sont
antérieurs au 25 ventôse an 12, date de la cession
faite par l'évêque de Nantes à la veuve Malassis,
il est vrai aussi qu'il en est un troisième, celui
du 5 germinal, qui y est postérieur. La cour de
justice criminelle de la Loire-Inférieure devait
donc, dans son propre système, accueillir l'action
de la veuve Malassis, au moins pour les exemplaires qui avaient été saisis le 5 germinal; elle devait donc, dans son propre système, confirmer le
jugement rendu le 10 du même mois par le tribunal de première instance de Nantes.

» 2°. La cession faite par l'évêque de Nantes à
la veuve Malassis, ne doit pas seulement dater du
25 ventôse. Le titre qui la constate, annonce et

prouve lui-même qu'elle avait été faite auparavant : *Je reconnais avoir cédé*. Et en effet, l'évêque de Nantes avait, dès le mois de pluviôse, remis son mandement à la veuve Malassis, et la veuve
Malassis l'avait imprimé et mis en vente dans le
courant du même mois. Sans doute l'évêque de
Nantes avait pu, en le lui remettant, s'en réserver la propriété. Il avait pu, en le lui remettant,
la charger de l'imprimer, et d'en débiter les exemplaires, pour son propre compte; mais il avait pu
aussi le lui remettre avec la déclaration expresse
ou implicite, qu'elle en devenait dès ce moment propriétaire. Or, à qui appartenait-il de s'expliquer sur
cette alternative? Indubitablement, c'était à l'évêque de Nantes; et ni Busseuil ni Gaudin-Odiette n'a-
vaient qualité pour contester l'explication qu'il
avait donnée à cet égard. La veuve Malassis devait
donc être considérée, envers Gaudin-Odiette et
Busseuil, comme cessionnaire des droits de l'évêque de Nantes, à compter du jour où elle avait
reçu des mains de ce prélat le manuscrit de son
mandement. Elle avait donc, envers eux, qualité
pour poursuivre le délit de contrefaçon dont ils
s'étaient rendus coupables; et elle l'avait dès le
22 ventôse, jour où ont été dressés les deux procès-verbaux de saisie.

» Mais, et de là il résulte que la cour de justice
criminelle a évidemment violé la loi du 19 juillet
1793, en réformant le jugement de première instance du 20 germinal, qui condamnait Busseuil
aux peines prononcées contre les débitans d'éditions contrefaites, ce n'est pas à dire pour cela
qu'elle ait également violé cette loi, en confirmant le jugement du 26 ventôse, par lequel la
veuve Malassis était déclarée, quant à présent,
non-recevable dans son action contre Busseuil et
Gaudin-Odiette.

» Par quel motif le jugement du 26 ventôse
avait-il ainsi écarté, quant à présent, la réclamation de la veuve Malassis? Par le motif qu'à cette
époque, la veuve Malassis n'avait pas encore déposé à la bibliothèque nationale deux exemplaires
du mandement de l'évêque de Nantes. Assurément
le tribunal de première instance avait bien jugé;
l'art. 6 de la loi du 19 juillet 1793 justifiait clairement sa décision : sa décision était donc inattaquable sous ce rapport.

» Il est vrai que, pendant l'appel, la veuve Malassis avait effectué à la bibliothèque nationale le
dépôt prescrit par la loi; et que, par là, elle avait
rempli la condition faute de laquelle le tribunal de
première instance l'avait déclarée non-recevable.
Mais si c'était pour elle une raison suffisante de
recommencer régulièrement des poursuites qu'elle
avait d'abord mal intentées, ce n'en était certainement pas une d'attaquer un jugement qui avait
proscrit et dû proscrire ses premières poursuites.
Ce n'est pas en exécutant un jugement, que l'on
peut se procurer le moyen de le faire réformer.

» Qu'importe que la cour de justice criminelle
n'ait pas motivé, par cette circonstance, la con-

firmation du jugement du 26 ventôse? Il n'est pas ici question des motifs de l'arrêt qui vous est dénoncé; c'est son dispositif qu'il faut juger; et son dispositif est, sur ce point, parfaitement conforme à l'art. 6 de la loi du 19 juillet 1793.

» Dans ces circonstances, et par ces considérations, nous estimons qu'il y a lieu, en ce qui concerne la disposition de l'arrêt attaqué, qui confirme le jugement du 26 ventôse, de rejeter le recours de la veuve Malassis; en ce qui concerne la disposition du même arrêt, qui fait défense à la veuve Malassis de se qualifier *seule imprimeur du clergé*, de la casser et annuller comme contenant excès de pouvoir; en ce qui concerne la disposition du même arrêt qui, en réformant le jugement du 10 germinal an 12, décharge Busseuil de la plainte rendue contre lui, par suite du procès-verbal de saisie, du 3 du même mois, de la casser et annuller comme contraire à l'art. 1ᵉʳ. de la loi du 19 juillet 1793 ».

Arrêt du 29 thermidor an 12, au rapport de M. Audier-Massillon, par lequel,

« Vu les art. 1 et 3 de la loi du 19 juillet 1793;

» Attendu que la loi ci-dessus rapportée assurant aux auteurs d'écrits en tout genre le droit exclusif de disposer de leurs ouvrages et d'en céder la propriété, et prohibant toute édition imprimée sans la permission des auteurs, on n'a pas pu, sans violer cette loi, contester à l'évêque de Nantes le droit de disposer de son ouvrage, et maintenir une édition qui avait été faite sans son consentement.

» Que c'est à tort qu'on voudrait trouver dans l'art. 5 des articles organiques de la convention du 26 messidor an 9, une exception à cette règle générale; que cet article, en déclarant que toutes les fonctions ecclésiastiques sont gratuites, sauf les oblations qui seraient autorisées par les réglemens, n'a fait qu'énoncer un principe qui a toujours été reconnu et exécuté en France; mais que cette règle n'impose pas aux ecclésiastiques l'obligation de faire imprimer à leurs frais leurs ouvrages, et ne leur défend pas de choisir un imprimeur et de lui conférer le droit exclusif de les vendre; que les évêques étant, ainsi que tous les autres auteurs, responsables des ouvrages imprimés et distribués sous leur nom, il est impossible de leur ôter le droit d'en surveiller l'édition et de donner leur confiance à un imprimeur; que plus les ouvrages sont d'une utilité générale et ont du rapport à l'instruction publique, plus il est essentiel d'écarter les éditions contrefaites et qui ne sont pas avouées par les auteurs; que, bien loin que le gouvernement ait voulu priver les évêques de cette faculté accordée à tous les auteurs, il paraît par la lettre du ministre des cultes à l'évêque de Nantes, qu'il approuve que les évêques continuent d'user de cette faculté;

» Attendu que la demande en défense de prendre la qualité d'imprimeur du clergé, ne pouvait donner lieu qu'à une action civile qui ne pouvait,

dans aucun cas, être portée devant les tribunaux criminels; qu'en y statuant, la cour de justice criminelle a commis un excès de pouvoir;

» Et en ce qui concerne la confirmation du jugement du tribunal de police correctionnelle, du 26 ventôse, attendu que ladite cour de justice criminelle s'est conformée à l'art. 6 de la loi du 19 juillet 1793, en confirmant le jugement qui avait déclaré la veuve Malassis non-recevable en l'état, dans la plainte par elle formée contre Busseuil et Gaudin-Odiette, pour n'avoir pas satisfait à ce qui est prescrit par ladite loi, et déposé à la bibliothèque nationale deux exemplaires de l'ouvrage dont s'agit;

» La cour rejette le pourvoi en cassation de ladite veuve Malassis contre l'arrêt de ladite cour de justice criminelle du département de la Loire-Inférieure, du 18 prairial dernier, en ce qu'il avait rejeté l'appel de ladite veuve Malassis envers le jugement du tribunal de police correctionnelle, du 26 ventôse;

» Casse ledit arrêt, tant au chef où il a fait droit sur les inhibitions et défenses requises par Busseuil contre la veuve Malassis, qu'à celui où, statuant sur les appels respectifs des parties envers le jugement du 10 germinal, il a déchargé Busseuil des condamnations prononcées par ledit jugement, et ce pour fausse application de l'art. 5 des articles organiques de la convention, du 26 messidor an 9, et par suite contravention à la loi du 19 juillet 1793 ci-dessus rapportée ».

La première question s'est représentée depuis et a encore été jugée de même.

Le 20 juillet 1823, acte sous seing-privé ainsi conçu :

« Nous soussignés Pierre Dupont-Poursat, Évêque de Coutances, déclarons *céder* au sieur Paul-Laurent Tanquerey, imprimeur, le droit exclusif d'imprimer et distribuer pendant dix ans, à commencer au mois de décembre 1823, et finir à la même époque en 1833, *le Nouveau catéchisme*, ou *abrégé de la doctrine chrétienne*, à l'usage de notre diocèse, que nous venons de rédiger.

» Déclarons, en outre, que nous ne reconnaîtrons comme approuvés par nous, que les exemplaires sortis des presses du sieur Tanquerey.

» La présente cession lui est faite, moyennant qu'il paiera en 1824, une somme de 4000 francs, et une autre somme de 1600 francs, chacune des neuf années suivantes, entre les mains de M. le supérieur de notre séminaire diocésain, chargé par nous de les appliquer aux besoins de l'établissement.

» Il est entendu qu'au moyen de la présente cession, le sieur Tanquerey se trouve substitué, pendant l'espace de dix ans, à tous nos droits *sur la propriété* de notre Nouveau catéchisme, et qu'au bout de dix ans, il ne pourra vendre aucun des exemplaires qui lui seraient restés qu'à des conditions qui seront réglées entre nous.

» Fait double à Coutances, le 20 juillet 1823, *Signé* P. évêque de Coutances. Pour acceptation, *Signé* Tanquerey ».

Fort de cet acte, enregistré le 14 mai 1824, le sieur Tanquerey imprime le catéchisme de M. l'évêque de Coutances, et ce prélat publie en conséquence un mandement par lequel il déclare qu'il a chargé le sieur Tanquerey, son imprimeur, de l'impression et de la distribution de son nouveau catéchisme, et qu'il ne reconnaîtra, comme approuvés par lui, que les exemplaires sortis des presses du sieur Tanquerey.

Cependant le sieur Voisin, imprimeur à Coutances, réimprime et vend le même catéchisme.

Le sieur Tanquerey fait saisir son édition, et le cite au tribunal correctionnel de la même ville, pour le faire condamner aux peines de la Contrefaçon.

Le 31 août suivant, jugement qui, vu l'art. 1er de la loi du 29 juillet 1793, l'art. 41 du décret du 5 février 1810 et les art. 425 et 427 du Code pénal, déclare le sieur Voisin coupable du délit de Contrefaçon, le condamne à une amende de 100 francs envers l'État, et à 600 francs de dommages-intérêts envers le sieur Tanquerey, et confisque, au profit de celui-ci, les exemplaires saisis de l'édition contrefaite.

Les motifs de ce jugement, qui font connaître les moyens de défense que le sieur Voisin opposait au sieur Tanquerey, sont :

« Qu'il n'appartient à qui que ce soit de contrefaire un ouvrage acquis par un premier *éditeur*, sous *prétexte que celui qui en aurait cédé la propriété à celui-ci, n'en serait pas l'auteur*, parceque ce contrefacteur n'a aucun titre dans la loi, pour contester et contredire cette propriété, et que tout individu qui fait imprimer un ouvrage sous son nom, en est le propriétaire aux yeux de la loi, en se conformant à ce qu'elle prescrit, jusqu'à ce qu'il ait été dépossédé judiciairement par le véritable auteur; d'où suit que le sieur Voisin est sans qualité et sans droit pour soutenir que M. l'évêque de Coutances n'est pas l'auteur du catéchisme nouveau, publié son ordre en 1823, et qu'il manque même de prétexte pour colorer la contrefaçon dont se plaint le demandeur (1);

» Que la distinction qui a été faite des droits et des devoirs de l'épiscopat, est tout au moins superflue dans la cause; qu'en effet, le mot *évêque* renferme la double acception de surveillant et de pasteur; de surveillant, par son étymologie; de pasteur, par la nature de ses fonctions, d'où il suit qu'il est établi pour instruire, conduire et surveiller son troupeau;

» Qu'en cette double qualité, il peut et doit instruire les fidèles confiés à ses soins, de la manière qu'il croit la plus propre à opérer leur salut et leur donner ou leur faire donner l'instruction chrétienne, soit oralement, soit par le moyen d'un catéchisme imprimé;

» Que ce genre d'ouvrage n'est pas de ceux qui appartiennent au domaine des sciences profanes, mais bien un code contenant les principes constitutifs du dogme, de la morale évangélique, et des rapports de l'être éternel avec sa créature raisonnable; l'enseignement de l'église universelle sur ces mêmes rapports, et par conséquent les grandes bases de la société chrétienne;

» Que, sous ce point de vue, un tel ouvrage est nécessairement celui du premier pasteur qui en est responsable à Dieu et à l'église tout entière et à l'État; que peu importe que le plan en ait été confié à un ou à plusieurs théologiens et vicaires généraux, membres du conseil de l'évêque, puisque c'est toujours au sein des conférences que préside le prélat, qu'un nouveau catéchisme est discuté article par article, que chaque terme est pesé, que chaque définition est comparée avec les maximes théologiques de la foi catholique, et qu'alors l'évêque examine, approuve ou rejette, ajoute ou retranche, ou modifie, et enfin, adopte l'ouvrage, après de longues et sérieuses méditations;

» Que, s'il y avait quelque responsabilité à encourir de la part de l'évêque, à l'occasion d'un nouveau catéchisme, elle pèserait sur lui seul, et non sur ses colloborateurs;

» Qu'en fait, rien ne renseigne au procès que ce catéchisme ne soit pas l'ouvrage du sieur-évêque de Coutances seul, et qu'en tout cas, un tel ouvrage appartient à celui qui est constitué par état pour en être l'auteur, puisque toute l'instruction, dans l'étendue de son diocèse, émane de lui; d'où il suit qu'on ne peut l'attribuer qu'à lui seul;

» Qu'ayant reçu, comme pasteur, le droit d'enseigner, le mode d'enseignement lui appartient aussi; d'où il suit que le livre qui contient ce mode, est le sien;

» Qu'on tire une objection futile de ce que le catéchisme en question ne présente rien de neuf dans les idées, ni aucun changement notable dans le style et dans les termes, puisque les vérités qu'il contient, sont immuables de leur nature; qu'il n'en est pas moins une production de l'esprit, qui exige beaucoup de science théologique et de talent d'expression, puisqu'il n'est pas de mots synonymes, surtout en cette importante matière, où il s'agit d'analyser, de classer et de réunir avec simplicité et clarté, dans un petit cadre, les documens dogmatiques du christianisme; d'où suit que le catéchisme dont il s'agit ne peut être regardé comme une compilation, dans l'acception générale de ce mot;

» Que, même en le regardant comme une compilation, la jurisprudence de la cour de cassation a reconnu en principe, par son arrêt du 2 décem-

(1) Le sieur Voisin alléguait que le Catéchisme était l'ouvrage des ecclésiastiques attachés à l'Evêque, comme membres de son conseil.

bre 1814, sur les conclusions de M. Merlin, qu'une compilation est la propriété de son auteur, dès qu'elle exige du discernement, de la science et des connaissances spéciales (1);

» Qu'en fait, le _Catéchisme_ en question diffère par _l'expression, de l'ancien, dans le plus grand nombre de ses pages, et même de ses lignes;_

» Que, si la loi contient une disposition prohibitive quant à l'impression des livres d'Église, sans l'autorisation de l'évêque, elle est infiniment plus applicable, lorsqu'il s'agit des livres contenant les articles de la foi de cette Église même;

» Que, si les laïques ou tout autre citoyen indépendant avaient la faculté d'imprimer les catéchismes sur la croyance catholique, sans permis, sous prétexte que ce sont des compilations, il vaudrait autant livrer l'enseignement religieux aux ennemis de l'ordre et de la religion;

» Qu'il n'en peut être ainsi sous l'empire de la Charte qui régit les Français, laquelle a voulu que la religion catholique, apostolique et romaine fût la religion de l'état, religion qui ne reconnaît que les évêques et les disciples qu'ils envoient pour le gouvernement des âmes;

» Que, si l'évêque est, de droit ecclésiastique et de fait, auteur de son catéchisme diocésain, il en est propriétaire; il a pu en disposer en faveur de tel ou tel éditeur ou imprimeur de son choix exclusivement, parceque le droit de propriété consisté, d'après notre Code civil, dans la disposition de sa chose, de la manière la plus absolue, pourvu qu'on n'en dispose pas d'une manière prohibée par les lois;

» Que, dès-lors, le cessionnaire étant au droit du cédant, peut faire tout ce que celui-ci pourrait faire lui-même; qu'il suit de ces principes, que les saisies-arrêts dirigées, à la requête du sieur Tanquerey, procèdent bien;

» Que l'édition contrefaite étant de 6,000 exemplaires, dont il n'en a été saisi que 2 ou 300, le préjudice causé au demandeur, est notable; d'où suit la nécessité d'adjuger des dommages-intérêts... ».

Le sieur Voisin appelle de ce jugement à la cour royale de Caen, qui, par arrêt du 17 février 1825, met l'appellation et ce dont est appel au néant, émendant, annulle la saisie, et déclare le sieur Tanquerey non-recevable dans son action.

« Attendu que _l'enseignement_ est une des parties les plus importantes de l'épiscopat, et que le catéchisme est le livre d'enseignement sur les principes et les mystères de la foi;

» Qu'en remontant à des temps bien éloignés de nous, on voit que les évêques avaient bien jugé que l'enseignement _simplement oral_ était trop fugitif et ne remplissait pas suffisamment le devoir qui leur était imposé, ainsi qu'aux pasteurs chargés de l'instruction des fidèles; que les besoins du peuple et l'intérêt de la religion prescrivaient un mode _d'enseignement écrit;_ et qu'en _composant et faisant publier des Catéchismes, ils acquittaient une dette sacrée, dont il ne leur était plus permis de s'affranchir;_

» Que ce mode d'enseignement a été admis dans tous les diocèses, et il avait été adopté par l'évêque de Coutances, jusqu'au moment où il lui a paru _convenable de retoucher son ancien catéchisme,_ et d'en publier _un nouveau;_ mode qu'il a lui-même mis au rang des obligations que lui imposait son ministère, dans le mandement attaché à son Catéchisme;

» Que, s'il est incontestable que l'enseignement est d'obligation rigoureuse pour les évêques, _qu'il soit oral ou qu'il soit écrit_ dans la forme que les antécédens l'ont indiqué (celle du Catéchisme), _l'obligation_ est _la même;_

» Que, _d'ailleurs, le livre du Catéchisme ne peut être assimilé à ces productions littéraires,_ composées dans le dessein d'obtenir la gloire à laquelle les auteurs aspirent; que le _Catéchisme_ est _moins un livre d'imagination,_ que _l'abrégé de la doctrine chrétienne,_ que l'Église a invariablement fixée, avec cette différence qui, seule, mettrait le Catéchisme au nombre des devoirs imposés à l'épiscopat, que personne n'est forcé d'acheter les productions littéraires, tandis, au contraire, que les fidèles attachés à la religion catholique, _sont forcés_ de remettre aux mains de leurs enfans, le Catéchisme _approuvé par l'évêque_ de leur diocèse, _pour être admis_ auprès des pasteurs chargés du soin de leur instruction;

» _Qu'on doit même prévoir,_ d'après les _circulaires adressées par l'évêque_ de Coutances aux pasteurs de son diocèse, _qu'ils se croiraient fondés à repousser les enfans qui se présenteraient_ avec des Catéchismes, quoique parfaitement semblables au sien, mais sortis d'une autre imprimerie que celle qu'il leur a indiquée;

» Que le _système_ d'une cession _à titre onéreux,_ ou d'un _droit exclusif,_ de vendre le Catéchisme, _tend évidemment à imposer un nouveau tribut_ aux diocésains, _injuste et ruineux_ pour la _basse classe du peuple;_ puisque l'imprimeur cessionnaire du droit exclusif vendra nécessairement le livre à un prix plus élevé que tout autre, et dans la proportion de ce que lui coûtera ce droit qui se trouve porté, dans l'espèce dont il s'agit, à 18,400 francs, pour les dix premières années seulement;

» Que les _Catéchismes, comme les mandemens, les arrêtés des corps administratifs, les jugemens, arrêts et les lois,_ peuvent bien être imprimés par des imprimeurs du choix de ceux dont ils émanent; mais qu'il y a _loin du choix_ à un _droit exclusif_ d'imprimer et de vendre, pour ces sortes d'actes, dont la source remonte au chef de l'Église et de l'État, et qui, par cette raison, _ne peuvent être mis au rang des productions littéraires;_

» Que c'est à ces dernières _seules,_ que personne n'est forcé de se procurer, _que les lois pénales,_

_V._ le _Répertoire de jurisprudence,_ au mot _Contrefaçon,_ §. 11.

invoquées par les premiers juges, sont applicables; et, en cela, bien différentes d'un *Catéchisme* qui *n'a besoin que de l'approbation de l'évêque,* afin d'empêcher la propagation d'erreurs contre la foi, la discipline de l'Eglise et la pureté des mœurs;

» Que l'on ne trouve rien dans le décret du 7 germinal an 13, qui indique, ni d'où l'on puisse induire un droit exclusif de vendre; que la permission de réimprimer les livres d'Église, les Heures et Prières, est la seule formalité que l'art. 1er. de ce décret prescrit; qu'il est bien évident que cette permission, qui se rapporte plus à l'ouvrage en soi, qu'à tel ou tel imprimeur du choix de l'évêque, n'a pas le caractère et surtout les effets du droit exclusif de vendre en un mot, des droits prévus par l'art. 1er. de la loi du 19 juillet 1793;

» Que le Catéchisme dont il s'agit, *avait reçu l'approbation de l'évêque; qu'en le réimprimant fidèlement, avec l'annonce de cette approbation,* et en le distribuant à un prix modéré, après en avoir *adressé des exemplaires à l'évêque, qui ne s'est pas plaint* qu'il *s'y trouvait des changemens ou erreurs,* Voisin a établi, il est vrai, une concurrence dans la distribution de ce Catéchisme, mais a fait une *action qui n'a rien de contraire aux lois sur la librairie,* et dont profiteront tous ceux qui seront jaloux de s'instruire sur les vrais principes de la religion;

» Qu'en établissant que l'évêque de Coutances n'avait pu concéder le droit *exclusif,* de vendre le Catéchisme dont il s'agit, c'est avoir résolu que Tanquerey était *non-recevable* à invoquer *ce privilége,* et à s'en faire *un titre* pour légitimer une action qui, incontestablement, a causé un préjudice à Voisin ».

Mais le sieur Tanquerey se pourvoit en cassation, et par arrêt du 30 avril 1825,

« Ouï le rapport de M. Aumont, conseiller, Leroy-de-Neufvillette et Rochelle, avocats, le premier pour Tanquerey, le second pour Voisin, intervenant; et M. de Vatimesnil, avocat-général, en ses conclusions;

» Vu l'art. 1er. de la loi du 19 juillet 1793, ainsi conçu...,

» L'art. 425 du Code pénal, portant....,

» L'art. 427 du même Code qui détermine les peines du délit de Contrefaçon;

» L'art. 2 du décret du 28 mars 1805, aux termes duquel *les imprimeurs-libraires qui feraient imprimer ou réimprimer des livres d'Église, des Heures ou Prières sans avoir obtenu cette permission* (la permission de l'évêque diocésain), *seront poursuivis conformément à la loi du 19 juillet 1793;*

» Vu enfin l'art. 40 du décret du 5 février 1810, qui autorise les auteurs, soit nationaux, soit étrangers, de tout ouvrage imprimé ou gravé, à céder leur droit à un imprimeur ou libraire, ou à toute autre personne, qui est alors substituée en leur lieu et place;

» Attendu que l'enseignement religieux est la fonction la plus essentielle de l'épiscopat;

» Que les évêques sont les ministres de la parole divine, et qu'il leur appartient exclusivement de l'enseigner, ou d'en déléguer, d'en diriger et d'en surveiller l'enseignement;

» Que le Catéchisme d'un diocèse est le livre qui sert de base nécessaire à cet enseignement dans ce diocèse;

» Que, si un Catéchisme contient l'abrégé de la doctrine catholique, il ne s'ensuit pas que tout livre qui contient un tel abrégé, quelque exact et quelque orthodoxe qu'il puisse être, soit pour cela un Catéchisme, puisqu'il ne peut être enseigné que lorsqu'il émane de la chaire épiscopale;

» Que, dès-lors, un Catéchisme ne peut être rédigé et publié que par l'évêque diocésain, comme il ne peut être enseigné que par ses ordres et sous sa surveillance;

» Qu'il en est, dès-lors, l'auteur exclusif et nécessaire;

» Attendu qu'un Catéchisme, étant journellement enseigné dans les églises d'un diocèse, par les curés et leurs collaborateurs, et servant habituellement à l'exercice et à la pratique des devoirs de la religion, constitue un véritable livre d'Eglise;

» Attendu que la loi garantit en général aux auteurs, quels qu'ils soient, ou à leurs ayant-cause, le droit exclusif d'autoriser l'impression ou la réimpression de leurs écrits en tous genres;

» Qu'elle assure spécialement ce droit aux évêques dans leur diocèse, pour les livres d'Eglise, d'Heures ou de Prières;

» Que ce droit leur appartient donc doublement, quant au Catéchisme de leur diocèse, puisqu'à raison de leurs fonctions épiscopales, et de la nature de cet écrit, ils l'exercent, à cet égard, les droits d'auteur, et ceux de surveillant et de censeur, qui leur sont attribués par la loi;

» Attendu qu'en jugeant, dans l'espèce, que l'évêque de Coutances n'avait pas la propriété du Catéchisme qu'il avait rédigé, et qu'il avait publié pour servir, dans son diocèse, à l'enseignement religieux, et qu'il n'avait pu concéder à Tanquerey le droit exclusif de l'imprimer, la cour royale de Caen a expressément violé les dispositions des art. 1er. de la loi du 19 juillet 1793, 425 et 427 du Code pénal, des décrets des 28 mars 1805 et 5 février 1810;

» D'après ces motifs, la cour reçoit l'intervention de Voisin, et y faisant droit, ainsi que sur le pourvoi de Tanquerey, casse et annulle... ».

VI. 1°. *Peut-on poursuivre comme coupable de débit d'une édition contrefaite, le libraire qui l'a inséré dans le catalogue de son fonds de librairie, mais qui n'est pas convaincu d'en avoir jamais possédé ni débité un seul exemplaire?*

2°. *Peut-on poursuivre comme tel, le libraire d'un pays réuni à la France, qui pos-*

sède dans son magasin des exemplaires d'une édition contrefaite dans ce pays avant sa réunion?

3°. *Peut-on poursuivre comme tel, le libraire qui, à la prière de l'auteur ou de son cessionnaire, a acheté et a revendu à celui-ci, sans connaître sa qualité, un exemplaire de l'édition contrefaite de son ouvrage?*

I. Le 1er. thermidor an 12, un commissaire de police saisit chez le sieur Stapleaux, libraire à Bruxelles, un catalogue, daté de 1802, dans lequel se trouve énoncée, comme faisant partie de son fonds de librairie, une édition contrefaite des *Études de la nature,* en cinq volumes in-12.

En conséquence, M. Bernardin-de-Saint-Pierre, membre de l'Institut de France, auteur et propriétaire de cet ouvrage, fait citer le sieur Stapleaux devant le tribunal correctionnel de Bruxelles.

Le 17 février 1806, jugement qui acquitte le sieur Stapleaux, sur le fondement qu'il n'y a eu de sa part que tentative de débit de l'édition contrefaite dont il s'agit, et condamne M. Bernardin-de-Saint-Pierre aux dommages-intérêts à donner par déclaration, et aux dépens.

Sur l'appel, la cour de justice criminelle du département de la Dyle rend un arrêt qui le déclare nul dans la forme.

Cet arrêt est cassé le 23 juillet 1806, et l'affaire renvoyée par la cour de cassation devant la cour de justice criminelle du département du Nord.

Là, il intervient, le 10 octobre de la même année, un arrêt par lequel,

« Considérant, à l'égard de l'imputation faite à Adolphe Stapleaux, d'être débitant des *Études de la nature,* qu'il résulte du procès-verbal du 1er thermidor an 12, qu'on n'a saisi chez ce libraire qu'un catalogue portant la date de 1802, sur lequel cet ouvrage se trouve annoncé;

» Que la seule circonstance de l'annonce dans un catalogue, est insuffisante pour faire regarder celui qui le publie, comme débitant, surtout lorsqu'il est notoire que la plupart des libraires grossissent leurs catalogues de livres qu'ils n'ont pas;

» Considérant néanmoins qu'il n'a dû être prononcé aucune condamnation aux dommages et intérêts contre Bernardin-de-Saint-Pierre, parce-qu'ayant obtenu un privilège et s'étant conformé aux dispositions des lois, il a pu croire que la seule annonce dans le catalogue dudit Stapleaux, l'autorisait à faire des poursuites contre lui; les dommages et intérêts n'étant d'ailleurs que la compensation du préjudice qu'on aurait souffert;

» La cour, faisant droit sur l'appel, dit qu'il a été mal jugé, bien appelé, en ce que Bernardin-de-Saint-Pierre a été condamné à des dommages et intérêts; émendant quant à ce, le décharge de ladite condamnation; le jugement pour le surplus sortissant effet....; condamne Bernardin-de-Saint-Pierre aux dépens de la cause d'appel ».

M. Bernardin-de-Saint-Pierre se pourvoit en cassation contre cet arrêt.

« Si un nom distingué dans la littérature (ai-je dit à l'audience de la section criminelle), si une plume brillante, si toutes les vertus réunies aux plus grands talens, pouvaient, devant vous, tenir lieu de moyens de cassation, rien ne serait moins incertain que le succès du recours du sieur Bernardin-de-Saint-Pierre contre l'arrêt dont il se plaint.

» Mais la loi qui vous laisse, comme citoyens, toute votre sensibilité pour apprécier, pour admirer les ouvrages de cet écrivain célèbre, ne vous permet, comme magistrats, que l'examen de la seule question de savoir si l'arrêt qui vous est dénoncé, contrevient, sous quelque rapport, à son texte précis et littéral.

» Or, cette question, à quoi se réduit-elle, dans notre espèce? À ce seul point : la simple annonce que fait un libraire, par son catalogue imprimé, qu'il a dans sa boutique ou dans ses magasins, des exemplaires d'une édition contrefaite, prouve-t-elle, contre lui, qu'il les a, ou du moins qu'il les a eus en effet, et qu'il les débite actuellement, ou qu'il les a précédemment débités?.

» Et nous nous empressons de dire que sans doute la négative vous paraîtra incontestable, comme elle l'a paru à la cour de justice criminelle du département du Nord.

» Il est notoire, et c'est un fait constaté comme tel par l'arrêt de cette cour, que les libraires comprennent habituellement dans leurs catalogues, des livres qu'ils n'ont pas et qu'ils se procurent lorsqu'on leur en fait la demande. Dès-lors, que prouve l'insertion d'un ouvrage contrefait, dans un catalogue? Rien autre chose, si ce n'est que le libraire à qui appartient ce catalogue, a eu l'intention, le désir de débiter une Contrefaçon. Mais en fait de délits, et surtout de délits de police correctionnelle, la seule intention, le seul désir ne suffisent pas pour constituer un coupable : c'est une vérité universellement reconnue.

» Vainement objecterait-on qu'en insérant dans son catalogue un ouvrage contrefait, le libraire reconnaît qu'il possède cet ouvrage; et que tout aveu, jusqu'à ce qu'il soit détruit par une preuve contraire, forme une preuve suffisante contre la personne de laquelle il est émané.

» Remarquons d'abord qu'en matière civile, le Code civil distingue, art. 1354, deux sortes d'aveux : l'aveu judiciaire et l'aveu extrajudiciaire; qu'il détermine bien les effets de l'aveu judiciaire; qu'il dit bien, art. 1356, qu'un pareil aveu ne peut être révoqué, à moins qu'on ne prouve qu'il a été la suite d'une erreur de fait; mais qu'il ne s'explique pas sur l'influence que doit avoir l'aveu extrajudiciaire légalement constaté, sur la preuve à laquelle on prétend le faire servir; que par conséquent il abandonne à la conscience des magistrats le soin d'apprécier cette influence; et que, par une conséquence ultérieure, n'étant ici question que d'un aveu extrajudiciaire de la part du sieur Stapleaux, un arrêt qui, même en matière civile, n'aurait pas donné à cet aveu l'effet d'une preuve complète, n'aurait pu contrevenir à aucune loi, et ne pourrait pas être cassé.

» Remarquons ensuite que les règles établies par le Code civil, sur les aveux même judiciaires, sont limitées aux matières purement civiles; qu'ici, nous sommes dans une matière qui tient beaucoup moins du civil que du criminel, puisqu'il ne s'y agit de rien moins que d'infliger des peines proprement dites, et que ces peines se poursuivent par voie de plainte; et que, dans les matières criminelles, il est généralement reconnu que l'on peut, sans violer aucune loi, ne pas s'arrêter aux aveux des accusés ou prévenus qui se reconnaissent, même judiciairement, coupables de crimes ou de délits, dont l'existence n'est d'ailleurs constatée par aucune preuve.

» Dans ces circonstances et par ces considérations nous estimons qu'il y a lieu de rejeter la demande en cassation et de condamner le demandeur à l'amende ».

Arrêt du 2 décembre 1808, au rapport de M. Carnot, par lequel,

« Attendu que, si l'annonce faite d'un ouvrage, dans un catalogue, doit naturellement faire présumer l'intention de le vendre, cette intention n'en constate pas néanmoins le débit; et que le débit seul constitue la contravention, aux termes de la loi du 19 juillet 1793;

» La cour rejette le pourvoi.... ».

II. Le 1er. thermidor an 12, un commissaire de police se transporte chez le sieur Stapleaux, libraire, à Bruxelles, à la réquisition et accompagné du sieur Guillaume, libraire, à Paris, propriétaire des *OEuvres de Florian,*

« Lequel (dit-il, dans son procès-verbal) nous a déclaré qu'ayant entendu dire à Paris que les *OEuvres de Florian,* et particulièrement la traduction du *Don Quichotte,* ouvrage posthume, avaient été contrefaites à Bruxelles, où l'on vendait publiquement ladite Contrefaçon, il s'était rendu en cette ville, et s'y étant procuré, entre autres catalogues, celui du sieur Stapleaux, il y avait vu annoncer la Contrefaçon desdites OEuvres; que, pour s'assurer davantage de cette Contrefaçon, il avait fait acheter, le 29 messidor dernier, un exemplaire du *Don Quichotte* de Florian, dont il nous représente à l'instant la facture quittancée et signée : *pour le sieur Stapleaux, Cassin;* laquelle quittance, ainsi que l'exemplaire vendu, nous annexons au présent procès-verbal; ensuite de quoi, nous avons invité madame Stapleaux, en l'absence de son mari, à nous donner un de ses catalogues; que, sur notre invitation et en présence de ladite dame, le sieur Cassin, commis de la maison, a paraphé et signé, conjointement avec nous, *ut non varientur,* à la fin de chaque catalogue et supplément partiel, dont ledit catalogue se trouve composé; et ayant représenté à la dame

Stapleaux, ainsi qu'à son commis, ledit exemplaire et quittance, ils ont reconnu avoir vendu ledit exemplaire, et ledit Cassin en avoir signé la prédite quittance. Cela fait, nous avons invité la dame Stapleaux à nous dire d'où elle tenait l'édition ci-dessus indiquée; et vu l'hésitation qu'elle a mise à nous répondre, nous l'avons invitée à nous exhiber, sur-le-champ, son journal ou livre courant des achats et ventes; ce à quoi ayant obtempéré, nous avons de suite procédé à l'examen et compulsation dudit journal; et y avons reconnu que, sous la date du 18 juillet 1804, le sieur Stapleaux avait reçu en effet un exemplaire de l'ouvrage sus-rappelé, et qui lui a été expédié et livré par le sieur Lemaire, imprimeur libraire en cette ville.

» Ayant ensuite interpellé ladite dame Stapleaux de nous représenter les ouvrages suivans, annoncés dans son catalogue, savoir, *Estelle,* roman pastoral, par Florian, in-12, petit papier, Lille; *Galathée,* in-12, avec figures, Paris; *Nouvelles nouvelles,* in-18, Paris; *Numa Pompilius,* in-18, Paris; *fables,* in-18, Paris; *Gonsalve de Cordoue,* 3 volumes in-18, Paris; *OEuvres complètes de Florian,* en 14 volumes in-18, Paris; *Théâtre de Florian,* 2 volumes grand in-18, Paris, 1793; *Mélanges,* in-18, Paris.

» En réponse de notre interpellation, la dame Stapleaux nous a déclaré qu'elle ne connaît point les ouvrages de Florian, qui peuvent se trouver tant dans sa boutique que dans ses magasins, attendu qu'elle n'est point dans l'habitude de ce commerce, et que son mari seul en connaissait le détail et les erremens; et nous ayant donc affirmé qu'elle ne pouvait nous reproduire aucun desdits ouvrages, nous avons de suite et en sa présence, procédé à une visite exacte de sa boutique et de ses magasins : recherche et perquisitions faites, nous y avons découvert, savoir, 1°. trois exemplaires d'une édition contrefaite de l'ouvrage de Florian, intitulé *Nouvelles nouvelles, Paris, imprimerie de Didot l'aîné,* 1792; 2°. un exemplaire de *Galathée,* imprimé à Bruxelles, chez Lefrancq, rue de la Madeleine, 1784; un exemplaire d'*Estelle,* imprimé à Lille, chez F. J. Lehoucq, libraire, rue des Buisses, à Lille, 1793; lesquels cinq volumes nous.... avons provisoirement saisis comme pièces de conviction..... ».

D'après ce procès-verbal, le sieur Stapleaux est traduit, à la requête du sieur Guillaume, devant le tribunal correctionnel de Bruxelles.

Par jugement du 18 février 1806,

« Considérant que, de ce qu'on a trouvé chez le sieur Stapleaux, les ouvrages au sujet desquels il est poursuivi comme débitant, on ne peut pas en conclure qu'il en ait débité après la réunion de la Belgique à la France; que la preuve de ce délit ne s'acquiert pas davantage de ce que quelques-uns de ces ouvrages se seraient trouvés inscrits dans le catalogue de Stapleaux; qu'il en résulterait tout au plus une tentative de débit qui n'est punie par aucune loi;

» Considérant, quant au *Don Quichotte* vendu par l'épouse de Stapleaux, que c'est une œuvre posthume; que la loi du 19 juillet 1793 n'ayant rien statué à l'égard des ouvrages posthumes, il a été porté un décret, en date du 1er germinal an 13, concernant les droits des propriétaires desdits ouvrages; que ce décret étant postérieur à la vente dont il s'agit, il s'ensuit que le sieur Guillaume ne peut pas plus l'invoquer que la loi de 1793, pour faire supporter au sieur Stapleaux la condamnation qu'il provoque contre lui;

» Le tribunal acquitte le prévenu des poursuites dirigées contre lui de ce chef.... ».

Par suite de l'appel, l'affaire est renvoyée, par la cour de cassation, devant la cour de justice criminelle du département du Nord.

Le 10 novembre 1806, arrêt de cette cour, par lequel,

« Considérant que la Contrefaçon prouvée d'un ouvrage littéraire, dans les lieux soumis aux lois françaises, au préjudice des auteurs, de leurs cessionnaires ou héritiers, qui ont rempli les conditions que ces lois prescrivent, est un délit passible des peines portées par ces lois;

» Que les saisies récemment pratiquées dans la Belgique, réunie depuis plus de dix ans à la France, doivent donner au saisissant les mêmes droits qu'il aurait acquis sur tout autre point de la France; et qu'on ne saurait soustraire ce pays à la règle générale, sous prétexte de son ancienne domination, puisque le long intervalle qui s'est écoulé depuis sa réunion, y a donné aux imprimeurs tout le temps dont ils auraient eu besoin pour exécuter les plus nombreuses Contrefaçons; qu'à la vérité, la preuve que ces Contrefaçons ont eu lieu à une époque antérieure à la réunion, ne permettrait pas d'appliquer au contrefacteur les lois françaises qui ne l'atteignaient pas lorsqu'il se livrait à ces Contrefaçons, parcequ'il était alors soumis à une domination étrangère;

» Mais que, si cette exception est admissible, c'est incontestablement à la partie saisie, et non à la partie saisissante, à faire la preuve de cette assertion justificative (1);

» Considérant, à l'égard de l'imputation faite à Adolphe Stapleaux, d'être débitant des Œuvres ci-après de Florian : *Estelle*, volume in-12, Lille;

(1) Ici s'applique un avis du conseil d'état, du 7 juillet 1807, approuvé le 12 août suivant :
« Le conseil-d'état (porte-t-il) qui, d'après le renvoi ordonné par sa majesté, a entendu le rapport de la section de l'intérieur sur celui du ministre de ce département, relatif à la pétition de quelques libraires de Bruxelles, qui tend à faire modifier en leur faveur les dispositions de la loi du 19 juillet 1793, sur la garantie des propriétés littéraires;
» Vu la publication de ladite loi dans les départemens réunis de la ci-devant Belgique, le 4 nivôse an 4;
» Est d'avis qu'il n'y a pas lieu à modifier aucune disposition de la loi ; et que c'est aux tribunaux chargés de son application, à apprécier les circonstances particulières et les cas divers, et à prononcer en conséquence».

Nouvelles nouvelles, volume in-18; *Galathée*, volume in-18; et *Théâtre*, grand in-18, Paris, 1793;

» Que Florian a obtenu, le 11 novembre 1783, le privilége d'imprimer ses œuvres; que cet auteur s'est conformé aux dispositions des lois : qu'ainsi, il est en droit de poursuivre ceux qui ont porté atteinte à sa propriété;

» Qu'il conste du procès-verbal du 1er. thermidor an 12, que les ouvrages ci-dessus énoncés sont annoncés dans le catalogue que Stapleaux a publié en 1798; qu'il résulte encore de ce procès-verbal, qu'on a saisi chez ledit Stapleaux, trois exemplaires des *Nouvelles nouvelles*, in-18, 1792; un exemplaire de *Galathée*, édition de Lefrancq; et un exemplaire des *Nouvelles nouvelles*, édition de Lehoucq, à Lille;

» Considérant qu'*Estelle* et le *Théâtre*, quoiqu'ils fussent annoncés dans le catalogue, ne se sont point trouvés chez Stapleaux ; que la seule circonstance d'une annonce dans un catalogue, est insuffisante pour faire regarder celui qui la publie, comme débitant, surtout lorsqu'il est reconnu que la plupart des libraires grossissent leurs catalogues de livres qu'ils n'ont pas;

» Considérant que Stapleaux a soutenu que les exemplaires des *Nouvelles nouvelles*, édition de Paris, 1792, et l'exemplaire du même ouvrage, édition de Lehoucq, à Lille, ne sont point contrefaits, et que, par suite, il n'existe pas de corps de délit ;

» Que, comme c'est à celui qui en soutient l'existence, à en donner la preuve, il échet d'admettre Guillaume à prouver la Contrefaçon qu'il allègue, sauf la preuve contraire;

» Considérant, à l'égard de *Galathée*, que cet ouvrage est annoncé dans le catalogue de Stapleaux; que l'annonce d'un ouvrage dans un catalogue avoué, et l'exposition de cet ouvrage dans la boutique de celui qui l'annonce, l'en constituent débitant; que ces circonstances se réunissant contre Stapleaux, il doit être considéré comme débitant de *Galathée*;

» Considérant, à l'égard de l'imputation faite à Stapleaux d'être débitant de la Contrefaçon de *Don Quichotte*, traduit par Florian, que l'exemplaire représenté de cet ouvrage n'a pas été légalement saisi;

» Qu'il est, à la vérité, annoncé dans le catalogue dudit Stapleaux; mais qu'il n'a pas été trouvé dans sa boutique; que, s'il a été procuré à Guillaume par l'épouse dudit Stapleaux, alors absent, il serait injuste de la punir de cette démarche purement officieuse;

» La cour, faisant droit sur l'appel, dit qu'il a été mal jugé, faisant ce que les premiers juges auraient dû faire;

» En ce qui touche *Estelle* et le *Théâtre de Florian*, acquitte Stapleaux de la prévention élevée à sa charge;

» En ce qui touche la saisie des *Nouvelles nouvelles*, in-18, 1793, et un exemplaire du même ouvrage, Lehoucq, à Lille ; sur la mise en fait de Stapleaux, que ces exemplaires ne sont pas contrefaits, admet Guillaume à faire la preuve de la Contrefaçon, sauf preuve contraire ;

» En ce qui touche *Galathée*, déclare Stapleaux débitant d'exemplaires contrefaits de l'édition originale dudit ouvrage ; en conséquence, vu les art. 3 et 5 de la loi du 19 juillet 1793, déclare les exemplaires saisis confisqués au profit de Guillaume, condamne Stapleaux à lui payer une somme égale à la valeur de 500 exemplaires dudit ouvrage ;

» En ce qui touche la saisie de *Don Quichotte*, acquitte Stapleaux de la prévention élevée contre lui, frais réservés ».

Le sieur Guillaume se pourvoit en cassation contre cet arrêt ; et l'affaire est rapportée par M. Carnot, immédiatement après celle dont il est question au numéro précédent, à l'audience de la section criminelle, le 2 décembre 1808.

« Deux moyens de cassation (ai-je dit à cette audience) vous sont proposés par le sieur Guillaume :

» Contravention à la loi du 19 juillet 1793, en ce que le sieur Stapleaux a été acquitté de la prévention d'avoir débité les éditions contrefaites du roman d'*Estelle* et du *Théâtre de Florian*, quoique l'une et l'autre fussent annoncées dans son catalogue comme faisant partie de son fonds de librairie ;

» Contravention à la même loi, en ce que le sieur Stapleaux a été pareillement acquitté de la prévention d'avoir débité l'édition contrefaite du *Don Quichotte* de Florian, quoique, d'une part, cette édition fût également comprise dans son catalogue ; et que, de l'autre, Stapleaux fût convaincu d'en avoir vendu un exemplaire le 29 messidor an 12.

» Le premier de ces moyens vous présente deux questions, l'une de pur droit, l'autre mêlée de droit et de fait.

» La question de pur droit est celle-ci : la simple annonce que fait un libraire par son catalogue imprimé, qu'il a dans sa boutique ou dans ses magasins, des exemplaires d'une édition contrefaite, prouve-t-elle contre lui qu'il les a eus, ou du moins qu'il les a eus en effet, qu'il les débite actuellement, ou qu'il les a précédemment débités ?

» Mais cette question n'en est plus une, vous venez de la juger pour la négative ; et de là il résulte qu'il n'y a aucun reproche à faire à l'arrêt de la cour de justice criminelle du département du Nord, en tant qu'il a déclaré le sieur Stapleaux non coupable d'avoir débité l'édition contrefaite du *Théâtre de Florian*.

» Mais ne reste-t-il pas du moins quelque chose à reprocher à cet arrêt, en tant qu'il a également déclaré le sieur Stapleaux non coupable d'avoir débité l'édition contrefaite du roman d'*Estelle* ?

» C'est ici, Messieurs, que se présente la seconde question que nous avons annoncée, celle que nous avons dit être mêlée de droit et de fait ; et voici ce qui donne lieu à cette question.

» Le procès-verbal du commissaire de police de Bruxelles, du 1er. thermidor an 12, constate, non-seulement que l'édition contrefaite du roman d'*Estelle* est insérée dans le catalogue du sieur Stapleaux ; mais encore qu'il en a été, ce jour-là même, trouvé et saisi un exemplaire dans son magasin.

» Comment donc la cour de justice criminelle du département du Nord, a-t-elle pu juger qu'il ne s'était trouvé, chez le sieur Stapleaux, aucun exemplaire du roman d'*Estelle* ; et comment a-t-elle pu, sur ce fondement, acquitter le sieur Stapleaux de la prévention d'avoir débité l'édition contrefaite de ce roman ?

» Dira-t-on que l'existence d'un exemplaire de cette édition dans le magasin du sieur Stapleaux, n'aurait pas suffi pour faire considérer le sieur Stapleaux comme coupable du débit de cette édition même ?

» Mais vous avez jugé le contraire par un arrêt du 29 frimaire an 14 ; et l'on sent assez que juger autrement, ce serait réduire à l'impossible tout propriétaire d'ouvrage littéraire qui aurait à prouver qu'il en a été débité des exemplaires contrefaits.

» Dira-t-on que le procès-verbal du commissaire de police, du 1er. thermidor an 12, ne devait pas, aux yeux de la cour de justice criminelle, faire pleine foi de son contenu ?

» Distinguons : le procès-verbal du commissaire de police ne devait pas faire foi jusqu'à inscription de faux, vous l'avez ainsi jugé par plusieurs arrêts ; mais il devait faire foi jusqu'à preuve contraire ; et c'est ce que vous avez jugé notamment par un arrêt du 17 mai dernier, au rapport de M. Carnot (1).

» Or, le sieur Stapleaux n'a ni fait ni même tenté la preuve du contraire de ce qui est énoncé, relativement au roman d'*Estelle*, dans le procès-verbal du 1er thermidor an 12.

» Il semble donc que, sous aucun rapport, la cour de justice criminelle du département du Nord n'a pu se dispenser de traiter le sieur Stapleaux, comme ayant eu dans son magasin un exemplaire de l'édition contrefaite du roman d'*Estelle*, et par conséquent, de le punir comme débitant de cette édition.

» Cependant, MM., écoutons le sieur Guillaume dans l'écrit qu'il a produit devant la cour de justice criminelle du département du Nord, sous le titre de *Moyens pour Laurent-Mathieu Guillaume contre M. Stapleaux*, et qui a été enregistré à Douay, le 30 octobre 1806. Le sieur Guillaume y expose qu'il a été saisi chez le sieur Stapleaux, le 1er thermidor an 12, trois articles de Contrefaçon ; savoir,

---

(1) *V.* le *Répertoire de jurisprudence* au mot *Procès-verbal*, §. 2, n° 4.

1°. comme le porte le procès-verbal, *trois exemplaires des Nouvelles nouvelles, in-18, 1792; 2°.*, comme le porte encore le procès-verbal, *un exemplaire de Galathée, édition de Lefrancq; 3°.*, non pas comme le porte le procès-verbal, *un exemplaire d'Estelle, imprimé chez Lehoucq, rue des Buisses, à Lille, 1793*, mais *un exemplaire des Nouvelles nouvelles, édition de Lehoucq, à Lille.*

» Ainsi, le sieur Guillaume substitue, dans cet écrit, un exemplaire de l'édition contrefaite des *Nouvelles nouvelles*, à ce que le procès-verbal désigne comme un exemplaire de l'édition contrefaite d'*Estelle*. Ainsi, il reconnaît que le procès-verbal a mal-à-propos et erronément qualifié d'exemplaire d'*Estelle*, un volume qui formait réellement un exemplaire des *Nouvelles nouvelles*.

» Ainsi, la cour de justice criminelle du Nord, en déclarant le sieur Stapleaux coupable de débit de deux Contrefaçons des *Nouvelles nouvelles*, et non coupable de débit de la seule Contrefaçon existante d'*Estelle*, n'a fait qu'adopter les indications que le sieur Guillaume lui-même avait fournies devant elle. Ainsi, l'arrêt attaqué ne peut, de ce chef, recevoir aucune atteinte; et par là, disparaît entièrement le premier moyen de cassation du sieur Guillaume.

» Mais le sieur Guillaume ne doit-il pas espérer un plus heureux succès de son deuxième moyen; et la cour de justice criminelle du Nord n'a-t-elle pas réellement violé la loi du 19 juillet 1793, en acquittant le sieur Stapleaux de la prévention d'avoir débité un exemplaire de l'édition contrefaite du *Don Quichotte* de Florian?

» Il est prouvé par la facture annexée au procès-verbal du 1er thermidor an 12, que, le 29 du même mois, un exemplaire de cet ouvrage avait été vendu, dans la boutique du sieur Stapleaux, à une personne que le sieur Guillaume avait entremise pour l'acheter; et le même procès-verbal constate que cet exemplaire représenté, le 1er. thermidor an 12, au commis et à la femme du sieur Stapleaux, ils en ont l'un et l'autre reconnu la parfaite identité.

» Cela posé, comment justifier l'arrêt de la cour de justice criminelle du Nord?

» Dire avec elle que l'exemplaire dont il est question, n'a pas été *saisi* chez le sieur Stapleaux, c'est une vaine et mauvaise défaite. Sans doute, les exemplaires de Contrefaçons qui se trouvent chez un libraire, peuvent être *saisis*: la loi du 19 juillet 1793 le dit textuellement. Mais où est-il écrit que la saisie de cet exemplaire est la condition *sine quâ non* des poursuites à exercer contre le marchand qui les débite? Où est-il écrit que la saisie, qui n'est certainement requise que pour constater matériellement le débit frauduleux, ne peut pas être suppléée par la reconnaissance formelle du débitant même, ou de celui qui tient sa place, que tel exemplaire contrefait qu'on lui représente, a été vendu par lui, soit le même jour, soit la veille, soit l'avant-veille? Où est-il écrit

que cette reconnaissance, lorsqu'elle est faite devant un officier public, consignée dans son procès-verbal, et sanctionnée par la signature qu'y appose le débitant, n'équivaut pas à un procès-verbal de saisie? Assurément elle fait pleine foi contre le débitant de qui elle est émanée. Et si elle fait pleine foi contre lui, quelle raison, quel prétexte y aurait-il de ne pas la regarder comme suffisante pour nécessiter contre lui l'application des peines dont la loi frappe les débitans d'éditions contrefaites?

» Disons-le franchement, ce premier motif de l'arrêt attaqué choque ouvertement la raison, et n'offre qu'un moyen dérisoire d'éluder la loi.

» Mais à ce motif, l'arrêt attaqué en joint un autre, qui mérite une grande attention. C'est que le sieur Guillaume ne s'est *procuré l'exemplaire* dont il s'agit, le 29 messidor an 12, *que par une démarche purement officieuse* de l'épouse du sieur Stapleaux; ce qui, en d'autres termes, signifie que le sieur Guillaume a prié, soit en personne, soit par l'organe d'un tiers, la femme du sieur Stapleaux de lui procurer cet exemplaire, sachant qu'il n'était pas dans sa boutique; qu'elle a, par pure complaisance, souscrit à sa prière; et qu'elle a fait en cela, non un acte de commerce, mais un acte de bienveillance.

» A la vérité, il est difficile d'accorder cette assertion avec deux faits que nous devons, d'après le procès-verbal du commissaire de police, tenir pour indubitables: l'un, que la dame Stapleaux a fait délivrer au sieur Guillaume, le 29 messidor an 12, une facture quittancée de l'exemplaire qu'elle fournissait de la Contrefaçon du *Don Quichotte* de Florian; l'autre, qu'elle a porté, le même jour, sur son registre, l'achat qu'elle avait fait de cet exemplaire, pour le fournir au sieur Guillaume.

» Mais d'abord, quelque vraisemblable qu'il soit, d'après ces deux circonstances, que la dame Stapleaux n'a pas fait une démarche purement officieuse, mais un acte de commerce proprement dit, en achetant du sieur Lemaire et en revendant au sieur Guillaume, l'exemplaire du *Don Quichotte* qui lui a été représenté le surlendemain par celui-ci, en présence d'un commissaire de police, cette invraisemblance a pu, non-seulement s'affaiblir, mais même disparaître absolument, par les débats qui ont eu lieu devant la cour de justice criminelle.

» Ensuite, quand la cour de justice criminelle du Nord aurait, à cet égard, mal jugé; quand elle aurait, par une fausse manière de voir, qualifié de démarche purement officieuse, ce qui n'aurait été, de la part de la dame Stapleaux, qu'un acte de commerce, nous n'en devrions pas moins regarder le fait comme constant; pourquoi? Parceque, sur ce point qui, par sa nature, est hors du domaine de la cour de cassation, son arrêt aurait nécessairement à nos yeux toute l'autorité de la chose irrévocablement jugée, et que *res judicata pro veritate habetur.*

» Or, une fois qu'il est constant pour nous que la dame Stapleaux n'a acheté du sieur Lemaire, et n'a fourni au sieur Guillaume, un exemplaire de la Contrefaçon du *Don Quichotte* de Florian, qu'à la prière du sieur Guillaume lui-même, et pour l'obliger, que devons-nous en conclure? Une chose très-simple : c'est que le sieur Guillaume n'était pas recevable dans sa plainte en débit d'édition contrefaite, et que cette plainte a été justement proscrite par la cour de justice criminelle du Nord.

» Inutile, d'après cela, de nous arrêter à la réfutation du motif qui avait déterminé le tribunal de première instance de Bruxelles à prononcer de même. Ce motif est sans doute en opposition directe, et avec la loi du 19 juillet 1793, qui n'exceptant pas de sa disposition les ouvrages posthumes, est évidemment censée les y comprendre ; et avec le décret du 1er. germinal an 13, qui n'introduit un droit nouveau, à l'égard des ouvrages posthumes, que pour ceux dont les auteurs sont, lorsqu'on met ces ouvrages au jour, décédés depuis dix ans, circonstance qui ne se rencontre pas dans l'espèce, puisqu'il est constant, d'une part, que le sieur Florian est mort en l'an 2 ; et, de l'autre, que son *Don Quichotte* a été imprimé en l'an 7, chez Didot, pour le compte de ses héritiers. Mais ce motif n'a influé en rien sur l'arrêt attaqué, et cet arrêt est, par le motif particulier qu'il substitue à celui des premiers juges, à l'abri de la censure de la cour suprême.

» Par ces considérations, nous estimons qu'il y a lieu de rejeter la demande en cassation du sieur Guillaume, et de le condamner à l'amende ».

Arrêt du 2 décembre 1808, au rapport de M. Carnot, par lequel,

« Considérant que Stapleaux n'a pas consigné l'amende ni justifié d'un certificat d'indigence, pour en tenir lieu ;

» La cour le déclare non-recevable dans son pourvoi....;

» Faisant droit au pourvoi de Laurent-Mathieu Guillaume, contre l'arrêt rendu par la cour de justice criminelle du département du Nord, le 10 novembre 1806,

» Attendu, sur le premier moyen, qu'un simple catalogue ne peut constituer le débit, dans le sens de la loi du 19 juillet 1793, lorsque l'annonce qui s'y trouve d'éditions contrefaites, se trouve isolée de toutes autres circonstances ;

» Sur le second, qu'il a été déclaré, en point de fait, par l'arrêt attaqué, qu'il n'avait pas été saisi dans les magasins de Stapleaux, aucun exemplaire contrefait du *Don Quichotte* et de l'*Estelle* de Florian, et que la cour de justice criminelle a pu le déclarer ainsi, malgré l'énonciation contraire du procès-verbal de saisie, d'après l'aveu de Guillaume consigné dans l'un de ses écrits joint à la procédure ;

» Et, sur le troisième, que, s'il était avoué et justifié par le procès-verbal, que l'épouse de Stapleaux avait vendu à l'envoyé du sieur Guillaume, un exemplaire de l'édition contrefaite du *Don Quichotte*, il avait résulté des débats qu'en procurant cet exemplaire à Guillaume, la femme de Stapleaux n'avait fait qu'une démarche purement officieuse, et ne s'était pas livrée à une opération de commerce ;

» Attendu qu'en précisant ainsi les faits, la cour de justice criminelle du département du Nord n'a violé ni pu violer aucune loi,

» La cour rejette le pourvoi.... »

§. VII. 1°. *Les auteurs étrangers peuvent-ils poursuivre, devant les tribunaux français, ceux qui contrefont leurs ouvrages en France ? Les Français cessionnaires d'auteurs étrangers, le peuvent-ils ?*

2°. *L'auteur qui a publié son ouvrage en pays étranger, peut-il poursuivre comme contrefacteurs ceux qui le réimpriment en France avant qu'il l'y ait lui-même fait réimprimer, et qu'il y ait rempli les formalités prescrites par les lois ?*

3°. *Acquiert-il, par la réimpression qu'il en fait faire en France, et en remplissant les formalités prescrites par les lois, le droit de poursuivre comme contrefacteurs ceux qui le font ensuite réimprimer ?*

4°. *L'auteur qui a publié son ouvrage en France, en y remplissant les formalités prescrites par les lois pour s'assurer le droit d'en poursuivre les contrefacteurs, perd-il ce droit par la réimpression qu'il en fait faire en pays étranger, en y remplissant les formalités prescrites par la loi locale pour empêcher que d'autres ne l'y contrefassent ?*

I. La première question est traitée et résolue affirmativement, à l'article *Propriété littéraire*, §. 1.

II. La seconde a été jugée par la négative par l'arrêt de la cour de cassation, du 17 nivôse an 13, qui est rapporté dans le *Répertoire de jurisprudence*, au mot *Contrefaçon*, §. 10.

III. Sur la troisième question, l'affirmative, déjà préjugée par l'un des motifs de l'arrêt que je viens de rappeler, a été formellement consacrée par un arrêt dont voici l'espèce :

Le sieur Anet de Cléry, qui, en sa qualité de valet de chambre de Louis XVI, avait suivi son maître dans la prison du Temple, s'était retiré en Angleterre après le 21 janvier 1793 ; et là, il avait fait imprimer un ouvrage intitulé : *Journal de ce qui s'est passé à la tour du Temple pendant la captivité de Louis XVI, roi de France.*

Le 28 juillet 1814, traité par lequel les sieurs Gaillard et Grem, exerçant les droits de leurs épouses, filles et héritières du sieur Anet de Cléry, cèdent au sieur Chaumerot, libraire à Paris, la propriété du *journal* de leur beau-père.

Le 17 septembre suivant, le sieur Patris, imprimeur à Paris, fait au ministère de la police gé nérale, direction de la librairie, une déclaration annonçant qu'il réimprime cet ouvrage pour le compte du sieur Chaumerot.

La réimpression terminée, le sieur Chaumerot remplit les formalités nécessaires pour s'assurer le droit de poursuivre les contrefacteurs, et il fait annoncer dans le journal de la librairie, du 19 octobre 1816, la mise en vente de l'ouvrage.

Le 21 juin 1817, le sieur Michaud, libraire à Paris, fait annoncer dans le même journal une *Histoire de la captivité de Louis XVI et de la famille royale, tant à la tour du Temple qu'à la Conciergerie*, ouvrage dans lequel est inséré tout au long celui que les sieurs Gaillard et Grem avaient cédé au sieur Chaumerot.

De là une plainte en Contrefaçon de la part du sieur Chaumerot contre le sieur Michaud.

Le 26 août 1817, jugement par lequel,

« Attendu que le sieur Cléry par la composition de son ouvrage intitulé *Journal de ce qui s'est passé à la tour du Temple pendant la captivité de Louis XVI, roi de France*, en est devenu propriétaire; que lui, de son vivant, et ses héritiers après son décès, ont eu un droit exclusif à cette propriété pendant le temps déterminé par la loi; que le sieur Cléry n'avait pas abdiqué ses droits avant son décès, *soit en publiant son ouvrage à Londres*, parcequ'il était maître de le publier où bon lui semblait, soit en en souffrant la publication en France, parcequ'une simple tolérance ne peut être considérée comme une renonciation à un droit acquis; que, du moment où ses héritiers ont fait connaître leurs droits par les voies légales, et à compter de ce moment, ils ont dû jouir de la plénitude de leurs droits; qu'eux ou le sieur Chaumerot, leur cessionnaire, les ont fait connaître en 1816, en déposant dans les lieux déterminés le nombre d'exemplaires prescrit, en remplissant les formalités prescrites; que c'est en 1816 que le sieur Chaumerot a fait imprimer et publier l'édition de l'ouvrage dont il s'agit, et que c'est en 1817 que le sieur Michaud, malgré les droits acquis audit sieur Chaumerot et la connaissance qu'il en avait ou a pu en avoir, a publié l'ouvrage dans lequel il a inséré l'écrit;

» Le tribunal (correctionnel du département de la Seine) déclare le sieur Michaud coupable du délit à lui imputé et prévu par les art. 427 et 429 du Code pénal; en conséquence, et conformément auxdits articles, condamne, par corps, Michaud à 100 francs d'amende; ordonne que l'édition de l'ouvrage dont il s'agit, intitulé *Histoire de la captivité de Louis XVI et de la famille royale, tant à la tour du Temple qu'à la Conciergerie*, et dans lequel est inséré l'ouvrage intitulé *Journal de Cléry*, sera et demeurera confisquée; condamne Michaud à payer en outre, par corps, audit Chaumerot, la somme de 1,000 francs à titre de dommages-intérêts, aux intérêts à compter du jour de la plainte; le condamne en outre aux dépens;

ordonne que les exemplaires saisis seront remis au sieur Chaumerot ».

Appel de ce jugement de la part du sieur Michaud à la cour royale de Paris, qui, par arrêt du 25 novembre de la même année, en adopte les motifs et le confirme.

Le sieur Michaud se pourvoit en cassation.

« Pour résoudre d'une manière satisfaisante (dit-il) la question de savoir si un auteur ou ses ayant-cause, après avoir imprimé en pays étranger la première édition d'un ouvrage, peuvent néanmoins jouir des avantages accordés par la loi du 19 juillet 1793, en réimprimant cet ouvrage en France et en remplissant les formalités ordonnées par cette loi, il importe de rechercher quelle est la nature des droits d'un auteur sur les ouvrages qu'il a composés.

» A cet égard, une grande différence est à faire entre le cas où l'ouvrage, soit manuscrit, soit imprimé, est encore entre les mains de l'auteur, et le cas où il a été livré au commerce.

» Dans la première hypothèse, la propriété de l'auteur est entière et absolue; il a le droit incontestable de posséder exclusivement, de céder à d'autres ou de transmettre à ses héritiers, son manuscrit et les exemplaires des éditions qu'il a fait imprimer.

» Mais une édition n'a pas plus tôt été mise en vente, un exemplaire n'en a pas plus tôt été vendu, que celui qui l'a acheté, n'a acquis sur cet exemplaire une propriété aussi entière, aussi absolue que celle de l'auteur; il peut le copier, le réimprimer à son tour, en user enfin de la manière la plus indéfinie, comme d'une chose qui lui appartient, à moins qu'un privilège n'attribue à l'auteur de cet ouvrage, un droit de propriété exclusive que la nature des choses ne lui donne pas.

» Tels sont les principes sur lesquels repose cette libre faculté dont jouit chaque peuple de profiter des productions littéraires des peuples voisins; de réimprimer, sans le consentement des auteurs, et malgré leur opposition, les ouvrages imprimés en pays étranger. S'il en était autrement, la réimpression, en pareil cas, ne serait autre chose qu'une odieuse spoliation, qu'une violation manifeste du droit de propriété.

» Les Anglais ont été appelés avant nous à méditer sur la nature de la propriété littéraire, et voici ce qu'on lit dans un de leurs plus savans répertoires : *Il est certain que la propriété exclusive d'un manuscrit et de tout ce qu'il renferme, appartient indubitablement à l'auteur, AVANT qu'il soit imprimé ou publié; néanmoins, à l'instant même de la publication, le droit exclusif d'un auteur ou de ses ayant-cause à la communication de ses idées, s'évanouit et s'évapore immédiatement, comme étant un droit d'une nature trop subtile et trop INSUBSTANTIELLE pour devenir la matière d'une propriété régie par la loi commune cette propriété est uniquement susceptible d'être conservée par des statuts positifs et des provisions spéciales du magistrat* (1).

» Ainsi les jurisconsultes anglais professent qu'à l'instant même de la publication d'un ouvrage, la propriété exclusive de l'auteur *s'évanouit et s'évapore*, et que la loi commune est impuissante pour la lui conserver; que l'auteur ne peut retenir le droit de réimprimer seul et sans aucun concurrent les éditions postérieures, qu'à la faveur d'une loi spéciale qui, dérogeant au droit commun, établisse un droit exceptionnel.

» Cette doctrine, quelle qu'en soit l'origine, est suivie par tous les peuples de l'Europe.

» En France, c'est dans la loi du 19 juillet 1793 qu'on trouve le statut spécial protecteur de la propriété littéraire, et cette loi vient elle-même à l'appui de la théorie que nous retraçons. Il est sensible, en effet, que, par cela qu'elle confère aux auteurs *le droit exclusif* de profiter du produit de leurs ouvrages, elle reconnaît invinciblement que, dans l'état naturel des choses, ce droit appartient indistinctement à tous; car s'il était une suite du droit de propriété, l'auteur n'aurait aucunement besoin du privilége d'une loi spéciale pour pouvoir l'exercer; la loi commune le protégerait évidemment d'une manière assez efficace; il pourrait invoquer cette règle commune dans les pays où il n'aurait pas publié son livre, comme dans ceux où il l'aurait livré au commerce; sa propriété exclusive serait garantie en tous lieux par le droit des gens.

» Ce n'est donc pas la loi commune, c'est au contraire une loi spéciale qui accorde aux auteurs la faculté exclusive de réimprimer; et comme cette loi spéciale là leur accorde par dérogation à un droit naturel acquis à tous du jour de la première publication de l'ouvrage, il s'ensuit évidemment qu'une pareille concession ne peut être considérée que comme un privilége; or, tout privilége est une faveur, et toute faveur est un don.

» De là deux conséquences : la première, c'est que le pouvoir public, qui est le donateur, a pu soumettre l'auteur, qui est le donataire, à l'accomplissement de certaines conditions ; la seconde conséquence est que le privilége, autrement la donation, doit être accepté par celui à qui elle est offerte.

» La condition du privilége, dans toutes les législations, est de faire imprimer l'ouvrage pour la première fois dans le pays où l'on prétend en recueillir les avantages; c'est là une condition essentielle, et ce principe, universellement reconnu par le droit des gens, est consacré par la jurisprudence même de la cour régulatrice.

» L'acceptation du privilége est dans l'observation des formalités établies à cet effet par les diverses législations; le privilége ne saisit pas; il faut le saisir.

» Or, ces principes ont été violés d'une manière étrange par le tribunal correctionnel et ensuite par la cour royale de Paris.

» D'une part, en effet, l'arrêt dénoncé reconnaît en fait que le *Journal* du sieur Cléry a été imprimé, pour la première fois, à Londres, c'est-à-dire, en pays étranger.

» D'autre part, cependant, le même arrêt décide que le sieur Cléry a conservé son droit de propriété exclusive en France, nonobstant cette impression de son ouvrage faite en pays étranger.

» Il est donc manifeste qu'une telle décision est ouvertement opposée à la théorie qui vient d'être retracée.

» Il est vrai, et c'est un des principaux motifs donnés par l'arrêt attaqué à l'appui de son système, il est vrai que le sieur Chaumerot, cessionnaire des héritiers Cléry, a rempli les formalités voulues par la loi française pour constater sa propriété et s'en assurer la jouissance exclusive en France, et que ce n'est que postérieurement à l'accomplissement de ces formalités que le sieur Michaud a réimprimé à son tour l'ouvrage qu'on l'accuse d'avoir contrefait.

» Mais encore une fois, le sieur Cléry avait perdu sans retour son droit de propriété exclusive en France, par le fait de la publication de son journal en pays étranger. Qu'importe, dès-lors, que ses héritiers ou leur cessionnaire aient rempli les obligations prescrites par la loi du 19 juillet 1793? Qu'importe que le sieur Chaumerot ait déposé à la bibliothèque royale le nombre d'exemplaires déterminé par cette loi? A quoi bon l'accomplissement d'une formalité, lorsque le droit ou le privilége qu'elle a pour objet de conserver, est irrévocablement éteint et anéanti ».

Le sieur Chaumerot, intervenant pour défendre l'arrêt attaqué, répondait ainsi aux moyens de cassation du son adversaire :

« Où le sieur Michaud a-t-il vu qu'un auteur français perdit son droit de propriété en faisant imprimer son ouvrage en pays étranger? Dans quel code a-t-il puisé un principe aussi hétérodoxe et aussi dangereux?

» Personne n'ignore sans doute que la propriété d'un ouvrage diffère essentiellement, quant à sa nature, de la propriété de toute autre chose; chacun sait, au contraire, que le droit des gens autorise tous les peuples à jouir des productions que peut enfanter le génie d'un peuple voisin; qu'ainsi, tous les ouvrages publiés à l'étranger, sont, par rapport à la France, considérés comme dépendant du domaine public; qu'il est permis à chaque Français de traduire ces ouvrages, de les réimprimer, de les publier en France, sans que l'éditeur puisse craindre d'être poursuivi par les auteurs ou propriétaires, comme coupable de Contrefaçon; et que réciproquement tous les ouvrages français peuvent être traduits en langue étrangère, ou simplement réimprimés et vendus en pays étrangers, sans que les auteurs ou propriétaires soient fondés à se plaindre, parceque leur droit n'est garanti que par les lois civiles françaises, et que ces lois n'ont aucune influence hors du territoire français.

» Mais de ces principes, d'ailleurs incontestables, il ne résulte certainement pas que l'auteur français qui a d'abord publié son ouvrage en pays étranger, soit par là même irrévocablement déchu de son droit d'auteur en France, s'il veut en user conformément à la loi française.

» Comment, en effet, soutenir que cet auteur, après avoir imprimé son livre à l'étranger, ne puisse en constater la propriété en France, pour réclamer la garantie et les avantages accordés à la propriété littéraire par la loi du 19 juillet 1793?

» D'une part, la loi du 19 juillet 1793 n'assigne aux auteurs aucun délai pour remplir les formalités qu'elle exige; d'autre part, cette loi ne renferme aucune disposition de laquelle il soit possible d'inférer que le fait de la publication d'un ouvrage en pays étranger enlève à son auteur le droit de placer son livre sous la protection de la loi française et d'en invoquer la faveur.

» Or, il faut nécessairement conclure de ce silence que l'auteur d'un ouvrage qui le fait imprimer, d'abord en pays étranger, renonce, à la vérité, momentanément au privilége qui lui est offert par la loi française, mais qu'il peut ressaisir ce privilége aussitôt qu'il en a le désir, en remplissant les formalités auxquelles le privilége est subordonné.

» Ainsi, dans l'espèce, nul doute que le *Journal de Cléry* n'ait pu être réimprimé en France avant que les héritiers de l'auteur ou leur cessionnaire eût lui-même fait faire cette réimpression et l'eût placée sous la sauve-garde de la loi; mais nul doute aussi que toute réimpression faite depuis, sans le consentement de ce dernier, ne soit une atteinte à son droit de propriété exclusive, et ne constitue une véritable Contrefaçon, dans le sens de la loi du 19 juillet 1793 ».

Tels étaient, dans cette affaire, les moyens respectifs des parties; et il est aisé de sentir que le sieur Chaumerot ne combattait pas ceux du sieur Michaud avec tout l'avantage qu'il eût pu le faire, en prouvant que le sieur Michaud présentait la propriété littéraire sous un faux aspect.

En effet, le sieur Michaud prétendait que la propriété d'un ouvrage livré au public par la voie de l'impression, ne devait être envisagée que comme une pure création du droit civil; et c'était, de sa part, une grande erreur, sinon par rapport à la législation anglaise, ce que je ne suis pas en ce moment à portée de vérifier, au moins par rapport à la législation française.

Si la propriété littéraire n'était qu'une création du droit civil, elle ne pourrait être acquise que par l'exact et entier accomplissement des formalités prescrites par le droit civil lui-même, pour la mettre à l'abri de la Contrefaçon; et il serait im-

possible qu'elle existât avant que ces formalités fussent remplies. Or, la preuve qu'elle existe, indépendamment de l'observation de ces formalités, c'est que, comme je l'ai établi dans le *Répertoire de Jurisprudence*, aux mots *Marque de fabrique*, n°. 3, d'après le texte même de la loi du 19 juillet 1793, celui qui, sans les remplir, a rendu public en France un ouvrage de sa composition, peut, après les avoir remplies, poursuivre la Contrefaçon qui a été précédemment faite du fruit de ses veilles.

Si la propriété littéraire n'était qu'une création du droit civil, elle ne pourrait appartenir qu'aux regnicoles, ou du moins les étrangers ne pourraient y prétendre qu'autant qu'ils se trouveraient dans la position signalée par l'art. 13 du Code civil; c'est-à-dire, qu'autant qu'ils auraient *été admis par l'autorisation du roi à établir leur domicile en France*, et qu'ils *continueraient d'y résider*. Or, il est bien constant qu'elle appartient aux étrangers même non domiciliés en France, comme aux regnicoles; et non-seulement cela est ainsi décidé en toutes lettres par le décret du 5 février 1810, mais un arrêt de la cour de cassation, du 23 mars de la même année, a jugé que cette décision n'était pas introductive d'un droit nouveau.

Il faut donc nécessairement reconnaître que la propriété littéraire a sa source dans le droit des gens, que ce n'est pas le droit civil qui l'a créée, qu'elle existe par elle-même sans le secours du droit civil, et qu'elle ne tient du droit civil, ou ce qui est la même chose, de l'observation des formalités que le droit civil impose aux auteurs qui veulent s'en assurer la pleine jouissance; que la garantie à défaut de laquelle, sans en exciter moins, elle pourrait être contrefaite *impunément*, ou, en d'autres termes, à défaut de laquelle le vol qui en serait fait, ne pourrait pas être puni, sans cesser pour cela d'être un véritable vol.

Mais, dès-lors, quelle difficulté pouvait-il y avoir dans l'affaire dont je viens de rendre compte, à rejeter le recours en cassation du sieur Michaud?

Le sieur Michaud aurait sans doute dû triompher, si la propriété d'un ouvrage littéraire tombait dans le domaine public, par cela seul que cet ouvrage aurait été publié sans l'observation préalable des formalités qui en confèrent la garantie civile. Mais il n'en est pas, à cet égard, de la propriété d'un ouvrage littéraire comme de la propriété d'une invention industrielle. La loi refuse bien la garantie de la propriété d'une invention industrielle, du moment que cette invention a cessé d'être le secret de celui qui l'a faite. Et voilà pourquoi l'art. 16 de la loi du 7 janvier 1791, déclare, n°. 4, que *tout inventeur qui sera convaincu d'avoir obtenu une patente pour des découvertes déjà consignées et décrites dans des ouvrages imprimés et publiés, sera déchu de sa patente;* voilà pourquoi un arrêt de la cour de cassation, du 20 février 1806, a jugé nul un brevet d'invention obtenu depuis que le procédé dont il confère l'usage exclusif à l'inventeur, est devenu public par le fait de celui-ci (1). Mais ce qui prouve invinciblement qu'il n'en est pas de même de la propriété littéraire, c'est, encore une fois, que l'auteur à qui elle appartient, ne la perd pas par cela seul qu'il la livre au public par la voie de l'impression, et qu'il peut encore, après l'avoir publiée, s'en assurer la jouissance exclusive et la mettre à l'abri de la Contrefaçon, par l'accomplissement des formalités prescrites par la loi.

Il était donc impossible que le recours en cassation du sieur Michaud fût accueilli : et en effet, il a été rejeté par arrêt du 20 janvier 1818, au rapport de M. Lecoutour, et sur les conclusions de M. l'avocat-général Giraud-Duplessis,

« Attendu que l'arrêt dénoncé n'a ni violé ni faussement appliqué la loi du 19 juillet 1793, ni les autres lois sur les propriétés littéraires, en jugeant que Cléry avait pu faire imprimer son journal à Londres, et par suite, tolérer qu'il en circulât des exemplaires sur le territoire français, sans être réputé, pour cela, avoir renoncé à l'exercice de son droit d'auteur en France, conformément aux lois françaises ;

» Attendu que, pour exercer ce droit, les héritiers Cléry ont vendu leur manuscrit à Chaumerot, en 1814 ; que celui-ci, devenu cessionnaire, l'a fait imprimer en 1816 et a rempli toutes les formalités prescrites pour lui en assurer la vente exclusive ; que ce n'est que postérieurement, et en 1817, que Michaud, malgré la connaissance qu'il avait ou pouvait avoir de l'édition légale faite par Chaumerot, a fait réimprimer le même ouvrage, et qu'il n'a pu faire cette réimpression sans porter atteinte aux droits du cessionnaire et sans être contrefacteur ;

» Attendu d'ailleurs que la procédure est régulière..... (2) ».

IV. De ce qui vient d'être dit sur la troisième question, il résulte naturellement que la quatrième doit être résolue à l'avantage de l'auteur.

En effet, le bon sens veut qu'il soit plus facile de conserver que d'acquérir, et que, par suite, ce qui n'empêche pas d'acquérir, empêche bien moins de conserver. Or, nous venons de voir que la publication qu'un auteur a faite de son ouvrage en pays étranger, ne l'empêche pas d'acquérir en France, par la réimpression qu'il y fait faire, en remplissant les formalités prescrites par la loi française, la garantie légale de sa propriété, c'est-à-dire, le droit de poursuivre ceux qui la contreferont à l'avenir. A plus forte raison donc la réimpression que l'auteur d'un ouvrage en fait faire en pays étranger, après l'avoir publié en France, ne doit-elle pas l'empêcher de conserver en France, cette même garantie légale, ce même droit de poursuivre les contrefacteurs.

Qu'importe qu'en faisant réimprimer son ouvrage en pays étranger, il y ait acquis la même garantie légale, le même droit de poursuite contre les contrefacteurs, qu'il avait déjà en France ? Il n'y a ni loi ni raison qui s'oppose à ce qu'il place sa propriété sous la protection de la loi d'un pays étranger, en même temps que sous la protection de la législation française.

Inutile d'objecter qu'aux termes du n°. 5 de l'art. 16 de la loi du 7 janvier 1791, *tout inventeur qui, après avoir obtenu une patente en France, sera convaincu d'en avoir pris une pour le même objet en pays étranger, sera déchu de sa patente.*

Si, comme nous l'avons vu au n°. précédent, on ne peut pas appliquer à la propriété littéraire, la disposition du n°. 4 de l'art. 16 de la loi du 7 janvier 1791, par laquelle est déclaré déchu de sa patente l'inventeur qui l'aura obtenue pour *des découvertes déjà consignées dans des ouvrages imprimés et publiés*, comment pourrait-on y appliquer la disposition que le n°. 5 du même article contient par rapport au brevet d'invention ?

On ne le pourrait qu'autant que le motif de cette dernière disposition fût applicable à la propriété littéraire, et bien certainement il ne l'est pas.

Dans le n°. 5 de l'art. 16, la loi a pour but d'empêcher que l'inventeur d'une découverte utile à l'industrie française, n'en enrichisse l'industrie étrangère ; elle le punit par la privation de sa patente en France ; et elle ne fait en cela qu'un acte de justice ; car l'inventeur qui porte son secret à l'étranger, ne le fait et ne le peut faire que par un esprit d'inconséquence et de cupidité répréhensible.

Mais quelle justice y aurait-il à priver de sa garantie légale en France, l'auteur d'un ouvrage qui, après l'avoir publié dans sa patrie, l'a fait imprimer en pays étranger ?

Quel tort fait-il, par là, à sa patrie ? Aucun. Sans doute, si, par la réimpression qu'il eût fait faire en France, il eût mis les étrangers dans l'impossibilité de se procurer d'autres exemplaires de son ouvrage que ceux qui seraient sortis des presses françaises, on pourrait lui reprocher d'avoir transporté à des papetiers, à des imprimeurs, à des ouvriers, à des libraires étrangers, les bénéfices que les papetiers, les imprimeurs, les ouvriers, les libraires de sa patrie auraient retirés de cette réimpression. Mais s'il n'avait pas lui-même fait réimprimer son ouvrage en pays étranger, la réimpression s'y en serait faite malgré lui et par Contrefaçon. Il n'a donc fait, en l'y faisant lui-même réimprimer, qu'au devant des contrefacteurs et se mettre à l'abri de leurs vols. Or, ne serait-il pas souverainement inique de le priver de son droit en France, pré-

(1) *Répertoire de Jurisprudence*, aux mots *Brevet d'invention*, n°. 5.

(2) *Journal des Audiences de la cour de cassation*, année 1818, page 193.

cisément parcequ'il a pris en pays étranger les précautions nécessaires pour empêcher qu'on ne l'y volât ?

§. VIII. *Comment doit-on procéder, relativement à la confiscation d'un ouvrage contrefait, lorsque cet ouvrage a été fondu par le contrefacteur dans l'édition d'un autre dont il était propriétaire, ou qu'il avait le droit d'imprimer ?*

En 1810, le sieur Dentu, libraire, à Paris, fait réimprimer en deux volumes in-8°., comme il en avait le droit, et met en vente la traduction des poésies d'Ossian, par Letourneur; et il y joint la traduction de quelques autres poésies bardes, par le sieur Saint-Georges, imprimée, dans le principe, du consentement de celui-ci, par le sieur Guéffier.

Le sieur Guillaume, cessionnaire des droits du sieur Saint-Georges, poursuit le sieur Dentu en Contrefaçon.

Le 9 mai 1812, jugement du tribunal de première instance du département de la Seine, qui :

« Attendu que les deux ouvrages ne peuvent être séparés, et que Dentu a fait imprimer celui de Saint-Georges sans son consentement, ordonne que l'édition entière, tirée par lui, suivant son aveu, à 1,000 exemplaires, sera et demeurera confisquée au profit de Guillaume;

» Et attendu que, d'après la déclaration de Dentu, il ne lui reste plus que 124 exemplaires de cette édition;

» Le condamne à les représenter et remettre à Guillaume, sinon à lui payer la somme de 1488 francs pour leur valeur; condamne pareillement Dentu à payer à Guillaume la somme de 10,502 francs, pour la valeur de 876 exemplaires qu'il a déclaré avoir vendus, le tout, à raison de 12 francs par exemplaire ».

Le sieur Dentu appelle de ce jugement.

Par arrêt du 27 juin suivant,

« Attendu que Dentu a fait imprimer, en 1810, un ouvrage sans le consentement du propriétaire; qu'il a par conséquent encouru les peines portées par le décret du 5 février 1810;

» Qu'en appliquant les peines prononcées par ce décret, les premiers juges ont fait porter la confiscation même sur l'Ossian de Letourneur que Dentu avait droit de réimprimer, et dont les poèmes de quelques Bardes, publiés par Guéffier et contrefaits par Dentu, ne forment qu'un accessoire;

» Que, si l'on ne peut séparer matériellement ces deux parties de l'édition, on doit considérer que, conformément à l'art. 429 du Code pénal, l'objet de la confiscation est d'indemniser le propriétaire de l'ouvrage contrefait, du préjudice qu'il a souffert; que par conséquent les premiers juges devaient évaluer les exemplaires confisqués, non pas au prix de l'édition complète d'Ossian publiée par Dentu, mais à celui de l'édition de quelques poèmes publiés par Guéffier; et qu'à

cet égard, leur jugement doit être réformé;

» La cour (d'appel de Paris) met l'appellation et ce dont est appel au néant; émendant, vu les art. 41, §. 7, du décret du 5 février 1810, et l'art. 52 du Code pénal......; déclare Dentu coupable du délit de Contrefaçon, confisque au profit de Guillaume l'édition faite en 1810, de quelques poèmes d'Ossian et autres Bardes, publiés précédemment par Guéffier, et que Dentu a déclaré avoir tirée à 1000 exemplaires; et attendu qu'il n'en a été saisi que 124 chez Dentu, ordonne qu'il les remettra à Guillaume, et faute par lui de les remettre, le condamne par corps, à payer audit Guillaume la somme de 372 francs pour leur valeur, si mieux n'aiment l'une ou l'autre des parties en faire estimer la valeur par experts, ce qu'elles seront tenues d'opter dans les trois jours, sinon déchues; condamne Dentu, pareillement par corps, à payer à Guillaume la somme de 2,628 francs, pour l'indemnité qui lui est due à raison de 876 exemplaires qui ont été vendus par Dentu antérieurement à la saisie ».

Le sieur Guillaume se pourvoit en cassation contre cet arrêt, mais son recours est rejeté, le 4 septembre suivant, au rapport de M. Audier-Massillon.

« Attendu que le délit de Contrefaçon, dont s'est plaint Guillaume, ayant été commis sous l'empire du décret du 5 février 1810, les indemnités qui lui ont été accordées, ont dû être réglées d'après ce décret, et que Guillaume l'a reconnu en n'appelant pas du jugement du tribunal correctionnel qui avait établi sur ce décret ses dispositions;

» Qu'il résulte des art. 42 et 43 de ce même décret, que la Confiscation qui est prononcée en faveur de l'auteur ou de l'éditeur de l'édition originale, lui est accordée à titre d'indemnité;

» Que l'art. 43 a conféré aux tribunaux correctionnels le droit d'arbitrer les dommages et intérêts qui doivent être accordés à l'auteur ou à l'éditeur qui a été lésé par la Contrefaçon;

» Qu'il s'agissait d'une Contrefaçon partielle, et que le contrefacteur avait renfermé dans son édition l'ouvrage appartenant à autrui, avec un autre plus considérable qu'il avait le droit de réimprimer; que bien qu'il ait été reconnu que ces deux ouvrages ne pouvaient pas être séparés matériellement dans l'édition nouvelle, la cour d'appel a pu prendre pour règle de l'évaluation des dommages et intérêts dus à l'éditeur lésé, le prix des exemplaires de l'ouvrage original qui a été contrefait, plutôt que celui de l'édition nouvelle, et proportionner ainsi l'indemnité au préjudice causé.... ».

CONTRE-LETTRE. §. I. *Les Contre-lettres de contrat de mariage passées dans l'intervalle de la promulgation de l'art. 1321 à celle de l'art. 1396 du Code civil, sont-elles valables ?*

V. le §. 5 ci-après.

§. II. *L'art. 40 de la loi du 22 frimaire*

an 7, *relative aux droits d'enregistrement, qui déclare* nulle et de nul effet, toute Contre-lettre qui aurait pour objet une augmentation du prix stipulé dans un acte public, ou dans un acte sous signature privée, PRÉCÉDEMMENT ENREGISTRÉ, *doit-il être restreint au cas où l'acte sous seing-privé dont la Contre-lettre enfle le prix en fraude du trésor public, a été enregistré avant que la Contre-lettre elle-même existât?*

Il m'a passé par les mains un jugement du 31 août 1815, par lequel un tribunal de première instance s'était décidé pour l'affirmative, et avait, en conséquence, jugé obligatoire la Contre-lettre d'un bail sous seing-privé qui avait été rédigée et signée au même instant que ce bail.

J'ignore ce qu'est devenu ce jugement, sur l'appel qui en a été interjeté; mais il me semble qu'entendre comme il l'a fait, l'art. 40 de la loi du 22 frimaire an 7, c'est lui faire dire une chose absurde.

Pourquoi fait-on des Contre-lettres de l'espèce de celle dont il s'agit? On les fait uniquement, et parcequ'on cherche à frauder les droits du fisc, en faisant paraître le prix inférieur à ce qu'il est réellement, et parcequ'en fraudant ainsi les droits du fisc, on veut se prémunir contre la mauvaise foi de la partie avec laquelle on traite, et la mettre dans l'impossibilité de se refuser, par la suite, à l'entier paiement du prix qui a été réellement convenu.

Or, comment atteindrait-on à la fois ce double but, si, en commençant par signer et faire enregistrer un acte qui diminuerait le prix réel, on remettait à un autre temps la rédaction et la signature de la Contre-lettre? Autant vaudrait ne pas recourir à la ressource d'une Contre-lettre, et s'en rapporter tout simplement à la probité de l'acheteur ou du locataire. Car une fois que l'acte ostensible serait signé seul et enregistré, qui est-ce qui empêcherait l'acheteur ou le locataire de se refuser à la signature de la Contre-lettre qui serait restée en projet?

Aussi est-il d'un usage aussi constant que notoire, de ne signer l'acte ostensible qu'au moment même où l'on signe la Contre-lettre.

Et dès-lors, il est clair que, si la Contre-lettre n'était déclarée nulle, par l'art. 40 de la loi du 22 frimaire an 7, que dans le cas supposé par le jugement du 31 août 1815, la disposition de cet article serait absolument illusoire.

Que signifie donc cet article quand il dit : « Toute Contre-lettre faite sous signature privée, » qui aurait pour objet une augmentation du prix » stipulé dans un acte public, ou dans un acte » sous signature privée *précédemment enregistré*, » est déclarée nulle et de nul effet »?

Il signifie évidemment que, lorsqu'un acte portant fixation du prix d'un objet vendu ou loué, aura été enregistré, et qu'il paraîtra ensuite une

Contre-lettre qui augmente ce prix, la Contre-lettre, quoiqu'enregistrée elle-même après coup, sera nulle; et il ne peut pas signifier autre chose.

Car, si vous rapportez les mots *précédemment enregistré*, à la confection et à la signature de la Contre-lettre, l'article n'a point de sens, et il reste sans application possible. Il ne peut avoir de sens, il ne peut être susceptible d'application, qu'en rapportant ces mots à l'enregistrement de la Contre-lettre, qu'en les entendant comme désignant un premier acte dont l'enregistrement a précédé celui d'un second qui en enfle le prix.

Ce qui d'ailleurs tranche toute difficulté, c'est que les deux arrêts de la cour de cassation, des 13 fructidor an 11 et 10 janvier 1809, qui ont appliqué cet article (1), l'ont appliqué précisément à des cas où les Contre-lettres avaient été faites et signées en même temps que les actes dont elles masquaient les dispositions frauduleuses, mais où elles n'avaient été enregistrées que postérieurement aux époques où ces actes l'avaient été eux-mêmes.

§. III. *La disposition de l'art. 40 de la loi du 22 frimaire an 7, en tant qu'elle annulle la Contre-lettre dans l'intérêt de la partie qui l'a souscrite, est-elle abrogée par l'art. 1321 du Code civil?*

Cette question n'est pas jugée, comme l'avance M. Toullier (2), par l'arrêt de la cour de cassation, du 10 janvier 1809; car, dans l'espèce sur laquelle a été rendu cet arrêt, il s'agissait d'actes passés antérieurement à la promulgation de l'art. 1321 du Code civil. Cet arrêt ne forme donc aucun préjugé contre l'opinion de M. Toullier, qui, se rendant avec peine à l'idée que la loi du 22 frimaire an 7 ait établi une législation aussi immorale que celle que supposent cet arrêt et celui du 13 fructidor an 11, soutient au moins que le code Civil abroge cette législation.

Mais il faut examiner cette opinion d'après ses propres bases.

D'abord, je conviens avec M. Toullier que la disposition de l'art. 40 de la loi du 22 frimaire an 7, présente quelque chose de choquant, en ce qu'elle favorise la mauvaise foi; et je réunis de grand cœur mes vœux aux siens pour qu'une loi plus juste et plus morale vienne bientôt la réformer.

Mais la question n'est point là. Quelque extraordinaire que soit la disposition dont il s'agit, elle n'est pas sans exemple dans les fastes de la législation. Des vues d'utilité publique, bien ou mal calculées, auxquelles on a cru que devaient céder

---

(1) *V.* le *Répertoire de jurisprudence*, au mot *Contre-lettre*, n°. 7.

(2) *Droit civil français*, liv. 3, tit. 3, chap. 6, §. 1, n°. 185.

toutes les considérations d'intérêt privé, ont plusieurs fois déterminé le législateur à paralyser et laisser sans exécution des actes qui, bons et valables par eux-mêmes et dans l'ordre du droit naturel, se trouvaient faits dans des formes qui pouvaient avoir des conséquences dangereuses, ou dénuées de formes, dont l'omission pouvait entraîner de graves inconvéniens.

C'est ainsi que, par l'édit du mois d'octobre 1706, il était ordonné que tous les actes sous seing-privé qui seraient produits en justice ou énoncés dans des actes publics, sans avoir été préalablement contrôlés, non-seulement emporteraient contre les parties qui en auraient fait usage, et leurs officiers ministériels, une amende de 500 livres, mais même seraient absolument nuls et sans effet; disposition qui servit de fondement à un arrêt du conseil du 7 septembre 1720, par lequel une procuration sous seing-privé, qui avait été annexée à un contrat notarié, sans contrôle préalable, fut déclarée nulle, ainsi que le contrat même, sauf aux parties à se pourvoir contre le notaire pour les dommages et intérêts résultant de l'annullation de ces deux actes (1).

C'est ainsi que deux arrêts du parlement de Flandre, des 15 octobre 1696 et 11 décembre 1697, motivés sur un édit particulier au ressort de cette cour, qui, pour l'intérêt du fisc, défendait aux officiers de justice de recevoir des contrats, déclarèrent nuls et de nul effet un bail, un acte de vente et un cautionnement reçus par des juges seigneuriaux (2).

Il n'est donc pas étonnant que la loi du 22 frimaire an 7, pour assurer d'autant mieux la perception des droits d'enregistrement, et opposer une barrière d'autant plus efficace aux fraudes qui tendent sans cesse à la diminuer, ait été jusqu'à déclarer nulle, dans l'intérêt privé des parties, toute Contre-lettre qui ajouterait au prix exprimé dans un acte enregistré avant elle.

Reste donc à savoir si cette disposition est abrogée par l'art. 1321 du Code civil?

Il y a deux manières d'abroger une loi : l'une, en disant qu'on l'abroge en effet; l'autre, en la remplaçant par une loi contraire.

Or, 1°. dans l'art. 1321 du Code civil, pas un mot qui annonce, de la part du législateur, l'intention formelle d'abroger l'art. 40 de la loi du 22 frimaire an 7;

2°. Les deux articles sont-ils du moins contraires l'un à l'autre, et celui de la loi du 22 frimaire an 7 doit-il, par cette raison, céder à celui du Code civil?

Non : car l'art. 1321 du Code civil se borne à dire que *les Contre-lettres ne peuvent avoir leur effet qu'entre les parties contractantes , et qu'elles*

n'ont point d'effet contre les tiers ; et il est bien évident qu'il n'y a là rien de contraire à l'art. 40 de la loi du 22 frimaire an 7.

En effet, autre chose est de dire que les Contre-lettres auront toujours leur effet entre les parties contractantes; autre chose est de dire que les parties contractantes sont les seules entre lesquelles les Contre-lettres puissent avoir leur effet.

Par la première locution, toutes les Contre-lettres seraient indistinctement déclarées valables à l'égard des parties qui les auraient souscrites; et ce qui prouve que ce n'est point là ce qu'entend le Code civil dans l'art. 1321, c'est qu'il annulle lui-même, par l'art. 1396, les Contre-lettres qui modifient les contrats de mariage ;

Au lieu que, de la seconde locution, il résulte seulement que les Contre-lettres, dans les cas où elles sont valables, ne le sont qu'entre les parties contractantes; ce qui assurément ne présente pas plus de contrariété à la disposition de l'art. 40 de la loi du 22 frimaire an 7, qu'à l'art. 1396 du Code civil lui-même.

On objectera peut-être que, si l'art. 1321 du Code civil n'abroge pas par lui-même l'art. 40 de la loi du 22 frimaire an 7, il l'abroge du moins avec le secours de l'art. 7 de la loi du 30 ventôse an 12, lequel porte qu'à compter du jour où chacune des lois dont le Code civil se compose, est devenue obligatoire, toutes les lois précédentes *sur les matières dont s'occupe le Code civil*, ont été abrogées.

Mais que faudrait-il pour que l'art. 7 de la loi du 30 ventôse an 12 pût être censé dire que l'art. 40 de la loi du 22 frimaire an 7 a été abrogé par l'art. 1321 du Code civil? Bien évidemment, il faudrait que l'art. 40 de la loi du 22 frimaire an 7 pût être considéré comme relatif à l'une des matières dont le Code civil s'occupe.

Or, comment pourrait-on envisager ainsi l'art. 40 de la loi du 22 frimaire an 7?

Sans doute, cet article est relatif aux Contre-lettres, et par conséquent à des actes qui occupent le Code civil; mais il ne l'est pas aux Contre-lettres en général : il ne l'est qu'aux Contre-lettres qui blessent l'intérêt du fisc; et ce n'est que pour l'intérêt du fisc qu'il les frappe de la nullité qu'il prononce. A la vérité, il veut que les parties privées puissent se prévaloir de cette nullité; mais l'intérêt du fisc est le seul motif qui le porte à le vouloir. En un mot, la disposition de cet article est toute fiscale.

Or, la fiscalité est absolument étrangère au Code civil. Le Code civil ne dispose que dans l'intérêt des particuliers; et il en dispose abstractivement à l'intérêt que le fisc peut avoir à ce que tels ou tels actes faits par des particuliers, aient ou n'aient pas leur effet.

L'art. 40 de la loi du 22 frimaire an 7 est donc au Code civil ce qu'est une loi spéciale à une loi générale.

Eh bien! Une loi générale prévaut-elle, par sa généralité même, à la loi spéciale qui en diffère?

---

(1) *Dictionnaire des domaines*, aux mots *Acte sous seing-privé*.

(2) Recueil d'arrêts de Pinault des Jaunaux , tome 2, §. 195.

Non. *In toto jure, genera per speciem deroga-tur, et illud potissimum habetur quod ad spe-ciem directum est*, dit la loi 80, D. *de regulis juris ;* ce qui signifie clairement que, dans les points sur lesquels la loi spéciale se trouve en opposition avec la loi générale, on doit s'attacher à celle-ci de préférence à celle-là.

Aussi est-il de principe que les lois générales, lors même qu'elles sont postérieures aux lois véri-tablement spéciales, ne dérogent pas à celles-ci.

C'est sur ce principe, proclamé par une foule d'arrêts de la cour de cassation(1), qu'est fondé un avis du conseil d'état, du 12 mai 1807, approuvé le 1er janvier suivant. Il était question de savoir si l'art. 1041 du Code de procédure, qui abroge *toutes lois. coutumes, usages et réglemens relatifs à la procédure civile*, devait faire cesser la forme de procéder qui avait été précédemment réglée, par la loi du 22 frimaire an 7 et quelques autres, pour les matières d'enregistrement; et l'avis a con-sacré la négative. « Le nouveau Code de procédure » (a-t-il dit) sera désormais la loi commune. Ainsi, » les lois et réglemens généraux qui étaient en » vigueur dans les diverses contrées dont l'empire » français se compose, ont été et ont dû être abro-» gés. Mais dans les affaires qui intéressent le gou-» vernement, il a toujours été regardé comme né-» cessaire de s'écarter de la loi commune par des » lois spéciales, soit en simplifiant la procédure, » soit en prescrivant des formes différentes. Or, » on ne trouve dans le nouveau Code aucune dis-» position qui puisse suppléer ou remplacer ces » réglemens spéciaux; il y aurait cependant même » nécessité de les rétablir et de leur rendre la force » de loi, si on pouvait supposer qu'ils l'eussent » perdue. Mais il ne peut y avoir de doute, parce-» que l'abrogation prononcée par l'art. 41, n'a eu » pour objet que de déclarer qu'il n'y aurait dé-» sormais qu'une seule loi commune pour la pro-» cédure, et que l'on n'a entendu porter aucune » atteinte aux formes de procéder, soit dans les » affaires de la régie de l'enregistrement et des do-» maines, soit en toute autre matière pour laquelle » il aurait été fait, par une loi spéciale, exception » aux lois générales ».

On sent avec quelle justesse s'applique ici cette décision : ce que l'art. 7 de la loi du 30 ventôse an 12 dit, par rapport aux lois antérieures qui sont relatives aux objets dont s'occupe le Code civil, l'art. 1041 du Code de procédure le répète par rapport aux lois antérieures concernant les objets qui font la matière de ce Code. Si donc l'art. 1041 du Code de procédure ne déroge pas aux disposi-tions de la loi du 22 frimaire an 7, qui sont rela-tives à la forme de procéder dans les affaires d'en-registrement, il est bien impossible que l'art. 7 de la loi du 30 ventôse an 12 déroge à la disposition de la même loi du 22 frimaire an 7, qui concerne

l'effet des Contre-lettres faites en fraude des droits de mutation.

Viendra-t-on, après cela, opposer ce qui a été dit au conseil d'état dans la discussion de l'art. 206 du projet de Code civil?

Mais il est aisé de sentir que cette discussion, loin d'affaiblir les raisons qui établissent que le Code civil n'abroge pas la nullité prononcée par l'art. 40 de la loi du 22 frimaire an 7, ne fait au contraire que leur donner, par le résultat qu'elle a eu, plus de poids et une nouvelle autorité.

En effet, cette discussion s'est élevée, comme on vient de le dire, sur l'art. 206 du projet de Code civil, qui était, comme tous les autres articles du même projet, absolument muet sur les Contre-lettres en général, et se bornait à dire que *la preuve littérale résulte d'actes authentiques ou d'actes sous seing-privé*.

Le conseiller d'état qui était alors à la tête de la régie de l'enregistrement, a commencé par de-mander que, par une disposition additionnelle, *on proscrivît d'une manière absolue l'usage des Contre-lettres qui tendent à déguiser les conven-tions. Il en résulte* (a-t-il dit) *des fraudes, sou-vent contre les particuliers, et toujours contre le trésor public.*

Un autre membre, appuyant sa proposition, a dit *qu'un jugement venait d'annuller une Contre-lettre qui ajoutait au prix d'une vente.* (Il faisait sûrement allusion à l'arrêt de la cour de cassation, du 3 fructidor an 11.)

Un autre a dit que *les Contre-lettres ne doivent être annulées, que lorsqu'elles sont frauduleuses.*

Un autre a dit que la proposition d'annuller in-distinctement toutes les Contre-lettres, était trop générale; qu'elle était bonne pour les Contre-let-tres relatives aux contrats de mariages; mais qu'elle était inadmissible pour les autres; et qu'à l'égard de celles-ci, on devait punir les fraudes qui en ré-sultaient pour le trésor public, non par la peine de nullité, mais seulement par des amendes.

Un autre a dit *qu'il existe déjà une disposition législative contre l'usage des Contre-lettres, mais qu'elle ne lui semble pas juste, que les actes doi-vent avoir tout leur effet entre les parties ; et qu'il suffit pour en prévenir l'abus, de les soumettre au droit d'enregistrement, lorsqu'ils sont produits.*

Un autre a dit *qu'il faut en effet distinguer : qu'une Contre-lettre doit être valable entre les parties, et nulle contre les tiers ; et que la régie de l'enregistrement est un tiers par rapport à l'acte.*

Un autre a dit *qu'il serait contre les principes d'annuller indistinctement les Contre-lettres ; que l'intérêt du fisc serait beaucoup mieux assuré, si lorsqu'elles sont produites, la peine de l'amende était infligée aux parties, pour ne les avoir pas fait enregistrer.*

L'auteur de la proposition a repris la parole et a dit *que plus la peine sera forte, plus on s'ap-pliquera à dérober à la régie la connaissance de l'acte.*

---

(1) Voyez l'article *Délits ruraux*, §. 1.

Enfin, la discussion a été terminée par le renvoi de la proposition à la section de législation.

Et c'est par suite de ce renvoi, que la section de législation a proposé et fait adopter l'article qui forme aujourd'hui le 1321ᵉ du Code civil.

Maintenant, je le demande, la section de législation aurait-elle rédigé cet article tel qu'il est, si elle avait voulu faire consacrer les principes qui, dans la discussion, avaient été opposés à la nullité écrite dans l'art. 40 de la loi du 22 frimaire an 7 ?

Non, certes. Dans ce cas, en effet, elle aurait dû dire tout simplement : *les Contre-lettres ont tout leur effet entre les parties contractantes ; elles n'en ont aucun contre les tiers ;* et alors, sa rédaction, rapprochée du procès-verbal de la discussion, aurait manifesté clairement l'intention d'abroger la nullité dont il s'agit. Mais au lieu de cela elle a dit : *les Contre-lettres ne peuvent avoir leur effet qu'entre les parties contractantes. Elles sont sans effet contre les tiers ;* et l'on a déjà fait sentir que cette manière de parler présente une disposition toute différente.

Ces mots, *ne peuvent avoir leur effet qu'entre les parties contractantes,* font bien entendre que les Contre-lettres peuvent avoir, entre les parties contractantes, l'effet pour lequel celles-ci les ont faites ; mais ils ne signifient pas qu'elles l'ont toujours ; ils ne signifient conséquemment pas que les Contre-lettres soient toujours obligatoires pour les parties qui les ont souscrites ; et conséquemment ils laissent subsister les lois spéciales qui déclarent nulles certaines Contre-lettres.

Pour nous convaincre de plus en plus de cette vérité, supposons que, dans le court intervalle de temps qui s'est écoulé entre la promulgation de la loi qui forme, dans le Code civil, le titre *des contrats ou obligations conventionnelles en général,* et la promulgation, de la loi qui forme, dans le même Code, le titre *du contrat de mariage et des droits respectifs des époux,* il ait été passé à Paris un contrat de mariage accompagné d'une Contre-lettre non signée de tous les parens et amis qui avaient paru au contrat même.

Très-certainement, dans cette hypothèse, la Contre-Lettre ne pourra pas être annullée en vertu de l'art. 1396 qui n'est que dans la seconde loi ; car cet article ne peut pas avoir d'effet rétroactif. Mais sera-t-elle exécutée en vertu de l'art. 1321, qui fait partie de la première loi ? Non, elle sera annulée en vertu de l'art. 258 de la coutume de Paris, qui, à l'époque de la passation du contrat, renfermait, sur les Contre-lettres, la disposition que l'art. 1396 du Code civil a renouvelée depuis.

Or, comment pourrait-on l'annuller en vertu de l'art. 258 de la coutume de Paris, si l'art. 1321 du Code civil devait être entendu dans le sens qu'il faudrait lui donner dans l'opinion de M. Toullier ? Bien sûrement l'art. 1321 du Code civil ainsi entendu, aurait abrogé l'art. 258 de la coutume de Paris ; et s'il est absurde de l'entendre ainsi relativement à cet article, que l'on nous dise par quelle magie on pourrait lui donner un autre sens relativement à l'art. 40 de la loi du 22 frimaire an 7 ; que l'on nous dise comment l'art. 40 de la loi du 22 frimaire an 7 pourrait avoir été abrogé par une disposition qui aurait laissé celle de l'art. 258 de la coutume de Paris, toute sa latitude et toute sa vigueur.

Et remarquons bien qu'il y a, pour décider que l'art. 40 de la loi du 22 frimaire an 7 a survécu à l'art. 1321 du Code civil, une raison bien plus forte que pour décider que ce dernier article n'a pas abrogé l'art. 258 de la coutume de Paris.

L'art. 258 de la coutume de Paris n'avait en vue que les intérêts privés des parties contractantes ; et sa disposition rentrait parfaitement dans les objets directs du Code civil.

L'art. 40 de la loi du 22 frimaire an 7, au contraire, ne dispose, comme il le fait relativement aux Contre-lettres dont il parle, que dans l'intérêt du fisc ; ce n'est que pour l'intérêt du fisc qu'il les déclare nulles à l'égard des parties contractantes ; et par conséquent sa disposition ne forme pas seulement une loi *spéciale,* à raison de l'objet particulier auquel elle s'applique ; elle la forme encore, et elle la forme surtout à raison de ce que cet objet est étranger à ceux dont le Code civil s'occupe.

Si donc l'art. 1321 du Code civil n'a pas dérogé à l'art. 258 de la coutume de Paris, à plus forte raison ne déroge-t-il pas à l'art. 40 de la loi du 22 frimaire an 7.

Il n'y aurait qu'un moyen d'écarter cet argument : ce serait de soutenir que l'art. 258 de la coutume de Paris a été momentanément abrogé par l'art. 1321 du Code civil, et que l'abrogation en a duré jusqu'au moment où sa disposition a été remise en vigueur par l'art. 1396 du même Code.

Mais cette assertion, si l'on osait la mettre en avant, serait bientôt pulvérisée par un rapprochement très-simple.

On retrouve dans l'art. 217 du Code civil la même forme de rédaction que dans l'art. 1321 de ce Code.

De même, en effet, que l'art. 1321 dit que *les Contre-lettres ne peuvent avoir leur effet qu'entre les parties contractantes,* de même aussi l'art. 217 dit que *la femme même non commune ou séparée de biens, ne peut donner, aliéner, hypothéquer....., sans le concours du mari dans l'acte, ou son consentement.*

Et par conséquent, s'il était vrai que l'art. 1321 pût être entendu comme s'il disait que *les Contre-lettres ont toujours leur effet entre les parties contractantes,* il serait également vrai que l'art. 217 devrait être interprété comme s'il y était dit que *toutes les femmes communes en bien ou non, peuvent, avec le concours ou l'autorisation de leurs maris, donner, aliéner, hypothéquer, etc. ;* ce qui conduirait nécessairement à cette conséquence ultérieure, que l'art. 217 a abrogé le sénatus-consulte velléien qui, dans les parties de la France, telles que la ci-devant Normandie, où il faisait encore loi à cette époque, déclaraient nulles les obligations que les femmes contractaient pour autrui, ainsi que les hypothèques dont elles revêtaient ces obligations, même avec l'autorisation de leurs maris.

Or, la preuve que cette manière d'interpréter l'art. 217, serait vicieuse, c'est qu'elle a été formellement proscrite par un arrêt de la cour d'appel de Paris, du 11 frimaire an 14.

Par acte notarié, du 25 germinal an 11, la dame Mesnager, domiciliée au Hâvre, se rend, sous l'autorisation de son mari, caution d'une dette qui lui était étrangère, et hypothèque à son cautionnement divers immeubles qu'elle possède dans le lieu de son domicile.

Quelque temps après, se fondant sur le sénatus-consulte velléien, elle forme contre les créanciers de la dette qu'elle a cautionnée, une demande en nullité de son cautionnement.

On lui oppose l'art. 217 du Code civil, et on soutient que le sénatus-consulte velléien était, à l'époque de son cautionnement, abrogé par cet article qui fait partie de la loi du 26 ventôse an 11.

Elle répond que cet article étant rédigé dans une forme négative, ne s'applique qu'aux femmes capables par elles-mêmes de s'obliger, et ne fait qu'ajouter à la capacité qu'il leur suppose, la condition de concours ou du consentement de leurs maris; qu'il ne peut donc pas être converti en une disposition affirmative, de laquelle résulterait l'abrogation des incapacités prononcées au profit des femmes par des lois spéciales antérieures; et que le sénatus-consulte velléien n'a été abrogé que par les art. 1123, 1125 et 1431 qui font partie des lois des 17 et 24 pluviôse an 12, postérieures à son cautionnement.

Le 16 germinal an 13, jugement du tribunal civil du département de la Seine, qui déclare valable le cautionnement de la dame Mesnager, *attendu qu'il a eu lieu après la publication de l'art. 217 du Code civil*, lequel fait suffisamment entendre que les femmes ont, dans toute la France, la capacité de s'obliger sous l'autorisation maritale.

Mais la dame Mesnager appelle de ce jugement; et par l'arrêt cité, « considérant qu'il est constant »que le sénatus-consulte velléien avait force de »loi dans toute la ci-devant province de Norman-»die, avant la promulgation des lois des 17 et 24 »pluviôse an 12, qui ont abrogé cette partie de lé-»gislation, et que les obligations dont il s'agit, ont »pour date le 25 germinal an 11, et sont par consé-»quent antérieures auxdites lois »; la cour d'appel réforme le jugement, et déclare nul le cautionnement de la dame Mesnager.

Cet arrêt, comme on le voit, juge nettement que l'art. 217 du Code civil n'a pas abrogé le sénatus-consulte velléien.

Or, encore une fois, si l'on compare entre eux l'art. 217 et l'art. 1321, on les trouvera rédigés dans une forme parfaitement identique; et l'art. 1321, en disant que *les Contre-lettres ne peuvent avoir leur effet qu'entre les parties contractantes*, n'est pas plus censé dire qu'entre les parties con-

tractantes, les Contre-lettres ont toujours leur effet, que l'art. 217, en disant que la femme ne peut pas hypothéquer ses biens sans l'autorisation de son mari, n'est censé dire que toute femme peut, avec l'autorisation de son mari, hypothéquer ses biens.

Il résulte donc de l'arrêt cité que, de même que l'art. 117 n'a pas abrogé le sénatus-consulte velléien, de même aussi l'art. 1321 n'a pas abrogé l'art. 258 de la coutume de Paris.

Il en résulte donc, *et à fortiori*, que l'art. 1321 du Code civil n'abroge pas l'art. 40 de la loi du 22 frimaire an 7.

On m'objectera sans doute qu'il existe un arrêt de la cour de cassation qui juge le contraire; et j'en conviens. Voici l'espèce de cet arrêt.

Le 10 mars 1813, acte notarié par lequel le sieur Boulais, en échangeant divers immeubles avec les sieur et dame Bletteau, leur paie une soulte de 45,000 francs, pour la restitution de laquelle ils lui donnent hypothèque en cas de réso-lution de l'échange.

Le même jour, acte sous seing-privé par lequel les sieur et Dame Bletteau reconnaissent avoir reçu 11,500 francs de plus à titre de soulte.

Peu de temps après, le sieur Boulais est évincé des biens qu'il a reçus en échange; en conséquence, il réclame le remboursement des 45,000 et 11,500 francs qu'il a payés pour soulte; et il demande d'être colloqué pour ces deux sommes, sur le prix de quelques immeubles que les sieur et dame Bletteau viennent de vendre, et qu'ils lui avaient hypothéqués par l'acte public du 10 mars 1813.

Le 15 mars 1816, jugement du tribunal de première instance de Saumur, qui le colloque en effet pour les 45,000 francs, mais ne statue rien sur les 11,500 francs, et se borne à énoncer dans ses motifs, que la reconnaissance de cette somme, *pour supplément du prix stipulé au contrat du 10 mars 1813, est une véritable Contre-lettre qui se trouve annullée par l'art. 40 de la loi du 22 frimaire an 7.*

Le sieur Boulais appelle de ce jugement, et soutient que, s'il n'a pas dû être colloqué dans l'ordre pour les 11,500 francs, comme créancier hypothécaire, au moins le tribunal de première instance eût dû, sans s'arrêter à l'art. 40 de la loi du 22 frimaire an 7, qui est, dit-il, abrogé par l'art. 1321 du Code civil, condamner personnellement les sieur et dame Bletteau à lui rembourser cette somme sur les autres biens qu'ils possédaient ou pourraient acquérir par la suite.

Le 2 août 1818, arrêt par lequel la cour royale d'Angers,

« En ce qui touche l'écrit du 10 mars 1813, relatif à la somme de 11,300 francs payée pour pot-de-vin ou denier à Dieu d'un acte d'échange du même jour;

» Attendu que la répétition exercée par Boulais, à raison dudit acte, est celle d'une somme principale dont il s'était réservé le droit d'être remboursé par le même acte;

» Attendu que l'écrit sur lequel Boulais base cette demande, ne conférant pas d'action hypothécaire, Boulais est sans qualité pour obtenir une collocation utile dans l'ordre dont il s'agit, pour ladite somme de 11,300 francs ; mais qu'il est *habile à se dire créancier chirographaire* de ladite somme relativement à Bletteau; et que le jugement dont est appel, ne contenant aucune disposition à cet égard, fait grief à l'appelant;

» Par ces motifs, la cour dit qu'il a été *nullement jugé* au chef où il n'a pas été disposé par ledit jugement, relativement à la somme de 11,300 francs portée en l'écrit du 10 mars 1815; bien appelé; émendant, déchargé Boulais des condamnations contre lui prononcées, et faisant droit sur ce chef, dit que Boulais est *bien fondé à se dire créancier chirographaire* de Bletteau fils, de la somme de 11,300 francs, et des intérêts et du coût de l'enregistrement d'icelle, suivant l'écrit du 10 mars 1813; *sauf audit Boulais à se pourvoir par les voies de droit contre Bletteau, son débiteur, défenses de celui-ci sauves.*

Les sieur et dame Bletteau se pourvoient en cassation contre cet arrêt, et le dénoncent comme contraire à l'art. 40 de la loi du 22 frimaire an 7, lequel formant, disent-ils, une loi spéciale pour les Contre-lettres dont l'objet est de faire paraître le prix des ventes inférieur à ce qu'il est réellement, ne peut pas être abrogé par la disposition générale de l'art. 1321 du Code civil.

Par arrêt de la section des requêtes, du 10 janvier 1819, au rapport de M. Sieyes,

« Attendu que la Contre-lettre ou acte sous seing-privé du 10 mars 1815, pour supplément de prix, étant postérieure à la publication du Code civil, la matière se trouve régie par l'art. 1321 de ce Code, et non par l'art. 40 de la loi de frimaire an 7;

» Par ces motifs, la cour rejette le pourvoi... ».

Je n'examinerai pas si cet arrêt n'a pas supposé mal à propos, avec les demandeurs en cassation, que la cour de Caen avait définitivement jugé la Contre-lettre obligatoire; ce dont on pouvait d'autant plus douter que, d'une part, elle n'avait pas dit un seul mot de la question de savoir si le Code civil déroge à la loi de l'an 7; et que, de l'autre, en déclarant le sieur Boulais *fondé à se dire créancier chirographaire de Bletteau fils, de la somme de 11,300 francs*, et en lui réservant les voies de droit à prendre de ce chef *contre Bletteau, son débiteur*, elle avait expressément ajouté, *défenses de celui-ci sauves :* addition qui n'eût eu ni sens ni objet, si elle n'eût pas signifié qu'il n'était pas préjudicié à l'exception que Bletteau pouvait tirer de l'art. 40 de la loi du 22 frimaire.

Mais, qu'il me soit permis, sans manquer au respect que je professe pour les décisions de la cour suprême, de remarquer que l'arrêt dont il s'agit, motive bien légèrement le rejet qu'il prononce.

Dire que la matière est régie, non par l'art. 40 de la loi du 22 frimaire an 7, mais par l'art. 1321 du Code civil, c'est sans doute décider implicitement que celui-ci abroge celui-là; mais ce n'est pas le prouver.

Que ferait la cour de cassation elle-même de l'arrêt d'une cour royale qui, dans une succession ouverte depuis la publication du Code civil, et à laquelle serait appelé un militaire en activité de service, dont on n'aurait ni procuration ni nouvelles, mais dont l'existence ne serait pas contestée, se bornerait à dire (pour écarter de l'inventaire et du partage) le curateur qui aurait été nommé à son absence par un conseil de famille, conformément à la loi du 11 ventôse an 2), se bornerait à dire que *la matière est régie, non par la loi du 11 ventôse an 2, mais par l'art. 113 du Code civil?*

Que ferait-elle d'un arrêt d'une cour royale, qui, sur une expropriation forcée poursuivie contre un militaire sous les drapeaux en temps de guerre, déclarerait qu'il n'y a pas lieu à sursoir, *attendu que la matière se trouve régie par l'art. 2204 du Code civil, et non par l'art. 4 de la loi du 6 brumaire an 5?*

Très-certainement elle casserait l'un et l'autre arrêt ; j'en atteste sa propre jurisprudence. (*V.* les articles *Absent*, §. 5; *Expropriation forcée*, §. 7; et *Militaire*, §. 3).

Et cependant quelle différence entre les dispositions du Code civil qui auraient servi de base à de pareils arrêts, et l'art. 1321 du même Code!

L'art. 113 porte généralement que « le tribunal, » à la requête de la partie la plus diligente, com- » mettra un notaire pour représenter les présumés » absens, dans les inventaires, comptes, partages et » liquidations dans lesquels ils seront intéressés ».

La disposition de l'art. 2204 n'est pas moins générale : « le créancier peut poursuivre l'expropria- » tion des biens immobiliers... appartenant... à son » débiteur ».

Et au contraire, l'art. 1321 ne déclare pas généralement les Contre-lettres obligatoires entre les parties contractantes ; il dit seulement qu'elles *n'ont d'effet qu'entre elles.*

Comment donc peut-on, en bonne logique, inférer de l'art. 1321 qu'il abroge l'art. 40 de la loi du 22 frimaire an 7, alors qu'on est forcé de convenir, et que l'art. 113 n'abroge pas la loi du 11 ventôse an 2, et que l'art. 2204 n'abroge pas la loi du 6 brumaire an 5? Je ne sais si je me fais illusion, mais il me semble que l'on raisonnerait beaucoup mieux en disant : puisque les dispositions générales et positives des art. 113 et 2204 n'abrogent pas les lois spéciales de l'an 2 et de l'an 5 qui les modifient, à plus forte raison l'art. 1321 n'abroge-t-il pas, par sa disposition purement négative, la loi spéciale concernant les Contre-lettres qui ajoutent aux prix exprimés dans les contrats publics.

Au surplus, je le répète, je ne prétends pas faire l'apologie de l'art. 40 de la loi du 22 frimaire an 7, et je ne demande pas mieux que de voir prouver clairement qu'il est abrogé. Mais cette preuve je l'attends encore.

§. IV. *Quel est à l'égard de la régie de l'enregistrement, l'effet d'une Contre-lettre par laquelle un acte sujet par lui-même à un droit proportionnel de mutation, est recon-nu simulé?*

V. l'article *Enregistrement* (*droit d'*), §. 3.

§. V. *Pour qu'un acte soit réputé Contre-lettre dans le sens de l'art.* 1321 *du Code civil, et qu'il soit en conséquence sans effet contre les tiers, est-il nécessaire qu'il soit de nature à ne pas faire foi de sa date envers ceux-ci, ou suffit-il, lors même qu'il est en forme authentique, ou qu'étant sous-seing-privé, il est revêtu des formalités ou accompagné des conditions requises pour qu'il fasse foi de sa date contre les tiers, qu'il ait pour objet de tenir secret pendant plus ou moins de temps, ce qui a été convenu par l'acte patent qu'il neutralise ou modifie?*

Cette question paraît clairement résolue par la place qu'occupe l'art. 1321 dans le Code civil. Rangé sous le § *du titre authentique*, il est, pour cela seul, censé dire que les Contre-lettres sont sans effet contre les tiers, lors même qu'elles sont passées en forme authentique, lors même que les tiers à qui on les oppose, sont forcés de re-connaître la vérité de la date qu'elles portent.

Ce serait donc méconnaître l'esprit de cet article que de refuser à un acte qui, destiné à res-ter secret, en change, en détruit ou en dément un autre, le caractère de Contre-lettre sous le prétexte que la connaissance des dispositions qu'il contient, n'est pas, au moment où il est dressé, concentrée entre les personnes qui le souscrivent, et de ne pas le considérer comme tel, lors même qu'il est passé devant notaires. Non, pour qu'il y ait Contre-lettre, et par conséquent impuissance d'opérer contre les tiers, il suffit que, pour neu-traliser ou modifier un acte livré à toute la notoriété dont il est naturellement suceptible, il en soit fait un autre qui n'est connu que des parties et du petit nombre d'hommes publics ou privés qu'elles ont mis dans leur confidence.

A la vérité, les auteurs du *Nouveau Denisart*, au mot *Contre-lettre*, n° 2, s'expriment là-dessus de manière à faire entendre qu'il en était autre-ment dans l'ancienne jurisprudence : « les Contre-» lettres (disent-ils) pour pouvoir être opposées » à des tiers, doivent être passées devant notaires, » ou reconnues en justice; et il doit en rester mi-» nute, sans quoi elles ne peuvent produire d'effet » contre eux ».

A la vérité, l'assertion de ces auteurs est confir-mée par un acte de notoriété des gens du roi du parlement de Provence, du 2 juillet 1698, attes-tant que « les Contre-lettres ou déclarations res-» tant secrètes et clandestines, qui ne sont point

» couchées et inscrites dans les registres des no-» taires, quoique reçues par eux, n'ont leur effet » et leur date à l'égard des tiers, que du jour de » leur enregistrement » dans les protocoles qu'ils devaient tenir d'après l'art. 174 de l'ordonnance de 1539 (1), et qui étaient essentiellement ou-verts au public.

Mais les inconvéniens et surtout les fraudes qui résultaient de cette manière de juger, l'avaient fait proscrire en Lorraine, pour les contrats de vente, par un édit du 6 mars 1723 (2); et la preu-ve que l'art. 1321 du Code civil a eu pour objet, en adoptant la règle établie par cette loi, de la rendre commune à tous les actes notariés, c'est, encore une fois, qu'il fait partie des dispositions rangées sous la rubrique *du titre authentique*.

A plus forte raison, devrait-on priver de tout effet contre les tiers, une Contre-lettre qui, ayant été faite sous seing-privé, aurait acquis, à leur égard, une date certaine, au moment où serait exercé à leur profit le droit résultant du titre au-thentique qu'elle avait pour objet de neutraliser; et c'est ce que la cour de cassation a formellement jugé dans l'espèce suivante.

Julien Lerebours, voulant avantager un de ses enfans au préjudice des autres, imagine de simuler une vente par acte public en faveur de Martin Blanlot, son ami, sous la condition qu'après sa mort, celui-ci remettra à l'enfant qu'il a en vue, l'immeuble qu'il aura l'air de lui vendre. Ce pro-jet reçoit son exécution, et Blanlot souscrit en conséquence une Contre-lettre au profit de l'enfant avantagé.

Après la mort de Lerebours, Blanlot, oubliant la promesse consignée dans sa Contre-lettre, et agissant comme propriétaire de l'immeuble qui lui est confié par un titre ostensible de propriété, en fait publiquement une revente au profit d'E-douard Fontenelle, qui l'achète et en paie le prix de très-bonne foi.

Cependant les enfans de Lerebours, en fraude desquels avait été simulée la vente que leur père avait faite à Blanlot, découvrent la Contre-lettre, et demandent que cette vente soit déclarée nulle quant à Blanlot et à celui de leurs frères à qui il avait servi de prête-nom; et là-dessus nulle diffi-culté.

Mais ils attaquent en même temps la vente que Blanlot a faite à Fontenelle, comme propriétaire, quoiqu'il ne le fût pas.

Fontenelle répond que rien n'annonçait ni ne permettait de soupçonner que Blanlot ne fût pas propriétaire, lorsqu'il a acheté de lui; que sa qua-lité de propriétaire était constatée par un acte authentique; que la Contre-lettre qui la détruisait, était, aux termes de l'art. 1321 du Code civil, sans effet contre les tiers; et que bien certainement il

(1) *V* le *Répertoire de jurisprudence*, au mot *Signa-ture*, §. 1 n° 2.
(2) *Ibid.*, au mot *Nonobstant.*

était, lui Fontenelle, un *tiers* relativement à cette Contre-lettre puisqu'il n'y avait pas été partie.

Sur ces débats, arrêt de la cour d'appel de Caen, du 11 décembre 1809, confirmatif d'un jugement du tribunal de première instance de la même ville, qui déboute les enfans Lerebours de leur demande contre Fontenelle, « Attendu que le projet » de fraude qui a pu être concerté entre Julien » Lerebours et Blanlot, ainsi que les divers élé-» mens dont on le fait sortir, sont tous hors du » contrat authentique sur la foi duquel Fontenelle » a acquis; qu'ils n'ont pu, dès-lors, en altérer le » caractère, absolument détaché de toutes les cir-» constances intrinsèques, ni détruire, respective-» ment au tiers-acquéreur, la propriété réellement » transmise à Blanlot, propriété qui n'est échappée » à ses héritiers que par l'effet d'une Contre-lettre » qui n'a été connue que depuis la seconde vente; » d'où il résulte qu'on ne peut soutenir raisonnable-» ment que Fontenelle aurait acquis *à non domi-* » *no*, quand il acquérait à la vue d'un titre public, » et que rien ne lui annonçait pouvoir jamais être » rescindé par aucun vice procédant ni de sa nature » ni de la qualité de son vendeur ».

Les enfans Lerebours se pourvoient en cassation contre cet arrêt, et le dénoncent comme violant les art. 1599 et 2182 du Code civil, portant, l'un que *la vente de la chose d'autrui est nulle;* l'autre que *le vendeur ne transmet à l'acquéreur que la propriété et les droits qu'il avait lui-même sur la chose vendue.*

Mais par arrêt du 18 décembre 1810, leur réclamation est rejetée; et la décision de la cour d'appel de Caen maintenue, « Attendu qu'en va-» lidant la vente faite par Martin Blanlot à Édouard » Fontenelle, la cour d'appel de Caen a fait un acte » de justice, par lequel elle n'a violé ni l'art. 1599 » du Code civil, ni l'art. 2182 du même Code; » qu'en effet, au moment où Blanlot a fait cette » vente à Fontenelle, le contrat de vente qui » l'avait rendu propriétaire de la chose vendue, » n'était attaqué par personne; d'où il suit qu'il » ne vendait pas *la chose d'autrui;* que, de son » côté, Fontenelle avait toute raison de croire » qu'il n'achetait point *à non domino*, puisqu'il » traitait à la vue d'un contrat authentique, passé » depuis plus d'un an, personne ne réclamant, et » pour des biens dont la vente était annoncée » par des affiches publiques ».

On voit que, dans cette espèce, il n'était ni ne pouvait être contesté que la Contre-lettre qui détruisait, dans la personne de Blanlot, la qualité de propriétaire que lui conférait le contrat public de vente, souscrit à son profit par Lerebours père, n'eût précédé la revente qu'il avait faite à Fontenelle; et en effet, il était constant qu'elle avait été souscrite par Blanlot avant la mort de Lerebours, père; et encore une fois ce n'avait été que posté-rieurement à la mort de Lerebours père, que Fontenelle avait acquis de Blanlot.

Cependant l'acquisition de Fontenelle a été maintenue, par la grande raison qu'elle avait été faite sur la foi de l'acte public qui investissait ostensi-blement Blanlot de la qualité de propriétaire, et dans l'ignorance de la Contre-lettre qui l'en dé-pouillait; et Fontenelle, quoique successeur à titre singulier de Blanlot, quoique son représentant re-lativement au contrat de vente passé entre lui et Lerebours père, ou, en d'autres termes, quoique subrogé à Blanlot dans les droits que Blanlot avait acquis par ce contrat, n'en a pas moins été consi-déré vis-à-vis de lui comme un *tiers* relativement à la Contre-lettre, parceque la Contre-lettre n'était entrée pour rien dans le contrat de revente que lui avait passé Blanlot, parceque ce contrat ne s'était pas référé à la Contre-lettre, mais seulement à l'acte public que la Contre-lettre démentait.

CONTRIBUTION ENTRE CRÉANCIERS. Dans

le ci-devant duché de Bourgogne, la contribution n'avait lieu (sous l'ancienne jurisprudence) en cas de déconfiture, qu'entre les créanciers des marchands. Taisand, tit. 5, art. 4, n° 18, cite un arrêt du parlement de Dijon, du 8 février 1672, qui l'a ainsi jugé; et c'est ce qu'atteste en-core un acte de notoriété donné par le parlement de Dijon lui-même, le 28 février 1679.

Mais ne devait-on pas, à cet égard, assimiler aux marchands, ceux qui, par leur état ou leurs emplois, étaient, comme ces derniers, justiciables des tribunaux de commerce?

Cette question importante a été agitée au parlement de Dijon, sur l'appel de sentences du bail-liage d'Auxonne, des 16 juillet et 5 septembre 1767, qui, entre autres dispositions, avaient ac-cordé aux sieurs Lamartinière et Rossigneux la confirmation des saisies mobilières qu'ils avaient faites sur Antoine Prieur, receveur des finances à Bôle et du grenier à sel d'Auxonne, leur débiteur.

Dès 1766, la faillite de Prieur s'était annoncée par des absences et des démarches faites pour se procurer un sauf-conduit.

Bientôt il fut contraint d'abandonner son office aux receveurs généraux, et ne reparut plus.

Plusieurs créanciers s'étaient pourvus, et avaient obtenu contre lui des sentences consulaires; car la plupart de leurs créances procédaient de lettres de change.

En 1767, Prieur abandonna ses biens à ses créanciers; mais cet abandon fut refusé, eu égard à l'éviction certaine et considérable que les créan-ciers avaient à craindre.

Deux de ces créanciers, les sieurs Lamartinière et Rossigneux, firent, dans cet intervalle, prati-quer différentes saisies mobilières sur Prieur, et en obtinrent la confirmation par les sentences citées.

Sur l'appel de ces sentences, tous les créanciers unis ont prétendu qu'elles avaient mal jugé, parce-qu'en matière de déconfiture, la contribution de-vait avoir lieu.

Les sieurs Lamartinière et Rossigneux leur op-posaient qu'en Bourgogne, la déconfiture n'avait lieu qu'entre marchands.

Appliquant cette maxime aux faits de la cause, ils

soutenaient que Prieur ne pouvait être considéré que comme un bourgeois, puisqu'il n'était plus receveur des deniers publics dans le temps des poursuites faites par les sieurs Lamartinière et Rossigneux.

Ils ajoutaient que, lors de ces poursuites, la faillite de Prieur n'était pas ouverte, puisqu'il ne s'était pas encore retiré, et que le scellé n'avait été apposé sur ses meubles que postérieurement.

Les appelans combattaient la prétention des sieurs Lamartinière et de Rossigneux, et par le fait et par le droit.

Dans le fait, ils soutenaient qu'il y aurait un vide considérable dans la discussion de Prieur; ils ajoutaient que sa faillite était ouverte depuis 1766, long-temps avant les saisies des intimés qui n'étaient que de 1767; ce qu'ils fondaient sur plusieurs circonstances, telles que la retraite du débiteur, le sauf-conduit qu'il avait sollicité, l'abandon de son office, etc. Dans le droit, ils disaient que Prieur ne devait point être mis dans la classe des bourgeois, mais dans celle des marchands; et ils l'établissaient par la nature des créances, par la disposition des ordonnances et par la jurisprudence du parlement de Dijon.

Les créances ne procédaient que de lettres de change; les titres des créanciers étaient des sentences consulaires.

L'état de Prieur était de recevoir les deniers publics à Dôle et à Auxonne; il était par conséquent justiciable des consuls et sujet à la contrainte par corps. Aussi la déclaration du 26 février 1692 a-t-elle ordonné que l'art. 1er. du tit. 7 de l'ordonnance de 1673 serait exécuté contre *les receveurs, trésoriers, fermiers et sous fermiers, traitans généraux et particuliers, intéressés et gens chargés du recouvrement des deniers publics et tous autres comptables*, etc.

Il est vrai que cette déclaration n'a pas été enregistrée au parlement de Bourgogne, mais elle est rappelée et confirmée par une autre, du 21 janvier 1721, qui est revêtue de la formalité de l'enregistrement.

« Enfin (continuaient les appelans) un arrêt de la cour, au mois de mars 1764, a jugé formellement la question; en voici l'espèce.

» Touteville, receveur du grenier à sel de Seurre et entreposeur de tabac, avait fait un billet consulaire au profit du sieur Berlier, marchand à Dijon, de la somme de 5,300 livres.

» Touteville traita de ses deux places; après quoi, n'ayant point acquitté son billet envers le sieur Berlier, celui-ci obtint, à la justice consulaire de Dijon, une sentence qui condamna son débiteur à le payer par toutes voies, même par corps.

» Touteville fut emprisonné : il interjeta appel de la sentence consulaire, tant comme de juge incompétent qu'autrement; mais à l'audience du 8 juillet 1767, son appellation fut mise au néant. L'arrêt jugea donc qu'il avait été bien traduit à la

justice consulaire, et qu'il était dans le cas de la contrainte par corps, à raison des recettes dont il était chargé lors de son billet ».

Le défenseur des créanciers de Prieur fortifiait ses moyens par l'avis de l'auteur des *Traités à l'usage de Bourgogne*, tome 6, page 591. Ce profond jurisconsulte, disait-il, y distingue parfaitement les usages de Paris, de ceux de la Bourgogne. « A Paris (ce sont ses termes), dès qu'il y a insuf» fisance dans la masse des biens pour payer les » créanciers, tous viennent à contribution au sou la » livre. En Bourgogne, au contraire, la contribu» tion n'est admise que *dans la faillite du com*» *merçant, ou de tout autre sujet à la juridiction* » *consulaire* ».

Ces moyens ont eu tout le succès qu'en attendaient les créanciers de Prieur: par arrêt du 19 février 1770, rendu après un délibéré, les deux sentences dont était appel, ont été réformées, et il a été dit, entre autres dispositions, qu'après les prélèvemens des frais de régie et autres charges de droit à faire sur les revenus de Prieur, le surplus serait mis en masse pour être distribué entre tous les créanciers, par contribution au sou la livre, conformément à l'ordonnance.

CONTRIBUTION FONCIÈRE (*retenue de la*). §. I. 1°. *Les intérêts stipulés par transaction, avant la loi du 4 septembre 1807, sont-ils sujets à la retenue de la Contribution foncière?*

2°. *Le débiteur qui a payé, sans retenue, quelques années d'intérêts, s'est-il par-là privé du droit d'exercer la retenue sur les années suivantes?*

Voici ce que j'ai dit sur ces questions, en concluant à l'audience de la section des requêtes de la cour de cassation, le 23 brumaire an 9, sur la demande en cassation formée par le sieur Pellet contre un jugement du tribunal civil du département de l'Aveyron, rendu en faveur du sieur Rey :

« Les faits qui ont donné lieu au jugement dont il s'agit, sont extrêmement simples.

» Le 21 floréal an 5, contrat sous seing-privé, renouvelé le 17 thermidor suivant pardevant notaires, par lequel le cit. Pellet reconnaît devoir au cit. Rey, pour solde de différens marchés qu'ils avaient faits ensemble, une somme de 100,000 francs, payable dans 20 ans, à compter du 15 vendémiaire an 4, et s'oblige 1°. de lui payer annuellement à titre d'intérêts, une somme de 4,000 francs en numéraire métallique, jusqu'au paiement de la somme capitale de 100,000 francs; 2°. de lui fournir aussi chaque année 200 bouteilles-pintes de Paris, rendues et emballées au magasin de la verrerie à Béziers.

» Pendant chacune des deux années qui ont suivi ce contrat, le cit. Pellet a payé, sans réclamation, la somme entière de 4,000 francs qu'il devait à titre d'intérêts.

» L'année suivante, il a prétendu en retenir le cinquième, en vertu des lois sur la Contribution foncière.

» Le cit. Rey s'y est opposé; et de là, un premier jugement du tribunal civil du département de l'Hérault, qui rejette la prétention du cit. Pellet.

» Appel au tribunal civil du département de l'Aveyron, qui, par jugement du 14 ventôse an 8, déclare qu'il a été bien jugé.

» Les motifs qui ont déterminé ces deux jugemens, sont

» Que l'acte du 12 floréal an 5 contient différentes conventions, telles qu'un bail en paiement, une dissolution de société, et un atermoiement de 20 années pour une créance de 100,000 francs; que ces conventions ont été exécutées jusqu'à ce jour par les parties; que la stipulation de 4,000 francs, payable chaque année à titre d'intérêts, a été faite *in vim transacti*, et qu'elle ne doit pas être moins efficace que les autres clauses;

» Que ce même acte ne contient pas l'obligation vague de payer les intérêts du capital dont il s'agit, mais la promesse positive de payer annuellement 4,000 francs à titre d'intérêts;

» Que, si ces intérêts n'avaient pas été fixés, il serait dû au cit. Rey, distraction faite de la retenue, une même somme de 4,000 francs;

» Qu'enfin, le doute, s'il y en a, doit être interprété par l'exécution que l'acte a reçue pendant les deux premières années; que, pendant ces deux années, le cit. Pellet n'a point exercé de retenue sur les intérêts; qu'il est par conséquent à présumer qu'il n'avait pas entendu lui-même s'en réserver le droit par l'acte du 12 floréal an 5.

» Ces motifs, il faut en convenir, pourraient faire quelque impression, si nous étions ici dans une matière où la loi nous permît de rechercher dans des clauses plus ou moins équivoques, dans des circonstances plus ou moins décisives, les intentions communes des parties, à l'époque de l'acte dont il est question.

» Mais la loi, dans cette matière, n'admet point de conjectures : elle ne prive le débiteur d'intérêts, du droit d'en faire la retenue, que lorsqu'il y a renoncé expressément; elle lui assure par conséquent le plein exercice de ce droit, dans tous les cas où il n'y a pas expressément renoncé.

» *A l'avenir* (porte l'art. 9 du tit. 2 de la loi du 1er. décembre 1790, sur la Contribution foncière) *les stipulations entre les contractans sur la retenue de la Contribution, seront entièrement libres; mais elle aura* TOUJOURS *lieu, à moins que le contrat ne porte la condition* EXPRESSE *de non-retenue.*

» Et c'est cette loi qui doit ici régler le sort des parties; car l'art. 101 de celle du 3 frimaire an 7 déclare formellement que les différends qui pourraient survenir pour la retenue de la Contribution, à l'égard des contrats passés depuis la loi du 1er. décembre 1790, seront réglés d'après cette dernière loi.

» Or, que l'on analyse, que l'on commente, que l'on tourne et que l'on retourne tant que l'on voudra, le traité du 15 floréal an 5; on n'y trouvera certainement point *la condition expresse de non retenue.*

» Dès-là, ou il faut aller jusqu'à dire que la loi du 1er. décembre 1790 n'est point une loi, ou il faut reconnaître qu'elle autorise le cit. Pellet à retenir, sur les intérêts annuels dont il est débiteur envers le cit. Rey, le montant proportionnel de la Contribution foncière à laquelle il est soumis.

» Dès-là, par suite, nul doute que le jugement attaqué par le cit. Rey ne contrevienne à cette loi.

» Mais la contravention n'est-elle pas en quelque sorte légitimée par la conduite du cit. Pellet lui-même? Le cit. Pellet, en payant deux années d'intérêts sans retenue, ne s'est-il pas rendu non-recevable à exercer la retenue sur les années à venir?

» Sur quoi donc serait fondée cette fin de non-recevoir?

» Serait-elle fondée sur ce que le cit. Pellet aurait fait entendre, par ses deux paiemens, que la non-retenue avait été tacitement stipulée?

» Mais la loi n'admet pas de stipulation tacite; elle exige une stipulation expresse, pour que la retenue n'ait pas lieu.

» Serait-elle fondée sur ce que le cit. Pellet n'ayant pu omettre la retenue sur les deux premiers paiemens, que par l'effet d'une erreur de droit, il se trouve dans le cas de la maxime; que l'erreur de droit nuit toujours aux majeurs, même lorsqu'il s'agit de perdre?

» Mais cette maxime a besoin d'être expliquée.

» On distingue en droit deux sortes de pertes : l'une s'appelle *damnum amissæ rei*, et elle a lieu lorsqu'on a perdu tout droit dans sa chose. L'autre s'appelle *damnum amittendæ rei*; elle se dit du cas où, sans être dépouillé du domaine de sa chose, on est censé, sinon l'avoir déjà perdue, du moins être à la veille de la perdre, soit parcequ'on s'est obligé de la livrer, soit parcequ'elle se trouve entre les mains d'un tiers possesseur.

» L'ignorance de droit nuit essentiellement aux personnes majeures, par rapport à la première espèce de perte. Ainsi, un majeur qui, par erreur de droit, a payé ce qu'il ne devait pas, ne peut pas le répéter. *Si quis* (dit la loi 10, C. *de juris et facti ignorantiâ*), *si quis jus ignorans indebitam pecuniam solverit, cessat repetitio.*

» Mais jamais l'ignorance de droit ne nuit à l'égard de la seconde espèce de perte. *Omnibus error juris in damnis amittendæ rei non nocet :* c'est la décision expresse de la loi 8, D. *de juris et facti ignorantiâ.*

» Ainsi, une personne qui, par erreur de droit, aurait cru, pendant plusieurs années, qu'une succession à laquelle la loi l'appelle, appartenait à une autre, ne serait pas pour cela non-recevable à la revendiquer. C'est ce que décide en propres termes la loi 25, §. 6, D. *de petitione hereditatis.*

» Par la même raison, lorsqu'un héritier déchargé par le testateur de donner caution dans un cas où cette obligation est de droit, s'imagine faussement que sa décharge n'est pas valable, et donne caution par suite de cette erreur, il peut, étant détrompé, agir pour faire libérer ses fidéjusseurs. C'est l'espèce et la disposition de la loi 1re, D. *ut in possessionem legatorum.*

» Enfin, c'est du même principe que découle le droit qui appartient à toute personne, de réclamer contre une obligation qu'elle s'est imposée par ignorance de la loi, et qui est destituée de toute autre cause juste et raisonnable.

» En appliquant ici cette distinction qui est elle-même une loi pour les parties, puisqu'elles sont régies par le droit romain, nous voyons que le cit. Pellet ne peut pas répéter le montant proportionnel de sa Contribution foncière, sur les deux années d'intérêts qu'il a payés sans retenue, parce-qu'à cet égard, il y a, à-la-fois, erreur de droit de sa part, et *damnum amissæ rei*; et c'est ce que le cit. Pellet a reconnu lui-même, c'est ce qu'il a déclaré en termes exprès.

» Mais nous voyons en même temps que, quand on supposerait que, par ces deux paiemens faits sans retenue, le cit. Pellet eût tacitement contracté l'obligation d'effectuer de même les suivans, on ne pourrait pas s'en prévaloir pour lui faire remplir cette obligation prétendue, parceuqu'alors ce serait le cas du *damnum amittendæ rei*, dans lequel l'erreur de droit ne nuit à personne.

» Par ces considérations, nous estimons qu'il y a lieu d'admettre la requête du demandeur ».

Arrêt du 25 brumaire an 9, au rapport de M. Barris, conforme à ces conclusions.

Et le 13 germinal an 10, arrêt de la section civile, au rapport de M. Pajon, et sur les conclusions de M. Arnaud, par lequel,

» Vu la disposition de l'art. 6 de la loi du 1er. décembre 1790.....;

» Vu aussi l'art. 9....;

» Et attendu qu'il résulte clairement de l'art. 9 qu'il ne peut y avoir lieu à la non-retenue que dans le seul cas d'une stipulation expresse à ce sujet, et qu'elle ne peut par conséquent être suppléée par l'intention présumée des parties; d'où il suit que le jugement attaqué, en faisant résulter cette intention des circonstances particulières de la cause, et non d'une clause expresse de l'acte du 12 floréal an 5 qui en fit une mention expresse, a formellement contrevenu à la disposition dudit art. 9, et par suite à celle de l'art. 6, qui veut que cette retenue ait lieu sur toute espèce de prestation annuelle, soit en argent, denrées, ou quotité de fruits;

» Le tribunal casse et annulle..... ».

§. II. 1º *Une veuve qui, par une transaction antérieure à la loi du 4 septembre 1807, s'est obligée de payer à ses enfans mineurs, après leur majorité ou leur établissement, une somme d'argent déterminée, pour leur tenir lieu de leur part dans la communauté, et de leur en faire valoir les intérêts à six pour cent jusqu'à l'expiration des termes conenus, peut-elle exercer sur ces intérêts*

la retenue de la Contribution foncière ?

2º *Pour être admis à exercer la retenue, est-il nécessaire que le débiteur justifie qu'il a payé lui-même sur ses biens, la Contribution foncière qu'il prétend retenir sur les intérêts qu'il doit ?*

Ces deux questions sont traitées dans les conclusions suivantes, que j'ai données à l'audience de la section des requêtes, le 2 frimaire an 9, sur la demande en cassation formée par le sieur Descamps, contre un jugement du tribunal civil du département du Pas-de-Calais, confirmatif d'un jugement du tribunal civil du département du Nord, rendu en faveur des enfans Breuvart.

« Les moyens de forme qui vous sont proposés dans cette affaire, ne peuvent pas mériter long-temps votre attention....

» Abandonnons donc les moyens de forme du demandeur, et voyons s'il sera plus heureux dans l'emploi de celui qu'il tire, au fond, de la loi du 1er décembre 1790, sur la contribution foncière.

» Par transaction du 15 thermidor an 5, Anne-Françoise Delos s'était obligée de payer aux mineurs Breuvart, une somme de 48,000 livres, savoir 30,282 livres 15 sous, que le père de ceux-ci leur avait assignées à titre de *parchon* (1), c'est-à-dire, pour leur part des meubles de la communauté qui avait existé entre lui et leur mère prédécédée; et 17,717 livres 5 sous, montant de l'estimation de leurs droits dans la seconde communauté qui avait eu lieu entre leur père et Anne-Françoise Delos, sa seconde femme.

» La transaction avait réglé que cette somme demeurerait entre les mains d'Anne-Françoise Delos, jusqu'à la majorité ou l'établissement des mineurs, mais à la charge d'en payer les intérêts à 6 pour 100; et elle était demeurée muette sur la retenue ou non retenue de la portion de ces intérêts qui se trouverait équivaloir à la Contribution foncière.

» De là, la question de savoir si la retenue devait avoir lieu. Le cit. Descamps, subrogé aux droits comme aux obligations d'Anne-Françoise Delos, a soutenu l'affirmative; et il s'est fondé sur le texte précis de la loi qui veut que *la retenue ait toujours lieu, à moins que le contrat ne porte la condition expresse de non-retenue.*

» Qu'a-t-on opposé à une disposition aussi formelle? Vous l'avez vu.

» Le tribunal civil du département du Nord a cru pouvoir s'en écarter, parceque les intérêts dont s'agit, ont été stipulés par un pacte de famille plus avantageux à la veuve du second mariage qu'aux enfans du premier, et par une transaction qui, de sa nature, est un titre irrévocable, auquel il ne peut être rien ajouté et qui doit être exécuté, tel qu'il est conçu.

» Mais ces motifs, nous [n']hésiterons pas à le dire, n'ont pas l'ombre de fondement.

_____

(1) *V.* l'article *Fourmorture.*

» La loi du 1er. décembre 1790 ne modifie par aucune distinction, par aucune exception, l'article par lequel elle soumet à la retenue les intérêts que les contractans n'en ont pas expressément affranchis. C'est donc violer ouvertement cette loi, que d'excepter arbitrairement de sa disposition les intérêts stipulés, soit par un pacte de famille, soit par une transaction. Aussi avez vous admis, le 23 brumaire dernier, le recours en cassation contre un jugement du tribunal civil du département de l'Aveyron, qui avait jugé, comme celui du Nord, que la retenue ne pouvait pas s'exercer sur des intérêts dus, suivant l'expression de ce jugement même, *in vim transacti.*

» Mais si les motifs du tribunal du Nord, adoptés par celui du Pas-de-Calais, ne peuvent pas garantir de la cassation le jugement attaqué par le demandeur, le nouveau motif qu'y a ajouté le second de ces tribunaux ne mérite-t-il pas plus de considération, et ne suffit-il pas pour légitimer ce jugement?

» Vous vous rappelez que le tribunal du Pas-de-Calais, en adoptant les motifs du tribunal du Nord, s'est en outre fondé, pour confirmer le jugement de celui-ci, sur ce que le cit. Descamps ne justifiait pas *qu'il fut tenu d'aucune imposition foncière, comme propriétaire d'aucuns biens;* et de là dérivent deux questions;

» Dans le fait, le cit. Descamps justifiait-il qu'il fût soumis, comme propriétaire foncier, à la contribution dont il prétendait faire la retenue sur les intérêts dus aux mineurs Breuvart?

» Dans le droit, en supposant qu'il ne justifiât point ce fait, quelle conséquence pouvait-on tirer de là contre lui?

» Sur la première question, nous trouvons dans les pièces produites par le demandeur, un extrait de la matrice du rôle de l'imposition foncière de la commune d'Ennetievres-en-Weppe, duquel il résulte que le demandeur a été imposé dans cette commune en l'an 6 à 1690 livres de Contribution foncière. Mais rien ne prouve que cet extrait ait été produit, soit en première instance, soit en cause d'appel; ou plutôt le jugement attaqué constate que cette production n'a pas été faite, puisque, si elle l'eût été, le tribunal d'appel n'aurait pas pu juger que le demandeur n'avait pas justifié sa cotisation au rôle de la Contribution foncière.

» Du reste, on ne peut pas dire que la preuve de ce fait résultât de la transaction même du 15 thermidor an 5. Il est vrai que, par cet acte, l'obligation que contracte Anne-Françoise Delos de payer aux mineurs Breuvart une somme de 17,717 livres 5 sous, est en partie causée pour leur tenir lieu des droits qu'ils avaient *dans un moulin et trois baraques,* dont Anne-Françoise Delos conservait la totalité; et il semble, à la première vue, que de là même le tribunal du Pas-de-Calais eût dû conclure que le demandeur, en succédant aux droits d'Anne-Françoise Delos, sur

ces trois baraques et ce moulin, était devenu propriétaire foncier.

» Mais il est impossible, en lisant cet acte avec attention, de ne pas se convaincre que le tribunal du Pas-de-Calais n'a pas pu en tirer une pareille conséquence.

» En effet, il est dit dans la transaction, que le moulin et les trois baraques sont *bâties sur un terrain appartenant au cit. Delannoy.* Les trois baraques et le moulin ne formaient donc pas une propriété foncière, soit pour les mineurs Breuvart, soit pour Anne-Françoise Delos; ces objets appartenaient véritablement au propriétaire du terrain sur lequel ils étaient assis, *œdificia cedunt solo;* Anne-Françoise Delos et les mineurs Breuvart n'avaient qu'une action contre le propriétaire pour s'en faire payer l'estimation, si mieux il n'aimait leur en laisser emporter les matériaux; et cette action était purement mobilière.

» Il est vrai encore que, par la transaction du 14 thermidor an 5, il est dit qu'Anne-Françoise Delos pourra rembourser en immeubles la somme dont elle se reconnaît débitrice.

» Mais, d'une part, il ne résulte point de là qu'Anne-Françoise Delos fût propriétaire, à cette époque, d'immeubles; car elle pouvait n'en point avoir à l'époque de la transaction, et s'en procurer dans la suite pour les donner en paiement aux mineurs.

» D'un autre côté, de ce qu'Anne-Françoise Delos eût été, à l'époque de la transaction, propriétaire actuelle d'immeubles, il ne s'ensuivrait pas que le cit. Descamps, son second mari, le fût également. En effet, le cit. Descamps n'avait nullement prouvé qu'il eût succédé aux immeubles d'Anne-Françoise Delos, comme à ses actions mobilières tant actives que passives.

» Il faut donc en revenir à cette vérité incontestable, que le demandeur n'a point rapporté devant le tribunal d'appel, la preuve qu'il fût propriétaire foncier, et comme tel sujet à la Contribution foncière.

» Reste à savoir quelle est la conséquence qu'a dû en tirer le tribunal d'appel.

» Cette seconde question en renferme implicitement deux, et la première est celle-ci :

» Est-il nécessaire, pour être admis à exercer la retenue autorisée par la loi du 1er décembre 1790, que le débiteur justifie qu'il a payé lui-même sur ses biens la Contribution foncière qu'il prétend retenir sur les intérêts qu'il doit?

» Sur cette question, les lois antérieures à celle du 1er. décembre 1790, et qui, sous le nom de *vingtièmes,* avaient imposé tous les revenus des contribuables, prononçaient clairement et textuellement en faveur de l'affirmative, et voici quelle était à cet égard, la théorie de leurs dispositions.

» Ces lois, notamment l'art. 9 de l'édit de 1749 soumettaient les intérêts et les rentes, comme les biens fonds, à l'imposition du vingtième; mais il n'eût pas été juste qu'un même bien payât deux fois la même charge. Les vingtièmes et les intérêts se prenaient également sur les revenus du débiteur ; ils formaient ensemble une sorte de délibation de ces revenus, qui se versaient d'un côté, dans le trésor public, de l'autre, dans la bourse du créancier. Et comme *bona non intelliguntur nisi deducto œre alieno*, il est évident que c'eût été un double emploi, que d'exiger le 20ᵉ du revenu foncier, et le 20ᵉ des intérêts dont ce revenu était grevé ; il fallait donc, pour ramener les choses aux principes de justice et d'équité, que le 20ᵉ des intérêts se confondît avec le 20ᵉ du revenu foncier, et que celui-ci servît à l'acquittement de celui-là. C'est aussi ce que portaient les lois citées ; et elles ajoutaient, que, par cette raison, le 20ᵉ serait retenu par le débiteur, lorsqu'il paierait les intérêts ou arrérages de rentes auxquels il était soumis, en représentant la quittance du paiement du 20ᵉ de son revenu foncier : ainsi, le débiteur n'était, en cette matière, que l'agent du créancier ; il payait pour lui, et il avait l'action *negotiorum gestorum* pour se faire rembourser : donc il ne pouvait rien retenir quand il n'avait rien payé ; donc il ne pouvait pas retenir plus qu'il n'avait payé ; donc il ne pouvait retenir qu'en justifiant avoir payé.

» La loi du 1ᵉʳ. décembre 1790 a-t-elle dérogé à ce point de législation ? A-t-elle voulu que le débiteur pût, en exerçant la retenue qu'elle autorise, se rembourser par ses mains, ce qu'il n'aurait pas payé ni pu payer à l'acquit de son créancier ?

» Il faut convenir que la raison et la justice s'opposaient à ce qu'elle favorisât à ce point le débiteur.

» Mais il suffit de la lire, pour demeurer convaincu qu'elle n'en a pas eu l'intention. et qu'elle a, au contraire, maintenu sur cette matière le principe établi par les anciennes lois.

» L'art. 7 porte : *Les débiteurs d'intérêts et de rentes perpétuelles constituées avant la publication du présent décret, et qui étaient autorisés à faire la retenue des impositions royales, feront la retenue à leurs créanciers dans la proportion de la Contribution foncière.*

» Quels étaient, avant la publication de la loi du 1ᵉʳ. décembre 1790, les débiteurs autorisés à faire la retenue des impositions ?

» C'étaient les débiteurs qui, étant eux-mêmes imposés, justifiaient par quittances qu'ils l'étaient réellement ; ainsi, nul doute que, pour les obligations antérieures au 1ᵉʳ. décembre 1790, le principe que nous venons de poser, ne soit maintenu dans toute son énergie.

» L'art. 9 ajoute : *A l'avenir les stipulations entre les contractans sur la retenue de la contribution, seront entièrement libres ; mais elle aura toujours lieu, à moins que le contrat ne porte la condition expresse de non-retenue.* Par cet article, le législateur déroge évidemment aux anciennes lois, en ce que celles-ci ne permettaient la stipulation de non-retenue, que dans le cas où les intérêts n'étaient pas portés au *maximum*, c'est-à-dire, à 5 pour 100. Mais y déroge-t-il également, quant à l'obligation imposée au débiteur, de justifier qu'il était lui-même imposé à la Contribution foncière ? Non ; et ce qui le prouve, ce sont ces mots, *retenue de la contribution*. Qu'est-ce que le débiteur est autorisé à retenir ? *La contribution*. Qu'est-ce que *retenir la contribution* ? C'est se rembourser par ses propres mains de ce qu'on a payé à titre de contribution. Il faut donc que l'on soit imposé à la *contribution*, pour pouvoir la *retenir*.

» L'art. 1 de la loi du 17 juin 1791 met cette vérité dans un plus grand jour encore : *Les débiteurs autorisés par les art. 7 et 9 du tit. 2 de la loi du 1ᵉʳ. décembre 1790, à faire une retenue sur les rentes, à raison de la Contribution foncière, la feront au 5ᵉ.* ». C'est *à raison de la Contribution foncière*, que les débiteurs sont autorisés à retenir ; et de quelle *Contribution foncière* ? Sans doute de celle qu'ils supportent eux-mêmes ; autrement, la phrase n'aurait point de sens.

» Tenons donc pour constant que la loi du 1ᵉʳ. décembre 1790 n'a dérogé, en aucune manière, à l'obligation imposée par la législation ancienne, au débiteur de rentes ou d'intérêts qui voulait exercer la retenue, de rapporter la preuve qu'il était lui-même imposé à la contribution.

» Mais, et c'est ici que s'élève la seconde question que nous avons annoncée, de ce que le tribunal du Pas-de-Calais n'avait pas sous les yeux la preuve de la cotisation du cit. Descamps sur le rôle de la Contribution foncière, a-t-il pu conclure tout de suite que le cit. Descamps devait être débouté de sa demande ?

» Non, car si le cit. Descamps ne justifiait pas sa cotisation, du moins il l'articulait ; on trouve ; en effet, dans les pièces, un acte signifié à sa requête au tuteur des mineurs Breuvart, le 21 vendémiaire an 8, et par lequel il déclare que, *suivant la matrice du rôle de l'imposition foncière de l'an 6*, il a été perçu à sa charge telle somme pour un revenu de tant ; *que, suivant la matrice du rôle de l'imposition foncière de l'an 7*, il a encore payé telle somme pour tel revenu ; qu'ainsi, il a le droit de faire telle retenue sur les intérêts dont il est redevable aux mineurs.

» Or, si, d'un côté, le cit. Descamps articulait ces faits, et si, de l'autre, comme il y a lieu de le croire d'après le jugement, les mineurs Breuvart les mettaient en dénégation, que devait faire le tribunal du Pas-de-Calais ?

» Il devait, de deux choses l'une : ou, par un avant faire droit, ordonner que le cit. Descamps rapporterait la preuve de ces faits dans un délai déterminé ; ou bien infirmer tout de suite le jugement du tribunal du Nord, et allouer au cit. Descamps la retenue qu'il réclamait, à la charge de justifier sa cotisation au rôle de la Contribution foncière, pour une somme équipollente à celle qui serait l'objet de cette retenue.

» Et pourquoi le tribunal du Pas-de-Calais n'a-t-il prononcé ni de l'une ni de l'autre manière? Parcequ'il a jugé que les motifs consignés dans le jugement du tribunal du Nord, étaient suffisans pour en établir le bien jugé.

» C'est donc en violant lui-même, comme l'avait fait le tribunal du Nord, la loi du 1er. décembre 1790; c'est en jugeant comme celui-ci, que le silence de la transaction du 15 thermidor an 5, sur la retenue de la Contribution foncière, privait le cit. Descamps du droit d'exercer cette retenue, que le tribunal du Pas-de-Calais s'est cru dans l'obligation que lui imposaient le bon sens et l'équité, soit d'admettre le cit. Descamps à la preuve de sa cotisation au rôle de la Contribution foncière, soit de l'autoriser à retenir, en justifiant cette cotisation.

» C'est assez dire qu'il y a nécessité de casser son jugement, et nous estimons, en conséquence, qu'il y a lieu d'admettre la requête en cassation ».

Sur ces conclusions, arrêt du 2 frimaire an 9, au rapport de M. Bailly, qui admet la requête du sieur Descamps.

Et l'affaire portée à la section civile, arrêt du 29 germinal an 10, au rapport de M. Coffinhal, par lequel,

« Vu l'art. 7 de la loi du 1er. décembre 1790.... et l'art. 9 de la même loi...;

» Vu pareillement l'art. 1 de la loi du 17 juin 1791...;

» Et attendu que l'acte du 15 thermidor an 5 ne porte point la condition de la non-retenue des impositions, et que la loi n'admet aucune distinction entre les créances provenant de liquidation de communauté, et les sommes données à titre de prêt pour en recevoir les intérêts;

» Le tribunal.... casse et annule le jugement rendu par le tribunal civil du département du Pas-de-Calais, le 27 floréal an 8, comme contraire aux lois ci-dessus transcrites......».

§. III. *Lorsqu'en vertu d'un contrat passé dans un pays où les intérêts n'étaient pas sujets à la retenue des impositions publiques, et réuni depuis à la France, un créancier se fait payer sur le prix de la vente d'un bien possédé par son débiteur dans l'ancien territoire français, celui-ci peut-il exercer la retenue sur les intérêts échus depuis la réunion?*

V. le plaidoyer et l'arrêt du 7 juin 1809, rapportés aux mots *Inscription hypothécaire,* §. 1.

§. IV. *A qui, de l'autorité administrative ou du pouvoir judiciaire, appartient-il de statuer sur la demande formée par un particulier contre un autre, en répétition de Contributions que celui-là prétend avoir payées au lieu et place de celui-ci, par l'effet d'une erreur commise dans les rôles?*

V. l'article *Pouvoir judiciaire,* §. 11.

CONTRIBUTION DES PORTES ET FENÊTRES. *A la charge de qui, ou du propriétaire, ou du locataire, est la Contribution des portes et fenêtres? Le propriétaire qui l'a payée pendant deux années consécutives, peut-il en réclamer le montant contre le locataire?*

« Le procureur général du Roi expose qu'il se croit obligé de requérir, pour l'intérêt de la loi, l'annullation d'un jugement en dernier ressort du tribunal de paix de la troisième section de la ville de Montpellier.

» Le 28 août 1813, le sieur Guillaume Rabejac, propriétaire, fait assigner le sieur Guillaume Brun, locataire d'un appartement de sa maison, pour le faire condamner à lui rembourser, conformément à la loi du 4 frimaire an 7, les droits des portes et fenêtres qu'il a payés pour lui, en 1812 et 1813, à raison de cet appartement, et qui forment ensemble un total de 14 francs 25 centimes.

» Le sieur Brun comparaît sur cette assignation, et dit que la disposition de la loi du 4 frimaire an 7, dont se prévaut le demandeur, n'est applicable qu'aux locataires dont les baux avaient été passés antérieurement à cette loi; qu'elle ne peut donc pas être invoquée contre lui, puisque son bail n'a que deux années de date; que d'ailleurs, le demandeur a reconnu lui-même, par un silence de deux années consécutives, que c'était sur lui personnellement que devaient peser les droits de portes et fenêtres dont il vient réclamer le remboursement.

» Le tribunal de paix adopte ces moyens de défense, et par jugement en dernier ressort du 15 septembre 1813, il décharge le sieur Brun de la demande formée contre lui, « attendu qu'il est de fait qu'il y a deux ans ou environ que Rabejac consentit au sieur Brun la location de diverses pièces de la maison dudit Rabejac; que, lors de ladite location, il ne fut nullement parlé des droits des portes et fenêtres, ni d'aucune autre imposition; et que, pendant deux années, les loyers ont été payés par le locataire purement et simplement, ainsi qu'il avait été convenu entre les parties, sans aucune réclamation de la part du propriétaire; — Attendu 2°. qu'il est d'usage constant que le propriétaire établit la location de sa propriété tant sur la valeur de l'objet et sur les réparations dont elle est susceptible, que sur les impôts et charges réelles ou pensions dont elle est grevée; et dans ce cas, le locataire doit seulement payer le prix de la location; que, s'il en était autrement, le propriétaire doit, dans ce dernier cas, stipuler toutes réserves et conventions contraires; que le silence gardé par Rabejac, soit lors de la location par lui consentie au sieur Brun, soit lors des paiemens divers qui lui ont été faits du prix de la location, est une preuve qu'il n'était pas alors dans l'intention d'exiger

88.

» le remboursement des droits des portes et fenê-
» tres du logement du sieur Brun ; — Attendu 3°.
» que la loi du 4 frimaire an 7, art. 12, qui
» autorise le propriétaire de recourir sur le
» locataire pour le remboursement du droit des
» portes et fenêtres, ne déroge point à la règle
» générale ; qu'elle avait sagement autorisé ce
» recours à raison des baux à loyer consentis an-
» térieurement à la loi, et dans lesquels il n'était
» fait aucune réserve, parcequ'alors le proprié-
» taire ne pouvant pas prévoir l'établissement
» d'un droit sur les portes et fenêtres, il n'avait
» pu établir le prix des loyers à raison de ce,
» et il n'était pas juste qu'il supportât seul un
» impôt qu'il n'avait pu prévoir, pendant la
» durée des baux à loyer par lui consentis et sur
» des objets dont les locataires seuls jouissaient ;
» mais que le sieur Rabejac ne se trouve point
» dans le même cas ; qu'il ne peut donc jouir
» de la faculté accordée par l'art. 12 de la loi
» précitée ».

» Ainsi est motivé le jugement sur lequel
l'exposant croit devoir appeler l'attention de la
cour. Il porte, comme on le voit, sur un objet
d'une valeur très modique ; mais cet objet est,
en quelque sorte, journalier ; il intéresse une
foule innombrable de personnes ; il est, par cette
raison, bien important de ne pas tolérer sur cet
objet, une manière de juger qui est en opposition diamétrale, non-seulement avec le texte
de la loi, mais encore avec l'usage général de la
France.

» Il n'en est pas de la Contribution sur les
portes et fenêtres, comme de la contribution foncière.

» Celle-ci est à la charge du propriétaire ou
de l'usufruitier, à moins que le locataire ou fermier n'en soit expressément grevé par une clause
du bail.

» Celle-là, au contraire, est à la charge du fermier ou locataire, à moins que le bail n'en
greve expressément le propriétaire ou usufruitier.

» Cette différence est clairement établie par
deux lois extrêmement voisines l'une de l'autre.

» L'art. 147 de la loi du 3 frimaire an 7 porte
que *tous fermiers ou locataires seront tenus de
payer, à l'acquit des propriétaires ou usufruitiers, la contribution foncière pour les biens
qu'ils auront pris à ferme ou à loyer, et les propriétaires ou usufruitiers de recevoir le montant
des quittances de cette contribution pour comptant sur le prix des fermages ou loyers, à moins
que le fermier ou locataire n'en soit chargé par
son bail.*

» Et la loi du lendemain, 4 frimaire an 7, déclare, art. 12, que *la Contribution des portes et
fenêtres sera exigible contre les propriétaires et
usufruitiers, fermiers et locataires principaux
des maisons, bâtimens et usines, sauf leur recours contre les locataires particuliers pour le*

*remboursement de la somme due à raison des lo-
caux par eux occupés.*

» Il résulte évidemment de ce texte, deux
choses : la première, qu'en cas de location de la
totalité d'une maison à un seul locataire, c'est
sur lui que pèse, de plein droit, la Contribution
des portes et fenêtres de cette maison ; la seconde,
que, lorsqu'il y a dans une maison plusieurs locataires, chacun d'eux est soumis personnellement
à la Contribution des portes et fenêtres de l'appartement qu'il occupe.

» Et ces deux conséquences présupposent nécessairement le principe que la Contribution des portes
et fenêtres, quoique exigible contre le propriétaire
ou usufruitier, est néanmoins due par le locataire.

» Ce principe est d'ailleurs confirmé par l'exception qu'y apporte l'art. 15 de la même loi : *lorsque le même bâtiment sera occupé par le propriétaire et un ou plusieurs locataires, ou par plusieurs locataires seulement, la Contribution des
portes et fenêtres* D'UN USAGE COMMUN, *sera acquittée par les propriétaires ou usufruitiers.*

» Ici, ce n'est point sur des portes et fenêtres
d'un usage commun au sieur Rabejac et au sieur
Brun, qu'est assise la Contribution dont il s'agit ;
elle est assise sur des portes et fenêtres dont le
sieur Brun a l'usage exclusif ; c'est donc par le
sieur Brun exclusivement que cette contribution
est due ; le sieur Rabejac n'a donc fait en l'acquittant, qu'acquitter une dette personnelle du sieur
Brun ; l'art. 12 de la loi du 4 frimaire an 7 oblige
donc le sieur Brun d'en rembourser le montant
au sieur Rabejac.

» Point du tout, dit le tribunal de paix de la
troisième section de la ville de Montpellier, la
disposition de l'art. 12 de la loi du 4 frimaire
an 7 n'est relative qu'aux locataires dont les
baux étaient antérieurs à cette loi ; elle ne peut
donc pas être appliquée aux locataires dont cette
loi a précédé les baux.

» Où cette distinction est-elle écrite ? La loi n'en
dit pas un mot, et elle ne contient pas un mot
dont on puisse raisonnablement l'induire.

» Considérée en elle-même, la loi du 4 frimaire
an 7 n'est faite que pour un an, elle n'est faite que
pour l'an 7. L'art 1ᵉʳ de cette loi est là-dessus
très-formel ; et il a cela de commun avec toutes les
lois qui établissent des impositions directes.

» Mais quoique faite pour une année seulement, elle atteint tous les locataires qui jouiront,
soit pendant la totalité, soit pendant une portion
quelconque de cette année même, de maisons ou
de bâtimens appartenant à autrui. Ainsi le locataire qui, au 1ᵉʳ nivôse an 7, souscrira un bail de
trois, six ou neuf mois, sera sujet pour ces trois,
six ou neuf mois, à la Contribution des portes
et fenêtres, ni plus ni moins que le locataire qui,
par un bail de l'an 5 ou de l'an 6, s'était assuré
une jouissance de plusieurs années subséquentes ;
il y sera sujet, parceque la loi y assujétit tous les
locataires indistinctement, quelle que soit la date de

leurs baux; il y sera sujet, parcequ'on ne peut pas distinguer quand la loi ne distingue pas; il y sera sujet, parceque la loi fait, de cette contribution, une charge naturelle de la jouissance à titre de bail.

» Ce qu'on aurait dû juger à cet égard en l'an 7, si le sieur Brun eût souscrit son bail le 1er. nivôse de cette année, on doit également le juger aujourd'hui pour un bail que le sieur Brun n'a souscrit qu'en 1812; et pourquoi? Parceque les lois financières de toutes les années qui ont suivi l'an 7, ont prorogé, pour chacune de ces années, la Contribution des portes et fenêtres; parcequ'elles l'ont prorogée telle que la loi du 4 frimaire an 7 l'avait établie; parcequ'elles l'ont prorogée comme une imposition due par les locataires à la décharge des bailleurs.

» C'est ainsi que ces lois ont été constamment entendues, c'est ainsi qu'elles ont été constamment exécutées, c'est ainsi qu'on exécute encore celle qui nous régit actuellement.

» La ville de Montpellier est peut-être la seule commune de France où il se soit élevé là-dessus des contestations entre les bailleurs et les locataires; et encore est-il à remarquer que des trois tribunaux de paix qui siégent dans cette ville, celui de la troisième section est le seul qui les ait jugées contre les bailleurs.

» Mais dit encore le tribunal de paix de la troisième section de la ville de Montpellier, le sieur Rabejac a payé, pendant deux années consécutives, l'imposition dont il réclame aujourd'hui le remboursement. Il a donc reconnu que cette imposition le regardait personnellement. Il a donc reconnu qu'il s'était tacitement chargé, par son bail, du paiement de cette imposition. Il n'est donc pas recevable à exiger le remboursement de cette imposition du sieur Brun.

» Raisonner ainsi, c'est substituer des idées arbitraires à la disposition de la loi; c'est mettre la volonté de l'homme à la place de la volonté du législateur, c'est créer une fin de non-recevoir que la loi ne reconnaît pas.

» Qu'a fait le sieur Rabejac en payant, pendant deux année de suite, la Contribution des portes et fenêtres de l'appartement de sa maison occupé par le sieur Brun? Il n'a fait que ce que la loi lui prescrivait; car la loi veut expressément que la *Contribution des portes et fenêtres soit exigible contre les propriétaires et usufruitiers.*

» Mais en se conformant ainsi à la loi, en effectuant ainsi des paiemens dont la loi le chargeait directement, le sieur Rabejac s'est-il privé du recours que la loi elle-même lui assurait contre son locataire? Il serait absurde de le penser: Le sieur Rabejac ne pouvait rien demander à son locataire qu'après avoir payé lui-même. Il fallait donc qu'il payât lui-même pour avoir le droit de recourir contre son locataire. Il n'a donc pas perdu, il a, au contraire, acquis ce droit, en payant lui-même.

» Que dirait-on d'un propriétaire qui, pour se

dispenser de tenir compte à son fermier de la contribution foncière acquittée par celui-ci, soutiendrait qu'en l'acquittant lui-même, il reconnu s'en être tacitement chargé par son bail? À coup sûr, on ne verrait dans cette prétention qu'une extravagante rebellion à l'autorité de l'art. 147 de la loi du 3 frimaire an 7.

» Eh bien! Ce que l'art. 147 de la loi du 3 frimaire an 7 exige du fermier pour la contribution foncière, l'art. 12 de la loi du 4 du même mois l'exige du propriétaire pour la Contribution des portes et fenêtres. Le propriétaire qui acquitte la Contribution des portes et fenêtres, se met donc, relativement à son locataire, dans la même position où le fermier qui acquitte la contribution foncière, se place relativement à son bailleur. Le remboursement de la Contribution des portes et fenêtres ne peut donc pas plus être refusé au propriétaire qui l'a acquittée, que ne peut l'être celui de la contribution foncière au fermier qui en a fait l'avance.

» Inutile, après cela, d'objecter que le sieur Rabejac n'a pas exigé du sieur Brun le remboursement de la Contribution des portes et fenêtres, immédiatement après l'avoir payée pour lui au percepteur, et qu'il n'en a même pas fait la réserve dans les quittances des loyers qui ont immédiatement suivi les paiemens qu'il avait faits de cette contribution.

» L'art. 12 de la loi du 4 frimaire an 7 ne fixe point de délai fatal pour l'exercice du recours qu'il accorde au bailleur contre le locataire. Il ne dit pas que ce recours sera prescrit, s'il n'est exercé dans trois mois, dans un an, dans deux ans, il ne dit pas que ce recours ne sera plus recevable, si le bailleur ne l'a pas expressément réservé lors des paiemens partiels qu'il a reçus du prix de sa location. Il s'en remet conséquemment à cet égard, au droit commun. Or, il est de droit commun que toute action personnelle dure trente ans, et que le défaut de réserve d'une action n'emporte renonciation à l'action non réservée, que lorsqu'il y a incompatibilité entre l'exercice de cette action et ce que l'on fait au moment où l'on omet d'en faire la réserve.

» Donc, d'une part, point de prescription à opposer au sieur Rabejac, puisqu'il a intenté son action, même avant qu'il se fût écoulé deux ans depuis qu'elle lui était acquise.

» Donc, d'un autre côté, point de fin de non-recevoir à tirer contre le sieur Rabejac du défaut de réserve dans ses quittances de loyers, puisqu'en recevant les loyers de 1812 et d'une partie de 1813, sans exiger en même temps le remboursement de la Contribution des portes et fenêtres, il n'a pas fait un acte exclusif par soi de ce remboursement; puisque, possesseur de deux créances dont l'une dérivait de sa convention avec le sieur Brun, et l'autre de la loi, il a très-bien pu se faire payer le montant de la première, sans pour cela renoncer à la seconde.

» Si un fermier, après avoir payé la contribution foncière pour son bailleur en 1812 et 1813, avait omis de s'en faire tenir compte sur les fermages de ces deux années, ne pourrait-il pas contraindre son bailleur à lui en tenir compte sur les fermages de 1814?

» Assurément il le pourrait, et plusieurs arrêts l'ont ainsi jugé contre des bailleurs qui avaient mal à propos soutenu le contraire.

» Et pourquoi n'en serait-il pas de même du bailleur qui, ayant payé la Contribution des portes et fenêtres pour son locataire, n'en répète le montant contre celui-ci, qu'au moment où, à l'expiration du bail, il termine définitivement avec lui?

» Rien ne peut donc justifier le jugement que l'exposant dénonce à la cour; et il n'importe que, d'après l'art. 4 de la loi du 1er. décembre 1790 et l'art. 77 de la loi du 27 ventôse an 8, les jugemens en dernier ressort des tribunaux de paix soient exempts du recours en cassation. Il résulte bien de là que le jugement dont il s'agit, ne peut pas être cassé à la requête de la partie intéressée mais il n'en résulte nullement qu'il ne peut pas être cassé dans l'intérêt de la loi; et c'est ce que la cour a déjà jugé, dans un cas semblable, par un arrêt rendu sur le réquisitoire de l'exposant et au rapport de M. Zangiacomi, en 1812 (1).

» Ce considéré, il plaise à la cour, vu l'art. 88 de la loi du 27 ventôse an 8, et l'art. 12 de la loi du 4 frimaire an 7, casser et annuller, dans l'intérêt de la loi, et sans préjudice de son exécution envers les parties intéressées, le jugement du tribunal de paix de la troisième section de la ville de Montpellier, du 13 septembre 1813, ci-dessus mentionné et dont expédition est ci-jointe; et ordonner qu'à la diligence de l'exposant, l'arrêt à intervenir sera imprimé et transcrit sur les registres dudit tribunal.

» Fait le 3 octobre 1814. *Signé* Merlin ».

« Oui, le rapport fait par M. le conseiller Vergès..... ;

» Vu l'art. 12 de la loi du 4 frimaire an 7.... ;

» Considérant que le recours accordé par cette loi aux propriétaires des maisons contre les locataires particuliers, pour le remboursement de la Contribution des portes et fenêtres, démontre que cette contribution est due par les locataires particuliers, quoiqu'elle soit exigible contre les propriétaires;

» Que Rabejac qui a payé, en 1812 et 1813, la Contribution des portes et fenêtres dépendantes de l'appartement loué à Guillaume Brun, a eu par conséquent le droit d'exercer son recours contre ledit Brun;

» Que la distinction faite par le tribunal de paix de la troisième section de la ville de Montpellier, dans le jugement du 13 septembre 1813, entre les baux antérieurs et ceux postérieurs à la loi du 4 frimaire an 7, est purement arbitraire;

_____

(1) *V.* l'article *Requête civile*, dans le *Répertoire de jurisprudence*, §. 3, n°. 11.

» Qu'en effet, les baux postérieurs à cette loi ont dû être également réglés par ses dispositions, puisqu'elles ont été prorogées tous les ans par les lois rendues sur les finances de l'état;

» Que le tribunal de paix s'est vainement prévalu de ce que, lors du bail dont il s'agit, il n'avait été fait aucune mention de l'imposition des portes et fenêtres, et de ce que Rabejac avait reçu pendant deux ans le paiement des loyers, sans réclamation du remboursement de ladite contribution;

» Considérant que la mention de cette contribution dans le bail était inutile, puisque les obligations du locataire étaient réglées par la loi;

» Considérant qu'en recevant le montant des loyers qui lui étaient dus en vertu du bail, Rabejac n'a pas renoncé au recours que la loi lui assurait pour le remboursement de ladite contribution;

» Qu'il a exercé ce recours en temps utile, même avant l'expiration du délai de deux ans, tandis que, d'après le droit commun, il aurait eu trente ans pour former sa réclamation;

» Considérant enfin que ledit jugement est en opposition avec la loi, avec la jurisprudence et avec l'usage pratiqué dans toute la France;

» La cour, faisant droit sur le réquisitoire du procureur général du roi, et procédant en exécution de l'art. 88 de la loi du 27 ventôse an 8, casse et annulle, dans l'intérêt de la loi seulement, et sans préjudice des droits de Guillaume Brun, partie intéressée, le jugement rendu, le 13 septembre 1813, par le tribunal de paix de la troisième section de Montpellier; ordonne qu'à la diligence du procureur général du roi, le présent arrêt sera imprimé et transcrit sur les registres dudit tribunal.

» Fait et prononcé à l'audience de la section civile de la cour de cassation, le 26 octobre 1814 ».

CONTUMACE. §. I. *Comment se prouve l'exécution en effigie d'un jugement de condamnation par Contumace?*

V. l'article *Succession*, §. 2.

§. II. *A qui appartiennent les revenus des biens séquestrés par cause de contumace?*

V. l'article *Séquestre pour Contumace.*

§. III. 1°. *Que devient l'arrêt par lequel une cour d'assises a condamné un individu par Contumace, lorsqu'il est prouvé que cet individu était mort au moment de sa condamnation?*

2° *Quelle est la voie à prendre par la famille de celui-ci pour faire annuller cet arrêt?*

La première question est clairement résolue par le principe consigné dans l'art. 2 du Code d'instruction criminelle. Il est évident, en effet, que *l'action publique pour l'application de la peine, s'éteignant par la mort du prévenu,* le prévenu ne peut plus être condamné du moment qu'il a cessé de vivre, et que, s'il l'est de fait, après sa mort, sa condamnation doit être considérée comme non avenue.

Mais, quoique considérée comme non avenue, elle n'en reste pas moins écrite dans les registres de la cour d'assises, qui l'a prononcée; et il importe à la famille du condamné qu'elle en soit effacée par un arrêt déclaratif de l'erreur dont elle a été le produit.

Qu'elle est donc la voie que doit prendre la famille du condamné pour faire réparer cette erreur?

Ce n'est sûrement pas celle de la requête civile; il n'en est pas dit un mot dans le Code d'instruction criminelle; et d'ailleurs il n'est aucune des ouvertures de requête civile qui puisse être employée avec succès dans le cas dont il s'agit.

Ce n'est pas non plus celle de la révision. Les cas de révision sont déterminés par les art. 443, 444 et 445 du Code d'instruction criminelle, et il n'est aucune disposition de ces articles que l'on puisse appliquer ici.

Ce n'est non plus celle de la cassation. Cette voie n'est ouverte en matière criminelle, par les art. 408 et 410 du Code cité, que pour violation ou omission des formes prescrites à peine de nullité, pour incompétence, pour omission de prononcer sur certaines demandes, pour fausse application ou défaut d'application de la loi pénale; elle est d'ailleurs interdite dans tous les cas, par l'art. 473 à l'accusé Contumax; et par conséquent aussi à sa mémoire, représentée par sa famille.

Il ne reste donc plus que la voie de l'opposition; et en effet, c'est celle que doit prendre la famille du condamné.

Cette voie serait incontestablement ouverte au condamné lui-même, contre l'arrêt qui l'eût jugé à raison d'un crime éteint par la prescription. Il faut donc qu'elle le soit aussi à sa mémoire, représentée par sa famille, lorsqu'il a été jugé à raison d'un délit éteint par sa mort.

Et c'est ce qu'a décidé un arrêt de la cour de cassation dont voici l'espèce.

Le 20 juin 1820, arrêt de la cour d'assises du département de la Seine qui condamne par Contumace Jean-François Pillot à la peine des travaux forcés à perpétuité.

Le 4 juillet 1821, la veuve et les enfans du condamné, munis de la preuve authentique qu'il était mort dès le 18 février 1820, présentent à la cour d'assises du département de la Seine, une requête par laquelle, sans former expressément opposition à l'arrêt du 20 juin suivant ils font l'équivalent en concluant à ce que cet arrêt soit rapporté.

Le ministère public, en reconnaissant que l'arrêt du 20 juin 1820 est nul, soutient qu'il n'appartient pas à la cour d'assises d'en prononcer elle-même la nullité, et que ce droit est exclusivement réservé à la cour de cassation.

Le 13 septembre 1821, arrêt par lequel,

« Vu la requête présentée par la veuve et les enfans Pillot, ensemble l'acte de décès de Pillot père, antérieur à l'arrêt par Contumace contre lui rendu le 20 juin 1820;

» Attendu que l'action publique s'éteint par la mort de l'accusé, et qu'il appartient à la cour qui a prononcé sur la Contumace, de statuer sur la demande en nullité dudit arrêt;

» Attendu que les veuve et enfans Pillot ont intérêt et qualité pour former une pareille demande;

» La cour, sans s'arrêter à l'exception d'incompétence, et faisant droit sur la demande des veuve et enfans Pillot, déclare ledit arrêt du 20 juin 1820 comme non avenu, et dit qu'il n'y a lieu à poursuites ultérieures; condamne lesdits veuve et enfans Pillot aux frais de Contumace faits jusqu'au jour du décès dudit Pillot ».

Le ministère public se pourvoit en cassation contre cet arrêt, et l'attaque comme violant les règles de la compétence.

Mais, par arrêt du 25 octobre 1821, au rapport de M. Busschop, et sur les conclusions de M. l'avocat-général Hua,

« Considérant que la demande faite à la cour d'assises du département de la Seine, par les veuve et enfans de Jean-François Pillot, à ce qu'elle rapportât son arrêt du 20 juin 1820, rendu par Contumace contre ledit Pillot, n'était fondé sur aucun des moyens de cassation ou de révision déterminés par le Code d'instruction criminelle;

» Que leur demande était uniquement motivée sur ce que le décès dudit Pillot étant arrivé avant que ledit arrêt de Contumace ait été rendu, cet arrêt était dépourvu de la matière substantielle qui devait lui servir de base, et lui donner un caractère judiciaire;

» Que ledit arrêt ayant été rendu par Contumace et conséquemment par défaut, était soumis aux règles générales relatives aux jugemens par défaut; et qu'ainsi, il était susceptible d'être rapporté par les juges qui l'avaient rendu;

» Que la cour d'assises du département de la Seine, en déclarant, dans les circonstances de l'affaire, son arrêt de Contumace du 20 juin 1820 comme non avenu, s'est donc conformé aux principes de la matière;

» D'après ces motifs, la cour rejette le pourvoi du procureur-général, (1) »

§. IV. 1°. *L'arrêt qui a acquitté purement et simplement l'accusé Contumax, survit-il à la représentation ou à l'arrestation de celui-ci.*

2°. La représentation volontaire ou forcée de l'accusé Contumax qui a été condamné sur certains chefs et acquitté sur d'autres, anéantit-elle les dispositions de l'arrêt qui

---

(1) Jurisprudence de la cour de cassation, tome 22, page 94.

l'ont acquitté, comme elle anéantit celles qui l'ont condamné?

I. Sur la première question, nul doute sur l'affirmative. Je l'ai établie dans dés conclusions du 29 juillet 1813, rapportées dans le *Répertoire de jurisprudence*, au mot *Contumace*, §. 3, n° 6; et elle avait été précédemment consacrée par un arrêt de la cour de cassation du 18 ventôse an 12, que l'on trouvera au même endroit.

II. La seconde question se résoud, dès lors, d'elle-même en faveur de l'accusé : c'est la conséquence nécessaire de la maxime *tot capita tot sententiæ*; et voici un arrêt de la cour de cassation, du 15 novembre 1821, qui le juge ainsi :

« Ouï le rapport de M. Pajot de Marcheval. conseiller, et M. Hua, avocat-général;

» Vu les art. 360 et 476 du Code d'instruction criminelle ainsi conçus :

» Art. 560. *Toute personne acquittée légalement ne pourra plus être reprise ni accusée à raison du même fait;*

» Art. 476. *Si l'accusé se constitue prisonnier ou s'il est arrêté avant que la peine soit éteinte par la prescription, le jugement rendu par Contumace, et les procédures faites contre lui depuis l'ordonnance de prise de corps ou de se représenter, seront anéantis de plein droit, et il sera procédé à son égard dans la forme ordinaire;*

» Attendu que, par l'arrêt de la cour royale de Rennes, du 6 avril 1821, ainsi que par l'acte d'accusation qui fut rédigé en conséquence, le demandeur en cassation fut accusé de quatre faits principaux, tous qualifiés crimes par la loi, dont le premier aurait emporté la peine de travaux forcés à temps en cas de conviction, et chacun des trois autres aurait donné lieu à la peine de la réclusion ;

» Que, par l'arrêt rendu par Contumace contre le demandeur, par la cour d'assises du département des Côtes-du-Nord, le 23 juillet 1821, il fut déclaré coupable des trois derniers faits dont il était accusé, et condamné à la peine de la réclusion; mais qu'il fut acquitté à l'égard du surplus des faits établis contre lui par l'acte d'accusation;

» Attendu qu'aux termes de l'art. 360 du Code d'instruction criminelle ci-dessus rappelé, le demandeur, ayant été acquitté légalement sur le premier crime qui lui était imputé par l'acte d'accusation, ne pouvait plus être repris ni accusé pour raison de ce même fait; et que, d'après les dispositions de l'art. 476 du même Code, conforme sur ce point aux anciens principes, l'arrêt de Contumace rendu contre le demandeur le 23 juillet dernier, n'était anéanti de plein droit, par sa représentation ou son arrestation, que sous le rapport des condamnations y portées; mais que ledit arrêt devait subsister à l'égard de l'acquittement qu'il avait prononcé;

» Que néanmoins, au préjudice du droit acquis au demandeur par l'acquittement prononcé en sa faveur, et au mépris de la règle de droit *non bis in idem*, et des art. 360 et 476 ci-dessus rappelés. la cour d'assises du département des Côtes-du-Nord s'est permis de le remettre de nouveau en jugement sur le premier fait de l'acte d'accusation, de soumettre au jury une question sur ce fait, et de le condamner, à la peine des travaux forcés à temps sur la réponse affirmative du jury;

» En quoi, ladite cour a violé les art. 360 et 476 du Code d'instruction criminelle, et fait une fausse application de l'art. 332 du Code pénal ;

» Par ces motifs, la cour casse et annulle la question proposée à la décision du jury, sur le premier fait établi dans l'acte d'accusation, la réponse faite par le jury sur cette question, et la disposition de l'arrêt attaqué qui a appliqué à ce fait la peine des travaux forcés à temps;

» Et pour être procédé à l'application de la peine prononcée par la loi sur les trois autres faits ou crimes dont le demandeur est reconnu coupable par le jury, d'après les réponses relativement à ces trois faits, lesquelles sont maintenues, la cour renvoie l'accusé, en état d'ordonnance de prise de corps, devant la cour d'assises du département d'Ille-et-Vilaine (1)

§. V. *L'individu qui, accusé d'un fait qualifié de crime, a été condamné par Contumace à une peine correctionnelle, a-t-il besoin pour la prescrire, du même espace de temps que si elle était afflictive ou infamante; et en conséquence, s'il est arrêté ou s'il se représente après les cinq ans fixés par l'art. 656 du Code d'instruction criminelle, pour la prescription des peines correctionnelles, peut-il encore être admis à se justifier ou être condamné à une peine quelconque?*

L'affirmative avait été adoptée par un arrêt de la cour d'assises du département de la Haute-Loire, du 10 juin 1825; mais c'était une erreur évidente. et elle a été réprimée par un arrêt de la cour de cassation, du 5 août de la même année, ainsi conçu :

« Ouï M. Brière, conseiller, en son rapport ; M° Roger, avocat, en ses observations pour le demandeur, et M° Laplagne-Barris, avocat-général, en ses conclusions;

» Vu le mémoire joint à l'appui du pourvoi;

» Vu les art. 476, 636 et 641 du Code d'instruction criminelle, portant :

» Art. 476. *Si l'accusé se constitue prisonnier, ou s'il est arrêté avant que la peine soit éteinte par la prescription, le jugement rendu par Contumace et les procédures faites contre lui, depuis l'ordonnance de prise de corps ou de se représenter, seront anéantis de plein droit, et il sera procédé à son égard dans la forme ordinaire;*

_____

(1) Bulletin criminel de la cour de cassation, tome 26, page 9.

Art. 636. *Les peines portées par les arrêts et jugemens rendus en matière correctionnelle, se prescriront par cinq années révolues, à compter de la date de l'arrêt ou jugement rendu en dernier ressort ; et à l'égard des peines prononcées par les tribunaux de première instance, à compter du jour où ils ne pourront plus être attaqués par la voie de l'appel ;*

Art. 461. *En aucun cas, les condamnés par défaut ou Contumace, dont la peine est prescrite, ne pourront être admis à se présenter pour purger le défaut ou la Contumace ;*

» Attendu que, si le titre de l'accusation détermine le tribunal qui doit en connaître, ce sont les faits déclarés constans d'après l'instruction, qui fixent la nature de la peine à appliquer, soit criminelle, soit correctionnelle ou de simple police, et assignent, par le résultat de l'instruction, auxdits faits, leur véritable caractère de crime, de délit ou de contravention ;

» Attendu qu'Antoine Bruyèron, accusé de vols, accompagnés de circonstances aggravantes, devait être jugé dans les formes prescrites par les lois sur l'instruction criminelle, et par les tribunaux chargés d'appliquer les peines au cas appartenantes, et que résultant de l'arrêt attaqué que ledit Antoine Bruyèron, accusé, le 11 juin 1810, de vols avec circonstances aggravantes, la cour d'assises du département de la Haute-Loire, jugeant par Contumace, l'avait condamné en la peine d'une année d'emprisonnement, par arrêt du 4 janvier 1812, *attendu*, porte ledit arrêt, dont une expédition en forme est jointe aux pièces du procès, *qu'il ne résulte pas de l'information que ces différens vols aient été commis de nuit, à l'aide d'escalade, de fausses clefs, et par plusieurs personnes ;* que, dans cet état, les circonstances caractéristiques de la criminalité étant écartées, Antoine Bruyèron ayant été arrêté et constitué prisonnier, seulement le 12 avril 1825, la peine correctionnelle prononcée contre lui était prescrite d'après les dispositions de l'art. 636, applicables même aux individus condamnés par Contumace, d'après l'art. 476, tellement que, d'après les termes de l'art. 641, les condamnés par défaut ou par Contumace, dont la peine est prescrite, ne peuvent être admis à se présenter pour purger le défaut ou la Contumace ;

» Attendu néanmoins que ledit Antoine Bruyèron, traduit aux assises du même département de la Haute-Loire, pour les mêmes faits portés en l'acte d'accusation sus-daté, et le jury l'ayant déclaré coupable d'un seul des faits dont il était accusé, et en écartant les circonstances aggravantes, ladite cour a rejeté, par l'arrêt attaqué, l'exception tirée de la prescription présentée par le défenseur d'Antoine Bruyèron, et a condamné ledit Bruyèron en la peine correctionnelle d'une année d'emprisonnement, par le double motif *que les faits étaient qualifiés crimes par l'acte d'accusation, et que d'ailleurs la condamnation*

par Contumace intervenue contre l'accusé, avait suspendu la prescription ; en quoi faisant, cette cour a méconnu les principes de la matière, et formellement violé les articles combinés 476, 636 et 641, du Code d'instruction criminelle ;

» En conséquence, la cour casse et annulle l'arrêt de condamnation, rendu le 10 juin 1825, contre Antoine Bruyèron, par la cour d'assises du département de la Haute-Loire ; et vu l'art. 429 du Code d'instruction criminelle, et attendu qu'il n'y a point de partie civile, déclare qu'il n'y a lieu de prononcer aucun renvoi, et ordonne la mise en liberté dudit Antoine Bruyèron, si pour autre cause il n'est détenu (1) ».

COPIE. §. I. 1° *Les vices de la Copie signifiée d'un exploit sont-ils couverts par la régularité de l'original ?*

2° *Dans quels cas la Copie signifiée tient-elle lieu d'original à la partie qui en a reçu la signification ?*

V. le plaidoyer du 23 floréal an 9, et celui du 4 décembre 1811, rapportés à l'article *Assignation, §. 5* ; et le plaidoyer rapporté au mot *Mariage, §. 8.*

§. II. *En employant dans une requête en cassation, la Copie signifiée du jugement qui en est l'objet, est-on censé approuver la signification de ce jugement ; et en couvre-t-on, par là, les irrégularités ?*

V. le plaidoyer et l'arrêt du 22 brumaire an 13, rapportés au mot *Triage, §. 2.*

§. III. *Quelle foi est due aux Copies collationnées par des officiers publics sur les minutes ?*

V. l'article *Triage, §. 1.*

§. IV. *Dans la liquidation des dépens d'un arrêt ou jugement en dernier ressort qui a ordonné qu'il serait imprimé et affiché à tel nombre d'exemplaires, aux frais de la partie condamnée, doit-il être alloué à l'avoué de la partie qui a obtenu gain de cause, un droit de Copie sur les exemplaires imprimés et affichés de cet arrêt ou de ce jugement ?*

Dans une espèce rapportée au mot *Cassation, §. 42*, la cour d'appel de Paris s'était déterminée, le 17 mars 1810, pour l'affirmative. Mais son arrêt a été cassé le 12 mai 1812, au rapport de M. Babille et sur les conclusions de M. l'avocat-général Daniels,

« Vu l'art. 151 du décret du 16 février 1807, portant réglement général des frais ;

» Vu aussi les art. 28 et 79 du même décret ;

» Et attendu qu'en défendant aux avoués de

(1) *Ibid.*, tome 30, page 408.

prendre *de plus forts droits que ceux énoncés au présent tarif*, l'art. 151 ci-dessus cité leur a virtuellement et même nécessairement défendu aussi de prendre des droits qui n'y étaient pas énoncés;

» Que, s'il en était autrement, et s'il fallait induire du silence de cet article, par rapport aux *droits non énoncés au tarif*, que les avoués ont la faculté d'exiger de semblables droits, il s'ensuivrait, ce qui répugne, que le législateur qui entend punir même de l'interdiction, par exemple, la modique perception d'un droit de 3 francs, au lieu de celui de 2 francs seulement alloué, aurait autorisé la perception d'un droit exhorbitant de 3,000 francs, par exemple, parcequ'il n'aurait pas expressément défendu la perception de droits *autres que ceux énoncés en ce tarif*;

» Et que cet étrange abus du silence de l'art. 151 à cet égard cesse, si cet article est entendu comme il doit l'être, c'est-à-dire comme défendant, non-seulement de percevoir *de plus forts droits*, mais encore *d'autres droits que ceux énoncés au tarif*;

» Attendu que, d'après cette juste et saine entente de l'art. 151, il faut tenir pour certain que l'arrêt attaqué n'a pas pu, sans en violer la disposition, allouer à Béraud un droit de Copie de 3,000 francs pour l'affiche en divers lieux de l'arrêt dont l'impression et l'affiche avaient été précédemment ordonnées jusqu'à concurrence de cinq cents exemplaires, puisque, parmi les dispositions très-nombreuses du tarif, il n'en existe aucune qui accorde, en ce cas, un droit de Copie;

» Attendu d'ailleurs qu'il résulte des art. 28 et 79 du même tarif, qu'ils n'accordent aux avoués un droit de Copie de pièces, actes et jugemens, qu'autant que la Copie en a été réellement faite, signée ou certifiée véritable par eux;

» Et qu'il est prouvé, soit par les procès-verbaux d'affiche, soit par l'arrêt attaqué lui-même, ce qui, au reste, n'a jamais été contesté par Béraud, que ce ne sont pas des *Copies* qui ont été affichées, mais seulement des *imprimés* de cet arrêt;

» D'où il suit qu'en allouant un semblable droit de Copie pour raison de l'affiche de cet arrêt dont un certain nombre d'imprimés avait été affiché en divers lieux, encore bien qu'il n'en eût été fait aucune Copie, l'arrêt attaqué a en outre violé les art. 28 et 79 ci-dessus cités;

» Par ces motifs, la cour casse et annulle l'arrêt de la cour d'appel de Paris, du 17 mai 1810.....».

CORRUPTION. 1°. *Quelle différence y a-t-il, par rapport à un fonctionnaire public, entre la Corruption et la concussion?*

2°. *Est-ce comme délit ou comme crime, que doit être poursuivi le fait imputé à un garde forestier, d'avoir reçu en présent des bois qu'il savait avoir été abattus en délit par ceux qui les lui donnaient, et d'avoir accepté des cadeaux de plumes d'oies, de particuliers qui faisaient paître leurs oies dans la forêt confiée à sa garde?*

Le 8 novembre 1811, arrêt de la chambre d'accusation de la cour d'appel de Caen, qui statue en ces termes, sur l'opposition du procureur du gouvernement près le tribunal de première instance de Mortagne, département de l'Orne, à une ordonnance de la chambre du conseil de ce tribunal, qui mettait en liberté Louis-Dominique Camus, garde-général de la forêt de Bellesme :

« Considérant qu'il résulte de l'instruction faite au tribunal de première instance séant à Mortagne, ainsi que de celle faite à la cour par le conseiller à ce commis, que Louis-Dominique Camus, garde-général, est prévenu d'avoir reçu plusieurs cordes de bois à chauffage, provenues d'arbres abattus en délit dans la forêt de Bellesme, et qu'il n'ignorait pas cette dernière circonstance, ce qui le rend complice ou participant des délits; qu'il est aussi prévenu...... d'avoir reçu plusieurs fois des plumes d'oies de divers particuliers qui faisaient paître en contravention leurs oies dans la forêt de Bellesme.

» Considérant qu'il n'existe pas contre le prévenu de preuves ou indices d'un fait qualifié crime par la loi; mais que ledit Camus n'a pas suffisamment détruit les charges et préventions des délits à lui imputés et résultant de l'instruction, lesquels sont prévus par les art. 5 et 18 du tit. 32 de l'ordonnance des eaux et forêts, et notamment prévus par les art. 162, 192, 445 et 462 du Code pénal actuel;

» Par ces motifs, faisant droit sur l'opposition, annule l'ordonnance de mise en liberté définitive dudit Camus, rendue par le tribunal de Mortagne, le 22 juin 1811, et le renvoie en police correctionnelle devant ledit tribunal.»

Le procureur général de la cour d'appel de Caen se pourvoit en cassation contre cet arrêt, et soutient qu'en rangeant les deux faits imputés à Camus, dans la classe des simples délits, la chambre d'accusation a violé tout à la fois le Code pénal de 1791 et le Code pénal de 1810.

« Il faut en effet (ai-je dit à l'audience de la section criminelle, le 16 janvier 1812), il faut en effet le concours de la violation de l'un et de la violation de l'autre, pour que cet arrêt puisse être annullé; car si le Code pénal de 1791, sous l'empire duquel se sont passés les faits dont il s'agit, ne les qualifiait pas de crimes, la cour d'appel de Caen n'aurait pas pu les considérer comme tels, sans se mettre en opposition avec le principe éternel et sacré, que les lois n'ont pas d'effet rétroactif; et si le Code pénal de 1810 les range dans la classe de simples délits, la cour d'appel de Caen n'aurait pas pu les qualifier de crimes, sans contrevenir formellement à l'art. 6 du décret du 23 juillet 1810.

» Or, 1°. que portent et le Code pénal de 1791 et le Code pénal de 1810, relativement aux deux faits imputés au garde général Camus?

» Suivant le procureur général de la cour d'appel de Caen, ils les qualifient l'un et l'autre de crimes de *concussion*.

» Mais s'il y a crime de concussion, lorsqu'un fonctionnaire ou officier public exige ou reçoit ce qui ne lui est pas dû, ou au-delà de ce qui lui est dû, pour un acte légitime de son ministère, il n'en est pas de même lorsqu'un fonctionnaire ou officier public reçoit des dons ou des promesses, soit pour permettre un délit qu'il est de son devoir de réprimer ou de prévenir, soit pour y conniver; et c'est ce qui résulte, tant du Code pénal de 1791, que du Code pénal de 1810.

» D'abord, le Code pénal de 1791 ne définissait pas le crime de concussion : il se bornait à dire, part. 2, tit. 1, sect. 5, art. 14 : *Tout fonctionnaire ou officier public, toute personne commise à la perception des droits et contributions publiques, qui sera convaincu d'avoir commis, par lui ou ses préposés, le crime de concussion, sera puni de six années de fers, sans préjudice de la restitution des sommes reçues illégitimement.* Et ce qui prouve bien nettement qu'il n'entendait pas traiter en concussionnaires, les fonctionnaires ou officiers publics qui reçoivent des dons ou des promesses pour prix de leur complaisance à tolérer des délits dont la répression leur est confiée, et qui, par là, trafiquent du pouvoir dont le souverain les a revêtus, c'est que, par l'art. 8 de la même section, il disait : *Tout fonctionnaire public.... qui sera convaincu d'avoir, moyennant argent, présens ou promesses, trafiqué de l'exercice du pouvoir qui lui est confié, sera puni de la peine de la dégradation civique.*

» Aussi avez-vous, par arrêt du 26 nivôse an 6, au rapport de M. Rataud, et sur les conclusions de M. Berlier, cassé un jugement du tribunal criminel du département de la Creuse, qui avait déclaré François Nicol coupable de concussion, et l'avait condamné, comme tel, à six années de fers, d'après la déclaration du jury, portant qu'il était convaincu *d'avoir, en sa qualité de garde-champêtre, reçu de l'argent et des denrées sous promesse de ne pas dresser les procès-verbaux de prises par lui faites, et d'avoir reçu cet argent et ces denrées dans l'intention de profiter de cette espèce de trafic;* CE QUI NE CARACTÉRISE PAS, avez-vous dit, LE CRIME DE CONCUSSION.

» Ensuite, nous remarquons le même esprit dans le Code pénal de 1810. Après avoir, par son 174e. article, caractérisé le crime de concussion et lui avoir infligé la peine de la réclusion, il ajoute, art. 177, que la peine du carcan sera infligée, avec une amende qui ne pourra être au-dessous de 200 francs, *à tout fonctionnaire de l'ordre administratif ou judiciaire, à tout agent ou préposé d'une administration publique, qui, par offres ou promesses agréées, dons ou présens reçus, se sera abstenu de faire un acte qui entrait dans l'ordre de ses devoirs.*

» Mais, si le garde-général Camus ne peut pas être poursuivi comme prévenu de concussion, ne peut-il pas du moins l'être comme prévenu de trafic du pouvoir qui lui était délégué par l'administration générale des forêts, et par conséquent comme passible, soit de la peine de la dégradation

civique portée par l'art. 8 de la sect. 5 du tit. 1er. de la seconde partie du Code pénal de 1791, soit, ce qui revient à peu près au même, de la peine du carcan portée par l'art. 177 du Code pénal de 1810; et dès-lors, n'y a-t-il pas toujours lieu de casser l'arrêt que vous dénonce le procureur général de la cour d'appel de Caen?

» L'affirmative ne nous paraît pas douteuse relativement au second fait, c'est-à-dire, à la prévention élevée contre le garde-général Camus, d'avoir *reçu plusieurs livres de plumes d'oies de différens particuliers qui faisaient paître en contravention leurs oies dans la forêt de Bellesme.*

» Il est évident, en effet, que le garde-général Camus était tenu, par état, de réprimer les délits que commettaient ces particuliers en introduisant leurs oies dans une forêt domaniale; et que, s'il est vrai qu'il ait au contraire favorisé ces délits, s'il est vrai qu'il ne se soit porté à les favoriser, qu'en considération des présens que lui faisaient les contrevenans, on ne peut se dispenser de le poursuivre comme prévenu d'avoir trafiqué de son emploi, et comme passible, en cas de conviction, d'une peine infamante. Il est évident, dès-lors, que rien ne peut justifier le renvoi que la cour d'appel de Caen a fait de ce chef de prévention, à la police correctionnelle.

» En est-il de même du premier fait, c'est-à-dire, de la prévention d'avoir reçu, de différens délinquans, plusieurs cordes de bois provenant d'arbres abattus dans la forêt de Bellesme, et de les avoir reçues sachant d'où elles provenaient?

» Pourquoi non? Si, au lieu de recevoir du bois provenant des délits qu'il devait réprimer, le garde-général Camus avait reçu de l'argent, ou d'autres objets étrangers à ces délits, très-certainement il aurait encouru la peine infamante dont nous venons de parler. Eh! Qu'importe que sa criminelle complaisance lui ait été payée en argent ou en nature? Qu'importe qu'elle l'ait été en objets provenant des délits dont la répression lui était confiée, ou en objets étrangers à ces délits? Le crime n'est pas moins grave dans un cas que dans l'autre; et il n'y a aucune raison pour que, dans l'un et l'autre, la peine ne soit pas absolument la même.

» Nous savons bien que, relativement à ce fait, on pourrait chercher dans l'art. 198 du Code pénal de 1810, un moyen de justifier l'arrêt de la cour d'appel de Caen : *hors les cas* (porte cet article) *où la loi règle spécialement les peines encourues pour crimes ou délits commis par les fonctionnaires ou officiers publics, ceux d'entr'eux qui auront participé à d'autres crimes ou délits qu'ils étaient chargés de surveiller ou de réprimer, seront punis comme il suit : s'il s'agit d'un délit de police correctionnelle, ils subiront toujours le maximum de la peine attachée à l'espèce de délit,* etc.

» Mais cet article ne peut être entendu que du cas où la participation du fonctionnaire public au crime ou au délit qu'il est chargé de réprimer ou de surveiller, consiste dans tout autre acte que celui de recevoir, à titre de don, une portion du produit de ce délit ou de ce crime. Car, si c'est en recevant, à titre de don, une portion du produit du crime ou du délit qu'il était chargé de surveiller ou de réprimer, que le fonctionnaire public participe à ce crime ou à ce délit, cette participation trouve sa peine spéciale dans l'art. 177; et, dès-lors, l'art. 198 cesse d'y être applicable.

» Il y a donc lieu de casser et annuller l'arrêt qui vous est dénoncé ».

Par arrêt du 16 janvier 1812, au rapport de M. Basire,

« Vu les art. 8, sect. 5, tit. 1 de la deuxième partie du Code pénal de 1791, et 177 de celui de 1810.....;

» Attendu que l'arrêt attaqué déclare que Camus est prévenu d'avoir reçu plusieurs cordes de bois à chauffage, provenus d'arbres abattus en délit, dans la forêt de Bellesme, et qu'il n'ignorait pas cette dernière circonstance, ce qui le rend complice ou participant des délits;

» Attendu que le même arrêt déclare encore que Camus est prévenu d'avoir reçu plusieurs livres de plumes d'oies de divers particuliers qui faisaient paître en contravention leurs oies dans la forêt de Bellesme.

» Attendu que ces deux faits présentent, contre Camus, garde-général de la forêt de Bellesme, la prévention d'avoir trafiqué de l'exercice du pouvoir qui lui était confié; ce qui constitue le crime prévu et puni de peines afflictives et infamantes par les lois précitées;

» D'où il suit que, relativement à ces deux faits, la cour de Caen n'a pu, sans violer les règles de compétence, se dispenser de renvoyer Camus devant une cour d'assises;

» Par ces motifs, la cour casse et annulle...,.».

CORSAIRE. V. les articles Prises et Gens de mer.

COTERIES. 1°. Avant l'abolition du régime féodal, y avait-il quelque différence, dans la coutume de Bapaume, entre les Coteries, les mainfermes et les censives?

2°. L'art. 17 de cette coutume, qui fait entrer les Coteries et les mainfermes dans la communauté conjugale, a-t-il été abrogé par l'abolition du régime féodal?

3°. Les ci-devant Coteries de la coutume de Bapaume sont-elles devenues, par l'abolition du régime féodal, sujettes au douaire coutumier?

4°. Jusqu'à quelle concurrence ont-elles été, par là, assujéties à ce douaire?

V. le plaidoyer et l'arrêt du 11 ventôse an 11, rapporté à l'article féodalité.

COUPE DE BOIS. §. I. 1°. Avant le code forestier du 21 mai 1827, les arbres qui, dans les forêts des particuliers, se trouvaient encore sur pied après le temps de la coupe, ou gisans après la vidange, en contravention aux clauses de l'adjudication, étaient-ils sujets à la confiscation?

2°. L'étaient-ils au profit des particuliers eux-mêmes, ou au profit de l'Etat?

3°. Cette confiscation pouvait-elle être prononcée par un tribunal civil? N'était-elle pas du ressort exclusif de la justice correctionnelle?

Par actes notariés des 16, 18 et 22 floréal an 9, le sieur Grisson vend aux sieurs Gosselin, Guinaud, Leclaire et compagnie, marchands de bois, l'exploitation de la superficie des Coupes numérotées 16, 17, 18, 19, 20 et 22 de la forêt de Boixe, département de la Charente, moyennant 520,000 francs, payables en huit ans, de trois mois en trois mois.

L'art. 2 de ce traité porte que « la Coupe abso-
» lue et la vidange des bois présentement ven-
» dus, sera entièrement terminée au mois de fruc-
» tidor an 17, sans pouvoir, par les acquéreurs,
» prétendre une prolongation, sous quelque pré-
» texte que ce soit ».

Il est dit par l'art. 12 : « l'exploitation sera
» divisée en huit parties égales en étendue, pour
» être faite de suite et sans interruption, dont
» une sera exploitée chaque année ».

L'art. 13 ajoute que « les acquéreurs se con-
» formeront aux lois forestières et à celles qui
» pourraient intervenir pendant tout le temps de
» leur exploitation, sans néanmoins être tenus de
» laisser aucun baliveau ».

Pendant les quatre premières années de l'exploitation, différens procès-verbaux constatent que les adjudicataires, au lieu d'abattre tous les arbres à la cognée, en ont fait arracher une grande partie, et qu'ils n'ont pas vidé chacune des Coupes dans les délais fixés par le traité et par les lois forestières.

Le 12 prairial an 13, le sieur Boucher acquiert la forêt de Boixe, et il est, par une clause expresse du contrat, « subrogé aux droits du vendeur pour
» l'exécution des marchés et ventes de Coupes de
» bois, avec faculté d'exercer, contre les mar-
» chands de bois, toutes répétitions pour raison
» d'anticipations ou dégradations qu'ils auraient
» pu commettre ».

Le 7 octobre 1806, un procès-verbal dressé à la requête du sieur Boucher, constate « qu'il y a
» encore des bois sur une coupe exploitée depuis
» quatre ans et que les gardes de la forêt de Boixe
» ont averti le garde-vente des marchands de
» vider ».

Le 13 novembre suivant, le sieur Boucher fait notifier son contrat d'acquisition aux adjudicataires, et les somme en même temps « de vider
» toutes les Coupes arriérées, sous les peines de
» droit ».

Le 6 novembre 1807, autre procès-verbal, duquel il résulte qu'il y a des bois épars sur les parquets des Coupes 19 et 20, abattues dans l'hiver de 1805 à 1806, et que les marchands ont laissé sur pied en arrière des portions de taillis et de gaulis dans les Coupes 18 et 19 exploitées depuis long-temps. Par le même acte, tous ces bois sont saisis en vertu de l'art. 47 du tit. 15 de l'ordonnance de 1669.

Le 11 du même mois, ordonnance du président du tribunal de première instance d'Angoulême, qui autorise le sieur Boucher à faire une saisie plus détaillée.

Le 14 du même mois, autre ordonnance, du même magistrat qui ordonne le récolement des Coupes exploitées.

Les marchands forment opposition à ces deux ordonnances.

Le 28 du même mois, jugement contradictoire du tribunal, qui ordonne 1°. que, par le premier notaire requis, il sera fait état et procès-verbal des coupes vendues; 2°. que le même officier constatera l'âge des rejets environnant les bois gisans, ou sur pied, ainsi que les quantités et qualités de ces bois.

En conséquence, deux notaires, par un procès-verbal dressé du 11 au 12 décembre 1807, en présence de toutes les parties, constatent 1°. les quantités et qualités des bois qui restent gisans et sur pied dans les Coupes exploitées; 2°. que les rejets environnant ont deux et trois ans; 3°. qu'ils ont remarqué un grand nombre de trous d'arbres arrachés, et de souches écuissées ou mal coupées.

Le 23 du même mois, les gardes font une nouvelle saisie.

Les choses en cet état, le sieur Boucher demande que les saisies dont il rapporte les procès-verbaux, soient déclarées valables, que les bois gisans ou sur pied soient confisqués à son profit, et que les marchands soient condamnés aux dommages-intérêts résultant des dégradations constatées.

Le 10 juillet 1809, jugement contradictoire qui « déclare bonnes et valables les saisies des » bois restés dans les Coupes, comme n'ayant pas » été enlevés dans les délais fixés par l'ordonnance » et les réglemens des eaux et forêts; sont néan- » moins exceptés de ladite confiscation les pièces » de charpente et les taillis et gaulis restés sur » pied; et avant dire droit sur les dommages-in- » térêts, ordonne que récolement sera fait par le » sieur Augeraud-Chesnard et par le garde général » des forêts, aux procès-verbaux des deux notai- » res, pour, sur leur rapport contenant l'estima- » tion des dégâts et déprédations, être ordonné ce » qu'il appartiendra ».

Les marchands appellent de ce jugement. Le sieur Boucher en appelle aussi au chef qui excepte de la confiscation les taillis et gaulis restés sur pied.

Le 14 du même mois, nouveau procès-verbal par lequel le sieur Boucher fait saisir des bois épars sur une partie de la Coupe 22, abattue dans l'hiver de 1807 à 1808.

Les marchands assignés, en vertu de ce procès-verbal, devant le tribunal de première instance d'Angoulême, demandent un délai de deux ans pour vider la coupe 22.

Le 24 août suivant, jugement qui « déclare les » marchands non-recevables dans leur demande en » prorogation de délai, pour la partie de la Coupe » 22, dont l'abattage a été fait en avril 1808; dé- » clare valable la saisie des bois gisans sur cette » partie, et en ordonne la confiscation; et à l'égard » de l'autre partie de la même Coupe, proroge le » délai de vidange jusqu'en avril 1811 ».

Les marchands appellent des deux premières dispositions de ce jugement. Le sieur Boucher appelle de la troisième.

Tous ces appels sont joints par arrêt de la cour de Bordeaux, du 7 décembre 1809.

Et le 19 février 1810, arrêt définitif ainsi conçu: « Relativement au jugement du 10 juillet, 1°. ce jugement ne prononçant pas en termes explicites la confiscation des bois saisis par les procès-verbaux des gardes de la forêt, y a-t-il lieu à prononcer sur l'appel des sieurs Gosselin et consorts, en tant qu'il se rapporte à la prétendue confiscation de ces mêmes bois?

» 2°. Le délai de la vidange de l'ordinaire 1806 était-il expiré les 6 novembre et 23 décembre 1807, lorsque le sieur Boucher a fait saisir les bois gisans et les bois sur pied dont il a demandé la confiscation?

» 3°. Dans le droit, en supposant que le délai de la vidange fût expiré, le sieur Boucher était-il fondé dans sa demande en confiscation?

» 4°. Dans le droit, encore, était-il également fondé à demander la confiscation des taillis et gaulis non coupés, faisant partie des Coupes n°s 18 et 19, exploitées en 1806 et antérieurement?

» 5°. Dans le fait, les procès-verbaux des notaires Lebègue et Rouffignac, sont-ils irréguliers? Ces notaires ont-ils outre-passé les pouvoirs que le jugement du 28 novembre 1807 leur avait donnés? Et dans le droit, les procès-verbaux doivent-ils être annulés?

» Relativement au jugement du 24 août, 1°. le délai de vidange de l'ordinaire de 1808 était-il expiré le 14 juillet 1809, date de la saisie des bois de cet ordinaire gisans sur le parquet de la Coupe?

» 2°. Dans le droit, le sieur Boucher était-il fondé à demander la confiscation de ces bois?

» 3°. Dans le droit encore, les sieurs Gosselin et consorts ont-ils été fondés à demander une proro-gation de délai pour la vidange de l'ordinaire 1809?

» Relativement au jugement du 2 octobre 1809, le sieur Boucher était-il fondé à faire une saisie-arrêt au préjudice des sieurs Gosselin et compagnie?

» Attendu que ce n'était pas par voie d'induction que la confiscation des bois saisis dans la forêt de Boixe, pouvait avoir lieu, mais seulement en vertu d'une prononciation formelle; que cette prononciation n'existe pas dans le jugement du 10 juillet 1809; d'où il suit qu'il n'y a pas lieu de prononcer sur l'appel que les sieurs Gosselin et consorts ont interjeté de ce jugement à cet égard;

» Attendu que les saisies des bois existans sur le parquet des Coupes, n'ont été faites que sous le prétexte que les délais pour la vidange de ces bois étaient expirés, quoique, selon l'ordonnance de 1520, les marchands eussent un délai de deux années pour effectuer la vidange; et que les sieurs Gosselin et consorts se soient conformés à ce qui était prescrit à cet égard; que c'est à tort que, dans l'intérêt du sieur Boucher, on a invoqué la disposition du cahier des charges des adjudications des bois de l'empire, parceque ces cahiers ne peuvent point être considérés comme des lois générales, n'ayant aucun des caractères qui constituent la loi; que ceux qui se rendent adjudicataires d'après ces cahiers des charges, doivent s'y soumettre; parcequ'ils achètent aux conditions qui s'y trouvent exprimées; que, par la même raison, les acheteurs de la forêt de Boixe n'ayant acheté qu'aux conditions exprimées dans la vente qui leur a été consentie, n'ont pu et dû reconnaître que cet acte pour règle de leur conduite; que le délai de la vidange de chaque coupe n'ayant pas été déterminé, à l'exception cependant de celui de la dernière Coupe qui, d'après l'art. 2 de l'acte de vente, devait finir au mois de fructidor an 17, il en résulte que les marchands ont dû se conformer à la loi générale qui leur accordait deux ans;

» Attendu que, si les marchands ont laissé les bois sur le parquet au-delà du terme de deux ans, il ne pourrait résulter de là que des dommages-interêts en faveur du propriétaire de la forêt, à raison du dégât qui aurait pu être fait en enlevant les bois après ce terme; mais que le gisement des bois sur le parquet des Coupes après deux années, ne pouvait donner lieu à la saisie de ces bois, qu'il pourrait seulement autoriser à faire des procès-verbaux à l'effet de constater le gisement de ces bois sur le parquet des Coupes, et le dommage qui aurait été occasioné, soit par ce gisement après deux ans, soit par l'enlèvement qui aurait été fait des bois après ce terme; qu'ainsi, les saisies doivent être annullées et les procès-verbaux néanmoins maintenus, en ce qu'ils auraient pour objet de constater, soit le gisement des bois sur le parquet des Coupes après deux ans, soit les dommages qui auraient pu être la suite de cette contravention aux réglemens:

» Attendu que la justice est intéressée à ce qu'il soit donné de nouveaux renseignemens sur les dégradations prétendues commises en exploitant la partie de la forêt de Boixe vendue en superficie aux sieurs Gosselin et consorts, et ce par des gens connaisseurs et entendus dans les matières forestières, et à ce que l'estimation des dommages ré-sultant des dégradations, s'il en a été commis, soit faite par les mêmes personnes;

» Attendu que la partie de la forêt vendue aux sieurs Gosselin et consorts, devait être divisée en huit parties pour l'exploitation; que cette division n'ayant pas été faite, les sieurs Gosselin et consorts ont eu la faculté de réserver les taillis ou gaulis pour la Coupe du dernier huitième; qu'ainsi, l'appel incident du sieur Boucher, quant à ce, est mal fondé;

» Attendu, relativement au jugement du 24 août 1809, que le délai pour la vidange des bois de l'ordinaire de 1808, n'était pas encore expiré à l'époque des saisies; que, pour cet ordinaire comme pour les précédens, les marchands avaient un délai de deux ans; que de là il résulte nécessairement que c'est à tort que le tribunal de première instance a validé la saisie des bois de cet ordinaire, et a prononcé la confiscation au profit du sieur Boucher, quoiqu'il n'eût été rien convenu à cet égard dans le contrat de vente, en cas de contravention aux conventions qu'il contient, et quoique la loi n'autorise la confiscation, en cas du défaut de vidange dans le délai qu'elle fixe, que pour les bois de l'Etat; que l'appel des sieurs Gosselin et consorts, dans ce chef, doit être accueilli;

» Attendu que, par l'art. 2 de l'acte de vente, il avait été expressément stipulé que la vidange absolue serait terminée dans le mois de fructidor an 17, sans que les acquéreurs pussent prétendre une prorogation de délai, sous quelque prétexte et pour quelque cause que ce fût; d'où il résulte que les sieurs Gosselin et consorts étaient mal fondés à demander une prorogation de délai pour effectuer la vidange de cette Coupe; que le tribunal de première instance n'a pu leur accorder cette prorogation, sans contrevenir à la loi que les parties se sont imposée par le contrat de vente; et que, sous ce rapport, l'appel incident que le sieur Boucher a interjeté, en ce chef, du jugement du 24 août 1809, est bien fondé;

» Attendu néanmoins qu'il a été mis en fait, par le sieur Boucher, que tous les bois de la dernière Coupe avaient été retirés dans l'espace d'un mois postérieurement au jugement du 24 août, et qu'il n'y en avait plus sur le parquet; que, dès-lors, il n'y a pas lieu de prononcer sur le dernier chef des conclusions prises, quant à ce, par le sieur Boucher, conclusions qui, par le fait de la vidange, n'ont plus aucun objet;

» Attendu, relativement au jugement du 2 octobre 1809, que les saisies et confiscations des bois, l'un des principaux motifs de la saisie-arrêt faite par le sieur Boucher, dans les mains des sieurs François Pelletreau et compagnie de Rochefort, ne subsistent plus; que le sieur Boucher est sans aucun titre pour soutenir cette saisie-arrêt; que, jusqu'à ce que les experts qui doivent opérer, aient fait leur opération, il est incertain de savoir si le sieur Boucher aura des répétitions à former contre les sieurs Gosselin et consorts, et à concurrence de quelle somme, dans le cas où il serait décidé qu'il aurait quelque répétition à exercer; que, pendant que cette incertitude durera, il serait injuste que les sieurs Gosselin et consorts fussent privés des sommes arrêtées à leur préjudice; qu'ainsi, l'appel par eux fait du jugement du 2 octobre, est bien fondé;

» La Cour, faisant droit de l'appel interjeté par les sieurs Gosselin et consorts, du jugement rendu par le tribunal de première instance d'Angoulême, le 18 juillet 1809, dans le chef qui a déclaré valables les saisies faites des bois gisans sur le parquet des Coupes de la forêt de Boixe, a mis l'appel et ce au néant; émendant, annulle lesdites saisies; maintient les procès-verbaux seulement en ce qu'ils auraient pour objet de constater des dégradations et des dommages; déclare n'y avoir lieu de prononcer sur l'appel du même jugement, fait par les sieurs Gosselin et consorts, en ce qu'il a été supposé que la confiscation des bois saisis a été prononcée;

» Avant prononcer sur l'appel fait par les sieurs Gosselin et consorts, du chef du même jugement du 10 juillet, relatif aux procès-verbaux faits par les sieurs Lebègue et Roussignac, et sans rien préjudicier sur lesdits procès-verbaux, toutes les exceptions de fait et de droit des parties, quant à ce, leur demeurant réservées, ordonne que, par un ou trois agens forestiers, ou autres personnes qui, par état, seront versées dans la connaissance des matières forestières, dont les parties s'accorderont dans trois jours, ou, à défaut, par les sieurs.... que la cour nomme d'office, il sera procédé à la visite de la partie de la forêt de Boixe dont est question au procès, à l'effet de constater les dégradations qui peuvent avoir été commises en exploitant ladite forêt, et de fixer le montant des dommages-intérêts résultant desdites dégradations, lors de laquelle visite les parties intéressées seront appelées et pourront représenter aux experts, tant les procès-verbaux faits par les sieurs Lebègue et Roussignac, que tous autres respectivement faits dans l'intérêt de toutes parties, pour y avoir, par les experts, tel égard qu'ils croiront juste et fondé; lesquelles parties pourront aussi, lors de la visite, faire toutes les observations qu'elles croiront nécessaires; pour, le procès-verbal du tout fait, et à la cour rapporté, être statué ce qu'il appartiendra...;

» Au surplus, la cour met au néant l'appel incident fait par le sieur Boucher du chef du jugement du 10 juillet, qui l'a débouté de sa demande en confiscation des taillis et gaulis sur pied; ordonne que ce chef dudit jugement sera exécuté;

» Faisant droit sur l'appel interjeté par les sieurs Gosselin et consorts, du jugement du 24 août 1809, dans le chef qui a validé les saisies des bois mentionnés audit jugement et prononcé la confiscation desdits bois, a mis l'appel et ce au néant; émendant, annulle la saisie desdits bois en date du 14 juillet; décharge les sieurs Gosselin et consorts de la confiscation prononcée par ledit jugement; les relaxe de la demande formée contre eux, quant à ce, par le sieur Boucher;

» Faisant pareillement droit sur l'appel incidemment fait par le sieur Boucher du même jugement, dans le chef qui a prorogé jusqu'au 15 avril 1811, a mis l'appel et ce au néant; émendant, déclare qu'il n'y avait lieu à accorder une prorogation de délai; et néanmoins, attendu que la vidange a été effectuée, déclare n'y avoir lieu de prononcer sur le surplus des conclusions prises, quant à ce, par le sieur Boucher;

» Faisant droit sur l'appel interjeté par les sieurs Gosselin et consorts du jugement du 2 octobre 1809, a mis l'appel et ce au néant; émendant, annulle la saisie-arrêt faite au préjudice des sieurs Gosselin et consorts, dans les mains des sieurs Pelletreau et compagnie, de Rochefort; fait et octroie main-levée audit sieur Gosselin et consorts, des sommes arrêtées à leur préjudice; déclare n'y avoir lieu de prononcer sur le surplus des conclusions des parties....».

Le sieur Boucher se pourvoit en cassation contre cet arrêt.

« Quatre moyens de cassation (ai-je dit à l'audience de la section des requêtes, le 10 janvier 1811) vous sont proposés par le demandeur; et le premier consiste à dire qu'en jugeant inapplicable aux forêts des particuliers, la disposition de l'art. 47 du tit. 15 de l'ordonnance du mois d'août 1669, qui prononce la confiscation des bois trouvés gisans ou sur pied, dans les ventes, après l'expiration du temps des Coupes et des vidanges, la cour d'appel de Bordeaux a violé l'art. 5 du tit. 26 et l'art. 28 du tit. 32 de la même ordonnance.

» Effectivement, MM., l'art. 5 du tit. 26 porte : *Sera libre à tous nos sujets de faire punir les délinquans en leurs bois, garennes et rivières, même pour la chasse et pour la pêche, des mêmes peines et réparations ordonnées par ces présentes pour nos eaux et forêts, chasses et pêcheries*; et l'art. 28 du tit. 32 répète la même chose en d'autres termes : *Toutes amendes, restitutions, dommages-intérêts et confiscations seront adjugées ès eaux et bois des ecclésiastiques, communautés, maladreries, hôpitaux, communautés et particuliers, et les condamnés et redevables exécutés en la même manière que pour celles qui auront été prononcées sur les faits de nos eaux et forêts.*

» Il résulte clairement de ces dispositions, que toute action ou omission qui est réputée délit dans les bois de l'État, est également réputée délit dans le bois des particuliers; que les mêmes peines, les mêmes restitutions, les mêmes dommages-intérêts, et ce qui est à remarquer, les mêmes *confiscations*, doivent être prononcées pour les délits commis dans les seconds, que pour les délits commis dans les premiers, et par conséquent, que les arbres non abattus ou non vidés dans les temps où ils doivent l'être, sont sujets à confiscation dans les uns comme dans les autres.

» On le jugeait même ainsi avant l'ordonnance de 1669, d'après les anciennes lois dont l'art. 47 de cette ordonnance ne fait que renouveler les dispositions. « Cet article (dit Gallon, dans sa *Conférence*, tome 1, page 903, édition de 1752) est conforme aux ordonnances de 1376, art. 19 et 58; 1402, art. 17, 1515, art. 34 et 54; février 1586, et à l'arrêt de réglement du 10 avril 1584......, qui portent que, si les marchands ventiers n'ont pas entièrement coupé et vidé leurs ventes, dans le temps qui leur aura été limité par leurs adjudications, les bois qui s'y trouveront, soit gisans ou debout, seront saisis et confisqués au profit du roi; ce qui a aussi lieu à l'égard des bois des particuliers, ainsi qu'il a été jugé en faveur de dame Anne Baillet, dame de Saint-Victor, par jugement de la table de marbre de Paris, du 4 janvier 1578 ».

» Mais de là s'ensuit-il que le sieur Boucher soit fondé à se plaindre de ce que la cour de Bordeaux ne lui a pas adjugé la confiscation à laquelle il concluait?

» Non, Messieurs., et il y en a deux raisons aussi simples que tranchantes : c'est que, d'une part, le sieur Boucher n'avait point pris la voie nécessaire pour faire prononcer contre les sieurs Gosselin et consorts, la confiscation qu'ils pouvaient avoir encourue; et que, de l'autre, il n'avait qualité, ni pour requérir que cette confiscation fût prononcée, ni pour s'en faire adjuger le profit.

» La confiscation est une peine correctionnelle; et à ce titre, elle ne peut, hors quelques cas formellement exceptés par la loi, être prononcée, ni par les tribunaux civils, ni au profit de particuliers. Elle ne peut régulièrement être prononcée que par les tribunaux de police simple ou correctionnelle, elle ne peut l'être que sur les conclusions du ministère public; elle ne peut l'être qu'au profit de l'État; et c'est pourquoi l'art. 190 du Code du 3 brumaire an 4 porte que *les poursuites pour le paiement des amendes et confiscations prononcées par les jugemens des tribunaux de police correctionnelle, sont faites, au nom du commissaire du pouvoir exécutif, par le directeur de la régie des droits d'enregistrement et domaines.*

» Cette maxime était universellement reconnue, même sous l'ancien régime. L'auteur que nous avons déjà cité, Gallon, tome 2, page 718, demande si, d'après l'art. 28 du tit. 32 de l'ordonnance de 1669, les amendes et les confiscations *prononcées dans les maîtrises royales où les ecclésiastiques et les particuliers se sont pourvus, appartiennent au roi ou d'eux;*

» Et voici sa réponse : « Cela paraît être décidé par les ordonnances d'avril 1545, juillet 1547, mars 1571, qui déclarent les confiscations et amendes des forfaitures appartenir au roi, et les dommages-intérêts aux seigneurs particuliers des bois, buissons ou taillis, dans lesquels les délits auront été commis.

» Et plus bas : « Conférant tout ce que dessus avec ce qui s'est toujours pratiqué, tant aux sièges des tables de marbre que dans les maîtrises particulières, l'on trouvera qu'il est d'usage de poursuivre les amendes et confiscations au profit du roi, et les restitutions, dommages et intérêts au profit des ecclésiastiques et particuliers; et l'on reconnaîtra, que c'est véritablement l'esprit de la loi..... Il n'y a (donc) pas de doute que les amendes et confiscations prononcées pour contravention aux ordonnances du roi sur les eaux et forêts, dans la conservation desquelles le roi a intérêt, ne lui doivent appartenir, et les restitutions dommages et intérêts à ceux qui demandent l'exécution desdites ordonnances, et auxquels il a été fait quelques dommages. Non-seulement les amendes et confiscations prononcées par les officiers des maîtrises royales, appartiennent à sa majesté, mais encore celles qui sont prononcées par les gruyers et autres juges des seigneurs ayant le pouvoir de connaître des eaux et forêts, lorsque l'instance est de particulier à particulier, et qu'il s'agit de l'exécution de cette ordonnance ».

» Ainsi, la cour d'appel de Bordeaux a sans doute erré dans les motifs de son arrêt, en disant que la peine de confiscation établie par l'art. 47 du tit. 15 de l'ordonnance de 1669, n'avait pas lieu à l'égard des bois des particuliers; mais elle n'a pas erré dans son dispositif, en jugeant que, d'après cet article, le sieur Boucher n'avait pas droit à la confiscation qu'il réclamait; et il n'en faut pas davantage pour faire rejeter le premier moyen de cassation qui nous est proposé.

» Le deuxième et le troisième ont pour objet de prouver que la cour d'appel de Bordeaux n'a pas pu, sans contrevenir aux lois, juger, comme elle l'a fait, que le délai de la Coupe et de la vidange n'était pas expiré à l'époque des saisies qui avaient été faites dans la forêt de Boixe, tant de bois gisans que de bois sur pied.

» Mais que prétend le sieur Boucher, en vous proposant ces deux moyens? Faire casser l'arrêt de la cour d'appel de Bordeaux, pour ne lui avoir pas adjugé des dommages-intérêts à raison du retard apporté par les adjudicataires de la forêt de Boixe, à l'exploitation et à la vidange de leurs Coupes? Non. Il n'a demandé de dommages-intérêts pour ce retard, ni en première instance ni en cause d'appel; et assurément la cour de Bordeaux ne pouvait pas lui adjuger ce qu'il ne lui demandait pas. Faire casser le même arrêt, pour ne lui avoir pas adjugé la confiscation à laquelle il soutient que ce retard avait donné lieu? Nous venons de voir qu'il n'avait point de qualité pour requérir cette confiscation.

» Le deuxième et le troisième moyen de cassation du sieur Boucher doivent donc être rejetés par le même motif qui nécessite le rejet du premier.

» Le quatrième tombe également par le défaut de qualité du sieur Boucher.

» Que lui importe, en effet, que la cour de Bordeaux ait bien ou mal saisi le sens du jugement du 10 juillet 1809, en déclarant que, par ce jugement, la confiscation des bois saisis n'avait pas été prononcée ; et en refusant, sous ce prétexte, de statuer sur l'appel que les adjudicataires en avaient interjeté de ce chef? Si la cour de Bordeaux s'est trompée à cet égard, elle n'a du moins causé aucun préjudice au sieur Boucher, puisque le résultat de son arrêt est toujours qu'il n'est point dû de confiscation au sieur Boucher, et que ce résultat, bien ou mal motivé, est parfaitement en harmonie avec la loi.

» Pour cinquième et dernier moyen, le sieur Boucher vous dit que la cour de Bordeaux a excédé ses pouvoirs, en la réduisant, lui qui avait droit à la confiscation des bois gisans et sur pied qu'il avait fait saisir, à des dommages-intérêts pour raison de souches d'arbres arrachées ou écussées et des autres dégâts détaillés dans le procès-verbal des notaires ; et qu'elle a mal à propos ordonné une nouvelle expertise pour constater les dégradations énoncées dans ce procès-verbal, et fixer la valeur du dommage qui en est résulté.

» Mais, 1°. nous venons de voir que, s'il y avait lieu à la confiscation des bois gisans et sur pied, saisis à la requête du sieur Boucher, ce n'était du moins pas au profit du sieur Boucher lui-même. La cour de Bordeaux n'a donc excédé ses pouvoirs, ni en déboutant le sieur Boucher de sa demande en confiscation de ces bois, ni en s'occupant de la seule demande en dommages-intérêts qu'il eût formée ; c'est-à-dire, de celle qu'il fondait sur le mode d'abattage des arbres.

» 2° Non-seulement le sieur Boucher ne cite aucune loi que la cour de Bordeaux ait pu violer en ordonnant une nouvelle expertise pour reconnaître les dégradations déjà constatées par les notaires, et en déterminer la valeur ; mais la cour de Bordeaux n'a fait, en procédant ainsi, qu'user du pouvoir que lui donnait l'art. 322 du Code de procédure civile.

» Par ces considérations, nous estimons qu'il y a lieu de rejeter la requête du demandeur, et de le condamner à l'amende de 150 francs ».

Arrêt du 10 janvier 1811, au rapport de M. Basire, par lequel,

« Attendu que le sieur Boucher n'avait pas pris la voie légale pour faire prononcer la confiscation qui ne pouvait être demandée qu'en police correctionnelle ;

» Attendu, d'ailleurs, que le sieur Boucher n'avait aucun intérêt à faire prononcer cette confiscation, puisque, dans aucun cas, elle ne lui aurait appartenu, vu que c'est une peine dont le produit doit être versé dans le trésor public ;

» Attendu, enfin, que le défaut d'intérêt qui écarte le premier moyen du sieur Boucher, le rend également sans intérêt à proposer les quatre autres ;

» La cour rejette le pourvoi du sieur Boucher..... ».

§. II. *Des récolemens de coupes de bois.*
V. l'article *Récolement.*

COUR D'APPEL. *V.* l'article *Cour royale.*

COUR D'ASSISES. §. I. *Une cour d'assises peut-elle, à défaut du nombre de juges requis, pour sa composition, appeler un avocat ou un avoué?*

V. l'article *Avocat*, §. 4.

§. II. *Bornes du pouvoir discrétionnaire des présidens de cours d'assises.*
V. l'article *Président de cour d'assises.*

COUR DE CASSATION. §. I. *Exemple de son attention à maintenir le respect dû aux magistrats dont on attaque les jugemens devant elle.*

V. les articles *Remploi*, §. 4, et *Tribunal d'appel*, §. 5.

§. II. *Des attributions de la Cour de cassation, et des règles qu'elle doit observer.*

V. les articles *Attribution de juridiction*, *Cassation*, *Censure*, *Contrariété de jugement* et *Réglement de juges.*

COUR DES COMPTES, *V.* l'article *Caution*, §. 11 et 12.

COUR ROYALE. §. I. 1° *Une Cour royale peut-elle appeler des avocats pour se compléter?*

2° *Le peut-elle, lorsqu'elle tient une audience solennelle?*

3° *Doit-elle, avant de les faire siéger dans son sein, leur faire prêter le serment prescrit aux magistrats?*

V. l'article *Avocat*, §. 5.

§. II. 1° *Les Cours royales peuvent-elles faire des arrêts de réglement? Pour quels objets le peuvent-elles?*

2° *Peuvent-elles faire à cet égard, par des arrêtés, ce qu'elles ne peuvent pas faire par des arrêts proprement dits?*

3° *Un pareil arrêté peut-il, lorsqu'il est dénoncé à la cour suprême de l'ordre exprès du ministre de la justice, échapper à la cassation sur le fondement qu'il est par son propre texte, subordonné à l'approbation du gouvernement, et que le gouvernement ne l'a pas approuvé?*

I. La première question est traitée dans le réquisitoire et jugée par l'arrêt suivant :

« Le procureur général expose qu'il est chargé par le gouvernement de requérir, pour cause d'excès de pouvoir, l'annullation d'un arrêt de la cour d'appel de Paris.

» Des contestations s'étaient élevées entre le procureur du gouvernement près le tribunal de première instance et les membres du tribunal de commerce du département de la Seine, sur le droit que prétendait l'un, et que déniaient les autres, d'assister, en vertu de l'art. 489 du Code de commerce, aux assemblées des créanciers des négocians faillis, convoqués pour des concordats.

» Ces contestations avaient été déférées au grand juge ministre de la justice, soit pour qu'il les décidât lui-même, soit pour qu'il en fit l'objet d'un rapport au chef de l'état.

» Mais, pénétré de la sage et libérale idée, que le gouvernement doit laisser aux tribunaux le jugement de toutes les questions qu'ils sont appelés, par leur institution, à résoudre, le grand juge a écrit au procureur général de la cour d'appel de Paris, de saisir cette cour, comme tribunal supérieur des autorités litigantes, de la connaissance de ces contestations.

» En conséquence, le 28 décembre 1811, le procureur général de la cour d'appel de Paris a présenté à la première chambre de cette cour, un réquisitoire tendant à l'annullation, 1° d'une délibération du tribunal de commerce du 7 du même mois, par laquelle il était arrêté que, lorsque le procureur du gouvernement se présenterait aux assemblées des créanciers, il serait invité à se retirer, et qu'en cas de refus, le juge-commissaire protesterait contre sa présence ; 2° de cinq procès-verbaux contenant des interpellations et des protestations faites, d'après cette délibération, par les juges-commissaires aux faillites.

» Si le procureur général s'était arrêté là, et qu'en conséquence, la cour se fût bornée, soit à annuller, soit à confirmer les actes qu'il attaquait, tout serait resté dans l'ordre constitutionnel des pouvoirs attribués aux tribunaux.

» Mais le procureur général a été plus loin : il a demandé que le procureur du gouvernement fût gardé et maintenu dans le droit et possession d'assister, en vertu de l'art. 489 du Code de commerce, à tous les actes de la faillite indistinctement : qu'à cet effet, défenses fussent faites, tant au tribunal de commerce qu'à ses commissaires délégués, de troubler, A L'AVENIR, le procureur du gouvernement dans son droit d'assister notamment aux assemblées des créanciers des faillis, quelque part qu'elles fussent convoquées, par des interpellations, protestations, oppositions de fait ou de droit, ou autrement en manière quelconque.

» Au lieu de statuer elle-même sur ce réquisitoire, la première chambre en a référé aux chambres assemblées.

» Et, par arrêt du 6 janvier 1812, les chambres assemblées ont ordonné que le réquisitoire serait signifié aux juges du tribunal de commerce pour fournir leurs moyens de défense dans quinzaine.

» Au jour indiqué, le tribunal de commerce s'est rendu en corps dans l'assemblée des chambres ; et là, par l'organe de son président, il a conclu, non-seulement qu'il fût fait défenses au procureur du gouvernement d'assister aux assemblées des créanciers des faillis, mais encore et incidemment ; 1° à ce qu'il lui fût pareillement défendu de déplacer les livres et registres du domicile des faillis, avant qu'il y eût prévention de banqueroute ; 2° à ce qu'il fût fait défenses au procureur général, toutes les fois qu'il aurait besoin d'expéditions ou d'extraits des jugemens ou délibérations du tribunal de commerce, de s'adresser directement au greffier de ce tribunal pour les obtenir, et à ce qu'au contraire, il lui fût enjoint de soumettre sa réquisition au président de ce même tribunal.

» Le procureur général, en persistant dans les conclusions de son réquisitoire, a combattu le premier chef des conclusions reconventionnelles du tribunal de commerce.

» Quant au second chef de ces mêmes conclusions, il a soutenu que le gouvernement, ayant seul le pouvoir de régler le mode de l'exercice des fonctions des officiers du ministère public, la cour était incompétente pour y statuer.

» Mais, en même temps, remettant sur le bureau une délibération du tribunal du 10 décembre 1811, qui défendait au greffier de lui délivrer aucune expédition des actes de ce tribunal, sans l'aveu préalable du président, il a demandé que cette délibération fût déclarée nulle comme irrévérentielle, subversive de l'ordre public, et attentatoire à l'autorité confiée par le monarque à son procureur général.

» Par arrêt du 17 février 1812, la cour a statué en ces termes :

» Faisant droit sur le réquisitoire du procureur général, ensemble, sur lesdites conclusions et demandes du tribunal de commerce ; et statuant sur le tout EN MATIÈRE ET PAR VOIE DE DISCIPLINE,

» Ordonne que le procureur du gouvernement près le tribunal de première instance du département de la Seine, ne pourra, à l'avenir, assister, soit par lui, soit par ses substituts, aux assemblées des créanciers du failli et aux opérations de la faillite, qui ont lieu, sous la présidence et la surveillance immédiate du juge-commissaire délégué par le tribunal de commerce ;

» Ordonne que le procureur du gouvernement ne pourra prendre communication avec déplacement des livres et papiers du failli, qu'en cas de poursuite en banqueroute et conformément aux art. 601 et 602 du Code de commerce ;

« Sans s'arrêter à l'incompétence proposée par

le procureur général, sur le chef des conclusions et demandes du tribunal de commerce, relatif aux réquisitions du procureur général, déclare les juges de commerce non-recevables dans ledit chef de conclusions et demandes, enjoint à leur greffier de délivrer, au procureur général, à toutes réquisitions et sans délai, toutes expéditions ou extraits des registres qui lui seront demandés, à peine d'en répondre en son propre et privé nom ;

» Annulle la délibération du tribunal de commerce, des 10 et 12 décembre 1811, comme irrévérentielle envers le procureur général et attentatoire à ses prérogatives ;

» Ordonne que les réquisitoires du procureur général, mémoires, conclusions et demandes du tribunal de commerce, ensemble les pièces jointes auxdits réquisitoires, mémoires, conclusions et demandes, le tout, mis sur le bureau, resteront déposés au greffe de la cour ;

» Ordonne qu'à la diligence du procureur général, le présent arrêt sera notifié au tribunal de commerce, en la personne de son greffier, et que mention d'icelui, dans la disposition qui annulle les délibérations des 10 et 12 décembre 1811, sera faite sur le registre, en marge de ladite délibération ; sur le surplus des réquisitoires du procureur-général, ensemble des conclusions et demandes du tribunal de commerce, déclare n'y avoir lieu de statuer...

» Cet arrêt a été signifié, le 4 mars suivant, à la requête du procureur général, aux membres du tribunal de commerce, dans la personne de leur greffier, avec sommation de le mentionner sur son registre, dans la disposition qui annulle la délibération du 10 décembre 1811.

» Et le 16 mai, de la même année, le procureur général, usant du droit qu'il s'était réservé par l'exploit de signification, d'attaquer cet arrêt, a déposé au greffe de la cour une requête par laquelle il en a demandé la cassation.

» Discuter les moyens de cassation que le procureur général emploie dans cette requête, ce serait, de la part de l'exposant, reconnaître que l'arrêt contre lequel ils sont dirigés, devrait subsister, si ces moyens étaient jugés mal fondés.

» Et il est au contraire bien évident que, même en écartant les moyens de cassation du procureur général, cet arrêt doit être annulé pour excès de pouvoir, dans trois de ses dispositions ; savoir : 1° dans celle qui ordonne que le procureur du gouvernement ne pourra, à l'avenir, assister aux assemblées de créanciers et aux opérations de la faillite, qui ont lieu sous la présidence du juge-commissaire délégué par le tribunal de commerce ; 2° dans celle qui ordonne que le procureur du gouvernement ne pourra prendre communication, avec déplacement, des livres et papiers du failli, qu'en cas de poursuite en banqueroute ; 3° dans celle qui enjoint au greffier du tribunal de commerce de délivrer au procureur

général, à toutes réquisitions et sans délai, toutes expéditions et extraits des registres, qui lui seront demandés.

» En effet, par l'art. 5 du Code civil, qui ne fait que renouveler la disposition de l'art. 2 de la loi du 24 août 1790, « il est défendu aux juges de » prononcer par voie de disposition générale et » réglementaire sur les causes qui leur sont sou- » mises ».

» Or, qu'a fait la cour d'appel de Paris par les trois chefs ci-dessus rappelés, de son arrêt du 17 février ?

» A-t-elle jugé que le procureur du gouvernement près le tribunal de première instance du département de la Seine, n'avait pas le droit d'assister à tel concordat passé entre tel débiteur failli et ses créanciers ? A-t-elle jugé que le même magistrat n'avait pas le droit de faire apporter au greffe, ou à son parquet, les livres de tel négociant failli, et qu'il ne pouvait en prendre communication que dans la maison de ce négociant ? A-t-elle jugé que le greffier du tribunal de commerce était tenu de délivrer au procureur général telle expédition, tel extrait des registres de ce tribunal ?

» Non, elle a prononcé sur tous ces objets par voie de disposition générale et réglementaire ; elle a fait un véritable arrêt de réglement ; elle a par conséquent excédé ses pouvoirs, et violé l'art. 5 du Code civil.

» Si elle n'eût prononcé que relativement à telle ou telle affaire, à tel ou tel acte, qui donnaient lieu aux questions qu'elle a décidées, son arrêt n'eût lié que les parties entre lesquelles il aurait été rendu, et il ne les aurait liées que pour cette affaire, que pour cet acte.

» Mais en prononçant comme elle l'a fait, elle a jugé à l'avance toutes les affaires, tous les actes à l'occasion desquels les mêmes questions pourront se présenter ; elle s'est liée elle-même ; elle s'est mise dans l'impuissance de juger ces questions dans un autre sens ; elle s'est fermé toute espèce de retour à une jurisprudence contraire.

» Or, c'est là, précisément, ce que l'art. 5 du Code civil a voulu interdire aux juges : les bornes qu'il donne aux tribunaux (disait M. Portalis dans l'exposé des motifs de cet article), sont celles que leur marque la nature même de leur pouvoir. Un juge est associé à l'esprit de la législation, mais il ne saurait partager le pouvoir législatif. Une loi est un acte de souveraineté ; une décision n'es qu'un acte de juridiction ou de magistrature. Or, le juge deviendrait législateur, s'il pouvait, par des réglemens, statuer sur les questions qui s'offrent à son tribunal. Un jugement ne lie que les parties entre lesquelles il intervient ; un réglement lierait tous les justiciables, et le tribunal lui-même.

» Et vainement, pour couvrir cette contravention, la cour d'appel de Paris a-t-elle dit qu'elle prononçait en matière et par voie de discipline.

» Comme le dit très-bien, dans sa requête en cassation, le procureur général de la cour d'appel de Paris, *ce n'est point sans doute par une qualification impropre, donnée arbitrairement à la matière ou à l'objet d'un arrêt, qu'on peut en changer la nature ou la substance.* On connaît le titre du Code Justinien, PLUS VALERE QUOD AGITUR QUAM QUOD SIMULATÉ CONCIPITUR. *Or, la règle est la même, lorsque, comme ici, c'est évidemment* PER ERROREM, au lieu de SIMULATÉ, *qu'un arrêt porte qu'il est rendu en matière de discipline.*

» La loi du 20 avril 1810 contient un chapitre exprès sur *la discipline* des tribunaux; et qu'entend-elle par le mot *discipline?* Elle nous l'explique elle-même par les dispositions qu'elle place sous cette rubrique.

» L'art. 48 parle des juges et des officiers du ministère public qui s'absenteraient sans congé.

» L'art. 49 s'occupe des juges *qui compromettraient la dignité de leur caractère.*

» Les articles suivans déterminent les peines dont ces juges sont passibles, et la manière de les appliquer.

» Tels sont les seuls objets des fonctions que les cours et les tribunaux de première instance peuvent, d'après cette loi, exercer par forme de discipline.

» Ils ne peuvent donc pas, par forme de discipline, prononcer *réglementairement* sur les contestations qui s'élèvent entre divers magistrats, et surtout entre magistrats de divers tribunaux, relativement à leurs attributions respectives.

» Le droit de discipline qu'ont les tribunaux sur leurs propres membres, ils l'ont aussi sur les notaires, sur les avoués, sur les huissiers.

» Or, de ce qu'un tribunal peut réprimander, censurer, suspendre, destituer chacun de ces officiers, s'ensuit-il qu'il peut également prononcer, par disposition générale et réglementaire, sur leurs devoirs, sur l'étendue de leurs attributions, sur les limites qui les circonscrivent? S'ensuit-il qu'il peut, par exemple, décider, en termes généraux, que les huissiers de son ressort peuvent ou ne peuvent pas omettre telle énonciation dans leurs exploits, que les notaires de son ressort peuvent ou ne peuvent pas insérer telles clauses dans les actes qu'ils reçoivent; que les avoués de son ressort peuvent ou ne peuvent pas plaider les causes de telle ou telle nature?

» Non assurément. Il ne peut statuer sur les devoirs et sur les attributions de ces officiers, que par des jugemens limités à chaque affaire dans laquelle ces attributions, ces devoirs sont mis en question; et s'il le faisait par des dispositions générales, il excéderait visiblement ses pouvoirs, il usurperait visiblement l'autorité législative.

» Il y a plus : même en matière de discipline proprement dite, les tribunaux ne peuvent prononcer que sur des faits spéciaux et déjà passés; ils ne peuvent pas, même en cette matière, prononcer par disposition générale et applicable aux faits à venir.

» Ainsi, un tribunal peut bien censurer un de ses membres qui, par la manière dont il s'est conduit dans telle circonstance, a compromis la dignité de son caractère; mais il ne peut pas déclarer que tous ceux de ses membres qui, à l'avenir, dans telle circonstance, se conduiront de telle manière, seront censurés.

» Un tribunal peut bien suspendre un huissier qui, par les nullités qu'on a remarquées successivement dans cinq ou six de ses exploits, compromet la fortune des parties pour lesquelles il instrumente. Mais il ne peut pas déclarer qu'à l'avenir, tout huissier qui aura commis tant de fois les mêmes nullités, encourra la peine de la suspension.

» Plus vainement dirait-on que la cour d'appel de Paris n'a prononcé comme elle l'a fait, que parceque le grand juge ministre de la justice avait chargé le procureur général de lui soumettre la première des questions élevées entre le procureur du gouvernement près le tribunal de première instance et le tribunal de commerce.

» Le grand juge connaît trop bien l'art. 5 du Code civil, il met trop de soin à le faire respecter, il sait trop que n'ayant pas lui-même le droit de faire des réglemens, il ne peut pas le déléguer, pour qu'il soit permis de supposer qu'en donnant au procureur général l'ordre de soumettre cette question à la cour d'appel de Paris, il ait entendu cet ordre dans le sens qu'on lui a prêté.

» Sollicité, pressé à la fois, par le procureur général de la cour d'appel de Paris et par le tribunal de commerce, de décider cette question ou de la faire décider par le conseil d'état, qu'a fait le grand juge? Guidé par ses profondes lumières et ses principes libéraux, il a dit : Cette question, je ne dois pas la résoudre moi-même; je ne puis d'ailleurs la présenter au conseil d'état que sur le référé de la cour de cassation, et dans les cas déterminés par la loi du 16 septembre 1807. Il faut donc que la cour d'appel de Paris commence par la juger. En conséquence, il a écrit au procureur général de faire statuer sur cette question.

» Mais lui a-t-il écrit en même temps d'y faire statuer en thèse générale et abstractivement à toute affaire particulière? Lui a-t-il écrit en même temps d'y faire statuer autrement que par une disposition qui eût tous les caractères d'un jugement, c'est-à-dire, par une disposition qui s'appliquât spécifiquement à tel ou tel fait, à telle ou telle partie? Lui a-t-il écrit en même temps d'y faire statuer, non par une décision qui déclarât de quelle manière il avait dû être procédé dans telles circonstances; mais par un précepte qui réglât, pour l'avenir, la manière de procéder dans les circonstances du même genre?

» Non, certainement non. En ne s'expliquant pas sur la marche que le procureur général devait suivre pour faire statuer sur cette question, il a dit virtuellement au procureur général que cette marche était tracée par le droit commun; il lui a dit virtuellement que ce n'était pas un réglement qu'il le chargeait de requérir, mais un jugement véritable; il lui a dit virtuellement : La question dont il s'agit, s'élève tous les jours dans les faillites qui s'ouvrent à Paris. Tous les jours le procureur du gouvernement près le tribunal de première instance se présente dans les assemblées de créanciers réunis pour les concordats, et tous les jours les juges-commissaires du tribunal de commerce l'empêchent ou prétendent l'empêcher d'y assister. Eh bien! Que la cour soit saisie de l'une de ces contestations et qu'elle la juge. S'il s'en élève une seconde, et toute semblable, qu'elle la juge encore. Les arrêts qu'elle rendra ainsi successivement sur cette question, formeront une jurisprudence; et si la cour de cassation la maintient, tout sera dit. Si la cour de cassation la réforme, le conseil d'état en prendra connaissance, le cas échéant.

» Voilà, il est impossible d'en douter, ce que le grand-juge est censé avoir écrit, voilà ce qu'il a réellement écrit au procureur général de la cour d'appel de Paris; et c'est par une fausse interprétation de la lettre du grand juge, que ce magistrat a trouvé, et que la cour d'appel y a trouvé comme lui, une autorisation de s'écarter de l'art. 5 du Code civil.

» Il n'y a donc rien, absolument rien, qui puisse couvrir le vice radical de l'arrêt qui est dénoncé à la cour : et ce qui leverait au besoin toute difficulté, s'il pouvait en rester sur une vérité aussi manifeste, c'est que le grand-juge lui-même a chargé l'exposant, par une lettre du 17 de ce mois, de requérir l'annullation de cet arrêt.

» Ce considéré; il plaise à la cour, vu l'art. 80 de la loi du 27 ventôse an 8, et l'art. 5 du Code civil, annuller, comme contenant excès de pouvoir, l'arrêt de la cour d'appel de Paris, du 17 février dernier, 1° en tant qu'il ordonne, *que le procureur du gouvernement près le tribunal de première instance du département de la Seine ne pourra, à l'avenir, assister, soit par lui, soit par ses substituts, aux assemblées des créanciers du failli et aux opérations de la faillite qui ont lieu sous la présidence et surveillance immédiate du juge commissaire délégué par le tribunal de commerce;* 2° en tant qu'il ordonne *que le procureur du gouvernement ne pourra prendre communication, avec déplacement, des livres et papiers du failli, qu'en cas de poursuite en banqueroute;* 3° en tant qu'il a enjoint au tribunal de commerce de délivrer au procureur général, à toutes réquisitions et sans délai, toutes expéditions ou extraits des registres, qui lui seront demandés, à peine d'en répondre en son propre et privé nom;* déclarer que, moyennant ce, il n'y a lieu de statuer sur la requête en cassation du procureur général de la cour d'appel de Paris, sauf à ce magistrat à se pourvoir comme il avisera, pour

faire statuer par des arrêts spécifiquement restreints à des affaires ou à des actes déterminés, sur les questions illégalement décidées en thèse générale par ledit arrêt; et ordonner qu'à la diligence de l'exposant, l'arrêt de cassation à intervenir sera imprimé et transcrit sur les registres de la cour d'appel de Paris.,

» Fait au parquet, le 18 août 1812. *Signé* Merlin.

» Ouï, le rapport fait par M. le conseiller Vergès, et les conclusions de M. le comte Merlin, procureur général;

» Vu la lettre du grand-juge ministre de la justice, en date du 17 août 1812, par laquelle le procureur général de la cour de cassation est chargé de dénoncer à la section des requêtes de cette cour l'arrêt rendu, le 17 février 1812, par la cour de Paris, entre le procureur général près cette cour, et le tribunal de commerce du département de la Seine, et de provoquer l'annullation de cet arrêt, comme renfermant une contravention formelle aux dispositions de l'art. 5 du titre préliminaire du Code civil, et un excès de pouvoir;

» Vu le réquisitoire du procureur général de la cour de cassation, en date du 18 août 1812, par lequel il dénonce cet arrêt et en requiert l'annullation, sur le fondement de l'excès de pouvoir résultant de ladite contravention;

» Vu l'art. 80 de la loi du 27 ventôse an 8, qui est ainsi conçu...... ;

» Vu l'art. 5 du titre préliminaire du Code civil; conçu en ces termes... ;

»Considérant que, par la première des dispositions de l'arrêt dénoncé, la cour d'appel de Paris a décidé que le procureur du gouvernement près le tribunal de première instance du département de la Seine, ne pourra, *à l'avenir*, assister, soit par lui, soit par ses substituts, aux assemblées des créanciers du failli, ni aux opérations de la faillite qui ont lieu sous la présidence et sous la surveillance immédiate du juge-commissaire, délégué par le tribunal de commerce;

» Qu'il a été décidé, en second lieu, par le même arrêt, que le procureur du gouvernement près ledit tribunal, ne pourra déplacer les livres et papiers du failli, pour en prendre communication, qu'en cas de poursuite en banqueroute;

» Qu'il a été enjoint par la dernière disposition dudit arrêt, au greffier du tribunal de commerce, de délivrer au procureur général, à *toutes réquisitions et sans délai, toutes expéditions* ou extraits des registres qui lui seront demandés, à peine d'en répondre en son propre et privé nom;

» Considérant qu'il est défendu aux tribunaux, par l'art. 5 du titre préliminaire du Code civil, de prononcer par voie de disposition générale et réglementaire;

» Considérant que les trois dispositions de l'arrêt dénoncé ne s'appliquent ni à telle ou telle faillite individuelle, ni à une prétention particulière formée dans telle ou telle affaire;

» Que ces dispositions sont au contraire générales, et s'appliquent indéfiniment à toutes les espèces qui présenteront à l'avenir les mêmes questions à résoudre, et forment par conséquent un véritable arrêt de réglement ;

» La cour, procédant en exécution de l'art. 80 de la loi du 27 ventôse an 8, casse et annulle l'arrêt rendu par la cour d'appel de Paris, le 17 février 1812, comme contenant un excès de pouvoir résultant de la contravention à l'art. 5 du titre préliminaire du Code civil ; déclare n'y avoir lieu à prononcer sur le pourvoi du procureur général près la cour d'appel de Paris ; ordonne, etc.

» Fait et prononcé à la section des requêtes de la cour de cassation, le 20 août 1812 ».

II. Quant à la seconde et à la troisième question, voici comment les a jugées un arrêt de la cour de cassation, du 22 mars 1825 :

«Le procureur général expose qu'il est chargé, par M. le garde-des-sceaux, ministre de la justice, de déférer à la cour, pour excès de pouvoir, deux délibérations de la Cour royale de Colmar, des 7 février 1824 et 6 janvier 1825.

» La première de ces délibérations contient un réglement additionnel sur l'exercice des huissiers.

» Il n'y est pas même dit qu'elle sera soumise à l'approbation du gouvernement.

» Le procureur général près la cour de Colmar ayant reçu l'ordre du ministre de la justice de requérir l'annullation, par cette cour elle-même, de la délibération dont il s'agit, est intervenu le second arrêté, où la cour de Colmar pose d'abord cette proposition extrêmement dangereuse, qu'il ne s'agit pas d'un véritable réglement, dans le sens prohibitif de la loi du 24 août 1790.

» Mais outre que cette idée est contredite par la seule lecture de la délibération, il suffirait que la Cour royale eût prononcé par forme de disposition générale, pour qu'il y eût atteinte aux limites que la loi lui impose.

» Ensuite la Cour royale, se plaçant dans la supposition que la délibération contient un réglement, observe qu'il n'aurait été exécutoire qu'avec l'approbation du gouvernement, et cependant il n'y était pas dit un mot de cette approbation. Elle ajoute que la délibération devient caduque, puisque le gouvernement ne l'approuve pas ; et au moyen de ces deux observations, *elle estime qu'il n'y a pas lieu de faire droit autrement au réquitoire.*

» Cette manière oblique, qui laisse des nuages sur les principes, qui satisfait et ne satisfait pas, qui contient une résistance plus qu'elle n'offre une réparation, n'était pas digne de la cour de Colmar. Elle avait voulu faire le bien ; les points sur lesquels elle avait statué, n'étaient pas considérables ; son zèle l'avait écartée de ces principes rigoureux qui constituent le nouvel ordre judiciaire ; il n'y avait nulle honte à le reconnaître franchement et à prononcer d'annullation qui lui était deman-

dée. Le danger, en cette matière, serait de tolérer les infractions même les plus légères, parceque, de proche en proche, on pourrait enfin rétablir le système qu'avec tant de soin notre législation a voulu proscrire.

» Ce considéré, il plaise à la cour, vu la lettre de M. le garde-des-sceaux ; vu l'art. 80 de la loi du 27 ventôse an 8 annuller les deux délibérations dont il s'agit ; ordonner qu'à la diligence de l'exposant, l'arrêt à intervenir sera imprimé et transcrit sur les registres de la cour de Colmar.

» Fait au parquet, le 17 mars 1825. Signé Mourre.

» Oui le rapport de M. le comte Botton de Castellamonte, conseiller, et les conclusions de M. Brillat de Savarin, conseiller, faisant les fonctions d'avocat général ;

» Vu le réquisitoire ci-dessus, les pièces produites, et notamment la lettre du ministre de la justice, du 15 de ce mois, adressée à M. le procureur général ;

» Vu l'art. 80 de la loi du 27 ventôse an 8, portant que la section des requêtes de la cour de cassation statue définitivement sur les réquisitoires qui lui sont présentés par le procureur général d'après les ordres exprès du gouvernement, pour faire annuller les arrêts des Cours royales qui contiennent excès de pouvoir ;

» Vu les art. 10 et 12 du tit. 2 de la loi du 24 août 1790, et l'art. 5 du Code civil, qui défendent aux tribunaux de faire des réglemens, et de prendre, directement ou indirectement aucune part à l'exercice du pouvoir législatif.

» Considérant que, par l'arrêté du 7 février 1824, la cour de Colmar a, en premier lieu, rappelé l'exécution d'un ancien réglement du conseil supérieur d'Alsace, du 22 septembre 1760, portant que les huissiers qui se transportent hors de leurs résidences, ne pourront exiger que le salaire qui serait passé à l'huissier le plus prochain, à l'exception du cas où ils seraient nommés d'office ;

» Qu'en second lieu, le susdit arrêté a enjoint aux huissiers de mettre à la tête, tant de l'original que de la copie de leurs exploits de chaque jour, l'expression de *premier, second,* etc., et exprimant celui qui est unique et le dernier, et de répartir, sous les peines de droit, le voyage entre les différentes commissions pour lesquelles ils l'auront fait ;

» Considérant que cet arrêté contient un véritable réglement de discipline concernant les huissiers, conçu par voie de disposition ou de décision générale, et sans application à aucune contestation existante entre des parties et soumise à un jugement de la cour de Colmar ; en quoi elle a violé les dispositions précitées de la loi de 1790 et du Code civil ;

» Considérant que les Cours royales ne sont compétentes pour faire des réglemens qu'à l'égard de la fixation du nombre des audiences et de l'ordre du service, et sous l'approbation du gouvernement aux termes de l'art. 9 du décret du 30 mars 1808 et de celui du 6 juillet 1810;

» Et quant à l'arrêté pris par la cour de Colmar, le 6 janvier 1825, qu'à la vérité, cette cour, éclairée par la lettre du ministre, a reconnu elle-même que l'arrêté du 7 février devenait caduc, dès-lors que le gouvernement refusait de l'approuver; mais considérant que cette déclaration ne suffisait pas pour remplir le vœu de la loi, et que la cour de Colmar aurait dû annuller elle-même l'arrêté sus-énoncé;

» La cour (section des requêtes) faisant droit sur le réquisitoire du procureur général, annulle, comme contenant excès de pouvoir les arrêtés ou délibérations de la Cour royale de Colmar, du 7 février 1824 et du 6 janvier 1825, dont il s'agit; ordonne qu'à la diligence du procureur général, le présent arrêt sera imprimé et transcrit sur les registres de la Cour royale de Colmar » (1).

§. III. *Est-il au pouvoir d'une Cour royale d'attribuer par un réglement intérieur à celle de ses chambres qui est instituée pour statuer sur les appels des jugemens correctionnels, la connaissance d'affaires civiles non sommaires ?*

La négative a été soutenue par les héritiers Bayle, à l'appui de leur recours en cassation contre un arrêt que la chambre correctionnelle de la Cour royale de Limoges avait rendu à leur préjudice, le 13 juillet 1822, dans une affaire civile non sommaire; et elle a été, comme elle devait l'être, consacrée par un arrêt de la cour de cassation, du 11 mai 1825, ainsi conçu:

« Oui le rapport fait par M. le conseiller Minier....; les observations de Lassis, avocat des demandeurs, celles de Compans, avocat des défendeurs, et les conclusions de M. l'avocat-général Cahier....;

» Vu les art. 2, 9, 10 et 11 du décret du 6 juillet 1790;

» Attendu que les pouvoirs attribués aux Cours royales, sont clairement fixés et limités par les dispositions du décret du 6 juillet 1810, ci-dessus citées, et qu'il ne leur est pas permis de les excéder;

» Attendu qu'il leur est évidemment interdit de faire des réglemens qui pourraient porter atteinte à l'organisation et à la compétence des chambres qui les constituent;

» Attendu que, dans l'espèce, les défendeurs à la cassation ont excipé d'un prétendu réglement dont l'art. 12 est ainsi conçu: *dans le cas où le rôle des affaires sommaires ne serait pas suffisant pour occuper les audiences de la troi-*

sième chambre, le président fera un rôle des affaires ordinaires, lesquelles ne pourront être jugées que par sept juges au moins; que c'est par l'application de ce réglement qu'ils se sont efforcés de justifier l'arrêt attaqué;

» Attendu que ce réglement n'a pas été revêtu de l'approbation du gouvernement, et qu'ainsi il renferme un excès de pouvoir, puisqu'il établit de fait une chambre temporaire, dont le gouvernement s'est réservé la création dans le cas où, sur la demande du premier président, elle serait jugée nécessaire;

» Attendu qu'en introduisant une pareille mesure dans son réglement, la Cour royale de Limoges a méconnu les règles de sa compétence, commis un véritable excès de pouvoir, et violé, par suite, les dispositions formelles du décret du 6 juillet 1790;

» Par ces motifs, la cour casse et annulle l'arrêt rendu par la Cour royale de Limoges, en sa chambre des appels de police correctionnelle, le 13 juillet 1822.... (1) ».

§. IV. *Autres questions sur les attributions et les devoirs des Cours royales.*

V. Les articles *Appel, Arbitres, Avoué, Cassation, Chambre du conseil, Dénonciation de nouvel œuvre, Dernier ressort, Evocation, Exécution des jugemens, Hiérarchie Judiciaire, Jugement, Partage d'opinions, Sections de tribunaux* et *Tribunal d'appel.*

COUR SPÉCIALE. *Les Cours spéciales, lorsqu'elles existaient, étaient-elles compétentes pour connaître des complots d'assassinats et de pillage dans une commune, qui devaient être exécutés par des rassemblemens armés ? L'étaient-elles, notamment, lorsque ces complots avaient été suivis d'un commencement d'exécution ? Dans quels cas y avait-il, à cet égard, commencement d'exécution ?*

Le 8 décembre 1813, arrêt de la chambre d'accusation de la cour d'appel d'Aix, qui statue en ces termes, sur une procédure instruite contre plusieurs particuliers *prévenus de complots envers l'état, les personnes, les propriétés et la sûreté publique, en tentant de porter la dévastation, le pillage et le massacre dans la commune de Grasse:*

« Considérant que la réalité d'un complot contre la ville de Grasse, est suffisamment constatée; qu'il résulte de la procédure que ce complot a été ourdi et suivi en septembre, octobre, novembre et décembre 1811;

» Que le but de ce complot était la dévastation, le massacre et le pillage de cette ville;

» Considérant qu'aux termes de l'art. 91 du Code pénal, un pareil complot n'a pas besoin pour être puni, d'avoir reçu un commencement d'exé-cution ; qu'il suffit, suivant l'art. 89, que la résolution d'agir ait été consentie et arrêtée entre deux ou plusieurs conspirateurs, quoiqu'il n'y ait pas eu d'attentat ;

» Considérant, en droit, que la juridiction spéciale a été instituée, ainsi que l'établirent les orateurs du gouvernement , *pour la conservation de la société, considérée en masse et de la sécurité publique* ; que l'esprit du Code est de déclarer spéciaux les crimes qui, par leur nature, menacent la tranquillité publique et tendent à désorganiser la société ; que l'institution du jury, bonne pour les crimes ordinaires, est, selon les mêmes orateurs, *incontestablement insuffisante contre les crimes et les criminels qui compromettent la sécurité publique* ;

» Que l'art. 554 déclare spéciaux *les assassinats préparés par des attroupemens armés* ;

» Considérant, en fait, que, s'il ne conste pas par la procédure, que les prévenus se rendissent armés à leurs assemblées, il en résulte au moins que deux ont été vus s'y rendant armés, l'un d'un fusil, l'autre d'un bâton ; qu'il y a eu des dépôts d'armes préparés, des balles fondues par deux des conspirateurs que la généralité chargea de ce travail ; que nommément l'assassinat du procureur du gouvernement, à Grasse, devait être consommé, à l'aide d'un poignard, dont il devait être percé pendant qu'il lirait une fausse dépêche ; que deux des conjurés se disputaient l'horrible charge de le lui porter ;

» Qu'il n'est pas permis de douter que l'emploi des armes n'entrât dans les vues, et ne fût le principal moyen des conspirateurs ; qu'il est effectivement impossible de supposer qu'en concertant la dévastation, le massacre et le pillage d'une ville telle que Grasse, ils n'aient pas résolu d'employer les armes sans lesquelles ils n'eussent pas consommé leur coupable complot ;

» Que, dès qu'il est constant qu'en consommant leur crime, ils auraient employé des armes, ce qui l'eût rendu spécial, le complot de ce crime que la loi punit comme sa consommation, ne peut manquer d'avoir le même caractère ;

» Que sa spécialité est dans la lettre et l'esprit de la loi ;

» Dans la lettre, le complot de massacrer les principaux habitans d'une commune, fait par des conjurés, ne peut être rien moins qu'un assassinat préparé par un attroupement armé ;

» Dans l'esprit, ce crime attaque la sécurité publique et la société en masse, plus encore que les individus ;

» La cour déclare qu'il y a lieu à accusation (contre les prévenus) et les renvoie à la Cour spéciale du département du Var, pour y être jugés suivant la loi...... ».

Cet arrêt est transmis à la cour de cassation, et le rapport en est fait par M. Oudart, à l'audience de la section criminelle, le 13 janvier 1814.

« Vous n'avez à examiner dans cette affaire (a-je dit à cette audience) qu'une seule question, celle de savoir si la Cour spéciale du département du Var est ou n'est pas légalement investie de la connaissance du crime dont il s'agit ; ou, en d'autres termes, si, en renvoyant à cette cour la connaissance du crime dont il s'agit, la cour d'appel d'Aix a bien ou mal appliqué les dispositions de l'art. 554 du Code d'instruction criminelle, qui range parmi les cas spéciaux, *les assassinats préparés par des rassemblemens armés*.

» Cette question n'en serait point une, si le projet prétendu formé par les accusés, de porter le *massacre*, le pillage et la dévastation dans la ville de Grasse, avait été consommé ; car, d'un côté, il n'aurait pu être consommé que par un rassemblement, et de l'autre, ce rassemblement n'aurait pu le consommer qu'avec des armes.

» Elle n'offrirait pas plus de difficulté, s'il était déclaré, en fait, par l'arrêt de la cour d'appel d'Aix, que le projet de porter le massacre, la dévastation et le pillage dans la ville de Grasse, eût dégénéré en une tentative manifestée par des actes extérieurs, et suivie d'un commencement d'exécution. Car, dans cette hypothèse, l'art. 2 du Code pénal assimilerait le projet à l'acte consommé ; et de même que les Cours spéciales sont compétentes pour connaître de la tentative du crime de fausse monnaie, qui réunit tous les caractères précisés par l'art. 2 du Code pénal, de même aussi elles sont incontestablement compétentes pour connaître d'une tentative d'assassinat, préparé par un rassemblement armé, dans laquelle les mêmes caractères se trouvent réunis.

» Mais l'arrêt de la cour d'appel d'Aix ne reconnaît pas seulement que le projet imputé aux accusés, de porter le massacre, la dévastation et le pillage dans la ville de Grasse, n'a pas été consommé ; il semble aussi reconnaître que ce projet n'a pas été suivi d'un commencement d'exécution ; et c'est ce qu'il paraît faire entendre, lorsqu'il dit qu'*aux termes de l'art. 91 du Code pénal, un pareil complot n'a pas besoin, pour être puni, d'avoir reçu un commencement d'exécution ; qu'il suffit, suivant l'art. 89, que la résolution d'assassiner ait été consentie et arrêtée entre deux ou plusieurs conspirateurs, quoiqu'il n'y ait pas eu d'attentat*.

» Dès-là, notre question semblerait, au premier coup-d'œil, devoir se réduire à celle-ci : les Cours spéciales sont-elles compétentes pour connaître du simple complot dont le but est de porter, au moyen d'un rassemblement armé, le massacre, la dévastation et le pillage dans une commune? Où le simple complot qui tend à commettre, avec un rassemblement armé, de nombreux assassinats dans une commune, peut-il, quant à la compétence, être assimilé à la consommation de ce complot ?

» Et la question ainsi réduite, ne laisse pas que d'être épineuse.

» Si l'on peut dire pour la compétence des Cours spéciales, que l'art. 91 du Code pénal punit le complot tendant à porter le massacre dans une commune, des mêmes peines de mort et de confiscation que l'art. 97 applique à l'exécution de ce complot; que ces deux articles semblent, par leur rapprochement, établir entre le complot et l'exécution du complot de massacre par attroupement armé, la même identité que l'art. 2 établit entre la tentative d'un crime, manifestée par des actes extérieurs, et suivie d'un commencement d'exécution, et la consommation même de ce crime; que, dès-lors, il y a, pour attribuer aux Cours spéciales la connaissance d'un complot de massacre par attroupement armé, la même raison que pour leur attribuer la connaissance de l'exécution ou du commencement d'exécution d'un pareil complot;

» On peut dire aussi, pour la compétence des cours d'assises, que punir deux crimes de la même peine, ce n'est pas les assimiler parfaitement l'un à l'autre; que des termes généraux et indéfinis dans lesquels l'art. 2 du Code pénal déclare que la tentative d'un crime, manifestée par des actes extérieurs, et suivie d'un commencement d'exécution, sera considérée comme le crime même, il résulte bien que le crime et la tentative du crime manifestée par des actes extérieurs, et suivie d'un commencement d'exécution, sont soumis aux mêmes règles, quant à la juridiction, comme ils le sont, quant à la pénalité, et par conséquent que le juge d'exception à qui est attribuée la connaissance du crime, est, par là même, juge de la tentative de ce crime, manifestée par des actes extérieurs, et suivie d'un commencement d'exécution; mais que les art. 91 et 97 n'assimilent le complot et l'exécution du complot de massacre par attroupement armé, qu'en ce qui concerne la pénalité; qu'on ne peut donc partir de là que pour les assimiler également en ce qui concerne la juridiction; que les exceptions aux règles générales de la compétence, ne peuvent pas, plus que les autres, être étendues, même par identité de raison, hors de leurs termes formels; qu'ainsi, de ce que le simple complot prévu par l'art. 91 du Code pénal, est puni des mêmes peines que l'est, par l'art. 97 du même Code, l'exécution de ce complot, il ne s'ensuit nullement que le juge d'exception soit compétent pour connaître de l'un, comme il l'est pour connaître de l'autre.

» Il est vrai, comme l'observe très-bien la cour d'appel d'Aix, que le complot de massacre par attroupement armé, a cela de commun avec l'exécution d'un complot du même genre, qu'il menace *la sécurité publique et la société en masse, plus encore que les individus*.

» Mais est-il également vrai, comme l'assure la même cour, d'après une énonciation vague de l'orateur du gouvernement dans l'*exposé des motifs*

du *titre des Cours spéciales* du Code d'instruction criminelle, que les Cours spéciales soient compétentes pour connaître de tous les crimes qui attaquent la société en masse et la sécurité publique?

» Non, car la compétence des Cours spéciales, *ratione materiæ*, est limitée par l'art. 554, aux crimes de fausse monnaie, de rébellion armée à la force armée, de contrebande armée et d'assassinats préparés par des attroupemens armés; et assurément ce ne sont pas là les seuls crimes qui attaquent la sécurité publique et la société en masse. Les attroupemens séditieux, les rébellions non armées à la force armée, les rébellions même armées à l'autorité publique agissant sans armes, attaquent aussi la société en masse; et cependant ce n'est pas aux Cours spéciales, c'est aux cours d'assises, et quelquefois même aux tribunaux correctionnels, qu'est réservé le pouvoir d'en punir les auteurs et les complices.

» Au surplus, messieurs, quoiqu'il nous paraisse douteux, en thèse générale, qu'un complot de massacre par attroupement armé, rentre dans les attributions des Cours spéciales, nous croyons remarquer dans l'espèce particulière qui nous occupe en ce moment, une circonstance qui doit faire cesser tous les doutes sur le bien jugé de l'arrêt qui est soumis à votre examen.

» C'est que, dans cette espèce, le crime imputé aux accusés, ne s'est pas réduit, quoi qu'en paraisse dire l'arrêt de la cour d'appel d'Aix, à un simple complot; c'est que le complot qui en a formé le principe, a été suivi d'un commencement d'exécution.

» En effet, nous lisons dans l'arrêt de la cour d'appel d'Aix, qu'*il y a eu des dépôts d'armes préparés, et des balles fondues par deux des conspirateurs que la généralité chargea de ce travail*. Et sans doute préparer des dépôts d'armes, fondre des balles pour l'exécution d'un complot de massacre général, c'est bien manifester la tentative de massacre général par des actes extérieurs, c'est bien commencer l'exécution de cette tentative.

» A la vérité, s'il s'agissait d'un assassinat individuel, la simple préparation des armes destinées à le commettre, pourrait n'être pas considérée comme une tentative de ce crime, manifestée par des actes extérieurs et suivie d'un commencement d'exécution.

» Mais il en est tout autrement en fait de massacre général; et c'est la loi elle-même qui le veut ainsi,

» L'art. 88 du Code pénal, qui est placé sous la rubrique générale *des crimes contre la sûreté intérieure de l'État*, et sous la rubrique particulière *des attentats ou complots dirigés contre le chef de l'État et sa famille*, porte qu'*il y a attentat, dès qu'un acte est commis ou commencé pour parvenir à l'exécution de ces crimes, quoiqu'ils n'aient pas été consommés*; et l'art. 89 ajoute qu'*il y a complot, dès que la résolution d'agir est concertée et arrêtée entre deux conspirateurs ou un plus grand nombre, quoiqu'il n'y ait pas eu d'attentat.*

» Bien évidemment, dans ces deux articles, le mot *attentat* est synonyme de *tentative; et* le sens du premier est manifestement que, dans le crime de lèse-majesté, il suffit qu'un seul acte ait été *commis ou commencé dans le dessein de parvenir à l'exécution de ce crime,* pour que le juge, dépouillé, en ce cas, du pouvoir arbitraire qu'il a, d'après le vague de l'art. 2, dans les autres crimes, soit obligé de déclarer qu'il y a eu tentative manifestée par des actes extérieurs et suivie d'un commencement d'exécution.

» Vient ensuite, toujours sous la rubrique générale *des crimes contre la sûreté intérieure de l'État,* mais sous la rubrique particulière *des crimes tendans à troubler l'État par la guerre civile, l'illégal emploi de la force armée, la dévastation et le pillage publics,* l'art. 91 qui punit de mort, avec confiscation des biens, *l'attentat ou le complot dont le but sera, soit d'exciter la guerre civile, en armant ou en portant les citoyens et habitans à s'armer les uns contre les autres, soit de porter la dévastation, le massacre et le pillage dans une ou plusieurs communes :* et sans doute, les mots *attentat* et *complot* ont, dans le paragraphe dont cet article fait partie, la même acception que dans le paragraphe précédent; sans doute, la loi ne se dispense, dans le paragraphe dont cet article fait partie, de définir les mots *attentat* et *complot,* que parce qu'elle les a définis dans le paragraphe précédent, que parcequelle se réfère à la définition qu'elle y a donnée de ces mots.

» Donc, dans le sens de l'art. 91, comme dans le sens de l'art. 89, il y a *attentat* dès qu'un seul acte est *commis ou commencé pour parvenir à l'exécution du complot.*

» Donc, le complot de massacre général par attroupement armé, est censé dégénérer en tentative manifestée par des actes extérieurs et suivie d'un commencement d'exécution, du moment que des dépôts d'armes sont préparés, du moment que des balles sont fondues, pour parvenir à l'exécution de ce complot.

» Donc, les Cours spéciales sont compétentes pour en connaître, comme elles le seraient s'il avait été consommé.

» Donc, il y a lieu de confirmer l'arrêt de la cour d'Aix, du 8 décembre dernier; et c'est à quoi nous concluons ».

Par arrêt du 13 janvier 1814, au rapport de M. Oudart,

« Attendu que, dans l'état des faits tels qu'ils sont exposés dans l'arrêt du 8 décembre dernier, la cour d'appel d'Aix, en renvoyant les nommés François Montagnes, Honoré Fevrier et autres, devant la Cour spéciale du département du Var, n'a point violé les règles de compétence établies par le Code d'instruction criminelle, et que ledit arrêt est régulier en la forme :

» Par ces motifs, la cour confirme ledit arrêt…».

COURS D'EAU. §. I. 1°. *La connaissance des contestations qui s'élèvent entre une commune et un particulier, sur un droit de Cours d'eau concédé à celui-ci par le ci-devant seigneur de celle-là, appartient-elle au pouvoir judiciaire, ou bien est-elle du ressort de l'autorité administrative?*

2°. *Les lois qui ont aboli la féodalité, ont-elles porté atteinte aux concessions faites par les ci-devant seigneurs, du droit de Cours d'eau ou ruisseaux ou petites rivières coulant dans leurs seigneuries?*

Il existe sur ces deux questions un arrêt de la cour de la cassation, section des requêtes, rendu sur le recours exercé par la commune de Greisambach, contre deux jugemens obtenus contre elle par le sieur Presseler.

Voici les conclusions que j'ai données sur cette affaire :

« Les faits qui ont donné lieu aux deux jugemens dont la commune de Greisambach vous demande la cassation, sont extrêmement simples.

» La commune de Greisambach dépendait, avant la révolution, de la *haute-justice* du roi, subrogé en cette partie aux droits des anciens ducs de Lorraine.

» Le 28 juillet 1778, Claude Presseler obtint du conseil d'état, un arrêt qui l'autorisa à bâtir, dans cette commune, un moulin à huile, et lui fit, pour cet effet, *concession, à titre d'acensement, du droit de Cours d'eau nécessaire pour le roulement de son huilerie, pour en jouir par lui, ses hoirs, successeurs et ayant-cause, audit titre, à la charge d'un cens annuel de 6 livres, cours de France.*

» Muni de cet arrêt, et après l'avoir fait enregistrer à la chambre des comptes de Nancy, le 9 janvier 1779, Claude Presseler construisit son moulin.

» Mais ce n'était pas tout de le construire, il fallait le faire tourner; et l'arrêt du conseil ne désignait pas nominativement le *Cours d'eau* dont il lui faisait concession à cette fin; mais Claude Presseler trancha la difficulté en se servant de cet arrêt comme d'un titre qui l'autorisait à s'approprier et diriger vers son moulin, les eaux d'une fontaine située à Greisambach même, et dont, jusqu'alors, l'usage avait été commun à tous les habitans du lieu.

» Les choses subsistèrent en cet état jusqu'en l'an 4. A cette époque, les travaux du moulin furent suspendus; les eaux de la fontaine reprirent leur ancien cours, et trois ans s'écoulèrent sans que le cit. Presseler fit aucun mouvement pour faire revivre son arrêt de concession.

» Mais le 22 prairial an 7, après une tentative inutile de conciliation devant le bureau de paix, le cit. Presseler, annonçant hautement le dessein de remettre son moulin en activité, a fait citer la commune de Greisambach devant le tribunal civil du département de la Moselle, pour voir dire qu'en exécution de l'arrêt du conseil de 1778, il serait maintenu dans la jouissance et propriété, tant de l'usine dont cet arrêt avait autorisé l'établissement, que du Cours d'eau dont il lui avait fait la concession.

» La commune s'est présentée sur cette citation, et a soutenu que le cit. Presseler devait être déclaré non-recevable, comme fondant uniquement sa demande sur un titre émané du régime féodal, et proscrit comme tel par les lois des 4 août 1789, 15-28 mars 1790 et 28 août 1792.

» Le 19 thermidor an 7, jugement qui adopte la fin de non-recevoir proposée par la commune.

» Appel au tribunal civil du département de la Meurthe.

» La cause plaidée contradictoirement, le 25 floréal an 8, jugement qui infirme celui dont est appel, et, avant faire droit au fond, ordonne que, par experts, qui auront vu les lieux avant l'an 4, il sera procédé à la reconnaissance de l'usine, pour déclarer si elle a été reconstruite dans le même état où elle était antérieurement à cette époque, si sa conversion en moulin à farine peut causer un préjudice quelconque à la commune, s'il y a des moyens d'éviter ce préjudice, et quels sont ces moyens.

» Deux motifs principaux et prédominans se font remarquer dans le préambule de ce prononcé :

» Le premier, que le cit. Presseler est fondé sur un titre qu'aucune loi n'a anéanti ; qu'à la vérité, c'est la puissance féodale qui lui a accordé le Cours d'eau : mais qu'en anéantissant cette puissance, les lois de 1789, 1790 et 1792 n'ont pas ordonné la destruction des usines dont elle avait permis et pu seule permettre l'établissement ;

» Le second, que le cit. Presseler ne peut prétendre rien au-delà de ce que lui a concédé son titre ; qu'il lui est bien libre de convertir son huilerie en moulin à farine ; mais qu'il ne peut pas, par une pareille conversion, préjudicier aux habitations des particuliers, à l'irrigation de leurs prés. aux abreuvoirs communs ; ou que du moins il lui faudrait pour cela un nouveau titre, que les corps administratifs seraient seuls compétens pour lui accorder.

» En exécution de ce jugement, des experts procèdent, le 25 prairial an 8, à la visite ordonnée, et ils en dressent un rapport qui contient deux parties bien distinctes.

» D'abord, ils reconnaissent que le bâtiment de l'ancienne huilerie n'a éprouvé aucun changement ; que, pour en faire un moulin à farine, il suffira d'en déplacer l'embouchure ; qu'il n'en résultera aucune innovation, soit par rapport au niveau, soit par rapport à la hauteur actuelle des eaux ; que la conversion projetée par le cit. Presseler, ne s'opérant que dans l'intérieur de l'édifice, le moulin à farine ne préjudiciera pas plus aux habitations, à l'irrigation des prés et aux abreuvoirs, que ne le faisait le moulin à huile.

» Venant ensuite à l'indication des moyens propres à détourner le préjudice que causera l'u-

sine aux habitans, préjudice qui, selon le rapport, ne résultera pas précisément de la conversion de cette usine en moulin à blé, mais qui déjà résultait précédemment de son état primitif d'huilerie, les experts estiment qu'il faudrait,

» 1°. Encaisser la fontaine et la source d'eau qui est à côté ;

» 2°. Barrer, par une écluse, l'eau qui sera conduite dans la coursière du moulin ;

» 3°. Établir à l'encaissement deux bondes, dont l'une, destinée à transmettre l'eau au moulin, serait ouverte pendant dix mois de l'année, et l'autre, servant à conduire les eaux dans les prés, ne serait ouverte qu'en floréal et thermidor, *seuls deux mois*, disent-ils, *où l'irrigation a lieu* ;

» 4°. Reconstruire une seconde fontaine qui se trouve dans la commune, et qui fournira aux animaux un excellent abreuvoir ;

» 5°. Faire, le long des maisons de deux habitans, dont le passage des eaux ne pourrait pas manquer de miner les murs, une coursière en bois de dix mètres de longueur.

» Ce rapport terminé, le cit. Presseler le fait signifier à la commune, avec offre de faire à ses frais tous les ouvrages indiqués par les experts, à la réserve de l'abreuvoir, qu'il laisse les habitans maîtres de faire construire, s'ils le jugent à propos ;

» Et les choses en cet état, l'affaire est reportée à l'audience du tribunal d'appel de Metz.

» Là, s'élève, de la part des habitans, une demande-incidente en amendement de rapport. Mais sur quoi la fondent-ils ? C'est sur quoi nous n'avons aucun renseignement authentique.

» Le 16 floréal an 9, jugement définitif, qui, sans avoir égard à la demande de la commune en nouvelle expertise, *et sous le mérite des offres et déclarations de l'appelant*, homologue le rapport des experts pour être exécuté selon sa forme et teneur, en ce qui concerne celui-ci ; maintient, en conséquence, le cit. Presseler dans la propriété et jouissance de l'usine dont il s'agit, soit comme huilerie, soit comme moulin à farine, ainsi que du Cours d'eau qui la met en activité ; et condamne la commune à tous les dépens faits avant le 20 floréal an 8, le surplus compensé.

» C'est contre ce jugement, et contre l'interlocutoire dont il est la suite, que la commune de Greisambach se pourvoit en cassation.

» Elle emploie trois moyens :

» Contravention aux lois sur l'amendement de rapport ;

» Entreprise sur les fonctions exclusivement attribuées à l'autorité administrative ;

» Violation des lois sur les droits féodaux et les domaines ci-devant engagés de l'État.

» Le premier de ces trois moyens ne frappe que sur le jugement définitif ; les deux autres frappent à la fois et sur le jugement définitif et sur le jugement interlocutoire.

» En quoi le jugement définitif contrevient-il aux lois sur l'*amendement de rapport* ? Il y contrevient, dit-on, en ce qu'il rejette la demande de la commune en nouvelle expertise. Mais s'il est un principe constant dans l'ordre judiciaire, c'est que, hors le petit nombre de contrées qui ont là-dessus une législation spéciale, les parties ne sont pas recevables, lorsque les deux experts font un rapport uniforme et régulier, à demander qu'il en soit fait un nouveau, et que seulement le juge peut l'ordonner d'office, s'il a besoin d'éclaircissemens ultérieurs.

» Le premier moyen de la commune de Greisambach ne mérite donc aucune espèce de considération.

» Le deuxième présente plus de difficultés, et il nous paraît devoir être envisagé sous trois points de vue :

» D'abord, comme n'ayant été proposé ni en première instance ni en cause d'appel;

» En second lieu, comme portant sur un Cours d'eau en général ;

» Troisièmement, comme portant sur un Cours d'eau concédé par l'ancien gouvernement, en vertu de sa haute-justice, et pour l'usage d'un moulin à huile.

» Sous le premier aspect, ce moyen semblerait devoir être repoussé par une fin de non-recevoir. La commune de Greisambach a reconnu la compétence des tribunaux, pour prononcer sur les contestations élevées entre elle et le cit. Presseler; elle a plaidé librement devant eux ; il y a plus, elle n'a plaidé devant eux qu'après s'y être fait autoriser par l'administration centrale du département de la Moselle. Comment l'admettre, après cela, à réclamer contre l'exercice d'un pouvoir auquel elle s'est elle-même soumise?

» Observons cependant qu'il ne s'agit pas ici d'une incompétence purement *relative*. L'incompétence dont la commune de Greisambach accuse les jugemens des 20 floréal an 8 et 26 floréal an 9, est, si elle existe, une incompétence *ratione materiæ*; c'est par conséquent une incompétence absolue. Or, il est de principe que l'incompétence absolue ne se couvre point par le silence des parties ; et dès-là, point de fin de non-recevoir à opposer à la commune de Greisambach, par rapport au moyen dont il est ici question.

» Sous le second point de vue que nous avons annoncé, c'est-à-dire, comme portant sur un Cours d'eau en général, ce moyen, pour être bien apprécié, exige, de notre part, la définition précise des différentes espèces de Cours d'eau, et le classement exact du Cours d'eau dont il s'agit dans la cause.

» On entend, en général, par *Cours d'eau*, l'écoulement des eaux d'un lieu élevé dans un lieu plus bas.

» On distingue trois sortes de Cours d'eau : les rivières navigables, les rivières non navigables et les simples ruisseaux.

» Les rivières navigables et les rivières non navigables ont cela de commun, qu'elles sont, les unes comme les autres, consacrées à l'utilité générale, et qu'en conséquence elles sont, en droit, assimilées, dans tous les points, les premières aux grands chemins, les secondes aux chemins vicinaux ou publics.

» Les simples ruisseaux n'ont qu'une utilité bornée aux particuliers sur le terrain desquels ils coulent.

» A laquelle de ces trois espèces appartient le Cours d'eau sur lequel roulent les jugemens attaqués ?

» Ce n'est certainement pas une rivière navigable.

» Il ne paraît pas non plus que ce soit une rivière non navigable, une rivière proprement dite ; on n'a rien produit, on n'a même rien allégué, qui tende à leur attribuer ce caractère; et ce caractère ne peut pas lui être supposé sans preuves, surtout à l'effet d'en tirer un moyen de cassation contre des jugemens qui subsistent par eux-mêmes, tant qu'il n'est pas justifié clairement qu'ils ont violé la loi.

» C'est donc comme un simple ruisseau, comme un ruisseau privé, que nous devons considérer ce Cours d'eau.

» Il n'importe qu'il ait sa source dans un terrain appartenant à une commune : les propriétés des communes ne diffèrent en rien, quant à l'ordre juridictionnel, des propriétés qui appartiennent à des particuliers ; et si elles sont assujéties ou prétendues assujéties à des servitudes envers d'autres fonds, les contestations qui s'élèvent, soit sur l'existence de ces servitudes, soit sur la manière d'en user, soit sur les travaux à faire pour en régulariser l'usage ou en empêcher l'abus, sont, quant à l'ordre juridictionnel, soumises aux mêmes lois que s'il s'agissait d'une servitude établie ou prétendue établie sur l'héritage d'un particulier.

» Or, à quelle autorité appartient la connaissance des contestations auxquelles peuvent donner lieu les Cours d'eau qui ont pour propriétaires de simples particuliers? Certainement elle appartient à l'autorité judiciaire.

» S'il existe dans mon fonds une source d'eau, et que mon voisin prétende, ou s'en attribuer la propriété, ou m'obliger, à titre de servitude, d'en laisser couler les eaux jusqu'à son héritage, ce ne sera ni le préfet ni le conseil de préfecture qui nous jugera ; il n'y aura, il ne pourra y avoir entre lui et moi d'autre juge que le tribunal de la situation.

» Et si le tribunal décide que mon voisin a véritablement, soit à titre de propriété, soit par servitude, le droit de faire dériver jusqu'à son héritage, les eaux qui ont leur source dans le mien, il décidera en même temps, s'il y a lieu, quels sont les ouvrages que mon voisin devra faire pour empêcher qu'il ne nuise, et à moi et à mes autres voisins, dans l'exercice de son droit.

» Des vérités aussi simples n'ont pas besoin de

preuves; elles sont, pour ainsi dire, marquées au coin de la notoriété publique. Cependant nous avons encore l'avantage de pouvoir les confirmer par une loi positive.

» L'art. 10 du tit. 3 de la loi du 24 août 1790, sur l'organisation judiciaire, charge les juges de paix de connaître *des entreprises sur les Cours d'eau servant à l'arrosement des prés, commises pendant l'année.*

» Quels sont les Cours d'eau dont il s'agit dans cette disposition? Ce n'est certainement pas de ces grands Cours d'eau que l'on nomme, à proprement parler, *rivières;* les entreprises qui se font sur les rivières véritables, sur les rivières *publiques*, se répriment administrativement; et c'est administrativement que se jugent toutes les contestations auxquelles ces entreprises peuvent donner lieu. Il existe même là-dessus, dans le Bulletin des lois, un arrêté très-détaillé du directoire exécutif, en date du 19 ventôse an 6.

» C'est donc des cours d'eau privés, des Cours d'eau proprement dits, que doit s'entendre l'article cité. Or, d'après cet article, c'est devant les juges de paix que doivent se porter les actions possessoires qui ont trait à ces sortes de Cours d'eau. C'est donc, par une conséquence nécessaire, aux juges plus relevés en autorité, qu'appartient la connaissance des actions pétitoires auxquelles ces mêmes Cours d'eau peuvent donner lieu; car il est impossible même d'imaginer que le législateur ait voulu réserver à l'autorité administrative le jugement du pétitoire dans une matière dont il a délégué le possessoire à l'autorité judiciaire.

» Nous devons donc convenir que, considérée comme relative à un Cours d'eau ordinaire, la cause actuelle a pu et dû être portée devant les tribunaux; et qu'ainsi, sous cet aspect, le moyen d'incompétence employé par la commune de Greisambach, n'offre aucune espèce de solidité.

» Mais il est un troisième aspect sous lequel ce moyen doit être examiné, et c'est celui que la commune vous présente dans sa requête en cassation.

» Le Cours d'eau dont il s'agit, dit-elle, a été concédé par l'ancien gouvernement au cit. Presseler. En le lui concédant, l'ancien gouvernement a fait un acte administratif; et cela est si vrai que ce n'est pas aux tribunaux ordinaires, mais à la chambre des comptes de Nancy, qu'a été adressé l'arrêt de concession. Mais l'ancien gouvernement ne l'a pas concédé au cit. Presseler purement et simplement; il le lui a concédé pour alimenter un moulin à huile; il ne le lui a pas concédé pour l'usage d'un moulin à blé. Et cependant c'est pour l'usage d'un moulin à blé, que le tribunal d'appel de Metz a permis au cit. Presseler de se servir du Cours d'eau litigieux. Le tribunal d'appel de Metz a donc interverti la destination de ce cours d'eau; il a donc fait ce qu'il n'appartenait qu'à l'autorité administrative de faire; il a donc excédé ses pouvoirs.

» Ce raisonnement est spécieux, mais est-il concluant? Voici les raisons d'en douter.

» Deux choses sont à distinguer dans l'arrêt de concession : la faculté de construire une huilerie, et le *droit de Cours d'eau.*

» Si la législation était encore la même aujourd'hui qu'à l'époque de cet arrêt, certainement le cit. Presseler ne pourrait pas, de sa propre autorité, convertir l'huilerie en moulin à farine.

» Mais aujourd'hui la législation est changée : chacun peut bâtir sur son fonds tel moulin qu'il lui plaît, sauf à recourir à l'autorité administrative pour avoir la permission d'y faire arriver les eaux nécessaires à son *roulement*, lorsqu'il faut les tirer d'une rivière publique; permission qui s'accorde ou se refuse, non d'après l'usage auquel le constructeur présomptif destine son moulin, non sur l'engagement qu'il peut prendre d'en faire un moulin à huile plutôt qu'un moulin à blé, mais d'après l'examen des avantages et des inconvéniens qui peuvent résulter de la nouvelle direction que donnera aux eaux l'établissement projeté.

» Or, dans l'espèce, ce n'est pas d'une rivière publique, c'est d'un simple ruisseau, c'est d'une fontaine communale, que doivent être tirées les eaux dont le cit. Presseler a besoin pour faire tourner son moulin. L'autorité administrative n'a donc là rien à voir, rien à faire.

» Pourquoi y interviendrait-elle en effet? Pour autoriser la conversion du moulin à huile en moulin à blé? Le cit. Presseler n'a que faire pour cela de son autorisation; il pourrait ériger, sur son propre fonds, un moulin nouveau, et l'employer à moudre du grain comme à exprimer de l'huile; à plus forte raison peut-il, sur ce même fonds, changer la destination du moulin qui s'y trouve érigé.

» Pour autoriser le cit. Presseler à faire arriver à son moulin les eaux qui y sont nécessaires? Mais ces eaux sont, par leur nature, indépendantes de l'autorité administrative.

» Dira-t-on que, du moins, le tribunal d'appel de Metz a divisé l'arrêt de concession; qu'il a séparé la concession du droit de Cours d'eau, de la concession de la faculté de bâtir un moulin à huile; qu'il a regardé celle-là comme subsistante par elle-même; tandis que, dans l'arrêt, elle n'est que l'accessoire de celle-ci.

» Mais cette division, ce n'est point le tribunal d'appel de Metz qui l'a opérée; il l'a trouvée toute faite par la seule force de la loi qui autorise chaque propriétaire à faire sur son héritage, telle construction qu'il juge à propos. Ce n'est donc pas lui qui, à proprement parler, a autorisé la conversion du moulin à huile en moulin à blé. Il n'a fait, à cet égard, qu'énoncer la disposition d'une loi générale, survenue depuis l'arrêt de concession; il n'a fait que déclarer que l'arrêt de concession avait été modifié par cette loi.

» Dira-t-on encore que l'ancien gouvernement n'eût pas permis au cit. Presseler de construire un moulin à blé tout aussi facilement qu'il lui a permis de construire une huilerie?

» La chose est possible, et ce qui prouve qu'en effet, il pouvait y avoir plus de difficulté à obtenir l'un qu'il n'y en avait à obtenir l'autre, c'est que le cit. Presseler n'a pas demandé alors la permission d'ériger un moulin quelconque, et qu'il a cru devoir se restreindre à demander celle d'ériger un moulin à huile. Mais que conclura-t-on de là?

» En conclura-t-on que l'ancien gouvernement aurait pu concéder le droit de Cours d'eau pour l'usage d'un moulin à huile, et le refuser pour l'usage d'un moulin à blé?

» Nous avouons cette conséquence, mais où va-t-elle nous conduire? A ce seul point : c'est qu'il est douteux que l'ancien gouvernement eût fait au cit. Presseler la concession d'un droit de Cours d'eau, dans le cas où celui-ci eût demandé la permission de bâtir un moulin à blé, au lieu d'un moulin à huile; c'est qu'à plus forte raison, il y a du doute sur la question de savoir si, par son arrêt de concession, il a réellement entendu donner le droit de Cours d'eau, même pour le cas où le moulin à huile serait converti en moulin à blé.

» Mais est-ce à dire pour cela que le tribunal d'appel de Metz a entrepris sur l'autorité administrative, en jugeant que le droit de Cours d'eau continuerait d'appartenir au cit. Presseler, en cas qu'il fît un moulin à blé de son huilerie? Non certes; le tribunal d'appel a pris les choses dans l'état où les a placées la nouvelle législation : sur le droit de bâtir des moulins, il a vu, d'un côté, ce droit abandonné à la libre volonté des propriétaires de fonds; il a vu, de l'autre, un droit de Cours d'eau concédé par l'ancien gouvernement au cit. Presseler, et qu'aucun acte spécial du gouvernement actuel n'a nominativement révoqué; il a donc pu, sans excéder ses pouvoirs, juger à la fois, et que le cit. Presseler n'avait pas perdu son droit de Cours d'eau, et qu'il pouvait l'appliquer au roulement d'un moulin à blé, au lieu d'une huilerie.

» Comment d'ailleurs le tribunal d'appel de Metz aurait-il pu s'imaginer qu'en statuant sur ces objets, il entreprenait sur l'autorité administrative, tandis qu'il avait sous les yeux un arrêté de l'administration centrale du département de la Moselle, du 18 germinal an 7, qui, sur le vu des pièces fondamentales du procès, et d'après une délibération de l'administration municipale du canton de Betting, dans laquelle est expressément appelé l'arrêt de concession, autorisait les agent et adjoint municipaux de Greisambach *à défendre les droits et les intérêts de leur commune pardevant les tribunaux compétens, sur la demande formée par Claude Presseler, au sujet du Cours d'eau par lui réclamé pour le roulement d'une huilerie qu'il a convertie en un moulin à farine?* Assurément, d'après une reconnaissance aussi formelle et aussi positive de sa compétence, de la

part de l'autorité directement intéressée à la lui contester, le tribunal d'appel de Metz n'a pas dû hésiter à se regarder comme valablement saisi du fond des contestations portées devant lui; et il a pu, il a dû les juger.

» Mais les a-t-il bien jugées, ou du moins en les jugeant, n'a-t-il pas violé les lois qu'il devait prendre pour guides? C'est ici que se présente le troisième moyen de cassation de la commune.

» La commune soutient qu'il a contrevenu, soit aux lois abrogatives du régime féodal, soit à la loi du 14 ventôse an 7, portant révocation des domaines engagés; qu'il a contrevenu aux premières, si le droit de Cours d'eau concédé par l'ancien gouvernement, ne lui appartenait qu'à raison de sa qualité de seigneur haut-justicier; qu'il a contrevenu à la seconde, si ce droit de Cours d'eau formait, dans les mains de l'ancien gouvernement, une propriété véritablement domaniale.

» Nous commencerons par observer qu'il ne peut pas être ici question de la loi du 14 ventôse an 7.

» D'une part, en effet, il est reconnu au procès que l'ancien gouvernement était seigneur haut-justicier de la commune de Greisambach; et le jugement interlocutoire du 25 floréal an 8 établit lui-même dans ses motifs que c'est par droit féodal qu'appartenait à l'ancien gouvernement le droit de Cours d'eau dont il a fait concession au cit. Presseler.

» D'un autre côté, s'il était vrai que ce droit de Cours d'eau eût formé, dans les mains de l'ancien gouvernement, une propriété domaniale, et qu'il eût en conséquence été compris dans la révocation des domaines engagés, prononcée par la loi du 14 ventôse an 7, quel avantage pourrait-il en résulter pour la commune de Greisambach? La commune de Greisambach ne pourrait certainement pas se prévaloir ici d'une révocation qui n'a pas été faite pour elle ni dans ses intérêts; elle ne pourrait pas exciper d'une loi qui n'a été portée que pour l'Etat, et à l'exécution de laquelle l'Etat est seul intéressé.

» Ecartons donc le moyen qu'elle prétend tirer de la loi du 14 ventôse an 7, et renfermons-nous dans la discussion de celui qu'elle fait résulter des lois relatives aux droits féodaux.

» Déjà nous avons remarqué que le Cours d'eau litigieux ne forme pas une rivière proprement dite, mais seulement un ruisseau privé et qui a sa source dans un fonds appartenant à la commune de Greisambach. Cela posé, rien de plus facile que de démontrer la contravention des jugemens attaqués aux lois dont il s'agit.

» Que la commune de Greisambach ait été, avant la concession faite au cit. Presseler par l'ancien gouvernement, propriétaire de la fontaine existante dans son fonds, qu'elle l'ait été également des eaux qui dérivaient de cette fontaine, tant que ces eaux n'étaient pas sorties de ce même fonds; qu'elle ait été, en conséquence, maîtresse de leur donner telle direction plutôt que telle autre, et même de les retenir en totalité pour son usage exclusif, ce sont là des vérités constantes et qui n'ont jamais été contredites.

» La loi 6, C. *de servitutibus et aquâ*, les confirme d'ailleurs très-formellement : *præses provinciæ usu aquæ quam ex fonte juris tui profluere allegas, contrà statutam consuetudinis formam carere te non permittet; cùm sit durum et crudelitati proximum ex tuis prædiis aquæ agmen ortum, sitientibus agris tuis, ad alienorum usum vicinorum injuriâ propagari.*

» C'est d'après cette loi que Cœpolla, dans son *Traité de servitutibus*, chap. 4, n°. 52, décide que le propriétaire de l'héritage dans lequel jaillit une source, peut en disposer arbitrairement, et en priver les héritages inférieurs sur lesquels ces eaux fluent de temps immémorial : *quia*, dit-il, *tunc aqua non videtur discurrisse jure servitutis, sed potiùs jure cujusdam facultatis.*

» Bretonnier, sur Henrys, tome 2, quest. 189, Livonnière, dans ses *Règles du droit français*, liv. 2, tit. 4, sect. 2, Ferrière, sur l'art. 87 de la coutume de Paris, Rousseaud de la Combe, dans son *Recueil de Jurisprudence civile*, au mot *Eau*, les nouveaux éditeurs de Denisart, au mot *Cours d'eau*, le cit. Henrion, dans ses *Dissertations féodales*, tome 1, page 676, tous les auteurs enfin tiennent absolument le même langage, et le derniers citent à l'appui de leur doctrine, trois arrêts du parlement de Paris, des 13 août 1644, 10 juillet 1719 et 1ᵉʳ juillet 1775.

» Cependant, au mépris de ces principes. la commune de Greisambach a vu, en 1779, le cit. Presseler s'emparer des eaux de sa fontaine, et les diriger vers un moulin qu'il venait de faire construire.

» Quel titre avait le cit. Presseler pour exproprier ainsi la commune? Il n'en avait point d'autre que l'arrêt du conseil du 28 juillet 1778.

» Par cet arrêt, l'ancien gouvernement avait, comme seigneur haut-justicier de Greisambach, concédé au cit. Presseler ce qu'il ne possédait pas, ce qui ne lui appartenait pas, ce qu'il n'avait conséquemment pas le droit de concéder.

» Mais qu'est devenue cette concession, lorsque le régime féodal a disparu, lorsque le droit de propriété a repris tout son empire? Nous l'apprenons par l'art. 8 de la loi du 28 août 1792 : *Les communes qui justifieront avoir anciennement possédé des biens ou droits d'usage quelconques, dont elles auront été dépouillées en tout ou en partie par des ci-devant seigneurs, pourront se faire réintégrer dans la propriété et possession desdits biens ou droits d'usage, nonobstant tous édits, déclarations, arrêts du conseil, lettres-patentes, jugemens, transactions et possession contraires, à moins que les ci-devant seigneurs ne représentent un titre authentique, qui constate qu'ils ont légitimement acquis lesdits biens.*

» On ne niera pas sans doute que cet article ne soit directement applicable à la cause actuelle.

» D'un côté, les eaux d'une fontaine sont, pour le maître du fonds qui les produit, une propriété aussi sacrée que le fonds même. Ainsi, avoir dépouillé une commune du droit de disposer des eaux d'une source existante dans un bien communal, c'est évidemment l'avoir dépouillée d'une partie de ce bien.

» D'un autre côté, qui est-ce qui a enlevé à la commune de Greisambach la disposition des eaux de sa fontaine? C'est le ci-devant seigneur de Greisambach, ou, si l'on veut, c'est son concessionnaire, c'est son représentant, c'est le cit. Presseler qui ne pouvait pas avoir plus de droit que le seigneur de qui il tenait sa concession.

» L'application de l'article cité à la commune de Greisambach, ne peut donc pas éprouver le plus léger doute; et sous ce rapport, impossible de laisser subsister les jugemens attaqués.

» Mais envisageons, si l'on veut, le Cours d'eau dont il s'agit, sous un autre aspect : supposons-le dans la classe des rivières proprement dites; supposons qu'à ce titre, il a été soumis, envers le seigneur du lieu à tous les droits que les seigneurs exerçaient sur les rivières non navigables; supposons enfin que le seigneur de Greisambach ait pu, sous le régime féodal, concéder par bail à cens les eaux de cette prétendue rivière, genre de concession que se permettaient en effet plusieurs seigneurs, comme l'atteste le cit. Henrion, dans ses *Dissertations féodales*, tome 1, page 668.

» Dans cette hypothèse, il restera à savoir quelle était, relativement aux ci-devant seigneurs, la nature du droit qu'ils s'arrogeaient de disposer ainsi des eaux publiques.

» Bien évidemment ils ne pouvaient l'exercer que, ou comme une servitude qui leur appartenait sur les rivières non navigables, ou comme un fruit de la propriété du fonds de ces mêmes rivières.

» Or, 1° il est évident que, si ce droit ne peut être considéré que comme une servitude seigneuriale, il ne peut plus subsister, et que l'abolition en est prononcée par les lois des assemblées constituante et législative.

» De deux choses l'une : ou cette servitude était un droit de fief, ou c'était un droit de justice; car les ci-devant seigneurs n'avaient pu se l'attribuer que, ou en vertu de la puissance que leur donnait le régime féodal, ou en vertu de celle qui résultait pour eux de la justice dont ils se disaient propriétaires et qu'ils faisaient exercer comme tels.

» Or, si c'est un droit de fief, la loi du 15-28 mars 1790 ne laisse aucun doute sur son abolition.

» L'art. 1 du tit. 1 de cette loi abolit, sans indemnité, non-seulement les *distinctions honorifiques*, mais encore *la supériorité et la puissance résultantes du régime féodal.*

» Qu'on dise tant que l'on voudra que *le droit de Cours d'eau* n'est pas un droit honorifique, mais un droit utile; au moins sera-t-on forcé de convenir que c'est une émanation de la *puissance* dont le régime féodal avait facilité aux ci-devant seigneurs l'usurpation et l'exercice ; et cette puissance étant détruite, il est manifestement impossible que les droits auxquels elle avait donné l'être, subsistent encore.

» Aussi voyons-nous que le même article, loin de conserver aux ci-devant seigneurs tous leurs droits utiles, annonce clairement qu'ils ne doivent plus jouir que de ceux que la loi déclare rachetables. C'est le sens direct et la conséquence immédiate de ces termes : *quant à ceux des droits utiles qui subsisteront jusqu'au rachat, ils sont entièrement assimilés aux simples rentes et charges foncières.*

» Et quels sont les droits que la loi déclare rachetables ? Ce ne sont sûrement pas ceux qui dérivent de la puissance féodale. L'art. 1 du tit. 3 ne reconnaît pour tels, que *les droits et devoirs féodaux ou censuels utiles qui sont le prix et la condition d'une concession primitive de fonds.*

» Il est donc clair que l'un des principaux objets de cette loi, a été d'abolir, sans indemnité, tous les droits nés de la puissance féodale des ci-devant seigneurs, et, par conséquent le *droit de Cours d'eau,* si, en effet, le *droit de Cours d'eau* était un *droit de fief.*

» L'abolition de ce droit ne sera pas moins évidente, si on le considère comme un *droit de justice.* Car, par l'art. 1 de la loi du 15-20 avril 1791, *tous les droits ci-devant dépendant de la justice seigneuriale, sont abolis sans indemnité.*

» 2°. Si nous envisageons le droit de Cours d'eau sous le second aspect, c'est-à-dire, comme un fruit de la propriété foncière des rivières non-navigables, propriété que les ci-devant seigneurs prétendaient assez généralement leur appartenir, l'abolition de ce droit ne sera pas moins facile à démontrer.

» Si les rivières non-navigables étaient réellement, avant les décrets du 4 août 1789, dans la propriété des seigneurs, n'en doutons pas, elles y sont encore ; et les droits qu'ils y ont exercés jusqu'à cette époque, notamment celui de Cours d'eau, doivent encore leur appartenir : car, en détruisant la féodalité et les justices seigneuriales, l'assemblée constituante n'a porté aucune atteinte à la propriété foncière ; elle l'a au contraire respectée et maintenue jusque dans ses moindres vestiges.

» Mais si les seigneurs n'ont jamais eu ni pu avoir sur les rivières non-navigables, de véritables droits de propriété ; s'il n'y ont jamais pu prétendre que la justice ; si c'est de la confusion de leur qualité de justicier avec celle de propriétaire, qu'est dérivé pour eux le droit exclusif d'en concéder les eaux ; il est indubitable que l'abolition de leur justice les a privés de tous leurs droits, de toutes leurs prétentions sur ces rivières, et que ces rivières ne sont aujourd'hui, pour eux, que ce qu'elles sont pour tous les citoyens ; c'est-à-dire que, destinées à l'usage commun de tous, par une

sorte de consécration publique, elles n'appartiennent proprement à personne, et ne dépendent que de la puissance souveraine, sauf l'usage particulier que les propriétaires riverains ont le droit d'en faire pour leurs besoins et leur avantage.

» Or, entre les deux membres de cette alternative, le choix n'est pas difficile à faire pour quiconque a médité les principes de la matière, l'histoire des justices seigneuriales et les monumens de notre ancienne jurisprudence.

» Les principes nous disent qu'il a existé des rivières avant qu'il existât des seigneuries ; qu'ainsi, il est impossible de considérer les rivières comme des concessions seigneuriales ; et que, dès-lors, les droits que les seigneurs ont exercés jusqu'en 1789 sur les rivières, n'étaient ni le prix, ni l'émanation, ni la modification des propriétés sacrifiées par eux à l'usage du public.

» Les principes et l'histoire nous disent, de concert, que les justices seigneuriales n'étaient dans leur origine que des fonctions publiques, confiées en sous-ordre par le fonctionnaire suprême, par le monarque, à des agens subalternes ; que, devenues héréditaires par la force, elles n'ont pas pour cela perdu leur nature primitive et originelle de fonctions publiques ; que, dès-lors, elles n'ont jamais pu prendre le caractère d'une propriété ; que si elles n'ont jamais eu ce caractère, elles n'ont jamais pu, à plus forte raison, le transmettre aux objets sur lesquels elles s'exerçaient ; que jamais, par conséquent, un seigneur justicier n'a pu se considérer comme propriétaire de sa justice, ni, par une suite nécessaire, des rivières soumises à sa justice ; qu'il n'a jamais eu sur les rivières qu'un droit, ou plutôt un pouvoir, d'administrer ; et que certainement le pouvoir d'administrer une chose publique, ne donne pas la propriété de cette chose.

» Quant aux anciens monumens de notre jurisprudence, nous y trouvons la preuve qu'en effet les droits exercés jusqu'en 1789 par les seigneurs sur les rivières, n'avaient point d'autre source ni d'autre base que leur *justice.*

» Bouteiller, l'un de nos plus anciens jurisconsultes, s'explique ainsi dans la *Somme rurale,* liv. 1, tit. 73 : *Item, il advient en plusieurs lieux, que, parmy la terre d'aucun seigneur justicier, soit haut ou moyen, court et passe aucune rivière, soit grande ou petite ou moyenne ; si est à savoir que toutes grosses rivières courant parmy le royaume, sont au roi notre sire, et les tient-on comme chemins royaux.... ; et les plus petites rivières qui ne portent point de navires, sont aux seigneurs parmy qui terre et seigneurie elles passent.* Ce n'est donc pas comme *seigneur foncier,* mais comme *seigneur justicier,* soit haut ou moyen, et par conséquent en vertu de sa justice seulement, que le seigneur d'une terre, par laquelle passe une rivière non-navigable, est regardé par Boutellier comme propriétaire de cette rivière.

» Despeisses, tome 3, page 194, tient la même

doctrine : *Les fleuves non navigables* (ce sont ses termes) *appartiennent aux seigneurs* JUSTICIERS *dans les terres desquels ils prennent leur cours.*

» C'est aussi le langage de Boutaric, dans son *Traité des droits seigneuriaux,* titre *de la justice,* chap. 6 : *Tous nos auteurs* (dit-il) *conviennent que les rivières non-navigables appartiennent aux seigneurs* HAUTS-JUSTICIERS, *dans le territoire desquels elles coulent, en sorte que, si une rivière partage et divise deux* JURIDICTIONS, *chaque seigneur, de son côté, en a la propriété.*

» Loyseau, dans son *Traité des seigneuries,* chap. 12, n°. 20, dit également que *les rivières non-navigables appartiennent au* HAUT-JUSTICIER, *à faute d'autre maître.*

» Il est donc bien constant que les droits exercés jusqu'en 1789, par les seigneurs sur les rivières, ne dérivaient, comme nous l'avons déjà dit, que de leur *justice*; et de là sort nécessairement la conséquence, que leur justice étant détruite, ou pour parler plus juste, les fonctions publiques qui leur avaient été déléguées étant supprimées, le mandat dont ils avaient été ou dont ils s'étaient dits chargés par le représentant héréditaire de la nation, étant révoqué par la nation elle-même, les accessoires de cette justice, les salaires de ces fonctions, les honoraires de ce mandat, doivent cesser également.

» Et c'est pourquoi l'assemblée constituante a déclaré, par l'article déjà cité de la loi du 13-20 avril 1791, que *tous les droits ci-devant dépendans de la justice seigneuriale, sont abolis sans indemnité*; l'article suivant ajoute même que cette suppression doit avoir son effet *à compter de la publication des décrets du* 4 août 1789.

» Ainsi, voilà les droits qu'exerçaient les ci-devant seigneurs sur les rivières, voilà par conséquent leur *droit de Cours d'eau,* abolis bien clairement : ou du moins pour pouvoir soutenir qu'ils ne le sont pas, il faudrait pouvoir soutenir qu'ils n'étaient pas *dépendans de la justice seigneuriale*; et certainement c'est ce qu'on n'oserait pas entreprendre, d'après les autorités de tout genre qui établissent démonstrativement le contraire.

» Mais si le *droit de Cours d'eau* est aboli par rapport au ci-devant seigneur, comment pourrait-il subsister en faveur du cessionnaire de celui-ci? Comment un droit qui aurait péri dans la main de l'un, pourrait-il avoir survécu dans la main de l'autre? Un droit cédé peut-il être plus solide dans la main du cessionnaire que dans la main du cédant? Ce qui, dans la main du cédant, n'était qu'un droit de justice, peut-il être devenu, dans la main du cessionnaire, un immeuble réel, une propriété patrimoniale?

» A toutes ces questions, les jugemens attaqués répondent affirmativement. Ainsi, suivant ces jugemens, le particulier à qui un ci-devant seigneur aura cédé un droit de chasse, un droit de pêche, peut encore en jouir malgré l'abolition de ces droits! Ainsi, le particulier à qui un seigneur a ascensé un droit de banalité, peut encore en faire supporter l'odieux joug à tous les habitans de la commune, quoique le seigneur lui-même n'en eût plus le pouvoir, s'il eût conservé ce droit par devers lui! — De pareilles absurdités ne sont certainement pas soutenables; et cependant il faudrait les soutenir, il faudrait les proclamer comme des principes, pour défendre les jugemens attaqués.

» Mais, est-il dit dans le premier de ces jugemens: *les décrets qui ont prononcé l'abolition de la puissance féodale, n'ont pas ordonné la destruction des usines qui n'avaient pu s'établir qu'en vertu de cette puissance alors existante.*

» Vaine équivoque.

» Il ne s'agit pas, dans la cause, de savoir si le moulin du cit. Presseler peut encore ou non subsister.

» Il s'agit seulement de savoir si le cit. Presseler a le droit de s'approprier les eaux de la commune pour faire mouvoir ce moulin.

» Sans doute l'existence physique et matérielle du moulin n'a reçu aucune atteinte par les lois abrogatives des droits de justice. Ces lois, nous l'avons déjà dit, ont respecté les propriétés foncières, et par conséquent les moulins comme les autres édifices.

» Mais le *droit de Cours d'eau,* mais le droit de diriger un ruisseau communal, ou si l'on veut, public, de manière à empêcher ceux à qui en appartiennent les eaux, de s'en servir à volonté pour leur usage personnel, ou pour l'irrigation de leurs prés, ce droit est aboli; et avoir jugé qu'il ne l'est pas, c'est avoir manifestement violé les lois les plus formelles, comme les plus notoires, du nouveau Code national.

» On dirait en vain que le moulin deviendra inutile au cit. Presseler, dès qu'il ne peut plus y faire arriver les eaux de la commune. S'il lui devient inutile, il le démolira, et il convertira son fonds, soit en pré, soit en terre à labour. La commune n'est pas obligée de sacrifier les eaux qui lui appartiennent, à l'avantage particulier du cit. Presseler. *Suum quique tribuere,* voilà le premier devoir des tribunaux ; voilà le principe sur lequel reposent toutes les propriétés ; et ce devoir, ce principe ayant été méconnus par les jugemens qui vous sont dénoncés, nous estimons qu'il y a lieu d'admettre la requête de la commune ».

Ces conclusions n'ont pas été suivies. La section des requêtes a bien adopté, sans restriction, tout ce que j'avais dit sur la question de compétence; mais sur celle du fond, elle a pensé que les jugemens attaqués ne violaient aucune loi.

Voici l'arrêt tel qu'il a été prononcé le 23 ventôse au 10, au rapport de M. Delacoste :

« Attendu que l'objet de la demande ne tendait, d'une part, qu'à être maintenu dans la propriété et possession d'un droit de Cours d'eau sur un ruisseau, ledit droit réclamé en vertu d'un titre de concession faite par l'ancien gouvernement, dans les formes lors prescrites ; et d'autre part, qu'à repousser cette prétention en opposant la nullité du titre, la cessation de la possession, et la propriété libérée de toute charge féodale du même ruisseau;

» Que les questions auxquelles ces demandes et exceptions ont donné lieu, étaient de la compétence du pouvoir judiciaire, et ne présentaient aucun caractère attributif de compétence aux autorités administratives; que l'administration centrale avait reconnu elle-même cette nature de l'affaire, lorsque, par son arrêté du 18 germinal an 7, sur le vu des pièces, elle avait autorisé la commune à se défendre devant les tribunaux civils;

» Qu'il suit de là, que les juges n'ont pas excédé leurs pouvoirs, ni porté atteinte à ceux des autorités administratives;

» Attendu que la concession, moyennant un prix convenu, et motivée pour l'utilité publique du canton, est antérieure aux lois du 28 mars 1790, 28 août 1792, et 14 ventôse an 7; que ces lois, en supprimant les effets de la féodalité, n'ont jamais pu être applicables à la validité et à la conservation d'un droit de propriété sur un Cours d'eau, droit qui appartenait alors au pouvoir qui l'a cédé; que les lois des 28 août 1792 et 10 juin 1793, en restituant aux communes leurs anciens droits, ont formellement excepté de cette restitution ce qui avait été aliéné par les anciens seigneurs; et ce qui était possédé par des tiers en vertu de ces aliénations;

» Qu'il n'a été commis par le jugement attaqué, aucune violation de ces lois;

» Le tribunal rejette le pourvoi……».

Cet arrêt m'a d'abord paru fort étrange dans sa seconde partie. Mais en y regardant de plus près, je n'y ai trouvé que le défaut de n'être pas motivé avec assez de précision et de ne pas faire bien comprendre la pensée des magistrats qui l'ont rendu.

En effet, si le droit de Cours d'eau dont il s'agissait, n'eût été, à l'époque de la concession, qu'un droit incorporel et purement seigneurial dans la main du cédant; s'il n'eût eu alors aucun caractère de propriété foncière, très-certainement le concessionnaire n'y eût été maintenu, ni par les lois abolitives des droits féodaux et justiciers, qui ne font aucune exception en faveur des tiers-acquéreurs (1), ni par les lois des 28 août 1792 et 10 juin 1793, qui ne maintiennent les tiers-acquéreurs que dans les propriétés foncières précédemment usurpées sur les communes par leurs ci-devant seigneurs.

Mais ce droit de Cours d'eau emportait naturellement la propriété du lit sur lequel les eaux roulaient depuis leur source jusqu'au lieu où était établi le moulin (2). On pouvait, on devait donc, à

cet égard, l'assimiler à une propriété foncière proprement dite : et par conséquent il était, sous ce rapport, mais sous ce rapport seulement, susceptible de l'application de la disposition citée des lois de 1792 et 1793.

Voilà ce que l'arrêt aurait dû expliquer et ce qu'il a mal à propos laissé dans le vague.

§. II. *Est-ce au pouvoir judiciaire ou à l'autorité administrative qu'appartient la connaissance des contestations qui s'élèvent entre un particulier réclamant la possession dans laquelle il est de faire dériver sur son fonds, des eaux dont la source est dans un terrain communal, et un autre particulier à qui la commune, par une délibération approuvée du préfet, a cédé l'usage exclusif de ces eaux?*

V. l'article *Pouvoir judiciaire*; §. 9.

§. III. *A qui, du pouvoir judiciaire ou de l'autorité administrative, appartient le jugement de la question de savoir quel est le propriétaire d'une source existante dans une prairie, et que l'acquéreur d'un moulin et d'un canal faisant partie d'une rivière non navigable, qui lui ont été vendus comme biens nationaux, prétend provenir, par filtration, des eaux de son canal, et lui avoir été en conséquence transmise par son titre d'acquisition?*

Si la source avait été comprise dans la vente nationale, nul doute que l'autorité administrative ne fût seule compétente.

Mais du moment que le titre de l'acquéreur est muet à cet égard, et que, pour l'interpréter, il faut recourir à l'état où se trouvaient les choses avant la vente nationale, il est clair que la contestation est du ressort exclusif des tribunaux.

C'est ce qui résulte des principes qui ont motivé les décrets rapportés dans le *Répertoire de Jurisprudence*, aux mots *Pouvoir judiciaire*, §. 2, n°. 2, et *Servitude*, sect. 35, n°. 6.

Telle est même la décision expresse d'un décret spécial qui a été rendu dans l'espèce suivante.

En mars 1791, le sieur Struch se rend adjudicataire d'un moulin, bâti sur la petite rivière de la Dallesen, qui, avant la révolution, appartenait à l'abbaye de Lucelle. Il est dit, dans l'acte d'adjudication, que le moulin est vendu *avec tous ses avantages*.

En 1805, il présente, au préfet du département du Haut-Rhin, une pétition par laquelle il expose qu'en lui vendant son moulin *avec tous ses avantages*, la nation lui a vendu le droit de recevoir intégralement dans le canal qui le fait tourner, les eaux de toutes les sources des prairies adjacentes, et d'empêcher que les propriétaires de ces prairies ne s'en servissent pour les arroser; qu'en effet, ces prairies étant plus basses que le lit de la

---

(1) *V.* l'article *Mines*, §. 4.
(2) *V.* le *Répertoire de jurisprudence* au mot *Rivière*, §. 2, n°. 5.

rivière, les sources qui y existent, ne peuvent être considérées que comme le produit de l'infiltration des eaux de la rivière elle-même à travers le sable sur lequel elles coulent; qu'ainsi, elles sont une dépendance naturelle de la propriété qu'il tient de la nation; et sur ce fondement, il demande que le préfet le fasse jouir paisiblement de son acquisition, en ordonnant l'exécution des ordonnances et réglemens qui étaient en vigueur à l'époque où il s'est rendu adjudicataire.

Sur cette pétition, le préfet ordonne que des experts soient nommés tant par le sieur Struch que par les sieurs Bach, Paperio et autres, propriétaires des prairies adjacentes, pour reconnaître la cause possible des sources existantes dans ces prairies.

D'après l'expertise, qui ne présente que des opinions contradictoires, l'ingénieur en chef du département donne un avis portant que les eaux dont il s'agit, ne peuvent provenir que de l'infiltration de la rivière de la Dallesen.

En conséquence, arrêté du 18 août 1813, ainsi conçu:

« Considérant que, d'après l'arrêté du gouvernement du 19 ventôse an 6, et les instructions ministérielles sur l'exécution de cet arrêté, l'administration doit diriger les Cours d'eau jusque dans leurs moindres ramifications;

» Considérant que l'usine du pétitionnaire a été en possession de jouir des eaux dont il est question, pour la faire rouler, et qu'elle a été vendue au pétitionnaire;

» Arrête:

» Les eaux qui alimentaient l'usine de l'exposant, seront rétablies dans le canal de son usine, sans que personne puisse se permettre de les détourner, si ce n'est depuis le samedi de chaque semaine, à trois heures de relevée, jusqu'au lendemain dimanche, à la même heure ».

Recours au conseil d'état contre cet arrêté, que les sieurs Bach et consorts arguent d'incompétence, tant parce qu'il ne s'agit pas d'interpréter l'adjudication faite au sieur Struch de son moulin, mais seulement de déterminer si les anciens propriétaires de ce moulin avaient réellement et dûment joui de la servitude qu'il voulait leur imposer; que parce qu'en thèse générale, c'est aux tribunaux qu'appartient, aux termes de l'art. 645 du Code civil, la connaissance des difficultés qui peuvent s'élever entre les propriétaires des terrains adjacens à des rivières non navigables, soit sur l'usage des eaux, soit relativement à l'interruption de leur cours.

Après une instruction contradictoire, décret du 5 avril 1809, dont voici les termes:

« Vu la requête présentée par les sieurs Bach, Paperio et autres propriétaires à Reningen.....;

» Vu l'arrêté du préfet du département du Haut-Rhin, du 18 août 1808.....;

» Vu les deux procès-verbaux dressés séparément par les experts respectifs, qui n'ont pas pu tomber d'accord; ensemble, l'avis de l'ingénieur en chef du département;

» Vu le procès-verbal d'adjudication qui a conféré au sieur Struch la propriété de son moulin, vendu comme bien national, le 30 mars 1791;

» Vu la réponse du sieur Struch, en date du 27 mars 1809, et la réplique des requérans, principalement fondée, ainsi que leur premier Mémoire, sur cette assertion, que les eaux, dont l'arrêté du préfet les réduisait à ne faire usage qu'un jour par semaine, ne proviennent pas de la rivière de la Dallesen, mais bien de plusieurs sources situées dans leurs propriétés, où elles ont toujours été employées à l'irrigation, avant de tomber dans le canal de l'usine du sieur Struch;

» Vu l'art. 641 du Code civil;

» Considérant qu'il ne s'agissait pas d'interpréter l'acte qui a rendu le sieur Struch propriétaire d'un moulin vendu comme bien national, mais de juger si les requérans n'ont pas un droit de propriété sur les eaux dont le sieur Struch réclame la jouissance;

» Considérant qu'il n'appartient qu'aux tribunaux de prononcer sur une question de cette nature;

» Sur le rapport de notre commission du contentieux, notre conseil d'État entendu, nous avons décrété et décrétons ce qui suit:

» L'arrêté pris le 18 août par le préfet du département du Haut-Rhin, sur la pétition du sieur Struch, est annulé; et les parties sont renvoyées à se pourvoir devant les tribunaux ».

§. IV. *Autres questions sur les Cours d'eau.*

V. les articles *Moulin*, *Pêche* et *Prise d'eau.*

COURTIER DE COMMERCE. *Y a-t-il contravention à la loi du 28 ventôse an 9, lorsque des particuliers, non pourvus de commissions de Courtiers de commerce, dirigent une vente publique de meubles, à laquelle il est procédé ostensiblement et en leur présence, par un huissier?*

V. l'article *Vente publique de meubles.*

COUTUME. §. I. 1°. *Les dispositions des Coutumes qui faisaient entrer les biens dans la communauté conjugale, ou qui les en excluaient, à raison de leur qualité féodale ou censuelle, ont-elles été abrogées par la loi du 4 août 1789, portant suppression du régime féodal?*

2°. *Quel a été, après la suppression du régime féodal, l'effet des dispositions des Coutumes qui faisaient dépendre, soit le douaire en lui-même, soit la quotité de ce droit, de la qualité féodale ou censuelle des biens?*

V. le plaidoyer et l'arrêt du 11 ventôse an 11, rapportés à l'article *Féodalité*, §. 3.

§. II. *Quel égard doit-on avoir dans les affaires qui doivent être jugées d'après l'ancienne jurisprudence, aux coutumes dont la rédaction n'a pas été autorisée ou confirmée par le législateur ?*

C'est une question si, pour la validité d'une Coutume, il est essentiel que la rédaction en ait été faite par l'autorité du législateur, et qu'elle ait été enregistrée au parlement ou conseil supérieur dans l'arrondissement duquel est situé son territoire.

Denisart embrasse l'affirmative : « Nous regardons (dit-il) comme nulles, les Coutumes qui n'ont pas été rédigées de l'autorité du roi, en » présence de ses commissaires, en vertu de lettres-» patentes bien et dûment enregistrées ».

Mais cette doctrine n'est pas vraie indistinctement.

Lorsqu'une Coutume a été long-temps observée par tous ceux qui vivent ou qui ont des biens dans son territoire, les tribunaux supérieurs sont dans l'usage de la respecter.

C'est ainsi que le conseil souverain de Brabant a toujours reconnu la Coutume de Bruxelles, qui cependant n'a jamais été *homologuée* par l'ancien gouvernement de la Belgique. C'est ainsi que tous les jours on citait et on suivait au parlement de Flandre, les Coutumes de la gouvernante de Douai, du Tournesis, des villes de Saint-Amant et de Mortagne, quoiqu'elles n'eussent été, ni rédigées par des commissaires du prince, ni revêtues de lettres-patentes, ni enregistrées au grand-conseil de Malines, qui était, aux époques de leur rédaction, le tribunal supérieur de leurs territoires respectifs.

La coutume de Saint-Omer n'était pas encore *homologuée* en 1702 : cependant, par arrêt du 4 juillet de cette année, la seconde chambre des enquêtes du parlement de Paris en a adopté les dispositions.

On objectait l'art. 2 de l'édit perpétuel de 1611, par lequel les archiducs Albert et Isabelle ordonnent à tous les conseils supérieurs et provinciaux de la Belgique, de les avertir *quelles Coutumes et usances ils tiennent pour communes et notoires, afin de les faire publier et tenir pour telles, sans que soit besoin d'en faire autre preuve ni allégation.*

Mais on répondait que, par cet article, les législateurs des Pays-Bas n'avaient pas annullé expressément les Coutumes *communes et notoires* qui ne seraient pas *décrétées* à l'avenir ; et que la peine de nullité ne pouvait pas être suppléée.

Dans une autre occasion, le parlement de Paris a jugé qu'une Coutume non homologuée devait être exécutée pour le passé ; mais il a ordonné que, pour l'avenir, il serait procédé à son homologation. Voici le fait tel qu'il est rapporté dans le Recueil de Lépine de Grainville, page 585.

Dans la succession de Barthelemi Desmarêts, décédé le 25 juin 1730, il s'est trouvé des biens situés dans le bailliage de Bapaume.

Une sentence du conseil d'Artois, du 22 mars 1734, avait ordonné que ces biens seraient partagés entre la dame de Couturelle et les sieurs Hourdequin, conformément aux dispositions de la Coutume de ce bailliage.

La dame de Couturelle qui, en première instance, avait consenti à cette manière de partager, a pris, en cause d'appel, des lettres de rescision, et a demandé que le partage fût fait suivant la Coutume générale d'Artois.

« Elle soutenait (dit Lépine de Grainville) que la Coutume de Bapaume n'avait jamais été décrétée ni homologuée, ni même portée à Amiens en 1507, pour y être vérifiée avec les Coutumes du bailliage d'Amiens, dont l'Artois dépendait alors ; qu'ainsi, cette Coutume n'était point une loi, et ne pouvait produire aucun effet.

» Pour établir sa prétention, elle se servait de plusieurs arrêts (rapportés ci-après), qui avaient proscrit des Coutumes locales d'Artois, faute d'homologation.

» Dans l'examen de cette question, on a recherché l'origine des Coutumes. Elles n'étaient d'abord que des usages accrédités parmi les peuples. Dans les premiers temps, elles n'étaient point rédigées, elles se conservaient par la seule tradition, et l'observation en était tolérée par nos souverains qui les regardaient comme des lois.

» Nos rois ayant réuni sous leur obéissance plusieurs pays, dont les peuples se gouvernaient par ces lois coutumières, voulurent qu'elles fussent rédigées par écrit, et c'est depuis 1302, que leur intention est prouvée sur ce point.

» Charles VII a ordonné cette rédaction par son ordonnance d'avril 1454, art. 125. Elle a été continuée et achevée sous le règne de ses successeurs, par des commissaires nommés à cet effet.

» La rédaction des Coutumes locales du comté d'Artois a été plus difficile et moins uniforme, parceque ce pays a presque toujours été le théâtre de la guerre, et a long-temps été gouverné par différens souverains.

» En 1315, la comtesse de Mahaut, qui était hommagère de la couronne, pour satisfaire Louis X, et apaiser les nobles de son pays, ordonna la vérification des Coutumes d'Artois, et l'observation de celles qui avaient lieu sous le règne de Saint-Louis.

» L'empereur Charles V ordonna aussi la rédaction des Coutumes locales, par édits du 7 octobre 1531, art. 3, et du 4 octobre 1540, art. 9.

» En 1509 et 1535, le cahier de la Coutume du bailliage de Bapaume, intitulé, *Déclaration des Coutumes du bailliage de Bapaume, dont on usait de toute ancienneté*, fut représenté devant les commissaires, dans l'assemblée des trois états de ce bailliage ; et il fut lors unanimement reconnu que ces Coutumes devaient subsister à cause de leur ancienneté et de leurs sages dispositions, qui ont été réduites, en 1560, par le conseil d'Artois. à celles qui étaient discordantes de la Coutume générale, comme bonnes ; les autres ayant été retranchées, comme déjà comprises dans la Coutume générale, ou parcequ'elles n'étaient que de style de procédure.

» En exécution de l'édit perpétuel de 1611, et après une déclaration de 1613, les praticiens et habitans du bailliage de Bapaume ayant été ouïs en turbes, tant sur les dispositions subsistantes, que sur l'ancienneté et l'exécution de leur Coutume, elle fut rédigée en 1614 par les commissaires, en 27 articles; et en 1670, elle a été de nouveau vérifiée devant un commissaire, à la requête du procureur du roi au conseil d'Artois, où elle a toujours été suivie et exécutée.

» Ces vérifications réitérées équipollent au décret et à l'homologation, puisqu'il est porté, par l'édit de 1611 et par la déclaration de 1613, que les Coutumes locales, communes et notoires seront observées. Cette maxime a été si constante dans le pays, que nos rois, pour la défense de leurs droits, y ont toujours fait usage des Coutumes écrites et non décrétées, comme de celles décrétées.

» Sur ces principes, les sieurs Hourdequin ont soutenu que la Coutume du bailliage de Bapaume devait avoir son exécution au moins pour le passé, parcequ'elle n'avait jamais été abrogée, ni même suspendue, et qu'elle avait toujours été observée, quoique non homologuée.

» Ainsi, le défaut d'homologation, qui n'est que de simple formalité, n'avait pu lui ôter le caractère de loi, dont le roi, en qui seul réside le pouvoir législatif, pouvait dépouiller cette Coutume, soit en cessant d'en tolérer l'observation, soit en refusant de la confirmer;

» Ils ajoutaient qu'on ne pouvait la critiquer, sous prétexte qu'elle n'avait pas été représentée en 1507, à Amiens, parceque le bailliage de Bapaume n'y avait pas été ni pu être cité, puisqu'il n'a jamais été soumis à ce bailliage pour le ressort, mais à la prévôté de Péronne, où il n'avait été rien dit, ni rien fait de contraire à la Coutume de Bapaume.

» A l'égard des préjugés, les arrêts cités par la dame de Couturelle, n'avaient proscrit que des Coutumes, ou qui étaient nulles par elles-mêmes, ou qui avaient été proscrites long-temps avant l'ouverture des droits qui avaient donné lieu à ces arrêts : en sorte qu'on ne pouvait en faire usage contre la Coutume de Bapaume.

» *Sur ces motifs*, la cour, par arrêt du 30 juin 1738, rendu au rapport de M. Séguier, n'a eu aucun égard aux lettres de rescision ni aux demandes de la dame de Couturelle; et, en confirmant la sentence en ce chef, *elle a décidé que cette Coutume devait avoir son exécution pour le passé.*

» L'arrêt a néanmoins ordonné que, dans deux ans, il serait obtenu des lettres de confirmation de la Coutume de Bapaume ».

Peu de temps auparavant, le parlement de Flandre avait rendu un arrêt qui confirmait pareillement une Coutume non homologuée.

Jean-Victor Wautier, décédé à Lille, le 7 décembre 1713, avait laissé, entre autres biens, trois bonniers cinq cents et demi de rotures, situées au village de Watrelos.

Marie-Françoise Wautier, veuve du nommé Cambier, sœur du défunt, s'en était emparée, dans la confiance qu'elle en était seule et unique héritière d'après l'exclusion que la Coutume de la châtellenie de Lille faisait de la représentation.

Dix-sept ans après, Thérèse-Albertine et Marie-Joseph Wautier, ses nièces, apprenant que la Coutume locale de Watrelos, conforme presque en tous ses points à la Coutume de la châtellenie de Courtray, accordait la représentation, même à l'infini, en ligne collatérale, pour la succession des rotures, firent saisir, par *plainte à loi*, les trois bonniers cinq cents et demi de terre dont on vient de parler, afin de s'en faire adjuger la moitié à l'encontre de leur tante.

Cette saisie donna lieu à une ample contestation dans laquelle Marie-Françoise Wautier, veuve Cambier, prétendit que la Coutume de Watrelos ne pouvait pas faire loi, parcequ'elle n'était pas homologuée, et que par conséquent on ne devait suivre à Watrelos, que la Coutume générale de la châtellenie de Lille.

Mais les demanderesses ayant soutenu que le défaut d'homologation ne pouvait pas empêcher l'effet d'une Coutume *notoire*, et que celle de Watrelos avait réellement ce caractère, sentence intervint le 19 septembre 1730, par laquelle les bailli et échevins de Watrelos leur adjugèrent la propriété de deux tiers dans la moitié des héritages mentionnés dans la plainte et saisie, avec les fruits perçus depuis la mort de Jean-Victor Wautier; l'autre tiers fut laissé à la veuve Cambier, à titre de légataire universelle du défunt.

La veuve Cambier interjeta appel de cette sentence au parlement de Flandre. Le procureur du roi de la gouvernance de Lille intervint, le procureur général se joignit à son substitut, et tous deux soutinrent, avec l'appelante, que, sans avoir égard à la Coutume de Watrelos, on ne devrait suivre dans ce village que la Coutume de la châtellenie de Lille.

Par arrêt du 12 juin 1731, les parties furent admises « à vérifier quelle était la Coutume qui » régissait les biens contentieux, pour, les preuves » faites et vues, être fait droit aux parties ».

C'était préjuger bien clairement que, si l'on prouvait que la Coutume de Watrelos fût observée, son exécution devait être maintenue.

Effectivement, par un autre arrêt du 3 février 1735, le parlement a mis l'appellation au néant, a ordonné l'exécution de la sentence des bailli et échevins de Watrelos, et a condamné la veuve Cambier à l'amende et aux dépens de la cause d'appel.

Il y a des décisions contraires, nous le savons; mais elles sont intervenues pour des coutumes qui n'étaient pas *notoires*, et dont la pratique n'était ni uniforme ni constante.

Tel est l'arrêt du parlement de Paris, du 12 janvier 1700, qui a proscrit la Coutume locale de Saint-Pol, en faisant droit sur les conclusions du procureur-général, a fait défense aux mayeur et échevins de Saint-Pol, parties au procès, de se servir de la prétendue Coutume locale, produite par eux en parchemin, jusqu'à ce qu'elle fût autorisée par lettres-patentes.

Par un second arrêt du 27 mai de la même année, le parlement de Paris a encore rejeté la Coutume de Neuville, locale de celle d'Artois, qui n'était pas non plus *homologuée*.

Un troisième arrêt du 22 décembre 1752 fait défense aux mayeur et échevins d'Avesnes-le-Comte, bourg d'Artois, de se servir de la Coutume de ce lieu, jusqu'à ce qu'elle eût été revêtue de lettres-patentes et enregistrée au parlement. Le procureur-général était intervenu au procès pour demander l'abrogation de cette Coutume.

Un quatrième arrêt du 3 septembre 1734 confirmatif d'une sentence du conseil d'Artois, du 5 janvier 1732, a fait les mêmes défenses aux mayeur et échevins du village de Beauvain.

Maillart (sur la Coutume d'Artois, page 172, édition de 1756) assure qu'un autre arrêt du 2 mai 1757 «n'a pas eu égard à la Coutume locale de Carvin-Épinoy, faute d'homologation». Et nous apprenons, par des notes particulières, que cet arrêt n'a jugé de la sorte qu'en confirmant une sentence du conseil provincial d'Artois, du 1er...1755.

Il en a été jugé de même relativement à la Coutume de la Petite-Pierre, par des arrêts des parlemens de Paris et de Metz, rapportés à l'article *Femme*, §. 1.

Il existe plusieurs arrêts semblables du parlement de Flandre.

Le plus ancien que j'ai pu recouvrer, confirme une sentence de la gouvernance de Douay, du 25 juillet 1695, par laquelle ce tribunal avait débouté de leurs prétentions et condamné aux dépens, des parties qui voulaient se servir d'une Coutume locale du village de Landas, au préjudice de la Coutume de la gouvernance de Douay, et de la maxime générale du droit coutumier, *paterna paternis, materna maternis*. Cet arrêt est du 2 septembre 1695.

La même chose a été jugée par un autre arrêt du 14 août 1733, confirmatif d'une sentence du même siège, du 17 juin 1731, au sujet de la prétendue Coutume locale de Sin-le-Noble, entre Charles de Paris, Anne Bugnicourt, sa femme, et consorts, d'une part, Ambroise Six, de l'autre.

Il s'agissait d'immeubles situés à Sin-le-Noble, que Thérèse Dupont, femme d'Ambroise Six, avait transmis, par sa mort, à Scholastique Six, leur fille, qui avait voulu les donner à son père, mais qui n'avait fait pour cela qu'un testament nul.

Ambroise Six prétendait que, si ces biens ne lui appartenaient pas comme légataire, il pouvait du moins les réclamer comme héritier, attendu que, par la Coutume locale de Sin-le-Noble, il était expressément dérogé à la règle *paterna paternis, materna maternis*.

Mais ce moyen ne fut accueilli ni à la gouvernance ni au parlement de Douay, et les biens furent adjugés aux héritiers maternels de Scholastique Six.

Même jugement pour le village de Flines. Philippe-François Caudrelier avait *appréhendé par mise de fait*, la succession immobilière d'Anne-Laurence Desmoutier, sa tante; et pour écarter le testament que lui opposaient Jacques Deleplanque et consorts, il s'était servi de la Coutume locale de Flines, lieu du domicile de la testatrice et de la situation des biens. Il avait même soutenu que cette Coutume était suivie, et il avait offert la preuve de l'usage. Néanmoins, le 1er février 1741, sentence intervint à la gouvernance de Douay, qui le débouta de ses prétentions. Sur l'appel, on disait, pour soutenir le bien jugé de la sentence, qu'il y avait preuve au procès que la Coutume dont il était question n'avait pas ces caractères de notoriété, de publicité, d'uniformité qui peuvent seuls couvrir le défaut d'homologation; et qu'ainsi, il était inutile d'ordonner une enquête à cet égard.

C'est aussi ce qui fut jugé par arrêt du 6 juillet suivant; la sentence fut infirmée, mais l'appelant ne fut admis à vérifier que les faits de suggestion qu'il articulait contre le testament.

On citait dans ce procès, un arrêt du 28 février 1715, qui avait jugé le contraire, entre Philippe Platel et consorts, demandeurs, et Léandre Baillet, défendeur. Les premiers avaient soutenu que la Coutume locale de Flines, en vertu de laquelle on prétendait les exclure d'une succession qu'ils réclamaient par la règle *paterna paternis*, n'était pas observée, et qu'en tous cas elle n'était pas obligatoire. Une sentence de la gouvernance de Douay, du 5 avril 1713, avait appointé les parties à vérifier par turbes l'usage établi à Flines, touchant cette Coutume; et il avait été tenu à ce sujet deux enquêtes, les 16 juin et 7 juillet suivant. En conséquence, l'arrêt cité avait adjugé tous les biens litigieux à Léandre Baillet.

Mais ce préjugé ne fit, lors de l'arrêt du 6 juillet 1741, aucune impression sur le parlement; et l'on crut qu'il suffisait que la Coutume de Flines ne fût pas affermie par un usage constant et invariable, pour que l'on dût la rejeter tout-à-fait

La question se représenta en 1765, et faute de connaître l'arrêt de 1741, elle fut jugée au désavantage de celui qui soutenait le parti que cet arrêt avait adopté. Voici l'espèce.

Gabriel Sens prétendait, en vertu de la règle *paterna paternis*, à tous les immeubles que Jean-Truian, fils de Jacques-Philippe Truian, avait laissés à Flines.

Pierre Pave et consorts, légataires universels de Marie Pave, veuve de Jacques-Philippe Truian, et mère de Jean Truian, soutenaient au contraire que ces biens avaient appartenu à celle-ci, par les art. 2 et 12 du chap. 1 de la Coutume de Flines, c'est-à-dire, tant à titre de gain de survie après la mort de son mari, que par le droit de succession qui les lui avait déférés à la mort de son enfant.

Sentence de la gouvernance de Douay, du 2 août 1765, en faveur de Pierre Pave et consorts.

Appel au parlement de Flandre, par Gabriel Sens; et le 17 avril 1766, arrêt qui met l'appellation au néant, avec amende et dépens.

Cet arrêt faisait revivre celui de 1715, et la Coutume de Flines avec lui. Mais la question n'en resta point là : elle fut agitée de nouveau en 1772; et la production que l'on fit cette fois de l'arrêt du 6 juillet 1741, ainsi que des moyens sur lesquels il avait été rendu, amenèrent une décision toute différente.

Bertrand-Pierre Drapier avait laissé, en mourant, des biens assez notables à Flines. Question de savoir s'ils devaient être partagés comme meubles fictifs, conformément à la Coutume locale de ce village, ou s'ils tenaient côté et ligne, ainsi que le prescrivait la Coutume générale de la gouvernance de Douay. Maximilien de Vienne était le plus proche parent du défunt et par conséquent l'héritier des meubles; il a donc soutenu le premier parti. Mais il a eu beau invoquer les arrêts de 1715 et de 1766; par sentence de la gouvernance de Douay, du 3 juin 1772, il a été débouté de toutes ses demandes; il a appelé, et son défenseur a déployé, dans un mémoire imprimé, toutes les raisons dont il était possible de faire usage pour le soutien de sa cause : cependant il n'a pas été plus heureux. Par arrêt rendu à la première chambre, le 30 novembre 1775, la sentence a été infirmée sur certains chefs, mais confirmée dans ceux qui concernaient la Coutume de Flines, à laquelle le parlement n'a pas eu plus d'égard que les premiers juges.

Les adversaires de Maximilien de Vienne se prévalaient d'un arrêt tout récent qui avait également proscrit la Coutume locale de l'Écluse, châtellenie dépendante de la gouvernance de Douay.

Voilà sans doute bien des arrêts contraires les uns aux autres; mais c'est de leur contrariété même, que sort la véritable maxime qui doit servir à décider ces sortes de questions. Il y en a qui admettent les Coutumes non homologuées, et c'est assez pour montrer qu'en général elles sont admissibles. Il y en a qui les rejettent, et leur autorité fait voir que ces sortes de Coutumes ne peuvent pas toujours être admises. La vérité qui résulte de ce combat, c'est qu'il faut examiner, dans chaque espèce, si la Coutume locale dont une partie entend se prévaloir, réunit, à l'homologation près, tous les attributs dont nous avons parlé, c'est-à-dire, si elle est notoire, si elle s'observe constamment, et si l'observation en est uniforme.

Lorsqu'elle ne réunit pas ces trois caractères, les arrêts veulent qu'on la rejette.

Mais dans le cas opposé, ils la confirment, et leur décision nous paraît justifiée par deux lois expresses.

La première est le décret d'homologation de la coutume d'Orchies, en date du 31 août 1617. Par cette loi, les archiducs Albert et Isabelle qui savaient bien que la Coutume de là gouvernance de Douay n'était pas homologuée, n'ont pas laissé d'ordonner *qu'ès cas non déclarés par la présente Coutume* (d'Orchies), *l'on se réglerait selon celle de notre gouvernance de Douay.*

La seconde est le décret de Philippe IV, roi d'Espagne, du 8 avril 1623, portant homologation de la Coutume de Luxembourg. Cette loi porte que toutes les Coutumes locales du duché de Luxembourg demeureront abrogées de plein droit dans l'année de la publication de la Coutume générale, si elles ne sont aussi homologuées dans ce terme ; ce qui prouve, comme l'on voit, que ces Coutumes locales avaient force de loi par elles-mêmes.

§. III. *Des règles à suivre pour la fixation des limites du territoire d'une coutume.*

On est fort souvent embarrassé pour savoir si, avant le Code civil, tel lieu était régi par une coutume ou par une autre.

C'est ce qui arrive principalement en deux cas :

Une ci-devant seigneurie, sous le régime féodal, faisait partie du ressort de la juridiction qui était le chef-lieu de la Coutume; mais elle relevait d'une seigneurie située dans une autre juridiction. Quelle est la Coutume qu'il faut suivre pour les biens situés dans l'étendue de cette ci-devant seigneurie?

Un domaine, sous le même régime, relevait, tant pour la féodalité que pour la juridiction, d'un chef-lieu différent de celui dans l'arrondissement duquel il était enclavé : à quelle Coutume ce domaine est-il sujet?

Examinons séparément chacune de ces questions.

I. La première se réduit, comme l'on voit, à savoir si leurs fiefs servans et les mouvances devaient suivre les Coutumes des fiefs dominans, non pas précisément pour les droits seigneuriaux (car ces droits faisaient, à cet égard, la matière d'une toute autre question sur laquelle on peut consulter les feudistes), mais pour les autres objets qui pouvaient concerner ces fiefs et les biens qui en relevaient.

Nous ne voyons pas que, dans l'intérieur de la France, la question ait souffert beaucoup de difficulté. Ce qui prouve seulement qu'elle a été agitée, c'est que plusieurs Coutumes ont pris soin de la décider expressément. Laon, Reims, Chalons, Péronne, Mantes, déclarent que les fiefs et les rotures sont gouvernés par la Coutume du lieu où ils sont saisis, et non par la Coutume de la situation des fiefs dont ils relèvent.

Ainsi, aux termes de ces lois municipales, l'étendue du territoire d'une Coutume est déterminée par celle d'une juridiction principale qui, avant la révolution de 1789, en était le centre, et à laquelle les autres juridictions gouvernées par la même Coutume, ressortissaient. Lors même que le territoire de la Coutume était partagé entre plusieurs juridictions également principales, c'étaient les limites de ces juridictions qui formaient celles de l'empire de la coutume.

On sent la raison qui a fait admettre cette règle. Comme dans la plus grande partie des pays coutumiers, la juridiction n'était pas nécessairement annexée aux fiefs, et que l'on pouvait être dans la mouvance d'un seigneur et dans la justice d'un autre, on n'avait pas pu, dans la fixation des limites des Coutumes, avoir égard à la suzeraineté des seigneurs féodaux. Le fond d'ailleurs des dispositions des Coutumes invitait à faire ce qu'on a fait. La majeure partie de ces dispositions ne concerne point le droit des fiefs, et il n'y avait par conséquent pas de motifs suffisans pour régler les limites des Coutumes par celles des mouvances. D'un autre côté, l'influence que les jugemens ont sur les usages, avait depuis long-temps frayé la voie pour suivre, dans la fixation des limites des Coutumes, celles des juridictions qui avaient déjà reconnu et affermi la majeure partie du droit consacré dans les rédactions; et le maintien de ce droit, qui était confié pour l'avenir aux mêmes tribunaux, demandait encore que leur ressort fût celui des Coutumes.

Aussi, dans une espèce où il s'agissait d'un don mutuel, et qui a été jugée au parlement de Paris, le 11 mars 1783, a-t-il été décidé que la disposition des Coutumes citées devait être suivie dans les Coutumes muettes.

La question était de savoir à laquelle des deux Coutumes, ou d'Orléans ou de Dunois, la terre d'Yerville était soumise.

Le comte de Courtavel prétendait qu'elle était régie par la Coutume d'Orléans : sa raison était qu'il était dit, dans quelques actes féodaux, que cette terre devait la foi et hommage à la terre de Beauvilliers, selon la Coutume d'Orléans, et qu'elle payait le quint en mutation, droit inconnu dans le Dunois mais usité dans l'Orléanais; de là résultait, suivant lui, la preuve qu'elle était régie par la Coutume d'Orléans.

La marquise de Courtavel, au contraire, soutenait que la Coutume de Dunois devait seule être consultée : elle se fondait, tant sur l'opinion générale de la province, qui plaçait sans difficulté cette terre sous l'empire de la Coutume de Dunois, que sur l'usage le plus ancien, conforme à cette opinion et suivi dans tous les partages.

Elle répondait, au moyen du comte, tiré des actes féodaux qu'il invoquait, et du droit de quint, que la terre d'Yerville payait en mutation, par une distinction de la terre considérée comme fief, *ut feudum*, d'avec la terre considérée comme fonds, *ut fundus* : cette distinction, disait-elle, règle les droits honorifiques ou utiles, et les lois générales de la patrimonialité des héritages. Il n'y a rien à conclure de la terre-fief à la terre-patrimoine, de la loi de l'une à la loi de l'autre. Le fief

se règle toujours par la loi de l'investiture, ou par les anciennes reconnaissances, par les anciens aveux; mais la terre-patrimoine se règle par la loi de l'enclave : or, on a prouvé que la loi de l'enclave d'Yerville est la Coutume de Dunois; et que cette Coutume, qui n'établit pas le quint en mutation, ne l'exclud pas absolument, lorsqu'il y a aveu, titre ou reconnaissance précise, comme les actes féodaux rapportés dans la cause.

Sur ces raisons, l'arrêt cité a jugé que la Coutume d'Orléans n'avait, en fait de disposition, aucun empire sur la terre d'Yerville, et que cette terre n'était, à cet égard, régie que par la Coutume de Dunois.

Mais il y a eu plus de difficulté, sur ce point, dans les provinces belgiques.

Nous voyons, dans le Recueil de Cuvelier, conseiller au grand conseil de Malines, §. 53, que l'on agita, en 1604, la question de savoir si l'on devait regarder comme valable la disposition qui avait été faite de la terre de Villers-Messire-Nicole, conformément à la Coutume de Namur, d'où elle relevait, mais sans observer les solennités prescrites par la Coutume de la province de Hainaut, où elle était située; et que, par arrêt du 8 mai 1604, confirmé en révision le 22 janvier 1606, la disposition fut jugée bonne.

Ces arrêts ne furent pourtant pas approuvés en Hainaut; et lorsqu'en 1619, on rédigea la Coutume générale de cette province, on y inséra, chap. 90, art. 5, une disposition conforme à celles des Coutumes de Laon, de Reims, de Châlons, de Péronne et de Mantes.

Mais il y a plusieurs autres provinces des Pays-Bas où le préjugé s'est conservé; et où l'on a fait suivre aux fiefs servans les Coutumes des fiefs dominans.

Telle est la Flandre flamande. Voyez à ce sujet le *Répertoire de jurisprudence*, aux mots *Confraternité de Coutumes* n°. 14.

Tel est encore le Brabant. Christin, tome 1, décis. 382, n°s 17 et 18, rapporte un arrêt de la souveraine cour féodale de Bruxelles, qui l'a ainsi jugé le 28 juin 1613.

Le même auteur, tome 6, décis. 48, et Anselmo, en son *Tribonien belgique*, chap. 90, §. 6, assurent positivement qu'il a été tenu en Brabant plusieurs enquêtes par turbes sur ce point, et que tous les turbiers y ont attesté, comme une maxime, notoire que les fiefs se régissaient en cette province par les Coutumes des cours féodales d'où ils relevaient.

C'est aussi ce que fait entendre l'art. 21 de la Coutume de la souveraine cour féodale de Brabant, puisqu'en réglant la succession des fiefs en ligne directe, il ne parle précisément que des *biens et rentes féodales du duc de Brabant*.

On trouve aussi dans le Commentaire d'à Sande, *ad consuetudines de feudis gelricæ*, tit. 3, chap. 1, §. 9, n°. 7, un arrêt du 15 décembre 1574, qui, après avoir parlé *des fiefs de Brabant*, qui se trouvaient dans une succession, et pour le partage desquels il s'était élevé des difficultés, explique ainsi ces mots *fiefs de Brabant.* « A savoir, Boxe- »meer, les moulins à l'entour de Breda, et autres » tenus et mouvans, soit médiatement ou immé- » diatement, de la cour féodale de Brabant ».

Remarquons cependant que ceci n'avait point lieu dans le Brabant-Wallon. Kinschot, *de rescrip- tis gratiæ*, traité 7, chap. 5, dit que les fiefs y suivent la Coutume de leur situation, sans égard à celle de la cour féodale dont ils sont mouvans; et Coloma, dans son Recueil d'arrêts du grand conseil de Malines, tome 1, page 247, rapporte un arrêt de la souveraine cour féodale de Brabant, du 15 novembre 1607, qui l'a ainsi décidé.

Le même magistrat, page 242, rend compte d'une espèce qui s'est présentée à Malines en 1716, et dans laquelle il s'agissait de savoir si les terres de Weert, Nederweert et Wessem devaient suivre la Coutume de la cour féodale du haut quartier de Gueldres, d'où elles relevaient, quoiqu'elles fussent situées hors du duché de Gueldres. Il entre, à ce propos, dans de grands détails sur la question considérée en général, et il convient qu'à cet égard « le sentiment de ceux qui tiennent pour la » Coutume de la situation, est le plus probable et » le plus commun ».

Cependant il ajoute que, dans le cas particulier sur lequel il s'agissait de prononcer, il a pensé différemment, à raison des dispositions singulières de la Coutume de la cour féodale du haut quartier de Gueldres; et que s'étant trouvé sept voix contre sept, le grand conseil de Malines prit le parti de renvoyer la décision de la cause au souverain.

A l'égard de la Flandre gallicane, de l'Artois et du Cambresis, jamais on n'y a adopté, sur cette matière, une autre jurisprudence que celle de l'intérieur de la France; et l'on y a toujours tenu pour très-constant que le fief servant qui relevait d'un lieu pour la juridiction, et d'un autre pour la féodalité, devait suivre la Coutume du premier.

Ainsi, par arrêt du parlement de Flandre, du 17 décembre 1700, rendu entre Josse Lippens et Jacques-Philippes Belgaro, il a été jugé qu'un fief tenu de la seigneurie de Raimbaucourt, qui ressortissait de la gouvernance de Douay, mais situé dans le ressort de la gouvernance de Lille, et soumis à sa juridiction, devait suivre, en disposition, la Coutume de la châtellenie de Lille.

Ce que nous disons de la seigneurie même de Raimbaucourt, est une autre preuve de la maxime que nous venons d'avancer; car cette terre, qui était régie par la Coutume de la gouvernance de Douai, et qui était justiciable de ce tribunal, relevait, pour la féodalité, de la seigneurie de Fenaing en Hainaut.

Au reste la question n'a dû se présenter fort souvent dans ces contrées, parceque, de droit commun, la justice y suivant le fief, il était très-rare

que la Coutume du fief dominant ne fût pas en même temps celle de la juridiction.

II. Mais ce même cas présente une autre difficulté : c'est, comme on l'a déjà dit, de savoir si une terre qui était enclavée dans le territoire d'une juridiction, mais qui relevait d'une autre, tant pour la mouvance que pour la justice, devait suivre la Coutume de la première ou celle de la seconde?

Cette question a été agitée au parlement de Flandre, en 1755, entre l'aîné et le cadet des enfans du sieur Duchâtel-Pétrieux.

Il s'agissait de savoir si le hameau de Pétrieux devait être gouverné par les chartes de la province de Hainaut, dans laquelle il se trouvait enclavé, ou par la Coutume de la châtellenie de Lille, du territoire de laquelle il formait une portion intégrante, tant pour la mouvance féodale que pour la juridiction?

Le sieur Duchâtel-Pétrieux avait disposé de ses fiefs en faveur de son fils cadet, sans observer d'autres formalités que celles de la Coutume de la châtellenie de Lille. Le fils aîné prétendait qu'à l'égard du fief et hameau de Pétrieux, la disposition était nulle, parceque l'on n'y avait pas observé les formalités particulières ordonnées par la Coutume du Hainaut.

Par arrêt du parlement de Flandre, du 25 juin 1755, confirmatif d'une sentence de la gouvernance de Lille, du 28 juillet 1753, il a été jugé que, pour apprécier la validité de la disposition de la terre de Pétrieux, il fallait consulter la Coutume de la châtellenie de Lille, et non celle du Hainaut.

Il est vrai qu'on a pris contre cet arrêt la voie de révision, et que les parties ont transigé la veille du jugement. Mais outre que les magistrats ont cru devoir engager deux frères à se faire des sacrifices réciproques, il y avait au procès une seconde question qui semblait souffrir quelque difficulté, celle de savoir si, dans la châtellenie de Lille, un père pouvait donner tous ses fiefs à l'un de ses enfans par testament.

Au reste, sur la question qui nous occupe ici, le fils aîné se prévalait mal à propos de l'art. 5 du chap. 90 des chartes du Hainaut. Cet article, il est vrai, soumet aux lois dont il fait partie, tous les *fiefs situés* dans cette province; mais qu'est-ce qu'être *situé* dans un lieu? Les chartes parlent d'une situation civile, qui est relative à elles-mêmes. Les limites d'un état, d'une province, d'un bailliage, d'une châtellenie, sont celles d'une domination, d'un gouvernement, d'une juridiction. L'article cité des chartes ne doit s'entendre que des fiefs qui composent le territoire du Hainaut, et non de ceux qui s'y trouvent enclavés.

Peut-on en dire autant de la Coutume de Touraine, qui est intitulée : *Coutumes du duché et bailliage de Touraine, anciens ressorts et en-* CLAVES, *régis et gouvernés selon icelui?*

Il semble que, par ces mots, la Coutume veuille seulement déclarer qu'il n'y a, dans son territoire, ni d'intervalles physiques dans lesquels il y ait des héritages sujets à une juridiction et à une Coutume étrangères, ni de juridictions indépendantes du duché et bailliage de Touraine et de l'empire de sa Coutume.

Si sa disposition ne devait pas être ainsi interprétée, elle serait du nombre de ces choses bizarres que l'on trouve quelquefois dans nos Coutumes, et que l'on n'observait pas même dans leur territoire.

Les Coutumes étaient des lois que s'étaient imposées à eux-mêmes ceux qu'elles gouvernaient. La convocation des trois états de toutes les parties d'un territoire, était requise pour leur rédaction. Y convoquait-on ceux qui n'étaient pas dans la dépendance du chef-lieu dont on rédigeait la Coutume? Non sans doute. Pouvait-on leur imposer des lois sans leur consentement? Non plus. Leur en aurait-on imposé utilement? Pas davantage, puisque la décision des différends qui s'élevaient entre eux, devait être ordinairement portée dans leur juridiction. Peut-on supposer qu'ils fussent tenus de se soumettre à la Coutume d'une juridiction étrangère? Cela n'est pas croyable, et d'ailleurs ne se pouvait pas, puisqu'étant soumis à une autre juridiction principale, ils devaient avoir concouru ou concourir à l'avenir, dans cette juridiction, à la formation de leur Coutume.

Enfin, si, en vertu d'un ancien changement de ressort, ou de quelque autre cause, une juridiction inférieure, indépendante du chef-lieu d'une Coutume, la reconnaissait, c'était une exception qui ne pouvait être étendue hors de son cas précis, et un pareil exemple n'aurait pas autorisé les états de Touraine à soumettre à leur Coutume des personnes et des héritages qui eussent été exempts de son empire et des juridictions de leur province. On ne peut donc pas supposer qu'ils reconnussent des héritages sujets à une juridiction étrangère, ou des juridictions étrangères enclavées dans la Touraine, et il faut croire qu'ils ont voulu nier au contraire qu'il y en eût, parceque l'on formait apparemment des prétentions de ce genre. On n'en sera pas surpris, lorsque l'on considérera que, dans le voisinage de cette province, des prétentions contraires sur la juridiction, entre les provinces d'Anjou et de Poitou, et entre celles de Poitou et de Bretagne, ont laissé sans Coutume déterminée une assez grande étendue de pays, ce qui a produit une confusion et une incertitude de droit qui est très-embarrassante et qu'il était important d'éviter.

Ce serait un faible argument, que celui qu'on tirerait du mot *enclave* dont se sert la Coutume de Touraine, pour prouver qu'elle parle d'héritages qui ne sont pas soumis à la juridiction du bailliage de Tours? Ce mot peut ne signifier rien de plus que *entouré, environné;* et on pouvait les employer pour désigner, parmi les héritages que l'on ne contestait point être du territoire de Touraine,

ceux sur la dépendance desquels on élevait des doutes, vraisemblablement sous le prétexte de la mouvance féodale.

Au surplus, on ne prétendra sûrement pas que cette disposition, quelle qu'elle soit, puisse servir de règle dans les autres Coutumes. Un article d'une Coutume ne doit être étendu hors de son ressort, que lorsqu'il est fondé en principe, et qu'il contient un développement de l'esprit général de notre droit coutumier. Or, quel est le principe qui doit nous diriger dans la matière dont il s'agit? Les observations que nous venons de faire sur le plan que l'on a suivi dans la rédaction des Coutumes et dans la fixation des bornes de leur ressort, nous le montrent avec évidence.

C'est un fait certain que l'étendue de chaque Coutume est, en général, bornée par le territoire des juridictions qui la reconnaissent. La rédaction des Coutumes a été précédée en France d'ordonnances générales qui ont prescrit de rédiger les Coutumes de chaque bailliage ou sénéchaussée. Les édits et lettres-patentes concernant chaque bailliage, annoncent le même plan, et leur exécution y fut entièrement conforme. Si l'on veut parcourir les procès-verbaux de rédaction, on y trouvera une infinité de preuves de cette vérité. On y verra, entre autres choses, des protestations de ne point reconnaître une Coutume, fondées sur ce que l'on prétendait ne pas ressortir à son chef-lieu pour la juridiction.

Les ordonnances des anciens législateurs des Pays-Bas annoncent qu'ils furent animés du même esprit. Celle qui confirme la Coutume de la châtellenie de Lille, exprime assez qu'elle a pour bornes celles du territoire de la gouvernance de Lille.

Il n'est pas jusqu'à l'intitulé des Coutumes, qui ne prouve la vérité de nos observations. Comment les appelle-t-on, pour la plupart? La Coutume du bailliage, la Coutume de la sénéchaussée de telle ville. Ces noms-là sont certainement des noms de juridiction. De là résulte un principe incontestable qui détermine sous quelle Coutume des héritages sont situés, lorsqu'on doute de leur situation : il n'y a qu'à considérer à quelle juridiction ils sont soumis, et quelle est la Coutume de cette juridiction.

Ce n'est pas qu'il n'y ait des exceptions à ce principe, mais elles ne peuvent guère être fondées que sur un changement ancien ou moderne de juridiction. On trouve dans les procès-verbaux de rédaction plusieurs exemples de pareilles exceptions fondées sur cette cause.

Dans celui des Coutumes de Vermandois, entre autres, on voit le prévôt de Compertrix remontrer « pour les trois états de ladite prévôté, appelés à » la rédaction des Coutumes du bailliage de Verman- » dois; que, combien que, dès l'an 1543, ladite pré- » vôté de Compertrix ait été éclipsée du bailliage et » prévôté foraine de Sens, et dès-lors unie et annexée » au siége particulier du bailliage de Vermandois à » Châlons, ce néanmoins les demeurans en ladite » prévôté de Compertrix se sont toujours gouvernés

» et gouvernent selon les Coutumes du bailliage de
» Sens, leur ancien ressort, où ils ont été appelés à
» la rédaction des Coutumes qui furent arrêtées au
» mois de novembre 1555, y ont la plupart comparu
» et accordé lesdites Coutumes, et contribué pour
» leur part aux frais ».

Nous trouvons dans l'Artois une exception d'un
genre différent.

Avant la cession que François 1er fit de cette
province à Charles-Quint, en 1521, il s'y trouvait
plusieurs villages qui, quoique situés et enclavés
dans sa circonférence, étaient cependant dans la
mouvance de quelques seigneurs de Picardie, et
ressortissaient aux juridictions royales de Beau-
quêne, de Montreuil, de Doullens, de Saint-Ric-
quier, de Péronne et d'Amiens.

Ces enclavemens furent compris dans la cession
de François 1er, et Charles-Quint les assujétit
au conseil provincial qu'il créa à Arras, en 1550.

Ce changement de domination et de juridiction ne suffisait cependant pas pour leur faire
perdre leurs Coutumes, sans une disposition expresse du législateur.

Mais Charles-Quint voulut, en homologuant la
Coutume d'Artois, qu'ils y fussent soumis comme
les autres lieux de cette province, et il le déclara formellement ainsi par son placard du 5
mars 1544.

Il le pouvait sans doute, puisqu'il avait acquis
la souveraineté de ces enclavemens, et qu'il était
bien maître de leur donner de nouvelles lois.

Cependant, soit qu'on lui contestât cette souveraineté, soit que l'on ignorât la disposition de
son placard de 1544, nous voyons que, dans la rédaction de la nouvelle Coutume d'Amiens, en
1567, les mêmes lieux soumis par ce prince à
la Coutume d'Artois, furent compris comme sujets à la Coutume d'Amiens. On en usa de même,
lorsqu'on rédigea la Coutume de Péronne. C'est
ce qu'attestent les procès-verbaux de ces deux
Coutumes.

Ainsi, on était bien pénétré de la maxime que
les enclavemens doivent suivre la Coutume du lieu
auquel ils ont ressorti dans le principe; et Charles-
Quint lui-même en reconnaissait la vérité par la
dérogation qu'il y faisait, pour ne pas voir une
partie de ses sujets d'Artois gouvernés par des
Coutumes étrangères.

Après la réunion de l'Artois à la France, il a
été question de savoir si cette dérogation devait
encore faire loi, ou si les choses étant retournées
dans leur premier état, les enclavemens de Picardie en Artois devaient rentrer sous la domination
de leurs anciennes Coutumes.

Le premier parti a prévalu, et avec raison. Ces
enclavemens ayant reçu, par une loi publique et
solennelle, l'impression d'une nouvelle Coutume,
ils ont dû la conserver tant qu'elle n'a pas été effacée par une autre loi.

C'est ce qui a été jugé pour Villers-au-Flos, situé dans la mouvance médiate du château de Pé-

ronne, et dans la mouvance immédiate d'Athie.
Un arrêt du 22 janvier 1727, rendu à la grand'-
chambre du parlement de Paris, a décidé qu'on
devait y suivre la Coutume d'Artois. Il s'agissait
d'un droit d'afforage.

§. IV. *Un testateur peut-il, sous l'empire
du Code civil, ordonner que sa succession
sera déférée à ceux qui y seraient appelés par
telle Coutume, si elle était encore en vigueur?*

V. l'article *Testament*, §. 14.

§. V. *Dans quels cas les dispositions des
Coutumes qui dérogeaient au droit commun,
devaient-elles être interprétées strictement?*

V. le plaidoyer du 8 janvier 1812, rapporté à
l'article *Féodalité*, §. 5.

CRAINTE. §. I. *La Crainte que les jurisconsulte qualifient de révérentielle, est-elle un moyen
suffisant de rescision contre un acte passé entre
personnes majeures?*

La négative est établie par la loi 6, C. *quod
metûs causâ gestum erit*; par les lois 21 et 22,
D. *de ritu nuptiarum*; par la loi 14, C. *de nuptiis*; par la loi dernière, D. *si quis aliquem testari
prohibuerit*; et par la loi dernière du même titre
au Code.

Bouvot, tome 2, au mot *Violence*, rapporte un
arrêt du parlement de Dijon, du 11 juillet 1601,
qui a jugé, conformément à ces textes, que « la
» seule Crainte maritale n'est pas suffisante pour
» faire rescinder un contrat, sans preuve de force
» et de violence ».

De Saint-Jean, décis. 5, nous retrace un arrêt
du parlement de Provence, rendu le 8 janvier
1582, lui président, par lequel une femme fut
déboutée de la restitution qu'elle demandait contre
la vente de ses biens paraphernaux, sous prétexte
qu'elle y avait été induite par la Crainte maritale.

Nous trouvons dans Boniface, tome 2, liv. 4,
tit. 19, chap. 1, un arrêt du même parlement,
du 26 avril 1638, par lequel il a été jugé que
l'obligation souscrite par un domestique, au profit
de son maître, ne pouvait pas être rescindée,
sous prétexte de Crainte révérentielle.

L'art. 1114 du Code civil confirme expressément
cette jurisprudence.

§. II. *La Crainte d'une peine ou d'une
contrainte légale est-elle, lorsqu'elle a motivé une obligation ou une quittance, une
cause de restitution en entier contre cet acte?*

Non: pour faire rescinder un contrat du chef
de Crainte et de violence, il ne suffit pas de prouver que la Crainte et la violence qui ont donné lieu
à l'acte, ont le caractère de gravité requis par les
lois; il faut encore que les objets de cette Crainte
et de cette violence soient injustes, et, comme dit
la loi 3, §. 1, D. *quod metûs causâ*, contraires
aux bonnes mœurs, *adversus bonos mores*.

« Les voies de droit, dit Pothier (*Traité des* » *obligations*, n° 26) ne peuvent jamais passer » pour une violence de cette espèce; c'est pour- » quoi un débiteur ne peut jamais se pourvoir » contre un contrat qu'il a fait avec son créancier, » sur le seul prétexte qu'il a été intimidé par les » menaces que ce créancier lui a faites, d'exercer » contre lui les contraintes par corps qu'il avait » droit d'exercer, ni même lui prétexte qu'il a » fait ce contrat en prison, lorsque le créancier a » eu droit de l'emprisonner ».

Mais la loi 22 du titre cité ne contredit-elle pas cette doctrine? Voici ses termes : *Qui in car-cerem quem detrusit ut aliquid ei extorqueret, quidquid ob hanc causam factum est, nullius momenti est* (Celui qui a jeté quelqu'un dans une prison, pour lui extorquer quelque chose, doit s'attendre à voir annuller tout ce qui a été fait pour cette cause).

Cette décision paraît bien générale. Cependant la plupart des interprètes ne l'entendent que d'un emprisonnement illégal; et la loi elle-même paraît se prêter à cette interprétation, puisqu'elle parle d'un emprisonnement pratiqué, en quelque sorte, par voie de fait et d'autorité privée, *qui in carce-rem quem detrusit*; et qui a pour but d'arracher au captif une obligation sans cause, *ut aliquid ei extorqueret*.

Aussi a-t-il été jugé par un arrêt de la chambre de l'édit de Castres, le 22 février 1655, « que les » prisonniers peuvent valablement s'obliger, pour- » vu qu'ils soient emprisonnés d'autorité de justice » et pour cause juste ». Ce sont les termes de Boné, part. 2, art. 64.

Il paraît, à en juger par deux arrêts insérés dans le recueil de Lépine de Grainville, qu'au parle-ment de Paris, on distinguait si l'acte passé par une personne emprisonnée, lors même qu'elle avait été arrêtée légalement, lui inférait une lésion vé-ritable, et si l'on pouvait présumer qu'elle ne l'eût pas fait étant en liberté; ou si, au contraire, le prisonnier n'avait fait que ce qu'il aurait dû faire hors de prison.

Dans ce dernier cas, l'acte était maintenu, té-moin l'arrêt qui suit :

« Un homme (dit Lépine de Grainville) était en prison, on le fait sortir et on le conduit avec des archers chez un notaire. Il y passe une transaction; ensuite il est mis en liberté : il se pourvoit con-tre la transaction.

« La première question fut de savoir s'il était vraiment en prison : jugé que oui, parcequ'il était gardé, et que son écrou n'avait pas été rayé.

» La seconde, si la transaction était valable : jugé que oui, parcequ'elle ne préjudiciait pas à ses intérêts, et qu'il l'aurait dû passer en liberté ».

Cet arrêt a été rendu à la quatrième chambre des enquêtes, le 13 août 1722.

Mais dans le premier cas, il y avait ouverture à la rescision, et elle était prononcée dès que le pri-sonnier réclamait contre les engagemens onéreux qu'il avait pris.

C'est ce qu'a décidé un arrêt rendu à la même chambre et le même jour que le précédent.

« Il était question (ce sont encore les termes » de Lépine de Grainville), de juger si un ac- » quiescement donné à des offres nulles, par un » prisonnier, était valable ».

On opposait que l'acte avait été passé entre deux guichets. Mais, répondait le prisonnier, la distinction du séjour entre les deux guichets en la prison même, n'est fondée sur aucun principe : je n'étais pas plus libre de sortir de l'un que de l'autre; je n'ai point agi librement, et la prison a été pour moi un motif de Crainte, puisque j'ai acquiescé à des offres nulles.

Lépine de Grainville ajoute, pour justifier cet arrêt, que, chez les Romains, on exigeait une violence beaucoup plus forte pour anéantir des actes, que parmi nous.

« Il y a (dit-il) deux textes, dont l'un demande une terreur capable d'intimider une personne coura-geuse, et l'autre que la violence soit telle qu'on ait sujet de Crainte, ou de perdre la vie, ou de souffrir des tourmens considérables. Ces textes sont la loi 6, D. *quod metûs causâ*, et la loi 13, C. *de transactionibus*.

» Mais selon notre usage, lorsqu'il est question d'annuller un acte par les moyens de Crainte et de violence, il n'est pas nécessaire que l'une et l'autre aient été aussi considérables; il suffit que celui qui se plaint d'une convention, ait été exposé à quel-que Crainte raisonnable, et que cette convention lui ait fait perdre quelque avantage; sa liberté n'a plus été entière, puisqu'il a été contraint de donner ce qu'on a exigé de lui.

» Il est vrai que l'on peut dire qu'il aurait pu souffrir le mal dont il était menacé; mais sa raison l'a déterminé à souffrir un mal moindre que celui que sa résistance lui aurait attiré; ainsi, il n'était pas libre, puisqu'il ne pouvait user sagement de sa liberté, qu'en se déterminant au parti qu'on le force de prendre; ce qui blesse la prudence, est contraire au bon usage de la liberté.

» C'est d'après ces principes que, par notre ju-risprudence, la captivité et l'emprisonnement sont compris dans le nombre des espèces de violence et de Crainte, capables de détruire les actes ».

Si l'on juge ainsi dans le cas d'un emprisonne-ment qui est à la fois juste et régulier, à bien plus forte raison doit-on suivre la même règle, lorsque l'emprisonnement, quoique régulier dans la forme, est destitué de cause en soi.

Un mari et une femme sont poursuivis pour banqueroute frauduleuse; ils sont décrétés de prise de corps et emprisonnés. Dans cet état, ils tran-sigent entre deux guichets, et s'obligent envers leurs créanciers. Ils sortent. Lettres de rescision et appel de la procédure extraordinaire. Le 1er juin 1714, arrêta la Tournelle criminelle du parlement de Paris, sur les conclusions de M. l'avocat-général

Chauvelin, qui déclare le tout nul, par le motif qu'il n'y avait point de preuve de banqueroute par les charges, et par conséquent point de cause à la transaction.

V. Au surplus le plaidoyer et l'arrêt du 29 messidor an 11, rapportés à l'article *Papier-monnaie,* §. 9.

CRÉANCIER. *V.* Les articles *Action Pauliane, Attermoiement, Banqueroute, Démission de biens, Direction, Faillite, Émigrés, Expropriation forcée, Héritiers, Hypothèque, Inscription hypothécaire, Lettres de ratification, Opposition (tierce-), Paiement, Intérêts. Union de créanciers, Usufruit paternel,* etc.

CROUPIER. Le Croupier (c'est-à-dire, celui à qui, dans une société, l'un des associés a cédé une part déterminée de son intérêt, et qui, par cette raison, en est l'associé particulier et en sous ordre) est-il tenu de contribuer aux pertes causées à son cédant par l'insolvabilité des associés de celui-ci?

Pour résoudre cette question, il faut bien se fixer sur la *nature* et sur *l'objet* de la société particulière qui existe entre le Croupier et son cédant.

Sur sa *nature,* écoutons Domat, liv. 1, tit. 8, sect. 2, n°. 5 : « Si un des associés s'associe une autre » personne, ce tiers ne sera point associé des autres, » mais seulement de celui qui l'a associé : le » fera entre eux une autre société séparée de la » première, et bornée à la portion de cet associé » qui s'en est joint un autre ».

Cette doctrine n'est que l'écho des lois 19 et 20 *prô Socio,* au Digeste : *Qui admittitur socius,* disent-elles, *ei tantùm socius est qui admisit, et rectè; cùm enim societas consensu contrahatur, socius mihi esse non potest, quem ego socium esse nolui. Quid ergò si socius meus eum admisit? Ei soli socius est. Nam socii mei socius, meus socius non est.*

Le Croupier n'a donc rien de commun avec les associés de son cédant : la société particulière qu'il a contractée avec lui, subsiste par soi; elle est, comme le dit Domat, *séparée de la première.* Voilà sa *nature.*

Son *objet* est l'entreprise formée par la société principale, et cet objet est purement *réel.* On vient de voir que les personnes avec qui le cédant est associé, n'ont rien de commun avec le Croupier; c'est donc uniquement à la chose que le Croupier doit prendre part.

Ainsi, il entrera dans toutes les pertes qui naîtront de l'entreprise même. Si un incendie consume le magasin dans lequel sont renfermées les marchandises pour le commerce desquelles on s'est associé, si quelques-uns de ceux à qui on les a vendues, n'en paient pas le prix, le Croupier en souffrira comme son cédant. Cela est sans difficulté.

Mais il ne sera nullement chargé des pertes qui proviendront des associés mêmes de son cédant,

parcequ'il n'est point garant de leurs faits. Qu'ils enlèvent la caisse de la société, qu'ils deviennent insolvables, peu lui importe : ces pertes ne regardent point la société considérée en soi, mais seulement les associés entre eux; et loin qu'elles puissent rejaillir de la personne de son cédant sur la sienne, il aura, au contraire, une action contre son cédant même, pour s'en faire indemniser.

C'est ce que décident les lois 21, 22 et 23 du titre cité. Tout ce que le cédant, disent ces textes, retirera de la société, il le communiquera à son Croupier : *quidquid fuerit de societate nostrâ consecutus, cum illo qui eum assumpsit, communicabit :* mais il demeurera garant de ses faits envers la société, *sed factum ejus præstabit societati,* parcequ'il l'a entremis dans les affaires de ses associés sans leur aveu, *quia ipse solus admisit.* Par la raison contraire, il l'indemnisera du dommage causé par la faute de ses associés dans les biens de la société: *ex contrario factum quoque sociorum debet ei præstare.*

On ne concevra pas, sans doute, d'après ces textes, comment le Croupier pourrait être tenu de contribuer aux pertes que son cédant éprouve par l'insolvabilité de ses associés : c'est cependant ce que nous avons vu soutenir par quelques jurisconsultes; mais bien sûrement c'est une erreur.

Le point d'où il faut partir, pour s'en convaincre, est que le Croupier n'est associé avec son cédant *que pour une part déterminée dans la société principale.*

Pesons bien ces termes; ils renferment la substance de tout ce qu'on peut écrire sur ce sujet, et il en sort des conséquences aussi naturelles que décisives.

Le Croupier n'est associé avec son cédant *que pour une part déterminée* : donc il n'est pas possible qu'on le répute associé pour une plus grande part : donc on ne peut pas, sans violer le principe qui défend d'étendre une obligation au-delà de ses termes, lui faire essuyer plus de charges que cette part déterminée n'en comporte; donc il y a de l'absurdité à vouloir rejeter sur lui les parts de tierces personnes insolvables, avec lesquelles il n'a ni contracté ni quasi-contracté.

Mais, objecte-t-on, le cédant ne peut empêcher cette augmentation de charges pour la part qu'il a dans la société; pourquoi son Croupier aurait-il plus de droit d'empêcher que la même augmentation n'ait lieu à proportion de la part qui lui a été cédée?

Pourquoi? Par une raison de différence très-simple : parceque le cédant a contracté avec les membres de la société principale, et que le Croupier ne l'a point fait; parceque le cédant, en entrant dans la société principale, s'est obligé envers le public et chacun de ses associés, de faire face au vide qui pourrait provenir de quelques-uns d'entre ceux-ci, et que le Croupier, au contraire, n'a contracté qu'avec lui; parceque le cédant n'est pas seulement tenu des pertes de la société, mais du fait de ses associés, au lieu que le Croupier ne connaît pas les associés de son cédant, n'a rien de commun avec eux, et que, s'il a pris un intérêt dans la société, il l'a pris en considérant la société comme un objet purement réel et indépendant de la personne de chacun de ses membres.

Cette dernière raison met le comble de l'évidence aux moyens que nous fournit la définition du Croupier.

Nous avons dit qu'il n'est associé de son cédant que pour une part déterminée, et qu'il ne l'est que relativement à la *société principale*.

Il faut, en effet, bien distinguer ici la société même d'avec les membres qui la composent; il faut bien se garder de confondre le commerce ou l'entreprise qui est l'objet de l'une, avec les qualités accidentelles aux personnes des autres.

Lorsque le Croupier prend un intérêt dans la société principale, il considère bien le commerce ou l'entreprise qui en est l'objet, mais il ne s'occupe nullement des associés même de son cédant; il ne contracte point avec eux; il ne se rend point responsable de leurs faits, ni garant de leur solvabilité; en un mot, il est absolument séparé d'eux, et n'entre pour rien dans tout ce qui les concerne entre eux.

C'est ce qu'établit clairement la loi 19, *pro socio*, que nous avons déjà citée. On ne peut, dit-elle, regarder comme mon associé celui avec lequel je n'ai point voulu former de société: *Socius mihi esse non potest quem ego socium esse nolui*. Le Croupier ne contracte donc point avec les associés de son cédant; il n'est point leur associé, et, dès-lors, il est de toute impossibilité que les suites de leur mauvaise foi ou de leur insolvabilité retombent sur lui.

La loi 22 confirme de plus en plus le principe qui nous sert de guide. Le cédant (dit-elle, comme on l'a vu plus haut) répond envers son Croupier des faits de ses associés, comme des siens propres: *Factum sociorum debet ei præstare sicut suum.* Si donc l'un des associés est insolvable, bien loin de faire supporter à son Croupier une partie de cette perte, il faudra, au contraire, qu'il en indemnise lui-même son Croupier, et qu'il lui fasse ses deniers bons, comme si chacun des associés était solvable.

Ce n'est pas tout. Pourquoi le cédant est-il ainsi tenu envers le Croupier des faits de ses associés? La loi nous le dit, c'est parcequ'il a action contre ceux-ci: *Quia ipse adversùs eos habet actionem*. Et pourquoi a-t-il action contre eux? Parcequ'il a contracté avec eux, parcequ'ils se sont obligés envers lui, comme il s'est obligé envers eux, d'administrer sagement et de bonne foi les affaires de la société, et de faire face en commun aux dépenses qu'elles nécessiteraient; en un mot, parcequ'il est leur associé, au lieu que le Croupier n'a rien à démêler avec eux.

La loi va plus loin encore. Rien n'empêche, dit-elle, que le Croupier n'intente l'action de société contre son cédant, avant que cette action ait été exercée entre le cédant même et ses associés: *Item certum est nihil vetare priùs inter eum qui admiserit et eum qui admissus fuerit, societatis judicio agi, quàm agi incipiat inter cæteros et eum qui admiserit.* De là il résulte bien clairement que les droits du Croupier, envers son cédant, ne peuvent pas dépendre de l'événement qu'auront les poursuites de celui-ci contre les membres de la société principale; et ce point mérite une grande attention: si le Croupier pouvait être dans le cas de supporter en partie l'insolvabilité d'un des associés de son cédant, il serait impossible qu'il agît contre son cédant, avant que le cédant eût agi contre son associé. Le cédant serait en droit de demander un sursis pour poursuivre son associé et le discuter: ce ne serait qu'après ces poursuites et cette discussion, qu'on pourrait l'obliger de répondre à son Croupier, parceque ces opérations seules constateraient l'insolvabilité de l'associé, et détermineraient la part qui en devrait retomber sur le Croupier. Ainsi, la loi, en déclarant que l'action du Croupier contre son cédant peut précéder celle du cédant contre ses associés, décide virtuellement que l'une est indépendante du succès de l'autre, et, par une conséquence nécessaire, que le Croupier ne doit pas entrer dans les pertes causées à son cédant par l'insolvabilité de ses associés.

Et il ne faut pas croire, comme on a vu quelques personnes l'avancer inconsidérément, que cette disposition de la loi soit contraire à nos usages et à notre jurisprudence. Aucun auteur ne l'a mise au rang des lois abrogées, et il y a un arrêt du parlement de Douay, du 7 janvier 1765, qui prouve qu'elle était encore en pleine vigueur avant le Code civil, qui n'y a point dérogé.

Dans la contestation qui a donné lieu à cet arrêt, il s'agissait de savoir si le sieur Courville, Croupier du sieur Coquelet dans une entreprise de fourniture d'avoines, pouvait forcer son cédant à lui rendre compte de son intérêt dans la société, tandis que le sieur Coquelet lui-même n'avait pas coulé le compte général de l'entreprise avec ses associés. Il paraît que les premiers juges avaient écarté cette question pour s'attacher à des faits particuliers; mais l'arrêt a prononcé formellement sur le point de droit; en voici les termes: « La cour a mis et » met l'appellation et ce dont est appel, au néant; » émendant, déclare la partie de Savary (Courville) intéressée du tiers des deux parts dans » les vingt sous composant la totalité de la société » dont il s'agit; en conséquence, et avant faire » droit sur le surplus des conclusions de la partie » de Vollet (Coquelet), ordonne aux parties d'entrer en compte et liquidation ».

Au surplus, une comparaison très-simple suffit pour justifier tout ce que nous venons d'établir.

Un joueur me cède un cinquième dans son intérêt dans le jeu auquel il se livre et pour lequel il s'est précédemment associé avec d'autres. Sans contredit, je devrai supporter ma part dans les pertes qu'il éprouvera vis-à-vis des adversaires contre lesquels il joue, parceque le jeu est l'objet de notre entreprise. Mais si l'une des personnes avec lesquelles il s'était associé avant de me faire la cession d'une partie de son intérêt, devient insolvable, il est bien sûr que je ne devrai entrer pour rien dans l'insolvabilité de ce tiers qui m'était inconnu. Le gain ou la perte dans le jeu est l'objet que j'ai eu en vue, et non pas la solvabilité ou l'insolvabilité d'une tierce personne : je dois donc payer mon cinquième de la perte du jeu, mais je ne suis tenu à rien pour la perte que mon cédant éprouve par l'insolvabilité de celui avec lequel il s'est associé sans ma participation.

C'est la même chose dans toute autre espèce d'entreprise. Encore une fois, un Croupier n'est associé qu'avec son cédant ; l'objet de cette société particulière est purement réel et indépendant des personnes des associés de celui-ci ; n'ayant pas contracté avec eux, le Croupier n'a rien de commun avec eux, et comme ils ne sont pas responsables de son insolvabilité, il ne l'est pas non plus de la leur.

Voilà ce que nous dictent les vrais principes. Cependant comme il faut toujours, dans l'exécution des contrats, s'attacher avant tout aux conventions des parties, *pacta dant legem contractui*, ces principes ne pourraient pas être invoqués par un Croupier qui, par l'acte contenant la cession qui lui a été faite d'une part dans l'intérêt de son cédant, serait convenu d'entrer dans tous les surcroîts de charges que pourrait produire l'insolvabilité des membres de la société principale.

Si même l'acte de cession, quoique muet là-dessus, avait été constamment exécuté comme s'il eût contenu expressément cette convention, il n'est point douteux qu'une pareille exécution ne dût interpréter son silence contre le Croupier. Car, dit Dumoulin, c'est par l'usage et la possession que l'on doit juger du titre : *Talis præsumitur titulus præcessisse, qualis apparet usus, et possessio* ; et c'est sur ce fondement que par arrêt du parlement de Douay, du 27 juillet 1782, confirmatif d'une sentence des échevins de Valenciennes, du 17 décembre 1780, il a été jugé que les créanciers-unis de Tibout devaient supporter, vis-à-vis de Le Moine, dont leur débiteur avait été Croupier dans une entreprise, sa quote-part dans le surcroît de charges advenu par l'insolvabilité des associés.

CURATEUR. §. I. 1°. *Avant le Code civil, le tribunal saisi d'une instance dans laquelle se trouvait partie un mineur émancipé, mais dépourvu de Curateur, pouvait-il lui nommer un Curateur aux causes, ou fallait-il qu'il en renvoyât la nomination au juge de paix ?*

2°. *Un jugement rendu dans une instance où se trouve partie un mineur dépourvu de Curateur,* *est-il valable, lorsqu'il prononce en faveur du mineur ?*

J'ai traité ces questions à l'audience de la section des requêtes de la cour de cassation, le 11 frimaire an 9, en portant la parole sur le recours exercé par le sieur Borelli, contre un jugement rendu en faveur des mineurs Brezun.

« Dans la forme (ai-je dit), le demandeur prétend que le tribunal de district du Pont-Saint-Esprit a violé l'art 11 du tit. 3 de la loi du 24 août 1790, en nommant lui-même un Curateur aux mineurs Brezun. Suivant lui, ce tribunal a par là excédé ses pouvoirs, puisque c'est aux juges de paix que la loi attribue la nomination des Curateurs, en les chargeant seulement de renvoyer le contentieux aux juges de district.

» Nous commencerons par observer, et ceci est trop évident pour avoir besoin du moindre développement, que par le *contentieux* dont la loi charge les juges de paix de faire le renvoi aux tribunaux de district, on doit entendre les contestations qui s'élèvent, soit de la part des parens appelés à la nomination d'un Curateur, pour savoir s'ils ont droit ou non de voter, soit de la part du Curateur, pour savoir s'il peut ou non se dispenser d'accepter la curatelle, soit sur d'autres objets semblables et uniquement relatifs à la curatelle même.

» Nous observerons ensuite que, relativement aux mineurs émancipés, tels que l'étaient les cit. Brezun, puisqu'ils avaient atteint l'âge de puberté et perdu leur père, on distingue deux sortes de Curateurs, le *Curateur formel* et le *Curateur aux causes.*

» Le *Curateur formel* est celui que le juge décerne à un mineur, pour l'assister et autoriser généralement dans tous les actes que les mineurs ne peuvent pas faire seuls, tel qu'une audition de compte de tutelle, un emprunt, une aliénation, un mariage, etc. ; et c'est à ces sortes de Curateurs que s'applique la loi du 24 août 1790.

» Le *Curateur aux causes* n'a d'autre mission que d'assister le mineur dans les actes de procédure qui peuvent concerner ses intérêts. Il peut, sans doute, comme le Curateur formel, être nommé par le juge de paix ; et à la première vue, il semble qu'il doive toujours l'être de cette manière, lorsque c'est la partie adverse du mineur qui le requiert pour la régularité de la procédure, et qu'elle demande qu'il soit sursis à toute instruction, jusqu'à ce que le mineur soit assisté d'un curateur régulièrement nommé.

» Mais lorsqu'un mineur procède devant un tribunal, sans l'assistance d'un Curateur, et que la partie adverse ne lui oppose, à cet égard, aucune exception, rien n'empêche le tribunal de nommer d'office au mineur un Curateur aux causes ; et le jugement qui intervient ensuite au fond, en faveur du mineur, peut d'autant moins être critiqué de ce chef par la partie adverse, qu'il ne pourrait pas l'être même dans le cas où il eût été rendu sans que le mineur eût été assisté d'un Curateur quelconque.

» En effet, il est bien de maxime générale, qu'un mineur ne peut pas ester en jugement sans l'assistance d'un Curateur; mais il ne résulte pas de cette maxime, que la demande formée par le mineur seul, soit nulle : il en résulte seulement que la partie assignée par le mineur, peut exciper de la qualité de celui-ci, pour se dispenser de répondre à l'assignation, jusqu'à ce qu'il ait été pourvu d'un Curateur.

» C'est ce qui a été jugé dans l'espèce d'une demande en retrait lignager, formée par un mineur, sans être assisté d'un Curateur. Cette demande a été déclarée valable par arrêt du 3 juin 1585, rapporté dans le Recueil de Louet, lettre M, §. 11. Le défendeur en retrait la soutenait nulle, sur ce que le mineur n'était pas capable d'ester en jugement. On décida au contraire qu'un mineur pouvait toujours faire sa condition meilleure, et qu'il était capable de former une demande en retrait, qui tendait à faire l'acquisitique d'un immeuble.

» La loi 14, C. de procuratoribus, justifie parfaitement cette décision. Le mari, dans le droit romain, n'était pas, de plein droit, Curateur de sa femme mineure. Cependant, par la loi, ou plutôt par le rescrit que nous citons, l'empereur Gordien déclare qu'on ne peut pas regarder comme nulle une sentence rendue en faveur d'une femme mariée, mineure, non pourvue de curateur, qui avait confié à son mari le soin de la défendre, parceque, dit-il, la minorité est bien une cause pour venir au secours de ceux qui éprouvent des pertes, mais ne doit pas leur nuire dans les choses qui leur sont profitables : *Non eo minùs sententia adversus te lata juris ratione subsistit, quod adversaria tua minor viginti quinque annis constituta, causam suam marito,* SINE CURATORE, *agendam mandavit. Minoribus enim ætas in damnis subvenire, non in rebus prosperè gestis obesse consuevit.*

» Si l'incapacité du mineur pour ester en jugement, était absolue, la sentence dont parle cette loi, aurait été nulle, puisque la femme avait esté en jugement sans être assistée d'un Curateur, et qu'elle n'y avait esté que par le ministère de son mari, qui n'était que son mandataire; l'incapacité des mineurs n'est donc relative qu'à eux-mêmes : elle n'est donc établie qu'afin qu'ils ne puissent pas

se préjudicier; aussi voit-on dans cette loi, que l'empereur Gordien ne motive sa décision, que sur ce que le jugement était favorable à la femme mineure.

» Que conclure de tous ces détails? Une chose fort simple : c'est qu'il importe peu que la nomination d'un curateur aux causes, faite par le tribunal du Pont-St.-Esprit, pour assister les mineurs Brezun, soit ou ne soit pas régulière. En effet, si elle n'est pas régulière, il en résultera bien que les mineurs Brezun seront censés avoir plaidé sans Curateur; mais le jugement ayant été rendu à leur avantage, se trouve toujours, par cela seul, valable, d'autant que le cit. Borelli ne leur avait opposé aucune exception à cet égard ».

Par ces raisons, j'ai conclu au rejet de la requête du sieur Borelli, et elle a été en effet rejetée par arrêt du 11 frimaire an 9, au rapport de M. Minier,

« Attendu qu'il n'a point été contrevenu à l'art. 11 du tit. 3 de la loi du 24 août 1790, sur l'organisation judiciaire, cet article n'étant applicable qu'à la nomination des tuteurs et Curateurs formels, et non à celle d'un Curateur à l'effet d'assister le mineur en cause; et que d'ailleurs il n'offrirait de ressource qu'au mineur condamné, en supposant qu'on pût exciper de la nullité de la nomination d'un Curateur par autre que le juge de paix à qui cette nomination est, en thèse générale, réservée par l'article cité;

» Que cette nullité étant relative et introduite en faveur du mineur seulement, il en résulte que Borelli n'est pas recevable à l'opposer, lorsque le mineur ne se plaint pas, et ne peut pas se plaindre, puisqu'il a gagné son procès ».

§. II. *L'autorisation d'un Curateur est-elle nécessaire à un mineur pour accepter une donation?*

V. l'article *Mineur,* §. 6.

CURATEUR A UNE SUCCESSION VACANTE.

V. l'article *Succession vacante.*

CURATEUR POUR FAIT DE FAILLITE.

V. le plaidoyer du 23 prairial an 9, rapporté aux mots *Direction de créanciers,* §. 1.

FIN DU TOME SECOND.